DICTIONARY OF
MEDIEVAL LATIN
FROM BRITISH SOURCES

FASCICULE IV
F–G–H

DICTIONARY OF
MEDIEVAL LATIN
FROM BRITISH SOURCES

Fascicule IV F–G–H

PREPARED BY

D. R. HOWLETT, MA, D.Phil., FSA

With the assistance of
A. H. POWELL, MA,
R. SHARPE, MA, Ph.D., F.R.Hist.S.,
and P. R. STANIFORTH, BA

UNDER THE DIRECTION OF A COMMITTEE
APPOINTED BY THE BRITISH ACADEMY

Published for THE BRITISH ACADEMY
by OXFORD UNIVERSITY PRESS

Oxford University Press, Great Clarendon Street, Oxford OX2 6DP

Oxford New York
Athens Auckland Bangkok Bogotá Buenos Aires Cape Town
Chennai Dar es Salaam Delhi Florence Hong Kong Istanbul Karachi
Kolkata Kuala Lumpur Madrid Melbourne Mexico City Mumbai Nairobi
Paris São Paulo Shanghai Singapore Taipei Tokyo Toronto Warsaw

and associated companies in
Berlin Ibadan

© *The British Academy 1989*
Database right The British Academy (maker)
First published 1989
Reprinted 2001

British Library Cataloguing in Publication Data
Data available

ISBN 0–19–726082–9

Printed in Great Britain
on acid-free paper by
Bookcraft, Midsomer Norton

MEMBERS OF THE COMMITTEE

PREFACE TO FASCICULE IV

In the preface to the third fascicule of the Dictionary, published in 1986, the hope was expressed that publication of the fourth would not be long delayed. Its appearance after an interval of three years reflects both the efforts of the staff and the advantages of new procedures for production.

Thanks to the generous hospitality of the Public Record Office and the Bodleian Library, the project is still being conducted from two bases. In Oxford Dr David Howlett is assisted by Dr Richard Sharpe with the help of Mrs Lorna Lyons. In London an era closed with the retirement of Mrs Avril Powell and Miss Joyce Batty, to whom the Dictionary has owed so much for so many years. In 1986 Mrs Powell was succeeded as Assistant Editor by Mr Paul Staniforth, whose acumen, wit, and zest for work quickly made him indispensable. His sudden death at the age of thirty in August 1989 as this Fascicule was going to press is much lamented. We also regret to have to record the deaths of Mrs H. K. Thomson, sometime Assistant Editor, and of Dom Frederick Hockey, indefatigable excerptor of texts.

The Committee acknowledges its gratitude for the vital support given by the British Academy. It would like to express its special thanks to Professor J. D. Latham for providing etymologies for words borrowed from the Arabic, and to Professor M. Bent for help with entries relating to music. Stephen Pocock and the Venerable S. K. Yeshe Zangmo have been of particular help in production. We gratefully acknowledge the skills of the Literary and Linguistic Computing Centre in Cambridge and of the Oxford University Computing Service.

Work on Fascicule V (I–J–K–L) is progressing. It will contain new preliminaries, a revised bibliography, and instructions for binding the first half of the work.

Michael Winterbottom

BIBLIOGRAPHY

Ac. Bristol Castle Accounts of the Constables of Bristol Castle (1221–84), Bristol Rec. Soc. XXXIV (1982).

Ac. Cust. Hull Customs Accounts of Hull 1453–1490. Arch. Soc. Yorks Rec. S. CXLIV (1984).

Ac. Galley Lyme Building of the Lyme Galley 1294–96 (*KRAc* 5/21), Dors Nat. Hist. & Arch. Soc. Proc. CVIII (1981), 41–4.

Ac. H. Buckingham Account of the Great Household of Humphrey, 1st Duke of Buckingham (1452–3), Camd. Misc. XXVIII, Camd. 4th S. XXIX (1984) 11–55; *v. et. Comp. Dom. Buck.*

Ac. Obed. Peterb. Account rolls of the Obedientiaries of Peterborough (1329–1535), Northants Rec. Soc. XXXIII (1983).

AD. WODEHAM Indivis. *Tractatus de indivisibilibus* (*c*1324), ed. R. Wood, Synthese Historical Library XXXI (Dordrecht, 1988).

Cal. PlRJews Calendar of the Plea Rolls of the Exchequer of the Jews, ed. J. M. Rigg, H. Jenkinson, & H. G. Richardson, 4 vols., Jewish Historical Society of England (1905–72) [I–III by p., IV by no.].

Canon. G. Sempr. The Book of St Gilbert (of Sempringham, Lincs) [*ob.* 1189] (wr. 1201–2), ed. R. Foreville & G. Keir, OMT (1987) [by f.]; replaces extr. of *V. G. Sempr.* and *Canon. G. Sempr.*, ed. R. Foreville, Un procès de Canonisation: le Livre de Saint Gilbert de Sempringham (Lille, 1943) [by f.].

CAPGR. Exod. *In Exodum*, Bodl. MS Duke Humfrey b. 1; **pref.** *praefatio*, Bodleian Library Record XI (1982–5) 20–25.

Cart. Blythburgh Blythburgh Priory Cartulary (12c.–13c.), 2 vols. Suffolk Charters II, III (1980–81) [by no.].

Cart. Buckfast Fragment of the Cartulary of Buckfast Abbey [Devon] (12c.–1314), in *Reg. Exon. 1327–69* V 1563–1610 [by no.].

Cart. Burscough Cartulary of Burscough Priory [Lancs] (*c*1189–1394), Chetham Soc. 3rd S. XVIII (1970) [by no.].

Cart. Daventry Cartulary of Daventry Priory (12c.–14c.), Northants Rec. Soc. XXXV (1988) [by no.].

Cart. Hosp. Essex Cartulary of the Knights of St John of Jerusalem in England, MS BL Cotton Nero E vi (comp. 1442): *Secunda Camera* [Essex] (12c.–15c.), ff. 289–467v., ed. M. Gervers, Rec. Soc. & Econ. NS VI (1982) [by no.].

Cart. Leiston Leiston Cartulary, Suffolk Charters I (1979) [by no.].

Cart. Loders Cartulaire de Loders [Dors] (12c.–*c*1310), ed. L. Guilloreau (Évreux, 1908).

Cart. Reading Reading Abbey [Berks] Cartularies (12c.–14c.), Camd. 4th S. XXXI, XXXIII (1986–7) [by no.].

Cart. Sibton Sibton Abbey Cartularies and charters (1150–), 4 vols. Suffolk Charters VII–X (1985–8) [by contin. no.].

Cart. Stoke by Clare Cartulary of Stoke by Clare, 3 vols. Suffolk Charters IV–VI (1982–4) [by contin. no.].

Cart. Thame Thame Cartulary (12c.–13c.), Oxon Rec. Soc. XXV, XXVI (1947–8).

Chap. Ripon Acts of the Chapter of Ripon (1452–1506), Surtees Soc. LXIV (1875).

Ch. Chester Charters of the Anglo-Norman Earls of Chester *c*1071–1237, ed. G. Barraclough, Lancs & Chesh Rec. Soc. CXXVI (1988) [by no.].

Ch. Goring Charters relating to Goring, Streatley, and the neighbourhood (1181–1546), Oxon Rec. Soc. XIII, XIV (1931–32).

Ch. Longeville Newington Longeville Charters (12c.–15c.), Oxon Rec. Soc. III (1921).

Ch. Norw. Cath. Charters of Norwich Cathedral priory (12c.–14c.), 2 vols. Pipe R. Soc. NS XL, XLVI (1974–85) [by vol. & no.].

Ch. Westm. Westminster Abbey Charters 1066–*c*1214, London Rec. Soc. XXX (1988) [by no.]

ConfirmR Confirmation Rolls (1483–1626), MS PRO (C. 56).

CRATHORN Cont. *Questio de continuo* (extr.), in AD. WODEHAM *Indivis.* 309–17.

Doc. Crisis Eng. Documents illustrating the Crisis of 1297–8 in England, Camd. 4th S. XXIV (1980) [by no.].

Doc. Lords Isles Acts of the Lords of the Isles 1336–1493, SHS 4th S. XXII (1986) [by no.].

Ep. S. Lexington v. S. LEXINGTON *Ep.*

ERNULF Ep. Ernulf, Bishop of Rochester [*c*1040–1124]: *Epistolae:* 1 *De incestis conjugiis* (1089 × 1098), ed. L. D'Achéry, *Spicilegium sive collectio veterum aliquot scriptorum* 2nd edn, 3 vols. (Paris, 1723), III 464–70; 2 *De corpore et sanguine Domini* (*c*1095), *ib.* 470–74; 3 (*a*1104) in *Ep. Anselm.* V 233–5 (*Ep.* 310); *v. et. Text. Roff.*

Eyre Hunts Roll of the Huntingdonshire Eyre (1286), ed. A. R. & E. B. DeWindt, Royal Justice and the Medieval English Countryside, Studies & Texts LVII (Toronto, 1981), 123–459; **app.** 460–87 Ramsey Abbey Banlieu Court Roll (1287); 488–523 Huntingdonshire Assizes (1287–8).

Eyre Northants The Eyre of Northamptonshire (1329–30), 2 vols. Selden Soc. XCVII, XCVIII (1983).

Eyre Surrey The Surrey Eyre (1235), 2 vols. Surrey Rec. Soc. XXXI, XXXII (1979–83).

Gaol Del. Oxon Gaol Deliveries (1389–98) [J.I. 1/180], Oxon Rec. Soc. LIII (1983) 90–154.

G. CRISPIN The Works of Gilbert Crispin, ed. A. S. Abulafia & G. R. Evans, *Auct. Brit.* VIII (1986) [by individ. short-title & sect.].

GERV. PREM. Gervase, Abbot of Prémontré and Bishop of Sées [*ob.* 1228]: **Ep.** *Epistolae* (1209–*c*1220), ed. C. L. Hugo, *Sacrae antiquitatis monumenta historica, dogmatica, diplomatica* (Étival, 1725) I 1–124 [by no.]; **Ep. sup.** additional letters, ed. C. R. Cheney, Medieval Texts and Studies (Oxford, 1973) 266–76.

GOSC. Transl. Mild. *Translatio S. Mildrethae virginis* (*c*1091), Med. Stud. XLVIII (1986) 154–210 [by cap.].

GROS. Cess. Leg. *De cessatione legalium*, ed. R. C. Dales & E. B. King, *Auct. Brit.* VII (1986) [by bk. & cap.]; **DM** *De decem mandatis*, ed. R. C. Dales & E. B. King, *Auct. Brit.* X (1987).

Herb. Herbals and herbal glossaries: **Harl. 3388** *Synonyma Herbarum* (14c. w. 16c. additions), MS BL Harl. 3388 ff. 75–86v.

HILTON Walter Hilton, O.S.A. [*ob.* 1396]: Walter Hilton's Latin Writings, ed. J.P.H. Clark & C. Taylor, 2 vols., *Analecta Cartusiana* CXXIV (Salzburg, 1987) [contin. pag.]: 73–102 *De imagine peccati* (*c*1382); 119–72 *Epistola de utilitate et prerogativis religionis* (*c*1385); 179–214 *De adoratione imaginum* (*c*1387); 221–43 *Epistola de lectione, intentione, oratione, meditatione et aliis*; 249–98 *Epistola ad quemdam seculo renuntiare volentem*; 301–4 *Firmissime crede.*

Hosp. Scot. The knights of St John of Jerusalem in

Scotland, documents (1215–16c.), SHS 4th S. XIX (1983).

HOTHBY Cant. Fig. *De cantu figurato* (version Fa), ed. G. Reaney, *Corp. Script. Mus.* XXXI (1983) 27–31; another text (version Ve), *ib.* 39–44 [by version & p.]; **Cant. Mens.** *Regulae cantus mensurati* (version Fl), *ib.* 19–24, (version L), *ib.* 51–9 [by version & p.].

J. SAL. Enth. Phil. *Entheticus de dogmate philosophorum*, ed. J. van Laarhoven, 3 vols., Studien und Texte zur Geistesgeschichte des Mittelalters XVII (1987), I 105–227; **Enth. Pol.** *Entheticus in Policraticum*, *ib.* 231–49 [by line].

KILWARDBY Sent. *Quaestiones in quattuor libros Sententiarum:* I *Quaestiones in librum primum*, ed. J. Schneider, Texte aus der mittelalterlichen Geisteswelt XIII (Munich 1986); III A *Quaestiones in librum tertium*, Teil 1: Christologie, ed. E. Gössmann, *Ib.* X (Munich, 1982), III B *Quaestiones in librum tertium*, Teil 2: Tugendlehre, ed. G. Leibold, *Ib.* XII (Munich, 1985).

LAVENHAM Inst. *De natura instantium, De primo instanti*, CIMA XLIX (1985) 7–23.

Leg. Angl. Lond. *Leges Anglorum Londoniis collectae* (*c*1210), ed. F. Liebermann (Halle, 1894).

Medit. Anselm. A Durham Book of Devotions [comprising *Meditationes* and *Orationes* by ANSELM, *q.v.*, or attrib. to him, together w. other material from MS London, Soc. of Antiquaries 7, s. xii, Durham], ed. T. H. Bestul, Toronto Med. Latin Texts XVIII (1987) [by f.].

Mod. Ten. Parl. *Modus tenendi parliamentum* (*c*1320), ed. N. Pronay & J. Taylor, Parliamentary texts of the later Middle Ages (Oxford, 1980).

NIG. Mir. BVM *Miracula S. Virginis Mariae*, ed. J. Ziolkowski, Toronto Med. Latin Texts XVII (1986).

N. LYNN Kal. Nicholas of Lynn, O. Carm. [14c.]: *Kalendarium* (1386), ed. S. Eisner, Chaucer Library (1980).

P. BLOIS Carm. The Arundel Lyrics, ed. C. J. McDonough, The Oxford Poems of High Primas and the Arundel Lyrics, Toronto Med. Latin Texts XV (1984) 73–119 [by no. & stanza or line]; **Ep. Sup.** Later Letters, ed. E. Revell, *Auct. Brit.* (forthcoming).

P. CORNW. (II) Omnis homo Peter of Cornwall [late 13c.]: *Sophisma omnis homo est* (*c*1270) [attrib.], CIMA LV (1987) 139–54.

PECKHAM Num. Myst. *De numeris mysticis*, AFH LXXVIII (1985) 3–28, 333–83.

Prov. Windsor Latin and Middle English Proverbs in a manuscript at St George's Chapel, Windsor, Med. Stud. XLV (1983) 343–84 [by no.].

Ps.-CAMPSALL Log. *Logica Campsale Anglici* (1324 × 1334), ed. E. A. Synan, The Works of Richard of Campsall, vol. II, Studies & Texts LVIII (Toronto, 1982), 49–444.

P. WALTHAM Remed. Peter of Waltham, Archdeacon of London [*ob. c*1196]: *Remediarium Conversorum* [abridged from Gregory's *Moralia in Job*], ed. J. Gildea (Villanova, Pa., 1984).

Quid sit Deus *Quid sit Deus*, MLJ XVIII (1983) 197–225 [by sect., stanza & line].

R. CLIVE Qu. Richard of Clive [13c.]: *Quaestiones super Metaphysica* (? *c*1273), (extr.) CIMA LV (1987) 155–7.

REED Records of Early English Drama (Toronto & Manchester, 1979–) [by town & p.].

ROLLE Mort. *Expositio super novem lectiones mortuorum*, ed. M. R. Moyes, Elizabethan & Renaissance Studies XCII:12 (Salzburg, 1988).

SelCTresp Select Cases of Trespass from the King's Courts 1307–99, 2 vols., Selden Soc. C, CIII (1984–7) [contin. pag.].

SessPOxon Oxfordshire Sessions of the Peace (1387, 1397–8), Oxon Rec. Soc. LIII (1983) 60–89.

S. FAVERSHAM Anal. Pri. *Quaestiones super Analytica priora*, (extr.) q. I 5, 7–9, CIMA LIII (1986) 139–49; q. I 56, *ib.* LV (1987) 158–60.

Simil. Anselmi *Liber de humanis moribus per similitudines*, in *Mem. Anselm.* 39–93 [by cap.]; **app.** *appendix*, *ib.* 94–104; later expanded text, *Liber de S. Anselmi similitudinibus*, *PL* CLIX 605–708 [sourced where possible, see *Mem. Anselm.* 12–13; otherwise by col.].

S. LANGTON Quaest. *Quaestiones*, (extr.) CIMA XLIX (1985) 165–98; **Summa** *Summa*, (extr.) *ib.* 37–164 [by f. of MS St John's Coll. Camb. 57].

S. LEXINGTON Ep. Stephen of Lexington, Abbot of Stanley, later of Savigny and Clairvaux [*ob.* 1260]: *Epistolae*: i–cxiii (1228–9), *Anal. Cist.* II (1946) 1–118 [by no.]; 1–163 (1230–39), *ib.* VIII (1952) 181–378 [by no.]; [letters to Stephen cited as *Ep. S. Lexington*].

Tait Essays Historical essays in honour of James Tait, ed. J. G. Edwards *et al.* (Manchester, 1933).

Tout Papers Collected Papers of T. F. Tout, ed. F. M. Powicke, 3 vols. (Manchester, 1932–4).

TREVISA John Trevisa [1326–1412], translator, cited for ME translations of BART. ANGL. and HIGD.

V. Chris. Marky. Life of Christina of Markyate [*ob. p*1156] (wr. *a*1166), ed. C. H. Talbot, Med. Texts (1959) [by sect.]; checked against textual notes in rev. edn. (1987), and by M. Winterbottom, *Anal. Boll.* CV (1987) 281–7.

VSHSalm. *Vitae Sanctorum Hiberniae e codice olim Salmanticensi nunc Bruxellensi*, ed. W. W. Heist, *Subsidia Hagiographica* XXV (Brussels, 1965).

WALS. Mus. Mens. *Regulae de musica mensurabili*, ed. G. Reaney. *Corp. Script. Mus.* XXXI (1983) 74–98.

W. DURH. Quaest. William of Durham [13c.]: *Quaestio de unitate ecclesiae* (*a*1229), Med. Stud. XLIV (1982) 79–82.

W. ROTHWELL Sent. Abbr. William of Rothwell, O.P. [late 13c.]: Sentences abbreviation (*p*1270), (extr.) RTAM LI (1984) 69–135.

W. RUSSELL Univ. William Russell, O.F.M. [15c.]: *Compendium super quinque universalia*, CIMA XLIII (1983) 43–60.

W. WOODFORD Dom. Civ. *De dominio civili clericorum* (1376), *AFH* LXVI (1973) 49–109; **Mat. Relig.** *Quattuor determinationes in materia de religione* (1389–90), ed. M. D. Dobson, unpub. B. Litt. thesis (Oxford, 1932); **Resp.** *Responsiones contra Wiclevum et Lollardos* (1395), Franciscan Studies XLIII (1983) 121–87.

F

F [CL]

1 F (letter of alphabet); **b** (as dominical letter); **c** (representing digamma).

de .. consonantibus septem dicuntur semivocales FLMNRSX BEDE *AM* 82; ex praepositio .. sequente vero F in eandem X mutat, ut effundo ALCUIN *Orth.* 2334; P quoque et B et Φ et F in eadem clausione formantur. .. F quoque in dentium superiorum depressione ad inferiora labia ore tumescente describitur *Ps.*-GROS. *Gram.* 22; nos solum P aspirate figuram habemus, sc. F *Ib.*; [Latini] acceperunt ab Eolibus .. figuram que est gamma duplicatum. habet enim unam lineam descendentem super quam alie linee prominent ad angulos rectos sic F; et ideo vocata digamma quasi duplex gamma .. et Latini acceperunt digamma ab eis et vocaverunt F litteram BACON *Gram. Gk.* 50. **b** **1448** (v. dominicalis 3b). **c** ALCUIN *Orth.* 2335, *GlH* D 486 (v. digamma).

2 musical letter (sts. dist. as *gravis* or *acutus*).

si O duplicetur fit G', et dupla facit F, et M facit E, ac L D describit, et K, C, et I compositum duplicat sicut ipsa duplex est, quia tetrachordum hypate disjunctum est a meson sicut synemmenon a diezeugmenon ODINGTON *Mus.* 83; a Γ usque ad G faciunt capitales, quas graves vocant, sic ΓABCDEFG. secundi ordinis faciunt simplices, quas acutas dicunt, sic abcdefg *Ib.* 92; sunt .. septem littere Latine, viz. ABCDEFG, que etiam claves vocantur, quia .. per has litteras totius musice reseratur melodia TUNST. 207b; F que est quarta vox *Ib.* 215a.

fa, (mus.) fourth note in hexachord, upper note of diatonic semitone.

ut queant laxis resonare fibris, viz. syllabam cujusque metri que sunt sex, sc. ut re mi fa sol la ODINGTON *Mus.* 96; sex voces sive sex nomina vocum a Guidone conceduntur, viz. ut re mi fa sol la, quibus tota musica conformatur TUNST. 219b; addant 'sicut erat in principio', etc., cum pausa, puncto, et modo quo prius, excepto puncto finali, qui sic fiet fa mi re fa *Cust. Cant.* 425.

faba [CL]

1 bean (as plant or crop); **b** (as food); **c** (dist. by colour); **d** (for beanflour); **e** (as customary payment or rent); **f** (other uses); **g** (w. *rex*) king of the bean (at feast); **h** (prov.; *cf.* Terence *Eunuch* 381).

in leguminibus, ut in ~is et ciceribus, [superabundat] terra *Quaest. Salern.* B 155; **1220** (v. comedere 2); **1248** in lxj acris de ordeo, avena, ~is, piso, et visca secandis, xxij s. x d. *Rec. Crondal* 77; **1295** (v. de 9e); s**1356** tanta fuit siccitas quod ordea, avene, vesce, ~e, et alia semina quadragesimalia .. nihil crescebant AVESB. 136b; *Alph.* 61 (v. fabaria 2). **b** quid plus manducas? holera et ova, pisces et caseum, butirum et ~as [AS: *beana*], et omnia munda manduco ÆLF. *Coll.* 102; corpus alit faba, constringit cum cortice ventrem; / desiccat flegma, stomachum luramque relidit D. BEC. 2704; si preferre fabam pisis non audeat error NECKAM *DS* VIII 17; **1290** pro dim. quar. de ~is dealbatis (*AcWardr*) *Doc. Scot.* I 139; ~a sumpta inflaciones prestat et indigestabilis est *Alph.* 61; **1487** (v. equinus 3b); solent enim pueruli autumpnali tempore vel ~as vel pisas in suis culmis concremare, ut saltem semiustulatas jam comedant *Mir. Hen. VI* II 54 p. 139. **c** **1230** v bucellos de ~is albis persolvendos. .. si vero albe ~e non sufficiant, inveniet dictus prior unum quarterium de nigris ~is *Cart. Tutbury* 296; **1337** (v. caulis b); dixit se scire velle cur ex nigra ~a et alba pulmentum unius coloris edatur W. BURLEY *Vit. Phil.* 174. **d** ~e fresa, †sive [MS: sc.] dicta quia molata est, *gegrunden bean* *GlH* F 42; ~e frese, pilate, *gepunede beane* ÆLF. *Gl.* 116; fresus, -a, -um, i. concussus: unde et ~am fresam dicimus, i. concussam et tritam OSB. GLOUC. *Deriv.* 214; farina ~e GILB. III 168v. 1 (v. amylum); ~a fresa, A. *a spelked bene* *WW*. **e** c**1150** reddere solebant annuatim iiij s. et duas summas ~arum *Regesta* 889; **1162** accepta fiducia ob eo qui detulerit quod dono mittatur in summa etiam ~e vel alterius leguminis *Act. Hen. II* I 362 (cf. ib. II 57 [c**1178**]). **f** qui sufflant in vesicam et in ea lapillum vel ~am imponunt, vesicam rotant et sonum faciunt S. LANGTON *Serm.* 2. 10; in triticeo furfure, in radice brionie, et etiam in sapone et in medulla ~e et in consimilibus que omnia sordes .. totius corporis .. depurant BART. ANGL. IV 4; *Reg. Whet.* II 297 (v. encaustum a). **g** **1316** rex ~e (*AcWardr*) *Arch.* XXVI 342; **1334** in nomine regis de ~a *Sports and Pastimes* 271; **1485** electus est pro rege ~arum in collegio secundum antiquam consuetudinem magister Johannes Persons *Reg. Merton* 70. **h** **1166** (v. cudere 1); **1170** et in surdos, ut veteri proverbio dici solet, ~a cudatur J. SAL. *Ep.* 299 (303); in tuam .. tuorumque ruinam complicum ~a hec recudetur in caput tuum P. BLOIS *Ep.* 89. 280B.

2 (of other plants): **a** (w. *Aegyptiaca*) nelumbium, Egyptian water-lily or lotus (*Nelumbium speciosum*), or ? lupine (*Lupinus albus*). **b** (w. *lupina*) ? henbane (*Hyoscyamus niger*). **c** (w. *inversa* or *silvestris*) orpine (*Sedum telephium*). **d** (w. *inversa*) a marvellous shrub.

a ~a Egiptiaca, i. lupinus *SB* 20 (cf. ib. 28: lupinus, ~a Egyptiaca); ~a Egiptiaca, lupinus idem: fructus ejus valet ad maturacionem apostematum *Alph.* 61; lupinus, ~a Egiptiaca idem, cujus ferina cum melle comesta aut cum aceto bibita lumbricos excludit *Ib.* 106. **b** ~a lupina, marsuillum idem: similis est elaboro nigro, differunt tamen *Alph.* 61 (cf. *SB* 29: marcilia, i. †folia [l. ~a] lupina); marcilium, ~a lupina idem, sed uva lupina est solatrum *Alph.* 111. **c** ~a inversa herba est *SB* 20; *Alph.* 34, TURNER *Herb.* C i v. (v. crassula b). **d** in hujus .. montis estuantis [sc. Vesuvii] ascensu crescit herba quam vulgus ~am inversam nominat, ad altitudinem novelle nucis alta, foliis ut nucis amplis subacutis. hujus fructus, sicut ~e, siliquis includitur, ea tamen diversitate quod dependent terramque respiciunt GERV. TILB. III 14.

fabaceus [LL], **~ius,** made from (ground) beans. **b** (as sb. m. or n.) ? beanflour.

~ius, quod fit de fabis OSB. GLOUC. *Deriv.* 244. **b** **1296** de viij s. de favacio vendito *DL MinAc* 1/1 r. 7.

fabaria

1 a kind of bean, 'faverole'. *Cf. faverellus.*

~ia, a fabis *GlH* F 37; **12..** ~ia, i. *faverole* *WW*; ~ia, *faiverole* .. *Herb. Harl. 3388* 79v.

2 'brook motherwort', brooklime (*Veronica beccabunga*); *cf. favida.* **b** orpine or sim. (*Sedum*).

si recens est contusio galbanum multum juvat aut ~ia in vino cocta GILB. IV 181v. 2; *SB* 13 (v. berula); ~ia idem, A. †*levike* [l. *lemke*] *Ib.* 20; faba est herba que dicitur faberia inversa, vel ~ia aquatica, A. †*brolemoderwort* [l. *brok-*] vel *lempke* *Alph.* 61; iposmia vel yposellina herba aquatica est nascens in locis aquosis; habet folia foliis fabe similia, unde a vulgo dicitur ~ia, ad tumores valet, A. *lemeke* vel *lemoke* *Ib.* 86. **b** herba ~ia, i. crassula *SB* 23.

fabarius [CL = *of beans*], cantor. (*Cf.* Isid. *De Officiis Ecclesiasticis* II 12. 3, *PL* LXXXIII 792C).

fabari[i], a favis *GlC* F 109; *a chawnter*, paraphonista, cantor, precentor, succentor, ~ius *CathA*.

1 fābella [CL], tale, anecdote.

GlH F 43 (v. 1 fabula 2); a nobis nulla ratione indempnis abibis / .. / contempnis nostras tumido qui corde fābellas WULF. *Swith.* I 533; hec fabula, -e: unde hec ~a, -e, diminut. OSB. GLOUC. *Deriv.* 215; non utique ignoramus multos fore qui arbitrarentur anilibus ~is prope simile esse vel predicare vel credere Arthurum regem tot exteras nationes armis superasse P. VERG. *Vat. extr.* 199.

2 făbella [cf. CL faba], little bean.

a bene, faba, ~a diminutivum *CathA*.

faber [CL]

1 craftsman, usu. smith; **b** (w. ref. to the Creator); **c** (fig.); **d** (as surname).

atque carens manibus fabrorum vinco metalla ALDH. *Aen.* 20 (*Apis*) 5; ~ris, i. tignaris *GlH* F 41; habeo ~ros [AS: *smiþas*], ferrarios [AS: *isene smiþas*], aurificem, .. lignarium et multos alios variarum artium operatores ÆLF. *Coll.* 99; quomodo ~ro in ejusdem solemnio proterve operanti inheserit malleus dextro et forceps sinistro palmo vel molam rotanti ministro ad acuendam falcem ita ligno incluso manus coaluerit *V. Kenelm.* B 82va; ~er regis *DB* I 36; ~er facturus aliquod suae artis opus prius illud intra se dicit mentis conceptione ANSELM (*Mon.* 10) I 24; cum ~er proicit aquam super ferrum ne subita fiat calidarum fumositatum exhalatio, unde fortius ferrum excoquitur et remollitur *Quaest. Salern.* B 210; **12..** debet .. ~er reparare ferramenta ij carucarum domini de ferro domini .. et faciet ferros et clavos de ferro domini ad j affrum domini et ferrabit eundem affrum de clavis et ferris predictis *Cust. Bleadon* 208; constrictio [cordis] dicitur motus ab extremitatibus ad .. medium, sicut est in ~rorum follibus videre BART. ANGL. III 15; sapiens ~er [ME: *smiþ*] aliquotiens cultellum fabricat nimis mollem *AncrR* 12; **1336** ad eligendum .. tres carpentarios, tres masones, et duos ~ros *RScot* I 411a; **1372** quia non habuerunt unum communem ~rum et quia non reparaverunt commune forgiam *Hal. Durh.* 116; gubernator navis .. imperat ~ro qui navem construit et reficit ejus collesa; et miles imperat ~ro qualia arma facere debeat FORTESCUE *NLN* I 46; asseres asseribus ~er potest glutino conjungere *Ib.* II 9. **b** est domus ecclesia domini; summus faber illam / .. construit GARL. *Myst. Eccl.* 10; [virgo] cujus solis et aurore / faber fabri stilo flore / solus laudes pingeret WALT. WIMB. *Virgo* 96; *Ib.* 103 (v. eremus 1b.) **c** **1168** qui totius scismatis ~er erat, incentor et signifer J. SAL. *Ep.* 238 (277 p. 592); qui dolorum incentor est et ydolorum in suis ~er MAP *NC* V 7 f. 71v. **d** supradicto monacho Willelmo ~ro *Chr. Battle* f. 12; **1221** Robertus ~er *PlCrGlouc* 66; **1260** (v. fabrica 1); **1279** (v. fabricatio 1a); **1279** (v. fabrinus); **13..** (v. daina b); **1430** heredes Yvonis ~ri *Feod. Durh.* 20.

2 (w. ref. to *Matth.* xii 55, *Mark* vi 3) carpenter (τέκτων).

nunc Samaritanum, nunc filium ~ri vocabant P. BLOIS *Ep.* 45. 131C; [Christus] voluit .. tali legi esse subjectus sicut erat subjectus Joseph ~ro RIC. ARMAGH *Def. Mend.* 1406 (*recte* 1306).

3 craftsman in particular trade: **a** (w. *aerarius*) coppersmith. **b** (~*er calcarium*) spurrier. **c** (w. *ferrarius*) blacksmith. **d** locksmith. **e** (w. *lignarius*) joiner. **f** (w. *scriniarius*) cabinet-maker.

a **1563** Philippus Denoz, ~er aerarius (*SP Dom. Eliz.* 48/47) *Hug. Soc.* X 289; **b** **1351** ad eligendum tot aurifabros, calcarium ~ros et alios operarios .. quot pro operacionibus monetarum .. necessarii fuerint *Pat* 234 m. 13*d*. **c** ~er ferrarius malleum et incudem adquirit ÆLF. *Ep.* 2. 151; a militari officio sic repellit ut ~ros ferrarios itemque lignarios J. SAL. *Pol.* 593C; ~ri ferrarii, falcarii, secarii, cultellarii, armarii, novacularii, lignarii, rotarii, plaustrarii, ferarii [l. serarii], horologiarii [*sue smythes, sythe smythes, bladesmythes, cutlers, armurers, rasermakers, carpenters, whele wryghtes, carte wryghtes, loksmyths, clokke smythes*] WHITTINGTON *Vulg.* 66; convocato ~ro ferrario, .. inverse ac prepostere ferrea pedum munimenta equis affigenda curat, ne fuge locum ex vestigiis equorum deprehendere persequentes valerent BOECE 310. **d** WHITTINGTON *Vulg.* 66 (v. 2c supra); **1556** pro Stephano Cowte ~ro ferr' (*AcWardr*) *KRAc* 428/10 f. 50v. (cf. ib. 427/16/6 [**1553**]: Stephen Cowte .. *locksmith*). **e** J. SAL. *Pol.* 593C (v. 3c supra); cuidam ~ro lignario gradus quosdam .. reparanti securim abstulit W. FITZST. *Thom.* 136; s**1174** presidium .. opere sumptuoso construxit, ubi quid ~er lignarius et sciret et posset manifestum fecit DICETO *YH* I 380; **1535** providus vir, J. H., ~er lignarius *Scot. Grey Friars* II 35; **1559** item R. B. ~ro lignario .. efficienti in postico vectes et januam *Arch. Hist. Camb.* II 39*n*. **f** **1563** Johannes Coppin, ~er scriniarius [etc.] (*SP Dom. Eliz.* 48/47) *Hug. Soc.* X 289.

4 (as adj.) skilful. *Cf. fabre.*

~rum, perfectum *GlC* F 15; †~rus, -a, -um, i. cautus et ingeniosus: .. et fabre adverb., i. ingeniose OSB. GLOUC. *Deriv.* 235; accedat Tullius vel Maro fluvio / verborum fluvians, et toto studio / quanta sit virginis pingat affliccio: / rem non aperiet fabra locucio WALT. WIMB. *Carm.* 266.

faberia v. fabaria.

fabinus, made from beanflour.

prima [conclusio] .. quod sacramentum altaris per se existens in natura sua infinitum abjeccior (*sic*) equi pane ac inperfeccior est; .. tercia, panis triticeus .. est in natura infinitum perfeccior pane ~o vel ratonis WYCL. *Apost.* 127 (cf. *Ziz.* 108: pane equino).

fabra, (?) smith's wife. *Cf. fabrissa.*

1297 ~ra *MFG*.

fabrateria

1 forge, smithy.

~ia, i. turnus [i. e. tornus] *GlH* F 36; grave est institoris fallacis effugere tergiversationem ~iam [*gl.*: locus ubi fabri habitant; *sa forge*] subintrantis NECKAM *Ut.* 119.

2 (?) fabrication.

ignobilis scriba qui nunc Hierosolymis exulat pro suorum mendaciorum ~ia ABBO *Ep.* 11. 437B.

fabre [CL], with craftsmanship, skilfully, cunningly.

a690 aedes architecti ingenio ~e conduntur ALDH. *Ep.* 5 (cf. ib.: velut quaedam contribula apium germanitas nectar ~e conficientium); fabrae, i. ingeniose, docte *GlC* F 9; ~e, i. perfecte, arteficiose, ingeniose, *cræftig GlH* F 35; OSB. GLOUC. *Deriv.* 235 (v. faber 4).

fabreca v. fabrica.

fabrefacere, ~fieri [CL], to fashion, make skilfully.

ALDH. *Met.* 2 (v. 2 ductilis 1a); locus quoque capitis seorsum ~factus ad mensuram capitis illius aptissime figuratus apparuit BEDE *HE* IV 17 p. 246; **840** (11c) discum ~factum *CS* 430; sanctissimum ejus sepulcrum theca de argento simul et auro ~facta .. miro studio decoravit AILR. *V. Ed. Conf.* 781D; **s991** tabulam ligneam in fronte eminentioris altaris ~fieri precepit *Chr. Rams.* 90; capsulam vero ex auro et gemmis ~factam AD. EYNS. *Hug.* V 14 p. 171; de hiis que ~fieri habent de omni metallo quod per ignem .. potest ad bonum opus liquefieri R. NIGER *Mil.* I 65; duo cherubim opere productili, id est malleorum tunsione producta et ~facta R. BOCKING *Ric. Cic.* I 15; hi successores Bezeleel ad excogitandum quicquid ~fieri poterit in argento et auro ac gemmis quibus templum ecclesie decoretur R. BURY *Phil.* 8. 136; **1388** crux argentea deaurata et bene amelata .. stans in quadam basi cum pinnaculis subtiliter fabrifactis (*Invent. Westm.*) *Arch.* LII 226; **s1380** limites videlicet quas listas vocant, ac lignis fortissime ~factas WALS. *HA* I 431.

fabrica [CL]

1 workshop, esp. forge or bloomery. *Cf. faverca.*

949 (12c) ob studium quam (*sic*) mihi auri argentique ~a sollicite deservit atque decorat *CS* 879; de ~a plumbi ij s. (*Worcs*) *DB* I 173va; ibi vij francigenae habent ij car' et iij ~as ferri (*Lincs*) *Ib.* 360vb; **1169** Graftona [*Northants*]: Ricardus de H. debet j m. pro ~a facta in foresta *Pipe* 76; **1196** (v. dealbare 2a); **1230** ~am .. errantem in foresta (v. 3 errare e); **1230** homines Northampton' lx s. de exitu ~e monetariorum Norht' *Pipe* 315; **1260** item de quadam ~a in vico extra portam aquilonarem de dono Giliberti Fabri *Cart. Osney* II 254; **1293** ~a ad ferrum faciendum (*AssizeR*) *Collect. Staffs* VI i 288; **1471** solutis pro j incude empto de H. W. pro ~a abbathie xlvj s. viij d. *Ac. Durh.* 643; **1539** de xxvj s. viij d. de firma ~e vocate *le Yron Smithies* ibidem, unacum licentia fodiendi *le ore* (*MinAc*) *Cart. Rievaulx* 315.

2 act of building, construction. **b** coining. **c** composing, writing.

722 de reditu vero ecclesiae vel oblatione fidelium quattuor faciat portiones; quarum .. quartam aecclesiasticis ~is noverit reservandam BONIF. *Ep.* 18; eidem monacho .. rex .. operis ~am committens precepit quatinus .. opportunum festinaret fundari monasterium *Chr. Battle* 12 (cf. ib. 13v.: ad ~e accelerationem); Noe .. centum annis (*sic*) in arce ~a laboravit P. BLOIS *Ep.* 16. 61A; **s1229** officium suscepit episcopale et ~am nove ecclesie .. viriliter est prosecutus M. PAR. *Maj.* III 189; processum erat eatenus in ipsius turris ~a ut completum esset opus lapideum *Mir. J. Bev. C* 345; **1378** a tempore ~e castri predicti *IMisc* 216/2 m. 2; **1421** in ~a unius muri ex opposito Lawrencehall *MunCOx* 282; **1457** do et lego .. ad ~am et construccionem ecclesie parochialis *Wills Richm.* 4. **b 1313** nec secta ejusdem J. in aliqua curia de hiis denariis foret acceptanda propter eorum consimilitudinem qui sunt ejusdem ~e per totum regnum ad proprietatem eorum probandam nec recipiendam *Eyre Kent* I 78; **s1341** de nova ~a aureorum *Meaux* III 50. **c 1348** et domino Johanni de Barneby ad ~am j missalis, xx s. *Ac. Durh.* 119; **1365** allocantur computantibus pro ~a unius folii cokete, alias amissi, v s. *ExchScot* 197; **1422** usque ad diem ~e hujus mandati (*Augm. Bk.*) *Treat. J. P.* app. 239.

3 artefact, constructed object (also fig.); **b** (w. ref. to created world).

H. AVR. *Hugh* 948 (v. 4b infra); machina est ~a et instrumentum expugnandi BACON *Gram. Gk.* 137; studiorum vestrorum ~as R. BURY *Phil.* 4. 70 (v. 2 esse 14a); ~a aquatica *Reg. Whet.* II 263 (v. commenda b). **b** Dominus ecclesiam de toto orbe collectam in unam sibi domum fabricavit ..; quae videlicet ~a .. in caritatis maxime fundamento ipso operante consistit BEDE *Cant.* 1104; unus autem et solus creator esse cognoscitur quoniam una et sola mundi ~a invenitur PULL. *Sent.* 675D; nam sine homine ~a Dei fortasse inconsummata foret *Ib.* 742B; sicut ille mundanam hanc ~am totam ab ipso creatam .. pie moderatur GIR. *PI* I 7; D. MORLEY 10 (v. exsistere 10a).

4 structure, fabric (of building); **b** (fig.). **c** framework.

sed titubant templi tremibundus marmora crustis / et ruit in praeceps tessellis fabrica fractis ALDH. *VirgV* 1337; ut in tribus annis, quibus ecclesie muri in altum porrigebantur, tota ~a desuper pateret nec .. imber aliquando descenderet EADMER *Odo* 31; fulgurat aurea per laquearia pompa decoris, / crusta metallica, gemmea fabrica, plena stuporis (*Vers. P. Malm.*) W. MALM. *GP* II 88; qui nunquam pro fractura pontis equo descenderit, qui in summitate ~arum per angustissimos axes securus incesserit *Ib.* IV 138; illud fuit tempus quo super ecclesie tectum machinabatur ~am in qua dependerent campane; eam vero ~am quo proprio nomine quam proxime apellem in promtu non habeo *Id. Wulfst.* I 8 p. 15; [Agia Sophia] excellit omnia que usquam terrarum sunt edificia mirabili et augusta sui ~a *Id. Mir. Mariae* 198; **s827** ecclesiam sancti Johannis prostravit, et a fundamento novis ~is edificavit *Eul. Hist.* I 240; **1426** piis quorundam cordibus fuerat celitus inspiratum ut .. scole universales sacre theologie .. pro communi omnium utilitate durabili ~a levarentur *EpAcOx* 25; onustam meremio redam, quod ad novam ~am parabatur *Mir. Hen. VI* IV 135 p. 247. **b** quali se in initio studiosae conversationis sanctimonia subdiderit, breviter protulimus ut, ~ae a nobis fundamento confecto, structurae paulatim sublimitas ad summa altius erigeretur WILLIB. *Bonif.* 2 p. 7; Oswaldi perpetuare memoriam .. fructum dat posteris, devotionem suscitat in modernis, et spei erigit ~am in oppressis R. COLD. *Osw.* 50; sic insensibiles lapides mysteria claudunt /` vivorum lapidum, manualis spiritualem / fabrica designat fabricam H. AVR. *Hugh* 948 (v. et. 3a supra); o quam infelix est ista felicitas, / in cujus fabrica basis est vanitas WALT. WIMB. *Carm.* 379. **c** nonnulli ex utroque latere clavi quibus carine ~a jungebatur, hinc septem, hinc octo scilicet, e suis sedibus dissoluti divulsique ratibus *Mir. Hen. VI* III 124; **1553** (v. conjungere 1a).

5 department of works. **b** fabric fund; **c** (w. ref. to burial).

1360 compotus .. custodis ~e *Fabr. York* 1; **1368** domino Willelmo .. magistro ~e S. Monani ad fabricam capelle ejusdem *ExchScot* 307; **1459** per solucionem factam Johanni D. circa preparacionem et mundacionem lapicidii ad ~am regis in castro de S. *Ib.* 543; **1460** magistro ~e pontis *Ib.* 601; **1513** compotum .. magistri ~e pontis MYLN *Dunkeld* app. 83 *tit.* **b 1220** debet j m. decano .. ad ~am (*Vis.*) *Reg. S. Osm.* I 280; **c1223** sacerdotes infirmos suos moneant .. quod ~e Sarum, matricis ecclesie sue memores, .. in testamento suo de bonis suis relinquant *Ch. Sal.* 158; **1260** ad solvendum ~e ecclesie de Glasg' x. li. sterlingorum *Melrose* 318; **1299** si concordes .. esse nequiverint, valor seu extimacio predictarum decimarum in fabrecam navis ecclesie S. Maugani cujus construccioni (*sic*) ad parochianos pertinet .. convertatur *Cart. Mont. S. Mich.* 34; **1305** omnem pecuniam remanentem .. solvent ~e pontis Londoniarum *MGL* I 123; incepit Thomas prior novam ~am ecclesie, .. juvante episcopo et ecclesiam de Bedlington ad ejus ~am conferente GRAYSTANES 5 p. 41; **1434** de c li. pro reparacione tenementorum ~e ecclesie Lincoln' et c m. pro reparacione firmarum ejusdem ecclesie *Stat. Linc.* II clxvii; **1445** (v. custos 7c); **1451** lego ~e campanilis collegii de Marton xiij s. iiij d. *MunAcOx* II 609. **c 1358** item ~e porticus ubi filii mei sepeliuntur do et lego xx s. *Feod. Durh.* 5n.; **1430** ~e ecclesie mee parochialis pro sepultura mea xx s. *Test. Ebor.* II 8; **1441** ~e pro sepultura mea ij torchias precii xiij s. iiij d. *Ib.* 81.

6 cloth, fabric.

R. COLD. *Cuthb.* 42 (v. effigies 1b).

fabricabilis [LL], that can be worked by a smith, malleable.

congelatur substantia aquea illius [sc. Mercurii] cum frigore magno post actionem caloris, et ideo ductibilia sunt [omnia liquabilia metalla] et ~ia *Correct. Alch.* 5; *Ib.* 17 (v. examinabilis).

fabricalis [LL], proper to a blacksmith.

c1312 in forg' .. sunt diversa instrumenta ~ia (*Ac. Templars*) *LTRAc* 19 r. 26; **1449** ad artem ~em exercendam *Crawley* 476.

fabricare, ~ari [CL]

1 to forge, work or fashion in metal. **b** to coin. **c** (*~are supra dorsum, cf. Psalm* cxxviii 3) to hammer, strike.

quod si calix ex auro argentoque ~atur in ministerium altaris sacri ALCUIN (*Adv. Elipand.* IV 2) *Dogm.* 295D; **841** (17c) dederunt .. magnum discum optime ex argento ~atum *CS* 435; de aedificiis aureis et argenteis incomparabiliter .. ~atis ASSER *Alf.* 91; ad omnia artificia sc. sculpendi, ~andi, scribendi, et multa his similia faciendi ORD. VIT. III 7 p. 94; **1295** xx s. in stipendiis Willelmi de G. fabri .. pro ancora ~anda *KRAc* 5/8 m. 4; xij s. in stipendio ejusdem W. pro viij duodenis pec' ferri in *semnayl* ~andis *Ib.* m. 6; sapiens faber aliquotiens cultellum ~at [ME: *smeoðeð*] nimis mollem *AncrR* 12; **1408** Johanni de Logge, fabro, ~anti et in pecias dolanti viij *blomes* ferri (*Aud. Durh.*) *EHR* XIV 520 (cf. ib. 529: de cclxxviij *blemes* [l. *blomes*] ferri .. in forgeo predicto forgeatis, factis et ~atis). **b 1167** H. et ceteri monetarii r. c. de c s. de misericordia quia ~averunt simul in una domo *Pipe* 193; **1259** moneta .. ~anda (v. 2 decasus 2b); **s1296** cum aliis multis causis .. regem moventibus, sicut de asportacione monete ~ate regni tam auri quam argenti contra edictum regium parleamenti Scocie *Plusc.* VIII 22; **s1344** fecit rex E. ~are florenos auri *Meaux* III 52; **1464** de cona ccclxxxv li. et xiv unciarum argenti ~ati in grossis xij denariorum et vj denariorum per idem tempus, capiendo regi de qualibet uncia ij denarios *ExchScot* 292. **c** positi estis inter malleum et incudem, et assidue supra dorsum vestrum ~ant peccatores P. BLOIS *Ep.* 22. 78A; **s1251** insequentes milites cum supra dorsa eorum ~assent ad votum ditati triumpharunt .. et sic ictus quos .. receperant multiplicato fenore reddiderunt M. PAR. *Min.* III 116.

2 to make, build; **b** (w. ref. to Creation). **c** to compose, write.

curavit .. majorem ipso in loco et augustiorem de lapide ~are basilicam BEDE *HE* II 14; **c740** haec veneranda crucis Christi vexilla sacratae / coeperat antistes venerandus nomine Walhstod / argenti atque auri fabricare monilibus amplis *Epigr. Milredi* 812; **c802** in quocumque loco fuerit ~ata ecclesia ALCUIN *Ep.* 245 p. 396; aureus ille calix gemmis splendescit opertus / argentique nitens constat fabricatus †maclis ÆTHELWULF *Abb.* 450; ante hujus portam pagani castellum sibimet firmum .. ~averunt ASSER *Alf.* 66; lignarius dicit: ".. domos et diversa vasa et naves omnibus ~o [AS: *þyrce*]" ÆLF. *Coll.* 100; considera quid Ezechiel de hoc attestatur ubi ei constructio civitatis divinitus in mundo ~anda demonstrabatur *Eccl. & Synag.* 83; **c1250** in capella .. quam ipse abbas propriis sumptibus ~avit (*Chr. Abingd.*) *EHR* XXVI 731; **c1300** decimas .. turvarum in locis ubi ~antur (v. decimus 4b); municiones et tutamenta que sic ~ate et aptate fuerunt opere lignario et ferramentis quod .. *G. Hen. V* 6 p. 36. **b** tu fabricatus es auroram, Domine WALT. WIMB. *Carm.* 498; qui celi faber es, nunc ventos fabrica, / artis periciam fabrilis explica *Ib.* 499; nascitur in stabulo /—nato Marie filio—/ .. / qui fabricavit omnia LEDREDE *Carm.* 4. 24. **c 1351** (v. dare 1f).

3 to contrive, plan.

s1298 hostilem .. ~averunt rebellionem *Chr. S. Edm.* 69; **s1362** mortem concubine regis .. ~ando per familiares suos machinatus est *Plusc.* IX 45.

4 (sts. w. *falsus* or sim.) to forge, counterfeit: **a** (coin); **b** (document).

a ut .. una moneta eat omni falsitate carens ... quisquis autem post hac falsum ~averit, amittat manum (*Cons. Cnuti*) *GAS* 315 (cf. ib., *Quad.*: falsabit); **s1300** monetam ~averunt (v. deargentatus). **b s1322** archiepiscopus .. pupplicavit quasdam litteras ~atas .. et eas in publico legi fecit *Ann. Paul.* 302; **1347** Laurencius del S. .. quemdam librum per ipsum et complices suos compositum sive factum vel saltim ab aliis falsis auctoribus ~atum, quem idem L. librum de *Domesday* sive feodorum vocat, juratoribus .. in evidenciam .. ostendit, quem juratores ipsi sepissime secuntur *SelCKB* VI 59; *Chester Plays* XI 40 (v. fricare 1a); *vng fause homme clerk* fecit ~ari falsas litteras sigillatas de sigillis comitis de Arloys W. WORC. *Itin.* 4; **14..** predicti C. et E. ex .. conspiratione et covina diversa falsa facta et minumenta de uno messuagio ~averunt *Entries* 356 (cf. *StRealm* II 170 [**1413**]: *aucuns par faux conspiracie et covyne .. forgent .. divers faux faitz et minimentz*).

5 to make up (false) stories, interpretations or sim.

tot rumores falsi ~antur DEVIZES 40; ~antur mendacia BRAKELOND 143v. (v. densere d); sic nec terror intellectus sinistre concipientis scripturam sacram falsificant ipsam, sed forte ad sui damnacionem ~at scripturam erroneam patris mendacii, simplicium sophistice deceptivam WYCL. *Ver.* II 102.

fabricarius, smith, or (?) builder.

1197 Henricus ~ius *Pipe* 248.

fabricatio [CL]

1 smith's work, smelting, forging. **b** coining. **c** object fashioned.

Moyse et Josue tardantibus in monte cum Domino, reliquos omnes in ~one idoli peccasse invenio [cf. *Exod.* xxxii] *Eccl. & Synag.* 57; **1279** Alanus faber propter domum ~onis vj d. *Hund.* II 597a; **1304** (v. 1 barra 1d); **1329** computat pro ~one iiij^{xx} petrarum ferri pro navibus domini regis et comitis Moravie ac pro aliis necessariis *ExchScot* 126; **1408** Johanni Logge, fabro, in ~one et purificacione ferri (*Aud. Durh.*) *EHR* XIV 520; **1433** (v. acuitio a); **1457** Roberto Smyth, fabro .., pro ~one dictarum ix petrarum iiij li. [ferri] in *bragges*, ligaturis ferri et *crokes* et aliis. .. Ade H., fabro de Ebor', pro ~one ij magnarum ligaturarum ferri oppositarum super j ostio infra vestibulum, xiv d. *Fabr. York* 69. **b 1367** (v. denarius 4a); **1468** (v. cursus 6a). **c** stat super auratis virgae fabricatio bullis, / aureus et totum splendor adornat opus WULF. *Swith. pref.* 183.

2 the work of building.

1379 eidem ad completam ~onem et construccionem operis dicte turris *ExchScot* 608.

3 the drawing up of (false) documents, forgery, counterfeit.

de causa criminali de ~one illarum falsarum litterarum W. WORC. *Itin.* 4; E. dicit quod .. in nullo est culpabilis de imaginacione, ~one .. factorum predictorum *Entries* 356.

4 contriving, fashioning (in quot. w. ref. to mind).

fingunt pro equivocacione entis, quomodo dicit quandoque agregative rem cum ~one intellectus et negacione possibilitatis, ita quod ens sit comune ad omne non-ens vel non-possibile WYCL. *Ver.* II 126.

1 fabricator [CL]

1 artificer, esp. the Creator.

986 (12c) cum omnibus .. quae almus cosmi ~or in ipsa telluris edidit superficie *CD* 655; ipse caelorum ~or B. *V. Dunst.* 3; scopulus ejusdem montis passionis dominice testis juxta fossam in qua dominica crux fuit affixa multum scissus, quia sine scissura necem ~oris sufferre nequivit SÆWULF 841; corporea mundi sensilis mole divina ~oris providentia .. informata ADEL. *ED* 15; est preterea locus ceteris omnibus eminentior, cujus spiritalis hujus arce ~or simul ac reparator Jesus solus sine comite speciosus insidens, .. in omnibus splendeat AILR. *Spec. Car.* III 38. 617D.

2 one who makes up (falsehoods).

odium veritatis cum assertoribus amorque mendacii cum suis ~oribus GILDAS *EB* 21; strofosi fallaciarum ~ores satis probrosum facinus et inauditum crimen adversus eum .. concinnant ALDH. *VirgP* 32 (cf. ib. 44: ~ores falsitatum); ~ores mendacii GOSC. *Lib. Mild.* 1; **s1300** nuncios .. qui papam deprecarentur ne mendacii ~oribus, Scotis viz., veritatem odientibus .. sinum aperiret de cetero proteccionis RISH. 196; **1405** quamplures rumorum et mendaciorum ~ores .. ad excitandas dissensiones, discordias et debatas inter populum nostrum .. de villa ad villam .. nocte dieque vagantur *Cl* 254 m. 7*d*.

3 one who draws up (false) documents, forger, counterfeiter.

14.. contra formam statuti contra imaginatores, ~ores, pronunciatores, et lectores falsorum factorum *Entries* 359 (cf. *StRealm* II 170 [**1413**]).

4 deviser, inventor.

ne .. videar .. nove consuetudinis temerarius ~or *Incept. Ox.* 169.

2 fabricator v. fabricatorium.

fabricatorium, smithy, workshop.

1393 et .. concesserimus Galfrido M. hospicium, mesuagia, cotagium, tabernas, ~ium, gardina [etc.] .. habendum ad terminum vite sue *Pat* 336 m. 11 (= *Cal.* 210); **1415** volo quod .. habeat .. tenementum meum cum schopis, solariis et †fabricatoribus [MS: fabricator'] annexis et omnibus pertinenciis suis *Reg. Cant.* III 408.

fabricatura, a manufacture. **b** object made.

a c1300 in vj peciis ferri emptis ad barras fenestrarum, xij d.; Willelmo fabro pro ~a eorundem, xij d. *KRAc* 486/22 m. 4*d*.; **1325** in v peciis ferri emptis cum ~a ejusdem pro grossis ferramentis molendini de T. *Pipe* 170 m. 55*d*.; **s1321** xj ciphi argentei plani de una ~a THORNE 2038; **1453** (v. constructura); *a smethynge*, ~a *CathA*; **1521** de vij d. pro reparacione fornacis in coquina, pro ~a *ly kyll* ad crocum (*Peterhouse*) *Arch. Hist. Camb.* III 580. **b** infidelis vir, .. ~a vilis luti NETTER *DAF* I 52b.

fabricitare, to contrive, fashion.

1494 item ponit exemplum in modo facti, veluti in ~ante, qui ad viam nature per certas alteraciones successive fieri potest *Conc.* III 638a.

fabricius [LL]

1 assoc. w. smithcraft, (w. *molendinum*) iron-mill, smithy w. wheel-driven hammer.

1451 de octo molendinis aquaticis, uno molendino fullonico, uno molendino ~io *Fines* 34/42 (cf. *Devon & Cornw Rec. Soc.* VIII pt. 2 no. 1093); **1507** firma mol[endin]orum full' et fabric': item de ij s. rec' de firma unius molend' fabric' nuper Aliois Subbs per annum. item de ij s. rec' de firma unius mol[endin]i fabric' Johannis Dythen per annum. item de xiij s. iiij d. rec. de firma mol[endin]i full' .. (*CourtR Ralegh*) *MS Devon RO* C. R. 1317.

2 (as sb. n.) forge.

1279 Willelmus Sprunting pro j ~io, ij d. *Hund.* II 597a.

3 fashioning.

s1049 monachus in auri argentique ~io operator mirificus nomine Sperafoch W. COVENTR. I 62 (cf. *Chr. Abingd.* I 462: monachum .. aurificis arte peritissimum nomine Spearhavoc).

fabrifacere v. fabrefacere.

fabrificare [cf. CL fabrefacere], **a** to fashion. **b** to coin.

a tabule rotunde, artificiose de auro et argenteo ~ate S. SIM. *Itin.* 55. **b c1350** in monetaria .. illo die quo ~at, et cambiatori *MonA* III 164.

fabrilis [CL]

1 proper to a smith. **b** suitable for crafting.

ac si aurum ductile suo artifici diceret: "in percussione ~i amplificasti me" BEDE *Tab.* 419; alius cum lima aut ~i malleo instat serae aut pessulo ABBO *Edm.* 15; ~ia instrumenta cum incude et forficibus et minutis ferri malleolis R. COLD. *Godr.* 261; GIR. *TH* III 10 (v. chalybatus a); WALT. WIMB. *Carm.* 499 (v. fabricare 2b); tenens sub pedibus flabra, instrumenta ~ia *Deorum Imag.* 13; malleis et aliis ~ibus instrumentis LIV. *Hen. V* 20a; **1440** pro expensis factis circa fabricam tumbe dicti domini nostri regis in opere ~i *ExchScot* 73; **1560** cum .. j cotagio et j ferlingata terre et officina ~i xv s. *Crawley* 522. **b 15..** pocula leta pius amat et convivia Janus. / mittatur sanguis: lactuca cicercla serenda. / nasturci et semen: vitis vetus ablaqueanda / lunaque decrescens bona ligna fabrilia cedit *Brev. Sal. Kal. Jan.*

2 (as sb. n.) smithy.

1326 in faccione unius ~is pro Nigello Plummer, ij s. iiij d. *ExchScot* 56; **1360** in molendino, brasina, et ~i *Reg. Aberd.* I 88; [abbas T., cess. **1399**] ~e extra portas monasterii, sicut et quedam alia officina, .. una cum horreo fenario infra monasterium .. fecit transferri *Meaux* III 242; **1402** in brasinis et ~i *Melrose* 504; **1453** iij li. xviij s. vj d. de firmis ~ium et cotagiorum de Uchtermukty *ExchScot* V 527 (cf. ib. VI 76 [**1455**]: per integras firmas cotagiorum et ~ium terrarum de Uthirmukty); **1461** abbati de Cupro percipienti annuatim vj s. viij d. de ~i de Brechin *Ib.* VII 90; **1559** in .. ~ibus, bracinis [etc.] *Dryburgh* app. 296.

fabriliter [LL], skilfully.

et hic et hec fabrilis, et hoc -le, unde ~iter OSB. GLOUC. *Deriv.* 235.

fabrilla, small forge.

hec fabrica, -e, unde ~a, -e, i. parva fabrica OSB. GLOUC. *Deriv.* 235.

fabrina, forge, smithy.

1336 xij d. de ~a de Rathew (*KRAc* 331/21) *Cal. Scot.* III 329 (cf. ib. 378 [**1337**]); **c1380** cum ~is et bracinis *Melrose* 486; **1381** pro xxiv celdris carbonum pro ~a, ix li. xij s. *ExchScot* 81; **1382** pro carbonibus pro ~a et pro focali, xvj li. *Ib.* 660; **1396** cum ~is et brasinis *Reg. Paisley* 91; **1499** pro ~a ibidem edificanda cum cursu aque dicte ~e ducendo pro ferro ibidem comburendo *DL MinAc* 513/8277.

fabrinus, proper to a smith.

1279 Petrus Faber tenet j *cotland* et facit opera ~a in caruc' domini de ferro et acero domini *Hund.* II 780b.

fabrissa [cf. OF *favresse*], a smith's wife.

hec ~a, A. *smytwyfe*, *a smyth wyfe WW*; *smythe wyfe*, ~a *CathA*.

fabrura, forging, smith's work.

c1323 in ferro et ascero, clavis, clutis et ferr' equorum una cum ~a ferramentorum carucarum et carectarum (*Ac. Templars*) *LTRAc* 19 r. 27 (cf. ib. r. 28: in ferro et ascero pro caruc' una cum ~a ejusdem).

1 făbula [CL]

1 talk, conversation, esp. gossip, rumour.

confirmare innocentiam hominis cujus injusticie sunt omnium ~a J. SAL. *Ep.* 252 (174 p. 138); **c1168** qualis ~a est nunc .. de predicto Manerio, cujus nomen celebre est ex causa criminis *Ib.* 251 (246); ~as garruli et verbosi tam dulce habent contexere ut .. AD. SCOT *OP* 606C; FORDUN *Cont.* XII 1 (v. derisus); **1407** de placito decepcionis, ac eciam propter diversas .. discenciones et diversas ~as *BB Wint.* 93.

2 story, fictitious narrative. **b** (w. *anilis*, usu. pl.) 'old wives' tales' (*cf. 1 Tim.* iv 7).

apocriforum enim naenias et incertas fribulorum ~as nequaquam catholica receptat ecclesia ALDH. *VirgP* 54; cunque .. epulis, exultationi ac ~is indulgeremus BEDE *CuthbP* 27 p. 246; an forte litteras solutorias, de qualibus ~ae ferunt, apud se haberet *Id. HE* IV 20 p. 250; ~a, i. bella [l. fabella], *spel vel unnyt spræc GlH* F 43; *sume synd gehatene* ~ae, *þæt synd idele spellunga.* ~ae *synd þa saga, þe menn secgað ongean gecynde, þæt ðe næfre ne geweard ne gewurðan ne mæg* ÆLF. *Gram.* 296; ~a .. a veritate dissona GOSC. *Lib. Mild.* 12; omnes actus gigantum et bellatorum ex ~is antiquorum *G. Herw.* 320; a patre suo audita in convivio joculari ~a de Buamundo gigante ORD. VIT. XI 12 p. 212; ~as de Arturo ex priscis Britonum figmentis sumptas et ex proprio auctas W. NEWB. *HA* proem. p. 12; multorum opinione non ~a quidem sed res gesta fuit GIR. *TH* II 24 (cf. id. *GE* II 26: cantantibus ~as et gesta); secundum ~am Sol cum Clymene nympha coiens Phaethonta dicitur genuisse ALB. LOND. *DG* 8. 14; 'verbaque inania et pars fabula', id est fabulata, hoc est ficta; 'sompnio sollicito', quasi dicat: verba vana sunt, quia nisi ~e et ficciones sompniorum TREVET *Troades* 32; non .. precipit Cristus: predicate ~as vel tradiciones humanas omni creature, sed predicate ewangelium WYCL. *Ver.* II 139. **b** ÆLF. *Sup.*, P. BLOIS *Ep.* 76. 237B (v. anilis); aniles ~as et ineptias et puellares lusus et jocos fugiebat *V. Begae* f. 123ra; aniles ~as vulgisque .. adinvenciones STUDLEY 1 p. 367.

3 fable, tale employing animals to illustrate a moral. **b** exemplum, exemplary story.

799 proverbialis in ~a lupus gallo tulit vocem ALCUIN *Ep.* 181; ex ~is Esopi sapientis J. SHEPPEY *Fab. tit.* (cf. ib. ad fin.: explicit tractatus ~arum moralium Esopi); [Esopus] confinxit ~as elegantes .. in quibus docet quid observare debeant homines, et ut vitam hominum emendet et ad mores instruat inducit arbores, aves bestiasque loquaces pro probanda cujuslibet fabula W. BURLEY *Vit. Phil.* 94; Demostenes .. hanc ~am confinxit: lupi suaserunt aliquando pastoribus ut .. *Ib.* 162. **b s1386** [dux Austrie] cum tota nobilitate .. interfectus corruit, ~a facta toto mundo *V. Ric. II* 72.

4 play, drama.

[poematos genus] dramaticon est vel activum id quo personae loquentes introducuntur .., ut se habent tragoediae et ~ae (drama enim Latine ~a dicitur) BEDE *AM* 140.

2 fābula [cf. CL faba], **a** little bean; *v. et.* 2 *fabella.* **b** bean pod.

a 1230 lxxv quar. avene .. et x quar. ordei .. et v quar. ~arum, precium quar. ij s. et xj d. *Pipe* 37. **b** hec febula, *a bencodde WW*.

fabulanter v. fabulariter.

fabulari [CL]

1 to talk familiarly, converse.

[circumitores monasterii] prospiciant si forte aliqui fratres .. sedeant ~antes LANFR. *Const.* 146; nam superiori non obedire periculosum, cum absente carissimo meo de hujusmodi in spiritu ~ari dulce ac jucundum AILR. *Spec. Car.* III 40. 620D; DEVIZES *prol.* 25 (v. 1 deliramentum); qui sordescunt vili veste / fabulantur inhoneste / turpiterque murmurant WALT. WIMB. *Van.* 31; per oracionem .. poterit .. cum omnipotenti Domino ~ari *Spec. Incl.* 2. 1.

2 to relate (story), to tell. **b** (p. ppl. ~*atus, s. pass.*) fabled, imaginary.

in paludibus .. et sub profundissimis stagnis, sicut nymphas habitare ~antur *Lib. Monstr.* I 34; ~atur contra tedium, regi mimus est MAP *NC* V 3 f. 60; quid etiam asinini manichei ~antur 'primum malum', cum ipsi etiam etsi non 'primum' tamen valde essent mali DUNS *Ord.* I 73; **s1414** quod .. in mensa dicti domini mei ad magna solacia per nonnullos convivas regni magnates ~atum audivi AD. USK 123. **b** TREVET *Troades* 32 (v. 1 fabula 2a); [Aristotiles] de ~atis animalibus librum unum W. BURLEY *Vit. Phil.* 248.

fabularis [CL], fabulous.

et hic et haec ~is, et hoc -re: unde †fabulanter [MS: fabulariter] adverb. OSB. GLOUC. *Deriv.* 215.

fabulariter, fabulously.

OSB. GLOUC. *Deriv.* 215 (v. fabularis).

fabulatio [LL], talk, gossip.

domunculae, quae ad orandum vel legendum factae erant, nunc in commessationum, potationum, ~onum, et ceterarum sunt illecebrarum cubilia conversae BEDE *HE* IV 23 p. 265; mox indice fama, / nota fuit dominae sed haec fābulatio servae WULF. *Swith.* II 94; cum ~ionibus et conviviis se totis viribus immiscet Venus J. SAL. *Pol.* 622A; qui de monachis non loqui non potuit, .. instituit monacum aliquem in curia sua .. ut presente monacho et audiente jocundior de monachis fieret ~o DEVIZES 40v.; miror eorum in auditorio tam fortes esse tibias et sanas, quas in oratorio tam debiles conspicio et infirmas, ut in ~one pene toto die infatigabiliter stare prevalent in auditorio, qui sine magno gravamine vix in oratione usque ad finem unius psalmi stare possunt in choro AD. SCOT *OP* 606C; unde religiosi maxime vitare habent ~ones et rumores mundi [ME: *nan tale ne tidinge of þe worlde*] *AncrR* 17; **1390** quod .. a jocosis ~onibus et ociosis coloquiis se absteneant *Stat. Linc.* II 246; **s1424** nolite .. credentiam dare consiliariis perfidis et viris iniquis, qui ~ones vobis referunt, sed non ut lex vera AMUND. I 190.

fabulator [CL], storyteller.

1166 in donum per breve regis Maur[icio] ~ori xx s. *Pipe* 32; famosus ille ~or Bledhericus .. sic enigmatice proloqui consueverat GIR. *DK* I 17; *CathA* (v. fabulo).

fabulo [LL], storyteller.

~o, fabulas componens *GlH* F 39; ~ones, fabularum narratores OSB. GLOUC. *Deriv.* 242 (cf. ib. 215); *a tale maker*, ~o; *tale tellere*, fabulator, ~o *CathA*.

fabulose [CL], according to story.

fabulosus, -a, -um, et ~e adverb. OSB. GLOUC. *Deriv.* 215; [Arcturum] quem ~e Britones post data tempora credunt rediturum in regnum GERV. TILB. II 17 p. 937; ~e depingitur Mercurius habens virgam serpenti nexam et pennas usque ad talos cui datur galea in capite MALACHY *Ven.* 15.

fabulositas [CL], fabulous story. **b** tendency to talk.

quasdam enim bestias prope ad Mare Rubrum nasci ipsa ~as perhibet .. *Lib. Monstr.* II 10; ~as, *spellung* ÆLF. *Sup.* 179. **b** cum silentio sine ulla colloquii ~ate, ecclesiam petunt RHYG. *David* 23.

fabulosus [CL]

1 fabulous, imaginary. **b** concerned w. story-telling. **c** (as sb. n.) something fabulous.

in .. ~is Graecorum fictionibus *Lib. Monstr.* I 50; aut ergo Tyle ~a non minus quam famosa est insula, aut ..

longe sub arctico polo requiratur GIR. *TH* II 17; non ~is sermonibus sed psalmodiis et orationibus *Canon. G. Sempr.* 59v. **b** ~i Britones et eorum cantores fingere solebant quod .. GIR. *Spec.* II 9. **c** ut ~a pretermittam, que musicis instrumentis muros crevisse .. asserunt ADEL. *ED* 26.

2 fabled, as described in stories or fables.

chimeram ut fingunt logicam, ~a vulpis et galli diludia AD. DORE *Pictor* 142.

fabundus [cf. fari], talkative.

OSB. GLOUC. *Deriv.* 242 (v. facundus).

faca, facca v. vacca.

faccilare [LL], to coo.

serpentes sibilunt, silvae strepunt, turdi soccitant vel faccilant, tigrides raccant ALDH. *PR* 131.

facellum v. falcilla.

facellus [dub.], kind of plant, (?) primrose, cowslip.

13.. facellus [*in marg.* (16c): phaseolus per errorem], herba beati Petri, primula veris, *prymerose* idem *Herb. Harl. 3388* 79v. (cf. *Alph.* 78: herba S. Petri, herba paralesis idem, plures habet flores, G. *maierole* vel *bonele*, A. *cousloppe*).

facelus v. phaselus.

facere, fieri [CL, *but with greatly extended use, esp. in formation of verbal phrases; passive supplied by* fieri] FORMS: fut. *faxo, faxis* (fut. perf. in pre-Class. usage, treated as fut. by Priscian): ALDH. *Aen.* 15 (*Salamandra*) 2, *Ib.* 31 (*Ciconia*) 3, HWÆTBERHT *Aen.* 55 (*De turpedo pisce*) 1, *GlC* F 53, *WW* 407. 34 [**9..**], SERLO WILT. 18. 62, OSB. GLOUC. *Deriv.* 239, BACON *CSTheol.* 60; imp. *facito*: BEDE *HE* IV 3 p. 209, *Id. Egb.* 5, *Regesta* I 413; pass. inf. *faci*: **1458** Willelmus Ebchester .. fecit hunc librum faci et assignavit ipsum librarie *MS BL Harl.* 3049 f. 1v.; pass. form of *fieri*: **1199** in omnibus beneficiis et orationibus que inperpetuum fientur in predicta ecclesia *Pipe* 124; gdv. *faciendus* or *faciundus* but also *fiendus* (*v.* 34 *infra*).

1 to make, manufacture (from raw materials or other ingredients); **b** (inscr. on object). **c** (w. *in* or *ad*) to make or shape (into). **d** to make (by alteration or rearrangement). **e** to make (money or profit).

ego ipsos panes meis feci manibus *V. Greg.* 106; materia ex qua fit aliquid ANSELM *Misc.* 338 (cf. ib. 343); de pilis facta AD. SCOT *TT* 646B (v. capillaceus); ad cervisiam ~iendam *Chr. Battle* f. 21v.; **s1190** si .. bladum emerit et de eo panem fecerit, .. *G. Ric. I* 132; **1263** quod nullus .. ~iet pannos (v. grisus 3a); fiat stupha .. ex herbis GILB. I 39. 1, GAD. 59v. 1 (v. encathisma); ex ferro fit cultellus BACON *Tert.* 197 (v. effective); **1278** †faciandis (v. fagotus 1); **1308** in veliis factis de proprio meremio ad rotas ~iendas (v. felga); **1336** in *gumme* empt' .. pro cera viridi ~ienda pro sigillo prioris, xx d. *Ac. Durh.* 533; **c1337** cuidam mulieri ~ienti mortarium, xvij d. *Ib.* 534; **1389** ferra in quibus wafre nostri fient (v. essaiare c); **1403** in medicinis equorum factis per eundem Johannem *Ac. Durh.* 604; **1408** allocate pro magno sigillo gubernacionis regni alias facto, viz. pro argento de quo fit et pro sculptura ejusdem, xiiij li. *ExchScot* 69; **1408** (v. fabricare 1a); **c1450** velvetto .. unde fieri posset integrum vestimentum (v. 1 gunna); **1481** habet lecenciam ~iendi ferri *ExchScot* 596. **b 9..** Wudeman fecið nomine Domini *AS Inscr.* 19. **c** ut fias in gentem magnam [cf. *Gen.* xii 2] AD. SCOT *TT* 821B; debet relevare herbam dim. acre prati et ~ere ad mullonem *Cust. Bleadon* 203; **s1364** aurum .. fecerunt in platas (v. 1 ferrare 5); **1457** item xij petra cebi facta in candelis *Ac. Durh.* 636. **d** de ~iendis portionibus BEDE *HE* I 27 p. 49; **722** quattuor ~iat portiones BONIF. *Ep.* 18 (v. fabrica 2a); **1255** quia tota villata .. fecit stabliam coram .. cervo quando captus fuit *SelPlForest* 34. **e 1198** villata de D. r. c. de xl s. quia minus fecit quam ~ere debuit de cervo *Pipe* 72; **1415** volo quod maxima pecia mea de argento vendatur et pecunia inde fiat modo predicto pro anima W. C. *Reg. Cant.* III 408.

2 to build, cause to be built, construct (building, esp. monastic foundation); **b** (other structure). **c** to make good, repair; also to maintain, keep in repair.

cum enim esset abbatissa, coepit ~ere in monasterio suo ecclesiam BEDE *HE* III 8 p. 144; qui .. ecclesiam de lapide .. ~erent *Ib.* V 21 p. 333; fiebant et reparabantur basilice ORD. VIT. IV 7 p. 215; duas domos canonicas fecit GIR. *Spec.* III 19 (v. canonicus 6b). **b** [murus] factus non tam lapidibus quam cespitibus GILDAS *EB* 15; lapidem de quo locellum .. ~ere possent BEDE *HE* IV 19 p. 244; **c1150** juxta metas et divisas .. que coram abbate de Driburgh et me et probis hominibus facte sunt *E. Ch. Scot.* 176; **1169** pro fabrica facta in foresta (v. fabrica 1); **a1173** j acram terre ad granchiam ~iendam (v. grangia 2b); **s1269** ~iens .. viam (v. carrettarius 1e); **1243** (v. 1 granarium 2b); **1296** (v. cursus 4a); **1336** (v. granarium 1a); **c1350** faciebunt (*sic*) januam (v. clausibilis); **1375** fecit quandam †dranam [l. dravam] (v. drova); **1442** rex .. mandavit quod .. listas .. erigi, construi, et fieri .. facerent *Analog. Cant. Pilg.* 23. **c 1284** nomina eorum qui debent ~ere murum domini regis *Reg. Malm.* I 136; **1293** quia non fecerunt parcum domini fractum *SelPlMan* 72; **1325** computat xij d. in fusillo .. pro capite axis et *pickis* ejusdem molendini emendando et ~iendo cum ferro empto *MinAc* 1148/6 m. 2; **1333** quia non fecerunt *les loninges* sicut preceptum fuit in curia precedenti *Hal. Durh.* 13; **1378** A. T. et G. M. habent diem ad ~ienda tenementa eorum *Banstead* 357; **1379** T. L. in misericordia quia non fecit cepia sua *CourtR Banstead.*

3 to create (from nothing). **b** to institute, establish. **c** (w. *nomen*) to make a name (for oneself), gain reputation.

cum ipse coaevus Patri ac Spiritui Sancto .. caelum et terram cum omni eorum inaestimabili ornamento fecerit GILDAS *EB* 74; qualiter hunc mundum summi prudentia Patris / .. / fecerit aeterno disponens saecula nutu ALDH. *VirgV* 674; **c794** pro te traditus est qui te fecit, immo omnium creator ad redemptionis tuae pretium se ipsum expendit ALCUIN *Ep.* 34; fecisti me ut gauderem de te ELMER CANT. *Quer.* 810A; BLAKMAN *Hen. VI* 3 (v. factura 3b). **b** donaverunt .. episcopo civitatem .. ad ~iendum inibi sedem episcopalem BEDE *HE* III 7 p. 139. **c** moribus egregiis facias tibi nomen honestum ALCUIN *SSEbor* 62; nullo alio proficiens nisi nomen sibi fecit R. NIGER *Mil.* I 17 p. 106.

4 to produce (naturally), grow. **b** to form, make up.

arbor que fructus malos ~it P. BLOIS *Ep.* 5; in testam convertitur et fit ovum *Quaest. Salern.* B 105 (v. crustura); ex patre fit filius BACON *Tert.* 197 (v. effective); maledixit ficulnee ne ~eret aliis fructum (cf. *Matth.* xxi 19) OCKHAM *Pol.* I 39; pustule .. que fiunt in ore *SB* 10 (v. alcollum); *Ib.* 21 (v. ferula 1a); mellelotum .. ~it autem vaginas semine plenas *Ib.* 30; speragus frutex est et spinas ~it *Ib.* 40; **1458** lignum .. habebit ~ere fructum ac folia procreare *Reg. Whet.* I 313. **b** ad locum ubi duos fontes emanant .. et tunc venientes de monte deorsum in unum collecti ~iunt Jordanem HUGEB. *Will.* 4.

5 **a** to compose (literary work), write (letter). **b** to draw up (document), write out (text). **c** to make (sign of cross in place of signature).

a sex libris 'de musica' fecisse comprobatur ALDH. *Met.* 10 p. 81; cui etiam epistolas fecimus (*Libellus Resp.*) BEDE *HE* I 27 p. 53; carmina ~iebat *Ib.* IV 22 p. 261 (v. dulcedo 2b); Anselmus epitaphium Hugonis hoc fecit ANSELM *Misc.* 351; **s1256** Robertus [episcopus] .. hospitatus est in abbathia .. sed priori fecit literas in crastinum, quod hoc in sui prejudicium nullatenus traheretur GRAYSTANES 7; **s1345** fecit fieri literas .. cardinalibus (v. capere 11d). **b †676** (12c) hanc cartam donationis fieri rogavi *CS* 43; **†948** (12c) hoc scriptum fieri precepi *CS* 860; debet .. testamentum fieri coram duobus vel plurimis viris legitimis .. qui testes inde fieri possint idonei GLANV. VII 6; **1214** mandatum fuit vicecomiti quod de utroque apello fieri faceret recordum *CurR* VII 169; **1219** juratores dicunt quod .. non fuerunt ad cartam ~iendam *CurR* VIII 18; brevia ~iunt judicialia *Fleta* 86 (v. cursorius 5e); **s1322** (v. gratia 12a); fiat memoriale quod sigilletur sigillo capituli sub hac forma .. L. SOMERCOTES 29; factis indenturis conventionum *G. Hen. V* 8 p. 50. **c 689** (13c) subscripsi + signum sanctae crucis feci *CS* 73; facto crucis in charta signo ORD. VIT. IV 16 p. 283, etc. (v. crux 8a); subscribant omnes canonici .. et ad minus ~iat quisque propria manu crucem L. SOMERCOTES 35.

6 to constitute, come together as. **b** to amount to, add up to, make.

facta est .. haec synodus BEDE *HE* IV 5 p. 217; de conciliis et sinodis factis R. NIGER *Mil.* III 73; Flandrenses .. septimam in insula gentem fecerunt HIGD. I 58 p. 152; **1369** ideo fiat inde jurata *SelCCoron* 121; **1393** congregacio communitatis facta die Veneris *RR K's Lynn* II 4; **1396** *Reg. Heref.* 92, *G. S. Alb.* III 424 (v. capitulariter 2a); **1444** honorabili patri et domino, venerabilibusque confratribus capitulo .. ecclesie Cantuariensis, capitulum ~ientibus (*Lit. episc. Cicestr.*) *Lit. Cant.* III 187; **1445** (v. capitulum 6a); **1478** nos prior et conventus .. in domo nostra capitulari .. capitulariter congregati et capitulum ~ientes *Lit. Cant.* III 297; **1536** in concilio .. fiendo et tenendo *Conc. Scot.* I ccxlix. **b c1000** pondera xlij ~iunt libras lxx *Eng. Weights* 1; reddebant xvj bulliones ex quibus xv ~iebant unam summam salis *DB* I 268; *RBExch* 431 (v. feodum 3a); **a1189** viij acras terre que ~iunt j bovatam (v. bovata 1b); **c1200** (v. bovata 1a); **1270** (v. 2 grossus 14d); **1295** per magnum quarterium quod ~it duo quarteria *Pipe* 141 r. 29; **1331** (v. bovata 2); ij episcopos et iij procuratores, .. ij comites et iij barones, v milites comitatuum, v cives, et [v] burgenses, qui ~iunt xxv *Mod. Ten. Parl.* 21; **1378** Johannes .., Gulielmus .. [et al.], cardinales, ~ientes ultra duas partes omnium cardinalium *Conc.* III 128; **1384** item pro xvj pipis vini continentibus v *rodes* ~ientes x dolia *Bronnen* 603A (22) p. 363; **1395** (v. copula 6b).

7 to cause, give rise to, produce. **b** (pr. ppl. in phr. ~*iens viduas*) the plant spurge (*Euphorbia*).

ne scandalum ~erent eis qui inter gentes erant Judaeis BEDE *HE* III 25 p. 185; sonitum manu ~iens *Ib.* IV 3 p. 209; nunc brevitatem sermonis ineruditio meae linguae ~it CUTHB. *Ob. Baedae* clxiv; ut magis fidem audientibus ~eret ANSELM BURY *Mir. Virg.* 20; puram vero intentionem seu simplicem puritatem vanarum cogitationum maxime ~it expulsio G. STANFORD *Cant.* 216 *n.* 71; copulative sunt que significant plures inclinationes fieri pro eodem tempore secundum speciem presentis, preteriti, et futuri, aut in diccionibus simplicibus respectu suarum significationum accidentalium, et tunc ~iunt numerum pluralem *Ps.*-GROS. *Gram.* 58; largitas ~it familiaritatem BACON V 46; quedam species [vegetabilium] generat leticiam .. et quedam ~it amorem *Ib.* 121; aque vero salutaris exaltatio fit ex igne sicco vel humido *Id. NM* 547; hec egritudo .. ~it fixuras GAD. 46v. 1 (v. fissura 2a); disma fit ex siccitate *SB* 18 (v. asthma); major antiquitas non ~it majorem auctoritatem (KYN.) *Ziz.* 5 (v. 1 excellere 3); figella dicitur apostema factum de colera naturali et melancolia naturali *Alph.* 66; eo quod furorem ~iat *Ib.* 176. **b** mezereon, anabula major, rapiens vitam, leo terre, ~iens viduas idem, G. et A. *spurge Alph.* 112.

8 (w. vbl. compl.) to cause (to).

mundum faciam frondescere ALDH. *Aen.* 3 (*Nubes*) 4; fontis laticem oleo pinguescere fecit *Id. VirgV* 901; corpora si viva tangam, torpescere faxo HWÆTBERHT *Aen.* 55 (*De turpedo pisce*) 1; diemque nobis dominicam .. fecit esse sollemnem BEDE *HE* V 21 p. 336.

9 (w. vbl. compl. in causal sense) to have (someone) do (something), to have (something) done: **a** (trans., w. inf. act. or pass.); **b** (ellipt., w. inf. act.); **c** (w. dat. of pers.). **d** (w. *ut, quod*, or sim.) to bring it about, see to it (that).

a fac eos .. pro te orare GILDAS *EB* 32; **a705** te Deus valere ~iat ALDH. *Ep.* 6 (8); ut eum in episcopatum suum .. ~erent recipi BEDE *HE* V 19 p. 327; idiotas .. decantare facito *Id. Egb.* 5 (v. decantare 2a); **a1098** facito abbatem .. resaisiri (v. dissaisire 1b); illum .. sudare labor faciebat R. CANT. *Malch.* VI 427 (v. facticius b); **s1061** papa .. eum in sinodo .. sibi a latere assidere fecit W. MALM. *GP* III 115 p. 251; **1177** ~iemus illos jurare (v. 2 gubernator 2b); similiter aliquis pauper scit se predestinatum quem divitie ~erent cadere S. LANGTON *Quaest.* 151; quiescere te fustes facient MAP *NC* IV 16 (v. fustis 3); **1201** R. .. fecit convenire xij homines ad faciendum sacramentum de predicto nativo *SelPlCrown* 2 (v. et. 18a infra); **1216** litteras .. fecimus sigillari *Pat* 1; **1217** (v. cornare a); episcopum postulari fecit G. COLD. *Durh.* 20; innumeros faciet fata subire viros GARL. *Tri. Eccl.* 16; **1290** fecit eum compeditari de quatuor compedibus *State Tri. Ed. I* 51; fecit eos .. incarcerari GRAYSTANES 23; dum .. rex .. intermiscuisset cuneos sagittariorum suorum cuilibet aciei et fecisset eos affigere palos coram eis *G. Hen. V* 12 p. 82; vocato domino J. H., barbam sibi fieri fecit MYLN *Dunkeld* 51. **b** Wilfrithus .. de culmine tecti in summitate virgae manicam deducere fecit FELIX *Guthl.* 40; jube novam componere candelam eandemque ventura nocte in tale fac ardere basilica LANTFR. *Swith.* 32; **1166** fecimus inquirere per legales homines meos quod servitium militum habeat episcopus Bathoniensis *RBExch* I 220; **1202** si careta salinarii fracta fuerit, .. habebunt equi salinarii pasturam .. dum ipse ~it caretam suam parare *SelPlCrown* 21; **1221** idem W. injuste cepit oves suas et fecit eas tondere *Ib.* 109; **1246** J. .. forestarius .. fecit summonere R. de A. viridarium *SelPlForest* 82; **1291** vobis mandamus .. quatinus .. publice proclamare ~ietis ne .. (*Breve*) *MGL* II 188; **13..** nullus pistor †furinare ~iat de feugeria (v. felgera 1a); **1375** A. M. fecit molare xxx cumbas frumenti *Leet Norw.* 65; **1375** ballivi .. ~iunt obstupare regiam viam (*AncIndict*) *Pub. Works* I 277; **c1412** statuta .. in libris .. inscribere inscribive ~ere *StatOx* 211; **1496** (v. grapheriatus). **c a1166** sine dilatione habere ~ias eidem abbati terram quam W... occupavit *Reg. St. Benet Hulme* 39; **1216** quod eidem comiti .. saisinam habere ~iatis de .. castro *Pat* 1; **1217** etc. (v. habere 3b). **d c794** fac ut cotidie pauperes de pane tuo comedant ALCUIN *Ep.* 33; fac sapias, ut sapiens sis *GlH* F 50; pluribus modis dicimus 'facere'. dicimus enim 'facere' aliquid cum esse facimus rem et cum possumus ~ere ut non sit et non facimus ANSELM (*Casus Diab.* 18) I 263; jam plane infantulus fecisset ne ulla ex parte serviret mundo W. DAN. *Ailred* 2; **a1228** fecit quod ipse et heredes tenerent illud ad feudofirmam *Feod. Durh.* 224; **c1249** ~ientes ne alii .. pertimescant (v. curialitas 1b); **1333** ~iendum .. quod .. consideraret (v. falsitas 2c); [Deus] qui ~it quod eadem vox loquentis multiplicetur .. in singulis auribus auditorum *Spec. Incl.* 3. 2; fac igitur ut expugnata jaceant que fecisti, ut perdita pateant WYCL. *Ver.* II 30.

10 (w. sb. as compl., *sc. esse*) to cause to be or become, make. **b** (~*ere militem*) to knight (someone).

domum suam monasterium fecit BEDE *HE* II 1 p. 74; abbatissam eam pro se ~ere disposuerat *Ib.* V 3 p. 286; **†692** (14c) me ei monachum ~io .. devota mente †paratam [l. paratum] peregrinari coram Deo *CS* 79; **11..** ecclesiam Dunelmensem .. heredem de predictis terris ~io *Feod. Durh.* 152; ut eum ~eret spectaculum et ludibrium populo P. BLOIS *Serm.* 653B; Thomas cancellarius Anglie factus BIRCHINGTON *Arch. Cant.* 8; WALS. *HA* I 394 (v. condecenter). **b** W. MALM. *GR* II 133 (v. balteus d);

Sicilia .. Philippi Francie regis filia .. Gervasium .. militem fecit, aliosque plures armigeros militaribus armis .. instruxit Ord. Vit. XI 25 p. 245; s1272 Edmundus .. factus est miles *Leg. Ant. Lond.* 154; s1211 xij nobiles de Scotia fecit milites eodem die *Ann. S. Edm.* 20; potest quis levare istud subsidium ad ~iendum filium suum militem antequam sit de etate xv annorum (*2 Stat. Rob. I* 18) *RegiamM* II f. 42v.; s1303 (v. calcar 1d).

11 (w. adj. as compl.). **b** (*certiorem ~ere*) to inform; *cf. certus* 4. **c** (w. p. ppl. as compl.).

regum omnium Regi qui te cunctis paene Britanniae ducibus .. fecit .. editiorem Gildas *EB* 33; homines de longinquo venientes .. adtonitos ~iunt ut decipiant et crudos devorent *Lib. Monstr.* I 40; 793 fac te ejus donante gratia dignum ab eo exaudiri Alcuin *Ep.* 17 p. 46; 858 si .. aliquis .. hoc infringere vel irritum ~ere conaverit *CS* 496; aliquod mundo memoriale relinquere famamque sui perlongam ~ere Gir. *TH intr.* p. 3; ut expeditiorem sermonibus suis et doctrinis viam ~erent Alb. Lond. *DG* 8. 11; 1220 quia noluit concedere maritagium nec ~ere ipsum liberum *CurR* IX 337; 12.. ipsi ~ient ea adeo bona sicut capiunt ea *Deeds Newcastle* 43; 1255 quia Alanus .. et Thomas .. fecerunt ipsum securum habendi dictos Ricardum, Willelmum, et alios *SelPlForest* 31; ut tutos faciant reges ab hospitibus Walt. Wimb. *Carm.* 375; 1275 nec aliquod factum suum stabile ~ere signo suo proprio *SelPlMan* 148. **b** eos de statu meo ~iam certiores J. Sal. *Ep.* 276 (268); de fide vestra et dilectionis constantia me certiorem ~itis D. Lond. *Ep.* 19. **c** 1184 universitati vestre notum ~imus nos .. dedisse .. *Cart. Boarstall* 2; 1524 vestram beatitudinem rogatam ~imus (*Lit. Regis Scotiae*) *Mon. Hib. & Scot.* 538a.

12 (w. phr. as compl.).

facturus lupum ex agno Gildas *EB* 34; 1140, 1230 (v. de 2b); 1235 ~it attornatum suum de magistro W. *AssizeR Durh.* 79; [mors] factura / jam de nupta viduam Walt. Wimb. *Van.* 151; s1267 ~ientes de necessitate virtutem *Flor. Hist.* III 12; ut ex domo ejus templum ~erent et ipsum pro Deo colerent W. Burley *Vit. Phil.* 80; 1420 ad ~iendum et ponendum in obedienciam dicti patris nostri omnia et singula civitates, castra [etc.] (*Treugae*) *Foed.* IX 895.

13 (refl.) to pretend, make (oneself) out to be. *Cf.* OF *se faire.*

1220 Muriella ~it se impregnatam. idem dies datus est Petro .. qui dicit ipsam non esse impregnatam *CurR* IX 362; 1221 cognovit idem R. quod ipse latro est et non est diaconus nec subdiaconus sicut prius se fecit *SelPlCrown* 92; 1235 (v. gila); 1255 [Radulphus de Fenton'] mutavit nomen suum et fecit se sic appellari cum proprium nomen suum esset Hugh le Fekere *SelPlForest* 17.

14 (w. gen. of value) to make (much, little) of (something). *Cf. floccifacere, nihilifacere.*

c1168 suum et totius generis sui sanguinem minoris fecit quam causam Dei J. Sal. *Ep.* 281 (250); non ergo magni ~iatis si scripturarum teneantur auctores sed si veraciter intelligantur *Ib.* 143 (209 p. 334).

15 a to perform (act), to execute (task). **b** to commit (sin or crime). **c** to carry out (command, duty, or sim.).

a parum namque cogitis vel ~itis quod sanctus Joel .. edixit Gildas *EB* 83; quod .. daemonia ejecerint et virtutes multas fecerint Bede *HE* III 25 p. 187; quid ego possum puellae, si moritura est, ~ere *Ib.* V 3; potuit inde ~ere quod voluit *DB* I 129va; ~iamus quod oratores ~ere solent Gir. *TH intr.* p. 6; audivi de quadam mala muliere que ita erat contraria viro suo quod semper adversabatur ei et contraria mandatis ejus ~iebat *Latin Stories* 13; surge, fac opus tuum, quia dies est *Ib.* 20; 1279 ~it opera fabrina (v. fabrinus); 1379 nullus .. levet baculum pro malo ~iendo *Hal. Durh.* 153; c1380 vobis tenebimur .. ~ere vota vestra *FormOx* 385. **b** adulteriumne vel parricidium fecit? Gildas *EB* 38; si autem peccatum voluerit monachus ~ere *Id. Pen.* 4; si homicidium ~it, xv annos paeniteat Theod. *Pen.* I 14. 25; 836 iniquitates quas per ignorantiam feci *CS* 416; 1203 de .. aliquo delicto facto eidem (v. delinquere 1d); 1221 ballivi de S. contra libertatem suam plures injurias ei ~iunt *SelPlCrown* 115; ea .. que post feloniam facta sunt vel imperfecta et in faciendo numquam valebunt post condemnationem Bracton 23b; 1365 (v. enormis 1c); 1517 pro homicidio facto *Sanct. Bev.* 276. **c** ad ~ienda sublimiora Dei praecepta Bede *HE* III 5 p. 137; c1190 residuum relinquatur executoribus ad ~iendum testamentum (*Stat. Will.* 21) *RegiamM* II f. 11; 1321 nullus ~iat eorum [sc. corveysariorum] officium .. nisi sit de gilda *MunAcOx* 786; Capgr. *Hen.* 60 (v. eximius d).

16 (w. vbl. sb.) to do, perform (action; equiv. to simple vb.); **b** (w. vbl. sb. or sim., used in place of vb. or where no vb. available); **c** (w. non-vbl. sb.) to perform (action contained in or implied by object).

qui sedet ~it sessionem et qui patitur ~it passionem Anselm *Misc.* 338 (cf. ib. 343); cum remissio fit Gir. *GE* I 5; de sermone cujus excogitatio facta est propter scientias speculativas et practicas. rhetorica enim excogitata est propter ethicam civilem Kilwardby *OS* 623. **b** praedas et contritiones nonnumquam ~ientes Gildas *EB* 21; superpositionem ~iat [v. l. ~iet] *Id. Pen.* 1; si monachus pro ebrietate vomitum ~it, xxx dies paeniteat Theod. *Pen.* I 1. 2; 836 factum est haec donatio (*sic*) *CS* 416; c978 (12c) qualiter A. episcopus et familia Wintaniensis aecclesiae .. commutationem terrarum fecerunt *CD* 1347; si quis pugnam fecerit in aula regis (*Inst. Cnuti*) *GAS* 351; assensum fecerunt G. Mon. III 7 (v. assensus a); ad orationem ~iendam *Inst. Sempr.* *xlvi; c1160 etc. (v. excambium 1a); cum [mens] .. fecerit undique girum Vinsauf *PN* 1955 (v. gyrus 2b); 1217 perdonavimus Ricardo .. fugam quam fecit pro morte Ricardi le M. *Pat* 132; 1219 preces fecimus majori et universitati Rupelle de mutuo mille marcarum nobis ~iendo *Ib.* 198; 1221 facta fuit pacacio operis per supervisores *Ac. Build Hen. III* 30; 1234 quod nullus Judeus .. maneat vel residenciam aliquam ~iat in eadem villa [sc. Novi Castri] *Cl* 466; c1235, 1263 (v. captio 3a); qui negligentiam ex officio sibi commisso fecerit *Cust. Cant. Abbr.* 265; 1255 fecit ammonicionem quod ipsum G. a prisona deliberassent *SelPlForest* 13; quod .. frequenter transitum fecerit in bosco *Feod. Durh.* 234; an .. fecerit purpresturam super baroniam episcopi *Ib.* 262; 1280 congressum .. inter se ~ere proponunt (v. burdeicium); 1288 non sunt de libertate et nunquam fecerunt ingressum *Leet Norw.* 8; 1293 ad ~iendum introitum *Ib.* 45; 1296 pro contemptu facto domino priori *Hal. Durh.* 8; 1297 J. L. obvians ei et causa contencionis ~iende cum scapula sua depulsit dictum David *SelCCoron* 89; cum .. fuisset aries in medio mari fecit saltum, in quo Frixus bene se tenuit .. Helles vero .. non bene tenuit Trevet *Troades* 73; si voluerit filius honorem ~ere patri *Itin. Mand.* 120; Gallici a longe stacionem ~ientes et recensientes potenciam nostram ad perstandum *G. Hen. V* 11 p. 72; 1477 per concessionem factam Jacobo H. ad reparacionem .. domus sue in viginti libris *ExchScot* 429; 1527 reformacionem .. hierarchie .. ~iundam vel ineundam *Conc.* III 708. **c** facto iam signo diei horae tertiae *V. Cuthb.* II 2; s1099 curiam ei ~iendo (v. curia 3g); propter solstitium quod sol estivus ibidem / dum facit, avertit radium ne luceat ultra *V. Merl.* 883; c1200 ad ~iendas munditias (v. grandiunculus); 1263 fecit ei .. plagam (v. 3 greva); fiat balneum in aqua marina Gad. 87v. 2 (v. balneum 1a); 1306 ne quis .. justas .. ~ere .. presumat (v. burdeicium); 1317 ~iencium carbones in mora (v. carbo 1e); 1378 quod .. non ponant ferra carucarum infra communem fontem nec aliquam sordem aut maculam ~iant in eodem *Hal. Durh.* 153 (cf. enormis 1c); de hiis qui ~iunt wreccum de navibus .. naufragio periclitantibus *BBAdm* I 228; 1526 quod .. cantum .. ~erent (v. 2 cantus 2b).

17 (in idiomatic expressions).

(~ere auxilium *or sim., to help*) 1219 rogamus vos .. quatinus rationabile auxilium ~iatis .. abbati .. ad se adquietandum versus nos de debitis *Pat* 223; 1233 eos rogamus quod succursum nobis de virga sua ~iant ad cleias ~iendas contra transfretationem nostram in Hibernia *Cl* 316; 1341 (v. comitiva b). —(~ere caudam, *to turn tail*) s1264 cum .. ~erent caudam (v. brecca 1c). —(~ere cervisiam, *to give an ale-feast*) 1254 (v. cervisia 4a). —(~ere collectam, *to impose an exaction*) collectas ad usus pauperum ~ientes W. Cant. *Mir. Thom.* III 43 (v. colligere 4a); 1217 nullus forestarius .. de cetero ~iat scotale vel colligat garbas .. nec aliquam collectam ~iat (*Ch. Forestae* 7) *SelCh* 346; 1283 etc. (v. colligere 4b). —(~ere comitivam, *to provide company*) 1277 etc. (v. comitiva 1b). —(~ere computum, *to render account*) 1283 finale compotum .. redituri, facturi, et recepturi (v. computus 2a); 1451 proviso tamen quod ipse prius compotum ~iat de proventibus beneficii mei *Test. Ebor.* III 116; 1526 item tu nunquam fecisti compotum inter fratres tuos nec aliter .. sic quod nullus confratrum tuorum statum jam domus dinoscit (*Vis. Thame*) *EHR* III 706; 1546 scriba de omnibus .. redditibus per illum receptis plenum et fidelem compotum ~iet *StatOx* 341. —(~ere consilium, *to take or give counsel*) principes fecerunt consilium ut eum occiderent *Eccl. & Synag.* 96; 1217 auxilium et consilium .. eis ~ientes *Pat* 127. —(~ere convivium, *to give a feast*) a1228 vidit eum in festo ecclesie .. ~ere convivium cum quibusdam parochianis suis *Feod. Durh.* 296. 1347 (v. convivium a). —(~ere diligentiam, *to make an effort*) 1371 etc. (v. diligentia c). —(~ere emendas, *to make amends*) 1223 (v. emenda 3); 1296 quod Joannes sit in misericordia pro haya sic injuste levata et quod fiat emenda *SelPlMan* 46. —(~ere exitum, *to inventory, make an account of issue*) 1308, 1388 (v. exitus 7e). —(~ere expensas, *to incur expenses*) s1189 lx m. expensarum nomine quas fecerant receperunt a fisco Diceto *YH* I 280; 1236 (v. expendere 3a); 1243 expensas .. quas .. monstrare poterit se fecisse *Cl* 38; 1265 pro expensis suis quas nuper fecit in eundo in nuntium nostrum *Ib.* 158; 1337 in expensis factis circa structuram novi buteracii .. xvj li. iij s. x d. *Ac. Durh.* 534; 1341 circa bellicosos apparatus immensas ut oportuit expensas fecimus (*Lit. Regis*) *StRealm* V 226a (= Avesb. 95: immensis expensis); 1523 (v. 38a infra). —(*to meet or cover expenses*) s1266 legatus [papae] .. misit in Scociam nuncios, mandans clero et prelatis ut sibi, ad ~iendum expensas suas, certam pecunie summam .. destinarent *Plusc.* VII 27 p. 103 (cf. Fordun *Cont.* X 21: pro expensis ad hoc fiendis). —(~ere fidem, *to confirm, show to be correct*) res enim veritati, veritas quoque fidem ~it rei *Enc. Emmae prol.*; 1460 prout fides facta fuerat super compotum per compotorum rotulatorem *ExchScot* 29. —(~ere gratiam, *to do a favour*) Graystanes 3 (v. gratia 2a). —(~ere iter, *to travel*) iter ~iens juxta ipsum locum Bede *HE* III 10. —(~ere lectum, *to make a bed*) 1226 garcio .. qui lectum suum ~iet et palefridum suum custodiet *Reg. Linc.* II 297; nec .. famulus ad lectum alicujus fratris ~iendum .. unquam accedet *Cust. Westm.* 148; 1324 ne quis accessum ad locum carceris habeat, exceptis .. uno famulo ad ~iendum sibi lectum et uno garcione ad parandum sibi prandium *Proc. A. Kyteler* 9. —(~ere mentionem, *to mention*) nostri mentionem magistri possumus .. ~ere *V. Greg.* 75; cum beatorum martyrum .. mentionem .. ~eret Bede *HE* I 7; a1218 diversas terras .. adquisivit, de quibus non est necessarie (*sic*) magis plenam ~ere mensionem *Cart. Beauchamp* 205; 1255 tunc fuerunt presentes forestarii et vicecomes et nullam fecerunt mencionem quod essent imprisonati pro transgressione venacionis *SelPlForest* 34; hic non est locus ad demonstrandum de hiis arduis, set ideo feci mencionem quia .. Bacon V 119; 1274 fiat mencio si .. *Conc. Syn.* 812; de his in sermone in monte .. non fiebat mencio specialis Ockham *Pol.* II 747. —(~ere mercandisam *or sim., to trade, do business*) a1189 (1484) precipio quod ~iatis forinsecos mercatores venire ad Lincolniam et ibi ~ere mercaturas suas *Gild Merch.* II 378; a1216 neque possunt ad nundinas vel alias exire causa aliquam mercandisam ~ere (*sic*) *MGL* II 68 (cf. *EHR* XVII 725); 1229 quod nullus qui non sit de gelda illa mercandisam aliquam in predicto burgo ~iat *DocIr* 93; 1275 fecit mercandisam cum quodam mercatore *SelPlMan* 138. —(~ere moram, *to stay, lodge*) apud Hugonem reverendum archiepiscopum diutius moram fecit H. Cantor 3; 1209 ipse noluit exire de ecclesia .. set ibi moram fecit per unum mensem *SelPlForest* 9; c1260 blada moram ~ientia in villa *BBC* (*Stockport*) 124; 1290 de comitatu Hunt' quo idem Simon moram tunc fecerat *State Tri. Ed. I* 75; s1300 nuncquam consuevit aliquis ex parte episcopi moram ibidem ~ere nisi clericus quidam *G. Durh.* 9. —(~ere nuntium, *to deliver message*) 1322 rogamus .. quod .. latori .. auxilium impendatis ad ~iendum sibi injunctum nuncium domino regi *Lit. Cant.* I 61; revenerunt oratores .. et facto nuncio .. redierunt *G. Hen. V* 24 p. 162. —(~ere nuptias, *to marry*) humiles nupcias ~ere W. Burley *Vit. Phil.* 24. —(~ere partem in, *to take part in*) 1319 intencionis nostre .. non est .. in crimine cum eis participando comitare, set solum mercaturas exercendo partem minime ~ientes (*Lit. comitis Flandriae*) *Foed.* III 771. —(~ere partem cum, *to take sides with*) c1344 dixit .. quod ipse cum amicis suis ~eret partem ad plenum contra .. Johannem *Lit. Cant.* II 280. —(~ere passum, *to take a step*) quilibet ultra alium passum ~iens cum suo flagello sub se jacentem semel percussit Avesb. 119v. —(~ere rationem, *to state an argument*) ~ias alias raciones Ockham *Dial.* 665. —(~ere sermonem, *to talk, relate*) latiorem in nostra historia .. ~ere sermonem Bede *HE* II 1 p. 73; cum .. de vita priorum patrum sermonem ~erent *Ib.* IV 3 p. 211. —(*to preach*) W. Malm. *GP* IV 139 (v. extemporaliter a); fecit sermonem coram universitate Oxonie .. in ecclesia beate Frideswide virginis Gascoigne *Loci* 9. —(~ere verbum, *to preach*) quia vellet ipsum Paulinum diligentius audire de Deo .. verbum ~ientem Bede *HE* II 13; quum .. Ambrosius verbum in ecclesia ~eret, vidit quidam .. angelum ad aurem stantis episcopi, indicantem ei quod populo nuntiare deberet R. Niger *Chr. I* 42; Christiani veteres .. apud imperatores et principes verba fecerunt Jewel *Apol.* A5.

18 (in formal phr. often to preserve exact meaning of sb.): **a** (leg.); **b** (feud.); **c** (eccl.).

a (~ere attachiamenta, *to attach, bind by pledge, distraint or arrest to appear in court*) 1200 etc. (v. attachiamentum 2a). —(~ere cerchiam, *to make a formal search*) 1228 etc. (v. cerchia a). —(~ere clamorem, *to lodge a plea*) ille qui clamorem inde ~iebat *DB* I 262va; 1221 ipsa nullum clamorem de eo fecit quando hoc factum fuit nisi ad secundum vel tertium comitatum *SelPlCrown* 104; 13.. (v. clamor 2). —(~ere complementum justitiae, *to execute justice*) 1253 etc. (v. complementum 3b); 1350 nolentes .. eis in sua deesse justicia, .. vobis mandamus quatenus .. parti querelanti .. ~iatis in hac parte justicie complementum *MunAcOx* 169. —(~ere defaltam, *to default on appearance in court*) 1224 plures fecit defaltas *CurR* XI 219; 1227 misericordiam in qua incidit pro defalta quam W. .. fecit, eo quod non fuit in proximo wapentakio *Cl* 7–8; 1275 racione defaltarum quas fecit in curia nostra *Reg. Heref.* 26; 1288 J. K. est in decenna R. de S., fecit defaltam ad hunc diem *Leet Norw.* 19; 1419 etc. (v. defalta 1a). —(~ere districtionem, *to distrain*) 1271 O. de B. fecit unam districcionem super R. de C. per unam vaccam *SelCCoron* 17; *APScot* I 374 (v. districtio 5a). —(~ere exsecutionem, *to execute, carry out (judgement or sentence)*) 1229 etc. (v. exsecutio 3). —(~ere grantum, *to make satisfaction*) Glanv. VIII 5 etc. (v. grantum 2). —(~ere gratum, *to compensate*) 1201 etc. (v. gratus 8). —(~ere inquisitionem, *to hold inquest*) 1181 facta est inquisitio aput C. *Dom. S. Paul.* 110; 1223 inquisicio .. in comitatu Oxon' facta *IMisc* 1/2; 1225 ballivi abbatis .. non permittunt eos hundr' ducere apud L. ut inquisitiones ~iant nec aliquam inquisitionem ~ere *SelPlCrown* 117; mandatum est vicecomiti .. quod in pleno comitatu .. convenire faciat iiij hundreda propinquiora et .. diligenter ~iant inquisitionem, et secundum inquisitionem quam ~erent ei habere faciant judicium suum *Ib.* 119. —(~ere insultum in *or* super, *to assault*) 1263 (v. bellicus); 1461 (v. cultellus 1c). —(~ere judicium *or* justitiam, *to execute justice*) dedit vadem de justitia ~ienda *DB* II 133; 1208 si infra terminum illum redierit, fiat de eo justitia tanquam convictus esset de morte predicta *CurR* V 245; 1341 (v. furca 4a); s1381 nondum quievit episcopus donec, perscrutatis per totam patriam malefactoribus, justicia fieret de eisdem Wals. *HA* II 8. —(~ere legem, *to wage one's law, take oath of compurgation*) 1194 de lege sua ~ienda *CurR RC* I 98; 1221 ei datus fuit dies ad comitatum ad ~iendam legem suam, et tunc venit cum lege sua *PlCrGlouc* 6; 1294 super hoc vadiavit legem per plegios. et

quia non potuit ~ere inde legem, ideo in misericordia plegii inde Robertus Molendinarius *Cuxham* 610; **1365** dies datus est omnibus tenentibus ville ad ~iendam legem unam quod .. *Hal. Durh.* 45. —(~ere pacem, *to agree a settlement*) (*Leg. Hen.* 70. 11) *GAS* 588 (v. 2 finire 8a); **1221** infra tertium comitatum fecerunt inter se pacem .. ita quod per pacem illam filius predicti R... duxit in uxorem filiam mortui, et eis dedit j virgatam terre pro pace illa *PlCrGlouc* 28; **1258** de contentione quadam inter ipsos pax facta fuit per ij m. *SelPlMan* 57; **1270** super hoc convictus detentus est in prisona .. usque adventum justiciariorum ad pacem suam ~iendam *SelPlForest* 58. —(~ere rectum, *to submit to or conform with law*) sed in isto hundredo ad placita conveniunt qui ibi manent ut rectum ~iant et accipiant *DB* I 182vb; **a1135** ipse debitor si concedat reddat debitum vel in burgo ~iat rectum *BBC* (*Newcastle*) 143; **1156** precipio ut rectum gilde mercatorum ~iat *Ib.* (*Wallingford*) 210. —(~ere sacramentum, *to take oath*) **1201** (v. 9a supra); **1313** idem Franco queritur quod jurati assise nove disseisine .. falsum fecerunt sacramentum *Eyre Kent* I 159. —(~ere sanguinem, *to commit bloodshed*) qui sanguinem ~iebat a mane secundae feriae usque ad nonam sabbati, x s. emendabat; a nona vero sabbati usque ad mane secundae feriae sanguis effusus, xx s. *DB* I 262va. —(~ere sectam, *to give chase, pursue*) **1221** cognovit villata quod non fecerunt sectam post eum et ideo in misericordia *PlCrGlouc* 1; **1233** in vigiliis vel sectis ad uthesium ~iendis *Cl* 309. —(~ere securitatem, *to give surety*) **1222** mittimus .. ad vos .. dilectos nobis abbates de S. et de H. mandantes quod coram eis ~iatis securitatem de treugis .. †tenendas [l. tenendis] *Pat* 332. —(~ere summonitionem, *to execute summons*) **1278** pro summonitoribus inveniendis ad ~iendum districciones, summoniciones, et attachiamenta infra libertatem ipsius Thome *Reg. S. Bees* 374; **1327** se intromittere .. infra predictas terras ad summoniciones ~iendas vel attachiamenta ~ienda *Reg. Newbattle* 148; Nicholaus .. in presencia .. notarii publici .. dixit ".. ex parte regis vobis ~io summonicionem .." BIRCHINGTON *Arch. Cant.* 21; **1376** ~it summoniciones et sequitur placita *Hal. Durh.* 134. —(~ere transgressionem, *to commit a trespass*) **1252** per .. transgressionem, †factum, regale [l. factam regule] *Cl* 207 (cf. *RL* II 383); **c1258** si contingat aliquem de hominibus meis .. infra predictas divisas transgressionem aliquem ~ere sive in blado sive in prato .. *Reg. S. Bees* 349; **1290** captum fuit [jumentum] .. pro transgressione facta per servientem .. Roberti infra libertatem .. Willelmi *State Tri. Ed. I* 6; **1307** de transgressionibus domino episcopo factis .. quas contra eum fecerunt, succidendo .. arbores .. *Reg. Heref.* 431. —(~ere uthesium, *to raise hue and cry*) **1260** quod uxor sua verberavit uxorem suam unde fecit uthesium *Rec. Leic.* I 119; **s1312** invenit ibi multos homines ~ientes hutesium super eum vocibus et cornibus AD. MUR. *Chr.* 18. —(~ere visum, *to make view*) **1202** serviens domini regis et ij milites qui fecerunt visum de vulnerato *SelPlCrown* 11; necesse est quod fiat visus de tenemento a juratoribus ut certa res deduci possit in judicium BRACTON 179b; **1320** cives debent congregacionem suam facere .. ad ~iendum visum de armaturis suis pro defensione civitatis *MGL* II 343. **b** (~ere fidelitatem *or sim.*, *to do fealty, take oath of fealty*) ORD. VIT. III 5 p. 73 etc. (v. fidelitas 3b); **1153** etc. (v. fidelitas 3a); **1293** (v. feoditas 2); **1293** etc. (v. feodelitas). —(~ere finem, *to make fine, conclude agreement*) **1141** etc. (v. 1 finis 11a); **1175** etc. (v. 1 finis 8b); **1290** (v. diaeta 1e). —(~ere homagium, hominium, *to do homage*) GLANV. IX 1 etc. (v. homagium 1). —(~ere sectam, *to pay suit*) **1222** ad inquirendum .. si homines de Bucston .. fecerunt sectam ad hundredum de Kaustun temporibus H. regis avi nostri *Pat* 347; **1316** W. H. tenet unam molam manualem ad nocumentum molendini domini et non ~it sectam ad molendinum *CBaron* 123. —(~ere seisinam, *to make one's seisin*) **1214** invenerunt Baldewinum T. et dixerunt quod voluerunt intrare et ~ere seisinam in feudo domini sui *CurR* VII 170; **1219** ballivus abbatis .. fecit eidem Waltero seisinam suam [de terra] *Ib.* VIII 16; vicecomes .. seisinam illam ei ~ere distulit *Ib.* 105; **1221** idem H. et alii predicti cum eo fecerunt ei seisinam suam et idem Samuel intus remansit et cepit omnia catalla que fuerunt ipsius Sibille *PlCrGlouc* 27. **c** (~ere hebdomadam, *to perform a weekly course of duties*) **11..** vidi .. eum ebdomadam ~ientem .. et omnia canonici officia exequentem *Ch. Sal.* 17. —(~ere obedientiam, *to do obeisance*) **s1198** contra canonicam obedientiam quam prius fecerant magistro Honorio R. HOWD. IV 52; *Cust. Westm.* 9 (v. canonicus 2b); **12..** fecit obedientiam episcopo *Feod. Durh.* 220. —(~ere professionem, *to make one's profession*) **a1075** de canonica obedientia professionem ~io LANFR. *Ep.* (3 p. 44). —(~ere residentiam, *to reside in one's benefice, (of canon) to keep residence in cathedral*) **1191** de residentia ~ienda in ecclesia Sarum nomine predicte prebende de Syreburne *Ch. Sal.* 50; **1221** archidiaconi .. per tres menses residentiam in ecclesia Ebor' ~ere procurent (*Const. Ebor.*) *MonA* VI 1200b; ut duo ex eis [sc. archidiaconis] residentiam ~iant in ecclesia *Offic. Sal.* 10; **c1250** precipimus ut omnes rectores ecclesiarum et vicarii residentiam ~iant in suis beneficiis *Conc. Syn.* 648; **1319** capellam beate Marie de B. .. tibi .. conferimus .. ita tamen quod ibidem residenciam ~ias personalem *Reg. Carl.* II 190.

19 to perform (ceremony or play), to celebrate (mass or sim.). **b** to celebrate, keep (festival). **c** to make (ritual or polite) gesture. **d** (intr., w. *ante et retro*) to bow (back and forth in ceremonial manner).

orare, missas ~ere, praedicare et baptizare coeperunt BEDE *HE* I 26; ÆLF. *Ep.* 3. 76 (v. evadere 4b); benedictio .. a diacono ~ienda *Miss. Ebor.* I 11 (v. dalmaticare); balivus quidam fecit nuptias *Latin Stories* 73; **1353** nupcie facte (v. convivium a); **1509** pro labore et expensis suis circa Assumpcionem in festo S. Anne factam in navi ecclesie (*Lincoln Chapter Acta* Bj/3/3) *Malone Soc. Collections* VIII (1974) 41. **b** etsi Pascha .. ~ere non potuit BEDE *HE* III 25 p. 182 (cf. ib. p. 185: ita Pascha ~iendum intellexit); tertia ejusdem mensis septimana ~ere praecipimur (*Ep. Ceolfrithi*) *Ib.* V 21 p. 340. **c** LANFR. *Const.* 107 etc. (v. crux 10); memini me audire Romanum pontificem solitum deridere Lumbardos, dicentem eos pilleum omnibus colloquentibus ~ere [*to take one's hat off to*] J. SAL. *Pol.* 487A; fecit reverentiam .. sacerdoti .. non tanquam superiori in temporalibus, sed quia sacerdos erat summus OCKHAM *Pol.* I 51. **d** missam matutinalem celebraturi ante et retro ~iant et se induere pergant LANFR. *Const.* 87; diaconus .. signans se ~iat ante et retro *Ib.* 137; erigat se et non ~iens ante et retro ad ordinem suum in chorum revertatur *Cust. Westm.* 64; veniens ante locum in quo sedebit, ~iet ante et retro *Cust. Cant.* 2.

20 to perform (customary duty), make (customary payment); **b** (w. property as subj.). **c** to pay (money). **d** (w. *plenum*) to render in full. **e** (absol.) to perform customary service.

680 (11c) expeditionem, arcem, et pontem ~ere *CS* 51; huic manerio adjacuerunt vj hidae T. R. E. quas tenet R... sed aecclesiae nullum servitium ~it *DB* I 41ra; qui hanc terram tenebat in prato j die secabat et alia servitia ~iebat *Ib.* 175ra; omnes isti ~iunt consuetudines ad Rikingahala *Ib.* II 370v.; **11..** terras censuales non ad feudum donet nec ~iat milites nisi in sacra veste Christi *MonA* III 175 (cf. *EHR* VII 17); **1166** homines faciunt iiij milites in communi ad servitium domini regis ita quod terra abbatie communicata est cum eis per hidas ad predictum servitium ~iendum *RBExch* 371; **c1180** villam .. tenendam hereditarie de me .. ~iendo inde michi .. idem servisium quod ego debeo ~ere domino meo *Cart. Beauchamp* 310; **c1200** salvo hospitagio .. ~iendo (v. hospitagium); **1203** H... debet v m. ut W... destringatur ad ~iendum eidem H. id quod ~ere debet de libero tenemento quod de eo tenet in homagiis et releviis *Pipe* 98; **1214** ipse voluit seisire in manum suam sicut consuetudo est feudum quod de eo tenuit quousque inde fieret quod fieri deberet *CurR* VII 170; **1216** dedimus salvum .. conductum nostrum Johanni .. cum .. mercandisis suis .. ~iendo rectas et debitas consuetudines de predictis mercandisis *Pat* 2; **1238** etc. (v. carriagium 2a); BRACTON 7, *FormMan* 25 (v. consuetudo 3a); **1260** ~iebat fesancias (v. faisantia); **1283** isti subscripti tenent terras de quibus non ~iunt aliquod servitium *Cust. Battle* 31; **1294** fecit servicium predictum per S. et T. filios suos qui duo servientes acceptati fuerunt pro j milite in exercitu predicto *SelPlMan* 78; **s1296** fideliter ~iam servitia que pertinent ad tenementum quod de eo tenere clamito TREVET *Ann.* 351. **b** *Cust. Battle* 29 (v. excipere 7a); terra .. solebat reddere per annum iiij s. et ~ere alias consuetudines *Ib.* 94. **c** **1287** ~iendo inde per annum pro me et heredibus meis .. xl s. ad duos anni terminos *Ac. Man. Coll. Wint.* (*Cranfield*); **a1291** exceptis vj d. quod predictus W. pro pultura domini abbatis de dicta terra ~ere consuevit *Cart. Chester* 440. **d** **1252** de caseo, melle, sepo, et sale fecit plenum *DC Cant. Reg.* H f. 173 (cf. ib.: sic factum est plenum et ultra). **e** **1340** tenementum .. tenendum secundum usagium manerii serviliter et ~iendum domino .. prout pater suus facere consuevit *Lit. Cant.* II 233.

21 (in phr. *fieri* ~*ere*) to raise (money from a defendant's property to pay plaintiff's debt, damages, or sim.); **b** (w. ellipse of *fieri*); **c** (*fieri* ~*ias*, name of writ for recovery of debt).

1248 preceptum fuit vicecomiti quod de terris et catallis predicti W. fieri ~eret predictas vj m. *Eyre Berks* 662; fiat ei seysina per tale breve: rex vicecomiti salutem... de terris et catallis predicti B. fieri ~ias tot denarios et illos sine dilatione haberi facias BRACTON 312b; **1269** concessit .. quod senescallus Wasconie .. fieri ~iat de terris et catallis suis mille marcas .. ad opus .. Johannis .. reddendas *Cl* 113; **1285** cum debitum fuerit recuperatum vel in curia regis recognitum vel dampna adjudicata, sit .. in eleccione illius qui sequitur .. sequi [? *add* per] breve quod vicecomes fieri ~iat de terris et catallis vel quod vicecomes liberet ei omnia catalla debitoris *StRealm* I 82; **1290** concedit .. quod vicecomes fieri ~iat predictos denarios .. de terris et catallis suis *State Tri. Ed. I* 11; **1298** quod vicecomites .. fieri ~iant de terris et tenementis .. predictas lx li. *MGL* II 96. **b** **1199** breve directum est vicecomiti quod .. de catallis eorum ~iat denarios *MemR* 11; **1224** preceptum est vicecomiti quod de terris et catallis ~iat illos denarios *CurR* XI 2195; **1269** predictus B. cognovit se debere predicto J. de fine suo pro transgressione dccc m. quas ei solvet .. ad terminos supscriptos .. et nisi fecerit, concedit quod vicecomes ~iat de terris et catallis *Cl* 245; **1290** vicecomes Northamtonie fecit de eo v m. per breve de scaccario *State Tri. Ed. I* 86. **c** **1301** per breve regis de fieri facias *SelCKB* III 116; **1328** propter .. destruccionem hujus prioratus .. per brevia que fieri ~ias vulgariter appellatur *Hosp. in Eng.* 216; processus de fieri ~ias pro bonis orphani *MGL* I 610.

22 to accomplish, achieve, bring to an end.

ut vindicta necis .. / interitus fieret Solimae ALDH. *CE* IV 7. 19; **s1137** Teodekesberiensis abbas .. in proximo modum ~iet vite J. WORC. 41; **s760** Adelbrith rex Kentensium metas vivendi fecit B. COTTON *HA* 11 (= H. HUNT. *HA* IV 22: attigit); circa probacionem istius minoris duo ~it. primo probat quod .. HOLCOT *Wisd.* 58; [Cyrus] l millia Judeorum laxatos a captivitate regredi fecit in Judeam, unde magnum factum est exterminium Judeorum [*whereby ended the great exile of the Jews*] *Eul. Hist.* I 55; **1438** lecturam sic factam .. duxit .. acceptandam *Reg. Cant.* III 276 (v. gratia 13); **1450** supplicat .. quatenus ea que fecit in facultate arcium sufficiant sibi pro completa forma *MunAcOx* 730.

23 (intr.) to work. **b** (trans.) to perform (a measure of work).

1265 cum neuter eorum possit ~ere in hoc [crofto] de sua parte nec seminare partem suam nisi .. *Cart. Boarstall* 289; **1378** in v paribus caligarum datis [servientibus] ut melius ~erent in officiis suis, vj s. iiij d. *Ac. Durh.* 587. **b** **1225** ~ere iij precarias, **1403** ~ere .. iij bederipas (v. faeniso b); **1283** si opus fossorium injungitur, debent in die duo homines de novo fossato ~ere j perticatam *Cust. Battle* 28; **1454** sol' .. carpentario .. pro j dieta facta super *le larderhouse*, iiij d. *Ac. Durh.* 634.

24 to spend (time).

pervenit .. ad ecclesiam suam .. et fecit in ea annos xx et unum BEDE *HE* IV 2; jamque Cantuarienses Rome tres septimanas fecerant cum nostri illuc perveniant H. CANTOR 30; fecit ibi sex annos neminem videns *NLA* II 519.

25 (replacing preceding, or sts. following, vb. in repetition).

604 (12c) hoc signo sanctae crucis confirmavi, eosque jussi ut mecum idem ~erent *CS* 3; curabat autem semper, sicut et antea ~ere consueverat BEDE *HE* III 19 p. 167; dederunt .. naves ... hoc ~iebant pro eo quod .. *DB* I 1ra; burgum Hertforde pro x hidis se defendebat T. R. E. et modo non ~it *Ib.* 132ra; verbum hoc quod est '~ere' solet poni pro omni verbo cujuslibet significationis finito vel infinito, etiam pro 'non ~ere'. cum enim quaeritur de aliquo 'quid ~it?', si diligenter consideretur, ponitur ibi '~it' pro omni verbo quod responderi potest ANSELM *Misc.* 337 (cf. ib. 342); **a1100** deinceps tres [milites] mihi habeat sicut antecessores sui ~iebant *Cart. Rams.* I 235 (= *Regesta* 462); ibi ergo diu orationi vacabat sicut et ante missas fecerat *V. Gund.* 21; [significat] longitudo stole perseverantiam. idem ~it alba in hoc quod talaris est ROB. FLAMB. *Pen.* 90; **1230** reddent x m. per annum de eadem firma sicut prius fecerunt *LTRMem* 11 m. 6d.; **s1253** aqua .. ascendens altior quam umquam fecit (v. excrescere 2); **s1316** maxima pars populi illo anno, sicut in ceteris precedentibus fecerat, fame et inedia deperisset TROKELOWE 96; R. BURY *Phil.* 8. 121 (v. apotheca e); **1370** tenentur mundare unum fossatum .. et non ~iunt nec fecerunt per decem annos elapsos *Pub. Works* II 45.

26 (impers. w. ref. to weather; *cf.* Fr. *il fait*, Sp. *hace*).

lupus .. caudam in aquam posuit et diu tenuit donec esset congelata; gelu enim ~iebat O. CHERITON *Fab.* 74.

27 (absol.) to act, do; **b** (w. adv.); **c** (w. *tantum*).

a800 nunc, peccatis ~ientibus, rari sunt operarii in messe Domini ALCUIN *Ep.* 189; ~iamus sicut nobis expedit (*Quad.*) *GAS* 355; habitum S. Benedicti .. peccatis suis ~ientibus reliquerat ORD. VIT. III 3 p. 46; **1231** exaccione vestra ~iente, oportebit .. *BBC* (*Oxford*) 100. **b** **679** si aliquis aliter fecerit, .. *CS* 45; bene ~is .. qui .. orationibus insistere maluisti BEDE *HE* IV 23 p. 264; **796** modo viriliter fac et fortiter ALCUIN *Ep.* 114 p. 167; bene loquere, sic bene ~ias *Prov. Durh.* 20; existimans se fortiter facturum W. CANT. *Mir. Thom.* VI 91; **s1349** Robertus de N. .. obiit anno mcccxlix, tempore pestilencie, qui laudabiliter fecit in vita sua, ut sequitur .. *Chr. Rams.* app. 353; **1445** assisores tradent unam schedulam .. cancellario et alteram schedulam collectoribus, ut cancellarius videre poterit quod collectores ~iunt juste *MunAcOx* 550. **c** **c1160** predictus Robertus et socii sui erga Fulcardum filium Orgarii tantum fecerunt quod Orgarius clamavit quietam .. masuram in qua pater suus manserat TORIGNI *Chr.* app. 332; **1235** Petrus .. tantum fecit versus dominum suum quod ipse concessit quod ipse perquireret *JustIt* 864 m. 10d.; **1269** per se ipsum et amicos suos fecit tantum erga dominum regem .. quod idem rex dimisit .. custodiam foreste *SelPlForest* 46.

28 (intr.) to act, have an effect: **a** (w. *ad* & acc.); **b** (other).

a ad idem ~ere videtur .. apum ex cera procreatio GIR. *TH* I 15; ~it ad idem et illud quod in Actibus .. legitur *Id. Symb.* I 20 p. 254; una / ars ad utrumque facit VINSAUF *PN* 1852; corporis percussi resistentia ~it ad esse soni J. BLUND *An.* 172; sicut enim lux ~it ad operationes sensus, ita et illuminatio pure veritatis ~it ad operationem intellectus *Ib.* 372; illud .. decretum .. non ~it ad propositum, quia non loquitur de imperatore, sed de rege Francie OCKHAM *Pol.* I 85 (cf. id. *Dial.* 852: illud ad propositum nihil ~it); ad evidenciam intencionis appellantis ~iunt duo *Id. Pol.* I 331. **b** ~it hic locus et adversum Eutychianos BEDE *Mark* (xiv 38) 277; epistola .. hujus sermonis testimonio assistit et mecum ~it W. MALM. *GP* I 1 p. 7; **1312** promittens contra predictum assecuramentum non ~ere vel venire *RGasc* IV 977 p. 265 (cf. ib.: non contrafaciet vel veniet); **1415** volo quod predictum tenementum .. vendatur per executores meos

.. ad ~iendum pro anima mea *Reg. Cant.* III 408; **1425** si et quatenus dicte littere .. ~iant in hac parte et non aliter *Reg. Cant.* III 129.

29 (med.) to work, be effective.

cum humidum ~iat ad facilem dispositionem et non ad retentionem GILB. I 11. 1; *Ib.* II 120. 1 (v. gratia 22); diacameron ~it asmaticis *Ib.* IV 200v. 2 (v. diacameron); marubastrum .. cujus vires ~iunt ad morsus serpentinum *Alph.* 109.

30 (w. *ad*) to be conducive (to), cause.

sine frigido et sicco non est vita, unde frigidum et siccum ~iunt ad vitam quando proporcionem habent cum calido et humido, sed non principaliter BACON XI 179; vulgus philosophancium nescit causam experiencie vulgate in hac parte [sc. cum magnete], sed credit quod stella nautica ~it ad hoc *Id. Min.* 384.

31 (w. prep. in phr.): **a** (w. *cum*) to have dealings with (person). **b** (w. *de* or *ex*) to do something with or about. **c** (w. *pro* or *contra*) to give judgement for or against.

a s**1341** rex .. et sui quesiverunt habere ~ere cum eisdem [Scotis] AD. MUR. *Chr.* 123; **b** **692** quaecumque volueris de eadem ~ere terra, liberam habeatis potestatem *CS* 81; tracturus cum suis quid de his ~ere deberet BEDE *HE* III 26; ut quid de te fieri deberet agnoscerem *Ib.* V 12; **692** quaecumque volueris de eadem ~ere terra, liberam habeatis potestatem *CS* 81; **799** vide ne tu ipse ~ias de glorioso principe Carolo sicut Arrius fecit de Constantino (ELIPANDUS) *Ep. Alcuin.* 182 p. 303; *DB* II 17v., **1274** (v. ex 10b); **1221** usque provisum fuerit quid inde ~iendum sit *SelPlCrown* 97; **1242** quod .. de terra illa .. pro voluntate sua ~ere possit et disponere *RGasc* I 84. **c** cum omnia que contra nos scripta habere videntur .. sint extorta, cuncta vero que pro nobis ~iunt spontanea GIR. *Invect.* I 4 p. 99; **1230** non potuit sanare defaltam et preterea inquisitio expresse ~it contra ipsum *CurR* XIV 180; **1231** concedit quod sive venerit sive non ad diem illum et inquisitio ~iat pro Sarra, quod ipsa recuperet .. dotem suam *Ib.* 1581; **1233** quia .. W. petiit communam .. et quia inquisitio ~it pro eo, consideratum est quod W. recuperavit seisinam *Ib.* XV 132; **1304** cum .. inquisicio super vacacione ipsius ecclesie .. totaliter ~iat pro eodem [Thoma] *Reg. Cant.* 790; illud capitulum .. non ~it pro appellante, sed contra ipsum OCKHAM *Pol.* II 453; pro hoc ~iunt raciones et auctoritates quas supra .. adduxi *Id. Dial.* 429; **1417** certificavit quod dicta inquisicio fecit et ~it tam pro jure presentantis quam presentati *Reg. Cant.* III 459; **1423** ecce quomodo iste sanctus, cujus dicta putatis contra me procedere, ~it pro conclusione quam hic sustineo *Ib.* 162.

32 (log. & phil.) to do (dist. from *agere*, cf. ποιεῖν and πράσσειν). *Cf. facientia, factibilis, factivus.*

notandum quod sicut movere sic nec ~ere est synonymum cum agere ... agere autem non est extra causancia, nisi agentis ad intra et producentis rem absolutam; sed ~ere appropriatur ad causanciam ad extra et non requirit ~iens suum agere ad intra, et per consequens nec esse activum nec rem absolutam producere WYCL. *Ente Praed.* 133–4; *Ib.* 134 (v. factibilis b).

33 (supine) doing.

id quod factu difficillimum erat OSB. *V. Elph.* 132; factu facilia W. MALM. *Wulfst. prol.* p. 2; mirum dictu sed mirabilius factu! J. FURNESS *Kentig.* 20 p. 194; ut .. factu faciles vite susciperent emendationes PULL. *Sent.* 771C.

34 (*fieri*) (of events, situations, or sim.) to happen, take place, arise, befall; **b** (impers.); **c** (of time of day). **d** (impers. subj., *fiat!*) amen, so be it.

resurrectionem dominicam quae prima sabbati facta est BEDE *HE* III 4 p. 135; quaestio facta est frequens et magna de observatione Pasche *Ib.* 25 p. 181; facta erat eclipsis solis *Ib.* 27; s**879** (v. 1 eclipsis a); meliora plura quam gravia honera fiunt *Prov. Durh.* 37; s**1133** asserunt quidam eclypsim solis factam fuisse J. WORC. 37; si [comete] de Venere aut de Jove fiant, optima pronuntiant ALB. LOND. *DG* 9. 6; si fiebat eleccio, fiebat in capella regis HARCLAY *Thom.*; *Cust. Cant.* 425 (v. fa); s**1389** dominus papa .. constituit jubileum fieri WALS. *HA* II 187; HOTHBY *Contrap.* FL 64 (v. discurrere 3b). **b** quo fit ut .. ALDH. *Met.* 10 p. 83; W. MALM. *Mir. Mariae* 157 (v. fulgere 3a); ad diabolum fiat ut petitur GASCOIGNE *Loci* 8. **c** mox mane facto BEDE *HE* II 6 p. 93; mane autem facto OSB. BAWDSEY clxxvi. **d** **964** amen! amen! amen! fiat! fiat! fiat! *Cart. Worc.* 1 p. 6; a**1132** fiat! fiat! amen *Lib. Eli.* III 26 p. 263; ?c**1260** maledictus maneat! fiat! fiat! amen! *Pol. Songs* 123.

35 (w. compl.) to become, be made.

illa anicula surrexit et facta est juvencula pulcherrima ALDH. *VirgP* 25; Christianus integro ex corde factus est BEDE *HE* I 7 p. 18; **798** (12c) utque illius donatio perseverantior fieret (*Clovesho*) *CS* 291; factus estis mihi consolatio multa in diebus malis D. LOND. *Ep.* 2; magni fieri possumus GIR. *TH intr.* p. 5; s**1185** relicta crucis religione, fient crucis et nominis Christi persecutores R. HOWD. II 303 (v. crux 2d); Ermenilda regina .. cum .. virgine Herburga filia sua sanctimonialis fieri fixum in corde constituit *V. Wulf. & Ruff.* 29 (= WHITTLESEY *app.* f. 9v. p. 153: †ferrifixum); coguntur inclusi fieri ductiles *Ps.*-ELMH. *Hen. V* 87 (v. ductilis 4); s**1389** [fratres predicatores] extra proteccionem regiam facti sunt WALS. *HA* II 187.

36 (inf. *fieri* as sb.) becoming, coming into being (esp. phil.) **b** (*in fieri*) in process, in the making.

grandines habent fieri ex grossis guttis *Quaest. Salern.* B 163; hii etiam affecciones sumuntur secundum esse et fieri *Ps.*-GROS. *Gram.* 60; [lux] non est res in fieri .. sed est vere in factum esse *Ps.*-GROS. *Summa* 535; aut est causa in fieri aut in esse BACON VIII 74. **b** PECKHAM *Def. Mend.* 299 (v. crucifer 2b); per speciem actu existentem, que tunc non est in fieri vel fluxu sed in facto esse et manens W. MACCLESFIELD *Quaestione* 4vb; tale apostema aut est in via generacionis et fieri aut est factum GAD. 27. 2; pisces et carnes qui sunt in fieri putrefaccionis *RB Ossory HMC* 256; tempore quo presentis ecclesie edificia in fieri fuerant et non in facto ELMH. *Cant.* 94; diu .. stetit hec fabrica in fieri *Reg. Whet.* II 416; **1470** opere dicto pendente in fieri et vix semiperfecto *Ib.* I 424.

37 (as auxiliary vb.). *Cf.* 2 *esse* 13.

790 nescio quid de nobis venturum fiet ALCUIN *Ep.* 7; Eadric fit ductus et ante tribunal WULF. *Swith.* II 306.

38 a (*fiendus*, LL fut. ppl. pass.); **b** (as gdv. without fut. sense). **c** (*faciendus* as fut. ppl. pass.). **d** (*facturus* subst. as fut. ppl. pass.).

a conferebat .. Maria ea quae fienda legerat, cum his quae jam facta cognovit BEDE *Hom.* I 7. 38; **1419** assecucionem quacumque auctoritate factam vel fiendam *Pri. Cold.* 91; **1523** in expensis in lite factis et fiendis *Offic. S. Andr.* 26 (cf. ib. 27: in expensis in lite factis et faciendis). **b** radii et pyramides sunt breviores et magis accedunt ad reflexionem in se ipsis fiendam GROS. 69; cause impressionum fiendarum, ut galactive BACON VII 6; **1343** ad finem .. pacis fiende (*Treugae*) AD. MUR. *Chr.* 130; **1378** ad .. solucionem sine dolo .. fiendam *Reg. Aberd.* I 123; c**1420** pro clericis fiendis (v. apprenticius); **1448** divinis serviciis .. celebrandis et fiendis *Reg. Whet.* I 30; **1503** pro vj li. cere nove emptis pro cereiis fiendis in capella *Cant. Coll. Ox.* II 237. **c** **1426** quibuscumque aliis disposicionibus quovis modo factis sive faciendis non obstantibus *Reg. Cant.* I 235; reservacionibus .. factis vel inantea faciendis .. nequaquam obstantibus *Ib.* **d** **1303** super excessu .. execucionum in tuicionis negocio contra rectorem ecclesie de Y. pro priore et conventu de T. per vos, ut dicebat, facturo, .. *Conc.* II 275; eos, si salvi fuerint, non aliter quam purgacione divini ignis et spiritus sancti, salvos facturos esse COLET *In I Cor.* 180.

39 (p. ppl. *factum* as sb. n.) deed, action; **b** (dist. from word). **c** (*~um werrae*) act of war. **d** (*~um armorum*) feat of arms, tournament.

num quid Deus ~a impiorum non respicit? GILDAS *EB* 59; delectatus tali ~o pietatis BEDE *HE* III 6; legentes quoque vel audientes exemplum ~i *Ib.* V 7; plenaria causa septem habet circumstantias .. in persona quaeritur quis fecerit, in ~o quid fecerit .. ALCUIN *Rhet.* 6; si quis exlegis ~um [AS: *weorc*] fecerit .. (*Cons. Cnuti*) *GAS* 317 (cf. (*Inst. Cnuti*) *ib.*: si quis fecerit opus expulsi quod Angli vocant *utlages peorc*); s**1139** cum multi a rege non solum animo set et ~o deficerent W. MALM. *HN* 48 p. 25; **1166** quid ~o opus sit J. SAL. *Ep.* 191 (172); quid .. ~o opus est NECKAM *Sal.* 29; HALES *Sent.* IV 21 (v. exorcizatio); in ~is Judith *AncrR* 113. **b** facto et dicto (ÆTHELWALD) *Carm. Aldh.* 5. 12; a**796** quam plurimi verbis optant sed non ~is perficiunt ALCUIN *Ep.* 84; **798** (12c) neglectis praenominati archiepiscopi .. dictis et ~is (*Clovesho*) *CS* 291; dicta vel ~a BYRHT. *V. Osw.* 406; **1313** verbo effectuali vel ~o *RGasc* IV 977 p. 265. **c** **1378** pro bono servicio quod .. nobis impendet .. in isto proximo viagio ad ~um guerre super mare *Pat* 302 m. 7; **1521** omnia ~a guerre, inimicicie, et vie facti cessabunt (*Treugae*) *Foed.* XIII 746. **d** **1314** super ~o armorum, id quod pertinuerit ad statum ville pacificum .. absque scandalizosa concitacione populi .. ordinabitur .. per majorem et juratos *RGasc* IV 1539; **1340** ne quis .. torneare, burdeare, justas facere, aventuras querere nec alia ~a armorum exercere presumat sine mandato nostri speciali (*Cl*) *Foed.* V 223; **1388** ad proclamacionem ~i armorum de pace et hoc in locis ubi hujusmodi ~um fieri contingeret *Cl* 228 m. 7 (cf. *StRealm* I 258: *au cri du fait darmes de pees*); s**1194** rex Ricardus in Angliam transiens statuit ~a armorum que vulgo torneamenta dicuntur in Anglia exerceri BROMPTON 1261; **1409** ad certa punctus et ~a armorum *Foed.* VIII 570; **1442** predictum Johannem .. ad certa puncta sive ~a armorum inter eos facienda .. provocavit et cum eo puncta sive ~a predicta .. peragere desiderabat (*Ac. Foreign* 76 D) *Analog. Cant. Pilg.* 23.

40 unlawful deed, crime. **b** (*in ipso ~o*) in the act (of committing crime).

1220 Robertus appellat Walterum .. de vi quod fuit in forcia cum ipso Eustachio .. remaneat sub custodia qua fuit quousque E. appellatus de ~o convincatur *CurR* VIII 383; **1221** R. fugit et postea per aliud ~um suspensus fuit *PlCrGlouc* 7; s**1231** cum hoc enorme ~um ad aures regis pervenisset .. WEND. III 11; **1275** Leticia .. incopavit dictum Ricardum de personali ~o de injusta detencione et deforciacione unius dim. m. *SelPlMan* 148; **1301** recettavit dictos R. et R. ante ~um et post ~um ita quod postea fugierunt nescitur quo *SelCCoron* 59; **1369** pro eo quod idem W. qui de pricipali ~o felonie predicte indictatus fuit dictum est predicto R. quod de auxilio abettamento et procuramento .. eat inde sine die *Ib.* 121. **b** **1212** Henricus .. captus est pro morte Reginaldi .. et testatum est quod ubi eum occidit cultello suo ipse wlneratus eum retinuit donec per clamorem levatum tota villata eum cepit in ipso ~o *CurR* VI 351.

41 fact, matter; **b** (*de ~o*, esp. in contrast to *de jure*); **c** (*ipso ~o*); **d** (in technical plea of exception).

per ~i .. evidenciam PECKHAM *Kilw.* 129; licet in hiis que juris sunt .. errare non possit, tamen errare potest in hiis que ~i sunt OCKHAM *Pol.* I 59; *Ib.* 301 (v. extrinsecus 6a); papa in ~o fidei est inferior concilio generali *Id. Dial.* 496; ~a enim quid actum est ostendere poterunt FORTESCUE *NLN* II 22; **1530** cum in ~o .. redditus et arreragia .. non excedebant summam lvj li. *Cant. Coll. Ox.* III 218. **b** H. AVR. *Hugh* 826 (v. de 10a); **1279** quicquid nos .. ordinaverimus, .. complebunt .. et non venient contra de jure vel de ~o *RGasc* II 58; **1296** de qua .. porcione eadem C. de ~o cum de jure non posset feoffavit dictum R. filium suum *SelPlMan* 174; **1314** opera Trinitatis respectu creaturarum sunt indistincta de ~o, non tamen necessario *MunAcOx* 100; **1315** clamdestinum matrimonium de ~o cum de jure non possent inter se contraxerunt *RGasc* IV 1363; deposicio .. Michaelis .. de ~o processit et nullo modo de jure OCKHAM *Pol.* I 293; s**1383** sub colore, ut dixerunt, expugnandi antipapam qui de ~o castitatem expugnabant *Eul. Hist. Cont.* 357; **1420** promisit .. quemlibet relevare et extunc de ~o relevat ab omni onere satisdandi *Reg. Cant.* I 65; **1470** Edwardo nuper de ~o rege Anglie .. a pussessione et excercicio regie dignitatis et potestatis in regno Anglie .. ammoto *Year Bk.* 49 *Hen. VI* 155. **c** **1253** si quis .. gratiam .. conetur extorquere, ipso ~o societate magistrorum et privilegiis universitatis privatus existat *StatOx* 49; **1258** omnes .. qui eis .. turbaverint vel impedierint .., ipso ~o sententiam excommunicationis incurrant (*Lit. Papae*) *Flor. Hist.* III 352; si .. rex .. fieret sacerdos, .. ipso ~o amitteret omnem potestatem temporalem OCKHAM *Pol.* I 21; s**1383** statuitur quod raptor mulieris et mulier assenciens raptori ipso ~o erunt inhabiles ad hereditatem *Eul. Hist. Cont.* 357; **1451** quicunque confessor .. presumpserit absolvere a predictis [peccatis], suspensus sit ipso ~o a confessionibus audiendis *Mon. Francisc.* II 98. **d** **1276**, **1289** (v. exceptio 4b).

42 event, occasion. **b** (*ex post ~o*) afterwards.

s**1239** missi sunt nuntii .. et reversi sunt onerati donariis .. in quo ~o rex nimis suam regalem denigravit magnificentiam, quia .. ab eis sciscitabatur quid quis acciperet M. PAR. *Maj.* III 539; si quod ante ~um fuit impedire laudabiliter potuistis, ex post facto nostram et vestram injuriam postponatis inultam (*Lit. Imp.*) *Ib.* 547. **b** GIR. *EH* I 45 (v. ex 3a); **1304** castrum .. contra nos muniverunt, dicta domina que inhibere poterat presente et .. mandante et ex post ~o ipsos receptante et factum ratum habente (*AncC* XIV 135) *RGasc* III clxxviii.; c**1340** in omnibus .. premissis ex post ~o plenam recipientes fidem *FormOx* 112; **1362** sibi .. injungatur ut omnino caveat ne a modo quicquam faciat .., cui si prestiterit .. occasionem .. ex post ~o .. a .. domo finaliter expellatur *Cant. Coll. Ox.* III 166; **1371** certis insuper subexecutoribus ad premissa .. exequenda ex post ~o .. deputatis *Lit. Cant.* II 505.

43 (statement of) case, legal dispute.

his .. summatim sic prelibatis, dicant nunc isti vel legant ~um suum GIR. *Invect.* I 11 p. 120; **1282** super ~o quod est inter nos .. et vicecomitem F. *RGasc* II 162 (cf. ib.: de aliis controversiis que sunt inter nos et ipsum); omnes cause [sc. juste pugne] .. locum habent in ~o Scocie STRATFORD *Serm.* 15 p. 87.

44 (record of) decision, proceedings.

1439 ne .. timor per tales [canonicos] congregatos ibidem incuciendus ~a capitularia infringet aut perturbet *Stat. Linc.* II 218.

45 (leg.) deed, document. **b** (*~um speciale*) deed of specialty. **c** (w. *in patria*) deed *in pais*.

1252 rogatus per quam factam vel per que jura que habeat ipsa ecclesia dicitur parochialis .. dicit (*DC Lichf.*) *Arch. Soc. Derb.* V 151; **1275** (v. 11a supra); **1339** dicit expresse quod predictum sigillum per quod predicta billa consignatur non est sigillum suum .. nec billa .. est ~um suum *SelCKB* V 121; **1416** ostendit quoddam ~um cujus tenor sequitur in hec verba .. *CourtR Banstead*; pro irrotulacionibus chartarum sive ~orum *MGL* I 35; FORTESCUE *LLA* 32 (v. charta 3a); **1508** proviso semper quod presens ~um nostrum nec aliquid in eo contentum non sit neque se extendat ad .. exonerandum me .. de .. execucione obligacionis *Cl* 374 m. 14d. **b** **1307** M. et E. clamant tenementum liberum .. simul cum corodio in .. prioratu percipiendo et sic alieno solo, nec aliquid ~i specialis de ipsa priorissa .. ostendunt *Year Bk. 1 Ed. II* 5; **1315** petit quod .. W. ostendat si quid ~um speciale habeat de predicto termino *Ib. 8 Ed. II* 178; **1325** quia liberi nec nativi aliquid ~um speciale habent de domino nec per recordum ostendunt quod .. *CBaron* 145; **1331** hundredum .. corona separari non potest sine ~o speciali domini regis *PQW* 55a; **1344** nisi aliquod speciale ~um curie ostendat per quod tenementa illa de predicto redditu onerari debeant *Year Bk. 18 Ed. III* 409n. **c** **1369** J. et A.

uxor ejus feoffati sunt de balliva senescalcie foreste Rotland' per R. W. et J. P. per simplicem ~um [*sic* MS] in patria sine breve vel licencia domini regis (*TR Forest Proc.* 307) *SelPlForest* xlix.

46 dues, tax.

1269 omnia maneriorum ~a et onera .. imposita .. tenetur suis propriis sumptibus facere et eciam supportare *Cl* 100.

47 (Fr.) estate.

1289 facit nobis homagium pro castro de F. .. et pro ~o de Dunis quod similiter tenet a nobis *RGasc* II 477.

facescere v. facessere. **facescia, facesia** v. facetia.

facessere [CL], **~are** [LL]

1 to come to an end.

date, quaeso, veniam ... ~at invidia .. GILDAS *EB* 74; roscido ~ante crepusculo ALDH. *VirgP* 4; pueritiae ~ante lascivia et pubertatis inchoante adulescentia WILLIB. *Bonif.* 2 p. 8; **939** lucra possessionum inaniter foventibus facescunt et defluunt *CS* 741; †**675** (12c) autumpnali torrido ~ente caumate *CS* 37; **s1389** preceptum est eis ne de cetero quemquam ad ordinem suum admitterent, .. sed ipsimet ita facescerent ut, post hos qui modo vivunt, nullus esset qui eorum ordinem continuaret WALS. *HA* II 187.

2 (desiderative form of *facere*) to do eagerly.

dicto citius jussa ~unt FELIX *Guthl.* 33; ~it duo s[un]t [? l. significat *or* sonat], id est facere cessat et frequenter facit *GlC* F 98; ~o: facere cesso uel saepe facio *Gl. Leid.* 43. 52; ALCUIN *Gram.* 883A, *Ps.*-GROS. *Gram.* 52 (v. desiderativus a).

facessia v. facetia.

facete [CL], wittily. **b** courteously.

~e satis .. respondit GIR. *TH* I 13; *Id. RG* II 9 (v. curialiter 1b); respondit ..: "hoc herniosus es membro", quod ~ius Gallice dicitur: "*de cest membre es tu magrinez*" MAP *NC* V 5 f. 64v. **b** ut eis quodcumque vellet .. non minus ~e quam expedite proferret W. MALM. *GP* I 72; **s1321** (v. curialiter 2a).

facetia [CL]

1 wittiness. **b** witty remark.

~ia, *glio GlC* F 3 (cf. ib. F 54: ~ias, jocus; F 65: ~iae, suavitas verborum); Galo justa ~ia dejectum surgere precipit et ad arma reverti MAP *NC* III 2 f. 38; **s1235** eloquentie perita ~ia eruditam M. PAR. *Maj.* III 324. **b** set jam, quia non curatis dictos ribaldos castigare, nos infra breve tempus illos docebimus talem facessiam quod semper postea penitebunt quod contra nos aliquam vocem offensionis umquam emiserunt STRECCHE *Hen. V* 165; hostilis statio fit ficta facecia regi ELMH. *Metr. Hen. V* 501.

2 courtliness, refinement, sophistication.

cepit [Arturus] familiam suam augmentare tantamque ~iam in domo sua habere ita ut emulationem longe manentibus populis ingereret G. MON. IX 11 (cf. M. PAR. *Maj.* I 237 [**s523**]: tantam in domo sua coepit habere ~iam, ut in induendo sive in arma ferendo, loquendo et se gerendo, longe manentes populos ad emulationem sui provocaret); vir nobilis .. qui non propter moralitatis fascetiam sed propter divitiarum habundantiam nobilitatis nomen obtinuit R. COLD. *Cuthb.* 86; rex, ut omnis ~ie thesaurus, dissimulans vultum avertit et tacuit MAP *NC* I 25 f. 20; **s1252** quorum facesciam, gestus maturitatem, vestium compositionem, morum severitatem cum .. considerassent, confiteri cogebantur quod Oxonialis universitas emula Parisiensis censeri promereretur M. PAR. *Maj.* V 343; **s1254** hospitatus est .. in majori domini regis Francorum palatio ... sic enim immutabiliter voluit dominus rex Francorum, jocose dicens "sine modo, sic enim decet omnem adimplere ~iam et justitiam" [cf. *Matth.* iii 15] *Ib.* 481; Thomas .. omnes Anglicos fascessia superavit et gloria BIRCHINGTON *Arch. Cant.* 8; non debet intelligi carnaliter de nuptiis corporalibus de quibus fuit Cristo modica cura tradere facessiam WYCL. *Ver.* II 47; **s1392** olim regni nobiles filios suos .. tradiderunt militibus vel armigeris veteranis ad informandum litteris et ~ia ut scirent omne genus inhonestatis cautius evitare WALS. *HA* II 406; rex .. cui nichil .. perfectissime facessie defuit *Ps.*-ELMH. *Hen. V* 34; **1428** erudiendum .. in et de bonis moribus literature, idiomate vario, nutritura et ~ia (*Cl*) *Foed.* X 399b.

3 (w. ref. to God) nicety of judgement.

quia plurimi peccantes adintra forent aliter quam facesie Dei convenit diffamati WYCL. *Dom. Div.* 215.

facetiari, to speak wittily.

in proprias laudes ~iari odiosa jactantia est W. MALM. *GP* I 42.

facetus [CL]

1 witty, amusing.

nemo est tam urbana facundia ~us BYRHT. *V. Osw.* 406; sagax et facundus, ~us multumque jocosus ORD. VIT. III 3 p. 46; jocosos nitore carnis elatos, omni levitate seculi ~os, quorum mala colloquia corrumpunt mores bonos *V. Chris. Marky.* 8; vir affabilis, vir flexibilis et ~us GIR. *EH* I 46; vir eruditus, eloquens et ~us *Id. SD* 10; vultus ei letus inerat sermoque facetus (*Vers.*) *Hist. Durh.* 2.

2 courtly, refined.

curialis et ~us hereticus LANFR. *Corp. & Sang.* 414C; ~e etiam mulieres consimilia indumenta habentes G. MON. IX 13; quanto divitiis prius in seculo prepotens et ~us exstiterat, tanto jam in monasterio positus .. rudis circa mores ecclesiasticos apparebat: nempe secularis peritie fascetia religiose conversationis dissolutio esse dinoscitur et intemperantia R. COLD. *Cuthb.* 76; ~us, urbanus, curialis, urbanicus OSB. GLOUC. *Deriv.* 239; cum sis facetus moribus / et vivas erudite P. BLOIS *Carm.* 27. 4; more faceto / sponte sibi cedunt VINSAUF *PN* 96; allegans nudis sermonibus absque moneta / est ebes atque rudis, nec prosunt verba faceta WALT. WIMB. *Scel.* 69; **s1238** janitor .. minus quam deceret aut expediret ~us M. PAR. *Maj.* III 482; septem scrutare, conare faceta parare [*gl.*: istas vii facescias] GARL. *Mor. Scol.* 450.

facialis [LL *as sb. n.*], **a** (as sb. n.) cloth to cover the face (*cf. John* xx 7: *sudarium*; *Gesta Pilati* 1. 2: *fasciale involutorium*). **b** face-to-face (*cf. Matth.* v 8; *1 Cor.* xiii 12). **c** direct, diametrical. **d** (*s. dub.*).

a et ostendit mihi sindonem, et ~e in quo caput ejus involvi *NLA* (*Joseph ab Armathia*) II 80; ~e involutorium quod ferebat in manu sua expandit in terram *Eul. Hist.* I 93. **b** visio ~is divine essencie OCKHAM *Dial.* 741; de ~i visione Dei *Meaux* II 323; **s1342** hic papa [Benedictus XII] questionem de ~i visione Dei latius determinavit, viz. .. videbunt divinam essenciam visione intuitiva et ~i, nulla mediante creatura *Ib.* III 39; privabor visione ~i, visione gratifica, visione beatifica Dei mei UHTRED *Medit.* 201; **c1370** 'ante Dei vultum', sc. ante ejus ~em cognicionem (J. BRIDL.) *Pol. Poems* I 186. **c** fiat obliquatio extremitatum rei a ~i oppositione BACON *Maj.* II 98. **d** resolverit eam [sc. unionem partium] ignis qui vocatur a philosophis aliquando sulphur ~e, aliquando oleum, aliquando humor aereus, aliquando substantia conjunctiva quam ignis non separat, aliquando camphora; et si vis, istud est ovum philosophorum *Id. NM* 546.

facialiter, **a** face to face. **b** squarely, diametrically. **c** about the face.

a quod anime purgate non vident ~iter Deum ante diem judicii OCKHAM *Dial.* 740 *tit.*; in patria Deus videbitur ~iter LUTTERELL *Occam* 29; correspondenter in suo genere contingit Deum videri a creatura racionali: primo directe, intuitive, vel ~iter, qualiter beati in patria vident Deum sine specie vel creatura media objective WYCL. *Dom. Div.* 187. **b** quando res ~iter videtur vel prope BACON *Maj.* II 98. **c** se .. aquis .. ~iter aspergentes R. BURY *Phil.* 9. 155.

faciecula, little face.

item a facio hec facies, -ei, unde ~a, -e OSB. GLOUC. *Deriv.* 204; mors occat juvenes atque juvenculas, / .. / cervices lacteas et facieculas / que nullas sentiunt araciunculas WALT. WIMB. *Sim.* 109; hec ~a, i. parva facies *WW*.

facientia, (action of or ability for) making.

ulterius quo ad immediacionem conservancie, movencie et ~ie creature notandum quod tripliciter ad propositum potest accipi immediacio talis WYCL. *Ente Praed.* 126; conveniunt [sc. facere et agere] in omni operacione substancie producentis ad extra rem absolutam et discrepant in omni causancia entis, quod non est substancia, et in omni ~ia, qua non fit ad extra aliquid absolutum *Ib.* 134.

facies [CL]

1 physical or outward appearance, looks.

c789 notissimus es pietate, etsi non ~ie ALCUIN *Ep.* 5; **a796** sit praesens in spiritu qui absens est in ~ie *Ib.* 59; statura decens, vultu honorabilis, faciae [i. e. ~ie] venustus, corde laetus *Id. WillP* 24; Heraldus quibusdam signis non ~ie recognitus ORD. VIT. III 14 p. 151; tu ergo cum mihi sanguine, quod ~ies ipsa convincit, junctus sis J. SAL. *Ep.* 166 (147); **a1220** disputat cum animo facies rebellis. / .. / .. / facies est alia pectoris quam pellis (*Contra Avaritiam* 8) *Pol. Songs* 14. antequam esset mihi de ~ie notus abbas FERR. *Kinloss* 52.

2 aspect, appearance, look (as indicative of condition).

luctuosum infortunium universam regionis ~iem turbidam reddidit *G. Steph.* I 1; cum .. ex loci ~ie .. presentia preteritis compararem LUCIAN *Chester* 38; **s1193** cancellarius .. suspendit diocesim ... fuit .. feda ~ies Eliensis ecclesie .. corpora mortuorum per omnes vicos inhumata jaciuntur DEVIZES 38.

3 form, aspect.

~ies varias assumere GIR. *GE* II 26 (v. 2 cauda 5c, cf. 8c infra); ponimus quod in copulatione, qua copulamur objecto beatifico, intellectus noster habet duas ~ies: unam superiorem, qua convertit se ad cognoscendum res in verbo, alteram inferiorem, qua convertit se ad videndum res in proprio genere BACONTHORPE *Quaest. Sent.* 5b.

4 (w. ref. to *2 Cor.* i 11: *ex multarum personis ~ierum*) disposition, characteristic quality.

illa multarum ~ierum persona, egregius ille gentium magister H. BOS. *Thom.* II 9; appellativa interioris hominis est facies ad denoscendum ipsum in merito et similiter ab aliis sicut exterior facies est exterioris hominis notificativa in persona et similiter ab aliis hominibus. Unde glossa super illud Cor. i 11 'ut ex [multarum] personis facierum' etc.: 'multarum facierum' id est discretorum meritorum et diversarum virtutum, ut ~ies Job fuit paciencia et ~ies David humilitas et ~ies Moysy mansuetudo KILWARDBY *Jejun.* 170.

5 face. **b** (*~ie ad ~iem*) face to face; **c** (*cf. 1 Cor.* xiii 12).

quis .. duas tabulas cornutamque ~iem [cf. *Exod.* xxxiv 35] aspectu incredulis inhabilem et horrendam .., ut Moyses, advexit? GILDAS *EB* 70; leones et ursi, apri quoque ac lupi qui, cetero corpore in ferarum natura manente, hominum ~ies habeurunt *Lib. Monstr.* I 41; vir nigro capillo, ~ie macilenta, naso adunco pertenui BEDE *HE* II 16; in pallorem ~ies ejus immutata est ÆLF. *Æthelwold* 15; puer .. decoratus ex flavente cesarie et prolixa ~ie *G. Herw.* 320b; ~ies plana carens tumorositate significat .. discolum BACON V 169; KILWARDBY *Jejun.* 170 (v. 4 supra); tante ei venenositatis est et perniciei, quod nullus eandem recte in ~ie videre possit quin statim sine remedio expiraret BART. ANGL. XV 53; cisterna [*Exod.* xxi] est pulcra ~ies [ME: *þe put is hire veire neb*] *AncrR* 14; sub quadam rupe apparet visibiliter caput et ~ies demonis, que ~ies multum est horribilis aspectu et vilis *Itin. Mand.* 104. **b** inventum quippe dilectum deosculata est sinagoga in eis qui hunc ~ie ad ~iem in veritate assumptae carnis videre, qui cum eo ore ad os loqui meruerunt BEDE *Cant.* 1206; **1243** ij leones magnos ~ie ad ~iem (v. 2 gabulum c). **c 799** ut concedat nobis videre nos cito ~ie ad ~iem ALCUIN *Ep.* 165; [mens] sibimet esse velut speculum dici potest in quo speculetur ut ita dicam imaginem ejus quam ~ie ad ~iem videre nequit ANSELM (*Mon.* 67) I 77; qui .. sanctam Withburgam ~ie ad ~iem aspexerant *Lib. Eli.* II 144 p. 230; ut .. ~ie ad ~iem eum videamus *AncrR* 10; **c1343** videbunt Deum ~ie ad ~iem OCKHAM *Dial.* 741; **c1430** conclusionem, sicuti est, ~ie ad ~iem experimentaliter demonstrare *Reg. Whet.* II 401.

6 presence, sight; **b** (w. *ecclesiae*).

hunc ulterius progredi .. mors obvia vetuit. praevenit autem ~iem Domini pia eleemosynarum caeterorumque bonorum actuum exsecutione GOSC. *Transl. Aug.* 46C; **s651** contigit, ut .. omnes ad illum concurrerent ac diligerent, ut regio schemate eruditi, in ~iebus aliorum doctiores apparerent M. PAR. *Maj.* I 286; **s1208** rex Johannes .. fecit omnes suspectos jurare ei fidelitatem, accipiens ab eisdem obsides speciales; nobiliores tamen ipsi regi obsides exigenti in ~iem denegarunt, dicentes .. *Flor. Hist.* II 136; **s1226** legatus [ab omnibus ecclesiis duas prebendas] a Francis sibi concedi instantissime postulavit; sed in ~ie negabantur postulata *Ib.* II 186; in ~ie populi subito columba de celo candida descendens super caput ejus residebat *Eul. Hist.* I 181. **b** solutamque a lege prioris viri, in ~ie ecclesie, quadam, ut ita dicam, illicita licentia, ille mox suo accivit conjugio W. NEWB. *HA* III 26 p. 281; **c1210** R. .. eam sollempniter in ~ie ecclesie duxerat in uxorem *FormOx* 275; potestatem .. solvendi homines a peccatis, non quidem expellendo culpam .. ac remittendo debitum dampnacionis eterne, quia hoc operatur solus Deus, sed solummodo ostendendo homines esse solutos .. in ~ie ecclesie OCKHAM *Pol.* I 34; **c1354** omnes .. ocupantes bona .. defuncti .. palam et publice .. monui inducavi et solempniter in ~iem ecclesie nunciavi *Reg. Rough* 237; **s1399** solemniter in ~ie ecclesie .. in matrimonium copulavit *Plusc.* X 15; **c1520** matrimonium .. in ~ie ecclesie solemnizatum *Conc. Scot.* I cclxxv; si matrimonium fuerit in ~ie ecclesie solemnizatum *Praxis* 140.

7 (in bibl. phrases): **a** (w. *a*; *cf. Gen.* xvi 8 *etc.*). **b** (w. *ante*; *cf. Exod.* xxxiv 11 *etc.*). **c** (w. *contra*; *cf. Lev.* xx 3 *etc.*). **d** (*resistere in ~iem*, *cf. Gal.* ii 11).

a occulendos se a ~ie regis BEDE *HE* IV 16 p. 237; **s473** Brytones ab Anglis sicut a ~ie ignis fugiunt [AS: *þa Walas flugon þa Englan swa fyr*] *AS Chr.*; si me reprobans .. ejicere proponit a ~ie clementie sue AD. SCOT *Serm.* 434C; quam gloriosa processio nos conducit a ~ie tribulantis [cf. *Is.* xix 20] A. TEWK. *Add. Thom.* 12; duces regis .. ingenti proelio peremerunt; rex autem Ethelredus fugit a ~ie eorum M. PAR. *Maj.* I 349; Willielmus .. sororem .. comitis impregnavit, quo facto, Willielmus a ~ie comitis fugiebat *Meaux* I 105. **b c1362** ego sum Johannes, vox et propheta Altissimi, preivi ante ~iem ejus parare viam ejus *Eul. Hist.* I 117. **c** contra errores pseudopape .. 'posui ~iem meam ut petram durissimam' [*Is.* l 7] OCKHAM *Pol.* III 15 (cf. id. *Err. Pap.* 958). **d s1136** advenerat .. monachus quidam .. transmissus a conventu, ut eis in ~iem resisteret GERV. CANT. *Chr.* 97; alterius partis fautores .. supprιori in ~ie resistentes *Id.* II p. lv; **1242** nostri .. licet improvisi .. genti predicte obviam exierunt et in ~ie eis viriliter restiterunt *Cl* 531; **c1470** Thome .. conanti .. manerium de Burstone ab ecclesia surripere .. tam potenter in ~iem restitit .. quod .. frustratus erat *Reg. Whet.* I 428.

8 front; **b** (*prima ~ie*) at first sight, superficially. **c** preface (of Mass); *cf. duplifaciare, trifaciare*.

erit ergo sancte sinodus (*sic*) vel concilii legittima constitutio, pons idoneus, qui a ~ie machine levi allapsu descendit super iniquorum propugnacula R. NIGER *Mil.*

III 73; **1476** unum lampadem coram cruce in ~ie [? '*on the screen*'] Ecclesie predicte (*Test. T. Fenet*) *MS Kent R.O.* PRC 17/3 f. 78; lego lm̄ [i. e. ? lampadi *or* lumini] sancte crucis in ~ie ecclesie unum mod' ord' (*Test. J. Bockyng*) *Ib.* f. 106v.; totam ~iem, cum bona parte navis, augustissimi templi a Kynlos FERR. *Kinloss* 22. **b** **s1181** comitem .. Stephanum .. edomare prima ~ie decreverunt DICETO *YH* II 9. **c** quid turpius quam si ad primam ~iem et primum introitum non offertur [missa], aliam assumit faciem, immo tertiam et quartam, ut offeratur GIR. *GE* II 26 (v. et. 3 supra).

9 front (as opposed to *dorsum*, back); **b** (w. ref. to form of text; *cf.* dorsum 3).

dorsum versant et non ~iem GILDAS *EB* 62; ~iem ad locum quo tendunt, ad locum vero unde veniunt dorsa vertunt ALEX. CANT. *Dicta* 16 p. 172. **b** cum .. rotuli precedentis primam ~iem legendo transieritis P. BLOIS *Ep.* 103. 326B.

10 (~*ies terrae* or sim.) outward part, surface. (*Cf. Gen.* iv 14 etc.)

iam enim nivis erat super ~iem terrae *V. Cuthb.* II 2; a ~ie terre *G. Herw.* 326 (v. enervare 3); **1167** ~ies celi serenatur ab oriente J. SAL. *Ep.* 252 (220); **s1187** totam terre ~iem a Tyro usque Jerusalem DICETO *YH* II 50; celi ~iem .. aer illustrat GIR. *TH* I 3; do sine numero, do sine modio, / terrarum faciem nummis operio WALT. WIMB. *Carm.* 463; vela ventus prosper imbuit, abyssi ~ies [*cf. Gen.* i 2] operitur navibus *Ps.*-ELMH. *Hen. V* 19 p. 37.

11 (astr.) 'face', the third part of a sign of the zodiac, equivalent to 10°; **b** (fig.).

inest item stellis vigor ex suorum effectuum locis, velud est domus, principatus, terminus, ~ies atque trigonalitas ROB. ANGL. *Jud.* f. 162v. (115v.); ~ies autem signorum sic distinguuntur: unumquodque signum dividitur in tres partes equales, et unaqueque constat ex 10 gradibus, que vocantur ~ies et alio nomine decani. quarum ~ierum initium est a primo gradu Arietis et dicitur Martis. secunda est usque ad vigesimum et dicitur ~ies Solis, qui succedit Marti in ordine circulorum .. et sic de ceteris [etc.] GROS. 44; *Ib.* 50 (v. disponere 2d); BACON V 20 (v. dignitas 6); *Id. Maj.* I 261 (v. decanus 1); ~ies autem planetarum sic patent. unumquodque signum dividitur in 30 gradus; divide ergo 30 in 3 partes equales, et erunt in unaquaque parte 10 gradus, qui dicitur una ~ies WALLINGF. I 560; ~ies ELVEDEN *Cal.* 6. **b** **c1168** talis quidem nuper erat ~ies mundi, cum ab aquilone et occidente in orientem irrupisset, et austrum maximam, ut videbatur, partem dejectura stellarum J. SAL. *Ep.* 281 (250).

12 (~*ie tenus*): **a** on one's face, face downwards. **b** by the face. **c** superficially. **d** (?) seemingly.

a ad virginale monumentum velut in extasi ~ie tenus proicitur GOSC. *Transl. Mild.* 24 p. 192; jacuit puer ~ietenus *Id. Lib. Mild.* 20. **b** **1200** quam [feminam] iccirco vir sanctus ~ietenus nosse voluit AD. EYNS. *Hug.* IV 12 p. 55. **c** letitiam ~ietenus pretendens *Latin Stories* 88 (v. delitere c). **d** **s519** Cerdic et Cinric .. in ipso anno ~ietenus coeperunt regnare ÆTHELW. I 5; **s755** cujus regnum invadens Cynulf abstraxit ab eo, et sapientes totius partis occidentalis ~ietenus traxit cum eo *Ib.* II 17.

facietenus v. facies 12.

1 facile [CL], easily, readily.

in prima persona indicativi modi antibachius haud ~e reperiri potest ALDH. *PR* 124; quo non ~e eis improperentur .. utpote praepositi multorum ~ius rapiant GILDAS *EB* 67; si obitu addicta est, ~ius moriretur *V. Cuthb.* IV 3; quo ~ius perpetuam .. patriam posset mereri BEDE *HE* IV 21; ~e: citius, velotiter *Gl. Leid.* 2. 77; adjuvante Deo ~e prevalebimus ORD. VIT. IX 16 p. 176; cum pateant oculis que sunt manifesta, duabus / facilius poterit una latere lues NIG. *SS* 152; aque in nubibus .. pluvias ~lime resolvuntur GIR. *TH* I 6; quisquis certus est de die Pasce ~e debet scire precedentem septuagesimam et subsequentes rogationes ac Pentecosten LUCIAN *Chester* 36; anima corpus grave tam sanum et bene dispositum ~ius movet quam idem macilentum et leve et infirmum FISHACRE *Quaest.* 44; [temptaciones] sunt fere carnales et ~e [ME: *eð*] sensibiles *AncrR* 80.

2 facile v. facilis.

facilire, to render easier (for), help.

dixit [Pelagius] quod gracia beatitudinis datur de lege ad ~iendum hominem ad bene et meritorie operandum WYCL. *Act.* 45.

facilis [CL]

1 easy: **a** (w. *ad* & gerund or *in* & gdv.); **b** (w. supine); **c** (w. inf.); **d** (w. *ut* & subj.). **e** (adv. phr. *de* ~*i*) easily, readily.

a **a1150** (v. caballarius b); pollucibilis, ~is ad donandum OSB. GLOUC. *Deriv.* 478; ut assolent fatue mulieres, ~es quidem in dandis indiscrete consiliis *Found. Waltham* 3; sic videtur partem falsitatis esse plus ~em ad defendendum .. quam partem veritatis scripture WYCL. *Ver.* II 126. **b** quae res harum aliquam rem consequantur ~es cognitu sunt ALCUIN *Rhet.* 25; faciles ausu FRITH. 534 (v. epibata 1b); exoratu ~ior W. MALM. *GP* IV 181 (v. exorare 1f); visu ~is J. SAL. *Pol.* 458. **c** ~e est deprehendere ANSELM (*Prosl.* 5) I 134; ~e .. est pervidere AILR. *Spir. Amicit.* II 55. 676 (v. dedecere a); hec omnia .. sine artis perceptione comperiri non ~e BALSH. *AD* 28; brachium .. et manum ~em flecti et reflecti *Canon. G. Sempr.* 146. **d** ~e est igitur ut aliquis .. dicat .. ANSELM (*Mon.* 1) I 14. **e** **1166** pressura divina .. quam si venerit non fugietis de ~i BECKET *Ep.* 223 p. 497; pontifex pronus et de ~i ad irritum revocabit quod .. D. LOND. *Ep.* 8; nec ad id de ~i perveniendum A. TEWK. *Add. Thom.* 6; de facili spondens non fias Protheus alter / omnibus omnia dans verbis D. BEC. 900; principi parvi pendenda putavi que de ~i preterire possunt et perire GIR. *TH pref.*; nusquam .. sub celo de tam ~i tot rumores falsi fabricantur ut ibi DEVIZES 40; semper contagiosa sunt vitia, et de ~i a majoribus descendunt in minores GIR. *Symb.* I 21 p. 254; **1236** per testimonium duorum ad minus proborum et legalium hominum .. qui tales sint quod defacili non perjurent *KRMem* 15 m. 18; **1265** per navigium illud .. regno nostro hostiles aggressus de ~i possent imminere *Cl* 47; **c1290** questiones que exinde defacili possent emergere vitare volentes *AncC* XLVII 98; unaqueque res de ~i ad naturam suam revertitur OCKHAM *Pol.* I 33; membra .. que paulisper quasi insensibiliter lapsa bono regimine defacili poterint reparari KYMER 3 p. 553.

2 (of performance of action) not requiring great effort, easy. **b** adroit, agile. **c** (of course, journey, way) direct, straight, unobstructed (also fig.).

quia parietes .. separatis ab invicem tabulis ~em turbinibus praebuissent ingressum BEDE *CuthbP* 46 p. 302; speram facili conamine pensam / extrahit WULF. *Swith.* I 128; dat ~es partus BART. ANGL. XVI 50 (v. galactites). **b** invadebant eos et giro ~limo revertebantur ORD. VIT. IX 12 p. 573; ad motum ~em et velocem *Ps.*-RIC. *Anat.* 9 (v. glandula a). **c** **793** ALCUIN *Ep.* 18 (v. facilitas a); **795** ~iori via et leviori cursu *Ib.* 43; non facilem propriis aditum praebebat in arvis FRITH. 963; ut quisque viator / tramite non posset facili perquirere sanctum WULF. *Swith.* I 1099; ut ~is aditus Britonibus pateret G. MON. V 13; ut ~ior esset aditus volentibus se convenire W. MALM. *Wulfst.* I 7; transitum illis ~em dedit *VSH* (*Samthann* 19) II 259.

3 (of food) easily digested, light. **b** easily induced or effected, ready. **c** easily uttered, fluent.

alimenta nec ulla / sumeret, excepto facili vegetamine panis / exigui WULF. *Swith.* I 1403; GAD. 12v. 1 (v. chymus). **b** magna tamen mysteria tangens, / de facili pietate tulit qua carnea Christus / membra WULF. *Swith. pref.* 397; aspera nec facilem minitantia verbera mortem *Ib.* 488; allegat praesul, facilis verum ille juventae / excursus trepidat FRITH. 237; concurrit facilis fratrum tum saeva simultas / undique stipatum fictis agitare querelis *Id.* 1068; ~is desudatio GILB. I 33. 1 (v. desudatio). **c** ~lima garrulitate *Mir. Wulfst.* I 40 (v. garrulitas 1a); vocalis .. e .. est ~is pronuntiationis *Ps.*-GROS. *Gram.* 24 (v. hiatus 3a).

4 (w. ref. to person): **a** (in good sense) amenable, well-disposed. **b** (in bad sense) susceptible, easily swayed.

a condoluere patres, caeco quia numine fratres / nituntur validis tabularia menda tueri / obicibus, faciles nec cedunt posse refelli FRITH. 266; ad hunc assensum exhibeo me ~em ANSELM (*Ep.* 355) V 295; Rannulfus qui junior erat ac ~ior et audacissimus ORD. VIT. XIII 43 p. 125; **1165** rex Francorum ~is inclinari J. SAL. *Ep.* 161 (144 p. 30); W. CANT. *Mir. Thom.* V 20 (v. exorabilis); omnes sacri palatii proceres ~es sibi invenerunt et benevolos *Canon. G. Sempr.* 108; illa obedientia postea ~is et gratiosa erat *VSH* (*Moling* 11) II 195. **b** qui ad irascendum ~is est nec se ipse potest sustinere BEDE *Prov.* 991; in vitiis ~is est et prompta ANSELM (*Or.* 15) III 62; ego infirma ovis et debilis, ego ~is ad rapiendum *Id. Misc.* 296; in juventute que vitiorum ~is imitatrix est ADEL. *ED* 32; multosque ad hoc ut se levitas habet Normannorum ~es et pronos invenit ORD. VIT. XII 34 p. 441; sicut ergo consuevit humana fragilitas dissuasioni in hiis que Dei sunt aurem ~em prebere, adquievit uxori *Found. Waltham* 3; [provinciales] videntur .. ira ~es LUCIAN *Chester* 65.

5 (of idea or question) easy to comprehend or answer. **b** (of case for judgement) easy to decide.

rudibus ~e negotium deprehenditur et praesertim metricae artis disciplina ALDH. *Met.* 8; juxta litteram ~em habet sensum BEDE *Hab.* 1239; quaedam .. aperta et cunctis audientibus ~ia ad intellegendum profluunt *Id. Prov.* 991; **s1519** ad ~es questiones gramaticales rendere nequiebat *Reg. Butley* 35. **b** si non vis adsentire nobis in tam facili causa BEDE *HE* II 5; **c1239** (v. dijudicare 2a).

facilitare, to render easier, help.

habitus non ponitur precise ad paciendum, et maxime in passivo summe disposito ad formam. non enim oportet illud ~ari ad recipiendum quod in se est summe dispositum ad recipiendum DUNS *Ord.* III 266; quia quod est ex se summe dispositum ad patiendum non indiget ~ari ut patiatur .. ergo habitus per quem ~atur [sc. potencia habitualis] disponit ipsum ad agendum et non ad paciendum *Ib.* V 143; adhuc autem forsitan quis nam dicet quod gracia multum ~at hominem ad implendum Dei mandata et dicitur necessaria homini hac de causa; sed tunc posset homo sine gracia licet difficilius hec implere contra priora BRADW. *CD* 333C; lex scripture impleta, exposita, et ~ata per Cristum WYCL. *Ver.* II 150; **1412** sciamus oracionem dominicam, decalogum, et symbolum, cum mediis ~antibus ad eorum noticiam (*Lit. Univ. Oxon.* 212) *Conc.* III 347; leges pape sunt .. acceptande solum .. de quanto ~ant ad intellectum scripture vel observacionem mandatorum Dei [ME: *in as moche as þo ben maad esi to vnderstone holi scripture*] *Concl. Loll. XXXVII* 17 (cf. ib. 28: et ~ant [ME: *disposen liȝtli*] ad custodiam mandatorum Dei).

facilitas [CL], ease. **b** (of person) easiness, indulgence.

793 facilis est casus ad inferna; sed haec ~as magnam habet difficultatem ALCUIN *Ep.* 18; optatam praelocuti theologi mentionem quam lepido ~atis eulogio B. *V. Dunst.* 1; hoc autem solum habeo adversum te, quod me tanta ~ate corruptibilem credidisti J. SAL. *Ep.* 276 (268); ut que in disserendo ignoranter et difficile fieri comperiebamus, ea artificiosa ~ate fieri posse efficeremus BALSH. *AD rec. 2* 124; 'tam facile', suple fecit, 'ut quis uerbo diceret', et sic ostenditur ~as creandi S. LANGTON *Gl. Hist. Schol.* 46; ornatus et ~as figurandi figurarum formas pervertunt *Ps.*-GROS. *Gram.* 25. **b** ille suavitate commendabilis, hic gravitate; illi ~as, huic constantia laudem peperit GIR. *TH* III 51.

facilitatio, facilitation, rendering easier. **b** means of facilitation, relief.

similiter ~o, expedicio, et promptitudo ponuntur racione passi, quia passum difficiliter potest recipere quando non est dispositum, et impedite et tarde sive non prompte et racione indisposicionis passi est ibi difficultas et tarditas DUNS *Ord.* V 181; **c1367** fatuum est negare propter talia volucionem hominis esse volucione Dei liberiorem, aut hominem licenciare Deum ad volendum, vel volucionem Dei esse in hominis potestate, vel hominem posse volucioni Dei resistere, ipsam generando, corrumpendo, vel quomodolibet movendo; quamvis homo causet illam et posset facere illam non esse propter suum gradum ~onis ut sibi conformetur; non tamen propter talia ut patet de vi vocis WYCL. *Ente* 167. **b** auferre a clerico bona fortune est pena mitissima cum minorum bonorum privacio fuit sanctis affectata ~o *Id. Ver.* III 30.

facilitativus, facilitative, rendering easier.

patet secundo intelligendo retardativum vel ~um istud quod daret occasionem ad sic tardandum vel facilitandum. WYCL. *Mand. Div.* 66.

faciliter [CL *but* cf. Quintilian *Inst.* I 6. 17], easily.

a facio .. ~iter, ~ius, ~lime OSB. GLOUC. *Deriv.* 204; ~iter potest .. scripture auditor perpendere quod .. GROS. *Cess. Leg.* I 10 p. 52; **1279** (v. amoenitas); R. MARSTON *QD* 200 (v. difficulter); posset etiam tertio modo ~iter dici ad minorem, negando, quia licet absolute intellectus possibile sit, naturaliter receptivus talis intelleccionis, non tamen pro statu isto DUNS *Ord.* I 47; hoc intellecto, ~iter patet ad auctoritates ejus *Ib.* III 300; quattuor condiciones attribuimus habitui et habenti habitum: quod operatur delectabiliter, ~iter, expedite et prompte *Ib.* V 142; ~iter pecunia prevolante R. BURY *Phil.* 8. 140; hujusmodi macule seu sordes sicut ~iter veniunt sic ~iter recedunt per venias [ME: *as hit kimeð lichtliche lichtliche geað awai*] *AncrR* 108; si vera sit ejus opinio ~iter percipere poterit ELMH. *Cant.* 218.

facilla v. falcilla. **facim-, facin-** v. et. fascin-.

†facinere, *f. l.*

1308 sitis intendentes et respondentes †facinentesque [MS: facientesque] *RScot* I 60b.

facinorose [LL], wrongly, wickedly.

que ~e aggregarat, largitus est ecclesiis et pauperibus ORD. VIT. VIII 1 p. 266; cognatum sanguinem in ira furoris effuderat et parentele consanguinee reatum ~e contraxerat R. COLD. *Cuthb.* 94; cibum .. tam temporalem quam eternalem, quorum tam ~e neutrum dispensant, pascentes semetipsos, sicque famulos Domini .. interimunt AD. MARSH *Ep.* 147 p. 474.

facinorosus, ~erosus [CL], (of person) doing wrong, wicked, criminal; **b** (as sb.). **c** (of act or sim.) wicked, criminal.

sive .. hereticus sive scismaticus sive ~orosus quisque in confessione sanctae trinitatis baptizet BEDE *Hom.* II 18. 198; dolosus, qui supplantas animam ut furcifer et ~orosus R. COLD. *Godr.* 71; **s1164** clericos ~orosos W. NEWB. *HA* II 16 p. 141; alium degenerem ~orosum etiam in minas et diffiduciacionem .. prorumpentem *V. II Off.* 2; **1391** ubi carcer infra castellum .. pro ~erosis hominibus deputatus existit *MunAcOx* 173. **b** ~orosis crimina relaxat HON. *Spec. Eccl.* 931C; pro nondum credentibus aut ~orosis orat, si nec illis fidem nec istis justitiam impetrat PULL. *Sent.* 835C; hujusmodi desiderium habent multi criminosi, flagitiosi, ~orosi BALD. CANT. *Tract.* 6. 464A; nonne animadvertere in ~orosos de jure fit? VAC. *Lib. Paup.* 76; justum est quod ~orosus suspendatur .. quod aliter essent leges humanae legi racionis contrarie

WYCL. *Vers.* II 82; facinoroci AD. USK 26 (v. exemptio 2a); mallem .. xx ~orosos mortem pietate evadere quam justum unum injuste condempnari FORTESCUE *LLA* 27. **c** provincias .. per retia perjurii mendaciique sui ~oroso regno adnectens GILDAS *EB* 13; in primis ~orosis quorumlibet excessibus GIR. *PI* I 10 (cf. id. *SD* 10: in facto suo tam ~oroso); **1455** ficcio est ista, sive verius, faccio, ~erosa *Reg. Whet.* I 180.

1 facinus [CL], act of wrong-doing, crime, sin.

veniam .. ~oris mei [v. l. ~oribus meis] imploret THEOD. *Pen. pref.*; ne forte aut eisdem quae in illis reprehendimus aut aliis quibuslibet simus ~oribus inretiti BEDE *Hom.* I 25. 108; ob detergendam rubiginem nostrorum ~orum ABBO *Edm.* 11; averte, quesumus, Domine, iram tuam .. et ~ora nostra .. expelle *Rit. Durh.* 42; turpium contra naturam ~orum consciam GIR. *TH* II 9; si .. tanti commissi ~oris maculam posset abolere .. *V. II Off.* 25; o scelus execrabile, o ~us inhumanum! *Mir. Hen. VI* I 8 p. 28.

2 †facinus, *f. l.*

1197 nos .., quantum potest rex, excommunicamus et concedimus quod incurrat indignationem .. Dei, quicumque contra hoc †facinus [MS *gl.*: vel actum; v. l. factum] venerit (*Lit. Regis*) DICETO *YH* II 156.

facitergium [LL], face-cloth, towel, handkerchief.

751 parvulum munusculum sanctitati vestrae direxi sabanum unum et ~ium et modica thymiama *Ep. Bonif.* 90; hoc ~ium, i. togilla OSB. GLOUC. *Deriv.* 204 (cf. ib. 239: ~ium, togilla, mappa, mappula, gausape, orarium, manutergium, brandeum, manumundum, manupiarium); manutergium [*gl.*: *twayle*], ~ium [*gl.*: *kevrechef*] NECKAM *Ut.* 119; ave, virgo, que paventi / pax es et fons sitienti, / flenti facitergium WALT. WIMB. *Virgo* 125; **1408** de xj s. vj d. de iij mappis mensalibus cum iij manitergiis, j ~io, et j mappa poculari, cum vij manitergiis vocatis bruweriis venditis (*Ac.*) *Antiq. J.* II 340; hoc ~ium, *a towylle WW*; *a sudary*, ~ium, sudarium; .. *a towelle*, manitergium, ~ium *CathA.*

facnus [AS *facen, facn*], 'faken', guile, deceit.

non licet alterutrum transire vel Waliscum in Angliam vel Anglicum in Walias, nisi residentes homines terre, hi debent eos ad statum recipere et item inde sine facno [AS: *butan facne*] reducere (*Quad.*) *GAS* 377.

faco v. facus.

factibilis, that can be made or done, feasible; **b** (as sb. n.; phil., *cf.* ποίητον); *cf. agibilis* a. (*Cf.* Arist. *Eth. Nic.* VI 4. 1140a1).

propter hos septem motus posuerunt .. Greci septem vocales, sed .. due .. sunt difficiles aut impossibiles in re. propter hoc non remanent nisi motus quinque possibiles aut ~es in operatione GROS. 9; idolum .. est ~e et corruptibile BRADW. *CD* 15D; si sunt utilia, tunc sunt .. ~ia absque periculo WYCL. *Chr. & Antichr.* 692; Witcleff qui dicit corpus Christi non esse sic ~e NETTER *DAF* II 55v. 1. **b** item Philosophus III Metaph.: 'finis sciencie practice est opus', sed Deus scit multa ~ia que numquam faciet: ergo saltem respectu illorum sciencia sua practica non est MIDDLETON *Sent.* I 304a; sicut prudencia est habitus cognoscitivus circa agibilia, ita ars circa ~ia [Arist. *Eth. Nic.* 1140a2] DUNS *Metaph.* I 5 p. 67 (cf. id. *Ord.* I 228: sicut ars se habet circa ~ia ad habitum experti, ita circa agibilia se habet sciencia moralis ad habitum prudencie); libertas ejus [sc. Dei] est ad omnia ~ia *Id. Ord.* VI 306; *Quaest. Ox.* 298 (v. factivitas); unde Aristoteles [*Top.* VI 5–6] .. ponit per hoc differenciam inter artem et prudenciam, quod ars primo est ~ium, sc. ad extra operabilium, cujusmodi sunt res artificiales; sed prudencia est agibilium, cujusmodi sunt consiliari, ordinare, precavere ..; et sic facere et agere coincidunt in multis, et in multis discrepant WYCL. *Ente Praed.* 134.

factibilitas, (phil.) feasibility.

possibilitas materie non est necessaria ad esse rerum que exierunt in esse per creacionem, .. quia antequam esset tota potencia sue ~atis erat ex parte Dei tantum MIDDLETON *Sent.* II 52b; propter defectum .. voluntabilitatis, seu ~atis illius a Deo BRADW. *CD* 857D; nec est .. limitacio propter defectum potencie [sc. Dei], sed propter infinitatem sciencie, mensurantis talia secundum ultimum et optimum sue WYCL. *Log.* II 85; *Id. Ente* 53 (v. factivitas).

facticius [CL], **factitius,** artificial, manufactured. **b** active, practical.

alia [sc. species appellativorum] ~ia, i. de sono facta ut tintinnabulum, turtur, clangor ALCUIN *Gram.* 860B (cf. *GlH* F 54); non multos sed unum; non ~ios sed verum in unitate Sancti Spiritus Deum [cf. *John* xvii 3] H. READING (I) *Dial.* V 1216A; **1290** pro quatuor paribus tractuum ~iorum cum forellis et *bilettes* emptis ad currum regine xiij s. iij d. *Househ. Eleanor* 91; ab equo factitio TURNER *Av.* C2 (v. equus 4b). **b** vite factitie labor et speculum theorie / illum mulcebat, sudare labor faciebat R. CANT. *Malch.* VI 427.

factio [CL]

1 action of making. **b** (w. obj. gen.) making, manufacture. **c** workmanship.

operacio .. motiva quedam est simpliciter immanens, ut saltare, equitare; quedam autem transiens, nihil tamen relinquens ..; quedam relinquens, hec propriissime vocatur ~o DUNS *Metaph.* I 7 p. 80; Philosophus .. distinguit inter actionem et ~onem *Id. Ord.* III 250; sicut ~o est formaliter per formam qua faciens assimilatur facto *Ib.* III 277; cum Psalmista posuerit conjunctionem copulativum inter ~onem et creationem, non intendebat distinguere inter ~onem in esse intelligibili et creationem in esse reali: ~o enim non est nisi rei secundum ejus esse reale W. ALNWICK *QD* 142; BRADW. *CD* 478C (v. contradictorius 1b); Deus non potest aliquid facere nisi ego fuero presens in illa ~one (KYN.) *Ziz.* 88. **b** **860** (15c) nisi expeditione et pontis ~one et arcium municione *CS* 500 (cf. ib. 504 [**862**], 508 [**863**], etc.); ~o testamenti VAC. *Mat.* 21; pura operatio artis sicut in ~one scamni et lecti SICCAV. *PN* 138; **s1347** literarum ~onem AVESB. 115; **1435** xiiij alia scuta in ~one targiarum *Collect. W. Worc.* 573; **1519** pro ~one quadrati ad caminum croci *Arch. Hist. Camb.* III 580. **c** jocalia quecumque, aurum, argentum, in cunagio vel in massa, lapides preciosos et margaritas et quecumque alia jocalia cujuscumque ~onis fuerint seu valoris UPTON 85.

2 (w. *satis*; leg.) satisfaction, fine or other penalty.

c**853** (9c) nisi prius digna satisque placavili ~one Deo .. emendare voluerit *CS* 467.

3 action of doing, execution.

non bene pia valde curialis receptu et ~one servitii omnibus personis M. SCOT *Phys.* 4.

4 feud.

sapientium est sedare ~onem [AS: *witan scylan fæhðe sectan*] (*Quad.*) *GAS* 189; si quis cognationis ejus postea firmet eum, reus sit .. et portet ~onem erga cognationem (*Leg. Hen.* 88. 12c) *Ib.* 604.

5 group, company, faction.

ossa, id est virtutes quas hereticorum ~io cernitur habere, putredo pravi dogmatis corrumpit BEDE *Prov.* 975; ~o, conventus, .. congregatio *GlH* F 45.

6 intrigue, conspiracy, treachery.

ALDH. *VirgP* 26 (v. aemulus c); fribula aemulorum machinamenta concinnatasque ~ones [*gl.*: *leasunga*] fugiens *Ib.* 32 p. 272; ~o, conjuratio *GlC* F 50; ~o, conjuratio, .. falsitas, .. jus, factiuncula, narratio vel *hosp*, fraus *GlH* F 45; **9..** ~ones, *facn WW*; cum .. quorundam nobilium ~one .. conjurant in invicem in ejus prejudicio *V. Ed. Conf.* 50v.; Rogerius .. et Mabilia .. contra vicinos suos callidis ~onibus commotum .. concitabant ORD. VIT. III 5 p. 81; **1145** cepit Rofensis episcopus conqueri quod .. monachorum ~one .. labores ac gravamina sustinuerat *Doc. Theob.* 223; hec ~o, quod aliquando pro proditione dicitur, et inde factiosus, -a, -um, i. proditor OSB. GLOUC. *Deriv.* 204; tam fictionis immemor quam ~onis inscius MAP *NC* III 3 f. 39; **s1295** miles igitur captus et Londoniis adductus mercedem sue ~onis, ut decet traditoribus, accepit *Eul. Hist.* III 164; **s1017** secretariorum suorum ~one regi Cnutoni postea dolose reconciliatus CIREN. II 170; *afeynynge*, ~o *CathA*; **1536** quidam .. presbyter .. de conspiratione .. in necem .. principis nostri domini Jacobi .. Scotorum regis .. ejus rebellibus .. in regno Anglie .. inherendo .. ~ones cum ipsis tam verbales quam credentiales faciendo .. nobis denuntiatus existit *Form. S. Andr.* II 45.

factiosus [CL]

1 busy, active.

~us, saepe faciens *GlC* F 52; [Tostinus] in his [sc. consiliis] adeo ~us caute ut actus ejus videretur consilium praevenire *V. Ed. Conf.* 46.

2 having a powerful following or connexions.

agentibus Danis, qui tunc temporis in regno potentes et ~i habebantur *V. Ed. Conf.* 42v.

3 factious, rebellious; **b** (as sb. m.) factious person, rebel.

dominus noster ~am farisaicae temptationis calumniam verae responsionis argumento confutans ALDH. *VirgP* 18; ~us, fallax, deceptor *GlC* F 47; ~a, falsa, *wrohtbora GlH* F 45* [*ed. omits*]; quatuor filii Karoli aliique potentes et ~i convenerunt .. et munitionem regis .. impugnare ausi sunt ORD. VIT. IV 5 p. 188; **s1191** G. de Camvilla, homo ~us et fidei prodigus, homagium fecerat .. fratri regis DEVIZES 33; ~us, proditor, versipellis, tegnosus, strophosus, versutus, alterplex OSB. GLOUC. *Deriv.* 239; *Ib.* 204 (v. factio 6); de ~a quorumdam machinatione contra episcopum AD. EYNS. *Hug.* V 7 *tit.*; hominem bellicosum, ingratum, invidum, superbum, factuosum et tenacem M. SCOT *Phys.* 82. **b** si quis ~us [AS: *fahmon, fagman*] incurrat vel ad eam [ecclesiam] confugiat (*Quad.*) *GAS* 51; honesta quidem occupatio: non fures, non ~i, non proditores, non predones GIR. *EH* I 14; *a barratoure*, ~us LEVINS *Manip.* 222.

factitare [CL], to perform frequently or habitually.

probros propriis prosternere telis / nititur et strages alienis factitat armis ALDH. *VirgV* 2709; quo modo in expositione evangelii beati Lucae .. constat esse ~atum BEDE *Mark prol.* 134A; in plurimis eorum quorum a me responsa et petisti ei accepisti constat esse ~atum *Id. Kings prol.* 716A; fac[t]itat, frequenter facit *GlC* F 39; **9..** ~at, *deþ, andwyrceþ WW*; hic legere, hic orare solebat; illud et illud in Domino ~abat GOSC. *Edith* 36; **1169** quod constiterit ab antecessoribus ~atum J. SAL. *Ep.* 285 (288 p. 646); ~are, frequenter facere OSB. GLOUC. *Deriv.* 239.

factiuncula [LL], little group, coterie.

factione, ~us [l. ~a] *GlC* F 96; *GlH* F 45 (v. factio 6).

factive, indeed, in fact.

si dicti ~e memorabilis reminiscendi usus evenerit R. NIGER *Chr. II* 106.

factivitas, (phil.) 'factivity', creative or productive power.

verbum importat ~atem ad omnes creaturas, sed factivum importat respectum realem ad factibile *Quaest. Ox.* 298; cujuslibet effectus factibilitas eternaliter est in Deo, sicut et ejus cognoscibilitas. set impossibile est factibilitatem vel cognoscibilitatem esse sine ~ate vel cognitivitate WYCL. *Ente* 53.

factivus

1 (phil.) 'factive', creative, productive; **b** (w. obj. gen.). *Cf. activus.*

cum dicitur 'A potestate est B, aut A potest esse B', idem est ac si diceretur 'A habet in se potentiam ~am B, vel potentiam passivam a ~o B' GROS. 128; DUNS *Metaph.* I 8 p. 83 (v. affectivus a); cum omnis entitatis in actu primo ultima perfeccio sit in actu secundo, quo conjungitur optimo, maxime si sit activum, non tantum ~um; omne autem intellectuale est activum *Id. Prim. Princ.* 677; *Quaest. Ox.* 298 (v. factivitas); quod actus sit accidens respectivum, ~um et non activum WYCL. *Act.* 53; aliis .. verbis utitur ecclesia, ut 'fieri', 'effici', 'creari ex pane', et 'consecrari' .. nec ista mutacio quam sonant iste acciones ~e est querenda in termino ad quem .. sed in termino a quo viz. in pane (TYSS.) *Ziz.* 169. **b** non enim dicitur, quod embryo antequam infundatur anima rationalis, potestate sit vigilans vel possit vigilare, cum non habeat in se potentiam ~am vigilie GROS. 128; qualiter ipsa sit ~a transmutationis, cum natura principii sit sustinere transmutationem tanquam ejus subjectum, vel eam efficere, privatio autem nullius est ~a immo potius defectiva SICCAV. *PN* 41; omnis autem operacio talis in finem ducens vel est ~a finis DUNS *Sent.* II 5. 1. 3; eam [sc. combinacionem .. que est patris ad filium] Aristoteles vocat †celmostinam [l. tecnopoeticam], id est ~am filiorum OCKHAM *Dial.* 792; potenciam vero ~am miraculorum ad utrumque, secundum quod exigunt miracula facienda BRADW. *CD* 42B; item mundus architipus vocatur multitudo omnium racionum ydealium in mente divina, secundum quas raciones Deus omnium formalium dicitur ~us et formativus WYCL. *Quaest. Log.* 273.

2 pertaining to making, practical.

non ad erudicionem artis ~e aut mechanice hic movet propheta FORTESCUE *LLA* 4.

factor [CL]

1 maker; **b** (w. obj. gen.). **c** the Creator.

9.. salus ~ori, pax possessori *AS Inscr.* 20; neque ipse ~or neque quod factum est ANSELM (*Casus Diab.* 1) I 233; factura a ~ore suo aliquam ex necessitate convenientiam contrahente H. BOS. *LM* 1353A. **b** nec sensibilitatem a suis ~oribus potuit .. suscipere (*Lit. Papae*) BEDE *HE* II 10 p. 103; **1214** duobus ~oribus fleccarum *Cl* 205b; ~or navis SICCAV. *PN* 191; **1282** de ~oribus pannorum Burdegale *RGasc* II 157; per carpentarios et ~ores domorum BAD. AUR. 195 (= UPTON 246); **1466** per liberacionem factam .. ~ori armorum, pro factura eorundem *ExchScot* 424; **1556** factor' rotarum (*AcWardr*) *KRAc* 428/10 f. 49v. **c** salvator mundi ~orque GILDAS *EB* 93; **948** (12c) omnipotens ~or atque monarchus dispensator *CS* 870; **1002** (12c) (v. 2 cunctari b); preterea proprii factoris imagine pollet / instar non vultus sed rationis habens GIR. *Symb.* II 1 p. 348; mundique factor machine LEDREDE *Carm.* 43. 2; ut assignet hominibus quod unum habent ~orem omnipotentem BACON I 24; non considerando graciam mihi datam, sed ~orem meum derelinquendo et mundanis inherendo STRATFORD *Serm.* 22 p. 87.

2 doer (of deed), perpetrator (of crime). **b** one who carries out or obeys (instruction or sim.).

~orem impii sceleris ALCUIN *WillP* I 30; si .. quaecumque sunt a scientia Dei sumunt essentiam, Deus est ~or et auctor malorum operum ANSELM (*Praesc.* I 7) II 258; **s1193** abbas .. excommunicavit omnes ~ores werre et pacis turbatores BRAKELOND 135v.; quis dux est auctor scelerum factorque malorum? GARL. *Tri. Eccl.* 112; bonorum .. egregiis actibus cum ~oribus suis commorientibus *Chr. Evesham* 69; **s1312** hujus facti .. ~ores *Ann. Lond.* 217; **1450** actores, ~ores, et fautores .. insurreccionis *MunAcOx* 602. **b** **793** habetis sanctos patres .. adjutores, si illorum praeceptorum eritis ~ores ALCUIN *Ep.* 19 p. 56; ~ores vel neglectores illius [sc. legis Dei] AD. EYNS. *Visio* 23.

3 agent, factor; **b** (Sc.).

1380 civibus Lucanis Londoni commorantibus seu eorum ~oribus .. ab eis ad hoc constitutis (*Lit. Papae*) *Mon. Hib. & Scot.* 365b; **1428** constituimus procuratorem, actorem, ~orem, et negotiorum nostrorum gestorem (*Procuratorium*) AMUND. I 386; **1431** racione scripti obligatorii per J. R. super attornatum et ~orem dicti N. mihi facti *Cl* 281 m. 9*d*.; **1438** socius quoque ac ~or .. societatis mercatorum vestre civitatis BEKYNTON I 250; **1445** nostros veros et legitimos procuratores, actores, ~ores, sindicos, negociorum nostrorum gestores *Cart. Osney* IV 126; **1470** duos mercatores et eorum ~ores (*TreatyR*) *Bronnen* 1613; **1474** nec .. existant ~ores sive attornati pro aliquo mercatore indigena sive alienigena *Pat* 532 m. 17; **1506** ejus ~ori sive mandatario (*Pat* 603 m. 12) *Foed.* XIII 159a. **b** solvere .. ipsi domino Waltero, seu ipsius procuratori, nuntio, vel ~ori *Reg. Brechin* II 125; **1457** ~ores at attornatos suos *RScot* II 384b; **1491** de restancia ij m. dicte pensionis .. soluta ~oribus dictis quondam Jacobi *ExchScot* 253; **1543** eorundem firmarios ~ores *Conc. Scot.* I cclv; **1560** actorem et ~orem in et ad croppam et segitis (*sic*) sue acre terre *Scot. Grey Friars* II 47; **1562** nobis nostrisque ~oribus et servitoribus *Dryburgh* 302.

factrix [LL]

1 creative, productive; (also as sb. f.) maker, creator. **b** (w. *lecti*) bedmaker.

nam vel hoc solo veram aeternitatem soli illi inesse substantiae, quae sola non facta sed ~x esse inventa est ANSELM (*Mon.* 24) I 42; probatum est .. materiam vero factam quidem, sed ~icem non esse PETRUS *Dial.* 26; magis autem queri potest quare [Plato] ideas posuerit omnium ~ces esse *Ps.*-GROS. *Summa* 354 (cf. ib.: de idea creatrice); **1336** (v. falsatrix). **b** **1332** Margarete de R. ~ci lecti domine Alianore (*KRAc* 386/7 f. 7) *Arch.* LXXVII 132.

2 able to do, executive; (also as sb. f.) doer.

non erat .. verbi divini auditrix obliviosa facta sed ~x operum *V. Fridesw. B* 3; **1522** nominando ipsum executorem suum, bonorum intromissatricem ac ~cem prolium suarum et omnimodam potestatem sibi commisit *Scot. Grey Friars* II 78.

factuarius, factor, agent.

1402 ut intenciores ac ferventiores reddituarii pariter et ~ii nostri sint ad solvendam summam xl milium nobilium predictum *Foed.* VIII 238.

factuosus v. factiosus.

factura [CL]

1 act of making, creation, manufacture; **b** (w. obj. gen.; w. ref. to manufacture or construction); **c** (w. ref. to drafting of document); **d** (w. ref. to preparation or treatment); **e** (w. *faeni* or sim.) hay-making; **f** (w. *ferri*) smelting, calcining; **g** (w. vernac. obj.).

'ipsius enim sumus ~a' [*Eph.* ii 10]: potest et ~a ablativus esse, ut sit sensus 'operatio ipsius est quod creati sumus in fide' LANFR. *Comment. Paul.* 292; **1364** de iij^m ccc [sc. *talwode*] de ~a hoc anno *Banstead* 351; potens mundum facere naturaliter incoruptibilem in prima ejus ~a WYCL. *Act.* 75; **1379** pro sternacione unius fract' [l. fraxini] .. et ~a in diversis necessariis, viz. *felys, auxiltres, nafes*, per unum mensem viij s. *Ac. Durh.* 587; **1449** (v. anulus 4c). **b** haec de ~a templi pauca ex pluribus commemorasse sufficiat BEDE *Hom.* II 1. 120; hec sunt rectitudines quas rex habet: .. †monte fractura [l. monete factura] (*Cons. Cnuti*) *GAS* 317; **1300** communitas calumpniat xiij s. j d. pro ~a collistrigii *Rec. Leic.* I 228; **1330** si per hoc verbum 'pontagium' intelligatur ~a poncium sive pontis *PQW* 614b; **1337** (v. exclusio 3); **1378** pro ~a meremii pro j puteo *Ac. Durh.* 586; ad ~am organorum *Ib.*; **1439** pro ~a farine *Ib.* 72; **1450** (v. defensorius 1a); **1464** in cera emp' erga festum S. Andree, cum ~a ejusdem *Ac. Durh.* 279; **1472** super novam ~am unius *towell* camini lapidei infra pistrinum abbathie *Ib.* 643; **1472** pro ~a sepium circa inclusionem de *lez Stakgarthez Ib.*; **1542** circa ~am putei S. Cuthberti *Ib.* 742. **c** pro ~a cujusdam false charte .., pro scriptura false charte predicte .. (*LBLond.* H f. 259) *MGL* I 607; **1437** Johanni B. pro ~a unius instrumenti super recuperacione carbonum decimalium de Fulforth, ij s. *Ac. Durh.* 233; **a1461** cum in statuto in parliamento edito .. contineatur quod [nullus] vicecomes .. nec coronator aliquid capiat colore officii sui .. pro ~a alicujus retorni vel panelli pro copia unius panelli ultra iiij d. *Entries* 337b (cf. *StRealm* II 335 [**1445**]: *par la faisur dascun retorne ou panell*); **1540** allocantur ei ij s. soluti auditori pro ~a scripture istius compoti *Banstead* 364 (cf. ib. 370: pro ~a et scriptura istius compoti). **d** **1350** de lx pullis de empcione utriusque sexus, .. de quibus in ~a in capones xx *Surv. Hatf.* 223; **1467** pro ~a salmonum salsorum piscarie de Speya, .. viz. in barilibus, pipis, sale, stipendio laborancium *ExchScot* 468. **e** **1350** pro falcacione et ~a ij acrarum et dim. prati *Surv. Durh. Hatf.* 227 (cf. ib. 228: cum falcacione et ~a feni, factis per Petrum prepositum); **1370** (v. faenum 1a); **1525** pro ~a, cariagio, et inhorriacione feni *Rutland MSS Receivers' Ac. 16–17 Hen. VIII* m. 3. **f** **1409** in stipendio T. W., *forman*, laborantis tam cum J. G., *blomsmyth*, in prima ~a, quam cum J. L., fabro, in fabricacione et purificacione ferri (*Aud. Durh.*) *EHR* XIV 520; pro prima ~a ij d. et fabricacione et purificacione iij d. *Ib.*; super fabricacione et ~a dictorum *blomes Ib.* 521. **g** **1397** in ~a de *shelves* pro reliquis regis superponendis (*KRAc* 495/23) *Building in Eng.* 247; **1514** pro ~a j *le gutter Ac. Durh.* 161; **1535** pro ~a *le sutteltez* et preparacione *le borchede Ib.* 112.

2 workmanship, style, shape. **b** (w. ref. to person) build, physique. *Cf.* AN *faiture*.

unum frontale magnum .. et aliud strictum ejusdem panni et ~e WHITTLESEY 167; fu .. habet .. flores narcisso similes ~a, colore veluti purpureo *Alph.* 69; **1400** pro j calice veteris ~e *Test. Ebor.* III 10; **1419** vasa de ~a Saracenorum *Cl* 268 m. 12*d*.; **1439** aliquam merceriam seu groceriam de crescencia seu ~a territoriorum predictorum *Ib.* 289 m. 6*d*. (cf. ib.: pannum lineum cujuscunque ~e seu vocabuli existat); **1444** lavacro de Brigges vel London ~a cum optima pelvi lata cum semifactura *Test. Ebor.* II 100; **1446** concedimus .. Francisco .. et Paulo Venier, mercatoribus de Venic', quod .. unam magnam *balace* de ~a oculi .. bovis ponderis cclx caratarum .. in regnum .. Anglie .. conduci facere valeant *Pat* 462 m. 34. **b** vir corpulentum, tam stature quam ~e inter parum mediocribus majores satis idonee GIR. *EH* II 16.

3 object made. **b** (theol.) creature, Creation.

tabernaculum namque proprie vocat ipsam cortinarum ~am sive conjunctionem BEDE *Tab.* 433; H. BOS. *LM* 1353A (v. factor 1a). **b** corporea visibilis mundi ~a ALDH. *Met.* 3 p. 72; non enim furva voracis mergulae ~a confunditur et atra cornicis creatura contempnitur *Id. VirgP* 9; hominem .. quem [Deus] a rectitudine suae ~ae peccando degenerare conspexit BEDE *Hom.* I 12. 61; **941** (15c) misericors auctor ne sua ~a periret *CS* 769; misericors Dominus, ne ~a sua laqueis inretita diabolicis in aeternum dampnata periret B. *V. Dunst.* 2; ordine pulcherrimo subiceret se ~a suo factori ANSELM (*Or.* 14) III 59; laus est factori non facture tribuenda NIG. *Laur.* 33va; si .. per formas non variatur Deus nec Dei aliquod opus, ergo ne ~a a factore varietatis non dissidebit dissimilitudine? PULL. *Sent.* 681A; **1407** Rex pacificus omnis opifex creature, ingratitudinis officio seu vicio quandoque racionabilis ~e, quam ad similitudinem suam formaverat, exigente .. tribulaciones etc. .. plus solito transmittit in orbem *Conc.* III 304; omnia que fecit Dominus ipsum in ~a sua laudant BLAKMAN *Hen. VI* 3.

4 (acad.) inception.

1499 sol' pro ~a domini Willelmi Caythorne doctorem theologie xiij li. vj s. viij d. *Ac. Durh.* 655.

5 *f.l.*

1203 pacis †facturam [*sic* MS; l. fracturam] *RChart* 105.

facturagium [cf. factor 3], factorage.

1599 pro ~io Anglice *facturage SelPlAdm* II 194.

factus v. facere, vatta. **factuus** v. fatuus.

facula [CL]

1 torch, firebrand; **b** (fig.) **c** sparkle.

~a, fax, leda *GlC* F 2; **9**.. ~a, *fecele, blysige WW*; **10**.. ~a, *decele Ib.* lucis in modum ingentis ~e .. W. MALM. *GP* IV 179 (= ELMH. *Cant.* 333: lucentis ~e); consuetum .. est hac vigilia [sc. S. Johannis Bapt.] ardentes deferri ~as, quod Johannes fuerit ardens lucerna BELETH *RDO* 137. 142A; quum ~a illa ardebat absque sui detrimento J. FURNESS *Kentig.* 6 p. 172; in manibus siquidem puerorum equitantium cerei quatuor jugiter ardebant; quos in morem ~arum sub divum expositos nec ventorum spiramina .. extinguere prevalebant AD. EYNS. *Hug.* V 19 p. 220; matrone enim et ipse sacrificature circa aras ~as tenentes ferebantur ALB. LOND. *DG* 6. 35; ~arum multitudo sub conticinium e celo in castra delapsa, Hengistianos .. terrore percussit BOECE 145. **b** divinae caritatis ~is accensa ALDH. *VirgP* 47; †**961** (12c) aliquis ~is invidiae succensus *CS* 1074; †**1012** (12c) quamdiu Anglorum patriae ~a eluxerit fidei *CD* 720; videres hominem ardentem in se ~am expavisse GOSC. *Transl. Aug.* 38B; inque viros faculas accendit [Venus] HANV. I 359; Kentigernus quasi ~a ardens in diebus suis, radiantibus virtutum flammis J. FURNESS *Kentig.* 34 p. 219; in laguncula / lesa lampas et fracta facula J. HOWD. *Ph.* 488; calens inceditur / amoris facula *Offic. R. Rolle* xxi; benigne caritatis ~is accendi precor *Ps.*-ELMH. *Hen. V pref.* p. 3. **c** diadema .. gemmis pretiosum, quarum splendor in intuentes ~as luminis jaculabatur W. MALM. *GR* II 135 p. 150.

2 faggot. **b** 'fascine'. **c** splinter, matchwood.

semiustas pyrarum ~as ALDH. *VirgP* 46. **b** ipsi de nocte lignis, ~is, et doliis plenis terra, fimo, arena, vel lapidibus, ad supra fortalicium et muros, ac fasciculis congestis luto, terra, et fimo, ad intra muros dissolutos et adminuculis aliis rearmarunt *G. Hen. V* 6 p. 38. **c** falaricator lapidem emisit et postem tentorii ubi rex tunc steterat, capite regis in partem flexo, in ~as dictus lapis contrivit STRECCHE *Hen. V* 163.

faculare, to split wood (for burning). (*Cf.* Jan.: *~are, faculas vel faces fingere vel facere*).

~o, A. *to make faget WW*.

faculentia, brightness.

a clerenes, .. claritas, claritudo, ~ia *CathA*.

faculentus [cf. facula], bright (w. torchlight). (*Cf.* Papias: *~us, face plenus*; Jan.: *~us, plenus luce, lucidus, clarus*).

clere, clarus, .. ~us, limpidus *CathA*.

facultacula v. facultatula.

facultare [cf. facultas 5], to stock, enrich.

et clerum mulctant, et predis tecta facultant [*gl.*: *eysent*] GARL. *Mor. Scol.* 496.

facultas [CL]

1 ability, power, capacity. **b** (personal) capacity, faculty. **c** property, nature.

habet .. abas hujus rei moderandae ~atem si oboedientia ejus placita fuerit Deo et abati suo GILDAS *Pen.* 4; **c1165** aliud non permittit ~as exulantis J. SAL. *Ep.* 159 (146); 'dixitque Deus': .. per hoc verbum 'dixit' innititur ibi ~as S. LANGTON *Gl. Hist. Schol.* 41; laici super ecclesiam vel personas ecclesiasticas nullam habent penitus ~atem OCKHAM *Dial.* 500; ~as et exercicium regendi et disponendi rem publicam *Ps.*-ELMH. *Hen. V* 91 p. 255. **b** liberum arbitrium est ~as rationis et intellectus J. BLUND *An.* 401. **c** **a796** sit unusquisque contentus secundum ~atem loci et temporis stipendio ALCUIN *Ep.* 54; balsamus .. ~atem habet similem viti .. *Alph.* 19.

2 **a** opportunity, possibility. **b** power (conferred from outside), authorization.

a ~as, possibilitas *GlC* F 33; donavit ei ~atem sese redimendi si posset BEDE *HE* IV 20 p. 251; **c795** nec mihi .. veniendi occurrit ~as ALCUIN *Ep.* 47; **a1078** voluntatem vestram intellexi si ~as detur ad me veniendi LANFR. *Ep.* 50 (46); ~as, possibilitas OSB. GLOUC. *Deriv.* 239; si daretur ~as AD. EYNS. *Visio* 46; **1311** si forte dicta navis non sit in ~ate restituendi *RGasc* IV 562 p. 163. **b** **c801** pietatem imperialem poscat regrediendi ~atem ALCUIN *Ep.* 220; plenaria causa septem habet circumstantias . . . in persona quaeritur quis fecerit, in facto quid fecerit, in tempore quando fecerit, in loco ubi factum sit, in modo quomodo fieri potuisset, in occasione cur facere voluisset, in ~ate, si ei subpeditaret potestas faciendi *Id. Rhet.* 6 (cf. ib. 27: qua occasione aut ~ate occiderit hominem quaerendum est); **c990** cunctis tamen conceditur facilis faciendi ~as B. *Ep.* 386; expensarum ~as GIR. *RG* III 10 p. 107; ubi deest operandi ~as [ME: *mihte of dede*] *AncrR* 105; quod .. adaptat in suos usus sine ~ate abbatis FERR. *Kinloss* 53.

3 (in Vulgar Law) authority, right (to dispose of land).

690 cuicumque voluerit .. habeat integram ~atem condonare tantum in domino *CS* 35; **c700** (11c) perdono potestatem ut .. integram habeat ~atem condonare (EDELHEG) GOSC. *Milb.* 202.

4 (eccl. & leg.) faculty, dispensation, licence. **b** (in phr. *curia ad ~ates* or sim.) court w. power to grant faculty.

c1220 ~atem concessimus sibi providendi .. per canonicam electionem de persona ydonea in abbatem *Reg. Paisley* 9; **1278** auctoritate vobis presencium concedimus ~atem *Inchaffray* 99; **1280** ut in scolasticis studiis possis .. te ad cultum Dei .. dilatare, tibi auctoritate presencium liberam concedimus ~atem *Reg. Ebor.* 26; **s1223** inquiri que fuerunt in Anglia ~ates tempore Henrici avi sui *Ann. Lond.* 25 (= WEND. II 269: libertates); libera remansit ~as ad consentiendum vel descentiendum hujus nominationi *Hist. Roff.* f. 18v. **b** clericus ad ~ates CAMD. *Br.* 143 (v. 1 cancellaria 2c); curia ad ~ates *Ib.* 144 (v. curia 5g); potest probari per exhibitionem instrumenti publici de creatione dicti notarii in notarium publicum sub sigillo curiae ad ~ates *Praxis* 383.

5 resources, wealth: **a** (sg.); **b** (pl.).

a ne a pluribus ei pecunia largiretur, quos ipse remunerandi nec spatium nec ~atem haberet *Hist. Abb. Jarrow* 22; magis [quam] amore justitiae inquietos punisse arguebatur cupiditate invadende eorum ~atis *V. Ed. Conf.* 51v.; ~ate sua tota .. egenis rogata, seipsum pauperem reddit *V. Wenefr.* 16; quidam .. juxta mediocritatem ~atis sue elemosinis atque hospitalitati deditus COGGESH. *Visio* 5; cum non debeat largitas ~atis excedere modum MAP *NC* V 3 f. 60; et que suppeditat locupletibus ampla facultas NIG. *Paul.* f. 46. 112. **b** illi rex cum praefata loci possessione omnes .. ~ates cum agris et hominibus donavit BEDE *HE* IV 13 p. 232; **c802** alienae sunt a nobis hujus saeculi ~ates ALCUIN *Ep.* 251; thesauros et ~ates aecclesiae dispersit deditque pauperibus WULF. *Æthelwold* 29; de ~atibus et ornamentis et possessionibus que .. collata sunt ecclesie OSB. CLAR. *V. Ed. Conf.* 20; sex .. basilicas de propriis ~atibus edificavit ORD. VIT. III 2 p. 24; **c1145** tam in ecclesiis quam in aliis ~atibus decimarum sive aliarum rerum *Doc. Theob.* 5; poterit .. auxilia ab hominibus suis exigere .. secundum ~ates et quantitatem feodorum suorum *RegiamM* II 73. 1; conventum est .. quod .. incolarum ~ates .. apud suos possessores libere et integre remanerent *Ps.*-ELMH. *Hen. V* 53 p. 132.

6 (acad.) branch of study, (university) faculty; **b** (collect.); **c** (theology); **d** (canon law); **e** (civil law); **f** (medicine); **g** (music); **h** (arts); **i** (other).

quam solam [scientiam sacram] ~ates alie tanquam pedisseque reginam longe sequuntur GIR. *DK pref.* p. 158; studentibus in hac triplici ~ate BACON *Tert.* 85; in omni ~ate legendo et disputando et ceteris exercitiis scholastice discipline *Id. CSPhil.* 395; **1311** quicquid magistri actu regentes in duabus ~atibus .. judicaverint *Collect. Ox.* II 218; ~atum plurium professores R. BURY *Phil.* 9. 152; **a1350** consuetudo est quod singuli magistri in omni ~ate .. legant lecciones *StatOx* 59; **s1355** universitas Oxonie in singulis ~atibus refloruit AVESB. 124; **1412** studencium in ~atibus variis caritas *StatOx* 213; **1414** per decanum ~atis (*St. Andrews*) *OED s.v. regent* 3b. **b** **c1450** audiantur libri extraordinarii .. ubi ~as mature dispensabit tempus .. extraordinariorum committit ~as discrecioni legencium (*Stat. Glasg.*) *EHR* XIV 251 *n.* **c** laborem et duritiem theologice ~atis P. BLOIS *Ep.* 9. 26D; **1260** theologicam audivit ~atem *RL* II 166; **1275** W... in theologica ~ate regentem (*Lit. Papae*) *Mon. Hib. & Scot.* 107a; **1314** antequam bachalarii incipiant legere in theologica ~ate *Collect. Ox.* II 270; **1350** magistro theologice ~atis *StatOx* 38; **1358** ~atis divine plurimi professores *MunAcOx* 208 (v. divinus 6a); **1407** sacratissima theologica ~ate que .. inter ceteras ~ates prerogativa preeminet ampliori *StatOx* 198; **1421** ~ates sacre theologie, juris canonici, medicinarum, et arcium *Ib.* 228; **1549** decanus ~atis theologiae universitatis S. Andree *Conc. Scot.* II 84. **d** **1376** in ~ate decretorum *StatOx* 169; **1407** cujus [theologice facultatis] excellencie famulatrix et ancilla .. veneranda decretorum ~as *Ib.* 198; **1419** lego omnes libros et quaternos meos de ~atibus juris canonici et civilis nepotibus meis erudiendis in ~atibus predictis *Reg. Cant.* II 164; **1421** (v. 6c supra). **e** **1419** (v. 6d supra). **f** **1400** practizantes in .. ~ate medicine *StatOx* 191; **1407** medicine ~as .. arcium ~ati quoad formas .. est socia *Ib.* 198; **1421** (v. 6c supra). **g** cum sit necessarium juvenilibus ad ~atem organicam tendentibus notitiam figurarum, sc. notarum, possidere, ideo .. WALS. *Mus. Mens.* 74. **h** **1333** magistri ~atis arcium *StatOx* 132; **1407** (v. 6f supra); **1450** quod possit admitti ad lecturam alicujus libri ~atis arcium *MunAcOx* 731; **1451** prima congregacio ~atis arcium *Mun. Univ. Glasg.* 178. **i** accessit .. ad me in logica tunc temporis ~ate .. studentem GIR. *GE* II 27 p. 350; sicut triangulus secundum quid est quantitas, et secundum hoc subjacet geometrice ~ati; quantum autem ad formam a qua fit impositio ipsius nominis, triangulus est qualitas et non est de geometrica ~ate J. BLUND *An.* 21; **a1380** informatores gramatice ~atis *StatOx* 169.

7 (? conf. w. *facilitas*) easiness, facility.

9.. ~as, *eþelicnes WW.*

facultatula [LL], (limited) capacity, ability.

fuerat enim in devotione et orationis studio ferventissima, elemosine, hospitalitati, vel reliquis misericordie operibus super possibilitatem facultacule sue dedita et intenta AD. EYNS. *Visio* 30.

facuminaria v. fascinia. **facunculus** v. pharunculus.

facundatus, eloquent.

OSB. GLOUC. *Deriv.* 242 (v. facundus).

facunde [CL], eloquently.

1167 lingua Latina ~issime et disertissime .. gratias egit domino pape J. SAL. *Ep.* 227 (231 p. 418).

facundia [CL], eloquence.

facuntia, eloquentia *GlC* F 36; **9..** ~ia, *getingnesse*; .. ~ia, i. eloquentia, *woþ WW*; qui quodam competentis ~iae calamo .. merita monimenta protelare conarer B. *V. Dunst. prol.* 1; aurea ~ia Homeri BYRHT. *V. Ecgwini* 349; viros .. sermonis ~ia et dignitate adornatos DOMINIC *V. Ecgwini prol.*; torrente ~ia apposite dicendo senes superavit ORD. VIT. IV 6 p. 209; [oratores] quibus .. acuenda precipue sunt arma ~ie GIR. *TH intr.* p. 6; aliquis majori copia / verborum preditus atque facundia WALT. WIMB. *Palpo* 147; quia eciam gloriosa pollebat ~ia, cepit esse predicator egregius *Chr. Witham* 498.

facundus [CL], eloquent, fluent and elegant in speech.

~a [elocutio] erit, si grammaticae regulas servat et auctoritate veterum fulcitur ALCUIN *Rhet.* 37; causidicus, i. legator, disertus, ~us, *spelboda GlH* C 637; dicax, i. ~us, qui verbis jocatur in quamlibet rem, vel *cwedel Ib.* D 439; **9..** ~a, lepida, *getingce* ÆLF. *Sup.*; ~issimos rhetores BYRHT. *V. Ecgwini* 351; erat .. ~us et jocosus ORD. VIT. III 2 p. 26; ~a oratione *Chr. Battle* f. 79; **1166** ne .. testimonium daret sapiens ille tabellio et ~us J. SAL. *Ep.* 252 (174); fabundus, loquax, dicax, ~us, disertus, eloquens, facundatus OSB. GLOUC. *Deriv.* 242; bibat et subito fiet facundior, / in verbis promptior et expeditior WALT. WIMB. *Carm.* 147; *renable*, ~us *Gl. AN Glasg.* f. 19; decet .. regem esse ~um, affabilem, claram vocem habere BACON V 48; unus magnus clericus discretus et ~us .. predicare debet uno istorum primorum quinque dierum Parliamenti *Mod. Ten. Parl.* 31.

facus [LL < φακός (ἐλελισφάκος)], salvia.

fiat ex granis malorum granatorum ustis et cum succo faco [l. faci] et poligonie succo etc. GILB. V 222V. 1.

fada [OF *fee*, Prov. *fada* < fata], fairy.

quosdam hujusmodi larvarum, quas ~as nominant, amatores audivimus et, cum ad aliarum feminarum matrimonia se transtulerunt, ante mortuos quam cum superinductis carnali se copula immiscuerunt; plurimosque in summa temporali felicitate vidimus stetisse, qui, cum ab hujuscemodi †fandarum [v. l. ~arum] se abstraxerunt amplexibus aut illas publicaverunt eloquio, non tantum temporales successus sed etiam misere vite solatium amiserunt GERV. TILB. III 86 p. 989.

fadina v. fadmus.

fadmus, ~a [ME *fadom, fadme*], fathom (measure of length).

1323 in iij capestris et iij †fadine [l. fadme] pro *reynis* et *wamberopes* de grossa corda emptis *Ac. Wellingb.* 124; **1397** pro una corda longa xiij ~orum *KRAc* 479/23.

fadus [OF *faé*, Prov. *fadado* < fatatus], enchanted, magic.

si verus equus fuit, unde in eo .. intelligentia .. que in disertissimo admiranda? si ~us erat, ut homines asserunt, quomodo comedebat ..? GERV. TILB. III 92.

faecalis [cf. CL faex], (med.) costive.

in dolore stomaci paroxismali, sincopali et ~i GAD. 13V. 1.

faecigena, born of filth.

hermofroditat eum [sc. semivirum] Veneris Venus hostis et ejus / proles fecigena nomen habebit amor GARL. *Epith.* II 398.

faecinius, ~us [CL], kind of grape. **b** (by conf. with *faex* ?) grape-pip.

fecinea, nomen uvae *GlH* F 299. **b** *a pepyn or a grafte* [v. l. *grapp*], acinus, acinum, ~um [v. l. ~ium] granum *CathA*; *a grape kyrnelle*, acinus, acinum, ~ium *Ib.*

faecula [CL], dried lees of wine, tartar. **b** (? by misinterp.) grape.

~a, *gesoden winberigen* ÆLF. *Gl.*; hec fex, -cis, unde hec ~a, -e, i. parva fex, unde Horatius [*Sat.* II 8. 9] OSB. GLOUC. *Deriv.* 230. **b** ~a, uva pinguis *GlH* F 297.

faeculatus v. faeculentus.

faeculentia [CL]

1 dregs, impurities. **b** impurities in bloodstream, excrement. **c** (fig.).

temperantiam eam [sc. animam] esse dixerunt, quia temperata est et sine omni immunditia et ~ia. unde cum anima ita sit subtilis, corpori quidem quod est feculentum et grossum conjungi non possit nisi aliquo medio *Quaest. Salern.* B 95; †quante [l. quanto] magis mars fuerit iluminatus et depuratus a †superfluitalibus [l. superfluitatibus] a [? l. et] ~iis terreis, tanto .. M. SCOT *Lumen* 254; si quid invenit ~ie et rubiginis, separat et consumit BART. ANGL. IV 1; *dreggis*, fex, ~ia *CathA*; *a filthe*, ~ia *Ib.* **b** fit igitur retentio vel inflatio ex grossitie vel ~ia sanguinis GILB. V 231. 1; futura vero est sordium ejectio, et ideo descendens ~ia nutrimento permixta .. ALF. ANGL. *Cor* 14. 6. **c** **1159** sol .. amnes cognatos nubibus et ~iam terre .. agnoscere non dedignatur J. SAL. *Ep.* 111; expectas .. dum hec ~ia secedens pura sibi fluenta subroget MAP *NC* IV 3 f. 45; proinde nec spiritus carnis aut spiritus hujus mundi jam incubat eis nec hujuscemodi ~iam aque ipse solito exhalant J. FORD *Serm.* 18. 7; a terrene delectationis ~ia .. expiata AD. MARSH *Ep.* 147 cap. 12 p. 451.

2 (conf. w. *foetulentia*) malodorousness.

~ia, i. feditas OSB. GLOUC. *Deriv.* 230 (v. faeculentus 3).

faeculentus [CL]

1 (of fluid) full of dregs, cloudy; **b** (w. ref. to bloodstream). **c** (fig.).

~us, fece plenus *GlC* F 143; ~us, i. fece plenus, *dræstig GlH* F 294; vinum adeo ~um P. BLOIS *Ep.* 14. 47C. **b** redit sanguis ~us super epar et virtutem ipsius corrumpit GILB. IV 231. 1; RIC. MED. *Anat.* 224 (v. egestio a); id quum rescisset medicus, ~a duritiemque alvei clysteribus et suppositoriis educere tentavit FERR. *Kinloss* 82. **c** crediderim facile quicquid sincerum et defecatioris nature in massa generis ejus ab initio extitit in ipsum .. confluxisse, quod vero ~ius et obscurius resedisse in germanis et uterinis J. SAL. *Pol.* 773B; quibus hic gravis moribus et ~us mundus sordiatur *Ib.* 483A; hic calix nil inquinatum habet, nil impurum, nil ~um BALD. CANT. *Sacr. Alt.* 726D; quod erutum est omnimodis impurum proveniat et ~um J. FORD *Serm.* 13. 4.

2 (of solid) of the nature or character of dregs.

invenitur quedam vena terre juxta venam argenti. illa terra optime teritur et distemperatur cum aqua calida et ponitur super linteum positum super aliquo vase .. et quod grassum [? l. grossum] et ~um cadit in vase proice M. SCOT *Lumen* 245.

3 (conf. w. *foetulentus*) foul-smelling; **b** (fig.).

feculatus, -a, -um, i. fece plenus, quod et pro fetendo dicitur. invenimus quoque ~us pro fetidus a fecula dirivari, unde Macrobius [*Sat.* VII 12. 4] .. et feculentia, i. feditas OSB. GLOUC. *Deriv.* 230; hircosus, fetidus, ~us, olidus, spurculentus *Ib.* 277; [sulphur] cum ardet reddit aerem ~um (M. SCOT *Part.*) *Med. Sci.* 297; fetidus et ~us sudor J. GODARD *Ep.* 233. **b** **c675** ~a fama compulsus posco ut nequaquam prostibula .. adeas ALDH. *Ep.* 3.

faeculescere [cf. CL faeculentus], to be filthy.

s1192 homines .. regionis illius [sc. Austrie] barbariem maxime redolentes, horrent verbis, habitu squalent, inmunditiis ~escunt, ut intelligas eorum cohabitationem ferinam potius quam humanam DICETO *YH* II 106.

faecund- v. fecund-. **faedicius** v. feiditus.

faenagium [OF *fenage*], (revenue from) hay-making.

c1155 P. [tenet] j acram et j die fenat .. W. debet metere j acram et ~ium *Cart. Ciren.* 20; **12..** r. c. .. de xvij s. ij d. de ~io hoc anno *MinAc* 827/38 (*Devon*); **1261** cum .. piscariis, turbariis, stagnariis, carbonariis, moris, boscis, ~iis, pratis .. et omnibus aliis .. proficuis *Pat* 76 m. 11; **1329** sunt eciam ibidem lx acre prati, unde qualibet acra valet per annum xij d. ut in tempore ~ii *IPM* 16/22 m. 4 (*Lincs*); **1334** pratum valet per annum xl s. ut in tempore ~ii quando falcatur *Ib.* 40/8 m. 5 (*Lincs*); **1390** item solutum cuidam homini ad custodiendum et supervidendum prata Pontis tempore ~ii ij s. *Ac. Bridge Masters* 9 m. 10.

faenalis [cf. OF *fenal*], for hay, hay-.

13.. cum uno homine ad mullones †females [? l. feinales] feni de la Brodemede in bertona domini faciendos (*DC Wells, Liber Albus*) *Arch. Soc. Som* XX app. 68; **1419** item j furca ~is, precii ij d. *Wills N. Country* I 24; **1503** cum medietate orrei ~is *Reg. Heref.* 8; **1532** Radulpho et sociis super orrium ~e de Houghall per ij dies .. ij s. *Househ. Bk. Durh.* 83; **1623** pro reparatione domus sue ~is Anglice *his fodder house Court Bk. High Clere* f. 195.

faenare [OF *fener*], to mow (meadow), to make hay; **b** (intr.).

firma precum ad congregandas segetes et gutfirma ad arandum et firma pratorum ~andorum [AS: *mædmed*] (*Rect., Quad.*) *GAS* 452; blestarie .. usque ad festum S. Petri ad Vincula annuatim erunt in defenso nisi fenum ante id festum S. Crucis fuerit ~atum *Mon. Exon.* 43a. **b** **c1155** Godefray Thuche [debet] metere iij acras et dimidiam et tribus diebus falcare et ~are et sarculare *Cart. Ciren.* 20.

faenarius [CL], of or for hay. **b** (as sb. m.) hay-merchant. **c** (as sb. n.) barn, hay-loft.

cum horreo ~io *Meaux* III 242 (v. fabrilis 2). **b** **c1110** domus Alwini ~ii *Lib. Wint.* 6v.; **a1215** hiis testibus .. Symone ~io [etc.] *Cart. S. Greg. Cant.* 115; **1297** quandam placeam terre .. quam habui in parochia S. Petri Parvi London' que quondam fuit Johannis de Lelham fenar[ii] (*KRMisc. Bk.* 25) *Cart. Chertsey* II 1200. **c** **1221** quidam puer inventus fuit occisus in feinario de Guttinges *PlCrGlouc* 8; *an hay howse*, fenerium *CathA*.

1 faenatio [cf. AN *feneison*], (time of) hay-making. *V. et. faeniso.*

c1200 ij s. in capite Quadragesime et xij d. in ~onibus *Cart. Osney* IV 68; **a1256** de decima bladi et feni .. tempore messis et ~onis *Conc. Syn.* 511; **1275** bedelli .. colligunt fenum in ~one et garbas in autumpno et avenam tempore seminacionis *Hund.* II 307a; **1285** inundare facit .. pratum .. per quod tempore ~onis et falcationis fenum .. deperit ad grave dampnum (*AssizeR*) *DocCOx* 205; **1299** debet qualibet die ~onis et messionis operare post prandium *RB Worc.* 307; **1347** (v. faenum 1a); **1467** (v. faenator).

2 faenatio v. feonatio.

faenator [cf. OF *feneor*], haymaker.

1467 falcacio, fenacio et ligacio in Est Medow de Eye: in solutis iij falcatoribus .. iiij s. vj d.; item v ~oribus per j diem et dimidium, .. xxij d. ob. *Ac. Almon. Peterb.* 166.

faenebris [CL], (of money) lent at interest.

J. SAL. *Met.* 831C (v. abaequare); suam nemo substantiam .. in damnum ~e [vv. ll. †funebre, fenori] donat GIR. *DK* II 5; de ~i pecunia illa .. a domo propria tam fraudulenter extorta *Id. Symb.* I 1 p. 210; si vero incertum sit, puta mando ut pecuniam ~em exerceas VAC. *Lib. Paup.* 140; dedi tibi xxx ut eam peccuniam ~em exerceres usuris semissibus *Ib.* 161.

faenedium, hay-making. *V. et. faenagium.*

1309 sarclatio et falcatio †curialiis factis circa ~ium (*MinAc*) *West Coker* 464; **1325** recipient .. quatuor racionabiles carectatas feni in tempore ~ii (*Pat*) *MonA* VI 1344b.

faenerare, ~ari [CL], to lend (money) at interest; **b** (fig.).

pecuniam .. dicit nummulariis esse ~andam BEDE *Luke* (xix 22–3) 565; ~at, i. mutuat, praestat; ~atur, commodat; ~or, mutuor, praesto *GlH* F 265–7; **9..** ~atur, *strynep WW*; ~ata domino, *gode on borh geseald* ÆLF. *Sup.*; poterant ~ari alienis, non licebat proximis PULL. *Sent.* 771D; **s1194** rescriptum sedis apostolice quo prohibeamini

regi proprio .. ~ari W. Newb. *HA* V 1 p. 416; **1200** ~ari quidem omnibus [sc. clericis] indistincte prohibetur *Conc. Syn.* 1073; cum quereretur 'quid est fenorare?' respondit 'quid occidere hominem?' [cf. Cicero *Off.* II 89] W. Burley *Vit. Phil.* 330; dare, non ~are, .. compellebantur Ad. Mur. *Chr.* 86*n*. **b** alterum ~are debet ex altero [i. e. dilectio et obsecutio], ut ex mutua frequentatione confici possit quod non ex unius pendet potestatis arbitrio R. Cold. *Cuthb.* 1 p. 1; fenestra eo quod ~et nobis lucem que dicitur φῶς Osb. Glouc. *Deriv.* 241.

faenerarius, usurer, money-lender.

s1280 mercatoribus alienigenis et ~iis duo millia et d libre debebantur *Meaux* II 157.

faeneraticius [LL], usurious, bearing interest.

~ia pecunia, alienum aes *GlH* F 269; pater suus infaustum reliquid heredem in pecuniis laboribus multis ~iisque negociacionibus adquisitis habundantissimum *Collect. Stories* 199; super ~io censu .. in jure convictus P. Blois *Ep.* 164; ipse .. verebatur ne de ~ia pecunia ejus mihi prestare in causam mutui cogeretur *Id. LL* 6. 6.

faenerator [CL]

1 usurer, money-lender.

qui uno ~ori, id est suo creatori, non materialem pecuniam sed propriae salutis nummum debebant Bede *Luke* 427; ~or, i. commodator, creditor, redditor, *lænend* vel *strudere GlH* F 268; **9..** ~or, *gafolgilda WW*; **c1174** pecunia super qua .. Judeis et Christianis ~oribus cavit in immensam .. excrevit quantitatem *Ep. J. Sal.* 310 (322 p. 790); reddenda sunt ei [sc. diabolo] que sua sunt, peccata sc. que ab eo mutuo accepimus, que instar ~oris a nobis diu vult detineri Alex. Bath *Mor.* III 54 p. 164; ~ores et quicunque avaritie deserviunt, nonne parcissime se vestiunt? Map *NC* I 25 f. 20; **s1193** ut imperator egregius ~or legittimarum usurarum summam .. c milia marcarum .. solvendarum extorsit Diceto *YH* II 110; ~ores, nummorum cumulis instar moncium igneorum coacervatis immersi, avaricie flammam malo suo se iniquis aluisse compendiis .. testabantur Ad. Eyns. *Visio* 39; hac intentione concedunt talem pecuniam ut aliquid accrescat sorti ratione temporis, igitur ex hoc sunt ~ores R. Courçon *Summa* 274; **s1229** ~or quidam qui pecuniam suam tribuens ad usuram immensum nummorum congregavit acervum Wend. II 380; hic ~or, *a usurer WW*.

2 (by misinterp.) one blinded by avarice (see quots.).

Phineus .. a fenerando dictus in modum avaritie ponitur. .. Phineus cecus fingitur quod omnis avarus sua non videt. .. ideo harpyie .. quod ejus prandia stercore fedant innuit ~orum vitam, in omnibus .. sordidam Alb. Lond. *DG* 5. 6; Phineus a fenerando dicitur. ~or alios excecat qui bona aliorum rapit. quod Harpyie fedabant mensas ejus, est intelligere aliquem ~orem avarum et sordide vivere *Natura Deorum* 135.

faeneratrix [CL], usuress, money-lender (f.).

1169 Turgiva ~ix r. c. de j m. *Pipe* 119; **1185** de catallis Hugeline ~icis *Ib.* 170 (cf. *LTRMisc* 1/2 m. 6: Hueline usurarie de Cicestr'); **1199** feneratores et ~ices non jurabunt hoc sacramentum (*Assisa London'*) *Lond. Ed. I & II* 52.

faeneus [CL], made of hay, (in quots., of roof) thatched.

ventus .. abripiebat ignitos ~ei tecti fasciculos Bede *CuthbP* 4; advexit illo plurimam congeriem trabium, tignorum .. et tecti ~ei [AS: *ðeacon*] *Id. HE* III 16.

faenicula v. faeniculata.

faenicularis, kind of fennel. *Cf. faeniculum* 2.

Alph. 63 (v. faeniculum 2a); ~aris vel feniculus porcinus vel feniculus agrestis *Ib.* 140.

faeniculata, kind of plant.

~ata, herba longa gracilis que nascitur in aquis *SB* 21; †fenicula [v. l. ~ata] herba est longa et gracilis que nascitur in aquis et in agris *Alph.* 63.

faeniculator [cf. DuC s. v. feniculum = faenile], (?) one having charge of hay-barn.

1185 Edricus ~or *Rec. Templars* 14.

faeniculum [CL], **~us**

1 fennel, plant or seed (*Foeniculum vulgare*); **b** (as rent).

9.. †finiculis, *finul WW*; herba ~us *þæt ys finul Leechdoms* I 48; aliquando solus olfactus, ut cum aliquis defert ~um auribus suis suspensum, ut sibi suaviter redoleat *Simil. Anselmi* 14; circa collum suum quasi cujusdam grossioris ~i, quo utuntur errantes peregrini, surculum .. appenderat R. Cold. *Godr.* 153; parco cibo carnem edomabat et consueto potu aque in qua coctum erat ~um W. Fitzst. *Thom.* 26; cumque vivant apio tantum et ~o, in quibus fere est totus victus vester P. Blois *Ep.* 46. 134B; serpentis visum reparat renovatque juventam / feniculus Neckam *DS* VII 126; **1299** in iiij lib. ~i *Ac. Durh.* 494; maratrum, ~us, tam semen quam herba *SB* 28; ~us, *fenell*, maratrum semen ejus, et est agrestis et domesticus, *vynelle Herb. Harl. 3388* 79v.; maratrum tam semen quam herba est, ~us idem; quidam tamen dicunt quod maratrum est semen ~i tantum, G. *fenoyl*, A. *fenicle Alph.* 106; hoc ~um, *fynkylsede WW*. **b 1279** tenet dim. acram terre .. per j ramum ~i *Hund.* II 449.

2 (dist. by kind): **a** (*~um porcinum*) hog's fennel (*Peucedanum*); **b** (*~um rusticum*) horse fennel (*Hippomarathrum*); **c** (*~um S. Marie*) 'toad fennel'; **d** (*~um petrosum*).

a recipe peucedani, i. ~i porcini, castorei, olei rosati ana Gad. 5v. 2; ~us porcinus, peucedanum idem *SB* 21; men, peucedanum, ~us porcinus, idem sunt. herba est similis feniculo sed tortuosa *Herb. Harl. 3388* 30; ~us porcinus, peucidanum, masmatrum, amarista fetida, *hunde fenyll, maythen Ib.* 79v.; men, peucedanum, ~us porcinus, idem sunt. herba est similis feniculo sed tortuosa *Ib.* 30; ~us porcinus, fenicularis, poucedanum idem *Alph.* 63 (cf. ib. [v.l.]: ~us, maratrum hues [i. e. ὑὸς μάραθρον], tam semen quam herba est, G. *fenoyl*); hues maratrum, ~us idem, G. *fenoyl*, A. *fenkele Ib.* 83; ~us porcinus vel ~us agrestis *Ib.* 140 (v. cauda 2d). **b** yppomaratrum [i.e. ἱππομάραθρον] sive ut alii maratrum agrion [i.e. μάραθρον ἄγριον] vel ut Latini ~um rusticum radicem habet moderatam et semen ut †caricios [i.e. κάχρυος], urinam movens atque lapidem in vesica frangens *Ib.* 197. **c** ~us S. Marie, A. *tadefenel*, similis est amarusce *SB* 21; ~us S. Marie similis est amarusce. multum valet ejus semen contra fluxum ventris *Alph.* 63. **d** recipe radi[cem] ~i petrosi Gad. 12v. 2.

3 (*~um Graecum*, by conf. w. *faenum Graecum*) fenugreek.

12.. sub lapide pone radicem artemesie et radicem ~i Greci *Sculp. Lap.* 453.

faenifactor [cf. ME *hei maker*], haymaker.

1403 pro levacione feni cum prandio et potu ad feni factores *Ac. Durh.* 221.

faenifer, producing hay.

imperator minatus est .. totam Cesaream ita destruendam ut magis ~era quam farrifera aut hominifera cernetur Dominic *Mir. Virg.* 142vb (*derived from inedited part of Vita S. Basilii* [cf. BHL 1022c]); **1514** j acra terre ~ere *Cart. Glam.* 1783.

faenile [CL *pl.*, cf. AN *fenil*], place for storing hay: **a** barn. **b** haystack. **c** (prov.) manger.

a ~e, *heghus GlH* F 262; **9..** ~e, *highus WW*; **1141** recepit .. bonum granarium et coquinam et ~e *Dom. S. Paul.* 136. **b** vitulos et subrumos ablactatos inclusos teneat in pergulo juxta ~e [*gl.*: *fenerye, moylun de fens*] Neckam *Ut.* 102; **1307** pro faciendo ~e suum [*in the common way*] *CourtR Wakefield* II 191 (cf. ib. 93: [*obstructed the common way*] per ~e); ~e, A. *an heyrek WW*; hoc ~e, *a heystakke Ib.* **c** cani comparandus in ~i, nec ipse hoc aggredi animo habebat et tamen alii cuilibet .. id ipsum aggredi .. invidebat Gir. *PI* III 9.

faeniseca [CL], mower, haymaker.

~e *mæþeras GlH* F 261; moralis Senece doctrina sapit sine fece, / quam non fenisece capiunt nuge neque Grece Garl. *Mor. Schol.* 532 (cf. ib. [*gl.*]: hic et hec ~a, a fenum et seco, rustice rudes fenum secantes); ~a, A. *a mowere WW*.

faeniso [OF *fenison, fenaison* < faenationem], **a** (time of) hay-harvest. **b** hay-making (as manorial service).

a 1199 [ita ut] in ~one .. pro detencione exclusarum fenum suum non perdant si abundantia aque evenerit *Fines Warw.* I 13. **b 1225** terra Henrici Othulf solebat operari tribus diebus in ebdomada et tres precarias et tres fenesones et tolnetum *Cart. Ciren.* I 13; omnes alii qui manent super terram domini regis in C. debent facere tres precarias in autompno et tres fenesones et dare gablium et tolnetum *Ib.*; **1403** omnes illi tenentes .. debent facere per annum pro quacunque tenura sua tres bederipas et tres fenesones abbatie predicte (*IAQD*) *Bristol & Glos Arch. Soc. Trans.* XVIII 67.

faenissa [cf. OF *fenerresse*], mower, haymaker (f.).

~a, A. *an heymakere WW*.

faenissare, to make hay.

debet ~are ut virgata, et valet ij d. *Cart. Glouc.* III 38 (cf. ib.: levabit et cariabit fenum domini, et valet ij d.).

faenucardo [cf. 2 cardo], (?) teasel.

~o, labrum Veneris, [*we*]*vepystille Herb. Harl. 3388* 79v.

faenugraecum [cf. CL faenum Graecum], fenugreek.

9.. fenegrecio, *wyllecærse WW*; de aqua ubi cocta sint malva, mercurialis, ~um, semina lini [etc.] *Quaest. Salern.* L 2; recipe .. fenugr' Gilb. I 48. 2; semen ~i M. Scot *Phys.* 13; †fenugreoum, siled [i. e. τῆλις] idem, simile est melliloto sed minores habet vaginas, et grossius habet semen, semine utimur *Alph.* 63 (cf. ib. 214); ~um semen est cujusdam herbe que similiter appellatur, sed oleum quod inde elicitur dicitur cilinum, loco ejus utimur semine lini *Ib.*

faenum [CL], **~a, ~us**

1 hay, hay-crop. **b** rowen, second crop of hay. **c** (tithe of) hay. **d** (?) hay-making, hayfield. **e** hay-market.

nemo propter hiemem aut ~a secet .. aut stabula fabricet jumentis Bede *HE* I 1 p. 12; debeo implere presepia boum ~o [AS: *mid hig*] Ælf. *Coll.* 91; pratum vj s. et iiij s. de ~o *DB* I 142vb; nec ad pabula ~a secari .. solent Gir. *TH* I 33; **a1197** (v. ducere 5b); **1199** etc. (v. 1 carriare 2a); **12..** debet relevare unam acram et dim. feni de ~o domini *Cust. Bleadon* 203; **1257** licet ~a presentis anni in maneriis episcopatus Norwicensis pertinent ad warectam *Cl* 86; **c1260** (v. desiccare 1b); **1278** quia cariavit ~os ultra pratum domini *CourtR A. Stratton* 166; **a1308** ista debet sequi per j hominem iij *nedbedripes* et .. j die levare ~um et tassare per iij dies *Cust. Battle* 80; **1347** in ~o ejusdem spergendo, vertendo, et levando .. tantum hoc anno quia tempus fenacionis pluviosum (*Pipe Wint.*) *Econ. HR* XII (1959) 400; **1370** ad facturam ~i communis prati *Hal. Durh.* 94; **1419** cum ~a et avenis emptis pro eisdem [sc. equis] *Comp. Swith.* 441. **b 1382** pastura prati post asportacionem ~i de *rewayn Surv. Durh. Hatf.* 170; *rawene, hey*, ~um serotinum *PP*. **c 1122** de parco meo Rothomagi totam decimam ~i et c s. de foresta de Romare [etc.] *Act. Hen. II* II 105*n*.; **1263** orta materia questionis .. de decimis ~i terre de Pithlishouh *Melrose* 332; **1281** omnes decimas et oblaciones .. et decimam ~i tocius parochie *Reg. Ebor.* 34; **1583** decimas garbarum bladorum granorum, fene (*sic*), lane *Pat* 1234 m. 13. **d 1340** in Junio .. fuit pluvia vicissim. set illa pluvia fuit quam minima, quia nunquam operantes in ~is impedivit W. Merle *Temp.* 5. **e 1307** [ecclesia] Omnium Sanctorum ad Fenum *MGL* II 238.

2 (w. ref. to domestic uses): **a** thatch or caulking; **b** bedstraw. **c** (as floor-covering).

a Bede *CuthbP* 46 (v. argilla a); culmen domus quod erat virgis contextum ac ~o tectum *Id. HE* III 10. **b** semel in anno renovari facit ~um in omnibus lectis fratrum Lanfr. *Const.* 151. **c** locum, in quo [defunctus frater] jacuit, mundari et ~o vel junco renovari faciat *Ib.* 155; **1221** inveniet ~um ad spergendum in choro .. in omnibus festis duplicibus a festo S. Michaelis usque ad Pentecosten, set in vigilia Pasche cum foliis edere super ~um .. *Stat. Ebor.* 99.

3 (fig.): **a** (w. ref. to *James* i 10, *1 Pet.* i 24). **b** (prov.) wisp of hay (as sign of danger).

a discumbat ergo super ~um ut florem ~i conteret, id est castiget corpus suum Bede *Hom.* II 2. 113; referentes michi presentem vitam ut flos ~i *Lib. Landav.* 3. **b** non habet ~um in cornu [cf. Horace *Sat.* I 4. 34]; aurum habet in cornu; sed posteriora videte. ~um habet in cauda; cauda ferit ille, cavete [cf. Virgil *Ecl.* IX 25] Anselm (*Ep.* 2) III 101.

4 (w. *salsum* or sim.) (?) salthay, hay from saltings. **b** seaweed.

1389 dedi .. unum cumulum et dim. salsi ~i jacentem super le Pole (*Chalk, Kent*) *AncD* D 879. **b** vallis salinarum [cf. *2 Kings* xiv 7] erat ubi sales faciebant vel ~o videlicet salsuginis ut multis in locis deciso exsiccato et incenso vel aquis puteorum salsis fervefactis et usque ad salis firmitatem coquendo perductis vel alio quolibet ordine quo sal fieri consuevit Bede *Kings* 730.

5 *f. l.*

1265 ferrum vij d. ad reparandum †fenum [*sic* MS; ? l. frenum] domine comitisse j d. *Manners* 80.

faenus [CL], interest (on loan), (transf.) return (on investment or effort); **b** (fig.).

a690 necnon frustra talenti foenora subterraneis clanculantur obstructa sablonibus quae trapezitarum numerosis monetae oportuissent nummismatibus profligari Aldh. *Ep.* 5 p. 492; innumera indulgens erroris debita pravi et nos haut aliter concedere fenore nostris *Cerne* 83 [cf. *Matth.* vi 12]; **855** ut .. Aeþelþulf dux habeat hanc rem .. confixum et sub Dei foenore panum *CS* 490; W. Malm. *GP* IV 153 (v. centuplicare); non te dulcis odor usure carpat amore / nummorum fenus oculos nec pectus inescet D. Bec. 1773; ~us, -ris, i. lucrum quod de gabulo accipitur Osb. Glouc. *Deriv.* 233; ut .. commissa vobis a Deo talenta .. multiplicato ~ore refundere valeatis Gir. *GE* II 39; spem carnis plus carne capit, plus fenore signum / fenoris Walt. Angl. *Fab.* 5. 3; quasi peccunia diaboli quam dat ad usuram et ~us [ME: *ðet he giveð to gavel & to okere of þine*] *AncrR* 125. **b** meorum foenus votorum Aldh. *VirgP* 59; multipliciore quam prius spiritualium mercium ~ore cumulatus rediit Bede *HA* 6; **1166** hoc .. est honestum ~oris genus et quod usurarum et totius avaritie condempnatrix pagina veritatis non modo absolvit sed centupli mercede remunerat [cf. *Matth.* xix 29] J. Sal. *Ep.* 194 (188 p. 252); **s1251** (v. fabricare 1c).

faex [CL]

1 impurities in wine, wine-lees. **b** (as hard deposit in cask) crust, argol, tartar; **c** (used in dyeing cloth; *cf. Rec. Leic.* I 71*n*., 89*n*.).

GlC F 143, *GlH* F 294 (v. faeculentus 1a); vinum sublatum est et adhuc ~x manet. .. sed Judei non bibunt

nisi ~ces, nos nonnisi vinum AILR. *Serm.* 274A; mistum [cf. *Psalm* lxxiv 9] est pergentibus, merum pertingentibus, remanente apud pigros ~ce G. HOYLAND *Ascet.* 262D; inclusi musto fumi cum fece natante NECKAM *DS* IV 438; sic ~x permiscetur vino in musto S. LANGTON *Gl. Hist. Schol.* 40; [vinum] cujus ~x in fundo depressa est [*gl.*: id est, bene defecata antequam extrahatur de dolio] BACON V 92; ~ces, ~cum, multe sunt species sicuti de vino vel aceto vel de similibus *Alph.* 64; fex vini tibi sit, olei dicatur amurca *WW* 724. 18. **b** **1296** (v. arguella); tartarum ~x est vini tam albi quam rubei que doleo coheret dura et alio nomine dicitur petra vini *SB* 41. **c** **1256** convictus quod fullavit pannos coloratos .. in glire et ~cibus contra consuetudinem *Rec. Leic.* I 71; **1268** fullones juraverunt .. quod non fullabunt pannos coloratos in arzilio et [feci]bus *Ib.* 89; **1300** quia fullat pannos cum ~ibus vini *Leet Norw.* 53.

2 impurities in other liquids (partly fig.). **b** (w. *argenti* or *auri*) litharge. **c** (w. *vitri*) lye, alkaline substance used as detergent. **d** (transf.) massy substance.

cum ~x omnium liquorum petat inferiora, quare ~x mellis petit superiora? *Quaest. Salern.* P 149; vos [sc. Britones] fēce cervisie pleni vacuique sophie H. AVR. *Poems* 93. 17; mus cecidit in ~ces servisie ita quod exire non potuit J. SHEPPEY *Fab.* 23; amurca est ~x olei superior et est utilis; sed murca est ~x olei inferior et est inutilis *SB* 10; *Alph.* 179, 185 (v. cozumber). **b** litargirum est ~x auri sive argenti, sive eorum spuma est quando simpliciter auri *SB* 28; molipda est ~x auri vel argenti *Alph.* 120. **c** ROB. ANGL. *Alch.* 517a, 518b (v. eudica); †endica [l. eudica] ~x vitri idem, G. *liche Alph.* 57. **d** prudentiores .. [Silvanum] dicunt esse ὕλην, quam silvam interpretatur, id est elementorum, ut vult Servius, ~cem unde cuncta procreantur, quam ὕλην Latini materiam appellaverunt ALB. LOND. *DG* 8. 2.

3 (w. *sanguinis*, med.) impurities in bloodstream. **b** excrement.

melancholia, .. id est fel cum ~ce nigri sanguinis admixtum BEDE *TR* 35; alium porum mittit ad splenem, qui deportat ~em sanguinis, id est terrestriorem partem RIC. MED. *Anat.* 225. **b** intestinum .. grossum et gibbosum est .. ut in eo tota ~x possit colligi, quia in isto intestino primo fit putrefac[c]io masse .. ut colligantur ~es sive sordes *Ps.*-RIC. *Anat.* 35; ciborum vel ~cum longa retentio GILB. V 225v. 2; propter retencionem ~cis nimis longam et propter retencionem ventositatis, ut est in colica GAD. 129v. 1; **1314** loca eis sub cloacis communibus preparantur ubi ex fetidis fetibus (*sic*) aer inficitur (*KRMisc* 902/49) *EHR* V 109; Saul intravit ad ~ces ponendum [ME: *for to don his fulðe*] in fovea [cf. *I Sam.* xxiv 4] *AncrR* 40; erat autem intra ceptum pene sub ipso sterquilinio fossa quedam sive lacuna quo sordes seu omnium immundiciarum ~ces .. confluebant *Mir. Hen. VI* III 109 p. 194.

4 (fig.) pollution. **b** dregs, scum; **c** (w. pers. ref.).

ut quid in nequitiae tuae volveris vetusta ~ce GILDAS *EB* 32; acceptis a Domino bonis, mala rependunt vel fidei mysteria, que perceperunt, heretica ~ce foedando BEDE *Prov.* 1030; qui .. redemit humanum genus ab errore suo et ab antiqua ~ce *Lib. Landav.* 6; in excelsis sapientia habitat et omnem terrene ~cis supergraditur vilitatem ALB. LOND. *DG* 10. 2; tunc Vortigernum fex Pelagiana tyrannum / infecit GARL. *Tri. Eccl.* 38 (cf. G. MON. VI 13). **b** conatus ego tractare de secretis chemie, .. extrahendo quas nature medullam .. ab internis et secretis ossibus et substantie ~ibus abscissis RIPLEY 123. **c** B. omnium ~x Christicolarum B. *Ep.* 385; Nero reprobus, fex totius orbis M. RIEVAULX (*Vers.*) 38. 17.

5 (by conf.; *cf.* H. D. Meritt, *Some of the Hardest Glosses in Old English*, Stanford 1968, 28–9).

faecce, *maere GlC* F 135; **9..** fecce, *mere WW*.

fafida v. favida. **Fafonius** v. Favonius. **fagasnion** v. phasganon. **fagat-** v. fagot-. **fagettus** v. fagotus.

fagetum, faginetum [CL fagus, faginus + -etum; cf. OF *faget*], beech-tree plantation. **b** beechwood.

c**1158** villam que dicitur S. Albini, et ecclesiam ejusdem ville, fagetum, logias, curtorium, cum suis appendiciis *Act. Hen. II* I 200; hoc †fagmetum [MS: faginetum], -ti i. silva fagorum OSB. GLOUC. *Deriv.* 237. **b** **1289** percussit .. Stephanum in capite cum quodam baculo de faggett' et ipsum verberavit *IMisc* 48/52.

faggator v. fagotarius. **fagina** v. faginus.

faginare [cf. faginus 2], to fatten (on beech-mast; fig.), or (?) *f. l.*

duo deifici viri .. divinorum eloquiorum prius spiritualibus epulis faginati [? l. saginati], postmodum corporeo alimento sese reficiunt J. FURNESS *Kentig.* 39 p. 230.

faginetum v. fagetum.

faginus [CL]

1 beechen, of beechwood; **b** (as sb. f.) beechwood.

~us, *becen* ÆLF. *Gl.*; **1290** item in tignis [et] lattis quercinis et ~is *Ac. Swinfield* 124. **b** **1221** in lvij tignis de ~a et xxv bordis *Ac. Build. Hen. III* 30; **1228** (v. douella 3).

2 (as sb. f.) beech-mast. *Cf.* OF *faine.*

1183 tenet j toftum et xxiij acras de cultura ubi fagina [v. l. nisi sagnit'; *DB Add.* I 582 *conj.* nisi segniter sint] fuit seminata *Boldon Bk.* 16; s**1242** eodem anno multa fuit ~a *Ann. Dunstable* 159; s**1252** pubertatem pomorum, glandium, ~e et omne genus fructuum .. adussit M. PAR. *Maj.* V 278; BRACTON 226b (v. castanea).

fagitidus v. sphagitidus. **fagmetum** v. fagetum. **fagnon** v. sphagnum. **fagolidorus** v. phagoloedorus.

fagotare [cf. fagotus], to split (wood), make into faggots. **b** (intr.) to make faggots.

1296 et xxx s. in ix[m] fagot' faciendis; et v s. iiij d. ob. quad. in claustura facienda circa boscum ~atum *DL MinAc* 1/1 r. 12; **1400** licebit .. omnes arbores etc. loppare, shreddare, et fagatare tempore et modo seisionabilibus *AncD* D 300. **b** **13..** bedellus debet .. ordinare de tempore ~andi tam de subbosco quam ramillis *Carte Nativ.* 558.

fagotarius [cf. OF *fagotier*], **fagator,** splitter of wood.

1361 Johannes Bock .. fagattarius cepit .. j d. ob. et prandium per diem *AncIndict* 115 (= *Proc. J.P.* 347: †fagattorius); **1532** Johanni Stokall per annum faggatori xx s. *Househ. Bk. Durh.* 87.

fagotus [AN *fagot*, ME *fagot, faget*], **~a**

1 (bundle of) split wood, faggot.

1260 se debere .. l s. .. pro v miliaribus fagoti *Cl* 164; **1275** quod .. ubi solebant naves transire cum turbis et fagotis .. nullo modo possint ibi [in aqua de Wyme, *Lincs*] modo transire *Hund.* I 311a; **1278** in xviij[m] fagatorum preter xviij[m] de Beurepair †faciandis et cariandis*Ac. Durh.* 488; **1288** Galfridus le Keu .. captus pro latrocinio fagetti et bosci maeremii *Gaol Del.* 36/1 r. 11*d.*; **1300** habuit .. bilettum et fagatt' pro focali pretii j m. *RParl* I 243a; ipsi .. debent scindere in bosco abbatis lxiiij fagottos virgarum ad parandum vineam *Reg. S. Aug.* 101; **1371** pro iij[m] v[c] de fagottis operandis in bosco de Langworth *Fabr. York* 124; **1384** centum fagattorum bonorum et sufficiencium de bosco competenti *Cl* 227 m. 29*d.*; ccc fagotas de boscis annuatim de bosco *Meaux* III 110; **1406** qui cariant .. fagottas .. seu aliquod aliud focale *Doc. Bev.* 23.

2 'fangot', roll of (pieces of) cloth. *Cf.* It. *fangotto.*

1294 prefatum numerum saccorum et pokarum lane et fellium ac eciam gitas et fagottos pannorum suorum de Luda *KRMem* 68 m. 82*d.*; **1440** pro xxv pakkis, vij balettis et xiij fangottis panni *Port Bk. Southampt.* 72; pro iij fangottis panni continentibus j pannum et xviij vergas *Ib.* 73.

fagus [CL], beech, beech-tree; **b** (as 4th decl., ? infl. by *quercus*). **c** beechwood. **d** (by misinterp.).

glandiferis iterum referunt dum corpora fagis / atque saginata laetantur carne subulci ALDH. *Aen.* 100 (*Creatura*) 49; †fugus [l. fagus], *bece GlH* F 862; quercus et ~i alieque procere arbores jam creverant ORD. VIT. XIII 5; **1156** omne genus lignorum .. viride et siccum preter quercus et ~os virenti stipite stantes *Act. Hen. II* I 121; arborum .. species quatuor .. hic deficiunt: castanus et ~us fertiles, aralus et buxus, fructum non ferentes GIR. *TH* III 10; **1236** quia .. nichil amplius cepit ad *husbote* et *haybote* .. quam predictos (*sic*) ~os et quercus, consideratum est quod nullum fecit vastum (*CoramR*) *BNB* III 179; **1260** unam ~um ad tabulas inde faciendas *Cl* 53 (cf. ib.: de uno ~o); si aer sit frigidus et siccus, tunc debet fieri ignis de lignis humidis, sicut de ~o viridi et de fraxino GAD. 10. 1; hec ~us, -gi, *a bechtre WW*. **b** **1266** in foresta de W. .. faciat habere abbati .. decem ~us de dono regis *Cl* 205; **1268** in eadem foresta faciat habere priori .. ij ~us de dono regis *Cl* 12. **c** **1173** pro viij miliaribus bordorum de ~o (v. caelare 2a). **d** ~us, i. centaurea minor *SB* 20.

faidia [cf. OF *faide*, AS *fæhð*], blood-feud, vendetta. *Cf. feida.*

si quisquam cognationis sue firmet eum postea reus sit omnium que habebit erga regem et portet ~iam [AS: *wege ða fæhðe*] erga contribules mortui, quia primitus reprobaverat eum (*Quad.*) *GAS* 189; si quis posthac hominem occidat, ipse sibi portat homicidii ~iam. .. si quis propter ~iam vel causam aliquam de parentela se velit tollere .. (*Leg. Hen.* 88. 12a, 13) *Ib.* 604.

faiditus v. feiditus. **fairia** v. 1 feria.

faisantia [AN *faisance*], (C.I.) feasance, (performance of) feudal service.

1260 faciebat fesancias et servicia nostri molendini *CartINorm* 295; **1270** contencio .. super redditibus, serviciis et fessanciis que prefati homines .. reddiderant et fecerant .. viz. .. sectam molendini sui et fesantias que facere consueverunt dicto molendino *Ib.* 132; c**1286** super .. redditibus, faisanciis et serviciis *Ib.* 141.

faissulus, fessulus [OF *faissel*, AN *feissel* < fasciculus], little bundle.

1253 Richer de Cruce [*add* pro] xxx fescellis literi ad fabricas iij s. iiij d. *Ac. Build. Hen. III* 256; **1279** j fessulam herbe *Hund.* II 743.

faissus, fessus, ~um [AN *fais, fes* < fascis], bundle (for carrying).

1156 sciatis me dedisse .. ad usus suos de bosco .. unaquaque die fessum unius hominis vel duobus diebus unam summam equi *Act. Hen. II* II 74; c**1250** unum faissum ad focum suum de quocumque ligno voluerit *Rec. Eton* XVII 15; **1252** colliget ij fessa et portabit ea ad locum ubi fuerit claudendum *Cust. Glast.* 214; **1279** quilibet eorum habebit unum fessum herbe quantum levare poterit cum baculo falcis sue *Hund.* II 720b; **1309** in iiij fessis broch[arum] ad bercariam emptis iiij d. *Ac. Man. Wint.* (*Chilbolton*); **1327** de duobus fassis, **1330** duos fassos (v. dorsalis 1); **1340** debet .. querere et amputare j fessam virgarum grossarum in bosco domine et inde habere j furcam et baculum per quos portantur .. vel amputare et querere in grava j fessum virgarum pro spikis *RentSurvR* 700 m. 3.

1 fala [CL], tower made of wood; other wooden structure, scaffold, platform.

phale tolum BALSH. *Ut.* 43 (v. cillere 1); phalam ascendimus, in qua armorum diversa genera speculari licebat *Ib.* 49; mortem non territant Milonis brachia, / non pugnus pugilis, non phala pharia WALT. WIMB. *Sim.* 69; **1284** cochleam Salomonis per quam olim ascendentes sanctissimi patres nostri penetrarunt phalas regias PECKHAM *Ep.* 591; ~a, *scaffold, stage*; .. *somer castel; towre mad only of tymbyr PP*; ~a, A. *brytage*; hec phalea, turris lignea *WW*.

2 fala [OF *faille, falle* < facula], torch.

hec ~a, *a fagot WW*.

3 fala [dub.], perh. barb, or (?) *f. l.*

1337 unum dolium sagittarum longitudinis unius ulne de bono et sicco maeremio et capita pro sagittis illis bene acerata et falas [? l. falcas] largas habencia *Cl* 158 m. 26 (cf. *RScot* I 457a: falas largas).

4 fala v. falarica.

5 fala v. sala.

falang- v. phalang-. **falanx** v. phalanx.

falarica [CL]

1 heavy missile resembling spear (*cf.* Livy XXI 8. 10); **b** (fig.) **c** (by misinterp.) scabbard.

~a, †*cægtæro* [l. *ætgæro*] *GlC* F 67; ~a, i. theca gladii, tele genus vel aste grandis, vel lancea magna, *ætgar GlH* F 85; lancea, ~a, *spere* ÆLF. *Gl.* 142; ~a vel fala, *wigspere Ib.* 143; ~um, telum rotundum OSB. GLOUC. *Deriv.* 243. **b** contra tironum Christi catervas .. cum innumera strofarum ~a et densis deceptionum telis .. certare non cessant ALDH. *VirgP* 12; neque dirissima elationis turgidae ~a confixum perhorresco *Id. PR* 142. **c** ~a, theca gladii *GlC* F 66; *GlH* F 85 (v. 1a supra).

2 sort of cannon.

lapidem grandem ex ~a cum impetu emisit ad dominum ducem perimendum STRECCHE *Hen. V* 162; Londonienses maximam domino regi Henrico miserunt ~am quam fabricari London' fecerunt .. que ~a 'London' vocabatur. que cum ad .. obsidionem advecta fuisset, rex continuo pulverem in eam mitti jussit et lapidem grandem in ejus ore poni et igni accendi. et sic .. in civitatem lapidem magnum valde terribiliter sagittavit *Ib.* 183.

falaricator, gunner.

~or lapidem emisit STRECCHE *Hen. V* 163 (v. facula 2c); rex .. octo ~ores suspendit in patibulo *Ib.*

falarnum v. Falernus. **falca** v. falx.

falcabilis [cf. AN *fauchable, faukable*], (w. *pratum*) meadow kept for mowing.

1222 de prato ~i xx acre *Dom. S. Paul* 13; **1275** viij acras prati ~is *Hund.* II 157; s**1293** dicunt .. quod predicta tenementa, que .. prior dicit esse terram, pratum ~e est *Ann. Dunstable* 379; **1316** dimidia roda prati ~is pro herba et feno *Cart. Glam.* 815; **1388** vj acre prati ~is que valent per annum xij s. *IMisc* 332/21.

falcagium [cf. OF *fauchage*], mowing service.

1288 unum diem et dimidiam (*sic*) in autumpno pro blado colligendo et duos denarios et obolum pro cariagio et ~io pro omni servicio *Cart. Blyth* no. 469; **1536** ad firmam dimisimus .. ~ium et focagium prati de Wissynges *Pat* 668 m. 24.

1 falcare [cf. CL falcatus]

1 (p. ppl. as adj.) furnished with blades. **b** sickle-shaped.

~atis curribus, armatis *GlC* F 29; ~ate, i. falces in

circuitu rotarum *GlH* F 73 (cf. ib. 67: ~atus, i. armatus). **b** flexibus ~atis NECKAM *NR* I 26 (v. 2 falco 1a); hic vero armatus .. telo ~ato tres feminas virgines, sc. ipsas Gorgones, decollabat *Deorum Imag.* 21.

2 to mow (meadow, hay); **b** (intr.). **c** (p. ppl. as sb. f. or n.) measure of meadow mown in one day; *cf.* OF *fauchiee de prez.*

a1128 (v. coopertorium 6a); unam acram prati .. quam ~ant homines ipsius ville *Cust. Abingd.* 300; **1199** fenum ~are et levare et cariare, et sterkilinia †ecuriare [MS: ecariare] *CurR* I 77; **1238** mandatum est Johanni de N. quod permittat abbatem et monachos de Pipwell' ~are landam de Benifeld' sicut eam ~are consueverunt *Cl* 90; **1279** debet invenire j hominem cum falce ad pratum ~andum *Hund.* II 446; **1318** P. de W. qui non est communarius ~avit in communa vj^c lesch' sine advocacione alicujus communarii *CBaron* 125; **1345** in xv acris prati .. ~andis et levandis *Comp. Swith.* 150; **1351** datos custumariis ~antibus pratum domini viij d. ex consuetudine *Rec. Elton* 373. **b** omnes ad opus domini arabant et herciabant, ~abant et metebant *DB* I 166; [villanus] debet .. metere, et ~are [AS: *mawan*], *deorhege* cedere, et stabilitatem observare (*Quad.*) *GAS* 445; **c1155** (v. faenare b); **1204** habebunt xx equas [in foresta] .. et ~abunt †eas [l. eis] *Couch. Furness* II 293; **s1206** ~are in marisco illo *Croyl. Cont. B* 473. **c 1234** debet .. falcare pratum domini quamdiu fuerit falcandum, sc. tria ~ata per medium prati ex transverso prati, et habere haverocum *Cust. Glast.* 65; **1410** J. Pateney .. tenuit .. tres virgatas prati et unam falcatam prati *IPM* 79.

3 (fig.): **a** to mow down, destroy. **b** to shape as with a scythe (*cf.* Ovid *Met.* XI 229, *Heroides* II 131).

a pravos extirpat ..; / falcat eos Fulco presul in urbe sacra GARL. *Tri. Eccl.* 92. **b** pars ima recessu / abditiore jacens refugos falcatur in arcus J. EXON. *BT* III 213.

2 falcare v. phalerare.

falcaria, (?) what is cut with sickle (in quot., ? brushwood).

a1232 quod .. habeant communam pasture ad averia sua .. et turbarie et falcharie .. ad estoveria sua *DL Deeds* LS 271.

falcarius [CL]

1 sickle-maker.

a sekylle maker, ~ius *CathA.*

2 one equipped with sickle, mower.

~ius, falcem ferens *GlC* F 79; ~ius, i. falciferens, vel falcifera, *sipberend* vel *mæpre GlH* F 65; nunc bacchanti simillima .. cursu circumdat herbida prata. quo visu ~ii .. ad eam .. contendunt, falces gestant secum in manibus GOSC. *Mir. Iv.* lxxix; *a mawer*, ~ius, falcator *CathA.*

falcastrum [LL], billhook; **b** (used as weapon).

~um, *wudubil GlC* F 48; ~um, i. ferramentum curvum a similitudine falcis vocatum, *wudubil* vel *foddur GlH* F 66; habebat in manibus .. ~um cujus acies ut vibrantis gladii, cujus hasta fortior erat venabulo BYRHT. *V. Ecgwini* 393; ~um, *fauz Gl. AN Ox.* 230; quetus (*sic*) Ocastrum [i. e. *Oldcastle*] tua fama volat super astrum. / non tis falcastrum succidet aron' [?] oliastrum STRECCHE *Hen. V* 148; *a brere cruke*, ~um *CathA*; *a lowke crouke*, ~um, runco, sarculum *Ib.*; **1515** arrepto quodam ~o vulgari, A. *a byll* nuncupato *Reg. Heref.* 219. **b 1451** modo guerrino arraiati, vi et armis, viz. baculis, arcubus, sagittis, loricis, deploidibus defensivis, securibus guerrinis, brigangeris, ~is, salettis, capis ferreis, longis rostris et aliis armis defensibilibus armati *Pat* 473 m. 16; **1562** H. W. cum quodam ~o, A. *a welsh hooke*, .. predictum T. B. super dextrum brachium .. felonice percussit *L'Office et aucthoritie de Justices de Peace* (1584) f. 193; **1573** Lodowicus ap Morgan cum quadam (*sic*) ~o .. David .. super sinistram partem capitis sui .. percussit, dans eidem David .. quandam plagam mortalem *Pat* 1105 m. 8.

falcatio [cf. OF *fauchaison*], mowing. **b** measure of meadow mown in one day, or (?) *f.l.*

c1195 relaxamus .. omnes consuetudines quas facere solebat, sc... arruram et harzuram, messionem et ~onem *Carte Nativ.* 516; **c1230** debet falcare pratum domini usque ad plenam ~onem, fena levare et cariare et habere multonem, et per totam ebdomadam ~onis quietus esse debet de aliis operibus *Doc. Bec* 29; habebit pro consuetudine faulcacionis prati xij d. *Cust. Taunton* 19; **1266** in ~one prati de Cambrun de illo anno, xlvj s. viij d. *ExchScot* 25; **1275** tenet unum pratum .. in defenso, que fuit communis pastura hominum domini regis apud Maniton' post primam ~onem *Hund.* II 263; **1355** in ~one cimiteriorum et levacione feni et inducione ejusdem vj s. viij d. *Pri. Cold.* app. xxx; **c1370** in circulacione omnium bladorum hoc anno .. in valcacione xvj acrarum prati hoc anno *MinAc* 900/14 (*Kent*); **1531** ~o feni *Househ. Bk. Durh.* 11. **b 1317** remisi .. totum jus et clameum quod habeo .. in iij rodis et una ~one [? l. falcat', sc. falcata] prati .. que quidem ~o [? l. falcat'] continet dimidiam rodam *Cart. Boarstall* 129.

falcator

1 maker of blades.

1292 de fabris et aliis artificibus: .. fabricatores, ferrarii, ~ores .. de lucro suo decimam solvant (*Const. Sodor.* 22) *MonA* V 254b.

2 mower.

concidebant inter corruentes cohortes vulnerati quemadmodum segetes cum a ~oribus aggrediuntur G. MON. III 3; **c1230** multo circumdatus est in prato a ~oribus (*Cust. Atherstone*) *Doc. Bec* 103; **1279** serviet ~oribus de aqua ad falces acuendas *Hund.* II 630; **c1283** ~ores habent iiij d. de consuetudine pro quodam prato *Cust. Battle* 82; **1379** Alexander Shephierd ~or stipule capit per diem in yeme iij d. et cibum *SessPEssex* 159; hic †fulcator, *a mawer WW.*

falcatorius, (w. *opus*) mowing service.

1297 novem opera ~ia in eadem villa [*Attleburgh, Cambs*] *Cl* 115 m. 15.

falcatura, (one day's) mowing service. **b** measure of meadow mown in one day.

c1230 tempore ~e habebunt unum multonem qui circumdatus ab eis si evaserit remanebit domino (*Cust. Wretham*) *Doc. Bec* 116; **1270** idem r. c. de iij s. de ~a relaxata *Ac. Beaulieu* 59; **1297** de iij s. iiij d. de ~a relaxata per annum *Ac. Cornw.* I 12; debet ad ~am et ad cariagium quantum pertinet ad tantam terram *Reg. S. Aug.* 111 (cf. ib.: falcuram); **1323** item debent xij ~as pro pratis falcandis *IPM* 82/7 m. 2. **b** debet levare tres ~as feni (*Cust. Bledlow*) *Doc. Bec* 120.

falcicula [LL], sickle.

quam ut propria ~a .. mutilatione tenuatim obducta propriam messem sudati laboris .. piare procedam B. *V. Dunst.* 1; falciola vel ~a, *sicol* ÆLF. *Gl.* 141; **1276** cepit quemdam falxsiculum et nequiter cidit guttur' dicti Johannis *RCoron* 4 m. 2*d.*; *a sekelle*, falx, ~a *CathA.*

falcidicus v. falsidicus.

Falcidius [CL], (w. *lex*) Roman law which secured to heir one quarter of estate. **b** (as sb. f.) portion secured by this law.

cum legata a legatariis occupata sunt invito herede, datur ei hoc interdictum ad adipiscenda legata, ut quartam ex lege ~ia retineat VAC. *Lib. Paup.* 247; **1287** quantum legis Falsidie racio exposcit *Conc. Syn*, 1048. **b b c1265** nulli .. aliquid liberetur legatum, nisi .. caucione prestita de restituendo, quantum oportuerit, ~ie [v. l. falsidie], si .. apparuerit locum esse *Conc. Syn.* 716.

falcifer [CL], bearing a sickle, (as sb.) mower.

~era *GlH* F 65 (v. falcarius 2); subponetur ei in segete ~er qui dum laborabit mente opprimetur ab illo G. MON. VII 4.

falcilla [AN *falcille*, OF *faucille* < falcicula], **~us** [AN, OF *faucil*], sickle. **b** small knife.

1196 ad furcam et ad facellum (v. furca 1j); **1236** non permittit eum metere blada sua, immo capit facillas suas et tenet contra vadium (*CoramR*) *BNB* III 219; falces ad prata et ~os [v. l. ~as] ad messes GARL. *Dict.* 131; **1325** in ij faucellis emptis pro predictis pratis falcandis, ij s. vj d. *MinAc* 1147/23 m. 11; **1346** in toto blado tam manibus quam fauxillis sarclando *MS BL Add. Ch.* 62471 m. 2; **1392** cum faucillis (v. bederipa). **b 1288** pro cccx li. lichini empt' pro officio candelarie .. pro xiij li. de coton', ij fausillis et pinguedine emptis pro eodem officio (*AcWardr*) *TRBk* 201 p. 31.

falcio [cf. OF *fauchon*], falchion, broad curved sword. **b** knife.

1266 exivit domum suam cum quodam ~ione extracto et percussit unum de garcionibus .. et de alio garcione fere abcidit pollicem *Pat* 84 m. 4*d.*; **1309** vendidit quemdam †fachionem mirentum [MS: fauchionem inventum] in eadem [? sc. arca] (*JustIt* 1161 m. 45, cf. *KRAc* 89/6) *S. Jers.* XVIII 334; **1319** extraxit quendam fauchonem suum et .. predictum Thomam in pectore juxta mamillam dextram cum dicto fauchone feloni[c]e percussit *SelCKB* IV 89; **c1325** de .. uno cornu eneo quod cum quodam fauchone est, ut dicitur, carta terre de Wygemor *LTRAc* 14 r. 6*d.* **b** *a woodknif*, falco LEVINS *Manip.* 118.

falciola v. falcicula.

falcitare [LL], to mow repeatedly.

~are, sepe falcare OSB. GLOUC. *Deriv.* 239.

1 falco v. falcio.

2 falco [LL, cf. TLL]

1 falcon, bird of prey trained to hunt; **b** (w. *gentilis* or *generosus*) 'falcon gentle', usu. female peregrine falcon; **c** (dist. as hautain, lanner, peregrine); **d** (dist. by use).

ungues ritu ~onum et accipitrum seu certe adinstar cavanorum acuuntur ALDH. *VirgP* 58; falc[o], *walhhabuc GlC* F 10; **747** uualcones (v. accipiter 1); **c750** duos ~ones, quorum ars et artis audatia sit grues velle libenter captando arripere et arripiendo consternere solo (*Lit. regis Cantiae*) *Ep. Bonif.* 105 p. 231; **845** (11c) ab hospitorum refectione vel venatorum, etiam equorum regis, ~onuum et ancipitruum et puerorum qui ducunt canes *CS* 450; folcones, qui pollices pedum intro verguntur *GlH* F 621; aves regie .. acciptres scilicet vel ~ones *Dial. Scac.* II 25; ~ones igitur a falcando, quia in falcis modum circueundo perlustrant .. nomen acceperunt GIR. *TH* I 12 p. 38; de ~onibus .. qui gravissimam in aves .. tyrannidem exercent *Id. IK* I 12 p. 99; multis .. flexibus falcatis miles aerius letus indulget, unde et nomen ~onis sortitus est; vel, ut aliis videtur, a falce nomen contraxit NECKAM *NR* I 26; **1217** etc. (v. aerea); **s1272** (v. aucupium); **1391** de uno pari cirothecarum pro fauconibus portandis *ExchScot* 269. **b** ~o generosus, regie victor avis NECKAM *NR* I 27 p. 80; **1200** etc. (v. gentilis 7a); **1337** cum vij ~onibus gentilibus, uno terceletto gentili et uno lanerio *Cl* 158 m. 26; **1382** (v. generosus 2a). **c 1211** etc. (v. 2 altanus); ~o ascentorius, i. *faukun hautein* (*MS BL Add.* 11579 f. 98v. *in marg.*) *Latin Stories* 227; ~o ascensorius [*gl.* : *auteyn*] NECKAM *Ut.* 100; **1210** W. eunti cum ~onibus laneriis apud Wilton' *Misae* 147; **1315** A. de Merk' portanti' unum ~onem laner' vocatum *Hobbe Short KRAc* 369/11 f. 134; ~o peregrinus, i. *faukun ramage* (*MS BL Add.* 11579 f. 98v. *in marg.*) *Latin Stories* 227; **1237** ~o gentilis ramagius (v. girfalco a); ~onum .. multa sunt genera. quorum primum appellatur lanarium ... aliud autem genus ~onum peregrinum dicitur ... aliud genus montanum dicitur ... item aliud genus Britannicum est UPTON 188. **d 1242** etc. (v. ardearius); **1290** (v. cornailarius); NECKAM *Ut.* 100 etc. (v. gruarius a); **1229** duos ~ones heironarios *CurR* XIII 1666; **1346** ~ones lanarios herenarios *IPM* 81/6.

2 'hawk', plasterer's board. *Cf. hauka* 1.

1258 in cheveronibus emptis ad scaffot' et bordis ad ~ones faciend' (*KRAc* 491/14) *Ac. Build. Hen. III* 162; in stipendiis j carpentarii ad faucones et cintros faciendos *Ib.*; **1279** (v. baiardum); **1284** pro dc bordis de fago emptis ad falcon' *KRAc* 467/9 m. 2; **1286** in .. civeris, baiard' et ~onibus ad mortarium *Pipe* 131 r. 26*d.*

3 'hawk', horizontal axle of windlass (*cf.* OF *fauconnel*). *Cf. hauka* 2.

1294 pro j corda ad ducend' falc' ingenii *KRAc* 468/6 r. 63; **1317** in cariagio iiij scalarum et unius haste et ~onis ad vernam ... et duorum pullivorum ad vernam *Ib.* 468/20 f. 9*d.*

4 'falconet', small cannon.

1496 Willelmo Warrewik vibrellatore (*sic*) pro ij *chargeours* pro faulcon', viij d. *L. & P. Ric. III – Hen. VII* II 308.

3 falco v. flado.

falconaria, serjeanty of supplying or keeping falcons. (*Cf. King's Serjeants* 310–317).

1199 terras .. tenendas .. de nobis et heredibus nostris per ~iam *RChart* 26a; **1212** Duntone [*Norf*] .. descendit ad Radulfum .. qui eam tenet per falconeriam de domino rege in capite *Fees* I 129; **c1227** Petrus de L. tenet iiij bovatas terre in Clyseby [*Lincs*] per ~iam *Ib.* 361; **1228** tenet [ij carucatas terre in Orton, Oxon'] de .. rege per serjanteriam ~ie *CurR* XIII 573; **1243** tenent duas hydas terre .. in Nithimbre [*Hants*] per servicium ~ie *Fees* I 697.

falconarium, mew, cage for falcons in mew.

hoc falconerium, *a fawconere moe WW*; *a mew for haukys*, ~ium *CathA.*

falconarius

1 falconer.

ASSER *Alf.* 76 (v. accipitrarius); †falconus [? l. ~ius], *hafocere GlH* F 72; ?**1094** Willelmus rex .. C. venatori et A. ~io, salutem *Reg. Malm.* I 330 (= *Regesta* 347); **1130** Teinardo ~io, v s. *Pipe* 89; *Dial. Scac.* I 5 F (v. bernarius); [girofalcones] propensiori diligentia quam cetere rapaces aves a bene instructis ~iis portantur NECKAM *NR* I 28; **1284** (v. asturcarius); **1332** de xxij s. ij d. quad. quos dicit solvisse W. de B. uni ~iorum regis commoranti .. cum tribus falconibus *LTRMem* 105 m. 147; **1398** garcionibus nostris fauconariis *CalPat* 349; hic fauconerius, *a fawconer WW.*

2 hawk-boy, hod-carrier.

1282 nomina sablonarium et ~iorum *AncC* LV 13A; **1282** in stipendiis cementariorum .. quareriorum, quorundam operariorum qui ~ii appellantur, hottariorum, carectariorum *Pipe* 126 r. 1; **c1300** item viij portitoribus de mort[erio] qui dicuntur fauconarii, cuilibet per septimanam ix d., vij s. *KRAc* 486/22 m. 2; **1316** bayard': .. Johanni de C., Ph. de D., x d. .. falkonar': Waltero de G., viij d., Reg' de R. vij d. (*Ac. Build. Beaumaris*) *Arch. Cambr. Orig. Docs.* I xxii; **1320** (v. baiardarius).

falcosta v. farcosta.

falcula [CL = *pruning-knife*], sand-martin (calque on δρεπανίς = swift, so named because of shape of wings from δρεπανόν = pruning-knife).

quartum genus [hirundinum] ripariae sive ~ae erunt TURNER *Av.* F1v. (cf. ib. F2 [*gl.*]: *bank martnet*).

falcura v. falcatura. **falcus** v. falvus, falx.

falda, ~us [AS *fald*, ME *fold*]

1 fold, temporary enclosure of stakes and hurdles for domestic animals: **a** sheep-fold or unspec.; **b** cattle-fold; **c** stud-fold for horses; **d** (other).

a 11.. (14c) vigilabit circa faudam sicut mos est (*Ext. Binham*) *Med. E. Anglia* 267; **c1130** (v. faldagium a); **a1189** virgas et palas ad ~os et sepes circa curiam meam faciendas *Chr. Abingd.* II 190; **1198** de placito ~e levate *CurR* I 64; **1199** etc. (v. cleta); **1234** haywardus .. debet cariare lecticam ovium ad faudam domini .. et debet bis in die visitare oves domini ad ~am, sicut [? l. scilicet] mane et sero *Cust. Glast.* 64; **1276** venerunt noctanter ad ~am priorisse .. et tonserunt cl multones et lanam asportaverunt *Hund.* I 13a; **1277** oves sue jacebunt in ~o domini (*Surv. Ely*) *Villainage in Eng.* 444; **1278** oves sue jacebunt in ~a domini per totum annum preter oves matrices tempore agnilis (*sic*). .. et omnia alia averia sua jacebunt in ~a domini a pentecoste usque ad festum S. Martini preter vaccas (*Bridgham, Norf*) *MS BL Cott. Claudius* C XI f. 243v.; **c1283** debent .. portare ~am domini super terram domini, et levare, et singuli eorum portabit (*sic*) ij clatas cum palis *Cust. Battle* 56; **c1300** pro xxiiij clais factis de proprio meremio ad valdas boum et bidentum, iij s. *FormMan* 33; **1395** Adam .. fregit foldam Johannis .. et bidentes ipsius Johannis fugavit extra dictam foldam (*AssizeR Notts*) *Proc. J. P.* 143. **b 1281** pro una nova ~a facienda ibidem [sc. in bosco] pro averiis emencium pasturam domini ibidem xij d. *Cart. Glam.* 821; expedit juvenculas et vaccas instaurumque bestiarum in ~a bene straminata noctanter custodiri *Fleta* 166. **c a1180** concedo .. materiam ad ~as faciendas ob equas illaqueandas *Cart. Rievaulx* 68 (cf. ib. 157: in pastura equarum habebunt ~as ad equos illaqueandos); **c1200** quod .. habeant ij ~as in foresta mea .. ad capiendum equos et pullos suos semel in anno et signandum *MonA* VI 613a; **1227** stalones et equi .. non .. possunt venire ad ~as suas nisi magna pena *BNB* III 662; **1228** ut faciant †fandas [l. faudas] ad pullos suos capiendos *MonA* V 576b; **1319** fieri faceret quandam ~am in qua jumenta nostra de eodem equicio possent sailliri *Cl* 137 m. 21. **d 1348** in iij ~is locatis in vico S. Egidii tempore nundinarum Dunelm' pro equicio de Beaurepair ibidem vendendo v s. *Ac. Durh.* 546.

2 (w. ref. to suit of fold) 'foldsoke' (E. Anglia). *V. et. faldsoca.*

xij homines sequentes ~am Edrici *DB* (*Norf*) II 124; super omnes istos qui ~am comitis requirebant habebat comes socam et sacam *Ib.* 129v; in eadem villa xij homines, vj quorum erant in soca ~e et alii vj erant liberi *Ib.* 203v; huic manerio semper jacent vij liberi homines ad socam de ~a *Ib.* 206; *Ib.* 273v (v. consuetudinarius 2f); super hos homines habet S. Eadmundus sac' et soc' ..; ad ~am etiam omnes, excepto uno qui ~am habet per se *Ib.* (*Suff.*) 356v; *Ib.* 364 (v. consuetudo 3b); **1086** abbas habuit T. R. E. commendationem tantum et socam faulde *Inq. Ely* f. 53va.

3 (w. *cursus* or *libertas*) 'foldcourse', area in which one has right to set up fold, sheepwalk.

†**c1120** dedi .. manerium et dominium meum quod Westgrenton in Swaledale appellatur cum .. libertate faldie liberi tauri et liberi apri UPTON app. 86 (cf. *E. Ch. Yorks* V p. 342); **c1146** (1318) cum libertate ~e (v. fuarium); **1325** cum libertate unius ~e, viz. cum cxx bidentibus pascendis et ~a sua plantanda pro voluntate sua *Cl* 143 m. 23*d.* (cf. ib.: cum .. concesserit .. cursum unius ~e michi); **1573** (v. faldagium b).

4 manure (from folding livestock).

1364 cum Elmesham continente xvj acras que compostantur cum carecta et ~a domine *Banstead* 351; **1391** xx acres terre warett' unde xij rebinantur et compostantur cum folda *Rec. Eton.* XXVI 44; **1486** xxiij acre erant sufficienter cum ~a fimate *Reg. Merton* 90.

5 (transf.) hurdle.

1279 portabit iij ~as cum falda debeat removeri de uno campo in alium *Hund.* II 495b.

6 (?) part of cart, or *f. l.*

1185 in reparatione carrucarum et in ferramentis et faldis [? l. felgis] et in minutis rebus que pertinent ad carrucas *Pipe* 125.

faldagium [cf. ME *faldage*], **a** 'faldsoke' (E. Anglia); *v. et. faldsoca.* **b** (payment for) privilege of using one's own fold instead of the lord's. (*Cf. Cust. Rents* 80–81, *Eng. Field Syst.* 341–4). **c** (?) manure; *cf. falda* 4.

a c1130 in Brunham [*Norf*] ij carrucatas terre et unum ~ium et j molendinum; .. j carucatam terre [Snetisham, *Norf*] cum falda propria *MonA* III 330b (cf. ib. 332b: in Burnh' ij carrucatas terre in dominio cum j ~io et molendino; .. in Snetisham j carucatam terre cum falda propria); **1322** tenuit de domino rege .. quoddam proficuum quod vocatur ~ium, capiendo pro quolibet animali capto et detento in falda pro debito domini regis .. qualibet nocte tempore yemali j ob. et tempore estivali j quadr. *IPM* 69/6. **b a1168** pro ~io iiij d. die S. Ethelberti *Med. E. Anglia* 279; **1198** . .] libertatis ~ii a die sancte [.. *CurR* I 39; **a1200** quod prepositus ejusdem ville .. dabit singulis annis .. denarios pro ~io vaccarum ipsius ville quos nominabant *scarpeni Bury St. Edm.* 172 (cf. *OED* s. v. *sharnpenny*); **1269** r. c. .. de xv d. de ~io xxx bestiarum *MinAc* 994/27 (*Suff*); **1280** ~ium vaccarum que non sunt in falda domini, iij s. (*Swaffham, Norf*) *Reg. Richm.* app. 47; **1388** fuit talis consuetudo quod quilibet homo comorans prope dictam forestam extra villatas predictas et juxta eandem forestam faldam habens et animalia pernoctancia in falda sua et per diem vel dies in dicta foresta depascencia pro pastura hujusmodi animalium ij d. domino regi aut domino predicte foreste qui pro tempore fuisset annuatim redderet, quod adtunc ~ium dicebatur *IMisc* 242/10; **1573** cum cursu falde pro sexies viginti ovibus et ~ium communis falde sive ovilis annuatim per septem dies noctanter super terram predictam *Pat* 1107 m. 47. **c 1312** ~ium venditum: idem respondet de xij d. de ~io vendito Johanni J. *Rec. Elton* 162.

faldare, to fold (livestock; also absol.). **b** to manure (land by folding livestock on it). **c** to spread (manure or other fertilizer). **d** (p. ppl. as sb. n.) manure, manured land. **e** fold (of sheep).

1189 cotsetle debent faldiare ab *Hoccadei* usque ad festum S. Michaelis H. SULLY *Lib.* 137; **c1254** debent ~are equos domini *IPM* 10/18; **1270** in stipend' .. unius bercarii custodientis bidentes in falda comitisse ~atas *MinAc* 1118/7 r. 3; **1357** in cc palices emp' pro best' faldand' pro fimo nutriendo *Ac. Durh.* 384. **b c1160** ix^{xx} acre de wareto, de quibus xxviij sunt †rebinati et xj †faldati et xxxiij †seminati [l. rebinate .. faldate .. seminate] *Dom. S. Paul.* 131 (cf. ib. p. xcviii); **c1205** recipiet j acram de ordeo et j acram de siligine, non de blado ~ato *Kal. Samson* 113; **c1283** debent .. habere j acram de frumento post primam precariam, quam eligere voluerint, ita tamen quod non sit fimata nec ~ata *Cust. Battle* 89; **1284** (v. compostare). **c 1400** totum fimum et compostum provenient' tam de bestiis suis .. quam de stramine super terras predicti manerii cressente super terras predicti manerii ponent et ~abunt *AncD* D 300. **d 12..** ego habebo fenes et ~ata de prefatis ovibus, et tamen non possum nec debeo ponere faldam eorum ultra *la gresfurlong FormA* 299. **e 1275** idem Willelmus cepit j faldat' bidentium super feodum de Wycthon in Hindringham et duxit apud Walsingham et de hiis retinuit xix bidentes *Hund.* I 486; **1275** per injustam districcionem sc. unius †faldac' bidenc' *Ib.* II 158.

faldarius, one who holds a fold.

1317 de Ivone faldario pro j porco sibi vendito de *waif*, xij d. *KRAc* 131/22 r. 1; **1538** in denariis solutis Thome Nicolson et Ricardo Dykes, faldariis in dicta foresta, pro feodis suis ejusdem officii *MinAc* 464 r. 8*d.*

faldatio, folding (of livestock). **b** manuring (of land by folding livestock on it), manured land.

1388 habet .. antiquum meremium et hercias pro ~one ovium *IMisc* 240/27. **b 1234** si custodit oves, .. debet habere ~onem per xv dies quando wiscat faldam domini, et xxx oves liberas de pannagio in falda domini *Cust. Glast.* 138; **1260** (v. compostatio b).

faldatum v. faldare.

faldestolium [AN *faldestol*, OF *faudestuel* < OHG *faldstuol*], faldstool, folding seat, esp. for bishop.

in preparato sibi faldistorio sedere declinans .. in terra voluit humiliter consedere Boso *V. Pont.* 408 (cf. ib. 391: in preparato sibi faldistrodio sedit); **1222** pannuli ad ~ium, ij (*Invent.*) *Reg. S. Osm.* II 134; fecit apportari secum unam cathedram quam vulgariter faudestolam appellamus *G. S. Alb.* I 245; cui [regine] faudestolium a parte sinistra dicti altaris erit preparatum (*sic*) in quo ipsa residebit *Lib. Regal.* 21 (= W. SAY *Lib. Reg. Cap.* 97: cui †fandestolium .. erit preparatum); episcopo uno sedente super phildistorio honeste preparato *HBS* LXIV 3; **c1550** item scabellum novum seu faldistorium pro pontifice *Reg. Aberd.* II 193.

faldgata [ME *fald* + *gāte*], fold-gate.

1308 et in uno cribro et pal' pro ~is empt' *MinAc* 1079/18 m. 7.

faldia, ~iare v. falda, ~are.

faldicium, fold. **b** manure, manuring (of land by folding livestock on it), manured land. **c** faldage.

1192 dono pasturam dcc ovibus .. viz. ccc oves (*sic*) in faldis monachorum et xl^{tas} oves in ~iis meis et semiciis *Couch. Kirkstall* 167; ?**1366** ~ia quondam equorum abbatis .. et in Crosdale unum ~ium animalium *Ib.* 429; **c1240** si vero animalia predictorum monachorum egressa fuerint divisas suas et devenerint in pasturas meas, non ducentur apud Inverwic, sed tenebuntur in ~io facto juxta divisas .. *Kelso* 247. **b 1152** reddet .. xl acras rebinatas et ~ium et femicium secundum facultatem suam *Dom. S. Paul.* 133; **11..** quibus omnibus acris cum ~ia sua et fimo bercharie sue utentur .. sicut voluerint *Cart. Rievaulx* 75; habebimus ~iam predictarum ovium et fimum bercharie *Ib.* 79; **1234** (v. compostum b). **c** custos vaccarum .. debet habere v animalia in pastura ubique cum vaccis domini; et illa animalia debent esse quolibet nocte in falda domini ab Hockeday usque ad festum B. Martini; et dabit ~ium si plura animalia habuerit vel oves sicut vicini sui *Cust. Glast.* 93; debet dare ~ium ad Hocheday, sc. pro qualibet vacca j d. et pro qualibet juvenca vel boviculo duorum annorum ob., et pro quolibet †amullo [? l. vitulo] superannato quad., et pro iiij ovibus j d.; et habebit j cuillardum quietum de ~io *Ib.* 101.

faldinga [ME *falding* < MIr. *fallaing*], (cloak of) coarse woollen cloth, esp. from Ireland. *Cf. fallinga.* (*Cf. Anglia* CVII 1989).

1285 j faldinga, j clocha (*KRAc* 91/3) *Arch.* LXX 39; **c1341** duas falding' pretii ij m. *IMisc* 145/5; **1372** de qualibet libra pellium .. et pannorum laneorum et lineorum et faldingorum et aliarum mercandisarum vj d. (*Cl*) *Foed. RC* III pt. ii 942.

faldistorium, faldistrodium v. faldestolium.

faldrava [ME *faldrove*], (?) faldage. (*Cf. Cust. Rents* 76, 79.)

de pannagio porcorum, de *faldrove* animalium, et de commodandis hominibus ad *bederipes Cust. Abingd.* 302; **c1245** totam decimam de agnis, de caseis, et velleribus, et de purcellis, et de pasnagio, et de vitulis, et de ruschis, et de ~is, et de chiricsetis [etc.] (*Cart. Carisb.* f. 28) *MonA* VI 1093b (cf. cyricsceattum).

faldsoca [cf. ME *faldsoken, faldsog*], 'foldsoke', suit of fold, the obligation of tenants to place their livestock in the lord's fold; right to extract fine for failure to do so (E. Anglia). *Cf. falda* 2, *faldagium* a. (*Cf. CD* 832: *volo ut .. abbas et fratres Ramesiae habeant socam in omnibus super omnes homines qui sunt* motwrði, ferdwrði *et* faldwrði).

c1130 ecclesiam .. de Snetesham [*Norf*] .. et in eadem villa unam carucatam terre de laico feodo, cum una ~a ad eandem carucatam terre pertinente *MonA* III 331a; **c1200** concessisse .. faldsognam per omnes campos Middleton [*Norf*] *Ib.* IV 206b; **1235** medietatem faldsochii cum libertate falde ad ipsam medietatem pertinente *ChartR* 29 m. 9; **1306** una bercaria cum libertate medietatis falde cum faldsokya *Deeds Wards* 178/32; **1325** dimidiam faldsocham (*MS BL Harl.* 2110 f. 28) *Med. E. Anglia* 78.

faldura, manure.

1271 medietatem .. pratorum, pasturarum, et pascuorum, ~e animalium [etc.] *Cl* 414.

faleisia [AN *faleise*, OF *falaise, falise*], cliff, rocky place. **b** Falaise (town in Calvados).

1209 dimidiam acram que jacet super faleysiam maris *Fines P. Norf & Suff* 217; **1221** R. filius W. cecidit de quodam batello in Sabrinam et submersus fuit, et juratores presentaverunt in veredicto suo quod ipse cecidit de ~ia in aquam *PlCrGlouc* 55; **1240** Emma .. et Ricardus .. inventi fuerunt occisi sub faleysa de Guneston' [*Suff*] *JustIt* 818 m. 52*d.*; **s1217** Hubertus, qui fuerat summus custos, ab alto speculans falesie supercilio M. PAR. *Min.* II 217; **1257** salvis .. exitibus novarum domorum suarum super faleisam in eadem villa [*Bristol*] *Pat* 71 m. 5; **1271** in marla fallesii vendita *MinAc* (*Northfleet, Kent*) 1128/1; **1274** warennam .. in falesia de Moya (*Ext.*) *S. Jers.* II 9; **1275** percipiunt totum wreccum proveniens de mari inter duas falisas ex utraque parte gurgitis pertinentis ad burgum de Brideport *Hund.* I 103a; **1309** bidens illa ad falesam maris cecidit et obiit (*AssizeR*) *S. Jers.* XVIII 198; **1314** de petris ad mineram ferri in falesia maris venditis (*DL MinAc* 1/3) *Pickering* II 20; **1337** tenent .. vj acras vasti in fallacia apud le Hacch' Clyve *Capt. Seis. Cornw* f. 21v. (= *Cal.* p. 100); **13..** concessi quod habeant largam, liberam, et racionabilem viam super falesiam petrarie per totam longitudinem dicti falesii (*Filey, Yorks*) *MonA* VI 288b; **1348** circa quandam posternam de novo factam juxta phalesiam maris in castro Dovorr' *KRAc* 462/16 f. 1 (cf. ib. f. 7: frangentibus magnas petras in phalesio maris; ib. f. 8*d.*: super fales' maris); **1395** duas acras terre [*Reculver, Kent*] .. jacentes super faliscum maris *Cl* 236 m. 18*d.*; **1396** omnia illa falisc[a] cum una domo vocata *lymhows* et uno *lympette AncD* C 5364. **b** Willelmum filium suum quem unicum apud Falesiam genuerat W. JUM. VI 12; [Guillelmus rex] Gualterium .. Edwardi regis nepotem cum Biota uxore sua Falesie hospitavit ORD. VIT. IV 13 p. 259; **c1138** testibus .. Rothardo Camerario, Johanne de Faleisa .. *Cart. Osney* IV 107; transiens .. per Phalesiam urbem Normannie KNIGHTON I 15.

falera, ~are, ~atus v. phalera, ~are, ~atus.

†**falēre,** *f. l.*

Areti †flaminigero [l. flammigero] cuncta Leone †falent [? l. calent] *Kal. M. A.* I 412.

Falernus [CL], (w. *vinum*) Falernian wine (often ellipt.); **b** (pl.; *cf.* Martial VIII 55 [56]. 14).

-um, *þaet seleste win* ÆLF. *Gl.* 128; tonnas ~i plenas ORD. VIT. XIII 16 p. 38; transibit .. ~um in laticem NECKAM *Sal.* 29; quale merum queram, queris fortasse. Falernum / concedo superis, plus mihi lene placet *Id. Poems* 120; que mortificatio ex frigidi phalerni assumptione posset accedere *Quaest. Salern.* B 328; hoc ffalarnum, A. *gode wyne WW.* **b** qui mutavit aquam in vina ~a nunc quoque nostra benedicat pocula *Miss. Leofric* 8; quando cadunt plangunt .. / arcas, vasa, thoros,

rura, falerna, domos GARL. *Tri. Eccl.* 63 (cf. ib. 133: linquunt caligine noctis / divitias, carnes, farra, phalerna, thoros).

falesa, ~ia, faleysa, ~ia v. faleisia. **falia** v. felga. **falinga, falingua** v. fallinga. **falisa, faliscum** v. faleisia.

falla, -um [ME *fal*], fall (of perch), measure of land (N. Eng.) equivalent to perch; also corresponding square measure.

1211 concessit . . de eadem terra xv acras et xxiij ~as . . et xxiij acras et dimidiam duobus ~is minus de terra quam W. L. tenuit *Fines P. Lincs* 321; **a1235** dedi . . ij acras terre v ~as minus *Couch. Furness* II 242; **1236** de placito quare non tenet ei finem . . de v^c et iiij^xx et xv acris et una perticata et v ~is terre et xv †sellones [l. sellonibus] et una forera terre et uno russello cum pertinenciis in Benigwrth' *CurR* XV 1593; **1250** j acram, ij ~as minus *Cart. Cockersand* 95; **12..** xxx ~as terre mee arabilis in villa et in territoriis de Bolton *Reg. S. Bees* 294; **a1271** pro quolibet burgagio in se continente j rodam et iiij ~as, xij d. *BBC* (*Warton*) 62; **p1300** item ij seliones juxta pratum durum continentes j acram et dimidiam et j fallum et dimidium *Reg. Ant. Linc.* no. 1322; **1318** de ij acris et iij rodis terre et xxx ~is cum pertinentiis Laxthwait [*Cumb*] (*Pat* 150 m. 22) *MonA* VI 557b.

1 fallacia v. faleisia.

2 fallacia [CL]

1 deceit, trickery. **b** deception, trick. **c** falsehood.

solita ~ia utens, . . nocte quadam, foedere disrupto, omnes equites . . occidit ASSER *Alf.* 49; ubi usque tunc abundavit diaboli ~ia superabundaret ex tunc Conditoris nostri gratia FOLC. *V. Bot.* 403; [Anselmus] mentem Gundulfi contra ~iam inanis glorie . . spectabili monitione munivit *V. Gund.* 13; heresiarcha [Beringerius] . . discipulis pecunia pariter ac ~ia corruptis recens scriptum . . condidit ORD. VIT. IV 6 p. 211; fallere fallaces non est fallacia, curas / fallere nec falli spe licere puto NECKAM *DS* III 957; tum . . ad artem nequitie, tum ad consueta ~ie tela recurrunt GIR. *TH* II 20; 'calliditate': ut in furto clam facto que est in mendacio . . nam et fallatia calliditas est VAC. *Lib. paup.* 55; propter demonum ~iam qui solent homines aspectu deludere *Itin. Mand.* 106. **b** **680** Simonem, magicae artis inventorem, . . qui qualem quantamque necromantiae ~iam contra beatum Petrum fraudulenter machinaretur ALDH. *Ep.* 4 p. 482; praestigia, ~ia *GlC* P 731, 734; rem veram tegat interdum fallacia verbi, / dum res vera subest, vera figura manet J. SAL. *Enth. Phil.* 195; **s1415** [arma] que cuncta congesta sunt in quadam domo inter duos parietes, sic erectos ut nullus . . dicte structure ~iam percepisset WALS. *HA* II 307. **c** ~iarum fabricatores ALDH. *VirgP* 32; transtulimus . . cavendo diligentissime deceptivos errores, ne inveniremur aliqua haeresi seducti seu ~ia fuscati ÆLF. *CH I pref. I* 1.

2 mistake.

qui autem fallatiam faciunt in divino officio . . signo . . moneantur ut repetito versu corrigant verbum in quo erraverunt *Inst. Sempr.* *l.

3 (log.) fallacy, material or formal flaw in reasoning; **b** (dist. by form).

adverto ejus ~iam. . . quoniam hae duae propositiones nullum habent communem terminum, nihil conficiunt ANSELM (*Gram.* 4) I 149; optimus dialecticus est cum quo disseritur omnium argumentorum locus, qui loco non clauditur; ipse distinguit omnium ~iarum fantasias qui falli non potest GIR. *PI* II 7; BACON *Tert.* 103 (v. consequentia 3). **b** ~ia secundum quid et simpliciter, unde procedit a tempore, quod est modus accipiendi ad tempus quod est res BACON VII 27; semper ex illa forma est ~ia secundum quid et simpliciter, quando in tali modo arguendi aliqua determinacio ponitur in minori et in conclusione que non ponitur in majori OCKHAM *Pol.* I 343; hec argumentacio non valet: iste potest servire peccato; ergo peccatum potest ei dominari—licet videatur ibi esse locus a correlativis, et ibi est ~ia accidentis J. BLUND *An.* 395; hostis invisibilis [sc. diaboli] ~ia videbitur in multis conformari posse ~ie secundum consequens NECKAM *NR* II 173 p. 285; BACON XV 350 (v. consequi 2c); dico quod 'veritatem in communi esse est per se notum, ergo Deum esse' non sequitur sed est ~ia consequentis; aliter potest negari major DUNS *Ord.* II 146; raciones, quibus argueretur a magis communi ad minus commune sine distribucione peccant per ~iam consequentis OCKHAM *Pol.* II 773.

fallacitas [cf. fallax], falsehood, falseness, or (?) *f. l.*

erade a lingua mea detrahendi consuetudinem, mentiendi ~atem [? l. facilitatem], loquendi garulitatem, et omnes actus vanitatis meae *Cerne* 146–7.

fallaciter [CL], deceitfully, falsely.

sub tribus testibus ~iter perjurantibus ALDH. *VirgP* 32; **796** se ~iter fidem profitetur, veraciter salutem non habebit ALCUIN *Ep.* 111 p. 160; quod tu imperite et ~iter . . denegasti *Eccl. & Synag.* 74; mentiris . . et falsum faris. . . quis docet te sic ~iter fari nisi diabolus malignus ÆLF. BATA 4. 31 p. 61; cum ille tibi ~iter ridet, tu veraciter irride eum ANSELM (*Ep.* 8) III 111; quotiens illis . . ~iter ad decipiendum exteriora perlustras GIR. *GE* II 4 p. 183; **1279** quatinus hanc deliberacionem paci ecclesie . . non ~iter pernecessariam studeatis . . nunciare *Conc. Syn.* 867; mentitur quandoque, ~iter loquitur, exprobrat [ME: *liȝeð, gabbeð, upbreideð*] *Ancr* 68; damnabiliter et †fellaciter liberavit sectam suam Witcleff NETTER *DAF* II 230. 1.

fallamen, that which deceives, pitfall.

virgo truces tres tortores / tuos torquent servitores / devastando bonos mores / triplici gravamine. / caro lenis hostis mundus / longus latus et rotundus / per quos mundus fit immundus / in trino fallamine *Anal. Hymn.* XL 91.

†fallare

1 (p. ppl. *~atus*, erron. p. ppl. of *fallere*): **a** deceived. **b** made vain.

a pro illis per inlusionem Satane †~atos [l. ~atis; MS P *substitutes* deceptis] *V. Cuthb.* II 6. **b** sed nihil hujus condictae condicionis impletum est, sed haec continuo omnia ~ata sunt (*Clovesho*) *CS* 384.

2 (pr. ppl. *~ans*) (?) weak (*cf. fallians*), or *f. l.*

predatores animarum fallantium [? l. fallacium] et non observantium mandata solius Dei M. SCOT *Phys.* 9.

fallatia v. 2 fallacia.

fallax [CL], deceitful, false (also as sb.).

~aces parasitorum linguae GILDAS *EB* 35; sciens esse somniorum fallatia multimoda *V. Greg.* p. 92; qui proferunt mendacia, testes ~aces qui seminant inter fratres discordias BEDE *Hom.* II 6. 236; *GlH* D 35 (v. deceptrix); ~ax vel mendax, *swicol* ÆLF. *Gl.* 165; **a1078** confitebor me numquam vobis amicum fuisse veracem sed simulatorem ~acem ANSELM (*Ep.* 12) III 116; vir subdolus, facetus, et ~ax GIR. *EH* II 11; o mulier ~ax et plena arte diaboli *Latin Stories* 91; vulpis est animal ~acissimum [ME: *falsest*] *AncrR* 40; **1460** idem ~ax et deceptorius Colinus Gallicus *Paston Let.* 606.

faller- v. et. phaler-.

fallere [CL]

1 to deceive, trick: **a** (w. pers. subj.); **b** (w. inanim. subj.); **c** (w. abstr. subj.); **d** (introducing speech); **e** (pass.).

a excepto Zambri, qui tunc necromantia fretus / ignarum populum strofosa fraude fefellit ALDH. *VirgV* 579; non intendit ut aliquis se ~at ANSELM (*Medit.* 3) III 85; per Aristotilis cautelas fallere / indoctos possumus verbisque capere WALT. WIMB. *Palpo* 8; fraudem facit frater fratri, / pater proli, proles patri, / socer fallit generum *Id. Van.* 121. **b** me dirae fallebant carmina Circae ALDH. *Aen.* 95 (*Scilla*) 3; sunt [v. l. fiunt] enim integris corporibus sed plantae retro curvatae †officia capitis contraria [v. l. officio capitis contrariae] videntur quorum hoc ignorantes vestigia ~unt *Lib. Monstr.* I 29; MAP *NC* V 7 (v. disparere c). **c** ut populum non fallat cultibus error ALDH. *VirgV* 697; non ergo ~it nos fides resurrectionis Christi, non decipit nos spes resurrectionis nostrae BEDE *Hom.* II 9. 142; neque eum sua fides fefellit *Id. HE* IV 30 p. 280; ne flatus per falsa queat me fallere fallax WULF. *Swith. prol.* 366; ~it me visus, quia aliquando . . ANSELM (*Ver.* 6) I 183; quia spes in dubio posita plurimos nonnunquam fefellit *Chr. Battle* f. 58v.; **1170** sed fefellit eum opinio J. SAL. *Ep.* 300 (304 p. 718); illud decipere explicatur per ~ere quod est fraude decipere et sic nichil ~it nisi illicite quia cum duplicitate et mendacio WYCL. *Ver.* II 9. **d** pellaci fraude fefellit: / "ignibus sic atris . ." ALDH. *VirgV* 928. **e** dum saepe humanum ~itur judicium, quasi scotomaticorum lumina tenebris obturantur *Id. VirgP* 22; vir eloquens et astutus . . de facili ~i non potuit GIR. *TH* III 52; in . . temptacionibus non est sapiens neque prudens, nisi Deus eum premuniat, quin sepe ~atur [ME: *bigiled*] *AncrR* 100.

2 (intr.) to practise deceit: **a** (inf.); **b** (gd.).

a unum Deum . . credo et colo et, quia eum nunquam ~ere potuisse confido, eas quas . . promissiones prenuntiavit expecto *Eccl. & Synag.* 56; Juppiter ei [sc. Victorie] tribuit ut per ejus matrem dii jurantes ~ere non audeant ALB. LOND. *DG* 6.3; fallere quis didicit, fallere semper amat WALT. ANGL. *Fab.* 37. **b** "non potes" inquit "me ~endo ludere, sicut estimas" WULF. *Æthelwold* 35; ut falleres diabolum qui ~endo hominem ejecit de paradiso? ANSELM (*Medit.* 3) III 85; an rethorica sit ars ~endi BALSH. *AD rec. 2* 176 (cf. Quintilian II 15. 23); quia mentiri plus includit quam dicere falsum, sc. intencionem ~endi RIC. ARMAGH *Sent.* 401.

3 (pass.) to be mistaken, to err; **b** (in parenthesis); **c** (liturg.); *cf.* 2 *fallacia* 2.

unde probatur ~i Julianus cum dicit . . BEDE *Cant. pref.* 1070; ego sum peritissimus astronomus, ita quod nunquam ~or: scio futura predicere . . *Latin Stories* 98. **b** ni ~or GILDAS *EB* 1 p. 27; **680** ni ~or ALDH. *Ep.* 4 p. 483; ni ~or ANSELM (*Ver.* 5) I 181; ni ~imur AD. SCOT *QEC* 35. 876A; nisi ~or *Mir. Hen. VI* I prol. p. 4. **c** cum in psalmo vel in alio aliquo ~itur in choro pro quo veniam petat LANFR. *Const.* 141.

4 (log.) to be fallacious, (w. pers. subj.) to argue fallaciously.

[disputatoribus] enim ut ~ere contempnendum sic ~i posse contemptissimum BALSH. *AD* 38; unde patet quod ~it regula philosophorum quod, quia bona facimus, ideo boni sumus R. MARSTON *QD* 188; regulare est neminem teneri suis stipendiis militare pro persona privata. ~it tamen in casu, quia si aliquis militando potest salvare vitam alterius, qui non potest sibi reddere stipendium, debet pro eo stipendiis propriis militare OCKHAM *Dial.* 546.

5 (of mortal world) to be deceptive, uncertain, liable to accident or change.

quae est enim labentis mundi prosperitas aut ~entis vitae felicitas? ALDH. *PR* 142 p. 204; sciensque se cum suis condiscipulis ad integrum mundi ~entes sprevisse delicias BEDE *Hom.* I 13. 224.

6 (leg.): **a** to default. **b** (of plea) to fail. **c** (trans.) to annul.

a qui si ~at [AS: *gyf se þonne berste*], tunc licentiam accipiat (*Quad.*) *GAS* 320 (cf. ib., *Cons. Cnuti*; quodsi dies status fractus fuerit). **b** [placitum] ~it quandoque quia . . *Fleta* 419. **c** **12..** requisitus de placitis per breve de recto, si prior ea habeat, dicit quod sic, donec curia sua ~etur [? l. falsetur] *Feod. Durh.* 233 (cf. falsare 3).

7 to dodge, give the slip (to). **b** to baffle, confound.

intereunt, mortem fallere nemo potest (*Vers.*) ORD. VIT. XI 32 p. 277. **b** ave, que per castum thorum / carnis jus et logicorum / fallis consequenciam WALT. WIMB. *Virgo* 21.

fallians [OF *faillant*, pr. ppl. of *falir, faillir* < fallere], deficient.

1185 villa . . non potest plus instauramenti pati, nec plus valere, quia terra est nimium fallians *RDomin* 68.

fallibilis, deceptive. **b** (of mortal world) uncertain, liable to change or accident.

inveni rem difficilem sed sepe ~em ad judicandum BACON IX 1. **b** **s1234** fortunalis rota volubilitate ~i curiales et aulicos exagitavit *Flor. Hist.* II 213; ubi ergo possunt hec discerni? certe in nullo lumine creato ~i sive lumine infallibili increato; nulla ergo hujusmodi veritas potest certe infallibiliterque videri nisi in intrinseco lumine infallibilis veritatis BRADW. *CD* 776A; de homine peccatore, quomodo mundi voluptates tam ~es in sui prejudicium . . appetit GOWER *VC* VII *cap.* 16 *tit.*; qualis est hujus mundane vite ~is confidencia, instabilis status, flebilis exitus *Plusc.* VII 34.

fallibilitas, a fallacy. **b** (as quality of mortal world) deceptiveness, uncertainty, changefulness; *cf. fallere* 5.

a licet . . incertitudo et ~as removeantur per istam proposicionem DUNS *Ord.* III 144. **b** **s1277** in presentis vite ~ate transitoria WYKES 271.

fallibiliter, a (?) in a state of deception. **b** deceptively.

a plurimorum commemorans interitum qui . . locum purgatorii sine reditu ~iter intraverunt J. YONGE *Vis. Purg. Pat.* 5. **b** **s1264** murum occulte . . suffodere . . procuravit, materiis ligneis subtus positis, quibus ad tempus ~iter sustentaretur *Ps.*-RISH. 515.

fallinga, ~us [MIr. *fallaing*], (cloak of) coarse woollen cloth, esp. from Ireland. *Cf. faldinga.* (*Cf. Anglia* CVII 1989).

laneis . . tenuiter utuntur, et his omnibus ferme nigris . . . caputiis namque modicis assueti sunt et arctis . . sub quibus et, palliorum vice, phalangis GIR *TH* III 10 p. 150 (= HIGD. I 34 p. 352: [gens Hibernie] vice palliorum nigris phalangis [ME: *faldynges*] utitur; cf. *Eul. Hist.* II 126: [Hiberni] vice palliorum nigris faldingis utuntur); **1274** in catenis argenteis faciendis ad ~os comitisse reparandos (*I. of W.*) *MinAc* 984/4 r. 4; **1284** de qualibet falinga valente tres solidos venali, unum obolum (*Cork*) *Pat* 103 m. 7; **1296** de quolibet ~o Hibernico (*Drogheda*) *Pat* 115 m. 8; **1310** xj s. viij d. de fallingeriis rubeis venditis *Ac. Exec. Ep. Exon.* 6; **1380** de qualibet librata coriorum ∴ ac eciam pylfell' [et pannorum] laneorum ac falingarum . ., sex denarios *StatIr* I 478; *ffaldyng cloth*, falinga, -ge, . . amphibalus *PP*; **1475** de qualibet falinga panni Hibernicalis, unum obolum *ChartR* 197 m. 14; **1507** ipse vidit nuncios prioris de Kylmaynan portando falingeas et alias res pro redditu predicto *Deeds Mon. & Ep. Ir.* 60.

fallosus v. sallosus.

fallotum [OF *falot, fallot*], brazier.

1435 unum magnum ~um duplicatum ferro appreciatum xxx s. T[uron'] *Collect. W. Worc.* 568.

1 fallum v. falla.

2 fallum [AN, OF *falle, faille*], (w. *sine* or *absque*) without fail (AN *sanz faille*).

1399 si contigeret ipsum archiepiscopum regnum exire citra Pascha prox' extunc sequens sine ~o rediret in Angliam *RParl* III 422a; **1432** debitum michi absque ~o in festo Pentecostes . . promisit soluturum *Cant. Coll. Ox.* III 88; **s1454** reportarunt secum responsum, quomodo

duo nedum proposita .. vellet frater dictus absque ~o perficere *Reg. Whet.* I 139; spiritus ille bonus, sine fallo spiritus almus (*Vers.*) *Ib.* 175.

falmotum v. folkesmotum. **falsa** v. falsus, falx.

falsare [LL; cf. AN *falser, fauser*]

1 to render false, prove false, nullify. **b** to deceive.

in antiquis falsato grammate biblis ALDH. *VirgV* 1382; si accusatus se idoneare et accusationem ~are poterit [AS: *sy he his tungan scildig*] (*Quad.*) *GAS* 203; si Antichristum potest salvare, providentiam potest ~are PULL. *Sent.* 712C; amplius si prophete possunt ~ari, potest et sacra scriptura; .. si sacra scriptura potest ~ari, que nobis securitas in hac vita? BRADW. *CD* 802C; nec ab nomine corporali [prophetiam] didici nec a spiritu recepi maligno quibus modis solet prophecia ~ari (J. BRIDL.) *Pol. Poems* I 129; ubi vero prefata historia ab imperitis scriptoribus .. flectitur vel ~atur *Croyl. Cont. A* 110. **b** hec abit et sponsam pariter falsare laborans (*Vers.*) *Latin Stories* 186.

2 to falsify, counterfeit: **a** (coin); **b** (seal or doc.); **c** (weights & measures).

a qui posthac [sc. monetam] ~abit [AS: *fals wyrce*] manum amittat (*Quad.*) *GAS* 315 (cf. ib. [*Cons. Cnuti*]: falsum fabricaverit); Judei .. ~averant monetam per vilem retonsionem RISH. 418. **b** quae utrum negligentia interpretis omissa vel aliter dicta an incuria librariorum sint depravata sive relicta nondum scire potuimus. namque Graecum exemplar fuisse ~atum suspicari non audeo BEDE *Retract.* 995C; c1170 super eo quod sigillum comitis ipsum ~asse dicitis mutuamque falsitate litterarum nomine comitis pecuniam accepisse ARNULF *Ep.* 66; qui domini pape bullam vel nostra et vestra sigilla ~are presumunt P. BLOIS *Ep.* 53; fallsatas GROS. *Templ.* 7. 4 (v. falsarius 2b); item crimen falsi quod sub se plures continet species .. ut si qui ~averit sigillum domini regis vel falsam monetam fabricaverit, vel de non reproba reprobam fecerit, vel si quis falsario consenserit scienter BRACTON 104b; si Deus omnem librum, omnem pactum, quodlibet chirographum .. possit .. recidere, violare, abradere, cancellare, infringere, et ~are BRADW. *CD* 802D. **c** 1197 mensure .. inclaventur in eis claves ne per dolum possint ~ari (*Assisa de mensuris*) R. HOWD. IV 33.

3 (leg., w. *curiam*) to accuse (law-court) of false judgement.

sufficit ei ~are curiam ipsam sub forma prescripta GLANV. XII 7 (cf. *RegiamM* III 21); 1243 (v. curia 6e); videtur autem quod idem dominus curie potest adeo simpliciter procedere in hujusmodi probatione sicut potest dictus petens in probatione ~andi curiam suam HENGHAM *Magna* 3.

falsaria [cf. AN *fausserie*], falsification, counterfeit: **a** (of coin); **b** (of seal or doc.).

a hec sunt jura que rex Anglie solus .. habet: .. ~ia monete sue [etc.] (*Leg. Hen.* 10. 1) *GAS* 556; de furto et murdro .. et *husbreche* et *bernet* et ~ia (*Ib.* 47) *Ib.* 571; 1194 pro falsoria (v. garcio 2a); 1196 plegii Jocelini G. retati de fauseria *CurR* I 23. **b** 1251 de quodam falsario brevis... Johannem .. captum et detentum in prisona .. pro ~ia cujusdam brevis ei imposita *Cl* 242; 1345 placitorum de falsar' sigillorum et monete domini regis *PQW* 819a.

falsarius [CL]

1 one who falsifies, liar, cheat, false witness.

753 ut nos .. defendatis contra tales ~ios et eorum mendaciis non credatis BONIF. *Ep.* 107; 800 me ~ium clamans atque per vices hereticum, per vices subversorem ALCUIN *Ep.* 200 p. 331; itaque non a malivolis ~ius sive mendatiorum dicar compilator T. MON. *Will. prol.* p. 4; quanquam falsitatis argui nec verecundentur nec vereantur, ~ios tamen aspernando, et veridicos approbando, .. GIR. *EH* II 36 p. 390; solebat predictus ~ius et latro mentiens dicere predicto Ailsi se maiorem numerum redarum adduxisse quam adduxit P. CORNW. *Rev.* I 6 f. 23va; ~ium me arguis et frontose argumentaris cornuto ut dicitur sylogismo pertesum vocem esse non significativum M. RIEVAULX (*Ep.*) 74; s1236 cives, non reputantes eum prophetam, contumeliis affectum illum tanquam ~ium ejecerunt M. PAR. *Maj.* III 346; 1242 mandamus .. quod nullus .. presumat facere confederacionem .. vel confratriam ... quicumque enim hoc presumeret, puniatur tanquam noster proditor ~ius et perjurus (*Pat*) *RGasc* I 163; demones perficiunt quod tales ~ii intendunt BACON *Tert. sup.* 16.

2 falsifier, forger: **a** (of coin); **b** (of seal or doc.); **c** (of weights & measures).

a c1096 (1332) si falsus monetarius de alterius terra adventitius in terra S. Petri captus fuerit, corpus cum pecunia reddatur mihi; si vero ~ius de terra S. Petri fuerit captus, corpus solummodo reddatur mihi *CalCh* IV 287; quod nichil eis interesse videbatur inter ~ios et mercatores qui bonam pecuniam portant ad ~ios et ab ipsis emunt (*Quad.*) *GAS* 234; s1125 ~iorum qui monetam corruperant per totam Angliam detruncatione notabilis [sc. annus] W. MALM. *GP* V 278; a1189 reservata tantum dicto comiti dictorum v militum custodia prelibata, et istis tantum retentis nobis, incendiariorum justicia et invasorum euncium et redeuncium ad nostram curiam, et retrobanni et auxilio redemptionis nostre et ~iorum monete nostre *Act. Hen. II* II 333; D: cum .. quelibet moneta regni hujus impressam habere debeat regis imaginem et ad idem pondus omnes monetarii teneantur operari, qualiter fieri potest ut non omne eorum opus ejusdem ponderis sit? M: .. fieri potest per ~ios et nummorum decurtatores vel detonsores. noveris autem monetam .. in tribus falsam deprehendi, in falso sc. pondere, in falsa lege, in falsa imagine. hiis tamen falsitatibus par poena non debetur *Dial. Scac.* I 3 F; regis summi cuneum [v. l. nummum] .. adulterare, et non auro vel argento sed horum vice stanno potius vel eri vel plumbo signaculum regis imprimere, unde et magni regis ~ii hi exheredandi et tradendi patibulo H. BOS. *Thom.* III 17 p. 240; s1196 forma monete publice a ~iis corrupte mutata est W. NEWB. *HA* III 5; s1247 numisma Anglie jam a ~iis qui denariorum tonsores dicuntur deterioratur diminutum M. PAR. *Maj.* IV 608; a1350 ~ii monete domini regis *Bury St. Edm.* 189. **b** c1155 (v. figmentare); 1195 illa carta habebitur pro falsa et ille qui attulerit tanquam ~ius capietur *Pipe* 9; *G. S. Alb.* I 222 (v. falsus 3b); quando quis ~ius est litterarum domini pape vel fallsatas retinet ad usum per xv dies GROS. *Templ.* 7. 4; BRACTON 413b (v. falsitas 3b); cavendum est ne nomen alicujus canonici absentis in constitutione decreti tamquam si presens subscripsisset, quia falsa essent et irrita talia munimenta et hujusmodi utentes possent poenam ~ii formidare L. SOMERCOTE 36; ~ii monete vel sigilli domini regis (*Stat. Rob. III* 14) *RegiamM* II f. 66v.; 1423 (v. falsificare 2); 1446 ne per sigillorum fabricatores et bullarum ~ios dictum collegium .. aliquod paciatur damnum *Cl* 296 m. 25d. **c** c1150 de ~iis, ut in moneta, ulna, petra, galon', bussell' et aliis *MonA* II 83a; 13.. si quis .. convictus fuerit cum duplici mensura, majore sc. ad emendum et minore ad vendendum, tanquam ~ius incarceretur et graviter punietur *StRealm* I 203.

falsatio [LL]

1 falsification, counterfeiting: **a** (of coin); **b** (of seal or doc.); **c** (of weights & measures).

a s1278 omnes .. de retonsura aut alia monete ~one convictos OXNEAD *Chr.* 253; 1361 (v. diminutio 1a); pro ~one monete regie seu falsa metallorum mixtione RIPLEY 186. **b** 1261 non est culpabilis de ~one sigilli nostri unde rettatus fuit *Cl* 6; 1327 ad respondendum .. de ~one cujusdam statuti *Law Merch.* III 54; s1312 super ~one parvi sigilli regis *Ann. Paul.* 273. **c** 1297 de iij s. de Thoma pistore et iiij aliis pistoribus pro ~one panis *Ac. Cornw.* I 33; 1315 in ponderacione iij saccorum et xvj petrarum lane false ponderavit ultra pondus iiij petrarum et super hoc attachiatus fuit per plegios veniendi .. responsurus de illa secunda transgressione. .. si .. de aliqua ~one tercio convictus esset .. *Rec. Leic.* I 293.

2 (leg.) (?) accusation (of false judgement). *Cf. falsare* 3, *falsificare* 3.

1330 onerat se de xl li. receptis per amerciamenta Willelmi de Fenton, militis, in quibus cecidit in parliamento, pro ~one judicii redditi *ExchScot* 284.

falsator [LL]

1 one who falsifies, liar. **b** author of fiction.

haec quidem verba nescio quis ~or furtim unica [v. l. unca] manu rapuit de sermonibus S. Augustini ALCUIN *Dogm.* (*Adv. Elipand.* II 12) 268D; quomodo .. beata Mildretha cuidam velut inflammata apparens de suo ~ore conquesta et comminata sit GOSC *Lib. Mild. cap.* p. 69. **b** 802 Vergilius haud contempnendae auctoritatis ~or ALCUIN *Ep.* 162 (cf. ib. 245 p. 397: Scolapius ~or).

2 falsifier, forger: **a** (of coin); **b** (of seal or doc.); **c** (of weights & measures).

a quod [*gl.*: ~or] per ejus licentiam fecisset (*Inst. Cnuti*) *GAS* 315 (cf. ib. [*Cons. Cnuti*]: quod illius licencia falsum fabricaverit); 1151 pro appellatione alicujus latronis recognoscentis vel aliquo crimine convicti vel deprehensi vel alicujus ~oris *Act. Hen. II* I 18; 1321 de ~oribus et retonsoribus denariorum *MGL* II 349; 1381 H. G. ~or monete domini regis fecit ibidem falsam monetam viz. xj s. et iij d. (*sic*) de *grotes* et dimidiis *grotes SessPCambs* 47. **b** c1270 inponentes ei quod erat ~or sigilli domini regis *AncC* VII 8. **c** 1330 de ~oribus .. ponderum et mensurarum percepit fines et amerciamenta *PQW* 560a.

falsatrix, falsifier, forger (f.).

1336 factrix et ~ix monete *CoramR* 305 *rex* 24.

false [CL], falsely, lyingly, w. intent to deceive.

1313 H. le W. ~e se presentavit vicinum ideo ipse in misericordia *Eyre Kent* I 74 (cf. ib.: W. G. falso se presentavit vicinum); quia H. de B. coronator ~e dixit quod .. *Ib.*; 1315 (v. falsatio 1c).

falsenarius v. falsonarius.

falsetum [cf. OF *fausset*, It. *falsetto*], (mus.) falsetto.

fausetum *Inst. Sempr.* *xlii (v. discantus); quod novarum harmoniarum curiositas et prosarum lubrica adinventio, multipliciumque cantilenarum inepta voluptas manifestat. et super omnia voces in ~o [v. l. falsetto] harmoniam virilem .. falsificantes, pueriliter effuse, muliebriter dissolute .. per totam ecclesiam comprobant illud idem BACON *Tert.* 297.

falsidicus [CL], lying, untrue: **a** (of person); **b** (of thing).

a ~us testis tribus est personis obnoxius ALCUIN *Moral.* 629C; sicofanta ~us LANTFR. *Swith.* 1; falcidicus, vel falsiloquus, *onsoðsagul* ÆLF. *Gl.* 165; cur ~i et maliciosi compositoris animum non consideratis si rerum discretio vestris prevaleret in sensibus? *Ep. ad amicum* 93; 1282 quidam ~us clericus vester contra nos mendaciter informavit PECKHAM *Ep.* 287. **b** non ~as parasitorum fribulas .. imitabatur FELIX *Guthl.* 12; 1279 aliter enim mox ut eum tetigero, appellationis alis ~e rete meum effugiet PECKHAM *Ep.* 41; a loquela Christi virtuosa atque veridica ad fabulas mundi viciosas et falsidecas WYCL. *Apost.* 25.

falsidius v. Falcidius.

falsificare [cf. LL falsificatus]

1 to render false, prove false, nullify; **b** (log.).

et qui alium de iniquitate accusare voluerit .. si tunc alius id quod sibi imponitur ~are quiverit, sit ipse reus lingue nisi .. (*Cons. Cnuti*) *GAS* 321; tuas omnino promissiones ~asti H. LOS. *Ep.* 55; ista .. opinio ~atur quia .. GROS. *Com.* 22; BACON *Tert.* 297 (v. falsetum); non est possibile Deo ~are primas concepciones *Quaest. Ox.* 109; fidem de veritate incommutabili, que ~ari non potest OCKHAM *Dial.* 644; ~are vel infirmare hujusmodi donaciones prejudicat .. toti ecclesie (KYN.) *Ziz.* 20; scripturas viciosas, non sacras, ~ant WYCL. *Ver.* I 33; s1382 predicatores nituntur ~are sacram scripturam KNIGHTON II 175. **b** non propter hoc supradicta regula ~atur MIDDLETON *Sent.* I 208b; nam si ponatur quod non omnis propositio falsa ~at se, et tamen ex illa sequitur quod omnis propositio ~at se ROG. SWYN. *Insol.* 89.

2 to falsify, counterfeit.

1205 propter feloniam quam fecit de sigillo nostro quod ~avit *RChart* 144b; 1423 nonnulli falsarii litterarum .. necnon quidam qui hujusmodi litteris ~atis scienter utuntur (*Lit. Papae*) *Reg. Cant.* I 86; 1451 si ~averit sigillum vel literas generalis ministri, non liberetur a carcere *Mon. Francisc.* II 100.

3 (leg., w. *curiam* or sim.) to accuse (law-court) of false judgement, to challenge (judgement). *Cf. falsare* 3.

s1165 conquestus enim erat regi idem Johannes, quod cum calumniatus esset in curia archiepiscopi terram quandam de illo tenendam jure hereditario et diu inde placitasset, nullam inde potuit assequi justitiam, et quod ipse curiam archiepiscopi sacramento ~averat secundum consuetudinem regni. cui archiepiscopus respondit: nulla justitia defuit Johanni in curia mea sed ipse, nescio cujus consilio an proprie voluntatis motu, attulit in curia mea quemdam tropharium [v. l. *troper*] et juravit super illum, quod ipse pro defectu justitie a curia mea recessit, .. cum statutum sit in regno vestro 'quod qui curiam alterius ~are voluit, oportet eum jurare super sacrosancta evangelia' R. HOWD. I 224–5; 1195 questa fuit de curia .. domini sui et eam ~avit *CurR PR* 36; 1199 ipse Johannes ~avit curiam ipsius Johannis *CurR RC* I 357; hoc judicio omnium assensu communi firmato .. contrarie jam dictus presul .. ~at judicium suum viz. infortunium *NLA* (*Edmund*) II 617.

falsificatio

1 erroneous interpretation.

nec oportet pios theologos .. timere ~onem scripture sue per sinistros intellectus circumstancium WYCL. *Ver.* II 18.

2 falsification, counterfeiting (of seal, doc., *etc.*).

1205 per feloniam .. de ~one sigilli nostri *Cl* 32b; s1238 super ~one [sc. carte] convictus GERV. CANT. *GR Cont.* 131; 1423 de premissis falsitatibus, excessibus et delictis per eosdem falsarios in dicto regno quovismodo commissis et perpetratis et de ~one hujusmodi litterarum .. inquirendi .. concessimus facultatem (*Lit. Papae*) *Reg. Cant.* I 86; 1451 a peccato .. ~onis sigilli cujuscunque persone notabilis *Mon. Francisc.* II 98.

3 lying, falsehood.

argumentum judicis deficit in materia, tum eciam quia unus juxta testes veridicos pro eodem tempore sentencians oppositum juste judicaret, sicut patet reverso judicio per ~onem testium vel alium defectum judicii opertum WYCL. *Civ. Dom.* II 229.

falsigraphia [cf. ψευδογραφία], **a** (geom.) false proof. **b** falsehood (in writing).

a pro hac positione sunt geometrice ~ie BACON *Maj.* I 148. **b** preter hec autem ista ~ia .. aliquas raciones premissas posset utcunque definire BRADW. *CD* 134D.

falsigraphicus, a (geom.) based on false diagrams. **b** falsely written.

a pono rationes ~as in terminis geometrie pro positione illorum philosophorum BACON *Tert.* 131. **b** responsiones et objecciones innumeras .. veritati contrarias somniant et confingunt, quasdam ~as, quasdam litigiosas BRADW. *CD* 788C.

falsigraphus [cf. ψευδογράφος], **a** (geom.) drawer of false diagrams (*cf.* Arist. *SE* 171b35). **b** writer of falsehoods.

a quod modo sine figuratione demonstratum est, necesse est quod appareat in figura propter cavillationem quam ~us induceret BACON IV 351; in geometria stat ignorancia alicujus conclusionis .. non tantum ignorancia negacionis, sed etiam disposicionis per ~um generate DUNS *Metaph.* VI 1 p. 305. **b** paralogista falsigrafusve J. SAL. *Met.* 903A; non nego, fingit enim nullique hac arte secunda / falsigraphos commenta docet J. EXON. *BT* II 485; ineptum me fateor et insulsum poetam at non falsigrafum MAP *NC* I 25 f. 21v.; si potes ostendas Giraldum Jeronimumve / falsigraphum GIR. *Symb.* II 21; quod et si ~us ponat esse, destruetur continuo per premissa BRADW. *CD* 12E; hoc requiritur per datum a ~o ad hoc quod intelligat WYCL. *Ente* 57.

falsiloquax [LL], lying, untruthful.

~ax, mendax, fictum *GlC* F 44, *GlH* F 69.

falsiloquium [LL], lying, untruth, mendacity.

a796 desiderans firmam semper inter nos permanere in Christo caritatem nec quolibet vento ~ii destrui ALCUIN *Ep.* 73; in multo ~io verum interdum aliquod erumpit GIR. *Invect.* I 5 p. 105; **1220** in misericordia pro ~io et mendatio *CurR* IX 41.

falsiloquus [LL], lying, telling lies; (also as sb. m.) liar.

a796 melius credebam veritati quam ~ae aliorum narrationi ALCUIN *Ep.* 82; falsiloquis praebebant jurgia linguis FRITH. 577; J. SAL. *Pol.* 765B (v. concentor); vos ~os et mendosos fures R. COLD. *Godr.* 327; si vobis a ~is et erroris spiritibus vestra persuasa est opinio D. LOND. *Ep.* 24; homo ~us vel falsus in verbis WYCL. *Ver.* II 1.

falsina [cf. AN *fausine*], falsification, forgery: **a** (of coin); **b** (of seal or doc.); **c** (of weights & measures).

a **1199** etc. (v. casura 1b); **1204** ex his sublata casura .. ~a in stagno .. ~a in pondere .. id est .. *DCCant. Ac. Treasurer* D4 f. 14; **1214** (v. concambium b); **1252** (v. cambium 2a). **b** **1215** qui captus fuit pro ~a sigilli Roberti de Veteri Ponte *Pat* 131b; **1220** intelligit quod de carta illa fecit dictus Judeus ~am istam: nam intelligit quod lota est et postea dealbata, ita quod in plicitis illius carte apparet albedo crete, et quod littera denigrata est, sicut esset de pinguidine, ut littera illa ita vetus appareat. preterea dicit quod apparet .. quod est falsa *SelPlJews* 4; defendit .. omnem ~am de verbo in verbum sicut ei objicitur *Ib.* **c** **1226** de ~a quam fecerunt ipsi Isardo de mercandisa de alum quamdiu fuerunt socii ipsius Isardi *Cl* 93b; c**1300** (v. furrura 1b).

falsionarius v. falsonarius.

falsitare, to deceive.

to do falsely, falsificare, falsare, fallere, ~are *CathA.*

falsitas [LL]

1 (instance of) falsehood, untruth. **b** (log.) fallacy.

fabricatores ~atum ALDH. *VirgP* 44; a795 veritas audiatur ex ore tuo, non ~as ALCUIN *Ep.* 30; ut .. mendosos libros .. erasa scriptorum ~ate corrigeret B. *V. Dunst.* 37; rogo ut ~atem detegens aperias mihi veritatem ANSELM (*Gram.* 1) I 146; fatemur equidem quoniam ficticia miracula .. ~atis sunt ridicula T. MON. *Will.* II 8; quem spiritus scientie, fugata caligine ~atis, lumine veritatis illustravit AILR. *V. Ed. Conf.* 765C; nos huic ~ati contrariam veritatem .. demonstremus J. CORNW. *Eul.* 6; sensus literalis habet quasi infinitas ~ates et alibi dubitationes intolerabiles ita quod non potest sciri veritas BACON *Min.* 349; si representet se tamquam objectum, ~as est; si se tamquam se, veritas est DUNS *Ord.* III 130; quia ergo hanc scripsit veritas, nihil est in ea ~as FISHACRE *Sent. Prol.* 90; tacita ~ate, veritate expressa, ad ingratitudinem .. taliter respondemus BIRCHINGTON *Arch. Cant.* 33; absit .. quod Christianus dicat talem in peccando intrare per ostium Christi, qui est via, veritas, et vita, cum omne peccatum sit tortuositas, ~as, et mors PAUL. ANGL. *ASP* 1536. **b** ~as consequentis probatur DUNS. *Ord.* III 247; per diversa sophismatum diverticula in multas incidit ~ates OCKHAM *Pol.* I 364; respondetur negando illud assumptum propter aliam ~atem, quam continet CONWAY *Def. Mend.* 1334; dicendum est quod major et minor evidentis ~atis arguuntur J. BURY *Glad. Sal.* 594.

2 **a** (w. ref. to person) falseness, deceitfulness, treachery. **b** (w. ref. to act) false deed, fraud, crime; **c** (pl.).

a vos .. perfidiae et ~atis accusandos esse demonstrant BEDE *Luke* (xxiii 15) 612B; quod si nulla quae scribi debeant suis temporibus fieri contingant, non ideo nos statim ~atis arguant OSB. *Mir. Dunst.* 1; furum rapacitas, argentariorum ~as W. MALM. *GP* I 18; s**1333** timentes Scoti ~atem regis Anglorum commiserunt custodiam castri Berwici .. comiti Marchie FORDUN *Cont.* XIII 27; ostendit ~ates Gallorum in promissionibus suis (J. BRIDL.) *Pol. Poems* I 155; est opus magnum .. vitare fraudes et ~ates maligne mulieris et false *Ib.* 160. **b** **1218** de hoc quod .. per maliciam et ~atem apertam fecit disseisiri Robertum de B. de iij hidis terre *BNB* II 8; **1327** ad respondendum super quibusdam ~ate malicia et decepcione per ipsum factis *MGL* III 416; ipse .. omni malicia et nequicia imbutus, ~atem in multis machinavit quam postea subsecutus est *Eul. Hist.* II 274; super ~ate malicia et decepcione predictis *Reg. Brev. Orig.* 114v. **c** plures immiscuit ~ates et nequitias PECKHAM *Paup.* 77; **1305** ad respondendum .. regi de conspiracionibus .. et aliis diversis ~atibus *Gaol Del.* 39/1 m. 1; **1333** ad ulterius faciendum et recipiendum quod curia nostra consideraret super quibusdam decepcionibus et ~atibus .. in recepcione denar' et solucione vadiorum *LTRMem* 105 m. 123; **1352** omnes conqueri valentes de transgressionibus, .. ~atibus et decepcionibus *MunCOx* 119; judicia pillorie pro mendaciis, scandalis, ~atibus, et deceptionibus *MGL* I 531.

3 falsification, counterfeiting: **a** (of coin); **b** (of seal or document); **c** (of weights & measures); **d** (w. ref. to defect of quality).

a ut omnes .. jurent tenere et servare monetam meam in Anglia, ut non consentiant ~atem monete mee (*De Moneta*) *GAS* 523; invalidus .. denarius minus habet pondus quam debeat, sed illud quod habet puro ex aere constat. falsus vero eandem quam bonus monetam pretendit, sed interius latet ~as aeris *Simil. Anselmi* 90. **b** **1077** miror valde si falsas litteras porrexit quoniam modo tanti viri sigillum ad persuadendam ~atem suam habere potuerit LANFR. *Ep.* 17 (41); c**1170** (v. falsare 2b); **1181** privilegia monasterii .. que ipse archiepiscopus arguit ~atis (*Lit. Papae*) ELMH. *Cant.* 441; cadit breve si in se contineat talem ~atem quod signum appositum sit adulterium ipsius domini regis, sive omnino falsum sive verum, falso tamen appositum per industriam falsariorum BRACTON 413b; item [oportet] quod [breve] nullam in se contineat ~atem nec sigillum viz. per industriam falsarii non apponatur *Fleta* 441; *Canon. G. Sempr.* 96 (v. 1 arguere 1); forma literarum episcopi super ~ati privilegiorum *Chr. Evesham* 193. **c** s**1228** in .. itinere mensuras bladi, vini, et celie ~atis arguens quedam confregit WEND. II 333; **1330** puniendo et dampnando viz. mensuras falsas per fraccionem et combustionem et pondera falsa per fraccionem et illis utentes per gravia amerciamenta propter ~atem *PQW* 556b; **1439** convictus est de ~ate ponderis panis sui *MunAcOx* 517. **d** **1289** pro ~ate facta in pannis, ponendo in iisdem filum de lino *Leet Norw.* 30; **1291** de R. de S. quia facit ~atem in opere tannando correos suos cum cortice fraxineo et vocatur *stalsitelether Ib.* 39; **1350** carnifex vendidit carnes boum et multonum succematas coruptas et pro vetustate putridas .. per quod .. pro ~ate committatur prisone et judicio pillorelle *Ib.* 80.

4 (leg.) falsity of judgement.

1199 de placito ~atis magne assise *CurR RC* I 356; si quis eorum [sc. juratorum] convictus fuisset a casu de ~ate, loco suo debet alter substitui *PQW* 826a; **1345** quod si per partem querelantem vel defendentem pretensum fuisset errorem vel ~atem in judiciis in curia burgorum dicti regni *RScot* 660a; **1448** manutenentiis, ambidextriis, ~atibus [etc.] *Reg. Whet.* I 33.

falsiter, falsely.

13.. omnes ~iter partum imponentes *Conc. Scot.* II 72.

falsitia, act of deceit or treachery.

s**1386** Michael de le Pole accusatus est de multis transgressionibus, fraudibus, ~iis et tradicionibus factis in .. prejudicium .. regis KNIGHTON II 220 (cf. ib. 221: articulos fraudis et fallacie ejus).

falsivomus [cf. vomere], spewing falsehoods.

ut quid ~is pectoribus vanas minas depromitis? FELIX *Guthl.* 31 p. 106 (cf. *GlH* F 71: ~is, *leas* portantibus).

falso v. falsus 7, 8.

falsonaria [cf. AN *faussonerie, falsenerie*], falsification, counterfeiting (esp. of coin).

1168 Reimundus de B. debet xx m. pro appellatione Walteri probatoris de ~ia *Pipe* 43; **1176** si quis retatus fuerit coram justitiis domini regis .. de falsoneria (*Ass. Northampton* 1) *SelCh* 179; **1226** quod .. Isoldam uxorem Galfridi falsonarii, qui evasit de prisona domini regis, cum qua nihil ~ie repertum fuit, .. deliberari faciat *Cl* 159b; **1258** Aliciam de W. captam .. pro ~ia monete *Cl* 260.

falsonarius [cf. AN *falsener, faussonier*], falsifier, forger: **a** (of coin); **b** (of seal or doc.).

a c**1100** de ipso ~io fiat justitia mea, sc. de dextro pugno et testiculis (*De moneta*) *GAS* 523; et si in alio comitatu mutando denarios captus fuerit, captus sit ut ~ius *Ib.*; **1130** Fulco filius Teodbaldi r. c. de xiiij li. xiiij s. viij d. pro plegio ~ii *Pipe* 61; **1166** R. clericus debet c m. pro appellatione falsenarii *Pipe* 67; **1168** in corredio et custamento probatoris ~ii a festo Philippi et Jacobi usque ad festum S. Michaeli xij s. viij d. *Pipe* 174; **1205** de .. retonsoribus et ~iis monete nostre destruendis *Pat* 54b; **1220** si aliquod stagnum cuneo primo quod nomine domini J. regis .. inscripto inventum fuerit tamquam ~ium nostrum illum capi et in prisona nostra detineri precepimus *Ib.* 256; **1226** (v. falsonaria); **1228** mandatum est vicecomiti Stafford' quod ~ium et uxorem suam quos W. comes de F. cepit .. recipiat ut salvo eos custodiri faciat *Cl* 42; c**1320** de ~iis et retonsoribus denariorum *MGL* I 80. **b** **1194** quod ~ios cartarum et retonsores denariorum, ubi eos scient, detegent, et monstrabunt, et de falsis cartis similiter *SelCh* 256 (= R. HOWD. III 267; W. COVENTR. II 73: falsionarios).

falsoneria v. falsonaria.

falsor, falsifier, forger.

1306 ~or monete cum instrumentis monetarii captus *Cart. Glam.* 991 (= *BBC* (*Swansea*) 192: †monetariis).

falsoria v. falsaria.

falsus [CL]

1 false, deceptive, untrue (also as sb.).

vera et non ~a humilitatis cautela ALDH. *VirgP* 16; probatum est accusatores ejus .. ~as contra eum machinasse calumnias BEDE *HE* V 19 p. 327; c**793** quid est adoptivus filius nisi falsus filius? et si Christus Jesus falsus est Deo patri filius, et .. falsus est et Deus, ~a est et tota nostrae salutis dispensatio ALCUIN *Ep.* 23 p. 62 (v. et. 6 infra); ~i nebulo[nes], *þæs leasan scinlæcan GlH* F 70 (cf. ALDH. *VirgP* 43); prior itaque sensus est, quem sequitur .. inconvenientia, et omnimoda ratione pro ~o repellitur ANSELM (*Mon.* 19) I 34; non dubium est quin regie justitie exactores ad lucrandum voluntarii ambiciosas aures ~o facile adhibeant rumori T. MON. *Will.* I 6 p. 25; non .. potest .. dicere ~um aut dicere contra conscientiam, quod est mentiri HALES *Sent.* I 432; ~um, prout est a fallendo, in effectu est ab humano errore *Ib.* 474; BRADW. *CD* 775D (v. delusorius).

2 (of persons) false, deceitful. **b** not genuine, pretended, mock-.

quantis semetipsos intolerabilibus scelerum fascibus ~i hi sacerdotes opprimant GILDAS *EB* 93; quid respondeas ~is calumniatoribus ANSELM (*Ep.* 327) V 258; **1290** (v. diffamare 2a). **b** non nulli heretici confitentur, multi scismatici, multi ~i catholici, Jesum Christum in carne venisse BEDE *Ep. Cath.* 106; in ~os fratres, in ~os monachos et ribaldos GIR. *Invect.* I 12.

3 false, counterfeit: **a** (w. ref. to coin); **b** (w. ref. to seal or doc.); **c** (w. ref. to weights & measures). **d** (of goods) in short measure, substandard in quality. **e** (as sb. n., esp. *crimen ~i*) falsification, forgery.

a (*Cons. Cnuti*) *GAS* 315, **1381** (v. falsator 2a); ~us monetarius (*Inst. Cnuti*) *GAS* 315; *Simil. Anselmi* 90 (v. falsitas 3a); **1155** pro disfaciendo ~o monetario (v. diffacere a); *Dial. Scac.* I 3 F (v. falsarius 2a); **1250** de falsariis monete capiendis: mandatum est vicecomiti Kancie quod Ricardum P. et Aliciam .. captos pro ~a moneta .. recipiat *Cl* 268; **13..** ~os monetarios vel tonsores monete *Conc. Scot.* II 71. **b** per ~um brevem *DB* II 14; **1194** (v. falsonarius b); **1195** (v. falsarius 2b); perpendebat abbas [Johannes, ob. **1214**] .. aliquem falsarium inter fratres latuisse et ~am chartam in nocumentum ecclesie fraudulenter confecisse *G. S. Alb.* I 222; c**1300** vicia vero cartarum sunt v, que ~as reddunt cartas, pariter contenciosas *FormMan* 1; judicium pillorii pro quadam littera ~a et fabricata (*LBLond.* H f. 143 *MGL* I 606. **c** vir sive mulier ~am mensuram in civitate faciens *DB* I 262v.; **1230** falso pane et ~o galone et ~o pondere (v. emendatio 6d); **1283** (v. alna b); **1287** pro ~a mensura servisie *CourtR A. Stratton* 157; *Leg. Ant. Lond.* 119 (v. excambium 3b); **1330** (v. falsitas 3c); pro ~a quarta et quia in fundo ejusdem posita fuit pix (*LBLond.* G f. 190) *MGL* I 602 (cf. ib. 601: quia inspissavit ~um dicte mensure cum pice). **d** **1211** de vj d. de Tuirico pistore pro ~o pane *Pipe Wint.* 108; **1230** ~o pane (v. 3c supra); **1276** pro ~o pane, sc. factus fuit contra nundinas *CourtR A. Stratton* 114; **1327** (v. braiellum); judicium collistrigii pro ~is cordis arcuis (*LB Lond.* H f. 194) *MGL* I 608; combustio ~orum pilleorum (*Ib.* f. 293) *Ib.* **e** generale crimen ~i plura sub se continet crimina specialia, quemadmodum de falsis cartis, de falsis mensuris, de falsa moneta et alia similia que talem falsitatem continent GLANV. XIV 7; BRACTON 104b (v. falsare 2b); placita de .. crimine ~i HENGHAM *Magna* 2.

4 (leg.) false, wrongful (charge, claim, presentation, *etc.*).

pro ~o clamore *GAS* 579 etc. (v. clamor 4b); **1177** de j m. de Radulfo de C. pro ~o juramento *Pipe* 111; **1201** etc. (v. clamium b); **1221** juratores hoc cognoverunt et ideo in misericordia pro ~a presentatione *PlCrGlouc* 217; c**1300** de .. receptis .. de ~o clamore et non prosecuto .. et de falso pane et de ~a presentacione *FormMan* 13.

5 (w. ref. to wording of doc., ~*o Latino* or sim.) defective, erroneous. **b** (of text) corrupt, incorrect.

1220 nec aliquam cartam conficeret cum ~o Latino *SelPlJews* 4; **1227** profert transcriptum brevis .. quod bonum est et sine defalta vel ~o Latino *BNB* III 646; secundum [vicium cartarum est] ~a Latinitas que obscurat intellectum cartarum *FormMan* 1. **b** c**1100** liber hic falso patre falsior esset (v. 1 graphicus 1); si exemplare sit corruptum et ~um, scriptor sufficienter excusatur licet scripserit ~um librum HOLCOT *Wisd.* 10.

6 not of the kind properly or principally so called (*cf.* ME *fals* 6b, OF *faus*). **b** (~*a camera*) privy. **c** (~*a chorda*) 'false-cord' (of springald); *cf. faucecorda.* **d** (mus.) not recorded in standard notation.

c793 ~us filius (v. 1 supra); de ethnicis seu ~is Christianis ORD. VIT. XIII 8 p. 17; **1229** ~a cumbla (v. comblus 1). **b 1323** fausam cameram domini regis (v. camera 2c). **c 1327** (v. chorda 4d). **d** due autem voces mobiles, sc. b acuta et ♮♮ superacuta, sunt proprie voces monochordi. reliquas vero vocant ~as musicas, non quod dissone sunt, sed extranee et apud antiquos inusitate ODINGTON *Mus.* 98.

7 (n. sg. abl. ~*o* as adv.) erroneously, mistakenly.

ut referunt falso veterum figmenta librorum ALDH. *VirgV* 1334; ut quidam ~o opinantur BEDE *HE* III 17 p. 162; ut tu supra ~o asserebas *Eccl. & Synag.* 123.

8 lyingly, w. intent to deceive.

quia virginem in nullo deflectere valebant, id solum efficerent ut multi sinistra ~o de illo sentirent *V. Chris. Marky.* 76; MAP *NC* IV 11 (v. divaricatio); **1209** ~o et per odium imposuit super Stephanum de P. .. quod .. debuerat commedisse duos feones *SelPlForest* 2; **1318** (v. defamare 2d); **1332** (v. deceptive); **1395** (v. discoopertura 2).

falta [cf. AN *falt*, OF *faute*], default. *V. et. defalta.*

1237 ad audiendum judicium suum de pluribus ~is *KRMem* 15 m. 24*d*.

faltum v. fulcire.

falvosa, *s. dub.*

1303 item de falvosa [. .] quad. (*KRAcCust* 193/2) *Doc. Scot.* II 461.

falvus [OF *fauve* < Frk., cf. AS *fealu*, ME *falwe*], dun (esp. of horses or dogs). *V. et. favellus.*

c1150 ~us dextrarius *Danelaw* 363; **1192** R. W. r. c. de xiiij s. et iiij d. pro ~o equo *Pipe* 226; **c1200** A. dedit .. unum †falcum [MS: falvum] runcinum et unam carettam ferratam *Cart. Sandford* 149; **1205** cui dedimus favum palefridum *Cl* 51b; **1213** iij leporarios nostros ~os cum nigris gremiis et j sorum *Cl* 157b; ad equum suum ~um emendum GIR. *SD* 78; **1246** viderunt v leporarios quorum unus erat albus, alius niger, tercius favus, quartus niger coveratus, fugantes bestias *SelPlForest* 80; **1298** j runcinum favum *baucain* cum lista nigra *KRAc* 6/40 m. 2; **1311** pro restauro unius equi sui favii badii bausanni *Cal. Scot.* III 394; **1316** pro restauro .. unius equi favi *RGasc* 1679; **1320** pro restauro .. unius equi favii *KRAc* 373/23 m. 2.

falx [CL], **falca,** ~**us**

1 agricultural tool with curved blade, scythe, sickle, billhook, or sim.; **b** (fig.). **c** (transf.) man who mows, mower. **d** mowing service.

pampinus immensos dum gignit palmite botros / vinitor et spoliat frondentes falcibus antes ALDH. *VirgV* 179; ~cis, *wudubil, siðe, riftras GlC* F 32; ~x, ~cis, *wingeard seax, rifter* vel *sicul GlH* F 62–3; ~cibus minus utuntur ad metendum GIR. *DK* I 17; **1199** invenire j falcam et j hominem ad falcandum prata *CurR RC* II 150; quum eum usum vinearum et ~cis docuisset ALB. LOND. *DG* 1. 2; **1248** in quadam ~ce ad spinas falcandas, iiij d. *Rec. Crondal* 54; **1279** habebit j fessulam herbe cum poterit levare [? l. levari] cum †falyse [MS: falxe] *Hund.* II 743b; **1281** Henricus de B., molendo quamdam falsam super quamdam petram currentem per aquam, dictam petram fregit per medium, per quod predictus H. cecidit super predictam falsam unde secunda die postea obiit *JustIt* 1001 m. 16*d*.; **1282** de concelamento unius falci furati *Hund. Highworth* 214; **1283** de cultellis, de faucibus, .. dabit venditor extraneus .. ij d. *RGasc* II 211 (= *Foed.* II 262); **1289** de .. cultellis, falxibus, sarpis [etc.] *RGasc* II 354; **c1300** vj falcos ad falcandum, v ad metendum *FormMan* 22; hec ~x, *a sykyl, or a seth WW*; hec fals, A. *a sekylle*; .. hec fals, A. *a sythe*: false puto vineta, meto sata, tondeo prata (*Vers.*) *WW*; **1564** unum fassem vocatum *a sythe CourtR* 209/66. **b** bis quingentenos sanctae messis manipulos evangelicae praedicationis ~ce metens ALDH. *VirgP* 36; BONIF. *Ep.* 75 (v. colonus a); cito crescat, cito mortalis evi torrentem .. transeat, jam mittet in eum Dominus ~cem, jam metet, jam vindemiabit eum sibi *V. Kenelmi A* 4; mors que falx est senectutis WALT. WIMB. *Van.* 149. **c 1244** quilibet eorum qui tenet j virgatam terre reddit ij s. per annum .. et falcabit uno die et quelibet falz [v. l. (*K. B.* 26/134A): falx] habebit tres obolos .. et .. cariabit tantum fenum quantum ipse falcaverit .. *CurR* XVIII 1547. **d 1185** Willelmus .. debet quartam partem carrette et quartam ~cis *Rec. Templars* 18 (cf. ib. 16: he sunt consuetudines hominum fratrum: Almarus B. .. ad pratum falcandum, j ~cem).

2 (used as weapon). **b** halberd or sim.

1242 (v. gisarma). **b 1553** de .. una false preliari, A. *one halberde Pat* 852 m. 29.

falxsiculus v. falcicula. **falyse** v. falx.

1 fama [CL]

1 report, news.

ut fama fertur ALDH. *Aen.* 77 (*Ficulnea*) 5; ~a ad eum Christianae religionis pervenerat BEDE *HE* I 25 p. 45; **a796** subito praet†isti ~a prosternatus ALCUIN *Ep.* 78; experimento et ~a cognovi ANSELM (*Ep.* 272) IV 188.

2 rumour, hearsay.

ea quae per orbem terrarum aurato sermone miri rumoris ~a dispergebat *Lib. Monstr. prol.*; quae ~a vulgante collegimus BEDE *HE pref.* p. 8; postquam fama volans pulsavit praesulis aures FRITH. 108; ~a statim eventum divulgante GIR. *EH* I 13; **1382** factum est cum .. / .. falsas fabulas fratres predicarent / .. / per quas famas floridas in sonitum migrarent *Pol. Poems* I 259; ~a .. percrepuit per exercitum, ex delacione quorumdam captivorum, quod .. *G. Hen. V* 11 p. 68; **1460** quomodo ~a communis hic volat continue *Paston Let.* 611; ~a volitante—nichil enim ~a velocius *Mir. Hen. VI* II 59.

3 (w. ref. to person) reputation. **b** one's good name.

sepe meas tua fama, lupe praefortis, ad aures / venit et ignoto monuit rumore ALCUIN *Carm.* 49. 13; monachus bone ~e sed melioris vite ORD. VIT. X 15 p. 83; **1220** quia est de mala ~a consideratum est quod duellum sit inter eos, et R. det vadium defendendi se, et T. probandi *CurR* VIII 396; primum . instrumentum intellectus est desiderium bone ~e, quia qui desiderat bonam ~am famosus erit atque gloriosus BACON V 45; **c1300** testes vero liberi debent esse et bone ~e *FormMan* 1; que cedula, cum sit libella famosa, jam in diversis .. partibus divulgatur, unde et ~a mea penes personas graves .. denigratur UHTRED *Contra Querelas* 332. **b** elogium, i. ~a, testamentum .. *GlH* E 213; favor, i. ~a, honor, testimonium laudis, letitia, *wyrþmund* vel *hliwing Ib.* F 95; quia sollicitus es de ~a mea ANSELM (*Ep.* 336) V 272; quid sibi retinuit qui conscienciam perdidit et ~am STRATFORD *Serm.* 29 p. 91; nihil potest privare hominem ~a sua nisi ipse gratis consenciat WYCL. *Civ. Dom.* I 57; **1418** quod predictus Henricus vocaverit predictum Johannem B. publice vel occulte usurarium, seu quidquam aliud de eo dixerit quod bonam ~am ipsius Johannis ledet vel in ejus obprobrium sonare poterit in futurum *Mem. York* II 67.

4 renown, fame.

cujus nomen et industriam, quia praesens est et ~am refugit, supprimimus GOSC. *Transl. Mild.* 30 p. 198; per totum orbem .. personuit probitatis laus gloriosa ~aque Francorum penetravit Persica regna ORD. VIT. XI 26 p. 255; ~am .. sui perlongam facere GIR. *TH intr.* p. 3.

5 (? as adj.) famous, or *f. l.*

p1347 Anglia gaudebit, fera Picardia dolebit, / Parys ardebit, Aquitannia fama [*sic* MS] patebit *Pol. Poems* I 55.

2 fama v. forma.

famare [LL *p. ppl. only = celebrated*]

1 to defame, slander. *Cf. defamare.*

1401 arbitramur quod, si in premissis negligentes .. reperti fuerimus .., quod de bone fidei transgressione .. notari, ~ari, ac redargui volumus et culpari (*Lit. ducis Bavariae*) *Foed.* VIII 207.

2 to report, spread by word of mouth. **b** (p. ppl. ~*atus*). *Cf. diffamare.*

licet ab illis minime ~atum qui ejus plura pre ceteris sciebant *V. Greg.* p. 89; quod ~atum est de omnibus talibus oracionibus ipsas seipsas destruere DUNS *Metaph.* IV 4 p. 187; BEKYNTON II 158 (v. elemosinator). **b** patet quod est fama simpliciter sive laudabilis, quia solum illa que est aput Deum accepta et ubique: licet enim quelibet creatura secundum esse intelligibile sit ubique ~ata, tamen secundum esse existere est reputative et terminative in Deo, et sic in qualibet parte mundi; sicut dominium est terminative ubicunque est serviens licet utrumque sit subjective solum in dominante substancia vel ~ata WYCL. *Civ. Dom.* I 57.

fambulo [cf. TLL], *s. dub.* (*Cf.* M. Lapidge & M. Herren *Aldhelm. The Prose Works* Ipswich 1979 p. 202).

a690 ut versidicus ait: 'digna fiat fante Glingio, gurgo fugax fambulo' ALDH. *Ep.* 5 p. 494.

1 famelicus [CL], hungry, famished; **b** (as sb.); **c** (fig.).

ne familicae [*gl.*: *hungrigre*] frugalitatis parsimonia deficerent ALDH. *VirgP* 50; si etiam nudos, sitientes, ~os viatores aut qualibet necessitate pregravatos videmus, .. PULL. *Sent.* 917C; leo ~us, lupus oberrans, vulpis subdola [etc.] *Lib. Eli.* II 131; familia inops et ~a alimentorum copia .. affatim jam refecta GIR. *EH* II 17 p. 340; interim vero non te pigeat frangere panem tuum, omnem habentem saporem et omne delectamentum ~is ancillis tuis J. FORD *Serm.* 2. 2 p. 47; vides me ambulare pedes (*sic*), fatigatum, ~um, et tu es eques, saturatus, et quies BACON V 145. **b** diliciarum affluentias .. Christus familicis [*gl.*: *hingriendum*] suis tam ubertim contulit ut .. ALDH. *VirgP* 38 p. 289; familicum inpertiendo reficit WILLIB. *Bonif. prol.* p. 2; ~is stipem dare, vestem algentibus OSB. *V. Dunst.* 15; ~os fovebat et pauperes nudos vestiebat ÆLNOTH *Cnut* 22; quamvis .. alimoniam ~is largirer AD. EYNS. *Visio* 46; primum [sc. opus misericordie] est satiare sive esurientes pascere aut cibare ~os [AN: *duner a manger al famulus*] EDMUND *Spec. Relig.* 71; ut panis valeret in tempore necessitatis ~o WYCL. *Log.* II 123. **c** esuriens incepi quaerere te, ne desinam jejunus de te. ~us accessi, ne recedam impastus ANSELM (*Prosl.* 1) I 100; se pascere desiderat sed satiare se de te non potest ~a anima mea *Id.* (*Or.* 19) III 74; aurum et argentum .. quorum naturam videbat esse ~am J. SAL. *Pol.* 522B; adeo flamma crevit quod .. ejus voracitas magis ~a videretur foveri *Mir. Cuthb. Farne* 12; mentes ~e refici concupiscunt J. MASON *Ep.* 214; cibus suavissimus ~is animabus R. BURY *Phil.* 1. 28; sicque pars utraque, licet pugnare ~a, pugna .. saturatur acerima *Ps.*-ELMH. *Hen. V* 45 p. 110.

2 famelicus [cf. CL famulus], domestic servant.

s1263 prospiciant .. sibi quod tempore Martis omnes equi religiosorum et clericorum cum eorum ~is et laicis .. sint preparati ad bellum *Ann. Tewk.* 180.

famella v. femellus.

1 famen [LL], utterance, speech, word. **b** power of speech. **c** language.

horum .. maximam partem fertur ~ine veriloquo .. Eoda presbiter .. a Theodoro sciscitans accepisse THEOD. *Pen. pref.*; necnon diserto digessit famine librum ALDH. *VirgV* 738; flammivomisque soles dare qui nova famina linguis BEDE *CuthbV* 37; ludibundo verborum ~ine eum consolari coepit FELIX *Guthl.* 40; virum .. aequum moderni ~inis venustate pulchraeque capacitatis adire dictamine B. *Ep.* 386; os promptum furori suo satisfacere inordinatis ~inibus ORD. VIT. III 3 p. 61; silvam vobis et materiam non dico fabularum sed ~inum appono MAP *NC* II 32 f. 34; respectus, risus, incessus, famina cantus, / et cunctos gestus gratia summa juvat GIR. *Symb.* II 2 p. 351; non solum vultu luminis, / sat sacri sono faminis / dignatus innotescere J. HOWD. *Cyth.* 38. 8; quis .. ponet amplo ~ine prepotens ejus ample preconia laudis exprimere *Fleta proem.*; non fuit austerus sed mitis ~ine rectus (*Vers.*) FLETE *Westm.* 119; famene sive probri, quod posset vilius edi, / semper ut inficiat, vir vilis vilia tractat (*Vers.*) *Reg. Whet.* I 400. **b** lingua ~ine plena ÆTHELW. III 2; cecis dat lumina, famina mutis NECKAM *DS* V 396. **c 945** (14c) nostro dicitur ~ine *cynniges hors croht CS* 803; **964** (11c) in loco qui vulgari ~ine dicitur Culnan Clif *CS* 1134.

2 famen v. femur.

Famenoth, (name of Egyptian month).

septimus Egyptiorum mensis ~th *Kal. M. A.* II 423.

fames [CL], **a** desire for food, hunger. **b** deprivation of food, starvation. **c** scarcity of food, famine. **d** (fig.).

a equo .. fatigato causa itineris et ~is *V. Cuthb.* I 6; harpyiae .. rabida ~e semper insaturabiles *Lib. Monstr.* I 44; quicquid ibi potus remanet vel quicquid edendum / omnia saeva fames nosmet consumere cogit ALCUIN *Carm.* 8. 19; **c1102** quoniam auditis me pro jejunio totius diei ~em non sentire ANSELM (*Ep.* 243) IV 153; leonem quem seva ~es instimulat ad devorandum quicquid casus subvectat G. MON. X 11; ut .. excitet ~em et cooperetur ad desiderium nutrimenti BART. ANGL. IV 11; alia [penalitas] est in ipso corpore, ut ~es et sitis HALES *Sent.* II 231; GAD. 67. 2, 89v. 2 (v. bulimus a). **b** affectabat .. regem ~e cogere quem armis nequiverat G. MON. IV 9; maxima ~es miseros macerabat ORD. VIT. IX 2 p. 463; **1322** dicunt per sacramentum suum quod .. W. per ~em, scitim, et miseriam moriebatur in .. prisona *SelCCoron* 79; frigore et ~e perituros *V. Ric. II* 50 (= WALS. *HA* II 112: frigore et inedia perituros). **c** qui manducat carnem immundum .., si .. necessitas cogit ~is, non nocet THEOD. *Pen.* I 7. 6; ~es acerbissima plebem invadens impia nece prostravit BEDE *HE* IV 13; cum .. valida ~es Angliam totam oppressisset *V. Gund.* 10; ingruente ~is inedia GIR. *IK* I 3 p. 46 (cf. ib. p. 46*n*.: tempore ~is et inedie); primo ~es incredibilis ibi fuit, post fertilitas incredibilis S. LANGTON *Ruth* 87; quando prescire possunt annos ~is et indigencie, per conservacionem frumentorum .. minus moleste .. sustinet tempus ~is BACON V 61; **1331** contra ~es et oppressuras .. precavendo .. precipiemus .. quod .. emant .. ordeum .. pro anno futuro *Lit. Cant.* I 359; cumque sterilis ~is macies egerrima Cererem et Bacchum urbem reliquisse perpenderet, mox facie pallida, cute rugosa, costis prostantibus, ossibus carne nudatis, [etc.] *Ps.*-ELMH. *Hen. V* 68. **d** vir Dei instantius .. semina vitae sparserat quo plus necessarium antiquam ignorantiae ~em depellere perspexerat ALCUIN *WillP* 8; cor cujus adurit / auri dira fames WALT. ANGL. *Fab.* 58. 6 (cf. Virgil *Aen.* III 57: auri sacra fames).

famescere, to be hungry.

corpora temperata .. ~escunt in horis convenientibus M. SCOT *Phys.* 31; quicquid poterant a ~escente ventre furari, .. illud .. emendis .. codicibus adscripserunt R. BURY *Phil.* 6. 90; hora .. comedendi .. est cum aliquis incipit ~escere J. MIRFIELD *Flor.* 148.

famfaluca [LL < πομφόλυξ, cf. OF *fanfalue*], bubble.

de ~a Graece, bulla aquatica Latine ALDH. *Aen.* 62 *tit.*; ~a, *faam, leasung GlC* F 25; ~a, *papul Ib.* 37; **9..** ~a, *leasung, fam*; ~a, *wapul WW*; oculi .. strumam quae in modum ~ae turgebat LANTFR. *Swith.* 36.

famia [cf. fames], hunger, starvation.

obiit .. ex ∼ia in defectu cibariorum W. Worc. *Itin.* 8.

famidicus [cf. TLL], (conf. w. *fatidicus*).

famidicus, qui certa dicit *GlC* F 77, *GlH* F 141.

famiger [cf. CL famigeratus], bringing fame.

urbibus egregiis, quarum nova culmina surgunt, / famigerae laudes et super astra volant Alcuin *Carm.* 104. 6. 2.

familia [CL]

1 household, all persons, whether family, retainers or servants, dependent on one individual. **b** retinue. **c** mil. retinue. **d** (fig.).

Claudius tribunus .. cum lxx militibus et omni ∼ia ac bernacula clientela Aldh. *VirgP* 35 p. 279; invenit puellam ibi neptem patris ∼ias .. et familiares domus illius Bede *HE* III 9; offerente ei episcopo ut in sua ∼ia manendi locum acciperet *Ib.* V 2; **1085** excepto R. comite [sc. Heref'] et ∼ia sua (*Ch.*) *EHR* XLIV 372; quodsi tertia nocte hospitatus fuerit, et ipse forisfecerit alicui, habeat eum ad rectum tanquam de propria ∼ia, quod Angli dicunt: *tþa niht gest, þridde niht ogen hyþen* (*Leg. Ed.*) *GAS* 648 (cf. Bracton 124v.); Melaz cum pedissequis et eunuchis nobilique ∼ia sua de domo patris sui egressa est Ord. Vit. X 24 p. 156; eleemosynam .. quam cum dedisset materfamilias .. W. Cant. *Mir. Thom.* II 16; **1221** ligaverunt ipsum F. et totam ∼iam suam et robaverunt domum *PlCrGlouc* 19; **1255** Willelmus de H. de ∼ia dicti Nicholai *SelPlForest* 32; non solum pater debet admonere et disciplinare filios naturales sed filios ∼ias. ipse enim dicitur pater ∼ias. qui sic dictus est quia in ∼ia sua omnibus positis servis tanquam pater filiis .. consulit J. Waleys *Commun.* f. 63; **1334** summa pastus famulie principis de nativis .. *Surv. Denb.* 153; **1366** ∼iam ejusdem Elizabethe nequiter .. verberavit *Pat* 272 m. 4; **1503** quilibet laicus de scholasticorum ∼ia *StatOx* 309. **b** [Cyclops] de ∼ia hujus [Ulixis] una manu duos tenuit et devoravit *Lib. Monstr.* I 11 *add.*; [Leir] reversus est .. ad primogenitam existimans se posse commovere illam in pietatem ut cum sua ∼ia retineretur G. Mon. II 12; quid prodest igitur multa familia, / quid opes, oppida .. ? Walt. Wimb. *Carm.* 377; poterit contingere, quod uterque judex suam jurisdiccionem cupiens exercere citet reum pro eodem tempore, vel quod uterque ad ipsum capiendum mittat ∼iam Ockham *Dial.* 948; **1432** cum famulia multa .. precedenti .. de modulatoribus sive ministrallis ac servientibus et ministris (J. Carpenter) *MGL* III 457. **c** invitatis probissimis quibusque ex longe positis regnis [Arturus] cepit ∼iam suam augmentare G. Mon. IX 11; in cujus ∼ia servierat in armis Ord. Vit. III 10 p. 114; rex .. Rodberto ingentem ∼iam bellatorum .. adunare precepit *Ib.* X 8 p. 40; s**1159** ∼ia [cf. W. *teulu*] .. Resi .. castellum Lanamdewi obsedit, quod Resus adveniens primo impetu cepit *Ann. Cambr.* 48; quod .. cum tam pauca ∼ia et diminuto exercitu .. timerent vires extendere militares *G. Hen. V* 9 p. 64. **d** omnia .. in ∼ia propriae voluntatis existunt .. illique voluntati velut cuidam dominae oboediunt *Simil. Anselmi* 36; actuum ∼ia stipatus creator creaturam antecessit Pull. *Sent.* 681D.

2 (w. *regis* or sim.) royal household; *cf. domus* 3b, *hospitium* 8a. **b** (w. *secreta*) personal retinue of king.

qui in regali ∼ia nutriebantur Asser *Alf.* 76; **1101** sicut mos est ∼ie regis *DipDoc* I 3; eum qui sanguinem fundet humanum nolo socnam habere in ∼iam meam [AS: *to minum hirede*] (*Quad.*) *GAS* 189; **1241** habere faciatis .. l m. .. ad expensas Edwardi filii nostri et libere ∼ie secum apud Windles' commorantis *Liberate* 15 m. 14; **1255** qui fuit cum Petro de Stanford' de ∼ia domini regis *SelPlForest* 34; **1260** uni militum de ∼ia regis *Cl* 128; **1306** in donis datis ∼ie domini regis et regine ij s. viij d. *Crawley* 244; **1332** contencio mota fuit inter ∼iam hospicii domini regis et communitatem villate *SelCCoron* 85; **1336** pro quibusdam de ∼ia regis et regine *Ac. Durh.* 528; **1549** Gulielmum Pagetum, militem, ∼ie nostre antigraphum seu contrarotulatorem *StatOx* 342. **b** **1353** cum nos cum hospicio nostro et alias cum secreta ∼ia nostra per diversos comitatus regni nostri Anglie transire oporteat *Pat* 240 m. 15*d*.

3 (eccl. & mon.): **a** household, retinue (of bishop or sim.). **b** monastic community.

a foedera .. S. Bonifatio ejusque ∼iae conlata sunt Willib. *Bonif.* 6 p. 34; **803** (11c) Deneberhto episcopo et ejus ∼iae *CS* 308; **811** ut nostra ∼ia, viz. fratres nostri, .. in Domino fruerentur *CS* 332; a**1085** in ipso quoque coenobio cum ∼ia tua consumens bona monachorum octo dierum moram fecisti Lanfr. *Ep.* 29 (27); [papa] processit .. cum domestica ∼ia Boso *Lib. Pont.* 386; **1258** quod [archidiaconus Winton'] sine mora exeat regnum Anglie .. cum competenti ∼ia et cum rationabilibus expensis suis *Cl* 330; **1290** [canonicorum] ∼ia non est de aliqua parochia, et sunt sub cura dominorum suorum, vel cui canonicus ∼ie sue curam committit *Stat. Ebor.* 113; **1335** in donis datis diversis de hospicio et ∼ia episcopi *Ac. Durh.* 530. **b** a quodam clerico ∼ie *V. Cuthb.* II 3; **765** tibi .. abbati tuaeque ∼iae consistenti in monasterio quod nominatur Ricuulfi *CS* 199; **838** ∼iae liberorum monasteriorum *CS* 421 p. 588; c**976** (12c) ego Æðelgar *abbod* et tres ∼iae in hac civitate, hoc est ∼ia in Vetusto monasterio, et ∼ia in Novo monasterio, et ∼ia in monasterio monialium *CD* 1347; **1004** quatinus in ipso loco ejusdem .. ordinis ∼ia jugiter regulari more sub abbate tunc sibi praelato juxta [regulam] S. militans Benedicti adgregetur *CD* 710 p. 332; **1260** quedam bona dicti prioratus de quibus ∼ia prioratus ejusdem sustentari debebat *Cl* 47; **1287** de ∼iis .. utriusque monasterii firmiter est statutum quod .. Thorne 1947; historia .. abbatum Cisterciensis ∼ie monasterii a Kynlos Ferr. *Kinloss tit.*

4 a (w. *Dei*, *Domini*) the household of faith. **b** (w. *caeli*) the company of heaven.

a interea volente Deo purgare ∼iam suam Gildas *EB* 22; **675** Aldhelmus bernaculus ∼iae Christi Aldh. *Ep.* 2; ∼iam tuam [AS: *hiorad ðin*], quaesumus, Domine, .. custodi *Rit. Durh.* 17. **b** beatam caeli ∼iam Aldh. *VirgP* 12.

5 family (related by blood).

nob[ili] ∼ia: e bona (*sic*) genere *GlC* N 159; s**1057** rex .., quod ipse non susceperat liberos, .. misit ad regem Hunorum ut filium fratris Edmundi, Edwardum, cum omni ∼ia sua mitteret, futurum ut aut ille aut filii sui succedant regno W. Malm. *GR* II 228; s**1057** revocavit inde filium fratris sui .. Eadwardum, cum tota ∼ia sua ... venit igitur Eadwardus cum filio suo Eadgaro et filiabus Margareta et Christiana M. Par. *Maj.* I 526.

6 a (mil.) company, garrison. **b** (naut.) ship's company.

a alimentis illuc [sc. Limerici] undique contractis, et de ∼ia militibus quadraginta .. ibidem relictis .. Gir. *EH* II 10; relicte apud Limericum ∼ie subventio *Ib.* II 12 *tit.* **b** de ∼ia illius ciulae quae relicta est propter fractionem tota Hibernia impleta est Nen. *HB* 155; **1346** dicti [magister et constabularius] fuerunt ad mensam domini regis cum tota ∼ia ejusdem navis .. per lxx dies *KRAc* 25/7; **1378** sperando et intelligendo patronum et totam ∼iam dicte navis Januensis cum toto vigore eorum sic sibi fecisse *IMisc* 220/7 m. 5.

7 set (of chessmen).

∼ia hujus scaccarii sunt homines hujus mundi J. Waleys *Schak.* 463; **1286** j scaccarium cum ∼ia pertinente de jaspide et cristallo *Rec. Wardr.* 2009; c**1300** j scaccarium cum ∼ia *FormMan* 21; **1300** j ∼ia pro scaccario de jaspide et cristallo in j coffro *AcWardr* p. 351; c**1325** j ∼iam de ebore pro scaccario *LTRAc* 14 r. 6*d*.; **1329** tenuit .. per serjanciam, viz. ad narrandum famuliam scaccarii domini regis in camera regis et ad ponendum in loculo cum dominus rex ludum suum perfecerit *IPM* 16/1; **1374** j scaccarium de cristallo et jaspide cum ∼ia *KRAc* 397/10 r. 3.

8 (transf.) amount of land regarded as (capable of) supporting one household, hide. (*Cf.* Bede *HE* IV 23: *locum unius ∼iae*).

ceperunt aedificare monasterium .. accepta ab eo [Egfriðo] terra .. ∼iarum quinquaginta *Hist. Abb. Jarrow* 7; Tanatos insula non modica, id est magnitudinis juxta consuetudinem aestimationis Anglorum ∼iarum dc Bede *HE* I 25 p. 45; cui rex Vulfheri donavit terram l ∼iarum ad construendum monasterium *Ib.* IV 3.

familiare v. familiaris, famulari.

familiariatus, membership of household, friendship.

dicunt tamen communiter doctores quod triplex fuit apostolorum vocacio, sc. ad ∼um, ad discipulatum, et ad apostolatum Wycl. *Civ. Dom.* III 132.

familiaris [CL]

1 of or belonging to a household, domestic. **b** (as sb.) member of household, esp. servant. **c** member of mil. retinue.

∼is clientelae domestica sollicitudo Aldh. *VirgP* 44; qui comedit et bibit intinctum a ∼e bestia, id est cane vel catto Egb. *Pen.* 13. 4; qui in regali familia nutriebantur .. qui sibi ∼i dilectione adsciti forent Asser *Alf.* 76; Deo et ∼ibus ejus angelis Anselm (*Ep.* 405) V 350; fuit enim Henricus, ante regnum, in expensis parci animi et frugi, penuria scilicet rei ∼is astrictus W. Malm. *HN* 481 p. 37; **1235** a quodam milite ∼i domini regis *CurR* XV 1438 p. 374; *Chr. Rams.* 44 (v. emunctio 2); laici .. quieti clericorum insistunt procurande, ∼ia eorum gerendo officia Peckham *Paup.* 27; s**1318** quidam scriptor .. habens murilegum sibi ∼em [ME: *þat was homeliche wiþ hym*] Higd. VII 42. **b** Bede *HE* III 9 (v. familia 1a); comites ac nobiles suos, ministeriales etiam et omnes ∼es .. diligebat Asser *Alf.* 76; s**1193** Robertus de Turneham ∼is regis R. Howd. III 206; **1272** R. comes de Ferar' et ∼es sui *SelPlForest* 40; s**1264** abierunt in pace ad loca sua tam castrenses quam ∼es W. Guisb. 196; **1406** iij pannos laneos novos pro indumento famularium suorum (*Cl*) *Foed.* VIII 428; receptis certis ∼ibus ducis Burgundie prevenientibus pro domino eorum *G. Hen. V* 25 p. 166; **1419** priorem S. Andree quem .. in nostrum famuliarem assumpsimus (*Lit. Papae*) *Cop. Pri. S. Andr.* 25; **1423** quilibet famuliaris et serviens meus *Reg. Cant.* II 271; **1435** diversi homines viz. ∼es, scriptores, aluminatores [etc.] *MunCOx* 203; **1441** dilectis nobis in Christo Ade Pykman et Ricardo Pykman famuliaribus nostris pro eorum laudabili servicio *Reg. Cant.* I 318. **c** s**1175** rex Scocie David a ∼ibus Henrici regis captus est *Ann. Cambr.* 54; s**1195** castellum valida manu cepit, tenuit, et in eo captis Hoeli ∼ibus lx *Ib.* 60; s**1204** Wilelmus oppidum .. cepit, ∼ibus Mailgonis qui illud observabant, inermibus abire dimissis *Ib.* 63.

2 (of person) closely assoc. by kinship or friendship; **b** (as sb., also fig.). **c** (of other) friendly, intimate.

quidam .. de suis satis ei ∼ibus *V. Greg.* p. 102; tu quanto mihi eras ∼ior, tanto es culpabilior *Simil. Anselmi* 83; beatum .. Martinum .. Anselmus magis ∼em habuit eo quod illi curam esse de sui dilectoris anima intellexit Alex. Cant. *Mir.* 47 (I) p. 255; septem de fidelioribus .. qui non essent suspecti quod magis essent ∼es unis (*sic*) quam aliis N. Dunstable *Chr.* 32; **1265** dilecto et ∼i clerico nostro Waltero de Merton *ChartR* 54 m. 2 (= *CalCh* II 58:†famulari); magis ∼is inimicus in magnis vituperium *G. Hen. V* 2 p. 18. **b** ∼is, amicus, quasi unius familiae *GlC* F 106; quibus amica est ambitio, ∼is dominatio G. Font. *Inf. S. Edm.* 2; ego .. habeo quendam ∼em a quo semper emo legumina *Latin Stories* 114. **c** ut inter nos et nostros .. ∼is ac spiritalis amicitia .. fideliter persistat (Bregwine) *Ep. Bonif.* 117; propter ∼em .. pontificis totiusque clericatus commonionem Willib. *Bonif.* 7 p. 36; **1071** dum ∼i colloquio consilium animae suae a me quaereret Lanfr. *Ep.* 2; ∼is ejus caritas et caritativa familiaritas Turgot *Marg.* 6; osculis et ∼ibus verbis G. Mon. XII 7; **1284** (v. extraneitas 1).

3 well-known, familiar.

ut tam notas ac ∼es sibi eas [linguas] quam nativitatis suae loquellam haberet Bede *HE* V 23; donec ipsa humilitas que veritatis sedes est sibi ∼is extiterit Alex. Cant. *Dicta* 1 p. 110; ∼ibus rerum naturalium .. exemplis Gir. *TH* I 21; elemosinam .. tradunt alicui ∼i suo aut alicui fratribus ∼i custodiendam Peckham *Kilw.* 138.

4 experienced in, well acquainted with.

quidam ∼is philosophie [sc. Lucanus] Greg. *Mir. Rom.* 6.

5 (as sb., mon.) benefactor of the community. **b** (as adj., w. *missa*, *psalmus*, or sim.) said for benefactors.

duos dicat psalmos pro rege et regina atque ∼ibus [AS p. 379: *hiwcuþum*] *RegulC* 16 (cf. ib. 27: pro rege et regina et benefactoribus [AS p. 394: *weldondum*]); extremi decem [psalmi dicantur] pro ∼ibus et benefactoribus Lanfr. *Const.* 89. **b** facta oratione cantantur matutine laudes, commemoratio sanctorum, prima cum psalmis ∼ibus et precibus et collectis suis cum septem psalmis et litania Lanfr. *Const.* 89; nisi missa ∼is sit in conventu *Ib.* 100; eos, qui missas ∼es debebant, suam pro anima fratris missam dicere faciebat Eadmer *V. Anselmi* I 10 p. 19; dictis prius quibusdam psalmis ∼ibus pro se suisque *V. G. Sempr.* *xvi; a**1259** missa ∼is omni tertia feria vacante .. pro vivis, singulis etiam fere diebus pro defunctis (*Const. Lond.*) *Conc. Syn.* 652; **12..** in majori ecclesia pro viventibus missa ∼is, et pro defunctis altera *Reg. S. Paul.* 80; dicant .. psalmos penitenciales .. necnon et ∼es *Cust. Westm.* 67; post psalmos ∼es *Obs. Barnwell* 90.

familiaritas [CL]

1 membership of household, participation in household life. **b** household.

dignatur .. discipulorum interesse convivio .. ut praecepta quibus ad regnum Dei perveniant vivacius ipsa ∼ate commendaret Bede *Hom.* II 16. 186; **745** me .. sub ∼ate et servitio apostolicae sedis .. constrinxi (*Lit. Papae*) *Ep. Bonif.* 59 p. 110; **752** ut ∼atem et unitatem sanctae sedis apostolicae .. habere merear Bonif. *Ep.* 108; a**800** caritas .. memorat paternitatis vestrae pietatem, qua me .. in filii dignitatem suscepisti, ∼ate fovisti Alcuin *Ep.* 190; **811** pro aeterna ∼ate ac pro animae suae redemptione *CS* 332. **b** agebatur regalis ∼as tribus .. vicissitudinibus Asser *Alf.* 100; s**1212** archidiaconus de Huntedune captus est et incarceratus, sed .. servatis dignitate et loco et ∼ate, Londonias remissus est *Ann. S. Edm.* 25 (cf. ib. 24: remotis a ∼ate sua alienigenis); **1265** terre .. domini G. de Stantona .. seysiate fuerunt .. eo quod fuerat de ∼ate domini R. de Ros *IMisc* 29/42.

2 intimate relationship, friendship. **b** (in bad sense) association, familiarity.

venerandam celsitudinem vestram affabiliter alloquens .. domesticae ∼atis fiducia fretus Aldh. *Met.* 5; a**754** ∼as fraternae caritatis Bonif. *Ep.* 106; **790** me refecit dilectionis tuae memoria et ∼atis dulcedo Alcuin *Ep.* 9; accessit in tantam ∼atem ducis ita ut [non] esset alter in curia qui sibi preferetur G. Mon. III 6; justicia generat confidenciam, .. largitas facit ∼atem, ∼as amiciciam Bacon V 46; **1514** conquestum est .. de ∼ate inter unum magistrum et bachelarium *Reg. Merton.* 449. **b** c**750** incauta ∼as extranearum feminarum (Lul) *Ep. Bonif.* 92 p. 211; mulierum ∼ates, munuscula, secretos affatus abscidit a se J. Furness *Walth.* 17; **12..** concubinas suas procul expellant et nullam ∼atem cum eis de cetero habeant *Conc. Scot.* II 35; s**1386** rex .. tantum afficiebatur eidem [Roberto de Veer], tantum coluit et amavit eundem, non sine nota ut fertur ∼atis obscene Wals. *HA* II 148; **1428** recognovit se habuisse sepius ∼atem et conversacionem cum diversis hereticis *Heresy Tri. Norw.* 32.

3 knowledge (of), familiarity (with).

verumptamen quia maxima tibi est ~as cum literis, decet et famam nominis tui perpetuari per literas P. CORNW. *Disp.* 143*n*.

4 family relationship.

filia .. nec ~ate aliqua ipsis avo et nepoti conjuncta FORTESCUE *NLN* II 37.

familiariter [CL], as a friend, intimately, closely. **b** privately.

qui eum ~iter noverunt BEDE *HE* V 2; quod in itinere illi duo ~iter ibant et simul diverterent in hospitium et simul cenarent ALCUIN *Rhet.* 27; **c800** ut quodcumque nostri ad vos venerint ~iter eos accipiatis *Id. Ep.* 292; hujusmodi favoribus .. papa Anglos ~ius habuit GOSC. *Transl. Aug.* 32C; mihi .. ~issime loqui suaque pandere secreta dignabatur TURGOT *Marg.* 9; dominum adeo diligat ut .. ~ius malit servire *Simil. Anselmi* 83; locum ab abbate acceperat in quo .. Deo ~ius adhereret EADMER *V. Osw.* 5 p. 9; ~iter jocando ORD. VIT. III 5 p. 73; Eduinus .. et Morcarus .. Heraldo ~iter adheserunt *Ib.* III 11 p. 119; **1166** quatenus .. ei .. ~iter et in aure denuncies ut .. J. SAL. *Ep.* 228 (182). **b c1250** corrigant que sunt ~iter corrigenda. excessus autem qui in publicam prodeunt noticiam .. archidiaconis .. denuncient corrigendos (*Stat. York*) *Conc. Syn.* 487.

familiarius

1 member of household, esp. servant. **b** confidant.

mansionem .. quam ~ius incolebat W. MALM. *GP* III 102. **b 1282** qui erat ~ius noster et consiliarius *Foed.* II 196a; **s1326** ~ius et secretarius domini Hugonis Despenser filii *Ann. Paul.* 315; hic quidem ~ius illi adherens secretorum ejus concius erat STUDLEY 1 p. 367.

2 (as adj.) belonging to the household.

quod de statu ~io et imbecilli ad rectorem talis ecclesie sum provectus *Dictamen* 368; *store of a house*, supellex, res ~iae LEVINS *Manip.* 174.

familicus v. 1 famelicus.

familiola [LL], small household.

ille cum ~a sua ANSELM (*Ep.* 380) V 323; **s1144** abbas suam recepit possessionem vacuam .. omni bono destitutam, nec unde primo die ~am suam aleret habebat *Chr. Rams.* 332; non bibliotece publice sed tibi .. et nostre ~e paupercule scribo GERV. CANT. *Chr. prol.* p. 89.

familiticus, concerning the household.

[sciencia] ~a [est] de informacione proprie familie *Ps.*-GROS. *Gram.* 14; [sciencia] ~a consistit in domificacione, in liberorum educacione, in administracione officiorum, in agricultura et pastorali, navali, lanifica, fabrili, venatoria, mercatoria, et consimilibus *Ib.* 15.

familitium v. famulitium. **familus** v. famulus.

faminare [cf. LL famen < fari], to speak.

to speke, adoriri, .. ~are, ef- *CathA.*

famose [LL]

1 by word of mouth.

ut nulla hujus generis avicula in ipsa terra .., ut ~e memoratur, ultra reperta est GOSC. *Werb.* 105A; **1443** si .. in perturbacione pacis notorie et ~e seu ex propria confessione .. convictus fuerit, .. *MunAcOx* 538.

2 in common parlance. *Cf. famosus* 2.

'in perpetuum' sumitur proprie et ~e ut rotatur in ore ecclesie orantis ut 'Trinitati sit gloria nunc et in perpetuum' *Ziz.* 246; mendacium sumitur ~ius pro falsitate vocis WYCL. *Ver.* II 10.

famositas [LL]

1 fame, report: **a** (in good sense) renown. **b** (in bad sense) notoriety.

a propter suam in armis probitatem, facundiam, et ~atem *Extr. Chr. Scot.* 2. **b s1389** ut pene nulli qui solebat frequentare Londonias incognita foret ejus demencia pre ~ate sui clamoris et operum WALS. *HA* II 188.

2 common acceptance, usage. *Cf. famosus* 2.

sed quam valide raciones .. requirerentur ad talem aut tantam ~atem immutandam, evertendam, et a cordibus omnium .. eruendam BRADW. *CD* 136C; cum nemo potest credere in Dominum Jesum Christum nisi trahatur et velit, consideret racionabilitatem, veritatem, et ~atem legis Christi WYCL. *Ver.* I 245.

famosus [CL]

1 much talked of: **a** (in good sense) famous, renowned. **b** (in bad sense) infamous, notorious.

a [Cerberum] ab Orci regis inferni solio ~issimum Alciden in vinculis traxisse .. depromunt *Lib. Monstr.* II 14; **716** quem locum angeli adfirmabant ~um esse Dei paradisum BONIF. *Ep.* 10 p. 11; [Romani] murum hactenus ~um atque conspicuum .. construebant BEDE *HE* I 12 p. 27; **838** in illa ~a loco quae appellatur Cyninges Tun *CS* 421; **949** (13c) in villa ~issima quae vulgari vocabulo Sumurtun nuncupatur *Ch. Burton* 8; misit .. rex quendam ministrorum suorum ~issimum, Uulfstanum vocabulo ÆLF. *Æthelwold* 14; priscorum virorum scripta ~a ADEL. *ED* 3; fluminibus .. principalibus et ~is GIR. *TH* I 7; sunt autem tres prophecie legis veteris ~iores, tempori adventus Jesu nostri direccius consonantes WYCL. *Ver.* III 254; de uno episcopo in Wallia ~o quondam gradu et sciencia GASCOIGNE *Loci* 18; **1536** ex ~ioribus, consultioribus, et prudentioribus de clero *Conc. Scot.* I ccxlix. **b 1314** de pluribus est notorium et ~um quod .. *Flor. Hist.* III 163; **1428** Willelmum Whyte, hereticum ~um et condempnatum *Heresy Tri. Norw.* 39; sicut .. princeps iniquus merito fit ~us FORTESCUE *NLN* I 27.

2 (w. *sensus* or sim.) belonging to common parlance, familiar, well-known.

debet .. attendere ad sensum ~um WYCL. *Ver.* II 35; istis terminis et 'ad predicandam' sumptis in suis ~issimis significacionibus PECOCK *Abbr.* 616; isto vocabulo .. capto in sua propriissima et ~issima significacione *Ib.* 617; in sua ~a significacione GASCOIGNE *Loci* 18; ut iste terminus 'predicare' accipitur in sensu seu significato ~o *Ib.* 35.

famula [CL]

1 female servant; **b** (fig.),

Hist. Abb. Jarrow 34 (v. ancillatus); famulis et ~abus GOSC. *Transl. Mild.* 5 p. 162; **1221** malefactores venerunt de nocte .. et occiderunt Ricardum et Aliciam ~am suam *PlCrGlouc* 19; **c1230** debet oves domini lavare cum iij hominibus .. et debet tondere cum duabus ~abus et uno famulo (*Cust. Quarley*) *Doc. Bec* 58; **1375** W. S. recepit j *blanket* precii xij d. quam ~a sua furata fuit de eo nomine *thefbote* vj d. *Leet Norw.* 66; **1440** in primis xxviij fratribus cum ~a eorundem *Ac. Durh.* 234. **b** anime superior vis .. vocatur rationalitas, spiritus, domina mens, animus. inferior .. vocatur .. sensualitas, animalitas, ~a mens. estque superioris ut inferiorem regat ALB. LOND. *DG* 6. 16; KILWARDBY *OS* 623 (v. famulari 2a).

2 (w. *Christi* or sim.) woman devoted to religion, usu. nun.

†692 (14c) ego Nothgide ~a Christi *CS* 79; **a713** Aelffled ecclesiasticae familiae ~a *Ep. Bonif.* 8; praelata regimini monasterii illius ~a Christi Hild BEDE *HE* IV 21 p. 253; hic Christi vernae corpus sub marmore jacet / .. / quam famulam prisci vocant de nomine Buggae *Epigr. Milredi* 815; illa .. Dei ~a [sc. Pega] FELIX *Guthl.* 50 p. 160; sanctarum venit famularum visere cellam ALCUIN *SS Ebor* 1121; **†844** (v. famulus 2).

famulamen, service.

veluti quinquagenum vernulam, quem tibi nota ~inis dictavit agnitio, muneribus ditasti (*Ep.*) *Mem. Dunst.* 375; discite quoque mandata ejus ultroneo affectu et non acticio [*gl.*: invito] ~ine ÆLF. BATA 5. 4; dedicat in festum Phoebi famulamen honestum R. CANT. *Malch.* IV 229; **1225** illustri regi Anglie B. de H. fidelis suus promptam in omnibus sui ~inis exhibitionem *RL* I 258; *a servyce*, famulatus, ~en, famulicium, ministerium .. *CathA.*

famulare [AN *famulare* < femorale], (pl.) breeches.

jure pedes lecti crepite servare tenentur; / illos demissa simul et famularia servent D. BEC 1284.

famulari [CL], **~are** [LL]

1 to be a servant, (w. dat.) to serve. **b** (pr. ppl. w. *Deo*) one serving God, usu. monk. **c** (pr. ppl. as sb.) servant.

705 tuis .. jussionibus ~ari animus devotus mihi semper inerat WEALDHERE *Ep.* 22; †formulantur [l. famulantur], *þeowiað* ÆLF. *Sup.* 179; Christum cui tu ~aris *Eccl. & Synag.* 95; Domino Deo nostro cum timore et exultatione ~emur WULF. *Æthelwold* 17; de illis qui terram non habent, si serviant in alio comitatu (et in alio comitatu ~antur) (*Quad.*) *GAS* 155; **c1145** ad usum monachorum illorum qui .. apostolo devote ~antur *Doc. Theob.* 220; nil tumidum, nil triste sonat propiorque precanti / mollibus imperius famulantes instruit aures J. EXON. *BT* IV 48; W. CANT. *Mir. Thom.* VI 161 (v. decoquere 2a); **1253** cum prompta ad parata semper devocione ~andi excellencie vestre *Pat* 64 m. 8*d*. (= *CalPat* 234: †familiandi); **1274** quod .. valeamus .. per vestri excellenciam pietate plenam quiete Deo †formulari [l. famulari] *CartINorm* 35. **b 675** (15c) donatione quam .. Deo ad utilitatem ~antium ei in jus monasteriale constat esse largitum *CS* 36; fratres .. in humili et paupere vita Domino ~antes BEDE *HE* IV 13 p. 231; Deo ~antium congregationes ALCUIN *WillP* 8; nam Christo famulans viguit virtute superna *Mir. Nin.* 380; **c1090** concedo monasterio S. Pancracii et .. monachis Cluniacensibus ibidem Deo Sanctoque Pancracio ~antibus *Regesta* p. 131; collegium in monasterio de Beletun virginum Dei Filio ~antium AD. MARSH *Ep.* 31; **1260** ne per onerationem nimiam talium congregationem fratrum nostrorum, pro vobis .. die quacunque Deo ~antium, opporteat minorare *Cl* 108. **c** auctorem lucis tenebroso corde negantes / atque creaturae famulantes ordine verso ALDH. *CE* 4. 8. 7; stultitias dominus si corripiat famulantis D. BEC. 1237.

2 to be subordinate, obedient (to). **b** to owe (duty, service); *cf. famulatus* 3.

participia .. epitrito primo ~antur ut 'litaturi' [etc.] ALDH. *PR* 137; sub hoc imperatore maximo, cui ~antur elementa ABBO *Edm.* 7; omnia .. subjecta tibi ~entur NIG. *Laur.* 30vb; grammatica ~atur omnibus doctrinis sed maxime speculativis. igitur sermocinalis scientia .. reducitur tamquam famula ad philosophiam speculativam KILWARDBY *OS* 623; cujus ad imperium famulantur cuncta creata GOWER *VC* II 587; legi illi [nature] omnes alie leges ~antur humane FORTESCUE *NLN pref.* **b 1269** regi .. suus .. clericus Johannes .. salutem cum omni promtitudine ~atam *Cl* 174.

famularis v. familiaris.

famulariter, as a servant.

famuli ecclesie tenentur sacriste et subsacristis ~iter in omnibus officiis ad eos spectantibus obedire *Cust. Cant.* 120.

famulatio [LL], status of servant, membership of household.

OCKHAM *Dial.* 599 (v. consanguinitas a).

famulativus, as befitting member of a household.

paterne pietati parvitatem filialem qualicunque .. ~e devotionis affectu presentare AD. MARSH *Ep.* 222.

famulatrix [LL], (adj. & sb.) servant (f.), obedient (in quots., fig.).

nostros .. tuto domestici litoris gremio ~x unda restituit *Chr. Rams.* 128; .. quem debet famulatrix fama favorem J. EXON. *BT* II 248; **1407** cujus quidem [sc. theologice facultatis] excellencie ~x et ancilla veneranda decretorum facultas *StatOx* 198.

famulatus [CL]

1 personal or domestic service. **b** (membership of) household. **c** servitude, serfdom. **d** service of God, the religious life.

monachorum ~ui se contradens BEDE *HE* V 19 p. 323; **c750** fidelem ~um in omnibus prebebo (LUL) *Ep. Bonif.* 92 p. 210; **801** pro ejus beneplacabile pecunia simul et devoti ~us sui parientia *Ch. Roff.* 16; ~us, *þeowdom GlH* F 148; quibusdam coronatis pro ~u suo dabantur a laicis episcopatus et abbatie ORD. VIT. IV 8 p. 225; postquam namque ducem famulatus sedulitate / attraxere sibi *V. Merl.* 1006; domesticum ~um vendunt ea consideratione ut a ~u suo eos ad altiora officia .. promoveant R. NIGER *Mil.* IV 15; **1283** ut .. ex gratitudinis debito hoc idem condignis obsequiis et ~ibus recognoscant PECKHAM *Ep.* 406; non ad suum ~um sed ad dominicum ministerium ELMH. *Cant.* 127; principium omnis ~us est scire voluntatem domini cui servitur FORTESCUE *LLA* 1. **b** ni metuatur herus, sterilis fiet famulatus D. BEC. 1235; **s1155** Thomas .. se transtulit ad ~um Theobaldi Cantuariensis archiepiscopi *Flor. Hist.* II 73; curiam Resi Soutwallie principis adiens, ejus se ~ui subjicere curavit *NLA* (*Caradoc*) I 174; ab obsequio domini ducis .. recessit et ~ui adversariorum ejus .. se ingessit STRECCHE *Hen.* V 180. **c** de subjectione ac diro ~u GILDAS *EB* 3; **970** (15c) rus omni practici ~ui (*sic*) jugo solutum *CS* 1259. **d** [Sicilia] edidit Agathen Christi famulatibus aptam ALDH. *VirgV* 1738; exin divinis illum famulatibus addit FRITH. 526; monachos .. ad Dei ~um .. constituit [AS p. 366: *to godes þeowdome*] *RegulC* 2; **996** ad piae devotionis ~um *Ch. Burton* 27; **1380** ut .. Altissimo suum debitum impendere valeant quiecius ~um (*Pat*) *G. S. Alb.* III 134; **1518** petitionis series monstravit quod tu ex magno devotionis fervore cupis Altissimo exhibere ~um ac clericali propterea caractere desideras insigniri *Form. S. Andr.* I 190.

2 **a** attendance, service (fig.). **b** attention, care, service.

a participia .. futuri temporis praedicti pedis [sc. palimbachii] ~um minime repudiant ut 'recturus' [etc.] ALDH. *PR* 124; planeta [i. e. Mercurius] velut aliorum planetarum famulus per ipsorum circulos ascendendo et descendendo discurset, sive quod sermo majoribus et minoribus equalem prebeat ~um ALB. LOND. *DG* 9. 5; si .. debemus sequi eloquentes nostre legis in eloquencia que sequitur eorum sapienciam inseparabili ~u .. WYCL. *Ver.* I 150. **b** oportet et corpus sanum esse, et cibum et ~um esse .. DUNS *PW* 161 (= Arist. *Eth. Nic.* 1178b35: τὴν λοιπὴν θεραπείαν).

3 duty, obedience. **b** (in formal greeting) duty and service.

quod famulus de vestiario .. omnia quecunque .. suo spectant ~ui .. fideliter exequatur *Cust. Westm.* 59. **b** Willelmo .. Thomas Monemutensis .. salutem et debitam obedientie ~um T. MON. *Will.* I *prol.* p. 1; domino B. .. archiepiscopo frater Ada devotissimam subjecti ~us obedienciam AD. MARSH *Ep.* 1; supplicissimos diligentis obediencie ~us *Ib.* 169; **1264** domino suo Henrico .. barones .. salutem et devotum cum omni reverencia et honore ~um *Leg. Ant. Lond.* 64.

famulia v. familia. **famuliaris** v. familiaris.

famulitium [CL], domestic staff, household. **b** service.

quolibet e ~io suadente *Ep. Anselm.* 242; quem cum quadam fornicaria sua sub paterni ~ii imagine habitare scripsisti J. SAL. *Ep.* 100; cum patre in castris ac ~io regio prope educatus BOECE 311. **b 9..** domino N. bellus .. misellus quicquid uspiam †famulitu [l. famulitii] (*Ep.*) *Mem. Dunst.* 390; tantum Domini quoddam sui ~ium se aggressum perhibuit *V. Neot. A* 18; assiduitatem ad Dei ~ium W. MALM. *GR* II 163; familitium, -tii, i. servitium OSB. GLOUC. *Deriv.* 211 (cf. ib. 241: familitium, servitium, obsequium, clientela, obsequela).

famulitus v. famulitium b.

famulus [CL]

1 servant, attendant, labourer; **b** (w. *regis*) minor royal officer, unspec. (*cf. King's Serjeants* 12); **c** (w. place of work or instrument as obj. gen.).

baptizatus est .. cum omnibus qui secum venerant comitibus ac militibus eorumque ~is universis BEDE *HE* III 21; **805** presbytero beate memoriae Aeðelheardi archiepiscopi ~o devoto per ejus videlicet nobis omnibus servitute utriusque vitae fidelissima *CS* 321; si necesse fuerit, cum sollicito fratre ~orum [AS p. 442: *þeowa*] adhibeatur obsequium *RegulC* 65; si quid .. ei necessarium fuerit, .. ~us .. deferat illi celeriter quod petit LANFR. *Const.* 92; **c1186** terra trium ~orum in Balteis, sc. Ravanoti et Wimundi porcarii et Sarraceni *Act. Hen. II* II 299; ALB. LOND. *DG* 10. 5 (v. decernere 1c); **1262** mencionem fecit de huthesio levato per Petrum de P. super Walterum ~um et manupastum Radulfi de E. *SelPlMan* 180; istud ego feci .. in ~o meo qui ex fumo in coquina .. collegit sibi talem carnositatem GAD. 113. 2; **1340** in stipendiis .. ~orum sacriste de stabulo .. lvij s. vj d. .. in stipendiis ~orum del Hough per tempus compoti, lxxv s. x d. *Ib.* 378; ?**1375** stipendia ~orum celerarii *Ac. Durh.* 46; **1418** in regardo facto familis domini abbatis existentibus apud Welforde *Ac. Obed. Abingd.* 87; **1435** pro labore suo et †faulo [*ed.*: '*fee*'; ? l. famulo] in eodem *crane Stewards' Bk. Southampt.* II 10; **1499** in regardis datis ~is laborantibus circa *le raylyng* et factura sepium ac circa lucracionem feni tempore necessitatis *Ac. Durh.* 101; **1524** de Roberto G. xl s. de Roberto W. ~o eidem Roberto G. iiij d. *DocCOx* 64. **b** hanc terram tenet ~us regis et non reddit geldum *DB* II 4v; **a1162** P. .. regardator .. mearum forestarum .. et custos ~orum meorum ad justiciam gladii mei pertinentium, et custos meretricum publice venalium in lupanari de Rothomani, et marescallus meus *Act. Hen. II* I 349; **c1330** prior extra sed ~i domini regis infra *Ac. Durh.* 17. **c 1299** quod ~i carucarum, trituratorum, et alii servientes contempnunt servire de serviciis de quibus solebant (*Mem. Scac. Hib.*) *EHR* XVIII 508; **1303** ~o de aula de Elveth x s. *Ac. Durh.* 113; **1343** stip' ~orum de Wytton, viz. servientis manerii, carucariorum, carectarii et bercar' *Ib.* 203; **1345** ~is curie ex consuetudine ad Natale Domini xxv s. vj d. *Ib.* 544; **1411** frumentum: .. in datis ~is curie per billas senescalli, ij busselli *Crawley* 309; **1439** cuidam ~o coquine vocato Waynpayn *Ac. Durh.* 71.

2 (w. *Christi* or sim.) man devoted to religion, usu. monk.

Baeda ~us Christi BEDE *HE pref.* p. 5; illos Dei ~os ac Deo dilectos esse non nego qui simplicitate rustica .. Deum dilexerunt *Ib.* III 25 p. 187; **c710** ~orum Dei ~us (BERHTWALD) *Ep. Bonif.* 7; †**844** (13c) ~is et famulabus Dei Deo servientibus *CS* 447; Adelwoldus .. Christi ~us WULF. *Æthelwold* 9.

fanariolus [CL fanum + hariolus], soothsayer.

~us, vates, poeta, dictator OSB. GLOUC. *Deriv.* 246.

fanaterius, (?) *f. l.*

1533 nobilesque et alii emphiteote et fanaterii [? l. favacerii, i. e. *vavasours*] ex perditione jurium nostrorum recusant nobis satisfacere de redditibus *Reg. Heref.* 274.

fanaticia [cf. CL fanaticus], heathendom, wickedness.

~ia, *godwrecnes GlH* F 149.

fanaticus [CL]

1 of or belonging to (usu. pagan) temple, (as sb.) temple servant. **b** pagan, heathen.

faniticus, qui templum [? l. templo] diu deser[v]it; ~us, templi minister *GlC* F 76, 78; ~us, minister templi .. *GlH* F 151; archiflamines quorum potestati ceteri judices morum atque phanatici submittebantur G. MON. IV 19; ~us, fani custos, qui et aedituus et sacrista dicitur OSB. GLOUC. *Deriv.* 242; ~a, arbor fulmine tacta *Ib.* 243 (cf. Paulus Diaconus, *Epitoma Festi* p. 92M); *a sacristane*, sacrista, elidis [v. l. edilis], ~us *CathA*. **b** post deruta simulacrorum sacella et dissipatas ~ae gentilitatis caeremonias ALDH. *VirgP* 30; ~e, profani, *hearhlicre, þæs hæþenan* vel *templicre GlH* F 150; **9..** a ~a, *of dære godwræcan WW*; Gregorius .., / qui filium dat Anglicis / Augustinum fanaticis WULF. *Poems* 164; superstitionis ritu ~ae omnimodis abjecto *GAS* 247; ~e superstitionis W. MALM. *GR* I 11; tam tempore religionis ~e quam tempore religionis Christiane *Chr. Abingd.* I 7; Penda .. ~us et impius *MonA* VI 1241b.

2 possessed by enthusiasm, fanatic. **b** member of religious sect, prob. Quaker.

~i, futura praecinentes *GlC* F 38; ~us, .. futura praecinens, *ylfig GlH* F 151; qui vera loquitur est melancolicus, / immo satiricus, immo phanaticus WALT. WIMB. *Palpo* 25; forsan sicut per phanaticos et energumenos spiritus interdum loquuntur, quanquam ignaros GIR. *DK* I 16. **b 1663** Richard Harvey hydrophobia ob morsum canis rabidi triduo plus minus laborans morte obiit .. et perverse ~orum suasu (dum vita ei superstes fuerit, ratio autem morbo phrenetico consopita) inhumationem extra Christianam sepulturam desideravit quasi quae a ~is fuit peracta (*Stagsden Parish Reg.*) *MS Beds R. O.*

fanchio v. falcio. **fanda** v. falda. **fandestolium** v. faldestolium.

fanella [cf. fano], maniple.

1445 cum iij albis ac cum eorum plenis apparatibus, stolis, orariis, limbis, manipulis sive ~is *Reg. Heref.* 272; **1490** una stola cum ~a de blodio *Reg. Merton* 139.

fangottus v. fagotus.

fania [OF *faigne* < fagina], (spec.) beechwood, timber.

hec ~ia, A. *pautre WW*.

faniculus [cf. fano], (eccl.) maniple.

1252 pro .. duobus paribus parurarum breudatarum cum stolis, ~is, amictis *Liberate* 28 m. 11.

fanistes [cf. CL fanum], temple servant, priest.

a preste, .. phanistes, a 'fanum' et 'sto' *CathA*.

fann- v. et. vann-. **fannatio** v. feonatio, vannatio.

fannus [dub.], kind of fish.

~us, *hreoche* ÆLF. *Gram.* 308; ~us, *reohhe Id. Sup.*; alleces et isicios, .. mugiles et ~os, roceas, musculas .. ÆLF. BATA 6 p. 84; **10..** ~us, *reohche WW*.

fano, fanona [Frk.; cf. Germ. *Fahne*, AS *fana* = *banner*], (eccl.) maniple, 'fanon' (OF *fanon*); **b** (in imperial robes).

sudarium quod ad tergendum sudorem in manu gestari mos est, quod usitato nomine ~onem vocamus ALCUIN *Suppos.* 1240B; xv stole cum †favonibus suis levis pretii. et v †favones sine stolis *Lib. Eli.* III 50 p. 293; oblata non nudis manibus sed †favonibus multo laboribus candidis offerunt HON. *GA* 555D (cf. ib. 643B: ubi nunc †favo, olim mappula portabatur); **1186** pro .. viij stolis et viij fanunis *Pipe* 198; AD. EYNS. *Hug.* IV 10 (v. albus 8a); **1206** amictum cum perlis, stolam, phanon' *Pat* 58b; **1225** j stolam, j ~onem cum twallis *Cl* 71b; **1250** una stola cum phanone et zona tunica *CalIMisc* 91 p. 31; **1251** j albam paretam cum amito, stola, et fanon' *Cl* 506; **12..** stola et phanonus *Reg. S. Osm.* I 311; **1275** dimidia marca pro quadam stola et ~one *Reg. Heref.* 172; xij parvarum stolarum et fanomiarum (*sic*) ejusdem secte *Househ. Eleanor* 107; stola et phanona *Ord. Exon.* 546; **c1360** una stola et una fanona cum *spaulers* et paruris *Fabr. York* 295; **1403** cum amita, stolis, fanontis et cum una zona *Cl* 251 m. 29*d.*; **1415** cum albis, amita, stola, et ~onis *Foed.* IX 273a. **b s1338** imperator .. sedit .. prout moris est imperatoribus in summis judiciis exercendis, .. stolam contra collum ejus, ~onem in brachio ejus dextro, diadema et coronam in capite ejus, et sceptrum habens in manu AD. MUR. *Chr.* 84*n.*

fant- v. et. phant-.

fantekinus [ME *fauntekin*], little child.

1286 domino Egidio de B. de prestito super vadiis suis per manus parvi ~i sui (*AcWardr*) *TRBk* 201 p. 37.

fantula, ~us v. infantula, ~us. **fanuficium** v. panificium.

fanula [cf. fano], **~um** [cf. OF *fanol*], (eccl.) maniple.

1221 pro j tunicula et dalmatica et duabus albis cum duobus amictis et duobus (*sic*) ~is et duabus stolis *Cl* 471b; **1303** iidem respondent .. de iiij s. de una stola et ~a et amictu venditis *Ac. Exec. Ep. Lond.* 48; stola et phanula de puro aurifragio *Ord. Exon.* 546; **c1360** unum vestimentum pro diebus festivis, viz. casula, dalmatica, amita, ~a, stola, et cingulum *Fabr. York* 278; *a fanon*, ~a, manipulus *CathA*.

fanulum [cf. 1 fanum], little temple (also fig.).

hoc fanum, -ni, i. templum, et inde hoc ~um, -li, dimin' OSB. GLOUC. *Deriv.* 216; venter femineus fit verbi fanulum WALT. WIMB. *Carm.* 21.

1 fanum [CL], (heathen) temple. **b** church (esp. in place-names).

prisca nefandorum contemnens fana deorum ALDH. *VirgV* 561; aras et ~a idolorum BEDE *HE* II 13; ~um, templum *GlC* F 74; **753** (v. delubrum a); **10..** ~a, *heargas WW*; narrat esse in quodam Veneris ~o candelabrum quod .. GERV. TILB. III 3; simulachra dissipat, ~a subvertit *Brev. Hyda* 397; phanum THORNE 1760 (v. gentilis 5a); hoc nostro aevo ingentia ea saxa ducta in circos prisca deorum phana vulgus appellat BOECE 16. **b** hoc ~um, *a kyrk WW*; **1552** ~i Kinkellie *Scot. Grey Friars* II 330 (cf. ib.: ecclesiae de Kinkell); hodie pagus martyrio sanctissimi viri nobilis ~um Albani nuncupatur, a fano quod ipsi divo dedicatum est P. VERG. II 45; ad ~um Andreae *Ib.* XVII 343; ad ~um divi Albani .. ~um Augustini Canturiae .. ad ~um Eadmundi in Sudovolgia .. ad ~um Osithae BALE *Index* 14, 15, 49, 115.

2 fanum [ME *fane, vane* < AS *fana* = *banner*]

1 weather vane.

1313 cuidam cementario facienti *nodes* et ~um crucis *Rec. Leic.* I 285.

2 (eccl.) maniple, 'fane'.

vestes sacerdotis sint ibi .. ~um [*gl.*: *fanun*] NECKAM *Ut.* 119; **1240** j par vestimentorum communium ad deserviendum capelle predicte, sc. quandam casulam cum alba et amicto et stola et phano *Cl* 223; **s1115** stolam et ~um de †albo purpura *Flor. Hist.* II 45 (= *Reg. Roff.* 120: stolam et phanum de alba purpura).

3 fanum v. 1 farius.

4 fanum v. 2 favus.

fanuna v. fano. **fanunculus** v. pharunculus. **fao** v. feo. **Faonius** v. Favonius.

fapesmo, fapesmo (logical mood).

BACON XV 301 (v. celantes).

far [CL], spelt or emmer wheat, esp. grain or meal; **b** (fig.). *V. et. farra.*

ALDH. *VirgV* 1477 (v. crustula 2a); farra, triticum; far, genus frumenti *GlC* F 86–7 (cf. ib. A 243: †faras); farra, triticum, frumentum vel *bleodum GlH* F 162; **9..** farris, *hwætes speltes*; far, serotina, *spelt samgrene*; far, *grut WW*; Exonia eodem farre reficit homines et jumenta DEVIZES 39v.; BELETH *RDO* 42. 51 (v. ador); muniantur farre [*gl.*: *de ble*] et blado NECKAM *Ut.* 104; usum electuariorum laxativorum ut trifere, farra, dyaprunis et similium GILB. I 26v. 1; venatur michi farra labor, tibi fercula furtum; / .. / mundo farre fruor, tu fedas omnia tactu WALT. ANGL. *Fab.* 36. 17; far per genus molicionis fit de quolibet grano panifico si solum retundetur exesis capitibus et decorticetur, sed far quando simpliciter ponitur de farre *spaelte* frumenti intelligitur *Alph.* 62; far, *corne WW*. **b** clara fui quondam, Sodomae dum farra manebant BONIF. *Aen.* 5 (*Crapula*) 267; latitans nitidi sub tegmine farris / Christus ubique Deus *Mir. Nin.* 392; beatum orreum / in quo reconditum est far sidereum [cf. *Matth.* iii 12] WALT. WIMB. *Carm.* 33.

fara [AS *faru*, ME *fare*]

1 journey, voyage.

ad quem [sc. tercium] diem si non venerit, nec aliquis allegans pro eo quod sit in ~a sua et fuit ante sumonicionem sibi factam, distringatur extra ad veniendum .. ad diem illum octavum; et, si tunc non venerit neque certificatus quod fuerit in ~a .., distringatur extra *Cust. Fordwich* 26.

2 group of travellers.

in quibusdam terris [villanus] debet .. novam ~am adducere [AS: *nigefaran to tune feccan*] (*Quad.*) *GAS* 445.

faragium v. foragium. **farago** v. 2 forago.

faratalis [LL *gl.*], herb, vegetable.

fordalium, *gesoden wyrtmete*, .. *wyrta GlH* F 601, 643; **9..** fordalium, *gesoden wyrtmete* WW.

farcellus [dub.], kind of plant.

~us, herba S. Pauli idem, similis est *archemesie* [v. l. *artemesye*] nostre sed habet minora folia *Alph.* 62; herba S. Pauli, fartellus [v. l. sarcellus] idem, similis est artemesie nostre sed minora habet folia *Ib.* 79.

farchos v. sarx. **farcilla** v. furcilla.

farcimen [CL], sausage-meat, stuffing, black pudding.

~en, i. baptutum [i. e. battutum] carnem .. *GlH* F 161; **9..** ~en, *gehæcca oððe mearhæccel WW*; farcio, -is, .. inde hic farctor, -ris, et farsitus, -a, -um, et haec farsio, -nis, et hoc ~men, -nis, unde hoc farcimentum OSB. GLOUC. *Deriv.* 214; ~en, A. *farsure WW*; **1512** in tanta multitudine inutilium coquorum pessime preparantur adeo quod ~ina in estate fiant de sanguine per triduum servato et sic putrido ut vix quis eorum odorem ferre possit *MS BL Arundel* 68 f. 69.

farcimentum, pudding. **b** padding.

a OSB. GLOUC. *Deriv.* 214 (v. farcimen). **b 1463** ne quis .. in diploide, tunica, aut toga ~a, Anglice *bolstars*, circa humeros .. deferat *Reg. Cant.* 110 (= *DC Cant.* (*HMC*) 107a: farsamenta).

farcina v. sarcina.

farcinare [LL], to stuff.

~or, farcio *GlH* F 159; ~o, -as, i. replere OSB. GLOUC. *Deriv.* 214; **1362** sacerdotes sic delicati et cupidi salariis excessivis .. ~ati evomunt (*Const. Archiep. Cant.*) *Conc.* III 50; *to farce*, .., ~are, re-, dif- *CathA*.

farcinum [AN *farcin*, ME *farsin, farsi*], disease affecting horses, 'farcy'. **b** disease affecting person.

1284 Henrico Mar[escallo] pro dicto dextrario nigro coquendo et marescalciando pro ~o per vices xiiij d. pro stipendio suo *KRAc* 97/3 m. 11; **1381** pro *le farssy* (v. auxiliari b). **b** ad cancrum .. oris quod farsum dicitur .. GILB. VII 331. 2.

farcinus, causing or characteristic of farcy.

[Justinianus] habebat .. in brachio suo ~um vermem *Descr. Constant.* 260.

farcire [CL], to stuff, fill; **b** (fig.). **c** to pad out, expand. **d** to overload, encumber.

ac stomachum farcire studet praepinguibus extis ALDH. *VirgV* 2492; farsa, *acrummen GlC* F 102, *GlH* F 164; parva celox fissuris undique fartis *Altercatio* 59; **s1052** farsisset .. receptacula (v. episcopium 2); horrea ~iuntur GIR. *TH* I 5 (v. 1 granarium 1a); qui burse parcit ventrem crebro male farcit NECKAM *Poems* 452; omnes student et conantur / farcire marsupia WALT. WIMB. *Van.* 7; **s1284** nec de ovis fartis sed de bona pitancia diebus carnium *Hist. Glouc.* I 37; scholaris .. librorum neglector .. viola, primula atque rosa .. ~iet librum suum R. BURY *Phil.* 17. 221; pellicula aere farcta turgescit STANIHURST *Hib.* 39. **b** actibus aetheriis farcent quae pectora casta ÆTHELWULF *Abb.* 76; manubiis farti regis venere manipli FRITH. 547. **c** sacerdote .. sic sub uno canone quasi duas [missas] proponente, vel potius unam quam fartam vocant extendente GIR. *GE* I 48 p. 127; **1295** unum troperium .. in cujus inicio notantur omnes sequencie, et in fine ponuntur omnes epistole farcite *Vis. S. Paul.* 326. **d** si duo homines adinvicem colluctentur, et alter sit totus farcitus pannis, alius nudus, ille qui est nudus bene fortassis habet verecundiam, sed tamen habilior est ad luctam, nam non habet in se unde a socio teneatur HOLCOT *Wisd.* 83; si quis .. aliquid de catallo suo furto vel rapina ante feriam †prodidit [l. perdidit] et aliquem in feria †in castello [? l. cum catallo] suo farsitum viderit, poterit quidem super eum rem suam interciare *Sanct. Bev.* 23 p. 107.

farcosta [ME *farcost*], sort of small boat.

aliqua navis vel fercosta vel aliud vas (*Stat. Alex. II* 25) *RegiamM* II f. 28; **1284** de qualibet navi que vocatur *farecoste* viij d. *Doc. Ir.* 190; **1370** in batellis, navibus, et ~is *Reg. Brechin* II 7 (= *RMS Scot* I 308: †falcostis); **1433** in batellis, navibus et ~is *Ib.* I 58; **1375** in sex navibus et una ~a *ExchScot* 483; **1445** magister navis seu †foriscostie *BBAdm* I 254.

farcostarius, boat-man.

1308 farcostario, **1313** farecostar' (v. farcostata).

farcostata, boat-load.

1308 Simoni Cristemasse marinar[io] et mercatori pro una navata ~a grise petre .. Ade le Pipere de Hoo farcostario pro una ~a ejusdem petre .. pro una ~a *graye* ad easdem operationes .. Johanni R. farcostario pro una ~a ejusdem petre .. *KRAc* 465/18; **1313** Johanni le Venour farecostar' pro una farecostata grise petre .. Ade le Pipere pro una ~a ejusdem *KRAc* 468/20 f. 4; *Ib.* (v. creia).

farctum, farctura v. fartum, fartura. **farculum** v. ferculum.

1 fardellus, ~a, ~um [AN, ME *fardel* < Ar. *farda* = *half a beast's load*], pack, bundle.

1219 mercator robatus fuit .. de quodam ~o burellorum *CurR* VIII 80; **1228** homo portans fardelum cum *brestbrede EEC* 158; **1228** precium j ~i de pellibus grisorum cattorum et j ~i de pellibus agninis *Cl* 89; **1261** panni .. sive fuerint in ~is sive extra *Rec. Leic.* I 95; **c1341** quesiti quot ~i et poketti in dicta navi positi fuerunt .. [et] quot sacci [sc. lane] et pelles in eisdem ~is et pokettis continebantur *IMisc* 146/5; **1391** j ~am panni lanei (v. creiera); **1407** pannos laneos, *worsted*, coverleta, et pannos de *Inglis fresid*, ferdellas, cistas, arma ac alia bona et necessaria *Lit. Cant.* III 101; **1530** pro j parvo ~o non ligato *EEC* 195.

2 fardellus v. 2 ferdella.

farecost- v. farcost-. **farela** v. phalerae. **farella** v. parella. **faretra** v. pharetra.

farfarum [CL], coltsfoot (*Tussilago farfara*).

~a, i. ungula caballina *SB* 20; bardana, ~a, ungula equina vel ungula caballina [idem], A. *feldhoue Alph.* 21.

fari [CL]

1 to speak (intr.); **b** (supine); *cf.* 2 *fatus*. **c** (pr. ppl. as sb.) speaker. **d** (w. *de*) to speak (of).

te sine nam digne fari tua gratia nescit BEDE *CuthbV* 36; **797** veritate non fante, malicia crescente ALCUIN *Ep.* 122; plus quam fari norim ORD. VIT. IV 5 p. 189; cui nulla potentia fandi, / da licite fari VINSAUF *PN* 463; vix bene fatus erat H. AVR. *Hugh* 660; numquam ridebis nec faberis ore repleto *Stans Puer* 32 l. 22. **b** mirabile fatu ALDH. *VirgV* 658; maligni .. spiritus .. †miserabili [v. l. miserabile] ~u animas impiorum diversis cruciatuum generibus torquebant FELIX *Guthl.* 31 p. 104. **c** laude mea Bachum majorem censeo; fanti / laudes excedit gloria tanta dei NECKAM *Poems* 113. **d** temerarium credo fari de ineffabili P. BLOIS *Serm.* 637C.

2 (trans.): **a** to utter (speech). **b** to tell, speak; **c** (w. indir. speech).

a faris tam profundam Latinitatis loquelam ÆLF. BATA 4. 27 p. 57. **b** laudes sermone polito / fari sanctorum ALDH. *VirgV* 1072; viva nihil loquimur, responsum mortua famur HWÆTBERHT *Aen.* 32 (*Membranum*) 4; **c800** urget .. me .. affectus fari quod .. didici ALCUIN *Ep.* 294; de vino et escarum dapibus multa fare non est opus HUGEB. *Wynn.* 6; quod fari sine merore fas non est *Chr. Battle* f. 35; potando gens hec garrula / vix cessat fari [v. l. loqui] frivola (*De Wallia* 134) HIGD. I 38 p. 406; qui voluerunt et didicerunt dulcia fari WALT. WIMB. *Scel.* 120; de predicatoribus possem multa fari PECKHAM *Def. Mend.* 245; fantur Dei magnalia LEDREDE *Carm.* 46. 11. **c** de quo caelestis fatur sententia patris / quod .. ALDH. *VirgV* 310; negavit se esse nude prophetam procul fantem messiam .. sed .. messiam venisse WYCL. *Ver.* II 50.

faria v. 1 farius, 1 feria. **faricapsa, ~ia** v. farricapsia.

farina [CL]

1 meal, esp. wheatmeal; **b** (dist. acc. grade). **c** (~*a solida*) dough.

c798 ex aqua et ~a panis fit ALCUIN *Ep.* 137 p. 212; **9..** ~a, *melu WW*; LANFR. *Const.* 150 (v. buletare); reddunt ij s. et j summam ~ae *DB* I 12; munda ex eo [molendino] ~a egreditur juxta genus annonae quae intus molitur *Simil. Anselmi* 41; ~am aqua conspersam pinsit pistor et malaxat NECKAM *NR* II 170; **1198** decimationem bladi et ~e, butiri et casei [etc.] *Cart. Lindores* 2 p. 4; far sive frumentum inter molas fractum ~am facit .., vel dicitur ~a proprie quando frumentum inter molas optime est confractum, furfure [? l. furfurque] nondum a medulle substantia separatur BART. ANGL. XVII 67; **1317** in ferina frumenti pro *piys* ix d. *Rec. Leic.* I 303; †**c1356** nullum genus bladi vendatur per cumulum vel cantellum, avene, brasei, vel †ferme [l. farine] (*Stat. de Pistoribus*) *MunAcOx* 184 (= *StRealm* I 203 [**12..**]: nullum genus bladi vendatur per cumulum vel cantallum preter avenam, brasium, et farinam); lupinus, faba Egiptiaca idem, cujus ferina cum melle comesta aut cum aceto bibita lumbricos excludit *Alph.* 106; **1460** pro viiij celdris farrine vendite *ExchScot* 9; **1531** item in ferrina, sale, sagiminiis, butiro *Househ. Durh.* 9. **b** cribro quo ~e medullam pertransire sinit et ~am grossam reicit S. LANGTON *Serm.* 2. 1; *SB* 15 (v. cataplasma a); pollen dicitur subtilis ~a cujuslibet grani panifici, simpliciter de tritico *Ib.* 35; debet totalis ~a duarum summarum mundissimarum singulis septimanis apponi cum bassato (*Cust. Bury St. E.*) *HBS* XCIX 40; **1467** pro viij bollis ij ferlotis grosse ~e .. pro quarum qualibet bolla allocantur iiij bolle avenarum, ij celdre ij bolle *ExchScot* 459. **c** solidam ad coquendam commiserat ~am *V. Neot. A* 12.

2 (dist. by kind): **a** (~*a avenae* or sim.) oatmeal. **b** (~*a hordei* or sim.) barley-meal. **c** (~*a siliginis*) rye-meal. **d** (~*a tritici*) wheatmeal, wheat-flour.

a 1215 etc. (v. avenaceus a); **1222** episcopus dat domino regi c esceppas de farino avene, ad instaurandum eundem (*sic*) castellum *RL* I 185; **1292** (v. avena 1a); **1319** ~e avenarum (v. bladonicus); **1380** computat per empcionem de xx celdris ~e avenatice *ExchScot* 40. **b** panis .. de iiij partibus ~e ordiacie et quinta cineris, cribro proporcionaliter mixtis, conficiebatur *V. Rob. Knaresb.* 5; alphita, i. ~a ord[ei] *SB* 9; *Alph.* 7 (v. alphita). **c** recipe .. ~am saliginis et nigellam et parvum de gumma GILB. II 83v. 2. **d** ~am tritici *V. Cuthb.* I 4; polenta .. ~a tritici *SB* 35.

farinaceus [CL], **~ius**, made from meal, (also as sb.).

~ius, -a, -um, i. ex farre factus, et farracum, -ci, i. puls ex farre facta OSB. GLOUC. *Deriv.* 215; Tholomeus eciam in Centilogio suo .. docet quod accepcio ~ie, luna existente in Cancro, .. laudabilis erit N. LYNN *Kal.* 215; †*grovel*, .. ~ium *PP* (v. gruellum 1).

farinacia v. farinaceus, pharmacia.

farinagium, payment (in addition to multure) for bolting.

1324 ordinatum est .. quod omnes molendinarii capiant multuram debitam et consuetam .. et quod decetero non capiatur ~ium *JustIt* 1164 r. 22d.

farinalis, for meal. **b** (as sb. n.) storehouse for meal.

1320 (v. arca 2a). **b** ~e, *mealehus* ÆLF. *Sup.* 185.

farinare, (w. *panem*) to make bread.

1275 in quodam pistrino quod conduxit ad panem ~and' ad opus mercatorum et aliorum ad nundinas accedencium *SelPlMan* 143.

farinosus, a floury, covered w. flour. **b** for meal or flour.

a fraude molendini custos far addit acervo, / barba farinosa quem notat esse reum GARL. *Epith.* II 178. **b** *Id. Dict.* 130 (v. 3 batellus 2).

farinula [LL], small amount of meal; **b** (fig.). **c** (w. ref. to *1 Kings* xvii 12–16).

legimus filios Israel de Egypto ~am comspersam [cf. *Exod.* xii 34: conspersam farinam] in palliis ligatam in humeris suis portasse S. LANGTON *Serm.* 1. 1; ~a semel in ebdomada tantum eis [pulmentis] infusa fuit *V. Rob. Knaresb.* 5. **b** hic panis coquitur celesti facula, / factus de virgine pura farinula WALT. WIMB. *Carm.* 126. **c** sic noster Eliseus quidquid in olla cordis electi sui amarum sapuit, injecta ~a gratie sue dulcoravit J. FURNESS *Walth.* 35; et Boez manipula, et panis Abdie, / ydria, farinula, et corvus Helye, / ministrabunt singula nunc ut illa die PECKHAM *Def. Mend.* 547; idria ~e non deficiet, nec minuatur lechitus olei *Reg. Whet.* II 405.

farisae- v. pharisae-.

1 farius [LL], eloquent, (as sb.) fine words.

~ia, eloquia *GlC* F 24; elogium, fama, testamentum, verbum, carmen, †fanum [l. ~ium] vel *gyd*, crimen *GlH* E 213; ~ius, i. loquax vel *fah Ib.* F 156.

2 farius v. varius.

farlevium [*perh.* AS **farleaf* = *leave to fare*], (Devon & Cornw) 'farleu': **a** payment to lessor on determination of lease. **b** heriot, payment on death of lessee. (*Cf. N. & Q.* CXCIII 82–3).

a 1297 idem r. c. .. de vj d. de eodem pro farl' *Ac. Cornw* 225; **1298** idem r. c. .. de iij s. vj d. de Serlone de Halwen et vj sociis suis pro ~io *MinAc* 811/1 m. 1; **1316** si predictus Henricus, heredes et assignati sui, in fine termini predicti vel infra, a predicta terra recedere voluerint, volumus et concedimus eisdem quod quieti sint pro sex denariis nomine †*farborgh* [l. *farlough*] et recedant cum omnibus rebus et catallis suis absque omni calumpnia nostri et successorum nostrorum *N. & Q.* CXCIII 82n. **b 1441** post ejus decessum seu recessum, viij s. sterlingorum nobis .. solvantur nomine herietti sive ~ii *AncD* A 8631; **1456** post ejus decessum sive recessum melius averium vel vij s. ad eleccionem nostram nobis .. reddantur nomine hereit' seu ~ii *Ib.* 8573; **1506** reddendo .. melius averium in dictis clausis et pratis pascent' nomine herietti seu ~ii quando acciderit *Ib.* D 503; **1583** reddendo .. nobis .. post mortem, forisfacturam sive sursumreddicionem predicti Hugonis .. optimum averium nomine heriett' sive ~ii *Pat* 1234 m. 12.

farlingus v. ferlingus. **farlota** v. ferlota. **farma** v. forma. **farmac-** v. pharmac-. **farmare** v. pharmacare. **farmarius, farmerius** v. 1 firmarius. **farmat-** v. pharmac-. **farr-** v. et. ferr-.

farra [farra, *pl. of* far, *misinterp. as sb. f. sg.*], wheat or sim.

GlC F 86 (v. far a); ~a, triticum, frumentum vel *bleodum GlH* F 162; **1107** constituo exenium deferendum hujusmodi. hoc est de Wuldeham [etc.] .. millenarium de lampridis .. et quattuor salmones et sexaginta fasciculos de farra et de Stoches unum hopum avene (*Ch. episc. Roff.*) *MS Kent R. O.* DRc/T47 (= *Reg. Roff.* 7, *MonA* I 175a; cf. *Reg. Roff. Ep.* 1317–52 f. 132: lx fasciculos de †furra).

1 farrago [CL], mixed crop of inferior grains, grown as animal food.

†farrugo, genus frugi (*sic*) *GlC* F 93; ~o, i. genus frugi a farre dicta, herba ordeacia *GlH* F 168; ~o, *grene berecræs* [l. *beregræs*] ÆLF. *Gl.* 148; ~o, -nis, i. stramen, vel quelibet vilis annona OSB. GLOUC. *Deriv.* 215.

2 farrago [cf. 2 forago], fodder, straw; **b** (fig.).

advenerat .. famulus a molendino .. et incumbens ~ini somnum petebat W. CANT. *Mir. Thom.* III 3 p. 258; ~o, -nis, i. stramen .. OSB. GLOUC. *Deriv.* 215 (v. 1 farrago a); similis sit ira igni, cujus pabulum .. est avene culmus aut ~o NECKAM *NR* II 191; **c1230** onus faraginis vel busce (v. 2 forago b); **s1258** ut, sicut carentia grani homines, ita et farraginis [MS: farragiis] inedia pecudes maceraret M. PAR. *Maj.* V 728; ~o, A. *forage WW*; *Alph.* 62, *CathA* (v. 2 forago a). **b** ~inem rebellionis ORD. VIT. XII 30 p. 424.

farramentum v. ferramentum. **farrare** v. ferrare.

farratio, milling (of grain).

~o, A. *melwynge WW*.

farratus [CL], filled with porage.

~a, plena *GlH* F 166 (*cf.* Persius 4. 31).

farricapsia, grain-hopper (in mill).

faricapsia GARL. *Dict.* 130 (v. 3 batellus 2); *benger of a mylle*, ~ia; .. *mylle trowhe or beng*, faricapsa *PP*; faricapsa, A. *a bynne*; .. hec ferricapsa, *a hopyr WW*; *an hoppyr*, farricapsa est molendini saticulum, satum, seminarium *CathA*.

farrifer, producing grain. **b** bringing emmer (rather than wheat; in quot., fig.).

DOMINIC *Mir. Virg.* 142vb (v. faenifer). **b c1140** vos ego Ciceronem, vos etiam rigidum Catonem, vos Augustum ~erum dixerim; Marcum severitate, Catonem equitate, Augustum frugalitate (*Lit. abbatis*) *Chr. Evesham* 112n.

farrina v. farina. **farrura** v. ferrura. **farsamentum** v. farcimentum. **farsatura** v. fartura. **farseta** v. fartum. **farsitus** v. farcire. **farsura** v. fartura. **farsus** v. farcire.

†fartagum, sort of waggon, or (?) *f.l.*

reddas quadrigas, carpenta, vel esseda, bigas, / istis pilentum, †fartagum [? l. sarragum, i. e. serracum], junge libramen GARL. *Syn.* 1584B.

fartare [LL fartatus], to stuff.

to farce, .. ~are *CathA*.

fartellus v. farcellus.

fartor [CL], fattener, stuffer, maker of sausages.

~or, impletor *GlH* F 165; farcio .. verbum activum; inde hic †fractor [MS: fartor] OSB. GLOUC. *Deriv.* 214; ~or, extorum repletor *Ib.* 242; fartos [*gl.*: id est repletos, a farcio, -cis, -si, fartum, G. *farcir*, unde ~ores dicuntur pastillarii, G. *farsures*] GARL. *Dict.* 127.

fartum, farctum [CL], sausage, (black) pudding.

ultima fercula mollia frixaque farcta sequantur D. BEC. 2604; misceantur ovorum vitelli et majorana similiter incisa ad modum farsete GAD. 77v. 1; videmus .. Cristianos rariter comedere sanguinem coctum in fartis WYCL. *Ver.* III 189; hoc fertum, A. *podynge WW*; *a puddynge*, fertum, omasus, tucetum *CathA*.

fartura [CL], **farsura** [LL]

1 stuffing, (fig.) padding out, farcing.

apud eos, quibus versa est in nauseam murmurosa atque confusa iteratio et farsura psalmorum P. BLOIS *Ep.* 86. 270B.

2 sausage, pudding.

questio .. quot capiat fartura modos HANV. II 191; sint inter fercula pice / pastilli cum farcturis D. BEC. 2570; **1253** sicut interdicimus usum carnium, ita farsaturas de tritis carnibus denegamus (*Stat. Bened.*) M. PAR. *Maj.* VI 239; **1422** sint in refectorio lacticiniis, piscibus, et pinguedine carnium ut omasiis et farsaturis contenti *Conc.* III 414.

fartus v. farcire. **farunculus** v. pharunculus. **farura** v. ferrura. **farus** v. pharus.

fas [CL], what is right by divine law. **b** (*fas est* w. inf.) it is right, proper; **c** (w. *ut* & subj.).

contra jus fasque GILDAS *EB* 1; fas divinum ALDH. *VirgP* 24 (cf. ib. 54: contra jus divinum et fas humanum); contra fas a suo episcopatu repulsus BEDE *HE* V 19 p. 328; fas, i. lex, licentia, rationabile jus, licet, convenit *GlH* F 22; fas, *Godes riht*; jus, *mennisc riht* ÆLF. *Gl.* 114; fasque nefasque communia habere et .. Deum .. blasphemare *V. Neot. A* 14; **1166** si scripturas consuluissent in judicio, si potestati supra modum et fas non detulissent J. SAL. *Ep.* 193 (187 p. 240); quasi phas nephasque alterutrum foret, judicantes innocuum pro reo *Mir. Hen. VI* II 40 p. 107. **b** ducentibus, ut credi fas est, angelis BEDE *HE* IV 3 p. 210; fas erat, i. justum erat, licitum, dignum, jus erat, †imparat [MS: imperat]; fas est, i. justum est, congruum est, licitum est, possibile, vel convenit, dignum est *GlH* F 20–1; **a1073** sicut vestra cui contradici fas non fuit auctoritate me alligastis LANFR. *Ep.* 1; en .. rex Æthelberhtus, uti fas est credi, heres regni Dei factus est *Pass. Æthelb.* 12; **1173** quorum votis et vocibus mee parvitatis non est fas abesse suffragium J. SAL. *Ep.* 311 (313); 'omnes .. dolent de vobis, si fas esset dicere.' dicite: sit fas MAP *NC* I 10 f. 9; homo prodigiosus, si tamen eum hominem dici fas est GIR. *TH* II 21; non fas est inter nos / locus tristicie, / dum salus nobis oritur LEDREDE *Carm.* 58. 17. **c** **c1298** nam pro nostra patria fas est ut pugnemus (*Dunbar* 135) *Pol. Songs* 170.

fasceale v. fascialis. **fascella** v. fasciola. **fascessia** v. facetia.

fascia [CL]

1 strip of cloth, bandage (also fig.). **b** swaddling band (for baby). **c** winding-cloth (for corpse).

~ia, *swedel GlC* F 23; **c795** memento mitissimam Samaritani mentem qui vulneratum .. pietatis ~ia ligavit ALCUIN *Ep.* 86; non ligant frontes eorum qui sunt confirmati honeste cum ~ia aliqua munda T. CHOBHAM *Conf.* 195; quem celi cingere non potest fascia, / in brevi cingitur ventris fidelia WALT. WIMB. *Carm.* 108; ~ie debent proportionari in longitudine et latitudine membris ligandis GAD. 123. 1; hec ~ia, *†feisse* [MS: *fasse*] *Gl. AN Glasg.* f. 21. **b** panni ubi fuit ligatus Christus in nativitate sua et ~ia et lintheamen *Descr. Constant.* 246; [Iphigenia] dee [sc. Diane] simulacrum in quibusdam †fastis (*sic*) deferebat, unde †Fastialis est dicta *Natura Deorum* 188; non in cunabulis aptantur, non ~iis alligantur GIR. *TH* III 10; Jesus .. cum una ~ia ligatus et in presepe positus *Spec. Eccl.* 93 (cf. EDMUND *Spec. Relig.* 93: instita ligatus); ave, virgo, que Tonantem / lacte nutris et floccantem / stricta cingis fascia WALT. WIMB. *Virgo* 51; ~ia secundum Januensem dicitur vestis qua puer involvitur, quia in modum fasciculi corpus ligat; et idem dicitur fasciale latum cingulum quo puer circumligatur in ~iis LYNDW. 34 z (cf. *Conc. Syn.* 141 [**c1223**]: fascias sive ligaturas); hec ~ia, A. *credylbande WW*; hec fassia, *credylbond Ib.* **c** cadaver prolixis ~iarum ambagibus conexum ALDH. *VirgP* 36 p. 283; funiculus Christi representans ~ias et ligamina passionis PECKHAM *Paup.* 90.

2 (as garment): **a** band for woman's breasts. **b** legging. **c** headband. **d** (w. ref. to *pallium*).

a 9.. ~iae, *breostlines WW*. **b** **c795** pedes .. longo ~iarum nexu ligari ALCUIN *Ep.* 34; ~ia, *wyningc* ÆLF. *Gl.* 125; sic transeant in dormitorium et accipientes nocturnalia sua et ~ias suas cum summo silencio adeant locum ubi minuuntur fratres *Cust. Cant.* 201. **c** ~ia, *nostle* ÆLF. *Gl.* 125; sane infula, qua sacerdotes in sacris ornatos legimus, ~ia erat in modum diadematis, a qua vitte ab utraque parte dependebant ALB. LOND. *DG* 6. 34. **d** **s1162** Alexander papa tertius ei pallium misit ... archiepiscopus contra illam ~iam pectoralem et humeralem suscipiendam .. ivit W. FITZST. *Thom.* 25.

3 (anat.) fascia, outer covering of tissue.

rami [vene] qui [veniunt] ad renum ~ias et suorum paniculorum *Ps.-*RIC. *Anat.* 44.

4 (her.) fesse; also bend.

de tramite, baltheo, ~ia, strophio .. ubique terrarum fessam audio dici, forte a ~ia ductum SPELMAN *Asp.* 89; Galli *bende*, hoc est ~iam, vocant, nos diagonium, radium, et baltheum triumphalem *Ib.* 93.

fascialis, of or assoc. w. swaddling-clothes: **a** (as epithet of Iphigenia). **b** (as sb. n.; *cf.* Jan. *s. v. fasciale*).

a †Fastialis *Natura Deorum* 188 (v. fascia 1b). **b** hoc fasceale, -is, i. fascia OSB. GLOUC. *Deriv.* 204; LYNDW. 34 z (v. fascia 1b).

fasciamentum [LL], strip of cloth, bandage: **a** winding-cloth (for corpse). **b** legging.

a **c798** ~a mortui [sc. Lazari] eodem verbo solvere potuit [cf. *John* xi 44] ALCUIN *Ep.* 138 p. 217. **b** ligamina vel ~a femoralium circa crura solvuntur GOSC. *Transl. Mild.* 22 p. 187.

fasciare [CL], to bind or cover with bandage. **b** to swaddle (baby).

oculis fasceatis, ore etiam obdurato [*ed. RS*: obducto], .. cecos secum deducere *G. Steph.* I 29; vincire, ligare, .. ~iare, illaqueare, irretiri OSB. GLOUC. *Deriv.* 624. **b** infantulum .. non quidem ~iatum .. sed quibusdam involutum dumtaxat panniculis *Mir. Hen. VI* IV 142; fassiatus, A. *swathild WW*.

fasciculus [CL], **~a, ~um,** bundle (esp. of sticks), faggot, fascine; **b** (fig.); **c** (for carrying). **d** packet (of letters), gathering (in book).

'in fasciculo viventium' [*1 Sam.* xxv 29]: .. ~us constringitur ut integer maneat et conservetur BEDE *Kings* 719; de ove vero furata vel ~o manipulorum emendat ij s. *DB* I 179; PULL. *Sent.* 999D (v. 1 fascis 1); jam utique non equus .. sufficeret ad honus vestium sustinendum, si colligarentur veluti in ~um R. NIGER *Mil.* IV 49; plumarum †fascidiis [v. l. fasciculis] hinc albentibus, inde nigrescentibus R. COLD. *Godr.* 188; apposito .. ~o rute *Quaest. Salern.* B 106; **c1230** secare debet closturam et .. si secaverit quadrigatam unam duorum equorum habebit fesculum (*Cust. Monxton*) *Doc. Bec* 47; **1252** portabit ij ~a sudium aut virgarum aut iiij ~a spinarum *Cart. Rams.* I 323 (cf. ib. 299: j fesciculum straminis; ib. 357: iij fesciculos spinarum); habebit iij fassicula parva de subbosco *Cust. Rents* 26; **12..** quando debet colligere clausturam, debet colligere quatuor fossiculos *Cust. Glast.* 204; **1276** †fastaculum herbe *SelPlMan* 103; **1285** colliget ij ~as virgarum ad coopertuaram domorum pro j opere *Cust. Suss.* (*Slyndon*) II 3; **1294** pro meremio et †busta [l. busca] empta .. xij li. xv s.; pro †falciculis ibidem faciendis xiiij s. *Comp. Worc.* 19 (cf. ib. 20: pro ~is †buste emptis); **1296** in vj fessiculis straminis emptis ad comburendum in galea pro gelu, vj d. *Ac. Galley Newcastle* 169; **1299** debet scindere unum †vesticulum busce in bosco *RBWorc.* 333; **1370** de fassiculis [sc. venditis] ix s. viij d. *Ac. Obed. Abingd.* 16; **1404** iij fassiculos *heidengrane Lit. Cant.* III 83; *G. Hen. V* 6 p. 40 (v. 1 colligare a); **1472** †fasticulum focalium sive ticionum super humerum tuum sinistrum bajulans *Reg. Heref.* 130 (cf. ib.: excepta bajulacione †fasticuli). **b** fasculum *Ep. ad amicum* 20, J. FORD *Wulf.* 51 (v. deprimere 1b); A. TEWK. *Ep.* 10 (v. dirimere 1b); cum multas virtutes quasi merces varias in unum ~um comportaverit ad celestes nundinas profecturus P. BLOIS *Ep.* 27. 93A; omnium culparum vestrarum ~um ante mentis oculos constituentes *Spec. Incl.* 1. 3; ut non una legum species discernatur ab alia, quum omnes eas sic passim in uno ~o complectitur FORTESCUE *NLN* I 31. **c** **a1154** de ~a [? *add*: in dorso] hominis bladi, farine, brasei vel salis .. (*Ass. de Tolloneis*) *APScot* I app. III p. 303; de ~a in dorso hominis panis vel porretorum .. *Ib.* p. 304; *a byrdyn*, .. pondus, .. fassis, fassiculus .. *CathA*; *a †warse* [l. *wase*], ~us *Ib.* **d** **1167** cum multarum ~is litterarum J. SAL. *Ep.* 216 (218); que omnia in ~o manuali perstrinximus et in capite opusculi nostri prefiximus R. COLD. *Osw. pref.* p. 329; postea plenius in ejusdem Waldevi actibus sub suo ~o describentur *Croyl. Cont. A* 116; quasi colligere in unum ~um et tractatum .. RIPLEY 180.

fascidius v. fasciculus.

fascigallicum, Celtic nard (*Valeriana celtica*).

celtica, ~um *Alph.* 36; fasci gallicum, i. celtica *Ib.* 62.

1 fascina [CL], **~us,** bundle.

1276 pro facina facienda *SelPlMan* 103; **1287** item perssone pratorum, xlj faxinos feni que valent xl s. Turon' *Reg. Gasc. A* I 75.

2 fascina v. fescenninus.

fascinare [CL]

1 to cast spell on, bewitch (also fig.); **b** (w. ref. to the evil eye).

986 (12c) ni .. emendaverit quod .. obstinatione ~atus violenter patravit *CD* 655; si non es sapiencior Salomone, .. non es major quam qui potest a femina ~ari MAP *NC* IV 3 f. 45; fascinnata mente *Ib.* 16 f. 58 (v. extra 11); et, quod poterat animum virginis ~are, nullus erat in verbis urbanior P. BLOIS *Ep.* 35. 113D; quare ~etur puer ex aspectu vel colloquio alicujus *Quaest. Salern.* B 179; quis te fascinnavit veritati non credere [cf. *Gal.* iii 1] M. RIEVAULX (*Ep.*) 74; quos [boves] cum quidam vidisset, cepit eos laudare et membrorum formam .. commendare; set post unius hore spatium unus eorum corruens in terram in tantum tumorem versus est ut vix in pelle propria posset continere. .. tunc unus .. ait, ".. forsitan .. ut vulgo dici solet, in ore laudantis ~atus est" *Mir. Wulfst.* II 4; **s1249** in subversionem .. Anglie .. a rege fascinnato M. PAR. *Maj.* V 49; **s1385** rex Hispanie, cognoscens Anglos velle fulvo metallo ~ari, corrumpit quosdam ex Anglicis, ut †rex [v. l. regem] Portingalensem prodant *V. Ric. II* 65; **1574, 1588** (v. fascinatrix). **b** quedam habent oculus ~antes P. BLOIS *Ep.* 65. 192A; queritur quare quidam habent oculos ~antes *Quaest. Salern.* B 129; **s1252** ~anti oculo M. PAR. *Maj.* V 344; ~anti oculo *G. S. Alb.* I 187.

2 to juggle or conjure.

to juggil, ~are, prestigiari LEVINS *Manip.* 127.

fascinatio [CL], (art of) casting spells, witchcraft. **b** the evil eye. **c** spell.

fastinatio, *malscrung GlC* F 55; multi .. favore et ~one circumstantis populi hoc factum esse autumabant ASSER *Alf.* 74; baccar, herba vel flos ~onem pellens OSB. GLOUC. *Deriv.* 79; et hic oritur omne genus ~onis; non quod ~o dicatur per solum verbum casualiter prolatum .. sed ad nutum loquentis, sic est stulta consideracio et magica et vetularum et extra consideracionem sapientum BACON *Tert.* 98; *forspeking*, ~o, fascinus, fascinum *CathA*. **b** ~o quoque oculorum exitialis est J. SAL. *Pol.* 576B; ~o vulgo dicitur corruptio oculorum que infantibus nocet MALACHY *Ven.* 6v.; ~o est infectiva visio alicujus persone nocive, inferens latenter per radium visualem nocumentum rei vise; sicut dicere solemus quod maliciose vetule tenellos pueros inficiunt solo aspectu HOLCOT *Wisd.* 182. **c** **1588** (v. fascinatrix).

fascinatrix, witch (f.).

a witch, ~x LEVINS *Manip.* 150; **1574** Alicia Staunton .. existens communis ~x et incantatrix tam hominum quam bestiarum .. unam juvencam .. fascinavit, incantavit .. et interfecit *Pat* 1116 m. 10; **1588** convicta .. existit .. de eo quod ipsa existens communis ~x et incantatrix tam hominum quam aliarum rerum artemque illam veneficam communiter exercens .. per diabolicas et detestabiles fascinaciones et incantaciones quandam Johannam .. felonice et diabolice fascinavit et incantavit racione quarumquidem fascinacionum et incantacionum .. eadem Johanna .. obiit *Pat* 1320 m. 3.

fascinia, one who casts spells, witch.

facinna, *a forspeker or a tellustere Medulla* 26vb; facimia, A. *a farspeker or a tylyystere WW*; facuminaria, A. *a lullere WW* (v. et. contravaria); fascennina, i. femina que novit incantare, A. *a tylyester WW*.

†fascinium, *f. l.*

fascinium [? l. fraxinium], i. nomen ligni *GlH* F 13.

fascinum, ~us [CL]

1 spell.

~us, aspectus onerosus *GlC* F 84; filecteria etiam diabolica .. vel ~o EGB. *Pen.* 8. 4; Salomon .. gloriam domus sue feminarum ~o amisit MAP *NC* IV 3 f. 45; ~um ex malitia radii rei videntis autumant provenire; hinc est quod nutrices lingunt faciem pueruli fascinati NECKAM *NR* II 153 p. 237; de illis qui ad ~um incantationes fecerint ROB. FLAMB. *Pen.* 334 *tit.*

2 (?) one who casts spells, or conjurer, juggler.

1291 dicit quod predictum ciphum lucratus fuit ad quemdam ludum .. de quodam ~o Lumbardo *Gaol Del.* 36/1 m. 3*d*.

fasciola [CL], **~us,** bandage. **b** leggings. **c** ribbon.

~a, *nosle, sarclað* ÆLF. *Gl.* 153; os .. aperiatur et lignum vel aliud ut apertum teneatur immittatur et ~us sub mandibulis ponetur GILB. IV 180v. 1. **b** **747** nec †imitantur [l. imitentur] saeculares in vestitu crurum per ~as (*Clovesho*) *Conc. HS* 374; fascellas, *weoningas GlH* F 15; dat .. fratribus quoque in iter profecturis cappas, ~as, calcaria LANFR. *Const.* 151; det fratribus in iter profecturis capas, ~as, calcaria, sellas *Cust. Cant.* 196. **c** lemnisci sunt ~ae coloratae e coronis dependentes plerumque olim aureae floribusque intertextae SPELMAN *Asp.* 140.

fasciolatus [LL], wrapped in strips of cloth, wearing leggings.

~us aut cinctus sive cum cappa nunquam in claustrum introeat LANFR. *Const.* 161.

†fascire, (?) *f. l.*

vide hic de pena piscatoribus [. .] †fasciencium [? l. difforciamentum faciencium] *Lib. Kilken.* 13 (cf. ib.: si ballivi . . invenerint aliquem difforciantem piscatoribus . .).

1 fascis [CL]

1 bundle, sheaf.

9. . ~is, *sceafes WW*; unus homo reddit inde ~em buxi in die palmarum *DB* I 252vb; qui segetum captant fasces et in horrea portant (*Vers.*) ORD. VIT. XI *prol.* p. 160; angeli [cf. *Matth.* xiii 30] . . colligent primum zizania, et alligabunt ea in fasciculos ad comburendum; non in unum ~em, quia pro modo iniquitatis sue unusquisque punietur PULL. *Sent.* 999D; ille in aula hominibus plena ad ~em lignorum non visum offendit sed non cecidit W. FITZST. *Thom.* 58.

2 bundle for carrying, burden; **b** (fig.).

801 sub ~e armorum desudare ALCUIN *Ep.* 240; ~e, onere, vel *hefe GlH* F 12; vestes et reculas suas in ~em colligaverat GOSC. *Trans. Mild.* 37 p. 208; *a byrdyn*, . . fassis, fassiculus *CathA*. **b** cervix illa multis jam peccaminum ~ibus onerata GILDAS *EB* 35; fessae mentis cervicem gravi ~is sarcina deprimentibus ALDH. *VirgP* 59; **c745** pari tamen tribulationum deprimimur ~e (DAN. WINT.) *Ep. Bonif.* 64 p. 136; abicere ~em iniquitatis ALCUIN *Ep.* 295; sub dira ~e egritudinis R. COLD. *Cuthb.* 126.

3 bundle of rods carried before Roman magistrate, (symbol of) authority.

praefecti filius . . / qui famosus erat regali fasce, togatus ALDH. *VirgV* 1932; ~es, dignitas *GlC* F 13; **c747** domini ~ibus aetheriis decorato Bonifatio *Ep. Bonif.* 85; ~es, i. honores, dignitates, plagas, †trimphos [MS: triumphos], *cynedomas* vel *aldor[domas] GlH* F 11; jam fasces regni, jam publica sceptra perempti FRITH. 1014; altari et eclesiae ~ibus inserviunt GOSC. *Edith.* (I) 69 (cf. ib. (II): aeclesiae ~ibus non regni); ut, archiepiscopatus deposito ~e, Deo posset intendere W. MALM. *GP* I 52; voluptates quidem corruptibiles, ~es autem immortales [= Diogenes Laertes: τιμαὶ ἀθάνατοι] W. BURLEY *Vit. Phil.* 44.

2 fascis v. fax.

3 fascis v. funis.

fasculum v. fasciculus, vasculum. **faseacus** v. phasiacus. **fasellus** v. vassallus. **faselus** v. phaselus. **faseola** v. phaseolus. **fasianus** v. phasianus. **fasma** v. phasma. **fassa gasmon** v. phasganum. **fasselus** v. vassallus. **fassia** v. fascia. **fassiatus** v. fasciare. **fassiculum, ~us** v. fasciculus.

fassio [LL *gl.* < fateri], utterance, confession.

HALES *Qu.* 1066 (v. 1 confessio 2); **s1419** Francorum laudabiles ~ones eundem ad plenum preconizant FORDUN *Cont.* XV 31; *a knawlegynge*, confessio, ~io; versus: si cor non ori concordet fassio fertur *CathA*.

fassis v. falx, fascis. **fassulum** v. vasculum. **fassus** v. faissus, fateri. **fastaculus, fasticulus** v. fasciculus.

1 fasti v. fascia.

2 fasti, fastes [CL]

1 days when business may be transacted.

~i, †sive [MS: sc.] dies sunt quibus jus fatur, i. dicitur, ut nefasti quibus non dicitur *GlH* F 9; ~i, *weorcdagas* ÆLF. *Gl.* 146.

2 lists of consuls. **b** (sg. *~us*) (unspec.) book.

fastis (*sic*) libri sunt in quibus sunt nomina consulum *GlC* F 20; fastes, i. libri in quibus sunt nomina †nonsulum [MS: consulum] *GlH* F 16 (cf. ib. 1: fastus, i. . . liber [MS *prius* libri] consulatus . .); **9. .** ~orum libri, *cyninga bec* sive *consula bec WW*; dicimus quoque hic ~us, -ti, pro libro in quo totius anni facta describebantur, unde et quidam de libris Ovidii . .; hinc et Lucanus reprehenditur qui ~um non secunde sed quarte protulit declinationis [cf. Lucan 10. 187: ~ibus] OSB. GLOUC. *Deriv.* 233. **b** sic modo heroica stipulentur carmina laudem, / ut fasti seriem memini dixisse priorem / et dudum prompsit voto spondente libellus ALDH. *VirgV* 21; **a705** tuos tamen bona lance constructos legimus ~os (CELLANUS) *Ep. Aldh.* 9; ~ibus, i. libris *GlH* F 6.

fastialis v. fascialis a.

fastidiatrix, disdaining (f.)

BAKER 106b (v. appetitrix).

fastidiose, disdainfully, wearily.

quatenus vestra prudentia minus ~e perciperet quod scriptum sibi minus verbose perspiceret ANSELM (*Ep.* 44) III 156; quid est stultius quam ~e mori HOLCOT *Wisd.* 172.

fastidiosus [CL]

1 hard to please, disdainful (also as sb.).

praecepto concupiscendi lac verbi tangit eos qui ad audiendas lectiones sacras inviti et ~i adveniunt BEDE *Ep. Cath.* 47; **799** nec ~a segnities legentium benivolentiae magistri juste deputari debebit ALCUIN *Ep.* 170; quas ego brevitatis studio praetereo ne alicujus ~i offensam incurrem justo prolixior ABBO *Edm.* 16; depravata mens mea ad inutilia et noxia petractanda velox est et infatigabilis, ad vel cogitanda salubria ~a et immobilis ANSELM (*Or.* 15) III 62; **1168** ingeram invitis auribus quod ~us auditor de rimoso pectore juste suspicetur effusum J. SAL. *Ep.* 247 (247).

2 wearisome.

931 ~am melancholiae nausiam *CS* 677; ~a quelibet alterna delectatione distinguere GIR. *TH intr.* p. 8; ne igitur tibi longum videatur vel ~um, quod in hac vita tribulationum molestia et assiduitate laborum desudas P. CORNW. *Rev.* I 205 p. 201.

fastidire [CL]

1 to feel aversion or disdain for, find (something) wearisome. **b** (w. inf.) to disdain, not care (to). **c** (absol.) to be hard to please, fickle, disdainful.

qui non tam nostra quam Dei despiciunt, ~iunt, avertunt GILDAS *EB* 94; quo amplius quisque vitae caelestis dulcedinem degustat, eo amplius ~it omnia quae placebant in infimis BEDE *Hom.* I 24. 99; quia ~ivit salutifera pascua, languet defectu virium ANSELM (*Or.* 9) III 31; coepit quodam mentis estu et ~ire terrena et desiderare celestia AILR. *Serm.* 371A; nec ~irent audientes . . loquentis prolixitatem *Chr. Battle* f. 120; nec angelice pacis beatitudinem gustavit, nec habitam ~ivit quam nolendo amisit H. READING (I) *Dial.* 1185C; J. FORD *Wulf. prol.* p. 12 (v. fastuosus a); alium ut eis valde inimicum ~iunt et abhorrent *Quaest. Salern.* B 12; **c1430** (v. definire 5b). **b** panem vitae aut acceptum conservare aut saltim percipere ~iunt BEDE *Cant.* 1204; scio quosdam qui quoniam ipsi laborare diligunt, legere vel orare ~iunt ROB. BRIDL. *Dial.* 163; MAP *NC* I 12 (v. feriari 2a). **c** tanquam ~iente jam desertus a fortuna GIR. *EH* II 31 p. 379.

2 **a** (intr.) to be distasteful or wearisome. **b** (trans.) to weary, cause distaste to.

a 796 ubi semper quod amatur videtur et quod videtur numquam ~it ALCUIN *Ep.* 113 p. 166; **934** ~iunt jam infima, dulcescunt superna *CS* 702; quid tedere magis poterit quam libertate privari, aut ~ire amplius quam destitui proprio arbitrio FORTESCUE *NLN* II 42. **b 800** ne . . mellis dulcedo saevam ~iret mentem ALCUIN *Ep.* 200 p. 332; in quo bello multi interfecti sunt a Perseo, sed cum tanta esset multitudo impugnantium quod ~irent Perseum, . . *Natura Deorum* 50;

3 (p. ppl. *~itus*): **a** (*s. pass.*) sickened, 'fed up', wearied. **b** (*s. act.*) having disdained.

a proponis quod nec mihi neque tibi intelligibile sit, ut sic ~itus falsa tibi concedam ADEL. *QN* 5; jejunat egrotus ut convalescat, . . ~itus ut appetat P. BLOIS *Opusc.* 809A; fatigatus et ~itus sue fide viris, . . infidelium quoque vires . . experiri volens GIR. *Invect.* I 12; quam anxiatus si non habes quod cupisti et de habitis ~itus EDMUND *Spec. Relig.* 9; **1264** iidem nuncii apud S. in veniendo versus vos arestati et littere ille eis ablate fuerunt ita quod ad vos nondum devenerunt, de quo quam plurimum sumus ~iti *Cl* 381. **b** Werburga . . mundialis glorie pompaticum fastum fastigiumque ~ita WHITTLESEY *app.* f. 2 p. 142.

fastidium [CL]

1 aversion to food, lack of appetite.

GILB. V 210 v. 2, *SB* 10 (v. anorexia); [agrifolium] stomacho aptum est ad edendum, ~ium tollit, ventrem abstringit *Alph.* 4.

2 distaste caused by satiety, weariness, boredom. **b** vexation, inconvenience.

nec ~ium sit legentibus *V. Greg.* p. 77; ne ~ium lectori ingererem *V. Cuthb.* I 7; ne multa adhuc dicenda dicendo ~ium lectoris incurram *V. Gund.* 38; ubi [Ediva] non dissoluta otio, nec onerosa ~io, legere aut operari manibus consuevit AILR. *Ed. Conf.* 747D; ~ium incolis tollebat paradisus voluptatis PULL. *Sent.* 746B; frequentata et trita ~ium generant GIR. *TH intr.* p. 6; in qua virgineus panis est pastio, / qui solus saciat sine fastidio WALT. WIMB. *Carm.* 129. **b** constringentis frigoris inaudito ~io *Ps.-*ELMH. *Hen. V* 4 p. 9; quantum potuerant inferre ~ii non cessabant *Ib.* 87 p. 244.

3 haughtiness, disdainful attitude.

~ium, i. altitudo, odium longum, contemptum vel nausia vel *æprot, unmægnes, æmelnes, ælengnes* vel *cisnes GlH* F 7; ~ia, arrogantia, superbia, *æprotu Ib.* F 8.

fastigare [CL], **~iare**

1 to make pointed. **b** (her., *~iatus*) *per chevron*.

~atus, i. acuminatus *GlH* F 10; **s1191** navem . . tribus malis altissimis ~iatam *Itin. Ric.* II 42 p. 206 (= TREVET *Ann.* 126: navis quedam magnitudine mirabilis, tribus malis altissimis ~iata); culmina in aciem ~iata MORE *Ut.* 132. **b** ex inferioribus medietatibus obliquarum fit sectio ~iata quibusdam instar tigni, Gallis *parti per chevron* SPELMAN *Asp.* 79.

2 to raise (to full height). **b** (fig.) to elevate (in rank).

apud Wesbiri ex antiquo ecclesia fuerat, sed tunc semiruta et semitecta remedium desiderabat. eam ille reparavit in solidum, ~avit in summum, parietes cemento, tectum plumbo reficiens W. MALM. *Wulfst.* III 10. **b** nunquam . . contra regem, quem semel ~averint, asperum etiam verbum locutos *Id.. GR* II 197; diademate ~atus *Ib.* II 225 (cf. id. *Wulfst.* II 12: gemmato ~iatus diademate); revertere mecum, ut tuo incedam ~atus obsequio J. SAL. *Pol.* 465B; *Chr. Rams.* 33 (v. duodennium).

fastigialis, lofty, noble, honourable.

sublimes Scocie et Wallie rebelles fastigiali privans nomine J. LOND. *Commend. Ed. I* 11.

fastigiose, a grandly, as befits one of high rank. **b** (of person) haughtily, in the grand manner.

a s1229 rex . . Johannem filium Huberti justiciarii nimis ~e cingulo cinxit militari M. PAR. *Min.* II 318 (cf. WEND. II 378). **b s1226** [rex Francorum] iter sue peregrinacionis nimis ~e assumpsit *Flor. Hist.* II 186.

fastigiosus [LL *gl.*], **a** grand, befitting one of high rank. **b** (of person) haughty.

a ~us, exaltatus, sublimatus OSB. GLOUC. *Deriv.* 240; **s1237** jussit sibi legatus sedem parari in occidentali parte ecclesie . . ~am nimis et sollempnem longis trabibus et sedilibus gradatim exaltatam M. PAR. *Maj.* III 414 (cf. ib. *tit.*: quomodo legatus nimis fastigiosus se preparaverit ad concilium celebrandum); **1508** ~um illum et ditissimum tanti regis . . apparatum *Spons. Marie* 8. **b s1237** (v. a supra); **s1251** uxor . . ejus avara et ~a M. PAR. *Maj.* V 213.

1 fastigium [CL]

1 point, apex. **b** (her.) chevron.

~ium, altitudo, apex, sublimitas OSB. GLOUC. *Deriv.* 245. **b** ~ium est quasi decussis inferior medietas, cujus jugum manet in erecta per centrum linea. Plinius et Columella hujusmodi cantherium vocant et jugum, Caesar ~ium, Uptonus signum capitale, Galli *chevron* SPELMAN *Asp.* 96.

2 point of roof, top of building. **b** (generally) any high place, heights.

797 si speculator in celso turris ~io dormit ALCUIN *Ep.* 124; illic ut validus summam conscendit in arcem, / . . / sed Domini pietas rapuit de fastigiorum / casibus insontem B. *V. Dunst.* 4; ignis . . prius tuguria, hic ecclesiae ~ia lambere cepit *V. Kenelm. B* 83v. 2; templa domosque detexit et ~ia turrium dejecit ORD. VIT. XII 1 p. 312; regalibus prepollebant palatiis ut aureis tectorum ~iis Romam imitaretur G. MON. IX 12 (cf. GIR. *IK* I 5 p. 55: palatia immensa, aureis olim tectorum ~iis Romanos fastus imitantia); pinnaculum, -li, i. domus cujuslibet vel templi ~ium OSB. GLOUC. *Deriv.* 428. **b** a summo caelorum ~io ALDH. *VirgP* 7; ~ium, altitudo *GlC* F 28; **9. .** in ~io, *in heannesse WW*; item in ~io cujuslibet loci constitutos horror quidam corruendi totos solet percurrere PULL. *Sent.* 815A; **s1498** abbatiam . . in montis S. Katerine ~iis situatam (v. abbatia c).

3 eminence, high rank.

si . . ad regni ~ia perveniret BEDE *HE* II 12; sacerdotis summi fastigia nanctus *Mir. Nin.* 52; **984** ego Eðelred rex Anglorum . . regni totius ~ium tenens *Ch. Burton* 24 (cf. *Ch. Roff.* 30); **1073** adversus Deum et pontificale ~ium LANFR. *Ep.* 14 (16); coronari regio ~io GOSC. *Transl. Mild.* 6 p. 163; fortitudinis quod perseveraverit; temperantie, quod in tanto ~ie locata, humili mente casum cavit EADMER *Virt.* 581C; Henricus ad regni ~ia sullatus est *V. Gund.* 35; scriptor . . quis primo regale ~ium potitus est expedit explicare FORTESCUE *NLN* I 5.

2 fastigium v. fatigium.

fastuose [LL], haughtily, arrogantly.

milites ~e ad archipresulem . . accedentes, . . ipsum superbe adoriuntur H. BOS. *Thom.* V 11.

fastuositas, haughtiness, arrogance.

hec ~as, -atis, i. elatio OSB. GLOUC. *Deriv.* 233; innascitur michi lappa vane glorie, paliurus elationis, carduus superbie, tribulus ~atis J. GODARD *Ep.* 230 (cf. ib. 231: in materiam migrat vanitatis et voluptatis et ~atis).

fastuosus [LL < CL fastosus]

1 (w. ref. to persons or actions) haughty, arrogant.

cum . . illa . . in ~am [*but* ? l. fastigiosam] elata verticem plurimum se . . extulisset *G. Steph.* I 60; **1168** ne avari et ~i . . rapiendi et gloriandi materiam habeant J. SAL. *Ep.* 235 (270 p. 584); si quis ~us et fastidiosus manna fastidire, sancta profanare, margaritas et favos mellis impune conculcare se credit, etiam me tacente habet qui judicet

eum J. Ford *Wulf. prol.* p. 12; quia nunquam fastuoso / tumuisti tubere Walt. Wimb. *Virgo* 105; studuit opprimere ~os .. et adversus superbie tumorem .. exitiales molestias suscitare J. Lond. *Commend. Ed. I* 10; **s1415** demisit cornua que arroganter erexerat, suppressit minas ~as Wals. *HA* II 307.

2 ostentatious, luxurious (*cf.* Fr. *fastueux*).

1282 ut prefati Judei unam tantummodo synagogum communem .. habere valeant, ita tamen quod eam non faciant nimium fastuosam vel picturis et pompis ornatam Peckham *Ep.* 316.

1 fastus v. 2 fasti.

2 fastus [CL], pride, haughtiness.

fides ecclesiae .. spe futurae requiei et immortalitatis antecellit omni ~ui philosophiae carnalis Bede *Gen.* 98; ~us, i. .. contemptus, elatio, demens, superbus .. vel *geþungennes* vel arrogantia vel *gelp GlH* F 1; fasti (*sic*) flatibus, superbiae flatibus, *blædum Ib.* F 4; **958** (13c) invidie facibus succensus praesumptibili elationis ~u *CS* 1041; deposito superbiae ~u Lanfr. *Corp. & Sang.* 407A; postposita secularis ~us ambitione Dominic *V. Ecgwini* I 3; Normannico ~u Angli opprimuntur Ord. Vit. IV 3 p. 171; **1166** in tanto ~u et numero .. illustrium sacerdotum J. Sal. *Ep.* 210 (191); deformium fastidia, formosarum et generosarum ~us et superbias Gir. *Æthelb.* 4; **s1229** asserens justum esse .. ut tam validus ecclesie persecutor a ~u imperii depellatur Wend. II 374; **s1383** dispositus est .. exercitus ad .. humiliandum ~um illorum *V. Ric. II* 49; dum mulieri negatur dominandi ~us, etiam regnandi fastigium eidem denegatur Fortescue *NLN* II 57.

3 fastus [? cf. faustus], fortunate, lucky, or (?)*f. l.*

perit incendio gens fasta [? l. fausta *or* facta] fatua Walt. Wimb. *Carm.* 523.

fatagare v. satagare.

fatalis [CL], concerned with fate. **b** ordained by fate; **c** (w. *tempus*) appointed (time).

9.. ~i, *gelimplice WW*; Lachesis dea ~is Bacon *Gram. Gk.* 117. **b** in qua post obitum fatali sorte quiescit Aldh. *CE* 4. 8. 17 (cf. ib. 4. 12. 26: cadaver / exsurrecturum fatali fine quiescit). **c** postquam ~e tempus supervenisset G. Mon. XII 17; **1295** si pars appellans .. infra tempora ~ia .. appellacionem suam non fuerit prosecuta *Conc.* II 211; **1542** decernimus .. appellacionem .. propter lapsum ~is temporis et negligenciam .. conventualium .. infra tempus a jure statutum minime prosequencium desertam decernendam fore *Offic. S. Andr.* 145.

2 deadly, fatal.

ultimus ille ~is quoque regis transitus fuit R. Niger *Chr. II* 179; **s1403** visa sunt monstra .. in similitudinem hominum bellatorum, que sibimet occurrencia videbantur inire dira bella .. sicque dicta fantastica vel ~is apparicio sepius delusit plurimos Wals. *HA* II 254.

fatalitas [LL]

1 fatal necessity, death.

[physici] futuram .. sanitatem aut egritudinem, .. ~atem quoque ipsam ex precedentibus signis agnoscunt J. Sal. *Pol.* 417C; turbato ~atis ordine filius vos precessit ad mortem P. Blois *Ep.* 2. 7B; nescio qua vindicta quave ~ate sinistra, intempestiva nece rebus humanis exempti sunt Gir. *IK* I 2 p. 29; hec de male fidei possessore, qui prestat ~atem. bone fidei autem possessor non prestat ~atem Vac. *Lib. Paup.* 84; **1285** quidam .. ~atis debito appropinquans apud Fratres Minores elegit .. sepulturam Peckham *Ep.* 647.

2 fairy nature. *Cf. fatatus* 2.

maximum erat ~atis argumentum invisa prius et inaudita species mulieris Map *NC* II 12 f. 27; non .. monstrum instar Alcide secundum giganteam altitudinem vel Achillis secundum ~atem *Ib.* II 17 f. 28v.; displicet mihi quod majorem exerces nequiciam quam meam deceat ~atem *Ib.* IV 6 f. 49v.

†fatare, *f. l.*

quoniam igitur [? *add* se] reverendae crucis signo munierat, per quod nos credimus salvari, sicut et ipse ideo illius loci aedificia coepit construere in modum crucis: porticum in oriente, in meridie, et in aquilone; turrim in medio, quo [? l. quae] sustentaretur a porticibus juxta se †fatantium amplificato [*conj.* Lapidge: astantibus. amplificata] dehinc †ecclesiam [*conj. Lapidge*: ecclesia] in occidente †turri [MS: turrim] annexuit Byrht. *V. Osw.* 434.

fatatus

1 ordained by fate. **b** (of time) appointed (in quot., for death).

cometes / Anglis fatatum nuntiat excidium G. Amiens *Hast.* 126; de hac .. virga ~atum erat quod quicumque eam abscidisset .. statim lupus fieret *Arthur & Gorlagon* 6; istud fatatum fuit a sanctisque relatum Gower *CT* III 356; quorum duos, sinistro Parcarum livore ~atos, rex .. suspendi fecit in arbore *Ps.*-Elmh. *Hen. V* 67 p. 189. **b** **s1386** fit fatata dies penultima mense Novembri (*Epitaph. N. abbatis*) Flete *Westm.* 137.

2 under the influence of magic, bewitched. **b** having magic powers, fairy. *V. et. fadus.*

Radulfus ~atus *DB* II 79; suscipit hic fratrem Morganis nympha perennis; / .. / .. fatatus, inermis, / belliger assistit Steph. Rouen II 1165; nam fatata cohors *Ib.* 1197; mensam †jocundam [v. l. rotundam] instituit in insula †jatata [v. l. fatata] Gerv. Tilb. II 17 p. 936; de sylva ~ata per horas *Ib.* III 71 *tit.* **b** ut vulnera quotannis recrudescentia sub interpolata sanacione curarentur a Morganda ~ata Gerv. Tilb. II 17 p. 937.

fatere v. fatiscere.

fateri [CL]

1 to accept as true, admit, acknowledge: **a** (w. indir. statement); **b** (trans.); **c** (in parenthesis). **d** (eccl.) to confess. **e** (*~eri receptum*) to acknowledge (receipt).

~eor caritati vestrae quod hoc opusculum .. vobis destinare nequiverim Aldh. *VirgP* 59; ut hanc .. xv^{am} lunam ad vesperam esse ~eretur Bede *HE* III 25 p. 187; **c795** ~eor me unum ex illis quos redemit Alcuin *Ep.* 86 p. 131; ~eri me ita esse oportet Anselm (*Ver.* 8) I 188; sicut ~endum est lacum esse de rivo *Id.* (*Proc. Sp.* 9) II 203. **b** garrula quae rostris resonantes cantica pipant / atque creatorem diversa fatentur Aldh. *VirgV* 16; qui Christum corde fatentur *Ib.* 1543. **c** silui—~eor—cum immenso .. dolore Gildas *EB* 1; timebam tamen—~eor—maledictionibus populi Anselm (*Ep.* 214) IV 113; ut verum ~ear *Id.* (*Ep.* 262) IV 176; sepius mihi—~eor—assedit, nunquam tamen plus de illa quam de muro temptatus extiti Higd. VII 35 p. 228. **d** vere, Domine, ~eor: iniquitas mea me fecit talem Anselm (*Or.* 8) III 26; Nig. *SS* 3002 (v. confessor 1b). **e** **1460** eidem, pro naulo trium lastarum .. salmonum .. receptorum per compotorum rotulatorem, ipso ~ente receptum super compotum, et pro quibus respondebit *ExchScot* VII 19; **1469** pro secundis decimis debitis priori .., ipso per literas suas ~ente receptum *Ib.* 632; **1479** Patrico Myllar, ~enti receptum super compotum xij celdre viij bolle ordei, pro quibus respondebit *Ib.* VIII 579.

2 to avow, profess, declare; **b** (w. inanim. subj.); **c** (w. indir. qu.).

vere ~eor quia neminem unquam alium .. audivi tam diligenter gratias Deo vivo referre Cuthb. *Ob. Baedae* clxi; quae cunctis criminibus plena te justam ~eri non erubescis *Eccl. & Synag.* 53; ferunt, i. .. ~entur, .. dicunt *GlH* F 194; en ~eor plane quod non facile mihi occurrit scribere .. Ælf. *Æthelwold* 26; **c1145** nos .. simpliciter quod inde meminimus ~emur *Doc. Theob.* 138; **1269** A. .. alias ~ebatur quod idem R. interfuit ad predictam feloniam faciendam *SelCCoron* 14. **b** res provisa Deo, divinam tramite fixo / fassa voluntatem, tempore certa venit Garl. *Epith.* III 490; celestia, terestria, / nutu fatentur subdita Ledrede *Carm.* 44. 7. **c** **1453** ~ebatur .. quomodo superior suus talia verba de pecunia dicta in morte sua habuit *Reg. Whet.* I 122.

fatescere v. fatiscere.

fatidicus [CL], declaring fate, prophetic (also as sb. m.).

~us, mathematicus, divinus *GlC* F 8; ~us, i. fata dicens, divinus, quasi propheta *GlH* F 113; ~us, .. i. fatum dicens Osb. Glouc. *Deriv.* 229; comes ~o hoc verbo velut telo percussus J. Furness *Walth.* 30; respondit sanctus spiritu ~o et ore veridico *Ib.* 80.

fatifer [CL], doom-laden, deadly.

solet .. dactilus a nominibus figurae compositae provenire .. ut .. ferriger, furcifer, ~er, .. flammiger, .. floriger, fumifer Aldh. *PR* 120.

fatiga [*backformed from* CL fatigare], effort, toil.

1438 non absque permagnis sumptibus, laboribus, et ~is Bekynton I 201; preter immoderacionem expensarum, ~as plurimas, labores inutiles *Meaux* III 249.

fatigabilis [LL = *prone to tiredness*]

1 wearisome, tiring.

798 infirmitas corpusculi mei .. ~e mihi .. iter efficiet longinquum Alcuin *Ep.* 159; **s1143** placuit domino papae tam ~i liti .. finem imponere Thorne 1805.

2 capable of great effort.

cujus statura est macra et curta ac bene recta significat hominem naturaliter †segacem [l. sagacem], ingeniosum, tenacem, superbum, audacem, secretum, ~em, vanagloriosum [etc.] M. Scot *Phys.* 101 (cf. fatigosus).

fatigamen, tiring task or burden.

estu laboris non nimium fatigantur dum in aliorum subsidia eorum ~ina sullevantur R. Cold. *Cuthb.* 89 p. 189.

fatigare [CL]

1 to tire out, wear out, (pass.) to be weary.

equo ejus ~ato causa itineris *V. Cuthb.* I 6; non ~or .. adhuc. bene possum stare hic Ælf. Bata 4. 11 p. 35; **a1078** Christus .. secundum humanitatem quidem esurivit, situit, ~atus est Lanfr. *Ep.* 50 (46); ~atur .. terra marique discrimine multo *V. Gund.* 4; non est opus ut ego me discendo ~em Alex. Cant. *Dicta* 3 p. 119; in itinere .. usque ad spiritus ~atus exhalationem *Mir. Fridesw.* 11; **1199** (v. duodennium); W. Drogheda *SA* 33 (v. defensio 6).

2 to vex, harass, assail; **b** (w. ref. to exactions); **c** (w. inanim. subj.).

filium .. a demone ~atum *V. Cuthb.* IV 15; percussa febribus acri coepit ardore ~ari Bede *HE* IV 21 p. 256; ~ata ab omnibus ut epularetur Gosc. *Wulfh.* 2 p. 15; **a1161** quia eos jam triennio Petrus ~averat et semper in probatione defecerat *Doc. Theob.* 167. **b** [Johannes rex] homines episcopatuum et abbathiarum vacantium in Gwalliam ~ari jussit, et hoc in ecclesiastice libertatis prejudicium egit G. Cold. *Durh.* 19. **c** arbores plantate in planis vel in vallibus minus excutiuntur et ~antur quam ille que stant in montibus Holcot *Wisd.* 168.

3 (dep.) make (esp. long or difficult) journey.

ad Romanam usque civitatem per tam prolixa terrarum et maris spatia .. ~ari Bede *HE* II 18; rogaverim te ut digneris usque ad me ~ari, et egritudinem meam .. curare (*Ep. Abgari*) Diceto *Chr.* 57.

fatigatio [CL]

1 weariness, exhaustion; **b** (w. ref. to travel). **c** (med., *~o ulcerosa*) name of ailment.

magna †febri [? l. febris *or* febrium] ~io Hugeb. *Wynn.* 2; *GAS* 588 (v. desuper 4); quod pre nimia laboris ~one .. sic fessus jaceret Coggesh. *Visio* 7; accidit ei fessitudo et cogetur ad quietem. causa enim ~onis .. Siccav. *PN* 171; cum preter hyemales elementorum injurias, .. preter vexati vigoris ~ones, eciam invalide valetudinis molesta gravitas obsistat Ad. Marsh *Ep.* 237; sicut volo deambulare propter sanitatem, ad quam tamen deambulacionem sequitur ~o, si excedat vires animales R. Marston *QD* 405; clipeo innitens post ~onem *Hist. Arthuri* 84; nisi aliquis .. ambulet et ita velociter quod incipiat fatigari et hanelitus mutari, et tunc statim debet .. quiescere, quoniam, si ulterius moveretur, non esset nisi pena et ~o J. Mirfield *Flor.* 138. **b** ex maris ~one et tedio H. Bos. *Thom.* III 19 p. 253; dum hospitium post longi ~onem itineris cum plurimo labore quesissent P. Blois *Ep.* 14. 48B. **c** Gilb. II 89v. 1 (v. fatigativus).

2 effort, toil.

1072 absque vestra ~one *Ep. Lanfr.* 6 (6); ne [cerebri substantia] diutina et laboriosa ~one siccata arefiat Alf. Angl. *Cor* 15. 4.

3 vexation, harassment; **b** (w. ref. to exactions or duties).

1153 cause que inter vos et H. clericum non sine multa ~one utriusque partis diutius dinoscitur (*Lit. Papae*) *Lib. Eli.* III 110; post varias belli biennalis vexationes et inanes omnino ~ones Gir. *EH* I 45; animas que omnes versis vultibus ad ecclesiam cum magne ~onis expectatione suffragium viventium amicorum desiderabant Coggesh. *Visio* 30; demonum intencio tota est ad malum et ad ~onem bonorum Bart. Angl. II 20; **1342** vicarium inducere .. quod a ~one ballivi nostri .. desistat *Lit. Cant.* II 260; **a1350** propter ~ones et vexaciones frequentes in vocacione non regencium evitandas *StatOx* 18. **b** generalia comitatuum placita .. convenire debere, nec ullis ultra ~onibus agitari nisi propria regis necessitas .. adiciat (*Leg. Hen.* 7. 1) *GAS* 553; intuentes .. reservaciones et plurimas ~ones in beneficiis ecclesiasticis jam currentes, et periculum et damna multiplicia ecclesie .. imminencia *Hist. Durh.* 4; **1388** variis ~onibus et oppressionibus colore officii sui predicti eosdem pisces de prefatis nuper majore et communitate extorquebat *IMisc* 239/2 m. 2; sumptus et costagia parti lese pretextum [v. l. pretextu] indebite ~onis seu [v. l. sue] in hac parte solvendo *BBAdm* I 227.

fatigativus, causing weariness.

~us [dolor est] ex labore .. et vocatur fatigatio ulcerosa Gilb. II 89v. 1; si ex labore ~o, tunc corpus est debilis Gad. 20. 2.

fatigium [cf. DuC], effort, toil.

624 magno enim praemio ~iorum vestrorum (*Lit. Papae*) Bede *HE* II 8 (= *ed. Plummer*: †fastigiorum; cf. Elmh. *Cant.* 151); **799** qui ~ium det et nobis, quantum Deus inspiraverit, dirigat *Ep. Alcuin.* 183.

fatigosus, capable of great effort.

cujus genua sunt macra significant hominem fortem, audacem, ~um, secretum, et boni itineris M. Scot *Phys.* 91 (cf. fatigabilis 2).

fatimen [cf. famen; *arising from conf. of* fari *and* fateri], utterance, word.

956 (12c) summo almae et individuae trinitatis ~ine *CS* 986; ~ine, loquele [*sic* MS; ? l. loquela] *GlH* F 111.

fatiscere [CL], **~escere** [LL], **fatēre**

1 (intr.) to split open, crack; **b** (fig.).

nascuntur enim poma pulcherrima, quae et edendi cupiditatem spectantibus generent, si carpas, ~iscunt ac resolvuntur in cinerem fumumque excitant Bede *Ep.*

Cath. 76; ~escunt, aperiunt *GlC* F 2; ~escunt, dissipant *Ib.* F 45; sic et membrorum compago soluta fatiscit / inque retecta facit viscera funis iter L. DURH. *Dial.* II 331; vela cadunt, antenna labat malumque fatiscit *Ib.* III 165; hinc inde navem mediam concutientes, . . adeo ut ea jam rimis ~isceret W. CANT. *Mir. Thom.* III 42. **b** jam luce lumina cecat etherea, / fatiscant (*sic*) tenebre, lux surgit aurea WALT. WIMB. *Carm.* 308.

2 to become tired, grow weary. **b** (w. *ab* & abl.) to desert, fall away (from). **c** to be feeble.

~escit, resolvitur *GlC* F 46; ut lux alma queat venas intrare fatentes ALCUIN *Carm.* 124. 4; ~iscat, resolvatur *geteorie GlP* 111; ne nimis fatigati more jumentorum pre nimio labore ~iscentium deficerent ORD. VIT. XII 38 p. 453; hec viget, illa jacet, hec pullulat, illa fatiscit J. EXON. *BT* I 23; corpus nostrum infirmum . . dum reficitur, deficit, et quotidie dum instauratur, ~iscit BALD. CANT. *Sacr. Alt.* 680B; pectus in ascensu vix respirando fatiscit H. AVR. *Poems* 20. 125; ~esco, A. *to ffayle, to feble, to wexe weyry WW.* **b** superiora . . que nunquam a sua ratione ~iscunt ADEL. *QN* 33; illa . . que nunquam ab equalitate sue compositionis ~iscunt, nunquam et movere desinet [sc. anima], ut supera sidereaque corpora *Ib.* 43; ipsa [anima] ab investigatione sua ~iscit *Id. ED* 13. **c** qui humidum habent cerebrum ingenio quidem pollent sed memoria ~iscunt; qui vero siccum habent, hi memoria vigentes ingenio privati sunt *Id. QN* 17.

3 to fail, come to nothing.

dum polus et tellus ac ponti flustra fatescunt ALDH. *CE* 4. 11. 6; ~escit, evanescit, dissolvitur, discedit, *ateorade*, dissipat, deficit, lacescit, *fordwinþ*, desinit, *mylt, sweþrede, aswand GlH* F 108; **962** (12c) omnis mundi gloria, adpropinquante vite hujus termino, ad nichilum reducta ~escit *CS* 1094; tandem cunctis Francorum archiatris ~iscentibus, quidam . . de Barbarie venit et apodixen medicinalis peritie . . exercere cepit ORD. VIT. XI 9 p. 197; multum fatis irata fatiscit [sc. Penthesilea] J. EXON. *BT* VI 651; fatiscat (*sic*) igitur omnis elatio WALT. WIMB. *Carm.* 431; **p1347** Cressei descrescit, Arthosia pallida cessit, / Kaloys arescit, Brittania Parva fatescit *Pol. Poems* I 55; descidet corona capitis vestra et ~iscens deficiet virtus vestra *Dictamen* 357.

4 (her.) to be voided.

crux . . linearis est rubro ~iscens SPELMAN *Asp.* 102; hiatus cum radii crucis ~iscunt *Ib.* 103.

fator [LL], speaker.

~or, dictor *GlC* F 5.

fatt- v. vatt-.

fatuari [CL], **~uare,** to be mad, to be made mad.

huic Fauno fuit uxor nomine Fatua, spiritu vatidico frequenter repleta, unde et adhuc qui inspirari solent ~uari [v. l. ~uati] dicuntur [ME: *þey þat haveþ a spirit of prophecie beeþ icleped* fatui] HIGD. II 21 [cf. Just. 43. 1.8: ~uari].

fatue [CL], **~iter,** foolishly, to no purpose.

9. . fatuiter, *dyslice WW*; **10.** . ~e, *gemad WW*; quicquid agit fatuus, quicquid fatue meditatur, / esse putat verum; fatuus sic infatuatur D. BEC. 76; quod dictum fatui, quum non ~e sed potius prophetice prolatum fuerit, mors . . subsecuta evidenter comprobavit J. FURNESS *Kentig.* 45 p. 241; 'per mortem Dei' [etc.] ~e nimis et indiscrete jurare presumunt GIR. *PI* III 30 p. 318; **s1316** fere xx homines ~e peremerunt *V. Ed. II* 220; de aliis interrogatus, locutus est ~e *Feod. Durh.* 284; **s1356** recognoverunt capcionem dicte ville de Berewyk ~e fuisse factam AVESB. 132.

fatuitas [CL]

1 (w. ref. to persons) foolishness, stupidity. **b** idiocy, madness.

ni torpentis stilum ingenioli multimoda ~atis ignavia duro obtunderet repulsu B. *Ep.* 386; ut eorum vel sapientia vel ~as cunctis patesceret PETRUS *Dial.* 32; nempe tunc in immensum ~as pervagatur, cum propter reverentiam ordinis stultus ordinatur AD. MARSH *Ep.* 160; multitudo . . capillorum super utroque humero significat ~atem et stoliditatem BACON V 167; ne per insolentiam vel fatuitatem / stultorum potencia regni subnervetur *Carm. Lew.* 824; sub spe reducendi ovem perditam ab invio erroris sui ad viam veritatis a qua ~atem suam dogmata perversorum abduxerant *G. Hen. V* 1 p. 6; cum videret agrestis ~atis hominem, qui non fuerat Christianus ELMH. *Cant.* 272. **b** quia simplex erat, ejus simplicitas ~as a confratribus vocabatur J. FURNESS *Walth.* 70; **1260** in tantam ~atem et mentis alienacionem devenit quod . . *Cl* 155; **1333** de terris et tenementis . . que racione ~atis W. B. idiote consanguinei et heredis . . Johannes in manu regis exist' *LTRMem* 105 m. 117; **1335, 1430** (v. idiotia).

2 (w. ref. to thought, word, deed, *etc.*) folly, foolish thing.

ut tuas ~ates et calumnias refellam veracibus dictis *Eccl. & Synag.* 53; quae opinio sua se patenti ~ate suffocat ANSELM (*Proc. Sp.* 9) II 202; hec autem tamquam ~ates et insanias, utpote pythagoricas fabulas, . . contemnentes R. MARSTON *QD* 155; secundum istorum ~atem Deus nihil intelligit W. MACCLESFIELD *Quaestione* 4vb.; **1311** facit (*sic*) sibi dari per dictam parvulam omnia bona sua . . et postea penituit se de tanta ~ate *Reg. Gasc. A* I 287.

fatuiter v. fatue.

1 fatum [CL]

1 (sg. or pl.) fate, destiny (of individual), Fate; **b** (w. ref. to astrology or prophecy).

sed fortuna meum mutaverat ordine fatum ALDH. *Aen.* 45 (*Fusum*) 2; **849** (11c) modo vero tristia . . rerum ~a mortalium mentes huc illucque vertendo jactant *CS* 455 (1) p. 40; ~is, *gewyrdum GlH* F 112; ~i pro ~orum *Ib.* 116; ~a, i. fortuna, †eventur [MS: eventus], . . *gewyrda Ib.* 130; o irrevocabilia seria ~orum, que solito cursu fixum iter tenditis G. MON. II 12; quid accidit, quod ~um nobis infestum nocuit? ORD. VIT. IX 17 p. 619; OSB. GLOUC. *Deriv.* 229 (v. fatidicus); o si sic evenerit . . / . . o fatorum cura! P. BLOIS *Carm.* 5. 7. **b** Gerebertus vicit Ptholomaeum in astrolabio, Alcandrum in astrorum intersticio, Julium Furmicum [l. Firmicum] in ~o *Meaux* I 268; **s1216** putant nonnulli ad illum referri ~um Merlini ubi dicit 'Virginea munera . .' [cf. G. MON. VII 3] *Eul. Hist.* III 111.

2 death.

tum fati sorte quiescam ALDH. *Aen.* 12 (*Bombix*) 4; eram tristis, quia patrem, fata, tulistis R. CANT. *Poems* 7. 4; senio confectus, disponere populo volens quesivit a consiliariis suis quem post ipsius ~a in regem de progenie sua erigere affectassent G. MON. V 9; **s1168** etc. (v. 1 discedere 3); **s1184** etc. (v. 1 concedere 1b); ut . . gloriam . . post ~a compararem GIR. *TH intr.* p. 6; *Id. PI* III 2 etc. (v. 1 decedere 2a); **s1212** etc. (v. 2 cedere 2); **c1298** Vescy, Morley, Somervile, Bertram sunt in fata (*Dunbar* 167) *Pol. Songs* 173.

3 phantom.

video duo ~a quasi duas candidas personas que cum illa jugiter gradiuntur et ab omnibus impugnationibus . . defendunt *V. Chris. Marky.* 23.

2 fatum v. vattum.

fatuosus [LL], foolish. **b** afflicted w. idiocy, lunatic, mad.

Christus . . ipsos [apostolos] ad humilitatem inducens omnem superioritatem injustam et illicitam, ac modum regendi ~um et iniquum amovit OCKHAM *Dial.* 863. **b** **s823** [Ceolwlphus] a Bernulpho quodam ~o, et divitiis ac potentia pollenti, . . expulsus est *Croyl.* 7.

1 fatus v. fari.

2 fatus [cf. fari], speech, word.

ut dudum angelico discit virguncula fatu ALDH. *CE* 2. 16; actus ejus laudabiles cunctis scire volentibus et scripto commendat et ~u *Hist. Abb. Jarrow* 14; ~ibus, locutionibus *GlH* F 115; **9.** . ~u, *spræce WW*; **940** (12c) cuidam . . matrone que humanis nuncupatur ~ibus Ælfhid *CS* 759; **1461** fedior est fatu, bis turpior est moderatu (*Vers.*) *Reg. Whet.* I 400.

fatuus [CL]

1 (of person or animal) foolish, silly. **b** (as sb. m. or f.) fool, one who behaves foolishly. **c** (born) idiot, lunatic. **d** 'fool', jester.

cum ~is virginibus extinctas lampadas gestantibus [cf. *Matth.* xxv 8] ALDH. *VirgP* 15; tanquam vir discretus sensualitati ~e uxori . . obstat PULL. *CM* 201; ubi et aves ~e ingeniose reperiuntur GIR. *TH* I 22; **s1098** eliminantur ab exercitu lotrices ~e M. PAR. *Min.* I 117; [homo] est . . ~us ut strucio BACON V 143; bene ~us erat S. Michael qui credebat quod sibi darem vaccam meam et vitulum meum *Latin Stories* 71; quanta mala accidunt regno cujus rex ~us est et insipiens (J. BRIDL.) *Pol. Poems* I 134; cum rex . . neque multum ~us erat nec nimis ignavus W. WORC. *Itin.* 318. **b** dicis '~us fatua loquitur.' numquid fatua loquitur, qui veritatem praedicat, et non ille magis ~us est qui est falsitatis assertor? ALCUIN (*Adv. Elipand.* I 8) *Dogm.* 247A (v. et. 2 infra); **1221** (v. episcopus 3); illa causa nulla est nisi ~orum proterviencium qui . . aliter nesciunt respondere ROG. SWYN. *Insol.* 47. **c** hic [leo] ~am quandam, Johannam nomine, bestiali amore amplecti solebat GIR. *TH* II 24; naturaliter ~i solo baptismi sacramento salvantur velut parvuli HALES *Sent.* II 197; **1391** R. . . qui ~us fuit . . cecidit in quendam lacum aque . . et ibidem statim submersus fuit *SelCCoron* 124; quasi ~us naturalis a sua juventute et fere cotidie ebrius GASCOIGNE *Loci* 25. **d** in curia ejus quidam homo ~us . . degebat . .; solent enim optimates . . homines hujusmodi secum retinere qui et ipsos dominos . . verbis et gestibus fatuis possunt in jocos et cachinnos commovere J. FURNESS *Kentig.* 45; induit habitum ~i et perrexit per abbacias ad probandum statum monachorum. et venit et percussit ostium chori cum pila sua ECCLESTON *Adv. Min.* 78; **1300** Martinetto de Vasconia ~o ludenti coram dicto domino Edwardo, de dono ejusdem, ij s. *AcWardr* 166; **1303** Roberto B. ~o de dono principis racione mali quod sustinuit eodem die per eundem principem in aqua ibidem per manus proprias *KRAc* 363/18 f. 21; **1336** Thome ~o . . xij d. *Ac. Durh.* 528; **1461** Gilberto ~o, xiij s. iiij d. *ExchScot* 76.

2 (of thought, word, deed, *etc.*) foolish, pointless.

ALCUIN *Dogm.* 247A (v. 1b supra); non enim sermo ejus ~us vel inutilis erat sed sale spirituali conditus DOMINIC *V. Ecgwini* I 7; nullam vel simplicem paeneque ~am objectionem disputanti mihi occurrentem . . volo praeterire ANSELM (*Mon.* 6) I 19; gestibus ~is J. FURNESS *Kentig.* 45 (v. 1d supra); astrologia judiciaria ~a est et infatuativa eorum qui sibi vacant KILWARDBY *OS* 99; nimis enim factuum videretur ipsum providere aut preordinare quodcunque nisi illud posset perficere in effectu BRADW. *CD* 586D.

3 (*ficus* ~*a*) 'sycomore' (συκόμορος < σῦκος + μόρον, w. false etym. from μωρός), interp. as fruitless fig. (*Cf.* Gregory *Moralia, PL* LXXVI 444C–446A).

sicomorus . . est arbor foliis moro similis sed altitudine praestans, unde et a Latinis celsa nuncupatur ficus ~a dicitur. ex eadem dominica crux credentes alit ut ficus ab incredulis irridetur ut ~a BEDE *Luke* (xix 1–4) 560; [sum velut] fumus et ficus fatua J. HOWD. *Cyth.* 14. 6; ad succidendos palmites pestiferos et nocivos quos velut ficus ~a fertilitas Anglicana produxit J. ACTON *Comment. prol.*; **1354** velut ficus ~a sine fructu (*Lit. Regis*) *Conc.* III 33.

4 (leg., w. ref. to oath) untrue (due to ignorance, not falsehood).

poterit etiam sacramentum esse falsum et poterit esse ~um. . . committit enim jurator perjurium propter falsum sacramentum, ut si et certa scientia aliter juraverit quam res in veritate se habuerit. si autem sacramentum fuerit ~um, licet falsum, tamen non committit perjurium, licet re vera res aliter se habeat quam juraverit, et quia jurat secundum conscienciam eo quod non vadit contra mentem BRACTON 288b; sunt . . quidam qui ~um faciunt sacramentum et falsum per negligenciam vel per ignoranciam examinacionis *Fleta* 336.

faucebracium [cf. falsus], 'false-brace' (for saddle).

pro . . uno faucebrac' et j pecia de coreo pro quadam sella cujusdam someri de speciebus vj d. *KRAc* 99/21 m. 2.

faucecorda [AN *fauscorde* < falsa chorda], 'false-cord' (of springald).

1327 *fauscorde* (v. chorda 4d); **1348** in filo empto pro faucecordis ad idem *KRAc* 462/16 f. 6*d*.

faucella v. falcilla. **fauchio, faucho** v. falcio. **faucilla** v. falcilla. **fauconarius, -erius** v. falconarius. **fauctio** v. fautio. **fauctor** v. fautor. **fauda** v. falda. **faudestola, faudestolium** v. faldestolium. **faufel** v. fulful. **faulcatio** v. falcatio. **faulco** v. 2 falco. **faulda** v. falda. **faulus** v. famulus 1a.

1 Faunus [CL], rural deity resembling satyr, woodwose.

~i . . silvicolae . . a capite usque ad umbilicum hominis speciem habent, caput autem curvata naribus cornua dissimulant et inferior pars duorum pedum et femorum in caprarum forma depingitur *Lib. Monstr.* I 5; satiri vel ~i vel †sehni vel ~i ficarii, *unfæle men, wudewasan, unfæle wihtu* ÆLF. *Gl.* 108; ~os, *wudewasan GlP* 408; unus . . eorum, quos ~os dicunt et incubos, ad luxum proclives ac sepe mulieribus insolentes T. MON. *Will.* II 7 p. 80; BART. ANGL. XVIII 50 (v. 1 ficarius 2b); HIGD. II 21 (v. fatuari); †Cauni [l. ~i], A. *fayryes WW.*

2 Faunus v. Favonius.

3 faunus v. feo.

faus- v. et. fals-.

fausardus [OF *faussard, falsart,* ME *falsart*], weapon like a bill-hook.

1235 de . . viij fausard', j croco ferreo, vij hache, j magna balista atroil *Pipe Wint.* 159284 r. 3; **1253** xxx mill' quarellorum et ~orum *Cl* 474 (cf. *Liberate* 29 m. 2).

fausel v. fulful.

1 fausettum v. falsetum.

2 fausettum [OF *fausset*], spigot, faucet.

1320 pro fausetis et *levours* (v. 2 frenus b); **1359** ~a per ipsos malefactores in eisdem doliis facta aperta reliquerunt per quod totum residuum vinorum predictorum periit *Pat* 256 m. 14 *d*.

fausilla v. falcilla. **faussarius** v. emissarius 2a.

fauste [CL], luckily, happily.

990 (12c) quatenus ille ~e fruatur quamdiu vivido flatu artuum organa reguntur *CD* 673; **10.** . ~e, *gesælge WW*; fons dulcoris inexhauste, / servi tui claude fauste / cronicam periodum WALT. WIMB. *Virgo* 159.

faustianus, faustinus, sort of lozenge.

sotyra magna . . idem facit, similiter trocisci, trocod', et ~iani GILB. V 221. 2; offeratur tyriaca magna vel trocisci, ~ini, vel arsenia *Ib.* 222v. 2.

faustitudo [cf. Jan.], good fortune.

an happe, ~o, felicitas, fortuna, fortunium, fortuitus, omen, omenosus participium *CathA.*

faustus [CL], fortunate, lucky, happy.

cum his caelicolis qui fausta sorte fruuntur ALDH. *VirgV* 2899; ~us, jocundus *GlC* F 6; ~um, bene auguriae *Ib.* 92;

~us, i. felix, jocundus, laudabilis, clemens; .. ~um, i. festum, bene augurie *GlH* 89, 91; ob beati Patricii junioris [v. l. senioris] honorem qui ~us ibidem in Domino quievisse narratur B. *V. Dunst.* 5; et sic faustus [*gl.*: felix] eris si tu tantum spolieris [*gl.*: a pecunia et non a vita] GARL. *Mor. Scol.* 130; rei eventum expectans sed jam ~o nuncio certificatus *V. II Off.* 4; fausto false vite cursum / claudens completorio WALT. WIMB. *Virgo* 151.

fauteria v. fautoria.

fautio, support. **b** conspiracy or (?) *f. l.*

nec sunt proprie fautores vel defensores pape heretici. quia ~o et similiter defensio aliquem actum positivum exteriorem importare videntur OCKHAM *Dial.* 650. **b** cives .. Rotomagi .. de mutando principe tractaverunt... hujus nimirum fauctionis [? l. factionis] incentor Conanus Gisleberti Pilati filius erat ORD. VIT. VIII 15 p. 351.

fautor [CL]

1 one who promotes the interests (of), patron, supporter.

c794 gaudebam de tuae prosperitatis salute, cujus praesens quantum valui ~or fui ALCUIN *Ep.* 40; **943** (14c) si quis .. donacionis hujus destructor existere conatus fuerit, .. cum justis non scribatur; qui vero ~or et observator, addat ei Deus dies *CS* 785; **964** (12c) per meos fideles ~ores Dunstanum .. Æþelþoldum et Osþaldum *Ib.* 1135 (= *Cart. Worc.* 1); ~or, i. auxiliator, assertor, suasor, parasitus *GlH* F 92; Xristus ut hic faveat votis sis fautor opimus WULF. *Poems* 10; tam auctores hujus cedule quam fauctores sunt canonice excommunicandi UHTRED *Contra Querelas* 332.

2 adherent (of heresy or sim.), accomplice, abettor (of crime or sim.).

strofosi ~oris instinctu debachatus ALDH. *VirgP* 50; **a1078** scismatici et ~ores eorum LANFR. *Ep.* 50 (46 p. 148); hujus dissidii ~or GOSC. *Lib. Mild. cap.* p. 69; **c1156** Avelina uxor H. .. et ~ores sui ecclesiam S. Helene in feudo suo apud Randewrdam .. convulserunt et in alio loco .. plantaverunt *Doc. Theob.* 129; multo plures occulte complices habens et ~ores GIR. *EH* I 44; **1281** omnesque complices eorundem, consiliarios, et ~ores .. justicia excommunicaverimus exigente *Reg. Ebor.* 14; **1298** malefactores hujusmodi ac eciam fauctores et complices *Reg. Heref.* 291; **c1340** cum eorum auctoribus, fauctoribus, et complicibus universis *FormOx* 175; fidelem pontificem .. qui dictum errorem et assertores ac ~ores ejus destruet et confundet OCKHAM *Pol.* III 44; privata persona que juravit indicare hereticos et non indicavit, dicitur ~or heresis LYNDW. 285 g; J. Holdcastel, ~or fortissimus lollardorum et regis proditor STRECCHE *Hen. V* 148; **c1460** episcopus .. est Thome Danyell et suis ~oribus maxime benevolus *Paston Let.* 605.

fautoria, support, promotion, abetting.

qui .. crimen heresis, idololatrie, intrusionis, ~ie pravitatis heretice [etc.] .. et aliis multis enormibus criminibus involuti fuerunt OCKHAM *Pol.* II 854; Anastasius II heresim ~iam hereticorum incurrit *Id. Dial.* 475; exemplo .. Romanorum, qui pro minori excessu, quam pro fauteria hereticorum damnatorum .. ab obedientia Anastasii etiam laudabiliter se abegerunt *Ib.* 525; **1340** si placeret prefato Philippo .. a ~ia dictorum Scotorum abstinere *Foed.* V 162a; **1347** responsurum coram eo super ~ia heretice pravitatis (*Lit. Papae*) *Mon. Hib. & Scot.* 287a; **1414** parebo mandatis .. archiepiscopi super rebellionibus et ~iis perversorum dogmatum *Reg. Durh.* II 52; **s1415** sub pena ~ie dicti schizmatis et maledictionis eterne WALS. *YN* 455.

fautrix [CL], supporter, accomplice, abettor (f.).

993 ego Ælfðryð .. hujus doni ~x extiti (*Ch. Regis*) *Conc. Syn.* 189; ipsa .., ut praesens testis et ~x, .. tale reddidit indicium GOSC. *Transl. Mild.* 22 p. 187; nocte, scelerum amica, furtorum ~ce MAP *NC* IV 6 f. 49; est .. invidia .. altrix et ~x omnium malorum M. RIEVAULX 70.

fauvellus v. favellus.

1 faux v. falx.

2 faux [LL; CL *pl. only*]

1 throat, maw; **b** (fig., esp. of death, hell or sim.).

canis ~em GILDAS *EB* 23; arida spumosis dissolvens faucibus ora ALDH. *Aen.* 83 (*Juvencus*) 1; **9..** ~ces, *hracan*, quod per eas famur voces *WW*; **9..** ~ces, *goman WW*; ~ces, *hracan* ÆLF. *Gl.* 157; pro ostensione veritatis creaturam panis sanctificati vel casei ~x ejus claudatur (*sic*) *Text. Roff.* 56v. **b** de abysso et mortis ~ce liberatus BEDE *Luke* (xi 29) 480; faucibus Orci BONIF. *Aen.* 5 (*Crapula*) 277 (cf. Vergil *Aen.* VI 273); eripe nos, petimus, taetri de fauce profundi / mortis WULF. *Poems* 13; populos .. a ~cibus diaboli abstrahere cupiens DOMINIC *V. Ecgwini* I 4; **s1141** in ipsis captionis ~cibus tenebantur W. MALM. *HN* 487 p. 47; sed a mortis faucibus / nullus potens est ereptus WALT. WIMB. *Van.* 143; ut fores inferi / et fauces Sathane paterent sceleri *Id. Carm.* 484; a mortis ~cibus miraculose liberatus *Mir. Hen. VI* II 38 *tit.*

2 mouth, jaw. **b** side of mouth, cheek.

B. *Ep.* 386 (v. dulcorare 1c); quasi oves de ~cibus luporum ad caulas monasterii confugerent ORD. VIT. XII 30 p. 424; apertis ~cibus ipsum velut pisculum devoravit G. MON. III 15; ad loquendum ~ces aperire non potest *Spec. Laic.* 4; brancos [i. e. βρόγχος] interpretatur ~x, inde brancus βράγχος, apostema in ~ce ortus de fluxu humorum a capite *Alph.* 26. **b** sibilate .. ~ces distendunt, aspirate tumescere faciunt *Ps.*-GROS. *Gram.* 22; infirmitas capitis et ~cis sinistre usque ad dentes *Mir. Montf.* 78; in dextra parte capitis et per ~cem dextram usque ad collum inflaturam sustinens *Ib.* 80; hec gena, A. *cheke*, hec mala idem est, hoc faus idem est; .. hec †jaux, *a chekbone*; .. ~x, *cheke WW.*

3 narrow entrance or outlet. **b** narrow passage, defile.

in occiduis Tyrrheni maris ~cibus columnas mirae magnitudinis .. erexit *Lib. Monstr.* I 12. **b** ~ces, angustiae *GlC* F 12; quia in ~cibus montium cum latronibus princeps latronum moratur HON. *Spec. Eccl.* 835C.

fauxilla v. falcilla a. **favacium** v. fabaceus.

favellus [OF *fauvel*], (of horse) dun (also as sb.). *Cf. falvus.*

equo sedens ~o peroptimo *Itin. Ric.* II 38; **a1216** legavit .. runcinum suum ~um comiti Wintonie *FormA* 423; fauvellum suum .. cum gladio suo .. et capello et harnesio toto ei tunc reddi fecimus GIR. *SD* 92; **1268** legamus .. J. decano Herefordie palfridum ~um *Test. Ep. Heref.* 5; **1312** B. de Fletewyk, ~um cum nigra lista *Cal. Scot.* III 422; **1340** pro restauro .. j equi ~i (*Ac Wardr*) *TRBk* 203 p. 256.

faventer [cf. favēre], as a favour.

si fuerint quinque [monachi], tres justatas rite habebunt, et sic deinceps, crescente numero impari numerus liberacionis augebitur. quod faventius (*sic*) in fratres Hurleye, qui hujus cenobii sunt professores, et crebrius hic; al[ias] minus familiarius ac districcius aliquantisper *Cust. Westm.* 81 (cf. ib. 115).

faverca [OF *favarge, faverge* < fabrica], forge, smithy.

a1182 dedisse .. xv acras terre .. ad construendas ~as suas in quibus facient ferrum et utensilia necessaria .., et totam mineriam .. et totum mortuum boscum .. ad usus predictarum ~arum *Cart. Rievaulx* 58 (cf. ib. 60: ad faciendum ibi fabricas suas in quibus facient ferrum et utensilia et alia necessaria).

favēre [CL *intr.*]

1 to be favourably disposed, show favour (to) (person); **b** (phr., *Deo ~ente* or sim.). **c** to agree, (to), approve (request, course of action or sim.) (also absol.). **d** to favour, incline to (opinion, policy, or sim.).

veritatem pro inimico odientes et mendaciis ac si carissimis fratribus ~entes GILDAS *EB* 66; ~et, i. adulatur, opitulatur, adjuvat, placat, *olecceþ*, .. *GlH* F 100; basia plena fāvi michi das—ideo tibi fāvi SERLO WILT. 2. 41; de gestis Normannorum studiose scripserunt et Willelmo jam regi Anglorum ~ere cupientes presentaverunt ORD. VIT. III 5 p. 72; ipse .. multis blanditiis ei ~it, sed .. blandimenta .. completione non peregit *Ib.* p. 88; rex quantum valitudo permittebat ~ebat officio, sed regina omnia disponens .. utriusque vicem implevit AILR. *Ed. Conf.* 771C; quare homo ita homini ~eat, ut ex favore Deum minime offendat PULL. *Sent.* 922A; non .. sequitur .. quod hominibus in malis ~eant sed quod eorum foveant caritatem PECKHAM *Paup.* 82. **b** Domino ~ente THEOD. *Pen. pref.*; victoriam .. Deo ~ente suscipiunt BEDE *HE* I 16; **c955** (12c) ego Eadred divina gratia ~ente rex *CS* 903; ~ente Deo ORD. VIT. III 1 p. 5; ~ente gracia *Itin. Mand.* 106; **1438** domini nostri metuendissimi domini Jacobi divina ~ente clemencia Scotorum regis secundi *ExchScot* 67. **c** ~ens votis regis .. elegit sibi locum BEDE *HE* III 23 p. 175; ~et, i. .. *hyrt*, permittit; ~erat, annuerat *GlH* F 100, 101; **956** (12c) ego Byrhtelm episcopus ~i *CS* 942; quomodo rege Eadredo ~ente sanctus vir Abbandunensis monasterii curam susceperit WULF. *Æthelwold* 11 *tit.*; *Id. Poems* 10 (v. fautor 1); **1066** comes gloriosissimus et uxor ejus .. Domino obtulerunt filiam suam Ceciliam nomine ~ente archiepiscopo Rothomagensi cum ceteris presulibus quatinus in eodem loco .. ipsi [sc. Deo] in habitu religionis perenniter servaret *Regesta* 4; Radulphum .. ~entibus omnibus .. ad episcopatum .. elegit *V. Gund.* 48; abbas .. juste petitioni .. libenter ~it ORD. VIT. III 2 p. 18; cujus precibus libenter ~ens *Chr. Witham* 502; ~endo peticionibus meis [ME: *obesiound to myn askyng*] *Itin. Mand.* 56; ego .. rogatui suo ~ens et vota mea desideriis suis attribuens *Eul. Hist.* I 2 proem. **d** urbem regi tradendam .. ~ent OSB. BAWDSEY clxxvi; dum tumulus gestare pedem debet moriturí, / discere velle faveret moriturus homo WALT. ANGL. *Fab.* 39. 14; quia non audemus eas [concubinas] expellere propter metum suorum amicorum qui eis ~ent ut maneant in domibus nostris GASCOIGNE *Loci* 36.

2 to take sides (with), show partiality (to).

quod .. civilia bella comiti Roberto ~endo movisset *V. Gund.* 28; qui partibus eorum ~ebat G. MON. I 3; legatus propter omnes misit quos regi fauturos sciebat R. NIGER *Chr. II* 185; ~ebat .. comiti Romanus imperator et fovebat ad bellum MAP *NC* V 5 f. 65v.; dicitur Victoria .. in bello Gigantum Jovi ~isse ALB. LOND. *DG* 6. 3; **1202** non .. in hoc conflictu finis est equanimiter expectandus, .. ut vel neutri ~eatur omnino vel uterque pariter foveatur *Ep. Innoc. III* 13; **1271** quia .. coronator est consanguineus predicte A. et ipsam ~et in hac parte *SelCCoron* 21; dubitantem an ~eat Grecis an Thebanis *Natura Deorum* 56; **c1410** si magister .. causam alterius persone quomodolibet ~eat, .. *StatOx* 205; **1461** utrum J. H. ~ebit Wyndham vel judici *Paston Let.* 655.

3 (w. *linguis, ore*, or sim.) to avoid words of ill omen, keep silence.

~et autem quis ore etiam per taciturnitatem ALB. LOND. *DG* 6. 34.

faverellus [AN, ME *faverole*], 'faverel', kind of bean.

11.. de pitanciis faciendis in conventu per annum et quomodo debent fieri: .. in anniversario Hervei sacriste flaones et faverell' *BL MS Harl.* 3977 f. 20; **1479** pro j quart' favor' et j quart' otis val' xj s. viij d. *KRAcCust* 114/9 m. 8*d*.

faveria [cf. AN *feverie*], smithcraft, ironwork (in quot., w. ref. to serjeanty).

1219 Rogerus filius J. tenet terram in L. per serjanciam faverie et valet iiij s. per annum *Fees* 268 (cf. ib. 228 [**1212**]: Rogerus filius J. [tenet] xij acras et faciet ferramenta carucarum regis).

favida [cf. OF *favede*], brooklime (*Veronica beccabunga*).

fafida, *leomoc Gl. Durh.* 302; **9..** fafida, *hleomoc WW*; fafida, *leomuc* ÆLF. *Gl.* 137; **12..** ~a, i. *favede*, i. *leomeke WW.*

favifluus, flowing w. honey.

pluvioque faviflua lacte / filius exilio fesse dedit ubera matri HANV. V 390.

favilla [CL], ash, soot, spark, esp. as carried by wind or smoke; **b** (fig.). **c** mote, speck. **d** (w. ref. to cremation) death.

in ~am et cinerem crematuros ALDH. *VirgP* 38 p. 289; nec scintillante favilla / ardeo *Id. Aen.* 15 (*Salamander*) 3; instar ~arum cum fumo ascendentium BEDE *HE* V 12 p. 306 (cf. ALCUIN *SS Ebor* 933); ~ae de taetro tartaro usque ad marginem ascendentes .. illic jacebant .. ad instar nivis HUGEB. *Will.* 4 p. 101; **9..** ~a, *ysle WW*, ÆLF. *Gl.* 146; ~as candelae ÆLF. *Æthelwold* 25 (v. exsufflare 2c); G. MON. II 10 (v. deficere 1a). **b** in ~am inanitatis verba jaculavit R. COLD. *Cuthb.* 65 p. 31; quod favilla littere / texit et umbraculum P. BLOIS *Carm.* 19. 21. **c** cum hominum ingenio ex ~a vili fiat materia que sit solida ALEX. CANT. *Dicta* 4 p. 124; ut non cum minori gratiarum actione de ejus mensa percipias rusticanam abjectioris avene ~am R. COLD. *Godr.* 202; pro nichilo reputat nec comparat illa faville NIG. *Paul.* 46v. 126; quam nec avaritie maculavit feda favilla *Id. Laur.* 32vb; **1455** sagittarum, que ~is niveis densius volitabant circa caput ejus *Reg. Whet.* I 169. **d** ut legitur, villa Malchus fuit ortus in illa; / extitit huic illa natalis, sive favilla R. CANT. *Malch.* I 10; rure suo Marone Malchus manet et regione, / qua Malcho villa fuit ortus sive favilla *Ib.* V 486; tristis adest illa, que Malcho pene favilla, / tristis adest, inquam, quia scribere falsa relinquam *Ib.* app. p. 163.

favillare [LL *gl.*]

1 (trans.) to reduce to ashes. **b** (intr.) to turn to ashes.

non consuffletur assatus panis ad ignem, / coctana, mala, pira, licet illa favilla favillat D. BEC. 1022; **s1272** cetera omnia hostile ~avit incendium *Flor. Hist.* III 26. **b** de pomis Pentapolis, que crescunt et ~ant GERV. TILB. III 5 *tit.*

2 (intr.) to throw up sparks. **b** (trans.) to set a spark to.

maligni spiritus inter ~antium voraginum atras cavernas discurrentes FELIX *Guthl.* 31; **a940** (13c) edacibus ~antium tormentorum flammis *CS* 640 (cf. ib. 703 [**934**]); ~antium, *yslendra GlH* F 105; ardensque furore favillat (*Vers.*) CAPGR. *Hen.* 23. **b** ira licet lites vobis alterna favillet D. BEC. 614.

favillula, smut, speck of soot.

et quid sumus nisi favillula / fumus fluens, arescens stipula? J. HOWD. *Ph.* 1111; o si me sic attenderet / quod penitus consumeret / et fierem favillula *Id. Cyth.* 12. 9.

favillus, small honeycomb.

an huny cambe, .. favus, ~us .. *CathA.*

favisor [LL], supporter, abetter. **b** (by conf. in LL gl.) fisherman (*cf.* Archiv für lateinische Lexicographie I 31–2, 440–41).

~or, fautor *GlC* F 60; fafisor, fautor *GlH* F 173; adulator vel ~or, *liffetere* ÆLF. *Sup.* 168; atque favissores percunctari meliores (J. BRIDL.) *Pol. Poems* I 195. **b** ~or, piscator qui semper favet ut sibi eveniat OSB. GLOUC. *Deriv.* 243; *fyshar*, piscator, -ris, ~or, -ris *PP.*

1 favius v. falvus.

2 †favius, *f. l.*, explained as meaning 'light, fickle'.

dicimus quoque ~ius, -a, -um, i. levis et inponderosus; unde Plautus [*Curculio* 56]: 'quae [l. qui] vult cubare, pandit saltum †~ium [*modern edd.*: saviis]' OSB. GLOUC. *Deriv.* 224.

favo v. fano, 2 favus.

favomentum [*by erron. etym. from* favere], remedy, treatment. *Cf. fomentum.*

FELIX *Guthl.* 53 *v.l.* (v. fomentum 1a); que cum gravi dolore, reprobatis omnium medicorum sibi curam diu adhibentium ~is, videretur sibi nec mori posse nec in hac vita amplius subsistere *G. Walth.* 142.

favonialis [LL *gl.*], influenced by or susceptible to west wind.

si vero tussis est flegmatica, quod percipitur sputo multo et liquido uberiore, tussi nocturna, majore labore in hyeme, constitutione ~i, habitudine et complexione flegmatica .. GILB. IV 188. 2.

Favonius [CL]

1 west wind; **b** (as bringer of spring). **c** the west.

faonius, *westsuðwind GlC* F 49; flante ~io pulsus est Fresiam BEDE *HE* V 19 p. 326; ~ius, vel zephirus, *westenwind* ÆLF. *Gl.* 144; eque lasciviunt mira fecunditate, nam, aspirate ~iis, vento concipiunt OSB. BAWDSEY clv; ~ius, lenis ventus et transitorius OSB. GLOUC. *Deriv.* 243; ex omni vento .. subsolari ~ioque et zephyro GIR. *TH* I 33. **b** jam vere fere medio / ver senescente Martio / Favonio / flores mandat / quos expandat / aeris arbitrio P. BLOIS *Carm.* 12. 1; lilia, fullo novus, vestire Favonius albo / contendit GARL. *Epith.* II 269. **c** a fafonio, *supanwestan GlC* A 360; **796** (12c) et sic ab ipso confinio ab affrico vel a †fauno habet eodem longitudine portendente [*sic*; ? l. protendente] sepe transversum Horsanleah certissimum terminum usque ad Gumanedisc *CS* 282 (= *Chr. Abingd.* I 16); **s1334** facta est tanta tempestas universalis nivis et venti de ~io flantis *G. Ed. III Bridl.* 120.

2 bastard. (*Cf.* Isid. *Etym.* IX 5. 24–5).

fratres germani et nothi; nam uterinos, spurios et ~ios matris monogamia me habere prohibebat BALSH. *Ut.* 47; *a bastarde*, bastardus, †favomii .. *CathA.*

3 (as sb. n.) capricious dislike. *Cf.* 2 *favius.* (*Cf. DuC s. v. favonium*).

inveni etiam hoc ~ium, -nii, pro levi odio OSB. GLOUC. *Deriv.* 224; ~ium, leve odium *Ib.* 243; *an hateredyn*, ~ium, inimicicia, .. *CathA.*

favor [CL]

1 favour, goodwill, approval. **b** act of goodwill, a favour, boon. **c** (w. ref. to property) grant or (?) perquisite.

ni .. deorum ~orem repropitiarent ALDH. *VirgP* 50; avium istorum .. masculos debito ~ore natura destituit GIR. *TH* I 12 p. 36; ut manum correctionis huic operi apponat et ~orem suum eidem exhibeat S. LANGTON *Gl. Hist. Schol.* 39; ortulus iste parit fructum cum flore, favorem / flos et fructus emunt .. WALT. ANGL. *Fab. prol.* 3–4; **1220** nisi huic mandato nostro digno, sicut decet, ~ore optemperare curaveritis *Pat* 226; revixit venditor qui Jesum vendidit, / ubique veritas favorem perdidit WALT. WIMB. *Sim.* 10; sub pretenso ~ore quoscumque ibidem reperit seva strage jugulaverat *Ps.*-ELMH. *Hen. V* 117; locutus fui cum .. domino Willelmo John .. et vidi plures libros de phisica secum suo ~ore W. WORC. *Itin.* 90. **b** **1275** (v. deportum a); **1332** pro ~ore faciendo Symoni de M. *Lit. Cant.* I 432. **c** **1471** de *fog lammys* loci de H. assedati Johanni de M. pro tempore vite per litteras regis cum ~oribus ovium de anno computi, xx agni *ExchScot* 44 (cf. ib. 49: per litteras regis sub privato cum libertate tenendi oves, xl agni).

2 (phr. *in ~orem*): **a** as a favour. **b** (w. gen.) in favour (of), to the advantage (of).

a **1330** fratribus de Monte Carmeli, ad fabricam ecclesie sue, in ~orem concessum ad presens vj li. xiij s. iiij d. *ExchScot* 308; **1412** quam prerogativam ad vite terminum concessit universitas in ~orem magistro Ricardo Courtenay *StatOx* 219. **b** **s1175** venit legatus in Angliam, et prestitit auctoritatem tradendi clericos ante judicem secularem, pro forisfacto foreste et laico feodo, in ~orem regis M. PAR. *Maj.* II 296; **1303** et punicionem istam [sc. ballivorum] concedimus in ~orem mercatorum pro eorum justicia maturanda *MGL* II 207; servus factus presbyter a servitute in ~orem ecclesie liberatur OCKHAM *Pol.* I 100; si quis voluerit in communi forma a tali pape sentencia appellare in ~orem fidei, cui magis favendum est quam pape *Id. Dial.* 531; **1347** archiepiscopus in ~orem ejusdem heretici eundem episcopum ad civitatem Dublinensem .. citari fecerat *Mon. Hib. & Scot.* 287a; **s1464** jubileus mutatur in ~orem animarum .. de xxv in xxv annum, ut quia abundat iniquitas superabundet et gracia *Eul. Hist.* I 292; **1559** in ~orem quorumcumque .. resignare *Conc. Scot.* II 169.

3 popular favour.

ignis quippe iste amor est vitiorum et cupido ~oris humani BEDE *Gen.* (xi 8–9) 129; per inanem vulgi ~orem *Id. Hom.* II 6. 236; ~or, i. fama, honor, testimonium laudis, laus, laetitia *wyrþmynd* vel *hliwing GlH* F 95; en favor mundi trahit ut syrene / cantus sui mira dulcedine LEDREDE *Carm.* 30. 5; aliquos ita excitat ad vitandum humanum ~orem [ME: *froure*] quod incidunt in mortale crimen accidie *AncrR* 82; per ~ores humanos .. ad magisterium exaltati OCKHAM *Dial.* 432.

4 partiality, prejudice.

qui .. vel ~ore vel timore regio fidei .. jura susceperant BEDE *HE* II 5 p. 90; **1072** quatinus .. causam .. ad certum rectumque finem sine partium ~ore perducerent LANFR. *Ep.* 3 (4); cetera omnia et singula, que currunt in curiis dominorum, secundum auxilium et ~orem terminantur *RegiamM* IV 39; sanctitas vite et non copia pecunie, ~or sangwinis, vel amicicie secularis forent regula ad preficiendum prepositos WYCL. *Ver.* II 136; **a1466** ne executores diversi propter contrarietates et dissimulaciones seu ~ores .. *Paston Let.* 61.

5 (transf.) favourite.

Augustus, fortune ~or J. SAL. *Pol.* 509B.

favorabilis [CL]

1 received or regarded w. favour, popular.

ante sacri seminis receptaculum virgo ~is exstitit et post caelestis puerperii praeconium virgo ~ior permansit ALDH. *VirgP* 40; ~is, laudabilis, famosus, *hlisful GlH* F 97; tum quia ~es in se qui petebant, et precipue quia ea persona ~is ad cujus hoc usum petebatur, citius et facilius pallium .. obtinuerunt H. BOS. *Thom.* III 4; ~is est causa pro patria simul patrimonioque pugnare GIR. *EH* I 8; imperium .. est res ~is, quia pro utilitate omnium mortalium instituitur OCKHAM *Pol.* 151; **1549** virtutes ipsi Deo ~es *Conc. Scot.* II 101.

2 aimed at winning favour. **b** deserving favour or special treatment.

facit etiam cupiditas preter missam diei debitam missas ~es GIR. *GE* I 49. **b** justa et ~is est peticio nostra *Id. Invect.* IV 2; veluti si privilegium habeat ut miles, vel ~is sit ut minor VAC. *Lib. Paup.* 20.

3 showing favour, well-disposed, favourable.

†681 (12c) hanc donationem meam .. ~ium virorum claro consensu corroboravi *CS* 58; convenerat eum rex ~ibus assentationibus W. MALM. *GP* I 49; populi favorabilis aura NIG. *Mir. BVM* 13vb; **1219** benignos et ~es vos ei .. exhibentes *Pat* 204; **s1179** se ~em et socialem, ut decuit, se (*sic*) exhibuit rex Henricus *Flor. Hist.* II 91; **s1198** orans affectuose ut precibus suis esset ~is *Ib.* 119; veniens .. R. ad curiam ~es sibi invenit papam et cardinales GRAYSTANES 25 p. 79; **s1037** regina plures promovit .. qui sibi fuerant ~es tempore exilii sui *Eul. Hist.* II 185.

4 showing favouritism, partial.

promiserunt .. vicecomiti x m. ut esset eis auxilians et ~is *State Tri. Ed. I* 55; **1320** quia debuerunt esse ~es in electione uterque habuit xx s. *Rec. Leic.* I 329; **1359** justiciariis .. ut essent ~es tenentibus domini prioris, xx s. *Ac. Durh.* 175; **s1289** conquestum ei fuit justitiarios omnes et clericos curie sue injusta judicia et ~ia ultra modum in causis habuisse *Meaux* II 251.

favorabiliter [CL]

1 in a manner deserving favour, laudably.

Justina .. integritatis gloria fine tenus ~iter praedita permansit ALDH. *VirgP* 43; conamini esse cati et diserti et morigerati normaliter et decenter et ~iter [*gl.*: *herigendlice*] ÆLF. BATA 5. 4.

2 favourably, w. approval or good will.

prefata beneficia .. sigilli mei appositione ~iter et benigne confirmo *Reg. S. Thom. Dublin* 216; quod .. noluerit electioni adquiescere .. in Lincolniensi .. capitulo satis ~iter celebrate AD. EYNS. *Hug.* III 3 *tit.*; **1302** rogamus quatinus .. nos erga sanctissimum patrem .. dignemini .. favoribiliter excusare *Reg. Cant.* 636; **1303** ipsorum peticionibus ~iter annuentes *MGL* II 205; **1322** devocionis vestre precibus ~iter inclinati .. concedimus .. *Reg. Carl.* II 217; **1438** ad presidenciam ejusdem ecclesie ~iter suscipere BEKYNTON I 4; **s1400** rex Henricus .. magis favorabiliter se habuit in omnibus actibus suis in regno Scocie *Plusc.* X 16; fratres minores .. recepti ~iter per regem *Extr. Chr. Scot.* 93.

3 preferentially, with partiality.

1336 ut ~iter exequeretur brevia tangencia priorem et conventus *Ac. Durh.* 533; **s1381** nulli parcendo ~iter WALS. *HA* II 20; **a1461** virtute tam brevium .. regis quam officiorum eorundem escaetorum ~iter et indebite per gentes minime impanellatas et retornatas .. et multocies magis pro ipsorum escaetorum proprio lucro .. quam pro proficuo .. regis *Entries* 315b (cf. *StRealm II* 252 [**1429**]: *sibien par vertue de briefs .. come de lour office favourablement et noun duement* ..).

favoralis [LL], showing favour.

versus .. quos extolli viderat plausu ~i, fraude, ne furto dicam, nos substraxit ancillari L. DURH. *Hypog.* 63; matrem Christi genuit thoro geniali, / quam possedit gratia Dei favorali GARL. *Epith.* IV *Summa* 32; quem nec in sanitate ~is auri [? l. aure] prosperitas, nec in egritudine corporis adversitas, ab operibus pietatis retrahere potuerunt *Reg. Whet.* I 474.

1 favorare [*backformed from* CL favorabilis, cf. OF *favorer*], to show favour (to), take sides (with).

rex .. cernens bonum fore in omnium opere finem memorare et juxta juris exigenciam pocius reis quam actoribus ~are FAVENT 16; **1458** fructus unitatis, amoris, requiei, et pacis, quas quilibet princeps tenetur .. ~are (*Lit. Regis*) *Reg. Whet.* I 298; fuerunt consentientes, auxiliantes, favourantes et abettantes predict' W. ad feloniam predictam *Entries* 54a; [Margareta] adeo ~ata erat in curia .. ut si supervixissit sperabatur victoriam reportasse *Extr. Chr. Scot.* 190.

2 favorare v. foverare.

favoreus, showing favour, partial.

acceptes, obsecro, .. horum apicellorum tenuem congeriem .. contra omnes invisorios aemulos .. tuendam, non ~eo deditam rumusculo sed tuae specialiter sublimitati collatam B. *V. Dunst.* 1.

favoribiliter v. favorabiliter.

favorose, favourably.

1440 quatinus ipsum .. ~e recommendatum habere placeat (*Lit. regis Romanorum*) BEKYNTON II 58.

favorosus, showing favour, favourable.

1440 quatenus .. ~is auxiliis habere velitis .. recommissum BEKYNTON I 18.

favosus, like honeycomb.

mellito .. ex his [sententiis gentilium] ore illuminantur quidem quasi ~a compositione verborum oculi mentis ad enuntiandum quae rectae noverint acutius BEDE *Sam.* (*1 Sam.* xiv 27) 589.

1 favus v. falvus.

2 favus [CL]

1 honeycomb. **b** (fig.) sweetness, anything sweet or pleasant.

quae superant mellis mulsum dulcedine gustum / flaventisque favi ALDH. *VirgV* 2772; **9..** ~um, *beobread WW*; fafum mellis commedit *Rit. Durh.* 130; solet siquidem apes multiplicium florum componere ~os *V. Neot. A* 2; ~us est cera que habet in se mel AILR. *Serm.* 325A; quatuor sunt in ~o: cera, mel, dulcedo, artificium W. DAN. *Sent.* 60; R. COLD. *Godr.* 41 (v. dulcor 1a); ut .. examina ~os deserant GIR. *TH* I 6 p. 29; luna limus, mel venenum, / favus coloquintida WALT. WIMB. *Virgo* 42; et de flore sugis favum *Ib.* 48. **b** **c795** vulnera omni ~o dulciora ALCUIN *Ep.* 86; Mellitus domino protinus in beato suffragatore suo Petro gratiarum ~os gratiosissime mellificavit GOSC. *Mellitus* 39; SERLO WILT. 2. 41 (v. favere 1a); fortuna .. cum ardua donet / gustatos graviore favos ulciscitur ita J. EXON. *BT* I 472; non .. celicus ~us fel fundere .. debuit J. FURNESS *Walth.* 25; sub favo faminis venenum odii WALT. WIMB. *Palpo* 60.

2 a skin disease.

patitur .. caput .. pustulas et scabiem saniem ad modum mellis emanantem et ideo talis scabies a Constantino vocatur ~us, habent enim puscule modica foramina ex quibus sanies egreditur, qui ~us provenit ex humore viscoso .. ad cutis superficiem pertingente BART. ANGL. VII 3; aliquando post pustulas remanent minuta foramina unde lues egreditur quasi mel, et vocatur ~us GILB. II 82v. 1; in †fano [? l. favo] quod plurimum fit ex flegmate salso purgetur .. humor in capite existens; .. cum aceto .. unge *Ib.* 83. 2; de ~o sciendum est quod est humiditas spissa sub cute capitis ad modum mellis GAD. 131. 1; †fanus *Alph.* 1 (v. canistrum 2b).

fax [CL]

1 torch, light; **b** (w. ref. to heavenly body); **c** (fig.).

GlC F 2 (v. facula); manibus .. faces cereas preferentes GIR. *PI* III 25 p. 292; caudas colligatas et in eis faces [ME: *blasen*] diaboli, quia flammam odii *AncrR* 94; quasi nesciens ignibus ardorem esse aut certe non senciens, sese inter ipsas flammivomas ingessit faces *Mir. Hen. VI* II 33; flatus qui facem ignitam accendit in flammam FORTESCUE *NLN* I 20. **b** cometae .. portabant facem ignis contra Aquilonem BEDE *HE* V 23 p. 349. **c** [Anselmus] mediocritatem natalium in clarissimam famam face virtutum suarum extulit W. MALM. *GP* I 45; *Reg. Whet.* II 413 (v. eructatio 2).

2 incendiary torch, firebrand. **b** (fig.) strife. **c** (w. ref. to passions) flame, fire. **d** (of person) one who provokes (passion or sim.).

sed fax et fomes et dempto pruna vigore / nequicquam ardentes sopito torre tepebant ALDH. *VirgV* 2329. **b** fortius timenda eorum .. pax quam fax GIR. *TH* III 21; jam in faces publicaque incendia nulla arte extinguenda FERR. *Kinloss* 6. **c** face invidiae accusatus BYRHT. *V. Ecgwini* 360; invidie .. fascibus accensi W. MALM. *Glast.* 1;

mulieres seva libidinis face urebantur ORD. VIT. IV 4 p. 185; inardescere cepit amoris facibus in dictum Dei famulum *Mir. Hen. VI* II 56 p. 145. **d** proditor Anglorum, fax livida, secta reorum *Feudal Man.* 147; salve, fax superne lucis / per quam servi summi ducis / illustrantur undique *Mir. Hen. VI* I prol. p. 2.

faxi, faxo v. facere, sancire. **faxinus** v. 1 fascina.

fazium [? It. *fazzoletto*], (?) kerchief.

1494 (v. broccare).

feagium [AN *feage*], tenure in fee (C. I.).

1309 annuatim servicia et redevancias consuetas ob premissa .. nobis aut priori nostro .. faciet et impendet more aliorum tenencium ex ~io consimili sub nostra juridiccione in insula predicta [Guerneroii] commorancium *CartINorm* 237.

febella v. phoebella. **feber** v. fiber. **febra** v. febris, fibra. **febrefugia** v. febrifuga.

febricitare [CL], to have a fever; **b** (pr. ppl. as sb.); **c** (fig.).

crescente aestatis chaumate que presaga futuri solet esse febris, magna corporis ilico arrepti sunt molestia, ita ut acriter anhelando, ~ando, totiens algore frigans et totiens calore aestuans HUGEB. *Will.* 3 p. 92; rex Francorum biennio ~avit, nec ulla medicorum arte sanari potuit ORD. VIT. III 13 p. 142; cumque aliis in pallorem candore sepulto / febricitent vultus J. EXON. *BT* VI 82; GIR. *TH* I 33 (v. acuere 5); 'alternante', *entrecanjant*, quoniam qui ~at modo calores patitur, modo frigora *GlSid* f. 143v.; habuit mulierem pregnantem et ~antem *Mir. Montf.* 73; omni anno die qua natus fuerat ~avit W. BURLEY *Vit. Phil.* 292; si vis scire de aliquo utrum in brevi sit ~aturus, faciat fleobotomiam in Maio J. MIRFIELD *Brev.* 68. **b** multos ~antes .. sanare non desistit BEDE *HE* IV 6; **798** ~antem refocilans, dormientem resuscitans ALCUIN *Ep.* 149; ~antis rigorem panis ab eo datus cohercuit W. MALM. *GP* I 66; quot †febritantes ipsius presidio febrium ardorem evaserint non est mee facultatis evolvere *Mir. Fridesw.* 79; in ~antibus .. licet calor sit acutus .. *Quaest. Salern.* B 39; si a fervore dicitur febris, qua ratione ~antes prius pro frigore tremunt quam fervorem patiantur? ROB. BRIDL. *Dial.* 162; c**1235** (v. febrilis); humide diete omnibus ~antibus conferunt GAD. 10. 1. **c** c**1216** febricitabat iners; validabant corda feroces (*Guerra Joh.*) *Pol. Songs* 25.

febricitas, feverishness.

quid est frigus? ~as membrorum ALCUIN *Didasc.* 977C.

febricosus, having a fever.

homo ~us *Beunans Meriasek* 25.

febricula [CL], (slight) fever.

hec ~a OSB. GLOUC. *Deriv.* 228; fortassis hodie nitens caruncula / pallescet crastina tacta febricula WALT. WIMB. *Carm.* 331; quam sit evanidum, quam perfunctorium, / levis febricule pandit frixorium *Ib.* 338.

febricus, having a fever.

surdi, epilentici, febrici, leprosi W. COMBE 195.

febrifuga, ~ia [LL], **~ium,** feverfew (*Chrysanthemum parthenium*).

febrefugia vel ~a, *feferfuge* ÆLF. *Gl.* 134; ibi crescit .. febrifu[g]ia [*gl.*: *feferfuge*] ÆLF. BATA 6 p. 99; febrefugia, *fever fugie*, .. *smero uyrt Gl. Durh.*; distingunt .. inter artemisiam et artemisiam nostram que ~ium dicitur NECKAM *NR* II 166; **12..** febrefugia, i. *fewerfue*, i. *adrelwurt WW*; decoquantur ~a et palma Christi in aqua, et cetera ibidem ponantur GAD. 17. 1; centaurea minor, i. ~a *SB* 15; *Ib.* 24 (v. athanasia b); ~a, vetonica, *fetherfoy*, *witworte*, filia solis, lux herbarum idem *Herb. Harl. 3388* 79v.; ~a, quasi fugans febres, A. *fetherfoye Alph.* 63.

febrilis, feverish, assoc. w. fever.

ab omni ~i calore se prorsus liberam testata est *Mir. Fridesw.* 35; pro purgatorio mihi est vicissitudo ~is caloris et frigoris P. BLOIS *Ep.* 31. 107C; cum calore ~i urine non fiat coloratio *Quaest. Salern.* B 319; morbo acutissimo, sc. ~i calore, letaliter correptus GIR. *PI* II 10; c**1235** quod medicus prestat febricitanti dum ferventi ~i calore denegat haustum aque frigide GROS. *Ep.* 17; GARL. *SM* 117 (v. dyscrasia a); WYKES 235 (v. distemperantia c); aqua endivie valet in discrasia ~i GAD. 5v. 1.

febrimatio [dub.], 'stirring', second ploughing, or (?) *f. l.*

~io [? l. februatio], A. *sturrynge of londe WW.*

febrinus, (rhet.) type of syzygy.

de sinzigiis .. phynulus, ~us ALDH. *PR* 141 (142).

febrire [LL < CL *pr. ppl. only*], to have a fever; **b** (pr. ppl. as sb.).

~ire, febricitare, febres habere OSB. GLOUC. *Deriv.* 244; ille tamen febrit, teste timore tremit [OF: *des fievres tramble*] WALT. ANGL. *Fab.* 12. 16. **b** morbi quere fugam, nam sponte sua febrientem / damnat apud medicum pereundi prava voluntas SERLO BAY. 256; ~iens nondum freneticus *Quaest. Salern.* B 319; cum quis ~iens factus sit debilis *Ib.* P 126; ex eis que dormire faciunt ~ientes in acutis GAD. 5v. 2; sicut in ptisacis et longe ~ientibus febri mortali *Ib.* 57v. 1.

febris [CL], fever, characterized by heat and cold; **b** (dist. by type); **c** (fig.).

mulier si qua ponit filiam suam supra tectum vel in fornacem pro sanitate ~is vij annos paeniteat THEOD. *Pen.* I 15. 2; ~ium .. ardoribus fatigata BEDE *HE* V 4; c**738** dum me .. toto vexatum corpore ~is anhele frigus et calor decoquerent (LUL) *Ep. Bonif.* 98; **795** me .. ~ium acerbitas .. retinuit ALCUIN *Ep.* 44; ~is, *bryneadl GlH* F 302; **9..** ~is, a fervore nominatur, id est, *bryneadl WW*; frigores, ~es OSB. GLOUC. *Deriv.* 244; [plantago] febribus occurrit NECKAM *DS* VII 68; ~is nihil aliud est nisi calor naturalis mutatus in igneum GAD. 3. 2; s**1263** qui .. infirmitate quasi febrarum incurabili detinebatur *Plusc.* VII 24; hec ~is, *a fewer WW.* **b** BEDE *HE* II 1 etc. (v. continuus 2b); monachus cui jamdudum diuturna ~is internas depasta medullas mori .. affinem lecto apposuerat W. MALM. *Wulfst.* I 15; GOSC. *Wulsin.* 22 (v. biduanus 1); ~em acutam H. HUNT. *HA* VII 43 (v. acuere 4e); s**1139** R. episcopus Salesberie ~em quartanam .. beneficio mortis evasit W. MALM. *HN* 481 p. 37; per biennium ferme continuum ethica ~e concussa est *Mir. Fridesw.* 35; NECKAM *NR* II 191 etc. (v. ephemerus 1a); GILB. I 12. 1, BART. ANGL. XII 17 (v. erraticus 1c); tertia significatio est quia ~is putredinalis interpolationem habet veram quemadmodum interpolant in ~e interpolata GILB. I 13v. 2; ~ibus et quandoque in continuis, quandoque in interpolatis ut causone tertiana quartana *Ib.* 14. 2; a synocha ~e *Sculp. Lap.* 450; liberant eos a ~ibus cotidianis et hydropisi *Ib.*; illi [lapides] .. defendunt se ferentes ab ethica ~e et terciaria et causon *Ib.*; a paralysi et a ~e quartana *Ib.*; de ~e tertiana GAD. 3v. 4 *rub.*; pectus lenit et ~em colericam evacuat *Ib.* 5v. 1; ~is sanguinis est duplex: sinochus et sinocha *Ib.* 18. 2; tipice febre (*sic*), i. interpolate *SB* 42; ~is monoydos *Alph.* 120 (v. ephemerus 1a); tetraceus, i. ~is quartana *Ib.* 184; triduana ~e laboravit ANDRÉ *Hen. VII* 114. **c** ecclesia .. per vj annos .. gravissima ~e laboravit S. LANGTON *Serm.* 2. 19.

Februalis [CL *as epithet of Juno*], proper to February.

s**1257** medium .. hiemis extitit et frigus ut decuit ~e M. PAR. *Maj.* V 607.

februare [CL], to purify, chasten.

non est hic pena dignus, quem plena crumena / februat [*gl.*: i. purgat] a scorto WALT. WIMB. *Scel.* 14.

Februarius [CL], February.

deinde ~ius *Solmonath* BEDE *TR* 15; mense ~io, transacta beatae Mariae festivitate LANFR. *Const.* 86; s**1135** obiit vj Kal. Febroarii abbas (*Ann. Reading*) *ANQuellen* 11; s**1248** (v. Aprilis); circa medium ~ium *Mir. Hen. VI* IV 139.

februatio v. febrimatio.

Februus [LL]

1 February: **a** (as name of deity); **b** (as name of month).

a [Romulus mensem] secundum dicavit ~o, id est Plutoni BEDE *TR* 12 (cf. Isid. *Etym.* V 33. 4); NECKAM *NR* II 191 *gl.* (v. 1b infra). **b** sedenis Februus cito solus ab omnibus errat BYRHT. *Man.* 42; prima dies Februi est jam qua patitur Policarpus *Kal. Met.* 8; terminat hic Februus cum talia fine perfacta *Kal. M. A.* I 400; he febres ~um decent [*gl.*: Februus est Pluto, a quo Februarius, quia ille mensis Diti dicatus erat] NECKAM *NR* II 191; lucibus et geminis Februus esto minor GARL. *Tri. Eccl.* 89.

2 (as adj.) of February.

vota do Diti Februa mensis habet *Kal. M. A.* I 400.

febula v. 2 fabula, fibula. **febus** v. phoebus. **fec-** v. et. faec-, fet-, foec-, foet-. **fecianus** v. phasianus. **fecidus** v. foetidus. **feco** v. feto. **fecontria** v. foetotrus. **fecor** v. foetor.

fecundantia, fruitfulness, (fig.) furtherance.

1432 pro .. pacis, virtutis, et sciencie ~ia huic universitati optinenda *StatOx* 238.

fecundare [LL]

1 to make fertile or fruitful; **b** (fig.); **c** (absol., partly fig.). **d** (intr.) to be fruitful.

Geonica fluenta per totam Nilotici ruris latitudinem ad ~andos diversi generis flores diffundere valent ALCUIN *Ep.* 99; occiduam temperiem .. salubrior aura ~at GIR. *TH* I 3; partu recenti frondium / et graminum fetura / terre fecundat gremium / clemencior natura P. BLOIS *Carm.* 16. 1. **b** semen patriarcharum .. spirituali fruge ~atum BEDE *Gen.* (ii 2) 37; **795** laudabilis quoque doni allatione intimae mentis affectum ~abat ALCUIN *Ep.* 41; obedientiam quam promptus spiritus et subjectio devota ~at D. LOND. *Ep.* 4; **1313** tuos casus Trinitas fecundet beata! (*Bannockburn* 112) *Pol. Songs* 267; Londoniensi / sedi Mellitus fertur Justusque Rofensi. / ecclesiam fundans Pauli .. / Justo fecundans, simul Andree struit edem ELMH. *Cant.* 92; **1432** synodum Basiliensem .. viris virtutum .. ~ari .. agnoscimus (*Lit. Studii Paris.*) BEKYNTON II 104; ne scriptor sentiatur verbis sterilem ~are velle .. FORTESCUE *NLN* I 5; justiciam illam .. tanta sue gracie affluencia .. ~avit *Ib.* I 41. **c** agros .. quibus stercus ad ~andum infertur BEDE *Orth.* 49; celestis agricole gracia ~ante *Dictamen* 354. **d** **1343** vinea Domini Sabaoth in cultu et fructu ibidem mirifice ~avit (*Lit. Regis*) AD. MUR. *Chr.* 144; **1356** salvatoris clemenciam implorando, ut signum quod misericorditer nobis cum fecit in bonum ad sui nominis laudem .. incrementis faciat felicibus fecundare *Reg. Exon.* 1191.

2 to make pregnant.

arripuit repente juvenis puellam .. et ~avit vi oppressam *V. Kentig.* 2; pregnans juvencula .. estimans se .. ab angelo Domini ~ari *Ib.* 5; ave, .. / fecundata sine culpa, / sine viri semine WALT. WIMB. *Virgo* 89; placet quando fecundatur / et ad partum properat *Id. Van.* 63.

3 to provide abundantly.

si nova fecundes [*gl.*: habundanter des] convivia, vascula mundes GARL. *Mor. Scol.* 167.

fecundatio, fertilization (in quot., fig.).

[Christus dicitur] ros .. propter anime ~onem BART. ANGL. I 21.

fecunde [CL], fruitfully, abundantly.

errores suos redimere facilius et ~ius in ecclesiis suis remedio vite artioris R. NIGER *Mil.* IV 53.

fecundia [LL], fruitfulness, abundance.

undique pax, omniumque foecundia rerum ÆTHELW. IV 5.

fecunditas [CL]

1 fruitfulness, fertility (also fig.). **b** (w. ref. to mineral) richness, high yield.

mulierem dicit sanctam ecclesiam, viz. propter ~atem bonorum operum et quia spiritales filios Deo gignere numquam desinit BEDE *Hom.* II 13. 156; ut ecclesia tua .. nova semper ~ate [AS: *berendlice*] laetetur *Rit. Durh.* 32; fructifera ~ate terra felicior GIR. *TH* I 37; Job paciencia, castitas Danielis, Ysaie ~as BACON V 26; in Patre non solum est ~as ad generandum sed ad spirandum, et hoc a se DUNS *Ord.* III 345. **b** [cunagium] valebit hoc anno ut dicitur iiij^{m} m. propter ~atem stanni hoc anno inventi *Capt. Seis. Cornw.* 134.

2 offspring.

1296 generosa ~as matrem letificat, set quanto virtuosior est soboles, tanto ministratur occasio gaudii amplioris *Reg. Carl.* I 77.

3 abundance.

ut .. ad quelibet intellecta explicanda congruam sermonis ~atem se habere sentiret RIC. HEX. *Hist. Hex.* I 3; propter humilitatem, stabilitatem, et meritorum ~atem R. MAIDSTONE *PP* 160.

fecundulus, fertile, fruitful.

splendoresque serit alios fecundula florum / Flora HANV. VIII 294.

fecundus [CL]

1 fertile, fruitful; **b** (fig.).

~us, copiosus, fructuosus *GlC* F 147; ~us, copiosus, fructuosus, habundans, *tydriend GlH* F 295; mirum est populum nostrum tam ~am insulam amisisse G. MON. XII 5; mulier .. prolis numerositate ~a *Mir. Wulfst.* II 12; uberi frugum proventu felix terra est et ~a. .. pascuis tamen quam frugibus .. ~ior est insula GIR. *TH* I 5; de populo Hebraico in terra Chanaan .. fructu ~issima situato R. MAIDSTONE *PP* 160. **b** [Brittania] venis metallorum ~a BEDE *HE* I 1 p. 10; Neustria seva, parens fecundo germine gaudens J. CORNW. *Merl.* 12; ingenii quedam velut ~a habundantia BALSH. *AD rec.* 2 3; sit ~a ut Lya S. LANGTON *Ruth* 124; fortuna .. / fecundo calice propinans dulcia WALT. WIMB. *Carm.* 344; canite, canite, / voce fecunda LEDREDE *Carm.* 47. 22; intellectus .. factus est ~us DUNS *Ord.* II 293; fratris sterilis in verbo, virtute ~i PECKHAM *Paup.* 56; ~a nota qu certo tempore mensuratur et in eodem tempore certis divisionibus est partibilis WILL. 23; quot sacris carismatibus .. ~a sunt hec verba Genesis! FORTESCUE *NLN* I 6; non expedit legum allegacionibus edocere, cum notoria sint et quasi omnes legum libri inde sint ~i *Ib.* II 53.

2 pregnant.

foeta, i. ~a, plena, gravida, *eacenu GlH* F 281; foetosae, ~ae *berendet* [l. *berende*] *Psalt. B* 254; si .. fieret mater cicius quam ~a FORTESCUE *NLN* II 10.

fecus v. 1 ferus. **fed-** v. et. foed-. **feda** v. 2 foedus, raeda. **fedare** v. foedare. **fedator** v. foditor, foedator. **fedejussere, -jussor** v. fidejussere, -jussor. **fedelitas** v. fidelitas. **federabilis, ~are** v. foederabilis, ~are. **fedfirma** v. feodifirma. **fedifrag-** v. foedifrag-. **feditas** v. foeditas. **feditus** v. feiditus. **fedium** v. feodum.

fedoa [dub.], godwit.

Erasmus .. attagenam avem palustrem facit et variis maculis distinctam quod si satis exploratum mihi esset Anglorum godwittam sive ~am attagenam esse indubitanter auderem adfirmare TURNER *Av.* C3v.

†fedorarius [cf. MED s. v. *feutrer*, OED s. v. *fewtrer*], *f. l.*

†fedorarius, A. *a fewtrer* [OED, MED *suggest* ? l. foderarius, cf. foderator, '*furrier*', *but gloss renders* filtrarius '*feltmaker*'] *WW.*

fedum v. feodum. **fedus** v. 2 & 3 foedus. **fef-, feff-** v. et. feoff-.

fegadrus [AS *feoh* + *gaderian*], tax-collector.

pro j hida de qua acceperunt fegundri denarios non habuit rex gildum *Dom. Exon.* 65; pro j hida quam retinent ~i per consuetudinem non habet rex gildum .. et de iij hidis et j virga et j fertino de quibus ~i dicunt se recepisse xx solidos et deliberasse Willielmo Hostio et Radulfo de Pomario, qui debebant geldum portare ad thesaurum regis Wintoniae, non habet rex gildum *Ib.* 70v.

feida [Prov. *faida* < Frk.], (Gasc.) rebellion. *Cf. faidia.*

1283 in Pontivum venire non fuit ausus pro ~a avunculi sui *RGasc* III 571.

feiditus [Prov. *faiditz*, OF *faidi*], outlaw, esp. one outlawed for rebellion.

1202 ipsum .. permittatis capere faedicios ubi eos poterit invenire et illos tenere et redimere *RNorm* 59; **1228** quosdam faiditos .. suis meritis exigentibus ejectos *RL* II 2; **1253** assignavimus .. Eliam M. ad inquirendum de juribus nostris alienatis etc. .. et maxime de rebus ~orum (*Pat*) *RGasc* I 267; **1253** quod .. homines ~i de Vasato qui sunt ad fidelitatem regis bona sua in pace habeant et de rebellibus et inimicis regis faciat prout melius .. viderit expedire *Cl* 167; **1253** Simon .. tempore quo exstitit senescallus regis Vasconie eos habuit suspectos, eo tantum quod necessitate sanguinis conjuncti fuerunt quibusdam ~is a civitate regis Burdigale *Cl* 287; **1255** sive sint nostra sive fayditorum baronum vel quorumque aliorum quod alicui .. de faiditis restitueremus aliqua de pertinenciis predictis *RGasc* I *sup.* 11; **1292** dum .. non sint de terra regis utlagati, banniti seu fediti (*Pat*) *Doc. Scot.* I 337.

feira v. 1 feria. **feisa** v. 1 fessa 1.

fel [CL]

1 gall, secretion of the liver; **b** (as a type of bitterness, sts. contrasted w. *mel*).

leporem licet comedere et bonum est pro desintiria, et fel ejus miscendum est cum pipero pro dolore THEOD. *Pen.* II 11. 5; melancholia, .. id est fel cum faece nigri sanguinis BEDE *TR* 35; fel vel bilis, *gealla* ÆLF. *Gl.* 140; fel quod est calidum et siccum et igneum et est domus colere citrine *Ps.*-RIC. *Anat.* 18; fel [ME: *gallen*] gustavit ut nos doceret ne moleste feremus cibos aliquos *AncrR* 32. **b** **799** eloquia tua exterius videntur esse melliflua et interius absinthio et felle amariora (ELIPAND) *Ep. Alcuin.* 182 p. 305; fortius timenda eorum ars quam Mars, .. mel quam fel GIR. *TH* III 21; hec est illa fames post questum fellis amara NIG. *Poems* 417; fel lactis dulcedinem infestat *NLA* (*J. Bridl.*) II 70.

2 rancour, malice.

albentes glauco sine felle columbas ALDH. *VirgV* 492; totum ex maledictionis vel falsitatis felle derivatum esse dignoscitur ALCUIN (*Adv. Elipand.* I 13) *Dogm.* 251C; belligeri sine felle viri, famosa juventus G. AMIENS *Hast.* 251; cum .. ira, indignatione, felle *V. Kenelmi B* 82ra; felle putabam carere columbas AILR. *Spir. Amicit.* II 48. 676; **1166** mansuetudinem ejus succedentes felle malicie et racionis aciem extinguentes consiliis toxicatis J. SAL. *Ep.* 229 (180); fel tamen ultimum, fel primum superat, / fel pejus ingerit quam quod egesserat WALT. WIMB. *Sim.* 15; sunt cum felle mali, sunt sine felle boni GOWER *VC* III 2038; rex semper et continue fel in corde gerens *V. Ric. II* 187; Gallici .. nunciis regis Anglorum verba fellis eructantes STRECCHE *Hen. V* 150.

3 (w. or without *cystis*) gall-bladder.

ADEL. *CA* 12 (v. felera); D. MORLEY 38 etc. (v. cystis a); libidinem, que ita secundum physicos in jecore, sicut risus in splene, iracundia in felle est ALB. LOND. *DG* 6. 5; quare .. jecore amamus, splene ridemus, felle irascimur *Quaest. Salern.* B 177; sicut ira est causa crementi fellis et fel iterum est causa cur faciliter irascimur R. MARSTON *QD* 280.

4 (*fel terrae*) centaury (*Erythraea centaurium*).

10.. fel terrae, centauria *eorðgealle WW*. ciminis, fel terre, castorei GILB. II 120. 1; fel terre, i. centauree GAD. 13v. 1; *SB* 15, *Alph.* 37 (v. centaurea); fel terre, centaurea idem, G. et A. *centorye Alph.* 64; fellisterre, *felterre PP.*

felagus [AS *feolaga*], fellow, comrade.

~us, si haberet (*Leg. Ed.*) *GAS* 641; si dominum non haberet, ~us ejus, sc. fide cum eo ligatus, si haberet (*Leg. Ed. Retract.*) *Ib.* (cf. *MGL* II 636 [**1324**]: si dominum non haberet, ~us solus, fide cum eo ligatus, illa recipiet).

felapton, felapton (a logical mood).

BACON XV 301 (v. bocardo, cf. *GLA* III 15).

felarius v. sellarius. **felcare** v. filtrare. **felda** v. selda.

feldefarus [ME *feldefare*], fieldfare (*Turdus pilaris*).

1430 in ix wodcokkis et ~is empt' xiiij d. dim. *Ac. Durh.* 61.

felea v. felga. **felectria** v. phylacteria.

felek, felekelberug [Ar. *falak* (*al burūj*) = *circle* (*of towers*)], the Zodiac.

rota quam Arabes felek dicunt in xij dividitur signa ADEL. *Elk.* 6; Zodiacus vero .. Arabice felekelberug, circulus turrium, nominatur. circulus autem turrium ideo dictus est quod ipse duodecim signa contineat, que ab eis turres dicuntur D. MORLEY 35.

felenga v. felinga.

felera [*formed from* fel *by analogy w.* cholera, χολέρα < χολή = *gall*], (?) jaundice.

a felle ~a dicitur, eo sc. quia colera rubea que in felle sedem habet tunc habundat et per corpus diffunditur ADEL. *CA* 12 (cf. ib. 3: †ferela a felle fit).

feles [CL], cat, polecat, marten or other small carnivore. **b** (misinterp.).

†felius, *catte GlC* F 148. **b** felis, i. damma, simia *GlH* F 275.

†Felethus [Heb.], Pelethite (*cf.* 2 *Sam.* viii 18); (also fig.) armed company.

vitiorum duces quibus Cerethi criminum et Felethi [v. l. Pelethi] facinorum cum .. belli apparatu mancipantur [*gl.*: Celethi (*sic*) et Felethi due legiones erant quae semper cum rege morabantur, et quos vellent vivificabant, quos vellent mortificantes; pelethi vivificantes interpretantur] ALDH. *VirgP* 12; ~i, *feþehere GlH* F 274; **9..** ~i, *feþeman, feþehere*; felethei, *foreirnerum WW*.

felfetum v. velvetum.

felga, felia [AS *felg*, ME *pl. felwes, felies*], felloe, one of several curved pieces of wood forming rim of wheel.

c1270 in axibus emptis et carrectis axandis ix d.; in colariis, bacis, et fellis ad idem emptis xiij d. *Ac. Beaulieu* 59; **1276** in iij bendis ad velias ligandas *Ac. Stratton* 189; **1281** in ij exis et una velga ad duas caretas vij d. *EHR* LXI 103; **1307** in j novo pari rotarum de velgis domini factis cum radiis et modiis (*Ac. Combe*) *Doc. Bec* 148; **1308** in veliis factis de proprio meremio ad rotas faciendas (*Ib.*) *Ib.* 161; **1318** in ij faliis et ij spokis cum reparacione rote fracte vj d. *Ac. Man. Westm.* (*Pershore*) 22107; **1319** in ij welghis et iiij radiis novis in quadam veteri carecta imponendis viij d. *Ac. Man. Wint.* (*Littleton*); **1325** in emendacione j paris veterum rotarum pro iiij feliis imponendis et iij spokis v d. *MinAc* 965/5 r. 1; **c1340** v ganges de feleis *Ac. Durh.* 203.

felgare, to fit (wheel) with felloes.

1272 in veteribus caretis welghiandis et gropandis vij d. *Ac. Man. Wint.* (*Littleton*); **1280** in j rota welganda *Ib.* (*Ib.*); **1280** in veteribus [carectis] gropandis et velgandis *Ib.* (*Silkstead*); **1321** in veteribus rotis carecte fracte reficiendis ac velghandis ac novis radiis in eisdem imponendis *Ib.* (*Whitchurch*); **1308** in iij paribus rotarum noviter velgandis iij s. ix d. *Ib.* (*Wootton*).

felgeldum v. fengeldum.

felgera [AN *felgere, feugere, fugere* < LL filicaria], **~um**

1 fern, bracken. **b** land where fern is cut.

c1160 felgeram (v. 1 bruaria a); **p1212** estoveria sua in turbaria et bruera et feugera *BBC* (*Corbridge*) 57; **1261** de ij s. de fugera vendita apud Fennewyk' *DL CourtR* 128/1919; feugera *Fleta* 91 (v. feonare); **1275** turberia, jampnium, felgeria *IMisc* 33/10*d.*; **1276** in fugeris abradicandis extra ordium *MinAc* 935/4 m. 1*d.*; **1304** pro mundacione ejusdem ballii [castri] de spinis, fugera et aliis xiiij d. *KRAc* 486/15 m. 2; **1318** in feugeria empta ad ponendum sub arena iij d. *Rec. Leic.* I 320; **13..** nullus pistor †furinare [l. furniare] faciat de feugeria, de stipula, de stramine nec de arundine *MGL* I 356; **1389** fuger' (v. blestatura). **b** **1274** T. la Rymache tenet quoddam fugerum de escaeta dominici presbiteri *S. Jers.* II 23; **1316** de omnimodo aisiamento bruerii, quarrerii, turbarii, junctii, et feugerii ad domos suos cooperiendos [MS: suas cooperiendas] (*Pat* 144 m. 3) *MonA* VI 885b.

2 (pl.) Fougères (Norm.).

Radulfus de ~is *DB* II 281; **c1156** in ~is terram trium hospitum et decimam molendini *Act. Hen. II* I 128; **1218** Willelmus de Filgeriis concedo .. tenementum [etc.] .. actum hoc apud Filgeriam .. [*indors.* Carta Willelmi de Fulgeriis] *FormA* 58.

felia v. felga. **felica** v. fulica. **felicetum** v. filicetum.

felicitabilis, capable of happiness.

nunquid eciam soli philosophi speculativi et nulli alii, quantumque moraliter et deiformiter virtuosi, ~es seu beatificabiles reputandi ..? BRADW. *CD* 105B; ponitur quod intellectus agens (qui ponitur una qualitas, puta potencia anime) eliciat actum contemplacionis prime cause ipsa potencia per se existente, et videat Socrates utrumque, quorum primum sit a et secundum b, et patet quod a est alterabile et ~e ita perfecte sicud aliquis homo mundi WYCL. *Act.* 121.

felicitabilitas, capacity for happiness.

quattuor generum causarum substancie, ut corruptibilitas, doctrinibilitas, univoca generabilitas, et ~as insunt homini ex ejus quattuor causis WYCL. *Ente* 59.

felicitare [LL], to make happy; **b** (w. divine subj., usu. in formal felicitation). **c** to count happy (transl. εὐδαιμονίζω).

ex opulentia prodit aporia; / sic sic felicitat argenti scoria WALT. WIMB. *Carm.* 365; clerum defendere et ecclesiam ~are cura vobis major *Dictamen* 375; eam intima affectione et ferventia specialis amoris in tantum ~avit *Entries* 662b. **b** **1417** paternitatem vestram .. per diuturna tempora ~et Deus ipse *Reg. Cant.* III 49; **c1423** vestre .. paternitati .. quam pro voto ~et .. clemencia .. Plasmatoris *Reg. Whet.* II 392; **1435** Deus .. dominacionem vestram ~et *EpAcOx* 116; **1438** vestra paternitas .. quam ~are perpetue dignetur partus eternus Virginis gloriose *Lit. Cant.* III 170; **1440** vestra paternitas .. quam diu ~et et preservet Pater summus BEKYNTON I 36. **c** in Ethicis dicitur quod erimus felices ut angeli, non in vita: felicitas enim post mortem, set non est anime set conjuncti et ita conjunctum ~abitur BACON XIII 389.

felicitas [CL]

1 good fortune, happiness.

quia ad vestrae ~atis meritum a beata ejus sede .. eum [sc. Theodorum] dirigere dignatus est THEOD. *Pen. pref.*; non est tuta .. acquisitorum secura triumphorum ~as aut inflexibile et diuturnum fallentis fortunae tropeum ALDH. *VirgP* 12; ~as, fortuna *GlC* F 149; incomparabilis omnibus peritia et ~ate in illa arte ASSER *Alf.* 22; **1005** (12c) nullus .. tam compositae foelicitatis constat ut non ea quae possidet .. amittat *CD* 714; nec nos decipiat presentis umbra ~atis DOMINIC *V. Ecgwini* I 17; multi prefato militi precelsam ~atem auspicati ORD. VIT. X 14 p. 81; brevis felicitas et vix effemera / tunc facit indigum cum fundit munera WALT. WIMB. *Carm.* 366; cum ~as sit bonum commune et finis cujuslibet hominis naturalis BRADW. *CD* 105B.

2 bliss, perfect happiness (in heaven or through grace in the world).

beatae perennis vitae ~as ALDH. *Met.* 2 p. 63; si vis perennis vitae ~ate perfrui .. BEDE *HE* I 7 p. 19; **a801** ille homo recte feliciter felix dici poterit qui de hac praesenti felicitate ad aeternam merebitur pervenire ~atem ALCUIN *Ep.* 240; **858** (12c) futurae beatitudinis foelicitatem *CS* 495; eo brevius isti perfectam exspectabunt beatitudinem postquam ad animae solius pervenerint ~atem *Simil. Anselmi* 43–45 p. 56; ~as eterna, commodorum sc. omnium sufficientia secundum voluntatem et sine omni indigentia quam plene habebunt omnes amici Dei in vita eterna EADMER *Beat.* 14; ipsa [anima] ab illa celesti harmonia ad inferiora transmissa, dum dimisse jocunditatis ac ~atis reminiscitur *Quaest. Salern.* B 16; beatitudo respicit eternum et ~as respicit temporale HALES *Sent.* III 192 (cf. ib. 202); X Ethicorum, felix 'est Dei amatissimus', et tamen illam ~atem ponit Philosophus speculativam et non practicam DUNS. *Ord.* I 196; consistit .. ~as in operacione nobilissime et divinioris potencie quam habemus .. quamobrem libri videntur esse ~atis speculative immediatissima instrumenta R. BURY *Phil.* 2. 35–6; qui .. gaudent .. quando paciuntur aliquid asperum .. cum Ihesu in cruce, quia hec est ~a [ME: *selchðe*] in terra *AncrR* 137; ~as, A. *selyhede WW*.

3 tranquil enjoyment. *Cf. quies.*

864 (11c) agellum cum ~ate habeat, regat, et perfruat *CS* 509.

felicitatio, the act of making happy.

beatitudo vel felicitas est actus anime, quia ~o WYCL. *Act.* 35.

feliciter [CL]

1 w. good fortune, happily.

victoriae palma fortunatus ~iter perfruitur ALDH. *VirgP* 2; lege ~iter BEDE *HE* II *cap.*; hiemem .. ~iter exigens *Ib.* V 19 p. 326; vale ~iter in Christo ÆLF. *Ep.* 2a. 15; ille ~iter tenebat et misere deseruit, nos infeliciter egemus et miserabiliter desideramus ANSELM (*Prosl.* 1) I 98.

2 as a gift of fortune, fortunately.

ad portum coenubialis vitae festinantes .. Christo gubernante ~iter pervenerunt ALDH. *VirgP* 10; humanitas que justa suis ~iter captivatis .. distribuit PULL. *Sent.* 802C; [Deus] filios quos diligit .. presentium infelicitate ~iter reddit infelices GIR. *TH* I 12; prosperitate ~iter arridente R. BURY *Phil.* 15. 197; qui .. potest evadere .. tam odibilem penam .. per aliquid malum quod hic est, potest dicere ~iter [ME: *seliliche*] sibi est *AncrR* 62.

3 in bliss, blissfully.

beato supernorum consortio ~iter perfruitur ALDH. *VirgP* 25; **957** ad coelestia regna .. ire ~iter *CS* 988.

4 in tranquil enjoyment. *Cf. quiete.*

c853 unum aratrum .. possidendum ~iterque in dies ejus perfruendum *CS* 467; **979** quandam rurusculi partem .. ut vita comite illo foeliciter perfruatur absque ulla refragatione *CD* 623.

felicteron v. thelypteris. **felicula** v. filicula. **felimya** v. felonia.

felinga [ME *felling*], 'felling', abatement, deduction.

c1280 si quis emerit .. mercimonia et dederit denarium Dei vel aliquod argentum in arris, pacabit mercatori .. secundum forum prius factum sine *felling* vel *herlebreking* *Stat. Gild. Berw.* 28; **c1300** quod nulla †feleuga [MS: felenga] fiat in eadem mercandia sic vendita et empta *Rec. Norw.* I 186 (cf. ib. cxxii: felinga).

felioteron v. thelypteris.

feliparia [OF *felperie, feuperie, freperie*], frippery, (trade in) secondhand clothes.

1308 pheliperia *Cal. LBLond.* C 163; **1363** felpriam, **1376** felparie (v. gaula); **1492** plumam, mel, felpariam, et cepum, seu aliqua alia mercimonia majora vel minora *Pat* 572 m. 29(8).

feliparius [ME *feliper*, OF *felpier, feupier, frepier* < *faluppa], fripperer, dealer in secondhand clothes. *Cf. pelliparius* (to which the word is often assimilated, ? by infl. of ME *fel* = 'hide').

1287 invenit plegios .. de prosequendo felonice versus Nicholaum de S. *feliper Gaol Del.* 36/1 m. 21*d*.; **1313** de omnibus pheliparíis quia dubbant et divertunt pannos faciendo falsitatem in opere *Leet Norw.* 55; **1317** Johannes Albon ~ius London' recognoscit se debere Ricardo de Rothyng' ~io de London' xx li. *Cl* 135 m. 20*d*.; **1324** Ricardus de Rodyng, philipparius de London' *Cl* 142 m. 23*d*.; **1375** P. de Stodeye est communis felliparius torkeynando veteres pannos in novam formam in decepcionem populi *Leet Norw.* 65; **1393** quod nullus pelliparius vel philipparius vendat veteres foruras aliter quam a vestimentis extrahuntur *Pat* 337 m. 2; processus phiperariorum de Cornhulle *Cal. LBLond.* E 156.

felire [CL], to snarl like a leopard.

ALDH. *PR* 131 (v. caurire).

1 felix [CL]

1 fertile, fruitful.

GIR. *TH* I 5 (v. fecundus 1a); *Ib.* 37 (v. fecunditas 1a).

2 bringing good luck, propitious.

visi sunt cygni natantes infra navigium qui presagire dicebantur .. ~cia auspicia operis intentati *G. Hen. V* 3 p. 20; plures .. quibus ~x arrisit fortuna captivi ducuntur *Ps.*-ELMH. *Hen. V* 45 p. 111; quo ~ici numine res tue succedant FREE *Ep.* 57.

3 enjoying good fortune, happy.

vivere felix ALDH. *Aen.* 100 (*Creatura*) 34; lege ~x BEDE *HE* V *cap.*; *Ib.* III 7 (v. bonus 2a); **c790** ~x tu vive ALCUIN *Ep.* 60; **c802** quam ~x mensa in qua est conviva Christi *Ib.* 244; non modica res est missam facere et valde ~x est qui unam celebrare digne poterit ÆLF. *Ep.* 3. 74; Ecgwinus .. decreverat Romam ire .. ~x exul ac penitens beatus DOMINIC *V. Ecgwini* I 5; eum bellandi peritum et in prelio ~cem .. cognoverat ORD. VIT. IV 3 p. 173; ~x .. ille et fortunatus qui .. GIR. *JS sup.* 152.

4 (of event, situation or sim.) constituting a blessing, fortunate.

680 si ipse potestatem ligandi atque monarchiam solvendi .. ~ci sorte .. accipere promeruit ALDH. *Ep.* 4 p. 485; ~ci reditu, *gesæligum edhwyrftum GlH* F 272; felix culpa fuit talia quae meruit *De lib. arb.* 44; factum (*sic*) est ei ~x luminis restitutio *V. II Off.* 24; ex peccato primi parentis evenit magis bonum mundo quam malum, et tamen stultum est excusare illud quamvis ~x et necessarium ne omnino sit peccatum WYCL. *Ver.* II 26; optatos ~cibus auxiliis patefecit aditus *Ps.*-ELMH. *Hen. V* 45 p. 112.

5 (of the dead) blessed.

in requie tecum modo felix vivat in evum (*Vers.*) ORD. VIT. XII 30 p. 424; litteras confirmacionis ~cis recordacionis Theobaldi *Doc. Theob.* 222.

2 †felix [cf. DuC s. v. 4 feda], wine-lees, argol. *Cf. faex.*

~x, fex vini idem *Alph.* 64 (cf. *Coll. Salern.* III 291: ferlis, fex vini veteris idem).

3 felix v. filix.

fella v. felga. **fellaciter** v. fallaciter.

†fellechinum, *f. l.*

docet purgare cum evacuantibus coleram ut †fellechino [? l. felle, chimo,] et elleboro nigro quod habet purgare melancholiam GILB. IV 192v. 1.

felleitas, excess of gall.

oppilatio pori ad cistim fellis .. cognoscitur urine coloratione multa et spuma subcrocea aut viridi et ~ate propter fellis retentione GILB. VI 237. 2.

felleus [CL], assoc. w. gall. **b** (w. *cystis*) gall-bladder. **c** bitter; **d** (fig.).

cor autem galli magis colericum est quia de materia ~ea nutritur *Quaest. Salern.* N 59; egestio alba significat opilacionem in poro ~eo GAD. 57v. 2. **b** dum .. ~ea illa cista clausam tenet corporis levitatem ADEL. *QN* 47; unus [porus] .. deportat felleum humorem, id est superfluitatem colere rubee calidiorem et incensam ad cistim ~eam RIC. MED. *Anat.* 225. **c** nunc labruscam degustat felleam J. HOWD. *Ph.* 709; favus est felleus, mel est absinthium WALT. WIMB. *Carm.* 188. **d** confestim qui fuerat mentis inops efferos animos exuit et ~eos desinens intorquere oculos resipuit W. MALM. *Wulfst.* II 5; ut preceps irruam in turbam felleam / et ferro laniem turbam Tartaream WALT. WIMB. *Carm.* 453; gens ipsa Pictorum .. Maximi tirannidem .. persensit et ex eodem liquore ~eo quem sociis nequiter propinari composuit eciam et ipsa .. potavit FORDUN *Chr.* II 49.

felliculus v. folliculus.

fellicus, assoc. w. gall, bitter (fig.).

quis sermones meos .. ~a conviciorum acredine venenaret P. BLOIS *Ep.* 238. 541A.

fellificare, to poison.

at dea: 'nec matris feritas est illa nec illa / fellificor taxo ..' HANV. IX 215.

fellifluus [LL], flowing w. gall, bitter (by analogy w. *mellifluus*).

tante crudelitatis caminum ~um *Ps.*-ELMH. *Hen. V* 81.

felliparius v. feliparius.

fellire [LL *p. ppl.* fellitus], to taint w. gall, make bitter (fig.); **b** (p. ppl. as adj.).

sic quos melliverat ante / edidicit fellire favos HANV. VII 94. **b** **934** ~ita hejulandae corruptionis amaritudine odibilis *CS* 702; HERM. ARCH. 24 (v. discretivus 3a); ingenuus mellita parit, mellita ministrat; / pravus iners fellita [*gl.*: amara] pluit, fellita propinat D. BEC. 106; vas fellitum infestat vineam J. HOWD. *Ph.* 892; fellitumque metu non puto dulce bonum WALT. ANGL. *Fab.* 12. 20; **c1428** per ~itam querimoniam *Cant. Coll. Ox.* III 81; *angri*, .. biliosus, ~itus, felleus *PP.*

fellitare [LL], to suck.

~at, sugit *GlC* F 141.

fellivomus, spewing gall.

sic quoque fellivomi praedam de fauce chelydri / abstulit (*Ps.*-ALCUIN) *PL* CI 811B.

fellosus [LL], tainted w. gall, bitter.

probatio plumbi est si non sit ~um nec nigrum BACON *Min.* 381.

1 felo, ~onus, ~ona [OF *felon*, ME *feloun*]

1 one who commits an unlawful act against his feudal superior, breacher of vassalage.

1248 contra fidem comitis [Glouc'] et homagium quod ei fecerat et contra pacem suam sicut ~onus infregit treugas (*CurR* 159 r. 10) *Cart. Glam.* 550; **1266** (1285) Simoni de Monte Forti .. inimico et ~oni nostro *ChartR* 73 m. 7.

2 (leg.) felon, one guilty of felony; **b** (w. *regis*); **c** (w. ref. to 'abjuration of felony'); **d** (w. *de se*, w. ref. to suicide).

c1160 cum universis forisfacturis fugitivorum et ~onum *Act. Hen. II* II 441 (= *E. Ch. Yorks* III 1390; cf. *Meaux* I 210: †feloniorum); **a1162** (1251) cum catallis fellonum *CalCh* I 351 (cf. *CalPat 1396–9* 55); **1241** cum fecissent predictam roberiam et feloniam .. idem Willelmus associavit se eis in via et nequiter et ut ~onus fuit cum eis *CurR* XVI 1744; **1251** si esset elemosinata, hoc esset ad dampnum regis, eo quod si .. laicus eam teneret et forisfaceret per .. infortunium de vita et membris, dominus rex perderet catalla felon' et vastum dicti tenementi *IMisc* 5/13; **1271** Hugo fuit ~onus et contra pacem domini regis *SelCCoron* 29 (cf. ib.: ipsum Hugonem secuti fuerunt tanquam ~onem et utlagatum); **1275** quedam ~ona fuit in prisona prioris ecclesie Christi Cant' *Hund.* I 213; **1275** Cecilia offert probare versus predictos ~ones .. quod istam feloniam fecerunt nequiter ut ~ones insultu premeditato et contra pacem domini regis *SelCCoron* 32; **1276** pro videndo quandam feminam ~onam que fugit ad ecclesiam *Hund.* I 47; **s1284** Simon obiit ~onus per quod catalla sua sunt confiscata in manum domini regis *Ann. Dunstable* 308; **1309** hominum suorum ~ium *PQW* 828; **1315** Thomam atte Barr' ~onum et utlagatum .. permiserunt voluntarie escapiare *RParl* I 324a; **1338** ex relatu accepimus plurimorum quod quamplures tam inimici nostri contra fidem et ligeanciam nostram existentes et eisdem adherentes quam alii ~ones et malefactores diversas felonias et maleficia nostris .. inferentes infra diversas libertates parcium earundem latitant et discurrunt *RScot* I 518a; **s1429** suspensio Margarete ~onis .. que suum sponsum interfecerat *Chr. S. Alb.* 33; **1455** catalla ~onum et fugitivorum, catalla utlagatorum et felonum de se (*Pat*) *Reg. Whet.* I 196; inquiratur de parvis ~onibus qui surripiunt super mare ut infra portus ancoras, zonas, camisias, caligas, vel alias res parvas infra naves *BBAdm* I 238; **1462** nonnulli ~oni et alii quamplures persone propter eorum demerita .. ad prisonam sive gaolam commisi .. sepius ab eadem evaserunt *ChartR* 193 m. 30. **b** **1290** quod .. H. quosdam ~ones domini regis recaptasset *State Tri. Ed. I* 68; **s1294** dixerunt quod levaverunt super ipsos hutesium et clamorem tanquam super ~ones regis B. COTTON *HA* 238; **1530** (v. 2c infra). **c** **1274** venit ad ecclesiam .. ubi quidam ~onus fugiebat ne caperetur pro felonia sua .. et fecit dictum ~onem abjurare terram domini regis *Hund.* I 150; **1438** dum tamen abbas .. communis vel notorius latro seu ~o qui abjuracionem fecerat non existat AMUND. II 170; **1530** ego N. sum latro .. vel homicida .. et ~o domini regis Anglie et .. abjuro terram .. regis Anglie G. Staundford (ed.) *Les Plees del Corone* London 1607 II 40 f. 119v. **d** **1335** (1338) ~o de se *RCoron* 17 r. 2 *in marg.*; **1393** Robertus O. .. in aquam .. saliens voluntarie se submersit, et sic de se ipso ~o devenit, per quod omnia bona et catalla .. predicti Roberti .. nobis sunt forisfacta *Pat* 336 m. 1*d*.; **1455** (v. 2a supra); **1583** cum .. bonis et catallis ~onum et fugitivorum, ~onum de se et in exigend' positorum *Pat* 1235 m. 19.

3 (attrib.) traitor, villain.

p1346 dum rex longinquas abiit noster regiones, / Scoti felones guerras movere propinquas (*Neville's Cross*) *Pol. Poems* I 43.

2 felo [cf. ME 2 *feloun*], quinsy.

c1116 morbus quem vulgo *fellone* [v. l. fellonem; *one* MS *adds* susquynanciam (? l. sive squynanciam)] nuncupant felle suo viroso me misero guttur occupavit, occupatum perflavit, ut tumor ille letalis undique porrigeretur, .. humero, dorso et pectori utris instar super emineret, ab humano mento quasi bovina palearia penderent (*Ep. R. Wint.*) T. ELY *Mir. Etheldr.* 35.

felona v. 1 felo.

felonesciter [cf. AN *felunessement*], feloniously.

1301 dictum Willelmum ~iter insultavit contra pacem domini regis *ICrim* 33/10.

1 felonia [AN *felunie*, OF, ME *felonie*]

1 crime against feudal superior, breach of vassalage.

qui furtum fecerit vel proditor domini sui fuerit .. vel ~iam fecerit, terram suam forisfecerit (*Leg. Hen.* 43. 7) *GAS* 569; si dominus de ~ia vel de fide mentita compellet hominem suum, .. (*Ib.* 53. 4) *Ib.* 574; nemo forisfaciat feodum suum legittimis heredibus suis nisi propter ~iam vel redditionem spontaneam (*Ib.* 88. 14) *Ib.* 604; **1185** quoniam .. predictus Gillecolm pro ~ia quam erga me fecit .. sicut ille qui in ~ia reddidit castrum meum .. et postea sicut .. proditor ivit ad inimicos meos .. et cum eis stetit contra me *Inchaffray* 154; **1225** quod idem Rogerus nequiter et in ~ia defendit ei servitium suum et ad exheredationem suam fecit alii homagium de feodo suo *CurR* XII 1453; **1248** appellare fecit .. de seductione et ~ia (*CurR* 159 r. 10) *Cart. Glam.* 550; **c1441** conventus fuit coram rege .. super ~ia et exploracione ac revelacione consilii regis et regni Scottorum *Pri. Cold.* 249.

2 (leg.) felony, serious premeditated crime against the King's Peace, reserved as plea of the Crown and punishable by death and forfeiture of property (incl. homicide, rape, arson, larceny, robbery, mayhem); **b** (app. as spec. crime); **c** (*in ~ia*), feloniously. **d** words of felony (used in appeal). **e** (dist. from *infortunium* or sim.) malice aforethought. **f** (w. *de se* [*ipso*], w. ref. to suicide).

1176 si ad aquam mundus fuerit, .. remaneat in regno nisi retatus fuerit de murdro vel alia turpi ~ia (*Ass. Northampton* 1) *SelCh* 179; GLANV. VII 9 (v. appellare 4a); **1215** si quis .. de ~ia aliqua vel de morte hominis appellatus fuerit, .. *BBC* (*Dunwich*) 139; **1225** A. de H. [et al.] .. capti pro eadem morte veniunt et defendunt mortem illam. et juratores et villate veniunt et dicunt super sacramentum suum quod omnes isti .. sunt culpabiles de ~ia illa *SelPlCrown* 116; si appellatus victus fuerit, capitalem subibit sententiam cum exheredatione et omnium bonorum suorum amissione, et sicut esse debet in omni vel quolibet genere ~ie BRACTON 137; **a1264** unam nocam terre .. quam .. Kaduganus avunculus noster per †felimyam [*sic* MS: ? l. felunyam] amisit *Cart. Haughmond* 551; **1274** ideo de predicta feolonia suspectus est *S. Jers.* II 25; **1275** innocentes de feolonia et de latrocinio *Hund.* I 64; **1288** Beatrix .. et Acilia .. vellera et supertunicam detulerunt ad domum G. M. qui sciebat de predicta ~ia et ipsas receptavit *Leet Norw.* 5; **1293** S. de F. captus .. eo quod elongavit .. A. et scivit ipsam esse latronissam et receptatricem ~ie *Gaol Del.* 87 r. 21*d*.; **1322** captus pro prodicionibus, homicidiis, roberiis, incendiis, et aliis diversis depredacionibus, ~iis (*Pat*) TROKELOWE 112; a facinore quod in Anglia dicitur ~ia WYCL. *Eccl.* 239 (v. franchisa 1a); si reus quispiam de ~ia aut prodicione in Anglia rettatus, .. FORTESCUE *LLA* 27. **b** **12..** roberia et pax fracta et raptus et ~ia et membrum fractum et incendium et assaltus propensatus, omnia ista et talia defendenda sunt ante consilium captum et post consilium *MGL* I 114 (= *Lond. Ed. I & II* II 64: felunia); **1290** homicidia, burgaria, latrocinia, et ~ie *State Tri. Ed. I* 27; **1333** ad inquirendum de roberiis et ~iis *LTRMem* 105 m. 88*d*. **c** **1198** in ~ia eum insultavit *CurR* I 39; **1201** appellat Willelmum .. et Leticiam quod .. fregerunt domus suas et hamsoch' et in ~ia robaverunt ei vj m. argenti *Ib.* II 50; **1219** offert disrationare .. quod .. hoc fecerunt nequiter et in ~ia *Ib.* VIII 148; **1221** nequiter et in ~ia et in assultu premeditato eum assultavit et

verberavit *SelPlCrown* 107; **1221** in ~ia et in pace[m] domini regis voluit se perjurare ut auferret ei catalla *PlCrGlouc* 6; A. appellat B. de morte C. fratris sui quod sicut ipse A. et C. frater suus essent in pace Dei et regis .. venit B. .. et nequiter et in ~ia, in assultu premeditato et contra pacem domini regis ei datam fecit idem B. predicto fratri suo C. unam plagam mortalem BRACTON 138. **d** si .. fuerit res mobilis quam quis petat versus emptorem et quod prius fuerit ei vendita .. non adjecta ~ia, idem inde dicendum quod .. predictum est GLANV. X 15; in appello isto agi poterit civiliter vel criminaliter cum adjectione ~ie vel non BRACTON 145b. **e** **1202** non dicimus per ~iam sed per stultitiam *Pat* 17; **1212** ipse jactando .. lapidem per infortunium occidit .. garciam, et testatum est quod non per ~iam *CurR* VI 351; nec debet murthrum adjudicari ubi infortunium intervenit, sed locum habeat publicum murthrum in interfectis per ~iam (*Leg. Malc.* 15) *RegiamM* I f. 6v.; filius per castigacionem parentum vel magistri, ~ia cordis non adjecta *Fleta* 15; **1532** ex industria precogitata, ~ia vulgariter nuncupata *Form. S. Andr.* II 5. **f** **1235** Cristiana que fuit uxor Willelmi de L. suspendit se ipsam. judicium: felonia de se ipso [*sic* MS] (*Eyre Surrey*) *Surrey Rec. Soc.* XXXII 387; **1236** suspendit se ipsum quadam corda. judicium: ~ia de se ipso *JustIt* 775 r. 20; **1256** Beatrix .. suspendit se ipsam ... nullus inde malecreditur. judicium: ~ia de se *AssizeR Northumb* 113; ~iam quidem facit de se ipso ut si quis reus fuerit alicujus criminis, ita quod captus fuerit pro morte hominis vel cum furto manifesto et cum utlagatus fuerit vel in aliquo scelere et maleficio deprehensus, et metu criminis imminentis mortem sibi consciverit, heredem non habebit, quia sic convincitur ~ia prius facta BRACTON 150; qui autem se submerserint vel precipitaverint ex alto .., tales heredes habebunt, quia non convincitur ~ia nisi precedat aliquod crimen *Ib.*; si ille qui laborat in acuta infirmitate seipsum submerserit vel interfecerit, queritur an talis ~iam faciat de se ipso? videtur quod non *Ib.*

3 (act of) treachery, wickedness.

1394 si per inimiciciam aut ~iam perpetretur aliquod maleficium *Reg. Moray* 355.

2 felonia v. telonium.

felonice

1 (leg.): **a** feloniously, thereby committing a felony. **b** (w. ref. to appeal) in form of felony, on charge of felony.

a **1269** Ascelinam .. ~e interfecit *Cl* 34; si necessitas .. fuerit inevitabilis, ad penam homicidii non tenebitur eo quod ~e non occidit sed metu et animi passione *Fleta* 33; **1298** bona et catalla inventa ceperunt et ~e asportaverunt contra pacem *SelCCoron* 91; **1313** cum quis occisus ~e fuerit per diem, nisi felo captus fuerit per diem, tota villa in qua felonia ad judicium *Eyre Kent* I 134; **1315** R. appellavit quod ~e et latrociniter .. averia illa furavit *Chanc. Misc.* 96/1; **1322** quosdam homines ipsius domini regis ~e interfecit (*Pat*) TROKELOWE 113; **1383** omnes jurati dicunt .. quod Stephanus .. cum uno cultello vocato *daggere* ipsum Thomam in guttere ~e percussit *SelCCoron* 108; ordo iste fratrum est latrocinium cum ~e furentur pueros in suum ordinem (WYCHE) *Ziz.* 381. **b** **1291** testatum est .. quod R. le F. .. invenit plegios de prosequendo ~e versus W. de W. *Gaol Del.* 36/1 m. 3; c**1353** Willelmus de O. appellaverat predictum Alanum de morte Walteri de O. .. coram coronatore Londoniarum, et invenit plegios de prosequendo ~e versus eundem *MGL* I 405.

2 treacherously, wickedly.

1349 pirati Scocie .. nequiter .. in magistrum marinar' et alios homines in eadem navi existentes ~e irruentes, hiis interfectis, navem predictam .. ceperunt *RScot* I 728a; burgenses denuo armant se publice, / inermes clericos invadunt bellice, / viros pacificos tractant felonice *Planct. Univ. Ox.* 68; sic ~e et injuste intrusus est in regnum KNIGHTON I 7.

felonicus, felonious. **b** (as sb.) felon.

1354 sciatis quod .. W. Heroun .. versus J. W. et W. P. ad convincend' eos de ~a depredacione equorum ipsius W. Heroun prosequatur *RScot* I 774b; **1583** perdonamus .. prefato Thome Hussey .. homicidium, feloniam, et ~am interfectionem *Pat* 1235 m. 23. **b** fures, predones, et ~os de eorum furto, felonia, et ceteris delictis per perdonacionum cartas .. deliberatos FAVENT 5.

felonissa, felon (f.), (in quot.) suicide.

1309 ~a de se *S. Jers.* XVIII 129.

feloniter, feloniously, thereby committing a felony.

1291 venit .. R. ~iter ut felo insultu premeditato .. et in ipsum J. ~iter insultum fecit *Eyre Kent* I 99; **12..** quod ipsi .. ~iter et in pace domini regis .. assaltu premeditato eam assaltaverunt *SelCWW* cci; **1309** abjuraverunt insulas pro raptu facto Johanette N. et ipsa per eos ~iter interfecta *S. Jers.* XVIII 168.

felonius, *f. l.*

c**1160** *Meaux* I 210 (v. 1 felo 2a); **1347** eidem insultum fecit et ipsum vocavit †felonium [MS: flm; ? l. falsum] hominem per quod credenciam xx s. versus Johannem L. amisit *Rec. Leic.* II 72.

felonus v. 1 felo. **felparia** v. feliparia. **felt-, feltr-, feluct-** v. filtr-. **felunia** v. felonia. **femalis** v. faenalis. **femare** v. fimare.

1 femella [CL], little woman, girl.

~a, dimin. femina *GlC* F 146; ~a, femina diminutive *GlH* F 256; femina, -e, inde hec ~a, -e, et inde hec feminula, -e OSB. GLOUC. *Deriv.* 232 (cf. ib. 244: ~a, feminula); *a woman*, femina, ~a, feminella, feminula *CathA*.

2 femella v. femellus.

femellarius [LL], effeminate.

~ius, -a, -um, i. femineo operi deditus et femineos habens mores OSB. GLOUC. *Deriv.* 232.

femellus [cf. CL femella], female; **b** (w. m. or n. agreement).

utrum mulier sit gravida masculi †ut [l. vel] famelle M. SCOT *Phys.* 18 *tit.* (cf. ib.: signum ~e concepte); de ~is [sc. heredibus] nubilibus maritos competentes refutantibus *Fleta* 64; ubi canis ~a pregnans ad pedes ejus decubuit SILGRAVE 57; **1331** pullani ij *madles* signati de etate j anni, item pullanus j femella istius anni (*Invent.*) *Arch. J.* LIII 275; senes cum junioribus, ~as et mares indifferenter cepit GRAYSTANES 23; s**1329** masculo deficiente, proximior ~a ex eadem linea recta .. FORDUN *Cont.* XIII 13 (= *Plusc.* IX 23: famella); **1415** pueri Johannis fratris mei masculi et femelle *Reg. Cant.* II 68; **1446** (v. 1 damma). **b** **12..** aurum femellum compellit egere propellum *ObitR Durh.* 48; cum vitulus taurinus vituletur, primo mense non ablectetur; .. vitulus autem ~us .. *Fleta* 166; **1287** remanent xxxviij agni quorum xx sunt agni masculi et xviij ~i *Rec. Elton* 27; **1378** omnes pueri tam masculi quam ~i *PlRCP* 490 r. 105.

femen v. femur. **femerium** v. fimarius. **femicium** v. fimitium.

1 femina [CL]

1 woman; **b** (attrib. or compl.). **c** (feud.) tenant, (liege) woman.

qui diligit ~am mente THEOD. *Pen.* I 2. 22; de foeminis quae quinquennes concipiunt *Lib. Monstr.* I 27; in eodem monasterio quaedam erat ~a sanctimonialis BEDE *HE* IV 9; quod .. laici, clerici, viri ac ~ae certatim facere consuerunt *Ib.* V 7; **940** (12c) cuidam religiosae sanctae conversationis monialis ~ae *CS* 763; tenet quaedam ~a de Hugone j virgam quam unus soch[emannu]s tenuit de rege E. *DB* I 13vb; utrum assumendum sit a Deo natura hominis de patre et matre, sicut alii sunt homines, aut de viro sine ~a aut de ~a sine viro ANSELM (*CurD* II 8) II 103; **1204** sectam sufficientem de masculis et ~abus que hoc testatur *CurR* III 96; **1221** juratores dicunt quod C. visa fuit a iiij ~abus que dixerunt quod violata fuit *PlCrGlouc* 112; **1238** j garcioni et iij ~abus iij s. *KRAc* 476/3. **b** quod ex genere Adae et de virgine ~a Deum oporteat assumere hominem ANSELM (*CurD* II 8 *tit.*) II 102; quod sit masculus aer / femina sentit humus VINSAUF *PN* 548. **c** Esmoda tota ~a Toli vicecomitis *DB* II 299v.

2 wife. **b** (leg., *~a sola*) 'feme sole', woman without a husband, widow or spinster.

Elded ~a Osuuold tenuit de episcopo *DB* I 40ra; est de feodo suae ~ae *Ib.* 149rb; has terras tenet P. .. in maritagio ~ae suae *Ib.* 197ra; **1202** ~a non habet appellum versus aliquem nisi de morte viri sui vel de rapo *SelPlCrown* 13; **1208** hii sunt testes .. Ela ~a Tristram et Aviz filia ejus *Inchaffray* 24; **12..** dedit michi .. xx s. .. in gersumam et Cecilie ~e mee unam cappam de precio v s. *AncD* A 815. **b** **1396** si hujusmodi tenens ~a sola fuerit et decesserit sine legitimis vel legitimo, fiat de bonis suis ut de bonis viri uxorem non habentis *Pat* 346 m. 30.

3 female (used to distinguish smaller or lesser of two varieties); **b** (alch.).

quedam signa dicuntur masculina, quedam feminina, et planete similiter. et hec nomina sunt translata planetis et signis figurative, quia masculus est majoris virtutis et ~a minoris BACON V 20; flosmas, quam Latini barbastum dicunt. duo sunt genera, masculina et ~a. ~a vero folia habet similia cauliculo *Alph.* 69. **b** in ere nostro est masculus et ~a, ex quibus oritur ille qui dicitur genitus RIPLEY *Axiom.* 118.

2 femina v. femur.

feminalia [LL < CL femur, -inis], (sb. n. pl., w. ref. to *Exod.* xxviii 42) drawers; **b** (assoc. w. 1 *femina*). *Cf. femoralis* 2, *femur* 1b.

~ia .. linea ad operiendam carnem turpitudinis BEDE *Tab.* 466; hujusmodi rebus sc. ~ibus, et carnibus et similibus contingit uti OCKHAM *Pol.* II 520. **b** ~e OSB. GLOUC. *Deriv.* 232 (v. femur 1b); *breke of women*, ~ia *CathA*.

feminalis [LL], feminine, womanly.

studeas eum ~i facundia adhortari B. *V. Dunst.* 19 (= OSB. *V. Dunst.* [23] p. 96: aggredere igitur, mater mi dulcissima, hominem ~i facundia).

feminare [LL], to make (someone) appear female.

~o, -as, quod non est in usu sed componitur effemino, - as OSB. GLOUC. *Deriv.* 232; sic sub veste maris mulierem masculat illa, / et sub feminea feminat ipsa marem (W. BLOIS) *Latin Stories* 204.

feminatio, making of woman (in quot., by metamorphosis).

ecce .. conversionem reperio, virgam transsubstanciatam in colubrum [*Exod.* iv], feminam transubstanciatam in statuam [*Gen.* xix], aquam transubstanciatam in vinum [*John* ii]. istas substanciarum conversiones scripture .. largiuntur ad oculum, nusquam virgacionem serpentis, ~onem lapidis, aquacionem meri colligimus NETTER *DAF* II 112. 2.

femineitas, essential nature of woman.

masculus et femina non differunt specie quia masculinitas et ~as sunt differencie materiales forme humanitatis DUNS *Sent.* II 3. 7. 1 (= Arist. *Met.* 1058b21: τὸ θῆλυ); masculinitatem volo concipere, qui est modus precise concipiendo Deum, nec objectum, nec pars; illum modum si facio objectum, concipio sub modo ~atis [*early edd.*: femininitatis]: unde masculinitas est feminini generis *Id. Metaph.* VII 13 p. 426.

feminella v. femella.

femineus [CL], of or belonging to a woman or women. **b** female. **c** effeminate. **d** (used to distinguish smaller or lesser of two varieties).

ut .. magis de ~ea regum prosapia quam de masculina regem sibi eligerent BEDE *HE* I 1 p. 12; ~eis, *wiflices GlH* F 259; si ~eo potiatur amplexu W. MALM. *Wulfst.* I 6; in omnibus debilis et inermis et quasi ~eus invenitur AILR. *Serm.* 465A; vox quedam audiebatur .. in saltibus et lucis que femine frequentare non solent gracilis et quasi ~ea ANDR. S. VICT. *Comm.* 129; vox lectoris simplex debet esse et clara .. nichilque ~eum sonans ROB. BRIDL. *Dial.* 109. **b** in his avibus aliisque universis que rapto vivunt .. virilius et robustius ~ei sexus efferuntur GIR. *TH* I 12; feminei sexus Susanna fit unica fenix A. MEAUX *Susanna* 42; s**1305** quidam puer ~eus mortuus *Ann. Lond.* 143; animositatem exercuit in fragili sexu feminio *Wager* f. 44a. **c** ~eos, molliores *GlH* F 258; sed arma inaurate [l. inaurare] ex ostentacione, pompositate, et vanitate †feminicum [? l. femineum, femininum] est J. WALEYS *Commun.* I 9. 1. **d** BACON V 21 (v. femininus c).

feminex v. seminex. **feminicus** v. femineus c.

femininitas, essential nature of woman.

nec inveniantur masculinitas et feminitas conjuncte in aliqua herbarum ALF. ANGL. *Plant.* I 6; sicut appetitus turpis respectu boni et femine respectu masculi, cum turpitudo et feminitas accidant ex privatione SICCAV. *PN* 154 (cf. Arist. *Phys.* 192a22–3); sub modo ~atis DUNS *Metaph.* VII 13 (v. femineitas).

femininus [CL], (gram.) feminine (gender). **b** female, feminine; **c** (used to distinguish smaller or lesser of two varieties).

nomina verbalia in -trix desinentia ~a ALDH. *PR* 126; coluber .. quem Octavianus grammaticus foeminini generis colubram nominavit *Lib. Monstr.* III 17; interpretatur .. Susanna lilium aut gratia eyus, sed melius si ~um nomen figuretur a lilio BEDE *Luke* (viii 3) 429; *æfter gecynde syndon twa cyn on namum*, masculinum *and* ~um, *þæt is werlic and wiflic* ÆLF. *Gram.* 18; dicunt quippe lapidem esse masculini generis, petram ~i .. cum nemo dicat esse lapidem masculum aut petram feminam ANSELM (*Gram.* 18) I 164; sex vero in universo sunt genera: masculinum, ~um, neuter, promiscuum, commune, et omne *Ps.*-GROS. *Gram.* 40 (cf. ib. 39: petra .. sub forma †femini generis permansit). **b** ~um sexus, *wifhad GlH* F 257; inter sperma masculinum et ~um atque etiam infantem qui ex his in matrice generatur RIPLEY 114; masculinior pars cum ~iori agit assidue, ut a tota simul sacrificium et proles offeratur. offert masculinior ut gignens, ~ior ut mater et parens COLET *Sacr. Eccl.* 72. **c** BACON V 20 (v. femina 3a); Luna, Veneris, Saturnus ~i vel feminei *Ib.* 21; potus qui ex sole extrahitur rubeus est, qui vero ex luna albus, ideoque unum vocatur aurum potabile, alterum vero lac virginis, unum etiam est masculinum, et aliud ~um RIPLEY 121.

feminitas v. femininitas.

feminiter, as a woman or wife.

ad Deum vir velut femina est sicut ad feminam vir est. ultimo enim carnis viriliter adheret mulieri; summo autem mentis ~iter adheret Deo ut, quemadmodum adherens mulieri una evadat caro, ita adherens Deo unus fiat spiritus COLET *Rom. Enarr.* 225.

feminula v. femella. **feminus** v. femininus.

femoralis [LL *as sb. usu. n. pl.*]

1 (as adj.) for covering thighs or legs.

cum sublevasset Robertus, aurifaber S. Albani, laminam auream ~em *Found. Waltham* 33; GIR. *EH* I 20 (v. cilicium b).

2 (as sb. n. pl.) breeches, drawers; **b** (forbidden to monks); **c** (as undergarment); **d** (made of hair as penitential garment); **e** (as sb. n. sg.). *Cf. feminalia.*

10. . ~ia, *bræc WW*; nec aliquem ocreatum, vel calcaria habentem, nec aliquem qui nudis pedibus sit, vel solis ~ibus calciatus in claustrum pro qualibet causa introducat LANFR. *Const.* 154; res eadem femoralia sunt, perizomata, brache GARL. *Syn.* 1583A; ob defectum cucullarum et ~ium nec divina celebrare nec in conventum intrare poterant *Chr. Evesham* 105; per annum sotulares, stamina et ~ia quantum opus fuerit AMUND. II app. p. 319. **b** nunquam ~ia nisi in itinere directi habent W. MALM. *GR* IV 336; **1187** non enim in hoc verbo ~ia nostra persequitur, sed universorum sibi vendicat dispositionem, juxta illud regule 'omnia in dispositione abbatis sint' *Ep. Cant.* 160; in hac districcione vestium, de ~ibus admirandum duco quod eis [Cisterciensibus] uti oportet in altaris obsequio, et cum inde recesserint deponuntur MAP *NC* I 25 f. 20. **c** missa expleta, homo predictus in ecclesia exuatur non solum laneis vestibus verum etiam ~ibus et accingatur circa renes novo panno lineo ne pudenda ejus videantur (*Jud. Dei*) *GAS* 417; **1226** thalamum in quo jacebat comes nudus omnino preter ~ia WEND. II 298; **s1268** quosdam omnino nudos, . . nonnullos braccas tantum habentes super se, quosdam vero camisias et ~ia tantum *Chr. Melrose* 199; **1317** quampluribus . . de suis equitaturis prostratis ad terram et usque ad ~ia spoliatis *Mon. Hib. & Scot.* 198b; **s1311** [Templarii] qui portabant crucem in ~ibus et sedebant super crucem *Ann. Lond.* 185; cum ~ia quesivisset nec ipsa cum camisia invenisset *Ib.*; **s1347** se nudos usque ad camisiam et ~ia . . domino regi Anglie in ingenti timore ac tremore obtulerunt J. READING 158; **s1317** plebanos despoliaverunt usque ad ~ia WALS. *HA* I 150. **d** ipsaque ~ia ejus interiora usque ad poplites cilicina J. SAL. *Ep.* 304 (305 p. 734); [abbas Samson] ~ibus cilicinis cepit uti BRAKELOND 131V. **e** OSB. GLOUC. *Deriv.* 232 (v. femur 1b); lorica pectus munitur, casside vertex / lumbos, vitta ligat, crus femorale tegit GARL. *Epith.* IX 350; milite . . induto per priorem . . uno novo ~i J. YONGE *Vis. Purg. Pat.* 6.

3 (as sb. n. pl. or sg.) 'strapple', garment covering lower leg. *Cf. tibiale.*

[Saraceni] nec caligas portant, sed ~ia rugosa circa tybias largissima et ampla . . S. SIM. *Itin.* 35; *strapyl of brech*, femorale, -is, . . feminale, -is *PP*; ~e, A. *a strapul WW*; *the strapils of breke*, tribraca, ~ia *CathA*.

femur [CL *w. oblique cases in* ~*oris or* ~*inis; two exx. noted of backformed nom.* femen]

1 (human) thigh; **b** (dist. between ~*en* and ~*ur*). **c** thigh-bone (as relic).

virile scelus . . faciens . . in ~oribus THEOD. *Pen.* I 2. 8; cruraque non carent ocreis nec fĕmina ferro ALDH. *VirgV* 2854 (cf. id. *Aen.* 95 (*Scilla*) 5: fĕmora cum cruribus); ~ina, ~ora *GlC* F 140; palis ferreis . . ad modum humani ~oris grossis G. MON. IV 6; scidit ~ur suum et abstraxit inde frustum carnis *Ib.* XII 4; apta caligas tibiis et ~oribus et firma superius eas baltheo R. NIGER *Mil.* I 2; lumbos et ~ora habere dicuntur [angeli] BART. ANGL. II 3; arboribus magnis ultra grossitudinem ~oris hominis *G. Hen. V* 4 p. 30; homines enim ~orum formam ostendunt et genitalium per aperturam toge, et braccis jam non utuntur sed caligis in quibus forma magnitudinis membrorum turpiter ostenditur GASCOIGNE *Loci* 144. **b** ~en, *inneweard ðeoh*; coxa, *þeoh*; ~ur, *utanweard þeoh* ÆLF. *Gl.* 160; a femina hoc ~en, -nis, i. ~ur femine unde hoc feminale, -is, i. vestis coxam tegens quod et braccam dicimus, et hoc ~ur, -ris, i. coxa virilis et inde hoc femorale, -is, i. bracce virorum eo quod ~ora tegant OSB. GLOUC. *Deriv.* 232; crus, femur, et famen [*gl.: thye, hepe, the tendurnesse of þe thye*] *WW*. **c** ~ur S. Gregorii *Descr. Constant.* 246.

2 (of animal) upper part of hind leg.

inferior pars duorum pedum et ~orum in caprarum forma depingitur *Lib. Monstr.* I 5; si quis ex primi parentis [bernace], carnei quidem licet de carne non nati, ~ore comedisset, . . GIR. *TH* I 15; **1246** cervum bersatum in ~ore dextro cum quadam sagitta barbelata *SelPlForest* 87.

3 (transf.) 'loins', (fig.) generative power (*cf. Gen.* xlvi 26, *Exod.* i 5). **b** *s. dub.* (w. ref. to hair in puberty).

floris femur ut fenum aruit / et sic feni femur reviruit; / fenum sumus, quod falce secuit / parens primus, quando non paruit J. HOWD. *Ph.* 325. **b** cum hoc spermatis exitu [sc. anno etatis xiiij] incipiunt pili paulatim oriri in pectine, unitas quorum dicitur ~ur; similiter nascuntur . . sub assellis, et circa sexum deorsum, super brachia, manus, et crura M. SCOT *Phys.* 2.

fen [Ar. *fann = class, category*], 'fen' (term applied to the larger divisions of Avicenna's Canon).

dicit in 4° canone in fen vij decoracionis BACON IX 4 (cf. ib. 47: in fen decoracionis); ponit Avicenna prima fen tercii libri tracta 2 cap. 2 GAD. 50. 2.

fencibiliter v. fensibiliter.

fendichum [ME *fen* + *dich, dik*], drainage channel (in marsh or fen).

c1250 (v. 1 cloaca c); fendicum *AncD* A 5574.

fenebris, fenedium, fenerare, ~arius, ~aticius, ~ator, ~atrix v. faen-.

†fenerinus, *f. l.*

1242 quod faciat habere †fenerinis et aliis servientibus regis . . solidos suos *RGasc* I 170 (= *Cl* 3: Seneruns; cf. *RGasc* I sup. p. 39 [**1255**]: nos castrum de Milan tradidimus fideli nostro Seneroni Espes).

fenes v. fensium. **feneso** v. faeniso.

1 fenestella [CL], little window(-pane). *V. et. fenestrella.*

diabolus terribili quodam sonitu . . cellulam concussit . . in quo strepitu vitream ~am que in eadem domuncula erat a suo loco removit et super eadem feminam projecit ALEX. CANT. *Mir.* 50 (I) p. 262; medium ostioli ~a aperit per quam lumen . . irradiavit OSB. *V. Dunst.* 13 (= *NLA* I 275: fenestrella).

2 Fenestella [CL], (name of Roman historian).

librarius, vel bibliopola vel antiquarius vel scriba vel ~a, *wrytere* ÆLF. *Gl.* 146.

fenestra [CL]

1 window; **b** (of var. materials); **c** (hinged or shuttered); **d** (glazed); **e** (dist. by shape). **f** window-pane. **g** (~*a estantiva* or sim.) dormer window. **h** shop-front.

aperuit episcopus ~am oratorii BEDE *HE* IV 3 p. 209; **798** nam velut vermes ~is involant aestivis, sic auribus meis insidiant quaestiunculae ALCUIN *Ep.* 143 p. 225; ad ~am cripte se inde proripit, insertisque brachiis ferrum patenti ~e objectum invadit et huic ut involutus anguis incumbit GOSC. *Transl. Mild.* 23 p. 189; si . . dicitur ille facere lucidam domum qui ~am fecit, aut facere tenebrosam qui ~am non fecit . . ANSELM *Misc.* 350; quia . . per foramen aut ~am respexerint *Simil. Anselmi* 76; quia per ~am minus intrat lumen quam per hostium S. LANGTON *Ruth* 90; **1238, 1251** (v. coleicius 1b); **1282** in orto solis evasit ad quemdam ~am lapideam de predicto solario *SelCKB* I 102; **1404** in fine ecclesie jacet una ~a nova lapidia noviter operata *Ac. Durh.* 395; **1413** (v. cintra). **b** **1244** ~as . . plumbeas ejusdem capelle amoveri et loco illarum vitreas fieri faciat *Cal. Liberate* 216; **1269** in viij ulnis de *canevaz* ad fenestr' in eadem [capella] x d. in c parvorum clavorum ad easdem in fenestr' firmandas j d. ob. *MinAc* 994/27; **1458** in ferro, panno lineo pro fenistris *ExchScot* 385; **1499** pro iij fenistris vocatis *trelez* pro scaccario cellerarii et *le settynghous Ac. Durh.* 101. **c** **1250** desunt due lovere et unum hostium et due ~e cum gumphis et vertivellis et alio ferramento unde borde atachiari debent *CalIMisc* I 30; **1282, 1323** (v. gumphus 2). **d** quam sol per vitreas illustret forte fenestras ALDH. *CE* 3. 67; per ~as introitum avium et imbrium vitro prohibuit per quod tamen intro lumen radiabat EDDI 16; BEDE *HA* 5 (v. cancellare 1a); S. Cuthbertum . . ibi secus ~am illam grandem vitream consistentem conspicio R. COLD. *Cuthb.* 121 p. 268; MAP *NC* IV 6 (v. diffigurate); quedam [hirundines] in ~is vitreis nidos limo oblitos artificiose suspendunt NECKAM *NR* I 52; **1244** verinas ad ~as (v. deisium); **1268** quatuor ewangelistas in ~is vitreis aule nostre [de Clarendon'] . . fieri facias *Liberate* 44 m. 12; per ~as vitreas lucis auroram vidit rutilare *Mir. J. Bev. C* 337; **1324** (v. 1 cassa 3); **1336** magistro J. vitreario pro fabrica iiij ~arum vitrearum *Cal. Scot.* III 355; **c1343** in una ~a pro gabello capelle supra portam vitreanda partim de novo et residuo reparando xxviij s. viij d. *Ac. Durh.* 543; **1361** et in xxxiiij panell' vitr' pro ~a rotunda *Ib.* 385; **1391** in salario J. . . mundantis ecclesiam in *le flore* ejusdem, item parietes et ~as vitreas ejusdem *Mem. Ripon* III 110; **1410** pro vitriacione ~e rotunde super orilogium xij s. *Ac. Durh.* 403; **1420** pro factura unius ~e in volta australi vj s. viij d. et in lucracione lapidum per quarrarios ad facturam ~arum vitrearum viiij s. iiij d. *Ib.* 406; pars ~e borialis principalis [continet] 14 panellas glasitas W. WORC. *Itin.* 58. **e** **1243** ~am rotundam (v. deisium); **1296** ad rotundas ~as (v. 1 cassa 3); **1361, 1410** (v. 1d supra). **f** projecta ~a nutu Dei a se cadendo declinavit et super psalterium quod manu tenebat, cecidit . . atque . . confracta ~a fuit ALEX. CANT. *Mir.* 50 (I) p. 262. **g** **1231** meremium ad iiij ~as stantivas faciendas in aula regis de Clarend' *Cl* 14; **1236** visores operis de Wudestok', scilicet ~arum estantivarum in camera regine *KRMem* 15 m. 15; **1241** unam novam ~am astantivam et vitratam *Liberate* 15 m. 7; **1244** duas ~as stantivas pulcras cum albis verinis que desuper claudant et aperiant *Ib.* 20 m. 15. **h** **s1252** coegit Londonienses dominus rex ut suis nundinis quas apud Westmonasterium constituit, . . vellent nollent, suis in civitate Londoniarum ~is clausis, interessent. . . exponere igitur jussit ipsis invitis merces suas, licet emptores non invenirent M. PAR. *Maj.* V 333; GARL. *Dict.* 126 (v. 2 auctionarius a); nullus qui facit panem ad vendendum abscondat panem sed ponat in ~a sua vel in foro ubi communiter vendatur *Leg. IV Burg.* 60; **1311** super quadam alia custuma que vocatur *fenestrage*, viz. de percipiendo de quolibet mercatore vendente mercimonia in ~a sua . ., quolibet die Sabati, de qualibet ~a j quad. *Pat* 135 m. 25; **1415** gentes de *salsemakercrafte* in . . ~is suis vendebant candelas *Mem. York* I 155; **1425** quod nullus vitalarius nec artifices . . teneant shoppas seu ~as apertas *Ib.* II 158.

2 aperture, orifice. **b** vent, smoke-hole or sim.; **c** (of thurible).

residuum . . vivificantis spiritus donec moribundo a corpore per ~as illas evaporaverit GIR. *TH* I 21; ori et naribus quasi inspirando ceterisque per ordinem corpusculi ~is omnibus *Ib.* I 27. **b** ascendens domum ad ~am per quam fumus exibat *Latin Stories* 24. **c** **1405** *Fabr. York* 133 (v. 2 clausura 1d); **c1500** duo thuribula argentea plena ~is aliquantulum fractis una cum conchis de ferro *Ib.* 218; *Ib.* (v. concha 3b).

3 hatch: **a** serving-hatch; **b** (for communicating w. enclosed nuns).

a janitor . . ad fenistram coquine percipit iiij fercula *Cust. Westm.* 73; *Ib.* 133 (v. coquina 1b); ad ~am coquine non loquantur quod tumultus a fratribus [sc. reficientibus] possit audiri *Obs. Barnwell* 160; [celerarius] tenetur cotidie, dum conventus est in prandio, ad ~am coquine stare, ne in aliquo servicio sit defectus *Cust. Cant.* 123. **b** preposite . . bis vel ter in anno priori . . ad sermonis ~am errata domus manifestabunt *Inst. Sempr.* *xxxv; [libri] per speculatores mittentur sororibus cum opus habuerint et hoc per fratrem ~e *Ib.*; unus quorum subcellerario subjectus ~e sororum preponatur, qui fidelissimus et discretus in omnibus que mandantur sororibus vel ab eis mandata fuerint inveniatur *Ib.* *xli; de constructione ~arum versatilium, portarum, et parvarum ~arum . . . ~e per quas danda et recipienda dantur et recipiuntur ea arte fiant ne viri a sororibus vel sorores a viris videantur *Ib.* *lxxiv; ~e . . versatiles per quas cybaria communiter emittuntur *Ib.* *lxxv; det cineres monialibus ad ~am communionis (*Ord. Gilb.*) *HBS* LIX 23; cerei sanctimonialium per ~am communionis intromittuntur ad illas *Ib.* 68.

4 shutter: **a** (for window); **b** (for battlements).

a **1236** in gabula ejusdem camere aliam verinam poni . . cum ~a lignea *KRAc* 530/1 (cf. *Cal. Liberate* VI 2417); **1272** cum nuper tibi preceperimus quod fenestras vitreas in capella et domibus nostris Oxon' fieri faceres . . volumus quod ~e lignee fiant et ponantur ex opposito fenestrarum predictarum ad salvacionem earundem *Liberate* 48 m. 4; **1444** de . . lxx ~is squarratis et rotundis de *estrychbord* factis *KRAc* 503/12 f. 1v.; **1464** ~am ligneam *ExchScot* 232. **b** ad propugnacula dependent oblique tamen ~e que vultus hominum in defensione protegant R. NIGER *Mil.* III 49; **1267** quod infra castrum . . Winton' duo ingenia et ~as volantes in kernell' . . castri fieri . . facias *Liberate* 43 m. 6; **1272** in ~is volantibus in kernellis ejusdem castri et nova turella hurdanda et sex balistis bonis . . emptis ad municionem ejusdem castri *Pipe* 117 m. 6.

5 (fig.); **b** (w. ref. to eye).

~is cordis sui ad Deum apertis AD. SCOT *QEC* 8. 814C; mors . . intrat per ~as sensuum NECKAM *NR* II 181 p. 321. **b** postquam diu clausus gratia per gratiam frontis reclusit ~as, cognovit inventum olim quod perdidit lumen FELIX *Guthl.* 53 p. 170; quid sunt . . corporales oculi nisi . . ~e peccatorum, per quas aut ad peccata et ad peccantes aspicimus BONIF. *Ep.* 63 p. 132; o dilecte Dei, geminas sub fronte fenestras / decedente die nigrae tenuere tenebrae *Mir. Nin.* 352; anima in cerebro, ut in sede locata, per oculorum ~as exteriora contemplatur aut . . vim aliquam in ~is oculorum facient aut nullum in talibus ~is exteriora contemplandi auxilium ponent ADEL. *QN* 23 p. 27; concavitatem ~arum serenum illustravit luminis W. MALM. *GP* V 278; nec solum claudende sunt aures sed et ~e [ME: *ower ech þurles*] contra verba ociosa *AncrR* 17.

6 trap, decoy (*cf.* OF *fenestre*).

1291 plateriam sive nausam . . in qua fuit ~a ad capiendum aves *RGasc* III 11.

7 (?) sort of lamp. (*Cf.* DuC *s. v.* 2 fenestra).

1388 sunt ibidem . . j *copeborde*, iij *plankes* de *firre*, ij ~e sculpte grosse et plumbo cooperte [. .] soles, ij formule longe *IMisc* 239/3j.

fenestrale [AN *fenestral, fenestrele* < fenestrella], little window.

ideo fiunt ~ia viridia et coloris veneti et celestis vel nigri coloris et visum congregant GAD. 111V. 1; **1313** pro c *tynnednayl taket* ad ~ia facienda *KRAc* 469/16 f. 6d.; **1331** canubium: idem onerat se de vjclv ulnis . . de quibus . . pro ~ibus camere regine, xx ulnas [etc.] *ExchScot* 390; **1449** pro j novo ~i ad cameram Johannis May xvj d. *Cant. Coll. Ox.* II 172; hoc ~e, *a fenestralle WW*.

fenestralla, ~us [AN *fenestral, fenestrele* < fenestrella], little window.

1236 in inferiori parte earundem verinarum quidam ~i ad aperiendum et claudendum *KRAc* 530/1 (cf. *Cal. Liberate* VI 2417); **c1385** super diversis fenestrallis in garderoba regis ibidem factis *KRAc* 473/2 m. 4; **1392** pro j virga tele Flandrie pro j fenestralla *Ac. H. Derby* 157; ~a, *fenestralle PP*.

fenestrare [CL]

1 to furnish w. a window. **b** (fig.) to pierce. **c** to glaze.

arca nova ~atur J. HOWD. *Ph.* 565 *rub.* (cf. ib.: arca nova fenestram veteris / representat scissura vulneris). **b** scribe matris prolem virginee / fenestratam mucrone lancee *Ib.* 566; cum lateris integritas / vi fenestratur lancee *Id. Cyth.* 54. 6; et cruore pingitur / quem eduxit fenestrata / costa que descinditur *Id. Sal.* 22. 8. **c** 10 fenestre principales ex parte boriali ecclesie. et quelibet fenestra continet duas magnas panellas ~atas W. WORC. *Itin.* 60.

2 to divide w. openings (resembling windows); **b** (w. ref. to hairstyle). **c** (w. ref. to urine, p. ppl.) divided into alternate light and dark.

nequiter divisi erant et in eorum bellum ~ati *Plusc.* X 29. **b** facies amabilis et reverenda, frons mediante coma suis columnis resultabat ~ata Gosc. *Aug. Maj.* 89c; nitebat cesaries non arte sed gratia calamistrata, celesti nive dealbata, patriarchaliter liliosa, frons speculativa Dominice cruci patebat, quam media coma pro columna formose ~abat *Id. Mir. Aug.* 537; noverit eum [sc. Willelmum Rufum] fuisse .. corpore quadrato, colore rufo, crine subflavo, fronte ~ata, oculo vario W. Malm. *GR* IV 321. **c** Gilb. VI 239. 1 (v. fenestratio 2); urine autem spleneticorum .. sunt tenues et radiose adeo quod .. visus reverberetur et .. dividatur et fiat radius multi radii, ut in una parte videatur tenuior et clarior quam in altera, unde videtur esse cum virgulis extensis, quam alii ~atam, alii virgulatam, alii perforatam appellant *Ib.* VI 262v. 1.

fenestrarius, attendant at serving-hatch. *Cf. fenestra* 3a.

a ~io vel ab aliquo alio fratre fideli in refectorio fratrum comedentium numerus nuncietur cotidie monialibus que ministrant victualia *Inst. Sempr.* *liv.

fenestratio

1 glazing (of window).

1498 Johanni Rolffe, *glasyer*, pro ~one cum vitro de predicta nova fenestra in toto xviij s. *Ac. Churchw. Sal.* 49.

2 (med., w. ref. to urine) effect of alternate light and dark. *Cf. fenestrare* 2c.

in spleneticis [urina] .. est radiosa. .. unde nimia tenuitate et claritate visus reverberatur et in prima parte tenuior videtur et clarior quam altera, quasi quibusdam virgulis extensis, quam alii fenestratam dicunt, non nulli perforatam. alii virgulatam appellant. et forsan talis ~o fit ubi spiritus visibilis transit et spiritus ab oculo dirigitur in lateribus fit obumbratio ex melancolia. unde talis ~o oppilationem splenis significat Gilb. VI 239. 1.

fenestrella [LL, cf. CL fenestella], little window.

~e superiora comprehendens, .. insiliendo introivit R. Cold. *Cuthb.* 17 p. 33; cum .. caput suum ~e qua sarcophagus martyris inspicitur immisisset, .. W. Cant. *Mir. Thom.* II 22; invenit ostium clausum et intus obseratum, et introspiciens per rimulam cujusdam ~e, videt locum totum repletum lumine, quasi fulgore fulgureo J. Furness *Walth.* 71; trama .. beneficio naviclere [v. l. navicule] transeuntis transmissa opus consolidet, que pano ferreo vel saltem lingneo muniatur infra [v. l. inter] ~as [*gl.*: *pertus, en fenestreles*] Neckam *Ut.* 107; ~a panno lineo vel membrana viridi colore vel nigro distincta muniatur *Ib.* 117; **1292** pro canabo ad ~as ad Scaccarium regine *Manners* 135; *NLA* I 275 (v. 1 fenestella); **1374** J. operabitur omnia ostia .. et ad illa inveniet ligamina lignea sufficiencia et requisita, ac eciam fenestras et ~as et *plaunchers* omnium camerarum coquine *Arch. Hist. Camb.* I 238; s**1430** incluse sunt tres fenestreole ex parte abbatis cum tabulis quercinis *Chr. S. Alb.* 47; **1440** Johanni C. facienti parvas ~as juxta altare *Ac. Durh.* 409.

fenestreola v. fenestrella.

fenestrius, for a window.

1553 de .. quatuor planis [? l. pannis] ~iis, Anglice *fower wyndowe clothes Pat* 852 m. 29.

fengeldum [? AS *fen* = *'marsh'* + *geld* = *'payment'*], a feudal service, perh. payment for right to take reeds or sim. from marsh. (*Cf. Pat* 321 m. 11 [**1386**]: *pro .. feusilver, moragio, cornagio, et pro omnibus aliis oneribus*).

a**1100** quieti de .. omnibus geldis, ~is, horngeldis, forgeldis (*sic*), penigeldis, *tendpenigs, hunderpenigs, miskemelig*, et omni terreno servitio *Couch. Selby* II 19 (= *MonA* III 500a); c**1175** quieti .. de omnibus geldis et danegeldis et ~is et horngeldis et peninggeldis et misericordiis [etc.] (*Newhouse, Lincs*) *Danelaw* 179 (cf. *Act. Hen. II* I 340, 344; *MonA* VI 966b); **1199** quieti .. de omnibus geldis et danegeldis et weudegeld' et felgeldis (*sic*) et horngeld' et fotgeld' et penigeldis [etc.] (*Sempringham & daughter houses*) *RChart* 18a (cf. *daughter houses, PQW* 32b [**1331**] (*Chicksand, Beds*): quieti .. de omnibus geldis et dangeldis, wodegeldis et ~is et horngeldis et fotgeldis et penygeldis [etc.]; *MonA* VI 980b [**1355**] (*Pulton, Wilts*): quieti .. de omnibus geldis et danegeldis et wodegeldis et ~is, hornegeldis, fotegeldis, et penygeldis [etc.]).

fenic- v. faenic-, phoenic-. **fenicon (diaphoenicon)** v. 1 dia.

fenillum [? cf. faenile], (?) hay-barn, haystack.

1195 de domo prope ~um regis in castro *RScacNorm* I 186.

feniso v. faeniso. **fenistra** v. fenestra. **fenix** v. filix, phoenix.

fennicola [ME *fen* + -cola], fen-dweller.

Historia Normannorum, apud ~as S. Benedicti [*St Benet Hulme, Norf*] Bale *Index* 492.

fennum [ME *fen*], fen, marsh (also as place-name).

1214 in Northumberland .. ecclesiam de Hatieland' cum .. terris et aquis adjacentibus, ~um et quod habent in Elewic *Feod. Durh.* 96; **1260** dimisit .. unum ~um ad firmam in parochia de Orsett [*Essex*] quod est medium inter duo ~a *AncD* A 743; **1262** unum ~um ad firmam in parochia de Orsett .. quod vocatur Hotfan .. et jacet in longitudine ab meridie versus aquilonem juxta ~um quod vocatur Frithfan *Ib.* 742.

fenor v. 1 filtrum. **fenoveciorium, fenovectum** v. caenovectorium.

fensata [cf. ME *fens, fence*], fence.

1589 preceptum est Willelmo Wright sufficienter facere ~am suam inter gardinum Rogeri Barrowe senioris et ortum ipsius Willelmi *DL CourtR* 119/1842 m. 19.

fensibiliter, fencibly.

1490 fencibiliter *MFG* 13.

fensilis [cf. ME *fensable* < *dĕfensable*], capable of defensive action.

defensabylle, ~is *CathA*.

fensium [ME *fen*, OF *fiens* < fimus], dung.

12.. ita tamen quod totum fensium animalium que monachi habituri sunt super toftum illud remanebit mihi et heredibus meis ad faciendum inde quod voluerimus *Danelaw* 118; **1185** quando cariabunt fens x caras pro j operatione ducent et taillabunt j carratem closture et carriabunt .. *Rec. Templars* 7; **12..** habebo fenes (v. faldare d).

fensura [cf. ME *fens*], fence.

1499 J. dicit quod .. fecit sufficientem clausuram, sepes et ~am .. inter idem clausum vocatum S. et predictum clausum vocatum P. .. quodque .. posuit averia .. in .. clausum.. S. .. posteaque .. R. .. clausuram, sepes et ~am .. inter clausum .. S. et .. clausum .. P. adtunc suffic[ientem] fens[uram] modo predicto essent[em] ibidem fregit *Entries* 620b; **1573** omnes alias necessarias reparaciones .. exceptis paleatione, releatione et ~a foreste predicte *Pat* 1103 m. 3; **1604** sufficientem sepem sive ~am, A. *a sufficient hedge or fence CourtR Tempsford* r. 2.

fentecius, fentitius v. fintitius. **fentrare** v. filtrare. **fenugrecum** v. faenugraecum.

feo, ~onus [OF *feön, faön, foön*, ME *foun* < feto], fawn.

1208 ut filius suus quietus sit de quodam founo quod cepit in foresta *Pipe* 45; **1209** quod falso et per odium imposuit super Stephanum de P. clericum quod in domo suo debuerat commedisse duos feones *SelPlForest* 2; **1227** pro quodam faone invento mortuo in Nova Foresta *Cl* 200; **1235** mandatum est Thome de L. quod Ricardus C. de W., cui rex perdonavit transgressionem quam fecit in ballia sua capiendo in ea unum foonem, a prisona .. deliberet *Cl* 112; **1236** rex perdonavit Roberto P. transgressionem quam fecit in foresta regis de Pauncehal' capiendo in ea unum founum *Cl* 244; **1241** ceperunt duos cervos et unum feonum dammi *CurR* XVI 1487; **1248** quidam Galfridus .. inventus fuit in Wauberge cum arcu et v sagittis; et cognovit quod occidit duos fhoones *SelPlForest* 75; **1249** intraverunt parcum de T. cum ij leporariis et ceperunt .. duos juvenes foones et asportaverunt *IMisc* 3/24; **1274** (1313) dama cum suo feono *CalCh* III 232; **1354** cum .. sexdecim bissas, quindecim vitulos cervorum, xxj damos et damas et xvij founos tempore yemali ceperit *Pat* 242 m. 18; **1355** sciatis quod .. xiij damas j pickettum et ij faunos ceperit *Foed.* V 828a.

feoda v. feodum.

feodagium, feudal tenure (Gasc.).

1209 quamvis medietas feudagii dicte terre ad nos spectaret *RGasc* II 489.

feodalis

1 feudal, of a feoffed man: **a** (w. ref. to feoffor); **b** (w. ref. to feoffee).

a c**1230** salvo dominis meis .. ~ibus servicio suo eis debito *Pat* 409; Camd. *Br.* 135 (v. 1 comes 4a). **b** a**1087** sit vobis notum .. Petrum Willelmi regis militem S. Aedmundi et Baldewini abbatis manibus junctis fore ~em hominem .. cum .. servicio tantummodo salva regis fidelitate (*BB St. Edm.*) *EHR* XLII 247; **1298** locus infirmitorii .. a quorumcumque secularium exceptis ministris perpetuis vel quasi ~ibus .. artissime custodiatur accessu *Reg. Cant.* 819.

2 feudal, held in fee: **a** (of land or tenement); **b** (of dependent kingdom); **c** (of doc. attesting tenure); **d** (*firma* ~*is*) fee-farm.

a **1270** parati sumus .. subvenire de vicesima terrarum nostrarum et tenementorum ~ium que tenemus in dominico *Reg. North.* 23; **1298** quod .. terra ~is effecta fuisset et proprietas in regem Francie translata (*Chanc. Misc.* 29/4/9) *EHR* XLII 578. **b** **1299** regnum Scocie .. progenitoribus tuis regni Anglie regibus sive tibi feudale non extitit nec existit (*Lit. Papae*) *Foed.* II 844b (= *Ann. Lond.* 109); **1301** regnum Scocie, quod a longissimis temporibus .. nobis et progenitoribus nostris feudale extitit (*Cl*) *Ib.* 887b (= *Ann. Lond.* 119; cf. Rish. 206, Wals. *HA* I 94: feodale). **c** **1271** cartis ~ibus ab archa cyrograffariorum .. extractis *Cl* 342. **d** c**1150** dimidiam hydam apud C. tenendam in feudali firma, reddendo .. dim. m. argenti *Reg. Malm.* I 454 (cf. ib. 455: dim. hidam apud C. pro dim. m. argenti in franca firma); **1154** una [hida] de dominio meo, quam comes Herefordie tenet ad firmam ~em *Cart. Ciren.* 61; c**1190** terram .. liberavit Ricardo filio Edithe quasi ad ~em firmam *Pl. Anglo-Norm.* 262; c**1230** villam .. tenebunt ad feudalem firmam, reddendo inde annuatim .. xl s. *Educ. Ch.* 126; **12..** de uno mesuagio quod R. de me tenet ad firmam ~em *Reg. Malm.* II 173.

3 **a** (of service); **b** (w. ref. to dues, payment or sim.); **c** (Gasc., w. ref. to villeins of a *feu noble*).

a item 'faciendo tot aruras et tot messuras, tot falcaciones' et que omnia pertinent ad dominos feodi ex tenementis sic datis liberis hominibus et proveniunt ex tenementis et dici poterunt [v. l. possunt] ~ia sive predialia servicia et non personalia Bracton 35b. **b** **1195** in decima abbacie de M. .. x li. de auxilio ~i *RScacNorm* I 145; **1413** ex mirabili gravitate excessuum ~ium, quos .. percipiunt officiarii .. sedis [Romane] *Conc.* III 361; **1438** ut ad solitum prisci census vestri ~is numerum .. adderemus Bekynton I 133; de reditibus ~ibus *Reg. Brev. Orig.* 38v.; cum .. maximo natu nempe Melrosensi caenobiarchae aliqua praedia ~ia concessisset *Jus Feudale* 267. **c** concessisse eidem B. castrum de T. cum omnibus pertinenciis suis, simul cum hominibus questalibus et feudalibus, vineis, terris [etc.] *RGasc* IV 627.

4 (of law, leg. process or court).

1221 rex se super hoc jure tuetur, cum res hujusmodi sint feudales (*Lit. Papae*) *Mon. Hib. & Scot.* 19; s**1239** qui [abbas] de eo, velut de re ~i, potuit .. secundum jus civile et canonicum in imperiali curia conveniri M. Par. *Maj.* III 555; **1567** (v. curia 6a); **1603** *Jus Feudale tit.*

5 (as sb. m.) feudal dependent, vassal.

s**1200** rex Francie, cujus vassallus et homo legius [Johannes rex Anglie] erat, .. ipsum .. tanquam ~em suum .. exhereditavit *Plusc.* VI 39; s**1278** assignavit rex .. inquisitores .. ad inquirendum tam de dominicis feodis regis et ~ibus, escaetis, libertatibus .. quam aliorum quorumcumque *Chr. Peterb.* 30.

6 (as sb. n.) fief, feu, heritable real estate; **b** (royal). **c** feudal due, payment for fief, or sim.

1239 revocata sunt ~ia (v. burgesaticum); **1255** ad nos .. cognicio predictorum • [maneriorum], sicut et aliorum ~ium regni nostri, .. noscitur pertinere *Pat* 69 m. 5*d*.; **1262** si quas terras vel ~ia que fuerunt predicti Lewelini occupare possitis ad manus nostras, hoc fieri faciatis *Cl* 144. **b** c**1280** quando [prelati] .. ~ia regis seu libertates ipsius aut ejus jurisdiccionem usurpare presumunt, .. arguit eos rex in foro suo *DocExch* 354. **c** s**1396** onera domus .. in ~ibus per annum ix li. xj s. viij d. *Meaux* III 234.

feodalitas [cf. feodalis, fidelitas 4], feudal service, duty by which feudal tenant is bound.

1274 de omnimodis sectis, homagiis, ~atibus, consuetudinibus, serviciis, exaccionibus et demandis, tam regalibus quam aliis .. *Reg. Malm.* II 89; **1280** tenens predictas terras faciendo abbati Malmesburie in homagio et ~ate, regali servicio, secta curie .. *Ib.* I 29; **1304** cum omnibus redditibus, serviciis, homagiis, ~atibus [etc.] *Cart. Glam.* 980.

feodaliter, feudally.

1203 (1227) nemo de possessione .. monasterii ~iter absolutum aliquid teneat, set ad censum annuum et servitium abbati .. debitum *CalCh* I 16; **1215** unam placeam .. tenendam .. de nobis in nostra villa de Marghasyon ~iter, salvo jure aliorum, reddendo nobis inde annuatim v d. *Cart. Mont. S. Mich.* 68; **1289** pro rebus et possessionibus quas in feudum tenent et tenebunt ab ipsis [sc. prelatis et nobilibus] dum feudaliter agetur *RGasc* II 297; **1315** ad .. regem .. revertantur .. mobilia, licet ab alio domino ~iter teneret *Ib.* IV 1626 p. 474.

feodamentum, feoffment; **b** (dist. as *vetus*, made in or before 1135, or *novum*, made 1135–66).

1166 ~a [vv. ll. fefamenta, feffamenta] militum ecclesie mee vobis enumeravi *RBExch* 199. **b** **1166** *Ib.* 412 (v. feoffamentum 1b); **1166** innotuit ut .. mandaremus quot milites haberemus de veteri ~o, sc. de tempore [Henrici] regis avi nostri, et quot habeamus de novo ~o *BBExch* I 148.

feodare

1 to feoff, enfeoff (person).

Willelmus .. quamplures ex suis conmilitonibus ex Glastonie feudavit possessionibus W. Malm. *Glast.* 74; tam Mauricio quam Meilerio in Hibernia ~ato Gir. *EH cap.* p. 218; **1199** feudavimus Thomam filium Maur' et Maur' filium Philippi in eodem cantredo *RChart* 19b; **1215** militibus de Flandr' qui de novo sunt ~ati a nobis *Pat* 158a; s**1291** Brianum filium Alani .. ab antecessoribus egregiis opulenter ~atum W. Newb. *HA Cont.* 576; **12..**

priusquam in eodem tenemento aliquem ~avi *Reg. S. Thom. Dublin* 404; **s1334** comitem Athollie de omnibus terris senescalli Scocie .. ~avit *Plusc.* IX 29 (cf. Fordun *Cont.* IX 29: feofamentum faciens).

2 to grant (land) in fee, reduce to feudal status.

cum regio rudis .. ea [sc. Hibernica] sit et informis et a nostris .. nondum habitata vel efficaciter occupata, de novo ~are, et copiose ditare valeatis Gir. *EH proem. ed.* 2 p. 407; **1560** terre .. per dictum fratrem ~ate *Scot. Grey Friars* II 47.

3 (p. ppl.) feoffed. **b** (as sb. m.) feoffee.

s1086 Willelmus rex fecit describi .. quot feudatos milites .. quisque possidebat Fl. Worc. II 18; **1141** dedi eidem comiti Gaufredo .. in feodo et hereditate .. lx milites feudatos, .. sc. servicium Graalondi de Tania pro vij militibus et dimidio *Regesta* III 276; **1166** hec sunt nomina militum ~atorum de episcopatu Herefordensi: Willelmus de Bello Campo facit servitium j militis; Walterus de Clifford j militis [etc.] *RBExch* 278 (cf. *Reg. Heref.* 77 [**1282**]). **b** **c1077** precipio ut, si abbas illas [terras] vult habere, sibi inde serviat, sicut alii sui feudati *Pl. Anglo-Norm.* 19 (cf. *Regesta* I 230).

feodarius

1 (as sb. m.) feudal tenant, vassal; **b** (w. ref. to King John's submission to the Pope); **c** (w. ref. to Henry III).

1277 ~ii seu emphiteote *RGasc* II 30; **1492** Walteri Lychtoun ~ii de Villishavyn *Reg. Aberbr.* II 273. **b** **1213** totum regnum Anglie .. a Deo et ab ecclesia Romana tanquam ~ius recipientes et tenentes *Foed.* I 176 (= *SelCh* 280, *Conc. Syn.* 17: feodatarius; cf. Wend. II 75: totum regnum Anglie .. tanquam secundarius [v. l. feodarius] recipientes et tenentes); **s1213** dedit .. regnum .. beato Petro et successoribus ejus .., sub quibus ipse quasi ~ius regnaret G. Cold. *Durh.* 20; **s1213** rex .. Johannes .. factus est regulus .. domini pape tributarius vel ~ius *Ann. Lond.* 10. **c** **s1237** affirmans se tam in publico quam secreto, sine domini sui pape .. consensu, nil posse de regno disponere .., ut non rex, sed ~ius pape diceretur M. Par. *Maj.* III 412.

2 official: **a** (in charge of fees in the king's hand); **b** (of the Duchy of Lancaster); **c** (of the Court of Wards).

a **1379** constituimus te ~ium nostrum in hac parte et ad exploranda et custodienda omnia feoda militum que de prefato herede .. tenentur .. in manum nostram .. seisienda *Pat* 304 m. 33*d*; **s1460** nullus vicecomes, eschaetor, coronator, ~ius, ballivus aut aliquis alius officiarius (*Lit. Regis*) *Croyl. Cont. B* 530. **b** **1399** omnes et singuli receptores, ~ii, firmarii, prepositi, ac quicumque alii servientes et ministri nostri (*Pat*) *Ch. DL* 101; **1460** cum omnibus proficuis .. et emolumentis, de quibus per ~ios nostros .. responderi usitatum fuerit (*RParl*) *Ib.* 272. **c** **1574** coram R. P. armigero tunc feodar' ejusdem reginae in eodem comitatu *Entries* 634; **1586** commissio directa Johanni [et al.] et Willelmo S. generoso ~io com[itatus] sui Cornub' hiis quatuor tribus vel duobus quorum predictus ~ius sit unus ad inquirendum [etc.] *Pat* 1303 m. 7*d*. (cf. ib.: Waltero J. generoso ~io de le Estrythinge comitatus sui Ebor').

3 feodary, book or list of feudal services.

1398 cum omnia rentalia, ~ia, et alia memoranda maneriorum et dominiorum .., per que firme, redditus, servicia et alia proficua .. solvi debeant et levari .. combusta .. fuerint *Pat* 304 m. 20*d*.; **1430** ~ium liberorum reddituum et serviciorum pertinencium ad scaccarium prioris Dunelmensis *Feod. Durh.* 1; **1537** de xlviij s. iiij d. receptis .. ut patet per ~ium *Ac. Durh.* 669.

feodatalis, (as sb.) fee, payment.

1330 quiete ab omnimodis homagiis, wardis, releviis, escaetis, .. auxiliis.., misericordiis, feodatalibus, et omnibus aliis serviciis, exaccionibus, et demandis secularibus *ChartR* 117 m. 29.

feodataliter, feudally (Gasc.).

1289 investimus .. Henricum et Matildam feodotaliter *RGasc* II 492; investimus .. Edwardum feodotaliter *Ib.* 532.

feodatarius

1 of a fee, feudal.

1173 quantum ad feudatarii juris obligationem, vobis dumtaxat obnoxius teneor (*Lit. Regis*) *Ep. Alex. III* 1389D (= Trevet *Ann.* 76: feoditarii); **s1213** quomodo rex Johannes regna Anglie et Hibernie ~ia fecit Romane ecclesie Fordun *Cont.* IX 19 *tit.*

2 (as sb. m.) feudatory, feudal tenant, vassal; **b** (w. ref. to King John's submission to the Pope).

a1220 si patroni vel advocati aud (*sic*) feudotarii seu vicedomini alicujus ecclesie rectorem .. ipsius ecclesie .. occidere ausu nefario presumpserint, patroni jus patronatus .. feodotarii feodum .. usque ad quartam generationem amittant *Conc. Syn.* 95; **1220** ad personas feudatariorum vel firmariorum suorum *Ch. Sal.* 98; **1221** nullo privilegio ad firmarios vel ~ios eorundem aliquo tempore extendendo *Ib.* 108; **1276** si ~iis .. fieret molestacio .. debemus eos in sua justicia sustinere *RGasc* II 14; **1289** feudatarii predictarum terrarum *Ib.* 334; ab amphiteota seu feudatorio *Ib.* 423; si .. aliquis .. porcionem suam .. reliquerit, omnes alii feodotarii ad solucionem census .. tenebuntur *Ib.* 528; **1433** a .. feudatoriis (v. affeuatus); **1479** arrendatorios .. et feudatarios, vassallos, emphiteotas .. mense episcopalis *Mon. Hib. & Scot.* 485a; **1551** filium quondam Willelmi .. ~ii de Ardros *Offic. S. Andr.* 112; **1572** G. S. .. fewdatarius loci, domorum, hortorum .. *Scot. Grey Friars* II 58. **b** **1213** (v. feodarius 1b).

3 (as sb. n.) fee.

1289 acquisivimus empcionis titulo .. tenementum .. petebant quod vel eis daremus ~ium de tenemento .. vel eis dimitteremus illud pro precio per nos dato *RGasc* II 437.

feodatator, feudal tenant, vassal (Gasc.).

1281 Bertrandi .. hominum ac feudatatorium (*sic*) suorum *RGasc* II 132.

feodatio, feoffment. **b** (~*o juncta*) 'jointure', holding of an estate in joint tenancy.

nobis nichil ad legitimam deest ~onem secundum tenorem privilegiorum a papis et regibus .. optentorum *Ann. Durh.* 180; **1381** sciatis nos .. confirmasse donacionem, concessionem, et ~onem illas quas fecit .. A. P. *Reg. Aberd.* I 112; **s1213** papa .. legatis destinatis .. ~onis ipsius promissum .. receperunt (*sic*) *Plusc* VII 3. **b** **1434** allocate pro quibusdam terris existentibus in manibus Willelmi de Edmondstoun causa juncte ~onis sponse sue .. vj li. xiij s. iiij d. *ExchScot* 596; **1464** non obstante sua juncta ~one *Reg. Aberbr.* II 137.

feodator, feudal tenant, vassal (Gasc.).

1448 ligeis nostris, feudatoribus, affeuatis, emfiteotis (*Ch.*) *Arch. Gironde* XVI 334.

feodatura, feoffment.

c1230 W. B. tenet vj acras veteres cum una acra de nova ~a *Doc. Bec* 107.

feodefirma v. feodifirma.

feodelitas [cf. AN, OF *fedeilté* < fidelitas, *infl. by* feodum], fealty.

1293 abbas recepit homagium suum et dictus Johannes fecit ~atem suam et recognovit servicium suum *CourtR Hales* I 225; **1294** fecit ~atem (v. feoffare 1c); **1327** Emma .. fecit .. Waltero ~atem in pleno hustengo *MunCOx* 62.

feodifirma [al. div.], fee-farm, tenure in fee-simple subject to perpetual fixed rent without other service.

a1101 satis me concessisse abbati .. hundredum de Normancros in feudo firmam annuatim pro c s. *Regesta* I p. 139; **c1110** ut pro xx s. in anno reddendis in regis expensis regis (*sic*) pratum illud in feudo firmam perpetuo continerent *Chr. Abingd.* II 65 (cf. *Regesta* 970); **1110** pratum .. in feudo firma perpetuo habendum *Ib.* 110 (= *Regesta* 956); **1130** Ivo r. c. de v dextrariis ut teneat in feodo firmam terram de Welgebi *Pipe* 7; **1132** dederunt ei .. in feufirma terram *Ch. & Rec. Heref.* 7; **1135** sciatis .. me concessisse .. abbati .. tenere in feoudiscyfirma .. manerium .. de R. *Chr. Rams.* 284 (= *Regesta* 1915); **a1150** concedimus .. terram .. in feufirmam pro vj s. quoque anno *Cart. Burton* 31; concessit ei abbas .. in fedfirmam .. partem Legue *Ib.* 34; concesserunt .. ij culturas terre .. in feudfirmam *Ib.* 37; **c1150** tenuras quas W. .. tenuit de abbate in feuda firma *Reg. Malm.* I 455; **1160** tenere in feoudi firma .. manerium .. de R. *Chr. Rams.* 289; **1178** concessit .. terram .. in feudofirma *FormA* 2; terram .. in feudifirma de me .. tenendam *Ib.* 49; **s1213** rex .. Johannes .. diadema resumpsit .. sub annuo tributo m marcarum nomine feodefirme pro Anglia et Hibernia *Ann. Tewk.* 60; **1215** si aliquis teneat de nobis per ~am vel per sokagium vel per burgagium .. *Magna Carta* 37; **1230** c li. optulerunt .. pro habenda carta vestra de .. manerio habendo ad ~am *Cl* 403; **1271** reddendo .. vij s. iij quad. nomine feofirme *Reg. S. Aug.* 569; Osmerlegam .. in pratis et pascuis, in aquis et extra, in feoudifirma .. tenendam *FormA* 275; **1327** de feodofirmis *Lit. Cant.* II xlvii; **1416** (v. feodum 6b); charte, custume, compoti, feoda firme, ordinaciones, et dimissiones ville et ballive de Suthewerk *MGL* I 572 *tit.*; **1453** reddit de xxx li. parcella l li. ~e ripe regine Londonie percipienda (*DL Ac. Var.*) *JRL Bull.* XL 106; **1556** ad feudifirmam (v. emphyteusis); **1565** dominio de Inchecheffray cum .. rectoriis firmis, ~e firmis, redditibus *Inchaffray* 165; **1572** confessus est ipsum .. vendidisse .. in fewdifirma .. totum .. locum *Scot. Grey Friars* II 58.

feodifirmarius [al. div.], of a fee-farm, fee-farming. **b** (as sb. m.) fee-farmer.

1569 firmas feudifirmarias .. annuatim .. persolverunt *Scot. Grey Friars* II 207. **b** **c1200** terram .. quam .. tenebat tanquam ~ius *Reg. Moray* 19; **c1250** H. archidiaconus, feodi firmarius de Stivecleya, ipsam ecclesiam fabricari fecit *Cart. Rams.* I 392; si quis dederit .. terram .. ad feodofirmam .. et postea feodofirmarius .. voluerit .. terram vendere *Leg. IV Burg.* 95; feudi firmarius non potest firmarium facere *Ib.* 138; **1429** cum .. picagio, terragio .. feodifirme annexis burgensibus nostris, ~iis ville nostre *MunCOx* 192; **1573** per .. J. S. ~ium ville ac terrarum *Melrose* 607.

feoditarius v. feodatarius.

feoditas

1 feudal service.

1268 remisi .. Walkelino de R. totam terram meam .. cum .. wardis, releviis, ~atibus *Starrs* I 120; **1303** salvis nobis .. ~atibus, releviis, curie sectis, et eschaetis *Reg. S. Aug.* 30; **1342** (v. feodum 6b).

2 fealty.

1283 novus adveniens .. jurabit feuditatem domino *Cust. Battle* 94; **1293** fecit ~atem et de fine plegios invenit *CourtR Hales* I 252; **1327** forma reddicionis ~atis et homagii .. procerum Anglie *Lit. Cant.* III 414; **1342** faciet ~atem in hec verba *CBaron* 104.

feodo- v. feoda-, feodi-. **feodofatio** v. feoffatio. **feodofirma** v. feodifirma. **feodot-** v. feodat-.

feodum, ~us, ~a [Frk. **fehu = cattle, property, wealth*, cf. AS *feoh, cognate w.* CL pecu; *forms w.* -d- *are secondary to earliest Cont. forms without it* (fevum, etc.); *for exx. illustrating semantic development on Cont.* v. *MLLM* s. v.]

1 fief, feu, heritable estate in land held in return for homage, service, or scutage: **a** (Cont. & C.I.); **b** (Eng.); **c** (W.); **d** (Ir.); **e** (Sc.).

a **s1089** patris mei homines fuistis et feudos vestros in Normannia et Anglia de illo tenuistis Ord. Vit. VIII 9 p. 316; **c1152** dominica et ~a et omnes Bajocensis ecclesie teneduras *Act. Hen. II* I 40; **1226** de scutagio Pictavie de feudis Roberti de Aubeni *LTRMem* 9 m. 2; **1331** ille †foedus dispargitur in tantis minuttis particulis quod nesciunt .. nomina tenencium nuncupare *Ext. Guern.* 98. **b** si dominus ejus diversos ~os teneat (*Leg. Hen.* 55. 1b) *GAS* 578; illorum feudos et honores .. distrahere ex toto et aliis permittere *G. Steph.* I 59; **1189** de terris suis .. seu domaniis seu ~is sc. in comitatu Huntedon (*Ch. Regis*) Fl. Worc. *Cont. C* 258 (= *G. Ric. I* 103: seu dominicis seu feudis); **a1200** dedi .. Roberto terram quam tenuit de feudo de Hacham, reddendo dimidiam squelam (*sic*) salis domino illius feuodi *Danelaw* 352; **1218** quod distringeret ~um per catalla in eo inventa *BNB* II 2; responderunt feudos suos, quos de sancto Ædmundo tenuerunt, hoc non debere Brakelond 145v.; **c1250** defendendo .. terram versus dominos fueodi de omnibus serviciis *Reg. S. Aug.* 392; defendendo .. terram .. versus dominum fuodi ex omnibus serviciis *Ib.* 499; **1280** reddendo .. domino feoudi x d. *FormA* 191; **1286** si aliquis .. detentus fuerit infra ~um seu libertatem de Bauquell' .. *BBC* (*Bakewell*) 169; feudum est beneficium quod ex benevolentia alicujus ita traditur alicui, ut proprietate ejus rei que in feudum datur, penes dantem remanente, usufructus ejusdem rei ita ad accipientem transeat, ut ad eum heredesque suos masculos et feminas, si de eis nominatim dictum fuerit, imperpetuum pertineat, ad hoc ut ipse sive ejus heredes fideliter domino serviant Upton 56. **c** Giraldus .. armigeris arma dominorum cum ~is dedit Gir. *IK* I 12 p. 90. **d** **1329** diviserunt ~a predicta in forma que sequitur .. *RB Kildare* 106; **1503** omnia mesuagia .. habenda .. imperpetuum de capitalibus dominis ~orum illorum per servicia inde debita et consueta *Ib.* 187. **e** **c1180** infra ~um de Tornebiri *Melrose* 37; **1202** totum servicium quod michi debetur de toto feudo de Madernin *Inchaffray* 19; **1237** terram nostram de Dolar in feudo de Clacmannan *Reg. Dunferm.* 75; **c1260** terram .. in ~o meo de Thirlestan *Dryburgh* 88; **c1380** dominus sine voluntate vassalli ~um alienare non possit *Cart. Lindores* 149.

2 (dist. as): **a** (*primus*); **b** (*magnus* or *parvus*); **c** (w. gen. of feoffor or feoffee).

a de primo feudo habeantur quicunque liberi; si non possint, alii (*Leg. Hen.* 48. 11) *GAS* 572; primum patris ~um primogenitus filius habeat (*Ib.* 70. 21) *Ib.* 589; Glanv. VII 10 (v. capitalis 7b). **b** **1233** implementum quod deest ad tria ~a parva .. ad faciendum tria magna ~a *BNB* II 590; **1259** de duobus magnis ~is quorum T. Q. tenet unum feodum in S., W. M. tenet tres partes unius feodi in H., et W. de F. tenuit quartam partem unius feodi de M. in W. *Cl* 410. **c** ista terra calumniatur W. de C. dicens pertinere ad manerium de C. feudum Hugonis de P. per hereditatem sui antecessoris *DB* I 44v. (*Hants*); si quis tainorum sit, qui in feudo suo [AS: *on his boclande*] ecclesiam habeat, ubi cimiterium sit, det ei tertiam partem decime sue (*Quad., Leges Eadgari*) *GAS* 197; **a1136** siquidem feudi comitis Cestrensis deputatur, de quo .. Nigellus de O. eandem hidam .. et per Nigellum Droco tenebat *Chr. Abingd.* II 67; ?**1158** de feoudo ejusdem in villa Ermintone *Reg. Plympton* 152 (= *MonExon* 134, *MonA* VI 53b [*ChartR* 115 m. 13, **1328**]: de feodo); **c1170** ecclesiam et decimam cum feofo Fermanni presbiteri *Act. Hen. II* I 551; viam [que] a .. prato quousque feudum suum versus Bellum extenditur concessit *Chr. Battle* f. 101v.; **s1084** rex .. cepit homagia hominum totius Anglie et juramentum fidelitatis, cujuscunque essent feudi vel tenementi M. Par. *Maj.* I 19.

3 (~*um militis* or *militare*) knight's fee, amount of land for which service of an armed knight, or payment in lieu thereof, is due; **b** (dist. as *vetus*,

granted in or before 1135, or *novus*, granted 1135–66); **c** (dist. as *magnus* or *parvus*). **d** (~*um loricae, hauberci*, or sim.) hauberk-fee.

c1145 vir nobilis et liberalis qui ~um habet sex militum (*Ch.*) *Eng. Feudalism* 260; **1166** A. de M. debet xl s. quia non interfuit jurat' ~orum militum *Pipe* 8; **1166** H. et R. de Westburgo [tenent] ~um quinte partis militis; R. Buffard, xij partem j militis *RBExch* 341; O. archidiaconus tenet xj carucatas terre, unde xiiij carucata faciunt ~um militis *Ib.* 431; ego R. C. teneo v carucatas terre pro j ~o militis; et de hoc ~o tenet W., frater meus, tertiam partem illius ~i, faciendo inde michi servitium *Ib.* 444; si plures reliquerit filios, tunc distinguitur utrum ille fuerit miles sive per ~um militare tenens an liber sochemannus Glanv. VII 3; **1199** sciatis nos dedisse .. castrum de Karakitel cum feudo v militum *RChart* 19b; **1207** tenuit ~um militare et socagium *CurR* V 107; **1215** nullus distringatur ad faciendum majus servitium de ~o militis *Magna Carta* 16; **1215** quod habere faciat P. Wint' episcopo fedum unius militis *Cl* 242b; **1243** hec sunt feuoda militum in comitatu Wiltes *Fees* 708; **1255** pro fewodo j militis *Hund.* II 43; ad valenciam unius baronie integre, sc. xiij feoda et terciam partem unius ~ militis, quolibet feodo computato ad xx libratas *Mod. Ten. Parl.* 7; **1334** tenuit x ~a militum de domino rege in capite de quorum servicio exoneratus fuit propter custodiam foreste et ad inveniendos forestarios *SelPlForest* 67; sunt .. in Anglia .. ~a militum lxmccxv, de quibus habent religiosi xxviijm et xv *Eul. Hist.* II 154. **b** **1168** W. .. debet xlij li. vj s. et viij d. de eodem auxilio pro milite de veteri ~o, et de novo xliij s. et iiij d. *Pipe* 39. **c** **1220** terram .. tenendam .. per servitium parvi ~i j militis *CurR* VIII 243; **1332** cognovit dictum W. de E. tenuisse .. manerium .. per servicium unius parvi ~i militis Moriton' *LTRMem* 105 m. 15; **1333** per servicium magnorum ~orum *Ib.* m. 52. **d** **1128** concedo .. villam de Cueleio .., que est ~um unius lorice, et aliud ~um lorice de dono Willelmi G. ... jura que habent barones Normannie in ~is loricarum suarum (*Ch. Regis*) *EHR* XXII 640; **c1175** de ~o unius lorice quod est apud Bauquenchai *Act. Hen. II* II 72; **1180** in quietancia terre Roberti Avenel de ~o lorice sue de auxilio vicecomitis *RScacNorm* I 9; **a1190** dedi .. Willelmo piscatori .. tres virgatas terre in T. .. pro tertia parte ~i lorice pro omni servitio quod ad me pertinet *Eng. Feudalism* 258; miles primogenitus ~um lorice integrum habebit et non partietur *Cust. Norm.* 8. 2; **c1216** [virgate] que fuerunt de feudo lorice mee de Haselerse *Doc. Robertsbr.* 71; **1250, 1275** (v. haubercus b).

4 aggregate of estates; **b** (royal).

Herbertus tenet ad firmam de rege Ringtone; de feudo est episcopi *DB* I 11 (*Kent*); W. de W. tenuit Meldone de feuo abbatis *Ib.* 32v. (*Surrey*); S. tenet de episcopo Stoch, hoc est de feudo S. Mariae Lincoliae *Ib.* 155v. (*Oxon*); **c1120** quicquid tenent de meo feudo in terris et decimis (v. elemosina 3a); **a1130** de cujus episcopio et ~o res ipsa tota est (*Ch. Hen. I*) *MS Paris Bibliothèque nationale lat. nouv. acq.* 1428 f. 5; **c1160** concedimus sanctimonialibus de Bulintun .. hominem illum de Osbernebi Reginaldum nomine cum tota terra sua quam de feudo meo tenet, viz. boveta et dimidia *Danelaw* 57; **a1161** terram suam de Ceusio que est de fedio S. Stephani *Act. Hen. II* I 267; in campo quodam de feudo S. Cuthberti *Standart* .. erexerunt J. Hex. *HR Cont.* 293; **a1184** confirmavimus hoc in plenario comitatu de Cardif et in manum cepimus super totum feudum nostrum *Cart. Glam.* 123; **†s1189** pax inter Richardum et Philippum est consummata; .. Philippus .. reddidit .. castellum Radulphi cum toto ~o suo, qua de causa Richardus feodum Craziaci totum .. quitavit et omnia feoda que habebat in Arvergnia Fordun *Cont.* VIII 47 (cf. *DipDoc* I 15 [**1191**]: [Ricardus] quitavit nobis .. ~um Cracaii .. et quicquid habebat et quicquid expectabat habendum in Alvernia tam in feodo quam in dominio suo). **b** Humfridus camerarius tenet de feuo regine Cumbe *DB* I 36v.; **a1132** in presentia ipsius regis [Hen. I] et totius curie recognitum fuit ipsum molendinum esse de fedio regis (*Emptiones Eudonis*) *EHR* XXIV 215; **1164** ecclesie de feudo domini regis non possunt in perpetuum dari *Const. Clar.* 2; **1288** in ~o domini regis (v. dominium 6); **s1278** *Chr. Peterb.* 30 (v. feodalis 5).

5 (w. prep.) fee, tenure: **a** (*ad*); **b** (*de*); **c** (*ex*); **d** (*in*); **e** (phr. *in ~o et hereditate*).

a hanc terram calumpniatur Godricus .. sc. quod tenuit ad feudum comitis R., et hundredum testatur ad feudum R. Bigot *DB* II 176v.; **1140** (v. censualis 1a). **b** **1218** illas [medietates] unde Willelmus de Say .. fuit seisitus in dominico suo ut de ~o et jure *BNB* II 7; defuncti bos agricole succedit in usum / pontificis, quasi de feodo possessio major H. Avr. *Hugh* 794. **c** Willelmus de Tancarvilla, summus ex feudo regis camerarius Map *NC* V 6 f. 69v. **d** de terra hujus manerii tenet Godefridus in feuo dimidium solin' *DB* I 4vb; Blacheman tenuit in feudo T. R. E. .. *Ib.* 59; si quis vero firmam in ~o teneat .. (*Leg. Hen.* 56. 2) *GAS* 575; **a1122** in pheodo (v. deservire 3a); **c1130** sciatis me concessisse .. Willelmo .. terram in feoudum *Chr. Rams.* 237; **1135** concessi huic meo militi H. Swintun in feudam sibi et heredi suo *E. Ch. Scot.* 100; **a1161** terre quas tenebat in fedium de predicto sancto in Ceus *Act. Hen. II* I 267; **a1162** sciatis me concessisse .. totam .. terram .. tam in alodio quam in foedio *Ib.* 269; tenementum .. certum quod datur alicui in ~o per servicium militare obligat tenentem ad homagium Bracton 79v.; **1274** percipit .. rex de redditu assiso in feoudo Willelmi Emperur xl s. (*Ext.*) *S. Jers.* II 27; **1377** jus habet ad officia predicta .. in ~o tenenda *MGL* II 459; **1439** *Stat. Linc.* II 208 (v. 11 infra). **e** **1141** (v. feodare 3a); **1180** constabulariam meam .. tenendam de me et heredibus meis in ~o et hereditate *Act. Hen. II* II 127; **c1230** confirmavi .. terram meam in Stocwelle .. habendam de me .. in ~o et hereditate *Cart. Osney* II 356; **c1237** confirmavi .. mesuagium .. tenendum de me .. in pheudo et hereditate *Ib.*; **12..** ego .. dedi .. dim. acram terre .. tenendam .. de me .. in ~o et hereditate *Cart. Blyth* 30; **1424** dederunt .. villam .. cuidam nobili viro .. in ~o et hereditate *Pri. Cold.* 98; **c1500** tenendos .. redditus .. de .. rege in ~o et hereditate imperpetuum *Scot. Grey Friars* II 29.

6 a (w. *liber* or *francus*) frank-fee. **b** (w. *simplex* or *purus*) fee-simple, (tenure of) land held without limitation to class of heir. **c** (w. *talliatus* or sim.) fee-tail, (tenure of) land entailed to particular class of heir. **d** (var.).

a **†910** (12c) ut nullus .. praesumat .. in franco feudo illam [sc. terram] alicui dare *Reg. Malm.* II 317; G. j virgatam [tenet] de franco feudo pro x s. *Chr. Abingd.* II 305; mota est controversia .. utrum esset liberum feudum ecclesie an non Brakelond 138 (v. et. 8 infra); **a1233** dedi .. in liberam elemosinam iij acras et dim. de meo franco feudo *Cart. S. Greg. Cant.* 100; **1284** de omni suo ~o tam franco quam villano *CartINorm.* 140 (v. et. 6d infra); liberi ~i: .. G. W. tenet iij feodos militis *Gavelkind* 56; **1313** non sunt nisi pauci de tenura de libero ~o in comitatu Kancie *Eyre Kent* xx. **b** **1291** Willelmus ex ipsa procreavit quendam Alexandrum in cujus persona est ~um simplex predictorum tenementorum *PlRCP* 89 m. 138*d.*; **1294** ~um purum est quando aliquis habet liberum tenementum et illud dare potest, vendere, alienare vel assignare vel heredibus decendere (*sic*) *Year Bk. 21–22 Ed. I* 365; **1327** habuit .. manerium de Thornbury in ~um simplex de dono domini regis *KRExt. & Inq.* 10/1/8; **1342** tenuit .. in ~o simplici xl acras terre per feoditatem *IPM* 67/2 m. 7; **1399** terras et tenementa tam in ~o simplici quam in feodo talliato .. nequiter confiscando *RParl* III 418a (v. et. 6c infra); **1416** cum L. .. concesserit et ad feodi firmam dimiserit H. de H. unum croftum .. in ~o simplici reddendo .. xviij d. *Deeds Newcastle* 111; **s1460** manerium .. in ~o simplici .. possidebat *Reg. Whet.* I 357; **1583** revertione ~i simplicis dicti manerii .. ad nos spectante *Pat* 1234 m. 17. **c** **1283** Emma non habuit .. nisi ~um talliatum secundum formam donacionis predicte *PlRCP* 51 m. 70*d.*; **1285** cum aliquis .. usurpent (*sic*) communem .. per ~um talliatum .. pasture debent .. pertinere ad liberum tenentem (*2 Westm.* 46) *StRealm* 94; **1294** ~um talliatum est ut in donacione liberi maritagii *Year Bk. 21–22 Edw. I* 365; **1329** tenementa tenentur in ~um talleato, ita viz. quod S. de D. senior feoffavit R. de D. et J. de D. .. sibi et heredibus suis de corpore eorundem R. et J. *IPM* 16/22 m. 4; **1399** (v. 6b supra); **1448** si .. alie persone .. habuerint aliquem statum pro termino vite seu in ~o talliato (*Ch. Hen. VI*) *Arch. Gironde* XVI 350. **d** **c1120** hoc totum [concessit] in feudum hereditarium sibi et heredibus suis *Cart. Rams.* II 261; **a1200** dedi eis in perpetuum feudum xl acras terre *Danelaw* 276; **1203** (v. dominicus 3a); **1283** nonnulla nobilia ~a .. inter Dordoniam a vobis teneri dicuntur *RGasc* II 183; **1284** de .. ~o .. villano (v. 6a supra); **1289** feudum vel retrofeudum nostrum nobile *RGasc* II 332; officium .. thesaurarii garderobe est .. compotum reddere .. de ~is forincecis *Fleta* 78; **1294** ~um †denariatum [MS *app.*: douñat'; ? l. dominaticum *or* donatum] est quando aliquis tenet aliquod tenementum de capitali domino pro certo servicio unius denarii per annum; licitum est capitali domino pro illo ~o denariato distringere *Year Bk. 21–22 Edw. I* 365; **1311** multa feuda nobilia ad manus ignobilium et eciam plura de nostris feudis et retrofeudis nobilibus et aliis ad manus mortuas .. pervenerunt *RGasc* IV 396; **1312** faciendo pro castro et pertinenciis suis .. nobis et heredibus nostris homagium ut pro nobili feodo et reddendo inde .. unam lanceam ad sporlam in mutacione domini *Ib.* 627; feudum ligium est pro quo vasallus investitus contra omnes homines fidelitatem domino debet .. ligium feudum .. nichil aliud est quam supprema fidelitas sive suppremum homagium contra omnes homines nullo excepto Upton 36.

7 (w. *firmus* or sim. for *feodifirma*) fee-farm; **b** (w. *censualis*).

a1108 (1227) reddendo .. xxviij li. argenti de ~o firmo pro omnibus serviciis *CalCh* I 47; **a1131** concedimus Willelmo filio Goffridi in feudum ad firmam pro xl s. per singulos annos terram quam G. pater suus juste tenuit ab abbatia *Cart. Rams.* I 141; **c1160** notum sit nos concessisse T. et heredibus suis terram .. de W. ad feoudam firmam .. singulis annis pro c s. *Chr. Rams.* 274; **c1180** pasturam .. tenebunt .. monachi de nobis in feudam firmam *Melrose* 61; **c1200** sciatis me .. concessisse .. in .. feudum firmam .. croftum *Danelaw* 139; **a1208** concessimus Waltero .. piscariam de P. .. ad tenendam de ecclesia nostra in feuda firma *Reg. Malm.* I 457; **1492** cum .. habeant .. civitatem .. de nobis .. ad ~am firmam *Lit. Cant.* III 319. **b** **1166, 1297** (v. censualis 2a).

8 (~*um ecclesiae, ecclesiasticum*, or *elemosinale*) (land held by) frank-almoign, tenure for divine service.

dum tamen sacerdotis domus et curia in feudo [v.l. fundo] ecclesiae consistant (*Leg. Ed.*) *GAS* 630; **a1182** in elemosinali ~o (v. elemosinalis b); si tenens ipse clericus teneat in libera elemosina ~um illud ecclesiasticum, .. placitum inde debet esse in foro ecclesiastico de recto, nisi petatur inde recognitio utrum fuerit liberum ~um ecclesiasticum vel laicum feodum Glanv. XII 25 (v. et. 9 infra); Brakelond 138 (v. 6a supra); **1339** nolumus .. quod in ~o ecclesie contra libertatem ejusdem sub colore providenciarum hujusmodi per vos vel per alios quicquam capiatis quovis modo *RScot* I 572b.

9 (w. *laicus* or *laicalis*) (land held by) lay-fee, tenure for secular service.

1164 si calumnia emerserit inter clericum et laicum .. de ullo tenemento quod clericus attrahere velit ad elemosinam, laicus vero ad laicum feudum .. *Const. Clar.* 8; Glanv. XII 25 (v. 8 supra); **1199** (v. elemosina 4b); **1202** Ricardus decanus de M. .. habet laicum ~um *SelPlCrown* 13; **1215** si aliquis tenens de nobis laicum ~um moriatur .. liceat vicecomiti .. inbreviare catalla defuncti inventa in laico ~o *Magna Carta* 26; **1222** decrevimus ne clerici .. fructus ecclesiasticos in laico feudo reponant .. nec .. in feudo laicali .. domus construant *Conc. Syn.* 118 (cf. Lyndw. 165 k: alludit vulgari locutioni patrie secundum quam laicum feudum vocatur omne illud quod non est inter possessiones ecclesiasticas deputatum); **c1236** cum clericus detentor ~i laicalis, quem ingressus est per violentam spoliacionem, convenitur a spoliato in foro laicali .. deducitur in controversiam .. ~us laicalis Gros. *Ep.* 72* p. 223; **1254** canonici de Alba Landa de ~o laicali *Val. Norw.* 208; **1293** portio de Mereton de laico ~o v m. *Ib.* 370; ut omnia laica ~a archiepiscoporum .. in manum regis caperent B. Cotton *HA* 320; **12..** ut clerici .. non .. domos construant in ~o laicali *Conc. Scot.* II 17.

10 fee, heritable right (to office).

1221 W. L. custos gaole non est custos de ~o *PlCrGlouc* 107; **1223** qui per ~um vendit hujusmodi averia *CurR* XI 650; **1255** forestarius de ~o (v. 2 cablicium); **1266** camerarii .. scaccarii nostri qui sunt de ~o *Cl* 174; ego ipse custodio forestagium regis de ~o meo *BBExch* 215; inquiratur si aliqui forestarii de ~o .. ceperint finem vel mercedem *Fleta* 91; **1300** in presencia .. Roberti de C., forestarii de feudo *Reg. Malm.* II 402; ut novis conditionibus feudum piscationum a se acciperent Ferr. *Kinloss* 47.

11 fee, payment.

1101 propter predictas conventiones et predictum servitium, dabit rex Henricus comiti R. unoquoque anno quingentas li. Anglorum denariorum in ~o (*Ch.*) *BBExch* 15; **1163** quingentas marcas unoquoque anno in ~o, sc. comiti cccc m. et comitisse Flandrie c m. *Act. Hen. II* I 379; **1202** quod faciatis habere R. de D. ~um suum sc. ad Pascha proximo venturum l li. *Pat* 8a; **1228** c li. .. de annuo ~o .. Savarici quod percipit ad scaccarium nostrum *Ib.* 229; **1266** ~a, usuras, et penas in quibus tenebatur per cartam suam Aaron .. Judeo Lond' *Cl* 196; **1309** abbas et conventus solvent fodum carte in cancellaria domini regis *Cart. Sallay* 157; **1333** debita J. de W. militi pro ~o suo estivali dicti anni xj et robis *LTRMem* 105 m. 24; **s1345** nisi solveret valorem .. preter ~um thesaurarii Ad. Mur. *Cont.* 174; **1377** haberet pro ~o suo salsarium et cultellos que posita essent coram rege *MGL* II 461; **c1400** Thome D. pro ~o approbacionis testamenti per capitulum *Test. Ebor.* III 20; **1439** decanus percepit ~a inducционum *Stat. Linc.* II 191; pensiones, ~a, annuitates .. ad certos annos .., nullatenus in perpetuum nec in feodo *Ib.* 208 (v. et. 5d supra); **1479** in ~o et pabulo equi Jenkyn Steuart *ExchScot* 561.

12 a (~*um capellae*) fee of chancery (Sc.). **b** (~*um sigilli*) fee of seal (Sc.).

a **1292** per auditores ad audiendum compotum vestrum per nos assignatos fuerunt pro ~o capelle *RScot* I 14a. **b** **1329** de ~o sigilli per cancellarium *Cal. Scot.* III 316; **1336** respondeat ad scaccarium .. percipiendum pro officiis predictis ultra ~um sigilli predicti c li. *RScot* I 454a; **1337** respondeat ad saccariam .. percipiendo per annum pro officiis predictis ultra ~um sigilli predicti c li. *Ib.* 500a.

13 (~*um coquine*) kitchen-fee, i. e. dripping.

c1250 (v. esclenca); **c1252** percipient .. medietatem ~i coquine de bobus, porcis, et multonibus *Reg. Malm.* II 337; **c1343** in xiiij petris ~i coquine emptis pro uncto carectarum viij s. ij d. *Ac. Durh.* 543; **1443** pro vendicione ~i coquine *Ib.* 82; **1464** cebum et ~um coquine ac correa .. valent .. viij li. viij s. ij d. *Feod. Durh.* 207; **1431** empcio cebi et ~i *Househ. Bk. Durh.* 17; **1532** in bitumine et ~o coquine emptis cum *le markinge* x d. *Ib.* 59.

14 (poet.) fealty or (?) *f. l.*

1346 fraudibus adductus, Christi virtute reductus, / Philippo feci feodum [v. l. fiodum; ? l. fidem] sub lege minorum (*In Franciam*) *Pol. Poems* I 31.

feofactio v. feoffatio. **feoeamentum** v. feoffamentum. **feofeff-, feoffeff-** v. feoff-.

feoffamentum

1 feoffment; **b** (dist. as *vetus* or *antiquus*, made in or before 1135, or *novus*, made 1135–66); **c** (dist. as *magnus* or *parvus*); **d** (w. gen. of feoffor or feoffee); **e** (phr. *ex dono et ~o* or sim.).

1195 W. B. concessit .. quod subscripta feofementa .. rata sint et stabilia *Pipe* 112; **c1200** omnes donationes et feofamenta terrarum *Dryburgh* 101; **1336** eam

[medietatem] tenuit diu ante ~um predictum *Cal. Scot.* III 320; 1381 quecunque ~a .. per compulsionem .. contra legem facta, cassentur ac pro nullis habeantur (*Stat.*) AMUND. I 193; 1466 virtute .. ~i ipsi fuerunt seisiti *Paston Let.* 900 p. 557. **b** 1166 precepit .. ut mandent .. quot milites [v. l. milites fefatos] quisquis habeat de veteri feffamento [v. l. fefamento] de tempore regis Henrici avi vestri .. et quot habeat de novo feodamento [v. l. fefamento] feffatos [v. l. fefatos] post mortem .. avi vestri *RBExch* 412; 1168 debet .. lvij li. vj s. et viij d. de auxilio militum ejusdem honoris de veteri feffamento ad maritandam filiam regis. idem debet xx s. de novo feffamento *Pipe* 13; 1187 r.c. de xvj s. de novo feffemento *Ib.* 26; 1199 abbas .. remisit .. clamium .. de veteri feofeamento de predicta terra *CurR RC* I 423; 1202 de antiquo ~o suo *Pat* 7; 1212 abbas .. debet .. regi servitium ij militum de antiquo fefemento *Fees* 90; 1243 A. de C. tenet .. ij feuda .. de comite S. et ipse de rege de veteri feufamento *Ib.* 721; prior .. tenet vellam .. de veteri feuffamento *Ib.* 737; 1259 nullus feofatus sine carta a tempore conquestus vel alio antiquo feofamento distringatur *SelCh* 390; c1300 qui tenent per antiquam tenuram, et qui per novum ~um *FormMan* 26. **c** 1228 feuda sua sunt de magno feufemento et non de parvis feudis Moreton' *KRMem* 9 m. 15*d*. **d** 1279 tenet j dim. virgatam terre .. de feofeffamento Henrici de Stanford' *Hund.* II 756; 1284 pro terra sua quam .. tenet per feufamentum dicti Hugonis sibi et heredibus suis reddendo inde annuatim predictum redditum *IPM* 39/2 m. 2; 1287 per ~um sui donatoris habet dictas libertates *PQW* 10; dedi .. Radulpho le C. ij m. et dim. .. redditus, quas habui ex ~o Hawisie *Reg. S. Thom. Dublin* 76; c1320 ubi tenens intravit per feffamentum alterius (*Stat. Rob. I*) *APScot* I 110; 1333 x acre bosci ex ~o ejusdem Johannis *LTRMem* 105 m. 89. **e** c1350 maneria .. tenet per diversa dona et feofamenta *Reg. S. Aug.* 65; 1384 tenementum nuper habuerunt ex dono et ~o dictorum R. P. et A. *G. S. Alb.* III 272; 1399 tenementum .. quod .. nuper habuit ex dono et ~o *Mem. York* I 205; 1400 placea terre, quam J. de L. tenuit de dono et feffamento suo *Mon. Francisc.* I 505; 1435 terra et tenementa mea, que nuper habui ex dono et ~o Johannis Newland *Test. Ebor.* II 57; 1455 terras et tenementa .. que .. habuimus ex dono et ~o Willelmi H. et Roberti L. *Deeds Balliol* 269.

2 doc. attesting feoffment.

a1235 hic est ~um suum .. 'noverit universitas vestra quod dedimus .. terram' *Reg. Heref.* 43; 1383 quid est carta? quoddam ~um sive scriptum sigillatum de re immobili data cum pacifica seisina (*MS Longleat* 37 f. 27) *Medium Ævum* VI 95.

feoffanatio v. feonatio.

feoffare

1 to feoff, enfeoff: **a** (dependent king); **b** (man); **c** (woman).

a 1268 ignorant utrum rex Scocie feofeffatus sit de illo fundo necne *IAQD* 2/38 (v. et. 2a infra); 1333 O. de B. qui tenet .. terras .. de quibus Rogerius de M. regem Edwardum patrem hujus regis dudum ~avit, reddendo .. ad scaccarium hic unam lanceam *LTRMem* 105 m. 50 (*recorda*) (v. et. 2a infra); 1336 rex Anglie ~atus fuit de comitatu de Rokesburgh *Cal. Scot.* III 320 (v. et. 2b infra). **b** 1166 nomina militum .., quibus avus suus feffatus [v. l. feofatus] fuit in primo feffamento [v. l. fefamento] quod in Anglie habuit *RBExch* 242; 1194 fefati fuerunt ab antecessore .. Humfridi *CurR RC* I 35; s1216 ~atus de jure filius portabit hereditatem *Ann. Lond.* 21; 1225 non constat quod ille W. aliquos possit feufare *LTRMem* 7 m. 16; 1236 quia multi magnates Anglie ~averint milites .. suos de parvis tenementis in magnis maneriis suis, questi fuerunt quod commodum suum facere non poterunt de residuo maneriorum suorum sicut de .. boscis .., cum ipsi ~ati habeant sufficientem pasturam quantum pertinet ad tenementa sua (*Stat. Merton* 4) *StRealm* I 2 (cf. M. PAR. *Maj.* III 342: feofefati); de hiis qui heredes suos infra etatem feofant *Leg. Ant. Lond.* 226; 1279 feoffeffatus fuit pater .. Gileberti per Gilebertum de S. *Hund.* II 756; 1287 ex concessione private persone que nullam potestatem habuit aliquem ~andi *PQW* 4b; non obiit seisitus de .. manerio, eo quod .. ante mortem suam ~averat .. Galfridum *State Tri. Ed. I* 18; racione .. terre .. unde R. .. feuofatus fuerat DOMERH. *Glast.* 535; 1292 alterum .. per cartam suam feffabit vel ~abunt *Doc. Scot.* I 320; 1417 ordino .. quod .. Ricardus Wlverston faciat feofofari dictos Edmundum et Walterum *Wills N. Country* 17; s1453 vellet feofeffare dominos tales *Reg. Whet.* I 96. **c** desicut non habet terram illam nisi ad vitam suam .. ipse ad exhereditacionem ejus feofavit quandam feminam .. ita quod dedit ei xx acras terre *BNB* II 127; 1294 uxor Radulphi de B. .. ostendit .. cartam in qua continebatur quod ~ata erat .. et illa fecit feodelitatem domino abbati *CBaron* 74; 12.. relicta .. domini Reginaldi ~ata fuit de manerio de M. *Chr. Peterb.* 142 (v. et. 2a infra); 1406 allegat se conjunctim esse ~atam cum predicto J. viro suo ad terminum vite sue *CourtR Banstead*.

2 (w. prep.): **a** (*de*); **b** (*in*).

a 1166 rex .. fefavit Wigonum marescallum suum de tenementis suis *BBExch* 178; 1230 profert .. cartam regis Ricardi que feffat eum de xiiij libratis terre *LTRMem* 11 m. 5; c1250 tempore regis H. qui eos feofavit de predicto manerio *DL Forest Proc.* 1/3 r. 1; 1265 volo .. quod .. de .. manerio ~entur et quod illud teneant inperpetuum per cartam feoffamenti *Cl* 105; 1268 (v. 1a supra); 1275 nesciunt .. de quibus fuerunt feofeffati *Hund.* I 296; 1279 ipse ~avit predictum Johannem de servitio .. tenementorum *AssizeR Northumb* 271; 12.. (v. 1c supra); 1333, 1336 (v. 1a supra); 1347 reges predecessores abbatis .. de maneriis ~averunt *Reg. S. Aug.* 65; 1369 I. et A. uxor ejus ~ati sunt de balliva senescalcie foreste *SelPlForest* xlix; 1429 terras et tenementa mea .. de quibus ~avi .. R.C., J.T., et alios *Test. Ebor.* II 10; 1466 de eisdem maneriis .. ~avit Johannem *Paston Let.* 900 p. 557. **b** 1293 cum .. monasterium et monachos .. in liberam, puram, et perpetuam elemosinam feofasset *RScot* I 19a; tercius filius vocatus est Godardus †qui [MS: quem] ~avit in senescaria Dacie KNIGHTON I 19; 1375 pro convencione fracta .. non ~ando eos in uno cotagio *Hal. Durh.* 128; 1426 duas acras terre in quibus W.P. .. et J. de R. .. sunt ~ati *Test. Ebor.* II 1.

3 to grant in fee: **a** (land or tenement); **b** (liberty or custom).

a cognatis suis .. multas possessiones ecclesie dedit et feffavit *Chr. Abingd.* II 283; 1227 soca .. est foffata de sokemannis *Cl* 208; 1237 de terris nostris in Hibernia, que nondum assise nec feofate *Cl* 571; 1248 terras tunc vastas ~avit *CalIMisc* I 55 p. 17; s1272 feofavit nobis per cartam suam vj acras terre *Flor. Hist.* III 24; s1455 noveritis .. nos .. feofasse .. abbati .. manerium de A. *Reg. Whet.* I 192; 1456 ~avimus .. magistro .. unum tenementum *Deeds Balliol* 216; 1573 quod terras et tenementa .. dare, ~are, vendere, alienare, barganizare et concedere possint *Pat* 1107 m. 35. **b** rex Johannes Quinque Portubus .. libertates .. et consuetudines .. ~avit *Meaux* I 340.

4 (p. ppl.) feoffed. **b** (as sb. m.) feoffee.

in hundredo de Eimeford' habet ipsa ij milites fefatos, et ij partes j militis *RDomin* 56; 1195 pro habenda terra .. cum v militibus feufatis *Pipe* 234; pro habendo recto de baronia de P. et de xv militibus feffatis *Ib.* 239; 1279 (v. attornare 10a); 13.. concessimus .. tenementum .. cum .. serviciis libere tenencium in dicto tenemento ~atorum *Melrose* 419; 1444 terre et tenementa .. ad .. personas ~atas seu feoffandas .. revertantur *Paston Let.* 12 p. 22. **b** 1166 feffatos [v. l. fefatos] (v. feoffamentum 1b); 1195 W. de B. concessit .. quod .. feofementa .. rata sint et stabilia de se .. predictis feofatis et heredibus eorum *Pipe* 112; 1236 (v. 1b supra); 1265 ~atus recuperabit pecuniam quam conquerens inde medio tempore recepit *Cl* 133; 1285 transfert .. tenementum in ~atum *Reg. Malm.* I 92; 1405 concedo quod manerium meum .. in comitatu Kancie venundetur per meos ~atos *Test. Ebor.* III 40; 13.. ~ati qui non mercandizant ita bene solvant tallagium sicut mercandizantes *MGL* I 252; 1417 volo quod Walterus Askeham, ~atus meus, .. faciat statum *Wills N. Country* 15; s1455 manerium .. Johannes .. voluit quod predicti ~ati .. dimitterent .. abbati .. et .. conventui *Reg. Whet.* I 192.

feoffatio

1 feoffment.

secundum modum ~onis BRACTON 36; 1260 carta de feodofacione mea *Cart. Osney* I 125; a1270 pro hac .. donacione, feofaccione, carte mee confirmacione .. dedit michi vj m. *Cart. Beauchamp* 36; 1289 in carta feofaccionis quam prior et conventus habuit *Reg. Heref.* 231; s1308 cartam ~onis sue de Cornubie comitatu *Ann. Paul.* 263; 13.. de diversis feofacionibus et adquisicionibus factis *MonA* III 213.

2 fief.

1250 liberi debent solvere relevium de qualibet particula fefacionis sue divisim *MonExon* 254.

feoffator, feoffor. **b** feoffee.

1203 feffatoris ejusdem terre *CurR* II 192; competit ei assisa nove dissaisine tam super ~orem suum quam super firmarium BRACTON 12v.; de feofatis sub colore auferendi dominis feodi custodiam heredum feofatoris *Leg. Ant. Lond.* 226; 1334 Thomas .. et feofatores ejusdem Thome illud exoneratum tenuerunt *RScot* I 275b; 13.. quamvis tenentes hujusmodi tenementa, aut eorum ~ores, per plures annos seisinam pacificam obtinuerint *MGL* I 447; 1455 cum pratis .. que .. habuerunt ex dono et feoffamento Willelmi H. et Roberti L. .. ~orum *Deeds Balliol* 269; 1487 T. W. .. et R. B. .. nuper ~ores Willelmi Prioure *Cart. Glam.* 1735; sic modo fundator rex est hic et feofator (*Vers.*) STRECCHE *Hen. V* 161; 1514 in nomine omnium ~orum *FormA* 414 *n.* **b** 1423 Johannes supplicat ~oribus suis feoffatis in omnibus suis maneriis, terris, et tenementis .. quod omnia proficua .. annuatim liberantur (*sic*) ministratoribus bonorum *Reg. Cant.* II 272.

feoffatrix, feoffor (f).

Simon .. dedit nobis unam bovatam terre cum uno tofto .. que Isabella, ~ix .. Simonis, et Petrus .. nobis confirmarunt *Meaux* II 53; 1281 si .. Gerardus aut .. Cristiana ~ix sua aut aliquis antecessorum suorum dedissent auxilium *PQW* 396.

feoffura, feoffment.

c1230 R. L. tenet vj acras terre de veteri tenura et de nova feffura unam acram et dim. .. N. B. tenet vj acras de antiqua feffura et unam acram de nova (*Cust. Lessingham*) *Doc. Bec* 107.

feofirma v. feodifirma. **feofofare** v. feoffare. **feofum** v. feodum.

feolonia v. 1 felonia.

feonare [AN *feuner, founer* < fetonare; cf. feo], (of deer) to give birth, fawn.

inquiratur qui fecerint vastum in foresta de bruera aut feugera in quibus fere regis solebant frequentare et maxime, ubi dame solebant founiare, et habere defensionem cum foetibus suis *Fleta* 91; 1298 quedam dama ~avit dictum fetonem in frumento in campo de Westgraffton' *KRForest Proc.* 2/26; 1309 cervos et bissas infra precinctum manerii predicti postmodum ~atos quociens et quanto voluerit capere *Pat* 133 m. 42.

feonatio [cf. AN *feuneisun*], season of fawning. **b** fawn.

[1198 prohibendum est etiam ad placita foreste ne aliqua careta exeat chiminum in foresta regis, neque porci sint in foresta regis, tempore de *foinesun*, sc. xv diebus ante nativitatem S. Johannis Baptiste et xv diebus post idem festum (*Ass. Forestae* 13) R. HOWD. IV 65;] 1217 tercium suanimotum teneatur in initio xv dierum ante festum S. Johannis Baptiste pro ~one bestiarum nostrarum (*Ch. Forestae* 8) *SelCh* 346; 1235 non obstante eo quod mensis iste [*July*] prohibitus est propter ~onem *Cl* 100; 1237 quod habere faciat priorisse et monalibus de A. xv quercus in foresta de Wind', sparsim per loca, post foenationem, ad fabricam et reparationem domorum suarum *Cl* 460; 1256 herbagium in predictis hayis preterquam in tempore founacionis quod durat per unum mensem *IMisc* 9/21; 1261 quia vulpes et tessones destruunt parcum regis de Wodestok tempore ~onis *Cl* 363; 1293 nec permittunt aliquem transire ad equum vel carectam in regia strata infra aliquam chacearum tempore founacionis *PQW* 218b; 1295 in quo habet liberum parcum suum et feras in eodem existentes, ita quod tempore ~onis etc. sc. per xv dies ante festum nativitatis S. Johannis Baptiste et per xv dies post, prefatus Johannes communam non habet in eodem bosco cum suibus et verris *PlRCP* 110 m. 169; 1366 tenentes de Brehull habere debent communam pasturam omnium averiorum suorum in omnibus locis foreste predicte .. omnibus temporibus eis placentibus, preter cum capris, bidentibus, et porcis etatis unius anni in mense fannationis [= *Cart. Boarstall* 177: †venacionis], viz. xv dies ante festum nativitatis S. Johannis Baptiste et xv post *Ambrosden* II 146. **b** 1337 parcus in quo sunt .. ccc fere et sufficient hoc anno cum feoffanacionibus suis de isto anno *Capt. Seis. Cornw* 41.

feoninus [cf. feo], of a fawn.

1229 dominus rex remisit Galfrido [et al.] iram .. quam .. erga eos conceperat pro pellibus founinis captis cum eis in foresta de Wychewod *Cl* 190.

feonus v. feo. **feoragium** v. foragium. **feoud-** v. feod-. **fera** v. 1 ferus.

feracitas [CL], fruitfulness.

OSB. GLOUC. *Deriv.* 220 (v. ferax b).

feraciter [CL], fruitfully.

sanctus .. Ecgwinus .. tamquam terra exculta de virtutum segete cepit ~ius fructum ferre DOMINIC *V. Ecgwini* I 7; OSB. GLOUC. *Deriv.* 220 (v. ferax b).

feraculus, fairly fruitful.

OSB. GLOUC. *Deriv.* 220 (v. ferax b); postquam est sanguinis beata venula / beato rivulo facta feracula WALT. WIMB. *Carm.* 305; *berynge*, ferax, .. ~us, gestarius *CathA*.

feragium v. foragium.

1 fĕralis [CL], assoc. w. death. **b** deadly, death-dealing. **c** portentous, ill-omened.

~ia, †tristitia [l. tristia], lugubria *GlC* F 144; ~ia, i. lugubria, mortifera, mortalia, tristia, noxia, luctuosa, vel *deriendlican, reþlican GlH* F 174. **b** tam ~ibus vallatus audaciis apud Aquileiam urbem capite nefando caeditur GILDAS *EB* 13; illo [anno] quem .. ~is impietas regis Brettonum .. detestabilem fecerat BEDE *HE* III 9; pro dolor! haec propter novi feralia flammis / tartara parta mihi ALCUIN *SSEbor* 473; bellum ferale peruget FRITH. 379; impune non remittetur tam ~is occisio ORD. VIT. IV 5 p. 196; quid arcanum ~e magorum sollicitas? W. CANT. *Mir. Thom.* V 11; regina malefica .. a ~i proposito non recedens *V. II Off.* 24; GROS. *Ep.* 90, GARL. *Mor. Scol.* 605 (v. 2 feralis); cum ferit Attropos ferali dextera WALT. WIMB. *Sim.* 124; cumque ipse hostiles turme se .. versus eos preparare ~i coepissent accursu *Ps.*-ELMH. *Hen. V* 75 p. 214. **c** hoc ~e monstrum et monstruosum spectaculum P. BLOIS *Ep.* 238.

2 fĕralis [LL], beastly, after the manner of wild beasts.

cum effera persecutorum rabies sacrosanctos ecclesiae tirones ~ibus [*gl.* bestialibus, *mid grimlicum gebannum*] edictis et ferocibus tormentorum cruciatibus .. grassaretur ALDH. *VirgP* 36 p. 282; ADEL. *ED* 18 (v. affabilitas); tanquam ~es homines per vastas solitudines evagantes in tabernaculis habitant BART. ANGL. XV 34 (= *Eul. Hist.* II 27: †feriales); s1067 loca deserta et nemorosa petentes, ibique vitam ~em ducentes *Flor. Hist.* II 2; ?1240 sit igitur procul a nobis, mutua non conjungi dilectione, ne nos vel vos vel utrique ~i, imo fĕrali, postposite postponamur nature GROS. *Ep.* 90 p. 278; est mare fĕrale [*gl.*: mortale], cor gestat nauta fĕrale [*gl.*: bestiale] GARL. *Mor. Scol.* 605; sic furit ipse malis semper sine lege feralis GOWER *CT* III 208; *CathA* (v. bruteus).

3 **feralis** v. foralis.

1 fĕrālitas [LL], deadliness.

ne autem diutius grassando in populum Dei debacchari posset dira ~as RIC. HEX. *Stand.* 39v.

2 fĕrālitas, beastliness.

ferus, .. et hic et hec feralis, et hoc -le, unde feraliter adverb. et hec ~as, -tis OSB. GLOUC. *Deriv.* 210; ~as, crudelitas *Ib.* 240.

1 fĕrāliter [LL], w. deadly purpose or effect.

pestifera .. lues ~iter insipienti populo incumbit, quae .. multitudinem .. sternit GILDAS *EB* 22; regio vicinitasque circumjacens predis ac cedibus incendiisque ~iter profligata est ORD. VIT. VIII 24 p. 424; **s1252** qui custodiam Vasconie suscepit, sed eam vastat et exterminat hostiliter et ~iter M. PAR. *Maj.* V 295; **s1257** [Tartari] jam dominatui suo dimidium mundi ~iter subdiderunt *Ib.* 661; **s1139** pugnatum est utrobique ~iter et actum est pro capite OXNEAD *Chr.* 51; **s1217** Falcasius .. S. Albani .. villam totam †feranter [MS: feraliter] spoliavit OXNEAD *Chr.* 139 (cf. ib. 409); **s1380** quadraginta .. de majoribus illius ville decapitari precepit, et totidem ad villam de Brugges direxit carcerali custodie deputandis. quibus ~iter perpetratis .. WALS. *HA* I 440.

2 fĕrāliter [LL], bestially.

therion Graeca, Latine fera, unde theriaca quia ~iter occidit BEDE *Orth.* 2802.

feramentum v. ferramentum.

ferancus [cf. DuC], (as supposed etym. gl. on *Francus* as *fĕrancus* < *ferus*).

Faramundus eis preponitur, a quo Franci dicti sunt, non ut quidam somniant a feritate quasi ~i R. NIGER *Chr. II* 127; proprio eos nomine Francos, quasi ~os, id est feroces, appellavit DICETO *Chr.* 80; dicunt alii quod Valentinianus imperator lingua Attica vocavit Francos, quasi ~os, a feritate animi HIGD. I 25 (*recte* 27) p. 274.

ferandus v. ferrantus. **feranter** v. 1 feraliter.

1 ferare [cf. 1 ferus], to make fierce.

to make felle, ~are *CathA*.

2 **ferare** v. ferrare.

3 **ferare** v. freiare.

ferarius v. ferrarius, serarius.

†ferastrix, *f. l.*

hic †ferastrix [? l. cerastes], *a hornyde eddyre WW*.

ferator v. ferrator. **feratorium** v. feritorium. **feratra** v. pharetra. **feratrum** v. feretrum.

ferax [CL], (of land) fertile, productive. **b** fruitful, profitable. **c** (w. obj. gen.) productive (of); **d** (w. abl.).

~ces glebas, i. fertiles, *þa waestmbaere tyrf GlH* F 177; huic provinciae tam ~ci ABBO *Edm.* 3; terra ferax et amena situ, dum nomen habebat / Albion *Brutus* 461; terra ferax sine sulcis WALT. WIMB. *Virgo* 34. **b** si se dilataverit culmus, si spica ~x precesserit AILR. *Serm.* 409D; ~x, -cis, i. fecundus, et comparatur ~cior, ~cissimus, unde feraciter, feracius, feracissime adv. et hec feracitas, -tis, et feraculus, -a, -um, i. aliquantulum ~x OSB. GLOUC. *Deriv.* 220; gracia plena, ferax infusio, copia summa GARL. *Epith.* III 139. **c** insula .. avium ~x BEDE *HE* I p. 10; **800** terra .. tirannorum ~x ALCUIN *Ep.* 200; ut sanctorum sacra corpora quorum illa humus olim ~x fuerat efferret W. MALM. *GP* I 15; palus .. est ~x avium et piscium H. ALBUS 5; NECKAM *DS* VII 371 (v. aconitum); Sicilia frugum est ~cissima ALB. LOND. *DG* 7. 2. **d** [ficus] flore carens, gaudet fructibus esse ~x NECKAM *DS* VIII 74; esse .. terram illam olivis puto ~cissimam ALB. LOND. *DG* 5. 4.

ferbota v. firbota.

ferbula [? cf. fervere, *perh. calque on* ME *bile, later boil*], boil, ulcer.

sexta plaga est ulcera, id est vesice sive pustule sive ~e que deformant faciem hominis T. CHOBHAM *Conf.* 35.

ferchendellus v. ferthendella.

fercillum [cf. ferculum], morsel, titbit (in quot., fig.).

talibus vero Hugo noster suos alebat Withamienses ~is verborum AD. EYNS. *Hug.* IV 12.

fercosta v. farcosta.

fercularius, used for food.

s1235 vasa etiam omnia, tam vinaria quam ~ia, ex argento erant et auro WEND. III 109.

ferculum [CL]

1 frame or stretcher for carrying things, litter, bier. **b** seat, stall.

illud summi Salomonis ~um [cf. *Cant.* iii 9], illud reclinatorium aureum GOSC. *Edith* 52; invadunt electi quatuor fratres exponendum lucis ~um *Id. Transl. Aug.* 42A; conscendit Salamon ventrale ferculum / nec venter patitur pudoris nevulum WALT. WIMB. *Carm.* 61. **b** *stalle before a schoppe*, stallum, ~um *PP*; fercula nos saciant, prelatos fercula portant *WW* 740 (cf. ib. 789: hoc ~um, *a salt stole*; fercula nos †faciant, prelatos fercula portant); *a stalle* [v. l. *a stalle in a chirche*], stacio, stallum, .. ~um; versus: fercula nos †faciant, prelatos fercula portant *CathA*; **1508** pro ij pannis lineis factis pro mensa et ~is coram fenistra coquine *Ac. Durh.* 659.

2 dish of food (meat, fish, *etc.*, dist. from bread), course at a meal; **b** (fig.).

arte mea crocea flavescunt fercula regum ALDH. *Aen.* 20 (*Apis*) 3; hospitibus largus patuit cellaria cunctis / ingessitque pius venerandis fercula verbis *Mir. Nin.* 472; nec regalibus eum ~is aluit BYRHT. *V. Ecgwini* 390; omnia ~a apponenda infirmis ipse administret eis LANFR. *Const.* 155; ut cum quis degustat ~um sibi appositum antequam consumpserit primum *Simil. Anselmi* 33; **11..** duo ~a, qualia duobus hominibus solebant apponi, sive fuerint de carne sive de pisce sive de aliquo alio cibo (*Ch. Moorsley*) *Feod. Durh.* 127*n.*; **c1160** centum pauperes pascentur .. de pane et cervisia et ad minus de uno ~o carnis vel piscis *Reg. S. Osm.* I 220; quid sapidis epularum irritamentis jam fastiditum pregravas stomachum .. ? quid tanto studio ~orum alternationibus distendis? PULL. *CM* p. 210; **1225** unum genus ~i de carne *Doc. W. Abb. Westm.* 220; *Cust. Westm.* 126 (v. cursus 7b); **1255** per serjantium faciendi unum ~um in olla lutea in coquina domini regis die coronacionis sue *King's Serjeants* 247 *n.*; **1308** ij ~is carnis precii unius denarii et diebus piscium una fercula (*sic*) piscium precii oboli *Year Bk. 1 Ed. II* 5; **1330** de tribus ~is cujusdam cibi qui vocatur *maupygernon*, sc. j ~um coram domino rege, secundum ~um archiepiscopo Cant', et tercium ~um cui dominus rex assignare voluerit *IPM* 17 m. 8; **1330** habebit .. in vesperam j panem et j ~um *CourtR* 204/44 m. 1; si apponeretur mihi ~um delicatum absque condimento, non obmitterem quin comederem; magis placeret si condimentum haberet GRAYSTANES 10 p. 50; **1535** farculum cibi *Valor Eccl.* II 57. **b** menti .. caelestia administrans ~a *V. Neot. A* 2; rogavit ut consolationis gratia .. divini verbi scientie ~i .. sibi .. aliquid .. impartiret *Chr. Witham* 503.

1 **ferdella** v. 1 fardellus.

2 ferdella, ~um, ~us [ME *ferdel, fordel*], fourth part, measure of land varying in size: **a** usu. one fourth of virgate, ten acres (Som); **b** one fourth of acre (Oxon); **c** (unspec., N. Midlands). *V. et. ferthendella. Cf. ferlingus.*

a 1230 in servicio trium hominum .. cum tribus ~is terre quos tenent *Cart. Glast.* 36; **c1235** Reginaldus Morward tenet unum fardellum *Cust. Glast.* 22; Rogerus Prute tenet j ~um terre et bis quinque acras pro dimidia virgata *Ib.* 36; ferdelli: Robertus Edwi tenet j ~um terre [etc.] .. Robertus Cole tenet eodem modo .. Galfridus Balloc et Willelmus Batin qui est de eadem tenura faciunt idem servicium per totum sicut Robertus Cole; et sciendum est quod isti tres dant plus ad lardarium quam alii predicti qui sunt de eadem tenura eo quod tenent bis quinque acras pro fordellis que largiores et ampliores sunt quam ~i *Ib.* 75; P. T. tenet dimidiam ~am terre *Ib.* 92; Robertus Gode tenet v acras terre que computantur pro j ~a *Ib.* 164; **1250** pro xij virgatis, quarta parte virgate, quadraginta acris, quatuor fordol', et dimidia hida terre *Fees* 1171; prior de Monte Acuto tenet iij ~os qui valent per annum x s. *Ib.* 1210; **1299** item sunt ibidem xv custumarii quorum quilibet tenet unum ~um terre *IPM* 89/3 (*Buckland, Som*). **b c1240** iiij acras terre .. sc. ij acras in uno campo et ij in alio sic jacentes: tria fordella in illa cultura que vocatur Breich .. et .. in uno alio loco alia iij fordella .. et una dimidia acra .. . in alio vero campo iij fordella .. et alia iij fordella .. et una dimidia acra *Cart. Oseney* IV 490. **c c1195** cum quinque ~is terre de Bacwella [Derbs] *FormA* 54; **c1230** dedisse .. totum pratum nostrum quod habuimus in territorio de Feria .. et fordales ejusdem prati que percutiunt ex una parte super pratum hospitalis .. et ex alia parte super magnam aquam de Ayr *Cart. Pontefr.* 433 (cf. ib.: fordalas prati nostri de Friston); **a1236** donat unam fordolam in prato de Normanton' proximam fordole quam habuerunt de Roberto *Cart. Darley* I 310 (cf. ib. *in marg.*: una fordala prati); **c1274** item dim. acra inter pratum Johannis P. et Symonem de G. item j roda et dim. et iij pedes inter Rogerum K. et Hugonem filium Aubre. item j fordale et aliquando magis *Cart. Blyth* app. A 35.

ferdellarius, (Som) tenant of fardel.

1189 W. S. tenet j *ferdel* pro xv d. .. et [debet] ladiare cum alio ferdelario sicut dimidii virgatarii *Inq. Glast.* 65; **1302** de cclx operibus autumpnalibus provenientibus de xiij ferdelariis *MinAc* 1131/3 E 3*d.* (*Som*); de xxxiij ferdelar' operantibus .. sicut predicti dimidii virgatarii *Ib.*; **1325** (v. dimidius 1c); **1330** decem ~ii .. et tres dimidii ~ii *IPM* 24/31 (*Som*); **1399** octo decem dimidii virgatarii et triginta et novem ~ii nuncupati (*AssizeR Som*) *Peasants' Rising* 21; **1485** vendicio operum .. de operibus v triferdell[ariorum] et xx semivirgat[ariorum] arentatis per annum .. viz. de quolibet eorum vij s. j d. ob. .. et .. de operibus x ferdell[ariorum] .. viz. de quolibet eorum iiij s. iiij d. .. et de operibus iij semiferdell[ariorum] .. pro quolibet eorum vij d. quad. . .. et de j d. de operibus Johannis Caribrige semiferdell[arii] *MinAc* 974/6 r. 2 (*Som*).

1 **ferdellus** v. 2 ferdella.

2 ferdellus, tenant of fardel.

Cust. Glast. 75 (v. 2 ferdella a); **1324** sunt ibi iij fardelli, quorum quilibet eorum tenet unam ferl' terre; et quilibet eorum facit in omnibus pro medietate unius predictorum dim' virgat[ariorum] *IPM* 82/4 (*Dorset*); **1330** in .. serviciis duorum virgatariorum, quatuor ~orum et quinque coteriorum xl s. *Ib.* 16/3 m. 3 (*Dorset*).

ferdendela v. ferthendella. **ferdinga, ~us, ferdinka, ferdinus** v. 1 ferthingus.

ferdus, class of person assoc. w. Culdees and clerks (Sc.).

c1250 habebunt .. quartam partem obventionum que in communi conferuntur kildeis, clericis spersis, et ~is ab hiis qui ibidem sepulturam eligerint *Reg. Aberd.* II 265.

ferdwita, ferdwitha, ferdwyta v. fyrdwita.

fere [CL]

1 approximately, roughly (esp. w. numbers).

per xl fere milia passuum BEDE *HE* V 10; fere, admodum *GlC* F 119, cf. *GlH* F 189; Fulcherius .. et Rogerius .. aliique fere lx subsecuti sunt ORD. VIT. IX 9 p. 538; quorum fuit numerus fere ad tria milia *Ib.* IX 14 p. 591.

2 almost, nearly; **b** (w. adj.); **c** (w. *omnis, nullus, totus*). **d** (? w. ellipse of *omnis, totus*) more or less (complete).

fere, admodum, prope, aliquoties, paene, forte .. *GlH* F 189; fere usque ad mortem ANSELM (*Ep.* 53) III 167; sirenes que ambiendo naves fere ipsas obruerunt G. MON. I 12; cum hinc et inde statute cohortes fere commisceri incepissent *Ib.* III 7; feminam fere virum, cui nichil virile defuit preter virilia DEVIZES 27v.; cumque fere suffocaretur .., ipsa supra aquas manus extendens .. *Latin Stories* 12. **b** tunc tenuit sceptrum gens pigra Britonum. / quae fere continuis Pictorum pressa duellis, / servitii pondus tandem vastata subivit ALCUIN *SSEbor* 42; **a1089** ad commendandum suae prophetiae auctoritatem fere per singulos versus 'haec dicit Dominus' ANSELM (*Ep.* 57) III 171. **c** vere nulla aut fere nulla ANSELM (*Ep.* 91) III 218; non jam fere tota sed certe tota *Id.* (*Medit.* 1) III 76; rerumque omnium fere .. naturas .. enodere GIR. *TH* intr. p. 7; in monasteriis Cluniacensium pauce monialium vere, nulle fere, sine pretio suscipiuntur *Id. GE.* II 26; fere omnes alii justiciarii .. deponuntur *Feud. Man.* 104; garciones servientes, qui omnes fere latrunculi solent esse *Latin Stories* 113. **d** Grecismus fere, et quidam sermones (*Catal. librorum*) *Chr. Rams.* lxxxv (cf. ib. app. 361: [Ebrardi Bethuniensis] Grecismus fere et principium Doctrinalis).

ferecia v. 2 ferocia. **ferela** v. felera. **ferendal-, ferendel-** v. ferthendell-.

ferentarius [CL], light-armed soldier fighting w. missile weapons.

hic ~ius, -rii, i. sagitarius ferens arcum OSB. GLOUC. *Deriv.* 220; *a banerer*, .. hastifer, hastiger, .. ~ius, primi pilus *CathA*; sagitarii utrinque pugnam inchoarunt: sequuti ~ii, ingentem lapidum vim, alii fundis, alii arcubus, nonnulli etiam tela jecere in hostem BOECE 107v.

feretarius v. feretrarius. **feretra** v. feretrum, pharetra.

feretralis, a of a shrine. **b** of a litter.

a de factura feretri S. Albani. .. propositum suum, in opere ~i, diligentius et efficacius exequebatur *G. S. Alb.* I 83. **b** jussit ~em equorum lateribus machinam coaptari, seque in ea positum ad ecclesiae januas, ubi memoratus sanctus requiescit, pertrahi OSB. *Mir. Dunst.* 4.

feretraliter, in a litter.

s1307 rex gravi detentus infirmitate .. se ~iter super equum imponi fecit, nec sic sedere poterat nisi duorum virorum suffultus auxilio *Extr. Chr. Scot.* 134.

feretrare, to lay out on bier.

videns ibi corpus mortuum ~atum et quatuor cereos hinc inde .. stantes J. GLAST. 34.

feretraria, 'feretory', room in which reliquary shrines were kept.

1383 quedam fragmenta lapidum et unum *meruscalis* dedita ad opus nove camere ~ie *Ac. Durh.* 434.

feretrarius, feretrar, keeper of shrine.

Gilberto de Schirburn tunc ~io *G. Durh.* 8; **1302** ~io vestiario socio sacriste et capellano in sinodo post festum S. Trinitatis iiij s. *Sacr. Ely* II 16; **1315** vestimentum R... et W... ~iorum *Invent. Ch. Ch.* 64; **1383** omnia ista sunt in armariolo qui subest proxime pavimentum et in custodia ~ii *Ac. Durh.* 435; **c1430** cum vestimentis .. in quadam cista ibidem repositis, capientes inde clavem et calicem de ~io monasterii AMUND. I app. 423; ~ius procurabit pro conventu de oblacionibus ejusdem sancti in die translacionis FLETE *Westm.* 131; **1456** Johannes Warner, tercius prior et ~ius *ObitR Durh.* 92; **1476** Willelmus Goderede, †feretarius [MS: ~ius] *Reg. Whet.* II 145.

†feretrius [? *erron. for* LL fertus], fertile.

~ius, fertilis *GlC* F 142; feritrius, fertilis *GlH* F 237.

feretrizare, to enshrine, entomb.

quo [Ricardo II] defuncto, et apud Langeley primitus sepulto, postea tempore Henrici V exhumato, et apud Westmonasterium solenniter ~ato *Chr. Pont. Ebor. C* 430.

feretrum [CL]

1 bier.

~um, lectum mortuorum, quia fert et non refert *GlC* F 124; alii duo corpus de ~o accipientes, illis tribuant, qui in tumulum descenderant LANFR. *Const.* 189; cum corpus versus Meneviam .. deferretur, et exuberantem in pluviam nube resoluta, .. palla serica ~um opertum ab omni imbrium madore indemne reperiunt GIR. *IK* I 11 p. 86; **12..** parochiani .. tenentur invenire .. ~um pro defunctis *Reg. S. Aug.* 357; **1313** fregit hostia domus J. de R. dum jacuit in ~o et ibidem noctanter verberavit executores dicti J. *Leet Norw.* 59; narrat .. quod in matris ~o sit natus, nam dum mulieris cadaver efferretur subito infantis vagitus auditus est W. BURLEY *Vit. Phil.* 96; **1400** in factura duorum pannorum, j pro pheretro et j pro sepulchro *Test. Ebor.* III 18; **1427** prohibemus ut neque uxor nostra neque executores nostri magna faciant convivia aut solempne ~um pro nobis preparent aut magna vel sumptuosa luminaria pro nobis .. ordinentur *Reg. Cant.* II 390.

2 portable shrine, reliquary.

scrinium cum reliquiis, quod gradatum ~um vocabant .. *Lib. Eli.* II 61; **c1190** si contingat quod ~um debeat per aliquas partes remotas diocesis ad elemosinas colligendas deportari *Stat. Lichf.* 22; preparetur ~um cum reliquiis a quo Corpus Domini in pixide dependant et .. a duobus clericis .. deferatur *Offic. Sal.* 70; **1295** ~um S. Laurencii portatile lingneum .. *Vis. S. Paul.* 313; **1384** in pictura ij ~orum cum reliquiis iiij s. *Ac. Durh.* 425; **1404** item j feratrum deauratum et quo continentur diverse reliquie *Ib.* 394.

3 shrine, tomb (usu. of saint). **b** (w. *clericus*) clerk of shrine, assistant to feretrar; **c** (in surname).

1096 cultellus jacet in ~o S. Rumoni *Regesta* 97; stat sua laus feretro Brihtwaldi, stat sua metro; / set minor est metri laus omnis laude feretri R. CANT. *Poems* 29. 65; cujus [sc. S. Barri] et reliquie in capella ibidem sita in ~um translate continentur GIR. *IK* I 6 p. 66; **s1269** translatus S. Edwardus et positus est in ~um novum W. NEWB. *HA Cont.* 556; **s1274** inceptum fuit ~um beati David in ecclesia Menevensi *Ann. Cambr.* 104; in cripta sub ~o beati Augustini *NLA* (*Dunstan*) I 289; **1383** contulit ~o S. Cuthberti j crucem auream ad pedes ejusdem sancti in orientali gabulo ~i predicti pendentem, habentem .. v lapides preciosos *Ac. Durh.* 440; **1433** lego tres anulos aureos ponendos super ~a S. Thome martiris ad Cantuariam *Reg. Cant.* II 482. **b** **1378** clerico ~i xx s. *Ac. Durh.* 422. **c** **1291** Simonem dictum de ~o *Reg. Cant.* II 34.

4 (w. *caballarius* or sim.) litter or sim.

ut equitare non valens ~o caballario veheretur BEDE *HA* 22; *Id. HE* IV 6 (v. caballarius a); precepit itaque fieri sibi ~um quo asportaretur G. MON. VIII 22; BRAKELOND 147v. (v. equitatorius); **s1216** super ~um caballinum (v. caballinus c); ~um ejusdem Erkenwoldi caballarium, quo infirmus vehi solebat a suis discipulis ELMH. *Cant.* 274.

ferett- v. furettus. **fergabulum** v. forisgabulum. **fergia** v. firgia.

1 feria [LL; CL *pl. only*]

1 religious festival, holy day; also holiday, day of rest.

~iae, cessationes ab opere *GlC* F 121; in ~iis paschalibus ludunt quasi prelia navalia W. FITZST. *Thom. prol.* 15; ~ie, id est foerie, sc. a foro quia fori vacacionem prestant VAC *Lib. Paup.* 75; dans stilo feriam, dans finem operi WALT. WIMB. *Palpo* 154; **12..** de ~iis. statuimus quod .. placita secularia in diebus dominicis ac in aliis festivitatibus .. minime teneantur *Conc. Scot.* II 19.

2 fair, market held on special day(s), usu. under special privilege. **b** (w. ref. to place in which fair is held) market-place.

in eadem [sc. Aspella] tertia pars aecclesiae et tertia pars ~iae *DB* II 418; **1096** (1317) sciatis me dedisse .. unam ~iam ad ecclesiam S. Egidii que sita est in monte orientali Wintonie .. per tres dies integros *CalCh* III 351 (= *Regesta* 377); **1110** sciatis me concessisse S. Benedicto de Rameseia .. ~iam a die Mercurii in Pascha usque ad octavum diem, ita bene et honorifice cum saca et soca et tol et theam et infangenethef et cum omnibus consuetudinibus sicut aliqua ~ia melius habet in tota Anglia *Cart. Rams.* I 240; **1130** in consuetudine ~ie que rex et regina concesserunt ecclesie S. Edithe, xxv s. et vij d. numero *Pipe* 13; **11..** concedimus eis decimam denariorum de fieria nostra de Botulfston (*Ch.*) *Croyl. Cont. A* 126; **a1187** (1268) tonellos vacuos qui annuatim vacuantur ad fairiam S. Botulfi *CalCh* II 95; **1197** nullus .. post fairam medie quadragesime, que erit apud Stanford, vendat aliquem pannum minoris latitudinis quam duarum ulnarum infra lisuras (*Ass. de Mensuris*) R. HOWD. IV 34 (= *Ann. Burton* 193: feiram); **1200** quod ibi sit liberum mercatum et una ~ia singulis annis per octo dies duratura sc. a die nativitatis S. Johannis Baptiste in octo dies *Arch. Bridgw.* 1; **c1200** de feira de Lutuna, que est in assumptione B. Marie (*Ch.*) *Reg. Whet.* I 421; **1212** sciatis nos concessisse .. quod habeant unum mercatum apud novam villam de W. .. singulis septimanis per diem jovis, et quod habeant ibidem unam ~iam singulis annis per iij dies duraturam, sc. in vigilia decollationis S. Johannis Baptiste et ipsa die decollationis et in crastino *Cart. Hosp. Essex* 10; **1221** in ~ia domini regis ad festum S. Michaelis .. si lana, corei et ferrum et wayda veniunt ad ~iam, mercatores solebant vendere illa iiij mercanda [v. l. mercandisas] infra villam suam eo quod sine magno custu et gravamine non potuerunt illa cariare in ~iam *PlCrGlouc* 116; **1279** dedit et concessit quoddam ferium annuatim ibidem [*Woodstock, Oxon*] fore tenendum per tres dies ad festum S. Mathei apostoli et liberum esse et sine tolneto ad commodum ejusdem ville *Hund.* II 839b; **1279** licencia est unicuique domino .. levare feyrriam et mercatum in terra sua *Law Merch.* III 140; **1293** habere liberam warennam, mercatum, feream, furcas, et *weft* in Estbrigge *PQW* 360b; **1314** ad equos venales .. in civitatibus, burgis, villis, ~iis et aliis locis .. emendos *RScot* I 115a; **1335** in dciiij ulnis canevasii emptis super ~iam S. Egidii *Comp. Swith.* 231; **1385** ad fariam de L. *Rec. Nott.* I 232; **1573** quinque partes .. unius ~ie semel per annum tente in .. Harborowe ac unius mercati tente die Martis in qualibet septimana annuatim cum pertinenciis in .. Harborowe *Pat* 1107 m. 36. **b** **1199** redditus cujusdam domus in ~ia de Bristou *Pipe* 27; **13..** (v. 1 canella 1b).

3 (w. ref. to days of the week): **a** (~*ia prima*) *dies dominica*, Sunday (not in general use). **b** (~*ia secunda*) Monday. **c** (~*ia tertia*) Tuesday. **d** (~*ia quarta*) Wednesday. **e** (~*ia quinta*) Thursday. **f** (~*ia sexta*) Friday. **g** (~*ia septima*) *dies Sabbati*, Saturday (not in general use). **h** (~*ia lunae etc.*; *cf.* 1 *dies* 5). **i** (unspec.) a day of the week.

a ferias habere clerum primus papa Silvester edocuit .. et primum quidem diem .. dominicam nuncupavit .. deinde secundam ~iam, tertiam ~iam, quartam, quintam et sextam de suo adnectens, Sabbatum ex veteri scriptura retinuit BEDE *TR* 8 p. 197; dies igitur solis dicitur ~ia prima, quia prime hore preest sol. unde oportet ut secunde ~ie prima hora lune assignetur. .. sicque accidet ut tercie ~ie primam horam sortiatur Mars, primam quarte ~ie Mercurius primam quinte Jupiter, primam sexte ~ie Venus, primam septime ~ie Saturnus NECKAM *NR* I 10; LYNDW. 56 p (v. 1 dies 5b). **b** BEDE *TR* 8 (v. 3a supra); psalmi .. canendi .. secunda ~ia: .. ÆLF. *Regul. Mon.* 181; tenuit Aluuinus [*gl.*: presbyter] de rege .. et potuit facere de ea quod voluit. rex vero Willelmus sibi postea in elemosina concessit, unde pro anima regis et reginae omni ebdomada ij^a^ ~ia missam persolvit *DB* I 218vb *in marg. inf.*; qui sanguinem faciebat a mane secundae ~iae usque ad nonam sabbati, x s. emendabit *Ib.* 262va; anno verbi incarnati MCXXXV .. Henricus rex Anglie .. mortuus est .. quarto nonas Decembris, ~ia secunda RIC. HEX. *Stand.* 37; mane vero, ~ia secunda GIR. *JS* 6 p. 321; **s1265** devenit Eveshamiam tercio die mensis .. ~ia secunda WYKES 171; **1448** (v. dominicalis 3b). **c** BEDE *TR* 8 (v. 3a supra); psalmi .. canendi .. ~ia tertia: .. ÆLF. *Regul. Mon.* 181; **s604** ad regnum migravit celeste vij Kal. Junii, ~ia iij^a^ FL. WORC. I 12; **s1199** obiit .. rex .. ~ia tertia ante dominicam in Ramis Palmarum W. NEWB. *HA Cont.* 504; **s1415** ~ia tertia proxima ante dictam dominicam *Chr. S. Alb.* 90; **1503** pro missa in ~iis terciis *Invent. Ch. Ch.* 131. **d** BEDE *TR* 8 (v. 3a supra); **796** quarta ~ia post sanctam pentecosten litteras .. accepi ALCUIN *Ep.* 107; quarta vero ~ia, diliculo, postulavit ante missarum sollemnia celebrare BYRHT. *V. Osw.* 467; psalmi .. canendi .. ~ia quarta: .. ÆLF. *Regul. Mon.* 181; **s1140** tertio decimo Kalendas Aprilis, hora nona, ~ia quarta, fuit eclipsis W. MALM. *HN* 484; quartam ~iam septimane que usque in hodiernum diem nomen *Wennes dei* .. sortita est G. MON. VI 10; ~iam quartam quam Romani gentiles diem Mercurii appellabant ..; [Angli] vocant eundem diem *Wodnesdei*, id est diem Woden AILR. *Gen. Regum* 351; **1265** sexto Kal. Aprilis, venit dompnus Nicholaus .. apud .. Ramesye, sc. ~ia quarta *Chr. Rams.* xlvin.; veniens apud Evesham quarta ~ia †procedente [l. precedente] et in ecclesia conventuali ~ia sexta coram magno altare dormiens *Mir. Montf.* 107; **s1415** ~ia quarta in vigilia assumpcionis beate Marie *Chr. S. Alb.* 90; **1460** nocte sequente quartam ~iam *MunAcOx* 682. **e** BEDE *TR* 8 (v. 3a supra); v ~ia [v. l. ~ias] in honore Jovis EGB. *Pen.* 8. 4; psalmi .. canendi .. ~ia quinta: .. ÆLF. *Regul. Mon.* 181; in proxima quinta ~ia pretiosi martyris pignora fore digniter respicienda HERM. ARCH. 20; T. MON. *Will.* V 16 (v. absolutio 5b); **s1100** occisus est .. quinta ~ia et in crastino sepultus *Ann. Wav.* 208; **s1455** hoc anno, ~ia quinta ante festum Pentecostes, id est xxij^o^ die mensis Maii *Chr. Hen. VI & Ed. IV* 151. **f** sexta quippe ~ia crucifixus est, sabbato quievit in sepulchro, dominico surrexit a mortuis BEDE *Hom.* II 7. 134; sexta ~ia tota estate de sancta cruce principalis missa facienda est ÆLF. *Regul. Mon.* 177; sexta sequenti ~ia lecto decumbit EADMER *V. Dunst.* 40; omni sexta ~ia, nisi sit major festivitas precepte solemnitatis, est ibi celebre spectaculum nobilium equorum venalium W. FITZST. *Thom. prol.* 11; secunda linea habet omnes literas ~iarum sextarum BACON *Maj.* I 209; **s1107** hoc anno prima hebdomada quadragesime ~ia sexta [ME: *on þe Friday*] circa vesperam stella insolita visa est lucere inter austrum et occidentem HIGD. VII 13 p. 434; **s1349** ~ia vj^a^ ante dominicam in passione Domini *Meaux* III 69. **g** BEDE *TR* 8 (v. 3a supra); ~ia vij. benedictio EGB. *Pont.* 79; ~ia septima ad perhenne migravit sabbatum *VSH* (*Molua*) II 223 n. 14. **h** **1042** (12c) anno scilicet imperii mei ij^o^, ~ia lunae *CD* 762. **i** ~ias habere BEDE *TR* 8 (v. 3a supra); nunc sollerter unde primum regulares ~iarum oriantur videamus BYRHT. *Man.* 48; determinavit ei ~iam *V. Chris. Marky.* 31; ~iam inicialem illius mensis BACON VI 99.

4 (eccl., w. ref. to days of fasting and penitence). **b** day of fasting or penitence.

digamus paeniteat j annum quarta ~ia et sexta et in iij xl^mis^ THEOD. *Pen.* I 14. 2; **p755** secunda ~ia, quarta ~ia, et sexta ~ia jejunetis usque ad vesperum BONIF. *Ep.* 245; in privatis diebus, videlicet Dominica, die Martis, die Jovis ac Sabbato, tria generalia ad refeccionem habuerunt fratres .., ceteris vero diebus, scilicet ~ia ij, ~ia iiij et vj, duo generalia W. MALM. *Glast.* 80; ad expletionem septimi anni omni quidem tempore exceptis paschalibus diebus, tres legitimas ~ias in unaquaque ebdomada in pane et aqua jejunet BART. EXON. *Pen.* 71; omnibus jejuniorum diebus, necnon et in quartis et sextis ~iis *Cust. Westm.* 91; **1327** quibus erat indictum jejunium panis et aque sextis ~iis *Lit. Cant.* I 209; comedebat carnes omni ~ia sexta GASCOIGNE *Loci* 29. **b** tempus ~iarum et interdictum ecclesiae impediunt matrimonium, quia in adventu, in quadragesima .. non contrahuntur matrimonia ROB. FLAMB. *Pen.* 72.

5 (eccl.) an ordinary day with no special liturgy, dist. from Sunday or feast day.

non .. xiiij^a^ lunae in qualibet ~ia cum Judaeis sed die dominica BEDE *HE* III 17 p. 162; *Offic. Sal.* 14 (v. 1 dies 8a); sex communes ~ie integre *Cust. Cant.* 38; in ~iis vacantibus per hebdomadam dicetur missa de angelis *Miss. Heref.* 180; **1360** unum vestimentum pro diebus festivis ..; unum vestimentum pro ~iis cum totidem garniamentis *Fabr. York* 278 (cf. ib. 279: pro diebus ferialibus); **1517** due .. misse cantu celebrantur una pro fundatore, altera vero de festo seu de ~ia *Mon. Hib. & Scot.* 527b.

6 working day, not a holiday.

~ia, a fando dicta quasi faria, *weorcdæg GlH* F 228; *werkday*, ~ia *PP*.

2 feria [ME *ferie*], ferry.

1283 passagium de ferya et de *lo hot* valet xx s. *IPM* 35/4 m. 14; **1301** de xl s. receptis de veria posita ad firmam hoc anno *MinAc* 894/22 (*Sandwich, Kent*); **1322** est ibidem quedam ~ia ultra aquam de Ayre que valet per annum xviij d. *IPM* 76/5; **1377** quod nullus eorum careat blada, carbones, tabulas, .. ultra Tesam nisi ad communem ~iam *Hal. Durh.* 139; **1388** tenuit .. quandam ~iam apud Sampfordhithe cum j bargia appreciata ad x li. *IMisc* 240/35; Lanysawell [*Briton Ferry*] ubi est una ~ia cum cimba eundo versus Sweynsey ward, id est versus occidens. .. et est una ~ia ad transceundum de Gowerland ad Kedwellyland W. WORC. *Itin.* 196, 198; **1573** ~iam sive feriagium et passagium de Chesterton .. vocat' Chesterton Ferye *Pat* 1107 m. 47; **1588** passagium nostrum sive ~iam nostram vocat' Old Shoram Ferrey Ib. 1319 m. 17.

3 feria [? cf. ferire, ferula], (blow w. a) rod, ferule.

~ia, palmatoria, volaria OSB. GLOUC. *Deriv.* 240.

feriabilis [cf. feriari, AN *feirable*], (of feast) that may be kept as holiday.

1222 si festum ~e evenerit in septimana die lune et aliud die Mercurii, unum festum erit ei utile et aliud domino *Dom. S. Paul.* 66; omni die operabitur preter festa ~ia *Ib.*

feriagium [ME, AN *feriage*], (right to collect) toll for ferry crossing.

1375 tenet ibidem [*Wexford*] unum molendinum aquaticum, quod valet per annum x s; item veriag' ibidem valet per annum xl d. *IPM* 246/61; **1405** concessimus .. J. P. .. de Ebor' quandam annuitatem centum solidorum percipiend' annuatim pro termino vite sue de personis .. et .. comoditatibus de ~io passagii vocati Kexby ffery in com. Ebor' *Pat* 373 m. 19; *feryage*, ~ium, naulum, .. *PP*; **1553** concessimus .. rivagium et ~ium totius portus nostri de Dovor' .. de omnibus et omnimodis civibus sive batellis infra portum predictum pro conducione hominum et .. rerum a ripa portus .. usque ad naves .. in alto mare prope portum .. ad ancoram jacentes *Pat* 866 m. 7; **1573** (v. 2 feria); **1583** necnon ~ium, piscariam, et salices dicto tenemento similiter spectantia *Pat* 1234 m. 6.

1 ferialis v. 2 feralis.

2 ferialis [LL]

1 devoted to holiday, festive; **b** (leg., w. ref. to days when courts do not sit).

septimus annus est ~is in quo non licet metere BACON *Tert.* 209; **14..** magister grammaticalis .. quam pluries indiscrete dat remedium suis scolaribus diebus ~ibus (*Vis. Southwell*) *EHR* VII 359. **b** in ~ibus diebus, eorum pars major legalis discipline studio .. se confert FORTESCUE *LLA* 49 (cf. festivalis 1b).

2 (eccl.) (w. *dies* or sim.) ordinary, having no special liturgy. **b** for (liturgical) use on ordinary days. *Cf.* 1 *feria* 5.

~ibus .. diebus, feriales hymnos canant ÆLF. *Regul. Mon.* 191; ?**1360** unum vestimentum cum pertinenciis pro

diebus festivis: unum vestimentum cum pertinenciis pro diebus ~ibus *Fabr. York* 279; **1425** duo vestimenta, unum pro solempnibus festis et aliud pro ~ibus *Reg. Cant.* II 312; **1446** non celebrat missas .. diebus ~ibus (*CourtBk Linc.*) *Eng. Clergy* 235; **1543** festivis ac ~ibus diebus *Conc. Scot.* I cclvi. **b** omni vero tempore .. exceptis dominicis et festivitatibus sanctorum [hymni] ~es [AS p. 397: *weorc dagas*] more solito teneantur *RegulC* 28; ~es hymnos Ælf. *Regul. Mon.* 191 (v. 2a supra); **1267** duo paria vestimentorum viz. unum festivale et aliud ~e .. ad divina .. celebranda *Cl* 326; **1342** missale insufficiens et defectivum, eo quod omnes epistole et evangelia ~ia deficiunt in eodem (*Vis. Totnes*) *EHR* XXVI 111; **1393** item, j vestimentum dominicale ..; item, j vestimentum ~e *Lit. Cant.* III 22; **1517** in hiis sunt refectoria duo, ~e unum, alterum solemne (*Lit. Papae*) *Mon. Hib. & Scot.* 526a; hec responsoria que sequuntur dicuntur ~ia quia in feriis per ebdomadam dicantur *Brev. Sal.* I xxx; feria iv dicitur responsorium ~e cum missa ejusdem ferie *Ib.* lxxix.

3 of a weekday, ordinary, for everyday use. *Cf.* 1 *feria* 6.

1225 assignavi domui S. Marie .. capellam meam ~em quam mecum ferre consuevi preter dictas duas fiolas de argento que assignate sunt cum magna capella ut predictum est (*Test.*) *Cl* 71b; *a belman*, preco ~is Levins *Manip.* 20 (cf. *RegiamM* I 6).

4 (w. ref. to calendar) relating to day of the week (on which first day of month falls). *Cf. regularis.*

sunt .. regulares ~es quidam numeri singulis mensibus anni solaribus distributi invariabiliter, per quorum conjunccionem cum concurrente anni noscitur qua feria quisquis mensis incipiat Bacon VI 99.

ferialiter, (of liturgical use) in the weekday manner.

1388 dum stant ferialiter orant *Pol. Poems* I 275; sacerdos ~iter cantando *Ord. Ebor.* I 34; sive de prima dominica sive de alia debeat dici ~iter in crastino *Brev. Ebor.* I 196; quandocumque dicuntur matutine de S. Maria ~iter in choro, tunc dicuntur hore ejusdem .. ante inchoationem misse *Brev. Sal.* I xxxvi; quando dicitur missa ~iter in capitulo vel alibi *Ib.* II 526.

feriamentum v. ferramentum.

1 feriare v. feriari.

2 feriare [cf. ME *ferien*, 2 feria], to ferry.

1337 in stipendio Ade le Longe pro itinerantes ~iando tempore reparacionis dicti pontis *Sacr. Ely* II 79; **1351** in allocacione batallorum apud Lenn' .. ad feriandum custodes victualium .. de kelis predictis usque ad *le stathe* de Lenn' *KRAc* 552/33 m. 7.

3 feriare [cf. ferire], to strike.

dux quos minavit Lancastrensis feriavit *Pol. Poems* I 95.

feriari [LL; CL *p. ppl. only*], **~iare**

1 (trans.) to observe as a feast day or holy day. **b** (*dies ~iatus*) a day kept as a holy day or holiday. **c** (absol.) to keep holiday, observe a day of rest.

festivitas que diem ~iati transitus alme Mildrethe octavam illustrat Gosc. *Transl. Mild.* 22 p. 186; dominici dies a precedentis sabbati hora nona usque ad lucem sequentis ferie secunde ~iantur: alie autem festivitates .. (*Inst. Cnuti*) *GAS* 295; sancte Ascensionis Domini dies solemnis imminebat, que ab incolis festivius ~iabatur Ketel *J. Bev.* 279; in festis ~iandis W. Fitzst. *Thom. prol.* 12; **c1190** si ~ietur aliquod simplex festum ix lectionum, prima hora et nona et completorium fiunt per aliquam magnam campanam. si vero non ~iatur, iste tres pulsationes fiunt per campanam dulcem *Stat. Lichf.* 21; cum canonice sanctiones omnem diem dominicam ~iandam jubeant Gros. *Ep.* 84; **a1266** hec sunt festa ~ianda .. in episcopatu Wigornie, sc. dies natalis Domini [etc.] *Conc. Syn.* 323; **a1350** quod festos dies simul observent, sicut est in kalendario eorum .. ordinatum, nisi forte aliquis propter parochiam suam quandoque singulariter cogatur ~iare *StatOx* 22. **b** ~iati dies, *reste dagas GlH* F 229; siquis liber homo facit opera in die ~iato, inde episcopus habet viij s.; de servo autem vel ancilla ~iatum diem infringente, habet episcopus iiij s. *DB* I 263; cavet sibi summonitor, quod die dominico vel aliquo die solennizato, non faciat summonicionem, quia omnis vox preconis cessabit die ~iato *RegiamM* I 6; **c1235** debet .. operari ad preceptum ballivi quolibet die exceptis sabbatis et diebus ~iatis *Cust. Glast.* 151; **c1255** si autem dies ~iati in diebus operum acciderint per annum, opera cujuslibet alterius ~iati solvet *Cart. Rams.* I 463; **1283** nisi dicta dies fuerit ~iata, et si ~iata fuerit, ad diem non ~iatam proximo sequentem Peckham *Ep.* 310; **1344** diebus .. dominicis et ~iatis pittanciam habeant (*Stat.*) *Eng. Clergy* 287; **1434** diebus ~iatis et non ~iatis Amund. II 95. **c** die quodam festo cum .. ad tabernam proficisceretur—moris enim est Anglis ~iantibus commessationibus et ebrietatibus indulgere Ben. Pet. *Mir. Thom.* IV 2 p. 174; festis .. ~iando diebus Gir. *IK* I 2 p. 33; in crastino .. Epiphanie, quia non diutius ibi ~iatur, .. *Id. RG* III 18 p. 120; et vos in labores eorum .. ad ludendum et ~iandum introistis (cf. *John* iv 38) Ad. Eyns. *Hug.* IV 11 p. 54; cui et etas et debilitas ~iandum de cetero a tantis laboribus justa ratione prescriberent *Ib.* 13 p. 67; **1247** diebus in quibus vos laboratis et alii ~iantur (*Lit. Papae*) *Couch. Furness* I 606; **1281** obligatio ad ~iandum in sabbato legali secundum formam veteris testamenti expiravit .. cum ceteris in lege ceremoniis *Conc. Syn.* 902 (cf. Lyndw. 56 i: ~iandum, ab operibus servilibus cessandum et solennizandum).

2 to be idle, rest (from), abstain (from). **b** (p. ppl. *~iatus* as adj.) at rest (from).

die sabbati .. ut .. ~iatis mundi negotiis Bede *Luke* (iv 16) 372; Moyses sabbato non a bona sed a servili .. praecepit actione ~iandum *Ib.* (xiii 14) 505; [Cuthbertus] jacuit ibi multis annis .., nec tamen interius in adjutorio provintialium ~iabatur W. Malm. *GP* III 129; nullo tempore ~iari, noctibus consultare, diebus pugnare *Id. GR* II 180; vocantur ferie a ~iando, non quia ~iandum sit a necessariis vite operibus sed ideo ferie dicuntur quia toto tempore vite nostre a vitiis ~iare debemus Beleth *RDO* 3. 17; si a pravis operibus ~iamus, .. Gir. *GE* II 20 p. 266; Baldewinus .., Wigorniensis episcopus .. ~are fastidit a calamo Map *NC* I 12 f. 11v.; **1239** (1422) si contigeret quod dicti molendini ~iarent sive jacerent propter †cretivam [l. cretinam] aque vel propter defectum aque vel propter hoc quod non haberent quod molerent *Foed.* X 244b; residuum diei ~iatum habuit etsi nolens *Mir. Wulfst.* I 16; **c1430** ne subjudex iste .. cogat homines in remotis .. ~iare a celebritate vestri nominis *Reg. Whet.* II 371; **s1405** nec tamen ociosus .. a probitatis operibus ~iabat *Croyl. Cont. B* 496. **b** absque reliquorum conflictu vitiorum ~iatus et securus Aldh. *VirgP* 15; quod lex Dei nos et a servilibus id est a malis operibus in corpore et a noxiis cogitationibus in mente ~iatos esse desiderat Bede *Gen.* (xvii 24–5) 165; ~iatus, sanctus, quietus, *gerestad*, pausatus *GlH* F 227; ne corporalis vacatio .. animo inferret ~iato ignaviam aut torporem *V. Har.* 13 f. 17.

3 to go to fair, engage in trade at fair. *Cf.* 1 *feria* 2.

c1142 si mandavissetis mihi qui meorum hominum cepissent res vestrorum ~iantium, et quid ego dirigi fecissem pro honore vestro et proficuo vestre ferie (*Ch.*) *EHR* XXV 302.

4 (p. ppl. conf. w. *ferialis*) for daily use.

1449 item unum psalterium ~iatum *Test. Ebor.* II 151.

feriarius [? cf. 3 feriare, 3 feriatio], (?) striker, fighter.

s1421 dux Clarencie .. pervenit ad castrum fortissimum in partibus de Meyns .. ubi a duobus Scotis per suos exploratores seu ~ios [*sic*] interceptis relatus sibi fuerat exercitus dolphini .. residere Wals. *HA* II 339.

1 feriatio, keeping of holy days or holidays. **b** rest, vacation.

de jejunio et ~one iij dierum ante festum S. Michaelis (*Quad. rub.*) *GAS* 260; in ~one diei dominice [AS: *ælces Sunnandæges freolsunga*] (*Ib.*) *Ib.* 294; una anni jubilei ~o G. Hoyland *Ascet.* 262D; in observatione sabbati et in ~one anni septimi R. Niger *Mil.* III 22; ~one hujus sabbati totus homo interior hilarescit P. Blois *Opusc.* 913D; **1559** debitis festorum celebracionibus seu ~onibus *Conc. Scot.* II 163. **b** a vitiis cessare, rectis studiis quiescere: hec est ~o Christiani Pull. *Sent.* 773D; feriati ab opere sed non otiosi in illa ~one Serlo Gram. *Mon. Font.* 30; serum quippe tunc erit fugere, cum fugam et hiemis preripiet inclementia et sabbati ~o non sustinebit J. Ford *Serm.* 53. 7; hiems .. apta magis ~oni quam labori Gros. *Hexaem.* V 12 p. 173; 'oblivioni tradidit' [*Lam.* ii 6], i. e. tradi permittit, 'festivitatem', que est ~o a malis et est festus laicorum, 'et sabbatum', quod est vocatio ab implicacionibus mundanis Peckham *Exp. Thren.* II 14.

2 feriatio, ferrying.

1387 super reparacione .. cujusdam batelle vocate *ferybote* ordinate pro traduccione et ~one .. custodis ripe maris *KRAc* 183/12 f. 31.

3 feriatio [? cf. 3 feriare, feriarius], (?) striking, fighting.

potest .. petens .. in curia illa prosequi loquelam suam usque ad discussionem litis per narrationem narratam vel per ~onem [vv. ll. formationem, vadiationem] duelli Hengham *Magna* 3.

feriator, one who observes holy day.

testis est hujus ipsius sabbati continuus ~or apostolus Paulus Ailr. *Spec. Car.* III 4. 579C.

feriatorius v. ferratorius.

fericida [cf. 1 ferus], stag-slayer; in quot., poacher of deer in royal forest.

s1189 [Henricus II] venationis delicias eque ut avus plus justo diligens, in puniendis tamen positarum pro feris legum transgressoribus avo mitior fuit. ille enim .. homicidarum et ~arum in publicis animadversionibus nullam vel parvam esse distantiam voluit W. Newb. *HA* III 26 (cf. ib. I 3: cervicida).

ferina v. farina, 1 ferinus.

ferine, savagely.

quod ipse hora ejusdem diei prima rumoribus auditis tam ~e tulit ut .. Map *NC* II 19 f. 30.

1 ferinus [CL]

1 of wild beasts. **b** wild, untamed. **c** like wild beasts, savage, brutal.

in naturali nuditate setis tantum more ~o contecti *Lib. Monstr.* I 15; quia non ovina simplicitate pastorem bonum sequi sed ~a potius rabie satagebant persequi Bede *Hom.* II 24. 245; insidiasque gregi cautas inferre ferino Tatwine *Aen.* 32 (*Sagitta*) 3; ~is jubis [cf. Prudentius *Psychomachia* 181], *deorenum fihtum GlH* F 233; preferebat .. ~o ritu carnibus videlicet et herbis vitam cum libertate sustentare quam .. sub jugo servitutis tue permanere G. Mon. I 4; namque sub ingressu quodam latuere recessu, / parte specus leva remanent animalia seva; / .. / imminet hinc dominus, terret metus intro ferinus R. Cant. *Malch.* V 160; formam .. humanam prorsus exuentes, induunt lupinam. .. lupam conspicit sub specie ~a .. planctus humanos emittentem Gir. *TH* II 19 p. 102. **b** Francorum gens resumptis viribus Romane feritatis jugum a cervice propria depulit ~aque colla sub regum dominio flexit W. Jum. I 1; servitutis jugo colla ~a inviti supposuere *Ib.* V 7; non timuit ~am gentilium barbariem Gosc. *Transl. Aug.* 45C; qui sciat se conformare moribus tam ~e nationis S. Lexington *Ep.* xxv; gens insulana vel montana est ~a, indomita, rudi, immoregerata, rapine capax .. *Extr. Chr. Scot.* 8. **c** quin universos atrocitate ~a morti .. contraderet Bede *HE* II 20; **799** Felicem martirum ~is actibus persequens *Ep. Alcuin.* 182 p. 301; ~is conatibus illum interimere festinantes W. Jum. IV 2; frons est apta minis, armis multa ferinis Nig. *Paul.* f. 47v. l. 302; **1314** ad predam convertentes .. ~oque fervescente furore in diversis civitatis partibus incendia posuerunt (*Lit. Cardinalium*) *Reg. Durh.* I 627.

2 of or belonging to game, esp. deer. **b** (w. *caro* or as sb. f.) venison.

Gerv. Tilb. II 12 (v. custos 6e); **1362** tempore pinguedinis ~e (v. 1 bissus). **b** **1157** decimam pasnagii et careii et ~e ibidem capte *Act. Hen. II* I 136; cum .. silvam .. haberet ferarum multitudine cervorumque precipue valde copiosam nimieque parcitatis in ~a fuisset Gir. *IK* I 9; **1275** decimam herbagii .. sive decimas carnis ~e *Reg. Heref.* 45; **c1325** ea que vobis mittimus de providenciis domus nostre, viz. .. sex corpora carnium ~arum [etc.] J. Mason *Ep.* 29 p. 210; **1325** in carnibus ~is emptis iij s. *Ac. Durh.* 14; **1463** pro .. regardis datis diversis personis deferentibus domine †fermam [l. ferinam] et exennia et capientibus cuniculos et perdices pro domina *Comp. Dom. Buck.* 53; ~a, A. *venesoun, wenyson WW*.

2 ferinus v. infernus.

1 & 2 ferio v. 2 & 3 feriare.

3 ferio, ferio (a logical mood).

Bacon XV 301 (v. barbara).

4 ferio v. ferire.

ferire [CL]

1 to strike, beat, hit (also absol.). **b** (of lightning) to strike.

Bede *Tab.* 419 (v. 2 dilatare 1a); **c798** grandinum lapides qui culmina .. Salomonis ~ire non metuunt Alcuin *Ep.* 139 p. 222; Osb. *V. Dunst.* 45, J. Herd *Hist. IV Regum* 160 (v. 2 dissecare 1c); morbo corripitur virgaque recente feritur *V. Anselmi Epit.* 152; evaginato .. ense, festinabat eum ~ire G. Mon. IX 11 p. 449; nec fundere licet sanguinem, nec regibus spirituali gladio ~ire Pull. *Sent.* 920B; musca premit calvum, calvus vult cedere muscam, / ut muscam feriat, se ferit Walt. Angl. *Fab.* 32. 2; gens ipsius circa ipsum stat prope cum nudis gladiis et brachiis in altum levatis quasi ad ~iendum [ME: *for to strekyn*] *Itin. Mand.* 30; cum [faber] clavos in pedem ferriret *Latin Stories* 37; primus intencionis sue finis est signum illud ~ire telo suo Fortescue *NLN* I 45; quomodo .. quidam .. ictum ~ientis baliste, que quidem erat ferrea, .. illesus sustinuit *Mir. Hen. VI* VI 174 *rub.* **b** saepius excelsos feriunt et fulgura montes, / summaque silvarum flamma ferire solet Alcuin *Carm.* 9. 23; non hic .. fulmina ~iunt Gir. *TH* I 38.

2 to strike down, fall upon, kill.

nunc micat alma dies, veniet nox atra tenebris, / ver floret gemmis, hiems ferit hocque decus Alcuin *Carm.* 9. 18 (cf. ib. 150: qui ferit atque sanat, conterit atque levat); sed pagani antequam ~irentur fugerunt Ord. Vit. XIII 4 p. 6; **1171** passurus .. in ecclesia .. coram altari Christi martir, antequam ~iretur, .. J. Sal. *Ep.* 304 (305 p. 730).

3 (w. abl.) to strike down, afflict (w. condition, penalty *etc.*). **b** to punish. **c** (w. abstr. subj.).

†1083 perpetuo eorundem ex parte anathemate nisi digna satisfactione resipiscerent ~iens *Ch. Durh.* 3 p. 7; pater Gregorius quendam propter opus terrenum quod die dominico fecerat districta increpatione ~iens, eos quorum hoc consiliis egerat duobus mensibus excommunicatos esse decrevit Turgot *Marg.* 8; noluit .. mansuetudinis vestre clementia assertionem illam statim canonica ~ire censura J. Cornw. *Eul. proem.*; **c1168** ante .. quam .. Johelem anathemate ~iremus *Reg. Plympton* 162; potus ..

natura levior mox altum petit et cerebrum .. ~it fumi calentis asperitate *Quaest. Salern.* P 20; qua debeant pena ~iri [heretici] declarant OCKHAM *Dial.* 410; R. BURY *Phil.* 4. 51 (v. anathema c); **s1392** rex Francorum Carolus ferebatur (*sic*) insania, nam quosdam de suis domesticis in suo furore transfodit *Chr. Westm.* 208 (cf. ib. *in marg.*: rex Francorum insania ferebatur [et] quosdam de suis domesticis .. perimebat); **1574** trium librarum pena solvendarum universitati mulctetur, et a domino vicecancellario excommunicacione ~iatur *StatOx* 400. **b** quando reus est plectendus / et pro culpa feriendus WALT. WIMB. *Van.* 62; qualiter quis (si efficiatur hereticus) ~iendus sit OCKHAM *Dial.* 507; **1549** curati hoc negligentes per ordinarios ~iantur *Conc. Scot.* II 119. **c** hos humilis cautela fugit, virtusque probata, / sed tamen interdum livor utramque ferit J. SAL. *Enth. Phil.* 1728.

4 to knock (against), come in contact (with); **b** (intr.).

WALT. WIMB. *Sim.* 84 (v. 1 festum). **b** testiculi nudi feriunt ad labia culi, / nec tantum feriunt possint saciare foramen (*Vers.*) M. SCOT *Phys.* 24.

5 (w. *foedus* or sim.) to strike a bargain, treaty, or sim. agreement.

Christus mecum pactum firmum feriat *Cerne* 86; quo magis illa / annuat, ut placitae feriant sibi foedera pacis ALCUIN *SSEbor* 55; cum .. potestate imperator mandavit, qui videret ut satis honestum foedus ~iretur *Id. Rhet.* 14; **s1381** tunc de novo tractare ceperunt .. de novis federibus ~iendis, de concordia ineunda WALS. *HA* II 28.

ferison, ferison (a logical mood).

BACON XV 301 (v. bocardo).

feritare, (w. *in* & acc.) to deal savagely (with).

si gens torva, ferox, jam jam feritaverit in me (*Vers.*) W. JUM. II 6.

feritas [CL]

1 (of animals) untamed quality or state; **b** (of men); **c** (of place or as place-name).

cui famulabantur spreta feritate leones ALDH. *VirgV* 790; belue indomite ad ipsius affectum ~atem deposuere GOSC. *Edith* (I) 67; ~as belue prevalebit. superveniet quidam .. et demulcebit leonis sevitiam (*Proph. Merlini*) G. MON. VII 4 p. 396; Daniel, dum castitatem diligit, ~as leonum in caveam bis eum missum non ledit HON. *Spec. Eccl.* 896C; [ursus] omni bestiali ~ate interim exuta, se populo quasi mansuetum .. exhibebat GIR. *TH* II 28 p. 115; omnis .. [leonum] ~as materne subjacet affectioni et ei subjugata est ALB. LOND. *DG* 2. 3. **b** te feritate magis faciet moderatio clarum, / egregios faciet mentis constantia mores ALCUIN *Carm.* 62. 51; Medee curret ad artes, / cum quibus illa viri feritatem ducet ad imum D. BEC. 1965; leges fertur invenisse quia ante inventum a Cerere .. frumentum passim homines sine lege vagabantur; que ~as interrupta est invento usu frumentorum ALB. LOND. *DG* 7. 1; veluti loris quibusdam ~atem ejus et insolentem lasciviam constringentibus refrenare CHAUNDLER *Apol.* 21a. **c** **1172** testibus .. Hugone de ~ate (*Ch.*) *Feod. Durh.* 108n.; **s1189** bis habitum est colloquium, prope ~atem Bernardi WALS. *YN* 109; **1496** locumtenens .. domini de ~ate Gilbert (*Treugae*) *Foed.* XII 625.

2 **a** (of animals) fierceness, ferocity. **b** (of men) brutality, savagery; **c** (of sea).

a fluvius Indiae Ganges .. mira monstruosae ~atis genera gignit *Lib. Monstr.* II 27; ~as, crudelitas, ferocitas, inclementia, duritia, *reþnes* *GlH* F 225; si torpens celeri tigrem superare fugacem / cursu testudo desideret ac feritate *Altercatio* 2; *Simil. Anselmi* 94 (v. 1 glis b); inaudite ~atis belua G. MON. III 15; hac feritate refert his fama bibisse medullas / humanas, feritas quod scelus ista timet GARL. *Tri. Eccl.* 111. **b** **796** gentes populosque Hunorum antiqua ~ate et fortitudine formidabiles ALCUIN *Ep.* 110; nequaquam evades periculum nostrae ~atis LANTFR. *Swith.* 3; rex .. urbem .. militari ~ate invadit ORD. VIT. IV 4 p. 180; **1166** nunquid timent ne ~as mansuescat J. SAL. *Ep.* 191 (172); Normannorum superciliosa cessit ~as *Chr. Battle* 33v.; martios inter conflictus .. ~ate plusquam ferina se inexorabilem prebere GIR. *EH* I 14. **c** excitant Dominum discipuli ne eo dormiente fluctuum ~ate dispereant BEDE *Mark* (iv 37–8) 174.

feritorium, battledore, washing-beetle or sim.

instrumenta mulieribus convenientia: .. linipulus, ferritorium [*gl.*: *batoer, batuer*], et cupatorium GARL. *Dict.* 134; *batyldere or washynge betyl,* ~ium *PP*; hoc feratorium, *a batylldore WW*; *a betylle,* porticulus, occa, ~ium *CathA*; *a swyngylhande,* spatula, ~ium *Ib.*

†ferituale [W. *offeiriad teulu*; MW *spellings include eff-, yff-*], priest of the household. (*Cf. Bull. Board of Celtic Studies* XXVI (1974–6) 38–42).

[**12.** . a curia sua rex sumpsit exordium, disponens in ea xxiiij ministros officiales, quorum primus est *penteylu*, secundus *offeyrat teylu* [etc.] *Leg. Wall.* A 109; **1283** de porcione ipsum *offeyriat teulu* de dictis decimis contingente *Conc. HS* I 550;] **1341** †efferiateuli *CalPat* 166; **1384** concessit dilecto clerico suo Ricardo de M. prepposituram sive decanatum de Castro Cubii ac eciam officium de †ferituali Bangoren' diocesis, vacancia per resignacionem dilecti clerici regis Reginaldi Hulton *Pat* 317 m. 33.

ferium v. 1 feria 2a.

ferlingata [cf. ME *ferling*], 'ferling', measure of land, usu. one fourth of virgate. *V. et. ferthingata.*

1199 Alanus .. petit versus priorem de Plumton [*Devon*] iij ~as terre et dimidiam *CurR* I 89; **1230** Radulfus S. attornavit Nicholaum .. contra Gervasium petentem de uno molendino et xj ~is et x acris terre et x acris bosci in Coleton *Cl* 389; **1295** dedimus .. j ~am terre *Reg. Wint.* 529; **1297** de ij s. rec' de Emma .. de fine pro j ~a terre habenda quam Adam .. reddidit in manum domini pro paupertate *Ac. Cornw.* I 57; **c1330** omnes isti tenent ~am terre *G. S. Alb.* II 265; **1390** quolibet tenente j ~am terre *Crawley* 289; **1547** j ~a terre native *Ib.* 521; **1611** cum una ~a terre native continente undecim acras *Ib.* 530.

ferlingatarius, tenant of 'ferling'.

1300 sunt ibi ij virgatarii, xxiij dimidii virgatarii, x ~ii, et xx cotarii tenentes in villenagio *IPM* 95/7 (*Wilts*); **1390** xvij ~iis *Crawley* 289.

ferlinglanda [cf. ME *ferling, land*], measure of land, usu. one fourth of virgate. *V. et. ferthinglanda.*

1245 (v. ferthinglanda).

ferlingsetus [cf. ME *ferling*, AS *sæta*], resident or tenant of ferling.

1189 Wela tenet j ferlingum pro xviij d. et .. operatur ut alii ~i *Inq. Glast.* 23.

ferlingus, ~a [ME *ferling* < AS *feorþling*]

1 a fourth part, 'ferling', measure of land, usu. one fourth of virgate; **b** (Cornw; *cf. Capt. Seis. Cornw* lix n. 3). *V. et.* 1 *ferthingus* 1.

in burgo Huntedone sunt iiij ~i. in duobus ~is fuerunt T. R. E. et sunt modo cxvj burgenses *DB* I 203; inde habet rex j ferlinum et ij carrucatas in dominio et villani iij ferlinos et v carrucatas *Ib.* 108; ?**1135** quod .. libere teneant .. j ~um terre de Cerchilla et j ~um terre Cokesleg *MonA* V 198a (= *Regesta* 1912); **c1160** totam terram de Kineverdesham [*Keynesham, Som*] sc. iij ~os quos tenemus *Cart. Glam.* 141; **1200** unum ~um terre in U. cum communa pastura de Dertmor' *RChart* 70a; **1225** de dimidia virgata et dimidio ~o terre *Pat* 581; **c1235** Willelmus de E. tenet v acras terre, sc. j ~um *Cust. Glast.* 127; **1293** xvj ~i terre in dominico, quorum quilibet continet in se xvj acras *Fees* 1308; **1356** in defectu redditus j messuagii j ~i terre native *Crawley* 270; **1454** unum farlingum terre et prati *Cl* 303 m. 11*d.* **b** **1300** convencionarii .. tenent .. [MS *illegible*] ferling' Cornub' et ij acras Angl' *IPM* 95/3*d.*; **1337** Nicholaus Volon tenet .. j mes' iiij acr' terre Angl' in dim' ferl' terre in T. .. Willelmus Soor .. tenet .. j mes' viij acr' terre Angl' in j ferl' terre Cornub' in Tewyn *Capt. Seis. Cornw* m. 10*d.* (= *Cal.* p. 53).

2 one fourth of penny, farthing. **b** gold farthing, one fourth of noble. *V. et.* 1 *ferthingus* 2.

1277 viij^{c}lxj li. vj s. v d. ob. et ~us *EHR* XXXII 73; **1280** allocabuntur eidem magistro [monete] unus denarius et unus quadrans in decasu argenti ad ignem et unus denarius et obolus in emendacione .. monete, ita quod .. allocabuntur ei in qualibet libra undecim ~i *Doc. Eng. Mint* 60 (= *RBExch* 985); quod ipse faciet ~os per Angliam qui nunc sunt rotundi et Lundrenses vocantur *Ib.* 61 (= *RBExch* 986); **1304** pro monetagio ccl li. ~orum monetatorum ibidem *KRAc* 288/30 m. 7; **1351** per servicium iij s. et ij d. et j ferlyngi *Reg. S. Aug.* 331; **1369** de .. decem et novem solidatis et tribus denariatis et medietate unius ~e redditus *Pat* 279 m. 15. **b** **1414** cc pecie minores [l. minoris] floreni dicti ~i auri concordant eciam in pondere cum standardo libre Turris [London'] *Pat* 394 m. 29; **1425** (v. florenus 3b).

ferlota [ME *ferlot*], (Sc.) 'firlot', dry measure (of grain or sim.). **b** measuring cup. *V. et. ferthelota.*

liber homo dabit ad multuram molendini .. de xx bollis, unam firlotam (*Stat. Will.* 9) *RegiamM* II f. 6; **1266** j bollam et j firlotam et dim. firthelote [farine avene] *ExchScot* I 2; **1292** (v. caldaria 2a); **1384** per empcionem de j celdra xiiij bollis j ~a farine avenatice *ExchScot* III 106; **1462** per decidenciam mensure que minor est, cum qua frumentum et alia grana recipiuntur, nova ~a .. ad quantitatem hujus bolle de celdra *Ib.* VII 133; **1468** de summa brasii predicti .. xiij bollas et farlotam *Ib.* 579; **1475** cum bina parte furloti ordei *Ib.* VIII 289; **1478** per vendicionem viij bollarum et iij firlatarum frumenti *Ib.* 549. **b** **1446** pro una ~a lignea .. missa Striveline ad usus regis ij s. vj d. *ExchScot* V 225; **1446** in ustrino j *stepyngfat*, j novum cilicium pro torali, xvij saccis, iij *wyndowclaytis*, ij ferlottis *Pri. Cold.* app. lxxxiv.

ferm- v. et. firm-. **ferma** v. farina, 1 ferinus, firma. **fermaculum** v. firmaculum. **fermare** v. 1 firmare. **fermaria** v. 3 firmarius. **fermarius** v. 2 & 3 firmarius. **fermatio** v. 3 firmatio.

ferme [CL]

1 approximately, roughly (esp. w. numbers).

infans ~e trium annorum *V. Cuthb.* I 3; duum ~e milium spatio separata BEDE *HE* V 4; ~e, plus minus *GlC* F 123; diebus itaque ~e quindecim siluerunt ORD. VIT. IX 9 p. 520; postquam resignavit annis ~e xiiij .. obiit *Lib. Mem. Bernewelle* 70.

2 almost, nearly; **b** (w. superl.); **c** (w. *omnis, nullus*, or sim.).

sunt ~e innumerabilia marinarum genera beluarum *Lib. Monstr.* II *pref.*; ~e semper occultum est ANSELM (*Ep.* 65) III 183; ~e, A. *almost WW*. **b** Britannia insula in extremo ~e orbis limite GILDAS *EB* 3; **690** Britannia .. in extremo ~e orbis margine posita ALDH. *Ep.* 5 p. 491. **c** **967** cunctis sophiae studium ~e rimantibus stabili notum constat ratione quod .. *CS* 1197; **1004** totam .. ~e hominum progeniem *CD* 710; **1012** (12c) contra Creatoris aeterni justitiam dum omnibus ~e in nationibus tyrannizantium vis crudescit raptorum *CD* 720; **c1094** qui illis amabilis exstiteram, omnibus ~e odiosus existam ANSELM (*Ep.* 198) IV 89; nil hic ~e habentes nisi 'erit' et 'fuit' GIR. *GE* II 21 p. 272.

fermentabilis, that can be fermented.

in sulphure est terrestreitas pro corpore, in mercurio serenitas aerea pro spiritu, et in utrisque naturalis unctuositas pro anima: nam omnia sunt in unctuositate corporis ~ia, commixta, et inseparabiliter illi unita per minimas sui partes RIPLEY 150.

fermentacius [LL], leavened.

~ius panis, *gehafen hlaf* ÆLF. *Gl.* 153 (cf. Isid. *Etym.* XX 2. 15).

fermentare [CL]

1 to cause fermentation in, leaven; **b** (fig.). **c** (p. ppl. as sb. m., sc. *panis*) leavened bread.

ANSELM (*Azym.* 1) II 224 etc. (v. azymus a); panem ~are prohibiti sunt BALD. CANT. *Sacr. Alt.* 704D; non fermentatus panis bene corpora nutrit D. BEC. 2701; utrum .. Grecorum ecclesia [corpus Christi] in pane ~ato conficiat questio est GIR. *GE* I 8 p. 26; panis .. perfecte ~atus .. bene .. coctus et a furfure bene mundatus BACON V 71; conficiunt Greci sacramentum altaris de pane ~ato [ME: *sour bred*], et dicunt nos errare qui conficimus de pane non ~ato *Itin. Mand.* 12. **b** si [in carminibus] par effectus responderet affectui, compendiosam non obscuraret †festiva [l. festina] progressio brevitatem, nec adjiceretur enervationi facilitas, nec in tumidam erectio ~aretur vanitatem L. DURH. *Hypog.* 65. **c** epistola de sacrificio azimi et ~ati ANSELM (*Azym. tit.*) II 223; Thessalonicenses pro diversis temporibus celebraverunt in azymis et ~ato HALES *Qu.* 910; quomodo [Greci] in tantam vesaniam proruperunt ad defendendum suam falsitatem de consecracione in ~ato WYCL. *Ver.* I 275.

2 to sour, spoil (usu. fig.).

quemadmodum per victum tota humana [sc. justitia] corrupta et quasi ~ata est peccato ANSELM (*CurD* I 23) II 91; electio purissima nullaque .. ex parte ~ata GIR. *JS* 1 p. 127; illi mille dedit linguas figmenta loquentes, / falsis fermentat sic modo vera loquax GARL. *Tri. Eccl.* 111; decretalem .. quampluribus contra fidem erroribus inexcusabilibus ~atam OCKHAM *Pol.* I 86; dictas destituciones erroribus, heresibus, mendaciis, et sophismatibus ~ans .. contra veritates catholicas .. scripsit *Id. Err. Papae* 958; post salutationem ~atum, Robertus eundem letali vulnere percussit *Extr. Chr. Scot.* 130.

3 (alch.) to 'ferment' (*s. dub.*).

nos autem ipsas dicimus spiritus esse ~atos, quia ad modum fermenti massam, id est spiritus purificatos, corrumpunt M. SCOT *Sol.* 714; quamdiu medicina ~atur spiritualibus qualitatibus, tamdiu vocatur medicina. cum vero ~atur cum corporali substancia, vocatur elixir. et itaque diversus ~andi modus et discrimen inter medicinam et elixir RIPLEY 119–120.

fermentarius, adherent of use of leavened bread in Eucharist as practised by Greek Orthodox churches.

non hoc fecit [sc. Christus] ut praeceptum de azimo servaret sed aut ut ~ios, quos praevidebat reprobans azimitas approbaret, aut certe ut, si etiam ~ii approbarentur, azimitas quoque approbaret ANSELM (*Azym.* 2) II 226; tanta ratione partem suam ~ii defendant quanta suam roborant azimitae *Ib.* 231; OSB. GLOUC. *Deriv.* 222 (v. fermentum 1a).

fermentatio [LL]

1 mixing w. yeast, fermentation; **b** (w. ref. to sim. active process).

OSB. GLOUC. *Deriv.* 222 (v. fermentum 1a). **b** ~o spermatis GAD. 37v. 1 (v. compagatio).

2 taint, corruption.

943 (13c) si quis demonicae ~onis stimulo incedens nostrum integrum et inviolatum donum fraudulenter infringere probaverit, .. *CS* 784 (cf. ib. 761 [**940**], 782 [**943**]).

3 (alch.) 'fermentation'.

vas .. fornaci sue semper immobiliter adhereat, donec totum tempus ~onis auri compleatur ROB. ANGL. *Alch.* 517a (cf. ib. *rec. 1* 34); cum res abinvicem se non expoliant et sunt proportionata proportione convenienti et fermentata ~one completa BACON IX 106; quod opus sit in resolutione, in vaporibus aquarum calidarum .. et hoc multotiens, donec optime sit ~onis quod intendis *Id. Min.* 314; diverse sunt ~ones tam corporales quam spirituales, viz. corporales in quantitate et spirituales in qualitate. corporalis ~o auget pondus et quantitatem medicine, non est tamen tante potencie .. ut est ~o spiritualis; solummodo enim auget medicinam in quantitate, sed non in virtute, sed ~o spirtualis auget in utrobique RIPLEY 119.

fermentum [CL]

1 leaven, yeast. **b** leavened bread (as used in Eucharist by Greek Orthodox churches); **c** (fig.). **d** (med.) 'leaven', a fermenting substance used in poultices or sim. applications.

~um, *hæf* vel *beorma GlH* F 205; a ferveo hoc ~um, -ti; unde fermentarius, -a, -um, et fermento, -as, unde fermentatus, -a, -um, et hec fermentatio, -nis OSB. GLOUC. *Deriv.* 222; hoc ~um vel hec zima, -tis, *levein Gl. AN Glasg.* 20v.; hoc ~um, *sowyrdow WW.* **b** [papa] patriarcham Constantinopolitanam .. anathematizavit pro immolatione ~i R. NIGER *Chr. II* 153; *Poem S. Thom.* 84 (v. commassare b). **c** *Obs. Barnwell* 190 (v. azymus 2b). **d** remolliatur ovum in aceto cum sinapis semine addito ~i cinere GILB. III 168. 2; ~um, spersum idem, .. A. *leveyne Alph.* 65.

2 taint, corruption.

c**798** cavete vobis venenosum erraticae infectionis ~um, sed in sinceritate et veritate mundissimos sacrae fidei panes comedite et vinum ALCUIN *Ep.* 130 p. 220; sicut homo novus ante peccatum et inveteratus ~o peccati nequaquam substantialiter differunt ANSELM (*Azym.* 1) II 224; tertia res cohibet, quo dicitur esse referta / Gallia fermentum ne nocuisse queat NIG. *SS* 1530; nonnulli .. optimi et sine ~o sincerissimi GIR. *TH* III 27; in pluribus locis Sacre Scripture ~um significat corruptionem culpae; xvj Matth. 6 'cavete a ~o phariseorum quod est hypocrisis' HALES *Qu.* 911; vite lator latrones mediat, / florem furum fermentum sauciat; / vite vitem virus excruciat, / fel molitur ut mel inficiat J. HOWD. *Ph.* 742; absque ~o mendacii OCKHAM *Err. Papae* 958; percussus est ~o phariseorum (cf. *Matth.* xvi 6) quod est ypocrisis et eo ipsis dampnabilius quo .. WYCL. *Ver.* II 140.

3 (alch.). (*Cf. LC* 241.)

~um album et rubeum conjunguntur, secundum quod elementa sunt alba et rubea *Correct. Alch.* 18.

fermerarium v. 3 firmarius.

fermfoltatio [ME *fermfoltum, fermfultum*], form of manorial rent, food-rent (Worcs).

c**1182** quater in anno de unaquaque [virgata] vj d. ad †ferurfultum [l. *fermfultum*] et tolnetum *RB Worc.* 110; c**1282** de †fernifolcatione xxvj s. v d. *Ib.* 404; **1299** dabit preterea auxilium, sc. iiij s., et †fernifalcationem ad Hockeday, sc. viij d. *Ib.* 384; preter *fisschfee*, †fernifolcationem, pannagium, tolnetum .. *Ib.* 386; cum auxilio †fernifalcatione cum omnibus aliis servitiis *Ib.* 387; debet auxilium †fernifolcationem tolnetum *Ib.* 389; **1303** de quadam certa consuetudine que vocatur *fermfoltum* ad Hokedai *MinAc* 1143/18 m. 2 (*Worcs*) (= *Cust. Rents* 17).

fermina [AN *fermine*], prison.

1198 fratrem ejus tercium idem abbas cepit et ponit in ~am quousque concessit ei quod cum illo staret ad prosequendum villenagium versus eum *CurR* I 45; **1203** quod .. eam imprisonavit et in firmina tenuit *Ib.* II 295; **1234** mandatum est vicecomitibus Lond' quod .. prisones domini regis, quos vicecomes Berkes' et Baldewinus .. liberabunt custodi gaiole de Neugate ab eo recipi et in bona firmina in predicta gaiola salvo custodiri faciant *Cl* 417.

fermiso, ~ona [AN *fermeison*, ME *fermisoun* < firmationem; cf. 3 firmatio], closed season for hunting bucks, open season for hunting does (during winter).

1234, 1370 (v. 1 gressa 2a); c**1245** capere per annum v cervos de pinguedine et v bissas in ~ione *AncD* A 317; **1248** capere .. j damam in ~ona inter festum S. Martini et Purificationem beate Marie *Fines* 208/5/28; **1248** quod predictus Willelmus et heredes sui .. capiant octo bestias per annum in predicto bosco, sc. iiij damos in pinguedine inter festum S. Crucis in mayo et festum S. Crucis in septembri et iiij damas in ~ona inter festum Omnium SS. et diem Cinerum *Ib.* 283/12/225; **1280** tredecim damos in seisona pinguedinis et tresdecim damas in seisona ~onis *Cl* 97 m. 10; **1285** sex damos in sesona pinguedinis et sex damas in sesona fermesonis *Cart. Chester* 89 (= *CalCh* II 292: †fermosonis); **1289** item j latus, j hanch', j cauda venacionis de firmas' *Ac. Swinfield* 23; **1291** duos damos bonos tempore pinguedinis in vigilia Assumpcionis beate Marie et duas damas bonas tempore fermissionis in vigilia Nativitatis Domini *Cart. Worc.* 537 (= *CalCh* 401: firmasionis); **1362** tempore ~one (v. 1 bissus); **1383** ferinam fermesonam et chaceam foreste de Hatfeld Brodhok *Pat* 316 m. 42; **1435** licenciam capiendi .. infra forestam nostram .. sex damos de seisona et sex damas tempore vermesone *Pat* 437 m. 7; **1443** de fermeson' (v. crassitudo 1b); **1463** j damam de seisona vermisonis *Pat* 505 m. 5.

fermus v. firmus. **ferndal-, ferndel-, ferndell-, fernedell-** v. ferthendell-. **fernere** v. sternere. **fernifalcatio, fernifolcatio** v. fermfoltatio.

fernova, form of good omen. *Cf. fervetus.*

~a est augurium, quando tu exiveris domum tuam causa faciendi aliquid, et eundo vides hominem, vel avem eundo vel volando, ita quod se ponat ante te in sinistra parte tui; et istud est tibi signum bone significationis super negotium M. SCOT *Phys.* 57; *Ib.* (v. confert).

fernum v. verna.

1 ferocia [CL], fierceness.

hec †ferocitatis [MS: ferocitas], -tis, et hec ~ia, -e, i. ferocitas OSB. GLOUC. *Deriv.* 210; curris frequenter aspicere canum rictus, ~ias molosorum LUCIAN *Chester* 61.

2 ferocia [dub.], quilt, mattress.

a matres, cento, ~ia, matracia, filtrum, fultrum *CathA*; *a quylte*, centri, culcitra, ~ia [v. l. forecia] *Ib.*; ferecia, A. *a quylte WW.*

ferocitas [CL], fierceness, aggressiveness: **a** (of pers.); **b** (of animal); **c** (of natural forces); **d** (of abstr.).

a quando effrenata tortorum ~as contra bellatores Christi crudeliter exarsit ALDH. *VirgP* 52; ~as, i. ~as [*sic*; ? l. feritas], crudelitas, *reþnes GlH* F 240 (cf. ib. 225); Francorum .. invincibilis ~as ORD. VIT. IX 14 p. 587; Anglici a Saxonibus animorum inconditam ~atem, a Flandricis corporum enervem moliciem, a Danis potacionem nimiam dedicerunt W. WORC. *Itin.* 322. **b** lynces bestiae maculosis corporibus sunt quae nimiam ~atem habent *Lib. Monstr.* II 5; contra ferinam luporum ~atem ALDH. *VirgP* 33. **c** effera fluctuum ~as *Ib.* 34; **1485** ad reparacionem murorum marinorum .. per violenciam et ~atem ventorum et maris defractorum et destructorum *Comp. Swith.* 296. **d** o quanta est furibundae libidinis ~as! ALDH. *VirgP* 45.

ferociter [CL], fiercely, aggressively.

horum archon, atrociter / fumum verrens, ferociter / furibundus cum flamine / veniebat (ALDH.) *Carm. Aldh.* 1. 34; subito irruit in me, ~iter comminans me non amplius ANSELM (*Ep.* 139) III 1; contra te ~ius insurgens ORD. VIT. X 8 p. 52.

ferondella v. ferthendella.

ferox [CL]

1 of fierce temper, mettlesome; **b** (transf., of inanim.).

homo ~cis animi BEDE *HE* III 25 p. 181; ~x, *roeðe*, ferae similis *GlC* F 117; *GlH* E 91 (v. efferus); **9..** ~x, *reþig* vel *berend WW*; Franci moribus ~ciores, natura animosiores ORD. VIT. IX 9 p. 534; in armis .. rebusque militaribus .. effrenis, atrox, longeque fera ~cior omni GIR. *TH* III 49; diligitur magis ille qui est simplex quam ille qui est ~x *Quaest. Salern.* B 209; ut leo ~x *Wager* 41a. **b** radix amaritudinis, virulenta plantatio .. ~cibus palmitibus pampinisque pullulat GILDAS *EB* 23; ~cibus tormentorum cruciatibus ALDH. *VirgP* 36 p. 282; c**791** paululum ~ciori pumice cartam terens ALCUIN *Ep.* 13 (cf. ib. 120: pumice radenda ~ci); ense ~ci .. per tenuiorem hostium craten sibi callem aperuit ORD. VIT. XIII 10 p. 22; ignea tunc sonitus diffundit flamma feroces GOWER *VC* I 1711; ubi ~ces guerrarum procellas hostiliumque minarum flatus horriferos mitigavit *Ps.*-ELMH. *Hen. V* 64 p. 180; a legatis ~x regis responsum accepit P. VERG. VIII 144.

2 warlike, bellicose.

~cissimi illi nefandi nominis Saxones GILDAS *EB* 23; adversus ~cissimas barbarorum legiones ALDH. *VirgP* 11; ab hoste superbo ac ~ce BEDE *HE* III 2 p. 129; belliger Egfridus .. / .. gentes domuit sub marte feroces ALCUIN *SS Ebor* 751; nullus in bello ~cior illo fuit G. MON. IV 16.

ferragia v. foragium. **ferraium** v. ferrarius.

ferralis [cf. OF *feraille* < ferralia], made of iron (also as sb.).

1403 pro seris et aliis ~ibus *Ac. Durh.* 219; **1439** item in j plaustro longo, ij rotis, iij jugis, j aratro et j *coupwayn*, una cum iij *sennez* et aliis instrumentis ~ibus *Ib.* 71.

ferramentum [CL]

1 iron implement, tool.

forcipe, duplici videlicet ~o BEDE *Tab.* 453; malleus et securis et omne ~um *Id. Templ.* 753; ~a sibi ruralia cum frumento adferri rogavit *Id. HE* IV 26 p. 271; **742** nullum de domo sua vel ignem vel ~um vel aliquid commodi vicino suo prestare velle BONIF. *Ep.* 50 p. 84; **10..** ~um, *tol WW*; rupem cum malleis et securibus variisque ~orum generibus argumentose incidit ORD. VIT. VI 3 p. 10; securibus, asciis et vidulis aliisque .. ~is ad carecta et frutecta stirpando *Id.* IX 6 p. 500; ubi ~orum utensilia et regum nummisma .. reperitur *Lib. Eli. prol.* p. 4; **1315** ~a artificialia cum quibus cotidie lucratur panem *RGasc* IV 1626 p. 473; pro .. metallo, feriamentis, merceriis *Ib.* p. 474; **1323** in ij petris pro ~is cementariorum acuendis *Sacr. Ely* II 33; **1382** habebit meremium infra boscum de R. et virg' et *wattels*, cabul', et ~a quantum indiguerit ad custagia sua succidenda et carianda *Hal. Durh.* 175; **1423** pro j ~o pro *wedys* extrahendis *Ac. Durh.* 271; **1484** pro .. acuacione ~orum pertinentibus (*sic*) querrere *Ib.* 415.

2 obley-iron.

1373 unum feramentum pro oblacionibus faciendis ad festum Pasche *Ib.* 211; contra detentores .. calicum, feramentorum ecclesiasticorum *Meaux* III 153*n*.

3 (usu. pl.) irons, fetters or sim..

1196 pro ~is ad custodiendum prisones in castello de Gloecr' *Pipe* 101; **1207** pro ~is prisonum xiiij s. *Pipe* 114; **1229** custodi gaiole nostre Exon' ~a ad prisones .. salvo custodiend' *Liberate* 8 m. 9; **1230** in emendacione gaiole Exon' xx li. .. et in ~is prisonum xiiij s. *Pipe* 13.

4 horse-shoe.

ad ~a equorum *Cust. Abingd.* 329; **1306** in ~is vj affrorum *Crawley* 242; **1404** (v. equinus 3a); s**1304** fecit amovere omnia ~a trium suorum optimorum equorum et retrograde affigi ungulis caballorum FORDUN *Cont.* XII 6; *a schoynge*, ~um, ferrura *CathA*.

5 arrow-head.

s**1343** sagittis vulneratus, quarum ~a extrahi non poterant *Plusc.* XIV 3 (= FORDUN *Cont.* XIV 3: ferrum).

6 plough-iron.

1171 pro ferro et ~o carrucarum *Pipe* 23; **1208** in ~is iiij carrucarum x avrorum per annum xiiij s. ij d. *Crawley* 189; **1250** quod faciat habere carucario regis ibidem unum fustum ad carucas regis reparandas, et aliud fustum fabro regis ibidem ad ~a earundem carucarum facienda *Cl* 312; **1319** in xxxiiij pec' ferri ad feramenta carucarum *MinAc* 992/10 m. 2; **1327** septem caruce cum ~is et alio apparatu (*Invent.*) *RIA Proc.* XXVI 373; unus porcarius, una ancilla, et ~a carucaria *Hist. Roff.* 101v.; **1411** de iij carucis cum iij paribus ~orum et toto apparatu ferri *Crawley* 312.

7 iron tyre for cart-wheel.

1302 pro j pare ~orum cum clavis ad rotas carectarum ix s. v d. *Sacr. Ely* II 19.

8 mill-iron.

1209 in ~o ad molendinum *Pipe Wint.* 60; c**1224** ~a duorum molendinorum *Chanc. Misc.* 10/13/2; c**1435** pro refeccione et emendacione ~orum molendini *Ac. Durh.* 624; **1532** accuacio ~orum pro molendinis *Househ. Bk. Durh.* 84 (cf. ib. 87).

9 iron hinge, band, plate, or catch (for door).

1391 pro clavis et ~is .. emptis .. ad pendendum hostia coquine *Ac. H. Derby* 69; **1436** in ~is ad hostium latrine ij s. *Cant. Coll. Ox.* II 149; **1532** pro diversis ~is vocatis *claspis*, viz. xviij dos[enis] pro *les trelysis* in campanilibus vij s. vj d. *Fabr. York* 106.

10 iron band, hoop or strap (for reinforcement or support): **a** (of chest); **b** (of window, esp. lights); **c** (of other).

a cum magno labore omnia ~a abstulit et abscondit, et ipsum locellum aperuit H. ALBUS 81; c**1450** pro j strophnia et magnis hamis et aliis necessariis ~is ad ligandum tres cistas *DocCOx* 326. **b** **1243** ad ~a verrinarum ecclesie (*Cl*) *RGasc* I 260; **1304** faciente ~a j fenestre in alis novi operis *Fabr. Exon.* 34; **1367** in ferro pro barris et aliis ~is ad dictas fenestras *Ac. Durh.* 128; **1423** reparacionem cancelli .. in fenestris vitreis, vitro et ~is, .. *Couch. Furness* I 701; **1489** farramentis (v. glasiarius). **c** **1325** in factura ferrament[i] portant[is] magnam crucem *Fabr. Exon.* 157; **1399** in diversis ferreamentis et ligaturis emptis et expenditis super dictis canonis xx s. (*KRAc* 403/20) *Tout Papers* II 275.

11 iron railing.

1292 Thome de L., fabro, in partem solutionis xij li. pro factura ~i circa tumulum regine .. apud Westmonasterium lx s. *Manners* 131; inter ~um capellule Sancte Marie ad columnam et murum jacet dominus Johannes Roulond AMUND. I app. 444.

12 die (for minting).

c**1420** monetarius .. accusatus super eo quod ~a sua ad cuneanda in ipsa civitate private fabricare fecit *Mem. York* II 43.

13 armour or weaponry.

hoc ferrum vel hec ~a ordinata ad justitiam (*Jud. Dei*) *GAS* 416.

14 piece of (unspec.) iron-work.

1337 (v. attilliator); **1435** pro .. meliori salvacione diversarum stuffurarum, clavorum, et aliorum ferrementorum in balingera regis *KRAc* 53/5 f. 9; ad providendum .. diversas stuffuras, viz. feramenta, maeremium, et alios apparatus necessarios prefate balingere *Ib.* f. 12.

ferrandus v. ferrantus, 1 ferrare.

ferrantus [AN *fer(r)ant*, ME *ferra(u)nt*], (of horse) iron-grey.

1177 j equo ~o *Pipe* 39; cum audiret quod ferrandum, dixit se quendam talem equitantem in foro vidisse GIR. *RG* II 21 p. 83; **a1216** legavit .. uxori sue palefridum ~um *FormA* 423; **1220** duos equos .. sc. j nigrum equum et j ferrandum *CurR* VIII 269; **1236** retentis ad opus regis magno ferando dextrario regis et liardo *Cl* 309; **1295** habet in manu sua duo jumenta ferranda et aliud *broun CourtR Hales* 322; **1296** in prebenda et marschalcia pro uno runcino ferrento comitis *DL MinAc* 1/1 r. 15; **1316** pro restauro .. unius equi albi ferandi *RGasc* IV 1679.

ferrare [CL *p. ppl. only*]

1 to shoe (horse) w. iron; **b** (as serjeanty).

[camerarius] dat ferra quibus ~antur equi abbatis et prioris LANFR. *Const.* 151; **1212** quod deberet ~are dominicum palefridum *Fees* 150; GIR. *Spec.* III 1 (v. chalybatus a); **1234** ferare (v. ante 1a); **12..** ~abit tres equos cum ferratura sua *Reg. S. Aug.* 426; poterit .. loqui cum fratre .. de ~andis equis *Inst. Sempr.* *lxiii; **1275** propter ferrendum duos affres super duos pedes ante *Hund.* I 35; **1281** de quolibet pullano non ~ato *PQW* 401b; mulam quam equitavit fecit auro ~ari, prohibens omnibus .. ne quando ferratura [ME: *þe schone*] caderet eam recolligeret HIGD. VI 19 p. 126; **1341** in iiij bobus ~andis, viz. quilibet in ij pedibus anterioribus viij d., et in iij affris ~andis .. xxj d. *DL MinAc* 1120/11; equum .. bene et competenter ~andum *Reg. Brev. Orig.* 106. **b** **1281** per serjanciam ~andi equos domini regis *PQW* 414.

2 to fit (tools) w. iron.

1280 in .. iiij tribulis et ij beschis ferrendis *Ac. Stratton* 111; **1287** in furcis, vangis, et tribulis ~andis vij d. *MinAc* 991/21; **1344** in vj tribulis ~andis vj d.; in v vangis ~andis viij d. ob. quad. *KRAc* 458/4.

3 to fit (plough) w. plough-share.

1279 j carucam bene ~atam *Feod. Durh.* 110n.; **1280** (v. 1 acerare); **1293** in eisdem [carucis] ferrandis cum ferro et acero emptis cum stipend' fabri *MinAc* 991/23.

4 to fit (wheel, cart, or sim.) w. iron tyre.

et ferrata super illos carpenta subegit ALCUIN *WillV* 9. 4; **1170** pro iiij caretis ~andis ad opus regis *Pipe* 15; impetu ~ate bige in obviam venientis propulsus W. CANT. *Mir. Thom.* IV 29; **1175** etc. (v. carretta 2b); **1258** (v. 2 biga a); **1302** fabro pro iij paribus rotarum ferrandis iiij s. *Sacr. Ely* II 19; **1388** cum una carecta farrata et j carecta fimali *LTRAcEsch* 10 r. 5.

5 to fit w. iron bands or hoops (for reinforcement or support).

1158 pro *barilz* ~atis et non ~atis (v. hosa 3a); **1170** pro xij barillis ~atis *Pipe* 15; **1172** pro xij cadis ~atis (v. 1 cadus); **1185** (v. galo 1a); **1290** in quodam pennario ~ato (v. cochlear 1a); **s1364** congregaverunt electum aurum regni et fecerunt in platas et miserunt in barellos ~atos ad abducendum in Franciam KNIGHTON II 119.

6 to put in irons, fetters, or sim..

1291 omnes a nobis fuerunt ~ati et compediti (*Lit. Soldani*) B. COTTON *HA* 216.

7 (p. ppl. ~*atus*) iron-clad, armoured.

~atas acies, *þa isnodan truman GlH* F 181; ~ata virorum agmina in bellum agebat femina W. MALM. *GR* III 289; ferratis tunicis et acutis ensibus Anglos / acriter invadent *V. Merl.* 656 (cf. G. MON. VII 3: tunicis ferreis); **c1216** bella movent ferrata duces (*Guerra Joh.*) *Pol. Songs* 25; **1367** ferratis pannis cesis captisque tyrannis, / Francia cum victa fuit .. (*Bellum Hispaniae*) *Pol. Poems* I 94.

8 (of wine) tinctured w. iron. (*Cf.* AN *ferré.*)

vinum rosatum vel ~atum [*gl.*: *rosé, ferré*] NECKAM *Ut.* 98; **1241** tria dolia vini ~ati que prior de Ockeburn nobis dedit *Liberate* 16 m. 15; **1242** in cariagio unius dolii vini ~ati usque Westm' *Pipe* 274.

9 made of iron, (fig.) hard as iron.

non cirros capitis ferrata forfice dempsit ALDH. *CE* 4. 7. 15; ferratas vincere mentes *Id. VirgV* 106.

10 (of road) having a hard surface. (*Cf.* OF *chemin ferré*, ModE. 'metalled'.)

c1240 sic ex orientali parte sequendo extremitatem de Ramkelcroft versus austrum usque ad stratam ~atam et sic sequendo stratam ~atam usque in Kokerdene *MS Lancs R. O.* DDF/526; **12..** super viam ~atam inter Wytherington et Burgum *Carte Nativ.* 257.

ferraria [CL], ironworks, (?) bloomery or forge.

ibi unum molendinum ad hallam et .. una ~ia quae operatur ad hallam *DB* I 32vb (Surr); plurima desunt huic manerio quae T. R. E. appendebant ibi [*Corby, Northants*] tam in silva et ~iis quam et aliis redditibus *Ib.* 219va; **c1150** sciatis me concessisse .. quandam ~iam apud Edlandam *MonA* V 590.

ferrarius [CL]

1 concerned w. iron or the working of iron. **b** (w. *faber* or as sb. m.) smith; **c** (as surname). **d** (in place-name) Ferrières. **e** (w. *aqua*) water in which iron has been quenched; **f** (as sb. n.) substance obtained therefrom. **g** (as sb. n.) farriery. **h** (w. *molendinum*) iron-mill, smithy w. wheel-driven hammer.

Cayin .. primus terram serere docuit et filii ejus artem ~iam .. invenerunt FORTESCUE *NLN* I 9. **b** ne habentes fabros ~ios Hebraei arma ad repugnandum facerent BEDE *Kings* 734; de fratre Cuicuino ~io ÆTHELWULF *Abb.* 278 *tit.*; ÆLF. *Coll.* 99 (v. faber 1a); rogavit ~ium fabrum sibi vincula ferrea facere BYRHT. *V. Ecgwini* 358; ibi sunt vj ~ii *DB* I 316; iiij ferruarios *Dom. Exon.* 94b; **1301** quod dominus abbas habeat .. ~ium etiam peditem sine equo *Reg. Cant.* 858 (cf. *Cart. Glouc.* III lix); **1308** in quadam selda jacente in vico Ferariorum *RR King's Lynn* I 11; **1349** in villa de Lenna in vico Ferariorum *Ib.* 202; *ferrowre, smyth*, ~ius *PP*; ~ius, A. *an yreworchere or an yremongere, or a ferrour WW*. **c** **1140** exceptis duabus carrucatis terre quas Roberto ~io pro suo servitio dedi *E. Ch. Scot.* 144; **c1220** inter domum Pagani ~ii et domum Roberti Dewi *Cart. Osney* I 90; **c1220** testibus .. Roberto Ferario, Roberto Waldri, Ricardo Scinditore *Ib.* 290. **d** Henricus de ~iis *DB* I 143rb; **a1123** Robertus de ~iis dedit .. Bernardo .. ecclesiam (*Ch.*) *EHR* XIV 430; Henrico Gualchelini de ~iis filio castrum .. concessit ORD. VIT. IV 7 p. 222; **1242** mandatum est W. de Ferariis, comiti Derebi (*Pat*) *RGasc* I 157. **e** aqua .. ferarria *Alph.* 64 (v. 1f infra). **f** ~ium est id quod invenimus in trunco in quo faber refrigerat forcipem *SB* 21; †ferraium [v. l. ~ium] est quod invenitur in trunco in quo faber refrigerat forcipes, unde illa aqua dicitur ferarria *Alph.* 64. **g** **1300** [*for shoeing the horses*] in ~io eorumdem *Fabr. Exon.* 13. **h** **1542** de firma molendini ferr[arii] ibidem vocati *le Hammer Smythie Rutland MSS Bailiffs' Ac. Yorks 33–4 Hen. VIII* m. 8 (cf. ib. m. 10: molendini ferrar'); **1573** totum .. molendinum ~ium ac furnaceum nostrum vulgariter nuncupatum *the yron mylle and forge* foreste S. Leonardi [*Suss*] *Pat* 1103 m. 2.

2 bound w. iron bands or hoops. *Cf. ferrare* 5.

[**1391** pro ij barellis *ferrers* [*sic* MS] *Ac. H. Derby* 47;] **1447** vasorum auri vel argenti, ciphorum ligneorum sive vitriorum, ollarum utrum [*sic* MS] de argento et corio, barellorum ~iorum, gardeviand' et vasorum vacuorum *Pat* 465 m. 13 (cf. ib 466 m. 13 [**1447**]: seu vitriorum, ollarum de vitro [*sic* MS] de argento et correo, barellorum ~iorum, gardeviand').

ferratio

1 shoeing (of horses).

1396 in ~one equorum apud Feriby viij d. ob. .. in ~one equorum apud Fontans iiij d. *Med. Stage* II 289.

2 'shoeing', fitting (tool) w. iron part, usu. at its tip. **b** reinforcement w. iron supports.

1527 pro farracione unius *shool Ac. Durh.* 284. **b** **15..** allocatur .. pro ~one duarum rudarum tabularum de quercu MYLN app. 91.

ferrator, blacksmith, esp. farrier.

1193 Hamon ~or *Pipe* 52; **1245** vj bonos fabros ~ores ad ferrendos (*sic*) equos et ad sequendum exercitum regis *Cl* 364; **1267** feratori meo xl s. (*Test.*) *Ch. Sal.* 345; cum .. ~ore equorum *Fleta* 78; **1285** ~or regis: .. Ricardo ~ori super expensis equi .. infirmi .. vj s. *Rec. Wardr.* 162; **1301** in vadiis Ricardi ~oris et garc' Edwardi Balliol iij d. (*KRAc* 308/30) *Poole Essays* 396; **1308** in vadiis unius ferroris ij d. (*Ac. Cust. Equorum*) *KRAc* 99/6 m. 1; **1315** pro vadiis duorum ~orum vallettorum officii marescalcie *Cl* 132 m. 10.

ferratorius, of farriery, concerned w. the shoeing of horses: **a** (as sb. m.) farrier, shoe-smith; **b** (as sb. f.) farrier's smithy. **c** (as sb. n.) trave, frame to restrain horse while it is shod.

a **c1270** facit locare placias cocis, tabernariis, puletariis, feriatoriis (*sic*) et aliis .. extra fossatas ferie *Reg. Wint. 1282–1304* 656 (= ib. 758 [**c1284**]: ferratoriis); **1290** (v. b infra). **b** **1290** pro bulgis ad ~iam regine emptis et liberatis ferratorio per marescallum *Househ. Eleanor* 67. **c** *trave for to scho horse in*, ~ium, ergasterium, trave *CathA*.

ferratura

1 (fitting w.) horse-shoe, or set of horse-shoes.

1171 in .. ~a equorum *Pipe* 42; non ferraturas, straturas exigit ullas D. BEC. 324; **12..** (v. 1 ferrare 1a); **1265** forge pro xj^{xx} ~is equorum *Manners* 23; **1355** ~am pro eodem equo cum opus fuerit competentem *Lit. Cant.* II 335; HIGD. VI 19 (v. 1 ferrare 1a); **1447** pro octo petris ferri .. pro ~is equorum domini regis *ExchScot* 261; **1539** pro ~is mularum *Rent. S. Andr.* 63 (cf. ib.: pro ferris equorum et mularum).

2 (fitting w.) plough-iron.

1188 in ~a carrucarum iij s. *Pipe* 29.

ferre [CL]

1 to bear, carry. **b** (w. *arma*) to bear arms. **c** to wear, have on (clothes); **d** (w. ref. to facial expression). **e** (~*re nomen*) to bear a name.

virtute fero silvarum robora mille ALDH. *Aen.* 29 (*Aqua*) 2; ut .. asciam in manu ~ens veniret ad monasterium BEDE *HE* IV 3; falcarius, falcem ~ens *GlC* F 79; tu ne forte feras in silvam ligna, viator [cf. Horace *Sat.* I 10. 34] ALCUIN *SS Ebor* 784; B. *V. Dunst.* 27 (v. 2 conductio 1d); R. CANT. *Malch.* II 423 (v. caprinus 1e); piscis .. tante quantitatis ut integer nullatenus vel trahi vel ~ri potuisset GIR. *TH* II 9; **1226** nisi nascella .. sufficiat ad x equos ~endos *Cl* 118a; **1251** venit de bosco et tulit unam branchiam de viridi quercu et unam hachiam in manu sua *SelPlForest* 94; **1253** viderunt homines dicti fratris R. ~re unum leporem super baculum *Ib.* 111; **1293** (v. hakeneius); ego ~o thesaurum [ME: *ich beore goold hord*] *AncrR* 49. **b** arma ferens pedibus belli discrimina faxo ALDH. *Aen.* 26 (*Gallus*) 4; quamvis arma non ~ant, contra nos pugnant BEDE *HE* II 2. **c** nisi pro reverentia sacri ordinis cujus habitum exterius ~s miserrime, facerem te .. membratim discerpere ORD. VIT. XI 19 p. 223; talis sermo, qualis vestis; / hac nitente nitens est is; / qui fert pulcrum pallium / verba profert gloriosa WALT. WIMB. *Van.* 82. **d** ora cruenta ferens morsus rictusque luporum / horridus haud vereor regali culmine fretus ALDH. *Aen.* 39 (*Leo*) 4. **e** parentibus regium nomen et insigne ~entibus BEDE *HE* I 16; fert Aprilis / Aperilis / nomen ab officio P. BLOIS *Carm.* 12. 1. 7.

2 to bring, cause to come or go, take, lead; **b** (w. ref. to natural or abstr. force). **c** to carry forward, advance. **d** (w. *pedem*) to proceed. **e** (intr.) to go, move.

ut populum Domini .. / ferret ad aeterni ductor vestigia regni ALDH. *VirgV* 847; in hac vita instar pelagi fluctuantis vario statu ~untur BEDE *Hab.* 1254; Colmanus .. relinquens Britanniam tulit secum omnes .. Scottos *Id. HE* IV 4; 'ferte meam' dixit 'flasconem' ALCUIN *WillV* 17. 4; postulat infirmus sitiens sibi pocula ferri *Id. SS Ebor* 1170; **1212** (v. dinarium); **1221** percussit .. Petrum sicut tulit eis potum *PlCrGlouc* 48; **s1352** tunc ascendunt dextrarios quasi parati ad pugnam ... dux de Bronneswyk .. equum tulit vultu pallido KNIGHTON II 72. **b** cum ventis ~entibus globos ignis ac fumum .. exaltari conspiceret BEDE *HE* III 16; **796** ignorans .. quo te tua fortuna ~ret ALCUIN *Ep.* 106; **801** litterulas .. has paucas in auras direxi, ut vento ~ente in vestras pervenissent manus *Ib.* 215; diverso .. hamo huc illucque distractus anceps ~ebatur *G. Steph.* I 58. **c** dum vexilla ferunt et clangit classica salpix ALDH. *VirgV* 2459; Christi crucis per culmina / ferimus frontis vexilla (ÆTHELWALD) *Carm. Aldh.* 2. 38; victrices aquilas per regna ferebat ubique ALCUIN *SS Ebor* 569. **d** mecum ferte pedes, vestris componite carmen / hoc precibus *Ib.* 15. **e** virgo concipitur, oritur verbum, capit ortum, / fert templo, sumpte dat diadema Deus GARL. *Tri. Eccl.* 125.

3 to bear up, support, lift.

ventorum furores vela non sustinent; .. ~ebatur navigium oratione non viribus BEDE *HE* I 17; vidit animam .. ad caelum ~ri *Ib.* IV 21 p. 257; tunc clamor populi fertur super astra precantis ALCUIN *SS Ebor* 250; quam propriis animam ferri vidisset ocellis *Ib.* 1361.

4 to bear, bring forth (offspring). **b** to produce (seed, fruit, or crop; also fig.); **c** (w. time as subj.).

genimina / .. feruntur (ÆTHELWALD) *Carm. Aldh.* 2. 126 (v. genimen 1a); **s1403** de quo tulit utriusque sexus liberos WALS. *HA* II 254. **b** fecundo germine tellus / pabula densa ferens vulgo vernantibus arvis ALDH. *VirgV* 266; [ficus Judaica] salutis ~re fructum contempsit BEDE *Cant.* 1151; DOMINIC *V. Ecgwini* I 7 (v. feraciter); herbam .. semen ~entem *Eul. Hist.* I 13. **c** omnibus iste aliis fuerit sublimior infans / Francorum ducibus, quos saecula longa tulerunt ALCUIN *WillV* 23. 7; vir, ut tum ~ebat etas, bene eruditus FERR. *Kinloss* 24.

5 to bring forward, produce (document).

1219 R. .. tulit breve versus G. .. quod redderet ei advocacionem ecclesie S. Petri *CurR* VIII p. xiii (cf. ib.: per cyrographum quod profert); **1219** boves et .. equos .. habere non potuit donec tulisset literas domini regis directas vicecomiti ut deliberari faceret averia sua *Ib.* 29; **1221** R. et I. tulerunt breve de assisa nove disseisine versus [eum] .. ita quod ipsi per assisam illam recuperaverunt versus eum .. ij m. de dampno *SelPlCrown* 102; **1230** cum .. abbas tulisset breve domini regis super .. Willelmum quod .. *Cart. Osney* I 414; ad quem diem .. venit .. R. et tulit breve domini regis in hec verba [etc.] *State Tri. Ed. I* 8; cum .. recordum et processum .. Radulfo tulisset, ut .. justiciam exhiberet *Ib.* 46.

6 to offer, give, present; **b** (usu. w. abstr. obj.). **c** (w. *testimonium*) to bear witness.

laturus, daturus *GlC* L 8; lata, data *Ib.* 66; ita .. altari munera semper accepta ~re digneris EGB. *Pont.* 50; atque Dei famulis pacis fer munera cunctis ALCUIN *Carm.* 65. 5. 5; grandia dona ferens ÆTHELWULF *Abb.* 587 (v. dispensare 2a). **b** [angeli] famulo Dei praesidium laturi venisse leguntur ALDH. *VirgP* 26; qui tunc auxilium spondebat ferre petenti *Id. VirgV* 1856; pauperibus .. opem ~re non cessabat BEDE *HE* III 9; fer festina patri Paulino, carta, salutem ALCUIN *Carm.* 30. 1; non hoc sat juste recepit, / .. / nolens directis veneramen ferre loquelis FRITH. 1274; GIR. *TH* I 31 (v. efficax 2a); quod .. Lewelinus et ejus successores deinceps vocarentur principes et ferrent [? l. facerent] regibus Anglie

homagium *Meaux* II app. 138. **c** quis ob testimonium verum Deo ~endum .. cerebro percussus .. interiit? GILDAS *EB* 73; **1072** scriptura cujus exemplaria .. futuris .. temporibus testimonium ~ant ad quem finem causa ista fuerit perducta LANFR. *Ep.* 3 (4); de hoc ~t testimonium totum hund' quod antecessores ejus inde saisiti erant *DB* I 45.

7 (w. ref. to feeling, opinion, or sim.) to have, hold, entertain.

si ejus memoriam nostro in pectore continuo ~imus BEDE *Cant.* 1211; propter odium quod erga fundatores .. coenobii ~ebat ORD. VIT. III 3 p. 52; WYCL. *Ente* 71 (v. discressivus); quia .. ullam .. de vestra obliquacione suspicionem tulimus *Reg. Whet.* II 459.

8 to carry off or take away, remove; **b** (abstr.). **c** to win (prize). **d** to appropriate, take possession of (land or tenant).

nullus ab altithroni comitatu segregat Agni, / quam affectu tulerat nullus ab altithroni BEDE *HE* IV 18 p. 248; quando .. corpus .. incorruptum repphererunt, tulerunt partem de capillis *Ib.* 30 p. 280; floribus in mediis mors mala te tulerat ALCUIN *Carm.* 92. 3. 6; domum ipsius dicit se in castellum tulisse *DB* I 298ra; **1305** (v. essartare 1d); Christus non tulit dominium alicui, sed sibi subjecit OCKHAM *Pol.* I 94; **b** Christus de cruce tetra tulit mundi peccata ALDH. *Met.* 10 p. 86. **c** ast ego tanta feram victo tortore tropaea ALDH. *VirgV* 2315; inducitur Agamenon respondens quod ~ent premium laudis TREVET *Troades* 24. **d** iij virgatas quas W. filius regis tulit ab aecclesia sine consensu episcopi *DB* I 77ra; inde rex tulit medietatem in suam silvam *Ib.* 174rb; de his v hidis tulit Hamo dapifer lxxx acras de arabili terra *Ib.* II 94v.; de hoc manerio tulit W. de W. viij homines consuetudinarios ad hoc manerium de xliiij acris terrae *Ib.* 215.

9 to bear, endure, sustain, tolerate; **b** (w. acc. & inf.). **c** (w. *moleste* or sim.) to bear ill, take amiss, to resent, begrudge. **d** (~*re judicium*) to undergo ordeal (as means of proof).

cum mens juvenis ferret tormenta libenter ALDH. *VirgV* 1143; patienter haec pro Domino .. ~ebat BEDE *HE* I 7; fer patienter onus Christi tu triste sacerdos ALCUIN *Carm.* 9. 217; tulit, *geþolode GlP* 909; potest medicina levari et minui, donec facillime valeat ~ri *Simil. Anselmi* 121; modeste ipse illorum culpam ~ens W. MALM. *GP* V 216 p. 362; WALT. ANGL. *Fab.* 19. 19 (v. emere 2b); **s1232** hec omnia equanimiter ~ens WEND. III 37; barones .. Anglie non ~entes gravamina regis Johannis .. se juramento constrinxerunt quod .. FORDUN *Cont.* IX 28. **b** Narcissum .. delitescere non ~am ALDH. *VirgP* 32; non tulit Arnonus foedari templa sacerdos ALCUIN *Carm.* 88. 4. 3. **c** post recitatas / sedis apostolicae causas indigne ferebant / oppositi quidam raptam persolvere praedam FRITH. 811; vincula solve viri quoquam sine crimine nexi, / et si fers animo, jubeas discedere regno *Ib.* 924; ne moleste ~ret conventus assignationem suam *Chr. Battle* f. 123; ut frater .. humilitatem .. egre ~ret, et adhuc vivens, cum tante humiliationis in diabolo recordatur, moleste ~t et dolet P. CORNW. *Rev.* I 200; quis .. moleste ~et [ME: *grucheð*] si cibaria non habeat *AncrR* 34; **1440** BEKYNTON I 190 (v. displicenter). **d** *DB* II 137 (v. dissolvere 3d); quidam regis homo vult ~re judicium quod jacuit in Stou *Ib.* 166.

10 to bear up to, withstand, resist.

barbari legionum inpetum non ~entes BEDE *HE* I 2; Deus .. querelam illius [sc. Alfredi] diutius non ~ens .. transmisit Werfrithum ASSER *Alf.* 77; tantos impetus Gallis non ~entibus, cunctisque .. pro pace supplicantibus ORD. VIT. III 1 p. 8.

11 to report or relate (words), say, tell (tale); **b** (pass. w. inf. or act. w. acc. & inf.); **c** (w. *quia* or *quod* in indir. statement); **d** (in parenth. *ut* ~*tur*, *ut* ~*unt*, or sim.) so it is said, as they say.

~o, dico *GlC* F 151; **798** venit .. Benedictus vestrae dilectionis suavissima verba ~ens in ore ALCUIN *Ep.* 160; properat dilecti ferre loquelas / pontificis patri ÆTHELWULF *Abb.* 141; **a1079** litteras vestras .. accepi, quae ex iis quae interius a facie ~ebant .. me compunxerunt ANSELM (*Ep.* 12) III 115; ADEL. *Alch.* 18 (v. differentia 5c); ~tur etiam hoc de niso .. GIR. *TH* I 12. **b** [Basilius] dixisse fertur "ego sane ero cras" GILDAS *EB* 75. unus qui fertur de septuaginta fuisse / discipulis Domini ALDH. *CE* 5. 2; ~unt fabulae Graecorum homines immensis corporibus fuisse [sc. Dracontopedes] *Lib. Monstr.* I 49; rumorem sanctitatis [Oswaldi] .. precrebruisse ~ebat BEDE *HE* III 13; ~unt physiologi hanc avem conviciis plenam esse ALB. LOND. *DG* 3. 6; quas [gemmas] ei ver et autumnus dedisse ~untur *Ib.* 8. 7; NECKAM *DS* V 291 (v. colossus); **s1198** cui ~tur regem respondisse "hypocrita, mentitus es" R. HOWD. IV 76; Danae .. Jovis ~tur adepta fuisse concubitum M. PAR. *Maj.* I 16 (= *Flor. Hist.* I 19: †ferta est). **c** ~tur .. quia .. laetaniam .. modularentur BEDE *HE* I 25; Seachnallus .. de quo ~tur quod ipse primus episcopus sub humo Hibernie exivit *VSH* (*Declan* 20) II 47; ~tur ab antiquis quod in eodem loco duces .. constituebantur *Ib.* (*Ib.* 22) II 48. **d** ut poetarum figmenta ~unt ALDH. *VirgP* 44; Augustinus et socii ejus, viri, ut ~unt, ferme xl BEDE *HE* I 25; **802** propter insidias sibi paratas in via, ut ~tur, abeuntes eum dimiserunt ALCUIN *Ep.* 245; **s1138** rex .. contra sibi resistentes crebro, ut ~ebatur, dicere solebat . W. MALM. *HN* 466 p. 22.

12 to pass (law, judgement, sentence).

W. CANT. *Mir. Thom.* IV 10 (v. depositor 1a); **s1191** archiepiscopus et sex episcopi .. sententiam excommunicationis tulerunt in cancellarium *G. Hen. II* II 212; **1215** sententiam contra .. hereticos .. latam *Pat* 139b; damnacionem latam .. ab archiepiscopo .. contra quasdam opiniones Thome OCKHAM *Dial.* 431; quamvis ipsa sentencia dampnacionis possit difinitive ~ri FAVENT 16; lata in publice confessos sentencia *G. Hen. V* 2; **1593** si .. tres sententiae conformes contra aliquem latae fuerint .. tunc .. liceat .. sententiam primo latam et sic .. confirmatam executioni demandare *StatOx* 450; si judex aliquis tulerit nullam sententiam, hoc est .. *Praxis* 398.

13 (leg.) to bring up, institute (proceeding).

1219 Gaufridus quesitus de quali tenemento tulit assisam illam, dicit quod de reddditu v marcarum *Eyre Yorks* 13; **1219** tulit assisam nove disseisine versus dominum Cantuariensem de tenemento *CurR* VIII 33.

ferreamentum v. ferramentum. **ferrentus** v. ferrantus. **ferreria** v. forera.

ferreus [CL]

1 of iron. **b** made of iron. **c** assoc. w. iron-working.

mirificis fratrem liceat memorare loquelis, / ferrea qui domitans potuit formare metalla ÆTHELWULF *Abb.* 279; **9..** (v. ferrugo 2b). **b** nec tamen in medio clipei stat ferreus umbo ALDH. *Aen.* 70 (*Tortella*) 4 (cf. *GlH* F 122: ~eus umbo, *isen randbeag*); quarum [Eumenidum] ~ei thalami apud inferos .. finguntur fabulis [cf. Virgil *Aen.* VI 280] *Lib. Monstr.* I 45; 'nobiles eorum in vinculis ferreis' [*Psalm* cxlix 8], ~eis viz. quia aeternis BEDE *Hab.* 1248; **796** qui inferni ~ea claustra contrivit ALCUIN *Ep.* 97; ferreus ut ventrem [sc. rei] constringeret acriter omnem circulus WULF. *Swith.* I 269; clavi ~ei impressi sunt in corpus Domini ANSELM (*Ver.* 8) I 187; populus .. in ligno et tunicis ~eis superveniet (*Proph. Merlini*) G. MON. VII 3 p. 386 (cf. *V. Merl.* 656: ferratis tunicis); caligas ~eas quas quidam proprie ocreas dicunt *Chr. Battle* f. 101v.; **1173** etc. (v. 2 capella 1c); corpus ~ea lorice tricatura tuetur GIR. *TH* III 10; **1282** R. cum baculo ~eo .. percussit *IMisc* 41/15; clavis ~eis [ME: *irnene neiles*] *AncrR* 37; **s1388** capita ~ea multarum lancearum Anglorum ex transverso concuciens FORDUN *Cont.* XIV 54 p. 406; **c1430** vij cultros ferrios ignitos .. illesa pertransiens, evasit AMUND. I app. 425. **c** per Gloverniam ~eam atque fabrilem GIR. *DK* I 5; **1553** de .. uno molendino ~eo vocato *an Iron Myll Surrey Rec. Soc.* XIX 94.

2 fitted w. iron.

ordinacio de carectis ~eis non utendis *MGL* I 732.

3 like iron. **b** (~*eum latus* or sim. as nickname of Edmund Ironside). **c** (of man or his spirit) unyielding, resolute. **d** that cannot (easily) be worn out (by use). **e** hard, cold, unfriendly. **f** (w. *quies* or *somnus*) inexorable death.

in pulchritudine ciphus est vitreus, / in fortitudine tamen est ferreus WALT. WIMB. *Carm.* 156. **b** laboriose postea, quamvis parum vigens in regnum, Eadmundo ferreolatere suo successore HERM. ARCH. 9; **s1016** Edmundus .. qui cognominatus est Irenside, id est '~eum latus' H. HUNT. *HA* VI 12; filium suscepisset Eadmundum cognomento ~eum latus AILR. *Ed. Conf.* 741C; rex Anglorum Eadmundus cognomento ~eum latus M. PAR. *Maj.* I 499; Edmundo regi ferri-latus est deca quartus ELMH. *Metr. Hen. V* 53. **c** ut ad copulae consortium ~eos juvenculi affectus .. inclinarent ALDH. *VirgP* 36; nudabit ensem Orion ~eus G. MON. VII 4; ~eos .. et inexorabiles animos domant GIR. *TH* I 14; homines tam animis ~ei quam armis *Id. EH* I 21; quis .. ~eus homo tot .. cruciatus .. poterit sustinere? *Mir. Hen. VI* IV 138. **d** si .. / .. vocitet / ferrea voce clamitans .. nequit .. fari .. (ÆTHELWALD) *Carm. Aldh.* 5. 53 (cf. Vergil *Aen.* VI 625, Sedulius *Carm. Pasch.* I 99); ego .. si .. millenos sonos ~ea lingua contra naturam emitterem, nequirem .. B. *V. Dunst.* 29; hic potest queri de bobus et ovibus et aliis jumentis que vulgus dicit ~ea vel immortalia ROB. FLAMB. *Pen.* 220. **e** erat anxietate pectoris aegrota quae ~ea sibi faciebat convivia GOSC. *Wulfh.* 2. **f** dura Parcarum quies et ~eus leti somnus ALDH. *VirgP* 60; nisi ~ea quies cogitantem anticiparet W. MALM. *GP* III 109.

4 (as sb. n.) artefact made of iron: **a** iron band, fetter, or manacle (also fig.). **b** horseshoe. **c** trivet. **d** andiron. **e** obley-iron. **f** (~*eum pedale*) plough-iron or plough-foot.

a multe sunt ex filiabus Eve quas, si hujusmodi observatio non constringeret, sexus sui reverentia nullo modo cohiberet. esto igitur religata Deo non ~eo sed flameo, vigilantia non violentia, servitute voluntaria, amore non pena OSB. CLAR. *Ep.* 40 p. 138; **1465** pro certis ~eis ad officium janitoris pro custodia malefactorum infra de K. xx s. *ExchScot* 314. **b** **1190** pro x milibus ~eis equorum emptis cum duplicibus clavis xiiij li. et iiij s. et v d. *Pipe* 131; **1462** de xij ~eis equorum annui redditus *Reg. Brechin* app. 423; **1467** (v. capistrum 1a); **1471** de .. xij ~eis equorum .. *ExchScot* VIII 74. **c** **1418** lego eidem quoddam ~eum ibidem ad supponendum ollas deputatum ad coquendum *Reg. Cant.* II 141; **1534** reperta in coquina .. tripedale ~eum, sc. *a trevet Cant. Coll. Ox.* I 74. **d** **1534** duo ~ea hamata scilicet *anderns Ib.* **e** **1295** (v. galetta); **1331** ~ea rotunda ad nebulas; ~ea quadrata ad *wafres* j *Arch. J.* LIII 273. **f** **1297** computat in ij novis carucis .., in ij ~eis pedalibus ad idem emptis iiij d. *Ac. Cornw.* I 7; computat in novo vomere empto ad carucam x d. ob.; in ij ~eis pedalibus emptis ad idem iiij d. *Ib.* 28; **1342** custus carucarum: .. iij s. in xviij ~eis pedalibus *MinAc* 741/4 m. 1.

fericapsa v. farricapsa.

ferricudium [cf. CL ferrum + cudere], clapper (of bell).

1504 sacriste officium .. altaria prout decet cooperire, ~ium et orelogium temperare, .. campanas pulsare *Reg. Glasg.* 510.

ferrifaber [cf. CL ferrum + faber], ironsmith.

1450 Johannes Clampard civis et ~er civitatis Londonie *Cl* 301 m. 35*d.*; per puteos carbonum illorum fossilium, quibus ad molliendum ferrum utuntur ~ri CAMD. *Br.* 199.

ferrifer, ~ger, iron-carrying, weapon-bearing, armoured.

dum .. urbem ferriferis vallarent milibus amplam ALDH. *CE* 4. 7. 22; a verborum significationibus 'gero' et 'fero' componuntur ut .. ferriger, furcifer *Id. PR* 120; **c1216** fundunt examina Christi / ferrigeras Mavortis apes (*Guerra Joh.*) *Pol. Songs* 26.

ferrifilum, iron wire.

~um, A. *wyre of yre WW.*

ferrifixum v. facere 35.

ferrifodina [LL *gl.*], **~um**, iron pit or mine.

~a, in quo loco ferrum foditur *GlH* F 236; ad ~am residens bufonem a lutosis emergentem puerili studio lapidibus obruerat W. CANT. *Mir. Thom.* II 40; **1284** decimas ~orum et omnes alias decimas *Reg. Ebor.* 293; [terra] †ferrifodiis [*ed.* Goodall: ferrifodinis] et plumbicidiis, cujuslibet eciam pene metalli, satis habilis FORDUN *Chr.* II 8.

ferriminatio v. ferruminatio. **ferrina** v. farina.

ferripodium [cf. CL ferre + podium], patten.

pateyne, fote up berynge, ~ium *PP.*

ferrire v. ferire.

ferro, ~onus, smith, ironmonger; **b** (as surname).

1180 N. r. c. .. de xxx s. de ~onibus *RScacNorm* I 9; **1222** jacet in vico ~onum in parochia S. Mildrethe *Reg. S. Aug.* 521; **1301** ex gravi querela ~onum de civitate Londoniarum *MGL* II 85; ordinacio de ~onibus Walde *Ib.* I 729 (cf. *Cal. LBLond.* C f. 54v.); **1305** Johannes de Mortone, ~onus *Cal. LBLond.* B f. 64v.; **1370** Willelmo Dykeman de London', ~ono *Pat* 281 m. 32; ad artificium ~onis pertinuit *Reg. Brev. Orig.* 106. **b** **c1199** testibus hiis .. Roberto ~one, Galfrido ostiario *Inchaffray* 5; **a1222** testibus .. Waltero Molendinario, .. Wiele Fullone, Pagano ~one *Cart. Osney* I 67.

ferronarius, smith, ironmonger.

1311 tenementum Johannis Dode, ~ii *MGL* I 554 (cf. *Cal. LBLond.* D f. 126).

ferronus v. ferro. **ferror** v. ferrator. **ferruarius** v. ferrarius. **ferruga** v. ferrugo.

ferrugineus [CL]

1 rust-coloured, purple, or black. **b** iron-coloured, grey.

ferrugo, i. color purpurae subnigrae, *isengræg*, vel ~eus *GlH* F 198; ~eo flore, *omigum blostme* vel *isengrægum blostme* vel purpureo *Ib.* 201; ~eas, pallidus vel rubicundus *Gl. Leid.* 29. 40; ~eo micans ostro BYRHT. *V. Osw.* 411; Ethiopes ~eam capillorum lanugine fuliginem pretendentes W. MALM. *GR* IV 377; ~eus, nigri coloris OSB. GLOUC. *Deriv.* 242. **b** ferruginius, *greig GlC* F 115; *Ib.* G 191 (v. gilvus); *GlH* F 198, 201, *Gl. Leid.* 29. 40 (v. 1a supra); incidit ingentem cippum et clavi massam rupit ferream ceu ~eam araneae telam LANTFR. *Swith.* 27.

2 made of iron. **b** assoc. w. weapons.

Mars .. ~eus *Croyl.* 98 (v. cupreus a). **b** **1093** dum hunc ab uberibus raptum miseranda caede discerpunt, illum ~eo stridore premunt OSB. *Ep.* 9.

ferruginosus [LL], rusty, rotten, corrupt.

cankred, ~us LEVINS *Manip.* 49.

ferrugo [CL]

1 iron-rust (also fig.).

corpore sulcato nec non ferrugine glauca / sum formata ALDH. *Aen.* 21 (*Lima*) 1; rex etenim dictus, Ligurum ferrugine tinctus, / distendit variis veratia stamina pullis / alternando vices FRITH. 1049; **s1133** tetra ~ine, ut poete solent dicere, nitidum caput obtexit W. MALM. *HN* 457 p. 12 (cf. Vergil *Georg.* I 467); ~o, ferri rubigo OSB. GLOUC.

Deriv. 242; ~o, limatura, squama ferri idem *Alph.* 64; ferrum, ~o vel ferruga et squama ferri ejusdem sunt virtutis *Ib.* 65; ~o secundum quosdam est arena †relicto [l. relicta] in fundo alvei aque fabrorum *SB* 21.

2 colour of rust, purple, or black. **b** colour of iron, grey.

~o, purpura, nigra *GlC* F 139; *GlH* F 198 (v. ferrugineus 1a); ~o, *blac, purpur* ÆLF. *Gl.* 152; hinc viole dulci ~ine picte (NECKAM *Eccles.* III 6) *MS Magdalen Coll. Ox.* 139 f. 80va. **b** ~ine *iserngrei GlC* F 153; **9..** ~ine, i. ferreo colore, *isengræg*, .. *græghæwe isene WW*; ~o, quidam color similis ferro OSB. GLOUC. *Deriv.* 242.

3 iron-filings, swarf.

~inem, i. rasura ferri, *gesweorf GlH* F 200; *Alph.* 64 (v. 1 supra).

ferrum [CL], **~a, ~us**

1 iron; **b** (dist. by form, grade, or type); **c** (dist. by place of origin); **d** (as due or payment).

stagni ferrique metalla / .. resolvam ALDH. *Aen.* 44 (*Ignis*) 5; venis metallorum, aeris, ~i, plumbi, et argenti fecunda BEDE *HE* I 1 p. 10; incude subactum / malleus in ferrum peditat ÆTHELWULF *Abb.* 281; **9..** ~um, *isen WW*; ?**1177** de ~o et acerio et kamba et lana et lino *Act. Hen. II* II 56; queritur quare magnes attrahit ~um *Quaest. Salern.* B 47; **1222** etc. (v. 3 acer); **1283** dabit venditor extraneus .. de salmata ~i vel pannorum laneorum ij d. *RGasc* II 211; **1286** (v. bukettus a); **1409** soluta .. pro ij *hopes* et ij *gogoynes* ~i .. xxj s. (*Aud. Durh.*) *EHR* XIV 518; **1433** ccclxv li. viiij s. et v d. quos nobis debet de firma minerarum nostrarum carbonum et ~i *Langley app.* 256. **b** ~um andanicum M. SCOT *Part.* 295 (v. andanicus); **1253** pro mmcccc ~i tenacis de Glovernia iiij li. xvj s. *Ac. Build. Hen. III* 248; **1338** liiij virgas ~i longi, xlij pecias ~i punctuati, lx pecias ~i plat', .. dcciiij^xx^vj barr' ferri, .. clij pecias ~i picati, .. lij pecias ~i plat' et ccxx pecias minuti ~i in gobett' *Pl. Mem. Lond.* A4 r. 3; **1345** ~i hirsuti *Cal. Pl. Mem. Lond.* I 215; c**1366** in una lada ~i mollis xiij s. x d. *Ac. Durh.* 568; **1409** cariantis *sindres* .. pro ~o novo ibidem cum eisdem temperando (*Aud. Durh.*) *EHR* XIV 518; **1455** solut' eidem .. pro xxxij petr' ~i antiqui congregati operanti lxxvij s. iiij d. ob. *Ac. Durh.* 634. **c** detur .. ~um Indaicum ad consumendum serosas substantias GILB. V 221. 1; calefiat vinum cum ~o Indaico vel auro vel calibe id est *acier Ib.* VI 263. 2; **1253** ~i .. de Glovernia (v. 1b supra); **1282** in uno quartron' ferr' Normann' .. in una garba ferr' de Osmund' .. in iiij centen' ferr' Ispann' et ij aliis peciis ferr' *KRAc* 467/11; **1284** pro iiij barellis ~i Osemondi et ij barellis calibi *Ib.* 467/9; **1296** in j petra ~i Yspannie ad *staynail* faciend' iiij d. *Ac. Galley Newcastle* 184; **1298** de ~o lx petre de ~o de Ispania *Doc. Scot.* II 346; **1336** in xxx petris ~i Spanei emptis pro crokis *Cal. Scot.* app. III 349; **1354** d^c^ libris ~i Ispann' (*Pipe*) *Arch. J.* XIX 75; **1380** in lxij petris iiij libris de ~o de Sprois *Ac. Durh.* 588; **1409** in vj^xx^v petris vj libris ~i Ispanei *Ib.* 607; **1531** in xvj et dim. petris ~i Hispanici *Househ. Bk. Durh.* 8; **1533** pro operacione cxlviij petrarum ~i de Werdall *Ib.* 239. **d** *DB* I 185v., 87v., 94 (v. bloma).

2 (*~um album*) white-iron, tin-plate.

1464 (v. albus 5a); **1530** notum facimus .. vidisse .. litteras .. sigillatas in cera rubea sigillo rotundo cum duplici cauda pergamenea, incapsato capsa ~i albi sanas siquidem et integras *Foed.* XIV 394.

3 iron weight.

1377 reta habet unum ~um ponderosum quod vadit piscando ita equaliter super terram destruendo frores et †petus [l. fetus] per quem pisses nutriri deberent, per quod piscaria .. destruitur *IMisc* 211/5 m. 2; **1499** reparaciones: .. pro novo ~o posito in interioris parte terribuli argentei iiij d. *Cant. Coll. Ox.* II 228.

4 ordeal iron. **b** (right to conduct) judicial ordeal.

donec .. ignitum carbonibus ~um nudis manibus portaret; et, si foret inculpabilis, relinqueretur incolomis; sin culpabilis inveniretur, capite plecteretur LANTFR. *Swith.* 25; tum jubet ignitum judex producere ferrum WULF. *Swith.* II 341; **1082** quidam monachus .. ~um judicii, quod ex antiquo jure in eodem monasterio erat, .. in alios usus transformavit *Regesta* I p. 122; in triplici lada ~um judiciale triplex sit (*Leg. Hen.* 67. 1c) *GAS* 586; nuda manu ~um calidum .. portabo ORD. VIT. VI 10 p. 127; *Dial. Scac.* II 7A etc. (v. 1 candere 2c); **1202** in electione appellati sit portare ~um vel ut A. [appellans] illud portet *SelPlCrown* 10; in multis regionibus adhuc quedam orationes fiunt super ~um candens et super aquam fluminis, et similiter alia, in quibus innocentes probantur et rei damnantur BACON *NM* 526; c**1430** pro obcena .. familiaritate inter ipsam et Robertum .. per ~um ignitum .. purgari decrevit AMUND. I app. 425. **b** **1124** sciatis me dedisse ecclesie .. et priori fratribusque .. suam propriam curiam, sc. in duello, in ~o, in fossa, et in omnibus aliis libertatibus *E. Ch. Scot.* 49; in .. tenementis suis omnem ab antiquo legalem habuere justitiam, viz. ~um, fossam, furcas et similia GERV. CANT. *AP* 388.

5 iron blade, knife, or sword (partly fig.); **b** (*~o et igne* or sim.) by fire and sword. **c** chisel.

en ego non vereor rigidi discrimina ferri ALDH. *Aen.* 9 (*Adamas*) 1; an aliquis non habens ~um armatus sit BALSH. *AD rec. 2* 133; cumque manus calamum ferrumque teneret acutum NIG. *SS* 2899; ~um .. scripture sacre non debet dari imperito chirurgico BUTLER 401. **b** legebam .. populum .. bestiis, ~o, igni .. cecidisse GILDAS *EB* 1; BEDE *HE* III 17 etc. (v. flamma 2c); vastantem patriam ferro flammisque cremantem ALCUIN *SS Ebor* 239; igne ~oque debacchans BYRHT. *HR* 49; interiorem Scotiam flamma ~oque cogitarunt populari LESLEY *RGScot* 407. **c** **1337** [est] in eodem castro j ~um vocatur (*sic*) *chisel* pro petris frangendis *Capt. Seis. Cornw* 1.

6 fetter, manacle.

in .. latibulum .. ~o constrictus mittitur ALDH. *VirgP* 35; episcopus .. precepit me eodem ~o colligari quo fratrem percusseram *Mir. J. Bev.* A 308; **1276** captus fuit et detentus in prisona in ~o pro suspectu *Hund.* I 61; **1285** mancipentur carceri in ~is (*Westm.* 11) *StRealm* I 80; **1294** burgenses nihil dabunt pro allocacione prisone mee vel ~orum meorum *BBC* (*Chesterfield*) 210; **1306** per judicium curie in ~o detentus *Ib.* (*Swansea*) 192; reum .. detinuit in ~o et fame, unde ex illa incarceratione moriebatur GASCOIGNE *Loci* 134.

7 horseshoe; **b** (as due or payment). **c** horseshoe shape.

LANFR. *Const.* 151 (v. 1 ferrare 1a); ~i [*gl.: fers*] clavis bene sint firmati NECKAM *Ut.* 99; **1297** in cxxxviij ~is pedalibus emptis ad equos carectarios et ad equos provenientes de marchacia comitis viij s. vij d. ob., precium ~i ob. quad. *Ac. Cornw* I 18; **1298** c ~a equorum et m clavi equorum *Doc. Scot.* II 346; c**1300** in camera c ~i equorum cum m clavis *FormMan* 21; iiij ~as equi simul facile manibus extendebat [Karolus] *Eul. Hist.* I 368; *an horse schowe*, ~us *CathA*. **b** sex fabri erant in civitate quisque eorum de sua forgia reddebat unum denarium et quisque eorum faciebat cxx ~a de ferro regis *DB* I 179 (*Hereford*); pro hoc servitio .. conredium habebit et ~a ad equum suum *Chr. Battle* f. 19; **1279** T. faber tenet unum cotagium in medio vico ad fabricam de H., reddendo per annum capitalibus dominis manerii ejusdem liij ~os equorum cum clavis pro omni servicio *Hund.* II 711a; **1283** Ricardus .. dat annuatim .. xij ~os equinos *Cust. Battle* 84; **1333** R. .. reddit ad scaccarium vj ~os equorum cum xlviij clavis pro quodam tenemento quod de rege tenet *LTRMem* 105 m. 50. **c** flumen eam ferri preceps obit instar equini L. DURH. *Dial.* I 275; tantam habet ad ipsum similitudinem quantam equi ~um ad eque MAP *NC* I 10 f. 8v.

8 (*~um pensile*) stirrup.

quis .. jubet .. Gallorum regem ad ~um illud pensile quo in equum ascenditur? JEWEL *Apol.* D2.

9 iron implement: **a** (for branding). **b** (for coining). **c** obley-iron.

a **1334** in j ~o empto pro consignacione animalium *Ac. Durh.* 116. **b** **1265** mandatum est thesauarario et camerariis quod habere faciant T. filio O. vetera ~a confracta cuneorum regis ad scaccarium regis *Cl* 19. **c** frater qui ~a in quibus coquantur [hostiae] tenet manus cirothecis habeat involutas LANFR. *Const.* 150 (cf. *Cust. Cant.* 120, *Cust. Westm.* 67); **1222** item iij paria ferorum ad oblatas faciendas *Reg. S. Osm.* II 135; c**1300** j par ~orum eucaristie *KRAc* 13/37; ij paria ~orum wafrorum *Ib.*; **1343** j par ferr' pro oblacionibus furniendis *Ac. Durh.* 105; **1389** (v. essaiare 1c).

10 iron part of weapon: **a** arrowhead. **b** lance-head.

a **1190** pro .. xiij milibus fleccis cum ~is *Pipe* 3; sagittam igniti ~i in insulam arcu premiserunt GIR. *TH* II 12; **1220** ducenta ~a sagittarum *Cl* 432; **1304** vj ~os sagitarum sive flecchas *Cal. IPM* 236; **1305** illius sagitte .. ~um fuit *smalhoketheved*, unde longitudo ~i fuit duorum pollicum hominis et latitudo ~i fuit unius pollicis hominis *PlRChester* 17 r. 13; s**1383** rex Francie .. ~um ignitum, quasi ictus fulguris multiplicatos, in .. villam [de Burburgh] per sagittacionem immisit *V. Ric. II* 47; cathapulta, ~o sc. armata bipenni *Mir. Hen. VI* I 4. **b** **1212** (v. fusillus 5a); **1284** (v. furbissura); *Itin. Mand.* 8 (v. hafta).

11 scabbard or quiver.

percussus quodam ~o, quod Gallice dicitur *gayne Mir. Montf.* 82.

12 iron part of plough: **a** share or coulter; **b** (*longum ~um*). **c** (*~um pedale*) plough-iron or plough-foot; **d** (given as due or payment).

a silva mille porcorum et de redditu silvae ~a carucis sufficienter *DB* I 146; *BR Will. I* 19 (v. carrucarius 2a); **1207** pro ~o ad carrucas x s., .. pro carris et carrucis et ~is emptis ad carrucas xxxiiij s. *Pipe* 219; **1219** S. .. malecreditus de ~is carucarum et alio latrocinio .. captus est *Eyre Yorks* 280; **1234** (v. ferrura 1b); **1378** quod .. non ponant ~a carucarum infra communem fontem nec aliquam sordem aut maculam faciant in eodem *Hal. Durh.* 143; **1388** liberavit .. ij carucas cum apparatu preter ~um *IMisc* 239/3E; ivit .. ad .. fabrum pro ~is aratri, sc. cultro et vomere, corrigendis sive acuendis *Ghost Stories* 86. **b** **1248** in vj longis ~is ad carucas xvj d. *Ac. Man. Wint.* (*Chilbolton*); **1257** in xij longis ~is emptis ad carucas ij s. x d. ob. et remanent vj longa ~a *Crawley* 216; **1264** in iij longis ~is ad carucas emptis iiij d. quad. *MinAc* 949/3. **c** **1273** in iiij ~is pedalibus que vocantur legg' emptis [ad carucas], x d. *MinAc* 859/18; **1278** in iiij ~is pedialibus emptis viiij d. *Ac. Man. Cant.* (*Milton*); c**1300** in uno vomere et cultro xvj d.; item in ~is pedalibus emptis v s. *FormMan* 32; **1306** in iiij ~is pedalibus emptis xvj d. *Crawley* 242; **1316** in j caruca pedal' ferr' liganda cum drayl' et hamo ferr', vj d. *Ac. Man. Wint.* (*Enford, Wilts*); **1345** custus carucarum .. computat .. in iij ~is pedalibus emptis viiij d. *Comp. Swith.* 148; **1405** in ferr' pedal' cum clavis et affirmacione earundem xj d. *Ac. Man. Wint.* (*Moundsmere, Hants*). **d** **1397** reddit .. ad chivag' unum ferr' pedale, prec' iiij d. *MinAc* 268/2.

13 iron tyre.

1205, **1378** (v. carretta 2b).

14 iron bar or sim. (for door or window).

~um patenti fenestre objectum GOSC. *Transl. Mild.* 23 p. 189; **1502** pro ~o opponendo hostio coquine et pro reparacione ejusdem hostii viij d. *Cant. Coll. Ox.* II 234.

15 iron part of mill.

c**1357** in iij petris et dim. feodi coquine et sepi emptis pro carectis et ferr' molend' ungend' iij s. vj d. *Ac. Durh.* 560.

ferruminatio [CL], soldering.

ut argentum es, quicquid adicitur toti cedit, sed aliter per ~onem aliter per aplumbaturam VAC. *Lib. Paup.* 213; BRACTON 9b (v. applumbatura); **1516** pro xxxj libris et tribus quartis de *ly sowdre* et ferriminacione earundem in tegmine turris *Arch. Hist. Camb.* II 31*n*.

ferrura

1 iron-working, smithery; **b** (as customary service). **c** (piece of) iron-work, iron artefact.

1286 xv d. annui redditus de quodam stallo ~e quam (*sic*) W. emit *Rec. Norw.* II 2; **1416** assignavimus te ad .. fabros et ferrum et omnia alia que officio ~e necessaria fuerint (*Pat*) *Foed.* IX 250. **b** **1234** S. faber .. debet parare duo paria ferrorum ad ij carucas de ferro domini et ferrare duas affras in duobus pedibus, et pro ~a illa parat j ferramentum ad j carucam .. de ferro domini *Cust. Glast.* 42; **1388** J. Smyth tenet .. iij acras .. terre pro quibus tenetur operari faruram *IMisc* 240/15. **c** **1212** carectas longas bonas et leves et fortes sine ~a *Cl* 119; **1259** mandatum est .. cementario regis quod .. fieri faciat ~am lectrinii regis *Cl* 366; **1301** fabri de Waldis .. deferentes ~as rotarum ad carettas ad civitatem Londoniarum *MGL* II 85; **1395** pro ferura duarum fenistrarum x s. *Cant. Coll. Ox.* II 140.

2 shoeing (of horse). **b** horseshoe; **c** (as due or payment).

c**1230** pro .. ~a sex pedum equorum *Doc. Bec* 110; **1269** expensis apud Eyam .. in ~a palefridi j d. *JustIt* 1210 m. 1; **1324** mareschallo pro ~a equorum xij d. *Ac. Durh.* 14; **1378** J. Smyth .. faber cepit de ~a equorum .. de excessu .. iij s. iiij d. *Proc. J. P.* 118; pro equis prebend' j d., pro ~a j d. W. WORC. *Itin.* 40; *a schoynge*, ferramentum, ~a *CathA*; **1483** in farrura equorum *Comp. Swith.* 378. **b** c**1280** ferret ij equos carectarios cum ~is domini *Crawley* 237; **1331** pro expensis cujusdam equi domini regis per quinquaginta dies, cum garcione suo, unacum ferura et aliis aparatibus suis, xxiij s. ij d. *ExchScot* 382; Nero .. ~am dextrariorum et mulorum fecit argenteam *Eul. Hist.* I 318; s**1386** una [navis] onusta erat .. cum ~a equorum KNIGHTON *Cont.* 233. **c** **1388** item ij ~e equi *IMisc* 243/4.

3 (?) *f. l.*

1404 custus ferri: in ligaturis ferri, *hespes*, *stapels*, clavis cum aliis de ferro factis .. xxxj s. v d. ob.; in feruris [? l. seruris], clavibus, *hespes*, *stapels* factis per Henricum Loksmyth per annum vj s. iiij d. *Fabr. York* 26.

ferrurator, farrier.

1397 est communis consuetudo .. Anglie .. quod quilibet ~orum equorum facere posset j par de *threves* (*CoramR*) *Pub. Works* II 71.

ferrus v. ferrum. **fersellettus** v. fessellettus.

1 fert v. ferre.

2 fert, (form of augury).

M. SCOT *Phys.* 57 (v. confert).

ferthelota [ME *ferthelot, cf. *ferlot*], (Sc.) 'firlot', dry measure (for grain or sim.). *V. et. ferlota.*

1264 in servicio regis iij celd' ij boll' et j ~a (*Comp. Forfar*) *OED* s. v. *firlot*; **1266** (17c) in servicio regis, j celdram, iij bollas et dimidium, et j et dimidium firthelote *ExchScot* I 1.

ferthendella, ~us, ~um [ME *ferthen-, furthen-, feron-, fern-del*]

1 a fourth part, quarter, (of land) 'farthingdeal', one fourth of virgate. *V. et.* 2 *ferdella.*

a**1189** (1318) unum forndellum terre in Chorrintona *CalCh* III 405; **12..** unum forndal' terre jacet in Mulesteweye *Cart. Osney* IV 490; **12..** una acra et una ferndelia *Reg. Winchcombe* I 115; **12..** tenet j virgatam xiiij

acrarum et unius ~i in uno campo et xij et dimidie in alio *Reg. Pri. Worc.* 62a (cf. ib.: excepto †ferchendello . .); tenet unam virgatam xvj acrarum, excepto dimidio furthendello in uno campo et xj acrarum in alio *Ib.*; **12. .** ij forendellos super Newebreche . . et unum forendole in Wowelonde . . et unum forondolum in Otforlong *Cart. Glouc.* I 271–2; **12. .** carta . . de octo acris terre et uno ~o in Alintone *Reg. Malm.* I 25; **1282** furendellum prati *Ambrosden* I 483; **c1300** sic procedendum de ferundello *FormMan* 28; **1301** duodecim acras terre . . quarum in campo occidentali jacent tres voerndelli . ., unum ferndell' jacet super Dernewellushull', . . unum foerndell' juxta terram persone [etc.] *AncD* A 5920; **1309** unum ferthyndelum terre que est Westmoste Ferthyndel *Reg. Malm.* II 408; **1336** item sunt ibidem ij tenentes ferendell' terre et overlondi *IPM* 48/2 m. 18; **1368** de vj acris et dim. et ferendelli et iiij porcionibus feni *Reg. Malm.* II lxxiii; una dimidia acra . . cum uno fernedello juxta viam . . jacente *Ib.* 97; **1441** unius fornedell' prati vocat' Montefurlonge *DL MinAc* 645/10461 r. 3*d*.

2 (as dry measure) quarter-barrel (of fish, salt, grain).

c1180 dedit . . duas marcas argenti et unam ferdendelam siliginis *Reg. S. Ben. Holme* I 134; **c1185** ij forþendales avene *Rec. Templars* 6; **12. .** fundabit contra Natale Domini ij ferndales avene vel j de frumento *Ib.* 155; **c1300** solvere debuerint per annum iij ferthedellos salis *Reg. S. Aug.* I 97 (cf. ib.: qualibet *ferendal* continet xx bussellos); debet . . ij verendalles salis *Ib.* 106; **1382** novem lasta, septem barellos et dimid' et unum ferendell' allecis *Cl* 221 m. 21; **1421** pro . . ij ferondell[is] ang[uillarum] salsarum *EEC* 505.

ferthendellarius, tenant of fardel. *V. et. ferdellarius, 2 ferdellus.*

1299 tenentes quartam partem unius virgate terre . . Robertus faber tenet j frendellum per servicium xvj d. . . summa redditus ferendellariorum xviij s. vj d. *RBWorc* 200–201; **1326** Wodemonecote [*Glos*] . . sunt ibidem iiij nativi, quorum ij sunt semivirgatarii et duo ferndellarii *IPM* 96/13 m. 2.

ferthingata [cf. ME *ferthing*], 'ferling', measure of land, usu. one fourth of virgate, ten acres. *V. et. ferlingata.*

1315 (v. ferthingatarius).

ferthingatarius [cf. ferthingata], tenant of ferling.

1315 ~ii: unusquisque istorum tenet j mesuagium et j ferthingatam terre, viz. ix acras . .; item averabit et arabit . . pro medietate ut unus de semivirgatariis superius *Surv. Pembr.* 542.

ferthinglanda [ME *ferthing* + *land*], measure of land, usu. one fourth of virgate.

1245 in defectu dim. virgate terre et j ferlinglond' Rogeri tract' in dominicum, iij s.; . . in defectu j ferdilond' terre . . in defectu j ferþinglond' et quarte partis *Pipe Wint.* 159287 r. 7.

ferthingmannus [cf. ME *ferthingman*], 'quartermaster', gild officer having authority over gildsmen in a quarter of town. (*Cf. Gild Merch.* I 27 *n.* 2).

secundum arbitrium aldirmanni, feryngmannorum [etc.] *Stat. Gild. Berw.* 6 (v. decanus 10a); ut quotiescumque aldirmannus et feryngmanni . . congregare voluerint confratres *Ib.* 17.

1 ferthingus, ~a [ME *ferthing* < AS *feorþling*]

1 a fourth part, (of land) 'ferling', measure of land, usu. one fourth of virgate, ten acres. *V. et. ferlingus* 1.

in ferdinga de Ealdham [*Aldham, Suff*] tenet S. Edmundus . . *DB* II 369; inde habet rex x hidas . . et Tetbaldus iij fertinos *Dom. Exon.* 65; reddidit gildum pro iij hidis et j ferdino *Ib.* 94b; j fertinus terre *Ib.* 184b; **a1135** (1316) teneant unam virgatam terre de Piltona et unum ferdingum de Chercilla *CalCh* III 331; **1159** idem vicecomes r. c. de v marcis de ferdingo de Sudburna pro murdro *Pipe* 10; **1211** pro j furdinga terre habenda *Pipe Wint.* 166; **1213** de tercia parte quatuor ferthingarum terre *Fines RC* II 70; **1219** dimidium servitium unius ferdinke terre *CurR* VIII 100; **c1235** nomina hominum de Middlesowi qui tenent furdlingos terre *Cust. Glast.* 19.

2 one fourth of penny, farthing. *V. et. ferlingus* 2.

et reddit xvij d. et fertingum in geldum regis quisque ibi tenet *DB* II 158; habet . . xvij d. et iij ferdingos de gelto *Ib.* 253; habet . . in gelto xj d. et obolum et ferdingum *Ib.* 367.

2 ferthingus, tenant of ferling. *Cf. 2 ferdellus.*

GAS 563 (v. cotsetus).

fertilidon [? Ar. *sfṭāḷyūn*, *misr. of 'sqṭāḷyūn* < σκυτάλιον], navel-wort (*Cotyledon umbilicus*).

est alia planta que dicitur fertilidon, cujus proprietas est generare odium BACON V 122 (cf. *Arabic text, tr.* ib. 265*n*: *'there is a herb called Fotolidun; it produces love'*; *perh.* fotolidun *is misr. of* κοτυληδών, *and* fertilidon *misr. of* fotolidun).

fertilis [CL]

1 fertile, fruitful, productive: **a** (of land); **b** (of plant; also fig.); **c** (of animal).

a sanctus pater a primatibus . . patriae . . ~is diligebatur BYRHT. *V. Ecgwini* 361; silva minuta fertil' per loca *DB* I 293v.; agri . . plurimi . . sui natura ~es et fecundi GIR. *TH* III 10 p. 152; terras . . ~iores olim habuerant ac fructuosiores *Id. EH* II 36. **b** septenas spicarum glumulas ~is culmi summitate maturescentes [cf. *Gen.* xli 22] ALDH. *Met.* 2 p. 71; Antonius . . a quo . . ~is coenubiorum seges . . germinavit *Id. VirgP* 28; somnio Pharaonis ~es spicae . . a sterilibus . . devoratae sunt ANSELM (*Ep.* 89) III 215; GIR. *TH* III 10 (v. fagus a). **c** velut apis ~issima longe lateque gronnios interrogando discurrens ASSER *Alf.* 88.

2 (w. gen. or prep.) abounding in, producing (also fig.).

ut Porphyrius . . adnecteret "Britannia" inquiens "~is provincia tyrannorum" [cf. Jerome *Ep.* 133. 9] GILDAS *EB* 4; mons Olivarum . . est . . hordei ~is BEDE *HE* V 17; si sterilis bonorum mortuus est, ~is malorum quam magis mortuus est? ANSELM (*Or.* 10) III 36; Siria . . regio populosissima, ~issima in frugibus et fructibus BART. ANGL. XV 146; terra bona est et ~is de bladis *Itin. Mand.* 118; ~is insula de piscibus W. WORC. *Itin.* 132; insula est . . ~is in cuniculis *Ib.* 168.

3 (w. ref. to lead ore) argentiferous.

1300 r. c. de cccij li. xix s. v d. receptis tam de mina alba quam nigra, plumbo tam ~i quam sterili, et argento albo tam cinerum plumbosorum quam aliunde *Pipe* 145 r. 23; **1300** (v. 1 bola); **1323** plumbum ~e (v. affinare b); **1323** de . . plumbo ~i (v. affinatio 1b); **1325** plumbi ~is (v. fusio 3).

4 abundant. **b** generous. **c** fruitful (fig.).

[apes] ~em praedam numerosis . . oneribus advehunt ALDH. *VirgP* 4. **b** **c1305** ut cuilibet infirmo fratri exhibeatur pitancia bona et ~is (*Ordin. Abbatis*) *G. S. Alb.* II 103. **c** victus alimoniam . . ~i benedictione . . exhibuit ALDH. *VirgP* 38 p. 291; hos . . ~i documento arithmetice . . erudivit ORD. VIT. V 3 p. 312.

fertilitas [CL]

1 fertility, fruitfulness (of land); **b** (of plant); **c** (fig.).

insulae ~as BEDE *HE* I 15; habitatio . . / fertilitate sui multos habitura colonos ALCUIN *SS Ebor* 34; insulam oceani omnes terras sua ~ate vincentem ANSELM (*Resp. Ed.*) I 133; tanto glebe ~ate fructiferaque fecunditate terra felicior GIR. *TH* I 37. **b** **a796** his [praeceptis] . . quasi radicibus aliae subcrescunt virtutes, quasi ramorum ~as ALCUIN *Ep.* 51; arbuscula, si saepe transplantetur . . nec ad . . fructus ~atem provenit ANSELM (*Ep.* 37) III 146. **c** ex . . testimonio . . doctorum . . ~atem scripture ostendencium . . ostenditur quod . . WYCL. *Ver.* II 51; incorrupta vestre culture ~as . . ortum . . virtutum . . conclusit *Dictamen* 354.

2 abundance, plenty.

primo fames incredibilis ibi fuit, post ~as incredibilis S. LANGTON *Ruth* 87; causas eventuum naturalium . . ut diversarum complexionum sanitatis et egritudinis . . ~atis et sterilitatis KILWARDBY *OS* 69; justicia regnantis utilior est subditis quam ~as temporis BACON V 124; WYCL. *Log.* II 126 (v. 2 caristia 1a); circa insulam sunt ostrie . . et alia genera piscium multiforme in magna ~ate W. WORC. *Itin.* 144.

fertiliter [CL], fruitfully (fig.), profitably.

omnes qui venerant, . . portis abbatie semper apertis, ~iter erant refecti WHITTLESEY 137; pro illorum ingeniis ~ius imbuendis *Dictamen* 334; quilibet mercator sulcaret equora ad propria ~iter revisenda *Regim. Princ.* 70.

fertinus v. 1 ferthingus.

1 fertum v. fartum.

2 fertum [CL = *sacrificial cake*], the Host.

a ~um, *messelac* ÆLF. *Gl.* 130; ~um, *mæsselac* *GlH* F 210.

fertze v. ferzia.

feruca, throstle-cock.

~a, A. *a throstylkock* *WW*.

ferucocere v. fervere.

ferula [CL]

1 giant fennel (*Ferula communis*). **b** fennel stalk. **c** celery or parsley. **d** dog fennel, stinking camomile. **e** gum made from fennel sap or sim.

~a, *aescðrote* *GlC* F 138; **9. .** furula, *æscþrote* *WW*; *Gl. Durh.* (v. ferutella); ~a est herba cujus succus galbanum dicitur BART. ANGL. XVII 71; galbane est succus ~e BACON *Gram. Gk.* 73; cacrei vel croceos vel cancreos vel carpocareos, semen ~e idem *Alph.* 31; lasar lacrinum est herba que silifer appellatur, que in multis locis in similitudine ~e crescit, folia habens cretase majora quasi apium *Ib.* 92; ~a, hujus multe sunt species. diversarum ejus specierum sunt gumme: sagapinum, amoniacum, galbanum, oppopanacis, et asafetida, et preter istas est usualis ~a nullam faciens gummam *SB* 21; ~a . . *maye be named in Englishe* . . *fenel gyante* TURNER *Herb. Names* D 2. **b** ~a, i. harundo *GlH* F 203; ~am rote Phebi applicans, ignem furatus est [Prometheus] ALB. LOND. *DG* 10. 9. **c** apium risus, herba scelerata vel murtillana sive brutacea vel brutaceoci, ~a idem *Alph.* 11. **d** *hunde fenkylle*, ~a *CathA*. **e** *Alph.* 15 (v. asa).

2 rod, stick, esp. as used for discipline; **b** (w. ref. to Juvenal I 15).

nihil veritus grammaticorum ~as BEDE *TR* 8 p. 197; ~a, *hreod* *GlC Int.* 135; ~a, i. . . virgula *GlH* F 203; ut capra cultellum, ferulam puer, agna flagellum / diligit R. CANT. *Malch.* III 123; verberum ~is graviter cesus sum ALEX. CANT. *Mir.* 31 p. 220; quasi puer tremulus sub ~a magistri correptionem admisit J. FURNESS *Walth.* 41; pauper quia barbarizat / . . verberatur ferula WALT. WIMB. *Van.* 79; hi [libri] sunt magistri qui nos instruunt sine virgis et ~a R. BURY *Phil.* 1. 26. **b** subduxit primo manum ~e Theodori archipresulis Cantie, cujus doctrinis accurate institutus . . FOLC. *V. J. Bev.* 1; qui nunquam in scolis palmam ~e dicitur subduxisse M. PAR. *Maj.* V 468; que nondum latera minaci virgule / nec volam teneram subduxit ferule WALT. WIMB. *Palpo* 170.

3 ornament, part of chasuble.

1241 appreciari faciatis . . operaciones factas cum casula . . . et ipsam casulam ~is, borduris, aurifragiis, et alio ornatu decenti perfici *Cl* 321.

4 *f. l.*

1248 de porcis suis debent pannagium, sc. de quolibet porco qui habet †ferulam [MS: f'ram; l. ferram] furcatam, unum Turonensem (*IMisc* 2/22) *Ext. Guern.* 25 (= *CalIMisc* 55 p. 16: †siam; cf. *Ext. Guern.* 67, 82 [**1331**]: de quolibet porco habente pilum furcatum [*ed.*: *'forked bristles'*]).

ferum v. ferrum, 1 ferus.

ferunca, ~ulus, ~us [cf. furunculus, *dim. of* LL furo = *ferret*], marten.

~us, *mearð* ÆLF. *Gram.* 309; ~a vel ~ulus, *mearð* *Id. Gl.* 118; capio . . ursos et simias et fibros et lutrios et ~os ÆLF. BATA 6 p. 80; lutrius, fiber, ~us, hericius *Ib.* 81; **10. .** ~us, *mærð* *WW*.

ferundellus v. ferthendella. **ferura** v. ferrura. **ferurfultum** v. fermfoltatio.

1 ferus [CL]

1 wild, feral, (as sb. usu. f.) wild beast. **b** (w. *bestia* or as sb. f.) wild game in royal forest, esp. deer.

GILDAS *EB* 19 (v. commoratio a); si . . quis sacrificium . . perdat, . . paeniteat, relinquens illud ~is et alitibus devorandum *Id. Pen.* 9; quos poeta Lucanus . . ad Orphei lyram cum innumerosis ~arum generibus cantu deductos cecinit *Lib. Monstr.* I 5; latronum magis latibula ac lustra ~arum quam habitacula fuisse videbantur hominum BEDE *HE* III 23; et victum pariter hominique feraeque negabat ALCUIN *SS Ebor* 590; cum indomita ~a . . discurrendo saevit ANSELM (*Orig. Pecc.* 5) II 146; Britannia . . habet et nemora universis ~arum generibus repleta G. MON. I 2; hominum vel ~arum habitatio GIR. *TH pref.* p. 20; ~us erat valde venenosus . . similis . . forma et fortitudine erat leoni *VSH* (*Abban* 15) I 12; in hoc deserto sunt plures fere male [ME: *uuele bestes*], leo superbie, serpens invidie [etc.] *AncrR* 67. **b** cum velocibus canibus insequor ~as [AS: *þildeor*] ÆLF. *Coll.* 92; parcus est ibi ~arum silvaticarum *DB* I 129v.; regalem ~am, quam Angli *a staggon* appellant (*Ps.-Cnut*) *GAS* 624; accusatur . . quod ~arum captioni consenserit, quod jura corone tacuerit, . . quod hundredo et alimoto defuerit P. BLOIS *Ep.* 95. 299B; **1232** milites debent inquirere . . quis habuerit arcus vel sagittas, vel canes vel leporarios, vel aliquod aliud ingenium ad maleficiendum domino regi de ~is suis *Cl* 31; **1237** parcum ad ~as in eo capiendas *Cl* 460; **1260** de cervis, damis et aliis grossis ~is nostris quos in forestis . . ceperit *Pat* 74 m. 5; **1260** cum . . ceperint in foresta regis de Fekham viginti ~as sine waranto, rex . . perdonavit . . transgressionem capcionis ~arum predictarum *Cl* 77; ~e regis *Fleta* 91 (v. feonare); **1295** (v. feonatio a); **1305** ~e bestie non sunt bestie warenne cujusmodi sunt lepores et cuniculi; immo ~e sunt bestie foreste, chacie et parci *PlRCP* 156 m. 194*d*.; **1325** subboscus destruitur per ~as (*Ext.*) *Banstead* 316; **1337** possunt sustentari in eodem parco xl fere *Capt. Seis. Cornw* 2; **1383** terciam partem . . de Halcton cum omnibus pertinentiis suis tam in boscis quam in planis, in moris et mariscis, . . in ~is et ferinis, . . et in omnibus aliis pertinenciis suis *Cart. Cockersand* 689 (= *MonA* VI 907: †fecis); **1384** de cervis, bissis, damis, leporibus, et de omni alia ~a cum canibus et arcubus fugabili (*Pat* 318 m. 6) *SelPlForest* cxxx n. 1.

2 (of plant) wild, uncultivated (in quot., fig.).

lurida rixarum populis fera semina spargo BONIF. *Aen.* 381 (*Iracundia*).

3 (of man or nation) barbarous, uncivilized.
redire domum potius quam barbaram, ~am, incredulamque gentem .. adire BEDE HE I 23.

4 fierce, ruthless, savage: a (of animal; also fig.) b (of man or his action; also as sb.).
omnes .. bestiae ~ae mortiferum cujuslibet haereseos virus horrido ore vibrantes GILDAS EB 12; barbaricae ~ae bestiae [sc. Saxones] timebantur Ib. 18; ut lupus ille ferus subjectos .. / .. laniat ÆTHELWULF Abb. 84; fragilem .. carnis amictum / .. / quem quondam primogenito ferus intulit anguis WULF. Swith. I 531. b repellandas tam ~as .. gentium .. inruptiones BEDE HE I 14; dextera namque meā tradet fera corpora loeto BONIF. Aen. 378 (Iracundia); qui cruce munitus superas fera praelia mundi ALCUIN Carm. 114. 5. 1; quem fera multatrix lictoribus impietatis / addixit FRITH. 193; Ekfridusque feri percussus cuspide Picti Ib. 995; quidam ferus urbe tenebat / compedibus strictum quendam pro crimine servum WULF. Swith. II 1147; princeps .. in bello est mitis ut agnus, in pace ~us ut leo G. MON. IV 9; H. HUNT. HA II 30 (v. dedignari 1a); fecit quicquid indignum erat fieri et ~um, i. e. crudele TREVET Troades 23.

5 (of weather) wild, stormy. b (of physical force or abstr.) raging, uncontrolled.
tanta ingruit .. ~a tempestatis hiems [v. l. tempestas hiemis] BEDE HE V 1. b ignibus usta feris virgo non cessit Agathe BEDE HE IV 18 p. 247; invidia cogente fera ALCUIN SS Ebor 515.

2 **ferus** v. verus.

feruscula [LL], small wild animal.
~a quam squirium vocant NLA (Columbanus) I 210 (cf. Jonas V. Columbani I 17: ~am quam vulgo homines exquirium vocant).

ferutella, kind of plant, (?) vervain.
~a vel ferula, easc throte Gl. Durh.

fervefacere [CL], to make hot, boil; b (fig.).
aquis puteorum salsis fervefactis .. quolibet ordine quo sal fieri consuevit BEDE Kings 730; quod genus elementi, si nihil ignis perpeti posset, non ureret fervefactus in balneis AILR. An. III 33. b fermentum ergo dilectionem dicit quae ~it et excitat mentem BEDE Luke 507.

ferventer [CL], fervently.
ad suscipiendum ~ius amorem BEDE Cant. 1154; collorate [? l. calorate], ~issime GlC C 713; ut quatinus mens vestra divino spiritu ~er afflata non indigeat ANSELM (Ep. 45) III 159; custodes .. ~issime .. restiterunt ORD. VIT. IV 3 p. 174; quam primo gustaverint, ipso gustu ~ius sitibundi R. BURY Phil. prol.; 1347 sicut te ~er in votis gerere audivimus (Lit. Papae) AVESB. 111b; a1381 quod regalis precellencie sublimitas '.. tam †ferviter [MS: ferveter, l. ferventer] exequitur (MS BL Cott. Faustina A VI f. 67v.) Pri. Cold. 51; ut ea faciant †fervente [MS: ferventer] que sciunt esse ad domini sui complacenciam et honorem BRINTON Serm. 7 p. 18.

ferventia [LL], boiling temperature.
aqueitas sulphureorum est commista cum terra viscosa, commistione forti cum ~ia caloris Correct. Alch. 8.

fervēre, ~ĕre, ~escere [CL]

1 to be or become very hot. b (of liquid) to boil, seethe (also fig.); c (of vessel; also fig.). d (pr. ppl. as adj.) hot, torrid.
cum .. fervet torridus aether ALDH. VirgV 217; fervescens ignibus Aetna Ib. 1771; [vallis] unum latus flammis ~entibus .. praeferebat BEDE HE V 12; sol .. / .. diem fervente calore perurit WULF. Swith. I 464; non sit in ede focus, si ferveat estus in illa D. BEC. 2350. b bullit, scatet, ~et GlC B 216; ~ens, i. .. ebulliens GlH F 221; olla velut fervens Stigia fuligine tosta / instabat FRITH. 186; nil sentiens calorem ~entis aquae ÆLF. Æthelwold 10 (= WULF. Æthelwold 14); sic estuabat interius ut frigidissimi fontis pedibus aqua supposita ipso momento intolerabili calore ~esceret Ep. ad amicum 19; Johannes .. in ~entis olei dolium missus AD. DORE Pictor 159; vive calci aquam frigidam infunde et ~ebit SICCAV. PN 140; cum hostis castrum .. anime impugnat, .. proiciatis super eum ~entes lacrimas [ME: scaldinde teres] AncrR 90; calix qui in igne liquescit et fortiter ~escit [ME: iwalled] Ib. 107. c ignibus ardescens necnon et gurgite fervens ALDH. Aen. 49 (Lebes) 3; 796 in angusto pectoris antro caritatis olla ~escit ALCUIN Ep. 99; ut aspiceret .. fratrem stantem juxta ~ens caldarium ÆLF. Æthelwold 10 (= WULF. Æthelwold 14). d Aethiopes .. sub tertio zonarum ~entissimo et torrido mundi circulo demorantur Lib. Monstr. I 9; c795 dum ~entis cancri igneus sol sidus ascendit ALCUIN Ep. 86; segetes .. in ~entioribus terris .. metuntur ALB. LOND. DG 8. 12; in estate ~enti PECKHAM Kilw. 139.

2 (w. ref. to ailment) to be inflamed or swollen.
dum tumor in tenero succrevit corpore fervens ALCUIN SS Ebor 688.

3 (of river or sea) to be turbulent.
~entis oceani flustra .. cum proprios egrederentur terminos ALDH. VirgP 29; audito .. fragore .. ~entis oceani BEDE HE V 1; fluvius Osce per vij menses ~ebit (Proph. Merlini) G. MON. VII 3 p. 390.

4 to be astir, swarm, team.
Apulus et Calaber, Siculus, quibus jacula fervunt [vv. ll. fervet, fervent] G. AMIENS Hast. 259; fama .. erat totum mare .. navibus Cassibellauni ~ere G. MON. IV 5; congressiones militum cominus videres †ferucocere [MS: fervescere] Hist. Meriadoci 356.

5 to be roused, fired; b (w. abstr. subj.); c (w. inf.). d (pr. ppl. as adj.) fervent.
scintillante fide dum fervent corda virorum ALDH. VirgV 387; Deus, .. respice super hanc famulam ... ~eat in caritate EGB. Pont. 110 (cf. Rit. Durh. 105 gl.: giualla); ferveat illius pectus amore tuum ALCUIN Carm. 95. 4; ~ebant in aedificio caelestis Ierusalem GOSC. Edith (I) 59; cum .. in studio litterarum ~erem ALEX. CANT. Mir. 52 p. 266; quin etiam tanto ardore caro ~esceret quod .. GIR. GE II 10. b fides ~et in populo BEDE HE I 20; in eis virtus recenter ~ebat G. MON. X 9; dum appetitus ~et erga pecctum [ME: hwile þe lust is hat] AncrR 36; fervescat charitas per omnia Mon. Rit. III 369. c avida cupidine heremum quaerere ~ebat FELIX Guthl. 24; juvare / terram promissam fervet amore crucis GARL. Tri. Eccl. 28. d ut oratione ~enti illi .. iter .. aperiret GILDAS EB 11; ~enti exoratione ad Deum facta Ib. 72; pertinacia ~entis zeli .. nullo tempore frigescit BEDE Cant. 1212; scripturas fervens industria prisca legendi ALCUIN SS Ebor 1480; exponens longos animi ferventis agones FRITH. 159; circa venerationem beatae Virginis Mariae ita ~ens erat OSB. V. Dunst. 15; 1239 causam nostram tanto ~entiori favore debetis assumere (Lit. Regis) M. PAR. Maj. III 637; 1359 ~entior diligencia (v. departire 1c).

6 to rage. b (pr. ppl. as adj.) raging, passionate.
~ente impiorum persecutione BEDE Prov. 1021; ignea sum, fervens turbo praecordia bellis BONIF. Aen. 372 (Iracundia); ~erunt, insanierunt GlH F 218; ultione divina ~ente Lib. Eli. II 11; 1167 bellici .. tumultus .. ~entes intermeandi facultatem literarum .. praecluserunt J. SAL. Ep. 222 (223); Quaest. Salern. N 57 (v. defervere 2b). b dum ~ens equus quoddam itineris concavum .. transiliret, lapsus decidi BEDE HE V 6; fluxe ~entisque juvente .. laqueis illectus GIR. TH III 52; mulier .. accensa ~entiori ardet desiderio Quaest. Salern. B 23; leo .. cum sit animal cordis ~entissimi Ib. 74; rinocerus est animal ~entissimum Ib. 173.

fervetus, form of bad omen. Cf. fernova.
~us est augurium quando tu exiveris domum tuam causa faciendi aliquid, et eundo prius, invenis vel vides avem vel hominem pausantem ante te in sinistra parte tui; et illud est tibi malum super negotio M. SCOT Phys. 57; Ib. (v. confert).

ferviatus v. 1 firmare 2b.

fervidus [CL]

1 very hot. b (of liquid) boiling, seething.
aqua [fontium calidorum] .. ~am qualitatem recipit cum per .. metalla transcurrit BEDE HE I 1; ad imum lebetis abstraxit frustum ~um ÆLF. Æthelwold 10 (= WULF. Æthelwold 14); ~a, i. calida GlH F 217; Augustum mensem Leo fervidus igne perurit Kal. M. A. III 442; si non ~i solis veritatis radiis dissolvantur [exalationes] FORTESCUE NLN I 43. b ~us, i. .. weallende GlH F 224; quando castrum .. impugnatur, qui interius sunt fundunt aquam ~am [ME: schaldinde] AncrR 90.

2 (of person, action, or emotion) fervent.
divinae caritatis igne ~us BEDE HE IV 26 p. 273; discere namque sagax juvenis seu scribere semper / fervidus instabat ALCUIN SS Ebor 1303; caritate ~i GIR. GE II 7; ALB. LOND. DG 11. 1 (v. 1 fetura 1a); [vita contemplativa] consistit .. in oracione ~a Spec. Incl. II 1; 1421 ~is et sinceris rogamus affectibus ut .. Mem. York II 99.

3 frenzied, raging, passionate, hot-headed.
~us ac si pullus .. per .. scelerum campos inrevocabili furore raptatur GILDAS EB 35; Gregorius .. ejus [regis Langobardorum] ~um pectus .. molle fecit V. Greg. p. 99; ~us, iracundus GlC F 132; dum fervidus ille caballus / transilit ALCUIN SS Ebor 1185; ~a, i. .. inquieta, lasciva, tumentia, iracunda, concitata GlH F 217; rustica .. / .. ligabatur .. / fervidus imperio Teoðic ut praecepit herili WULF. Swith. I 1193.

ferviter v. ferventer.

fervor [CL]

1 great heat.
cum .. vim ~oris immensi tolerare non possent, prosiliebant .. in medium rigoris [v. l. frigoris] BEDE HE V 12 p. 305; 799 quem ~or mensis Augusti .. pigrum efficit ALCUIN Ep. 178; ~or, i. calor, wylm GlH F 214; 9.. ~ore, wilme and bryne WW; quanto .. ad eoos tractus celique ~orem magis acceditur GIR. TH I 37; efficit hoc fervor solis GARL. Tri. Eccl. 32.

2 heat, temperature (of body).
mox rediit priscos vitalis fervor in ortus FRITH. 875; innato ~ore duratur interius, .. ad exteriora repelluntur partes grossiores ALF. ANGL. Cor 14. 5; animal .. ferventissimum .. aerem sentit .. temperatum ad ~orem sui spiritus Quaest. Salern. B 173.

3 turbulence (of water).
[pontus] suo quievit a ~ore BEDE HE III 15; montium Pyreneorum capita .. ~ore maris comperimus OSB. BAWDSEY cxlv.

4 fervour, zeal.
viri .. ab eo inextinguibili ~ore accensi THEOD. Pen. pref.; non .. in viscerato medullitus ~ore venarum .. ea quae .. faciunt praedicant V. Greg. p. 79; a787 vota redde cum fervore (LUL) Ep. Bonif. 140; 799 ~or operis in juvenibus ALCUIN Ep. 168; patres, nou fervore calentes FRITH. 291; non ~ore penitentie sed fetore culpe Lib. Eli. III 52; non fuerunt minoris sapientie nec minoris ~oris ad commune bonum OCKHAM Pol. I 348.

5 rage, passion.
ira .. est ~or animi Quaest. Salern. N 57; si commissum fuisset [peccatum] dum ~or duravit [ME: hate heorte leste] AncrR 36; potui satisfacere ~ori delectationis [ME: lustes brune] Ib. 122.

fervorium, cauldron.
a calderon, ~ium CathA.

†fervositas, f. l.
lingua serpentis est livida et nigra et ad movendum velocissima et hoc propter †fervositatem [MSS: ferocitatem, fumositatem] venenosam que non permittit eam quiescere (Arist.) MALACHY Ven. 7v.

ferya v. 2 feria. **feryngmannus** v. ferthingmannus.

ferzia [Pers. firz, ferzi], (chess) fierce, pawn which has been queened.
a1150 cum pedester usque summam venerit ad tabulam, / nomen ejus tunc mutetur, appelletur ferzia. / ejus interim regine gratiam obtineat (Vers. Wint.) Hist. Chess 515; regina sive domina que dicitur fertze capit et vadit oblique J. WALEYS Schak. 464.

fesanta, ~us [AN, ME fesant, OF faisan < CL phasiana], pheasant.
a1114 prohibeo ne aliquis homo capiat fesandos Regesta II p. 329; a1133 ut .. faciant capere vulpes et lepores et ~os et catos (Ch. Regis) MonA I 431 (cf. Regesta 1818); 1205 liberam warennam .. ad capiendos leporem, vulpem, et fesanum Pipe 195; 1232 rex .. concessit .. quod .. habeat .. liberam warennam in .. dominicis terris suis .. ad vulpem, leporem, perdicem, et fisantum Cl 109; 1240 emi facias .. iiij duodenas phesant' Liberate 15 m. 21; 1249 mandatum est .. quod .. venire faciat usque Wintoniam contra instans festum Natalis Domini d gallinas, .. xij pavones, xij fesancias, xl lepores, .. Cl 239; 1262 rex dedit licenciam E. de M. quod .. cum austurco suo capere possit per totam warennam regis de H. ~as et perdices Cl 19; 1271 ne de cetero poterat .. in predicta warenna cum canibus curere neque ~os nec perdricias capere AncD A 306; 1274 unum ~um meliorem pro iiij d. MGL II 82; 1292 in uno fesaunte iiij s. KRAc 308/15 m. 9; 1480 pro duobus ~iis xvj d. Ac. Chamb. Cant. 136; hic fesanus, a fesant WW.

fesantia v. faisantia. **fescellus** v. faissulus.

fescenninus [CL adj.]

1 (as sb. m., f., or n.) fescennine verse, ribald verse sung at wedding.
fascina, i. canticum nuptiale GlH F 25; favete puris puritate nuptiis, / et virginales ferte taedas, virgines. / .. / carmen novum pro fescenninis edite / parvamque Christo ferte Editham parvulo GOSC. Edith 47; ORD. VIT. XI 8 (v. derelinquere 3b); ~um, carmen nuptiale, quod et drama et epithalamium dicitur OSB. GLOUC. Deriv. 242; harum [nuptiarum] ~as docebit cedros Libani Stilbon uxoratus MAP NC IV 3 f. 47.

2 ribald, satirical; b (as sb. m., sc. versus) satire.
licencia ~a socios suppressis nominibus liberius lacerant W. FITZST. Thom. prol. 9. b legitur [cf. Macrobius Saturnalia II 4. 21] quod Augustus in Pollionem scripserat ~os P. BLOIS Ep. 72. 22C.

3 (? by misinterp., as adj., w. ref. to song) of the nursery. b (as sb. f.) lullaby, nursery rhyme.
quatinus me .. ad potum lactis, parvulorum alimoniam ~i cantus exhortatione invitaret R. MELUN Sent. pref. I 41. b byssynge song, fescenina PP; a credille sange, fascennine CathA.

fescicula, ~us, fesculus v. fasciculus. **fesella** v. fiscella. **fesicus** v. physicus. **fesiculatio** v. vesiculatio.

1 fessa [ME fesse, OF fesse, feisse, faisse < fascia]

1 horizontal row of skins in fur (garment).
1180 pro .. j penula de bissis de xij feisis Pipe 150; 1186 pro ij pennulis de bissis, quarum una fuit xvj fessiarum Ib. 199; 1208 pro v pennulis de bissis .. unde iiij erant de x ~is et j erat de xj ~is Cl 101b; 1243 reddit j pellem de vij ~is Fees 1000; 1263 vobis mandamus quod .. provideatis nobis de .. j duodena de bissis de xj ~is et j duodena de x ~is et xiiij de ix ~is Cl 322; 1276 unum pelicium de grys de vij ~is Hund. II 27b.

2 (her.) 'fesse', horizontal stripe.

~am audio dici forte a fascia ductum. non dicam *fessa profissa* ut Itali loquuntur quod aream findit, ~am tamen diminutam, fissuram vocari video etiam ab ipsis fecialibus. passim vero pro cingulo, zona, baltheo intelligitur SPELMAN *Asp.* 89.

2 fessa v. 2 fessus.

fessare, to tire: **a** (trans.); **b** (intr.).

a ~at, i. .. fatigat *GlH* F 242; *to make wery*, fatigare, ~are, lassare *CathA*. **b** frustra fessant milites presul dum frustatur *Poem. S. Thom.* 85.

fessella v. fiscella.

fesselettus [AN *fesselet*, OF *faisselet*], little bundle. *Cf. faissulus.*

1225 debet ei per annum unum fesseletum de mirto *CurR* XII 1031; **1227** quilibet terram tenens det ei per annum unum fersellettum de mirto *Ib.* XIII 109; **c1320** de singulis batellis carcatis de cirpis vendendis cepit unum ~um colligatum per batellarios, quod quidem ~um venditores gratis secum deferunt *Lond. Ed. I & II* II 183.

fessera v. fessura. **fessia** v. 1 fessa. **fessiculus** v. fasciculus.

fessitudo, weariness, exhaustion.

finitas .. actionis et motionis non accidit, nisi propter alterationem motoris a moto, a quo accidit ei ~o. si .. celum non alteratur in sua substantia, neque accidit ei ~o, non est impossibile ut agat actionem infinitam a potentia existente in ipso GROS. 97; quando .. principium movet contra inclinacionem alterius motoris, accidit ei ~o et cogetur ad quietem SICCAV. *PN* 171.

fessula v. faissulus. **fessum** v. faissus, 2 fessus.

fessura [Ar. *fāshīrā, fāshirā*], (bot.) white briony. *V. et. alphesora.*

~a vel fessera, fessire, vitis alba, i. brionia *SB* 20.

1 fessus v. faissus.

2 fessus [CL]

1 weary, exhausted: **a** (by toil); **b** (by travel); **c** (by disease).

a ~is menbris requiescebant alii *V. Cuthb.* I 3; fessa labore gravi quamvis hic membra quiescant ALCUIN *Carm.* 122. 3; incumbunt fessi vasto sudore latomi FRITH. 447; cum [faber] nocte quadam membra sopori composuisset, ~us opere fabrili, .. *Found. Waltham* 1; jam fessi digiti quietam cupiunt WALT. WIMB. *Palpo* 146. **b** a**797** ut habeat ~us ex itenere viator quo se recreat ALCUIN *Ep.* 80; sitque minister ovans fesso servire vianti *Id. Carm.* 99. 10. 3; dat regia virgo refectionem, fatigatis requiem, ~is ab unda vel itinere reparationem LUCIAN *Chester* 58. **c** haec matrem monuit fessam languore cruento ALDH. *VirgV* 1788; multos febricitantes, vel alio quolibet incommodo ~os sanare non desistit BEDE *HE* IV 6; **c800** [famulus] longa ~us infirmitate .. convaluit ALCUIN *Ep.* 261; ~us, i. .. infirmus *GlH* F 243.

2 (mentally) fatigued.

ut hoc sit quaedam ~ae menti rata recompensationis portio ALDH. *PR* 142 (143).

3 worn out: **a** (of thing); **b** (of abstr.).

a nova .. dum culmina pangeret aede, / illud ovans fesso direptum a pariete velum / partiri docuit fidae spes certa salutis BEDE *CuthbV* 951. **b** licet moribundae carnis ~a fragilitas fatescat ALDH. *VirgP* 18; aetas / fessa gravisque nimis pondere jam senii *Epigr. Milredi* 811; fessa senectus adest ALCUIN *Carm.* 9. 102; portio fessa statu grata novitate resumit / robur et a formis accipit esse novum J. SAL. *Enth. Phil.* 1017.

festa v. 1 festra, 1 & 2 festum, festus.

festagium [OF *festage*, cf. 1 festum], house-tax (Gasc.).

1204 sciatis nos dedisse .. hominibus de Rupella quietanciam de ~iis et omnibus talliagiis *RChart* 137b; **1286** (1310) concedimus eisdem [burgensibus insule Oleronis] insuper quietanciam de ~iis et omnibus tallagiis et exaccionibus universis *RGasc* IV 5135.

festalis [LL *as adj.*], (as sb. m. or n.) festal day, festival.

~e, festivitas OSB. GLOUC. *Deriv.* 245; prior, vos non intendatis, / quantum sumus laboratis, / in cantare et legatis / per ista festalia *Poésies pop.* 218; *festivalle*, .. ~is, festivalis, festus *CathA*.

festare [LL *gl.*], (intr.) to observe a holiday.

1296 dominica proxima post festum Translacionis S. Thome martiris: in stipendiis .. magistri W. et L. carpentarii pro vj diebus septimane preterite quia non ~arunt *Ac. Galley Newcastle* 179 (cf. ib. 182: quia non servabant festum); *to hold halyday*, celebrare, ~are, festivare, feriare *CathA*.

festellus [OF *festel*], ridge-tile. (*Cf. Building in Eng.* 231–2.)

1305 in l[m] tegulis emptis .. in mc *corners* emptis .. in cxiiij festellis emptis ad idem *Ac. Man. Cant.* (*Milton*); **1306** in cc *corner* ad idem xvj d. in xij ~is ad idem viij d. in eisdem tegulis apud Whitstaple querendis iij s. iiij d. *Ib.*

festicula v. festucula.

festim [LL], immediately.

repente de adventu ejus congratulantes ~im ad eum recurrunt *G. Herw.* f. 329.

festina v. festinare, festine, festinus.

festinanter [CL], quickly, speedily, promptly.

apes si occidunt hominem, ipsae quoque occidi debent ~er THEOD. *Pen.* II 11. 6; accipe tuum calamum .. ~erque scribe CUTHB. *Ob. Baedae* clxiii; ~ius quam potuit illo perrexit LANTFR. *Swith.* 25; **c1270** in quantum poterit debet omnes querelas justo judicio terminare ~er J. OXFORD 70; oportet igitur Joseph sanctissime / Egiptum petere festinantissime WALT. WIMB. *Carm.* 234; a**1467** exitacio .. Johannis ad concludendum ~er cum Johanne P. *Paston Let.* 61.

festinantia [LL], haste, promptness, speed. **b** (abl.) with speed; **c** (w. *cum*).

navis .. nunquam .. retardari potuit ab inchoata semel ~ia sui prosequendi itineris R. COLD. *Cuthb.* 23; **1163** ~iam .. vestram nullum retardet negotium (*Lit. Regis*) *Ep. G. Foliot* 143; propter ~iam et propter occupationes .. vestrum exemplar non fuit .. correctum BACON *Tert.* 273; conjuncciones subtrahuntur causa ~ie intelligende *Ps.*-GROS. *Gram.* 72; s**1346** equo vectus debili quem tunc negocii ~ia sibi ministravit WALS. *YN* 286; s**1388** propter ejus ~iam vix arma super se laquiare .. poterat *Plusc.* X 9. **b** summa .. ~ia se transferebant a stallis suis *Mir. J. Bev.* C 346; alii quamplures †viligenti [l. diligenti] ~ia coadunati sunt *Chr. Kirkstall* 126. **c** Abraham .. et Sara cum summa ~ia refectionem praeparant BEDE *Gen.* 169D; cum ~ia proficiscentes, eum .. invenerunt Boso *V. Pont.* 390; **1317** navem .. munitam usque portum Dublinum in Hibernia cum ~ia destinare *RScot* I 174b.

festinare [CL]

1 (intr.) to hasten, approach quickly; **b** (w. dat.); **c** (w. prep.); **d** (w. abstr. subj.).

[hostes] adsumta alacritate ~ant BEDE *HE* I 20; incursantibus, ~antibus *GlC* I 69. **b** regis Eleuterio festinat epistola pape GARL. *Tri. Eccl.* 72; ~avit Androgeus Julio genua ejus curvando *Eul. Hist.* II 255. **c** ad portum coenubialis vitae ~antes ALDH. *VirgP* 10; ad ea quae sequuntur ~emus *V. Greg.* p. 77; ad me ocius ~ans BEDE *HE* V 12; commodiori tramite versus eas totis nisibus ~ant *Ps.*-ELMH. *Hen. V* 37. **d** c**803** ~abit et non tardabit dies amara ALCUIN *Ep.* 311; timorem ~antis mortis abicientes ANSELM (*Ep.* 2) III 100; tunc infortunium albi [draconis] ~abit (*Proph. Merlini*) G. MON. VII 3 p. 386; [in autumpno] mundus comparatur femine plene etatis .., quasi si recesserit ab ea juventus et ~at senectus BACON V 79.

2 to be in a hurry (to go). **b** to be hasty.

1093 non respondi, quia .. litterae .. portitor .. multum ~avit ANSELM (*Ep.* 165) IV 40; nuntius vester ita ~abat ut in aliud tempus hoc differre non possum *Id. Misc.* 321; GIR. *Hug.* I 6 (v. festivare 2). **b** licet .. a quibusdam ~antibus alio sint ordine transcripti ANSELM (*Ver. pref.*) I 174; cum unus .. ipsum in hoc responso nimis ~asse diceret '~o .. quia ~are compellor' *Chr. Battle* f. 113v.

3 to be eager, unable to wait (for).

humanam suggestionem praecipitanter ad nequitiam ~antem GILDAS *EB* 75; ardentes, ~antes *GlC* A 739; flagrantes, ~antes, ardentes *Ib.* F 226; ferventibus, i. ~antibus *GlH* F 213; negotiatorum .. intentionem .. desiderio ad lucra ~antem ALB. LOND. *DG* 9. 4.

4 to hasten, act promptly (to): **a** (w. inf.); **b** (w. *ad* & gdv.).

a cum .. [senatus] vulpeculas, ut fingebat, ulcisci ~aret .. GILDAS *EB* 6; multi viri .. frequentari .. scientiae hominem ~abant THEOD. *Pen. pref.*; protinus e strato festina surgere, miles ALDH. *VirgV* 1278; ad ea .. sese transferre ~abant BEDE *HE* III 25 p. 189; **799** ~a rescribere mihi ALCUIN *Ep.* 165; quod .. implere ~abant ASSER *Alf.* 106; pergere festinat maturo tramite Uuentam WULF. *Swith.* I 215; quis ab eo benedici non ~abat? DOMINIC *V. Ecgwini* I 7; multi .. ~ant baptizari et .. minime ~ant justificari ALEX. CANT. *Dicta* 14 p. 164; ~avit quisque armare se G. MON. IX 4. **b** ad patrandum homicidium .. ~ant BEDE *Prov.* 941; usque oppidum Lociveris obsidendum accursu celeri ~abat *Ps.*- ELMH. *Hen. V* 61.

5 (trans.) to hasten toward, approach.

hic milites ~averunt Hestinga *Tap. Bayeux* 47; tentoriis que .. ascensu decenti concrescunt in aera, .. sinus ~are videbantur aethereos *Ps.*-ELMH. *Hen. V* 75.

6 to make (person or animal) hurry up; **b** (refl.).

transmisit .. indiculos qui me ad eum equitare ~arent ASSER *Alf.* 79; ~abat Judeus mulam BACON V 145. **b** **1313** nituntur, et .. se ~ant ad destruendum .. regnum *Conc.* II 426a; Cassibalan .. erga Romanos se [v. l. *omits*] ~avit *Eul. Hist.* II 254 (= G. MON. IV 9: inperatori obviari ~avit).

7 to speed up, expedite (business, procedure, or sim.). **b** to bring forward, advance in time. **c** (pr. or p. ppl.) swift, speedy, early.

laborem tuum ad finem ~are .. consideras ANSELM (*Ep.* 2) III 101; **1167** G. W. r. c. de xxx s. pro ~ando recto terre sue *Pipe* 20; uxor F. de M. r. c. de c li. pro recto suo ~ando de terra quam clamat versus Adam *Ib.* **b** novem sunt que ~are [ME: *hiȝe*] debent confessionem *AncrR* 125. **c** hortabatur Britones ad insequendum, ~atum promittens triumphum G. MON. IV 13 (cf. M. PAR. *Maj.* I 99: festinum); universus opidi populus .. ~antissimum incurrebat exilium *Ps.*-ELMH. *Hen. V* 79; num ~atus ortus ejus prejudicare poterit juri alterius ..? FORTESCUE *NLN* II 10.

8 (pr. ppl. as sb., mus.) musical note, short note as part of phrase of short notes.

tertius [modus] irregularis est, .. una longa nimia et tres mediocres, ut predictum est, et tres ~antes salva ultima, que dicitur mediocris vel nimia, et sic tres mediocres et tres ~antes etc. *Mens. & Disc.* (*Anon. IV*) 85; quartus [modus] irregularis sic: tres ~antes, ut predictum est, quamvis ultima nimia, et tres ~antes simili modo, et sic procedendo *Ib.*

9 (p. ppl. abl. as adv.) speedily.

a**960** eo ~atius proficisci adgrediamur quo .. *CS* 936; mandat ut per fugam reddat, quod nisi ~ato faciat, bello se eum pulsurum R. NIGER *Chr. II* 147; OSB. GLOUC. *Deriv.* 245 (v. festinatim); inde jam ~ato in Angliam tendens, ad Belensem .. devenit urbem AD. EYNS. *Hug.* V 14.

festinatim [CL], quickly, speedily.

~im, festinato, festinanter, confestim OSB. GLOUC. *Deriv.* 245.

festinatio [CL]

1 haste, speed, promptness; **b** (abl.) in haste, with speed; **c** (w. *cum*); **d** (w. *sub*).

sinzigiae replicationes .. stimulo ~onis compulsi praeterire studeamus ALDH. *PR* 141 (142); **1168** novi .. ~onem perspicacie tue J. SAL. *Ep.* 281 (250); in singulis erat sua ~o lautior quam studia magistrorum MAP *NC* IV 12 f. 53v. **b** quanta potuit ~one .. viros huc .. direxit *V. Greg.* p. 86. **c** dixit "discite cum ~one" CUTHB. *Ob. Baedae* clxii; jussit sibi .. Dunstanum magna cum ~one advocare B. *V. Dunst.* 14; cum magna ~one recessit ALEX. CANT. *Mir.* 35 (I) p. 227; cum summa ~one in Normanniam navigio transvectus GIR. *EH* I 39; **1286** R. scutifero thesaurarii eunti cum summa ~one de London' usque ad regem .. in insula Vecta *Rec. Wardr.* 100. **d** a**797** sub ~one dictata fuit ad rememorandum amicitiae jocunditatem ALCUIN *Ep.* 57; **1229** ea .. sub omni ~one cariari faciatis usque Lund' *LTRMem* 11 m. 3*d*.; **1242** sub quanta poteritis ~one *Cl* 495; **1262** quod .. bremias sub ~one qua fieri poterit cariari faciant usque Westmonasterium *Cl* 87.

2 undue haste, rush.

796 propter .. ~onem portitoris non occurrit mihi aliquid dictare ALCUIN *Ep.* 112; de ~one peregrinationis inconsulte R. NIGER *Mil.* III 82 (*tit.*); **1200** ut .. verba canonis in missa .. dicuntur .. distincte, nec ex ~one retracta nec .. protracta *Conc. Syn.* 1060; circa secundas nuptias duo puniuntur: nimia ~o, que locum habet in muliere tantum, et non servata .. affectio VAC. *Lib. Paup.* 177.

festinato v. festinare 9.

festine [LL], quickly, speedily, promptly. **b** (contrasted w. *festive*).

ut ~e hanc scripturam deferret imperavit WILLIB. *Bonif.* 6 p. 28; ibi ~e triplicibus subsidiis aciem instruit FL. WORC. I 177; cum .. [vacca] erat impatiens, .. caudam suam nimis festina [vv. ll. festine, festinanter] prescidit NIG. *Ep.* 18; ?**1227** si placet, litteris acceptis, ~e consilium habeatis *RL* I 320; **1424** precipiens quod debita mea .. plenarie et ~e solvantur *Reg. Cant.* II 308; lex nature quam tam ~e preconisavimus FORTESCUE *NLN* I 31. **b** festive potius hoc festo et non ~e sit agendum GIR. *Hug.* I 6 p. 100 (cf. H. AVR. *Hugh* 1001).

1 & 2 festino v. festinare, festinus.

3 festino, festino (a logical mood).

BACON XV 301 (v. baroco).

festinus [CL], quick, speedy, prompt: **a** (of person); **b** (of thing or abstr.); **c** (contrasted w. *festivus*).

a tu ~us illum .. insequere BEDE *Sam.* 557; ego audiens et gaudens ~us quaternionem promptum paravi ASSER *Alf.* 88; cum ~us Uuintoniam perveneris .. WULF. *Æthelwold* 42; ~us stilum vertam ad alia ORD. VIT. IV 8 p. 226; cum ~us de monasterio .. redisset R. COLD. *Godr.* 120; veteris et nove legis opus ~o contexit pollice MAP *NC* I 12 f. 11v.; ardet cor virginis in amatorculum / et tollit ostii festina pessulum WALT. WIMB. *Carm.* 27. **b** et festina brevi consumere tempora luxu BEDE *CuthbV* 52; ALCUIN *Carm.* 30. 1 (v. ferre 6b); M. PAR. *Maj.* I 99 (v. festinare 7c); **1016** per †festivum [l. festinum] bellum decus obtinuit M. PAR. *Maj.* I 497; stannum .. est †festive [l. festine] solutionis BACON *Min.* 381; confessio debet esse ..

frequens, ~a [ME: *hichful*], humilis *AncrR* 115; ~o et nudo circumspeccionis impetu *Ps.*-ELMH. *Hen. V* 114. **c** sicut in .. sacerdotali ornatu festivus, ita et in edendo ~us H. Bos. *V. Thom.* III 13 p. 217; adventum .. festivum quoque si ~um GIR. *EH* I 12; est ergo .. festiva si ~a victoria *Id. GE* II 8; inchoat introitum modulis sollennibus et non / festinis, immo festivis H. AVR. *Hugh* 1001 (cf. GIR *Hug.* I 6 p. 100).

festis v. festum, festus, fustum.

festivalis

1 festive, of or appropriate to a festival; **b** (eccl., of day or season); **c** (of liturgy or vestment).

s**1239** die Natalis Domini .. casus inopinatus ~em letitiam perturbavit M. PAR. *Maj.* III 523; s**1388** ad festum S. Cuthberti .. omnes nobiles in apparatu ~i, in robis talaribus [et] stolis armillatis, ad cenam sedentes *Plusc.* X 9. **b** debes .. dies ~es in servitio Dei finire *Spec. Eccl.* 44; pro iij septimanis ~ibus *FormMan* 49; **1364** in crastino dierum ~ium *Hal. Durh.* 32; **1436** ad celebrandum .. omnibus diebus ~ibus in ecclesia *Reg. Cant.* II 548; in ferialibus diebus eorum pars major legalis discipline studio, et in ~ibus sacre scripture et cronicorum lectioni, .. se confert FORTESCUE *LLA* 49. **c** vidit processionem ~em circa monasterium procedere clericorum *Mir. J. Bev. B* 324; c**1250** aliud vestimentum minus ~e *Vis. S. Paul.* 19; **1295** vestibus ~ibus .. declinavit pransurus *DCCant. Reg.* Q f. 27; dedit .. vestimentum ~e de rubeo *Hist. Durh.* 3.

2 (as sb. m. or f., *sc. dies*) festival.

an halyday, celebritas, festivitas, festum, festivus, ~is *CathA*.

festivare [LL]

1 to entertain, regale.

neque suam curiam dapsilitate solita ~aret *Croyl. Cont. A* 127; jussit .. eos .. amplissimis omnifarie opulencie conviviis ~ari ANDRÉ *Hen. VII* 85.

2 (intr.) to observe a holiday. **b** (trans.) to observe as a holiday.

tantis solemnitatibus solemnizandum potius et ~andum quam itinerandum et festinandum dignum esse ducebat GIR. *Hug.* I 6 p. 100; *CathA* (v. festare). **b** **1230** in .. festivitatibus que solent .. a populo per annum ~ari *E. Ch. S. Paul.* 149; **1432** omnibus diebus .. que a populo venerantur et ~antur *Reg. Glasg.* 342.

festivatio, (keeping of) festival.

c**1420** diem festum agent sibi in eternum. in qua ~one vos in celis canonizari concedat *Reg. Whet.* II 372.

festive [CL]

1 as a feast, w. feasting.

s**1308** finita .. solempnitate [coronacionis] et ~e celebrato convivio rediit *Chr. Ed. I & II* II 158.

2 as or in a manner appropriate to a festival, ceremoniously.

~e, i. sollempniter *GlH* F 247; sequitur sextusdecimus numerus, qui .. ~e procedit trabeatus BYRHT. *Man.* 228; hanc solemnitatem ~ius ceteris festivitatibus nos agere .. monstramus ALEX. CANT. *Dicta* 20 p. 193; quod nunc plerique celebrius colunt ac ~ius exornant R. MELUN *Sent. pref.* 36; ~e indutus in sede propria ab eodem [i.e. abbate] .. sum collocatus *Chr. Battle* f. 75; dies anniversarius mortis ejus .. cum duabus capis ad missam ~e celebrabitur *Cust. Westm.* 5; ejus anniversarium constituitur debere singulis annis ~e fieri *Flor. Hist.* II 17; omnes cantus .. ~e ac celebriter cum moderamine sustentando *Cust. Cant.* 94; ~e inchoet "Gloria in excelsis Deo" *Miss. Sarum* 132 *n.* 10.

3 festively, joyously.

omnes fratres tanti relatione miraculi ~e laetificabat GOSC. *Transl. Aug.* 46B.

festivitas [CL]

1 festivity, joy. **b** liveliness, charm.

634 ut .. vos .. vox ista ad aeternam ~atem evocet (*Lit. Papae*) BEDE *HE* II 18; **793** ~as sancta versa est in luctum [cf. *Amos* viii 10] ALCUIN *Ep.* 16; maxima erat ~as in tonsione ovium S. LANGTON *Ruth* 110. **b** vir .. habens .. plus ~atis quam fecunditatis GIR. *EH* II 11.

2 religious festival: **a** (Classical); **b** (Jewish).

a floralia, bachunalia, saturnalia, .. ~ates vel sacra paganorum *Gl. Leid.* 43. 29. **b** legalis .. et famosa jubelaeorum ~as septenis annorum ebdomadibus decursis celebrate ALDH. *Met.* 1 p. 67.

3 (eccl.) festival, feast-day; **b** (dist. as major or secondary); **c** (dist. as *duplex*); **d** (var. spec.).

cum .. plures ad viri Dei speluncam pro ~ate frequentanda .. glomerarentur ALDH. *VirgP* 38; a**797** sanctorum ~ates .. frequenter honora ALCUIN *Ep.* 79; audivi quod archidiaconus .. accepit homines meos quasi pro forisfactura fractae ~atis ANSELM (*Ep.* 469) V 418; eos .. per aliquot dies ipsius ~atis in curia sua .. secum habere EADMER *V. Osw.* 33; **1289** quociens in aliquibus ~atibus .. vos revestiri contigerit *Mon. Hib. & Scot.* 142a; **1496** dominicis et aliis ~atibus *Eng. Clergy* 127. **b** incipiant pulsari duae skillae .. ut mos est in maximis ~atibus LANFR. *Const.* 120; omni sexta feria, nisi sit major ~as precepte solemnitatis, est ibi [*Smethefelde*] .. spectaculum equorum venalium W. FITZST. *Thom. prol.* 11; **1206** exceptis collationibus vij ~atum principalium *Chr. Evesham* 219; in xij leccionum ~atibus *Cust. Westm.* 143; collegit oblacionem in magnis ~atibus *Feod. Durh.* 253; in ~atibus precipuis, quando rex et ejus successores diadema portarent M. PAR. *Maj.* I 468; **1521** iij cape albe .. pro secundariis ~atibus *Cant. Coll. Ox.* I 56. **c** LANFR. *Const.* 94 (v. duplex 4a). **d** in ~ate S. Martini .. agatur signum *RegulC* 30; a ~ate S. Michaelis usque ad festum S. Andree *DB* I 1; in ~ate S. Marie que Annunciatio dominica dicitur W. MALM. *GR* V 443; ~atem Purificationis ejus [sc. B. V. M.] DICETO *Chr.* 97; profectus est .. ad S. Edmundum cujus tunc dies ~atis instabat *Itin. Ric.* II 6; **1202** a die .. ~atis S. Egidii *Pat* 17b; **1214** in ~ate Sanctorum Fratrum Septem *Ch. Sal.* 78; in ~ate S. Thome Apostoli G. COLD. *Durh.* 3; a**1260** in Decembri .. venerabilis ~as Salvatoris cum festis sollempnibus que secuntur *Conc. Syn.* 655; **1294** in nundinis duarum ~atum S. Edwardi apud Westmonasterium *PQW* 480a; **1372** per .. Nativitatis, Epiphanie, Resurreccionis, Ascensionis .. ~atum octavas *Mon. Hib. & Scot.* 346b; ~as beatissimi Gregorii .. celebranda ELMH. *Cant.* 314.

1 festivus v. festinus b.

2 festivus [CL]

1 festive, joyous, appropriate to a feast. **b** entertaining, jovial.

munera laeta capis, festivis fulgida taedis BEDE *HE* IV 18 p. 248; ut ~i regis Cnutonis regni elucidare queam exordium *Enc. Emmae* I 4; ~ae mappae super tabulas refectorii sint extensae LANFR. *Const.* 129; qui lenociniorum clientulam musicam facit, ignorat quidem canticum Domini, modis Babilioniis ~us in terra aliena [cf. *Psalm* cxxxvi 4] J. SAL. *Pol.* 403A; GIR. EH I 12, *GE* II 8 (v. festinus c). **b** **1167** ~o eloquio suam .. perfidiam palliabit J. SAL. *Ep.* 231 (233).

2 (eccl., of day) festal. **b** ceremonious, appropriate to a festival.

a**797** ~is diebus veniente ad ecclesiam populo ALCUIN *Ep.* 74; dies Purificationis .. Virginis Mariae illuxit ~us OSB. *V. Dunst.* 4; **1283**, c**1360** (v. dies 8a); in diebus ~is [ME: *ifesten da3es*] quando alii fuerunt in ecclesia *AncrR* 121. **b** Kyrieleison ~um canatur LANFR. *Const.* 127; in natalitiis sanctorum ~a exultatione jucundamur ANSELM (*CurD* I 18) II 80; timens .. ne forte mensa fertilior cultus ~ior .. animum .. inclinaret AILR. *Ed. Conf.* 767C; H. BOS. *V. Thom.* III 13, H. AVR. *Hugh.* 1001 (v. festinus c).

1 festra [CL], window (also fig.).

hec ~a .. per syncopam, i. parva fenestra OSB. GLOUC. *Deriv.* 213; o lampas celicum, o festra celica WALT. WIMB. *Carm.* 113; *a wyndowe*, fenestra, -trella, †festa [l. festra], .. specular, speculare *CathA*.

2 festra [AN *festre* < fistula], (*gutta* ~*a*) ulcerous disease (AN *gute festre*). *Cf.* 2 *festum*.

GIR. *Hug.* II 2 (v. gutta 6d).

1 festuca [CL]

1 stalk, straw; **b** (used as bookmark); **c** (fig.).

adsumens .. ventinulam posuit in ea ~am FELIX *Guthl.* 39; **9..** fistucam, *strewn, eglan WW*; rodere, nate, cave festucas, stramina, cirpos D. BEC. 1125; membra, que nec a ~a tangi sustinebat *Mir. Fridesw.* 37; MAP *NC* II 23 (v. domus 14a); si cum manibus ~as aut pilos .. temptet de vestimentis .. removere J. MIRFIELD *Brev.* 58; ~a, A. *the blaad of corn, or a strawe WW*. **b** paleas dispertitur innumeras, quas diversis in locis collocat †evidentur [l. evidenter] ut ~a reducat quod memoria non retentat R. BURY *Phil.* 17. 219. **c** mala .. promocio quando homo ordinat ~am ubi poneret columpnam, i. e. qui ponit .. inscium .. ubi poneret scientem GASCOIGNE *Loci* 56.

2 (*filia* ~*ae*, fig.) ale.

1169 [episcopus] minus consiliosum ducit certum pro incerto domicilium mutare et Bacho Libero ancillam, ~e filiam, maritare *Ep. G. Foliot* 207.

3 sliver, splinter (w. ref. to *Matth.* vii 3–4, *Luke* vi 41–2).

auferentes trabem de oculo nostro .. ut videamus eicere ~am de oculo fratris BEDE *Luke* 410; si nostram, lector, festucam tollere quaeris ALCUIN *Carm.* 80. 10. 9; festinas .. educere ~am de nostro opusculo M. RIEVAULX (*Ep.*) 74; nummus omnem lavat labem, / in festucam vertit trabem WALT. WIMB. *Van.* 15; trabes gestantes in oculis propriis alienas ~as eruere non presumant R. BURY *Phil.* 18. 235.

4 pin.

1313 abstulit de A. C. unum capitium cum quadam ~a argenti pretii ij d. *Leet Norw.* 56.

5 (her.) cotise.

clypeus argenteus, diagonius, festucarius (lateronibus seu ~is cinctus) niger. ~a .. virgulam significat SPELMAN *Asp.* 95.

2 festuca, festucada v. fisticus, ~ata.

festucare [cf. MLLM, OF *festuer*; CL = *to ram down, pack tightly*], to renounce.

ordinis invidia tumidique superbia ponti, / indiga pauperies, sors inimica nimis / festucare parant fraterne federa pacis R. PARTES 235.

festucarius [CL = *of a rod of manumission*], (her.) cotised.

SPELMAN *Asp.* 95 (v. festuca 5).

festucula [CL], short straw (used in casting lots).

sortes jaciunt, .. sors super eum cecidit, et casus festicule reatum conscientie detexit R. COLD. *Cuthb.* 28.

festulum, (eccl.) minor festival.

~um, parvum festum OSB. GLOUC. *Deriv.* 245; *a feste of holy kyrk*, festum religionis est, ~um, festivitas *CathA*.

1 festum [OF *fest* < Frk.; cf. AS *first*], ridge-pole, roof-tree. *Cf. firstum.*

1114 est .. ibi orreum versus *est* altitudinis usque ad trabem xiij pedum et desuper usque ad ~um x pedum et dimidii *Dom. S. Paul.* 123; **1141** altitudo [hujus grangie] sub balco x pedes, et super balcum usque ad ~um viij pedes *Ib.* 136; c**1155** (v. grangia 1); quamvis .. / .. domos faciant / que festis sidera celosque feriant WALT. WIMB. *Sim.* 84; ~um, A. *the furst WW*; hoc ~um est lignum ad quod omnia tigna conveniunt *WW*; *rooftre*, ~um *PP*; *a rufe tre*, ~um, doma *CathA*.

2 festum [OF *feste, festre* < fistula], ulcer. *Cf.* 2 *festra.*

Mir. Montf. 75 (v. caverna e).

3 festum v. festus.

festus [CL]

1 festive, jolly, merry.

~us, felix *GlC* F 131; †fistum, jocundum *Ib.* 187; ~us, i. felix, laetus *GlH* F 244.

2 (w. *dies*) feast-day, festival.

basilicas .. martyrum fundant .., dies ~os celebrant GILDAS *EB* 12; nempe die festo laxantur frena rigoris ALDH. *VirgV* 1591; in celebratione dierum ~orum BEDE *HE* IV 16 p. 241; parentalia, dies ~i paganorum *GlC* P 167; in diebus .. ~is .. protendatur prima *RegulC* 23; ipse autem rex in ipsis ~is diebus obiit *DB* I 252v.; magnis .. ~is diebus .. simul comedunt in refectorio GIR. *Spec.* III 20; a**1356** ~os dies simul observent *StatOx* 22.

3 (as sb. m., f., or n.) banquet, feast.

1156 quod ad ~um meum mihi serviant cum illis de bottellaria mea *BBC* (*Oxford*) I 99; facit eum [sc. Arturum] cum .. regibus .. ~um celebrare famosissimum W. NEWB. *HA* I *proem.* p. 16; s**1135** rex .. regale ~um splendide celebravit M. PAR. *Maj.* II 163; **1322** ne ipsi [questioniste] facerent ~a vel potaciones cum responderint ad questionem *StatOx* 126; s**1394** ~a mandibilia in papilionibus .. tenuerunt THORNE 2197.

4 (eccl.) feast-day, festival; **b** (dist. by degree, or as major or common, or by number of lections); **c** (dist. acc. liturgical vestments worn); **d** (dist. as *duplex* or *simplex*); **e** (dist. as *mobilis* or *immobilis*); **f** (var. spec.).

cum .. / .. celebrent anni sollemnia festa ALDH. *VirgV* 906; si ~um habens vigiliam contigerit in secunda feria BELETH *RDO* 66. 74; nisi ~is et profestis spirituali officio intitulatis audet conficere GIR. *GE* II 24 p. 284; meruere .. / .. ad sua festa coli GARL. *Tri. Eccl.* 4; isto modo electi sunt sancti episcopi, quorum ~a solennisat ecclesia WYCL. *Sim.* 92; **1430** visitabunt matricem ecclesiam .. in quatuor ~is anni in eadem ecclesia constitutis *Feod. Durh.* 26. **b** pulsentur signa sicut in praecipuis ~is LANFR. *Const.* 130; in festis vero diebus prime dignitatis iij pitancie, unicuique, in ~is secunde dignitatis ij, in ~is tertie dignitatis j *Found. Waltham* 15; c**1242** in ~is tam trium quam novem leccionum *MonA* VI 1257; in ~is principalibus, dupplicibus communibus, ix leccionum, et feriis *Obs. Barnwell* 74; octabe omnium ~orum principalium octabas habencium *Ib.* 431; officium .. faciendum est .. solempniter .. in ~is prime dignitatis, secunde .., tercie .., quarte .., quinte .., sexte .., septime .., et octave dignitatis *Cust. Cant.* 430. **c** **1219** etc. (v. cappa 5d). **d** *Offic. Sal.* 2 etc. (v. duplex 4a); **12..** in celebratione missarum preter quam in ~is duplicibus dicantur quinque collecte *Conc. Scot.* II 38; **1315** mitra .. qua utebatur in ~is simplicibus *Invent. Ch. Ch.* 85; de ~is principalibus, et paribus principalibus, duplicibus, et altis duplicibus, et eorum differenciis *Cust. Cant.* 11; in omni duplici ~o inferiori *Ib.* 376. **e** de ~is mobilibus et immobilibus (*Ord. Gilb.*) *HBS* LIX 3; propter se festum mobile scire negat GARL. *Tri. Eccl.* 88; festum Paschale .. et festum Pentecostes, .. et cetera ~a mobilia violantur; et per consequens alia ~a immobilia, quia illa cedunt Paschali et festis aliis sui generis BACON *Tert.* 280; adjungitur sibi [sc. kalendario] tabula ~orum mobiliorum *SB* 5. **f** **680** quis Paschalis ~i regulam .. refutans .. arbitretur? ALDH. *Ep.* 4; Ascensionem Domini et

Pentecosten et ~as S. Mariae et S. Johannis Baptistae et xij apostolorum EGB. *Pen.* 4. 16; medietatem elemosinae trium ~orum S. Mariae *DB* I 373v.; *GAS* 294 (v. candela 2e); **1114** reddet . . ad ~um S. Michaelis v s. *Dom. S. Paul.* 127; ~um Dominice Resurrectionis instabat EADMER *V. Osw.* 16; *RDomin* 61 etc. (v. apostolus 1c); **1196** post ~um S. Scolastice *CurR* I 17; **1222** baculi ij ad ~um Folorum *Reg. S. Osm.* II 135; item annulus unus aureus ad ~um Puerorum *Process. Sal.* 170; **s1228** (v. dominicus 6c); **1236** vobis mandamus . . quatenus ~um stultorum . . nullatenus permittatis fieri GROS. *Ep.* 32; **1247** (v. decollatio b); **1250** (v. circumcisio 2e); quod . . in ~o Azymorum haberent grana nova BACON *Tert.* 218; *Id. Maj.* I 271 (v. annuntiatio b); **1258** in ~o S. Fidis *Cl* 291; **1269** contra ~um Pentecostes . . . contra eundem ~um *Cl* 45; **1299** in ~o Carniprivii *Reg. Aberbr.* I 164; **1314** ante ~um cathedre S. Petri *Ib.* 297; **s1317** etc. (v. corpus 7c); cum . . crederent . . regem . . ~a Natalis Domini celebraturum AD. MUR. *Chr.* 116; post ~um S. Katerine *Ib.* 147; **1360** etc. (v. cinis 2b); **c1370** (v. conversio 4c); ad istud ~um Pasche *FormOx* 320 (cf. ib.: ad istum ~um Pasche); **1384** in ~is Translacionis et Deposicionis S. Cuthberti *Ac. Durh.* 425; **1390** post ~um beati Luce evangeliste *Conc. Scot.* II 3; *Cust. Swith.* 15, **1416** (v. depositio 3b); *Plusc.* VII 19 (v. assumptio 3b); **1465** in ~o S. †Kynelini [l. Kynelmi] martiris *Conc. Scot.* I ccxlvi.

fetare [CL]

1 to breed, be pregnant. **b** (trans.) to make pregnant. **c** (pr. ppl. as adj.) able to breed, fertile, (also as sb.) breeding animal, esp. ewe.

de post ~antes, *æfter þon tuddorfostre* vel *of þam siþborenum GlH* D 208; **c1258** avena . . dat[a] vaccis que ~abant, j quar. *FormMan Shorwell*; **1341** in liberacione unius garcionis custodientis hurtardos et hogastr' separatos de ovibus matricibus dum fuerunt in ~ando *MinAc* 1120/11 r. 1d.; **1488** (v. 1 damma a). **b** ave, virgo, quam sacravit, / fortunavit et fetavit / virtus Almi Pneumatis WALT. WIMB. *Virgo* 10; *Id. Carm.* 102 (v. docere 1c). **c** in domibus mansueta nidificant, ova fetentia [l. fetantia] cuvant R. COLD. *Cuthb.* 27; **1281** remanent viij vacce, quarum due sunt ~antes et vij steriles *MinAc* 1089/19 m. 1; **s1315** fecunditas et sterilitas telluris et . . aliorum ~antium singulorum in sola divinitatis potencia permanet *G. Ed. II Bridl.* 47; *a schepe*, . . bidens, ~ans *CathA*.

2 to teem, abound.

Ebosus insula . . cujus terram serpentes fugiunt; huic Colubraria est contraria, num illa ~at cum anguibus *Eul. Hist.* II 119 (cf. Isid. *Etym.* XIV 6. 43: Colubraria . . quae feta est anguibus).

fetelus [? cf. AS *fetel*], bandage, strapping.

plagella in alb[umine] ovi infusa superposito plumaceolo et fetul' superponatur ad modum crucis GILB. IV 180v. 2.

fetere v. fetare, foetere. **fetes** v. faex 3b.

fethera [? ME *feðer, fiðer*], 'feather', ridge or balk between two 'lands' in open field. (*Cf.* J. Wright, *English Dialect Dictionary s. v.* feather 10). **b** (conf. w. *pictellum, pythellum*) pightle (of land).

a1282 triginta et septem acras terre et unam viþram, . . viz. xxv de veteri assarto et xij de novo assarto (*Glos*) *Reg. Winchcombe* I 249 (cf. ib.: dictas triginta et septem acras et dictam viþram terre); **1352** idem Henricus seisitus de predictis duodecim londis et una fithera terre (*Staffs*) *DL CourtR* 30/228/7 m. 3. **b a1314** que quidem placea cum bosco sub uno clauso continet xxvj acras et dimidiam, et preter hoc unam pytheram terre extra portam dicti Johannis secus viam que ducit versus Spernovre inclusam; habendos et tenendos predictam placeam terre, boscum, et pytheram . . *Reg. Winchcombe* I 248.

fetherborda [ME *feðerbord, fiðerbord*], board w. one feathered edge. *Cf. wetherbordare.*

1223 in martellis de molend' reparandis . ., in ccc de viderbord' et alveis xij s. *Pipe Wint.* 159279 r. 15; **1235** expense molendini . . . in fithelbord' xviij d. *Ib.* 159284 r. 15; **1267** (v. alfeborda); **1271** in curbis et fitherbord' sarrandis ad molendinum iij s. in clavis emptis ad fitherbord' ij d. *Pipe Wint.* 159299 r. 2d.; **1282** in l bordis ij s.; in xij †fycherebord' [l. fytherebordis] xx d. (*MinAc Pyrford*) *Surrey Rec. Soc.* XV 77; **1340** custus molendini: . . item pro fetherbord' inponend' j d. *MinAc* 816/12 r. 2.

fetialis [CL], member of a college of ancient Roman priests. **b** ambassador, herald. **c** writer on heraldry.

~is, pacis sacer[dos] *GlC* F 152 (cf. *GlH* F 283 ~is, sacer pacis). **b** ~is, qui legatione pro pace fungitur OSB. GLOUC. *Deriv.* 245; tres ~es, quos eorum lingua vocant araldos, . . mittunt ad regem. . . a ~ibus rogatus . . respondit . . LIV. *Hen. V* f. 6a; *an ambassadour*, ~is, legatus LEVINS *Manip.* 222. **c** gestamen ita exprimunt ac si e ~ium nostrorum scriniis prodiissent SPELMAN *Asp.* 32; Bartholus, Uptunus, Leus totaque ~ium schola *Ib.* 87; Wriothesleus ~is sub Edwardi IV aevo *Ib.* 140.

fetidus v. foetidus. **fetillina** v. filicina.

fetitius [cf. ME *fetis*, AN *feitiz*, OF *faitis* < facticius], cleverly fashioned, elegant.

1281 in ferris ~iis ad palefridum prioris . . v d. ob. (*Ac. Wint.*) *EHR* LXI 103.

feto [cf. Prov. *fedon* < CL fetus], fawn. *V. et. feo.*

1252 ita . . quod dama cum ~one suo et alie fere nostre liberum habeant ingressum et egressum *ChartR* 44 m. 4; **1255** quidam ~o inventus fuit in campo de E. mortuus *SelPlForest* 19; **1258** perdonavimus . . transgressionem quam fecit . . per captionem unius ~onis sine licencia *Cl* 329; **1263** transgressionem . . capiendo in foresta de P. tres bissas et unum †feconem sine licencia *Cl* 206; **1271** †feconem bisse *Collect. Staffs* V 1 p. 140; unum †feconem dame *Ib.* 141; **1285** si . . cervum, bissam, vel ~onem . . ceperit *Cart. Chester* 89; **a1287** convicto de capcione cujusdam cervi et †fecone unius bisse (*Fine*) *EHR* XXII 736; **1292** (v. dammus).

fetonc-, fetont- v. foetotrus. **fetor** v. foetor.

1 fetosus [LL], fecund, prolific; **b** (fig.). **c** pregnant.

apis . . dulcia . . pignora . . ~a . . suavissimi suci concretione producit ALDH. *VirgP* 5; quae moritura facit fetoso viscere bombix *Id. VirgV* 1147; ~ae, *tudderfulle, teamfulle*, vel *tuddre GlH* F 278; a fetu . . dicuntur femine ~e, quoad concipiendum et pariendum fetum suum suete et fecunde, et que fetu solent esse plene BART. ANGL. XVIII 49; ubi fetose pascue virent GARL. *Tri. Eccl.* 97; **1389** animalia non ~a, sicut equi, pulli, vel boviculi *Conc.* III 206; *birthfulle*, ~us *CathA*. **b** ~is baptisterii partubus editus ALDH. *VirgP* 35. **c 1352** quia ij vacce ~e et nondum vitulaverunt *Cuxham* 519.

2 fetosus v. foetosus.

fetrunctus v. foetotrus. **fetulus** v. fetelus.

fetta [dub.], (?) clover.

9. . fetta, *clæfra WW*.

fetuntrus v. foetontrus.

fetura [CL]

1 breeding, bringing forth of young (also fig.). **b** (of plant) springing up, growth.

gregem Domini magna multiplicat foetura GOSC. *Edith* (II) 46; columbe ei [sc. Venus] consecrantur, quod ille aves, ut frequens inuit ~a, maxime in coitu fervide creduntur ALB. LOND. *DG* 11. 1. **b** P. BLOIS *Carm.* 16. 1 (v. fecundare 1a).

2 offspring (also fig.). **b** (collect.) brood.

tum pecudum foetura habilis . . / crevit FRITH. 663; luto restituit quod lutum peperit / et matris utero feturam ingerit WALT. WIMB. *Sim.* 142. **b** procurvi proceres, juvenum foetura locuples, / insuper aethereae monachorum contio vitae FRITH. 610.

1 fetus [CL], breeding, pregnant; **b** (fig.); **c** (of bird) mated, breeding.

virgo . . feta / edidit . . regem ALDH. *VirgV* 1691; ~a, i. fecunda, plena, gravida, *eacenu GlH* F 281; vacce ~e que deferebant arcam Domini . . ad vitulos suos [cf. *1 Sam.* vi 7] P. BLOIS *Ep.* 102. 321C; nec . . femina . . ~a . . dolorem partus evasit FORTESCUE *NLN* II 25; vacca . . ~a . . enixa est vitulum *Mir. Hen. VI* III 92. **b** glebas cernebam . . letamine ~as BALSH. *Ut.* 46; omnes amant bursam fetam WALT. WIMB. *Van.* 8. **c s1417** (v. auca a).

2 fetus [CL]

1 birth, parturition; **b** (of animal). **c** bearing of fruit by plant or earth.

~us, i. . . partus *GlH* F 280. **b 1244** forestarii debent †sigulorum [*sic* MS; ? l. singulorum] ibidem venire in tempore ~us ei facere sacramentum quod fideliter servabunt boscos illos et fetus domini regis *CurR* 131 m.; **1285** solet habere duas carectas . . excepto mense ~us vetito, ad cariandum mortuum boscum de foresta *Cart. Chester* 91; oves matrices: . . in morina ante ~um et tonsionem v, et in morina post tonsionem et agnellacionem ij *FormMan* 42. **c** *a byrth*, ~us terre est, natus, partus hominum *CathA*.

2 foetus (also fig.); **b** (animal). **c** spawn.

quo dictu matri turgescunt viscera fetu ALDH. *CE* 2. 29; *Quaest. Salern.* B 15 (v. generatio 3); conservat . . calorem in ~u matrix ALF. ANGL. *Cor* 12. 3; cotilidones . . alimentum ~ui ferunt *Ib.* 14. 3; NECKAM *NR* II 131 (v. cotyledo 2); pregnantes in pulsu sunt mutabiles . . quia calor ~us calorem augmentat naturalem BART. ANGL. III 24; ab utero [ecclesie] ~us informis monstruose dirumpitur R. BURY *Phil. prol.* 8. **b** quin magis ex aure praegnantur viscera fetu ALDH. *Aen.* 82 (*Mustela*) 6. **c 1377** ~us piscium *IMisc* 211/5 m. 1, 3 (v. 1 flos 3); †petus [l. fetus] *Ib.* m. 2 (v. ferrum 3).

3 offspring, baby; **b** (animal). **c** fruit.

dexteram mammam . . ad ~us nutriendos *Lib. Monstr.* I 19; ~us, i. . . filius, *tudder*, soboles *GlH* F 280; cum . . obierint sine ~u masculino FORTESCUE *NLN* II 10. **b** post teneros fetus et prolem gentis adultam / . . fugiens . . quaero latebras ALDH. *Aen.* 47 (*Hirundo*) 5; licet singulis annis earum [avium] crescat ~us . . . ~us suos . . nidis proturbant GIR. *TH* I 12; **1222** possunt ibi esse iiij sues cum uno verro et suis ~ibus et iiij vacce cum suis ~ibus *Dom. S. Paul.* 58; **1244** (v. 1b supra). **c** ~us, i. fructus *GlH* E 280.

4 (fig.) issue, growth.

ostendit se necdum vitiorum ~ibus eliquatum BEDE *Prov.* 999; ~us boni operis generet, in quibus . . et operis et doctrinae ~ibus gaudeant *Id. Cant.* 1131; Deus, qui ecclesiam . . novo . . ~u [AS: *berendnise*] multiplicas *Rit. Durh.* 30; malorum extirpabat plantaria . . . nec prius abstitit quam, adulterinis abdicatis ~ibus, . . geniales virtutum adoptarent successus W. MALM. *GP* I 44.

feud- v. feod-. **feuf-** v. feoff-. **feugera, ~ia, ~ium** v. felgera. **feum, feuodum** v. feodum. **feuofare** v. feoffare. **feurnus** v. fornus 2. **feut-** v. filt-. **feutr-** v. filtr-. **feverellus** v. 1 forellus. **fevum** v. feodum. **fewdatarius** v. feodatarius. **fewodum** v. feodum. **feyr-** v. 1 feria. **ff-** v. f-. **fi** v. phi. **fiala** v. phiala. **fialator** v. fiolator. **fialus** v. fiola.

fiantia [OF *fiance*], fealty.

1111 concedit quod H. . . absque †viuagio [MS: umagio, i. e. homagio] et ~a teneat de S. Petro . . terram *Reg. S. Aug.* 462.

fiber [CL], beaver. **b** otter. **c** badger.

751 ~ri atque lepores et equi silvatici . . vitandi (*Lit. Papae*) *Ep. Bonif.* 87; ~er, *bebr GlC* F 157; ~er, castor, ponticus, *befer* ÆLF. *Gl.* 140; dicuntur . . castores ~ri, qui pontici canes dicuntur BART. ANGL. XVIII 28; GARL. *Syn.* 1583A (v. bever); hic ~er, *bievre Gl. AN Glasg.* f. 21; *a brokk*, castor, beuer, feber, melote, taxus *CathA*; unde marterellorum, . . ~rorum atque similium ferarum tergora, quorum nobiliorum vestibus est usus . . secum deportant dominum BOECE f. 30. **b** urula sit ex . . bevere [*gl.*: *bever*] sive ~ro [*gl.*: *lutre, bever*] NECKAM *Ut.* 99; **1352** quilibet tenens . . inveniet prandium et potum venatori fimbrium *Rec. Caern.* 25 (cf. ib. p. 142 [**1370**]: per chaceam de *fynbryn* clamant quandam firmam . . pro quodam officio vocato Oterhuntyng'); hic feber, *a otere WW*. **c** *CathA* (v. a supra).

fibra [CL]

1 fibre, fibril (of root; in quot., fig.).

ut . . omnes dissensionum causae et fibrae ab ipsis radicibus extirpentur JEWEL *Apol.* C4.

2 vein; **b** (fig.).

~as, venas *GlC* F 175; hec febra, A. *wayne*, . . *a weyne WW*. **b** fontes . . per ~as minores . . decurrunt W. DAN. *Ailred* 5.

3 (w. ref. to liver): **a** lobe; **b** vein.

a ~ae, *librlaeppan GlC* F 169; ~ae, *lifrelæppan* ÆLF. *Gl.* 160; ~ae, *læppan GlS* 212. **b** ~a, i. vena jecoris *GlH* F 175.

4 bowels, entrails, viscera; **b** (used in divination); **c** (used on stringed instrument); **d** (w. ref. to vocal cords or diaphragm). **e** (as seat of thought or emotion); **f** (fig., w. ref. to bowels of the earth).

vulnera fibrarum . . / . . resolvo ALDH. *Aen.* 56 (*Castor*) 7; tege . . venas, ~as [*gl.*: *smæl ðearmas*], fel *Cerne* 87; ~a, *þearm GlC* F 164; setiger . . / occurrit minitansque infixit cornua fibris *Mir. Nin.* 224; **11.** . ~ae, *smelðærmas WW Sup.* 470. **b** nec calidis omen fibris perquirat aruspex ALCUIN *SS Ebor* 160; ALB. LOND. *DG* 11. 13 (v. exta b). **c** me praesente stupet mox musica chorda fibrarum ALDH. *Aen.* 13 (*Barbita*) 4; ut psalmista monet bis quinis psallere fibris *Id. CE* 3. 56; ni praevenisset nostras prius ipse [Baeda] camoenas / inciperem lyricas omnes extendere fibras ALCUIN *SS Ebor* 745; ~as tetendit et sonas atque voces . . produxit *G. Herw.* f. 323b. **d** ave, gaude, virgo dulcis, / laxis fibris et hiulcis / collaudanda faucibus WALT. WIMB. *Virgo* 30; ODINGTON *Mus.* 96 (v. fa). **e** desperatio fibras / liquerat ALCUIN *SS Ebor* 109; ardent excoctis fibrarum omenta laternis / abdita FRITH. 122; istud fuit arcana non enarrabile ~a regis Anglorum. novit Deus, qui scrutatur renes et corda; non ego W. FITZST. *Thom.* 104. **f** Stigiae ~ae te vorare malunt FELIX *Guthl.* 31.

fibrare v. vibrare.

fibrinus [CL], of beaver, (also as sb. n.) beaver-skin.

videbamus . . byssum et cannabum, fibrinum [*gl.*: *camelot*], sericum, placium BALSH. *Ut.* 52; vestes . . linostinas, ~as, melotinas *Ib.*

fibula [CL], **~us**

1 bolt, peg.

1536 de ij d. pro pinna ad *le bawderic'* de *le tenor belle* et emendacione ~i ejusdem *Ac. Churchw. Bath* 113.

2 brooch, buckle, pin; **b** (fig.). **c** clasp, hair slide.

ansa, ~a *GlC* A 559; ~a, *hringe, sigl Ib.* F 170; ~a, *preon* vel *oferfeng* vel *dalc* ÆLF. *Gl.* 152; ~a †sive [MS: sc.] dicta quod ligat, *cnæp, sigl, spennels*, chorda *GlH* F 319;

pontificales ~as vitreo nitore perspicuas Gosc. *V. Iv.* 84c; virgo de A. . . ~am pallii . . dissutam resarciebat W. Cant. *Mir. Thom.* II 36; colligit horas / fibula distantes nodoque extrema maritat Hanv. II 125; qui pretendit loculum, / fibulam vel cingulum / . . obstaculum / nullum jam formidet P. Blois *Carm.* 26. 11; hec ~a, *tache Gl. AN Glasg.* f. 21; hec febula, A. *a lase WW*. **b** decus ecclesie, via pacis, fibula legis M. Rievaulx (*Vers.*) 23. 24; ave, per quam uniuntur / . . virginali fibula / agnus leo, via finis Walt. Wimb. *Virgo* 16. **c** coram divitibus non fibula fibulat illud [sc. caput] D. Bec. 152.

3 button.

a button, ~a, nodulus, bulla *CathA*; ~a, . . *a botun WW*; **1567** pro imposicione de †fibubis cum *les lowpes* de serico nigro et argenti *Ac. LChamb.* 59 f. 13 (cf. *Misc. LChamb.* 34 p. 13: *settinge on of buttons and lowpes of black silk and silver*).

4 (her.) boll, knob.

vocatur crux nodulata, id est fibulata, quia fines ejus aptantur ad modum nodi sive ~e . . . crux florida nodulata . . habet flores in finibus suis et in quolibet puncto cujusque floris habet unum nodum sive ~am Bad. Aur. 126.

fibulare [CL], to fasten (w. clasp or button; also fig.). **b** (p. ppl.) fitted w. a clasp. **c** (her.) adorned w. bolls or knobs, pommetty.

vestis purpureā si carnem fibulet (*sic*) ossa, / anulus in digito gemmatus si tibi fulget D. Bec. 1572; *Ib.* 152 (v. fibula 2c); purpuream stricto pallam sibi fibulat auro Gir. *Symb.* II 3 p. 352; *to button*, ~are *CathA*. **b** **1315** textus . . auro coopertus . . et auro ~atus *Invent. Ch. Ch.* 78; **s1423** qui a sacris canonibus prohibitas tunicas ~atas patenter induunt Amund. I 111; **c1424** de j magna pecia cum fronte ~ato *Test. Ebor.* III 87. **c** Bad. Aur. 126 (v. fibula 4).

fibularius, maker of brooches or buckles.

in urbis exitu . . incolitant . . ~ii [Eng.: *bukklemakers*] Whittington *Vulg.* 66; **1563** Petrus a Restingan, Flander ~ius *Hug. Soc.* X 290.

ficale [AN *fiçail*], jewel in its setting, brooch.

1290 ~ia majora. idem r. c. de vj ~ibus auratis emptis contra adventum regis in Angliam, precium cujuslibet xiij s. summa vj ~ia . . . de quibus idem computat datum famularibus filii regis . . . ~ia mediocra . . precium cujuslibet xj s. . . . ~ia minora . . precium cujuslibet iiij s. *Doc. W. Abb. Westm.* 163; **c1400** hec sunt jocalia super feretrum S. Oswaldi . . : in primis xiij *fykaws*. . . hec sunt ~ia super feretrum S. Wlstani et tot viz. xxij et iiij *bricoun* in circumfeirencia crucifixi (*DC Worc.* A xxii f. 18) *J. Brit. Archaeol. Assn.* ns XXXVIII 163.

ficare [AN *ficher*, OF *fichier*], to fasten, fix.

1198 (v. avalare b).

1 ficarius [LL < CL *adj.* = *of fig*]

1 fig-seller.

~ius in una significatione dicitur ille qui colligit vel vendit ficus Bart. Angl. XVIII 51; *a fige celler*, ~ius *CathA*.

2 wild man, woodwose. **b** faun or satyr.

~ii vel invii, *wudewasan* Ælf. *Sup.* 189; dicuntur ~ii homines silvani de ficubus viventes Bart. Angl. XVIII 50. **b** Ælf. *Gl.* 108 (v. 1 Faunus); alio modo dicuntur fatui ~ii fauni et satiri [Trevisa: fatui ficarii *ben ycleped* fauni *and* satiri], qui inter agrestes ficus . . morantur Bart. Angl. XVIII 50 [cf. *Jerem.* l 39, Isid. *Etym.* VIII 11. 104].

3 *f. l.*

~ii [l. sicarii] sunt . . latrones qui cum sica . . interficiunt improvisos Bart. Angl. XVIII 51.

2 ficarius [cf. fico], shoemaker.

~ius, sutor, alutarius, pelliparius Osb. Glouc. *Deriv.* 246.

ficatum [LL], **~us**, liver (esp. of animal fattened on figs). **b** (erron.) lung.

~us, hujus sunt multe species sc. ~us caprinus, ~us hirci, [capri] et similia *Alph.* 67; *a lyver*, epar, . . ~um *CathA*. **b** jecor, *lifre*. pulmo vel fecatum vel pleumon vel epar, *lungen* Ælf. *Gl.* 160.

ficedula [CL], small bird: **a** fig-pecker. **b** (var.).

a anseres innumere, fiscedule, felice, merge, corve aquatice *Lib. Eli.* II 105; quamvis ficedule det nomen gloria ficus / uva tamen cibus est deliciosus ei Neckam *DS* II 747; συκαλίς, ~a Latine dicta, . . avicula Germanorum grasmuscho similis, ficubus et uvis victitans Turner *Av.* D6. **b** ficetula, *sugga GlC* F 176; ~a, *swertling* Ælf. *Gl.* 131 (cf. ib.: cicada, vicetula, *hegesugge*); **10**. . ficitula, *sugga WW*; ~a, A. *a rooke*; . . hic (*sic*) ~a, *a nuthage WW*; nomina avium: . . hic maviscus, A. *mawysse*; hec †fidedula, idem *WW*.

ficella, ~um, ~us v. fiscella. **ficetula** v. ficedula.

ficetum [CL], fig-orchard.

~um, locus ubi multe ficus crescunt Osb. Glouc. *Deriv.* 244.

fichereborda v. fetherborda. **fichtwita, fichwyta** v. fihtwita. **ficicus** v. physicus. **ficida** v. cecida. **ficitula** v. ficedula.

fico [dub.], shoe.

~ones [v. l. vicones] novi quibus calciatus est *V. Cuthb.* IV 14; ut . . artavum suum sub pede in medio ~onis sui poneret. . . cultellos vestros ex ~onibus vestris educite Nen. *HB* 189; facio . . calciamenta diversi generis, subtalares et ~ones [AS: *sceos*] Ælf. *Coll.* 97; ~o, *sco Id. Gl.* 125; da mihi prius vestimenta mea et ~ones meos huc porrige Ælf. Bata 4. 1; ~ones vel calciamenta illius trahe foras *Ib.* 11; Albeus in suis ~onibus super mare ambulans perrexit *VSH* (*Ailbe* 46) I 63; oleum e terra prorupit multum, donec venit trans ~ones eorum qui ibi stabant *Ib.* (*Bairre* 13) I 71; quadam . . die vulpes beati Pirani ~ones furata est *NLA* (*Piran*) II 321.

ficosus [CL], suffering from piles. *Cf.* 1 *ficus* 4a.

hec ficus . . pro arbore, quod etiam dicitur pro fructu ipsius arboris et pro quadam infirmitate . . . inde dicitur ~us, . . i. illa infirmitate plenus Osb. Glouc. *Deriv.* 231.

ficte [CL], by pretence, falsely, lyingly.

se . . subditurum non ~e devoverat Ord. Vit. VI 10 p. 128; cum illo ~e militantes, comiti amplius favebant *G. Steph.* I 30; ut nec . . aliquid sciant, set . . ~e et superficialiter *Incept. Ox.* 179; quia duo homines ~e mendicabant (*LBLond.* H f. 125) *MGL* I 605; **1428** dixit . . Margeria . . quod ipsa fuit sepius ~e confessa decano de Campis *Heresy Tri. Norw.* 48.

ficticie, by pretence, falsely, lyingly.

1281 decurtari laudes expostulant ut ipsum . . devocius valeant, ut ~e asserunt, decantare Peckham *Ep.* 213 p. 260; **1430** regali stemate ~e insignitur *Cant. Coll. Ox.* III 69.

ficticius [CL]

1 artificial, made up. **b** (as sb.) artificial thing.

falerato, i. ornato vel ~io, *gehyrste, geraedod GlH* F 58. **b** Adel. *QN* 14 (v. componere 5a).

2 fictitious, illusory, imaginary. **b** (as sb.) illusory thing.

homo . . ~iam quandam affectat libertatem ut possit . . quod voluerit facere J. Sal. *Pol.* 675c; **c1168** ei . . ~ium nichil inponam *Id. Ep.* 256 (257); quatinus res non videant sicut se habent, sed ad falsas . . et ~ias videndum formas vi phantasmatis . . abstrahantur Gir. *TH* II 19; possessionum . . alia vera, alia imaginaria sive colorata sive ~ia; imaginaria, ut si quis se gesserit ac si possideret cum alius possideat Bracton 39; antiquitas non ~iis impossibilitatibus poetarum suffragatur (Wycl.) *Ziz.* 455. **b** quod non potest esse in rerum natura est ens fictum seu est ~ium, tale autem non habet esse essencie W. Alnwick *QD* 521; tu potes ymaginari . . montem aureum, hircocervum, chymeram, et hujusmodi ~ias intellectus Wycl. *Ver.* II 125.

3 deceptive, feigned, fraudulent. **b** (as sb. f. or n.) deceiving, simulation. **c** deception, lie.

deceperat [Ygernam] ~iis sermonibus quos ornate componebat G. Mon. VIII 19; ~ia miracula miracula non sunt T. Mon. *Will.* II 8; hic flentes adjuvat fletu ficticio Walt. Wimb. *Palpo* 108; **s1401** inquisicionem . . ~iam, et fraudem ac damnum erga . . regem . . molientem suspicati, judicium . . reddere distulerunt *Meaux* III 287. **b** Parthia perfidiam, furias Germania, raptum / Tracia, ficticium Grecia vana sapit Garl. *Epith.* II 474; *Fleta* 164 (v. diaeta 3a); **s1215** Londinenses qui intellexerunt dolositatem ejus [sc. regis] et ~iam, extraxerunt se ab eo W. Newb. *HA Cont.* 518; habet verius et proprie esse ex opere creacionis et recreacionis quam ex ~ia vel deputacione peccancium cecatorum Wycl. *Civ. Dom.* I 76; respondit . . quod Christus . . vere sine ~ia thesaurum spiritualem . . ecclesie partietur Netter *DAF* II 204rb. **c** composuerunt sapientes libros metrice . . continentes . . ~ia . . . sapientes composuerunt sub ~iis exterioribus profundam sententiam *Ps.*-Gros. *Gram.* 67; humanitas Cristi . . cognoscitur . . contra Achademicorum ~ias Wycl. *Ver.* I 211; et sic ficticiis plebs incantata putabit / sanctos exterius quos dolus intus habet Gower *VC* IV 799; **s1191** comperit ipsos ~ias protulisse *Meaux* I 260; ad officium ducis belli . . pertinet . . vecordes et desides sub honestis ~iis deridere . . ut per sua verba dicti vecordes forcius animentur Upton 31.

fictilis [CL]

1 made of clay or earthenware (also fig.); **b** (w. *vas*; also fig.); **c** (w. ref. to *Dan.* ii 33, *etc.*). **d** (as sb. n.) earthenware vessel (also fig.).

cujus [sc. Babyloniae] post ruinam muri tantum ~es remansisse . . traduntur Bede *Nom. Acts* 1035; **9**. . olla ~is, i.e. *crocca WW*; ut aurea, ita et ~ia in domo Domini sunt utensilia Gosc. *Edith* 35; fabam tunicatam vix semicoctam non nisi de paraside fraxinea aut ~i depicta, vel lance tornatili limpidiore, ad oris hiatum presento J. Godard *Ep.* 222; surgunt gemitus, suspiria, planctus, / auctoremque suum fictile flectit opus Garl. *Epith.* I 300; quod paret solidum ostendit fragile, / quod paret ferreum ostendit fictile Walt. Wimb. *Sim.* 139. **b** lagunculа[s], vasa ~ia *GlC* L 41; **8**. . vas ~e, *lemen fet WW*; [libri] qui repositi sunt in vase ~i [cf. *Jer.* xxxi 14] S. Langton *Serm.* 1. 28; o dedecus cum vir habitu religionis decoratus plenus est rimarum tanquam vas ~e Neckam *NR* II 191; alii [sc. habentes passionem melancolicam] putant se esse vas ~e et terreum Bart. Angl. IV 11; plasmatio . . proprie convenit vasis ~ibus de luto formatis Gros. *Hexaem.* VIII 18. **c** nunc caput a statua Nabugod prescinditur auri. / fictilis et ferri stant duo jamque pedes Gower *VC* VII 6. **d** ~ia vel samia, *læmene fatu* Ælf. *Gl.* 154; **9**. . ~ia, *læmena WW*; in ventre coeunt lutum et deitas, / fictor et fictile Walt. Wimb. *Carm.* 57.

2 deceptive, fraudulent.

in tenebris tenebrosa docens tenebrosus Apollo / fictilibus verbis detineat socios, / nec cuiquam credat (*Vers.*) Adel. *ED* 7; fictilis est laicus set fictilior modo clerus Gower *VC* VII 141; in causa fragili sic causat fictilis etas *Ib.* 173; **1433** inania ac ~ia verba fas est . . dispergi Bekynton II 146.

1 fictio [CL]

1 fashioning, forming, shaping.

finxit vel plasmavit Deus hominem . . . plasmatio . . vel ficcio proprie pertinet ad corpus quod de limo seu pulvere formatum est Gros. *Hexaem.* VIII 18.

2 (mus.) supplying of accidental not recorded in standard notation.

nobilitatio soni est augmentatio ejusdem vel diminutio per modum superbie, in augmentatione ut melius videatur, in grossitudine ut bene audiatur, in ~one ut melius appetatur, in dimissione ut spiritus recurventur Garl. *Mus. Mens.* P 15.

3 feigning, pretence; **b** (w. ref. to *Wisd.* iv 11). **c** fiction, fable. **d** (leg.) legal fiction.

non erat ~oni locus Ailr. *Serm.* 10. 596d; alta dans suspiria pro malis immensis / jam tunc imminentibus sine fictione *Carm. Lew.* 195; veritas que excludit ab homine simulacionem et ~onem vite Bacon *Maj.* II 257; **1280** precepimus quod prior conventum . . in choro . . viriliter sine ~one qualibet comitetur *Reg. Ebor.* 131; **1397** nisi . . emergat necessitas . . sine finxione *Reg. Heref.* 142; ~o favorem vel terrorem comparaverat Elmh. *Cant.* 337. **c1450** sicut veritas est semper . . dicenda, . . dux . . aperuit . . consilium sine velamine fixionis *MonA* VI 77a. **b** ne ~o deciperet animam illius *V. Kenelmi A* 2; ne . . fictio atque temptatio deciperent animam ejus Gir. *GE* II 11. **c** minotaurum . . in . . fabulosis Graecorum ~onibus depingam *Lib. Monstr.* I 50; verba vana sunt, quia nisi fabule et ~ones sompniorum Trevet *Troades* 32; **a1350** nec ~onem . . vel causam . . irracionabilem absentie adinvenire *StatOx* 57. **d** quod . . dicitur pendere status, verum est ratione future ~onis postliminii quod omnino separatur a jure Bracton 6.

2 fictio v. 2 fixio.

fictivus, imaginative. **b** imaginary.

si intellectus haberet vim productivam realem, sicut habet vim ~am, illud productum vere esset ejusdem racionis cum illo preintellecto Ockham *Sent.* III 419. **b** alii . . anitatem ejus [sc. materie absolute prime] negaverunt, cum nec ipsa usquam sit vel unquam per momentum esse actuale habuerit ejusque positio ~a magis quam vera vel necessaria videatur *Ps.*-Gros. *Summa* 320.

fictor [CL]

1 one who fashions, maker.

non varius dictor rumorum sis necque fictor D. Bec. 1460; Walt. Wimb. *Carm.* 57 (v. fictilis 1d).

2 one who makes up, liar.

~or vel hipocrita, *liccetere* Ælf. *Sup.* 168; cum dicat memoratus ~or Gosc. *Lib. Mild.* 13; Osbertus . . longe gnavius ficio ~ore figmenta [*RS ed.*: ficto ~ore figmata] componens, qui ut utramque causam . . inficeret et intoxicaret, magnam veneni sui partem effudit Gir. *Invect.* I 12; quomodo . . in his solis . . sunt ~ores [sc. prophetae], cum in omnibus aliis . . que dixerunt verissimi comprobentur Bradw. *CD* 31e; **s1319** inter hujusmodi perturbacionum †fingores [l. fictores] et falsitatum collusiones *Flor. Hist.* III 188.

fictuarius v. fructuarius. **fictuosus** v. fructuosus. **fictus** v. fingere.

ficula [CL], **~us**, fig.

c1310 in ij couplis de ficulis de Mallek et figulis de Sybyll xxxvj s. iiij d. *Ac. Durh.* 520; *a dry fige*, . . ~us *CathA*.

ficulneus [CL]

1 of a fig-tree (in quots., w. ref. to *Gen.* iii 7).

cum sua . . genitalia attendebat . . perizoma ~eum contexuisse perhibetur Pull. *Sent.* 753b; foliis ~eis . . pudenda texerunt T. Sutton *Quodl.* 619.

2 (as sb. m. or f.) fig-tree (also fig.); **b** (w. ref. to *Matth.* xxi 19, *Mark* xi 12–14, 20); **c** (w. ref. to *Luke* xiii 6–9).

florulenta caricarum ~ea Aldh. *Met.* 2 p. 68; carica fructus de ~ea nuncupatur *Id. PR* 114; ~a, arbor fici Osb. Glouc. *Deriv.* 244; *a fige tre*, ficus, ~ea, ~eus *CathA*. **b** **a801** spes est in vinea florente, non in ~ea arescente

ALCUIN *Ep.* 192; maledicit Christus ~ee non habenti fructum AD. DORE *Pictor* 159; ut .. ipsa ~ee illius maledicte folia statim sint arefacta J. FORD *Serm.* 45. 6; maledixit ~ee ne faceret aliis fructum OCKHAM *Pol.* I 39. **c** hoc esse fructum in ~ea quaerere et non invenire BEDE *Luke* 504; donavit michi Deus spacium ad fructificandum, non .. post tres annos .. me tamquam ~eam sterilem excidendo UHTRED *Medit.* 198; **1426** nos .. ad hanc nostre culture ~eam personaliter accedimus, quatenus videamus si arbores vestrarum fraternitatum in ea crescentes .. florem referant AMUND. I 212.

3 (as sb. n.) fig-orchard.

~eum est locus ubi crescunt ficeus (*sic*) *CathA.*

ficulus v. ficula.

1 ficus [CL *second & fourth decl.*]

1 fig-tree; **b** (w. ref. to *Gen.* iii 7); **c** (w. ref. to *Jud.* ix 8–15); **d** (w. ref. to *Matth.* xxi 19, *Mark* xi 12–14, 20); **e** (w. ref. to *Luke* xiii 6–9); **f** (w. ref. to *John* i 45–50).

quaesivit fructum in ~u BEDE *Cant.* 1151; ~us, *ficwyrt* ÆLF. *Gl.* 134; *V. Anselmi Epit.* 97 (v. emolumentum 2a); queritur in quibus abundet aer, aqua, et terra? R. in ~ubus ... ita in ~is dominantur tria *Quaest. Salern.* B 159; ~us [ME: *figer*] est arbor ferens dulces fructus *AncrR* 48; hec ~us, -ci vel -cus, *a figtre WW.* **b** Adam et Eva de foliis ~us perizomata facientes tegunt sibi pudenda AD. DORE *Pictor* 155; sed postquam excidit obediencia / .. / fugerunt pariter ad ficus folia WALT. WIMB. *Carm.* 418; Adam et Eva post peccatum .. membra secreta .. tegebant foliis ~uum GASCOIGNE *Loci* 105. **c** ~us et vitis simulque oliva ad extremum ramnus .. profari perhibentur ALDH. *Met.* 7. **d** potest per terram sterili ~u occupatam Judaicae plebis turba figurari BEDE *Luke* (xiii 7) 504; **13..** circa ficum sterilem labor omnis perit (*De studiis* 39) *Pol. Songs* 208 (cf. ib. 207 [*Ib.* 27]: igni digna subjici sine fructu ficus). **e** **1426** ad instar viri evangelici qui, habens ~i arborem in orto crescentem, ad eam solet interdum descendere, ut videat si fructum faciat AMUND. I 212. **f** Philippus vocat sub ~u Nathanaelem AD. DORE *Pictor* 155.

2 (var.): **a** (~*us agrestis, silvatica*, or sim.) wild fig-tree. **b** (~*us fatua*) 'sycomore'; *cf. fatuus* 3. **c** (? erron.) chestnut.

a *SB* 15 (v. caprificus); ~us, alia agrestis, alia usualis *Alph.* 67; opocissi, i. succus ~us agrestis, communiter lac coagulat *Ib.* 130. **b** BEDE *Luke* 560 etc. (v. fatuus 3); ~us fatua, i. sicomorum *SB* 21; ~us fatua, sicomorus *Alph.* 67. **c** ~us, castanea nux, habet tria nomina *Herb. Harl. 3388* 79v.

3 fig; **b** (dist. as dried); **c** (dist. by variety or place of origin).

massas caricarum conficiunt de recentibus ~is ALDH. *PR* 114; cum ficu sit multo pretiosior uva NECKAM *DS* II 748; Ysaia jubente cataplasmatur Ezechias de massa ~uum AD. DORE *Pictor* 155. **1211** in amigdalis, figuis, reisinis portandis apud Wintoniam *Pipe Wint.* 155; **1212** c li. de figis emptis ad opus filiarum regis Scotie *Pipe* 49; **1303** (v. dactylus 3a); **1475** cum dactylis, amygdalis, ficibus *Ac. Chamb. Cant.* 143. **b** GAD. 101v. 1, *SB* 14 (v. 2 carica a). **c** c**1305** super expensis hospicii de fic' Mallek' .. de empcione anni presentis lxv fraell' *KRAc* 370/27 m. 5; de fic' Tanill' *Ib.* m. 7; **1307** in portag' .. vj coupl' ~uum et racemorum Tanill' et j bal' dactill' ... in portag' .. x fraell' ~uum Mallek', iiij fraell' racem' Mall', x fraell' ~uum Tanill' et x fraell' racemorum Tanill' *Ib.* 368/30 m. 7; ~us .. Pharaonis cum aliis ficubus in figura et colore conveniunt, et disconveniunt in sapore, soliditate, et modo crescendi S. SIM. *Itin.* 40.

4 haemorrhoids, piles. **b** unspec. ailment.

alii ~um existimabant, quod genus infestissimi doloris etiam ab infantia habuit ASSER *Alf.* 74; anteque vulnificus mea sauciet intima ficus R. CANT. *Malch.* III 216; corporis .. infirmitas .. naturalis .. ut ~us ab .. hominis infantia .. continuus *Simil. Anselmi* 121; erupit .. cancer in capite virge, ~us in fundo, fistula in nate W. CANT. *Mir. Thom.* II 20; diuturna profluentis ~i detentus egritudine T. MON. *Will.* III 13; emoroide, i. ~us, viz. infirmitates que circa anum sanguine fluunt *SB* 19; *þe figes*, quidam morbus, ~us *CathA.* **b** mulierem .. multis diebus ~us exeserat et jam fere consumpserat. .. nauseam passa, ut nature satisfaceret ecclesiam egressa est statimque vermem .. cum capite rubeo et rostro acuto pedibusque multis .. evomuit *Mir. Wulfst.* I 29.

2 ficus v. picus.

fida [dub.], (?) tern.

~a, *stearn GlC* F 163.

fidare [*backformed from* affidare], to swear, pledge faith.

1248 †fiderunt [? l. fidarunt] .. quod .. electi essent .. piscatores *Ext. Guern.* 27 (= *CalMisc* 55 p. 17: †vider[in]t); *to swere*, ~are, con-, fiduciare *CathA*; *Mon. Rit.* I 54 (v. fidatio 2).

fidatio [cf. affidatio]

1 swearing, pledging of faith.

a swerynge, ~o, juracio, juramen *CathA.*

2 betrothal.

non fidabit sacerdos .. ad ~onem inter virum et mulierem *Mon. Rit.* I 54.

fide [CL = *faithfully*]

1 securely.

molimen .. ut .. ~issime contegatur GILDAS *EB* 37; capite pro galea adjutorio Domini ~issime contecto *Ib.* 65.

2 accurately.

MAP *NC* IV 6 (v. diffigurate).

fideciarius v. fiduciarius.

fidedignus

1 (leg., w. ref. to testimony) trustworthy, worthy of belief: **a** (of person); **b** (of statement).

a **1235** si .. miserit ad nos .. comes nuntios suos ~os *Cl* 175; **1237** quod .. matrimoniales cause .. viris providis et ~is .. committantur *Conc. Syn.* 255; p**1241** (v. fideidatio b); Alicia de C. .., mulier ~a *Mir. Montf.* 85; per viros ~os et juratos *Chr. Peterb.* 81; **1299** convenientibus viris fidedingnis *FormA* 383; s**1366** electi sunt ducenti cives ~i J. READING 187; **1407** mercatorum ~orum *Lit. Cant.* III 100; **1464** coram testibus ~is infrascriptis *Sanct. Durh.* 1. **b** **1280** ~a asseveracione PECKHAM *Ep.* 118; s**1319** ad nos relatio ~a perduxit *Hist. Roff.* f. 13; **1327** ex testimoniis ~is *Lit. Cant.* I 257; **1345** sicut .. ~a tam verbalis quam literalis relacio pertulit (*Lit. Papae*) AD. MUR. *Chr.* 187; c**1390** ex relatu ~o didicimus quod .. *FormOx* 229.

2 (as sb. m.) person whose testimony is trustworthy (esp. leg.).

recognito .. per sacramentum xxiiij ~orum, clericorum pariter et laicorum AD. EYNS. *Hug.* IV 8; **1255** per inquisicionem ~orum *RGasc* I sup. p. 44; **1265** ex ~orum testimonio *Cl* 21; **1279** a ~is frequenter audivimus .. quod .. *Reg. Ebor.* 12; **1311** si .. hoc per ~os compertum fuerit *MunCOx* 20; a**1313** clamosa ~orum insinuacio aures nostras .. propulsavit *Bury St. Edm.* 176; a ~o narrari solet quod .. *Latin Stories* 124; **1443** informacione ~orum .. expectabam literas BEKYNTON I 175.

fidedula v. ficedula b. **fidefragium** v. fideifragium. **fidefragus** v. fideifragus.

fideicommissum [CL al. div.], (leg.) testamentary request (dist. from command) to heir.

fidei commissum, *on treowe gelæton GlH* F 365.

fideidatio [al. div.], pledging of faith. **b** betrothal.

1269 J. .. dimisit eis .. terram .. nulla tamen facta .. carta conventionis. verumptamen .. fidei datio intervenit cum potationibus sequentibus. .. cum .. prependisset .. J. fatuam .. fecisse conventionem .. non obstante ~one a .. conventione resilivit *JustIt* 1201 m. 18*d.*; **1289** de .. costuma .. Burgedale et per consequens de yssaco sint quita et libera cum ~one *RGasc* II 331; **1289** pactiones, conventiones, obligationes, fidei dationes *FormOx* 358; a**1350**, **1364** (v. datio 3a). **b** p**1241** fidei dationes et de matrimonio contrahendo fieri prohibemus, nisi coram testibus fide dignis *Conc.* I 549; c**1250** (v. datio 3a); **1289** fidei dationes [v. l. donationes] domesticas de matrimonio contrahendo fieri prohibemus, nisi coram testibus fide dignis *Conc. Syn.* 1086.

fideidonatio v. fideidatio.

fideifragium, breach of faith. *Cf. foedifragium.*

s**1383** reginam cepit convenire de fidefragio erga comitem WALS. *HA* II 137.

fideifragus [LL], (one) who breaks faith or pledge.

fides componitur .. fidifragus .., i. fidem frangens OSB. GLOUC. *Deriv.* 207; s**1191** ut fidifragus et perjurus satisfactione digna deleat quod deliquit DEVIZES 36; fidefragos SILGRAVE 43 (v. foedifragus b); fidifragos OXNEAD *Chr.* 7 (v. foedifragus a); *a faythe breker*, fidefragus *CathA*; fidefragi sumus, et amicitia professa deficimus COLET *Sacr. Eccl.* 86; ipsum perfidum fidefragumque in perpetuum reputant MAJOR VI 4.

fideilaesio, breach of faith.

1389 in causa fidilesionis et perjurii (*MS Lambeth Palace Library, Reg. Courtenay*) *Reg. Cant.* f. 356v.

fidejubēre [CL], to pledge surety, go bail. **b** (trans.) to pledge surety for (fig.), guarantee.

vos .. fidejussistis quia jussistis ANSELM (*Ep.* 90) III 218; s**1196** efflagitans ut nos et capitulum nostrum ~eremus pro eo, quod .. DICETO *YH* II 136; **1219** ~emus et manucapimus quod .. pecunia .. solvetur *Pat* 209; ut si dicatur "promittis?" et respondeatur "promitto". .. "~es?" "~eo" *Fleta* 121; **1312** quatinus .. pro ipso velitis nomine nostro ~ere *Reg. Aberbr.* I 288; ne aliquis monachus .. sine consensu .. capituli .. pro aliquo ~eret *Meaux* I 330; s**1400** mercatores transmarini .. sunt restricti quod .. in domo alicujus civis .. fidejussuri morari debeant AD. USK 55; **1457** T. W., T. H. [et al.] .. fidejusserunt et fidejussores intervenerunt pro R. P. et J. B. .. quod .. *MunAcOx* 670. **b** ~ent sermonis nostri veritatem .. vetustissime scedule *Chr. Rams.* 13.

fidejussēre [*backformed from supine stem of* fidejubere], to pledge surety, go bail.

1372 si magister navis fedejussebit deputato ad colligendum lastagium *IPM* 231/8.

fidejussio [CL], (giving of) surety.

ut omnis sit in centenario et ~one [AS: *on borge*] positive (*Cons. Cnuti*) *GAS* 323; si sub ~one effugerit, .. solvat fidejussor .. capitalem censum (*Ib.*) *Ib.* 335; quia aurum ille nullatenus crederet nisi vestra ~one ANSELM (*Ep.* 90) III 218; **1166** quis umquam vidit .. Cantuariensem .. cogi ad ~onem in curia regis? BECKET *Ep.* 223; **1202** ~onem vestram quam pro eo nobis fecistis ei quietamus *Pat* 11b; rapitur .. heremita ad judicium de ~one, accusatur et de gratia judicis pro corripiendo lathomo remittitur *Spec. Laic.* 11; **1312** quod .. pro ~one predicta feceritis ratum habebimus *Reg. Aberbr.* I 289.

fidejussor [CL], one who gives surety, guarantor. **b** baptismal sponsor.

8.. ~or, *borhhond WW*; praedes, fidejusores *GlC* P 663; vicecomes de eo est fide jussor *DB* II 446v.; secure .. cum millena usura recepturi impendite, .. quia fallere nec .. nos .. ~or noster potest ANSELM (*Ep.* 90) III 217; si vis aurum .. affer michi ~orem *Descr. Constant.* 251; pignoribus et ~oribus datis J. SAL. *Pol.* 682C; "quoscunque duxeris fedejussores dabo." ad hoc puer "Hoelum" inquit "peto fedejussorem" MAP *NC* II 23 f. 31v.; **1270** uterque ipsorum alterius fidemjussor devenit in solidum se obligando *Cl* 287; **1383** hos invenerunt ~ores suos J. .. et R. *Hal. Durh.* 177; ut habeant .. x mercas ut exeat sub fidemjussoribus GASCOIGNE *Loci* 127. **b** **786** illi qui parvulos de sacro fonte suscipiunt et .. respondent .. fidei credulitatem sciant se ~ores ipsorum esse ad Deum pro ipsa sponsione ALCUIN *Ep.* 3; [patrini] sunt ~ores fidei illorum [filiolorum] BELETH *RDO* 110. 114.

fidejussorie, by way of surety.

1255 nos .. in xxiiij marcis argenti .. eidem .. persolvendis pro .. comite ~e obligamus *RGasc* I sup. p. 22; virum .. nobis ~e juratorieque obligatum quatinus .. satisfaciet *Reg. Whet.* II 434.

fidejussorius [CL], of a guarantor or surety. **b** (as sb. n.) guarantee, surety. **c** (abl. as adv.) by way of surety.

~iam .. cautionem AILR. *SS Hex* 1 etc. (v. cautio 1b); c**1170** me .. in summa majore xxx librarum suis ~io nomine obligatum creditoribus relinquentes ARNULF *Ep.* 63; prestita sufficienti securitate ~ia BRACTON 302; *Fleta* 382 (v. derisorius b); c**1340** ~io nomine me obligo .. pro eisdem personis *FormOx* 118. **b** subeuntibus .. abbate et amicis Raimbaldi apud regem pro eo ~ium, abbas viz. ccc li., amici cc *Chr. Abingd.* II 38. **c** **1268** pro hac relaxatione .. burgenses Norht' cognoscunt se debere fideijusorio pro Philippo filio Roberti de Norht' .. cx m. *JustIt* 618 r. 3*d.*

1 fidelia [CL], pot, pail, bucket; **b** (fig.). **c** churn.

~ia, vas *Gl. Leid.* 37. 4; ~ia, olla, urna, urceus, orca, obba OSB. GLOUC. *Deriv.* 239; obba vel onophorum simul orca, fidelia, vas est GARL. *Syn.* 1587C; hec ~ia, *pot de terre Gl. AN Glasg.* f. 20; hec idria, *a watyrpot*; hec ~ia idem est *WW*; *leute, potte, or vessel, or mesure*, ~ia, -ie *PP.* **b** quem celi cingere non potest fascia / in brevi cingitur ventris fidelia WALT. WIMB. *Carm.* 108. **c** †fidelica, A. *a cherne WW*; *a cherne*, ~ia, -ae LEVINS *Manip.* 81.

2 fidelia v. fidelis.

fidelica v. 1 fidelia. **fideligia** v. 1 fides 8a.

fidelis [CL]

1 faithful, constant, loyal.

persolvo debitum .. vile .. sed ~e .. et amicale .. Christi tironibus GILDAS *EB* 1; **749** duces ~issimique amici consenserunt *CS* 178; **853** semper ~is minister extitit *CS* 467; **903** concedo meo dilectissimo ac ~issimo Wulfsige episcopo *CS* 894; Deus illi ~is est qui domino suo recte ~is est (*Quad.*) *GAS* 301; **1253** A., jurata, dicit quod predicti forestarii sunt ~es in servicio domini regis *SelPlForest* 108; s**1397** comes [Arundell'] respondit 'ubi sunt illi plebei ~es?' .. et ~es plebei regni non sunt hic *V. Ric. II* 137; **1460** consideret .. exempla de dominorum ~ium atque communium morte *Paston Let.* 617.

2 trustworthy, reliable: **a** (usu. of man or nation); **b** (of power, in phr. ~*e posse meum*); **c** (of text or testimony); **d** (of account or possession); **e** (of weight).

a quod Britanni nec in bello fortes sint nec in pace ~es GILDAS *EB* 6 (cf. HIGD. I 38 p. 402 [*De Wallia* 104]: hos dicit Gildas fragiles / et nec in pace stabiles); ea quae

certissima ~ium virorum adtestatione .. cognoscere potui BEDE *HE pref.*; que .. oculis subjecta ~ibus ipse conspexi firmiter .. assero [cf. Horace *Ars* 180] GIR. *TH* II *pref.*; gens .. sola infidelitate ~is *Ib.* III 21; **1200** fit in libitum appellati utrum velit .. purgacionem duodecim ~ium hominum *APScot* I 317; **1219** visnetum .. testatur quod Walterus ~is est et non malecreditur *CurR* VIII 180; **1243** ponit se super xij juratores de bono et malo, qui dicunt quod ~is est; ideo quietus *AssizeR Durh.* 29. **b 1220** ~e posse nostrum adhibebimus erga viros religiosus .. quod .. *Pat* 240; **1228** heredem secundum ~e posse suum .. maritabit *CurR* XIII 140; **1255** corpus .. Grunewardi nobis .. reddent pro posse suo ~i *RGasc* I sup. 22. **c** '~is sermo est' [*1 Tim.* iii 1] ... ille dixit ~em .., vos ut infidelem .. sprevistis GILDAS *EB* 108; hominem ~i historia lunatas habuisse plantas .. comperimus *Lib. Monstr.* I 25; in omni civitate ~e testimonium inveniatur *GAS* 24; GIR. *GE proem.* p. 4 (v. 1 fides 5b); **a1350** promittet .. quod ~e testimonium perhibebit *StatOx* 30; **1420** de ~i juramento facto *Conc. Scot.* II 78. **d 1295** dicit quod emit predicta jumenta .. a quodam mercatore .. de suo legali et ~i catallo *CourtR Hales* 323; **1329** in presencia nostra apud Glasguam ~e compotum reddidit et finale *ExchScot* 149; **c1534** teneantur reddere ~em compotum de biennio in biennium *StatOx* 337. **e** quod habeant .. mensuras ~issimas et signatas et pondera ~issima et signata (*Leg. Will.*) *GAS* 490.

3 (as sb. m.) loyal subject.

~es quoslibet interrogabat quare tam nequiter judicassent ASSER *Alf.* 106; **1042** (13c) uni meo ~i .. ruris particulam .. concessi *CD* 765; **s1071** sciatis vos mei ~es me concessisse servicium de Livermere .. *Regesta* I p. 119; **a1118** Henricus, rex Anglie .. omnibus ~ibus suis salutem *Ch. Sal.* 3; **1203** aliis ~ibus domini regis ibidem tunc presentibus *CurR* III 7; **s1230** mediantibus utrorumque [sc. pape et imperatoris] ~ibus et amicis in concordiam convenerunt WEND. III 6; **1265** rex dilecte consanguinee et ~i sue M. comitisse Flandr' salutem *Cl* 46; **1338** hec est .. concordia facta .. coram .. regis ~ibus tunc ibidem presentibus *Deeds Balliol* 23.

4 of the faith, faithful, Christian: **a** (of person); **b** (of action or sim.); **c** (of text).

a si laicus ~is pro ebrietate vomitum facit, xv dies poeniteat THEOD. *Pen.* I 1. 5; jussit / .. cuneum glomerare fidelem ALDH. *VirgV* 1579; ~issimus .. nostrae ecclesiae presbyter BEDE *HE* III 15; semper ubique Deo, peto, vos estote fideles ALCUIN *Carm.* 10. 16; vobis .. consulo sicut ~i Christiano .. quatenus .. ANSELM (*Ep.* 467) V 416; te cogit timor esse pium, te pena fidelem WALT. ANGL. *Fab.* 24. 7; **1459** plebs ~is .. prope Turcos moram trahens *Reg. Whet.* I 333. **b** quod ~i prece .. poscimus ALDH. *VirgP* 18; salutem et ~es orationes ANSELM (*Ep.* 134) III 276; nulla vita ~ior .. quam eorum qui in claustris humiliter degunt J. SAL. *Pol.* 695D; **c1210** salutem et ~em benedictionem *FormOx* 276. **c** errores .. qui in scripturis tam ethnicis quam ~ibus poterunt inveniri J. SAL. *Met.* 932B; symbolum Athanasii est catholicum reputandum et ~e OCKHAM *Dial.* 412.

5 (as sb. m.) faithful person, Christian; **b** (w. *Christi*).

601 de his, quae ~ium oblationibus accedunt altario (*Libellus Responsionum*) BEDE *HE* I 27 p. 48; **718** universis ~ibus .. Dei mandata sunt observanda (DAN. WINT.) *Ep. Bonif.* 11; **803** omnium monasteriorum quae olim a ~ibus Christo .. dedita fuerunt (*Clovesho*) *CS* 312; salutiferum ~ibus poculum praebens OSB. *V. Dunst.* 34; ~ium .. inopiam .. sustentabant Paulus et Barnabas R. NIGER *Chr. I* 21; ea pie ~ium devotioni propalanda aggredior T. MON. *prol.* p. 3; queritur utrum conveniebat prophetiam dari ~ibus per infideles HALES *Qu.* 309; deterrere fideles / a bellis cupio GARL. *Tri. Eccl.* 63; rerum ecclesiasticarum, que .. a ~ibus sunt donate ecclesie OCKHAM *Pol.* I 307; multum crevit erga fratres .. devotio et affectio ~ium *Mon. Francisc.* I 512; **1456** repulsa est illa tempestas impendens cervicibus ~ium BEKYNTON II 152. **b** progressi in publicum ~es Christi BEDE *HE* I 8; **1222** rex omnibus Christi ~ibus .. salutem *Pat* 350; **1335, 1481** (v. Christifidelis).

6 (as sb. n.) act in accordance w. the faith.

a1133 universis .. prelatis .. H. abbatissa .. salutem et orationum ~ia in Cristo *Cart. S. Denys Southampt.* I 215.

fidelitas [CL]

1 fidelity, faithfulness; **b** (as title). **c** (*ponere se de ~ate sua*) to put oneself on oath. **d** pledge, surety.

MAP *NC* II 23 (v. 1 fides 4a); **1291** fecerunt sacramentum quod fideliter se gerent et ~atem facient in ulnando tam venditoribus quam emptoribus (*CourtR S. Ives*) *Law Merch.* I 41; caritas, humilitas, ~as [ME: *treoweschipe*] .. cor regulant *AncrR* 7. **b 1253** ~atem vestram rogamus quatinus .. (*Pat*) *RGasc* I 329; **1294** nos de ~atibus vestris .. confidentes .. rogamus .. *Ib.* III 212; **1340** exoro .. quatinus .. secundum ~atis vestre promissionem, ipsum .. dignemini .. transmittere *FormOx* 307. **c 1219** de ~ate sua ponit se super visnetum suum *CurR* VIII 180; **1220** W. de B. .. ponit se super comit[atus] .. de ~ate sua ita quod si eum aquietent quietus sit, sin autem convincatur *Ib.* 278; ponit se de ~ate sua super visnetum suum de bono et de malo *PlCrGlouc* 18. **d 1225** W. fecit nobis fidellitatem .. de hundredo predicto cum pertinentiis fideliter custodiendo *LTRMem* 7 m. 3/2d. (= *KRMem* 7 m. 15d.: securitatem); **1361** ad hoc bene et fideliter obsequendum tradiderunt prefato Thome ~atem in presencia J. Otewy *CourtR Winchester*.

2 fealty.

s887 iiij reges ~atem et oboedientiam Earnulfo .. promiserunt ASSER *Alf.* 85; **a1087** salva regis ~ate (v. feodalis 1b); **s1139** dato ei homagio et ~atis sacramento W. MALM. *HN* 478 p. 35; principum terre illius spontanea deditione et ultronea ~atis exhibitione GIR. *TH* III 9; statim post [sc. homagium factum] faciat domino suo sacramentum ~atis hoc modo: .. BRACTON 80; differt .. homagium a ~ate quia homagium est ille actus prestacionis juramenti cum sua solempnitate et fit in principio, set ~as est obligatio permanens habens perseveranciam et tractum temporis .. ~as est duplex, quedam superior, ut in feudo ligio, et alia inferior UPTON 36.

3 oath of fealty: **a** (to emperor or king); **b** (to other lord or unspec.); **c** (sworn by woman).

a occurrunt ultro Cantuarii haud procul a Dovera, jurant ~atem, dant obsides W. POIT. II 28; ut omnes jurent .. ~atem Eadmundo regi, sicut homo debet esse fidelis domino suo (*Quad.*) *GAS* 190; **s1136** juraverunt episcopi ~atem regi quamdiu ille libertatem ecclesie et vigorem discipline conservaret W. MALM. *HN* 464 (cf. SILGRAVE 90: rex .. Stephanus .. cepit homagium et ~ates); **1153** antea homagium mihi fecerant, ~atem mihi fecerunt sicut domino *Regesta* III 272; **s1191** ~atem regis Ricardi juravit DICETO *YH* 99; **1220** nos suscepimus ~atem .. Etardi, qui .. factus est abbas de Fescamp, pro terris suis quas habet in Anglia *Pat* 270; **1230** qui venerunt ad ~ates domini regis *Pat* 405; **1243** Walterus .. cepit homagium de liberis hominibus et ~atem de villanis et aliis tenentibus feodi illius *CurR* XVIII 50; **s1260** major Londoniarum et aldermanni .. fecerunt ~atem domino regi *Leg. Ant. Lond.* 73; **1301** Willelmus Johanni regi Anglie .. juravit .. fedelitatem *Anglo-Scot. Rel.* 103; cepimus homagium et ~atem .. G. filii et heredis W. de G. *Reg. Brev. Orig.* 314v. **b** Anselmus .. dedit R. abbati Sagii .. episcopatum Rofensem accepto prius ab ipso .. hominio ac ~ate EADMER *HN* 234; non est tempus .. faciendi .. jusjurandum nisi pro ~ate domini (*Leg. Hen.* 62. 1) *GAS* 583; duci .. ~atem fecit ORD. VIT. III 5 p. 73; **a1184** si extraneus .. burgagium .. emeret, ad proximam curiam .. veniret et finem suum pro ingressu et ~atem faciat *BBC* (*Tewkesbury*) 102; mutua quidem debet esse dominii et homagii ~atis connexio GLANV. IX 4; **s1137** Anselmus [decanus Londonie] .. a militaribus viris homagia, relevationes, ab hominibus inferioris manus ~ates extorsit DICETO *Chr.* 250; **1344** fecit ~atem domine servilem (*CourtR*) *EHR* XX 482; **c 1420** distringere .. Matildam B. ad faciendum domino ~atem pro certis terris (*CourtBk Sutton*) *MS Suffolk R.O.* HB 10. 427/4/1 f. 28; **1489** Agnes admissa est et fecit ~atem *Banstead* 362.

4 feudal service, duty of feudal tenant.

c1270 ij d. .. annui redditus tenendos .. de me .. cum omnibus .. fedelitatibus *Cart. Blyth* 271; **s1278** in homagiis, ~atibus, wardis .. et aliis ad .. feoda spectantibus *Chr. Peterb.* 28; **1317** habendum et tenendum .. redditum .. cum suis ~atibus, releviis, .. *FormA* 281; **1356** in dignitate regali .. castris, villis, maneriis, homagiis, ~atibus, serviciis, redditibus (*Ch. E. Balliol*) AVESB. 133v.; **1460** cum ~atibus et aliis serviciis .. tenencium *Paston Let.* 57.

5 area or persons owing feudal service.

a1199 detestabile quippe est in monacho ut .. habeat feuda, servos et ancillas, homagia et ~ates atque ligantias P. BLOIS *Ep.* 102. 20A.

6 faith, religion.

1417 ortodoxe ~atis integritas *Reg. Cant.* III 48.

fideliter [CL]

1 faithfully, conscientiously, earnestly.

Dei patrocinium ~iter implorant ALDH. *VirgP* 38 p. 289; in lege scriptum audierat Dominum decimam sibi multipliciter redditurum promisisse atque ~iter servasse ASSER *Alf.* 99; **1326** voluntatem meam ~iter exsequendam (v. exsequi 5a); **a1350** nec aliquis licencietur in aliqua facultate, nisi promiserit se ~iter proponere hic incipere infra annum *StatOx* 29.

2 in good faith.

1270 porcos emit ~iter de R. G. de H. et F. carnifice .. nec scivit quod fuerunt de roberia *JustIt* 618 r. 19d.

3 accurately, reliably.

ne a mandatis quae ~iter continentur in eis [lectionibus] .. recedant GILDAS *EB* 106; dubium ei non est qui ~iter in physicis est instructus NECKAM *NR* II 153; magister .. optime ea cognoscebat et ~iter docebat *Mens. & Disc.* (*Anon. IV*) 50.

4 securely, firmly, confidently.

1038 (18c) ut ipse, vita comite, ~iter perfruatur *CD* 760 (cf. ib. 764: [**1042**]); militis coxam ferro utrinque ~iter vestitam GIR. *TH* III 10.

5 faithfully, (in accordance) w. Christian faith.

miracula in eodem loco solent ad utilitatem eorum qui ~iter quaerunt ostendo BEDE *HE* II 16; se ipsum ~iter credidit multum juvari .. orationibus *Ib.* III 23; **786** (v. 1 fides 3); cum devota plebe .. ad beati Yvonis signiferosam tumbam confluente venit, non salutem quaerere sed ~iter quaerentes infideliter deridere GOSC. *Mir. Iv.* lxx.

fidella [cf. fidula, viella], fiddle, viol.

videla *CathA* (v. fidula).

fidemjussor v. fidejussor.

fidenter [CL]

1 confidently, boldly.

concurramus, deinceps .. ~er .. palmam praestulantes ALDH. *VirgP* 18; de quo ~er dico .. ALCUIN *Liturg.* 485C; hinc divi petiit, supra quem Musa revolvit, / laetus Aedilredi patulas fidentius aulas, / cui retulit cessim FRITH. 1268; ~er ausim dicere .. *Tract. Ebor.* 652.

2 faithfully, conscientiously.

s1417 ~er promissa complentes, rediere WALS. *HA* II 309.

3 faithfully, w. Christian faith.

ea .. Deo ~er committentes .. epistolam .. terminemus ANSELM (*Ep.* 13) III 119; praecipite illi [monacho] ut faciat ~er quod faciunt communiter fratres *Id.* (*Ib.* 468) V 417.

fidentia [CL]

1 confidence, boldness.

timebant .. ejus ~ie W. POIT. I 12; cavere nitatur ne facilis intelligentia fidentem, ~ia [v. l. fiducia] securum, securitas negligentem, negligentia imperitum reddat BALSH. *AD rec. 2* 124.

2 faithfulness.

Job .. praefigebat patientiae ~iam *V. Neot. A* 12; ligna .. referuntur ad virtutes .., magnificentiam, ~iam, patientiam, et perseverantiam GROS. *Hexaem.* IV 29 p. 152.

1 fidere v. fidare.

2 fidere [CL], to trust (in), believe (in), rely (on); **b** (w. dat. or abl.); **c** (w. *de*); **d** (w. *in*). **e** (w. inf.) to have the confidence (to). **f** (pr. ppl.) trusting, faithful.

~endum, credendum *GlH* F 367; **9..** ~ere, *getrywan* *WW*; ~endum est et absque dubio sciendum quod .. BYRHT. *V. Ecgwini* 359. **b** ~ebam equo quem mihi .. donaverat BEDE *HE* V 6; viribus et sponsi fidens sum sancta virago BONIF. *Aen.* 155; o res caeca nimis terreno fidere regno ALCUIN *SS Ebor* 228; habenas / solvit equo fidens *Ib.* 1184; Fortune vicibus fidere nemo velit GARL. *Epith.* VI 300. **c** qui cum .. suos defensarent .., fisi de invicta fortitudine stipendianorum militum quos conduxerant ABBO *Edm.* 1; vestram imprecor .. pietatem .. de vestris .. fisus beneficiis, quatenus .. B. *Ep.* 387. **d** non ~entes in homine, sed in Deo GILDAS *EB* 70; in Domino fidens permansit ibidem WULF. *Swith.* II 372; justus in hiis igitur fidere nemo velit GARL. *Tri. Eccl.* 4; non fido rethoris in eloquencia WALT. WIMB. *Carm.* 286. **e** Orpheu, nulla fidis tangit, quos tangere fidis SERLO WILT. 2. 45. **f** nota subit fidens Dagoberti moenia regis FRITH. 697; rigidam fidenti pectore seram / arripit WULF. *Swith.* II 604; adesto, Domine, populis tuis .. ~entibus [AS: *gitriwendum*] *Rit. Durh.* 38; laetiores et ~entiores effecti GOSC. *V. Iv.* 90C; BALSH. *AD rec.* 2. 124 (v. fidentia 1).

1 fīdes [CL]

1 faith, belief, confidence, credence, trust; **b** (in God). **c** faith (as first of three theol. virtues, w. ref. to *1 Cor.* xiii); **d** (dist. from *ratio*).

est in amore fides, si sint duo; tercius absit M. RIEVAULX (*vers.*) 49; **1297** etc. (v. creditivus); **1336** in vobis ~em tantam habemus quod .. *Lit. Cant.* II 137; **1440** ~em indubiam presentibus adhibere *FormOx* 466; quis umquam ~em adhibuit mulieri et deceptus non erat? *Wager* f. 41A. **b** rore Sancti Spiritus madefacti ~e non dubia GILDAS *EB* 70; secundum ~em ejus sanatus est *V. Cuthb.* I 4; ~es [ME: *bileave*] stabilis fugat .. diabolum *AncrR* 91; si respiciat oculis ~ei [ME: *wið echnen of bileave*] *Ib.*. **c 1002** (v. caritas 2b); **1281** (v. cardinalis 2a). **d** laudatur Maria quod rationem ~e prevenit, et punitur Zacharias quod ~em ratione tentavit GIR. *TH* I 13.

2 religious faith, religion. **b** the Faith, Christianity. **c** (w. *apostolicus, catholicus, Christianus, Dominicus, orthodoxus* or sim.).

eos summo habebant odio ~emque et religionem eorum pro nichilo habebant G. MON. XI 12; quesivit ab eis, quam ~em quamque religionem patres eorum coluissent M. PAR. *Maj.* I 189 (cf. G. MON. VI 10: inquirit cujusmodi religionem haberent); **1310** audivit .. quod Templarii male ~ei essent, et Christum abnegarent *Conc.* II 379; quod ~es Saracenorum est falsa ~es OCKHAM *Dial.* 452. **b** quid .. deformius .. quam Deo timorem, bonis civibus caritatem .. absque ~ei detrimento debitum denegare honorem et frangere divino sensui humanoque fidem ..? GILDAS *EB* 4 (v. et. 6a infra); **601** ecclesia .. quae nuper ad ~em perducta est (*Libellus Responsionum*) BEDE *HE* I 27; **680** rumor ecclesiae ~ei contrarius .. percrebruit

ALDH. *Ep.* 4 p. 482; BEDE *HE* II 5 (v. caritas 2b); apostata, discessus a ~e *GlC* A 692; **903** quandiu ~es crescit in gente Anglorum *CS* 894; **1074** quatinus .. ~ei congrua opera .. exhibeatis LANFR. *Ep.* 37 (9); Salvator .. ex quo mundus salutarem suscepit ~em AILR. *Ed. Conf.* 737B; protegit ense fidem GARL. *Tri. Eccl.* 67; **a1441** si credentes baptizati fueritis in ea ~e *Reg. Whet.* II 395; **1535** in curia domini regis .. Henrici VIII .. ~ei defensoris *FormA* 236. **c 625** orthodoxa ~es .. ibidem collocatur (*Lit. Papae*) EADMER *HN* 312; si quis .. nescit deferentiam catholicae ~ei .. THEOD. *Pen.* I 5. 13; **680** ~es catholica (v. caritas 2b); BEDE *HE* I 7 (v. Christianus 1d); **798** profiteor ore .. orthodoxam, catholicam, apostolicamque ~em *CS* 292; **s1139** non debere illum, qui se Christi ~ei subjectum meminisset, indignari si .. W. MALM. *HN* 472 p. 30; **1254** ~em reliquit Cristianam (*Pat*) *RGasc* I 525; **1536** catholice et orthodoxe ~ei columna *Conc. Scot.* I ccxlviii.

3 statement of faith, creed.

786 ut .. ~es Niceni concilii ab omnibus .. fideliter .. teneatur ALCUIN *Ep.* 3 p. 21; GIR. *TH* I 21 etc. (v. articulus 3d); qui .. Nicenam ~em inconcusse servavit R. NIGER *Chr. I* 38; psalmus qui dicitur 'Fides Athanasii', sc. 'Quicunque vult' *G. S. Alb.* I 464.

4 good faith, sincerity, trustworthiness; **b** (*bona ~es*).

a705 quatenus .. ~em verborum .. adhibeas (ÆTHELWALD) *Ep. Aldh.* 2 (7); quesivit a me .. que ~es, id est fidelitas, eorum, et quomodo credi possint MAP *NC* II 23 f. 32; lx m. reditus ecclesiasticos ut ei conferret in ~e consuluerunt GIR *JS* 3 p. 324. **b 1199, 1211** bona ~e (v. bonus 3b); **1217** (v. fiduciare); non fuit verus imperator .. sed solummodo fuit possessor bone ~ei OCKHAM *Pol.* I 94.

5 authority, trustworthy testimony; **b** (*~es oculata*) eye-witness testimony.

qui .. causam dissonantiae .. inquireret nec vellet septuaginta translatorum ~ei derogare BEDE *Gen.* 79C; simpliciter ~em historiae quam legebam accommodans *Id. HE pref.*; **867** praecipio omnibus successoribus meis .. per ~em Sancti Martini confessoris Christi ut numquam aliquis munificentiam infringere praesumat *CS* 516; sanctum .. in ecclesia recondidere . . . hujus ~ei testis est hesternus abbas Scollandus, qui tunc aderat cum haec recenter facta celebrarentur GOSC. *Transl. Aug.* 44B; nec ~es rerum fame levitatem destituit W. MALM. *HN* 467 p. 23; hoc apud nostros opere divino firma ~e certificatum dubie disquiri .. non oportet BALSH. *AD rec. 2* 133; ad ampliorem ~em opinionis sue astruendum dicunt res videri per aerem T. SUTTON *Gen. & Corrupt.* 71. **b** quoniam oculata ~es firmior atque fidelior esse solet GIR. *GE proem.* p. 4; **c1190** sicut inde donum .. Hugonis habuisse oculata eos ~es ex inspectione carte ipsius nos instruxit *Reg. S. Thom. Dublin* 338; **1440** diligencias vestras paratissimas esse oculata ~e videmus BEKYNTON I 38; **1485** veritati adhibere quia vero oculata ~e protholor .. incalescente ambicione .. *Reg. Aberbr.* II 241.

6 assurance, (leg.) oath. **b** (*ex ~e*) by oath. **c** (*sub ~e*) under oath. **d** (*ponere aliquem per ~em*) to put one on oath, extract an oath from someone. **e** pledge, surety.

GILDAS *EB* 4 (v. 2b supra); temptant Deum .. nec ~em servant illi *Ib.* 62; nolo fidem frangas ALDH. *Aen.* 41 (*Pulvillus*) 1; ~em enim spopondi quod permissione mea regnum Anglie non intrabit nisi .. H. CANTOR f. 19; fidem ab eo suscipiat quod .. *Dial. Scac.* I 5 H (v. conscientia 2b); petunt sibi ~es dari ad securitatem regis a clericis extremis GERV. CANT. *Chr.* 223; **1291** bona ipsorum confiscari non faciemus quin eorum heredes bona illa integre habeant .. dum tamen de dictis heredibus ~es aut noticia habeatur .. (*Ch.*) *EHR* XV 518. **b 1503** servientes ad legem exfide facti in curia Cancellarii *Treat. J. P.* 135*n.* **c** barones .. sub ~e ponentes quod idem faciemus affidare omnes GERV. CANT. *Chr.* 199. **d 1201** hostia domus sue fregit et ipsum ligavit .. et eum per ~em posuit *SelPlCrown* 82; **1214** posuerunt eum per ~em .. et fecerunt eum affidare quod .. *Ib.* 115. **e 1227** nec debuit recipi ~es senescalli, quia non fuit proprium debitum domini sui *LTRMem* 9 m. 6*d.*; **1230** distringatur, et senescallus non admittatur ad ~em ammodo *Ib.* 11 m. 12(1)*d.*; non plus capiat ~em, et sit ad scaccarium .. ad respondendum de ~e *Ib.*; ponat omnes senescallos predictos per vad' et plegios quod sint ad scaccarium .. ad respondendum de transgressione ~ei *Ib.* m. 12(2)*d.*; **1238** ita quod [senescallus] .. satisfaciat ad scaccarium de eisdem sub eadem ~e *Ib.* 12 m. 9.

7 (leg., w. ref. to contractual agreement): **a** (*~es corporalis*) corporal oath. **b** (*~es manualis*) faith confirmed by hand-clasp. **c** (*a ~e*, *~e media* or *mediata*) on plighted faith; **d** (*~e mediante*). **e** (*~es laesa* or *mentita*) broken oath.

a c1250 (v. corporalis 1d). **b 1294** rata habemus et confirmamus ad observanciam eorum inviolabilem manuali ~e prestita super eis *TreatyR* I 231 p. 99; ~em dedimus manualem *Ib.* 238. **c a1176** affirmavit ~e media *Cart. Osney* IV 154; **a1204** de aliis terris meis illi perficiam hoc pactum a ~e tenendum illi et heredibus suis *Starrs* I 24; **1220** promiserat ei ecclesiam illam ~e mediata *CurR* IX 198; **a1251** promisi .. ~e media quod .. numquam .. questionem movebimus *AncD* A 1854; **1252** conventionem fideliter .. observandam, .. preceptor et fratres et Ricardus fidemedia se ad invicem obligaverunt *Cart. Beauchamp* 57; **1254** hoc ~e nostra media in manu .. episcopi prestita .. promisimus (*Pat*) *RGasc* I 343; **1304** me ipsosque ~e media firmiter obligando juramento nostro .. prestando *Reg. Aberd.* I 39; **1437** procurator predictus promisit ~e sua media quod .. celebrabunt obitum *Mem. Ripon* I 132; **1542** Johannes N. constituens fidemedia se obligavit quod si contingat .. dictum redditum .. in vardam .. cadere, .. eo in casu ipse J. N. constituens .. et assignati solvent .. *Form. S. Andr.* II 213. **d c1300** tactis .. ewangeliis ~e mediante *FormMan* 9; **1371** fuit conductus .. ad triturandum omnia blada eorum .. ~e sua mediante, capiendo pro salario suo juxta formam statuti *SessPLincs* I 154; ut .. hec .. vendicio .. firma .. in posterum perseveret, eam ~e mediante et presenti carte .. sigilli .. apposicione dignum duxi roborare *FormA* 279. **e** si dominus de felonia vel ~e mentita compellet hominem suum .. (*Leg. Hen.* 53. 4) *GAS* 574; causam ~ei lese et advocationis ecclesiarum in curia decidi constituit R. NIGER *Chr. II* 168; **1219** A. .. cognovit quod traxit eum in placitum de ~e sua lesa et non de laico feodo *CurR* VIII 53; **s1304** ~e mentita et condicione violata FORDUN *Cont.* XII 4.

8 allegiance (as pers. obligation); **b** (*esse* or *venire ad ~em*); **c** (*in ~e qua tenetur* or sim.).

illum namque Deus diligit, qui suum dominum recte ~e diligit (*Cons. Cnuti* 20) *GAS* 301; omnis homo ~em debet domino suo de vita et membris suis, et terreno honore, et observatione consilii sui .. ~e Dei et terre principis salva (*Leg. Hen.* 55. 3) *Ib.* 575; **s1131** imperatrix .. priscam ~em apud eos qui dederant novavit, ab his qui non dederant accepit W. MALM. *HN* 455; **s1138** comes Gloecestre .. regi, more majorum, amicitiam et ~em interdixit, homagio etiam abdicato *Ib.* 467 p. 23; **1181** quod de jure archidiaconatus hominio michi et fideligia [l. ~e ligia] tenebatur obnoxius quam ipse michi utinam fideliore memoria conservasset ARNULF *Ep.* 138 p. 212; si warantus fuerit ad ~em domini regis Francie BRACTON 298; **1265** qui in ~e nostra interfectus fuit in conflictu de Evesham' *Cl* 74; **s1211** rex Scocie concessit domino suo regi Johanni quod ipse maritaret filium suum .. ubicunque vellet ad ~em suam *Meaux* I 390; juraverunt quod ei contra omnes mortales ~em et fidelitatem tenerent *Ib.* **b 1216** mandamus vobis quod .. veniatis ad ~em et servicium nostrum *Pat* 4; **1217** adducatis .. quos .. poteritis .. qui sunt vel esse voluerint ad ~em nostram *Ib.* 21; **1237** erunt ad ~em et servicium .. regis *TreatyR* I 23; **1264** cum .. W. de M. ad ~em nostram et pacem sit *Cl* 81; **1265** dicti mercatores sunt ad ~em nostram *Cl* 35. **c 1220** precipientes .. in ~e qua nobis tenemini .. quatinus .. *Pat* 226; **1220** veniunt et dicunt in ~e qua tenentur domino regi quod .. *CurR* VIII 274; **1257** tibi districte precipimus in ~e qua nobis teneris, et sicut te ipsum et omnia tua diligis .. *Cl* 29; **1266** ut .. W. asseruit in ~e qua tenetur domino regi *ExchScot* 29; **1460** vobis, in ~e et dileccione quibus nobis tenemini, injungimus .. *Lit. Cant.* III 234; **1507** concedimus, promittimus .. in ~e et promissione qua ecclesie predicte tenemur et astringimur .. *Ib.* 339.

2 fīdes [CL], string of lyre, harpstring. **b** string, cord.

et fidibus citharae moduletur carmina Christo ALDH. *VirgV* 65; *Id. Met.* 3 p. 73 (v. fidicula 1a); ~ibus, i. fidis cithare, *strengum GlH* F 351; ut rubus est spinis .. / .. / psalterium psalmis, fidibus lira, Jerico palmis R. CANT. *Poems* 15. 41; quod .. proportiones ponderum faciunt in malleis vel cymbalis, idem eedem in ~ibus ratione longitudinis brevitatisque, intensionis remissionisque faciunt; idem eedem in fistule foraminibus ratione profunditatis ADEL. *ED* 27; SERLO WILT. 2. 45 (v. 2 fidere e); Orpheus ~ibus canoris se recreasse perhibetur NECKAM *NR* II 109; hec ~es, *a harpstryng WW.* **b** qui enim funem facit torquendo semper et involvendo ~es ~ibus auget BEDE *Prov.* 959; **c1270** in j sacca iij petris grosse lane pectinandis . . . in eadem artinanda et bene miscenda . . . in ~ibus et filo ad idem emptis. *Ac. Beaulieu* 220.

fidesusceptor [cf. CL 1 fides, susceptor], one who gives surety, guarantor.

res tunc ~oribus illis .. maximum intulit detrimentum *Chr. Abingd.* II 38.

fidicen [CL]

1 lyre-player, harpist.

~en, qui cum cithara canit; a fidibus dictum *GlC* F 180; ~en, *harperi Gl. Leid.* 46. 9; noto quod quis bonus et quod ~en, ignotum tamen est an sit ~en bonus BALSH. *AD rec. 2* 169; ~inem previum habens et precentorem cantilene notulis alternatim in fidicula respondentem GIR. *IK* I 4.

2 fiddler.

~en, *fiðelere* ÆLF. *Gram.* 302; ~en, A. *a fydelere WW.*

3 poet.

de te [sc. Goscelino] cecini .. / summe poetarum, fidicen pius ecclesiarum R. CANT. *Poems* 15. 64.

fidicina [CL = *harpist* (f.)], fiddler (f.).

fidicina, *fiþelestre* ÆLF. *Gram.* 302.

fidicula [CL]

1 small lyre or harp. **b** string of lyre, harpstring; **c** (used in torture; *cf.* Prudentius *Peristephanon* X 481).

~am .. modulationis armonia resonantem vij constare fidibus .. musicorum regula declarat ALDH. *Met.* 3 p. 73; tibia vulgaris, regina fidicula cantu HANV. IX 420; GIR. *IK* I 4 (v. fidicen 1). **b** ~ae, cordae citharae *GlC* F 184; ~ae, catenae *Ib.* 195; ~ae, i. chordae citharae vel genera tormentorum vel catenae *GlH* F 350 (v. et. 1c infra). **c** ~ae, genera tormentorum *GlC* F 181 (cf. *GlH* F 350); ~a, .. i. parva chordula unde ligabantur manus martyrum OSB. GLOUC. *Deriv.* 207.

2 lyre-player, harpist.

~a, citharedus *GlC* F 198; ~a, citharedus vel fidicen *GlH* F 349.

fidifragus v. fideifragus.

fiducia [CL]

1 confidence, reliance, trust.

a797 ~iam habens nostrae parvitatis memoriam vos habere in Christo ALCUIN *Ep.* 70; qua fidutia de patrum justitia praesumere vel gloriari possis *Eccl. & Synag.* 56; scitis .. quoniam .. in vobis habuerim ~iam D. LOND. *Ep.* 1; **1209** nos, de industria vestra et promptitudine ~iam gerentes specialem .. *Cl* 477; **1301** de vobis gerimus ~iam specialem *Reg. Cant.* 756; nos .. accepta ~ia ex eorum sermonibus .. fecimus missas celebrari *Itin. Mand.* 106; quapropter, si reverencie vestre .. congruum videatur, .. sub vestri favoris ~ia me conformarem *Dictamen* 347.

2 self-confidence, boldness; **b** (w. gd.).

domesticae familiaritatis ~ia fretus subjunxi .. ALDH. *Met.* 5; ~ia virginitatis inflati arroganter intumescunt .. *Id. VirgP* 10; in nulla ~iae consolatione respiro *V. Greg.* p. 76; absque ullo timore .. cum omni ~ia verbum veritatis praedicare regi O. CANT. *Const.* 3; BALSH. *AD rec. 2* 124 (v. fidentia 1). **b** loquendi audaciam et respondendi ~iam coram principibus .. cunctis .. natura dedit GIR. *DK* I 15.

3 pledge, surety.

~ia, *forweddad feoh* ÆLF. *Gl.* 115.

fiducialis [LL]

1 confident, reliant, trusting.

pro ~i quam in patriotas habebat clementia *VSB* (*Iltut* 15) 214; de .. gratia .. non immemor, eo etiam ~ior quod de excessu suo in martyrem gauderet .. H. BOS. *LM* 1315D; ad sanctitatis vestre patrocinium .. ~i devotione recurrentem AD. MARSH *Ep.* 55; **a1441** sumpsit .. ~em in animo implorandi audaciam pro justa decisione pendentis cause *Reg. Whet.* II 370.

2 trustworthy.

1282 ~ibus sponsionibus .. PECKHAM *Ep.* 285; **1298** negotia capituli nostri .. in curia Romana ventilata, ~i vestre amicicie .. commendamus *Conc. Syn.* 1198; **1327** ~es amicos *Lit. Cant.* I 237; **s1428** doctor insignis et amice mihi maxime ~is (*Lit. Abbatis*) AMUND. I 233.

fiducialitas, confidence, reliance, trust.

1421 ad vestram dominacionem .. semper habui confidencie et ~atis accessum *Cant. Coll. Ox.* III 79.

fiducialiter [LL]

1 confidently, boldly.

~iter adjuravit *V. Cuthb.* III 6; Domine, .. concede nobis .. tuam .. potentiam ~iter exaltare EGB. *Pont.* 115; quanto ~ius depraecamur tanto citius exaudiemur ALCUIN *WillP* 32; ~iter, i. †fiderliter [MS: fideliter], audaciter, credibiliter *GlH* F 359; ~ius, *baldlicor Ib.* 361; **1167** hoc ~iter dixerim J. SAL. *Ep.* 198 (213 p. 350); eo audentius et ~ius nunc accessi R. COLD. *Cuthb.* 99; nemo .. ~ius ac pertinacius hac in spe delinquat GIR. *GE* II 7; **s1193** querens de .. prosperitate regis Scotie, in cujus fide ~ius innitebatur R. HOWD. III 198; ad .. pii pectoris affluentiam tanto ~ius .. accedo, quanto .. AD. MARSH *Ep.* 7; ~iter et catholice credendo quod unum et idem est Christi corpus *Cust. Westm.* 218; ab ipso ~iter petat quicquid velit ROLLE *IA* 197; **1440** ut ~iter .. amiciciam invocemus BEKYNTON I 29.

2 faithfully, loyally. **b** without fail.

si manseris mecum ~iter dabo tibi bonam partem Galliarum EDDI 4. **b** nos .. habere velitis excusatos ac penes alios de studio nos ~iter excusare *FormOx* 303; rogamus .. ut .. in termino jam dicto aliqualem solucionem [sc. debiti] ~iter faciatis *Reg. Whet.* II 449.

3 accurately, reliably.

a797 obsecro ut ~iter mihi studeas de vestri profectibus .. intimare ALCUIN *Ep.* 56; **1329** placeat .. paternitati vestre .. negotia capituli .. ~iter exponenda, feliciter expedire *Lit. Cant.* I 308.

fiduciare [LL < CL = *to mortgage*], to swear to.

1217 has convenciones ~avimus bona fide et absque malo ingenio tenendas *Pat* 114; *CathA* (v. fidare).

fiduciarius [CL], trustee, fiduciary.

fiducearius, possessor *GlC* F 199; ~ius, †possessor [MS: possessor] *GlH* F 360; nota quod pro capitulo †fideciarii sunt ij *Stat. Linc.* II 212 *in marg.*

fiduciosus, confident, bold.

est humilitas spe comitata, ut timendo ~a et sperando formidolosa semper maneat inconcussa GOSC. *Lib. Confort.* 103.

fidula [cf. 2 fides], fiddle, viol. *Cf. fiola, viella.*

vir .. occurrit ~am habens a latere dependentem GIR. *GE* II 11 p. 220; dum ex tactu ~arum .. sensisset probatam harmoniam J. FURNESS *Walth.* 61; somnifere cithare viduleque jocose VINSAUF *PN* 663; vidula jocosa et concors symphonia cordis contritio cum prece pia M. RIEVAULX (*Ep.*) 57; oblonge vidule, curvo simphonia tractu H. AVR. *Poems* 27. 163; instrumenta .. tensilia ut cithara, †nidula [l. vidula] et multa BACON *Tert.* 230; ad sonum cythare et vidule et aliorum instrumentorum *Ib.* 300; vidula, A. *a vythule WW*; *a fidylle*, vidula, videla, viella *CathA.*

fidulare, to fiddle, play viol. *Cf. viellare.*

vidulo, *to vydele crowthe & sytole WW*; *to fidylle*, vidulare, viellare *CathA.*

fidularius, fiddler, viol-player. *Cf. viellarius.*

1417 Johannes Vethelarius .. Johannes Fethelar (*TarrageR Wint.*) *MS Winchester College*; vidularius, A. *a vythulare WW.*

fidulator, fiddler, viol-player. *Cf. fiolator, viellator.*

c1200 inter terram Roberti videlatoris et terram abbatisse de Godestowe *Cart. Osney* II 338; **1213** Rueland' vidulatori nuncio Eudonis de Jaillia eunti ad dominum suum de dono j m. *DocExch* 242; **1213** Wiolet' vidulatori super lib[eratas] suas j m. *Misae* 242; **1238** rex concessit Johanni de Mez, vidulatori suo, liberationem duorum denariorum et j oboli *Cl* 83; **1260** Raulinus vidulator Johannis Walerand habet Kingeston' *Cl* 238; **1279** Robertus vidulator tenet duas acras terre .. pro omni servicio *Hund* II 719a; **1290** Enulpho vidulatori et menestrallo comitis S. Pauli *Chanc. Misc.* 4/5 f. 45*d.*; Guillelmo Vyche vidulatori comitis Britann' *Ib.* f. 51; **1303** Gerardo vidulatori menestrallo domini *KRAc* 363/18 f. 21*d.*; Bestrudo et Beruche vidulatoribus Geneven[sibus] facientibus menestralciam suam coram principe *Ib.* f. 22; **1332** Ricardo vidulatori, facienti menestralcias suas coram domina Alianora, .. xij d. (*KRAc*) *Arch.* LXXVII 135; *fydeler*, .. vitulator *PP*; hic vidulator, *a fydeler WW.*

fidulista, fiddler, viol-player.

a fidiller, ~a, vidulista *CathA.*

1 fidus [CL]

1 faithful, loyal, true; **b** (w. ref. to mind); **c** (of thought or action).

sed fidus precibus frater non flectitur ullis ALDH. *VirgV* 2036; cum uno tantum milite sibi ~issimo BEDE *HE* III 14 p. 155; ~a comes, i. fidelis, *getreow gesiþa GlH* F 357; ~us, i. fidelis, de servo *Ib.* 362; simus domino nostro semper ~i et fideles (*Cons. Cnuti*) *GAS* 301; **s1142** ~i clientes comitis sunt W. MALM. *HN* 522; ab episcopo sibi ~issimo comite quid sibi contigisset cum interrogaretur .. ORD. VIT. III 4 p. 66; tanquam pius sed impius, tanquam probus sed reprobus, tanquam ~us sed perfidus *Wager* f. 40b. **b** ~us sum animi vel animo *GlH* F 363; non eget ille fide, cui mentis gratia fide SERLO WILT. 2. 42. **c** foedera quae ~a pollicitatione spopondistis ALDH. *VirgP* 1; quos ~a semper sequitur caritas ALCUIN *Ep.* 275; ~i prepositi, *getrywes ingehides GlH* F 355.

2 trustworthy, reliable.

veluti timidi pulli patrum ~issimis alis succumbentes GILDAS *EB* 17; fida satis custos conservans pervigil aedes ALDH. *Aen.* 65 (*Muriceps*) 1; narracio est ~a nutrix sub brevitate sermonum sentenciam applicans subsequentem *Dictamen* 337.

3 certain, fixed, sure.

~issima, certissima *GlH* F 354; vir .. collo tereti et longo in ~am capitis columnam erecto GIR. *EH* II 11; asseres ~is [*gl.*: *fermes*] clavis conjungantur, malleolis utrinque concurrentibus, et pice NECKAM *Ut.* 114.

2 fidus [*backformed from* CL bifidus etc.; cf. findere], split, cloven.

a findo ~us, quod non est in usu, sed componitur bifidus, -a, -um, et trifidus, -a, -um, et quadrifidus, -a, -um OSB. GLOUC. *Deriv.* 208.

fiendus v. facere 38. **fiens** v. 1 figere 10b.

fientamenta [cf. OF *fiente*], dung.

c1195 quamdiu .. jacuerint in domo ~a ipsarum ovium erunt monachorum *Cart. Wardon* f. 95.

fieri v. facere. **fieria** v. 1 feria 2a. **fiffegha** v. fishfeum. **figella, figelta** v. phygethla.

1 figere [CL]

1 to drive in, fix in (nail, stake, or sim.); **b** (boundary mark). **c** to dig in (foot or hoof).

fixum cuspidum labari in terra sic trahe eum ALDH. *VirgP* 25; [lapillum] infandi torquens per inania vatis / figens sincipiti trajecit in antra cerebri FRITH. 384; siquis .. palum fixerit *DB* I 2; vocato .. lupo cornu taurus in ipsos ~et G. MON. VII 4; BAD. AUR. 125, UPTON 212 (v. figitivus). **b** stirps quaecumque volet fixos obvertere fines FRITH. 283. **c 792** bos laesus fortius ~it ungulam ALCUIN *Ep.* 13; NIG. *Paul.* f. 46v. l. 176 (v. firmus 5a)

2 to pierce, stab.

?**1200** fixit eum cum quodam cultello .. ita quod xiiij vulnera ei fecerunt *SelPlCrown* 78.

3 to fasten, fix (in place); **b** (person); **c** (star). **d** to pitch (tent). **e** to drop (anchor). **f** to set (lance in rest). **g** (p. ppl.) fixed, immoveable.

apologitica verborum veritate acsi fixa peltarum testudine defenditur ALDH. *VirgP* 32; contrivit templa .. / .. / .. figens victricia signa salutis *Id. VirgV* 852; donec [crux] adgesto .. pulvere terrae ~eretur BEDE *HE* III 2; fixi, i. solidavi, firmavi, constitui, *ic afæstnode GlH* F 392; cardine fixo / irrita recluso custodia permanet antro WULF. *Swith.* II 630. **b** gentilium turmas .. debachantes orationum vinculis quasi radicitus fixas .. immobiles manere fecit ALDH. *VirgP* 38; solebat .. fixus .. manere ascendente aqua BEDE *HE* V 12; Xristus, nostra cruci grandis, en, hostia fixa ALCUIN *Carm.* 6. 4; est qui vera salus .. / quem cruce fixistis WULF. *Swith. pref.* 479; hic estis .. quasi fixe [ME: *bibarred*] sicut Christus in cruce *AncrR* 56; hic surgens .. die tercia, quis fisus fuerat, ejus [sc. zabuli] arma aufert *Miss. Westm.* I 309. **c** velut in caelo stellas ~ens BEDE *Cant.* 1136; ADEL. *Alch.* 17 *n.*, D. MORLEY 35 (v. aplanes); minima stellarum fixarum visu notabilium major est tota terra SACROB. *Sph.* 84; ex virtute celi ultimi, quod est supra speram stellarum fixarum moventur omnes spere inferiores GROS. *Flux.* 459; sicut stelle fixe, mote tantummodo motu firmamenti HOLCOT *Wisd.* 198; sidera, si que cadebant, malleo fixa celo reponebat *Deorum Imag.* 22. **d** tentoria sua ~entes expectaverunt .. reges G. MON. X 2; **s1266** rex .. apud Stratford fixit tentoria sua *Ann. Worc.* 457; nunc hic nunc alibi ~ebant tentoria TREVET *Troades* 77; **s1263** cum apud locum qui dicitur Largys tentoria fixisset *Plusc.* VII 23. **e** carpebant placida libratis aequora velis, / figitur et notis vehemens lautomia harenis FRITH. 1127; venerunt ad Aquitaniam et .. anchoras fixerunt G. MON. I 12; **c1228** quedam navis .. fixit ancoram ad terram prioris coram Weremuth *Feod. Durh.* 246. **f** bellum potest sic remitti, sc. cum fixerint lanceas suas, potest calumniatus concedere delictum, et facere pacem. .. sanguis extractus subtus anhelitum, quando fixerunt lanceas suas potest defensor concedere sanguinem (*Stat. Will.* 27) *RegiamM* II 13. **g** †**793** (13c) cum .. omnibus rebus mobilibus vel fixis *CS* 267; fixior, i. immobilior *GlH* F 390.

4 to insert (plant; in quot., fig.). **b** to strike (root, also fig.).

en hodie sulcis plantata virentia fixi *Mir. Nin.* 196. **b** donec altum monasterialis observantiae radicem ~eret *Hist. Abb. Jarrow* 11; **1174** ne pestifera arbor .. radices iterum ~at in orto vestro *Ep. J. Sal.* 310 (322) p. 792; firmas solo tenus et altas ~ere radices non permittitur GIR. *IK* II 9.

5 **a** (w. *genu*) to kneel. **b** (w. *osculum*) to plant kiss, kiss. **c** (w. *crux*) to affix cross (to confirm transaction); *cf. fingere* 3b.

a tum fixis genibus pulsabat voce Tonantem ALDH. *VirgV* 1524; fixis genibus orabat Deum ALCUIN *WillP* 16; et genibus fixis lacrimas fundebat amaras *Id. WillV* II 14. 9. **b 799** ad .. Petri sepulchrum .. oscula in pavimento ~ere ALCUIN *Ep.* 180; tu quicumque legis terris his oscula fige *Id. Carm.* 86. 8; quam dulcia oscula in caelestium contemplatione orando ~ebat *V. Gund.* 17; pressa figo / basia P. BLOIS *Carm.* 10. 4b. 79; donec .. acceperint omnes nummos a celerario, oscula ~ente singulorum manibus *Cust. Norw.* 85. **c 949** ego .. consensum praebui ~ens crucem *CS* 879 (cf. ib. 892 [**951**]).

6 to establish, fix (payment). **b** to confirm or secure (gift or land).

1537 r. c. de ij s. receptis de barone de Hylton pro licencia ~endi finem stagni super terr' domini *Ac. Durh.* 668. **b c806** terra .. cum rectis terminibus et jure haereditario firmiter fixa permaneat *CS* 318; **840** hanc meam .. donationem cum vexillo sanctae crucis munio ut fixa permaneat in aevum *CS* 430; **949** hoc donum .. signo crucis fixi *CS* 880.

7 to seal (vessel).

magnam peciam .. vermilionis .. olla obturata ad ~endum pone RIPLEY 217.

8 to stabilize (alch.).

capitulum olei albi fixi philosofici (M. SCOT) *Med. Cult.* 156; aurum quidem est corpus perfectum, ex argento puro, fixo, claro. .. argentum est corpus mundum, purum, fere perfectum, ex argento vivo puro, fere fixo *Spec. Alch.* 378; si aqua se incorporat cum terra .. nisi cum igne ~atur, altius ascendet RIPLEY 101.

9 to fix, direct (gaze). **b** (astr.) to fix, direct (course). **c** (p. ppl.) fixed, motionless. **d** (of abstr.).

oculo vicinus adheret, .. / figit et aspectum WULF. *Swith. pref.* 204; in eum solum cuncti sua lumina figunt *Ib.* I 417; visus .. rem non querit .. nisi ut in eam ~at intuitum *Quaest. Salern.* C 21; puella .. audacter .. ~ebat visum in facie hominum BACON V 60. **b** cur [planetae] contra aplanon cursus ~ant ADEL. *QN* 71. **c** fixo stante coluro / scinditur ad rectos terre fixissimus orbis HANV. IX 56–7. **d** fixa [nomina] sunt quae nequaquam in aliud genus converti possunt, ut 'pater', 'mater', .. non enim dicitur 'patra' TATWINE *Ars* p. 18; in cogitatione praecepta Dei fixa retine BEDE *Prov.* 961; fixa et indeclinabili intentione *Id. Cant.* 1173.

10 to fix (in the mind). **b** to fix (one's intention), set (one's mind, also absol.). **c** (refl. w. inf.) to set oneself (to). **d** (p. ppl.) fixed, determined, intent. **e** fixed, permanent, enduring.

ut .. memoria .. inter homines .. ~eretur aeterna BEDE *Prov.* 1001; lumen veritatis in corde audientis ~atur *Id. Hab.* 1242; vitae alimentum in nausientium cordibus ~it *Id. Cant.* 1204; ~ite, *suðigað GlC* F 208. **b** ut †tuum [? l. tum] demum possit in nos fraternus amor figere *Cerne* 172; **933** animam sempiternis in gaudiis fiens *CS* 694; in amorem caelestis patriae animum ~ens *V. Gund.* 21. **c s1341** justiciarii sedere .. se fixerunt AD. MUR. *Chr.* 28. **d** nullus valuit sanctas .. / .. / a Christi cultu mentes discludere fixas ALDH. *VirgV* 2270; psalmis [se] .. fixa mente vacaret BEDE *HE* IV 3; permansit fixus sinceriter in spe WULF. *Swith.* I 729. **e** in subjunctivo modo .. E semper fixa definitione corripitur ALDH. *PR* 136; memoria devotionis .. fixa per saecula maneret BEDE *HE* V 7; nil fixum faciet tessera laeta tibi ALCUIN *Carm.* 9. 14; excogitare coepit qua ratione fixa .. promissum .. conservare posset ASSER *Alf.* 103.

2 figere v. fingere.

fightwita v. fihtwita.

figitivus [cf. 1 figere], that can be fixed (in the ground), (her.) 'figetive', fitched.

vocatur ~a crux quia de facili potest talis crux figi in terram . . . portat unam crucem ~am de argento in campo rubeo BAD. AUR. 125; *Ib.* 175 (v. crux 8f); vocatur crux patens ~a quia in terra figi potest talis crux UPTON 212; ista insuper crux aliquando †portantur [l. portatur] cum pede ~o, et tunc appellatur crux florida patens ~a *Ib.* 214.

figma, figment.

figmenta [*RS*: figmata] GIR. *Invect.* I 12 (v. fictor 2); refutaverunt superstitiosa ~ata J. WALEYS *Commun. prol.* f. 2v.

figmen [LL], figment.

a feynynge, faccio, ficcio, figmentum, ~en, commentum *CathA.*

figmentalis, fictitious.

non video quid hic causari valeat etiam coactio ~is AD. MARSH *Ep.* 36.

figmentaliter, fictitiously.

metaphysica .. non docet ratiocinari ~iter KILWARDBY *OS* 578.

figmentare [LL], to fabricate, compose fraudulently.

c1155 ait .. Guernonem .. in ultimo confessionis articulo se falsarium fuisse confessum; et inter cetera que per diversas ecclesias ~ando conscripserat, ecclesiam .. Beati Augustini de Cantuaria adulterinis privilegiis .. se munivisse .. asseruit *Lit. Cant.* III 366.

figmentum [CL]

1 creation.

~a, plasmatio hominum *GlC* F 174 (cf. *Gl. Leid.* 35. 164: de ~o, de plasmatione hominis); ~a, i. plasmatio, .. compositio *GlH* F 377; draco quem initium ~i sui finxit Deus ad illudendum ei [cf. *Psalm* ciii 26] OSB. *V. Dunst.* 7.

2 creature. **b** created or wrought object.

mundo .. licentiam .. condidisti ut ipsum quippe fragile sustentaretur ~um [sc. caro quadrupes] ad usum in escam haberetur vitae EGB. *Pont.* 130. **b** cum .. ~um consideras, de figulo interroges, et tunc tibi ~um respondet de figulo .. numquid dicit ~um ei qui se finxit, i. e. creatura creatori W. NEWB. *Serm.* 860.

3 figure, shape, image, idol. **b** symbol, type.

ut supplex veterum oraret figmenta deorum ALDH. *VirgV* 1052; ~a, i. . . varia figura *GlH* F 377; demon in tribus ~is se opposuit, sc. in specie ursi et leonis et bubali ORD. VIT. V 7 p. 326; Deus .. novit ~um nostrum [cf. *Psalm* cii 14] J. SAL. *Ep.* 211 (201); advertat divinitas humanata carnalis nature ~um R. BURY *Phil.* 20. 250. **b** aliud est ~um terreni itineris, aliud in coelum veritas ascendentis LANFR. *Corp. & Sang.* 424C.

4 figment, fiction, illusion, deceit; **b** (w. ref. to literary invention); **c** (w. ref. to sorcery). **d** (log.) false concept, faulty argument.

aemula scaevorum vitat figmenta virorum ALDH. *VirgV* 1025; **800** tota veritas in eo [sc. Christo] est et nihil habet

~i in se ALCUIN *Ep.* 204; ~a, i.. . mendacia *GlH* F 377; ad roboranda ~a sua GOSC. *Lib. Mild.* 2; **c1093** sine ~o dilexi et diligo ANSELM (*Ep.* 162) IV 34; hec dicta quasi anilium somniorum nullus ~a .. excipiat cachinno W. MALM. *GP* I 66; quidam ~o satis favorabili conjectant S. Patricium .. pestiferis cunctis insulam purgasse GIR. *TH* I 28; figmenta [*RS*: figmata] *Id. Invect.* I 12 (v. fictor 2); **c1178** miracula .. ~is hominum connumerare minime verebatur J. SAL. *Ep.* (325); nec nunc quidem catholicam in his veritatem, sed Gentilitatis expono opiniones et ~a ALB. LOND. *DG* 9. 7; **c1242** ~um est quorundam .. quod fingunt de ponendis vobis insidiis GROS. *Ep.* 97; **1283** per varia fingmenta ordinem sacerdocii subterfugit *Reg. Heref.* 5; in te qui es verus mea sit sentencia vera, / non ibi figmentum cernere possit homo GOWER *VC* III *prol.* 94. **b** Proserpinam, ut poetarum ~a ferunt, a Plutone raptam ALDH. *VirgP* 44; ut referunt falso veterum figmenta librorum *Id. VirgV* 1334; **799** vereor ne Homerus irascatur contra cartam prohibentem spectacula et diabolica ~a ALCUIN *Ep.* 175; doctrinae plenum figmentum tale probatur *V. Ed. Conf.* 47v.; de ~is poetarum *Flor. Hist.* I 13 *tit.*; cum .. dicta sanctorum poetarum ~is frequenter alludant R. BURY *Phil.* 13. 183. **c** [phitonissa mulier] sermocinata est, plurimas destructiones, similitudines et ~a subversionis faciens *G. Herw.* 335; magi .., ut sua ~a nichil in militem Christi valere compererunt, propriis se cultris interemerunt ORD. VIT. V 7 p. 328. **d** ~um .. philosophicum, quo credunt se posse a se ipsis voluntatis rectitudinem et perfectam beatitudinem obtinere, patet esse falsum ex ipsorum errore multiplici R. MARSTON *QD* 186; universale est ab intellectu, et cum dicitur "ergo est ~um", dico quod non sequitur, quia ~o nihil correspondet in re extra (DUNS *Porph.*) *GLA* III 207; accipio realitatem opinabilem, que communis est— secundum ipsum—~is et non ~is DUNS *Ord.* III 188; tercius liber .. respondet suis probacionibus et fingmentis AD. EASTON *Def.* 678.

figula v. ficula.

figularius [LL *gl.*], potter.

1295 de iiij s. receptis de firma unius ~ii pro licencia fodiendi lutum infra chaceam *MinAc* 1090/3 r. 1.

figulator [LL *gl.*], potter.

1240 Willelmus ~or *Ch. Sal.* 262; **1325** de firma j ~oris pro mortuo bosco et subbosco optinendo .. ad ardendum circa ollas suas *MinAc* 1147/23 m. 11; **1336** in .. copiis brevium transcribendis contra figulator' de Gatesheved viij s. v d. *Ac. Durh.* 529; **1341** de xij d. receptis de firma redd' ~orum *MinAc* 1120/11 r. 6; **1374** de ~oribus facientibus ollas luteas de luto et sabulo capt' in mora *DL MinAc* 507/8227 m. 1; **1501** (v. argilla b).

figulina [CL *pl.*], potter's workshop, pottery.

~a, non figlina *GlC* F 196.

figulus [CL]

1 potter. **b** creator, maker; **c** (w. ref. to God).

vasa quatit figuli fornax vi fervida flammae *Mir. Nin.* 262; v ~i [*gl.: poters*] reddunt xliiij d. *DB* I 168v.; **1148** x solidatas terre apud Haingeham, sc. terram Willelmi ~i *Cart. Colne* f. 30v.; ~us ei [Herewardo] obvius factus est, ollas portans *Lib. Eli.* II 106 p. 183; si .. olla contra ~um insurgens .. GIR. *SD* 118; rex ut est figulus, palpo ductibile / lutum WALT. WIMB. *Palpo* 73; tempus non consideratur .. nisi .. ut rota ~i *Ps.*-GROS. *Gram.* 48; ipsas calcina ter in furno ~orum RIPLEY 385. **b** plastes, ~us *Gl. Leid.* 13. 49; ~us, i. formator *GlH* F 381; W. NEWB. *Serm.* 860 (v. figmentum 2b). **c** probabat celestis nimirum ~us vasa sua W. CANT. *V. Thom.* I 14; dominator ille Dominus et universitatis ~us GIR. *TH* I 13.

2 tile.

~um, *tigele GlH* F 382; **1285** de xij d. de terra fodienda ad ~os infra easdem limites [sc. foreste]. et de iij s. viij d. de quarera lapidea ad mur' faciend' *MinAc* 851/1.

figura [CL]

1 figure, form, shape; **b** (of clothing); **c** (of abstr.).

celebrationem .. sollemnitatis sub ~a coronae perpetis agere perdocuit BEDE *HE* V 22; Mathaeus .. / .. / humana meruit signari rite figura ALCUIN *Carm.* 71. 5; intellexerunt quadrangulam paribus ~am quatuor lateribus *Alea Evang.* 174; omnis / .. natura .. / transit in adversas te praecipiente figuras WULF. *Swith.* II 413; hinc hominis faciem, inde leonis aliasque ~as fere infinitas GIR. *TH* II 38; GROS. 141 (v. fluxibilis 1b); ~a .. est quantitas clausa lineis. .. necesse est .. mundum .. habere ~am sphericam BACON *Maj.* I 152; littera .. habet .. nomen, ~am, potestatem, que est sonus *Id. Gram. Gk.* 4; inveniuntur .. boni pisces .. alterius .. ~e et forme quam sunt in alio mari *Itin. Mand.* 100. **b** quod nullus monachus .. utatur .. vestibus alterius coloris, generis, vel ~e quam illorum quibus .. conventus uti antiquitus consuevit *Norw. Cath. Pri.* 109; non enim lego in regula beati Augustini .. de colore vel ~a vestium WYCL. *Apost.* 14. **c** ALDH. *Met.* 2 p. 70 (v. anagoge b); necesse esset divisiones fieri vocum secundum suas ~as, quia si figuratur spherice, sphericam ~am inprimere non potest, similiter si figuraretur triangulariter *Ps.*-GROS. *Gram.* 19.

2 outline, diagram. **b** (geom.) figure. **c** (math.) figure, digit. **d** character, letter. **e** (mus.) note, notation. **f** metrical notation.

†linimenta [l. liniamenta], ~ae *GlC* L 196; **799** misi .. aliquas ~as arithmeticae subtilitatis . . . necnon et ~arum rationes in libello arithmeticae disciplinae considerare valet ALCUIN *Ep.* 172; potest .. agentis species venire ad singula puncta patientis per piramides .. ut patet in ~a BACON II 39; ~ae eclipsium depinguntur ELVEDEN *Cal.* 5. **b** plane ~e sunt que longitudine et latitudine continentur, .. ~e autem solide sunt que longitudine, latitudine, et altitudine continentur, ut est cubus BART. ANGL. XIX 127 p. 1233 (cf. Isid. *Etym.* III 11–12); tantum due ~e corporales possunt locum replere sine vacuo, sc. cubus et pyramis BACON *Tert.* 136. **c** THURKILL *Abac.* f. 55v. (v. excipere 1a); his viiij ~is, 1 2 3 4 5 6 7 8 9 tam integros quam minutias figurantibus utuntur ADEL. *Alch.* 18; ~e numerales secundum Grecos M. PAR. *Maj.* V 285; BACON IV 396 (v. algorismus); [cupidus] facit .. ~as algorismi [ME: *figures of augrim*] sicut computatores faciunt *AncrR* 76; si addi debeat numerus numero, prima ~a unius numeri a dextris incipiendo scribatur sub prima ~a alterius .. KILLINGWORTH *Alg.* 714; quotaciones .. ~is numeralibus algorismi in .. margine .. subintuli *Mir. Hen. VI* II *prol.* p. 80. **d** caracter, stilus vel ~a *GlC* C 68; et mea scrutare pectore dicta tuo, / ut tua deque meis agnoscas fata figuris ALCUIN *Carm.* 123. 3; cui crucis impressit sanctae signando figuram *Id. SS Ebor* 1107; cum in scribendo quod scribi non debet transit scriptio, qua fiunt ~ae quae remanent ANSELM (*Orig. Pecc.* 4) II 145; *ph, th, ch*, quarum omnium proprias habent Greci ~as *Ps.*-GROS. *Gram.* 22; Kataie orientales .. faciunt in una ~a plures literas comprehendentes unam dictionem BACON *Tert.* 98n.. **e** sequitur de representatione ~arum sive notularum, viz. quomodo per hujusmodi ~as denotetur longitudo vel brevitas. unde ~a est representatio soni secundum modum GARL. *Mus. Mens.* 2; quoniam per predictas litteras longam vel brevem non potest signari, .. ideo necessaria est adinventio talium ~arum †quod [l. quae] hoc faciant. et he note vocantur ODINGTON *Mus.* 93; ~a illius [sc. vocis prime] apud musicos in scripto vocatur minima *Fig.* 40; conjunccio est conglutinacio ~arum debito modo supra syllabam ordinata HAUDLO 398; TUNST. 256 (v. figurare 3c); ~a .. habens in se iij quadrangulos longa tertia dicitur, i. e. trium perfeccionum nota vocatur .. . ecce omnium istarum longarum ~e hic patent HAUBOYS 426; ~a quadrilatera, rectangula, caudata, dextrorsum, sursum, vel deorsum in secundo gradu imperfectum significat .. . eadem .. ~a non caudata significat unitatem *Mus. Mens.* (*Anon. VI*) 399; *Ib.* (v. figurare 3c); de ~is extra ligaturas primo dicendum est .. sc. larga, longa, brevis, semibrevis, minima WALS. *Mus. Mens.* 74; notitiam ~arum, sc. notarum *Ib.* (v. facultas 6g); HOTHBY *Cant. Fig.* 330 (v. 2 cantus 1). **f** diprolius .. ex tribus brevibus et tribus longis constat tali ~a: ‒‒‒‒‒‒ ALDH. *PR* 141 (142).

3 aspect, features, looks (of person).

cernens matronae rugosae forte figuram / vidit in extasi deformem fronte vetusta ALDH. *VirgV* 597; "scio" inquit [Merlinus] " .. dare ~am Gorlois ita ut per omnia ipse videaris" .. itaque rex .. in speciem Gorlois transmutatus est G. MON. VIII 19; corpus Hectoris interfecti tractum .. perdidit ~am et formam suam TREVET *Troades* 78.

4 attitude, posture. **b** arrangement, position. **c** (astr.) configuration, aspect.

frequens in lecto revolucio et ex aliqua ~a in aliquam J. MIRFIELD *Brev.* 62. **b** [astrologia] speculativa certificat numerum et figuram celorum et stellarum .. et quantitatem et ~am terre habitabilis et partes ejus magnas que sunt climata mundi BACON *Tert.* 106; ut sciamus distinguere partes habitabiles secundum situs suos et ~as *Id. Tert. sup.* 9. **c** *Id. Tert.* 106 (v. 4b supra).

5 outward appearance (as dist. from reality).

cum ~a mundi in ictu et atomo evanuerit et .. creaturarum elementa in melius commutata claruerint ALDH. *VirgP* 28; **1425** elaborata decreta auctoritate sacrosancte matris ecclesie posteris firmabantur fidelibus, ut jam non ~a sed veritas, non nunc opinio sed auctoritas publice traduntur servande sub pena contemptus *Reg. Cant.* III 131.

6 figure, image (in work of art or artefact).

illas [sc. Dei domus] argento, gemmis vestivit et auro, / serica suspendens peregrinis vela figuris ALCUIN *SS Ebor* 1267; aureus ille calix .. / ac .. fabricata patena / celatas faciem portendunt apte figuras ÆTHELWULF *Abb.* 651; ~a in ~is, i. imago ornata *GlH* F 379; soleo indignari pravis pictoribus, cum .. Dominum informi ~a pingi video ANSELM (*CurD* 1) II 49.

7 symbol, type.

fontis designat Salvator jure figuram, / de quo quadrifluis decurrunt flumina rivis ALDH. *CE* 4. 10. 7; quid significat mirabile hoc signum .. ? regni tui ~a tentorium est .. stagnum ~a hujus mundi est NEN. *HB* 185; quamvis .. omnis ~a habeat similitudinem cum re quam figurat ANSELM *Misc.* 347; Perseus .. in ~a virtutis accipitur ALB. LOND. *DG* 14. 2; cujus .. nisi papalis excellentie illum mundi monarchum Assuerum ~am pretendere putabimus, qui ..? AD. MARSH *Ep.* 246 p. 418; monachi tenent ~am apostolorum quo ad officii dignitatem OCKHAM *Pol.* II 390; resuscitacio Lazari .. fuit ~a justificacionis peccatoris per penitencie sacramentum CONWAY *Def. Mend.* 1416 (*recte* 1316); (WYCL.) *Ziz.* 105 (v. consecratio 1b); quid est ~a nisi futurorum reale presagium FORTESCUE *NLN* II 66.

8 (gram.) form, formation.

solet .. dactilus a nominibus ~ae compositae provenire ALDH. *PR* 120; ~ae nominum sunt duo, .. simplex, ut "felix", conposita, ut "infelix" BONIF. *AG* 480; ~a *is hiw on namum and .. synd twa*, ~a simplex .. et composita ..: decens, .. potens, .. indecens, .. inpotens ÆLF. *Gram.* 87.

9 (rhet.) form of expression. **b** form of words, diplomatic style. **c** (~*a judicii* or *judicis*) legal formula (implying delay). **d** (~*a dictionis*) figure of speech (as log. fallacy). **e** (log.) figure of a syllogism.

sub ~a tropi .. eleganter .. "lego" inquit "de terra aurum, de spina rosam, de conca margaretam" [Jerome *Ep.* 22] ALDH. *VirgP* 8; de schematibus sive tropis libellum, hoc est de ~is modisque locutionum BEDE *HE* V 24 p. 359; per ~am yperbolen, per quam solent aliqua in magnitudinem exaggerationis extendi *Gl. Leid.* 28. 38; **1081** ~am vocat [Augustinus] figuratam locutionem LANFR. *Ep.* 33 (49); rethoricas dum multiplicas scribendo figuras / formosas variare rosas et lilia curas (LAMBERT) R. CANT. *Poems* 2. 8; [grammatica] admittit proprias placide toleratque figuras NECKAM *DS* X 43; dupliciter potest agere de ~is .. quia sunt instancie contra regulas communas grammatice *Ps.*-GROS. *Gram.* 67. **b** in litteris domini regis que scripte sunt in folio precedenti ubi inveneris talem ~am *Leg. Ant. Lond.* 141. **c** **1291** dantes nobis .. potestatem .. sine strepitu judicii et ~a .. controversiam .. decidendi *Mon. Francisc.* II 36; **1343** simpliciter et de plano et sine strepitu et ~a judicii totaliter amoveatur *Eng. Clergy* 266; **1354** summarie et de plano absque ~a judicii, .. a dicta cantaria, per sentenciam .. amoveatur *Lit. Cant.* II 320; **1462** si infra xv dies alios post denunciacionem patrono factam ad residenciam non revertatur animo permanenti ex hoc ipso ipsa prepositura sine strepitu et ~a judicis vacare censebitur .. *Ch. Edinburgh* 105; **1577** summarie et de plano ac sine strepitu et ~a judicii, sola facti veritate inspecta, ac mera aequitate attenta, procedatis *Foed.* XV 781. **d** dicendum est quod ibi est ~a dictionis: .. constructio a parte ante est inconveniens cum verbis adjectivis .. et est ibi fallacia consequentis BACON XV 146; racio .. que adducitur pro responsione fallit secundum ~am diccionis DUNS *Ord.* I 55; in argumento est fallacia ~e diccionis, commutando rem in modum *Ib.* II 238. **e** trium ~arum subnectit [Aristoteles] rationes .. et qui modi in singulis ~is ex complexione extremitatum proveniant, docet J. SAL. *Met.* 918A; in omni syllogismo prime ~e minor est pars decisa a majore SICCAV. *PN* 78.

10 (Aristotelian) form, idea, archetype.

isti Aristotelicas ~as et Pitagorice computationis infinitos calculos .. vix capiunt W. DAN. *Ailred* 18.

figurabilis, shapable. **b** figurative.

omnia corporalia que de Deo dicuntur non proprie sed simbolice intelliguntur. simpliciter enim Deus est et non figurabilis [v.l. figurabiliter; TREVISA: *God is simplicite and hath no bodiliche schap*; ? l. simplicitas .. figurabilis] BART. ANGL. I 20; pars ille epatis est ~is et condensabilis et rarefactibilis GAD. 57. 2. **b** postquam ad mentis nutum [res] .. discernitur, .. per significacionem ~em determinetur *Ps.*-GROS. *Gram.* 36.

figurabiliter, *f. l.*

BART. ANGL. I 20 (v. figurabilis a).

figuralis [LL]

1 of a figure or diagram, diagrammatic.

fiunt pyramides .. ut in protractione ~i manifestum est BACON II 39.

2 symbolical, typical, figurative. **b** (as sb. n.) symbol, type, figure.

allegoria, ~is dictio, aliud dicere et aliud intelligere *GlC* A 413; Deus precepit agnum paschalem et ~em comedi GIR. *GE* I 50 p. 141; de Oza manum ad archam ~em .. extendente *Ib.* II 7 p. 195; optabilius a ~i quam olim Petrus a materiali eductus Herodis carcere AD. EYNS. *Hug.* II 3; quod .. in ~ibus contestande litis peticionibus figuratum absque figura judicii aut strepitu .. finivit *Reg. Whet.* II 469; cum [v. l. dum] nedum ejus exemplum, sed et ejus auctoritas ~is te erudiunt [v. l. erudivit] et obligant [v. l. obligavit] ad consimiliter faciendum de legibus regni, quod annuente Deo [v. l. Domino] hereditaturus es FORTESCUE *LLA* 3. **b** Christus .. ~ia .. legis .. recusavit PULL. *Sent.* 778C; circumcisio .. et pascha inter ~ia primatum obtinent *Ib.* 972A; ut ~ium misteria taceantur J. SAL. *Pol.* 593C.

figuraliter [LL]

1 in a figure, pictorially.

nihil est nobis ad plenum intelligibile, nisi ~iter ante oculos nostros disponatur BACON *Maj.* I 212; **1336** cum monili argenteo et amallato, Annunciacionem Dominicam ~iter continente *Lit. Cant.* II 125.

2 in outline, briefly.

de dignitatibus residencium ad scaccarium quod brevitas succincta permisit et menti mee repente se obtulit, utcumque ~iter exposui *Dial. Scac.* I 13.

3 by way of example.

passio ad cognationem excrescens in distemperantiam convertit instrumentum [sc. sensum], quod in tactu ~iter videri licet ADEL. *QN* 31.

4 figuratively, symbolically, typically.

lex illa .. quam ~iter olim Deus per primum ejus latorem .. mandavit THEOD. *Pen. pref.*; futura misteriorum arcana per allegoriam ~iter portendisse declaratur ALDH. *Met.* 2 p. 67; Seth populum Christianum ~iter exprimit BEDE *Gen.* 77; ea que .. complenda erant ~iter praesignabant *Eccl. & Synag.* 96; que populus ille [sc. Israel] ~iter est exsecutus nos spiritualiter adimplere studeamus PULL. *Sent.* 778D; umbratilis lex et gerens omnia ~iter sacerdotes .. preelegit J. SAL. *Pol.* 523B; philosophi ~iter sunt locuti M. SCOT *Sol.* 714; scripsit corpus Christi non ~iter solum sed .. veraciter in eucharistie sacramento [esse] NETTER *DAF* II 31V. 2; **1432** septem dona Sancti Spiritus per emissionem septem albarum columbarum sibi ~iter exhibentes (J. CARPENTER) *MGL* III 459.

figurantia, semblance, symbol, type.

quod ille panis non sit corpus Christi, nisi secundum ~iam et figuram WYCL. *Apost.* 117.

figurare [CL]

1 to fashion, shape, provide w. a figure. **b** to transform (from one shape to another).

locus .. capitis .. ad mensuram capitis illius aptissime ~atus apparuit BEDE *HE* IV 17 p. 246; finxit, i. ~abat, *hiwade GlH* F 330; **1175** anima dormientis sibi prefate visionis imagines ~avit P. BLOIS *Ep.* 30. 105A; natura .. fingere non cessat et ~are quousque in robur perfectum .. homines istos provehat GIR. *TH* III 10; [ignis] hic ~at se figura pineali quia non habet formam naturalem qua sic ~etur FISHACRE *Quaest.* 52; *Ps.*-GROS. *Gram.* 19 (v. figura 1c); philosophice figurationes inveniuntur, nam sic possunt ~ari perspicua specula ut unum appareat multa BACON *NM* 534. **b** GROS. 141 (v. fluxibilis 1b); in artificialibus fit ~atum ex figura .. ut ciphus ex anulo .. quod ex ~ato ~atum, non in quantum illud est ~atum: unde si chiphus fieret ex auro, posset fieri ex eo quocumque modo ~ato BACON VIII 29.

2 to form, model on; **b** (gram.).

arbore de qua sint se poma comesta figurant D. BEC. 107. **b** a tertia .. conjugatione .. spondeus ~atur ALDH. *PR* 114; quali accentu ditrocheus ~atur? *Ib.* 128; ad Graecam .. formam ~ata constructio est LINACRE *Emend. Lat.* lxxi v.

3 to outline, circumscribe. **b** to draw. **c** (mus.) to write (as note on staff).

motus processivus et circularis .. nunquam .. fit supra idem spatium, set diversimode ~atur spatium, .. quia diversificatur spatium secundum figurationem in istis motibus BACON XIII 306; procedunt de quantitate secundum substantiam et quoad spatium inclusum et non quoad rationem mensurandi et ~andi; hec .. consequuntur se invicem mensuratio et figuratio *Ib.* 367–8; corpus .. non potest ~ari in plano quia habet tres dimensiones, longitudinem, latitudinem, et profunditatem ODINGTON *Mus.* 45. **b** mappamundi .. ~atur in †ordine [MS: ordinali] Mathei de Parisio .. ~atur in eodem †ordine [MS: ordin'] .. quasi clamis extensa (*MS Cambridge, Corpus Christi Coll.*, 26 f. viib) C. R. Beazley *The Dawn of Modern Geography*, London 1901, II 586, 639. **c** sequitur de modis imperfectis, quomodo et qualiter ~antur. unde primus modus imperfectus ~atur hoc modo: tres cum proprietate et postea cum duabus et duabus .. GARL. *Mus. Mens.* 15; minima .. ~atur ad modum losenge *Fig.* 43; pausa brevis .. continet unum spatium et medietatem alterius secundum ~antes modernos *Ib.* 49; figura .. brevis .. potest .. caudari et aliter ~ari TUNST. 256; licet aliqui doctores nostri musice aliter duxerint in aliquibus ~ari .. quod .. proferebant ore minime ~abant .. posuerunt tres et duos figura simili designatos, unitate vero dissimili *Mus. Mens.* (*Anon. VI*) 399; a modernis debent sic ~ari HAUBOYS 426.

4 to depict, represent. **b** to exemplify.

ANSELM *Misc.* 347 (v. figura 7); de insensibilium rerum natura que secundum metaforam sermocinari ~antur W. MALM. (*V. Aldh.*) *GP* V 196; non est possibile ut literalis sensus sciatur, nisi homo ad sensum habet hec opera depicta, sed magis ~ata corporaliter BACON *Maj.* I 210; **1408** imagines sanctorum, in ipsorum honorem .. quos ~ant .. venerari *Conc.* III 318. **b** calor ejus prius equalis modo fit inequalis similiter etiam de ceteris ~ari licet ADEL. *QN* 31.

5 to symbolize, express figuratively. **b** to prefigure.

pharaonis exercitu .. per quem gastrimargia ~atur ALDH. *VirgP* 12; Britones .. per album vermem ~ati sunt ORD. VIT. XII 47 p. 489; Phlegethon .. inferioris aeris naturam .. ~are perhibent ALB. LOND. *DG* 6. 4; in hoc .. ~atum est vocem per Mercurium designatam beneficio aeris inferioris attrahi NECKAM *NR* I 18; omnes qui venient ex parte Scocie per pisces ~antur (J. BRIDL.) *Pol. Poems* I 195; sacramenta .. in quantum efficiunt quod ~ant PAUL. ANGL. *ASP* 1550. **b** per Hieremiam et Danielem .. futura incarnati Verbi virginitas .. ~abatur ALDH. *VirgP* 54; immolato agno, cujus occisione Christi ~abatur occisio ÆLF. *Ep.* 2a. 8; **10**.. portendentes, ~antes *WW*; virgo mater peperit / per virgam figurata P. BLOIS *Carm.* 20. 3a. 41; regis Assueri .. salvatorem potissime ~antis AD. MARSH *Ep.* 75 p. 184; duo testamenta in eis [sc. Agar et Sara] .. ~ata dicit apostolus GROS. *Hexaem.* XI 5; Sampson signum ponitur, Christus res signata; / figurantem superat sponsa figurata GARL. *Epith.* I *Summa* 50; omnes pastores veteris testamenti ~arunt pastorem summum WYCL. *Ver.* II 173.

6 to imply, mean, say.

alia videtur ~ari DUNS *Ord.* IV 135; quod etiam aperte in lege veteri ~atum est Deuter' xxii ubi dicitur .. OCKHAM *Dial.* 587; videte quid per hoc ~etur [ME: *hwet þis beo to seggen*] *AncrR* 114.

7 (rhet.) to adorn (speech or writing) w. rhetorical figures.

LANFR. *Ep.* 33 (49) (v. figura 9a); *Reg. Whet.* II 469 (v. figuralis 2a).

figurate [LL], figuratively, symbolically.

cum .. ad requiem perpetuam, quod nomen Noe sonat, intraturi sint ~e denuntiet BEDE *Gen.* 94; ~e baptizamus in aqua, licet illud baptisma vetus, quod fuit hujus novi figura, in aqua fuerit ANSELM (*Azym.* 4) II 228; Phlegethon .. est .. totus igneus .. ardores .. ~e significans ALB. LOND. *DG* 6. 4; numerum annorum quibus referuntur homines ante diluvium vixisse proprie et non ~e accipiendum GROS. *Hexaem.* XI 5.

figuraticius, (as sb. m.) one who prefers a figurative to a literal sense.

non audivimus Christum dicere "hoc est corpus meum" figuraliter ... accedat contra .. fictos et figuratitios procurator ecclesie Christi NETTER *DAF* II 40V. 1.

figuratio [CL]

1 fashioning, shaping.

GROS. 141 (v. fluxibilis 1b).

2 drawing, drafting. **b** (mus.) representing in notation.

BACON XIII 368 (v. figurare 3a). **b** iterato nota, quod sufficit de modo figurandi juxta descriptionem eorundem, ut superius plenius patet; et est ~o consimilis sicut in aliis regularibus *Mens. & Disc.* (*Anon. IV*) 85; ultima [pars tractatus] de harmonia multiplici, i. e. de organo et ejus speciebus, nec non de compositione et ~one ODINGTON 43; tercia pars hujus capituli ponit ~ones figurarum solitariarum WILL. 26.

3 figure, form, shape, design; **b** (geom.); **c** (of abstr.).

inventor Y litere, in cujus ~one signavit binarium progressum humane vite GROS. *Hexaem. proem.* 10; differentiam nervi audibilis secundum ~onem ab aliis nervis GILB. III 144V. 1; corpora mundi .. oportet quod ~onem habeant debitam BACON *Maj.* I 152; facere speculum comburens pertinet ad geometriam, quia ~o determinata requiritur *Id. Tert.* 45; litteris debentur .. nomen, ~o, et potestas *Id. Gram. Gk.* 6; per accionem intellectus abstrahitur a ~onibus et condicionibus particularium SICCAV. *PN* 126. **b** volo afferre quintam radicem et est de ~onibus geometricis penes lineas, angulos, et figuras tam corporales quam superficiales BACON *Maj.* I 210. **c** est .. in instrumento auditus spiritus auditus faciens proporcionatus hujus nature vocalis qui cum ~ones susceperit ab instrumentis vocalibus imprimit eas numero expanso ... est necesse .. causam efficientem habere eandem lucis naturam in se et regi causis omnibus in vocis ~one secundum ordinem motum efficientibus *Ps.*-GROS. *Gram.* 19; prima .. vocis diversitas quantum ad esse suum extra propter diversitatem suarum ~onum est quod quedam est littera simpliciter *Ib.* 20.

4 diagram, illustration, plan. **b** map.

sapientes antiqui usi sunt picturis et ~onibus variis, ut veritas literalis ad oculum pateret et per consequens spiritualis BACON *Maj.* I 210; alii dicunt quod tabule secundum ~onem eandem non possunt elevari *Id.* XIII 226; **1511** pro ~one edificii *le platt* vj s. viij d. *Arch. Hist. Camb.* I 415*n*. **b** divisio locorum et descriptio tam in scripto quam in pictura seu ~one in membrana, ut oculis nostris contemplemur nomina et situs et distantias omnium regionum et civitatum famosarum ad invicem BACON *Tert. sup.* 9.

5 (astr.) configuration, aspect.

secundum ~ones celestium virtutum accidunt hujusmodi monstra BACON *Tert. sup.* 4; *Id.* IX 189 (v. aspectus 3).

6 figure, symbol, type.

798 de hujusmodi ~onibus epistolaris angustia diu me disputare prohibet ALCUIN *Ep.* 137 p. 212; plura .. solummodo enigmatice et sub similitudinibus et ~onibus rerum in scripturis divinis revelata sunt a Deo OCKHAM *Dial.* 833; post adventum tanti sacramenti quod .. scriptura propheticis ~onibus parturivit WYCL. *Ver.* III 177.

figurative [LL], figuratively, symbolically. **b** (rhet.) tropically.

Aristo[teles] loquebatur de rebus vere et essentialiter et philosophice, Plato ~e, casualiter, et mathematice GILB. VI 244. 2; paradisus .. neque solum literaliter neque solum ~e intelligendus est GROS. *Hexaem.* XI 5 p. 312; hec nomina sunt translata planetis et signis ~e BACON V 20; nominat auctor genitum .. ~e, dicnes, 'redimita per aurum', i. regina cum auro coronata (J. BRIDL.) *Pol. Poems* I 135; vinum in sanguinem ejus non ~e sed veraciter [convertitur] (PURVEY) *Ziz.* 401; agnus immaculatus tipice .. dictus, sive ~e *Reg. Whet.* I *app.* 454. **b** pronomina .. nullam habent construccionem cum casu, quia significant in maxima certitudine nisi ~e, ut "ego meorum" *Ps.*-GROS. *Gram.*66; iste modus loquendi ~e .. dicitur alleotheta, que figura .. quamvis sit tolerabilis non est tamen extendenda (KYN.) *Ziz.* 9.

figurativus [LL], that produces an image. **b** figurative, symbolic. **c** (rhet.) tropical. **d** superficial, consisting only of outward appearance.

cum brutis aliquid ~um dicitur, aut in eis intellectum generat aut non ADEL. *QN* 13. **b** peccatum quod nos latet occuluit, verbis ~is aliud subintelligens W. CANT. *Mir. Thom.* II 38; quid prodest ~as locutiones excusare et virtutum schemata operibus damnare? NECKAM *NR* II 173; occultaverunt multa .. per verba enigmatica et ~a BACON *NM* 544; de ~is locutionibus primo queritur utrum locutio ~a sit simpliciter incongrua vel non *Id.* XV 13; de .. verbis .. generalibus et ~is locucionibus, atque ambiguis etiam verbis equivocis ac multiplicibus licet deludere sentenciam perfidorum OCKHAM *Dial.* 638; argumenta fecit ad probandum modum loquendi ~um esse licitum (KYN.) *Ziz.* 9. **c** sermo .. diversificatus contra regulam communiter loquencium .. ~us dicitur *Ps.*-GROS. *Gram.* 67. **d** **a1182** apostoli .. ad instar magistri sui Phariseorum hypocrisin et ~am ceremonialium observantiam reprobantes P. BLOIS *Ep.* 56. 171A.

figurator [CL]

1 maker, shaper.

sicut fimo figulus, figura ~or .. incomparabiliter antefertur GIR. *TH* I 13 p. 41.

2 one who prefers a figurative to a literal sense.

sive dedit vere corpus .. sive solam figuram ut isti ~ores volunt GARDINER *CC* 93.

figuratrix [LL], figurative, symbolic (f.).

figuratrix fit ibi novitas / et hic vernat figure veritas J. HOWD. *Ph.* 456.

figus, figuus v. 1 ficus.

fihtwita [AS *fihtwite*], fine for fighting; **b** (in formula of acquittance, usu. *de blodwita et fihtwita et leirwita*; *cf. frithwita*).

nolo ut aliqua fihtewita vel manbota condonetur (*Quad.*) *GAS* 189; habet rex *fyhtwitan*, i. e. forisfactum pugnae (*Ib.*) *Ib.* 319; si quis blodwitam, fightwitam, legerwitam, et hujusmodi forisfaciat .. (*Leg. Hen.* 23) *Ib.* 561; si homicida divadietur .. ~am recipiat (*Ib.* 80. 6) *Ib.* 597; [**c1157** precipio quod ecclesia de Heli .. quiete et honorifice teneat et habeat omnes consuetudines suas, sc. socam et sacam, et *toll* et *team*, et *infangenetheof* et *hamsocne* et *grithbrice* et *fihtwite* et *ferdwite* et omnes alias forisfacturas *Act. Hen. II* I 161]. **b** **1155** solutas et liberas et quietas .. de ferdwita et de hengewita et de *flemenefremthe* et de *warpeni* et de *avrepeni* et de blodwita et de fihctwita et de *hundrepeni* et de *tethincpeni Act. Hen. II* I 98; **c1174** etc. (v. frithwita a); **1189** quietas de .., blodwita et de fichtwita, et de hundredespeni (*Ch.*) *Rec. Templars* 139; **c1190** quiete .. de ferdwita et hengwita et †*flemenefrenich* [l. *flemenefremth*] et de *averpeni* et de blodwita et de fuchwita, et de *hundredpeni* et de *thethingepeni* et de legerwita *Reg. Wetheral* 30; **1194** quod .. quieti sint .. de placitis et querelis omnibus et de blodwyta et de †sichwyta [l. fichwyta] et leirewyta (*Ch.*) *MGL* II 655; **1199** cum omnibus libertatibus et liberis consuetudinibus et quietanciis suis, .. blodwita et fichwita et [...]wita et fredwita [i. e. ferdwita] et hengewita et leirwita et *flemingsfrith RChart* 1b; quieti .. de frethewita [i. e. ferdwita] et de hengewita et fichwita et blodwita *Ib.* 22; **1321** quieti .. de †fridwita [MS: ferdwita] et de hengwyta .. et de blodwyta et de futhwita et de †leirwyta [MS: leyrwita] *PQW* 452a; quietas de .. blodwyta et de fychewyta *Ib.* 462.

fila v. filum.

filabilis [cf. 1 filare], of or for spinning.

1500 una rota ~is valet iij d. *Rec. Nott.* III 72.

filacerium v. filicarium. **filacia** v. filacium.

filaciare [cf. AN *filacer vb.*], to file (document).

comparentiam .. per eandem curiam recordari ac ~iari .. quibus .. filaciis hic in curia .. scrutatis .. *Entries* 42.

filaciarius [cf. AN *filacer sb.*], 'filacer', (esp. in Court of Common Pleas) officer who keeps files or who files writs.

1501 de scriptura propria J. B. et non ~ii irrotulatur ut accepimus *Entries* 307; **1515** T. P. unus philizariorum de banco hic, et T. S. unus attorn[atorum] de eodem banco, auditores *Ib.* 14.

filacium, ~ia [OF *filace* < *filacea]

1 thread, yarn, string.

~ium dicitur a filum, -li, hoc filum, -li: *gernuce* (NECKAM *Ut. gl.*) *MS Bodl. Laud misc.* 497 f. 300r; **1213** fileicium siccum ad cordas balistariorum *Cl* 134; **1267** de vj quintallis de philacio Alle' xij d. *MinAc* 1031/20 m. 3; **1277** sexaginta saccos filaci precii ccxlv li. *Law Merch.* III 139; **1279** quod nullus in libertate vel extra .. ponderabit ~ium nec lanam donec bursa veniat foras *Gild. Merch.* II 291; **1292** rex capit .. de xij d. ~ii quadrantem *Reg. Wint.* II 721; **1304** pro viij saccis ~ie xvj d. *EEC* 196.

2 collection of documents, file.

1279 transcripta cuidam ~io istud registrum sequenti attachiata fuerunt *Reg. Heref.* 213; **1286** transcriptum .. carte est in ~ia brevium *PQW* 672; **1294** nomina in duabus cedulis in ~iis inter brevia regis positis continentur *RGasc* III 229; **1332** breve de privato sigillo residens in filiciis *CalCh* IV 288; **1430** in ~iis officii privati sigilli *ActPC* IV 31; **1447** registrum et ~ium copiarum inhibicionum .. scrutari fecimus *Stat. Linc.* II 535.

3 (arch.) fillet.

1291 in clavis ad ~ia corbellorum portancium gistas d. ob. *KRAc* 486/7.

filacius, in the form of yarn.

1299 in lanis ~iis, linea tela, et aliis mercandisis *MGL* II 115; **1453** corda ~ia: .. pro xx li. corde ~ie, precio libre viij d. .. xiij s. iiij d. (*KRAc*) *JRL Bull.* XXVI 270.

filacterium v. phylacterium. **filacum** v. filacium. **filagiria** v. philargyria.

filago, (bot.) cudweed (*Gnaphalium*) or sim.

malum terre .. ~o adusta, pili leporis adusti [etc.] GILB. VII 330v. 1; GAD. 112. 2 (v. chamaezelum); ~o, i. *chauvet SB* 21; ~o herba gracilis est et habet flores croceos *Herb. Harl. 3388* 79v.; ~o habet folia ad modum rute, sed non ita redolet *Alph.* 66; hec ~o, quedam herba *WW*.

filamentum [CL = *fillet*], (anat.) filament, minute fibre.

D. EDW. *Anat.* C iv (v. cancellare 3a).

filandra, ~ia, ~um [OF *filandre*], gossamer.

gossummur, ~ia *PP*; filiandra, *gosesomere*; .. hoc ~um, *a gossomyre*; .. hec ~a, *a gossummer WW*.

filantropos v. philanthropos.

1 filare [LL]

1 to spin. **b** (p. ppl. as sb. n.) yarn.

~o, i. neo *GlH* F 305; ad feminam quam ante domum suam ~are vidit festinus divertit MAP *NC* IV 15 f. 56; **1298** in xij ulnis blanketti faciendis .. viz. in lana ejusdem pectinanda ad mensam vj d. et in eadem fylanda ad tascham xxij d. et in eadem tixanda xij d. et in eadem fullanda xv d. *Rec. Elton* 83; **1312** ~abit x nod' optimi fili de lino (*Cust. Tolleshunt Tresgoz*) *MS Essex R.O.* D/DC 21/12; **1351** (v. 1 filatio 1a); pro lino .. parando et ~ando *Meaux* II 22; Sardanapalum more meretricis ~are coegerat ac bajulare colum *Reg. Whet.* II 460; **1493** quod .. pannarii .. in shoppis suis tenere apprenticia et servientes suos ~antes *Doc. Bev.* 100. **b** ~atum, *gearn GlH* F 304; **1217** cum quatuor ponderibus lane et duobus ponderibus ~ati *Pat* 53; vinum decoctionis fructuum cypressi vel ipsius ligni valet ~atum crudum bullitum in aqua et cinere vitis et policarie. emplastretur supra pectinem frequenter GILB. V 227. 2 (cf. ib. 226v. 1: lana succida .. mitiget dolor).

2 to ply or plait.

1284 pro vj cordis de filo ~ato, pond' mcc, precium centene xviij s. *KRAc* 467/9; **1306** armatura .. in castro Bellimarisci inventa . . . v^{xx} viij li. pili equini ~ati, iiij^{xx} et vij li. canabi ~ati pro dictis springaldis *Ib.* 486/20; **1327** (v. chorda 4d).

3 to pick oakum.

1295 xij d. in stipendiis duorum garcionum pro *sy* ~ando *KRAc* 5/8 m. 3; in dicto pilo ~ando et cordis inde faciendis, pro petra iiij d. *Ib.* 5/9.

4 to provide w. a wick.

1242 in .. xxxv candelis ~atis qualibet candela existente de duabus libris cere et in filo, lardo et opere predictorum cereorum et candelarum *Liberate* 34 m. 11.

5 to sew.

to sewe, suere, .. sarcire, .. millare, ~are *CathA*.

6 to file (document).

debent rememorari negocia singularia, et hoc secundum ordinem ~atarum [v. l. filaciorum] peticionum *Mod. Ten. Parl.* 18; **1501** quod ista .. peticio .. in rotulis dicte cancellarie irrotuletur aut ~etur .. requisivit *Cl* 362 m. 40*d*.

7 to form in threads or strands.

~atur et depilatur sicut caro porcina macra M. SCOT *Lumen* 247 (v. foliare 3b).

2 filare [ME *filen*], to shape (metal) by filing.

1325 in stipendio Henrici Lorymer dictum ereum molientis et inde dictas ij nuces fundentis et ~antis *MinAc* 1147/23 m. 3.

filargiria, filargyria v. philargyria.

filarium [cf. CL filum], spindle, spool.

forficem habet et ~ium [v. l. philarium, *gl.*: *philere, filer*], non dico filatorium [v. l. philaterium, *gl.*: *boyste, filet*], quod ad ecclesiam pertinet, et glomos fili extricet NECKAM *Ut.* 101; *a bothome of threde*, ~ium *CathA*.

filaterium v. philacterium.

filaticus, for spinning, spinning-.

defertur cum sella et ~is telis sicut nebat in ecclesiam GOSC. *Wulsin* 15.

filatim [CL], thread by thread.

lana, .. / .. / filatim quae revolvitur, / veluti setis torquitur (ÆTHELWALD) *Carm. Aldh.* 2. 147.

1 filatio [cf. 1 filare]

1 spinning. **b** thread, yarn, string.

in ~one cl petrarum staminis c s. .. in ~one c iiij^{xx} xviij petrarum subtegminis cxv s. vj d. .. *Ac. Beaulieu* 220; **1351** capiunt pro j libra lane filanda vj d., et antiquitus capere solebant pro hujusmodi ~one ij d. tantum (*JustIt* 267 m. 37) *Enf. Stat. Lab.* 404*; **1410** de ij rotis pro ~one *Test. Ebor.* III 48; **1476** solut' cuidam mulieri .. pro ~one predicti lini *DC Cant.* DE 53. **b** in passagio et cariagio ejusdem ~onis ij s. *Ac. Beaulieu* 220.

2 collection of documents, file.

1365 finis inter H. .. et J. .. de uno messuagio . . . sed nota quod hic fiebat per viam morgagii, ideo non venit in ~one quia quieta *Reg. Rough* 172; **1516** breve de exigendo .. super ~one inter brevia de predict. oct. [etc.] residet affilatum *Entries* 335b.

2 filatio [cf. 2 filare], filing (of metal).

1342 pro filo et ~one xv unciarum auri et argenti in plat' *KRAc* 389/14 m. 2.

filatista, spinner.

a spynner, ~a, filatrix *CathA*.

filator [cf. 1 filare]

1 one who sews.

a sewer, ~or, sutor, sutrix *CathA*.

2 'filacer', officer who keeps files or who files writs.

1439 T. F. unus servientum nostrorum ac ~or in officio privati sigilli *Cl* 289 m. 20*d*.

1 filatorium, collection of documents, file.

peticiones sunt †affilati [l. affilate] sicut deliberantur . . . determinentur .. singulare peticiones secundum quod sunt super filator' *Mod. Ten. Parl.* 131; **1436** penes registrum in philator' remanente *DC Roff.* (*Reg. Ep.*) VI f. 117; inter philatoria de presenti anno .. liquet *Ib.* f. 202v.; **1505** quarum litterarum tenores remanent in philatoriis hoc anno *Ib. Reg.* VII f. 42v.; **1508** in libro visitacionis sive et in philatoriis continetur *Ib.* f. 49v.

2 filatorium v. phylacterium.

filatorius, for spinning, spinning-.

1379 rotam ~iam *Rec. Leic.* II 175.

filatria v. phylacterium.

filatrix

1 spinster.

c**1230** dixit quedam vetula ~ix cuidam socie sue *Ch. Sal.* 268; **1355** Cristina atte Walle ~ix *JustIt* 312 r. 1; **1356** textrices et ~ices de villata de Maurdy (*JustIt* 312 r. 3d.) *Enf. Stat. Lab.* 182*; **1372** I. de H. et M. W. de W. sunt filiatrices ad rotam et capiunt stipendium contra statutum J. Lister & J. H. Ogden *Poll Tax (Lay Subsidy) 2 Richard II (1379)*, Halifax 1906, 43; **1380** de Isabella W. †~ix [l. ~ice] *DocCOx* 33; nullus .. mercator .. aliquid tradat mutuo ~icibus lanam filatam vel non filatam in vadium ponentibus *Cust. Fordwich* 6; *CathA* (v. filatista); ~ix, A. *a spynnester*, .. *a spynner WW*; in platea .. conversantur .. carminatrices et ~ices [Eng.: *spynners*] WHITTINGTON *Vulg.* 66.

2 one who provides wicks.

~ici candelarum vj d. *Reg. Pri. Worc.* 119b.

filatum v. 1 & 2 filare, filum 2d.

filatura, sewing.

a sewynge, ~a, sutura *CathA*.

filatus v. 1 & 2 filare. **filecteria** v. phylacterium. **filectum** v. filetum. **fileicium** v. filacium.

filetum, ~a [OF *filet* < filatus *p. ppl. of* 1 filare]

1 thread, yarn. **b** string (of pearls). **c** (cord for) net.

1204 de lesto lane, .. vel ~i (*Cust.*) *Reg. Wint.* II 742; **1214** asportavit .. linum et ~um suum *CurR* VII 187; **1248** mercatores de bobus, porcis, ~o, et aliis emptionibus suis consuetudines dent de omnibus denariatis suis *CalIMisc* I 18; neque lanam operatam .. neque ~um *Leg. IV Burg.* 66; **1558** quod nullus .. vendere seu emere posset .. lineum, lanneum aut †siletum [l. filetum] aut pelles vel coria .. *Gild Merch.* II 276. **b 1391** unam filettam de perulis *Pat* 333 m. 12. **c 1205** in ducendis picosiis et ~is de Cambria ad cordas balistarum *Cl* I 50; **1205** pro ~o cannabino ad balistas *Pipe* 121; **1214** pro feno et cordis et cablis et ~o ad balistas *Ib.* 106.

2 ribbon, strip (of cloth).

1228 habeat .. precium xxiij peciarum ~i ad stradas faciendas *Cl* 89.

3 strip of wood or metal. **b** (arch.) fillet, fascia.

1285 ad philettas (v. 2 gista b); **1315** dicunt .. quod abbas de Oseneya ponet in gurgite suo unam tabulam de latitudine duorum pedum et dimidii cum tribus *bores*: et si necesse sit et defectus aqua, superponetur unum ~um de latitudine dimidii pedis *Cart. Osney* II 464; **1326** de vj vasis plumbi, xxviij tinett' plumbi, j vase, j alveo plumbi in lardar', j pede et vj filett' plumbi receptis . . . pro .. xiiij plumbis, iiij pipis pro gutter' et j filetto *Pipe* 171 r. 38; **1357** (v. horsare). **b 1237** pro j filetto faciendo et ponendo super murum desuper cameram privatam domini regis *KRAc* 476/3; **1373** pro xxxvj bord' de quercu emptis pro gutturis et filectis circa dictam candelariam *Ib.* 469/13; **1439** retrahet deinceps .. supervacuam talem curiositatem dicti operis [scolarum sacre theologie], viz. in tabernaculis ymaginum .. casimentis et fylettis *EpAcOx* 192.

filex v. filix.

1 filia [CL]

1 daughter; **b** (in patronymic); **c** (fig.).

quid .. stupro .. impudentis ~ae .. animam oneras? GILDAS *EB* 31; peperat regina ~iam regi BEDE *HE* V 3; nati sunt .. ei filii et ~iae de .. conjuge sua ASSER *Alf.* 75; Edricus .. dedit ij hidas ~abus suis *DB* I 30v.; receptis .. duabus ~abus ejus in obsidionem AVESB. 80. **b** Constantina .. Constantini ~ia ALDH. *VirgP* 48; Scylla, Phorci ~a et Crataeidis nymphae, amavit Glaucum *Lib. Monstr.* I 12; remeavit adferens secum Juthittam, Karoli Francorum regis ~iam ASSER *Alf.* 11; Judith .. fuit ~a [ME: *dochter*] Merari *AncrR* 117. **c** hec est enim alia / sanguissuge filia / quam venalis curia / duxit in uxorem P. BLOIS *Carm.* 24. 4.

2 **a** (w. ref. to legal status); **b** (w. ref. to bastardy).

a 1185 Bochardo .. reddere tenentur iij m s. .. si ~iam suam primogenitam maritaverit *Act. Hen. II* II 263; **1290** de ipsa Maselina desendit (*sic*) jus et descendere debuit cuidam Alicie ut ~ie et heredi *SelPlMan* 39. **b 1550** M., ~ia cujusdam E. ex fornicatione nata J. C. Cox *Parish Registers of England*, London 1910, 73; **1588** I., ~ia nescio cujus, sed mater erat meretrix *Ib.*; **1567** A., ~ia vulgi R. E. C. Waters *Parish Registers in England*, London 1883, 37; **1583** A., ~ia Bartholomaei fornicatoris *Ib.* 38.

3 **a** (w. ref. to spiritual daughter). **b** (*~ia spiritualis*) penitent.

a rector caeli cum .. adoptivas regenerantis gratiae ~ias .. viderit ALDH. *VirgP* 2. **b** sic dicitur spiritualis ~ia sacerdotis que ei confitetur sua peccata GIR. *GE* I 14; c**1218** sacerdos .. a ~ia sua spirituali et penitentiali se abstineat et ab omnibus quibus dispensaverit ecclesiastica sacramenta *Conc. Syn.* 63; RIC. ARMAGH *Unusq.* 61 (v. filius 3c).

4 filly.

1313 ad sustentacionem xv jument' veterum, iij pultrarum etatis iij annorum, vj ~iarum etatis ij annorum *KRAc* 99/12; **1315** pro sustentacione xxxij jumentarum (*sic*), iiij ~iarum, quilibet (*sic*) etatis ij annorum *Ib.* 14 m. 4; **1320** fenum pro xvij jumentis, ij fil', iij pultr', et vij pullanis *Ib.* 36.

5 (eccl. & mon.) dependent church or religious house; **b** (attrib.); **c** (fig.).

1283 prior domus de P., que est ~ia monasterii F. E. *RGasc* II 178; abbas .. supplicavit, ut .. eum ab administracione domus nostre absolveret et ~ie sue dispensatorem idoneum provideret *Meaux* I 328. **b** c**1239** suas ~ias domos visitare (v. 1 domus 7b). **c 1073** ~ia, Eboracensis .. aecclesia, ad eam .. aecclesiam [sc. Cantuariensem] .. postulat (*Lit. Archiep. Ebor.*) *Ep. Lanfr.* 11 (12).

6 granddaughter.

1373 Alienora et Cristiana sunt ~ie et heredes dictorum R. et M. *IMisc* 219/3; **1378** Marie de Percy ~ie et heredis Johannis de Orby militis *Ib.* 213/4.

7 **a** (*~ia Evae*) daughter of Eve, woman. **b** (*~ia praeceptoris*) the cane. **c** (med., *~ia noctis*) pustule. **d** (alch., *~ia rubea*). **e** (*~ia festucae*) ale.

a cum statutum sit universis ~abus Eve *Mir. Hen. VI* V 151. **b** preceptoris ~ia mihi invitissime nupsit

WHITTINGTON *Vulg.* 87. **c** pustule que fiunt in nocte, que vocantur ~ie noctis, et sunt albe, lucide, pruriginose GAD. 25. 1. **d** qui .. noverit .. pregnantem facere .. erit maxime dignitatis nobis enim regem coronatum ~ie nostre rubee conjungentibus et ei leni igne nodum nectentibus, concipiet et filium gignet DASTIN *Ros.* 9. **e** **1169** (v. 1 festuca 2).

2 filia v. viola.

filiabilis v. filialis.

filialis [LL]

1 like a son.

terra quam paterna pietas promittens populo ~i 'educam' inquit 'te .. in terram bonam ..' [*Exod.* iii 8] AD. MARSH *Ep.* 246 p. 432.

2 filial, appropriate to a son or daughter.

a filiali servilem divide [sc. timorem] J. SAL. *Pol.* 561B; **s992** sedulitate ~i *Chr. Rams.* 104; si .. ~i affectu patrem filii respexissent GIR. *TH* III 53; **s1186** paterne sanctitati vestre cum ~i reverentia .. assurgimus DICETO *YH* II 44; **1236** cum hec non sit optatio ~is GROS. *Ep.* 24; **s1247** tepuit devotio fidelium et ~is affectus caritatis quem quilibet Christianus adversus .. papam gerere tenetur .. deperiit M. PAR. *Maj.* IV 590; **1317** ~is gratitudinis *FormOx* 14; ecclesiam .. ~i subjectione honorare *Croyl.* 58; opinionem paternam erga ~em innocentiam *Reg. Whet.* II 379; **1575** filiabili (*sic*) amore erga dictum patrem motus *Pat* 1130 m. 12.

3 (eccl.) dependent.

1319 H. .. que est domus ~is de Meuros (v. 1 domus 7b).

filialiter, filially (also fig.): **a** (as from a son); **b** (as to a son).

a **1239** quatinus me .. ~iter et viriliter juvetis GROS. *Ep.* 71 p. 202; **1283** paternitati vestre .. tinnitum .. crepitus .. ~iter reseramus PECKHAM *Ep.* 394; visitacionem .. archiepiscopi Eboracensis .. quam obedienter et ~iter recepisse debuerant W. GUISB. 349; **1408** ad requirendum dominum .. humiliter, ~iter, reverencialiter, et caritative *Reg. Heref.* 67; **1410** tam realiter quam ~iter permanere BEKYNTON II 111; quod innocens non timuisset inimicum .. sed solum ~iter Deum suum WYCL. *Innoc.* 490. **b** **s1208** scripsit ei papa ~iter hortans W. GUISB. 146.

filiandra v. filandra.

filiaster [CL], stepson. **b** stepdaughter.

~er, *steopsunu GlC* F 210; **11..** privignus, *stopsune*; ~er, idem *WW Sup.* 510; **1180** pro Gilone ~ro suo ut habeat hereditatem suam *RScacNorm* I 105; sponsus [sc. matris posset] occidere ~rum suum, ut daret hereditatem filiis propriis *Cust. Norm.* 11. 1; **12..** hiis testibus .. Hugone ~ri Haconis *Deeds Newcastle* 11; **1417** lego J. B. filio meo spirituali xij d. item lego J. W. ~ro meo xij d. *Reg. Cant.* II 120; W. B. ~er meus .. obiit W. WORC. *Itin.* 254. **b** **8..** ~er, *steopdohter WW*; hec previgna, A. *stepdoghter*; hec ~er idem est; .. hec ~er, *a stepdowghter WW.*

filiastinus v. filiastrinus.

filiastra [CL], stepdaughter.

1204 quedam ~a sua Agnes debet esse warantus (*sic*) *CurR* III 239; **s1240** ~am suam, sc. Amiciam, filiam uxoris suae Ysabelle .. sibi matrimonialiter copulaverat M. PAR. *Min.* II 428; **1301** sumoniatus ad respondendum domino de placito transgressionis ~e sue *CourtR Hales* 417; Cleophas copulavit Mariam ~am suam Joseph fratri suo *Eul. Hist.* I 64.

filiastrinus, due to a stepchild.

c1108 filium meum et filiam tibi committo, ut paterna dilectione eos foveas. et de eis filiastino amore curam agas (*Lit. Regis*) *Ep. Anselm.* V 461.

filiaterium v. phylacterium.

filiatio [LL]

1 sonship; **b** (as form of address); **c** (fig. or spiritual); **d** (w. ref. to Christ).

abjuro jura me totius paternitatis .. erga vos tenere, quoniam .. vosmet privastis mei ~one *V. Wulf. & Ruff.* 24; omnis paternitas et ~o in creaturis dicetur a paternitate et ~one que sunt in divinis HALES *Qu.* 42; in hoc sanctissimo contractu plus quam societatis, quia maternitatis et ~onis J. GODARD *Ap.* 247; in inanimatis non est paternitas nec ~o DUNS *Ord.* IV 40; **1309** impossibile est probatio ~onis nisi presumptive *Year Bk.* 186; de cujus ~one non facit hic mencionem *Plusc.* VIII 15. **b** **c1365** cor paternum efficitur multipliciter tediosum .. quia tua ~o .. est dedita pro tribulo meretricum *FormOx* 368; **1410** vestre inclite ~oni .. mandamus quatenus .. *Ib.* 424; vestra velit ~o annuere ut petitur .. ~onem vestram in fide catholica confirmet (*Lit. Papae*) *Dictamen* 341. **c** **990** quomodo .. promeruimus .. paternitatis ipsius ~onem (*Ep. ad archiep.*) *Mem. Dunst.* 388; hujus pacis merces est beatitudo adoptionis ~onis divine, ut simus filii Dei ANSELM *Misc.* 329; **1236** copularis .. mihi .. ~one spiritali GROS. *Ep.* 23 p. 77; remissio fratrum delicti .. Dei generat ~onem, .. impetrat peccatorum remissionem *Spec. Laic.* 75. **d** istius [sc. Christi] .. propriam et naturalem praecipuamque ~onem Paulus .. manifestavit ALCUIN *Haer.* 25; ut .. faciant circa divinam substantiam mutationem paternitas et ~o et processio ANSELM (*Incarn. A* 4) I 282; nisi .. dicat Spiritum Sanctum .. procedere .. per .. Filii .. ~onem *Id.* (*Proc. Sp.* 9) II 202; nociones .. tres sunt Patris .. et due Filii, ~o et communis spiracio, .. una .. Spiritus Sancti BART. ANGL. I 4; utrum per duas naturas Christi due sint ~ones in eodem KNAPWELL *Quodl.* 482; generatio activa et paternitas non significat eandem proprietatem nec generatio passiva et ~o nec spiratio passiva MIDDLETON *Sent.* I 246; si paternitas est quo Pater agit et non est ejusdem racionis cum ~one .. DUNS *Ord.* IV 123; illic [sc. in Deo] paternitas et ~o et amor et sacerdotium aeternum est COLET *Sacr. Eccl.* 35.

2 child, offspring.

1302 verba delirantis filie .. nequeunt .. affectum in ~onis odium provocare maternum (*Lit. Papae*) *Reg. Carl.* I 173.

filiatrix v. filatrix. **filica** v. fulica.

filicarium [cf. CL filix], bracken, fern-brake.

brakebusch, .. filitarium *PP*; *a brakanbuske*, ~ium *CathA*; hoc filacerium, *a brakynbuske WW.*

filicatus [CL], decorated w. pattern of fern leaves; **b** (her.).

~a opera, celata, i. de filice facta *GlH* F 312; ~us, celatus, sculptus OSB. GLOUC. *Deriv.* 246. **b** afficiuntur saepissime partitiones et muta symbola plurimis inscicionibus .. induxit novitatis studium omnes quas suscipere symbola vel praeterea excogitari possunt. imbricata, ~a, flexuosa, etc. SPELMAN *Asp.* 105.

filicetum [cf. CL filictum], bracken, fern-brake.

filscetum, *fearnbed GlH* F 308; **11..** filitetum, i. *fernbedh WW Sup.* 16; *brakebusch*, ~um *PP*; *a brakanbuske*, .. felicetum *CathA*; hoc felicetum, *a brakynbuske WW*; Feornham, vulgo Farnham, a ~o nominatum CAMD. *Br.* 257.

filicina [LL], kind of fern.

9.. ~a, *eoforfearn WW*; †fetillina [l. filicina] arboratica, *eofer fearn Gl. Durh.*

filicium v. filacium.

filico [CL], useless person.

~ones, inutiles, ut filix herba OSB. GLOUC. *Deriv.* 243 (cf. Paulus Diaconus *Epitoma Festi* 86M).

filicula [CL], kind of small fern, (?) polypody.

polipodium quercinum, filex quercina, felicula idem *Alph.* 147.

filicus v. fulica.

filietas [LL], sonship (w. ref. to Christ).

liberatorem et liberatum una et aequali ~atis dictione volens esse constructos ALCUIN *Haer.* 36; **800** ut qui Deus aeternaliter ex Patre natus est .. et non esset ulla separatio persone vel ~atis *Id. Ep.* 205.

filiola [CL = *little daughter*], goddaughter.

nec commatrem vel ~am suam .. ducat uxorem (*Quad.*) *GAS* 290; si quis fornicatus fuerit .. cum commatre sua aut ~a sua sive quam de fonte suscepit BART. EXON. *Pen.* 6; commatres vel filiolas violare refutes D. BEC. 539; **1322** lego cuilibet filiolo et ~e mee vj s. viij d. *FormA* 430; **1430** lego Margarete filie Johannis U., ~e mee, xl s. *Reg. Cant.* II 432; *goddowter*, ~a *PP*; *a God doghter*, ~a *CathA.*

filiolare [cf. 1 filiolus 2], to christen (fig.), name after.

et pirus hec nota est et filiolata Roberto HANV. IV 50.

1 filiolus [CL]

1 little son (fig. or spiritual).

o ~i mei, considerate quam admirabilis sit aer *V. Cuthb.* IV 8; placidam ego mentem, ~i, erga omnes Dei famulos gero BEDE *HE* IV 24 p. 262; **801** ~os nostros remansisse cum Pippino dixit ALCUIN *Ep.* 216; hos .. Beda .. monebat dicens "discite, ~i, dum vobiscum sum" CANTLOW *Orig. Cantab.* 277.

2 godson.

has dedit rex E. S. Petro de Westmon' et Baldwino ~o suo *DB* I 154v.; si quis alterius ~um [AS: *godsunu*] occidat .. (*Quad.*) *GAS* 123; **s893** [filiorum Hastengi] unus erat ~us regis Alfredi, alter Adheredi comitis *Chr. S. Neoti*; Godrun rex Dacus, qui fuit ~us Alfredi regis H. HUNT *HA* V 11; **1310** cuilibet fil[iolo] de sacro fonte levato vj d. *Arch. Bridgw.* 47; **1322** (v. filiola); *godsune or gosson*, ~us *PP.*

3 (as adj.) appropriate for a child.

1451 quo .. hec divina verbera, que adhuc ~a sunt, manus misericordie divine auferat *Reg. Heref.* 9.

2 filiolus [OF *fillole*], (arch.) column, turret, finial. *Cf.* 1 *finalis* 6.

1355 sarratoribus sarrantibus meremium pro filiol' stallorum capelle regis *KRAc* 471/6 m. 7.

filiosus [cf. filius 8], fertile, productive.

quia non omne sperma generat, sed oportet esse ~um et digestum spiritu nutrimentali .. M. SCOT *Sol* 719.

filipendula [cf. CL *filum, pendulus*], (bot.) dropwort.

aqua decoctionis capparis, ~e, [etc.] GILB. VI 264. 1; filopendula trita et cum vino albo bullita et bibita colice remediatur GAD. 99. 1; ~a, fisalidos idem, similis est millefolio. sed radicem nodosam habet unico nodo subrubeo oblongo, minor autem est millefolio et multum habet floris, et habet stipitem unam gracilem et album florem. crescit in harenosa terra et quando extrahitur a terra non debet ablui *SB* 21; ~a, phisalidos, patrision, viscago idem, similis est in foliis saxifrage, cujus radix valet contra lapidem, habet multos testiculos in radice *Alph.* 66; ~a quasi pendens per filum *Herb. Harl.* 3388 79v.; phellandryon, officinae ~am. vulgus ~am *droppewort* nuncupat TURNER *Herb.* C1; oenanthe *is called .. of al our countrey men* ~a *Id. Herb Names* E7.

filiscetum, filitetum v. filicetum. **filium** v. filius, filum.

filius [CL]

1 son; **b** (in patronymic); **c** (in surname); **d** (as qualifier) junior, the younger.

tu .. boni regis nequam ~i GILDAS *EB* 31; si mater cum ~io suo parvulo fornicationem imitatur THEOD. *Pen.* I 2. 20; venerunt .. reges ambo, pater sc. et ~ius BEDE *HE* III 25; **1220** fuit homo suus et ~ius sororis sue et de manupastu suo *CurR* VIII 382; pessimo successit pessimus / parenti filius WALT. WIMB. *Carm.* 259; **c1410** tanti fili (*sic*) matrem *FormOx* 195. **b** Josaphat .. ab Jeu propheta Annaniae ~io increpatur GILDAS *EB* 41; Anaraut .. ~ius Rotri .. cum .. a rege receptus esset et ad manum episcopi in filium confirmationis acceptus .. ASSER *Alf.* 80; Turstinus filus (*sic*) Widonis *DB* II 183v.; Willelmus ~ius Ricardi, vir stemmatis illustrissimi *G. Steph.* I 48; **a1216** Lucas ~ius Bernardi scribe *Cart. Launceston* 192, 227; **1223** Willielmus mareschallus Anglie, comes Penbrochie .. pro animabus Walteri ~ii Ricardi ~ii Gilberti Strongbowe .. (*Ch.*) *MonA* V 267. **c** **1243** baronia J. ~ii Alani *Fees* 962; **1252** dominus Johannes ~ius Alani tenet baroniam de Clun *Ib.* 1283; **1290** Agnes .. lapidem .. retinuit .. accipiens quod duo sunt Fulcones ~ii Warini, quorum unus dicitur frater domine .. et alius Fulco ~ius Warini nepos domine *Reg. North.* 90; **1326** distringat Johannem ~ium Pagani, filium et heredem Roberti ~ii Pagani defuncti *LTRMem* 99 r. 99 (v. et. 2a infra); **1327** contingebant in purpartem Johanne de Vivioniis, uxoris Petri ~ii Reginaldi .. Johanna .. illam purpartem dedit Reginaldo ~io Reginaldi, postnato filio suo *Ib.* r. 31. **d** **s1326** Hugo Despenser ~ius *Hist. Roff.* p. 365; in odium domini Hugonis le Despenser, ~ii AD. MUR. *Chr.* 33; dominus Thomas de Latimer, ~ius *Ib.* 109.

2 **a** (w. ref. to legal status). **b** (*filiusfamilias*) son subject to paternal authority. **c** (w. ref. to bastardy). **d** (usu. w. *in lege*) son-in-law.

a **1220** ut inde maritaret F. ~ium suum et heredem, sc. de Alicia *CurR* IX 65; **1285** tenementa predicto J. tanquam ~io et heredi ipsius T. descenderunt *CBaron* 121; **1309** abbas concedit quod W. est ~ius primogenitus H. qui post mortem suam ei successurus est *Year Bk.* 138; **1326** (v. 1c supra); **1384** Johannes Bowyer, ~ius legalis Johannis Sompter *Ac. Obed. Abingd.* 50. **b** si .. filiusfamilias est lusor noster .. ad pedes jacet provolutus paternos NECKAM *NR* II 183 p. 324. **c** '~i' ait 'meretricis' W. MALM. *GR* IV 313 p. 368; ~ii .. tam naturales quam legitimi GIR. *DK* II 9; **1303** J. et W. .. ~ios naturales domini Johannis comitis de Warenna .. recommendo .. implorans .. quatinus .. non obstante defectu natalium ad ordines sacros .. promoveri valerent *Reg. Cant.* 647; **1331** nullius ~ius (*PlRCP*) *Collect. Staffs* XI 28; **1566** J. ~ius Thomasinae Collins, incerti vero patris R. E. C. Waters *Parish Registers in England*, London 1883, 37; **1582** W., ~ius terrae *Ib.*; **1598** F., ~ius meretricis *Ib.* 38; **1568** E., ~ius populi, sed mater erat A. M. J. C. Cox *Parish Registers of England*, London 1910, 72; **1575** J., ~ius nescio cujus, sed mater erat J. W. *Ib.* **d** **c1210** Roberto filio Hedrici ~ii Godwini in lege *AncD* A 2951; **1288** J. G. levavit hutesium super ~ium suum in lege *Leet Norw.* 16; **1332** Robertus Bertram, qui est .. ~ius ejusdem domini de Sully in lege *JustIt* 1166 r. 14; **1414** ego Ivo Fitz Waryn .. lego Ricardo Whitynton' ~io meo .. *Reg. Cant.* II 20.

3 **a** (w. ref. to godson). **b** (w. ref. to spiritual son). **c** (~*ius spiritualis*) penitent.

a rex .. Aediluualch .. baptizatus .. de fonte loco ~ii susceptus est BEDE *HE* IV 13; Leo papa .. Ælfredum .. in ~ium adoptionis sibimet accipiens confirmavit ASSER *Alf.* 8; [papa Ælfredum] ~ium a chrismate nominavit, ut modo sub manu episcopi solemus accipientes parvulos ~ios nominare ÆTHELW. III 4; spirituales ~ii nostri sunt quos de sacro fonte levamus et in cathezizatione seu confirmatione tenemus GIR. *GE* I 14. **b** non ambigo, reverentissime ~i .. ALDH. *Met.* 1; **c795** Alchuinum ~ium vestrum .. in corde habete ALCUIN *Ep.* 42; dilecte in Domino ~i Martine H. ALBUS 109 (cf. ib. 117: ~e); **1277** per .. Fredericum Doni de societate ~iorum Bonsignoris de Senis (*Reg. Collectorum Decimarum*) *EHR* XXXII 73; **1341** dilectis sibi Christo ~iis (*Lit. Regis*) AVESB. 94b; tam naturali filio quam ~io imitationis (WYCL.) *Ziz.* 247; **1417** lego J. B. ~io meo spirituali xij d. *Reg. Cant.* II 120. **c**

quis ambigit quin facultas illa absolvendi sit magni honoris?—sc. habere reges, principes .. filios et filias spirituales RIC. ARMAGH *Unusq.* 61.

4 (theol.) son (of God): **a** (w. ref. to Christ); **b** (w. ref. to man).

a **s680** glorificantes Deum Patrem sine initio et ~ium ejus unigenitum ex Patre generatum ante saecula et Spiritum procedentem ex Patre et Filio inenarrabiliter (*Conc. Hatfield*) BEDE *HE* IV 15 p. 240; cum verbum Dei sit unigenitus ~ius Dei OSB. *V. Dunst.* 23; si dicatur Pater essentia ~ii et ~ius essentia Patris ANSELM (*Mon.* 44) I 60; GROS. *Cess. Leg.* III 1 p. 126 (v. 4b infra); qui vos .. transtulit in regnum ~ii dilectionis sue AD. MARSH *Ep.* 92 p. 217; **1314** Pater potuit producere omnem creaturam sine ~io producente, de potencia absoluta *MunAcOx* 100; unigenitum Dei Patris ~ium in agonia sue passionis consolaturi AMUND. I app. p. 420; **1452** virgini Marie genitrici unigeniti ~ii Dei *MunAcOx* 640. **b** homines sunt ~ii Dei factura, mali tamen homines sunt ~ii diaboli HALES *Sent.* I 256; si enim Dei filius non esset homo nisi peccasset homo, nec posset homo esse ~ius Dei adopcionis nisi Filius Dei naturalis esset homo GROS. *Cess. Leg.* III 1 p. 126; pieatem Patris ad ~ios adoptionis PAUL. ANGL. *ASP* 1546.

5 foal, colt, young male horse.

num tibi carior est ille ~ius equae quam ille filius Dei? BEDE *HE* III 14; **1275** recognovit se nullam partem habere in unum jumentum cum fil' *CourtR Wakefield* I 31.

6 **a** (~*ius Adae* or *Evae*) son of Adam or Eve, man. **b** (~*ius cujuslibet matris*) every mother's son, everyone. **c** (*esse ~ius mortis*) to be as good as dead. **d** member (of group or institution).

a pro originali injustitia quam omnes alii ~ii Adae habent ANSELM (*Orig. Pecc.* 20) II 160; te proles Ade misera, / pro qua subibas aspera, / te flentes Eve filii J. HOWD. *Cyth.* 109.6. **b** **s1387** aggrediamur eos, et cujuslibet matris ~ium perimamus *V. Ric. II* 91 (cf. WALS. *HA* II 165: ~ios). **c** si per pecuniam istam voluntatem meam non obtinuero, ~ius mortis sum ego *Latin Stories* 116; heu! quod unquam vidi te! ecce ~ius mortis sum ego! *Ib.* 118. **d** quis .. universis ecclesiae ~iis tutum .. refugium .. habetur? GILDAS *EB* 93; **c1130** R. abbas .. sancte ecclesie ~iis, salutem *Chr. Rams.* 260; quasi uterinus ~ius ecclesie factus, opibus eam ditare .. sategit *Found. Waltham* 14; quidam de ~iis prophetarum .. unxit Jehu in regem OCKHAM *Pol.* I 50; **1442** probi viri, nostri coopidani, qui tunc fuerunt ~ii navis dicti (*sic*) Conquerentis *Bronnen* 1251. 5; **1448** qui sunt graduati aut ~ii universitatis *StatOx* 272.

7 (fig. w. gen. usu. of abstr.): **a** (connoting approval); **b** (connoting disapproval).

a veritas .. portum salutis nostre .. erexit in titulum ~iis promissionum SENATUS *Ep. Conc.* xlvi; suspirantes ~ii pacis .. clamare coguntur .. AD. MARSH *Ep.* 92 p. 212; **12..** duo fratres veritatis ~ii .. (*Const. Frat. Penit.*) *EHR* IX 125; **c1303** ~ii obedencie *Reg. Cant.* 781; quanto hujus seculi filiis famulatur utilius tanto minus ad capescenda .. sacramenta ~iis lucis R. BURY *Phil.* 11. 168 (v. et. 7b infra); si primogenitus regum sese ~ium legis hujus [sc. nature] esse fateatur .. FORTESCUE *NLN* I 5. **b** ALCUIN *Ep.* 183, R. BURY *Phil.* 15. 203 (v. gehenna b); **930** cum Juda proditore .. ~ius perditionis dicitur *CS* 1343; 'tecum' dixit 'jocarer, stercoris ~i?' EADMER *HN* 114; ira Dei venit in ~ios diffidentie GERV. CANT. *Chr.* 291; **1238** nequicie ~ios *MunAcOx* 6; **1249** ~ii inobedientie *Conc.* I 697; obstinate prodigalitatis ~ium post devoratam substantiam .. ad paternam reversus miserationem AD. MARSH *Ep.* 189; **1281** Agar .. despexit dominam, videns se divisionis ~ium concepisse *Conc.* II 63; **1287** nos, ire ~ii de natura, .. facti sumus templum Domini *Conc. Syn.* 1004; **1298** iniquitatis ~ii *Reg. Cant.* 222; **1299** malignitatis ~ii *Ib.* 304; **c1340** tanquam ~ius rebellionis et inobediencie *FormOx* 144; hujus seculi ~iis R. BURY *Phil.* 11. 168 (v. 7a supra); contestans quod ~ius mortis esset, nec fas sit eum vivere super terram *Eul. Hist.* I 88; ~ios dyaboli WYCL. *Sim.* 88 (v. destructivus a).

8 product. **b** (alch.) 'son'.

in litargico .. fiat generatio .. humoris fleumatici ... cum aque judicetur ~ius, aque gerit similitudinem *Quaest. Salern.* B 321; humores sunt ~ii elementorum *Ib.* R 28; BART. ANGL. IV 6 (v. componere 5a). **b** quodlibet metallum habet suam planetam. dixerunt ergo philosophi quod aurum est ~ius solis, argentum ~ius Lune, es ~ius Veneris, argentum vivum ~ius Mercurii, stagnum ~ius Jovis, plumbum ~ius Saturni, ferrum ~ius Martis M. SCOT *Lumen* 240.

filix [CL], fern, bracken. **b** (~*ix arborea* or *quercina*) polypody, oak fern. **c** (~*ix silvestris*) osmund, royal fern.

dum stratis recubans porcaster pausat obesus / juncis et stipulis necnon filicumque maniplis ALDH. *VirgV* 2870; ~ix, *fearn GlC* F 165; **9..** ~ix minuta, *eoforfearn WW*; ~ex, *fearn Gl. Durh.*; T. MON. *Will.* II 6 (v. distemperare 1a); ramusculos filicis [v. l. salicis] jam arescentis et rubeum mutuate colorem NECKAM *NR* II 125; corpus .. sepelierunt in loco .. qui Anglice Fernlega latine interpretatum saltus ~icis dicebatur GIR. *Æthelb.* 11; hec philix, *feuchiere Gl. AN Glasg.* f. 19; ~ix †poireos [l. ptereos] sunt, ut quidam dicunt, epitheos idem *Alph.* 66; Herefordia orientalis civitas prope Gloucestriam antiquitus Fernlega dicebatur, quod lingua Latina saltus ~icis interpretatur W. WORC. *Itin.* 328. **b** accipe radice[m] spine prunelle fere et ~icem arboream et stupas ADEL. *CA* 13; ~ix quercina, i. polipodium *SB* 21; filex quercina, pollopodium, *everfern*, idem *Herb. Harl.* 3388 79v.; ~ix quercina, pollipodium idem *Alph.* 66; *Ib.* 147 (v. filicula); felix arboratica, i. *pollipode*, i. *eververn WW*. **c** osmunda, ~ex silvestris idem, similis est †faici [?l. filici] .. A. *everfarn* vel *moreclam Ib.* 132.

filla, measure of land or (?) *f. l.*

c1275 concessi .. unam croftam .. cum fossatis et .. partem bosci mei .. et totam terram quam habui de Hugone de Camera apud Eston, sc. sex acras et unam fillam [? l. hilvam, sc. halvam] terre cum pertinenciis suis *MS W. Suss R.O., Liber* P f. 172v. (cf. *Cart. Chich.* 985).

fillira v. philyra. **fillis** v. phyllis. **fillium** v. phyllon. **fillius, fillus** v. phyllis. **filoantropos** v. philanthropus. **filobalsamum** v. philobalsamum. **filofores** v. phyllophorus. **filologos** v. philologus. **filomela, ~ena** v. philomela. **filon** v. phyllon. **filonium, filonum** v. philonium. **filopendula** v. filipendula.

filosus [cf. CL filum], (med.) threadlike.

in urina in principio apparent quedam contenta ~a, deinde harenosa GAD. 94. 2.

filoxenia v. philoxenia.

filstalis [ME *filstale*], ale-feast hosted by official, for which contribution was levied.

c1182 prepositus Norwyce potest facere iij fustales in anno quo convenire debent †operaii [l. operarii] et *molmen*, cotari, *avermen*, et omnes qui manent in burgo, omnes etiam *folgeres* de manerio illuc venire debent prima die reddentes quisque ob., die secunda quad. *RB Worc.* 37; debent sequi iij fustales *Ib.* 206–7 (v. folgarissa); **1254** fulstales (v. cervisia 4a).

filtra v. filtrum, philtrum.

filtrare [cf. filtrum], to line w. felt.

a1222 concessimus .. unas botas feltratas *Cart. Osney* III 55; **1225** iiij paria carrarum [MS: botarum] fultratarum (*AncC* IV 169) *RL* I 263; **c1248** botas †fentratas [l. feutratas] (v. 2 bota); de botis fultratis *Cust. Westm.* 151; **12..** ij paria botarum, sc. feltratas in hieme et singulas in estate .. *Cart. Osney* II 483; unum par botarum de aluto †feltrarum [?l. feltratarum] *Obs. Barnwell* 196; faciet insuper camerarius botas fratrum tam singulas quam fultratas .. reparare *Cust. Cant.* 197; **1367** redditu .. unius paris botarum †felcatarum [l. feltratarum] ac unius pellicii de pellibus aninis *RMS Scot* 265.

filtrarius [cf. AN *feutrer* sb.], felter, one who makes or works w. felt.

1196 Robertus feltrarius *Pipe* (*Chanc.*) 143; **1222** Michael feuterarius, collector denariorum, affidavit hic pro xl m. pro burellis *LTRMem* 4 m. 17d.; uxor cujusdam ~ii *V. Will.* 290; cujusdam ~ii puer *Brev. Ebor.* II 313.

filtratio [cf. filtrare]

1 lining w. felt.

1325 pro feltacione botarum *Ac. Durh.* 166.

2 filtering.

~o est subductio per filtrum *LC* 241.

filtreus [cf. filtrum], of felt.

cum feltreis togis pice et resina atque in thure intinctis *G. Herw.* 326b; **1224** in roberia ei abstulerunt capam suam et unum gladium et unum capellum feutreum *CurR* XI 409; **1295** de quibusdam pannis feltreis et griso opere venditis *Prests* 215.

1 filtrum, ~ra, ~er [West-Germ. **filtir*; cf. AS *felt*, OF *feutre*]

1 felt.

1203 ei abstulit in roberia .. j capellum feutri *CurR* III 13; **1213** pro iij panellis de ~ro .. vj d. *Misae* 267; **1215** iij forcar' ad testarias faciend' *Cl* 190a; iij feutres ad testar' faciend' *Cl* 192a; capellis latis ex ~ro consertis ad .. pluviam .. solemque propellendum .. abutentes GIR. *Spec.* II 30; **1225** fieri faciat huscias de cute et de feltrio ad balistas .. cooperiendas *Cl* 20; **1235** item xix capell' de ~ra lineand', ij cend[all]' j uln' *Chanc. Misc.* 3/3; si .. sint pediculosi, adjungantur predictis argentum vivum et cinis ~ri GILB. II 84. 2; **1252** fultrum viij duodene precium xx s. *DC Cant. Reg.* H f. 172; **1272** R. T. quia detinuit quamdam capellam de †fulcro [l. fultro] inventam in misericordia xij d. *CourtR Ramsey* 265; **1275** faciendo ei servicium unius capell' de †fenore [MS: feutre] et par calcarium deauratorum *Hund.* I 329a; **1302** pro tribus peciis feltri emptis et positis inter plumbum et opus ligneum ne aqua intret inter ea *MinAc* 771/2 m. 17; **1303** saccus ~ri cum vinculis iiij d., sine vinculis ij d. *EEC* 161; de R. de la V. pro canobo, feutro, sellis, et frenis .. v s. ij d. *Ib.* 294; **1418** pro ij ulnis et dim. de felucto viridis coloris (*Ac.*) STONE *Chr.* 5.

2 article made of felt: **a** cover, cloak, horse cloth. **b** hat. **c** cushion, mattress.

a pro feltris sommariorum regis *DB* I 219v.; navem .. hinc ~ro viridi, illinc croceo opertam laterum planitiem *Itin. Ric.* II 42; sub ~ro pluviali ipsum attentius intuens GIR. *JS* 5 p. 291; **1505** lego meam optimam togam pro meo mortuario cum feltro et leripopeo meo *Fabr. York* 208n. **b** ~ro vertex adumbratur, quem munire galea .. solebat *V. Har.* 6 f. 10b; **1532** aliqua feltra lanea Anglice vocata *wollen hattes KRMem* 311 *rec.* T r. 45; **s1515** hoc anno .. honorandissimus pater dominus Thomas Wulcy Archi Episcopus Eboracensis feltrum cardinalem (*sic*) recepit *Reg. Butley* 33. **c** hinc sedem cumula, fultra deinde loca *Babio* 102; sit stratura satis lecto, fultrum positum sit / desuper D. BEC. 1286; ~rum, A. *a quylte, or a materas*; hoc fultrum, A. *cosyn WW*; *a matres*, cento, .. ~um, fultrum *CathA*.

3 filter.

illa urina sit bene cocta cum sale et optime per ~rum distillata M. SCOT *Alch.* 153; destilla .. acetum per ~rum bis aut ter, donec sit clarum CUTCL. *LL* 3; accipe ~rum formatum in modum trianguli oblongi et pars latior ponatur in olla aque vitri [? l. nitri] et pars acutior pendeat extra ollam GAD. 134 v. 2; separa acetum per ~rum RIPLEY 221.

2 filtrum v. philtrum.

filum [CL]

1 single filament, strand (as spun by spider or silkworm).

serica vestis lentis ~orum staminibus contexitur ALDH. *PR* 128; arachne / arte tamen mira fila coire facit J. SAL. *Enth. Phil.* 1524; fallacie .. pro nihilo habentur ut aranee ~a M. RIEVAULX (*Ep.*) 63.

2 thread, yarn, string; **b** (for sewing; also fig.). **c** plumb line. **d** bowstring. **e** (~*um viscatum* or sim.) lime-string (for fowling).

licia nulla trahunt nec garrula fila resultant ALDH. *Aen.* 33 (*Lorica*) 3; in colo .. lana involuta est quae ~o ducenda et nenda transeat in fusum BEDE *Prov.* 1034; ~um, *ðred GlC* F 172; videas hanc, quasi colum bajulando, nunc ~um manibus et brachiis in longum extrahere, nunc extractum occando tanquam in fusum revocare GIR. *IK* I 2 p. 33; Theseus .. intrans labyrinthum, altera parte ~i posti ligata, alteram explicando .. ad Minotaurum .. venit *Natura Deorum* 121; nodavit filum in fine illius tente ... infirmus .. tentam .. extraxit cum toto philo *Mir. Montf.* 102; **1375** S. .. est communis emptor bladorum, lane, ~i lane, *oof* et *warp Leet Norw.* 63. **b** **801** scissura piae caritatis resarciri potuit ~is ALCUIN *Ep.* 212; dum lavatur corpus camerarius praesto esse debet habens vestimenta .. et ~a et acus ad consuendum LANFR. *Const.* 183; inserit ex gestis omnia †filiis actus [? l. fila acus; cf. OF: *l'en li dit de fil en aguille*] WALT. ANGL. *Fab.* 62. 12; in ~o ad suendum empto v s. *Ac. Beaulieu* 227; **1342** pro xvj fusillis ~i sutorum *KRAc* 389/14 m. 4; **1564** xij unci ~i boni de factura sororum .. ~i vocati *sisters thred Ac. LChamb.* 57 f. 28. **c** perpendiculum, modica petra de plumbo qua licant in ~o quando aedificant parietes, *pundar Gl. Leid.* 13. 40. **d** **1257** de x balistis ligneis, viij balth', cord', fil', et aliis appendiciis suis *MinAc* 1094/11 r. 4 (= *S. Wales & Monm. Rec. Soc.* II 124: cordis, †filatis); **1279** solvit .. unum arcum cum ~o *Hund.* II 348a. **e** **s1266** residuum locuste comedit eruca [cf. *Joel* i 4] .. et illud 'quod non capit ~um capit viscus' WYKES 187; **1470** qui in riparia et aqua Thamesie .. aliquos cignos vel cigniculos cum hamis, retibus, ~is viscatis vocatis *lymestryngez* et aliis ingeniis quibuscunque ceperunt *Pat* 526 m. 4d.

3 (fig.) thread: **a** (thread of one's life, as spun by the Fates); **b** (as symbol of poverty); **c** (w. ref. to smallest possible quantity).

a mathematici fatum .. suprema Parcarum ~a [vocitant] ALDH. *Met.* 3 p. 73; extrema sorte .. mariti vite ~um in imo pelagi .. ocante ORD. VIT. XII 15 p. 347. **b** hos ditans, illos ad ultimum paupertatis ~um devolvens *Chr. Rams.* 325. **c** ergo decor fili vincit pondus racionis WALT. WIMB. *Scel.* 59.

4 cord, thong, rope, tow; **b** (for attaching seal to doc.).

bina mihi constant torto retinacula filo ALDH. *Aen.* 74 (*Fundibalum*) 3; circumducto ~o corpori suo, martyri se devovit W. CANT. *Mir. Thom.* II 3; queritur si ~um ponatur quasi ligando super campanam, quare dum campana sonat rumpitur? .. magis .. rumpitur ex ~o ligata quam ex fune .. quoniam funis est grossius corpus ~o *Quaest. Salern.* B 123; rupta fila sunt sagene LEDREDE *Carm.* 21. 15; **1295** vj d. ob. in *sy'* empt' et ~o inde faciendo pro dicta galea obstupenda *KRAc* 5/8 m. 2; **1327** (v. chorda 4d); **1393** (v. 2 cloca 1a); **1457** item iiij lib' fili sacc' *Ac. Durh.* 635. **b** **1303** (v. collatio 1b); **1404** litteras .. cum philo rubio more curie Romane sigillatas *Melrose* 503.

5 wire, filament. **b** wire or gut (as string of musical instrument).

ALDH. *VirgV* 173 (v. bratteus); **9..** (v. brattea); aurifaber .. habeat .. aureum ~um vel argenteum quo ciphuli fracti consui vel construi apte possint NECKAM *Ut.* 118; **1208** iij d. pro †filio [l. filo] aureo *Cl* 109; **1245** amicti .. de ~o puri auri tracto *Invent. S. Paul.* 490; clamant ciphos reparandos cum ~o eneo [v.l. ereo] et argenteo GARL. *Dict.* 126; **1287** pro .. furfure et ferreo ~o empt' .. . Gibelino Loricario pro ~o ferr' empto pro armis regis reficiendis *KRAc* 351/28 m. 3; **1461** iiij *baryls* de ~o ferreo *Prejudice &*

Promise 185; **1490** pro philo et clavis ad sepulcrum ornandum *Cant. Coll. Ox.* II 222. **b** fidibus, ~is citharae *GlC* F 197.

6 (collect.) something kept on string or cord: **a** string (of pearls). **b** rosary. **c** file of documents.

a 1387 filla viginti tria perlarum grossarum, que fuerunt numero perle septingente quinquaginta septem, et unum rubinum in tabulla ligatum in auro *Foed.* VII 562. **b 1388** vj paria de *paternosters* de ~o, prec' v d. *IMisc* 239/10. **c c1420** dies in quibus querele .. exhibentur in ~umque ponuntur *Chanc. Orders* 7c; priusquam billam .. recipiat et in ~um cancellarie imponat *Ib.* 7d.

7 something threadlike in length or fineness: **a** scar. **b** nerve or sinew. **c** stem of plant. **d** thread of saliva.

a ~um .. quasi pro signo decollationis rubicundum viderunt Ord. Vit. IV 16 p. 286. **b** sensibiles .. ~i oriuntur a prima parte capitis; motivi a posteriori Gilb. II 115v. 2. **c** ~a aurosa *ban vyrt Gl. Durh.*; *SB* 19 (v. epithymum). **d** saliva parvuli per ora defluit / filisque dulcibus ad pectus confluit Walt. Wimb. *Carm.* 226.

8 (arch.) fillet.

1253 pro xiiij pedibus et dimidio de folsuris cum ~o (*KRAc* 467/1 m. 1) *Ac. Build. Hen. III* 252.

9 (*~um aquae, fluminis*, or sim.) (middle of) watercourse. **b** (*~um aquae salinae* or *maris*) high tide-mark. **c** (*~um altum* or *maris*) the high seas.

1157 quantum pertica obtinebit ex utraque parte ~i aque *BBC* (*Nottingham*) I 199; quod piscantur aquas non servantes ~um aque, sc. medium *streyme Iter Cam.* 16; **1210** per illud ~um Tamisie quod dividit comitatum Oxon' et comitatum Barrokshyre *Cart. Osney* IV 499; **1221** ultra ~um aque de Sabrina quamdiu comitatus Gloucestrie durat nullum habetur murdrum *PlCrGlouc* 25; **1276** levavit quandam cameram forinsecam super ~um aque ad nocumentum totius ville *Hund.* I 55b; **1288** nos ~um seu medium fluminis .. a loco predicto .. usque ad vadum .. pro certo limite .. assignamus *Reg. Heref.* 207; **1348** usque medium ~e (*sic*) aque de Humbre *RChart* 135 m. 14; **1367** cum medietas aque de Weye, inter .. Melcombe ex parte boriali et villam de Weymouth ex parte australi currentis, a ~o in medio ejusdem aque ac eciam solum subtus eandem aquam ab eodem ~o usque ad eandem villam de Melcombe versus boream ad nos et coronam nostram pertineant *Pat* 275 m. 14*d.*; **1458** licenciam dedimus .. Henrico quod ipse et heredes sui habeant infra aquam de Humbre .. per spacium ccxx ulnarum versus medium et altum ~um aque .. *Ib.* 486 m. 18. **b 1275** appropriat sibi quendam mariscum a portu de Dunwiz infra ~um aque et maris usque ad pontem de Walberwyke *Hund.* II 200a; **1367** placea .. unde caput abuttat super ~um aque saline *Pat* 275 m. 26; **1427** aqua vocata le Flete non est nec unquam fuit infra jurisdictionem Admirallitatis .. nec in ~o maris *SelPlAdm* liv. **c 1399** quod vos [admiralle] habeatis cognicionem de morte hominis et de mahemio factis in grossis navibus in medio alti ~i grossarum ripariarum tantum a pontibus earundem ripariarum mari magis propinquis .. flotantibus *Pat* 351 m. 16; **1447** catalla nobis .. forisfacta .. tam in alto ~o maris .. existencia quam in quibuslibet portubus, cricis [etc.] *Ib.* 464 m. 1.

10 thread of argument, line of discourse.

contradictoria incomplexa de eodem subjecto praedicari, ~um rationis in rebus inferioribus non recipit Gardiner *CC* 203.

filupra v. siliqua. **filus** v. filius, filum. **fima** v. fimum, phyma.

fimalis [cf. CL fimum], for dung, dung-.

1306 in j furca ~i ferranda *MinAc* 991/28; **1340, 1388** (v. caretta 2e); **1493** de .. j plaustro †funali [l. fimali], ij furcis †funalibus [l. fimalibus], et uno modio (*MinAc*) *Bristol Rec. Soc.* XXII 53; **1497** de j plaustro †funali [l. fimali] cum j pari rotarum ferro ligatis *Ib.* 38.

fimare [cf. CL fimum]

1 (trans.) to fertilize: **a** (w. manure); **b** (w. compost).

a 1172 pro ij equis ad fimendam ipsam vineam x s. *Pipe* 116; **c1200** de fimo .. ovium concedo monachis femare annuatim dim. acram ad opus suum *Couch. Kirkstall* 116; **1245** in gardino fimigando (*sic*) et fodiendo .. in fimo portando ad dictum gardinum *Pipe Wint.* 159287 r. 20; **1279** ita quod non sit *fortsetere* ~ata nec forera super dominicum domini *Hund.* II 764a; **1285** ~abit j rengatam per j quarentenam pro ij operibus; sparget j rengalam pro j opere *Cust. Suss* (*Tangmere*) II 12; terra erat ~ata cum faldis *FormMan* 30; **1567** unam acram frumenti, viz. secundam meliorem que compostata non fuerit neque ~ata *Surv. Pembr.* 285. **b** de herbis, arboribus, et arbustis, que .. reddunt folia .. ut superficies terre pro futuro germine sui generis apcius sit ~ata Wycl. *Blasph.* 189.

2 (intr.) to void excrement.

si ~are non potest [falco], fel galli da ei comedere vel testitudines albas decoctas Upton 191.

fimarius [cf. CL fimum]

1 for dung, dung-.

1357 in j caretillo pro potto †fimari [l. fimario *or* fimali] de novo faciendo iiij d. *Ac. Man. Wint.* (*Whitchurch*); **1365** quendam malleum ferri et unam furcam ~iam .. precii xx d. .. furatus fuit *Pat* 272 m. 17.

2 (as sb. n.) dunghill. *Cf. fimorarium, fumarium.*

1288 R. B. habet ~ium pessime nocentem *Leet Norw.* 6; **1290** de placito cujusdam femer' extra portam borealem *PlRChester* 6 r. 5; scarabeus bene scit se juvare in ~io et non in rosario H. Hartlepool 197; **1305** stratas .. et venellas fimis et ~iis universis mundari *MunCOx* 11; **1434** in mercede W. H. cariantis ramell' et fimum de cimiterio usque ~ium extra barram de Bouthome, v s. j d. *Fabr. York* 55; *a mukke hepe*, ~ium *CathA.*

fimatagium, dung-fork.

1347 in j fimatogio empto pro Stok' v d. *MinAc* 1240/18.

fimatio [cf. fimare], manure or manuring.

1280 ~o: in ix acris dim' terre fimandis *Ac. Man. Cant.* (*Milton*); **1370** terra .. cujus ~o pertinet ad dominum *Hal. Durh.* 94.

fimber v. fiber.

fimbria [LL; CL *pl. only*], **~ium** [LL]

1 fringe of hair.

ubi crispo fimbria vultu / pallet et in facie numeratur Nestoris annus Hanv. IX 274.

2 fringe or hem of cloth or garment; **b** (w. ref. to *Matth.* ix 20, *Mark* vi 56, *Luke* viii 44); **c** (fig., w. ref. to *Matth.* xxiii 5). **d** (fig.).

in quattuor angulis palliorum hyacinthinas sibi ~ias est facere praeceptum [cf. *Num.* xv 38] Bede *Luke* (vi 23) 403; sublime vexillum .. quod inclinando se honorifice circumdedit ~iis propriis inpregnatam Ælf. *Æthelwold* 2; nichil remansit foras nisi ~ia vestimenti ejus *Descr. Constant.* 257; usque hodie in synagoguis suis habent Judei ~ias jacinctinas ob recordationem legis celitus date Andr. S. Vict. *Comm.* 126; ausus est ~ias bracani, que longe sunt et fortissime, caude jumenti ligare Map *NC* II 25 f. 33; ~ie sunt vestimenti extremitates P. Blois *Ep.* 36. 115c; **1349** unum doublettum .. habentem circa manicas et †frimbriam unam borduram de panno longo (*KRAc* 391/15) *Arch.* XXXI 44; **s1399** ostendit .. rex archiepiscopo .. quoddam magnum auri monile, juxta ~iam [v. l. ~iam tunice] .. regis *V. Ric. II* 204; camerario regis .. sustinente ~iam robe vestimenti regis W. Say *Lib. Reg. Cap.* 65; **s1405** capa latissima, ymmo perlatissima, .. cujus ~ie per iiij cursores pedestres dilatate Ad. Usk 100; ~ia, A. *an hem WW.* **b** femina .. / .. Christum tetigit, quam fimbria pepli / curavit medicans Aldh. *VirgV* 1792; mulier sanata est a Domino tangendo ~iam vestimenti ejus Sæwulf 844; multi infirmi sanati sunt per hoc quod tetigerunt ~iam vestimenti ejus Ailr. *Serm.* 13. 286a; si tangis Christi fimbriam / et hydriam Samaritane deseras P. Blois *Contra Clericos* 1134a. **c** sic ypocrisi studebunt quod, carni parcentes, solis ~iis latioribus et hujusmodi aliis auram populi captabunt Peckham *Paup.* 16 p. 74; nec intendimus novis adinventionibus .. ~ias nostras magnificare Siccav. *PN* 36; suas per nos ~ias simie clericorum magnificant R. Bury *Phil.* 4. 69. **d** hec vita tantum est ymaginaria, / .. / cujus calx dolor est, luctus †lacivia [l. lacinia], / tormentum terminus, lamentum fimbria Walt. Wimb. *Sim.* 121 (cf. id. *Van.* 135).

3 (w. ref. to area) border, edge. **b** (her.) bordure.

stetit in medio circuli ponens iiij monilia in modum crucis in ~iis ejusdem circuli *Ghost Stories* 417; **1453** per marginem sive ~iam borialem campi vocati Seint Johnsgrene *Pat* 477 m. 25. **b** portat tres rosas aureas in campo argenteo cum bordura sive ~ia de rubeo Bad. Aur. 187; Upton 221 (v. fimbriare c).

4 (fig.) fragment, trace.

manus licet scribentis dissociatas ~ias recollegerit, que epistolari frequencia .. animum .. manifestat *Reg. Whet.* II app. 453.

fimbriale, fringe or border of garment.

a gard of a garment, ~e Levins *Manip.* 29; *a frenge*, lacinia, ~e *Ib.* 65.

fimbriare [CL *p. ppl. only*], to fringe, hem; **b** (fig.). **c** (p. ppl., her.) bordured, fimbriated.

capam .. aurifrigio .. undique ~atam Gir. *JS* 7 p. 364; manutergium ~iatum [*gl.*: *yhemmyd, frenge, oureles*] Garl. *Dict.* 132; *to hemme*, ~are Levins *Manip.* 60. **b** risus fletu fimbriatur, / et in luctu terminatur / lubrica leticia Walt. Wimb. *Van.* 135 (cf. id. *Sim.* 121). **c** Bad. Aur. 186 (v. bordurare b); remanet .. differentia inter istam crucem ~atam sive borduratam .. et .. crucem umbratam .. quia fimbria hujus differt et variatur tam a colore crucis quam a colore campi Upton 221.

fimbriarius, fringe-maker.

1563 G. N. textor ~ius et uxor ejus (*SP Dom. Eliz.* 48/47) *Hug. Soc.* X 288; N. G., ~ius, Atrebatensis *Ib.* 290.

fimbriatio, fringing, making of ornamental border.

1410 Johanni L. pro ~one manutergiorum et mapparum xiiij d. *Ac. Durh.* 608; **1424** in ~one manutergiorum, linthiaminum, *napkyns*, et aliorum necessariorum, .. ij s. ob. *Ib.* 229.

fimbriola, minute tentacle resembling fringe.

fimbriolis heret rupibus illa [sc. sicca] suis Neckam *DS* III 444.

fimbris v. fiber. **fimbrium** v. fimbria.

fimen, dung, manure.

c1230 debent ducere ~en pro operationibus suis *Cust. Waltham* f. 205v.

fimeneum v. funenum.

fimeus, mucky, dirty.

est aper Edwardus, flos regum, pistica nardus, / aurea seu rosea decet illum justa corona, / fimea pellicea cedant, decet aurea zona *Pol. Poems* I 30.

fimidus, manured.

hic fimus, *fens*, et hic limus, *ray*, et a fimo ~us, ~a, ~um, unde ager ~us, *chaump compote* Neckam *Ut.* 113 *in marg.*

fimigare v. fimare.

fimitium, manuring.

1152 reddet .. xl acras rebinatas et faldicium et femicium secundum facultatem suam *Dom. S. Paul.* 133; **c1250** percipit autem persona .. iij acras de siligine, sc. de meliori post femicium et faldagium; ij acras hordei similiter de meliori preter croftam et preter femicium et faldagium *Cart. Rams.* I 305; **1251** percipit prior iiij acras frumenti et iiij avene in culturis post ~ium *Ib.* 282.

fimoralis, mucky, dirty, (in quot., fig.) unfair.

1334 indigne sibi nomen appropriant hominum ad arma cum potius pugnatores nominari debeant †funorales [? l. fimorales] *RScot* I 285.

fimorare, to manure, fertilize.

terra .. sabulonosa fimo puro non fumaretur [*ed. 1647*: fimoretur], sed cum terra optime permisceatur *Fleta* 165.

fimorarium [cf. fimorare], dunghill.

pinguedinem que emanat de ~io vel sterquilinio putrefacto dicunt valere Gilb. VII 345. 1.

fimosus [cf. CL fimum]

1 for dung, dung-.

1301 furca ~a *MinAc* 991/25; **a1444** due furse ~e precii vj d. *Paston Let.* 11.

2 mucky, dirty.

carcer .. / passuras claudit fimoso stercore poenam Aldh. *VirgV* 2319; terram ~am .. pedibus effossam .. subintravit Gir. *TH* I 31; ancipitres .. maxime ledit fimus .. et ideo eorum mutatoria domus a locis ~is longe debet esse remota Upton 173; *muckye*, ~us Levins *Manip.* 99.

fimum [CL], **~us, ~a** [LL]

1 dung, ordure, manure; **b** (fig.); **c** (alch.). **d** dunghill. **e** land being manured.

in .. carceris fundo, qui fumigabundis foetentis ~i foetoribus horrebat Aldh. *VirgP* 51; ~um, *goor GlC* F 202; debeo implere praesepia boum feno. .. et ~um [AS: *scearn*] eorum portare foras Ælf. *Coll.* 91; ~us, i. .. laetamen, stercus *GlH* F 396; ~um reperit bovinum, calore aeris desiccatum Neckam *NR* II 123; **a1228** quod quilibet burgensis possit .. ~am colligere usque ad mediam viam *BBC* (*Barnard Castle*) 61; **c1250** ad ~ora domini carienda *DC Cant. Reg.* H f. 159v.; ad ~ora carcanda *Ib.* f. 160; tumet de viribus miser vermiculus, / saccus putredinis, phimi cophinulus Walt. Wimb. *Carm.* 324; in stabulo equino garcifer .. ~os transfert in cinovectorio Garl. *Dict.* 134; **1356** T. de T. in .. cursum aque diversos fumos et fetida proicit in corupcionem aque (*CoramR*) *Pub. Works* II 35; ~us caule in emolumentum cedet warecti vivi canonici *Stat. Linc.* II 344; **1428** assenserunt quod ammodo ~i, feditates, exitus, et intestina bestiarum .. proiciantur *Mem. York* II 70; **1537** sol' diversis operariis operantibus pro perimplecione plaustrorum ~o hoc anno ij s. *Ac. Durh.* 699. **b** ave, cujus speciei / comparata lux diei / sude nox est horrida, / Phebus fimus, celum cenum Walt. Wimb. *Virgo* 42. **c** elementa misce .. et .. serva .. in balneo calente vel alias in nostro ~o Ripley 43; ea est corporum interemcio tanto tempore in balneo vel nostro ~o *Id. Axiom.* 114. **d** gallus est audax in proprio ~o [ME: *mixne*] *AncrR* 45. **e 1285** (v. cleta 1a).

2 rubbish.

umbre tymi, atque fimi extant propugnacula W. Glasg. 60; **1457** et tenentibus de Shynclyff pro asportacione xx *fother* ~i de tectura antique domus *Ac. Durh.* 241.

3 clay.

Gir. *TH* I 13 (v. figurator 1).

4 *f. l.*

marcidis membris vivax †fimus [v. l. sucus] illabitur, stupentibus poplitum nervis flexibilis tepor infunditur CIREN. I 359 (= SAMSON *Mir. Edm.* I 5 p. 122: succus).

fimus v. fimum, firmus.

1 finabilis [cf. 2 finire 7], final, definitive, permanent.

c1240 habendum et tenendum dicto Johanni Juveni et heredibus suis extra me et heredes meos finabiliter in perpetuam et ~em vendicionem *AncD* A 1822.

2 finabilis [cf. 1 finare, 2 finire 8], subject to (punitive) fine.

1485 quod ballivus et burgenses .. non amercientur ultra xij d. nisi in casibus felonie manuposicionis super officiarios ejusdem et in casibus ~ibus *ChartR* 198 m. 4.

finabiliter, finally, forever.

a1136 notum sit vobis me dedisse .. terram .. in feudo et hereditate tenendam de me et heredibus meis ~iter per servitium xij d. per annum *Cart. Dunstable* 66; **1197** ut teneant .. libere, quiete, .. integre, ~iter *Cart. Clerkenwell* 57; **1199** [concessimus] vicecomitatum .. habendum et tenendum eis et heredibus suis ~iter de nobis et heredibus nostris *BBC* (*London*) 220 (= *MGL* II 257 [**1316**]: finaliter); **c1200** tenendam ~iter eo servitio quo eam tenui *Cart. Wardon* f. 14*d*.; **c1240** (v. 1 finabilis); **12..** tenendam et habendam .. libere et quiete, integre et plenarie, honorifice et ~iter *Reg. S. Thom. Dublin* 487.

finaculum v. funaculum.

finagium [cf. OF *finage*], territory.

c1180 elemosinam .. monachis de Sallai in ~io de W. dedi *Cart. Sallay* 628.

1 finalis [CL]

1 pertaining to boundary, on the border.

~es .. fossas effodere, terminos transponere, et metas transcurrere .. GIR. *DK* II 4; ecclesia de Haia, que ~is est versus Angliam diocesis Menevensis *Id. RG* I 5; **1236** amoverunt lapides ~es inter feoda *CurR* XV 484; Brabantia Germanie ~is est provincia BART. ANGL. XV 25; si .. lapidem vel arborem ~em amoverit BRACTON 167.

2 final, last, at the end: **a** (of object); **b** (of sequence or series); **c** (of time) latest, most recent.

a baculus .. ferro .. ~i in pede furcatus GIR. *Symb.* I 27 *tit.* **b** verba .. deponentia, quae ~i R littera .. terminantur ALDH. *PR* 117; imperativi ~es litteras deprome ALCUIN *Gram.* 880 B; ~i capitulo tertie partis [hujus libri] *Cust. Westm.* 30; omnis diptongus naturaliter est longa, preter *αι* et *οι* ..; cum sint ~es dictionum breviantur ubique BACON *Gram. Gk.* 8; in isto tono differencie incipiunt in a, que est quinta supra ~em istius toni ODINGTON *Mus.* 104. **c** ante ~es hos dies et tempora novissima GIR. *IK* II 1 p. 105; hoc nostro ~i tempore, quo in deterius omnia vergunt *Id. GE* II 37 p. 355; per quas personas debeant ~ia pericula evenire PECKHAM *Paup.* 16 *tit.* p. 63; **s1268** pro decima duorum annorum ~ium *Chr. Bury Cont. A* 40.

3 final, definitive, permanent; **b** (w. ref. to conveyance of land).

1225 imperator nulli nuntio responsum ~e dare voluit *DipDoc* 179 p. 120; **1283** (v. computus 2a); **1285** nobis .. retinemus potestatem .. pronunciandi alias voluntatem nostram ~em .. cum .. fuerimus plenius informati *RGasc* II 250; **1327** si in malicia sua perstiterint, non video ~e remedium nisi per .. potestatem .. regis *Lit. Cant.* I 221; **1331** ad ~em discussionem juris *PQW* 55; **1341** quod pacem ~em .. nullatenus faceremus (*Lit. Regis*) AVESB. f. 98; **1365** (v. definitio 4a); ~e judicium (WYCL.) *Ziz.* 245; **s1400** (v. finantia 2). **b** **c1132** etc. (v. concordia 2b); **a1166** hec est compositio ~is concordie inter Henricum filium Fulcheri et Sewallum fratrem suum *Eng. Feudalism* 262.

4 final, complete, utter.

putrefactio est ~is corruptio BACON VII 10; **1450** pro *le riddynge* et deposicione ~i omnium murorum, lapidum, et *lez butteresses* veteris ecclesie *Ac. Durh.* 238; **1543** ~em ecclesiae Scoticanae ruinam *Conc. Scot.* I cclii; in ~em destructionem *Entries* 644.

5 w. regard to end or purpose.

D. MORLEY 14 (42) etc. (v. 2 causa 5a); secundum divisionem causarum: efficientis, ut 'liber Aristotelis', ~is, ut 'sermo beatitudinis', materialis, ut 'liber artis grammatice', formalis, ut 'dignus laudis' *Ps.-*GROS. *Gram.* 65; ~is utilitas et principalis BACON *Min.* 322; DUNS *Prim. Princ.* 1. 4 p. 723 (v. 2 finire 9b); **1339** regni favorem in viam cause ~is attendens, ne .. sub feminea fragili gubernacione labatur (*Lit. Regis*) *G. Ed. III Bridl.* 141; quod .. adjicitur 'ad presidendum alicui ecclesie etc.' causa ~is denotatur, seu objectum formale, circa quod tale jus versatur PAUL. ANGL. *ASP* 1528; solum .. efficientes et ~es cause gradus constituunt FORTESCUE *NLN* II 35.

6 (as sb. n., arch.) finial. *Cf. 2 filiolus.*

1355 pro reparacione pomell' et finol' tabernaculorum in eadem capella *KRAc* 471/6 m. 6; **1355** pro iij tupis de final' tabernaculorum in gabula orientali *Ib.* m. 15.

2 finalis v. 2 funalis.

finalitas [LL], (gram.) ending, termination. **b** finality, finiteness.

ad ostendendam primae declinationis in ablativo ~atem ALDH. *PR* 133 p. 185; exempla nominum quae epitrito tertio .. amminiculentur: .. aequalitas, ~as *Ib.* 139. **b** nullum generatum aut corruptibile est primum principium; omne finitum est corruptibile, quia ~as omnis est corruptionis BRADW. *CD* 461D.

finaliter [LL]

1 finally, in the end, at last.

ut .. ~iter concludam GIR. *TH* I 13; **s1306** distractus ut proditor, suspensus eminus quia latro, truncatus capite ut homicida, refixusque eculeo per dies viginti, igne quoque ~iter est combustus *Flor. Hist.* III 134; Ulixes .. ~iter optinuit ea [sc. arma Achillis] TREVET *Troades* 70; credo quod ~iter veritas vincet eos (WYCL.) *Ziz.* 132; ~iter more omnium Gallicorum invenietur duplex, unus in publico et alius in occulto *G. Hen. V* 25; **1417** ~iter tamen ordinatum est quod .. *Mem. York* I 190.

2 finally, definitively, forever.

a1139 (1329) sciatis me dedisse et ~iter perdonasse Alexandro .. x li. *CalCh* IV 140; **a1155** sciatis me concessisse .. Deo .. in perpetuum terram de Heccha quam ~iter emit .. H. de B. de F. (*Ch. Wint.*) *EHR* XXXV 398; **1226** habeant et teneant de .. heredibus nostris ~iter et hereditarie (*Ch.*) *MGL* II 257; Deo servire .. ~iter tota mente .. desideravimus *Chr. Abingd.* I 19; addidi demonstrationem geometricam, que destruit hanc positionem ~iter BACON *Min.* 132; **1285** per officialem Cantuariensem ~iter liberatur ab onere .. exsecucionis *Reg. Heref.* 72; plenam .. potestatem ordinandi, disponendi, audiendi, arbitrandi, et ~iter terminandi *State Tri. Edw. I* 12; deputent .. procuratores de minus suspectis [sc. judicibus] et eorum deputacioni ~iter stetur *StatOx* 167.

3 (phil.) finally, w. regard to end or purpose.

cum Adam fuerit malus .. non reprobus sed ~iter malus sicut Cayn fuit S. LANGTON *Quaest.* 132; **c1238** quod .. ~iter queritur plus queritur quam id quod propter ipsum queritur GROS. *Ep.* 57 p. 175; virtus multiplicatur et crescit, quod ~iter ars querit M. SCOT *Sol* 719; de mentis distraccione et de creatura non diligenda nisi ~iter propter Deum *Spec. Incl.* 3. 2; titulus beneficialis institutus est effective et ~iter, propter aliquod officium .. ecclesiasticum, ut honor debitus referatur Creatori PAUL. ANGL. *ASP* 1535.

finantia [cf. OF *finance*, affinantia]

1 fine, settlement, due.

1310 super ipsis .. cum proximioribus illorum quorum bona fuerunt .. ~iam faciatis *RGasc* IV 401; **1316** de condempnacionibus et de ~iis senescalcie sue diversas posuit pecunie quantitates *Ib.* 1592; **1374** onerat se .. de xxxiij li. vj s. viij d., de quadam ~ia facta per W. de O., ex causa *ExchScot* 457; **s1413** ~ias in novis regum creacionibus fieri solitas dupplicavit AD. USK 120; **1471** de amerciamento in quo adjudicatus erat Jacobus S. in dicto itinere pro sua ~ia .. *ExchScot* 35; **1491** de custuma unius laste octodecim petrarum lane concessa Patricio domino Bouthwell in partem custume octodecim saccorum lane pro suis ~iis faciendis pro ambasiato *Ib.* 304.

2 payment, ransom.

1382 assessi ad aliquam summam vel denarios pro eorum ~ia persolvenda seu pro eorum deliberacione habenda *AncPet* 303/15136; **1385** per inimicos nostros .. de guerra captus fuisset ipseque .. ~iam suam .. eis solvendam fecisset *RScot* II 72; **s1400** rex Francie captus in guerris per regem Anglie in concordia pacis finalis obligavit se .. tres milliones .. quod illa solucio fieret racione ~ie redempcionis regis Francie AD. USK 51; **1401** in redempcione sive ~ia .. comitis de Denia in bello de Nazers *Foed.* VIII 211; **1444** capti fuerunt usque Deepe ibidem moraturi in prisoni quousque eorum ~ia et redempcio fuerint satisfacte *BBAdm* I 253.

1 finare [cf. OF *finer* < finis], to make final settlement (of or by), pay fine; **b** (absol.).

1193 R. F. r. c. de ix li. et ix s. et iiij d. de debitis Aaron nondum ~atis *Pipe* 68; **1268** de iiij mille m. quas .. cum .. Rogero ~avit pro terris suis rehabendis *ChartR* 57 m. 10. **b** **1292** cum abbas et conventus de O. .. ~averint seu composuerint cum .. constabulario nostro .. pro .. chacia que vocatur P. A. *RGasc* III 43; **s1329** ipsum ~are fecerunt cum eis centum libris *Ann. Lond.* 244.

2 finare, ~iare, ~ire [cf. AN *finer*, affinare], to refine (ore or metal). **b** (p. ppl., of cloth) fine.

1286 de cambio Cantuar' in argento ~ato *KRAc* 372/11 m. 4; **1300** oneratur .. de toto argento tocius plumbi predicti in ~ando dictum plumbum *Pipe* 145 r. 22*d*.; **1324** ad aurum illud .. de dicta minera .. extrahendum, ~iendum, et in massas seu in massam redigendum (*FineR* 124 m. 15) *Rec. Stan.* 19; **1373** in ix^{xx} de *frostnaill* et j *tuyrne* pro sineribus plumbi ~andis .. xx d. *Ac. Durh.* 577; in ij celdr' de *charcolle* et j pari de *belies* pro iij diebus .. pro .. cineribus ~iandis xij s. vj d. *Ib.*; **1409** in stipendio .. hominis ~ientis cineres plumbios *Comp. Swith.* 212; **1453** omnes mineras cupri, stanni, et plumbi de quibus aliquod aurum vel argentum haberi vel ~ari contigerit *Pat* 477 m. 6; **1566** ad hujusmodi plumbaginem et metallum .. cariari, ac .. liquefieri, ~ari, aut aliter converti *Entries* 410. **b** xii virgas de scarleto aut de alio panno ~ato et ingranato W. SAY *Lib. Reg. Cap.* 63.

1 finatio [cf. 1 finare]

1 fine, settlement.

1292 ~onem seu composicionem cum .. constabulario nostro sic factam *RGasc* III 43.

2 payment, ransom.

1382 marinarii .. optulerunt .. aliquam summam vel denarios pro eorum ~one facienda seu pro eorum deliberacione habenda *AncPet* 303/15136.

3 wager.

si .. caput meum in .. ~one ponerem amputandum, si perderem ... rex .. fecit ~onem .. cum proposito [? l. preposito] suo, ut si propositus [? l. prepositus] Maurum coram rege facere mentiri posset, civitatem illam haberet, et, si non posset, proprium caput amitteret *Latin Stories* 2.

2 finatio, finitio [cf. 2 finare, affinatio], refining.

1300 in ferro, clavis pro follibus faciendis, coriis equinis, uncto, carbone de mora, cordis ad folles emptis pro eadem ~one argenti *Pipe* 145 r. 22*d*.; **1406** in carbonibus ligneis pro finitione plumbi *Ac. Durh.* 400.

finator [cf. affinator], refiner (of metal).

1299 Willelmo de Borham †furatori [? l. finatori] venienti in Hiberniam cum iiij minatoribus deferenti literas domini regis ad minas querendas et operandas ibidem .. et Ricardo de S. baroni Scaccarii eunti cum predictis affinatore et minatoribus *Pipe* 144 r. 28 (cf. *Pipe* (*Chanc*) 92 m. 7); **1397** pro convencione unius finiatoris plumbi ad purgandum cineres provenientes de plumbo fuso *KRAc* 479/23.

fincio v. suitio. **fincon** v. phoenix. **finctio** v. 2 fixio.

findere [CL]

1 to split, cleave (also fig.). **b** to cause to split (also absol.); **c** (w. ref. to *Matth.* xxvii 51: *scindere*). **d** to slit. **e** to 'split' (fig., w. rage).

materiem cuneis findit ALDH. *Aen.* 78 (*Cupa Vinaria*) 9; cippum findit regnator Olimpi *Id. VirgV* 1197; in nato cujus finduntur viscera regni ALCUIN *Carm.* 69. 119; mox summitate virge fissa pannos .. ad se trahere conari W. MALM. *GP* IV 183 p. 324; ~etur forma commercii (*Proph. Merlini*) G. MON. VII 3 (cf. *gl. in* M. PAR. *Maj.* I 202: hic primo secabantur denarii); corpora Turcorum ~ebant ORD. VIT. IX 12 p. 582; **1272** hoss' [i. e. ossa] fendidit et nervos juncture cidit *RCoron* 1 m. 4; **1285** (15c) faber .. non capiet argentum .. pro massa asser' ~enda *Cust. Suss.* (*Slyndon*) LVII 4. **b** [fulminum] alia ~unt, alia scindunt ADEL. *QN* 66; queritur unde accidit in quadam navi casu fulguris malum ~i et nummos argenteos cujusdam sedentis juxta malum converti in cuprum *Quaest. Salern.* B 124; qualiter fulgur aliquando ~it et non urit *Ib.* N 4; si nola pulsetur modico circumdata filo / findetur NECKAM *DS* VI 80. **c** finduntur et fortes petrae / hiantur ante plurima / defuncta surgunt corpora BEDE *Hymn.* 5. 8; velum templi in duo discinditur, petrarum duricia ~itur HON. *Spec. Eccl.* 925A. **d** **786** equos .. detruncatis, nares ~itis *Ep. Alcuin* 3 p. 27; **1353** tunicas quidam ad latus, quidam anterius habent fissas *Doc. Eng. Black Monks* II 66. **e** finditur et sevit, rabies, furor iraque crevit R. CANT. *Malch.* V 927.

2 to cleave (water, air, or darkness).

classes et caerula findunt ALDH. *Aen.* 95 (*Scilla*) 8; cernis ut hoc pelagus late vaga regmina findant? BEDE *CuthbV* 514; pes aquile, predo testudinis, aera findit WALT. ANGL. *Fab.* 14. 1; illa palpabilis caligo finditur WALT. WIMB. *Carm.* 309.

3 to cleave, have a cleft in: **a** (*ungula*, w. ref. to *Deut.* xiv 6–7, also absol.); **b** (p. ppl. *fissus*) cloven. **c** cloven, segmented; **d** (her.) splayed.

a mundum est animal .. ungulam ~ens et ruminans BEDE *Cant.* 1192; BELETH *RDO* 58. 64 (v. fissio); ut per discretionem ungulam ~eret BALD. CANT. *Sacr. Alt.* 648C; animalia que ~unt ungulas molliores habent ungulas quam ea que non ~unt *Quaest. Salern.* B 80. **b** cur quedam fissas habeant ungulas *Ib.* C 26; mundum est animal et fissam ungulam habet M. RIEVAULX (*Ep.*) 65. **c** cavebatur .. ne oves immolande .. haberent .. linguam nigram, nec aurem fissam ALB. LOND. *DG* 6. 32; policaria folia habet fissa ut dens leonis *SB* 34. **d** decet Romanorum imperator (*sic*) in armis suis aquilam portare .. cum duobus capitibus, .. aquilam fissam et explanatam in campo aureo BAD. AUR. 118.

4 (w. ref. to abstr.) to split, divide (into parts).

in geminas istud nomen se findere partes / creditur ALDH. *VirgV* 2661; haec pestis [haeretica] se ~it itinera ut paenitus quot sint investigari nequeant BEDE *Prov.* 957; **1160** insolubilem ~ere molitus est unitatem *Ep. J. Sal.* 130; unitas ecclesie .. cepit .. a schismatibus .. in diversa conventicula ~i HON. *GA* 689C.

findis [cf. CL findere], wedge.

1390 tres ~es vocat' *vegges* de ferro *PlRCP* 519 r. 499.

findula [cf. findere, *by anal. w.* scindula < scindere], lath or shingle. *Cf. scindula.*

1400 tibi precepimus quod te de meremio shingulis, ∼is seu aliis rebus ejusdem Elizabethe .. nullatenus intromittas set ipsam Elizabeth liberam disposicionem .. meremii shingularum et ∼arum .. habere permittas *Cl* 245 m. 14; **1447** in custibus appositis super quamdam domum in querrura de H. .. viz. in v plaustratis meremii empti ibidem de J. M. de M., mercede carpentarii una cum findul', tectura straminea et mercede tectoris xxxj s. *Fabr. York* 63; **1477** in dc m sclattis ad idem emptis .. in iiij tabulis vocatis *ovesborde* et j *quarter-borde* emptis .. in dccc ∼is ad idem [sc. tegulationem tenementi] *Comp. Swith.* 457; hoc findolum (*sic*), *a* †*lache* [l. *lathe*] *WW.*

finetenus v. 1 finis 5f.

fingekest [Ar. *fanjakusht* < Pers. *panj angusht* = *five-fingered*], cinquefoil or other plant w. compound five-part leaf.

quedam nascuntur in primis in figura granorum plante et postea fit arbor ut vovet et ∼t, i. e. pentaphyllon, et planta que dicitur bacca caprarum ALF. ANGL. *Plant.* I 12.

fingere [CL]

1 to create, make, arrange. **b** to procreate, beget (offspring). **c** (alch.) (?) to compound.

Dominus quis conditor esset, / ex qua re varias voluisset fingere formas BONIF. *Aen.* 364 (*Negligentia*); tum tibi serta novis de floribus aurea fingam ALCUIN *Carm.* 4. 80; ∼at, i. .. creat, componit, finxit, i. figurabat, *hiwade*, .. finctus, formatus *GlH* F 329, 330, 332; W. NEWB. *Serm.* 860 (v. figmentum 2b); **1284** pro nigro correo empto ad dictos papilones ∼endos *KRAc* 351/9 m. 13. **b** pictor .. pulcherrimas fecit imagines et turpes habuit filios, .. quia pinxit de die et finxit de nocte *Latin Stories* 122 (cf. Macrobius *Saturnalia* II 2). **c** ejus [sc. salis tosti] .. recepcio est valde utilis in talem quia ∼itur cum aliis salibus ad purificacionem Martis in Lunam M. SCOT *Lumen* 243.

2 to make up, form (mental or sim.) image of. **b** (intr.) to consider, think.

quisque potest .. / .. / ignotas siquidem varias et fingere formas ALCUIN *Carm.* 97. 6; multa .. non existimando sed ∼endo ita esse ut cogitamus ANSELM (*Resp. Ed.* 4) I 134; sicut per aliam et aliam speciem imaginor istum et illum hominem, quas species finxi in imaginatione mea R. MARSTON *QD* 243; **1443** depono non per ficta et fantastice ymaginata sed per visa et audita *Paston Let.* 871. **b** **1126** ∼e nunc in corde tuo et dic "non veniam?" *Ep. Anselm. Bur.* 97.

3 to compose (literary work). **b** to form characters, write down, or (?) *f. l.*

et quoniam nullum nos credis, fingere metrum / .. *Altercatio* 90; nos / posse poesim / fingere nullam *Responsio* 53; 'argumentum' .. equivoce dicitur, tum ratio qua aliquid probatur, tum narratio ficta et verisimilis BALSH. *AD* 58. **b** **952** ego .. consensum prebui fingens [? l. figens] crucem *CS* 888.

4 to contrive, fabricate (untruth). **b** (p. ppl.) contrived, artificial, fictitious.

assertor verax si fingam famina falsa ALDH. *VirgV* 940; huic mendacium a tergo reginae monstra et angues finxit aethereos *Lib. Monstr.* III 23; quis tibi talia suasit / frivola falsiloquis mendacia fingere verbis? WULF. *Swith.* I 338; **s1304** dominus dux .., ∼ens impedimentum veniendi, misit ad regem *V. Ric. II* 57; finxi .. causam aliquam ut me consolari possem FREE *Ep.* 63; titulum quem ipse ad regnum finxit enarrare contendam FORTESCUE *NLN* II 7. **b** fictum, fucatum, coloratum *GlC* F 188; fratrum .. / stipatum fictis agitare querelis FRITH. 1069; quam curiale dictum .. fictum .. et falsitate compactum GIR. *SD* 30.

5 to represent as; **b** (w. acc. & inf.). **c** (intr.).

muta insensibilium rerum natura .. quasi loqui .. ∼itur ALDH. *Met.* 7; horrendum caetera fingunt / membra virum *Id. Aen.* 28 (*Minotaurus*) 2; Jupiter, immensum fingunt quem carmina vatum *Ib.* 79 (*Sol et Luna*) 2; non improprie senex ∼itur, quum senum sit ALB. LOND. *DG* 1. 4; ∼itur [Mercurius] deorum minister *Ib.* 9. 5. **b** leonem, quem regem esse bestiarum .. poetae et oratores cum physicis ∼unt *Lib. Monstr.* II 1; debellato Saturno .. alii tyranni Jovem .. hereditate privare agressi sunt, quos quia machinis belliis superavit, gigantes ∼itur fulminasse ALB. LOND. *DG* 1. 9; ∼it eum [sc. Mercurium] Martianus Philologiam uxorem duxisse *Ib.* 9. 1. **c** GILDAS *EB* 6 (v. festinare 4a); fuit .. homo .. qui, ut fabulae ∼unt, .. *Lib. Monstr.* I 37; Argus .., ut †fingut [l. fingunt, v. l. fingitur], .. oculis semper vigilavit *Ib.* 39.

6 (refl.) to make oneself out to be; **b** (w. acc. & inf.).

s1003 dux .. ∼it se infirmum *AS Chr.*; ∼am me Christianum et Britannum G. MON. VIII 14; **1278** dicendo .. G. finxisse se infirmum *SelPlMan* 92; ∼e te infirmum *Latin Stories* 16; postea ∼ens se iratam cum Jasone marito .. ad domum .. venit *Natura Deorum* 87; si aliquis de paribus .. infirmaverit .. mittantur ei duo de paribus suis ad videndum et testificandum hujusmodi infirmitatem ... si comperiatur quod finxerat se, amercietur .. et si non finxerat se, attornet aliquem *Mod. Ten. Parl.* 24. **b** finxit .. se velle recedere ex Britannia G. MON. VI 7; **1297** ad prosecucionem tractatus pacis .. venire se fingerunt *Reg. Carl.* I 100; in lectum intrabat et finxit se dormire *Latin Stories* 117; maleficus .. Owinus de Glyndour erat †figens [l. fingens] se .. principem Wallie fore *Dieul.* f. 145v.; post paucum .. temporis miles .. finxit se longius ire *Wager* f. 40b.

7 to feign, pretend (also absol.). **b** (p. ppl. *fictus*) false, feigned, hypocritical (of person); **c** (of *fides* or *cor*); **d** (of thing or abstr.). **e** (as sb. n.) fraud, lie.

∼at, i. simulat, .. finxint, simulaverunt *GlH* F 329, 331; **1167** non agitur penitentia sed ∼itur J. SAL. *Ep.* 219 (219) p. 374; fit sacer ordo vagus, fingens ypocrita sanctus GOWER *VC* VII 221. **b** boni cum malis, humiles cum superbis, ∼i cum veris Christianis communiter vivunt AILR. *Serm.* 402C; impenitens vel obstinatus vel ∼us etiam sine causa est in monasterio ROB. BRIDL. *Dial.* 170. **c** cujus fidei non ∼ae sit imitanda constantia *Hist. Abb. Jarrow* 1; **801** saeculares occupationes .. non ∼o corde declinare cogitavi ALCUIN *Ep.* 229; eas statim non ∼o corde relinquens WULF. *Swith.* I 185; inferiorem se omnibus hominibus non ∼o sed intimo corde credat EADMER *Beat.* 15 p. 290. **d** non fictae puritatis palma ALDH. *VirgP* 22; ∼is sermonibus proximum laudat BEDE *Prov.* 1021; 'horrendum' dicunt omnes sed famine ficto BONIF. *Aen.* 199 (*Cupiditas*); super ∼a religione deridente GIR. *TH* II 53; confessio sua pro ∼a, simulata, et nulla est habende OCKHAM *Pol.* III 78; apud Cestriam .. obiebat ... sed secundum ∼iorem opinionem quorundam sepultus et apud Spiram *Meaux* I 152; **c1403** ex suggestione ∼issima *FormOx* 200. **e** commenta, i. .. machinamenta, †excogita [MS: excogitata], .. ∼a, fraudes, mendacia, *sarwa GlH* C 1231; quod .. fulmina et tonitrua mittat [Jupiter], ob hoc ∼um videtur, quia hec physica ratione a superioribus venire manifestum est ALB. LOND. *DG* 3. 3.

fingibilis [LL = *false*; cf. fingere 2], imaginable.

est dare unum quod Deus per se et primo odit, quod non est ∼e aliud a peccato WYCL. *Dom. Div.* 122; civilis commutatio non est ∼is *Id. Ver.* III 17; nec credo illud ∼e (*Id.*) *Ziz.* 255.

fingmentum v. figmentum. **fingor** v. fictor, fingere. **finiare** v. 2 finare. **finiator** v. finator.

finibilis [cf. 1 finis 6, 2 finire 6, 9]

1 that can be ended, limited, finite.

breve sit omne ∼e ad infinitum tendenti GOSC. *Lib. Confort.* 88; in eadem propositione ex parte aliqua est necessitas, propter hoc quod non ∼is est ejus veritas, et ex parte alia contingentia, quia que est vera potuit sine initio non fuisse vera GROS. 171; est .. finitum et compositum ex finiente et ∼i, finiens aut quod finit vel terminat, ut punctus BACON VII 31; actus .. nullo modo finitus per potenciam nec ∼is, cujusmodi actus Deus est, maxime cognoscibilis est MIDDLETON *Sent.* I 40; *Ib.* 382 (v. finibilitas).

2 that may be affected by a final cause.

secunda [conclusio] est quod primum finitivum est incausabile. probatur, quia infinibile, alias non primum... ∼e excellitur a fine in bonitate et per consequens in perfeccione DUNS *Ord.* II 166.

finibilitas, capacity for being ended, limited, finite.

in Deo .. est .. infinitas que opponitur finitati et ∼ati, qua actus finitur, vel est finibilis per potenciam, et quia ∼as actus per potenciam negat aliquam perfeccionem actualitatis MIDDLETON *Sent.* I 382.

finicen, ∼**chon** v. phoenix. **finicium** v. phoenicium. **finicon** v. phoenix. **finiculum** v. faeniculum.

1 finire v. 2 finare.

2 finire [CL]

1 to delimit, enclose.

conclusum, ∼itum, *embfangen GlH* C 1926.

2 to mark or form the end of. **b** to end, terminate (gram.).

altitudo a *le gargoyle* usque *le cropp* qui ∼it *le stonewerk* 31 pedes W. WORC. *Itin.* 401. **b** pars orationis ∼itur cum dactylo BONIF. *Met.* 110.

3 to bring to an end, finish. **b** (intr.) to end, come to an end, stop. **c** (w. ref. to period of time).

cum verba ∼issent .. BEDE *HE* III 19 p. 166; cum .. ∼itis lacrimis, precibus, et votis, domum rediret *Ib.* 27; antequam sacerdos missam ∼iret ASSER *Alf.* 37; ∼io longam epistolam ANSELM (*Ep.* 117) III 254; quando .. reducitur ad secundum [modum] tunc ∼itur per brevem GARL. *Mus. Mens.* P 1; 'rumpe jam fletus' quia sc. .. numquam ∼ies planctum TREVET *Troades* 57; **1483** decanus et canonici cum ministris recesserunt in stallas dum ∼iatur Amen cum organo. et tunc incipiunt spalmum 'Te Deum laudamus', a prelato executore officii, et ∼itur a choro et organo *Fabr. York* 211. **b** ∼iunt capitula monstrorum *Lib. Monstr.* I *prol.* p. 132; ∼it liber de monstris *Ib.* I 56; perge, libelle sacer, .. / ... / quos colo corde .. / .. optans ut vigeant, valeant. finit ALCUIN *Carm.* 5. 8; siquidem dolor sursum ∼iat ad †clarum [l. clavum] vel circa humerum et brachium incidere oportet in brachio venam GILB. IV 193. 2; perfectus modus dicitur qui ∼it per talem quantitatem per qualem incipit, ut longa, brevis, longa GARL. *Mus. Mens.* P 1; **1420** explicit cronica .. incipiendo ad Paulinum et ∼iendo ad Johannem Thuresby *Mem. York* II 101. **c** ∼ito agonis tempore ALDH. *VirgP* 18; mense .. ∼ito .. domum redibat ASSER *Alf.* 100; candelae .. exardescere citius plus debito ante eandem horam ∼iendo cursum suum cogebantur *Ib.* 104; reddat eis [operatoribus] bravium finita luce laborum WULF. *Swith.* I 180; **1266** de uno anno ∼ito ad festum S. Martini *ExchScot* I 8; a die S. Michaeli in unum mensem anno regni regis Edwardi xviij° ∼iente *State Tri. Ed. I* 73; anno .. gracie mccccxxix ∼iente AVESB. 78.

4 (w. *carnem, hominem, vitam*, or sim.) to reach the end of one's life, to die; **b** (absol.).

in optima vitam conversatione ∼ivit BEDE *HE* IV 6; alium .. vitam suam ∼isse dicebant CUTHB. *Ob. Baedae* clxiv; Ine Romam perrexit .. ibi vitam praesentem ∼iens ASSER *Alf.* 1; denis dormivit finita carne Calistus *Kal. M. A.* 51; infirmatus ∼it hominem vigilia Epiphaniorum HERM. ARCH. 22; siquis .. ibi vitam ∼ierit *DB* I 154va; cum .. vitam infelicem ∼ire proponeret *Mir. Fridesw.* 31. **b** cum rex egrediens carnea templa finit G. WINT. *Epigr. Hist.* 3; perfecte et devotissime ∼ivit *Ps.*-ELMH. *Hen. V* 127.

5 to come to the end of, use up, dispose of. **b** to put an end to, terminate, destroy.

consumptum, i. devoratum, degluttitum, *ofertogen*, ∼itum *GlH* C 1536; expenso, †fininito [MS: finito], *gedale Ib.* E 615. **b** [secta Mahometi] ∼ietur ... prophecia dicitur apud eos esse quod secta eorum est ∼ienda DUNS *Ord.* I 77; bonum opus factum in privato, ut quid trahis illud ita in finem quod premium sic cito ∼iatur [ME: *endi*]? *AncrR* 47.

6 (phil.) to limit. **b** (p. ppl.) finite, limited, definable.

BACON VII 31 (v. finibilis 1); si forma ∼itur ad materiam, ergo si non ad illam, non ∼itur, fallacia est consequentis. corpus ∼itur ad corpus, ergo si non ad corpus, est infinitum DUNS *Prim. Princ.* 4. 30 pp. 782–3; in aliquo signo nature erit essencia ∼ita, ergo non ∼itur per esse; ergo in secundo signo non ∼itur per esse *Id. Ord.* II 213. **b** omne nomen ∼itum aliquid significat, ut 'homo', 'lapis', 'lignum' FRIDUG. 126; verbum hoc .. solet poni pro omni verbo cujuslibet significationis ∼ito vel infinito ANSELM *Misc.* 337; nos artis viam ∼itam, non possibilitatis excessum infinitum cognoscibilem reddere proposuimus BALSH. *AD rec. 2* 144; quelibet transmutatio talis est ∼ita BACON *Tert.* 145; nulla virtus ∼ita agit in instanti *Ib.* 151.

7 to settle, decide, conclude (conflict, dispute, or inquiry).

∼ito .. conflictu BEDE *HE* III 26 p. 189; ∼ito proelio, pagani .. equites facti sunt ASSER *Alf.* 62; proba et ∼iatur haec quaestio ANSELM (*Gram.* 9) I 153; †**1093** (12c) si .. inter episcopum et priorem aliquid questionis .. proruperit .. pacifice ∼iatur *Ch. Durham* 7*; leges .. humane necessarie sunt ad lites hominum ∼iendas FORTESCUE *NLN* II 29.

8 (intr.) to make or pay fine, reach (financial) settlement; **b** (trans.). **c** (pr. ppl.) person making fine.

qui pacem facit cum aliquo de vulnere vel malo quod inflixerit .. cum .. unanimitate ∼iat .. (*Leg. Hen.* 70. 11) *GAS* 588; **1177** J. Judeus r. c. de mm m. unde ∼ivit cum rege apud W. *Pipe* 201; mater heredis ∼ivit statim cum domino Ranulfo [de Glanvill'] *RDomin* 19; qui .. ire non possunt ∼ient denariis cum coquinario *Cust. Abingd.* 307; **1206** intravit [gildam] .. et ∼ivit per vj s. viij d. *Rec. Leic.* I 19; **1279** nec vult ∼ire nec uxorem capere *CourtR Hales* 119; **1375** ∼ivit pro uno bondagio et est impotens *Hal. Durh.* 130; **1404** dantes .. mandatum speciale .. mediare et ∼ire pro nobis et nomine nostro *Foed.* VIII 356. **b** **1198** de debitis Aaron ∼itis per cancellarium *Pipe* 81; dixit quod .. Rogerus .. nunquam equos suos haberet quousque ∼ivisset cum eo x li. *State Tri. Ed. I* 90; A. .. fecit fidelitatem .. A.D. mccc pro .. tenemento .. et ∼ivit pro introitu viij d. *Cart. Blyth* app. A 27 p. 382. **c** **1560** ob defectum ∼ientis *Crawley* 523.

9 (phil.) to direct to an end or purpose. **b** (p. ppl., of the effect of a final cause) directed to an end or purpose.

exemplar est finis et sic Christus est finis, quoniam ad ipsum ∼itur omnis recta operatio HALES *Sent.* II 368; si .. finis aliquis necessario ∼iret DUNS *Prim. Princ.* 2. 3 p. 730. **b** [causa] famose subdividitur in iiij causas .., finalem, efficientem, materialem, et formalem. .. oppositum similiter subdividitur in iiij sibi correspondencia, sc. in ordinatum ad finem, quod ut breviter loquar dicatur ∼itum, et in causatum ab efficiente quod dicatur effectum, et in causatum a materia quod dicitur materiatum, et in causatum per formam quod dicitur formatum *Ib.* 1. 4 p. 723.

1 finis [CL]

1 boundary, border, frontier. **b** remotest limit. **c** outer part, end (of town or village).

adventus veterum [inimicorum] volentium .. inhabitare .. a ~e usque ad terminum regionem Gildas *EB* 22; finium †regum dorum [l. regundorum] actio, *gemæra gedal* *GlH* F 327; **1148** notum sit vobis me concessisse .. quantum continent ~es earundem landarum *Ch. Durh.* 38; **1392** tres seliones .. quarum ~es versus boriam abuttant super le Northcar *Feod. Durh.* 164. **b** de [nationibus] .. quae in †Tyrreno [MS: Cyrreno, i. e. Syreno] mari usque ad ultimum Hiberniae ~em habitant Asser *Alf.* 91; angulus unus .. terrarum, sc. ~is Hibernicus orbis Gir. *TH intr.* p. 6. **c** in uno ~e ville .. nobilis abathia consitur .., in alio ~e .. est alia .. abathia Ad. Mur. *Chr.* 213–4.

2 (pl.) bounded tract, district, territory, region.

[hostes] omnes e ~ibus depulit Gildas *EB* 15; solis jubar totis terrarum ~ibus infunditur Aldh. *Met.* 2 p. 65; Gorgones .. in ~ibus Libyae describuntur *Lib. Monstr.* I 38; gentes quae septentrionales Brittaniae ~es tenent Bede *HE* II 5; **s885** praefuerat Gallias ~es super occidentales Æthelw. IV 3; que .. secreta .. in occiduis et extremis terrarum finibus natura reposuit Gir. *TH pref.* p. 20; a ~ibus illis egressus versus Meneviam iter arripuit J. Furness *Kentig.* 23 p. 200.

3 terminal point or part, extremity: **a** (of part of body or plant); **b** (of line); **c** (of verse or text; also mus.); **d** (of artefact); **e** (of structure or sim.).

a cauda quippe quae ~is est corporis finem bonae operationis, id est perfectionem, .. insinuat Bede *Tob.* 933; mirta agrestis .. folia habet .. acuta in ~e *Alph.* 119. **b** dicitur ~is linee punctus Hales *Sent.* II 368; infinita linea .. non haberet medium nec extrema sive ~es Duns *Ord.* IV 208. **c** passiones .. in medio aut in ~e versus inseruntur Aldh. *Met.* 10 p. 95; dactilus excepto decurrat fine metrorum *Id. VirgV* 48; circa hujus autem libelli ~em Bede *Cant. pref.* 1073; **a799** ad ~em cartulae properat series Alcuin *Ep.* 163; in ~e epistolae profero quod .. Anselm (*Ep.* 10) III 114; restat .. ut presentis tractatus ~em ad inicia reflectamus Lucian *Chester* 73; quartus modus dicitur ita: tres et tres et tres ligate cum proprietate et due imperfecte in ~e cum longa pausatione Garl. *Mus. Mens.* 4. **d** scribo puerulis .. / .. / qui nares .. / extremis manice detergunt finibus Walt. Wimb. *Palpo* 191; posuit eum in ~e mense, et cibavit .. de pejori *Latin Stories* 28; G. *Hen. V* 11 (v. declivis 2b); **1446** (v. cochlear b); nauta qui regit totam navem, sedet semper in ~e ut ibi prevideat pericula *Regim. Princ.* 94. **e** **1354** reparacio domorum: cooperient super ~em *del kilne* de Elvethall *Ac. Durh.* 120; ad ~em vici illius versus muros civitatis *Cust. Swith.* 20; **13..** in occidentali ~e Gyhalde (v. hustingalis); **1392** dim. rode prati jacens ad ~em pontis de B. *Feod. Durh.* 166; in occidentali ~e ecclesie sunt tres fenestre *Mon. Francisc.* I 517; **c1423** ij scale .. ad ~em capelle *Ac. Obed. Abingd.* 98; **1424** ad occidentalem ~em prefate ecclesie *Reg. Cant.* II 299; **1444** in ~e orientali ecclesie *Paston Let.* 12; **1513** factura unius *le buttres* et *guttoure* ad ~em occidentalem aule estivalis *Ac. Durh.* 160; **1515** ad wetherbordandum ~em coquine Thome W... bordis de stauro *Comp. Swith.* 461; **1518** estque ~is cancelli ruinosus *Vis. Linc.* 24.

4 limit, bounds, scope.

ut numquam ~es transeat officii Bede *Cant.* 1069; nullus ~is possessionum sufficit Gosc. *Edith* 284; ut .. multitudo naturarum nullo ~e claudatur Anselm (*Mon.* 4) I 17; **c1270** nec aliquo modo transgrediantur ~es mandat J. Oxford 68.

5 (w ref. to time) end, last moment. **b** (abl.) in the end, at last, finally. **c** (*in ~e*) in fine. **d** (*in bono ~e*) in good time. **e** (*sine ~e*) endlessly, forever. **f** (*finetenus*) to the end, completely, forever.

680 usque ad ~em mundi Aldh. *Ep.* 4 p. 483; Bede *Gen.* 85 (v. diluvium b); **a799** finis ~em significat cujuslibet rei vel temporis, ut in Danihelo [iv 31] 'in ~e .. dierum illorum' Alcuin *Ep.* 163; ut si queram 'cujus temporis ~is primus fuit' Balsh. *AD rec. 2* 156; **1219** quod in ~e trium annorum revertetur ad manus .. regis tota terra illa *Pat* 195; ad ~es ~ium senescente jam mundo Ad. Marsh *Ep.* 246 p. 420; non est nisi unum instans quod est ~is ipsius [temporis] A et principium ipsius B Bacon *Tert.* 145; **1452** debetur eidem .. de magna communa .. que erit in manibus communarii in ~e computi sui circa festum Natalis ... debetur eidem porcio ei contingens de fine nove residenciarie, si quis supervenerit hoc anno *MunAcOx* 654. **b** scies bene fine / non potes esse sine pinguedine H. Avr. *Poems* 90. 2; melius mihi videtur negociari domi inter pauperes quam ita dominari inter reges et ~e scandere scalam inter latrones Favent 19; Cristo set vere voluit quia fine placere Gower *CT* II 219. **c** nunc in fine precor prosam metrumque legentes / hoc opus ut cuncti rimentur mente benigna Aldh. *VirgV* 2867; vixit Leil post sumptum regnum xxv annis, sed regnum in ~e debiliter vexit G. Mon. II 9; **s1234** per hoc .. consilium .. amisit .. rex Johannes primo corda gentis sue, .. et post alias terras, et in ~e totum thesaurum exhausit Wend. III 76. **d** orate .. ut quidquid fiat de me bono ~e per gratiam Dei consummetur Anselm (*Ep.* 156) IV 23; **1220** episcopus ei respondit quod in bona (*sic*) ~e loqueretur cum domino archiepiscopo .. de negotio illo *CurR* IX 197. **e** herebum lustrat sine fine profundum Aldh. *VirgV* 765; **c693** in regione vivorum cum sanctis suis sine ~e *CS* 81; **725** regnante .. Deo sine ~e *CD* 1000. **f** propter florentis pudicitiae castimoniam ~etenus inextricabili repagulo conservatam Aldh. *VirgP* 28; ~e tenus .. permansit *Ib.* 43 (v. favorabiliter 1); **949** perseverantibus finetinus salus promissa est perpetua *Ch. Burton* 8; quo decantato ~etenus [AS: *oþ ende*], respondeant *RegulC* 51; Folc. *V. J. Bev.* 2 (v. discipulatus 1b); hic itaque ~e tenus persiste in famulatu Domini Gosc. *Transl. Mild.* 7 p. 209; idemque miser ~etenus pauper undique remansit *Spec. Laic.* 10; accurrere festinarunt, ociusque erecto vase finitenus, pugnis id solum obtundentes, .. dirupta denuo redintegrant *Mir. Hen. VI* II 44 p. 120.

6 end (of life), last earthly deed, death.

Job attendite quid de principio impiorum et ~e disceptaverit, .. Gildas *EB* 59; ambo usque in ~em vitae paeniteant Theod. *Pen.* I 2. 15; cadaver / exsurrectorum fatali fine quiescit Aldh. *CE* 4. 12. 26; pulchro vitam suam fine conclusit [Caedmon] Bede *HE* IV 22 p. 261; G. Amiens *Hast.* 505 (v. 2 gravare 3a); Heraldus tenuit [Staninges] in ~e regis E. *DB* I 17rb; optimo ~e .. vitam conclusit *V. Gund.* 9.

7 (w. ref. to action) stop, finish, esp. in phr. *imponere ~em.*

s1141 tantus erat comiti ardor ~em imponere ut .. W. Malm. *HN* 489 p. 48; dicitur .. concordia talis finalis eo quod negotio ~em imponit adeo quod neuter litigantium ab ea de cetero poterit recedere Glanv. VIII 3; Gros. *Cess. Leg.* I 2 (v. 2 finitio); **1299** ~em litibus debent imponere (v. 9a infra); **1318** tante itaque liti, tanquam controversie dampnabili, ~em imponere totis viribus cupientes *FormOx* 45.

8 agreement, settlement of differences: **a** (w. ref. to property); **b** (between kings); **c** (w. potential aggressor).

a 789 (11c) archiepiscopus .. ita ~em composuerunt et reconciliaverunt ut Wulfheardus terram possideret tamdiu viveret *CS* 256. **b 1175** hec est conventio et ~is quem W. rex Scotie fecit cum domino suo H. rege Anglie ... W. rex Scotie devenit homo ligius domini regis [etc.] (*Conventio Faleisiae*) *G. Hen. II* I 96; **1175** hic est ~is et concordia que facta fuit apud Windeshoveres .. inter dominum regem Anglie .. et R. regem Connactensem *Ib.* 102; Tancredus rex .. festinavit cum eo ~em facere, missis illi xx^{m} unciarum auri .. pro .. perpetua sibi et suis pace servanda Devizes f. 31v. **c s1265** burgi et ville per quas quidam illorum [hominum depredancium] fecerunt ~em versus eos [i. e. *the rebels in East Anglia*] ne expungnarentur ab illis *Leg. Ant. Lond.* 84.

9 (leg.) final concord: **a** settlement of dispute. **b** form of conveyance (esp. in royal court) involving settlement of usu. fictitious dispute as to title (also doc. recording this).

a ?**1086** hii barones viderunt hunc ~em *Regesta* I p. 127 (cf. ib.: definitum et concordatum fuit); **1226** pro hac concessione, ~e, et concordia predicti burgenses remiserunt et quieta clamaverunt .. ipsi A. .. omnia dampna que dicebant se habere *BBC* 11 (*Wycombe*); **1299** quia fines in curia nostra levati finem litibus debent imponere et imponunt, et ideo ~es vocantur, maxime cum post duellum et magnam assisam in suo casu ultimum locum et finalem teneant et perpetuum *StRealm* I 128. **b** precipe N. quod juste et sine dilatione teneat ~em factum in curia mea inter ipsum et R. de una hida terre in illa villa unde placitum fuit inter illos in curia mea (*Forma brevis*) Glanv. VIII 4; **1196** pro hoc ~e et concordia et quieto clamio *Ch. Sal.* 57; **1200** per ~em concordie dedit idem W. eidem F. terram illam pro clamio x libratarum terre quas clamavit versus eum: et inde vocant rotulos ad warantum *CurR* I 145; **1200** quod faciat Robertum de H. tenere ~em concordie quam fecit Johanni de L. de iij carucatis terre *Ib.* 222; **1218** T. de C. attachiatus fuit ad respondendum Jacobo de T... quare non tenet ei ~em factum in curia .. T. venit et cognoscit ~em illum et defendit quod in nullo est contra ~em *BNB* II 2; immediate pertinet ad regem querela ~is facte in curia domini regis et non observate, quia nemo potest ~em interpretari nisi ipse rex in cujus curia ~es fiunt Bracton 106; **1272** dicit quod cedula illa quam profert sub specie ~is facti in curia domini regis non est ~is set quedam cedula falsa (*CurR*) *EHR* XXXV 412; modus cirograffandi si per ~em factum lis decidatur necnon et exceptiones contra ipsum ~em Hengham *Magna intr.*; terminare negocium per diversas responsiones utpote per ~em alias factam (*sic*) in curia domini regis *Ib.* 13 p. 43; si autem carte per incendium vel aliud infortun[i]um amittantur, si de illo tenenti prius factus fuerit ~is in curia domini regis, potest tenens per illud cirograffum levatum in curia domini regis vocare ad warantum *Ib.* p. 44 n. 10; **1369** T... tenuit .. castra .. et .. terram de Gower .. per ~em levatam [*sic* MS] in curia domini regis, .. per quem [MS *app.*: quam] quidem ~em predicti comes [et al.] .. reddiderunt .. predicta castrum et terram (*IPM* 207/1 m. 34) *Cart. Glam.* IV 243.

10 a (*~is duelli*) settlement by judicial combat. **b** (*~is juisii*) settlement by ordeal.

a 1171 abbas de Furneis r. c. de ij m. pro ~e duelli *Pipe* 70; **1201** Ricardus F... congnovit quod Radulfus de B. pacavit eum de xv m. argenti quas ipse debuit per ~em duelli percussi inter eos in curia .. regis de terra de L. *CurR* II 45; **c1219** terram .. dirationaverat in curia domini Cantuariensis per ~em duelli versus G. *Ib.* VIII 95; **c1220** finalis concordia facta per ~em duelli in curia .. regis Johannis *Reg. Malm.* I 441. **b 1167** Ernaldus *vilein* debet c li. pro ~e juisii de Richolt *Pipe* 41 (cf. ib. [**1170**] 154).

11 agreement w. king or his representatives, usu. involving payment in money or kind, for royal favour; **b** (for protection); **c** (for influence in litigation or sim.); **d** (for free customs of borough or town); **e** (for right to form guild); **f** (other).

sunt item tertii generis obventiones que non videntur prorsus inter oblata computande set magis ~es ad scaccarium dicuntur *Dial. Scac.* II 24; **1195** de ~ibus factis .. pro habenda benevolentia regis *Pipe* 149; **1216** R. de N. fecit ~em cum .. rege per d m. .. pro habenda gracia et benivolencia .. regis et pro deliberacione G. filii sui et W. de B. militis sui *RFin* 576. **b s1174** Galvalenses obtulerunt eis [nunciis] ad opus regis mm m. argenti et d vaccas et d porcos de redditu .. hac condicione quod rex eos in manu sua reciperet et a servitute regis Scocie eriperet. sed predicti nuncii regis Anglie hunc ~em cum Galvalensibus facere noluerunt donec locuti fuissent cum rege *G. Hen. II* I 80; **1297** (v. 11f infra). **c 1141** quod nec .. G. nec aliquis alius .. mecum ~em faciet quin semper ipse W. de me in capite teneat (*Ch. Imperatricis*) *Cart. Beauchamp* 9 (= *Regesta* 68); **1204** pro nullo ~e quem predictus W. nobiscum faceret distineremus quin de loquelis illis per medium rectum procederetur *Pat* 40a (cf. ib.: salva convencione facta inter nos et W.); **1208** Samuel filius Deudonati fecit ~em cum .. rege pro tercia parte debiti quod R. B. ei debet pro patre ipsius Judei ut idem R. distringatur ad debitum illud ei reddendum *RFin* 425. **d 1301** per ~em quem .. abbas de H. fecit nobiscum coram thesaurario et baronibus nostris de scaccario concessimus .. quod villa sua de S. sit liber burgus *BBC* 6 ('*Skynburgh*'). **e 1340** per ~em quem prefati homines de Coventre fecerunt nobiscum .. licenciam dedimus .. quod ipsi .. unam gildam mercatoriam in villa predicta .. habeant imperpetuum (*Pat*) *Gild. Merch.* II 50. **f 1200** H... dat .. regi xv m. et j palefridum pro habenda saisina terre unde diss[aisitus] fuit eo quod non observavit terminos ~is sui quem fecerat cum .. rege. termini tam de hoc fine quam de residuo finis quem prius fecerat: .. *ROblat* 103; **1214** homines manerii .. regis de B. ~em fecerunt cum .. rege per xxv m. pro habenda villa de Burstall' [*Berks*] .. ad feodi firmam *RFin* 521; **1268** cum assignaverimus .. clerico nostro .. omnes ~es nobiscum factos pro brevibus habendis .., tibi precipimus quod ~es †illas [MS: illos] a debitoribus eorundem levari [facias *omitted in* MS] *Cl* 430; **1297** G. de W., persona ecclesie de G., ~em fecit in cancellaria nostra pro quinta parte bonorum suorum et pro proteccione nostra et terris suis habendis .. per xxxvij li. vj s. et viij d. (*Lit. Regis*) *Reg. Carl.* I 106; **s1399** quod homagium suum [sc. ducis Herfordie] respectuari posset pro ~e racionabili faciendo Wals. *HA* II 230; perdonacio civium de omnibus transgressionibus et excessibus domino regi et regine .. in turbacione in regno facta et ipsis civibus imposita per ~em m marcarum *MGL* I 137.

12 payment to king for release from prison; **b** (made to other). **c** payment for release of impounded goods or sim. **d** bail, recognizance.

1190 M. frater Andree de Scaccario r. c. de c li. pro ~e suo et liberatione sua a prisone (*sic*) domini regis et pro catallis suis habendis *Pipe* 34; **1215** W. de Cusak ~em fecit cum .. rege per c m. ut deliberetur a prisona sua et pro habendo maritagio A. uxoris sue *RFin* 554; **s1215** dimissus est a carcere ... W... facto prius ~e pro redempcione sua, sex millibus marcarum *Flor. Hist.* II 157; scias quod ~is factus est nobiscum pro tali qui est in prisona nostra (*Forma brevis*) Bracton 154; **s1364** major pars illorum [sc. Lumbardorum] in turri Londoniarum aliquandiu inclusa fuit, quousque ~em regi juxta voluntatem ipsius fecissent Ad. Mur. *Cont. A* 200; **1513** sub .. pena imprisonamenti .. absque ballio vel manucapcione, quousque ipsi vel eorum quilibet ~em et redempcionem ad voluntatem nostram fecerint (*TreatyR*) *Foed.* XIII 369b. **b 1290** detentus erat in prisona donec ~em fecit cum .. comite per cc marcas *State Tri. Ed. I* 6; **1326** nisi ~em fecerint ibidem [sc. Landou] patria tenetur in adjutorio episcopi prepositi .. ipsos [prisones] reducere pro judicio .. habendo *BB St. Davids* 292; **1337** malefactores .. quosdam .. in prisona quousque ~es et redempciones cum eis fecissent detinuerunt *RScot* I 496b. **c 1227** cepit bidentes in pastura illa et ~em cepit pro eisdem *BNB* III 636; **1313** constabularius pacis .. eas [oves] imparcata[s] detinuit quousque ~em fecisset cum eo pro vj d. *Eyre Kent* I 70. **d 1218** G. de A. qui est in prisona .. regis rectatus de morte T. de F. ~em fecit per j m. ut tradatur vj liberis et legalibus hominibus .. in baillio *ExcRFin* I 12; **1221** testatum fuit quod Rogerus non fuit culpabilis de facto nisi tantum quod ipse interfuit. postea autem venit Ricardus de C. et ~em fecit pro eodem Rogero quod possit esse sub plegio standi recto per vj m. *PlCrGlouc* 3.

13 payment for exemption or release from, or for commutation of, exaction: **a** (paid to king or his representatives); **b** (to pope); **c** (man.).

a s1194 rex .. exigebat a monachis .. totam lanam suam ..; sed, quia hoc facere erat eis grave et importabile, fecerunt cum eo ~em pecuniarium R. Howd. III 242; **1204** pro m m. per quas Stephanus de T. ~em fecit

nobiscum quietum ipsum clamavimus .. de computacionibus et reragiis escaetarie et wardarie *Pat* 41a; **1205** H. de H. reddidit domino regi palefridum j de fene suo pro scutagio de S. *Cl* 27b; **1230** abbas de Rammesey r. c. de l m. de ~e pro passagio et scutagio suo de iiij feodis *Pipe* 61; **1230** de l m. de ~e pro scutagio et ne fiat miles *Ib.* 62; **1265** per ~em l marcarum quas .. burgenses nobis solverunt .. remisimus eis .. demandam predictorum c s. *BBC* 109 (*Nottingham*); **1268** diocesani .. composuerunt cum .. rege pro suis episcopatibus et ~em fecerunt ut ipsam crudelem taxacionem evitarent *Val. Norw.* 550; inquiratur si aliqui forestarii de feodo vel alii ceperint ~em vel mercedem aliquam pro cheminagio aliter quam ipsos percipere licitum est *Fleta* 91. **b s1233** dederat pravum consilium magistro S., pape capellano, decimam collecturo ecclesiarum Anglie, ne ~em faceret cum prelatis Anglie, sed ipsam decimam, in integrum collectam, diligenter pape reservaret *Flor. Hist.* II 207. **c 1301** R. filius C. est carnifex et nichil dat domino. qui quidem R. venit et fecit ~em pro ij gallinis quolibet anno .. dum utitur officio illo *Rec. Elton* 102; **1351** de xix virgatariis .. pro *hewshire*, quorum quilibet reddere solebat iiij d., .. nichil hoc anno quia omnes custumarii fecerunt ~em cum domino pro xx s. per annum de quolibet eorum *Ib.* 364.

14 payment for exemption or release from, or commutation of, service: **a** (paid to king, esp. w. ref. to mil. service); **b** (man.); **c** (mon.).

a 1198 W. de C. r. c. de xliij s. et iiij d. de ~e suo ut remaneat in Anglia *Pipe* 212; **1221** H. de C., unus coronatorum, ~em fecit per xl s. pro misericordia sua et ut amoveatur de [officio suo] *PlClGlouc* 109; **1230** W. de V. r. c. de xx m. de ~e ne transfretet cum rege et pro scutagio suo *Pipe* 62; **1294** ~es nobiscum facere voluerint pro servicio, quod nobis debent et facere. tenentur in instanti expedicione nostra Vasconie *RGasc* III 205; **1319** rex .. jubet omnes, qui servitium ei debitum non fecerant, ~es facere in scaccario *RScot* I 197b. **b 1227** quod .. hominis de manerio .. ~em faciant per denarios quare [hundredum] sequi non debeant *CurR* XIII 88; **c1283** quia longe distant a dominico abbatis [sc. tenentes qui debent arare] solebant facere ~em pro arura cum serviente .. pro iij s. *Cust. Battle* 38; **1378** B. C. dat domino de ~e pro secta sua relaxata usque festum S. Michaelis ij s. *Banstead* 358. **c** abbas vero nec visitavit legatum .. ne putaretur velle facere ~em cum legato de hospitio ei faciendo Brakelond f. 145.

15 (*~is wapentakii*) payment in lieu of suit at wapentake-court.

a1199 reddendo annuatim .. xviij d. sc. ix ad festum S. Martini et ix ad Pentecosten, et duos d. in ~e wapentagii pro omni servicio *Cart. Sallay* 333; **1285** pro ~e wappentagii, vj d. de eodem auxilio [vicecomitis] *Aids* VI 5; **1290** tenentes domini prioris .. †calumpnati fuerunt .. pro eo quod non fuerunt in communi ~e wappentachii de Alvertona *Cart. Blyth app.* p. 464; quod omnes ipsi tenentes .. sint in communi ~e sicut et alii de wappentachio, dantes .. pro qualibet bovata j d. ob. *Ib.*; **1325** r. c. de .. lj s. vij d. ob. de ~e wapent' vocato alba firma proveniente de clxiiij carucatis iij bovatis terre *MinAc* 1147/23 m. 9 (*Skipton, Yorks*); **1327** Skypton': .. est ibidem quidam redditus forinsecus ~is wapentagii, qui vocatur alba firma, proveniens de sectatoribus curie militum, et reddit per annum terminis S. Michaelis et Pasche lj s. vj d. ob. *IPM* 5/1 m. 4.

16 payment, in money or kind, to one's lord for privilege or concession: **a** (for possession or keeping of land, esp. land in mortmain); **b** (for entry into inheritance, *i. e.* relief); **c** (for alienation of land, esp. land in mortmain); **d** (w. ref. to marriage or marriage-settlement); **e** (w. ref. to wardship); **f** (for quittance from leg. proceedings, esp. by permission to settle out of court); **g** (for trial by jury); **h** (for pasturage of cattle).

a 1161 R. filius L. r. c. de xx li. pro ~e terre sue *Pipe* 39; **1167** R. de W. debet cccc et lxvj li. et xiij s. et iiij d. pro ~e terre Willelmi W. *Ib.* 19; **1218** R. Marmiun junior ~em fecit cum .. rege per d li. pro †habendis custodia castri de Tamewurth' et terrarum que fuerunt .. patris sui .. quousque terre Anglorum et Normannorum sint communes *ExcRFin* I 9; **1296** de ij s. .. de E. filia W. G. de ~e pro j ferlingata terre habenda quam Adam H. reddidit in manum domini pro paupertate *Ac. Cornw.* 57; **1296** r. c. de xij d. .. de Waltero S. de ~e pro j cotagio .. habendo quod fuit Walteri I. *Ib.* 57. **b** cum .. de rege tenens in capite baroniam, relicto herede, decesserit et idem heres cum rege in quam potest summam componit ut paterni juris merentur ingressum, quem ~em relevium vulgo dicimus *Dial. Scac.* II 24; **1198** R. de B. r. c. de cc et lvj li. .. pro ~e hereditatis sue *Pipe* 3; **1217** H. de B. ~em fecit cum .. rege per xv li. pro relevio suo de terra de Haselbergh .. que fuit Ricardi de H. quam dominus rex ei reddidit tamquam jus suum *ExcRFin* I 2; **1217** O. de A. ~em fecit cum .. rege per c li. pro habendis omnibus terris que ipsum jure contingunt hereditario et pro relevio suo et de fine predicto plegios invenit *Ib.* 3; **1306** coterelli facient .. ad ~es pro ingressu faciendas (*sic*) sicut .. nativi *Cust. Battle* 23 (cf. ib. 22: filii .. nativorum dabunt pro ingressu tenementi post mortem antecessorum suorum .. sic[ut] dant de redditu); **1332** S. fecit ~em cum domino rege pro relevio suo de predictis v acris terre *LTRMem* 105 m. 15. **c 1248** sciatis nos dedisse .. Johanni M. preposito Beverlacensi omnes ~es alienacionum factarum de terris pertinentibus ad serjantiam de B. *Cart. Bilsington* 70 (cf. *CalCh* I 338); **1416** M. .. ~em fecit cum domino eo quod dimisit .. certas terras .. sine licencia domini *CourtR Banstead*; **1442** dimisit .. manerium .. preter .. ~es pro quibuscumque alienacionibus terrarum *Paston Let.* 10. **d 1198** inquirendum est .. que vidue non finierunt (*sic*) pro se maritandis et ~is capiatur ad opus .. regis (*Cap. Itineris*) R. Howd. IV 62; **1214** A. filia R. ~em fecit cum .. rege per lx m. .. pro habenda licencia maritandi se cui voluerit ita tamen quod non maritetur alicui de inimicis .. regis *RFin* 518; **1218** W. filius W. ~em fecit cum .. rege per l m. pro habenda in uxorem Agnete de W. .. cum terra que ipsam hereditarie contingit *ExcRFin* I 7; **1218** ipsa S. ~em fecit cum .. J. rege .. ut se possit maritare ad placitum suum *Ib.* 8; **1278** A. soror ejus fecit ~em cum S. de A. tunc firmario pro se maritanda *SelPlMan* 94; **1312** ~es et gersume: .. de ij s. de Gilberto A. pro M. filia sua maritanda extra feodum *Rec. Elton* 163. **e** filius A. filii Anketilli .. est in custodia .. matris sue per ~em quam fecit cum .. rege pro xl m. *RDomin* 36; **1216** Willelmus B ~em fecit cum domino rege per lx m. pro habenda custodia terre et heredis Rogeri de M., pro qua custodia R. B., frater suus, ~em fecerat cum domino J. rege .. et de predicto ~e domino regi reddendo plegios invenit *ExcRFin* I 1; **1217** Ida de C. ~em [fecit] cum .. rege per x m. et unum austurcum Norens' pro habenda custodia terre et heredis Henrici de C. cum maritagio ipsius heredis, filii sui *Ib.* 3; **1350** de ~e Ade F. pro quadam warda per manus dicti A., ut patet per librum de gersumis, x s. sine talia *Rec. Elton* 358. **f 1213** R. L. ~em fecit cum .. rege per xl m. pro habenda licencia concordandi cum T. de F. qui eum appellavit de pace .. regis fracta *RFin* 514; **1294** W. W. fecit ~em pro ij s. pro pace habenda de districcione pro secta curie usque etatem H. P. de quo habuit custodiam in curia de B. *SelPlMan* 75; **1333** fieri faciat xl s. quos regi debuit de ~e pro licencia concordandi *LTRMem* 105 m. 121d. **g 1248** Gunerus solvat ij s. de ~e quem fecit pro jurata habenda *SelPlMan* 16. **h** inquiratur qui receperint ~em pro extraneis animalibus agistandis *Fleta* 90 (v. agistare 1a).

17 customary payment: **a** (*~is certus* or *communis*) cert-money or sim. payable at spec. time of year; **b** (*~is villae*) venville, form of rent (Devon); **c** (*~is stanni*, Cornw.).

a 1275 de communi ~e c s. ad festum S. Andree apostoli *SelPlMan* 23 (cf. ib.: de communi ~e ville); **1359** est ibidem [*Old Windsor, Berks*] quidam certus ~is annualis vj s. solvend' in visu francplegii *IMisc* 189/11 m. 6; **1378** A. L. decenarius .. presentat de certo communi ~e pro vij capitibus [..] d. .. G. B. decenarius .. presentat de certo communi ~e j d. qui auditur per senescallum quia secus *Banstead* 359. **b** iiij li. j s. viij d de ~ibus villarum *Peramb. Dartmoor* 294; **1382** ~es villarum C. Torr *Small Talk at Wreyland* Second S. (Cambridge 1921) p. 32 (cf. ib. [**1388**]: certos annuales redditus vocatos *fyn de vile*). **c 1337** reddendo inde [sc. de vij acris terre in socagio] .. pro ~e stanni ad festum S. Michaelis xiij d. *Capt. Seis. Cornw* 49.

18 single payment for entry into mercantile freedom or guild; **b** (used for members' dinner); **c** (pardoned).

1226 S. filius R. .. intravit [gildam mercatoriam] per ~em de iij s. *Rec. Leic.* I 29; **1254** G. stabularius intravit. fecit ~em pro iiij s. *Ib.* I 67 (cf. ib. [**1255**]: fecit ~em de introitu pro iij s.); **1300** R. Wollemonger et uxor sua intraverunt gildam .. per ~em ij quar. brasii *Gild. Camb.* 3; **1393** T. P. .. ingressus est in libertatem ville .. et fecit ~em pro suo ingressu *RR K's Lynn* II 4. **b 1356** Edwardus B. venit ad istam gildam et fecit ~em ad pascendum gildam pro vj s. viij d. *Gild Merch.* II 92. **c 1430** eidem [computanti allocantur] xx s. de ~e Johannis S. *sergeant* pro libertate sua ingredienda condonato *MS Devon R.O. Exeter Receiver's Ac.* m. 1d.

19 payment in advance of leg. proceedings or judgement, settlement out of court: **a** (between individuals); **b** (made by community).

a 1171 R. filius H. r. c. de x li. et xiij s. et ij d. pro ~e quem fecit cum R. de B. quem vulneravit *Pipe* 38; **1247** malecredunt R. D. et W. T. eo quod fecerunt ~em cum militibus coram justicariis quum rettati fuerunt de latrocinio *SelPlMan* 11. **b 1202** comitatus prevenit judicium et ~em fecit antejudicium pro cc li. *SelPlCrown* 16; **1242** villata de Grimesby .. r. c. de l m. de ~e ante judicium *Pipe* 80; burgus de S. .. r. c. de c s. de ~e ante judicium *Ib.* 134; **1248** de toto comitatu de ~e suo ante judicium .. lx m. *Eyre Berks* 242.

20 fine, pecuniary penalty for offence: **a** (paid by individual); **b** (paid by community).

a ut clerici pro dilatione ad nutum episcopi ~em faciant Gir. *GE* II 27 p. 293; **1218** T. de C. ~em fecit cum .. rege per xx m. pro transgressione quam fecit erga eum eo quod duxit in uxorem sine licencia sua Johannam .. cujus maritagium ad .. regem spectabat *ExcRFin* I 21; **1286** si tercia vice assisam fregerit .., judicio puniatur vel faciat ~em *BBC* 223 (*Bakewell*); **c1320** reddet regi ~em quem capiet de latrone *Reg. Aberbr.* II 252; **1328** de lx s. per ~em factum per Kenath B. pro receptacione cujusdam latronis .. preter decimam episcopi *Reg. Aberd.* I 159. **b 1211** cives Lincoll' [..] mm m. per quas ~em fecerunt pro excessu suo *Pipe* 61; item sunt ~es communes pro toto comitatu, ut in itinere justiciariorum et alibi pro misericordiis, ut si comitatus pro transgressione in misericordiam inciderit, que quidem non sunt inter servicia connumeranda Bracton 36b (cf. 17a supra); **1278** dicunt quod .. ~is curie est talis quod ballivi .. regis venire solebant ad curias baronum et .. audire placita et, quam cito ballivi illius curie aliquid fecerunt contra legem et consuetudinem regni, statim ballivi .. regis solebant amerciare sectatores *SelCKB* I 38.

21 fine demanded from non-member of a town's freedom for trading within it.

?**a1250** homo .. de gilda .. potest emere infra libertatem ejusdem civitatis [*Chester*] omnimodas marcandisas .. absque ~e inde faciendo *Gild Merch.* II 43.

22 money raised from fines; **b** (as tithe).

1233 habeant omnes ~es de amerciamentis illis provenientes postquam aliquis inciderit in misericordiam *KRMem* 12 m. 9d.; **1417** de ~ibus et perquisitis curiarum *Comp. Swith.* 363; **1531** pro ~is (*sic*) et sectis curiarum *Househ. Bk. Durh.* 23 (cf. ib. 100 [**1532**]). **b 1257** decimas redditum nostrorum .. cum decima escaetarum, ~ium, et exitibus [? l. exituum] curiarum nostrarum (*Ch. regis Scotiae*) *Reg. Aberd.* I 18; **1315** abbas et conventus .. consueverunt percipere .. decimam partem omnium lucrorum, escaetarum et ~ium de quibuscumque placitis nostris (*Ib.*) *Cart. Holyrood* 75.

23 payment (not necessarily final): **a** (of fine); **b** (of debt).

a 1177 B. Judeus r. c. de d li. de ~e quem fecit cum rege in transitu suo de misericordia sua *Pipe* 201; **1202** ipsa [Cristiana] posita fuit in gaola quia noluit sequi et post ~em fecit de misericordia sua per j m. et jam redditur ad scaccarium *SelPlCrown* 17; **1221** burgenses ~em fecerunt per c s. pro misericordia sua *PlCrGlouc* 109. **b 1198** de hiis qui ~em fecerunt de prestito *Pipe* 60.

24 end result, outcome.

quae res quem sit habitura ~em posterior aetas videbit Bede *HE* V 23 p. 351; infirmitate debilitatus .. jacens .. quis de me ~is futurus esset .. expectavi Alex. Cant. *Mir.* 52 p. 266; **c1228** ad quem ~em postea devenit negocium nescit *Feod. Durh.* 243.

25 conclusion, consummation, perfection.

a797 ut bona quae incepisti facere ad ~em aeternae salutis perducas Alcuin *Ep.* 63; **a799** '~is enim legis Christus est' [*Rom.* x 4], id est perfectio legis *Ib.* 163 p. 265; de castellis ab eo imperatis .. ad perfectum ~em non perductis Asser *Alf.* 91; S. Langton *Ruth* 126 (v. genealogia 1); **1298, 1301** (v. capere 15c).

26 object, purpose, end; **b** (phil. & theol.). **c** (*ad ~em* w. gdv.) for the purpose (of). **d** (*ad ~em quod* or *ut*) to the end that, in order to.

vita mea, ~is intentionis meae Anselm (*Or.* 2) III 6; simpliciter est in hoc opusculo mea intentio et ~is meus .. Bart. Angl. III 19; specialis .. usu et ~is vegetabilium est, quod ipsa sunt in se vel in suis seminibus et fructibus esca sensibilium Gros. *Hexaem.* IV 30 p. 157; ~is grammatice .. est loqui congrue *Ps.*-Gros. *Gram.* 12; Favent 16 (v. 1 favorare); **s1382** sunt inhabiles ad orandum pro populo, pro quo ~e fuerunt .. instituti Knighton *Cont.* 177. **b** que Plato in Thimeo demonstrare conatur, mundo opificem et materiam et ~em et exemplar et formam assignans Balsh. *AD rec.* 2 164; in actibus singulorum summum bonum cadit tamquam ~is Hales *Sent.* I 23; bonum .. et ~is idem. et ideo ~is est causa causarum .. movet enim primo ~is efficientem .. et ille materiam Kilwardby *OS* 84; quis sit ~is hominis in particulari Duns *Ord.* I 85; quero .. utrum objectum fruicionis per se sit ~is ultimus *Ib.* II 1; virtus est ~is tocius effectus legis nature Fortescue *NLN* I 44. **c** poterunt .. partes raciones suas .. proponere non ad ~em decisionis .. ferende Ad. Mur. *Chr.* 130. **d** ad ~em quod .. ville .. remanebunt *Ib.* 133; circa modum scribendi .. convertes tempus tuum ad ~em ut inde capias fructus uberes *FormOx* 397; **1405** ad ~em quod matrimonium hujusmodi debitum sortiri posset effectum *Foed.* VIII 425; **1406** ad ~em quod .. electio fiat *Conc.* III 300; **1421** ad ~em quod (v. conclusionaliter a).

2 finis v. funis.

finitabilis, that can be made finite.

in primo signo nature essencia .. videtur infinita intensive et per consequens in secundo signo nature non erit ~is per esse Duns *Ord.* II 211.

finitare, (gram.) to limit, define, make definite. **b** (phil.) to make finite.

nempe pronomina omnia infinita sunt, aut demonstratione aut relatione ~antur omnia aut appositione ut possessiva respectu substantie possessionis *Ps.*-Gros. *Gram.* 45; substantia infinita intellecta a parte post in oblico, que quidem persona ~atur additione pronominis Bacon XV 80; quamvis verbum substantivum possit ~ari et specificari per aliud finitum *Ib.* 144; ~are secundum hunc tonum hujusmodi invitatoria Odington *Mus.* 102. **b** nec possunt dicere quod esse angeli ~et essenciam ejus Duns *Ord.* II 211; numquid esse posterius essencia, secundum ipsos, essenciam ~abit *Id. Prim. Princ.* 782.

finitas [*backformed from* CL infinitas], finity, finiteness, limitation.

~as .. actionis et motionis non accidit nisi propter alterationem motoris a moto, a quo accidit ei fessitudo GROS. 97; a materia causatur .. infinita divisio continui sed a forma ~as actualis omnis continui KILWARDBY *OS* 190; conclusi .. per geometricas demonstrationes unitatem mundi et ~atem BACON *Tert.* 140; verbum philosophi debet intelligi de infinito opposito ~ati qua potencia finitur per actum MIDDLETON *Sent.* I 382; vane essent demonstraciones que .. ostendunt esse statim et ~atem in causis SICCAV. *PN* 81; nec est [Deus] de se positive finitus, ita quod de se includat ~atem DUNS *Ord.* IV **224**; licet ~as necessario conveniat essencie create sicut infinitas essencie increate W. ALNWICK *QD* 415; quoniam etsi sit simplex .., necesse est ut ita sit de ~ate permanencie sue, sicut est de ~ate sue accionis BRADW. *CD* 149D; immensos honores .. cum sub ~atis termino comprehendi nequeant, non est mee possibilitatis scripture committere *Ps.*-ELMH. *Hen. V* 109.

finitatio, (gram.) definition.

cum probas de li in, dico quod non recipit ibi suum significatum sed ~onem sui significati. in enim est syncategorematicum. syncategorematicum autem habet significatum ex imposicione, sed hoc est indeterminatum quid; significatum tamen syncategorematici finitatur per adjunctum S. FAVERSHAM *Elench.* 130.

finitenus v. 1 finis 5f.

finities, a finite number of times.

simplex ~ies replicatum quantum non generat ... infinities vero multiplicatum necesse est finitum quantum generare GROS. 52; compositum ex finitis in se et ~ies sumptis est finitum DUNS *Prim. Princ.* 784.

finitimus [CL]

1 situated on a border, neighbouring, nearby. **b** (as sb. m.) neighbour.

~as .. civitates .. populans non quievit accensus GILDAS *EB* 24; gentem Merciorum ~arumque provinciarum .. convertit BEDE *HE* III 24 p. 179; quartem [partem divitiarum] circum ~is in .. Saxonia .. monasteriis .. distribuit ASSER *Alf.* 102; ~a, proxima vel confinia *GlH* F 326; ego .. contra ~os hostes .. preliatus sum ORD. VIT. IX 11 p. 566; cum ~os sibi reges subjugasset GREG. *Mir. Rom.* 4; **1488** insuper nostris subditis regno Scotie †finitivis [l. finitimis] et prope marchias *RScot* II 480. **b** lapides locaverunt, fundamenta cum ~is firmando fabricaverunt HUGEB. *Wynn.* 11; viderunt .. omnes ~i tam immensum radium a colli vertice .. directum GOSC. *Aug. Maj.* 57C; Tripolitanorum ~i eisdem percellebantur infortuniis ORD. VIT. IX 14 p. 591.

2 (of event) imminent. **b** coming to an end.

intelligens .. se esse pro tanti viri vindicta ~ae morti ferme deputatum B. *V. Dunst.* 14; moderator Olimpi / .. praestat beneficia turmis, / finitima de clade levans divinitus omnes WULF. *Swith.* I 1519; **s1139** patefacta est domus regis Stephani ~e condemnationi H. HUNT. *HA* VIII 11 (= *Meaux* I 123; cf. W. COVENTR. I 163: †finitive). **b** gravi morbo ~ae vitae sarcinatus est B. *V. Dunst.* 9.

1 finitio v. 2 finatio.

2 finitio [CL], bringing to an end, finishing. **b** determining, settling.

si precepit dominus servo suo aliquam operationem non determinans ~onem illi operationi, non debet servus hujusmodi operationi finem imponere GROS. *Cess. Leg.* I 2 p. 9; gaudium celeste habet finem, cum sit creatura gracia Dei finientis et aliorum finium creatorum, sicut procedit de ~one pene WYCL. *Ver.* III 221; **1437** [cerei] ante psalmorum ~onem non illuminati *Stat. Linc.* II 403; **1452** concessimus eidem Henrico filio custodiam dictorum castri et ville .. a ~one dictorum decem annorum *RScot* II 355; **s1461** de cujus laboris ~one de causaque ~onis scribitur .. in .. verbis metrificacionis *Reg. Whet.* I 420. **b 1558** pro ~one omnium contencionum que imposterum inter eos .. contingere possint *ActPCIr* 60.

finitium [cf. 1 finis 5], (?) year's-mind, (anniversary of) death.

1298 bona pro anniversariis recolendis juxta ordinacionem prioris .. ministrentur et anniversaria .. celebrentur. item monachorum ~ia juxta disposicionem dumtaxat prioris .. personis ad opus defuncti magis idoneis et non aliis conferantur *Reg. Cant.* 822.

1 finitivus v. finitimus.

2 finitivus [CL]

1 (rhet.) defined, definite.

si .. aliquis .. certificatus de una conclusione ~a eam assereret (KYN.) *Ziz.* 98.

2 (gram.) finite.

declinantur .. hoc modo verba activa et passiva ordinis primi ~a BONIF. *AG* 499; acusativus potest a parte ante .. proprie construi cum modo infinitivo, et ideo potentiam habet alico modo ut construatur cum modo ~o, licet inproprie BACON XV 40.

3 (rhet.) terminal, occurring at the end.

in omni genere dictaminum tres .. distinctiones .. quarum prima est suspensiva, secunda constans, tertia ~a. .. ~a est qua finitur oratio et ipsa dicentis intentio GERV. MELK. *AV* 217–8. periodus .. interpretatur .. stella seu color lucens et est ~a *Dictamen* 337.

4 (phil.) directing to an end.

aliqua natura est in entibus ~a DUNS *Prim. Princ.* 757.

finitor [CL], (*visūs* ~*or*) limit of view, horizon.

signifer obliquus visus finitor orizon / lacteus a lactis nomine nomen habens GIR. *Symb.* II 1 p. 345; percutit axe ceniz, visus finitor, horizon / et Styga cum superis communi limite nodat HANV. VIII 395; circulus est dictus visus finitor orizon GARL. *Epith.* III 13.

finitura v. funtura. **finitus** v. finire. **finix** v. phoenix. **finolis** v. 1 finalis 6.

finstallum [cf. 2 finare, stallum], shed or stall used in refining salt.

c1151 (1328) de tribus mansuris terre in Wigornia et de decem junctis salis in Wychio cum duabus salinis et ~o et de dimid' decima de dominico dicti Petri in T. *ChartR* 114 m. 2 (= *MonA* VI 186a: †fuistallo).

fintitius [cf. findere], fit for splitting.

1205 quod facias venire .. c carretatas de bona bosca fentecia, et iiij postes et iiij pannas .. facias venire .. ad reparandum .. coquinam *Cl* 56; **1230** xl bonas quercus ~ias in foresta de P. .. ad quendam parcum claudendum *Cl* 468; **1231** xl quercus fentitias capiendas de dono regis in foresta de P. ad quendam parcum .. claudendum *Cl* 481.

finus [cf. OF, ME *fin*, 2 finare], fine, finished, of excellent quality. **b** (of metal) refined.

1245 casula .. ornata aurifrigio ~o anterius aurifrigiato *Invent. S. Paul.* 482; **1267** legatus vendidit de jocalibus ad rogatum nostrum septem rubios *bales* et unum rubium ~um pro quingentis marcis *Pat* 85 m. 18 = *CalPat* 61: fum'); **1295** stola et manipulus .. in extremitatibus de vineis et avibus breudatis de auro ~o *Vis. S. Paul.* 321; **1432** senatus aldermannorum in scarleto ~issimo cum furruris egregiis *MGL* III 458; **1441** sum in parando pro sanctitate sua pannum unum ~issimum BEKYNTON I 227; **1452** volo quod .. toge .. de ~o panno .. vendantur *MunAcOx* 646. **b 1300** in dxxj li. x s. argenti ~i per predictos affinatores affinati cariandis *Pipe* 145 r. 22*d*.

†finxera, *f. l.*

c955 tibi .. triumphali trophaeo crucis reverentissimo praesuli Odoni sponsionum mearum manu propria perpetualiter †finxera feci (*Professio*) *Conc. Syn.* 84 (= *CS* 918).

finxio v. 1 fictio. **fio** v. facere. **fiodum** v. feodum.

1 fiola, ~us [AN *fiol* < fidula], fiddle, viol; **b** (fig.). *V. et. viella.*

audivit eminus psallentium voces et cythari sonum et fiali atque plaudentium laetitiam *G. Herw.* 328; violam trahebat, domine chorum ducebant et ad tactum chordarum equus incomparabilibus circumflexionibus saltabat GERV. TILB. III 92; hec viola, *viole Gl. AN Ox.* 152va; **s1415** obvium .. cum choris et tympanis et phiolis aureis triputando cantantes occurrunt et virgines AD. USK 129; **1610** pro cor[d]is violarum .. et pro sex arcubus pro violis suis, A. *bowes for theire violls DC Linc.* Bj 3/9 f. 139r. **b** fiala fies musice novitatis J. HOWD. *Cant.* 461.

2 fiola v. phiala.

fiolator, fiddler, viol-player.

a1233 Gilbertum fialatorem (v. exulvus); **c1223** Roberto vialatori xx s. *Reg. Ant. Linc.* I 294; **1290** Benetto violatori Land' iij s.; item cithariste .. ij s. *Ac. Swinfield* I 148.

fiolus v. phiala.

fir [? φήρ, *byform of* θήρ], beast, monster (fig.). (*Cf. ALMA* XXV 83–4).

hi mox arcessunt crudelia, jura furentis / multivolae [sc. mulctivolae] Domini beluae quam jura tueri [v. l. malentes firi Domini quam jura vereri] FRITH. 196.

firbota [ME *firbote, furbote, ferbote*], right to gather firewood.

c1115 volo ut habeat in foresta mea husbotam, haibotam, furbotam, et duos equos per totum annum *Reg. S. Osm.* I 239; **c1156** ut habeant in foresta et bosco .. husbotam et haybotam et ferbotam *Ib.*

fircha, ~ia v. firgia. **fircus** v. furca. **fireng-** v. syring-. **firet-** v. furett-.

firgia, ~ius [OF *fierge* < ferrea], fetter, shackle.

brachia ei in manicis ferreis astrinxerat, pedes stipitibus constrictos inseruerat, tibias firiis obseraverat R. COLD. *Cuthb.* 20; **1196** pro emendandis boiis et ~iis iiij s. et iiij d. *Pipe* 92; **1200** constabulario turris Lond' .. iij s. ad ~ias emendas *Ib.* 149; **1220** positus fuit in turri in tribus paribus ~iarum *CurR* VIII 397; **c1224** duo paria ~iorum *Chanc. Misc.* 10/13/2; **1265** venerunt .. ad prisonam et illam clam et furtim intrantes .. furabantur claves firchiarum cum quibus .. firchas aperuerunt *JustIt* 1197 r. 23*d.*; **1286** stipendiis .. hominum spiantium .. latrones, ~iis emptis ad lx malefactores quos ceperunt *Rec. Wardr.* 590; **1314** in xij paribus fergiarum de novo faciendis pro castro [de Lanc'] cum ferro empto *DL MinAc* 1/3; **1344** r. c. de .. j pare ~iarum .. ; liberavit .. j par de *boeves*, iij paria fergiarum (*KRAc* 23/32 m. 1) *Arch. J.* XI 382.

firgiare, to fit w. fetters: **a** (person); **b** (chain).

a 1316 Willelmum .. in fundo gaole inter latrones ~iatum posuerunt *Law Merch.* III 42. **b s1299** asportari fecit in turrim Londonie .. catenas ~iatas *Ann. Ang. & Scot.* 403.

firia v. firgia. **firlot-** v. ferlot-.

1 firma [AS *feorm, fyrm*]

1 (usu. w. gen. spec. period of time) provision, food-rent.

c945 (13c) ut annis singulis de istis duabus villis omnem congregationem sancti Albani tribus diebus pascat aut pro ~a dabit hoc *CS* 812; **1067** terras .. concedo .. in fermas vel quaslibet necessitates H. ALBUS 42 (= *Regesta* 8); haec tria maneria .. reddunt ~am unius diei *DB* I 39rb (*Hants*); hoc manerium .. redd' ~am unius noctis *Ib.* 75rb (*Dorset*); comitatus Oxeneford reddit ~am trium noctium, hoc est cl li. *Ib.* 154va (*Oxon*); **a1120** quod ipsa datura est .. pro terra de Turstuna xx s. et ~am unius diei in anno ejusdem sacriste *Doc. Bury* 109; **a1178** hec est firma unius cujusque ville que reddit plenam ~am duarum ebdomadarum: xij quarteria farine ad panem monachorum *Cart. Rams.* III 231; **1181** manerium de Cadendona .. modo reddit ~am plene ebdomade *Dom. S. Paul.* 140; providens sibi quod ~a ebdomade .. ei suffecit octo diebus BRAKELOND 132; **s1241** Burga .. petit versus priorem .. medietatem manerii de W. sicut francum bancum suum ad faciendum ~am xviij dierum *Gavelkind* 178; qui granatarius omnem ~am de maneriis nostris provenientem, viz. de frumento, ordeo palmali, et avena, in granarium recipiet *Cust. Cant.* 134.

2 banquet, feast.

conviviis provincialium que vulgo ~am appellant .. egrediuntur ORD. VIT. IV 5 p. 194; **s1062** Tosti .. furibunde .. perrexit ad Hereforde, ubi frater suus corrodium regale maximum paraverat, ubi ministros fratris sui detruncans, singulis vasis vini, medonis, cervisie, pigmenti, morati, sicere, crus humanum, vel caput, vel brachium imposuit: mandavitque regi, quod ad ~am suam properans cibos salsatos sufficienter inveniret H. HUNT. *HA* VI 25.

2 firma [OF *ferme*; cf. 3 firmare]

1 farm, fixed payment, rent; **b** (w. ref. to property farmed); **c** (w. ref. to owner or farmer). **d** (w. ref. to duration, time, or frequency of payment); **e** (dist. as *antiqua, vetus,* or *nova*); **f** (dist. as *integra* or *plena*); **g** (dist. as paid in cash or in kind).

inter civitatem et xviij maneria qui in Hereford reddunt ~as suas computantur cccxxv li. et xviij s. *DB* I 179ra (*Heref*); **c1090** (v. census 4a); ~e maneriorum sunt, census autem nemorum tantum ... certi sunt redditus consuetudinum jure perpetuo, merito firma et immutabilia nominantur ...sunt tamen qui credant censum dici que a singulis hominibus solvuntur, ~a vero que ex hiis surgit, ut sit ~a nomen collectivum *Dial. Scac.* I 5 T-U; onera et amerciamenta in curia sua per senescallos suos tenentibus suis imposita, ~as et debita egenis et inopibus multotiens relaxavit vel omnino condonavit T. STUBBS *Chr.* 416; in festo S. Andree numquam ~e tolluntur *Cust. Westm.* 268; **s1300** cum quadam summa pecunie quam de ~is eorundem et ecclesiis ibidem levaverat *G. Durh.* 21. **b** habebat rex xx li. et comes x li. de ~a burgi *DB* I 203rb (*Hunts*); **1130** de veteri ~a ij comitatuum (v. comitatus 5a); **1167** de veteri ~a civitatis (v. civitas a); **1185** r. c. .. de fermis maneriorum *Cart. Glam.* 170; **1194** ad respondendum Roberto .. de c s. de ~a Oxonie *CurR RC* I 12; **1216** de ~a ville (v. 2a infra); **1253** (1613) burgenses dabunt ~am suam de burgo ad quatuor anni terminos (*Ch.*) *EHR* XVII 293; **1263** de ~a dicti burgagii .. respondent pro omni servicio (*Ch.*) *Ib.* XVI 335; **1264** de minutis ~is ballie de Abeden de illo anno, xlviij s. et viij d. *ExchScot* I clxxix; **1283** R. Molendinarius .. pro ~a molendini ij m. *Cust. Battle* 81; **c1288, 1501** (v. argilla b); **1314** inquiratur de ~is hundredorum, trithingorum, wapentagiorum .. et aliorum reddituum *Eyre Kent* 35; **1314** mandamus .. quod de ~a vestra ville .. naves .. inveniri faciatis *RScot* I 126; **1350** de firma xxij vaccarum (v. 2a infra); **1364** de ~a gardini et .. de v s. de ~a j messuagii cum gardino *Banstead* I 338; de vj s. viij d. de ~a columbarii *Ib.* 339; **1391, 1450** (v. burgalis b); **1464** de viij li. de ~is fogagii de Wodcokar et le Verd Nemoris *ExchScot* 279; **1491** xiij s. et iiij d. .. levandos .. de ~a medii rethis piscationis mee *Reg. Aberd.* I 325; **1505** quedam custume sive exacciones ibidem [*Bromefeld & Yale*] vocate ~a forestarii aliter vocate *comorth forestour*, ~a serjantrie pacis aliter vocata *kilgh kays*, ~a equiciarum aliter vocata *kilgh grewour Pat* 597 m. 19. **c** manerium .. non erat de archiepiscopatu sed fuit de dominica ~a regis Edwardi *DB* I 9vb (*Kent*); valebat xx li. excepta ~a ij tainorum quae in mansione erat *Ib.* 69vb (*Wilts*); terram .. dicunt fuisse dominicam ~am monachorum *Ib.* 377rb; omnia placita et omnia debita que fratri meo debebantur condono, exceptis rectis ~is meis (*Ch. Hen. I*) *GAS* 522; **1200** me dedisse .. decimam omnium ~arum nostrarum

Inchaffray 16; **1291** de ~is et communiis canonicorum, ut canonici quibus assignate fuerint ~e, non recipient aliquid *Stat. Linc.* II 116. **d a1161** concessimus ei et heredibus suis Saltreiam .. in perpetuam ~am pro xl s. annuatim nobis inde solvendis *Cart. Ramsey* II 265; **1239** notum sit .. quod .. abbas et conventus Gloucestrie tradiderunt ad perpetuam ~am omnes decimationes *Cart. Glouc.* I 160; **c1245** pro quadam certa ~a annua *Inchaffray* 62; **s1396** onera domus .. in ~is ad terminum et in corrodiis secundum valorem annuum l li. *Meaux* III 234; **1502** do .. tenementum .. cujus .. ~a annualis extendit se ad decim s. *Wills N. Country* 78. **e 1155** W. de F. r. c. de c s. et xvj d. de veteri ~a preteriti anni numero ... vicecomes r. c. de nova ~a. in thesaurum lx et xj li. et xvj s. et x d. numero *Pipe* 8 (v. et. 3e infra); **1130, 1167** (v. 1b supra); ponitur compotus de veteri ~a comitatus, hoc est que casu aliquo de anno preterito remanserat ... quod si idem [vicecomes] perseverat etiam hoc anno, de veteri ~a ante inchoatum compotum de nova *Dial. Scac.* II 9 B; **1207** reddendo inde singulis [annis] antiquam ~am ad scaccarium nostrum *Pat* 70. **f 1167** remanent de plena ~a de tribus partibus anni c et xxxij li. et xix s. et iiij d. *Pipe* 194; **1181** (v. 1g infra); **1388** xviiij s. vj d. de lacticinio xiij vaccarum ad plenam ~am *Ac. Durh.* 313; **1460** onerat se de xxiij li. xvj s. viij d. integras ~as dominii de S. *ExchScot* 1. **g** sunt .. xij hagae reddentes de ~a lv s. *DB* I 56vb (*Berks*); **a1147** habemus igitur de maneriis nostris liij ~as: ~am vocamus xlvj s. *G. S. Alb.* I 74; **1181** manerium de Belchaump .. reddit modo canonicis viij ~as plenas, vj in pane et cervisia, et in unaquaque ~a xxx s. ad liberacionem, et duas alias utramque in sexagenis s. *Dom. S. Paul.* 141 (v. et. 1f supra); **1275** de ~a predicte marce auri annue multo tempore non responderunt *BBC* 283 (*Oxford*); **1364** memorandum quod iij bovate terre sunt ad firm' den' *Hal. Durh.* 30; tenere .. [manerium] per ~am in grano piperis per annum *Croyl.* 57; **1519** fuit colligere certas ~as pecuniarum *Sanct. Durh.* 231.

2 (w. verb of granting, receiving, or holding & *ad* or *in*) to rent as farm. **b** (w. verbal sb. & *ad*).

est ad ~am *DB* I 8, tenet ad ~am *Ib.* 11, positum ad ~am *Ib.* 179v. (v. ad 7e); datum fuit ad ~am pro xiiij li. *DB* II 303; postea tradiderunt G. B. et R. G. dictam terram ad ~am Alano de Wichetoft .. pro xviij li. *RDomin* 4; contigit .. quod laicus .. et presbyter .. ecclesiam cujusdam clerici acciperent ad ~am Nig. *Cur.* 219; Ad. Eyns. *Hug.* V 3 (v. emphyteusis); Gir. *Spec.* III 1 p. 135 (v. emphyteuticus); **1216** de firma ville de Waltham, quam ad ~am habetis *Pat* 1; **1220** etc. dimisit .. ad ~am (v. 2 dimittere 7f); **s1089** omnia .. ad ~am duris conditionibus commendabat M. Par. *Maj.* II 29; cum .. Petrus cepisset de eo quamdam ecclesiam ad ~am *State Tri. Ed. I* 87; **1350** de xxxiij s. de firma xxij vaccarum dimissarum ad ~am .., pro vacca per annum iij s. *Rec. Elton* 354. **b** Gros. *Ep.* 18 (v. datio 1c); Anselmus .. tradiciones dignitatum ad ~am prohibuit Knighton I 116.

3 a (~*a alba* or *blanca*) blanch farm, rent paid in silver coin or (Sc.) usu. with silver or white objects. **b** (~*a feodalis* or *feodifirma*) fee-farm. **c** (~*a libera* or *franca*) 'frank-farm', freehold tenure for fixed rent. **d** (~*a mortua*) 'dead farm', rent no longer paid. **e** (~*a numero*) farm payable by tale.

a *DB* I 39v. etc. (v. albus 6b); **1167**, *Dial. Scac.* II 4 E (v. blancus 2b); **1325, 1327** (v. 1 finis 15); **1391** solvendo .. j d. argenti, nomine albe ~e, ad festum Pentecostes annuatim *ExchScot* 260; **1461** de xij columbribus .. pro alba ~a .. et de j pare serothecarum albarum albe ~e .. et de j pare calcarium deauratorum albe ~e .. et de j albo merilo albe ~e de Quhitecorse *Ib.* 90; **1464** de ij rosis rubeis per duplicacionem albe ~e terre de Newbey .. et de ij libris piperis per duplicacionem albe ~e *Ib.* 279–80. **b a1101** etc. (v. feodifirma); **1154** etc. (v. feodalis 2d). **c c1150** dimidiam hidam .. [tenendam] pro dimidia marca argenti in franca ~a *Reg. Malm.* I 455; **1336** de libera ~a burgi de Rokesburgh *Cal. Scot.* III 320; **1337** quod .. domus tenetur de nobis per servitium reddendi vj d. per annum de libera ~a *RScot* I 493; **1369** redd' inde scaccario de libera ~a xj s. *Hal. Durh.* 85; **1440** x li. quas firmarius sive occupator manerii sive preceptorie predicte nobis annuatim pro libera ~a ejusdem .. reddere tenetur *Pat* 448 m. 14. **d 1284** de ~is vero mortuis et debitis de quibus non est spes fiat unus rotulus *StRealm* I 69. **e 1155** (v. 1e supra); quod si fuerit ~a numero que ab ipso requiritur, vel quodlibet aliud debitum cui solo possit numero satisfieri, simplex fiet detractio inferioris a superiore summa et de residuo tenebitur *Dial. Scac.* I 5 M.

4 lease.

1001 ego .. ~am solidatim tribuens signum crucis infigendo subscripsi *CD* 705; si canonicus habens ~am decedat post fructus autumpnales receptos .. executores sui comodum habeant dicte ~e *Lib. Landav.* app. 301; *Ib.* (v. 2 firmarius 2a); **1267** firmarii tempore ~arum suarum vastum, vendicionem seu exilium non faciant (*Marlb.* 23) *StRealm* I 24.

5 estate, farm, land farmed. **b** rented area in forest (Savernake Forest, Wilts); *cf. censaria* 2.

1275 cum .. petivissent quorundam maneriorum ad celerariam dicte domus spectantium, que ~e vulgariter nuncupantur, .. restitutionem *Cart. Rams.* II 237; **1400** pro reparacione firme de Coupemanthorp, xij li. *Test. Ebor.* III 22; **1504** pro cariagio .. tegulorum a domo .. Ricardi usque ~am domini de Crawle *Crawley* 495; **1582** (v. grangia 2a); **1583** ~am sive tenementum .. vocat' Cottismore *Pat* 1249 m. 3. **b 1330** J. S. prost[erni] fecit .. unam quercum in foresta predicta in magna ~a *KRForest Proc.* 2/25.

6 *f. l.*

a skyrte, birrum, gremium, grabatum, .. †firma [? l. fimbria] *CathA*.

3 firma [OF *ferme*; cf. 1 firmare 3], mew, birdcage.

dum infir[mi] sunt et super perticam sedere non possunt, casam eis sine trabe fieri oportet quam vulgus universaliter ~am vocat, eo quod in eo penne firmantur Adel. *CA* 8.

firmabilis [cf. 2 firma], that may be farmed, leased, let out at farm.

1425 xxx vaccas ~es et abiles *FormA* 145; **1574** cum .. concesserit .. Thome unacum .. manerio xx vaccas ~es precium cujuslibet capitis ix s. et lx oves matrices [etc.] *Pat* 1131 m. 2.

firmacularius, maker of buckles, brooches, or clasps.

~ii habeant ante se firmacula .. de plumbo facta et de stagno, et ferro et cupro Garl. *Dict.* 125; hic ~ius, *a brochmaker WW*.

firmaculum, ~a, ~us [cf. AN *fermail, formail*]

1 buckle, brooch, clasp for clothing. **b** book-clasp.

c1100 Simon qui facit ~os *Reg. S. Aug.* 155; aureus anulus aut firmacula D. Bec. 910; **1205** mantellum de samitto vermeillio .. cum uno ~o ante insuto *Pat* 54; item unum ~um cum iiij smaragdinibus, iiij saphiris, et iiij baleis et j turkeiso in hardillone *Ib.* 55; **s1250** capam .. dilaceravit, et ~um quod vulgariter morsus dicitur, avulsit, quod auro et argento et gemmis fuerat pretiosum M. Par. *Maj.* V 122; vidit .. ~um aureum cum quadam aurea cathena, in quo preciosus sanguis Domini nostri Jhesu Christi .. inclusus erat *NLA* I 324; **1332, 1352** (v. esmeraldus); **1338** j fermaculum aureum .. pro nova imagine beate Marie *Ac. Durh.* 375; **1341** unum formaculum aureum cum iiij grossis perlis orientalibus precii iiij marcarum *IMisc* 145/5; **13..** hec sunt jocalia super feretrum S. Oswaldi: .. tria †fornicalia cum uno magno berillo sub pede majestatis alio lapide rubeo apposito .. (*Invent. Worc.*) *J. Brit. Archaeol. Assn.* NS XXXVIII 163; **1432** j par cirotecarum cum ij ~is viz. *owchis* preciosis: .. iiij firmacula preciosa pro capis, unum de salutacione beate virginis, aliud de ymagine coronacionis ejus .., tercium de crucifixo, quartum cum ymagine sedenti in trono cum iiij evangelistis in iiij angulis *Reg. Glasg.* 329; *clospe*, formaculum, .. *sperel or closel in schettynge*, ~um *PP*; **s1388** vix arma super se laquiare aut firmiculis alligare poterat *Plusc.* X 9. **b 1368** j bonum portiforium cum ~is iiij argenteis *Invent. Norw.* 124; **1441** pro ligatura missalis summi altaris, pergameno et ~is, vj s. viij d. *Ac. Durh.* 471.

2 latch.

parat lintheum et ponit super ~um ostii australis *Ord. Ebor.* I 129.

3 binding agreement.

1282 vadit legem .. quod nullum ~um fecit cum eis neque de vino neque de cervisia *CourtR Hales* 216.

1 firmagium, ~ia [cf. 1 firmare 1], foundation, embankment.

a1200 ad ~iam stagni ejusdem molendini *Cart. Fount.* I 354; ~ium unius pontis tribus perticatis *Ib.* II 708.

2 firmagium [cf. 2 firma, Fr. *fermage*], farm, fixed payment, rent.

c1170 *the ferm* (~ium) *of a certain fishery Cart. Fount.* I 253; **1170** monachi .. sint quieti de theloneo et portagio et passagio et pedagio et pasnagio et ~io (*Ch. Ric. I*) G.-A. de la Roque *Histoire généalogique de la maison de Harcourt*, Paris 1662, IV 1281.

firmale [AN *fermail, formail* < firmaculum]

1 buckle, brooch, clasp for clothing.

1185 pro annulis et lapidibus et ~ibus et aliis jocundiolis ad opus regis *Pipe* 44; **1203** xxxv ~ia aur' et duo vasa arg' *RNorm* 113; **1296** sub pingnore j formalis aurei *CourtR Ruthin* 36; **1336** ij formile precii vj d. *Arch. Bridgw.* 88; **1430** j par precum de *curall* cum uno formali aureo *Test. Ebor.* II 8.

2 book or list of tenements at farm.

1441 homagium habent diem ad faciendum novum et renovandum unum novum rentale et unum novum ~e (*CourtBk Sutton*) *MS Suffolk R. O.* HB 10. 472/4. 1.

firmaliter [cf. firmiter, *perh. conf. w.* finaliter], bindingly, for good and all.

825 ut ista praedicta reconciliatio stabilis firmaque permaneret, ut omnis hereditas Coenuulfi heredesque illius ~iter sint liberati (*Clovesho*) *CS* 384 p. 530.

firmamentum [CL]

1 a bulwark, fortress. **b** dam, embankment.

a rex .. morabatur dum ~a .. in urbe contra mobilitatem ingentis ac feri populi perficerentur Ord. Vit. IV 1 p. 165. **b 1210** habebunt .. piscationem de ~o stagni .. usque ad .. molendinum *FormA* 27.

2 fixing, means of support.

Gerv. Tilb. III 47 (v. 2 fixorium).

3 firmament: **a** sky, vault of heaven; **b** (w. ref. to *Gen.* i 6). **c** (astr.) sphere containing fixed stars.

a non de ~o solum temporali, sed de summa etiam caelorum arce Gildas *EB* 8; orbis vel ~um, *ymbhwerft* Ælf. *Gl.* 109; .. ~um, *roder Ib.* 154; **s1110** cometa .. cum .. ab oriente insurgens in ~um ascendisset, regredi videbatur H. Hunt. *HA* VII 27; sub ~o celi non est tam magnus dominus .. sicut iste magnus Chan *Itin. Mand.* 122; **s1106** quo anno vise sunt due lune in ~o *Feudal Man.* 141; *walkyn or the firmament*, ~um *PP*. **b 798** die .. secunda Creator ~i pulchritudinem extendit inter aquas et aquas Alcuin *Ep.* 148; Gros. *Hexaem.* III 3 (v. glacialis 1a); fecit .. illa die ~um in medio aquarum *Eul. Hist.* I 8. **c** in speram stellarum fixarum, que ~um nuncupatur Sacrob. *Sph.* p. 77; perfectum est corpus primum in extremitate sphere, quod dicitur ~um, nihil habens in sui compositione nisi materiam primam et formam primam Gros. 54; celum .. non est ~um ... inferius fuit ~um quam illud celum Hales *Qu.* 814–5; secundum Aristotilem omnes stelle et planete naturaliter cum ~o moventur Gilb. III 157v. 1; motus ~i vel octave spere Bacon VII 67.

4 (fig.) foundation, prop, support. **b** basis of argument. **c** strengthening, confirmation.

680 fundamentum .. ecclesiae et ~um fidei .. nequaquam .. vacillabit Aldh. *Ep.* 4 p. 486; **c799** portate .. in cordibus .. catholicae fidei ~um Alcuin *Ep.* 187; ad confirmandum fidei Christianae ~um .. aliquid scribere tentarem Anselm (*Incarn. B*) II 5; **a1162** ut [statuta] stabilia et inconvulsa permaneant munienda sunt perpetuis ~is *Doc. Theob.* 83; mundi volo vanitatem / et fortune levitatem / breviter describere, / que non habent firmamentum Walt. Wimb. *Van.* 1. **b** ~um est firmissima argumentatio defensoris Alcuin *Rhet.* 10; **1072** quasi robur totiusque causae ~um prolata sunt .. privilegia atque scripta Lanfr. *Ep.* 3 (4). **c 723** haec .. sunt nomina testium .. pro majoris munimine ~i *CD* 71; **1174** electus .. ut illustrius splendeat .. cum a sanctitate vestra acceperit ~um J. Sal. *Ep.* 311 (313).

firmana v. 3 firmarius.

1 firmare [CL]

1 to build, make strong (structure, also fig.). **b** to embank, shore up (pond, bank, or field).

sit .. una domus Christi uno angulari lapide ~ata Bede *Tob.* 935; supponens tectis firmatos ter quater arcus, / mysticus ut totam firmaret calculus aulam Alcuin *Carm.* 88. 4. 6–7; reparavit et atria templi / .. / partibus hoc austri firmans et partibus arcti Wulf. *Swith. pref.* 43; ~atum, stabilitum *GlH* F 348; **c1200** ut ~et molendinum suum super terram meam *Reg. Moray* 10; ulnis senis suscipitur / qui firmat ethera Ledrede *Carm.* 32. 14; **12..** ~are debemus unum molendinum in capite vivarii .. de T., et illud ~atum manutenere *Reg. Malm.* I 451. **b 1183** (v. 1 firmatio 1b); **c1196** piscariam receperunt integram et bene ~atam, et ij domos, et xij acras bene ~atas *FormA* 130; **1238** pro licencia faciendi sepem ad ~andam piscariam suam sub gardino suo de S. in aqua de Skerin *Feod. Durh.* 51; **12..** ut liceat eis ~are stagnum molendini sui *Ib.* 137*n.*; **12..** quod .. canonici possint levare et ~are ripam et vada .. aque de le Goure *Reg. S. Thom. Dublin* 327.

2 to strengthen, make robust (person or his limbs). **b** to encourage, reassure.

claudos firmatis mox jussit pergere plantis Aldh. *VirgV* 473; exsurgens firmatus robore tanto / ut medicum possit medicans portare medentem Æthelwulf *Abb.* 259. **b** ut .. fideles catholici ~arentur Bede *HE* I 17; sanctae ecclesiae fides ac vita nutriretur et ~aretur *Id. Tob.* 927; Domini famulus remeavit .. / .. veniens firmatus munere summo Alcuin *WillV* 6. 2; ad populum Domini spectans .. / .. firmabat cunctos *Ib.* 8. 7; perfectisque suos studuit firmare loquelis Æthelwulf *Abb.* 186; casti, consulti, divina lege refulti [*gl.*: †ferviati, l. fermati] Garl. *Mor. Scol.* 440.

3 to fledge (bird), to provide w. feathers.

illud cave ne antequam †privatus [? l. firmatus] sit ad manum clames vel aptes Adel. *CA* 2; penne ~antur *Ib.* 8 (v. 3 firma); nullatenus enim super perticam tam bene ~atur [volucer] ut in casa *Ib.* 9.

4 to secure in place. **b** to fix, impress (mark or seal). **c** (fig.) to fasten, fix, establish.

Gerv. Tilb. III 47 (v. 2 fixorium); **1322** in xxx longis clavis emptis ad attach' et firmand' in fundo molendini *MinAc* 1146/1 r. 4; **1456** pro secacione lignorum et adduccione eorundem ad ~andum bombardos *ExchScot* 201; **a1564** P. .. dicit quod J. in quendam W. .. insultum

fecit per quod idem P. . . W. volens adjuvare . . ipsum J. manibus . . impositis et ~atis ab eodem W. retraxit . . que . . impositio et firmatio manuum sunt . . transgressiones *Entries* 612v. **b** a**765** signum Salvatoris nostri propria manu ~avi *CS* 188; **786** signum sancta crucis ~averunt ALCUIN *Ep.* 3 p. 28. **c** ad . . haec obruenda actuum verborumque arma corripitis pro quis conservandis atque ~andis . . vita ponenda erat GILDAS *EB* 108; ~abitur justitia cathedra doctrinae BEDE *Prov.* 1011; isque benignivolam firmans in praesule curam / edixit priscum nullo frustramine foedus / vellere . . donec . . FRITH. 1110; si . . immortalitas ipsius [hominis] immutabiliter ~ata esset ANSELM (*CurD* 11) II 109; cum intellexerit quod amor ipsius est erga eum ~atus [ME: *ifestned*] *AncrR* 78.

5 to fasten, make fast, lock (door, gate, or chest).

jussit imperator ~are portam *Descr. Constant.* 256; **1203** ~avit ostia domus sue deforis cum aliis malefactoribus ita quod nec ipse nec alii servientes domus exire non potuerunt *CurR* II 195; ne forte ostium claustri vel armariorum . . ~ata remanserint *Cust. Westm.* 14; **1315** cistam sub serura et clave ipsius W. ~atam *Year Bk.* 137.

6 to fortify, make defensible: **a** (structure or place); **b** (border); **c** (absol.).

a castellum ~avit *G. Steph.* II 104; **1194** in custamento ~andi balliam castelli Lincoll' *Pipe* 37; **1217** ~are fecit castrum Bedefordie *Pat* 29; **1218** (v. 1 firmatio 4); **1312** licenciam dedimus . . quod ipse mansum suum . . muro de petra et calci ~are et kernellare possit *Ambrosden* I 518; s**1238** castra vel villas ~atas seu fortilicia *Plusc.* VII 31 (cf. FORDUN *Cont.* X 38: muratas urbes). **b** **1228** de marchiis ~andis *Cl* 27. **c** **1228** quod scire faciat omnibus . . qui terras habent in marchiis Hibernie quod in terris suis ~ent a Pascha . . in unum annum *Ib.*

7 to decide, resolve, undertake; **b** (refl.).

illa aliquando inibi fortius ~avit de pessimis, aliquando vero lenius THEOD. *Pen.* I 7. 5; unanimo omnium consensu ~atum est ut nomen . . apostatarum . . aboleri deberet BEDE *HE* III 9; secum ~avit et certum statuit quod . . Dei misericordiam expectaret GIR. *JS* 5 p. 295; **1283** non capiemus aliquem habitantem . . dum tamen voluerit ~are stare juri *RGasc* II 209; **1406** ~avimus nos unire cum dominis *Conc.* III 300. **b** diffiniens eam [sc. assercionem hereticalem] esse tenendam in eandem assercionem per ultimatam deliberacionem se ~at OCKHAM *Dial.* 466.

8 to confirm, guarantee (agreement, decision, promise); **b** (charter); **c** (w. *quod* or intr.); **d** (fig.).

reges Romanorum cum . . pacem . . ~assent GILDAS *EB* 5; haec dextris ~ata affinitas ALDH. *Met.* 4; [promissa] vera esse miraculorum . . ostensione ~averunt BEDE *HE* I 26; a**832** hanc donationem meam signo sanctae crucis Christi ~abo *CS* 318; **903** hoc ~ando signum sanctae crucis impono *CS* 894; reddere grates / Rectori summo, firmat qui vota suorum ÆTHELWULF *Abb.* 158; pacis et Angligenae firmantur foedere gentes FRITH. 1292; **1130** debet . . ut rex ~et in cartha . . omnes res *Pipe* 105; GIR. *TH* I 21 (v. firmitudo 3); **1285** (v. firmatura 3a). **b** **803** cartulam . . cum signo sanctae crucis Christi ~averunt *CS* 310; **948** scriptum fieri praecepi verboque et manu ~avi *CS* 860; a**1083** hanc cartam ~averunt Willelmus rex Anglorum . . Willelmus Rothomagensis archiepiscopus [et al.] *Regesta* 169; **1089** haec carta manu sua ~ata est ac sigillo suo assignata *Ib.* 310. **c** **1284** promisimus et ~avimus . . regi . . quod . . *RGasc* II 220; **1343** potestatem habent . . ~andi . . super predictis (*Treuga*) AD. MUR. *Chr.* 130. **d** dignitates quas gloriosus martyr rubricaverat sanguine suo et quasi testamentum eternum morte et cerebri effusione ~averat P. BLOIS *Ep.* 5. 14B.

9 to affirm, approve, declare. **b** to say, recite. **c** to confirm.

pulcherrimum esse ~avit cum respondit 'beatus es, Simon Bar Jona' [*Matth.* xvi 17] BEDE *Prov.* 985; ea quae supra digesta sunt necessariae veritatis munimine ~ata sunt ANSELM (*Mon.* 19) I 33; s**177** ~avit omnem escam usualem quam Christiani comederent *Eul. Hist.* I 177. **b** ~ant, dicant *GlH* F 347; petite libros vestros cito, et in scamnis vestris sedentes legite, et ~ate acceptos vestros ÆLF. BATA 4. 4; epistolas . . styli elegantia et suavi urbanitate precipuas ~are et corde tenus reddere . . compellebar P. BLOIS *Ep.* 101. 314A; fabricatos ab aliis sermones sed bene ~atos ab ipso memoriterque retentos . . recitare consuevit GIR. *Spec.* III 7 p. 165. **c** crucifige, crucifige, ~averunt sibi sermonem nequam S. EASTON *Psalm.* 35.

10 to bet, wager (also absol.). **b** (w. *duellum*) to perform wager of battle.

dixit alter '~abo tecum quod plus lucrabor per falsitatem quam tu per veritatem'. respondit alius 'et ego ~abo'. statuta firmatione, incidit mendax . . O. CHERITON *Fab.* 27A; ~abo x aureos contra j quod te vincam *Ib.* 58; dixit alter alter '~abo tecum, quam plus lucrabor per mendacium . . quam tu per veritatem . . . constituta itaque firmacionis certitudine, . . venerunt . . J. SHEPPEY *Fab.* 30. **b** comes ipsum compulit violenter cum quodam alio milite ~are duellum pro quadam injuria seu malefacto *V. Montf.* 313; **1281** defecerunt in prosecucione cujusdam duelli quod ~averant *RGasc* II 147.

2 firmare [AS *feormian*; cf. 1 firma], to maintain, support, entertain.

si quis . . serviat in alio comitatu et ad cognatos suos quandoque redeat, qui eum in ipso reditu . . ~abit, eum ad rectum . . publicum representet, si ibi forisfaciat (*Quad.*) *GAS* 155; et qui eum ~abit . . pecunie sue reus sit (*Ib.*) *Ib.* 171; [villanus] debet . . operari et dominum suum ~are [AS: *hlaford feormian*], metere, et falcare (*Ib.*) *Ib.* 445.

3 firmare [cf. 2 firma], (intr.) to farm, pay fixed rent. **b** (trans.) to pay (person). **c** to farm, let (land).

c**1080** non aliter ~at nisi tantum dat xv libras et iij uncias auri et iij bindas anguillarum (*MS Lambeth* 1212 f. 344) *Cant. Cath. Pri.* 129n. **b** tenuit de episcopo . . j hidam ad B., et inde ~abat ipsum episcopum omni anno *DB* I 173rb. **c** **1380** onerat se tam de terris ~atis, quam de annuis redditibus, ut patet per rentalia, de iiij^{xx}ix li. viij d. *ExchScot* 34.

4 firmare v. fornare.

firmaria v. 1, 2, 3 firmarius.

firmarissa [cf. 2 firmarius 2], tenant at farm, lessee (f.).

1447 computus Agnetis Helyer ~e ibidem *Winchester Coll. Mun.* 11987.

1 firmarius [cf. 1 firmare], (as sb. f.) prison.

tristi tamen firmaria hostes me [sc. Ed. II] clauserunt / et tres reges eligentes pre ceteris tulerunt W. WORC. *Ann.* 745.

2 firmarius [cf. 2 firma]

1 pertaining to a farm, that yields a fixed payment or rent: **a** (of person); **b** (of property); **c** (of custom).

a **1159** confirmo . . monachis quod . . ipsi eorundemque homines ~ii, medietarii, et pensionarii . . sint . . quieti . . ab omnibus subsidiis *Act. Hen. II* I 519; **1232** [piscaria] quam . . piscarii ~ii . . habere consueverunt *Reg. Moray* 27; **1398** in stipendium j firm[arii] vaccar[ii] v s. x d. (*Winchester Coll. Mun.*) *Arch.* LVIII 353. **b** **1306** terra ~ia *MinAc* 856/15 m. 1; **1579** unacum . . parte . . terrarum nostrarum ~iarum *Dryburgh* 308. **c** ecclesie fundus in manu Asfordi, qui quod emphiteotica seu ~ia lege ad tempus acceperat, se tamquam hereditarium possidere dicebat *NLA* app. II 724.

2 (as sb. m. or f.) tenant at farm, lessee; **b** (royal); **c** (eccl.); **d** (w. ref. to sort of property farmed); **e** (w. ref. to spec. place).

si inter aliquem et ~ium suum, qui non etiam sit homo suus . . controversia oriatur . . (*Leg. Hen.* 56. 1) *GAS* 575; in quo festo anni ~iorum et firmarum incipiunt *Lib. Landav.* app. 301; **1185** reddunt ~ii annuatim lx s. *RDomin* 87; a**1206** a ~iis etiam sufficiens cautio recipiatur quod firmam terminis statutis persolvent *Cart. Rams.* II 205; **1270** nec quod . . comitissa . . in aliquo sicut ~ia se atornasset *JustIt* 178 m. 27; **1462** de Agnet' Fowcher, ~ia *MS Oxford, New College Archives* 7714; **1475** fit debita allocacio farmariis (v. conferre 9b); **1587** dabunt noticiam . . cuilibet farmeriorum et tenencium nostri . . de hac dimissione *Pat* 1301 m. 8 (cf. ib.: firmeriorum); **1587** redditus tenencium et fermariorum suorum *Ib.* 1303 m. 1. **b** **1222** est ~ius domini regis de hundredo illo *CurR* X 299; **1294** vicecomes Middlesexiae tanquam ~ius domini regis ejusdem comitatus *PQW* 477. **c** nullus presbyter nisi, ut verbo parum Latino utar, ~ius W. MALM. *GR* IV 314; **1218** volumus ut omnes ~ii predicti episcopi omnes terras . . ita libere teneant . . sicut idem episcopus eas teneret si . . *Pat* 144; **1265** R. . . canonicus Landavensis quondam ~ius ejusdem ecclesie *Cart. Glam.* 674; **1450** terrarum ecclesiarum . . ~ii *Conc. Scot.* I cviin. **d** ~ii qui villas tenebant BRAKELOND 8; a**1258** burgenses . . nullo modo . . contra voluntatem suam fiant prepositi, vel ~ii de portu maris aut tholoneto ipsius burgi vel de molendinis ejusdem ville *BBC* (*Dunster*) 130; **1293** Sibelle de Middleton ~ie medietatis thonag' de Aberkerdover . . *RScot* I 15; **1336** pro . . ~iis piscariarum in Tweda *Ib.* I 401; **1391** J. W. *parchemyner* assuetus est procurare custumarios Willelmi Drawer aliis ~iis portarum civitatis ad grave dampnum *Leet Norw.* 75; **1407** computat in solucione facta episcopo Aberdonensi, ~io temporalitatis Brechinensis, sede vacante, de elemosina regis annua *ExchScot* 61; **1439** de . . ~io de *le Barkhous Ac. Durh.* 67; **1440** ~ius sive occupator manerii (v. 2 firma 3c); **1450** ~io communis furni *Ac. Durh.* 238; **1472** ~iis domus tannatoris *Ib.* 94; **1506** pro iij ulnis panni lanei liberatis ~iis pellium boum et vaccarum *Ib.* 102. **e** **1243** factus est ~ius de Kadingdone magister J. de N. *Ann. Dunstable* 161; **1261** per manus ballivi sui vel ~ii seu ~iorum suorum de Lundors *Cart. Lindores* 114.

3 (as sb. f.) letting out (at rent).

1440 prescripti arrendamenti seu ~ie abbati l m. *Reg. Dunferm.* 413.

3 firmarius, ~ia, ~ium [cf. ME *fermerer*, infirmarius]

1 (as sb. m., mon.) 'fermerer', infirmarer; **b** (as sb. f.).

c**1200** quando monachus egrotans exit ab ecclesia, signum facit ~ius ut sequatur eum (*Stat. Cartus.*) *MonA* VI xii; **1279** tenentes coquinarii de Thorneye . . . tenentes ~ii de Thorneye. item Willelmus Bissop tenet cotagium ad voluntatem reddendo eidem ~io vj s. *Hund.* II 641. **b** **1415** Margareta Donewych ~ia [et alie] monasterii . . [de Rydelyngfeld', O.S.B.] moniales *Reg. Cant.* III 361.

2 (as sb. f. or n., mon.) 'fermery', infirmary.

a**1206** ij m. et dim. . . assignavimus ad eorundem monachorum ~iam *Act. Ep. (Cant.)* 430; monachi . . carnibus in ~ia sua . . abunde vesci consueverunt GIR. *Spec.* III 13 p. 209; **1242** T. plumbarius cecidit in fermario Dunelmi et obiit *AssizeR Durh* 54; **1275** quoddam fermerarium ad opus fratrum egrorum ejusdem ordinis [sc. Templariorum] *Hund.* I 284; **1292** plumbariis pro coopertura et reparacione camere ~ie juxta novam domum *Sacr. Ely* II 9; **1394** (v. claustrum 3b); c**1447** nova camera domini cardinalis in fermaria *Arch. Cant.* LIII 9; **1467** in prima camera in ~ia *Invent. Ch. Ch.* 118; frater J. . . qui jacet in loco Moliani provincie Marchie, custos †firmane [? l. firmarie] *Mon. Francisc.* I 530.

firmasio v. fermiso.

1 firmatio [LL]

1 building, making firm. **b** dam, embankment.

1432 in xij libris stanni empti pro *soderyng* habendo pro ~one fenestrarum vitriarum iij s. *Fabr. York* 50. **b** c**1170** ~onem stagni *Cart. Fount.* I 154; **1183** molendinum de Burdona, pro ~one stagni, quod est firmatum super terram de Halctona, xij s. *Boldon Bk.* 18.

2 maintaining, supporting, abetting.

si cyrliscus homo forsbanniti ~onis accusetur, per suam ipsius weram neget (*Quad.*) *GAS* 103; qui forsbannitum paverit vel ei ~onem aliquam exhibuerit (*Ib.*) *Ib.* 317.

3 fastening, fixing, securing in place.

1454 reparacio jocalium: . . in . . ~one unius lingue in *le serpentyne* iiij d. (*KRAc*) *JRL Bull.* XLII 119. a**1564** (v. 1 firmare 4a).

4 fortifying, making defensible.

s**1192** quod ipse redderet ei omnes expensas quas fecerat in ~one Scalonie R. HOWD. III 184; **1218** quatinus . . apponatis diligentiam . . ad firmandum et claudendum villam . . ne inimici nostri . . habere possint ingressum eo quod, pro defectu ~onis, eam sibi invenerint expositam ad ingrediendum in eam *Pat* 169; **1229** xx s. concessimus priori . . pro xl solidatis redditus, quas dicit se amisisse in ~one castri nostri Dublin' *Cl* 147; **1261** de ~one ville, de qua nobis . . intimastis, bene volumus quod aliquam levem firmaturam que valere possit ad defensionem ville fieri faciatis *Cl* 502.

5 confirming, securing. **b** (eccl.) confirmation.

1069 haec ~o facta est . . anno Dominicae Incarnationis m^{c}lx^{o}viiij^{o} *Regesta* 30; **1254** in ordinatione et ~one . . pacis [sc. inter nos et regem Castelle] *Cl* 316; est confirmatio prioris juris et dominii adepti ~o cum prima firmitate donationis BRACTON 58. **b** ordo, baptismus, firmatio non iterantur (*Brev. Heref.*) *HBS* XL 50.

6 bet, wager.

O. CHERITON *Fab.* 27A, J. SHEPPEY *Fab.* 30 (v. 1 firmare 10a).

2 firmatio [cf. 2 firmare], rent.

1378 de W. C., . . pro ~one venelle vocate Sewyeslane, ij s. per annum *DocCOx* 304.

3 firmatio, close season for hunting bucks, open season for hunting does (during winter). *Cf. fermiso.*

c**1240** si damum vel brokettum tempore ~onis ceperint *FormA* 304; **1298** dicunt . . quod . . fera bergata fuit in yeme per venatores domini regis tempore fermacionis . . et sic inde languebat quousque moriebatur *TR Forest Proc.* 83 m. 5.

firmator [CL = *upholder, confirmer*], affirmer, asserter.

adsertor, ~or *GlC* A 233; ~or, i. adsertor, *gesepend GlH* F 340.

firmatorium, buckle, brooch, clasp for clothing. **b** book-clasp.

sunt autem fibule ornamenta pectoralia mulierum vel ~ia palliorum J. BURGH *PO* VII 10 ; hec fibula, -e, i. cinctura et ~ium pallii OSB. GLOUC. *Deriv.* 207; *a dalke or a tache*, firmaculum, ~ium, monile, . .; *a festylle*, ~ium *CathA*. **b** **1427** librum . . statutorum . . cum unico ~io de argento *MunAcOx* 284.

firmatura

1 fastening, lock.

quod in omnibus officiis secure fiant ~e *Fleta* 159; **1451** pro expensis factis circa fabricam dicti palacii . . in latomis,

carpentariis, servientibus, seris, et ostiis, ~a, plumbo, reparacione stabuli *ExchScot* 458; *a festynge*, ~a, fixura, ligatura *CathA*.

2 fortifying, making defensible.

1252 ad municiones .. castrorum et .. ~am eorundem *RL* II 385; **1261** (v. 1 firmatio 4).

3 agreement, contract. **b** fine, fee, payment for agreement.

1276 vos .. eos, racione quarumdam ~arum coram senescallo .. retroactis temporibus factarum, gravare intenditis *RGasc* II 16; **1285** sub certis paccionibus inter ipsos initis et coram .. senescallo .. firmatis .. non permittatis .. Arnaldum .. contra pactiones et ~am predictas .. molestari *Ib.* II 259. **b** **1315** si aliquis burgensis .. conveniatur .. coram ipsis bajulo et juratis super aliquo debito .. et satisfaciat .. creditori infra octo dies, quod tunc nulla fermatura prestetur. si vero .. non satisfecerit, extunc ad requestam creditoris fiat execucio de debito confessato contra confessum. et nichilominus duo solidi leventur per dominum pro ~a *Ib.* III 1626.

firme, ~iter [CL]

1 firmly, securely, fast; **b** (fig.).

saga .. ~issime ad terram usque contegebantur BEDE *Tab.* 434; Ælfred .. cum suis cohortibus .. ~iter .. dispositis ASSER *Alf.* 38; ~issime, robustissime *GlH* F 343; quidam .. fauces aperiens, que dentibus collisis ~ius coheserunt *Mir. Wulfst.* II 12 p. 161; **1460** in Turri .. ~iter .. in carcere collocandis *Paston Let.* 611. **b** ut .. patrociniorum .. columna fretus .. ~iter fulciri merear ALDH. *VirgP* 60; edificavit domum .. iiij postibus spiritualium ~issime subvectam DOMINIC *V. Ecgwini* I 2.

2 soundly.

qui cum ~iter dormiunt stertunt *GlSid* f. 143.

3 resolutely, steadfastly, unshakably. **b** immutably, irrevocably.

cessante umbra ac veritate ~ius inlucescente GILDAS *EB* 1; nihil certi ~iter obtinenti BEDE *HE* I 8; perficere optatum posset quo firmius actum WULF. *Swith.* I 808; hoc .. ex mea conscientia ~iter scio ORD. VIT. III 7 p. 97; ~iter et indubitanter hec assero GIR. *TH* II *pref.*; **1228** dicit se ~iter credere quod sic *Feod. Durh.* 263; habeo ~iter [ME: *studevestliche*] in proposito .. penitenciam facere *AncrR* 131. **b** **692** illam donationem .. ~iter firmo *CS* 79; **a832** terra .. cum rectis terminibus et jure hereditario ~iter fixa permaneat *CS* 318; rex foedus ~iter .. pepigit ASSER *Alf.* 49; **a1072** volo et ~iter praecipio ut bene et quiete et libere et honorifice ipsi .. illud habeant *Regesta* p. 120; **1217** vobis mandamus, ~iter precipientes, quod .. *Pat* 32; de treuga †firmitus [MS: firmiter] tenenda inter partes dissidentes AD. MARSH *Ep.* 30 p. 128.

firmerius v. 2 firmarius. **firmiculum** v. firmaculum 1a. **firmitare** v. frinitare.

firmitas [CL]

1 firmness, robustness, strength.

8.. ~atem, *trumnesse WW*; ~as, fortitudo, sanitas *GlH* F 346; ut ecclesia .. ~ate [AS: *trymnisse*] membrorum .. laetetur *Rit. Durh.* 32; cristallus lapis, cujus magna est ~as GROS. *Hexaem.* III 3 p. 104.

2 endurance, stability. **b** resoluteness, steadfastness.

bona caduca, facultates quae non habent ~atem *GlC* B 177. **b** inconvulsa ~atis censura semper acuitur ALDH. *PR* 125; animi ~as spiritalis .. adversa pro Domino laetabatur cuncta sufferre BEDE *Hom.* II 22. 217; **p793** [amicitia] inviolabili ~ate permanere necesse est ALCUIN *Ep.* 286; cum dicit "tene" [*Ruth* iii 15] notat ~atem sive perseverantiam S. LANGTON *Ruth* 118; stabilis [est Christus] lassis et infirmis conferens ~atem BART. ANGL. I 21; connectat, obsecro, crucis ydemptitas / quos nexus gemini connectit firmitas WALT. WIMB. *Carm.* 603; in hac vita fidei ~as .. consequitur *Spec. Incl.* 4. 1.

3 (mil.) security, fastness. **b** fortress, defence, stronghold.

in castello .. ~as est tanta ut .. *Simil. Anselmi* 76. **b** **s878** construxerunt .. ~atem quodammodo in insula ÆTHELW. IV 3; oppidum Auci, quod Willelmus comes Aucensis cum reliquis suis ~ibus illi tradiderat W. JUM. VIII 3; **s1088** Roveceastriam obsedit donec ~as reddita est ei H. HUNT. *HA* VII 1; **s1139** castellum Lincolnie obsedit, cujus ~ates Ranulfus .. receperat OXNEAD *Chr.* 51; **s1343** visitacionem .. recusarunt, .. ~ates alias munientes AD. MUR. *Chr.* 147; **s1189** rex [Francie] exercitum apud Nongentum duxit et ~atem Bernardi cum aliis quatuor firmissimis castellis cepit FORDUN *Cont.* VIII 46.

4 strengthening, confirming. **b** confirmed agreement, compact, charter.

1224 habebimus litteras .. ad majorem utriusque partis ~atem *Pat* 431; **1357** ad majorem ~atem pacis et concordie *MunAcOx* 192; **1418** in ~atem et roboracionem professionis hujusmodi scripsit manu sua propria hec duo verba *Reg. Cant.* I 53. **b** †**969** (13c) ego Oswardus .. infractores hujus ~atis excommunicavi *CS* 1228 (cf. ib. 1264); †**974** (14c) ego Elsinus .. infractores hujus ~atis [sc. regiae cartulae] excommunicavi *CS* 1310.

5 effect (of agreement), validity (of doc.).

675 manente igitur haec (*sic*) cartula in sua semper ~ate *CS* 36; **679** manentem hanc donationis chartulam in sua nihilominus ~ate *CS* 45; **a717** (13c) ego Cheolred rex sub cirographorum ~ate terram .. Milburge .. in propriam perdono potestatem (*Ch.*) Gosc. *Milb.* 203; que ab excellentiori dissolvuntur per inferioris ordinis gradum nequeunt accipere ~atem *Chr. Battle* f. 129v.; **1238** ut .. warantizatio et hujus scripti confirmatio ~atem per predictum terminum obtineant, huic scripto sigillum meum apposui *LTRMem* 12 m. 9*d.*; **a1270** ut .. warantizatio et carte mee confirmatio perpetuum robur ~atis optineant *Cart. Beauchamp* 145 p. 88; hiidem contractus omni careant ~ate *Conc. Scot.* II 16; sepe in scripturis legi autenticis, nec tamen unde habeat ~atem inveni, utrum .. OCKHAM *Dial.* 589; **1449** ut hec .. convencio .. robur obtineat perpetue ~atis *Lit. Cant.* III 205.

firmiter v. firme.

firmitorium [cf. infirmitorium], (mon.) infirmary.

a1195 notum sit .. me dedisse .. monachis .. et maxime [sc. ad usum *or sim.*] secularium infirmorum in ~io j acram prati *Couch. Furness* II 518.

firmitudo [CL]

1 resoluteness, steadfastness. **b** that which is firm.

credo firmissime, quippe .. ab ejus ~ine nulla unquam hesitatione nutavi P. BLOIS *Serm.* 772D. **b** terra .. commota, petra scissa, templum cujus velum est scissum. quid aliud loquebatur nisi incommutabilis motionem et ~inis scissionem et sacramentorum celestium perpetuum revelationem? GROS. *Cess. Leg.* III 6 p. 153.

2 (mil.) security, fastness.

1228 quod .. H. infra ~inem murorum illorum edificia sua et mansionem habere possit *Cl* 70.

3 strengthening, confirming.

Creator ad instructionem et ~inem nostram .. fidei articulos .. firmat exemplis GIR. *TH* I 21; in hujus nostre quiete clamacionis ~inem, presentem cartam sigillorum nostrorum apposicione munitam roboravimus *FormA* 372.

4 force, validity.

1160 sententiam nichil habere ~inis que contra sollempnem ordinem judiciorum lata est (THEOB.) *Ep. J. Sal.* 89 (131); **a1285** ut omnia predicta debite ~inis robur obtineat *Cart. Glouc.* II 204.

firmitus v. firme.

1 firmura [cf. 1 firmare], custody, security.

1198 custodes cunei et ponderis .. salve custodiant semper in communi custodia sub sigillis suis dicas et cyrographa et in tali ~a quod quilibet eorum habeat clavem suam et diversam (*Carta Stannariorum*) *BBExch* 367.

2 firmura [cf. 2 firma], (~*a libera*) 'frank-farm', freehold tenure for fixed rent.

a1237 concessi .. monachis liberam ~am stangni molendinorum de Westcroft in terra mea *Cart. Blyth* 138.

firmus [CL]

1 firm, stout, strong. **b** fit, healthy (also as sb.). **c** (of bird) fledged, mature.

murum .. ~o de lapide locarunt BEDE *HE* I 12; fermum, *hald GlH* F 204. **b** episcopus coepit orando periculum infirmus abigere quod ~a fortium manus multum laborando nequiverat BEDE *HE* II 7; hic membris etenim compto glaucomate (*sic*) firmis FRITH. 51; ut dicit [Avicenna] membrum est ~a pars et solida animalis .. ad quod speciale officium deputata BART. ANGL. V 1; forciores nos credimus cum ex infirmis ~os consolidamus CHAUNDLER *Apol* 26b. **c** infirmi [volucres] inde bene nutriuntur et ~i .. eis utentur ADEL. *CA* 8; quomodo igitur ~um esse cognoscam? dumo abjecto, et caude pennis ordine perfectis *Ib.* 9.

2 fixed, stable. **b** (of grasp, footing, or gait) firm, steady. **c** (of land) solid.

793 ~issima debet esse scala per quam ascenditur [ad caelum] ALCUIN *Ep.* 18; haec est illa ~a petra super quam sapiens 'aedificavit domum suam' [*Matth.* vii 24] ANSELM (*Incarn. A* 4) I 283; super perticam non ~am sed mobilem ponendus ADEL. *CA* 9. **b** eum .. consistere ~is vestigiis imperabat BEDE *HE* I 19; non modo stare queo, firmum sed et addere plantis / incessum, medicante Deo WULF. *Swith.* I 768; ~is vestigiis super aquas incedebat PULL. *Sent.* 795C. **c** anchora ni firma primum solidetur harena FRITH. 1048; **1521** Carolus .. rex .. insularum Canariae et Indiarum ac terrae fermae maris Oceani (*Pat*) *Foed.* XIII 752.

3 fortified, secure; **b** (fig.).

ut est .. ~issima .. civitas vertice constituta GILDAS *EB* 93; castella .. portis ac seris instructa ~issimis BEDE *HE* I 1; non .. civitas ~os et stabilitos muros .. habebat ASSER *Alf.* 27; pagani castellum .. ~um .. fabricaverunt *Ib.* 66; **s892** in loco qui dicitur Apuldran fecerunt castellum ~issimum *Chr. S. Neoti* 1. **b** ~o scripturarum fulcimento carens .. ALDH. *VirgP* 19; cum tegulis trochaicis .. metrorum .. ~issimum culmen .. imponam *Ib.* 60; si firmo careat nostri fundamine Christi *Id. VirgV* 2657.

4 permanent, settled, immutable, sure; **b** (w. *pax*). **c** (*pro* ~*o*) certainly, surely.

693 ut ~a (*sic*) et inconcussum sit donum *CS* 81; nulli firma fuit regula laetitiae ALCUIN *Carm.* 9. 8; **838** donatio ~a permaneat *CS* 421; pro ~a stabilitate hec .. scedula adducta est *Ib.*; ~um foedus cum Cantuariis pepigerunt ASSER *Alf.* 20; ?**1084** ut hec confirmatio in ea in eternum ~a permaneat *Ch. Durh.* 40; **a1154** sciatis me dedisse .. totum nemus .. in P. in ~am forestam *Dryburgh* 38; ut .. ~um perpetuitatis robur GIR. *TH pref.* p. 21; *Dial. Scac.* I 5 T-U (v. 2 firma 1a). **b** reversus est in Britanniam statumque regni in ~am pacem renovans G. MON. IX 10; **1217** ~am pacem nostram ei concedimus *Pat* 60; **1313** ~a pax ei conceditur *Eyre Kent* 78. **c** **1239** pro ~o .. vos tenere cupimus quod .. (*Lit. Papae*) M. PAR. *Maj.* III 597; **1304** pro ~o tenentes quod, nisi .. scelus .. puniatur, multis .. tribuetur materia delinquendi *RGasc* III p. clxxvii; **c1400** scientes pro ~o quod .. *FormOx* 207.

5 resolute, steadfast. **b** loyal, staunch.

si ~o corde credideris BEDE *HE* III 13; atque fides firma, quae viget atque manet ALCUIN *Carm.* 11. 26; pietatis amator, / firmus in officiis, verus in eloquiis *Ib.* 43. 6; **838** quod nos .. semper in posterum ~am inconcussamque amicitiam .. habeamus *CS* 421; hinc quod hic ascendens †formo [MS: firmo] conamine gressus / figit ne recidat NIG. *Paul.* f. 46v. l. 176; **b** **838** quomodo pax .. subjecti ~issimi dilectionis vinculo servari potuisset *Ib.*

6 well founded, correct, valid.

ratus, ~us *GlC* R 21; ~issima argumentatio ALCUIN *Rhet.* 10 (v. firmamentum 4b); **958** omnia supernus Rector ~ae rationis serie gubernat *CS* 902; argumentationes .. ut super ~um fundamentum constituas ANSELM (*CurD* I 25) II 96; hanc sententiam .. ~is rationibus .. confirmant *Id.* (*Ep.* 65) III 183; quicquid .. fideles nostri latores presencium vobis retulerint credatis ac si sanctus Petrus jurasset †fimissimum [l. firmissimum] reputetis KNIGHTON I 232; **s1390** omnia in monasterio de Hikeling fermae religionis insignia corruerunt OXNEAD *Chr. Min.* 438.

firotica v. chirotheca 1a.

firsa, ~us [ME *firse, furse* < AS *fyrs*], furze, gorse.

a1175 exinde in longum de Blaccumbe usque ad fursam et de dicta fursa usque ad tres colles *CalPat 1377 – 81* 116; **1235** de vj d. de Walt' pro fursis *Pipe Wint.* 159284 r.1; **1274** Henrico Longo preposito castri in ~is falcandis et bruer' ij s. iiij d. *MinAc* 984/4 (*I. of W.*); **1431** cum omnibus ~is sub predicto monte *AncD* A 9852 (= *CatAncD* IV 470: '*frisses*'); **1448** semper .. Johannes C. cum .. magno cane suo ipsum .. insecutus fuit quousque .. Willelmus pervenit ad quoddam trench' de fyrseo in villa predicta [*Wighton, Norf*] *Pat* 466 m. 18.

firstum [ME *first*], roof-tree.

1365 edificabit unam domum sufficientem infra duos annos, de ij *copul* de *siles* quas cum ~is et ribis habebit de meremio domini *Hal. Durh.* 48 (cf. ib. 149 [**1378**]: in gardino .. Thome sunt v *ribs* et *firsts*).

firthelota v. ferthelota. **firthwita** v. fyrdwita. **fisalidos** v. physallis. **fisantus** v. fesanta.

fiscalinus [cf. MLLM], (w. ref. to serf) of a royal estate.

regis *geneat* [MS *gl.*: id est villanus; *other* MSS: colonus ~us] (*Quad.*) *GAS* 97 (v. colonus a).

fiscalis [CL]

1 belonging to or connected w. royal revenue or treasury; **b** (as sb. n. sg.) fisc; **c** (as sb. n. pl.) taxes.

quasi quoddam rei publicae vectigal et ~e tributum ALDH. *Met.* 2 p. 71 (cf. id. *VirgP* 20); ne .. possessiones earum et agrorum fundi ~i jure proscriberentur *Id. VirgP* 52; **704** (12c) sine impedimento saecularium rerum et absque tributo ~ium negotiorum *CS* 108; **948** rus liber ab omni ~i tributo *CS* 869; ?**974** (12c) ad ruinosa quaeque templorum redintegranda opulentos ~ium munerum eis exhibens sumptus *CS* 1301; **a991** (17c) rus omni terrenae servitutis jugo liberum ~ique tributo solutum *E. Ch. S. Paul.* 1; Joseph et Danielem, res ~es agentes H. BOS. *Thom.* IV 19 p. 401; GIR. *EH* I 46 (v. aerarium a); si .. annuis vectigalibus ~i minus erario proveniat, .. *Id. DK* II 8 p. 222; rex .. nec de thesauris ecclesie .. sed de †fisco vel [MS: fiscali] erario bellum inferat inimicis *V. Ed. II* 78; **1336** (v. auleus); **1341** erarium nostrum totaliter est exhaustum et ~es redditus sunt enormiter diminuti (*Lit. Regis*) BIRCHINGTON *Arch. Cant.* 27; **1434** per solucionem factam Johanni de S. Michaeli, scutifero regis, procuratori ~i ejusdem .. xx li. *ExchScot* 602; **1475** de omnibus eschaetis proficuis bonis .. per eumdem .. patrem jure ~i vel alias habitis receptis ac .. expositis *Reg. Glasg.* 429; **1510** (v. bonus 7d). **b** quem eligeritis de ~i amplissime provisurum H. BOS. *Thom.* IV 19 p. 400; hoc ~e, *a kynges*

porse WW. **c s1179** ut .. ~ia supprimentes et que principis lederent majestatem, regiam incurrerunt indignationem DICETO *YH* I 434; regales numerare redditus et ~ia *Extr. Chr. Scot.* 54.

2 paid by the treasury (for services to the king). **b** (*judex ~is*) King's Justice, royal judge. **c** of or connected w. the king.

Dermitius .. regie munificentie donariis honoratus .. ~ibus stipendiis decenter exhibitus GIR. *EH* I 2; cum itaque canonici .. ~ia stipendia, ut de loco ad locum .. ad nutum regis ipsum sequerentur, in commune susciperent *Id. RG* I 11. **b** de judicis ~is jure. super barones socnam suam habentes habet judex ~is justitie legis observantiam et quicquid peccabitur in eorum personam (*Leg. Hen.* 24. 1) *GAS* 561; in causis ubi judex ~is aliquem inplacitet de socna sua sine alio accusatore ... si quis se tercio vicinorum suorum purget, satis est propter justitie reverentiam (*Ib.* 63. 1) *Ib.* 583; nullo ~i judice requisito H. Bos. *Thom.* III 19 p. 251. **c** ~is raeda [cf. Sulpicius Severus *Dial.* II 3. 2], *gebellicum waegnfearn GlC* F 201; quatenus interventu temporis mansuesceret ira ~is W. CANT. *V. Thom.* I 20 (cf. ib. I 42: eximet ira ~is gladium suum).

3 (*procurator ~is*) official concerned w. collection of fines or revenues.

1427 exhibita nobis pro parte .. Johannis de Scribanis, procuratoris ~is camere apostolice, peticio continebat quod .. *Reg. Cant.* III 148; **1434** per solucionem factam Johanni de S. Michaeli, scutifero regis, procuratori ~i ejusdem *ExchScot* 602; **1538** Hugoni Vischart procuratori ~i reverendissimi [cardinalis] .. j celdra *Rent. S. Andr.* 19; **1539** vicarii chori Glasguensis aut saltem procurator ~is eorum nomine levabit .. xxiiij s. *Reg. Glasg.* 552; **1552** ut procuratoribus ~ibus pro computis .. testamentorum mandatum dent *Conc. Scot.* II 130.

fiscanus v. fiscarius a.

fiscare [LL; cf. CL confiscare], to appropriate to the royal revenue, sts. to confiscate.

ut ab imperatoribus locuples gazarum opulentia cum vitae detrimento funditus ~aretur ALDH. *VirgP* 35 p. 277; **s1210** abbatias nigras et prioratus .. omnes ~avit W. NEWB. *HA Cont.* 512; omnes vacantes episcopatus, comitatus, abbacie, et baronie sub ejus potencia ~abantur J. LOND. *Commend. Ed. I* 10; nec concessit rex cum consilio eidem in aliquibus subvenire distributis vero universis terris et mobilibus ~atis usque ad animalia que erant in quatuor forestis in partibus Lancastrie *Dieul.* f. 144; *to enchete*, ~are et -ri, con-, in-, eschaetare *CathA.*

fiscarius [LL = *debtor to treasury*], treasury official, esp. receiver, sequestrator. **b** eschaetor.

s1191 fit dira inter duros decertatio. cancellarius sublatam sibi suspendit diocesim ... nec fuit eo corde minor .. archiepiscopus qui in ultionem illius presumpte excommunicationis in ~ios, .. denunciari mandavit Willelmum de Longo Campo excommunicatum haberi DEVIZES 38 p. 54; creduntur comiti de fisco per ~ios d li. sterlingorum *Ib.* 39v. p. 63; **s1194** trina scripta conficienda, quorum unum apud †fiscanos [l. fiscarios], alterum sub fide digni viri custodia, tertium apud creditorem Judeum conservandum *Itin. Ric.* VI 37 p. 449 (= TREVET *Ann.* 153: fiscarios, BROMPTON 1258: †fiscanos; cf. *SelCh* 256 [*De Judaeis*]: duo Christiani habeant unum rotulum .. et duo Judei unum et custos rotuli unum). **b** *CathA* (v. confiscarius).

fiscator, eschaetor.

CathA (v. confiscarius).

fiscedula v. ficedula.

fiscella, ~us [CL]

1 small basket; **b** (w. ref. to *Exod.* ii 3–5, also fig.).

velut maturescentes botros ac rubicundos armentorum racemos evangelice falce succidens refertis ~is onustisque corbibus ad praelum calcandos ALDH. *VirgP* 30; corbes et fiscillos [*gl.*: i. fiscos, *tænelas*] imitatur evangelicos *Id. VirgP* 38 p. 291 (cf. id. *PR* 124: .. ~a, tessella, umbella ..); fiscilla, *taenil GlC* F 162; fiscillus, *stictenel Ib.* 166; ~um diminutive, fiscinum cophinum *Ib.* 204–5; cartallus, ~a, *windel GlH* C 379; **9..** fiscilus, *stictænel WW*; fisclum, *eleseocche* ÆLF. *Gl.* 154; fragili .. calatho, vase, ~a, *on lytlum fæte GlP* 159. **b** Moyses exponitur in ~a scirpea secus flumen AD. DORE *Pictor* 154; scirpea fiscella Moysi GARL. *Epith.* VII 245; que latoris es fiscella [v. l. phicella] / nove legis et cistella WALT. WIMB. *Virgo* 63.

2 cheese-basket.

~a, ubi forma [? l. forma ubi] casei exp[r]imuntur *GlC* F 191; ~us, mollis casei appetitor OSB. GLOUC. *Deriv.* 239; ficellus *Ib.* 207 (v. fiscina a); GIR. *IK* II 11 p. 141 (v. exprimere 1c); nec fiscina [*gl.*: *fessel, fiscele, che[s]fat*] nec ~a careat [rusticus], in qua lac a multra diligenter susceptum et sepius expressum crebra coagulatione in formam casei transeat NECKAM *Ut.* 110; **1267** custus daer' .. in j ficello empto ad idem iij d. *Pipe Wint.* 159308 r. 24; **1281** habebunt .. unum caseum de fesella redditus domini et dictam fessellam plenam sale ad faciendum convivium quod vocatur *medsyp CoramR* 60 r. 33d.; **1282** daeria: .. in iij ~is emptis viij d. *Ac. Man. Wint.* (*Michelmersh*); **1306** dat' Willelmo le Tornor pro faciendo j ficellam, j pondus viij lib' *MinAc* 856/15 m. 3d. **1311** custus daerie: .. in ligatura unius ficelle ij d. ob. *Ib.* 856/17 m. 3.

3 wicker fish-trap, fish-basket; **b** (fig.).

fiscillis, *sprinclum GlC* F 171; ~a, *spyrte* vel *þruh GlP* 867; **c1180** piscator .. ~as suas in captura piscium non possedit (*Cart. Lilleshall* 80) *Antiq. Salop.* VIII 237; *a byche*, ~a, fiscenula, nassa *CathA.* **b** intellectus .. ab aquis humane fluiditatis sensuum assumitur de ~a viminea morum et motuum animi R. NIGER *Mil.* II 1.

4 skep for bees (in quot., fig.).

Hugo Fontes adiit et advertens .. apparere humili petitione ex illa felicissima †fistella examen *MonA* V 418a.

fiscenaria v. piscenaria. **fiscenula** v. fiscinula. **fiscilla, ~us** v. fiscella.

fiscina [CL], basket. **b** cheese-basket.

fiscinum, corbis *GlC* F 207; hec ~a, -e, i. corbulus ex junco et stramine factus .. et inde hec fiscinula, -e, et hec fiscella, -e, diminut., et hic ficellus, -i, i. casei mollis appetitor OSB. GLOUC. *Deriv.* 207. **b** NECKAM *Ut.* 110 (v. fiscella 2); ~a, *feissel Gl. AN Glasg.* 20va; **1285** daeria: .. et j d. in j fissina empta *MinAc* 1070/6; **c1300** custus dayerie: .. in ij †fucinis [l. fiscinis] emptis iiij d., et in novis bokettis emptis vj d. ob. *FormMan* 33; *PP* (v. casearium); *a kyrne*, cimba, ~a *CathA*; **1508** pro ij ~is empt' in foro vj d. *Ac. Durh.* 105.

fiscinula [cf. fiscina 3, piscinula], fish-basket.

OSB. GLOUC. *Deriv.* 207 (v. fiscina a); fiscella, parva fiscina que et ~a dicitur *Ib.* 240; ~a, *fish lep Medulla* 28ra; fiscenula *CathA* (v. fiscella 3).

fiscum v. viscum.

fiscus [CL]

1 basket.

~os, *tænelas GlN* 1. 3875 (v. fiscella 1a, ALDH. *VirgP* 38).

2 royal treasury; **b** (w. ref. to royal ownership). **c** royal revenues, taxes.

publicani .. qui conductores sunt vectigalium ~i vel rerum publicarum BEDE *Mark* (ii 15) 150; ~o, puplico domini[o] Caesaris *GlC* F 183 (cf. ib. 161, 168); **9..** ~i, *cynedomes WW*; ~us vel saccus publicus, *biggyrdel*; saccus vel ~us, *kingesgafoles bigerdel* ÆLF. *Gl.* 117, 153; hic ~us, *gurle*, i. *bigurdel WW sup.* 49; tributis et cunctis rebus ad regium ~um reddendis ORD. VIT. IV 1 p. 165; dolens per servorum potestatem tam immania ~i detrimenta fieri MAP *NC* V 5 f. 64; dum aufert ~us quod sibi vindicat Christus GIR. *EH* I 46; transtulit ad sedem se Cartusiensis ad edem: / sic cepit Cristus, voluit quem tollere fiscus; / quem Cristus duxit, fiscus sine jure reduxit GOWER *CT* II 221. **b** volucres celi et pisces maris communes esse audieras, sed he [fere] ~i sunt, quas venatica exigit ubicumque volant J. SAL. *Pol.* 396B. **c 933** munitus ab omnibus secularibus servitutibus, ~is regalibus, tributis majoribus et minoribus *CS* 694 (cf. ib. 447 [†884]); **956** sine ~o regali *CS* 973; ~us, *gafolgyld GlP* 548; rex Guillelmus omne regnum suum diligenter investigavit et omnes ~os ejus .. describi fecit ORD. VIT. IV 7 p. 224; Ludovicus .. rex Aquitanie cum omni bonitate de ~is sui juris .. monasterio dedit *Ib.* VI 3 p. 10.

3 (source of) revenue, fief; **b** (fig.).

Geroius .. postquam Hilgonis ~um .. optinuit ORD. VIT. III 2 p. 26; ut si eidem forisfacerent, non eos per domos eorum sed per alium ~um castigaret *Ib.* 12 p. 132; plerique Francorum, qui binis cogebantur dominis obsecundare pro ~is quibus abunde locupletati sub utriusque regis turgebant ditione *Ib.* X 5 p. 21; Normannia ~us regalis erat H. HUNT. *HA* VI 18; Goredus .. pertransiens per regni sui pagos orientales, suo ~o totam Heliensem insulam applicavit *Chr. Angl. Peterb.* 23. **b** perrexit mulier Mauro futura ~us diaboli *Latin Stories* 2.

fishfeum [ME *fishfe*], rent paid in lieu of supplying fish (*cf. Cust. Rents* 33–4).

c1182 summa †glabli [l. gabli] totius anni sine operariis cum fisfeo et molend' cum aliis consuetudinibus *RBWorc* 149 (cf. ib. 504 [**1303**]: de quadam certa consuetudine que vocatur *fyshfee* ad festum S. J. Bapt.); **1203** sint quieti de *hundredesfeha*, *wardefaher*, et *thethingpeny*, et *fisfeha*, et franco plegio *Reg. Heref.* 94 (= *RChart* 106: †fiffegha).

fisica v. vesica. **fisicus** v. physicus. **fisillus** v. fusillus. **fisis** v. physis. **fisonomia** v. physiognomia.

fissiculare [CL = *to divide entrails*], to pronounce, proclaim.

fisiculant, i. prophetant *GlH* F 313; ~o, -as, i. prophetare vel pronuntiare OSB. GLOUC. *Deriv.* 231; physiculo, -as, i. divinare, et inde physiculator, physiculatus *Ib.* 464; si vero invenerit os tintinnabula / felicis foruli, palmam phisicula! WALT. WIMB. *Sim.* 47.

fissilis [CL], easily split, fissile.

~is, qui cito potest findi OSB. GLOUC. *Deriv.* 240; lignum ~e cubito perforato lacertum perstrinxerat W. CANT. *Mir. Thom.* II 27.

fissina v. fiscina.

fissio [CL], cleaving, splitting; cleft, split.

immundum est pecus quod ruminat et non findit ungulam. ~o autem ungule accipitur pro discretione BELETH *RDO* 58. 64; findo, -is, .. inde .. hec ~o, -nis, et hec fissura OSB. GLOUC. *Deriv.* 207; hoc villos potest quilibet visu discernere in ~onibus arborum GROS. *Hexaem.* IV 30 p. 155.

fissor, splitter; in quot., breaker (of stones).

1203 ~oribus lapidum ad petrarias et mangonellos *RNorm* 100.

fissorium [cf. DuC s.v. fissorium, fixorius], axe, cleaver, or sim.

1408 extraxit sanguinem .. cum fixorio *CourtR Ottery St. M.*; **1464** minatus est percutare (*sic*) deponentem pugno et .. ipse deponens cepit extrahere fixorium .. et insequebatur eum cum fixorio extracto et percuciebat eum cum fixorio .. et cuspis fixorii infixit caput ejus *Reg. Heref.* 96.

fissula v. fusillus. **fissum** v. findere, scyphus.

fissura [CL]

1 cleaving, splitting.

OSB. GLOUC. *Deriv.* 207 (v. fissio); **1355** in ~a ducentorum bordorum thacgorum iij s. (*KRAc*) *Building in Eng.* 243; **1450** pro ~a et carriagio de *lez stakez* ad opus predictum *Ac. Durh.* 632; **1453** diversis hominibus pro prostracione, †fissure [l. fissura], et cariagio focalii pro expensa hospicii *Ac. H. Buckingham* 23.

2 cleft, split, fissure. **b** (her.) 'fissure', narrow bend sinister.

Altercatio 59 (v. farcire a); **10..** rima vel ~a, *cinu WW*; filia militis .. lingue ~am patiebatur W. CANT. *Mir. Thom.* IV 45; inter ~as ungularum GIR. *TH* II 21; lapis .. crepuit medius ~am per medium adhuc pretendens *Id. EH* I 38; unde fiunt nuclei rugosi et ~as in superficie habentes *Quaest. Salern.* B 65; [fumositates] que vero habiliores sunt ad consumptionem, dum exteriori aere consumuntur, ~a in ungulis consumitur *Ib.* C 26; fixuras terre M. SCOT *Part.* 296 (v. fistula 4b); fixuris *Ps.*-RIC. *Anat.* 44 (v. fistula 5); ragadia, i. ~a de sole vel frigore nata in pedibus vel alibi *SB* 36; hec egritudo .. facit fixuras in multis partibus corporis sicut in superciliis et extremitatibus corporis GAD. 46v. 1; **1431** omnes subditi cum capis pluvialibus sine ~a pro manibus equitent *Cap. Aug.* 82. **b** ~a est illa que incipit a sinistris ipsius scuti et protrahitur versus dexterum angulum ejusdem, ut hic: portat de rubeo cum ~a de argento, G. *il port de gowlis une fissure d'argent* BAD. AUR. 191; ~e in sinistro cornu scuti incipiunt, et protrahuntur ad dexteram partem scuti inferius .. et iste ~e tot modis variantur quod modis fiunt .. bende. fiunt namque ~e plane, ingradate, invecte, et fusulate .. et istas ~as portare solent, et saltem deberent bastardi UPTON *Mil.* 243; SPELMAN *Asp.* 89 (v. 1 fessa 2).

3 splinter, strip.

manus ei .. ministrantium folliculas venenosas et minutas, instar pelliciarum villosarum et ~arum †pelliciesarum [l. pelliciosarum] diutius extraxit; sicque .. per vulnus S. Cuthberto illatum effluendo tales ~as emittere non desiit quas manus assistentium .. extrahere attentius non cessavit R. COLD. *Cuthb.* 138; [zona] erat .. ex textura triplex, sed ignobilis, utpote compacta de veteribus pannorum ~is *Id. Godr.* 258.

fissus v. findere. **fistella** v. fiscella.

fisticata, confection made w. pistachio nuts, used also as electuary.

1303 pro xxix gurd' et pixid' magnis et parvis gingebrad' et festucad' et pynonad', xiiij lib. dim. albi pulveris, ccxlv lib. diversorum electuariorum et confectionum *KRAc* 363/8 f. 29; **c1305** super expensis hospicii .. de festucad' *Ib.* 370/27 m. 2; **1307** pro portag' .. iij panier' de pix[idibus] gingebrad' et festucad' .. empt' in nundinis S. Bothulfi *Ib.* 368/30 m. 6; dentur electuaria sicut .. diaprassium, pinochada, festicata GAD. 55. 2; item fistici valent eis .. etiam ~ata valent facta *Ib.* 73v. 2; dedi patienti .. in magna quantitate fisticadam et fisticos sicut si esset panis *Ib.* 97v. 1.

fisticula [cf. fistula], little pipe.

hec †fusticula [? l. fisticula], *a lytyl pipe WW.*

fisticulus v. fusticulus.

fisticus [Ar. *fistiq, fustuq* < πιστάκιον], 'fistic', pistachio (nut). *Cf. fusticus* b, *pistacium.*

utantur .. omnibus similiter fructibus stipticis, ut sorbis .. piris magnis, prunellis, ~is, avellanis, amigdalis [etc.] GILB. V 218v. 2; recipe .. maratri se[minis] ulmi, ~i, piperis longi, costi [etc.] *Ib.* VII 286v. 1; nutrientes debere esse .. quedam res simplices inter quas sunt meliora grana pini et festuce BACON IX 36; [veruce] parve curantur cum ~is et amigdalis amaris GAD. 29. 2; ~us fructus est testam habens et nucleum *SB* 21, *Alph.* 67.

fistil- v. fistul-.

fistra, centaury.

feltrike, ~a, -e *PP* (cf. ib. 598: *feltryke, herbe*: ~a, fel terre, centaurea).

fistuire v. fistulare.

fistula [CL]

1 pipe, tube, esp. for supplying water. **b** (med.) a narrow tube for applying medicaments, catheter. **c** (eccl.) eucharistic reed, straw (for drinking from chalice). **d** spout (for pouring). **e** (fig.) channel, duct.

aqueductum .. per quem amnis a montanis fontibus .. urbi illabitur; qui ereis ~is postmodum divisus universis palatiis quondam influebat GREG. *Mir. Rom.* 18; si .. rivus per ~am currat a fonte usque ad lacum, .. ANSELM (*Incarn. B* 14) II 33; [Henricus] a quodam clerico ~am tulerat argenteam qua pueri ludo aquam jaculantur W. MALM. *GR* II 193; ab ore .. tuo, quasi per ~as, ad aures meas omnis illa cogitatio deducta est W. MALM. *GR* III 263; cum plumbeam ~am in imo transfossi collis collocaret W. CANT. *Mir. Thom.* III 1 p. 253; fontem quem Pistildewi ['*St. David's waterfall*'], id est fistulam David vocant, quia quasi per ~am quamdam .. fons dilabitur GIR. *IK* II 1 p. 109; **1365** quendam aqueductum subterraneum a fonte predicto usque ad mansum suum in Salopia facere ~asque aqueductus illius subtus terram .. ponere *Pat* 272 m. 29; **1443** (v. 2 algea c); hec ~a, est instrumentum in quo aqua currit: arbor aqueductus est fistula, musica, morbus (*Vers.*) *WW*; **1500** ~as aquales in hujusmodi terram nostram imponere et aquam in eisdem ~is pacifice conducere *MS Devon R. O.* W1258/G4/39; **1512** pro reparacione plumbearum ~arum, A. *spoutis Reg. Merton* 426. **b** siringa est ~a subtilis cum qua medecina mittitur in vesica *SB* 39. **c** monachi preciosa queque in ecclesia sumentes, cruces .. calices, patenas, pelves, situlas, ~as, cifos, scutellas aureas et argenteas, ut pretaxatum explerent pecunie numerum *Lib. Eli.* II 111 (cf. FL. WORC. II 21). **d** **1388** [phiale] minores argentee et deaurate cum ~is. .. parva argentea cum ~a sola tantum (*Invent. Westm.*) *Arch.* LII 237 (cf. *Fabr. York* 216 [**c1500**]: alia phiala argentea .. cum ij *le spowtes*). **e** R. NIGER *Chr. II* 117 (v. haeresis 3b); sic enim sumus cum antiquis patribus una spiritus sancti ~a WYCL. *Ver.* II 152.

2 pipe, pipes (as musical instrument). **b** seven-reed pipe. **c** recorder. **d** bag-pipe. **e** organ-pipe; **f** (transf. to columns resembling pipes). **g** (fig.) poetic voice.

~a, *hwistle* ÆLF. *Gram.* 302; quod proportiones ponderum faciunt in .. cymbalis, idem eedem .. faciunt .. in ~e foraminibus ratione profunditatis sive amplitudinis ADEL. *ED* 27; vulgus sonitum follium, crepitum cymbalorum, harmoniam ~arum .. miratus AILR. *Spec. Car.* II 67. 571; pedicas parare avibus, laqueos texere, allicere modis vel ~a, ac quibuscumque insidiis supplantare, ex edicto sepe fit criminis J. SAL. *Pol.* 396B; aures demulcet fistula blanda tuas NECKAM *DS* IX 134; in eodem loco calamus natus est unde sibi pastor quidam ~am fecit ALB. LOND. *DG* 10. 7; **1272** quod .. Stephanus de P. .. quandam ~am a quodam bercario .. abstulerit et .. bercarius .. ipsum cum clamore et uthesio insequeretur *Pat* 90 m. 4*d.*; *Stat. Linc.* I 386 (v. fistulatio); ~am de calamo factam syringe ad os suum ponebat *Deorum Imag.* 6; ad portam .. cum omni mansuetudine sine tumultu tube sive fistile rex pius intravit STRECCHE *Hen. V* 175. **b** Pan .. ~am gerit vij calamorum propter harmoniam celi ALB. LOND. *DG* 8. 2. **c** **1418** reddendo .. unum par ~arum vocatarum *recordours* ad festum Natalis Domini *RNorm* 258. **d** STANIHURST *Hib.* 39 (v. fistulator). **e** organum est generale nomen vasorum omnium musicorum, specialiter tamen appropriatum est instrumento ex multis composito ~is cui folles adhibentur [ME: *þe instrument þat is ymade of many pipes and yblowe wiþ belyes*] et hoc solo musico instrumento utitur jam ecclesia in prosis, sequentiis, et hymnis, propter abusum histrionum rejectis aliis fere instrumentis BART. ANGL. XIX 132 p. 1254; sive fuerit in cordis sive in ~is organorum sive in cimbalis *Mens. & Disc.* (*Anon. IV*) 65; ad similitudinem autem monochordi sunt organa construenda, quod ~e breviores seu graciliores acutius sonant, longiores et grossiores gravius ODINGTON 84. **f** sunt .. alie quatuor [columpne] ad similtudinem istius quas Romani ~as vocant marmoreas GREG. *Mir. Rom.* 25. **g** hanc tamen, hanc citius lugubris, mea fistula, partem / desere ne pereas lacrimarum gurgite mersa ALCUIN *SS Ebor* 1568; **798** si inmites animos aliquid Flaccina valeat ~a mulcere *Id. Ep.* 149; **a800** si tua taceat mihi ~a, .. *Ib.* 191; cujus laudes minus fide, / quamvis manu tacta Mide, / personaret fistula WALT. WIMB. *Virgo* 79.

3 (barrel of) gun or cannon.

fertur .. homo .. facta ferrea ~a et pulvere confecto machinam reperisse ac ejus usum Venetis in .. bello .. ostendisse .. [anno] MCCCLXXX P. VERG. *De Rerum Inventoribus* Basel 1545 II 11 p. 116; appellatur arcusbusius a foramine opinor quo ignis in pulverem ~a contentum immittitur *Ib.* 117; ferrearum usus ~arum jam tandem apud eos increbruit STANIHURST *Hib.* 42.

4 naturally occurring tube, duct, or sim.: **a** (in the body). **b** underground pore or cavity. **c** elephant's trunk.

a ~as, arterias, *earþyrel GlH* F 316; si comedit fungos, ipsi .. ex se emittunt fumositatem que veniens ad cor opilat ~as et meatus ipsos vel ipsius *Quaest. Salern.* B 84; ~a .. pulmonis RIC. MED. *Anat.* 221 (v. 1 canalis 2b); dicit Augustinus [*Super Genesim* VII 10] has ~as procedere a medio cerebri KILWARDBY *SP* 41vb; de ~a lachrymali oculi GAD. 121. 2. **b** in ventre terre sunt saxa sulphuris vivi et petre calidissime nature et in eisdem partibus sunt multe vacuitates quas venas appellamus et ~as .. et ventus qui spirat per orbem reperit fixuras terre in extremis partibus et cavernas qui dum intrat in eas non revertitur retrorsum, ymo flat antrorsum de vena in venam et de ~a in ~am et sic tentans loca cavernosa pervenit ad has vacuitates M. SCOT *Part.* 296; terris frugifera, auro habundans, cavernis et ~is penetrabilis, ventis et sulphure plena BART. ANGL. XV 150; salsas undulas / scimus dulcescere. quando per rimulas / terrarum transeunt et artas fistulas WALT. WIMB. *Carm.* 34. **c** omnium animalium quidam habent labia ex quibus dicitur os, quidam non labia sed aliquid loco oris et tunc dicitur musum vel grugnum vel rostrum vel ~a. .. quidam musum ut canis, quidam rostrum ut aquila, quidam foramen ut elephas M. SCOT *Phys.* 21.

5 (med.) fistula, narrow pipe-like suppurating sore or ulcer (also fig.).

in tui cordis ulcere / scis fistulam obrepere P. BLOIS *Poems* 1131B; tres ruptionum pustule, instar grassantis ~e, circa medium ipsius pectoris proruperunt R. COLD. *Cuthb.* 113; W. CANT. *Mir. Thom.* II 20 (v. 1 ficus 4); ~am patiebatur in virga virili .. que in putredinem resoluta est *Ib.* II 21; tibiam ejus et pedem dexterum ~a occupaverat et per multiplices meatus effluens artus illos inutiles pene sibi reddidit J. FURNESS *Walth.* 131; nervorum .. ruptura pro putrefactione, vel ~a, vel cancer *Quaest. Salern.* B 120; apostemate, quod .. jam in ~am conversum fuerat, .. afflictus GIR. *PI* III 13; BACON IX 151 (v. cancer 3); conferunt .. doloribus gingivarum .. et ulceribus et ~is et fixuris que sunt in eis *Ps.*-RIC. *Anat.* 44; ~a dicta est quia ejus orificium est rotundum et strictum ad modum fistule vel canne GAD. 126v. 1; emplastrum .. ad cancrum et ~am J. MIRFIELD *Brev.* 90.

6 (in plant names): **a** (*cassia ~a*) cassia, esp. used as medicament. **b** (*~a bufonis*) fumitory. **c** (*~a pastoralis, cf. 2 supra*) water plantain.

a ~a quae et cassia dicitur inter aromaticas adnumeratur arbores BEDE *Cant.* 1146; multum appetunt et multum possunt ut .. magister Villelmus Chers cum cassia ~a *Quaest. Salern.* B 8; GILB. I 17v. 1 etc. (v. 2 casia b). **b** ~a bufonis, fumus terre idem, calidus est in primo gradu, siccus in secundo *SB* 21. **c** Alisma Dioscoridae est recentioribus ~a pastoralis, officinis et herbariis plantago aquatica, aliquibus barba sylvana, nostratibus *water plantane or water waybrede* TURNER *Herb.* A 2.

fistulare, ~ari [LL], **~ire**

1 to play on a pipe, whistle.

a findo .. hec fistula, -e, unde hic fistulator, -ris, et †fistuo, -is [MS: fistulo, -lis], i. cum fistula canere OSB. GLOUC. *Deriv.* 207 (cf. ib. 240: †fistuire, cum fistula canere); Mercurius ~abat ita jocunde et ita gratiose quod .. HOLCOT *Wisd.* 130; *to whewe*, ~are *CathA*; *to pipe*, ~are LEVINS *Manip.* 141.

2 to drink though a straw. *Cf. fistula* 1c.

sanguissuga vermis .. habet .. os triangulum et more ~antum sanguinem sugit MALACHY *Ven.* 21.

3 (pass.) to be afflicted w. *fistulae*, be or become ulcerated.

quare apostema .. debet incidi ne ~aretur *Quaest. Salern.* B 83; quoniam ~atur locus juxta oculum et nasum, exit putredo per parvum foramen GILB. III 143v. 2; potio ~atis optima *Ib.* VII 332. 2; generantur apostemata et ~antur membra BACON *Tert. sup.* 6; ulcus profundum est ~atum GAD. 53. 1; si vulnus fuerit ~atum *Ib.* 121. 2.

fistularia, (?) bugle (*Ajuga*) or bugloss (*Anchusa* or *Echium*). *Cf. fistula* 6b.

Alph. 24 (v. bugla).

fistularis, ulcerated.

vulnera .. alia .. sunt ~ia, alia cancrosa et herpetica GAD. 121. 2.

fistulatio, whistling.

horas noctium per fistulam sufflabit .. ut per ~onem et orologium horam pulsandi matutinas poterint determinate cognoscere pulsatores *Stat. Linc.* I 386.

fistulator [CL], piper.

OSB. GLOUC. *Deriv.* 207 (v. fistulare 1); antecedente eam ~ore vel aliquo ministrallo ludum faciente *Cust. Fordwich* 7; hic fistilator, A. *a piper WW*; utuntur Hibernici .. lignea fistula .. cui saccus ex corio compositus .. adherescit. ex pellis latere fistula per quam quasi per tubum ~or inflato collo et buccis fluentibus inflat. tum pellicula aere farcta turgescit [etc.] STANIHURST *Hib.* 39 (cf. bucinator).

fistulatrix, piper (f.).

hec fistilatrix, *a piper wyfe WW*.

fistulista, piper.

~a, A. *a pypere WW*.

fistulosus [CL]

1 tubular, resembling a pipe.

urinarii meatus, candidi, ~i, ac tensiles D. EDW. *Anat.* B3v.

2 permeated by pores or ducts.

quod fistulosum est, dic, queso, qualiter / acumen habeat et pugnat acriter; / nam mucronatum est et cavum pariter / quod cutem terebrat vix visibiliter WALT. WIMB. *Carm.* 397.

3 ulcerated.

c1175 is effectus ~us ad extrema fere deductus est J. SAL. *Ep.* (323) (= W. CANT. *Mir. Thom.* VI 57); MAP *NC* II 2 (v. calculosus); os ~um non curatur quo[u]sque totum auferatur GAD. 126v. 2.

fisula v. fusillus. **fisus** v. 2 fidere, 1 figere 3b. **fithelbord'** v. fetherborda.

fither [dub.], (?) great gut.

tege trifidum jecor et ilia / marsem, reniculos, fithrem [*gl.*: *snædelþearm*] cum obligio (*Lorica*) *Cerne* 87 f. 44, *Nunnam.* 94; fither, *snædelþearm GlH* F 387.

Fitius v. Pythius. **fiton, ~issa** v. python, ~issa. **fiurare** v. jurare.

fixare [*backformed from* fixus *p. ppl. of* figere], (alch.) to 'fix', reduce a volatile spirit or essence to a stable form not affected by fire or other agent of change.

si autem virtus seminativa tante fortitudinis quod ipsos spiritus inclusos ~et et in suam propriam naturam convertat in instanti M. SCOT *Sol* 719; quia quod est fixum ~at, .. coagulatum coagulat *Ib.*; quando natura mercurialis in sua natura, que est fluxibilis, penetrans, ingrediens, et perficiens quantum est de se statim et totaliter in opere stat, quia ~atur cum suorum virtute spirituum et in sua humiditate ex qua fit fusio ingressio et fixio stans *Ib.*; ignis elementalis est qui ~at, calcinat, et comburit RIPLEY 136; quamvis Raymundus ~avit has tincturas super calces auri et argenti *Ib.* 372.

fixatio

1 fixing, determining.

totus ordo ecclesiasticarum solemnitatum confunditur per hujusmodi primationes erroneas secundum kalendarium, sicut per equinoctionum falsam ~onem [v.l. fixionem] BACON *Tert.* 289.

2 (alch.) 'fixation', process of reducing volatile spirit or essence to stable form not affected by fire or other agent of change *Cf.* 2 *fixio* 4.

sunt igitur claves artis congelatio, resolutio, inceratio, projectio. sed alio modo purificatio, distillatio, separatio, calcinatio, et ~o BACON *NM* 548; argentum est corpus mundum .. ex argento vivo puro, fere fixo, .. et deficit ei pauca ~o *Spec. Alch.* 378; qui fundavit terram super bases suas ne moveat se in seculum (ibi est elementorum ~o) RIPLEY 152; pro sublimacionibus et ~onibus *Ib.* 187.

fixator [*perh. for* ME **piccher* = *pitcher*], (class of farm-labourer), or (?) *f. l.*

c1400 in stipend' j reperevi, j tassatoris et j fixatoris [*sic* MS; ? l. furcatoris] in autumpno *MinAc Essex* (*Foulness*) D/DHt M 45 m. 2.

fixe [LL], fixedly.

'Argivum majorem dabo tibi'. hec dictio 'majorem' .. potest dici quod non tenetur pure adjective sed ~e et includit in se articulum GERV. MELKLEY *AV* 46; non de eo [sc. magistro R.] adhuc ~e determinatum est, sed pendet factum ad vestre voluntatis sententiam AD. MARSH *Ep.* 48; **1452** (v. eradicare 4a).

fixiezodus v. psychiexodus.

1 fixio v. 1 fictio.

2 fixio [LL]

1 (action of) fastening or fixing (in place).

sollemnitas tabernaculorum quae in evangelio [*John* vii 2] Graece scenopegia, id est ~o tabernaculorum, nuncupatur BEDE *Ezra* (iii 4) 828; jussa est autem fieri tabernaculorum ~o quod Graece dicitur σκηνοπηγία *Ib.* (*Neh.* viii 14–15) 906; [Judei] celebrant .. scenophegiam in Septembri, quod sonat ~o †tabernalorum [l. tabernaculorum] BELETH *RDO* 131. 135 (cf. ib. 133. 138); **1188** per crucis .. fictionem (v. ambitio 2); dies expiationis et buccinationes et tabernaculorum ~ones GROS. *Hexaem.* IX 10 p. 284; **1459** rex remisit .. omnen accionem .. penes finctionem sigilli *RMS Scot* 690; per positionem et ~onem palorum et pilorum *Entries* 646b.

2 fixing, determining: **a** (by calculation); **b** (by agreement; *cf.* 1 *figere* 6).

a error major .. de ~one equinoctiorum et solstitiorum BACON *Tert.* 275 (cf. ib. 289: fixationem). **b** **1531** pro ~one stagni molendini in Acley, per annum xij d. *Househ. Bk. Durh.* 23; **1539** pro ~one stagni molendini super solum domini prioris .. ad terminum lix annorum ij s. *Feod. Durh.* 307.

3 fixity, fixed position or state.

quod est pes, sustamentum, et ~o inclinationis forme SICCAV. *PN* 74; sempiterna ~o stellarum fixarum *Ib.* 23; in orizontis ~one SACROB. *Sph.* 3 p. 103; in superficie oculi exterius ponitur conjunctiva que .. non totum tegit oculum sed consistit in angulis oculorum, eos sc. ligans et retinens ut in debita maneant ~one BART. ANGL. V 5; **1238** fixa ut ostia, fenestre, trabes, muri et parietes .. et sedilia ~onem manentem tenentia GROS. *Ep.* 63; ad oppinionem Platonis ponentis ipsa esse essentias vel ydeas separatas stantes in sui ~one per se BACON VII 4; rationem universalem .. in qua et per quam omnes habent ~onem *Ib.* VIII 34; quedam entium sunt in successione et transitu de sua essentia, ut motus et tempus, quedam autem sunt in permanentia et ~one, sc. essentialiter KILWARDBY *Temp.* 1; habitus scientie manet incorruptus; majoris autem ~onis est habitus gratie et virtutis quam habitus scientie .. ergo non potest ita corrumpi PECKHAM *QR* 94; talia possunt propter ~onem [tam] inesse quam esse .. LUTTERELL *Occam* 2. 20; item omne de se fluxibile et informe, ad hoc quod figatur stabiliter et formetur, necessario indiget aliqua ~one et forma ipsum immediate figente atque formante BRADW. *CD* 163A; animal secundum partem corpoream non gignit distinctam noticiam per recepcionem similitudinis ab aliquo simillimo, sed confunditur noticia sensus per notabilem ~onem speciei in suo primo organo extranei accidentis WYCL. *Log.* II 141.

4 (alch.) 'fixion', 'fixation'. *Cf. fixatio* 2.

sublimationes penitus non commendo sed commendo fictiones (M. SCOT) *Med. Cult.* 155; [oleum] quod .. fixatur in pulverem siccum, primo cum igne lento, et postea cum fortiori, et proba ~onem illius .. RIPLEY 142.

fixitas, fixity, fixed position.

loqui de principiis nature secundum originem, radicationem, et ~atem, et sic unum est principium, quod est materia BACON VIII 5.

fixitudo, (phil.) fixity.

propter ~inem in esse et agere LUTTERELL *Occam* 35. 217.

1 fixorium v. fissorium.

2 fixorium [cf. TLL, Papias], fixing, nail.

[crux] cum sit in ecclesia inclusa, nullo fixorio firmatur, verum in aëre stans sine firmamento, osculum porrigentibus se offert, contactum manuum fugit GERV. TILB. III 47.

fixula [CL], small brooch.

hec ~a, -e, i. fibula que ad firmandum pallium infigitur OSB. GLOUC. *Deriv.* 231.

1 fixura v. fissura.

2 fixura

1 fastening or fixing (of nail or sim.).

~a, pictura, factura [etc.] ALDH. *PR* 124; comes .. dum per agrestia rura graderetur, spine latentis sub herbis inculte telluris ~a in pede lesus est ORD. VIT. IV 15 p. 274; Thomas .. palpavit latus Domini et ~as clavorum P. BLOIS *Ep.* 46. 136B; Cristus cruci appensus in superiore parte per ~as clavorum in manibus impressas reseratus est ALEX. BATH *Mor.* III 66 p. 178; propter ~as clavorum et passionem et redemptionem BACON *Maj.* II 246; arbor .. cum acuta spina istum .. in pupilla oculi sui dextri fixit et vulneravit, et visum utriusque oculi ob dolorem dicte ~e et vulneris amisit *Canon. S. Osm.* 75; **1460** pro .. clavis et corrio pro ~a ejusdem panni dicte tabule *ExchScot* 582; ~a, A. *prykkynge or festenynge WW.*

2 fixing (in position). **b** setting (of gem).

1341 ballivis burgi de Sunderland pro ~a yararum in Were viij s. *Ac. Durh.* 539; **1429** (v. grata 1); **1489** pro emendacione et ~a ymaginum circa tumbam S. Cuthberti *Ib.* 480; **1533** pro .. removendo tumbam .. et pro ~a ejusdem tumbe iterum x s. *Comp. Swith.* 219. **b 1297** lxvj saphiros majores et minores .. in xj ~is *KRAc* 354/12.

fixus v. figere.

flaba [cf. flabrum 2a, 1 flabellum 2], bellows.

1344 de .. ij ferr' ad clavos faciend', ij paribus ~arum, j ferr' vocato *le folur* .. in domo fabr' *KRAc* 23/32 m. 1.

flabanus [cf. TLL], swain, swineherd. (*Cf. GlM* 83–5; Forcellini would read *flabarius, custos corporum* and explain as *nomen a flabra, qui flabello muscas abigit a cadaveribus publice expositis*).

~anus, *suan GlC* F 218; ~anus, custos porcorum *GlH* F 432; **9..** ~anus, *swan WW*; ~anus, custos porcorum, subulcus, scrofarius OSB. GLOUC. *Deriv.* 246.

flabellare, to fan. **b** (intr.) to wave about like a fan.

cur ad frigiditatem faciendam aer ~ando ventiletur ADEL. *QN* 34; pulmo est membrum molle .. pennulas habens, quibus cor ~at RIC. MED. *Anat.* 221; ?**1246** sufficit hoc unum .. ad ~andum et excitandum illum magnum ignem qui intra vos clauditur ut erumpat in flammam GROS. *Ep.* 120; si sol vel ignis sint calidi, ponantur in loco frigido, ~entur cum panno lineo aerem infrigidante GAD. 20. 2. **b** ~ant fimbrie veli J. GODARD *Ep.* 233.

flabellatio, fanning.

ut, cum uterque aer calidus sit, exterior tamen minus calescit, cum ~o adhibetur .. ADEL. *QN* 34 p. 40; potest stringi sudor per discooperturam pannorum et per ~onem et per jectionem aque GAD. 44V. 2.

1 flabellum [CL], **~a**

1 fan; **b** (for keeping off flies); **c** (liturg., partly fig.); **d** (fig.).

†scabellum [l. ~um], *windfona GlC* S 113; ~um, parvus ventus *GlH* F 434; cum ~a admovemus, id ideo .. facimus ut calorem nostrum .. refrigeremus ADEL. *QN* 34; se negat aula tibi tenui defensa flabello WALT. ANGL. *Fab.* 36. 27; pulmo est ~um quo cordis calor refrigeratur GARL. *Dict.* 122. **b** flavellum, muscarium *GlC* F 248, *GlH* F 421; nisi magna pars ipsorum ab inquietudine muscarum vicissim ~is defenderet ora sociorum ORD. VIT. VIII 2 p. 274; hoc ~um, -li, i. illud unde muscas abigimus OSB. GLOUC. *Deriv.* 208; musce .. quas utinam Abraham cum ~o abegisset a sacrificiis GIR. *GE* II 33; cui [musce inquit] formica "tu .. ut odiosa fugaris, ~o abigeris" J. SHEPPEY *Fab.* 10; **1359** duo flagella pro muscis fugandis (*KRAc* 393/4 f. 6) *Arch. J.* V 204. **c** [cogitationes] que tanquam musce .. hora presertim sacrificii glomeratim irruentes .. Spiritus Sancti ~o repellantur H. BOS. *Thom.* III 13 p. 217; **1220** item flavellum unum argent' quod dominus episcopus contulit ecclesie, fractum *Reg. S. Osm.* II 128 (= *Process. Sal.* 170); ij ~a de fusto et pergameno *Ib.* 135 (= *Arch. J.* V 203: ~a de †surto); **1346** unum ~um de serico cum virga eburnea *Reg. Roff.* 554 (= *Arch. J.* V 203). **d** varia est [femina] et inconstans, leviterque lingue solum plectrum ad loquendum; et quicquid urget intrinsecus in cogitatione, lingue ~um exterius in auras eventilat J. GODARD *Ep.* 228 (cf. 2 flagellum 1d); graciam infundens in corde militis sui domini G. de Warewyk, volens per ipsum .. rapacitatis comitivam avium et bestiarum ab ea ~o militari dispergi *Flor. Hist.* III 151.

2 bellows.

1224 in pari ~arum pro *le colpeyt Sacr. Ely* II 42; **1292** pro j flavello empto ad aurifabrum *Ib.* 18; **1500** pro glutino ad sarciendum ~a organorum *Cant. Coll. Ox.* II 230.

3 (by conf. w. *flagellum*): **a** swing-bar (of gate). **b** clapper (of bell).

a 1355 (v. flagellum 4). **b** s**1247** (v. flagellum 5).

2 flabellum v. 2 flagellum.

flabilis [CL], of the nature of wind or breath, airy.

~em, i. vitalem, *liflicne GlP* 461.

flabralatio, blowing of wind.

set per ~onem .. de fumo ambiguitatis prodiit lux veritatis GROS. *Dicta* 72.

flabrum [CL]

1 (pl. only) gust or blast of wind.

c**675** contra gelida brumarum ~a e climate olim septentrionali emergentia ALDH. *Ep.* 3; mutatione ~orum vel nubium BEDE *TR* 25; licet irruat aequora ventus, / saeviat aut pelagus validis motabile flabris HWÆTBERHT *Aen.* 54 (*De ocheano pisce*) 4; extensaque avidis volitabant carbasa flabris *Mir. Nin.* 32; vultusque minaces / per tenebras animam terrebant agmine spisso / diversisque modis agitabant turbida flabra ÆTHELWULF *Abb.* 328; in cacumine vero montis silva crebris frondibus ventorum ~a suscipit ORD. VIT. III 5 p. 71; vela tandem nimiis temptationum ~is dissilierant R. COLD. *Cuthb.* 23; ex quarum nebulis et Vulcanie insule fumo predicens futura ventorum ~a ALB. LOND. *DG* 4. 10.

2 a bellows. **b** fan.

a *GlH* F 402 (v. 2 flamen 1a); Eolus .. tenens sub pedibus ~a, instrumenta fabrilia *Deorum Imag.* 13. **b** *a flee flape*, flabellum, ~um, muscarium, muscularium *CathA.*

flacatus v. flakettus. **flacca** v. flagga, flasca, flecca.

flaccēre, flaccescere [CL], (of vegetation) to droop (also fig.).

c**795** non me auctumnali frigore ~entia verborum folia in hujus cartule exaggerare gremium ALCUIN *Ep.* 86; cito fragilis caro unde sumpta est revertetur et omnis decor illius .. ~escit *Ib.*; flacentia [cf. *Is.* xix 10], contracta *GlC* F 217; ~entia, contracta, *aclungre GlH* F 427; ~eo, [flac]cui, marceo, ardeo *Ib.* F 428; ave, virgo, cujus rore / mundus ante flaccens flore / redivivo viruit WALT. WIMB. *Virgo* 73.

flaccidus [CL], drooping, limp.

~um, contractum *GlC* F 215; ~us, severus, contractus *GlH* F 426 (cf. *Gl. Leid.* 29. 18: †flacidium, †servum); est indocta loqui, que nescit lingua tacere, / flaccida, que verbi nescit habere modum J. SAL. *Enth. Pol.* 1498.

flaccor [cf. Jan.], languor, languishing.

wellowynge, flactor, †flactencia, marcor .. *CathA.*

flacellum [OF *flachel*], basket or sim.

1287 aurifabro regine pro paner', flacell', cordis, et coton' emptis ad imponenda jocalia que emit Paris' *TRBk* 201 p. 8.

flaceta, flach' v. flasciata. **flachett'** v. flasciata. **flaco** v. flado, statio. **flacta** v. flasca, flecca.

flactra [cf. DuC s. vv. flactra, flacteria, nom. dub., cf. 1 flaco, flagga], marsh, reed-bed.

palus quae .. nunc stagnis, nunc flactris, interdum nigris fusi vaporis laticibus, .. longissimo tractu protenditur FELIX *Guthl.* 24 (cf. *GlH* F 429: flactris, i. pontibus, *fleoþomum*) (= ORD. VIT. IV 15 p. 270: flactris).

flado [LL < Frk.], **flato, flaco**

1 flawn, custard tart. *V. et. flao.*

1173 pro sale et flatonibus l s. v d. *Pipe* 56; **1214** tria [prebendaria] ad Pascha ad faciendum flacones *Chr. Evesham* 218*n.* (= *MonA* II 30: †falcones); tria prebendaria frumenti de granario ad flaccones inveniendos *Ib.* 219; c**1220** fladonibus (v. flao); qui vinum recipiunt, recipiunt similiter flacones *Cust. Westm.* 79; **1283** in flaconibus per duos dies in Rogacionibus *Dom. S. Paul.* 166 (cf. ib. 165: in *wastell* et *flacon* viij quarteria iiij buss. frumenti); **1284** de magistro ville pro fladonibus conventus lxvj s. viij d. item pro secundo ferculo vij festivitatibus per annum lxxix s. *Cart. Glouc.* I 84; conventus vero procuretur in vino, flatonibus, et piscibus illo die .. prout melius poterit expediri WHITTLESEY 147; panis monachi, decrustatus secundum consuetudinem, debet ponderare lx s. et xx d. .. panis quatuor fladonum ponderat panem monachi. flado prioris ponderat panem monachi *Cart. Rams.* III 159; vj ministri de pistrino qui fladones parant debent habere liberacionem de coquina sc. iij frusta carnis et xij ova *Reg. Pinchbeck* I 394; c**1450** percipiet coquinarius ad Pasca tria prebendaria frumenti de granario ad flathones inveniendos *MonA* II 25.

2 (w. ref. to coinage) 'flan', die.

Henricus A. r. c. de cc m. quia retinuit flatones operis monete in sua custodia postquam remotus fuit a monetagio *Pipe* 164 (cf. ib. [**1189**] 227); hec autem tallia sive scissio argenti habet fieri ad preceptum magistri per certos operarios deditos ad monetam, per quos etiam preparatur recoquendo et fabricando et prout expedit in flodonibus disponendo . . . si necesse fuerit, eosdem flodones faciet candidari, quos et ad cudendum monetariis liberabit *RBExch* 1002.

flaellus [OF *flael* < flagellum], **a** swing-bar of gate or door. **b** tiller. **c** clapper (of bell).

a 1275 asportaverunt duos ~os de porta domini regis que est versus pontem *Hund.* I 225. **b 1296** in uno ligno empto .. ad flaell' gubernilis *Ac. Galley Newcastle* 182. **c 1347** in ij cordis pro campanis in castro emptis ij d. in ij fleylis pro eisdem emptis ij d. *MinAc* 968/17.

flaga v. flagga, fraga. **flaganus** v. flago.

flagellare [CL]

1 to whip, scourge; **b** (w. ref. to Flagellants). **c** (esp. of God) to punish.

~atur stultus et non sentit GILDAS *EB* 22; funiculi quibus ~ando impios de templo expulit incrementa sunt actionum malarum BEDE *Hom.* II 1. 117; [Christus] ~atus, alapis cesus, spinis coronatus, sputis injuriatus, genuum flexione derisus *Eccl. & Synag.* 96; percutite super culum ejus et dorsum et ~ate eum bene ÆLF. BATA 4. 31 p. 62; is qui magister deputatus est probat et arguendo, increpando, plerumque etiam ~ando tentat an aptus .. existat *Simil. Anselmi* 79; militem .. ~atum graviter mutilatumque GIR. *IK* I 2 p. 29; verberantes .. [puerum] et ~antes gravissime BACON V 137; deest funiculus, deest corrigia, / jam flagellancium rigescunt bracchia WALT. WIMB. *Carm.* 543; **1383** cum particula columpne ubi Christus erat ~atus *Ac. Durh.* 432. **b** s**1349** seipsos cum dictis flagellis in nudo sanguinolento corpore ~arunt AVESB. 119b; s**1350** venerunt in Angliam penitentes, viri nobiles et alienigene, qui sua corpora nuda usque ad effusionem sanguinis .. acerrime ~abant WALS. *HA* I 275. **c** c**790** gratias agamus Deo Jesu, vulneranti et medente, ~anti et consolanti ALCUIN *Ep.* 52; quando humana natura primum peccavit, hac poena ~ata est ut .. ANSELM (*Praesc.* 3. 9) II 277; quoniam ~at Deus omnem filium quem recipit [*Heb.* xii 6], ~avit abbatem illum egritudine gravi *V. Chris Marky.* 59; filios quos diligit ~at Deus [cf. *Heb.* xii 6] GIR. *TH* I 12 p. 35; ecce manus Domini ~ans tetigit eum J. FURNESS *Kentig.* 24 p. 203; precipit quod dolor eum cruciet interius in corde et ~et in corpore [ME: *pine þe flesch utewið*] cum jejuniis et aliis asperitatibus carnis *AncrR* 116; [Deus] ~avit .. regem per eum [sc. Oldcastle] et ~avit eum per regem, istum ut consumeret, alterum ut consumaret *G. Hen. V* 1 p. 10.

2 a to thresh (corn). **b** to beat (flax). **c** to beat, hammer (metal).

a W. CANT. *Mir. Thom.* VI 99 (v. 2 flagellum 3a); **1194** compotus .. de warnisione: .. [. .; l. de blado *or sim.*] ~ando et ventilando, xx s. *Pipe* 87; **1204** ostia grangiarum fregerunt et intraverunt et bladum ~averunt et asportaverunt *CurR* III 97; **1219** domos suas fregerunt .. et blada sua ~averunt *Ib.* VIII 147; c**1230** si ~at frumentum, triturare debet dim. quarterium (*Cust.*

Chisenbury) *Doc. Bec* 56; c**1230** ~are debet brassium ante prandium (*Cust. Lessingham*) *Ib.* 110. **b** D. Bec. 2215 (v. carpere 2a). **c** **1518** parva ymago crucifixi ~ati argenti .. margaritis insculpta *Reg. Aberd.* II 173.

flagellarius [cf. DuC], thresher.

a threscher, ~ius, tribulator, triturator *CathA.*

flagellatio [LL]

1 whipping, scourging. **b** punishment.

preter miserandum cruorem ex ~one [ME: *scurgunge*] de suo benedicto corpore undique fluentem *AncrR* 95; **1351** circa ejus [sc. Christi] ~ones, passionem [etc.] *Conc.* III 20. **b** **801** Deus .. castigavit me .. multa febrium ~one Alcuin *Ep.* 218; cum ad reconciliationem accedit, ~o merito remanet quam ante reconciliationem suscepit Anselm (*Praesc.* 3. 9) II 278; ista filiatio paternam importans imitationem ex tribus .. sc. ex pacis fraterne conversatione, ex eruditionis superne perceptione, et ex ~onis fraterne sustentatione (Peckham *Serm.*) *Powicke Studies* 281 n. 2.

2 threshing, beating (of corn, flax, etc.).

1418 in flagillacione lx *strykes* lini vj d. *HMC Rep.* LXXVII pt. i p. 206.

flagellator [cf. TLL]

1 one who whips, scourger; (fig.) instrument of punishment.

sicut filii Israel .. flagellati sunt a pessimis hominibus .. quorum ~ores Deus destruxit Bacon *CSPhil.* 430.

2 thresher; **b** (as surname).

1221 juratores dicunt quod quidam Walterus ~or .. non est culpabilis *PlCrGlouc* 37; s**1255** rex: "annonam tuam possum flagellandum et venalem exponendam diripere .." cui comes: "si hoc feceris, ~orum capita vobis mittam amputata M. Par. *Maj.* V 530; **1456** octo servitoribus grangiarum .. ~oribus, ventilatricibus *ExchScot* 206; ~or, A. *a threschere WW.* **b** **1212** Ailwinus ~or dicit quod .. *CurR* VI 292.

flagellatoria, (?) whipping-post or threshing-place.

1453 quod .. nulla edificacio fiet in ecclesiis ipsis aut earum cemeteriis, nulla ~ia laicorum ibidem fiet [etc.] *Conc.* III 569.

flagellatrix, one who whips, scourger (f.).

747 occurrunt semper novae ~ices zelo pudicitiae adductae Bonif. *Ep.* 73; jussa, flagellatrix summa, flagella pati Garl. *Epith.* X 412.

flagellatura, threshing.

c**1230** dimidiam ~am brassii contra Nathale facere debet ante prandium (*Cust. Lessingham*) *Doc. Bec* 110.

flagellinna v. 2 flagellum 1d.

1 flagellum v. 1 flabellum 1b.

2 flagellum [CL]

1 whip, scourge; **b** (w. ref. to Flagellants). **c** stroke (of whip). **d** (fig.) punishment by God. **e** (fig., w. ref. to tongue, cf. *Ecclus.* xxvi 9).

dicunt .. Tisiphonem .. animabus vipereo ~o nocentem urbis servare vestibulum *Lib. Monstr.* III 24; quasi ~o probante castigatior rediit Bede *HE* IV 29 p. 279; **798** si tarditas aselli sustineat in dorso ~um Alcuin *Ep.* 145; si tu vis mecum ludere trocho [*gl.*: *toppas*], ego dabo tibi unum ~um ut in invicem ambo possimus jocare Ælf. Bata 4. 9; deliquerunt genitalia et dorsum ponitur ad ~a P. Blois *Ep.* 74. 229A; ~a pedagogi Ad. Eyns. *Hug.* I 1 p. 6; 'scorpionibus' [cf. *2 Chr.* x 11], que sunt virge nodose et grosse que graviter verberant, vel .. ~um Sarracenorum habens glandes plumbeas in fine S. Langton *Chron.* 159; si .. mulionis officium explere velit, aculeo fruatur aut ~o [*gl.*: *escurge*] aut scorpione equos cedat Neckam *Ut.* 108; sanctus .. ipsum cum ~o tam graviter verberavit ut ululatum plangentis emitteret Coggesh. *Visio* 17; notandum est quod ~um infligitur aliquando ratione boni, aliquando ratione mali Hales *Sent.* IV 222; c**1310** ~a nova emp' pro carecta prioris *Ac. Durh.* 511. **b** s**1349** singulique habentes in manu dextera ~um cum tribus cordulis, singulis habentibus unum nodum, per mediumque cujuslibet nodi illac et istac quasi acus acuti infixi fuerant Avesb. 119b. **c** qui .. cum qualibet alia fornicatus fuerit octoginta ~is subjacebit Petrus *Dial.* 64. **d** nec supernae ~a districtionis perfido regi castigando et corrigendo defuere Bede *HE* II 5; **793** timete ~um quod venit super ecclesiam S. Cudberhti, locum .. a paganis Alcuin *Ep.* 18 p. 52; ~a tuae iracundiae [AS: *suyppa ðines uraððo*] *Rit. Durh.* 8; perseverantibus in nequitiis iracundie sue ~um intulit Ord. Vit. III 1 p. 6; postquam .. ~o Dei castigata est *Ib.* 3 p. 53; **11..** ecce .. peccata mea et iniquitates Dei misericordia diutius tolerare non valens, ~a justicie sue carni mee .. admovit *Feod. Durh.* 151*n.*; intelligens .. mulier quod propter blasphemiam .. hoc ei ~um contigisset *Mir. Wulfst.* I 41; omnes .. aut ulcio divina diversis ~is examinans reddidit correctos aut reluctamine obduratos .. transmisit ad inferos *NLA* II (*Edmund*) 677. **e** quid est lingua? †flagellinna eris [l. flagellum aeris] (*Dictum Secundi*) *Leg. Ant. Lond.* app. 185.

2 young whip-like shoot of vine or sim.

colocynthis .. est genus herbe amarissime, sc. cucurbita agrestis, quia more cucurbite ~a tendit juxta terram [Trevisa: *þe spray þerof sprediþ by þe grounde*], fructu rotundo, et similis cucumeri usuali Bart. Angl. XVII 40; ~a dicuntur summe arborum et vitium partes ab eo quod crebros sustineant ventorum flatus, ut dicit Ysid. [*Etym.* XVII 6. 19] *Ib.* 73.

3 flail; **b** (fig.); **c** (in phr. *ad* or *per furcam et ~um*); **d** (used in fulling cloth).

juveni .. messem flagellanti ~um manibus adhesit W. Cant. *Mir. Thom.* VI 99; quod enim lima ferro, fornax auro, tritura tritico, ~um grano, hoc .. tribulatio justo Gir. *GE* II 20 p. 270; s**1234** annus iste sterilis, paucissimas habens aristas, sed inopinabiliter sub ~o respondentes M. Par. *Min.* II 375; expurgat justos tribulatio, mundat ut aurum / fornax, et sicut grana flagella probant Garl. *Tri. Eccl.* 9; flagellorum partes sunt manutentum, virga, et cappa *Id. Dict.* 130 (cf. *CathA* s. v. *flayle*); **1301** catalla ejus unum ~um precii ob. *SelCCoron* 69. **b** iis si non lucem infundere possumus, aliquas tamen ignorantie nebulas majorum flagello auctoritatum dimoveamus Alb. Lond. *DG proem.* **c** c**1160** etc. (v. furca 1j). **d** **1237** in iiij cariagiis ad ~a et baterell[a] faciend[a] xij d. *KRAc* 501/18 m. 2.

4 swing-bar of gate or door.

s**1190** pars instabat portarum ~a succidere *Itin. Ric.* II 16 p. 162; **1220** pro xvj planchis ad novam portam faciendam et pro uno ~o et pro xxxij barris *KRAc* 462/8; **1220** firmavit hostium camere quodam ~o *CurR* VIII 383; s**1217** nam ~um porte australis, per quam fugerunt, quod ex transverso illius porte fuerat fabricatum, fugientes non mediocriter impedivit Wend. II 216; **1355** pro j *bolt* ferri empt' ad ponendum super flabell' porte ex opposito curie *KRAc* 471/6 m. 16; **1373** pro j pecia meremii pro ~o porte duplicar' aque de novo faciendo *Ib.* 469/13.

5 clapper (of bell).

s**1247** cecidut flabellum .. quando classicum vespertinum pulsabatur (v. classicus 4a); [carpentarii] debent facere ~a ad campanas de meremio .. et cum novum ~um imposuerint grossis campanis, vetus ~um habebunt *Stat. Linc.* I 292; **1397** in emendacione j ~i pro campana xx d. *Ac. Obed. Abingd.* 62.

flageolus [OF *flageol*, ME *flagel*], sort of wind instrument.

copula .. est medium inter organum purum et discantum .. et iste modus sumitur flaiolis Garl. *Mus. Mens.* P 15.

flagetus v. flakettus.

flagga [ME *flagge*], reed, reed-bed.

1223 de eadem via desuper flagam Birkescog' usque ad Farlegat' *Fines* 262/16/39 (= *Yorks Arch. Soc.* LXII 51: '*Birkescog waste*'); **1270** turbe: idem r. c. de iiij s. de flaccis subtus Lund' in communa venditis, et de v d. de flaccis apud Bewmes venditis, et de xxij s. vij d. de turbis apud Stubbimedwend' *MinAc* (*Norf*) 935/2; **1276** flacce: de flaccis in commun' .. venditis *Ib.* 935/4 m. 1; **1286** de rosco vendito .. de feugera vendita .. de flagis venditis *Ib.* (*Norf*) 1132/9 A 4; **1306** in ~is fodiendis, portandis et cariandis per civeras ad clusas molendini aquatici et pro dictis clusis sub tabulis rammandis *Ib.* (*Suff*) 991/28; **1334** decem †cassos [l. tassos] turbarum, ~orum et cirporum (*DL Couch.* f. 263) *Pickering* III 20; **1336** fodiatores turbarum et flaccarum pro coopertura: in stipendiis .. iiij hominum .. fodiencium turbas vocatas *flaghturfs Cal. Scot.* III 365.

flagiator v. flagrator. **flagillatio** v. flagellatio. **flagio** v. flagrio.

flagitare [CL]

1 to importune (person); **b** (w. *ut* or sim. & subj.).

expectemus eam, te flagito sedulus, horam Wulf. *Swith.* II 736; sanctum presulem ~are satagunt Ord. Vit. VII 12 p. 207; quem constanter asserebat fluvio Aruwe [*Arrow*] immersum .., ad spectaculum confluente vicinia martyremque Thomam flagrante [? l. flagitante], ad vitam rediisse W. Cant. *Mir. Thom.* IV 37. **b** ~at populum .. ut .. Aldh. *VirgP* 52; c**792** devotissime te ~o ut .. Alcuin *Ep.* 11; qui mecum vestram pietatem ~ant ut .. Anselm (*Ep.* 180) IV 65.

2 to demand (something): **a** (w. dir. obj.); **b** (w. cl. as obj.); **c** (impers. or absol.).

a petere autem hujusmodi gaudium est non verbis tantummodo patriae caelestis introitum ~are sed et digna operatione pro ejus perceptione certare Bede *Hom.* II 12. 165; ut .. Brettones ab Aetio consule auxilium ~antes non impetraverint *Id. HE* I 13 *tit.*; c**802** reus .. ad ecclesiam confugit S. Martini .. viam ad ejus sanctissimam praesentiam ~ans Alcuin *Ep.* 245; ut diadema regium sumeret .. oraverunt. hoc summopere ~abant Normanni Ord. Vit. III 14 p. 156; s**1379** garcio audiens voces Anglicanas, prodiit .. ~ans fidem et suffragium Anglicorum *V. Ric. II* 12. **b** **705** quid agi debeat tuae benivolentiae ingenium ~ando inquirere opere pretium reor Wealdhere *Ep.* 22; Theophilo cum cachinnanti cavillatione ~anti ut .. Aldh. *VirgP* 47; c**830** ad istam meam familiam ~abo ut me cum divinis spiritalibusque bonis semper memorare concedant *CS* 380; crebris nuntiis a viris suis ~abant ut .. Ord. Vit. IV 4 p. 185; cum etiam summopere jam ~assent, ut .. Gir. *TH* III 8; humillime ~amus quatinus de vestre munifice excellentie dignacione sua gaudere possumus presencia *Dictamen* 356; a Moysi ~arunt ut .. Fortescue *NLN* II 4. **c** **838** a prefato venerabili archiepiscopo Ceolnotho ~atum est quod .. *CS* 421; cum hereticum sit exponere scripturam sacram aliter quam spiritus sanctus ~at Wycl. *Ver.* II 49.

flagitatio [CL], importunate demand.

†flagratione [? l. flagitatione], petitione *GlC* F 220 (cf. *GlH* F 435: †flagratio, petitio).

flagitiose [CL], disgracefully.

Osb. Glouc. *Deriv.* 233 (v. flagitiositas).

flagitiositas, disgracefulness, shamefulness.

hoc flagitium, -tii, i. dedecus pro quo flagellamur, et inde flagitiosus, -a, -um, i. dedecorosus, et flagitiose adv. et hec ~as, -tis Osb. Glouc. *Deriv.* 233 (cf. ib. 245).

flagitiosus [CL], (of actions *etc.*) shameful. **b** (of person) guilty of shameful action.

sacrum flaminem [Athanasium] a tam ~is facinoribus immunem esse declaravit Aldh. *VirgP* 32 p. 273; Abbo *Edm.* 16 (v. exhorrere 2a); ~os et crudeles ambiebat insatiabiliter actus Ord. Vit. X 7 p.33; inter innumera flagitia sibi enormiter illata, hoc videtur ~issimum *Chr. Battle* 108; s**1237** annus ille procellosus et turbidus in aere, hominibus ~us et sanitati inimicus M. Par. *Maj.* III 470; crimine ~issimo *V. II Off.* 12. **b** ~us, i. corruptor, criminosus, *manful GlH* F 440; misera sors ~i hominis cui et bonum et malum pariter sunt in tormentum Anselm (*Medit.* 2) III 80; Bald. Cant. *Tract.* 6. 464A (v. facinorosus b); sibi viros homicidas, seditiosos ac ~os .. associaverat Gir. *EH* II 20; predives et famosus homo, fraudulentus et ~us G. Font. *Inf. S. Edm.* 7.

flagitium [CL]

1 disgrace, shame.

flagitium sceleris baptismi diluit unda Aldh. *VirgV* 1136; cuncti certatim merguntur gurgite sancto, / flagitium sceleris purgabant fonte perenni *Mir. Nin.* 69; mulier illa .. ~ium quod meruerat in virum detrusit *Latin Stories* 91.

2 shameful act, sin.

quem gravi facinorum et ~iorum sarcina triste piaculi pondus deprimit Aldh. *VirgP* 60; locum .. precibus ac jejuniis a pristina ~iorum sorde purgare Bede *HE* III 23; ut .. pristinis quivissent frui ~is Ælf. *Æthelwold* 15; anima mea, morbis vitiorum languida, .. ulceribus ~iorum putrida Anselm (*Or.* 5) III 13; omnibus mentis et corporis ante conspectum Deitatis sum pollutus ~iis Ord. Vit. IV 11 p. 249; W. Cant. *V. Thom.* I 19 (v. degradatio 1b); pictam hic .. invenies .. cum suis turpitudinem odiosis ~iis Map *NC* V 1 f. 59v.; '~ia', i. delicta flagellis digna, et secundum Papiam sunt ~ia que in Deum peccavimus, facinora que in hominem J. Acton *Comment.* 48 h; fures inserviunt, fervent flagiciis, / Christum proiciunt summis blasphemiis *Planct. Univ. Ox.* 109.

3 punishment.

1298 quod hujusmodi .. malefactores per penas corporales et alia flagicia .. castigetis *Cl* 115 m. 8 (cf. *MGL* II 328 [**1321**]).

flago, ~onus [ME *flagon* < OF *flascon*], flagon, small keg or other vessel. *Cf. flakettum, flasco.*

a**1160** dederunt .. potagium et duo fercula sine diminutione de quibus monachi utuntur, vinum et flaganos quando habent, et tres lagenas bone servisie *Reg. Malm.* II 325; **1448** duo ~ones de argento et deauratos, factos ad modum de *scaloppes* (*Pat*) *Foed.* XI 196.

flagor v. fragor.

flagramen, ardour, desire.

jam gravis electam purgarat sarcina mentem, / excoctumque diu solito fraglamine pectus/ concipit internas Iesu spirante salebras Frith. 80; decubuit .., pastus fraglamine mentis, / corporis haud escis aut qualibet arte liquoris *Ib.* 1241.

flagranter [CL], ardently, passionately.

~ius, i. ardentius *GlH* F 438.

1 flagrantia [CL], blaze, (fig.) ardour, passion.

[Deus] accendat in te ignem perfecti sophismatis et ~iam geminae caritatis Egb. *Pont.* 96; hic .. tanta virtutum ~ia in omni sanctitate et religione vixit infatigabilis Gosc. *Werb.* 5. 102C; flagro .. unde .. hec ~ia Osb. Glouc. *Deriv.* 237.

2 flagrantia v. fragrantia.

1 flagrare v. flagitare 1a.

2 flagrare [CL]

1 to be ablaze, burn.

torrida flagrantis perpessi lumina solis ALDH. *VirgV* 1528; **a690** ~ans lichinus *Id. Ep.* 5 p. 491; Aethiopes quos sol ~ans nimio ardore semper adurit *Lib. Monstr.* I 9; ~ans, micans, ardens, cupiens, festinans *GlH* F 436; ave, fornax, in qua flagrat / et flagrando magis fragrat caritas ignicoma WALT. WIMB. *Virgo* 46.

2 to burn (fig., w. zeal, desire, or sim.). **b** (w. inf.). **c** (pr. ppl. as adj., of passion or sim.) vehement, intense.

675 quod nostra parvitas .. ad consortium vestrum ardenti desiderio ~abat ALDH. *Ep.* 2; **802** ut .. ~antiores erga eorum religionis amorem existant (*Lit. Papae*) W. MALM. *GP* I 37; ~ans, lasciviens *GlH* F 222; verum discordes flagrant ardentibus irae FRITH. 1113; praesul .. ~ans superno desiderio BYRHT. *V. Ecgwini* 358; tanto .. ~ant caritatis ardore ANSELM (*Ep.* 85) III 210; quo amore domini sui recte ~aret? ALEX. CANT. *Dicta* 5 p. 138; inhesit .. potentibus importune ~ans ambitio ORD. VIT. VIII 1 p. 261; ~ans amore martyrii animus nichil majus quam judicis clementiam formidabat W. NEWB. *Serm.* 889. **b** propter amicitiam que inter nos coruscare ~abat BYRHT. *V. Ecgwini* 378. **c** constanti flagrante fide WULF. *Swith.* II 577; cum flagrans devotio / et fraglans oratio / petebant celestia EDMUND *BVM* 3. 40; in amorem solitarie conversacionis ~anti desiderio estuabat *Chr. Witham* 500.

3 (trans.) to inflame, (fig.) to inspire w. zeal, desire, or sim.

c802 quod libenter fecissem, si me tanto ~ari ingenio nossem ut tam arduas rationes digne exponere posse confiderem ALCUIN *Ep.* 309 p. 474.

3 flagrare v. fragrare.

1 flagratio v. flagitatio.

2 flagratio, conflagration, burning.

s1430 Lollardus .. insendium passus est ignis. et hic quidem petiit ante suam mortem non ~onem corporis et suam feminam et omnia sua bona . . . quo combusto, .. *Chr. S. Alb.* 50.

flagrator [CL], person paid to receive whipping.

†flagiatores [MS: flagratores], qui pro mercede cedebantur OSB. GLOUC. *Deriv.* 243 (cf. Paulus Diaconus *Epitome Festi* 89M).

flagrio [CL = *whipping-boy*], whipper, scourger.

do totum pueris, quod pervigilio / promo de pauperi sensus erario, / quicquid elucubrans exsculpo studio, / detur infantibus quorum sum flagio [? l. flagrio] WALT. WIMB. *Palpo* 168.

flagror, burning, (fig.) zeal, desire.

spiritualem manducacionem adhibet per ~orem charitatis ad uniendum per amorem se Christi carni in suo corpore mystico NETTER *DAF* II 98v. 1.

flagrum [CL]

1 whip, rod (for chastisement). **b** blow of whip, (collect.) a beating.

non tam militari manu quam ~is callidam gentem maceraturos GILDAS *EB* 7; lento vimine flagri ALDH. *VirgV* 2251; vel miseri saevos flagris compescere motus ALCUIN *SS Ebor* 406; ~um, virga *GlH* F 446; ~orum, i. flagellorum, *swipena Ib.* 447; castigandi sunt enim alii carceribus, alii vinculis vel ~is ÆLF. *EC* 37; ferreis eum ~is verberant ORD. VIT. IV 15 p. 271 (= FELIX *Guthl.* 31 p. 104: flagellis); ~is ad ossa usque laniatus J. SAL. *Pol.* 420B; sic ecclesia a Juliano impugnatur, fame et ~is anxiatur HON. *GA* 717B; agmina jumentorum tum ~is tum stimulis agitando *Mir. Hen. VI* II 44 p. 118. **b** ~is, alaphis *GlC* F 247; non multo post vulneribus et ~is que pertulerat defunctus est ORD. VIT. XII 13 p. 344; ~um, -ri, i. verberatio vel virga unde verberamus OSB. GLOUC. *Deriv.* 233.

2 (conf. w. *flagrare*) fire.

flagra, i. incendia vel flagella *GlH* F 437.

flaka [ME *fleke, flake*], hurdle, wattled frame. *Cf. flecta.*

1281 in ~is emptis *Ac. Wellingb.* 22; **1287** in wall' marisci emendand' . . . in ~is ad idem faciendis vj d. *MinAc* 893/11 r. S 2; **1302** in virgis colligendis pro vij ~is faciendis ad pontem *Ib.* 1131/3 r. E 11d.; **c1400** custus murorum maris: in xij ~is virg' faciendis in bosco .. pro reparacione de Sundrischore .. et le Schore scidand' et exaltand' et dictis ~is ibidem cubandis *MinAc Essex* D/DHt M. 45 m. 1; **1475** pro quadraginta ~is, quadraginta jugis, et ducentis vangis et tribulis *ExchScot* 269.

flakettus [ME *flaket*], flask or sim. *V. et. flaskettus.*

1275 pro uno sextario vini cum flagetis ad schackarium domini regis annuatim solvend' *Hund.* II 287; **1328** item duo ~i precii xij d. (*KRAc* 239/13) *Anal. Hib.* XXIV 194; **1383** fregerunt capellam et .. unum flaketum et unum pennarium cum incornio asportaverunt *Proc. J. P.* 442; **1404** in stabulo: .. ij par' de *rubbours*, j par de *costrell*, j par de magnis flaketis (*Invent.*) *Ac. Durh.* 397; item j par de flakatis de iiij lagenis *Ib.* 398; **1463** pro duobus vasis deauratis dictis flacatis *ExchScot* 163; flaketta, *a flaket WW.*

flalba v. slabba. **flamea** v. flammeus.

1 flamen [CL], priest of Jupiter, one of the Roman *flamines.* **b** (pagan) priest. **c** (Christian) bishop.

hic quoque destruxit Belis dilubra nefandi / flaminibus scelerum mortis discrimina passis ALDH. *VirgV* 352; ~en, id est sacerdos delubri *Id. PR* 116; †flumen [l. flamen] Dialis, sacerdos Jovis *GlC* F 242; ~en, i. pontifex vel sacerdos gentilium .. *GlH* F 402; dicimus etiam hic ~en pro sacerdote Jovis, et inde hic flamineus, -ei, i. preminister sacrorum, et hec flaminica, -e, i. sacerdotissa unde Macrobius [*Sat.* III 8. 7] .. et hoc flaminium, -nii, i. sacerdotium OSB. GLOUC. *Deriv.* 209; ~en, sacerdos Jovis qui et dialis et lupercus et edilis et creppus dicitur *Ib.* 240 (cf. ib. 139); **1340** paganorum enim principes templorum et idolorum suorum pontificibus, quos ~ines appellant, non modicum honorem exhibuerunt (STRATFORD) *Conc.* II 663b (= BIRCHINGTON *Arch. Cant.* 28); in Roma tria tantum templa fuerunt que ~ines habuerunt, i. e. pontifices idolorum, sic dicti quasi filamines a filo quod ligabant sibi in capite HIGD. I 24 p. 216 (cf. Isid. *Etym.* VII 12. 18–19). **b** G. MON. IV 19, GERV. TILB. II 3 (v. archiflamen a); tres archiflamines abrogari et ad eorundem sedes tres archiepiscopos, ad sedes vero xxv ~inum xxv episcopos promoveri ELMH. *Cant.* 134. **c** ALDH. *VirgP* 32 (v. flagitiosus a); **9..** ~inibus, *biscopum*; **10..** ~inibus, episcopis *WW*; in campo secus viam ubi ~en occubuit crux erecta est, que usque hodie crux episcopi nuncupatur ORD. VIT. V 3 p. 309.

2 flamen [CL]

1 blast of wind. **b** blowing of air (from bellows or sim.; partly fig.).

prosperis ventorum ~inibus ALDH. *VirgP* 59; validi ~inis procella (*De Locis Sanctis*) BEDE *HE* V 17; †flamma [l. flamina], *blaed GlC* F 228; laterna .. tam lucida ardebat nullis ventorum ~inibus impedita ASSER *Alf.* 104; ~en .. est ventus vel domus vel follis flabri vel latium *GlH* F 402; prosperum ~en ad navigandum ORD. VIT. XIII 19 p. 53; conflages, -gum, i. loca ventosa in quibus multa confluunt ~ina OSB. GLOUC. *Deriv.* 209 (cf. Paulus Diaconus *Epitome Festi* 40M); in medio sistunt libratam flamina nubem, / que solis radiis splendida facta micat NECKAM *DS* I 325. **b** *GlH* F 402 (v. 1a supra); ignem jubet apponi, qui nullis ~inibus nullisve fomentis domui potuit inherere MAP *NC* I 30 f. 23; ut scintilla flamine / paulum enutritur GARL. *Poems* 6. 19; celestis aurifex fornaci virginis / .. / et follem adhibens divini flaminis WALT. WIMB. *Carm.* 180 (cf. 3 infra).

2 breath; **b** (of life).

victor opimus, / flammea qui pressit latronis flamina Caci ALDH. *VirgV* 1344. **b** quamdiu aura aetherea et vitali ~ine vesceretur ALDH. *VirgP* 53; efflavit flamen in auras *Id. VirgV* 2425; **995** (12c) quamdiu hujus aevi incolatum vitali ~ine rotabilique meatu percurrere cernitur *CD* 692.

3 the Holy Spirit; **b** (w. ref. to baptism).

magna Patri et Proli cum Flamine gratia dicam BONIF. *Carm.* 2. 38; ut cecinit lyrico psalmista carmine plenus / Flamine divino *Mir. Nin.* 12; **985** (12c) in Patris ac Prolis Sanctique ~inis onomate *CD* 650; in Patris et Nati necnon et Flaminis Almi / nomine FRITH. 491; sit gloriae nitor Patri, / sit Filio lux et jugis, / sit procedenti Flamini / ab his venustas luminis WULF. *Poem.* 164; sicut hic a solio certamina conspicit alto, / omne quod hic gerimus Flamine sicque Deus *De lib. arb.* 94; conregnante Salvatori nostro cum paterna Majestate et Almi ~inis societate BYRHT. *V. Ecgwini* 394; ut si quis in terrenis .. conquiniscit spiritu superno suffragante ~ine surgat *V. Neot. A* 3; Grecos in Sancto Flamine cecos *V. Anselmi Epit.* 99; cum Patre cumque Sacro regnat jam Flamine Natus NIG. *Laur.* 40ra; vidit enim [Lucifer] signi lumen de lumine, verbum / de Patre; vidit item Sacrum procedere Flamen / ex utroque VINSAUF *PN* 1442; aspiret vobis †Fluminis aura Sacri GARL. *Hon. Vit.* 42; quem peperit virgo genitum de Flamine Sacro GOWER *VP* 316. **b** omnes adulti catholici et asserentes se habere propositum baptizandi, vel pro baptizatis baptismo ~inis se gerunt (tanquam baptizati) judicio ecclesie sunt subjecti OCKHAM *Dial.* 436 (*recte* 438); **s1404** baptisma ad aurem dextram non flumine sed flamine ostendunt AD. USK 93.

4 (fig., w. ref. to fire), or (?) *f.l.*

[angeli] vestibus coccineis sive igneis sunt vestiti quia lumine divine cognitionis, et divine dilectionis flamine [? l. flamma] sunt amicti BART. ANGL. II 4; **s1382** noluit [papa] Angligenam licet heresis defensorem, ignis ~ine [? l. flamma] consumere KNIGHTON II 173.

Flamengius v. Flamingus.

Flamensis, man of Flanders, Fleming.

cum isto manerio reclamavit abbas xij acras prati super Nigellum Albinum et Walterum Flammensem quae ibi jacuerunt T. R. E. *DB* I 210vb.

flameolum v. flammeolus. **flamgogon** v. phlegmagogum.

flamicia [AN *flamice, flamiche*], flawn, custard tart.

qualiter sexdecim diebus per annum flammicias habeb[it conventus] *Cust. Westm. cap.* p. xxvi; placente [*gl.: semeriaus*], ~ie [*gl.: flamiches*], et ignacie [*gl.: fouaces*] jacent ad fenestras augxionariorum GARL. *Dict.* 126 (cf. 2 auctionarius); *flawne, mete,* ~ia *PP*; *isyl kake, chese kake bakyn undyr þe ashys,* ~ia *Ib.*

flaminascere v. flammescere. **flamineus** v. flaminius, flamonium, stamineus.

Flamingus [ME *Fleming*], man of Flanders, Fleming.

Gallicos et Normannos et ~os et Anglicos videmus manifeste in moribus discrepare BACON *Maj.* I 250; **1343** pro absolucione Flammingorum (*Treugae*) AD. MUR. *Chr.* 131; **1412** ceperunt iiij li. de custuma a quodam ~o *ExchScot* 144; **s1381** plures interfecerunt et maxime de Flemyngis *V. Ric. II* 25; **1445** circumspicite hinc Scotos, hinc Hispanos, inde Flamengios, ab hac fronte Gallos .. BEKYNTON I 294.

flaminica [CL], wife of a *flamen*, priestess.

OSB. GLOUC. *Deriv.* 209 (v. 1 flamen a).

flamininus v. flaminius.

flaminius [CL], **~eus**

1 priestly, episcopal.

†flamininus honor, *biscoplic wurðscipe* ÆLF. *Sup.* 188.

2 (as sb. n.) priestly or episcopal office.

execranda sacellorum lustramenta et inepta pontificum ~ia [v. l. ~ea] funditus evacuavit ALDH. *VirgP* 23 p. 255; per Melchisedech supernae potestatis pontificium et caelestis infulae ~ium [*gl.*: sacerdotium, *biscophad, sacerdhad*] praesignabatur *Ib.* 54; ~ea, episcopali gradu, *bisceophadas, sacerd GlH* F 406; ~ium, sacerdotium *Ib.* 409; interulamque puer sancti sudore madentem / corripuit, normatrici tulit atque beatae, / quam sibi flaminio sotiaverat apte verendo / egregius haeros, redimitam castificando FRITH. 1364; ~ium, sacerdotium, presbyteratus, antisticium OSB. GLOUC. *Deriv.* 240.

3 (as sb. m.) attendant of priest or bishop.

~eus, puer praeminister sacerdotis OSB. GLOUC. *Deriv.* 240.

flamiola v. flammeolus.

1 flamma v. 2 flamen 1a.

2 flamma [CL]

1 flame.

~is crepitantibus GILDAS *EB* 24; torrentes lampadarum ~as ALDH. *VirgP* 47; Aegaeon .. unoquoque ore ignem vomens, crepitantes eructabat ~as *Lib. Monstr.* I 48; cerno omnia .. fastigia ~arum plena esse spiritibus hominum qui instar favillarum cum fumo ascendentium, nunc ad sublimiora proicerentur, nunc retractis ignium vaporibus relaberentur in profunda BEDE *HE* V 12 p. 305; omnia flammarum fastigia cerno repleri / spiritibus hominum miseris, qui more favillae / cum flammis pariter scandebant atque cadebant ALCUIN *SS Ebor* 932; **c794** sicut ~a potest videri, tangi autem non potest .. *Id. Ep.* 39; ebenus ~as non emittit quia, licet comburatur, nunquam tamen potest esse adeo aptum combustioni ut ~am emittat quemadmodum et alia ligna *Ib.*; ~a est materia ignea in substantia aerea accensa BART. ANGL. X 4.

2 (collect.) fire (esp. as destructive agency); **b** (fig.). **c** (*ferro et ~a*) with fire and sword (*i.e.* the weapons of devastation). **d** the fires of Hell. **e** a conflagration, blaze.

ALDH. *VirgV* 2620 (v. crepitare a); nutricis suae habitacula ab urente ~a .. custodivit *V. Cuthb.* II 7; civitas .. per culpam incuriae igni correpta crebrescentibus coepit ~is consumi BEDE *HE* II 7. **b** ~a persecutionis ergo [? l. erga] Christianos incanduit per universum orbem J. FURNESS *Kentig.* 27 p. 208. **c** cum cuncta quae poterat ferro ~aque perderet BEDE *HE* III 17; Guasconiam .. ferro et ~a depopulans G. MON. IX 11; injurias suas ferro et ~a graviter ultus est ORD. VIT. X 10 p. 60; **s1321** partes boreales Anglie .. ~a et gladio destruxit FORDUN *Cont.* XIII 4 (cf. *Plusc.* IX 21: ~a et ferro). **d** manus non tam venerabilibus aris quam ~is inferni ultricibus dignas GILDAS *EB* 67; FELIX *Guthl.* 31 (v. fluctuare 1b); **933** edacibus innumerabilium tormentorum ~is sine defectu perituram *CS* 694; ignis sulphureus, ~a tartarea ANSELM (*Medit.* 2) III 82; sulphuris in puteo flammaque saeva furit; / flamma perennis ibi fervet nec lucet, adurit / nec consumit L. DURH. *Dial.* IV 180–1. **e** quamvis nostrorum diligencia ex post ad ignis furentis extinccionem, ut potuit, laboravit per duos tamen vel tres dies ~a plene non potuit supprimi *G. Hen. V* 7 p. 46.

3 fire as a means of refining or purifying; **b** (fig.).

aurum ut flamma probat ALCUIN *Carm.* 9. 89; ~a illa consumpsit lepram illius hominis et protinus surrexit

sanissimus *Holy Rood-Tree* 47. **b** ~a .. compunctionis que cor illius concremaverat TURGOT *Marg.* 12.

4 fire as a source of light, firelight; **b** (fig.). **c** gleam, radiance.

1220 dicit quod .. in ~a vidit plagas post ubi jacuit *CurR* VIII 383. **b** multorum donec fidei pia flamma reluxit ALCUIN *WillV* 2. 5; ut .. audiant quanta Christianitatis ~a refulsit illis diebus BYRHT. *HR* 13. **c** ast quidam dominae mensam quae nobilis ortu / gemmarum flammis et fulvo vestit in auro ÆTHELWULF *Abb.* 642.

5 fiery or luminous object.

mentitur stellam facies nova, flammea, fulgens, / adducit formas ignea flamma novas NECKAM *DS* I 332.

6 (fig.) burning (of) passion, ardour (in good or bad sense).

sed mens virgineis ardescens torrida flammis ALDH. *VirgV* 1986; amator ~is carnalibus succensus *Id. VirgP* 45; **p793** noli torrem de incendio raptum disperare sed paenitentiae fonte extingui quatenus qui in ~a libidinis exarsit, in ~a caritatis et munditiae luceat in conspectu Dei ALCUIN *Ep.* 283; **800** mox iracundiae ~is incanduit *Ib.* 200; vitiorum nostrorum ~as [AS: *lego*] extinguere *Rit. Durh.* 64.

flammabilis, flammable, liable to burst into flames.

illa multitudo sulphuris et petrarum calidissimarum apparet ~is vehementer et a diversis gentibus judicatur et creditur esse ignis M. SCOT *Part.* 296.

flammare [CL]

1 to blaze. **b** (trans., fig.) to inflame (w. ardour, passion, or sim.).

et lichinus fumans furvis obtorpuit umbris, / pendula cum nulla flammaret luce lucerna ALDH. *VirgV* 909; ~o, quod non est in usu, sed componitur inflammo, -as OSB. GLOUC. *Deriv.* 209; *Ib.* 240 (v. flammescere 1a). **b** cuncti quos flammat cura pudoris ALDH. *VirgV* 129; spurco flammatus amore *Ib.* 2234.

2 (pr. ppl. as adj.) blazing, fiery; **b** (of eyes); **c** (fig., of passions or sim.). **d** (of sore) inflamed.

ut ~antis pyrae cacumina minacem obolisci proceritatem .. praecellerent ALDH. *VirgP* 36 p. 283; *Id. VirgV* 1192 (v. 1 cauma a). **b** oculis ~antibus BEDE *HE* V 12 p. 306. **c** princeps ergo leves animo flammante cohortes / admovet FRITH. 544; ut quid ~antissimis fervoribus accendendis torpor tepidus insudaret? AD. MARSH *Ep.* 244 p. 409; vigent corda flammancia LEDREDE *Carm.* 27. 12; misticus penetravit spiritus pectorum intima oppido reddens ~ancia *Miss. Westm.* I 362. **d** in cujus crure apparuerit pustula colore coleco et flammens omnino morietur in mense primo J. MIRFIELD *Brev.* 71.

flammarius [CL = *dyer*], (by misinterp.) one who makes fire.

~ii, qui ignem faciunt OSB. GLOUC. *Deriv.* 176.

flammascere v. flammescere.

flammaticus, fiery. (*Cf. Altus Prosator* 13. 11).

~us, *ligen GlH* F 400.

flammatio, a fire, conflagration.

~o bibliothecam .. rapaci turbine concremavit J. SAL. *Pol.* 792B; concursu multorum radiorum accenditur ignis et inflammatur res in ~ones GROS. 40.

flammativus, tending to inflame (passions or sim.).

flammativa viri sunt omnia, prona medullis / inseruisse faces HANV. IX 289.

flammea v. flammeus.

flammeare [cf. OF *flamboiier*], to cause to blaze, set light to.

nec summa potentia certo / fine coartatur: astrorum flammeat orbes, / igne rotat celos, discursibus aera rumpit HANV. I 236.

flammeolus [CL]

1 flame-coloured.

caro .. quedam flameola, ut caro pulmonis; quedam crocea, ut caro mamillarum *Ps.*-RIC. *Anat.* 42.

2 (as sb.) bridal veil, also worn by nun.

de mundiali regno et thalamo, virginali sancte Dei genitricis Uuiltonie successit monasterio, .. pro regali diademate fusco velatur ~o GOSC. *Edith* 43.

3 (as sb. usu. n.) kerchief, headscarf. **b** bandage or sim. **c** cloth, cover.

~um, i. umbra solis, *sunu sceadu GlH* F 403; ~um vel flammeum, *biscopes huf* ÆLF. *Sup.* 188; ab alia autem pertica dependeant supera, flamea [*gl.*: *chenses, cuvrechefs*], flameola [*gl.*: *petiz cuverchefs*], peryzoma, capa [etc.] NECKAM *Ut.* 101; **c1360** ij ~e de serico pro imagine beate Virginis; ij indumenta de serico pro eadem imagine *Fabr. York* 295; **1375** quod Johanna .. furata fuit unum flamiolum de *crisp SessPLincs* 40; pedibus denudatis, capite flameola velato ac corpore curtello induto *Heresy Tri. Norw.* 200; *kerch*, peplum, geristrum, flammeum, ~um *PP*; **1447** flammiola (v. birretum); mulier hec, que jam propinquante dominica pepla sua laverat ut eadem scilicet stibio candidata ad solem suspenderet exsiccanda, .. ad intra cucurrerat, novo se ornatura ~o. .. vixdum peplo novo caput operuerat et ecce .. *Mir. Hen. VI* III 109 p. 194; duo flammola de *laund* et *Norfolk threde* precii ij s. *Entries* 125. **b** ut .. removeret emplastra, detraheret ~a *G. S. Alb.* II 379. **c 1384** quod Willelmus .. furatus fuit unum forcerum cum flameolo de cerico precii vj s. *SessPWarw* 141; **1370** si .. detinet .. unam ollam eneam, unum lectum plumale, et j arcam, et diversa flamiola *Hal. Durh.* 91; **1433** lego eidem Isabelle .. unum *chafare* eneum, unum patellam eneam et duo flammeola, unam ollam eneam [etc.] *Reg. Cant.* II 471; **1476** ij patellas eneas, ij ollas eneas, viij flamiolas de *lawne*, unum par precularum de *gett* .. (*AssizeR*) *March. S. Wales* 89.

4 (by conf. w. *flammula*) spearwort, arsesmart.

hoc †flameolum, *hastecul Gl. AN Glasg.* f. 21.

flammescere [CL]

1 to become fiery, blaze. **b** (fig.) to gleam w. fiery light.

†flaminascere [MS: flammascere], flammare incipere OSB. GLOUC. *Deriv.* 240; cujus cordis in albesto / caritatis fax honesto / flammescit incendio WALT. WIMB. *Virgo* 78; *to byrne*, .. flammare, ~escere .. *CathA.* **b** hac rutilans auro flammescit gratia mira: / ara sacrata .. ÆTHELWULF *Abb.* 767; conspicatur repente totam ecclesiam supernis luminaribus ~escere GOSC. *Mellitus* 39; Flandrenses clipeis flammescunt GARL. *Tri. Eccl.* 60.

2 to become inflamed (w. ardour, passion, or sim.).

haec, quasi bis tingitur, cum amore Dei et proximi ~escit, cum illum ex toto corde, tota anima, tota virtute hunc sicut nos ipsos diligimus BEDE *Tab.* 426; si amorum incentiva ~escant AILR. *Serm.* 418C.

flammeus [CL]

1 flaming, fiery. **b** (med., w. ref. to elementary quality) characterized by fire, 'hot'.

ALDH. *VirgV* 1344 (v. 2 flamen 2a); ~eus namque gladius qualiscumque ille est qui paradisi ostia servat BEDE *Hom.* I 12. 62; **c802** quia sanguis .. pretium est salutis humanae, per cujus effusionem extincta est ~ea illa paradisi custodia ALCUIN *Ep.* 309; gladium ante portas paradisi positum ~eum [ME: *leitende*] et versatilem *AncrR* 138. **b** ad fugandum melancoliam et coleram ~eam BACON V 104; cum .. virtus ~a existens in corde non desinat inter ipsam virtutem vitalem et virtutem animalem .. *Ib.* 164.

2 (fig.) ardent, passionate: **a** (of person); **b** (of abstr.).

a c750 ut sit mollis culcite pausatio molliaque cervicalia a viris potius exibeantur quam a ~eis puellis (LUL) *Ep. Bonif.* 92 p. 211. **b** ut Jovem pro ~ea regnandi cupidine summo detruderent Olympo *Lib. Monstr.* 1. 55.

3 (as sb. n. or f.) bridal veil, also worn by men. **b** kerchief, headscarf.

~um, maforte [sc. mavorte] nuptiale vel *ligen GlH* F 404 (cf. ib. 405: ~a, virginitas); flameo OSB. CLAR. *Ep.* 40 (v. ferreus 4a); ~eum, infula virginalis OSB. GLOUC. *Deriv.* 240. **b** NECKAM *Ut.* 101 (v. flammeolus 3a); ?**1482** pro una flamea data uxori W. ex consensu canonicorum *MonExon* 283b; flameum, A. *kerchef WW.*

flammicia v. flamicia.

flammicomans [LL], w. fiery radiance.

viro Dei [Comgallo] .. lux divina apparuit. Sanctus eciam Lugidius .. ~antes capillos capidis ejus .. conspexit *VSH* (*Comgall* 19) II 10n.

flammicomus [LL], w. fiery radiance.

ast ubi flammicomos ardescens lucifer ortus / attulit BEDE *CuthbV* 780 (cf. *GlH* F 413: ~os ortus, *ligliccede* †*upstringas* [MS: *upspringas*]); ~is, *ligloccum GlH* F 415.

†flammicus, (?) *f.l.*

†flammica [? l. flammea], virginitas *GlC* F 237 (cf. *GlH* F 405); †flammicus [? l. flaminicus], locus in urbe *GlC* F 239, *GlH* F 411.

flammifacere, to produce flame.

a800 num ignis in silice, nisi excutiatur, ~it? ALCUIN *Ep.* 191.

flammifer [CL], carrying or having flames, flaming, fiery.

quem cherubin rumphea versatili et ~era [*gl.*: *ligbæru*] conclusisse recapitulatio Geneseos [iii 24] originaliter declarat ALDH. *VirgP* 16; stirps quaecumque volet fixos obvertere fines, / Tartara flammiferis sudibus sub acerba rotetur FRITH. 284.

flammifluus [LL], flowing or streaming w. flame.

cum subito ~e columpne splendor habitaculi tocius ambitum occupavit SAMSON *Mir. Edm.* I p. 110 (= *NLA* II 590); **s1375** qui statim per flamme stridorem evigilantes, ac mortis perculsi timore domum ~am celeriter egredientes .. *NLA* (*Edm.*) II 683.

flammigena [LL], flame-born.

~a, de flammis natus *GlC* F 245, *GlH* F 414; reliqui justi ~ae, quos voco divini spiritus flamma genitos COLET *Rom. Exp.* 250.

flammiger [CL], flaming, fiery. **b** gleaming. **c** (fig.) ardent, passionate.

errantes fluctibus actos / arcibus ex celsis signans ad litora duco / flammiger imponens torres in turribus altis ALDH. *Aen.* 92 (*Pharus*) 9; Vulcanus catax, quem fingunt igne potentem / torrida flammigeris moderantem fulmina frenis *Id. VirgV* 1350; **a690** solis ~eri et luculento lunae specimine *Id. Ep.* 5 p. 492; arida flammigeris tabescit terra sub astris ALCUIN *SS Ebor* 589; cerea flammigeris venerans altaria donis / .. ardebant lumina clara ÆTHELWULF *Abb.* 763; ~er, *ligberend GlH* F 412; flammigerisque comis rubet exitiale cometes NECKAM *DS* I 323. **b** virtus caelesti munere pollens / aurea flammigeris praestat crepundia gemmis ALDH. *VirgV* 188. **c a690** ut ~er flagransque flagitabat amor *Id. Ep.* 5 p. 489; flammigeros gestans animos [? l. oculos] ex more lucernae HWÆTBERHT *Aen.* 49 (*De anfibina serpente*) 3 (cf. Isid. *Etym.* XII 4. 20); **a713** poscimus ut sacrosanctis ~isque oraculis vestris nos .. defendere dignemini *Ep. Bonif.* 8.

flammigerare [LL], to blaze.

volasti ad me unus de Seraphim [cf. *Is.* vi 6] succensus et ~ans totus G. HOYLAND *Ep.* 1. 289D.

Flammingus v. Flamingus. **flamminosus** v. flammivomus. **flammiola,** ~**um** v. flammeolus.

flammivomus [LL], spewing flames.

cujus vij lucernarum lichini ~is lampadibus coruscantes ALDH. *Met.* 2 p. 66; [sanctam] furibundus consul ~is assandam torribus tradidit *Id. VirgP* 42; puteus ille ~us .. ipsum est os gehennae BEDE *HE* V 12 p. 306 (= *NLA* I 17: putridus ille puteus et flamminosus .. os est jehenne); [daemones] .. dentibus equinis, gutture ~o .. FELIX *Guthl.* 31; licet ~o tuae sapientiae lumini scintilla ingenioli mei nil addere possit ALCUIN *Rhet.* 1; annua flammivomi redeunt dum tempora Phoebi *Id. Carm.* 79. 3; **930** protervie atque arrogantie ~a administrante invidia *CS* 1343; **956** sit ipse gravibus per colla depressus catenis inter ~as tetrorum demonum †catenas [l. catervas] *Ch. Burton* 16 (cf. *CS* 877 **[949]**); totum vero monasterium quasi ingens globus ~um tantus fulgoris radius .. involvebat GOSC. *Transl. Aug.* 19C; in fornace ~a aurum liquidissime examinatus R. COLD. *Cuthb.* 1 p. 2; ~as ignium tedas super me jaculare festinant *Id. Godr.* 291; fugite .. a montibus ~is, suspecta sit vobis Etne vicinitas P. BLOIS *Ep.* 46. 137B; .. flammivomi fierique focale camini (*Vers.*) AMUND. I 117; Danemarchia, spargens iterato jure exterminii ~os titiones WALS. *YN* 10; quasi nesciens ignibus ardorem inesse, .. sese inter ipsas ~as ingessit faces *Mir. Hen. VI* II 33.

flammon v. phlegmon.

flammula [CL]

1 little flame (also fig.).

c794 quasi scintillae de igne sparguntur, ita dilectio litterarum officio volat. sed plurimi sunt in quorum corde exstinguitur; ideo gratius lucescit, ubi vel aliqua ejus ~a ardescit ALCUIN *Ep.* 39; rubus per flammulas ardet innoxias WALT. WIMB. *Carm.* 92.

2 (bot.): **a** spearwort. **b** culrage, arsesmart.

a item accipe rute ℥ vj, foliorum ~e ℥ iij [etc.] GILB. I 49v. 2; ~a, i. *sperwort*, calidus est et siccus in quarto gradu *SB* 21; ~a longam habet hastam, ut volubilis rotundam; masticata linguam comburit et est similis vite albe; pulsus †munctris florem [v. l. inunctus febrem] facit *Alph.* 63 (cf. *Herb. Harl.* 3388 f. 79v.: flamula, i. *sperewort*, injuncta pulsibus febrem facit); *spereworth, herbe*, ~a, -le *PP*; ~a *is the herbe which we cal in Englishe sperewurte or spergrasse* TURNER *Herb Names* H3. **b** flamula, policaria major et *culrage* idem *Herb. Harl.* 3388 79v.

flamonium [CL], office of *flamen.* **b** (by misinterp.) ingle-nook, chimney seat.

†flummonium, honor quae datur †fluminibus *GlC* F 240; flammonum, honor que datur flaminibus *GlH* F 418; flamonius, honor †paciscalis [MS *originally read* pontificalis] vel gentilis *Ib.* F 419 (cf. ib. F 417: flamineo, honore pontificali). **b** flammonia, Romanice *chimenee*, quoniam cives in ocio suo juxta ignem sedent ad caminum et dicuntur flammonia quasi flamme monia vel munia *GlSid* f. 147.

flamum v. phlegmon.

flancus, ~a [AN *flanc*], side, flank. **b** (*mal de flanc*, name of illness).

1301 se ipsum vulneravit in flancco ex parte sinistra *ICrim* 33/10; colici autem dicuntur qui paciuntur dolorem

~i *SB* 17; zima est apostema ~orum molle sine dolore *Ib.* 44. **b** malum ~e *SB* 17 (v. 2 colicus a).

Flandrensicus, Flemish.

illud verbum quod . . Ernaldus cognomine Rheting patri vestro ~a lingua . . dixit Gir. *SD* 36.

Flandrensis, of or from Flanders, Flemish, (also as sb.) Fleming. **b** of Flemish work. **c** (*acra* ~*is*) Flemish acre.

Walterius ~is *DB* I 132; **s1140** Robertus filius Huberti, vir genere ~is *G. Steph.* I 50; **1221** juratores dicunt quod G. . . cepit unum ~em in domo Philippi . . et cepit ab eo c m. *PlCrGlouc* 117; Flandrensis comitis virtus Bisantia regna / rexerat Garl. *Tri. Eccl.* 116; ~es . . in magna copia juxta Mailros ad orientalem Anglie plagam habitacionem pro tempore accipientes, septimam in insula gentem fecerunt Higd. I 58 p. 152. **b 1465** Flaundrensis (v. 1 cista 1a). **c 1211** (v. acra 2d).

Flandricus, of or from Flanders, Flemish.

1315 amici vestri a terra ~a (*Cl*) *Foed.* III 543; **s1387** (v. calathus 1a).

Flandrigena, man of Flanders, Fleming.

consul Leecestrensis . . cum multitudine ~arum partes Anglicanas irrupit W. Cant. *Mir. Thom.* VI 92; navibus instanter conscensis, Angli pariter et ~e sequuntur *Itin. Ric.* I 37.

Flandrita, man of Flanders, Fleming; **b** (attrib.).

marinis se fluctibus tradidit, contrarium littus in gente ~arum attingens Osb. *V. Dunst.* 27 p. 101; ~is in patria illorum [sc. Walensium] collocatis W. Malm. *GR* IV 311; Galli quoque et Britones et ~e Ord. Vit. VIII 16 p. 366; **s1379** detexit perfidiam ~arum *V. Ric. II* 12. **b** comes etiam ~a hostiliter eos invasit Ord. Vit. IX 17 p. 618.

Flandrus, man of Flanders, Fleming.

a satrapis Morinorum quos moderni ~os appellant W. Poit. I 22; deinde ~os, Brabantos, totam postremo Burgundiam suae faciat ditionis More *Ut.* 82.

flanga v. phalanga. **flano** v. flao.

flao [AN *flaon* < flado], **flavo,** flawn, custard tart.

c1220 pietantiarius singulis annis faciet inde anniversarium . . meum in omnibus, viz. in vino, in fladonibus [v. l. flavonibus] et in tribus ferculis de pisce *Cart. Rams.* II 221; pastillarii . . exponendo tartas et flaones [*gl.*: *flathen*] fartos caseis molibus Garl. *Dict.* 127; **1283** in duobus festis S. Pauli, liberantur cuilibet majori canonico in die pro pitancia tres wastelli . . . similiter in Rogacionibus de flaonibus liberantur eis pro pitancia *Dom. S. Paul.* 169; de antiqua consuetudine debent parari vij^xx flavones dominica ante Cineres et debet coquinarius dare conventui flaones non pro ferculo set pro pitancia *Reg. Pinchbeck* I 393; **c1375** frumenti pro †flanonibus [l. flavonibus] *Ac. Obed. Abingd.* 36.

flaonarius, maker of custard tarts.

13.. iterum ~ius habeat opacos artocopos, flaones de ovis, pane, et caseo compositas (*Nominale*) *Neues Archiv* IV 341.

flare [CL]

1 (intr., of winds) to blow; **b** (fig., of seasonal weather); **c** (of Holy Spirit).

Bede *HE* V 19 (v. Favonius 1a); **c1074** sicut ignis flante vento clarius lucet et major efficitur Lanfr. *Ep.* 37 (9); sed et ciconia et hirundo visitationis sue diem cognoscunt [cf. *Jer.* viii 7, 12], cum aura ceperit flare tepidior G. Hoyland *Ep.* 3. 294D; Garl. *Tri. Eccl.* 33 (v. detumescere b); cheruca flatui favet qui flaverit Walt. Wimb. *Palpo* 80; si ventus . . flet contra nos modicum [*ME*: *ȝif a wind bloweð alutel touward us*] *AncrR* 38; utrum ventus sit flans et elevans pulverem contra vos vel adversarios vestros *Regim. Princ.* 85. **b** aspera flabat hiemps, brumali frigore fervens (*Vers.*) *V. Neot. A* 23. **c a796** sed paupertas haec humilitatis gubernaculo regatur et caritatis velo, flante Spiritu Sancto in eum, ad aeternae beatitudinis portum perveniet Alcuin *Ep.* 53; **1168** sed flavit in Italia Spiritus Sanctus J. Sal. *Ep.* 281 (250).

2 (of person) to blow (on musical instrument).

postquam tercio beatus Edmundus cornu suum flaverit *NLA* II (*Edmund*) 676; primus pastor: '. . *thow may not here excepte I blowe, as ever have I heale*' hic flabit primus pastor [v. l. tunc flat cum cornu] *Chester Plays* VII 48.

3 (trans.) to breathe out, exhale.

de tauris ignem flantibus *Lib. Monstr.* II 33.

flasca, flasco [LL < Germ.], **~ona,** flask, small wooden keg or skin for carrying liquor; later, metal or glass bottle.

de plasca Hwætberht *Aen.* 16 *tit.*; ex optimo vino ~o, de qua tanti bibebant homines, inventa est plena ut ante Alcuin *WillP* 17; ~a, Graece flascuna, vel flasce, *trywen byt*, dicte pro vehendis ac recondendis *GlH* F 451; [sutor]: ego emo cutes et pelles . . et facio ex eis . . ~ones et casidilia Ælf. *Coll.* 97; nomina vasorum: . . flaxa, *flaxe Id. Gl.* 123; detulerat autem pridie quidam mercator a civitate eidem abbati flaschonem vini Folc. *V. J. Bev.* 10; oppidani ~as prunis ardentibus plenas desuper demittebant Ord. Vit. X 9 p. 61; onophora, flaccas [v. l. flascas], lagenas Balsh. *Ut.* 51; ~ones, vasa vinaria Osb. Glouc. *Deriv.* 245; *Chr. Abingd.* I 346 (v. caritas 4b); dolia, ~ones, pelves, patellas et caldarias *Itin. Ric.* IV 13; **1342** in empcione duorum flaskorum, liberatorum eidem clerico [garderobe] iij s. iiij d. *ExchScot* 482; originalia [sc. scripta] . . in duobus ~onibus artificiose conclusa . . transmisit in Flandriam *Meaux* III 190*n.*; *a flaket*, flacta [? l. flacca, flasca], obba, uter, etc. *CathA.*

flascetum, flaschetus v. 2 flaskettus. **flascho** v. flasca.

flasciata, ~um [cf. DuC s. vv. flaciata, flansada, flasciata, flassada, flassata, fleciata; OF *flassaie, flassart*], woollen blanket, often as protective covering for goods in transit.

1286 pro saccis ad pannos trussandis et flachettis pro eisdem cooperiendis *Rec. Wardr.* 41; **1286** pro cooperiendo dictas res [i. e. *groceries*] ad ducendum per iter, viz. flasseta et alia coopertura *Ib.* 726; **1288** pro . . flaskettis ad cooperiend' vessellam (*AcWardr*) *TRBk* 201 p. 33; **1289** pro una flassada, cordis ad trussandum [etc.] *KRAc* 352/14 m. 4; **1290** pro cotone et flassad', paneriis et cordis et trussura et ligatura eorumdem (*AcWardr*) *Chanc. Misc.* 4/5 f. 17; **1290** in j flach' ad cooperiendos pannos et dimissa in garderoba xvj d. *Ac. Swinfield* 184; **1293** H. B. captus pro latrocinio v flasetarum . . . et inquiratur de flacetis et catallis suis *Gaol Del.* 87 m. 15; **1300** cariagium: . . pro uno flasketto empto pro quodam forcero et una puchia cum bullis et aliis diversis litteris contrarotulatoris missis ad curiam per eundem involvendis *AcWardr* 59; pro duobus flassattis et quatuor ulnis canabi emptis . . pro dicto pergameno involvendo, v s. *Ib.* 60; **1303** de burneto, russeto, . . linea tela, flaskettis *Ac. Durh.* 503; **c1308** de . . j baunqr' et j flascetto, prec' v s. *LTRAc* 20 r. 3; **1313** in precio . . unius forceri longi . . unius paris barillorum . . et unius flassadi cum cingulis precii iiij s. *KRAc* 375/8 f. 28*d.*; **1327** ij balas de gingebred' et pionade et quinquaginta et septem flasketta pro expensis hospitii . . principis nostri *Cl* 146 m. 23.

flasco, ~ona v. flasca.

flascula, ~um, small flask (made of wood, skin, or metal).

Felix *Guthl.* 44 (v. caelia); quattuor modicas flascones, quas tantum in itineris solacium secum sui socii ferebant, jussit adferri . . et . . post benedictionis gratiam quasi xl viri ex illis parvis ~is usque ad satietatem bibebant Alcuin *WillP* 19; duo flascula potu plena *NLA* (*Guthlac*) II 6; ~as ligneas deauratis barris et cera ligatos vini sub specie auri tamen plenos . . fertur transmisisse *MonA* VI 351a.

flascuna v. flasca. **flaseta** v. flasciata.

1 flaskettus v. flasciata.

2 flaskettus [ME *flasket*, OF *flaschet*], small flask or sim. *V. et. flakettus.*

1219 per servicium unius sextarii vini cum flaschetis reddendis apud Londonias *Fees* 249; eum occidit quodam flasceto *CurR* VIII 279 (cf. ib.: flasketum illud inventum fuit).

flassad', flassatt' v. flasciata. **flateria** v. flatteria. **flatho** v. flado.

flaticus, (w. *domus*) blowing-house (for tin-smelting).

1618 (v. domus 15c); **1632** omnes proprietarios domorum flat' infra eandem stannariam qui sectam debent ad hanc curiam et non venerunt nec intulerunt nomina flatuorum suorum, A. *blowers Rec. Stan.* 75.

flatilis [CL], of or produced by blowing.

hic flatus, -us, et hic et hec ~is, et hoc -le Osb. Glouc. *Deriv.* 208; *a blast of wynd*, flabrum, flatus, flamen; flatilis participium *CathA.*

flatio, blowing (of wind). **b** blowing (of organ by working of bellows).

vocatur nomen ejus Vith Gwint Britannico sermone, Latine autem ~o venti Nen. *HB* 215. **b 1446** item eidem pro ~one organorum viij d. ob. *Ac. Durh.* 84; **1472** dicit quod sollicitus est diebus et festis duplicibus circa ~onem folliorum in choro ecclesie cathedralis Ebor' *Fabr. York* 254; **1491** clerico galilee . . pro ~one organorum *Ac. Durh.* 99.

flato v. flado.

flator, 'blower', operator of bellows (for smelting metal).

1333 in mercede anteriorum ~orum de consuetudine facta xliij s. . . (*MinAc* 890/25) *Arch.* LXIV 157 (cf. ib. 158 [ib. 890/26, **1334**]: in consuetudine de *forbloweris* pro dictis blom'); **1632** flatuorum *Rec. Stan.* 75 (v. flaticus); presentant omnes flatuores, A. *blowers*, qui sectam debent ad hanc curiam *Ib.*

flatta, ~um [ME *flat*], piece of level ground, plain.

a1181 campum que[m] vocant ~um S. Michaelis *CalCh* IV 361; **1392** due seliones jacentes in medio cujusdam ~e, vocati Thirndale *Feod. Durh.* 164 (cf. ib.: in dicto *flat* de Thirndale); **1574** totum illud cotagium et *garth*, [et] capellam nostram, et tria flatt' terre nostre in Neswycke [*Yorks*] *Pat* 1119 m. 22.

flatteria, piece of level ground.

1211 tota flateria [i. e. *valley floor*] a rivo de Esknese ubi descendit in Derwentwater de sub cilio inferioris montis usque ad rivum qui descendit de Wathenthendelau et cadit in Borghra remanebit in communi imperpetuum tam in bosco quam in herbagio . . monachis de Furnesio et Fontibus *Couch. Furness* II 576.

flatuosus, flatulent.

[aqua vite] valet doloribus stomaci ~is, ventosis, et melancholicis *RB Ossory (HMC)* 255.

1 flatus v. flare.

2 flatus [CL]

1 blowing (of a wind), (blast or gust of) wind (also fig.).

cum non omnibus in terris idem fluctuantium possit existere ~us aurarum Bede *TR* 25; ~u prospero Nen. *HB* 196 (v. 2 descendere 2b); **939** si quis . . hanc nostram difinitionem . . infringere temptaverit, perpessus sit gelidis glaciarum flatibus . . *CS* 741 (cf. ib. 813 [**946**]); firma petra . . quae nec impulsu fluminum nec ~u ventorum est mota Anselm (*Incarn. A* 4) I 283; zephiri ~u Ord. Vit. III 14 p. 144; Gir. *TH* I 6 (v. 2 exuberare c); **1235** cum communa de *feugar* et communa siccorum ramorum per ~um venti vel vetustatem ad terram prostratorum *Cart. Blyth* 255; fortune flatibus Walt. Wimb. *Palpo* 2; nimis debilis est quem ~us venti [ME: *awindes puf*] prosternit *AncrR* 37; navis . . propter ~uum inclementiam et fluxus decrescentiam portum intrare non valens *G. Hen. V* 24 p. 164; sicut enim ~us venti extinguit lumen lucerne, sic ~us detraccionis extinguit caritatem anime *Regim. Princ.* 121.

2 breath. **b** (w. *Sanctus* or sim.) the Holy Spirit.

948 (12c) quamdiu vitalis ~us carnem mundana fragilitate corruptam aluerit *CS* 866; basiliscus . . cujus ~um omne quod hauserit moritur Hon. *Spec. Eccl.* 915B; ~u solo et occulta quadam inspiratione, citra omnem mixturam apum ex cera procreatio Gir. *TH* I 15 p. 49; non oris ~u sed follibus tantum et ventilabris ignem licet exsufflare *Ib.* II 36; quare basiliscus solo visu interficiat, aspis vero solo ~u *Quaest. Salern.* N 61; ~us ei minoratur, voce cito perturbatur M. Scot *Phys.* 17; ~us, sive hanelitus, necessarius est ad caloris naturalis mitigationem Bart. Angl. III 15; si ~um represserimus subintrantem nares, . . *Ib.* III 19; ~us [ME: *bles*] diaboli et voces ipsius *AncrR* 22. **b** lactantumque Sacer repleat si viscera Flatus, / qui facit humanas asinam reboare loquelas Bede *CuthbV* 73; praesens ipse suis jugiter cultoribus Almum / nubibus e summis direxit splendide Flatum Frith. 18; assit his Genitor atque potens Deus, / aptet Christus et haec patre Deo Deus,/ cum Flatu patrio, quo regimur Deo, / Augustine placabilis Wulf. *Poems* 166; septem / dona Sacri Flatus Garl. *Myst. Eccl.* 388; ave, virgo, verbi zeta, / caste casto flatu feta / non immundo semine Walt. Wimb. *Virgo* 7.

3 blowing (of bellows or sim.), wind (in organ or other instrument).

unde in ecclesia tot organa, tot cymbala? ad quid terribilis ille follium ~us? Ailr. *Spec. Car.* II 23. 571 B; triplex diapason, quod vix reperitur nisi instrumentis a ~u, dicitur octupla Garl. *Mus. Mens.* P 14; organica [musica] est que consistit in instrumentis sonoris; et alia quidem fiunt ut ~u sonent, ut organa et tube Odington *Mus.* 62; **1439** cuidam clerico pro ~u organorum xvij d. *Ac. Durh.* 73.

4 (w. ref. to person) puffing up, flattering.

GlH F 4 (v. 2 fastus); ~u adulantium concitatus, bullatas in corde formaret ampullas *Mir. Wulfst.* I 1 p. 6.

3 flatus, [cf. OF *flet*], kind of fish, (?) flounder. *Cf. platesia, platessa.*

c1159 si aliquis piscabitur piscem qui dicitur sus maris vel ~us *Act. Hen. II* I 227.

4 flatus v. 2 flota 5.

Flaundrensis v. Flandrensis.

flaura, (bot.) *pied de lion*, (?) lady's mantle.

~e, eruce, abrotani, agrestis fumiter Gilb. II 84. 2; conficiatur cum succo ~e *Ib.* III 154. 1; ~a, planta leonis *SB* 21; ~a, pauca [v. l. planta] leonis idem. herba est valde amara, facit multos ramos, et super singulos habet tria folia, et folia ut species trifolii: effecatissime [v. l. efficatissime] provocat [? *add* menstrua], et habet vim dissolvendi *Alph.* 63.

flavellum v. 1 flabellum.

flavēre, ~escere [CL]

1 to be or become yellow, turn yellow with ripeness.

arte mea crocea flavescunt fercula regum Aldh. *Aen.* 20 (*Apis*) 3; flavescentibus uvis *Ib.* 78 (*Cupa vinaria*) 2;

~escit, i. maturescit, *glitenaþ* vel *geolwaþ* .. *GlH* F 422; **9..** ~escentibus, *falewende WW*; velut aestas cum ~escunt campi liliis et rosis atque colocasia BYRHT. *V. Osw.* 435; puer .. valde decoratus ex ~ente cesarie et prolixa facie *G. Herw.* 320b; in venia Domini Jhesu botros animorum confecimus, uvas maturitatis senio ~entes obstupuimus R. COLD. *Osw. pref.* p. 326; **1372** de J. C. pro arundine habenda fla[nescente] [? l. flavescente] in fossato castri *Arch. Bridgw.* I 191; in tritico ~escente TURNER *Herb.* B1v. (v. githago).

2 to become or be golden, gleam like gold; **b** (w. ref. to lettering on charter).

quamquam versicolor flavescat penna pavonis ALDH. *VirgV* 227; aurea contortis flavescunt pallia filis *Id. CE* 3. 70; auri flaventis passim argentique micantis / gemmiferas species BONIF. *Aen.* (*Vana Gloria*) 336; *GlC* F 252 (v. 1 albescere); ~escit, i. .. splendescit *GlH* F 422; **985** ubi .. aeternitatis indigenae immarcescibili ~escentique ditentur laurea *CD* 648; pulverem locupletissimum, quo quicquid contingeretur in aurum ~esceret, non quod ita pro vero esset sed ut ita videretur W. MALM. *GR* II 170; Pactolus nitidis dives flavescit arenis NECKAM *DS* III 1017; [vinum] luceat in Samiis aut Murra, ludat in auro, / flavescat in vitro, ferveat igne suo! *Id. Poems* f. 217ra. **b** **785** quorum nomina ~escunt infra. ego Offa .. *CS* 245; **840** (11c) quorum hic nomina in altera plaga cartulae ~escunt. ego Berhtþulf .. *CS* 430.

flavitas, yellow or gold colour.

albedo [capillorum] ex flegmata innaturali et ~as ex naturali procedere signa sunt GILB. II 74 (*recte* 76). 2.

flavities, yellow or gold colour.

nodatur in equos flavities / crinita sinus J. EXON. *BT* IV 158.

flavitudo, yellow or gold colour.

flaveo, -es, inde flavus, -a, -um, et hec ~o, -nis, et flavesco, -is OSB. GLOUC. *Deriv.* 238.

flavo v. flao.

flavor, yellow or gold colour, gleam.

praeterea templum caesis instaurat arenis, / circumdans caecis sinuato fornice criptis, / lenibus obductas pingens flavoribus aulas FRITH. 582; *Ib.* 1161 (v. 2 ephoebus); vitrei coloris, rutilo undique splendore croceantis qui cereum ~orem videtur excedere et auree similitudini .. consociare R. COLD. *Osw.* 51.

flavus [CL = *yellow, but cogn. w.* OHG *blau,* AN *blef,* OF, ME *bleu*]

1 pale yellow, golden. **b** (w. ref. to person) golden-haired. **c** (*pestis* ~*a*) jaundice.

nunc glauco coloris vigore fulgescit aut ~a auri specie splendescit ALDH. *VirgP* 9 (cf. *GlH* F 424: ~a specie, *of glæteriendum* vel *scylfrum hiwe* vel *doxum*); quamvis ~a caesaries raderetur *Ib.* 47 (cf. *GlH* F 423: ~a caesaries, *geola feax*); ALDH. *Ep.* 5 (v. cratis 2a); flabum, *geolu*; .. flabus, rubius *GlC* F 219, 249; ~um, pallidum, glaucum *Ib.* 436; fulvum, ~um, splendidum, nigrum, *geolu*, rubeum, rubicundum, *fealu GlH* F 969 (cf. ib. F 420); habebant Hibernico more comas perlongas et ~as GIR. *TH* III 26; de pulvere lapidum preciosorum rubei coloris et celestis et ~i BACON V 103; *Ib.* XIV 75 (v. albedo a). **b** Rogerus ~us *Dom. Exon.* 70v.; **1188** scriptum est in porta aurea .. 'quando veniet rex ~us occidentalis, ego per memetipsum aperiar' (*Lit. nunciorum*) *G. Hen. II* II 52. **c** GIR. *IK* II 1 (v. ictericius); HIGD. I 52 (v. icterícia).

2 blue.

ceruleus, ~us, glaucus OSB. GLOUC. *Deriv.* 140 (cf. ib. 263).

3 (as sb. m. or n.) blackberry.

~i vel mori, *blaceberian* ÆLF. *Gl.* 139; **10..** ~ia vel mori, *blace berian WW*.

flaxa v. flasca. **flaynus** v. flunus.

flebilicus [cf. flebilis], tearful, doleful.

voce ~a recitare cepit quomodo .. N. DUNSTABLE *Chr.* 35.

flebilis [CL]

1 lamentable, worthy of tears.

933 ~ia fortiter detestanda totillantis saeculi piacula *CS* 694; Anglia .. ~e tema de sua ruina piis historiographis ad dictandum tribuit ORD. VIT. IV 1 p. 162; in Malchum renovetur ~e ferrum R. CANT. *Malch.* app. 496 p. 164; habet hec flebile vita prohemium, / penalem exitum WALT. WIMB. *Sim.* 173.

2 accompanied by tears, sorrowful, doleful.

tam ~is haec querulaque malorum aevi hujus historia GILDAS *EB* 37; ut imperatori .. ~i singultu querimoniam ederet ALDH. *VirgP* 50; quae historicus eorum Gildas ~i sermone describit BEDE *HE* I 22; ~i .. regii decessus rumore imperium undique concutiente *Chr. Battle* f. 35; ex imo pectoris ~ia trahens suspiria *V. II Off.* 6; ~is .. lamentacio HOLCOT *Wisd.* 3; in tribus diebus ante Pascha matutine longo et ~i modo in memoriam passionis dominice .. decantantur W. SAY *Lib. Reg. Cap.* 59.

3 (of person) tearful, weeping.

in lacrimabiles questiones cogor prorumpere, et ipse [MS: †ipsius; ? l. ipsis] cum propter vos sim ~is respondere *Dictamen* 372.

flebilitas, (?) feebleness (cf. Fr. *faible,* OF *floible* < flebilis), or (?) *f. l.*

c801 ingravescente infirmi corporis flebilitate [? l. debilitate] ALCUIN *Ep.* 238.

flebilitatus, accompanied by tears, sorrowful.

si scires precibus mansuescere flebilitatis, / vellem te coetibus conjungere sanctificatis (*Vers.*) AMUND. I 364.

flebiliter [CL]

1 lamentably.

omnium suorum excubiis ~iter delusis MAP *NC* II 14 f. 27v.; animus, obedientia Domini spreta, .. ad prava corpus firmum ~iter labefecit PULL. *Sent.* 754C; 'o flebile furtum', id est, o fili quem ~iter furata sum TREVET *Troades* 52.

2 tearfully, sorrowfully.

dominus autem, cernens tristem turbam, ~iter lamentari coepit et ipse simul lacrimari HON. *Spec. Eccl.* 916C; kyrieleyson .. ~iter cantatur *Ord. Ebor.* II 273.

flebotom- v. phlebotom-. **flebs** v. phlebs.

flecca [cf. OF *fleche* < Frk.; cf. AS *fla*]

1 (wooden shaft of) arrow.

1190 pro c et lx arcubus duplicibus cordis et xiij milibus ~is cum ferris *Pipe* 3; **1194** pro .. iiij milibus quarrell' cum flechiis .. *Ib.* 175; **1206** pro flecchiis et pennis ad quarellos regis *Ib.* 149; **1229** quod habere faciat Willelmo le F. .. lapidem ad emolendum quarellos quos fabricat et lignum ad ~as ad eosdem quarellos faciendos *Liberate* 8 m. 11; **1226** flekcas (v. fleccarius a); **1232** terram quam Radulfus le Flecker tenuit de rege in capite .. per serjantiam reddendi regi c flechias per annum *Cl* 107; **1246** pro suspeccione eadem scrutaverunt viridarii et forestarii domum R. filii Q. et invenerunt in ea unam fleckam sanguinolentam fractam *SelPlForest* 85; **1275** Strekayse, qui invenit dictam flechiam fractam et sanguinolentam *CourtR Wakefield* I 19; **1305** illius sagitte .. flechia fuit pennata de penna ante consuta et ligata cum filo et serico... non facit mencionem in apello suo de grossura flechie neque de colore pennarum flechie *PlRChester* 17 r. 13; **1333** vj fliscas sagittarum *IPM* 37/21; **1342** unum arcum sine corda et flaccam sine capite *IPM* 66/42 (= *Cal.* p. 20: †flactam); **13..** tres sagittas barbulatas cum flecchiis pennatis *AncD* A 7921; *a schafte,* hasta, †flecta, etc. *CathA*.

2 (arch.) shaft of pillar, spire, or sim.

1291 pro iij flecchiis, iij capitibus et iij agnis, de marmore, ad Cruces de Lyncolnia, Norhamtona, et Wautham *Manners* 113.

fleccare, to fletch, fit arrow-head w. shaft, make arrows.

1205 tres balistas ligneas et mille quadrellos bene pennatos et †flectatos *Cl* 31a; **1212** per servicium unius arcus et pharetre cum xij sagitis ~atis *Fees* 151; **1227** flechiando (v. fleccator); **12..** unam sagittam barbatam et bene flegittatam *AncD* A 11291.

fleccaria, service of providing arrow-shafts.

12.. Dionisius fleccarius tenet .. unam bovatam et terciam partem per fleccchariam *Fees* 348.

fleccarius [cf. AN *fleccher,* OF *flechier*], fletcher, maker of arrows. **b** archer.

1175 de Willelmo Moin et Godwino ~io *Pipe* 69; **1191** Petronelle, que fuit uxor Galfridi flecharii, lij s. (*Bosham, Suss*) *Pipe* 60 (cf. ib. 8 [**1194**] (*Midhurst, Suss*): de redditu assiso de Heddendon in Oxinef'sr' que fuit Galfridi flecharii; ib. 21 [**1200**], 245 [**1230**] (*Oxon.*): Petronille que fuit uxor Galfridi flecharii, l s. in molendino de Hedindon'); **1192** in terris datis Dionisio flicchario *Pipe* 232; **1198** flecharíis qui faciebant flechas ad engueinas, sagittas, et quarellos *RScacNorm* II 309; **1225** compottatum est vicecomiti quicquid posuit in stipendiis Willelmi fabri et hominis sui Willelmi flecharii *LTRMem* 7 r. 18; **1226** Radulfus flickarius reddidit ad scaccarium xx flekcas redditus pro terra sua *Ib.* 8 r. 2d.; **1286** quidam ~ius .. habuit merremium ad fleccas et trillabos bis de eodem parco *IMisc* 45/18; *a fletcher,* †flectarius, plectarius *CathA*; flexarius, A. *a* †*floccher* [l. *flecher*] *WW*; **1575** officium flechiarii sive archiarii *Pat* 1137 m. 5. **b** **1386** pro solvendis gentibus armorum et †flecteriis (*Mandatum regis Portugaliae*) *Foed.* VII 518 (cf. Port. *frecheiro*);

fleccator, fletcher, maker of arrows

1227 Philippo de H. flechiatori .. pro millenario quarellorum flechiando et inpennando *Liberate* 5 m. 8; **1228** Willelmo flechiatori qui habet in die iiij d. *Cl* 18.

flecch- v. et. flecc-.

†flecchericium, (?) arrow-shaft, arrow.

1213 pacavimus cuidam nuncio qui tulit vj ligacias flecchericiorum [*sic* MS] de Lund' usque Colcestr' per preceptum domini regis et qui tulit coria damarum et castaneas de Colcestr' usque Lund' v d. (*KRAc* 349/2) *DocExch* 243.

fleccibilitas v. fluxibilitas. **flech-, fleck-** v. flecc-. **flecma** v. phlegma.

1 flecta v. flecca.

2 flecta [AS *fleohta, flecta*], hurdle. *Cf. flaka.*

GlC C 891 (v. cratis 1a); graticium [i. e. craticium], *wag flecta Ib.* G 174; cratem, i. flecta [? l. flectam *or more likely* AS *flecta*], *hyrdel, hege, flehtran GlH* C 2002; flecta, *hyrdel Ib.* F 468; crates, i. flecta, *hyrdel* ÆLF. *Gl.* 140; *fleke, or hyrdel,* plecta, flecta, cratis *PP*.

flectare v. fleccare, flectere. **flectaria** v. flecteria.

flectere [CL], **~are**

1 to bend. **b** to bow down. **c** (w. *genu* or sim.) to bend the knee, kneel.

annosa in silvis quercus vix flectitur unquam ALCUIN *Carm.* 93. 9; flexit, curvavit, prostravit *GlH* F 475; NECKAM *NR* II 47 (v. flexibilis 1); duos denarios super corpus .. ~entes et ad .. Osmundum offerre promittentes *Canon. S. Osm.* 63; ~o, A. *to wrynge mony WW*. **b** ALDH. *VirgV* 378 (v. cernuus a); dixerat [sc. Guthlac moriens], et cervicem parieti ~ens, longa suspiria .. traxit FELIX *Guthl.* 50 p. 156; *Chr. Battle* f. 50 (v. flexio 1b); capite regis in partem flexo STRECCHE *Hen. V* 163 (v. facula 2c). **c** **c675** arcuatis poplitibus flexisque suffraginibus ALDH. *Ep.* 3; sed et genu in oratione minime juxta morem ~imus quia pro certo genuum inflexio paenitentiae et luctus indicium est BEDE *Hom.* II 16. 187; tres flectiones flectaverit NEN. *HB* 218 (v. flexio 1c); ante tribunal .. Christi, cui ~et omne genu celestium et terrestrium et infernorum EGB. *Pont.* 108 (cf. *Philip.* ii 10); jussus vero sedere, ad genua ejus se ~at et osculetur et sic humiliter juxta eum sedeat LANFR. *Const.* 141; **1150** flexis genibus excellentie vestre supplicamus (*Lit. episc. Norw.*) Lib. Eli. III 98 (cf. ib. 103); **12..** flectavit super jenua sua et .. vaccam impastronasse voluit *ICrim* 25/20; **1220** majestatem regiam flectis genibus et fusis lacrymis rogamus .. quatenus .. *RL* I 140; **1351** audito .. nomine Jesu, mentem, caput, et corpus .. inclinent, et humillime Deo ~ant *Conc.* III 20; in nomine Jesu cui flectitur omne genu celestium terrestrium et infernorum *G. Hen. V* 12 p. 84.

2 to cause to change direction, deflect, turn; **b** (mus.).

per cava telluris clam serpo celerrimus antra / flexos venarum girans anfractibus orbes ALDH. *Aen.* 73 (*Fons*) 2; per caelum gradiens obliquo tramite flector *Ib.* 81 (*Lucifer*) 3; eo gurgite quo [Nilus] se ad ortum dirigit et quo item flexus a Mari Rubro ad occasum refunditur *Lib. Monstr.* II 21; ut nunquam a rectitudine ~amini ANSELM (*Ep.* 344) V 326. **b** [figura] flexa dicta quia a semivocali descendens dextero ~itur; pes dictus ad similitudinem pedis; pes flexus componitur ex pede et flexa ODINGTON *Mus.* 95.

3 to cause to change, influence, bend to one's will, prevail on; **b** (refl.).

Ponti barbara regna / Judas ad Dominum doctrinis flexerat almis ALDH. *CE* 4. 12. 24; quatenus ad thalami flectat conubia mentem *Id. VirgV* 1165; neu blanda flecti lenonum fraude valebat *Ib.* 1819; et pia flectenda est precibus clementia nostris ALCUIN *Carm.* 9. 233; me ad credendum nullus cogere neque ~ere potest *Eccl. & Synag.* 109; eloquentia talis esse debet ut doceat, ut delectet, ut ~at ANSELM *Misc.* 307; **s1139** ut .. animum episcopi Eliensis .. flecteret W. MALM. *HN* 469 p. 27; **1166** temptabo .. archiepiscopum ~ere pro archidiacono Pictavensi J. SAL. *Ep.* 227 (181); quia ad voluntatem suam ~untur consiliarii et amici ejus BACON V 5; ameno flectere cantu / me potes WALT. ANGL. *Fab.* 46. 5. **b** qui nec se flectit Veneri / nec muneri P. BLOIS *Carm.* 12. 3.

4 to change.

in [hyeme] conversaciones oportet ~i, id est usus vivendi debet mutari BACON V 80; *Id. Tert.* 248 (v. 2 colon).

5 to direct, guide in a particular direction.

†675 (12c) porro inter has turbulentas saeculi tempestates scripturarum ~enda sunt gubernacula .. quatenus .. ratis recto cursu ad portum patriae prospere perducatur *CS* 37 (= *Reg. Malm.* I 280: †flectanda); ~e oculum ad ambos divisores THURKILL *Abac.* f. 60; canis .. si .. quavis corporis parte quo linguam ~ere non valeat vulnus acceperit, .. GIR. *IK* I 7 p. 72.

6 to govern, rule, have sway over.

subque tuo mundus flectatur pronus amore ALCUIN *Carm.* 7. 22; o Dee cunctipotens cosmi qui regmina flectis *De lib. arb.* 167.

7 (by conf. w. *plectere*) to weave, plait.

sportellas, retia, et apum vascula texere et mattas ~ere ROB. BRIDL. *Dial.* 154.

†flecteria [φλύκταινα = *blister*], (name of plant). *Cf.* 1 bulla 2.

bulla herba est, bulla flectaria idem. .. bula, ~ia idem respice *Alph.* 25; *Ib.* 65 (v. 1 bulla 2).

†flectidos [dub.], dove's-foot cranesbill (*Geranium molle*).

~os vel flectidon, pes columbinus idem *Alph.* 65.

flectio v. flexio. **flectuosus** v. flexuosus. **flectus** v. flectere, 2 flexus. **flegeton** v. Phlegethon. **flegittare** v. fleccare. **flegm-** v. phlegm-. **flegmen** v. flemen. **flem-** v. et. phlem-.

flemen [CL *pl.* < φλεγμονή]

1 swelling, tumour.

~ina, †sive [MS: sc.] sunt ubi habundant crura sanguine *GlH* F 459; *bony of hertyngs*, †slemen [l. flemen], flegmen, tumor *PP*.

2 (by misinterp. as < *flēre* + *-men*) weeping, tear.

flemen, -nis, flentium humor, *tear GlH* F 460; ~en, ploramen, flentium humor OSB. GLOUC. *Deriv.* 246.

flemeneswita [ME *flemeneswite*], (right to collect) fine for harbouring fugitives.

c**1175** quietas de scydwita et de hengwita et de flemneswita et de warpeni *Act. Hen. II* II 32; a**1199** concedimus .. quietancium de heingwita et de flemenswita et de blodwita et de firthwita [etc.] *MonExon* 373b.

flemenfremtha [ME *flemenfremth*, AS *flymena fyrmþ*], (right to collect) fine for harbouring fugitives.

hec emendatur c solidis: *griþbreche, stretbreche*, .. flymonfirma (*Leg. Hen.* 12. 3) *GAS* 588; ?**1189** quietos de sectis .. et leirwita et heingwita et fremenefrenda (*Ch. Ric. I*) *MonA* VI 437a; **1199** de assisis et domis .. et serdwit' et hengwit' et fremannesfrethia et sumag' .. sint in perpetuum quiete *RChart* 14b; **1199** quietas de .. fledwita et hengwita et flemanfremtha *MonA* II 336; [**1253** Ricardus quondam rex Anglie avunculus noster concessit et confirmavit .. monachis .. de Colecestria libertates et quietancias que in Anglico idiomate sunt subscripte, viz. *frithsokne, infangenethef*, et *flemenefremthe*; volentes eas ad communem intelligentiam plenius declarare Anglicum illud igitur duximus exponendum, viz. *frithsokne* visum franciplegii infra libertates suas, *infangenetheof* judicium latronum captorum infra libertates suas cum furcis [v. l. furtis], *flemenefremthe* catalla fugitivorum *Cart. Colch.* 56 (= *CalCh* I 423)].

flemn- v. phlegm-. **flemo, flemon-** v. phlegmon. **flenium** v. flunus.

flentus [*metrical licence for* flens], weeping, tearful.

non ars ulla juvat nec opes nec cura medentum; / spes mea tu solus, me fatis eripe flentum R. CANT. *Malch.* VI 371.

fleramula [? Ar. < Pers. *fulfulmūya misr. as flerāmūla*], ? (root of) pepper plant.

cum butiro in quo radix flera mule cocta fuerit misce ADEL. *CA* 13; radix fleramule *Ib.* 14.

flēre [CL]

1 (intr.) to weep, lament.

videns socium suum flentem et lacrimantem .. pro moriente uxore *V. Cuthb.* II 8; prorupit in lacrimas et multum flebat CUTHB. *Ob. Baedae* clxi; sicut ei moris erat penitentibus et flentibus clementer ignoscere WULF. *Æthelwold* 33; cum ipse riserit contra te, tu fleveris contra illum ANSELM (*Ep.* 8) III 111; pauperibus largus †iuuebas [l. vivebas], et tibi parcus. / orando flebas, suspiria longa trahebas *V. Gund.* 49; flevit Brianus lacrimeque ex oculis ejus manantes ita ceciderunt ut faciem .. et barbam irrorarent G. MON. XII 2; ne fleas in funere tam deflendo P. BLOIS *Ep.* 179. 465C; delectabile est ei qui affectus est dolore operari secundum habitum suum, et hoc est flere et ita fletus quodammodo diminuit dolorem TREVET *Troades* 56.

2 (trans.) to weep for, bewail.

qui sua cum lacrimis veniunt mala crimina flere ALCUIN *WillV* 27. 8; hic quicumque fide veniat sua crimina flere *Id. Carm.* 90. 6. 3; da nobis digne flere mala quae fecimus *Rit. Durh.* 18; qui me commonent .. flere gravia mala quae sufferendo possum palpare ANSELM (*Or.* 13) III 54; pium est ~ere mortuum P. BLOIS *Ep.* 2. 4A; crevit / turma ducis, delusa cohors sua crimina flevit WYKES *Vers.* p. 129.

flesgabulum [ME *fleshgavel*], tax on the selling of meat.

1297 idem r. c. de xv s. rec' de breugabulo hoc anno. et de ij s. vj d. rec' de ~o hoc anno *Ac. Cornw.* I 75; **1300** est ibidem [apud Wylton'] quoddam mercatum tentum per quamlibet septimanam .. cujus theolonia cum theoloniis tangabuli, ~i, stocgabuli, et stallagi, valent per annum xij s. *IPM* 95/9.

flestria v. electrum 1b.

fleta, ~um [ME *flete*], (natural or man-made) channel of water (ranging in size from millstream to tidal estuary). **b** the Fleet, prison in London situated on the Fleet, a stream flowing into the Thames. **c** (name of legal treatise composed in the Fleet).

1159 dedi .. locum super flietam, juxta castellum Bainardi, et totum cursum aque de fliete ad faciendum ibi molendini *Act. Hen. II* I 233 (= *Rec. Templars* 157–8); **11..** illam culturam terre que .. habet juxta se flethum a parte occidentali *Cart. Rievaulx* 70; **1173** ecclesiam de Flueta [*the Fleet, Dorset*] apud Porlant *Act. Hen. II* I 473; **1184** pro quadam ~a facienda apud Riseclif que reddit x sol. per annum *RScacNorm* I 114; **1202** piscariam cum j fluetto qui vocatur Alfadeflet et situm j molendini super eundem *fluet Fines P. Norf & Suff* 8; c**1220** sicut forera Radulphi L. vadit in ~um de C., inde per medium ~um usque in ~um molendini versus Felebrige *Cart. Whitby* I 112; **1242** quod de cetero ad ~um de Menstre per flumen de Sandwico liber sit accessus per navigium (*Ch.*) THORNE 1889; ?c**1250** (1464) tota terra que est infra duas fluetas *Cl* 316 m. 27*d.*; **1290** cum piscaria in fletibus adjacentibus predicto marisco [de Standflete] infra et extra *IPM* 58/3 m. 2 (cf. ib. m. 4: piscavit in quibusdam fletibus infra predictum mariscum); **1369** ad communem flettam vocatam Dousill Flet *RR King's Lynn* II 94; **1377** (v. 2 brodium). **b 1207** in custodia tua est apud ~am *Pat* 68; **1220** Elias committitur gaole de *Flete CurR* VIII 272; in ~a *Fleta proem.* (v. c infra); nam Flete custos bona de prisonibus unit, / nam sumptus multos capit aut per vincula punit (*Vers. Exch.*) *EHR* XXVI 61. **c** tractatus .. iste qui ~a merito poterit appellari quia in Fleta de jure Anglicorum fuit compositus *Fleta proem.*

fletera v. fleuta. **flethum** v. fleta.

fletifer [LL], bringing tears.

ventosa superbia, cujus / flatu fletifero pax est excussa superne HANV. V 222.

fletta, fletum v. fleta.

1 fletus v. fleta.

2 fletus [CL], weeping, lamentation. **b** tears (of laughter).

animas .. rugientes in aeternis ~ibus cludunt *Lib. Monstr.* III 13; altera vice legimus, altera ploravimus, immo cum ~u legimus CUTHB. *Ob. Baedae* clxii; misericordia tua indulta ~ibus supplicantium *Rit. Durh.* 40; ~us quo pro nostris .. peccatis et miseriis dolemus ANSELM *Misc.* 328; pueris .. cum primum a ~ibus in cantus erumpunt GIR. *DK* I 13; WALT. WIMB. *Van.* 135 (v. fimbriare b). **b** quare ex risu sequitur ~us? *Quaest. Salern.* B 63.

fleub-, fleugb- v. phlebotom-. **fleugm-, fleum-** v. phlegm-.

fleuta [OF *fleute*], pipe, (?) flute.

1473 una bala cum fistulis aut †fleteris [MS: fleut'] et unus saccus cum plumis (*KRAc* 129/1) *Bronnen* II 1700.

flexanimus [CL], that bends or sways the mind, persuasive, affecting.

~um *GlH* F 481; sic donat omnia candor flexanimus WALT. WIMB. *Sim.* 24; tu tuum servulum, cum mors acerrima / avellet cespitem carnis ab anima, / commenda Filio prece flexanima *Id. Carm.* 641.

flexare [CL], to bend, plait.

sex virgas vicissim ~atas in forma cribri *Hist. Durh.* 5.

flexarius v. fleccarius.

flexibilis [CL]

1 easily bent, flexible, pliable.

per digitum qui articulorum compositione ~is est BEDE *Hom.* I 25. 107; ~is, lentis [*sic* MS] *GlH* F 478; considera et gladii artificiosam compositionem, et in ea quandam materiam reperies ~em, quandam rigidam et flecti nesciam NECKAM *NR* II 47; GIR. *IK* II 11 (v. flexibilitas 1); quedam animalia cornua habent ~ia *Quaest. Salern.* B 137; manum directum et articulos ~es ut prius erant ostendit *Canon. G. Sempr.* 13; lingua est membrum ~e et mobile J. BLUND *An.* 215; WYCL. *Ente* 196 (v. curvabilis b).

2 amenable to influence, tractable. **b** liable to change, variable, inconstant. **c** versatile, nimble.

quia ~is erat ad misericordiam ORD. VIT. VIII 24 p. 420; noli esse crudelis, sed ~is ad parcendum hiis de quibus victoriam habuisti BACON V 51; si ergo eternam et incommutabilem tuam justiciam nutu sororis misericordie ~em esse decreveris, qua putas racione justicie sustinebitur eternitas? CHAUNDLER *Apol.* 25b. **b** tam ~em ex summa prudentia reddidit naturam, ut multis multiformis et omnibus omnis effectus .. GIR. *TH* III 51; primus / dictio flexibilis per tempora; proximus illi, / dictio per solos casus inflexa; supremus, / dictio persistens immota VINSAUF *PN* 1599; s**1215** Savaricum de Malleone, cum suis ~ibus Pictavensibus et Girardum de Sotingni cum suis volubilibus Flandrensibus *Flor. Hist.* II 155. **c** vulpis flexibilis, dente timendus aper STEPH. ROUEN *app.* 769.

flexibilitas [LL]

1 flexibility.

sure crurum, ~atem naturalem negantes, ita pertinaciter adherebant natibus ut divelli nequirent W. MALM. *GP* V 269; manus .. ab omni dolore .. liberata est, et omni nervorum libertate, ~ate, atque mollitie .. donata est R. COLD. *Cuthb.* 108 p. 245; ut pedes tam flexibiles .. haberet quod articulorum proceritate pariter et ~ate .. acu suere consueverit GIR. *IK* II 11 p. 141; quod est dissimilitudo qualis inter Deum et hominem .. caput mirabilissimum et pedem ex ~ate quantumlibet inequalem WYCL. *Ver.* III 166.

2 readiness to change or err.

secundum igitur hunc modum Anselmi non videtur ipsa ~as vel vertibilitas voluntatis ad utrumque esse de quiditate liberi arbitrii, .. GROS. 222; s**1252** ceream curie ~atem M. PAR. *Maj.* V 313; non communicat Deus ~atem [*of the will*] set consequitur naturam *Quaest. Ox.* 309.

3 variability, capacity for variation.

inflatas vero buccas dii risisse dicuntur quia tibia ventose in musicis sonet, et artificiose ~atis vocum proprietate amissa rem potius sibilet quam musice moduletur ALB. LOND. *DG* 10. 7.

flexibiliter [LL], flexibly, so as to bend readily.

utuntur ad metendum .. ferro quodam modico, in cultelli modum formato, baculis binis ad capita laxe et ~iter catenato GIR. *DK* I 17.

flexilis [CL]

1 easily bent, flexible, pliable.

corpus erat vegetum nervis et flexile totum ALCUIN *SS Ebor* 767; gelu .. affligente ~es herbarum et arborum comas W. JUM. II 6; integer et blando perfusus membra tepore, / articulosque nitet flexilis ipse suos L. DURH. *Hypog.* 70.

2 amenable to influence, tractable.

doctrinis etiam variis non flexilis esto ALCUIN *Carm.* 62. 122; ~is, inclinabilis *GlH* F 479; H. AVR. *Poems* 27. 5 (v. flexilitas).

3 variable, versatile.

alia [vox] vinnola, que est mollis et ~is ODINGTON *Mus.* 71.

4 (gram.) inflected, inflexional.

ex his octo [sc. partibus orationis] inclinabiles ~esque sunt quattuor, nomen, pro[no]men, verbum, et participium. immobiles inflexilesque reliquae LINACRE *Emend. Lat.* 1.

flexilitas [cf. TLL], readiness to bend, change, err.

ejus in arbitrio nil egit culpa vel error, / .. / flexilis et rigidi fuit indurata rigore / flexilitas, fractus flexilitate rigor H. AVR. *Poems* 27. 6.

flexio [CL]

1 the action of bending, flexibility. **b** (*genuum* ~*o*) genuflexion; **c** (w. ellipse of *genuum*).

brachio in tantum grossescente ut nihil prorsus in cubito ~onis haberet BEDE *HE* V 3. **b** *Eccl. & Synag.* 96 (v. flagellare 1a); tres genuum ~ones solito more faciat LANFR. *Const.* 180; lacrymarum fusionibus, genuum ~onibus TURGOT *Marg.* 13 p. 254; Bartholemeus genuum flectione flectens ea sepissime orando que vix flectere poterat incedendo *Chr. Battle* f. 50 (cf. ib.: a tali genuum ~one). **c** omnis peregrinus taediosusque homo tres flectiones flectaverit juxta illud [sepulcrum] NEN. *HB* 218.

2 (gram.) inflexion.

a communi fleccione recedens, qua dispensante grammatica nescimus, alterius est declinationis in singulari .. numero quam in plurali *Reg. Whet.* II 394.

flexosus v. flexuosus.

flexuose [CL], sinuously, by twisting or bending.

sicut manus artificis .. de eodem stamine .. nodos involucres vel ansas ~e laxabiles facit R. COLD. *Cuthb.* 108 p. 245; vidit imaginem [crucifixi] .. totam fieri mobilem, ac motu nutante sepius recurvari ac inclinari velut ~e sensibilem *Id. Godr.* 90 p. 100; OSB. GLOUC. *Deriv.* 236 (v. flexuositas 1a); [serpentes] differunt in incessus qualitate. nam quidam serpunt ~e semper sive tortuose [TREVISA: *wigelyng and crokynge*] et quidam semper recte BART. ANGL. XVIII 9 p. 1001; quod currit per nervum lingue continuatum ~e usque ad prope cor BACON *MS* 102.

flexuositas [LL]

1 sinuousness. **b** bend, twist.

flecto, ~is, †flexui [MS: flexi], flexum .. inde flexus, -a, -um et hec flexio, -nis, et hec flexura, -e, et flexuosus et flexuose adverb., et hec ~as, -tis, .. OSB. GLOUC. *Deriv.* 236; hic flexus, -us, i. †fluxuositas [MS: flexuositas]

alicujus rei *Ib.* 236 (cf. ib. 245: flexus, flexuositas). **b** nervi sic a sensibus usque ad cor extensi habent multas ~ates, et ideo species incedit per lineam tortuosam BACON *MS* 102.

2 flexibility.

ingravescente igitur dolore per singulos dies omnis nervorum ~as ei subducitur, et tam venarum quam ossuum mollities flexibiles [? l. flexibilis] ei precidebatur R. COLD. *Cuthb.* 62.

3 readiness to change or err.

unusquisque declinavit a recto in viam suam, ut non sequeretur rectitudinem voluntatis divine sed ~atem voluntatis proprie GROS. *Cess. Leg.* II 6 p. 98.

flexuosus [CL]

1 full of bends or turns, winding, sinuous.

crebris insularum nemorumque intervenientibus ~is rivigarum anfractibus FELIX *Guthl.* 24; flexosis geminum contractibus in caput errans / curro HWÆTBERHT *Aen.* 49 (*De Anfibina serpente*) 1; ~us, i. labilis, lubricus, curvus *GlH* F 476; per fila nervorum tortuosa ab ipsa cute corporis per vias ~as usque ad instrumentum tactus BACON *MS* 102; nervi .. ~i sunt ut deserviant membris ad gerendum se faciliter versus qua[m]libet partem *Ps.*-RIC. *Anat.* 41 f. 32ra; Minos .. ad dedecus suum celandum Dedali arte sibi facta ~a domo, in ea Minotaurum inclusit *Natura Deorum* 121; in ~o solis circa lineam eclypticam discursu W. DONC. *Aph. Phil.* 3. 37; 'cingit campus et vallis erecta clivo levi', id est ascensu ~o parvo TREVET *Troades* 78; non quidem in directum sed per flectuosos calles ad mare festinabat *Meaux* I 188; **1565** nullus collegii prefectus .. in camisiis suis altioribus plicaturis illis serratis et ~is, quae vulgariter ruffae nuncupantur .. utetur *StatOx* 386.

2 flexible.

R. COLD. *Cuthb.* 2 (v. bruchus); ~us, flexibilis OSB. GLOUC. *Deriv.* 245.

3 amenable to influence or liable to change.

c1241 sicut .. ~um ~o, sic malum malo convenire non potest GROS. *Ep.* 94 p. 293.

flexura [CL], curvature. **b** (concr.) curve, curved object.

~a, circuitus, *boga GlH* F 484; indulgent proceres, magnates, necne calones [v. l. meandri, *w. erron. gl.*: ~e] FRITH. 332; visum .. et vocem intercipiebant angustie transitus atque ~e *Lib. Eli.* II 109 p. 191; OSB. GLOUC. *Deriv.* 236 (v. flexuositas 1a); de ~a coste. aliquando autem costa flectitur et ad inferiora ducitur GILB. III 183. 1. **b** hujus baculi ~a non ex albo sed ex nigro debet esse, quia in commissa cura non debet mundi gloriam querere. summitas curvature debet esse spherica HON. *GA* 615A; laminis ereis, auro undique superducto, capita columpnarum et bases flexurasque arcuum ornare fecit *Found. Waltham* 16.

1 flexus v. flectere.

2 flexus [CL]

1 the act of bending or curving. **b** (w. ref. to genuflexion).

ALDH. *VirgP* 2 (v. athleta a); eodem ~u digitorum quo denarius in laeva ipse figuratur in dextera BEDE *Luke* 427; utilissimam .. ~us digitorum .. premonstrare solertiam ut cum maximam computandi facilitatem dederimus .. *Id. TR* 1 p. 179; WALT. WIMB. *Virgo* 94 (v. 2 fragus b). **b** qui per corpus peccat, per corpus et paeniteat, hoc est in vigiliis, in jejuniis, in flectibus, in orationibus .. ÆLF. *EC* 33; crux, aqua, confiteor, oratio, corpus in ara, / tunsio cum flexu, faciunt veniale remitti (*Vers.*) *AncrR* 124.

2 swerve (off course), curved or sinuous line, twist and turn (also fig.).

saevos rapidi harpagones accipitris sinuosis ~ibus vitantem GILDAS *EB* 34; in ~ibus mundialium negotiorum mendacibus doctissimos *Ib.* 66; nunc ferri stimulus faciem proscindit amoenam / flexibus ALDH. *Aen.* 32 (*Pugillares*) 5; ~us, flexuositas OSB. GLOUC. *Deriv.* 245; Zodiacus .. obliquus circulus solis meatum docet, sed non in toto ipse judicat ~us et reflexus aliorum orbium planetarum FORTESCUE *NLN* I 43.

3 flexus v. 2 fluxus.

flieta v. fleta.

fligere [CL], to strike down. **b** (infl. by *confligere*) to contend.

~o, inclino *GlH* F 485; ~o, ~is, non est in usu. componitur affligo, -is [etc.] OSB. GLOUC. *Deriv.* 236. **b** et cum demonibus jugi certamine fligo R. CANT. *Malch.* VI 382.

flima [AS *fliema*], fugitive, outlaw.

omnis ~a sit ~a [AS: *ælc flyma beo flyma*] in omni terra, qui fuerit in una (*Quad.*) *GAS* 231.

flisca v. flecca.

flitwita [ME *flitwite*], fine for brawling.

1199 fichtwita et flichtwita *RChart* 15b.

flobothom- v. phlebotom-. **flocare** v. floccare.

flocca [ME *flok* = *flock*], group, gang (in quot., of workers).

c1220 tercia ebdomada metent una die ad cibum suum, ita quod hora iij quelibet flocca [*sic* MS] habebit panem j et ciphum j vel duos parvos quilibet et recedent quando possint cenare per lucem diei. et idem carriabunt ad cibum suum set quelibet carecta retinebit sibi garbam (*Cart. Dunstable* f. 42vb) *Beds. Rec. Soc.* X no. 366.

floccare

1 to send snow. (*Cf. Jan.*: *floccus .. et ~o, ~as, verbum sole Deo conveniens; tunc enim Deus ~at cum ~ando ningit*).

WALT. WIMB. *Virgo* 51 (v. fascia 1b); ave, cujus lane floccum / in regale vertit coccum, qui floccat et fulminat *Ib.* 119; *to snawe*, ningere, †floctare *CathA*; verba soli Deo pertinencia .. †floctat, *snawes, Deus ilius WW*.

2 (?) to stuff w. flocks.

1326 pro j corsetto veteri pro corpore regis infra et extra flotando [*sic* MS; ? l. flocando] *KRAc* 381/11/111.

floccellus [cf. floccus], small lock or strand of wool.

lana murice tincta, per flocellos divisa, spargitur juxta canales ut iterum lota aridius sitiat inebriari murice (W. LEIC. *Sim.*) *MS Peterhouse Camb.* 255 f. 106v.

flocceus, made of flock.

1533 culcitram ~eam, duas lodices laneas et totidem lineas cum thorale *Wills Wells* 44.

floccifacere [CL *as phr.*], to make little of, set at nought. *Cf. facere* 14.

flocci fecero, *ic for naht læte GlP* 359; item facio componitur nihilifacio, -is, et ~io, -is, i. parvipendere, unde Terentius [*Eun.* 303] OSB. GLOUC. *Deriv.* 206 (cf. ib. 244: flocci facere, vilipendere, floccipendere, naucipendere).

floccipendere [CL *as phr.*], to make little of, set at nought.

flocci pendentes, i. pro †nihile [MS: nihilo] putantes vel neglegentes *GlH* F 509; **979** (v. donatiuncula); ÆLF BATA 5. 4 (v. forniforus b); **1012** [malignis spiritibus] superbiae .. se dedidit in tantum ut ~eret quin .. me multoties .. offenderet *CD* 719; fraudulentas adulationes tuas ~o ORD. VIT. X 23 p. 148; ut .. nostram insuper petitiunculam ita ~eres ut .. AD. EYNS. *Hug.* III 10 p. 118.

flocculus, tuft or flock of wool (as type of something valueless).

villus idem est quod floculus *MS Bodl. Digby* 65 f. 125 (*in marg. ad* GARL. *Epith.* VII: pauperis in villis gaudet habere stolam).

floccus [CL]

1 lock of wool; **b** (as type of something valueless); *cf. floccipendere*.

~us, *loca GlC* F 235; **9..** ~us, *loca WW*; ~us, villus OSB. GLOUC. *Deriv.* 244. **b** floccio, ~i dixerunt quasi nihili, *unriht GlH* F 511; ~um dicitur pilus vestis cui despecta res comparatur *GlP* 359 *n.* (cf. floccifacere).

2 flock, coarse tufts and refuse of wool (used for packing, padding, or stuffing).

ut magis sincera pars .. lane educta ad opus staminis reservetur, laneis ~is [*gl.*: *flokuns*] ad modum stuparum superstitibus NECKAM *Ut.* 107; obtalmicum fiat cum penna, intincta in aqua ro[sarum] .. naribus immittatur; †floscus etiam laneus contortus lacte muliebri .. involutus naribus immittatur, et sternutabit GILB. II 94v. 1; **1268** carette: .. in ij coll[ariis] emend[andis] cum flocunis iij d. .. et in emend' ij bac' cum flocun' j d. *MinAc* 991/16; **1280** in veteris colariis et veter' baz emendendis cum flokkis emptis *Ib.* 935/7; **1275** de quolibet millenario flocorum vel ligeorum, duos denarios *Pat* 94 m. 17; et in stipendiis diversorum hominum laborantium in opere terre dicti stagni (sc. molendini), bithumine et flockis ad idem *Ac. Cornw.* II 196; **1331** si quis operarius capellorum .. de ~is et lana de ~is mixta aut alia lana pro capellis minus idonea fecerit .. *PQW* 456b; **1349** xviij petre lane, xviij petre ~orum, x li. de cotoun' (*KRAc* 391/15) *Arch.* XXXI 32; **1382** in ~is emptis pro implecione pulvinarium viij d. *Ac. Durh.* 263.

3 snowflake. *Cf.* OF *flocon*, ME *flake*.

a flaghte of snawe, ~us; .. *a flyghte of snawe*, ~us niveus *CathA*; *snayballe*, ~us, nivenodium *Ib.*

flocellus v. floccellus, flosculus. **floctare** v. floccare. **flocus** v. floccus, froccus. **floda** v. flodum.

flodgata, ~um [ME *flodgate, flodyate*], floodgate, sluice.

c1200 debent facere et custodire imperpetuum flotgatas ad curandum stagna predictorum molendinorum, faciendas de maireno ..; debent etiam invenire unum hominem .. qui sciat et possit predictas flotgatas gubernare, claudendo et aperiendo prout necesse fuerit quotienscunque predicta stagna curabuntur *AncD* A 1817; in meremio ad ~am empto iij s. *Ac. Beaulieu* 298; **1339** in reparacione flodeyatorum in parco *Ac. Durh.* 536.

flodo v. flado 2.

flodum [ME *flod*, OF *flot*]

1 body of water, river, pond, or sim. *Cf. fleta.*

1198 pro ponte faciendo in ~o Lamberti *RScacNorm* II 370; **c1200** dedi et concessi .. gardinum meum in Brumore, et ~am inter domum Rogeri B. et domum Willelmi R. tenendum sibi et heredibus suis *FormA* 193; **1431** centum acras pasture et duas flotas aque *Cl* 282 m. 19*d*.

2 high-tide. **b** (transf.) objects cast up by tide.

BRACTON 163 (v. ebba). **b** **1212** prior et conventus de Tinemue .. habebunt tria ~a et idem Johannes [et alii] .. habebunt quartum ~um *Fines* 180/2/39.

flokkus v. floccus. **flom-** v. phlom-. **flonerium** v. flunus. **flondra** v. flundra.

flora [cf. ME *flour, flur* < 1 flos 11], flour.

1254 ita quod pistores regis frumentum illud promptum habeant ... ad flurum inde ad opus regis faciendum *Cl* 150; **1335** mille quarteria frumenti .. emi et provideri et ad frumentum illud moli et †firinam [l. farinam] sive ~am inde in doliis poni faciendum *RScot* I 374b; **1348** (v. buletare); **1361** frumentum illud moli, et ~am inde in doliis poni (*Cl*) *Foed.* VI 316.

Floralia [CL *n. pl.*], Floralia, festival of Flora.

floralis [? l. floralia], a floribus, florea, tempora florum *GlC* F 243–4 (cf. *GlH* F 494: ~is, †sive [MS: sc.] a floribus; ib. F 490: florea, tempora florum); **9..** ~ia, *blostmgeld WW*.

floralis [CL]

1 flowering, blooming. **b** (n. pl. as sb.) flower garden, flower bed.

~is, †sive [MS: sc.] a floribus; ~ia, *þa blowendlican*; ~is, i. ager optimus *GlH* F 494–6. **b** alvearia a ~ibus excluduntur J. SAL. *Pol.* 396B.

2 (fig.) flowerlike.

~i capillorum decore eam [partem capitis] privari minus competens est ADEL. *QN* 20.

floranus v. florenus.

florare [cf. Jan.]

1 to produce flowers, (fig.) to give rise to some glorious adornment.

~o, -as, quod non est in usu, sed componitur defloro, -as OSB. GLOUC. *Deriv.* 227; res miranda nimis mulier, miracula florat / pre cunctis D. BEC. 1974; *to blume*, ~are, florescere *CathA*.

2 (p. ppl. ~*atus*) embellished or decorated w. floral designs, 'flowered' (cf. OF *floré*). **b** (w. *vinum*) scented; *cf. herbatus, rosatus*.

1245 in patena in limbis ~ata sculpitur ymago *Invent. S. Paul.* 465; est littera prima partita de rubeo et azorio ~ata de viridi *Ib.* 498; **1415** capa totaliter de auro, cum rosis rubeis et nigris ~ata, cum orphreis enbroudata nobiliter cum imaginibus (*Test.*) *Foed.* IX 273; **1581** *lawne* .. florat' cum aur' venic' [= *Misc. LChamb.* 35 p. 248: *lawne florished with venice gold*] *Ac. LChamb.* 72 f. 14v. **b** **1236** vina ~ata et rosata que .. specialiter ad opus regis faciant vindemiari *Cl* 271; **1242** Willelmo Arnaldi de Teys lxviij s. pro uno dolio vini ~ati et uno dolio vini Wasconie rosati *Liberate* 16 m. 12.

3 (mus.) to flourish, break. *V. et. florere* 6.

duo puncta in eodem sono, sive fuerint in concordantia sive non, pro longa ~ata ponuntur *Mens. & Disc.* (*Anon. IV*) 87; due note de quibus prima erit longa quatuor temporum et ~ata, alia vero nota ex duobus temporibus fiet et dulciter in gutture duplicata TUNST. 252.

florarium, flower garden. **b** anthology.

OSB. GLOUC. *Deriv.* 243 (v. floretum); miser, considera cutis florarium, / preclarum hodie sed cras inglorium WALT. WIMB. *Carm.* 338; unam de virginis rosam rosario / fur insons accipit, et de florario / decerpsit flosculum *Ib.* 590; *a floure hille*, floretum, ~ium *CathA*. **b** que si placet compilacio integra vocitetur ~ium Bartholomei. florarium enim secundum grammaticos dicitur locus ubi flores habundant et ego flores .. sapientium virorum .. collegi J. MIRFIELD *Flor.* 116; item, liber vocatus ~ium Bartolomei HEETE *Catal. Coll. Wint.* 68; **1521** ~ium poetarum *Cant. Coll. Ox.* I 60.

florator, 'flourisher', one who decorates w. floral designs.

florschare, ~or *PP*; *a florischere*, ~or *CathA*.

floratura v. floritura.

florentia [cf. florēre], blooming, flowering (also fig.).

antismos, qui floritio sive ~ia interpretatur generali significatione, quamlibet rethoricam comprehendit GERV. MELKLEY *AV* 141; dum juventutis ~a arridet *Dictamen* 340.

1 Florentinus, Florentine. **b** (transf.) made up of florins.

1252 mercatori ~o (*RChart*) *EHR* XVIII 315. **b** necesse est ut manus eorum [sc. druchemannorum] inungant affluenter oleo ~o S. SIM. *Itin.* 80.

2 florentinus, goldfinch.

~us, *goldfinc* ÆLF. *Gl.* 132; **10.., 11..** florulus, *goldfinc WW*; florencius, A. *a goldfynche WW*.

florentius v. 2 florentinus, florenus.

florenus [cf. ME *floren, florence*, OF *florin*]

1 gold coin issued in Florence and bearing a lily design.

1303 iidem respondent de xxxiiij s. de duodecim ~is de Florencia ponderis ij s. iij d. excambiatis *Ac. Exec. Ep. Lond.* 55; **1313** centum et sexaginta milia ~orum de Florencia boni, puri, et veri auri et legalis ponderis *RGasc* IV 1311; **1320** annuam pensionem c ~orum auri de Florencia in Romana curia .. solvendam *Reg. Heref.* 120; **1332** in precio xix ~orum de Florencia lvij s. (*KRAc* 386/7) *Arch.* LXXVII 130; **1333** xxxi ~os de Florencia, qui amontant in denariis v li. iij s. iiij (*Prior Oxinden's Daybook*) *DCCant* DE 3 f. 48v.; **1335** in precio duorum florenciorum de Florentia .. vj s. viij d. (*AcWardr*) *MS BL Cotton Nero* C VIII f. 202; **1368** lego camerarie domini nostri pape .. cc ~os de Florencia aut valorem in moneta currente *Reg. Exon.* 1551; THORNE 2194 (v. bolendinus).

2 foreign gold coin in English use; **b** (~*us de camera* or sim.) papal florin (first issued by John XXII). **c** (~*us de agno* or sim.) French gold coin with *Agnus Dei* design, *cf.* OF *mouton.* **d** (~*us de scuto* or sim.) French gold coin with shield design, *cf.* OF *escu.* **e** (var.).

1277 quinquaginta florinos aureos precii viginta librarum *Law Merch.* III 139; **1300** in precio .. vj florinorum auri .. quolibet florino valente iij s. iij d. *AcWardr* 30; in ea [civitate i.e. Alexandria] florentius valet tantum xxij Venetos grossos, et besantium de auro xxvj [etc.] S. SIM. *Itin.* 38. **b** **1374** de quatuor millibus quadringentis et sex decem ~is auri de camera, nomine procuracionum *Let. Ch. Ch.* 3; **a1400** adhesit cardinalibus duobus .. cum eisque composuit ut eis solveret cccc ~os camere *Meaux* III 187; **1426** cujus fructus, redditus, et proventus md ~orum auri de camera .. valorem annuum non excedunt *Reg. Cant.* I 241; **1475** item habui vigore litterarum vestrarum ~os xj de camera *Pri. Cold.* 233. **c** **c1300** triginta ~os ad agnum *AncC* LV 14; **1324** octingentos ~os auri de agnello precii cujuslibet quatuor solidorum *Cl* 142 m. 35; **1338** cum ducentis ~is auri vocatis *lambkyns*, precii floreni iij s. ix d. *Cl* 161 m. 18; **1357** ~i aurei ad scutum et multonem de cuneo Philippi et Johannis Gallicorum regum *Pat* 252 m. 4; **1358** quatuor ~i aurei vocati *Jones* et l ~i aurei vocati *mailles florences* et xix ~i aurei vocati *motouns* et xi ~i aurei vocati *Phelips SelCKB* VI 119; **1360** allocantur computanti, in amissione ~orum de multone, ~o stante tempore recepti ad iiij s. et ante solucionem posito ad iij s. viiij d. *ExchScot* 52. **d** **1339** ~is de scuto *CalPat* 391; **1343** pro duobus ~is de scuto .. viij s. *ExchScot* 532; **1349** ~os qui vocantur *scutes Pat* 227 m. 27d.; **1349** ducentos ~os de scuto *Cl* 185 m. 12; **1357** ~i aurei ad scutum (v. 2c supra); **s1355** marescallus .. pape .. pro l millibus ~orum de scuto redemptus AVESB. 127b. **e** **1315** pro tribus milibus et quadraginta parvis ~is aureis, quolibet floreno pro quatuor solidis sterlingorum computato *RGasc* IV 1485; **1408** ex parte imperii xl^{m} ~orum Renensium (*Lit. regis Romanorum*) *Foed.* VIII 528; **1332** de v ~is regalibus *Lit. Cant.* I 456; **1333** ~os regales *CalCl* 106 (cf. ib. 125: ~is realibus); **1342** de .. m xlj ~is de Pavillon *Cl* 171 m. 12; **1392** summa pagine: vj li. xvij s. ij d. *sterlinges*, item de moneta Boemica, xiiij flor' xvj gr' j d. bem. *Ac. H. Derby* 204 (cf. ib. *in marg.*: ij flor' iiij gr' faciunt j nobilem, et *le* ~us facit xxj gr' iiij d. item j *guldy* valet j ~us); **1555** (v. carolinus).

3 English gold coin first issued in 1344. **b** gold coins dist. by size. **c** (*libra de ~is, marca de ~is*) florins to the value of (one pound, one mark).

s1344 ordinavit rex primo ~os aureos pro moneta ad currendum in Anglia, quod parum duravit quia parum profuit AD. MUR. *Chr. app.* 242; **1344** de lxix li. xj s. .. auri puri monetati in ~os *KRAc* 290/29 m. 1; **1349** in monetagio predictarum dlx li. .. auri puri monetati in floran' in cambio supradicto *Ib.*; **1358** unam florenam auream vocatam *noble SelCKB* VI 119. **b** **1344** de c et j quarteriis ferri et ij garbis et dim. asceris emptis pro cuneis auri inde faciendis .. unde fiebant iiij standardi pro magnis ~is, iiij pro mediis ~is et iiij pro minoribus ~is *KRAc* 290/29 m. 1; **1414** (v. ferlingus 2b); **1425** aperta pixide invente sunt in eadem xx schinchie continentes xxxvij grossos ~os dictos *nobles*, lxxiiij mediocres ~os dictos dimid' *nobles* et cxlviij minores ~os dictos ferling' auri *Pat* 419 m. 18. **c** **s1290** quelibet libra de ~is contravalet triginta duas libras in denariis *G. S. Alb.* I 470; si mihi dederis centum marcas de ~is, .. *Latin Stories* 114.

florēre [CL]

1 to bear flowers, bloom; **b** (transf., w. ref. to coins bearing floral design); *cf. florenus* 1. **c** (pr. ppl. as adj.) blooming, flourishing (partly fig.).

apis .. ~entes saltuum caespites .. depopulans ALDH. *VirgP* 5; lux illa campi ~entis eximia BEDE *HE* V 12 p. 308; posterioris temporis venerabilium doctorum ~entia percurrere prata festinavi ALCUIN *Haer.* 2. 88B; prata salutiferis florebunt omnia et herbis *Id. Carm.* 23. 5; VINSAUF *AV* II 3. 7 (v. floriditas 1). **b** quando saccus oratoris / floret nummis, tunc est oris / floridum eloquium;/ flos de flore generator WALT. WIMB. *Van.* 41; **s1344** eodem tempore nobile et obolus et *ferthing* de auro ceperunt ~ere in regno KNIGHTON II 30 (cf. florenus 3). **c** [hereticus] pulcherrimos ac ~entissimos divinorum eloquiorum campos noxio linguae suae vomere rumpi BEDE *Prov.* 989; velut in amenissimo et ~entissimo pomario GOSC. *Wulsin.* 17; studium illic repperi ~entissimum FREE *Ep.* 60.

2 to be in the flower of one's youth; **b** (w. ref. to virginity). *Cf. flos* 7, 8.

jam disciplinis innexus deificis ~entes suae pubertatis annos evicta juventute calcavit B. *V. Dunst.* 5; cum jam puerili ~eret aetate *V. Gund.* 3; Lucius, prima juventute ~ens G. MON. X 11. **b** sic in castitate ~ens usque cicneam vetulae senectutis canitiem feliciter permansit ALDH. *VirgP* 23.

3 to flourish, enjoy good fortune, prosperity, *etc.* **b** to be in the prime of life.

801 vestram sanctitatem in omnibus bonis ~ere .. Deus Jesus .. faciat ALCUIN *Ep.* 228; **838** pax nostra conglutinata amore vigere, ~ere, crescereque .. valeat *CS* 421; parentes S. Atheluuoldi .. tempore Eaduuerdi regis Anglorum ~entes ÆLF. *Æthelwold* 2; cum .. maxime ~erem in diebus Æthelredi regis Merciorum DOMINIC *V. Ecgwini* I 9; mercedem .. pro bonis studiis quibus apprime ~uit ORD. VIT. X 1 p. 2; illi qui exterarum victores gentium in barbaris regionibus ~uerunt *Ib.* XI 3 p. 182; quomodo primus homo arbitrio ~uit et defloruit PULL. *Sent.* 643B; dii bene si semper floreat ille locus! NECKAM *DS* III 806; cujus memoria .. perpetuo ~et laudis honore celebrata GIR. *EH* II 15. **b** sic et florentem fata tulere virum (*Vers.*) ORD. VIT. X 1 p. 3.

4 to be pre-eminent, excel.

tota sacrata polo celsis ubi floruit actis (*Vers.*) BEDE *HE* IV 18; virtutum meritis fecunda Britannia floret ALCUIN *Carm.* 10. 10; florent ad gaudia Christi / per cellam monachi ÆTHELWULF *Abb.* 608; **1202** quem piis asserunt ante mortem operibus ~uisse *Ep. Innoc. III* 10 p. 28.

5 (trans.) to cause to flower, (fig.) to garland, crown.

Paulus apostolicae meruit praeconia famae / infula virgineo quem floret sacra pudore ALDH. *VirgV* 486.

6 (mus.) to flourish, break. *V. et. florare* 3.

et quartum ejus tempus ex duabus semibrevibus ~eri debet; sive frangi quod idem est; ultima autem nota ex duobus sine floratura dici debet TUNST. 251 (cf. ib. 252).

florescere [CL], to come into flower, (fig.) to become more flourishing.

nomine nempe meo florescit gloria regum ALDH. *Aen.* 91 (*Palma*) 3; **a804** ut vester numerus augeatur et sanctis virtutibus semper ~escat ALCUIN *Ep.* 272; ~escit, i. floret, *blewþ*, vel nascitur vel *grewþ*, crescit *GlH* F 489; quia sine dubio omnis gloria mundi in prosperitate quasi ~escit AILR. *Serm.* 218B; quem cum, mater, honoras osculo, / plus florescis quam flos diluculo J. HOWD. *Ph.* 10.

floretta [OF *florete*], small flower, small floral design.

1245 iij vasa .. fieri faciat ita quod unum vasorum deauratum sit et duo proprii coloris cum ~is *Cl* 285.

florettatus [cf. OF, AN *floreté*], decorated w. small floral designs.

1303 in coffro cooperto stagno deaurato et ~o (*KRAc* 363/6) *DocExch* 281; **1342** pro factura .. unius magne domus de *carde ynde* .. pro navi regis .. florettat' cum tela lin' cum mantiletto de armis Anglie et Francie *KRAc* 389/14 m. 3.

floretum [LL *gl.*], flower garden.

hoc maritimum elysium revirescente mundo floruit, et inter paschalia ~a splendidi Augustini sidereo natalitio instante omni decore arrisit GOSC. *Aug. Maj.* 80D; ~um, florarium, locus ubi flores crescunt OSB. GLOUC. *Deriv.* 243; jam spineta prius, prius antra, frutecta, que dumus, / sunt floreta feris, sunt pascua grata juvencis (*Vers.*) AMUND. I 261; *a grene*, viretum, ~um, viridium *CathA*; *Ib.* (v. florarium a).

floretura v. floritura.

floreus [CL]

1 full of flowers, flowery; **b** (fig.).

florea versicolor pariet nunc germina tellus ALCUIN *Carm.* 59. 2; ~ei cespitis, †*bowendre* [MS: *blowendre*] *tyrf GlH* F 492; J. SAL. *Pol.* 619A (v. consitivus); **1165** jacinctus enim, si de fonte Greco dictionis attendamus originem, totus flos vel universaliter ~eus interpretatur, ja enim universalem sonat et cintus vertitur in florem *Id. Ep.* 167 (145). **b** procum in floreum deducit lectulum, / qui mox ingrediens letum cubiculum / fetat WALT. WIMB. *Carm.* 29.

2 in the flower of youth, blooming.

c1450 Johannes .. in sua etate ~ea atque etate tenera .. mortuus est *MonA* VI 77b.

floride [CL], in a flourishing condition.

puella integerrimo vigore resolidatur et, adhuc ~e vivens, sue Mildrethe sacris preconiis in Domino gloriatur GOSC. *Transl. Mild.* 28.

floriditas

1 condition of flowering.

in hoc verbo 'rident' .. per 'risum' damus intelligi ~atem sicut cum dicitur 'prata rident', id est florent VINSAUF *AV* II 3. 7.

2 the flowering or blooming condition of youth. **b** flourishing condition.

fixa juvente / floriditas HANV. VIII 303. **b** **1437** sane non est aliquid signum evidencius pronosticum ~atis milicie regni cujusvis quam scienciarum renascencia florida *EpAcOx* 152.

3 flowery or ornamental use of language.

salutifera ~as Augustini GARL. *Mor. Scol. prol.*

floridus [CL]

1 full of flowers, flowery. **b** (as sb. n.) flower garden. **c** (her.) flory, decorated w. floriated terminals or fleurs-de-lis.

florida me genuit nigrantem corpore tellus ALDH. *Aen.* 97 (*Nox*) 1 (cf. *GlH* F 506: ~a tellus, i. florulenta terra, *blowende eorþe*); non castella, domus, urbes, nec florida rura ALCUIN *Carm.* 4. 68; puellam inveni sub ~issima cino MAP *NC* III 2 f. 36; agris passim utuntur pascuis, parum ~is GIR. *TH* III 10; qui ~am carpentes viam, Agnum Dei Filium virginis sequi elegerunt quocumque ierit J. FORD *Serm.* 52. 2; omne .. vegetabile ~um et fructuosum soli attribuitur BACON V 120. **b** in ~o florebant flores, crescebant leges ut fruges de floribus *VSB* (*Gwynllyw* 1) 172. **c** vocatur crux ~a quia fines ejus aptantur ad modum floris BAD. AUR. 126; *Ib.* (v. fibula 4); barrule .. ~e *Ib.* 190 (v. catenare 3b); crux ~a .. vocatur florida quia habet flores in singulis suis finibus UPTON 214; dicte barule quandoque formantur ~e *Ib.* 233.

2 in the flower of youth, blooming; **b** (w. ref. to virginity). **c** flourishing, vigorous.

opera juventutis ~ae pullulantia *V. Cuthb.* I 7; Brittania .. tota ~ae juventutis alacritate spoliata BEDE *HE* I 12; **c797** exhortate .. juvenes .. quatenus in ea proficiant aetate ~a ut .. ALCUIN *Ep.* 121; **8..** ~am aetatem, *blowende elde WW*; his adeo moribus ~a adhuc aetatula jam maturueraт fructuosa GOSC. *Edith* 76. **b** [Eugeniam] perennis pudicitiae sertis coronatam et ~ae virginitatis vexillo armatam ALDH. *VirgP* 43; hoc namque convenit ~is professoribus pudicitie, ut germinent simplicitatem innocentis unite W. MALM. *Mir. Mariae* 156; virginitas de utero egressa etatum incrementa comitatur et ~e incorruptionis gratiam retinet BALD. CANT. *Tract.* 476A; meum vestrumque dilectum inter lilia pascitis, quem sane et vestra pia reficitis caritate, ~aque castitate vestitis J. FORD *Serm.* 46. 9. **c** cum ~a et forti militum caterva *G. Steph.* I 39.

3 brightly coloured. **b** (fig.) outstanding, glorious.

sputa expuit ignea, sc. livida et subtilia et spumosa et ~a GILB. IV 193. 2. **b** ~am [*gl.*: splendidam, *blostbære*] virginitatis gloriam ALDH. *VirgP* 8; vir in re militari efficacissimus, dapsilis et serenus clementiaque ~us ORD. VIT. IX 16 p. 612; si illius conversationem et lacrimarum fontem in omnibus videritis ~is actionibus et optimis operibus pullulare ROB. FLAMB. *Pen.* 253.

4 (of words, speech, or sim.) ornamented w. rhetorical colours.

flores et Floram florida verba decent NECKAM *DS* VII 358; lectores ut fiant floridiores [*gl.*: curialiores, sapientiores] GARL. *Mor. Scol.* 398; lingua tarda, lingua balba / per argentum fiet alba, / prompta, compta, florida WALT. WIMB. *Van.* 26; ne evagemur in verbis ~is et diffusis WYCL. *Apost.* 26; omne dictamen, viz. opus ~um, per certas cadencie terminaciones mensuratur *Dictamen* 334.

florifer [CL], bearing flowers, flowery.

locus iste ~er in quo pulcherrimam hanc juventutem .. fulgere conspicis BEDE *HE* V 12 p. 308; ~erum, *blostmbære GlH* F 500; per somnium .. in ~erum perductus est

pratum LANTFR. *Swith.* 35; cum .. pascuis amplis ac latis, floribus et ~eris GIR. *PI* III 30 p. 321.

florifex, producer of flowers.

Zephirus florifex J. SEWARD 91.

florificare

1 to produce flowers (in quot., fig.).

quidquid pietatis haec terra germinat, quidquid ~at, quidquid fructificat GOSC. *Aug. Maj.* 51A.

2 (p. ppl ~*atus*) decorated w. floral designs.

unum chaplettum ~atum cum diversis peciis argenti *AncIndict* 206/1 m. 18*d*.

3 (mus.) to flourish, break.

duo puncta vel tria .. ponunt ante longam pausationem ~ando, prout mos est in puro organo *Mens. & Disc.* (*Anon. IV*) 84; ille tertius punctus habet elongationem .. ~andam *Ib.* 88.

florificatio, (mus.) flourishing, breaking. *Cf. floritura.*

color est pulchritudo soni vel objectum auditus, per quod auditus suscipit placentiam. et fit multis modis: aut sono ordinato, aut in ~one soni, aut in repetitione ejusdem vocis vel diverse GARL. *Mus. Mens.* P 15; in ~one vocis fit color, ut commixtio in conductis simplicibus *Ib.*; bcaa tangendo disjunctim sine ~one cum elongatione finis G vel sine *Mens. & Disc.* (*Anon. IV*) 80.

floriger [LL]

1 bearing flowers, flowery; **b** (fig., w. ref. to heaven or holiness).

dulcia florigeris onero praecordia praedis ALDH. *Aen.* 20 (*Apis*) 2; **a705** de famoso et ~ero Francorum rure *Id. Ep.* 7 (10) (= W. MALM. *GP* V 188); inter ~eras fecundi cespitis herbas BEDE *Hymn.* 14. 1; ~eris riparum collibus diversi coloris nobis prata apparent ALCUIN (*Adv. Elipand.* III 1) *Dogm.* 271A; atque Petro pariter, servat qui examina cuncta, / actibus aethereis farcent quae pectora casta, / florigerisque nitent per tempora cuncta maniplis ÆTHELWULF *Abb.* 77; **990** (12c) ~eris tripudiantium Christi tyronum .. cubilibus *CD* 673; felix .. qui ~ero supernarum sedium campo .. GIR. *Æthelb.* 1; in quemdam hortum viridissimum, vernantem, odoriferum, ~erum, fructiferum, satis amenum J. FURNESS *Walth.* 101; ager in vere ~er ante messem exaruit R. BURY *Phil. prol.* 6; sicut unius spice sterilitas non excludit fertilitatem agri ~eri (WYCL.) *Ziz.* 461; **s1435** cum jam ~er Zephyrus annum laxasset horridum AMUND. II 105. **b** quos Deus aeternis ornatos jure triumphis / aurea florigere provexit ad atria vitae *Mir. Nin.* 48; cernere erat studium vernantis, ut apes, virginis ~ere GOSC. *Edith* 87; tali .. fine divina roseta et ~ere Mildrethe plantaria collecta sunt ad Dominum *Id. Transl. Mild.* 5 p. 161.

2 in the flower of youth, youthful.

discite florigera sacratam aetate sophiam ALCUIN *Carm.* 105. 5. 15.

florigerare, to decorate w. flowers or floral designs, (generally) to ornament.

cum aurotexta sindone super nivem candida miraque varietate ~ata GOSC. *Transl. Mild.* 22 p. 186; **1245** pes ejus [calicis] ~atur quadam gravatura *Invent. S. Paul.* 465; pomelli sunt ad modum pomorum pinei superius ~ati *Ib.* 470; comptaque sic viciis stat florigerata voluptas, / est quoque virtutis flos pede trita viris GOWER *VC* VI 1365.

floriosus v. gloriosus.

florissare [ME *florishen*], to decorate (w. floral designs).

1450 pro cciiij^{xx} et viij pedibus vitri ~at' cum liliis et rosis *Arch. Hist. Camb.* I 403*n*. (cf. ib. 394*n*. [**1447**]: pro xxiiij pedibus vitri operati picti vocati *florissched glasse*).

floritio [LL], flowering.

'vineae florent .. ' [*Cant.* ii 13]. per ~onem namque vinearum initia multiplicantium ecclesiarum .. expressa est BEDE *Cant.* 1112; GERV. MELKLEY *AV* 141 (v. florentia); botrus hujus vitis botrus est Cypri, botrus ~onis NECKAM *NR* II 167 p. 277; sicut quod florente herba in horto meo floreat herba in horto tuo est per accidens respectu cause particularis que est causa ~onis hujus herbe R. ORFORD *Sciendum* 188.

floritura

1 decoration w. floral design.

1342 pro xj lib. purfil' diversi coloris pro dictis armis et floretura purfiliandis *KRAc* 389/14 m. 4.

2 (mus.) flourishing, breaking.

~e HAUDLO 402 (v. estampeta); ultima .. nota ex duobus temporibus simpliciter et sine ~a teneri debet TUNST. 251; sine floratura *Ib.* (v. florere 6).

florulentia, blossoming (fig.), flourishing.

reminiscantur insuper regnum Dei non in eloquencie exuberancia sed in fidei constare ~ia *V. Kentig. prol.* (cf. Adomnan *Vita S. Columbae* f. 1: meminerint regnum Dei non in eloquentiae exuberantia sed in fidei ~ia constare; *based on* Sulpicius Severus *Vita S. Martini praef.*).

florulentus [LL], bearing flowers, flowery; **b** (fig.). **c** flowered, decorated w. floral designs.

florulentis cespitibus / et foecundis graminibus *Carm. Aldh.* 1. 11; *GlH* F 506 (v. floridus 1a); campus ille gramineus et ~us FERR. *Kinloss* 13. **b** per ~a scripturarum arva late vagans ALDH. *VirgP* 4. **c** ex auro textili et ~o vestes sacras FERR. *Kinloss* 75.

1 flos [CL]

1 flower, flowering plant; **b** (in names of plants).

diversorum colorum ~res humanis gressibus pulsati non indecentem ceu picturam eisdem imprimebant GILDAS *EB* 3; ut quasi ~s lilii interius colorem aurosum, exterius haberet candidum BEDE *Hom.* II 25. 439; **p793** quid tibi saeculi dignitas quae sicut ~s feni [cf. *James* i 10 etc.] decidit ALCUIN *Ep.* 283; sacerdos benedicet palmas et ~res et frondes LANFR. *Const.* 101; quia non quilibet ~s pari rosae fragrat odore ANSELM (*Ep.* 20) III 127; vernus ~res producit, estivus fructus maturat BALSH. *AD rec.* 2 158; crocei cujusdam ~ris beneficio GIR. *TH* I 27; si ~rem cernitis in arbore, spes fructus ex ~re concipitur S. LANGTON *Serm.* 2. 22; ~res .. vicem tenent capillorum in herbis *Quaest. Salern.* C 20; ex quasi siccis ramusculis prodeunt uve, ex spinis ~res rosarum? *AncrR* 103; herbe delectabiles ~res producentes FORTESCUE *NLN* II 62. **b** nec ~rem squinanti qui solus inter res calidas repercutit, nec petrolium citrinum BACON IX 158; **1342, 1372** (v. 1 canella 4); spiritus vitrioli .. de colore ~ris gaudii amenissimo CUTCL. *CL* 190; **1418** (v. deliciae 2a); amaranthus .. quibusdam ~s amoris, Gallis est passevelutum, Anglis autem *baldare* TURNER *Herb.* A2v.

2 representation of a flower. **b** coin bearing a floral design; *cf. florenus.* **c** candle-holder shaped like a flower (esp. lily).

dedit .. unam capam de panno de Thars bene brudatam cum leonibus et ~ribus *de liz* WHITTLESEY 168; **1388** etc. (v. deliciae 2b); *G. S. Alb. Cont.* III 380 (v. 1 Damascus); **1440** unum vestimentum .. de albo velveto cum ~ribus Saracenorum splendide pulverizatum *Lit. Cant.* III 171; UPTON 210 (v. gladiolus 3b); **1449** assignamus itaque pro armis [*of Eton*] .. in campo nigro tres liliorum ~res argenteos .. et .. in summo scuti locari statuimus partitum principale de azoreo cum Francorum ~re deque rubeo cum peditante leopardo aureo (*Pat*) *Exc. Hist.* 48. **b** frustra strepent oratores, / nisi juvent burse flores / linguas allegancium WALT. WIMB. *Van.* 23. **c** **1464** in promptuario sunt iiij candelabra de auricalco, cum ~re et cum duplici ~re *Ac. Durh.* 640 (= *Feod. Durh.* 191*n*.).

3 undeveloped offspring of fish, fry.

1377 dictum instrumentum [sc. rete] tam equaliter et graviter ad terram subtus aquam piscando attingit quod fetus piscium et ~res subtus aquam crescentes et alia unde majores pisces viverent et nutrirentur penitus destruuntur *IMisc* 211/5 m. 1, 3 (cf. ib. m. 2: †frores et †petus per quem [*sic*] pisses nutriri deberent); fetus, ~res et sperma piscium *Ib.* m. 4; ~res ostrearum *Ib.* m. 5.

4 anything forming on the surface, scum, deposit: **a** (~*s aeris*) impure cuprous oxide, vitriol. **b** (~*s muri*) salt appearing on walls. **c** (~*s plumbi*) white lead, ceruse. **d** (~*s salis*) crystalline salt obtained by evaporation from brine. **e** (~*s cervisiae*) brewer's yeast.

a titimallus etc. [cavetur] propter venenosam substantiam ut ~s eris GILB. VI 238. 2; *SB* 21 (v. cuprosa); erugo eris, i. ~s eris, *vertegrece Herb. Harl.* 3388 79; †floresis *Alph.* 32 (v. chalcanthum); †liristo, i. ~s eris usti *Ib.* 99. **b** vitreolum, ustum modicum aurip[igmentum], ~s muri cum aceto confecta GILB. III 172. 2. **c** de stibio quod alio nomine cerusa et ~s plumbi nominatur BART. ANGL. XVI 79; *Alph.* 37 (v. cerussa). **d** *SB* 9, *Alph.* 5 (v. alosanthi); ~s salis, i. sal subtiliter tritus et pulverizatus *SB* 21. **e** *barme*, ~s cervisie LEVINS *Manip.* 32.

5 powdered form of a substance, 'flowers'.

c1385 pro j buss' flor' plastr' Paris' emptis *KRAc* 473/2 m. 4; pro iij buss' flor' cret' emptis et expensis super dealbacione muri *Ib.* m. 5.

6 most flourishing condition, zenith.

a690 ab ipso tirocinio rudimentorum in ~re philosophicae artis adulto ALDH. *Ep.* 5 p. 492; bonae operationis quae in variarum ~re est ac splendore virtutum BEDE *Tab.* 477; victorem mundi medio sors, ecce, secundis / rebus Alexandrum invida flore tulit ALCUIN *Carm.* 9. 36 (cf. ib. 92. 3. 6: floribus in mediis mors mala te tulerat); **s1125** H. imperator Alemannorum .. in ipso etatis et victoriarum ~ore obiit W. MALM. *HN* 450.

7 (~*s juventutis* or sim.) the flower of one's youth.

c705 a primaeva tenerae aetatis infantia usque adultae pubertatis ~rem ALDH *Ep.* 9 (12); cum in primaevo juventutis suae ~re, antequam propriam conjugem duceret, .. se a carnali desiderio abstinere non posse cerneret ASSER *Alf.* 74; jam vero ~rem attingens juventutis *V. Neot. A* 2; puer impubis et ~re suo speciosus GOSC. *Edith* 82; quia tam detestabile monstrum ~rem juventutis tue in hac nocte consumet G. MON. X 3; lapso juventutis ~re, post etatis vestre annum quadragesimum quintum KYMER 3 p. 554.

8 the flower (of virginity).

hunc pia virginitas ornabat flore pudoris ALDH. *VirgV* 302; ei ~rem adolescentie illibatum inter castitatis lilia consecrasti P. BLOIS *Ep.* 35. 113C; est insigne decus monachi flos virginitatis M. RIEVAULX *app.* 1; ave, cujus est ex alvo, / sed pudoris flore salvo, / verbum patris editum WALT. WIMB. *Virgo* 17.

9 the choicest part, (pl.) a selection of the choicest parts, anthology.

carpentes paucos ~res veluti summos de extento sanctorum novi testamento tironum amoenoque prato GILDAS *EB* 73; post ~res Psalmorum additae sunt orationes septem ANSELM (*Ep.* 10) III 113; ~res hic apposui autenticorum patrum M. RIEVAULX 67 pp. 42 (cf. ib. p. 43: hactenus hos ~res [sc. patrum] excerpsimus atque colores); **13..** ~res Bernardi (*Catal. librorum*) *Chr. Rams.* 357; incipit prologus in librum qui ~es hystoriarum intitulatur *Flor. Hist.* I 1; **a1332** ~ores dietarum Ypocratis *Libr. Cant. Dov.* 58; dedit librario .. Encheridion cum ~ribus Bernardi J. GLAST. 132; de quo taliter scribitur in libro qui vocatur ~res historiarum FLETE *Westm.* 108.

10 the finest of a class, the pick, the flower.

valete, o ~res ecclesiae, sorores monasticae ALDH. *VirgP* 60 (cf. *Ep. Bonif.* 79: o ~res aecclesiae); sic o tu, ~s virginitatis, genuisti eum ANSELM (*Or.* 7) III 23; ego ~s virtutum a quo omnis flos et fructus campi est [cf. *Cant.* ii 1] G. STANFORD *Cant.* 221; Anglice nobilitatis et juventutis ~s in cruore sordidatus ORD. VIT. III 14 p. 151; flos regum Arturus J. EXON. *Antioch.* 16; [sol] ~s et princeps stellarum et causa omnium florum est ALB. LOND. *DG* 2. 4; **c1298** non negavit Dominus robur et vigorem / regi, quem constituit fore mundi florem (*Dunbar* 122) *Pol. Songs* 169; **s1346** in quo conflictu .. totus ~s militie .. perierunt AVESB. 111; **s1385** miles Alexander de Ramsay, ~s milicie dictus *Plusc.* IX 32.

11 (~*s farinae, frumenti,* or ellipt.) the finest flour, wheatflour; *cf. flora.* **b** (~*s rizi* or sim.) flour ground from rice.

ut .. mundas ex puro scilicet farine ~re oblatas faciant GIR. *GE* I 9 p. 31; **1205 etc.** (v. dominicus 5); **1226** pro vj buletellis et j sacculo ad inponendum ~rem dominicum et j nova rengia iiij s. *Ac. Foreign Hen. III* 95; **1241** m quarteria frumenti, unde l quarteria sint in ~e †milita [MS: milcta] et l in duro frumento *Cl* 325; **1336** xiiij doliorum ~ris frumenti *Cal. Scot.* III 353. **b 1443** pro .. vj libris ~ris de *rice* ij s. iij d., ij lib. *blaunchepowdre* iij s. iiij d. *Comp. Dom. Buck.* 17; **1453** de .. viij libris ~ris de *rice Ac. H. Buckingham* 43.

12 brightness, lustre, bright colour.

quasi fucorum ~ribus ALDH. *VirgP* 60 (v. 3 color 3a); gallos, phasanos, et pavones naturali enim ~re [Diogenes Laertius I 50: ἄνθει] decorati sunt W. BURLEY *Vit. Phil.* 14.

13 rhetorical decoration or ornamentation.

depinxit vario Bernardus schemate flores NECKAM *DS* VII 355; lepida diccionum congeries .. ~ribus et flosculis contexta venustis *Dictamen* 333; cum pueri .. ipsis inicialibus gramatice rudimentis ciceronianos sepe seu terencianos ~res immisceant *Mir. Hen. VI* I prol. p. 4.

2 flos [OF *flor* < fluor], (pl.) 'flowers', menstrual discharge.

et sicut flores in arboribus fructum precedunt, sic menstrua fetum, ad quorum similitudinem satis vocabulo decenti ~res appellantur *Quaest. Salern.* B 19; purgamentum, quod ~s nominatur in vulgari, et menstruum in scriptura. .. de ~re mulieris est ut arboris: quoniam fructum non portat, nisi prius florescat M. SCOT *Phys.* 6.

3 flos v. phlox.

flosculosus, flowery, (fig.) embellished w. rhetorical *flores*.

quoniam a thalamo regine rethorice ~o colores .. carpimus universos *Dictamen* 373.

flosculus [CL]

1 (small or insignificant) flower (mostly fig.); **b** (as type of transience). **c** representation of flower.

variis membrorum suorum ~is vernans in pace lilia gignit, in bello rosas BEDE *Luke* (xxiii 11) 611; campus .. flagrantia vernantium ~orum plenus *Id. HE* V 12 p. 307; quaenam enim est speciositas hominis, quae multo est minor pulchritudine ~i? quis enim ut lilium candet quisve ut rosa rubet? *Simil. Anselmi* 50; quam pulchris videlicet et odoriferis, quam suavibus et salubribus respersum habeat ~is hec celi aula AD. SCOT *QEC* 810C; humiles in spineto mirice .. ~os [*gl.*: parvos flores et pauperes] habent salubres GARL. *Mor. Scol. prol.*; labar .. habet .. flocellum [v. l. floscellum] exalbidum *Alph.* 89; sertula herba est .. flocellum habens subrufum *Ib.* 167; *a floure*, flos, ~us,

flosillus *CathA.* **b** **1166** divine legi bonorum temporalium ~os anteferre J. SAL. *Ep.* 216 (178). **c** vexilla .. gladioli ~is .. signant GIR. *PI* III 30 p. 321.

2 the choicest and best of anything; **b** (w. ref. to virginity); **c** (fig., esp. of Christ).

perge .. per amplissima scripturarum prata, et collectis hinc inde sententiarum ~is operi postulato necessariis ROB. BRIDL. *Dial.* 12. **b** **987** per virginei pudicitiam ~i affatu virginis claustra subintrans *Ch. Burton* 25. **c** lacte fovens recentem flosculum J. HOWD. *Ph.* 8; et dum lambit [sc. Judas] lucentem flosculum / dat sub melle veneni poculum *Ib.* 102; matrem .. / quam commendas caro disciplulo, / florem donans vernanti flosculo *Ib.* 434.

floscus v. floccus. **flosillus** v. flosculus 1a. **flosm-** v. phlom-.

1 **flota** v. flodum.

2 flota [ME, AN *flote*]

1 fleet (of ships).

1213 quod .. naves suas liberetis ad veniend' cum ~a nostra *Cl* 136b; **1230** magna flotta navium .. declinavit ad portum de S. Geldas *RL* I 364; **1294** qui si ~a navium ipsorum nautarum et marinellorum per partes maritimas .. sunt profecturi, .. (*Lit. Regis*) B. COTTON *HA* 237; **1300** etc. (v. admirallus 2c); **1319** quibusdam nautis ordinatis ad proficiscendum cum viij navibus suis in una ~a pro costeris maris custodiendis *KRAc* 286/28 m. 1; **1337** nulla navis tunc audebat transfretare per mare victualibus carcata propter ~am navium Francie absque conductu aliarum navium pro guerra dispositarum *Ib.* 78/18 m. 6; **1399** arestaciones navium in magnis ~is *Pat* 304 m. 16; **1411** sciatis quod cum .. constituerimus vos admirallum nostrum ~e navium versus partes tam boriales quam occidentales .. (*Pat*) *BBAdm* I 373.

2 raft, pontoon.

1200 Willelmus filius Picot et Willelmus filius Walteri debent iiij s. de quadam ~a buscie *Pipe* 174; **1224** levavit quendam gurgitem ita quod ~e et busch' et alia necessaria venientia versus villam Salopi non possunt illuc venire *Cl* 622b; **1329** de qualibet ~a maeremii venali veniente ad eandem civitatem per aquam *Pat* 172 m. 14; **1392** quod amodo non veniant ad pontem flotas (*sic*) meremii ad obstruendam archias pontis *Mem. York* I 33.

3 (?) set of fishing nets. **b** float (of fishing net).

c**1158** relaxavit eis [sc. hominibus de Wellis] abbas consuetudinem que vocatur bannum et consuetudinem ~arum et allectium que habebunt de piscatione sua si alienam terram per mare deferre voluerint *Act. Hen. II* I 227. **b** **1269** in v tramallis et una sagena de longitudine iiij^xx tesiarum cum cordis et ~is ad idem emptis et uno trunco empto, xxix s. x d. *MinAc* 1078/11 r. 8*d.*; **1306** in expensis diversorum piscancium ibidem, cum cord', ~is, et aliis ad reth[ia] emptis,*Ib.* 1079/17 r. 5*d.*

4 'float', tool used in making bows.

1303 pro .. pellibus can' mar', ~a et aliis diversis rebus et utensilibus .. pro balistis et arcubus .. inde reparandis et faciendis *KRAc* 363/18 f. 7; pro xvj arcubus et una ~a emptis *Ib.* f. 8*d.*

5 (?) 'float' or 'flat', table for casting lead sheets.

1309 in stipendiis x hominum juvant' plumbar' ad fundendum plumbum de .. cineribus .. ; in ij flatis ad idem locatis *Fabr. Exon.* 45; **1311** in ij ~is locatis ad plumbum de ciner' plumbi fund' *Ib.* 58.

flotagium [cf. flotiscum], skimmings of fat from pot in which meat is cooked.

1417 de feodo coquine, x s. item in flotago (*sic*), xx s. *Ac. Durh.* 613; **1419** in iiij^xx xiij petr' cebi ad xij d. et liiij petr' ~ii coquine ad x d. .. pro candelis albis, pro unccione ovium et carectarum *Ib.* 616; **1459** in l petr' cebi, xlv petr' ~ii empt' de cellario pro candelis inde fiendis, unccione ovium, unccione rotarum carect' *Ib.* 638.

1 **flotare** v. floccare.

2 flotare [cf. flota, ME *floten*], to float (on water). **b** (*navicula* ~*ans*) a small boat or pontoon; *cf.* ME *flotebot.*

1248 omne batellum .. portans piscem ~antem in Normanniam *Ext. Guern.* 28 (= *CalIMisc* 55 p. 17); **1399** (v. filum 9c); **1470** de mahemio facto in grossis navibus in medio ~antibus grossarum ripariarum (*Pat* 491 m. 14) *Foed.* XI 680z. **b** [**1322** navicula sua que vocatur *flotebote* *Cl* 139 m. 8;] **1324** navis .. fuit .. submersa ita quod Johannes .. [et alii] per naviculam ~antem vix evaserunt *Cl* 141 m. 26.

flotesum v. flotiscum 2. **flotgata** v. flodgata.

flotimen [cf. flotiscum], skimmings of fat from pot in which meat is cooked.

1335 de ~ine et alia pinguedine coquine *Comp. Swith.* 227 (cf. ib. 243).

flotiscum [cf. AN *flotison*, ME *flotise*]

1 skimmings of fat from pot in which meat is cooked.

1391 R. P. assuetus est commiscere ~um cum bono cepo in decepcionem populi *Leet Norw.* 75.

2 flotsam, floating wreckage.

abbas .. et predecessores sui .. habere consueverunt omni modo wreccum maris .. et flotesum maris infra eundem precinctum deveniens *Entries* 684b.

flotura [cf. flotiscum], skimmings of fat from pot in which meat is cooked.

1294 ~am pinguedinis omnium carnium in predicta coquina elixarum *Cart. Chester* 353.

floundra v. flundra. **flubius** v. fluvius. **fluctare** v. fluctuare.

flucticulus [CL], wavelet, ripple.

versiculus, ~us, articulus, ridiculus [etc.] ALDH. *PR* 133; item a fluo hic fluctus, -us, et inde †fluctuculus [MS: flucticulus] OSB. GLOUC. *Deriv.* 226; WALT. WIMB. *Carm.* 62 (v. enavigare 1a); in hoc diluvio dulces flucticuli / lambunt, non quatiunt, compagem lembuli *Ib.* 178.

fluctivagus [CL]

1 that wanders the sea, wave-tossed; **b** (as sb.).

~am praedam [cf. Sedulius *Carmen Paschale* V 395], i. pisces qui in fluctibus vaganter natando; .. *þa yþworigendan huþa GlH* F 519, 553; Delos insola instabili et ~a *Natura Deorum* 16. **b** gens est per cuncta fidele / fluctivagis prebens sepius hospitium G. AMIENS *Hast.* 50; ~us in medio Caribdis et Sille naufragabat W. CANT. *Mir. Thom.* II 64.

2 (of the sea) w. tossing waves, stormy; **b** (fig.).

fluctivagi refrenans caerula ponti ALDH. *VirgV* 5 (cf. *GlH* F 517: ~i ponti, *þæs yþiendan saes*, fluctibus vagantibus; *Trop. Wint.* 24: refrenans cerula fluctivagi ponti); **793** dum ~i maris incertum iter temptare compellar ALCUIN *Ep.* 15; **849** (11c) ~i ad instar maris conquatitur *CS* 455; ad ripam ~i ponti BYRHT. *V. Osw.* 419; limite fluctivago litora nota petens NIG. *Mir. BVM* 20ra; a portu fluctivagoque mari GARL. *Tri. Eccl.* 131. **b** in hujus mundi ~as tempestates ALCUIN *Exeg.* 705D; ne me fluctivagi teneant mala gaudia mundi *Id. Carm.* 124. 13; haud .. vacillare quamvis inter ~os .. praesentis vitae turbines non sinebat ASSER *Alf.* 91.

fluctualiter, by mixing in liquid state.

comburitur cuprum ab argento que ~iter conjuncta fuerunt *Correct. Alch.* 17.

fluctuare [CL]

1 (of liquids) to rise in waves, surge, flow. **b** (transf.) to rise and fall like the sea.

Cuðberht .. adpropinquans ad mare usque ad lumbare in mediis fluctibus, jam enim aliquando usque ad ascellas tumultuante et ~ante tinctus est *V. Cuthb.* II 3; ~abit iterum Tamensis convocatisque fluminibus ultra metas alvei procedet (*Proph. Merlini*) G. MON. VII 4; stagnum .. quod, cum in ipsum mare ~et, recipitur in modum voraginis sorbendoque fluctus, nullatenus repletur *Ib.* IX 7; liquor deificus in vitro fluctuat WALT. WIMB. *Carm.* 164. **b** non solum .. ~antium flammarum ignivomos gurgites illic turgescere cerneres FELIX *Guthl.* 31 p. 104; **1166** que eum extulerat, in depressionem ipsius coepit fortuna ~are J. SAL. *Ep.* 145 (168 p. 102); **1338** seculi fluctantis undas fugientes *FormOx* 102; in mundi ~antis turbinibus ELMH. *Cant.* 148.

2 to be tossed or driven by waves, to float.

quid sparsim positis amplius utentes testimoniis sensuum ac [si] diversorum undis in despecta ingenii nostri cymbula ~abimur? GILDAS *EB* 106; ~ari, i. natare *GlH* F 520; episcopatus sine presule sicut navis sine gubernatore in mari diu ~avit ORD. VIT. XIII 12 p. 28; impetus .. irruentis et omnia involventis aque fenum sullevavit et de loco illo mullonem hac et illac ~antem longe transtulit ORD. VIT. XIII 16 p. 42; **1236** quedam balena inventa fuit ~ans versus Porland' et ibi applicuit *CurR* XV 1967; virorum .. cadavera supina ~ant *Eul. Hist.* I 15; inquiratur si quis reperit super mare sive in grossis rivis naves, ferrum, plumbum, seu aliqua alia bona fluctuencia vel in profundo jacencia, quorum nemo est possessor, que vulgariter appellantur *floteson, fetteson, lagan BBAdm* I 223.

3 (fig., of person, passions or sim.) to be in a state of agitation, to seethe. **b** (*gaudio* ~*are*) to be overjoyed, rejoice.

cum causarum secularium incessabili inpulsu ~arem *V. Greg.* p. 77 (cf. BEDE *HE* II 1); vir suus, pro quo velut defuncto eotenus ~at, infra hos xv dies redibit sibi cum laetitia et incolumitate GOSC. *Mir. Aug.* 29 p. 558; nec casibus adversis desperatione ~ans GIR. *EH* I 27. **b** Brutus maximo gaudio ~ans G. MON. I 10; **1250** gaudio ~avi non modico W. BERNHAM *Ep.* 2; ille magno gaudio ~ans gracias .. regi persolvit CANTLOW *Orig. Cantab.* 264.

4 (of person, mind, opinion, or sim.) to be in doubt, hesitate, waver; **b** (w. indir. qu.). **c** (pr. ppl. ~*ans*) inconstant, uncertain.

nullus obsecro dubitet in fide nec de veniae largitione haesitet nec de piae petitionis ~et effectu ALCUIN *WillP* 32 p. 140; ~at, i. vacillat, dubitat, anxiatur, cogitat, aestuat, *woraþ GlH* F 516; vera via ad eam confugientium, fons fluctuantium DOMINIC *Mir. Virg.* 140d; EADMER *Wilf.* 57 (v. dubietas a); nec tamen innocentiam suam ~are permitteret W. MALM. *GP* I 1 p. 6; s**1130** magna contentione eligendi apstolici Romana ~avit ecclesia *Id. HN* 453 p. 6; ego inter utranque partem valde ~ans hesito ORD. VIT. III 7 p. 98; ~o, ~as, i. dubitare, unde fluctuatus, -a, -um et hec fluctuatio, -nis OSB. GLOUC. *Deriv.* 226 (cf. ib. 243: ~are, hesitare, mussare, vacillare, nutare); ambigit, et dubitat, et fluctuat, hesitat GARL. *Syn.* 373; sed ne circa loculos ~es, ecce .. tibi resero veritatem PECKHAM *Kilw.* 132; sed quantum ad istud ~ant, utramque partes dubitantes WYCL. *Blasph.* 22. **b** parentes et amici quid agerent ~abant W. MALM. *Mir. Mariae* 184; qualiter occisus sit prorsus in incerto ~amus T. MON. *Will.* II 8; s**1300** diu ergo ~avit sentencia in animo regis quo vergeret *Ann. Ang. & Scot.* 404; ~avimus cogitacione an ulterius procedere vellemus et committere nos divine proteccioni *Itin. Mand.* 104. **c** numeri annotationem inveni ~antem et incertam *Chr. Wallingf.* 11; ipsius quoque constancie antiqua soliditas linguis hominum dicetur ~ans et infirma *Dictamen* 351.

fluctuatio [CL]

1 wave-motion of sea. **b** (her.) engrailing.

sicut mare .. ~one et instabilitate navigantes territat ORD. VIT. IV 12 p. 251; equora .. undosis ~onibus de die in diem amplius intumescunt GIR. *TH* II 3. **b** stationariis accidunt variae laterum incisiones. .. ~o cum fluctuum imitatur vacillationem. undulatio cum undam exprimat profluentem et refluentem SPELMAN *Asp.* 105.

2 agitated or disturbed condition.

in hujus [sc. Luciferi] defluxionis tumultu multos sibi consentientes in ~onem tumultuantem commovit GROS. *Hexaem.* IV 11 p. 132; ut monasterium .. sine ~one duraret ELMH. *Cant.* 128; s**1315** post expulsacionem Johannis de Balliolo regnum Scocie per decem annos fuit in magna ~one *Plusc.* IX 13.

3 wavering, hesitation. **b** inconstancy.

cum ergo esset in hac hesitatione, in hac ~one, in hoc desiderio AILR. *Serm.* 255A; respondit mox archipresul hostie motum in calice ~onem meam indicare que precepit in mente H. BOS. *Thom.* III 13 p. 215; quatinus duellari conflictu .. rescindantur ambigua, .. ~ones decidant, et feritati guerrarum .. finis ultimus preponatur *Ps.*-ELMH. *Hen. V* 40. **b** chimera amoris ~o interpretatur W. DONC. *Aph. Phil.* 7. 5 (cf. ALB. LOND. *DG* 14. 4).

fluctuosus [CL], billowy, struck or tossed by waves. **b** (fig.) (?) agitated.

puppes jactantur turbinibus et inter ~os scopulos ac infernos gurgites pendula prora subitam minatur voraginem GOSC. *Transl. Mild.* 11. **b** a latere .. erat turba Wallensium, magis audacia quam armis instructa. rex .. Stephanus .. sub tantis estibus ~us .. missam audivit *Meaux* I 124.

1 fluctus [CL]

1 wave, billow (of sea); **b** (fig.). **c** (collect.) the waters of the sea. **d** (transf.) wavy line.

V. Cuthb. II 3 (v. fluctuare 1a); estus, i. ~us, accessus maris, unda, inquietudo, vel recessus, .. vel *geter GlH* E 360; s**1014** facti sunt ~us maris .. tam magni ut plures ville per Angliam iisdem ~ibus delerentur *AS Chr.*; tempestas .. turbine ventorum et ~uum navim .. concussit *V. Gund.* 6; aqua .. inundans et superhabundans impetu proprio se ipsam consumit et confundit, quia ~us a ~u tunditur, et sic per se minoratur S. LANGTON *Serm.* 2. 3; **1448** ad faciendas diversas rupturas murorum marinorum .. ~u marino disruptorum (*MinAc*) *March. S. Wales* 207. **b** monstra de quibus me ~us tuae postulationis tundebat *Lib. Monstr.* I 56; terreni actus flumina ~usque fugiebam *V. Greg.* p. 77; a**796** ~us saeculi nostram naviculam procellosis ventis in voraginem divitiarum rapuerunt ALCUIN *Ep.* 53 (cf. ib. 56: me .. saeculi ~us diversis agitat motibus). **c** in .. loco refluis undique pelagi fluctibus cincto BEDE *HE* IV 28 p. 276; Deus cujus dextera beatum Petrum ambulantem in ~ibus [AS: *on yðum*] ne mergeretur erexit *Rit. Durh.* 61; [pisces] qui non ex marinis ~ibus sementivam originem trahunt GIR. *TH* I 9; insula .. inclusa est ~u marino TREVET *Troades* 27. **d** **1411** j vestimentum nigrum de serico cum fluctubus (*sic*) marinis rubeis *Invent. Ch. Ch.* 106.

2 stream or flow of water. **b** tide, esp. flood-tide.

episcopus habet in Sudwerche unum monasterium et unum aque ~um *DB* I 32 (cf. ib.: aecclesiam et ~um); **1324** transversum ad pontem de Ware [*Herts*] .. cum ~u aque a Waltham S. Crucis .. valet per annum viij li. *IPM* 83 m. 21. **b** luna .. ~us occeani accessus mutat et recessus PETRUS *Peripat.* 103; **1151** (v. ebba); sicut avibus contra flatus, sic et piscibus contra ~us mos est eniti GIR. *TH* II 421; **1258** debitum illud persolvet infra tres ~us maris *BBC* (*Grimsby*) 292; habebit spacium .. unius ebbe et unius ~us BRACTON 255 (cf. *Fleta* 216); **1283** item quod nullus de eadem communitate [sc. S. Augustini Cantuar'] in wallis contra mare inter Stonore et Clyvesende petram colligat de cetero nec asportet, nec lastagia navium capiat, nisi sub pleno mare in communibus ~ibus inter ~um altissimum et ~um infimum THORNE 1934.

2 fluctus v. 1 fungi 2.

fluentare [LL], to flow, (fig.) to abound.

absque labore bonis in ea [sc. patria] bona cuncta fluentant D. BEC. 236.

fluentia [LL], flow, flowing (in quot., fig.).

1292 gratie divine exuberavit ~ia *Conc. Syn.* 1109.

fluentum [CL], (sg. or pl.) stream, river. **b** water, (collect.) waters; **c** (fig.).

Nilotica gurgitis ~a ALDH. *VirgP* 37; qui veherent dum ligna feri per terga fluenti, / fluminis et venti subito feriuntur ab ictu BEDE *CuthbV* 99; lignum .. secus aquarum ~a plantatum F. MALM. *V. Aldh.* 67C; undique videas exuberare ~a GIR. *TH* II 7; tunc ~a aquarum, que diversis mundi partibus, sive hominum usui, sive telluris irrigationi discurrunt, quiescent PULL. *Sent.* 981D; tuncque lacrimas imbrium et ~orum terra producit ALB. LOND. *DG* 11. 17; prope ~a Jordanis UHTRED *Inst.* xix. **b** dum genus humanum truculenta fluenta necarent ALDH. *Aen.* 63 (*Corbus*) 1; fons .. qui .. copiosa ~i sui dona profundat BEDE *HE* V 10; ad puteum venit haurire puella fluenta *Poem Edm. Rich* 7; cum sale, cum cinere, cum vino, cumque fluento GARL. *Myst. Eccl.* 147; ad vitalis ~a baptismi WHITTLESEY app. f. 5v. p. 147. **c** prolixa legentibus doctrinae salutaris ~a manarunt BEDE *Gen.* 10; lugent dulcibusque lachrymarum ~is stratum suum per singulas noctes irrigant *Id. Tab.* 492; doctrinae sitiens haurire fluenta suetus ALCUIN *SS Ebor* 1527; bis didicit bini pia dogmata docte fluenti FRITH. 153; quod remansit de aqua ad basim altaris fundit, quia Christus ~a doctrine in Hierusalem effudit HON. *GA* 594B; magnum aliquid secreti altique mysterii innuisse videtur sponsa adolescentulis in hac trina distinctione ~orum [cf. *Cant.* v 12]. primum dicit aquarum, secundum nominat lactis, tertium non indicavit ex nomine designandum J. FORD *Serm.* 17. 1.

fluere [CL]

1 (of rivers, streams, or sim.) to flow, run. **b** (of tide) to flow, rise. **c** (pr. ppl. as sb., sc. *aqua*) a stream, water.

ut non illuc ~ant gurgites quo inmane monstrum ingreditur *Lib. Monstr.* I 34; cum fons fluit in rivum et rivus colligatur in lacum ANSELM (*Proc. Sp.* 9) II 203; in prope ~entibus fluviis submergebatur G. MON. I 9; unda fluit, nos effluimus NECKAM *DS* III 965; **c1228** dicit quod, decem annis elapsis, non fluxit ille aque ductus, modo vellent ducere per aliam viam *Feod. Durh.* 252. **b** liberiorem .. discursum, sive ~endo sive refluendo, oceanus habet GIR. *TH* II 3; **s1250** mare perturbatum .. bis ~ens sine refluxu M. PAR. *Maj.* V 176; super crepidinem Secani fluminis, per quod mare ~it ultra medium ville et refluit ad unum miliare et ultra *G. Hen. V* 4. **c 939** (v. derivativus 1); **940** (15c) xx mansas .. *at Cristemalford* juxta derivativis ~entium successibus *CS* 752; flutas [? l. fluitans; cf. *GlC* F 213], ~ens, *stream GlH* F 545; pulmenta coclearia quando geruntur / ad mensas dapibus bene tacta fluente ministrent D. BEC. 2561.

2 (of tears) to stream forth, pour, flow.

si rivi diu ~ent ab oculis meis ANSELM (*Or.* 14) III 57; lacrimis ~entibus *Id.* (*Ep.* 159) IV 29; sic ~unt lacrime *Quaest. Salern.* Ba 14.

3 (of fragrance) to flow.

c797 ut veniens Auster perflaret hortos Ligeri fluminis et ~ant aromata illius ALCUIN *Ep.* 121; facit autem aromata ~ere flatus Austri [cf. *Cant.* iv 16] S. LANGTON *Serm.* 4. 33.

4 (transf., abstr. & fig.) to flow, stream, pour.

801 solent ex abundanti caritatis fonte verba ~ere dulcedinis ALCUIN *Ep.* 225; late per populos Domini pia gratia fluxit *Mir. Nin.* 10; R. CANT. *Malch.* IV 344 (v. 1 ganea 1b); sed gnarus adulter / pollicitis fluxum meche sancire favorem / et fictos lenire metus J. EXON. *BT* III 323; ad ipsum / rebus in agendis turba fluebat inops A. MEAUX *Susanna* 43; BACON II 113 (v. cooperativus); sic qui prospiceret Christi meditans pietatem, / non tumidus fieret nec levitate fluens GOWER *VC* III 752.

5 (of solid objects) to liquefy, dissolve, decay, (of hair) to fall out. **b** (fig.). **c** to flow with, exude; **d** (w. *lac et mel* as internal acc.; *cf. Exod.* iii 17 *etc.*).

radicibus nervorum relaxatis et poris totius corporis apertis, et cornua [sc. cervi] cadere et pilos ~ere *Quaest. Salern.* B 78; sevit aure spiritus / et arborum / come fluunt penitus / vi frigorum P. BLOIS *Carm.* 8. 1. 3; rex fluit in cineres, domus urna, locus Trinovantum, / splendida pransus herus vermibus esca datur *Brutus* 535. **b** utinam .. totus in lacrymas ~am P. BLOIS *Ep.* 49. 146A. **c c1174** electus ille (aut potius equus emissarius) jugi, quod Leviticus [? cf. *Num.* v 2] dampnat, ~it semine et hinnit in feminas *Ep. J. Sal.* 310 (322 p. 790); vestra complexio ~ens, humoralis, colerica existit, multum ad sanguinis naturam declinans KYMER 3. **d** numquid .. valles ~ent mel et lac GIR. *TH intr.* p. 6; terram promissionis ~entem lac et mel GARL. *Tri. Eccl.* 97.

6 (of time or things in time) to pass, slip by. **b** (p. ppl. *fluxus* as adj.) transient.

957 (14c) humanum genus ab ortu suo ~ere usque ad mortem deficiendo videtur *CS* 988; non multi olympiades fluxerunt BYRHT. *V. Ecgwini* 363; secla fluunt J. SAL. *Enth. Phil.* 504; sic plangente viro jam †fluexerat [MS: fluxerat] hora diei / sexta NIG. *Paul.* f. 48v l. 429; ~ens verbum *AncrR* 19 (v. 7 infra); post passionem Domini fluxerunt undecim anni, antequam ecclesia Romana haberet super alias ecclesias principatum OCKHAM *Dial.* 488; **1462** numerum annorum qui fluxerunt ignorat *ExchScot* 126. **b** ~am saeculi gloriam BEDE *Mark* 157; cogitationes .. ~as et fluidas H. BOS. *Thom.* III 13 (v. fluidus 3); quam brevis et ~a sit vita GIR. *TH intr.* p. 3.

7 (of words or speech) to flow (w. ease or fluency).

cujus ab ore sacro fluxerunt dogmata vitae WULF. *Poems* 10; loquetur etiam edificatius tenax pagina quam fluxa lingua GOSC. *Lib. Conf.* 27; nec cessat hians, dum pectore victo / lingua fluat, crescant lichni, vestigia nutent J. EXON. *BT* II 92; fluens verbum ~ere facit cor [ME: *mid te fleotinde word tofleoteð þe heorte*] *AncrR* 19 (v. et. 6 supra).

8 (phil.) to be in a state of flux. **b** to issue, derive (from). **c** (math.) to have continuity or duration (as a line rather than a point).

illud esse quod est successivum est divisibile et ~ens et tempore mensuratur et non instanti BACON XV 126; scibile non movet intellectum per formam quiescentem sed per formam ~entem W. MACCLESFIELD *Quaestione* 4vb; ista autem intellecta ~unt ab ipso in esse reali, quorum fluxum alium et alium distinguit postea ponens differentiam inter unum fluxum et alium W. ALNWICK *QD* 174. **b** quod diminucio non ~it ab aliqua vi J. BLUND *An.* 51; a causis contrariis ~unt immutaciones contrarie. ergo cum album et nigrum sint contrarie ab eis ~unt inmutaciones contrarie in effectum *Ib.* 95; quia a natura puncti ~it tota natura sui subjecti FISHACRE *Sent. Prol.* 92; T. YORK *Sap.* II 1 (v. diffusio 1); quia in quantum sunt non fluxerunt a primo bono DUNS *Ord.* III 198. **c** ita imaginatur punctum ~ere et per ejus fluxum lineam causari, et lineam ~ere et per ejus fluxum quadratum ejus causari DUNS *Metaph.* IX 2 p. 531.

flueta v. fleta.

1 fluetum [cf. ME *flue*, MDu. *vluwe*], 'flue-net', sort of fishing net.

1353 de quolibet harnetto et ~o vendito ob. *Reg. Rough* 29; **1389** j rete vocatum *wade* et j *flowe*, cum alio rete vocato *chanenet Ac. Obed. Abingd.* 57.

2 fluetum [cf. DuC], 'flue', velvet.

1549 item una capella ex ~o viridi *Reg. Aberd.* 198.

fluettum v. fleta.

fluiditas [cf. fluidus 3], (moral) unsteadiness, weakness.

qui sunt filii lucis et qui filii tenebrarum, qui supercelestem habent puritatem et qui carnalem habent ~atem GROS. *Hexaem.* III 14 p. 116.

fluidus, fluvidus [CL]

1 flowing freely, liquid. **b** (of person) suffering from flux. **c** (of sores) running.

infigens baculum creat post se fontem fluīdum SULC. 12v.; fluvidus, madidus OSB. GLOUC. *Deriv.* 226, 243; aqua exuberat ut in vino quia ~um est, et liquidum, et aquosum est *Quaest. Salern.* B 151; liquida et ~a *Ib.* N 43 (v. elabi 1c); [fleuma] naturale .. est frigidum et humidum, in colore album, in substantia ~um BART. ANGL. IV 9. **b** reumaticis ygia, fluidis [*gl.*: patientibus fluxum ventris, sumptum cum succo plantaginis] valet athanasia GARL. *Mor. Scol.* 596. **c** quid cineri bustum, fluide quid purpura lepre? J. EXON. *Virg.* 77.

2 hanging loosely.

gambas ~as W. CANT. *Mir. Thom.* II 85 (v. gamba 1a).

3 (esp. w. ref. to character or behaviour) unsteady, liable (to lapse, sin, or sim.).

fluvidus, impetosus *GlH* F 534; situla .. discretionibus novit ~a cordium elementa in unum colligendo metiri R. COLD. *Cuthb.* 1 p. 2; nodos discipline .. rupimus, munimenta virtutum laxamus et ~am hominis armaturam ut .. R. NIGER *Mil.* I 33; cogitationes vagas et vanas, fluxas et fluidas in cor mittit H. BOS. *Thom.* III 13 p. 216; ut Walensium fides ~a *Mir. Wulfst.* I 7a p. 120; consolidetque fide fluidos Christoque renodet GARL. *Myst. Eccl.* 453; [animam] non carnali voluptate ~am, non torpore desidem G. STANFORD *Cant.* 227.

fluitare [CL]

1 (of liquid) to flow, run; **b** (fig.). **c** (w. dat.) to permeate.

aquae quarum natura est ~are semper atque ad ima delabi BEDE *Gen.* 18; ~ent, *flowen GlH* F 531. **b** splendida dum proceris fluitabant dogmate dicta, / .. / gurgitibus puris populorum corda rigabat *Mir. Nin.* 154. **c** morbi diffugiunt, fluitant miracula membris *Ib.* 457.

2 to float.

est lacus in quo res quevis fluitare feruntur, / in reliquo mergi corpora queque ferunt NECKAM *DS* III 251.

3 to hang loosely.

litora cognoscit, cognoscens litora poscit, / datque manum frenis, fluitantibus obstat habenis R. CANT. *Malch.* VI 529; cutem que circa ventrem et lumbos diffusiori ruga ~abat *Mir. Cuthb. Farne* 5.

4 to move unsteadily, (fig.) to be (morally) unsteady, to waver.

mentem humiliatam ab omnibus ~antium cogitationum finibus .. constringere BEDE *Luke* (xvii 8) 541 (cf. *GlH* F 532: ~are, cogitare); ~abunt, dilabentur; .. ~antem, fluctuantem *GlH* F 528, 530; quod vere ipsi [Augustinenses] apud se requiescentem beatam possideant Mildretham, quae etiam suo ~anti testatori de temeritatis confusione tantam contulit gratiam GOSC. *Lib. Mild.* 26; ab his qui terram sapientes et a Deo sola terrena flagitantes, sub celi firmamento aquarum instar dilabuntur et ~ant AILR. *Spec. Car.* I 32. 536B; fideles Christo conjungunt nec dissolutos ~are permittat S. LANGTON *Serm.* 1. 27; ut ~et apud se an gule incitanti satisfaciat an non J. GODARD *Ep.* 231; trabs, vigor internus, totam corroborat edem, / turbine Fortune non fluitare sinit GARL. *Epith.* VI 500.

fluitatio, wavering, hesitation, or (?) *f. l.*.

s1267 dum .. talium perplexitatum fluitationes [*but* ? l. fluctuationes] in regis animo versarentur WYKES 200.

fluitio, flowing.

super celos aque fluitio J. HOWD. *Ph.* 925.

flumen [CL]

1 river, stream. **b** (w. *maritimus* or sim.) estuary. **c** flood tide.

vallata duorum ostiis nobilium ~inum Tamesis ac Sabrinae veluti brachiis GILDAS *EB* 3; **c693** ab australe ~en Tamisa *CS* 81; in Rheni ~inis insula ubi in Oceanum prorumpit *Lib. Monstr.* I 2; ad borealem Humbrae ~inis plagam BEDE *HE* II 5; **749** (12c) in caeteris utilitatibus ~inum vel raptura piscium *CS* 178; ~en, †sive [MS: sc.] est omnis humor qui vel modice fluit *GlH* F 536; salinae .. cingebantur ex una parte quodam ~ine et quodam fossato ex alia parte *DB* I 268; per Hiberniam manantia ~ina GIR. *TH* I 7; **s1342** ultra ~en Lygeris AD. MUR. *Chr.* 129; ~en illud habens ex utraque parte latum mariscum .. prohibebat accessum *G. Hen. V* 10 p. 66. **b 1338** medietas cujusdam ~inis maritimi, super quod idem manerium situatum est et quod commune omnibus existit *Cl* 161 m. 21 (*Heybridge, Essex*); quod ipse Johannem .. in ~ine salso primo invenit submersum .. et eum ad terram traxit *BBAdm* I 272. **c** xl dierum dilationem habebit duorumque ~inum et unius ebbe *Fleta* 216 (cf. BRACTON 255); **s1401** unum mesuagium .. et una acra prati que per ~en maris destructa sunt et consumpta *Meaux* III 286.

2 flood. **b** copious flow (of tears). **c** (fig.) flood, onrush.

principium primum dat prima fronte volumen, / tempus subnectens et res infra Noe flumen (GALIENUS) L. DURH. p. xxxvii. **b** ubertim fundens lacrimarum, ut ita dicam, ~ina *Enc. Emmae* II 21; videres .. nunc lacrimarum, nunc doctrine ~ina erumpere *Lib. Eli.* III 41; produco testium greges et agmina, / materni scilicet ploratus flumina WALT. WIMB. *Carm.* 288. **c** *V. Greg.* p. 77 (v. 1 fluctus 1b); **798** unde sophiae ~ina manare novimus ALCUIN *Ep.* 143 p. 225; tu nosti ~en iniquitatis, quomodo per praecipitia rapiuntur multi in voragines diversae luxuriae *Ib.* 283; sed surgat Tullius et lingue flumine / scelus hoc impetat vel Deus fulmine WALT. WIMB. *Palpo* 153.

fluminalis [LL], of a river, flood, downpour, or sim.

noctu extitit ~is [AS: *flodlic*] exuberantia ÆLF. BATA 5. 6; **1475** pueri .. in aquis ~ibus et fontalibus perempti fuerunt *Lit. Cant.* III 289.

flumineus [LL], of a river, flood, waters, or sim.

~ei lavacri [cf. Sedulius *Carmen Paschale* II 166], *flodenes þweales*; ~eum vadum, i. multitudinem aquarum *GlH* F 537–8; ~ei, *þæt ealice GlS* 214; circa ripam ~eam adest quidam monticulus *VSB* (*Gwynllyw* 4) 176.

fluminosus, of a river.

lati fluminis alveo fluminoso [v. l. fluvioso] per Anglos pertransito *Ps.*-ELMH. *Hen. V* 62 p. 167.

flundra, ~ia [ME *flounder, flundre*], flounder, flatfish.

c1228 traxit rete in aquam et cepit unam ~am *Feod. Durh.* 273; pitancia .. de ~iis .. quinque debet continere *Cust. Westm.* 76; **c1300** de .. allecibus et anguillis aut ~iis *MonA* III 230; **1305** flondris (v. capra 2); **1338** in cungris recentibus et *gurnardes* emptis iij s. in ~is emptis iiij d. *Ac. Ep. Bath* 125; **1339** floundris (v. conchylium a).

flunus, ~a [ME *floine, flune* < OF *flouin*], sort of small boat.

1254 possunt .. flunes ad transferendum volentes transire Dordon' dummodo pedagium solvunt ubi debent

Pat 66 m. 5*d.*; **1308** magistro unius flenii de insula Oleronis *RGasc* IV 191; **1309** portavit Arnaldus Willelmus de Blavia cum flayno suo Blaviam ij ton' j pipp' *KRAc* 163/2 f. 131; **1332** indicaverunt bidentes rectoris .. quibusdam hominibus de Bayona, qui eas furtive ceperunt et recesserunt impuniti in suo flonerio (*C. I.*) *JustIt* 1166 r. 10; **1341** ad supervidendum quod .. omnes naves, bargee, et fluni predicti .. bene muniti sint in portu *Cl* 168 m. 20 (= *Cal.* p. 59: †fluvi); **1341** (v. 1 bargia a); **1349** Johannem van de Beregh' .. in quodam ~o suo ipsam navem insequentem *Pat* 227 m. 15 (= *Cal.* p. 281: †fluvo); **1349** magistro unius †fluue regis ad faciendum unum velum ad eandem †fluuam de canabo (*KRAc* 391/15) *Arch.* XXXI 93; **1356** pro operacionibus duorum ~orum quos ad opus nostrum per cives [London'] .. fieri mandavimus *Pat* 248 m. 12; **1377** particule compoti .. clerici arraiamenti navium, flunearum, bargearum, galee et balengarum regis *KRAc* 30/15; **1399** ad vadia marinariorum navium, ~orum, bargearum et batellorum nostrorum solvenda *Pat* 351 m. 19.

fluor [CL]

1 flow, flowing (of liquid); **b** (of river); **c** (of tears).

~oribus, madoribus; .. fluvoribus, pluviis *GlH* F 540, 542; chrismales .. fluores FRITH. 492; candela ardens super altare de candelabro cecidit ... cumque monachi .. invenerunt candelam, .. levantes candelam, excussa favilla, viderunt omnia illesa, nullam prorsus incendii vel cerei ~oris maculam habentia *V. Kenelmi B* 83rb. **b** gagates est lapis rudis .. qui .. Gagate flumine est repertus, ~ore fluminis [TREVISA: *þe cours of water*] ad ripam jactus BART. ANGL. XVI 49. **c** cor gemitum dat et os planctus oculique fluorem NIG. *Paul.* f. 50v. l. 676.

2 (med.) flux, discharge.

~or, i. reuma, a fluendo *GlH* F 539; BART. ANGL. XVI 85 (v. diaphoreticus); *SB* 13 (v. catarrhus).

3 (of hair) falling out.

~or capillorum *SB* 9 (v. alopecia a).

flurum v. flora.

flustra [CL *n. pl.*], quiet state of the sea, (poet.) quiet waters.

Pharaonis exercitu rubri maris gurgitibus summerso et profundis pelagi ~is suffocato ALDH. *VirgP* 12; ~a, unda *GlC* F 212; donec ad optatae pertingas flustra Musellae ALCUIN *Carm.* 4. 21; ~a, i. unda, *yþ, ædwella GlH* F 543; *waw of the see, or othir water*, ~um, fluctus *PP*.

fluva v. flunus.

1 fluvia, (?) flood, flooding, or (by conf. w. *pluvia*) rainy weather.

1364 pons est .. valde ruinosus ita quod nemo potest ibidem transire quando ~ia venit ad grave dampnum patrie *Pub. Works* I 62; **1380** calcetus .. est maxime dirutus et periculosus ita quod gentes patrie ibidem tempore ~ie transire non possunt absque periculo *Ib.* II 102.

2 fluvia v. fluvius.

fluvialis [CL], of or assoc. w. river. **b** (w. ref. to fish) fresh-water (dist. from marine). **c** (fig.) river-like.

cum mille viris sicco ingrediens pede suspensis utrimque modo praeruptorum ~ibus montium gurgitibus aperiret GILDAS *EB* 11; ~i, *flodenum GlH* 533; avicule quas martinetas vocant .. rare et ~es GIR. *TH* I 18; lapides ~es J. MIRFIELD *Brev.* 80; **1357** habebit portas ~es .. pro factura dicti molendini *Enr. Chester* 39 r. 2; **1419** (v. fovea 8d); partes vero ~es ne per eas introitus aut egressus regiis pateret hostibus, tali quodam navigio quali ipsa tempora providere sufficerant servabantur *Ps.*-ELMH. *Hen. V* 64 p. 181; *CathA* (v. fluviosus). **b** pisces marini grossiores habent spinas et squamas quam ~es *Quaest. Salern.* N 57; GILB. III 159. 2, GAD. 10v. 1 (v. cancer 1a); hic [piscis] si ~es aquas dulces habuerit, .. UPTON 208. **c** curritur in vota lacrimis fluvialibus ortis, / ac esum carnis devovet inde lupus WALT. ANGL. *Fab.* (*ed. Hervieux*) p. 365.

fluviare [CL], to overflow (also fig.).

~io, ~ias, i. hundare OSB. GLOUC. *Deriv.* 226 (cf. ib. 243: ~iare, ditare); solus laudatur, qui diviciis fluviatur WALT. WIMB. *Scel.* 8; accedit Tullius vel Maro fluvio / verborum fluvians *Id. Carm.* 266; *to flue*, .. ~iare *CathA*.

fluviatilis [CL], of or assoc. w. river.

s1415 fetore cadaverum .. pecudum quas mactavere .. nec injecerant in aquis ~ibus WALS. *HA* II 309; (LELAND) *MonA* III 471a (v. denticulus a).

fluvidus v. fluidus.

fluviolus [LL], small river.

trans ~um qui Crientio vocatur ALCUIN *Vedast.* app. p. 425 (cf. Jonas *Vita S. Vedastis* 9); vocatur Lindisfarne a ~o sc. Lindis excurrente in mare S. DURH. *Durh.* II 5; hic ~us, ~i diminut' OSB. GLOUC. *Deriv.* 226; ad vadum quoddam illius ~i quod extra Heselbergiam situm est accessit *NLA* (*Wulfric*) II 513.

fluviosus, of or like river.

~us, aqua plenus OSB. GLOUC. *Deriv.* 243; *Ps.*-ELMH. *Hen. V* 62 (v. fluminosus); urbs enim .. lati fluminis Sequane .. immediata cinctura alveo precingitur ~o *Ps.*-ELMH. *Hen. V* 64 p. 177; *fludy*, ampnicus, fluvialis, ~us *CathA*.

fluvius [CL], **~ia,** river. **b** flood-tide. **c** (fig.) river-like flow.

trans Tamesis nobilis ~ii alveum GILDAS *EB* 11; insula .. fluviis .. multum piscosis .. praeclara BEDE *HE* I 1 p. 10; **811** flubius Meduþege *CS* 339; idem Nilus, idem ~ius ANSELM (*Incarn. B* 13) II 32; qui usque ad ~ium diffugiens, submersus est infra fluctus et nomen suum [Humber] flumini reliquit G. MON. II 2; oberat fugientibus pons angustus ~iusque rapidus et profundus. .. ~ium circa pontem nemo evadare, vix aliquis poterat enatare ORD. VIT. IX 9 p. 531; nimii imbres fluxerunt et inundationes ~iorum habitacula hominum plus solito invaserunt *Id.* XII 16 p. 349; GIR. *TH* I 7 (v. desub a); Moyses fontem originalem in paradiso terrestri erupisse et inde ~ia precipua derivari testatur *Ps.*-GROS. *Summa* 621; descendit .. ~ius dulcis per mediam vallem, replens fossas in bona profunditate *G. Hen. V* 4; **1588** a portu ~ie vocat' *Plyme Ryver Pat* 1319 m. 24. **b** inducie xl dierum et unius ~ii et unius ebbe *Fleta* 383. **c** fons unde manat ~ius misericordiae tuae ANSELM (*Prosl.* 9) I 107; funde, pupilla, fluvium J. HOWD. *Cyth.* 36. 4; contempleris ~ios sanguinis distillantis de Christi pedibus conclavatis *Spec. Incl.* 2. 2.

fluvus v. flunus.

fluxibilis [LL]

1 flowing, fluid. **b** assuming the physical shape of an environment or container. **c** (fig., of voice) liquid, variable in tone.

a BART. ANGL. XIV 54 (v. fovea 8b). **b** aer .. et aqua non sunt terminata, quia ~ia sunt GROS. 33; aqua fluida in se ex se nullam habet determinatam figuram, sed figuratur semper figura continentis. unde non potest sciri .. hanc aquam esse quadratam nisi cognito et conspecto quod figura continentis eam quadrata est et nisi conspecta ejus figuratione in coaptatione ad figuram continentem figurantem et in figuratione sua supportantem aquam ~em et per se, si sibi relinqueretur, ab hac figuratione labentem *Ib.* 141; colligitur materia mollior et ~ior in unam vel plures multas tamen partes GILB. III 174v. 1; materia ~is est et interminabilis et incompleta BACON VIII 60; omnes sonant quod illud sensibile liquidum et ~e contentum in calice est realiter sanguis Christi WYCL. *Euch.* 24; eligendo terram mundissimam, albam sc. et rubeam, .. et ipsas simul conjunxerunt, sicut natura facit absque repugnantia, quousque omnia sint fixa et ~ia RIPLEY 366. **c** vox est equalis, clam, ~is inter acutum et grave BART. ANGL. V 23.

2 (mostly phil.) subject to flux, transitory, changeable; **b** (as sb. n.) transitory thing.

sed nec forte necessarium nec eternum concipimus nisi negationem imperfeccionis, puta potencie aliter se habendi vel ~is, seu principii seu finis DUNS *Ord.* III 38; 'nunc' evi est stabile, 'nunc' temporis ~e *Id. Metaph.* V 10 p. 267; quomodo etiam premium tantillum, tam ~e et tam breve, tanto compensatur amori .. ? BRADW. *CD* 106c; anchora .. insecurior, infirmior et instabilior omni vento et mari ac re ~i qualicunque *Ib.* 817E; res temporalis est ~is NETTER *DAF* I 31. 1; sicut modo reconciliati in corpore carnis ejus per gratiam ~em presentis justitie *Ib.* II 264. 2; **1524** non in ~ibus momentaneisque .. rebus verum etiam in his in quibus de eterna gloria .. agitur (*Lit. Regis*) *Mon. Hib. & Scot.* 543b. **b** quia tempus non habet esse nisi in fluxu, ideo instans, quod est ejus terminus, .. habet naturam ~is suo modo impartibili BACON III 168.

3 suffering from the flux or dysentery.

habenti ventrem ~em non detur cassia fistula GILB. I 13 (*recte* 18). 1.

fluxibilitas

1 fluidity, property (e. g. of liquid or gas) of assuming the physical shape of an environment or container; **b** (fig.); **c** (w. ref. to 'humidity' or 'airiness').

tercia .. dies est eductio materie et forme a nichilo in esse; ipsaque materie ~as aqua est, que per formam congregatur et sistitur GROS. *Hexaem.* I 3; dicitur eciam aqua propter mutabilitatem et ~atem *Ib.* I 18; terminatur itaque ~as materie ejusque potentie quandoque ad formam ignobilem, quandoque vero ad nobiliorem *Ps.*-GROS. *Summa* 309; corpus enim subjacet fluxui, ut patet in sudoribus et in sputis, et hujusmodi alterationi, sc. de frigiditate et caliditate, et econtrario corruptioni que ex ~ate nimia sequitur BART. ANGL. IV 6; fumi et vapores propter sui †fleccibilitatem [? l. fluxibilitatem] et levitatem sursum nituntur ascendere BACON VIII 202; aquam enim racione sue ~atis stat colabi, sed terra racione constancie et siccitatis diucius cathenatur WYCL. *Log.* III 69. **b** moraliter .. ~as sensuum carnalium in voluptates velud aque primarie sunt GROS. *Hexaem.* IV 12 p. 135; intrant autem aque usque ad animam [cf. *Ps.* lxviii 2] membri Cristi, quando populus peccator tam spissim sibi conjungitur ut usque ad sacerdotem contingit ~as peccatorum WYCL. *Ver.* III 98. **c** videmus pueros pro tenuitate substantie et humorum ~ate flere facillime, et flendo ridere *Quaest. Salern.* N 56; si multa esset medulla humiditate ac ~ate sua retenta [sc. in memoria] labilia redderet *Ib.* P 49; [aqua] habet .. humiditatem, id est ~atem, ab aere *Ib.* W 3.

2 tendency to flux or continuous change.

quod autem folia arborum cadunt, erit propter ~atem velocis raritatis ALF. ANGL. *Plant.* 2. 13; quoddam est malum nature et hoc est defectus in creatura per quem creatura ipsa habet ~atem ad non esse BACON VII 102; de natura forme est terminare et finire ~atem materie *Ib.* XIII 163; circa ~atem temporalium WYCL. *Ver.* II 151.

fluxilis [LL], fluid, assuming the physical shape of an environment or container.

hoc contingit propter immutationem receptam in aqua ~i J. BLUND *An.* 109; aqua non est rara sicut aer nec adeo ~is *Ib.* 110; cum liquore facilius discurrere potest, cum ejus substantia quadam sui natura ~is est *Quaest. Salern.* B 296; albumen [ovi] .. in circuitu diffunditur, nec ipsi vitello, licet ~es essent, immiscere se potuerunt, grossities enim vitelli prohibuit *Ib.* C 1.

fluxivus, subject to flux, transitory, changeable.

ex statuto .. consurgit duplex obligacio .. confitendi: una est generalis perpetua et mansiva: alia est specialis seu particularis transiens et ~a CONWAY *Def. Mend.* 1421 (*recte* 1321).

fluxuositas v. flexuositas.

fluxuosus, flowing (in quot., w. ref. to vomit or sim.).

spumabat miserabilis inter angustias ore anhelo et ~o GOSC. *Transl. Mild.* 25.

1 fluxus v. fluere.

2 fluxus [CL]

1 flowing (of river, stream or sim.), inflow (of water or other liquid). **b** tide, esp. flood tide, high-water mark. **c** overflowing.

horridus in cumulum salsarum fluxus aquarum / concrevit porro surgens ad sidera caeli ALDH. *VirgV* 822; quo [spiritu] per musculos reliquasque corporis partes diffuso, alium denuo spiritum ab eadem causa influere sicque vitam continuari. atque hujusmodi motum ~um vocant quod a corde in reliquum corpus fluat spiritus ALF. ANGL. *Cor* 11. 2; datur intelligi racionem originalem ~us aquarum .. eas in visceribus terre concludi indeque ad superficiem .. per loca cavernosa et humida erumpere *Ps.*-GROS. *Summa* 621; †flexus BACON VIII 22 (v. defluxus 1a); solum nostrum fluvius de Hullo in suo supremo fluxo (*sic*) consueverat operiendo inundare *Meaux* III 180. **b** wastum est propter ~um maris *DB* I 367v.; oceani quotidianus ~us certus et refluxus H. BOS. *LM* 1354D; causa ~us et refluxus maris per radios BACON *Maj.* I 139; **1284** in quam aqua fluii *del Niver* ex ~u maris fluit et refluit nocte ac Die *AncC* XLVII 117; **1307** tenet in dominico unum magnum mariscum ad quemlibet ~um maris inundatum *Cart. Bilsington* 206; **1392** curia Admirallitatis tenta coram Nicholao M. deputato .. apud Lostwythiell juxta ~um maris *SelPlAdm* I 3; per plures dies .. visa sunt corpora occisorum natancia per ~um et refluxum proici et retrahi *G. Hen. V* 21 p. 148; torpente vento .. usi ~us beneficio et remorum tractibus circa horam duodecimam in crastino littora Calisii carpebamus *Ib.* 23 p. 56; infra ~um maris vel refluxum, vulgariter dictum *flode marke*, erit triatus et determinatus coram admirallo *BBAdm* I 236; **1470** nuper coram .. admiralli nostri .. locum tenente et commissario generali apud Horton Key in Suthwerk juxta ~um maris ibidem in loco solito in parochia S. Olavi situato in quadam causa maritima de et super affrectamento quinque doliorum vini *Pat* 525 m. 9*d.* **c** ~um, superfluitas, *oferflownes GlH* F 547.

2 (med.) flux, discharge. **b** the flux, dysentery, or sim. (also fig.).

femina ceu quondam fluxu vexata cruoris / occulte Christum tetigit ALDH. *VirgV* 1791; feminae itaque et menstruus sui sanguinis ~us egritudo est (*Libellus Responsionum*) BEDE *HE* I 27 p. 56; uxor Bertranni .. per decem continuos menses ~um sanguinis e naribus patiebatur ORD. VIT. III 13 p. 139; ex humorum commotione per minutionem augmentaretur humorum ~us, ex quorum augmentatione et motu facile fieret humorum reumatissimus ad caput et sic augmentaretur katarrus *Quaest. Salern.* B 240; in colloriis ad ~um lacrimarum *Ib.* P 83; BART. ANGL. IV 6 (v. fluxibilitas 1a); lisimacion .. ~um matricis abstinet *Alph.* 101; **s1189** ex naribus regis defuncti [Hen. II] ~us evidens sanguinis emanavit *Plusc.* VI 33. **b** **s987** lues animalium que Anglice *scitta* vocatur, Latine autem ~us intraneorum dici potest S. DURH. *HR* 115; ORD. VIT. XIII 26 p. 73 etc. (v. diarria a); ob humida nutrimenta, immoderatum ventris ~um vix in primis ullus evadit GIR. *TH* I 33; infirmatus est Oxonie dysenteria. .. postquam autem ~us per medicinalia restrictus fuerat, .. ECCLESTON *Adv. Min.* 95; **1266** per aliam infirmitatem que vocatur ~us ventris languit *SelCCoron* 4; **1290** medicinalibus emptis et medicis conductis pro ipso in ~u †inferino [MS: infirmo] (*Chanc. Misc.* 4/5 f. 7v.) *Doc. Scot.* I 137; bursa gravis ostendatur / que si fluxum paciatur / mundat quicquid

inquinat WALT. WIMB. *Van.* 87; ~us diaricus GAD. 32. 1 (v. diarricus); sex sunt genera ~uum: anastropha .., catastropha .., colerica .., diaria, lienteria, disinteria *Ib.* 58v. 1; dissinteria est ~us ventris sanguinolentus *SB* 17; *Alph.* 100 (v. collyrium a); ~us sanguinis qui tam de nobilibus nostris quam aliis longe plures subtraxisset quam gladius, multos de residuo populo tam dire afflixit et impotentes reddidit quod .. *G. Hen. V* 9 p. 58; fluxsu multi perierunt qui se male gubernarunt, uvas crudas et varios fructus indiscrete commedendo STRECCHE *Hen. V* 152; **1475** Robertus D. obiit Londoniis ex ~u dissentirico W. WORC. *Itin.* 254.

3 **a** flowing (fig.), abundance. **b** (in bad sense) flood, onrush.

a quidam vir .. cujus mansio .. diversarum rerum ~u praedita constabat FELIX *Guthl.* 1; qui emularentur capillorum ~u feminas W. MALM. *Wulfst.* I 16. **b** in his quippe reprobus ab effrenato voluptatum suarum ~u compescitur P. WALTHAM *Remed. prol.* 27.

4 dissolution, (w. ref. to hair) falling out, loss.

pilorum ~u, vocis raucedine, colore livido, pustularum pruritu .. lepre maculam signis evidentibus ostendebat *Mir. Fridesw.* 80; cibus nimis paucus .. ~um capillorum et calviciem generat BART. ANGL. VI 21.

5 (w. ref. to time) passage, passing.

virtutem activam in ~um temporalium se inmiscentem GROS. *Hexaem.* I 3; quia tempus non consideratur in talibus nisi sicut totus ~us simul ut rota figuli *Ps.*-GROS. *Gram.* 48; ita quod post ~um quindene vestrum necligenciam nos suplere non oporteat *Reg. Ebor.* 13; **1356** dicta appropriacione et temporis ~u non obstantibus *Lit. Cant.* II 340.

6 (phil.) flux, movement, motion.

DUNS *Metaph.* IX 2 (v. fluere 8c); [Avicenna] videtur distinguere duplicem ~um, et primo unum in esse intentionali et alium in esse reali W. ALNWICK *QD* 174.

flymon- v. flemen-.

foagium v. fuagium. **foallia, ~ium** v. fuallia.

foare [OF *fouer* < CL fodere], to dig. **b** to grub, root.

1276 in c carect' petrarum foandis, xx d. *Ac. Stratton* 190 (*Wilts*); **1277** in fovea foanda circa gardinum, ij s. *Ib.* 203. **b** **1277** inveniebat x porcos in viridi blado defensabili ibidem foando *Hund. Highworth* 45 (*Wilts*).

foca v. focus, phoca.

focacius [LL], sort of bread, bannock, cake.

subcinericeus vel †focarius [l. focacius], *heorðbacen hlaf* ÆLF. *Gl.* 153; ~ius, i. subcinificius panis *GlH* F 587; *a bannok*, ~ius, panis subcinericius *CathA*.

1 focagium [cf. AN *focage*]

1 fuel. *V. et. fuagium* 1.

1222 debet parare vj quarteria brasii .. et habere ~ium a domino, ad illud parandum *Dom. S. Paul.* 3; **1253** inveniet ei per viij dies fenum ad xxiiij equos et literam et ~ium ad braciandum et furnandum et ad coquinam *Reg. Ant. Linc.* III 288; **1343** pro sustentacione focag' in dicto manerio de L. *IPM* 70/7 (*Suff*); **13..** habebit ignem et satis de ~io (*Liber Albus of Wells*) *Arch. Soc. Som.* XV suppl. 67.

2 'focage', hearth tax (Gasc. & C. I.).

a1163 concedo .. pasnagium hominum suorum et ~ium et moltam *Act. Hen. II* I 350; **1183** quod sint quiti (*sic*) de telonagio, .. de ~iis, de tabernagio [etc.] *Ib.* II 249; **1195** et de iiij^xx^ li. .. quos habuit de focag' terre sue *RScacNorm* I 249; **1219** quod capiat ~ium ad opus domini regis in insulis de Geres' et de Geuer' et Serch' *Cl* 388; **c1240** sunt in insula [de Aurineo] vij ~ia *CartINorm* 397; **1242** capiat fokagium sicut capi debet *Cl* 9; **1242** assideri facimus fokagium per totam terram .. Wasconie *RGasc* I 106; **1247** debent .. de frocagio .. per annum l s. Turonenses *Cl* 546; **1276** preposituram .. et .. exitus ejusdem habeant .. quiete .. exceptis cavalcatis, exercitibus nostris, et folcagio *RGasc* II 22; **1289** de .. tribus cartallis de frumento et de tribus portaderis de vindemia et tribus fogacis que fiunt annuatim in loco vocato A. *Ib.* 424; **c1309** habet .. abbas de omnibus tenentibus suis in parrochia Sancti Helerii ~ium, moneagium, wreccum [etc.] *CartINorm* 408.

2 focagium v. fogagium.

focalagium [cf. focalis], hearth tax.

1255 deputavimus .. collectores focallagii in .. terra de Medulco *RGasc* I sup. 23; **1282** gentes regis Anglie levaverant fogalagium de hominibus suis, et non fuerat sibi restitutum *DipDocC* 29/1/14 (cf. ib.: focgilagii); **1331** ~ium .. varenne .. valet .. x s. *S. Jers.* I 15; habet etiam dominus rex in eadem parochia quoddam ~ium et chaciam cuniculorum in landis de Lestac *Ib.* 28.

focalis, ~ia, ~ius, ~ium

1 (as adj.) having a hearth, provided w. a fireplace, domestic.

1300 in quodam loco distanti a domo ~i (v. domus 2a).

2 for fuel.

12.. quod non faciet consumptionem foragii vel lignorum ~ium *Cart. Glouc.* III 215; **1320** busca ~is pro iij s. vj d. *Rec. Leic.* I 377; **1349** liberacionem candelarum et lignorum ~ium *Lit. Cant.* II 299; **1391** pro viij carectis lignei ~is *Ac. H. Derby* 78; **1454** pro lingno ~i et candelis, iiij d. *MS DC Cant.* D.E. 16.

3 (as sb. f., m., or n.) fuel.

c1160 confirmasse .. ~ia ad eandem salinam in nemore de Kalentyr *Reg. Newbattle* 163; **c1180** in aisiamentis fochalium *Melrose* 91; **1209** de glebis et de alio focallio ad focum .. Walteri *MS Bodl. Wood empt.* 1 f. 58v.; **c1220** ~e in petario de Elbotyll *Dryburgh* 74; **1270** in vij carettatis turbarum ad fucalem, ij s. et iiij d. *MinAc* 768/5 m. 2 (*Cambs*); **12..** super jure percipiendi quoddam ~e, quod Anglice vocatur *vursen* et Gallice *geaun AncD* 114 (*Pembr*); **c1310** debent habere exitum suum fugelli aut brueriam *Reg. S. Aug.* 200; **1315** ad ~iam sive ad clausuram *ChartR* 101 m. 13; **1337** in ~e dict' *gawl* empt' pro camera domini *Sacr. Ely* II 80; ut perciperent .. xvj carectatus ~is ad festum S. Michaelis *G. S. Alb.* II 398; **1418** de bosco pro ~i et de communa pasture .. destituti *Reg. Heref.* 51; **1430** ~e de turba sufficiens ij monachis ibidem residentibus capiendum ubi ad opus meum capio *Feod. Durh.* 2n; **1453** Willelmo B. pro vadiis et cariagio ~iorum *Ac. H. Buckingham* 47.

4 hearth tax.

1505 de concessione pro tenentibus et inhabitantibus de Bromefeld et Yale in Northwallia: .. finis annualis vocatus exitus focall' aliter vocatus *treethtan Pat* 597 m. 19(3).

focallium v. focalis.

1 focarius v. focacius.

2 focarius [CL *as sb. f. & m.*]

1 having a hearth, provided w. a fireplace, domestic. **b** (as sb. f. or n.) hearth, fireplace.

1214 edificavit idem Rannulfus in pastura illa .. xxix domos ~ias cum duabus familiis *CurR* VII 271. **b** **c1175** sciatis .. me dedisse .. duas karectas .. ad trahendam ramillam de landis parci et kaetam de mortuo bosco ad ~ium .. monachorum *Cart. Colne* f. 16v.; **1201** sciatis nos concessisse .. ligna ad ~ium *RChart* 86; **1437** cum camera, coquina et ~ia infra domum operacionum eidem mansioni pertinent' quam .. Lodowicus nuper valettus armature habuit *Pat* 441 m. 30; **1438** in stipendio j hominis facientis ij ~ia in domo Ricardi B. et in domo Roberti S. ad thascam, viij d. *Comp. Swith.* 445; hoc ~ium, A. *harthe*, .. *a hartstone WW*; *the harth of a fire*, ~ium LEVINS *Manip.* 34.

2 for striking sparks, for kindling fire.

†patra [l. petra], ~ia, *flint GlC* P 313; pirites vel ~is lapis, *fyrstan* ÆLF. *Gl.* 148; **9..** petra ~ia, *fyrstan, flint WW*.

3 concerned w. hearth-keeper's duties. **b** (as sb. m.) kitchen boy, hearth-keeper, stoker, fueller; **c** (as serjeanty).

minister ~ius continue circulo xv dierum screationes subtus et prope formas mundabit *Obed. Abingd.* 384. **b** ille lavander adest, etiamque focarius ille ALCUIN *Carm.* 8. 5; ~ius, *fyrbeta* ÆLF. *Gl.* 127 (= *GlH* F 585); Ansgerius ~ius habet j mansionem *Dom. Exon.* 477b; **c1135** ~ius in domo semper commedet *Domus Reg.* 134; ignis quippe ille ~ium vult habere sollicitum qui ligna cedat et in ignem comportet J. FORD *Serm.* 103. 9; **1181** Herveo ~io lx s. et x d. per breve regis *Pipe* 93; **1198** Reginaldo ~io camere regis xxv s. *Ib.* 183; **1322** ~ius coquine, qui debet bis in ebdomada mundare coquinam *DCCant. Reg.* J 511; ~ius bracini *Ib.* 513; hic ~ius, *a fewyller WW*. **c** **1242** Reginaldus ~ius tenet quoddam tenementum in S. per serjantiam quod sit ~ius domini regis (*AssizeR*) *Fees* app. p. 1382.

4 (as sb. f.) woman who shares one's hearth and home, concubine. **b** (as adj.) concubinary, who keeps a concubine; **c** (as sb. m.).

s1135 ~ie canonicorum Londonie lubrice tractantur apud turrim *Ann. Dunst.* 15; presbyter .. fornicariam et ~iam suam palam ad focam, palam thorum .. tenens GIR. *GE* II 18 p. 254; individuam thori sociam et in foco ~iam habuit et in cubiculo concubinam *Id. JS sup.* 145; **1199** non fuit sponsa Stephani sed ~ia *CurR RC* II 103; **1200** ne clerici .. ~ias habeant *Conc. Syn.* 1067; quidam ~ias habent, quidam alienis uxoribus abutuntur P. BLOIS *Serm.* 723A; mannum frenantes, jumentaque [*gl.*: meretrices, ~ias, concubinas] sepe plicantes GARL. *Mor. Scol.* 242; cum .. sacerdos in crepusculo rediret de ~ia sua *Latin Stories* 124; **1520** ~ias et concubinas publice detinentes *Conc. Scot.* I cclxxi. **b** sedit Alexander II, qui plus omnibus infestus erat presbyteris ~iis R. NIGER *Chr. II* 153. **c** Walterus T. episcopus [S. Andree] effectus [**1386**] .. corripuit seculares .. et ab omni lenocinio per totam diocesim restrinxit ~ios .. ut ibi nequaquam esset .. clericus qui percepitibiliter vel publice concubinam tenuit FORDUN *Cont.* VI 46.

focelarius v. focularius. **foces** v. 1 focus. **fochalis** v. focalis. **fochtgeldum** v. fotgeldum.

focilare [CL], to cherish, comfort, restore.

~at, refecit *GlC* F 278; foculentur, nutrientur *Ib.* 294; ~entur, nutriuntur, consolentur; ~at, i. reficit, *gehyrt*, vel *gehlywþ*; .. foculasti, i. nutristi *GlH* F 589–90, 596; foculo, nutrire, fovere, educare, alumnare, nutricare, refocillare, alere, focillare OSB. GLOUC. *Deriv.* 241.

focile, bone: **a** (of forearm); **b** (of foot).

a os solidum non medulare, sicut sunt duo ~ia in brachio; et sunt ex utraque parte ossis brachii GAD. 124 v. 1; ~ia sunt ossa a cubito usque ad manum *SB* 21. **b** in duobus ~ibus duorum pedum apud calcaneum GAD. 127v. 2.

focina [cf. CL focus], forge.

ejiciuntur .. multi igniculi extra in altum cum flamma ardentiores ut ferrum ~e fabri sintillans qui descendendo franguntur in multa †frustra [l. frusta] et magna et parva M. SCOT *Part.* 297.

1 foculare v. focilare.

2 foculare [LL]

1 hearth, fireplace.

ALDH. *VirgP* 38 (v. coctura 1); **9..** ~ibus, *fyrgearwungum*; .. in ~ibus *on heorðum WW*; ~e, *heorþ GlH* F 594.

2 fire.

~ibus, ignibus *GlC* F 280 (= *GlH* F 593).

focularius [cf. LL foculare], hearth-keeper.

1460 focelarius j d. *MS DC Cant.* D. E. 30.

foculus [CL], small portable stove, brazier, chafing-dish.

~us, parvus focus OSB. GLOUC. *Deriv.* 241; **1553** de .. uno ~o cum pede latineo, Anglice *one chaffyndisshe with a fote of latten*; quatuor ~is aeris et cupri magnis et parvis, Anglice *fower chaffers of brasse and copper greate and small Pat* 852 m. 29.

1 focus [CL]

1 hearth, fireplace. **b** (*~us vivus*) hearth in use, inhabited dwelling.

~us .. favillarum cineribus coopertus ALDH. *VirgP* 60; accenso .. ~o in medio et calido effecto caenaculo BEDE *HE* II 13 p. 112; *Id. CuthbP* 36 (v. coctura 1); ~us, i. .. furnus *GlH* F 595; ex hoc igne omnes ~i .. accendantur LANFR. *Const.* 118; prestat in ede fŏcis jungi quam per mare fōcis SERLO WILT. 2. 44; GIR. *GE* II 18, *Id. JS sup.* 145 (v. 2 focarius 4a); **1363** erat quoddam potum super ~um plenum aque bulliante *SelCCoron* 40; **1425** quod omnes .. qui .. tenent shoppas apertas vel ~os in arte predicta [sc. cocorum] sint sub correccione scrutatorum *Mem. York* II 160. **b** vocamus in wlgari nostro casalia non viva et milicias non vivas in 'lauces' ubi non habeant ~um vivum *V. Montf.* app. 305.

2 altar.

arula, vas †apium at [l. aptum ad] ~um *GlC* A 768; tribus diis .. tres ~os statuerunt G. MON. I 11; hic ~us, A. *a hautere* ..; est altare focus, locus et focus ignis *WW*.

3 fuel.

~us, i. .. *tynder GlH* F 595; **a1234** fenum equis nostris ad sufficientiam invenient et ~um et candelas albas *Reg. S. Thom. Dublin* 4; **1359** Alicie inveniat .. candelam et ~um *RR K's Lynn* I 222.

4 fire; **b** (fig.) **c** (*~us jocunditatis*) bonfire. **d** fire (as element of warfare).

ceu salamandra focos solet insultare pyrarum ALDH. *VirgV* 1115; ~us, i. ignis *GlH* F 595 (cf. ib. 588: †foces [l. focus], i. flamma); testis adest custos, ergastula saeva serenis / inspiciens radiare focis in tempore noctis FRITH. 848; indicare potest famulo qui ~um facit et lignum portat .. LANFR. *Const.* 150; **1361** Matilda le Weth de fine pro quadam effraihura a ~o in domo predicte Matilde *CourtR Winchester*; hic ~us, A. *fyre WW*; ~us e furno .. vel ustrino prorumpens *Mir. Hen. VI* III 95. **b** fornaci virginis focus inicitur WALT. WIMB. *Carm.* 181. **c** fotos [vv. ll. focos, foca, *gl.*: *fires*] jocunditatis facientes, convivia .. celebrabant *Plusc.* IX 39. **d** terras .. ense, ~o, et rapina vastavit *Plusc.* VII 4.

5 beacon.

1303 ballivi V Portuum .. defecerunt in sustentacione ~orum, per quod navis .. cum xx hominibus periclitasset *JustIt* 945 r. 5b; **1309** per totum annum ad manutenendum .. ~um ardentem in capella illa ut marinelli mare transeuntes de nocte per ~um illum .. vitare possint pericula rupellium capelle contiguarum *S. Jers.* XVIII 240.

2 focus [*by conf. of* OF *fou* < fagus *w. fou* < focus], beech, beech-tree.

1293 resumet de bosco archiepiscopi .. unum quercum et unum ~um quolibet anno *IPM* 65/14.

fodatus v. fodere 6a.

foddellus [? cf. Scot. *fodgel*], (?) plump, fat.

1468 pro xj martis ~is intratis in libris dietarum, pro quarum qualibet allocantur husbandis v s. *ExchScot* 551.

foddriare [ME *fodderen*], to fodder, provide w. fodder.

1376 quilibet trium carucariorum habebit ortas quinque boum qualibet die contra vesperas pro foddriand' et stalland' bov' domini *IMisc* 208/4 (*Dors*).

foddrum [ME *fodder*], fodder. **b** right to demand fodder.

xx pondia fodri et c anguille (*Quad.*) *GAS* 121; fodri vox apud Germanos pro equorum pabulo usurpatur et etiam apud nos *Jus Feudale* 118. **b** Mediolanensium .. civitatem, fodrum antiquitus institutum paratam agnoscere .. audivit DICETO *YH* I 408; cum imperatores .. annonam militarem .. exigerent quod jure feudali fodrum dicitur *Jus Feudale* 118.

fodera v. fothera.

foderare [dub.], (?) to destroy.

1363 clausum .. intravit .. et hostia sua ~avit *Proc. J. P.* 377.

foderatio, lining, trimming (of garment). *Cf. furratio, furruratio.*

1423 (v. foderatus).

foderator, furrier. *Cf. furrator, furrurator.*

1490 Willelmo Fery, ~ori *ExchScot* X 243 (cf. ib. 377 [**1492**]: Willelmo Fery, fotheratori).

foderatura, lining, trimming (of garment). *Cf. furrura, furruratura.*

1328 pro ~a et factura rauborum prioris et sue familie *Hosp. in Eng.* app. 218; in hyeme .. habeat ~as de pellibus vulpinis, agninis, et cuniculinis, et habeat in capite pileum foderatum de bogetto spisso GAD. 133v. 2; **1423** (v. foderatus); **1428** in solucione facta pro vj milibus bestiarum ~e de griso et minutis variis *ExchScot* IV 437; **1436** compotat pro purificacione iiij^xx tymeris ~e purgatis in Flandria *Ib.* 681; bestie albissime cum caudis nigris de quarum pellibus fiunt furrure sive ~e valde preciose UPTON 116; **1452** toge .. cum ~is et liniaturis *MunAcOx* 646; parvam zonam deauratam et ~am meam de martreno in toga mea de viridi lira *Ib.* 647; manice .. intus .. sumtuosissimis ~is duplicate *Croyl. Cont. C* 563.

foderatus [Frk. **fōdr*, cf. Germ. *Futter*, It. *fodero*], (of garment) lined, trimmed. *Cf. furrare, furrurrare.*

GAD. 133v. 2 (v. foderatura); **1382** j alium mantellum de panno mixti coloris ~atum cum panno viridi, j indumentum de russeto ~atum cum panno Hibernico [etc.] *Foed.* VII 356; **1417** unam togam furratam sive ~atam *Wills N. Country* I 18; **1421** togam meam *blak* de *lyre* ~atam *Test. Ebor.* III 63; **1423** gestare unam mancellum nigri coloris cum pellibus de *bugy* nigris seu alia quacumque foderacione de pellibus aut panno ejusdem coloris ~atum, cum capicio .. ejusdem coloris et foderature *Reg. Heref.* 32; **1457** alii vicarii chori in superpellicio et capucio ~ato *Reg. Brechin* 167; **1452** togam longam .. de blodio ~atam furratura vulpium de Iseland *MunAcOx* 646; **1504** capucium .. ex panno rubeo Anglicano pellibus agninis nigris fodoratum *Reg. Glasg.* 512.

fodere [CL], **~ĕre, ~iare**

1 to pierce, prod, stab; **b** (fig.). **c** to pick (teeth).

pectore sublato velox fodit ungula terram ALCUIN *SS Ebor* 181; cutis acumine non cavo foditur WALT. WIMB. *Carm.* 398; stigmate quinario est in carne foris / fossus, privilegio superni favoris PECKHAM *Def. Mand.* 238; clavi fuerunt obtusi quod carnem ejus ~erunt [ME: *dulven*] *AncrR* 110; hic intestina fodit et perit ipse ruina *Vers. Worc.* 114. **b** cor fodit ipse dolor WALT. ANGL. 46. 14. **c** non fodeas dentes festucis D. BEC. 1017.

2 to dig over (land), cultivate; **b** (absol.); **c** (fig.). **d** to dig in (plant). **e** (of animal) to grub, root.

R. COLD. *Godr.* 100 (v. exarare 1a); **1282** in gardino ~iendo *Ac. Man. Cant.* (*Merstham*) (v. discooperire 1f); **1287** non fodiavit .. terram suam cum tribula *Hund. Highworth* 310; **1429** in gardino ~iendo *Ac. Obed. Abingd.* 105. **b** **1313** J. H., cum ~isset in terra sua, invenit iiij coclearia argentea *Eyre Kent* 146; **1470** pro instrumento ad fodendum in orto, A. *a pykax* ix d. *Cant. Coll. Ox.* II 192. **c** 'abscondere fossa humo' [*Isa.* ii 10], fossa humus [ME: *þe dolven eorðe*] est caro Christi vulnerata *AncrR* 110. **d** fōdere quam vites melius est scribere libros ALCUIN *Carm.* 94. 13; **1235, 1274** (v. discalaciare); **c1340** non bladis aut garbis nisi plantatis aut pede fossis ad altaragra communiter spectantibus (*Ordinatio vicariae*) THORNE 2097. **e** **1280** in ferro empto ad porcos ringulandos ne fodeant pasturam *Ac. Man. Cant.* (*Ruckinge*); **1283** Agnes .. districta pro porc' non anulat' fod' vicum *CourtR A. Stratton* 144; **1288** Walterus .. in misericordia pro porcis suis qui fodiaverunt vicum *Ib.* 161.

3 to dig (ground) in order to unearth something or bury something; **b** (absol.). **c** to dig (grave).

~ite in medio pavimento domus meae hanc saxosam terram, quia potens est Deus de rupe petrina petenti aquam suscitare *V. Cuthb.* III 3; terram ~it et in defosso rem dixit et operuit ALB. LOND. *DG* 10. 7; *Eul. Hist.* I 188 (v. fovea 6). **b** primo ~iens non invenit adhuc quod quaerebat, sed secundo laboriosus ~iendo, inventum thesaurum .. secum .. asportavit *V. Greg.* p. 92; ~e sub terra in loco sicco .. subfode ollam illam GILB. VII 319. 2. **c** ~it sepulchrum R. ORFORD *Sciendum* 189 (v. fossio a).

4 to make by digging, to dig (ditch, bank, well, *etc.*). **b** to maintain by digging. **c** (absol.). **d** (fig.).

iste jussit ~eretur castellum *at Hestenga cestra Tap. Bayeux* 52; si quis puteum .. ~iat *GAS* 605 (v. disclaudere b); ~ere vallum DICETO *Chr.* 163 (v. densatim); ~iendo .. fossam *FormMan* 33 (v. gardinum 1a); **1320** in fosso fodiando et faciendo Willelmi B. episcopi *Fabr. Exon.* 114; **s1342** ~erunt foveas et fossas .. et cooperurerunt eas de feno et herbagio KNIGHTON II 25; **1508** (v. eciare); **1587** libertatem .. puteos .. et mineras fodendi .. pro stanno ibidem inveniendo *Pat* 1301 m. 18. **b** **1375** quod quilibet habens terras .. abuttantes super .. fossatum de D. ~iet et mundabit fronteram terre sue *Terr. Flet* app. 175. **c** **1296** in stipendiis xij operariorum ~iencium in rivulo de P. ubi galea poni debeat *Ac. Galley Newcastle* 175; **1509** operantibus ~iendo in alleviacione aque ductus de P. x s. vj d. *Ac. Durh.* 660. **d** quare dereliquisti fontem vitae et ~isti tibi cisternas dissipatas? cisternas in quibus non est aqua salutis (cf. *Jer.* ii 13) ALCUIN *Ep.* 295; dereliquisti fontem aque vive et ~isti tibi cisternam dissipatam P. BLOIS *Ep.* 86. 263A; R. BURY *Phil.* 1. 27 (v. eruderare 1).

5 to destroy by digging. **b** to dig up, uproot (tree).

793 non vulpium ~ere cavernas, non leporum fugaces sequi cursus ALCUIN *Ep.* 19 p. 55; **1288** V. et A. de S. ~erunt viam regiam apud Oldswinemarket *Leet Norw.* 5. **b** **1275** †encas [l. entas] .. ~it et prostravit (v. enta).

6 to dig out, extract from the ground: **a** to cut (turf; also absol.). **b** to dig (clay). **c** to quarry (stone).

a **c1180** dedi .. turbarias ad ~iendas turbas... monachi .. dabunt mihi ij s... quamdiu ibi foallium ~ere voluerint *FormA* 301; **1273** ad petas fodiend' et cariand' *Ac. Durh.* 488; **1276** districtus eo quod fodiavit super mariscum *CourtR A. Stratton* 5 (cf. ib. 54 [**1282**: ad respondendum de marisco fodiato); **c1300** *Conc. Syn.* 1391 (v. decimus 4b); **1327** quod possit libere .. ~ere et falcare in marisco de B., falcata et fodata [*sic* MS] dare et vendere .. imperpetuum *ChartR* 114 m. 24; **1334** licencia fodendi turbas *Surv. Denb.* 73; **1354** per servicium inveniendi unum hominem ad fodend' petas in petria dicti prioris apud Beurk' *IPM* 128/5; **1545** de precio turbarum et petarum foditarum *Rutland MSS. Ac. Bailiff Notts* m. 7. **b** **1282, 1306** (v. argilla a); **1305** in humo ~ienda (v. daubatio); **1336** (v. daubare). **c** ibi una molaria ubi molae ~iuntur *DB* I 290v. (*Notts*); *Chr. Rams.* 166 (v. dolatilis); **1224** monstraverunt nobis Robertus le M. et Stephanus de B. qui fodebat lapidem ad castrum nostrum *Cl* 622; **1260** quod .. permittat ~ere petram in quarrera regis *Cl* 50; **1306** (v. argilla a); **1533** operario fodenti xij dolia calcis apud montem *Comp. Swith.* 218; tenent' quarriam sive quarinam de lapidibus tegulat' ad fodend' redd' inde annuatim .. *Val. Eccl.* II 202.

7 (w. ref. to mining) to dig, work (mine). **b** to extract (mineral). **c** (fig., in quot., absol.).

1300 de diversis minatoribus operantibus ad tascham circa eandem minam ~iendam *Pipe* 145 r. 22; Beereferys ubi *lez silver mynes* ~iuntur W. WORC. *Itin.* 28. **b** ferrum ~itur *GlH* F 236 (v. ferrifodina); **1292** nonum discum mine quem ~iunt minatores (v. discus 3d); **1566** ad .. metallum inveniendum et fodendum *Entries* 410. **c** in gramatice minera fodio, / sed diu fodiens nichil proficio WALT. WIMB. *Carm.* 198.

8 to unearth (buried object), exhume (corpse).

c1448 commisit crimen blasphemie, ~iendo caput unius defuncti a terra .. asserendo illud caput fore caput sancti (*Court Bk. Linc.*) *Eng. Clergy* 238.

fodeum [cf. fodere], ditch.

1288 tenebimur ad includendam illam latrinam .. de muro lapideo a ~eo usque ad gistas solariorum nostrorum ibidem attingente *AncD* A 1986.

fodhera v. fothera. **fodiare** v. fodere. **fodiatio** v. foditio. **fodiator** v. foditor.

fodibilis [cf. fodere 2], cultivable.

1296 (*iij acres of land cultivable*) fodibil' *Cart. Fount.* I 111.

fodina [CL], mine; **b** (fig.).

~a, *gyldenwecg GlH* F 599; argentum .. generaliter ut bonum argentum, specialiter, de tali argenti ~a VAC. *Lib. Paup.* 220; habere jus fodiendi in alieno, aurum sc., et inde auri ~a dici potest locus iste BRACTON 222v.; metallorum ~as omnes ad principem pertinere certum est *Jus Feudale* 118. **b** vos [libri] .. estis profundissime sophie ~e R. BURY *Phil.* 1. 27.

foditare, to cut (turf), dig (peat).

to grave, cespitare, fodere, .. ~are *CathA*.

foditio, ~iatio [cf. fodere, ~iare]

1 digging, turning of soil. **b** grubbing, rooting (of animal).

1286 decima lini et canabi .. sive post carucam sive pedis ~icionem seminentur *Reg. Linc.* XXIX 77; **1296** sunt ibidem cclxviij opera parva, ut tritur[acio], fodit[io], et hujusmodi .. *IPM* 77/3 m. 2. **b** **1287** damna .. facta per ~icionem porcorum *Cart. Glouc.* III 245.

2 digging, construction (of ditch, well, *etc.*) by digging.

1443 in allocacione facta B. G. pro ~icione et sinctacione unius novi putei apud R., iiij li. viij d. *Ac. Durh.* 713; **1450** R.H., J.S., et aliis, pro ~icione et factura cclxxxviij rod. fossarum apud W. *Ib.* 632.

3 a cutting (of turf), digging (of peat). **b** (right of) digging (clay). **c** quarrying, mining.

a **1198** qui .. forisfecerit in foresta .. de viridi .. per ~itionem turbarum .. (*Ass. Forestae* 14) R. HOWD. IV 65 (= W. COVENTR. II 132: de ~iacione); **c1200** noveritis me concessisse .. ~itionem turbarum in eadem mora (*Ch.*) *MonA* V 665; vastate sunt per ~iationem turbarum et submerse per inundacionem aque dulcis in enervacionem valoris *Inq. Non.* 203; **1325** nullus dabit pro ~iacione mil[le] turb[arum] nisi iiij d. *CBaron* 143; **1338** ~iacio turbarum. est quedam terra .. pro qua fodient et parent cc fothere turbarum in mora *Cl* 161 m. 11. **b** **1383** clamavit .. ~iacionem argilli et arene in .. bruera *G. S. Alb.* III 259; **1501** (v. argilla b). **c** **1338** ~iacio lapidum et carbonum maris *Cl* 161 m. 10; **1352** de ~iacione lapidum de Orston (*KRAc* 485/11 m. 3d.) *Arch.* LXIV 161; **1353** in ~icione petrarum de Oreston (*Ib.* m. 1) *Ib.*; **1373** computat .. pro ~icione calceti de quarreriis, fraccione et cremacione .. xviij s. vj d. *Banstead* 352; **1461** Johanni Theyni pro ~icione et municione calcis .. xxxix s. iiij d. ob. *Ac. Bridge House* f. 32; **1463** pro ~icione .. lapidum in querrura *Arch. Cant.* LXIII 138.

foditor, ~iator [cf. fodere, ~iare], digger, quarrier, miner.

1198 omnes †fedatores [MS: foditores] et nigri stagni emptores .. habeant .. antiquas consuetudines .. in .. Cornubia *BBExch* 365; **1212** ~iatores, et qui operantur cum civeriis, [capient] iij ob. *MGL* II 86; **1319** quarrerarii et ~iatores quarrerarum *KRAc* 286/28 m. 3; **1337** ~iatores argille (*Ac. Custodis Castri de Stryvelyn*) *Cal. Scot.* III 364.

fodmarta [ME *fode* + ME, Gael. *mart*], (Sc.) beast fattened on provender.

1444 allocate eidem pro vj fode martis emptis per compotantem *ExchScot* V 172; **1464** de xj martis dictis ~is [sc. receptis a certis husbandis] dicti comitatus de eodem termino [S. Martini] *Ib.* VII 256 (cf. ib. 326–7 [**1465**]).

fodoratus v. foderatus. **fodra** v. fothera. **fodrum** v. foddrum, fothera. **fodum** v. feodum.

foedare [CL]

1 to (sc.) befoul, pollute (also fig.). **b** to corrupt, make impure.

BEDE *Prov.* 1030 (v. faex 4a); non tulit Arnonus foedari templa sacerdos ALCUIN *Carm.* 88. 4. 3; Harpyias misit que cibos .. stercoribus ~averunt ALB. LOND. *DG* 5. 5; tirannus moritur fedans in funere / infernum anima, solum cadavere WALT. WIMB. *Carm.* 255. **b** se .. nullo saecularis scoriae atramento ~atos fuisse confidunt ALDH. *VirgP* 10; quos inquinat ~antis lascivie colluvio AD. MARSH *Ep.* 1 p. 79; luxuriosus in curia diaboli ~at [ME: *bifuleð*] se ipsum *AncrR* 77.

2 to disfigure, mar the appearance of.

930 cujusque †feodata [MS: foedata] flumine aeternarum lacrimarum timpora *CS* 1343; ut insanabilis lepre morbo in corpore ~aretur ORD. VIT. III 2 p. 29; apparet coram domino suo perfusus et ~atus [ME: *bismeored*] *AncrR* 77.

3 to damage, impair, destroy.

bibliothecam .. nec per incuriam ~ari aut passim dissipari praecepit BEDE *HA* 11; ~ata urbis moenia componere *Ib. Kings* 735; **880** si quis .. donum in aliqua corrumpenda ~are pertemptent *CS* 547; ni .. prooemia .. degeneri vitiorum stilo .. ~arem B. *V. Dunst.* 1.

4 to discredit, dishonour, shame.

illa, quam interius conscientia turpis ~abat .. *V. Gund.* 18; testantur eam [expugnationem] .. multa in posterum tempora multis cedibus ~aturam GIR. *EH* II 34; cedit quicquid diffamambat,/ deformabat, et fedabat WALT. WIMB. *Van.* 18; vicia que mores ~abant W. BURLEY *Vit. Phil.* 194; **s1052** cardinales .. ipsum [sc. Gregorium VI] .. indignum in ecclesia S. Petri sepeliendum adjudicant qui tot mortibus hominum sacerdotium ~asset *Eul. Hist.* I 261.

foedatio, disfigurement.

morfea est cutis ~o maculosa *SB* 30.

foede [CL]

1 foully.

ascia, falx, fede quos roderat atra rubigo GOWER *VC* I 855.

2 dishonourably, shamefully.

de natura lactis ~issime philosophatus est moxque ~ius multo qualitatem ejusdem naturae illius ad confirmationem sui erroris transferre conatus BEDE *Cant. pref.* 1069; ille dum se ~e expurgat, adjudicatur patibulo W. MALM. *Mir. Mariae* 205; avaritiam .. que .. omni .. necessitate ~ius impellit in profundum nequicie MAP *NC* IV 15 f. 57v.

foederabilis, that can be ratified, established by agreement.

nunquam .. episcopus et ille ~ili pace convenient R. COLD. *Godr.* 208.

foederare [CL], to join, bind (person) by agreement; **b** (abstr.). **c** to ratify, establish by treaty. **d** (p. ppl.) federated, bound by treaty. **e** (as sb. m.) federate, ally.

Bersabee illegitimo jugalitatis vinculo ~atur ALDH. *VirgP* 53; unitate ~amur inenarrabili H. READING (I) *Haeret.* 1271D; tanquam desponsatione quadam indissolubiliter ~antur GIR. *TH* III 22; **1227** cupientes .. tanto principi ~ari *Cl* 210; ut cum pace duos federet unus amor GARL. *Tri. Eccl.* 58; rex Anglie Flandrenses .. sibi ~avit *Meaux* II 387. **b** federari castitas / stupescit contrario P. BLOIS *Carm.* 19. 3. **c** **c802** memor .. ~atae .. amicitiae inter nos ALCUIN *Ep.* 263; ~ata cum finitimis regibus amicitia W. MALM. *GR* II 180 (= M. PAR. *Maj.* I 493); conquerebatur .. de ~atis pactionibus quas Hugo rex .. fecerat DICETO *Chr.* 155. **d** civitates .. aut stipendiarie erant aut ~ate aut libere ALB. LOND. *DG* 12. 1. **e** amici ac defensores nostri non solum ~ati sed etiam patres ac domini habeantur GILDAS *EB* 92; ~atus, i. .. amicus *GlH* F 284.

foederate, by treaty.

796 ~e .. concordiam .. servare .. solet ALCUIN *Ep.* 100.

foederatio [LL], alliance, treaty.

susceptus est .. Godwinus ab ipso .. pro antiquae ~onis jure *V. Ed. Conf.* 43v.; **1227** de ~one inter inperium et nos jungenda *Cl* 210.

foederator [LL], establisher.

ille inviolabilis amicitie superamabilis ~or AD. MARSH *Ep.* 166; [Domine] gigas nature gemine federator J. HOWD. *Cant.* 250.

foederatrix, establisher (f.).

de anima Jesu .., que mediatrix fuit ac ~ix inenarrabilis .. unionis J. FORD *Serm.* 8. 5.

foederifragus v. foedifragus. **foedidus** v. foetidus.

foedifacere [cf. 2 foedus, facere], to corrupt, make impure.

facinorum meorum vilissima sorde fedefactam manum conabor apponere .. ad .. consolacionem .. fidelium animarum *Mir. Hen. VI* I prol. p. 10.

foedifragium, breaking of agreement, perfidy, treachery.

1520 homo nimirum sic affectus erga mendacia ut perjurium quoque et ~ium habeat in blanditiis (MORE) *Ep. Erasm.* IV 1087.

foedifragus [CL], who breaks an agreement, perfidious, treacherous. **b** (as sb. m.) breaker of agreement, traitor. **c** (by conf. w. 2 *foedus*) unsightly.

Northanhimbros et Scottos .. ad sacramentum sue fidelitatis adactos et mox ~os .. delevit W. MALM. *GR* II 146 (= OXNEAD *Chr.* 7: fidifragos); reliquum .. concilii insumitur in tractando de copiis .. in .. regem Resum federifragum ducendis W. FITZST. *Thom.* 61; ~um crudelemque appellantes ac sanguinis avidum BOECE 255v. **b** **s857** datis obsidibus .. fracto federe .. ~os expulere W. MALM. *GR* II 117 (= SILGRAVE 43: fidefragos); instillatum est auribus regis .. Waltherum .. velut ~um .. Danicam classem invitasse J. FURNESS *Walth.* 8. **c** ~um, informem *GlH* F 292.

foeditas [CL]

1 offensive quality, foulness. **b** noisome object, nuisance (also fig.).

cum flegma nimis abundat .. egestio mollis et pauce ~atis M. SCOT *Phys.* 43. **b** ave, scopa qua purgatur / .. / prisca mundi feditas WALT. WIMB. *Virgo* 98; **1298** per fimos et fimaria et plures alias ~ates que in stratis et venellis illis ponuntur *Cl* 115 m. 6d.; **1403** loca in quibus fimos suos et alia sordida sive ~ates ponere volunt *Cl* 251 m. 9; **1428** quousque .. deliberentur de loco congruo ubi fimi, fedetates, exitus, et intestina .. poni .. possint *Mem. York* II 70.

2 ugliness, deformity.

chimaeram .. scribunt .. fuisse .. monstruosa corporis ~ate .. armatam *Lib. Monstr.* II 11; istos [beatos] .. mira pulchritudo .. illos [injustos] immanis .. ~as .. reddet EADMER *Beat.* 15; natus est puer pedibus draconteis ... hic ad tegendam pedum ~atem, primus curru usus est ALB. LOND. *DG* 10. 3; angelus .. dicitur speculum purum propter naturalem sue substantie puritatem. nil enim habet corporee ~atis BART. ANGL. II 2.

3 disgrace, shame.

gloriosissima est ista ~as qua liberata est immaculata virginitas GOSC. *Wulfh.* 2; melius .. erat eligere tormentum aeternum, quod per se ~atem aeternam non attrahit, quam peccatum quod cum ~ate sua dolores aeternos jungit ANSELM (*Or.* 14) III 59; ne .. tam turpium membrorum usus .. ipsa sua ~ate vilesceret GIR. *GE* II 2; **1549** quod pecuniarios questus a concubinariis .. accipere non erubescant, faciendo eos in tali ~ate sordescere *Conc. Scot.* II 93.

4 filth, excrement; (~*ates facere*) to void excrement (*cf.* ME *to don filth*).

si voluntas imperet asino quod faciat ~ates suas in ecclesia OCKHAM *Quodl.* 102.

foedium v. feodum.

foedosus [LL], foul.

~us, fedus, sordidus, exoletus, fetulentus OSB. GLOUC. *Deriv.* 244; *foule*, .. fedus, ~us, fetidus *CathA.*

1 foedus v. feodum.

2 foedus [CL]

1 foul, offensive to the senses.

viscera foeda / turpiter egessit ALDH. *VirgV* 976; quid tactu ~ius? GIR. *GE* II 4; **1293** loca inhonesta sunt et ~a pro fima in eandem aquam projecta *MunCOx* 291; in ista abbathia non intrant musce nec pulices nec tale aliquid ~um *Itin. Mand.* 42.

2 ugly, disfigured, deformed.

~us, quod est deformis ALCUIN *Orth.* 2335; ~us, .. i. deformis *GlH* F 287.

3 damaging, destructive.

caesis foedis fragoribus / afflant necantes imbribus / telorum emicantibus (ÆTHELWALD) *Carm. Aldh.* 3. 32.

4 disgraceful, shameful, shocking.

fidem Brittaniarum ~a peste commaculaverat BEDE *HE* I 17; indecorum, ~um, inhonestum *GlC* I 370; foeda procul fugiat primum cultura deorum ALCUIN *SS Ebor* 158; tormenta .. nec in se ~a sunt, quia ordinata sunt ANSELM (*Or.* 14) III 59; illam .. ~o coitu suo deturpare nequivit G. MON. X 3; monstrorum concio feda GOWER *VC* I 749; nichil .. in natura ~um est *Itin. Mand.* 94.

3 foedus [CL]

1 formal agreement, usu. between states or peoples, league, treaty. **b** promise, compact. **c** social compact.

testantur se cuncta insulae rupto ~ere depopulaturos GILDAS *EB* 23; **705** pacem verbis firmabant ~usque ingerunt WEALDHERE *Ep.* 22; inito .. ~ere cum Pictis BEDE *HE* I 15; **a797** hoc .. firmo ~ere judicavi *CS* 272; Cantuarii pecuniam pro ~ere servato reddere promiserunt ASSER *Alf.* 20; **s1140** pro ~ere pacis agendo W. MALM. *HN* 486 *tit.*; ~us .. inter Grecos et Troes .. servatum ALB. LOND. *DG* 3. 8. **b** Regi regnorum mea simplex foedera servo BONIF. *Aen.* 156 (*Humilitas*); ~era [ME: *trouðen*] patriarcharum rupta sunt *AncrR* 13. **c** **c625** ut intemerato societatis ~ere jura teneas maritalis consortii (*Lit. Papae*) BEDE *HE* II 11; sacrata Deo foedus sociale reliquit ALDH. *VirgV* 1786; fasces imperii reges tum forte gemelli / .. / foedere consorti servabant scitaque vulgi FRITH. 208; ~era pacis deinceps tenenda promittunt *V. Gund.* 35; J. SAL. *Met.* 827C (v. distrahere 1b).

2 the Covenant (between God and Israel); **b** (w. ref. to the Ark of the Covenant, also fig.).

Dominus .. precepit illam [sc. circumcisionem] fieri in ~us eternum et in signum eterni ~eris GROS. *Cess. Leg.* I 2 p. 10; cum discipulus hujus scripture audit de circumcisione dictum ad Abraham quod erit pactum in carne ejus et seminis ipsius in ~us eternum *Ib.* I 10 p. 54. **b** inter sacerdotes Wiltonie qui precedebant arcam ~eris Domini, ministri dominici tabernaculi GOSC. *Edith* 50; **1167** recurrebant illi ad tabernaculum ~eris ubi sancta sanctorum servabantur J. SAL. *Ep.* 219 (219 p. 372); AD. SCOT *TT* 67A, R. BURY *Phil.* 17. 227 (v. 1 arca 4b); ut edificarem domum in qua requiesceret archa ~eris Domini *Holy Rood-Tree* 48; est .. archa ~eris humana conscientia R. NIGER *Mil.* II 37.

3 bond, agreement between private persons: **a** (w. ref. to kinship or friendship); **b** (w. ref. to marriage).

a quid memorem geminos germano foedere fratres / reddentes animas astris et corpora terris? ALDH. *VirgV* 881; **a796** pepigit cor meum ~us amicitiae cum corde tuo ALCUIN *Ep.* 28; ambitio, fraterna paulatim disjungens ~era GIR. *TH* III 7; compaternitatis ~era jungunt *Ib.* 22. **b** ut .. sacramentum praesignares in ~ere [AS: *sibbe*] nuptiarum *Rit. Durh.* 109; finalis concordia per matrimonialia ~era inter regem Anglorum et .. Katerinam consecranda *Ps.*-ELMH. *Hen. V* 88; usque connubialis solennizacionem ~eris *Ib.* 91 p. 252.

4 natural law.

primus viventum perdebam foedera juris ALDH. *Aen.* 63 (*Corbus*) 4; de quibus nihil .. criminis suspicari naturale ~us permittit GIR. *GE* II 15 p. 236; que fato decurrunt vel secundum elementorum ~era prenotata sunt .. aliquatenus novimus MAP *NC* IV 6 f. 50.

foemin- v. femin-. **foenatio** v. feonatio. **foenica** v. phoenix. **foeragium** v. foragium. **foerndellum** v. ferthendella.

foetēre [CL]

1 to stink, emit offensive smell. **b** (pr. ppl.) stinking; **c** (w. ref. to putrefaction) dead and rotten.

exhalet, i. redolet, spiret, .. ~et vel *stemþ GlH* E 405; miser ille .. ~ebat ex siccante urina R. COLD. *Cuthb.* 93 p. 206; corpus [Herodis] adhuc vivum .. vermibus undique scatere, putrescere fecit et ~ere GIR. *PI* I 17 p. 60; cur fructus quarundam herbarum sunt odoriferi et ipse herbe ~eant? *Quaest. Salern.* C 16; vulpis ~et ubi transit *AncrR* 40; *SB* 24 (v. gersa 1). **b** ALDH. *VirgP* 51 (v. foetor 1a); redolentia, ~entia *æþmmigende, fulstincende GlP* 208; quique cibis utuntur dulcioribus, ut divites, ~entiores habent egritudines GILB. I 29. 2; sic florida marcencia, / fragrancia fetencia, / sicci sunt fontis rivuli *Pol. Poems* I 232; **13..** pro *pykes* et anguillis †corruptibus et ~entibus (*LBLond.* H f. 247) *MGL* I 607. **c** **c798** filium viduae [cf. *Luke* vii 12] .. ~entem .. in mala consuetudine peccati .. suscitat ALCUIN *Ep.* 138 p. 219; Jesus cecum a nativitate illuminavit, quadriduanum ~entem suscitavit GROS. *Cess. Leg.* II 4 p. 92.

2 (fig.) to stink, be loathsome.

fetet barbaries que nulla lege tenetur J. SAL. *Enth. Phil.* 1411; mei autem consimiles, id est in criminibus ~entes, peccata deserant et ad orationis munimen confugiant HON. *Spec. Eccl.* 949B; vulpis ~et ubi transit. sic .. anachorite tam seculares efficiuntur quod fama earum ~et [ME: *stinkeð*] *AncrR* 40; vos .. ~ere fecistis nomen religiosorum personarum coram omni populo *Latin Stories* 46; ~ere cepit .. prior conventui in tantum quod .. GRAYSTANES 21.

foeterna [cf. CL foetidus, caverna, cisterna], privy.

privy, gong, ~a *PP.*

foetidus [CL], fetid, stinking. **b** loathsome. **c** (as sb.m.) foul person, stinker.

de .. ~a impuritatis sentina ALDH. *VirgP* 22; FELIX *Guthl.* 31 (v. equineus 1); aque .. ~e fiunt et corrupte GIR. *TH* II 29; quidam frequenter emittens salivam ~um habet hanelitum *Quaest. Salern.* Ba 45; *Ps.*-RIC. *Anat.* 28 (v. aromaticus a); infernus sub terra locus est caliginosus, puteus foedidus, horrendus GERV. TILB. III 103 p. 996; cotula ~a GILB. III 173 v. 2 etc. (v. cotula 2); odores ~i significant chimum corruptum GAD. 116 v. 2. **b** foetida pomparum linquentes gaudia sontum ALDH. *VirgV* 1664; **799** fratri Albino .. Beati ~issimi discipulo .. salutem *Ep. Alcuin* 182 p. 301; **1174** alienationes .. fecit enormes .. ~issimo commercio *Ep. J. Sal.* 310 (322) p. 788; si enim animus sordidus fuerit, et actiones fecide et sordide cognoscuntur W. DONC. *Aph. Phil.* 7. 4; quicquid fetet et fedatur / fetida luxuria WALT. WIMB. *Van.* 52; **c1520** in eorum ~o facinore perseverantes *Conc. Scot.* I cclxxii. **c** ve tibi, ~e, tanti ponderis es ALEX. CANT. *Mir.* 51 p. 265.

foetor [CL]

1 fetor, stench; **b** (fig.).

vulnus .. ~ore .. medicamine eget GILDAS *EB* 108; foetentis fimi ~oribus horrebat ALDH. *VirgP* 51; per nasum odores solent ~oresque discerni BEDE *Cant.* 1194; edificium .. supra cloace fecorem fundatum W. DONC. *Aph. Phil.* 7. 2; pisces etiam [venduntur] jam quatriduani, nec tamen aliquid de pretio putredo aut ~or imminuit P. BLOIS *Ep.* 14. 47D; **1314** loca eis sub cloacis preparantur ubi ex †fetibus [l. fetoribus] fetidis aer inficitur *Flor. Hist.* III 163; ROLLE *IA* 188 (v. exhalare 4a); **1409** propter ~oris abhominacionem .. latrine *Fabr. York* 247 (v. exprecari). **b** inventis carnalium voluptatum ~oribus GILDAS *EB* 95 (cf. ib. 28: crebris .. faetoribus adulteriorum victus); in ~ore luxuriae vitam finivit WULF. *Æthelwold* 8; cum allegat burse rethor / cedit omnis culpe fetor WALT. WIMB. *Van.* 18.

2 dung. **b** dunghill.

1416 magnum et abhominabile sterquilinium pro macellaria civitatis Ebor' ubi intestina et ~ores animalium sparguntur *Fabr. York* 248. **b** **1290** fratres de Carmelo in London', qui ita grava[n]tur de ~ore .. propinqui quod durare non possunt, .. petunt quod rex velit precipere dictum ~orem removeri *RParl* I 61.

1 foetosus v. fetosus.

2 foetosus [LL], foul-smelling, stinking (partly fig.).

1371 proicit in quodam gurgite suo aquam ~am ad nocumentum transiuncium *CourtR Winchester*; *Surv. Durh. Hatf.* xvii (v. gromus a).

? foetotrus [cf. LL foetosus + otrix < ME *oter*], polecat.

fecontria, A. *a martret*, .. fetuntrus, A. *a fulmere*, fetontria, A. *a martron*, .. hic fetonarus, A. *fulmerde*, .. hic fetoutrus, A. *a fulmard*, .. hic fetrunctus, *a* †*sulmard WW*; *fulmare, beest*, .. fetoncus *PP*; *a fulemerd* ~us *CathA*.

foetulentia [LL], foul condition, stench.

fetor infeste ~ie multos .. repellere suevit *V. Kentig.* 6; hii tabe putredinis et fetore tam execrande tabis adeo universa replebant ut feculentia illa omnem predictarum penarum excederet cruciatum AD. EYNS. *Visio* 24.

1 foetulentus v. faeculentus.

2 foetulentus [CL], foul-smelling, stinking.

OSB. GLOUC. *Deriv.* 244 (v. foedosus); laboret sublimator ut mercurio humiditatem flegmaticam auferat et foetulentam [? l. faeculentam] substantiam et sic mortificatur M. SCOT *Sol* 714; carnis principium ab eis habuisti et hoc erat modicum et ~um EDMUND *Spec. Relig.* 12 (= *Spec. Eccl.* 11: habetis ex uno patre carnali exordium carnis vestre, quod est modicum fetoris putridi et ~i).

foetura v. fetura.

foetutina [LL *gl.* < CL = *noisome place, midden, cesspool, or sim.*], (by false etym. from 2 *fetus*) cause of parturition.

foecutina [MS: fetutina], causa qua mulier foetum eicere tentat OSB. GLOUC. *Deriv.* 244.

foffare v. feoffare. **foga** v. voga. **fogacum** v. 1 focagium.

fogagium [cf. foggum], 'foggage', payment for grazing on fog (N. Eng. & Sc.).

si gramen regis in foresta locatur pro ~io, sc. a festo Omnium Sanctorum usque ad festum S. Petri in Quadragesima, unumquodque animal solvet pro ~io iiij d. (*Leg. Forestae* 14) *RegiamM* II f. 20; **1266** per firmam ~ii anno MCCLXIIII, xij li. xiij s. iiij d. *ExchScot* 21; **1330** de x li. de focag' et agistiament' herbag' *MinAc* 802/1 r. 2(*Macclesfield*); **1352** de iij s. v d. de ~io parci de Maccl' levando *Ib.* 7 r. 1d.; **1454** onerant se .. de xxvij li. de firmis ~ii de Wodcokare et *le weyrd* nemoris ejusdem *ExchScot* 669; **1463** de iij li. annui redditus ~ii de le Une de Westhall *Ib.* 162; **1466** de ~io de Gedpole et Wisenges [*Yorks*] tempore yemali *MinAc* 1085/20; **1536** falcagium et ~ium prati (v. falcagium); **1539** xl s. pro ~io de Kynkell *Rent. S. Andr.* 57.

fogalagium v. focalagium.

foggum [ME *fogge*], fog, late hay.

1236 recepcio .. de ~o in hieme vij li. xix s. viij d.; de herbagio in estate xiij li. xj s. iiij d. *KRAc* 131/21 (*Derbs*).

foglammus [ME *fogge* + *lomb, lamme*], (Sc.) lamb fattened on fog.

1468 de .. xx agnis dictis foglammys *ExchScot* 524; **1471** de fog lammys loci de H. *Ib.* 44; **1475** de ~is loci de H. *Ib.* 270.

fogmarta [ME *fogge* + ME, Gael. *mart*], (Sc.) beast fattened on fog.

1468 de .. iij ~is *ExchScot* 524; **1496** summa totalis oneracionis .. lxij iij dim. quarteris fog- et fule- et entramarte *Ib.* 599.

foiagium v. fuagium 1.

foillius [OF *foille*], barrel.

1213 pro forulis cum thesauro portatis a turri Bristolle usque ad bailliam, et pro eisdem forulis extrahendis extra ~ios thesauri xx et vj s. et viij d. *Cl* 153.

foineare [Fr. *fouiner* < faginare], (of pig) to root, nose about.

1248 mandatum est ballivo de Clarendon' quod forestam regis de C. agistari faciat porcis, ita quod singuli porci qui in ea poni debent habeant anulos ne foyneare possint *Cl* 88; *Fleta* 90 (v. foverare).

fokagium v. 1 focagium.

fola [ME *fole, foale* < AS *fola*], foal. **b** representation of foal.

1219 de quodam vitulo et foala *Eyre Yorks* 331. **b 1267** unus canis onicleus pretii xl s., una phola oniclea et alia cristallina pretii j m. *CalPat* 139.

folaricius v. fullericius. **folcagium** v. 1 focagium. **folda** v. falda. **foldrum** v. fothera. **folea** v. solea. **foleraticus** v. fulleraticus. **folerecius** v. fullericius. **folereus** v. fullarius. **foletura** v. foliatura.

foleus [cf. fola], of a foal.

13.. pelliparius habeat pellicia, penulas, fururas ex pellibus agninis vel ~eis (*Nominale*) *Neues Archiv* IV 342.

folgare [AS *folgian*], to follow.

si quis ab una mansione in aliam transire velit, faciat hoc testimonium aldermanni, in cujus comitatu prius ~avit (*Quad.*) *GAS* 71; ne aliquis recipiat alterius hominem sine licentia ejus cui ante ~avit, nec intra mercam nec extra (*Ib.*) *Ib.* 170.

folgarissa [cf. folgarius], member of household (f.), maidservant.

c1182 debent sequi iij fustales cum uxoribus et adultis filiis et filiabus .. et omnibus folgeris et †folgessis [? l. folgeressis] preter unam †remanentam [l. remanentem] in domo *RBWorc.* 206–7.

folgarius [AS *folgere*], follower, member of household or retinue.

sit *heorðfest*, sit ~ius, sit in hundreto et plegio constitutus (*Quad.*) *GAS* 323 (= *Cons. Cnuti*: sive paterfamilias sive cliens); bis in anno conveniant in hundretum suum quicumque liberi, tam *hurðefest* quam ~ii, ad dinoscendum .. si decanie plene sint (*Leg. Hen.* 8.1) *Ib.* 554; **c1182** *folgeres RBWorc.* 37 (v. filstalis); cum .. folgeris *Ib.* 207 (v. folgarissa); etiam alii qui illis deserviunt, qui dicuntur *folgheres*. quia nec debet quis a se repellere servientem suum BRACTON f. 124b.

foliagium [cf. OF *foillage*], (representation of) foliage.

1324 de .. j cipho cum cooperculo et tripode argenti sculpto de ~iis (*ChancR* 127) *N. & Q.* CCXXXVI 126.

folialis [cf. CL folium], crumpet, sort of cake.

9.. ~is, *crompeht WW*; ~is, *crompheht* vel nomen cibi *GlH* F 633.

foliare [CL *p. ppl. only*]

1 (p. ppl.) foliate, leaf-like, wrinkled.

~atum, †curbutum [l. curvatum] *GlC* F 276; ~atum, curvatum *GlH* F 632; OSB. GLOUC. *Deriv.* 212 (v. folinitia); *cruked*, .. curvatus, curvus, .. ~atus *CathA*.

2 (p. ppl. as sb. n.) arbour, bower, leafy retreat. *V. et. fuillare.*

aves .. ad sua ~ata redeunt ADEL. *QN* 64.

3 a to make into foil. **b** to form into layers.

a croceum [sulphur] cum teritur lucens apparet ut aurum ~atum quasi ut talcum. rubeum non ita folliatur M. SCOT *Lumen* 264; recipe .. de sole [sc. auro] ~ato partem unam CUTCL. *CL annot.* 195; temperata .. sunt cordialia aurum purum ~atum, flores boraginis .. GAD. 68.2; argentum purum ~atum *Ib.* **b** alia species salis nitri [est] que vere nitrum salsum appellatur et de eo sunt due maneries: una quarum ~iatur et altera filatur et depilatur sicut caro porcina macra M. SCOT *Lumen* 247.

foliaria, foliage, leaf-ornament.

1340 una cupa deaur' cum triperio sculpt' de una vinea de diversis foliar' (*AcWardr*) *TRBk* 203 p. 316.

foliatura [CL], foliature, leaf-ornament.

1303 cyphus argenti .. cum diversis armis aymelatis exterius et cum foleturis (*KRAc* 363/6) *DocExch* 282.

foliaturare, to decorate w. leaf-ornament or foil.

1303 capud argenteum cujusdam baculi pastoralis deaurati et follietturati (*KRAc* 363/6) *DocExch* 281.

folibalsamum [CL folium + CL balsamum], gum of balsam leaf.

arboris emanant opobalsami cortice cesa. / de foliis effecta scias folibalsama †tristis [l. tritis] GARL. *Syn.* 1581D.

folicium, leaf. **b** (w. *deliciarum*) (image of) fleur-de-lis. *Cf. deliciae* 2b.

~ia, i. folia *GlH* F 635. **b 1503** vestimentum album vetus de panno cerico cum ~iis deliciarum brudatis de auro et blodio mixto *Invent. Ch. Ch.* 130.

foliculus v. folliculus.

folificare, to produce leaf.

pavo ejicit plumas suas cum prima arbore folia sua ejiciente et tunc primo pavoni nascitur pluma cum arbores incipiunt ~are UPTON 201.

folinitia [cf. OF *foline*], vanity.

a foveo hoc folium .. eo quod ignem foveat, et inde hic folliculus .. et follesco .. i. inflare, et foliatus .. i. curvatus, et hec folinicia, -e, i. vanitas OSB. GLOUC. *Deriv.* 212; folinicia, vanitas, inanitas *Ib.* 241.

foliosus [CL], leafy.

mistica intelligentia de ficu ~a et infructuosa AD. DORE *Pictor* 159.

folire, to cry like a leopard.

to cry, .. pardorum [est] ~ire *CathA*.

1 folium [CL], **~ia** [cf. AN *folie*]

1 leaf of plant; **b** (dist. from flower or fruit); **c** (in name of plant); **d** (in med. use).

casibus .. ~iorum .. adsimilandam .. peragunt stragem GILDAS *EB* 17; foliis quique vescitur, / brumae meatu moritur (ÆTHELWALD) *Carm. Aldh.* 2. 127; **9..** ~ium, *leaf WW*; salicis .. alias per omnia tam ~iis quam frondibus natura manente GIR. *TH* II 28; Adam et Eva consuerunt ~ia [ME: *leaves*] ficus *AncrR* 123; quedam herba que vocatur Anglice *trewlufe*, habens quatuor ~ia viridia *Regim. Princ.* 62; fillire †solis [l. folia] stiptica sunt *Alph.* 67. **b** num .. ~iorum .. infecunda viriditas .. contempnitur cum .. flores .. et .. ex floribus secutura fructuum emolumenta? ALDH. *VirgP* 9; qui soletis .. fructui potius quam ~iis inherere *Ann. Worc.* pref.; dignetur .. D. T. semper in his legendis non verborum ~ia sed fructus colligere RIPLEY 173. **c** mille vocor viridi folium de caespite natum ALDH. *Aen.* 50 (*Myrifyllon*) 2; malabatrum, ~ium paradisi idem, latum habet folium et subalbidum boni odoris, quod invenitur in paludibus Indie *SB* 28; marcilia, i. ~ia lupina *SB.* 29; ~ii agrestis duo sunt genera *Alph.* 67; **1500** cum ~iis deliciarum (v. deliciae 2b). **d** emplastrum est quando in substantia spissa apponitur vel de foliis salicis vel de foliis vitis vel de foliis piri vel citonii GAD. 9. 2.

2 leaf of aromatic plant, spice.

1234 mandatum ut camerario Lond' quod retineri faciat ad opus regis .. x li. de ~io *Cl* 381; *SB* 21 (v. caryophyllum 1a); ~ia sunt herbe que in Yndya nascuntur locis humidis et paludosis *Alph.* 68.

3 petal. **b** (w. *nivis*) snowflake.

BART. ANGL. XVII 73 (v. 1 campus 7); flos [lilii] .. ex sex ~iis candidissimis [TREVISA: *sixe ful whyte leves*] simul contiguis componitur *Ib.* XVII 91; operacio radicis est attrahere nutrimentum et operacio ~ii cooperire fructum BACON XI 212; os matricis constringitur secundum sui plicas ad modum rose cujus ~ia [? constringuntur] antequam expandantur ipsa *Ps.*-RIC. *Anat.* 40 p. 21. **b** plumbum eliquatum quasi ~ia nivis *Lib. Mem. Bernewelle* 220.

4 (w. ref. to growth of leaves in vine) vintage year.

1335 respondet de v doliis vini receptis .. de tercio ~io et valde debilis .. et de x doliis vini veteris valde debilis de secundo ~io *KRAc* 19/3 m. 3; **1337** in cuperagio lxvij doleorum vini de veteri stauro regis, viz. de quinto ~io, exeuncium de Crakfergus in Hibernia *Ib.* 78/18 m. 12; **1373** tria dolia vini rubei de primo ~io et quatuor dolia et una pipa vini rubei de quinto ~io de crescencia Vascon' *Cl* 211 m. 14.

5 folio, leaf, sheet: **a** (of manuscript); **b** (w. *cokettae* or *sigilli*) certificate of payment of custom; **c** (w. *talliae* or sim.) foil of tally. **d** (*tenere per* ~*ium*; w. ref. to form of tenure) copyhold.

a rasa ~ia codicum qui de Hibernia fuerant BEDE *HE* I 1; transvolutis ab hoc obelo usque ad astericum ~iis GIR. *GE* I 24 p. 64; prescripta sunt in quarto ~io precedenti M. PAR. *Maj.* III 584; nomina scripta sunt in tertio ~io hujus libri *Leg. Ant. Lond.* 148; vij detegam pernicies partim in ~io tuo expressas PECKHAM *Kilw.* 121; finalia ~ia, que ad libri custodiam dimittuntur, ad varios abusus assumunt R. BURY *Phil.* 17. 223; **1409** omnes libri .. sunt valde debiles et confracti in tabulis et ~iis, caduci in literis *Fabr. York* 246; **1439** voluminum nomina, cum initiis secundorum ~iorum inferius .. describuntur *MunAcOx* 758. **b 1347** quod ~ium sigilli nostri quod dicitur *coket* in portu Berewici .. existit in custodia deputati mercatorum quibus custumas .. dimisimus *RScot* I 705b; vobis mandamus quod dictum ~ium in custodia dicti deputati vestri existens dilecto nobis Thome .. liberari demandetis *Ib.*; **1357** duo ~ia cokete, etc. (v. 1 cokettus 1c); **1359** cum .. unum ~ium sigilli nostri quod dicitur coket' in singulis portubus regni nostri Anglie in custodia sua habeant *Cl* 197 m. 15; **1384** iiij li. quas eciam Roberto Ragenhull clerico custodienti alterum ~ium sigilli nostri de communi banco pro annuo feodo suo .. allocetis *Pat* 473 m. 3. **c** custodia ~iorum de omnibus talliis priusquam fuerint allocate *Fleta* 83; **1327** (v. 1 affilare); **1355** ad proponendum ~ia talliarum predictarum jungenda stipitibus earundem et allocanda ut est moris *KRMem* 132 (*rec. Mich.*); **1365** de precio ejusdem bladi talliam fecit et liberavit ac follium ejusdem tallie .. custodi garderobe nostre tradidit *Pat* 272 m. 30; **1433** item diversis personis, per tallias eis assignatas, prout patet per ~ia eorundem (*sic*) remanencia in scaccario nondum allocata, lvj[m] .. li. *RParl* IV 438; **1462** (v. damnare 4b); protinus ad stipites sine murmure folia junget / et tallias junctas marescallo reserabit (*Vers. Scac.*) *EHR* XXXVI 60. **d 1340** duas croftas .. et unam acram .. tenendas per ~ium, secundum usum manerii [*Brommore, Hants*] *FormA* 92; **1407** de domino tenuit j mesuagium et xiiij acras terre in Totynbeck per finem et ~ium *CourtR Tooting Beck* 110; **1413** tenuit .. j croftum terre in Totynge per virgam et ~ium *Ib.* 167.

6 metal foil, leaf.

1245 brachium S. Oswaldi coopertum ~iis argenteis *Invent. S. Paul.* 470; **1253** r. c. .. tam de auro in ~io et moneta quam cuneo et palea *Pat* 64 m. 4; **1272** in auro in

~io et diversis coloribus .. ad picturas imaginum in prefata ecclesia *Ac. Build. Hen. III* 430; **1296** in ~io exstaminis ad cooperiendum capita clavorum ante picturam *Ac. Galley Newcastle* 179; **1322** in ~iis de metallo pro lilia *Fabr. Exon.* 145; **1355** in iiij duodenis fol' stanni emptis ad liseras pro tabulamento predicto inde faciendo *KRAc* 471/6 m. 3; **1360** in ~io aureo et arg' *Ac. Durh.* 384.

7 blade, vane (of feather).

squame piscium, penne volucrum, ~ia pennarum AD. SCOT *TGC* 800B.

8 wooden leaf, moveable part: **a** (of door or shutter); **b** (of table); **c** (of swingbridge).

a 1279 in meremio empto ad portam dicte turrelle cum duobus ~iis et una guigetta *KRAc* 467/7/4; **1337** ~ia porte .. castri debilia et insufficiencia *Capt. Seis. Cornw.* 41; **1357** ij ~ia nova unius hostii sine vertivell' ad introitum de *la Gloriet'*; item ix ~ia fenestr' nova non plene clavata sine vertivell' pro *la Gloriet' KRAc* 461/1; **1378** diversa ostia et fenestre diversarum domorum infra ballium castri predicti carent ~iis ligneis pro clausuris eorundem *IMisc* 216/2 m. 2; **1418** nullus magister artificii predicti aperiat .. nisi unam solam ~iam fenistre shope sue in diebus Dominicis *Mem. York* I 197; **s1495** conventus habuit .. cistam magnam cum tribus ~iis notabilem *Mon. Francisc.* II 139. **b 1389** tabule quedam manuales, quarum prima cum tribus ~iis plicatis et alia cum duobus *Process. Sal.* 299; **1389** j par tabellarum cum iij ~iis *Ac. Obed. Abingd.* 57. **c 1444** concessimus .. Roberto custodiam pontis vocati *Turnebrigge* ..; de qualibet nave seu vase portante malum sive velum quod transibit subtus pontem illum pro quo ~iam ordinatam super eundem pontem debeat aperiri, j d. *DL ChancR* 11 m. 5*d*.

9 small arc or space between cusps.

c1500 una mitra cum vj ~iis et *le treyfoyles*, cum ij pendulis et iiij *le perls* in vj ~iis et aliis lapidibus *Fabr. York* 214.

10 (anat.) side, flap (of nostril).

in ~iis narium sunt duo lacerti quorum motu dilatatur et constringitur *Ps.*-RIC. *Anat.* 28.

2 folium [ME, OF *folie*], harm, injury.

1383 Johannes F. venit et ruit inter predictos Robertum et Simonem habent' in manibus .. predictum cultell[um] ita quod .. Johannes ruit erga predictum cult[ellum] ad ~ium ejus et cepit mortem *RCoron* 155 m. 8; **1385** T. cucurrit erga dict[am] cult[ellum] ad ~ium suum proprium et fecit sibi unum vulnus in ventre ad profunditatem v pollicum *Ib.* m. 11; **1387** R. cecidit subtus dict[am] quercum ad ~ium suum et ibidem moriebatur *Ib.* m. 13.

3 folium v. follis.

foliuncula [cf. 1 folium 5a], little leaf (of parchment).

placetne tibi, quod illud .. in aliqua ~a .. scribam? ASSER *Alf.* 88.

folkesmotum [ME *folkes mot*], folk-moot, assembly of the people.

1164 testes donationis sunt F. sacerdos de M., L. de H. et totum falmotum meorum hominum et suorum *Ambrosden* I 167; **s1244** per preceptum domini regis debet utlagari ad ~um *MGL* I 86; in pleno ~o, ad crucem S. Pauli *Leg. Ant. Lond.* 37; fecit convenire folksmota ad crucem S. Pauli *Ib.* 46; **1331** quietus sit .. de husteng' et folkesmot' *PQW* 453.

follatum v. fossatum 3a.

1 follēre, ~escere [LL], to bulge, swell (as bellows). **b** to blow bellows.

~escit, tumescit *GlC* F 270 (= *GlH* F 622); ~esco OSB. GLOUC. *Deriv.* 212 (v. folinitia). **b** *to blawe belows*, ~ere, †~escere *CathA*.

2 follēre, ~escere [cf. follus], to be or become foolish.

to be or wax or make fonde, brutere, .. ~ere, ~escere *CathA*.

3 follere v. fullare.

follericius, ~icus v. fullericius.

follettus [OF *folet*], imp.

sunt et alii, quos folletos vulgus nominat, qui domos simplicium rusticorum inhabitant, et nec aqua, nec exorcismis arcentur. et quia non videntur, ingredientes lapidibus, lignis, et domestica supellectile affligunt, quorum verba utique humano more audiuntur, et effigies non comparent GERV. TILB. I 18.

follicare [CL], to swell or sag (as bellows). **b** to blow w. bellows.

[caligae] ~antes, vestis grossior *GlC* F 287 (= *Gl. Leid.* 26.12). **b** ac si igne ~ato esset conflatum GOSC. *Edith* (II) 75; reliquie ibi sanctorum requiescunt... de ligno Domini, quod in igne †follicantum [? l. follicantium] inustum apparuit, due particule H. ALBUS 53.

folliculus [CL], **~um** [LL], **~a**

1 little bag.

[Picti] congregantes undique de utribus et ~is aquilonis innumeras gentes EDDI 19.

2 (as part of body): **a** (w. *testium, testiculorum*, or sim.) scrotum. **b** (w. *cerebri*) meninx. **c** bladder. **d** (in heart or lung). **e** (in womb).

a ulcus .. abscidit et denudati sunt testes et sic x hebdomadibus absque ~orum velamine desiccati W. CANT. *Mir. Thom.* II 20; prurientem sibi testium ~um adjecta manu scalpere cepit BEN. PET. *Mir. Thom.* IV 2 p. 180; BART. ANGL. VII 55 (v. 1 hirnea c); oceum, i. ~us testiculorum *SB* 32. **b** radium .. visibilem a ~o cerebri mitti per opticum nervum ad fenestram oculi dubium ei non est qui fideliter in physicis est instructus NECKAM *NR* II 153. **c** hec cola, -e, ~us de quo fel effunditur OSB. GLOUC. *Deriv.* 94; fex .. duas cistes .. habet, .. majorem sc. vesicam urine, minorem †felliculum sc. que cistis fellis appellatur continens coleram; et suspenditur ille †felliculus, sc. cistis, in concavitate epatis... collum habet ille ~us in quo dominantur fila longitudinalia *Ps.*-RIC. *Anat.* 37. **d** folliculos *Ps.*-RIC. *Anat.* 41 (v. fovea 10); ad formacionem .. vocis aer in ~o pulmonis recipitur et per ordinatum arteriarum motum per os emittitur BART. ANGL. V 23. **e** ~us, *cildhama* ÆLF. *Gl.* 159; ~us, †sive [MS: sc.] est qui simul cum infante nascitur continet eum, dictus quia †editur [MS: cum editur] sequitur, creatur *GlH* F 629; ex quadam natura sicca ~um inter se continentem conceptum creat ne alique superfluitates .. illum corrumpant *Quaest. Salern.* B 24; in unoquoque folliculo [? l. fossiculo sc. matricis] .. dicunt medici inpressam formulam humane effigiei RIC. MED. *Anat.* 231; artifex natura malitur ut die septimo ~um genuynum [in matrice] circumdet humori J. GODARD *Ap.* 258.

3 cod, husk, seed-pod, shell; **b** (fig.). **c** cocoon.

BEDE *Luke* 393 (v. 2 fricare 1b); ~us, *codd* ÆLF. *Gl.* 148; **9.** ~um, *gehopp WW*; ~um, i. theca frumenti in qua granum servatur *GlH* F 628; sicut hordeum ~is, ita libri legis multis mysteriis involvuntur HON. *Spec. Eccl.* 895C; incidit in speluncam qua linum recens ~os exutum molliri consueverat et submersa est W. CANT. *Mir. Thom.* II 46; extergendo faciem feno herbarumque ~is et foliorum aggregatis conspersionibus R. COLD. *Cuthb.* 88 p. 186; manus ei .. ministrantium ~as venenosas et minutas instar pelliculum villosarum .. extraxit *Ib.* 138 p. 287; culmus, ~us grani OSB. GLOUC. *Deriv.* 145; germina omnia prodeuntia sic suis tamquam a matris utero emergant ~is ALB. LOND. *DG* 4. 8; granum pilo tunditur ut ~us exuatur S. LANGTON *Serm.* 1. 14; BART. ANGL. XVII 180 (v. arillus); stipites aperiunt, non fabarum ~os, putantes in concavitate stipitum fabas contineri COGGESH. *Chr.* 119; *fylme of a note or odyr lyke*, †felliculus *PP*; corignum .. varium in foliculis suis *Alph.* 51; ~us, A. *a flexhoppe WW*. **b** a principio secundi libri Paralipomenon quosdam ~os moraliter .. colligamus S. LANGTON *Chron.* 225; verbum absconditur in ventris nidulo, / frumentum clauditur carnis folliculo WALT. WIMB. *Carm.* 65. **c** papilio .. primo generat et ruca facit ovum in ~um et ex illo nascitur vermis, qui conversus in papilionem rumpit ~um et volat M. SCOT *Phys.* 21.

4 bellows; **b** (fig.).

fornacibus, ~is, ollarum fragmentis .. sunt repleta RIPLEY 187; *a bellowe*, follis, ~us *CathA*. **b** buca, -e, i. os vel oris ~us OSB. GLOUC. *Deriv.* 72.

5 instrument for beating.

hic ~us, *a betylle WW*.

follieturatus v. foliaturare.

folligenus [LL], issuing from or produced by bellows.

sicut folligenis respirant organa flabris ALDH. *VirgV* 2788; folliginis, *belgum GlH* F 624.

follis [CL], **~ium, ~ius**

1 bag, sack. **b** scrotum.

in culleum, in ~em bobulinum, et aliter machina contexta et bitumina lita *GlC* I 224; branci .. et ~is sunt .. ad modum mamillarum vel amigdalarum in fine dentium GILB. IV 176v. 2; per gule ~es in villissimum etiam olus ardentes attracti J. GODARD *Ep.* 221; **1341** pro ij foliis plastr' pro emend' camine p[ar]ve cam[ere] juxta receptum xij d. *KRAc* 470/10. **b** testiculos .. a ~ibus suis erutos .. projecerunt *Mir. Wulfst.* II 16 p. 171; testiculi .. juvenis ab eisdem emulis a ~ibus suis eruti .. sunt restituti *NLA* II 528.

2 cod, husk, seed-pod, shell.

carpit ador rarum bona pars follesque fabarum R. CANT. *Malch.* IV 37.

3 bellows; **b** (fig.); **c** (mus., w. ref. to organ); **d** (fig.).

~is, *blaesbaelg GlC* F 305; tu, [ferrarie], quid das nobis in officina tua, nisi .. sonitus .. flantium ~ium [AS: *byliga*] ÆLF. *Coll.* 100; ~is, .. mantica fabrilis *GlH* F 625; GIR. *TH* II 36 (v. 2 flatus 2a); non per follem sed per flatum / hec moneta cuditur WALT. WIMB. *Virgo* 53; hic ~is, *fou de forge Gl. AN Glasg.* f. 20v.; **c1280** pro ij minimis foliis ad fabricam, iij s. vj d. *KRAc* 485/22 m. 1; servienti ad folia et percussori *Ib.* m. 5; **1293** pro ij bordis pro tercio pari ~iorum faciendo *Ib.* 260/3 m. 2; **1324** pro j ~i ad petras mundandas (*Ib.* 469/8) *Building in Eng.* 339; **1330** in utensilibus reparandis cum unncto (*sic*) empto ad ~ia xx d. (*MinAc* 890/22) *Arch.* LXIV 156; vis tu quod Deus ignem non habeat in sua officina nec ~ios [ME: *balies*] nec malleos? *AncrR* 107; **1409** uxori .. Johannis G. ad *les folles* laboranti per .. septimanam xij d. (*Aud. Durh.*) *EHR* XIV 520; **1435** (v. 1 domus 15b); **1519** pro ij *tewerns* pro domo fabrice pro ~ibus *Fabr. York* 98. **b** sic uno verbulo de ~ibus imperiti gutturis ventum loquacitatis excutiam P. BLOIS *Ep.* 92. 291A; pronuba est luxurie provocatrix propter quod potest dici ~is diaboli *Spec. Laic.* 68. **c** maxima millenis auscultans organa flabris / mulceat auditum ventosis follibus iste ALDH. *VirgV* 72; bisseni supra sociantur in ordine folles [organorum] WULF. *Swith. prol.* 143; unde in ecclesia tot organa, tot cymbala? ad quid .. terribilis ille ~ium flatus? AILR. *Spec. Car.* II 21. 571B; BART. ANGL. XIX 132 (v. fistula 2e); quociens organa trahuntur ter in una festivitate, dabit sacrista v d. ~es trahentibus *Cust. Westm.* 259; **1470** pro factura ij foliorum pro magnis organis *Fabr. York* 74; **1473** pro emendacione ~iorum organorum *Ib.* 82. **d** follis eris hic / ac furibundus / stultiloquaxve / sive malignus *Responsio* 25; quicquid loquacitatis in ~ibus imperiti gutturis resonabat J. SAL. *Pol.* 665D; **c1430** (v. efflare 2a).

4 inflated ball.

hic folus, *a bolle WW*.

5 coin.

~es, *dyneras* ÆLF. *Sup.* 18; **9.** ~es, *þa mæstan digneras WW*.

follium v. 1 folium, follis. **follius** v. follis. **follo** v. fullo.

follosus [cf. follus], foolish.

s1256 nec unquam siccabitur mei fons thesauri quin ~is illorum rictibus et spongiosis visceribus satis infundatur M. PAR. *Maj.* V 537.

follus [OF *fol* < CL follis]

1 foolish. **b** (as sb. m.) fool.

GIR. *Invect.* I 13 p. 126 (v. agnominare a); *fonde*, .. fatuus, ~us, ignarus *CathA*. **b** ~us non philosophus hinc esse probaris *Ps.*-MAP 255; **1222** ad festum ~orum (v. festus 4f); carus sum mundo dum follo femora tundo WALT. WIMB. *App.* 2. 2.

2 (falc.) untrained.

1204 (v. affaitare b); **1206** G. B. debet x ostur[os] Norr[enses] ~os quos ipse liberavit .. pro xl m. *Pipe* 58.

folsare v. fossare. **folsura** v. volsura.

1 folus v. follis.

2 folus, (*rete ~um*) sort of net.

1195 de exitu batellorum, kidellorum, et ~orum retium *RScacNorm* I 185 (cf. ib. 53 [**1180**]: *folesreiz*).

foma v. fovea 8.

fomen [LL], nourishment.

ut merito deinceps caelesti fomine flagrans / egregius doctor verbi clustella resolvat ALDH. *VirgV* 79; verba Maronis / dulcia gustanti mella sophie / fomine jam tali concipienti .. STEPH. ROUEN *app.* 4. 3; nec abit transacta voluptas: / stat sibi docta sui semper habere fomen *Babio* 314.

fomentalis, nourishing.

lux ~i carebat calore quem nunc habet sol GROS. *Hexaem.* II 5. p. 91.

fomentare [LL], to foment, bathe w. warm water. **b** to soothe.

lurida debilium fomentat membra virorum ALDH. *VirgV* 701; ~at, *lexnode*; ~o, foveo *GlH* F 602–3; **9.** ~at, *lacnode* .. *beþede WW*; ~ent .. pedes .. in aqua decoctionis malve vel bis malve GILB. I 19v. 1; valet in omni gutta ~ata et emplastrata et inuncta GAD. 39v. 2; sinapisma est injeccio alicujus pulveris super membrum prius ~atum *SB* 39. **b** juvamentum .. medulle ossium est ut ipsum [sc. os] ~et et humectet *Ps.*-RIC. *Anat.* 11.

fomentatio [CL], (med.) fomentation, application of poultice.

fiant .. ~ones .. pedum ... tunc fiat ~o cum herbis GILB. I 21v. 1; communiter prohibentur ~ones in reumate et balnea et lociones capitis GAD. 51. 1; ~o est membri posicio in decoccione aliquarum herbarum aut cum spongia, vel pannum lineum illa aqua infundatur et super membrum ponatur et sepe renovetur *SB* 21.

fomentativus, nourishing.

aqua est .. caloris solaris et stellarum et ignis elementi ~a et nutritiva GROS. *Hexaem.* IV 13.

fomentum [CL]

1 (med.) poultice, dressing; **b** (fig.).

curabant medici hunc adpositis pigmentorum ~is emollire BEDE *HE* IV 30 p. 279; cum, reprobatis

pigmentorum ~is [v. l. favomentis; *gl*.: adjutoris vel auxiliis], medendi salutem desperaret FELIX *Guthl*, 53 p. 168; ~a, medicina *GlC* F 284; ~a, i. .. medicamenta *GlH* F 605; ex humido subtili et puro ponitur ~um ALF. ANGL. *Cor* 15. 8; *SB* 19 (v. embrochatio a); *Alph.* 56 (v. embrocha). **b** hujus ~a quod sequitur medicaminis congessi THEOD. *Pen. pref.*; **796** levioribus primo verborum ~is consolandi sunt, ne paenitentiae medicamenta .. abhorreant ALCUIN *Ep.* 113 p. 166; sed tumidus animus talia ~a desiderat ROB. BRIDL. *Dial.* 90.

2 legal remedy, restitution. **b** comfort, encouragement, support. **c** nourishment, food (partly fig.).

omnis causa terminetur .., ne cuilibet irrogatam injuriam ~a dilata vel amota multiplicent (*Leg. Hen.* 9. 4) *GAS* 555. **b** ~a, i. adjumenta, adjutoria *GlH* F 605; quamvis inscitia morum .. intermittat ministrare oblivionis ~um .. B. *Ep.* 386; tantae detractionis ~um H. Bos. *V. Thom.* IV 27; Phebe totius humoris fons est et ~um GIR. *TH* II 3; ~um [ME: *frofre*] mundi falsum est *AncrR* 26; scriptis tuis emicant / fomenta sanctitatis *Offic. R. Rolle* xxii; querentes subsidium dominorum secularium in ~um sui facinoris WYCL. *Ver.* I 137. **c** ~a, nutrimenta *Gl. Leid.* 2. 75; est .. ~is natura solidanda PULL. *CM* 216; ex frigiditate eciam nimis dominante calor debilis extinguitur et sic vitalis spiritus non habens ~um suffocatur BART. ANGL. II 2.

3 kindling, tinder (also fig.).

ut .. resinae ~um .. in incendia cumularent ALDH. *VirgP* 42; **790** diabolico ~o inflammante ALCUIN *Ep.* 7; **9..** ~um, *tyndre WW*; ignis .. concupiscentiae non multum extinguitur, si ~a illius humanis sensibus non subtrahuntur OSB. *V. Dunst.* 12; cum .. fornacem pice et ceteris ignium ~is succendi .. elaborasset DOMINIC *V. Ecgwini prol.*; quemadmodum scintilla multo cinere pressa, quibusdam ~is excitata similis eluctanti, erumpit demum in flammam PULL. *Sent.* 721A; alia .. sic fieri ponunt ut sine aliquo ~o luceant BACON *Tert. Sup.* 50.

fomes [CL]

1 kindling, tinder; **b** (fig.).

fomitibus siccis dum mox rudimenta vigebant ALDH. *Aen.* 44 (*Ignis*) 2; *Id. VirgP* 22 (*recte* 32) (v. arvina a); ~es, astula minuta *GlC* F 295; ~es, *geswælud spoon* vel *tynder* ÆLF. *Gl.* 149; **9..** ~itibus, *tyndrum WW*. **b** ingenium .. si non fuerit .. scribendi ~ite succensum ALDH. *VirgP* 60; qui .. in turibulo suspiriosorum aromatum ignem caritatis divine continuum inextinguibili ~ite enutrirent exhortationum GOSC. *Edith* 57.

2 spark, flame, fire (also fig.). **b** torch, lantern, light.

quatenus .. remedium sospitatis ~em nutriat perditionis ALDH. *VirgP* 14; rogus ingenti lignorum fomite flagrans *Id. VirgV* 810; ~es, incendium *GlC* F 262 (= *GlH* F 602); ORD. VIT. XI 20 p. 224 (v. fovere 7); dicuntur .. ~ites scintille que prosiliunt ex ferro OSB. GLOUC. *Deriv.* 212; **1424** illa est glorie ~es que flagravit immortalibus (S. DE TARAMO) BEKYNTON I 283; rancoris extincta ~ite *Plusc.* VI 30. **b** ~itibus, lucernis vigilis *GlH* F 610.

3 heat (also fig.).

quam profusus spei caelestis ~es .. inardesceret GILDAS *EB* 34; multiplices culpe veniunt de fomite pulpe R. CANT. *Malch.* III 79; solarius .. ~es intentior et provenientibus fructibus .. accommodus *Leg. Ant. Lond.* app. 198.

4 cause, origin, source; **b** (w. ref. to person); **c** (w. ref. to *Gen.* xxxvii 8); **d** (w. *crimen, delictum, peccatum, vitium*, or sim.).

~is, origo *GlC* F 292; paginulas parvo capacitatis ~ite .. compositas .. purgabo B. *V. Dunst.* 1; dissensionum ~item reprimere AD. MARSH *Ep.* 118; **1417** nec precipitanter nec ex obliquo ~ite sed ex tenore statutorum et consuetudinum *Reg. Cant.* III 50. **b** mali ~es et incensor erat Ricardus de Marisco SERLO GRAM. *Mon. Font.* 126; successor veteris Ade, .. ~es tinee, cibus vermis P. BLOIS *Ep.* 3. 9A; rex vocat pontifices ad parliamentum / et Anglorum comites flores sapientum / quinque portus fomites barones per centum *MGL* II 166; **c1310** non ex zelo justicie sed potius amaritudinis et odii †founte [MS: fomite] callide in nos machinantes (*Ch.*) *Bury St. Edm.* 176; ad hec accessit ~es cupiditatis Ranulphus KNIGHTON I 104. **c** magnum .. hosti ~item livoris et odii suggerebat EADMER *V. Osw.* 5 p. 9; **s1254** M. PAR. *Maj.* V 449 (v. cinis 1b); **c1310** non ex zelo justicie sed potius amaritudinis et odii †founte [l. fomite] callide in nos machinantes *Bury St. Edm.* 176; **1314** ex malicia, odio, vel odii ~ite, aut rancore *StatOx* 117; remedia quibus extinguantur odiorum successi ~ites *Ps.*-ELMH. *Hen. V* 78. **d** extirpatis vitiorum ~itibus ALDH. *VirgP* 16; ex hoc gignuntur vitiorum fomite clades *Id. VirgV* 2696; 'peccatum' [*Rom.* vii 7], i.e. ~es peccati LANFR. *Comm.* 127; tales .. diu esse nequeunt ~ite peccati PULL. *CM* 201; cesset magni mali ~es proximorum derogatio ALEX. CANT. *Dicta* 7 p. 143; ex quarum rerum ~ite mali quidem pullulant filii ALB. LOND. *DG* 3. 7; sub otio .. et delicti ~ite desidia GIR. *DK* I *pref.* 157; cur non .. criminum .. omnium ~item et fomentum ac fundamentum .. non extingunt? *Id. SD* 102; ~es peccati nullo viatore plene extinctus est ROLLE *IA* 202; quis .. lapsus non tenetur pati a Deo super se discrasiam corporis in penam peccati originalis et ~item peccati atque rebellionem nature sue corporee WYCL. *Ver.* III 170.

5 sin.

pompose jactantie ~item evitare *V. Neot. A prol.*; effectus confirmationis .. est .. augmentum gratie et debilitatio ~itis S. LANGTON *Quaest.* 370 (cf. ib.: remissio peccati vel augmentum gratie); tumescit uterus sed sine fomite WALT. WIMB. *Carm.* 40; enorme nephas ex quibusdam proveniens personis avaricie ~ite submersis et mole scelerum oppressis FAVENT 1.

fomix v. pumex. **fon-** v. et. phon-. **fond-** v. fund-. **fondis** v. 1 fons 1a.

fonellum [ME *fonel, funel*], funnel (for pouring).

1303 butillario principis .. pro xij tancard' et j ~o *KRAc* 363/18 f. 10; botelaria .. iiij d. de j ~o cum j pipa ferri *Ac. Exec. Ep. Exon.* 10; **1313** pro quatuordecim funellis precii xxj s. et tribus paribus barillorum cum cathenis de dimidia sextr' *KRAc* 375/8 f. 15*d*.; **1328** et pro fonell' et *brokys* emptis ibidem pro vino trahendo et ponendo in barillis ferratis et aliis vasis *Ib.* 78/3 m. 5; **1335** Johanni le Coupere pro iiij funell' ab eodem emptis pro vino in celario oilliando, prec' funell' iiij d. .. Willelmo le Poltere pro xij *brokes* ab eodem emptis pro vino in dictis funell' versando, iij s. *Ib.* 19/3 m. 7.

fonnum v. fontanus 2a.

fons [CL]

1 spring; **b** (w. ref. to spring of the Muses as source of poetic inspiration); **c** (fig.); **d** (dist. as hot or salt); **e** (as headwaters of stream or conduit). **f** stream issuing from spring.

Brittannia insula .. ornata ~tibus lucidis GILDAS *EB* 3; ~tem aquae vivae .. de saxosa terra erumpere .. invenerunt *V. Cuthb.* III 3; est ibi ~s nomine Finnaun Guur Helic; non fluit rivus ex eo neque in eo. vadunt homines piscari ad ~tem NEN. *HB* 214–5; in ~te proximo, qui S. Bernaci ~s dicebatur, lapidi qui scaturigini ~tis supereminebat manum submittere GIR. *EH* I 42; quare quidam ~tes in estate replentur, in hieme desiccantur? *Quaest. Salern.* B 112; **a1217** sextam .. acram juxta fondem super Ingelbrec *Couch. Furness* II p. 135. **b** et calido pectus Parnasi fonte refirma ALCUIN *Carm.* 40. 4; fonte caballino si me respergat Apollo W. CHESTER *Vers. Anselm.* 1. 11. **c** ave, virgo, que paventi / pax es et fons sicienti WALT. WIMB. *Virgo* 125; super tumulum .. [se] projecit .. lacrimarum ~tem exaggerante *Mir. Fridesw.* 11; ubi estis, ~tes lacrimarum, ut lugeam damna vite mee P. BLOIS *Ep. Sup.* 54. 5; ~s thesauri M. PAR. *Maj.* V 537 (v. follosus). **d** Brittania .. habet ~tes salinarum, habet et ~tes calidas BEDE *HE* I 1; ~tes .. inveniuntur de salo a quibus ~tibus sal coquitur NEN. *HB* 213; **c1154** concessi .. ~tem salis et pasturam *Ch. Mowbray* 48. **e 1369** in reparacione unius serure pro ~te conducti, ij d. *Ac. Durh.* 575; **1430** a ~te, qui dicitur Bolburnhede, descendendo secundum cursum ejusdem fontis versus orientem usque campum *Feod. Durh.* 10. *n.* 1 (v. et. 1f infra); rivus scaturiens a ~te suo FORTESCUE *NLN* I 36; prima aqua sive flumen de prima ~te vocatur Twede .. et secundus ~s vocatur Anater .. et tercius ~s vocatur Clyde et flumen ejus transit per Clydesdale W. WORC. *Itin.* 6. **f 8..** ~s, *burne WW*; **1430** (v. 1e supra).

2 well; **b** (as used for divination or shrine). **c** (w. *hauribilis, pendens, tractabilis*, or *tracticius*) draw-well.

considerantibus .. ~tem .. a Romanis inire olim constructum *V. Cuthb.* IV 8; ~s, *well* ÆLF. *Sup.* 178; **1279** (v. distuppare); **1362** M. filia W. M. .. etate octo annorum .. inventa fuit mortua in ~te R. de M. *RCoron* xliii; **1378** est in manerio de E. quedam ~s constructa de lapide *IMisc* 217/2 m. 4; hec ~s, A. *welle* .. hic ~s, A. *welle WW*; **1567** sunt infra Estoverton .., qui utuntur ad usum inhabitancium, ij communes ~tes vocati *comon wells Surv. Pembr.* 262. **b c738** ~tium auguria .. respuentes .. ad Deum convertemini BONIF. *Ep.* 43; **1102** ne quis .. ~tibus .. reverentiam .. exhibeat *Conc. Syn.* 678. **c** (*at the hanging well*) ad pendentem ~tem (*of Cutoria*) *Cart. Fount.* II 566; **1295, 1296** (v. hauribilis); **1331** ~s tractabilis sit communis heredi et eidem Matill' *Cl* 151 m. 16*d*.; **1339** in aqua wyndanda de ~e tracticio in claustro *Ac. Durh.* 536; **1349** item in ~te tractabili dictorum vicariorum [*of St. Martin le Grand, Lond.*] .. in cementaria et coopertoria ejusdem ad dampnum iiij s. *IMisc* 163/4.

3 (in place-names). **b** (in surnames).

monasterium apud ~tem Ebraldi W. MALM. *GR* V 440; **c1160** concessi .. monialibus de ~te Clericorum .. *Cart. Clerkenwell* 27; **1169** monachis de ~te Drogonis vij li. *Pipe* 78; **a1185** ij acras terre apud ~tem Haroldi *Cart. Osney* IV 65; **s1194** (v. fonticulus 1a); domno Johanni abbati de ~tibus, frater H. .. salutem SERLO GRAM. *Mon. Font.* 1; Fontibus hec scribo M. RIEVAULX (*Vers.*) 53. 1; habitum fratrum laicorum apud ~tes .. susceperat STUDLEY 1 p. 367; **c1245** ecclesia hospitalis de ~te Scotie *Conc. Scot.* I cccii; **s1312** abbas quondam Frigidi ~tis in Vasconia TROKELOWE 78; ~s Petrosus est ille juxta regiam viam prope Tiburne ELMH. *Metr. Hen. V* p. 99 *n.*; urbium ac civitatum tuarum laudationes, Wellie et Bathonie, sub nominibus ~tium ac Balneorum CHAUNDLER *Laud.* 99. **b** Guillelmus .. de ~tibus cum .. militibus .. qui Rogerio adherebant .. ORD. VIT. XIII 24 p. 65; **1198** Walerammus de ~te debet j m. *Pipe* 84; Gaufridi de ~tibus liber de infantia S. Eadmundi G. FONT. *Inf. S. Edm. tit.*; **1222** Willelmus de ~te (v. de 16b); **1230** de dim. m. de Alano ad ~tem pro eodem *Pipe* 32.

4 font: **a** (for holy water); **b** (for baptism); **c** (~*s baptismalis, sacer*, or sim.).

a a1260 renovent die octava .. ~tem benedictum sacro oleo et sacro crismate *Conc. Syn.* 641. **b** BEDE *HE* III 7 (v. baptismus); hoc baptisterium .. sanctifica, ut quoscumque ~s iste lavaturus est .. indulgentiam .. delictorum consequantur EGB. *Pont.* 53; dehinc eatur ad ~tes [AS: *to fantum*] *RegulC* 53; BART. EXON. *Pen.* 66 (v. filiola); illi qui tenent puerum ad ~tem docerent illum orationem Dominicam et symbolum apostolorum *Spec. Eccl.* 63; **1462** ~tis portabilis (v. erubiginatio); *a funte*, ~s, baptisterium *CathA*. **c** ~te baptismatis non est ablutus BEDE *HE* I 7; duces et milites sacrosancto ~te abluebat *Ib.* IV 13; Godrum .. quem Ælfred rex .. de ~te sacro baptismatis elevavit ASSER *Alf.* 56; quem de ~te baptismi .. rex .. suscepit FL. WORC. I 17; **1310** (v. 1 filiolus 2); GIR. *GE* I 14 (v. filius 3a).

5 source of tears, (anat.) tear-duct. **b** fontanelle.

jam missas celebrans Sigbald visitare parabat / fontibus e calidis salsae daecurrere guttae / incipiunt ÆTHELWULF *Abb.* 457; possunt .. fieri cauteria in duobus ~tibus juxta angulos oculorum vel in fontinella colli vel in fontibus inter collum et fauces sub teneritate aurium GILB. III 133. 1; submerse sunt maxille lacrimarum diluviis, .. ~es oculorum ebulliunt *Ps.*-ELMH. *Hen. V* 128. **b** sanguis .. a venis resudans recipitur in ~ibus antequam nutriat; et sunt ~tes †quidam [l. quedam] rare et spongiose carnes juxta singulas membrorum juncturas tam majores quam minores RIC. MED. *Anat.* 228; sanguis quadruplex dealbatur, in mamillis scilicet, in testiculis, in ~tibus, in apostematibus *Quaest. Salern.* N 12; fiat flebothomia vel detractio in ~tibus majoribus per ventosas GILB. IV 203. 1; loca .. humidi nutrimentalis .. sumpti ~tes .. vocantur *Ps.*-GROS. *Summa* 522.

6 (her.) argent circle representing a spring.

UPTON 241 (v. fontalis 1a).

7 fount (fig.), origin, source. **b** (med.) source.

si dilexissent justitiam, diligerent utique ~tem .. et originem totius justitiae, Deum GILDAS *EB* 62; pandectes .. interpretatione beati Hieronimi presbiteri ex Hebraeo et Graeco ~te transfusus *Hist. Abb. Jarrow* 37; †fomis [l. fons], origo *GlC* F 292; hic est fons vitae, hic sunt praecepta salutis ALCUIN *Carm.* 66. 3; luminis fons, lux et origo lucis *Ib.* 121. 1; voluntas Dei ~s est et origo totius boni *Simil. Anselmi* 8; quicquid .. feci ex pietatis ~te processit ALEX. CANT. *Mir.* 24 p. 210; multi convenimus / quo logices funs erat plurimus HIL. RONCE 6.37; ibi quasi ~tem artis jam requirunt GIR. *TH* III 11. **b** sicut in majori mundo ne fervor ignis in sese agens seipsum destrueret et inferiora concremaret, ~ti totius caloris suppositus est ~s totius humiditatis, sc. aqua, sic in minori ~s humoris suppositus est ~ti caloris, viz. epar *Quaest. Salern.* B 177; opposuit dens ~ti caloris ~tem tocius humoris ut per humoris presentiam calori oppositam ejus violentia reprimeretur, et sic mundi machina in esse ordine debito servaretur BART. ANGL. IV 4.

fonsura [OF *fonsure*], (?) underlay for saddle.

in .. burra et ~a et aliis minutis ad hernesium carettariorum et somariorum *Househ. Eleanor* 68; pro emendacione xx sellarum somariorum regine et burra et ~a ad easdem *Ib.* 92.

fonta [cf. ME *font* < fons], ditch.

1376 quadram partem unius burgagii cum pertinenciis suis jacentem in villa de Mamcester inter cemeterium ecclesiae de Mamcester ex parte occidentale et .. ex parte orientale et dominicum Elene Goor ex parte boriale et fontam pendentem ex parte australe *Manchester John Rylands Univ. Library Ducie Mun.* T 28. 18.

fontalis [CL]

1 from a spring or well. **b** containing a spring or well.

de armis fontalibus. sunt .. quidam qui portant tales figuras rotundas que figure vocantur fontes .. que semper debent esse istius coloris et picture propter illud quod representant aquam ~em ... nec est necesse dicere colorem fontium, quia fontes sunt semper albi coloris UPTON 241 (v. et. 2 infra); **1475** in aquis fluminalibus et ~ibus perempti *Lit. Cant.* III 289; cum Augustinus .. emanacionem aque ~is generacioni eterni Filii assimilaverit FORTESCUE *NLN* I 37. **b 1627** (v. domus 11a).

2 (her.) representing a spring.

UPTON 241 (v. 1a supra).

3 derived from a spring (fig.) or source, primal, original.

una res .. videretur due propter duos oculos nisi continuaretur ad unum organum in quo fit una [virtus] ~is derivata ad pupillas BART. ANGL. III 17; ne unum duo

videatur, quod fieret si uterque oculus proprium ydolum diu suum videret unde oportet quod virtus visiva continuetur ad unum organum in quo sit una virtus ~is derivata in pupillis *Ib.* V 6; nomen principii ~is a quo alia dirivantur BACON VIII 108; unum est radicale et ~e et hoc est cor *Id. Maj.* II 11; ~i sapientia cuncta prospiciens *NLA* II 67; humanis actibus, quorum ~e non vident principium R. BURY *Phil.* 18. 231; non potest esse sine ~i preexistencia prime cause WYCL. *Dom. Div.* 182; **1426** de illius ~i dulcedine qui est fons vivus *EpAcOx* 26; quatinus veluti fontaris plenitudo suis subditis quasi rivulis suorum bonorum copiam valeat derivare *Regim. Princ.* 142.

fontaliter, as from a source, originally.

tota sapientia est ibi principaliter contenta et ~iter BACON *Tert.* 84; hec pars traditur ~iter in libro Aristotilis *De Rethorico Argumento Id. Mor. Phil.* 265; sermo, quo ~iter deificantur ‚homines WYCL. *Incarn.* 17; 'non imitacio'—tempera negativam: non principaliter, non ~iter—'sed propagacio ipsa peccati' NETTER *DAF* II 176. 1C; **1452** ejus a quo bonum omne ~iter acceperat Dei cultum .. ampliavit *EpAcOx* 313.

fontanella [OF *fontanelle*], (anat.) fontanelle, hollow between two muscles: **a** (at back of neck); **b** (elsewhere).

a cauteria maniacis fiant in fontinella colli vel capitis ad nodulum inter fantasticam et logisticam cellulam GILB. II 106. 1; fontinella *Ib.* III 133. 1 (v. 1 fons 5a); retro in capite sunt .. fontinella et duo cornua [*gl.*: fontinnella est concavitas colli inter duos tumores qui dicentur cornua] GARL. *Dict.* 121; cauterizatio in pupi capitis, sc. in ~a colli GAD. 120v. 1; fentinella, A. *the nekke putte* .. hec frontinella, *the pyte in the neke* .. hec fontinella, A. *the nek hole WW*; *an hole in the nek*, frontinella *CathA*. **b** in fontinella duobus digitis super unum incidetur GILB. VII 309. 2; cauterium in ~a geniculi vel in poplite GAD. 127v. 1.

Fontanensis, a of Wells. **b** of Fountains.

a cum ab antiquo Wellensis ecclesie pontifices in curia Romana .. ~es dicerentur *Episc. Som.* 25. **b** nostra sancta, sc. ~is ecclesia SERLO GRAM. *Mon. Font.* 2.

fontaneus [LL], of or from a spring or well.

carices ~ee erant illis in pulmentaria *VSB* (*Gwynllyw* 6) 178.

fontaninus, from a spring or well.

x vel xij rane ~e multum impinguant GILB. I 72. 1.

fontanus [CL]

1 of or from a spring or well.

tellus .. saxosa, cui nulla omnino spes venae ~ae videretur inesse BEDE *HE* IV 26 p. 271; sanctus Gundlyn conquerebatur .. pro ariditate monticuli in quo habitabat, sc. quia ~a aqua carebat *VSB* (*Gwynllyw* 9) 180; ~us, .. i. juxta fontem habitans OSB. GLOUC. *Deriv.* 225; aquam ~am sibi petiit exhiberi M. PAR. *Maj.* V 693; recipe yosopam .. et coque in aqua fontena W. WORC. *Itin.* 368.

2 (as sb. f. or n.) spring, well; **b** (in place-names). **c** (as adj.) of Wells, Som.

675 cum .. silvis, ~is, paludibus, fluminibus *CS* 36; **679** cum omnibus ad se pertinentibus campis, .. †fonnis [MS: fon / nis, l. fontanis], piscaris *Ib.* 45; **780** ~um quod nominatur G. (*Ch.*) *MonA* I 587. 1; †fontona [l. fontana], *þa wyllican* vel *welle GlH* F 579; si quid aliquis fecerit quo minus ad fontem, lacum, puteum .. iri possit vel hauriri vel de ~a aque non tantam aquam ducere vel haurire BRACTON f. 233. **b** S. Bernardus abbas Clarevallensis, qui in Burgundia castro ~is oriundus KNIGHTON I 135. **c** vetus est odium quo ~i homines in nos .. Balnearum incolas .. exarserunt CHAUNDLER *Laud.* 103.

3 derived from a spring (fig.) or source, primal, original.

velut auctores ~i apud Anglicos *Croyl.* 103.

fontaria v. funtaria. **fontaris** v. fontalis. **fontenus** v. fontanus.

fonticulus [CL]

1 little spring; **b** (as headwaters of stream). **c** stream issuing from little spring.

haec .. paulo brevius collegi quatenus in parvo facilius quam inter multa quod quaeritur inveniatur .. et de ~o gratius quam de fluvio bibatur GOSC. *V. Iv. prol.* 82A; apud Wellas, villam .. pro copia ~orum ibi ebulliencium ita dictam W. MALM. *GP* II 90; ubi ~i per occultas fistulas aquas ex humano ingenio .. calefactas .. emanant *G. Steph.* 28; quod .. in arido et arenoso loco aque ~us apparuerit T. MON. *Will.* IV 10; **s1194** municipiolum .. quod ex ~is ebullientibus appellatum est Fontes DICETO *YH* II 117; ~i .. puri et vividi emanabant *Lib. Mem. Bernewelle* 41. **b** Tamensis fluvius famosus, qui citra urbem ad lxxx miliaria ~o fusus W. MALM. *GP* II 73. **c** invenit puellam .. sedentem secus torrentem cujusdam ~i prope cilium .. silve decurrentis *V. Kentig.* 2.

2 (med.) open sore, ulcer.

defluebat humor virosus et putridus per pustulas et ~os .. quoddam ulcus, ad modum fonticuli .. oriebatur *G.S. Alb.* III 403.

3 fount (fig.), source (of inspiration).

non ex Galfridi Monemutensis ~o censeatur exortum G. MON. I 1; pectoris .. in .. fundo ~i erat quedam deorsum defluens spelunca profundi R. COLD. *Godr.* 201; non enim valeo .. ab angusti pectoris exsiccato ~o tam spaciosam derivare abissum *Ps.*-ELMH. *Hen. V pref.* p. 3.

fontifer, containing a spring, well-watered.

et nitidi fontes fontiferumque nemus NECKAM *DS* V 40.

fontinell- v. fontanella, fotmellum.

fontinus, from a spring or well.

fit ut .. †fontiva [l. fontina] scaturigo aestate cesset, hieme vero redundet ADEL. *QN* 57; quare aque ~e caleant in hieme? *Quaest. Salern.* P 11; recipe limaturam eboris .. et aquam ~am GILB. VI 261. 2; vinum .. debeat mixtum esse cum aqua ~a BACON IX 62.

fontivus v. fontinus. **foo** v. feo. **fora** v. 1 foris.

foracra [ME *fore* + *aker, acre*], foreacre, headland.

1279 ~a *MFG*.

foragiare [AN *forager*], to forage, provide w. fodder or straw.

averia brumali tempore .. calide bene que custodiantur et foragentur *Fleta* 172.

foragium [AN *forage*, OF *forrage*; cf. MLLM foderagium < *foderaticum]

1 forage, straw: **a** (for fodder); **b** (for bedding); **c** (for thatch); **d** (for fuel).

a **c1150** ne furagium capiatur ubicunque in comitatu Cantie ad equos sustendandos in castello Dover' *MonA* I 98a; **1206** pertinent .. molendinum .. cum .. ~io unius equi et foragio certe quantitatis ad calefaciendum aquam *Chr. Evesham* 213 *n.* (= *MonA* II 29: ferragio) (v. et. 1d infra); **c1210** ut habeat .. forragium equo suo et prebendam (*Cart. Llanthony*) *Becket to Langton* 199; **1222** emi facias .. fenum et furragium ad eosdem [boves et avros] *Cl* 485; **1225** destruxit .. blada sua, fena, forragia [etc.] *BNB* III 121; **1234** debet parare et siccare brasium de feragio domini *Cust. Glast.* 145; **1277** computat .. in feno empto et ~io empto ad sustentacionem bovum et stottorum in hyeme xx s. *Banstead* 312; **1288** in foeragio empto, xxxiij s. v d. *Ac. Stratton* 180; **1308** in ~io empto pro bobus pascendis xvj s. iiij d. *Ac. Durh.* 5; **1308** feragium et paleam precii v s. ceperunt et asportaverunt *CourtR Ramsey* 85; **1313** in feno [et] farag' empto ad sustentacionem animalium *MinAc* 1128/4 m. 2; **1451** pro feno et ~io emptis .. ad usus et expensas dictorum equorum *ExchScot* 472. **b** **s1252** commisimus ad feofirmam Ade filio Ade de P. .. manerium nostrum de Pultone .. salvo .. abbati .. hospitio antiquitus debito et aliorum monachorum stramine et feoragio *Ann. Tewk.* 149; **c1260** debent habere .. forragium ad lectum et ad equos *Mon. Exon.* 256; **c1270** inveniet .. furagium ad lectos *Reg. Wint.* II 656; **1287** (v. bovaria 2). **c** **1268** habebit de furagio ad domos ejusdem ecclesie cooperiendas *Cl* 514; **c1300** pro ~io empto ad eandem aulam inde cooperiendam, vij s. iiij d. *KRAc* 486/9 m. 1; **1308** in ~io empto ad coopertuaram dicte bercarie xj s. *Crawley* 262. **d** **1206** (v. 1a supra).

2 custom of forage.

1159 hominem quietum, liberum, et immunem ab omni tallagio, .. pasnagio, ~io, exercitu [etc.] *Act. Hen. II* I 240; concessi eisdem fragium, focalia, et coopertoria sufficientia .. in omnibus mariscis et communibus ville (*Ch.*) *MonA* VI 968; **1227** scias nos perdonasse .. consuetudinem illam que vocatur furragium *Cl* 178; **1230** ferragiam quam .. rex Ricardus .. dedit pro sua salute in puram et perpetuam elemosinam .. concedimus et confirmamus *Pat* 390.

3 foraging.

1446 fouragia (v. appaticiamentum).

1 forago [CL], thread marking division in cloth.

~o, .. i. filum quo textrices opus distinguunt OSB. GLOUC. *Deriv.* 217; *schrede or lyste*, ~o; .. *stemyne or stodul or stoth in a webbysend*, ~o *PP*; *a lyste*, ~o, parisma *CathA*; ~o, A. *a lyste or a purrel*; .. hec forigo, *a lystynge WW*; *a skayne*, ~o LEVINS *Manip.* 200.

2 forago [cf. foragium], forage, straw: **a** (for fodder); **b** (for fuel). *V. et.* 2 *farrago*.

a **c1235** habebit palefridum suum ad fenum, forraginem, et avenam *Reg. Linc.* II 297; **1447** in ~ine equorum *DCCant.* RE 40; ~o [v. l. farrago] cibus est equorum, sc. *forage Alph.* 62; *fodyr*, ~o [v.l. farrago] pabulum, pastus *CathA*. **b** **c1230** debet .. percipere ad illud [brasium] siccandum onus faraginis vel busce (*Cust. Ogbourne St. G.*) *Doc. Bec* 29; onus ~inis vel busce *Ib.* 37.

foralis [LL]

1 public.

1471 ad proclamacionem ~em die forincico ad altam crucem *Wills Dublin* 25.

2 of a market.

carta de libertate ~i *FormMan* 6; **1346** (*the burgage*) in vico †ferali [l. forali] (*in Market Street*) *Cart. Bath B* 890; videres rusticos .. negotia tractare ~ia WALS. *YN* 478; **1543** ex parte australi vici crucis ~is *Scot. Grey Friars* II 140; **1559** in vico ~i *Ib.* 203; **1580** apud dicte ville crucem ~em *Dryburgh* 312; **1589** ut traderet .. saisinam .. tertiae partis ordei boni et sufficientis mercimonii et ~is pensurae *Reg. Brechin* II 227.

foramen [CL]

1 hole, cavity (made esp. by boring). **b** hole in ground, cleft in rock, cave, pit, shaft, tunnel. **c** aperture, vent (in wall, window, chimney, or sim.); **d** (in other structure). **e** socket. **f** cell (in honeycomb).

flamma .. ~ina ingrediens, quibus aedificio erat adfixa .. BEDE *HE* III 17 p. 160; ferrarius respondit "O lignarie, cur sic loqueris, cum nec saltem unum ~en [AS: *þyrl*] sine arte mea vales facere ÆLF. *Coll.* 100; similis est navi in pluribus locis perforate, quorum singula obstruuntur, uno ~ine superstite per quod navis periclitari potest ALEX. BATH *Mor.* I 43 p. 159; **1296** in stipendiis .. unius hominis facientis ~ina *Ac. Galley Newcastle* 167; dixit "quicquid vis facias; hoc solo excepto, quod in ~ine isto digitum non ponas" *Latin Stories* 14. **b** emergunt .. de artissimis ~inum caverniculis fusci vermiculorum cunei, .. Scottorum .. greges GILDAS *EB* 19; *GlC* C 922 (= *Gl. Leid.* 35. 211) (v. cuniculus 1a); ~en est ubi currit aqua subtus murum vel maceriam *GlH* F 558; in modicum terre ~en totum instillando detrudere ROLLE *IA* 242; **1371** nullus eorum faciat ~ina pro carbon' quer' super terram Willelmi O. *Hal. Durh.* 108; CHAUNDLER *Apol.* 31b (v. exspoliare 2b); **1565** quod sunt diversa ~ina facta in medio *le warples CourtR Wimbledon* 128. **c** examen [apium] arta fenestrarum ~ina .. egressum ALDH. *VirgP* 4; locus .. tumba lignea .. coopertus, habente ~en in pariete BEDE *HE* IV 3 p. 212; per .. patuli ~inis hiatum inspiciens vidit .. ecclesiam .. luce perfusam B. *V. Dunst.* 36; si .. per ~en aut fenestram .. respexerint *Simil. Anselmi* 76; equus redorsatus .. nudus si soli exponatur non leditur; si .. per ~en lune radii penetrant ad vulnus moritur .. transeuntes per angustum meatum vel ~en fortiter penetrant *Quaest. Salern.* R 1; ut fumus de ~inibus camini M. SCOT *Phys.* 11; domus comunis plena parvis ~inibus [ME: *holys*] quasi nidis gallinarum *Itin. Mand.* 34; *G. Hen. V* 6 (v. 1 cancellus 2b); **1473** Johanni Glasiare pro emendacione fenestrarum ecclesie pro cclxiij ~inibus, capienti pro magnis ~inibus et parvis j d. (*DC Chich.*) *HMC Rep. Var. Coll.* I 199; **1539** pro emendacione ~inum in diversis fenestris *Feod. Durh.* 305 *n.* **d** hic igitur homo, si cor suum bene custodierit, sanctosque cogitatus tantum in eo revolverit, munda per os verba velut per ~en molendini emittuntur *Simil. Anselmi* 41; ~en illud in navi, de quo remus emittitur OSB. GLOUC. *Deriv.* 217; **1296** (v. deservire 7a); **1356** (v. gurges 4). **e** agina, .. i. ~en in quo trutina se vertit OSB. GLOUC. *Deriv.* 29. **f** cellas, †faborum [l. favorum] ~ina *GlC* C 334.

2 hole, opening (in vessel, sieve, or mesh). **b** eye (of needle; sts. w. ref. to *Luke* xviii 25). **c** eyelet, button-hole. **d** mouth (of pipe or cannon).

turibulum .. / pendit de summo fumosa foramina pandens ALDH. *CE* 3. 80; urna, i.e. vas aureum .. clusum undique exceptis ~inibus modicis in lateribus *Gl. Leid.* 22. 12; GAD. 5v. 2 (v. cantaplora); **1301** bilettum ferreum .. transire possit per ~ina maskarum recium *PlRCP* 138 m. 135*d*.; **1377** ~ina ipsius retis vulgariter vocata *maskes* sunt longitudinis et latitudinis ij pollicum hominis *IMisc* 211/5 m. 4; **c1521** (v. expressio 1a); P. VERG. *De Rerum Inventoribus* II 11 p. 117 (v. fistula 3). **b** ~en acus penetrare BEDE *Luke* 555; **10..** per ~en acus, *þurh nædle þyrel WW*; ut per ~en acus filum traducere posset W. CANT. *Mir. Thom.* II 79; via hec arctissima est et angusta sicut ~en acus quod camelus transire non potest M. RIEVAULX (*Ep.*) 65. **c** **1388** in camera j lectus de *worstede* rubeo cum ij rydellis pleno ~ine *IMisc* 332/12; **1568** [diplois] cum fibulis de serico et ~inibus de serico *Ac. LChamb.* f. 13v. **d** suntque quaterdenis occulta foramina [organorum] linguis WULF. *Swith. pref.* 157; ADEL. *ED* 27 (v. fistula 2a); **1387** pro uno canone grosso cum uno ~ine pro lapidibus grossis et x aliis ~inibus pro pellottis vel quarellis grossis *Tout Papers* II 269.

3 aperture, orifice (in body); **b** (of eye socket, ear, nose, or mouth); **c** (of anus); **d** (of pore); **e** (med., of sore); **f** (of elephant's trunk).

~ina, sc. vacua intra corpora et rarefaccionem dicebant sic fieri. quod corpus reciperet quantitatem ab extrinseco in suis ~inibus vacuis et per hoc ~ina expanduntur et ampliantur T. SUTTON *Quodl.* 330. **b** orificium, ~en oris OSB. GLOUC. *Deriv.* 399; probaturi unde procedat vis illa vidin di ab oculis vic. novis an ab evacuatis ~inibus absque pupilla BEN. PET. *Mir. Thom.* IV 2 p. 179; preter duo narium ~ina GIR. *TH* II 21; aer .. aurium ~ina subintrat BART. ANGL. III 18; qui habet ~ina nasi gravis apercionis .. irascibilis est et .. qui habet ampla ~ina iracundus est BACON V 168. **c** M. SCOT *Phys.* 24 (v. ferire 4). **d** porus, occultum ~en, vel ~en per quod exit sudor; porismata, ~ina OSB. GLOUC. *Deriv.* 471; porus equivocum est ad parvum ~en et callosum id quod nascitur inter fracturas ossium vel hujusmodi *SB* 34. **e** fistula .. per multiplices meatus effluens .. . post paucos .. dies, desiccatis ~inibus .. officium cum sanitate recepit. .. cicatrices ~inum numerandas exposuit J. FURNESS *Walth.* 131; corpus .. infistulatum non uno ~ine set pluribus *Mir.*

Wulfst. I 6; cacia est parva patella perforata multis ~inibus *SB* 15. **f** quedam [animalia habent] rostrum ut aquila, quedam ~en ut elephas M. SCOT *Phys.* 21.

foranus [LL], **~eus**

1 concerned w. external (as dist. from domestic) affairs.

1282 quidam se gerunt pro officialibus .. archiepiscopi seu commissariis generalibus ejusdem, qui officiales ~ei dici poterunt PECKHAM *Ep.* 257; **1525** Gavinus .. archiep. Glasg. ac .. Scotie .. cancellarius officiali nostro ~eo et decano Christianitatis nostre Tevidalie .. salutem *Form. S. Andr.* I 264.

2 from another jurisdiction.

c**1320** inquiratur .. an jura .. et libertates ecclesie et capituli in curia tenenda [sint], ballivis foranneis ad execuciones contra libertates nostras faciendum non admittendis *Dom. S. Paul.* 159*.

3 foreign, from another city or nation. **b** (as sb. m.) foreigner, person from another town. **c** (as sb. n. pl.) foreign parts.

11.. ~eus mercator nequit pannum madidum emere .. in urbe (*Cust. Lond.*) *Growth Eng. Ind.* 616 (cf. *GAS* 675 [*Lib. Lond.*]: mercator .. ~us); mercator ~us nequit transgredi spatium iij miliarum extra civitatem *Ib.* 617; a**1155** mercator .. ~us [vv. ll. ~eus, extraneus], postquam civitatem introierit .. (*Lib. Lond.* 8) *GAS* 674; nemo qui manet in civitate extra placitabit nisi de terris ~eis (*Cust. Lond.*) *EHR* XVII 711. **b** **11..** ~us non faciat *forchep* civi (*Cust. Lond.*) *Growth Eng. Ind.* 617; a**1237** neque debent .. aliquid ~eis vendere nec a ~eis emere *MGL* II 68; **1244** nullus de libero ~eo teneat curiam ad minus quam de xij liberis hominibus *MGL* I 76; **1254** ~ei, hoc est qui non sunt de castello nec de burgo *RGasc* I 546; ordinata fuit lex pro ~eis attachiatis in civitate *Leg. Ant. Lond.* 10; **1448** custodiunt .. eas [sc. pisces] .. per duos, tres, vel quatuor dies post earum empcionem a ~eis *MunAcOx* 590. **c** **1326** regimen regni sui deserens ad ~ea se transtulit *Lit. Cant.* I 202.

4 due to someone other than one's immediate overlord.

a**1190** concessi dim. carucam terre .. quietam ab omni servitio .. salvo ~eo servitio *Danelaw* 341; c**1200** concedo .. villam .. quietam ab omni servitio .. salvo ~eo servitio (*Ch. Kenilworth*) *MonA* VI 222.

5 (by assoc. w. *forum*) of a market. **b** (? as sb. f.) *s. dub.*

1473 apud crucem ~eam burgi de Hadington' *Melrose* 573. **b** **1252** rex nichil ibidem percipere consuevit nisi consuetudinem de mercandisis factis et foranias (*sic*) que emerserunt de placitis et querelis tempore suo *CurR* 146 m. 10.

forarda v. forertha.

1 forare [CL]

1 to bore through, make hole in.

dum ipsas [naves] ~atas ingrediens fluvius absorberet G. MON. IV 7; *V. Merl.* 517 (v. 1 dissuere 1a); est autem orti hujus clausura integra, firma et alta. ne †mille [? l. mali] artifex diabolus vel debilem frangat, vel ~atam ineat, vel imam transeat W. RAMSEY *Cant.* f. 189v.

2 to perforate, pierce, stab.

spicula, / quibus infesti fortibus / forant thoracas humeris (ÆTHELWALD) *Carm. Aldh.* 3. 30; latus quod lancea ~atum fuerat BEDE *Luke* 630; ~ata, †formine ulnerata [MS: foramine vulnerata] *GlH* F 555; constat enim inter bibendum sica ~atum W. MALM. *GP* II 86; ipsum per arma et medium corpus ~atum humi .. prostravit G. MON. X 4; palmis, costa, pedibus, in cruce foratis / regno nos restituit *Poésies Pop.* 73; culex aculeo forat articulam WALT. WIMB. *Carm.* 393.

2 forare, ~ari [cf. foragium], to forage.

s**1191** de incredibili victoria regis Ricardi et suorum .. dum furrarent contra Turcos defendencium *Itin. Ric.* IV 30 *tit.* (cf. ib.: exierunt .. ad queritandam herbam equis suis et pabulum jumentis); s**1242** quidam de Francis discurrebant emolumentis victualium intendentes, quod vulgariter forrari dicitur M. PAR. *Maj.* IV 212.

3 forare [cf. forum 4, AN *affoerer*], to assess (price of), bargain for. *Cf. afforare, forizare.*

1278 quod portitor bladi non vendat vel mensuret bladum nec presumat ingredi cymiterium, domum, vel navem ad bladum ~andum nec manum super bladum inponat quousque vocatus fuerit per illos qui bladum emerint *LB Lond.* A f. 130 (cf. ib. B f. 200v., *MGL* I 272: *ne .. affoerer ne mayn sur blee mettre*; *Ib.* I 692: ad bladum ~andum).

4 forare v. 3 furrare.

forarea, ~ia, ~ium v. forera.

foras [CL]

1 (as adv., w. vb. expr. or implying motion) to the outside, out, away; **b** (w. sb.). **c** (without sense of motion) outside, on the outside, away. *Cf. 2 foris 3.*

omnis liquor projiciatur ~as THEOD. *Pen.* I 7. 8; si aliqua temptatio exorta foris repente extiterit, vos .. stabiles estote nec ~as currentes a verbi Dei auditione tardamini *V. Cuthb.* II 6; positum corpus ejus ~as juxta ecclesiam BEDE *HE* II 3; de cubiculo .. ~as efferri *Ib.* V 4; debeo .. fimum .. portare ~as [AS: *beran ut*] ÆLF. *Coll.* 91; dic .. quid intus fovebas, unde mixturam tot suavitatum ~as erumpebas ANSELM (*Or.* 13) III 53; desiderium .. ~as ad ventum eundi *Simil. Anselmi* 77; nesciebam exire ~as *Descr. Constant.* 247; "vade ~as" dicent NIG. *SS* 2076; Joseph rejecto pallio .. fugit ~as AD. DORE *Pictor* 160; **1221** ad trahendum terram ~as que fuit ad portam *Ac. Build. Hen. III* 62; foris sum, deforis venio, ~as vado, dormiam ad ~as vel in ~as *Ps.-*GROS. *Gram.* 59; **1346** (v. deforas); s**1378** WALS. *HA* I 378 (v. delire). **b** **1452** ad oportunitatem festine expedicionis et ~as posicionis navis predicte *Ac. Foreign* 86 G. **c** en ego pulcra foras sum sed magis utilis intus ALCUIN *Carm.* 64. 2. 1; **813** nec alicui ~as extra congregationi (*sic*) *CS* 342; **867** ab omni servitute .. difficultatum intus et ~as .. liberabo *Ib.* 516; ~as fiant necesse est pestes ecclesie AD. MARSH *Ep.* 1; foras procul allecia, / assunt festa Paschalia LEDREDE *Carm.* 25. 3; ~as stetit *Latin Stories* 90.

2 (w. vb. expr. giving, selling, or sim.) into another's hands. **b** (w. vb. expr. revealing or publishing) to another's attention or knowledge.

855 ad poenam nihil ~as resolvat *CS* 487; **863** illud ~as reddat quot sivi intus faciendi appetat *Ib.* 507; **901** quae prius erat ~as concessa in dominium regalem *Ib.* 587; **930** nec habeant fratres licentiam illum [agellum] ~as dandi regi, episcopo, vel cuilibet homini *Ib.* 1343. **b** os cordis aperuit ad discendam ab ipsa sapientia interius veritatem quam alios ~as doceret BEDE *Prov.* 1038; quid intus pulchritudinis habeas aliis etiam ~as in exemplum declares *Id. Cant.* 1113; edicit, foris dicit, unde edicta dicuntur quasi ~as dicta *GlC* E 44; **1279** provisum est quod nullus in libertate vel extra quod nullus ponderabit filacium nec lanam donec bursa veniat ~as, sub pena vj d. *Gild Merch.* II 291.

3 (as prep. w. acc.) outside.

misit ~as comitatum *DB* I 50; quotquot ~as conventum comederint *Cust. Westm.* 258; s**1312** exivit ~as villam *Ann. Lond.* 218; ejice Jesum ~as pretorium *Eul. Hist.* I 95; c**1343** strata ~as urbem *Pol. Poems* I 288.

foras affidare v. forisaffidare.

forasticus [LL *gl.*], outdoor, public.

saeculares .. et ~ae philosophorum disciplinae ALDH. *Met.* 3; a**747** nostri labores et pugnae ~ae videntur esse BONIF. *Ep.* 63; quamvis .. ~ae pugnae pernicies saeva sit (DAN. WINT.) *Ep. Bonif.* 64.

1 forator [cf. 1 forare], borer, piercer.

a borer, ~or, perforator *CathA.*

2 forator [cf. 2 forare], forager.

[marescallus forinsecus] insidias nocturnas non tenetur facere, sed singulis noctibus in crepusculo insidias assedebit, et in aurora eas levabit, et exercitu vigilato, cum ~oribus vexillo explicato singulis diebus exibit in proteccionem *Fleta* 69.

foratorium [cf. 1 forator]

1 borer, awl.

†faratorium, *byres GlH* F 164; ~ium, *heardheawe* vel *nafogar Ib.* 557; **9..** de metallis: †boratorium, *byres WW.*

2 (on ship) aperture (for oar).

fiant .. fori [*gl.*: *pertuz*] vel columbaria [*gl.*: *pertuz*], non dico ~ia [*gl.*: *terreres, navegares*], per que remi exire possint NECKAM *Ut.* 115.

foratura v. furratura. **foratus** v. forare, 3 furrare. **forbanare, ~ire** v. forbannire. **forbanicus** v. forbannire b.

forbannire, ~are [OF *forbannir*, ME *forbannen*], to banish, outlaw. **b** (p. ppl. as sb. m.) banished person, outlaw.

1203 licenciam dedimus Willelmo M. de G. arestandi Manassen de C. qui forbanatus est pro morte Rogeri A. *Pat* 32a; s**1258** si clerici quibus crimina imponuntur, coram judicibus secularibus vocati non comparuerint, forbaniuntur a regno *Ann. Burton* 416; **1277** fuit ~itus de Vasconia *RGasc* II 34; s**1294** personam .. regis de toto regno Francie ~avit in perpetuum GERV. CANT. II 306; **1297** cum ipse sit forebanitus de terra sua per .. gentes regis Francie et bona sua .. amiserit *RGasc* III p. clxxxviii; **1305** gentes .. [de morte clamatas] et ~itas *Ib.* 461; **1309** si non venerint tunc, faciat eos utlagare sive forbannire (*AssizeR C.I.*) *S. Jers.* XVIII 171; **1438** si .. malefactores se occultaverint .. rex cujus subditi extiterint debet eos mox pro perpetuo ~ire ab omnibus locis sue ditioni subjectis *RScot* II 308b. **b** dominus David quosdam forbanicos [? l. forbanitos] de terra domini regis, qui in nemoribus latitabant, cepisset ac suspendio tradidisset PECKHAM *Ep.* 343; **1320** decapitatus est tanquam ~itus *Illust. Scot.* 54.

forbannissamentum [OF *forbanissement*], banishment, outlawry.

1277 ausus fuit intrare terram .. credens quod ~um oblivioni detur *RGasc* II 34.

forbannitio [cf. bannitio], banishment, outlawry.

de ~one Bisetensium FORDUN *Cont.* IX 61 *tit.*; post ~onem consenserunt eidem ad reditum Anglie *Ib.* XV 17.

forbannizare [cf. bannizare], to banish, outlaw.

1305 gentes recognite fuerunt de morte predicta et clamate ac ~ate *RGasc* III 461 (= *ib.* IV 1465 [**1315**].

forbarramentum, 'forbarring', obstructing (of sale).

1288 T. le Schowthere manens contra pontem de Trox emat bladum ad forbaramentum fori *Leet Norw.* 5; **1289** de R. le Pessuner pro forstallo et ~o piscium in foro Norwyci et quia emit ante horam primam contra communem proclamacionem *Ib.* 31; **1289** (v. deterioratio 2).

forbarrare [OF *forbarrer*], to bar, close. **b** to 'forbar', debar (from buying).

1289 de J.B. de G. quia ~avit ripam domini regis cum quadam barrera ita quod caballi non possunt habere aysiamenta *Leet Norw.* 44. **b** **1289** (v. deteriorare 1c).

forbator v. furbator. **forbenda** v. forebenda. **forbicidis** v. Fordicidia. **forbire** v. furbare. **forca** v. furca. **forcarium** v. forcerum. **forcatura** v. furcatura. **forceapum** v. foreceapum.

1 forcelettum, ~a [AN, ME *forcelet* < fortelitium], 'forcelet', (little) fortress.

1234 nec liceat .. castra aut forcelesca de novo construere *RL* I 434; c**1250** dedit .. licentiam reedificandi castra sua et ~a (*Chr. Dunmow*) *MonA* VI 147; si quis averia aliena ad castrum vel ~um fugaverit in cujus clauso ea .. detinuerit .. *Fleta* II 47 p. 97 (= StRealm I 31 [**1275**]: *si nul .. prengne les avers de antri et les face chacier a chastel ou a forcelet*); **1307** castrum cum ~o *IPM* 123/12/5; **1314** dicunt quod est ibidem quoddam fosseletum cujus profic' ull' ultra reprisam *IPM* 37/3(2) (= *MS PRO* E. 149/7/22: fossellettum); quoddam ~um cum domibus, gardinis, stagnis, et ceteris *Ib.* 37/3(4); **1321** de hiis qui fugaverint averia ad castra et forcelecta et ea sibi detinuerint (*Cust. Lond.*) *MGL* II 360; **1329** ~um una cum fossatis ejusdem et uno parvo curtilagio infra fossata valet per annum vj s. viij d. *IPM* 16/22 m. 4; s**1336** ceperunt .. quedam oppida [et] *forcellites* in terra de Fife *Lanercost* 288; s**1342** applicuit cum suis ante .. forcilettum .. et fuerunt l viri armati in predicto forciletto KNIGHTON II 24; xiiij castra forcia cum villis, xj forcilettas sive municiones bonas *Meaux* III 53; **1348** municiones castrorum, villarum, et fortelettorum *RScot* I 718b; **1370** apud opidum sive forceletum de Lydalle *RMS Scot* 293. qui castra seu forcelletta edificare voluerint infra libertatem Dunelmensem *Langley app.* 253.

2 forcelettum [ME *forcelet*; cf. OF *forceret*], small strongbox.

1340 pro uno ~o .. reparato per manus dicti comitis solvent' sibi denarios, x li. (*AcWardr*) *TRBk* 203 p. 216.

forcella v. furcilla. **forcellatio** v. porcellatio.

forcellus [cf. forcerum], little forcer, strongbox.

1300 unus ~us argenti pro eodem, pond' iiij s. vj d. *AcWardr* 349; **1395** duo mappalia cum ~is et due mappe pro altari *Test. Ebor.* III 6.

forceps [CL]

1 tongs, pincers; **b** (w. ref. to *Is.* vi 6). **c** scissors, shears.

nequaquam .. mallei durities vel rubiginosae ~cipis [*gl.*: *tange*] ac forficis [*gl.*: *scearen*] tenacitas spreta despicitur ALDH. *VirgP* 9; ~cipibus .. igneis, quos tenebant in manibus, minitabantur me comprehendere BEDE *HE* V 12 p. 306; ~ceps, *tong GlC* F 286; daemones .. / .. / meque minantur / prendere forcipibus ALCUIN *SS Ebor* 948; ferarii ~cipibus ea lege utuntur B. *Ep.* 387; quomodo fabro .. operanti inheserit malleus dextro et ~ceps sinistro palmo *V. Kenelmi B* 82v. 1; cum clavis et malleis, cum forcifibus, cum gladiis .. et arcubus accurrebant R. COLD. *Cuthb.* 30; OSB. GLOUC. *Deriv.* 218 (v. forfex a); [massam] coctam transmittit ab igne recenti / forceps incudi VINSAUF *PN* 816; **1391** [*one pair of pincers*] fortisipium *Cal. Pl. Mem. Lond.* III 212; *CathA* (v. forcipula). **b** carbone ignito de altari ~cipe Cherubin advecto GILDAS *EB* 72; aderit sed calculus ignis, / forcipe vatidicum solitus purgare libellum FRITH. 4. **c** femina ~cipibus quas tenebat inguina suffodit W. MALM. *GP* IV 163; qui ob nimium dominorum unguem, si forte rudi sectum ~cipe reperiant .. fremunt P. BLOIS *Opusc.* 1023C; ~cipe quam manu gestabat .. virilia visus est illi resecuisse GIR. *GE* II 17 p. 247; illa .. cum digitis ~cipes exprimens .. signo innuebat quod pratum tonsum fuit *Latin Stories* 13; **1556** par forcepum .. ij s. vj d. *KRAc* 428/10 f. 27 cf. ib. 427/18/20: *sheres*).

2 (claw or pincer of) crab.

cancer, ~ceps, *crabba, hæfer, bite GlH* C 199.

3 beak (of bird).

volucres avino ~cipe pipant FELIX *Guthl.* 19; corvus .. cartulam .. rapido ~cipe [*gl.*: i. *bile*] arripuit *Ib.* 37; *Ib.* 39 (v. avinus).

4 nib (of pen).

928 hanc .. breviculam atrae fuscationis pallore depictam ac lacrimosa virginei ~cipis destillatione foedatam signo sanctae .. crucis corroboravi *CS* 663; **930** (v. campulus b).

forceria v. forteressia.

forcerum, ~us, ~a, ~ium [AN, ME *forcer*]

1 strong-box, casket.

1220 unum magnum ~um ad cereos portandos *Cl* 422b; **1229** Gervasio S. iiij d. pro uno ~io ad opus nostrum *Liberate* 8 m. 6; **1241** unum forczarium [v.l. forcarium] cum xxxiij marcis argenti .. assportaverunt *CurR* XVI 1744; **1260** venerunt ad abbaciam suam Glaston' et ibidem seruras hostiorum, coffrarum et ~iorum suorum fregerunt *Cl* 186; **1265** pro uno forcario reparando ad cameram vij d. *Manners* 9; **1275** invenit thesaurum absconditum sub terra in uno forzero *Hund.* I 307b; **1278** in quodam parvo ~io de corio existente in quadam cista stante retro magnum altare *Reg. Heref.* 182; **1286** pro .. una duodena cirotecarum pro domina M. et vij duodenis sotularium .. et pro uno ~o latuno ligato pro .. domina A. *Rec. Wardr.* 221; J. clerico pro uno ~o de corio bullito empto ad imponendas litteras regis .. ij s. *Ib.* 227; **1287** latrocinium fecit .. de j manutergio, j †forferio [l. forserio], j cypho argenti, .. *Eyre Hunts* app. 486; **1290** pro .. reparacione unius forecar' de muga cum duabus clavis emptis ad idem (*AcWardr*) *Chanc. Misc.* 4/5 f. 8 (9); premisse iij cruces .. continentur in quodam parvo scrineo consuto de serico, sub sigillo decani, in quodam alio nigro forsario, in quo quedam alia continentur *Vis. S. Paul.* 312; **1300** unum ~um magnum de cristallo plenum reliquiis *AcWardr* 347; unus ~us coopertus de uno panno de serico cum diversis reliquiis billatis *Ib.* 349; **1301** unum cofferum ad libros et ij ~ia ad candelas *Reg. Exon.* 368; R. .. forsarium .. fregit et cum sigillo .. in dicto forsario invento litteras acquietancie .. fecit *Mem. Parl.* 374; **1323** lego .. xj coclearia argentea que sunt in forsero meo ..; omnia bona mea que predicta E. habet in custodia sua in uno *clotsok* et in uno forserio *RR K's Lynn* I 81; **1323** munimenta regum Scocie .. sunt reposita .. in ij ~iis de coreo ferro ligatis, in iij hanaperiis de coreo nigro coopertis, in ix ~iis ligneis *Anglo-Scot. Rel.* 76; **1340** unum parvum forsorium eborneum in quo continentur duo parva vasa de cristallo garnita de argento .. j aliud forsorium de ligno (*Ac Wardr*) *TRBk* 203 p. 323; **1361** quandam parvam ~am cum cuneis ferr[e]is et aliis instrumentis ad falsam monetam fabricandam *SelCKB* VI 129.

2 (fig.) jurisdiction.

1299 habuit eos ad curiam regalitatis de Tarvays quia manebant in dicta terra de T. tamquam in ~io illius regalitatis de Tarvays *Reg. Aberbr.* I 164.

forchtgeldum v. fotgeldum.

1 forcia [OF *force*], (pl.) pair of shears or scissors.

1243 hospitalarii .. tenent j hidam .. ad reddendum per annum ad gardrobam regis unas ~ias *Fees* 831; **1248** W. .. ludens cum Matillide filia Gunnilde de S. .. per infortunium cecidit super ~ias dicte Matillidis ita quod vulnerabatur et obiit x die *JustIt* 996 m. 28.

2 forcia v. 1 fortia.

forcia- v. fortia-.

forcipula [cf. forceps], tongs, pincers.

a paire of tanges, .. tenalia, forceps, .. ~a *CathA*.

forcitan v. forsan. **forclutum** v. foreclutum. **forczarium** v. forcerum.

1 forda [CL *adj. w. ref. to cows*], pregnant sow.

†fordas [l. forda], sus pregnans *GlC* F 274; **9..** incipit de suibus: .. ~a, *gefearh sugu WW*.

2 forda, ~us [AS, ME *ford*], ford; **b** (as place-name); **c** (as surname).

1250 (v. 1 duna b); **1287** pro guidis conductis ad docendum regi viam .. quando rex .. passavit ~am Tamis' per tres vices *KRAc* 351/28 m. 3; **1359** (v. 2 damma); **1414** cum communa strate predicte de uno furdo usque ad alium furdum *AncD* D 1033. **b** **1169** excepta terra monachorum de ~a *Pipe* 51; homines de ~a r. c. de ij m. *Ib.* 110; incipit prologus domni Joannis venerabilis abbatis de ~a J. FORD *Serm. prol.* **c** **1203** Robertus de ~a r. c. de dim. m. pro eodem *Pipe* 246; **1226** Robertum de ~a *Pat* 84.

fordala, ~is v. 2 ferdella. **fordalium** v. faratalis. **fordarius** v. 1 bordarius b. **fordellum, fordola** v. 2 ferdella.

Fordicidia [CL *n. pl.*], festival at which pregnant cows were sacrificed; (misinterp., taking abl. pl. as nom. sg., *fordicidis*) pregnant cow. (Cf. Paulus Diaconus, *Epitome Festi* 83M: Fordicidis boves fordae, id est gravidae, immolabuntur).

†forbicides, gravide [MS: boves gravide], que et uri dicuntur OSB. GLOUC. *Deriv.* 243.

fordlota [cf. ME *fordlot*], customary payment to ploughmen on Plough Monday. (*Cf. Eng. in Manorial Docs.* 49).

1279 in forleta caruc' post Natale iiij d. *MinAc* 935/6 (cf. ib. 935/7 [**1280**]: dat' carucariis ad primum exitum carucarum post Natale iiij d.); **1290** in consuetudine famulorum pro eorum forlot' *Ib.* 935/12 (cf. ib. 935/15 [**1303**]: pro eorum forthlot'; 935/36 [**1360**]: pro eorum fortlot').

fordlotelondus [ME *fordlotelond*], land held by spec. form of tenure.

1289 v acras vel circiter de forlotelond' *Ac. Swinfield* 217; **1290** pro quieta clamancia .. super v acris terre de fortlotelond' concesse priori et conventui Lanton' juxta Glouc' iij s. *Ib.* 163.

fordlotus [cf. ME *fordlot*], class of (? customary) tenant.

1308 Bureford': .. sunt ibidem viij villani, quorum unusquisque tenet dim. virgatam terre et reddit per annum xvij s. vj d. .. et sunt ibidem iiij forlotti qui reddunt per annum xiij s. iiij d., viz. quilibet eorum iij s. iiij d. et sunt ij cotarii qui reddunt per annum v s. ij d. *IPM* 4/2 m. 2; Coderugge: .. sunt in eodem manerio villani et forlotti et valent eorum opera et redditus per annum xiij li. xviij s. ob. .. Wycheband: .. sunt in eodem villani custumarii et forlotti *Ib.* m. 4.

fordola v. 2 ferdella. **fordwarmannus** v. forewardmannus. **fore** v. 2 esse.

1 forea [ME *forwe*], furrow.

1577 W. F. incrochiavit super solum domine in Woodeffeilde, viz. tres ~eas terre jacent' in *le hyghe wey* (*CourtR Stoneleigh, Warw*) *Shakespeare Birthplace Trust R. O., Stratford-on-Avon*; J. B. incrochiavit quatuor ~eas terre super solum *Ib.*

2 forea v. forera a.

3 forea v. fovea 6.

forebanire v. forbannire.

forebenda [ME *fore bend*], fore-band (of cart harness).

1285 Willelmo fabro pro streitur', hurtur', forbend', anul', rondell', gojon', straitur', et chokett' pro ix carettis *KRAc* 351/18 m. 1.

forecar- v. forcerum.

foreceapum [AS *foreceap*], 'forecheap', forestalling (market).

non licebat eis [hominibus imperatoris] aliquod forceapum [vv. ll. forcheapum, forceaptum] facere burhmannis (*Quad.*) *GAS* 234.

forecetum [? cf. CL forum], (?) market place.

1521 de vj s. viij d. solutis Johanni Collisby pro mundacione ~i hoc anno. .. de vj s. viij d. datis Johanni Grene ursario .. pro agitacione ursarum sc. in ~o hoc anno. .. de vj d. solutis pro cariagio *lez gravell' hill'* a foriceto erga diebus rogacionum (*Beverley Account Roll*) *North Humberside R. O.* (cf. *HMC Rep.* LIV 172).

foreclutum [ME *fore* + *clut*], metal plate for preventing wear on the moldboard of a plough.

13.. in j strak', j forclut', vj gaddis asceri emptis pro tercia caruca, vj d. *MinAc* 931/20 (Norf).

foredrova [ME *fore* + *drove*], form of mortuary gift.

1491 fordruvia, *mortuary gift of horse, cow, etc. led in front of funeral cortege* (*MinAc Essex, Shellow Bowells*) *MFG.*

forefac- v. forisfac-.

foregata [ME *fore gate*], foregate, main gate or road of a town.

a1152 (15c) totam terram eorum apud Wirecestram que est juxta forietam (*Ch.*) *MS Worcs R. O.* 821 BA 3814 f. 57 (= *Ib.* 009/1/BA/2636/9 [iv] f. 57v.); unam mansuram terre in ~a in villa Cestrie *Cart. Haughmond* 212.

foregrippum [ME *fore* + *gripe*], crane or sim. dockside equipment for gripping.

a1153 si aliquis burgensis de Scocia, qui quietus sit de custuma, conduxerit navem ad forgrippum [MSc.: *hyre a schyp to forgryp*] cum vino, blado, vel aliquo suo mercimonio usque ad Berwyk vel aliquem alium portum .. dabit pro sua sede xij d. (*Cust. Portuum*) *APScot* I 672.

foreherda v. forertha.

foreinagium [cf. foreinare], fine for straying.

1493 for' ij d. ad istud [sc. hundredum] venit Johannes B. et debito modo probat j pull' .. precii iij s. in custodia ballivi esse bonum et catallum suum et dat de forinag' prout patet in capite *CourtR* 208/7 r. 3; forinag' ij d.: .. dat de forinagio prout patet *Ib.* r. 5.

foreinare [cf. ME *foreinen*], to stray.

p1340 predicti interrogaverunt unum vadium quia boves forinaverunt et fugantes boves rescussum fecerunt et fugerunt *CBaron* 99.

foreinatio, straying.

Domine Deus .. quam misericorditer reconciliasti me, post multas †forinsecaciones [MS: forinaciones] abs te et offensas (*Oratio*) *G. S. Alb.* II 297.

foreinria [cf. ME *forein*], foreign tenantry or (area of) tenure (W.). *Cf. Anglescheria* b.

1426 forenria de Kedewelly *DL CourtR* 132/2035.

forejurare v. forisjurare.

forelandus, ~a, ~um [ME *foreland*], foreland, outlying land let to tenant on special terms.

hec terra vocatur *Forland* quum non est infra carucatas predictas et debet vicecomiti j d. *Kal. Samson* f. 85v.; **c1200** in tollis et letis et wallis et forlandis et watergangis *Doc. Robertsbr.* 57; **1223** de forlandis assisis iiij s. vj d. *CurR* XI 1346; **a1250** ego Aliz .. dedi .. forlandas apud mare *Reg. Ant. Linc.* V 130; **c1250** pro duabus acris ~i dat x d. *Cart. Rams.* I 468; **1261** cotarii: .. Agnes vidua tenet j mesuagium et j forlandam *RentSurvR* 730 m. 7/3*d.*; **1290** de duabus forlandis xvj d., sc. de furlando Johannis W., quod jacet ante terram ecclesie, viij d., et furlando Rogeri Brumiyr, quod jacet retro burgagium suum, viij d. *MonA* VI 491; **1299** forlandi: Johannes le Paumere tenet j *furlond* per servitium ij s. per annum *RBWorc* 22; **c1300** in forlando *By Northe þefwey* J. de G. tenet j acram *Reg. S. Aug.* 173; **1303** de redditu assiso libere tenencium, custumariorum et tenencium forland' *MinAc* 1143/18 m. 3 (*Worcs*); **1327** (v. hallandum).

forelina [ME *fore* + *line*], line, rein (of cart).

1293 venit .. cum quadam careta .. et cum magno clamore dixit "fuge! fuge!" et non potuit equos suos retinere quia in pendulo fuit et eciam forlina sua fregit, unde una rota dicte carete tibiam dicti J. fregit et in langore jacuit per tres septimanas et moriebatur *Gaol Del.* 36/2 r. 2*d.*; **1362** custus carectarum: .. in ij forelynis de canab' emptis, iiij d. *MinAc* 840/23 m. 1 (*Essex*).

1 forellus [ME *forel*, cf. 1 forulus, *conf. w.* AN *furrel*, furrellus]

1 'forel', parchment or leather case in which silver pence were packed. **b** parchment wrapper in which the marshall of the Exchequer stored tallies and vouchers relating to sheriff's accounts. *V. et.* 1 *forulus* 2.

de Sumerseta habet rex de gildo suo d libras et ix libras in thesauro suo Wintonie, et illi qui portaverunt has Wintoniam habeuerunt xl s. de conregio suo, et inter saginarios conducendos et scriptorem et ~os emendos et ceram dederunt ix s. viij d. *Dom. Exon.* 526v.; **1180** in carriagio thesauri ultimo missi Lond' et pro forrellis et aliis necessariis thesaurii, xxij s. iij d. *Pipe* 131; **1225** faciatis habere eidem W. xx s. ij d. pro vj[xx] et uno ~o ad eandem quintamdecimam imponendam, .. et v s. ad expenses portitorum forulorum .. ad thesaurum, .. et xij d. pro cera ad sigillandum ~os predictos et pro virgis ad tallias faciendas *Pat* 6. **b** **1260** breve est in ~o marescalli *Cart. Beauchamp* 53.

2 'forel', parchment, leather or cloth wrapper for book or documents. **b** cover. *V. et.* 1 *forulus* 3.

1225 pro xx furellis, xl d. *ReceiptR* 7 m. 13*d.* (7); **1233** cum transcriptis rotulorum predictorum positis in quodam ~o *Cl* 300 (cf. *Liberate* 10 m. 9). **b** **1222** item peplum j de serico rubeo; .. item viij paria corporalium cum ~is v (*Invent.*) *Reg. S. Osm.* II 131; **1300** pro .. coffris, saccis, bahudis et ~is emptis pro diversis armaturis imponendis *AcWardr* 355.

3 case (for weapons); **b** (for salt). *V. et.* 1 *forulus* 4.

1209 pro vj furrellis de corio vacce et de feltro ad vj balistas domini regis *Misae* 114; pro duobus furrellis de corio ad loricas ponendas *Ib.* 116; pro duobus furrellis de cute et tribus furrellis de burell' .. ad ponendum arma regis *Ib.* 121; **1213** pro iiij ~is de corio bovino et iiij ~is de panno emptis apud Norhamton' .. et pro eisdem ~is faciendis ad viij bal[istas] domini regis v s. x d. ..; pro ~o ligato ferro ad unam hachiam domini regis faciendo xj d. (*Misae*) *DocExch* 235; **1235** j furrell' ad arcus Turkes' de samicto bruidato *Chanc. Misc.* 3/4; **1435** una balista marquetata cum feverello [? l. fouerello] corii, appreciata cxiiij s. T. *Collect. W. Worc.* 570. **b** **1302** et j forell' arg' pro eodem salari pro sale imponendo, pond' iiij s. vj d. *KRAc* 357/13 m. 3.

2 forellus v. 2 furrellus.

foreloda [ME *fore* + *lōde*], channel in front of embankment.

c**1220** possidebunt wallas et forlodas et watergangas extensas secundum legem marisci et contra mare defendent *Doc. Robertsbr.* 74.

foremannus [ME *foreman*]

1 foreman: **a** man who goes before plough. **b** guild officer. **c** (naut.) captain.

a 1281 in stipendiis viij carucariorum, duorum carettariorum, unius formanni et unius messarii *MinAc* 1089/19 m. 3 (*Yorks*); in liberacione unius formanni herciantis tempore utriusque seminis per vices *Ib.* m. 4; **1311** in stipendiis . . j vaccarii, j formanni et iij bercariorum *Ac. Wellingb.* 108; **1312** cum stipendiis j wodewardi, j fabri, j grangiarii, j formanni caruc', j formanni bercar' et vaccarii et daye, j coci *LTRAc* 18 r. 39 (77) *d.*; **1326** in companagio v famulorum j formann' prout mos est . . . in stipendio v carucariorum et j formanni seminant' semen facient' aqueria et custodient' campum *MinAc* 1148/22 (*Yorks*). **b 1284** provisum est ex consideracione formannorum quod potacio fiet die dominica *Gild Merch.* II 293. **c 1266** universis . . ~is et marinellis et aliis probis hominibus per costeram maris *Pat* 84 m. 30.

2 tenant of (part of) virgate.

1304 vij virgate terre formannorum que faciunt certas consuetudines ad festum S. Mich' et Pascha *IPM* 113/1 m. 4; **1336** sunt ibi [*Writele, Essex*] xxv acremanni et x formanni . . . et predicti xxv acremanni tenent inter se iij virgatas terre et x formanni tenent inter se ij virgatas et terciam partem unius virgate terre, et faciunt pro qualibet virgata terre inter festum Nat' S. Johannis Baptiste et festum S. Mich' qualibet septimana iij opera manualia *Ib.* 48/2 m. 17; **13..** libere tenentes, cotmanni, dimidcotmanni, akermannum, porcarii, formannum, tenentes in mercato (*Ext. Hatfield, Essex*) *HMC Rep.* VII 587.

forencicus v. forinsecus. **forencis** v. forensis. **forendellus** v. ferthendella. **forensecus, forensicus** v. forinsecus.

forensis [CL]

1 of the forum, pertaining to business. **b** of a law-court, forensic. **c** (as sb.) law-court.

forinsis, a foro *GlC* F 299; duo castella Oximis Guaceiumque in vicinio erant, ubi plures acturi ~es causas veniebant Ord. Vit. VI 9 p. 55; a foras [componitur] hic et hec ~is et hoc ~e, i. foris conversans Osb. Glouc. *Deriv.* 217; interrogatus ab amicis quare non ~ibus in negociis versaretur ait . . W. Burley *Vit. Phil.* 100. **b** W. Malm. *GP* I 72 (v. 1 elimare c); s**1139** rex itaque faciat, quod etiam in ~ibus judiciis legitimum est fieri, ut revestiat episcopos de rebus suis *Id. HN* 474. **c** ~es, i. ubi exercentur judicia saeculares *GlH* F 562.

2 (by assoc. w. 2 *foris*) outer, external. **b** detached. **c** remote, outlying. **d** far-fetched, exotic.

versibus quibus ~em sepulchri ambitum decoravit W. Malm. *GP* V 255; levitas occulta forensi / scribitur in cultu Hanv. II 159. **b 1234** mandatum est . . quod . . faciat habere . . meremium ad quandam capellam, quandam coquinam et quandam cameram ~em apud Clarendon' faciendas *Cl* 371. **c** c**1200** duas acras prati in Lissinglea, sc. duas ~iores versus orientem *Reg. Ant. Linc.* V 63; **1303** ipsum . . infra loca claustralia se continere absque exitu ad ~em curiam aliqualem *Chr. Rams.* 386; **1423** (v. 1 dies 11d). **d** ut nulla curiosa indagine ~es queritemus longinquasve sanctorum operationes *NLA prol.* I 8.

3 foreign, belonging to another jurisdiction. **b** (*servitium* ~*e*) foreign service, due to another than one's immediate overlord.

1200 quod nullus . . propter ~es terras habeat custodiam . . filiorum . . sed . . custodiam tenementorum suorum que sunt de feodo suo donec etatem habeant *RChart* 79; s**1238** non posset exequi, nisi de voluntate et consilio ~ium clericorum Gerv. Cant. *GR cont.* 137; c**1241** nullus mercator ~is emat vel vendat extra villam meam de Novo Burgo *BBC* II 244 (*Newport, W.*). **b** manerium quietum est . . ab omni ~i servitio *DB* I 165v.; c**1160** faciendo michi ~e servitium apud castellum de Egermundia (*Ch. W. de Lancastra*) *VCH Cumb.* I 323; a**1176** monachi tantum ~e servitium facient *Ch. Rufford* 811; a**1190** quiete . . ex omni seculari servitio . . salvo ~i ad prescriptam terram pertinente *Danelaw* 305; c**1200** confirmavi eis omnes tenuras et possessiones de feodo meo . . salvo ~i servicio *Rec. Leic.* I 9; c**1220** faciendo forinse servicium *Cart. Sallay* 312.

4 lay (as dist. from ecclesiastical).

qui non solum in istis ~ibus sed eciam in ecclesiis operosa gravaretur architectura W. Malm. *Wulfst.* III 10; si . . judex . . sive sit ecclesiasticus sive ~is *Dial. Scac.* I 8 A; in causis tam ecclesiasticis quam ~ibus Gir. *DK* II 1; c**1236** Gros. *Ep.* 72* (v. decimabilis).

5 (as sb. m. or f.) one who is outside. **b** foreigner, outsider, stranger. **c** one who does not belong to spec. monastery. **d** one who resides outside borough or city.

serenitas aeris immutatur et repentinus ymber ~es tecta subire coegit *NLA app.* 2 II 626. **b** illustres . . monachi a nobilibus regni proceribus gaudenter suscepti sunt et de opibus in aliena regione violenter adquisitis, ut †~is [? l. ~ibus] favor appetit, honorati sunt Ord. Vit. VI 4 p. 19; **1300** si . . peregrini fuerint aut ~es . . ad basilicas . . accedant (*Lit. Papae*) *Reg. Carl.* I 123 (= *Ann. Ed. I* 450: forentesi, cf. forinsecus 5b); deridemur a ~ibus (Wycl.) *Ziz.* 263. **c** liberaciones panis et cervisie tam supervenientibus monachis quam ~ibus et famulis . . fieri faciet *Cust. Westm.* 71; liberaciones forencibus et famulis, quibuscumque debentur . . fieri faciet *Cust. Cant.* 134; **1451** sileatur . . in claustro . . . et hoc non solum a residentibus sed etiam a ~ibus observetur *Mon. Francisc.* II 87. **d 1203** de lxix s. et j d. de redditu assiso de ~i Tiokesbir' antequam liberaretur eidem Philippo de eodem termino *Pipe* 40; **12..** si quis ~is hominem civitatis implacitaverit, non poterit comprobare eum per ~es nisi alter de civitate sit: et si homo civitatis ~em implacitaverit . . (*Cust. Lond.*) *EHR* XVII 713; **1286** placitabant solummodo brevia libertatis burgi Dunstaplie. de ~ibus ibidem alias attornatis nihil *Ann. Dunstable* 335; **1314** de forinsibus qui dicuntur morari infra balleucam *RGasc* 1539; s**1316** (v. 2 causa 1b); **1344** quod nulli ~es in aliquibus inquisicionibus . . absoluti sint *Lib. Kilken.* 9; xiiij illi predicti procuraverant in inquisicione ~es associari *V. Ed. II* 220.

forensiter, in another place, outside one's own manor.

s**1288** factum est duellum in Dunstaple inter duos latrones, et victus est defensor. et probator ductus est Londoniam, eo quod ~iter appellasset *Ann. Dunstable* 342.

forentesus v. forinsecus.

forera, ~is [ME, AN *forere*, OF *foriere*; cf. AS *furh*, *EHR* LXXVI 636–39], strip of ploughed land round a field, headland; **b** (dist. from *capitium, caput, chevicium*). *V. et. forertha.*

a**1190** de dominico suo forarium quod jacet juxta viam apud Northampton' *MonA* VI 427; a**1200** unam acram . . cum duobus forariis et duobus *buttes* secus apud west *Cart. Sallay* 433; a**1200** in terris, pratis et pasturis, cum omnibus ~ibus meis *Danelaw* 43; c**1200** ~am meam ad Roudmor *Ib.* 72; duas forarias simul jacentes et buttant super Have *Ib.* 382; c**1225** dedi . . unam acram . . cum una pertica terre in Karshille que est forrerium juxta terram . . canonicorum *Cart. Osney* IV 341; **1230** (v. divadiare 2); **1230** (v. extendere 4b); **1233** arare fecit et excolere quandam forreram que circumcingit pratum quoddam *BNB* II 599; **1250** habebit quandam foreriam que vocatur Haydoneshaeht *Doc. Bec.* 123; a**1250** v selliones cum suis *acrehefdes* qui abuttant super predictum forarium hospitalis, unum forarium cum suo *acrehefd* super Berg quod jacet juxta terram hospitalis *Reg. Ant. Linc.* VI 107; a**1257** noveritis nos dedisse . . duas *dauahcs* terre . . cum molendino et †fortyris [? l. foreyris] ad dictas *dauahcs* spectantibus *Ch. Coupar Angus* I 123; c**1270** dedimus . . Waltero . . unam ~am terre nostre in Sydeham, illam viz. ~am que jacet in longum juxta gardinum predicti Walteri, continens in longitudine quadraginta et duas perticas et in latitudine secundum metas positas inter culturam nostram et eandem ~am, . . ita tamen quod nos . . possimus . . omni tempore tornare super predictam ~am . . et tranchias facere in eadem ~a . . ad educendum aquam de cultura nostra. ipse etiam Walterus et heredes sui seminare debent eandem ~am quando nos culturam adjacentem seminamus. et omne dampnum quod factum fuerit in cultura nostra adjacente per longitudinem ~e predicte per cujuscumque averia predictus Walterus et heredes sui nobis . . restaurabunt *AncD* C 3830; **1279** idem J. tenet . . unam †forcam [MS: foream; ? l. foreram] herbagii *Hund.* II 711b; **1308** de viij d. de Reginaldo de J. pro forrera juxta Overtoun *Rec. Elton* 131; **1315** ubi . . vir suus fuit . . desuper quandam ~am terre que contigua est cuidam gardine . . versus boream in medio loco illius ~e terre *CoramR* 220 r. 105; **1348** Johannes C. . . fuit seisitus . . de una forreria *Ambrosden* II 101; **1365** alia dimidia acra jacet in furura vocata Pastworthe *Rec. Eton* XII 556; **1381** pro j ~a terre dominice continente dim. acram vocata Stowecresthadlond *MinAc Wistow* 116; **1433** tenendum . . tenementum . . ac xv seliones et foraream terre cum pertinenciis . . . volumus . . quod . . xv seliones et forarea terre cum pertinenciis integre remaneant *Leet Coventry* I 145; hec †foreta [? l. forera], A. *a hedlond WW*; **1549** sursum reddidit . . duas ~as vocatas *hadlands* (*CourtR*) *Kingsthorpiana* 30. **b** a**1200** (v. 1 capitium 2b); a**1200** cum alia portiuncula vie. ferreria una que est in capite culture ipsorum monachorum *Danelaw* 275; **1310** sex chevattas et duas ~as terre arabilis in Heythmundegrave *AncD* A 12083.

forerare, to make into headland.

1283 debent . . habere unam acram de frumento . . ita tamen quod non sit fimata nec faldata nec *forsettere* nec foretata [sic MS; ? l. forerata] super dominicum mensurata, sicut jacet in campo (*Rent. Craumareys, Oxon*) *Cust. Battle* 89.

forertha [ME *fore* + *erþe*], strip of ploughed land round a field, headland. *V. et. forera.*

c**1200** unus seillo jacet *ate* Seerde, et unus seillo *ate* Hauþorne, et una foreda extendit se super assartum Ricardi de Kynefar' *AncD* C 5150; **1234** Rogerus filius E. [tenet] unam †foruhtham in campo occidentali qui (*sic*) quondam fuit drana [? l. drava] domini *Cust. Glast.* 67; **1260** remisit . . xiiij acras et unam forhurtham terre arabilis *Ib.* 225; **1261** apud longa forurda ij acre et dim. *Ib.* 181; **1268** exceptis quinque acris, viz. Estlangacr', tribus acris in la Mullelond, una forherda sub Laungedon' et alia foreherda sub la Knolle *Cart. Glast.* 25; **1275** R. R. tenet manerium de Kyngeston' in capite de domino rege pro una forurda per sergancyam quod sit marescallus de boteler' ad iiij principalia festa per annum *Hund.* II 222; **1285** B. de G. tenet villam de Kingesdone pro j forhurtha de W. de G. et idem W. de comite Glocestrie et comes de domino rege *Aids* IV 285; **1290** item j carta de medietate fururche [? l. fururthe] apud Gussiche de dono Henrici de la P. *Reg. Wint.* 701; concessi . . tres dimidias acras et forardam adjacentem versus occidentem *Cart. Glouc.* I 167.

fores v. 1 foris, 2 forus. **foresfac-** v. forisfac-.

foresheta [ME *fore* + *sheter* = *forward shooter*], headland, strip of ploughed land at the edge of a field (Oxon). (*Cf.* M. Gelling *The Place-names of Oxfordshire* Cambridge 1954, II 446 *s. v.* forthshetere).

[**1279** quod non sit *fortsetere* fimata (v. fimare 1a);] **1399** hec pecia terre prioris vocatur Heraldespece et habet unam forschetam jacentem proxime juxta predictam meram *Ambrosden* II 193; hoc . . furlong' . . jacet inter le Gurdull . . et inter unam forschetam quam Hugo B. tenet *Ib.* 195; hoc furlong' incipit cum una forescheta *Ib.* 197.

foreshetare, (?) to make into a headland (Oxon).

12.. dim. acra forsutata que jacet super Rugge *Cart. Osney* IV 490.

foresposmannus [ME *fore* + *spous* + *man*], class of tenant.

1272 Sengelton' . . servicium ~orum valet per annum iiij s. ij d. *IPM* 42/5; Cherleton' . . servicium unius ~i valet per annum ij s. *Ib.*

foresta, ~um, ~us, ~ia, ~is [LL forestis (silva) < foris]

1 forest, wood. **b** heath.

a**1165** (1307) si pastura infra illorum divisas illis non sufficit, in ~o meo pasturam sine occasione habeant . . et porcos suos sine padnagio *CalCh* III 93; in ~a Map *NC* V 6 (v. exagitatio 2); cum forte transitum faceremus . . per ~am, . . vetula . . respondit quia nemus erat abbatis S. Edmundi Brakelond f. 129v.; itinere . . in una magna ~a . . hospitati sunt *Eul. Hist.* I 73; per mediam vastissime ~e et profundissimorum mariscorum *Croyl.* 64; hic furestus, vel ~us, A. *forest*, . . hec feresta, *a forest WW*. **b 1602** pro uno inclauso vocat' Kentinges cont' xvj acras jacent' inter dictum forrestum vocat' Hulum Heath ex parte occidentale . . *MS Suffolk R. O. Ipswich Branch* HA/53/359/637.

2 land subject to forest law; **b** (dist. by name or location); **c** (dist. as king's). **d** (~*a libera*) grant of rights enjoyed by king in his own forests. **e** (dist. by non-royal owner).

modo est haec terra in ~a *DB* I 179vb (*Heref*); de hac terra iij hidas misit comes in ~a *DB* I 263va (*Chesh*); nulli infra metas ~e habitanti in lucis propriis . . virgas colligendi . . potestatem concessit sine forestariis R. Niger *Chr. II* 167; **1217** (v. forestarius 2a); **1263** habeant communem pasturam in toto ~o meo *BBC* (*Agardsley*) 77; **1299** totus comitatus de Surr' fuit ~a tempore H. regis proavi regis nunc, unde idem H. rex obiit seisitus; et ita remansit ~a ad quartum diem Decembris anno regni regis R. primo qui tunc deafforestavit quandam partem ipsius comitatus *SelPlForest* 117; **1306** secundum assisam ~e *StRealm* I 149; **1489** de firmis terrarum de Manlorn deputatarum vastarum pro forista xxvj s. viij d. *ExchScot* 116. **b** silva . . est in ~a de Windesores *DB* I 56vb (*Berks*); a**1155** recognosco rectum . . quod habet in ~a de Dene *Reg. Heref.* 49; in silva Nove ~e Map *NC* V 6 f. 66v.; cum autem hec interpretacio ostensa esset abbati in ~a de Herlaua . . valde iratus est Brakelond f. 153v.; in ~a de Feckenham *Chr. Evesham* 288; s**1197** dedit eis . . ~um de Alermund cum feris Trevet *Ann.* 157; **1306** rex justiciario ~e sue ultra Trentam *StRealm* I 149; s**1322** in quodam loco ~e de Blakemore Ad. Mur. *Chr.* 37; **1333** in ~a de Clyve, **1438** in ~a . . de Galtrice (v. forestarius 2b); rex . . custodi ~e sue citra Trentam salutem *Reg. Brev. Orig.* 257; in ~a Kilblene proelium atrox committitur Major 230. **c** silva est in ~a regis *DB* I 46ra (*Hants*); ~a regis est tuta ferarum mansio, non quarumlibet set silvestrium, non quibuslicet in locis set certis et ad hoc idoneis. unde ~a dicitur, 'e' mutata in 'o', quasi feresta, hoc est ferarum stacio *Dial. Scac.* I 12; silvam . . que regum ~a fuerat Gir. *RG* III 7; **1223** secundum assisam ~e nostre Angl' *Cl* 527b; **1244** isti sunt mete et bunde inter Hunt', North', et Cant' de ~e domini regis de comitat' Hunt' *TR Forest Proc.* 38 m. 3; **1260** bosci . . qui sunt infra ~am regis de Longa Foresta *Cl* 75; iste . . in ~ia regia . . principalis custos Ad. Usk. 27. **d** a**1214** si liber homo delinquat in ~a libera alicujus baronis cui dominus rex per cartam liberam ~am concesserit . . (*Leg. Forestarum* 21) *APScot* I 692; **1236** terram . . habeant . . in liberum ~um *Melrose* 258; **1494** fecimus . . terras de R. . . tenendas . . in libera ~a

imperpetuum *Reg. Brechin* I 213. **e** **1228** (15c) requisitus utrum boscus ille sit in ∼a episcopi, dicit quod non intelligit *Feod. Durh.* 263; preceperet .. Radulphus omnibus de terra sua, ut equos, armenta, et pecudes in suam ∼am ducerent TREVET *Ann.* 73.

3 (fine for) breach of forest law. **b** forest court.

1103 captura ∼ium remanet in quietudine utrique abbati et Philippo, suum cuique *MonA* VI 1083; hec sunt jura que rex Anglie solus et super omnes homines habet in terra sua: violentus concubitus, raptus, ∼e, relevationes baronum (*Leg. Hen.* 10. 10) *GAS* 556; **1206** robavit ei xl marcas de denariis domini regis de collecta ∼e quos habuit in custodia *SelPlCrown* 94. **b** **1166** in prisonibus conducendis ad Notingeham pro ∼a iiij s. *Pipe* 36; **s1262** fuerunt justiciarii de omnibus placitis ∼e apud Norht' per tres septimanas *Chr. Clun.* 101; **1287** justiciariis itinerantibus ad placita ∼e in comitatu Norhampton' PECKHAM *Ep.* 679.

forestagium, forest service or dues (*cf. Cust. Rents* 144).

†**1084** liberi sint ubique de ∼io, pasnagio, tolneio [etc.] (*Ch. regis*) *Hist. Durh. Script.* p. xvi (cf. *Regesta* 195); **c1150** nullus .. homo potest capere in foresta meremium .. nisi mortuum boscum, pro quo villate vicine dant ∼ium *Feod. Durh.* 233; **1166** ego ipse custodio ferestagium [v. l. forestagium] regis de feodo meo, et debeo ire cum corpore regis in servicio suo paratus equis et armis, cornu meo in collo meo pendente *RBExch* I 333; **a1189** (1464) ita quod idem Alanus et heredes sui habeant de nemore episcopi ad edificandum et comburendum .. quod necessarium fuerit sine vasto et communem pasturam et dent singulis annis pro ∼io vj d. *CalPat* 393; **a1195** nos concessisse .. burgensibus nostris de G. plenariam libertatem in ∼io, reddendo in dim. anno, sc. a Pentecosta usque ad festum S. Martini, pro unaquaque quadriga que ad nemus ibit ij d. et pro equo ij d. et pro homine piscante j d. (*Ch. Hugonis Ep. Durh.*) *Boldon Bk.* app. xl; **a1196** quietus sit dando pro omnibus quadrigis ij d. pro ∼io *BBC* (*Gateshead*) I 53; **1276** propter ista [sc. necessaria ad domus suas constituendum etc.] solvere ∼ia minime teneantur *RGasc* II 14; **1315** lapides .. possint capi sine ∼io, satisfaciendo tamen ad esguardum bajuli et juratorum dicte bastide *Ib.* 1626.

forestallagium, intercepting, buying up of goods before they reach the market, forestalling market.

1290 rex .. amittit .. per forstallagium predictum apud Scheles ad valenciam xx li. *RParl* I 26; de vinetariis: .. de .. supervisu forstallagii *MGL* I 533.

forestallamentum [cf. ME *forestallement*], forestalment, intercepting of goods, forestalling market.

1306 absque .. forstallamento, **1320**, **1355** forstallamenta (v. abrocamentum); **1321** de querelis ministerium et officium piscenariorum tangentibus ut de forstalamentis *PQW* 468; **13..** de .. pena forstallamenti panni lanei *MGL* I 172; finis pro ∼o pannorum *Ib.* 193; **1357** ad inquirendum .. de contemptibus, conspiracionibus, forstellariis, forstellamentis, covinis [etc.] *JustIt* 609; ad hujusmodi forstallamenta et transgressiones audienda et terminanda *Reg. Brev. Orig.* 271v.

forestallare [ME *forestallen*]

1 to ambush, waylay (person).

1290 Willelmus .. Ricardum in vico qui vocatur Pepirstrete .. forstallavit et ipsum in domum ipsius Willelmi vi duxit et ipsum ibidem verberavit *PleaRChester* 6 r. 4; **1293** homines crocee ipsum felonem ducentes forstallaverunt et ipsum felonem adduxerunt de crocea domini regis versus Kyldare *RParlIned.* 32; **1326** forstallaverunt, verberaverunt, et vulneraverunt Rogerum de A. contra pacem *JustIt* 309 m. 3; **1391** Nicholaum de Knyveton .. forstallavit necnon in prefatum Nicholaum .. insultum fecit *Pat* 333 m. 15.

2 to intercept (goods), forestall (market).

s1191 pannos, antequam ad mercatum et locum ordinata in Londoniis venissent, forstallavit *MGL* I 194; nomina †foristallorum [l. foristallatorum *or* foristallariorum] forinsecorum .. burgum emendo vel vendendo foristallantium *Iter Cam.* 1; **1276** Reginaldus de W. ∼at mercatum de Neuham de coreis [sc. et] tanno et tenet ibi tannariam *Hund* I 182b; **c1300** quod nullus emat de alienis .. mercandisas ad forstallandam civitatem *Chain Bk. Dublin* 233; **1308** dicunt .. quod W.M. [et al.] sunt forestallarii et ∼ant villatam de M. ab omnibus mercimoniis venientibus per aquam et terram ad predictam villatam ita quod illi qui bona sua vellent in propriis personis suis vendere non possunt propter hujusmodi forestallatores (*AssizeR*) *EHR* XL 416; **1330** forstallaverit, **1375** forstallavit (v. forestallatio 2); **1426** de amerciamentis diversorum forisstallancium burgos regni manencium extra burgos *ExchScot* 430.

forestallaria [cf. ME, AN *forstallerie*], intercepting of goods, forestalling market.

13.. de foristalria (v. abrocarius); **1330** cognovit quod ipse forstallatores predictos de forstallaria convictos semper punivit pena pecuniaria *PQW* 557; **1357** de .. forstellariis (v. forestallamentum); **1375** est communis forstallator piscium .. obviando pisces antequam ad forum venire potuerunt et sic emit per forstallariam et vendidit ad retalliam et cepit lucrum excessivum *SessPLincs* 100; **s1440** quod .. abbas et conventus .. habeant omnes fines pro .. decepcionibus, conspiracionibus, concelamentis, regratariis, et foristallariis AMUND. II 228 (= *Reg. Whet.* I 33 [**s1448**]: forstallariis); **1547** ad .. procedendum in omnibus .. causis, litibus, criminibus .. malefactis, transgressionibus, regratariis, †forstariis [l. forstallariis] et negociis maritimis quibuscumque (*Pat*) *Foed.* XV 160.

forestallarius [cf. ME *forestaller*], forestaller, one who buys up goods before they reach market.

de forstallariis victualibus venalibus mercatum obviantibus, per quos carior fit inde venditio *Fleta* 75; **1306** quod nullus forstallarius .. obviam eat mercatoribus .. versus predictam villam nostram venientibus *BBC* (*Great Yarmouth*) 294; **1308** (v. forestallare 2); **c1356** forstallarius (v. depressor a); **c1400** quod nullus ∼ius patiatur in villa commorari, qui pauperum sit depressor manifestus .. qui blada, pisces, allec' vel res quascumque venales per terram vel per aquam venientes .. obviando pre ceteris festinet lucrum *Rec. Caern.* 244; **1408** exprimatur .. qui sint ∼ii et qui non *Doc. Bev.* 9; **1449** W. H. et A. J. sunt communes ∼ii et regratarii .. anguillarum *MunAcOx* 590.

forestallatio

1 ambush, waylaying (of person). **b** obstructing (of beast).

1288 pro vulneracione et forstallacione facta Willelmi le Suron *PleaRChester* 6 r. 2*d*. **b** **1184** forstallationem (v. deafforestare).

2 intercepting of goods, forestalling of market.

1330 dicit quod quicumque fuerit forstallator et forstallaverit victualia veniencia ad mercata .. prima vice qua convictus fuerit de forstallacione .. *PQW* 555b; **1355** ne qui forstallatores, privati mercatores, broggatores .. per hujusmodi forstallacionem .. emant .. pisces *StatIr* I 400; **1375** forstallavit xx quarteria frumenti .. per quorum forstallacionem et abducionem blada ubique in patria magis cariora devenerunt *SessPLincs* 96.

3 (? illegal) recovery of impounded or stolen animal.

1535 pro quadam forstallacione dicti ballivi et rescusso facto super quamdam aliam arestamen' de duobus bonis unius equi .. et unius juvenci (*MinAc*) *Rutland MSS Salop.* p. 11.

forestallator, forestaller, one who buys up goods before they reach market.

de foristallatoribus in Burgo. nullus infra burgum habitans vel extra sit tam audax in die fori exire extra portas burgi ad emendum aliquam rem antequam veniat infra burgi januas *Leg. IV Burg.* 72; **1284** empciones regratariorum et forisstallatorum contra libertates dicte universitatis factas *BBC* (*Oxford Univ.*) 297; **1308** (v. forestallare 2); **1330, 1355** forstallatores (v. forestallaria, forestallatio 2); **1375** R. C. emebat per forstallum iiij batellos plenos oystr' diversis vicibus .. et est communis forstallator *Leet Norw.* 63; forstallores (*sic*) feni convicti *MGL* I 600 *tit.*; **1439** ad corrigendum .. regratarios, fristallatores (*sic*) et alios *Reg. Heref.* 245.

forestallum, ∼is [ME *forestal, forestel* < AS *foresteall*]

1 **a** ambush, waylaying (of person). **b** obstructing, blocking (of road or right of way). **c** fine for assault or obstruction.

a forestellum qui fecerit, c s. emendabit *DB* I 172ra (cf. *GAS* 596); **a1185** excepto assaltu meditato et ∼o *BBC* (*Swansea*) 153; **1276** venit dictus ballivus et iterato cepit averium suum, et Johannes .. fecit ∼um eidem *Hund.* I 55a; fecerunt foristallum eidem *Ib.*; **1288** assueti sunt facere ∼um servientibus ballivorum *Leet Norw.* 19; **1305** preceptum est budello distringere Philippum Scley pro ∼o facto prout presentatus in hundredo *CourtR Hales* 523; quod nullus .. replegiare poterit hominem suum de transgressione forisstallis (*Cur. Burgorum*) *RegiamM* I f. 153. **b** dictum est de vestigatione et questione pecoris furati, ut ad villam pervestigetur, et non sit foristeallum aliquod illi vel aliqua prohibitio itineris vel questionis (*Quad.*) *GAS* 191; *forstall*, obstructionem vie vel inpedimentum transitus et fuge averiorum *Fleta* 63; **1275** de jactatione mar[is] accumulavit harenam et lapides, per quam accumulationem dominus Willelmus le Fort .. incepit edificare quandam villam que vocatur Ravenesodd'; et est insula, eo quod mare eam circuit; et est forestall' ad nocumentum [et] dampnum villate domini regis de Grimesb' et patrie *Hund* I 292a (= *Ib.* 402a); **1306** si convincatur de forstallo in strata regia .. commisso xx s. plectetur *Cart. Glam.* 994. **c** habet rex has forisfacturas: handsocam, *gribrige*, *foristel DB* I 1rb (cf. ib. 10vb: *forstel*); habet archiepiscopus iij forisfacturas: latrocinium, pacem fractam, foristellum *Ib.* 4va; rex .. habebat in suo dominio tres forisfacturas, hoc est pacem suam infractam, heinfaram, et forestellum *Ib.* 179ra; **1308** concessimus .. omnia attachiamenta et correctiones pertingentes ad tolneta sua et omnia forestalia [v. l. †forestallaria] mercandizas †venientas [v.l. venientes] .. ad villam nostram tangentia (*Ch.*) *Board of Celtic Studies Bull.* II 248; **1330** abbas quesitus quid ipse clamat habere per forstall' dicit quod quicumque fuerit forstallator et forstallaverit victualia veniencia ad mercata .. ipse clamat .. amerciamenta .. capere *PQW* 555; **1359** onerat se de xlv s. v d. receptis de custuma de Dunde .. . et de xlvij s. ij d. de forstallis *ExchScot* 4.

2 intercepting of goods, forestalling market.

1250 quod nullus extraneus faciat forstallum in civitate *BBC* (*Canterbury*) 295; **1289** pro forstallo (v. deterioratio 2, forbarramentum); **1290** (v. denariata 2); **1313** forstallum (v. butyrum); **1313** de T. le N. quia emit .. pisces aque rescentis venientes versus forum N., faciendo forstallum cariorando victualia *Leet Norw.* 55; **c1324** nullus .. exeat obviam illis qui ducunt .. piscem ad civitatem ad forstallum inde faciendum *MGL* II 117; **1375** G. de B. et W. le Blacomoor emebant blada per forstallum diversi generis ad summam cccc quarteriorum *Leet Norw.* 62.

3 (? illegal) recovery of impounded or stolen cattle.

1284 de forstallis, hoc est de recussu averiorum *Rec. Caern.* 121.

4 'forestall', space in front of building or approach to it (*cf. PN Elements s. v.* forestall); **b** (in surname).

?**1100** (1285) dedi eis forstallum quod est ante portam ipsorum .. et terram que jacet ex utraque parte ejusdem forstalli *ChartR* 73 m. 22 (cf. *MonA* VI 215); **c1225** unam viam que ducit de foristallo quod fuit Turcetini molendinarii usque ad .. molendinum *Reg. S. Aug.* 485 (cf. ib. 119, 238: de forstallo); **1285** terram que fuit Elsii Cementarii cum quodam forstallo quod jacet inter terram illam et terram ecclesie *ChartR* m. 22; **1286** parva porta cum foristallo ante portam predictam *IPM* 45/1 m. 7; **1334** mesuag' jacet inter quoddam comune forstallum versus *South* et terram G. H. versus *North AncD* A 11736; medietas unius mesuagii et unius columbar' cum gardino et forstall' *Reg. Brev. Jud.* 70v. **b** redditus de villate de Wy: .. Albreda de Forstallo vj d. ob. quad. *Cust. Battle* 115; Willelmus de Forastallo *Reg. S. Aug.* 120; heredes Henrici de Forstallo .. Martinus de Foristallo *Ib.* 133.

5 front part of a cart.

1319 custus carectarum .. . in ij novis scalis et ij novis forstol' factis ad carect', iiij d. ob. *MinAc* 992/10 m. 2.

forestare [cf. afforestare], to bring under forest law.

1279 G. comes .. inclusit c acras terre et plus cum foveis .. et eadem ∼avit et annexavit ad leucatam suam predictam *PQW* 349; **s1336** [Kyngesdelf] semper permansit in foresta domini regis dum comitatus Hunt' fuit ∼atus *Chr. Ramsey* 353.

forestaria

1 office of forester, keeping of forest.

c1172 concessimus Willelmo de S. Johanne ∼iam foreste nostre de B. *Act. Hen. II* I 580; **1190** Willelmus de Lisoriis debet cc m. pro habenda ∼ia sua *Pipe* 29; **1201** facit se forestarium cum non debeat ∼iam habere *CurR* I 469; **1228** terras .. tenuerunt de abbatia .. per servicium militare antequam haberent ∼iam marisci de S. vel in feodo vel in ballio *Cl* 19; **1269** rex commisit Hascullo .. dictam ballivam custodiendam, viz. ∼iam de comitatu Leycest' et similiter Roteland', qui eam custodivit toto tempore suo et qui per longum tempus vixit *SelPlForest* 45; **1330** clamat habere ∼iam, [? sc. officium] viz. custodiendi forestam *PQW* 637; **1333** pro balliva ∼ie de Gravelee *LTRMem* 105 m. 53*d*.; de balliva ∼ie haie de P. *Reg. Brev. Orig.* 257.

2 forestry service, dues, or jurisdiction. **b** (?) tree-felling.

1179 vicecomes r. c. de xxv s. de terra Petri de B. de foresteria que est in Oxinf' scr' *Pipe* 66; **1199** liberos et quietos ab omnibus oppressionibus et exaccionibus, sc. scotis, geldis .. ∼iis *RChart* 6; **1212** Thomas filius A. [tenet] vj bovatas .. per ∼iam *Fees* 228; **1219** per serjanciam ∼ie *Ib.* 268; **1241** faciendo servicium quod pertinet domino regi .. hoc est de forestria *CurR* XVI 1533. **b** **1186** vicecomes r. c. de x s. de R. de S. P. quia fecit ∼iam contra assisam regis *Pipe* 15.

forestarius

1 of forest.

1517 rex .. dimisit .. terras et locum ∼ium de Aikwod *RMS Scot* 160.

2 (as sb. m.) forester (*cf. wodwardus*); **b** (dist. acc. rank or condition of service; **c** (w. facet. pseudo-etym. gl.); **d** (as surname).

∼ius tenet dimidiam virgatam terrae *DB* I 180vb (*Heref*); rex .. fecit [eum] foristarium de silva regis *Ib.* II 5v. (*Essex*); *wudenweard*, i. e. custodi nemoris vel ∼io, jure cedit lignum omne vento dejectum (*Quad.*) *GAS* 452; R. NIGER *Chr. II* 167 (v. foresta 2a); GERV. TILB. II 12 (v. custos 6e); **c1215** adhuc concedo ut milites, qui in antiquis forestis meis suum nemus habeant, .. habeant foresterium

suum, et ego tantum modo unum, qui servet pecudes meas (*Ch. Regis*) *EHR* VIII 291 (cf. ib. IX 117–21); **1217** quod nullus foristarius noster in bosco suo dominico se intromittat *Cl* 299a; **1217** tot ~ii ponantur ad forestas custodiendas quot [MS: quod] ad illas custodiendas racionabiliter viderint sufficere (*Ch. Forestae*) *SelCh* 346 (= *SelPlForest* cxxxvi); **1241** (v. dubitare 4a); **1306** quod .. ~ii .. presentent easdem [transgressiones] ad proxima swanimota coram ~iis, viridariis, regardatoribus, agistatoribus et aliis earundem forestarum ministris *StRealm* I 148. **b 1130** vicecomes r. c. de lx s. de minutis ~iis *Pipe* 39; **1217** nullus forestarius .. qui non sit ~ius de feudo reddens nobis firmam pro balliva sua capiat chiminagium (*Ch. Forestae*) *SelCh* 347 (= *SelPlForest* cxxxvii); **1235** (v. capitalis 7a); **1237** rex omnibus ~iis de feodo et viridariis *Pat* 47 m.6; **1269** Petrus multos habuit ~ios sub ipso .. qui habebant garciones sub eis ad dampnum et superoneracionem tocius patrie ... et preceptum est quod nullus ~ius pedes habeat sub se garciones in foresta *SelPlForest* 52; **1270** per .. Robertum de E., ~ium feodi, et .. ~ios juratos ejusdem R. *Ib.* 61; **1275** (v. emerlio); **1279** in .. foresta consueverunt esse ~ii, sc. unus de feodo propriis sumptibus suis .. et unus ~ius eques et duo ~ii pedes *SelPlForest* cxxxviii; **1287** nullus .. deferat arcas vel sagittas in foresta nisi sit ~ius juratus extra viam regiam *Ib.* 64; **1333** quod illa virgata terre cum pertinenciis quam T. de Y. .. tenuit per serjantiam essendi ~ii de feodo in foresta de Clyve *LTRMem* 105 m. 45; **1438** officium unius ~iorum nostrorum itinerancium infra le Northbaillie in foresta nostra de Galtrice in com' Ebor' *Pat* 443 m. 20. **c** homines isti et satis proprie nuncupantur ~ii, foris namque stabunt a regno Dei Ad. Eyns. *Hug.* IV 5 p. 26; Hugo .. ait "qui vos?" responderunt "~ii sumus". ait illis '~ii foris stant Map *NC* I 9 f. 8. **d 1138** concessio facta est .. astantibus .. Andrea de D., Petro R., Brientio de M., .. Fulchone ~io *Act. Hen. II* I 5; tres filie Stephani ~ii sunt in donacione domini regis *RDomin* 35; **1219** Petrus Foristarius cognoscens se esse latronem .. *CurR* VIII 142; **12..** ante domum Saeri forasterii *Reg. Malm.* II 36; **1296** in ij lignis emptis a Thoma ~io *Ac. Galley Newcastle* 181.

forestellum v. forestallum. **foresteria** v. forestaria. **foresterius** v. forestarius. **forestria** v. forestaria. **forestura** v. forisfactura 2b. **foreta** v. forera. **foretata** v. forerare.

forewardinus [cf. ME *foreward*], guild officer.

1314 postea forwardini venerunt et concordati sunt *Gild Merch.* II 308; **1481** quod omnes qui sunt de xxiiij forwardinis sint ad maneloquium tenendum ibidem *Ib.* 345.

forewardmannus [ME *foreward man*], guild officer.

1262 (v. diffacere c); **1302** consideratum est per omnes †foreworwannos quod vidue .. quiete sint de omni consuetudine *Gild Merch.* II 298; **1328** de gracia domus concessum est ei per omnes †fordwarmannos *Ib.* 321; **1329** rotulus forwardmannorum de domo inferiora *Ib.* 9; **1479** consideratum est per omnes ~os ville .. quod .. J. habeat .. gildam *Ib.* 11.

forfaitare [cf. forfaitura, OF *forfaire* < forisfacere], to forfeit.

s1216 regnum forfetavit per mortem Arthuri *Ann. Lond.* 18 (= M. Par. *Maj.* II 651: forisfecit).

forfaitum [OF *forfait* < forisfactum], forfeiture.

c1155 non faciant aliqua servitia seu consuetudines .. sive in scutagio, nec in forfaito sive in placito aliquo *Danelaw* 192.

forfaitura [OF *forfaiture* < forisfactura], forfeiture.

c1140 nullus homines suos nec res eorum injuste disturbet super x li. forfecture *Cart. Blyth* 297 p. 191; **a1200** prohibemus ne aliquis eos inde desturbet super ~am x li. turonensium (*Ch. Ric. I*) *Ordonnences des Roys de France* V 317.

forfangium [AS *forfang*], reward for recovery of stolen property.

de ~io furtivi hominis (*Quad.*) *GAS* 25; de weregyldi furis ~io [v. l. forisfangio]; .. de furtivi captalis ~io [vv. ll. forsfangio, forisfangio] (*Ib.*) *Ib.* 27; si .. aliter inveniatur occultum, tunc potest *forfang* [vv. ll. ~ium, forisfangium] esse minoris precii (*Ib.*) *Ib.* 391; de xij d. de forvengio [v. l. *forvenge*] *Ac. Beaulieu* 89; **1287** vj d. de forfench' et pro trans' de Willelmo D. *Hund. Highworth* 322; **1297** de ij s. de Johanne molendinario pro forfongio unius vacce *Ac. Cornw.* 117; **1442** un[de] dat d[omi]ne de forfing[io] iij d. *CourtR* (*Wilts*) 208/5 m. 3.

forferium v. forcerum.

forfex [CL], shears, scissors; **b** (as rent). **c** shearer.

non cirros capitis ferrata forfice dempsit Aldh. *CE* 4. 7. 15; *Id. VirgP* 9 (v. forceps 1a); quod periti legis auditores suos .. quasi ~ice praepararent Bede *Sam.* 682; ~ices, *scerero*, .. ~ex, *isernscereru GlC* F 263, 279; Alcuin *Orth.* 2335 (v. forpex); ~ices, *ræglsceara GlH* F 644; caput .. meum tonde cum forvice, prolixi sunt enim cincinni Ælf. Bata 4. 25; pater arreptis ~icibus accessit ad cadaver, volens pelliculam abscidere W. Cant. *Mir. Thom.* II 48; forcipe fila, filum cape ~ice, forpice ferrum Osb. Glouc. *Deriv.* 218; quicquid filo ac ~ice manibus fieri solet .. pedibus ista compleret Gir. *IK* II 11; Dalida fatales furatur forfice crines Garl. *Epith.* I 475; cum ~icibus .. incide fortiter stringendo Gad. 134. 2. **b 1260** reddendo .. annuatim ad scaccarium regis .. j par ~icum precii iij d. *Cl* 290. **c** [ex brachio regis] exivit vermis magnus qui vocatur ~ix *Descr. Constant* 261.

forficula [CL *pl.*], little shears, scissors; **b** (fig.).

hec ~a, -e, i. parva forfex Osb. Glouc. *Deriv.* 218. **b** si princeps aliquam affirmet nugulam / quam palpo comperit a vero nudulam, / oris accomodat statim forficulam [MSS: forciculam, forsiculam] / parans mendacio tropi tuniculam Walt. Wimb. *Palpo* 100.

forfingium, forfongium v. forfangium. **forgabulum** v. forisgabulum.

forgea, ~eum [OF *forge* < fabrica], forge, smithy. **b** (~*ea ferrea* or *ferri*) forge for iron-smelting. **c** (~*ea operans* or *iens*) working or 'going' forge. **d** (~*ea itinerans, errans,* or *transferenda*) moveable forge.

vj fabri erant in civitate; quisque eorum de sua ~ia reddebat j d. et quisque eorum faciebat cxx ferra de ferro regis *DB* I 179ra; **a1161** concessi et donavi Roberto priori .. in elimosinam tres ~ias, unamcumque pro xx s. *BM Ch.* 41; **1202** cum esset in servitio domini sui W. apud ~iam *SelPlCrown* 18; **1229** vidende sunt ~ie et minerie, in cujus feodo fuerint in foresta ..; et inquirendum quales consuetudines et redditus reddant *Pat* 287 (= *Fleta* 89); **1295** de firma unius ~ii fabricantis ferrum in bosco de Berden' *MinAc* 1090/3 r. 1; **1308** dummodo .. N. [faber] in libero servicio, excepto servicio ~ii, deserviat (*AncExt*) *DocExch* 149; **1312** ex opposito cujusdam ~ei *Ib.* 219; **1409** mundacio situs forgeii (*sic*): .. computat .. mundanti situm pro una nova ~ea desuper edificanda pro combustione minere ferri ibidem .. pro uno alio ~eo ibidem videndo, ita quod artifices istud ~eum facientes melius poterit informare in edificacione ejusdem (*Audit. Durh.*) *EHR* XIV 517. **b 1331** de mercatoribus habentibus ~eas ferri *PQW* 138; **1349** de providencia instrumentorum provisorum .. pro una ~ea ferrea tunc levata .. : petit allocari pro j pari de *blombalys* [etc.] *MinAc* 802/4 r. 2*d.*; **1409** nove ~ee ferri (v. approvator 2a). **c 1220** quod .. non permittatis de cetero aliquam ~iam esse operantem ad viride vel ad siccum in foresta nostra de Den' preter ~ias nostras dominicas *Cl* 428; **1296** de firma unius ~ie euntis in la Roundehaye *MinAc* 1145/21; **1321** heyrones aerantes ibidem evacuebantur per ~eas in dicto parco euntes tempore comitis *Ib.* **d 1226** omnes ~ias forestariorum de feodo de foresta de Den' itinerantes ibidem prohiberi faciat, ita quod nulla earum de cetero itineretur sine precepto domini regis *Cl* 120; permittat H. .. habere ~iam suam itinerantem ad siccum in bosco suo de Lideney *Cl* 123; **1228** mandatum est Rogero de C. quod permittat Mabiliam de C. habere ~iam suam itinerantem ad siccum in foresta de Den' *Cl* 74; **1231** quod habeat unam ~iam itinerantem in foresta regis de Dena *Pat* 451; **1282** ~eam errantem (v. 3 errare e); **1308** ~iam .. transferend' (v. 2 astrum 1c).

forgeare, ~gere [OF *forgier*, AN *forger*, < fabricare], to forge, smith.

1287 pro carbonibus emptis pro dictis armis ~endis et emendandis *KRAc* 351/28 m. 3; **1409** de cclxxviij blemes (*sic*) ferri provenientibus de exitibus minere puteorum predictorum, et in forgeo predicto ~eatis, factis, et fabricatis per tempus compoti .. quorum quodlibet blome continet xv petras et quelibet petra continet xiij li. (*Audit. Durh.*) *EHR* XIV 529.

forgeldum v. fotgeldum. **forgere** v. forgeare. **forgeum, forgia, ~ium** v. forgea. **forgrippum** v. foregrippum.

forguarium, (?) sort of ornament for the ear.

1290 jocalia .. que remanent penes reginam: .. pro viij ~iis [MS: forguar'] ad aures mundandis [MS: mundand'] cum laqueis de serico emptis .. x s. *Househ. Eleanor* 85.

forherda, forhurtha v. forertha.

forica [CL], latrine, lavatory, privy. **b** dunghill.

~a, latrina, secessus *GlC* F 301; ~a, locus in foro ubi inmunda fluunt Osb. Glouc. *Deriv.* 242; hec ~a vel cloacha, *privee Gl. AN Ox.* f. 148v.; hec furica, hec cloaca, *longaine Gl. AN Glasg.* f. 20rc; hec ~a, *a prevy*; .. hec foruca, *a prewy WW*; **1551** una ~a vocata *a close jakys Pat* 840 m. 15; **1567** una communis ~a pro servientibus domini *Surv. Pembr.* 239. **b** *donghylle*, .. †*myddyl or dongyl*, .. *mukhylle or donghylle* .. ~a *PP*.

foricetum v. forecetum. **forieta** v. foregata. **forifacere** v. forisfacere. **forigo** v. 1 forago. **forinaculum** v. firmaculum. **forinagiarius** v. formagiarius. **forincecus, forincescus, forincessus, forincesus, forincicus, forinciscus, forinscecus,** v. forinsecus.

forinsecare, ~ari [cf. CL forinsecus]

1 to banish, put out.

inquinat Allecto serve presepia mentis / affectusque pios, sacrumque forinsecat ignem Hanv. VII 256.

2 (dep.) to stray.

elongari a Deo meo .. ~ari in regionem longinquam *G. S. Alb.* II 298.

forinsecatio v. foreinatio.

forinsecus [CL *adv. only*]

1 (adv.) on or from the outside, from without. **b** outwardly.

adclinis destinae quae ~us ecclesiae pro munimine erat adposita spiritum vitae exhalaret ultimum .. eadem destina in munimentum est parietis .. ~us adposita Bede *HE* III 17; **799** tanta devotione ecclesias .. a perfidorum doctrinis intrinsecus purgare .. niteris, quanta ~us a vastatione paganorum defendere .. conaris Alcuin *Ep.* 171; calor .. et .. siccitas erant, que ~us expugnantes .. juvabant Ord. Vit. VIII 13 p. 341; cum .. apud hostes ~us pacem locasset pecunia Elmh. *Cant.* 282. **b** ut insinuentur praedicatores .. operum claritate ~us esse debere conspicui Bede *Tab.* 448.

2 (adj.) outdoor, outside.

sponsa semper in domo .. sponsus quod masculo convenit ad ~a potius opera vinearum .. vel hortorum .. evocet Bede *Cant.* 1100; ne me aestimes .. ~ae et solitariae sessionis causam nescire *Id. HE* II 12 p. 108 (= Ciren. I 116).

3 outer (of building or part of it). **b** (w. *domus*) outhouse. **c** outlying, remote, outside bounds of manor or sim. **d** (as sb. n.) outlying land.

1203, 1261 (v. 2 baillium b); **1208** (v. dicdelvum); **1231** (v. curia 10b); ad hostillarium ~um .. comedere debet *Cust. Westm.* 88; **12..** captum fuit ~um castrum usque ad turrem Gerv. Cant. *GR cont.* II 235; de locutorio ~o lapides molares .. levaverunt *Ib.* 309; furcas erigere ante ~am januam prioratus *G. S. Alb.* III 258. **b 1221, 1235** (v. 1 domus 11b); nocte .. illa lectum suum parari precipuit in quadam domo ~a in qua nunquam ante dormire consueverat *Latin Stories* 109. **c a1189** (v. bovata 1a); **1219** vicecomes fecit ei seisinam de omnibus terris predictis ~is *CurR* VIII 163; **1227** mandatum est .. quod habere faciat abbati de F. viij quercus in foresta de C. in ~o bosco extra dominicas hayas domini regis *Cl* 11; **c1257** duas acras terre in cultura ~a versus boream *Ch. Sal.* 329; **1263** cum magna multitudine navegii in forencicis insulis Scotie applicuit *AncC* VII 169; **1269** forestarium .. assignavit ad custodiendum chiminum inter S. et B. quod est in ~a divisa foreste *SelPlForest* 51; **1270** in stipendio et expensis J. Aylmer, ballivi hundredi forinsesi, pro secta ad comitatum Wilton' *Ac. Stratton* 33; **1282** de dominico forinsceco (v. dominicus 3c); de pasturis forincecis *FormMan* 26; de boscis ~is *Ib.*; **1313** in j homine emendent' [*sic*; ? l. emendant'] preccas viarum forensicarum causa carecte *Fabr. Exon.* 64; omnes terras .. regni Scocie et eciam ~as insulas .. conquestus est *Meaux* II 371. **d 1261** ~um Novi Castri .. vij s. et x d. *Cl* 1264–8 p. 536; **1301** habet seysinam in uno messuagio in forincesco cum curtilagio *CourtR Hales* 415.

4 (from) outside (local community or jurisdiction), foreign; **b** (of tenant). **c** (w. ref. to merchant, borough, or nation). **d** (w. *servitium* or sim.) foreign service or due owed to another than one's immediate overlord; *cf.* 6 *infra*. **e** (of beast) from another manor, stray.

Hugonem .. aliosque ~os hostes undique michi procuravit Ord. Vit. V 10 p. 389; sicutque omnes .. immunes, liberi, et quieti ab omnibus provincialibus summonitionibus .. et ~is querelis (*Ps.-Cnut*) *GAS* 621; si quis canonicorum seu vicariorum ~orum .. obierit *Reg. S. Osm.* I 375; dum castri custodes nullis forincecis consolarentur auxiliis *Ps.*-Elmh. *Hen. V* 46; **s1455** bella intestina .. sive civilia, extranea, vel forinceca *Reg. Whet.* I 179. **b 1284** foren[seci], **1344, c1370** forinceci (v. espedor). **c 1204** mercatores ~arum terrarum qui abduxerint ab Anglia .. mercandias *Pat* 42b; **1291** permittit homines ~os mercandizare secrete infra seldam suam contra libertatem civitatis N. *Leet Norw.* 38; **1311** forincessis (v. extrinsecus 5d); **s1340** verisimiliter de mercatoribus forincesis qui non morantur in civitatibus et burgis Knighton II 15; Bononie, Colonie, .. et ceteris partibus ~is *Eul. Hist.* I 226; **1390** respondent de iiij li. xviij s. iiij d. receptis de pannariis †fornicis *Ac. Bridge Masters* 9 m. 1; nullum permiserunt ~um piscatorem transire per urbem Wals. *HA* II 66; **1419**, *Entries* 157 (v. attachiamentum 4b); **1481** quilibet forincicus artifex qui non est de societate gilde ville .. *Gild. Merch.* II 345. **d a1162** concessi .. xij bovatas terre in Hundigton .. liberas et quietas ab omnibus placitis et querelis et demandis, excepto quod reddent ~um servicium cum venerit quantum pertinet ad tantam terram de eodem feodo in eadem villa *Danelaw* 279; **1200** consideratum est quod auxilium et hidagium non sunt ~um servicium *CurR RC* II 226; **c1200** (v. bovata 1a); sunt quedam servitia que dicuntur ~a .. quia pertinent ad dominum regem et non ad dominum capitalem Bracton f. 36; **1239** (v. bovata 1b); **1277, 1278** (v. 1 cornagium a); **1285** quiete clamavit .. de .. uno †frecingo servicio vj d. *Cart. Chester* 176; **c1380** terra de qua facit ~um servicium *Conc. Scot.* I ccxxxviii; **e 1198** quod .. non habeant averia ~a in .. bosco *Fines RC* II 2; **1327** (v. bestia 2b).

5 (sb. m.) one on the outside; in quot., besieger. **b** one from outside local community or jurisdiction, foreigner; **c** (eccl. or mon.). **d** (w. ref. to borough or guild).

inclusi et ~i diversis cavillacionibus mutuo exercebantur ORD. VIT. X 18 p. 100. **b** intimi et ~i me invaserunt *Ib.* VII 8 p. 190; c**1238** de mercatoribus forincecorum et intrinsecorum *Law Merch.* I xxxviii; **1253** habeant catalla fugitivorum .. et eciam catalla ~orum qui infra libertatem ipsorum judicati fuerint *Cart. Brecon* XIII 290; **1300** si vero peregrini fuerint aut forentesi .. ad basilicas .. accedant (*Lit. Papae*) *Ann. Ed. I* 450 (= *Reg. Carl.* I 123: forenses; cf. forensis 5b); alienigenas, forincecos et uterinos .. non desiit convelare *FormOx* 425; licet a paucis, et forsan ~is, acciderit aliter divulgari *Reg. Whet.* II 366. **c** **1277** omnes intra fores monasterii existentes, ~i vel claustrales, intersint capitulo *Doc. Eng. Black Monks* I 71; **1329** ordinatum est .. quod nullus receptabit forincecos nec intrincecos male se in glaniacionem seu aliter gerentes (*CourtR Halton*) *EHR* XLV 212. **d** **1221** si quis ~us manens extra civitatem .. implacitatus fuerit .. si aliquis ~us voluerit aliquem de civitate implicitare .. *MGL* I 63; **1229** memorandum de ~is et aliis in gilda ultima intratis *Gild. Merch.* II 212; **1252** rotulus de forincesis de gylda mercantoria *Ib.*; per duodecim burgenses dicte ville, sine commixtione ~orum *G. S. Alb.* II 158; **1518** forincecus est et non burgensis (*CourtR Tolsey*) *Law Merch.* 131.

6 (sb. n.) service or due owed to another than one's immediate overlord. *Cf.* 4d *supra.*

1212 dedit .. Hugoni filio Roberti dim. carucatam terre pro x s. et forenseco *Fees* I 170; **1218** Radulfus .. tenuit .. dim. carucatam terre faciendo ~um *Eyre Yorks* 366; **1255** dederunt annuatim domino regi vj d. nomine forinceci *Hund.* I 23; **1255** salvis mihi omnibus ~is, homagiis, redditibus, [etc.] *Foed.* I 569; c**1300** Henricus de P. .. arat et herciat et facit ~um .. Willelmus de H. .. arat et herciat et facit omnia ~a *Pri. Cold.* app. p. cii.

7 (adj.) foreign, extraneous, concerned w. external affairs; **b** (of abstr.). **c** (as sb. f. or n.) extraneous item or expense. **d** extraneous subject or secular matter.

1298 quod nullus .. minister noster ~us in predictis terris .. se intromittet nisi in defectu burgensium *BBC* (*Newcastle-on-Tyne*) 156; **1311** (v. computus 2a); **1333** Johannes de T., clericus, admissus est per barones .. ad officium auditoris ~orum compotorum hic in scaccario *LTRMem* 105 m. 23; **1364** (v. expendere 3d); **1376** in expensis forincecis per W. T. *Ac. Obed. Abingd.* 26 (cf. ib.: pro extraneis expensis); **1429** forinceca recepcio (*tit.*) *Ib.* 101; erunt isti excusati ab omni officio ~o, sc. provisoris, procuratoris, cellarii, eleemosynarii, coquinarii, [etc.] *Croyl.* 49; **1451** hic incipiunt lete forincisce *DL CourtR* 116/1789 m. 2; **1471** quod bona .. ad valens xlv s. viij d. de exitibus suis ~is coram baronibus de Scaccario .. exponas *Paston Let.* 766 II 405; **1479** tot fuerunt firme forincece insolute *Eng. Abbots to Cîteaux* 68. **b** **948** nullo modo in rerum ~arum habitu reperiam *CS* 860; cum .. a ~is rebus requies data fuisset .. OSB. *V. Dunst.* 34; habebat R. abbas nepotem ~orum studiorum prudentem *Chr. Abingd.* II 35; **1364** (v. extrinsecus 5d); pene omni ~a certitudine destitutus, tenebras ignorancie crassas palpo ELMH. *Cant.* 309. **c** **1300** est .. ~um quicquid officialis quilibet aliunde recipit quam a propria recepcione officii sui, et quicquid expendit in aliis usibus quam sui officii memorati *Ac. Beaulieu* 51; **1358** summa totalis ~arum. summa infra estimacionem iij li. iiij s. ij d. (*Ac. Univ. Ox.*) *EHR* XXIV 743; a**1385** forinceca (*tit.*) *Cant. Coll. Ox.* II 128. **d** defuncto .. Laurencio priore, prioratum accepit Absalon, vir quidem de ~is edoctus, sed minus literis eruditus G. COLD. *Durh.* 7; causas et ~a fratribus ad hoc idoneis delegavit J. SAL. *Anselm* 1019D.

8 (by assoc. w. *forum*) of a market.

1471 die forincico (v. foralis 1).

forinsis v. forensis.

1 foris [CL]

1 door, doorway (of room or building); **b** (fig.). **c** (*in, prae,* or *pro* ~*ibus*) at or before the door, in the vestibule. **d** (fig.) near, at hand. **e** at the beginning, at the outset.

munera larga ciborum / ante fores antri cernunt ALDH. *VirgV* 1593; c**802** abeuntes eum dimiserunt ante ~es ecclesiae stantem ALCUIN *Ep.* 246; foribusque patentibus illam / perquirunt WULF. *Swith.* I 1190; a**1195** (v. disclaudere a); ostiola abscondita jam versa sunt in januas et ~es patentes GIR. *GE* II 32 p. 322; **1204** venit ad domum suam .. et nequiter fregit ~as (*sic*) grangie sue *CurR* III 93; nuncii .. morantes in curia pape .. accedunt ad palacium, et inter ~es seu portas expectant donec possint ad cameram introduci ad papam HOLCOT *Wisd.* 40; **1370** cepit viij s. et ij ~es ad reparacionem dicti cotagii *Hal. Durh.* 101; cum ferro solido clauserat ipse fores, / ne queat exire mulier *Latin Stories* 181 (cf. ib.: docuit / ut strueret sublime sibi conclave petrinum, / unum posticum conderet huicque forum). **b** me adveniente ad ~es regni caelorum BEDE *HE* III 25 p. 189. **c** **8.** .. in ipsis ~ibus, *on ðam forðtege WW*; **9.** .. pro ~ibus, *beforan þæm durum WW*; visum .. sibi est se sedere prae ~ibus domus suae ÆLF. *Æthelw.* 2 (cf. WULF. *Æthelw.* 2); ad ducis tentorium usque pervenientes, illum in ~is [l. in ~ibus] cum duobus suis senibus concubantem repererunt *G. Herw.* f. 322v.; **1277** in ecclesia et ~ibus ecclesie de Leominstre *Reg. Heref.* 139. **d** mortem ipsius in ~ibus esse previdebam P. CORNW. *Rev.* I 205; s**1250** quia mors in ~ibus erat .. episcopus .. ipsum .. absolvit M. PAR. *Maj.* V 216; dum mors erat in foribus J. HOWD. *Cyth.* 62. 5. **e** statim .. pro ~ibus ait .. GIR. *Invect.* I 2 p. 85; **1520** nonnihil doli suspicabar esse in ~ibus et res nostra lente processerat *Ep. Erasm.* IV 1061 l. 544.

2 foris [CL]

1 (adv.) on the outside, out of doors, outside. **b** outside the community. **c** (*ponere* ~*is*) to alienate.

V. Cuthb. II 6 (v. foras 1a); siqui ~is esset, ad se intrare praecepit BEDE *HE* IV 3 p. 209; excepto quodam armigero qui ~is cum eo expectabat G. MON. II 12; pejus itaque obsidebantur qui ~is erant quam qui intus latitabant ORD. VIT. IX 9 p. 520; in circuitu insule suum congregare fecit exercitum, et valde a ~is illam undique munire .. custodias faciens .. *G. Herw.* f. 333v. **b** de his qui intra aecclesiam .. delinquunt, nichil vindictae pertinet ad eos qui ~is sunt EGB. *Dial.* 8; ?**853** ab omni servitute regali operis intus et ~is, magnis et modicis .. *CS* 467; ~is infiniti, intus multi, nostrum moliuntur exterminium GIR. *EH* I 15; nullus preterquam Christianus potest habere jus eligendi summum pontificem; illos enim, qui ~is sunt, illa que religionis Christiane sunt tractare non decet OCKHAM *Dial.* 931. **c** comes W. posuit ~is de hoc manerio unam virgatam *DB* I 179va (*Heref*).

2 (abstr.) externally, on the outside. **b** outwardly.

sacramentum est forma ~is manens respectu rei, dans cognicionem illius HALES *Sent.* IV 13. **b** a **796** qui ~is in oculis hominum ovis in vestimentis videri cupiat, intus autem ante conspectum Dei per cordis secreta esse contendat quod ~is ante homines putari cupiat ALCUIN *Ep.* 51; ut per eum quem similem nobis ~is [AS: *uta*] agnovimus intus reformari mereamur *Rit. Durh.* 2; vidimus innumeros intusque forisque misellos WULF. *Swith.* I 1096; videt ipse intus, et ~is testantur lacrime mee ANSELM (*Ep.* 148) IV 3; accepta vix tandem consolatione ~is qua non egebat interius MAP *NC* III 3 f. 39v.; sic fluctuat intus / et foris, hic et ibi, procul et prope VINSAUF *PN* 255; ars hinc pictoris variavit nube coloris / et foris expressit quod clausum litera gessit *Vers. Worc.* 100.

3 (w. ref. to movement) outwards, in an outwardly direction. *Cf. foras* 1.

~is deportatus juxta parietem .. jacens *V. Cuthb.* I 4; sunt et alii lapides uno tantum latere ~is prominentes in maceria ANSELM *Misc.* 315; **1289** continuando de ipsis cayis sive domibus in ~is versus mare construere solaria et domos in alto *RGasc* II 332.

4 (prep. w. acc.) outside, without.

duas domus .. unam ~is aliam intra civitatem *DB* I 2ra (*Kent*); haec terra .. remansit ~is divisionem suam *Ib.* 10vb (cf. ib.: extra divisionem); integra masura ~is murum non dabat nisi iij d. et ob. *Ib.* 179ra (*Heref*); a**1135** de terra Alfrici de B. apud Oxeneford ~is burgum *Chr. Abingd.* II 152; c**1150** dedit .. terram Wlfrici prepositi ~is portam de *North Cart. Chester* I 57; c**1170** ~is insulam (v. berewica); ad Sanctum Laurencium ~is muros *Eul. Hist.* I 238; nunc intus nunc ~is ecclesiam FLETE 39.

3 foris v. 2 forus a.

forisaffidare [al. div.; cf. affidare, AN *forsaffier*], to forswear, renounce ownership; **b** (in formula of sale).

c**1175** quieta clamamus in perpetuum .. et ea forisfidavimus pro nobis et pro omnibus heredibus nostris *Cart. Wardon* f. 87v.; **1231** quietum clamavit et foras affidavit et confirmavit ei totum jus suum *BNB* II 434 (cf. *CurR* XIV 1460); nisi ipsa venerit in Hustingo cum viro suo et hoc foris affidaverit *Leg. Ant. Lond.* 24; **1373** Emma .. examinata fuit et confessa et donacioni, concessioni, et confirmacioni infra scriptis omnino consenciit et foris affidavit *Deeds Balliol* 68. **b** **1221** vendidi, ~avi, quietumclamavi et presenti carta mea confirmavi extra me et heredes meos .. Willelmo .. Lond' episcopo ij marcatas redditus *E. Ch. S. Paul.* 242; c**1240** vendidi, ~avi, quietum clamavi, et presenti carta confirmavi *AncD* A 1822; **1270** vendidi et quietam clamavi et ~avi extra me et heredes meos et presenti carta mee confirmavi .. Philippo Marmion totam terram meam (*Middleton MSS*) *HMC Rep.* LXIX 73.

forisaffidatio [cf. affidatio], renunciation (of ownership).

1221 pro hac .. vendicione, ~one, quietaclamacione, warantizacione, et presentis carte mee confirmacione .. episcopus .. dedit michi .. xx m. *E. Ch. S. Paul.* 243; c**1240** pro hac .. vendicione, ~one, quieta clamacione [etc.] *AncD* A 1822; foris affidacio nulla de tenementis facta fuit, nec ullum testamentum probatum *Leg. Ant. Lond.* 70; **1270** ut hec mea finalis vendicio, quieta clamacio, et ~o rata et stabilis inperpetuum permaneat (*Middleton MSS*) *HMC Rep.* LXIX 74.

forisaffirmatio [cf. affirmatio], renunciation (of ownership). *Cf. forisaffidatio.*

1206 pro hac vendicione et quieta clamacione et ~one *Pipe* 59.

forisare v. forizare. **forisbanistura** v. forisbannitura.

forisbannire, ~are [cf. bannire, ~are, AN *forsbanir*], to lay (person) under ban of outlawry or exile, to banish. **b** (p. ppl. as sb. m.) outlaw.

1207 post terminum illum sint in eodem statu et in eodem retto quo antea fuerunt ad ~andum secundum consuetudinem Anglie *Pat* 74; **1227** si aliquem in ea invenerit qui ~itus fuerit de terra domini regis, eum statim capiat *Cl* 205b; **1235** supplicaverunt nobis quod in prisona nostra se mittere possint donec per sacramentum iij discretorum et legalium hominum attingatur utrum culpabiles sint necne de retto .. eis inposito, propter quod fuerunt ~iti *Ib.* 177; qui fuerunt foris bannati extra civitatem per preceptum domini regis *Leg. Ant. Lond.* 163. **b** si cyrliscus homo forsbanniti firmationis accusetur (*Quad.*) *GAS* 103; qui *flyman*, i.e. ~itum, confirmabit (*Ib.*) *Ib.* 145; ne ~itum aut furem .. impunitum transeant (*Leg. Hen.* 59. 20) *Ib.* 579; **1180** emit domum forsbanniti *RScacNorm* I 16; regis .. inimicos et foris bannitos utpote Galfridum de Marisco modo et alios alio tempore .. receptaverat M. PAR. *Min.* II 494.

forisbannitio, banishment, outlawry.

1482 ad mortem forisbannicionem *Ch. Edinburgh* 160.

forisbannitura, banishment, outlawry.

1200 perdonavimus Rogero de Swereford' fugam et forisbanisturam in eum promulgatam *RChart* 99b (= *Ib.* 101a [**1201**].

foriscapere [cf. capere 6e, foreceapum, AN *forcheper*, MLLM s.v. forcapium < Frk.], to repurchase, (in quot.) to go bail.

1249 testificatum est .. quod predictus prior se foriscepit pro se et homine coram .. justiciariis itinerantibus *LTRMem* 23 r. 11.

foriscostia v. farcosta.

forisfacere [CL foris + CL facere; *pass. inf.* forisfaci, forisfieri]

1 (intr.) to commit an offence; **b** (w. dat. of person or thing affected); **c** (w. *de* or *in* & abl. defining offence). **d** (trans.) to offend against, violate.

concordatum est de rectis callibus .. quicumque in illis forisfecerit regi emendabit *DB* I 2ra; **1175** si quis super hoc maligno forifecit, plenam .. justitiam fieri faciatis *Steelyard* 4; **1228** quod nullus .. in ea [foresta] ~iat contra assisam foreste .. regis *Cl* 59; **1268** Egidius .. contra nos tempore turbacionis predicte in nullo forisfecit set nobis .. fideliter adhesit *Pat* 86 m. 29; s**1293** spretis .. mandatis nostris .. ne aliquis predictis .. per terram vel mare vehentibus merces suas presumerat ~ere seu alias offendere (*Lit. Regis Franciae*) *Flor. Hist.* III 268; sic quilibet nostrum potest esse primus homo sine patre, et per consequens possibile est neminem forisfecisse WYCL. *Act.* 70. **b** **1119** multum forefeci rebus S. Werburge, unde in fine penitenciam agens dedi .. Estham *MonA* II 338 (cf. *CalCh* II 316); **1128** quod ipsi dicto Abbati .. in aliquo forisfecerint *Cart. Glam* I 57 (v. et. 1c infra); a**1146** meam firmam pacem eis dono .. et si aliquis eis forisfecerit ad me veniant *BBC* (*Richmond*) 81; a**1154** nec ligius dominus Comitis Leecestrie nec aliquis alius potest ~ere Comiti Cestrie nec suis *Eng. Feudalism* 286; quodsi aliquis sibi forisfecerit .. rex constringet forisfactorem ut emendet cui forisfecit (*Leg. Ed.*) *GAS* 629; **1158** quod nullus eis inde forifaciat super x li. forifacti *HMC Rep.* (*Var. Coll.*) I 368; **1200** si ei in aliquo ~tum fuerit *Ch. Sal.* 63 (v. et. 1c infra); c**1255** si aliquis eorum alicui infra burgum suum forisfecerit *BBC* (*Carmarthen*) 190. **c** **1128** (v. 1b supra); **1170** (v. bissa); **1184** rex defendit quod nullus clericus ei ~iat de venacione sua nec de forestis suis *SelPlForest* lxxxvii; si de corporibus suis forisfecerint et hoc probatum fuerit, tunc ille que deliquerint exheredabuntur GLANV. VII 12; s**1198** qui forisfecerit in foresta regis de venatione sua .. erit in misericordia regis (*Assisa Foreste*) HOWD. IV 65; **1200** (v. 1b supra); si mulier aliqua heres .. de corpore suo forisfecerit, hereditas .. est .. domino escheta *RegiamM* II 55. 9. **d** a**1190** exceptis illis qui pacem meam forisfecerint *BBC* (*Pembroke*) 172.

2 to forfeit, lose by wrongdoing; **b** (*sub forisfactura omnium quae nobis ~ere poteritis* or sim. as formula in writ). **c** (w. *corium* or *corpus*) to forfeit one's life.

siquis in expeditione summonitus non ibat, totam terram suam erga regem ~iebat *DB* I 56va; nemo ~iat feodum suum legittimis heredibus suis nisi propter feloniam vel redditionem spontaneam (*Leg. Hen. 88. 14*) *GAS* 604; episcopus .. voluit Brochuailum et totam familiam suam sibi ~tam *Lib. Landav.* 233; s**1216** si aliquando fuit verus rex, postea regnum forisfecit per mortem Arthuri, de quo facto damnatus fuit in curia nostra M. PAR. *Maj.* II 651 (cf. forfaitare; s**1377** Alicia de P.

bannita fuit et forisfecit omnia que habuit *G. S. Alb* III 230; **1413** sub poena ~iendi nobis domum *Foed.* IX 40; **1416** quod omnes fines, exitus ~ti, et amerciamenta .. ante hunc diem ~ta et debita respectuentur, et quod fines, exitus forisfiendi, et amerciamenta .. proventura .. leventur *Mem. York* II 52. **b** s**1296** quod nullus .. presumat sub forisfactura omnium que nobis ~ere potest (*Lit. Regis*) B. Cotton *HA* 314; **1310** ne quis mercator .. sub forisfactura omnium que nobis ~ere possit blada, carnes, [etc.] *RScot* I 86a; s**1424** dominus rex prohibet .. sub pena de omni eo quod erga eum ~ere poterunt Amund. I 193. **c** si quis occideret hominem pacem regis habentem, et corpus suum et omnem substantiam ~iebat erga regem *DB* I 56va; si quis corium suum ~iat [AS: *gyf hwa his hyde forwyrce*] et ad ecclesiam incurrat, sit ei verberatio condonata (*Quad.*) *GAS* 91.

3 (refl.; cf. OF *se forfaire*) to make oneself liable to punishment.

R. se forisfecit et fuit in manu regis sub G., sed nichil reddidit *DB* II 125v.; socam .. R. comes tenuit injuste quando se foresfecit *Ib.* 131; quando R. se forisfecit habuit hominem et socam *Ib.* 138; non etiam pati ut, propter falsum et pecunie questum, homines se ~iant erga .. Deum, cui displicet omnis injustitia (*Quad.*) *GAS* 478; [regis sunt ..] pretium eorum qui habent alodium quando ita profunde ~iunt se ipsos (*Inst. Cnuti*) *Ib.* 613.

4 (pass., of person) to suffer forfeiture, be fined; **b** (w. *de* & abl. defining forfeiture); **c** (p. ppl. as sb. m.) convicted criminal.

a**1109** si non restituerit et se et quicquid habet mihi in misericordiam ~um esse sciat (*Ch.*) *EHR* XXXV 389; a**1145** qui accusatus erat, si non respondebat, ille erat ~tus (*Ch.*) *EHR* XXV 302; **1156** si aliquo forisfacto vel recto judicio aliquis eorum ~tus fuerit *BBC* (*Wallingford*) I 153. **b** si non redderent, essent forefacti de iiij li. *DB* II 139v.; hic Ulvricus ~tus fuit erga regem W. de viij li. *Ib.* 214; si hoc non faciunt ~ti sint de ij oris *Ib.* 312; qui furem occiderit debet inveritare cum juramento quod illum culpabilem et de vita ~tum occidisset (*Quad.*) *GAS* 97; s**1338** qui .. procedunt in auxilium .. inimicorum majestatis .. de membro, terris, et tenementis, et rebus .. sint ~ti Ad. Mur. *Chr.* 85 *n.* **c** si quispiam ~tus poposcerit regis misericordiam pro forisfacto suo, potest ei rex .. condonare .. mortem promeritam (*Leg. Ed.*) *GAS* 643.

5 to take as forfeit, confiscate.

terra .. fuit ~ta *DB* I 153rb; si .. liberam terram habeat, sit ~ta in manu regis (*Cons. Cnuti*) *GAS* 317; si .. fuisset saccus inventus sine tali signatione, fuisset ~tus *Leg. Ant. Lond.* 144; **1313** blada crescencia in libero tenemento heredis non possunt ~i ratione felonie alicujus *Eyre Kent* I 87; s**1343** erunt ~ta omnia bona sua que essent in Flandria (*Lit. Cardinalium*) Ad. Mur. *Chr.* 133; consideratum est quod omnes panni predicti sint ~ti ad opus communitatis *MGL* I 194; moneta .. nobis sit penitus ~ta *Ib.* II 188; c**1356** potestatem .. ~iendi res sic emptas .. ita .. quod res ~te dentur Hospitali *MunAcOx* 177; si liber civitatis forisfiat id quod per pecuniam placari poterit, ad magis quam ad weram non judicabitur *MGL* I 674 (= *GAS* 673 [*Lib. Lond.*]: forefacturam fecerit); **1564** dictum ordeum et *le fyrkyns* butiri tanquam bona confiscata seu ~ta arrestari fecisse *SelPlAdm* II 127.

forisfactio

1 offence, transgression, crime.

1447 super omnibus ac singulis causis, querelis, transgressionibus, ~onibus, et criminibus .. motis vel movendis *MunAcOx* 722.

2 forfeiture, penalty for offence. **b** (power to exact) fine (for certain offences).

s**1340** remisit .. rex .. fines, exitus et ~ones et amerciamenta W. Guisb. *Cont.* 354 (= Wals. *HA* I 224; s**1455** perdonacio .. virtute cujus .. possent bona prius ab ecclesia comparata teneri licite per ecclesiam, absque ~one aliquali *Reg. Whet.* I 190; **1462** sub pena ~onis *MunAcOx* 695; **1467** rex .. perdonavit .. omnimodas ~ones, fines, redempciones .. necnon ~ones bonorum, catallorum [etc.] *Entries* 86. **b** a**1087** feodo libere preter sex regales ~ones [v. l. forisfaciones] recepto *Doc. Bury* 168; habeantque hii quatuor unam regalem potestatem, salva nobis nostra presentia; quaterque in anno generales foreste demonstrationes et viridis et veneris ~ones, quas *muchimat* dicunt (*Ps.-Cnut*) *GAS* 622; in regis ~one *NLA* II 402 (v. forisfactum 2c).

forisfactor

1 one who commits offence.

GAS 629 (v. forisfacere 1b); **1209** (v. defendere 6a); a**1258** prohibemus ne alii burgenses ejusdem ville .. pro delicto ~oris impediantur *BBC* (*Bodmin*) 232.

2 one who incurs forfeiture.

a**1250** cum .. heres quidam .. Petri forisfacturam felonie incurrisset, in carcerem trusus ibidem vitam finivit. quapropter prepositus .. terras ejusdem ~oris de feodo suo .. sicut escaetam suam seisivit *Meaux* II 58.

forisfactum, ~a, ~us

1 offence, transgression, crime. **b** (w. gen. or *de* & abl. defining scope of offence).

1091 nisi in tali actu vel ~o inventus est pro quo membrum perdere debuisset .. *Norm. Inst.* 283; si quis surdus sit aut mutus natus, ut non posset peccata sua negare vel confiteri, emendet pater ejus ~a sua (*Quad.*) *GAS* 59; s**1105** in eos .. qui videbantur aliquid habere, nova et excogitata quedam ~a objiciebantur Eadmer *HN* 202; **1224** si forestarii .. aliquod ~um concelare voluerint .. *Pat* 482; lupus .. miraculose pro forefacto est detentus *VSH* (*Boece* 13) I 91; **1265** si .. immunis sit a ~a et transgressione factis tempore turbacionis .. *Cl* 132. **b** **1176** clericus .. non trahatur ante judicem secularem .. de aliquo criminali neque de aliquo forisfacto excepto ~o foreste mee *SelPlForest* lxxxvii; si aliquis .. sit in ~o [MSc.: *in forfaute*] de pane vel cervisia *Leg. IV Burg.* 19.

2 penalty for offence, forfeiture. **b** (*super ~um* or sim.) on pain of forfeiture. **c** (power to exact) fine (for certain crimes).

c**1070** liberam de omnibus placitis, querelis, atque forefactis *Cart. Mont. S. Mich.* 1; Radulfus T. gablum dedit et pro ~o ipsam terram sumpsit et cuidam suo militi tribuit *DB* I 216va (*Beds*); c**1115** quicquid habebam in mercato de Sarum .. in ~is et placitis (*Ch. Matildis*) *Reg. S. Osm.* I 202 (= *Regesta* 1199); ~um .. et utlagariam solet dominus rex damnatis remittere Glanv. VII 17; c**1250** nec propter hoc in ~o vel in misericordia ponantur *Reg. Aberd.* II 270. **b** c**1125** nullus super meum ~um eis detineat *E. Ch. Scot.* 61; c**1151** nullus super plenarium ~um meum .. consuetudinem .. presumat exigere *Dryburgh* lxx; **1158** super x li. forifacti (v. forisfacere 1b); **12..** ne .. placitent aut alicui respondeant de re aut tenura de qua vestiti vel saisiti fuerint super ~o meo *Feod. Durh.* lxxiii. **c** rex habet iij vias per terram . . . in his omnem ~um est regis et comitis *DB* I 298va (*Yorks*); in Denelaga habet rex *fyhtwitan*, i.e. ~um pugne, et *fyrdwite*, i.e. forisfacturam expeditionis (*Quad.*) *GAS* 319; de forefactis [v. l. forisfactis] .. (*Leg. Hen.* 23. 1) *Ib.* 561; **1151** si quis .. hoc fecerit, medietas mercimonii erit mea .. pro ~o *Act. Hen. II* I 20; ut .. obediencia .. quieta .. ab omni consuetudine remaneret retentis tribus tantummodo forfactis que predictus G. in privilegio suo .. retinuit, sc. homicidium, raptum, incendium *Ib.* 24; **1164** catalla eorum qui sunt in regis ~o non detineat ecclesia (*Const. Clar.* 14) *SelCh* 167 (= *NLA* II 402: in regis forisfactione); c**1170** quod si sanguis effusus fuerit in terra ejus, ipse ~um habebit de hominibus suis et nos de hominibus nostris *Kelso* 104; recepit .. Ricardus .. de forefactis, lxj et iij s. et ix d. *RDomin* 46; **1231** ~a .. ad nostram potestatem .. devolvantur *Melrose* 175; si in hoc defecerit dabit iiij d. ad ~um *Leg. IV Burg.* 81.

3 (misinterp.).

ut .. conferat omnis homo denarium suum .. exceptis pauperibus viduis que nullum in eo ~um (nullam in eo culpam) habent [AS: *þe nænne forwyrhtan næfde* = *who has no agent*] nec terram aliquam (*Quad.*) *GAS* 175.

forisfactura

1 offence, crime, esp. offence leading to forfeiture or fine.

†**833** (15c) si .. homicidium, furtum, vel aliam ~am fecerit .. *CS* 409 (= *Croyl.* 9); a**1136** si hujusmodi ~a [sc. murdrum et probatum latrocinium] super terram ecclesie evenerit, precipio quod prior et monachi inde suam plenarie habeant curiam. .. de aliis vero placitis vel ~is que super terram ecclesie et prioris contigerint, si quis de hominibus suis in forisfactura mea justo judicio et causa aperta missus fuerit de xx manchis, adquietet se ante judicium per vj d. et post judicium per xij d. *FormA* 38 (v. et. 2c infra); he emende nichil ad archiepiscopum nisi ipse presens in villa fuerit dum hujusmodi ~e contigerint; sed potius ad .. canonicos pertinent Ric. Hex. *Hist. Hex.* II 14; **11..** si aliquis eorum inciderit in misericordiam meam pro aliquo forisfacto inter illos judicato, quietus erit de misericordia illa per xij d., excepta ~a a nona diei Sabbati usque ad horam primam diei Lune, de qua scilicet ~a michi contingunt lx s. et ob. aureus (*Ch.*) *EHR* XVI 99; s**1360** omnes quoque ~e indulgeantur J. Reading f. 176v. (cf. *Foed.* VI 225: *toutes manieres de forfaitures* ..).

2 penalty for offence, forfeiture. **b** (*super ~am* or sim.) on pain of forfeiture. **c** (power to exact) fine; **d** (spec.).

1100 si quis baronum vel hominum meorum forisfecerit, non dabit vadium in misericordia pecunie sue .. sed secundum ~e modum M. Par. *Maj.* II 117 (= *GAS* 522: secundum modum forisfacti); **1106** audio quia vestra excellentia vindictam exercet super presbyteros Anglie et ~am exigit ab eis quia non servaverunt preceptum concilii quod ego .. tenui apud Lundoniam Anselm (*Ep.* 391 *ad Regem*) V 336 (= Eadmer *HN* 207); qui .. aliquo preoccupatus negotio ire nequiverit, non inde causetur nec in ~am ducatur *Chr. Battle* f. 18; **1187** comitatus .. est in misericordia regis propter aliquam †fosfacturam *Doc. Bury Sup.* 818; *State Tri. Ed. I* 41 (v. defamare 1a); **1301** si aliquis faciat clamorem de aliqua re et non invenerit vadium et plegios et postea velit dimittere clamorem, sine ~a erit *Borough Cust.* I 86 (*Manchester*). **b** **1103** volo .. ut .. nullus eos disturbet super ~am meam *Doc. Bury* 21 (= *CalCh* II 258); sollene diei dominice conservetur .. super ~am, quam liber judiciorum dicit [v. l. docet] (*Quad.*) *GAS* 199; c**1133** prohibeo super meam plenariam ~am ne aliquis eis .. quicquam subtrahere presumat *E. Ch. Scot.* 103; **1218** prohibemus ne quis eos injuste disturbet, super ~am omnium catallorum suorum *Pat* 159; **1228** prohibentes firmiter ex parte nostra et super ~am vestram ne quis contra hoc mandatum nostrum venire presumat *Cl* 45; s**1296**, **1310** (v. forisfacere 2b); **1308** (v. decasatus); **1343** quod nullus .. sub gravi †forestura [l. forisfactura] nostra .. alia .. prejudicialia deferat *Conc.* II 726. **c** †**948** (14c) si vicecomes .. repertus [fuerit] negligens .., sit in ~a x li. thesauro meo solvendarum *CS* 872) (= *Croyl.* 35); a**1076** defendo et prohibeo super x li. ~ae ut nullus inde auferat aut tollat unam acram *Regesta* I p. 121; a**1109** me concessisse .. omnes ~as parvas et magnas (*Ch. Wint.*) *EHR* XXXV 389 (cf. ib. [?**1101**]: .. *aelc wite laesse and mare* ..); a**1136** (v. 1 supra); **1199** quod omnes kidelli .. amoveantur, et ne de cetero kidelli ponantur super ~am x li. *MGL* I 133 (cf. *BBC* I 200–201); prefectus .. placita et ~as sibi vendicat de feudo celerarii his diebus Brakelond f. 150; **1253** si .. prepositus .. burgensem calumniaverit .. in ~a sit nostra xij d. (*Ch.*) *EHR* XVII 291. **d** **1076** si .. post excommunicationem et satisfactionem venerint ~am suam quae Anglice vocatur *oversennenesse* seu *laxelit* pro unaquaque vexatione episcopo suo reddant *Con. Syn.* 620; *DB* I 179ra (v. forestallum 1c); habebat abbas ~am latrocinii *Ib.* 204rb; illi duo habebant v carucatas terre et ~am sanguinis et feminae violentiam passae et pasnagium suorum hominum *Ib.* 269vb; lagemanni .. habebant .. sacam et socam .. super homines suos, preter *geld* et *heriete* et ~am corporum suorum de xl oris argenti .. *Ib.* 336vb; habet S. Benedictus .. iij †forisfactaras *DB* II 244; preter vj forefacturas *Ib.* 391; ?**1087** sicut .. W. rex .. concesserat sancto in sex ~is, sc. *hamsokne, fihtwyte, forestal, grithbreche, ebberthef, ferdwyte* .. *Doc. Bury* 18 (= *Regesta* p. 138); omnes rectitudines civitatum regis sunt: .. ~a alodii, .. ~a [v. l. forisfacta] belli (*Inst. Cnuti*) *GAS* 613; a**1272** quod ~a †ligne [l. lingue] sit eis in iiij d. *BBC* (*Warton*) II 218 (cf. ib. 381 [c**1200**]: ~am lingue); c**1290** ~am omnium gladiorum (v. defensabilis 2b); **1430** omnia predicta terre et tenementa .. pervenerunt ad manus domini L. .. per ~am guerre ipsius Ade prenominati *Feod. Durh.* 1n.

forisfamiliare [al. div.]

1 (leg.) to make (son) independent by endowing w. due portion (in one's lifetime).

potest siquidem filius in vita patris sui ab eo ~iari, si quandam partem terre sue assignet pater filio et saisinam faciat ei in vita sua ad petitionem et ad bonam voluntatem ipsius filii, ita quod de tanta parte ei sit satisfactum Glanv. VII 3 p. 78; emancipacione solvitur patria potestas, ut si quis filium suum ~iaverit cum aliqua parte hereditatis sue secundum quod antiquitus fieri solet Bracton f. 6v. (= *Fleta* 3: foris familiaverit); heredum quidam sunt sub potestate parentum et infra etatem, quidam sunt sui juris et plene etatis, ut si fuerint emancipati sive ~iati in vita parentum *Ib.* f. 64; legitimus .. filius primogenitus et heres .. habebit eandem porcionem bonorum quam et filii alii, viz. equalem cum aliis liberis, nisi ipse primogenitus fuerit ~iatus [MSc.: *festnyt forth*] *Leg. IV Burg.* 115 (cf. *Borough Cust.* II 136).

2 to disown, disinherit.

1238 dicunt quod .. Jordanus fecit eum statim amoveri et nunquam advocavit eum pro suo, set alibi nutritus fuit et ~iatus a familia predicti Jordani (*CoramR*) *BNB* III 244.

forisfamulare [CL foris + LL famulare < CL famulari], to run away from service.

villata namque talem [sc. fugitivum] receptans .. in misericordia .. remanebit, nisi fuerit miles vel clericus, vel aliquis qui ~averit, et quo casu amerciandus est ille de cujus fuerit manupastu *Fleta* 40; [inquirendum est] de hiis qui non sunt in decenna .. qui ~averint et qui alii et de quorum manupastu fuerint *Ib.* 112.

forisfangium v. forfangium. **forisfidare** v. forisaffidare. **forisfieri** v. forisfacere.

forisgabulum [CL foris + 1 gabulum], form of quit-rent (Kent & Suss). (*Cf. Gavelkind* 30).

c**1215** reddent .. j d. ad festum S. Michaelis de forgabulo pro omnibus serviciis *Cart. S. Greg. Cant.* 122; **12..** (1285) j granum piperis de forgabulo [sc. de terris in Borden (*Kent*)] *ChartR* 73 m. 23; **12..** reddendo .. j ob. de ~o *Reg. S. Aug.* 469; **1256** reddendo .. j d. de ~o ad festum S. Michaelis super idem tenementum [sc. in parochia de Sherringes (*Kent*)] pro omnibus secularibus serviciis *Pat* 70 m. 4*d.*; c**1270** [*a rental of 5 s. and half a pound of cumin*] de fergabulo *Doc. Robertsbr.* 118; redditus de .. Bocholte [*Kent*]: .. pro heredibus Hamonis de Ealdelond' j d. forgabulum *Cust. Battle* 117; **1292** reddendo inde [sc. de terris in parochia de la Dune (*Kent*)] .. j rosam de forgabulo [MS: forg'] *AncD* C 5142; c**1300** forgabulum de Willelmo Auris iiij d. quad. *Reg. S. Aug.* 212.

forishabitare [al. div.], (pr. ppl.) non-resident (of borough, Sc.).

quilibet burgensis potest namare foris habitantes [MSc.: *ane uplandis man*] infra forum suum *Leg. IV Burg.* 3; si burgensis foris habitantibus [MSc.: *hym þat wonnys out of þe burgh*] de suo accommodaverit .. *Ib.* 5; constitucio facta de burgense ~ante *Stat. Gild. Berw.* p. 96 (= *Gild. Merch.* I 240).

forisjudicare [al. div.; cf. AN, OF *forsjugier*]

1 (leg.) to dispossess, cause to forfeit; **b** (w. *ab*, *de*, or sim. defining loss).

s1399 ut domini, alieque persone, qui fuerunt ⁓ati in parliamento .. restituantur integraliter suis possessionibus WALS. *HA* II 240 (= *St Realm* II 112: *qui feurent forjuggez*); **1235** F. fuit ⁓atus per quod terra illa fuit eschaeta domini regis (*CoramR*) *BNB* III 127; **b 1201** verebatur .. ne ⁓arent eum de terra sua predicta *CurR* I 445; non permittas quod D. capitalis dominus illius feodi habeat custodiam illius terrae .., quia in predicta curia nostra foris judicatus est de custodia illa, eo quod terra illa teneri debet de socagio BRACTON f. 256b; **s1294** rex Anglie .. a terris .. ⁓atus est, spoliatus, frustratus, et privatus *Chr. Bury Cont. A* f. 187; **1331** quod .. W. forjudicatus sit de gilda sua .. quod .. R. ⁓atus sit de gilda sua *Gild. Merch.* II 328; **1449** W. .. tenementum nondum reparavit. ideo consideratum est .. quod predictus W. decetero inde non intromittatur sed penitus inde ⁓etur *CourtR Carshalton* 71.

2 to proclaim, declare.

s1293 expertem Vasconie forisjudicarunt / magni pares Francie et exheredarunt / regem nostrum Anglie *MGL* II 165.

forisjurare [al. div.; cf. AN, OF *forjurer*, *forsjurer*], to abjure, forswear, renounce. *Cf. forisaffidare*.

latro .. provinciam ⁓et [v. l. forejuret] nec redeat (*Leg. Ed.*) *GAS*. 630; si quis propter faidiam vel causam aliquem de parentela se velit tollere et eam ⁓averit et de societate et hereditate et tota illius ratione se separet .. (*Leg. Hen.* 88. 13) *GAS* 684; **c1127** W. filius R. de J. ⁓avit sicut legitimus heres patris terram de Sibestuna, sc. duas hidas, sicut pater suus R. antea ⁓averat eas (*Cart. Thorney*) *Eng. Justice* 144; vult .. rex quod ille qui fuerint de testimonio pessimo .. defamati .. foras jurent terras regis *Assize Clar.* 14 (= *SelCh* 172: diffamati); **a1168** sciatis me .. †forinrasse [l. forjurasse] et quietum clamasse .. monachis de Salai .. omne jus .. quod habui in C. *Cart. Sallay* 7; **c1180** vendiderunt et ⁓averunt predicto abbati et abbacie de Hulmo totam illam bruariam *Reg. S. Ben. Holme* 134; si .. sponsus vidue .. dotem invadiaverit uxoris sue, ipsa vivente vel forjurante, precepto mariti sui non tenebitur *Cust. Norm.* 4. 1; **1276** si aliquis fur infra predictas metas dicti manerii capiatur, dicti monachi faciunt eum †fornirar' [l. forjurare] ne amplius veniat infra predictas metas *Hund.* II 133 (cf. ib. 139: faciunt ipsos fures abjurare territorium); **s1300** rex .. precepit .. ut per inquisicionem patratores sceleris ⁓arent curiam suam in perpetuum *Flor. Hist.* III 313.

forisjuratio [CL foris + LL juratio], abjuring, forswearing, renunciation.

c1127 hujus autem ⁓onis testis est Robertus abbas (*Cart. Thorney*) *Eng. Justice* 146; **1201** pro hac quieta clamancia et forsjuracione quam feci .. dederunt michi lx m. *Doc. Bury Sup.* 817.

forismittere [al. div.; cf. AN, OF *formetre*, *forsmetre*], **a** to set apart, exclude (person). **b** to alienate (property).

a quidam [sc. sancti] intus esse videntur qui foras missi sunt; et quidam foras mitti qui tamen intus existunt GIR. *TH* III 31; **1237** concessimus eis [sc. civibus Norwic'] .. quod, si aliquis a consuetudinibus eorum et scottis se foras miserit, ad eorum societatem et consuetudinem revertatur et scottum eorum sequatur, ita quod nullus inde sit quietus *PlRExch* 1a m. 2*d*. **b** silva hujus manerii foris est missa ad silvam regis *DB* I 180va; nulli liceat ⁓ere hereditatem suam de parentela sua, datione vel venditione (*Leg. Hen.* 88. 14a) *GAS* 604.

forisprisare v. forsprisare. **forissimus** v. fortis 6a. **forisstall-** v. forestall-. **forista** v. foresta. **foristall-** v. forestall-. **foristarius** v. forestarius.

foristrahere [al. div.; cf. AN, OF *fortraire*, *forstraire*], to abduct.

1204 foristraxit sibi uxorem suam *CurR* III 94; **1227** N. appellat .. S. quod .. ipse foristraxerat Feliciam matrem suam et eam in prisona sua detinuerat ita quod bis inde evaserat *JustIt* 358 m. 22.

forisvadiare [CL foris + vadiare; cf. OF *forgagier*], to lose (property) by failure to redeem pledge.

1215 manerium de W. .. ⁓iatum fuit versus Aaron Judeum et devenit in manum domini regis .. post mortem ejusdem A. tamquam excaeta sua *RChart* 204.

forisvia [CL foris + CL via; cf. AN *forveer*, *forsveer*, OF *forvoiier*]

1 trespasser (Sc.).

1235 de latronibus et ⁓iis sic determinavimus quod non dicuntur ⁓ie quoad jus monachorum .. nisi in manifesto facinore fuerint deprehensi *Melrose* 198.

2 fine for trespass (Sc. & Cumb).

c1180 habebimus infra .. divisas latrones .. et forsveias *Ib.* 39 (= *Ib.* 197: forisveias); **a1272** predecessores dicti T. [forestarii] ceperunt ⁓iam in dominico bosco domini regis [sc. in foresta de Englewode (*Cumb*)], ita quod nullus iret extra viam regalem nisi per licenciam forestarii; set .. dictus T. non usus est capcione ⁓ie *IMisc* 20/14.

forizare [cf. 3 forare, forum], to bargain, deal, trade.

quot .. fiunt pacciones .. quot mediatores simonie quasi forum constituentes publicum .. publice paciscuntur et forisant PAUL. ANGL. *ASP* 1533.

forjudicare v. forisjudicare. **forjurare** v. forisjurare. **forland-** v. foreland-. **forlang-**, **forlong-** v. furlong-. **forleta** v. fordlota. **forlina** v. forelina. **forloda** v. foreloda. **forlot-** v. fordlot-. **forlung-** v. furlong-.

forma [CL]

1 form, appearance. **b** outline, shape. **c** shape (of thing as essential to its function).

ALDH. *Aen.* 31. 1 (v. ciconia 1a); ut .. describerem .. de .. bestiarum ⁓is *Lib. Monstr. prol.*; an ut facie nitida velut Syrenae a virginali ⁓a desinentes in atria reptilia, tu tota indigne censearis munda? GOSC. *Mir. Aug.* 27; ⁓a multipliciter dicitur, uno modo quasi foris manens HALES *Sent.* I 86; quod apparet in ⁓is corporalibus que immediate insunt in suo susceptibili, ut si ex igne fiat aer *Ib.* 386. **b** ut globus astrorum plasmor teres atque rotunda / sperula seu pilae necnon et forma cristalli ALDH. *Aen.* 100 (*Creatura*) 58; Cuðberhtus .. tonsurae .. Petri ⁓am in modum coronae spineae .. susceperat *V. Cuthb.* II 2; tonsurae Petri apostoli ⁓am accepit EDDI 6 *tit.*; [pisces] marino haleci .. ⁓a et quantitate .. simillimi GIR. *TH* I 10; **1382** iij ymagines de alabaustro magne ⁓e ... xxiiij sauceria de magna ⁓a *Foed.* VII 357; collectio uvarum que in rotunda ⁓a invenitur dicitur botrus *Alph.* 23. **c** viri nil lucis habentes, / atra sed extinctae gestantes nubila formae WULF. *Swith.* I 1598; et rogat extinctae reddi sibi munera formae *Ib.* II 702; extinctae caelestia munera formae / percipit *Ib.* II 1098; ⁓a cultelli ad incidendum, serre ad serrandum, rastri quoque est habilis ad fodiendum PETRUS *Dial.* 22.

2 outward appearance or features of a person.

caracterismos, quando aliquis .. per ⁓am discribitur *Gl. Leid.* 28. 43; ⁓a caeteris suis fratribus decentior videbatur ASSER *Alf.* 22; non vobis ultra forma conjungar in ista, / donec .. / visibus et Domini praesens sit machina mundi FRITH. 1341; ⁓am .. humanam prorsus exuentes induunt lupinam GIR. *TH* II 19 p. 102.

3 handsome appearance, beauty.

capillorum ⁓a egregia BEDE *HE* II 1 p. 80; specimen, .. decor, .. speciositas, venustas, ⁓a, .. pulchritudo, formositas OSB. GLOUC. *Deriv.* 557.

4 form, mould: **a** (for cheese); **b** (for casting wax, metal, *etc.*); **c** (mason's mould); **d** (printer's form, set type).

a fiscella, †ubi ⁓a [l. ⁓a ubi] casei ex[p]rimuntur *GlC* F 191; formaticus, *cese*, a ⁓a *Ib.* 307; **1275** in panniculis ad daeriam, iij d.; in ij ⁓is ad caseum, ij d. *MinAc* 994/29; **1276** in .. ij ⁓is ligandis *Ac. Stratton* (cf. ib. 191: in ij *chusevatt'* ligandis); **1308** in j ⁓a empta ad caseum faciendum j d. ob. *MinAc* 918/9; **1312** computat .. xviij caseos minoris ⁓e .. et iij caseos de majore ⁓a et iiij caseos de secunda ⁓a *Rec. Elton* 172; **1345** (v. caseus c). **b** cave ne ⁓a interior argille cui aptanda est cera aliquando mutetur ne eciam aliquid de cera appensa addat ad spiramina ODINGTON *Mus.* 85; **1354** j ⁓a enea pro candelis faciendis *Ac. Durh.* 382; **1382** quandam ⁓am .. precii xl s. pro quadam campana enea in eadam ⁓a fundenda apud villam de S. Botulpho *PlRCP* 487 r. 521*d*.; **1486** ut patet per binas litteras .. missas ad castrum de Edinburgh pro ⁓a bombardi fiendi *ExchScot* 434. **c s1174** ⁓as .. ad lapides formandos his qui convenerant sculptoribus tradidit GERV. CANT. *Combust.* 7 (cf. *Camb. Antiq. Soc.* IX 22). **d 1520** typographus jam habens characteres primae ⁓ae paratos ad praelum indicavit mihi non ausum se progredi (E. LEE) *Ep. Erasm.* IV 1061 l. 537; si codex ⁓is excusus non est mendosus P. VERG. V p. 238.

5 image, model, modelled object. **b** coin, currency. **c** (set of) tracery, window frame (sts. incl. glass). **d** (⁓*a pecia* representing ME *forme pece*) stone for tracery or sim.

plasma, ⁓a *Gl. Leid.* 35. 269; R. COLD. *Cuthb.* 128, GIR. *Hug.* III 5 (v. effigiare 1b); manet .. ⁓a sigilli in cera remoto sigillo HALES *Qu.* 776; **1396** concessimus .. custodi operacionum nostrarum carpentarie quandam parvam domum pro instrumentis .. custodiendis et pro ⁓is et moldis dictis operacionibus carpentarie pertinentibus faciendis *Pat* 343 m. 1. **b** findetur ⁓a commercii. dimidium rotundum erit (*Proph. Merlini*) G. MON. VII 3 (cf. M. PAR. *Maj.* I 202: hic primo secabantur denarii); D. BEC. 1557 (v. dea c); numisma et es et commercii ⁓am *Lib. Eli.* III 73 (v. drachma 1d); dicunt illos loculos fuisse pauperum, et in illis erat tradita ⁓a pecunie ecclesie OCKHAM *Err. Papae* 963. **c 1253** in tascha ⁓arum ecclesie *Ac. Build. Hen. III* 236; **1302** in v^c^xxxv pedes vitri ad alias ij ⁓as *Fabr. Exon.* 24; **1304** (v. depingere 2b); **1310** (v. harnesium 4b); **1329** de diversis peciis petre de Reygate perfectis continentibus in toto sex ⁓as pro predicta capella et xxx peciis petre de R. pro ⁓is non operatis *KRAc* 467/6 m. 1*d*.; **1337** in xxj panellis albi vitri emptis de W. de B. vitrario .. j li. xviij s. vj d.; item solut' pro j ⁓a vitri empta de eodem in grosso j li. iiij s. ... item solut' dicto W. vitrario pro predictis panellis et aliis superponend' in formulis superioris istorie .. vj s. viij d. *Sacr. Ely* II 98; **1366** pro iiij ⁓is .. libere petre scapulatis *Building in Eng.* 112; **1396** pro *rigolbord* emptis .. pro ⁓is faciendis ad fenestras turris *DocCOx* 310. **d 1333** pro xxij grossis petris de R. emptis pro ⁓is pec[iis] ad fenestras *KRAc* 469/12 m. 9; pro x peciis petre de R. emptis pro ⁓is peciis ad coster' capelle faciendis *Ib.* m. 11 (cf. ib. m. 16: pro .. ⁓is peciis ..; pro .. *fourmepeces*).

6 diagram, drawing; **b** (arch.).

posteriores .. sunt signa vocum .. ut monstrat hec ⁓a in alio latere istius folii et in folio sequenti ODINGTON *Mus.* 80. **b** ⁓a sive ordinatio capelle .. Henrici VI .. descripta .. per .. Willelmum Say W. SAY. *Lib. Reg. Cap.* 55; **1521** in libro papyrico continente ⁓am novi edificii ad quadrum collegii per predictos excogitatum *le platte* xv d. *Arch. Hist. Camb.* I 418*n*.

7 form, bench; **b** (in Chancery); **c** (eccl.). **d** (acad.) (part of) syllabus, course of study for degree. **e** rank or dignity assoc. w. bench or degree.

1316 item in una ⁓a ad eandem [aulam] xij d. *Rec. Leic.* I 298; **1345** ij ⁓e pro aula et camera *Ac. Durh.* 379; **1373** in .. *prentises chaumbre* ij tabule, precii xij d. et iiij ⁓e precii iiij s. *Pl. Mem. Lond.* A 13 m. 6; **s1377** cum tanta festinacione ab ostreis exsiluerat ut lederet ad ⁓am utramque tibiam *Chr. Angl.* 124. **b 1377** clerici de Cancellaria domini regis de prima et secunda ⁓a per assignacionem domini senescalli .. ad .. mensas inferiores .. sedebant *Rec. Coronation* 148; **1389** (v. examinator 5). **c** finita antiphona, curvati (*sic*) super ⁓as dicat unusquisque .. 'Kyrieleison' LANFR. *Const.* 105; in secunda ⁓a priores habentur juniores canonici, deinde diaconi, postea ceteri clerici. in prima ⁓a priores habentur canonici pueri [v. l. parvi], deinde ceteri pueri *Offic. Sal.* 12; ad matutinales excubias .. ex altera parte chori ante ⁓am stabant P. CORNW. *Rev.* II 893; **c1305** quod psalmi prosternales in Quadragesima dicantur super ⁓as. .. super ⁓as, vel in scabellis, donec ⁓as immobiles habeant, reverenter inclinent *G. S. Alb.* II 102; imprimis pueri, deinde clerici de secunda ⁓a, non bini, sed ex duabus partibus, juxta ordinem quo disponuntur in choro, et reliqui clerici de superiore gradu *Process. Sal.* 50. **d c1340** magister J. de T. .. preclare doctrine radiis auditores illuminans ⁓am sue lecture adimplevit *FormOx* 139; **1384** quod extunc monachus quiscunque .. collegii socius in aliqua facultate doctoratus perlegerit ⁓am suam, statim redeat ad monasterium *Cant. Coll. Ox.* III 174; **1407** proceditur .. ad singularum facultatum statuta et ⁓as, et incipitur in hoc libro *StatOx* 198; eidem [sc. facultati decretorum] propter ⁓arum et graduum connexionem precipuam, juris civilis ⁓am annectit consonus iste ordo *Ib.*; **1417** bacallarii in sacra theologia qui ⁓am opponendo et legendo debite compleverunt .. ac eciam baccalarii in decretis qui unum librum decretalium pro ⁓a in scolis publice et non cursorie, bacallarii vero in jure civili qui libellum institucionum eciam pro ⁓a sua ut premittitur perlegerint debite et complete *Reg. Cant.* III 42; **1450** dummodo ⁓am et cetera pertinencia ad gradum compleverint [sc. inceptores] *MunAcOx* 731; **1454** prima condicio est quod octo vicibus respondeat pro ⁓a et octies opponat; secunda condicio est quod bis respondeat preter ⁓am *Grey Friars Ox.* 336; **1489** magister Kyng variavit in alta aula pro ⁓a sua *Reg. Merton* 127. **e** erubescebant enim ⁓am discipuli qui magisterii presumpserant fastum J. SAL. *Met.* 830B; et propter formam tandem petit ipse cathedram GOWER *VC* III 1413.

8 form: **a** (gram.). **b** set form of words, formula. **c** (⁓*a fidei*) creed. **d** (⁓*a publica*) form of notarial instrument.

a nomina tertiae declinationis in singulari numero secundum regulam casualis ⁓ae pentaptota esse noscuntur ALDH. *PR* 127; 'timere' secundum ⁓am vocis dicitur activum ANSELM (*Casus Diab.* 11) I 250; hoc pronomen 'hoc' sicut iste terminus existens sub hac ⁓a communem habet subpositionem S. LANGTON *Quaest.* f. 206; ad Graecam .. ⁓am figurata constructio est LINACRE *Emend. Lat.* lxxi v. **b** litteras .. quarum ista est ⁓a BEDE *HE* II 10 p. 100; in qua [theca] .. apices sculpte erant, quorum ⁓a hec est: 'rex Cnut hanc thecam necnon Ælfgiva regina / cudere jusserunt' *Chr. Abingd.* I 433; **1218** habet litteras de conductu in ⁓a qua W. W. mercator habet.. A. de G. .. habet litteras .. sub eadem ⁓a *Pat* 134; **1248** litteris confirmationis sedis apostolice in communi ⁓a obtentis *Inchaffray* 69; **s1263** cum .. visionem in ⁓a retulisset .. curatus est *Plusc.* VII 24; **1285** [fiat] carta confirmacionis libertatum sub hac ⁓a: Edwardus etc. inspeximus .. *StRealm* I 104; **1286** aliud breve .. remanet .. quod non est de recta †farma [l. forma] *PQW* 733; **12..** ⁓a juramenti prensa per predictos xij electos hoc est .. *MunAcOx* 21; **1333** fecimus moniciones sub certa ⁓a, quam .. vobis .. lator presencium demonstrabit *Lit. Cant.* II 7; **1396** ut patet per cartam suam sub magno †sigilli [l. sigillo] regis Roberti tercii de confirmacione ostensam super compotum in ⁓a majori *ExchScot* 395; **1491** littera concessa Agneti Tylle .. sub ⁓a consueta usque ad verba 'concedimus etc.' *Lit. Cant.* III 315. **c** utrum in .. fidei ⁓a, i.e. in autentico symbolo, quod apostoli tradiderunt, hoc scriptum legeritis? GASCOIGNE *Loci* 104. **d 1308** auctoritatem .. instrumenta et litteras scribendi et in ⁓am publicam redigendi et omnia alia .. faciendi .. que ad

officium publici notarii pertinent *RGasc* IV 72; **1417** eaque omnia et singula sic fieri vidi et audivi, scripsi, publicavi, et in hanc publicam ~am redegi *Reg. Cant.* II 112.

9 method, procedure, rule. **b** set form of procedure, ritual. **c** term, provision (of agreement), article (of law). **d** (leg., *~a doni* or *donationis*) purport of gift; **e** 'formedon', form of writ of right used for claiming entailed property. **f** (*~a pauperis*) form of admission to poor man to sue or defend without paying court costs. **g** (*in ~a*) for the sake of, on behalf of.

R. COLD. *Godr.* 50 (v. diverticulum 2a); ille qui sedet ex parte ηφ .. tollet eos sub ista ~a *Ludus Angl.* 162. **b** **1169** vos .. excommunicavimus ... precipimus ergo .. quatinus, prout ecclesie ~a prescribit, ab omnium fidelium communione abstineatis BECKET *Ep.* 479; **1268** ~a secundum quam magistri debent admittere determinatores *StatOx* 25 *tit.*; **1276** predictus Judeus dicit quod fecit legem suam ea ~a qua Judeus facere debet versus Christianum *SelPlJews* 89; **1281** ut .. in judices .. consentirent qui in ~a juris .. negocium terminarent *RGasc* II 118; ~a autem baptizandi hec est *Conc. Scot.* II 30; circa diversas ~as electionum faciendarum L. SOMERCOTE 27; **1343** de tractando super pace .. non in ~a judicii, sed extrajudicialiter *Foed.* V 381; **1433** intellectis meritis negocii electionis de te .. in abbatem ejusdem monasterii electo nuper facte et coram nobis et per nos tam in materia quam in ~a sufficienter examinate *Reg. Cant.* I 112. **c** contra pacis ~am exterorum multitudinem in insulam advocasti GIR. *EH* I 17; **1217** pax est inter nos et .. Ludovicum reformata, et in ~a pacis continetur quod .. prisones .. deliberentur *Pat* 91; **1227** secundum quod continetur in cyrographo predicto sub hac †fama [l. forma] quod predictus H. deberet dare ei pro predicta quieta clamancia iij m. *BNB* III 645; **1254** inquiri faciat .. si .. antecessores sui predictas particulas tenuerint in dominico et extra ~am *RGasc* I 452; **1259** provisum est .. quod nullus qui per cartam feofatus est distringatur de cetero ad sectam faciendam ad curiam domini sui, nisi per ~am carte sue specialiter teneatur ad sectam faciendam *Cl* 146; **1267** ad sectam vel ad aliud ultra ~am sui feoffamenti non teneantur *StRealm* I 21; **s1272** ~a arbitrationis et concordie de quodam placito, inter .. abbatem et Johannem .. super chacia de Horwode *G. S. Alb.* I 423 *tit.*; petunt quod liberetur eis terra .. tenenda per ~am statuti quousque perceperint ad valenciam .. dampnorum *State Tri. Ed. I* 37; **s1314** ad instanciam domini regis, cum cleri consensu, quamdam ~am amicabilem inierunt TROKELOWE 88; locacio domus .. licet ex ~a non sit contractus usurarius, posset tamen fieri in fraudem usurarum, puta si majus precium quam valeat domus .. pro locatione repeteretur OCKHAM *Pol.* I 319; **s1345** Philippus de V. contra ~am dictarum treugarum .. quosdam nobiles .. capi fecit AVESB. f. 103. **d** **1223** pro vexacione et pro tedio quod ei fecit contra cartam suam et contra ~am doni sui *CurR* XI 1072; **1285** (v. donatio 1d); **1397** cujus heredes ipse sunt per ~am cujusdam doni .. avo predictarum Isabelle et Alicie .. facti *Pat* 347 m. 28; manerium .. quod post mortem predicti D. prefato K. filio et heredi ejusdem D. descendere debet per ~am donacionis *Reg. Brev. Orig.* 238v. **e** **1307** recordum de ~a doni *en le reverti ou la tenaunte alegga* .. *Year Bk. 1 Ed. II* 1; *Ib.* 3 (v. excludere 5b); **1397** cum .. prosecuti fuerint quoddam breve de ~a donacionis coram justiciariis de Banco *Pat* 346 m. 28. **f** **1495** *an acte to admytt such persons as are poore to sue* in ~a pauperis *StRealm* II 578; actor seu reus initio seu quacunque parte litis admittendus est in ~a pauperis his observatis et praestito juramento sequente. comparuit personaliter N. .. ac petiit se admitti in ~a pauperis (quo juramento praestito) dicet judex "admittimus" *Praxis* 176 (*recte* 187). **g** **s1317** papa .. fecit in ~a pauperum tres gratias successive et alias speciales gracias infinitas AD. MUR. *Chr.* 25.

10 model, example, moral pattern.

Sirorum .. princeps [sc. Naaman] .. nonne .. regenerantis gratiae ~am .. per baptismi sacramentum .. declaravit? ALDH. *Met.* 2 p. 70; **796** esto ~a salutis omnium ALCUIN *Ep.* 114; his Martha necessaria procurando, his Maria intente contemplationis se ~am prebendo *V. Gund.* 17; **c1167** qui inobedientie .. aliis dedit ~am, se ipsum .. obedientie ceteris prestet exemplum J. SAL. *Ep.* 207 (217); Paulus .. viris evangelicis ~am prebens .. R. BURY *Phil.* 6. 97.

11 (phil.) form, idea, archetype; **b** (as one of four causes); **c** (dist. from *materia*); **d** (dist. as *substantialis*); **e** (*~a habitus*) form embodied in matter.

te, quem forma boni ediderat sibi, / Augustine placabilis WULF. *Poems* 166; est .. ~a nativa originalis exemplum et que non in mente Dei consistit, sed rebus creatis inheret. hec Greco eloquio dicitur idos [i. e. εἶδος], habens se ad ideam ut exemplum ad exemplar [cf. Seneca *Ep.* 58. 20] J. SAL. *Met.* 875D; sunt qui more mathematicorum ~as abstrahunt et ad illas quicquid de universalibus dicitur referunt *Id. Pol.* 665A; Plato dixit Deum esse operatum in ylem per ydeas, i.e. ~as, Aristoteles vero dixit mundum esse formatum et ydeis distinctum ab eterno S. LANGTON *Gl. Hist. Schol.* 44; **c1205** ~a est qua res potest esse id quod est; velut humanitas, qua homo est homo, ~a hominis est GROS. *Ep.* 1 p. 3; HALES *Sent.* II 26 (v. 2 essentia 2a); quod omnis diversitas et distinccio est per ~am, non intelligendum est nisi in ~is vel ~am habentibus KILWARDBY *OS* 292; typus est exemplum, ~a, figura. hinc venit typicus, sermocinalis, figuratus et archetypus quasi principalis ~a vel principaliter formatus BACON *Gram. Gk.* 66; habitus et est habitus et est ~a; in quantum habitus, habet distinccionem ab objecto, sed in quantum ~a, potest distingui a principio activo DUNS *Ord.* I 49; notandum quod in Deo sunt quotlibet ~e exemplares eterne, per quas oportet creaturas produci in existencia sui generis WYCL. *Form.* 170. **b** BALSH. *AD rec.* 2 164 (v. exemplar 3); licet possibiles sit tres causas coincidere, efficientem sc., ~am, et finem, tamen quartum coincidere est impossibile, sc. materiam SICCAV. *PN* 55; TUNST. 205 (v. epiglottis). **c** fit .. omnis generatio ex materia et ~a in loco et tempore ALF. ANGL. *Cor* 16. 2; non .. sicut turba, ubi multitudo est materia et collectio ~a, sed dicit Trinitas ~am venientem in se tres personas HALES *Sent.* I 215; est materia qua res est quid et ~a qua res est aliquid *Ib.* II 25; ~a dat esse, et materia in se est imperfecta J. BLUND *An.* 15; causa .. conservativa sunt (*sic*) res addentes in putrefacciones ex parte materie, ut pisces et ova ... ex parte .. ~e sunt ea quae addunt in febrem et flamma, ut res calide et sicce GILB. I 6. 2; quamvis materia non absolvatur a ~a ... est ~a initiativa transmutacionis ... ~a .. est id ad quod est motus et non id ex quo, et movet semper vel sicut efficiens vel sicut finis SICCAV. *PN* 55. **d** ~a .. substantialis absolute dicta adhuc dicitur multipliciter. .. uno modo exemplar separatum a re et non quo res est, et alio modo quo res est, ita quod sit conjunctum rei et non exemplar, tertio modo dicitur simul exemplar et quo res est GROS. 124; vis nutritiva spoliat nutrimentum a sua propria ~a substantiali, conferens materie ~am rei nutriende J. BLUND *An.* 47; nulla ~a substancialis potest introduci propria activa propriis passivis non possunt artificialiter inveniri M. SCOT *Sol* 713; sunt itaque hec sex vel nomina omnino ejusdem secundum rem et racionem vel non multum a se differencia: id est ~a substancialis, quiditas, essencia, qualitas substancialis, principale, significant nominis esse totius *Ps.-*GROS. *Summa* 337; NETTER *DAF* II 120v. (v. entelechia). **e** nonnulli antiquorum utramque proprietatem non vere formam, sed de natura ~e, que communiter habitus diceretur, estimaverunt .. . ~a enim habitus .. a natura vere forme .. cadit et degenerat *Ps.-*GROS. *Summa* 345.

12 form, state, condition in which thing may exist.

nulla perire potest substantia, formaque forme / succedens prohibet quod movet esse nihil J. SAL. *Enth. Phil.* 1013; per caloris accionem, aurum, es, argentum, et cetere metallice species de lapidibus educuntur et ~a nobiliori vestiuntur BART. ANGL. IV 1; **s1059** *Eul. Hist.* I 382 (v. detractio 2c); hostia est verum corpus Domini in ~a panis .. est corpus Christi in specie panis, non in ~a WYCHE *Ep.* 532; **1419** omnia sunt in eadem ~a et tam bona quam fuerunt in predicto statu inventa *Ac. Durh.* 227.

13 manner.

'caecitas' dicitur aliquid secundum ~am loquendi, cum non sit aliquid secundum rem ANSELM (*Casus Diab.* 11) I 250; **1279** Johannes C. in misericordia quia verberavit feminam suam ~a indebita *Hund. Highworth* 127; **1379** quod quilibet camerarius se absentans in ~a supradicta incurrat summam penam predictam *Mem. York* I 34.

formabilis [LL]

1 that can be moulded, formable. **b** (phil.) susceptible to a formal cause.

rex ut est figulus, palpo ductibile / lutum ad principis votum formabile WALT. WIMB. *Palpo* 73. **b** Deus .. est complecio incompletibilis, .. forma non ~is quia penitus sine defectu et incommutabilis. Deus .. est .. complecio completissima, forma formosissima GROS. *Ep.* 1 p. 3; si primum est ineffectibile, ergo incausabile quia non finibile .. nec materiabile .. nec ~e DUNS *Prim. Princ.* 659; WYCL. *Univ.* 5 (v. exemplabilis).

2 that has a form, shapely.

in .. textura videtur .. sculptura .. prominere, que avium ac bestiarum formas probatur .. gerere. semper .. in duo avium vel bestiarum paria ~is .. intextura, instar .. frondose arboris, emergit, que .. ymagines .. dirimit R. COLD. *Cuthb.* 42.

formabilitas [LL], capacity to receive form, formability.

potest insinuari creacio celi et terre secundum materie informem quandam ~atem GROS. *Hexaem.* X 3. 2.

formabiliter, in shapely fashion.

R. COLD. *Cuthb.* 42 (v. effigiare 2a).

forma- v. et. pharma-. **formaculum** v. firmaculum.

formagiarius [OF *formagier*], cheese-maker.

c1200 hiis testibus .. Galfrido furmagerio *Cart. S. Greg. Cant.* 60; **1284** in stipendio unius custodis vaccarum in yeme et fac[ientis] furmag' in estate ... item solut' ad sustentacionem unius custodis vaccarum in estate dum furmager' fecit cas[eum] per xxv septimanas *MinAc* 1027/17 r. 2; in liberacione unius vaccar' et furmager' *Ib.* r. 2*d.*; **1285** dum furmagerus fecit caseos *Ib.* r. 3; **c1400** consuetudo in maneriis pro prepositis, carpentariis, et †forinagiariis [l. formagiariis] de animalibus que habebunt in eisdem (*Reg. Spalding*) *MonA* III 212. 2.

formagium [OF *formage* < formaticus], cheese.

1269 r. c. de vj^{xx}iiij formag' receptis .. unde in missione Lond' cvij form' continent' ij pond' et dim' et quartam partem *MinAc* 915/3; **1277** de xvij pond' furmag' et butiri venditis *Ib.* 915/10; **1281** unam ovem cum uno furmagio et sale *CoramR* 60 r. 34 *d.*; **1300** de furmagio et butiro vendito *Doc. Bec.* 182; iij furmagia *Reg. Pinchbeck* I 368.

formale v. firmale.

formalis [CL]

1 formal, characteristic; **b** (med., of fever).

calor naturalis et innaturalis, prout sunt ~es et proprietates membri, non differunt substancialiter, immo tamen accidentaliter GILB. I 1v. 1; secundum modos .. ~es quasdam et differentes mensuraciones obtinet J. BURY *Glad. Sal.* 582. **b** febris ~is morbus est secundum se prout species specialissima GILB. I 3v. 1; sunt .. causae materiales febris ~is in effectu *Ib.* 4v. 2; emitriteus est febris composita .. racione materie putrefacte extra vasa dicitur interpolata cum febris ~is semper sit in effectu *Ib.* 10. 2.

2 in accordance w. normal procedure, regular.

a1539 si [electio] foret debita, canonica et ~is *Entries* 496b.

3 (phil.) pertaining to or concerned w. form or essence; **b** (of cause); **c** (dist. from *materialis*). **d** (log.) pertaining to form (as dist. from matter) of reasoning.

intellectus ~is .. habens se ad similitudinem et proporcionem forme J. BLUND *An.* 339; BACON VIII 231 (v. distantia 1b); dicitur sumi felicitas hominis pro felicitate hominis sibi intrinseca formaliter que communi nomine dicitur esse felicitas hominis ~is WYCL. *Quaest. Log.* 251. **b** D. MORLEY 42 *etc.* (v. 2 causa 5a); secundum divisionem causarum: efficientis ut 'liber Aristotelis', finalis ut 'sermo beatitudinis', materialis ut 'liber artis grammatice', ~is ut 'dignus laudis' *Ps.-*GROS. *Gram.* 65; DUNS *Ord.* IV 18 (v. formalitas 2); *Id. Prim. Princ.* 1. 4 (v. 2 finire 9b). **c** in corporibus nostris duplex est principium, unum materiale, quod est epar, et reliquum ~e, quod est cor *Quaest. Salern.* R 10; puncta supradicta dicuntur apud quosdam note, quare unus punctus nota vocatur; apud aliquos figure vocantur, quare nota figura potest dici; apud aliquos simplices soni dicuntur, et sic materiali signo pro ~i intelligitur *Mens. & Disc.* (*Anon. IV*) 41; GAD. 12. 1 (v. disconvenientia c); WYCL. *Log.* II 187 (v. enthymematicus). **d** Aristoteles distinguit .. quod est intellectus agens et intellectus materialis et intellectus ~is sive adeptus et intellectus exiens in effectum J. BLUND *An.* 59; est .. suppositio quedam materialis, quedam ~is ... ~is .. est que dictio supponit significatum (SHIRWOOD) *GLA* III 18; quod formaliter potest accipi dicitur uno modo .. a forma secundum grammaticum, alio modo .. a ~i racione secundum modum loquendi logice P. BRIDL. 347; **1314** (v. contradictio 1a); si .. veritates in Biblia sub forma propria .. continentur ex .. contentis in ea consequencia necessaria et ~i possunt inferri, sunt inter catholicas connumerande OCKHAM *Dial.* 410; propter illacionem ~em istarum veritatum (KYN.) *Ziz.* 36.

4 (as sb. n.) formal nature, essence.

~e vocatur omne illud quod habet consimiles proprietates nature forme .. tale ~e est universaliter terminus generacionis BACON III 267; forme substanciales rerum .. sunt principia substanciarum, sc. ~ia *Id.* XV 215; SICCAV. *PN* 99 (v. divisibilitas).

formalista, one concerned w. form.

distinccio est duplex, una communis et est alietas .. alia est propria, de qua loquuntur ~e (MAURITIUS HIBERNICUS) *GLA* IV 269 *n.* 582.

formalitas

1 ceremonial formality.

1539 servatis .. singulis cerimoniis et ~atibus *Form. S. Andr.* II 105.

2 (phil.) formal nature, essential character.

nonne sequitur, A et B non sunt idem formaliter, ergo sunt formaliter distincta? respondeo quod non oportet sequi, quia ~as in antecedente negatur DUNS *Ord.* II 357; quamvis .. possint esse perfecciones multe substanciales formaliter distincte et ibi una formalis racio possit abstrahi ab alia remanente adhuc concrecione utriusque ~atis ad sua propria supposita .. *Ib.* IV 18; W. ALNWICK *QD* 180 (v. distinctio 3b); quia formalis principalis in ypothetica designata, que per se esset respectus vel concomitans respectum, reduceretur ad ~atem pure absolutam WYCL. *Quaest. Log.* 242; verumtamen subjectum denominatur formandum efficienter a forma futura, que tempore suo est in formato. formaliter tamen denominatur formandum a ~ate, que est in ipso eo ipso, quod formandum *Id. Ente Praed.* 113; non sum .. nescius perplures alios ex quaternarii arithmetica virtute, et ~ate in lucem adferri potuisse numeros DEE *Monas* 211.

formaliter [LL]

1 formally, in due order.

homines in actibus bellicis cum .. lanciis et aliis guerre instrumentis ~iter instrui et in hiis excercitari precipiat

MILEMETE *Nob.* 96; crocheta ~iter manente ut prius in suo gradu nomine mutato semiminor vocatur HAUBOYS 405.

2 (phil.) w. respect to formal nature or essential character. **b** (log.) w. respect to form of argument, by formal reasoning.

nihil est vel partibus compactum vel materialiter subjectum vel ~iter affectum G. HOYLAND *Ascet.* 273D; si materialiter possit esse nutrimentum, tamen cum non fit essencie complete substancialiter nec ~iter a nutrimento est alienum GILB. II 116v. 1; localiter moveri, sicut dicit Averroes, est duobus modis: movetur enim localiter quia transit de uno loco ad alium, et hoc est mutare locum secundum subjectum; vel quia aliter est nunc quam prius et posterius in eodem loco, et hoc est mutare locum .. ~iter; et sic movetur caelum localiter et per se GROS. 104; sic esse distinctum est equivoce acceptum nec opponitur vere mixtioni absolute, quia hoc est effective non ~iter BACON *Maj.* II 46; essencia in divinis est infinita simpliciter, quia ~iter est omnis perfeccio; set bonitas est infinita quasi in genere, quia, licet ydemptice sit omnis perfeccio, non tamen ~iter (P. BRIDL.) *Quaest. Ox.* 347; non .. generatur ex illis sequentibus, sed ex eleccionibus, in quibus est ~iter bonitas moralis DUNS *Ord.* I 194; debet intelligi ly 'secundum' effective vel ~iter *Ib.* 195; utrum potestas spiritualis suprema et laicalis suprema ex natura rei in tantum ex opposito distinguantur quod non possint ~iter et simul cadere in eundem hominem OCKHAM *Pol.* I 16; ad expositorie concludendum aliquid per se primo inesse alteri, debet addi ad universalem affirmativam illam terminus 'de essencia' vel '~iter' WYCL. *Log.* I 205; *Id. Sim.* 25 (v. deformaliter); iste terminus .. ~iter connotat spiritualitatem PAUL. ANGL. *ASP* 1550; posuerunt quidam quod racio visibilis radicaliter et ~iter est in luce, quia ista sublata rei colorate qualitas visui non apparet UPTON 98. **b** BRADW. *CD* 723A (v. contradictio 1a); ille propositiones ~iter non repugnant [sc. inter se] CONWAY *Def. Mend.* 1334; auctoritas Scripture sacre ex qua sequitur ~iter quod non omnia que fuerunt sunt (KYN.) *Ziz.* 9.

formannus v. foremannus.

1 formare [CL]

1 to form, fashion, mould, shape; **b** (man, world, *etc.*); **c** (cheese). **d** to cast or work (metal). **e** to make up (cloth or garment).

materia informis ~atas species .. accepit ALDH. *Metr.* 2 p. 68; recisurae .. in vasa quaelibet .. ~arentur BEDE *HE* III 22 p. 171; *GlC* E 55 (v. effigiare 1a); pontifex porrigit ei ~atam atque sacram oblationem ALCUIN *Suppos.* 1237C; MAP *NC* V 6 (v. exprimere 2a); **c1205** (v. 2 esse 14c); RIC. MED. *Anat.* 226 (v. digestio 1a); non quia informis materia ~atis rebus tempore prior fuerit, quia non potest materia sine formacione subsistere, sed quod naturaliter precesserit materia res ex ea ~atas GROS. *Hexaem.* II 5. 5 p. 92; WYCL. *Univ.* 5 (v. exemplabilis); dedit .. ad hostias altaris monasterii nostri ~andas xix perticatas terre in latitudine *Meaux* I 224. **b** GILDAS *EB* 47 (v. 1 exire 3a); CUTHB. *Ob. Baedae* clxiii (v. ex 10a); puerperium, infans in utero ~atus *GlC* P 862; **940** (v. formose); ALB. LOND. *DG* 15. 10 (v. egerere b); GIR. *TH* III 35 (v. exquisite 2); S. LANGTON *Gl. Hist. Schol.* 44 (v. forma 11a); dominium terre homini .. ac mulieri, quam de eo ipse erat ~aturus Dominus .. reservavit FORTESCUE *NLN* I 34. **c** GIR. *IK* II 11 (v. exprimere 1c); **1268** item iij vasa ad ~andum caseum *Ac. Wellingb.* 10. **d** malleus in primo memet formabat et incus ALDH. *Aen.* 54 (*Cocuma Duplex*) 1; aurum reddetur ~atum in calicem ANSELM (*Ep.* 90) III 217; quid argento ~ato habilius? ADEL. *ED* 5; **1322** in uno plaustro conducto .. ad cariandum sablonem pro plumbo inde ~ando x d. in una *ladel* de ferro pro plumbo ad combustionem ~ando empto xix d. *MinAc* 1146/11 m. 12; **s1386** (v. discus 2c). **e** **1310** panna sua integra lanea non ~ata (*Cust. Sutton*) *Antiq. Warw.* 639; **1429** j tabula pro panno ~ando *Ac. Obed. Abingd.* 110. panna sua integra lanea non ~ata *Antiq. Warw.* 665.

2 to comprise, compose. **b** to organize, arrange. **c** to set in order, put into shape.

dactilum digitum nuncupavit, qui tribus articulis ~atur ALDH. *PR* 120. **b** accedunt canonici; ~atur processio *Found. Waltham* 28. **c** AILR. *Spec. Car.* II 28 556A (v. deformis b); ad ejus operam pertinet quod in vineis suis invenerit informe ~are, putare sterilia, luxuriantia resecare J. FORD. *Serm.* 59. 10.

3 to represent, depict. **b** to imitate.

quadripedis vituli Lucas formatur adinstar ALDH. *VirgV* 503. **b** GARL. *Tri. Eccl.* 122 (v. effigiare 2d).

4 (gram. & rhet.) to form (sound or word). **b** to constitute (metr. foot, figure, *etc.*).

cepit .. quasi balbutiendo cum difficultate verba ~are *Mir. Fridesw.* 31; de sexta littera .. quam dentes ~ant labrum deprimentes inferius OSB. GLOUC. *Deriv.* 203; omnia composita a 'sto' ~ant supina sua in '-etum' *Ib.* 514; *Ps.*-GROS. *Gram.* 21 (v. distendere 1a); ~are hanc dictionem VINSAUF *AV* II 3. 141 (v. dictio 3a). **b** de v sillabis xxxij pedes ~antur ALDH. *PR* 112; participia .. anapestum .. ~abunt ut 'statuens', 'metuens', *etc. Ib.* 136; figura sardismos, quae linguarum semper permixtione ~atur *Gl. Leid.* 28. 85.

5 to form, write (letter or mus. note). **b** to compose, draw up (doc.). **c** to make, state (leg. case). **d** to declare, express, pronounce (judgement).

due tales breves, que ita ~antur, faciunt unam rectam longam GARL. *Mus. Mens.* 1; minima sic ~atur .. crocheta sic ~atur ... nota ~atur .. habens tractum ascendentem et descendentem a parte dextra HAUBOYS 405. **b** **1076** G. clericus qui apostasiae calumniam habet .. ~atas litteras ex parte sui episcopi sicut canones jubent ostendat LANFR. *Ep.* 24 (40); cartas formare D. BEC 1143 (v. dica 1a); quatinus .. in ea forma quam videritis competere .. litteras vestras velitis ~are *Canon. G. Sempr.* 121v.; **1323** ubi causa excedit xx s. ~etur libellus in scriptis *StatOx* 127; **c1450** H. T. juris consulto ~anti copiam dictarum cartarum cum literis attornati eisdem pertinentibus .. vij s. iiij d. *Fabr. York* 65. **c** **1272** (v. eloqui 2b); **1291** in hoc appello ipsa ~avit appellum suum singillatim versus singulos *Eyre Kent* I 123; **1423** processus quoque ~andi, sentencias promulgandi et exequi faciendi .. concedimus facultatem *Reg. Cant.* I 87. **d** **1306** loquele .. non .. protelentur .. ob defectum judicii dilati, ita quod judicia primo die ~entur, si dicti hundredi sectatores reddere noverint *BBC* (*Swansea*) 213.

6 to conceive, devise. **b** (*~are pacem*) to make peace. **c** (w. abstr. obj., phil.) to form, impart form to.

1156 honestam itineris causam .. amici tui ~abunt J. SAL. *Ep.* 114 (17); impius est civis qui civibus impia format D. BEC. 466; cum a convictu mores ~entur GIR. *TH* III 10; ~ant sibi opinionem ex experimentis suis GROS. *Com.* 21; **c1430** motivum .. opinio ~averat (v. dubitativus b). **b** **1228** pro pace ~anda inter ipsum et Reginaldum fratrem suum *Pat* 184; **1236** coram .. justiciariis itinerantibus .. pax ~ata est inter .. abbatum .. et priorem *Cust. Battle* 135; **1265** cum .. pax inter nos et barones .. ~ata fuerit *Cl* 102; pax inter eos sic est ~ata [v. l. reformata] ut Ethelfridus trans Humbrum, Cadwanus citra fluvium Humbrum Britanniam possiderent *Eul. Hist.* II 370. **c** verbum .. rei est ipsa cogitatio ad ejus similitudinem ex memoria ~ata ANSELM (*Mon.* 48) I 63; caritas .. eadem regula ~atur *Id.* (*Ep.* 16) III 121; J. BLUND *An.* 308 (v. 2 essentia 2a); theologia .. poeticis informacionibus usa est ut .. mistici intellectus transumpciones ~entur BART. ANGL. *proem.*; GROS. 1 (v. discutere 3a); PECKHAM *QA* 96 (v. exemplaritas); **c1301** (v. determinatio 4a); ex hoc quarta racio sic ~atur OCKHAM *Dial.* 520; WYCL. *Form.* 163 (v. denominatio 1c).

7 to inform, instruct, mould by teaching. **b** to dispose, incline.

balbutit nutrix ut linguam formet alumni J. SAL. *Enth. Phil.* 1443; **1308** quantum licite potuit, se informans, ad instruendum et ~andum nos (*Lit. Papae*) W. GUISB. 388. **b** Deus est .. racio creans mentem ad se participandum .. roborans ad virtutem, ~ans ad benivolenciam BART. ANGL. I 17.

8 (p. ppl. *~atus*, phil., w. ref. to effect of formal cause) determined by form or essence.

DUNS *Prim. Princ.* 1. 4 (v. 2 finire 9b).

2 formare v. fornare.

formate, (phil.) formally, according to form.

hominem .. imprimit .. pars anime suprema .., per se mediam imprimens eodem vestigio [Trinitatis] ~ius quod sibi subicitur vicinius et minus formiter quod a se distat longius GROS. *Hexaem.* VIII 5 p. 225.

formaticus, ~um, cheese. *V. et. formagium.*

EGB. *Pont.* 132 (v. 2 esse 10b); *GlC* F 307 (v. forma 4a); **9..** ~um vel formellum, *cyse WW*; ut .. vj pernas, lx ~os, dc panes mundos .. persolveret *MonA* I 608.

formatilis [LL], formed, shaped, or (?) *f. l.*

organa hydraulica .. per ~es tractus fistule aeree modulatos clamores emittunt *Meaux* I 269 (= W. MALM. *GR* II 168: multiforatiles, HIGD. VI 14 p. 72: ~es).

formatio [CL]

1 forming, creating, moulding, shaping; **b** (w. man as obj.). **c** casting or working (of metal).

interiorum membrorum .. cepta ~one, cerebrum Mercurii epar .. ducatu Jovis effectum spiritus vite nequaquam ingreditur ALF. ANGL. *Cor* 13. 4; in septimo [mense] .. si materia sit habilior ~one et prevalet vis formativa, est in puero vite motus sufficiens *Quaest. Salern.* B 26; Dei ~o facit hominem paradisi habitatorem GROS. *Hexaem.* XI 6. 8. **b** quod illa benediccio 'crescite et multiplicamini' .. fuit data Ade extra paradisum ante ~onem Eve OCKHAM *Pol.* III 12 (*tit.*); Sem c .. erat annorum .. ab Adam ~one ij[m]ccxliiij *Eul. Hist.* I 30. **c** **1300** pro stipendiis diversorum operariorum operancium in metallo predicto post ~onem ejusdem cathedre *KRAc* 357/1.

2 formation (of word).

elementarius et rudis in ~one verborum P. BLOIS *Ep.* 23. 84B.

3 founding, foundation. **b** devising.

c1320 ista nova carta ~onis obtinet fundamentum coram se et certis personis (*DC Cant*) *HMC Var. Coll.* I 281. **b** **1301** pacis est ~o [v. l. reformacio] subsecuta (*Lit. Papae*) *MGL* II 162.

4 form, shape.

ex ~onibus et similitudinibus his creatis et naturis sensibilibus, magis quid non sit quam quid sit hec prima nostra unitas demonstratur H. BOS. *LM* 1351D; GROS. *Hexaem.* II 5. 5 (v. formare 1a).

5 (phil.) formal nature, essence.

album albedo, id est album solo casu, id est sola cadencia unius ab alio sine ~one, quia secundum logicum derivatur et sumitur album ut albedine, quamvis e contrario secundum gramaticum BACON XV 207; WYCL. *Ver.* II 225 (v. formositas 2).

formative, formatively, in a manner conferring form.

Dionisius in Jerarchia libro primo [*Cel. Hier.* 7] dicens .. 'non in ymaginibus sacre fictis ~e figurant deificam similitudinem ..' GROS. *Cess. Leg.* III 1 p. 124.

formativus, formative, conferring form.

incipit operari vis ~a conferendo humanam figuram illi materie *Quaest. Salern.* B 24; motus ~us consonantis, minus elongans inclinacionem ad actualem sonum vocalis ab actu suo, semivocalis erit ~us GROS. 10; virtus ~a corporis datur a patre, dicente philosopho quod mas dat illud quod creat PECKHAM *QA* 3; mundus architipus vocatur multitudo omnium racionum ydealium in mente divina, secundum quas raciones Deus omnium formalium dicitur factivus et ~us WYCL. *Quaest. Log.* 273.

formator [CL]

1 one who shapes or fashions; **b** (of God).

'plastes' .. signat ~orem vel compositorem GROS. *Hexaem. proem.* 55. **b** omnitenens Dominus, mundi formator et auctor ALDH. *VirgV pref.* 11; Deus ~or reformatorque humani generis, qui .. hominem de limo terrae formasti *Cerne* 137 (cf. *Nunnam.* 62); domine Deus meus, ~or et reformator meus ANSELM (*Prosl.* 14) I 111.

2 deviser.

~ores pacis morosius agentes .. diem protraxerant DEVIZES f. 31.

formatrix [LL], forming (f.).

dicere .. quod virtutes ~ices in fine operacionum suarum corrumpuntur SICCAV. *PN* 130.

formatura [CL], shape, conformation.

materia .. ex aliis membris contracta illud quod deest parenti in ~a perficit in partu *Quaest. Salern.* B 5.

formeletta [cf. formella 2], tracery, window frame.

a1430 pro xxxvj et dim. pedibus de *vouceres* pro fenestris vj s. j d. item pro xxij et dim. pedibus de ~is iij s. ix d. *MS Trin. Coll. Camb. Kings's Hall Ac. 1422–9* f. 143.

formella, ~um [LL]

1 small form, mould. **b** cheese-mould; *v. et. forma* 4a. **c** cobbler's last.

~a, parva forma OSB. GLOUC. *Deriv.* 245; ~a, [A. *a forme*] *WW*; *a form*, forma, formula, ~a *CathA*. **b** ~as casei ad tribunum detulit BEDE *Sam.* (*1 Sam.* xvii 18) 614; sicut ~a casei a formando generaliter dicitur BALD. CANT. *Sacr. Alt.* 763A; **1326** in ij ~is emptis pro caseis implendis ij d. *Ac. Man. Wint.* (*Michelmersh*). **c** *sowtaris lest*, formula .. ~a *PP*; *CathA* (v. formipedia).

2 moulded or modelled object: **a** cheese. **b** tracery, window frame.

a horti holeribus, ovis paucis, Britannico ~o utatur GILDAS *Pen.* 1; **9..** ~um (v. formaticus); *chese*, caseus, caseolus, ~a *CathA*. **b** **1253** empciones: pro .. xx pedibus et dim. de *parpen*, iiij[xx]iiij pedibus et dim. de folsur' cum filo, xxxix pedibus de ~is, cclxviij pedibus de *serches*, c et vij pedibus de scutis *Ac. Build. Hen. III* 260.

3 form, bench.

1405 iiij veteres tabulas pro camera et aula cum vij longis ~is iiij curtis ~is (*Pat*) *Foed.* VIII 384.

4 form, lair (of hare).

sagacitas canum ~as leporum aut ferarum latebras deprehendat J. SAL. *Pol.* 682D.

formellus [AN *formel, furmel* < (falco) formalis], female hawk or falcon.

1234 furmelum, **1280** formelos (v. girfalco c); **1315** pro putura v falconum regis, quorum j formell' gent' et iiij tercelletti *KRAc* 99/15.

formentada [cf. OF *formentee, fromentee* < frumentata], custom on wheat (Gasc.).

1027 (1243) cum consuetudine trium modiorum salis et cum la payda e la ~a *CalPat* 393; **1174** (1233) cum

consuetudine trium modiorum salis et †laporada [MS: lapoiada] et ~a *CalCh* I 175.

formica [CL]

1 ant; **b** (fig. & as type of numerousness, order, smallness, or industry).

ut leo sic formica vocor sermone Pelasgo ALDH. *Aen.* 18 (*Myrmicoleon*) 2; ferunt ~as in .. esse insula et quod vj pedes et atrum colorem .. habeant .. depromunt *Lib. Monstr.* II 15; ~a tres naturas habet: prima natura est ut ordinate ambulent et unaquaque earum granum bajulet in ore suo *Best.* 47 f. 29; myrmix, ~a OSB. GLOUC. *Deriv.* 367; si beat quempiam auri custodia, / beatas procreat formicas India WALT. WIMB. *Carm.* 360; UPTON 162 (v. decorticare b). **b** 'vade ad formicam, o piger' [*Prov.* vi 6] . . . ut .. operandi sapientiam discat a ~a BEDE *Prov.* 960; sic apum ac ~arum studio fervebant in edificio celestis Jerusalem examina virginum GOSC. *Edith* 59; **1170** calles .. ut ~e circumquaque discurrentes obambulant G. FOLIOT *Ep.* 214; providus, astutus formice disce labores / annalem victum querentis tempore messis D. BEC. 2145; ALF. ANGL. *Cor* 1. 3 (v. elephas a); visa .. in quercu multitudine ~arum, petiit .. sibi tantum dari civium exercitum *Natura Deorum* 116; istius in morte perimit formica leonem. / trux homicida fuit formica leoque Ricardus M. RIEVAULX (*Vers.*) 43. 15; **s1174** de ~is .. Scoticis tot interfecte referuntur, quod numerum omnem excedere dicebantur WEND. I 100 (= M. PAR. *Maj.* II 293); **s1456** expediens est plurimum ~am nobis in speculum statuere dumque calor est .. contra frigora .. providere *Reg. Whet.* I 220.

2 (med.) abscess, ulcer, or wart.

~a est scissura extrema palpebre, unde palpebre cadunt ..; sanies est scissura ~a vehementior GILB. III 143. 2; GAD. 25. 1 (v. corrosivus 1b); *Ib.* 25. 2 (v. deambulativus); ~ae, apostemata verrucalia, porralia *LC* 242.

formicaleo [LL], ant-lion (also fig.). *Cf. myrmicoleo.*

myrmicaleo, ~o vel formicarum leo *GlC* M 379; qui ferus est timidis timidusque feris homo nequam, / hic formicaleon nomen habet merito H. CANTOR *Vers.* 222; est et aliud genus aranee nomine mirmicaleon sive mirmiceon, quod alio nomine dicitur ~on BART. ANGL. XVIII 10; habet .. Hibernia tertiam araneam, sc. formicoleonem multiplicem, sc. ballivos et officiales, quibus in dicta terra .. innata est astucia venenata ad destruendum pauperes et innocentes MALACHY *Ven.* f. 16.

formicalion v. formicaria.

formicalis, (pl.) pincers, pair of tongs.

~es, forcipes fabrorum, que forma i. e. calida de fornace educunt OSB. GLOUC. *Deriv.* 242; *a paire of tanges*, in plurali numero tenalia .. ~es . . . *a paire of tanges for a smyth*, forceps, forcicula, ~es pluraliter *CathA*.

formicapola v. pharmacopola.

formicare [CL]

1 (med., of pulse) to be slight and irregular.

de pulsu caprizante, martellino, serrino, vermiculoso, ~ante, estuante, et tremente diffusius disputatur BART. ANGL. III 23.

2 to be busy as an ant.

formice disce labores / annalem victum querentis tempore messis. / .. sis Martha secunda. / .. / rebus in injustis tu formicare caveto D. BEC. 2149.

formicaria [LL *gl.*], **~ium,** ant-hill.

ubi Malchus videt ~iam R. CANT. *Malch.* IV 10 *tit.*; *a pyss mowre*, formica; *a pyssmowre hylle*, ~ium; *a mowre howse*, †formicalion (*sic*) *CathA*; *a pismoure hylle*, †formicecarium [l. ~ium] *Ib.*

formicarius, of ants.

s1460 (v. colliculus b).

formicatio [CL], (med.) formication, sensation as of ants crawling, 'pins and needles'.

~ones sub cute sentiuntur in aliquibus locis ac si urtice fricarentur GAD. 46. 1.

formicinus [CL], ant-like.

1189 ad vos revertimur gressu ~o *Ep. Cant.* 296; **1189** archiepiscopus .. gressu ~o, immo testudineo, Wintoniam .. tendit *Ib.* 322; quocunque raptum prosiliunt, more ~o revertuntur honusti MAP *NC* IV 6 f. 49v.

formicoleo v. formicaleo.

formicula, little form, bench.

1378 ij formicl' precii xij d., .. j ~a *IMisc* 213/6.

formicularis [cf. formicatio], (med.) marked by formication.

GAD. 25. 1 (v. erysipelas).

formidabilis [CL]

1 formidable, inspiring fear, terrifying.

796 gentes .. Hunorum antiqua feritate .. ~es ALCUIN *Ep.* 110; karitas illum .. bonis facit amabilem et perversis ~em ORD. VIT. III 3 p. 47; exterorum adventu ~i GIR. *EH* I 5; qui .. sub ~ibus penis ad vos accedere non defferant *Dictamen* 357.

2 fearful, terrified.

post introitum jacuit [cervus] mitigatus ante pedes ammirantis, fatigatus pro canibus et ~is *VSB* (*Iltut* 8) 204.

3 (n. acc. as adv.) 'terribly', very much.

ille [rex] felle commoto et ~e ridens .. quasi in jocos effusus .. penam .. remittit W. MALM. GR II 159 p. 180.

formidabiliter, formidably, terribly.

an .. hoc futurum formidabitur quod tam ~iter comminatur divina districcio? AD. MARSH *Ep.* 49 p. 154.

formidalis, formidable, inspiring fear, terrifying.

s1310 sentenciam excommunicacionis ~em .. fulminarunt *Flor. Hist.* III 147; **s1317** in .. comitem .. vexillum ~e direxit *Ib.* 181; **s1427** xxx^m armatorum cum .. machinamentis eorum bellicis ~ibus et cannalibus .. ad obsidionem requisitis *Plusc.* X 129.

formidamen [CL], (source of) terror.

inter tanta discriminum ~ina AD. MARSH *Ep.* 30 p. 130.

formidare [CL], to be afraid of, fear, dread: **a** (trans.); **b** (impers. pass. w. prep.); **c** (absol.); **d** (w. inf.); **e** (w. acc. & inf. or gdv.); **f** (w. *ne* & subj.). **g** (pr. ppl. as adj.) fearing, fearful. **h** (gdv.) inspiring fear, terrifying.

a damna rerum ~ans vel vitae dispendium ALDH. *VirgP* 33; potentes non ~ando et pauperibus conpatiendo HUGEB. *Wynn.* 5; GOSC. *Mir. Iv.* lxii (v. discessio c); horrendas ~abant Sarracenorum insidias *V. Gund.* 4; se probandi ~at exercitium GIR. *TH intr.* p. 5; tunc leones / formidabunt lepores WALT. WIMB. *Van.* 105; OCKHAM *Dial.* 544 (v. excruciatio). **b** si .. de .. sedicione minime ~atur, expedit si aliquis invenitur OCKHAM *Dial.* 802. **c** D. BEC. 1612 (v. egere 1a). **d** animos proximorum .. offendere non ~amus BEDE *HE* III 19 p. 165; HUGEB. *Wynn.* 5 (v. dives 1a); damnationem ~astis incurrere ALEX. CANT. *Dicta* 10 p. 150; anulum .. episcopalem gestare ~ans *V. Gund.* 44; propter magnitudinem rei obedire ~o TURGOT *Marg. prol.*; omnis homo .. imminui ~at R. NIGER *Mil.* IV 45; **1341** (v. collateralis 2b). **e** scio .. quae ventura tibi .. mala ~as BEDE *HE* II 12 p. 108; propinqui sui ~antes perpetuam vesaniam sibi venturam, ad limina .. Guthlaci [eum] duxerunt FELIX *Guthl.* 42; intellexit vir prudens ultro oblatum, quem .. laborioso quaesitu ~averat vix inveniendum GOSC. *Transl. Aug.* 17D; se coram Deo accusari ~at ALEX. CANT. *Dicta* 1 p. 116; **s1242** ~abant .. regem suum .. morte opprimi repentina *Flor. Hist.* II 257 (= M. PAR. *Maj.* IV 225: timebant); ut ipsum aggredi pre consueta confusione quasi ~aremus *Latin Stories* 102; **1440** (v. deverium a); **1465** (v. debere 5c). **f** ~amus ne lex quevis alia .. tribunal ascendat FORTESCUE *NLN* I 31. **g** **793** te .. nec vani terrores principum ~antem efficiant ALCUIN *Ep.* 17 p. 45. **h** erat .. obstantibus ~andus ORD. VIT. III 2 p. 26; olim Asie .. / claruit imperium, formidandusque Pelasgis / frix erat J. EXON. *BT* III 43; ante .. tribunal ~andissimae majestatis AD. MARSH *Ep.* 245; *Ib.* 136 (v. defigere 1d).

formidatio [LL], state of fear, terror.

est .. mors metuenda .. in moriendi ~one *Spec. Laic.* 52; semper quid sit licitum .. formidare, qua utique ~one trepidabis CHAUNDLER *Apol.* f. 16v.

formidinosus, inspiring fear, terrifying.

drefulle, attonitus, ambiguus, dubius, formidolosus homini pertinet; ~us pertinet loco, formidolus, meticulosus, metuendus, timorosus, tremosus *CathA*.

formido [CL]

1 state of fear, terror. **b** misgiving.

ALDH. *VirgV* 618 (v. evigilare 3a); de .. generibus .. quae maximum ~inis terrorem .. incutiunt *Lib. Monstr.* prol.; **716** igneum .. flumen .. mirae ~inis BONIF. *Ep.* 10 p. 11; ~o, *anoða* *GlC* F 277; me movet et turbat mortis formido maligne R. CANT. *Poems* 293. 2; erit sancte dulcedinis delectatio, ubi nulla erit offensionis ~o ALEX. CANT. *Dicta* 5 p. 129; partim ~ine preoccupati .. discurrebant G. MON. VIII 18; liquescat igitur cor nostrum ferreum, / mortis formidine versum in cereum WALT. WIMB. *Sim.* 201. **b** credere .. est absque ~ine consentire ad esse rei WYCL. *Ver.* II 16.

2 (source of) terror, horror.

mors .. omnium regina est ~inum *V. Greg* p. 109; ut .. hostibus suis horrori fieret et ~ini *V. II Off.* f. 3; aures inficiet formido tubarum J. HOWD. *Cant.* 139.

formidolose [CL], fearfully, timorously.

Anglorum regnum ignavia et formidine non probitate milicie ~e tractabat CIREN. II 140; **s1386** Londonienses currunt .. amentes ad muros .. et cuncta ~e faciunt, que in extremis necessitatibus constituti facere consueverunt *V. Ric. II* 73 (= WALS. *HA* II p. 145).

formidolositas, state of fear, terror.

si quis propter ~atem fugiens dominum vel socium destituerit, sive navali bello, sive terrestri .. (*Cons. Cnuti*) *GAS* 365 (= *Quad.*: pro timiditate); emittit Amoreos, qui .. amaritudines inmittunt anime. '.. Evei feritates inducunt, .. Ethei ~ates et similia cognata vitia educunt R. NIGER *Mil.* I 28; [Christus est] securus illis quos protegit auferens ~atem BART. ANGL. I 21; **s1097** illos dissolutos redarguens ~atis .. redire compellit et invitos M. PAR. *Min.* I 80; Anglorum nimiam redarguit patientiam, quam ~atem recta interpretatione fuisse interpres asseruit, qui ad omnia presens extiterat *G. S. Alb.* I 240; **s1356** omnipotenti Deo nostris tribuente longanimitatem et Gallis immittente ~atem WALS. *YN* 299 (= *Id. HA* I 283).

formidolosus [CL]

1 inspiring fear, terrifying.

terribula, ~a *GlC* T 117; fuit in Mercia .. regionibus finitimis ~us rex nomine Offa ASSER *Alf.* 14; **9..** ~is, *forhtigendum* *WW*; tanto ~ior erit quisque hostis GOSC. *Lib. Confort.* 49; incendii fortuna importuna tanto ~ior erat quo jactura major .. imminebat R. COLD. *Cuthb.* 37; quod cum factum fuerit, nichil remanebit ~um, nec omnino metuenda erit ulla temptatio ROB. BRIDL. *Dial.* 93.

2 fearful, terrified.

GILDAS *EB* 18 (v. exemplar 2a); ~orum [*gl.*: *forhtra*, timidorum] more luctatorum palestram certaminis horruerunt ALDH. *VirgP* 51; securus erit in futuro qui nunc bene ~us et sua sedulus errata per paenitentiam curat BEDE *Prov.* 972; non debet venator ~us [AS: *forhtfull*] esse ÆLF. *Coll.* 93; fugiunt utpote ~i *Enc. Emmae* II 9; Dominus mulieri Chananee respondere noluit. simile in Deuteronomio et Judicum, ut ~i et timidi reverterentur S. LANGTON *Ruth* 94; prout desides et ~i promeruerunt *V II Off.* f. 2v.

formidolus, fearful.

CathA (v. formidinosus).

formidosus [LL], inspiring fear, terrifying, or (?) *f. l.*

nequaquam ~is [v.l. formidolosis, *gl.*: stupefactis, *egefullum*, *mid eargum*] gestibus tremibunda nec meticulosis palloribus nutabunda ALDH. *VirgP* 52.

†formidus, *f. l.*

vir †formidus [MS: for^mus] Judas .. xij^m dragmas argenti misit BRINTON *Serm.* 8 p. 23 (cf. *2 Macc.* xii 42–3: fortissimus Judas .. xij^m drachmas argenti misit).

formipedia, ~ium [cf. forma 2, pes], cobbler's last.

allutarii .. conservant sibi †forumpedias [l. formipedias, v. l. formipedia, *gl.*:* G. *formes*] equitibialia et spatulas GARL. *Dict.* 125; ~ium, A. *a leste*; .. hec ~ia, *a last* *WW*; *a laste of a sowter*, formula, formella, ~ia gala, equitibiale pro ocreis *CathA*.

formitare, (phil.) to form habitually.

perfecta quidem est in perfectis, ut perfectio principalis; imperfecta vero in imperfectis tanquam superfecta, et ante perfecta forma ~ans in informibus BRADW. *CD* 153B.

formitas v. deiformitas.

formiter, (phil.) formally, according to form.

GROS. *Hexaem.* VIII 5 (v. formate).

formitta [cf. furmentum, AN *furmenté* < frumentatum], (?) frumenty.

12.. ad ~as vero in Adventu Domini debent habere xiiij summas [sc. frumenti], .. omnes sc. percipiendas de horreis *Chr. Evesham* 219.

formola v. formula 3b. **formonsus** v. formosus.

formose [CL], beautifully.

940 omnis creatura valde bona in principio formata ~eque creata atque speciose plasmata est *CS* 753; haec domus .. tota deintus ~e depicta GOSC. *Edith* (II) 87; imaginem .. ~e et aurose in tabula depictam *Id. Aug. Maj.* 61A; tam numerosam multitudinem, tam ~e formatam, tam ordinate variatam ANSELM (*Mon.* 7) I 22; H. BOS. *LM* 1402D (v. deformiter a).

formositas [CL]

1 beauty: **a** (of person or part of body); **b** (of artefact); **c** (of abstr.).

a Absalonis namque ~as ibi esset deformitas. porro illorum speciositas erit ut solis claritas HON. *Eluc.* 1171A; ecce vere tu pulcher es, Domine Deus noster, et decorus et admirabile nimis decus ~atis tue in utraque natura tua J. FORD *Serm.* 36. 6; sane et mulierum ~ati gracilitas quidem gratiam addit grossitudo imminuit *Ib.* 61. 5; pilis fiducialiter injectis .. in majorem sunt ~atem conversi (*V. Oswini*) M. PAR. *Maj.* I 533; Lucifer in se videns suam ~atem [ME: *feiernesse*] *AncrR* 12. **b** diversa .. mundi ~as GOSC. *Lib. Confort.* 37; cavens ne quis materie pulchritudinem et dictaminis feditatem intuendo estimaret Anselmum ex materie quidem ~ate illud composuisse EADMER *Beat.* 15 p. 291. **c** novum hominem incolumitatis suaeque ~atis solemniter se induisse GOSC. *Aug. Min.* 759A; res .. sua ~ate prefulgens *Mir. Hen. VI* I *prol.* p. 5.

2 (phil.) faculty of imparting form.

tercia generacio est per modum propagacionis, ut germinis a semine . . . in prima deficit ~as [v. l. formalitas] quia in semine est forma occulta et confusa, sed non sic filius R. MARSTON *QD* 80; [Deus] est ~as et speciositas eo quod est formosus et speciosus WYCL. *Ente Praed.* 148; idem est judicium de formis accidentalibus, ut, si est caliditas, calefecit et ita generaliter de aliis, cum forma non sit, nisi formacio vel ~as essencie *Id. Ver.* II 225.

formosus [CL]

1 having fine form, beautiful, handsome; **b** (of person); **c** (of animal); **d** (as Christian name).

levem, formonsum *GlC* L 109; **9**. . ~a, *wlitig WW*; ~us, A. *welshape WW*. **b** Basilissa . . ~a frontis effigie sed ~ior cordis castitate ALDH. *VirgP* 36; ~um genus hominum legimus et hanc causam amoenitatis eorum esse adserunt quod crudam carnem . . manducant *Lib. Monstr.* I 26; p**795** quis te, ~e puer, . . persuasit porcos pascere? ALCUIN *Ep.* 295; KETEL *J. Bev.* 282 (v. 2 dilectio 1b); [mulier] vidit quendam juvenem ~um corpore atque facie *Latin Stories* 90; 'nigra sum sed ~a' [*Cant.* i 4], nigra exterius, ~a [ME: *schene*] interius *AncrR* 8. **c** cum [avicule] . . cum . . alis . . fulgentibus conspicue sint et ~e GIR. *TH* I 18. **d** OCKHAM *Dial.* 475 (v. deordinare 2b, discernere 5b).

2 serving as formal model, excellent, exemplary.

~ae virginitatis speciem . . depinxi ALDH. *VirgP* 60; **9**. . ~a, *mid ænlicre WW*; intravit subito quidam miles ~us valde, bene militem tam ~um nunquam antea vidi *Latin Stories* 121; rex . . misit litteras anulo suo signatus ad . . Owyn Glyndore pro eo quod ipse illis diebus armiger ~us habebatur *V. Ric. II* 171.

3 (phil.) imparting form.

WYCL. *Ente Praed.* 148 (v. formositas 2).

formula [CL], **~us**

1 form, appearance. **b** outline, shape. **c** account, description, representation.

puellae . . ~am Sirenae depingam *Lib. Monstr. prol.*; apparuit post hec in mari quedam ~a quasi hominis sedentis super petram *NLA* (*Brendan*) I 149. **b** tonsurae Petri apostoli ~am in modum coronae spineae caput Christi cingentis, . . suscepit EDDI 6 (= *V. Cuthb.* II 2: formam); **799** nos . . diminutionem lunaris ~ae . . intuentes ALCUIN *Ep.* 170; candor . . foliorum et integra . . ~a litterarum . . permansit TURGOT *Marg.* 11; RIC. MED. *Anat.* 231 (v. effigies 2a); tardos efficeret lepores complexio, si non / formula membrorum cursibus apta foret NECKAM *DS* IX 152; hec [vulpes] venit, hec [ciconia] vase vitreo bona fercula condit, / ac solam recipit formula vasis avem / laudat opes oculis vasis nitor, has negat ori / formula WALT. ANGL. 33. 8, 10. **c** **13**. . passiones et vite sanctorum: . . liber beati Martini qui appellatur ~a honesta (*Catal. Librorum*) *Chr. Rams.* app. 360.

2 form, mould; **b** (for cheese); **c** (for casting wax, metal); **d** (cobbler's last).

formula materie, quasi quedam formula cere, / primitus est tactus duri VINSAUF *PN* 213. **b** **1316** in iij ~is emptis pro caseo faciendo vj d. *Cart. Glam.* 817; **1390** in ij ~is emptis pro caseo formando iiij d. *Pipe Wint.* 159398 r. 15. **c** VINSAUF *PN* 213 (v. 2a supra); **1311** pro viij carectis zabul' pro morter' ad tegul' fac' et pro ~a plumbariorum *KRAc* 469/13 m. 5; **1381** iiij *moldes* vocate ~e pro pelot' infundendis . . xxij *gunnes* [etc.] *KRAc* 400/10 m. 2; *CathA* (v. duca). **d** ~a, A. *a leste or a lytyl molde WW*.

3 image, model, modelled object. **b** cheese. **c** tracery, window frame. **d** receptacle, trap. **e** print, type.

hanc ejusdem virginis ~am, que incarnati unici tui . . speciem gerit (*Pont. Magd.*) *HBS* XXXIX 144; cum eciam idolum dicatur ~a ad imaginem BRADW. *CD* 16A; **1396** [concessimus] parvam domum . . [ad] custodienda . . instrumenta sua et ad faciendas ~as et moldas *Pat* 343 m. 11. **b** **1352** de eodem pro formolis termini purificationis beate Marie iiij s. (*Rot. Celerarii*) *Comp. Worc.* I 45. **c** **1337** (v. forma 5c). **d** **1517** (v. excipula). **e** ex poetis habent . . Sophoclem minusculis Aldi ~is [Eng.: *in Aldus small prynte*] MORE *Ut.* 216.

4 plan, drawing, diagram.

Deus . . exornavit . . xij menses in binis aequinoctiis . . sicuti ~a sequens demonstrabit BYRHT. *Man.* 8; abaci ~a hec est quae sequitur. et notandum quod primus ejusdem ~ae arcus singularis est vocatus THURKILL *Abac.* f. 55v.; duplicetur radix eorum, et comma mox monstrabitur, ut monstrat subjecta ~a [*diagram follows*] ODINGTON *Mus.* 67.

5 form, bench; **b** (eccl.); **c** (acad.).

1264 tres quercus ad meremium ad mensas, ~as, et scamia in aula . . regis Oxonie . . facienda *Cl* 5; in aula ij mense mobiles . ., iij ~e, iij paria trestallorum *FormMan* 21; xv tabule . ., iij longe ~e precii cujuslibet j d., . . xx paria trestallorum . . *Capt. Seis. Cornw* 144; **1313** liberavit . . in aula . . iiij tabulas cum trestellis, iij formulis (*sic*) cum pedibus manualibus, . . ij cathedras, iiij ~as manuales *LTRAc* 19 r. 31; serviens . . hospicii respondeat . . de ~is, tabulis, et tristellis *Croyl.* 104; **1463** cum . . ij mensis et ~is pro minori aula *ExchScot* 179; **1551** de duabus ~is vocatis *formes* et iiij parvulis scabellis *Pat* 840 m. 14. **b** super ~as vel misericordias inclinamus (*Stat. Cartus.*) *MonA* VI 1 p. vi; **1222** ad altare omnium sanctorum . . ij lignee *Reg. S. Osm.* II 139; c**1260** ipse auctoritate decanatus in introitu suo percutiet ~am ante stallum et reincipientur vespere *Stat. Linc.* I 366; **1325** (v. discus 4d); incipiat sacerdos 'Gloria in excelsis'. tunc omnes genuflectant, osculantes ~as, exuentes capas nigras *Ord. Exon.* I 323; **1441** ad picturam crucis et ad facturam ~orum de novo reparandorum infra ecclesiam parochialem de E. x m. *Reg. Cant.* II 584; in choro ~as super quas fratres ad preces procumbere solent . . fecit denuo reparari *Croyl. Cont. B* 496. **c** *FormOx* 169 (v. discus 4b).

6 formula, set form of words, paradigm. **b** axiom, motto, precept. **c** bull, form of notarial instrument.

ALDH. *PR* 128 (v. ditrochaeus); *Ib.* 129 (v. enudare 2); a**705** carmina . . subdidimus, . . primum in lxx coaequantium vorsuum ~as . . divisum (ÆTHELWALD) *Ep. Aldh.* 2(7) p. 496; **719** disciplinam . . sacramenti . . ex ~a officiorum . . apostolicae sedis . . volumus ut intendas (*Lit. Papae*) *Ep. Bonif.* 12; tot erunt ~e brevium quot sunt genera accionum BRACTON 413b, *Fleta* 76; usuales litterarum ~as *FormOx* 283. **b** exprimit ~am maximum illud primumque preceptum, sc. ut diliges Dominum Deum tuum W. NEWB. *Serm.* 871. **c** rumor deletur si Rome ~a detur GARL. *Mor. Scol.* 480.

7 rule of procedure, process. **b** (moral) rule, regulation.

quam velit loculus . . / . . promat formulam argenti trocleam WALT. WIMB. *Sim.* 29. **b** vij spiritalis bibliothecae ~as et divinae legis regulas . . monimenta . . demonstrant ALDH. *Met.* 3 p. 73; c**1166** fixum est michi . . propositum . . honestatis ~am sequi J. SAL. *Ep.* 209 (190); formula vivendi *Id. Enth. Phil.* 1458.

8 model, example, moral pattern.

decoris dignitatis . . virginali ~ae comparata . . mundi crepundia contempnit ALDH. *VirgP* 9; c**738** monasticae conversationis normam . . patrum ~is (LUL) *Ep. Bonif.* 98; p**788** regularis vitae . . cadit normula et saecularis vitae crescit ~a Alcuin *Ep.* 67; exemplar continentie fuit sacerdotibus et ~a vite *Found. Waltham* 1; WALT. WIMB. *Virgo* 111 (v. doctrinalis d).

9 condition, state.

qui es creator siderum, / tegmen subisti carneum / dignatus hanc vilissimam / pati doloris formulam *Anal. Hymn.* LI 72. 3.

formulare, to formulate.

1456 articulorum contra te ~atorum *Mon. Hib. & Scot.* 400. 2.

formulari v. famulari.

1 formus v. firmus.

2 formus [CL], warm, hot. **b** (as sb. n.) iron hot from furnace.

~um enim dixerunt antiqui calidum ALCUIN *Orth.* 2335. **b** forcipes eo quod ~um capiunt, quae sunt fabrorum *Ib.*; hoc ~um, -i, i. calida massa ferri sicut extrahitur ab igne; unde formidus, -a, -um, i. calidus, et plur. hii formicales, -ium, i. forcipes fabrorum, quibus forma, i. calida, de fornace educuntur OSB. GLOUC. *Deriv.* 216 (cf. ib. 242: ~um, calida †ferri mur [MS: forma ferri] sicut ab igne trahitur. . . formicales, forcipes fabrorum que ~a, i. calida, de fornace educunt).

forna v. fornus.

fornacalis [CL = *of an oven*], (as sb. n.) implement for an oven.

~ia . . vocamus instrumenta ad opus fornacis aptata OSB. GLOUC. *Deriv.* 223.

fornaceus (furn-) [CL], for a furnace or oven. **b** baked in an oven. **c** (as sb. m. or n.) oven, kiln, forge.

c**1335** unus plumbus ~eus *IMisc* 128/19. **b** panes ~ei qui in abdito coquuntur BEDE *Ezra* 916. **c** **1573** totum illum molendinum . . ferrarium ac ~eum . . vulgariter nuncupatum *the yron mylle and forge Pat* 1103 m. 2.

fornacula [CL], **~um, ~us,** furnace, oven, kiln, hearth.

da regulas ionico majori rite congruentes. . . virguncula, ~a, cunabula . . ALDH. *PR* 132; ~a, *cyline, heorð GlC* F 289; fornaculum, †*here* [l. *herðe*] *Ib.* 306; culine, ~a *Gl. Leid.* 15. 42; fornaculum, *herth Ib* 42. 12; hic fornaculus, -li, parvus fornax OSB. GLOUC. *Deriv.* 223.

fornagium (furn-) [OF *fornage*], **a** oven-due, payment for use of oven. **b** profit from an oven.

a a**1190** quod . . sint exempti . . ab molinagio, ~io, vinagio [etc.] *Act. Hen. II* II 355; **1209** de fornace ejusdem ville cum furnagio *RChart* 185a; **1242** furnagium . . furniagio (v. fornare a); **1279** prior de T. facit furnire in furno suo proprio panem alienum, qui furniri debet apud burgum de Novo Castro, per quod burgus perdit furnagium suum, viz. de quolibet quarterio iiij d. *AssizeR Northumb* 365; **1290** cum . . rex habeat . . sua forna communia apud Novum Castrum ita . . quod panis venal' ibidem et non alibi . . fornari debeat . . et percipere debeat de quolibet quarterio ibidem furnato iiij d. . . et . . rex proinde amittit per annum de exitibus fornagii . . x li. *RParl* I 26; fecit furnire in furno suo proprio panem alienum, qui forniri debuit apud burgum de Novo Castro, per quod burgus perdit furnagium *Ib.* 29; **1390** clerico panetrie per J. Baker de Boston pro furnagio frumenti apud Boston *Ac. H. Derby* 23. **b** de lucro pistoris: . . sciendum est quod pistor potest lucrari in quolibet quarterio fromenti . . iiij d. et furfur [et ij panes] ad furnagium (*Assisa Panis*) *StRealm* I 200b (= *Ann. Burton* 376 [s**1256**], *Fleta* 72, *MGL* II 105, *Reg. Pinchbeck* I 401, *Reg. Malm.* I 134: fornagium).

fornare [LL], **forniare, fornire (furn-),** to bake, roast; **b** (absol.) **c** (p. ppl. as sb. f. or n.) a baking, batch.

1222 debet furnare panem operariorum secundum turnum vicinorum *Med. E. Anglia* 260; **1242** consueverunt . . furniare panem suum ad furnum ipsius W. . . et si alibi furniaverint, nichilominus dare furnagium suum . . . non debent furnire panem ad furnum ipsius W. . . et si alibi panem furnire fecerint, nichil ei dabunt pro furniagio *CurR* XVI 387; **1248** in pane †formato [l. forniato] per ij adventus O. senescalli dim. quar. [de frumento] *Rec. Crondal* 57; **1256** levaverunt j furnum . . in quo furniaverunt panem *AssizeR Northumb* 82; **1276** in pane furnito ad precarias carucarum . . ij quarteria *Banstead* 309; **1276** habent unum furnum ad fornandum panem vendibilem *Hund.* I 61; **1279** furnire (v. fornagium a); **1290** levavit iiij forna . . et . . panis ibidem forniatus venditur apud S. *RParl* I 27; **1290** fornari . . furnato . . furnire (v. fornagium a); **1294** ad furniand' panem (v. braciare 2); **1324** dat' garcionibus furniantibus oblata . . j s. iij d. *Sacr. Ely* II 43; **1325** faciet omnia alia servicia sicut prius preter quod furniabit ij bussellos bladi *Banstead* 323; debet furnire iiij bussellos bladi in autumno *Ib.* 325; **1343** j par ferr' pro oblacionibus furniendis *Ac. Durh.* 205; **1353** de pistore pro summa frumenti furniti solvetur ob.; de alio blado furnito de qualibet summa quar. *Reg. Rough* 29; **1356** in pane furniato *Crawley* 274; **1416** in novo pane furnito empto in villa iiij d. *Ac. Durh.* 611. **b** c**1150** quilibet burgensis potest braciare et furniare sine licentia *Cart. Glam.* 95; c**1200** sectam . . ad furnandum ad furnum suum *Rec. Leic.* I 10; **1212** quod nullus pistor forniat . . de nocte *MGL* II 86; a**1244** ligna ad comburendum, braciandum, et †firmandum [MS: furniandum] *RL* I 496; **1269** M. uxor Messarii et E. uxor vicini sui furnantes simul ad furnum *CBaron* 73; **1288** Johannes P. furniens ad pistrinam Petri de W. traxit sanguinem de R. serviente R. de A. *Leet Norw.* 6; nullus pistor †furinare [l. furniare] faciat de frugeria, de stipula, de stramine, nec de arundine (*Halimotum Pistorum MGL* I 356. **c** **1194** concessimus etiam eis primum panem et ultimum de qualibet fornata curie nostre in perpetuum (*Ch.*) *G. S. Alb.* I 203; c**1322** de quolibet furniato de pane conventus *DC Cant. Reg.* J f. 520.

fornarius (furn-) [CL], baker.

c**1140** (1418) de terra cum furno quam T. furnarius tenuit (*Pat*) *MonA* II 146; **1238** invenerunt plegios O. hospitem suum et Ricardum furnarium *Cl* 135; W. . . fornarius de pistrino conventus *Cust. Westm.* 72; custos pistrini liberat . . magistro furnario unum panem conventualem *Ac. Beaulieu* 295; **1383** unum furnarium qui acceptare voluerint officium pistoris (*Assisa Panis*) *MGL* III 426; *a bakster*, . . furnarius *CathA*.

fornarium (furn-) [cf. CL furnaria]

1 furnace, oven. **b** baker's peel.

1154 sciatis me . . confirmasse . . quoddam furnerium de Vieriis *Act. Hen. II* I 76. **b** hoc furnorium, hec pila, A. *pyle WW*.

2 profit from an oven.

s**1202** quod pistor poterit in quolibet quartario lucrari iij d., exceptis brennio et duobus panibus ad furnarium (*Assisa Panis*) M. PAR. *Maj.* II 480.

fornasia, ~ium (furn-) [OF *fornaise, fornais* < fornax], furnace, oven, boiler.

1205 mandamus vobis quod . . in utraque coquina fieri faciatis unam furnesiam ad coquendum in utraque duos vel tres boves *Cl* 52b; **1211** in furnillo et furnesio (v. gallinarium); c**1265** recepit . . coquinam . . cum furnasio et furnis, uno magno et alio parvo ad pastillos (*Ac. S. Paul.*) *HMC Rep.* IX 35b; **1274** unum fornasium de plumbo in coquina *IMisc* 33/36; in uno furnesio et una patella emptis xxxvj s. iiij d. in eodem furnesio preparando vj d. *Ac. Beaulieu* 78; **1280** operari faciet monetam in quatuor locis . . viz. apud Londoniam, ubi habebit tot furnesias quot habere poterit *RBExch* 985; **1290** j furnesium, j plumbum in fornesio *Reg. Wint.* 704; **1323** vicarius . . habeat . . in pistrino . . furnesium plumbeum, . . furnum, et thorale *Reg. S. Aug.* 356.

fornassis v. fornax.

fornatio, ~iatio, ~itio (furn-), baking, roasting.

1268 in furniacione contra dominum per plures adventus xxxij quar. *Ac. Wellingb.* 6; **1317** in furniacione piarum iiij d. *Rec. Leic.* I 303; **1324** in furnacione hostiarum pro parochianis ex consuetudine ij bus. frumenti hoc anno viij d. *Sacr. Ely* II 43; **1353** pro furnacione unius quarterii unius bovis *Pat* 240 m. 27; **1443** de lxxvjmx panibus albis et gris' provenientibus de furnicione predictorum cciiijxx quar. vij buss. *Comp. Dom. Buck.* 24 (cf. *Ac. H. Buckingham* 35 [**1453**]: de iiijxxx m ciiijxx [sc. panibus] receptis de furnicio[ne] predictorum cccxxv quar. vj buss. frumenti .. furnitorum).

fornator, ~iator, ~itor (furn-), baker.

1322 furniator *DC Cant. Reg.* J f. 512; **1330** in pistrino furniator iij s. iij d. *Ib.* D. E. 94*d.*; **1383** de assisa panis et servicie ... omnes laboratores, furnitores, cissores, sutores, fullones, textrices, braceatores, pandoxatores [etc.] *Gild Merch.* II 135.

fornatura, ~iatura, ~itura (furn-), a baking, batch.

duos ei panes aut tres plerumque de singulis, ut vulgo loquar, furnaturis mittere solebat J. FORD *Wulf.* 43 (cf. *NLA* II 515); **1290** furnitura (v. buletura); **a1327** celerarius faciat memorandum quolibet quarterio quot panes deficiunt de qualibet furniatura cujuslibet generis bladi *Cant. Cath. Pri.* 216.

fornax [CL]

1 furnace, oven, kiln; **b** (for baking bread); **c** (for malting); **d** (for breaking stone or smelting metal); **e** (for firing clay); **f** (alch.); **g** (fig., w. ref. to *BVM*); **h** (w. ref. to trial or punishment).

mulier si qua ponit filiam suam supra tectum vel in ~acem pro sanitate febris, vij annos peniteat THEOD. *Pen.* I 15. 2; ~ax, clibanus, *ofn* ÆLF. *Gl.* 141; abbas extruende ~aci occupatus ipsemet operabatur manibus suis G. CRISPIN *Herl.* 96; **1346** in virgis emptis pro ~ace facienda per vices j s. iij d. *Sacr. Ely* II 138; **1460** pro fabrica unius ~acis in castro de S. *ExchScot* 26; hic ~ax, *a fornes*; .. hec ~ax, A. *a fornys WW.* **b** coquebant panes in ~ace *V. Cuthb.* II 2; **1380** unum pistrinum cum duobus fornicibus et duobus fornassibus *IMisc* 221/13 (2); **1469** pro factura unius ~acis subtus *le burulede* infra pistrinam abbathie ij s. vj d. *Ac. Durh.* 642. **c** **1374** in brassinia j ~ax *IMisc* 205/1. **d** dum frangant flammae saxorum viscera dura / et laxis ardor fornacis regnat habenis ALDH. *Aen.* 80 (*Calix Vitreus*) 3; **c792** ALCUIN *Ep.* 14 (v. 1 exire 6a); **836** cum putheis salis et ~acibus plumbi *CS* 416; cum .. existimaret ~acem suam .. minus prevalere .. nec .. metalli rigorem domare potuit W. CANT. *Mir. Thom.* VI 62; [uxor] ut ~acis aurum examinata omnem .. vitiorum scoriam deposuerat AD. EYNS. *Visio* 30; quod .. lima ferro, ~ax auro, .. hoc temptatio seu tribulatio justo GIR. *GE* II 20 p. 270; longa mora .. juxta ~aces ubi funduntur metalla GAD. 52. 2; ponfiligos, i. batitura eris, vel fuligo de ~ace eris *SB* 34; spodium est fuligo que invenitur in domibus ubi funduntur metalla ... loco ejus utimur cinere qui invenitur supra ~aces argentariorum, lavatur autem ut ferrugo *Ib.* 40. **e** *Mir. Nin.* 262 (v. figulus 1a); **1573** cum una ~ace laterica A. vocata *a tile kylne Pat* 1120 m. 11. **f** ROB. ANGL. *Alch.* 517a (v. elixir); ponendo ipsum [vas] in ~ace et super sufflando cum manticello M. SCOT *Lumen* 249. **g** celestis aurifex fornaci virginis / prunas iniciens amici faminis WALT. WIMB. *Carm.* 180; ave, fornax *Id. Virgo* 46 (v. 2 flagrare 1a); ave, fornax caritatis *Ib.* 100. **h** torrida ~acis incendia Chaldaici regnatoris ALDH. *VirgP* 47 (cf. *Dan.* iii); impius idcirco fornacis torre minatur / puberibus castis *Id. VirgV* 379; anima .. excocta .. flammis luteum carnis ~acem deserit BEDE *HA* 14; ut .. fetorem tenebrosi ~acis qui me pervaserat effugaret *Id. HE* V 12 p. 307; ut mallei ferrum .. eos [sc. reprobos] in ~ace gehennae .. verberent *Id. Prov.* 995; ut .. peccati rubiginem ~ax tribulationis excoqueret *Mir. Fridesw.* 18; **1128** ~ax et incendium totius iniquitatis sc. R. B. miles *E. Ch. Scot.* 80; **c1316** (v. 1 deserere 1a); ut .. de hac ~ace ferrea et dira morte nobis intentata ex sue supreme liberalitatis gracia liberaret *G. Hen. V* 13 (*cf. Deut.* iv 20).

2 boiler, open vessel w. fixed source of heat, esp. for salt-making.

836 monasterium .. cum putheis salis et ~acibus plumbis .. liberamus *CS* 416; **956** (11c) v salsuginis ~aces ad eandem villam .. subjacere .. praecipit *CS* 937; **1149** quinque salis ~aces et due saline *Cart. Worc.* 73; **1378** voluit querere boscum super unum solarium supra quandam ~acem plenam aque calide. et .. defecit de pedibus suis super .. scalam et cecidit in ~ace et sic fuit scaterizata *SelCCoron* 92.

3 (by conf. w. *fornix*) arch, vault, crypt.

camera, arcus, †fornax [l. fornix], *bigels, boga, incleofa GlH* C 167; *MonA* VI 1148a (v. 2 fornix 2a).

forndalum, forndellum, fornedellum v. ferthendella.

fornia, furnia, bakehouse, bakery.

1211 in coquina cooperienda et j furnia ibidem facienda et cooperienda *Pipe Wint.* 127; **c1310** de decima panis de furnia et relevio vescencium (*Const. Winchcombe*) *MonA* II 307.

1 forniare v. fornare.

2 forniare, fornire (furn-) [AN, OF *fornir, furnir*], to furnish, provide.

1292 pro columbis furn' *Sacr. Ely* II 7; **1298** breve istud est returnatum et prosecutum et bene furnitum cum panello etc. *SelCKB* III 72; **1349** pro eisdem lectis furniandis cum culcitris et aliis necessariis (*KRAc* 391/15) *Arch.* XXXI 37; ad j lectum magnum non furnitum (*Ib.*) *Ib.* 77; **1366** furnivit (v. frumentum 2b); **1435** (v. 2 equus 4b).

fornicale v. firmaculum.

fornicare, ~ari [LL], to fornicate, commit fornication. **b** to sin. **c** (pr. ppl. as sb.) fornicator.

si quis ~averit cum virgine, j anno peniteat; si cum marita, iiij annos ... qui cum pecude ~at x annos ut peniteret judicavit... si masculus cum masculo ~averit x annos peniteat. .. pueri qui ~antur inter se ipsos .. vapulentur. mulier cum muliere ~ando iij annos peniteat THEOD. *Pen.* I 2. 1, 2, 5, 11, 12; **747** Osredum .. spiritus luxoriae ~antem et .. virgines stuprantem .. agitavit BONIF. *Ep.* 73 p. 153; *GAS* 589 (v. definire 4a); ALEX. CANT. *Mir.* 22 (v. diuscule); *Ib.* 30 (v. etenim c); qui ~atur in corpus suum peccat J. SAL. *Pol.* 505A; quia comperit eam ~atam cum Lanfredo, .. duobus cultris perimitur R. NIGER *Chr. II* 139; **c1236** ponamus .. quod aliquis .. semper consueverit mentiri .. vel ~ari .. GROS. *Ep.* 72* p. 225; **1276** (v. affidare 6a); Marie Magdalene turpiter ~anti *Spec. Incl.* 2. 1. **b** **747** [gentes] Hispaniae et Provinciae et Burgundiorum .. a Deo recedentes ~atae sunt BONIF. *Ep.* 73 p. 151; perdidisti omnes qui ~antur abs te *V. Chris. Marky.* 4; licet anima .. ~etur [ME: *forhore hire*] cum diabolo sub mortali peccato *AncrR* 155. **c** exhibe te Joannem incestuosis, Jehu et Matathiam apostatis, ~antibus Phineem P. BLOIS *Ep.* 15. 54A.

fornicarie, by fornication.

injuste copulationis conjugio nuptos et nihilominus ~ie pullutos HUGEB. *Wynn.* 5.

fornicarius [LL]

1 of or for fornication, fornicating. **b** sinful.

qui inludetur ~ia cogitatione peniteat usque dum cogitatio superetur THEOD. *Pen.* I 2. 21; *GlC* I 143 (v. 1 domus 10c); **s616** dimissa uxore ~ia et aliis superstitionibus devotus permansit in fide catholica *AS Chr.*; **c1074** uxorem .. relinquit et aliam .. ~ia lege .. conjungit LANFR. *Ep.* 38 (10); mulierculam quandam .. ~iis amplexibus violare presumpsit GIR. *GE* I 34 p. 107; **1236** iste Deus ante tempora natus est heres legitimus Joseph quia filius non ~ius neque adulterinus uxoris sue GROS. *Ep.* 23 p. 84; **a1290** queritur utrum actus ~ius sit dampnabilis racione immoderate delectacionis *Quaest. Ox.* 108; hic redit ad damnandum feditatem adulterii sive concubitus ~ii HOLCOT *Wisd.* 163. **b** **1002** portio terrae cujusdam foeminae ~ia praevaricatione mihimet vulgari subacta est traditione (*Ch.*) *Chr. Abingd.* I 413.

2 a (as sb. m.) fornicator. **b** (as sb f.) concubine, whore.

nec sint ~ii vel meretrices tuae subolis participes BEDE *Prov.* 958; **742** episcopi .. dicant se ~ios vel adulteros non esse BONIF. *Ep.* 50 p. 83; praecepit ne participationem haberent cum ~iis LANFR. *Comment. Paul.* (1 *Cor.* v 9) 172; **a1255** ne publicis ~iis aut de vitio incontinencie .. diffamatis parochias regendas committant *Conc. Syn.* 486; **1282** contra ~ios [v. l. fornicatores] notorios *Ib.* 924; **a1322** si contingat aliquem suspectum de pacis perturbacione .. ~ius, latro, noctivagus .. appellare *StatOx* 87; non est idem in ~io et aliis notoriis peccatoribus WYCL. *Ver.* III 32; interdicimur ex sacra scriptura quod non .. cibum sumemus cum idolatris, ~iis, [etc.] (WYCHE) *Ziz.* 378. **b** **1175** siquis .. clericus .. publice ~iam habeat et .. commonitus ~iam suam non dimiserit *Conc. Syn.* 984; presbyter .. ~iam et focariam suam palam .. tenens GIR. *GE* II 18; quod tot fornicarias fetidi lenones / ad se convocaverant *Carm. Lew.* 152; fueram sacerdotis ~ia *Latin Stories* 37; **s1350** ab uxore .. divertentem ~iisque tam secularibus quam religiosis .. adherentem AVESB. f. 121v; haec Babyloniae ~ia BEKINSAU 734.

3 (as sb. n.) fornication.

pro capitalibus [criminibus], i.e. adulteriis, homicidiis, perjuriis, ~iis et similibus laicus annos iiij [paeniteat] EGB. *Pen.* 1.

fornicatialis, of fornication.

~e pulluti spurcitia HUGEB. *Wynn.* 7.

fornicatio [LL]

1 fornication. **b** (partly fig.) sin.

presbiter .. faciens ~onem naturalem .. iij annis peniteat GILDAS *Pen.* 1; de ~one THEOD. *Pen.* I 2 *tit.*; ~one pollutus est .. ut uxorem patris haberet BEDE *HE* II 5; PULL. *Sent.* 948C (v. debere 4d); subcelerarius .. adventantibus mulierum turbis .. cum quadam illarum inter septa monasterii ~onem incurrit GIR. *IK* I 2 p. 25; **1236** ponamus .. quod aliqua concipiat in ~one ab aliquo GROS. *Ep.* 23 p. 86; **a1237** ~o est quando vir cognoscit mulierem que sibi non est desponsata *Conc. Syn.* 219; ~o [ME: *heordome*], adulterium, virginitatis amissio, incestus *AncrR* 72; presbyteri .. qui in crimine ~onis jacent (WYCHE) *Ziz.* 379; abstinentis vos .. ab omni specie ~onis *Reg. Whet.* II 461 (cf. *1 Thess.* iv 3); ~o .. videatur esse genus cujuslibet illiciti coitus, qui fit extra uxorem legitimam et sic comprehendit incestum, raptum, et eciam stuprum LYNDW. 58 g. **b** nomine fornicationis non solum carnalis, sed spiritualis ~o intelligitur HALES *Sent.* IV 547.

2 (?) debilitation (caused by sexual excess).

nervi .. vestri vehemencia vestri laboriosi exercicii, saltus, et coitus, modicum imbecilitantur, quod stupor et vestrorum nervorum in aliquibus locis ~o aperte demonstrant KYMER 3.

fornicator [LL], fornicator.

THEOD. *Pen.* II 12. 6 (v. 2 dimittere 1d); **747** pagani .. ~ores et adulteros puniunt BONIF. *Ep.* 73 p. 150; praesentiat ~or infernalis [? l. infernalia] tormenta quae meruit ANSELM (*Medit.* 2) III 81; sacerdos ~or celebraturus manus et os mundat, intus autem .. immundus existens GIR. *GE* II 1 p. 169; **c1230** de mulieribus fornicantibus capiet dominus ad misericordiam ij s. viij d. et, si potestas et facultas masculi ~oris suppetat, solvet pro muliere partem vel totum *Doc. Bec* 113; quod a civitatibus excludantur ~ores et sodomite BACON *Maj.* II 250; **1282** (v. fornicarius 2a); si prelati sunt .. notorii ~ores OCKHAM *Dial.* 551; hic mecus, A. *lechowr.* hic ~or, idem est *WW.*

fornicatorius [LL *as sb. f.* = *fornicatress*]

1 (as sb. m.) fornicator.

1076 non ut legitimum conjugium, sed ut ~ium judicabitur *Conc. Syn.* 620.

2 (as sb. f.) fornication.

1227 non fuit natus de legitimo matrimonio sed de quadam ~ia *BNB* II 196.

fornicatrix [LL]

1 (sb.) concubine, whore (partly fig.). **b** sinner (f.).

tu miserrima mea, meretrix obstinata, ~ix impudens ANSELM (*Medit.* 2) III 81. **b** hec ~ix, *a sinner WW.*

2 (? as adj.) fornicating, whorish (partly fig.).

anima .. aut recte se habebit et legitima erit, aut aliter et ~ix erit ALEX. CANT. *Dicta* 17 p. 175; quod omnis mulier ~ix esset et impudica W. BURLEY *Vit. Phil.* 374.

fornicosus, inclined to fornicate.

Venus .. facit largum, blandum, et affabilem cum mulieribus, ~um, luxuriosum, ebriosum D. MORLEY 188.

forniceus [LL], arched, vaulted.

pontem lapideum artificiose ~eo opere compositum, arcus cemento conglutinatos habentem, a cementariis fabricari fecit *VSB* (*Cadog* 35) 98.

fornicus v. forinsecus 4c.

forniforus [LL phernophorus < φερνόφορος = *dowry-bearing*], **a** one who brings gift (of money), disciple. **b** one who brings gift (of learning), teacher.

a repentino fragore ignis instar et linguae proseucam irruit quo latebant ~i, metu tribulum territi LANTFR. *Swith. pref.* **b** flocci pendite, i. despicite, strophosum vitiorum incentorem et ne flocci pendatis commoda vestri ~i, i. didascali ÆLF. BATA 5. 4.

fornile (furn-), bakehouse, bakery.

furnus, furnile, cum farre farina, legumen D. BEC. 1870; et faba trita, mola, furnus, furnile, culina *Ib.* 2229.

fornilla, ~um, ~us, ~ium (furn-) a bakehouse, bakery. **b** furnace w. artificial draught for smelting; *cf.* 1 *bola*. **c** (alch.). **d** (as place-name) Fourneaux, Norm.

a **a1174** sciatis me concessisse .. iiij homines in furnillo earum quod est in castello Losdunii *Act. Hen. II* I 477; **1185** sciatis me concessisse .. closturam et furnillam et quietationem pasnagii *Ib.* II 403; **1198** pro furno et fornillo reparand' *RScacNorm* II 293; **1205** ipsa occupaverat super eum medietatem aule sue et quoddam furnilium *CurR* III 268; **1211** in furnillio et furnesio (v. gallinarium); in .. fagottis furnille scindendis, ligandis, et parandis v s. iij d. ob. *Ac. Beaulieu* 200. **b** **1293** in carbone terreo pro opere dicti fabri et pro furnellis ad refundendum plumbum *KRAc* 260/3 m. 2; **c1295** etc. (v. 1 bola); **a1307** de busca prostrata .. ad minam comburendam et fundendam per bolas et fornellas *KRAc* 260/19 m. 3; cum mundacione aque currentis ad fornellos *Ib.*; **1400** de .. j furnell' pro argento fundendo *Ib.* 293/1. **c** pone [pulverem] ad ignem in furnello et suprapone carbones accensos in luteollo M. SCOT *Lumen* 251. **d** R. de Stotavilla et R. de Lalanda, R. de Fornellis atque G. de Calvimonte ORD. VIT. V 12 p. 399; **1232** Willelmus de Furnellis *Pat* 497; **1242** terra abbatis de Furnellis r. c. de c li. de fine *Pipe* 49.

fornillarius, operating a furnace. **b** (as sb.) smelter in charge of a furnace.

1300, 1323 fornellariis (v. bolarius a). **b** **1300** in vadiis fusorum, tam bolarum quam fornellariorum, sufflatorum,

bolariorum, coadjutorum eorundem, fornellariorum, affinatorum [etc.] *Pipe* 145 (*Devon*); **1304** Johanni Leyg' fornellario pro vadiis suis per iiij dies et dim. ix d.; item iij conflatoribus suis conflantibus folles cum eodem ad fornell' pro vadiis suis per idem tempus ut supra xv d. *KRAc* 260/7 m. 1; **1325** Roberto de Gal fornellario viij s. vj d. *LTR Mem* r. 128.

fornire v. fornare, forniare.

fornitio (furn-), furnishing, providing.

1342 in furnicione salmonum, de quibus .. clericus .. respondit *ExchScot* 485; **c1350** in furnicione x gallinarum et caponum (*Expensae Abbatis Rameseye*) *MonA* II 585.

fornitium (furn-), furnace, oven. **b** batch.

1452 in domo assaie et furniciorum *KRAc* 294/7. **b** **1286** in vj^{xx} vij firniciis furniata sunt dxlviij quarteria ij busselli de frumento *Dom. S. Paul* 165; ad unumquemque furnicium iiij quarteria de mensura bracini *Ib.* 168.

1 fornix v. fornax 3.

2 fornix [CL]

1 arch, vault. **b** triumphal arch, monument.

Aldh. *VirgP* 9 (v. 2 decursus 1a); pendula discissis fluitant laquearia tignis, / fornice marcebant kataractae dilapidatio Frith. 444; principalis arae domus altissimis erecta ~icibus *V. Ed. Conf.* f. 49; R. Cold. *Cuthb.* 82 (v. desuper 3a); juxta hos sub duabus ~icibus recubant due seniorum imagines ex marmore Greg. *Mir. Rom.* 13; est murus .. qui immensis ~icibus aqueductum sustentat *Ib.* 18 (= Higd. I 220). **b** ~icem, signum victoriae *Gl. Leid.* 8. 6; populo persuasit ut in compitis et triviis finium suorum ~ices triumphales erigerent Alex. Cant. *Mir.* 35 (II) p. 229; Walt. Wimb. *Sim.* 127 (v. epinicion); putredine perierunt ~ices triumphales R. Bury *Phil.* 1. 20.

2 crypt, vault. **b** foundation, basis (fig.). **c** cellar or sim. used as brothel.

inprimis ~ices sive volte fuerunt fundati per Danos ante adventum S. Patricii ad Hiberniam, et tunc temporis ecclesia non fuerat fundata .., quapropter S. Patricius celebravit missam in uno fornace sive volta qui in hodiernum diem appellatus ~ix sive volta S. Patricii *MonA* VI 1148a. **b** ut illuc .. cantaria .. translata, sub debita .. observancia, omni excluso peccati ~ice, .. fiat salubrius *Meaux* II 296. **c** ~ix, arcuata domus meretricum Osb. Glouc. *Deriv.* 243; hec ~ix, -icis, *a bordylhows*, .. *a horehowse WW*.

3 (by conf. w. *fornax*) furnace, oven.

mersi fornicis [*interp. as* fornacis], *gefegede climprum GlP* 762; **1303** caldronum furnicis debet ij d. *EEC* 166; **1380** (v. fornax 1b).

fornus (furn-) [CL], **~a, ~um**

1 furnace, oven, kiln; **b** (for baking bread); **c** (for boiling water or extracting salt); **d** (for burning lime); **e** (for firing clay); **f** (alch.).

presbiterum .. ut furnum .. amoveret precepit Alex. Cant. *Mir.* 38 p. 235; **1346** in ij carettatis *lomb* emptis pro emendacione furni dicte navis iiij d. item cuidam operatori operanti super dictum furnum iiij d. *KRAc* 27/5. **b** furnos in quibus idem panes coquuntur Bede *Ezra* 916; **9..** fornum, *hlafofn*, a farre dictum *WW*; cum .. ad furnum servi pro panibus extrahendis accederent R. Cold. *Cuthb.* 64 p. 129; **c1265** (v. fornasia); **1279** in furno (v. fornagium a); **1290** forna .. in furno (v. fornagium a); ad pistrinum: .. hic furnus, A. *oven WW*. **c** in Wich fuerunt et sunt iiij furni et reddebant TRE .. lx s. et c mittas salis *DB* I 174v. **d** **c1250** usque ad vetus furnum calcearium et ita ab illo furno in longum per medium *le Edge*.. *Cart. Darley* II 354. **e** **1355** exitus tegular': de iiij^{xx} xviij millenis tegularum plan' de exitu x furn' combust' hoc anno *MinAc* 899/10 m. 4*d*.; **1359** de quolibet furno tegulatoris arso ob. *Doc. Bev.* 3; Ripley 385 (v. figulus 1a). **f** pone eam [testam terream] in furno bene calido M. Scot *Lumen* 247; Cutcl. *CL* 3 (v. digerere 2a); iste vocatur furnus physicus, quia illa lamina facit ascendere calorem diametraliter *Id. LL* 10; colloca circulatorium in furno cum igne lento Ripley 307; furnus, locus in quo ignis ad materiam chymice tractandum .. accommodatus [est] *LC*.

2 bakehouse, bakery.

1151 concedo .. omnes domos et furnos et omnes redditus *Act. Hen. II* I 17; **1152** concedo .. ut ponant in domo furni sui de S. x homines *Ib.* 38; **1250** (v. destillare 1); **a1296** in quadam domo .. in villa de Burgo que sita est in Marketstede juxta communem feurnum [? l. fournum] ville *Carte Nativ.* 489; **1334** antecessores sui seisiti fuerunt in dominico suo, ut de feodo, de uno furno cum pertinenciis in quadam venella *RScot* I 269a; **1388** est ibidem [*Barnstaple*] .. xlij s. de firma furne ibidem solvendi ad iiij terminos *IMisc* 240/28; hoc furnium, A. *ovenhouse WW*.

3 (in place-name or surname).

1324 Ricardum filium Ricardi de Furno *Cart. Osney* II 140.

forolus v. 1 forulus 2b. **forondolum** v. ferthendella.

forpex [CL], pair of scissors, pincers, or tongs.

forfices quae .. sunt sartorum, .. ~ices quae sunt tonsorum Alcuin *Orth.* 2335; forfices, *rœglsceara*; ~ices, *fexsceara GlH* F 645; rasoria .. et ~ices, tersoria ad radendum Lanfr. *Const.* 151; episcopus .. de mantica ~ices extraxit et .. regem .. propriis manibus totondit Ord. Vit. XI 11 p. 209; R. Cold. *Cuthb.* 42 (v. detondere); forpex [v.l. forceps] a crine recidat / omne supervacuum Vinsauf *PN* 979; **1413** tria paria forplicum vocatarum *shermannescheres Proc. J. P.* 103; **1421** v dossenis forpicium (v. dozena a); **1432** lego unum *denfote* et unum ~icem pertinencia ad artem follonum *Reg. Cant.* II 463.

forpicula, small pair of scissors, shears or pincers.

~a, parva forpex Osb. Glouc. *Deriv.* 242; *a pare of cysors*, forpex, forpecula *CathA*; *pincer*, forpeculae Levins *Manip.* 76.

forprisa v. forsprisa. **forragium** v. foragium. **forrago** v. 2 forago. **forrare** v. 3 furrare. **forratura** v. furratura. **forrera, ~ia, ~ium** v. forera.

fors [CL], chance, fortune, fate. **b** (abl.) by chance, perhaps.

cruenta ~s evenit Aldh. *VirgP* 38; ~s, *wyrd GlC* F 285; ~s, fortunale (*sic*) eventus, formis, voluntas, casus, fatu origo, fortassis *GlH* F 648; suscepit humilis quid fors jubet imperialis Frith. 317. **b** audistis ~te .. quod in lectione .. lectum est Gildas *EB* 107; nisi si major ~te necessitas conpulisset Bede *HE* III 5 p. 136; ne ~te .. non sit qui reserat *Ib.* 25 p. 189; **c798** ~te si Deum latere sicut hominem potuisses .. Alcuin *Ep.* 138 p. 217; **948** vix aut ~te nullo modo .. reperiam *CS* 860; ne quis ~te ex verbis quibus utimur vane perturbetur Balsh. *AD rec. 2* 136; ut .. gloriam ~te post fata compararem Gir. *TH intr.*; si ~te sopor irrepserit *Ib.* I 14; **1254** si .. serviens hoc ~te facere neglexerit *Cart. Beauchamp* 60; **1457** an ~te despicis Ungarios (v. Dalmaticus 1).

forsan, ~itan [CL], **a** it may be, perhaps; **b** (w. subj.); **c** (w. ind.); **d** (qualifying ppl., adj., adv., or w. ellipsis of vb.).

a ~an, ~itan *GlC* F 259; ~itan, i. ~an, fortasse, *wenunga, wenis*, vel utique *GlH* F 647; si forte, fortasse, et ~itan proferuntur, achademico dicantur usi temperamento J. Sal. *Pol.* 640D; sunt adverbiorum viij species speciales ut interrogandi, dubitandi, .. ut ~an .. *Ps.-Gros. Gram.* 59. **b** ~itan aliquis dicat Gildas *EB* 69 (v. episcopus 2c); ni forsan validis refrager viribus Orco Aldh. *Aen.* 70 (*Tortella*) 7; an prius aut magicas didicisset forsitan artes? Alcuin *SS Ebor* 810; haec vestro fuerint forsan si digna favore / mox majora *Id. Carm.* 74. 21; **s1066** ne .. ~itan .. instarent (v. dispensatorie 1c); si aliqua sicca et dura ~an lingue vel palato applicarentur Bart. Angl. III 20; ~an pro nobis oraret H. Avr. *Hugh* 658 (v. dispensative 2); **s1384** ne ~an experimentis uteretur (v. experimentum 5). **c** legebam clarius quae mihi ~itan antea obscura fuerant Gildas *EB* 1; egregiam forsan venies Maggensis ad urbem Alcuin *Carm.* 4. 52; ~itan non recolebas *Eccl. & Synag.* 84 (v. dissimulare 2b); verbum .. ~itan damnose cadet G. Hoyland *Ascet.* 277B (v. damnose); ~itan quedam fuerunt ab eterno S. Langton *Gl. Hist. Schol.* 45 (v. enuntiabilis); **1300** propter .. seniores qui forcitan officium nocturnum .. non habent *Ord. Ely* 7; cogitando ~an quod non habet imperium par Elmh. *Cant.* 128. **d** ~itan non futuram Anselm III 234 (v. 2 differre 3c); eos, si peccaverint, ad rectum habituris vel pro eis ~itan rationem redditurus (*Leg. Hen.* 8. 3) *GAS* 584; ex opere ~itan Britannorum W. Malm. *GP* IV 160 (v. ecclesiola); hac .. in area .. inculta, sed stili beneficio ~an excolenda Gir. *EH* I pref.; puella .. exorsa est .. visa et ~an visis majora referre *Id. Æthelb.* 6; ~itan .. nota Hanv. IX 459 (v. degustare b); triplicem reddet solutionem hujus questionis, unam Judeorum, aliam a sanctis, tertiam a se, et ~an aliunde S. Langton *Gl. Hist. Schol.* 41.

forsare [OF *forcer*, ME *forcen*], to 'force', clip, sheer, or trim (wool).

1460 (v. berdare 2).

forsarium v. forcerum. **forsatum** v. fossatum. **forsbannire** v. forisbannire. **forsementum** v. fortiamentum. **forserum, ~ium** v. forcerum.

forsettum [cf. ME *forset, p. ppl. of forsetten = to block, obstruct*], (?) stock (of an arbelast).

1260 dum jacebat super Willelmum .. percussit eum de forseto de illa areblastia *ICrim* 2/4.

forsfangium v. forfangium. **forsiare** v. fortiare. **forsjuratio** v. forisjuratio. **forsorium** v. forcerum. **forsorius** v. versarius.

forsprisa [ME *forprise*, OF *forsprise* < *forspris, p. ppl. of forsprendre* < foris prehendere], exception.

1285 totum pratum .. datum fuerat .. abbati .. sine quacumque forprisa *Reg. S. Aug.* 512 (= Thorne 1940); **a1300** salvis tamen michi et heredibus meis .. forprisis que in munimentis .. expressis vocabulis reservantur *ChartR* 135 m. 3.

forsprisare [OF *forspris, p. ppl. of forsprendre* < foris prehendere], to except.

1660 excepta tamen semper et extra has presentes omnia forisprisata execrabili illa rebellione in Hibernia *Pat* 2952 m. 5.

forstall- v. forestall-. **forstallicium** v. fortelitium. **forstaria** v. forestallaria. **forstell-** v. forestall-.

forsula [cf. OF, ME *force*], little fort.

s1333 ceperunt unam ~am in qua invenerunt .. plures .. homines atque .. ~am funditus everterunt .. . W. D. qui custos fuerat ~e de Longhmaban cum magna multitudine hominum .. occurrit Antonio Lucy Knighton I 466–7.

forsveia v. forisvia. **fortallare** v. fortellare.

fortanimus [CL fortis + CL animus], strong-willed.

1398 dilectissimi confratres et confratres ~i optimo sitis animo *Lit. Cant.* III 70.

fortasse, ~is [CL], it may be, perhaps; **b** (w. subj.); **c** (w ind.); **d** (w. ppl.).

a ~e *GlH* F 647, J. Sal. *Pol.* 640D (v. forsan a). **b** **680** ~e quilibet .. se .. defendat (v. excusatio 1a); ~is .. suffamen opponeret W. Cant. *Mir. Thom.* VI 168; **1309** per restitucionem terrarum .. faciendam dicto castro posset ~is periculum .. evenire *RScot* I 64a; nisi ~is accommodet homini Bradw. *CD* 27A (v. cognoscitivus); ~is ibidem tam regum quam archipresulum sepultura decreta fuisset Elmh. *Cant.* 329. **c** ~e .. eundem .. invenit Bede *Luke* 362 (v. dionymus); secum nobiliores / tum fortasse habuit Wulf. *Swith.* II 25; ~is non ejusdem erant meriti R. Cold. *Cuthb.* 31; per multa media ~e .. invenitur continuitas *Ps.-Gros. Gram.* 18; respondebis ~is .. Bradw. *CD* 17C; ~is .. angariantur Netter *DAF* I 489 (v. decredere); ~is .. fieri potest ut .. *Mir. Hen. VI* I prol. p. 6; ~is digressi sumus Boece 119v. (v. diverticulum 1e). **d** hec omnia, ut nondum ~is [v.l. ~e] comperta, sine artis preceptione comperiri non facile Balsh. *Ad.* 28.

forte v. fors, fortis.

fortelitium, ~ia [cf. OF *fortelesce*, ME *fortalice*], fortalice, fortress. **b** obligation to build or repair fortification. **c** (fig.) fortress (as title of book).

1180 illud destruxit, quia fortalicium fuit (*Reg. Furnesii*) *MonA* V 250; **s1194** de omnibus fortellescis et de quibus rex Francie est saisitus die treugarum sic erit .. (*Treuga*) R. Howd. III 258 (= W. Coventr. II 67: fortelescis); **1200** ~ie de Portis et Laudis .. diruentur neque ibi alie ~ie debent reedificari (*Treuga*) *Ann. Burton* 204; **1200** in castellis et fortelescis *RChart* 79. 2; **1202** liberetis .. forteslescias ipsius ad eas penitus prosternendas *RNorm* 59; **1202** quod omnia castra et fortilescias .. ei liberetis *Pat* 14; **1216** dum tamen ibidem nullum .. per ipsos fiat ~ium (*Ch. Regis*) *Reg. Malm.* I 340; **1254** ecclesiam de Regula, que tanquam fortalecium contra nos tenebatur *RGasc* I 521; **1254** rex debet reddere .. fortaliciam sive le Capcostede *Ib.* 544; **1255** domum .. cum .. fortalacia *Ib.* I sup. 42; **c1285** de quot castris et forteleciis prostratis .. dicatur *Cal. Ir.* III 15; **1289** locum ubi mota incepta est pro fortilecio faciendo *RGasc* II 503; **1313** quidam malefactores .. sibi fortalicia in diversis locis construi fecerunt .. et de eisdem fortaliciis frequenter exeunt *Ib.* IV 1037 (cf. ib. 1155: castrum et casteleniam .. cum edificiis, forstalliciis, homagiis [etc.]); **1343** intrabunt villas, castra, seu fortellicia (*Lit. Cardinalium*) Ad. Mur. *Chr.* f. 33b; illa turris famosissima .. David, que nunc est reedificata per Saracenos et [est] fortalissimum soldani S. Sim. *Itin.* 94; **1376** de predicto manerio modo guerrino cum fossatis, haiis, *hurdys* et *schafaldes* forstallicium fecerunt in prejudicium domini regis *SelCKB* VI 176; parari .. fecerat rex .. castra .. et fortalicia lignea ad altitudinem murorum necnon scalas *G. Hen. V* 6; **1523** castra, maneria, fortiligata [etc.] (*Lit. Regis*) *Foed.* XIII 797; **1556** tradet .. castrum sive regium fortilagium de Bellfarste *ActPCIr* 9; **1588** fortalicium nostrum vulgariter vocatum *the citadell* infra civitatem nostram Carliolensem *Pat* 1320 m. 22. **b** **p1177** liberi et immunes .. ab omni pedagio, theloneo, pontagio, censu, redditu .. foagio, pasnagio, .. excubiis, exercitu et equitatu, fortalitio, .. fossagio, muragio [etc.] *Act. Hen. II* II 355. **c** Thomas Becon .. scripsit .. Fortalicium Fidelium Bale *Index* 431.

fortellare, to fortify, provide w. fortalice.

1448 maneria .. ~ata (v. fossare 1a); **1459** habeant scitum predictum sic fossatum, inclusum, kernellatum, batellatum, turrelatum et furtellatum .. . scitum sic .. turrelatum et fortallatum *Ib.* m. 7.

forteressia [AN *forteresse*, ME *forceresse*], fortress.

1196 mete ponentur inter forteriçiam [v. l. forteliciam] Gallionis et forteriçiam Vallis Rodolii *DipDoc* I p. 16; **1227** si aliqua forteriçia vel aliquod castrum .. durantibus treugis caperetur *Pat* 135; **1229** distructis inde prius omnibus municionibus et forceriis [v. l. fortereciis], muris, et fossatis (*Treugae*) *Reg. Gasc. A* II 713; nec alibi fient nove forteriçie *Ib.* 714; **1242** aliqua forteriçia, vel castrum aliquod *RGasc* I 162; **1255** si aliqua forteriçia vel castrum aliquod .. caperetur *Pat* 69 m. 5.

forteslecia v. fortelitium. **fortex** v. vortex. **forthlot-** v. fordlot-.

1 fortia [OF *force* < CL fortis]

1 force, power, violence. **b** act of violence.

1199 cum vi et armis prostravit boscum et cum ~ia frequenter asportat ad domum suam *CurR RC* II 120; illi qui in auxilio vel ~ia vel consilio extiterint nullum dabunt BRACTON f. 187; **c1300** si clamor levatus fuerit .. vel per ~iam vicecomitis (*Reg. Lacock*) *MonA* VI 507. **b** ubi forte plures fuerint et eorum quidam forisfacient, non est eis inputandum qui tenuerint viam suam et recedent ab illis, si per omnia se allegient quod nec consilium eorum vel auxilium sit in ~ia ipsa (*Leg. Hen.* 86. 3) *GAS* 601; **1204** ut replegietur de appello ~ie de morte Teobaldi *Pipe* 85; **1219** Henricus .. appellat Johannem .. quod .. fuit in ~ia et eum tenuit dum predicti eum .. robaverunt *Eyre Yorks* 268; T. M. occidit H. filium B. .. et abjuravit regnum. P. de M. rettatus fuit de ~ia illa *PlCrGlouc* 2; **1221** tres ex illis qui fuerunt in ~ia illa capti fuerunt postea in domo ejusdem *SelPlCrown* 94; **1266** G. cum auxilio et ~ia dicti ingnoti occidit .. R. *RCoron* 3; *Fleta* 42 (v. exigere 8d).

2 (*frisca ~ia*) fresh force, *i. e.* recent power (of law), action in lower court analogous to assize of novel disseisin. *V. et. freshfortia*, 1 *friscus* 4.

1276 wap' de Peck' habet placita de namio vetito de frisca ~ia et returnum brevium *Hund.* I 60a; **1320** assisa frisce ~ie venit recognitura .. si Robertus, archiepiscopus Cantuariensis [et alii] .. recenter disseisiverunt Johannem de B. .. de libero tenemento suo in Cantuaria *SelCKB* IV 98; **1333** assisa frisce ~ie capta coram W. *Reg. S. Aug.* 184; **1338** (v. dissaisina b); **1383** placitare omnia placita de tenuris .. emergencia per breve de recto vel per friscam ~iam *Lib. Kilken.* 74.

3 mil. force, armed band.

1201 ipsos monachos et ~iam eorum inde sine dilatione facias amoveri (*Lit. Regis*) THORNE 1846; **1203** pro appello suo habendo apud Westm' versus R. de W. et homines suos et R. de V. et ~iam suam et R. de S. et ~iam suam *Pipe* 184.

4 fort, stronghold.

1212 cuilibet, sive militi sive rustico, licitum erit delegare in eleemosynam de hereditate propria usque ad quintam partem ad consuetudinem et usum Francie circa Parisius, salvis tamen baroniis et ~is *Thes. Nov. Anecd.* I 832; comes fecit sibi tradi domos et ~ias dictorum militum *V. Montf.* 313.

2 fortia [ME *fourti*], 'forty', furlong, unit of land measurement.

c1250 totam fortuiam meam quam habui .. post decessum .. uxoris quondam Michaelis de la B. jacentem inter terram Galfridi R. et terram Symonis de Prato in latitud[ine inc]ipiente ad vetus fossatum juxta fortuiam Johannis Ovneye protendens usque ad pratum de R. (*Deeds Cranfield*) *Beds R. O.* WN 13; **p1270** incipiente ad fortuam quod (*sic*) vocatur *le Mere* et lancead (*sic*) versus *le Norht* inter fortuam Johannis de Olneye et terram ejusdem Johannis *Ib.* 27; unam fortuam in villa de Cranfeld que vocatur *Brode Forteye Ib.* 45 B.

fortiamentum [cf. OF *forcement*]

1 'forcement', (act of) deforcement.

s1236 ipsi de injusto ~o convicti fuerint B. COTTON *HA* 118 (= *StRealm* I 1, M. PAR. *Maj.* III 341: deforciamento); **c1250** in .. *murthir* et latrocinio et forsemento *Reg. Aberd.* II 269; *RegiamM* I 6. 1 [v.l.] (v. diffortiamentum 1a).

2 (leg.) 'afforcement' (of court or sim.).

1203 isti sunt plegii Radulfi filii Briani de ~o .. *CurR* II 245; **1230** habebunt eum ad proximum comitatum Norhamt' ut ibi inveniat ~um plegiorum *Ib.* XIV 86; **1233** fecit sectam .. quando breve domini regis ibi esset placitandum et pro ~o curie *BNB* II 557 (= *CurR* XV 30: afforciamento); **1244** debet sectam curie de Broughtone ad duas magnas curias et eciam ad ~um curie predicte ad racionabiles summoniciones *Cart. Rams.* I 438; **1284** quando summoniti sunt ad ~um curie de judicio *Deeds Balliol* 13.

fortiare, ~are, ~ire [cf. OF *forcer*, effortiare]

1 (mil.) to fortify.

s1175 quod castella comitum et baronum Pictavie que ~iata fuerunt contra eum redigerentur ad eum statum W. COVENTR. I 237 (= *G. Hen. II* I 81: effortiata, R. HOWD. II 72: infortiata); **s1174** castella vero quae firmata sunt vel ~iata postquam guerra incepit BROMPTON 1099.

2 (leg.) to 'afforce' (court).

1276 solebat .. sectam curie facere ad forsiandum curiam *Hund.* I 47.

3 to force, constrain.

1389 nisi ipse prenticius sit ~atus ad dandum fratribus ipsius gilde illud quod modus et consuetudo antiqua deposcit *Guild Cert.* 41/160.

4 to hold (property) illegally.

c1250 Ada de Basing' habet tenementum et forciavit per viij annos *Vis. S. Paul.* 6.

5 (p. ppl. as sb. m. or n.) second part of Digest (compilation of civil law).

1411 libri de jure civili: .. item Digestum novum, item Codex, item ~iatum (*Catal. Librorum*) *Lit. Cant.* III 122; apices vero juris intelligere volens audiat codicem Justiniani et utrumque digestorum volumen et tres partes et forzatum NECKAM *Sac.* 375; **1438, 1451** (v. digerere 3d).

fortificabilis, that fortifies or strengthens.

omne proprie agens apponit vim impedibilem et ~em ex applicacione vel unione ad paucorum occupacionem WYCL. *Ente Praed.* 80.

fortificare [LL]

1 to strengthen (person or party); **b** (part of body); **c** (abstr.).

1297 ut in agendis me ~et et informet [Deus] (*Lit. Papae*) *Reg. North.* 131; **s1307** ad partem Petri [de Gaveston] ~andam *V. Ed. II* 156; **1315** quod amico veram amicitiam non conservat qui allius hostes ~at *RScot* I 136a; **s1403** rex dixit quod cum pecunia regni non ~aret inimicos suos contra se *Eul. Hist.* III 396; **1405** ad rebelles nostros Wallicos adinvicem alligantes et assuranter ~andos *Cl* 254 m. 6; **1419** ipsum oneravit .. quod ~aret .. dominum Henricum Percy *Mem. York* II 84; **s1423** is .. qui ~at fessos (*Lit. Abbatis*) AMUND. I 129; **s1458** ad ~andum nos contra inimicos nostros (*Lit. Regis*) *Reg. Whet.* I 299. **b** ut [melancolia] perfluat in os stomachi, ut sc. ipsum ~et et inspisset BART. ANGL. IV 11. **c** ex bonitate organi vel debilitate debilitatur vel ~atur vis videndi BART. ANGL. III 17; quod ~etur natura GILB. I 18v. 1; anima ~atur in intelligendo BACON VII 109; non repugnat lumini naturali ~ari intra propriam naturam BACONTHORPE *Quaest. Sent.* 1B; oportet ~ari lumen intellectus nostri *Ib.* 7C; qui vult evacuare humorem quando ~atur natura humoris per influenciam ipsium Jovis, opus ejus et ejus effectus minuitur N. LYNN *Kal.* 213.

2 to fortify, reinforce (place) against attack; **b** (person).

c1277 non licebit .. castra .. in .. quibuslibet municionibus seu defensionibus ~are *TreatyR* I 67; **1278** opus muri non elevet nec ~et ad .. periculum castri nostri *RGasc* II 43; **s1377** ad ~andum castellum WALS. *HA* I 339; plures armantur pro villa fortificanda ELMH. *Metr. Hen. V* 281; locum ~averunt *Plusc.* IX 30. **b** **s1413** Johannes se incastellavit et ~avit in castro suo WALS. *YN* 440 (= *Chr. S. Alb.* 72, cf. *Ziz.* 436: J. se incastellat et ~at).

3 to confirm, approve (deed). **b** to make (action) more effective. **c** to corroborate (argument), authenticate (text).

qui scelus illorum non fortificat sceleratus / decapitatus erit GOWER *VC* I 835; conclamant naute, surgunt pariter properantque / quilibet officium fortificare suum *Ib.* 1902; federa componunt que sigilla sub ordine ponunt. / tunc rex letatus super hos quod fortificatur *Id. TC* I 33. **b** **c1238** (v. exaudibilis b); ostendit tria que maxime ~ant bellum (J. BRIDL.) *Pol. Poems* I 188; **1422** pro execucione legis in hac parte ~anda .. ipsos I. S. et I. B. arestavit *Treat. J. P.* 240. **c** ~atur hec objectio BACON *Tert.* 133; *Ziz.* 73 (v. determinatio 3a); doctorum veterum mea carmina fortificando / pluribus exemplis scripta fuisse reor GOWER *VC* II *prol.* 81; quod aperte multis racionibus approbando ~avit *Plusc.* IX 24; ~at hoc dictum ex eo quod .. LYNDW. 80 d; quelibet pars .. posset .. ~are dictas evidencias, allegaciones et replicaciones *Croyl. Cont.* 510.

4 to increase (power or virtue, alch.).

auri raciones seminales remisse intendi possunt et ~ari intendi M. SCOT *Sol.* 717; cum igne contra naturam fiat dissolutio corporis purissimi .. cum arsenico ~ato RIPLEY 152; ~a ignem de mense in mensem *Ib.* 217.

5 (intr. or as dep.) to be strong.

facias anulum .. et sculpe in eo formam puelle .. exultantis et ~antis et equitantis leonem BACON V 173.

fortificatio [LL]

1 strengthening (of person or party); **b** (of body); **c** (arch.).

1460 scutiferum .. jacentem apud Sandewyche .. causa navigandi usque ad castrum de Gynis, in munimen et ~onem supradicti ducis, cepit *Reg. Whet.* I 370; de ~one virium suorum *Plusc.* VIII 29. **b** **s1423** ut si pro ~one exigui corporis (*Lit. Abbatis*) AMUND. I 128. **c** **s1438** in ~one gardrope .. expendit ultra summam cxxvj li. AMUND. II 199; in elargicione studii abbatis, in ~one gardrope *Reg. Whet.* I 457.

2 fortification, reinforcement against attack.

1209 cum .. dederimus redditus et exitus .. pro clausura et ~one ville *RGasc* II 503; **s1292** rege .. moram faciente pro ~one murorum AVESB. f. 81v.; **s1296** pro ~one murorum ac fossatorum ejusdem ville *Flor. Hist.* III 97 (cf. fossatum 1b, B. COTTON *HA* 310); **1348** homines .. in ~onem ejusdem ville degentes *RScot* I 716b.

3 fortifying, corroborating.

quia per quamcunque ~onem manens intra naturam suam lumen intellectus nostri nunquam posset in modum alterius racionis BACONTHORPE *Quaest. Sent.* 8B; alias figuras que mere figure sunt in ~onem adducit NETTER *DAF* II 53. 2C; **1484** lego .. ~oni misse Jhesu Christi .. unam opellam *Test. Ebor.* III 297.

4 increase (of power or virtue, alch.).

sumatur aqua quinte ~onis et destilletur RIPLEY 210.

fortilagium, fortilecium, fortiligatum v. fortelitium. **fortininculum, fortinunculum** v. fortiunculum.

fortiorare, to reinforce, strengthen.

1384 in stipendio unius carpentarii emendantis et ~antis alterum *sailwand' DL MinAc* 507/8228 m. 10.

fortioratio, reinforcing, strengthening.

1384 in stipendio .. carpentariorum .. meeremium .. fugancium et firmancium in eodem stagno ... pro ~one ejusdem stagni *DL MinAc* 507/8228 m. 7; pro ligacione de *les sailwandes* ibidem ad ~onem eorundem *Ib.* m. 16.

fortis [CL]

1 strong, powerful, vigorous: **a** (of person); **b** (of part of body); **c** (of God); **d** (of animal); **e** (of plant).

a fortior ut fieret truciter torquentibus illam ALDH. *VirgV* 1765; mihi .. tradidit .. onus viri ~is de incenso ASSER *Alf.* 81; *V. Ed. Conf.* 42v., W. MALM. *GR* III 253 (v. diger); **1278** (v. discus 3d); commendat castitatem in sexu ~iori, sc. masculino HOLCOT *Wisd.* 139. **b** ALDH. *VirgV* 2262 (v. defendere 1a); eo quod brachium .. reliquis membris sit ~ius OSB. GLOUC. *Deriv.* 71; **c1239** (v. ereptibilis); villam .. in manu ~i cepit STRECCHE *Hen. V* 152 (v. expugnare 1a). **c** fortis Factor *ASPR* VI 98 (v. dynamis a); primum [Dei nomen] est El sive yskiros, i. e. ~is quia nulla infirmitate opprimitur BART. ANGL. I 19. **d** leo ~issimus bestiarum ALDH. *Met.* 2 p. 65; equi ~es NECKAM *Sac.* 363 (v. emissarius 2a); **1299, 1314** (v. evitus). **e** sudes de lignis ~issimis praefiguntur BEDE *HE* I 5; nimphea .. que .. habet albam radicem ~ior est virtute *Alph.* 126; herba ~is, i. absinthium *SB* 23.

2 (of artefact or object) strong, stout, tough. **b** (of structure or place) fortified, secure; **c** (in place-name or surname).

culmina .. porrecta iñ edito ~i compage GILDAS *EB* 3; fortia ferratis constringens vincla catenis ALDH. *VirgV* 546; **1212** (v. excludere 3c); R. BURY *Phil. prol.* 6 (v. dotare 3); frangitur ~issimus tue inclinacionis baculus *Ps.*-ELMH. *Hen. V* 115. **b** **1289** (v. de 9a); **s1298** (v. castrum 2); **1313** (v. 1 domus 2d); **1346** castra .. et municiones .., licet ~issima essent, .. cepit (*Ep. Ricardi Wynkeley*) AVESB. f. 106v.; licet rex Francie .. lateret in civitatibus ~issimis AD. MUR. *Chr.* 102; misit .. comitem ad alium locum ~em *Ib.* 105; Babylonia .. fuit .. omnium mundi civitatum ~ior in muris *Eul. Hist.* II 21; quatuor de ~ioribus castris *Plusc.* VI 28; ~issima loca capiens *Ib.* 39. **c** nepos Guidonis comitis Castelli ~is [sc. *Châteaufort*] ORD. VIT. IX 4 p. 480; Willelmus de ~ibus, miles milies probatus in armis Devizes 27v.; **s1265** filii .. Simonis de Monte ~i (v. exlegere); R. de Monte ~i TORIGNI *Chr.* 218 (v. duellum 2b).

3 forceful, strong. **b** (of sound) loud, noisy. **c** (of light) strong, intense. **d** (of liquid or liquor) potent. **e** (med., of pulse or symptom) strong, well-marked.

si procella ~ior .. perurgeret BEDE *HE* IV 3 p. 210; **p797** per fortia flumina terrae ALCUIN *Ep.* 243 p. 392; ~ior est caliditas in igne J. BLUND *An.* 228 (v. elementatus a); aqua per ~em ebullitionem .. transmutatur BART. ANGL. IV 1 (v. ebullitio a); siccitas .. sit ~ior passivarum GILB. I 6v. 2 (v. deaptare); ignis .. erit .. in rubificacione ~is DASTIN *Ros.* 6 (v. dealbatio 2b). **b** necesse est .. quod sint corpora sicca que ~em sonum efficiunt *Quaest. Salern.* C 6. **c** visus in videndo luces ~es dolet PECKHAM *Persp.* I 1. **d** nulla tuis pueris des fortia pocula parvis D. BEC. 2422; si mica panis ponatur in vino ~issimo vini acumen reprimitur et fortitudo et violencia removetur *Quaest. Salern.* N 14; NECKAM *Ut.* 102 (v. distemperare 1a); de ramo .. fit color viridis cum aceto ~i et melle M. SCOT *Part.* 295; GILB. II 123v. 2 (v. aliatus b); GAD. 66v. 2 (v. destillatio 2); UPTON 111 (v. fumositas 4). **e** pulsus ~is et grossus ex fortitudine spiritus BART. ANGL. III 23; *Ib.* 24 (v. excitare 4a, exercitatio 3b); GILB. I 22v. 1 (v. duplicare 2a).

4 (of number) large. **b** (of sum of money) in excess.

subparticularis numerus est dum ~ior continet in se inferiorem numerum ad quem comparatur et similiter ad unam partem ejus ut verbi gracia ternarius ad binarium comparatus continet in se duo et aliud unum que est media pars duorum et similiter BART. ANGL. XIX 122. **b** **1222** bursa illius anni fuit nimis ~is j denario *LTRMem* 4 m. 7d.; **1224** bursa civitatis Wigorn' lacat ij d. ob.; alia ~is de iij ob. bursa ~is extenditur ad vij d., illa que laccat ad x d.

KRMem 6 m. 9; **1425** si alique monetarum predictarum sunt per ij d. ~iores vel debiliores ad libram, custodes debent deliberare illam tanquam bonam *Pat* 419 m. 18.

5 (of region) powerful, rich in resources.

Pannonia .. regio ~is est *Eul. Hist.* II 61.

6 (of person) able, competent, skilled, persuasive. **b** (of argument or injunction) cogent, compelling. **c** (astrol.) influential.

Dominus misit discipulos suos †forissimos [l. fortissimos], viz. denarii caelestis adipiscendi praecones BEDE *Sam.* 682; ALCUIN *Dogm.* 279A (v. debellator a); FRITH. 1293 (v. diorisma); **1042** (13c) ego B. episcopus testis adsum ~issimus (*Ch.*) *Chr. Abingd.* I 449; **13..** dives in fallaciis discat esse fortis (*De studiis* 61) *Pol. Songs* 209; ~is dogmatista NETTER *DAF* II 7 (v. dogmatistes). **b** ~ia .. monita GILDAS *EB* 18 (v. exemplar 2a); si .. nova .. meliora esse et ~iora .. perspexeris BEDE *HE* II 13; **793** ALCUIN *Ep.* 21 (v. defensio 1f); si peccuniam habebant, sit domino .. que omnia ~iora erunt si sine distributione .. erant ibi (*Leg. Hen.* 78. 5b) *GAS* 595; ad ~ius infirmiores sexus regimen *Canon. G. Sempr.* 39; raciones et auctoritates, quas .. adduxisti, ~es mihi videntur OCKHAM *Dial.* 414; ~ior est sentencia que plurimorum autoribus [v.l. auctoritatibus] approbatur *Plusc.* VI *prol.* **c** Taurus in anterioribus multo ~ior est Ariete ALB. LOND. *DG* 8. 12.

7 brave, courageous, formidable, resolute. **b** strenuous, vigorous. **c** fierce, violent.

ut [gens] infirma esset ad retundenda hostium tela et ~is esset ad civilia bella GILDAS *EB* 21; advenerant .. de tribus Germaniae populis ~ioribus BEDE *HE* I 15; mihi videtur quod sis .. unus ~is glutto ÆLF. BATA 4. 11 p. 35; ÆLNOTH *Cnut* 56 (v. deturbare a); si ~es fuistis ad ingluviem, mutate fortitudinem ut ~es sitis ad jejunium S. LANGTON *Serm.* 2. 15; mulier est racio quando sit debilis que deberet esse virilis, ~is [ME: *staðelwurðe*] et audax in firma fide *AncrR* 101. **b** regis .. ~is gesta GIR. *PI* I 18 (v. enucleate); **1283** (v. emunctio 1). **c** MAP *NC* II 12 (v. dimicatio); ut poneret [Joab] illum [sc. Uriam] ubi ~ius erat bellum GARL. *Mor. Scol.* cap. 12 prol. gl.; bellum committitur .. ~issimum J. READING f. 181v.; breve super statuto de ~i ingressu non faciendo *MGL* I 646.

8 (as sb. m. or n.): **a** strong, able, or competent man. **b** great or mighty deed. **c** fort, fortress; **d** (as place-name or surname). **e** sound money. **f** (log., *a fortiori*) by a sounder argument, from a more cogent reason.

a 11.. (v. debilis 1a); DOMINIC *V. Ecgwini* I 4 (v. dirus b); WALT. WIMB. *Sim.* 117 (v. exocreare); solent artifices .. gesta narrare ~ium *Spec. Incl.* 2. 3; ~ioribus ad judicandum relinquo *Plusc.* VI 27; omnia bona gesta sua recitare .. ~ioribus relinquo *Ib.* IX 7. **b** multa in paganos ~ia gerens strenue rexit ORD. VIT. IX 11 p. 570. **c** viri prudentes et providi et discreti pacis in tempore municiones parant, ~es edificant, civitates fabricant OCKHAM *Dial.* 675; prevalidum castellum de Galyon, juxta Sequanam situatum opidum, ~e de Vernone et illius castrum *Ps.*-ELMH. *Hen. V* 71. **d 1242** liberavit .. manerium per breve regis Willelmo de ~ibus *Pipe* 119. **e 1268** legamus predicte ecclesie .. xl s. ~ium quos habemus apud Pesey in Tarentasia de servicio annuali *Test. Ep. Heref.* 4. **f** per consequens a ~iori .. OCKHAM *Dial.* 903; satis apparet, quod a ~iori volebat arguere RIC. ARMAGH *Def. Cur.* 1408 (*recte* 1308); dicit Dominus se inferre tantam penam non punientibus peccata .. ergo a ~iori puniet illos qui mala defendunt GASCOIGNE *Loci* 62.

9 (abl. as adv.) boldly, forcefully, strongly.

qui crucifixus est, et sui sanguinis rore quod praedicavit ~e vivens confirmavit THEOD. *Pen. pref.*; quam sol per vitreas illustret forte fenestras ALDH. *CE* 3. 67; **1297** ipsum per gulam .. ~e tenuit (v. gulgata); ~e et dure detentus *Entries* 199.

fortiseps v. forceps 1a.

fortiter [CL]

1 w. physical strength, forcefully. **b** loudly, noisily. **c** strongly, markedly. **d** strongly, intensely.

qui ~iter premit ubera elicit butirum ANSELM *Misc.* 307; *Quaest. Salern.* B 87 (v. emissio 5); extremitates ~issime abluantur J. MIRFIELD *Brev.* 82 (v. exterior 1b); *Ib.* 84 (v. exprimere 1c). **b** quare sedendo ~ius clamat mulier quam stando et vir e converso? *Quaest. Salern.* N 32; per differencias vocis, que sunt asperum, leve, ~iter sonare et exiliter, jocose aut misere, etc. *Ps.*-GROS. *Gram.* 70; 'hamus' aspiratus ~iter BACON *Gram. Gk.* 5; totis precordiis / festum tam inclitum / .. / canamus fortiter *Offic. R. Rolle* xx. **c** pulsus .. aliter in forti, aliter in debili [pressione], quia in forti et carnoso ~ius, in debili et carnibus denudato remissius et leviori pressione fieri consuevit BART. ANGL. III 23. **d** radii lune .. per .. foramen ~iter penetrant *Quaest. Salern.* R 1; cujuscumque speciei singulare ~ius primo movet sensum, ejus phantasma efficacius imprimitur et primo movet intellectum... si alia species ~ius movet ista impeditur ne modo moveat DUNS *Ord.* III 234; stringit multo ~ius si .. GAD. 59v. 1 (v. encathisma); hec herba ~iter calefecit *Alph.* 173; opium quando simpliciter Tebaicum intelligitur, et id est ~ius narconticum *SB* 32; **1495** (v. braciare 1c).

2 in large amount. **b** greatly, very much. **c** (compar.) more, rather.

pulvis .. a frigido constrigente lutum causatus, aque dulci ~iter commixtus, incipientem ad ponticitatem vel salsedinem vergentem generaret *Ps.*-GROS. *Summa* 624. **b s1228** ubi ~iter invalescentes fugaverunt eum usque Perusium M. PAR. *Maj.* III 156. **c** tunc .. majores terrarum et populus .. universus vos amabunt et ~ius timebunt MILEMETE *Nob.* 73; que vidi et audivi ~ius ex veritate facti quam ex temporis ordine memorie comendari AD. USK 8.

3 with strong reason, by sound argument, cogently.

~iter quidem, ut sibi videbatur, locutus, sed miserabiliter .. daemonica fraude seductus BEDE *HE* V 13; efficaciter, ~iter OSB. GLOUC. *Deriv.* 196; Christus .. tale dominium .. renuit habere ..; ergo multo ~ius papa .. tale dominium .. in .. temporalibus rebus minime habet OCKHAM *Pol.* I 236; si actus comedendi potest vocari actus abutendi, multo ~ius potest vocari actus utendi, cum sepe scripture loquentes de comestione utantur verbo "utendi" *Ib.* 315; si hoc est verum jure humano, ~ius utique de divino PAUL. ANGL. *ASP* 1536.

4 bravely, courageously, valiantly, resolutely. **b** rigorously, zealously. **c** fiercely, violently.

non militaris in mari classis parata ~iter dimicare pro patria GILDAS *EB* 6; ut .. martyrii palmam sitire vehementius et excipere ~ius faceret *Ib.* 11; si .. in fronte duelli ~iter dimicemus ALDH. *VirgP* 11; ut .. luctetur ~iter contra insultus diaboli *AncrR* 20. **b** illa aliquando inibi ~ius firmavit de pessimis, aliquando vero lenius THEOD. *Pen.* I 7. 5; ~issime .. rempublicam .. rexit BEDE *HE* I 5; **933** flebilia ~iter detestanda .. piacula *CS* 694; liv annis ducatum ~iter adeptus est ORD. VIT. III 1 p. 9; totis viribus, quo si ~iter atque fideliter impendantur inefficaces esse non poterunt GIR. *GE* II 18. **c** castrum ~iter presumunt impugnare quod Christus erexit S. LANGTON *Serm.* 2. 16; Herodem fugiat qui furit fortiter WALT. WIMB. *Carm.* 222.

fortitudo [CL]

1 physical strength, power: **a** (of person); **b** (of animal); **c** (of force).

a quis Herculis ~inem et arma non miretur? *Lib. Monstr.* I 12; **c801** corporis mei .. dignitas et ~o recessit ALCUIN *Ep.* 238; ossa et nervi, in quibus consistit ~o FORTESCUE *NLN* II 8. **b** leonem, quem regem esse bestiarum ob .. ~inem poetae .. fingunt *Lib. Monstr.* II 1; leones calidissimi et siccissimi sunt natura, quod satis ostendit eorum mobilitas, ~o, iracundia *Quaest. Salern.* B 58. **c** divino cibo satiatus .. in ~ine ejus .. prospere proficiscebat *V. Cuthb.* I 6; diabolus .. ex ~ine sue nature movet aerem ALEX. CANT. *Dicta* 5 p. 131; secundum hunc .. motum in pulsu velocitas et tarditas, debilitas et ~o perpenduntur ALF. ANGL. *Cor* 11. 24; BART. ANGL. III 23 (v. fortis 3e); quoad ~inem luminum in virtute operandi secundum impressionem centrum recipit maxime de lumine DOCKING 117; BACON VIII 17 (v. debilitas 1d); materia si fuerit calida per dominium generabitur tunc albedo propter rarefaccionem et subtiliacionem parcium materie et clarificacionem vi et ~ine caloris UPTON 102.

2 mil. might, force, violence. **b** armed group, force of troops.

796 ~o .. exercitus .. ad .. defensionem vestri directa est ALCUIN *Ep.* 107; redite .. Romani, ... non nos ~o vestra expellit, set summi regis potentia G. MON. XII 15; ut possit bellum ~o minuere, pacem humanitas augere GIR. *EH* I 14; **1297** cum .. haberet terram suam circa villam A... et in B... in quibus locis ~o guerre .. fuit .. et ibi propter guerram amiserit omnia bona sua *RGasc* III p. clxxxvii; **†1067** (1335) Aelgiva alteram medietatem predicti hwearfi et terram et domos suas in illa civitate eidem sancto .. concesserat et eas quamdiu vixit tenuit, .. set postea ab Asculfo de Pinkeni per ~inem demptum, ego denique cicius concedens reddi precepi *CalCh* IV 334. **b 1101** comes R. tam parvam ~inem hominum adducet quam minorem poterit *DipDoc* I 1; egressus est cum tota ~ine sua contra ipsum et .. pugnam ei ingessit G. MON. V 4; **1163** si rex Lod[ovicus] in Angliam venerit et comitem T. vel comitem P. secum adduxerit, comes T. vel comes P. .. tam parvam ~inem hominum secum adducet quam minorem poterit *Foed.* I 23; **s1344** Karolus de Bloys venit cum ~ine grandi in Britanniam KNIGHTON II 29; *G. Hen. V* 7 (v. debellare 1); **s1403** irrupit in exercitum regis et fecit deambulatorium in medio exercitus usque ad fortissimos regi custodes, interficiens comitem Staffordie et alios multos in ~ine exercitus regis *Eul. Hist. Cont.* 397.

3 strength (of structure or fortification). **b** stronghold, fortificaton.

atrium .. templi magne spissitudinis et ~inis muro circumvallavit RIC. HEX. *Hist. Hex.* I 13; **s1198** incole civitatis [sc. Constantinopolis] non credebant eum posse capi .. propter ejus ~inem *Eul. Hist.* I 275; **1243** castrum habet ingentis ~inis et situm versus partes Marchie *RGasc* I 213; civitatem .. quasi inexpugnabilis ~inis .. viriliter cepit *Plusc.* VII 12. **b 1091** in rupe vel in insula nulli licuit facere ~inem, et nulli licuit in Normannia castellum facere, et nulli licuit in Normannia ~inem castelli sui vetare domino Normanniae, si ipse eam in manu sua voluit habere *Norm. Inst.* 282; **a1147** concessimus pro servicio suo .. burgum Malmesberie sine ~ine facienda ibidem *Act. Hen. II* I 8; ut rex, ordinatis prius custodibus sufficientibus in castellis et aliis ~inibus Wallie, Londonias rediret *V. Ric. II* 177.

4 durability, strength (of artefact). **b** potency (of liquor). **c** soundness, correct weight (of coinage).

in pulchritudine ciphus est vitreus, / in fortitudine tamen est ferreus WALT. WIMB. *Carm.* 156. **b** BART. ANGL. XIX 54 (v. 2 acumen b); GAD. 123v. 2 (v. granosus 2). **c 1282** (v. debilitas 2).

5 fortitude, courage; **b** (as one of cardinal virtues). **c** (concr.) bold act, brave deed.

G. Steph. I 58 (v. deliciae 1a); ~inis .. una cum magnificentia partes sunt magnanimitas, fiducia, securitas, constantia, patientia GIR. *PI* I 9; ut in adversis deprimi / non possit status animi / precedit fortitudo P. BLOIS *Carm.* 27. 15. 87; ~o est in anima regens vim irascibilem J. BLUND *An.* 72. **b** justicia .. in effectum fluit post temperanciam, ~inem, prudenciam *Ib.* 80; contra temptacionem .. interiorem necessaria sunt sapiencia et spiritualis ~o [ME: *strengðe*] *AncrR* 61. **c** tercia Herculis ~o est de qua sic scribitur *Deorum Imag.* 22.

6 power, authority. **b** (leg. or sim.) force, validity. **c** (astr.) power, influence.

nec aliquem .. impetentium ~ine passus est conturbari G. COLD. *Durh.* 9; superscriptio .. sigilli sui privati talis est: Dei ~o *Itin. Mand.* 132. **b** justicia est correccio injurie et rectitudo statere et ~o status rerum et forma mensure BACON V 125; **1338** (v. editio 3b); statutum est .. quod predictum parliamentum .. nullius sit de cetero valoris seu ~inis, set quod sit .. adnullatum in perpetuum *V. Ric. II* 163; incipiet hoc statutum habere locum et ~inem suam †et [v. l. ad] festum Purificacionis proximum futurum *Ib.* 164; **1569** (v. efficacia 2e). **c** GROS. 42 (v. dignitas 6); *Ib.* 44 (v. debilitas 1f); sicut planeta in sua domo habet ~inem, sic in opposito sue domus habet detrimentum sue ~inis ROB. ANGL. (II) 169; aliquando homines unius secte inclinant se ad sectam alterius propter ~inem constellacionis BACON *Mor. Phil.* 193; **s1454** ac si planeta dictus stetisset in sua ~ine maxima, immersissetque se, cum tota sua influencia, in os ejus [sc. officiarii] *Reg. Whet.* I 124.

fortiunculum [cf. fortis 8c], small fortress.

p1346 licet capiebat / unum †fortinunculum, sibi quod nocebat (*de Bello Dunelm.*) *Illust. Scot.* 64 (cf. ib.: capto †fortininculo).

fortua, fortuia v. 2 fortia.

fortuito, ~u [CL], **~e**, fortuitously, by chance, accidentally; **b** (w. *forte*).

~o contigit ut .. ALDH. *VirgP* 32; non est putandus evangelista ~u et absque ratione mystica nomen civitatis .. ostendere curasse BEDE *Hom.* I 17. 263; **9..** ~u, *wyrdgesceapum*, .. *mid weas, gelimpe*, .. ~o, *semnendlice WW*; si datum ~u excideret geminare W. MALM. *GP* I 44; ~u .. accidit quod .. R. COLD. *Cuthb.* 68 p. 139; sperabat .. me sibi ~u .. nocuisse *Chr. Battle* f. 76; si contingat ~o .. librum perdi .. R. BURY *Phil.* 19. 244; quod duo homines .. fuerint ibidem fortuita (*sic*) submersi in metis (*sic*) dicti kidelli *Reg. Rough* 144; peticionem .. in itinere periculoso ~e ablatam *Dictamen* 348. **b** si more solito latro taliter egerit, et forte ~o ad ecclesias vel sacerdotum domus frequenter evasit .. (*Leg. Ed.*) *GAS* 630; rana portu propinquo forte ~u nave devecta GIR. *TH* I 32.

fortuitus [CL]

1 fortuitous, accidental.

[cronographi] ~as praeteritorum permutationes temporum .. tradiderunt ALDH. *VirgP* 4; W. DONC. *Aph. Phil.* 3. 21 (v. evitatio); quomodo .. alique Dei ecclesie vel aedificia etiam bonorum, ~o igne invadente, cremantur? HON. *Eluc.* 1140B; fortuitus jactus infert persepe periclum D. BEC. 1357; ne tenorem propositi / mutet in te fortuiti / casus vicissitudo P. BLOIS *Carm.* 27. 15. 89; **1270** (v. escapium 1b).

2 (as sb. n.) fortuitous event, accident, chance occurrence. **b** casual profit, 'incident', tenurial custom or privilege.

~um, subitus casus *GlC* F 258; ~um, †fortunum [? l. fortunium] *Ib.* 265; ~a, licet sint ab intellectu, .. non tamen sunt ab eo per se sed per accidens SICCAV. *PN* 204; privationes non sunt generationes .. sed .. sunt casualia et ~a *Ib.* 205; **1167** longe .. liberior quam cum .. sarcinulis ~orum premerer J. SAL. *Ep.* 169 (194). **b** de omnibus ~is, sc. de gersuma, de releviis, de forisfactis, participat aula preposito hundredi absque forisfactura cornu et clavium *Kal. Samson* 39; habet aula ~a gersume, sc. releva, forisfacturas placitorum, warpeni et preterea consuetudines multas et nichil inde communicant prepositis *Ib.* 47.

fortuna [CL]

1 fortune, fate; **b** (dist. as favourable or unfavourable); **c** (dist. as inscrutable or predictable); **d** (phil., as cause); **e** (personified).

claudum restaurat egrotum, / quem fortuna prius gressu privavit egentem ALDH. *CE* 4. 2. 19; ~a, *wyrd GlC* F 256; **796** ignorans .. quo te tua ~a ferret ALCUIN *Ep.* 106; *GlH* F 130 (v. 1 fatum 1a). **b** felicitas, ~a *GlC* F 149; arridente nobis felici ~a DOMINIC *V. Ecgwini* I 9; cum [luna] separata fuerit a ~a et juncta malo erit [dies non laudabilis] BACON V 113; *Ib.* XIII 124, BRADW. *CD* 192A (v. eufortunium); **a1418** felix ~a divisit prout voluit dona sua, ut fortune claritas ab infelici causa tutissime defendatur *Dictamen* 357 (v. et. 1e infra). **c** mathematici fatum, ~am, vel genesim, aut suprema Parcarum fila .. se divinare .. posse .. arbitrabantur ALDH. *Met.* 3 p. 73; *Id. VirgV* 1170 (v. 3 casus 4a); ~am .. fugitivam sequens et rote volubilitati .. confidens .. GIR. *EH* I 1; **1356** dixerunt quod ipsi scirent dicere unicumque homini et mulieri que et quales ~e sibi advenirent *SelCKB* VI 105. **d** BACON XIII 115 (v. 3 casus 4a); de causis agentibus per accidens, que sunt casus et ~a, que secundum Aristotelem II Physicorum reducuntur necessario ad causas per se agentes DUNS *Ord.* II 166; quod .. fit a ~a fit a casu et non convertuntur (*sic*), quia ~a non est nisi in agentibus secundum propositum SICCAV. *PN* 198; ~a .. invenitur tantum in eis in quibus potest contingere bonitas vel malicia *Ib.* 199. **e** quo Deus et quo dura vocat Fortuna sequamur! ALDH. *Aen.* 7 (*Fatum*) 2; HANV. I 103 (v. excoquere 3b); **s1399** (v. domina 2c); **s1399** nota rote fallacis ~am AD. USK 32 *in marg.*; *G. Hen. V* 1 (v. evocare 2); **a1418** quam .. mutabilis sit ~a, que vos .. collocavit in apice sue rote *Dictamen* 357.

2 chance, luck. **b** accident, mishap.

R. B. .. primo invenit patriam Islandie ex ~a W. WORC. *Itin.* 6. **b** si ipse coronator gratis et sine dilatione ad ~as emersas accesserit *Fleta* 21.

3 circumstance, condition, lot.

quamobrem procum proprium et futurum, si virginitatis ~a pateretur, levirum a superstitiosa delubrorum cultura convertens .. angelicis perfrui conspectibus fecit ALDH. *VirgP* 40.

4 incidental payment, casual profit. **b** money, fortune.

W. .. r[ecepit] de placitis et ~is et xij s. et viij d. *RDomin* 52; bailivi .. receperunt .. de gersumiis lx s. et de aliis ~is xj s. et vj d. *Ib.* 63; **a1279** cum omni jure, homagiis, wardis, releviis, escaettis, ~is, et omnibus aliis serviciis *AncD* B 5163; cum omnibus .. exitibus proventibus, .. consuetudinibus, ~is, releviis (*Reg. Bury St Edm.*) *MonA* III 156; **1289** medietas nundinarum, pedagiarum, mercatorum, ~arum, reddituum, serviciorum, et omnium gagiorum *RGasc* II 314. **b** et medici et clerici, omnibus conatibus consumptis, illi antidota isti exorcismos ventis exposuerunt. verumtamen cognatis non parvo res constitit quin ~as suas magno inpensarum emungerent dispendio W. MALM. *Wulfst.* II 4 p. 28.

fortunalis, of fortune. **b** casual.

963 (14c) supernus rector .. [quosdam] exaltat, quosdam iterum ~i eventu .. depellit *CS* 1112; fors, ~e (*sic*) eventus. .. voluntas, casus, fatu origo *GlH* F 648; **s1216** dum vero ~is alea statum regni Anglie talibus turbinibus exagitaret M. PAR. *Maj.* III 7; **s1234** secum dum volubilitatem rote ~is Martem propiciam sentiebant *Id. Min.* II 365; **s1234** ~is rota volubilitate fallibili curiales et aulicos exagitavit *Flor. Hist.* II 213; sicut patet per Boetium II et III de Consolacione .. bona ~alia videtur esse virtuosum contemnere HOLCOT *Wisd.* 68. **b** rex de consilio amicorum ~ium fecit seisiri terras Roberti M. PAR. *Maj.* V 506; sic de proximis suis facti sunt, excepta matre, amici ~es *Id. Min.* III 114.

fortunare [CL]

1 to make fortunate, prosperous, blessed (also absol.); **b** (p. ppl.; also as sb. m.); **c** (as proper name, esp. of Venantius ~atus). **d** (*Insulae ~atae*) Fortunate Isles, spec. Canary Islands. **e** (of portent or day) propitious. **f** (as sb. n.) good fortune, good news. **g** (abl. *~ato* as adv.) w. good fortune.

eundem .. multorum obsequia remunerare favor et gratia ~avit GIR. *PI* I 8; mens .. / ut melius fortunet opus VINSAUF *PN* 53; at ars quam tetigi fortunat subito WALT. WIMB. *Palpo* 9; ave, virgo, quam sacravit, / fortunavit et fetavit / virtus almi pneumatis *Id. Virgo* 10; *Pol. Poems* I 207 (v. emundare 4). **b** tum sequor in vitreis recondens lumina campis / et fortunatus ALDH. *Aen.* 58 (*Vesper Sidus*) 6; [Benedictus] quem ab .. incunabulis ita ~atum vocabuli praesagium pascebat *Id. VirgP* 30; ~atus, felix *GlC* F 288; **9..** ~atum, *þone gewilsæligan*; furtunatus, *gewifsæli WW*; cum substantia simul hominum defecere solacia et ~atus cum re perit omnis amicus GOSC. *Transl. Mild.* 22 p. 188; BRADW. *CD* 192A (v. eufortunium); Ricardus rex .. fuit bellicosus et ~atus in adversis *Feudal Man.* 90. **c** presbyter ~atus in Laude Virginum .. ait .. BEDE *HE* I 7; quid Fortunatus vel quid Lactantius edunt ALCUIN *SS Ebor* 1552. **d** alii .. in insulis ~atis Elysios esse credunt ALB. LOND. *DG* 6. 4; BART. ANGL. XV 112 (v. erroneus 2a); **s1344** papa .. Lodovicum de Hispania creavit principem Insularum ~atarum WALS. *HA* I 265. **e** dies ~a, bonum est jungi cum .. senibus BACON V 112. **f** interea taciti muliebri murmure discunt / fortunata viri FRITH. 45. **g** o munache, ~ato reperies ac insperate quo tanto mentis turbaris angore HERM. ARCH. 32.

2 to risk, hazard; **b** (refl.). **c** (p. ppl.) characterized by hazard, accidental.

1386 nolentes ipsis ligeis nostris, qui corpora sua in tantis periculis pro nostro honore viriliter ~arunt, .. injuriari (*RGasc*) *Foed.* VII 541. **b** **13..** quia quidam multociens se ~ant et .. voluntarie se ponunt in .. tenementa .. legata in testamentis *Rec. Norw.* I 162; **1388** M. .. se ~are voluerit racione guerre et periculorum maris nequeat invenire. quodque plures gentes .. ad transeundum versus .. villam Calesii se ~are non audeant *Foed.* VII 571a. **c** **1271** per ~atam oppressionem virorum et mulierum, que per ruinam ecclesie B. Marie de Arcubus .. nuper accidit *Cl* 330.

fortunate [CL], fortunately, w. good fortune.

quumque ~e felix pater cuncta peregisset et fortuna hujus seculi faveret viro, coepit .. meditari .. BYRHT. *V. Ecgwini* 357; **s1124** rex ~e glorificatus est H. HUNT. *HA* VII 35.

fortunium [LL *f. l.*]

1 fortune, fate. **b** good fortune, blessing.

rerum natura modo nescit eo meliorem, / Francis terrorem dat et fortunia [vv. ll. infortunia, fortuna] dura *Pol. Poems* I 30; ~io belli ante fratrem suum decessit (*Chr. Tewk.*) *MonA* II 62. **b** miles .. ad limina .. apostolorum pervenire desiderabat, si humano desiderio faveret divinae majestatis ~ium BYRHT. *V. Osw.* 405; si .. constellacio fuerit conveniens complexioni egritudinis, minorabitur ~ium; si disconveniens, erit crisis ad malum BACON IX 191; ~ia et infortunia .. corone domini regis spectancia *MGL* I 54; *an happe*, faustitudo, felicitas, fortuna, ~ium, fortuitus, omen *CathA*.

2 circumstance, event. **b** tournament.

de quibusdam dudum ~iis in Anglia de miro motis posteribus scripto redigere instans me racio monet FAVENT 1. **b** **s1241** more militari, quoddam hastiludium, quod vulgariter ~ium, imo potius infortunium appellatur, ad virium ceperat et exercuit experimenta M. PAR. *Maj.* IV 135; in contemptum meum ipsi torneamento interfuisti, et sophistice illud ~ium appellasti *Ib.* 157.

3 incidental payment, casual profit.

12.. in omnibus extensis exceptis nundinis et ~iis nundinarum *IMisc* 19/22.

fortunosus, fortunate.

unum quid ~um tunc accidit Henrico regi nostro STRECCHE 163.

fortunula, little fortune, destiny.

1517 non displicuit .. ut magna mearum ~arum parte tale quidpiam emissem (H. BULLOCK) *Ep. Erasm.* II 580.

fortyra v. forera.

foruca v. forica. **foruhtha** v. forertha.

1 forulus [CL *pl.* = *bookcase*]

1 writing-case.

hic ~us, li, i. scriptorium, eo quod ad cornua imponenda sit sepe perforatum, unde Juvenalis [*Sat.* III 219] OSB. GLOUC. *Deriv.* 217 (cf. ib. 242: ~us, scriptorium pluteum); *stawnchon to settyn yn a nynke horne*, ~us *PP*.

2 'forel', parchment or leather case in which silver pence were packed (and which must have been of considerable size). **b** parchment wrapper in which the marshall of the Exchequer stored tallies and vouchers relating to sheriffs' accounts. *V. et.* 1 *forellus* 1.

quatuor seris obfirmatus erat; ecce claves earum. .. confido in Domino quia sanctus qui perditum ~um restituit reposita in solidum custodivit W. CANT. *Mir. Thom.* IV 7 p. 320; clericus thesaurarii cum fuerit numerata pecunia et in ~os missa per centenas libras apposuit sigillum *Dial. Scac.* I 3 A; **1190** et pro carriagio predicti thesauri et pro hugiis et ~is et cera et aliis minutis negociis ad eundem thesaurum *Pipe* 9; pro ~is et tonellis ad eundem thesaurum *Ib.* 131; **1225** (v. 1 forellus 1a); in foro forulo palma conceditur WALT. WIMB. *Sim.* 26; verbosi rethoris lingua lepidula / sine marsupio plus vilet hinnula; / si vero invenerit os tintinnabula / felicis foruli, palmam phisicula *Ib.* 47; **s1235** accumulatis illis denariis aliis candidis esterlingis, noluit fratres vel etiam ~um nunciis resignare *G. S. Alb.* I 308. **b** non solum autem pecunie saccis sed et archis et singulis ~is in quibus rotuli vel talee collocantur si libet apponit [clericus thesaurarii] sigillum *Dial. Scac.* I 3 A; marescalli cura est taleas debitorum .. mittere seorsum in ~o suo. .. illi vero ~o superscriptio comitatus cujus hec sunt apponitur et singulis comitatibus singulos oportet ~os a vicecomite qui computat marescallo ministrari *Ib.* I 5 G; **1198** T. debet xl m. .. set quia attulit cartam ipsius Aaron de quietantia dictorum debitorum, que est in ~o marescalli in Lincoll'scir', consideratum est per barones quod ulterius de illis debitis non summoneatur *Pipe* 57; **1205** que summa surgit ex xv brevibus que sunt in ~o marescalli *Ib.* 12; **1221** literas suas patentes, que sunt in furulo inquisitionum hujus anni *LTRMem* 4 m. 5(2)*d.*; **1230** per breve de magno sigillo quod est in forolo marescalli *Ib.* 11 m. 7*d.*; per breve regis quod est in ~o marascalli in Devenescir' *Ac. Foreign. Hen. III* 43; **1291** per breve de magno sigillo, quod est in ~o marescalli, thesaurario et baronibus directum *Law Merch.* II 53.

3 'forel', parchment, leather or cloth wrapper for book or documents. *V. et.* 1 *forellus* 2.

furulus quidam sericus, in quo reposita fuit scedula Anglice scripta, continens quasdam salutaciones Ailwini monachi BRAKELOND 155.

4 case (for weapon). *V. et.* 1 *forellus* 3.

1205 pro ~is et cordis et aliis necessariis ad balistas *Pipe* 221.

5 purse.

clericus quidam .. xv m. ~o suo crediderat W. CANT. *Mir. Thom.* IV 8; marsupium, bursa, forulus, loculusque, tumetra GARL. *Syn.* 1583B.

2 forulus v. 2 furrellus.

1 forum [CL]

1 (Classical) public square in town or city, esp. Rome.

transiens per ~um Trajanum, quod ab eo opere mirifico constructum dicunt *V. Greg.* p. 105; ~um Appii, quod condidit Appius senator *GlC* F 268.

2 place of public resort in town or city, market place. **b** (*~um Londoniae* or sim.) the Cheap.

forus vel prorostra, *motstow on burge* ÆLF. *Gl.*; omnes subverse sunt ecclesie et cuncte sacre scripture que inveniri poterant in mediis ~is exuste G. MON. V 5 (cf. CANTLOW *Orig. Cantab.* 266: omnes civitatis predicte ecclesie et cuncte sacre et catholice scripture que inveniri poterant in medio ~i exuste sunt); **1198** J. .. r. c. de xxxij s. et iiij d. super terras et domos suas in alto ~o *Pipe* 54; **1325** r. c. .. de xl s. de toln' ~i nundinarum et stallag' *MinAc* 1148/6 m. 2; **1336** [*certain messuages in York near to Patrikpole, a street*] super ~um Jovis *CalCh* IV 370; **1428** ac totidem fustigaciones circa ~um venale civitatis nostre predicte principalibus diebus mercati *Heresy Tri. Norw.* 35; **1457** in pleno ~o, dum major affuit populi multitudo, vi et armis in Ricardum G. insultum fecit *Pat* 484 m. 8. **b** **1162** conventio .. super ecclesia sancte Marie Magdalene quam de ipsis tenet in ~o Lond' pro ij solidis *E. Ch. S. Paul.* 171; **1212** omnes domus .. in ~o que sunt de ligno, unde domus lapidea vel ~um sit in periculo *MGL* II 87; **1240** quendam locum quem habui de eodem Nicholao in selda Cecilie Blunde in ~o, qui locus est in interiori angulo ejusdem selde versus occidentem *E. Ch. S. Paul.* 274 (cf. ib. 223); **1301** ferronibus de ~o *MGL* II 85; **s1271** campanile lapideum beate Marie de Arcubus in ~o Londoniarum *Ann. Lond.* 81; **s1326** rex .. exlegavit et bannivit publice in ~o Londonie [TREVISA: *at Londoun in Chepe*; *Harl.* 2261: *in the towre at London*] uxorem suam et filium HIGD. VII 42 p. 318.

3 market, usu. held in fixed place at regular time; **b** (in surname); **c** (dist. w. ref. to commodity); **d** (w. ref. to market due).

cum .. multa venalia in ~um fuissent conlata BEDE *HE* II 1 p. 79; ~o, .. *ceapstræte GlH* F 570; ibi unum ~um in quo manent xvij homines et reddunt censum in firma *DB* I 163; vociferabantur cives .. quod circa festum S. Martini consueverant animalia in ~o mercari sine plegio (*Leg. Ed. retr.*) *GAS* 670; ORD. VIT. XII 37 (v. 3 burgus 1); **1169** idem vicecomes r. c. de xxix s. de ~o de Cestrefeld hoc anno *Pipe* 60; vir quidam .. mercimonii gratia rerum venalium foros perlustrans *Mir. Fridesw. prol.* 5; **a1207** qui ad vendendum et emendum .. venerint firmam pacem meam habeant et ~um exerceant *BBC* (*Ayr*) 199; **1211** dedi et concessi eisdem licentiam .. habendi ~um unaquaque die Sabbati *Ib.* (*Arbroath*) 1; **1276** Comes Warr' habet liberum ~um apud Breyles, set ballivi sui capiunt teoloneum de omnimodis mercandisis que excedunt iij d. contra commune jus *Hund.* II 227; **1283** in die ~i (v. 1 dies 10a); **1297** quoddam ~um de novo factum post prandium apud Sopereslane quod dicitur la *Newe Feire MGL* II 97; **1303** contractus iste non est aliquid quod spectat ad ~um mercatorium *Law Merch.* II 68; **1313** Alicia .. et servientes sui emebant j quarterium frumenti extra villam obviando versus ~um regium et illud frumentum abduceret ad molendinum. et ibidem redigere faceret in farinam *Leet Norw.* 57; **1361** et inito consilio .. circa ordinacionem ~i et stallorum (*Chr. Abingd.*) *EHR* XXVI 731; **1389** teneant ~um .. super pavimentum (v. guttera 3a). **b** **c1160** testibus .. Roberto de ~o *Feod. Durh.* 128*n*. **c** ~um suar[i]um, ubi sues vendebantur *GlC* F 303; **1269** tota curia .. conquerebatur de assisa panis et servisie male servata cum ~um bladi esset emendatus (*sic*) *CBaron* 73; **1386** contencio mota fuit inter Willelmum .. et Johannem .. apud Novum Castrum [*Staffs*] in ~o ferri *SelCCoron* 99; **1384** ~um bladorum de Mikelgate *Mem. York* II 121; **1388** ~um piscium apud pontem de Ouse *Ib.* 122; **1416** ~um venale pro bobus .. et animalibis omnibus mactandis ad sustentacionem hominum *Ib.* II

53. **d** ~um hujus manerii habet comes Moritoniae *DB* I 120v.; de novo ~o xx s. *Ib.* 162v.; in burgo circa castellum sunt xlij homines de mercato suo tantum viventes et reddunt cum ~o iiij li. et x sol. *Ib.* 248v.

4 market price. **b** (w. *bonus*) cheap price, *cf.* Fr. *à bon marché.* **c** (w. *carus*) dear price. **d** agreement as to price.

1180 (v. Francigena 1b); **1209** quod vina .. mercatorum de Burdegal' .. vendantur ad ~um vini rubei, sc. pro viij d. *Pipe* 172; **1258** proviso quod vina .. ad opus regis per racionabile et justum ~um retineantur *Cl* 260; **1269** platas seu pecias argenti ad dicta cambia nostra venientes .. emere possit ad idem ~um et eodem modo quo ad opus nostrum hujusmodi argentum emi consuevit *Cl* 160; **1283** quatuor vel quinque cereos, secundum quod ~um cere se habebit *Reg. Malm.* II 245; **1367** si .. naves suas .. pro competenti ~o .. frettare recusaverint *Cl* 205 m. 23; pondere subtili species venduntur, ut emptor / circumventus eo nesciat inde forum GOWER *VC* VI 176. **b** **s1190** venerunt naves onuste de frumento .. et fecerunt ~um bonum ita quod summa equi de frumento, que vendebatur pro cc bisanciis, pro vj data fuit bisanciis *G. Ric. I* 145 (= R. HOWD. III 70); primatum pallia multo / constabunt levius et meliore foro NIG. *SS* 2634; dominus dabit frettum pro .. navi; set idem N. melius ~um dabit domino quam alteri homini *Cust. Bleadon* 200; **1251** quod roget illos qui habent boscos vicinos infra regardum foreste quod dent regi aut vendant ad bonum ~um hujusmodi robora *Cl* 428; **s1216** rex suspirans et ingemiscens de bono ~o panis *Eul. Hist.* III 109; **1454** negociator fuisti maximus, studuistique assidue bono ~o emere et caro precio vendere *Reg. Whet.* I 128. **c** **1347** vendendo eis necessaria et non ad carius ~um quam facerent vicinis suis (*Stat. David II*) *RegiamM* II f. 55. **d** **1213** certum ~um fecimus cum Madoco .. et aliis Walensibus qui sunt in servicio nostro recipiendum a nobis ad quatuor terminos anni *Cl* 123b.

5 goods for sale at market.

13.. si burgensis aliquid ~um vel aliquam mercem emerit et hernas ded[erit] [et] ille qui ~um vel aliquid vendiderit de ~o suo penitebit, duplicabit her[nas ement]is. si autem emens ~um suum palpabit vel habebit ~um vel v sol. de vendente *Borough Cust.* I 217 (*Preston*); item burgensis accomodabit domino suo de ~o suo et dominus reddet ei infra xl dies *Ib.* II 86 (*Ib.*).

6 law court; **b** (w. *contentiosus*); *cf. contentiosus* 2c. **c** jurisdiction. **d** judgement. **e** (poet.) law.

~o, i. loco iudicario .. *GlH* F 570; ne .. cogaris in centuria qut ~o presidis vel proconsulis .. reddere rationem J. SAL. *Pol.* 396c; residet capitalis domini regis justitia, primus post regem in regno ratione ~i *Dial. Scac.* I 4 B; ne necandus vel mutilandus traheretur ad ~um soli W. CANT. *V. Thom.* 11; [senes] scelus omne putabant / posse licere sibi judiciale forum A. MEAUX *Susanna* 43; **c1236** in ~o laicali (v. feodum 9); KILWARDBY *OS* 587 (v. discutere 4a); **1273** renunciamus .. juris auxilio canonici et civilis privilegio clericatus et ~i *Rec. Leic.* I 59; **1284** renuncio .. ~i excepcioni omnique aliquo remedio juris canonici et civilis *Chr. Peterb.* 100; **1291** uxor felonis in vita viri sui secundum sanctam ecclesiam, qualitercumque deliquisset quoad ~um regium, non posset .. a viro suo separari *RParl* I 67b. **b** potestas clavium data beato Petro non fuit in ~o contencioso regulariter coactiva, licet in ~o penitenciali super omnia peccata et crimina Petrus receperit potestatem OCKHAM *Pol.* I 242 (v. et. 8 infra); cum eadem consummare matrimonium arctabitur in ~o contensioso, et postea in penitenciali ~o judicabitur ipse concumbere cum prima FORTESCUE *LLA* 32 (v. et. 8 infra). **c** si papa hereticus in dioecesi alicujus episcopi male docendo vel parochianos episcopi ad pravitatem inducendo delinquit, fit de ~o ejusdem episcopi et eidem est subjectus OCKHAM *Dial.* 607; laici heretici quantum ad crimen heresis sunt sub ~o judicis secularis; heretici autem clerici non sunt de ~o judicis secularis *Ib.* 619. **d** districti Judicis examine ubi deliquerant ~o subjacentes GIR. *TH* II 54. **e** regula nulla manet, fuerat que facta per ante, / sed novus ordo [sc. fratrum] iam facit omne forum GOWER *VC* IV 1186.

7 ecclesiastical court.

GLANV. XII 25 (v. feodum 8); **1220** petit eum ut clericum ut de eo omni querenti in ~o ecclesiastico justiciam exhibeat *CurR* VIII 260; **1228** (v. ecclesiasticus 1c); **1230** loquela ista testamentaria est et pertinet ad ~um ecclesiasticum *CurR* XIII 2482; **1244** cum .. clerici non simpliciter sint nobis liberati ad faciendum de eis in ~o ecclesiastico quod de ipsis secundum canonicas sanctiones fuerit faciendum *AncC* III 164; **1296** crimen fornicacionis et adulterii quorum correccio ad ~um ecclesiasticum et non ad forum laicum manifeste dinoscitur pertinere (*Lit. Regis*) *MGL* II 213; non potuit nisi ex legitima causa ~um Eboracense declinare GRAYSTANES 37 p. 99; de hereticis qui sunt de ~o ecclesie et per ecclesiam judicandi OCKHAM *Dial.* 436 (*recte* 438); *Ib.* 484 (v. 8 infra).

8 (w. *anima, conscientia, paenitentia* or sim.) penitential tribunal.

1204 vocantes vos ad placita capitalia et penitenciale ~um (*Lit. Papae*) *Reg. Newbattle* 235; **1282** hoc dicimus secundum forum ecclesie militantis. in ~o autem conscienciе .. PECKHAM *Ep.* 264; utrum sacerdos in ~o penitencie possit remittere totam penam *Quaest. Ox.* 109; **1330** si .. graviter deliquerint, .. secundum instituta regularia puniantur. in occultis vero delictis subjaceant in ~o penitencie, arbitrio yconomi vel confessoris per yconomum deputati (*Ordinatio*) *Reg. Roff.* 638; OCKHAM *Pol.* I 242, FORTESCUE *LLA* 32 (v. 6b supra); beato Petro fuit collata potestas corrigendi cunctos Christianos non solum in ~o consciencie, sed eciam in foro ecclesie; aliis autem apostolis .. potestas corrigendi in ~o consciencie tantum fuit commissa OCKHAM *Dial.* 484; **1344** capellani .. sub cura in ~o anime et obediencia vivant prepositi eorum (*Reg. Linc.*) *Eng. Clergy* 281; potestas ligandi et solvendi in ~o penitencie .. que confertur ex vi ordinis sacerdotalis CONWAY *Def. Mend.* 1411 (*recte* 1311); **1363** curam animorum ejusdem ecclesie in ~o penitenciali gerere *Melrose* 467; peccator potest meritorie se ipsum accusare de commisso aput testes vel judices, licet leges hominum accusacionem .. non requirunt. nam quoad ~um consciencie vel jus poli pertinencius accusaret reus se ipsum quam testimonium alienum WYCL. *Ver.* II 85; abusus absolucionis in ~o anime vocaliter facte a sacerdote GASCOIGNE *Loci* 53; W. SAY *Lib. Reg. Cap.* 56 (v. decanus 6a); **1454** nobis in ~o consciencie post confessionem enarrabas *Reg. Whet.* I 126.

9 (transf. or fig., w. ref. to informal or personal process).

1221 [abbas] inveniet .. xxxvj garbas avene de grangia pro famulis suis in ~o parentali consulendis et aliis sacris cum pane benedicto eisdem conferendis et corpora sua sepeliendis *Cart. Glouc.* I 323; **1264** [*the correction of faults*] que requirunt examen ~i personalis [*belongs to the Treasurer*] *Cart. Chich.* 242; **1385** venit vi et armis armatus ~o guerre .. et ibidem litigabat usque in auroram *CoramR* 497 *Rex* r. 11.

10 law, custom; **b** (Gasc.). *V. et.* 2 *forus.*

1203 Hugo O. debet l m. pro habendo cambio Anglie, per idem ~um et easdem consuetudines per quas R. de C. illud tenet de rege *Pipe* 11. **b** **c1250** cum nos teneamur facere exercitum nisi semel in anno et hoc secundum quod ~um est et consuetudo in terra .. *V. Montf.* 303; contra ~a et libertates et consuetudines antiquas probatas et semper usitatas *Ib.*

2 forum v. sorbum.

forumpedia v. formipedia. **forura** v. furrura. **forurda** v. forertha.

1 forus [CL]

1 (on ship) deck, gangway. **b** aperture (for oar).

†foras [l. foros], *bolcan GlC* F 293; **9..** ~i, i. tabulata navium, *scipes flor WW*; **9..** ~os, *bolca Ib.*; ~i, *scipesflor* ÆLF. *Gl.*; quem .. conspicit .. a puppi per ~os et transtra carine in proram transeuntem W. CANT. *Mir. Thom.* III 42; vix duobus digitis ~i fluctibus supereminebant *Ib.* IV 11. **b** NECKAM *Ut.* 115 (v. foratorium 2); *the hatches of a ship*, ~i, ~orum LEVINS *Manip.* 38.

2 place where grapes are trodden. (*Cf.* Isid. *Etym.* XV 6. 8).

9.. ~us, ubi uva calcatur, hoc est *wingetred WW*; *GlH* F 572 (v. foruslator); *a presse for wyne*, bachinal, .. ~us .. *CathA.*

2 forus [Prov. *for*, Sp. *fuero* < forum, *but this sense unrecorded for* AN, OF *fuer*], law, custom; **b** (Gasc.). *V. et. forum* 10.

1284 ut .. liquet .. viris .. discretis qui in regno Anglie limites et ~os diocesium et comitatum melius cognoverunt *Reg. Heref.* 58; **1310** secundum fores et consuetudines parcium earundem [sc. *Ponthieu*] *Foed.* III 224; **1348** mandatum est .. quod treugam .. est firmiter observari et delinquentes contra eam secundum ~os et consuetudines marchiarum illarum et prout hactenus fieri consuevit puniri *RScot* I 718b. **b** **1252** secundum ~os et consuetudines Wasconie *RL* II 389; **1260** secundum ~os et consuetudines Burdeg' *Cl* 176; **1314** secundum ~os et consuetudines parcium illarum [sc. Wasconie] *Foed.* III 505.

†foruslator, *f. l.*

†foruslator, i. portitor, vel forus est ubi uve calcantur [Isid. *Etym.* XV 6. 8] vel est exercendarum litium locus [*ib.* XV 2. 27] vel ubi sues venduntur vel locus sacrificii *GlH* F 572.

forvengium v. forfangium. **forvex** v. forfex.

forvus [*false form of* formus, cf. TLL], hot. (Cf. Isid. *Etym.* XIX 7. 3).

forvum, calidum, unde et forvidum *GlH* F 642; criminatores ita sanam etenim videbant palmam quasi penitus ~um non tetigisset ferrum LANTFR. *Swith.* 25.

forwardinus v. forewardinus. **forwardmannus** v. forewardmannus. **forzare** v. fortiare. **forzerum** v. forcerum. **foscetum, fosetum** v. fossatum.

foscus, *f. l.*

1205 item diximus .. quod non vidimus tempore Henrici et Richardi quondam regum Anglie quod aliquis redderet decimas de feriis aut de genestis aut de foscis [? l. friscis] ubi prius fuerint †demosmate [? l. demesniate] (*Ch.*) Duchesne, *Historiae Normannorum Scriptores* p. 1060.

fosfactura v. forisfactura 2a.

fossa [CL]

1 ditch, dike. **b** defensive ditch outside walls of town or castle. **c** domestic moat.

partem humi de illa ~a in qua lavacrum corporis sancti episcopi nostri post obitum ejus effusus [v. l. effusum] est *V. Cuthb.* IV 15; BEDE *HE* III 9 (v. exinde 2a); quo cum pervenisset, mire magnitudinis ~am per girum ibidem invenerunt factam, que in devexum formata erat, in cujus fundo puteus magnus apparebat. ~a vero intus per totum limosa .. ALEX. CANT. *Mir.* 36 (I) 232. **b** vallum .. exstruitur .. ita ut in ante sit ~a de qua levati sunt cespites BEDE *HE* I 5; repente muri propugnacula conscendit et inde se in ima ~e .. proicit GOSC. *Transl. Mild.* 23; J. WORC. 51 (v. effumigare); antemurale, -is, i. defensio ante murum, sicut vallum et ~e, quod et promurale dicitur OSB. GLOUC. *Deriv.* 344; si castrum decenter construi debeat, duplici ~a [*gl.*: *fose*] cingatur NECKAM *Ut.* 103; locus .. defensus erat .. ~is ac muris armatis quos providerat Gallicorum industria *G. Hen. V* 3 p. 24. **c** **1280** (v. escurare a); **14..** ~a defensiva (v. defossare).

2 drainage ditch. **b** watercourse (partly fig.). **c** canal, channel, (in quot.) slipway.

incilla, ~a que fit ad aquam derivandam in via OSB. GLOUC. *Deriv.* 292; **a1335** (v. escurare a). **b** piscina, quam vulgus ~am appellat, penitentia est, aquam contritionis et lacrimarum continens W. LEIC. *Sim.* 85rb.; **a1400** (v. eliquatio); in marisco quidem difficillimus erat introitus .. propter ~as et foveas in quas flumen fluit et refluit *G. Hen. V* 3 p. 24. **c** **1294** pro stipendiis xx hominum faciend' (*sic*) ~am per vj dies ad tractandum galeam ad mare (*Ac. Galley Southampton*) *KRA* 5/2 m. 3.

3 (leg.) pit, trench filled w. water: **a** (for use in ordeal by water); **b** (for drowning women condemned for felony).

a **1124** sciatis me dedisse .. suam propriam curiam, scilicet in duello, in ferro, in ~a, et in omnibus aliis libertatibus *E. Ch. Scot.* 43; de mari ereptus .. adhuc madefactus et quasi de ~a judiciaria sublatus R. COLD. *Cuthb.* 32 p. 74; **1168** pro ~a juisii facienda iij s. *Pipe* 198; **1169** pro ~a juise paranda ij s. vj d. *Pipe* 24; **s1187** in omnibus tenementis suis omnem ab antiquo legalem habuere justitiam, videlicet ferrum, ~am, furcas et similia GERV. CANT. *Chr.* 388; **1219** si latro judicetur ad suspensionem vel ad judicium aque in curia ejusdem abbatis .., ipsi .. debent accommodare furcas suas vel ~am ad faciendam justiciam judicii facti in curia ejusdem abbatis *Cart. Ciren.* I 193; **1236** septem hundredi non habent ~as nisi apud Wy, et ideo habemus ij denerios: archiepiscopus tamen et prior de novo trahunt homines suos ad ~as *Cust. Battle* 126. **b** *APScot* I 319 etc. (v. 1 furca 4d).

4 trench, small hole in the ground; **b** (as latrine). **c** grave. **d** pitfall, trap.

si quis .. ~am fecerit in via regis *DB* I 280; tunc cruentissimus nutricius pro cunis et lectulo ~am parat, in qua eum citius obruat *V. Kenelmi B* 81ra; **1155** cumque perambularent has divisas, fecerunt fieri quam plures ~as ex utraque parte pretaxate vie et lapides impleri fecerunt, ne forte ulterius unquam fieret aliqua dubietas aut contencio de his divisis *Feod. Durh.* 121n.; ceteri, terram cavantes, binas ~as .. preparant, una quarum alta et ampla, altera parum arcior et profundior exstat... per illud autem spacium a majori ad humiliorem foveam fit oblique haut magnum foramen quod clepsedra vel sude obturatur *Hist. Meriadoci* 350; **1236** amoverunt lapides finales inter feoda et terras comitum Linc' et Warenn', et adhuc apparent ~e *CurR* XV 1908. **b** puteal, ~a cloacalis OSB. GLOUC. *Deriv.* 477; NECKAM *NR* II 180 (v. egerere b). **c** quos simul invenit .. / .. pausantes carne sepulta, / saxea quadratis quos condidit tumbula fossis ALDH. *VirgV* 890; hac sunt in fossa Bedae Venerabilis ossa (*Epitaph*) *PL* XC 54B; ~a diligenter preparata, tumulandum corpus sine gravamine sustulerunt et secus aram .. sepelierunt ORD. VIT. III 4 p. 68; W. CANT. *Mir. Thom.* III 2 (v. extumulare); ~a preparata in qua tumulari debuerat J. FURNESS *Walth.* 84; lumen .. immensum per vitrinum prope tumulum .. intrare, et .. in ~am ubi sanctus jacuerat descendere *Canon. G. Sempr.* 111; non poteret hec pestis mortalitatis cessare nunquam antequam mortuum in ~a humo ponamus presbyterumque in eandem ~am projiciamus *Latin Stories* 77; **1438** lego animam meam suo plasmatori et terram terre cinerem cineri sepeliendum .. in quadam ~a de petris facienda *Reg. Cant.* II 563; quorum corpora .. in medio chori in una et in eadem ~a inhumata fuerunt *Plusc.* X 29. **d** **s1342** (v. fodere 4a).

5 (fig.): **a** (of things with the appearance of a hole); **b** hiding-place.

a ~as vidimus in pedibus clausas et siccas, tumorem agnovimus pene omnino sedatum *Canon. G. Sempr.* 164; hec [mulier] vacuas oculorum ~as a fecibus humorum illuc defluentium cotidie semisintiis suis sollicite purgabat *Mir. Wulfst.* II 16 p. 172; oculos juvenis cujusdam ab emulis effossos .. sanavit. non enim sibi proprios restituit sed novas et modicas in ~arum [*sockets*] profunditate

pupillas tanquam duas posuit prunulas, et quas varias habuit ex natura, nigras recepit ex gratia *NLA (Wlstan)* II 528. **b** Bradw. *CD pref.* b3 (v. abstrusus a).

6 (mil.) assault trench, sap.

s1147 Colonenses .. subterraneas ~as quinquies aggressi ut murum precipitarent, toties cassati sunt Osb. Bawdsey clxviii; *Ib.* clxx (v. 1 edere 4a); *G. Hen. V* 6 p. 42 (v. 1 effodere 1b).

7 dike, ditch and bank, often topped w. hedge, as fence or boundary. **b** (*~a Offae*) Offa's Dyke.

789 (v. fossatum 3a); **c1142** totam terram que vocatur Brenbedwin a ~a cimiterii usque ad Gleinant *Cart. Haughmond* 1214; **c1175** (v. eremitorius b); Gir. *DK* II 4 (v. 1 finalis 1); *FormMan* 33 (v. gardinum 1a); ut .. convenirent .. prostraturi fossatam que circumdabat, ex parte strate regie, pratum prioris de Redburne .. quod falso affirmabant pertinuisse communibus prefate ville quondam ..... multis manibus adunatis, in brevi dejecta est ~a in multis locis et complanata, arboresque dejecte et asportate que consite fuerant super ~am *G. S. Alb.* III 329; **14..** ~a .. satis profunda et alta (v. defossare). **b** ut quicumque Britonum citra terminum quem eis prescripsit, ~am sc. Offe, cum telo inveniretur, .. J. Sal. *Pol.* 599A; rex hic [Offa] Walenses in modicum sue Wallie angulum et que de nomine regis ejusdem dicitur adhuc ~a cinxerat Map *NC* II 17 f. 28v.; rex Offa ad perpetuam regnorum Anglie et Wallie distinccionem habendam fecit ~am perlongam [Trevisa: *a long deche*] que ab austro juxta Bristolliam .. se extendit in boream ... hujus ~e famosissime extant adhuc vestigia Higd. I 43 p. 34.

8 embankment, rampart.

c1460 (v. elevatio 1g).

9 the Fosse Way. (*Cf.* F. M. Stenton, *VCH Notts* I 238–9).

in Snotingeham aqua Trente et ~a et via versus Eboracum custodiuntur *DB* I 280.

10 pit, mine, quarry.

duae ~ae lapidum de ij s. *DB* I 34; **1256** exitus Novi Castri multum deteriorantur versus Corebrigg' per ~as et mineras, et homines transeuntes per eas de nocte multociens periclitantur, eo quod terra infunditur in pluribus locis per eas, unde via obtrusa est *AssizeR Northumb* 103; **1372** (v. carbo 2a); **1434** allocare .. pro expensis factis circa ~am factam de novo in dicta carbonaria de Travernent pro carbonibus extrahendis *ExchScot* IV 600.

fossagium [cf. OF *fossage*], service of maintaining ditches (of castles, towns), or payment in lieu.

1113 confirmo ut omnes homines, quos abbas et monachi S. Ebrulfi habent vel habituri sunt, .. liberi sint et quieti ab omnibus consuetudinibus et teloneis .. muragiis, fosacis, averagiis et guardis (*Ch. Regis*) Ord. Vit. (*ed. Le Prevôt*) V p. 197 (= *Regesta* 1019); **c1178** liberos et immunes .. ab omnibus coustumis et exactionibus .. sc. taillagio .. pasnagio, minagio, ~io, exercitu et equitatu *Act. Hen. II* II 122; **1191** liberi et immunes .. a venda et pedagio, telonio, passagio, rivagio, ~io, foagio, vinagio, pasnagio, exercitu et equitatu, et de tallia .. (*Ch. Regis*) *Thes. Anecd.* I 647; **1195** de ~io collecto .. ad faciend' fossat' de Belemcombre *RScacNorm* I 161; **1245** vinagio, ~io, exercitu *CalCh* I 287; **a1286** liberi de omnibus gildis, assisis, auxiliis, .. pontagiis, muragiis, ~iis *Melrose* 366; **1403** quieti de omnibus sectis .. et de lestagio, kaiagio, stallagio, muragio, ~io, picagio [etc.] (*Cirencester*) *Gild Merch.* II 363.

fossale, ditch, dike.

c1145 (1290) Robertus de Candos dedit et concessit .. moram de Golcliva [*Goldcliff, Monm*], sicut Pulmeia vadit usque in Oscam per divis[i]ones aquarum et ~ium *CalCh* II 362 (= *Act. Hen. II* I 54; cf. *RChart* 95 [**1201**]: ex dono Roberti de C. moram de Goldcliva sicut Pulema vadit usque in Oscam per divisas aquarum et ~ium; *MonA* VI 1022 [**1290**]: dedi .. terram de Mora et Sabrina usque ad Pulleram, sicut Pullera vadit in Uscam per divisiones aquarum et ~ium).

fossare [*backformed from* LL fossatum]

1 a to surround w. ditch or moat. **b** to fence w. ditch and bank.

s1356 venit ad aliam villam ~atam *Eul. Hist.* III 218; **1448** licenciam dedimus .. Thome Browne quod ipse maneria sua .. ~are et cum muris lapideis et cilicinis includere, kernellare et batellare ac turres et fortalicia inde facere et eadem maneria sic ~ata, inclusa, kernellata, batellata, turrelata et fortellata tenere possit *ChartR* 190 m. 47; **1459** (v. fortellare). **b** ~o, ~as, ambo pro sepe fodere Osb. Glouc. *Deriv.* 229; **c1170** ad pratum faciendum et ~andum .. usque ad divisam de Bereford *FormA* 245; **1200** quod liceat sepedictis abbati et monachis ~are essarta et alias terras suas infra mariscum et extra *RChart* 82b; **1209** in ~andis lx perticis circa bercariam xv s. *Crawley* 190; **12..** volo ut capiant de terra .. ad claudendum [MS: claudand'] et †folsandum quando necesse fuerit *MonA* II 367; **c1250** totum clausum suum in bosco meo .. sicut ~um est et clausum *Ch. Sal.* 234; **c1265** debent .. dictam terram includere, ~are, et sepibus munire *Reg. Malm.* II 140; **s1346** regem inter sepes et terram ~atam existentem turma bellorum [v. l. bellatorum] .. invasit *Plusc.* IX 40.

2 (intr.) to dig a ditch. **b** to raise a bank.

comites et episcopos in servitutem ~andi et ceterorum operum servilium coegit R. Niger *Chr. II* 168; **1252** si ~are debeat in plana terra, faciat unam perticam fossati pro j opere habentis profunditatem duorum *spadegrafs* et latitudinem in summitate v pedum et in fundo unius pedis. et, si veteri fossato, duas perticatas faciat ejusdem latitudinis et profunditatis *Cart. Rams.* I 299. **b** quando ~at contra mare ex parte forinseca waldi contra mare, quod dicitur *solye Cust. Bleadon* 202.

3 (mil.) to dig (trench), to sap.

in circuitu ville erat communitas obsidionis, in subterraneis locis et minis in terra ~atis *Plusc.* X 29.

4 to mine.

1566 pro abcariacione et asportacione predictarum dc^m^ libratarum ponderis plumbaginis et metall' cupri ibidem [*Newlands, Cumb*] .. ~atarum *Entries* 410.

fossarium v. fossorium.

fossarius [LL], one who digs the ground: **a** gravedigger. **b** ditcher, trencher. **c** (mil.) sapper.

a vespellones, id est ~ios qui corpora humant Aldh. *PR* 126 (cf. *Corpus Glossariorum Latinorum* V 399). **b** ibi vj servi et quidam ~ius habent dim. hidam *DB* I 136va (*Heref*); **1320** carpentariis, cementariis, et ~iis .. xij d. ad cervisiam *Rec. Leic.* I 336; hic ~ius, *a dyker WW*. **c** **s1199** precipiens ~iis suis ut turrim subfoderent atque subfossa subruerent Coggesh. *Chr.* 77v. (= Oxnead *Chr.* 102: fossoribus).

fossata v. fossare, fossatum.

fossataria, (area of jurisdiction regarding) dike, embankment against flooding. *V. et. fossatum* 4.

1396 T. de Quadryng' .. est rebellis contra prepositum ~ie marescy de Leke et fossatas suas .. non vult reparare *SessPLincs* II 77.

fossatarius, ditcher, trencher.

disciplina rectae fidei edocta .. ut fossatorio sollerti reversa creberrime et a supervacuis est expurgata graminibus Bede *Cant.* 1175; **1114** Radulfus filius Walteri ~ii tenebat .. unam hidam *Chr. Abingd.* II 104; **1181** in liberatione unius magistri fossatorii et aliorum operatorum ad fossatum faciendum circa cameram regis de Bruhella *Pipe* 110.

fossatio, (service of) ditching and banking.

c1160 liberi et quiete a ~one et sepacione .. *Ch. Gilb.* 63; **c1327** fiat fossatum defensabile inter moras .. et terras arabiles .. ita quod averia in predictis moris pascencia non ingrediantur terras nec prata predicta per defectum ~onis fossati predicti *Cart. Glast.* 116; cum .. per ~onem et terre apercionem pali in signum metarum positi apercius monstrarentur *Meaux* III 5; **1433** pasturam ex nunc .. non clausam sed apertam conservabunt sicut semper .. usque dictam novam ~onem servari consuevit *Rec. Leic.* II 252; **1513** pro ~one sua [et] reparacione unius pontis .. una pro [l. cum] fossione et opere suo circa viam altam ibidem *Ac. Durh.* 160.

fossator, a ditcher, trencher. **b** (mil.) sapper.

a Hereberd ~or *DB* II 117; **c1182** cum libertate et quietancia de exercitibus et de operationibus ~orum et de karreagio [etc.] *Act. Hen. II* II 245; **c1200** iiij acras terre quas Robertus ~or tenuit *Couch. Kirkstall* 126; **1212** preceptum tibi directum de hominibus cum securibus et ~oribus nobis inveniendis *Cl* 121; **1218, 1278** (v. hottarius); **1245** alii cum securibus suis qui boscum sciant scindere et prosternere, fosseatores, hottores, factores rogorum, et omnimodi alii operarii *Cl* 360; *FormMan* 33 (v. gardinum 1a); **1319** in datis ~oribus novam fossatam facientibus *Comp. Swith.* 466; **1337** dat' ~oribus ad ripam castri j s. *Sacr. Ely* II 80. **b** **1311** de peditibus, carpentariis, cementariis, et ~oribus eligendis in comitatibus Anglie *RScot* I 100b; **1319** c ~ores et iiij sarratores *Ib.* 196a (cf. ib. rub.: de fossoribus, serrariis, cementariis ..).

fossatorius v. fossatarius.

fossatum [LL], **~a, ~us**

1 ditch, dike. **b** defensive ditch outside walls of town or castle, moat. **c** domestic moat. **d** water-filled moat.

Aldh. *PR* 140 p. 195 (v. aggere). **b** in ~o burgi sunt xvij domus et aliae vj domus *DB* I 280; **1111** tantum de ~o mei castelli ex parte Tamesis .. quantum opus fuerit ad faciendum murum .. ecclesie [S. Pauli] et tantum de eodem ~o quantum sufficiat ad faciendum viam extra murum *E. Ch. S. Paul.* 23; **a1138** si ~um quo villa circumdatur reparari debet *Doc. Bury* 113 (= *BBC* 93); **1173** etc. (v. ericius 4); **s1173** castrum inaccessibile, utpote ~is circumdatum, cinctum muris, propugnaculis obfirmatum Diceto *YH* 372; urbes muris claudere, cingere ~is, turribus erigere, armis .. munire Gir. *PI* I 12; **1227** concedimus .. quod .. civitatem Nove Sar' propter metum latronum ~is competentibus claudant *BBC* (*Salisbury*) 121; **1242** in .. duabus novis bayis in ~is castri *Pipe* 176; **1272** (v. effortiamentum 1a); **1287** molendinarius prioris de B. subfodit ~os et fecit purpresturam submuralem *Leet Norw.* 11; **s1296** pro reparacione et fortificacione ~orum ac murorum ville ejusdem [sc. Berwyk] B. Cotton *HA* 310; **1327** mandamus quod .. muros, ~a, et turellos ac munitiones ejusdem civitatis [sc. Ebor'] .. supervideatis *RScot* I 218b; **1345** quia datum est nobis intelligi quod quamplures defectus .. in muris et ~is ville nostre Berewici .. et bretagiis murorum eorundem .. existunt *Ib.* 664b; **s1401** ubique in Walia per muros et ~a renovantur tutamina Ad. Usk *Chr.* 172; **1497** (v. defensorius 1a). **c** **1181** (v. fossarius); **1240** a die Pasce per tres septimanas proximas sequentes predictus Philippus et heredes sui quolibet anno bene possunt et debent .. obstruere cursum illius aque ad ~a manerii sui de Croft refrischeanda *DL Cart. Misc.* 2/77; **1261** ~a curie (v. deterioratio 2). **d** comes .. in ~um castelli dejectus aquis evectus interiit Ad. Eyns. *Hug.* V 6 p. 109; **1252** ad capiendum in magno vivario regis cc braemias ponendas in ~um circa castrum regis ibidem [sc. Merleberge] *Cl* 51; **1367** infra ~a aquatica *IPM* 196/7; **1379** nullus eorum lavent pannos ad ~um juxta capellam *Hal. Durh.* 160.

2 drainage ditch; **b** (at roadside). **c** watercourse. **d** canal.

c1220 (v. cretina); **c1300** dedit .. libertatem fodiendi .. et ~a et hayas [? l. bayas] faciendi ad evacuandum superfluitatem undarum superveniencium molendino *Cart. Chester* 377 (cf. ib.: ~i vel baye); *MS Camb. Univ. Libr.* E. D. R. G/3/28 ff. 333, 367 (v. essewitium); **1359** (v. 2 damma); facientes ~a ad exsiccandum mariscum de Cotyngham *Meaux* I 169; **14..** inquiratur de hiis qui colligunt in ~is aquam salsam, et faciunt sibi piscarias .. que in aqua salsa omnibus debet (*sic*) esse communis [v. l. communia] *BBAdm* I 233. **b** **1265** ivit ludendo in via et cecidit in quodam ~o et per infortunium submersit se *SelCCoron* 5; **1288** Willelmus .. obstupavit quoddam ~um commune in via domini regis *Leet Norw.* 12; **1364** quedam alta via .. est inter ~a predicta et .. superundata est pro defectu mundacionis *Pub. Works* II 93; **c1390** est quedam ~a apud Stanford' prope viam regiam ibidem et est obstupata cum fimo per quod regia via ibidem per diversa flumina est confracta *Ib.* I 8. **c** de mundacione ~i de Flete *MGL* I 531. **d** **s1121** Henricus rex, facto longa terre intercisione ~o a Torkeseie usque Lincolniam, per derivationem Trente fluminis fecit iter navium S. Durh. *HR* 200; **c1158** (v. hortus 1a); **1236** ex dono H. regis, avi nostri, unum ~um tam largum quod naves possint ire et redire a flumine de Withonia usque ad Tupholme *ChartR* 29 m. 9; **1375** fossatum .. fuit apertum .. ita quod naves .. venire, transire, et redire solebant ad .. commodum omnium mercatorum peribi transeuncium (*AncIndict*) *Pub. Works* I 292; **1383** quidam communis ~us inter prioratum de Bernewell .. et quandam pasturam .. ubi naves et batelli solebant navigare obstupatur per predictum priorem de B. cum *piles* et *stakes* ita quod naves neque batelli ibi navigare non possunt (*CoramR*) *Ib.* I 44 (cf. ib. 45: quoddam commune ~um ..).

3 dike, ditch and bank, often topped w. hedge, serving as fence or boundary. **b** embankment (in quot., part of siege works).

789 (12c) terram unius aratri ubi nominatur Broomgeheg cum certissimis terrae hujus limitibus, quae habet ab oriente Uuodafleot, a meridie vero fons quidam et fossa circumdata et exinde sepis quaedam, itemque ~ata ab occidente, et notis signis designatur *CS* 257; siquis sepem vel ~um fecerit pro quo strictior fiat publica via regis *DB* I 1; ~um .. quod terras sancti ab omni inquietudine defenderet W. Malm. *GP* II 74 p. 155; **1166** Gilbertus C. r. c. de x m. pro ~o non prostrato *Pipe* 41; **c1172** terram .. que est inter eos et fosetum propriorem foreste *Act. Hen. II* I 473; **c1180** ut extra easdem divisas ~um faciant, per circuitum sex pedum latitudinis *Melrose* 87; brevia de nova desaisina diversis modis variantur secundum diversitatem tenementorum .. si enim levetur ~um aliquod vel prosternatur .. ad nocumentum liberi tenementi alicujus, secundum hoc brevia variantur in hunc modum .. Glanv. XIII 34; **1196** assisa venit recognitura si Gaufridus .. et Ricardus .. sine judicio levaverunt quoddam ~um in Upton' ad nocumentum liberi tenementi de Willelmi *CurR* I 26; **1198** monachi de Blie debent xx s. pro licentia faciendi ~um inter boscum de Blie et campos et desuper haiam ita quod fere possint intrare et exire *Pipe* 119; [viridarium] a parte boreali et ab occidua regione domorum septis claudebatur, ab oriente et austro cingebatur ~o Ad. Eyns. *Hug.* V 18 p. 209; **s1209** [rex] precepit per forestas tocius Anglie sepes comburere et ~a complanare Wend. II 50; **1221** ad assisam capiendam .. de quodam ~o levato .. ad nocumentum liberi tenementi ipsius B. *Pat* 342; **c1230** ad fossetum quod est divisa inter terram de M. et terram de R. *Melrose* 252; **1247** haya que est inter relictam Druet et Willelmi S. debet quamdiu ~um se extendit dividi per medium ~um ita quod cresta ~i est divisa inter eos eo quod ea cresta erecta fuit super antiquam divisam *SelPlMan* 9; ~is .. terrarum spacia et habitaculorum termini ab invicem dividuntur Bart. Angl. XIV 54; **1252** (v. fossare 2a); **1255** Ricardus .. prostravit ~um ballii castri regis de Hertford' et terram ejusdem ~i asportavit *Cl* 54; **1256** etc. (v. 1 haia 1a); **c1265** si averia nostra pro defectu ~i intrent, non licitum est eis ea inparchare *Reg. Malm.* II 141; **a1268** dedimus .. illam landam proximam juxta fossetam in boreali parte *Cart. Cockersand* 197; **a1282** sicut via se tendit a †follato ab austro ad capud crofti Roberti filii Stephani *Reg. S. Bees*

208 (cf. ib. 209: a ~o ad capud crofti Roberti filii Stephani); **1294** †fossecum [l. fossetum] (v. 2 descendere 4a); **1329** de tota parte terre . . que quondam erat communa inter eos infra foscetum quod extendit a pede fosceti de angullo terre sue *ChartR* 116 m. 7; **1331** per hutesium et clamorem prosecutus fuit ultra sepes et ~a et recaptus fuit . . et ductus ad prisonam *SelCKB* V 57; *G. S. Alb.* III 329 (v. fossa 7a); **1430** j croftum de prato circumductum cum ~o aquatico *Feod. Durh.* 4; **1487** (v. escurare a). **b** foviam magnam et tumulatam rex precepit fieri in circuitu tocius civitatis, et sepem superponi rex jussit cum sudibus et palis in ~e superficie fixis firmiter et connexis STRECCHE *Hen. V* 170.

4 (in Fenland) dike, embankment against flooding. **b** (*prepositus* or *custos* ~*i*) dike-reeve.

c**1200** fossedum maris (v. essewitium); **1234** si aliquid ~um maris vel marisci fractum fuerit et ille cujus ~um fuerit infra duas tydas non emendaverit, dabit domino portus xvj d. pro misericordia sua (*Lincs*) *Eng. Justice* 134; **1257** per wallias et ~a maris, **1293** †forsatum (v. defensio 1a); **1316** faciet dimidiam perticatam ~i maris et dimidiam perticatam ~i marisci *Terr. Fleet* 5; nulla hoga neque area extra ~um maris reddit argentum *Ib.* 12; **1349** ~um vocatum Pokedik', . . quod . . pro defensione . . ville de Wygenhale [*Norf*] . . contra subitas inundaciones . . fuerat . . levatum, jam per crebras fugaciones animalium super ~o illo . . dirrutum est *Pat* 227 m. 29*d*.; **1359** ~e maris et marisci de Surflet' . . et Quadring [*Lincs*] sunt nimis debiles et basse *Pub. Works* I 252; **1381** ordinant pro meliori salvacione tocius ~i marisci . . quod quilibet . . plantet salices ex opposito porcioni[s] ~i sui versus mariscum ad impediendum ictus fluctuum (*Chanc. Misc.* 7/5) *Terr. Fleet* 173; **1381** quod nullus habeat porcos euntes super ~a salvacionum nisi sint anulati *Ib.* 174; excludens fluvium de Weland fortissimo ~o . . et edificans super ~um plurima tenementa et cotagia *Croyl.* 78; abbuttat super ~um marisci de Aswyke *Croyl. Cont. B* 479; **1459** super reparacionem et sustentacionem diversarum wallearum, gurgitum, sewerarum, clusarum, ~arum, et riparum (*Reg. Linc.*) *Eng. Clergy* 113; hoc ~um, *a sedyke WW*. **b 1375** prepositos ~orum de Elm, Wysbech vel Welle custodientes dictum ~um *Terr. Fleet* 174; **1375** villata . . est in periculo submercionis per fluxum maris et per inundacionem aquarum recencium . . et . . ut custodes ~orum villate predicte . . per quos ~a . . deberent de jure reparari . . (*Anc. Indict.*) *Pub. Works* I 271; **1396** Johannes B. prepositus ~e de Weston' *SessPLincs* II 78.

5 pit, mine.

1243 *AssizeR Durh* 42, **1244** (v. carbo 2b); **1256** faciunt diversas mineras in predicta communa sua et ~a profunda *AssizeR Northumb* 34.

fossatura, ditching and banking. **b** digging.

1296 (v. haiatura); **13**. . ~a et clausura *Cant. Cath. Pri.* 177; s**1363** dominus rex concessit ccl m. pro ~a et claustura civitatis [sc. Cantuar'], cujus operis supervisores fuerunt abbas et prior S. Trinitatis THORNE 2139; s**1372** (v. doma 2b). **b 1437** in ~a zabuli in orto . . pro reparacionibus fiendis et ad evacuandum sterquilinium prope latrinam *Cant. Coll. Ox.* II 152.

1 **fossatus** v. fossatum.

2 fossatus [cf. TLL, *which records* ~u *as ablative of o-stem* fossatus, ~um]

1 the action of digging.

intellexit vir prudens ultro oblatum, quem alto ~u et laborioso quaesitu formidaverat vix inveniendum GOSC. *Transl. Aug.* 17D.

2 ditch, moat.

1354 pro reparacione et mundacione ~us juxta Turrim Londoniarum *LBLond.* G p. 27.

3 dike, ditch and bank, as fence or field-boundary.

c**1160** terram . . a ~u Roberti filii Willelmi usque ad cricam *Danelaw* 105; c**1170** partem bosci . . ~u clausum (*sic*) *FormA* 245.

fosseator v. fossator. **fossecum, fossedum** v. fossatum.

fosseia, ~ium [AN *fossé* < fossatum], dike, ditch.

c**1182** cum in novo fosseio operari debent, in plana terra singule vj gate perticam iij pedum profundam et v per latitudinem perficiet, et reparare debent fosseum quando opus fuerit *RB Worc.* 409; c**1200** unam acram juxta fosseyam que se extendit a gardino Willelmi versus *le Nord Cart. Beauchamp* 216 p. 125.

fosseletum, ~ettum v. 1 forcelettum. **fossellum** v. fusillus, vassellum. **fossetum, ~a** v. fossatum. **fosseum** v. fosseia.

fossicula

1 small dike or ditch.

1293 piscavit in ~a exclusarum *CourtR Hales* 236; in ~a bayorum *Ib.* 240 (v. 2 baia).

2 hollow, cavity.

'alarum', romanice *essele*, idem est acella, sc. ~a illa que sub brachiis est *GlSid* f. 145v.

3 (anat.) small cavity in womb in which the seed is implanted. *V. et. fossula* 3.

fetus in utero materno nervis, venis, arteriis per umbilicum monete concepcionis illigatus constat. in ea enim sunt quedam fossicule [*one MS reads* quidam folliculi] in quibus capita venarum et arteriarum sunt affixa, et exinde spiritus, calor, et humor ad matricem a toto corpore defluunt, unde etiam fetus accipit nutrimentum *Quaest. Salern* B 297; in ea [sc. matrice] sunt vij ~e, tres a dextris et tres a sinistris et una in medio unde, ut quibusdam placet, in dextris concipiuntur mares aut femine viriles, in sinistris femine aut homines effeminate, in medio hermofroditi GILB. VII 308v. 1; sunt in fundo ejus [sc. matricis] vij folliculi [? l. fossicule], tres in dextra et tres in sinistra parte et unus est in medio, et in unoquoque folliculo [? l. unaquaque fossicula] vel fossula vel cellula dicunt medici impressam formulam humane effigiei RIC. MED. *Anat.* 231.

fossiculus v. fasciculus.

fossilis [CL], obtained by digging.

myneable, ~is, ~e LEVINS *Manip.* 2; per puteos carbonum . . ~ium CAMD. *Br.* 199 (v. ferrifaber).

fossio [CL], digging. **b** piercing.

~o, *dicung* ÆLF. *Gl.*; cum aliquis intendens sepelire mortuum fodit sepulchrum, preter intencionem suam est si ibi inveniat thesaurum; tamen respectu ~onis et deposicionis concurrencium est per se quod inveniat R. ORFORD *Sciendum* 189; ut equi . . hynnitu, fremitu, et ungularum ~one sevientes vix a sessoribus poterant coherci *V. Rob. Newm.* 6 (= *NLA* II 341); **1365** in ~one et siccacione turbarum in dicta mora . . . et in ~one de *bussockes* in Russhedole *DL MinAc* 242/3888 m. 3; **1513** (v. fossatio). **b** cum autem adnectit 'foderunt manus meas et pedes meos' [*Psalm* xxi 17], per ~onem manuum ejus et pedum ex clavis factam crucifixum membrorum ejus in cruce demonstrat *Eccl. & Synag.* 115.

fossis [*byform of* fossa], **a** dike, ditch. **b** (mil.) trench, sap.

a c**1280** unam trirodam terre et dimidiam et totum pratum suum apud Fulebrigge una cum duabus ~ibus ex utraque parte predicti prati spectantibus *Carte Nativ.* 148. **b** s**1428** hiis . . subterraneis ~ibus et minis erant edificia subterranea *Plusc.* X 29.

fossor [CL]

1 one who digs the ground, labourer. **b** ditcher, trencher. **c** gravedigger. **d** (mil.) sapper.

primus adest terrae fossor venerandus Aðelwold; / tum fodiunt alii WULF. *Swith.* I 959; suum forte curvus ~or et sedulus secus salicem, qua ciconie congesserant, interdiu fodiebat ortulum *Collect. Stories* 230; erat ~or quidam . . qui . . instante solennitatis die operi ~oris presumebat insistere. hic a quadam scobe suam effodit argillam . . *Mir. J. Bev.* C 333; s**1256** ~ores, dum eruderarent . . (v. calamus 2b); dum ~ores muros et abscondita terre rimarentur, in medio civitatis antique cujusdam magni palacii fundamenta diruerunt *G. S. Alb.* I 26; sicut dicimus aliquid attribui alteri propter instrumentum, propter vestimentum et similia, quemadmodum dicimus istum hominem esse remigatorem a remo vel ~rem [*some MSS add* a fodiendo] OCKHAM *Quodl.* 63; quidam ~or magnus laborator et comestor *Ghost Stories* 420; *delvar or dyggar*, ~or *PP*. **b** Girardus ~or *Dom. Exon.* 427; hic ~or, *a dyker WW*. **c** s**1258** tanta fuit multitudo ut ~ores tedio affecti plura corpora defunctorum in una fossa glomeratim proicerent M. PAR. *Maj.* 728; cur non fossoribus sepulcrum prebuit? WALT. WIMB. *Carm.* 541; **1564** (v. excuratio b). **d** *Itin. Ric.* III 9 (v. cuniculus 1a); s**1199** (v. fossarius c); s**1224** (v. cattus 3).

2 miner.

1566 (v. affinator).

3 spade.

1258 instrumenta: remanent in curia . . ij vanni et ij scale et ij ~ores et ij alvei *Ac. Wellingb.* 3.

fossorium [LL], spade; **b** (fig.).

~ia, dicta quod foveam faciat, quasi fovessoria, *mattoc* vel *handspitel* vel scudicia *GlH* F 652; ~ium, *costere* vel *delfisen* vel *spadu* vel *pal* ÆLF. *Gl.*; deinde catallum reddet, pro quo fuit atthachiatus, et xx s. pro capite fugitivi et iiij d. cippi custodi et ob. pro ~io [OF: *pur la besche*] et insuper regi xl s. (*Leis Will.*) *GAS* 495; murum . . ligonibus ac ~iis suffodere moliti sunt ORD. VIT. X 22 p. 132; effodiatur corpus illud et collo reciso ~io conspergatur . . aqua benedicta MAP *NC* II 27 f. 33v.; ille ~ium . . arripiens, terram fortiter evertere cepit *NLA* (*Godric*) I 482; cum suis sarpis quilibet et ligonibus, rastris, tridentibus et ~iis patulas in eo [muro] rimas foraminaque crebra perfodiunt FORDUN *Chr.* III 10; ligones, vangas, tribulos et ~ia cum aliis ferreis instrumentis STRECCHE *Hen. V* 150; quo tunc venter ille, phossorio [v. l. fossario] vel simili percussus instrumento, per os aquam illam evomat FORTESCUE *LLA* 22 p. 48. **b** noxiarum affectionum gramine, quibus terra nostra gratis exuberat, quibus et inculta sordescit, primum diligentius expurgatur cum ~io sedule increpationis et exercitio crebre compunctionis J. FORD *Serm.* 44. 5; putatorium vere instructionis et ~ium saluberrime admonitionis (*Transl. Ecgwini*) *Chr. Evesham* 31.

fossorius, a used for digging. **b** pertaining to the digging of ditches and banks.

a ipse abbas ferramentum ~ium invadit GOSC. *V. Iv.* 56A. **b 1283** si opus ~ium injungitur, debent in die duo homines de novo fossato facere j perticatam *Cust. Battle* 28.

fossula [CL]

1 small dike or ditch.

hec ~a, ~e OSB. GLOUC. *Deriv.* 229; rex . . belligeros super fossati . . planiciem . . coegit astare, lanciis et signiferis cuidam clausure lignee ~e superedite inclinantibus *Ps.*-ELMH. *Hen. V* 88 p. 224.

2 hollow, cavity (in quot., w. ref. to hawk's head).

sunt duo ~e juxta extremas oris partes; illas ~as incide et liquorem supradictum infunde ADEL. *CA* 10.

3 (anat.) small cavity in womb in which seed is implanted. *V. et. fossicula* 3.

quare duo gemelli in eadem matrice geniti . . diversis moribus sint et complexione? . . in ipsa generacione discussum fuit sperma et in duas partes divisum que in duas ~as abierunt *Quest. Salern.* Ba 99; RIC. MED. *Anat.* 231 (v. fossicula 3).

fossum v. fodere, fossus.

fossura [CL]

1 work of digging. **b** trench, pit.

si dominus preciperet suo servo qui tenetur sibi in ~a, bene sequitur quod tenetur sibi velle fodere KNAPWELL *Quare* 266; quidam laici transeuntes, virum Dei in ~a terre desudantem videntes, dixerunt . . *VSH Salm.* (*Moling* 3) 354 (= *VSH* (*Moling* 9) 193: fodicione); **1384** locus ubi ~a illa facta fuit est . . locus aquaticus qui vocatur Seeth' infra magnam communam pasture *PlRCP* 497 r. 235; in rupis duriciem ligonum livores incepere fremere et, dum inportunis concussibus et ~is continuis scemata firmissime cogerentur cedere, . . *Ps.*-ELMH. *Hen. V* 54 p. 135. **b 1422** ad extrahend' et deducend' dictam navem extra idem *wose* supra *stokkes* in quadam ~a vocata le *dook* . . apud Deptford' (*Ac. Foreign* 61 m. 43) *OED* s. v. *stock sb*[1] 13.

2 ditching, ditch.

1211 in ~a circa culturas, iiij d. *Pipe Wint.* 170; **1280** ~a: in xxiiij perticatis fosse circa curiam scurandis *Ac. Man. Cant.* (*Milton*); a**1440** (v. eradicatio 1b).

3 **a** peat-digging. **b** pit, mine.

a a**1283** dedit monachis Cestrie liberam ~am omnimodarum turbarum manerio de Brombur' *Cart. Chester* 214; **12**. . dedit . . lx carectatas turbarum in mossis suis . . fodiendarum et capiendarum et in terris suis juxta ~as exsiccandarum *Ib.* 375; *Ib.* 381 (v. gorsta). **b 1227** (v. coignagium); **1316** ~a carbonum *CourtR Wakefield* III 126.

fossus, ~um [*byform of* fossa]

1 ditch, dike; **b** (as fish-pond).

1199 quietas de . . operationibus castellorum, domorum . ., pontium, ~orum . . *RChart* 14b; c**1250** redditus: . . Ricardus B. . . de uno ~o ij d. *Reg. S.Aug.* 23. **b 1284** ad faciendum quemdam parvum ~um prope puteum in castro Rothelan' pro pisce vivo imponendo *KRAc* 351/9 m. 5.

2 pitfall, trap.

ex aquilone tamen verres venit alter, et apro / convenit ut pariter fossa parare queant GOWER *VC* I 348.

fotaveragium, fotaverium [ME *fotaver*, *average*, cf. averagium pedale], service of transporting goods on foot or payment in lieu thereof (Kent & Sussex); *cf. Cust. Rents* 66.

1285 bis in anno faciet j fotaveragium ad Nytymbr', Slyndon' vel alibi *Cust. Suss.* (*Loventon*) II 17; **1289** prior et conventus Ecclesie Christi Cantuar' relaxaverunt tenentibus suis de Roking, viz. falcacionem, levacionem [etc.] . . . item averagia apud Merseham. item fotaveragia *Gavelkind* 187; **1310** sunt ibi [*Elham, Kent*] lx averagia per annum, que valent per [annum] l s., precium averagii x d., item sunt ibi vj fotaveria, et capient pro qualibet fotaver' ij d. *IPM* 17/7 m. 6.

fotclutum [ME *fot* + *clut*, cf. clutum pedale], foot clout (as part of plough).

1268 caruce: . . in iij kipclut' emptis, iij d. et in ij fotclut' emptis iij d. *MinAc* 991/16.

fotgeldum [ME *fot* + *geld*], forest payment for privilege of keeping dogs without hambling. *Cf. expeditatio.*

a1100 de .. †forgeldis (v. fengeldum); **c1157** (1266) possessiones .. quietas de .. geldis et danegeldis et assisis et donis et horngeldis et †forchtgeldis [l. fothtgeldis] [etc.] *Act. Hen. II* I 176 (= *CalCh* II 320 [**1285**]: †fochtgeldis [MS: fothtgeldis], *ChartR* 138 m. 12 [**1351**], *Pat* 341 m. 4 [**1394**], *Ib.* 541 m. 14 [**1478**]: fothgeld'); **c1190** liberas et solutas et quietas .. de geldis et de danegeldis et horngeldis et ∼is et de blodwita [etc.] (*Ch. Regis*) *Mon. Exon.* 207b; **1199** possessiones .. quietas de .. geldis et danegeldis, horngeldis, ∼is, et de essartis [etc.] *RChart* 14; **1200** possessiones .. quietas et liberas de .. geldis et danegeldis et horngeldis et forgeldis et assisis *Ib.* 72; **1330** quieti de omnibus geldis, danegeldis, *hornegeld*, †inforegeldis, *penygeld PQW* 625a (cf. ib. 626a: quieti de omnibus geldis, danageldis, fengeldis, horngeldis, †forgeldis, penygeldis [etc.]); **1336** quoad hoc quod clamant esse quieti, de ∼is, dicit quod omnes canes hominum manencium infra limites ejusdem foreste debent expeditari .. vel pro ipsis non expeditatis finem faciant; .. ipse et homines sui per hoc de hujusmodi amerciamentis et finibus .. quieti permanserunt (*DL Couch.* f. 298) *Pickering* III 104 (cf. ib. 109 [ib. f. 299v.]: quoad hoc vocabulum 'fotegeldis" ..); **1355** de .. fotegeldis (v. fengeldum).

fothera, ∼um [ME *foþer*], 'fother', cartload, as measure of weight: **a** (of lead); **b** (of peat); **c** (of lime). *Cf. carrettata, carrus* 2b, *Building in Eng.* 263.

a 1228 unum ∼um plumbi, iiij d.; unum *seme* ferri, ij d. *EEC* 156; **1269** quod .. una et eadem fodera .. sit de cetero per totam Hiberniam *Doc. Ir.* 502; **1315** xij ∼as plumbi pro coopertura et reparacione turrium et domorum domini regis *Ib.* 339; **1320** j fodera plumbi continente xxiiij fotmell' empta pro maiore altari *Fabr. Exon.* 122; **1394** ad capiendas .. c fodras plumbi pro reparacione magne aule nostre Westm' .., solvendo videlicet pro qualibet fodra plumbi iiij li. tantum *Pat* 339 m. 36; **1405** quatuor fodheras ad opus carissimi fratris nostri regis Portugalie (*Cl*) *Foed.* VIII 393; **1411** tectura refectorii cum veteri plumbo et xij foderis novi plumbi additis *Lit. Cant.* III 115; **1443** quod ipsi [major et cives Londonie] cc foudras plumbi .. emere possint *Foed.* XI 33; **1475** pecias stanni et fodras plumbi *Ib.* XII 7; **1475** tres .. minere, .. quarum una continet in fodro plumbi xxvij libras argenti et vena inde medio virge in latitudine existit *Pat* 533 m. 7*d.*; **1492** gubernatores [stapule de Suthampton] quosdam suos deputatos ad *le bole* ejusdem plumbi ponderand' et computand' destinabunt, rata liij s. iiij d. pro quolibet foldro, secundum pondus de *la bole* ex antiquo usitatum .., observanda *Pat* 572 m. 29(8); **1550** pro ix fotheriis plumbi val' xxvij li. *EEC* 628. **b 1338** cc ∼e turbarum (v. foditio 3a). **c 1488** xl fudr' calcis (v. fractio 4a).

fotilis, that can be fostered or nourished.

OSB. GLOUC. *Deriv.* **212** (v. 1 fotus 1a).

fotinellum v. fotmellum.

fotio [cf. fovēre], warming, cherishing.

OSB. GLOUC. *Deriv.* **212** (v. 1 fotus 1a); *bredyng, or brodyng of byrdys*: eboracio, ∼io; *chersynge*, ∼io, nutricio; *dawyntyng, or grete chersyng*, ∼io *PP*; panis enim et benedictus calix, internum pabulum et unctio, †extrema [l. externa] ∼io COLET *Eccl. Hier.* **266**.

fotmellum, ∼us [ME *fotmel, fotmal*], measure of weight for lead, usu. 70 lb. *Cf. pes.*

11.. (v. carretta 3d); **1222** pro duabus chareatis et xij fotmell' plumbi, lxx s. (*KRAc* 491/13) *Ac. Build. Hen. III* 146; **1230** Godricus de Novo Castello .. regi liberavit .. Portesmue vij^{xx} et j ∼a plumbi *Cl* 348; **1267** sexies viginti petre faciunt magnum charrum plumbi. .. item charrus plumbi consistit et xxx ∼is et quodlibet ∼um continent vj petras minus duabus libris, et quelibet petra ponderat xij libras in pondere plumbi, .. ; sic ergo fit rectum ∼um ex lxx libris et magnus charrus ex octies viginti et xv petris .. (*Assisa de ponderibus*) *Fleta* 72 (= *StRealm* I 205); **1302** plumbum: idem respondit de lxxvj pedibus plumbi qui faciunt iij carretas iiij pedes receptis de remanenti in castro de L. .. summa viij carrete et dim. et vij pedes unde computat in emendacione domorum in castro de L. per loca vij pedes j votmellum *MinAc W. Wales* I 473; **1303** pro ij charectatis et vj †fontinellis [MS: fotmell'] plumbi prec' viij li. xv s. onerati in .. navi (*KR AcCust* 15/1 m. 3) *EEC* 353; **1310** xj s. viij d. de v †fotinellis et ij libris plumbi venditis *Ac. Exec. Ep. Exon.* 12; **1341** septem sarplar' lane et quinque fotemall' plumbi inventa fuerunt in quadam nave Johannis S. *IMisc* 146/5 (2); volentes .. certiorari .. quot sacci seu sarplarii et fotmalli plumbi .. existunt *Ib.* (3); sarplarios et fotemallos in eadem navi .. posuerunt *Ib.* (4); **1409** computat in ij fotmelis plumbi emptis viij s. iiij d. *Comp. Swith.* 210.

fotor [LL], one who fosters or nourishes.

alimones, nutritores, educatores, ∼ores OSB. GLOUC. *Deriv.* 43; amator hostilitatis et ∼or MAP *NC* V 5 f. 66; quando basiliscus generatur, in suum ∼orem primo exercet maliciam. quam cito enim recipit a natura visum, nutritorem suum primo inspicit et ipsum interimit MALACHY *Ven.* 4.

fotrix [LL], one who fosters or nourishes (f.); **b** (fig.).

∼ix, mulier *GlH* F 576; ista columba [cf. *Cant.* vi 8] secundum concordem sanctorum sentenciam est mater ecclesia, cujus mater, quia creatrix est trinitas vel divina essencia, cujus genitrix et ∼ix est patris sapiencia et ipsa mater virgo et sponsa humanitatis Christi sui capitis WYCL. *Eccl.* 9. **b 1412** stante dotacione ecclesie, que est mater et ∼ix heresis simoniace, miraculum foret insolitum quod heresis simoniaca foret extincta *Conc.* III 343a.

1 fotus [LL, cf. CL = *poultice*]

1 making or keeping warm; **b** (w. ref. to incubation).

hospitis hic habitus mediae sub tempore brumae / advenit .. / .. quique algida blando / palmarum adclinis mulcet vestigia fotu BEDE *CuthbV* 188; cum .. rarius vel ∼u solis vel aeris uteretur afflatu *Id. CuthbP* 46; [lux] hoc tantum a solari luce differens quod caloris ∼u carebat *Id. TR* 5 p. 189; ∼us, .. calefícatio *GlH* F 575; foveo, -es, fovi, fotum, .. inde fotio, -nis, et hic ∼us, ∼us, et hic et hec fotilis et hoc -le, i. nutribilis, et hoc fomen, -nis, unde hoc fomentum, -ti, et hic fomes, -tis, i. nutrimentum OSB. GLOUC. *Deriv.* 212. **b** a conceptum neglego foetum / forte fovere meum, sed fotu pulveris ova / sparsa foventur HWÆTBERHT *Aen.* 57 (*Struthio*) 4; sine conceptu et ∼u in utero et sine fomentis et educationibus qualia nunc prestantur noviter natis ex utero GROS. *Hexaem.* X 1 p. 289.

2 (med.) soothing application, poultice.

procurans ulcera fotu ALDH. *VirgV* 517 (cf. ib. 769).

2 fotus v. fovere.

fouagium v. fuagium. **foucilla** v. fusillus. **foudra** v. fothera.

fouilare [? cf. AN **fuailer* < focilare], (?) to fill purse.

burser, marsupiare, bursare, ∼are, loculare, crumenare *Gl. AN Ox.* 153v.

foulericius v. fullericius. **foun-** v. et. feo, feon-.

founcerium, *s. dub.*

1275 Johannes de Gay †se querit [l. se optulit querentem] de Johanne Eylm' quod .. dictus Johannes le G. habuit carectam suam cum petris in crofto Willelmi Elys et sicut exivit, venit J. Eylm' et carectam suam cum alba jumenta attachiavit in vico et duxit super founcerium [? l. founterium, *but sense unclear*] suum et ibi detinuit contra vadium et plegium .. usque liberata fuit per Rogerum seneschallum, ad dampnum et pudorem (*CourtR* 208/83 r. 1) *Hund. Highworth* 18.

founs v. fomes. **founterium** v. funtaria. **founus** v. feo. **four-** v. et. furr-. **fouragium** v. foragium. **fourare** v. scurare. **fourb-** v. furb-. **fousura** v. volsura.

fovea [CL]

1 deep hole, pit. **b** hole, trench. **c** den, earth, or sim. (partly fig.). **d** hiding-place, retreat; **e** (fig.).

est ibi [sc. Guent] ∼ea a qua ventus inflat per omne tempus sine intermissione .. ut nemo potest sustinere neque ante ∼eae profunditatem NEN. *HB* 215; ut .. ingens postis super eum caderet, et in quandam ∼eam dejecit confregitque pene omnes costas ejus ex uno latere ÆLF. *Æthelwold* 11; sevissimus carnifex percussus .. dira conscientia longius puerum abducit, obturata ∼ea *V. Kenelmi B* 81ra; ipsa per scapulas apprehensa, in ∼eam projecit lutosam *Latin Stories* 110. **b** facta .. cruce ac ∼ea praeparata in qua statui deberet BEDE *HE* III 2 p. 129; sedebat in ∼ea quadam in solo .. oratorioli sui, .. cogitans quia pulvis est W. DAN. *Ailr.* 42; assumpto ligone vel sarculo, cepit altius terram in profundo effodere et, ∼ea pergrandi facta, dolium ipsum infra ejus speluncam occulere R. COLD. *Godr.* 79; *Hist. Meriadoci* 350 (v. fossa 4a). **c** quem tot amfractus et ∼eas vulpium obstruere non taedeat GOSC. *Lib. Mild.* 18; NECKAM *NR* II 125 (v. diverticulum 2b); mansio nostra fovea struccionum [cf. *Is.* xiii 21, *Jer.* l 39] J. HOWD. *Cant.* 152; leopardus .. facit ∼eam subterraneam [TREVISA: *a cave under erþe*], duplex orificium habentem, unum per quod intrat et aliud per quod exit BART. ANGL. XVIII 65; in [autumpno] serpentes [querunt] ∼eas ubi colligunt vitam propter hyemem BACON V 79; vulpes attrahunt in ∼eam quicquid rapere possunt *AncrR* 40; sicut enim vulpis, resonantibus undique silvis, / de fovea foveam querit et intrat eam GOWER *VC* V 585; vulpes se abscondunt in ∼ea et avis in nido tuetur se. homo autem non abditis manet ∼eis CHAUNDLER *Apol.* 21b-22a. **d** ?**1090** ex tertia parte versus Silkestonam per luporum ∼eam et per arborem quandam que vocatur anglice *lind* et per morosum fontem *Cart. Pontefr.* 19; vade in crastino ad ∼eam Greit confessoris nobis cognitam (*V. Ælgari*) *Lib. Landav.* 3. **e** sicut vulpes foveas habent [cf. *Matth.* viii 20] ut latenter catulos pariunt et nutriunt, .. ita diaboli faciunt ∼eas et multiplicant peccata in corde celantis ANSELM (*Ep.* 232) IV 138 (cf. ib.: ∼ea vel nidus diaboli); ecce draco ille magnus, serpens antiquus, .. demum nunc de ∼ea lubrici erroris exire cogitur H. BOS. *Ep.* 6. 1432C; onusto ventre se in soporis ∼eas submiserunt J. GODARD *Ep.* 223.

2 pitfall, trap (partly fig.); **b** (w. pun on sense 3); **c** (used as cage; in quots., lions' den).

puteis altis ∼eisque profundis campos exasperans, .. naturalem difficultatem .. arte munivit GIR. *EH* I 5; **s1098** (v. eruderare 2b); quia foderunt mihi .. ∼eam in precipitium atque in necessitate mea .. adversum me steterunt P. BLOIS *Ep.* 49. 148A; **1281** ignorancia sacerdotum populum precipitat in ∼eam erroris *Conc. Syn.* 900 (cf. ib. 899: non tam confessores quam ∼earum diaboli confossores); homo qui non diligenter previdet sibi de ∼ea et puteo, faciliter cadit in eum HOLCOT *Wisd.* 98; **s1342** (v. fodere 4a); **s1402** set, Deo disponente, [Scoti] cecidere in ∼eam quam nobis paraverunt *V. Ric. II* 180 (cf. *Psalm* vii 16). **b s1381** malefactores .. dum .. fugam caperent ad ecclesiam pro presidio, in ∼eam perdicionis ceciderunt quam ecclesie paraverant KNIGHTON II 141. **c** quamvis inclusus saevis tortoribus esset / egregius vates [sc. Danihel] foveam retrusus in atram ALDH. *VirgV* 364; ut leo, si includitur in ∼eam, impeditus vim suam non perdit sed exercere non potest ALB. LOND. *DG* 6. 11.

3 the pit of Hell.

GILDAS *EB* 68 (v. educere 1a); **795** ebrietatem quasi inferni ∼eas fugite ALCUIN *Ep.* 42; *Id. Dogm.* 88C (v. devolvere 1c); se cum gregibus suis in ∼eam mortis eterne precipitant P. BLOIS *Ep.* 23. 84B; profundam perditionis ∼eam J. GODARD *Ep.* 223; cecus episcopus .. qui cecum populum ducet in ∼eam culpe et pene [cf. *Matth.* xv 14] GASCOIGNE *Loci* 26.

4 ordeal pit.

a1185 unam acram .. que est super ∼eam judiciariam *Cart. Darley* I 80 (= *Educ. Ch.* 112).

5 latrine, cesspit.

s1016 ivit nocte quadam in domum evacuationis .. ubi filius Edrici ducis in ∼ea secretaria delitescens .. regem inter celanda cultello bis acuto percussit H. HUNT. *HA* VI 14; **1189** de cameris necessariis que sunt in domibus civium ita statutum est .. quod ∼ea in tali camera facta, si vallata est muro lapideo, apertio dicte ∼ee debet distare spatio duorum pedum et dimidii a terra vicini sui *MGL* I 324 (cf. ib.: de quibuscunque ∼eis aquam mundam sive immundam recipientibus) (= *Leg. Ant. Lond.* 208); *AncrR* 40 (v. faex 3b); **1457** pro expensis factis .. clausura ∼earum palacii domini regis in Linlithqw *ExchScot* 322.

6 grave.

[pater mortuus] absolutus .. usque ad ∼eam veniens incidit, que sponte super eum clausa est MAP *NC* II 30 f. 33v.; venerabile illud corpus .. in loco sepulchri .. honorifice collocatur, nec tamen lapis ∼ee superponitur donec .. *Canon. G. Sempr.* 88v.; dum sacerdos ad ∼eam accederet ut mortuum parochianum sepeliret *Latin Stories* 77; **s1349** plura corpora defunctorum simul in eadem ∼ea tradebantur ecclesiastice sepulture AVESB. 119; duo magni leones .. ungulis suis terram fodientes .. fecerunt †foream [l. foveam], in qua .. corpus .. sepultum est *Eul. Hist.* I 188; duo seculares ipsi qui ∼eam fecerunt accipiant corpus et collocent in sepulchro *Ord. Ebor.* III 385.

7 pit, mine.

1288 queque meta continet quatuor perticatas et ad ∼eam suam vij pedes *IMisc* 47/1 (cf. *VCH Derb* II 326); **1290** [*recte* **1293**] (v. carbo 2a).

8 ditch, moat; **b** (filled w. water); **c** watering place (for livestock). **d** watercourse.

ad ∼eas quasdam civitatis BELETH *RDO* 151. 153; summa .. et precipua et omnium municionum fortitudo et tutela solet esse ∼ea .. nam inaccessibilis est locus sic munitus nisi aggere, navigio, vel ponte talis ∼ea transeatur BART. ANGL. XIV 54; **1266** preceptum est villate de B. quod obstipuebit predictam ∼eam *SelCCoron* 82; **1279** Bertholdus le Lokesmyth extra Ludgate edificatus est unum redditum super fomam [MS: foviam] regis extra Ludegate . . . isti prenominati tenent domos super dictam fomam [MS: foviam], que est domini regis *Lond. Ed. I & II* II 146–47; castrum habens ∼eam in girum, si aqua sit in ∼ea, castrum est sine periculo contra hostes. .. sed si habeat profundam ∼eam, .. *AncrR* 90; STRECCHE *Hen. V* 167 (v. 1 cuniculare); foviam magnam *Ib.* 170 (v. fossatum 3b). **b** replentur .. ∼ee aquis in quibus pisces et reptilia diversi generis nutriuntur, .. nam in ∼eis foventur et servantur aque, nunc fluxibiles, nunc stative BART. ANGL. XIV 54; **1424** ∼eam aquaticam ipsam venellam includentem .. cum terra impleverunt pro communi passagio .. habendo *Mem. York* II 110. **c 1267** cecidit in quadam ∼ea .. submersa *JustIt* 1051 m. 15; **1381** ∼ea infra villam .. reservatur pro equis aquandis *Hal. Durh.* 169; **1489** ad faciendum .. stagnum seu ∼eam in dicto nostro prato *Inchaffray* 151; **1508** pro mundacione unius ∼ee pro oviculis *Ac. Durh.* 660. **d 1222** gentes nostre inter duo brachia fluminis erant, et fecerunt Sarasceni de uno brachio ad alium ∼eam quandam retro exercitum nostrum, flumenque tam magnum excrevit quod gentes nostre in aqua erant usque ad braccarios et cinctoria (*Lit. magistri Templar.*) WEND. II 263; **1359** de walliis, landiis, watergagiis, seweris, ∼eis et gutteris, pontibus et aliis impedimentis .. infra precinctum marisci *Laws Romney Marsh* 69; *G. Hen. V* 3 (v. fossa 2b); **1419** in factura unius ∼ee ibidem pro j molendino fluviali *Fabr. York* 41.

9 dike, ditch and bank, often topped w. hedge, as fence or field boundary.

a1130 terra que est intra ~eam que circumdat gravam *Chr. Rams.* 253; c1150 heremum Johannis evangeliste .. cum omnibus pertinentiis .. infra circuitum ~earum et extra *MonA* V 70; 1248 percussit .. damum cum quadam hachia ad *pyc* sicut voluit transisse quandam ~eam et eum occidit *SelPlForest* 76; 12.. incipient ad le Kerrom Brige abuttantes super le more de Yolton que se extendunt ad crucem juxta le Crostile de Yolton vocatam Ayk Crosse ut signatur per ~eam in pastura *Cart. York* 37 p. 53; 12.. per longum illius ~ee quousque perveniatur ad Brykwege *Lib. Hyda* 172 (*translating bounds of CS* 988 [957]: *andlang dic*); ad hayam faciendam super ~eam *FormMan* 33 (v. gardinum 1a); 1392 quedam ~ea non mundata inter terram B. et S. in defalta domini ad nocumentum patrie *CourtR Carshalton* 35; a1452 in mundacione et escuracione foverarum circa gardinum apud Westminster iiij li. xij s. (*Rot. Ab. Kempe*) *Fabr. York* 343; 1467 pro reparacione ~earum pratorum de F. *ExchScot* 459; 1508 (v. eciare); 1523 de .. peciis terre .. per metas lapideas et ligneas ac fossas vel ~eas limitatis *Midlothian* 327.

10 (anat.) the pit of the heart.

cor habet tres distincciones sive foliculos ad modum quarundam bursarum, in quarum supprema recipitur aer, in quarum infima recipitur sanguis, in quarum media, que ~ea appellatur, fit aeris et sanguinis commixtio *Ps.*-Ric. *Anat.* 41 p. 25.

foveare, to make a pit or hole (in quot., w. ref. to physical injury).

1573 cum quodam pugione .. super sinistram partem pectobris (*sic*) predicti Johannis J. percussit et ~avit usque ad cor *Pat* 1104 m. 6.

foveator, ditcher.

1295 Ricardus de T. conquerit de David ~ore de Lannorrock eo quod .. *CourtR Ruthin* 22.

fovera v. fovea 9.

foverare [? cf. fovera, *byform of* fovea], (?) to dig up, or *f. l.*

item inquiratur si aliqua vacheria, porcheria, vel alia domus vel clausum aliquod construatur infra metas foreste, et per quem, et quando, et quantum pastura regis †foverata [*ed. 'has been improved'*, cf. *ed.* 1647 favorata *and* DuC s. v.; *perh.* l. s[uper]onerata, *but more likely* foineata] fuerit aut deteriorata per animalia que exeunt a domibus illis *Fleta* 90.

fovēre [CL]

1 to make or keep warm; **b** (w. ref. to incubation). **c** to warm by close contact. **d** to heat, cook (over fire).

c794 in pannoso paupere Christus non despiciatur, sed in domum deducatur, ~eatur, et reficiatur Alcuin *Ep.* 32; fotus, .. calefactus, calefIcatio *GlH* F 575; nudam fovet Floram lectus P. Blois *Carm.* 8. 3; dicitur 'Deus' ab operacione actuali, sc. a ~ere vel ardere vel videre Duns *Ord.* II 143; Siccav. *PN* 181 (v. eductio 4); **b** Hwætberht *Aen.* 57 (v. 1 fotus 1b). omni quippe sententia primos homines in paradiso velut gallina ova in nido fovebat Hon. *GA* 608A; videmus in ovo galline quod .. ex levi calore ~etur *Quaest. Salern.* N 62; *brodyn, as byrdis*, ~eo, .. defetifico .. *PP.* **c** lectum quem diu ~erat aspernatus W. Malm. *Wulfst.* I 15. **d** in testa capitis latronis cujusdam decollati super ignem de lignis quercum bullitis, varios ~erunt pulveres, unguenta, et pixides, ac eciam candelas de pinguedine in dicta testa bullita *Proc. A. Kyteler* 2.

2 to provide physical ease or comfort, to soothe, relieve. **b** (in bad sense) to pamper, indulge.

fotus, recreatus *GlC* F 261; ~us, i. nutritus, refectus, recreatus, .. *GlH* F 575; tu me .. amore foves L. Durh. *Hypog.* III 8 (v. dulcifluus 3); color viridis pre ceteris coloribus maxime ~et oculos *AncrR* 48. **b** dicitur de anachoritis quod fere quelibet habet avem [? l. anum] ad ~endum suas aures [ME: *an old quene to feden hire earen*], garulam ad garulandum omnes narraciones que sunt in terra, rikoletam ad fabulandum quicquid vidit et audit *AncrR* 24.

3 (med.) to treat with soothing ointment; **b** (fig.).

fota, confortata vel *sealf GlH* F 574; fotus, .. *gelacnod GlH* F 575; 10.. fotam, *sealfode WW*; cum .. corpus ejus [sc. Herodis] oleo calidiori ~eri medicis placuisset, .. (Petrus Comestor *Hist. Evang.* 17) M. Par. *Maj.* I 88. **b** virginis valitudinem .. velut caelesti medicamine fotam incolomitati pristinae restituit Aldh. *VirgP* 45; aliquem post lumina prendere visum / caecata, et reducem post nubila cernere lucem, / hunc praeter solum, patris medicamine fotum Wulf. *Swith.* II 511.

4 to embrace, caress.

c705 quasi nutrix gerula dilectos alumnos extensis ulnarum sinibus refocilans sic caritatis gremio fotos clementer amplexus est Aldh. *Ep.* 9 (12); maluit sponsare juvenculam cujus quotidie blanditis ~eretur quam .. B. *V. Dunst.* 7; ulnis, sinu, osculis ~ere certatim gestiunt Gosc. *Edith* (II) 47; mutuis se ~ent amplexibus Pull. *Sent.* 948C (v. exsaturare).

5 to minister to the needs of (person), to tend, foster (other). **b** to keep alive, tend (fire; also of fuel). **c** (in phr. *~ere ignem, larem* or sim.) to keep a fire burning, i. e. to keep house, dwell.

de singulis quae terra ~et mortalium nutrix aut quondam ~isse fertur *Lib. Monstr.* I pref.; ~et, nutrit, pascit, vel *gehliwyþ GlH* F 614; nullatenus aliquid creatum potest exire creantis et ~entis immensitatem Anselm (*Mon.* 14) I 27; ille fovevatur [i. e. fovebatur] celestibus excubiis, sanctissime domine sustentatus ulnis W. Malm. *Mir. Mariae* 148; Ric. Hex. *Stand.* 37b (v. elemosina 1c). **b** terre cespites .. qui .. focum ~ent W. Cant. *Mir. Thom.* V 38; mulieres ignem suppetente materia ~ent et nutriunt Gir. *TH* II 34; ve prunis etiam et ipsis follibus / inani ventulo focum foventibus Walt. Wimb. *Carm.* 539; scintilla .. non statim domum conburit sed jacet et ignem ~et [ME: *kechð mare fur & fustreð forð*] et auget ex minori ad maius *AncrR* 112. **c** 1281 in ecclesia ubi citatus ~et larem vel amplius conversatur *Conc. Syn.* 908 (cf. Lyndw. 81 s: '~et larem', i. e. ubi habet domum in qua moratur et ~et ignem); 1326 pro cariagio molarum de quolibet ~ente larem quad. in subsidium *BB St. Davids* 152; 1406 proclamacio in plenis comitatibus ac aliis locis ubi persone predicte domos et hospicia et sua habent et larem ~ent .. puplice fiat *Cl* 255 m. 2; 1414 quilibet parochianus .. adultus et conjugatus et larem ~ens infra .. limites parochie (*Reg. Exon.*) *MS Devon R. O. Chaunter* 9 f. 291; 1518 Johanna D. moram fovens [? l. faciens] in domo magistri M. est conjugata; non tamen adheret uxori sue [*sic*], ut deberet *Vis. Linc.* I 4.

6 to give encouragement to, befriend. **b** to take the side of. **c** to love, cherish.

a800 me, licet minus indignum in filii dignitatem suscepisti, familiaritate ~isti, ammonitione roborasti Alcuin *Ep.* 190; apostolorum, Domine, beatorum precibus ~eamur [*gl.*: *ve sie aholpeno*], quorum magisterium cognovimus exequendum *Rit. Durh.* 30; Anselm IV 208 (v. evangelicus 2b); s1343 magnates terre [*Britanny*] qui adheserant regi Anglie in sua guerra et ipsum ~erant Knighton II 28; 1447 (v. defectus 3a). **b** erat .. secularium legum peritus .. sed nullius causam ~ebat pro munere et nisi justum esse cognosceret P. Cornw. *Rev.* I 6 f. 25vb; 1202 non .. in hoc conflictu finis est equanimiter expectandus, .. ut vel neutri faveatur omnino vel uterque pariter ~eatur *Ep. Innoc. III* 13. **c** astriferas ego nocte fovebo latebras Aldh. *Aen.* 35 (*Nycticorax*) 4 (cf. *WW* [9..]: ~ebo, *ic lufige*); ~et, diligit *GlC* F 257; c1108 ut paterna dilectione eos ~eas (v. filiastrinus).

7 to promote, encourage (activity, feeling, result, *etc.*).

hinc aciem sextam torpens accidia ducit, / otia quae fovet et somnos captabit inertes Aldh. *VirgV* 2667; W. Malm. *GP* V 218 (v. episcopaliter); preliorum fomes multiplicibus causis fotus palam prorupit Ord. Vit. XI 20 p. 224; unde ~eatur insatiabilis ambitio dominorum R. Niger *Mil.* III *prol.* p. 161; causam suam sibi exposuit, rogans ut antique familiaritas gratia sub mutue vicissitudinis obtentu eam ~endam susciperet *Chr. Battle* f. 126; *Mir. Cuthb. Farne* 12 (v. 1 famelicus c); ve ve vobis scelerati, / qui favetis pravitati, / qui fovetis scelera Walt. Wimb. *Van.* 124; 1320 (v. excessus 5b); *Chr. Westm.* 152 (v. erga 5b); s1400 Owenus de Glendore .. cum Britonibus et Wallicis sibi faventibus ~it guerram contra regnum Anglie *Chr. Northern* 280.

fovessoria, (as etym. gl. on *fossorium* as if < *fovea*).

GlH F 652 (v. fossorium a).

fovia v. fovea 8a. **fovilare** v. fouilare. **foyneare** v. foineare.

fraccin- v. fraxin-. **frachelanus** v. franclingus. **frachifitatio** v. franchificatio.

fracte [LL = *in broken manner*], by refraction.

visus comprehendit stellas reflexe, i. e. ~e, non recte Bacon *Maj.* II 475.

fracticius v. fractitius.

fractilis, fractile, breakable.

sepulcrales aedificulae cum essent ~es et lateritiae .. illaesae apparuere Gosc. *Transl. Aug.* 16A; a frango .. ~is et inde frangibiliter adverb. vel fractiliter adv. Osb. Glouc. *Deriv.* 222; *CathA* (v. frangibilis a).

fractiliter, in broken form.

Osb. Glouc. *Deriv.* 222 (v. fractilis).

fractillare, to cut (cloth) to ornamental point.

1451 [lego] togam .. cum manicis ~atis, A. *jagges Test. Ebor.* II 143; *CathA* (v. fractillus 1).

fractillosus, (of cloth) decorated w. ornamental points or incisions.

raggy, ~us *CathA*.

fractillus

1 ornamental point or incision on cloth.

dagge of cloth, ~us; .. *fasyl of a clothe*, ~us *PP*; hic ~us, A. *a dag of a gowyn WW*; *a jagge*, ~us, fractillosus, fractillatus; .. *a rage*, ~us *CathA*.

2 (sb. n.) implement for breaking substance: **a** pan. **b** pepper mill.

a nomina pertinencia coquine: .. hic ~us, *a rage WW*. **b** *pepyr wherne*, ~um; .. frutellum *PP*; †fraculus [l. fractilus], A. *a pyperquerne*; .. hoc ~um, *a pepyrquerne WW*; *a paire of pepyr qwherns*, fraxillus, fretellum, pistillus, pistillum *CathA*.

fractim [cf. LL fracte], in broken form.

carptim, scissim, divisim, cesim, laniatim, ~im, discerptim Osb. Glouc. *Deriv.* 145.

fractio [LL]

1 breaking, shattering, smashing. **b** (*~o navis*) shipwreck. **c** destruction, demolition.

fragor in choro .. audiretur .. et ipso impetu ~onis a loco .. penitens .. dejiciebatur *Chr. Evesham* 35; instrumenta .. nec possunt portari .. sine periculo ~onis Bacon *Tert.* 36; 1269 propter ~onem cujusdam crucis *MunAcOx* 780; 1300 (v. effusio 1c); s1327 seneschallus ~one virge suum officium designantis .. Baker f. 106 (= More *Chr. Ed. II* 314); c1350 in ~one liiij petrarum ferri per fabrum *Ac. Durh.* 381; *Alph.* 49 (v. dens 3c). **b** super modo et causa ~onis navis *Reg. Brev. Orig.* 126. **c** 1232 de ~one stagni dicit quod ipse nunquam fecit illud frangere nec aliquis per eum, set revera stagnum illud amensuratum fuit per considerationem hundredi *BNB* II 538; 1336 pro muri ~one ubi est fenestra, xvj s. ix d. *Lit. Cant.* II 142; ?1471 (v. detectio 1).

2 fracture (of part of body). **b** rupture.

frangit .. panem .. ut ostendat corporis sui ~onem non absque sua sponte .. venturam Bede *Mark* 272A; 1319 in datis .. coquinario .. pro ~one tibie sue *Comp. Swith.* 466; ~o capitis ex casu lapidis Siccav. *PN* 203; R. Marston *QD* 153 (v. frangere 2a); 1304 si quis .. super effusione sanguinis aut crucis [? l. cervicis] ~one convictus fuerit ultra v s. ad opus dicte libertatis [sc. de Oswaldestre] solvendos amerciari non debeat *Pat* 90 m. 3*d*. **b** per ~onem claustrorum J. Burgh *PO* VIII 10 (v. effractio a).

3 tearing, fraying, marring.

de ~one .. scripti illius *Entries* 7 (v. dilaceratio a).

4 breaking into pieces; **b** (*~o panis*, w. ref. to *Luke* xxiv 35 or Eucharist); **c** (Fraction in Eucharist). **d** (*~o quarrerae*) splitting of stone, working of quarry. **e** broken piece, piece broken off.

1372 petit allocari .. de viij s. de ~one *lymston* sibi debitis .. de xij s. de rudacione quarere et ~one petrarum pro opere magne turris *MinAc* 1156/18; 1373 (v. 2 calceta c); 1488 sol' pro adquisicione xl fudr' calcis cum cariagio ejusdem ac ~one ejusdem, xxxiij s. iiij d. *Ac. Durh.* 651. **b** apparuit .. duobus euntibus in castellum Emaus qui eum .. in panis ~one cognoverunt Bede *Hom* II 9. 140; p800 celebramus .. vesperam .. quia tunc in ~one panis agnitus est Dominus Alcuin *Ep.* 304a; hunc panem frangimus et tamen fraccio / ejus qui frangitur non est particio Walt. Wimb. *Carm.* 122; 1549 ~o panis et sacrosancta communio sit in singulis collegiis *StatOx* 350. **c** orationes ad missam: .. in ~onem (*tit.*); hanc igitur oblationem quam tibi offerimus .. Egb. *Pont.* 25; s698 Sergius .. constituit Agnus Dei ter cantari in missa, in ~one corporis Domini *Eul. Hist.* I 224; *Ziz.* 164 (v. 1 depositio 1a); si ibi esset corpus Christi, asseveravit in ~one se posse frangere collum Dei sui Wals. *YN* 334; tenet .. expansas [manus] usque ad ~onem hostie *Ord. Cartus.* 101. **d** 1371 pro ~one, sinnilacione, et mundacione quarere pro lxxx *damlad* lapidum perquirendis, xxxij li. *Fabr. York* 6. **e** frangatur in plures vitrum [sc. speculi]; quot sunt ibi ~ones, tot resultabunt imagines Neckam *NR* II 154; de quolibet pane apposito primum ~onis angulum pauperibus donant Gir. *DK* I 18.

5 division into parts, spec. separation of short-stapled wool from fleece. **b** (math.) divided part, fraction. **c** part of hour, minute.

c1309 de j petra lane fracte recepta de ~one circa tonsionem *LTRAc* 18. **b** Adel. *Alch.* 21 (v. ducere 8f); Rob. Angl. *Alg.* 98 (v. diminuere 2a); constat solem esse centies †sexagies [v. l. sexagesies] sexies et ~one majorem terra Neckam *NR* II prol.; ut sciat omnes modos .. algoristicos non solum in integris sed in ~onibus Bacon *Maj.* I 220; quintus [gradus] sit ex omnibus unitatibus cum ~onibus earumdem *Mus. Mens.* (*Anon. VI*) 400; ponam regulas facilitantes opus calculandi in minuciis seu ~onibus physicis Killingworth *Alg.* 713; *Ib.* 716 (v. denominator). **c** una lunatio .. continet novem et viginti dies et dimidium et aliquas partes minutas horarum que vocantur ~ones Bacon *Tert.* 214; hore et ~ones horarum invente [in tabula] sunt medium eclipsis N. Lynn *Kal.* 197.

6 breaking open, opening. **b** breaking into, burgling. **c** breaking out of, escaping from.

1467 R. P. cum c bidentibus depascentibus pratum vocatum Estmede, ubi non debent intrare cum bidentibus suis ante diem fraxcionis, viz. festum sancti Thome apostoli *CourtR* 208/41 r. 5. **b** crimen .. viridis vero, ~one chacee nostre regalis excepta, ita pusillum et exiguum est (*Ps.-Cnut*) *GAS* 623; **1195** hundredum de Bregge debet j m. pro concelamento ~onis et roberie capelle sancti Thome de Hakinton' *Pipe* 6; **1202** fregit domum suam . . . et R. venit et defendit . . ~onem domus *SelPlCrown* 9; **1255** de fractone parci de Weston *CourtRRamsey* 12; **1303** de roberiis et ~onibus ecclesiarum et domorum *Reg. Cant.* 640; ad plenius inquirendum de ~one thesaurarie *Ann. Lond.* 132; **14..** quoad ~onem clausi (v. depastus); **1583** (v. burgularia). **c 1203** pro . . ~one gaolee de qua evasit *Pat* 22; **1241** perdonavit . . ~onem gohole (v. gaiola 1a); **1254** perdonavimus Johanni . . ~onem prisone nostre *RGasc* I 343; **1295** quod nullus . . qui prisonam fregerit subeat judicium vite et membrorum pro ~one prisone *RParl* I 138; **1494** (v. evasio 3).

7 breaking off, break in continuity: **a** refraction. **b** interruption. **c** (*~o jejunii*) breaking of fast, breakfast. **d** (*~o silentii*) breaking of silence. **e** (gram.) break in continuity of sound. **f** (mus.) division of long note into short notes.

a Gros. 63 (v. deviatio a); *Ib.* 76 (v. frangere 10a); Kilwardby *OS* 77 (v. directio 1a); sol . . radios fractos et debiliores emittit qui propter sui ~onem et tortuositatem debiliores sunt Bacon VIII 118; ~o radii est inter incessum rectum et perpendicularem ducendam a loco ~onis in corpus secundum *Id. Tert.* 110; Peckham *Persp.* III 1 (v. diaphaneitas a). **b 1289** de . . ~one itinerum (v. diffortiamentum 2). **c 1480** in die lune pro *le botehyre* vj d.; et in ~one jejunii ibidem viij d.; et in jantaculo et vino x d.; et in cena et vino xij d. *Ac. Chamb. Cant.* 134. **d 1284** ~o silencii (v. effrenatio a). **e** *Ps.*-Gros. *Gram.* 29 (v. echo). **f** sunt et alii modi, prout modi supradicti frangunt brevem vel breves in duas, tres, vel quatuor, etc., prout in instrumentis, sic etiam dicimus de longis eorundem etc. de quibus ~onibus colligimus plures diversitates modorum *Mens. & Disc.* (*Anon. IV*) 23.

8 breach, violation (of agreement, law, or sim.). **b** (*~o pacis*) breach of the peace.

1305 executores testamenti predicti . . per duos annos et amplius occasione ~onis testamenti predicti execucionem debitam . . facere non potuerunt *Gaol Del.* 39/1 m. 2*d.*; **1330** de ~one assisarum panis et cervisie *PQW* 512; **1330** in ~one arresti, dim. m. *Hal. Durh.* 165; divorcium est ~o fidei Holcot *Wisd.* 165; **s1432** si . . infringerentur immunitates . . . ne temporibus vestri regiminis eveniat . . talis enormitas ~onis, dignemini facere quicquid . . in favorem utriusque partis Amund. I 310. **b** (*Inst. Cnuti*) *GAS* 319 (v. dimissio 2a); de ~one pacis ecclesie (*Leg. Ed.*) *Ib.* 631; **s1024** statuit ut quicumque pacem infringeret capite privaretur. de qua ~one comes Lupoldus accusatur *Eul. Hist.* I 379; **s1368** causam ~onis pacis . . imposuerunt Anglicis Wals. *HA* I 307.

9 cancellation, annulment.

1254 juravit . . omnia premissa . . sine ~one et diminutione . . perpetuo observare *RGasc* I 344; **1254** eis concessimus quod illa prorogacio [sc. creationis majoris et juratorum] . . non possit in posterum in ~onem seu diminucionem majoritatis et commune eis concesse (*sic*) *Ib.* 467; hec ~o [sc. virginitas amissa, ME: *þis bruche*] reintegrari potest medicina contricionis et confessionis *AncrR* 54; **s1461** de titulo regis Edwardi quarti ad regimen regni; deque ~one ipsius, ac eciam rectificacione *Reg. Whet.* I 413.

10 breaking down, exhaustion, enervation.

antecedit eam [sc. horripilationem] pigritia et ~o Gilb. I 15. 1.

fractitius, breakable, fragile. **b** (as sb. n.) broken or arable land.

~ius, qui cito frangitur Osb. Glouc. *Deriv.* 242; *CathA* (v. frangibilis a). **b a1140** huic dono accrevit Jurdanus . . pratum de Mara, et tres acras fere de ~io *Cal. Doc. France* 580; **a1200** in moris et mariscis, in essartis et ~iis *Couch. Kirkstall* 79.

fractivus, causing to break, cracking, shattering.

Adel. *QN* 64 in hieme ~a audiuntur tonitrua (v. dissolutorius); est . . sonus qualitas sensibilis proveniens ex fractione vel motu ~o aëris *Ps.*-Gros. *Summa* 508.

fracto v. fractio 6b.

1 fractor v. fartor.

2 fractor [LL]

1 breaker, one who smashes or shatters. **b** (*~or quarrerae*) quarry-man. **c** destroyer.

1284 pro stip' j haken' deferentis utensilia quorundam cementariorum et ~orum lapidum *KRAc* 351/9/m. 8.; pontes fregisti, pontes juris repulisti, / es pontis fractor *Pol. Poems* I 29. **b 1276** ~or quarrere *IMisc* 34/60. **c 1482** W. R. et J. S. sunt communes ~ores sepium ad commune nocumentum *CourtR Carshalton* 76.

2 **a** one who breaks into buildings, burglar. **b** one who breaks out, gaol-breaker.

a c1245 incendiarios et ecclesiarum ~ores (*Canones Synodi Dubliniensis* 31) *Archivium Hibernicum* XI 51; **12..** manifesti violatores vel ~ores ecclesiarum *Conc. Scot.* II 18. **b** de evasionibus latronum et gaolarum ~oribus *Fleta* 24; **1306** ~or prisone castri nostri de S. *BBC* (*Swansea*) 192.

3 **a** breaker of agreement or secret. **b** rule-breaker.

a a700 (11c) si quis . . pertinacium contra hanc donationem ~oris animo venire temptaverit . . *CS* 76; transgressor essem tunc divine gracie et ~or celestis secreti et occulte revelacionis Bacon V 41; Aristoteles dicit . . quod esset ~or sigilli celestis si communicaret secreta nature et artis *Id. NM* 543. **b 1246** ~ores assise *SelPlMan* 8.

fractum v. frangere, 2 fretta.

fractuosus, of broken course, twisting.

ambagines vel circumlocutiones vel loca ~a Osb. Glouc. *Deriv.* 60.

fractura [CL]

1 breaking, shattering, smashing; also breakage. **b** (*~a navis*) damage to ship, (right to proceeds from) shipwreck. **c** break, crack, point of fracture. **d** (as calque on ME *breche*) breach in channel. **e** (?) millrace.

qui sarculum perfrangit et ante ~am non habuit aut illud extraordinario opere restituat aut superponat Gildas *Pen.* 26; ignem . . ex glacierum ~is . . enasci Adel. *QN* 73; W. Malm. *GP* II 75 (v. consolidare 1a); *Ib.* IV 138 (v. fabrica 4a); clavi illi abinde nullo possunt exercitio sine ~a divelli R. Cold. *Cuthb.* 43; **1507** (v. confringere 1a). **b** quicunque aliquam ex navibus per quampiam inertiam . . corruperit et tamen recuperabilis sit, is navis corruptelam vel ~am ejusdem persolidam prius recuperet regique . . ea quae pro ejusdem munitionis ~a sibimet pertinent . . persolvat *GAS* 257; **c1100** cum . . teloneis et ~is navium et omnibus consuetudinibus . . *E. Ch. Scot.* 19; **1126** cum omnibus . . aquis et ~is navium *Ib.* 65; **c1174** debet . . habere nonam partem . . in terris . . et in piscariis, in ~a navium, in *seupwerp Cart. Rams.* III 289; **a1188** (1268) dictas concessiones . . teneant . . in bosco, in plano, . . in applicandis navibus et onerandis, in ~is navium et in omni *wrec CalCh* II 333; **1223** navem . . detineri fecisti. set que ad rationabilem ~e illius reparationem se optulit . . *Cl* 528. **c** incolume vas . . repertum est, quod ~a in eo nulla, nulla in parte . . videretur lesura Dominic *V. Ecgwini* I 20; Ad. Eyns. *Hug.* V 4 (v. frangere 5b); cantor . . pannos librorum bibliothece reperiet, ~as librorum reficiet *Obed. Abingd.* 371; sicut ille qui emit vasa figuli: emens enim hujusmodi percutit ut videat si est ibi aliqua ~a latens *Regim. Princ.* 109. **d s1433** (v. guttera 1c). **e 1466** molendina . . una cum pontibus, piscariis, et ~is ibidem sumptibus *MS Shrewsbury Public Libr. Cart. Haughmond* f. 220; **1470** in omnibus molendinis, piscariis, et ~is pertinentibus *Ib.* f. 221.

2 fracturing, fracture (of part of body).

brachium contrivit ac gravissima ~ae ipsius coepit molestia fatigari Bede *HE* III 2; et ad emendationem ordinis, si plena fiat ~a [AS: *fulbryce*], . . tres li. emendentur (*Quad.*) *GAS* 467; fractum est brachium . . . ~a solidata est . . ac si lesio nulla fuisset W. Cant. *Mir. Thom.* III 14; morsus, fracturas, ictus, virgeque dolorem / lenit Neckam *DS* VII 129; ~a ossium est solucio continui facta in ossibus ex percussione vel casu Gad. 124. 2; *Ib.* 124v. 1 (v. furcula 2); inter ~as ossium *SB* 34 (v. foramen 3d); sub pena ~e sinistri brachii dicte meretricis si post unam monicionem in dicto loco prohibito inveniatur Upton 145.

3 newly broken land. *Cf. frussura* 2.

c1030 dent . . de . . pascuis unam pensam caseorum, et si quid ~e contigerit *FormA* xxi; **a1180** in pratis et pasturis, in moris et mariciis, in ~is et essartis *Conch. Kirkstall* 74.

4 breaking into pieces, splitting.

1364 W. L. pro combustione unius thorall' calcis cum costag' ~e petr' vij s. xj d. *Ac. Durh.* 567; per calcetorum fracturas, stramina, lignis, / amplum stravit iter Elmh. *Metr. Hen. V* 435.

5 broken piece, fragment.

baculi . . fragmen precepit afferri. . . per eandem . . baculi ~am . . accidit miraculum *Canon. G. Sempr.* 157.

6 **a** breaking into, burgling. **b** breaking out of, escape from.

a *burchbreche* (burgi ~a) debet emendari cxx s. (*Quad.*) *GAS* 109; **1198** rectatus fuit de . . domorum ~a *CurR RC* I 164; **1201** defendit ~am hostiorum *CurR* I 393; **1265** perdonavimus transgressionem . . †factum [l. factam] in parco . . de venacione nostra et ~a . . parci *Cl* 28; **1303** pro . . ~a thesaurarie (v. 1 burgaria a). **b 1294** pro morte Michaelis de N. . . et pro ~a prisone . . se subtraxit *RGasc* III 205; **1505** pro felonia . . et pro ~a gaole regie *Sanct. Bev.* 13.

7 refraction.

Gros. 76 (v. frangere 10a).

8 breach, violation (of agreement, law, or sim.); **b** (*~a pacis*) (right to fine for) breach of peace.

legis ~ae [AS: *lahslites*] reus (*Cons. Cnuti*) *GAS* 319; si quis ordinis ~am [AS: *hadbryce*] facit, emendet hoc (*Ib.*) *Ib.* 347; **s1339** legalis observancie sive nodi fuerit ~a sive solucio *G. Ed. III Bridl.* 143; **a1440** super accommodato nobis libellulo constitutum per vos terminum fregimus, et in ejusdem remissione defecimus a promisso . . . in nostri jam ~a termini . . nec notari poterit presumpcionis minima species *Reg. Whet.* II 446. **b c1020** sciatis me dedisse . . ut habeant eorum saca et socna et pacis ~am (*Ch. Cant.*) *MonA* I 139; **a1083** cum saca et socna . . et hamsocna et *foresteal* et pacis ~a et *flemenfyrmthe Regesta* I p. 123; **a1088** ut habeant suum *sake* et *sokne* et pacis ~am et pugnam in domo factam (*Ch. Regis*) Elmh. *Cant.* 348; **1092** dimidium latrocinii et dimidium ~e pacis *Feod. Durh.* 158*n.*; **a1196** de ~a pacis nihil requiretur pro securitate *BBC* (*Norham*) 112; **1203** saccam et socnam et pacis †facturam [l. fracturam] et pugnam in domo factam *RChart* 105; **1287** de assultu et pacis ~a *PQW* 14.

9 ruin, destruction.

labens in fluctu transvexit honus sine luctu, / non in fractura presente viro peritura *V. Anselmi Epit.* 88; sibi . . succedunt invicem in scripturis tam adversitas prosperitati, tam e converso mutacione frequenti . . ne unquam modum superet elevacio vel ~a Map *NC* I 31 f. 23v.

1 fractus [LL], breaking, shattering, fracture.

si vitreo vasi fervens infinditur unda, / frangitur et fractu se probat esse vitrum Neckam *DS* IV 471.

2 fractus v. frangere.

3 fractus v. 2 fretta.

fraculus v. fractillus. **fracxinus** v. fraxinus. **fraeare** v. freiare. **fraela** v. fraellus.

fraellare, to pack (in a frail).

?**c1244** quicumque . . rubrum allec adduxerit non ~atum dabit c; alii qui supervenerint cum eodem genere, utrum ~atum fuerit vel non, nihil dabunt preter strandagium *MGL* I 240; **1284** pro xij fraellis . . emptis ad infraelandum arma regis xxiiij s. . . pro furbitura ij capellorum regis de ferro viij s. . . pro cord' ad dictos fraellos et pro furfure empto ad arma regis frael' v s. vj d. *KRAc* 351/9 m. 1; **1325** de . . ij saccis de corio pro armatur' fraelland' *LTRAc* 16 r. 38.

fraellus, ~a, ~um [AN *frael*, OF *freel*], frail, basket in which goods in transit were packed.

1197 P. B. debet xlij m. . . pro j navi et iiij ~is waisde *Pipe* 166; **1198** sicut continetur in rotulo precedenti . . j navim et iiij ~os waisde *Ib.* 171; **1202** ut possint . . ducere de ultra mare . . xviij frethlos [v. l. freellos] waisdie *Ib.* 40; **1204** de duobus frellis ficuum quad. *Reg. Wint.* 742; **1204** pro duobus fredlis amigdalorum *Pipe* 120; **1216** ad veniendum in Angliam cum uno frahello weidie *Pat* 11; **1217** in eundo de Suhamton usque Bristoll cum j fraillo weidie *Ib.* 54; **1218** quod . . cariari faciatis . . unum freellum ficuum *Cl* 352b; **1228** j fraiello de vaddo iiij d. *EEC* 157; **1230** debet . . j fraelam de wayda *Pipe* 279; **1234** quod retineri faciat ad opus regis . . xij ~os magnos vel xx parvos de ficubus *Cl* 381; **s1257** possunt ducere wisedam suam et dabunt de quolibet fraelo vij s. *Leg. Ant. Lond.* 30 (cf. *MGL* I 228–9); **1258** quod . . liberent . . septem *fraelles* ficuum, quinque *fraelles* racemorum *Cl* 186; in fryllis stramine et cordis ad idem [allec'] . . ligandis x s. *Ac. Beaulieu* 191; **1284** pro xij ~is . . ad infraelandum arma regis (v. fraellare); **1286** de quolibet ~o butirie iiij d. *PQW* 302b; **1290** de figis et *reysines* expendiderunt nuncii ij ~as et marinarii residuum, sc. ij ~as *Doc. Scot.* I 189; **1295** in qua [navi] continentur . . xvj fragell' et iiij bar[elli] lyni *KRMisc* 2/1/5; iij fregell' lyni *Ib.*; **1337** iiij ~os ceparum valoris xl li. . . arestarunt *IMisc* 133/11 (4) (cf. *CalIMisc* II 1579: †coparum); **1384** duo milia . . fraela ficuum, trescenta . . fraela racemorum *Cl* 224 m. 11*d.*; **1395** duabus fraelis . . j copulam facientibus (v. 2 copula 6b); **1421** pro j frayello cum iij pannis, vj vergis curtis sine grano *EEC* 466.

fraeria v. fraria.

fraga [CL *n. pl.*], **~um, ~us, ~rum,** strawberry: **a** (fruit); **b** (plant).

a ~a, *obet GlC* F 326; ~a, . . *ofet, streabergan* vel *eorþbergan GlH* F 656; **9..** flaga, *hindberian*, ~os, *heorotberge*, . . ~a, *streuberian WW*; in viridario . . crescit . . camicula, ~a, cyminum Ælf. Bata 6 p. 99; cibis non utebatur . . preterquam ~is et moris, que in ea regione leguntur W. Cant. *Mir. Thom.* II 69; fragraque [MS: fragaque] castaneis vaccinia sepius uvis / arbuta rubra piris inveniuntur ibi L. Durh. *Dial.* II 137; hoc ~um, *frese Gl. AN Glasg.* f. 19; non turgent turgidis volemis carices, / nec cautes cerasis nec fragis frutices Walt. Wimb. *Sim.* 177; hoc ~um, *a strebere*; . . hoc ~rum, A. *a strawbery WW*; ~um, non ~rum, ut quidam scioli scribunt, ab Anglis vocatur *a strawbery* Turner *Herb.* B 1; *a strawbery*, ~rum Levins *Manip.* 106. **b** herba ~a, *þæt is streaberge Leechdoms* I 20; **12..** ~a, i. *fraser WW*; ~us, A. *a streberytre*, . . ~a, . . i. *streberilef WW*.

fragare v. fragrare.

fragaria, fragraria, strawberry plant. **b** tisane of strawberry leaf.

~raria, agrimonia, pes columbinus .. bulliant in vino GILB. I 85 v. 2; fella .. admisceantur cum succo feniculi, ~arie, et rute *Ib.* III 141 v. 1; herbe quibus possunt uti in potagio sunt .. lactuca, epatica, ~raria in causa calida GAD. 34. 1; ~aria, G. *fresere*, A. *strauberie*, cujus succus vel fructus valet contra telam in oculo *Alph.* 63; ~aria, *fraser*, A. *straubery SB* 22; ~raria *is called in English a strawbery leafe, whose fruite is called in Englishe a strawbery* TURNER *Herb Names* D3; *a straubery herb*, ~raria [corr. ~aria] LEVINS *Manip.* 106. **b** primo die plantaginem et ~iam da bibere GILB. I 86. 1.

fragellus v. fraellus.

fragilis [CL]

1 fragile, liable to break or wear out.

BEDE *CuthbV* 897 (v. doma 1b); ne parcas cibo, ne ~i parcas vestimento ALCH. *Ep.* 298; FRITH. 600 (v. 1 deligere c); balsamum in vase ~i [ME: *bruchel*] utpote vitreo *AncrR* 54; lemnia ~is terra est ex elamita sordida ubi miscetur sanguis caprinus *Alph.* 96.

2 weak, frail; **b** (of person or body; also as sb. m. weak person). **c** (*sexus* ~*is*) weaker sex, female. **d** (of period of life) marked by frailty.

ALDH. *Aen.* 62. 5 (v. 1 discedere 1f); Dominus .. se .. exposuit .. tam ~i, tam corruptibili, tam vili materie GIR. *TH* I 13 p. 44; cum ~is sit glacies Aprilis et ~is appareat et glacies hyemalis fortis videatur .. S. LANGTON *Serm.* 2. 2. **b** auxilium fragili clementer dedere servo ALDH. *VirgV* 37; umbilicus .. est ~limum nostri corporis membrum BEDE *Cant.* 1189; ~ium animos .. roborat *Id. Prov.* 950; ALEX. CANT. *Dicta* 17 (v. 3a infra); sepe cadit justus, fragilis quia vir manet omnis GOWER *VC* III 1925. **c** Deus, qui .. in sexu ~i [AS: *tederlicum*] victoriam martyrii contulisti [sanctae Agathae] *Rit. Durh.* 51; Spiritus Sanctus commendavit excellenciam castitatis in sexu ~iori, sc. femineo HOLCOT *Wisd.* 139. **d c795** vos ~es infantiae meae annos materno fovistis affectu ALCUIN *Ep.* 42.

3 weak, unstable, unreliable. **b** impermanent.

~is et gracilis ingenii frutices ALDH. *Met.* 4; **796** memoria rusticorum ~is est ALCUIN *Ep.* 112; eram .. in lubrico quia imbecillis et ~is ad lapsum peccati eram ANSELM (*Medit.* 3) III 90; sicut in corporibus aliud est forte, aliud fragile, .. ita animarum quedam sunt ~es, quedam fortes ALEX. CANT. *Dicta* 17 p. 176; **1339** sub feminea ~i gubernacione (v. 1 finalis 5). **b** transacto ~is vitae intervallo succedant .. perpetua praemia meritorum ALDH. *PR* 142 (143) p. 204; parce peccatis populi / vita labentis fragili LEDREDE *Carm.* 18. 12; nota in hoc fidem ~em et perfidiam Anglorum *Plusc.* VII 9.

fragilitas [CL]

1 weakness, frailty. **b** moral weakness, esp. sexual sin.

pro ~ate corporis istius aevi GILDAS *Pen.* 1; gracillima mortalium ~as ALDH. *VirgP* 11; **947** postquam humani generis ~atem deseruerit *CS* 820; hec est ratio quare potius glaciei hyemali quam glaciei Aprilis spem mundi comparuit, quia spes mundi .. alliciens eos fortitudine sua sed ~ate occulta decipiens S. LANGTON *Serm.* 2. 2; iste casus est humilis agnicio proprie ~atis [ME: *wachnes*] et infirmitatis *AncrR* 105; apostolus [*1 Tim.* ii 11–15] .. sexum muliebrem a virili sexu ~atis nota ipsa distinguit FORTESCUE *NLN* II 62. **b** per ~atem carnis .. reatum incurrimus BEDE *Prov.* 1009; fornicatus est ... sue ~atis vulnus .. aperuit ALEX. CANT. *Mir.* 30 p. 219; fortior .. post ~atem Magdalena GIR. *IK* I 5; venereo opere completo .. penitet se carnis exercuisse ~atem *Quaest. Salern.* B 17; notandum quod novicii debent communicari .. sive ~as eis acciderit sive non *Cust. Cant.* 9; nunquam osculabuntur textum cum portatur, quando ceperunt mixtum, vel quando ea nocte accidit ~as *Ib.* 11; *Ib.* 39 (v. excusare 4a); condescendens Deus nostris ~atibus GARDINER *CC* 503.

2 instability, impermanence.

fidei ~ate .. vacillare videor ALDH. *VirgP* 60; **c794** non te terrenae ~atis terreat potestas ALCUIN *Ep.* 39.

fragiliter [LL]

1 weakly, feebly, in unmanly fashion.

enervitus, enerviter, debiliter, molliter, delicate, effeminate, ~iter OSB. GLOUC. *Deriv.* 196.

2 so as to incur destruction.

a987 reatus .. si .. aliquis ~iter .. contraxerit (ÆTHELWOLD *Ch.*) *Conc. Syn.* 130; R. BURY *Phil.* 9. 152 (v. coaptare 1c).

fragillus [cf. CL fragilis]

1 instrument for breaking substance, grater.

~us, A. *a grate WW.*

2 broken substance, fragment, piece broken off.

brokyn mete, fragmentum, fragilum *CathA.*

fragitida v. sphragitida. **fragium** v. foragium. **fraglamen** v. flagramen. **fraglantia** v. fragrantia. **fraglare** v. fragrare.

fragmen [CL]

1 fragment, piece broken off.

dispersa gemmarum ~ina, quae .. minutatim in frusta friabat ALDH. *VirgP* 23; bene ~en massae dant quia non integra opuscula BEDE *Sam.* (*1 Sam.* xxx 12) 707; digreditur cupiens panem deferre calentem, / quod tantum hesternae superessent fragmina cenae *Id. CuthbV* 197; ~ine, i. particulis, *gebrycum GlH* F 661; **9..** ramus, *twig*, †framen [l. fragmen], *spœc*; .. **10..** folium, *leaf*; †framen [l. fragmen], *spœc WW*; acquisivit reliquias dominicae passionis, quae tam parvum ~en ferri tam preciosis assequuta est beneficiis .. GOSC. *Edith* (I) 74; *Canon. G. Sempr.* 157 (v. fractura 5); fragmine sic panis noscitur ipse Deus *Vers. Peterb. Psalter* 97; ~en, A. *brokemete WW.*

2 breaking, breach.

ALDH. *VirgV* 864 (v. capisterium a); **†969** (13c) nullis sit .. gravata †hominibus [v. l. oneribus] nec expeditionis nec pontis et arcis aedificamine nec juris regalis ~ine nec furis apprehensione *CS* 1264; **†1005** (13c) juris regalis ~ine (v. apprehensio 1c).

fragmentulum, ~illum, little fragment.

~illa et micas [Eng.: *crappes & cromes*] .. auferat WHITTINGTON *Vulg.* 125; **c1530** ostentant ~ulum serpentini aut viridis marmoris (LELAND *Collect.* III 39) *MonA* I 504a.

fragmentum [CL], fragment, piece broken off.

680 ~a ferculorum .. porcis proiciunt ALDH. *Ep.* 4 p. 484; saturata multitudine jussit discipulos colligere quae superaverunt ~orum BEDE *Hom.* II 2. 113 (cf. *John* vi 12); R. COLD. *Cuthb.* 21 (v. diminuere 1b); excisa glacie ipsius ~a projecit GIR. *GE* II 10; de duodecim chophinis plenis ~orum AD. DORE *Pictor* 158 (cf. *Matth.* xiv 20); facto sonitu ab abbate ad frangmenta colligenda *Cust. Westm.* 128; *Fleta* 81 (v. elemosinarius 4b).

fragor [CL]

1 breaking, cracking, splitting.

yposelinum .. ~oribus acceptum medetur *Alph.* 197.

2 noise of breaking or crashing, roar, din. **b** clamour, shouting.

apostolicae clangor bucinae velut tonitruali ~ore concrepans ALDH. *VirgP* 23; ibi inter flammas ignium et micantia fulgura ~or quoque tonitruorum et clangor sonabat bucinae BEDE *Hom.* II. 17. 194; EGB. *Pont.* 119 (v. criniger b); †flagor, tonitrua *GlH* F 444; †fratoribus, *gestunum Ib.* F 680; audito ~ore ruentis mundi super fratrem tuum ANSELM (*Ep.* 117) III 253; sonus .. non animalis, ut ~or arborum et collisio lapidum BACON V 133; vadosis litoribus insistens, fluctuum †flagoribus reluctantibus W. BURLEY *Vit. Phil.* 160 (= J. WALEYS *Compend.* IV 2: ~oribus; cf. Valerius Maximus 8. 7 ext. 1). **b** ingenti subsecuto ~ore faventium W. MALM. *GP* I 48 p. 81; per '~orem' designamus .. sonum qui provenit .. ex clamore vel ex tumultu hominum VINSAUF *AV* II 3. 6.

fragorosus, noisy.

glacierum fragrosa collisio ADEL. *QN* 65; phalanga .. ~a crepidarum plosione perstrepebat OSB. GLOUC. *Deriv.* 1; a frango .. fragor .., unde ~us *Ib.* 222.

fragosus [CL]

1 of broken surface, rough, rugged (fig.).

nam quoddam refrigerium legenti finis libelli praestat, sicut naviganti portus, maxime cum ~is locis diversae disputationis laborat eloquium respondentis ALCUIN *Dogm.* 162C; orationis nostrae navigium de ~is disputationum locis ad portum liberae locutionis perveniret *Ib.* 271A; **798** de fragosis tempestatum locis in portum placidae quietis revolavit *Id. Ep.* 159.

2 noisy.

frangosas, i. sonoras; frangosum, i. sono plenum *GlH* F 665–6; sub ~is rupibus *undfr swfgendxm clxdxm* [i. e. *under swegendum cludum*] *GlP* 832.

fragra v. fraga.

fragrantia [CL], fragrance, sweet smell; **b** (fig.).

putidum laetamen velut timiama seu nardi pistici flagrantia redolet ALDH. *VirgP* 51; campus erat .. flagrantia vernantium flosculorum plenus BEDE *HE* V 12 p. 307; odoris flagrantia miri *Ib.*; miri odoris fraglantia totam aspersit ecclesiam ALCUIN *WillV* II 26 *tit.*; miri odoris flagrantia *Id. WillP* I 25 (v. exsequiae a); fraglancia *V. Neot. A* 10 (v. fragror); acsi de paradiso aromatum ~ia GOSC. *Edith* 268; claudit os ut ~ia [ME: *þe swote bread*] maneat interius *AncrR* 20; statim ut sensit rose ~iam MELTON 252. **b** sermo .. Dei aromatum more quo subtilius quasi terendo et cernendo discutitur eo majorem internae suae virtutis flagrantiam reddet BEDE *Hom.* II 8. 144; generatio .. prava et perversa, .. de Christi bono odore per Cristinam resperso, quia sano caruit olfactu, †frangantiam non sensit *V. Chris. Marky.* 76; **1191** de virtute vestra et constantia major excrevit opinionis vestre ~ia *Ep. Cant.* 360; pectus, tibi dudum delicie, / cujus vincunt flores flagrantie J. HOWD. *Ph.* 427. 2; **c1377** per studii frequenciam morumque ~iam sic proficit quod .. *FormOx* 382; sparsa flavit ~ia meritorum ELMH. *Cant.* 148.

fragrare [CL], (intr.) to be fragrant, to smell sweet (also fig.); **b** (w. gen., abl., or prep. & acc.). **c** (w. acc.) to be redolent of, to smell of. **d** (pr. ppl.) fragrant, sweet-smelling.

667 pia opera coram Deo flagrant et vernant (*Lit. Papae*) BEDE *HE* III 29 p. 198; namque rosae rutilant per totum [sc. campum] et lilia flagrant ÆTHELWULF *Abb.* 702; quantus .. efferbuerit odor suavitatis .. cum non solum in ipsa domo fraglaverit orationis .. verum in claustro .. redundabat odoratio suavis HERM. ARCH. 20; ut .. odor sanctae societatis .. fragrando resplendeat *V. Gund.* 12; o Christe, o uncte, o quantum fragrant hec vestimenta tua! AILR. *Serm.* 2. 225B; dicimus fraglo, ~as, et †frago [MS: fragro], ~as, .. pro olere OSB. GLOUC. *Deriv.* 237; fragrare, olere, quod et fraglare dicitur *Ib.* 245; fac, quod fragret presens laudatio J. HOWD. *Ph.* 1. 3; WALT. WIMB. *Virgo* 46 (v. 2 flagrare 1). **b c1022** dulcissima odoramina flagrantia rosarum *CD* 736; flos cujus odore, / cujus siderea specie Lincolnia fragrat / et flagrat; fragrat redolens, flagratque coruscans H. AVR. *Hugh* 41–2; nunc solum in suavitatis odorem celestis vite contemplacio sibi fragrat *Ps.*-ELMH. *Hen. V* 127 p. 334. **c** sed putor ambrosiam flagrabat [vv. ll. fraglabat, fragrabat] nectare suavem ALDH. *VirgV* 1203; in quo [sc. loco] multoties caelesti nectare dulcis / flagrat odor ALCUIN *WillV* II 29. 2. **d** flagrans, *stincendi GlC* F 254; sanctissima parens non cessabat assiduis monitis irrigare hortum Domini ..; ad illam enim vitam flagrantissimam prolem exercebat quam ipsa .. GOSC. *Werb.* 3. 101D–102A; numquam .. representavit ei .. olfactus vinum balsamo fragrantius quia non olfecit *Simil. Anselmi* 20; quarum [virginum] .. media eminebat .. odore inestimabili fragrantior DOMINIC *V. Ecgwini* I 8; ave, virga terrea, / cujus odor turea / transcendebat omnia, / cum flagrans devotio / et fraglans oratio / petebant celestia EDMUND *BVM* 3. 40; suavissimas flagrantissimasque rosas ANDRE *Hen. VII* 41.

fragraria v. fragaria.

fragrescere, to be fragrant, smell sweet.

†fragrascit ultra omnia balsama *Miss. Westm.* 911; Maria .. cum virginibus candescit ut lilium, .. cum predicatoribus .. †fragescit ut uva BRINTON *Serm.* 9 p. 30.

fragror, fragrance, sweet smell.

turba se illo omnium pigmentariorum aromatico fateretur ~ore [v. l. fraglancia] fuisse repleta *V. Neot. A* 10.

fragrosus v. fragorosus. **fragrum** v. fraga.

fragula [cf. CL fraga], strawberry.

herbe crassule: mille folii, sempervive, camedrei, centinervis, ~e quinque folii GILB. VII 316v. 2.

fragum v. fraga.

1 fragus v. fraga.

2 fragus [cf. CL fragor, frangere], (anat.) joint: **a** knuckle. **b** (hollow of) knee.

a ~us, A. *the wryste or a knokyl WW.* **b** ~us, recurvatio poplitis OSB. GLOUC. *Deriv.* 243; ave, pulcra flexu fragi, / vincens trica quicquid Tagi / fulvum ripe redditur WALT. WIMB. *Virgo* 94; †hec [l. hic] ~us, A. *kneborde*; .. hic ~us, *a wyrste WW.*

frahellus v. fraellus.

fraiamentum [*backformed from* effraiamentum], disturbance, alarm.

1385 ostia domorum suorum .. asportavit, contra pacem domini regis et in ~um tocius patrie *CoramR* 497 r. 11.

fraiatio v. freiatio. **fraiellus, fraillus** v. fraellus. **fraiorium** v. freiurium. **fraisnetum** v. fraxinetum. **frama** v. 2 framea. **framatio** v. frameatio. **framatura** v. frameatura.

1 framea [CL < Germ.]

1 spear.

asta [i. e. hasta], ~ea *GlC* A 830; ~ea, *aetgaeru*; .. ~ea, quod contos vocant *Ib.* F 344, 359.

2 gisarme, halberd.

rusticus .. habeat .. ~eam [v. l. gladium latum, *gl.*: *gleyve, gisarme*], spatam vel vangam, ~eam, et tribulam vel tribulum NECKAM *Ut.* 110.

3 sword; **b** (w. ref. to crucifixion); **c** (fig.).

gladius vel machera vel spata vel ~ea vel pugio, *sweord* ÆLF. *Gl.* 142; ~ea, rumphea, gladius *GlH* F 675; timentes .. aciem .. ~earum magne longitudinis, fuga .. potiti sunt H. HUNT. *HA* II 29; huc agiles Cumbri, quos frigida Cumbria misit, / occurrunt, framea munit et armat eos GARL. *Tri. Eccl.* 61; quis michi tribuat sicam vel frameam WALT. WIMB. *Carm.* 453; romphea .. est gladius vel ensis vel ~ea BACON *Gram. Gk.* 77; **1368** martir alma comprobatur / decollata framea (*Confirmatio hymnorum*) *Reg. Cant.* 228; ut .. fame et ~ea laborent tirannidis *Reg. Whet.* II 471; *a fawchon*, rumphea, ~ea, spata *CathA.* **b**

et in Christum Domini scelus perpetratum / framea carnificis W. COMBE 192; J. HOWD. *Ph.* 177 (v. enucleare 3a); *Ib.* 484 (v. dilector 2b). **c** venenatis pisculorum spiculis et dira facinorum ~ea .. segnes sauciunt ALDH. *VirgP* 13; illi monachi .. humanae informitatis vitia abstinentia ~ea [*gl.*: *arwan*] interimebant FELIX *Guthl.* 30; eruit .. animas se advocantium a ~ea perditionis R. COLD. *Cuthb.* 30 (cf. *Psalm* xxi 21); Hugo .. sepissime ~ea spirituali confregerat molas iniquorum AD. EYNS. *Hug.* V 17; non videtis / quod mors vibrat frameam WALT. WIMB. *Van.* 126.

2 framea [ME, AN *frame*], **frama, ~us,** frame, framework; **b** (for embroidery or tapestry).

1159 in operatione frame turris de Gloec' xx li. *Pipe* 27; **1265** pro meremio empto ad iij ~eas pro camera .. xiiij d. *Manners* 64; **1448** pro diversis framis pro conservatione ejusdem [imaginis] (*Ac. Eton*) *Arch. Hist. Camb.* I 396*n.*; **1475** in mearemio (*sic*) empto pro *le stokke* ejusdem campane et supperfacione dicte campane in ~eam, xxij s. *Ac. Churchw. Sal.* 18; **1551** una juncta mensa cum framo *Pat* 840 m. 14; *a frame*, ~ea LEVINS *Manip.* 17. **b 1274** Johanni Marinar' pro iij tignis ad j framam ad opus domine regine ix d. *KRAc* 467/6/2 m. 1; **1275** Stephano le Joygnur .. pro j frama ad reginam ij s. *Ib.*m. 6; **1288** pro uno framo facto ad opus dominarum camera regine ij s. sterl'; et fuit facta pro operacionibus dominarum (*AcWardr*) *TRBk* 201 p. 22.

frameare [ME *frāmen*], to join (woodwork), to frame, build (wooden structure).

1393 dona: .. carpentariis framancium molendinum Hermondeswortth .. iij s. iiij d. *Ac. Dom. Ep. Wint.*; **p1450** de meremio empto in certis domibus ~iatis *Arch. Hist. Camb.* II 86*n.*; **1465** operanti et cum stuffura predicta formanti et frammanti collistrigium et *le cukkyngstoll* predicta *MinAc* 1140/24.

frameatio, hewing. **b** framing, building framework.

1401 pro meremio a loco framacionis [cariando] *Pipe Wint.* 159405 r. 17*d.*; **c1530** diversis carpentariis operantibus super prostracionem quinque quercuum, dolacionem, sarracionem, et framacionem earumdem in *balles, postes, bandes, stoothes* et alia (*HowdenR*) *Fabr. York* 354. **b 1446** super factura, framacione, et ereccione cujusdam cancelle (*Ac. Eton*) *Arch. Hist. Camb.* I 395*n.*

frameatura, wooden framework.

1181 Roberto carpentario iiij m. ad framaturam ejusdem fabrice *Pipe* 135.

framen v. fragmen.

framepalum [ME *frame* + *pal*], pole for a frame.

1278 pro frampaldis et stakis iij d. *Rec. Leic.* I 178.

framiare v. frameare.

framis, measure of woad.

octo dolea faciunt ~em de quolibet genere *wayd Chain Bk. Dublin* 129.

frammare v. frameare. **frampaldum** v. framepalum. **framus** v. 2 framea.

francagium, form of toll, protection money (Gasc.).

p1251 cum dominus G. et ejus predecessores in Bigorra ~ia seu guidagia in pluribus locis perceperint ab antiquo .. comes Bigorritanis inhibuit viva voce ne predicta guidagia solverentur *V. Montf. app.* 316.

francalanus, ~lingus v. franclingus.

francalis

1 (Gasc.) free, exempt from taxation or feudal obligation: **a** (of person); **b** (of land).

a 1280 concedimus .. omnibus hominibus [MS: dominicis terris] ~ibus .. domini [sc. regis] habitatoribus terre de G. .. quod quilibet ipsorum hominum ~ium terre de G. focum .. solvat *RGasc* II 104. **b 1283** res .. inmobiles .. exceptus militaribus et ~ibus feudis *Ib.* 209.

2 (as sb. m. or n.): **a** freeman. **b** exempt or protected territory. **c** form of toll, protection money.

a 1222 rex ~ibus et hominibus qui manere solent inter duo maria salutem *Pat* 357. **b 1190** (1289) quicquid aliud acquirere poterunt in ~ibus meis jus meum eis dedisse *RGasc* II 485. **c 1209** inhibendo ne .. homines questales .. Gastonis .. ad bastidas regis recipiant vel eciam ~e de cetero capiant pro defensione hominum predictorum *Ib.* 510.

Francanus, French: **a** (of person); **b** (of artefact).

a 1533 1 *barell* vinacri empta de homine ~o *Househ. Durh.* 164. **b 1532** in auro ~o, viz. *dukketts*, xxx s. *Ib.* 129.

francbancus [OF *franc* + *banc*], (leg.) 'frank bank', free bench, widow's dower. *V. et.* 1 *Francus* 7d.

1248 defuncto patre remansit Agnes relicta in franc banco suo secundum legem Oxonie et precavens in futurum, scivit se eiciendam de totali mansione si nuberet *Cart. Osney* I 360.

francbordus [OF *franc* + *borde*], (man.) free-board, land outside fence of forest or park.

12.. concessi .. totum boscum .. cum frankbordo duorum pedum et dim. per circuitum illius bosci *Cart. Newnham* I p. 3; **1318** duo curtilagia cum haiis, fossatis, et ~is *AncD* C 4012; **1391** jus .. in .. boscis, haiis, fossatis, frankbordis, pratis [etc.] *Cart. Harrold* f. 53 (cf. ib. f. 54 [**1395**]: frankbordiis).

franccolanus v. franclingus. **franccus** v. 1 Francus.

france, freely.

?**1126** ut ipse et heredes sui eam ita bene et in pace et quiete et ~e teneant et possideant *Ch. Durh.* 22.

Francegena v. Francigena. **francelanus, ~lengus, ~lenus, ~llanus** v. franclingus. **franceplegium** v. francplegia. **francesia** v. franchisa.

francfalda [cf. AN *franc* + *falde*, ME *frank* + *fald, fold*], *s. dub.*

1298 concessi .. W. clerico de T. totius jus et clamium que habui .. in una crofta, una roda, duas pecias terre, dim. acra terre .. et in una pecia prati cum tota libertate franchefalde mee cum omnibus suis pertinentibus in T. .. que quidem tenementa cum *franchefalde* Thomas de H. et A. uxor ejus tenent in dotem ipsius A. de hereditate mea in T. *AncD* A 11259.

francgabulum [1 francus + gabulum], rent paid by freeman.

in eadem villa sunt xxiij *cotsetlandes*. duo sunt ad franc gablum. unum tenet G. pro v s., alterum tenet R. B. pro v s. et vj d. *Cust. Abingd.* 301.

franchalimotum [1 francus + halimotum], free hall-moot (Salop).

1255 Willelmus de Stuteville tenet franchalimot' de Wllerton .. quod continet quinque hydas .. et .. habet libertatem a tempore unde nemo recolit *Hund.* II 69b.

franchasia v. franchisa. **franchefalda** v. francfalda. **francheisa** v. franchisa. **franchelanus, ~enus** v. franclingus. **franchesia** v. franchisa. **franchesiare** v. franchisare. **francheus** v. franchius. **franchezia** v. franchisa.

franchiare [cf. OF *franchir*]

1 to free (person).

1229 nemo de cognacione illa franciavit se preter predictum G. .. *BNB* II 285 (*cf. ib. in marg.*: nota quod villanus ~iatus non potest habere heredem nisi ..); petenti .. objectum fuit quod pater ejus villanus fuit, a quo fuit a petente replicatum quod liber fuit quia ~iatus et quod terra .. descendit ei ex parte matris que libera fuit BRACTON 277v.

2 to 'franchise', exempt (property); **b** to grant freely.

1169 (1173) ~iavimus sanctuarium de Sancto Austolo omni servitio *MonExon* 38; **1239** ~iavit terram illam *BNB* III 261; **1279** dicta terra ~iata est in omnibus per cartam domini regis *Hund.* II 556b. **b 1269** in aquitancia terre franc' ~iata j quart' iij buss' [sc. avene] .. in aquitancia terre Willelmi Ylot ~iata, j quart' ij buss' *MinAc* 840/1 r. 1.

franchicia v. franchisa.

franchificare, to exempt (property).

1227 terram illam .. ei ~avit *BNB* III 600.

franchificatio, exemption (of property).

1208 concessimus †frachifitationem quam R. A. fecit de tota terra de W. *RChart* 177.

franchilanus v. franclingus.

franchisa, ~ia [OF *franchise*]

1 franchise, exemption, immunity, privilege. **b** sanctuary.

c1150 ut teneat illam [quadrigatam terre] .. salvo meo servicio .. cum tota francheisa in villa et extra villam *Eng. Feudalism* 272; **c1200** dedi et concessi [Uneth] in .. omnibus rectitudinibus et ~is ad predictam terram pertinentibus *Reg. Dunferm.* 167; **1203** dedi .. j hidam terre .. tenendam .. cum omnibus ~iis cum quibus .. pater meus .. eam unquam tenuit *CurR* II 290; **1276** clamant ~am per cartam domini regis .. de omnibus impetratis et impetrandis *Hund* I 8a; **1279** ~ias seu libertates .. habitantibus in eisdem bastidis concedere *RGasc* II 67; **1283** concedimus libertates, consuetudines, et ~as *Ib.* 208; **1289** pro defensione libertatum et franquesiarum *Ib.* 514; **1317** jura, francesias, et deveria vestra *Ib.* IV 1784; †**1095** (14c) cum omnibus libertatibus, franchesiis regalibus, et juribus *E. Ch. Scot.* 17; communiter .. intelligitur [sc. immunitas] de mundicia a facinore quod in Anglia dicitur felonia, et est quedam species libertatis quam quidam vocant ~iam et sumitur nunc extensius et nunc striccius WYCL. *Eccl.* 239; **1399** franchesie .. continuentur (v. 1 ducatus 5c); restitucio libertatis et franchesiarum Londoniarum civibus ejusdem (*sic*) *MGL* I 171; **1542** libertates, franchesias, privilegia *FormA* 71. **b 1393** nos affectuose rogatis ut circa liberam relaxacionem .. trium aliorum civium et mercatorum vestre civitatis Mediolani captivitatis metu in franchesiam ecclesiasticam reductorum velimus .. providere *Dip. Corr. Ric. II* 121; **s1483** qui per franchesias et sanctuaria propter metum dispersi sunt *Croyl. Cont. C* 567.

2 territory to which franchise applies.

articulos francise vel consuetudines .. in manu habeant J. OXFORD 68; non tenetur quis respondere alicui de libero tenemento in aliqua curia domini sui extra ~am *Ib.* 69 (cf. ib. in hundredo vel †francisi); bunde ~ie Sancte Bege: .. assendendo per murum lapideum in quo crux ~ie setuatur usque *le Ellergyll Reg. S. Bees* 367; **1421** senescallo terre et dominii de Kyngtone et Huntyngtone .. vobis et ejusdem dominis fraunchesie .. significamus .. quod .. *Reg. Heref.* 5; **1475** equitaverunt franchesas et bundas (v. equitare 6); **s1488** juxta flumen vocatum Dryburn in Alandale, infra franchasiam de Hexham *Sanct. Durh.* 32; **s1519** de Cosley infra franchesiam de Hextildisham *Ib.* 225; **1577** infra .. civitatem, suburbium, franchezias vel libertates ejusdem (*Pat*) *Gild Merch.* II 63.

3 a mercantile enfranchized group. **b** people of enfranchized territory.

a c1250 quilibet homo ij d., nisi sit de ~a *DCCant. Reg.* A f. 162 v.; **c1303** naves passagientes .. quilibet homo, nisi sit de ~a. [dabit ij d.] *EEC* 159; **1407** quod .. sit expulsus et adjudicatus et plene absolutus a franchicia et libertate sua *BB Wint.* p. 93. **b 1230** scribitur probis hominibus de Regula, Langon', .. frankesiis de Bezazeis, Bugelun', et Luntrenge, Elye Rudel [et] Bernardo de R., militibus, et aliis probis hominibus *Cl* 422; preceptum est quod ballivus cum tota ~a adeat dictam aquam et faciat piscari J. OXFORD 73.

franchisare, ~iare, to enfranchise: **a** (person); **b** (place).

a 1417 ipsi qui fuerint forinceci et non infra gildam franchesiati (*Chanc. Misc.* 59/1/29b) *Law Merch.* II xcix; **1417** quod .. ad parliamentum .. eligerentur homines, cives, et burgenses residentes et commorantes ac franchesiati in eisdem civitatibus et burgis *Entries* 446 (= *StRealm* II 170: *enfranchises*). **b** mittendum est majoribus, ballivis, propositis civitatum et burgorum franches' quod .. elegant ij cives .. *Mod. Ten. Parl.* (*Hib.*) 129; **1413** de terris, tenementis, et redditibus infra villas franchesiatas *BB Wint.* p. 47.

franchius [AN *franch, var. of franc* < francus]

1 free, exempt.

1269 (1420) donamus .. ~iam moluram in molendinis nostris (*Ch. Regis Franciae*) *MonA* VI 1118; **c1384** cum.. usi fuerint certis libertatibus, ~iis prevelegiis, et consuetudinibus *Reg. Aberd.* I 170; libertatibus et previlegiis ~iis et consuetudinibus usus fuerit *Ib.*

2 (*petra ~ia*) freestone.

1298 in ~ia petra ad archiam cloace emendandam xj d. *Cuxham* 285; **1311** ~ea petra *Fabr. Exon.* 52.

Francia [LL], land of the Franks, later France.

s890 ultra mare navigans, ad Orientalem ~iam perrexit et per unum annum in loco qui dicitur Gendi mansit [*AS Chr.*: *on Fronclond to Gend*] ASSER *Alf.* 61; suas naves per flumen quod dicitur Mese .. in ~iam pertraxit *Ib.* 63; **s892** exercitus Occidentali ~ia derelicta, Orientalem adiit FL. WORC. I 108; archiepiscopus morbo graviter tactus in ~ia in lectum decidit H. CANTOR f. 12v.; R. NIGER *Chr. II* 142 (v. Christianari); Gallia, que et ~ia a candore populi sit dicta HIGD. I 25 (*recte* 27) p. 266 (cf. Isid. *Etym.* XIV 4. 25); nunc ad sedem .. mittebamur Romanam, nunc ad curiam ~ie R. BURY *Phil.* 8. 124; **1417** si me mori contigerit in viagio domini nostri regis .. in regno suo ~ie *Wills N. Country* 15.

francic-- v. franchiare.

Francice, in French.

illum .. audivimus expresse loqui, tam Anglice quam ~e *Mir. J. Bev. A* 312.

Francicus

1 Frank.

[Justinianus] gentes .. compressit, quamobrem ut .. Alanicus, ~us, Wandalicus .. agnomina meruit R. NIGER *Chr. II* 189.

2 French coin, franc. *V. et.* 1 *Francus* 3.

ultra sexie viginti millia ~orum de terris perpetuis regiis illis caenobiis impertivit MAJOR III 11.

Francigena, ~us, ~is

1 French-born, French: **a** (of person); **b** (of product); **c** (of country); **d** (of muse or language).

a a1084 W. rex .. omnibus fidelibus suis in comitatu Cantiae, ~is et Anglis, salutem *Regesta* I p. 124; Anglici

burgenses .. habent suas priores consuetudines. Francig' vero burgenses habent quietas per xij d. omnes forisfacturas suas praeter tres supradictas *DB* I (*Heref*) 179rb; dicunt Anglig' burgenses .. multum grave sibi esse quod .. xliij Francig' burgenses teneant masuras *Ib.* (*Salop*) 252ra; Orientalium Saxonum provincia illustrem virum ~am novit incolam GOSC. *Transl. Aug.* 27C; quidam Judeus ~a .. ei .. persuasit ut Angliam peteret DEVIZES f. 39; naute ~i .. illico sunt dispersi AVESB. f. 113; Francigenis fertur hostibus ense fuga ELMH. *Metr. Hen. V* 414; ego Willelmus rex saluto omnes meos optimates, ~os et Anglicos (*Ch. Regis*) *Id. Cant.* 347. **b** **1180** concedo ut homines Colonienses vendant vinum suum ad forum quo venditur vinum ~um *Act. Hen. II* II 117 (= *Steelyard* 4: †franciginum); vitriolum nigrum apportatur de Francia et idcirco dicitur terra ~a M. SCOT *Lumen* 262. **c** ~um adeunt eximium regnum BYRHT. *V. Osw.* 413. **d** altera res nostram Musam parit, altera vostram. / vitis Francigenam docet, Anglica discit avenam R. CANT. *Poems* 1. 19; hoc ritu linguam comit Normannus, habere / dum cupit urbanus, Francigenamque sequi J. SAL. *Enth. Phil.* 142.

2 (as sb.): **a** Frenchman, Anglo-Norman. **b** (as surname). **c** French language.

a defertur .. quidam ~a, Willelmus Ascitilli filius cognomine HERM. ARCH. 36; *DB* I 52ra (v. Angligena b); **a1090** non amore religionis, sed timore ~arum LANFR. *Ep.* 32 (53); de stercore boum lapidaret ~as DEVIZES f. 41; **1208** occasione detentionis †Francigonarum (v. detentio 2); **s1254** frater .. cum multis Francegenis obiit M. PAR. *Maj.* V 436; **s1342** villam .. quam ~es occupabant *Meaux* III 50; **s1347** ~es in lxxx navibus .. expectabant *Ib.* 64; **s1317** claudus utroque pede, sicut sunt multi ~e AD. MUR. *Chr.* 25; xxx alii ~i cum eo fuerant captivati AVESB. f. 120b; Petrus fuit filius unius ~i GASCOIGNE *Loci* 10; **s1467** J. Mus Fransigenus erat *Reg. Whet.* II 61. **b** **1203** Willelmus ~a debet dim. m. *Pipe* 209; **c1220** Osberto ~o *Cart. Osney* I 120; ?**12..** Hamo Fransigena *Reg. S. Aug.* 273. **c** **s1272** hoc scriptum in ~a hic in Latinum translatum *G. S. Alb.* I 424.

3 (?) freeman, freeholder.

in eadem villa .. habet j villanus et vij borderii cum dim' car' .. ibi quidam francig' habet j car' *DB* I (*Kent*) 1va; ibi xij bordarii et vj cotarii et ij francig' tenentes ij hidas *Ib.* (*Wilts*) 69rb; in dominio sunt .. xxviij villani cum xxvij bordariis et iiij francig' et x servis *Ib.* (*Oxon*) 155va. ibi j ~us tenet dimidiam hidam quae reddebat iiij s. T. R. E. *Ib.* (*Heref*) 179va; **a1087** confirmant non abbatem Petro dedisse ne *socne* ne *sakne* supra suos ~as (*Ch.*) *EHR* XLII 247.

Francigenare, to be Frenchified, to speak French.

rurales homines [Gallicis] assimilari volentes, ut per hoc spectabiliores videantur, ~are [TREVISA: *to speke Frensce*] satagunt omni nisu HIGD. I 59 p. 160.

Francigona v. Francigena.

francincensum [OF *franc encens*], frankincense.

1573 unam rodam terre .. ad manutenend' thur' alias francumcensum in ecclesia de Bayleham *Pat* 1097 m. 15.

francinus v. fraxinus. **francipl-** v. francpl-. **francisa** v. franchisa.

Franciscanus, Franciscan; **b** (as sb. m.).

1540 possessiones ad nuper domum fratrum ~orum .. pertinentes *SP Ir.* 3/1 f. 4; eleemosynam Dominicanae et ~ae familiae fratribus .. erogavit FERR. *Kinloss* 80. **b** castrum .. in ~orum monasteriolum erat conversum CAMD. *Br.* 268.

Franciscus, French: **a** (of person); **b** (as surname); **c** (of bread).

a **a1088** (13c) W. .. rex omnibus tainis ~is et Anglicis (*Ch. Regis*) *EHR* XXXV 387; **1233** solet .. mittere cum ea [abbatissa] quendam hominem ~um vel Anglicum *CurR* XV 188. **b** **1203** de Henrico ~o *Pipe* 57; **1242** Johannes ~us *Ib.* 63; **1258** Johanni ~o *Cl* 219; **a1259** (v. Gallicus 1d). **c** **1338** in panibus ~is emptis iiij d. ob. *Ac. Ep. Bath.* 134; **13..** panis ~us de trenchur' ponderabit tamquam wastellum in utroque (*Assisa panis*) *EHR* XIV 504; **1377** Reginaldus Hikke pistor panis ~i *MGL* III 423; **1419** pondus panis dominici .. et panis ~i *Ib.* I 703 (cf. ib. 353 [**1287, 1294**]: panis *fraunceis*).

franclingus [AN *franclein*, ME *franklein* < Germ. *francling*], franklin, freeholder; **b** (as surname).

1153 do .. unam carucatam .. cum villanis et franchilano, nomine Hamone vielario (*Carl. Antiq.* 3 m. 2d.) *MonA* IV 112a (= *CalPat* XVI 182 [**175**]: franchelano; cf. *RChart* 432 [**1200**]: frachelano); **c1160** reddidimus .. omnia servitia omnium militum suorum et omnium francelengorum quecunque intra posse nostrum sunt *Ch. Sal.* 33; **1166** sunt feoda trium militum et dimidii cum tenura francolensium in villa *RBExch* 212 (= *BBExch* I 77); **1167** Hamwich' Francalingorum reddit compotum de dim. m. *Pipe* 53; **a1190** multi frankelanni, quorum quidam tenent dimidiam hidam, quidam plus, quidam minus, et debent et solent adjuvare milites ad servitium faciendum *Cart. Rams.* III 49; habemus franchelenos *Ib.* 220; **a1190** francalani [*are mentioned at Hantonia and Panneberie and those*] qui gabulant libere *Cal. Doc. France* 430; francolanis .. de H. debet ire ad submonitionem camerarii *Cust. Abingd.* 327; **1200** concedimus eis et confirmamus omnia feuda militum et franccolanorum qui tenent de eodem monasterio *RChart* 82a; **1201** molendinorum .. quorum unus francolinus tenet j et duo burgenses tenent alterum *CurR* I 414; **1201** quietum clamavit et abjuravit totum jus .. in .. servitiis militum, francellanorum, libere tenentium dominicis *Ch. Sal.* 66; **p1205** hiis testibus .. Thoma Pele, franceleno *Cart. Glast.* 66; **c1210** sive sint homines .. domini regis .. vel frankelani *Reg. Moray* 46; a duobus .. mediocribus viris quos francalanos sive agricolas vocant agnitus *V. Har.* 5 f. 9; **1220** v hidas terre .. tenendas .. per servitium feodi j militis, salvo tenemento francelanorum, sc. .. Ivonis .. Willelmi, etc. *CurR* VIII 391; accidit ut duo fratres .. venirent in domum cujusdam frankelani qui honorifice suscepit eos ECCLESTON *Adv. Min.* 103; ideo etiam omittebant de francoleinis suis annuatim donum et auxilium exigere *Reg. Plympton* 165. **b** **c1220** culturam .. Johannes Frankelanus tenuit *Cart. Osney* IV 402; **c1240** dedi .. acram .. que adjacet prato Walteri Frankelani .. *Ib.* 156; **1258** testibus .. Johanne de Langeberge, frankelano, Hugone Frankelano de Scesnecot *FormA* 162; **c1260** testibus .. Willelmo Frankeleno, Alano Frankelano, Henrico de Say *Cart. Osney* IV 224; **a1269** testibus .. Reginaldo de Wika, Johanne Fraunklano, Nicholao Carpentario *Cart. Beauchamp* 4.

†francnatus, *f. l.*

1200 abduxerunt .. xv vitulos †francnatos [sic MS; ? l. superannatos] et xj unius anni et iiij boves et ij tauros *CurR* I 247 (cf. ib. 217: xv vitulos superannatos).

franco, ~onus

1 (as adj.) free, not a serf.

ibi sunt iij ~ones homines cum iiij villis .. ipsi homines ~ones tenuerunt libere T. R. E. *DB* I (*Warw*) 241rb.

2 (as sb.): **a** Frank, Frenchman. **b** (as Christian name).

a incipit alea evangeli .. depicta a quodam ~one et a Romano sapiente, i. e. Israel *Alea Evang.* 173; Judaeus Romanus et ~onus peritissimi .. figuram .. consignaverunt *Ib.* 174. **b** **1261** ~oni de Boun *Cl* 498; **1313** idem ~o queritur quod .. (v. facere 18a).

francolanus, ~leinus. ~lensis, ~linus v. franclingus. **franconus** v. franco. **francotenens** v. franctenens.

francplegia, ~ium, ~ius [AN *francplege*, ME *frankplegge, calque on AS friborg, freborh*], (as sb. f., leg.) frankpledge. **b** (as sb. n. or f.) frankpledge group. **c** (as sb. m.) member of frankpledge group, guarantor of frankpledge. **d** (*visus ~ii*) court attended by frankpledge. *V. et.* 1 *Francus* 8. (*Cf.* W. A. Morris *The Frankpledge System* New York, 1910).

1274 inposuit Johanni Neveu quod fuit extra franpleggia, et amerciavit illum de xiij d. et duxit suas francpleg[ias]; et nichil ei potuit valere; et nichilominus amerciavit capitalia plegia de xj sol. *Hund.* I 136b (v. et. b infra); **1538** dedimus .. visus, ~ias, ac omnia que ad visum franci plegii pertinent *Pat* 676 m. 4. **b** de ~io: omnis qui sibi vult justitiam exhiberi vel se pro legali et justitiabili haberi sit in ~io (*Leis Will.*) *GAS* 511; **1179** ~ium Toui filii Algari .. debet dim. m. pro Sawal' fugitivo *Pipe* 8; **1191** B. .. [debet] dim. m. pro homine sine francplego *Ib.* 102; **1198** de v s. et viij d. de ~io Roberti de L. quia non habuit quem plegiavit *Ib.* 50; **1199** ~ium Johannis marescalli in Ringwode debet dim. m. pro fuga Johannis *Ib.* 58; **1203** de dim. m. de ~io camerarii *Ib.* 111; **1274** fuit extra franpleggia (v. a supra); **s1206** homines .. terram tenentes .. debent monstrare abbati de Burgo vel ballivo francipleglum suum *Croyl. Cont. B* 473. **c** **1306** in manibus Godefridi de L., Willelmi de B., et Willelmi le T., franciplegiorum *Rec. Leic.* I 370; **1437** Ricardus atte Well capitalis franciplegius et tastator servisie presentat quod A. B. [et al.] .. fregerunt asssisam servisie *Rect. Adderbury* 121. **d** **1276** domina L. P. tenet visum frangpl' *Hund.* I 27a; ballivi T. .. habet visum francpl' et non facit sectam *Ib.* 28a; de visu franpl'g' *Ib.* 29b; **1408** visus franceplegii .. tentus *Arch. Cant* LVII 22; **1448** cum .. visibus franciplegiorum (*Ch.*) *Reg. Whet.* I 46.

francplegiagium, frankpledge group. **b** suit of frankpledge.

omnes masculi laici habentes etatem xij annorum .. debent esse in franciplegiagio vel thewinga J. OXFORD 68; qui solverunt majori in hundredo vel †francisi [l. franchisia] debent esse in franciplegiagio vel thewinga, quod idem est *Ib.* 69. **b** **1278** salvo tamen forinseco servicio ad predictam terram pertinente preter francopleggiagium quod solebat ad eandem terram pertinere *Ch. Derb.* 137.

franctenementum [ME *frank tenement*], frank-tenement, freeholding.

a1217 apud Wedetun' unum f[r]anctenementum cum terra sua *Cart. Carisb.* f. 18v.

franctenens, freeholder. *V. et.* 1 *Francus* 6b.

1166 hoc jurare faciet .. omnes milites et francotenentes de comitatibus *Assize Clar.* 21; **1191** precipimus .. quod justitietis omnes milites et francotenentes et omnes homines .. canonicorum quod .. faciant ipsis canonicis .. auxilium *E. Ch. S. Paul.* 54; **a1205** decimas de .. dominicis militum et ~encium in insula *Cart. Carisb.* f. 25v.; **a1217** fra[n]ctenencium *Ib.* f. 18v.; **c1250** hominibus quatuor de W. francotenentibus ad nos transmissis (*Cart. Walden*) *MonA* IV 146a.

francumcensum v. francincensum.

1 Francus [LL]

1 Frank, member of W. Germ. confederacy. **b** inhabitant of Francia, Frank, Frenchman. **c** Norman, Anglo-Norman. **d** Western European.

litora quae .. ~i et Saxones infestabant BEDE *HE* I 6; ~i multi, Frisones, Galli ASSER *Alf.* 76 (v. 2 dominium 1b); **s380** rebellantes Alemannos ~i .. superaverunt, unde .. Valentinianus lingua Athica ~os, a feritate et duritia atque audacia, primus appellari voluit M. PAR. *Maj.* I 170. **b** **a705** in extremo ~orum limitis latens angulo exul (CELLANUS) *Ep. Aldh.* 3 (9) (cf. W. MALM. *GP* V 191); dux Theoderici regis ~orum misit nuntios EDDI 27; in Occidentalium ~orum regionem venit .. in flumen quod Signe dicitur ASSER *Alf.* 82; Abbo genere ~us ABBO *QG pref.* (1); nationes .. quae ex adverso latere ~orum seu Gallorum Saxonum .. serius signa fidei suscepere ÆLNOTH *Cnut* 7; omnis ~us saponarios amat ut stercorarios DEVIZES f. 39v.; ~i a Trojanis duxerunt originem H. HUNT. *HA* VII 38; dux G., R. comes Normanie, et alii ~i *Itin. Ric.* I 9; est odium quasi innatum inter ~os et Alemannos M. PAR. *Maj.* V 605; ~orum calliditas, putans eis sub hiis protraccionibus inanibus omnia succedere ad vota *G. Hen. V* 19 (cf. ib.: Gallorum duplicitas). **c** **s1071** ~i vastaverunt Keredigiaun *Ann. Cambr.* 26. **d** erant .. in Constantinopoli manentes per Manuelis attractum quos ~os appellabant, ex omni fere natione advene MAP *NC* II 18 f. 30.

2 person w. legal status of Frank or Anglo-Norman, freeman, freeholder exempt from feudal obligations.

vj servi et xv bordarii et unus ~us habens unam virgatam et dim. *DB* I (*Wilts*) 70vb; inter franc' et villanos xlv car' *Ib.* (*Middx*) 127ra; viij homines inter ~os et villanos *Ib.* (*Salop*) 252 vb.

3 French coin, franc.

1375 decem ~os pro suo salario *Conc.* III 100; **1383** tria milia et quadragintos ~os auri de inimicis nostris Francie colore quorundam tractatuum .. recepit (*Cl* 224 m. 10) *RParl* III 397; **s1385** Coggonem .. conduxerant quinque millibus ~orum WALS. *HA* II 136; **s1420** habebit [Katerina] .. dotem ad summam xx m. ~orum annuatim *Ps.*-ELMH. *Hen. V* 91.

4 (as adj.) French. **b** Norman, Anglo-Norman. **c** (as surname).

rex .. ~us mare nausians .. tendit Siciliam DEVIZES f. 28v. **b** **a1071** R[adulfo] comiti et omnibus baronibus et vicecomitibus ~is et Anglis *Regesta* I p. 118; homines de hundredo ~i et Angli *DB* I (*Surrey*) 32ra; **c1151** David R. Scottorum .. omnibus hominibus .. ~is, Anglis et Scottis et Gallowidensibus salutem (*Ch. Regis*) *Dryburgh* lxix; omnibus amicis suis ~is et Anglicis et Hiberniensibus Robertus Poer salutem *Reg. S. Thom. Dublin* 20; rex .. omnibus fidelibus suis, ~is et Anglis, salutem (*Ch. Regis*) ELMH. *Cant.* 360. **c** **c1135** dimidiam hidam que fuit Hugonis ~i *Cart. Osney* I 2; **1196** Radulfus ~us tinctor dedit viij s. et debet ij s. .. Rad. tinctor ~us, quietus (*Gild Roll*) *Rec. Leic.* I 13; **1199** Vill' ~us, faber *Ib.* 17.

5 (in var. terms): **a** (*oxalis ~a*) round sorrel. **b** (*plastrum ~um*) plaster of Paris.

a oxalis ~a seu Romana, *round sorrel* (GERARDE *Herbal* II 80. 320) *OED* s. v. *sorrel* 1b. **b** **1251** (v. discus 4a); **1296** minera pro ~o plastro *CalIPM* III 362.

6 (leg., of person) free, not a serf. **b** (*~us tenens*) freeholder; *v. et. franctenens.*

hoc manerium T. R. E. reddebat iiij^xx li. et iij et l sextar' mellis cum omnibus placitis ~orum hominum *DB* I (*Worcs*) 175rb; xij bordarii .. et xxiiij ~i homines de xl acris terrae *DB* II (*Suff*) 311v.; de franccis hominibus pro exitibus .. xxiij li. *RDomin* 46. **b** **1176** si quis obierit ~us tenens (*Assisa Northampt.* 4) *SelCh* 179; fecit rex .. ~os tenentes .. jurare FL. WORC. *Cont. B* 138.

7 held by freehold, appropriate to one of free status: **a** (of property); **b** (of tenure). **c** (*maritagium ~um*) 'frank-marriage'. **d** (*~us bancus*) free-bench, widow's dower; *v. et. francbancus.*

a **1095** omnibus Francis et Anglis qui ~as terras tenent de episcopatu de W. salutem *Cart. Heming* I 79 (= *Regesta* 387); **s1295** Milesente habet ibidem ~am et perpetuam warennam per breve domini regis *Ann. Dunstable* 402 (cf. ib.: liberam chaciam). **b** †**910**, *Chr. Abingd.* II 305 (v. feodum 6a); **11..** carucatam terre .. tenendam .. in ~am ..

elemosinam (v. elemosina 3b); c1150 in ~a firma *Reg. Malm.* I 455 (v. 2 firma 3c); a1154 tenuram teneat per ~um servicium trium marcarum *Danelaw* 362; c1175 pro ~o servicio tali quale ad virgatam pertinet *Reg. Malm.* II 396; c1180 (v. dominatio 1a); 1212 abbas .. habet in ~a elemosina .. x bovatas terre (v. elemosina 3b); 1305 (v. alodium a). **c** 1166 W. P. dedit in ~o maritagio quiete cum sorore sua feoda ij militum *RBExch* 367 (= *BBExch* I 252). **d** 1312 (v. gavelikinda a).

8 (*~us plegius, ~um plegium*) frankpledge. **b** frankpledge group. **c** member of frankpledge group, guarantor of frankpledge. **d** (usu. w. *curia* or *visus*) court attended by frankpledge. *V. et. francplegia.*

W. B. cepit de dicta terra .. de ~o plegio, j m. *RDomin* 2; 1202 Abbas de Rameseia r. c. de c li. pro habenda una carta regis .. et pro habendo ~o plegio in curia sua *Pipe* 136 (cf. *Cart. Rams.* II 62–3); 1212 inpositum fuit Simoni .. quod retinuerat secum Thomam de Hesel', desicut non fuit sub ~o plegio *CurR* VI 376. **b** 1166 in civitatibus .. nullus habeat homines .. in sua domo .. quos non in manu capiat quod eos habebit coram justitia si requisiti fuerint vel sint sub ~o plegio *Assize Clar.* 10 (= *SelCh* 171: sub francoplegio); 1198 R. .. fugit pro malo recto et fuid apud R. manens in ~o plegio Hospitalis *CurR RC* I 159; 1202 quod ~um plegium T. H. levavit clamorem et *huthes* super .. R. P. et si ~um plegium suum summonitum fuit veniendi in wapentacum inde respondendi *SelPlCrown* 15; 1202 (v. 8d infra); 1221 N. non fuit in ~o plegio (v. ejurare); si .. extra ~um plegium fuerit talis in aliqua villa receptatus, erit villata in misericordia nisi talis sit ille qui fugit quod in decenna et ~o plegio esse non debeat, ut magnates, milites, .. clericus, liber homo BRACTON 124b (cf. *Fleta* 40); et ad hoc wardemotum debent hii qui non sunt liberi civitates .. mitti in ~um plegium *MGL* I 38; nulla habuit catalla et fuit in ~o plegio .., ideo ~us plegius in misericordia *Ib.* 99. **c** 1166 non sit aliquis infra castellum vel extra .. qui vetet vicecomites intrare in curiam vel terram suam ad videndos ~os plegios et quod omnes sint sub plegiis et ante vicecomites mittantur sub libero plegio *Assize Clar.* 9; a1190 precipio .. ne ~os suos plegios prior et homines sui alibi annuatim recenseant *MonA* III 434; 1234 pone in respectum .. demandam lv s. et x d. quam facis .. H. de Burgo de Seggebroc, ~o plegio, de catallis iiij fugitivorum *KRMem* 13 m. 8; 1301 habuit catalla .. unde ~us plegius de porta occidentali respondebit et fuit in decenna Willelmi Osberni ~i plegii qui obiit *Rec. Leic.* I 365; 1378 franciplegii quorum nomina sunt appensa presentant .. quod .. *Ib.* II 175. **d** 1202 quod visus de ~o plegio [v. l. francco pleggio] de tota terra .. abbatis .. fiat in curia sua .. et si forisfactum aliquod emerserit .. de illo franco plegio, volumus quod abbas et monachi illud habeant (*Ch. Regis*) *Cart. Rams.* II 63; 1220 debet ballivus .. ~um plegium et tenere omnia placita que pertinent ad hundredum et habere omnes exitus *CurR* IX 339; 1269 ad curiam franciplegii (v. curia 5c); a1270 remisi .. fratri meo .. visum franciplegii de se et de hominibus suis de toto manerio *Cart. Beauchamp* 15 (cf. ib.: visum franchiplegii); 1279 cix s. vij d. de visu fransi plegii *Ac. Stratton* 221; 1284 ad omnia maneria vestra habetis †usum fraschi [l. visum franschi] pleggii *Reg. Wint.* 676; 1292 concesserunt et dictus dominus de Ansedale .. et predicti liberi tenentes .. quod singulis annis veniant .. ad duas magnas curias abbatis de Burton .. et ibi presentabunt, et respondebunt franciplegii de Ansedele pro dezennis suis omnia que ad pacem et coronam domini regis spectant secundum morem et consuetudinem regni Anglie, et amerciabuntur non venientes et pacis transgressiones secundum judicium dicte curie *Cart. Burton* 59; 1340 curia de visu franciplegii tenta apud Westone *CBaron* 93; 1392 ad curiam visus franciplegii, 1443 de .. visibus francipleg' (v. curia 5c).

9 exempt from taxation or feudal obligation: **a** (of person); **b** (of commodity). **c** (of borough).

a a1160 (v. 1 furca 1j); multos homines de servitio rusticorum ~os fecit [Walterus abbas, *ob.* 1160] *Cart. Rams.* II 271; 1313 P. et A. de dictis custumis .. liberos et ~os esse debere *RGasc* IV 1017. **b** 1313 vina .. vendere et custumare libera et tanquam ~a absque custuma .. et exaccione quibuscumque solvendis .., prout burgenses Burdeg' vina sua ibidem vendunt *Ib.* **c** 1199 liberum et ~um burgum *RChart* 8b.

10 (*lapis ~us, petra ~a*) freestone.

1176 pro ~a peta ad operationem in Merleberga *Pipe* 171; 1249 item .. quariariis ad ~am petram per duas vices xvj li. *Ac. Build. Hen. III* 220; 1258 quod faciatis habere .. xl lapides ~os in auxilium cujusdam pulputi faciendi ibidem *Cl* 199; 1259 (v. 2 excidere 2b); 1261 pro ~a petra et calce et aliis empcionibus *Ac. Build. Hen. III* 414; 1351 carectatam ~e petre ordinate †per fabricam [? l. pro fabrica] dicte ecclesie *SessPEssex* 108.

2 francus, ~a [OF *franc* < Frk. *hramne*; cf. AS *hrama*], enclosure, pen for fattening animals.

1234 debet adaquare porcellos quando separantur dum sunt in ~o *Cust. Glast.* 95; 1318 in aucis pascendis in ~o, iiij bus' ordei *Ac. Man. Wint.* (*Chilbolton*); qui eos [sc. porcos] nutrire voluerit, eos nutriant in ~o, extra vicos regios, in domibus suis *MGL* I 590 (cf. ib. 270); 1546 ~a cooperta ad oves matrices imponendas vel *pinfald Surv. Pembr.* (*Dorset*) 502.

frangantia v. fragrantia.

frangere [CL]

1 (trans.) to break, shatter, smash. **b** (*~ere navem*) to wreck ship. **c** (p. ppl. *fractus*) broken. **d** (as sb. n.) broken object. **e** (intr.) to break, be broken.

ALDH. *VirgV* 455 (v. Erebus); ~untur tallie omnisque .. pecunie memoria de rotulis eraditur *Chr. Battle* f. 89; arcum intensio fragit, animum remissio W. DONC. *Aph. Phil.* 12. 9; s1198 (v. 3 districtio 1b); 1221 juratores .. dicunt .. quod fregerat firgias suas *PlCrGlouc* 76; BRACTON 152 (v. baculus 1b); 1273 quando .. domino regi .. placuerit dictum vivarium ~ere, .. habebit lupos aquaticos et breymas *IPM* 2/3; 1282 (v. 1 borda 1a); 1293 verberavit servientes ballivorum Norwyci et virgas suas fregerunt *LeetNorw* 45; 1375 (v. arrestatio 1b); 1493 ripam fossati fregit (v. diversoriam 2a). **b** si navis fracta fuerit BRACTON 122 (v. deodandus); 1359 computans non onerat se de bonis duarum navium fractarum infra balliam suam *ExchScot* 551; 1382 quod nullus eorum faciant aliquid magisterium infra dominium si aliqua navis sit fracta, nec quod ammoveant cabul' nec aliqua alia necessaria sine licencia domini *Hal. Durh.* 173. **c** GOSC. *Transl. Aug.* 26C (v. exhaurire 3c); ut patet in remo fracto apparente in aqua propter motum aque BART. ANGL. III 17; 1269 (v. emendare 3a); sicut accidit naturaliter in speculo fracto, quod in qualibet parte fracta relucet eadem ymago que prius in integro speculo relucebat *Spec. Incl.* 3. 2; 1406, 1446 (v. argentum 2c). **d** 1384 in reparacione fractorum in feretro, xxvj s. vij d. *Ac. Durh.* 425. **e** 1214 venit ad exclusam et illam asportavit ita quod per magnum cursum ejusdem aque fregerunt rote et petre molendini *CurR* VII 252; 1331 (v. bladum a).

2 to break, fracture (part of body). **b** to rupture (internal organ). **c** (p. ppl. *fractus*) w. ruptured hymen. **d** (physically) misshapen. **e** (*~ens os*) ossifrage. **f** (*~ere cor*) to break (one's) heart (also fig.).

vice .. leaenae dentium ossa tua .. fracturae GILDAS *EB* 32; Patientia .. / .. cruentatum ferro fractura cerebrum / Irae ALDH. *VirgV* 2632; fracto corpore *V. Cuthb.* IV 10 (v. exanimis 1a); 1200 de gamba sua que fracta fuit (v. gamba 1a); 1202 percussit eum in brachio ita quod fregit quoddam parvum os brachii sui unde ipse maimatus est *SelPlCrown* 15; BRACTON 145 (v. dens 1a); ut ales [sc. pelicanus] qui se frangere / non timet ut interitum / frangat et vite reditum / fracto propinet latere J. HOWD. *Cyth.* 71. 9; fractis cruribus WALT. WIMB. *Sim.* 117 (v. exocreare); si aliquis impellit me et ego cado et ~o caput, magis debet attribui fractio capitis impellenti quam mihi cadenti R. MARSTON *QD* 153; 1301 fregit collum suum (v. debere 7c); 1301 fregit eschinam dorsi (v. 1 eschina 1a); 1392 frigit (*sic*) collum (v. gradus 2a). **b** 1300 fregit viscera sua (v. diaphragma); J. BURGH *PO* VIII 121 (v. claustrum 1e). **c** queritur an fracta corruptaque virgo resurgat WALT. WIMB. *Scel.* 88; hec est mater, igitur / virum novit et est fracta, / sed Maria prolem nacta / dicit quod non sequitur *Id. Virgo* 22. **d** quod .. cuilibet deformi fracteque leprose se supponeret *V. Chris. Marky.* 3. **e** quedam avis dicitur ~ens os, *freinos*, quod cum rostro ossa ~it O. CHERITON *Fab.* 9. **f** J. HOWD. *Ph.* 484 (v. dilector 2b); licet cor ejus ~eretur [ME: *berste*] *AncrR* 72.

3 to break up (uncultivated ground), bring (land) into cultivation. *Cf. frussare* 2.

a1195 nullus de moris et incultis ejusdem ville terris ~at aut excolat nisi per consensum et licentiam eorum *Feod. Durh.* 141n.; decimam de pastura que fracta est et seminatur reddet coquinario *Chr. Abingd.* II 309; equus domini ibit ante et ~et terram *Reg. S. Aug.* 204; 1227 (v. 2 friscus 1a); 1283 ad tempus sarculacionis debet .. glebas ~ere *Cust. Battle* 30.

4 to tear, fray: **a** (cloth); **b** (document).

a 1269 eum .. in via regia .. prostravit, pannos suos fregit, et maletractavit injuste et contra pacem domini *CBaron* 83; 1295 sex panni de Arest quorum duo fracti *Vis. S. Paul.* 329; 1376 colaria .. sunt fracta (v. dehonestas); 1526 tui monachi inhonestis vestimentis et fractis incedunt (*Vis. Thame*) *EHR* III 707. **b** scriptum fractum *Entries* 7 (v. dilaceratio a).

5 to break into pieces. **b** (*~ere panem*) to break bread (usu. w. ref. to Eucharist). **c** to split (stone). **d** to quarry; **e** (w. quarry or sim. as obj.).

spoponderunt .. se .. effigiem in frusta fracturos ALDH. *VirgP* 38; NECKAM *DS* IV 471 (v. 1 fractus); vitrum non ~itur [ME: *brekeð*] nisi violenter tangatur *AncrR* 54; 1420 de pecunia fracta de tempore R. C. et J. D., x s. *Ac. Durh.* 462. **b** diacones cum Graecis non ~unt panem sanctum nec collectionem dicunt THEOD. *Pen.* II 2. 14; a750 Scs Paulus et A[ntonius duo eremitae] fregerunt panem in deserto *AS Inscr.* 105; perventum est ad hoc ut ~enda esset trifaria .. hostia sacrosancta. quam ut per medium fregi, mox cruor liquidissimus per fracturam effluere cepit AD. EYNS. *Hug.* V 4; *AncrR* 132 (v. 6a infra). **c** dum frangant flammae saxorum viscera dura ALDH. *Aen.* 80 (*Calix Vitreus*) 2; nam me beatum crederem / si mentis petram pessime / si crucis invictissime / compatiendo frangerem J. HOWD. *Cyth.* 45. 12; 1325 in ij s. in stipendiis ij hominum per vj dies ~encium lapides ad comburend' [pro calce] *MinAc* 1148/6 r. 1; 1398 exterius de puro lapide vocato *achiler* plane inscisso, interius vero de fracto lapide vocato *roghwall Hist. Durh. Script.* app. clxxx; yppomaratrum .. habet .. semen .. lapidem in vesica ~ens *Alph.* 197. **d** 1242 fodi etiam vel ~i facias petram *Liberate* 19 m. 11; 1340 querrerario et cementario ~entibus et sculpantibus petram pro alio butraco .. lxxviiij s. v d. *Ac. Durh.* 538. **e** in quarreria ~enda ij s. iiij d. *Ac. Beaulieu* 204; 1294 confirmacio Jacobi senescalli Scotie de certis privilegiis concessis monasterio de Pasleto, viz. lapidicinia ~endi tam [ad] edificandum quam ad calcem conburendam *Reg. Paisley* 92; 1371 in ij novis mall' emptis pro quarera ~enda .. xxj s. *Fabr. York* 7; 1376 in solucione facta quarerariis et aliis werkmannis ~entibus quareram et operantibus ad stagnum molendini et alibi xvij li. xviij s. viiij d. ob. *Ac. Durh.* 583; 1401 cementarius ~et quareram *Hist. Durh. Script.* app. clxxxviii.

6 to divide into parts. **b** (*~ere juramentum*) to divide oath into sections, to repeat clause by clause or word by word. **c** to diminish (number). **d** (p. ppl. *fractus*) fractional. **e** (*lana fracta*) brakes, locks, short-stapled wool from fleece which has been sorted or broken.

de xvj partibus confessionis, que divise seu quasi fracte sunt [ME: *tobroken*] sicut fieri solet parvis qui cum pane non fracto possent fame mori *AncrR* 132 (v. et. 5b supra). **b** si quid bello vel lege sacramentali, plana vel ~enti, vel etiam judiciali repetatur (*Leg. Hen.* 9. 6) *GAS* 555; Anglicus liber triplici lada plane vel simplici ~enti vel judicio neget (*Ib.* 18. 1) *Ib.* 559; si quis de homicidio accusetur et idem se purgare velit .. ut qui ex parte patris erunt fracto juramento, qui ex materna cognatione erunt plano se sacramento juraturos advertant (*Ib.* 64. 4) *Ib.* 584. **c** 798 perfectus numerus .. nec diminutione ~itur ALCUIN *Ep.* 133 (v. diminutio 2d). **d** cum omnibus radicibus, quotquot integre vel fracte fuerint, agendum erit ROB. ANGL. *Alg.* 100. **e** 1264 de iiij saccis de lana fracta per mercatores venditis cum x petris dim. de *lokes MinAc* 1078/8 r. 2; c1300 r. c. de xxiij lib. lane fracte receptis de remanenti et de xxv provenientibus de exitu hoc anno *FormMan* 46; 1307 loketti: et de xiiij clavis lokettorum provenientium de lana fracta ad tonsionem (*Ac. Combes*) *Doc. Bec* 156; c1309 (v. fractio 5a); 1425 de lana fracta, viz. *lokys*, collecta in tonsura ovium *Ambrosden* II 250.

7 to grind, pulverize.

contudit, i. domavit, *forstynt*, fregit, compressit *GlH* C 1690; crebrat, i. ~it, *sift Ib.* C 2030; †fessa [MS: fressa], i. molita, fracta, divisa, *gegrunden Ib.* F 718; *Ps.*-RIC. *Anat.* 30 (v. frangitivus).

8 (*~ere litteras*) to open letter (by breaking seal).

c1202 litterarum .. archiepiscopi .. que fracte fuerunt super scaccarium, et lecte coram .. justiciario *FormA* 3; 1225 M. reddidit breve domini regis per quod placitavit versus Radulfum in manum ipsius Radulfi et ibi fractum fuit *BNB* III 113; 1228 reportate fuerunt litere et fracte *Pat* 217; ?1272 nuntius .. literas .. presentavit, ut ipsas .. ~eremus *RL* II 354.

9 to breach, break down. **b** to break open or into, to burgle. **c** to break out of, escape from.

frangantur dapibus ne propugnacula mentis ALDH. *VirgV* 2540; mox eversa ruunt urbis fastigia fractae *Ib.* 2615; fracta est .. Roma a Gothis BEDE *HE* I 11; intra urbis moenia eos persequi et murum ~ere instituunt ASSER *Alf.* 27; s1089 Menevia fracta est [v. l. ~itur et destruitur] a gentilibus insularum *Ann. Cambr.* 29. **b** a1127 fregerunt ecclesiam (v. ecclesia 5a); duo Picti .. hostium .. fregerunt, et quod ibi inveneruntsecum abstulerunt RIC. HEX. *Hist. Hex.* 17; 1206 fregerunt ostia (v. 2 deliberare 1a); 1276 parcus fractus fuit (v. deparcare); 1280 vadiat unam legem .. quod non fregit parcum de iij vaccis *CourtR A. Stratton* 60; 1288 J. de M. filius R. de M. et H. frater ejus fregerunt noctanter cistam J. quondam decani N. et asportaverunt de domo sua aurum et argentum *Leet Norw* 2; 1293 (v. districtio 5c); 1507 J. P. .. quoddam molendinum felonii fregit et asportavit diversa grana ab eodem *Sanct. Durh.* 131; 1583 (v. burgulariter). **c** 1195 (v. evadere 2c, gaiola 1a); 1221 fugit in ecclesiam fracta prisona *PlCrGlouc* 76; 1225, 1276 (v. gaiolarius); 1356 cognovit quod ipse simul cum H. de S. et alio homine ignoto .. felonice fregerunt prisonam domini regis de M. *SelCCoron* 103; 1440 (v. evadere 2c).

10 to break continuity, to break off: **a** to refract (light). **b** to arrest (one's course), stop. **c** (*~ere jejunium*) to break fast. **d** (*~ere silentium*) to break silence. **e** (gram.) to break continuous sound of. **f** (mus.) to break long note value into shorter notes. **g** (*cantus fractus*) song in which long note value is broken into shorter notes.

a necesse est .. per ea que predicta sunt de fractione radii et quantitate anguli fractionis in contiguitate duorum diaphanorum radios solares primo ~i in contiguitate aeris et nubis et rorationis, ut per has fracturas concurrant radii in densitate rorationis GROS. 76; actio [virtutum] est fortior super lineam rectam quam super fractam vel reflexam BACON *Tert.* 115; quando .. [lux vel color] obviat magis vel minus dyaphano recedit a rectitudine et quasi

~itur vel flectitur [vv. ll. refrangitur vel reflectitur, frangitur vel reflectitur] in obliquum PECKHAM *Persp.* I 14; *Ib.* III 15 (v. debiliter). **b** quo facto ab impetu suo fractus filius regis gladium reposuit in vaginam TREVET *Ann.* 283. **c** ante horam ~o jejunium LANTFR. *Swith.* 29. **d** [prior] ~entibus nobis silentium, in capitulo injunget jejunium: quod iste [sc. abbas] nobis in refectorio relaxabit AD. SCOT *OP* 567D. **e** *Ps.*-GROS. *Gram.* 29 (v. echo). **f** *Mens. & Disc.* (*Anon. IV*) 23 (v. fractio 7f). **g 1449** pro emendacione unius libri de cantu fracto (*King's College Mundum Book*) F. L. Harrison *Music in Medieval Britain* Buren, 1980 p. 163 *n.* 7; **1452** liber de cantu fracto emptus de Boston, cujus secundum folium incipit 'fa sol la' (*Invent.*) *Ib. n.* 8; **1483** in plano et fracto cantu, etc. (v. 2 cantus 2b).

11 to break (term of agreement, oath, faith). **b** to infringe, violate (regulation, law, custom). **c** (~*ere pacem*) to commit breach of the peace.

quid .. iniquius potest .. esse .. quam .. ~ere divino sensui humanoque fidem GILDAS *EB* 4; vota stulta et inportabilia ~enda sunt THEOD. *Pen.* I 14. 6; nolo fidem frangas ALDH. *Aen.* 41 (*Pulvillus*) 1; si quis burgensis ~ebat terminum quem vicecomes imponebat ei, emendabat x s. *DB* I 252; si dominus ejus dicat quod neutrum ei fregit [AS: *burste*] vel *aþ* vel *ordal* (*Quad.*) *GAS* 217; si dies statutis fractus fuerit (*Inst. Cnuti*) *Ib.* 323; W. MALM. *GR* II 117 (v. foedifragus b); vota crucis Christi Siculorum rex male frangit WYKES *Vers.* p. 131; **1289** transgressionum commissarum per ipsum .. ~endo securitatem quem in curia nostra A. dederat capellano *RGasc* II 292; **1291** attincta .. de fracto sacramento (v. 2 duodenus 5); **1366** fregit convencionem factam cum R. de B. *Hal. Durh.* 53; quantum querens recuperabit pro conditionibus fractis *MGL* I 176. **b** dulcia neu rigidus frangas decreta parentum ALDH. *VirgV* 1280; timebat ne .. monachicalem ~eret vitae disciplinam HUGEB. *Wynn.* 7; **838** neque libertas eorum semper in posterum in aliqua ~atur *Conc. HS* III 618 (= *CS* 421); pro forisfactura fractae festivitatis ANSELM V 418 (v. festivitas 3a); fracta lege *GAS* 586 (v. emundare 3a); **s1280** emendas assise panis et cervisie fracte (v. 1 assisa 4a); **1287** (v. 1 assisa 5a); **1314** cognovit se fregisse sequestrum majoris et peciit graciam communitatis *RR K's Lynn* I 24; **1315** (v. arrestatus); **1371** (v. 1 assisa 4b); **1412** ~endo arrestam (v. arrestum 1b); **1434** fregit arrestam (v. arrestum 1a). **c** *DB* I 4va (v. forestallum 1c); **11..** pace fracta (v. debilis 1a); **1448** (v. armicudium).

12 (leg.) to miscarry, ruin. **b** (intr.) to fail.

dies placiti .. si non sit contramandatus nisi erga eos qui non ~unt causam suam reus erit qui emanserit nisi .. (*Leg. Hen.* 59. 1a) *GAS* 577. **b** si prepositus accusetur, quod ejus licentia quis falsum fecerit, purget se triplici lada; quodsi purgatio fregerit [AS: *berste*], idem judicium habeat quod qui falsum composuit (*Quad.*) *GAS* 315; si dominus placitet contra hominem suum, respectare potest et differre, dum velit, quia non ~it, nisi major justicia intersit (*Leg. Hen.* 33. 3) *Ib.* 565.

13 to break down, exhaust, wear out (also absol. & fig.). **b** to destroy manly quality of, to make effeminate.

hoc vitium idcirco conetur frangere virgo ALDH. *VirgV* 2586; fracta stomachi virtute lassiscebat BEDE *HE* II 1 p. 77; ut mundi praesentis nec ~atur adversis *Id. Hab.* 1254; **796** non te .. tristia ~ant ALCUIN *Ep.* 114; labore senectutis tedioque maris .. fractus in aecclesia anxius resedit ORD. VIT. III 4 p. 66; quandoquidem ferro ~ere [sc. contumaciam eorum] consilium non erat, sanctum virum secum adduxit W. MALM. *Wulfst.* I 16; **1167** ut animum ejus terroribus ~erent J. SAL. *Ep.* 227 (231) p. 418; ~it Deus omne superbum *Found. Waltham* 20; quidam a claustrali .. quiete migrantes quotidiana membrorum fatigatione se ~unt P. BLOIS *Ep.* 12. 38A; in causa fragili sic causat fictilis etas / quo nunc de facili frangitur omnis homo GOWER *VC* VII 174; **1438** senio .. fractus BEKYNTON I 1 (v. episcopus 2d). **b** fractus, i. sine virtute, effeminatus, mollitus *GlH* F 659; cui sit non gestus fractior, non incessus solutior, non vox petulantior W. MALM. *Mir. Mariae* 115; a quo mens insolentior, vox preruptior, gestus solutior, incessus fractior exulabat *Id. Wulfst.* I 2; [risus] ne sit .. muliebriter fractus caveat. odibilem enim hominem reddit risus lascive fractus aut furtivus aut alienis malis excitatus W. DONC. *Aph. Phil.* 3. 34.

frangia v. frengia.

frangibilis, breakable, brittle. **b** divisible, separable.

clavus stupet ebur frangibile J. HOWD. *Ph.* 298. 4; stannum .. est ~e facilius BACON *Min.* 382; calcina .. fixetur in lapidem, ut est marcasita, ~em per multos dies in lento igne RIPLEY 338; *Id. Axiom.* 117 (v. frangibilitas); *brysille*, fragilis, fisilis, fracticius, fractilis, ~is *CathA.* **b** fretum facis frangibile, / quo vulgus miserabile / redintegrato conteris J. HOWD. *Cyth.* 7. 1.

frangibilitas, brittle substance.

tum erit illud fermentum frangibile ut vitrum, projice illam ~atem supra corpora mundata RIPLEY *Axiom.* 117.

frangibiliter, in broken form.

OSB. GLOUC. *Deriv.* 222 (v. fractilis a).

frangibulum, kneading-trough.

a brake, frangibilum, mactra LEVINS *Manip.* 12.

frangitivus, causing to break.

nervorum et ossium sunt ~i quousque redeat calor GILB. I 15. 1; frigus ~um ossium *Ib.* 47. 1; in piscibus .. est multiplex ordo dentium sed una maneries tantum, sc. dentes ~i sive canini, quia non est necesse eis ut frangant cibos *Ps.*-RIC. *Anat.* 30.

frangmentum v. fragmentum. **frangosus** v. fragosus. **frankbordus** v. francbordus. **frankelanus** v. franclingus. **franpleggia** v. francplegia. **franquesia** v. franchisa. **Fransigena,** ~**us** v. Francigena. **fransus** v. 1 Francus.

frappum [ME *frap*], (naut.) 'frape', part of rigging.

1436 navis vocate *Gracedieu*: .. de *hauncers* vocatis *hedropes* de filo albo pro froppis in eadem *KRAc* 53/5 f. 22v. (cf. ib. 23v.: de cabula grossa debili de filo albo pro *froppys* inde habend' .. de *hauncer* (*sic*) voc' *hederopes* de filo albo pro *froppes* in eadem [nave]).

fraretra v. pharetra.

fraria [OF *frarie* < frateria]

1 fraternity, brotherhood. **b** guild, commune.

a1234 Ricardus reddet mihi annuatim .. j d. ad ~iam sancte domus Hospitalis Hierusalem (*Deeds Willoughby*) *Pipe R. Soc.* NS XXXVI 179; **1318** de fraeria sancti Cuthberti .. nichil recepit *Ac. Durh.* 374; **1338** item in stipendiis tertii clerici ~ie .. *Hosp. in Eng.* 29; item clerici de fraeria, viz. iij, habebunt mensam fratrum *Ib.* 97; ~ia, A. *a brotherhede WW.* **b a1318** nota de fraternitate kalendarum. .. invenimus quod olim dicta fraternitas vocabatur ȝilda seu ~ia communitatis cleri et populi Bristollie *Little RB Bristol* f. 83b.

2 payment to fraternity of Knights Hospitallers. *Cf. confratria* 2. (*Cf. Cust. Rents* 197).

1338 una collecta que dicitur fraeria, que solebat valere dum terra fuit in bono statu xl li. *Hosp. in Eng.* 7; item fraeria, que est ad voluntatem contribuentium *Ib.* 75; **1540** [concessimus] manerium .. nuper preceptorii de Hogeshawe .. cum omnibus et singulis terris .. vis' franc' pleg' .. libertatibus, *franchies*, ~iis, profic', commoditatibus [etc.] *MinAc Hen. VIII* 2402 m. 40.

frasa, fresa [OF *fraise, frese* < fraga], strawberry.

1265 coquina: .. piper j d., ~e iiij d., pulle ix d. *Manners* 50; **1316** in viij^c jonet' x s., in cerasis iij s. vj d., in fresis emptis xiiij d. *KRAc* 377/6.

frasaria, strawberry plant.

fragraria, *fraser, strawberyes* idem. *strebery wise*, ~ia *Herb. Harl* 3388 79v.

fraseus v. frendere 3. **frasis** v. phrasis. **frassire** v. frussare 2. **frassura** v. frussura 2. **fratare** v. 1 frettare.

frater [CL]

1 brother. **b** (~*er germanus*) full brother, son of same father and mother. **c** (~*er dimidius*) half brother, usu. son of same father. **d** (~*er uterinus, coüterinus*) uterine brother, son of same mother.

Jacobus Johannis ~er capite caesus est [cf. *Act.* xii 2] GILDAS *EB* 73; si ~er cum ~re naturali fornicaverit .. THEOD. *Pen.* I 2. 19; cum .. patris sui et matris amore supra omnes ~res suos .. diligeretur ASSER *Alf.* 22; hanc terram tenuerunt de rege ij ~res pro ij maneriis Goduin et Aluuard *DB* I 6vb; pro vobis .. orare audet ultra quam fas est pro ~ribus suis secundum carnem OSB. BAWDSEY clxxiv; sanguineus ~erque carnalis J. SAL. *Pol.* 776D; ~res .. ~rum defunctorum uxores non dico ducunt, sed traducunt GIR. *TH* III 19; **1202** testatum fuit quod ipse habuit ~rem primogenitum *SelPlCrown* 12; hic ~er, A. *brother WW.* **b** ALDH. *VirgV* 442 (v. consanguineus a); BEDE *HE* III 22 etc. (v. 1 germanus 1a). **c s1312** (v. dimidius 1d). **d** *Carm. Aldh.* 2. 84 etc. (v. couterinus); ~er qui ei esset uterinus W. MALM. *GP* V 273; Constantinus duos ~res habuit non uterinos R. NIGER *Chr. I* 39; Stephani .. regis Anglie ~er tam uterinus quam germanus GIR. *Rem.* 27; **s1253** (v. depilare 1a); ~er de una et eadem matre sed diverso patre .. ~er uterinus dici poterit BRACTON 68b; **1309** R. fuit ~er uterinus ipsorum J. et W. et de eodem patre *Year Bk.* 50; Edwardus regis Ethelredi filius ~er uterinus regis Hardecnuti ex parte matris CIREN. II 190.

2 (~*er patruelis*) first cousin, son of paternal uncle. **b** close relative.

9.. ~res patrueles, *suctyrian*, sic dictus est ad patres eorum, si fratres inter se fuerunt *WW.* **b** ~er, i. .. consanguineus *GlH* F 679; **9..** ~res, *gebroþor* et aliquando *gemægas*, aliquando *gelondan*, quas Latini paternitates interpretantur *WW.*

3 (~*er in lege*) brother-in-law.

1419 cum .. R. B. et J. L. ~er in lege Ricardi C. .. executores .. implacitassent *Pat* 402 m. 25; hic levir, est ~er in lege *WW.*

4 (as title or form of address to an equal, esp. fellow Christian).

auscultastis .. Pauli verborum sonum .. vobis intonantis: ~res, inquit 'fidelis sermo est' [*1 Tim.* iii 1] GILDAS *EB* 108; BEDE *HE* IV 5 (v. consacerdos); nos ergo, ~er archiepiscope, .. *Canon. G. Sempr.* 133; hoc nomen '~er' in primitiva ecclesia fuit nomen omnium conversorum ad fidem R. MAIDSTONE *PP* f. 175v.; illi .. quos isti contumeliae causa appellant Zuinglianos et Lutheranos re autem vera sunt utrique Christiani et inter sese amici ac ~res JEWEL *Apol.* C3v.

5 (w. ref. to monk, member of monastic order). **b** (dist. by order); **c** (dist. by colour of habit).

qui viderit aliquem ex ~ribus abatis transgredi precepta debet abatem non celare GILDAS *Pen.* 27; ~er quidam senior monasterii nostri BEDE *HE* III 19 p. 167; **790** ad indumentum ~rum qui serviunt Deo in illa sancta ecclesia *CS* 265; LANFR. *Const.* 175 (v. convertere 8b); *Chr. Abingd.* II 123 (v. claustrum 3c); **1303, 1343** (v. claustrum 3e). **b** Carthusie fratres in eo decerno sequendos, / missa quod in mense sufficit una satis NIG. *SS* 2431; **1198** ~ribus de Chartosa residentibus apud Witham *Pipe* 215. **c** quidam de Fratribus Albis NIG. *SS* 831; nunquam dispendia quisquam / Fratribus ex Nigris sustinuisse valet *Ib.* 2102.

6 (w. ref. to canon regular); **b** (dist. by order).

vexatio falsorum ~rum *Inst. Sempr.* xviii*; **1148** (v. canonicus 6b); **c1268** abbas .. et prior et quidam de ~ribus istam taxationem subscriptam fecerunt *Val. Norw.* 549. **b 1244** etc. ~res cruciferi (v. crucifer 2b); **1256** versus priorem ~rum ordinis Sancte Crucis in Anglia *Cl* 105; **1265** ~res de ordine Sancte Crucis habent literas regis de protectione simplices *Pat* 83 m. 6; **s1410** de ~ribus crucesignatis (v. crucesignare 1b).

7 (w. ref. to friar, member of mendicant order); **b** (dist. by order); **c** (dist. by colour of habit).

1225 corporalis .. predicti ~ris Ade a vobis absentia nulli ~rum sit molesta GROS. *Ep.* 2 p. 20; nec monachus sine abbate nec ~er sine curatore *Fleta* 440; fratres nam pauperes vix sinis vivere TRYVYTLAM *Laus Ox.* 133; **1394** (v. claustrum 3b); hic ~er, *a frere WW*; **1565** ad monachos, ~res, et homines .. religiosos *StatOx* 385. **b 1249** etc. (v. Augustinianus); **1364** ~ribus Augustinensibus .. item tribus aliis ordinibus ~rum mendicancium *Test. Karl.* 74; **1371** (v. eremita 3b); **1245** etc. (v. Carmelanus); **1255** consimiles literas habent ~res de Monte Carmelo *Pat* 69 m. 11; **s1281** capas ~rum Carmelitarum (v. birratus); **1290** prior et ~res de Carmelo in London' *RParl* I 61. 2; **1290** (v. domicilium 1b); **s1314** etc. (v. Carmelita); **1358, 1417** (v. Carmelitanus); **1362** utrique ordini ~rum mendicatorum Karleoli *Test. Karl.* 49; **s1224** construxerunt ibi primum conventum ~rum Minorum in Anglia *Mon. Francisc.* I 493; **1490** ~ribus Minoribus de Observancia *ExchScot* 229; **1538** nomina ~rum Observancium permanencium in regno *TRBk* 153 f. 4; **1540** (v. Franciscanus); **1362** ~ribus perdonariis vj s. viij d. *Test. Karl.* 60; **1290** pro putura ~rum de Ordine B. Marie de Pica *Chanc. Misc.* 4/4 f. 38; **s1326** fuerat quondam ~rum quos *Freres Byes* veteres appellabant WALS. *HA* I 182; **1256** ~res de Penitencia Jesu Christi habent literas regis de protectione simplici *Pat* 70 m. 5; **1331** capella que quondam fuit ~rum ordinis de Penitencia *Ib.* 176 m. 27; **1227** pro ~ribus ordinis Predicatorum *Cl* 11; **1235** ~ri Alardo, priori provinciali ~rum Predicatorum in Anglia GROS. *Ep.* 14; **s1312** cujus caput quidam ~er Predicatorum portavit AD. MUR. *Chr.* 18; **1271** item ~ribus de Saccis x s. *Cart. Osney* II 563; **1292** legat .. ~ribus Sacca vj d. *AncD* A 11568; **1302** ~ribus de Sakko ejusdem civitatis [London'] x s. *Ac. Exec. Ep. Lond.* 114; **1305** quod ~res ordinis Sacci London' possint assignare eidem Roberto unam capellam que vocatur sinagoga de Judeis *RParl* I 162a; **1327** de uno mes' .. in Stamford quod quondam fuit ~rum de Sacco *LTRMem* 99 r. 114d.; **1246** ~rem Nicholaum de ordine Sancte Trinitatis et Captivorum *Ch.Sal.* 303; **1332** cum .. procurator domus S. Roberti juxta Knaresburgh ordinis S. Trininitatis et Redempcionis Captivorum Terre Sancte pro subsidio et elemosinis petendis .. ad sustentacionem ~rum ibidem Deo famulancium ad diversas partes regni nostri se divertat *Pat* 178 m. 7. **c** *Mon. Francisc.* I 595 (v. grisus 4b); nec multo post in aula ~ribus nigris dedicata congregantur REDMAN *Hen. V* 16; **1527** pro ~ribus Nigris scholast' Oxon' et Cantabrig' (*Mun. Cant.*) *HMC Rep.* LV i 225.

8 (w. ref. to member of military order): **a** Knight Hospitaller; **b** Knight Templar.

a s1179 (v. hospitalarius 3); **1293** ~res de Kerebrok percipiunt iij s. *Val. Norw.* 370; **1344** (v. espedor). **b** quidam de Jerosolimitanis ~ribus de Templo *Chr. Battle* f. 59; **1199** ~res Milicie Templi (v. defendere 7a); **1224** per manum ~ris W. Kadel, magistri domus Templi *Pat* 439; **1311** ~er Templi (v. deponere 9d).

9 (w. ref. to religious of minor hospital or hermitage).

1222 magister et ~res et sorores hospitalis Sancti Johannis Ewangeliste de Bercamsted *Pat* 325; **1238** magistrum et ~res hospitalis Sanctorum Jacobi et Johannis de Brackele *Inchaffray* 55; **s1257** ~ribus Bethleemitis (v. Bethleemita); **1264** ~res domus heremitarum S. Johannis de Witlesmere habent literas regis de protectione simplices *Pat* 83 m. 17; **1293** ~res Sancti Lazari de Cosle *Val. Norw.* 372; **1305** (v. 1 eremita 2b); **1439** v ~ribus et sororibus de Wytton *Ac. Durh.* 71.

10 (w. ref. to lay brother of religious order).

1084 abbas me cum uxore mea fecit ~res ecclesie sue quatinus ibi jaceamus *Reg. Malm.* I 328; **1108** Wuillmus et Walbertus gratia Dei recepti sunt ~res, tam beneficiis quam orationibus, in consortio canonicorum S. Pauli *Dom. S. Paul* 127; monachi .. totum illico ~ribus laicis .. crimen imposuerunt GIR. *Spec.* III 15; nullus ~er laicus .. per medium conventus debet transire *Obs. Barnwell* 170; **1432** lego priori et conventui Cartusiensibus de Domo Dei de Heaton' xx s. ita quod ego et Isabella uxor mea simus admissi tamquam ~res et sorores ibidem *Reg. Cant.* II 463.

11 (w. ref. to member of guild).

1322 Rogerus .. est ad legem se sexta manu (*sic*) de ~ribus gilde *Gild Merch.* II 316; *Iter Cam.* 1 (v. botha b); **1539** de ~ribus gilde Sancte Trinitatis, in ecclesia Sancti Oswaldi, pro uno tenemento vocato *Gyldehousse* xij d. *Feod. Durh.* 326; **1604** qui erunt, vocabuntur, et nominabuntur ~res Guildehald' burgi de Nova Windesor (*Pat*) *Gild Merch.* II 272.

12 colleague, fellow, partner; **b** (*~er juratus* or sim.) sworn brother.

~er, i. .. particeps, socius *GlH* F 679; **s1304** ad ipsum Johannem, sibi ~rem in armis *Plusc.* IX 4. **b** debent populi .. se fide et sacramento non fracto .. confederare et colsolidare sicut conjurati ~res (*Leg. Ed.* 32. A. 5) *GAS* 655; **s1061**, *GAS* 490 (v. conjurare 2a); adeo in amorem alterutrum sunt adunati, ut ~res adjurati Romam simul tenderent *Obsess. Durh.* 7.

13 one of two, pair (also fig.).

flatibus alternis vescor cum fratre gemello ALDH. *Aen.* 11 (*Poalum*) 1; tria dedit homini genitalia, que sunt virga virilis et duo ~res pendiculi, qui sunt testiculi prope peritoneon GARL. *Dict.* 121; rex et intellectus sunt ~res alter altero indigens BACON V 124; apparens species fratres sunt atque chimera WALT. ANGL. *Fab.* 60. 11; nihil hic est preter sororem et ~em, i. e. agens et paciens, sulphur et mercurius coessencialia generanter RIPLEY *Axiom.* 112.

fraterculus [CL]

1 little brother; **b** (fig.).

illa [Quendrida] .. ~um [Kenelmum] tollendum e medio satelliti .. commendavit W. MALM. *GP* IV 156 (cf. M. PAR. *Maj.* I 372: fratruelum); **1161** filius Reinfridi, Peccator, ~us meus J. SAL. *Ep.* 90 (133); **1165** ut .. B. .. et R. de S. et ~us noster non dissentiant *Ib.* 167 (145); minimus etate quasi bimus cum ~is suis provectioris aliquantulum etatis in pomerium egressus est *Mir. Wulfst.* II 12. **b** tu, ~e mi, perge mecum ad latrinam ÆLF. BATA 4. 11; hic Deum efficit nostrum fraterculum / nostra sororcula per carnis sacculum WALT. WIMB. *Carm.* 21.

2 friar.

utque taceam tot dissensiones ~orum et monachorum JEWEL *Apol.* C3; ~orum mendicantium CAMD. *Br.* 285 (v. aedicula d).

frateria, fraternity, brotherhood.

1295 mandatum apostolicum quod contra questuarios .. in genere emanavit, nonnulli ad ~iam hospitalis S. Johannis Jerusalem .. sinistra interpretatione extendere ut dicitur noviter presumpserunt *Reg. Linc.* V 52; **c1300** de ~ia beneficiorum ecclesie Sancti Pauli anno .. mcxcvij .. institutum est ut singulis annis quater in anno conveniant universi officium pro defunctis fratribus societatis .. celebraturi *Reg. S. Paul.* 63.

fraterna [cf. LL fraternus = *nephew*], brother's daughter, niece.

hec ~a, filia fratris *WW*.

fraternalis

1 fraternal, brotherly.

triplex malum .. triplicem requirit absolutionem, sc. baptismalem, penetentialem, et dilectionem ~em (PECKHAM *Collatio*) *Powicke Studies* 280 n. 6; humiliter, ut ~i specialitate eisdem associari supplicavit (RISH.) WALS. *YN* app. 497; fraternale decus tunc renovatur ibi ELMH. *Metr. Hen. V* 786; **c1415** vestra reverencia ~is in quo merito residet omnis nostra confidencia singularis *Fabr. York* 201; **1421** ~ibus precibus *Lit. Cant.* III 142; **1446** juret eorum uterque quod .. pacem ~em .. servabit penes alterum *MunAcOx* 553.

2 (*lumen ~e*) light used at funeral, perh. paid for by guild members.

1414 luminaria que ~ia vulgus appellat circa funera apponunt et deferunt mortuorum necnon .. mortuorum cumulos fabricant lapideos ... prohibemus .. ne quisquam luminaria ~ia .. circa funera .. apponat (*Reg. Exon.*) *MS Devon R. O. Chanter* 9 f. 291 v.; **1425** ne quisquam lumina ~ia .. cujuscunque fraternitatis circa funera .. apponat .. nisi .. inveniatur quod non lumen ~e set lumen omnium animarum .. appellatur *Reg. Exon.* I 146.

fraternaliter, fraternally, in brotherly manner.

potest quis fratrem suum ~iter corrigere OCKHAM *Pol.* II 793; **1389** diligenciam .. volentes adhibere .. ~iter *Reg. Heref.* 10; **1441** (v. amicabiliter a); **1536** (v. caritative).

fraternatio, fraternity, brotherhood. **b** letter of fraternity.

s1433 transmisit abbas ei ulterius .. hos spiritualis apices ~onis AMUND. I 367; **s1459** concessio suffragiorum facta .. regi Henrico sexto de spirituali ~one ecclesie *Reg. Whet.* I 325 *tit*; cum dies obitus vestri .. fuerit denunciatus, fiat pro vobis per totam nostram professionem quod pro nostre ~onis defunctis .. inter nos fieri .. consuevit *Ib.* II 6; **1476** (v. disciplinatio b). **b** gilde et ~ones solebant sigillari BRAKELOND f. 121 (v. gilda 1d).

fraterne [CL], fraternally, in brotherly manner.

nos vestre pariter copulat paterna, qua nos ~e jactamus dilectio ANSELM (*Ep.* 39) III 150; tibi ~e providemus quod .. AVESB. f. 97b.

fraternicus, fraternal, brotherly.

c1415 amore cum ~o *FormOx* 434.

fraternitas [CL]

1 the relationship of brothers, (in general) brotherhood, fraternity.

devotae ~atis vincula ALDH. *Met.* 2; BEDE *Luke* 491 (v. divisor 2b); **c794** ut .. nobis inviolabilis permaneat ~as ALCUIN *Ep.* 39; accersitis iis quos primos in amore ~atis habuerat OSB. *V. Dunst.* 23; peccare in Spiritum Sanctum est peccare ex sola malicia, ut post agnitionem Dei per gratiam Christi impugnat aliquis ~atem BART. EXON. *Pen.* 131.

2 group, association, community; **b** (eccl. or mon.). **c** trade or craft guild.

BRADW. *CD* 8D (v. deus 1a); **1416** regi Portugalie, regi Dacie .. et aliis comitibus, baronibus, et militibus de ~ate Garteriorum *Foed.* IX 335; supremus princeps imperator prius electus et admissus in ~atem militum et etiam alii nobiles quatuor ad hoc idem assumpti secundum armorum industriam *G. Hen. V* 18; hec ~as, *a brotherode WW*. **b c795** pax Christi .. custodiat corda nostra in caritate Christi et dilectione ~atis [cf. *1 Pet.* ii 17] ALCUIN *Ep.* 82; **811** ruriculum unius acri illis tribus adherens predictis nostrae ~ati *on byrg* ad possidendum reddo *CS* 332; **c1180** ~as ecclesie de Hegtredeberie *Ch. Sal.* 212n.; **1200** de ~atibus .. hoc constituimus ut .. *Conc. Syn.* 1069; **1322** lego ~ati S. Thome Martiris in Roma vj s. viij d. *FormA* 430; **1353** custodes ~atis S. Katerine in ecclesia S. Laurencii .. nomine fratrum et sororum dicte ~atis *Reg. Rough* 268; **s1451** ut redeat .. substancia ~atis hujus collegii cenobialis *Reg. Whet.* I 9; **1553** (v. dissolvere 2d). **c** breve ad presentandas in cancellaria gildas et ~ates Londoniarum *MGL* I 638; **1491** ceteri ipsius ~atis sive artificii [sc. scissorum] *StatOx* 298.

3 membership of fraternity.

s1080 pactum .. cum juramento in capitulo .. affirmavit, et ~atem loci suscepit *Chr. Rams.* 233; **a1173** concesserunt abbas et conventus ~atem domus sue mihi et uxori mee *Cart. Sallay* 227; **c1190** cunctis canonicis .. Lincoln' ecclesie .. plenariam ~atem ordinis sui concessit *Reg. Ant. Linc.* II 40; **c1200** ~atem simul cum predictis fratribus recepit *Rec. Leic.* I 9.

4 meeting place of fraternity, guild-hall.

1376 de venella ~atis ibidem [in Walmegate] *Mem. York* I 2; **1426** lego fabrice cujusdam alee .. xl s. item lego emendacioni ~atis S. Trinitatis in predicta parochia iiij m. *Reg. Cant.* II 365.

5 fraternity (as title or mode of address): **a** (eccl. or mon.); **b** (royal).

a 601 (v. dispositio 2b); **c792** ALCUIN *Ep.* 14 (v. dum 3a); **a1086** Lanfrancus .. coepiscopo .. salutem. .. clericus .. testatus est se .. cum nullius esset ordinis a ~ate vestra factum esse diaconum LANFR. *Ep.* 21 (43); **1226** Honorius .. servus servorum Dei .. archiepiscopo .. salutem .. ~atem tuam sollicitandam duximus .. quatinus .. *Pat* 80; **1327** J. episcopus .. Archiepiscopo Cantuariensi: .. ~atem tuam rogamus .. quatinus *Lit. Cant.* I 258. **b 680** ALDH. *Ep.* 4 (v. efflagitare b); **1440** Alfonso .. regi Portugalie: .. ~atem vestram precamur attente BEKYNTON I 195.

fraternus [CL]

1 of a brother.

conspiratio germanorum ~um nequaquam exosa parricidium intentabat [cf. *Gen.* xxxvii 18] ALDH. *VirgP* 53; impius aut frater sceleratam sanguine dextram / fraterno impleret cur pietatis inops ALCUIN *Carm.* 69. 42; ~us, germanus *GlH* F 682; *G. Hen. V* 9 (v. duellum 2c).

2 brotherly, fraternal.

680 ~ae caritatis concordia ALDH. *Ep.* 4 p. 486; coepit .. eis ~a admonitione suadere BEDE *HE* II 2 p. 81; vir ratione capax, / ordine qui retulit .., / utile fraternum, non secus ac proprium G. AMIENS *Hast.* 722; ad pacis ~e concordiam GIR. *TH* I 14.

fratissa v. fratrissa. **frator** v. fragor.

fratorium, meeting of members of brotherhood.

1307 die certi ~ii adveniente, facte sunt proclamaciones *Reg. Heref.* 439.

fratrare [CL = (*of boys' breasts*) *to swell*], to become like or imitate a brother.

fratrissare, fratri assimulare, quod et ~are dicitur OSB. GLOUC. *Deriv.* 245.

fratria [CL]

1 brother's wife, sister-in-law.

~ia, uxor fratris *GlC* F 357, *GlH* F 684; hec ~ia, -e, i. uxor fratris OSB. GLOUC. *Deriv.* 236.

2 brother's daughter, niece.

a broderdoghter, ~ia *CathA*.

fratriare, to become a friar.

s1410 bedellus ad hanc processionem .. quadringentos clericos preter clericulos et ~andos numeravit FORDUN *Cont.* XV 22.

fratricida [CL], murderer of a brother, fratricide.

Abel justum frater invidens occidit et ob hoc .. ~a impius aeternae maledictionis poenas luit BEDE *Hom.* I 14. 70; **10.** .. ~a, *broðorslaga WW*; tertius [affectus naturalis] in pectore sanctissimi Joseph, etiam fratricidali preponderavit injurie, qui cum fratribus †fratricidiis [MS: fratricidis] dispensatoria severitate explorationis crimen inureret cernens eos .. fatigari .. flevit AILR. *Spec. Car.* III 14. 589D; NECKAM *NR* II 107 (v. detractorius); sanguis ejus, fusus per scelera / fratricide, clamat post funera J. HOWD. *Ph.* 452; Cain ~a contumacie desperationem adiciens egreditur a facie Domini AD. DORE *Pictor* 165; ~a Cayin primus civitatem condidit, sic et ~a Romulus civitatem edidit Romanorum FORTESCUE *NLN* I 9. ferro dexteram ~am circulavit T. MON. *Will.* VI 10 (v. dexter 2a).

fratricidalis, fratricidal.

AILR. *Spec. Car.* III 14 (v. fratricida).

1 fratricidium v. fratricida.

2 fratricidium [LL], slaying of a brother, fratricide.

Cain de ~io cogitantem Dominus corripuit BEDE *Ep. Cath.* 127; †fratricidi [l. fratricidii], *broþorsleges GlH* F 681; civis infortunio magis quam industria ~ii reus W. MALM. *GP* V 268; ~ia rea et conscia GIR. *IK* I 2; nulla de fratricidio / prorupit exprobacio J. HOWD. *Cyth.* 112. 4; Roma condita duos fratres simul reges habere non potuit, sed ~io extitit dedicata OCKHAM *Dial.* 949; Cayn .. ~ium commiserat FORTESCUE *NLN* II 28.

fratricidus v. 2 fratricidium.

fratrifacere, to make (one) a friar.

in ingressu dupliciter, vel fratrifactor vel eciam ~tus; fratrifactor autem deterius WYCL. *Blasph.* 203.

fratrifactor, friar-maker.

quid igitur scit talis ~or si dissolvit hunc ordinem et perturbat rem publicam? WYCL. *Apost.* 29; *Id. Blasph.* 203 (v. fratrifacere).

fratrissa [LL *gl.*], brother's wife, sister-in-law.

†fratissa [l. fratrissa], *broðor wif* ÆLF. *Sup.* 174; **10.** .. ~a, fratris uxor, hoc est *broþorwif WW*; *syster in law, brodyrs wyfe*, ~a *PP*.

fratrissare, to become like or imitate a brother.

OSB. GLOUC. *Deriv.* 245 (v. fratrare); de possessionibus cunctis ad episcopatum pertinentibus illum, .. tam ~ans quam patrissans, investivit M. PAR. *Min.* I 181; **s1248** Simon de Langetona, frater preclare memorie Stephani Cantuariensis archiepiscopi .. ~are negligens .. *Flor. Hist.* II 351; *to folow broder in maneris*, ~are *CathA*.

fratruela [cf. LL fratruelis], niece.

~a, *a broþer dowter WW*.

fratruelis [LL], **~us**

1 brother's or sister's son, nephew.

[Abram] cum ~e [sc. Lot] ALDH. *VirgP* 54; †fratuelis, *geaduling, suhterga, broðorsunu GlC* F 318–320; ~is, i. filius fratris vel matertere filius, *sihtere GlH* F 683; **s887** obiit .. Karulus rex Francorum. Earnulfus .. successit †fratuellus ejus .. ante obitum patrui sui ÆTHELW. IV 3 p. 46; **10.** .. cum ~i, *mid broþorsuna* .. †fratuelis, i. filius fratris, *suchtyrga WW*; utrum deberent avis superstitibus filii filiorum post patres defunctos hereditare, an exheredditatis ~ibus deberet hereditas ad patruos redire DICETO *Chr.* 146; **s1218** (v. exheredator); Kenulfo .. defuncto .. Kenelmus filius ejus, quem pater ejus .. sorori

sue commendaverat nutriendum. hec autem falsa regnandi cupiditate seducta, ~um de medio tollendum satelliti cuidam . . commendavit M. PAR. *Maj.* I 372 (= W. MALM. *GP* IV 156: fraterculum); **s960** ut predecessoris sui Odonis ~is Oswaldus ad episcopatum Wigornensem ordinaretur pontifex *Chr. Melrose* 32; ~us, *a broþer sone*; . . hic ~is, filius †patris [l. fratris] *WW.*

2 uncle's or aunt's son, cousin.

dixit Hencgistus ad Guorthigirnum: ". . invitabo filium meum cum fratueli suo . . ut dimicent contra Scottos" NEN. *HB* 179 (cf. G. MON. VI 13); **10..** ~es, autem matertære filii, hoc est *modrigan sunu WW*; quod Egbertus filios patrui . . occiderit, Lotharius martyres propalatos irriserit . . et matre ~ium partem insule Tanatos . . concesserit W. MALM. *GR* I 13; ~es . . [mihi] matertere non contulerat castitas BALSH. *Ut.* 47.

fratruus, brother's son, nephew.

Osuiu . . inpugnatus . . a ~uo, i. e. fratris sui filio, Oidilualdo BEDE *HE* III 14; **s955** Edredus . . cujus ~uus, clito Eadwius, regis sc. Eadmundi et S. Alfgive regine filius, monarchiam imperii suscepit FL. WORC. *Chr.* I 136; *a broder son*, ~uus *CathA.*

frattare v. 1 frettare. **fratuelis, fratuellus** v. fratruelis.

fraudabilis [LL v. l.], fraudulent, deceitful.

episcopus . . tali judicio ~i non contentus EDDI 24; **1401** ad resistendum voluntati ~i (v. deceptibilis a); **1492** quod nullus faber . . ejusdem stanni propter ~em fusionem . . gravia perpessi sunt (*sic*) detrimenta *Pat* 572 m. 29 (8)

fraudare [CL]

1 to defraud, trick (person) out of (something); **b** (w. abl. or prep. & abl. of thing removed).

si quem ~aret reddere quadruplum THEOD. *Pen.* I 7. 5; stipem cupidus clam fraudat egentum ALDH. *VirgV* 2590; cur, precor, inmerito voluistis ledere, quem vos / nec parvis umquam voluit fraudare rapinis? *Mir. Nin.* 240; **825** (v. despoliare a). **b** pectora virgineis fraudantur pulchra papillis ALDH. *VirgV* 1750; idcirco peplis jussit fraudare beatas *Ib.* 2258; **793** nolite vos . . aeternis ~are bonis ALCUIN *Ep.* 19 p. 56; nunc ~amur sociis et xl puppibus *Enc. Emmae* I 2; **a1181** promisit se nichil de predicto servitio ~aturum *Doc. Bury sup.* 12; frequentius ~ari videntur optatis GIR. *TH* I 12; hucusque ~ati sumus a desiderio nostro GERV. CANT. *Chr.* 442; **1307** si . . episcopus . . reciperet fructus . . archiepiscopus . . subsidiis . . †frauderetur vel posset . . dampnabiliter defraudari *Reg. Cant.* 1168; ut mulieres . . a . . sue devotionis proposito minime ~arentur *Meaux* I 441.

2 to take away, remove (gift). **b** to steal, embezzle (money).

[rex et regina] quaerentes . . dona . . regum pro Deo a se [sc. Wilfritho] audaciter ~are EDDI 24; **a738** si quis temptaverit hanc donationem ~are . . *CS* 153; **955** (973) ut nec . . aliquid †frudare [v. l. fraudare] vel minuere liceat *CS* 1295 (= *Ch. Roff.* 29). **b** *Lib. Eli.* II 111 (v. drachma 1d).

3 to withhold (w. obj. in abl.).

dum Deus ex alto fraudaret munere claro, / in quo cunctorum gaudent praecordia dono ALDH *Aen.* 85 (*Caecus Natus*) 5.

4 to trick, cheat (also absol.).

difficultas . . stat in isto, si Deus decipit, fallit, vel ~at aliquem in penam peccati WYCL. *Ver.* II 8; nituntur Cristiani invicem ~are [ME: *to begilyn*], invicem injuriari *Itin. Mand.* 76.

fraudator [CL], one who defrauds, deceiver. **b** swindler, embezzler, thief.

ex . . ~oris [sc. seductoris antiqui] injectione . . inter psallentia verba soporis dormitio inrepserat ipsum B. *V. Dunst.* 17; pellicator, ~or, decipulator OSB. GLOUC. *Deriv.* 468; in laqueum fraudator cadit ipse suum WALT. ANGL. *Fab.* 3. 18; ~or [ME: *wikelere*] ex aliqua re occulta ascendere facit suavem odorem *AncrR* 31. **b** **1200** habeant . . presbiteri potestatem . . excommunicandi omnes ~ores decimarum suarum *Conc. Syn.* 1066.

fraudatrix [LL], one who defrauds (f.), thief (in quot., fig.).

~ix scientie, inimica . . memorie noverca, oblivio J. SAL. *Pol.* 385B.

fraudelenter v. fraudulenter.

fraudenter, deceitfully or (?) *f. l.*

s411 fraudenter [*sic* MS; v.l. fraudulenter] ab uno Picto est occisus *Eul. Hist.* II 275.

fraudifer, one who prompts fraud, deceiver.

nichil hic machinabatur doli, cum ~er ille mentem iracundie et furoris stimulis armabat assiduis *Mir. Hen. VI* I 8 p. 28.

fraudilenter v. fraudulenter. **fraudilentus** v. fraudulentus. **fraudolenter** v. fraudulenter.

fraudosus, fraudulent, deceitful, dishonest.

nam fraudibus uso / aucupe fraudosam viscus inescat avem WALT. ANGL. *Fab.* 46. 16.

fraudulenctia v. fraudulentia.

fraudulare, to defraud, trick (person) out of (something).

968 ut cum aeternae patriae emolumentis numquam ~emur *CS* 1214 (= *MonA* I 50, *Cart. Glast.* 592).

fraudulens [*backformed from* fraudulenter], deceitful (in quot., as sb.).

~entes et dolosos . . recompensat *Reg. Whet.* II 412.

fraudulenter [CL], fraudulently, deceitfully, dishonestly.

680 qui . . fallaciam contra beatum Petrum ~er machinaretur ALDH. *Ep.* 4 p. 482; **796** probavimus quosdam fraudolenter negotiandi causa se intermiscere ALCUIN *Ep.* 100; debitor ille respondit ~er, sc. se ei pecuniam reddidisse GIR. *GE* I 52; fallunt amicum suum ~er S. LANGTON *Serm.* 2. 17; **1263** purprestūras . . ballivi nostri contra debitum sue fidelitatis in nostram exheredacionem fraudulenter permiserunt *Cl* 299; **1327** (v. destructio 2c); ~er . . decorticabant . . scripturam RIC. ARMAGH *AP* 20 (v. decorticare f); **1378** (v. elongare 3c); verbis blandis quasi tractando ipsum fraudilenter circumvenerunt *Dieul.* f. 144. 2.

fraudulentia [CL], fraudulence, deceitfulness, dishonesty.

ursus . . ~iam, violentiam ille [leo] . . figuraliter exprimit BEDE *Sam.* 617; aut sua sibi per ejus auctoritatem reddenda aut per ejus ~iam constaret amissa W. MALM. *GP* III 115; predas . . cum dolorum ~iis exercebant R. COLD. *Cuthb.* 64; ad hujus quoque figmenti fraudulenctiam apertius detegendam . . GIR. *JS sup.* 146; ~iis me fefellit *Latin Stories* 6; **s1379** fraudulenta dolositas et dolosa ~ia . . fieret manifesta WALS. *HA* I 401.

fraudulentus [CL], fraudulent, deceitful, dishonest. **b** (as. sb.) dishonest person.

~a femineae titillationis lenocinia ALDH. *VirgP* 53; **704** ne quis forte posterum †fraudulenta [l. ~um] ignorantiae piaculum perperam incurrat *CS* 111; quod ficto corde ac duplici requirunt serpentino potius dente ~i quam simplici oculo columbino BEDE *Hom.* I 12. 62; *Ib.* II 1. 117 (v. eicere 1a); in Theophania amittimus invitatorium, reducentes ad memoriam ~am invitationem Herodis ÆLF. *EC* 20; fecit quidem, sed tamen suggestione quorundam fraudilenta R. MELUN *Paul.* 276; ~a distorsione *Id. Sent.* II 35 (v. distortio b); W. RAMSEY *Cant.* f. 188vb (v. diminutor b); **s1379** (v. fraudulentia); **1571** (v. evacuatio 6). **b** praecepit . . sponsae . . Christus ut . . incipientes ~orum versutias deprehendere . . contendat BEDE *Cant.* 1114; propter . . vicium . . seductores et ~i creduntur OCKHAM *Dial.* 709.

fraudulose, fraudulently.

1275 ~e ingressus est in tenemento illo *Hund.* I 419b; **1367** garbas . . a . . bestiis scienter et ~e conteri tolerant *Conc.* III 70a.

fraudulosus [CL], fraudulent.

de occultatione inventi thesauri ~a GLANV. XIV 2 (v. 1 assisa 6f); nisi ad evitanda ~a †periculaque [l. pericula que] humaniter accedere inibi potuissent FAVENT 12.

fraunchesia v. franchisa. **fraura** v. freiura.

fraus [CL]

1 fraud, deceit, trickery.

idola quae dudum decepta fraude colebat ALDH. *CE* 4. 8. 13; daemonica ~de seductus BEDE *HE* V 13; **786** ~s, violentia, et rapina vetatur *Ep. Alcuin.* 3 p. 25 (= *Conc. HS* III 455); **936** †fruade (v. furvus b); **1075** neque . . deceret ut filius Willelmi . . de perjurio vel ~de aliqua infamiam pateretur LANFR. *Ep.* 40 (32); injustam acquisitionem [facit] . . ~dis inductio in emptione HALES *Sent.* IV 235; *AncrR* 8, **s1406** (v. 2 dolus a).

2 fraudulent act, deception, stratagem.

mendacia mille, / fraudes et fures ac falsis fribola gestis ALDH. *VirgV* 2577; Scotti . . nil contra gentem Anglorum insidiarum moliuntur aut ~dium BEDE *HE* V 23 p. 351; catus in alto sedens clamavit "Reynarde, . . aperi sacculum tuum; certe omnes ~des tue non valent modo ovum" *Latin Stories* 57; o si forte Jupiter / hanc videat, / timeo ne pariter / incaleat / et ad fraudes redeat P. BLOIS *Carm.* 8. 7. 65; de Jacob dicitur quod fecit dolum sine dolo et ibi fuit pia ~s, ergo ibi non fuit peccatum *Id. Ep. sup.* 58. 4.

3 something acquired by fraud.

qui ~dem comedit et scit . . vij dies poeniteat EGB. *Pen.* 13. 3.

fraxcio v. fractio 6a. **fraxillus** v. fractillus 2b.

fraxinaria, (?) kind of umbelliferous plant.

~ia, ameos agreste idem; similis est sambuco juveni *Alph.* 62; *Ib.* 8 (v. ami).

fraxinetum, ash-grove. **b** (in place-name or surname translating) Frayn, Fresnai, Ash, or sim.

habent . . ibi iiij acras prati et ~um *DB* I (*Northants*) 226va; ~um, locus ubi fraxini concrescunt OSB. GLOUC. *Deriv.* 243; **1233** trahit eum in placitum de quodam ~o *CurR* XV 177; hoc fraccinetum, locus ubi habundant [fraccini] *WW.* **b** **1156** [*William de Fresne*] de ~o *Cal. Scot.* I 7; **1166** filius Willelmi de Fraxneto [v. l. Fraxineto] *RBExch* 395; **1169** Willelmus de Fraisneto *Pipe* 120; **1219** Ricardus de ~o *CurR* VIII 55; **1230** Willelmus de ~o *Pat* 356; **1230** Hugo de ~o debet ij m. *Pipe* 307.

fraxineus [CL], of the ash-tree, ashen.

a frango . . hec fraxinus, -i, eo quod facile frangitur, unde ~eus OSB. GLOUC. *Deriv.* 223; **1291** cum cortice ~eo (v. falsitas 3d); **1371** de ligno fraccineo (v. gropa 1).

fraxinus [CL], **~a**

1 ash-tree.

~us, *aesc GlC* F 327; **†680** (c1000) ab ipso rivo ad ~um unum (*sic*) *CS* 50; succidebatur ~us altari martyris Thome necessaria W. CANT. *Mir. Thom.* VI 41; in ~os et taxos arboresque varias quas . . viri sancti . . plantaverant GIR. *TH* II 54; **1233** (v. enta); **1269** ~i quas ducebat amputate erant in curia sua propria in villa de E. que est extra metas foreste *SelPlForest* 52; **1313** prostravit unam †fraxinem *Cuxham* 636; **1317** in v fraccinis apud Dunschidiok ad axeas carrectarum emptis v s. *Fabr. Exon.* 75; **c1339** dicunt quod prostrat' fuerunt compotis Johannis Scot tres quercus et una ~a precii iij s. *IMisc* 138/10; **1360** succidit viij †francinos . . et inde fecit carucas et carectas pro husbandria *IMisc* 182/5; **1446** prosterni fecit . . xiiij fraccinos magnas *Eng. Clergy* 235; percipiebam . . invincibiles [ignes] . . in virides arbores, ~us (*sic*), quercus, et salices . . debacchari *Croyl.* 97; ~us, A. *asche*; hec ~us, A. *heschetre*; hec fraccinus, *a neschtre WW.*

2 (material for) javelin or spear.

oliva / concilians, cornus venatrix, fraxinus audax J. EXON. *BT* I 517; fraxinus apta / bellis humano leta cruore madet NECKAM *DS* VIII 53; ~us est arbor . . ex qua fiunt haste, que franguntur BART. ANGL. XVI 62; **1280** (v. Daneschus); dum umboni clipeus, haste ~us, equus sonipedi, quirites militi et strenuus nobili, magna virium violencia, occurrissent *Ps.*-ELMH. *Hen. V* 23.

3 (in place-name or surname translating) Frayn, Fresnai, Ash, or sim.

in loco qui dicitur Æscesdun, quod Latine mons ~i interpretatur ASSER. *Alf.* 37 (cf. *Enc. Emmae* II 9: in Æsceneduno loco, quod nos Latini 'montem ~orum' possumus interpretari); **c1150** (v. de 16b); **1230** Thomas de ~o ij m. de eisdem *Pipe* 117; Willelmus de ~o debet j m. *Ib.* 250; **1242** Ricardus de ~o [v. l. Fracxino] *Ib.* 66; **c1430** (v. etymologizatio).

4 (as adj.) of the ash-tree, ash-.

GILB. III 144. 2 (v. cinis 3a); **1255** in bosco sculpabit v fescicula spinarum . . et asportabit inde v virgas, exceptis fraccinis, quercinis, et pomariis *Cart. Rams.* I 461; **1443** pro cxlv duodenis ciphorum ~orum *Comp. Dom. Buck.* 16; **1511** pro factura et emendacione securium pro servientibus nostris ad silvam laniando fraccinas arbores ij s. iij d. *Ac. Durh.* 661.

frayare v. freiare. **frayatio** v. freiatio. **frayell-, frayll-** v. fraellus. **freare** v. freiare. **freborga** v. frithborga. **frecellus** v. frithellus. **frecenga** v. frescenga. **frecheforca** v. freshfortia. **frecinga** v. frescenga. **frecingus** v. 1 forinsecus. **frecira** v. freiura. **frect-** v. frett-. **fredallus** v. frithellus. **fredlus** v. fraellus.

fredum [cf. MLLM s. v. fredus 3 < Germ.; cf. AS *frith*], form of exaction or imposition.

†970 (12c) nec ad freda vel bannos exigendos . . requirere . . presumatur *CS* 1264.

freellus, fregellus v. fraellus. **freghta** v. 2 frettare.

freiare, ~ere [AN *freier*, OF *froiier* < fricare], to fray, rub, burnish.

1190 pro freuris de corio ad ~andas loricas vj s. et viij d. *Pipe* 4; **1213** in †frure [MS: f'r'ure; l. furfure] et armis ~andis, v d. *Misae* 268; **1284** pro furfure empto pro armis regis inde fraeandis *KRAc* 351/9 m. 6; **1285** Albino scutifero pro †ferra [MS: ferr[ura]] armorum et capillarum . . regis, furbura ensium et aliorum armorum . . et pro hominibus conductis ad dicta arma †feranda [MS: freand'] furfure et filo ferreo emptis, dimidia duodena de freuris . . et pro uno gladio furbeando *Rec. Wardr.* 213; **1288** in berennio empto . . ad arma domini regis freanda *KRAc* 462/12 m. 2; **1297** computant in fraura armorum bis per annum vj s. in vij buss' furfuris emptis ad arma fraienda et ad arma cubanda xiiij d., pro buss' ij d.; in fraiorio ter emendando xiiij d. *Ac. Cornw.* 132; **1305** pro armaturis . . fraendis (v. 1 barellus 3); **1312** in armura frayanda ij s. iiij d. in furfure empto pro eadem vij d. in una barilla pro eadem intus frayanda, mundanda, et circulanda ij d. *MinAc* 843/3.

freiatio, burnishing.

1343 in iij lagenis olei emptis pro fraiacione hujusmodi armaturarum *KRAc* 290/23 m. 3; **c1372** in vadiis . . W. T. et J. de H. . . operancium super furbacione et frayacione loricarum infra turrim lxiiij s. vj d. *Ib.* 30/15 m. 3.

freitum v. 2 fretta.

freiturarius [AN, ME *freitourer* < refectorarius], refectorer.

12.. mesuagium freyturarii Lewensis *AncD* A 7244.

freiturium [AN, ME *freitour* < refectorium], refectory.

1260 in emendandum .. cyphos et clipsadra in freytur' *Cust. Glast.* 191.

freiura [cf. freiare]

1 burnishing.

1284 pro fraura armorum regis apud Newton' in castro xij d. *KRAc* 351/9 m. 2; **1297** in fraura armorum (v. freiare).

2 tool for burnishing armour.

1190 pro freuris de corio et ligno (v. freiare); **1209** pro duabus †freciris [MS: freoris] lineis ad arma domini regis iiij s. *Misae* 124; **1254** mandatum est J. de S. quod acquietari faciat duo frena ad destrarios .. et quatuor paria habenarum, et pannum ad duo paria freurarum cum cordis ad freuras illas *Cl* 248; **1285** dimidia duodena de freuris (v. freiare); **1289** unam frauram corei equini *SelCKB* III cv.

freiurium, tool for burnishing armour.

1297 in fraiorio (v. freiare); **1303** pro uno sacco de corio albo pro uno fraer' ferri inde faciendo pro armatura principis *KRAc* 363/18 m. 8*d*.

frellus v. fraellus. **fremannesfrethia, fremenefrenda** v. flemenfremtha.

fremebundus [CL], making a loud, roaring noise; raging, angry.

qui esset .. voce ~a W. MALM. *Wulfst.* I 4 p. 10; continuo Rogerus torvis illum respiciens oculis tandem ~us ait, "an tu venisti quo doceres me matrimonia solvere?" *V. Chris. Marky.* 29; fremo .. inde .. ~us .., qui cito fremit OSB. GLOUC. *Deriv.* 235; nobilis invidens ausus honorem .. fluvium ~us intravit GIR. *EH* II 7; *like to gruche*, †fremundus *CathA*.

fremere [CL], **~escere** [LL], **fremēre**

1 to utter deep continuous sound: **a** (of natural agent) to rumble, resound. **b** (of wild animal) to growl, roar. **c** (of person or group) to make inarticulate noise, mutter.

a contra ~entes fluctus [*gl.*: *wedende yþa*] et salsas gurgitum moles ALDH. *VirgP* 29. **b** leones ~unt ALDH. *PR* 131; canum caterva .. qui latrando balatibus in ipsum hyando ~ebant R. COLD. *Cuthb.* 17 p. 32; ad similitudinem lupi qui ~ens et frendens atque crudeliter seviens *Id. Godr.* 51; leonum est ~ere, rugire OSB. GLOUC. *Deriv.* 78; quidnam decentius est .. speculari circa Dei altarium aquilas bicipites .. centauros pharetratos [v. l. phaleratos] ~entes acephalos? AD. DORE *Pictor* 142. **c** ~eo, i. sono, clamo *GlH* F 705; cum talentum tandem videt / non jam fremit neque stridet P. BLOIS *Carm.* 26. 11. 82; quando judex stomacatur, / frendet, fremit, et bachatur WALT. WIMB. *Van.* 87.

2 to groan, lament, moan.

~it, i. .. gemit *GlH* F 706; framea .. i. quoddam telum, eo quod meticulosos ~ere faciat OSB. GLOUC. *Deriv.* 235; statim ~entes spiritu quasi extra se rapiuntur et tanquam arreptitii fiunt GIR. *DK* I 16; nunquam .. egredi voluit donec omni corpore tremente et ~ente omnis libidinis furorem edomando restrinxisset *Id. GE* II 10 p. 215; Lazarus .. pro quo resuscitando Christus flevit, oravit, ~uit [ME: *mende him selven*], et clamavit *AncrR* 125; ~escens FAVENT 16 (v. crucialiter); *Latin Stories* 99 (v. expavescere a).

3 to rage, rail.

ast pueros stolidos, sanctum qui carpere vatem / et laniare student bombosa voce frementes ALDH. *VirgV* 293; dira fremens saevo passim cum murmure Martis / ignea inferni animabus Tartara complet BONIF. *Aen.* 3 (*Cupiditas*) 188; daemonis ira fremens tantam vult subdole gnosin / fallere FRITH. 599; ~entem regis iram graviter incurrerunt B. *V. Dunst.* 23; ORD. VIT. XIII 23 p. 61 (v. excaecare 2b); si quis .. de nece martyrum .. narrationem ceperit ordinare .. irasco, ~ere, et usque ad mortem persequi consueverunt [pagani] W. S. ALB. *V. Alb. & Amphib.* 2.

4 to complain, protest.

~it, i. .. indignabitur *GlH* F 706; W. MALM. *GP* IV 155 (v. debere 5a).

fremitare, to resound.

ferrea voce fremitans (ÆTHELWALD) *Carm. Aldh.* 5. 53; proelia si fremitent, conclamet et hostica salpix / truxque cruenta citet miles in arma suos BEDE *Hymn.* 15. 15.

fremitus [CL], deep continuous sound: **a** (of natural agent or artefact) rumble, din. **b** (of wild animal) growl, roar. **c** (of person or group) inarticulate noise, muttering.

a fragor, i. strepitus, tonitruum, .. sonitus, ~us *GlH* F 653; summus vulgi plausus exoritur maximusque tubarum [? l. turbarum] ~us FREE *Ep.* 53; ad armorum ~um se contulit FORTESCUE *NLN* II 70. **b** truculentos leonum ~us .. contempserat ALDH. *VirgP* 28; in ruditione asinorum, in ~u leonum BYRHT. *V. Osw.* 417; Pirrus, imago patris, fremitu leo, tigris in hostem, / occupat incautos *Brutus* 97; quamvis .. ira regis ut ~us leonis adversus Walthenum sevierit J. FURNESS *Walth.* 9. **c** OSB. GLOUC. *Deriv.* 246 (v. fremor); in fremitu Parma terram conculcat et arma M. SCOT. *Proph.* 89.

fremor [CL], low confused noise, murmur, roar.

~or †sive [MS: sc.] est murmur hominum *GlH* F 708; ~or, murmur, strepitus, fremitus OSB. GLOUC. *Deriv.* 246.

fremundus v. fremebundus. **fren-** v. et. phren-. **frena** v. frenum, 2 frenus.

frenalis, pertaining to a bridle.

de gormettis ~ibus equorum UPTON 34 (v. gormetta).

frenare [CL]

1 to control (horse) w. bridle (also fig.). **b** (~*are linguam* or sim.) to bridle tongue (fig.; *cf. James* i 26).

ut [animalibus] .. domitis frena adjungentur, ~atis diversa exercitia adhibeantur ADEL. *QN* 15; itaque ut fortitudo invicta permaneat, spiritum consilii habeat ascensorem ipsoque ~ante atque regente preliatura descendat in campum J. FORD *Serm.* 17. 10. **b** linguam obstinato ~assem silentio W. MALM. *Wulfst. ep.* p. 1; **s1141** omnes clerici vel metu vel reverentia ~arunt ora *Id. HN* 502 p. 63; diligere .. linguam ~atam habere W. BURLEY *Vit. Phil.* 42; sis .. / .. / loquendo prudens vel linguam stude frenare *Dietarium* 55.

2 to curb, control (natural force).

Rector regnorum, frenans et fulmina lege ALDH. *Aen.* 100 (*Creatura*) 2; sic miles Christi frenabat marmora ponti *Id. VirgV* 825; is qui frenat et aurigat / .. / elementa symbolis WALT. WIMB. *Virgo* 50.

3 to restrain (person, desire, or act).

luxuriam carnis frenantes ilibus almis ALDH. *VirgV* 1292; carnem ostendit .. per continentiae praecepta ~atam BEDE *Luke* 380; justitiae validis populos frenabat habenis ALCUIN *SS Ebor* 126; ~ans ut populos armis ita legibus arma ORD. VIT. IV 1 p. 165; majoris meriti est libidinem ~are in abundantia, quam abstinere ex inedia PULL. *Sent.* 969B; ad ~andos ire impetus GIR. *PI* I 13; ~andi forent dampnati, ne confiterentur publice culpam suam WYCL. *Ver.* II 83.

frenatio [LL], curbing, controlling, restraining.

a ~one .. malorum procedendum in ecclesia R. NIGER *Mil.* II 65.

frendere, ~ēre [CL], **~escere** [LL]

1 (intr.) to grind or gnash teeth (usu. in rage); **b** (~*ere dentibus* or sim.). **c** (trans.) to gnash teeth at (partly fig.).

~et, dentibus stridet *GlC* F 332 (= *GlH* F 702: ~it); coeperat et frendens ore spumare cruento ALCUIN *SS Ebor* 317; dicunt nefrendes infantes quasi nondum ~entes, i. nondum dentibus concutientes OSB. GLOUC. *Deriv.* 379. **b** ~ens dentibus *V. Cuthb.* II 8 (v. gemitus a); dentibus ~ere coepit BEDE *HE* III 11 (v. dens 1a); **c794** ne me ~entibus illa morderet dentibus timui ALCUIN *Ep.* 26; antiquus hostis .. qui huc illucque dentibus ~ens, pedibusque calcitrans .. per campum discurrere coepit *Id. Hag.* 687D; ~ens in eum dentibus stridulis confusus abscessit R. COLD. *Godr.* 34; ROB. BRIDL. *Dial.* 109 (v. 2c infra). **c** [Gregorius] dicit in expositione beati Job: "ecce lingua Britanniae, quae nihil aliud noverat quam barbarum ~ere .." BEDE *HE* II 1 p. 78; novi .. diaboli invidiam, quia .. de ore suo te ~ens tabescit evadere ANSELM (*Ep.* 99) III 230.

2 to rage, roar, growl; **b** (w. animal as subj.); **c** (w. abstr. or inanim. subj.).

insidias multis disponit †facto [l. factio] frendens ÆTHELWULF *Abb.* 166; Kynegils quo tempore regnat / barbarie frendens WULF. *Poem.* 12; daemones coardentes, frementes ardore, ~entes furore ANSELM (*Medit.* 2) III 82; subito .. ~ens impetu brachium S. Nicholai .. exposcit ORD. VIT. VII 13 p. 220; datis .. magnis sumptibus ~entem tirannum sibi placaverunt *Ib.* VIII 24 p. 425; elata dedignatione ~ens ait .. G. FONT. *Inf. S. Edm.* 8; ringere, irasci, ~ere, stomachari OSB. GLOUC. *Deriv.* 507; in conjugem nimio valde et bestiali furore ~escens *Mir. Hen. VI* II 48. **b** apri ~unt ALDH. *PR* 131; frendentes ore molosos *Id. VirgV* 574; et lupus horrendis non frendet victibus atrox *Ib.* 1670; more boat Marcus frendentis voce leonis ALCUIN *Carm.* 70. 8; est .. aprorum ~ere OSB. GLOUC. *Deriv.* 78; quidquid ~eant aut grunniant immundissime sues P. BLOIS *Ep.* 130. 385C; NECKAM *DS* IX 139 (v. fulmineus 2); frendet aper spumans GOWER *VC* I 803. **c** ex hac nascuntur caedes cum strage nefanda / et clamor vocis, simul indignatio frendens ALDH. *VirgV* 2630; ac bona sic propria frendendo perdo dolose BONIF. *Aen.* (*Invidia*) 316; armorum crebra collisio in conflictibus ~uit ORD. VIT. VIII 12 p. 332; verba non in faucibus ~entia, nec oris inanitate resonantia, nec aspera frendentibus dentibus ROB. BRIDL. *Dial.* 109 (v. et. 1b supra).

3 (trans.) to break, grind small.

~ant, i. frangant, comminuant *GlH* F 698; †fessa [MS: fressa], i. molita, fracta, divisa, *gegrunden Ib.* 718; ~eo, ~es, -dui .. caret supino, i. concutere, inde .. fresus, -a, -um, i. concussus, †funda [l. unde] et fabam fresam dicimus .. item a ~eo ~esco OSB. GLOUC. *Deriv.* 214; olus apte minuatur ut .. fabe frese [*gl.*: *feves freyces*] NECKAM *Ut.* 96; **1242** duos bussellos fabarum frasearum *Cl* 504; *brokyn*, ruptus, .. fractus, fresus *CathA*.

frendis v. nefrens.

frendor [LL], grinding, gnashing (of teeth).

~or fit in dentibus GILB. I 47. 1.

frendule, w. gnashing of teeth, ragingly.

dicens luctuose et ~e "hach, hach, hach" R. COLD. *Godr.* 182.

frendulus, gnashing, raging.

hostis malignus .. erat .. asininis dentibus ~us R. COLD. *Godr.* 34.

frenesis v. phrenesis. **freneticus** v. phreneticus.

frengia [OF *frenge* < fimbria], fringe.

1230 pro freng' et fresell' [ad capas] vj s. *Liberate* 9 m. 5; **1303** pro factura iiij penecell' .. de serico broudat' et pro ~iis ad eosdem *KRAc* 363/18 f. 10*d*.; **1337** in lacis et ~is de filo et serico emptis j s. x d. *Sacr. Ely* II 92; **1368** aurifrasia mea simplicia cum frangiis et aliis ad vestimenta .. pertinentibus *Reg. Exon.* 1556; pro j uncia dim. ~ie stricte albe et blodee empta .. iij s. iiij d. *Ac. H. Derby* 35; **1402** diverse ~ie de serico (v. frisiare); **1467** pro ~is rubei coloris ij s. *Invent. Ch. Ch.* 117; **1553** de .. conapiis, curtinis, et fringis de viridi, flauva, rubra, et jacinctina saiea .. Anglice *testors, curtens, and frynges of grene, redd', yellowe, and blewe saye Pat* 852 m. 28.

frenifactivus, pertaining to bridle-making.

ars enim ~a et militaris ordinantur ad unum finem communem, sc. victoriam W. MACCLESFIELD *Quaest.* f. 42vb; de sciencia .. ~a respectu equestris, et de illis que architectonice subiciuntur OCKHAM *Dial.* 406.

frenscengia v. frescenga.

frenum [CL; *pl.* ~i, ~a]

1 horse's bridle or harness (incl. reins and bit); **b** (dist. by form or use); **c** (as token of sale).

comparati jumentis insipientibus strictis .. morsibus rationis ~um offirmantes GILDAS *EB* 22; hoc labarum tenens in dextera tua demitte ~um equi ALDH. *VirgP* 25; facio ex eis [pellibus] .. ~os [AS: *bridelþþancgas*] et falera ÆLF. *Coll.* 97; ~us duo lora solet habere que miles in manu sua debet tenere et sic equum suum regere *Simil. Anselmi* 193 p. 99; equi feri .. ~os mandunt W. FITZST. *Thom. prol.* 14; **1340** (v. equiferus b); **1344** commissimus .. valletto nostro .. custodiam tam omnium pullanorum nostrorum equiciorum nostrorum citra Trentam et ad ~um positorum quam equiciorum nostrorum de Ryseburgh, Henele, et Sippenham *Pat* 368 m. 10; de uno eorum [clavorum] fecit imperator Constantinus ~um [ME: *an bit to his brydyl*] equi sui *Itin. Mand.* 54; **1531** ~e, *hedestells, renes Househ. Durh.* 18. **b** **c1270** (v. 1 aquare a); **1368** (v. aquaticus 5c); **1411** (v. adaquatio); **1415** j ~o monachali cum *peytrell Ac. Durh.* 225. **c** in Breccles xxv acre .. et praepositus de Saham vendidit tempore regis Willelmi per unum ~um *DB* II 110v.

2 (fig.) check, curb, restraint. **b** control, mastery.

nocturnos regimus cursus et frena dierum ALDH. *Aen.* 79 (*Sol et Luna*) 8; artioribus se .. continentiae ~is astringere (*Ep. Ceolfridi*) BEDE *HE* V 21 p. 343; lingua suos habeat frenos in corde ligatos ALCUIN *Carm.* 62. 26; animosus .. dux .. plus equo ire ~a relaxans ORD. VIT. III 5 p. 81; MAP *NC* III 2 f. 37v. (v. calcar 1e); **1234** (v. dissolutio 4b); ave, virgo, mortis frenum WALT. WIMB. *Virgo* 123; virgines sine dote nubere statuit, ut .. cum nullis ~is docium tenerentur W. BURLEY *Vit. Phil.* 64; tetrahith vel tetrahicus, i. herba Judaica, et est ~um pcussis [? πτύσις] *Alph.* 184; ut rupto ~o discrecionis *Mir. Hen. VI* I 2 p. 19. **b** de manibus tulerat horum quoque frena tributi ALCUIN *WillV* 9. 5.

1 frenus v. frenum.

2 frenus, ~a [AN *frene*, OF *fresne* < fraxinus], ash: **a** (tree); **b** (wood).

a **c1245** confirmavi .. tres saylones jacentes inter magnam ~am et Eme Cros *Cart. Sallay* 456; **c1323** fecit vastum .. in boscis .. de lxvj arboribus quercuum et ~orum *IMisc* 92/8; **1401** usque at quatuor frenes que sunt ad capud de Clapedale *Couch. Furness* I 201. **b** **1311** [4 *cart-axles of ash*] de ~o *Fabr. Exon.* 53; **1320** in ix palis de ~o emptis pro fausetis et *levours* inde faciendis xviij d. *KRAc* 482/1 m. 4.

frequens [CL]

1 densely packed. **b** surging.

GlH F 717 (v. densus 2b). **b** quasi alluvione ~entium gurgitum vident Dominum BEDE *Hab.* 1245; *GlH* F 717 (v. densus 2b).

2 numerous, multitudinous. **b** (as sb.) crowd, throng.

altipetax cogitationum ~entium multitudo generatu BEDE *Cant.* 1179; jungit ad astra fides numeros turmasque

frequentes / congregat ÆTHELWULF *Abb.* 611; ventorum violentia inflante .. per ~entes parietum rimulas ASSER *Alf.* 104; ~entis, i. multiplici *GlH* F 711; W. MALM. *Mir. Mariae* 141 (v. discursare). **b** quo viso, alii ex ~entibus jocunde ridere, alii pie compati, omnes vero gratulari cepere GOSC. *Transl. Mild.* 21 p. 185.

3 assiduous, constant, regular. **b** (in bad sense) habitual.

671 haec .. non posse intellegi nisi ~ens et prolixa meditatio fuerit adhibite ALDH. *Ep.* 1; ~ens oratio *Id. VirgP* 60 (v. 1 edere 4a); depraecatio, ~ens oratio *GlC* D 108; ~ens, assidua, *gelomlic*, celer *GlH* F 714; prophetarum libros in †frequentu [l. frequenti] usu habeo *Eccl. & Synag.* 60; ex .. usu disserendi ~enti incidit in hoc BALSH. *AD* 4; cum Martha satago sollicitus et ~ens in ministerio OSB. CLARE *Ep.* 32; Martha erat satagendo circa ~ens ministerium ut pasceret hospitem W. NEWB. *Serm.* 882. **b 705** in cotidianis potationibus .. usu ~entiore ac .. superfluis .. execrandis ALDH. *Ep.* 8(11); **1270** R. .. est ~ens malefactor de venacione in parco *SelPlForest* 58.

4 frequent, repeated.

curatio infirmorum et ~entium operatio virtutum celebrari non desinit BEDE *HE* I 7; *Ib.* IV 8 (v. extremus 2b); *GlC* E 69 (v. effetus); inter .. praesentis vitae ~entia impedimenta ASSER *Alf.* 76; ALEX. CANT. *Dicta* 3 (v. frequentatio 2); fiat ~ens inunctio GILB. I 78 v. 2 (v. dactylus 3a); GARL. *Dict.* 135 (v. devacuare); **1285** per ~entem transitum carectarum (v. diruere a); confessio debet esse ~ens [ME: *ofte imaked*] *AncrR* 123.

5 of common occurrence, widespread, well known.

quaestio facta est ~ens et magna de observatione Paschae BEDE *HE* III 25; ~entissimus, i. †celebrerrimus [MS: celeberrimus], *brymest GlH* F 712; ebriis .. ~ens est ut homines bestias putent J. SAL. *Ep.* 283 (270); vetulas .. se in leporinam transmutare formam .. vetus quidem et adhuc ~ens querela GIR. *TH* II 19; signa ~entia GAD. 57v. 1 (v. evacuativus a); HIGD. VII 44 (v. disceptatio a).

frequentabilis [LL], frequentable, often accessible.

in studiis generalibus et in aliis locis ~ibus OCKHAM *Dial.* 709.

frequentare [CL], **~ari**

1 to occupy (place) in large numbers, to crowd, throng.

Christianus in circuitu civibus beati baptiste Johannis ecclesiam ~antibus BEDE *Nom. Acts* 1037; *GlC* A 916 (v. aviarium); occasiones inimicitiarum ab iniquis querebantur ut mutuis conflictibus finitime sedes ~arentur ORD. VIT. VIII 4 p. 291; montes .. et valles cooperuerant, et, si qua plana erant, densis turmarum cuneis omnia ~antur *Ib.* IX 8 p. 510; **c1230** scolas umbratice ~ant (v. dispendere 1a); **s1378** (v. deplanare).

2 to make frequent use of, use frequently.

luxuria .. quasi lixiria, eo quod a lixis maxime ~etur OSB. GLOUC. *Deriv.* 318; Latinitatis .. natura, que nullatenus ita in solito loquendi cursu hanc litteram [sc. Q] ~at *Ib.* 485.

3 to repeat (act), do again and again. **b** to restate, reiterate.

qui concupiscit fornicari .. poeniteat. si ~averit .. xx dies THEOD. *Pen.* I 2. 10; suspirans trepidat, lacrimans gemitumque frequentat WULF. *Swith.* I 1183; occurrit memorie per aquam beati Yvonis ~ata salvatio GOSC. *Mir. Iv.* lxi; cotidianas expeditiones .. ~abant ORD. VIT. IV 4 p. 186; ut per monasteria lectio sanctarum scripturarum ~etur W. MALM. *GP* I 5; duo sunt que fratres multum diligunt, et tertium multum ~ant .. oratio sine devotione ECCLESTON *Adv. Min.* 131; si quis .. Latinum non intellexerit, leccionem devotam Anglico vel Gallico sive in suo ydiomate vulgari ~et *Spec. Incl.* 2. 3. **b** cum .. juvenis jus suum sepius requireret et procaciter ~ans regi molestus esset .. ORD. VIT. XII 4 p. 324; interrogata concedi vel negari ~at sermo communis BALSH. *AD rec.* 2 128; ~ata et trita fastidium generant GIR. *TH intr.* p. 6; ut .. unitatem faciat ~ata commonitio dilectionis MAP *NC* IV 16 f. 58.

4 to seek repeatedly, visit regularly (person). **b** to frequent, resort to, haunt (place). **c** (*vicem ~are*) to seek a turn, look for an occasion (for action).

Petri petunt suffragia; / illum visendi gratia / frequentant (ÆTHELWALD) *Carm. Aldh.* 2. 70; ~abo eos BEDE *Cant.* 1136; occuluit eam ~avitque vij annis integris G. MON. II 4; cum .. me in hunc modum ~asset coivit mecum in specie hominis *Ib.* VI 18; regina .. dapiferum .. diligebat, quem quotiens rex deerat ~abat *Arthur & Gorlagon* 15; infirmos visitans et amicos suos salutandi causa ~ans *Eul. Hist.* I 321; **1452** (v. exercere 11b). **b** ergastula confessorum .. ~antem ALDH. *VirgP* 36 (v. ergastulum 1b); locum ~are illum .. coeperunt BEDE *HE* III 10 (v. 1 dies 3b); ~abat orando sancti Dei sepulcrum ALCUIN *Hag.* 691D; ecclesias .. orandi causa clam .. ~abat ASSER *Alf.* 76; universorum circumquaque fidelium frequentia colebat et .. pretiosum insulae humiliter locum ~abat B. *V. Dunst.* 3; curiam hic Mauricii diu ~abat GIR. *TH* II 21; **a1231** quod .. per viros fide dignos .. scolas suas ipsum sciverit ~are *StatOx* 82; molles sermones habent isti palpones qui regum ~ant limina WALT. WIMB. *Elem.* 318; **1299** ~antes tabernas et lupanar' (v. expendenter). **c** examen apium .. quae ingrediendi .. per .. pueruli labella certatim vices ~abant ALDH. *VirgP* 26; vices ascendendi in montem .. ~ans AD. MARSH *Ep.* 8 (v. divinus 3b).

5 to consult repeatedly (person or his counsel). **b** to study continually.

multi .. cum desiderio ~ari .. scientiae hominem festinabant THEOD. *Pen. pref.*; noli frequentare bella .. ~a tamen consilia majorum BACON V 152 (v. et. 6 infra). **b** ut patet in Anglie abbatibus et episcopis, qui nolunt dare consanguineis prebendas nisi leges ~ant (S. LANGTON *Gen.*) *Med. & R. Stud.* I 246n.

6 to engage in, take part in.

villarum autem circuitus .. nequaquam ~ent [AS: *gelom læceon*] *RegulC* 11; mane facto surrexit opusque consuetum magna sedulitate ~avit GOSC. *Edith* 301; ~are bella BACON V 152 (v. 5a supra); qui sunt qui deliciarum causa has visitationes ~ant PECKHAM *Paup.* 15 p. 85; **1285** quod omnia navigia magna et parva per .. flumen absque impedimento possint commode ~ari *RGasc* II 261; dum pater iter Jerusalem ~abat TREVET *Ann.* 61.

7 to observe (festival), celebrate, perform (ceremony or liturgy). **b** to celebrate (person or his praise).

pro festivitate ~anda ALDH. *VirgP* 38 p. 289; da quaesumus .. caeleste munus diligere quod ~ant [AS: *symligað* vel *oft giniosað*] *Rit. Durh.* 15; ut ejus sacra natalitia et temporaliter ~emus [AS: *soeca ue gilomlice*] et conspiciamus aeterna *Ib.* 80; venerationem angelorum a die illa ~are coepi ALEX. CANT. *Mir.* 52 p. 268; **1333** volentes .. officia .. ~ari (v. divinus 4a); de ceteris .. que ordinata sunt .. et in ecclesia Romana ~ata nichil sciunt *Itin. Mand.* 116. **b** Deo grates laudesque frequentat ALDH. *VirgV* 920; accola quam Siculus famosa laude frequentat *Ib.* 1739; virginem et reginam Theotokon .. salutationibus satagunt ~are devotis R. BURY *Phil.* 20. 251.

frequentatio [CL]

1 occupation of place in large numbers, crowding together, thronging, overrunning.

erat .. Albania penitus ~one barbarorum vastata G. MON. VI 1; **c1238** domum Dei decet sanctitudo que .. asciscit angelorum ~onem GROS. *Ep.* 57 p. 178.

2 frequent resort (to), repeated use (of).

sicut corpus humanum sine frequenti ciborum subministratione nequit subsistere, sic anima absque virtutum ~one nulla potest ratione vivere ALEX. CANT. *Dicta* 3 p. 122; civitatem .. incolatus sui ~one honestabat *V. Fridesw. B* 2; sunt carceri et vinculis mancipandi. alter .. pocione et alius injurie convincebatur ~one *Flor. Hist.* II 422; J. de Gawnt mortuus est ex tali putrefaccione membrorum genitalium .. causata per ~onem mulierum GASCOIGNE *Loci* 137; si a reumate vos curare et preservare duxeritis, vitare debetis .. ~onem balnei KYMER 3.

3 repetition, frequent recurrence. **b** restatement, reiteration.

quaerebat operis ~one proficere ALCUIN *Exeg.* 604B; ~o .. est non unius actus continuatio sed actus intercisi multiplicata repetitio GROS. *Ep.* 127 p. 376; duo .. sunt consequencia motum ut firmetur, imitacio et ~o *Ps.*-GROS. *Gram.* 51; fervor charitatis aut nominat ~onem actus aut intensionem actus aut promptitudinem ad actum MIDDLETON *Sent.* I 168; **1552** delicti hujusmodi ~onem .. puniendos *Conc. Scot.* II 131. **b** quatinus .. fidei calor .. adhortationum ~one succendat (*Lit. Papae*) BEDE *HE* II 11; ~o hujus versiculi 'Deus in adjutorium meum intende' *Spec. Incl.* 4. 1; major ~o, verior et famosior elocutio, et largior profectus per predicaciones ad populum .. provenire valebit PECOCK *Abbr.* 618.

4 frequented place, haunt, lair.

a1270 nulla bestia potest ibi latere nec habere refugium nec ~onem *DLDeeds* L 179; *sookne or custom or hawntyng*, ~o *PP*.

5 observance (of festival), performance (of liturgy).

813 sedulo .. ~one canonicis horis ecclesiam Christi visitent *CS* 342; **1350** sacerdotes .. curas animarum gerere negligunt .. quinimmo .. ad celebranda annualia .. se conferunt .. propter hujusmodi ~onem annalium .. plures .. ecclesie .. remanebunt .. destitute (*Reg. Cant.*) *Conc.* III 1.

frequentativus [CL]

1 (gram.) frequentative, denoting repetition of an act. **b** (as sb. n.) frequentative form.

'adjuvo' perfectae formae est, 'adjuto' ~ae BEDE *Orth.* 8; sunt verba quaedam iterativa, quae ~a appellantur, quibus significatur id quod saepius factum est BONIF. *AG* 520; altera [forma] derivativa quam ille [sc. Donatus] meditativam, ~am, vel inchoativam dicere voluit ALCUIN *Gram.* 877D; de verbis ~is. *sume word synd gecwedene* ~a, *þæt synd gelomlæcende* ÆLF. *Gram.* 213; dicuntur verba .. inchoativa, perfectiva, imitativa, ~a *Ps.*-GROS. *Gram.* 51. **b** 'hio' cujus ~um vel iterativum est 'hieto' ALDH. *PR* 113.

2 frequent, repeated.

940 (12c) oracula divinae clamationis nos ~is hortationibus †suadet [l. suadent] *CS* 761 (cf. ib. 978 [**956**]).

3 repetitive.

~us .. in genitalibus *Collect. Stories* 217 (v. 3 gurgulio).

frequentator [LL]

1 frequent user, practitioner.

metra vel a pedibus nomen accipere .. vel ab inventoribus vel a ~oribus BONIF. *Met.* 113.

2 frequent attender, regular visitor.

scribere exordiar quae a ~oribus ejus, Wilfrido et Cissan, audivi FELIX *Guthl.* 28; tumulus .. quem olim avari solitudinis ~ores .. defodientes scindebant *Ib.*; devotus ecclesie extitit ~or M. PAR. *Min.* I 401; loci prophani .. ~ores (R. BURY *Ep.*) *FormOx* 8; Johannes [ob. 1214] .. scholarum Parisiensium ~or assiduus *G. S. Alb.* I 217.

3 one engaged frequently (in), practitioner (of).

s1353 servientes et operarii et ceteri ~ores servilis operis WALS. *HA* I 277 (cf. *StRealm* I 327); **s1382** ~ores istarum artium *Ib.* II 62.

frequentela, group of attendants, retinue.

ipsa praesidio adesse solebat, quae .. regem ejusque ~am serenaret *V. Ed. Conf.* 52.

frequenter [CL], frequently, repeatedly, assiduously. **b** commonly, generally.

GILDAS *EB* 18 (v. expeditio 2b); si ~er fecerit annum integrum paeniteat THEOD. *Pen.* I 5. 12; ~er esurienti eo Dominus cibavit eum *V. Cuthb.* II 2; cum homine injusto nolito manere frequenter ALCUIN *Carm.* 62. 145; Eadburh .. quam .. ~er vidimus ASSER *Alf.* 29; ~issime libris utuntur *Ib.* 76; GIR. *TH* I 12 (v. fraudare 1b); DUNS. *Ord.* II 326 (v. eclipsare a); cognita causa Lanfrancus ut cum abbate ire posset ~er postulavit KNIGHTON I 89; explora .. per quod magis peccasti vel ~ius [ME: *oftest*] *AncrR* 132. **b** hoc ~er apud humanum genus contigisse fertur *Lib. Monstr.* I 1; ABBO *QG* 16 (35) (v. declinatio 4a); ~ius .. per .. meseraicas venas attrahitur cum liquore quam per subductionem emittitur *Quaest. Salern.* B 296.

frequentia [CL]

1 large number, great amount.

p792 audivi .. de elemosinarum ~ia ALCUIN *Ep.* 188; piarum aurium clementie .. tantas precum inculcare ~ias AD. MARSH *Ep.* 31.

2 crowd, throng, multitude. **b** retinue.

[rex] cum omni ~ia filiorum Israhel ALDH. *Met.* 2 p. 65; locus .. spirituum malignorum ~ia humanae habitationi minus accommodus BEDE *HE* IV 26 p. 271; ~ia, multitudo *GlC* F 316 (= *GlH* F 710); B. *V. Dunst.* 3 (v. frequentare 4b); militum stipatus ~ia *G. Steph.* I 34 (v. ductitare); ea res multorum populorum et episcopi Roberti et abbatum ~ia .. facta W. MALM. *Wulfst.* III 10; infortuniorum ~ia durus sum MAP *NC* V 5 f. 65v. **b** recedenti patre cum regali ~ia GOSC. *Edith* 47; convocat abbas S. numerosam seniorum et prudentiorum monasterii ~iam *Id. Lib. Mild.* 19 p. 86; cum amabili comitive sue ~ia, Bolonie .. applicuit AD. MARSH *Ep.* 30 p. 129.

3 frequent resort (to), repeated use (of), engagement (in), dealing (with). **b** (man.) suit (in quot., of mill).

usu ac ~ia peccatorum inebriati GILDAS *EB* 110; quod [bajulus tuus] non habeat tractatum vel ~iam cum aliquo regum BACON V 141; **c1377** per studii ~iam (v. fragrantia b); vestri .. renes et genitalia operis Venerei inmoderata ~ia aliquantulum debilitantur KYMER 3. **b 1327** inspeximus .. concessionem, eciam donacionem .. quas fecit eisdem ecclesie et canonicis .. de molendino de Eilestorp cum ~ia et viis molendine necessariis sicut unquam melius erat *ChartR* 114 m. 22.

4 frequency, frequent recurrence.

1168 audiens tibi molestam mearum esse ~iam litterarum, calamum diu suspendi J. SAL. *Ep.* 247 (247); ad ultimi .. inventionem et cognitionem ex ad exercitium disputandi ~ia facultas BALSH. *AD rec.* 2 117; que contra ejusdem [sc. nature] non potentiam sed ~iam prodire videntur GIR. *TH* II pref.; **c1239** hujusmodi itaque speculator .. nonne necesse habet .. quanta potest diligenti ~ia nunc in hanc partem, nunc in illam .. se vertere? GROS. *Ep.* 127 p. 401; **12..** propter ~iam emergencium periculorum *Conc. Scot.* II 42.

5 frequented place, haunt.

in publica .. strata vel alia qualibet hominum ~ia .. nidificantes GIR. *TH* I 22.

fresa v. frasa, frendere.

frescenga, ~ia, ~us [AN *fresceng*, OF *fressange*, ME *fressing* < Frk. **frising*], sucking pig, piglet.

a1103 redderet .. ad festum S. Martini xx *fressinges* bonas, ad electionem cocorum et magistri aule *Cart. Rams.* III 164 (cf. ib. 231: x frenscengie peroptime; cf. ib. 232: firmarius dabit cellerario .. ad Natale Domini unam ~am optimam et unam treiam farine); **1107** ad victum .. ordinavi .. xvj frecingas, xxx ancas [l. aucas], ccc gallinas [etc.] (*Ch. Gundulfi*) *MonA* I 175a; **a1129** in dominio curie sunt .. xij sues et j *ver* et xvj *maiols* et xxxj *frescenges Chr. Peterb.* app. 158; **1198** pro xx frecengis de foresta *RScacNorm* II 369; de frecengis et de arietibus ejusdem ministerii *Ib.* 479; **1202** invenient .. quarterium vacce et dimidiam ~iam pacabiles *Fines P. Norf. & Suff.* 180; **1240** emi faciatis .. iiij^{xx} frecing' *Liberate* 15 m. 21; **1244** celer[ario] pro fresceng' iiij li. x s.; eidem pro v pensis bacon' l s. *MinAc* 766/19; fressang' *Cust. Bleadon* 204 (v. bruettum); **c1300** prepositus .. [dabit] xx panes, xx gallinas, ij tynas cervisie, xl ova, unum fressingum idoneum *Cart. Rams.* I 58; **1353** pro furnacione unius quarterii unius bovis, dimidie fressencie porci, unius auce et quinque gallinarum *Pat* 240 m. 27.

fresellus [OF *fresel*]

1 fringe, braid.

1220 duo ~i de aurifragio ad fratandam sandalii regis *ReceiptR* 3B r. 1; **1230** (v. frengia); **1237** pro ~o emto ad coronam .. [regalem] iij s. *Pipe* 81 r. 15; **1237** in arzonibus, aurifrag' et fresell' et alio apparatu unius selle ad opus Regine ... in aurifragiis, fresell' et alio apparatu ad unam casulam *Ib.* (= *Liberate* 11 m. 3); **1241** pro .. fresell[is] (v. estencellare); **1250** quod fieri faciat ad opus albi cardinalis unam casulam et tunicam et dalmaticem de albo samitto cum aurifrigiis, ~is, et aliis apparatibus *Cl* 290; **1292** pro vj peciis ~i ad ornamenta vestimentum ij s. *Sacr. Ely* II 7.

2 (as adj.) (?) fringed.

1340 pro restauro .. j equi morelli friselli appreciati pro .. Johanne viij li. (*AcWardr*) *TRBk* 203 p. 256.

fresgunda [cf. OF *fresgon* < *frisconem], 'knee-holly', butcher's broom. *Cf. frisgo.*

~a, i. bruscus *SB* 22.

freshfortia [AN, ME *freshforce* < frisca fortia], (leg.) fresh force, *i. e.* recent power (of law), action in lower court analogous to assize of novel disseisin.

a1283 cum aliis omnibus pertinenciis ad predictum burgum Brechan .. pertinencibus .. purpresturis, frecheforcis et omnibus placitis *BBC* (*Brecon*) 317; **1284** freschya forc' debet placitari sicut in forma nove dissaysine .. et ubi breve n. d. non jacet, habeant breve transgressionis *IMisc* 43/2; **13..** *fresshforce* (v. dissaisina b).

Fresia v. Frisia. **Fresio, Freso** v. Friso. **fressencia, fressingus** v. frescenga. **fretagium** v. frettagium. **fretare** v. frettare. **fretellus, frethellus** v. frithellus. **freth-** v. et. frith-, fyrd-.

Frethericalis, adherent of Frederick II.

s1251 propter insidias ~ium M. Par. *Maj.* V 236; **s1252** certamen inter ipsum et ~es *Ib.* 300.

fretherus v. fritherus. **frethiare** v. frithiare. **frethlus** v. fraellus.

fretifragium, breakwater, pier.

1453 sustentacioni fretisfragii alias vocati *le per'* viij d. *MS Norfolk R. O. Norwich Consistory Court Wills* 1453, 189 *Aleyn.*

fretillus v. fritillus.

fretina, ~um [OF *fretin, ferdin*; cf. ME *ferþin* < AS *feorþung*], small coin, farthing.

1223 proprium ~um suum fabricabunt ad .. cuneum suum *Pat* 405; **1335** de denariis nobis mittendis pro ~a *Lit. Cant.* II 108 *tit.* (cf. ib: *soixante livres de fratine qe vous .. voudrez changer pur deniers*); **1335** liberavit .. Thome le May xxiiij li. xiij s. iiij d. in ~a prout fuerat ponderata ipsa ~a infra nostrum monasterium per aurifabrum de civitate Cant' *DCCant. Day Bk. Prior Oxinden* f. 61.

fretinnire v. fritinnire.

1 fretta, ~um [OF *frete*, ME *fret*]

1 fret, hoop for hub of wheel.

1290 pro iiij paribus frectorum emptis ad currum regine *Househ. Eleanor* 92; **1290** in ij frett' ad carectam camere iiij d. *Ac. Swinfield* 142; **1297** in j pari rotarum empto contra autumpnum xxij d. in fructis ad idem emptis ij d. *Ac. Cornw.* 8; **1302** in frectis de virgis ad idem [par rotarum] emptis j d. ob. *MinAc* (*Teddington, Middx*) 918/3; **1326** in ~is pro plaustris et carectis *Ib.* (*Glos*) 854/8; **1341** cum fruttis (v. 1 frettare 2a); **1352** custus longe carete: .. in *cluppeles* et ~is emptis xvj d. *Comp. Worc.* I 50; **1364** in viij fruttis, viz. iiij ferreis et iiij ligneis pro modiis ij carectarum ligandis *Ac. Man. Wint.* (*Whitchurch*).

2 ornament of criss-cross lines, diaper, fretwork. **b** article adorned w. diaper or fretwork.

1295 capsa operta sameto rubeo, cum frectis et scutis breudatis *Vis. S. Paul.* 323; cum casula de panno inaurato super serico cum avibus aureis in ~a lineata panno de Ailesham rubeo *Ib.* 335; **1315** alba .. cum paruris de rubea sindone brudata albis rosis de serico in frectis aureis *Invent. Ch. Ch.* 59; **1388** j lectum de panno aureo de rubeo campo cum foliis aureis operatis in quodam frecto albo *Foed.* VII 577; j capa de rubeo camaca cum uno ~o de auro (*Invent.*) Amund. II app. 341. **b** **1203** sciatis quod recipimus a .. J. Norwic' episcopo .. regalia nostra, sc. magnam coronam .. sandalia cirotecas, ~as, et calcaria *Pat* 35a.

3 (her.) fret.

sunt et alii qui portant unam ~am, ut hic. et portat de rubeo cum una ~a de auro. et G. sic, *il port de goules une frette de or* Bad. Aur. 139; *Ib.* 202 (v. 1 frettare 4); dominus de Audeleia .. portat in suis armis unam ~am ... colligere debes unam magnam differentiam inter arma bendata et ista que fiunt cum predictis ~is. quare notandum est quod in armis bendatis colores contenti equaliter dividuntur. set in istis ~is campus semper remanet integer ... portat namque dictus dominus de A. arma frettata de auro in campo rubio. et G. sic *il port de gewlez ung frecte d'or* Upton 254.

2 fretta, ~um, ~us [AN *frette*, OF *fret* < Germ.; cf. Dutch *vracht, vrecht*]

1 (charge for) hire of vessel, usu. for carriage of goods. **b** charge, payment.

1204 mutuo accepit .. x s. ad adquietandum ~um suum *CurR* III 107; **1215** c m. argenti que ei restant de ~o navium suarum *Pat* 161. 1; **1242** viiij li. xix s. et vj d. quos posuit in ~o trium navium quando transfretavit ad veniendum in servicium nostrum .. sc. pro ~o unius navis per xxxviij dies vj li. *RGasc* I 31; **1253** mitto vobis unam marmoris navatam per Willelmum Justise cui habere faciatis pro frecto v m. et dim. et x s. (*KRAc* 467/1) *Ac. Build. Hen. III* 436; **1276** quilibet qui bona sua careat in navem alterius per frectam ad carianda vel transfretanda alicubi, faciet quoddam scriptum tripartitum (*CoramR*) *Law Merch.* II 15; **1285** magister navis amittat ~am suam de doleis seu bonis in mari sic projectis (*Pat*) *Foed.* II 298; **1303** de quolibet dolio vini .. marinariis freitum solvere tenebuntur *EEC* 262 (= *MGL* II 209: fretum, *RBExch* 1063: frectum); **1330** in frecta unius batelle cum vij doliis vini del Blaknis usque Clacmanane vij s. *ExchScot* 273; **1336** in ~o navis (v. ducere 4d); **1348** in empcione vj^{xx} quarteriorum frumenti de archidiacono Dunelmensi, cum frecta, cariagio, et expensis xlvj li. xvj s. *Pri. Cold.* app. xvi p. xxi. **b** **1319** quod perquisita curie et fractum aque de Yore, qui pertinet ad firmam predicte ville [Pontis Burgi], diminuebantur *Cl* 136 m. 10; **1331** tenentes contrahuntur cum uno fractu penne sub hac forma *Ext. Guern.* 88; **1340** pro magnis custibus et ~ibus per ipsum appositis veniendo ad regem (*AcWardr*) *TRBk* 203 p. 217.

2 freight, cargo.

1229 quod navem Godefridi S. de W. quam arestari fecerunt .. eidem G. deliberari faciant cum omnibus catallis suis et frecto ejusdem navis, ituram quo voluerit *Cl* 145; **1404** precipimus .. quod .. balingeram in portu .. existentem .. una cum ~o ejusdem .. aresto .. salvo et secure custodiatis *Cl* 252 m. 12.

frettagium [AN *fretage*], freightage, (charge for) hire of vessel, usu. for carriage of goods.

1292 circa cariagium xiiij doliorum vini et ~ium navis *Doc. Scot.* I 273; **1297** in frectagio pro lij saccis et xx petris lane *KRAcCust* (*Boston*) 5/5 m. 8d.; **1298** in fretagio unius navis (v. dennagium); **1313** pro frettag' diversarum navium frettatarum per eundem ad diversa victualia carianda de Novo Castro super Tynam usque Ber' super Twedam una cum dennag' eorundem *KRAc* 375/8 f. 23; **1333** rex sibi mandavit pro frectagio cujusdam navis quam W. de M. Q. et R. de U. milites de mandato regis frectare fecerunt *LTRMem* 105 m. 109 *d.*; **1388** (v. doliata b); **1404** innavigarunt infrascripta bona .. navi cujus magister erat Gerardus .. et pro frectagio sive naulo solvere tenentur .. c et l nobilia *Lit. Cant.* III 81; **1419** pro bermanagio, cariagio, shoutagio, batillagio, frectagio, cranagio, couperagio, [etc.] (*KRAc*) *JRL Bull.* XXVI 267.

frettamentum, freight, cargo.

1404 mandamus .. quod .. mercatoribus .. navem suam cum toto apparatu et ~o ejusdem ac victualibus, hernesiis et aliis rebus suis .. restitui et liberari faciatis *Cl* 252 m. 6.

1 frettare, ~ere [AN *fretter*, OF *freter* < firmitare; cf. ME *fretten*]

1 to tie, bind.

c1275 in diversis minutis clavis emptis ad virgas frectandas et ad alia *KRAc* 467/7/3; in diversis minutis cordis emptis ad virgas ingeniorum frectandas *Ib.*; **1349** in corda empta pro predicto filo in canevacio fruttando v s. *Ib.* 385/39; **1350** in cordis emptis pro dictis xij sarpelariis frectandis iij s. et in stipendio unius hominis cum coadjutore pro filo predicto in predictis sarpelariis paccando et ~andis cum cordis *Ib.*; **1355** in cordis emptis pro predicto filo .. fruttando et ligando *Ib.* 385/48.

2 to bind (wheel or its hub) w. hoop. **b** to fit (cart) w. bound wheel.

1273 in rotis frettendis ob. *MinAc* 768/7 m. 1; **1318** in dictis rotis cum virgis fruttandis *Ac. Man. Westm.* (*Pershore*) 22107; **1341** in j pari rotarum nudarum ad carettam empt' .. et in eisdem fruttandis j d. ob. cum fruttis ad idem emptis *MinAc* 1120/11 r. 11; **1342** in ij rotis †fricctandis [MS: fruttandis] (*MinAc* 741/4 m. 1) *Beds Hist. Rec. Soc.* VIII 29; **1357** in modiis dicte carecte ferro ~andis xviij d. *Crawley* 280; **1372** in j homine conducto ad ligandum et frettandum rotas pro carucis, plaustris et curtenis *MinAc* 900/5; **1374** in j homine locato .. ad ligandum et frattandum rotas pro carectis, carucis, plaustris et curtenis *Ib.* 900/8. **b** **1329** in dictis ij carectis ~andis *Ac. Man. Wint.* (*Wootton*); **1330** in dictis carectis ~andis vj d. *Ib.* (*Moundsmere*); **1331** in carecta ~anda ij d. *Ib.* (*Silkstead*).

3 to decorate w. pattern of criss-cross lines, diaper, or fretwork.

1205 mantellum de samitto vermeillo ~atum cum saphiris *Pat* 54b; **1220** duo gladii cooperti de rubeo samito ~ati aurifragio *ReceiptR* 3B r. 1; ad fratandam sandalii *Ib.* (v. fresellus); **1245** quod .. fieri faciant duas capas de choro et eas frectari facient bonis aurifragiis *Cl* 296; **1298** bursa ~ata (v. deforis 2a); **1315** casula .. cum aurifrigio ornato gemmis et perulis aureis cum avibus et bestiis in auro frectatis *Invent. Ch. Ch.* 51; **1323** lego .. unam zonam de serico ~atam de *perles RR K's Lynn* I 81; **1349** doublettos .. frettat' (v. dublettus 1a); **1385** item j tabula .. cum duobus foliis .. ~atis cum literis *MonA* VI 1364; **c1400** una alba habens paruras ~atas cum viridi serico mixto cum auro (*Invent.*) Amund. II app. 355; **1530** j mitra frittata cum argento et *reband* ex dono domini J. Thoresby *Ib.* 1202.

4 (p. ppl., her.) fretted, fretty, interlaced.

portat arma ~ata de auro cum campo rubeo ... iste ~atus campus remanet integer et frette possunt esse de omni colore Bad. Aur. 202; Upton 254 (v. 1 fretta 3).

2 frettare, ~ere [AN *fretter*, ME *fretten*]

1 to hire, charter (vessel) for carriage of goods.

1227 navem suam .. quam ~avit Petro de B. et Petro de B., mercatoribus de Burdegala *Cl* 170b; **1230** de vinis que sunt in navi .. quam ~avit *Pat* 386; **1299** ad naves ~endas pro .. exercitu *Pipe* (*Chanc.*) 92 r. 7; **1307** mercimonia sua .. per ipsos in quadam navi, quam ad hoc frectaverant, posita (*CoramR*) *Law Merch.* II 73; **1338** quandem navem .. usque .. villam Berewici jam ~averit et eam lx et x et vij doliis vini de .. vinis nostris †carceravit [l. carcaverit] usque .. villam ducendam *RScot* 523a; **1403** in nave .. †freghta [l. freghtata] per .. Henricum et Rogerum *Mem. York* II 10.

2 to freight, load (vessel). **b** to load, carry (merchandise).

1285 cum .. compellere consueverint barones .. ad contribuendum ejectionibus de navibus suis ~atis cum pericula per maris intemperiem iminere contingebant (*Pat*) *Foed.* II 298; **1312** camerario .. injunximus oretenus quod ipse quasdam naves et bargias in villa .. provideat et frectet tam pro hominibus ad arma potentibus quam .. diversis victualibus in municionem .. ville nostre Dunde .. *RScot* 109a; **1378** quod bargea civitatis vocata *la Petir* erit vendita ad solvendum debita civitatis .. quod illa sit ~ata usque Caleys cum lanis hominum dicte civitatis et postea vendatur *Mem. York* I 32. **b** **1416** bona et marcandisas .. emit et ea .. in quadam navi .. skippavit et ~avit *Mem. York* II 56; **1417** (v. berebarellus).

frettatio, freighting, loading (of vessel).

1307 expensas quas tam in empcione vinorum .. et fretacione navium quam custodia eorundem .. apponi contigerit (*Pat*) *Foed.* III 12; **1312** circa frectacionem et preparacionem navium et bargiarum *RScot* 109a.

1 frettura, ornament of criss-cross lines, diaper, fretwork.

1295 unus pannus de viridi campo, cum rosulis inter frecturas *Vis. S. Paul.* 329; **1315** alba .. consuta de *losenges* et alba frectura *Invent. Ch. Ch.* 60; **1340** una capella broudata de perlis .. una coiffa frettata de perlis et al[ia] petrar[ia], unde pars ~e est fracta (*AcWardr*) *TRBk* 203 p. 318.

2 frettura, (charge for) hire of vessel for carriage of goods.

1301 in frectura unius navis venientis de insula xij s. v d. *Ac. Durh.* 503.

1 frettus v. 2 fretta.

2 frettus, decorated w. fretwork: **a** (of garment); **b** (arch.).

a **1315** casula alba ~a de albo cum pallio albo de simplice aurifrigio *Invent. Ch. Ch.* 66. **b** altitudo volte ~e archuate usque ad coopertumram plumbi (W. Worc.) *Camb. Antiq. Soc.* 4° S. IX 43.

1 fretum v. 2 fretta.

2 fretum [CL]

1 channel, strait.

Brittannia insula .. ~o quo ad Galliam .. navigatur vallata GILDAS *EB* 3; **680** ALDH. *Ep.* 4 (v. Demeta); Scylla .. in eo ~o quod Italiam et Siciliam interluit *Lib. Monstr.* I 14; fecerunt .. eum [sc. murum] inter duo ~a vel sinus .. maris BEDE *HE* I 12 p. 26; *Ib.* III 3 (v. discernere 1a); *Ib.* IV 24 (v. disterminare 1a); **814** unum ~um qui (*sic*) nominatur nostra propria lingua *Mearc Fleot CS* 348; ~um, mare angustum, non latum *GlH* F 722; ~um, i. fervor maris, A. *a walke WW*.

2 sea.

serpentes a Tenedo insula .. ~um sinuosis verberabant magno murmure motibus *Lib. Monstr.* III 10; per freta perque vias / urbem Romuleam vidit BEDE *HE* V 7; ~a, maria *GlH* F 721; **9..** ~um, *deop WW*; intrat nauta frĕtum, ventorum turbine frētum SERLO WILT. 2. 40; **c1298** sciens quod abierit rex noster trans fretum (*Dunbar* 162) *Pol. Songs* 173; hoc ~um, A. *see WW*.

3 water.

Lib. Monstr. II pref. (v. dirigere 3b).

fretus [CL], strengthened by, confident in, relying on.

civibus .. sanctorum .. choris et genetrice comitantibus ~is GILDAS *EB* 28; ALDH. *VirgP* 28 (v. defensaculum); **c1043** regali ~us dignitate (v. deificus a); **a1160** archiepiscopi litteris ~us J. SAL. *Ep.* 25(90); SERLO WILT. 2. 40 (v. 2 fretum 2); arte .. / fretus J. EXON. *BT* V 323 (v. delibare); **†1093** (12c) quarumlibet religiosarum personarum regni ~i consilio *Ch. Durh.* 7; fretus regia potestate AD. EYNS. *Hug.* III 12 (v. contentiosus 2a); **c1340** ~us alloquio personali *FormOx* 142.

freura v. freiura. **freytur-** v. freitur-.

fria v. frium.

friabilis [CL], friable, that may be broken in pieces, crumbly.

ocra eligenda est mellinum colorem habens et sine lapide †fricabilis [l. friabilis; cf. Diosc. V 108: εὔθρυβῆ], virtus est ei stiptica *Alph.* 127; materia quaedam cariosa .., medio modo se habens inter durum et molle, ~is, ita ut digitis facile deteratur CAIUS *Anim.* 24.

friabilitas, friability, crumbliness.

caro aspredini quae percae et ~ate et salubritate laudata CAIUS *Anim.* 25.

1 friare [CL], to break in small pieces, pulverize.

fragmina .. minutatim in frusta ~abat ALDH. *VirgP* 23 p. 254 (cf. *GlC* F 346: ~abat, fregit; *WW* [**9..**]: ~abat, confregit); idola fracta frians et mox in frusta resolvens *Id. VirgV* 1541 (cf. *WW* [**9..**]: †friens, *brytende*); †fricabat, fregit, *gebrytte*; †fricans, comminuens *GlH* F 736–7.

2 friare [ME *frien*, OF *freier*, *frier*], (of fish) to spawn.

1269 quod magna destruccio sit in aquis in comitatu isto de salmonibus, tempore quo salmones ascendunt ad ~andum, et similiter de salmunculis, tempore quo descendunt ad mare *AssizeR Northumb* 208; **1278** tempore quo salmones ascendunt ad ~andum *JustIt* (*Cumb*) 132 m. 32*d*.

3 friare v. friere.

fribolus v. frivolus. **friborg-** v. frithborga. **fribulum** v. frigulum. **fribulus** v. frivolus. **fricabilis** v. friabilis.

fricamen, rubbing.

audies opere strepitum quasi fabrilis, nunc follium flatus, nunc martellorum ictus, nunc cotis et ferri sonora ~ina GIR. *IK* I 6 (cf. HIGD. I 38 p. 416: sonum mirandum audies, / nunc quasi flatus follium, / nunc metallorum sonitum, / cotis ferri fricamina [ME: *frotinge of iren and whetstones*; *the rubbenge of a qwettengeston*]; cf. *Eul. Hist.* II 137).

1 fricare v. 1 friare.

2 fricare [CL]

1 to rub (w. the hands); **b** (w. ref. to *Luke* vi 1, partly fig.).

manibus suis .. propter frigorem ~ans et calefaciens pedes ejus *V. Cuthb.* II 2; frictum, tritum *GlH* F 740; contorquet miserum caput hac et illac, ~at frontem suam, digitis oculos tergit AILR. *Ed. Conf.* 764A; OSB. GLOUC. *Deriv.* 238 (v. fricatio 1a); oculos puer manibus ~ans et detergens clare videre cepit R. COLD. *Godr.* 508; tunc fabricabit [v. l. fricabit] librum quasi deleret hoc verbum 'virgo' *Chester Plays* XI 40. **b** vellere itaque spicas est homines a terrena intentione qua solum mentis quasi radicem fixerant eruere, ~are autem manibus exemplis virtutum ab ipsa etiam carnis concupiscentia quasi folliculis atque integumentis aristarum puritatem mentis exuere BEDE *Luke* 393; **800** haec sunt divinae segetis grana, apostolicis ~ata manibus atque per eos fidelium epulis animarum apposita ALCUIN *Ep.* 196; si forte .. immaturas segetes inveniebant, spicas vellebant et ~antes masticabant et glutiebant ORD. VIT. IX 8 p. 512.

2 (med.) to rub down, massage, esp. with unguent; **b** (fig.); **c** (w. ref. to bribery, palm-greasing).

GILB. II 78. 2 (v. depilare 1a); unge .. corpus et ~a unguentis .. calidis BACON V 81; GAD. 64v. 1 (v. cauliculus c); Jesus super terram spuit et lutum faciat et oculos ceci manibus ~abit [cf. *John* ix 6: linivit] *Chester Plays* XIII 67. **b** quando caput [est] bene ~atum vino vel cervisia, dicunt se posse .. debellare fortissimos O. CHERITON *Fab.* 7; WALT. WIMB. *Palpo* 91 (v. expalpare). **c** cum nummis palma fricatur *Id. Scel.* 81.

3 to rub (w. implement), to rub down, brush down; **b** (w. ref. to cleaning teeth).

altaria cum vino et aqua laventur et cum ramis asperis fricentur et maxime cum ramis savine BELETH *RDO* 103. 108 (= ed. *PL* CCII: cum asperis ramis presertim taxi aut buxi quasi frixentur); rami autem asperi quibus altare ~atur .. *Ib.* 104. 109; scripturam .. cum sotularibus propriis ~avit ne appareret de novo scripta *Proc. A. Kyteler* 10; **1353** pro caminis canonicorum ~andis *Windsor Castle* 172; prelatus .. cum quodam instrumento argenteo ~ans ossa martiris [ME: *eche prelat steryth the bonys .. with an instrument of sylvyr*] *Itin. Mand.* 40; laves totum corpus cum aqua et ~a cum petra et sanaberis infra paucos dies *Ghost Stories* 417. **b** D. BEC. 1018 (v. birrus 2); crines pectat, dentes fricet *Ib.* 2766; fricet dentes cum foliis citrulli GAD. 92v. 1 (v. citrum).

4 to polish, burnish (metal), to sharpen (blade) (partly fig.).

corpore sulcato nec non ferrugine glauca / sum formata fricans rimis informe metallum ALDH. *Aen.* 21 (*Lima*) 2; accipe novaculam meam et acue illam cum tua cote et ~a [*gl.*: *gnudda*] eam bene et barbam meam rade cum illa ÆLF. BATA 4. 25; nonne est metallum maledictum quod deterioratur, si nigrius et asperius eo fit quo magis limatur et cicius rubiginem contrahit quia ~atur [ME: *scured*] dure? *AncrR* 107; ecclesia ferrea est ..; si exercicio vacet, si ociosa, non ~ata rubigine sua, squalet NETTER *DAF* I f. 1v. 1.

5 (? intr.) to 'grind', move the buttocks (sexually).

OSB. GLOUC. *Deriv.* 147 (v. crissare).

fricatio

1 rubbing (w. the hands). **b** rubbing, chafing (of one thing against another).

orbes luce vidui cepere movere, quibus mulier irritata primo leni ~one cruorem emisit, sed cum majori pruritui atrociore unguium injuria satisfaceret, .. W. MALM. *GP* V 278; frico, -as, fricui, frictum, -tu, inde fricatus, -a, -um, et hec ~o, -nis, et frictus, -a, -um OSB. GLOUC. *Deriv.* 238. **b** major iterum videtur esse in delectatione mulieris concupiscentia ex molli ~one nervorum et villorum matricis et irroratione puri et summe delectabilis GILB. VII 289 (*recte* 284). 2.; ligamentum .. sensu caret, sicut os, .. ne propter .. multam ~onem doleat *Ps.*-Ric. *Anat.* 5; gargarizatio sive masticatio sive ~o interioris oris *Alph.* 13 (v. apophlegmatisma).

2 rubbing (w. implement), rubbing down.

~o faciei cum panno lineo mediocri faciem colorat BACON V 47; post ~onem loci sufficientem cum panno aspero GAD. 131. 1.

3 (in metalwork) polishing, burnishing.

calix qui in igne liquescit et .. per multas tonsiones et ~ones [ME: *frotunge*] aptatur ut sit Dei ciphus *AncrR* 107.

fricctare v. 1 frettare. **frich-** v. et. frith-. **frichea** v. 2 friscus 1a. **fricsorium** v. frixorius.

1 frictus v. 2 fricare.

2 frictus [LL], rubbing.

vita quae in perpetua fame, siti, pruritu, esu, potatione, scalptu frictuque [Eng.: *scratchynge and rubbynge*] traducatur MORE *Ut.* 208.

3 frictus v. 2 frigere.

4 frictus v. 2 friscus.

frid- v. frith-.

friere, ~are [ME *frien*, AN *frire* < 2 frigere], to cook w. hot fat or oil, fry.

1290 duo patell' ferr' ad friend' .. due olle enee ad potagium et ij patell' ene ad friend' *Chanc. Misc.* 4/5 f. 3v.; **c1308** j patella enea ad friandum *LTRAc* 19 r. 40 *d*.

friescha, ~ia v. 2 friscus. **frig-** v. et. frith-, phryg-. **frigare** v. frigerare, 1 frigere.

frigatia [cf. Fr. *fricassée* < *fricatiata], (?) cooking.

sicut olla ad coquendum epulum et lar ad ~iam de pasta M. SCOT *Phys.* 1 p. 10.

frigdatum v. frigidare. **frigdos** v. sphragis.

frigefacere [LL; cf. CL frigefactare], to make cold.

aves rapaces in estate ascendunt ut ~fiant GROS. 87; *Ib.* 88 (v. frigiditas 2); aqua in hyeme .. potest in tantum ~fieri .. quod .. BACON III 273; sciendum .. tam pro signis [zodiaci] quam planetis quod nullam caliditatem nec frigiditatem nec siccitatem nec humiditatem in sua substancia habent et natura, sed habent virtutem calefaciendi elementa et ea que in eis sunt et ~faciendi et exsiccandi et humectandi vel humefaciendi ex sua potestate *Ib.* V 19; DUNS *Metaph.* IX 14 (v. frigefactibilis); videmus .. frigus calefacere vel calorem ~facere per accidens SICCAV. *PN* 140; super arenam nichil boni crescit et significat ocium quod ~facit [ME: *akeldeð*] et extinguit istum ignem *AncrR* 160; nam hec una [sc. aqua] .. nigrificat et albificat, comburit et ~facit RIPLEY 144; quamquam .. ~factis omnibus pusilli corporis membris, non nisi miraculo vivificanda puella .. crederetur *Mir. Hen. VI* II 55.

frigefactibilis, that can be made cold.

aqua calida aliud ~e approximatum non frigefacit sed calefacit DUNS *Metaph.* IX 14 p. 598.

frigefactio, making cold, cooling.

nec calefaccio in genere caloris nec ~o in genere frigoris BACON III 145.

frigella, ~us v. fringilla, 2 frugella.

frigerare [CL], to make cool.

a frigeo ~o, -as, quod non est in usu, sed componitur refrigero, -as .. OSB. GLOUC. *Deriv.* 228; **1378** faciant unum puteum juxta fontem pro ferris carucarum frigandis [?l. frigerandis] ita quod fons predictus poterit salvari mundus .. per illum qui operatur ad forgiam *Hal. Durh.* 181.

1 frigēre [CL]

1 to be cold; **b** (w. ref. to the chill of death). **c** (of blood, fig.) to 'run cold'.

quasi focus .. coopertus, .. ~enti tepore, tabescit ALDH. *VirgP* 60; algore †frigans HUGEB. *Will.* 3 (v. febricitare a); ~eret, i. tepesceret, frigesceret, deficeret *GlH* F 729; ~ebunt Badonis balnea (*Proph. Merlini*) G. MON. VII 3; exterius igne candere, ut ferrum in fornace; interius ~ere, ut glacies in hieme HON. *Eluc.* 1160B; jocunde sapiat fervens in se, tamen actu / frigeat et foveat membra calore suo NECKAM *Poems* 120; aqua .. pellagi est .. ~ens M. SCOT *Part.* 297. **b** invenit et cunctos trepidantes lingere terram / atque illum exanimem sopitis frigēre membris *Mir. Nin.* 236. **c** casus ab altitudine pedum ad minus quadraginta non solum corpus non attrivit sed nec etiam animum ~ente sanguine, ut solet, hebetavit W. MALM. *Wulfst.* I 8 p. 15.

2 (fig.) to be lukewarm, lack vigour, fail; **b** (w. *a*, *ab*).

in quibus spes et dilectio ejus iam ~ere coeperat BEDE *Cant.* (*ed.* CCSL) p. 182; *GlH* F 729 (v. 1a supra); ut pariter et mala corporalia ferverent et bona spiritualia penitus ~erent ANSELM (*Ep.* 311) V 237; posteris .. quando gestorum memoria ~ebit, poterit subesse dubitatio W. MALM. *Wulfst. ep.* p. 2; fides torpet in ocio, spes sub modio, ~et caritas in gelicidio *Mir. Wulfst. prol.*; in senibus natura ~ente fit lucta perfacilis GIR. *Spec.* II 14 p. 56. **b** ut qui ab amore celestium ~uisset in corde per frigoris asperitatem periret in corpore OSB. *V. Dunst.* 32.

2 frigĕre [CL; *p. ppl.* frictus, *later* frixus]

1 to cook dry, bake; **b** (fig.). **c** to cook (in quot., by boiling).

frixi ciceris, favae siccatae in sole *GlC* F 343, *GlH* F 765 (cf. *2 Sam.* xvii 28); ~i, *bærned*, *gehyrsted GlH* F 744; frixum, i. coctum, assatum *Ib.* 762; **9..** ~etur *sie gehyrsted WW* 405; frixus panis, *gehyrst hlaf* ÆLF. *Gl.* 153. **b** ave, digna Deum ferre, / .. / cujus cor in celo fixum / et amoris igne frixum / Jesum semper ruminat WALT. WIMB. *Virgo* 56. **c** ova .. fricta in aqua calida et ibi decocta meliori modo, non nimis dura nec mollia, optima sunt GAD. 10v. 1.

2 (spec.) to cook in fat or oil, fry. **b** (p. ppl. as sb.) fried food. (*Cf. Jan.*: *~o, ~ere, .. coquere in patella sine aqua vel vino cum oleo vel sagina*).

notandum autem quod dicimus etiam ~o, -is, frixi, frixum, i. ~ere sicut facimus in patella, et inde frixus, -a, -um, cum sagina in patella coctus, et hec frixatura, -e, i. coctura, et hec frixa, -e, i. carbonella, et hoc frixorium, -rii, i. ferrum super quod coquitur OSB. GLOUC. *Deriv.* 228; tametsi paleas offero hordeaceas, non similam frixam oleo M. RIEVAULX (*Ep.*) 63 p. 175 (cf. *2 Sam.* vi 19); ut .. cibus refectionis sit aridus et simplex, non frixus, non farsitus, non artificiosus J. GODARD *Ep.* 229; de pitancia .. providebit celerarius, quod sit bona .. et bene et curialiter preparata, et, si sit frixa vel elixa vel assata, .. *Cust. Cant.* 136. **b** quod omnia frixa sint humano corpori nociva quoniam .. accipiunt humiditatem accidentalem ab axungia *Quaest. Salern.* Ba 42; oportet .. quod .. vitet omnes cibos humidos .. et sit contentus frixis et assaturis et eis que in patella preparantur BACON IX 47; W. GUISB. 143 (v. assare a).

3 (p. ppl. *frixus*): **a** (as sb. n.) fritter, pancake. **b** (as sb. f.) a dish of fried or roasted meat).

a conventui apponi ~a concessit omni tempore preter xl [i. e. quadragesimam] *Abbat. Abingd.* 279; post mollia

dentur / fercula; sint frixa postrema cibaria cene D. Bec. 2571; **12..** Dominica Letare detur generale ad cenam de ~o *Reg. Pri. Worc.* 127a; [panis conventualis] infirmitorio monachorum ad pastillos et ~a ij buss. *Ac. Beaulieu* 299; ~um, A. *a frytour WW*; hoc ~um, *a forys WW*. **b** frissa, carbonella Osb. Glouc. *Deriv.* 244; ~a, *a colhoppe, or a smachecok WW*; *a collop*, carbonella, ~a *CathA*.

frigescere [CL]

1 to become cold; **b** (w. ref. to the chill of death). **c** (of blood, fig.) to grow cool (w. age).

sic non potest vita mori, non potest lux tenebrescere aut ignis ~escere Ailr. *An.* II 53 f. 38; humescit, frigescit hyems D. Bec. 2808; cum latus .. nimio superius algore ~scere ceperit, illico ad ignem prosiliunt Gir. *DK* I 10; nudus in aquis .. glacialem rigorem non ~escens pertulit J. Furness *Kentig.* 25 p. 206; spiritu et calore inferiora [sc. membra] pauperata ~escunt *Quaest. Salern.* B 318; febricitantes ~escunt, ydropici detumescunt *Canon. G. Sempr.* 119; quia sanguis judicari non potest dum est calidus antequam ~escat [ME: *ear hit beo icolet*] *AncrR* 36. **b** omnibus .. que mortem precedere solent signis in eo concurrentibus, rigentibus totius corporis membris, toto jam corpore ~escente *Mir. Fridesw.* 26; cepit puer pallescere, fauces collidere, et toto corpore ~escere *Mir. Wulfst.* II 21. **c** c**797** nunc vero ~escente sanguine, quasi vespere Alcuin *Ep.* 121; senescens, ~ens, *sypigende GlP* 623.

2 (fig.) to fall off, slacken, abate; **b** (w. *a, ab*).

pertinacia ferventis zeli eorum nullo umquam tempore ~escit Bede *Cant.* 1212; p**793** fides et dilectio sancta numquam ~escat in animis nostris sed semper magis magisque augeatur Alcuin *Ep.* 285; quia bona voluntas et sincera devotio in vobis erga me non ~escit Anselm (*Ep.* 337) V 274; Christi fides cum bonorum operum exhibitione recalescit, opus autem perfidie et malignitatis ubique ~escit Eadmer *Wilf.* 46; c**1167** neque hoc dictum accipiatur ut amicos arguam ~escentes J. Sal. *Ep.* 214 (199); frigescet devocio et fervor eorum Peckham *Def. Mand.* 176; cum in eis ~escat devocio *Meaux* III 36; ~escentem iam .. caritatis igniculum *Canon. S. Osm.* 46; **14..** quoniam populorum concursus .. videbatur devocione frigessere *Drama* I 165. **b** anima .. ab hoc nimirum temporalitatis amore lassescit ut tanto ~at ab studio labentis saeculi quanto surgit ardentior ad contemplanda gaudia perennis regni Bede *Cant.* 1105; si vero paenitens a peccato, a paenitentia ~escit eodem exemplo *Simil. Anselmi* 111; si autem auditor in penitentia fuerit, audito alium malum esse, a sua penitudine ~escit Alex. Cant. *Dicta* 7 p. 144.

frigesoca v. frisoca. **fright-** v. frith-. **Frigia** v. Frisia, Phrygia.

frigidalis, cool, chilly (in quot., w. ref. to inadequate fire).

ignis in caminis ~e (*sic*) W. Worc. *Itin.* 2.

frigidare [LL], to make cold.

pedi confixi sint pani coctana supra, / cortice nudato mense frigdata [v. l. frigidata] gerantur, / diverso vase pira sint et mala reposta D. Bec 1025; in hieme .. quia sinistrum latus frigidius est, [aries] jacet in eo ut non ab aere magis ~etur et ut a terra calefiat *Quaest. Salern.* B 98; *to kele*, ~are, tepificare *CathA*.

frigidarium [CL], cold store (for food).

a calde place, ~ium *CathA*.

frigide [CL], coldly.

frigidus, -ior, -issimus, unde ~e, ~ius, ~issime adverb. Osb. Glouc. *Deriv.* 228; *Ib.* (v. friguttire 2).

frigides v. sphragis.

frigidescere [LL *gl.*], to become cold.

frigent, i. ~escunt, .. *GlH* 731.

frigiditas [LL]

1 cold, coldness.

carnis refrigerat estus unda frigiditate sua Nig. *Mir. BVM* f. 10vb.; videmus in hyeme quod ex ~ate constringente poros corporis calide fumositates interiora petunt Bart. Angl. IV 2; 'frigido Boree remeante', i. dum ~as venti borealis revertitur (J. Bridl.) *Pol. Poems* I 135.

2 (med. & phys.) 'cold', one of four qualities assoc. w. elements, humours, *etc.*; **b** (~*as stomachi*).

aqua multum frigefacta congelatur, cum ~as sit ejus naturalis potentia similiter ut humiditas, ut videtur, et fluxibilitas Gros. 88; Bart. Angl. IV 1 (v. 1 caliditas b, dominium 2a); *Ib.* V 21 (v. distemperantia c); Gilb. I 6v. 2 (v. deaptare); A in calidissima parte gutturis distendendo formatur et dicitur calida, U vero in labiis ~ate se †contringentibus [l. constringentibus], et sic de aliis ut E medium inter caliditatem et ~atem *Ps.*-Gros. *Gram.* 21; propter calorem qui generatur via rarefactionis. sed ~as et humiditas et siccitas, et alia infinita, non generantur per rarefactionem Bacon *Tert.* 163; in corporibus etiam inanimatis manent qualitates elementorum .. sicut in omni parte lapidis manet (*sic*) ~as et siccitas Ockham *Quodl.* 222; patet enim ad sensum quod aqua calefacta, si relinquitur nature sue, redit ad ~atem *Ib.* 226; si vero agat in materia dominans ~as, tunc generatur nigredo, quoniam constringit partes materie sicce et congregat ac opilat, substantiam rei condensat et obscurat Upton 99. **b** Gilb. VI 238. 1 (v. distemperantia c); si .. sentis eructacionem acerbam, signum est ~atis stomachi Bacon V 73; eructuacio acetosa non fit nisi a ~ate stomaci vel humore vel a caloris debilitate, quia calor remissus in ore medici vocatur ~as Gad. 135. 1.

3 the cold, coldness of weather or surroundings, frosts or sim.

Bart. Angl. IV 2 (v. fumositas 4); s**1309** tanta ~as et gelu fuerat massata et congregata in Thamisia .. quod pauperes pre nimio frigore opprimebantur *Ann. Lond.* 158; s**1464** subsecuta est eodem anno ~as horrida in yeme, homines molestans et pecora *Compilatio* 180.

4 (fig.) coldness of (heart), lack of ardour or vigour. **b** (sexual) impotence.

~atem cordis ipsius Sancti Spiritus adnuntiatione succende (*Lit. Papae*) Bede *HE* II 11 p. 105. **b** de mariti ~ate conqueritur, allegans hanc sufficientem et evidentem repudii vel divortii causam, quod semivir est et inutilis matrimonio qui non est promptus ad coitum J. Sal. *Pol.* 752A; maritus probatur propter aliquam infirmitatem vel ~atem vel aliam impotentiam coeundi per multum tempus non concubuisse Bracton 63b.

frigidus [CL]

1 cold, chilly. **b** (of place) having a cold climate. **c** cool, fresh.

[insula] lacubus ~um aquae torrentem vivae exundantibus irrigua Gildas *EB* 3; frigidior brumis necnon candente pruina Aldh. *Aen.* 100 (*Creatura*) 29; ~a aqua Bede *HE* V 12 (v. cibarius b); decutit et flores subito hiems frigida pulcros Alcuin *Carm.* 23. 27; ~a gelu nox illa fuit Ord. Vit. XII 26 p. 414; ~o ferro *Quaest. Salern.* Ba 83 (v. exurere 1c); c**1298** dum stultos revoco, quasi frigida ferra recudo. / ferrum cudit frigidum quisquis obstinato / consulit ut redeat de suo peccato (*Dunbar* 16) *Pol. Songs* 162; nonne oportet ollam multum bullientem exhaurire aliquantulum aut aquam ~am inicere seu faces subtrahere? *AncrR* 144. **b** inter Yslandiam ~am et Hispaniam torridam Gir. *TH* I 3; *Eul. Hist.* II 61 (v. fructuosus 1a). **c** cordis igitur dilatatio ad ~um aerem attrahendum et constrictio ad aerem fumosum expellendum sunt causa pulsus Bart. Angl. III 23.

2 (med. & phys.) characterized by 'cold' (w. ref. to elemental quality). **b** (in phr. *de, ex,* or *in causa ~a*) by reason of 'cold'. **c** (of medication or treatment).

os .. elephantis quod nimiae castitatis animal et ~i sanguinis esse ferunt Bede *Cant.* 1167; **798** et inde de natura lunae aliqua addidit interrogare, si ~ae esset naturae, quomodo ureret? Alcuin *Ep.* 149 p. 244; autumnus siccus et ~us, terra sicca et ~a .. hiemps ~a et humida, aqua ~a et humida Byrht. *Man.* 10; Adel. *QN* 2 (v. efficaciter b); quelibet mulieris complexio ~a est [et] humida *Quaest. Salern.* B 14; judicatur pulsus secundum qualitatem arteriarum et dividitur in ~um, calidum, et medium Bart. Angl. III 23; secundum .. contrarietates tangibilium qualitatum que sunt calidum, ~um, humidum, siccum Kilwardby *OS* 18; *SB* 22 (v. fulful b); [aqua vite] cito curat egritudines ~as *RB Ossory* (*HMC*) 254; si inveneris scorpionem, cancrum, seu piscem apidi impressos, illi sunt ~i et aquatici et septentrionales *Sculp. Lap.* 450. **b** ut patet in pacientibus catarrum ex causa ~a Bart. Angl. IV 2; aqua vite .. valet in podagra et sciatica et arthretica de causa ~a, potetur purgacione premissa. item valet sterilitati de causa ~a, potata et facto ex eo pessario *RB Ossory HMC* 255; in causa ~a Gad. 39v. 2 (v. ebulinus); folia sicca [prassii] et semen bibitum cum melle tisicis et tussientibus et asmaticis prosunt ex ~a causa, ut in senibus *Alph.* 138. **c** per continuum ~ioris diete usum Ad. Eyns. *Hug.* III 13 (v. diaeta 1c); cum .. diadragaganto ~o Gilb. I 23. 2; dieta ~issima *Ib.* I 24. 2 (v. emplastrare 1a); epithimata .. ~a *Ib.* I 54v. 2, Gad. 21. 1 (v. 1 epithema a).

3 (of person, limb, *etc.*) suffering from cold, chilled.

cum evigilaret, sensit nescio quid ~i suo lateri adjacere Bede *HE* III 2; frigidus hiberno veniens de monte viator / non mea despiciat hospita tecta, rogo Alcuin *Carm.* 100. 3. 1; nimium qui frigida membra / exclusi portis calefacta in rudere ponunt Æthelwulf *Abb.* 480; recipere in pedibus frigus et cum pedibus ~is ire dormitum Gad. 52. 2.

4 cold w. chill of death. **b** (?) deadly, baleful.

voce carens, membrisque stupens, in pectore tantum / frigida vix tenui duxit suspiria flatu Alcuin *SS Ebor* 620; invalescente in eo aegritudinis gravitate, fessa ac ~a illius jam tabescunt corporis artus [v. l. membra] et sic ultimum vitae suae exalabat spiritum Hugeb. *Will.* 3 p. 91; timpora cumque manu palpasset frigida, functus / cesariem movit, vitali redditus aurae Frith. 515. **b** Alb. Lond. *DG* 1. 4 (v. enecare a);

5 (fig.) lacking in ardour or passion. **b** lacking in energy, slothful. **c** sexually impotent. **d** (of action) empty, vain.

corda ~a Bede (*Lit. Papae*) *HE* II 10; ut igne caritatis flagret ~a anima mea Anselm (*Or.* 13) III 53; cor meum lapide durius et glacie ~ius *Id.* (*Ep.* 85) III 210; ~a Israelitarum corda H. Bos. *Ep.* 5. 1431A; multi sunt qui per intelligentiam verbum vident, sed non currunt quia que capiunt nulla dulcedine pii tanguntur amoris, nec quod intelligunt vel diligunt vel desiderant, et ideo ~i ab affectu celestium perseverant G. Stanford *Cant.* 218 *n.* 82. **b** ~us, sc. est absentis caloris vel piger dicitur *GlH* F 745; vivente patre qui militia justitiaque diu ~us fuerat Ord. Vit. XI 34 p. 285; *Ib.* XII 5 (v. dexter 2a). **c** .. quod semivir est qui non est promptus ad coitum... agitur quod nemo eorum ~us est aut in judicio perfusus hujusmodi macula J. Sal. *Pol.* 752A–C; castratus dicitur quasi castus natus, sicut naturaliter ~i et impotentes ad generandum Holcot *Wisd.* 140. **d** ~am tantum caerimoniam Jewel *Apol.* B6 (v. extenuare 2b).

frigilla v. fringilla. **frigolum** v. frigulum.

frigor [LL *by-form of* CL frigus]

1 cold, coldness of weather or surroundings.

propter ~orem *V. Cuthb.* II 2 (v. 2 fricare 1a); ~or, i. timor, glu [l. gelu], pruina, rigor, bruma, hiemps, vel *cele GlH* F 753.

2 cold fever.

hoc frigus, -ris, unde frigorosus .. et plur. ~ores, -um, i. febres que nos faciunt frigere Osb. Glouc. *Deriv.* 228; *calde of the axes*, ~or *CathA*; *Ib.* (v. friguties).

frigoriosus v. frigorosus.

frigoriticus [LL], suffering from cold fever.

per merita autem S. Oswaldi .. multi infirmi sanati sunt, et a demonibus liberati, et paralytici et frigoretici curati H. Albus 106.

frigorosus [LL], cold.

alsiosus, frigoriosus *GlC* A 458; frigoriosus, i. alsiosus *GlH* F 755; alsosus, ~us, algidus Osb. Glouc. *Deriv.* 47; *Ib.* 228 (v. frigor 2); *acold*, frigidus, algidus, ~us *PP*; *calde*, algidus, frigidus, tepidus, gelidus, ~us, gabidus *CathA*.

frigsoca v. frisoca.

frigulum [? *erron. form for* figulum, cf. figulus], earthenware vessel, cremation urn; **b** (conf. w. *frivolus, cf. Jan.*: *frivolus, .. proprie autem frivola vocantur fictilia vasa et inutilia*).

~a, vasa victilia *GlC* F 363; a**940** (13c) classica Archangeli clangente buccina paliandria ~is homulorum liquefactis tetra relinquentibus *CS* 640 (cf. *Altus Prosator* 19: tuba primi archangeli / strepente admirabili / erumpent munitissima / claustra ac poliandria, / mundi praesentis frigola / hominum lucescentia / undique conglobantibus / ad compagines ossibus); ~a, i. vasa fictilia, .. *GlH* F 746 (v. b infra). **b** ~a, i. vasa fictilia, inutilia, falsa dicta, ficta, inania, machina, vel *unsope saga GlH* F 746 (cf. ib. 751: frivola, vilia, ignominiosa res, fraudulenta, figmenta, vasa fictilia, inanes, nugatoria, nihil valentia, mendacia); fribula, vasa fictilia Osb. Glouc. *Deriv.* 245.

frigus [CL]

1 cold, coldness.

sicut .. calor magnus est sine omni ~ore, et tamen potest alius major esse calor; et quemadmodum ~us est sine omni calore, cum tamen majus valeat esse ~us Anselm (*Praesc.* III 13) II 285; sicut oppositum recedens, quemadmodum ~us nivis recedens calefacit Hales *Sent.* I 464.

2 (med. & phys.) 'cold', one of four qualities assoc. w. elements, humours, *etc.*

harum .. virtutum qualitates active, calor sc. et ~us, ministre sunt; siccum vero et humidum omnium operationi subjecta materia Alf. Angl. *Cor* 13. 3; in hyeme a parte aquilonis corrumpitur aer in aquam propter elongacionem solis, quia ~us tunc multiplicatur in aquilone Bacon III 273; calor et humor sunt causa generacionis .., ~us autem et siccitas corrupcionis Kilwardby *OS* 18.

3 the cold, coldness of weather or surroundings, frosts or sim.; **b** (as source of pers. affliction).

glaciali ~ore rigenti Gildas *EB* 8; ~ora Bede *HE* II 1 (v. esuries a); ~ore nivium omnia perflante *Ib.* V 12 p. 305; **764** quia praesentia praeteriti hiemis multum horribiliter insulam nostrae gentis in ~ore et gelu .. diu lateque depressit (Cuthb.) *Ep. Bonif.* 116; a**796** nec eam [sc. cartam] Alpium ~us vel viarum asperitas .. impediat Alcuin *Ep.* 60; **798** ante hibernale ~us *Ib.* 154; nudis pedibus vadant ad monasterium .. nisi jussu abbatis calcientur pro nimia asperitate ~oris Lanfr. *Const.* 114; primos homines vestiri non oportuit quibus .. nec caloris aut ~oris vehementia nocitura erat Pull. *Sent.* 752B; pallio .. tenui et interula solum omni tempore ~ora pellunt Gir. *DK* I 10; *Id. GE* II 10 (v. congelare 1a); Bacon V 80 (v. denigrescere b); fiat processio claustralis nudis pedibus, nisi prior pro nimia ~oris asperitate concessit aliter fieri *Cust. Norw.* 68. **b** **793** alii ~ore pereunt (v. enormitas 3b); noctibus in gelidis tolerat dum frigora .. Æthelwulf *Abb.* 195; fame, ~ore, timore Asser

Alf. 56 (v. extremus 2b); alii vinculis et flagris, alii autem fame vel ~ore constringendi sunt ÆLF. *EC* 38; ~oribus etiam in tantum corpus proprium affligebat ut per totam aliquando hiemem sine pellicia permaneret ORD. VIT. III 2 p. 19; quare, cum femine sint frigidiores viris, majus ~us quam viri sustinent *Quaest. Salern.* N 52.

4 (w. ref. to person, limb, *etc.*) sensation of cold. **b** (w. ref. to cold fever). **c** the chill of death.

ita in limine janue pedum ejus plante heserunt ut nullatenus a quoquam divelli posset, et nil mali nisi quod a genibus usque ad plantam pedis nimium ~us sentiebat ORD. VIT. III 13 p. 138; J. FORD *Wulf.* 22 (v. congelascere a). **b** c738 (v. febris a); ~us, †sive [MS: sc.] est febricitas membrorum *GlH* F 749; *GlSid* f. 143v. (v. febricitare a); ROB. BRIDL. *Dial.* 162 (v. febricitare b). **c** frigore leti ALDH. *VirgV* 1967; s1256 corpus .. quod jam humefactum ~ore obriguerat, .. confoderunt M. PAR. *Maj.* V 550.

5 (fig.) lack of ardour or vigour, coldness (of heart).

si per ~us inertie proceres languent LUCIAN *Chester* 42; abigit igitur ignis ~us spirituale ALEX. BATH *Mor.* II 4 p. 181.

friguties, shivering (w. cold).

whakyng, frigor, ~ies, tremor *CathA*.

friguttire [CL]

1 to stutter, make broken sounds. **b** (?) to importune.

~it, abgarrit; ~ire, subtiliter abgarrire *GlH* F 747–8; frigutire, ocgarrire, ocgannire, subsannare, deludere, deridere OSB. GLOUC. *Deriv.* 246. **b** ire catillatum nec vult rex ultra beatum, / friguttire petit vetitas alacrior arces FRITH. 711.

2 (by misinterp.) to shiver, shake.

friguto, ~is, i. frigide se deducere, sicut catulus facit quando habet frigus, unde Plautus [*Cassia* 267] OSB. GLOUC. *Deriv.* 228; frigutire, frigide deducere *Ib.* 244; *to dadir*, frigucio *CathA*; *to whake* [v.l. *qwake*], temere, con-, ex-, tremiscere, con-, ex-, palpare, frigutire *Ib.*; frigucio, A. [*to oyvery or quake*] *WW*.

friht- v. frith-. **frimbria** v. fimbria. **frimire** v. frunire. **fringella** v. fringilla.

1 fringere [*backformed from* CL infringere]

1 (~*ere quarreram*) to quarry. *V. et frangere* 5.

1256 ad quarreram ~endum (v. gavelocus 2).

2 to break, infringe (terms of agreement or vow). *V. et. frangere* 11a.

805 siquis autem hanc donationem augere voluerit, reddet illi Deus mercedem. siquis autem, quod non optamus, ~ere voluerit, sciad se rationem redditurum in die judicii *CS* 321; 868 si quis hoc .. fringe[re] aut minuere voluerit, sciat se anathematum *CS* 579; si in federa ~endo aliquid boni eveniat BACON V 56; monachus non potest vovere sine consensu abbatis, et, si fecerit, ~endum est PECKHAM *Puer. Obl.* 415 (= *Decr. Grat. B* 20. 4. 2: frangendum);

2 fringere, *f. l.*

fluxum mulieris †fringit [v. l. stringit] *Alph.* 77 (v. ge 2).

fringilla, ~us [CL], a songbird, (?) chaffinch, (later) robin.

fringella, *finc GlC* F 331; 9.. ~a, *finc WW*; frugellus, *goldfinc* ÆLF. *Gl.* 132; frigilla, avis quedam que frigore cantat OSB. GLOUC. *Deriv.* 228, *Ib.* 244; E ante L producitur . . . frigelus corripitur sed Gabelus . . longatur BACON *Tert.* 260; perdix, frigellus [*gl.*:*fynch*], parex [*gl.*: *lark*], tremulus [*gl.*: *wagsterk*], amarellus [*gl.*: *cobart*] *Diaeta* 56; *reed breste*, rubellus, viridarius, frigella *PP*; *a robynett*, frigella, avis est *CathA*; frigellus, A. *a rudduk* ..; frigilla, A. *a rudduk* ..; hec frigella, A. *robynet*, *redbrest* .. *a roberd* .. *a rodok WW*; *a cafinche, bird*, frugella LEVINS *Manip.* 134; *a ruddocke*, frigilla *Ib.* 159.

fringillire, fringulare v. fringultire.

fringultire [CL], to make broken sounds, (of bird) to twitter.

†galvae fringilliunt ALDH. *PR* 131, †grabarlarum [est] fringulare *CathA* (v. galbula); triste celeuma sonat, mare fringultire videtur, / litus mugire R. PARTES 247; graculorum [est] ~ire OSB. GLOUC. *Deriv.* 78.

frinitare [cf. fritinnire], to chirp. (*Cf.* Suet. fr. 161 = *cicadarum* [*est*] *fritinnire*).

de ferarum proprietate vocum .. cicadarum [est] ~are OSB. GLOUC. *Deriv.* 78; *to cry*, .. cicadarum [est] †firmitare, .. *CathA*.

†frinum, *f. l.*

1499 item in uno cidili (*sic*) novo cum †frino [*sic* MS] toto ornatura (*MinAc Hen. VII* 691 m. 2) *MonA* IV 564.

frisare [cf. ME *frisen*, OF *friser*, frisium], to frieze, cover (cloth) w. nap. *Cf. frisiare.*

1404 duodecim lodices, tria plummaria, unum coopertorium ~atum rubeum, album et nigrum *Pat* 421 m. 9.

1 friscare [cf. 1 friscus], to make fresh, desalinate (in quot., w. ref. to salt marsh).

s1526 ad salsos mariscos ~andos apud Hollesby *Reg. Butley* 50.

2 friscare v. 2 frixare.

1 friscus [cf. OHG *frisc*, AN *fresch*, OF *frois*; *range of meaning infl. by* recens = *recent, fresh*]

1 not salty, fresh (w. ref. to water); **b** (of meadow or marsh). **c** (of fish) living in fresh water.

a1187 concessimus .. c acras de marisco nostro inter wallas monachorum .. et Oxeniam, ita quod .. debet wallare secundum quantitatem illius terre intus et extra, tam contra salsam, quam contra frescam *Gavelkind* 182. **b** 1338 et x acre prati salsi in pratis de Stalingburgh, et valent vj s. viij d. et iij acre prati ~i, et valent vj s. *Hosp. in Eng.* 146; s1516 flumen .. nonnullos mariscos necnon ~as pasturas multas in Anglie partibus submersit et superundavit *Reg. Butley* 34; 1532 in duobus mariscis ~i et salsi marisci *FormA* 397; 1573 duas acras marisci ~i *Pat* 1107 m. 36. **c** Edon aqua, ~i ibi sunt salmones, et currit in Sulwath aquam W. WORC. *Itin.* 72.

2 not salted, fresh: **a** (of fish or meat); **b** (of butter or cheese).

a 1225 quod ad opus nostrum emas xl bonos et ~os salmones *Cl* 87b; 1250 et ballivis de Rumes' pro xv porcis ~is et mm ovorum .. *Cl* 385; 12.. quod nullus .. emat carnes nec pisces frixas ante horam terciarum vendendum (*sic*) ad regratum .. *Arch. Bridgw.* I 10; 1252 piscem ~um vel salitum *Cl* 63; 1257 de vj milibus allecis ~i, duobus milibus plaiciorum, v milibus merlengorum, et de solis, mulvellis, haddoccis, congris, et alio genere piscis marini *Cl* 153; 1324 mulvellum meliorem ~um pro iij d. *MGL* II 118; 1410 de qualibet carecta ferente pisces salitos, ~os sive recentes, ij d. de quolibet salmone ~o vel salito venali unum quadrantem (*Pat*) *Foed.* VIII 634; sex placente vel sexdecim allecia ~a AMUND. II app. p. 317. **b** ?12.. celerarius percipit .. pro ~o caseo xij s. *Cart. Rams.* III 168; 1287 eidem [celerario] pro caseo ~o viij s. *Rec. Elton* 12; 1312 pro iiij pensis duri casei xxxij s. .. et pro ~o caseo xij s. *Ib.* 165; 1336 in j quarteris butiri ~i ad dictum corium tawandum, ij d. *MinAc* 840/27.

3 (of hide) untreated, raw.

1298 de quolibet corio equi et eque, bovis et vacce, ~o, salito, aut tannato, venali, unum quadrantem (*Pat*) *Reg. Carl.* I 115; 1298 de ij coriis bovinis ~is *Doc. Scot.* II 319; 1383 item clamant quod nulli extranii mercatores habeant potestatem aliquas pellas ~as emere infra metas villi *Gild Merch.* II 136; 1387 de quolibet corio equi eque bovis et vacce, ~o, salito, aut tannato, venali, unum quadrantem *RScot* II 87b.

4 (leg., ~*a fortia, vis* ~*a*) fresh force, *i. e.* recent power (of law), action in lower court analogous to assize of novel disseisin. *V. et. freshfortia.*

1276 etc. (v. fortia 2); 1331 dicunt quod idem abbas nec aliquis predecessorum suorum unquam habuerunt in curia ipsius abbatis placita de vetito namio nec de ~a forcia nec placitabilia brevia in comitatu prout idem abbas clamavit *PQW* 144a; 13.. quasi ad modum nove disseisine per vim ~am (v. abatamentum); 1383 assisa frisceforcie venit recognitura si Johannes del W. .. injuste etc. disseisivit Henricum de B. .. de libero tenemento suo in civitate Ebor' *Mem. York* II 11; quandam assisam ~e forcie secundum consuetudinem civitatis illius in natura assise nove disseisine ad communem legem *Entries* 397.

2 friscus [cf. AN *freche*, OF *friche*]

1 uncultivated land; **b** (in field-name). **c** (*in* ~*o*) uncultivated, fallow; *cf.* OF *en friche.* **d** (dist. as *novus* or *vetus*).

a1173 iiij jug[er]a de pascuis meis in Verrone ad prata facienda .. et tria frustra friescharum ad prata facienda similiter *Act. Hen. II* I 499; 11.. dedi .. quandam frieschiam juxta domos suas, de qua capient cespites ad reparandam pischariam suam *Cart. Rievaulx* 67; de terra culta quam illi de frieschiis et bosco coluerint *Ib.* 89; 11.. in pratis et in pascuis et in molendinis, in mora et in fresca .. *Feod. Durh.* 140n.; 1199 j m. pro excolendis ij acris de ~o apud Cote.. . xij m. pro xl acris essartandis .. *Pipe* 76; 1227 si essartum faciant vel frischam frangant *CurR* XIII 57; 1234 berkarius .. habebit .. j acram de ~o de terra domini ad seminandam cum avena *Cust. Glast.* 57; 1235 inhokare totam terram que est inter novum fossatum .. et viam regiam .. et a molendino Sathun usque ad arcam frushei *CurR* XV 1430; 1306 dominis .. potest pasturare in eadem pastura cum eysiamento friscorum in campis .. iiij^xx bidentum *Ext. Hadleigh* 230; 1308 dominus potest habere in communa pasture de Borlee cum esiamento ~orum et dominicorum domini tempore aperto c bidentes per majus centum *Growth Eng. Ind.* 577; 1334 viij acre xxvj pertice debilium ~arum *Surv. Denb.* 4; 1346 sunt ibidem l acre fruscarum separal' per totun annum, set pastura in eisdem est communis; quarum succidi possunt quolibet anno vij acre, que valent vij s. (*IPM*) MS PRO E. 149/9/23; 1357 concessimus .. unum curtilagium cum tribus frischiis simul adjacentibus .. que quidem curtilagium et frischas Gilbertus Prest quondam tenuit *AncD* A 1417; 1379 pro ~is jacentibus in warect' *Hal. Durh.* 152; 1381 in sexaginta acris terre arabilis, frichearum et prati cum pertinenciis in Notyngham *AncD* C 5978. **b** 1234 Turkill pro Longo ~o et Hundstichene, iiij d. *Cust. Glast.* 55. **c** 1261 in culturis de Whynnebergh, Beregile [etc.] .. continentur c acre terre que jacent in frixco ad pasturam *RentSurvR* 730 m. 7(4)*d.* **d** 1285 herciabit dim. acram de novo frischo pro j opere et j acram et dim. de terra usitata pro ij operibus (*Loventon*) *Cust. Suss.* II 18; 1334 sunt eciam de veteri ~o que non valent converti cum ceteris seisonis terre arabilis propter debilitatem, sed jacent ad pasturam lj acre dim. *Surv. Denb.* 2.

2 (as adj.) uncultivated, fallow (applied to both virgin land and land temporarily left fallow).

1219 et totam terram ~am que jacet inter curiam W. C. et terram S. filii W. *Reg. Ant. Linc.* IV 125; 1255 assartavit x acras de proprio bosco suo .. que jacent frisse *Hund.* II 73; 1276 terra dicti Andree jacuit ~a et inculta per iij annos et adhuc eo modo jacet ad dampnum ipsius c sol. *Ib.* I 125b; 1283 custos multonum .. habebit .. unam acram de terra fricta juxta pasturam suam ad seminandum si voluerit *Cust. Battle* 67; 1286 de pastura super terram ~am nichil hoc anno quia warect' *Ac. Stratton* 162; c1300 fundata fuit ecclesiola in situ .. continente xl acras terre frusce pasture, et pratis seperalibus jacentibus in Burnham .. quas quidem xl acras Philippus sine aliquo seculari servicio, sine decimis alicui ecclesie solvendis seu subjeccione, quia inanes erant et vacue, donavit *MonA* VI 487; 1302 sunt ibi xviij acre iij rode pasture ~e *Suff. Hund.* 72; 1318 J. de E. .. terram reliquid ~am et incultam ob inopiam et nimiam caristiam illius redditus *CBaron* 125; 1321 inde in semine super cciiij^xx ix acr' iij rod' in campo versus Stok', et non plus, quia xlij acre et dim. jacent frisce hoc anno *MinAc* 992/11; 1333 nullum ibi exstat .. nisi .. morosa pastura ~a pro grossis animalibus inde pascendis *Couch. Kirkstall* 327; 1334 sunt eciam ibi diverse placie terre arabilis basse et matide que sunt in pluribus locis plene alnetis juvenibus cum diversis placeis ~e terre que exnunc ordinantur ad assartanda alneta et ad pratum inde faciendum *Surv. Denb.* 5; 1360 quorum terre pro defectu operariorum et serviencium jacent ~e et inculte (*KRMem* 34 r. 3*d.*) *Enf. Stat. Lab.* 218*; campus predictus .. ~us jacuisse debuit et prefatus H. blada diversa in campo illo ex malicia .. seminari fecit *Reg. Brev. Jud.* 83.

3 friscus [cf. aurifrigium, *var.* aurifrisium, aurifrixium], (*aurum friscum*, erron.) orphrey.

1204 mantellum de samitto rubeo fretatum de auro frisco *RChart* 134a.

frisellus v. fresellus.

Frisensis, of Friesland, Frisian.

s1345 comes Hanonie que se asseruit esse regem Frisie, .. duxit secum exercitum copiosam iram suam in ~es vindicaturus AD. MUR. *Chr.* app. 244.

frisesomoron, frisesomoron (logical mood).

frisesomorum BACON XV 301 (cf. *GLA* III 15–16); sed isti ydiote nescientes sylogisare in frisesomorum de istis tribus terminis .. WYCL. *Conf.* 507.

frisgo [OF *fresgon* < *frisco], 'knee-holly', butcher's broom. *Cf. fresgunda.*

12.. ~onem, i. *fresgun*, i. *cnehole WW*.

frisgula [dub.], kind of fish, 'chevender', chub.

hec ~a, A. *a chevender WW*.

Frisia, Frisia, Friesland.

ubi [Vilfridus] navem conscendit, flante Favonio pulsus est Fresiam BEDE *HE* V 19 p. 326; predicationi ejus [sc. Willebrordi] in ~ia Bonifatius successerat W. MALM. *GP* I 6; Daciam denique, Ysiam, Frigiam, et omnes sinus marinos Norvagie contiguos R. COLD. *Cuthb.* 112 p. 251; ~ia est provincia in inferioribus partibus Germanie super littus oceani .., cujus incole Frisones a Germanicis nuncupantur BART. ANGL. XV 61; s1241 rex Dacorum Waldemarus .. infideles persequebatur, sc. in Sithia et in ~ia et Ruscia M. PAR. *Maj.* IV 92; s1251 in Frigia, que Friselandia vulgariter appellatur *Ib.* V 240; multi .. in utraque Germania sunt populi .. utpote .. Saxonia, Franconia, Lotharingia, ~ia, Selandia HIGD. I 26 p. 254.

frisiare [cf. OF *frise*, It. *fregio* < (opus) phrygium], to decorate w. fringe or frieze. *Cf. frisare.*

1402 quissini de panno aureo .. ~iati cum viridi serico *Invent. S. Paul.* 515; ij paria cirothecarum .. episcopalium ~iata cum ymaginibus enbroudatis de serico *Ib.*; diverse frengie de serico .. pro vexillis ~iandis *Ib.* 516.

frisio v. Friso 2.

frisium [AN, ME *frise*, cf. MDu. *frise*, *vriese*, Eng. *friz*], frieze cloth, a sort of rough woollen cloth w. nap.

1390 pro ij virgis ~ii viridis emptis pro *le countyngburd* *Ac. H. Derby* 10; 1415 ij mantellis de ~io Hibernico *Arch.*

LXX 92; **1421** pro ij rollis ~ii panni Wallie *EEC* 491; **1457** lego .. togam meam de *murray* cum fresa duplicatam *Wills Richm.* 3.

Frisius, inhabitant of Friesland, Frisian.

s885 adfuere tum ~ii certamine simul ÆTHELW. IV 3 p. 45; immisit ergo Dominus omnipotens .. gentes crudelissimas, .. Wandalos cum Fresis H. HUNT. V *prol.* p. 139.

Friso [cf. AS *Fresan*, OF *Frison*, ME *Frisoun*]

1 inhabitant of Friesland, Frisian. **b** Frisian horse.

apud sanctissimum Fresonum gentis archiepiscopum Wilbrordum BEDE *HE* III 13; Saxones et ~ones ASSER *Alf.* 69; Frixones, Waleros, Hasbacenses, Hainaucos ORD. VIT. V 9 p. 372; conjugem .. Florentii ducis Fresionum *Ib.* VIII 20 p. 387; ~ones, quos ab aquilone progressos rigor nativus exasperat, et ad bellum triplex aptat commoditas, artus sc. proceri, mens indomita, et fidei fervor devotus *Itin. Ric.* I 27 p. 65; BART. ANGL. XV 61 (v. Frisia); **s1256** ~ones .. septemtrionalem quandam inhabitantes regionem norunt navali bello desevire M. PAR. *Maj.* V 550; **s1345** de morte comitis Hanonie, fratris regine Anglie, qui fuit a ~onibus interfectus AD. MUR. *Chr.* 189. **b 1308** unum *frison* ferrand' pomelle *KRAc* 14/15 r. 9; **1313** garcioni .. ducenti ad regem unum ~onem *veiron Ib.* 375/8 f. 29; **c1320** pro restauro .. unius equi nigri frisoni *Ib.* 373/23 m. 2.

2 (by conf. w. *frisium*) frieze cloth.

1295 emerat .. duos ~ones, .. pro v s. iiij d., super quos tradidit ei argentum Dei et iiij d. in arris *Law Merch.* I 68; capam de frisione sine furrura *Obs. Barnwell* 196; **1325** item pro vj frissonibus pro iiij frokis ad iiij novicios *Ac. Durh.* 165.

frisoca [AS *fri, frig, freo + soc, socn*; cf. ME *fresocage*], freehold (Lincs).

habet Morcar terra ad v car' et dim.; frigesoca in Schillintune *DB* I 340rb; ~a in Heidure *Ib.* 357va; ibi habent ij homines Godefridi dim. car' et v sochemanni de tercia parte hujus terrae ~am habentes ij boves in car' et j acram prati *Ib.* 366rb; terra Siuuard frigsoca sub Osmundo *Ib.* 368va.

frisonus v. Friso 1b. **friss-** v. frisc-, frix-, fruss-. **fristallator** v. forestallator.

fritamentum [LL *gl.*], a bird noise, chirping.

~um, vox merule OSB. GLOUC. *Deriv.* 245.

fritellum [cf. OF, ME *friture*], fritter.

12.. ad primam cenam et secundam, frutella iiij et turtella patellarum ij *Reg. Pri. Worc.* 127a; *a friture*, fritilla LEVINS *Manip.* 192.

frithborga, ~um [AS **friðborh = peace pledge*, ME *frithborgh, also frid-, fri-*; cf. francplegia], (leg.) association for collective security, in which a number of freemen (usu. ten) combine to give surety for one another to keep the peace and to guarantee payment of fees or fines; tithing, frankpledge group.

a1130 prohibeo ne homines S. Edmundi exeant de soca sua pro plegiis suis et friborgis [v. l. freborgis] et teingis renovandis aliter quam facere solebant (*Ch. Hen. I*) *Doc. Bury* 36 (= *Regesta* 1613); alia est pax maxima, per quam omnes firmiori statu sustentantur, sc. sub fidejussionis stabilitate, quam Angli vocant friborgas, preter Eboracenses, qui vocant eam *tyenmanna tale*, hoc est numerum x hominum. et hoc est, quod de omnibus villis totius regni sub decennali fidejussione debebant omnes esse, ita quod, si unus ex decem forisfaceret, novem haberent eum ad rectum (*Leg. Ed.*) *GAS* 645; de friborgis (quod soli Eboracenses vocant *ten menne tale*, i. e. sermo decem hominum). preterea est quedam summa et maxima pax, per quam omnes statu firmissimo sustinentur, viz. ut unusquisque stabiliat se sub fidejussionis securitate, quam Angli vocant friborgas. hec securitas hoc modo fiebat, sc. quod de omnibus villis totius regni sub decennali fidejussione debebant esse universi, ita quod, si unus ex decem forisfaceret, novem ad rectitudinem eum haberent (*Leg. Ed. retr.*) *Ib.*; barones etiam milites suos et proprios servientes suos, sc. dapiferos, pincernas, camerarios, cocos, pistores, sub suo friborgo [vv. ll. friborgho, fridborgo] habebant *Ib.* 647; **1176** *fridborg* de H. debet dim. m. quia non habuit homines quos plegiaverat. .. *fridborg* de C. debent j m. quia non habuerunt ad rectum homines de fridborg' sua *Pipe* 167; **1178** de j m. de freborgis de Herdewick' *Ib.* 6; **1179** de dimidia marca de fridborth' de Clakestorp' quia non sunt prosecuti loquelam suam. .. et de dimidia marca de fridborg' Osberti de K. quia non habuit quem plegiavit *Ib.* 65; archiepiscopi, episcopi, comites et barones et omnes qui habent *soke* et *sake*, *tol* et *team*, et hujusmodi libertates, milites suos et proprios servientes .. sub suo frithburgo habere debent BRACTON 124b; inquirere etiam debent vicini in cujus decena tales fugitivi fuerunt et ubi in frithborgo ut coram justiciariis non titubant in responsis *Fleta* 40; sub .. fridbordis *Ib.* (v. dapifer a); *frithborghe* est laudabilis homo astrarius testimonii liber vel servus per quem omnes juxta ipsum commorantes firmiori pace sustententur sub stabilitate fidejussionis ejus vel alterius per den' numerum *Ib.* 62.

frithellagium [cf. frithellus], (Sc.) a form of feudal service, perh. service of carrying.

c1250 quietus erit .. de omnibus frithelagiis et hostiariis *Reg. Moray* 464; **1272** sint etiam liberi .. ab omni *tol*, frithelagio vel cariagio *Reg. Aberd.* I 32.

frithellus [cf. Gael. *fritheil = to serve*]

1 (Sc.) a form of feudal service, perh. service of carrying. *Cf. frithelagium.*

1283 iiij m. de thanagio de Dunyn que ipsi comiti pro fretellis dari consueverunt *Inchaffray* 106; iiij m. de thanagio de Dunyne que nobis pro †frecellis dare consueverunt *Ib.* 108.

2 (Sc.) (?) attendant, servant, perh. assoc. w. service of carrying.

1290 in pastu et servicio unius frethelli in castro ab ultimo computo usque in hunc diem *ExchScot* I 47; **1329** in stipendiis quorundam serviencium et frethellorum domus, viij li. *Ib.* 185; **1373** in diversis cariagiis et serviciis portitorum et frethellorum *Ib.* II 451; **1380** compotat in .. servicio portitorum, fredallorum, negociancium et aliorum laborancium *Ib.* III 43.

frithere [cf. ME *frithing*], to frith, wattle.

1438 pro dicto *spere* cum virgis vrydendis et desuper daubandis *Ac. Churhchw. Som* 178.

fritherus, one who friths or wattles.

1498 in .. frethero (v. daubarius).

frithgabulum [cf. ME *frithgavel*], form of rent (Barnstaple, Devon).

c1225 reddendo .. unum par cirothecarum albarum pro omni servicio mihi vel heredibus pertinente, salvis gabulis debitis de predictis terris, viz. ecclesie S. Marie de Pilton .. xij d. et de eadem terra domino Barnestapol' de *frihtgavel* ad festum S. Andr' j d. quad. *AncD* C 3823; **12..** dedi etiam dictis monachis quoddam burgagium in dicta villa [Barnstapol'] .. reddendo inde annuatim .. unum denarium et quadrantem domino dicte ville in frugabulo *Ib.* 3809.

frithgildum [AS *friðgild*], (leg.) association for the maintenance of peace and security.

si dominus noster .. ullum augmentum excogitare possit ad nostrum friðgildum [AS: *to urum friðgildum*] (*Quad.*) *GAS* 181.

frithiare [ME *frithen, frithien*], to grant peace or protection; to spare (someone), treat mercifully.

1412 salvo semper quod .. aliquis prisonarius ante festum S. Michaelis captus minime frethietur *Cl* 261 m. 15*d* (= *Foed.* VIII 738b).

frithmannus [AS *friðman*], (leg.) person under special peace (*frið*) or protection.

si regis Æþelredi friðmannus veniat in *unfriðland* i. e. in hostilem terram, et exercitus adveniat, pacem habeat navis ejus et omnis pecunia sua (*Quad.*) *GAS* 222; omnis friðmannus noster pacem habeat in terris et aquis et intra portum et extra (*Ib.*) *Ib.*.

frithmotum [ME *frith = peace + mot*], (Chesh) 'frithmoot', earlier *frithmannesmot* (perh. orig. a court to assist in keeping the peace), form of rent in the Forest of Delamere. (*Cf. VCH Chester* II 177).

1247 idem J. r. c. .. de xvij li. de *fridmanesmote Pipe Chesh* 87 (cf. ib. 92 [**1250**]: idem R. r. c. .. de xvij li. de fridmanesmot'); **1278** de fridmoto foreste de Mara, sc. pro escapuris averiorum in foresta *KRAc* 485/22 m. 1; **1302** preceptum fuit forestariis de la Mare quod de terris et catallis libere tenencium de Worleston' fieri faciant dim. m. annuatim solvendam per eosdem pro ~o *PlRChester* 15 r. 12*d.*; **1302** particule de ~o: de villata de Magna Moldworth j m., de villata de Dunham [etc.] *MinAc* 771/3 m. 6 (cf. *Ac. Chamb. Chesh* 35); **c1339** cum acquietancia panagii, palagii, ~i, et halmoti ad terminum xvj annorum (*Cart. Middlewich*) *Chetham Soc.* NS CVIII 299; **1360** de xvij li. xij s. iiij d. receptis de .. Ricardo [sc. Donne, forestario de Mara] de exit' ballive sue per manus diversorum hominum diversarum villatarum pro ~o per diversas tallias penes easdem villatas remanentes *MinAc* 771/23 m. 1 (cf. *Ac. Chamb. Chesh* 259); **1401** sibi dedit .. pro termino vite sue ~a et consuetudines forestarum nostrarum de Mara et Mondrem *RecogR Chester* 75 r. 3; **1443** a tempore quo non extat memoria .. ~a et consuetudines forestarum nostrarum predictarum [de Mara et Mondrem] .. ad usum et proficuum nostrorum et progenitorum nostrorum comitum Cestr' annuatim levata et collecta fuerunt *Pat* 456 m. 14.

frithsocna [AS *friðsocn*, ME *frithsoken*], jurisdiction of frankpledge.

1189 (1400) cum soca et saca .. *schepinge, hlestinge*, fridesocna, *flemenfirmden, yargylþeof*, .. hamsocna [*etc.*] *CalPat 1399–1401* 375; **1199** (1319) liberas et quietas de omni meskenninge, de *gridbreche*, fridsocna, *ferdwite*, *fichtwite*, *leierwite*, hamsoca, franco plegio [etc.] *CalCh* III 414; *lestinge* quietanciam lestagii, *frithsokne* vel *forsokne* libertatem habendi visum franc' plegii *Fleta* 62.

1 frithum, ~a [ME *frith*]

1 woodland, esp. grazing in woodland.

1285 habeant communam per totum in frichto meo de Ledis ad pascendum pecora sua *ChartR* 73 m. 22 (= *MonA* VI 216a [**1368**]: in toto frighto meo de L.); boscum eorum .. sicut .. mete dividunt et distingunt a reliquo frichto et bosco meo *Ib.* m. 23; **1335** concessionem .. de comuna pasture (*sic*) in frihto .. de Ledes .. confirmans *Pat* 186 m. 25.

2 (W.) 'frith', hill pasture; *cf.* W. *ffridd*, perh. conf. w. *2 friscus*. (*Cf. Surv. Denb.* 5*n.*).

1390 in raglocia et wodewardia de Arthelewak' Ughap' et ~is de Nantmawan, Nanheskle et Ycras simul cum havotriis de Meuryn Nanteracadrac et cum omnibus aliis ad predicta .. maneria, raglociam, wodewardiam, ~as, et havotrias .. spectantibus *Cl* 231 m. 2*d.*; **1443** (v. havotaria).

2 frithum [ME *frith*], peace, state of society resulting from observance of customary rights and payment of dues *etc. Cf. fredum.*

1345 pro *frithes* fract' in le Hesles qui est pastura hominum de Mid Merrington *Hal. Durh.* 16; preceptum est omnibus ville quod servent *frithes* in blado, pratis, pasturis, et semitis, et quod nullus eorum sit contrarius aut rebellis vicinis suis *Ib.* 17; **1366** quia uxor ejus fecit recursum pundero de vitulis captis infra *le frithis* de villa *Ib.* 50; **1369** electi sunt ad ordinand' ville, viz. de frethis ponendis et de ordinacionibus pro communitete ville et ad certificand' cur' *Ib.* 82.

frithwita [? ME *frith + wite, but not found in* AS, *nor in legal glossaries*; *the word occurs only in formulae of acquittance, where its position usually shows it to be conf. with* fihtwita, fithwita *or* fyrdwita, ferdwita; *only one ex. contains all three terms*: **1299** quod ipsi sint quieti de omnibus misericordiis imperpetuum et quod habeant in maneriis predictis socam et sacam, *toll* et *team*, .. *blodewyte, fyghtwyte, ferdewite, frythewyta, hengwyte, leyrwyte, flemenswyte, flemenesfremthe* .. (*Ch.*) *MonA* V 710b], (perh. understood as) fine for breach of peace: **a** (in formula of acquittance, usu. *de blodwita et fihtwita et leirwita*; *v. et. fihtwita*); **b** (in formula of acquittance, usu. *de fyrdwita et hengwita*; *v. et. fyrdwita*).

a c1174 (1253) liberas et quietas .. de *sherdwyte* [l. *ferdwyte*] et *hengwyte* et *flemeneswyte* et de *warpeny* et *averpeny* et de blodwyta et de fritwyta et de *hundredpeny* et de *thedingpeny CalCh* I 430; **1176** (1331) liberas et quietas .. de ferdwita et de hengewita et de *fleminene fremthe* et de hamsocha et de *wardpeni* et de *averpeni* et de blodwita et de fithrwita et de leerwita *CalCh* IV 226; **1197** (1326) liberas et quietas .. de ferdwitha et de hengenewitha et *flemenesfremthe* et de hamsocha et *warpeni* et de *averpeni* et de blotwitha et frethwitha et de leerwita *Ib.* III 481; **a1199** concedimus .. quietanciam .. de blodwita et firthwita (*Ch. Regis*) *Mon. Exon.* 373b; quietas .. de fredwita [i. e. ferdwita] et de hengenewita et .. de blodwita et frodwita et de leirwita *Ib.* 6b; **1200** quietas .. de blodwita et fritwita et leirwitta et †serdwitta [MS: ferdwitta] *Ib.* 50; **1286** quietas .. de fredwyta et de hengewyta et de *flemenesfrethe* et de hamsoca et de *warpeni* et de *averpeny* et de blodwyta et de frithwyta et de leerwyta *PQW* 726b (cf. *CalCh* III 199: de ferdwita et de hengewita et de *fremennefrethe* et de hamsoca et de *warpeny* et de *averpeni* et de blodwita et de fithwita [i. e. fihtwita] et de leerwyta); **1321** quieti .. de ferdwyta et de hengwita et de *flemenesfrythe* et de hamsoka et de blodwyta et de firthwyta et de leyrwyta *PQW* 451b. **b 1199** quieti .. de frethwita et de hengewita et fichtwita et blodwita *RChart* 22.

fritillus [CL], **~um**

1 dice box.

.. tigilli, ~i, sacelli, macelli .. ALDH. *PR* 123; quis fretilli cautelam sue prudentie non doleat anteferri? J. SAL. *Pol.* 399D.

2 pepper-mill. (*Cf.* Jan.: *~um, i. molinellum in quo piper teritur*).

hoc ~um, -li, i. mollixiellum, eo quod grana frangat; unde Juvenalis [*Sat.* 14.5] OSB. GLOUC. *Deriv.* 223; ~um, molinellum *Ib.* 243; frutellum *CathA* (v. fractillus 2b)

fritinnire [CL], to chirp. *V. et. frinitare.*

cicadae fretinniunt ALDH. *PR* 131.

frittare v. 1 frettare. **fritum** v. frium.

frium, ~a [AN, ME *frie*], fry, young fish.

1252 quod .. non permittat quod aliqui kidelli vel aliqua retia capientia frium piscium teneantur de cetero in aqua

de Thamisia *Cl* 74; **1281** cum quidam .. perpendentes quod nos districtius inhibuimus ne quis cum ingeniis que kidelli vocantur per aquas Tamisie .. piscari presumat ad fritum piscium destruendum quedam alia ingenia que borache vocantur jam de novo ita densa fecerunt quod per ea fritum piscium aliquatenus transire non potest ad totius friti destruccionem *Pat* 100 m. 14; c**1315** in aquis .. ubi salmunculi, vel smolti, vel frie cujuscumque generis piscium maris vel aque dulcis ascendunt vel descendunt, tales croie et piscarie machine interposite sint ad minus duorum pollicum in latitudine (*Stat. 1 Rob. I* 12) *RegiamM* II f. 31v.

frivolanter, triflingly, to no serious purpose.

pyramis .. quam peregrini ~er dicunt fuisse acervum segetis Beati Petri *Eul. Hist.* I 412 (= GREG. *Mir. Rom.* 27: quod omnino frivolum est, HIGD. I 24 p. 224: peregrini, qui semper frivolis abundant, dicunt ..).

frivole [LL], triflingly, to no serious purpose. **b** (leg., mostly eccl.) wasting (the court's) time on trifles (in order to cause delay).

diffuse nimis et inordinate magnaque ex parte superflue satis et ~e .. congesta GIR. *TH intr.* p. 8. **b 1305** ab ipsis ad nos ~e appellarunt ut possent evadere restitucionem [vini maliciose capti] *RGasc* III 488; correptus legitime a prelato de errore, si appellat frustratorie aut ~e, puniri debet OCKHAM *Dial.* 456; conclusiones .. propter quas .. fratres ad istam sanctam sedem, licet ~e, apellarunt RIC. ARMAGH *Def. Mend.* 1392 (*recte* 1292); s**1382** [discipuli J. Wyclif] ab ejus excommunicacione et processu, contra eos facto et habito, ~e ad curiam Romanam appellaverunt *V. Ric. II* 40; **14..** Henricus .. iterum ~e appellavit, appellacioneque hujusmodi minime prosecuta sed dimissione a dicta curia .. obtenta, idem H. voluntati et ordinacioni vestris .. iterato se submisit *Reg. Brev. Orig.* 55.

frivolose, triflingly, to no serious purpose.

nec enim falso aut ~e commenta nuncii proferebant *G. Steph.* I 49.

frivolosus

1 trifling, worthless.

unde est ~a nuncupatio divinitatis, ubi tam alta est dominatio potestatis? ALCUIN *Dogm.* (*Adv. Elipand.* III 17) 283B; praeponentes humanae conjecturae fribulosas ratiunculas catholicae fidei soliditati *Ib.* (*Ib.* IV 11) 294A.

2 frivolous, joking.

ceteros tandem vel inhonestis vel ~is garrulacionibus excitabat in risum *Mir. Hen. VI* I 2 p. 20.

frivolus [CL]

1 trifling, not serious: **a** (of word); **b** (of action); **c** (of law suit).

a incertas fribulorum fabulas ALDH. *VirgP* 54 (v. 1 fabula 2a); non vanas vulgi fabulas, non ruricolarum bardigiosos vagitus, non falsidicas parasitorum fribulas FELIX *Guthl.* 12; c**745** quod nunquam falsis verborum fribulis fidem accommodare volui (LUL) *Ep. Bonif.* 142; avitae gentilitatis vanissima didicisse carmina et historiarum ~as colere incantationum naenias B. *V. Dunst.* 6; hanc [piramidem] .. peregrinis mentiuntur fuisse acervum segetis Petri apostoli .. quod omnino ~um est quo peregrini multum habundant GREG. *Mir. Rom.* 27 (cf. HIGD. I 25 p. 224: quam peregrini, qui semper ~is abundant, dicunt fuisse ..) (cf. frivolanter); de nugis infrunitorum ~isque nepotationibus ORD. VIT. VIII 10 p. 327; tunc ego verba .. pro ~is habui que tamen postea vera fuisse satis comperi GIR. *GE* II 37 p. 351. **b** fraudes et fures ac falsis fribola gestis ALDH. *VirgV* 2577; [Caedmon] nil umquam ~i et supervacui poematis facere potuit sed ea tantummodo que ad religionem pertinent BEDE *HE* IV 22 p. 259; [Dani] habeba[n]t etiam ex consuetudine patrie unoquoque die comam pectere et sabbatis balneare, sepe etiam vestituram mutare et formam corporis multis talibus ~is adjuvare; unde et matronarum castitati insidiabantur, et filias etiam nobilium concubinarum nomine detinebant *Chr. Wallingf.* 60; magis Deo et devocioni oracionum deditus quam .. vanis ludis vel occupacionibus exercendis, qualibus ut ~a ab eo despectis BLAKMAN *Hen. VI* 5. **c 1343** appellacionibus .. ~is (v. deducere 5d).

2 frivolous, joking.

fribula, i. †ludibra [MS: ludibria], vana, turpia *GlH* F 734; **1166** nescioquid ~um contra innocentiam molitur iniquitas J. SAL. *Ep.* 145 (168); filium tam facete delusum et vanis ac ~is studuisse deprehensum Parisius GIR. *GE* II 37 p. 350; **1518** rector conquestus est quod parochiani utuntur diversis frivulis tempore divinorum *Vis. Linc.* I 16.

3 worthless, vain, empty; **b** (w. ref. to vanity of material world). **c** false, lying.

hic interserere caveant sua frivola verbis, / frivola nec propter erret et ipsa manus ALCUIN *Carm.* 94. 3–4; **969** ne posteritatis successio ignorans in malignitatis frivolum infeliciter corruat *CS* 1229; fribolum, i. turpem, vanum *GlH* F 732; fribulus, i. fere obolo dignus, i. in medio denario *Ib.* F 733; quis tibi talia suasit / frivola falsiloquis mendacia fingere verbis WULF. *Swith.* I 338; ~is promissionibus delusum ORD. VIT. III 5 p. 88; ille sediciosorum ~is sophismatibus usus est *Ib.* VII 14 p. 225; istud consilium imbecille et ~um fuit *Ib.* XII 26 p. 410; exsufflacio ~orum sophismatum PECKHAM *Paup.* 12 p. 60; OCKHAM *Dial.* 750 (v. detestatio 1d). **b** sed cum Virgo Dei sprevisset fribula carnis ALDH. *VirgV* 1861; a**957** omnia mundialia ~a (v. ecclesiastes b). **c** ~us, mendax, fictus *GlC* F 312; ~us, i. mendax, fictus, ineptus, inutillis, levis *GlH* F 758; **9..** ~a, *leasunga WW*; est verum an ~um quod loquimur contra te? ÆLF. BATA 4. 31 p. 61; a**1081** ibi quippe invenies quod nescis; perlectis illis ~um duces unde aecclesiasticam disciplinam effugere te confidis LANFR. *Ep.* 23 (47).

4 (as sb.): **a** (m.) frivolous person, one delighted w. trifles. **b** (n.) trifle.

a juxta philosophorum sive magis, ut quidam dicunt, ~orum opiniones, anime ab initio mundi create .. sunt ALB. LOND. *DG* 6. 8. **b** enarret suis: placent recordibus ~a de longinquo LUCIAN *Chester* 59.

frivophilus, (facet.) a lover of trifles.

ne forte alias tam re quam nomine philosophi juste priventur et ~i nominentur BRADW. *CD* 65E; quem et damnant omnes philosophi, exceptis paucis mathematicis, geomanticis, nigromanticis, ceterisque †divinis, qui in ea parte nequaquam philosophi sed ~i pocius sunt dicendi *Ib.* 682E (cf. NETTER *DAF* I 69a: ut scribit doctor profundus .. exceptis paucis mathematicis, geomanticis, necromanticis ceterisque divinantibus .. nequaquam philosophi sed ~i dicendi).

friwarius [cf. friwus, *var. of* frues], rook-scarer.

1231 in conredio ~ii j quar. [ordei] *Pipe Wint.* 159283 r. 13*d.*; **1235** in conredio ~ii j quar. [ordei] *Ib.* 159284 r. 14.

friwus v. frues. **frixa** v. 2 frigere 3a.

1 frixare v. 2 fricare 3a.

2 frixare [LL], to fry.

frixiri, i. coqui, *brædan GlH* F 769; c**1308** de .. ij patellis ferreis ad friscandum *LTRAc* 20 r. 3; **1340** de j patella ferrea ad friscandum *MinAc* 1120/10 r. 9*d.*; **1349** iiij grandes patellas ereas ferro ligatas; et j patellam ferream ad ~andum (*KRAc* 391/15) *Arch.* XXXI 81; **1394** in una patena ad ~andum *Cant. Coll. Ox.* II 134; **1443** frumentum: .. liberantur Henrico W. tam pro diversis cibariis inde ~andis quam pro diversis minutis pastellis inde fiendis .. xv quar. ij buss. *Comp. Dom. Buck.* 23; *to fry*, frigere, ~are, con- *CathA.*

frixatio, frying.

1481 j *brandreth* ferr' pro ~one *Ac. Durh.* 97.

frixatorius, used for frying. **b** (as sb. n.) frying pan.

1347 patella ~ia (*Ac. Holy Is.*) *North Durh.* 90; *a frying panne*, fricatorium, frixatorium, sertago, patella ~ia *CathA.* **b** *CathA* (v. a supra).

frixatura, cooking w. fat or oil, frying.

hec ~a, ~e, i. coctura, -e, et hec frixa, -e, i. carbonella, et hoc frixorium, -rii, i. ferrum super quod coquitur OSB. GLOUC. *Deriv.* 228; frissatura, coctura *Ib.* 244; **1329** liberavit .. duas patellas majores, et duas minores, tres cacobos, duas patellas ferreas pro †ficatur', et unam craticulam *ExchScot* 202; ~a, A. *fryynge* vel quod frigitur, A. *a ffroyse WW*; *a fryying*, frixura, ~a *CathA.*

frixcus v. 2 friscus 1c. **frixina** v. frixura 2. **frixir'** v. frixorius. **frixire** v. 2 frixare. **frixo** v. Friso, frixare.

frixorius [LL], used for frying. **b** (as sb. n.) utensil for frying, gridiron or frying pan; **c** (fig.).

1313 ij olle enee, j cacubus, j craticula, et j pattella ~ia, precii vj s. viij d. *Reg. Carl.* II 93; **1373** ij craticule, j patella ~ia *Cal. Pl. Mem. Lond.* II 155; **1388** j patellam frixir' *KRMisc* 5/29 m. 2; **1436** pro j patella ~ia ij s. *Cant. Coll. Ox.* II 148. **b 9..** in ~io, *on bræde pannan WW*; ~ium, i. sartago, cremium, *hyrstepanne* vel *spæc cocorpanne GlH* F 766; sartago vel ~ium, *hyrsting-panne* ÆLF. *Gl.* 123; cadunt partes carnis, ulcerantur et torrefiunt sicut torrefit aliquid in ~io GILB. I 67. 1; de omnibus vasis eneis, ollis, urceis, cacabis, patellis, craticulis, ~iis, discis [etc.] *Croyl.* 104; in focario .. caput ejus inter rubentes prunas ustulatum, velut in ~io cremebatur *Mir. Hen. VI* III 90; hoc ~ium, A. *friyngpan WW*; hoc fricsorium, *a fryyngpan WW*; **1551** de .. uno ~io vocato *gredeyron Pat* 840 m. 14. **c** tunc enim habenda est peccatorum rememoratio clamore cordis in occulto contritionis et compunctionis ~io R. NIGER *Mil.* I 40; dumque curialium sollicitudinum ~ia et intricatos negotiorum labyrinthos evaditis (*Lit. ad regem*) P. BLOIS *Opusc.* 795C; c**1188** vestre calamitates et miserie nos in continuo ~io languere compellunt *Ep. Cant.* 206; malorum malitia, qui mixti sunt bonis, quasi ~ium est et lima bonorum GIR. *Spec.* III *pref.* p. 125; WALT. WIMB. *Carm.* 338 (v. febricula); **1284** scientes quod in ~io Domini .. concrememur sicut ille qui prava que viderit corrigere satagit PECKHAM *Ep.* 551.

frixura [LL]

1 cooking in fat or oil, frying.

~a, *wylm* vel *hyrsting GlH* F 761; BELETH *RDO* 80. 85 (v. eliquare 2a); *CathA* (v. frixatura).

2 fritter, pancake.

12.. unam summam [frumenti] ad ~as de granario *Chr. Evesham* 219 (= *MonA* II 30: †frixinas); ~a, *friture Gl. AN Glasg.* 20v.; c**1340** in j petra cepi emp' pro ~a *Ac. Durh.* 36; si dies carnium extitisset, nihil receperunt de coquina pro suo generali nisi ~am *G. S. Alb.* II 398; s**1428** ut .. ad prandia sua omittant unam †allam [l. ollam] de ~a *Chr. S. Alb.* 29; hec ~a, *fryd met WW.*

frixus v. 2 frigere, 1 friscus 2a. **frocagium** v. focagium.

froccus [AN *froc, frog*, ME *frok*], outer garment worn by monks and friars. **b** man's outer garment.

in praecipuis solennitatibus alibi in tunicis tantum, quos frocos vocant .. responsorium canunt LANFR. *Const.* 86; unusquisque fratrum duas cucullas et duos ~os et duo stamina et duo femoralia habere debet, et iiij caligas, et peliciam novam per singulos annos W. MALM. *Glast.* 80; quando cubabunt, deponant ~os et crepitas tantum *Cust. Abingd.* 319; subsacrista .. solus et sine armigero froggum suum in ulnis bajulans curiam exivit BRAKELOND 125v.; tam formam cuculle et ~i quam colorem transmutavit primitivam *G. S. Alb.* I 11; **1300** in claustro et ecclesia regulariter utantur frogis, neque utantur quoquo modo habitu superfluo et ordini disconvenienti *Vis. Ely* 19; **1325** pro iiij frokis (v. Friso 2); **1363** tam ~is quam cucullis *Doc. Eng. Black Monks* II 66 (= *G. S. Alb.* II 451: floccis) (v. disconformis); **1388** monachi incedant ocreati et caligis aut socularibus minime calciati ac flocis utantur *Reg. Exon.* 679. **b** plebeii [Gallici] .. ~is sine collobiis de canabo ad modum panni saccorum teguntur; panno de lana .. solum in tunicis suis subtus ~as illas (*sic*) .. utuntur FORTESCUE *LLA* 35.

frodos [*erron. backformation from* Aphrodite, cf. ἀφρός], foam of the sea.

sexta feria, i. e. *Fridai*, a frodos que est spuma maris dicitur, unde nata est Venus M. PAR. *Maj.* I 343 *in marg.* (cf. ib. 403: sextam feriam, sc. *Fridai*, a Freadea vel a frodos, quod est spuma maris, unde .. nata est Venus dea amoris); Frea, ut volunt quidam, idem est quod Venus, et dicitur Frea, quasi Froa, a frodos quod est spuma maris, de qua nata est Venus secundum fabulas CIREN. I 11.

froggus, frogus, frokus v. froccus. **fromos** v. phlomis. **fronceare** v. frunciare.

frondator [CL]

1 one who lops or gathers branches.

hic ~or, *a wodfeller WW*; *a brawnche gederer*, ~or *CathA.*

2 small bird, titmouse.

~or, avis quedam que ex fronde nidum facit OSB. GLOUC. *Deriv.* 243; *tytemose, byrd*, ~or *PP*; ~or, A. *an hekemose WW*; hic ~or, A. *tytmose WW.*

frondēre, ~escere [CL], to put forth leaves, to be or become leafy and green; **b** (fig.).

~entia .. surculorum folia et spissos palmitum pampinos ALDH. *VirgP* 9; cum noverimus vinearum antes et palmitum propagines vere quidem ~escere et florescere *Ib.* 38 p. 290; ramum ~entem cum aureis pomis ut insigne victoriae pretendentem GOSC. *Lib. Confort.* 50; mense Apilis .. tunc ~ent silvae *Id. V. Iv.* 86D; virga cepit ~escere unde adhuc ingens fraxinus ostenditur *V. Kenelmi B* 81ra; quelibet arbor ibi frondet, quevis fera gaudet H. AVR. *Poems* 20. 149; s**1254** nec silve vel pomaria virere, ~escere, florere, vel fructificare valuerunt M. PAR. *Maj.* V 461; tu es virga illa que floruisti, ~uisti *Medit. Farne* 51r. sicut herbe terre .. solent revivescere, florere, ~ere, odorare, et fructificare, sic peccatores .. redivivi producunt ex se flores sancte conversacionis .. et fructus meritorie accionis, eos ad sic florendum, ~endum, odorandum, et fructificandum .. BRINTON *Serm.* 13 p. 50 (v. et. b infra). **b** ubi fides catholica fructiferis palmitibus ~escit ALDH. *VirgP* 32 p. 272; qui fructus jocundatur in opere, ~et in consolatione, floret in caritatis dulcedine R. COLD. *Osw.* pref. p. 327; frondet in eloquium divisa scientia, ramus, / qui sapit egreditur eloquiumque regit GARL. *Tri. Eccl.* 100; BRINTON *Serm.* 13 p. 50 (v. a supra); **1435** (v. fructiferre 1b).

frondeus [CL], having leafy branches.

interseruit se frondissimis fruticum opacis occultandum *V. Greg.* p. 82; ~ea robora, *geþufe beamas* vel *helmas GlH* F 778; ~ea ficus, i. frondosa, *geþuf ficbeam* .. *Ib.* 780; *CathA* (v. frondicula).

frondicomus [CL], having leafy tresses.

~is *on lefhelmigum GlP* 173.

frondicula, little branch, twig.

a brawnche, antes, frons, ~a, propago, ramus, surculus; frondeus, frondosus, ramalis *CathA.*

frondifer [CL], leafy.

~eri nemoris, *helmbæres bearuwæs GlH* F 781.

frondiger, leafy.

frondigeris tegitur bellantum turma coronis / et viridi ramo victor certamine miles ALDH. *Aen.* 91 (*Palma*) 6 (cf. *GlH* F 782: ~eris coronis, *helmberendum wuldorbeagum*).

frondissimus v. frondeus.

frondosus [CL], leafy.

e ~is nemoribus ALDH. *VirgP* 23 p. 254; locus .. ~is silvis et densis vepribus plenus BYRHT. *V. Egwini* 363; sub omni ligno ~o et in omni colle nemoroso AILR. *Serm.* 446B; arborosus, ramosus, ~us, condensus OSB. GLOUC. *Deriv.* 60; sub arbore quadam ~a GIR. *TH* II 19; *CathA* (v. frondicula).

fronesis v. phronesis. **fronimus** v. phronimus.

1 frons [CL], leafy branch; **b** (fig.). **c** (transf.) greenery.

in saltu nascor ramosa fronde virescens ALDH. *Aen.* 45 (*Fusum*) 1; **c802** populea ~de coronatus et pelle leonis vestitus ALCUIN *Ep.* 308 p. 472; benedicat palmas et flores et ~des ante majus altare LANFR. *Const.* 101; siquis .. arborem .. prostraverit et inde ramum vel ~dem portaverit *DB* I 1; salicis .. tam foliis quam ~dibus natura manente GIR. *TH* II 28; sicut in arbore / frons tremula P. BLOIS *Carm.* 14. 29. 22; ~des hedere ejus [sc. Bacchi] sacris interesse meruerunt ALB. LOND. *DG* 12. 4; **1386** R. .. succidit quandam ~dem de quadam querculo *SelCCoron* 99; frons, frondis, ramus, frons, frontis, pars capitalis *WW*. **b** Nicolaitae quorum secta .. quam venenatis hereticae pravitatis ~dibus succreverit ALDH. *Met.* 2 p. 71; practica dat ramum qui dicitur ethica, cujus / corpus divisum triplice fronde viret GARL. *Tri. Eccl.* 100. **c** [collem] hunc spinae spissa cum fronde coronant ÆTHELWULF *Abb.* 134.

2 frons [CL]

1 forehead (of person); **b** (of animals, esp. as place where horns grow); **c** (fig.).

unum oculum sub asperrima ~te clipei latitudinis habuerunt et Cyclopes dicebantur *Lib. Monstr.* I 11; signum sanctae crucis ejus in ~e portare consuevit (*Ep. Ceolfridi*) BEDE *HE* V 21 p. 343; agnus qui suae mortis signum ~tibus nostris ad discutienda tela mortiferi hostis imposuit *Id. Hom.* II 7. 138; sanctorum frontem praecingens floribus orno BONIF. *Aen.* 166 (Virginitas); fingere serta volens puerorum congrua fronti ALCUIN *Carm.* 76. 7; et ille / fronte crucem pingendo sacram respondit amico WULF. *Swith.* I 762; deficientem capillum a cervice revocare ad ~tem P. BLOIS *Ep.* 59. 176B; Polyphemus .. oculum unum in ~te .. habuisse dicitur ALB. LOND. *DG* 11. 9; **1220** (v. excerebrare 1a); **1305** G. .. moritur in domo sua propria habens quandam plagam in ~te cum uno *balstaf SelCCoron* 73; pellis .. intumescens, mirabile visu, caput quodam modo coronabat et ad latitudinem parapsidis vel capelli, ita totum ~tetenus circumdedit ut .. *Mir. Hen. VI* III 90. **b** Marcus divini, Petro narrante, repletus / faminis effremuit, vox ut deserta ferarum, / quo pingi torva decuit sub fronte leonis ALCUIN *Carm.* 71. 1. 8; aries .. in sola ~te, taurus vero et in capite et in pectore .. fortitudinem sortitus est ALB. LOND. *DG* 8. 12. **c** frons noctis WALT. WIMB. *Carm.* 549 (v. erubescentia).

2 countenance (as expressing feeling).

fronte faceto D. BEC. 2386 (v. dinarium).

3 the brow as expressive of boldness or effrontery. **b** (~*s attrita*) face wiped clear (of blushes), bold or shameless face (cf. Juvenal *Sat.* 13. 242, *Ezek.* iii 7).

qua ~te inter pastores ovium Christi se annumerare praesumit? BEDE *Hom.* II 22. 217; qua ~te reprehendere poteris eum quem totiens laudare solebas? ALCUIN *Ep.* 58; qua ~te nunc petat quod constanter appetens negligenter omisit? GOSC. *Transl. Mild.* 26; qua ~te reatum meum aperiam? ALEX. CANT. *Dicta* 1 p. 115; **1166** qua conscientia, qua impudentia, qua ~te ausi fuistis asserere .. ? J. SAL. *Ep.* 252 (174); me ~te pervicaci tamquam gerroneam [*gl.*: inutilem] naucipendentes OSB. GLOUC. *Deriv.* 3; GIR. *JS* 7 (v. dissimulare 3a). **b** ALDH. *VirgP* 32 (v. atterere 2a); ego certe Dei pro me incarnati et mortui consilium fidelius et salubrius credo, et illum ~tis attrite esse non ambigam qui suum duxerit preferendum J. SAL. *Ep.* 192 (202 p. 296); attrite ~tis est in petendo, ingratus cum acceperit, si non acceperit inhumanus P. BLOIS *Ep.* 18. 66B.

4 outward appearance. **b** (*prima ~te*) at first sight.

habitu tantum et ~te populo conveniens, intus habuit omnia dissimilia *Canon. G. Sempr.* 39v.; in secessu magis quam in ~te beacior, id est invisibiliter pocius quam visibiliter J. WALEYS *Brev.* III 1 f. 211 (cf. W. BURLEY *Vit. Phil.* 84: id est in occulto magis quam in aperto). **b** inter illam igitur et illum, ceu inter ovem et lupum prima ~te fortissimum, pro tercio duellum T. MON. *Will.* I 4 p. 18; cum .. generosissimas puellas, .. nullo modo nuptiis acquiescens, omnes amore castitatis prima ~te repudiaret *Croyl.* 36.

5 foremost part, front (as dist. from back or sides). **b** foremost part, beginning (as dist. from middle or end); **c** (w. ref. to time or order of events).

construxit monasterium principale extra urbis muros a ~te orientali GOSC. *Transl. Aug.* 43A; crux .. est in ~te navis ecclesiasticae sublimata *Id. Transl. Mild.* 34; sedeant non ~te opposita *Inst. Sempr.* xlix* (v. collateralis 2a); in ~te altaris LYNDW. 252 i (v. frontale 2); ante se a ~te *G. Hen. V* 11 (v. declivis 2b). **b** **c700** (11c) prima ~te hujus paginule GOSC. *Milb.* 201; in fronte [*gl.*: in principio] paginae FELIX *Guthl. prol.* p. 60; **a1089** ut tam saepe epistolae nostrae .. in ~te pictum praeferant 'domino et patri' ANSELM (*Ep.* 57) III 171; in prima namque disputandi ~te OSB. GLOUC. *Deriv.* 61; in ~te libri J. KELSO 628A; in corpore evangeliorum ordinalis numerus, a primo et deinceps, singularum sententiarum ~tibus ascribitur ut liqueat quota illa sententia sit in textu hujus vel illius evangeliste SENATUS *Ep. Conc.* xlix; sicut et in ~te pagine vale dicebam M. RIEVAULX (*Ep.*) 62; **1298** (v. delineare). **c** **s1191** (v. dromo b).

6 foremost part, vanguard (of group). **b** (*in ~te* & gen.) in front of, at the head of. **c** (*in prima ~te*, mil.) in the front line (of battle).

leonem, quem regem esse bestiarum .. poetae .. fingunt, in ~tem beluarum horribilium ponimus *Lib. Monstr.* II 1; ~s hujus laetitiae et signifera, tota ornamentis suis induitur Augustini ducis ecclesia GOSC. *Trans. Mild.* 16. **b** caracteres .. qui in ~te divisorum et dividendorum jacent ..; locum enim ubi divisio sumit exordium dicimus frontem THURKILL *Abac.* f. 59; in prima ~te hujus beate processionis abbas W. .. locum et officium abbatis tenuit J. FURNESS *Walth.* 69. **c** in prima ~te Guillelmus C. et lxxx equites super Normannos irruerunt ORD. VIT. XII 18 p. 359; in prima ~te regalis exercitus Flandrite et Britones erant *Ib.* XIII 43 p. 127.

7 the front of large building, façade.

frontibus hae nitidis cingentes undique templum / marmore praemiram monstrant spectantibus aulam ÆTHELWULF *Abb.* 719; **1244** porticum illam que tanto palacio conveniat fieri faciat .. ita quod rex in ea descendere possit de palefrido suo ad honestam ~tem *Cl* 273; murum ~tis ecclesie nostre in terram diruit *G. S. Alb.* I 218; **s1244** ~tem ecclesie a fundamento usque ad volsuram construxit M. PAR. *Maj.* VI 90; **1285** ij fenestrarum in ~te occidentali *Fabr. Exon.* 5; SWAFHAM 99 (v. ecclesia 5a).

8 the part of a plot of land or a building which abuts on road or street, frontage; **b** (used for trading).

1194 (1340) quod unumquodque burgagium .. l pedes habeat de ~te et iij acras in campo (*Ch.*) *EHR* XV 311; dedi .. iiij^xx et quinque burgagia cum pertinentibus, viz. ad unumquodque burgagium septem acras terre et ~tem *Ib.* 313; **a1221** habet .. hec terra .. in ~te versus vicum sex ulnas reg[is] et unum quarterium fere *AncD* A 2036; **1275** R. .. non cepit unam pernam porci de manibus E. .. nisi pro transgressione sua eo quod occupavit ~tem domus [? *add* quam] idem conduxit de priore *SelPlMan* 144; **1349** lego .. totam ~tem predicti cayi orientalem cum edificiis superedificatis .. *RR K's Lynn* I 183; **1378** non claudebat ~tem suam per quod averia ipsius conculcavit et devastavit olera Margarete Widowe *Hal. Durh.* 146; **1416** unius messuagii cum tribus shoppis et solariis supra edificatis in ~te ejusdem messuagii .. in Walmegate *Mem. York* II 48; **1588** totum illum ~tem sive toftum vastum .. in Ormesbye .. aceciam omnes illos tres *lez frontes* .. in Marton in Cleveland *Pat* 1319 m. 32. **b** **1251** sustinent tres ~tes in nundinis ad opus abbatis *Cart. Rams.* I 291; **1258** nullus mercator .. mercandiam faciat in villa S. Yvonis per quod status et commodum ferie ejusdem et ~tium domorum ad predictos abbatem et conventum pertinentium .. deteriorentur *Ib.* II 68; **1287** licet .. non fuerit concessum quod aliqui mercatores in ~tibus domini W. le Moygne tempore nundinarum residentes vendere debuerant pannos laneos *Law Merch.* I 24.

9 altar frontal.

1401 j dorsorium, j ~tem, j frontellum (v. capella 5); **1503** de frontallis et tuellis. item ~s cum tuella de velveto rubio plano. item alia ~s cum tuella de cerico albo .. item iiij tuella eisdem ~tibus *Invent. Ch. Ch.* 131; **1511** unum ~s de opere textrino blodii coloris *Ib.* 157.

frontagium, (payment in respect of) frontage on street.

1252 cum abbates ante tempus illud solebant capere de singulo ~io tantum ij s., dictus Robertus accrevit ~ium illud ad opus domini regis .. ita quod cepit de aliquo ~io viiij s., de aliquo x s. et de aliquo j marcam (*CurR* 146 m. 10d.) *SelCWW* 30; **1462** respondet de lxvj s. xj d. receptis de frontag' in villa predicta [S. Botulphi] de diversis tenentibus subscriptis *DLMinAc* 639/10376.

frontale [CL *pl.*]

1 head-trappings (for horse). **b** part of woman's headdress, frontlet.

~e, i. ornamenta equorum *GlH* F 790. **b** **1561** pro factur' ij ~ia (*sic*) de *lawne Ac. LChamb.* 55 f. 23 (cf. *Misc. LChamb.* 33 p. 8: *for making ij forhed clothes of lawne*).

2 (eccl.) altar frontal.

1272 unum ~e ad altare precii vj s. viij d. de dono regis *Cl* 583; **1279** ita ~e et superfrontale qualia in litera mea responsiva descripsi .. vobis transmitto *Reg. Heref.* 223; unum ~e magnum cum mappa adjunctum et aliud strictum ejusdem panni et facture, que magno altari principalibus festis apponuntur, item aliud ~e cum capitibus hominum et diversis bestiis de aurifragio et serico diverso consutum et nobile mappa adjunctum WHITTLESEY 167; **a1313** ~e ad magnum altare cum tribus tuellis *Conc. Syn.* 1388 (cf. LYNDW. 252 i: '~e', i. e. apparatum pendentem in fronte altaris, qui apparatus alias dicitur palla); **a1340** in j ~i .., pendente ante summum altare, iij s. *Pri. Cold.* app. p. xij; **1397** etc. (v. contrafrontale); **1407** tria fruntalia pro altari dicte capelle, duo tualle de panno lineo, tria ridella de albo *tartaryn* cum cordulis *DC Sal.* (*HMC*) 350; **1410** in factura ~is ad magnum altare iij s. iiij d. *Ac. Durh.* 402; ~e etiam de viridi vellveto cum armis principis in quodam rosario aureo embroudato *G. S. Alb.* III 380; **1441** pro elargacione j ~is et subfrontalis (v. elargatio 2b).

frontalis

1 of the forehead. **b** (?) bold; *cf. frontosus.*

lumen nescit frontale speculum, / dum mors claudit Amoris oculum J. HOWD. *Ph.* 196. **b** frontialis, *steorrede* [? l. steornede] *GlH* F 789; ~is vel calidus, *steornede* ÆLF. *Gl.* 161.

2 (eccl.) for the front (of altar). *Cf. frontale* 2.

c1250 item iij panni ~es de femis [ed. '*Venice*'] *Vis. S. Paul.* 17; **1295** item tabula ~is et superfrontalis bene depicta *Ib.* 330; item pannus ~is de baudekyno, et pannus superfrontalis de rubeo cendato cum turrilibus et leopardis deauratis *Ib.*

frontellum, ~a [AN *fruntel*, ME *frountel*], altar frontal. **b** superfrontal, frontlet. **c** frontal for lectern, reliquary, or sim.

1241 xxij d. ob. pro liniatura et factura cujusdam fruntelli *Liberate* 15 m. 10; **1254** faciant liberari R. .. clerico .. unum fruntellum pulcrum *Cl* 270; **1287** sint supperpellicia duo et unum rochetum, .. palla mortuorum, ~um ad quodlibet altare [etc.] *Conc. Syn.* 1005; **1295** lego .. unam capam chori de serico uno cum frontallo et palliis altaris ecclesie de I. (*Test.*) *EHR* XV 525; pannum pro fronte altaris .. linteaminaque pro altari cum pretiosis ~is et apparatu pro altari in quadragesima *G. S. Alb.* II 399; **1425** frontellam altam et frontellam bassam de *velvet* rubeas cum foliis aureis brouderatas *Foed.* X 346; **1442** vestimentum cum dorsorio et ~is ejusdem operis *Test. Ebor.* II 88. **b** **1445** item unum superfrontale et unum frontale cum uno †fronutello [?l. frountello] de panno blodio auri operato cum falconibus pro summo altari .. et duo frontalia et duo †fronutella .. ad valorem cc m. *Reg. Heref.* 272; **1483** quatuor palle cum tribus frontatellis *Fabr. York* 299. **c** **1368** j ~um in ambone de *tapicerwerk* cum ymagine S. Georgii *Invent. Norw.* 10; **1500** item iiij tuelle superpositi cuspidi gladii et aliis reliquiis cum ea contentis cum ~is *Invent. Ch. Ch.* 128.

frontera, ~ia v. fronterium.

fronterium, ~ia, ~ius [cf. TLL frontaria, AN *fruntere, frountier, fronter, frontier, frontir, fronture,* ME *frountier, frontour*]

1 frontier, border between territories or nations. **b** frontier post. **c** (fig.) barrier.

s1328 adivit ~ium Hispaniae versus Granatam contra infideles AD. MUR. *Chr.* 57; **1379** Johannes Comyn, quondam archiepiscopus Dublin' [ob. 1212], in relevacionem et defensionem communis populi .. desiderans construere quoddam castellum apud manerium dicti archiepiscopi de Castelkevyn quasi in frontura tocius marchie adjacentis [AN: *en la frount del marche*] .. petit a .. rege manerium de Swerdes *Cl* 219 m. 3d. (cf. ib.: *en la fronture de noz enemis*) (cf. *CalIMisc* 58–9); **1386** tenementa .. in marchiis dicti comitatus [Dublin'] in frontura Hibernicorum inimicorum nostrorum .. situata *Pat* 325 m. 19; **1391** civitas nostra de Lymeryk' .. super fronteris inimicorum nostrorum Hibernicorum situata *Ib.* 333 m. 13; **s1312** quod Templarii tenebantur .. defendere frontorias contra Sarracenos *Meaux* II 315; **1403** rebelles .. circumvallarunt civitatem et diocesim Herefordensem, in ~iis ibidem astantes *Ch. & Rec. Heref.* 256; **1434** in frontera (v. bordura 2e); **1444** durantibus istis treugis nullum fortalicium aut castrum reparatum, edificatum vel de novo factum erit in marchiis fronteriarum per unam vel aliam partem *Cl* 294 m. 6d. **b** **1378** dicta villa solebat esse fortis frontera et bene repleta de hominibus in defencionem et auxilium patrie adjacentis et tocius regni *IMisc* 220/3. **c** **s1346** Edwardus vero rex cum exercitu suo propinquius mari quam alii per unam leugam transvadavit .. ad cujus illuc adventum copiosus numerus pugnatorum .. Edwardo obviam convenerunt ad ipsius passagium perturbandum. sed rex cum suis continuo viribus tamen, licet resistentibus inimicis, per millenos frontorios quasi in una diei hora transvadavit, et victis Francigenis, .. rex Edwardus et sui singuli incolumes remanserunt *Meaux* III 57.

2 foreland, strip of land in front of bank or sim. **b** headland, promontory.

1374 quod quilibet habens terras jacentes vel abuttantes super dictum fossatum .. fodiet et mundabit fronteram terre sue latitudinis octo pedum et jac' dictam terram sic fodiatum super dictum fossatum *Terr. Fleet* 175; **a1399** [*the fronts*] fruntera [*of the dikes should be kept sufficiently high*] *Ib.* xlix. **b** **1427** (v. cursus 5f).

3 altar frontal or frontlet.

decorabitur magnum altare pallio sive ~io precioso *Cust. Westm.* 56 (= *Cust. Cant.* 111); **1521** ij frontiaria, j de panno rubio cereci radiat' *Fabr. York* 276.

4 (? infl. by *bordura*) fringe, border, (in quot.) offcut.

fronterias omnium coriorum que operantur in sutoria ad reparacionem sotularium *Ac. Beaulieu* 173; custos sutorie appretiat fronteria, unum fronteria [? l. fronterium] pro ob. *Ib.* 207.

frontetenus v. 2 frons 1a. **frontialis** v. frontalis 1b. **frontiarium** v. fronterium.

fronticula, little brow.

hec frons .. et inde hec ~a Osb. Glouc. *Deriv.* 218; postquam est sanguinis beata venula / beato rivulo facta feracula, / fulgentes radios fundit fronticula, / quales nec aquile portaret pulula Walt. Wimb. *Carm.* 305.

frontilectum [ME *frontlet*], (eccl.) superfrontal, frontlet.

1388 frontella quidem sunt quindecim .. septimum de panno albo auro contextum ad modum stellarum cum ~o ejusdem secte (*Invent. Westm.*) *Arch.* LII 229; ~a sunt undecim quorum sex frontelle ejusdem secte sunt consute et quinque sunt ~a pallis altaris consuta *Ib.* 230.

1 frontinella v. fontanella.

2 frontinella, ~um, altar frontal.

1345 due ~e pro magno altari *Sacr. Lichf.* 111; **1432** item una mappa sive pallia pro magno altari cum ~o ymaginibus aureis *Reg. Glasg.* 332.

frontispicium [LL]

1 forehead.

hoc ~ium, *a fortope WW*; hoc †frontisipium, *a forhed WW*.

2 (of person) countenance, outward appearance.

sicut pubescentium aetas solet contingere posset ut mutato etiam .. ipso ~io non facile et cito cognosceretur ab eis quibus pridem notus existeret Bede *Sam.* (*1 Sam.* xvii 55) 624; heu .. quod .. tanta gratia ~ii mentem ab interna gratia vacuam gestat! *Id. HE* II 1 p. 80; quante prudentie Lanfrancus esset ex dignitate frontispitii et facetia responsi interiora conjectans W. Malm. *GP* I 24 (cf. Higd. VII 6 p. 332: unde, conspecta in Lanfranco responsi facetia et elegantia ~ii, de priore Beccensi effectus est abbas Cadomensis et postmodum presul Cantuariensis).

3 foremost part, beginning.

in ipso narrationis ~io J. Furness *Kentig. prol.*

4 front part (of building), façade. **b** (of altar) front.

in ipso breviter tractatus hostio, / in ipsis foribus et frontispicio Walt. Wimb. *Palpo* 11; hoc ~ium, anterior pars domus *WW*; *a fronte*, ~ium ut ~ium ecclesiarum *CathA*; *a gavelle of a howse*, ~ium *Ib.*; **1520** in ~io novi edificii (*Ac. Eton Coll.*) *Arch. Hist. Camb.* I 418*n.*; ipsum sane templum [*Wells, Som*] est admodum speciosum, sed ejus ~io ad occasium nihil speciosius Camd. *Br.* 198. **b** **1512** ~ium summi altaris (*Ac. Eton Coll.*) *Arch. Hist. Camb.* I 416*n.*

Frontonicus, of M. Cornelius Fronto, the Roman orator.

c1105 non desunt ~a gravitas, Ciceronis, Fabii aut Quintiliani acumina (*Ep. Matildis regine*) *PL* CLIX 156B.

frontoria, ~ius v. fronterium.

frontose, boldly, impudently, shamelessly.

a690 si vero quippiam, inscitia suppeditante garrula, ~e convincitur pagina prompsisse Aldh. *Ep.* 5 p. 493; qui patris sui verenda non operuerunt, sed potius ~e detegere nequaquam veriti sunt H. Bos. *Thom.* IV 8 p. 337; [Gilbertus, episc. Lond.] se de jure archipresulem debere fieri publice contendebat et archipresulatum sibi ~e nimis vindicare non erubuit *Id. Ep.* 1423C; **1281** vos nullam paupertatem pretendentes sed elacionem pocius nobis ~e fudistis Peckham *Ep.* 158; **c1375** quod quidam nuper ~e nimium et impudenter prioratum dictum de Coldingham .. ausu temerario depredarunt, ipsum cenobium bonis omnibus spoliando *Pri. Cold.* 52; quo tergiversari potest nisi forte velit ~e dicere Augustinum plane mentiri? Netter *DAF* I 41. 2.

frontosus, frontuosus [LL], having an unblushing brow, shameless, bold, 'barefaced'.

pudet referre quorundam ~am elationis impudentiam et comptam stoliditatis insolentiam Aldh. *VirgP* 58; frontuosus, *bald GlC* F 258; frontuosus, i. curiosus, *gemah* vel *bald GlH* F 792; qui ~us et impudens salvari non poterat, saturatus opprobriis resipiscat vel rubore sequestrationis emendetur Rob. Bridl. *Dial.* 141; quomodo in te et in omnibus filiis superbie tue confundit ~am illam atque insanam libidinem dominandi J. Ford *Serm.* 9. 3; quid enim ultra poterit debacchantis nequitie ~issima rabies? Ad. Marsh *Ep.* 20; **s1239** pars papalis .. spem totam ponens in pecunie thesauris et rapinis, ad gladium et ultiones proprias irruit frontuosa M. Par. *Maj.* III 574; *shamles, that chaunchyth no coloure ne chere*, cromaticus, ~us *PP*; admiramur quam ~o capite et elato animo audeas de te fatue judicare Chaundler *Apol.* 32b.

frontura v. fronterium.

fronulus [? cf. OF *frion*], linnet.

~us, *linetwigle GlC* F 314; **10..** ~us, *linetwige WW*.

fronutellum v. frontellum.

frotare [AN *froter*], to rub.

1291 mollivit ipse pollicem suum et inde ~avit super *le affidavit* quousque illud fere omnino delevit (*PlRCP* 90 m. 146) *SelCKB* V cxviii.

frounciare v. frunciare. **frucisium** v. frussatum. **fructa** v. 1 fretta 1. **fructetum** v. frutectum. **fructicare** v. fruticare. **fructicosus** v. fruticosus.

fructifer [CL], bearing fruit, fruitful: **a** (of trees or sim.); **b** (of land); **c** (of season or period); **d** (of abstr.); **e** (fig.) productive, profitable. **f** (w. obj. gen.) productive (of). **g** *f. l.*

a malus, si arbora ~era fuerit, quae melarius vocatur Aldh. *PR* 113 p. 152; fructiferas .. quercus *Id. Aen.* 54 (v. diligere 4a); credentes, sive de Judeis seu de gentibus, ~erae atque eximiae comparavit arbori Bede *Mark* 251; fecit vineta et oliveta plantari ortosque plurimos constitui ipsamque vallem destructis arboribus infructuosis ~eris pomeriis melius complantari Ord. Vit. VI 3 p. 10; ramos fructiferos alienos frangere nolis D. Bec. 1783; nonne hec eadem in ~eris arboribus contingunt antequam fructibus onerentur maturis? R. Melun *Sent.* I 219; 'lignum pomiferum' [*Gen.* i 11] pro ~ero posuit, unde et translatio septuaginta habet 'lignum ~erum'; omnis enim arborum fructus nomine pomi comprehenditur Gros. *Hexaem.* IV 20; prudens hortulanus transfert de loco ad locum plantas .. ac per talem transplantacionem alique fiunt fertiles et ~ere que fuerunt steriles et inepte Holcot *Wisd.* 181; **1432** locum ad modum paradisi consitum, stellatum floribus et arboribus fructiforis relucentem (J. Carpenter) *MGL* III 461; **s1174** coronam lauream, i. foliorum non ~erorum *Plusc.* VI 28. **b** terra quoque illa non est nemorosa et iccirco minus ~era Ord. Vit. IX 15 p. 600; celum enim et terra convenienter intelligitur quasi vir et femina, quoniam terra celo fecundante ~era est Rob. Bridl. *Dial.* 84; terra sana est, morbis carens, habitabilis valde, ~era in diversis fructibus tam in aquis quam in terris et lignis *VSH* (*Abban* 1) I 3. **c** **s1386** transit annus iste frugifer sed mediocriter ~er Wals. *HA* II 153. **d** glebe fertilitate ~eraque fecunditate terra felicior Gir. *TH* I 37. **e** dum pia fructiferis pandit praecordia verbis Aldh. *VirgV* 1396. **f** ~eros virtutum surculos *Id. VirgP* 16; eunt armati ad ~eram gloriae patientiam Gosc. *Aug. Maj.* 45D. **g** Nig. *SS* 810 (v. furcifer 2b).

fructiferre [LL]

1 (of trees, land, *etc.*) to bear fruit, produce crops; **b** (fig.).

veluti lex quedam nature fuit et inhesit terre creandi et fructiferandi [*sic* MS] sibi prebens postmodum facultatem Gros. *Hexaem.* IV 17. **b** **1435** quatinus sub vestre proteccionis abiete .. humiles sui [sc. universitatis] ramunculi frondeant, floreant, et ~ferant *EpAcOx* 126 (cf. *FormOx* 450 [**1435**]: ut ipse amplius frondeat, floreat, et ~ferat in catholica doctrina).

2 to carry fruit or other produce.

licet ministris suis [sc. virgultarii] ~entibus, magistro comitante, per medium conventum transire; haud aliter *Obed. Abingd.* 416.

fructificare [CL], **~ari**

1 to bear fruit, be fruitful: **a** (of plant, tree, or sim.); **b** (of land); **c** (of season); **d** (of person); **e** (fig.).

a myrice namque est infructuosa arbor et humilis, gustu nimis amara omnique humana cultura prorsus indigna ac propterea ~ans in desertis Bede *Hom.* II 25. 435; dum [hordeum] sibi adlatum .. ultra omnem spem ~andi eodem in agro sereret *Id. HE* IV 26; silva ibi erat ad clx porcos si ~asset *DB* I 186; **p1212** boscum .. eradicatum aliqua tempestate ita quod de cetero ~are non possit *BBC* (*Corbridge*) 57; arbor .. de eodem stipite pluries ~at Gros. *Hexaem.* IV 28 (v. herba 1a); **c1300** nemus ~ans domini est per vj septimanas de *pessun DC Cant. Reg.* J p. 48; hortulanus, cernens plantam delicati fructus crescere prope viam, .. talem, inquam, plantam transfert in viridarium vel in hortum bene conclusum ut ibi ~et integre sine impedimento Holcot *Wisd.* 181. **b** quatuor emittit paradysi flumina virgo, / quorum fructificans terra rigatur aquis Garl. *Epith.* VII 206; Nilus terram irrigat Egipti ut innundacione fluente terre prestaret humorem quo ~aret terra post inundacionis recursum Gros. *Hexaem.* X 5; **1255** ager in segetem fecundam ~at quem agricola bonus colit *Mon. Hib. & Scot.* 66b; terra fructificat et sine vomere Walt. Wimb. *Carm.* 95; hinc infra mensem cernens sata fructificari, / Arelatensem petit urbem pontificari Elmh. *Cant.* 91. **c** **s1309** transit annus iste perexiliter fruges reddens sive ~ans Wals. *HA* I 124. **d** pietate / stillas, fructificas prole, pudore vires Garl. *Epith.* I 10. **e** in quo radicavit, crevit, ~avit ecclesia, nisi in cruce Domini? Ad. Marsh *Ep.* 246 cap. 9 p. 436; **1396** velut arbor in domo Domini ~ans *Conc.* III 226.

2 to bear (spiritual) fruit; **b** (w. *Deo* or sim.).

praedicatores mittens sed ipse praedicationem, ut ~aret, .. precibus adjuvans Bede *HE* II 1 p. 81; dum apud eum [ducem Fresonum] vir Dei ~are non posse agnovit .. Alcuin *WillP* 9; sic ~avit in domo Dei sui, ut fructum plus afferre semper idoneus crederetur Gosc. *Wulsin* 3; si predicatio assidua non ~at sed vilescit .. Gir. *GE* II 24 p. 284; in cruce nos sancta fructificare docens Garl. *Tri. Eccl.* 126; **1317** concordiam inter .. Cristi fideles perseveranter existere ac eciam ~are .. cupientes (R. Bury) *FormOx* 26; Christus quandoque videt personam aptam ad ~andum in ecclesia Holcot *Wisd.* 181; mihi videtur ipsum velle fructum sacramenti ei dimitti .. ita ut ipse non ~et in susceptione sacramenti Netter *DAF* II 15. 2. **b** quasi aliquis diceret, cur dixisti, ut ~emus Deo, quasi non ~aremus cum legem carnaliter observaremus? Lanfr. *Comment. Paul.* (*Rom.* vii 4) 126C; quia tuus omnino debeo esse tibique soli bona tantum opera ~are, me totum tuae trado potestati, ut amodo tibi ~em soli *Simil. Anselmi* 84.

3 to give a useful result. **b** to achieve much, be successful.

Venus, calida et humida, in decimo septimo gradu Tauri, qui est domus sua, ubi habet v testimonia, sed Mercurius in natura sua frigidus est et siccus .. aufert a Venere ij testimonia . . . item Saturnus frigidus et siccus est in decimo gradu Scorpionis et sic in opposito aspectu cum Venere; est autem retrogradus et sic testes Veneris ~are non permittit, quia exaltatur in suo deferente et prope augem, et sic quasi favorem judicis adquirens testes Veneris reddit suspectos et sic debilitatur Venus in sua significatione Gros. 50 (= Bacon IX 198). **b** **1337** (v. eminenter a); [veritas] in libris videtur manere utilius et ~are fecundius ad profectum R. Bury *Phil.* 1. 22; cum ergo prosperiora tempora nobis successissent et status nostri monasterii tam in temporalibus quam spiritualibus .. multifarie ~aret *Croyl.* 78; talia, inquam, collegia ~arent in studiis, ubi nostra collegia frustra depauperant regnum Wycl. *Sim.* 95; nunc ad ostendendum qualiter ~averit locus noster, producens viros eximios Amund. II app. 305.

4 (trans.) to produce (as fruit; also fig.).

arbor bonus Christus est, ~ans salutem (*Ps.*-Bede *Matth.*) *PL* XCII 63C; sicque mentes vestras seminis sui copia repleat, ut in vobis illud sibi placita ~are concedat Egb. *Pont.* 61; sed non fructificat punica mala salix *Babio* 270.

5 to cause to bear fruit, make productive or profitable; **b** (fig.); **c** (of God, absol.).

a1038 ubi vero .. decano vel ejus successoribus visum fuerit ut illam terram possint ~are dominicatui suo, .. *CD* 754. **b** 'post messores' [cf. *Ruth* ii 7] .. non enim omnia prioribus revelata sunt, et ideo opus est semper aliqua ~ari S. Langton *Ruth* 98. **c** **c795** nostrum est seminare, Dei ~are Alcuin *Ep.* 82.

fructificatio [LL]

1 the bearing of fruit. **b** fruitfulness.

haec ~o fici Bede *Mark* (xiii 28–9) 264; fiunt ville de motibus carnalibus qui cultura assidua aratris terram scindunt ut fructificent. ville nullo cinguntur muro quia nullo termino diffinitur ~o que comparatur cure aratro et culture exercitio R. Niger *Mil.* III 46 p. 181; sed cum habuerint arbores vel plante virtutem attrahentem vehementer, erit ~o una Alf. Angl. *Plant.* II 13; cum in hora plantacionis fuerit luna aucta lumine in quarta orientali .., quia tunc in fortitudine operacionis sue calorem vitalem in plantam fortiter movebit, accelerabitque ac confortabit crementum ejus et ~onem Gros. 5. **b** fugit Aquilo pigritiae hiemalis et venit Auster aestivae ~onis Gosc. *Transl. Mild.* 1; inundacione aquarum .. quasi diluvium .. non promoveretur sed impediretur .. terre ~o, nisi .. Gros. *Hexaem.* X 5; viror illius temporis [sc. veris] est ~o anni *Eul. Hist.* I 8.

2 spiritual fruitfulness, fulfilment.

qui fidem divinae aeternitatis praedicat, qui dispensationem dominicae incarnationis, qui ~onem ecclesiae Christo adhaerentis Bede *Ezra* 892; ~one pii operis R. Cold. *Osw. pref.*; ab hujusmodi bonis studiis proficiscitur homo ad confirmationem patientie et humilitatis, a quibus progreditur ut fruatur dulcedine de sua ~one R. Niger *Mil.* II 65; **c1240** novimus .. quod serena .. dilectionis vestre super nos irradiatio nostre tenebrositatis est purgatio, .. sterilitatis ad ~onem reductio Gros. *Ep.* 104; **1323** ut ex personarum ipsarum industria locorum crescat utilitas et ex oportunitate locorum succedat ~o personarum *Mon. Hib. & Scot.* 226a.

fructificus, producing fruit, fruitful (in quot., fig.).

surgit ab hiis livor et ab hoc elegia belli, / qua cessat studium fructificusque labor Garl. *Tri. Eccl.* 101.

fructuarius [CL]

1 fruitful, productive.

~ius, -a, -um, i. utilis et fructu plenus Osb. Glouc. *Deriv.* 210.

2 (as sb. m.) dealer in fruit and nuts; *v. et. frutarius*. **b** official of royal household concerned w. fruit and nuts.

a1199 confirmavimus Willelmo ~io et heredibus suis duas terras .. *E. Ch. S. Paul.* 208; **s1329** quidam ~ius colligens nuces de arbore .. cecidit de arbore et statim mortuus est *Ann. Paul.* 347. **b** de ~iis. ~ius in domo commedet, et iij d. hominibus suis *Domus Reg.* 133; **1286** Nicholao ~io regis pro diversis fructibus ab ipso emptis ad opus regis, viz. pro piris, pomis, coctanis, medlis, et nucibus *Rec. Wardr.* 109; **1293** memorandum quod Johannes vallettus Nicholai ~ii .. duxit quoddam pondus equi de fructu de Cambhus .. apud castrum de Berwyk' *KRAc* 353/3 m. 14; **1300** Nicholao de Gotham, ~io London', pro piris, pomis, nucibus et aliis fructubus emptis et liberatis per ipsam pro rege *AcWardr* 74 (cf. ib. 6: per manus Nicholai de Gotham, ~ii regis); **1318** de fructibus nichil hoc anno, quia ~ius domini regis cepit omnes fructus ad opus domini regis *MinAc* 1144/4 r. 10.

3 (leg.) usufructuary, one who enjoys the use of property without ownership.

legimus .. de usu et usufructu legato, quod ~io liceat maturitatem fructuum prevenire P. BLOIS *Ep.* 26. 91B; in potestate aliena sunt servi . . . est autem effectus hujus dominice potestatis quod quidquid per servum juste adquiritur, id domino adquiritur vel quasi domino, sicut bone fidei possessori vel usuario vel ~io BRACTON 6; **1479** reddituarios mense episcopalis Artfertensis ac ejus possessionum et bonorum quorumcumque colonos †fictuarios [l. fructuarios] seu conductores ac ipsorum procuratores *Mon. Hib. & Scot.* 485a; voluit idem jus dominos inferiores in suos ~ios, quod tenentes vocant, habere *Jus Feudale* 29.

fructuose [LL], fruitfully, (fig.) productively, profitably.

799 ut sanctum babtisma diligentissime exerceant, quia in nullo loco periculosius erratur, sicut nec ~ius si bene observatur ALCUIN *Ep.* 169; multum laboriose, nescio si ~e, collecta W. MALM. *GP* V 190; omnis qui in cella vult ~e commorari AD. SCOT *QEC* 15. 825D; ~e quidem Christi obsequiis ac feliciter obligata GIR. *IK* II 13; **1256** gauderem jam si ipsi fratres vellent nos juvare, saltem in ipsis clericis eligendis .. ut cautius, ~ius, et fidelius procedatur (L. SOMERCOTE) *RL* II 118.

fructuositas [LL], fruitfulness.

hec ~as OSB. GLOUC. *Deriv.* 210.

fructuosus [CL]

1 (of land) fruitful, productive. **b** (of tree or plant) producing fruit. **c** abounding in fruit (in quot., w. pun on sense 2). **d** (of part of plant) carrying the fruit. **e** (?) *f. l.*

fecundus, i. copiosus, ~us, habundans, vel *tydriend* *GlH* F 295; peramplas regni terras in primis et fertiliores olim habuerant ac ~iores GIR. *EH* II 36; ager Noricus frigidus et parcius ~us est *Eul. Hist.* II 61. **b** botrix arbor est ~a *Alph.* 23. **c** ~um eulogiae munusculum .. hoc est mala punica .. cum palmeti dactilis [etc.] ALDH. *VirgP* 38 p. 290. **d** lisimacion [λυσιμάχιον] hastas habet majores et tenues et ~as circa quarum nodos folia minuta habet *Alph.* 101. **e** G. MON. VII 3 (v. fruticosus).

2 (transf.): **a** (of person) productive, abounding. **b** (math., w. ref. to products of multiplication & division).

a cujus nasus fuerit undique grossus et bene longus significat hominem cupidum omnium pulchrorum, in bonis simplicem, .. bene fortunatum, †fictuosum [l. fructuosum] in eis que cupit M. SCOT *Phys.* 65. **b** videat sinceritas studiorum qualiter ~us duodenarius numerus sit opipare, id est splendide, decoratus BYRHT. *Man.* 222.

3 conferring benefits, advantageous, profitable.

ALDH. *VirgP* 38 (v. 1c supra); labor itaque monachicae vitae ~us est, labor vero saeculi infructuosus est ALCUIN *Ep.* 275; **c950** (12c) hoc .. †fructuorum [l. fructuosum] eulogie munusculum (v. eulogia 4c); fiat, Domine, quaesumus, †pro [l. per] gratiam tuam, ~us [AS: *wæstmlic*] nostre devotionis affectus *Rit. Durh.* 18; me palpat et urget obedientia ne munus quod fraterna necessitudo imponit sponsum presertim et anime ~um obstinate recusem W. MALM. *Wulfst. prol.* p. 3; hec autem, quia ~a scire putavi, dixi ut sibi vigilanter quique provideat quatinus .. ALEX. CANT. *Mir.* 36 (II) p. 233; ~ius esset ei salarium modicum et honestum quam sinum inexplebilis avaritie .. extendere P. BLOIS *Ep.* 26. 92B; dicta .. pecunia .. fuit regi .. minime ~a WALS. *HA* app. 399; ut ostendit doctor Willelmus de †Alverina [MS: Alvernia] .. opere suo nobili et ~o De sacramentis GASCOIGNE *Loci* 77.

fructura v. fruttura.

fructus [CL]

1 useful product, yield, output.

altaria quae sine ~u utilitatis sacravimus BEDE *HE* II 13; **1073** quatenus .. Deus .. ad meliorem ~um me perducat LANFR. *Ep.* 43 (18); **1095** nec mihi ~um facio nec utilis alicui existo ANSELM (*Ep.* 193) IV 83; ~us laboris quandoque manifestabitur ORD. VIT. VII 7 p. 184; **1169** donec exploratum sit quem ~um faciet illud Grandimontanorum colloquium J. SAL. *Ep.* 285 (288 p. 648); hunc ~um mathesis sue *Id. Pol.* 459D (v. erroneus 2a); dicimus quod accidentale est operi esse ~um, sed illud dicitur proprie ~us, quod est utilitas quam intendit reportare ille per opus suum HALES *Sent.* IV 305; **1456** (v. elemosinator).

2 (theol.) spiritual fruit; **b** (w. ref. to *Matth.* iii 8, *Luke* iii 8); **c** (w. ref. to *Gal.* v 22–3).

spiritualium incrementorum ~um ALDH. *Met.* 1 p. 62; concede ei [viduae] pudicitiae ~um, antiquarum non meminerit voluptatum EGB. *Pont.* 115; ~ibus nostre devotionis *Rit. Durh.* 54 (v. excellentia 1b); GOSC. *Transl. Aug.* 33C (v. exinanire 4); AD. SCOT *QEC* 31. 863C (v. evagatio 2); qui non graviter peccant neque ~u oracionis carent *Spec. Incl.* 2. 1; **1425** (v. emarcidus); **1426** (v. decas a). **b** per condignos penitentie ~us W. CANT. *V. Thom.* I 18 (v. enormitas 2a); dignos ~us penitentie ECCLESTON *Adv. Min.* 18 (v. decere 3a); inducendi ad dignos ~us penitentie peccatores et criminosos OCKHAM *Pol.* I 242. **c** item est ~us spiritus per gratiam vel ~us spiritus per gloriam. .. est ~us spiritus sicut ibi [*Gal.* vi 8], 'Qui seminat in spiritu ..', et hoc secundum gratiam [*Gal.* v 22–3], '~us autem spiritus sunt pax etc.'. vel est ~us spiritus secundum gloriam: sic ille de quo loquimur quia terra carnis nostre per gratiam dat fructum centesimum, sexagesimum, trigesimum HALES *Qu.* 1135.

3 issue, offspring; **b** (*~us uteri* or sim.).

foetus, i. ~us, partus, filius, *tudder*, soboles *GlH* F 280; ~um posteritatis P. BLOIS *Ep.* 54. 162A; **c1394** ~us salmonum (v. defensio 3b). **b** cum ipse centum et uxor ejus Sara nonaginta annorum essent et ~um uteri non haberent *Eccl. & Synag.* 58; per benedictum ~um benedicti ventris ANSELM (*Or.* 7) III 21.

4 vegetable produce, crops. **b** fruit (of trees or plants); **c** (dist. from flower); **d** (fig.); **e** (fig., w. ref. to Faith).

fructus agrorum ALDH. *Aen.* 34 (*Locusta*) 2; nimietas pluviarum ~us terre suffocavit terreque sterilitas inhorruit et vindemia pene tota deperiit ORD. VIT. XI 38 p. 296; fruges, ~us terre OSB. GLOUC. *Deriv.* 240; **s1380** (v. expaleare). **b** BEDE *Hom.* II 25. 434 (v. exquirere 4a); **749** (12c) in ~ibus silvarum agrorumque *CS* 178; jam pendit in arbore fructus ALCUIN *Carm.* 47. 18; carica, ~us fici vel palme OSB. GLOUC. *Deriv.* 150; GROS. *Ep.* 46 (v. 1 excutere 1d); *Id. Hexaem.* IV 20 (v. fructifer a); DOCKING 106 (v. botrus a); ~us est ultimum quod exspectatur de arbore, et frui dicitur a fructu; sed ultimum ~us non est ipsa comestio sed delectatio propter quam comeditur .. ~us DUNS *Ord.* II 47; **1300** pro .. fructubus (v. fructuarius 2b); *SB* 18 (v. elaterium); *Alph.* 8 (v. amomum); **1453** pro cariagio fructorum (*sic*) et specierum de London' usque Maxstoke *Ac. H. Buckingham* 14; BOECE 302 (v. eruca 2). **c** calor .. vernus flores producit, estivus ~us maturat BALSH. *AD rec. 2* 156; S. LANGTON *Serm.* 2. 22 (v. 1 flos 1a); WALT. ANGL. *Fab. prol.* 3–4 (v. favor 1a). **d** electos scripturae carpere fructus ALDH. *VirgV* 2774; *V. Har.* 8 (v. debriare 2c); **1327** (v. degluttire 1c); **c1435** (v. deponere 7a). **e** auxiliante Deo fructus carpebat amoenos, / catholicae fidei donec impleverat urbes / agnitione Dei ALCUIN *WillV* 6. 8; DOMINIC *V. Ecgwini* I 7 (v. excolere 1b); terra cordis humani non profert ~um fidei atque justitiae sine congruis seminibus ANSELM (*Praesc.* 6) II 273; MAP *NC* I 24 (v. botrus b); **1440** (v. disseminatio).

5 (theol., w. ref. to *Matth.* xiii 8) the threefold fruit of the Gospel.

ALDH. *VirgP* 19 (v. 3 deputare 3a); EGB. *Pont.* 110 etc. (v. centesimus b); adjungens tricesimum sexagesimumque ~um et adjiciens perfectissimum calculi numerum, qui est centenarius BYRHT. *V. Egwini* 355; virginitatem corporis sui Deo dedicare ~umque centesimum expectare GIR. *Æthelb.* 4; HALES *Qu.* 1135 (v. 2c supra); per hoc preceptum, 'crescite et multiplicamini', habetur quod virginalis castitas prohibetur: ergo centesimus ~us non debetur virginitati [cf. *Gl. ad Matth.* xiii 23], et ita major conjugalis castitas quam virginalis *Id. Sent.* II 174; sed virginitati debetur ~us centesimus sicut patet ex glosa Matth. xiij HOLCOT *Wisd.* 138.

6 proceeds, revenue (from estate or sim.).

1156 testificantes se vidisse monachos in possessione ecclesie S. Gundlei et eosdem monachos ~us percipere *Doc. Theob.* 116; **a1190** ~um de cauda (v. 2 cauda 1a); **1229** tam in terris et ceteris possessionibus suis quam in ~ibus ecclesiarum in usus proprios canonice conversarum *Feod. Durh.* 213; **1237** (v. dimidiatio 1); **c1280** omnes ~us et proventus prebende sue *Stat. Heref.* 88; ~us talis beneficii WYCL. *Sim.* 55 (v. defalcare 2); PAUL. ANGL. *ASP* 1531 (v. essentialiter 1c); **1426** (v. dislocare 3).

7 (*primi ~us* or *~us primi anni*, eccl. & mon.) first fruits, annates.

1306 episcopus Norwycensis .. et predecessores sui .. primos ~us ecclesiarum parochialium earundem civitatis et diocesis .. perceperunt *Reg. Cant.* 678; **1318** Rigaudus de Asserio, .. collector ~uum primi anni beneficiorum exemptorum in Anglia vacancium *Reg. Heref.* 69; **s1317** hoc anno papa reservavit primos ~us per quadriennium AD. MUR. *Chr.* 28; **1399** pro primis ~ibus per ipsum episcopum in curia Romana racione dicti episcopatus debitis solvendis *IssueR* 561 r. 4; **s1308** preter censum domino pape et cardinalibus nomine primorum ~uum solutum *G. S. Alb.* II 114; **c1420** pro augenda summa primorum ~uum supra debitum (*Lit. ad papam*) *Reg. Whet.* II 370; GASCOIGNE *Loci* 153 (v. duplare 1).

8 advantage, benefit.

~us est ultimum quod exspectatur de objecto, sed tale est delectacio DUNS *Ord.* II 47; istud kalendarium .. fuit factum ad meridiem universitatis Oxoniensis promittens unam tabulam cujus multiplex ~us patet ex suo titulo .. ELVEDEN *Cal.* 5.

9 conf. w. *frutex*, or (?) *f. l.*

BART. ANGL. XVII 60 (v. 1 ebulus); sentix vel sentis, i. rubus qui portat mora, vel quilibet fructus [? l. frutex] spinosus *Alph.* 167.

fructuus v. fructuosus. **frudare** v. fraudare 2a. **fruere** v. frui.

frues [*pl., perh. formed by analogy w.* grus, *other forms indeterminate*; cf. AN *fru, fryu*, OF *froc* < Frk. **hrokk*], rooks.

1235 in stipendio j custodis se[min]is in campo pro friwis [? sc. fugandis] per xxvj septimanas in yeme et per vj septimanas in aut[umpno], ij s. vj d. *Pipe Wint.* 159284 r. 1; **1236** in mercede eorum qui amoverunt friwos de parco per dictum episcopum ij s. *Ib.* 159285 r. 4; **1250** in liberacione cujusdam garcionis custodientes blada de fruis *MinAc* 759/28; **1253** in frywys a parco fugandis et nidos eorum deponendis *Pipe Wint.* 159291A r. 12d.; **1277** in operibus expend' ad frues fugand' in autumpno de gavell', iiij op' *MinAc* 997/3; **1282** in liberacione j spargentis sulcos et fugantis aves et frugas in yeme, vj bus' med' siliginis et alia med' frumenti *Ib.* 843/22 (cf. frugella); **1288** in liberacione .. unius parcarii pro custodia porcorum et pro fruibus et corniculis fugandis, ij buss. *Ib.* 997/6; **1295** in lib[eracione] unius fugantis frues et cornic' dum seminaverunt, iiij buss. *Ib.* 840/8 m. 1d.; **1327** in liberacione unius garcionis fugantis frues et volucres de blado seminato in campo per vices, j buss. *Ib.* 992/16; **1340** in liberacione j spargentis sulcos et effugantis frues tempore hiem' et xl[e] *Ib.* 992/2; **1345** in liberacione j garcionis fugantis frues ad sem[inacionem] frumenti (*MinAc Langenhoe*) *MS Essex R.O.* D/DE1 M 22 m. 1d.; **1371** (v. granatio).

fruga v. frues. **frugabulum** v. frithgabulum.

frugalis [CL]

1 of good character or habits, simple, modest, sober. **b** thrifty, sparing (also fig.). **c** *s. dub.*

ALDH. *VirgV* 2178 (v. caperrare a); ~is, valens. frugalitas, valitudo OSB. GLOUC. *Deriv.* 240. **b** cujus alimonia, immo parsimonia, tam ~is fuisse ferebatur ut potius viridibus herbarum fasciculis et recentibus hortorum holusculis vesceretur ALDH. *VirgP* 38 p. 288; tunc rex frugales jejunans castigat artus / atque dies septem declinat fercula pompae *Id. VirgV* 625; gelidus ~isque hiemps HUGEB. *Will.* 3 p. 92; ~is, parcus *GlC* F 317. **c** Franci .. timentes Pictavenses transfugium facere ad regem Anglie dominum eorum ~em manum illuc militarem destinaverunt M. PAR. *Abbr.* 328 (*where ed. construes* dominum .. ~em, cf. *Flor. Hist.* II 387, *where ed. construes* ~em manum).

2 of or concerning crops, fruitful. **b** useful, profitable. **c** bountiful.

9.. ~is, *wæstmbære* *WW*. **b** ut .. [rex] per viam veritatis cum grege gradiens sibi subdito opes ~es habundanter adquirat EGB. *Pont.* 101; locupletet eum tua predicta dextera, ~em contineat patriam, et suis liberis tribuat profutura *Ib.* 102; dextera tuae divinitatis eum digneris locupletari, ut opem frugilem fratribus inferre et omnibus .. pie possit profutura exhibere *Ib.* 105. **c** ~is, largus *GlC* F 333; ~is, largus, *gifend* *GlH* F 795.

frugalitas [CL], steadiness of life, self-restraint, thriftiness.

donec per simplam ebdomadis intercapidinem corpore ~atis parsimonia macilento rursus in soporem solvitur ALDH. *VirgP* 25 p. 259; ~as, temperantia, parcitas, *spærnes, genepelicnes* *GlH* F 794; dominicis .. propter festi reverentiam pisce vinoque ~atis parsimoniam solvebat W. MALM. *Wulfst.* I 10 p. 17; ~ate sua militaris vir cunctos sibi coherentes ad honestatem provocabat parsimonieque modesta restrictione regularibus etiam personis exemplum portendebat ORD. VIT. V 19 p. 447; quorum vita sapit ~atem [*gl.*: *chincheté, asperniabileté*] et est autem ~as parcitas in habundantia NECKAM *Ut.* 105; ut reluctantem carnem .. parca ~ate castigent GIR. *GE* II 8 p. 199; hoc existimantes salubris et ab ypocrisi remotius quam inter homines ~atem pretendere et domi in abditis integras carnes devorare PECKHAM *Kilw.* 130; ~as paupertas est voluntaria *SB* 22; **1506** evangelica ~as (v. evangelicus 3c).

frugaliter [CL], in a restrained manner, esp. thriftily, sparingly.

hic et hec frugalis et hoc -le, et ~iter OSB. GLOUC. *Deriv.* 210.

1 frugella v. fringilla.

2 frugella [cf. fruga, *var. of* frues], rook.

1361 in ij fundis emptis pro ~is effugandis de blado domini ij d. *MinAc* 840/22 m. 2; **1389** quamquam in eisdem arboribus ~e nidificare solebant et pullos multiplicare *Pat* 328 m. 10; *roke, byrd,* ~a, graculus *PP*; ~a, A. *a rooke*; .. hic frigella, A. *a roke WW*.

frugellus v. fringilla. **fruges** v. frux.

frugescere [LL], to produce grain.

'fructificatio', quia tunc incipiunt ~escere spice campis S. LANGTON *Gl. Hist. Schol.* 42.

frugi [CL *indecl.*], **frugus,** of good character or habits, esp. thrifty, sparing.

~us, *uncystig, heamul GlC* F 324; ~i, modestia *Ib.* 354; ~i, parcus uti *gemetfæst GlH* F 798; ~us, avarus *Ib.* 802; **9**.. ~us, *uncystig, heamol, fercuþ WW*; **10**.. ~i vel parcus, *spærhende WW*; accipe et bibe, et postea melius ede et plus bibe. ut sis saturus non debes esse ~i ÆLF. BATA 4. 10; ~i, nomen indeclinabile, i. bonus et valens OSB. GLOUC. *Deriv.* 210.

frugifer [CL]

1 bearing crops, fruitful, productive, esp. of land; **b** (of seed); **c** (of season); **d** (fig.). **e** (as sb. n.) field.

vinea frugiferis ut constat gloria campis ALDH. *VirgV* 177; frugiferos cultor sulcos mox irrigat undis TATWINE *Aen.* 5 (De membrano) 4; ~er, ubertas, *wæstmbærne GlH* F 799; FRITH. 534 (v. epibata 1b); fruges componitur ~er, -ra, -rum OSB. GLOUC. *Deriv.* 210; ~eros agros prataque virencia *Mir. Hen. VI* II 56 p. 143. **b** germen in eo jam tunc ~erum florere cepit virtutum HUGEB. *Wynn.* 2; **972** (12c) qui ~eris seminibus terram oceanique abyssos .. gubernat *CS* 1285. **c** anni ~eri EDDI 19 (v. epibata 1b); rediit viridantibus arvis annus laetus et ~er BEDE *HE* IV 13 p. 231; frugifer agricolis laetantibus inditur annus ALCUIN *SS Ebor* 600; **s1299** transit annus iste nec plene ~er nec penuriosus RISH. 195; **s1386** (v. fructifer c). **d** frugiferis .. verbis ALDH. *CE* 4. 2. 3 (v. dispergere 1c). **e** **s871** civitates, villas, oppida, et ~era, homines utriusque sexus dilaniantes *Eul. Hist.* III 6.

2 (w. ref. to the river Euphrates, cf. Jerome, *De nominibus Hebraicis* 9).

frugifer Euphrates NECKAM *DS* III 269; ~er est autem interpretatio hujus nominis Eufrates quare significat tropologiam S. LANGTON *Gl. Hist. Schol.* 43; Eufrates .. signat justiciam. interpretatur enim ~er sive fertilitas sive recens GROS. *Hexaem.* XI 24 p. 327; Eufrates interpretatur ~er et signat in mundi opulentia gloriantes PECKHAM *Paup.* 16 p. 67.

3 carrying grain or other produce (in quot., of boat).

fames interea oppidanos affligit, quibus ab Aegypto Soldanus rates ~eras noto flante transmittit *Itin. Ric.* I 39.

frugiferatio [LL *gl.*], fruitfulness.

~o, fertilitas OSB. GLOUC. *Deriv.* 245.

frugilega [CL *adj.* frugilegus = *gathering corn*], (translating σπερμολόγος in Aristotle, *HA* VIII 3. 592b28, a bird, identified as) rook.

de spermologo seu ~a CAIUS *Anim.* 22 *tit.*; hanc [cornicem] σπερμολόγον, id est ~am, Aristotelis Langolius esse conjecit TURNER *Av.* D3.

frugilis v. frugalis 2b.

frugivora, devouring of crops.

1238 pastura .. solet poni in defenso .. propter frugivuram porcorum *CurR* XVI 409.

frugus v. frugi.

frui [CL]

1 to enjoy the proceeds of. **b** to have the use of. **c** (pr. ppl. as sb.).

812 (v. 1 ducatus 5a); **814** (11c) terram .. sibimet vel suis heredibus in perpetuum fruere (*sic*) perdonabo *CS* 343; unusquisque suis securo ut pectore lucris / plena pace frui posset sine murmure damni WULF. *Swith.* II 456; in illa ecclesia, cujus beneficiis ~itur, Deo militet eique pro benefactoribus suis .. supplicet ORD. VIT. XII 48 p. 496; secundum triplex genus rerum, sc. rerum quibus est ~endum et utendum, et que ~untur et utuntur, et per quas ~untur HALES *Sent.* I 7. **b** **804** vice lingua ~i litterulis ALCUIN *Ep.* 290 (v. exserere 4b); si Deus .. cum nec cybo ~atur nec potu et cotidie duas ex se emittat lacrimas, necesse est eum decrescere PETRUS *Dial.* 15; promisit se redditurum ei sanitatem si potionibus suis ~eretur G. MON. VIII 14; data sunt alibi calciamenta tua quod te eis ~iturum desperavimus *Lib. Eli.* III 42. **c** **1005** (12c) multis humanae felicitatis dulcedo amaritudinibus respersa est, quae etsi ad tempus ~enti jocunda esse videatur, finem tamen amaritudinis semper introducet *CD* 714 (= *Cart. Eynsham* I 19); capacitas ~entis est finita quia racio sive natura subjecti est finita, ergo illa capacitas potest saciari aliquo finito, sed fruendum est quocumque saciante capacitatem ~entis DUNS *Ord.* II 2.

2 to enjoy, have pleasure in: **a** (social contact); **b** (good things); **c** (person, as sexual partner); **d** (circumstances); **e** (w. gen.).

a **671** vita comite vestrae caritatis affabili praesentia ~i ALDH. *Ep.* 1 p. 476; ut ejus colloquio assidue ~i posses ANSELM (*Ep.* 169) IV 47; ut ejus frequenti ~eretur colloquio, mensa communi hospitioque recepit *V. Gund.* 3; nec isti nec illi sperabant se de cetero posse ~i aspecto mutuo ORD. VIT. IX 9 p. 526; accurrunt cum gemitu filii, patrem plusquam seminecem jamque migrantem visuri, non tamen ejus colloquio ~ituri *Chr. Battle* f. 105. **b** nam quid mihi concipi, nasci, vivere, et omnibus hujus vitae bonis ~i, et postea in infernum descendere? ANSELM (*Or.* 4) III 12; dapibus et ludis et cunctis postea securus oblectamentis ~i poteris ORD. VIT. XI 20 p. 228; pane, mero, pannis vulgato more fruuntur, / et placet ut nobis lauta culina sibi J. SAL. *Enth. Phil.* 1569; in discessu dulcibus / non fruebar osculis P. BLOIS *Carm.* 7. 5. 39; dicitur ~i 'uti cum gaudio' HALES *Qu.* 1134. **c** utrum frui liceat Rosa vel Agnete, / cum formosa domina ludere secrete *Ps.*-MAP 70. **d** cum Christo et sanctis fruiturus luce perenni ALCUIN *WillV* 28. 5; si vita et libertate ~i diutius voluerimus G. MON. VIII 18; LEDREDE *Carm.* 30. 20 (v. 1 donare 4b). **e** **798** mundetur .. cor in hac peregrinatione ut in patria illius beatissimae visionis ~i liceat. utamur hoc mundo perituro in caritate non peritura, ut fruamur Deo in gloria permanente ALCUIN *Ep.* 156.

3 (theol.) to enjoy (God).

ALCUIN *Ep.* 156 (v. 2e supra); qui Deo ~i deberent ANSELM (*Casus Diab.* 23) I 270; ut in hac vita mereatur ~i Deo et in futura vita *Id.* (*Ep.* 405) V 349.

4 (? by conf. w. *fungi*) to hold (office), discharge (obligation).

749 (12c) ab omnibus operibus oneribusque .. nisi sola quae communiter ~enda sint *CS* 178; regmine qui fruitur sedis apostolicae *Epigr. Milredi* 810.

fruibilis, (phil.) that can be experienced w. enjoyment; **b** (as sb. n.); **c** (theol., w. ref. to beatific vision).

non tamen veritas, eternitas, et bonitas sunt tres res. nec concedendum est quod tres res ~es sunt, licet tres res sint quibus est fruendum; in quantum autem ad caritatem refertur, una HALES *Sent.* I 14; respectu ergo fruicionis ordinate racio finis secundum veritatem non est propria racio objecti ~is, sed est concomitans objectum ~e DUNS *Ord.* II 11; objecto ~i ostenso clare voluntati potest elicere actum fruicionis LUTTERELL *Occam* 54; patet quod sicut fructus arboris, herbe vel terre est illud carius ~e quod procedit de fructificante, sic fructus penitencie est virtus ~is et operacio virtuosa WYCL. *Blasph.* 132. **b** utrum ultimus finis habeat tantum unam rationem ~is DUNS *Ord.* II 17. **c** concedat perpetuum ~is faciei conspectum R. BURY *Phil.* 20. 252.

fruibilitas, (phil.) capacity for being experienced w. enjoyment.

sicut ens et unum sunt in omni genere, ita bonum, et specialiter loquitur ibi de relacione; igitur sicut habet propriam bonitatem, sic et propriam ~atem, et per consequens cum ipsa sit in Deo alia et alia, ibi erit alia et alia racio fruibilis DUNS *Ord.* II 18; essencia sic concepta habet racionem summi boni, et perfectam racionem ~atis; ergo contingit ea frui eciam ordinate *Ib.* 21.

fruiss- v. fruss-.

fruitio [LL]

1 enjoyment of possession or use.

sunt igitur quo vetera, eo et matura, mirumque in modum de antiquitate novitas provenit, quo fructus antiquior, eo recentior ~o est J. FORD *Serm.* 37. 7; distinguam primo de ~one ordinata et in communi sumpta, secundo dicam de objecto primo ~onis ordinate, tercio de objecto ~onis in communi, quarto quomodo sit intelligendum ~onem esse circa finem DUNS *Ord.* II 4; **s1256** omnes ecclesias esse domini pape juxta quod dicitur omnia sunt principis, et addidit idem Leonardus, tuicione non ~one, ac si diceret defensione non dispersione OXNEAD 204; uno modo accipitur 'usus' secundum quod distinguitur a ~one OCKHAM *Pol.* I 300; *Ps.*-ELMH. *Hen. V* 19 (v. deglomerare); **1569** unde accidit ut onere legendi et disputandi premerentur ad longum tempus sine ulla ~one necessariae suae regentiae *StatOx* 398.

2 (theol.) enjoyment (of God, esp. w. ref. to beatific vision).

si illud unitum tunc non fuit per ~onem Dei et personalem unionem quem habuerat amisit J. CORNW. *Eul.* 18 p. 293; quid est diu vivere nisi diu carere dulci ~one Salvatoris? NECKAM *NR* II 155 p. 241; potest considerari secundum quod elevatur supra bonum conditionis sue in deiformitatem per conversionem ad Creatoris ~onem, qua conversione spiritu mentis innovatur et decoratur GROS. *Hexaem.* VIII 6; delectacio dileccionis est Dei ~o BACON VII 120; quod racio sufficeret ad probandum quod visio Dei nuda et ~o est finis hominis DUNS. *Ord.* I 11; pro semper carere ~one beatifica OCKHAM *Sent.* I 505; clara visione et ~one Dei *Id. Dial.* 742; premium duplex dabitur beatis, viz. essenciale et accidentale. premium essenciale consistit in ~one essencie divine clare vise. .. notandum quod beatitudo essencialis vocatur translative corona laurea HOLCOT *Wisd.* 142; **s1342** videbunt divinam essenciam visione intuitiva et faciali, nulla mediante creatura .. sed divina essencia immediate, nude, et aperte se eis ostendente, et .. ex hac visione et ~one hujusmodi anime sunt vere beate *Meaux* III 39.

fruitivus, (phil.) inducing enjoyment.

talis non est adequacio inter potenciam creatam ~am et objectum fruibile; alia est adequacio secundum proporcionem et correspondenciam, que necessario exigit diversitatem naturarum que adequantur, et talis est adequacio inter potenciam ~am et objectum fruibile DUNS *Ord.* II 13*n*.

fruitus, enjoyment of possession or use or (?) *f. l.*.

verumtamen, cum omnia preterita, que jam non existunt, perficiunt dispositive ordinem seculi jam instantem, potest probabiliter dici quod omnis predestinatus habet omnia preterita vel futura, et correspondenter habet esse sempiternum in causis secundis, et jam non habet illa in propria existencia sed in effectu vel fruitu [? l. fructu], modo quo opera bonorum sequuntur illos WYCL. *Civ. Dom.* I 66.

1 frumen [LL], part of throat or gullet.

frumentum, a ~ine *GlC* F 351; ~en, summa pars gutturis que et rumen dicitur OSB. GLOUC. *Deriv.* 240; salutaris aqua .. cum .. moribundi labiis infusa ~en transisset, .. W. CANT. *Mir. Thom.* II 19; hoc ~en, i. summa pars gutturis *WW*; *a palace of a mouthe*, ~en, palacium; .. *a throte bolle*, ~en hominis est, rumen animalis est, ipoglotum *CathA*.

2 frumen [cf. OF *frume* < frumen], frown, surly expression.

nunc pede, nunc oculo, nunc lingua, nunc humerorum / gestu, nunc vultus frumine quemque notat J. SAL. *Enth. Phil.* 288.

3 frumen, (?) *f. l.*

iis ad quos ipsius hereditatis digne devolvi debet successio, sicut ad illos qui de virili †frumen [? *omit*] linea soli supersunt P. BLOIS *Ep.* 204. 487B.

frumentagium, (?) rent paid in corn.

c**1166** quintum denarium de censu et quintum sextarium de suo proprio ~io *Act. Hen. II* I 409 (cf. ib.: iiij sextarios ~ii).

frumentalis [LL]

1 of or for wheat.

1296 vj^{xx} acras terre, de quibus iiij^{xx} sunt ~es et xl sunt siliginose *IPM* 80/6 (v. carrucata 3a).

2 of good character. *Cf. frugalis* 1, *frumentarius* 2.

1300 inveniat iiij salvos plegios et ~es *Rec. Elton* 97.

frumentari [CL]

1 to gather corn or provisions, (mil.) to forage.

Turci .. quibus locorum opportunitates cognite erant, ~atum cursitabant et Christianis attentius insidiabantur ORD. VIT. IX 9 p. 529; nec jam inveniabatur panis ad emendum nec ire poterant ~atum *Ib.* 15 p. 600; ~or, ~aris, i. frumenta colligere OSB. GLOUC. *Deriv.* 210.

2 *f. l.*

a**1332** epistola Anselmi de sacrificio azimi et †frumentati [l. fermentati] *Libr. Cant. Dov.* 23 (cf. ib. 24, 34).

frumentarius [CL]

1 of or for wheat.

s1125 annus carissimus .. in quo vendebatur onus equi ~ium vj solidis H. HUNT. *HA* VII 36; cumera, vas ~ium OSB. GLOUC. *Deriv.* 147.

2 of good character. *Cf. frugalis* 1, *frumentalis* 2.

de reliquis omnibus castellis reddendis, et de non movenda porreta aut tumultibus fabricandis dabis ~ios obsides, et liber abire postea poteris quaversus volueris DEVIZES 37.

1 frumentatum v. frumentari 2.

2 frumentatum [cf. AN *furmenté*], frumenty.

1290 in fr[ument]o ad frim'tatum iij d. *Ac. Swinfield* 42.

frumenteus, produced from wheat, wheat-.

habebit unam acram stipularum de meliori stipula ~ea, quam dominus habet in hammis, ad pascendum affrum suum *Cust. Bleadon* 204; mulieribus in puerperio jacentibus unum panem ~eum cum dimidio ferculo carnium et piscium .. fecerat assignari BIRCHINGTON *Arch. Cant.* 13.

frumenticius [LL], **~eus,** produced from wheat, wheat-. **b** (as sb. n.) frumenty.

conficitur corpus Christi de pane ~io tantum R. MELUN *Paul.* 210; panis ex farina frumenti et aqua confectus .. non remanet panis ~eus .. sed transubstanciatus est (WYCHE)

Ziz. 503; *whete*, ceres, frumentum, triticum; triticeus, cerialis, ~eus, participia *CathA*; panis ~ius FERR. *Kinloss* 70. **b** *frumyte*, ~ium *CathA*.

frumentinus, (?) produced from wheat.

ragadie .. ungantur .. oleo ~o GILB. V 233. 2.

frumentum [CL]

1 (usu. pl.) corn, any cereal crop (as plant or grain).

~a, omnia quae amittunt [l. emittunt] ex se aristes [l. aristas] *GlC* F 350 (cf. *GlH* F 809: ~a dicuntur omnia que emittunt ex se spicas et que aristas habent); ex suco ~orum et pomorum *Gl. Leid.* 1. 111 (v. extra 10a); idus Aprilis ~a secabantur [*in Tripoli*] ORD. VIT. IX 14 p. 593; Ceres, -ris, i. dea ~i, quod et aliquando pro ipso accipitur ~o OSB. GLOUC. *Deriv.* 97; hoc ador, indeclinabile, i. quoddam genus ~i, et dicitur generaliter pro quolibet ~o *Ib.* 389.

2 wheat (as threshed grain); **b** (dist. by quality); **c** (as seed-corn); **d** (fig.).

ferramenta sibi ruralia cum ~o adferri rogavit BEDE *HE* IV 26 p. 271; farra, triticum, ~um *GlH* F 162; **9..** ~um, *hwæte WW*; firmam de ~o, melle, et brasio *DB* I 189va; si creditor vult indulgendo a debitore ordeum accipere pro ~o quod reddere debitor nequit ANSELM *Misc.* 335; **a1128** etc. (v. bussellus 2); *RDomin* 5 etc. (v. bladum c); **1220** septem quarteria bladi, sc. de ~o vel siligine *CurR* VIII 322; **1317** tam ~um quam hordeum .. in braesium convertunt (*Breve Regis*) TROKELOWE 96; a malo debitore recipitur avena pro ~o [ME: *aten for hweate*] *AncrR* 119; **1457** ~i moliti et non moliti ac in pane ccccxxxiij quar. *Ac. Durh.* 636. **b 1324** .. melioris ~i .. mediocris ~i .. debilis ~i (v. debilis 2b); **1325** .. mediocris ~i .. simplicioris ~i (v. dare 4); **13..** panis de sordido ~o (v. bladum d); **13..** unum bussellum boni, mundi, et sicci ~i pro pane faciendo *Arch. Soc. Som.* XX 67 (v. eucharistia 2c); **1366** quia furnivit panes vendendos non de integro ~o prout fatetur in curia *Hal. Durh.* 57. **c 1233** ad seminandum c et xx acras de ~o, sc. ad quamlibet acram tres bussellos *Cl* 190; **1260** (v. bussellus 2). **d** per affectum boni operis ~a Dominica vitiorum suorum paleis expolia (*Libellus Resp.*) BEDE *HE* I 27 p. 53.

3 wheat (as standing crop); **b** (as unthreshed ear of grain).

xx acras ~i *DB* I 179vb (v. avena 1a); ~um purum et siligini penitus impermixtum .. messuerunt GIR. *TH* II 50; **1234** j acram ~i de blado domini meliorem quam elegerit (v. acra 1); **c1283** (v. 1 discretio 5b). **b 1119** dedi .. prius per unam spicam ~i, deinde per unum cultellum super altare *Cart. Chester* 40; **12..** denarius .. ponderabit xxxij grana ~i rubei in medio spice assumpta *Eng. Weights* 8 (= *Fleta* 73: ponderat xxxij grana ~i; *StRealm* I 104: xxxij grana ~i in medio spice).

frumere [cf. TLL], (etymologist's ghost word).

~endo, i. vescendo *GlH* F 810 (cf. Isid. *Etym.* XVII 3. 2).

frumgildum [AS *frumgild*], first payment (of wergild).

postquam hoc factum erit, erigatur inter eos pax regis; ab illa die in xxj diem reddatur halsfangium; inde ad xxj diem manbota; inde ad xxj diem reddatur ipsius were ~um (*Quad.*) *GAS* 191; a die illa qua healsfangum redditum sit in xxj noctem reddatur manbota; inde in xxj noctem fihtþita, id est forisfactura pugne; inde ad xxj noctem ipsius were ~um, id est prima redditio; et sic postea donec persolvatur infra terminum quem sapientes instituent (*Ib.*) *Ib.* 393; inde ad xxj diem reddatur ipsius manbota, tunc ad xxj diem fy[h]t[þ]ita, inde ad xxj diem reddatur ipsius were ~um, id est vij s. et vj d., ad expletionem xx s. (*Leg. Hen.* 76. 7c) *Ib.* 594.

frunciare [AN *fruncir, froncier*, ME *frouncen*], (w. ref. to garment) to frounce, gather in loose pleats.

[**1282** *floncet'* (v. coopertorium 2a);] **1331** item ad iij tunicas hard' frunciatas et j akentoner' xvj ulnas panni grisei vocati *Spyre KRAc* 385/4; **1342** duarum tunicarum frounciatarum et botonatarum *Ib.* 389/14 m. 1; ad facturam unius tunice de panno *blu* pro domino rege frounciate et nodate *Ib.* m. 7; **1345** pro .. sex paribus robarum liniarum pro rege faciendis, frounciandis et dupplicandis (*KRAc* 390/5) *Arch.* XXXI 6; **1349** supertunica et tunica fuerunt frunciate (*KRAc* 391/15) *Ib.* 18; ad liniandam j cotam de panno de *frise* .. que liniatura fuit fronceata *Ib.* 19.

fruncina [OF *froncin* < francenum], sort of parchment.

1303 quemdam librum Codicis sine apparatu in ~a *DCDurh. Misc. Charters* 4799.

fructor v. frunitor.

frunire, to tan (hide).

GARL. *Dict.* 131 (v. frunium); **1265** pro .. j sella carete fornita *Manners* 55; clamant quod nullus .. extra gildam ipsorum allutariorum sive sutorum non poterit emere tannum nec corria †frimire [l. frunire] sine licencia *Gild Merch.* I 115*n.*; **1389** in j corrio ~iendo *MinAc* 844/31; **1414** correa .. frunita (v. corium 1c); *to barkyn leder*, ~io, tanno, tannio *PP*; *to barke*, ~ire, effrunire *CathA*.

frunisci [CL = *to enjoy*], to use, employ.

vetus .. consuetudo .. contionatorum .. ut .. ceu propria interdum aliena ~antur [*gl.*: utantur, *brucað*] persona atque arcana mentis ipsorum .. patefaciant ALDH. *VirgP* 26 p. 264 (cf. *GlN* 1. 2328: ~antur, i. fruantur, *brucaþ*); **964** (11c) ad multas alias indigentiae causas quibus opus est domino antistiti sepe ~i sive ad suum servitium sive ad regale explendum *CS* 1136; **967** (12c) ministro qui a solicolis hujus provintiae famoso ~itur Ælfsige onomate *CS* 1199; ~or, utor OSB. GLOUC. *Deriv.* 246.

frunitare, to tan (hide).

~o, A. *to tanny WW*; **1581** de Patricio Fulham .., tannario, quia †frutinat [l. frunitat] ovinas pelles et vendit easdem .. contra formam statuti *LTR Enr Estr* 1/13 r. 21*d.*

frunitarius, tanner.

1504 occupacionem ~ii sive tannarii (v. correatio).

frunitio, process of tanning.

1397 Robertus, more servi et aprenticii serviet eisdem Johanni et Alicie .. et [magister] eidem adibebit quolibet anno ~onem unius corii *AncD* B 9657 (cf. ib. 9570: apprenticium dictorum J. et A. in artificio frunitoris); *barkynge of leyre*, ~o *PP*; **1504** licenciam damus exercendi et occupandi insimul cum arte sua coriacionis tincturam et ~onem rubei corrii *Pat* 593 m. 20.

frunitor, tanner.

1383 clamant quod omnes laboratores, ~ores, sissores, sutores, fullones, textrices, .. corrigantur per finem *Lib. Kilken.* 80; **1406** predictus Willelmus comisit se ipsum fore apprenticium dictorum Johannis et Alicie in artificio ~oris *AncD* B 9570; **1408** R. G. .. et J. D. .. sunt ~ores et vendunt corria exescive *Arch. Cant.* LVII 25; **1438** W. K. est frunctor et capit lucrum excessive *DL CourtR* 126/1875 m. 4*d.*; **s1455** rex .. subtraxit se ad exiguam cujusdam ~oris domunculam *Reg. Whet.* I 169; ~or, *a tanner WW*; hic ~or, *berkere WW*; **1504** ordinatum .. fuerat quod nullus coriarius artem sive misteram ~oris sive tannarii .. nullo modo occuparet *Pat* 593 m. 20.

frunitorium, tannery.

~ium, *a tanhous WW*; *a barkhouse*, ~ium, cerdonarium *CathA*.

1 frunitus v. frunire.

2 frunitus v. frunisci.

3 frunitus [*backformed from* CL infrunitus = *foolish*], wise.

a705 miror quod me tantillum homunculum .. vestrae ~ae fraternitatis industria interpellat ALDH. *Ep.* 7 (10) (cf. W. MALM. *GP* V 188) (*but cf.* *GlH* F 813: frunite, i. ineffrenate).

frunium [cf. DuC], powdered bark of young oak used in tanning hides.

serdones student frunire corea equina et taurina in truncis concavis ..; corea vero vertunt in ~io, ut cruditas fetida coriorum discedat [*gl.*: frunire dicitur *taner*, unde ~ium, G. *tan.* notandum quod in allumia [? l. allumine] est omne vas solubile indigens ~io. est vero ~ium unum eorum que consolidant vitrum fractum] GARL. *Dict.* 131; *barke, powder for ledyr*, ~ium *PP*; *barke duste or wose*, ~ium, ptipsana *CathA*.

fruntale v. frontale. **fruntera** v. fronterium. **fruscare, ~ere** v. frussare. **frusculum** v. frustulum 1. **frusicium** v. frussatum.

frussare, ~iare, ~ire [AN *fruisser, fruissir*; cf. frustare]

1 to break in pieces, smash.

1272 in pomis ~andis et conculcandis ad ciceram faciendam *MinAc* 935/3 m. 2*d.*

2 to break up (uncultivated ground), bring (land) into cultivation. *Cf. frangere* 3.

1200 Rogerus de S. r. c. de xx s. ut possit ~are v acras de pastura sua *Pipe* 202; **1204** debet v m. pro quater xx acris fruissandis *Ib.* 196; **1209** pro quadam pastura essartanda et ~anda *Ib.* 118; **1220** quod frussire possint usque ad xv acras in bruera de B. *Cl* 417b; **1224** xij acras terre .. ad fruissendum et excolendum *Cl* 617a; **1230** pro duabus acris et dimidia de pastura sua fruissanda in H. *Pipe* 134; **1232** permittatis eis .. quinquaginta acras fruissire et excolere, allocatis eis .. xij acris et dim. quas jam fruissierunt et excolerunt *Cl* 68; **1236** frussiaverunt circiter quinque acras de pastura illa *CurR* XV 1898; **1241** idem G. concessit predicto abbati x acras terre ad fruscandum cum xxiiij acris terre que fruscate sunt, in Baddebur', salva predicto G. et heredibus suis communa pastura in predicta frussura post blada asportata *Cart. Glast.* 211; **1256** quod frussire fecerunt quamdam partem predicte more et quamdam partem incluserunt fossato et haya *AssizeR Northumb* 8; **1272** potest et solet ~are, assartare, molendina et stagna construere [etc.] *Cart. Chester* 91; **1334** ad pasturas, moras seu mariscos .. que modo pro majori parte fruscuntur et in culturam rediguntur *DL Forest Proc.* 1/17 r. 3; **s1240** ita quod possint in predictis mariscis frassire et terram inde excolere *Croyl. Cont. B* 477.

frussatum, ~etum, ~itum [cf. OF *froisseiz*], newly broken land.

1175 molendinum cum frusicio post gravam de Hersta *DCSal.* (*HMC*) 365 (cf. ib. 352 [**a1189**]: tres acras de frussicio); **1187** R. quietam clamat praedicto G. communam de Hedune et omnes purpresturas quas G. fecerat in Soldeham et in fruiseto et molendinis et toftis et turbariis de Soldeham (*Concordia finalis*) GLANV. VIII 3; **1196** unam hidam terre in la Herst, que est a parte australi fossato quod venit de ~ato predicti Rogeri *Ch. Sal.* 58; **1209** pro ij acris de ~ato *Pipe* 95; **c1220** licebit priori et dictis monachis facere nova ~eta .. infra territorium de Staynburn *Reg. S. Bees* 335; **1222** Radulfus clericus [tenet de dominico] j frusicium pro vj d. *Dom. S. Paul.* 2; isti tenent de dominico et de essarto: .. Walkelinus filius Henrici ij acras de frucisio et unam acram de terra *edwaker Ib.* 8; **1237** teneant .. omnia ~eta et emendationes que fecerunt in manerio suo de Hauekesburi .. et .. habeant communam suam in omnibus locis ubi antecessores sui habere solebant, ecceptis innocis et ~atis *AncD* D 232; **1333** ad reddendum regi comptum de exitibus honorum .. et manerii ad eosdem honores spectantis et novorum ~etorum ibidem *LTRMem* 105 m. 120*d.*

frussicium v. frussatum.

frussura [AN *fruissure*]

1 action of breaking.

s1195 Willelmus le Hert, rettatus de latrociniis et ~e domorum, per juramentum commune .. ibidem mundatus est .. GERV. CANT. *Chr.* 531; **1355** in ~a ij^c lapidum ad quarreram subtus castrum *KRAc* 544/36 m. 4; in frissura vj^c lapidum de quarrera subtus castrum, vj s. *Ib.* m. 4*d.*

2 newly broken land. *Cf. fractura* 2.

11.. (1314) concessionem .. de ~is quas idem J. fecit in brueriis de Kelsterne nunquam arrandis vel seminandis *ChartR* 101 m. 15; **c1185** unam acram terre in cultura de B. .. et ~am totam quam habui in Lingewang *Danelaw* 269; **a1200** si .. aliquam frusturam vel essartum .. faciemus *E. Ch. Yorks* XI 270; **1230** preterea dicti canonici remiserunt michi questionem quam michi moverant super duabus partibus decimarum garbarum cujusdam †fissure [MS: f^ssure, i.e frissure] que vocatur Hulmede et alterium †fissure [MS: frissure] que vocatur Smalemede et aliarum †fissurarum [MS: frissurarum] factarum usque ad tempus compositionis hujus (*MS BL Cott. Vitellius* E xv f. 154v.) *Cart. Osney* IV 299; **1241** (v. frussare 2); **1271** salvis nobis novalibus et frassuris nostris *Ch. & Rec. Heref.* 126; **1272** habebunt omnes ~as et approuiamenta *Cart. Chester* 385; **1294** garbam .. dabimus .. tam in ~is que de novo fiunt et in ~is que de cetero fiunt quam in aliis terris *MonA* VI 612; **1299** habet in parco de nova frissura iiij acras *RB Worc.* 190; **1345** de nova ~a in mora *Hal. Durh.* 15; **1430** de xxx acris frissurarum *Feod. Durh.* 12.

3 breakage, what is broken (in quot., of fallen wood).

1223 id quod ad eum pertinet de ~ura, branchura et mortuo bosco in foresta de K. *Cl* 531b.

1 frustare [LL *gl.*; *in* ML *often written* frustrare], to break in pieces, divide up. **b** to break, destroy.

pulmentum calidum flatum non sentiat oris; / panis frustretur [*gl.*: frustratim frangetur] in eo D. BEC. 1031; **1279** Thomas de H. in ~ando mulvellos in villa de Seton' de la Val, venit quedam mulier mendicans, exorans bona pro Deo, sub knipulo quo ~avit predictum piscem, ipso ignorante per infortunium percussit ipsam in capite *AssizeR Northumb* 348; leonis judicio, qui praedam frustrare / deberet, ad libitum partem cuique dare *Latin Stories* app. 140; corpore [volucris] frustato domino mense sit edenti *EETS* XXXII pt. 2 p. 46. **b** Bladud .. cecidit .. super templum Apollinis .. in multa frusta contritus. .. Bladud frustrato, Leyr filius ejus in regem erigitur *Eul. Hist.* II 227 (cf. G. MON. II 11); **s1348** castella et oppida fracta et ~ata et absorpta sunt KNIGHTON II 60.

2 frustare v. frustrari.

frustatim [CL; *in* LL, ML *often written* frustratim], in or into pieces; **b** (fig.).

mandibulas leonum discerpsisse dirorumque rictus ursorum ~im [v. l. frustratim] confregisse ALDH. *VirgP* 53 p. 311; **s1080** frustim concisus nequitiae suae poenas exsolvendo miser interiit FL. WORC. II 16; quidam [lapides] multotiens tundente marculo aut ~im confringuntur aut prorsus annichilantur ANSELM *Misc.* 316; frustratim frangere .. / .. panem qui detur egenis D. BEC. 2578; **s1174** columpne ecclesie .. nimio ignis fervore debilitate frustratim decidentes GERV. CANT. *Combust.* 6; ~im GIR. *EH* II 1 (v. dilacerare a); pisces .. qui dicuntur *haddock* vel *gurnard* .. non debent frustratim tripartiri *Cust. Westm.* 76; **s1272** Edwardus viriliter erigens se .. maleficum prostravit in terra et proprio cutello proditoris ipsum ~im dilaniavit *Leg. Ant. Lond.* 156; **1302** breve regis .. frustratim dilaceraverunt et sub pedibus suis maliciose conculcaverunt *JustIt* 226 r. 9; **1312** corpus predictum .. ~im concidentes *Reg. Durh.* II 1150. **b** inquieta est mens nostra, .. increpans meae desidiae, ac

colligens a dispersione, qua ~im discindor ALCUIN *Dub.* (*Conf. Fid.* I 1) 1029A; symonia itaque est causa quare magna pars vocate ecclesie frustratim jacet emortua WYCL. *Sim.* 14.

frustillare, to break into little pieces.

mediare, dividere, particulare, .. ~are, dividuare OSB. GLOUC. *Deriv.* 364; *to breke,* .. contundere, frustrare, frustellare, quassare, .. *CathA.*

frustillatim [CL], in or into little pieces.

~im, frustatim OSB. GLOUC. *Deriv.* 245.

frustillum [LL], little piece, morsel.

s1053 si Deus celi verax et justus est, hoc panis ~um concedat ne mihi guttur pertranseat TORIGNY *Access. Sig.* 32 (= H. HUNT. *HA* VI 23: frustulum); frustum, -ti, inde hoc ~um, -li, diminutivum, et frustulentus, -a, -um, i. spissus et frustis plenus [*ed. omits*] OSB. GLOUC. *Deriv.* 237.

frustim v. frustatim.

frustra [CL]

1 to no effect, in vain; **b** (w. prep. in adv. phr.).

Redwald .. sacramentis Christianae fidei inbutus est, sed ~a BEDE *HE* II 15; GOSC. *Transl. Aug.* 32C (v. desideriosus); ne Christus idem [ovem] perditam quaerendo et inventam reportando ~a laborasse videatur ANSELM (*Ep.* 197) IV 87; cum de aliquo .. inceptive queritur quid sit aut quale, plurimas ~a reddi contingit responsiones, aut non intelligente eo qui respondet quid scire velit interrogans, aut perverse ex arbitrio respondente BALSH. *AD rec. 2* 163; ~a circa hujusmodi animalis spiritus solicitatur GIR. *TH* I 13 p. 45; frustra strepent oratores, / nisi juvent burse flores WALT. WIMB. *Van.* 23; compaciens morienti adhibuit medicinam carminibus et herbis, sed ~a, quia vitam ejus revocare non poterat *Natura Deorum* 11; **1456** ~a semper et absque expeditione ulla (v. expeditio 6b). **b** predictam ordinacionem .. pro ~a judicantes FAVENT 16; **1408** spes .. de et super unione sancte matris ecclesie .. jam redit ad ~a *Conc.* III 306b.

2 for no reason, without purpose.

~a hominem occidere velle incredibile est ALCUIN *Rhet.* 27; sicut mandavi ne pauperem hominem ~a cogeres tanto itinere laborare ANSELM (*Ep.* 111) III 243; alioquin videretur potencia passiva esse ~a in natura si per nihil in natura posset reduci ad actum DUNS *Ord.* I 5; talis appetitus [naturalis], cum non possit esse ~a, erit necessario iniciativus transmutacionis ad perfectum SICCAV. *PN* 156; non ~a scribitur [ME: *nis hit nawt for nawt iwriten*] quod magi procidentes adoraverunt Christum *AncrR* 49.

frustrabilis [LL], vain, useless. **b** liable to be brought to nothing.

~is, i. inanis *GlH* F 827; dux etiam monitis arrisit protinus istis, / .. / usque sub extremam vitae frustrabilis horam FRITH. 1035. **b** putantes quoque voluntatem divinam non esse universaliter efficacem, id est, non impedibilem, non ~em, non defectibilem ullo modo BRADW. *CD* 5D; omnis volicio Dei adintra est immobilis, et per consequens non est ~is, trahibilis, curvabilis, anullabilis, obeditiva, regibilis, ducibilis, gubernabilis, fragilis, impotens, vincibilis, ~is, licenciabilis WYCL. *Dom. Div.* 149.

frustramen [LL], deception or other impediment.

FRITH. 1111 (v. firmare 4c).

frustrare v. 1 frustare, frustrari.

frustrari [CL], **~are** [LL]

1 to deceive w. false hopes, delude.

~atus [est], elusit, fefellit *GlC* F 364; ~atum, i. deceptum *GlH* F 817; frustratur, i. fefellit, inlusit, seducit, decipit *Ib.* 821 (cf. ib. 829: frustatur, i. eluditur, decipiatur); **9..** ~ari, *gewægnian WW.*

2 to frustrate, bring to nothing (hopes, intentions, or sim.); **b** (actions). **c** to frustrate (person), prevent (someone) from accomplishing hopes or intentions. **d** (p. ppl. as adj.) brought to nothing.

quorum obstinatam importunitatem cum refutando ~ari non posset, .. ALDH. *VirgP* 37; machina detegitur caecis frustrata sutelis *Id. VirgV* 963; **a796** ~ata est exspectatio, evacuata est spes ALCUIN *Ep.* 59; velle suum de capiendo castrum ~atum est ORD. VIT. VIII 24 p. 417; **s1246** spe ~ata M. PAR. *Maj.* IV 557; existimacionem .. ~atam HARCLAY *Adv.* 7 (v. existimatio 2b); 'vana spes genetricis', sc. quia jam ~ata est spes quam habui de te TREVET *Troades* 56; **s1355** rediit in Angliam suo proposito omnino ~ato AVESB. 125b. **b** Christum .. suscitavit a mortuis ac, ~atis omnibus inimicorum insidiis, sublevavit in caelum BEDE *Hom.* II 18. 200; cum is castitatis instinctu impudicie desideria ~aretur W. MALM. *Wulfst.* I 1 p. 6; **s1235** [Grosseteste] apud Radingum .. consecratus est, .. reclamantibus monachis Cantuariensibus .. ne alibi consecraretur quam in ecclesia Cantuariensi. sed id tantum hac vice permiserunt ne labores et expense ~arentur convenientium M. PAR. *Maj.* III 306; **1393** (v. evectio 1c); ecce unus .. colludencium [sc. ad pedipililudium] ex adverso veniens, ~ata percussione in pilam, fortuitu in hominem pedem dedit *Mir. Hen. VI* III 91. **c** quis invenit si quaerens ~atur? ANSELM (*Medit.* 3) III 91; optulit ei plusquam semel antistes ecclesiam suburbanam . . . ille offerentem .. sepe frustatus, tandem vehementius instanti quid animi gestaret aperuit W. MALM. *Wulfst.* I 3; multoties .. demones Guthlacum terrere nitebantur, sed ipse Domino juvante ipsos et cuncta molimina eorum ~abatur ORD. VIT. IV 15 p. 272; subticendo genus suum misericordiam judicis evitare .. voluit . . . ~atus judex in questione generis, .. W. NEWB. *Serm.* 889. **d** **1245** illam ceperunt, verberaverunt, et male tractaverunt, ita quod infantem suum abortivum ~atum abs se abjecit *SelPlJews* 12.

3 (w. abl. or prep. & abl.) to disappoint, frustrate (in one's hopes, intentions, or sim.), deprive of (prospects).

quia post mortem non qualia credebant inveniunt sed spe sua ~ati pro praemiis tormenta recipiunt BEDE *Prov.* 975; de victoria ~ati in fugam compulsi sunt G. MON. VIII 13; cum non habeant causam efficientem intendentem, que ~aretur suo intento SICCAV. *PN* 203; est simile tanquam aliquis diu laborasset et post diuturnum laborem tandem mercede ~aretur [ME: *failede*] *AncrR* 160; omni ope succursus ~ati apud se statuerunt ut viri fortiores et aptiores ad pugnam cum bonis diviciis civitatis in mercatum fugerent *Ps.*-ELMH. *Hen. V* 123 p. 321; **s1460** in quam aquam, propter abundanciam pluvie ultra solitum adtunc excrescentem, dum plures, sub spe evasionis, se immitterent, spe frustati submersi erant *Reg. Whet.* I 374.

4 (w. abl.) to deprive of (something one has).

spiritibus nequeunt frustrata cadavera sterni G. AMIENS *Hast.* 417; quedam infirma, sic cingulo tenus inferius debilitata, sic pedibus ac cruribus frustata, ut scabellulis in manibus clunibusque uteretur pro pedibus HERM. ARCH. 18; **s1233** pallium transmisit, ne tanta sedes metropolitana pastore diutius ~aretur WEND. III 51; sedens igitur in claustro pluries fatigatus, sensu hebetato, virtutibus ~atus, pessimis cogitacionibus sepe sauciatus .. *Eul. Hist.* I *proem.* p. 2.

frustratim v. frustatim.

frustratio [CL]

1 action of frustrating, bringing to nothing; (leg.) obstructing the course of justice, esp. by delay.

~o, commotatio *GlH* F 831; **1549** si quis sive persuasionibus partes aut testes ad sophistice jurandum induxerit, aut ~onis causa subterfugere fecerit, .. *Conc. Scot.* II 123.

2 failure to achieve something, frustration, disappointment.

si vero spes inanescit ad vanitatem, opponit ei justitia veritatem, fortitudo ~onem, prudentia confusionem, temperantia ignominiam R. NIGER *Mil.* II 12; ~onem laborum suorum *G. Hen. V* 25 (v. displicenter).

frustrativus, acting to hinder or frustrate.

obediencia .. debet esse .. hilaris non objurgativa, .. perseverans non ~a *Spec. Laic.* 58.

frustrator [CL], one who deceives w. false hopes; one who hinders or frustrates.

frustator, inlusor, deceptor *GlC* F 337, *GlH* F 820; *a begyler*, deceptor, ~or, fraudator, .. *CathA.*

frustratorie [LL]

1 deceitfully.

s1143 quum prophanus ille comes simplicitatem boni viri fallaciter et ~ie .. protraxisset, .. *Chr. Rams.* 331.

2 (leg., mostly eccl.) with the intention of obstructing the course of justice, esp. by delay.

1258 frustatorie, ne super hoc aliquid in prejudicium ipsorum fieret, appellando (*Lit. Papae*) *Ann. Burton* 431; **1295** (v. elusio a); **1337** eundem Johannem per unum annum et decem et octo dies per hujusmodi terminum ~ie tenuisti, causam hujusmodi terminare per diffinitivam sentenciam non curando *Mon. Hib. & Scot.* 273b; OCKHAM *Pol.* I 54 (v. definitivus 2a); *Id. Dial.* 456 (v. frivole b); habeant judices potestatem suspendendi advocatos ad tempus quos ~ie noverint causas protraxisse *StatOx* 90; crucis obsequium quod rex Henricus coram duobus cardinalibus cum juramento dudum promiserat post triennium prosecuturum, lapso triennio Romam misit ad protelandum ~ie fallax propositum *Eul. Hist.* III 89.

3 vainly, to no purpose.

s1237 hec ~ie fiebat, que cum totiens essent concesse et redempte, nunquam ut debuerunt (proth dolor) observabantur B. COTTON *HA* 120; **s1300** circa dictam vero electionem diu ~ie laborantes *G. Durh.* 29; **s1455** proposuerunt in omni Parliamento .. inaniter tamen, et ~ie, quia semper eis obvius erat dominus rex .. in hac sua proposicione *Reg. Whet.* I 181.

frustratorius [CL]

1 deceitful, calculated to hinder or frustrate.

se semper exactorem dubia suspendisse ambage et ~iis delusisse responsionibus *Itin. Ric.* V 54; ~io conamine delusi, .. proditores ad pacem .. sunt reversi GIR. *EH* II 3 p. 313; rex et comes .. huic infirmitati fidem non habentes, quinimmo fictum potius seu ~ium .. putantes *Id. PI* III 25 p. 286.

2 (leg., mostly eccl.) intended to obstruct the course of justice, esp. by delay.

a1161 dummodo comes et suus O[sbertus] citra ~ias dilationes et aliarum difficultatum molestias ad questionem juris admitterentur J. SAL. *Ep.* 102; **1176** appellationem .. quasi super re jam judicata ~iam omnino censentes G. FOLIOT *Ep.* 427; satis intellexit abbas eum ~ia dilatione moras nectere *Chr. Battle* f. 123v.; post prorogacionem dilacionum ~iarum discordes ab invicem discesserunt E. FAVERSHAM 216; **1289** omnibus excepcionibus seu racionibus ~iis rejectis *RGasc* II 449; **1300** appellaciones frivolas et ~ias *Reg. Cant.* 892; ille, cujus appellacioni .. merito non defertur, de appellacione iniqua vel ~ia vituperandus censetur OCKHAM *Dial.* 548; **a1350** sciens jus suum salvum in principali襲 tociens a fictis gravaminibus ad ~ias appellaciones convolavit *StatOx* 94.

3 frustrated, brought to nothing, vain, useless.

quia fideliter speravit, spes ejus ~ia esse non meruit T. MON. *Will.* III 11; ne primus conatus suus .. ~ius et inanis fuisse videretur GIR. *Symb.* I 31 p. 313; **s1246** quid juvat hos regis conatus ~ios describendo recitare, qui tam frequenter finem tam flebilem sortiuntur? M. PAR. *Min.* III 10; **1259** cum judicia merito cenceantur ~ia nisi execucioni legitime valeant demandari, .. *Stat. Linc.* I 310; ~ium .. esset vacuum ad omne ejus punctum, et huic sine dubio non esset a Deo bono conservatum WYCL. *Log.* II 147; **a1440** sue opinionis taliter innititur ymaginibus, ut ~ium reputet ad quodcumque .. pietatis opus apponere adjutrices manus *Reg. Whet.* II 450; acta in tempore nostro accidencia, meliori modo quo potero, exclusis inutilibus nugacionibus ac eciam ~iis vanitatibus ad rem non pertinentibus, inquirere, colligere et memorare *Plusc.* VI *prol.* p. 5; sibi invicem contraria, inutilia, irracionabilia, vel ~ia *Ib.* VII 19.

frustrum v. 1 frustum.

frustulentus [CL], full of crumbs or morsels.

OSB. GLOUC. *Deriv.* 237 (v. frustillum).

frustulum [CL]

1 crumb, morsel (of food).

s1053 si Deus celi verax et justus est, hoc panis ~um concedat ne michi guttur pertranseat si unquam te prodere vel cogitaverim H. HUNT. *HA* VI 23; qui pascit celites et terre circulum, / per mamme pascitur beatum frustulum WALT. WIMB. *Carm.* 62; strangulatus est Godwynus, proditionis sue jugulator quodam panis frusculo in prandio *Feudal Man.* 137; *a croste of brede*, crusta, .. frustum, ~um *CathA.*

2 a small piece, fragment (of other things).

quanto .. vilius Judas Dei filium vendidit, tanto haec ~um salutiferi tormenti [sc. clavi] carius emit GOSC. *Edith* 74; ÆLNOTH *Cnut prol.* 3 (v. eventilare 2a); ecce miranda asperioli [*gl.*: *escureil*, i. sciuri] sagacitas, qui cum aquam transfretare propter sui modicitatem non sufficiat, ~o ligni se supponit et erecta cauda velum facit, quo duce a subveniente flatu flumen possit transcurrere GERV. TILB. III 65; mamma .. habens ~a cujusdam duriciei in eadem M. SCOT *Phys.* 17.

3 part, component.

conponitur guttur ex tribus ~is .. quorum primum ~um est quedam cartilago *Ps.*-RIC. *Anat.* 41 p. 27.

1 frustum [CL]

1 hunk, scrap (of food).

ALDH. *VirgP* 23 (v. 1 friare); quasi per singula victimarum ejus ~a BEDE *Tab.* 455; ~um, *bita*, dictum quod capiatur a fragmine *GlH* F 830; offa, vel ~um, *sticce* ÆLF. *Gl.* 127; mitte manum in bullientem aquam et unum ~um de imis mihi adtrahe *Id. Æthelwold* 10; et caseos et panes et frustra ÆLF. BATA 4. 31 p. 61; **a1087** frustrum de crasso ejusdem piscis (v. crassus 1d); scidit femur suum et abstraxit inde ~um carnis G. MON. XII 4; [panis benedictus] inventus est adeo cum sanguine permixtus ut caro . . . divisus vero postea per ~a .. OSB. BAWDSEY clxvii; canis .. frustrum carnis tenens in ore flumen transivit; umbram frusti videns, que major frusto apparuit, frustrum dimisit ut umbram caperet, et umbram tam cito evanuit. sic frustum pro umbra perdidit O. CHERITON *Fab.* 61; **1294** duo ~a de singulis spinis boum et porcorum *Cart. Chester* 353; **c1300** j panem et j frustrum casei equipollens iiij ovis *DCCant. Reg.* J p. 31; de vilioribus et minimis dant forte unum ~um nigri panis in hebdomada HOLCOT *Wisd.* 152.

2 lump, piece (of other things).

GAS 232 (*Quad.*) (v. crapiscis); ~a coagulati sanguinis *V. Chris. Marky.* 39; allatum est ligni ~um *Canon. G. Sempr.* 157; **1220** de ducentis ~is stagni *CurR* IX 351; **1221** tria frustra vitri *PlCrGlouc* 52; **1244** in v frustris aceri emptis *Pipe Wint.* 159285 r. 19; **1248** R. .. invenit xx

frustra de cupro in quadam marlera .. *JustIt* 232 m. 30; **1265** j frustrum ferri (v. catena 1a); **1273** thesaurus .. fuit absconditus, ut in auro, argento, cuppis aureis et argenteis, anulis, zonis et ~is auri, ad valenciam m li. *SelPlJews* 73; **1404** iiij^c *knarholtes* minus xvij frustris seu peciis *Lit. Cant.* III 82.

3 (broken) piece, fragment.

cadaverum ~a GILDAS *EB* 24; spoponderunt .. se .. fribulam simulacri effigiem in ~a [v. l. frustra] fracturos ALDH. *VirgP* 38 p. 289; cecidit super templum .. in multa frustra contritus G. MON. II 10; nihil medium interfuit quo [lupus] non intemptaret omnino vel vivum absorbere vel dilaceratum totum in ~a discerpere R. COLD. *Godr.* 51; cessit diadema Hierosolymitanum comiti Baldewino eo quod ipse inter tot agones exellentissimo ac singulari ictu paganum armatum per medium in duo ~a diviserat GERV. TILB. II 20 p. 946; habet fabula Gigantes Bacchum inebriatum invenisse et, discerpto eo per membra, ~a sepelisse ALB. LOND. *DG* 12. 5; s**1362** ventus .. arbores, edificia, aliaque forcia prostravit et contrivit in frustra J. READING 178b.

4 part, component.

[torques] ex quatuor ~is .. orbiculariter in invicem insitis artificiose conserta GIR. *IK* I 2 p. 26; **1245** morsus [cape] argenteus .. junctus in tribus frustris *Invent. S. Paul.* 481; c**1250** ij albe cum una amicta de aurifrigio in tribus ~is *Vis. S. Paul.* 14; **1260** quod lectrinum ferreum quod est apud Westmonasterium disjunctum per ~a .. conjungi et erigi faciat *Cl* 112.

5 parcel (of land).

unum ~um terrae unde exeunt vj vomeres *DB* I 39va; Willelmus [habet] unum ~um terrae de iiij denariis *Ib.* 56rb; a**1173** tria frustra friescharum (v. 2 friscus 1a); **1185** pro quodam ~o terre, iij d. .. pro virgata iij s. et pro ~o prati xij d. *Rec. Templars* 35.

6 piece, roll (of cloth).

1214 mittatis nobis xij ~a laqueorum diversorum colorum et tres duodenas de tachiis ad mantellum *Cl* 167.

2 frustum v. fustum.

frutarius [AN *fruter*, ME *fruiter*], dealer in fruit and nuts. *V. et. fructuarius* 2.

1206 Andreas ~ius r. c. de iij s. *Pipe* 118; **1212** reddendo .. annuatim heredibus Eustachii filii Willelmi fruterii ij d. *E. Ch. S. Paul.* 60 (cf. ib. 208 [a**1212**]: ego Eustachius filius Willelmi ~ii; ib. 208 [a**1199**]: Willelmo fructuario).

frutectum [CL], **fructetum** [LL]

1 thorn-bush, briar; **b** (for hedging); **c** (fig.).

ALDH. *Aen.* 93. 6 (v. densus 1a); nam filicem pro fruge, rubum pro vite, frutectum / pro ficu, salices pro nuce, credo, ferunt L. DURH. *Dial.* II 135 (cf. *Matth.* vii 16: de tribulis ficus); inter quedam fructeta .. semet occuluit ORD. VIT. VIII 19 p. 386; urticarum et veprium juxta densa succrescere ~a conspiciens GIR. *GE* II 10 p. 213; quicquid terre .. fructectis mundavit *Cart. Rams.* II 214 (v. exstirpare 1c); **1263** cum .. ceteris quodammodo spinarum aculeis et fruitectis hostilibus dissipatis, Babilonice tantum radicis offendiculum habeat terra *AncC* LV 2. **b** **1436** in cariacione et operacione ~orum pro clauso domini Willelmi B. militis, .. v s. viij d. *Ac. Durh.* 233. **c** perniciosa facinorum ~a velut spissa virgultorum vimina lentis frondibus succrescunt ALDH. *VirgP* 13; evulsis discordiarum, vituperationum, jurgiorum, murmurationum ceterorumque frutectis [*ed. PL* XCIV: fructetis] vitiorum BEDE *Hom.* I 1. 26; errabundus per vitiorum ~a ALCUIN *Ep.* 295 p. 453; si in confragosa vita [? l. via] ad plenum nequeat complanari, poterunt tamen ejus abrupta et tuberositates anfractus et fructeta diminui, ut expeditius pateat ad currendum J. GODARD *Ep.* 221.

2 land covered with thorn-bushes, thicket.

inter past[uram] et fructectam *DB* II 107; **1155** duas carrucatas terre et dimidiam de suo dominio .. et ~um quod appellatur Gaitune Rahága *Danelaw* 108; **1181** sciatis me dedisse .. quoddam ~um in territorio de Lavertona, viz. quicquid infra has divisas continetur .. *Ch. Mowbray* 137; c**1184** terram in qua ~um sedet *Rec. Templars* 256; **11**.. iiij acras et dim. de fructeto et iij acras de terra arabili *MonA* III 332b; **13**.. collem quoque cum ~o de Tinghoudale in quantum nemus durat *Cart. Guisburn* I 171.

frutellum v. fritellum, fritillus.

frutescere [LL], to put forth shoots.

ALDH. *Aen.* 50. 4 (v. cauliculus a); **9**.. ~escit, *þufaþ and wridaþ WW*; plantatio hec ubique est sicut myrice in deserto, et nescio sicubi letius ~escit, quam in terra sitis et salsuginis G. HOYLAND *Ascet.* 277B; alii ~escunt per curiositatem. unde quando parvi surculi, parvi frutices crescunt circumquaque circa arborem, tunc trahunt ab ea humorem HOLCOT *Wisd.* 146.

frutex [CL]

1 bush, shrub; **b** (fig.). **c** thorn.

V. Greg. p. 82 (v. frondeus); ~ex, *þyfel* ÆLF. *Gl.* 139; cum [aves] .. ~icibus .. insideant GIR. *TH* II 4; thyrsus, herbarum olerumve medius ~ex BACON *Gram. Gk.* 62; HOLCOT *Wisd.* 146 (v. frutescere); *SB* 9 (v. 2 agnus); Gallici .. ceperunt villulas et ~ices prope, proponentes quiescere usque mane *G. Hen. V* 12 p. 80. **b** vitiorum ~ices que in ecclesia Dei excreverant ligone justitie succidit et extirpavit ALEX. CANT. *Mir.* 28 (II) p. 215; quanto ~ex perniciosa altius in ipsis anime recessibus radices infixerit, tanto in earum avulsione major difficultas AILR. *Spec. Car.* II 21. 570; lascivus satis ~ex ambitionis et tamquam in leta non tam fructificat quam luxuriat homo G. HOYLAND *Ascet.* 277A; rectissime potest dici ortus Domini quies claustri, in quo doctrina celestis inseritur, sancta conversatio propagatur, vitiorum ~ices succiduntur S. LANGTON *Serm.* 4. 33. **c** scribas, amor, et crebro replices / fronte Regis congestos frutices J. HOWD. *Ph.* 533.

2 bush of hair, bushy beard. *Cf. fruticare* 2.

hos illi conspuant si volunt apices, / quibus dant tempora verendos vertices, / quod catos faciunt genarum frutices / et qui Magnesios hauserunt latices WALT. WIMB. *Palpo* 176.

fruticare [CL]

1 to put forth shoots (in quot., fig.).

ligna late ~antis ecclesiae BEDE *Sam.* 668.

2 (of hair) to grow thick and bushy.

Angli superius labrum pilis incessanter fructicantibus intonsum dimittunt W. MALM. *GR* III 239; ~antibus pilis horrebant manus [sc. Esau] J. SAL. *Pol.* 394D; nil fruticantibus genarum vellere WALT. WIMB. *Palpo* 175.

fruticetum [CL], thicket.

in .. arboris gremio, dum inter frondium ~a pausandi quietem quereret R. COLD. *Osw.* 17 p. 356; consortia hominum declinans, ~is et scopulis inviis se sepe deperdidit R. NIGER *Chr. II* 168; nemus quoddam ~um GIR. *TH* II 7.

fruticosus [CL], bushy, thorny.

erit miseranda regni desolatio et aree messium in fructuosus [*sic, ed. Griscom, but* ? l. fruticosos] saltus redibunt (*Proph. Merlini*) G. MON. VII 3 p. 386 (cf. M. PAR. *Maj.* I 201: fructicosos).

frutificare v. fructificare. **frutinare** v. frunitare. **frutt-** v. et. frett-.

fruttura [ME *friture, fruture*], fritter, pancake.

1313 liberavit .. in coquina .. j patellam pro fructura *LTRAc* 19 r. 31.

frux [CL]

1 (usu. pl. *~ges*) crops, esp. corn or other field crops; **b** (sg.); **c** (fig.) fruit, harvest. **d** standing crops. **e** corn (as food).

in memoriam datae legis statuit eo die per annos singulos sacrificium sibi novum de ~gibus ejusdem anni, panes videlicet primitiarum duos, ad altare deferri BEDE *Hom.* II 17. 194; tempore aestatis quo ~ges erant colligendae *Id. HE* IV 4; Sirius autumno segetes coquit ubere laeto, / frugibus inmensae ruperunt horrea messes WULF. *Swith.* II 517; campos .. prepollenti culture aptos in quibus ~gum diversitates glebe temporibus suis proveniunt G. MON. I 1; c**1180** unam medietatem omnium decimarum, ~gum scilicet, leguminum, lini, cannabi, animalium, fructuum, et lanarum *Act. Hen. II* II 131; multam ~ges in herba .. minorem in granis spem promittunt GIR. *TH* I 5; Ceres .. dicitur .. dea frumenti et segetum, ac generaliter seminum ac ~gum que terra producit *Deorum Imag.* 23; locum nemoribus et frutectis consitum, aquis et paludibus cinctum, ac ~gi terrarum gleba fecundum *Meaux* I 77; hoc [? l. hec] ~ges, *corne WW*. **b** Farne, / insula fontis inops, et frugis et arboris expers ALCUIN *SS Ebor* 657. **c** centenae ~gis copia ALDH. *VirgP* 13 p. 243; efflavit paleas, Cocyti ardore cremandas, / condivitque bonam caeli per horrea frugem FRITH. 1121; Teodorus .. et Adrianus .. plurimas Anglorum ecclesias ecclesiastice doctrine ~ge fecundarunt ORD. VIT. V 9 p. 346; primitie ~gum in agro Domini qui celestibus sunt intenti S. LANGTON *Serm.* 4. 39. **d** nove ~ges exalbuerant ORD. VIT. IX 14 p. 592; ~ges et herbas GRAYSTANES 36 (v. demergere 2d). **e** esca fuit crescens illis de corpore vivo, / nec caro nec fruges ALCUIN *Carm.* 5. 6.

2 (sg., *ad bonam ~gem*) steadiness of life, self-restraint, temperance.

tantum gaudii .. tua ad bonam ~gem conversio .. ministrant GILDAS *EB* 34; incumbit juventutem ad meliorem ~gem convertere FERR. *Kinloss* 6.

fu v. pheu.

fuagium [AN **fuage*, OF *foage, fouage* < focagium]

1 (wood for) fuel.

1236 ecclesia .. cum .. terris, vineis, nemoribus, et ~iis et pascuis in bosco et plano *Midlothian* 36; **1323** nec licebit .. fimos aut foiagia alibi cariare nisi super dominicam terram ejusdem manerii (*Ch. Cant.*) *ArchJ* XV 148.

2 'feuage', hearth tax (Norm. & C. I.).

c**1160** masuram .. liberam et quietam ab omni feloneo, pontagio, lestagio, exercitu, dica, fouagio et omni alia consuetudine *Act. Hen. II* I 260; c**1187** foagii *Ib.* II 411 (v. gabulagium); a**1190** quietanciam thelonei et passagii et foagii et vinagii et tallagii et stallagii et auxiliorum et omnium aliarum consuetudinum *Ib.* II 346; **1199** quod habeant ~ium de hominibus suis *RChart* 13a; **1227** mandatum est prioribus .. de insulis de Gerese [et Gernere] .. quod consuetudinem foagii .. dant *Pat* 108; **1247** debunt .. communiter per insulas [de Gernes'] quolibet tercio anno quandam consuetudinem dare, et vocatur fuuagium *Cl* 547; **1274** extorserunt foagium de biennio in biennium (*Chanc. Misc.* 10/5) *S. Jers.* II 10.

fuallia, ~ium, fuale [AN *fuail* < focale, *fouaille* < focalia], (wood for) fuel.

c**1180** foalliam fodere (v. fodere 6a); ?c**1180** habemus .. exitus aquarum, stagnarum, molendinorum, pasture, atque fualie *MonA* VI 877; a**1189** (1329) in bosco quod opus habent predicti canonici ad emendationem domorum et sepium de Finemere et quod opus est ad fualium suum *Ib.* 278; c**1200** preterea concessi eis habere omnia averia sua in parco meo de Stanstede, et xx porcos quietos de pasnagio, et fualium ad panem suum et ad cibos coquendos *Ib.* VI 76; a**1195** concedo eis pasturam suam et fuale suum *BBC* (*Norham*) 58; **1201** episcopus dominium ~ie in prefata hida sibi retinuit ita quod Stephanus et homines sui per visum servientis domini episcopi de prefata ~ia necessaria habebunt *Ch. Sal.* 67; **1202** duas firmas .. reddendas .. ~ium sufficienter ad braciandum *Fines P. Norf & Suff* 180; **1232** et in eadem haya decem carratas clausture et decem carratas foallii recipiendas annuatim imperpetuum *ChartR* 27 m. 15; **1234** dominus inveniet .. ~iam de bosco suo .. sufficientem ad braciandum cervisiam illam *Cust. Glast.* 82; **1261** concedimus insuper de glebis et de alio foallio ad focum predicti W. .. quantum .. possit sufficere *Cart. Glast.* 117.

fuarium [AN **fuaier* < focarium, cf. OF *foier*], (? right to gather) fuel.

c**1146** (12c) cum tota alia terra sua et toto servicio suo et cum libertate falde et pasture et ~ii in Suthlingis et in Berch *MonA* VI 419b (= *ChartR* 104 m. 10; cf. *DuC* s. v. fuarium, '*forage*').

fucalis v. focalis.

†fucanus [dub.], (word in garbled charm).

me ossius ossi Dei fucanus susdispensator et pisticus *Leechdoms* III 288.

fucare [CL]

1 to dye, stain (w. colour). **b** (fig.) to taint.

ALDH. *VirgP* 15 (v. decurrere 3); *Id. Ep.* 3 (v. decere 3a); quod misso in canalibus sanguine myricis lana ipsa quae ~anda est ibidem per partes distincta et singillatim vincta tinguatur BEDE *Cant.* 1195; colerata, ~ata, *getælged GlH* C 1606; ~o, subtinguo .. *Ib.* F 854; ~atis vestibus non utuntur ORD. VIT. VIII 26 p. 445; lanuginem sericam vario colore ~atam GIR. *TH* I 34; muliebria capitum velamina croco ~ata *Id. JS sup.* 149; grisiis .. vestibus utens ~atos fugit pannorum colores *Canon. G. Sempr.* 62. **b** nos illa ~amur innocentes infamia MAP *NC* IV 6 f. 48.

2 (fig.) to paint, colour (in order to deceive), (p. ppl.) pretended.

a tyrannis et a patre eorum diabolo ~ata et numquam profutura emunt sacerdotia GILDAS *EB* 67; FRITH. 743 (v. emergere 5a); imperator ~atis gestibus favere nostratibus sategit ORD. VIT. IX 6 p. 498; si hec perizomata maledictionis antique et ~ati ac fugacis honoris gloriam umbratilem .. attendat, se miserabiliorem cunctis inveniet P. BLOIS *Ep.* 18. 67C; pretextu ~ate religionis *Ib.* 25. 89C; **1239** ~atis .. fallaciis (v. delenire a); argumenta ~ata, i.e. colorata, que apparent vera et per que verum appareat falsum et falsum appareat verum esse GASCOIGNE *Loci* 81.

fucatio [LL]

1 dyeing, staining (with colour).

†fusco [MS: fuco] .., i. colorare, et inde fucatus, -a, -um, et hec ~o OSB. GLOUC. *Deriv.* 214.

2 painting, colouring (w. cosmetics). **b** (fig.) colour, pretence, deception.

~one vel hujusmodi tinctura capillorum *AncrR* 69. **b** se falsis commentis nove ~onis hypocritas reddere *G. Steph.* I 29.

fucellus v. 2 fussellus 1. **fuchwita** v. fihtwita. **fucillus** v. fusillus. **fucimilus** v. fuscinula a. **fucina** v. fiscina. **fucinula** v. fuscinula a.

fucositas, deception, deceitfulness.

deceptio, .. dolositas, factio, ~as OSB. GLOUC. *Deriv.* 589.

fucosus [CL], full of pretence, deceptive, deceitful.

fucosas [v. l. fuscosas] obscurasque rationes tuas subtili falsitate tectas †operiam [v. l. aperiam] ADEL. *QN* 5.

1 fucus [CL]

1 dye, colouring. **b** (fig.) taint, stain.

quid de ~orum muricibus subtiliter comminiscimur? ALDH. *VirgP* 15; ~us, color, *deag* vel *tælg*, vel nomen †avis

[l. apis] *GlH* F 851; ~us, *waad* ÆLF. *Gl.* 126; J. GODARD *Ep.* 233 (v. decolorare a); miror quod vestium fucis erigeris / et lane sarcina tantum extolleris; / miror quod tumeas de fuco velleris WALT. WIMB. *Carm.* 424. **b** sinistre fame ~o J. FURNESS *Kentig. prol.* (v. fuscare 3).

2 colouring used as cosmetic, (fig.) false colour. **b** pretence, deception.

nam deformatur, quotiens extrinsecus illi / cultus adest, fucos beata virgo fugit J. SAL. *Enth. Phil.* 14; **c1168** veritas ~o caret, et amicitia loqui non novit nisi facie revelata *Id. Ep.* 264 (259); ut vere religionis color optimus .. in falsitatis ~um sit jam conversus GIR. *IK* I 3 p. 43; assumpti coloris ~o aurea forte .. tempora presagientes *Id. TH* II 10; gratia sine ~o ALB. LOND. *DG* 11. 2 (v. gratia 19); crinibus aurea, vultibus ignea, lactea fronte, / .. / non ibi fucus, non ibi lucus lumen obumbrat / fronde supercilii GARL. *Epith.* VI 191; ~o adulterine fallacie facies suas colorant ROLLE *IA* 266 (v. dealbare 4b). **b** absque adulationis ~o GILDAS *EB* 71; ~um, i. colorem vel mendacium *GlH* F 853; variis verborum ~is DOMINIC *V. Ecgwini* I 14 (v. depingere 1e); W. MALM. *Mir. Mariae* 142 (v. fumosus 2a); sola veritas historie sine ullo ~o mendacii posterorum producetur notitie *Id. HN* 503; sic .. finem operum et vite sue sine ~o falsitatis .. compaginabo ORD. VIT. VI 9 p. 75; sub affinitatis specie falseque amicitie ~o GIR. *EH* II 4; sub uxoris .. ducende pretextu et palliate amicitie ~o *Id. Æthelb.* 7; decorem .. exuens, ~o quodam deformitatis obducitur *Ep. Glasg.* 309; **1231** (v. duplicitas 3); excusavit se .. non a scematibus eloquencie .. sed magis a ~o verborum intrinsecum sensum abscondente PECKHAM *Paup.* 16 p. 79.

2 fucus [CL], drone (partly fig.).

~us, .. nomen †avis [l. apis] *GlH* F 851 (v. 1 fucus 1a); ~us, *dræn* ÆLF. *Gram.* 307; W. CANT. *Mir. Thom.* VI 9 (v. alveare a); sciendum quod apes de carnibus taurorum, scarabei de equis, ~i de mulis, vespe de asinis nascuntur OSB. GLOUC. *Deriv.* 58; ~us dicitur pro quadam ape que non mellificat *Ib.* 214; qui bona ecclesie dilapidant, nonne ~i sunt, nonne ignava pecora? NECKAM *NR* II 163 p. 270; hic ~us, *drane Gl. AN Ox.* 151rb; hic ~us, A. *drane WW*; fugius, *a drone & gret Ib.*.

fudes v. sudis. **fudra** v. fothera. **fueodum** v. feodum.

fuga [CL]

1 fleeing, flight (from enemy, pursuit, difficulty, or sim.); **b** (w. obj. gen.). **c** (fig.) evasion. **d** (mil.) flight (from field of battle), rout, defeat. **e** (w. ref. to time or sim.) swift passing.

tunc quantae ~ae, quantae strages GILDAS *EB* 9; cum nil alicubi praesidii nisi in ~a esse videretur, Paulinus .. rediit Cantiam BEDE *HE* II 20; multi cervorum levem ~am inierunt B. *V. Dunst.* 14; WULF. *Swith.* II 1130, etc. (v. arripere 3c); ADEL. *QN* 15 (v. 2 esse 14c); cum neque arma capiendi neque ~am faciendi congruum spatium haberet G. MON. I 9; Amphibalus .. ante lucis exortum ~am arripuit, per viam tendens que de civitate vergit ad aquilonem W. S. ALB. *V. Alb. & Amphib.* 10; ut fugitivam aviculam .. nec artificiosa nec longa ~a .. tueatur GIR. *TH* I 12 p. 38; *Cust. Cant.* 253 (v. 3 districtio 2b). **b** finis amare Deum, vitii fuga, cultus honesti, / sese nosse J. SAL. *Enth. Phil.* 421. **c** iste impugnatus non poterit recurrere ad illam miseram ~am, dicendo quod alii sumunt 'usum' improprie et ipse proprie, sicut fecit respondendo ad objecciones contra secundam assercionem OCKHAM *Pol.* II 555. **d** acies, segnis ad pugnam, inhabilis ad ~am GILDAS *EB* 19; simulantibus ~am hostibus BEDE *HE* IV 24 p. 266; ~am suam Brittonumque victoriam G. MON. IV 5; GIR. *EH* I 21 (v. desubitatio); W. GUISB. 208 (v. dare 11a); BAD. AUR. 143 (v. dishonorare a); **s1214** (v. dedecorose). **e** usque fugam vitae cum mors bacchatur acerba ALDH. *VirgV* 968; posset esse velocior ~a temporum quam sit? NECKAM *NR* II 173 p. 299.

2 (leg.) flight (after a crime, giving rise to presumption of guilt).

1182 Jheremias de Lond' r. c. de lxx m. pro ~a quam fecit in ecclesiam unde noluit esse ad rectum in curia regis *Pipe* 161; **1197** (v. decena 1b); **1230** perdonavimus ipsi Rogerio utlageriam que in ipsum promulgata fuit occasione ~e quam fecit pro predicta morte *Pat* 393; **1241** (v. gaiola 1a); BRACTON 125b (v. derelinquere 2d); **1290** (v. capere 8a).

3 pursuit (in quot., fig.).

qui novitatibus gaudent, qui subtilium rerum ~am appetunt, habent Aristotilem et libros Platonicos, audiant illos *Dial. Scac. prol.*

4 (right of) hunting, the chase. **b** (transf.) chase, area set aside for hunting.

1275 dicunt quod Robertus de C. clamat habere ~am ad wlpem, leporem et catum, nesciunt quo war' *Hund.* I 157. **b 1239** acra .. jacet .. inter ~am domini abbatis .. et dominicum domini abbatis *Reg. S. Aug.* 409; repetam silvestres ~as et saltus densos ut abscondar in eis et mixtam feris ducam similemque vitam CHAUNDLER *Apol.* 18b.

5 right of driving (livestock). **b** (transf.) droveway.

1296 quolibet tercio anno habebunt ~am sum cum animalibus suis ad moram *Hal. Durh.* 11; **1317** in mora predicta omnes vicini, qui ad eandem ~am habere poterunt, communicare debent cum omnimodis averiis suis *Cart. Glast.* 228. **b 1272** concesserunt .. quod habeant ~am sufficientem animalibus suis et hominum suorum inter campos de W. et de P. ad magnum bruerium de W. et de P. usque ad divisas bruerii de S. *Cart. Chester* 386; **1293** concessit .. unam viam ad †clasiam averiorum suorum et ut ~am habere posset per unam vastam clausi sui usque in pasturam *CourtR Hales* 239; fecit fieri unam novam boveriam in Estum pro profunda et lutosa ~a boum tempore seminis evitanda WHITTLESEY 154.

6 (in plant name, *~a daemonum*) St John's wort.

SB 22 (v. daemon 2e); tota domus ponatur plena herba ipericon que vocatur ~a demonum GAD. 78. 2; *herbe Jon*, herba Johannis, ~a demonum *CathA.*

fugabilis

1 that can be put to flight.

cur festuca vento fugabilis / regem sceptrat .. ? J. HOWD. *Ph.* 791.

2 (of game) that can be hunted.

1292 omnes damos ~es qui in instanti sesona pinguedinis ad capiendum sunt apti *Cl* 109 m. 4; **1384** de omni alia fera cum canibus et arcubus ~i *Pat* 317 m. 17.

3 (of livestock) that can be driven.

13.. (v. ductibilis 1).

fugabundus, fleeting, swiftly passing.

883 (11c) in ~is temporibus saeculi *CS* 551; mundi fugibundi *Anal. Hymn.* L 288. 14 (v. fugere 6b).

fugacia v. fugatia, fugax.

fugacitas [LL *gl.*], swiftness in passing.

fugax, -cis, quod comparatur -cior, -simus, unde fugaciter .., adverbium, et hec ~as, -tis OSB. GLOUC. *Deriv.* 221; WALT. WIMB. *Sim.* 178 (v. discrepare 1b).

fugaciter [CL], with a tendency to flee, fleetingly.

OSB. GLOUC. *Deriv.* 221 (v. fugacitas).

fugare [CL]

1 to cause to flee, drive out or away. **b** (*~ans aves*) boy to drive away birds, scarecrow. **c** (mil.) to rout, put to flight. **d** to dispel (night or sim.); **e** (w. abstr. obj.); **f** (absol.).

[Moyses] cornutis vultibus incredulum ~asse vulgus describitur ALDH. *VirgP* 4 p. 232; *Lib. Monstr.* III 23 (v. exterrere a); BEDE *CuthbP* 41 (v. daemon 2b); Acca episcopus de sua sede ~atus *Id. HE Cont.* 361; sic ~antur volucres a nostris segitibus *Rit. Durh.* 146; psallens David cithara ~at a Saul spiritum malignum AD. DORE *Pictor* 157; **1219** contra finem illum fugavit quendam King' hominem suum *CurR* VIII 110; **1221** ipse receptavit W. de H. latronem qui suspensus [est] postquam .. pater ejusdem W. ~avit eum de eo pro latrocinio *PlCrGlouc* 54; virtus .. ~andi demones *Ps.*-GROS. *Summa* 594 (v. gagates 1a); sic ~are [ME: *driven ut*] poteris omne venenum a corde *AncrR* 42; soror ejus .. comminatorie ~avit eam a se *Offic. R. Rolle* xxv. **b 1299** item ~anti aves de blado ad utramque seysonam xij d. *Ac. Man. Cant.* (*Milton*) (cf. ib. [**1336**]: in solidatis j ~antis aves qui est *lacsowere* per tempus seminis); **1311** in liberacione j ~antis aves et euntis ad carucas dum seminator seminaverit ad seysonam avene *Ib.* (*Bocking*). **c** GILDAS *EB* 6 (v. dare 11a); inito certamine ~ati sunt et caesi pagani BEDE *HE* III 24; superato in bello et ~ato Vulfhere *Ib.* IV 12 p. 229; **s1192** (v. fugere 1b). **d** putor et caligo luce serena et odoramentis ~antur nectareis ALDH. *VirgP* 35 p. 279; **c1107** ~atis tenebris, antiquum lumen refulsit (*Lit. Papae*) *Ep. Anselm.* 423. **e 1170** quid ab extincta vel ~ata et perdita sibi provenerit caritate J. SAL. *Ep.* 296 (300 p. 700); amor et justicia / fugati sunt de patria LEDREDE *Carm.* 37. 31. **f** ~et cum vincitur hostis aut cedit, fugiat cum hostis immanis intollerabiliter cedat vel instet R. NIGER *Mil.* I 13.

2 to pursue, chase.

1225 duo latrones ~ati fuerunt cum duobus equis furatis, ita quod dimiserunt equos coram domo J. de R. et equi capti fuerunt et nullus secutus fuit eos. et ideo sint domino regi *SelPlCrown* 118; **1231** (v. fugatio 2).

3 to hunt (animal); **b** (absol.); **c** (w. *ad* & acc.).

c1112 licentiam ~andi lupos ubicumque voluerit in meis forestis *Cart. Beauchamp* 2; **a1126** extra silvam poterit ~are lepores *Ib.* 356; **1155** prohibeo ne quis in ea [warenna] ~et vel leporem capiat sine licentia *Act. Hen. II* I 96; **1253** quod cum tribus leporariis, sex brachettis, ~are possit leporem, vulpem, tessonem et catum per omnes forestas nostras (*Pat*) *RGasc* I 269 (= *CalPat* 245; **1285** tempore predicti R. solebant fere domini regis ~ari in parcum predictum per saltoria predicta ad magnam destruccionem ferarum domini regis; set post obitum predicti R. nullus heredum suorum se de hujus modi fuga se intromisit (*TR Forest Proc.* 5 r. 37*d*.) *Ib.* cxviii; **1334** (v. debere 5d); **1409** cuniculos in warenna domini ~averunt, chasaverunt, et quam plures ceperunt *CourtR Banstead.* **b 1130** xx m. argenti ne aliquis ~et inter novam forestam regis et suam *Pipe* 110; **a1133** (v. fugatio 3); **1256** nullus intret terras illas ad ~andum in eis *BBC* (*Scarborough*) 105; **1272** R. de G. cum aliis de familia et societate sua intravit parcum .. tempore quo idem habuit custodiam ejusdem parci et ~avit in eodem pro voluntate sua et cepit quinque feras ad minus, cuniculos eciam et lepores tam in parco quam in warenna *SelPlForest* 41; **1315** quod nullus .. in parco alterius ~et nec in vivario alterius piscetur (*Lit. Regis*) *Ann. Lond.* 235 (cf. *MGL* II 358); **1573** ita quod nullus parcum illum vel aliquam partem warrenne predicte intret ad ~andum in eis .. sine licencia *Pat* 1103 m. 32. **c 1243** de libertate ei concessa ~andi ad vulpem et leporem et ad quedam alia et ad ea capiendi *Cl* 9; **1289** cum dederimus licenciam .. Emerico B. ~andi ad omnimodas feras in foresta .. de Baconeys *RGasc* II 374; **1290** forestario matris regis .. ~anti cum ipso rege ad cervum in dicto parco (*AcWardr*) *Chanc. Misc.* 4/5 f. 51; **1309** non licet ministris domini regis ~are ibidem ad cuniclos nisi cum cane et baculo *S. Jers.* XVIII 251; **1396** tenent leporarios et ~arunt ad cuniculos et lepores *Proc. J. P.* 411.

4 to drive: **a** (livestock); **b** (fish).

a a1229 quod possint ~are pecora sua in H. pro voluntate sua *BBC* (*Barnard Castle*) 71; **1260** ~at drowam (v. drova); **c1280** ~avit porcos ad pessonam quocumque dominus voluerit et eos in pessona custodiet *Crawley* 236; **1283** ad oves congregandas et ~andas ad aquas *Cust. Battle* 30; **1285** (v. drovemannus); **1295** r.c. .. de xv s. ij d. de xj animalibus recrutis per viam in ~ando de partibus Scotie versus Angliam *Doc. Scot.* II 16; **c1300** (v. 3 districtio 5c); **1305** cum .. predicta averia apud Castrum Herefordie ~asse voluissent *Reg. Heref.* 409; **1383** licebit .. omnimoda animalia sua ultra brueram predictam ~are et refugare ad mercatum vel alibi *G. S. Alb.* III 261; **1428** ad ~andum et refugandum tam averia sua propria quam aliena .. in dicto prato .. depascenda *Rec. Leic.* II 239; **1473** in .. dominio .. intrare et distringere, districciones sic captas abducere, ~are, et penes se retinere *Lit. Cant.* III 266. **b** si fas est comedere coctas in lebete / †carnas [l. carnes] vel pisciculos fugatos ad rete *Ps.*-MAP 70.

5 to drive (plough, cart, i.e. to drive the team drawing plough or cart); **b** (intr.). **c** to drive (draught beasts).

c1230 (v. carrucarius 2a); **1248** cum dictus Henricus .. araret cum caruca sua in camp' de Bretteby et Robertus filius suus eandem carucam ~aret *ICrim* 1/7; **c1250** si quis .. hominum domini abbatis propter indigentiam carucas domini voluerit ~are vel tenere, accipiet pro stipendio tanquam extraneus conductus *Cart. Rams.* I 473; **1336** iij hominibus ~antibus tria plaustra *Cal. Scot.* III 349; **s1349** mulieres et parvuli invise missi sunt ad carucas et ad plaustra ~anda *Eul. Hist.* III 214; **1389** Johanna ~avit j carectam cum ij equis et .. per infortunium cessidit de .. carecta et rota transit super collum ejus *SelCCoron* 95. **b 1285** calcetum .. ad ~andum et cariandum debet sustentari (*Compositio*) THORNE 1940 (= *Reg. S. Aug.* 512: *a chacer et a carier*); **1395** nullus carettarius ~are potest per viam predictam *Pub. Works* II 43. **c** *Fleta* 166 (v. fugator 4); **1366** Johannes .. ~avit iiij equos tractantes unam carectam, et per infortunium cecidit ad terram et .. equi tractaverunt eandem carectam super corpus dicti J. per quod statim moriebatur *SelCCoron* 105.

6 to drive in, drive home (piles, spikes, or sim.).

1325 operariis .. operantibus et ~antibus pilos in dicto fundamento cum quodam magno ingenio vocato *ram KRAc* 469/7 m. 10; **1374** in stipendio iij carpentariorum .. *piles* inde [sc. stagni] fugancium (*Custus stagni et molendinorum*) *Doc. Leeds* 112; **1384** pro *bragges* ~andis in colerio axis (v. 2 collare 4); **1384** (v. fugatio 6); **1397** pro pilis supradictis ~andis cum j grosso *ramme* (*Custus Operum J. Morys*) *Ac. Coll. Wint.*

7 to drive, compel (to).

s685 ad officium episcopatus .. suscipiendum pellitur et ~atur BROMPTON 792.

8 (conf. w. *fugere*) to flee (intr.).

1209 cum ipse R. cepisset predictum H., .. T. frater ejus extracto gladio eum liberavit et ~averunt ambo *SelPlForest* 8; **1276** quidam homo ~avit ad ecclesiam de Stanton' tanquam felonus, qui occidit quendam hominem in Drayton *Hund.* I 49; **s1290** Thomas de W. .. ~avit ad ecclesiam de Bacwell et accepit habitum fratris minoris, quia receptavit homicidam *Ann. Lond.* 97.

fugarius, driver, drover.

~ius, *a dryvere or a drovare WW.*

fugatarius v. fugatorius.

fugatia, chase, area reserved for hunting.

1133 quod .. teneat .. in molendinis et piscariis et ~iis *MS PRO* D. L. 10/10 (cf. *Regesta* 1760); **1136** in parcis et ~iis, in divisis et forestis *Cart. Bath A* 60 (= *Regesta* 46); **1141** libere et quiete in bosco et plano, in forestis et ~iis, in pratis et pasturis (*Ch. M. Imperatricis*) *Regesta* 393; **a1146** quod bene et in pace .. teneat, in forestis et ~iis, in bosco et plano .. (*Ib.*) *Act. Hen. II* I 8; **1293** dedit predicto R. omnes bonos suos et hayam et ~iam suam de Echampo *PQW* 602a.

fugatio

1 the action of driving away. **b** fleeing, flight.

de syðcundi hominis ~one de terra [AS: *be gesiðcundes monnes dræfe of lande*] (*Quad.*) *GAS* 27. **b** fuga, i. ~o, *fleam GlH* F 838; **c1390** quoad ~onem servientum, .. T. et T. sunt culpabiles prout per billam .. supponitur *Mem. York* I 232.

2 pursuit, chasing.

s1231 eorum [sc. Romanorum] consuetudo infallibilis est fugere fugantes et fugare fugientes. fuerunt autem quidam de regno temerarii qui ipsos [clericos aulicos] ita terruerunt exturbatos, qui, si istam ~onem possent per aliquod temporis .. exercuisse, totum regnum ab eorum peste liberassent M. PAR. *Abbr.* 263; **s1332** (v. disconfitura); **s1192** Ricardus .. in Saladinum ipsum irruebat, et eum precipitans sed tandem relevantem arctius profugabat. .. Ricardus ergo a ~one Saladini ad tempus regrediens ducem ab impulsu Sarracenorum liberavit *Meaux* I 266.

3 (area within which one has) right of hunting.

a1133 cives habeant ~ones suas ad fugandum, sicut melius et plenius habuerunt antecessores eorum *SelCh* 130; **1199** quod habeant ~ones suas ubicumque eas habuerunt tempore regis Hen. avi Hen. patris nostri *RChart* xl; **s1252** multi religiosi .. non propter ~onem, quod pro certo constat, sed ut pace gauderent a venatoribus, warennam sibi comparant M. PAR. *Min.* III 129; **1285** cum omnibus pertin' suis in aquis, sabulis, litoribus, wrecko maris, oris, semitis, ~onibus warennarum [etc.] *PQW* 238a.

4 driving (of livestock).

c1300 nec .. nos impedirent .. quin faceremus nobis semper cum vellemus pontem vel viam a dicta calceta usque bigulum .. pro ~one averiorum nostrorum .. et aliis aisiamentis nostris *Meaux* II 213; **1326** in ~one martorum usque Schipnisse, per duas vices, viij d. *ExchScot* 57; **1364** salva priori et omnibus averiis suis ~one et refugacione per moram predictam traccionem faciendam ad pasturas consuetas et dant ad gres'ma xl s. *Hal. Durh.* 30; **1390** pro ~one boum de Holbech usque Boston xij d. *Ac. H. Derby* 22; **1417** pro ~one duorum pullorum versus Cleveland *Ac. Durh.* 301; **1430** quod .. Thomas Knolles [et alii] .. proximo anno tunc sequente habebunt una vice tantum ~onem vocatam *le indrove* et inparcacionem ad eorum libitum faciendam de quibuscumque animalibus in predictis pastura et mora inventis (*Indent.*) AMUND. I 259; **14..** quod B. iiij oves .. cum quibusdam canibus fugavit, canes illos ad mordendum oves .. in tantum incitando quod per ~onem illam et morsus canum .. oves fetus abortivos projecerent *Reg. Brev. Orig.* 92b; **1494** pro ~one animalium de diversis locis, ut patet [per] librum de ~one animalium *DC Cant. Cellarer's Ac.* 9/10; **1535** pro quadam consuetudine .. pro ~one animalium vocata *greshyer Rutland MSS MinAc Norf. etc.* 193.

5 driving (of plough, cart, or sim.).

1305 (v. carrettarius 1a).

6 driving in (of piles or sim.).

1333 in meremio empto ad ij *sweypes* ad *le gyn* et *le ram* pro ~one pilorum *KRAc* 542/4; **1384** in stipendio .. operariorum .. fugancium *pyles*, removencium petras et arenam ante ~onem eorundum [etc.] *DL MinAc* 507/8228 m. 20; **a1388** pro .. ~one diversorum pilorum sub predict' nov' dom' *KRAc* 473/2 m. 7.

fugator [LL], **fugitor** [CL]

1 one who drives out.

exaudivit eum .. Dominus et oracione delecti sui Ricardi placatur, omnem illam turmam terribilem coegit ad fugam. .. cum autem predam .. demones perdidissent, molliebantur vindictam accipere de suo ~ore Ricardo *Offic. R. Rolle* xxiv.

2 hunter, horse trained for hunting.

1130 H. de Filtham debet j fug' pro recto de terra patris sui *Pipe* 11; **1157** T. prepositus r. c. de iiij m. argenti et de j fugatario .. et debet j fugator' *Ib.* 178; **1189** pro xl m. argenti unde x m. sunt pro duobus ~oribus quos reddere solebant *BBC* (*Shrewsbury*) 223 (cf. *RChart* 462 [**1200**]; **1235** burgenses Salop' debent .. x m. pro ij ~oribus de veteri cremento *KRMem* 14 m. 15; **c1350** fugitor, *chasur* (*Nominale*) *Medium Ævum* III 15 (cf. *Gl. AN Ox.* 150va: hic fugatorius, *chasur*).

3 drover (in quot., of a pack of dogs).

1333 et x l. .. pro .. vadiis .. Willemi Buffard ~oris canum regis missorum per regem ad partes comitatuum predictorum cum xxxiiij canibus regis *LTRMem* 105 m. 166*d*.

4 driver (of plough or cart), teamster.

1242 et in stipendiis .. duorum carrucariorum, ij fugatorum, j caretarii, j servientis qui fuit ultra messores, ij herciatorum apud B., et custodis boum apud W. *Pipe* 124; de ~oribus carucarum. ~orum autem ars est ut boves eque sciant conjunctos fugare, ipsos non percutiendo, pungendo, seu gravando *Fleta* 166; **1277** in ij †figatoribus [*sic* MS] et j meiatore .. ad taxam iiij s. iij d. *Ac. Stratton* 204; **1279** in ij †figatoribus *Ib.* 223; **1283** debet invenire j curtanam cum iiij bobus et j ~ore *Cust. Battle* 5; **1301** pro qualibet caretta de duobus bonis hominibus ~oribus .. provideri *Cl* 115 m. 8; **1306** inde computat in liberacione j carectarii, ij carucariorum, iij ~orum, iij bercariorum, et j vaccarii per annum, lj quarteria *MinAc* 856/15 m. 1*d*; **1379** Johannes le Reve .. ~or caruce capit per diem ij d. et cibum in yeme *SessPEssex* 160; **1451** in hujusmodi feodo Johannis Abbot ~oris plaustri et custodis boum hujus hospicii (*Househ. Ac. Ralph, Lord Cromwell*) *MSS De Lisle & Dudley* 76 (cf. *HMC Rep.* LXXVII i p. 212).

fugatorius, hunter, horse trained for hunting.

1157 de j fugatorio (v. fugator 2); **1168** pro j palefr' et j ~io xxviij s. et iij d. *Pipe* 110; hic ~ius, *chacur Gl. AN Glasg.* f. 21; hic ~ius [v. l. fugitor], *chasur Gl. AN Ox.* 150va.

fugatus, expulsion, exile.

838 (v. 2 dicere 1c).

fugax [CL]

1 likely to run away, fugitive.

Lib. Monstr. II 17 (v. fugere 1a); cum .. turpiter terga ~cia vertant ALDH. *VirgP* 12; **793** ~x latro boreales insulae nostrae partes pervasit ALCUIN *Ep.* 19 p. 55; in omni tentatione victus, quasi ~x latro et timidus bellator, recessit ab eo *Id. Dogm.* (*Adv. Felicem* VII 8) 220B; non pavidi ut ~ces lepores ORD. VIT. XII 4 p. 326; *Ib.* 18 p. 356 (v. exagitare 3a); quendam pauperem et mendicum et quasi de aliis terris ~cem GIR. *EH* II 17 p. 342; ~x enim animus ab immutabili lumine omnium regnatore, id agit ut ipse sibi regnet et corpori suo ROB. BRIDL. *Dial.* 17.

2 fleeting, transient.

ultimam ~cis vitae clausulam ALDH. *Met.* 2 p. 70; velut umbra ~x et seducens delectatio ALCUIN *Ep.* 167 (cf. ib. 18: velut volatilis fugit umbra); monebat [Hugo] hunc [sc. regem] assidue non in vana ventoque fugatiore mundi prosperitate .. confidere .. set in Deo vivo AD. EYNS. *Hug.* II 7 p. 71; que non habent firmamentum / sed fugacem vincunt ventum / fugiendo propere WALT. WIMB. *Van.* 1; quam ~ax [ME: *frakel*] est mundanum gaudium *AncrR* 61.

3 suited to pursuing or hunting.

RegiamM IV 33 (v. canis 2c).

fugell- v. et. fusillus 2. **fugellum** v. focalis. **fugera** v. felgera.

fugere [CL], **~ire** [LL]

1 (intr.) to run away (from danger or sim.), flee. **b** (mil.) to turn and run (and so concede defeat). **c** (w. abstr. subject) to flee, be on the run.

[hippopotami] sunt .. tam fugaces ut, si quis insequitur, ~iunt *Lib. Monstr.* II 17; ante sonitum illius [tintinnabuli] semper ~iat inimicus EGB. *Pont.* 119; **748** (v. dominus 1b); ALCUIN *SS Ebor* 551 (v. evalescere); **1182** liceat quoque vobis clericos vel laicos e seculo ~ientes liberos et absolutos ad conversionem recipere *Reg. Aberd.* I 152; GIR. *IK* I 12 (v. evangelicus 1a); **s1291** habitatores Tyri .. et omnium aliorum locorum Sirie .. ad naves tanquam ad ultimum refugium recurrentes, continuo ~ierunt B. COTTON *HA* 221; **1331** cum constaret dicto Ricardo quod hujusmodi facta sua ad prioris sui et conventus noticiam pervenissent, in habitu seculari noctanter ~iit et muros monasterii transivit *Lit. Cant.* I 343. **b** passim ~iunt, arma proiciunt (CONST. *V. Germ.*) BEDE *HE* I 20; ORD. VIT. X 20 (v. exasperare 5a); **s1192** quod tot milia hominum a tam paucis fugari et ~ere debuissent M. PAR. *Maj.* II 389; **s1335** statim facta est congressio valde dira, sed Scoti continuo ~ierunt, et insequentes Anglici cedem non modicam faciebant *G. Ed. III Bridl.* 123; **s1373** cucurrit [comes Warr'] ad Gallicos, qui videntes eum ~ierunt *Eul. Hist. Cont.* 336; omnem inimicorum impetum a facie sua ~ere et prorsus consueta nobilitate silere coegit *Ps.*-ELMH. *Hen. V* 64 p. 180. **c c801** dignitas et fortitudo recessit, abiit et cotidie ~iet ALCUIN *Ep.* 238.

2 (leg.) to run away (from crime, so giving rise to presumption of guilt); **b** (w. *in ecclesiam* or sim.) to seek sanctuary. **c** (pr. ppl. *~iens*) fugitive (from justice).

GAS 337 (v. extra 9a); **1209** (v. furchia 1); **1221** Ricardus de T. .. et Thomas .. de B. ~erunt pro malo retto, et testatum est tam per milites juratos de hundredo de D. quam per illos de T. quod ipsi sunt malefactores, et ideo exigantur et utlagentur *PlCrGlouc* 57; **1242** (v. decoriatio); **1313** R. et H. statim ~ierunt et juratores malecredunt ipsos etc., ideo exigantur ut utlagentur *Eyre Kent* I 61; **s1413** interfectus est comes de S. .. per duos fratres domini de O., qui post hoc in Angliam ~ierunt [v. l. ~erunt] *Plusc.* X 22. **b 1106** etc. (v. ecclesia 5b); **1202** E. filius S. occidit R. filium G. et ~it in ecclesiam cognoscens mortem et abjuravit regnum *SelPlCrown* 23; **1204, 1221** (v. ejurare); **1221** J. L. occidit G. de B. in lecto suo ubi jacuit juxta uxorem suam; et ~it in ecclesiam et cognovit mortem, et fuit clericus, et postea evasit de ecclesia, et ideo interrogetur et utlagetur *PlCrGlouc* 59; de ~ientibus ad ecclesiam. .. quidam ~it ad ecclesiam pro suspitione latrocinii. coronator venit .. et jussit eum venire ad pacem domini regis. et dicit quod non vult quia recognovit se esse latronem et occisorem hominum .. et receptorem latronum. et ideo per consuetudinem regni abjuravit patriam *CBaron* 89; hiis insuper qui per metum indictamenti de aliquo homicidio vel per minas vel hujusmodi ~erint ad ecclesiam *Fleta* 45. **c** ?**c1420** clausula libertatis Fratrum Predicatorum Ebor' per quam clamant recipere ~ientem ad locum suum tam pro debito quam aliis transgressionibus *Mem. York* II 101.

3 (trans.) to flee from (danger or sim.). **b** (w. abstr. subj. and pers. obj.) to escape (one's) notice.

clericum quendam persecutores ~ientem hospitio recepit BEDE *HE* I 7; **c795** de luxoria ~ienda ALCUIN *Ep.* 88; ille qui ex appetitu carnali ~iendus est, ne .. ALEX. CANT. *Dicta* 17 p. 177; odor est gravis et acris sicut acetum, quem musce ~iunt propter odoris horribilitatem BART. ANGL. IV 11. **b** non enim sum adeo nescius adeoque rationis expers ut me ~iat nihil esse damnabilius mihi .. quam .. FREE *Ep.* 55.

4 to depart from (a place). **b** (*~ere a patria* or sim.) to fly (the country), go into exile. **c** (w. *iter*) to flee from the King's highway (prohibited to those abjuring the realm); *cf.* BRACTON 135b–136.

exercitus regionem ~iens iterum et in occidentalium Francorum regionem venit ASSER *Alf.* 82; **1375** J. .. fecit hamsok' vi et armis super duos *duchemen* .., minans eis ad verberandum et interficiendum per quod dicti *duchemen* ~erunt civitatem *Leet Norw.* 64. **b** antequam Herewardus de patria ~eret *DB* I 377v.; **1206** ipsa male credita est quia victricus suus malefactor fuit et ~it a patria, et inde suspectam eam habent *SelPlCrown* 52. **c 1276** eodem die transmigravit et arripuit iter suum et secutus fuit per W. de H. extra iter suum ~iendo, et huthesio et secta tocius ville fuit decollatus per villatam de H. *SelCCoron* 37.

5 to avoid, shun; **b** (w. inf.).

c802 terrena ~ere, caelestia amare ALCUIN *Ep.* 252; ingluviem fugito ventris *Id. Carm.* 96. 2. 3; **933** (v. 1 despicere 2a); loquacitatem ~e ANSELM (*Ep.* 328) V 260; maxima peccata a quantumlibet forti viro ~ienda R. NIGER *Mil.* I 17; **c1430** (v. effeminatio). **b** injurias et contumelias quas tu de Christo audire et credere ~iebas *Eccl. & Synag.* 118; loqui de talibus ~iunt *Quaest. Salern.* B 15 (v. garcio 1).

6 to recede into the past, pass quickly. **b** (gdv. *fugiundus*, *s. act.*) fleeting.

unda fugit, fugiunt tempora, vita fugit NECKAM *DS* III 972. **b** sic mala nos mundi contemnere fac fugiundi R. CANT. *Malch.* VI 146 (*no variants cited but* cf. *Anal. Hymn.* L 288. 14: †fugibundi [v.l. †furibundi]).

7 (conf. w. *fugare*): **a** to drive out, put to flight. **b** to hunt (trans. & intr.)

a membra .. evacuata et inanita ~iunt ab aliis membris humores *Quaest. Salern.* N 48. **b** si liberalis aliquis feram foreste fugerit, sive casu sive prehabita voluntate, ita ut cursu celeri cogatur fera anhelare, decem solidos regi emendat (*Ps.-Cnut.* 22) *GAS* 624; **1292** Edm' .. clamavit ipse habere liberam chaceam, quod nullus ibidem fugit nec chaceat nisi ipse tantum *PQW* 266b.

fugibilis [LL]

1 that should be avoided or shunned.

phantasmata appetibilia rerum vel accionum corporalium, vel forte tristabilia et ~ia a virtute estimativa abstrahit *Ps.*-GROS. *Summa* 477; vix igitur meo judicio aliquo utilior aut efficacior oracio in quibuscunque prosperis vel adversis, de eligibili aut ~i qualicunque poterit inveniri quam .. "fiat voluntas tua" BRADW. *CD* 249D; 'qui volunt divites esse incidunt .. in desideria multa' [*1 Tim.* vi 9] propter divisionem a Deo et varianciam objectorum 'et inutilia' quoad finem debitum consequendum 'et nociva' propter malum ~e quod inferunt WYCL. *Civ. Dom.* I 160; per hoc principium, quod majus bonum eligibile est pocius eligendum, sicut malum majus ~e pocius est cavendum *Id. Ver.* II 21; tunc enim foret summe execrabilis, summe odibilis, et summe ~is *Ib.* 133.

2 fleeting, perishable.

probat denarius .. / .. / et bonum optimum summe fugibile (*De cruce denarii*) *Ps.*-MAP *Poems* 22.

fugibiliter, in such a way as should be shunned.

'nec dubium,' inquit doctor [Lincolniensis], 'quin, si talis sit a dyabolo vale ~iter et horride inter homines agitatus ..' (GROS.) WYCL. *Apost.* 27.

fugibundus v. fugere 6b.

fugillare [Jan.], to strike fire.

~o, *to smyte fyre Medulla*; *smytyn fyre*, ~o *PP*; *to strike fire*, ~are *CathA*; *to smythe fyre*, ~are *Ib.*; ~are est ignem percutere *Ib.*

fugillator [Jan.], one that strikes fire.

~or, *a fyre smytar Medulla*; *a fire stryker*, ~or est percussor ignis *CathA*.

fugillus [Jan.; cf. Prov. *fozilh*, It. *fucile* < focilis], steel with which flint is struck to produce fire.

a fire yren, ⁓us, piricudium *CathA* (cf. ib.: *a flint stone*, ⁓um, silex).

fugitare [CL]

1 (absol.) to flee; **b** (w. abstr. subj.). **c** (pr. ppl. *⁓ans* as adj., w. obj. gen.) averse to, shunning.

⁓at, latitat, occultatur *GlH* F 848; omnes .. regem cum adultera ⁓antem atque in inviis sese occultantem armis persequi non desistunt Osb. *V. Dunst.* 28; W. Malm. *GR* IV 333 (v. diutile); ⁓antes .. Turci ad tentoria declinaverunt Ord. Vit. IX 10 p. 561; *G. Steph.* I 62 (v. diversiclinium); G. Hoyland *Ascet.* 255D (v. elabi 1a); **1168** per castella quasi in umbra montis latitans ⁓abat J. Sal. *Ep.* 244 (272 p. 554); ⁓are, sepe fugere Osb. Glouc. *Deriv.* 242. **b** *Pol. Poems* I 192 (v. extorsio 2). **c** ⁓ans protervie, inmunis petulantie W. Malm. *Wulfst.* I 2; ut homo sit sanior, ad serviendum Deo fortior aut majoris peccati ⁓antior Wycl. *Ver.* II 52.

2 (conf. w. *fugare*) to put to flight.

laqueos parat ut incautum obruat, circumspectum et pervigilem reformidat et ⁓at Gosc. *Lib. Conf.* 51.

fugitio, (action of) fleeing (in quot., from justice). *Cf. fugere* 2.

s1357 rex relaxavit et condonavit omnes felonias, evasiones, et ⁓ones Knighton II 93.

fugitivarius [CL = *capturer of fugitive slaves*], (by misinterp.) fugitive.

fugitifarius, atsidue fugiens *GlC* F 410; ⁓ius, assidue fugiens *GlH* F 846.

fugitivus [CL]

1 (as adj.) runaway, fugitive; **b** (of wife). **c** (as sb.) runaway serf or villein. **d** (mon.) runaway monk.

Aldh. *VirgP* 6 (v. discursus 1b); **802** (v. Deuteronomium b); [ovis] ⁓a redit, erroris et inobedientiae veniam petit Anselm (*Or.* 9) III 30; Gir. *TH* I 12 (v. fuga 1a); *Ib.* I 24 (v. exiguus 1a); a portis mortis servum eripimus ⁓um R. Bury *Phil.* 4. 59. **b** de uxore ⁓a et ejus receptatore. si aliqua mulier fugerit voluntarie .. a viro suo sponsato *Quon. Attach.* 85. **c** de ⁓o, si recuperatus fuerit, viij s. et iiij d. *DB* I 26; **a1099** praecipio vobis ut ubicunque abbas de Ramesia vel sui homines poterint invenire ⁓os qui de terra abbathiae sine licentia et injuste aufugerint eos redire faciatis *Royal Writs* 467; **c1107** praecipio vobis quod plene et juste faciatis habere abbati Abbendone omnes ⁓os suos, cum tota pecunia et catallo suo, ubicumque ipsi inventi fuerint *Chr. Abingd.* II 81; **c1143** precipio quatenus †unuscunque [l. ubicunque] H. Levif poterit invenire aliquos suorum ⁓orum quatenus ei juste reddantur et ne ullus ei †juste [l. injuste] detineant *E. Ch. Scot.* 158; **1167** R. faber r. c. de xx s. pro plegio ⁓i *Pipe* 161; **1201** Rogerus .. petiit Ailfwinum de Merewe sicut villanum suum et ⁓um suum *CurR* II 72; **1248** W. filius N. nativus domini est et ⁓us et manet apud D., ideo petendus *SelPlMan* 16; Bracton 6b (v. 1 chevagium 1e). **d** introeat .. vel nudus sicut ⁓us monachus vel indutus prout res poposcerit Lanfr. *Const.* 166; **c1150** (v. degradatio 1a); **1188** scientes eum perfidum et ⁓um conventus et ecclesie Cantuariensis proditorem *Ep. Cant.* 270.

2 fugitive from justice. **b** (w. *in ecclesiam*, *Dei*, or sim.) one that seeks sanctuary.

1209 ipse noluit exire de ecclesia illa, set ibi moram fecit per unum mensem et postea evasit in specie mulieris, et ⁓us est *SelPlForest* 9; **1221** pro receptamento J. B. .. ⁓i pro bidentibus quas ipse furatus fuit *PlCrGlouc* 54; **1221** (v. depraedatio b); **s1228l** quo warento clamat in omnibus feodis suis .. catalla felonum, fugi[ti]vorum et dampnatorum *Chr. Peterb.* 45 (= *PQW* 395a); **1320** (v. evadere 2c); quod defendens fuerit ⁓us et se absentans *MGL* I 176 (cf. ib. 213); attachiatores .. ad capiendum rebelles et .. fugientes seu ⁓os qui non sunt juris patientes *Quon. Attach.* 1. 3. **b** **c801** legat ipsius Domini de ⁓orum civitatibus praecepta Alcuin *Ep.* 245 p. 397; si quis Dei ⁓um habeat injuste (*Leg. Hen.* 11. 14) *GAS* 557; ut quicumque ⁓us sive reus ad ea [templa] confugeret, cum venia coram inimico suo abiret G. Mon. II 17; Attila .. pepercit tamen ⁓is in ecclesiam R. Niger *Chr. I* 48; **1308** (v. ecclesia 5b).

3 (as adj.) given to fleeing.

hanc [sc. libidinem] poterunt sedare labor tenuisque dieta, / quique placet cautis, res fugitiva, timor J. Sal. *Enth. Phil.* 882.

4 fleeting, transient, perishable.

regnum .. ⁓um ac terrenum *V. Greg.* p. 84; **956** cum his ⁓is et sine dubio transitoriis possessiunculis *Ch. Burton* 14; sic evanescit, res fugitiva, decor Neckam *DS* VI 214; honor mundi transitivus / et revera fugitivus Walt. Wimb. *Van.* 3.

fugitor v. fugator 2.

fugitorius [cf. fugitivus], runaway, fugitive.

de uxoribus ⁓iis quis eas retentat *CBaron* 87.

fugius v. 2 fucus. **fugus** v. fagus a.

fuillare [cf. AN *fuillée* < foliata], (p. ppl.) arbour, bower, leafy retreat. *V. et. foliare* 2.

1180 pro ⁓ata regis facienda ante turrim Roth[omagi] *RScacNorm* I 77.

fuistallum v. finstallum.

fula [? cf. ME *file*], (?) file (for metal).

1325 de .. ij serr[is], j ⁓a, j sella pro carecta (*Mining Ac., Devon*) *Pipe* 170 r. 53; de .. ij serr[is], j ⁓a, j martello, j cella pro caretta *Ib.*

fulas v. phylax.

fulcare, (in nonsense verse) *s. obsc.*

cowmthtys fulcatum [*but* ? l. sulcatum; cf. ME *tillen*], congruryandum tersorum *Digby Plays* 64.

fulcator v. falcator. **fulcella** v. furcilla. **fulcellare** v. furcillare. **fulcescere** v. fulgere 3a. **fulchrum** v. 2 fulcrum 2.

fulcidus [cf. fulcire], providing support or help.

⁓a, adjutrix *GlH* F 939.

fulcimen [CL]

1 prop, support; **b** (fig.).

Ælf. *Gl.* 126 (v. destina a); quidam puerorum .. quadrato cuidam lapidi pedem imposuit incautius, qui a muro solutus et decisus .. decidit. .. adolescentulus .. suo destitutus ⁓ine .. solotenus corruit *Mir. J. Bev. C* 329; cum columnas quatuor erigerent cardinales, velut totius supercollocande molis ⁓ina *Ib.* 345; **b** caseus et panis, ventris fulcimen inanis R. Cant. *Malch.* V 460; jaspis / feminei sexus femineumque jubar, / fulcimen fragilis nature Garl. *Epith.* I 323.

2 (personal or moral) support, backing.

964 (13c) ego D. Dorovernensis ecclesiae archiantistes divino ⁓ine regale donum consignavi *CS* 1143; me mare transmenso clemens hucusque juvabas, / aere gravem, donis hilarem, fulcimine laetum, / regis adusque fores hujus tua per loca ducens *Mem. Dunst.* 375; **s1236** cum .. audisset imperator Mediolanenses in tantam audaciam prorupisse, ut levarent contra eum calcaneum, statim eos pronosticabat hunc ausum ex alio quam proprio ⁓ine concepisse M. Par. *Maj.* III 377; tamquam fixis radicibus et multarum cautelarum ⁓inibus convallatus J. Godard *Ep.* 226.

3 foot. *Cf.* CL *fulcrum*.

⁓ina, pedes *GlH* F 947.

fulcimentare, to support.

concussis duabus columnis .. quibus domus nequitiae .. pangitur ac fulcimentatur [vv. ll. fulcitur, †fulmentatur] Gildas *EB* 71.

fulcimentum [CL]

1 physical or structural support, prop, stay, buttress: **a** (in building or sim.); **b** (w. ref. to crutch); **c** (w. ref. to book-rest).

a aula .. septenis columnarum ⁓is innixa sustentatur Aldh. *Met.* 2 p. 64; Bede *HE* III 17 (v. destina a); ligne trabis [v. l. crucis] ⁓um R. Cold. *Godr.* 90 p. 100; aulam .. adjectis duobus magnis ⁓is de duro lapide, *boteras* vulgariter nominatis, optime roboravit *G. S. Alb.* III 387; **1508** circa imposicione novi fulsimenti ad supportandum onus tegularum quod vulgari sermone *ly fester* appellatur *Cant. Coll. Ox.* II 248. **b** nec potuit .. nisi baculo et alio ⁓o sibi subvenire *Mir. Montf.* 108. **c** ⁓um pro libro *Stat. Ebor.* 131.

2 material support, sustenance.

ut .. debiles defectu victualium eo cicius labantur quo eis ⁓i minus relinquitur Map *NC* I 25 f. 19; omnipotencia cause prime cujus accio non requirit ⁓um materie Siccav. *PN* 127.

3 personal or moral support, backing, help. **b** authority.

mei sudoris et laboris fiat ⁓um vestrae intercessionis adjumentum Aldh. *VirgP* 60 p. 322; ⁓um, i. adminiculum, *wraþe GlH* F 940; si tale est amoris ⁓um, quale est amoris emolumentum? Anselm (*Mon.* 70) I 80; Henricus, gentis firmamentum, stabilimentum populi, ⁓um infirmorum, pauperum tutor .. H. Bos. *LM* 1311A; 'fructus ejus dulcis gutturi meo' [*Cant.* ii 3]: sunt hec interim ⁓a labentium, et fomenta languentium G. Hoyland *Ascet.* 267A; **1187** adversarii falsitate sua veritati nostre prestantes ⁓um *Ep. Cant.* 88; **1268** tutum ecclesie Anglicane provehimus ⁓um (*Lit. O. Cardinalis*) *Reg. Ebor.* 97; actualius eciam atque potencius videtur ex se, et per se sufficienter existere, quam alieno ⁓o et adiminiculo supportari Bradw. *CD* 7E; quid fidei munimentum, quid juris civilis seu canonici ⁓um, quid theologice facultatis premirificum sustamen *Regim. Princ.* 156; hec .. tria ⁓a sunt majora quibus ipsi approbant .. legem suam Fortescue *LLA* 39. **b** firmo scripturarum ⁓o carens Aldh. *VirgP* 19; **931** ego Æðelstanus .. hujus indiculi ⁓um cum signo sanctae .. crucis corroboravi *CS* 677; **1312** habere intencionis apostolice ⁓um *Reg. Durh.* I 238.

4 action or process of supporting; **b** (w. ref. to maintenance). **c** corroboration (of argument or sim.). **d** (mil.) support, reinforcement.

dicitur quoque sacramentum alicujus rei sacratio, sicut argumentum dubiae rei approbatio, ⁓um casurae rei sustentatio Lanfr. *Corp. & Sang.* 423B; principes .. ad pravitatis sue ⁓um graviorem maliciam cumulantes Birchington *Arch. Cant.* 16; **1335** ad catholice fidei ⁓um *FormOx* 94; **1339** ad munimen sue curie suique consilii ⁓um *Reg. Aberb.* I 223. **b** **1338** ita quod quidquid commoditatis .. convertatur ad usus conventus .. ad eorum coquine ⁓um *Reg. Newbattle* app. p. 293. **c** hec .. in ⁓um predicte assercionis inducit Ockham *Pol.* III 8. **d** **1338** quia certum numerum .. hominum ad arma .. contra hostiles Scotorum invasiones ordinavimus, celeriter .. destinare in exercitus nostri inibi ⁓um assignavimus vos .. ad eligendum viginti homines *RScot* I 527b.

fulcire [CL]

1 to support physically or structurally.

fulgit, annit, incumbit *GlH* F 956; *V. Ed. Conf.* 49 (v. apex 1a); **1258** quod in eodem parco faciat habere ballivis predictis quercus quot necesse fuerit ad dictos muros ⁓iendos *Cl* 336; [Hercules] quem docet fabula / †veras [? l. spheras] astrigeras fulcisse scapula Walt. Wimb. *Palpo* 186; **s1287** (v. appodiamentum a); arbor minans ruinam, si cum alia ⁓iatur [ME: *underset*], stat firma *AncrR* 93; deposito pariete refectorarii, claustro contiguo, debili et ruinoso, ⁓iri fecit eundem interius et fortificari grossioribus columnis *G. S. Alb.* III 386.

2 to provide w. material sustenance or support; **b** (mil.). **c** (fig.) to provide w. intellectual sustenance.

1169 ut incedere nequeat nisi stipatorum auxilio ⁓iatur J. Sal. *Ep.* 287 (287); ipsas necessitates temporales, quibus ista que transitura est vita ⁓itur Rob. Bridl. *Dial.* 69. **b** cujus si aspernaris potentiam innumeris legionibus fultam, tuo praejudicio et vita indignus judicaberis et regno Abbo *Edw.* 7; **1453** [navis] fulsita (v. curacia). **c** ingenium biblorum famine fultum Aldh. *VirgV* 1168 (cf. *GlH* F 61: †faltum, *embheped*; *WW* [10..]: †faltum, *gehladen*).

3 to provide w. moral support or authority. **b** to confirm, corroborate.

Augustinus .. regio fultus adminiculo .. Bede *HE* I 33; **749** (12c) ego Ædelbald divino [v. l. divinis] fultus suffragiis *CS* 178; [elocutio] facunda erit .. si auctoritate veterum ⁓itur Alcuin *Rhet.* 37; nos enim Romana plus auctoritate quam Hispana, veritate assertionis et fidei nostrae ⁓iri desideramus *Id. Dogm.* (*Adv. Felicem* VII 13) 226C; plures etiam asserunt experimento se probare quod homo nequaquam ullo libero ⁓iatur arbitrio Anselm (*Praesc.* 3. 1) II 263; redeamus ad id quod aiunt, sponsionem conjugii fide aut juramento fultam oportere ad effectum duci Pull. *Sent.* 955C; que .. nulla constitit pietatis auctoritate fulsiri G. Cold. *Durh.* 8; **1298** capitulum possessione hujusmodi jurisdiccionis auxilio juris communis fulcita .. solidius est munitum *Reg. Cant.* 535; **1432** cum ipsa regia majestas tanta potencia virtutum .. fulsita fuerat (J. Carpenter) *MGL* III 461; **1464** cum .. hoc sit juri et racioni consonum et juris autoritate fulcitum *Reg. Brechin* II app. p. 105; **1491** divino fulcti presidio (*Lit. Papae*) *Reg. Glasg.* 470; **1539** Johannes, permissione divina Exon' episcopus, suprema auctoritate regia legitime fulcitus *Conc.* III 846. **b** **c798** si [sententia] nullis priscorum ⁓iretur doctorum exemplis Alcuin *Ep.* 162; **733** (15c) ut litteris narrarentur ac ⁓irentur *CS* 149; aperta satis et firma cuilibet est hec oratio quam et argumentorum et rationis undique ⁓it [v. l. fulcsit] probatio Petrus *Dial.* 28; creator .. fidei articulos .. ⁓it et firmat exemplis Gir. *TH* I 21.

fulcitare [*frequentative of* fulcire], to support, maintain.

sui cenobii opes evacuat,/ Scille voraginem ut ventrem repleat. / subjectos monachos sic abbas spoliat, / et castra Veneris de claustro fulsitat Tryvytlam *Laus Ox.* 420.

fulcitor [cf. fulcire 3], one who supports, confirms, corroborates.

955 (12c) ego Ƿlfsige episcopus hujus ⁓or largitionis cruciferens in Christo mansi *CS* 905.

fulcitrum [? *by-form of* fulcrum, cf. fulcitus, ML *p. ppl. of* fulcire], (?) support.

inspissatio ipsius superius [sc. pulmonis] est magis necessaria ad sublevationem meliorem capitis cordis magis lati et magis spissi, quare indiget fulcitro spisso et molli superius *Ps.*-Ric. *Anat.* 25.

1 fulcrum v. 1 filtrum.

2 fulcrum [CL]

1 that which gives support, (spec.) head-rest of couch, bolster, (transf.) the bed itself.

dicebat .. illos .. in delicatis viduae ⁓is inebriari coepisse Felix *Guthl.* 43; ⁓a, ornamenta †tectorum [l.

lectorum] *GlC* F 389; ~is, thoris, lectis, vel *wræþstuþum* vel *heafod bolstrum* vel *bedreafum GlH* F 944; adeo .. debilitatus ut de ~o quo recubabat nulla ratione surgere praevaleret LANTFR. *Swith.* 7; hoc ~um, -ri, i. sponda lecti, quod pro ipso accipitur lecto OSB. GLOUC. *Deriv.* 227; lectos .. quorum ornamenta erant ~a, stragula, lodices, pulvilli, culcitre ex comento [? l. tomento] BALSH. *Ut.* 53; serica fulcra nec alta cubilia sunt ibi strata D. BEC. 357; ~um de .. serici pallio quod illi substratum fuerat R. COLD. *Cuthb.* 40; illum pretendentem infirmitatem .. assumentes et transportantes in ~o W. CANT. *Mir. Thom.* VI 150; quedam matrona .. ita erat contracta .. ut nulla ratione .. a †fulto [l. fulcro] valeret surgere absque famularum juvamine T. ELY *Etheldr. Acta* 89; **1452** cum duobus lectis pendentibus cum toto apparatu, ut *curtyns, costers, bankqueres*, et fultris in duabus cameris usualiter existentibus *Test. Ebor.* II 163; hec sponda est exterior pars lecti. hoc fultrum est pes lecti *WW.*

2 structural support, plinth, column.

sed magis in lata fulchris renitentibus aula / te coram melius discumbet leta juventus *V. Ed. Conf.* 50; bases, ~a columnarum OSB. GLOUC. *Deriv.* 80.

3 personal or moral support, succour.

virgo, tuam tuo servo / .. / dextram peto porrigi; / quando labor, esto prope, / cujus fulcro, cujus ope / lapsi solent erigi WALT. WIMB. *Virgo* 150.

fulctus v. fulcire. **fulcus** v. sulcus.

fulemarta [cf. Gael. *mart*], (Sc.) (payment of) mart, fatted beast. *Cf. entremarta, fogmarta.*

1468 de .. iij fogmartis, iij ~is .. *ExchScot* VII 524; **1479** vi fog et fule marte, lx agni *Ib.* VIII 586; **1496** summa totalis oneracionis: .. lxij iij ½ quarteris marte dicte *fog* et *fule* et entra marte (v. entremarta).

fuleraticus, fuleretus v. fulleraticus. **fuleratius, fulerecius, fulerettus** v. fullericius. **fuleria** v. fullarius 1b. **fuleticus** v. fullaticus.

fulful [Ar. *fulful*], pepper, peppercorn. **b** (?) betel nut or oak-gall.

quedam [plante] nascuntur in primis in figura granorum plante, et postea fit arbor, ut vovet et fingekest et planta que dicitur bacca caprarum ALF. ANGL. *Plant.* 1; faufel, i. piper nigrum *SB* 20; fulfel, i. piper usuale *Ib.* 22; faufel, melanopiper, i. piper nigrum *Alph.* 62; fulful ebiat [Ar. *fulful abyaḍ = white pepper*], piper album idem. fulful ebet, †fausel [l. faufel] melanon, piper nigrum idem *Ib.* 69. **b** fulful fructus est similis in virtute glandi, durus, ponticus in sapore, frigidus et siccus in secundo gradu *SB* 22 (cf. *Alph.* 70: †fulsus fructus est quercus similis glandi in virtute, durus in substancia, ponticus in sapore et virtute, unde secundum quosdam idem est quod galla).

fulfur v. furfur.

†fulgaola, *s. dub.*

sodapenfiligos est †fulgaola [? l. fuligo] que fuit penfiligos [. .] caderet ad sigillum S. Marie herba *Alph.* 176 (cf. Renzi, *Coll. Salern.* III 315: sodapenfiligos est fuligo illa que fuit penfiligos antequam caderet ad terram).

fulgenter [CL], brilliantly, resplendently.

splendide, fulgide, ~enter OSB. GLOUC. *Deriv.* 474.

fulgentia, brightness, brilliance.

fit arundo sceptri fulgentia J. HOWD. *Ph.* 608.

fulgēre, ~escere [CL]

1 to shine brightly, gleam; **b** (fig.); **c** (w. ref. to reflected light). **d** (pr. ppl. as adj.) bright, shining.

cernens super illa columnam / ossa viri sancti summi ad fastigia caeli / luminis aetherei tota fulgescere nocte ALCUIN *SS Ebor* 365; scilicet ut sacrae lampas fulgesceret edis / posset et umbriferas noctis auferre tenebras / splendens ac pateat summo de stipite fulgens *Mir. Nin.* 53–5; ideoque gemina simul in domo Dei fulsere luminaria candelabris aureis superposita WULF. *Æthelwold* 26; velut stelle ~entes in firmamento ORD. VIT. IX 2 p. 462; super candelabrum ~entem lucernam .. donavit *Id.* XI 30 p. 271. **b** ~ebunt justi sicut sol ANSELM (*Prosl.* 25) I 118 (cf. *Matth.* xiii 43); amicus qui millesies ~encior [ME: *schenre*] est quam sol *AncrR* 29; quando caro nostro ~ebit clarior [ME: *blikien shenre*] quam sol *Ib.* 141. **c** armatorum curruum ceu equitum ignito vultu ~entium montem plenum GILDAS *EB* 72; luna et stellae quae non proprio .. sed adventitio et a sole mutuato lumine ~ent BEDE *TR* 6 p. 191; cum vallem armis hostium ~ere prospexerunt .. stupefacti .. G. MON. III 9; turmam .. clipeis galeisque ~entibus insignem GIR. *EH* I 3. **d** o torquem .. omni electro ~entiorem AILR. *Ed. Conf.* 755A.

2 (of white or brightly coloured things) to be bright, resplendent (partly fig.).

mulieres .. speciosae .. quarum corpora marmoreo nitore ~ent *Lib. Monstr.* I 28; BYRHT. *V. Ecgwini* 361 (v. hyacinthus 3); R. CANT. *Malch.* 437 (v. exsudare 2).

3 (fig.) to shine w. glory, be conspicuous; **b** (w. pers. subj.) **c** (w. *erga*) to shine on (fig.).

omnis scripturae sermo .. quasi numeri centenarii pondere ~escit BEDE *Luke* 563; **793** Europa .. ut cum stellis ita aeclesiis ornata ~escit ALCUIN *Ep.* 20; cuncta desidero explicare que de hoc sacrato numero [sc. octo] ~escunt BYRHT. *Man.* 214; factum est ut Willelmus, rumore adventuri Cnutonis, qui non fulserat, majore formidine concussus, Elsinum .. abbatem .. Danemarkiam mitteret W. MALM. *Mir. Mariae* 157; opes autem dum in usus legitimos erogantur, lumine frui perhibentur, quoniam ex usu opum possessor earum et possessoris diligenti fulcescunt, cum claritatem fame et glorie possessor hac de causa sibi vendicet W. DONC. *Aph. Phil.* 13. 8. **b** nonnulli .. Gregorium .. signis divinis apte suspicantur, que et mira dicuntur, merito fulsisse *V. Greg.* p. 78; quidam humilitate micat, quidam elymosinis ~et, quidam sapientia claret ALCUIN *Ep.* 272; praesul E. enituerit in pueritia, fulserit in adolescentia, floruerit in juventute .. BYRHT. *V. Ecgwini* 353; filii regum .. qui solum dignitatibus ~ent absque jurisdiccionis potestate FORTESCUE *NLN* II 45. **c** **1290** reducentes ad sedule recordacionis examen devocionis eximie puritatem qua inclitus vir genitor vester [sc. Argonis] erga Christicolas suis ~ebat temporibus *Cl* 107 m. 5*d*.

4 to flash like lightning, to strike as with a thunderbolt, (in quots., fig., w. ref. to judgement).

ecce Dei subito malediccio fulsit in illos GOWER *VC* I 175; **1437** judicibus quacunque auctoritate fulgentibus *Reg. Aberb.* II 70.

fulgetrum [CL], a flash of lightning.

fulgetum, fulgor [i.e. fulgur] *GlC* F 409 (= *GlH* F 948); hoc fulgetum, -ti, i. fulgor OSB. GLOUC. *Deriv.* 212; fulgetum, fulgor, splendor, jubar .. *Ib.* 245.

fulgidare, to shine.

to schyne, .. scintillare, fulgorare, ~are, micare, .. *CathA.*

fulgide, brilliantly, resplendently.

OSB. GLOUC. *Deriv.* 474 (v. fulgenter); **s1389** [Gallorum nuncii] cum venissent ad Scotorum exercitum, repererunt eos .. ~e et decenter armatos WALS. *HA* II 183.

fulgidus [CL], brightly shining, brilliant. **b** (of white or brightly coloured things) bright, resplendent. **c** glorious.

munera laeta capis festivis fulgida taedis (*Vers.*) BEDE *HE* IV 18; fulgidus ille / luce locus nimia miri quoque plenus odoris ALCUIN *SSEbor* 998; **c1000** summamque inter apostolicos doctores coelo ~os felicitatem *Mem. Dunst.* 404; clarus, luminosus, ~us, stelleus, coruscus OSB. GLOUC. *Deriv.* 594; tollunt ad celos lumina, / quem cepit nubes fulgida LEDREDE *Carm.* 44. 21; ad docendum qualis sit iste rubor ~us et splendidus adducit similitudinem, dicens .. TREVET *Troades* 79; licet argentum vivum possit figi et esse tinctura exuberantissime refeccionis et ~i splendoris, tamen non est medicina nostra RIPLEY 354. **b** presbiter .. amictus induviis splendide ~issimis LANTFR. *Swith.* 20; **1460** (v. diplois a). **c** Londoniensis apex tamen, o mihi fulgide Fulco, / fulgorem nequeo jure tacere tuum GARL. *Hon. Vit.* 304.

fulgire v. fulcire.

fulgor [CL], brilliance, brightness; **b** (w. ref. to divine radiance). **c** (of reflected light) gleam. *Cf. fulgur* 2.

Lib. Monstr. prol. (v. excelsus 1a); lux ab oriente .. emergens cunctam terre superficiem operuit latitudine sui ~oris BEDE *TR* 5 p. 188; omnem mundanam pulchritudinem et ipsius solis ~orem sui splendore et gloria devincens DOMINIC *V. Ecgwini* I 8; sicut displosa nube ~or aut sol oriens subito radios jacit ALF. ANGL. *Cor* 11. 3; talpa solis fulgorem sitiet J. HOWD. *Ph.* 1099; nonne luna, que corpus est opacum, omne lumen quod habet a sole recipit, quo noctem ipsa illuminat et gradientibus iter ostendit, et tamen sol sine lune medio hec non facit, qui proprio cursu noctem causat et in ea tenebras potius quam ~orem ..? FORTESCUE *NLN* I 43. **b** quantum in cordibus apostolorum gloriosus resplendit ~or BYRHT. *V. Ecgwini* 352; tenebratur oculus ejus infirmitate sua aut reverberatur ~ore tuo? ANSELM (*Prosl.* 14) I 112; tamen ~orem litterarum hujus libri [cf. *Apoc.* vi 1–17] lippientes oculi humani non sustinent intueri FISHACRE *Sent. Prol.* 81. **c** serpentes .. vario colore terribiles qui in quibusdam squamis auri ~ore radiabant *Lib. Monstr.* III 4; **797** nullus gemmarum ~or, nulla vestium vanitas ALCUIN *Ep.* 124; **801** sicut regium diadema ~or gemmarum ornat *Ib.* 225; sicut patet quod in oculo leonis et cati sunt ~or et perspicuitas partes quaedam ipsius organi R. MARSTON *QD* 259; sardius ~orem habet R. NIGER *Mil.* II 7.

fulgorare [LL < CL fulgor; cf. CL fulgurare]

1 to shine brightly; **b** to gleam (w. reflected light).

fulguranti adventus vestri [sc. Hen. II] lumine attoniti GIR. *TH* III 48. **b** qui non aut armorum fulgurante politu [? l. politura] aut auri textura spectabili congestis vestibus preciosis, aut argentei splendoris lucifluis indumentis arva fulgore perfunderet *Ps.*-ELMH. *Hen. V* 76.

2 (fig.) to shine w. glory, be conspicuous.

nonne tota insula .. reliquiis indigenarum fulgurat ..? W. MALM. *GR* III 245; fama de illo fulgurans per ora plurimorum et aures discurrebat J. FURNESS *Kentig.* 23 p. 201.

3 (trans.) to shine out, beam forth. **b** to cause to shine.

egreditur enim sub silentio noctis de locello suae sanctae pausationis in modum viri habitus venerabilis, ~ando se obeunte caelestis claritatis fulgore HERM. ARCH. 18; glorie lapides qui pernitiem in protervos, auxilium fulgurent in suplices W. MALM. *GP* I 2 p. 8;. **b** ut [currus Phebi] .. sui luminis beneficio tellurem perfunderet fulguratum *Ps.*-ELMH. *Hen. V* 76.

fulgoreus [LL], brilliant, shining.

armatum scuto candido et ~eo gladio *V. Furs.* 301.

fulgur [CL]

1 flash of lightning. **b** thunderbolt, lightning which strikes. **c** (poet.) thunder and lightning; **d** (fig.).

micantia ~ura BEDE *Hom.* II 17. 194 (v. fragor 2a); movet aera Dominus, .. jaculatur fulgora, de caelo intonat *Id. HE* IV 3 p. 211; coruscant ~ura GIR. *TH* II 13 (v. coruscare a); ~ura et coruscatio in ventre nubis fulgide SICCAV. *PN* 140; caliditas impressa in aere plurimarum passionum ut puta nubium, choruscationum, ~urum, ymbrium .. generativa BART. ANGL. IV 1; ~ura ALB. LOND. *DG* 11. 16 (v. exciere 3a); **1270** tonitrus et ~ur (v. extendere 4b); **s1385** (v. coruscatio 1a). **b** **1073** de monacho ~ure interfecto LANFR. *Ep.* 15 (17); hoc bidental, -lis, i. locus in quo ~ur cadit et aliquid a ~ure percussum OSB. GLOUC. *Deriv.* 162; si acuerit ut ~ur gladium suum P. BLOIS *Ep.* 42. 125C; queritur unde accidit in quadam navi casu ~uris malum findi et nummos argenteos .. converti in cuprum *Quaest. Salern.* B 124; **s1256** ~ur terrestre (v. 2 deturpare 2a). **c** vulpes pavidi fulguris ad sonitum G. AMIENS *Hast.* 328. **d** astitit illi jam agnoscibilis senior cum priori forma et claritate, sed fulgorem in ~ur indignatio verterat virgamque manu gerebat GOSC. *Trans. Mild.* 21 p. 183; **s1379** (v. coruscatio 1b).

2 (?) gleam, *cf. fulgor* c, perh. with pun on sense 1.

~ur auri G. MON. VII 4 (v. excaecare 1b).

fulgurare [CL]

1 (impers.) it lightens.

verba soli Deo pertinencia: .. tonat, *thoneres*, grandinat, *hayles*, ~at, *lewnes WW.*

2 (trans.) to strike w. lightning; **b** (intr., fig.). *Cf. fulgorare.*

a tonitruo magnitudinis Domini concussus, ~atus, exustus, cunctis videntibus precipitatur J. FORD *Serm.* 36. 6. **b** acrius hostiles cum fulgurant ira furores / in te D. BEC. 494; **c1216** fulgurat in vetitum spreta ratione voluntas (*Guerra Joh.*) *Pol. Songs* 19; **s1253** Robertus canonicos suos, sc. Lincolnienses, multum vexavit, et in religiosos terribiliter, religiosas terribilius ~avit M. PAR. *Min.* III 148; fulgurat interius dolor hujus turbine pestis GOWER *VC* I 1325.

fulguratio [CL], flashing of lightning, lightning-strike.

OSB. GLOUC. *Deriv.* 212 (v. fulgureus).

fulgurator [CL], one who interprets omens given by lightning.

fulg[ur]atores, rustici *GlC* F 421 (cf. *GlH* F 951: ~ores, rustici auruspices); ALB. LOND. *DG* 11. 16 (v. exciere 3a).

fulgureus [LL], of lightning.

hoc fulgur, -ris, unde ~eus, -a, -um, et fulguratio, -nis. fulguro componitur effulguro, -as, et inde verbalia OSB. GLOUC. *Deriv.* 212; videt locum totum repletum lumine quasi fulgore fulgureo J. FURNESS *Walth.* 71.

fulgurita [cf. TLL, *p. ppl. of* fulgurire *as sb. f.*], woman who interprets omens given by lightning. (*Cf.* Servius *Aen.* VI 72: '*artem fulguritarum*'; Schmeisser conj. *fulguratorum*). *V. et. fulgurator.*

ALB. LOND. *DG* 11. 16 (v. exciere 3a).

fulgus [CL *byform of* fulgur], flash of lightning. (*Cf.* Isid. *Etym.* XIII 9. 2).

~us, †sive [MS: scilicet] dicitur quia tangit, fulgor quia incendit, i. splendor [. .] *GlH* F 953; ~us, fulgor, fulmen, tria nomina sunt; ~us tangit, fulgor incendit, fulmen findit ideo et cum ternis radiis finguntur OSB. GLOUC. *Deriv.* 242.

fulhocium [ME *fulhok*], stout piece of timber, prob. curved like bird's clavicle.

1288 Petro de P., carpentario .., pro meremio, bendis, latis, clavis, fulliciis .. et omnibus custis (*sic*) appositis circa batill' regis, regine, et aliorum magnorum reparand' et cooperiend' *KRAc* 352/14 m. 4.

fulica [CL], kind of water bird, prob. coot; also unidentified sea bird. *Cf. fulix.*

~e, genus avis marinae *GlC* F 397; ~a, *dopenid* ÆLF. *Gl.* 132; ~a, nigra avis in paludibus commorans OSB. GLOUC. *Deriv.* 241; de avibus ..: anseres innumere, fiscedule, felice, merge, corve aquatice, ardei et anetes *Lib. Eli.* II 105 p. 181; aves .. cortis sunt hee: .. ~e [*gl.*: *mauvis, mavisz*], alunbes, mergites sive mergi, alciones, galli palustres NECKAM *Ut.* 106; hec fullica, *mauvis Gl. AN Ox.* 151va; non culpet Sisiphum de curto brachio / pigmeus quispiam sive pomilio, / nec corvum fulica de plume vicio, / sed pavo pocius vel papagabio WALT. WIMB. *Palpo* 185; alcyones, fulice, mergi non litora poscunt GARL. *Tri. Eccl.* 30; *cote, byrde*, mergus, ~a *PP*; filica, A. *a kote WW*; ~a, A. *a semewe WW*; hic filicus, A. *a telle cok*; filica, A. *a telle hen WW.*

fuliginare [LL], to coat w. soot, blacken.

fuligineus, niger, pullus, fulvus, ~atus OSB. GLOUC. *Deriv.* 241; fumidare, fumare, ~are *Ib.*; *to blek*, attramentare, cacabare, ~are *CathA*; *to grime*, fuscare, ~are, .. *to blek Ib.*

fuligineus [CL], of or like soot, sooty black.

contemplans Ethiopissas ~eis coloribus inopertis, nudis corporibus LANTFR. *Swith.* 3; OSB. GLOUC. *Deriv.* 241 (v. fuliginare); demon duo habet pondera, majus et minus, ~ea et subobscura instar malleorum COGGESH. *Visio* 14; *CathA* (v. fuliginosus).

fuliginosus [LL], of or like soot, sooty black.

798 ~as coquinas ALCUIN *Ep.* 145; **799** passer .. in tectis timuit ~is *Ib.* 181; fumicosus, fumosus, ~us OSB. GLOUC. *Deriv.* 241; erat domus amplissima et ~a .. erantque in ea quasi multe platee innumeris ignitis et ferreis sedibus .. replete COGGESH. *Visio* 19; *sute*, fuligo; ~us, fuligineus *CathA.*

fuligo [CL], soot; **b** (used as cosmetic); **c** (med.); **d** (fig.). **e** filth of any kind.

ALDH. *VirgP* 50 p. 306 (v. denigrare 1a); sepulcrum .. non solum a furore flamme immune, sed nec ~ine tinctum nec favilla opertum fuit W. MALM. *GP* IV 149; R. COLD. *Godr.* 158 (v. decoriare f); ~o, nigredo vel sudor fumate domus OSB. GLOUC. *Deriv.* 241; munda .. ab omni fermento furfuris et fumi ~ine M. RIEVAULX (*Ep.*) 73; ingentem Egyptium nigriorem ~ine GIR. *GE* I 27; mecum est testium sufficiencia, / materna torcio sive tristicia, / ora que vicerant candoris lilia / modo fuligini fere similia WALT. WIMB. *Carm.* 291; ~o, illa est mortue carnis corrosiva que raditur a funda patelle veteris vel cacabi *SB* 22; *Alph.* 178 (v. ebur c). **b** trica comis tena non sit fuligine tincta D. BEC. 1188. **c** accipe salem et ~inem et oleum commune et picem liquidam, tere omnia simul, et fiat unguentum capiti tynioso GILB. II 83v. 2; recipe salis, ~inis, olei olive, picis liquide GAD. 131. 1. **d** haec gens facie formosa sed idololatriae ~ine denigrata GOSC. *Aug. Min.* 748A. **e** non dedignatur etiam animas peccatrices respicere, in mundicie obsoletas ~ine ANSELM BURY *Mir. Virg.* 32 p. 49; nec manus, ciborum fuligine obsoletas, purgatoribus aquis obduxerat R. COLD. *Cuthb.* 91 p. 199.

fulina [LL *gl.*; vox dub., cf. TLL], kitchen.

~a, coquina, popina, quilina vel culina OSB. GLOUC. *Deriv.* 241 (cf. ib. 211: ~a, i. coquina); *a kychyn*, coquina, cenepalium, culina, ~a, focaria, popina *CathA.*

fulinare, to cook.

to sethe, coquere, de-, lixare, col-, bullire, e-, ~are *CathA.*

fulinarius, cook.

fulina, i. coquina, unde hic ~ius, -rii, i. coquinarius, cocus OSB. GLOUC. *Deriv.* 212 (cf. ib. 241: ~ius, coquus, coquester); mors ponit presidem cum pellipario, / Donatum Frigio cum fulinario; / jungit furciferum justiciario WALT. WIMB. *Sim.* 120; *a cuke*, .. cocus, .. culinarius, ~ius, fumaxius .. *CathA.*

fulix [CL], kind of seabird. *Cf. fulica.*

†funix [l. fulix], *gonot* vel *doppaenid GlC* F 382; **9..** ~ix, *ganot WW*; **10..** stirnus, *stær*, vel ~ix *WW*; **10..** ~ix, *ganot oððe dopened WW.*

fulla, ~us [ME *ful*], cup, bowl (for drinking).

1389 omnes fratres et sorores simul potabunt in festo Corporis Christi, et quolibet die, dum bibunt, habebunt tres ~os cum quattuor ciphis vel sex ..; et habebunt tres oraciones cum tribus ~is unius presbiteri vel clerici *Guild Cert.* 41/157 (*Lincoln*) (cf. *Eng. Gilds* 184: *flagons*); quolibet die potacionis fratres et sorores habebunt tres ~as in sex ciphis cum partibus, et illa cervisia ~arum dabitur pauperibus *Ib.* 41/159.

fullaraticus v. fulleraticus.

fullare [AN *fuller, foller, fouler*], **~ere**

1 to full (cloth).

c**1150** burgensis nullam sectam debet .. ad molendinum sive ad pannos fullendos vel tingendos *BBC* (*Cardiff*) 96; c**1170** ~are .. xxiij ulnas albi panni ad molendinum suum *Dryburgh* 113; c**1190** molendinum .. ad segetem et aliud ad pannos follendos *Reg. Winchcombe* I 195; fullones, nudi fullantes [v. l. et sufflantes], ~ant pannos laneos et pilosos in alveo concavo in quo est argilla et aqua calida. post hec desiccant pannos lotos .. quos ipsi radunt cum carduis multis [v. l. *adds*: et asperis sive cardonibus] ut sint vendibiliores GARL. *Dict.* 131; **1256** convictus quod ~avit pannos coloratos .. in glire et fecibus contra consuetudinem *Rec. Leic.* I 71; **1279** volentes lavare pannos ~atos in aqua de Tyne *AssizeR Northumb* 359; **1300** de G. filio B. de S. quia ~at pannos cum fecibus vini ij s. *Leet Norw.* 53; ut in communi lanaria nostra .. iidem panni texerentur et .. sub communi custu fullerentur *Meaux* II 65; **1419** panni qui debent fulliri sub pedibus non ~antur ad molendinum *MGL* I 723; **1425** pannos per ipsos fullitos *Mem. York* II 159.

2 to full (hay).

c**1270** in tempore feni quatuor diebus falcabit, duobus diebus levabit, et uno die fenum ~abit vel cariabit *Cart. Rams.* I 59; **1310** in auxilio ad fenum ~andum in castello et apud Erbery et in auxilio ad quoddam tassum feni ibidem in curia faciendum *MinAc* 992/8 (*Clare, Suff*).

3 to tread (grapes).

c**1300** memorandum quod tenentes predicti .. ac eciam firmarius conventus apud S. Bricium non debent ~are vina sua nisi per visum procuratoris conventus, ne forte apponerent aquam, vel facerent deterius vinum ad opus conventus quam ad opus proprium *DCCant. Reg.* J p. 375.

fullareticus, fullariticus v. fulleraticus. **fullaretius, fullaricius** v. fullericius.

fullarius

1 (adj.) for use in fulling (cloth), (w. *molendinum*) fulling-mill. **b** (as sb. f.) fulling-mill.

a**1221** (1524) molendinum ~ium cum .. cursu aque, cum .. sectis .. hominum ville de Ludlawe qui pannos ad fullandum habuerint, quod Ricardus Tinctor .. de me tenuit *Reg. Heref.* 1516–35 186 (= *MonA* VI 681); **1243** de molendino fulerario *JustIt* 756 r. 23d.; **12..** quoddam molendinum ad bladum et aliud folereum *RB Heref.* 8. **b** **1295** de xij s. receptis de ~ia, sicut ponitur ad firmam hoc anno *MinAc* 1090/3 r. 1 (*Yorks*); **1327** est ibidem consimilis secta bondorum de Seyghelsden' et Skybdon' ad fuleriam de Skipton' *IPM* 5/1 m. 4.

2 (as sb. m.) fuller.

1402 (v. drapa).

fullaticus, for use in fulling cloth; (w. *molendinum*) fulling-mill.

1286 duo molendina aquatica, quorum unum ~um .. *IPM* 46/1 m. 11; **1368** quod [juratores] videant molendinum blad' et molendinum ~um in quantum deteriorantur *Hal. Durh.* 73; **1369** de xviij li. vj s. viij d. receptis de molendinis aquaticis et fuleticis *Pri. Cold.* app. lviii (cf. ib. lxviii: fulleticis); c**1400** petit alloc' de molendino ~o *Ac. Durh.* 216; **1441** x paria handell' ~orum et unum par forpicum *Reg. Cant.* II 573; **1514** intravit quoddam molendinum ~um .. et ibidem felonice asportavit tres pecias panni lanei *Sanct. Durh.* 172.

fullatio, action or process of fulling (cloth).

1269 pro magno defectu suo .. de ~one unius panni *Rec. Leic.* I 109; **1351** sunt fullones et capiunt pro ~one iij pannorum ad molendinum iij s. et solebant capere nisi xvj d. (*JustIt*) *Enf. Stat. Lab.* 405*; **1487** pro ~one dictorum pannorum apud London' xxj s. et apud Dunelm' xx s. *Ac. Durh.* 650.

fullator, fuller.

1363 cum Ricardus Hogg follator qui nuper tenuit quoddam molendinum .. ceperit pro quolibet trunco ad pannum fullandum xx d. *Pat* 267 m. 17.

fullatorius, for use in fulling (cloth), w. (*molendinum*) fulling-mill.

tria molendina .. sc. unum ~ium et duo ad blada FLETE *Westm.* 105.

fullatrix, fuller (f.).

1245 de Cecilia ~ice *Pipe Wint.* 159287 r. 1d.

fullatura, action or process of fulling (cloth).

1425 si hujusmodi fullones super se ceperint per consuetudinem tondere aliquos pannos .. qui non erunt de fullitura sua propria *Mem. York* II 159; **1465** ~a (v. burlura).

fullenarius v. fullonarius. **fulleracius** v. fullericius.

fulleraticus [cf. AN *foleret*], for use in fulling (cloth), (w. *molendinum*) fulling-mill. (*Cf. Econ. HR* XI (1941) 39–60; *ibid.* NS III (1950–51) 342–3).

c**1150** de .. molendino fuleratico (v. blestaria); **1211** in stagno molendini ~i faciendo lxvj s. viij d. *Pipe Wint.* 149; **1239** j molendino de novo facto in gardino de Merleberge et alio molendino fulereto *KRMem* 18 m. 14 (cf. *Liberate* 11 m. 7 [**1237**]: quod unum molendinum infra gardinum nostrum de Merleberge et aliud molendinum sc. fulericium subter molendinum de Elcot de novo fecerit); a**1251** in molendino ~o *Cart. Boarstall* 182; **1263** unum molendinum aquaticum et aliud fulreticum *IPM* 28/12; a**1270** duo molendina aquatica et unum molendinum fulleriticum *Cart. Rams.* I 490; **1294** de molendino fuleretico *Doc. Scot.* I 416; **1307** de firmis duorum molendinorum bladi et j foleratici per annum lxxiij s. viij d. *Reg. Exon.* f. 9; **1324** cum molendinis aquaticis et fullareticis *AncD* A 8524; **1325** xij d. in rota molendini fulretici .. reparanda et facienda *MinAc* 1148/6 m. 2; **1327** unum molendinum fullaraticum *IPM* 3/2 m. 11; **1358** unum molendinum fulredicum *Ib.* 139/21 m. 4; c**1390** via regia .. submersa est et inundata in defectu clausure stagni cujusdam molendini fullaritici (*AncIndict*) *Pub. Works* I 28.

fullere v. fullare.

fullericius, ~itius [cf. AN *fullerez*], of or for use in fulling (cloth); **b** (w. *molendinum*) fulling-mill.

1260 abjurabit opus fullericum per unum annum *Rec. Leic.* I 90; **1276** debuerunt fullare viles pannos suos et grossos ad molendina fullaricia ipsius abbatis et non alibi, nec debuerunt habere truncum ~ium in domibus suis ad fullandum aliquos viles pannos vel grossos *G. S. Alb.* I 418. **b** c**1158** in terris et decimis et silvis, in aquis et stagnis et molendinis folariciis, et in aliis molendinis et puliis *Act. Hen. II* I 201; **1189** molendinum monachorum fullericium (v. exclusagium); a**1205** molendinum nostrum fuleratium *Reg. Malm.* I 435 (cf. ib. rub. [c**1300**]: de molendino foleracio; ib. 8: de molendino folerato); **1212** de molendino fuleretto de Suggebi *Pipe* 81; **1237** in uno novo molendino fulerecio faciendo *KRAc* 501/18 m. 2 (cf. ib.: carpentariis pro molendino fulleracio faciendo ad taschiam; ib. m. 3: rotulus de veteri molendino folerecio erigendo); **1237** fulericium (v. fulleraticus); **1239** in .. alio molendino fulereto *KRMem* 18 m. 14; c**1240** de quodam molendino fullaretio *AncD* A 481; **1251** in parco tria molendina, videlicet unum ad durum bladum, alterum ad braesium et tertium fullericum fieri faciatis *RL* II 67; **1279** G. C. retraxit se de molendino follericio *CourtR* 179/4 r. 1 (= *Rec. Elton* 3: †follerico; *SelPlMan* 92: †fullericio); **1288** summa valoris molendini foulericii *RB Worc.* 203; **1292** unum molendinum fullerettum *PQW* 121a; **1297** de curia molendini fullerycii locata *Rec. Elton* 50; de molendino fulleryco *Ib.* 51; **1323** unum molendinum fullerect' *Cart. Glam.* 1115; **1336** duo molendina, unum fullericum et aliud aquaticum *Ib.* 1197; **1388** unum molendinum fulrett' *IMisc* 332/12.

fullericus, fullerycius, fullerycus v. fullericius. **fulleriticus** v. fulleraticus.

fullibilis, (of cloth) that may be fulled.

1264 fuit amerciatus per gildam pro eo quod tixuit pannum ~em contra libertatem gilde *Rec. Leic.* I 104.

fullicium v. fulhocium. **fullinaticus** v. fullonaticus. **fullire** v. fullare. **fullitura** v. fullatura.

fullo [CL], **~onus,** fuller; **b** (as surname); **c** (fig.). **d** (w. *herba*) soapwort or other herb used in fulling. **e** (w. *carduus* or *cardo*) teasel used in fulling. **f** (w. *terra*) fuller's earth.

~onis vecte cerebro percussus GILDAS *EB* 73; quem plebs Judaea scaevo bachante tumultu / pulsum de pinna fullonis sude necavit ALDH. *CE* 4. 7. 5; ~o, *webwyrhta GlH* F 968; ~ones, *fulleres* ÆLF. *Gl.* 112; **9..** ~ones, *wealceres WW*; c**1180** juxta rivum ~onum *Act. Hen. II* II 151; erat juvenis quidam .. artificio ~o. is cum .. poliendis instaret vestibus .. *Mir. Fridesw.* 64; [lana] antequam in formam vestium prorumpat, ~onis [*gl.*: *fullun*] indulgencie sese subiciat, frequentem ablucionum exposcens NECKAM *Ut.* 107; fullo pannum quem calcat .. non odit ALEX. BATH *Mor.* III 36 p. 150; **1200** ~ones et tinctores *CurR* I 259; GARL. *Dict.* 131 (v. fullare 1); a**1270** nec debet aliqua lotrix super ripas aquarum vel aliquis ~o pannos suos lavare ad detrimentum riparum *Bury St. Edm.* 191; **1298** de officio ~onum et tinctorum *MGL* II 127; **1428** uni ~oni pro purgacione vestium, viij d. *Ac. Durh.* 709; **1432** ad artem follonum (v. forpex); **1448** una toga nigra per ~onem eversa, †pretium [MS: p[re]t[ii]] iiij d. *MunAcOx* 579; **1457** curia telariorum et ~onum *MunCOx* 220. **b** **1221** Walterus de Gloucestria, fullo, occidit Johannem Molendinarium in domo Roberti ~onis *PlCrGlouc* 65; s**1258** tradidimus partem terre Adami de Oncredam .. hereditarie E. Fulloneo pro una marca annua *Ann. Worc.* 445; **1276** dicunt quod Matheus ~o et Ricardus Cadigan obstruxerunt viam *Hund.* II 228b; Rogerus ~o, molendinarius de Wychio *Mir. Montf.* 86; **1287** de Hugone Fulone *Rec. Elton* 11. **c** fullo novus .. Favonius GARL. *Epith.* II 269 (v. Favonius 1b). **d** **10..** etc. (v. borith); foenicium, herba ~onum, que nigram facit tincturam OSB. GLOUC. *Deriv.* 241; que nullo nitro, nulla ~onis herba, dilui poterit macula notet GIR. *SD* 134. **e** borith, herba saponaria seu herba fullonis, sed carduus ~onis aliud est *SB* 13; *SB* 43 (v. carduus 2a); *PP* (v. 2 cardo 2). **f** **1326** *MGL* I 615 (v. 2 cardo 2).

fullonare, ~iare, to full (cloth).

1286 quod .. tenentes cum pannis suis fulloniandis licite valeant ubi voluerint adire *BBC* (*Bakewell*) 301; **1298** pannos sibi missos ad ~andum infra civitatem predictam usque molendinum de Stratforde .. transmittunt et eos ibidem ~ari faciunt .. contra consuetudinem *MGL* II 127.

fullonarius

1 (adj.) for use in fulling (cloth), (w. *molendinum* or as sb. n.) fulling-mill.

c1087 molendinum ~ium *Cal. Doc. France* 166; **a1221** de refluxu aque molendini nostri ~ii *Reg. Winchcombe* I 63; **1282** est ibidem quoddam molendinum fullenarium *IPM* 32/8 m. 2; **1287** de .. molendinis, granariis, absque sumptuum deduccione, sed de ~iis, velut de negociacionis lucro, decimam solvi precepimus *Conc. Syn.* 1053; mancipatus fui arti .. ~ie WHITTINGTON *Vulg.* 67.

2 (as sb. m.) fuller.

1356 Willelmus le Walkare, ~ius (*JustIt*) *Enf. Stat. Lab.* 181*.

fullonaticus, for use in fulling (cloth), (w. *molendinum*) fulling-mill.

a1256 [decimas] de molendinis ad ventum et aquaticis et fullinaticis *Conc. Syn.* 512; **1295** de .. molendinis ad ventum, aquaticis, fullinaticis [v. l. fullonicis] *Reg. Wint.* 230; **1350** ad supplendum stagnum molendini ~i de Acley *Ac. Durh.* 550; **1450** medietatem unius .. molendini fullonotici *Cl* 300 m. 3*d*.

fulloneus v. fullonius.

fullonicus [CL], for use in fulling (cloth), (w. *molendinum*) fulling-mill.

1274 medietas molendini ~i de Kyrkeby, que prius .. extendebatur ad x marcas, nunc extenditur ad viij marcas *IPM* 5/10; **1295** (v. fullonaticus); **1297** r.c. de xxviij s. ix d. receptis de uno molendino ~o *Ac. Cornw.* I 55; **1349** de molendino ~o nichil, quia diruptum et debile *Rec. Elton* 359; **1535** (v. 2 cardo 2).

fullonio, action or process of fulling (cloth).

1270 molendinorum .. tam ad bladum quam ad †fullonionem [MS: fullon'] *Cl* 227.

fullonius [CL]

1 for use in fulling (cloth), (w. *molendinum*) fulling-mill. **b** (as sb. n. or f.) fullery; *cf. Econ. HR* XI 53.

1240 molendinum fulloneum *Reg. Pri. Worc.* 32a; **1288** de firma molendini fulonii *Doc. Bec* 132. **b c1200** furnum et tinctoriam et ~iam in manu mea retinui *BBC* (*Ulverston*) 381; assessum tinctorii, textorii, †fullonici [MS: fullonii] debet fieri per visum xij burgensium *Ib.* (*Egremont*) 160 (cf. *EHR* XVI 109).

2 (as sb. n. or f.) fuller's trade, action or process of fulling.

~ium, opus fullonum OSB. GLOUC. *Deriv.* 245; **1300** de R. de B. pro falsa ~ia cum fece vini ij s. *Leet Norw.* 53.

fullus v. fulla, phyllis.

fulmen [CL]

1 lightning which strikes, thunderbolt. **b** Jove's thunderbolt.

serenitatem aetheris in procellarum turbines commutans et tonitrua fragore horrisono orbem trementem terrentia concitans simulque igniferas ~inum coruscationes eliciens ALDH. *VirgP* 47; ~ina, fulgora, sc. conlisa lumina faciunt *GlH* F 959; ~ine ictus, percussus, *ligbœres* *Ib.* 961; turbo vehemens exortus est quem terribilis tonitrus .. secutus est. tunc ~ina cum ingenti mugitu ceciderunt et plures feminas .. interemerunt ORD. VIT. XIII 16 p. 39; bidental, i. bis a ~ine percussus OSB. GLOUC. *Deriv.* 180; *Ib.* 242 (v. fulgus); celum tonitruis terret, ~inibus infestat GIR. *TH* I 35; *Id. IK* I 12 (v. deicere 1a); quod ad modum ~inis omnia penetrantis ardor solis, precipue quando in Leone est, mense Augusto, omnia viridia consumat et exurat ALB. LOND. *DG* 8. 8; **s1261** (v. desursum 1a); **s1287** ictus ~inis (v. domicellus 2a). **b** ALB. LOND. *DG* 10. 5 (v. decernere 1c).

2 (fig., w. ref. to threat, punishment, vengeance, or sim.) thunderbolt.

fulmina namque pius frangere judicii BONIF. *Carm.* 2. 4; tunc .. ~en et tonitruus transmarinorum exercituum patriam concusserat GOSC. *Lib. Mild.* 19 p. 86; quod nobis apparuit ad illuminacionem fidei et adversario quasi ad percussionem in ~ine ulcionis *G. Hen. V* 1 p. 10; ipse justus Judex qui percutere voluit superbam multitudinem hostium ~ine ulcionis *Ib.* 13 p. 88; regalis .. cordis igniculus mansuetus et calor pacificus marcialis .. non solum in flammarum gravitates verum in mortifera ~ina et intolerabilia tonitura .. cogebatur *Ps.*-ELMH. *Hen. V* 54 p. 133.

fulminare [CL]

1 (trans.) to strike w. thunderbolt or lightning. **b** (intr.) to flash w. lightning. **c** (fig.) to flash or shine brightly.

peregrinum celum, quia inimicos ejus non ~avit AILR. *Serm.* 282A; de juvene ~ato. .. alter eorum fulmine percussus et combustus est W. CANT. *Mir. Thom.* V 38; alii tyranni Jovem ipsum paterna hereditate privare aggressi sunt, quos .. gigantes fingitur ~asse ALB. LOND. *DG* 1. 9; Juppiter eum ~avit *Natura Deorum* 111; [Phaëton] a Jove ~atus interiit HOLCOT *Wisd.* 33. **b** WALT. WIMB. *Virgo* 119 (v. floccare 1); cum dominis ~are in nubibusque tonare *Dictamen* 371. **c** [Scolastica] in tam praecelso puritatis fastigio ~avit ALDH. *VirgP* 47; ~avit, claruit *GlH* F 962; in calibe horror inest, in casside fulminat aurum, / in capulo crudescit ebur J. EXON. *BT* II 263.

2 (transf.): **a** (intr.) to strike like a thunderbolt. **b** (trans.) to hurl like a thunderbolt.

a qui prius leonina feritate ~ans ipsis omnia abstulerat, nunc mitis agnus humili voce balans omnia posse reddere letatur G. MON. IV 5; Jove preter solitum in Hibernia tonante et rege Henrico ibidem ~ante GIR. *TH* II 54; ense terribiliter ~ante *V. II Off.* 3; de crudeli guerra ~ata in castellum multis modis *Ps.*-ELMH. *Hen. V* 54 *tit.* **b** saxivoma ~ant *Ps.*-ELMH. *Hen. V* 62 (v. grandinare d); ubi .. hostium numerosus exercitus libere possent in obsidentes irruere et in ipsos intenti furoris seviciam ~are *Ib.* 67 p. 193; **1618** (v. exonerare 1b).

3 (fig.): **a** (intr.) to fulminate, rail thunderously. **b** (trans.) to thunder (threats or sim.); **c** (eccl., w. ref. to sentence of excommunication).

a quando judex stomacatur, / .. / stridet, tonat, fulminat WALT. WIMB. *Van.* 87; Fortuna spurios repente culminat, / post hore morulam ferit et fulminat *Id. Carm.* 352; errat prelatus, male qui sententiat et qui / fulminat in reges GARL. *Hon. Vit.* 207. **b** tantas ~abant minas W. MALM. *Wulfst.* II 15; hereticum .. flagitiosa documenta contra fidem et bonos mores impudenter ~antem OCKHAM *Err. Pap.* 970; rex omnis malicie plenus, quasi per infinitas doli circumvenciones tam in ipsius absentis personam quam in ejus hereditatem occasiones maliciose ~ari decrevit GOWER *CT* III *prol.*; **s1397** domini spirituales et temporales, precepto regis, .. venerunt omnes .. coram magno altari, et ibidem prelati censuras ~averunt modo quo sequitur *V. Ric. II* 141–2; **s1397** nos plebeii vestri petimus judicium .. in ipsum per vos ~ari (*Lit. ad regem*) AD. USK f. 158; in abbatem Croylandie multiplices ~antur mine et .. plura gravamina ingeruntur *Croyl. Cont. B* 485. **c** lectis de sententia ~ante domini pape litteris W. FITZST. *Thom.* 114; **s1228** dominus papa in dominum imperatorem sententiam excommunicationis ~avit *Flor. Hist.* II 192; papa: non in nostra curia talis mos habetur, / quod ulla sentencia statim fulminetur PECKHAM *Def. Mend.* 418; **1294** sentenciam .. episcopus ~avit ad latam publicavit *SelCCant* 591; **s1328** ~abat eciam archiepiscopus sentenciam excommunicacionis et suspensionis in episcopum GRAYSTANES 42; **s1358** dominus papa omnes adversarios excommunicari fecit, mandans litteris suis .. Linc' episcopo .. eandem in predictos ~are sentenciam J. READING 169b; verum est quod est malediccio legis sed in quem ~ata? R. MAIDSTONE *PP* 171v.; **s1281** archiepiscopus .. excommunicacionis in ipsos sentenciam ~avit WALS. *HA* I 21.

4 (mistranslation of ME *striken*) to strike (bullion into coin).

s1193 omnes calices et omnia vasa argentea ~ata fuerunt in monetam, ut regem suum liberarent *Eul. Hist.* III 83.

fulminatio [CL = *falling of a thunderbolt*], fulmination, pronouncement (of threat or sentence).

talis processuum ~o non est divina celebrare volenti formidanda, scilicet in privato propter scandalum evitandum, dummodo constat de ipsius simoniaca provisione PAUL. ANGL. *ASP* 1542 (*recte* 1540); **1538** super singulis premissis expeditioni, confectioni, et ~ioni *Form. S. Andr.* II 51; **1544** per ~ionem cujusdam litere monitorialis *Offic. S. Andr.* 148.

fulmineus [CL]

1 of or caused by lightning.

fulmen .. et inde ~eus .. et fulmino, -as OSB. GLOUC. *Deriv.* 212; J. EXON. *BT* I 413 (v. decalvare b); lapis corallus maximas habet virtutes, nam qui portat numquam capietur ab ullo medicamine, nec a ~ea umbra *Alph.* 92.

2 (w. ref. to destructive force) like lightning or thunderbolt.

W. FITZST. *Thom. prol.* 17 (v. accingere 1a); frendit aper dum fulmineo desevit in hostem / dente ferox NECKAM *DS* IX 139; sevis comminationibus intonant, crebris atque ~eis ictibus corruscant J. FORD *Serm.* 16. 8; o hiems ~ea et procellosa, o sabbatum meroris et tedii *Ib.* 53. 7; cur non fulmineas sagittas miserat? WALT. WIMB. *Carm.* 525; primam lucernarum tuarum furientis mortis ~eus flatus extinxit *Ps.*-ELMH. *Hen. V* 115 p. 306.

3 flashing like lightning.

vidit .. ex orientis caeli climatibus prorumpentem niveam columbam. .. erant vero extremitates alarum suarum igni scintillanti consimiles, ex quibus volatum ~eum ictuantibus pennis sparsim fundebant [v. l. fundebat] per aera, quae ad beatae matronae atria .. convolavit B. *V. Dunst.* 11.

4 (w. ref. to speed) like lightning.

Tancredus .. calcaribus urgens cornipedem ~eus advolat ORD. VIT. IX 6 p. 495.

fulminosus, (of sky) lit by lightning.

dum .. Cesar civili bello patrie immineret, quam ~us aer extiterit, quod habuerit igneos turbines J. SAL. *Pol.* 413D.

fulo v. fullo. **fulonius** v. fullonius. **fulredicus, fulreticus** v. fulleraticus. **fuls-** v. et. fulc-. **fulsi** v. fulcire, fulgere. **fulstalis** v. filstalis. **fulsus** v. fulful.

fultor [LL], helper.

~or, sustentator *GlH* F 965; **c1211** turpium .. extirpator potius et ultor quam aut fautor aut ~or esse deberet GIR. *Ep.* 6 p. 224.

fultrare v. filtrare.

fultrix [LL], helper (f.), support.

~x, sustensio, columna *GlH* F 966.

fultrum v. 1 filtrum, 2 fulcrum.

1 fultum v. fulcire.

2 fultum v. 2 fulcrum 1.

3 fultum [ME *fultum*], a customary rent. *Cf. fermfultum.*

1274 quod dicta villata est quoddam amelettum quod vocatur Stopesfeld quod debet ad ~um domini regis ij s. per annum *Hund.* I 146b.

1 fultura [CL], structural support, buttress; **b** (w. ref. to a person's feet).

~a, *fotstan* ÆLF. *Sup.* 191; bases, altare vel ~a OSB. GLOUC. *Deriv.* 77; **1377** *Gild Merch.* II 104 (v. fura); hec ~a, *a post WW*; **15..** omnes ~e, quas vulgo *buttresses* vocant, de novo erecte *Arch. Hist. Camb.* I 255n. **b** 'bases' [cf. *Acts* iii 7] nomen Graecum est et in ipso Graeco sic positum, quod Latine ~as significat, quo nomine gressus ejus confirmatos indicat BEDE *Retract.* 1005A.

2 fultura v. fura.

fulvedo, yellowness.

a yalownes, ~o, glaucitas *CathA.*

fulvēre, fulvescere, to be yellow.

lapis topazion in giro fulvescit J. HOWD. *Cant.* 183; *to be yalowe*, flavere, flavescere, ~ere, ~escere *CathA.*

fulvidus [LL], golden, tawny (from dull yellow to reddish brown).

Marcellinus ivit [v. l. init] et Petrus fulvida [v. l. fulgida] regna *Kal. M.A.* I 418; ~a, rubea *GlH* F 971.

fulvor [CL], golden or tawny colour.

auri fulvor avarum saciet J. HOWD. *Ph.* 1099.

fulvus [CL], tawny (from dull yellow to reddish brown), golden-yellow. **b** dark, black (? conf. w. *fuscus*).

Cuneglase, Romana lingua lanio ~e GILDAS *EB* 32; auri materiem fulvi obrizumque metallum ALDH. *VirgV* 157 (cf. ib. 2618: fulvo nummismate); falsas effigies, quas glauco marmore sculpunt / aurea seu fulva quas ornant petala fronde *Ib.* 1341; auri materiem et fulvo splendore metalla / sumant ut pretium BONIF. *Aen.* 191 (*Cupiditas*); ~um, flavum, splendidum, nigrum, *geolu*, rubeum, rubicundum, *fealu* *GlH* F 969; ad fulvum liceat transire metallum NECKAM *DS* VI 17; aurum illud pretiosum et ~um J. FORD *Serm.* 12. 8; **s1385** rex Hispanie, cognoscens Anglos velle ~o metallo fascinari, corrumpit quosdam *V. Ric. II* 65. **b** ~um, .. nigrum *GlH* F 969 (v. a supra); OSB. GLOUC. *Deriv.* 241 (v. fuliginare).

fuma [LL *gl.* ~a, terra; ? l. rura *or* humus], ground.

horum archon, atrociter / fumam verrens, ferociter / furibundus cum flamine / veniebat a cardine (ALDH.) *Carm. Aldh.* 1. 34; ~a, terra *GlC* F 417.

1 fumagium [cf. 1 fumus], reek penny, hearth tax, tax payable by every inhabited house; *cf. focagium.* (*Cf. Cust. Rents* 200–201). **b** (C.I.) fouage, triennial tax payable by every household to the Duke of Normandy in order that he should make no change in the money current in Normandy. (*Cf. Ext. Guern.* 17–18).

dant de consuetudine xli sextaria mellis et xx solidos pro ovibus quas solebant dare et x solidos pro ~io *DB* I 181ra. **b 1248** debent insuper communiter per insulas quolibet tertio anno quandam consuetudinem dare, et vocatur ~ium *Ext. Guern.* 27 (= *CalIMisc* 55 p. 17); **1309** ~ium est custuma debita ipsi domino regi de populo, cujuscumque sint homines vel tenentes, per sic quod dominus rex eos permittit uti communibus monetis legaliter currentibus *S. Jers.* XVIII 88 (cf. ib. 86: ~ium sive moneagium); **1331** ~ium sive monetagium, quod semper de tercio anno in tercium annum ad festum S. Michaelis colligi consuevit a quolibet in dicta insula residente qui habet x s. Turonenses in catellis de quieto et a muliere vidua que habet xl s. Turonenses de quieto, exceptis robis et aliis utensilibus suis que inter catella

hujusmodi debent minime computari, ac etiam exceptis presbyteris, clericis, et quibusdam servientibus, secundum consuetudinem patrie valet communibus annis quolibet tercio anno .., videlicet pro quolibet capite xij d. Turonenses, x li. Turonenses .. ~ium autem .. sive monetagium concessum fuit antiquitus duci Normannie ne mutaret in dicto ducatu monetas cursuales *S. Jers.* I 15–16.

2 fumagium [OF *fumage*; cf. 2 fumus], (service of) manuring, muck-spreading. *V. et. fimagium.*

1189 (1466) concedimus .. quod abbas .. et canonici .. habeant .. omnia .. tenementa et homines .. quietos de .. clausuris omnimodis et ~io et mairemio cariando *Pat* 514 m. 13.

3 fumagium v. summagium.

fumalis

1 of or for smoke. **b** (w. *denarius*) reek penny.

ignis innocuus in rubo rutilat / nec rubum nubilo fumali nubilat Walt. Wimb. *Carm.* 87; omnis pompa temporalis / ut ros, ut nix, ut fumalis / vapor cito preterit *Id. Van.* 152. **b p1274** de denariis ~ibus vj li. xviij s. j d. *Ann. Durh.* 185; **1356** (v. denarius 5b).

2 (w. ref. to exhalations) 'fumy', vaporous.

ab odorabili est ~is evaporatio Bacon XIV 98; ~is evaporatio est principaliter ipsius terre, licet sit simul cum hoc ipsius aeris *Ib.* 100; *Ib.* 104 (v. exhalatio 3a).

3 (w. ref. to smell or fragrance) misty, vaporous.

odor dicitur ~is quia evaporatio est causa odoris R. Orford *Reprob.* 76.

1 fumare [CL]

1 (of fire or something burning) to emit smoke or fumes. **b** (p. ppl. *~atus*) blackened by smoke. **c** (of foods) cured by smoking.

et lichinus fumans furvis obtorpuit umbris Aldh. *VirgV* 908; ~ante, i. ardente, *rec, lig GlH* F 869 (cf. ib. 876: ~at, exarsit, ardet); ~et, *smeoce GlP* 391; [Phaëthon] fulminatus a Jove in Eridanum fluvium corruit qui ~antia ejus membra lavit *Natura Deorum* 25 (cf. Ovid *Met.* II 324–26); pone Mercurium in crucibulo super ignem quousque incipiat ~are Ripley 306. **b** Osb. Glouc. *Deriv.* 241 (v. fuligo a). **c** J. Godard *Ep.* 222 (v. allec 2c).

2 to give the appearance of smoking, (in quot., of mountain, pr. ppl.) cloud-capped.

datur lex in monte Synai ~ante ubi ceperunt audiri tonitrua, micare fulgura Ad. Dore *Pictor* 163.

3 (anat.) to emit fume.

illa pars fumi que grossitie sua ~at in superficie pori interclusa extra porum parum emittitur *Quaest. Salern.* P 42.

4 to give off fragrance.

lateros punicos, nitidos, plano tabulatu contextos et crocea nardo ~antes certatim excrustantur Gosc. *Transl. Aug.* 27A; ~ante musco et ambra J. Godard *Ep.* 233.

2 fumare [cf. OF *fumage, fumaison, fumation*], to manure (land). *Cf. fimare, fimorare.*

terra .. sabulonosa fimo puro non fumaretur [*ed. 1647*: fimoretur], sed cum terra optime permisceatur *Fleta* 165.

3 fumare v. sinuare.

1 fumaria, fumitory (*Fumaria officinalis*). *Cf.* 1 *fumus* 4.

capnos, ~ia idem. similis est coriandro sed mollis et alba et cinerosa, florem habens purpureum *Alph.* 33; capnos *called in Latin* ~ia *and in Englishe fumitarie Herb Names* B7v.

2 & 3 fumaria v. 1 & 2 fumarium.

1 fumarium [cf. OF *fumiere*; CL = *smoke-room*], louver, lantern on roof to permit smoke to escape. (*Cf. Building in Eng.* 221).

1239 pro l li. .. positis in fenestris, lanbreschur', ~iis, lingneis hostiis aule ejusdem castri [de Marleberge] *KRMem* 18 m. 14; **1240** faciatis fieri .. unum fumericium ultra summitatem coquine magne turris *Liberate* 14 m. 17; **1244** fieri eciam faciatis in magna aula nostra de Wudestok quoddam magnum fumerium *Ib.* 20 m. 14; **c1256** quidam de minori communia fecit quendam ~ium, unde fumus de domo sua posset exire, sicut mos est tocius ville. venit Adam Feteplace; quia parvus fumus intravit domum suam, vi voluit obturare illum ~ium *IMisc* 10/7; **1285** ligavit eundem ad quandam kotam super ~ium suum et ibidem eundem sic imprisonatum detinuit per tres dies et noctes *Aids* II 4; **1292** pro carpentria ij fumerariorum in summitate aule *KRAc* 466/1; ~ium, *fomerele off an halle PP*; *a luvere*, ~ium, fumerale, lucar, lodium *CathA*; **1537** fenestram .. aperuit .. ubi antea ~ium ineptissimum videbatur Ferr. *Kinloss* 71.

2 fumarium [cf. AN *fumer*], dunghill. *V. et. fimarius 2.*

1285 J. de C. .. bona et catalla .. Petri .. receperunt (*sic*), viz. de gannagio suo c s. .. et hoc totum ad dampnum unius libre cum uno fumerio *IMisc* 45/25; **1288** obstupaverunt viam regiam cum ~iis ita quod aqua non potest ibi currere *Leet Norw.* 7; **1288** R. .. fecit stillicidum (*sic*) in venella juxta domum suam et apposuit ~ium super illud stillicidium ita quod carecte non possunt transire *Ib.* 11.

fumascere, to become smoke, evaporate into nothing.

ibi ergo ducebatur vis cogitationis ejus, ubi transitoria non fluunt, non vana ~unt, non perstrepunt peritura, non nociva contingunt W. Dan. *Ailred* 9 p. 19; ~o, ~is, verbum inchoativum, et fumo, -as Osb. Glouc. *Deriv.* 211.

fumatim, like smoke.

?**12..** si .. nomen quondam famosum .. oblivione corosum fumatim evanesceret Nen. *HB pref.* p. 126.

fumatio [LL]

1 action of smoking or of exposing (something) to smoke.

suffumigium, ~o subtus facta Osb. Glouc. *Deriv.* 560.

2 fume, vapour. *V. et.* 1 *fumus* 3.

homo .. a subtilioribus vaporibus et ~onibus exeuntibus per poros doliorum suffocatur Bacon VIII 204.

fumatorium, smoke-vent, louver.

1251 quod .. quoddam ~ium in aula nostra ibidem [sc. Windesor'] ad fumum eiciendum fieri facias *Liberate* 27 m. 5.

fumaxius, cook.

~ius *CathA* (v. 1 fulinarius).

fumerale [cf. AN *fumerel*], smoke-vent, louver. *V. et. fumerellum.*

1311 super quodam ~e super cameram clerici *KRAc* 469/13 m. 4; **1339** carpentario operanti super femorale magne aule *Ib.* 470/6 m. 1; **1365** in ~e aule castri *Ib.* 544/31 m. 4*d.*; *CathA* (v. 1 fumarium).

fumerarium v. 1 fumarium.

fumerellum, ~us [cf. AN *fumerel*, OF *fumeril, femeril*], smoke-vent, louver. *V. et. fumerale.*

1236 in cl cindulis et plumbo ponendis circa fumerillum viij d. .. in l bordis emptis ad fumerillum .. *Pipe Wint.* 159285 r. 7; **1242** ad plumbandum fumerillum nostrum super minorem aulam nostram de Westm' *Pat* 50 m. 4; **1253** fieri facias .. in domo capellanorum unum fumerillum *Liberate* 29 m. 7; **1273** expensa minuta: .. in j fumerillo super aulam de novo carpentando vj d. *Ac. Man. Wint.* (*Chilbolton*); **c1300** in j magno ~o faciendo ad aulam et in eodem ~o de plumbo cooperiendo *MinAc* 863/8; **1313** (v. hovellus a); **1344** in j pet' ferri empta .. pro femerell' in aula *KRAc* 492/10 m. 2; **1473** Willelmo Bechewyn carpentario faciendo .. novum fumibrellum super coquinam *Pipe Wint.* 155837.

fumericium, fumerium v. 1 fumarium. **fumerillum** v. fumerellum.

fumeus [CL]

1 smoky.

~eis flammarum globis W. Malm. *GR* IV 369 p. 427.

2 of a subtle (gaseous) nature.

subtilior est olfactus cum sit natura ejus ~ea Bart. Angl. III 16.

fumicare v. fumigare.

fumicosus, smoky.

~us, fumosus, fuliginosus, fumidus Osb. Glouc. *Deriv.* 241.

fumidare, to smoke, expose to smoke.

~are, fumare, fuliginare Osb. Glouc. *Deriv.* 241 (cf. ib. 211: ~o, ~as, similiter infumare).

fumidatio, action of smoking, exposure to smoke.

fumido, -as, et inde fumidatus, -a, -um, et hec ~o, -nis, et hec fulina, i. coquina Osb. Glouc. *Deriv.* 211.

fumidulus, somewhat smoky (in quot., fig.).

nam lampas animi subtilia pingui / celatur radio, nec mens sublimia visu / vix humili cernit, nec distantissima luce / fumidula monstrat Hanv. IX 9.

fumidus [CL], smoky, full of smoke, blackened w. soot.

~a, i. fumosa *GlH* F 868; fumigabundus, ~us, fumo plenus Osb. Glouc. *Deriv.* 241; *Ib.* (v. fumicosus); rubum innoxie flamme volumina / lambunt, nec fumida fundunt atramina Walt. Wimb. *Carm.* 88.

fumifer [CL], producing smoke.

~r, somnifer, pinifer, pomifer [etc.] Aldh. *PR* 120 p. 165; in specie loricati militis .. ~rum ignem de naribus et ore emittentis J. Furness *Walth.* 66.

fumificus [CL], producing smoke.

~os, fumum facientes *GlH* F 872; ignes fumificos nocuos non sentiat hospes D. Bec. 2349.

fumigabundus [LL]

1 producing smoke, smoky.

sine ~is [*gl.*: tenebrosis, *smeoc*] flammarum globis Aldh. *VirgP* 36 p. 284; Osb. Glouc. *Deriv.* 241 (v. fumidus).

2 producing vapour, steaming.

in latebroso carceris fundo, qui ~is [*gl.*: *hreocendum* vel *stemendum*] fetentis fimi fetoribus horrebat Aldh. *VirgP* 51 (cf. *WW* [9..]: ~is, *þæs stincendan*).

fumigare [CL]

1 (intr.) to emit smoke. **b** (pr. ppl., fig.) smoking but not alight, smouldering.

~antes aestuantis inferni cavernas prospectans Felix *Guthl.* 31; ~abunt, *smeocaþ GlH* F 871; **1031** quae quasi ~antis ignis vapor ad nihilum redacta evanescunt *CD* 744; faciat crucem cum incenso super ipsum altare fumicante turribulo *Bened. Rob.* 87; super illud ~ante turribulo (*Pont. Magd.*) *HBS* XXXIX 115; demones traxerunt eum versus domum unam grandem horribili fumo ~antem H. Saltrey *Purg. Pat.* 12; focis agentibus carnium nidores vaporabant, verubus cum carnium frustis vergentibus ~antes R. Cold. *Cuthb.* 65 p. 132; si .. non fuerit ibi tanta caverna ut aer qui intus clauditur terram concutere possit, assidua volutatione ignem ibi creat, unde quidam montes ibi ~are videntur *Quaest. Salern.* P 56; dum tua fumigat popina pinguibus / diversi generis referta carnibus Walt. Wimb. *Palpo* 61; de qualibet domo ~ante *Chr. Man* 116 (v. denarius 5b). **b c1167** ut .. timere non debeat a duabus caudis ~antium ticionum, Frederico et Raginaldo J. Sal. *Ep.* 189 (186); o titio ~ans in igne Ad. Scot *OP* 491D; **s1224** cives [sc. Rupellani] audientes jam guerram in Angliam ~are .. cum magna mentis amaritudine sese suamque civitatem regi Lodowico reddiderunt *Flor. Hist.* II 180; **1327** fama ~ans et vehementer suspecta .. in conscienciis multorum fratrum pululans reviresit *Lit. Cant.* I 227.

2 (anat.) to produce fume.

is [calor matricis] ei ex influentibus loci concavitate compressis ~antibusque innascitur Alf. Angl. *Cor* 12. 4.

3 (trans.) to expose to smoke, fumigate, esp. with aromatics.

~o, -as, i. infumare, inde ~atus, -a, -um, et fumigatio, -nis Osb. Glouc. *Deriv.* 211; Gilb. VII 297v. 1 (v. embotum); debet .. capud et corpus .. ~are cum incensis frigidis et odoriferis Bacon V 94; aromata ac timiamata .. que corpus tuum a corrupcione infectoque ac pestilente aere ~ata semper custodiant Chaundler *Laud.* 104.

fumigatio [LL]

1 emission of smoke. **b** (fig.) smoke-screen, obfuscation.

quare terre motus fiunt vel montium ~o, alii enim montium sunt ignivomi, alii fumigantes, ut Ethna ..? *Quaest. Salern.* P 56. **b 1327** cum .. de salute animarum agitur, qua nichil optabilius in hac vita reperitur, non est aliqualiter dissimulandum, quia tanto graviora sunt crimina, quanto diucius infelices animas detinent captivatas. et ideo ne hujusmodi ~o, quam dissimulare non potero licet vellem, flammas ardentes et urentes producat .. *Lit. Cant.* I 226.

2 fumigation, application or inhalation of aromatic vapours.

~ones aromatum quas facerent multiplices et varie hausi, unde et vestes redolerent et totum cerebrum moveretur R. Niger *Mil.* III 83; fiat ei sternutatio ex castoreo et ~o ad nares, utatur etiam diacastoreo *Quaest. Salern.* P 94; inde primum crinium et corporum unguenta invenerunt et odores et ~ones, quibus Romanorum et Grecorum effluxit luxuria *Eul. Hist.* II 19; **1511** pro ~one et pro medicina preservativa contra pestem *Cant. Coll. Ox.* II 255.

fumigium [LL], aromatic substance used in fumigation, process of fumigation.

balneis, emplastris, ~iis convenit omnes dissintericos et lientericos purgare Gilb. V 221v. 1; subfumigabis te subfumigacionibus congruis temporibus: hoc .. ~ium .. proficit qui aperit clausuras cerebri Bacon V 69; item strucio linarii utuntur ad ~ium lane, quod ~ium limpidat lanam *Alph.* 180 (cf. Dioscorides II 192: στρούθιον, *soapwort*).

fumitera v. 1 fumus 4.

fumivomus, belching smoke.

Vesevus iterum est mons ~us intrinsecus ardens et flamma nequaquam exprimitur nec exterioribus officit W. Donc. *Aph. Phil.* 6. 15.

fumor v. umor.

fumositas

1 something dispersed as easily as smoke, nonsense, smoke-screen (fig.).

1327 nove quedam ~ates pululant inter fratres de vasis argenteis .. de camera prioris latenter ablatis *Lit. Cant.* I 224.

2 steam.

in cumulo frumenti aqua asperso ubi calor interclusus aquam resolvit in ~atem, que interclusa et retenta grana remollit BART. ANGL. IV 1; quando .. terra pura est a rupibus non habundans ~atibus BACON V 90.

3 chemical fumes or vapour.

~ati sulphuris NECKAM *NR* II 66 (v. aromaticitas); proprium est Mercurii per ~atem ascendere, ideo claudatur spiraculum vasis fortiter et continue DASTIN *Ros.* 6.

4 fume, substance conceived as having a subtle (gaseous) nature, in anat. the source of hair and nails.

~as temperatur et opprimitur, unde dolor cessat que ex fumo ascenso fieri debebat *Quaest. Salern.* B 28; *Ib.* B 69 (v. exspirare 1b); *Ib.* B 80 (v. discrimen 1a); *Ib.* C 26 (v. divisio 2a); superfluitas hujus ~atis transit in ungues in hominibus et pilos, quedam in brutis in cornua et ungulas et setas RIC. MED. *Anat.* 220; videmus enim in hyeme quandoque ex frigiditate constringent poros corporis calide ~ates interiora petunt et non habentes liberum exitum, quia intus sunt retente, se conculcant et calefaciunt, unde exterior frigiditas intus accidentaliter calefacit BART. ANGL. IV 2 p. 70; cum sopori membra dedisset, et grossioris ~atis nebula, que solet phantastica representare somnia, in fumos tenues resoluta, a cerebro abscessisset .. *Transl. Edm. Rich* 1862; cum enim sompnus .. sit privacio senciendi ex ~atibus resolutis a stomacho, obturantibus poros spirituum intrinsecus repressorum, patet quod .. WYCL. *Civ. Dom.* I 115; cum aliquis plurimo utatur vino et precipue forti, ab hujusmodi vino multa et calida resoluta ~as sui levitate veniens ad superficiem cutis purpuream illam facit UPTON 111.

fumosus [CL]

1 smoky. **b** blackened w. soot. **c** (transf.) cloudy, unclear.

pendit de summo fumosa foramina pandens, / de quibus ambrosia spirabunt tura Sabaea ALDH. *CE* 3. 80; palidosus, ~us, a festo Palis Dee pastorum, in quo fenum comburebatur OSB. GLOUC. *Deriv.* 482. **b** **799** Turonis enim ~is tectis contenta ALCUIN *Ep.* 178; vexillum .. ab omni ignis lesione, caligine ~a vel fuligine tetra illesum R. COLD. *Cuthb.* 39. **c** in quibus est multus spiritus visibilis in quantitate et clarus, hii bene vident longe et prope; .. in quibus est paucus in quantitate et ~us male longe et prope *Quaest. Salern.* Ba 20.

2 as easily dispersed as smoke, vain, empty.

ille facta sine fuco palam extulit, numquam tamen ~is adulationibus intumuit W. MALM. *Mir. Mariae* 142; per ~os libidinum estus AD. MARSH *Ep.* 59 (v. exagitare 3b); **s1423** (v. eructatio 2).

3 affected by steam or chemical fumes.

aque .. salse et amare ~e dicuntur BACON V 91.

4 of a subtle (gaseous) nature.

frigiditas ergo illa superioris aeris ~am illam essentiam .. inspissat et condensat *Quaest. Salern.* P 81; odoratus .. spectat ad ~am naturam BART. ANGL. III 19.

5 odoriferous, fragrant.

ad carunculas narium, in quibus aer ~us receptus quandam naribus et spiritui infert passionem delectabilem vel odorabilem RIC. MED. *Anat.* 217; vapor calidus sicut de aromaticis et ~is GAD. 69v. 2.

6 'fumous', hot-headed.

s1176 alii quidam, quia sue voluntatis contrarium protulit, [Gilbertum] ~um Scotum et impetuosum naturaliter reputabant FORDUN *GA* 15 (cf. *Plusc.* VI 30: fumosum *corrected from* famosum *in one* MS; *other* MSS *read* famosum).

fumulus, fumitory (*Fumaria officinalis*).

Alph. 69 (v. 1 fumus 4).

1 fumus [CL]

1 smoke (from fire); **b** (as sign of fire); **c** (as sign of habitation); **d** (as type of something evanescent); **e** (in a comet's tail); **f** (fig., of something which renders opaque).

BEDE *HE* III 16 (v. exaltare 1a); **799** me ~o sordentia Turonorum tecta auratis Romanorum arcibus praeponere ALCUIN *Ep.* 178; significatione ~i facta, sicut convenerat, sociis discessum hostium intimavit W. MALM. *GR* IV 376; ~o in ora cavernarum immisso, quo latrones fugati pertinaciam amisere, uni et uni egredientes *Ib.* 377; ~us thuris ORD. VIT. VII 16 (v. excludere 1); ignis ex se ~um generat NECKAM *NR* I 17 p. 58; **s1196** qui cum inde exire nollent, .. appositus est ignis ut per ~um et vaporem ignis exirent R. HOWD. IV 6; ~us fuliginem elevat ascendens ALF. ANGL. *Cor* 9. 6; ~us oculos excecat hominis .. ~us etiam quanto magis elevatur tanto cicius dissipatur S. LANGTON *Serm.* 2. 5; ~us est quoddam corpus subtilius aere. cum ergo ~us ignis resolvitur, quoniam est subtilis, ignis calefecit ~um et reddit ipsum minorem. sed dum ab igne removetur, inspissatur et totum magis apparet *Quaest. Salern.* N 42; **s1273** (v. discooperire 3). **b** vestigia ~i quod [vv. ll. qui, quae] ignem praecedit et sequitur *V. Cuthb.* II 6; cum ubilibet ~um conspexeris, illic ignem, etsi non videas, esse cognoscis PETRUS *Dial.* 20; isto modo ~us signat ignem WYCL. *Apost.* 116. **c** ab omni domo a qua ~us exit W. FITZST. *Thom.* 65. **d** ut ~us evanescens disparuit ALDH. *VirgP* 43; **c795** omnia haec veluti ~us, ventosis procellarum in aerem dispersus gurgitibus, evanescunt ALCUIN *Ep.* 86; gloria vana, quid est nisi fumus et umbra sonusque, qui simul, ut cepit, incipit esse nihil J. SAL. *Enth. Phil.* 913; ~us vane glorie W. DAN. *Sent.* 39; vite presentis excursus ~us est P. BLOIS *Ep.* 11. 34A; mundi pompa et favor populi ~us est et aura subito evanescens *Ib.* 35. 114B. **e** **s1239** (v. draco 5c). **f** sed sic [imago tua] est abolita attritione vitiorum, sic est offuscata ~o peccatorum ANSELM (*Prosl.* 1) I 100; livoris ~us mentem tuam hebetavit G. MON. XI 9; spero .. facilius ferre fastidium ~i qui ex mundanis veniens ingrate solet intelligentium faucibus et oculis importari LUCIAN *Chester* 66.

2 chemical fumes that can be seen or smelled; **b** (alch.).

si ~us aromatum totum impleat aerem GOSC. *Transl. Mild.* 16; sulphureum ~um ALEX. CANT. *Mir.* 35 (II) p. 227 (v. exhalare 1b); nocet artifici molestia fumi [sc. argenti vivi] NECKAM *DS* VI 95; subtilis fumus resolutus ab illa, / dum poros penetrat, interiora petit *Ib.* VIII 113; BART. ANGL. IV 1 (v. discolorativus); obturetur vas; deinde aperiatur et capiatur ~us per nares GAD. 71V. 1. **b** in primis te scire decet quod ~us rubeus et ~us citrinus et ~us albus et leo viridis et Almagra et mortis immunditia et limpidum et sanguis et eudica et terra fetida sunt ea in quibus tota hujus magisterii constat efficacia ROB. ANGL. *Alch.* 517b; ~us vero rubeus est auripigmentum rubeum; ~us quoque albus est argentum vivum; et ~us citrinus est sulphur citrinum *Ib.* 518b; quinta essencia nostra, i. e. ~us albus, qui vocatur ignis contra naturam, qui si esset absens esset ignis noster naturalis RIPLEY 143.

3 fume, substance or phenomenon conceived as having a subtle (gaseous) nature; **b** (w. ref. to wine); **c** (w. ref. to bodily humours); **d** (as manifested in flatulence).

Aristoteles .. corpora metheorica in quattuor partitur, sc. ~um, vaporem, halitum, spiritum ALF. ANGL. *Cor* 10. 5; gustus .. et olfactus ~i et vaporis omnimodam segregationem postulabant *Ib.* 15. 6. **b** ebrietatis ~us W. MALM. *Mir. Mariae* 162 (v. defaecare 2b); in fumo vini NECKAM *DS* IV 800 (v. diffusio 1). **c** aperto .. orificio cordis .. spiritus .. eventatur ~i expressione ALF. ANGL. *Cor* 11. 16; melancolia .. cujus ~us accendens [i.e. ascendens] cerebrum ipsum inficit *Quaest. Salern.* V 8; sanguis retentus in maliciosum ~um terrestrem et ponticum convertitur BART. ANGL. IV 8 p. 94; et ideo in naribus ~us qui pilorum est materia augmentatur, quem quia natura non sufficiebat consumere expulit per duo loca, sc. per caput et per barbam *Ib.* V 15; ex ~is melancolicis BACON IX 25 (v. diapapaver); delatio ~i stomachi *Alph.* 10 (v. 1 delatio 2). **d** prima igitur superfluitas digestionis quedam abit in ~um et ructuationem RIC. MED. *Anat.* 224; ocitacio fit ex ~o et ventositate musculos gule replente *SB* 32; vitare debetis .. commestionem .. omnium dedifficili digestibilium, ventositates et ~os corpore multiplicancium in humido KYMER 3 p. 556.

4 (in plant name, ~*us terrae*, cf. OF *fumeterre*) fumitory (*Fumaria officinalis*).

~us terre est quedam herba calida BART. ANGL. XVII 69; in frigido corpore aqua decoctionis nitri scabiose fumitere mundificat furfures GILB. II 82v. 1; eruca agresti, ~o terre, titimallo *Ib.* II 84. 1; Avicenna capitulo de ~o terre [dicit] quod purgat humores adustos, Latini quod melancoliam BACON IX 151; in digestione debet poni sive apponi scabiosa, mellissa, ~us terre GAD. 14. 1; ~us terre, *fumeter SB* 22; ~us terre, fumulus idem, A. et G. *fumetere Alph.* 69; ~us terre, i. *fumetere*, i. *cuntehoare WW*.

2 fumus [cf. AN *fumere*], dung, manure, ordure. *Cf. fimum* 1.

1356 Thomas de T. in .. cursum aque diversos ~os et fetida proicit in corupcionem aque (*CoramR*) *Pub. Works* II 35.

funabulum, *s. dub.*

accedunt terni verae funabula lucis FRITH. 1003.

funabulus v. funambulus.

funaculum, *s. dub.*

juxta altare sit finaculum [v. l. funaculum, *gl.*: ubi sacerdos lavat manus vel ubi carbones ponuntur], examitam, vel amicum NECKAM *Ut.* 119 (cf. amictus 3).

1 funalis v. fimalis.

2 funalis [CL]

1 made of rope; **b** (w. ref. to measuring rope).

~e, *raplic GlP* 851; ~i ergo machina cum ceteris in tectum levata contignationem explevit W. MALM. *GP* V 216. **b** ~is, *gemetlic GlH* F 882.

2 (as sb. n.) rope (in quot., part of ship's gear).

naves terre deducunt, mala submittunt, ~ia domibus includunt, hyemandi signum OSB. BAWDSEY clxvii.

3 (as sb. n.) torch of wax- or tallow-soaked rope, candle.

~ia, lucernarum stuppae *GlC* F 426 (cf. ib. 377: ~ia, *condel*; ib. 419: ~ia cerei, *waexcondel*); sic tremulas vibrant subter testudine templi / ordinibus variis funalia pendula flammas ÆTHELWULF *Abb.* 627; ~ia cerei, i. candela de cere, *wexcandel*, vel lucernarum stuppe *GlH* F 879; ~ia, i. candelabra .. ~ia Graeci dicunt scolaces quod sint †scolicie [l. scoliae], hoc est †mortis [l. intorti] *GlH* F 878, 881 (cf. Isid. *Etym.* XX 10. 5); ~e, *ruffe, candyl PP*; *the ruffe of a candle*, †finale LEVINS *Manip.* 183.

funambulus [CL], tight-rope-walker.

funabulus dicitur qui per funes ambulat *GlH* F 880 (cf. ib. 901: funibulus qui facit jocum super funiculum); **9**.. ~us, *rapgon WW*; alii .. hesterni belli timore perterriti sunt, et in crastinum aufugerent solliciti funibus per murum demissi sunt, unde ad suam diuturnam ignominiam furtivi ~i vocati sunt ORD. VIT. IX 10 p. 546; *Ib.* XI 2 (v. derisorius a); hos aule mores funambulus intulit ille / qui, quod presumit, lege tuetur avi J. SAL. *Enth. Phil.* 1471; ~us, qui super chordam ambulat OSB. GLOUC. *Deriv.* 244.

funarius, rope-maker.

hic funerius, *a ropere WW*; **1563** Antonius Typery, ~ius *Hug. Soc.* X 290.

funatus, bound w. rope.

s1415 (v. chordulatus).

functio

1 performance, execution (of task), esp. w. ref. to public office or duty. **b** action of taking up office.

s805 post quinquennium autem ~onis Ecgbyrhti regis, obiit Cuthred rex Cantuariorum ÆTHELW. III 3; W. MALM. *GR* II 109 (v. decimus 2); quicquid loco contulit, ab omnibus in perpetuum publicis ~onibus liberum fecit *Id. GP* IV 186; **s1179** rex .. vicecomites publicis ~onibus et ratiociniis involutos commodis propriis invigilantes invenit DICETO *YH* I 434. **b** **s527** post ~onem regni eorum [sc. Cerdic et Cinric], anno in octavo siquidem ÆTHELW. I 5.

2 public dues, taxes.

GlC F 401 (v. exsolutio c); accusatur hodie simplex .. quod jura corone tacuerit, quod publice ~onis tributum non solverit, quod hundredo et alimoto defuerit P. BLOIS *Ep.* 95. 299B.

3 (performance of divine) service.

1318 volentes pocius a ~onibus separari divinis quam in suis obstinatis facinoribus superari (*Reg. Exon.*) *Conc.* II 481a; in divinis .. ~onibus .. primatum obtinet Sacellanus in Dominum, dum interest divinis, quem tamen cum loco et veste mox deponit GARDINER *VO* 144.

functorium v. functorius, funtaria.

functorius [cf. TLL]

1 assoc. w. death, fleeting, transitory. *Cf.* 1 *fungi* 2.

~ia, transitoria *GlC* F 415.

2 assoc. w. use. **b** customary.

~ius, i. quod bonum est ad fungendum OSB. GLOUC. *Deriv.* 231. **b** *an use*, assuetudo in corpore et in opere .. usualis, consuetudinarius, ~ius et perfunctorius *CathA*.

functura v. funtura.

1 funda [CL], ~**us**

1 leather strap for hurling stones, sling (also fig.); **b** (as part of siege-engine); **c** (as part of sling-staff). **d** (fig.) scrotum.

EDDI 13 (v. Davidicus); lapis in ~a expeditus ponitur ut abiciatur BEDE *Kings* 719; habet ingressum amplitudinis quasi jactus ~ae *Id. HE* IV 13; unam ~am dona mihi ut aves in campo possim jacere [*gl.*: *warpan*] cum ea ÆLF. BATA 4. 16 p. 41; usum .. jaciendi missilia et lapides manu vel ~a docuit J. SAL. *Pol.* 595C; hii ergo arma peditum suscipiant pastoralia, ~am et baculum et lapides et peram et arcum et sagittas R. NIGER *Mil.* I 16; GARL. *Epith.* VII 299–300 (v. dilapidare 1a); **1298** venerunt in alto vico .. cum arcubus et sagittis, gladiis et boclearіis, ~is et lapidibus, et aliis diversis armis *SelCCoron* 90; est ibi funda manu, lapides quoque limpidiores GOWER *VC* I 869; **s1263** clerici .. universitatis Oxoniae, que quidem universitas jussu baronum ibidem translata fuerat, .. majora fecerunt mala quam ceteri barones cum ~is et

arcubus et balastis KNIGHTON I 242. **b** balearis, ~a que plures similes jacit lapides OSB. GLOUC. *Deriv.* 76; DEVIZES 34v., NECKAM *Ut.* 104 (v. Balearis a); quinque ~is balearicis muros et hostium turres tentant concutere OSB. BAWDSEY clxvii; **1198** cordas ad ligandum mangonellos et vij ~as ad perrerias *RScacNorm* II 464; **1245** (v. blida); **c1275** in viij coreis emptis ad fondas ingeniorum *KRAc* 467/7/3; **1277** in ij coreis de *bugle* ad ~as ingenii xxvj s. viij d. *Ib.* 467/7/7 m. 2; **1295** David Fusori pro xij pollivis et una ~a ponderis xxxv li. *Ib.* 5/9; **1303** Ade de Wynton' sutori pro uno corio equino .. pro ~is inde faciendis pro ingenio principis facto pro obsidione castri *Ib.* 363/18 f. 9; **1339** in sex sutoribus .. ad sutandum iij fundos pro magno ingenio .. item in uno coreo empto pro eodem fundo *Ib.* 462/15 m. 3 (cf. ib. m. 5: ad sutandum ij ~as pro duabus ingeniis); **s1337** machinamentum maximum cum ~o proiciens immanes petras *Plusc.* IX 36; **1495** pro una fonda vocata *a gonne Ac. Chamb. Cant.* 146. **c** GARL. *Dict.* 130–1 (v. fustibulum); **1298** (v. baculus 2g); **1302** (v. baculinus). **d** captus erit Fodius; captus non totus abibit, / mecum devenient funda petreque simul *Babio* 338.

2 casting-net (for fishing).

~a, retia linea *GlC* F 422; ~a .. genus piscatorie *GlH* F 1018; jaculum vel ~a, *widnyt* vel *fla* ÆLF. *Gl.* 118; gurgustio vel ~a [*gl.*: virga hamata] vel fuscina [*gl.*: idem] vel jaculo [*gl.*: *reiz*] vel amitte [*gl.*: hamus] levi NECKAM *Ut.* 97.

3 purse; cf. It. *fonda*.

1277 computati fuerunt in dicto scrinio septuaginta sacculi mediocres et magni et unus parvus et una fonda clausa in quibus erant, ut dicebatur, sterlingi *EHR* XXXII 75 (cf. ib. 77: in una fonda de corio).

2 funda v. 2 fundus.

fundabilis [LL], firm, stable, (w. ref. to argument) well-grounded.

cum pertinencia sit relacio equiparancie, eque ~is in antecedencia sicut in consequencia WYCL. *Log.* II 186; nam facilius, expressius, et ~ius est aquam baptizmatis significare graciam Domini Jesu Christi quam sanguinem circumcisionis *Id. Ver.* III 152; transubstanciacio, identificacio, et impanacio .. non sunt ~es in scriptura *Id. Concl.* 105; **1380** quamvis status spontanee mendicitatis non sit opus supererogacionis, ~is tamen est in evangelio R. MAIDSTONE *PP* f. 166v.; **1422** de abbatibus qui habent bona .. a conventu discreta, cum hoc non sit ~e in regula, nec in intencione fundatorum *Conc.* III 413; non est ~e in grammatica vel scriptura quod iste substancie convertuntur in corpus et sanguinem NETTER *DAF* II 117. 1.

fundabulum v. fundibalus b.

1 fundalis [? LL; cf. 1 funda], of a sling; **b** (w. ref. to siege-engine).

~i stridore, sonitu, sonore, *liþerlicum swege GlH* F 1016 (cf. Prudentius *Psychomachia* 293: dextera funali [*multi codices*: fundali] torsit stridore lapillum [sc. in Goliath]). **b** **s1435** perditis omnibus nobilibus magnis machinis, tam cannalibus quam ~ibus artilliariis *Plusc.* XI 7.

2 fundalis [cf. 2 fundus], that serves as a base or foundation.

s1421 Ricardus Wythington, mercer et major Lundonie, incepit novam librariam, posuitque primum lapidem ~em *Mon. Francisc.* I 519.

fundamen [CL]

1 substructure for a building, foundation.

(ALDH.) *Carm. Aldh.* 1. 167 (v. ecce a); candida qui primus nitide fundamina casae / fecerat et celsi veneranda cacumina templi *Mir. Nin.* 84; ecclesiae vero fundamina cassa vetustae FRITH. 438; quid fundamina, quid fastigia tam spaciosa expediam? GOSC. *Edith* 89; WULF. *Swith. pref.* 113 (v. eous 2b); siquidem ibi sub terre occulta cespite plurima videntur fundamenta diruta comparere atque .. plurima congeries ossium defunctorum .. repperitur. .. illa visio sepulchrorum et ~inum .. R. COLD. *Godr.* 57.

2 that on which a thing is grounded, basis, foundation; **b** (w. gen. of definition).

quattuor virtutes principales .. quarum veluti ~ine quodam firmissimo omnis bonorum actuum structura innititur BEDE *Templ.* 772; sacerdotes .. suo scrutinio errorum fundamenta in lucem eliciunt . . . quanto enim altius errorum radices deteguntur et subtrahuntur ~ina eorum, tanto .. R. NIGER *Mil.* III 75; **c1216** [crux alba] instabiles statuit fidei fundamine turmas (*Guerra Joh.*) *Pol. Songs* 23; BLAKMAN *Hen. VI* 12 (v. expedire 4b). **b** **926** ego Æthelstanus rex ~ine sancte crucis subarravi *Ch. Burton* 3; non prevalebunt hanc domum subruere, quia stabilita est in Christi ~ine HON. *Spec. Eccl.* 1105D.

3 footing (in which plant has roots).

myrice et silvestria queque frutetorum .. pro saxoso sui ~ine et aliquando intermixto ceno squamoso et humido omnem spem fructificandi preciderant R. COLD. *Godr.* 50.

fundamentalis [CL]

1 serving as a foundation (for building; in quot., also fig.).

c1240 periti edificiorum constructores omni perspiciunt diligentia quod lapides omnes in fundamento ponendi vere sint ~es, oneris videlicet edificii supererigendi supportationi sua soliditate convenientes et apti. .. libri quoque Apostolorum et Evangelium quod lapides ~es vos in fundamento ponitis .. GROS. *Ep.* 123.

2 lying at the base or core (of argument).

~em racionem tocius accionis *Ps.*-GROS. *Summa* 547; alia est opinio que ponit Deum esse primum obiectum intellectus, cujus rationes ~es sunt ille que adducte sunt ad primam partem questionis DUNS *Ord.* III 78; conclusio autem ~is est ista, quod idem corpus in numero quod fuit assumptum de virgine et passum est in cruce est vere et realiter panis sacramentalis (WYNTERTON) *Ziz.* 183.

fundamentaliter [LL]

1 (w. ref. to building) at or from the foundations.

1426 ad hujusmodi operis [sc. scolas theologie levandi] ~iter jam incepti debitum complementum ex propriis non valemus *EpAcOx* 25.

2 as a basis or foundation (of argument).

dico quod intelligit 'eo' formaliter, non 'eo' ~iter seu causaliter DUNS *Ord.* IV 135; quod quasi originaliter vel ~iter quidquid est intrinsecum in divinis est ab essencia *Ib.* VI 50*n.*; Petrus enim dicitur aliqualiter fuisse firmus in fide, sed notatur ex dicto Christi quod illa fides fuit ~iter gracia Jesu Christi WYCL. *Chr. & Antichr.* 668; dependet deduccio ~iter super isto principio fidei *Id. Ver.* II 143; major hujus paralogysmi declaratur ~iter ex illo Witcl' libello de papa .. NETTER *DAF* I 410. 1.

3 as a source of revenue. *Cf. fundamen* 3, 2 *fundus* 6.

sic parrochiales ecclesie dicuntur habere ~iter suam glebam WYCL. *Sim.* 35.

fundamentatus, supplied w. foundations.

domus est ~ata bene, dicitur, vel parietata vel hujusmodi, hoc est habet fundamentum vel parietes vel cujus pars est fundamentum vel paries KILWARDBY *OS* 316.

fundamentum [CL]

1 substructure for a building, foundation; **b** (fig.).

lignum xij pedum in longitudine ad ~um alicujus domunculi petivit *V. Cuthb.* III 4; habebat .. templum autem super lapides quadros in ~o subpositos BEDE *Hom.* II 25. 434; *Id. HE* II 14 (v. aedificare 1a); **753** (v. ecclesiola); mensus est omnia ~a monasterii propria manu ÆLF. *Æthelwold* 8; pulcherrimam a ~is basilicam .. diligenter construxit ORD. VIT. XI 33 p. 282; R. COLD. *Godr.* 57 (v. fundamen 1); BELETH *RDO* 2. 16B (v. ecclesia 5a); **c1192** (v. desuper 1a); palis in viscera terre missis soliditas ~i exploratur NECKAM *NR* II 172; **c1300** in petris fodiendis et frangendis in quarera ad grangiam xij s. et in fondamento ejusdem ad tascam xviij d. *FormMan* 35; **1325** (v. fugare 6); *Eul. Hist.* I 240 (v. fabrica 4a); **1409** ~um terreum .. nimis debile et insufficiens (*Aud. Durh.*) *EHR* XIV 517; fuit ita debile ~um quod foderunt 47 pedes abyssum terre secure ~i, et ibi invenerunt in profundo ~o unam cimbam W. WORC. *Itin.* 332. **b** velut jactis jam rethoricis ~is et constructis prosae parietibus ALDH. *VirgP* 60; non aedificat super Christum, praeter quem ~um aliud poni non potest ANSELM (*Incarn. A* 4) I 283; **c1148** pacis solide ~a construere *Feod. Durh.* lxii; quando baptizatur in fide Christi, quasi ~um sui templi ponit ALEX. CANT. *Dicta* 20 p. 188; GIR. *RG prol.* (v. aedificare 1b); templi .. spiritualis ~um est vis anime cognoscitiva, cujus pavimentum est fides GROS. *Templ.* 1. 3.

2 that on which a thing is supported, basis, foundation; **b** (w. ref. to the Church or the Faith); **c** (w. ref. to argument).

BYRHT. *Man.* 198 (v. exstare 4); bruta [sc. animalia] ~um discretionis habere necesse est ADEL. *QN* 13 p. 16; THURKILL *Abac.* 55 (v. denarius 1b); pretermissa literatura, poetarum sc. auctorum, philosophorum, et artium ~o GIR. *GE* II 37 p. 349; fundamentum pariter nutat idearum *Qui majora cernitis* 92; uno modo dicitur aliquid '~um' propter stabilitatem et firmitudinem; dupliciter autem est firmitudo in fide .. HALES *Qu.* 666; secundus liber Metaphysice [Aristotelis] continet ~a magna logice BACON *CSTheol.* 36; reges Anglie in fundo et ~o palacii sui regalis fundaverunt ecclesiam Cantuariensem .. et ipsam ecclesiam .. de regia munificencia dotaverunt *Lit. Cant.* I 219; **1412** (v. 1 fundatio 4). **b** **680** ~um quippe ecclesiae et firmamentum fidei principaliter in Christo et sequenter in Petro collocatum ALDH. *Ep.* 4 p. 486; **796** numquam habuit in corde fidei ~um ALCUIN *Ep.* 113 p. 164; **1167** Petrus solidas invenit aquas ambulans in fidei ~o J. SAL. *Ep.* 201 (234 p. 430); ante omnia fidei ~a GIR. *TH* I 28; NECKAM *NR* II 154 (v. dilucide); GROS. *Ep.* 123 (v. editor); OCKHAM *Dial.* 861 (v. ecclesia 2d). **c** **c1269** aliquid in processu propositum est falsum et calumpniabile, et maxime quod pro ~o erat positum *Grey Friars Ox.* 335; DUNS *Ord.* IV 120 (v. 2 distinguere 4c); *Ib.* IV 246 (v. emanatio 1b); *Id. Metaph.* V 13 p. 299 (v. dupleitas); WYCL. *Blasph.* 46 (v. elicibilis a).

3 lowest part of a thing, bottom, base.

1377 (v. ebullire 1a); **1409** in soluto (*sic*) diversis laborariis laborantibus in quarera de Adderbury pro terra fodienda et pro fondamentis quarere habendis et petris fodiendis ad edificacionem cancelle ibidem *Rect. Adderbury* 2; **1517** (v. 1 crater a).

4 fundament, anus.

qui nates suas et partes ~o contiguas intumuit, et sicut accepit ab eo qui curam ejus egit, emorroidarum molestia cum constipatione tenebatur W. CANT. *Mir. Thom.* II 20; **1267** H. titubavit cum pedibus suis et cecidit super quemdam baculum carecte ita quod baculo intravit ad ~um *SelCCoron* 7; **1290** emisit sanguinem per .. ~um ejus *State Tri. Ed. I* 51; **c1470** *go and do þat longyth to þin offyce*: / osculare fundamentum *Macro Plays* f. 123v.

5 (med.) seat, site.

hujus [virtutis spiritualis] est cor ~um et sedes *Quaest. Salern.* B 30; RIC. MED. *Anat.* 225 (v. digestio 1a); BART. ANGL. III 15 (v. domicilium 3b); testiculi vero, quoniam inter principalia membra enumerantur, et sunt seminis ~um et semen in sua complexione mutant GILB. VII 285. 1.

6 land-holding, property. *Cf. 2 fundus* 6.

octo ex talibus [sc. legalibus] acris erunt in ~o [W.: *tyddyn*] optimatis, et iiij in ~o villani *Leg. Wall.* B 230; merulos in armis portare est signum quod portans .. non habet substanciam magnam in bonis, sed deest sibi ~um [W. p. 44: *bowyd*] et videtur vivere de perquisitis et perquirendis BAD. AUR. 173.

7 the firmament.

creati fuerunt illi spiritus empyrrei celi incole, quod supra ~um splendet ut ignis COLET *Cel. Hier.* 194.

1 fundare [CL]

1 to lay the foundations of (structure).

basilicas sanctorum martyrum ~ant, construunt, perficiunt GILDAS *EB* 12; domum .. cujus profunditatem in terra .. lapidibus ~atam .. EDDI 22 (v. 1 domus 6a); ~are, fundamenta ponere; .. ~atum, consolidatum, stabilitum, *gestaþelad*, structum *GlH* F 1017, 1020; igitur profunditatem ipsius ecclesie criptis et oratoriis subterraneis, et viarum anfractibus, inferius cum magna industria ~avit RIC. HEX. *Hist. Hex.* I 3 p. 12.

2 to put on a firm basis, establish; **b** (w. *intentionem*); **c** (w. ref. to argument); **d** (refl.).

si ipse praedecessorum vestrorum .. ~atissima .. adimpleat decreta (*Lit. ad Papam*) EDDI 51; DUNS *Ord.* II 287 (v. essentialis 1a); in limitato non potest aliquid ~ari nisi limitatum *Ib.* IV 217; fundat, figit, anchorat WALT. WIMB. *Virgo* 12 (v. exul b); quod si foret tam necessarium ad ~andum fidem ecclesie, deberet primo inseri, aliis preter necessariis pretermissis WYCL. *Apost.* 199; Deus scit quod nichil aliud dixi preter legem Dei vel quod potest expresse ~ari in scriptura sacra WYCHE *Ep.* 539; **1423** quod potest ~ari in articulo fidei que est sanctorum communio *Reg. Cant.* III 163; J. BURY *Glad. Sal.* 576 (v. 3 deputare 3a); *Ib.* 577 (v. dirigere 6a). **b** **1225** pars canonicorum intentionem suam ~avit in his verbis .. *Dryburgh* 137; **1231** partibus coram nobis comparentibus, .. rector .. in hunc modum suam ~avit intentionem. petiit .. *Reg. Malm.* I 388; **1296** constat per probaciones .. parochianos suam intencionem super hoc rite ac sufficienter ~asse *Reg. Cant.* 122; **1365** comperimus prefatum priorem in percepcione decimarum titulum sufficientem habere, et intencionem suam ad plenum de jure ~asse *Cart. Mont. S. Mich.* 11 p. 11; **1427** inveni per testes .. rectorem .. et Ricardum .. super possessione .. aule .. intenciones suas .. ~asse sufficienter et probasse *FormOx* 463. **c** sicut voluntas est quodammodo illimitata quatenus ~at relaciones aliquas secundi modi oppositas DUNS *Ord.* II 273; peccat talis consequencia quia ~atur in una regula que multas habet instancias OCKHAM *Pol.* I 325; ut istam assercionem probet, ~et, et muniat *Ib.* III 8; WYCL. *Log.* I 221 (v. disparantia); **1393** vigore tituli nostri regii de regalia et jure corone nostre ~ati verissime et per nos totis viribus defendendi *Dip. Corr. Ric. II* 137; **c1407** de difficultatibus et dubiis que possunt moveri probabiliter ex textu vel processu in qua questio .. ~atur *StatOx* 194; postquam coram vestra reverencia ~averim et probaverim ipsas [conclusiones] sufficienter PECOCK *Abbr.* 616. **d** quod ut evidenter ostendant, verba beati Joannis Chrysostomi, in quibus se ~at iste impugnatus, adducunt in medium OCKHAM *Pol.* I 316; aliter .. non crederetur approbacioni vel reprobacioni pape nisi de quanto se ~averit ex scriptura WYCL. *Ver.* II 135.

3 to found, cause to be built.

exin bernarum fundant coenubia Christi ALDH. *VirgV* 1298; ~avit ibi monasterium ac regulari vita instituit BEDE *HE* IV 13 p. 232; hanc [urbem] Romana manus muris et turribus altam / fundavit ALCUIN *SS Ebor* 20; **†948** (13c) offero munusculum sanctae metropolitanae ecclesiae in Dorobernia civitate a beato Augustino ~atae *CS* 860; **1142** monasterium .. in honores .. apostolorum P. et P. ~atum (*Lit. Papae*) *Reg. Malm.* I 346; in capella que non procul a fonte ad hoc dignoscitur esse ~ata GIR. *TH* II 7 p. 89.

4 to found, esp. to endow (institution or organization). **b** to grant in mortmain.

1275 cum sit sancta ac salubris cogitacio preces ~are pro defunctis *Reg. Heref.* 11; **1345** cantariam .. ~averit (v.

dotare 2a); **1372** capellanis ~atis in ecclesia Brechinensi per dominum Robertum *ExchScot* 389; **1380** in expensis domini Johannis de B. .. de Dunelm' usque London et Northampton pro c li. per regem debitis adquirendis ac eciam pro collegio Oxon' per episcopum ~ando *Ac. Durh.* 589; **1415** cotidie celebrabunt imperpetuum unam missam altare S. Johannis Baptiste ~atum in orientali insula ecclesie parochialis de Wantynch' *Reg. Cant.* II 21; **1424** licet dudum Philippus .. cantariam .. in certis redditibus et possessionibus ~asset pariter et dotasset *FormA* 68; **1456** ad ~andum .. fraternitates, gildas, hospitalia, cantarias, collegia, domos eleemosynarum *Reg. Whet.* I 258. **b** **1481** concessimus .. toftum cum una virgata terre .. nobis forisfact' ex racione quod quidam R. B., possessor eorundem tofti et virgate, eadem ecclesie parochiali de Bredon .. absque licencia nostra speciali dedit et ~avit *Pat* 546 m. 10.

5 (w. pers. obj.) to set, establish (in a place or position).

1289 de nullo debebant solvere costumam cum eandem libertatem haberent et inter ipsos nulla esset diversitas, set erant omnes ~ati in terra Laburdi *RGasc* II 446; Walterus de Schirlaw, Coventriensis et Lichfeldensis episcopus ~atus per papam Urbanum, ad sedem Bathoniensem est translatus *V. Ric. II* 71.

6 to ground (the mind), instruct.

1340 Hugo .. in jure regni bene ~atus, ut dicitur, venturus est Cantuariam .. cum filio dicti Laurencii .. petiturus, ut placeat .. conventui concedere tenementum .. Laurencio filio suo *Lit. Cant.* II 233.

2 fundare [cf. 1 fundere 2–4]

1 to melt down (metal for casting).

1209 in plumbatoribus ad ~andum plumbum ad goterias xij d. *Pipe Wint.* 53; **1276** cum quadam falsa plata ~ata tanquam argentea *SelPlJews* 91; **s1300** ecclesia .. combusta fuit totaliter usque ad muros cum quatuor campanilibus, nec aliqua remansit campana quin †fundebatur [MS: fundabatur] aut frangebatur *Hist. Glouc.* 35; **1348** die quo ~arunt metallum pro campanis *KRAc* 462/16 f. 5.

2 to soak (grain as part of malting process), to malt. *V. et.* 1 *fundere* 4.

12.. quocienscunque fratres voluerint, ~abit ij quarteria avene vel j quarterium frumenti pro j opere *Rec. Templars* 154; ~abit contra Natale Domini ij *ferndales* avene *Ib.* 155.

3 fundare [AN *fundre*, OF *fondrer*], to founder, sink, (pass., of land) to be flooded or swamped. *Cf. effundare, funderare.*

1241 placia terre que ~ata est per refullacionem aque, eo quod S. nullam emendacionem apponit *CurR* XVI 1859; **1241** per refullacionem aque .. ~ata est terra *Ib.* (v. concavatio a); **1284** tota villa de W. distringatur pro via regali cum aqua ~ata, eo quod non mundaverunt cursum *Hund. Highworth* 270.

4 fundare [cf. ME *founden p. ppl. of finden*], to find.

1397 Johannes M. felonice interfecit Willelmum capellanum .. et dictus J. statim fugit et .. Lucia, uxor Johannis M., ~avit dictum W. *RCoron* 190 r. 5.

fundaria v. funtaria.

1 fundatio [CL = *foundation, substructure*]

1 action of building.

1000 (13c) segregatis tribus causis, expeditione scilicet hostili, ~one regiae arcis, restauratione pontis *CD* 1294 (cf. ib. 746 [**1032**]); **1042** (12c) exceptis trium rerum obsequiis, expeditioni scilicet populari, viatici ~one pontis, arcisve conditione regalis *CD* 762 (cf. ib. 800 [**1054**]).

2 action or process of founding (city, church, or sim.); **b** (w. *prima*, to distinguish from sense 4); **c** (*de* ~*one* & gen., or sim.) of (someone's) foundation, founded by (someone). **d** laying of foundations.

1199 sciatis nos concessisse et .. confirmasse bonis hominibus Grandimontis ~onem domus quam pater noster H. bone memorie fecit ad victualia sua, sc. cc li. *RChart* 21b; **1224** abbas de S. Albano summonitus fuit quod haberet cartas quas habet penes se de ~one prioratus de W. *CurR* XI 1588; **c1300** secundum consuetudinem ecclesie laudabilem a tempore ~onis hactenus usitatam *Lit. Cant.* I 6; **c1350** omnium .. inter Latinos nunc extancium studiorum universitas Oxonie ~one prior .. invenitur *StatOx* 17; libri .. de ~one ecclesie Westmonasteriensis FLETE *Westm.* 33; cepi etiam contexere historiam abbatum a Kynlos ab ipsa ~one FERR. *Kinloss* 10. **b** **s1176** in urbis Rome prima ~one (*Lit. Mediolanensium*) DICETO *YH* I 409; **1219** in prima ~one [ecclesie] .. a rege Henrico primo *Pat* 210; **1286** predicta villa [*Lower Winchendon, Bucks*] est de antiqua marischalcia Anglie et data fuit abbacie sue in prima ~one sue *PQW* 89b; **1380** in prima ~one collegii *Cant. Coll. Ox.* II 128. **c** **1228** (v. de 12a); **s1399** excellencie regali .. humillime supplicabat quatenus dignaretur prefatum dominum W. Wendover .. ad dictum monasterium de Gratiis sue ~onis primitivum facere tunc transferri *Meaux* III 278; **1415** domus Cartusiensis .. que de ~one ipsius nuper regis [sc. Ric. II] extitit *FormA* 67; **1448** abbathie S. Albani que de ~one inclitorum progenitorum nostrorum quondam regum Anglie et suo patronatu existit (*Ch. Regis*) *Reg. Whet.* I 48. **d** **1413** in dato (*sic*) bigariis vicarii et firmarii trahentibus lapides ad fundamenta cancelle viij d. et in servisia data eisdem in ~one xij d. *Rect. Adderbury* 8.

3 deed or charter of foundation.

1370 exhibitis .. coram nobis ~one ac ceteris munimentis .. ad collegium .. pertinentibus *Lit. Cant.* II 498; **1502** ordinamus quod predictus lector .. semel in anno .. hanc nostram ~onem [sc. lecture sacre theologie] publice ac solenniter, loco unius lecture, de verbo in verbum distincte leget *StatOx* 306; **1506** ut videat ~onem cantarie sue ad quam presentatur et eam legat et omnia ad que obligatur ex ~one agnoscat *Arch.* LII 162 (cf. ib.: in eisdem ~onibus, statutis, et consuetudinibus); **1520** nomina .. capellanorum in hujusmodi capellaniis non deservientium et ~ones ipsas quomodolibet infringentium *Conc. Scot.* I cclxxxii.

4 endowment provided by founder (of institution).

1412 pro dicti capellani ~one stabili et securiori fundamento, universitas ordinavit quod c s. .. in dicti capellani sustentacionem imperpetuum applicentur *StatOx* 217; **1428** quod illa altera medietas ejusdem pecie predictis decano et capitulo .. imperpetuum remanebit prout ex antiquo et de jure debet tanquam parcilla ~onis ecclesie predicte *Rec. Leic.* II 240; **1546** reservatis .. singulis aliis casualitatibus et emolumentis ad dictum monasterium de jure, consuetudine, ~one, dotatione, seu alias legittime spectantibus *Form S. Andr.* II 346.

5 basis, foundation (of argument, belief, or sim.).

dicitur cujus advocacionem idem talis dicit ad se pertinere ex quo quidem elici potest quod oportet querentem docere quod ad ipsum pertineat actio et querela in ~one intencionis sue BRACTON 242; WYCL. *Mand. Div.* 120 (v. elementatio); sic enim oportet sane intelligere glossam cum suis ~onibus *Id. Sim.* 46; ergo hujusmodi actuum et gubernacionum sive regiminum ~o .. ipsius erit Scripture Sancte proprium J. BURY *Glad. Sal.* 577; generaliter simile non est de fundacione domuum et scienciarum ~one *Ib.* 580.

2 fundatio [cf. 2 fundare]

1 process of founding or casting in molten metal. **b** smelting (of ore).

1318 pro reparacione molde et ~one campane *Arch. Bridgw.* I 66; **1339** Willelmo de A. pro ~one et jactacione iij bolestarum enearum de eneo regis pro ponte posterne sub escambio regis *KRAc* 470/6 m. 1; **1348** in biletto empto pro ~one plumbi pro quodam guttero *Ib.* 462/16 f. 11. **b** **1297** in fund[atione], portagio, et peysagio de clxvj^{m} dccxxx lib. [sc. stagni], iiij li. ix s. xj d., videlicet pro milario et cineribus .. *Ac. Cornw.* II 249; **1300** in consimilibus expensis factis circa ~onem et affinacionem tam plumbi quam argenti *Pipe* 145 r. 23.

2 liquefaction (of tallow). *Cf.* 1 *fundere* 3.

exitus [sepi]: .. in propriis expensis cum tannario xj petr. iij li. in deciduo ~onis iij petr. *Ac. Beaulieu* 212.

1 fundator [CL]

1 founder: **a** one who founds or causes (city, church or sim.) to be built; **b** one who provides or increases the endowment (esp. of church, chantry, or sim.), benefactor.

a Columba .. primus ~or monasterii BEDE *HE* V 9; **p793** nec nova te cudere suademus sed vetera omnimodis renovare quia ~or et renovator ejusdem mercedis esse possunt apud Deum ALCUIN *Ep.* 282; **p1150** nos .. confirmasse Deo et ecclesie beati Petri de Eya et monachis ibidem Deo servientibus .. pensiones annuas debitas .. ecclesiarum quas R. Malet eorum ~or eis dedit *Doc. Theob.* 105; **1167** ut .. semper tantam habeatis in Deo ~ore ecclesie et custode .. fiduciam J. SAL. *Ep.* 201 (234 p. 430); **a1209** quod .. priorissa et totus conventus †ecclesia S. Egidii .. concessimus domino nostro Rogero de T. .. nostro patrono et loci illius ~ori *Cart. Beauchamp* 370; pie recordationis ~or hujus coenobii, Willielmus G. COLD. *Durh.* 3; item liber Catholicon, ex dono domini ~oris HEETE *Catal. Coll. Wint.* 74; STRECCHE *Hen. V* 159 (v. capitularis 4b). **b** **1300** pro animabus abbatum, monachorum, ~orum et benefactorum nostrorum *Reg. Malm.* II 372; **1327** absque consensu .. regis .. qui est ~or et patronus specialis Ecclesie Christi predicte *Lit. Cant.* I 220; **1327** reges Anglie illustres .. ipsam ecclesiam .. de regia munificencia dotaverunt, faciendo ipsi Jesu Christo pro ipsis ~oribus et eorum liberis servicia spiritualia et sacrificia salutaria *Ib.* I 221; **1416** ad requisicionem .. domini Henrici Dei gracia regis Anglie .. ipsius ecclesie Norwic' ~oris et patroni *Reg. Cant.* I 27; **1432** in carta Reginaldi M., ~oris cantarie *Ac. Durh.* 232; ut Christo quiecius valeant famulari et pro ~oribus devocius exorare FLETE *Westm.* 33; **1520** ne anime ~orum debitis fraudentur obsequiis *Conc. Scot.* I cclxxxiii.

2 one who establishes the basis or groundwork.

ultorem te criminibus / et fundatorem moribus / nobis conservet ille P. BLOIS *Carm.* 27. 25; non .. ut primos arcium ~ores omnem ruditatem elimasse dicamus R. BURY *Phil.* 10. 158.

2 fundator [cf. 2 fundare]

1 founder, smelter.

1297 in feodo fund[atoris] et pond[eratoris, sc. stagni] per annum xv s. *Ac. Cornw.* II 249; **1300** in stipendiis .. mulierum minam lavancium et ~orum plumbi serviencium in fundendo plumbum *Pipe* 145 r. 22.

2 'fusour', one responsible for melting down old coin and other metal at the Mint. *V. et.* 2 *funditor, funtor, fusor.*

1219 J. .. tenet manerium de Windleshor' per serjanteriam ~oris scaccarii *Fees* 260; de ~oribus qui retonsuram vel platas ejusdem affinaverint *Fleta* 30 (v. affinare b).

3 maltster.

1272 item pro *cleys* ad torallum ij s. viij d. item ~ori de dono domini xij d. item pro cariagio brasei .. *Ac. Wellingb.* 13.

3 fundator v. 1 funditor.

fundatorius, of or belonging to founder, patron, or benefactor.

1560 cum ecclesia .. jam vacet et pastoris sit solatio destituta, alium vobis eligendi in episcopum et pastorem licentiam nostram ~iam vobis concedere dignaremur (*Pat*) *Foed.* XV 566.

fundatrix [cf. 1 fundator], foundress, benefactress. **b** (dist. as *prima* ~*x*) original foundress.

1243 (v. dotatrix 1); dum tamen mulieres per claustrum et dormitorium .. intrare non permittantur, nisi ~x, uxor aut filia vel uxor filii fundatoris, existarent *Meaux* III 36; **1502** devote .. dicere hunc psalmum 'Deus misereatur nostri' cum speciali collecta pro bono statu nostro [? *supply* et] ~ce lecture predicte *StatOx* 306; **1535** pro manutencione xxv cerearum quolibet die per totum annum ardencium circa sepulturam domine Elie Longespe, ~cis monasterii de Lacok *Val. Eccl.* II 117a. **b** turbamque virginum prima ~x inibi religiosissimam ordinavit ELMH. *Cant.* 215.

fundecus [Ar. *funduq* < πανδοχεῖον], 'fonduk', hostel, caravanserai. *Cf.* 2 *fundus* 8.

1221 sex centum fundeci ubi hospitari consueverant sophi Saracenorum (*Lit. P. Cardinalis*) *Ann. Dunstable* 71.

funderare [cf. 3 fundare], to founder, sink, (pass., of land) to be swamped or flooded.

1444 R. atte C. quia obstupavit cursum aque stagni molendini apud T. per quam (*sic*) regia via ibidem est ~ata *CourtR Carshalton* 55; **1473** in qua quidem presentacione continetur quod dicta communis via est ~ata et cum aqua superundata *Ac. Bridge House* f. 213; **1661** alta regia via .. est adeo confracta, lutosa, sunderata [? l. funderata], periculosa *Surrey Rec. Soc.* XIII 106.

funderatio, immersion, soaking.

c1300 Eadmundus pelliparius habuit .. j cuvam pro ~one, pretii x d. *RParl* I 247a.

1 fundere [CL]

1 to pour (liquid from a vessel), pour out, spill.

aquam, in qua laverant ossa, in angulo sacrarii fuderunt BEDE *HE* III 11; manibus aquam ~ere EADMER *V. Osw.* 33 (v. deosculari a); corvi .. forte lac alumni ipsius [sc. Keivini] fuderant GIR. *TH* II 28; vinum in calicem ~ere *Cust. Cant.* 270 (v. dealbare 5b).

2 to found, cast (w. molten metal). **b** to melt down (metal). **c** to smelt (ore). **d** to fuse (sand by kilning). **e** to purify by melting. *V. et.* 2 *fundare* 1.

Teoðic .. / fundere campanas solitus WULF. *Swith.* I 1174; in puppibus .. videres .. delphinos electro fusos *Enc. Emmae* I 4; Edrici qui signa ~ebat *Chr. Battle* 16v.; **1221** mercatores cum platis, mina, et argento fundito *Pat* 322; **1325** (v. 2 filare); **1382** pro quadam campana enea in eadem forma ~enda (v. forma 4b); **1402** item pro .. haustorio pro plumbo ~endo ij s. viij d. *Ac. Durh.* 216; **1492** (v. electrarius). **b** W. CANT. *Mir. Thom.* VI 62 (v. confundere 1a); **1280** *RBExch* 1003 (v. funditorum); juxta fornaces ubi ~untur metalla GAD. 52. 2; **1355** (v. 1 billio c). **c** **1201** (v. funtura 1); **1258** in carbone empto ad cineres plumbi ~endos iiij s. vj d. ob. in stipendiis cujusdam plombarii ad predictos cineres fondendos, xv s. iiij d. *Ac. Build. Hen. III* 168; **1300** in stipendiis diversorum minatorum ~encium plumbum *Pipe* 145 r. 22; **1300** (v. 1 bola); **1323** (v. bolarius a); **1336** boscos illos, videlicet arbores et buscam supercrescentes, .. custodi minere nostre .. pro mina inde ~enda .. liberari facias *Cl* 157 m. 5; **1384** quod [stannatores] fodere possunt stannum et turbas ad stannum †findendum ubique in terris, moris et

vastis nostris .. et emere buscam ad funturam stanni *Cl* 225 m. 47; *SB* 14 (v. cadmia). **d** **1378** in ij carectatis zabuli ~endis vj d. *DC Cant. Ac. Malthall* 10/1; **1381** in iiij quart' calcis empte ij s. in arena ~enda iij d. *Ib.* 2; **1397** in ccc summis calcis uste emptis vj li.; in c carectatis zabuli ~endis xvj s. viij d. *DC Cant. Ac. Prior.* 17/4. **e** potes eciam cum materia clare dissoluta .. imbibere et abluere omnes imperfectorum corporum calces et dealbare et ~ere in lunam puram RIPLEY 345.

3 to melt down, liquefy (tallow). *Cf. 2 fundatio* 2.

1296 in tribus petris sepi fusi .. in xxv petris sepi non fusi *Ac. Galley Newcastle* 174.

4 to soak (grain as part of malting process), to malt. *V. et. 2 fundare 2.*

c1300 in brasio fuso viij quarteria *FormMan* 37; **1324, 1441** (v. bracium a); **1325** queritur quod cum tradidit .. M. decem quarteria ordei ad ~endum bras[ium] ad opus suum *CBaron* 140; **1378** idem respondet de xxv quarteriis brasei molati de remanenti anni preteriti. et de dcxxxij quarteriis iiij buss. novi brasei receptis de xxv functuris ordei fusi ut supra *DC Cant. Ac. Malthall* 10/1; **1424** et de functuris fusis hoc anno ad Berthonam mccc quar. *Ib.* 5.

5 to emit freely (from the body), pour out (breath, tears, other body fluids); **b** (one's own blood). **c** to shed (another's blood).

GILDAS *EB* 73 (v. extremus 3a); presbiter quoque si per cogitationem semen fuderit THEOD. *Pen.* I 8. 3; preces et lacrimas ad Dominum pro statu ecclesie fusas BEDE *HE* II 6; collum utriusque .. fusae madefecere lacrimae *Enc. Emmae* II 2; lacrimas .. ~amus *V. Gund.* 23; exta ~ebantur ORD. VIT. IX 10 (v. exta a); compungitur de peccatis suis et lacrymas ~it AILR. *Serm.* 238A; istos percussit Dominus in posteriora .. qui ~unt semen in terram [cf. *Gen.* xxxviii 9], qui manna in putredinem vertunt P. BLOIS *Ep.* 42. 123C. **b** dira mortis supplicia passus in cruce, ~ere dignatus es sanguinem tuum preciosum pro salute omnium nostrum WULF. *Æthelwold* 39; W. NEWB. *Serm.* 900 (v. expiatrix b). **c** ALDH. *VirgV* 1841 (v. digne); ut propter appetitum adulterae quam detestandum sciebat sanguinem ~eret prophetae quem Deo acceptum esse cognoverat BEDE *Hom.* II 23. 239; **c1072** (v. detinere 2c); *DB* I 26 (v. emendare 5b); et regni metuens honorem perdere / insontem sanguinem festinat fundere WALT. WIMB. *Carm.* 236; **s1397** congregati estis non ad fidelitatem faciendam sed ad sanguinem †meam ~endam [l. meum ~endum] *V. Ric. II* 137.

6 to bring forth, give birth to.

fudit, peperit *GlC* F 391; dicitur enim quod leena catulos suos mortuos ~at et ipsi ad vocem patris rugientis die tercia surgant HON. *Spec. Eccl.* 935C; i procul ut tutos liceat michi fundere fetus WALT. ANGL. *Fab.* 20. 5; ars ista prodiit de regis camera, / hunc fetum curie fuderunt viscera WALT. WIMB. *Palpo* 14.

7 (fig.) to send out in a stream, pour forth: **a** (missiles); **b** (vapour); **c** (light); **d** (words, esp. prayers); **e** (abstr.).

a GARL. *Epith.* VII 300 (v. dilapidare 1a); **1319** balistam seu arcum pro lapidibus seu pelotis terreis aut aliis nocivis ~endis (*Pat*) *Foed.* III 790b. **b** FELIX *Guthl.* 24 (v. flactra). **c** fusam desuper lucem BEDE *HE* IV 23 p. 257; volatum fulmineum .. ~ebant B. *V. Dunst.* 11 (v. fulmineus 3). **d** ~itur pro eis oratio THEOD. *Pen.* II 5. 1; pro me tuo peregrino / preces funde Theodoro *Ib. vers. epil.*; ut .. orationem ~eret pro eo ad Dominum *V. Cuthb.* IV 5; eloquium domini quaecunque volumina fundunt, / spiritus hoc sancto fudit ab ore Deus *Epigr. Milredi* 819; EGB. *Pont.* 1 (v. episcopus 2a); fusa ad Deum oratione *Chr. Battle* 130v.; fusis .. non sine lacrymarum exuberantia ad Dominum .. precibus *Mir. Fridesw.* 110; sancto .. orationem ad Deum ~ente GIR. *TH* II 28; **1301** fusis nobis pro .. Willelmo .. precibus *Reg. Carl.* I 139; 'supplex paternus', id est qui humiliaverat se patri suo et preces ei fuderat TREVET *Troades* 25; ~atque preces, oraciones et lacrymas ante conspectum summe clemencie Dei *G. Hen. V* 14 p. 98. **e** WALT. ANGL. *Fab.* 57. 6 (v. dissociare a); **1301** subjecta .. rebellant, nequicie venena fu[n]dencia et laborancia ingratitudinis vicio *Reg. Carl.* I 147.

8 to expend, pour out lavishly, squander. **b** (w. *expensas*) to defray.

qui ~it regni sui bona BACON V 43 (v. destructor). **b** in qua consecratione episcopus Lincolnie, Henricus Burwesch, ~ebat omnes expensas *Hist. Durh.* 1; **1440** ceteros .. sumptus circa eundem palum fudit unus .. canonicus Herfordensis *Cant. Coll. Ox.* II 157.

9 (fig.) to flow smoothly into.

fundit apex humeros, pressum tegit ubera pectus, / ilia succingit levitas tractusque lacertos J. EXON. *BT* IV 186.

10 (pass., of person) to be stretched out, prostrate.

ad cujus pedes fusus optinet ut abbati presentetur GOSC. *Transl. Mild.* 21 p. 184.

2 fundere [cf. Fr. *foncer*], to sink (a mine-shaft).

1350 (v. carbo 2b).

funderia v. funtaria.

fundibalarius [LL], slinger.

s1066 cum innumera multitudine equitum fundibal[ar]iorum, sagittariorum peditumque FL. WORC. I 227; balearius, funditor, fundibolarius OSB. GLOUC. *Deriv.* 76; fundibalista, funde jactator qui et fundibularius dicitur *Ib.* 243; ~ii et sagittarii, et quicunque jaculandorum periti missilium *Itin. Ric.* I 57; **s1224** Falco militibus, balistis, fundibulariis, et diversorum generum satellitibus, victualibus etiam que obsessis congruunt, castrum de B. .. premunivit GERV. CANT. *GR* 114; **s1224** erant ibi plereque machine in quibus tam balistarii quam fundibularii in insidiis latitabant *Ann. Dunstable* 87; **s1217** Philippus de Albineto et milites et balistarii atque sagitarii cum ~iis in Francos tela mortifera cum lapidibus infatigabiliter transmittentes, .. nimiam stragem exercuerunt M. PAR. *Abbr.* 241; **s1275** Mannenses inermes et nudi, ~iis, balistariis, sagittariis .. non valentes resistere, .. fugerunt W. NEWB. *HA Cont.* 570; *a slynger*, ~ius, fundibalista, fundator, baliator, baliarius *CathA*; fundilabarius *Ib.* (v. fundibalista a).

fundibalista, slinger. **b** sling.

OSB. GLOUC. *Deriv.* 243, *CathA* (v. fundibalarius); *a gunner*, fundilabarius, ~a *CathA*. **b** *staff, slynge*, balia, .. ~a *PP*.

fundibalius v. fundibalarius.

fundibalus, fundibulum [LL], sling. **b** siege catapult.

terrestris creaturae quam teres vertigo caeli in modum rotantis ~bali circumgirat ALDH. *VirgP* 11; *Id. Aen.* 74 (*Fundibalum*) *tit.* (v. 2 errare 1a); ~bulorum *Id. PR* 138 (v. exercitatio 2); fundiblum, *stæflithere* ÆLF. *Gl.* 142; **10..** ~balum, *stæflidere WW*. **b** oleum ignitum .. in milites ~balis jaculabantur W. MALM. *GR* IV 369 p. 427; **s1266** edificia castri .. fuerant ~bulorum jactibus conquassata WYKES 194; in his insulis primitus inventa est funda cum qua emittimus lapides, unde Baleares dicte sunt; 'belli' Grece dicitur 'mittere' Latine, unde 'balista', quasi 'missa', et fundabulum *Eul. Hist.* II 119.

fundibolarius, fundibularius v. fundibalarius. **fundibulum** v. fundibalus.

fundifer [cf. funda], sling-bearing.

s1147 garciones nostri ~eri hostes irritando ad campum progredi faciunt, ut sic eminus jactu lapidum irritatis majoris accessionis provocatio fieret OSB. BAWDSEY clxiv.

funditare [CL], to pour out continuously.

~are, sepe effundere OSB. GLOUC. *Deriv.* 243 (cf. ib. 255: ~o, ~as, verbum frequentativum).

1 funditor [CL], slinger.

ALDH. *PR* 138 (v. exercitatio 2); ~ores lapidibus, sagitarii jaculis, arcubaliste telis, quisque suum exercentes officium W. MALM. *GR* IV 369 p. 427; cum innumeris ~oribus .. intolerabili eos lapidum grandine infestare *G. Steph.* I 16; cum ~oribus aliisque qui in hostem tela eminus mittere .. volunt J. SAL. *Pol.* 594D; balearius, i. ~or qui baleam torquet OSB. GLOUC. *Deriv.* 65; **1317** sciatis quod assignavimus vos ad eligendum .. trescentos fundatores de melioribus et potentioribus qui in eodem comitatu inveniri poterunt *RScot* 170a; fundator, A. *a founder or slynger WW*.

2 funditor [cf. 1 fundere 2, AN *fundur*], founder, 'fusour' (esp. at Mint), one who melts down old coin and other metal. *V. et. 2 fundator, funtor, fusor.*

1280 (v. funditorium).

funditorium [cf. 1 fundere 2, fusorium], foundry, melting-house (esp. at Mint). *V. et funtaria.*

1280 magister monete sustinebit .. misas hominum suorum .. viz. .. custodis platarum et funditoris, garcionis in ~io et aliorum ministrorum *RBExch* 985; monetam .. non ydoneam reprobare ac ipsum remittere ad ~ium .. fundendam ac in omnibus reformandam *Ib.* 1003; **1282** de exitibus camb' et funditor' tam denariorum et obolorum quam ferlingorum *KRAc* 230/21.

funditura [cf. 1 fundere 2, OF *fonture, fondure*], process of melting down and casting, foundry. *V. et. funtura.*

1318 metallum ad campanam viij^{c}iiij^{xx}xvj li. cupri .. de quibus ~a pro nova campana facienda .. *Arch. Bridgw.* 66.

1 funditus v. 1 fundere.

2 funditus [CL]

1 from the foundations. **b** (w. ref. to plants or sim.) by the roots.

†676 (12c) omnia simulacrorum figmenta ridiculosa ~us diruta *CS* 43; Sodomam Gomorrhamque igne atque sulphure ~us periisse PULL. *Sent.* 883D; ORD. VIT. X 33 (v. dunjo); **1511** (v. emundatio 1b). **b** ORD. VIT. III 3 (v. eradicare 1b).

2 utterly, completely.

BEDE *Hom.* II 17. 196 (v. exstirpare 2a); *Id. HE* IV 19 (v. exstinguere 1b); BYRHT. *V. Ecgwini* 361 (v. eradicare 1b); donec vita ista ~us cesset ALEX. CANT. *Dicta* 11 p. 153; fere ~us .. emortua T. MON. *Will.* II 7 (v. emori b); regio Pentapolis .. igne .. celitus emisso ~us exusta est GIR. *TH* II 9; nullus / funditus ingrato vilior esse potest WALT. ANGL. *Fab.* 40. 34.

fundor v. funtor.

fundosus [cf. 2 fundus], (in quot., of ford) (?) shallow, (?) w. firm footing.

s1140 limose paludes, in quibus vadum ~um ad transmeandum habile regi .. fuit ostensum *G. Steph.* I 47.

fundotenus v. 2 fundus.

fundrare [AN *fundre*, OF *fondrer*], to soak (grain as part of malting process), to malt. *V. et. 2 fundare 2.*

1273 idem r. c. de iij quarteriis brasei frumenti ~ati. .. idem r. c. de xviij quarteriis brasei de predicto drageo ~ato *Ac. Stratton* 44; **1277** braseum: .. de predictis xxxvij quar. ~atis et incremento ejusdem .. *Ac. Wellingb.* 18.

fundratio, process of malting.

1268 ordeum: .. in ~one viij^{xx}xvj quar. *Ac. Wellingb.* 7; **1277** ordeum: .. in ~one xxxvij quar. *Ib.* 18.

fundulus [cf. Jan.], small fish.

~us, minutus piscis qui et gobio et scintilla dicitur OSB. GLOUC. *Deriv.* 243; *Ib.* 263 (v. guttulus); ~us, A. *a looche* ..; hic ~us, A. *playsse WW*; *loch, fyshe*, ~us *PP*; *CathA* (v. alausa).

1 fundus v. 1 funda.

2 fundus [CL], **~a, ~um**

1 bottom, base (esp. of vessel, inside or outside). **b** (removable) bottom, end (in quot., of barrel). **c** bottom, lower limit.

[Antipodae] imum orbis ~um ad nostra vestigia sursum directis pedibus calcant *Lib. Monstr.* I 53; ALDH. *VirgV* 1332 (v. dea a); si impleatur languena aqua usque ad ~um, et cooperiatur ut aer non possit ingredi, si fiat foramen in ~o, non exit inde aqua *Quaest. Salern.* Ba 112; **1313** (v. esmallare); **1352** (v. esmale 2b); **1390** (v. domicella 1a); a ~a patelle *SB* 22 (v. fuligo a); **1404** ij pelves argent' cum armis domini Thome Hatfield in ~o *Ac. Durh.* 395; *MGL* I 602 (v. falsus 3c); **1453** pro uno *plate* argenti deaurati .. pro ~o unius pelvis, ponderanti iij uncias dim. .. (*KRAc*) *JRL Bull.* XLII 119; evertatur vas et fiat summitas quod fuit in ~o RIPLEY 216; **1517** j crathera cum una rosa sculpta in ~o *Ac. Durh.* 293. **b** **s1178** utroque ~o dolii impetuose evulso WEND. I 113. **c** sed merito suo de peccato in peccatum usque in abyssum peccatorum sine ~o, hoc est profundam sine aestimatione, demergatur ANSELM (*Praesc.* 3. 8) II 275; fons es lactis nunquam arens, / puteusque fundo carens / et abissus melea WALT. WIMB. *Virgo* 109.

2 base (on which something may be raised up), esp. ground, foundation, footings. **b** floor, storey. **c** background, in quot. backing-cloth.

lolia, quodam levi conamine passim per locorum spatia neglegenter respersa, ~otenus explodant B. *V. Dunst.* 1; **s1147** inceptumque Henrici municipium ~otenus diruit *G. Steph.* II 110; **1193** pro deambulatoriis circa castellum, et lapide et palo, et ~is, et fossa reparanda, et ponte kernelando *Pipe* 83; **1306** (v. 2 hulcus); **1326** in emendac[ione] ~arum *Sacr. Ely* II 59; **1336** (v. essewera 1); **1424** (v. hospitari 4); **1447** in prima posicione lapidis in ~o ejusdem orrii *Ac. Durh.* 145; J. et S. .. ville de Perth muros usque ad ~um solotenus prostraverunt *Plusc.* IX 28 (cf. FORDUN XIII 25: usque ad solum); altitudo dicte ecclesie continet lxxxvj pedes extra muros ab area ~i dicte ecclesie W. WORC. *Itin.* 272; hoc ~um, A. *growndwalle WW*. **b** **1372** construetur .. una fenestra artificialiter constructa inter primum ~um et secundum *Building in Eng.* app. 445. **c** **13..** item j vestimentum integrum cum iij capis de panno de auro ~o nigro cum stellis albis in solo veridi et leopardis intextis de auro *Invent. Norw.* 20.

3 (naut.) keel (of ship). **b** (Cont.) payment in respect of ship.

~o, fundamento compono, vel una pars navis, vel maris *GlH* F 1023; **1295** in ij grundis emptis xij s. in *eches* et *brondes* xxij s. in ij lignis ad ~um xxiij s. iiij d. (*KRAc* 5/7 m. 1) *Sea Terms* I 60; **1296** item in uno ligno empto de Johanne de Burgo de longitudine lvj pedum ad ~um galee xx s. item in uno ligno empto de Elya de Donwyco ad ~um ejusdem galee de longitudine lij pedum xx s. *Ac. Galley Newcastle* 162. **b** **1401** (v. datium); **1418** ire et redire absque solucione alicujus .. ~i navis aut cujuscunque exaccionis *Mon. Hib. & Scot.* 370a.

4 space in lowest part (of vessel, well, building, boat, or sim.) **b** (anat.) lower part (of bodily organ). **c** deep, depths (of water or the sea).

bufones casu illatos in ~o navium invenerunt GIR. *TH* I 29; item si post urina cum ypostasi alba et in ~o cum bonis differentiis, signum est complete digestionis RIC. MED.

Signa 36; **1238** omnes clericos qui capti fuerint pro transgressione nuper illata domino legato . . poni faciatis in ~o gaiole *Cl* 47; **c1250** in ~o ecclesie (v. hospitiolum 1a); **1269** permittebant ipsum sedere super quandam formam in gayola ipsius Petri que plena est aqua in ~o *SelPlForest* 50 (cf. ib. 52: gaiolam . . que est plena aqua in ~o); **1323** in stipendio j hominis querentis . . hauritorium in fondo fontis ibidem qui ceciderat in eodem per fraccionem funis *MinAc* 1147/11, A 2; **1336** (v. effortiare 2a). **b** RIC. MED. *Anat.* 231 (v. diaphragma); GILB. II 15. 2 (v. declivosus); GAD. 77v. 2 (v. deprimere 1a); piloron . . ventris, i. ~us stomachi *Alph.* 145. **c** humidus in fundo, tranat qua piscis, aquoso ALDH. *Aen.* 56 (*Castor*) 5; ecce repentinus pontus fundo tenus undis / fremuit FRITH. 359; R. COLD. *Cuthb.* 32 (v. demergere 2a); pisciculos in ~o fluctuum latitantes GIR. *TH* I 16; SACROB. *Sph.* 81 (v. disgregatio c); piscis qui videtur in aqua major videtur in ~o aque quam in superficie aque J. BLUND *An.* 108.

5 depth (as measured).

1508 (v. eciare).

6 enclosed land, estate (as source of revenue or means of support). **b** (*dominus ~i*) landlord. **c** (w. *dotalis*, land as) dowry, endowment.

~os, *bocland, landrice GlH* F 1021; †**a1100** (12c) ecclesias . . quas . . edificaverunt in proprio ~o terrarum *Feod. Durh.* lxxvii; **a1180** (v. 4 bera); *Dial. Scac.* I 7 A (v. 1 domus 3b); summa que de comitatu requiritur, communiter ab hiis qui in comitatu ~os habent per hidas distribuitur *Ib.* I 8 D; habitantes prope ~os qui corone annominantur aliquam eorum porcionem sibi usurpent et suis possessionibus ascribant . . hec dicimus purprestura vel occupata *Ib.* II 10 A; res et opes, fundos, generosi stemmatis ortum, / cum careat subole computat esse nichil NIG. *Poems* 408; erant preterea in quibusdam ~is episcopii matricule, in quibus non pauci . . sustentabantur AD. EYNS. *Hug.* IV 3 p. 13; **c1200** et licebit . . monachis predictum boscum cum ~o fossare et includere *Couch. Kirkstall* 128; quia . . minus lucide de ~o possessionum, lacius diffuso, de terrarum situ, de redditu um censu . . hactenus digestum est *Chr. Battle* 8; **12..** vj percatas more . . cum ~o et ceteris omnibus pertinenciis *Ch. Gilb.* 68; BRACTON 181 (v. divertere 1a); **1285** [salvo] placito de ~o terra que de feodo nostro immediate existit *RGasc* II 283; **c1300** quantum ~us valeat per annum si boscus fuerit prostratus *FormMan* 26; in 'fundis', i. tenementis (J. BRIDL.) *Pol. Poems* I 191; [placitum] civile est in quo vertitur pena pecuniaria aut ~i actio [Sc.: *action of goodes & lands*] *RegiamM* I 1. 2 (cf. ib. 13. 5: quia fructus pendentes pars ~i esse videntur); **1450** si contingat bestias seu animalia alicujus . . ~um, agrum, solumve subditi alterius partis ingredi et granum aut herbam ibidem crescentem depascere . . *RScot* 340a; **c1520** super ~um quo fundatur . . novum molendinum *Form. S. Andr.* I 99. **b** nec latuit res militem, dominum illius ~i NECKAM *NR* I 64; Tovi le Prude, dominus ~i *Found. Waltham* 5; **a1216** habendum dictis canonicis in liberam et puram et perpetuam elemosinam, faciendo inde servicium dominis ~i quod predicte terre [*in London*] debent *AncD* A 2329; **a1221** faciendo inde servicium dominis ~i quod terra et soppa . . annuatim debent *Ib.* A 1851; **12..** dominus ~i *Cart. Coldstream* 27; **1315** (v. eswarda 1). **c** **c1260** beneficio senatus consulti Velleyani et etiam legis Julie ~i dotalis *Melrose* 327; cum ~o dotali LYNDW. 281 e (v. dotalis).

7 (math.) fundamental number, root (cf. πυθμήν); ***~us epitritus***, the first two numbers having a ratio 4:3.

quorum epitritus ~us quinario conjugatus duas harmonias exhibet, quando numerus diagrammatis hujus solidus fuerit BRADW. *CD* 460E.

8 (as equivalent to Ar. *funduq*) 'fonduk', hostel, caravanserai. *Cf. fundecus.*

~us vocatur locus edificatus pro mercatoribus determinate civitatis vel regionis, utpote ~us Janue, ~us Venetiarum, ~us Marcilie, ~us Cathelanorum, et sic de aliis, ad quem debent omnes mercatores illius civitatis . . declinare, et mercationes suas . . collocare, et hoc semper secundum consulem disponitur S. SIM. *Itin.* 27; communiter quelibet Christianorum civitas maritima habet ~um in civitate ipsa et consulem. in . . deserto semper in fine cujuslibet diete reperitur locus muratus, qui ~us nuncupatur, ubi omnes transeuntes possunt requiescere tute et absque aliquo tributo . . . que omnia sunt facta per soldanum *Ib.* 91.

funebraticius v. funeraticius.

funebris [CL]

1 of or assoc. w. a funeral, funerary; **b** (as sb. n. pl.). **c** lamentable, grievous.

ALDH. *VirgP* 13 (v. epicedion); BEDE *Hom.* II 13. 157 (v. 1 dies 7c); delatum est . . corpus . . cum magno honore et funebrio carmine BYRHT. *V. Ecgwini* 386; una ex parte ~ia personabant, alia ex parte cantica leticie resonabant DOMINIC *V. Ecgwini* I 17; funestus et ~is, funeri proximus OSB. GLOUC. *Deriv.* 244; cadaver mortuum, pannis ~ibus involutum, de sepulchro egressum WYCL. *Apost.* 26. **b** fratres condigna exequiis ~ia preparabant R. COLD. *Cuthb.* 63. **c** GIR. *GE* II 18 (v. funestus 3).

2 deadly, of death.

hic et hec ~is et hoc -re, i. mortalis OSB. GLOUC. *Deriv.* 232; ~i deformitate W. CANT. *Mir. Thom.* II 71 (v. 1 dentale 1b); mirum de cygnis quod . . ~ia fata canendo contemnant GIR. *TH* I 19; fortune causa titubat dum funebre bellum GARL. *Tri. Eccl.* 23.

funellum v. fonellum.

funenum [AN *funain*], **funetum,** cordage.

1188 Nicholaus de Sigillo r. c. de lxj li. et x s. pro custo esnecce regis et funeno *Pipe* 174; **1190** pro custo esnecce regis et funeto *Ib.* 200 (cf. ib. [**1191**] 134: funeco [? l. funeto]); **1204** in . . apparatu vj navium, sc. de funanis et ancoris *Ib.* 125; id quod defecerit . . supplere faciatis de armamentis aliarum galiarum, quantum necesse fuerit, ut in anchoris et funeneo et in aliis necessariis *Cl* 180 (= *RL* I 351: †fimeneo).

funerabilis, funerary, (as sb. n. pl.) funeral rites.

s1477 in repetitis solennissimis genitoris sui . . funerabilibus [*but* ? l. funeralibus] *Croyl. Cont. C* 560.

funeralis [LL], of or assoc. w. a funeral. **b** (as sb. n. pl.) funeral rites. **c** funeral expenses. **d** burial fees (received by church).

1287 (v. exsequiae a); **1322** item lego ad expensas meas ~es in cervisia et vestura pauperum . . *FormA* 430; 'multo funere', id est multo ~i dolore TREVET *Troades* 11; **s1307** allatum est corpus regium . . ad Waltham, quo illic deposito solempnizatoque pro anima ~i suffragio, populus ad propria est reversus *Ann. Paul.* 257; **1440** salvis nobis et successoribus nostris omnibus et singulis aliis juribus ~ibus racione decedencium aut funerum apud dictum nostrum monasterium *Reg. Dunferm.* 415; **1457** post debita mea plenarie persoluta et expensas meas ~es . . factas *Wills Richm.* 4. **b** jam de ~ibus solummodo videbatur tractandum, cunctis id tantum asserentibus quia defunctus est R. BOCKING *Ric. Cic.* II 14; **1354** nisi sponsalia aut ~ia magnarum personarum ipsius parochie in ipsa ecclesia in alta missa facienda aut celebranda fuerint *Lit. Cant.* II 320; **1371** pro ~ibus David de Brys . . defuncti providendis *RScot* 945b; **1415** lego A. uxori mee omnia bona mea ad debita mea persolvenda, ~ia mea peragenda, . . *Reg. Cant.* II 116. **c** **1312** quia nos omnia bona domini Johannis de Basinge militis defuncti ubilibet in nostra diocesi Wintoniensi existencia, funerialibus tantummodo exceptis, certis et legitimis de causis decrevimus sequestrandos (*sic*) *Reg. Wint.* 580; **s1381** dedit . . eis . . preter ~ia sua, viz. equos qui veniebant cum corpore suo in die sepulture sue . . *Hist. Durh.* 3 p. 139; **1566** funerallia dicte J. Fulthropp: . . summa funerallium xxxiij li. xj s. vj d. *Wills Richm.* 184. **d** item est gravius damnum curatis quod occasione abusus privilegiorum fratribus concessorum quo ad tres quartas omnium ~ium et eciam omnium aliter proveniencium fratribus . . concessas RIC. ARMAGH *Def. Cur.* 1397 (*recte* 1297).

funerare [CL], to carry out the funeral of, bury; **b** (fig.).

quod [cf. *Mark* xiv 8] est aperte dicere quia corpus meum jam †defuncti [l. defunctum] tangere non poterit solum quod potuit fecit praevenit vivum adhuc ~andi officio donare BEDE *Hom.* II 4. 129; ~atus, sepultus *GlC* F 368; ~atus, sepultus, humatus *GlH* F 883; ipse . . glebam cadaveris . . suscepit et sepulturae . . tradidit. sic quoque et fratrem ejus Eadmundum olim ~avit ADEL. BLANDIN. *Dunst.* 5; aufer . . ab hac cella morientem, quia hoc non ~atorum speleum GOSC. *Edith* 292; paratas exequias pro ~ando sancti corpore *Canon. G. Sempr.* 114; 'non prodest animam tradere funeri', id est inutiliter commendatur anima exequiis funeralibus quia non moritur nec ~atur cum corpore TREVET *Troades* 31; in delacione corporum mortuorum ~andorum *Reg. Merton* 35. **b** vivamus in eorum memoriis ~ati R. BURY *Phil.* 20. 247.

funerarius [CL], of or assoc. w. a funeral. **b** (as sb. f.) funeral rites.

1325 me specialiter nominavit ad ordinandum certum locum sui corporis sepulture et de expensis ~iis . . ordinandis *Lit. Cant.* I 138; **1339** deductis expensis meis ~iis *Deeds Balliol* 59. **b** **1406** expense et elemosine circa ~iam et sepulturam meam *Test. Ebor.* III 41.

funeraticius [CL], of or assoc. w. a funeral.

funebraticius locus *GlC* F 423; funebraticius locus *GlH* F 884; **1318** in exequiis funeraticis *DCCant.* (*HMC*) 267; **1380** ad expensas ~ias iiij m. *Test. Karl.* 138.

funeratio [LL], funeral, burial.

1257 tam in incepcionibus magistrorum quam ~onibus magistrorum et scolarium defunctorum *StatOx* 107; **1297** attendentes . . qualitatem aree ecclesie nostre . . ad sepulturam funerum deputate . . et preter indecenciam quamdam ex hujusmodi ~one *Reg. Ant. Linc.* II 168; **1304** super sepultura seu ~one familiarium . . religiosorum *Cart. Glouc.* III 228; **1331** in exsequiis seu ~one cujusdam dompni Rogeri de G. *StatOx* 35; **s1381** (v. aurifrigiatus a); **1430** lego cuilibet rectori . . ad dicendum exequias cum missa die ~onis mee iiij d. *Reg. Cant.* II 477.

funeratorius, of or assoc. w. a funeral.

1380 ad solvendum expensas meas ~ias et pro convocacione amicorum die sepulture iiij li. argenti *Test. Karl.* 135.

funereus [CL]

1 of or assoc. w. a funeral, funerary. **b** funereal, black.

~ea vestimenta . . praeparare postque corporis lavationem missas celebrare B. *V. Dunst.* 11; viginti milia hominum ne in ~eis ei felicitas exequiis deesset comitati sunt ORD. VIT. XIII 19 p. 51; funus, -eris, inde ~eus, -a, -um, et hoc funusculum, -li, i. parvum funus OSB. GLOUC. *Deriv.* 232. **b** nunc claustrali angustie mancipata es ubi ~ee vestes, ubi continuate vigilie . . P. BLOIS *Ep.* 35. 114B; *blak*, . . abhominabilis coloris est qui dicitur ~eus *CathA.*

2 deadly, mortal.

Ps.-ELMH. *Hen. V* 69 (v. declinare 6a).

funerialis v. funeralis c. **funerius** v. funarius.

funestare [CL], to pollute w. murder, stain w. blood.

~avere, *smiton GlC* F 387; ~avere, maculavere, *smittodan GlH* F 887; ut . . incessanter ipsa castra perturbarent, frequenter insilirent, atque quibuslibet mortibus ~arent ORD. VIT. IX 9 p. 529; si contigisset ut uno eodemque tempore ~aretur quis et operam sacrificiis dare cogeretur, laborabat ut ante sacra compleret quam funus agnovisset ALB. LOND. *DG* 6. 28.

funestus [CL]

1 of or assoc. w. death or mourning, funereal. **b** (w. *vox*) as dead, null.

9.. ~a, *fram ðæm dead berendum WW*; Romani moris fuerat ramum cupressi ante domum ~am poni ALB. LOND. *DG* 6. 28. **b** si quis delegiatus legalem hominem accuset, ~am dicimus vocem ejus *GAS* 570 (v. delegiatus).

2 polluted w. death, ceremonially unclean.

cum esset summi pontificatus infula praeditus, Numerianum . . interfectorum cruore contaminatum non permisit basilicae sacrarium intrando pollutis pedibus profanare, sed acerrimae castigationis censura a sacris ecclesiae liminibus ~i regis introitum arcebat ALDH. *VirgP* 33; ~us, funere pollutus *GlC* F 395.

3 lamentable, grievous.

vere funibus peccatorum circumplexus, dum sic ~a funebrique morte consumptus et consummatus interiit GIR. *GE* II 18 p. 254.

4 deadly, murderous, cruel.

ALDH. *VirgV* 547 (v. draco 1b); ~a, scelesta, criminosa, *unhyre GlH* F 890; ~us, crudelis, perniciosus, *wælgrim, unhere Ib.* 892; **9..** ~i, *þæs reþan þæs deadberendan WW*; **9..** ~am, *þa wælhreowan, þone hragifran Ib.*; quantos suus ~us satelles praeoccuparet ad interitum perducere ABBO *Edm.* 6; episcopum et comitem obtruncat gladio; dehinc lupina rabie cum suis grassatur in plebe; his a ~o perpetratis, . . jugulantur juvenes, trucidantur senes, . . diruuntur a fundamentis moenia W. JUM. I 10; ideo victor quia victima . . ~is se satellitibus ultroneus optulit W. NEWB. *Serm.* 887; gladiis ~orum satellitum caput exponere S. LANGTON *Serm.* 3. 13; cum Judei os ejus [sc. Christi] obtunderent pugnis ~is [ME: *dreori*], . . *AncrR* 31; CAMD. *Br.* 174 (v. Eboracensis b).

funeus [cf. funis], made of rope.

s1098 Franci per ~eas scalas . . in murum evecti W. MALM. *GR* IV 363; ad pectus dicitur esse zona aurea, ad ventrem zona linea, ad renes zona ~ea, et ad lumbos zona pellicea HOLCOT *Wisd.* 86.

fungalis [cf. TLL], unidentified bird; (?) *f.l.*

~is [*sic* MS; ? l. fringilla], luscina, *nihtegale GlH* F 1038.

1 fungi [CL]

1 (w. abl.) to perform, discharge (office, duty, or sim.); **b** (w. gen., ? sc. *officio*). **c** to take up, enter into (office, position). **d** to exercise (authority). **e** to obtain.

in quodam monasterio . . presbiterii functus officio *V. Greg.* p. 91; summi sacerdotii gradu functi sunt BEDE *HE* III 23; interrogavit illos unde essent aut quale (*sic*) ~erentur legatione HUGEB. *Will.* 4 p. 94; perpaucis annis abbatissae ~ebatur officio ASSER *Alf.* 15; ABBO *Edm.* 15 (v. delator 1); exploratoris officio ~ens GIR. *TH pref.* p. 20; nec manus ~itur officio pedis nec oculus petit esse nasus ALEX. CANT. *Dicta* 5 p. 137; **1167** quod domino Willelmo P. legatione ~enti adherebitis J. SAL. *Ep.* 224 (222); OSB. GLOUC. *Deriv.* 245 (v. fetialis b); **1302** (v. delegatio); functus vice proprii sacerdotis CONWAY *Def. Mend.* 1415 (*recte* 1314) (v. deobligare a); **1433** (v. exigentia 2); licet rex iniquus potestate illa inique possit ~i, potestas ipsa bona semper est FORTESCUE *NLN* I 27. **b** Severus . . ~itur potestatis Romanae ÆTHELW. I 1; cui concessit flaminum ~i BYRHT. *V. Ecgwini* 360. **c** sequenti anno ~itur Petrus . . in episcopatum Antiochenae ecclesiae ÆTHELW. I 1 p. 4; Ine functus est in regnum Occidentalium Anglorum *Ib.* II 9; anno etiam in quo imperii functus fuerat stefos Æthelstan rex *Ib.* IV 5; in natale apostolorum Petri et Pauli ab abbate militari honore functus est *G. Herw.* 328v. **d** omnes . . impedientes quominus omnia et singula in presenti parliamento ordinata, sopita, vel terminanda stent

et in suo robore, †auctoritateque [MS: auctoritate qua] ~untur solempniter excommunicarunt FAVENT 24. **e** **s881** agmina Francorum .. victoriae .. ~untur numen ÆTHELW. IV 3 (cf. ib. p. 47 [**s890**]: obtinent victoriae numen).

2 to go through with, complete (w. abl. or acc.), (w. or without *die(m)*, *fato (fatum)*, *vita(m)*, or sim.) to die.

namque cadaveribus reddebat lumina functis ALDH. *VirgV* 858; assistit vivensque solebat ut ante / signorum monstrare jubar, modo sic quoque passim / spargitur et functos virtus miranda per artus BEDE *CuthbV* 846; ad superos vita functum traxit prece fusa FOLC. *Carm.* 22; ne mihi jungaris festinas ut moriaris; / mavis defungi, quam per coitum michi jungi. / si malles jungi, quam jungi plus ego fungi R. CANT. *Malch.* III 416; rex Edwardus fato †fluctus [l. functus] W. MALM. *Wulfst.* I 16; plurimas et amplas donationes, quarum aliquas Ramesensi ecclesie fato functurus dare decreverat, in jus ab eo hereditatis sempiternum receperunt *Chr. Rams.* 117; **s1161** diem supremum ~itur archiepiscopus Theobaldus W. FITZST. *Thom.* 24.

3 (? infl. by *frui*) to employ, use; **b** (w. *pro* & abl.); **c** to enjoy, have the use of.

ex versu xv sillabarum quot scematibus ~ebatur? ALDH. *Met.* 10 p. 91; *Ib.* (v. dactylicus 1); neminem .. qui dubitet existere puto angelos ea qua volunt fortitudine ~i EADMER *Beat.* 3; fungere (*sic*), uti, frui, vesci OSB. GLOUC. *Deriv.* 244; functus .. duplici sedicione *G. Hen. V* 1 (v. duplex 1a). **b** castores caudas habent latas .. quibus tanquam pro remigio natando ~untur GIR. *TH* I 26; equo viri Dei pro vehiculo pariter et navigio ~ens *Id. David* 394. **c** ALDH. *VirgV* 2205 (v. dos 2a); Theodorus .. antistes divino functus auxilio BEDE *HE* IV 21 p. 249; **801** quid .. me opprimis, febris, et non permittis me solita corporis mei alacritate ~i? ALCUIN *Ep.* 229; **c1150** concedimus et auctoritate qua ~imur .. confirmamus .. *Doc. Theob.* 3; [Neptunus] tridentem fert quod aque triplici ~antur virtute ALB. LOND. *DG* 5. 1; qui nec oculorum vel aurium plene officio naturali ~eretur *V. II Off.* 10; ut eciam in hac carne letabunda quasi angelorum vite ~atur amenitate canora ROLLE *IA* 200; **1432** in hac universitate inter studencium nomine ~entes *StatOx* 243.

2 fungi v. 1 fungus.

fungia, ~ium [dub.], dry cured fish, stockfish. **b** salt fish.

1431 iiij fungeas *Rec. Leic.* II 245; **1437** cum navibus et piscibus suis applicare ac tria milia ~iarum pro expensis hospicii .. comitis Suff' .. providere *Pat* 440 m. 8; **1440** de Symone Fyssher pro j barello salmonum continente iij dosyn' c[entenas] ~ii *Port Bk. Southampt.* 105; fongia, A. *stokfyshe WW*; *a stokfyche*, ~ia *CathA*; **1493** (v. drilingus); **1527** pro salsis piscibus, ~is, alleciis et aliis piscibus *MonA* III 352b. **b** *salt fysch*, ~ia *PP* (cf. ib.: *stokfysch*, strimilus, ypofungia).

fungibardus [cf. CL bardus], stupid. *Cf.* *bardigiosus*.

metapus, fatuus, insulsus, brutus, †blemnus [l. blennus], bardus, stultus, stolidus, fungibaldus OSB. GLOUC. *Deriv.* 366; stolidus, stultus, insipiens, insulsus, brutus, blennus, ~us, exsensis *Ib.* 559.

1 fungus [CL]

1 fungus, toadstool, or sim.

~us, *suom GlC* F 384; ~us, spongus, dicta ab uligine, *swom GlH* F 1036; **9..** ~us, *swamm*, *feldswam WW*; instar ~i qui exterius pulchre contegitur, sed mox ut manu contigitur, in vaporis favillas effunditur R. COLD. *Godr.* 236; ~us, -gi, i. quedam herba que aliter boletus dicitur. ponitur etiam pro vetusto panno, unde et Marbodus de lapide crystallo: 'amotosque sibi solet hic accendere fungos' OSB. GLOUC. *Deriv.* 231 (cf. ib. 244); inter suspectos herbarum vel ~orum cibos NECKAM *NR* II 81; si comedit ~os, ipsi .. grossam et viscosam ex se emittunt fumositatem *Quaest. Salern.* B 84; circumstantes eos nasci credebant de ~is quia ~os circumquaque in campis et gremiis eorum videbant *Natura Deorum* 5; *Alph.* 3, 70 (v. agaricus); *Ib.* 23 (v. 1 boletus); alius ~us crescit in pratis *Ib.* 70.

2 fur or mildew formed on the wick of a lamp, lamp-black.

haec dicens 'nullo morietur lampada fungo' FRITH. 1195; **1468** estrygburd' empt' pro *le moldis* fiend' ij s. ix d. .. et in ~o et glutino empt' pro moldis per vices viij d. *DCWestm.* 23/533.

3 frounce, a growth on the mouth of a hawk.

sunt autem ~i alii humidi, alii sicci. si siccos ~os patitur .. os aperi et siccum ~um abrade aut etiam extrinsece abscide. .. si vero humidos ~os patitur, accipe mellicratum .. ADEL. *CA* 10.

2 fungus [dub.], ostrich. *Cf. fringillus, fungalis.*

'fungus boletus et fungus dicitur ales': hic docet autor quod ~us habet duas significationes; nam ~us, id est boletus, A. *paddokstole*, vel est quedam avis, A. *an ostrich*; quia ut aliqui dicunt est illa †qui [l. que] comedit ferrum, i. ferreos claves, A. *horse-nayles* (GARL. *Aeq.*) *CathA* 262n.; ~us, *a ffynch* vel *an estrich* secundum quosdam *WW*; *an ostriche*, ~us, strucio *CathA*.

funibulus v. funambulus.

funicularis, ~ius, determined w. a measuring rope.

villam de N. .. ecclesie Ramesiensi in ~em hereditatis perpetue sortem redemit *Chr. Rams.* 49; contigit ut .. Turkillus .. partem manerii quod dicitur E. .. inter alia casu ~ie sortis possideret *Ib.* 129.

funiculus [CL]

1 thin rope, cord; **b** (as means of chastisement, partly fig.); **c** (as belt); **d** (fig., w. ref. to bond or binding). **e** tight-rope.

ut ponticulus, .. ~us, criniculus, pisciculus ALDH. *PR* 133; HUGEB. *Will.* 4 (v. derivatio 1b); ~us, †modicum funus [l. modicus funis], *rap* vel *strenc GlH* F 898; cinctorium quod sibi de ~o paraverat ORD. VIT. VI 9 p. 78; venerunt cum ~is quibus victos ad sua captivare Christianos autumabant *Ib.* IX 7 p. 502; tractus est ~is infra muros G. MON. IX 1; admirantes quod .. anchore premaxima moles tam subtili posset sustentari ~o KETEL *J. Bev.* 291; tibiarum tortitudines, que in modum ~i tornatiles videbantur R. COLD. *Cuthb.* 48 p. 100; saphon, ~us in prora navis OSB. GLOUC. *Deriv.* 555; 'pro zona funiculus' [*Is.* iii 24] .. ~us Christi representans fascias et ligamina passionis PECKHAM *Paup.* 16 p. 90; **1529** pro ~is lecti presidentis *Arch. Hist. Camb.* II 23n. **b** verum hujusmodi operarios fraudulentos quae merces maneat ostendit Dominus cum facto de ~is flagello omnes ejecit de templo BEDE *Hom.* II 1. 117 (cf. ib.: ~i quibus flagellando impios); jam lenti viminis deest materia, / deest funiculus, deest corrigia WALT. WIMB. *Carm.* 543; **s1303** cernens .. exercitus regis templum Domini non ecclesiam sed speluncam esse latronum et quasi sudem in oculo genti Anglorum, misso ~o exarcionis, antra, muros .. funditus dissipavit [cf. *Matth.* xxi 13] *Flor. Hist.* III 311. **c** ibique [sc. Cartusie] baltheo in ~um et serico mutato in sagum, inter conversos vere meruit computari AD. EYNS. *Hug.* IV 12 p. 57; et Francisci fragrans funiculus / cujus nodo stat celi titulus J. HOWD. *Ph.* 844. **d** circa illum torserunt ~um iniquitatis B. *V. Dunst.* 13; **1170** quasi invitus insipientium clamoribus agitabatur et trahebatur ~is impiorum J. SAL. *Ep.* 295 (297 p. 688); **1191** ~is peccatorum suorum ipsum constringentibus cancellarium et conscientia sua eum vehementius accusante (*Lit. H. de Nonant*) *G. Ric. I* 218; erat autem quo ligatus fuit ~us triplex: adulterium, homicidium, proditio AD. SCOT *QEC* 21. 837D; hic est ~us triplex qui difficile rumpitur [cf. *Eccl.* iv 12]. .. isto triplici ~o permisit se ligari Ysaac .. *Regim. Princ.* 161. **e** *GlH* F 901 (v. funambulus).

2 measuring rope used in determining allotment of land, lot; **b** (fig.).

quod autem mensos eos ~o dixit, ~um allegorice pro sorte posuit eo quod soleant agrorum spatia metiri BEDE *Kings* 721; Jutis et Anglis ad alia tendentibus in quibus suae sortis ~o potirentur ABBO *Edm.* 1; omnes carrucatas quas Anglice hidas vocant ~o mensus est et descripsit ORD. VIT. VIII 8 p. 311; illam terram suis fidelibus ~o divisit W. JUM. II 19; [Moyses] quinque filiabus Saphaat paternam hereditatem pro virili portione distribuit, et inter alias tribus in ~o distributionis numerari decrevit DICETO *Chr.* 239; pater .. patrimonium liberis suis in ~o distributionis partitus est AD. EYNS. *Hug.* I 1 p. 6; utrorumque .. creator et Dominus clericos in ~um sue vocavit portionis et laicos in corporale venire voluit ministerium executionis GERV. TILB. *pref.* p. 881; omnia que antea posséderat et quedam etiam ex pluribus partibus leuge ~o dimensionis inclusa *Chr. Battle* 48; Angli et Saxones .. diviserunt eam [sc. Anglicanam insulam] sibi in ~o distributionis in xxxiiij sciras GERV. CANT. *MM* 416; calamos, mensuras et ~os in manibus [angeli] portant quia singulorum merita et demerita discutiunt, mensurant, et ponderant BART. ANGL. II 4. **b** ad regie dignitatis fastigium in ~o hereditarie successionis sublevatus est *Chr. Rams.* 75; **s1240** Lewelinus .. terminos suos bellico ~o dilatabat *Ann. Cambr.* 83; ?**1321** quod .. cancellario nostro concederetur potestas aliquos creandi notarios, in numero vestra .. circumspeccionis ~o limitando (*Ep. R. Bury*) *FormOx* 76.

3 portion (of land) allotted w. measuring rope.

~um, territorium *GlC* F 412; ~um, territorium, vel cubitum mensura *GlH* F 897; de Simeone .. in libro Jesu [cf. *Josh.* xix 1–9] scriptum est quod et ipse proprium ~um non acceperit ALCUIN *Exeg.* 559C; in domo Jacob spurii pariter cum legitimis ~um hereditatis sortiti sunt, et communiter inter se familie herciscunde judicium dictaverunt P. BLOIS *Ep.* 3. 9B; in Josue [xvii 14] legitur quod tribus Joseph petiit duplicem ~um S. LANGTON *Chron.* 96; **1217** ~um hereditatis sue, terram sc. suo sanguine comparatam, .. detinent (*Lit. Papae*) *RL* I 531.

funifer [cf. 2 funus], assoc. w. death or mourning.

s1183 cum ululatu magno et horribili fletu planctus ~eros emisit *G. Hen. II* I 301.

funifex [cf. funis], rope-maker.

~x, A. *a ropere WW*.

funis [CL]

1 rope; **b** (*~is triplex* or sim., w. ref. to number of strands).

†funus *GlH* F 898 (v. funiculus 1a); episcopus ~em ad columnam .. coaptavit et .. per ~em descendit ORD. VIT. X 19 p. 109; si cui existenti in puteo ~is demittatur sine quo non potest a puteo exire, .. R. MELUN *Paul.* 124; per se potest homo se precipitare in puteum profundissimum viciorum, sed sine ~e gracie extrahi non potest NECKAM *NR* II 173 p. 287; ~e a campanis dependente se collo complexo illaqueavit GIR. *GE* II 18 p. 254; magis autem rumpitur ex filo ligata quam ex ~e, .. quoniam ~is est grossius corpus filo *Quaest. Salern.* B 123; **1209** (v. bukettus 1a); **1238** (v. armare 4b); pueros .. debili †fasce [*rev. ed.* p. 8: fune] illaqueaverunt, ut rupto ~e cicius caderent *Hist. Meriadoci* 347; **1323** (v. 2 fundus 4a); AD. MUR. *Chr.* 7 (v. discalceare 2a); **1458** in j ~e pro pelvi pendenti ad caput S. Cuthberti vj d. *Ac. Durh.* 477; **s1485** (v. deportare 3d). **b** FRITH. 889 (v. 1 furca 1a); anchorarum morsu ~iumque triplicium, immo multiplicium, tenacitate se vix retinuerunt GIR. *TH* III 26; **1382** (v. difficilis 1b).

2 (naut.): **a** cable, hawser. **b** sheet, halyard.

a ut .. ad orationis placidum litus quasi anchore ~e restringerer *V. Greg.* p. 77; ut .. quasi anchorae ~e restringeretur BEDE *HE* II 1; non diu illud aspeximus antequam violentia undarum vel fluctuum anchore lapserunt; ~es vero rumpebantur; naves vero .. nunc in altum elevate, nunc in imum detruse .. in scopulos projiciebantur SÆWULF 838; promulcus, ~is cum quo navis ducitur OSB. GLOUC. *Deriv.* 480; GIR. *TH* III 26 (v. 1b supra). **b** anquina, ~is quo antenna religatur ad malum OSB. GLOUC. *Deriv.* 57.

3 (*~is contentiosus*) rope used in tug-of-war (partly fig.).

J. FORD *Wulf.* 17 (v. contentiosus 2b); dum inter ipsum et Giraldum †funus traheretur tam contentiosus GIR. *JS* 3 p. 135; ab antiquis diebus contentiosum invidie ~em inter se traxerunt *Id. Spec.* II 27.

4 rope stretched taut for acrobatic purposes, tight-rope.

GlH F 880 (v. funambulus); cenobates [i.e. schoenobates], .. qui propter cenam super ~em ambulat OSB. GLOUC. *Deriv.* 115.

5 measuring-rope; **b** (fig.).

asserentes leugam Brionii cum ~o circumcirca fuisse mensuratam, et eodem ~e in Anglia delato, leugam Toneburge tantumdem spatii in metiendo recepisse W. JUM. VIII 15. **b** ab initiali puncto finalem ad usque .. recta per medium ~is extentio GIR. *EH intr.* p. 213.

6 (*~is bracchii*) a vein in the arm.

alia [vene] humeralis pars protenditur secundum diversas adjutorii partes, et super arundinem altera transit et vocatur †finis [? l. funis] brachii *Ps.*-RIC. *Anat.* 44 p. 34.

7 (fig.): **a** bond, link; **b** (w. ref. to *Psalm* cxviii 61). **c** chain, series.

a solve delictorum ~ibus ligatum ANSELM (*Or.* 15) III 64; J. SAL. *Pol.* 564B (v. damnificus); negotiorum .. ~ibus tractus LUCIAN *Chester* 59; hos lumbos, qui posteriora sunt hominis, ligat diabolus ~e luxurie ALEX. BATH *Mor.* III 12 p. 149. **b** a caelo ob scelera adempti et immanium peccatorum ~ibus compediti GILDAS *EB* 109; ~ibus peccatorum GIR. *GE* II 18 (v. funestus 3). **c** contra hunc inolitorum scelerum ~em GILDAS *EB* 1; addentes viz. peccata peccatis et quasi ~em longissimum incauta eorum augmentatione texentes BEDE *Hom.* II 1. 116.

funix v. fulix. **funoralis** v. fimoralis. **funs** v. fons.

funtaria, funtorium [OF *fonterie, fonderie* < funditorium], foundry. **b** office of founder or fusour (in Mint). **c** process of foundry.

1238 vocati .. ut interessent examinacioni argenti facte in fontaria regis apud Westmonasterium ad probandum utrum Odo filius et heres Johannis Fusoris sciret ministerium suum vel non *KRMem* 17 m. 1; **1242** mandatum est monetariis Cant' quod rex assignavit Willelmum H. custodem cambii regis ad recipiendum totum proficuum ejusdem cunei quem predictus J. habuit et quod ipsum Willelmum vel suum assignatum in functorio suo admittant, nichil quod ad monetam regis in aliquo pertineat sine ipso vel suo assignato facere presumant *Cl* 422; **1262** in ~orio canibii regis Lond' *Pat* 77 m. 17; **1264** in exitibus .. functorii in cambio Lond' *Pipe* 103 m. 15; **1304** in domo functorii combusta ex igne ejusdem per infortunium de novo facienda, pro functorio dicti cambii cum meremio [etc.] emptis *KRAc* 288/30 m. 1. **b** **1242** memoriter tenemus quod, quando commisimus funderiam cambii nostri Lond' et Cantuar' Nicholas de Sancto Albano .., concessimus ei .. *KRMem* 20 m. 11d. (cf. *Cl* 421 [**1242**]: commisimus fundariam cambii nostri Lond' et Cantuar' Nicholas de Sancto Albano tenendam ad firmam). **c** **1261** ad intendendum ibidem omnibus que ad regem pertinent tam in empcione argenti quam in funterio secundum antiquam consuetudinem cambii regis *Cl* 351.

funtor [AN *fundur*, OF *fondeor*], founder, fusour (esp. in Mint). *V. et.* 2 *fundator*, 2 *funditor, fusor.*

1198 Ricardus fundor et socius suus fundor Winton' debent cc m. ut sint †replegiari [l. replegiati], et juri stabunt ad voluntatem regis quando erga eos loqui voluerit *Pipe* 25; **1203** Ricardus fundor et socius ejus Willelmus r. c. de cc m. ut sint replegiati *Ib.* 142; **12..** ipsi monetarii .. debent alocare domos fontorum .. et invenient cuneos et ement carbonem *RBExch* 984.

funtorium v. funtaria.

funtura [OF *fonture, fondure* < funditura]

1 process of smelting (ore), foundry (in quots., of tin).

?**1198** precepimus quod .. facias diligenter inquiri que fuerint pondera prime ~e et que pondera secunde ~e *Rec. Stan.* 2 (= *BBExch* 361); **1201** (1252) sciatis nos concessisse quod omnes staminatores .. possint .. fodere staminum et turbas ad staminum fundendum .. et emere buscam ad ~am stamini *CalCh* I 380 (cf. ib. III 54 [**1305**]: fodere .. stannum et turbas ad stannum fundendum .. et emere buscam ad ~am stanni; = *Rec. Stan.* 15); **1225** quod ea omnia que provenient de stagnaria illa [sc. Cornubie] usque ad predictum terminum tam de †finitura [l. funtura] quam de fossura predictis S. et J. in pace habere permittat *Cl* 60b; **1226** commisit predicto Johanni stagnariam Cornub' .. ita quod .. habebit .. fracturam et ~am *LTRMem* 9 m. 1(1); **1384** (v. 1 fundere 2c); **1386** omnes foditores et nigri stagni emptores et de stagno primi fusores et de stagno prime ~e mercatores *Rec. Stan.* 5 (= *BBExch* 365: †fedatores); **1386** fundatur stagnum in secundam ~am .. sicut semper solebat *Ib.* 6 (= *BBExch* 367).

2 process of soaking (grain) as part of malting process, malting. **b** (?) vat for malting, malthouse.

1304 quelibet functura bladi quamcito siccatur et bene mundatur statim .. separatim et per se moletur et ad curiam mittatur *Cant. Cath. Pri.* 211; si aliqua functura vel dimidia functura seu aliqua porcio brasei per defectum ipsorum predictorum serviencium deferent ita quod de eodem brasio competens cervisia .. fieri non possit, .. *Ib.* 218; **1378, 1424** de functuris (v. 1 fundere 4); **1381** in fossis purgandis pro aqua ad functuram *DC Cant. Ac. Malthall* 10/2. **b** in emendacione functure cum pice empta ad idem. ad obturandum quosdam defectus in functura *Ib.* 1.

1 funus v. funis.

2 funus [CL]

1 funeral rites, funeral procession.

Aldh. *Met.* 10 (v. epigramma 1); *V. Ed. Conf.* 56v. (v. decantatio b); *Dial. Scac.* II 4D (v. debere 2); Gir. *IK* II *pref.* (v. exsequiae a).

2 dead body, corpse (before burial).

Gildas *EB* 72 (v. divertere 5a); dona sacer celsae dum spargit ubique salutis, / ferre videt maestam nati moritura parentem / funera seminecis Bede *CuthbV* 591; W. Malm. *GR* III 293 (v. 1 elatio 1); notandum quod ~us dicitur in domo, cadaver apud tumulum, umbra apud inferos Osb. Glouc. *Deriv.* 232; W. Cant. *Mir. Thom.* II 48 (v. exsequialis); cum .. tempus fuerit ut corpus exanime pontificalibus induatur ex more, sociabis tibi unum ex sacerdotibus regularis habitus, qui tecum totum ~us diligentius abluat et abstergat Ad. Eyns. *Hug.* V 16 p. 191; Alb. Lond. *DG* 6. 30 (v. exsequiae c); **1290** (v. deprope a); s**1424** (v. 1 deferre 2c); *Mir. Hen. VI* II 40 (v. exitiosus b).

3 death.

hoc .. eis proficiebat immaturae mortis supplicium qui tali ~ere rapiebantur Gildas *EB* 19; presbyter egrediens vatis pia funera maestis / depromit sociis Bede *CuthbV* 786; dira .. praesagia tristi regis ~ere .. impleta sunt *Id. HE* III 14 p. 157; defunctis enim optimis regibus .., Franci et Angli diu luxerunt ~us eorum Ord. Vit. IV 1 p. 162; Walt. Wimb. *Sim.* 58 (v. eximere 3a).

fuodum v. feodum.

fur [CL]

1 thief, one who unlawfully deprives another of his goods; **b** (fig.); **c** (w. ref. to the Devil). **d** one who steals by night.

latro nequaquam pro furto vel latrocinio furem alium damnat quem potius optat, tuetur, amat, utpote sui sceleris consortem Gildas *EB* 100; ultio quapropter letali calce reatum / vindicat et furem crudeli verbere plectit Aldh. *VirgV* 2592; obsecro quid pati debeat siquis aliquid de ecclesia furtu abstulit. respondit Gregorius: hoc tua fraternitas ex persona furis pensare potest qualiter valeat corrigi. sunt enim quidam qui habentes subsidia furtum perpetrant .. (*Lit. Papae*) Bede *HE* I 27 p. 50; non enim sacerdos constitutus est ad hoc ut sit judex furum aut latronum Ælf. *Ep.* 3. 81; nisi ut servum suum puniret qui suo conservo communem dominum deserere et ad se transire persuasisset, ac traditor fugitivum fur furem cum furto domini sui suscepisset Anselm (*CurD* 1) II 57; **1106** (v. ecclesia 5b); fur quod furatur illi qui celare voluerit committit Alex. Cant. *Dicta* 14 p. 162; hunc hominem Bricstan viz. furem esse, pecuniam regis propriam in latrocinio habere, celare, et ut criminis hujus judicium et penam evadere valeat .. monachatum querere sciatis Ord. Vit. VI 10 p. 126; malivoli fures desiderabant illum diem videre quo res alienas libere possent furari seu rapere *Ib.* XIII 22 p. 59; exclamavit: "quidnam est? fures! fures!" Gir. *GE* II 17 p. 248; c**1250** catalla furium interceptorum et omnes alii exitus sint cellerario et fures in terra cellerarii capti sive alii malefactores conserventur in gaola *Bury St. Edm.* 192; s**1256** (v. exactor 1); **1453** (v. derobator b). **b** fur [cf. *Matth.* xxiv 43] .. non unum est sed multiplex, quia singulis virtutibus singula vitia insidiantur Anselm *Misc.* 356. **c** ne praedo pellax caelorum claudere limen / vel sanctos valeat noxarum fallere scena, / ne fur strofosus foveam detrudat in atram Aldh. *VirgV pref.* 15–17; bellicosus in agone / Christi, adverso agmine / consternatus quo quiritat / fur vix erectus, indicat (Æthelwald) *Carm. Aldh.* 2. 36. **d** Dominic *V. Ecgwini* I 4 (v. diurnus 1a); furvus, -a, -um, i. niger unde secundum Isidorum [*Etym.* X 106, XII 2. 39] hic fur, -ris, eo quod nocte ambulat Osb. Glouc. *Deriv.* 219; tempore nocturno fur aufert, latro diurno Garl. *Syn.* 1585c; hic fur, *a nyte thefe*, tempore nocturno fur aufert, latro diurno *WW*.

2 (leg., non-specific term of broad application) thief. **b** (*furis apprehensio* or sim.) infangthief.

GAS 511 (v. dominus 4); **1269** non ero latro nec socius latronis nec furtum nec furem celare debeo *CBaron* 76; Bracton 105 (v. 1 abigeus a); *Ib.* (v. effractor 1b); si quis ~em nocturnum occiderit, ita demum impune foret *Ib.* 144b; **1375** communis fur (v. depraedari 2). **b 858** penalium rerum principali dominatione furisque conprehensione *CS* 496; s**1188** in ~is apprehensione (v. effusio 2b).

3 robber bee.

1283 ne aliquando pastores cogere videatur lupos gregibus, hircos ovibus, fures apibus evangelicis immiscere Peckham *Ep.* 497.

†fura, *f. l.*

1377 et †de [*not in* MS] xx d. pro †fura [*ed. conj.* fultura *but better expand as* factura] porte apud Frerengate. et †de ij s. iiij d. de †fura parietis aule (*MS BL Add.* 6167 f. 196v.) *Gild Merch.* II 104.

furacitas [CL = *thievishness*], theft.

1505 pro felonia, viz. pro ~ate iiij li. de quodam rectore *Sanct. Bev.* 12.

furagium v. foragium.

furari [CL], **~are** [LL]

1 to steal (dep.); **b** (p. ppl. *s. pass.*); **c** (non-dep.); **d** (w. partitive *de* & abl. in place of dir. obj.); **e** (intr.).

monachus ~atus vestem vel aliquam rem ij annis .. penitent Gildas *Pen.* 6; **798** easdem inscriptiones Daeiheah et Osbertus .. maligno acti spiritu ~ati sunt (*Clovesho*) *CS* 291; quidam monacus .. marsupium cujusdam hospitis instinctu daemonico ~atus est Ælf. *Æthelwold* 22; neque enim apud heredem minus est furtiva pecunia, quam ejus pater ~atus est, licet heres non fuerit in culpa R. Niger *Mil.* IV 40; **1203** in latrocinio ~atus est iiij porcos domini sui *SelPlCrown* 48; tot bona furatur senium, nam robore privat / corpus, dente genas Walt. Angl. *Fab.* 27. 3; **1313** si ij vel iij ~ati fuerunt bona ad valorem xij d. ob. omnes habebunt judicium vite et membrorum *Eyre Kent* I 90; vetulas quasdam in formam leporinam dicunt se transmutare, ubera vaccinea sugendo, alienum lac †furendo [l. furando] *Eul. Hist.* II 127 (cf. Gir. *TH* II 19 p. 106: surripiant); **1381** v s. argenti felonice ~atus fuit *SessPCambs* 50. **b** pecunia ecclesiis ~ata sive rapta reddatur quadruplum Theod. *Pen.* I 3. 2; siquis Walensium furatur hominem aut feminam, equum, bovem, vel vaccam, convictus inde reddit prius furtum et dat xx s. pro forisfactura. de ove vero ~ata vel fasciculo manipulorum emendat ij s. *DB* I 179rb; **1236** mandatum est vicecomiti Oxonie quod Thomam K. .. quem Simon de le P. trahit ad warantum de quadam equa furrata, venire faciat ad hundredum de B. *Cl* 370; s**1249** Johannes Milksop .. furatus fuit xxxj d. a bursa Walteri Wymund .. et nocte illa idem Johannes cum predictis denariis ~atis posuit se in fugam *Ann. Mon.* I app. 515. **c** post mortem in sepulcro positus et lapidis objectione in eo clausus, et militaribus vigiliis, ne a suis ~aretur, est custoditus *Eccl. & Synag.* 97; quid tali mente lenius, qui sua ~ari vidit et tacuit ..? Ailr. *Ed. Conf.* 746D; **1204** dictum fuit quod [filia et] heres Radulfi ~ata est per Robertum avunculum heredis *CurR* III 217; **1220** bene scivit quod fuerunt malefactores et quod equi ~ati fuerunt *SelPlCrown* 122; **1222** Willelmus Page, cognoscens se esse latronem, apellat Willelmum Godman de societate latrocinii quod ipsi simul ~averunt coffram .. cum denariis .. et jocalibus *BNB* II 115; **1288** indictati sunt de latrocinio eo quod ~averunt septem cumbas ordei et siliginis ad domum Alani *Leet Norw.* 4; **1315** quod felonice et latrociniter .. averia illa ~avit *Chanc. Misc.* 96/1; **1334** scutelli minores lxvj non fuerunt .. inventi quia .. ~abantur tempore fratris J. (*Invent. Cant.*) *Arch. J.* LIII 280. **d** ~avit de farina monachorum Hugeb. *Wynn.* 12 (v. demere c). **e** si servus cum liberis homicidium faciat, totum liberis imputetur, et item solus ~atur qui cum servo ~atur (*Leg. Hen.* 85) *GAS* 601.

2 (refl.) to run away, abscond.

uterque namque fur erat, cum alter altero persuadente se ipsum domino suo ~abatur Anselm (*CurD* 1) II 57; si quis discedat a domino suo sine licentia vel in alium comitatum se ~etur, et deinceps inveniatur, postea redeat illuc, ubi antea fuit, et emendet domino suo lx s. (*Quad.*) *GAS* 107.

3 (fig.): **a** to take away, detract (from). **b** to snatch furtively (in quot., opportunity).

a quandoque vero latenter votum infringitur, cum devotatus aliquid ~atur de regula vel prevaricatur in ea R. Niger *Mil.* IV 23. **b** quandocumque potuit secreto ~abatur orandi horas *Canon. G. Sempr.* 42.

furarium v. furrarium. **furarius** v. usurarius.

furatio, theft.

Osb. Glouc. *Deriv.* 219 (v. 2 furator); affri: .. in morina j. in ~one ij. in supravendicione ix *Ac. Beaulieu* 143; **1278** de vaccis: .. in ~one j ante fetum *Ac. Stratton* 216 (= ib. 98: in furto j); **1541** constabularius ville .. cepit .. quidem (*sic*) Robertum Alders .. pro ~one unius spadonis *DL CourtR* 117/1811 m. 1d.; **1579** pro felonica ~one decem caseorum *Pat* 1176 m. 29.

1 furator v. finator.

2 furator [LL], thief.

furor, -aris, unde hic ~or, -ris, et furatus, -a, -um, et hec furatio, -nis Osb. Glouc. *Deriv.* 219; c**1390** *with an O and an I*, vel sunt furatores, / vel faciunt numismata, regni proditores *Mon. Francisc.* I 594; c**1460** concluditur quod non solum Kervere, latro et Daniel famulus, ~or equi ac murre satis notorius puniretur una cum fautoribus ejus *Paston Let.* 605.

furatrix, thief (f.).

1286 Amicia la Grete est custumaria ~x bladi in campis et in orreis *Eyre Chester* 12 r. 4.

furatus v. furari, 3 & 4 furrare.

furax [CL], given to stealing, thievish.

fur, ~x *GlH* F 998; huic [vertago] similis canis ~x est, qui jubente hero noctu progreditur et sine latratu .. cuniculos cursu prehendit Caius *Can.* 4.

furbare, ~iare, ~ire [cf. AN *furber, furbir*], to furbish, polish or sharpen (metal, esp. weapon).

1172 pro gladiis regis ~andis *Pipe* 144; c**1180** quietam ab omni servitio et consuetudine excepto servitio ~iandi venabula et alia arma mea *Act. Hen. II* II 345; **1188** pro gladiis thesauri ~iandis iij s. *Pipe* 171; **1211** in ij ensibus ~itis emptis apud Walliam vj d. *Pipe Wint.* 155; **1213** pro vij gladiis et duobus cultellis .. et vj quarellis .. ~iandis per Willelmum Scissorem ij s. vj d. *Misae* 232; **1290** pro gladiis .. et ferris lancearum furbeandis cum furfure et fraura empta ad arma fraenda (*AcWardr*) *Chanc. Misc.* 4/5 f. 2v.; **1292** pro galea et ense forbiendis .. per Gilkinum armatorem *Doc. Scot.* I 375; **1342** pro .. diversis hernasis frayandis et fourblandis pro rege *KRAc* 389/14 m. 7.

furbarius, furbisher.

a**1186** de terra furbarii [v. l. fourbarii] viij s. *Regesta Scot.* II 199; **1330** Johanni Lyon', civi et ~io London' (*Cart. S. Thom. Hosp.*) *MS BL Stowe* 942 f. 211v. (cf. ib. f. 213v. [**1331**]: Johanni L., *fourbissour* de London; ib. [**1333**]: Johanni, homini de London, *fourbour*).

furbatio, furbishing (of weapon).

1372 (v. freiatio).

furbator, furbisher (of weapon).

si quis forbator [AS: *sweordhwita*] alicujus arma susceperit ad purgandum .. (*Quad.*) *GAS* 61; **1130** Aldwino forbatori xij d. *Pipe* 41; c**1180**, c**1200** (v. furbor); c**1200** Johanni ~ori *Cart. Osney* I 79; **1230** Thomas ~or r. c. de vij s. ut sit sub plegia *Pipe* 274 (= *Chanc.*: *le furbur*).

furbeare, ~iare, ~ire v. furbare.

furbissor [cf. OF *forbisseor*], furbisher.

1300 Anselmum forbisorem *Cal. LBLond.* B p. 184.

furbissura [cf. OF *forbissure*], furbishing.

1284 custodi armorum regis pro ~a xij gladiorum regis, iiij capellorum ferreorum, vij ferrorum lancearum regis *KRAc* 351/9 m. 6.

furbitura, furbishing.

1292 in ~a ensis *KRAc* 308/15 m. 5.

furbor [cf. AN *furbour*, ME *fourbour*], furbisher.

c**1180** Elfwino furbori [*but* ? l. furbatori] et Luceline uxori sue *Cart. Osney* I 78 (cf. ib. [c**1200**]: confirmavimus Rogero furbatori .. terram quam [Elfwinus] furbator de nobis tenuit).

furbura, furbishing.

1285 pro freura armorum regis per vices et pro ~a xij gladiorum *KRAc* 351/12 m. 4; **1292** in ~a unius auberjoni domini ij s. *Ib.* 308/15 m. 9.

1 furca [CL], **~us**

1 fork, two-pronged implement; **b** (of wood); **c** (of wood bound w. iron); **d** (of iron). **e** pitchfork for hay, straw, or sim. **f** muck fork. **g** fire-fork, fork used for stoking fire. **h** fork used in plastering. **i** fork used in road-making. **j** (man., w. ref. to tenure *ad* or *per ~am et flagellum* or sim.) by fork and flail, i. e. by villein's services.

~a, furcula diminutive, *gæfle GlH* F 974; urgentur calibes furcos aptare bicornes, / et sterili funes nexare labore trilices FRITH. 888; **12..** debet operari .. ad voluntatem domini .. cum carecta, cortina, vanga, flagello, tribulo, ~a, falce (*Reg. Spalding Pri.* f. 272) *Villainage in Eng.* 170*n.*; **1351** quelibet biga habebit ij homines et j forcam *Reg. S. Aug.* 79; **1573** eorum uterque habens unum baculum cum firco ferreo in alterutrum insultum fecerunt, et predictus Johannes Marten cum predicto ferro baculi .. predictum Timotheum in ventre .. percussit et pupugit, dans eidem Timotheo .. quoddam (*sic*) ictum sive plagam mortalem extendentem in .. profunditate quinque pollicum *Pat* 1105 m. 26. **b** ~a, genus ligni bicipitis *GlC* F 372; **c1300** ij ~e .. sine ferro (v. 1e infra); **1308** in iij ~is ligneis emptis *Rec. Elton* 139; **1345** item iij rastra et ij ~e lignee *Ac. Durh.* 206. **c 1287** in ~is .. ferrandis (v. 1 ferrare 2); **c1300** iij ~e ferrate (v. 1e infra); **1306** in j ~a fimali ferranda *MinAc* 991/28 (v. fimalis); **1338** item v ~e pro fimo ferro ligate *Ac. Durh.* 200. **d** W. CANT. *Mir. Thom.* VI 114 (v. 1e infra); **1202** robavit ei j †pelium [MS: pelvim] et j ~am †firiam [? *for* ferream; cf. OF *forche fiere*] (*JustIt* 479 m. 1) *Lincs Rec. Soc.* XXII 103; **1202** vulneravit eum in brachio quadam ~a ferrea *SelPlCrown* 18; **1323** quidam ignotus de villata .. de quadam ~a ferrea ipsum J. percussit in oculo sinistro *SelCCoron* 79; **1350** ij ~e ferrate pro blado et iiij ~e ferrate pro fimo *Rec. Elton* 386; **e** merga, ~a cum qua garba segetis portatur OSB. GLOUC. *Deriv.* 366; ~am ferream, qua stramenta in culmen congesserat W. CANT. *Mir. Thom.* VI 114 (v. bidentalis); **1250** ~e ferr' ad fenum, ij; ~a ferr' ad fimum, j *MinAc* 766/20*d.*; **c1300** iij ~e ferrate ad levandas garbas, ij ~e ad fenum colligendum sine ferro *FormMan* 22; **1345** item ij ~e pro blado et feno et ij pro fimo *Ac. Durh.* 206; **1375** vi et armis, viz. gladiis, ~is pro feno, fustibus, et cultellis *SessPLincs* 207; **1419** (v. faenalis); ~am vel perticam manu tenens duplici cuspide peracutam (tali quippe instrumento utuntur agricole) sursum stramina porrigebat *Mir. Hen. VI* IV 134. **f 1250, 1345** (v. 1e supra); **1306, 1338** (v. 1c supra); **1365** ~am fimariam (v. fimarius 1); **1419** ij ~e fimales precii ix d. *Wills N. Country* 24; **a1444** due furse fimose (v. fimosus 1); **1466** in j forca pro fimo empta v d. ob. *MinAc Wistow* 94; **1493** ij ~is †funalibus [l. fimalibus] *Bristol Rec. Soc.* XXII 53 (v. fimalis). **g** rotabulum, .. i. ~a illa unde ignis movetur in fornace OSB. GLOUC. *Deriv.* 505; pes ego decrepitis, offensis virga, levamen / fessis, obscuris orbita, furca focis GIR. *Symb.* app. 370 (*Baculus*); **1311** ~e ferree ad ignem (*Invent. Cant.*) *Arch. J.* LIII 273. **h 1345** ij furc' ad dabband' *MinAc Essex* (*Langenhoe*) D/DE1 M 22. **i 1335** in j *spittle* et j ~a curva emptis pro calceto *Sacr. Ely* II 67. **j c1160** (13c) fecit eum francum de terra patris sui, que fuerat ad ~am et flagellum, ut redderet inde per annum iiij s. pro j virgata terre *Cart. Rams.* II 270; **1196** habuit patrem et matrem illius M. in terra sua consuetudinarios ad ~am et ad facellum [*but* ? l. flagellum] *CurR* I 22; **1200** dicunt quod non debent ei dotem facere quia tenent in vilenagio ad ~am et flagellum de domino suo *Ib.* 313; **1214** tenuerunt tenementum illud per consuetudines serviles ad ~am et flagellum *Ib.* VII 61; **a1216** terra Willelmi de Brazceur ad operacionem cum ~a et flagello .. terra Alurici Penec ad ~am et flagellum .. *Cart. Ciren.* I 267 (cf. *CurR* XII 1477 [**1225**]; **1220** per ~am et flagellum (v. defendere 4a); **1268** distringit eos pro consuetudinibus et servitiis que nec antecessores eorum nec ipsi facere consueverunt, ut cum ~is et flagellis (*CoramR*) *Villainage in Engl.* 170*n*.

2 object having a forked shape: **a** (*~a arboris*) fork of a tree. **b** Y-shaped frame used for carrying loads.

a me .. tota longitudine lancee sue dejecit in ~am arboris proxime MAP *NC* III 2 f. 36v. **b** trifurcifer, -ri, i. †potarius [MS: portarius] qui tres habet ~as ad honus gerendum OSB. GLOUC. *Deriv.* 219.

3 crutch-post, forked timber used as support; also cruck, pair of curved timbers, sts. a forked tree w. trunk split and joined at the branches, to form arch which supports roof; **b** (w. ref. to ship). (*Cf. Building in Eng.* 195–7).

~as, columnas *GlH* F 996; **a1188** in branchis et in ~is (v. gloarius); **1223** quod habere facias R. .. duas ~as et duas paunas .. ad domum suam et hospicium nostrum ampliandam et reparandam *Cl* 539b; **1241** fieri facias quandam coquinam infra castrum nostrum de Roffa ad familiam nostram super sex ~as vel iiij *Liberate* 15 m. 17; **12..** in petris amplis .. ad subponendas ~as in fundamento *Cust. Taunton* lviii; **1251** (v. chevero a); precium hyemalis domus est tale: de qualibet ~a, sc. que laquear sustinet, id est *nenbren*, xx d. *Leg. Wall.* B 236; **1298** una aula de ~is constructa cum muro de terra et stramine cooperta *KRAc* 233/6; **1308** de viij copulis †furtarum (v. copula 4b); **1325** W. edificabit ad predictum cotagium duas ~as viz. *crockus AncD* C 6239. **b 1296** in ~is emptis .. ad palyceam faciendam circa galeam *Ac. Galley Newcastle* 163; in ~is emptis ad unam logeam *Ib.* 165; in vij lignis emptis .. pro ~is faciendis ad hurdiceam galee *Ib.* 176.

4 (pl.) gallows; **b** (w. *judicialis*); **c** (sg.); **d** (*~a et fossa*, as liberty, Sc.); **e** (fig.).

1088 (v. dignitas 4b); erexerunt ~as ante portam civitatis obsessisque mandaverunt quod obsides .. in patibulo suspenderent G. MON. III 9; **c1150** terram illam in qua ~e latronum stare solent *Regesta* 988; uxor furis .. falcem ferens, impetrata licencia mortuum sepelire, veniebat. quam cum pendens a patibulo ululantem audiret, .. proclamavit et ipse, postulans auxilium sibi. illa festinanter ~as ascendens, desecto torque vimineo, suspensum detrusit W. CANT. *Mir. Thom.* V 1; **1177** pro homine quem traxerunt ad ~as qui erat suspendendus .. *Pipe* 13; ille qui fecit furtum in Italia, ubi furtum punitur tantum pena pecuniaria, si veniret in Franciam, de eodem furto convictus ~arum suspendio puniretur P. BLOIS *Ep. Sup.* 61. 10; **c1210** quandam libertatem que appellatur *infongenepef* .. et ~as in eadem villa ad pendendum latrones indicatos per visum servientum nostrorum *Kal. Samson* 100; **1229** latro vero si captus fuerit in terra prioris et in curia ejus fuerit judicatus, execucio judicii fiet per ballivos prioris ad ~as episcopi *Feod. Durh.* 215; **1270** concessimus ei .. quod ~as super montanam extra terras arabiles erigere et levare et in eis latrones cum manu opere captos et convictos suspendere .. possit; et quod ipsi et heredes sui habeant .. *infangenethef* cum omnibus libertatibus ad hujusmodi ~as et *infangenethef* pertinentibus *Pat* 88 m. 16; **1276** abbas de Waltham .. levavit ~as in Haywode de hoc anno et suspendit ibi quandam mulierem contra libertatem domini regis et sine waranto *Hund.* I 12a; **s1326** Hugo .. ad caudas equorum tractus usque ad ~as latronum et ibidem cum catena ferrea suspensus remansit AVESB. 77v.; **1341** sciatis nos .. concessisse .. quod ~as in solo suo manerii predicti erigere et judicium de malefactoribus quos ibidem deprehendi contigerit juxta dictas libertates de *infangenthef* et *outfangenthef* facere possint *ChartR* 128 m. 8; pro falsacione monete regie seu falsa metallorum mixtione justo condemnari judicio et pro honoris apice ~as ascendere RIPLEY 186. **b 1296** vj d. in ~is judicialibus faciendis *DL MinAc* 1/1 r. 5; **1306** ~e judiciales ejusdem manerii debent stare apud le Hirst *Ext. Hadleigh* 244. **c** furcimen, ~a, *wearhrod GlH* F 976; **a1153** si quis malefactor judicio suspensus fuerit et postea evadat de ~a, quietus sit (*Ass. David*) *APScot.* I 317. **d a1153** omnes barones qui habent ~am et fossam de latrocinio et de occisione hominis habeant ~am *Ib.* 319; **1178** concedo .. ferrum et duellum, fossam et ~as *Reg. Aberd.* I 4; **c1228** vidit priorem [Dunelm'] habere fossam et ~as *Feod. Durh.* 298; **1237** sciant .. nos dedisse [terras] .. cum ~a et fossa, cum socco et sacca, cum *tol* et *them* et *infangenethef Melrose* I 205; **c1316** sciatis nos concessisse .. omnes terras suas de Lowdone .. cum ~a et fossa, *soc* et *sac*, *thol* et *theme* et *infangandthefe* et cum omnibus aliis libertatibus *RMS Scot.* 11; qui habent et tenent curias suas cum socco et sacca, ~a et fossa, *toill* et *theme*, *infangtheife* et *outfangthiefe RegiamM* I 4. 2; **1396** terras .. tenendas et habendas .. cum curiis et curiarum exitibus, .. cum ~a et fossa, *sok*, *tholl* et *theame*, *infangandthef* .. et aliis omnibus libertatibus *Reg. Paisley* 91. **e** non restat nisi ut ducatur ad ~as infernales [ME: *þe galcforke*, *þe waritreo of helle*] *AncrR* 58.

5 rax, iron support from which pot hangs over fire (cf. ME *galowes*).

~as ferreas in quibus pannus pendet dedi sacerdotibus templi ad cacabos sustinendos *NLA* (*Brendan*) I 150 (cf. ib. 149: velum .. pendens inter furcellas ferreas); **1455** j par ~arum ferri vocatarum *galous Test. Ebor.* II 179.

6 fork, branching of two roads.

1135 per viam magnam usque ad ~am viarum et inde per viam a dextra *Cart. Rievaulx* 19; **12..** ad ~um viarum *Cart. Buckfast* 8; **1298** sic ad .. quarentenam que vocatur Burnegrove, usque ~as de Brehull, et exinde .. *Cart. Boarstall* 576; **1305** una triroda jacet in Normangate .. sc. ad ~as de Castre *Carte Nativ.* 365.

7 (pl. as place-name) Fourches (Norm.).

1085 Heribertus de ~is (*Ch.*) *EHR* XLIV 372; Robertus .. in eminenti loco qui ~as vulgo dicitur castellum condidit ORD. VIT. VIII 16 p. 358; **1230** Willelmus de ~is *Pipe* 221.

2 furca [Ar. *fuqqā*], sort of malt-liquor.

~a fit de ordeo, que est diuretica sed verius contracta *Alph.* 70.

3 furca v. furtum.

furcare [LL *p. ppl.*]

1 (p. ppl. *~atus*) forked, having two or more branches. **b** (her.) fourché. **c** double-headed.

chelidomatus, id est gladius in modum caude hirundinee ~atus OSB. GLOUC. *Deriv.* 152; **†a1178** de arboribus ~atis (v. 2 branchia a); baculus .. ferro finali in pede ~atus GIR. *Symb.* app. 370; **1248** [ferram] ~atam, **1331** pilum ~atum (v. ferula 4); **c1300** usque ad quandam quercum ~atam et de quercu ~ata usque ad .. *MonA* III 595a; **1329** de .. tribus peciis ferri ~atis ad unum capud *KRAc* 467/6 m. 1; botrix arbor est fructuosa, .. per intervalla ~ata *Alph.* 23. **b** sunt insuper alii qui portant crucem ~atam, quam quidem vidi portari a quodam Anglico qui vocabatur Johannes Vescy, qui Gallice sic portabat, *il port de goules un crois furche d'argent* BAD. AUR. 142; dicitur hec crux ~ata pro eo quod omnes ejus fines sunt fissi et ~ati UPTON 217. **c 1358** de j *hamer* ~ata et j furca ferri *Windsor Castle* I 216.

2 to split into two, divide: **a** (trans.); **b** (refl.); **c** (intr.).

a m et n quia magis quam alie clauduntur et magis claudentibus notulis figurantur et n bipedali quia ut furcata exit per nares *Ps.*-GROS. *Gram.* 25; terra .. oceani aquis undique cincta, cujus brachiis multiformiter invasa, percussa, et ~ata FORDUN *Chr.* I 1. **b 1329** .. exinde usque ad caput de C. ubi mora se ~at, et exinde .. *MonA* V 683a. **c 1373** ibi dividitur predicta aqua in duos cursus ~ando (*CoramR*) *Pub. Works* II 346.

3 to 'fourch', i.e. to delay legal proceedings by arranging that plaintiff and defendant alternately make essoin.

quid tunc erit de defalta mulieris? resummoneatur una cum viro quod sit ad alium diem. hic ordo de viro primitus essoniato in mulierem primitus essoniatam converti potest. caveant vir et uxor implacitati quod semper in essonio alterius alter appareat quamdiu ~are possint, et cum ultra non possint, concurrant eorum essonia suis locis. alter autem eorum unum essonium de malo lecti habere potest. hec autem omnia dico de pluribus participibus ubi terra impertita est sive tenementum, viz. ad ~andum essoniis suis et defaltis inde provenientibus HENGHAM *Magna* 9 p. 25.

4 to fork (corn, hay, or sim.), to work (meadow) w. fork, to load (cart) using fork.

c1310 in stipendiis .. iij hominum ~ancium blada in autumpno *LTRAc* 358/18; **1355** in stipendiis .. ~ancium blada *MinAc* 899/10; in stipendiis iij ~ancium ad dictam carettam *Ib.*; **1402** in expensis famulorum .. cariancium, ~ancium, et meiancium blada in grangia *Ib.* 547/31; **1407** pro Richardo Plumbario ~ante carect' per xij dies iij s., et pro Johanne Bowdon ~ante carect' per j diem iij d., et pro victualibus emptis pro factoribus tassiorum prioris .. *Ambrosden* II 213.

furcarius, one who works w. fork (at haymaking).

1282 item ij ~iis, j tassatori *Ac. Wellingb.* 28; **1299** in expensis servientis, messoris, ~ii et familie per v septimanas in autumpno *Ac. Man. Cant.* (*Milton*); **1307** iij tassatores et iij ~ii *Cant. Cath. Pri.* 124.

furcatio, forking (of hay), collecting and bringing of hay to stack w. pitchfork. *Cf. furcare* 4.

1466 operantibus, super sparcione, rastracione, et siccacione tocius herbe provenientis de dictis pratis in siccum fenum ac pro ~one et tassacione dicti feni *MinAc* 1085/20.

furcator, one who works w. fork (at haymaking).

1281 item ij tassatoribus v s. item ij carectariis iiij s. item ij ~oribus iiij s. *Ac. Wellingb.* 22; **1308** expense autumpni: .. in expensis ij carectariorum, j ~oris, .. j tassatoris *Doc. Bec* 163; **1370** in stipendiis iij plaustr[ariorum] cum ij furcat[oribus] ad eos, iiij carect[ariorum] cum iiij furcator[ibus], iij tassator[um] [etc.] *MinAc* 899/23.

furcatorium, (?) fork-load.

1411 pro .. uno ~io feni apud Fynford ij d. *Leet Coventry* 11.

furcatura

1 fork, bifurcation (of roads); *v. et. furchiatura*. **b** (land in) fork (of rivers).

a1198 in viam que ducit versus hospitale usque ad ~am vie que venit ab aquilonari parte petarie *Kelso* 14. **b a1181** (1316) dedi .. xij acras in forcatura ubi aqua de Linc' et aqua de Gerewic conveniunt in marisco de Hekinton *CalCh* III 319 (= *MonA* V 337).

2 (?) forked branch as perch for hawk.

c1225 aves etiam †dentes [*sic ed.*; MS: cetinos] .. et unam ~am vobis transmisimus (*Lit. regis Norvegiae*) *RL* I 486 (= *Diplomatarium Norvegium* XIX i 125).

furcella v. furcilla. **furchatura** v. furchiatura.

furchetta [AN *furchette*], **~us**

1 fork (used at table).

1292 in emendacione unius pedis cupe argent' .. in emendacione ij forcectarum domini ij s. *KRAc* 308/15 m. 9; **1300** (v. esmallare); **1303** unum par cultellorum cum manulis argenti aymellati cum uno ~o de cristallo *DocExch* 279; **1315** duo ~i argent' deaur' et duo manubria de cristallo *KRAc* 369/11 f. 172v.

2 breast, forequarter (of venison). *Cf. furchia* 1.

1202 concessit .. de utroque damo iiij membra et capud cum corio et furcheto *Fines* 242/6/55 (= *Fines Warw.* 135: †fareneto; *Antiq. Warw. ed.* 1730 p. 910 = forcheto).

furchia [AN *furche* < furca], **~ius**

1 breast, forequarter (of venison).

1209 Robertus filius Roberti fugiit cum capite cervi et furcio et cornu cervi et unam (*sic*) de costis *SelPlForest* 8 (= *Antiq. Salop.* VII 16); de Rogero filio suo dixit qui fugiit cum capite cervi et cum ~ia quod fuit cum comite Cestr' et nescivit ubi fuit *Ib.* 9.

2 cruck.

1221 vj quercus ad sex ~ias faciendas cujusdam aule sibi edificande *Cl* 449a; **1227** mandatum est H. de N. quod habere faciat Godefrido de C. quatuor ~ias in haia de Wauberg' de dono domini regis *Cl* 6.

3 gallows.

1199 pro habendis ~iis et fossato in feodo quod tenet per servicium feodi militis *Pipe* 213; **1220** precipimus .. quod sine omni dilatione in loco ubi furche prius erecte fuerunt, viz. ad ulmellos, fieri faciatis duos bonos gibettos de forti et optimo meremio ad latrones et alios malefactores suspendendos *Cl* 419a; **1232** mandatum est .. quod nullam occasionem querant erga priorem de Cumwell' occasione furcharum quarundam quas levari fecit .., qui quidem prior habet *infangenethef* et *utfangenethef* secundum libertates contentas in carta R. regis *Cl* 27; **1234** de quibusdam ~iis levatis in manerio predicti episcopi *Ib.* 541.

furchiatura [AN *furchure*], fork, bifurcation of roads. *V. et. furcatura* 1a.

c1190 usque ad furchaturam vie *Regesta Scot.* II 317.

furcifer [CL]

1 one who bears a 'fork' (in CL, a means of punishment). **b** (as adj.) fork-bearing.

~er, furca dignus *GlP* 617; ~er, furcam portans Osb. Glouc. *Deriv.* 242. **b** quod †furtiferi fossores percipientes .. se in castrum receperunt Fordun *Cont.* XIII 30.

2 rascal, villain; **b** (as adj.) rascally, villainous.

novissimae de ~eris non minimae stragis Gildas *EB* 26; Aldh. *CE* 4. 1. 30 (v. 2 dimittere 2a); ~er, *wearh GlH* F 977; ille ~er, sentina malitiae foetidus Byrht. *HR* 5; ille versutus ~er R. Cold. *Godr.* 295; ciniflones et ~eros P. Blois *Ep.* 14. 50B; predo / sic tonat: 'an loqueris, furcifer?' Walt. Angl. *Fab.* 2. 14; Walt. Wimb. *Sim.* 120 (v. fulinarius); quis .. ~er hoc egit sacrilegium? *Mir. Hen. VI* I 8 p. 29. **b** ~eros .. vultus pilis .. tegentes Gildas *EB* 19; forcifer, permalus *GlC* F 275, *GlH* F 637; ~er, cruci dignus *GlC* F 373; ~era, *þa weargberendan WW*; vae, vae, / furcifer ingeminat rusticus Nig. *SS* 810 (= *Sat. Poets* I 39: †fructifer); a gente ~era interceptus, captus, et vinctus Ad. Eyns. *Hug.* IV 12 p. 58 (= *ed. Dimock*: †agente furtifera); venite †furtiferi! venite, pestiferi! quid morati estis, malefici? *NLA* (*Winwaloe*) II 570.

furciferus, arch-bearing.

forciferus, i. fornicarius *GlH* F 639.

furcilis [LL], (pl.) gallows.

~es, -lium, i. furce ubi suspenduntur fures Osb. Glouc. *Deriv.* 219 (cf. ib. 242) (cf. Paulus Diaconus *Epitoma Festi* p. 88); furcilles *CathA* (v. furcilla 2).

furcilla

1 small fork.

forcelle, *gæfle*, dictae quod his frumenta celluntur .. *GlH* F 640; **9..** †farcille, *berigeblæ WW*; ~a, *litel forca* Ælf. *Gl.* 154; fulcella, ~e, i. furcula, parva furca Osb. Glouc. *Deriv.* 219; ~a, parva furca *Ib.* 242.

2 gallows.

1279 abbas S. Albani habet in W. visum franciplegii et emendacionem panis et cervisie et .. *portmanemot* et collistrigium et *schulsingstol* et ~as et officium coronatoris et warennam per campos dicte W. *Hund.* II 338a; *a galowe*, furca, furcella, furcula, furcilles *CathA*.

3 rax, iron support from which pot hangs over fire (*cf.* ME *galowes*).

furcellas ferreas *NLA* I 149 (v. 1 furca 5).

4 (~*a pectoris*) collar bone.

fiat inunctio ab umbilico usque ad furcellam pectoris Gilb. I 74v. 1.

furcillare [CL = *to punish w. a 'fork' on the neck*], to hang (criminal).

hangyn, or don the offyce of hangman, ~o, .. suspendo .. *PP*; *to hynge*, pendere .. fulcellare, suspendere *CathA*.

furcimen [cf. furca], gallows.

~en, *waergrood GlC* F 371.

furcinula v. fuscinula. **furcius** v. furchia.

furcosus [LL], forked, cleft.

leontopedion .. nascitur sepe cum tritico, tirsis †bispalmis [l. bipalmis] et ~is *Alph.* 96 (cf. *Ps.*-Apuleius *Herb.* 8).

furcula [CL, LL]

1 little fork. **b** cleft (of chin).

furca, ~a diminutive, *gæfle GlH* F 974; Osb. Glouc. *Deriv.* 219 (v. furcilla 1). **b** furcula sic menti speciosa politur ad unguem H. Avr. *Hug.* 194.

2 (~*a pectoris*) collar bone.

in ~a pectoris Ric. Med. *Anat.* 229; *Ps.*-Ric. *Anat.* 2 (v. ensis 2a); tercia [vena] ad inferiora ramos transmittit et post procedit ascendens et retorquet[ur] ad ~as *Ib.* 44 p. 34; fiat .. emplastrum a ~a pectoris usque ad virilia Gilb. I 44. 1; fractura ~e pectoris Gad. 124v. 1.

3 process (of bone).

de mento: .. horum ossium extremitas duas habet ~as, una est acuta cujus acumen quoddam ligamen inferit quod a latere tymporum protendit per quod et bucca clauditur et aperitur, altera vero ~a grossa est et rotunda cujus rotunditate mentum fit molle Bart. Angl. V 18; unum [sc. acumen spatule] corvi rostro assimilatur per quod eadem spatula ~e est connexa ne a superiori locum suum non exeat interius *Ib.* 26.

furculina v. fuscinula a.

furculus, ~um, (anat.) branch (of tube).

in ipsis [volatilibus] etiam masculis major colere quantitas per superius ~um dirigitur quam per inferius mittitur ad intestina mundificanda *Quaest. Salern.* B 267; Bart. Angl. V 40 (v. cystula).

furdinga, furdlingus v. 1 ferthingus 1a. **furect-** v. furett-. **furellus** v. 1 forellus, 2 furrellus.

furere [CL], **~ire** [LL]

1 to be out of one's mind, rave. **b** (pr. ppl. ~*ens*, of action) frenzied, mad.

~is, i. insanis, erras, bacharis; ~uerunt, insanierunt, *repegadan GlH* F 905–6; quidam .. altius vel intelligentes vel ~entes Adel. *QN* 76; cepit .. regni gubernaculum, paterna insania ~ens G. Mon. II 5; jussu consulis irrationabiliter ~entis Ord. Vit. V 7 p. 328; illi ut amentes ~ebant *Ib.* XIII 23 p. 61; dementor, -ris, i. ~ere Osb. Glouc. *Deriv.* 331; **1219** occidit .. uxorem suam .. et dicitur quod ipse ~iens fuit et fugit *Eyre Yorks* 211; demones vidisse putantes, unde ~iunt Gilb. II 103. 2; acsi gladium poneret in manum ~ientis Bracton 108; solebant .. sacerdotisse Bachi cum tirsis currere per silvas tamquam ~entes Trevet *Troades* 50; sic ~ebat .. Agave et in hac furia filium Pentheum vulneravit nec tamen scivit eum filium esse *Ib.*; furiens Gower *VC* I 305 (v. aperculus). **b** sic contrito castrorum celestium propugnatore, ~entissimo sacrilegio sacratissimum sanctuarium contingat irrumpere instar leonum truculentissimos, instar luporum rapacissimos .. Ad. Marsh *Ep.* 147 cap. 43.

2 to rage (w. anger or other emotion).

Aldh. *VirgP* 38 (v. exoriri 3a); ~it, irascitur, *wet GlH* F 922; quem .. ille malignus .. ex improbitatis suae jaculis ~iendo dejecit quasi geminam iram in utrisque foret ulturus B. *V. Dunst.* 8; innumerabilis hominum bestiali rabie ~entium multitudo trucidata est Ord. Vit. III 4 p. 143; propriis in patrem ~entibus filiis Gir. *TH* III 49; *Quaest. Salern.* N 2 (v. defunctorius); in armis ~ens, in pace tranquillus M. Par. *Maj.* I 57 (v. disponere 3e); **c1382** fratres furiebant / et ex parte propria monachi timebant *Mon. Francisc.* I 597; Amund. II 221 (v. exasperare 3a).

3 to be wild or savage, rage: **a** (of forces of nature); **b** (of fire); **c** (of sea); **d** (of passion).

a tempestas .. toto illo die multum ~ere non cessavit Bede *HE* V 1 p. 282; ~enti grandine ac frigore nivium omnia perflante *Ib.* 12 p. 305; ~entibus austris, saevientibus ventis *GlC* F 431; dum ~erent in orbe tempestates Ord. Vit. VII 8 p. 188; Ciren. I 375 (v. elementum 1c); **1457** tu filios tuos ire in mare periculosum ac etiam procellosissimum facis, ubi Syrtis et Scilla ~iunt (*Lit. 'Soldani'*) *Reg. Whet.* I 270. **b** Bede *HE* II 7 (v. episcopium 3); Alex. Cant. *Mir.* 35 (I) p. 227 (v. exasperare 5b); ut ignis magis fureat *Medit. Farne* 40. **c** neque furentes vortices / undisonis fragoribus / turgentis Tithis .. (Æthelwald) *Carm. Aldh.* 2. 49; ~entibus undis pelagi Bede *HE* III 15; fulmina cadunt, .. ~iunt maria Bacon V 53. **d** zelus in hoste furit (*Vers.*) Bede *HE* IV 20 p. 248; quia maxima sevitia in Dei cultores ~iet Hon. *Eluc.* 1163B.

4 (trans.) to madden, infuriate.

rusticitate tamen juvenilis quos furit etas / quicquid adest manibus asperiora gerunt Gower *VC* I 853.

5 *f. l.*

Eul. Hist. II 127 (v. furari 1a).

furescere, to be insane.

gens que .. latrocinatur et ~escit, occidendo eos qui criminis conscii non sunt Capgr. *Hen.* 172.

furetra v. furrataria.

furettare [cf. OF *fureter*], to hunt w. ferret.

1223 ad furetandum (v. furettus); **1244** ~avit in parco domini regis cum furetto *Chanc. Misc.* 11/1/25; **s1292** prior noster personaliter et per ministros suos sepius furectavit pro cuniculis *Ann. Dunstable* 374.

furettarius [cf. OF *fureteor*], ferreter, one who hunts w. or keeps ferrets. **b** (w. *canis*) dog trained for hunting w. ferrets.

1284 Ricardo ~io capienti cuniculos apud Newerk' et Belverum per preceptum regis, percipienti per diem ij d. .. eidem pro quodam furetto empto ad opus regis iiij s. *KRAc* 351/11 m. 5; **1290** Spring garcioni Johannis pertricarii et Watte garcioni ~ii *Ib.* 352/20 m. 1; **1325** vadia ~ii v d. *Ib.* 390/11 m. 3; **1335** Roberto Popejay firettario domini regis iij s. iiij d. *Comp. Swith.* 251; **1447** firetori domini regis (*DC Cant.* F 2 vol. 4) *Arch. Cant.* LIII 4; **1473** rex .. valetto ~io hospicii sui salutem. scias quod assignavimus te ad cuniculos et robett' .. ac furett[os], haias, recia et alia ingenia pro capcione eorundem necessaria .. capiend' et providend' *Pat* 531 m. 3. **b** **1295** super putura .. iiij bercelettorum et j canis ~ii *Prests* 189.

furettus [cf. AN, OF *furet, firet*, ME *furet, feret*], ferret.

1223 venit cum fureto episcopi ad furetandum *Pipe Wint.* 159279 m. 9; **1250** quod .. cuniculos illos, una cum ~is, quos habet per latorem presencium regi mittat *Cl* 327; **1270** in ~is passendis ij s. et iij d. et quad., in cord' empt' ad ~os v d. ob. *MinAc* 768/5 m. 2; **1275** ostium thalami sui fregit et unum ~um ad cuniculos capiendos precii dim. m. cepit contra voluntatem ipsius Godwini [et] asportavit *Hund.* I 225a; **1290** Ricardo furettario regis pro putura ij ~orum *KRAc* 352/20 m. 2; **1384** licenciam .. fugandi et interficiendi .. de cuniculis cum ~is et alio modo (*Pat* 318 m. 6) *SelPlForest* cxxx *n.* 1; **1475** habent canes †venatos [? l. venaticos] et ferettos ubi non habent terram liberam ad valorem xl s. per annum *CourtR Wimbledon* 36; *a feret*, furo, furectus *CathA*.

furfur [CL]

1 bran; **b** (fig.); **c** (in medicinal use); **d** (used as packing); **e** (used for burnishing metal); **f** (used for starching clothes).

~res, *sifidan GlC* F 386; ~res, purgamentum farinae, *æsceadan*; furfurus (*sic*), frumentum *GlH* F 989–990; satiantur adipe frumenti, nos autem ~re P. Blois *Serm.* 682A; membra famelica ex cibi inopia ut in ~re aut etiam nocivis herbis sibi trahunt nutrimentum Neckam *NR* II 98; paleas habeat et acera et †fulfurem [v.l. furfur; *gl.*: *bren, bran*], que sunt gallinis pabula *Id. Ut.* 110; ne pane delicato excussis ~ribus vesceretur J. Godard *Ep.* 225; ne .. in pane, cervisia, farina, ~re vel in braesio furtum faciant *Obs. Barnwell* 184; **1352** in feno, ~re, pane et avena emptis pro equis *Ac. Durh.* 207; **1417** in pane equino furfura (*sic*) et avenis emptis *Comp. Swith.* 365. **b** verumtamen, nostrorum verborum ~re sullato, similaginem .. desiderabilem vestris auribus proponamus H. Los. *Serm.* 368. **c** aqua decoctionis ~ris Bacon IX 73 (v. decoctio 1b); absterge cum colatura ~ris J. Mirfield *Brev.* 86. **d** **1230** Willelmo pro visco et ~re ad quarellos regis inpennandos et salve custodiendos ij s. *Pipe* 185. **e** furfure jam thorax, jam cassis calce novatur L. Durh. *Dial.* II 476; **1213** etc. (v. freiare). **f** **1443** furfur: .. liberantur lotrici de camera pro *sterchyng* velaminum domine et generosarum suarum .. j quar. *Comp. Dom. Buck.* 23.

2 scurf or other scaly infection of the skin.

scabiem tantam ac ~res habebat in capite ut nil umquam capillorum ei .. nasci valeret Bede *HE* V 2; ~res capillorum a quibusdam tyriacis, a quibusdam furfurisca vocantur. sunt autem scame al' ~ribus similes qui acute capitis segregantur et capillos detruncunt Gilb. II 82. 1; †posis vel †proficiria sira [? *for* πιτυρίασις], i. †purpureus [v. l. †prosis vel †prositiria fira, i. ~res] *Alph.* 148 (cf. ib. 67: ~res, respice in †proptiria sira et in †puposis); furfura, A. *the scales of the hede or berde WW*.

furfuraculum [LL *gl.*; *erron. form for* perforaculum], auger, 'piercer'; (*cf. TLL, DuC*). **b** (by conf. w. *furvus*) darkness.

~um, *a persour WW*. **b** ~um, i. tenebras *GlH* F 979; tenebrae vel ~um, *ðystru* Ælf. *Sup.* 175 (cf. *TLL*: ~um, †tenebra [l. terebra]); *a mirknes*, ablucinacio, .. furibula, furuitas *CathA* (cf. *TLL*: †furabula, †tenebrae).

furfureus [CL]

1 made of bran. **b** fed on bran (alluding to a person's low class).

potus furfureus, sulfureusque liquor P. Blois *Cervisia* 1155D; pingue serum cum pane ~eo [*gl.*: *de bren*] porrigere Neckam *Ut.* 102; **s1249** in fine estatis messes oblate spem mentite in humani generis provocacionem suffocabantur et collecte panem triticeum quasi ~eum et fuscum reddiderunt M. Par. *Maj.* V 93; panis eorum non sit de tritico .. et si sic tunc ~eus et non azimus .. Gad. 33v. 1. **b** qui se furfureis commiscat, furfureus sit; / esca quisque suis se miscens esca suis fit D. Bec. 460; **s1253** qui .. de familia regis .. vocantes rusticos ~eos ipsos et saponarios se eis opposuerunt in certamine M. Par. *Maj.* V 367.

2 (w. ref. to sediment in urine) resembling bran.

corpora notabilia apparent in urina, sc. petoloides, resolutiones ~ee, crinoydes Gilb. I 66v. 2.

furfurio [LL], (kind of bird). (*Cf.* Isid. *Etym.* XII 7. 72).

fynche, byrd, ~io *PP.*

furfurisca [cf. AN *furfurasches sb. pl.*], scurf or other scaly infection of the skin.

GILB. II 82. 1 (v. furfur 2); maxime in facie ~as cum scamis al' patiuntur *Ib.* VII 340v. 1; furfurista est passio capitis cum a capite vel aliunde resolvuntur squame similes furfuribus *SB* 22.

furfurus v. furfur.

furginum [cf. OF *forgon*; DuC s. v. furgo], fire-fork, poker.

in calce comburenda xiij s. vj d. in ~is ad idem emptis xij d. *Ac. Beaulieu* 204.

furia [CL]

1 (pl.) avenging goddesses, the Furies (also sg.). **b** minor deity (f.), nymph.

vincere ne valeat Furiarum maxima mentes ALDH. *VirgV* 2634; *GlC* E 283 (v. Erinys); ~ias, i. deas irarum *GlH* F 992; geminas ante se conspexit mulierculas . . quasi bine ex tribus ~iarum sorores LANTFR. *Swith.* 3; Egyptus olivis, / artibus Athene, Furiis iraque Micene R. CANT. *Poems* 15. 21; Dirae, ~ie vel ~iarum suggestiones OSB. GLOUC. *Deriv.* 176. **b** nam Hamadryades sunt ~ie fontium, Oreades montium, Maiades [*ed. suggests* Maenades; v. l. Maides; Isid.: Naides] camporum, Dryades silvarum, Naiades maris que et Nereides dicuntur, Eumenides inferni OSB. GLOUC. *Deriv.* 240 (cf. Isid. *Etym.* VIII 11. 95–7: nymphas).

2 (usu. pl.) frenzy, demonic possession. **b** (sg.) madness.

~iis vesaniae correptus coepit quasi limphaticus vel freneticus . . sartagines basiare ALDH. *VirgP* 50; nebulonum ~ias *GAS* 534 (v. 2 decurio b); W. MALM. *GP* I 17 (v. efflator); quasi ~iis agitetur T. MON. *Will.* VI 8 (v. devolvere 1b); ~iis agitata *G. Steph.* I 48 (v. daemonium 2). **b** ~ia, insania, amentia, . . *wodscipe, repnes GlH* F 907; queritur de incidente in ~iam si excusatur a peccato HALES *Qu.* 459; non . . inungebant nisi illos [furiosos] qui habentes dilucida intervalla petebant instanter inungi antequam caderent in ~iam *Ib.* 1499; [furiosum] existentem in ~ia et non habentem usum racionis OCKHAM *Sent.* VI 357; TREVET *Troades* 23 (v. discernere 5c); GAD. 132. 1 (v. amens a); vidit quemdam Johannem B. furiosum, suis manibus vinculis et cathenis ferreis vinculatum et per multa tempora hujusmodi ~ia laborantem *Canon. S. Osm.* 57.

3 rage, fury; **b** (w. ref. to acute illness).

FRITH. 1282 (v. exercere 8b); marcialibus ~iis *Ps.*-ELMH. *Hen. V* 45 (v. exsilire 1a); quo obsidencium ~ias pacare possemus et arcis dissipare vallum FORTESCUE *NLN* I 29. **b** quandocumque . . omnia ista [signa] . . apparent propter morbi ~iam et debilitatem virtutis, mortem procul dubio signant J. MIRFIELD *Brev.* 56.

furiacus v. furiare.

furialis [CL]

1 inspired by the Furies, avenging.

H. AVR. *Poems* 27. 206 (v. egredi 2c).

2 frenzied, mad.

mulieres in edituo murorum [ludum] aspicientes in ~es amoris flammas joci irritant G. MON. IX 14; neque fecerat hoc mentis ejus ~is impetus *Ep. ad amicum* 23; ab illa ~i vertigine qua corda hominum dementata raptantur P. BLOIS *Ep. Sup.* 78. 5; post plurimas ~es alternatas insanias coguntur inclusi fieri ductiles ad tractatum et guerrarum sevicia temperati reddebant in manus regias oppidum *Ps.*-ELMH. *Hen. V* 87.

3 causing madness, maddening; **b** (as name of plant).

quedam insana et quasi ~ibus stimulis agitata FREE *Ep.* 53. **b** strignus [i. e. strychnos] manicon, quam alii perisson dixerunt, sive ut juvenes drion, vel ut Latini ~is eo quod furorem faciat *Alph.* 176 (cf. *Ps.*-Apuleius *Herb.* 74).

furialiter [CL], like a Fury, frenziedly.

furie . . unde venit furiosus, -a, -um, et furiose adverbium et hec furiositas, -tis, et hic et hec furialis, et hoc -le, et ~iter adverbium OSB. GLOUC. *Deriv.* 210.

furiare [CL], to madden, infuriate; (p. ppl. ~*iatus*) maddened.

~iata, i. furiosa *GlH* F 994; hunc cum noviter [alienatione] arreptum curatores amici verbere cederent, ne forte fieret ex ~iato furiosus, . . W. CANT. *Mir. Thom.* II 9; **1281** que sentencia sic Domino adversatur et favet diabolo ut . . in nullo hac furiaca [? l. furiata] sentencia nullatenus lederetur PECKHAM *Ep.* 202.

furibula v. furfuraculum.

furibunde [LL], furiously, in a rage.

s955 ille . . in monachos totius Britannie ~e bacchatus W. MALM. *GP* I 17; **s1062** Tosti ~e discedens a fratre suo H. HUNT. *HA* VI 25; quasi timens ne forte vel ipse illos inconsulte et ~e corriperet ROB. BRIDL. *Dial.* 184; **s1259** Engeramus de Curcy . . clericulos duos . . ~e apprehendit et . . innocentes suspendit *Flor. Hist.* II 430; **s1321** illorum bona . . ~e invadebant, capientes castra per violenciam WALS. *HA* I 160 (cf. TROKELOWE 108: furiose exequentes, terras eorum . . violenter invadebant); **1455** nolumus . . in hac materia aut festinanter aut iracunde aut ~e aliquid agere, immo moderanter magis et cum matura deliberacione *Reg. Whet.* I 205.

furibundus [CL]

1 of or like a Fury.

maluit quippe sanus . . discedere quam ~um agonithetam expectare ORD. VIT. VII 5 p. 175; terrigenas furibunda super grassatur Erinys *Ib.* XI *prol.* p. 160.

2 (of person) out of one's mind, mad, frenzied; **b** (transf.).

799 nisi forte ~us vel insanus ALCUIN *Ep.* 170; *Altercatio* 17 (v. epilepticus 2a); T. MON. *Will.* II 8 (v. gutturnosus a); Andromacha quasi ~a et nesciens quid facere possit TREVET *Troades* 50. **b** crudescentis signifer duelli fertur bachanti et ~o strepitu restitisse ALDH. *VirgP* 38 p. 289; spiritu furoris exagitatus, horrendis rictibus, torvis et minacibus oculis, gestibus ~is *Mir. Fridesw.* 64; ~a debacatione GIR. *GE* I 54 (v. debacchatio b).

3 (of person) furious, beside oneself (w. rage or sim.). **b** (transf.) raging.

Hugo vehementer iratus est et pre ira ~us sic suos affatus est . . ORD. VIT. VI 10 p. 95; ille ~us et fremens omnes a loco expelli . . precepit J. FURNESS *Kentig.* 24 p. 203. **b** ille . . digito quodammodo quamquam ingrato ac ~o . . innoxia ejus latera . . caedenti demonstravit GILDAS *EB* 1 p. 27; ~a ferarum rabies ALDH. *VirgP* 36; o quanta est ~ae libidinis ferocitas *Ib.* 45; mare . . naviculam ~is procellis quatiebat HON. *Spec. Eccl.* 970C; mulierculárum ~us amor GIR. *TH* I 22; sol dicitur esse in Leone, quia sicut leo ~us est, sic quum sol per illud decurrit signum, vehementem mundo caloris fervorem reddit ALB. LOND. *DG* 15. 5.

furica v. forica.

furicidium, thief-slaying.

de ~io [AS: *þeofslihte*], quod juramento comprobari liceat . . de fure capto et dimisso *GAS* 23 (cf. ib. 105: qui furem occiderit, . .).

furiculus, thief.

a thefe, . . fur, ~us, furunculus . . *CathA.*

furigildum [cf. AS *þeofgild*], payment in compensation for theft.

si dominus tunc velit eum purgare . . quod numquam ~um [AS: *þeofgild*] reddidit (*Quad.*) *GAS* 228 (cf. ib. 333: quod ille nunquam juramentum vel ordalium fregit nec ~um reddidit; = (*Cons. Cnuti*) *ib.*: nec unquam furis tributum solverat).

furinare v. fornare.

furiose [CL], madly. **b** furiously; *cf. furiosus* 2b.

OSB. GLOUC. *Deriv.* 210 (v. furialiter). **b** . . furere incipiunt, et totam humiditatem hominis adurendo ~e inficiunt. ex qua infectione . . *Quaest. Salern.* N 2.

furiositas, furiousness, state or condition of raging; **b** (w. ref. to hot, dry temperament); **c** (w. ref. to acute illness).

OSB. GLOUC. *Deriv.* 210 (v. furialiter). **b** qui [sc. caro hominis] ex caliditate uritiva et magis furiosa magis in ~atem resolvitur, ~as per occultos et apertos poros emissa, aerem sibi similem maxime inficit *Quaest. Salern.* N 2. **c** aliquando etiam radices nervorum sensibilium illa fumositas maliciosa tangit et suo acumine sive ~ate ad intima ipsorum nervorum penetrans spiritum animalem . . ledit BART. ANGL. IV 5; majus regimen in acutis est in dieta, tamen propter morbi acumen et materie ~atem . . GILB. I 26. 1; **1398** tanta infirmitate ~atis detentus . . quod regimini sui . . non sufficit *Pat* 349 m. 12*d*.

furiosus [CL]

1 out of one's mind, mad.

~us, . . insanus, amens *GlH* F 914; qui miser esse cupit, se convincit furiosum J. SAL. *Enth. Phil.* 73; cerritus, ~us, insanus, †exs [*not in* MS], excerebris OSB. GLOUC. *Deriv.* 151; in ~o vero et pupillo qui doli capax non est, depositi causam credo non posse convalescere, nisi ex utriusque novo consensu postea rem teneat VAC. *Lib. Paup.* 139; sicut patet in phreneticis et ~is qui multos habent actus imaginandi et multa loquuntur que numquam prius in sanitate imaginabantur OCKHAM *Quodl.* 282; quidam sunt ~i qui habent lucida intervalla HALES *Qu.* 1499; Ulixem simulantem se ~um ut non iret ad bellum deprehendit et amoto dolo traxit secum TREVET *Troades* 55; bene scit quod filia sua ~issima recessit a domo sua, sc. tum flens tum ridens tum clamans tum alias se inordinate gerens, et sana rediit *Canon. S. Osm.* 41; cum vidisset Aliciam . . laniantem vestes suas et alias se in modum ~e gerentem *Ib.* 42; *CathA* (v. exspes b).

2 furious, raging; **b** (as characteristic of hot, dry temperament).

8. . viro ~o, *hathort were WW*; ~us, iracundus, rabidus . . *GlH* F 914; ~is punctionibus exerciti plures contra eos conspiraverunt ORD. VIT. XIII 40 p. 120; membris omnibus a ~a turba frustratim [i.e. frustatim] dissectis COGGESH. *Visio* 25; in muliebribus est fortior et ~ior et diuturnior, in viris acutior et partior . . est delectatio GILB. VII 289 (*recte* 284). 2; bella . . carencia racionis judicio ~os efficiunt impetus in adversa, et dum racionis moderamine non utuntur . . R. BURY *Phil.* 7. 101. **b** dicimus ergo quod istud calidissimum est et siccissimum, unde ~issime est qualitatis *Quaest. Salern.* B 161; uncia est animal calidissimum et siccissimum, ~um, procreatum a leena et leopardo, que duo animalia calidissima sunt et valde ~a, unde tertium ab eis generatum natura debet esse ~issimum et calidissimum *Ib.* N 2.

furlandus v. forelandus.

furlonga, ~us, ~um [AS *furlang*, ME *furlong*]

1 length of the drive of a plough before it is turned; as linear measure, about one eighth of a mile.

c1151 (13c) concedo eidem Willelmo et successoribus suis piscariam ex utraque parte pontis de Arundel ad longitudinem unius forlonge (*AncD* AA 388) *MonA* VI 260.

2 'a group of parallel strips [in open field], recognized as distinct by local usage and generally called by its own name' (Stenton, *Danelaw* lvi). *Cf. cultura* 2b.

c1156 (1235) grangiam . . cum Efhaige furlinga et communi pastura territorii sui *CalCh* I 206; **c1177** viginti et quatuor acras terre lucrabilis in terrura de D., sc. in Pilatecrofto et in longis furlangis et in toftis et ad caput eorundem toftorum versus le Nord *BM Ch.* 64; **1181** (1279) xx [acre] in uno campo, ex quibus v acre sunt in furlungia, que descendit in rivolum ultra spinam, et v in furlungia ultra vallem, que vertitur apud Rugweyam, et iij acre in Gopeshlerefurlunga (*Pat*) *MonA* VI 434; **c1230** aliam [dimidiam acram] que est juxta Sebern' in longo furlungo, terciam dimidiam acram in Alvedeshamfurlong *Cart. Osney* IV 272; **1232** forlungam unam juxta longam moram de xij acris et in summitate ipsius forlunge unam acram et novem perticatas terre *ChartR* 27 m. 13; **c1235** tres acras et dimidiam que jacent in forlango quod vocatur Seheta *Ch. Sal.* 224; **a1262** dedi . . duas selliones . . que jacent in medio ~o de Harekar *Cart. Cockersand* I 97; **1251** dominia abbatis consistunt in pluribus culturis sic nominatis, viz. Nyenneerdes [etc.] . .; super le Howe sunt octo ~i; que quidem culture coli possunt sufficienter cum tribus carucis propriis et consuetudine carucarum ville *Cart. Rams.* I 282; **1260** in superiori forlango at Balsyngton' xvij acre, precium acre vj d. *Cust. Glast.* 219; **12.** . vj d. de quadam †foringa terre *Cust. Bleadon* 208; **12.** . non possum nec debeo ponere faldam eorum ultra la Gresfurlung, nec ultra illam furlungam que ad gardinum de parva Colesburna tendit *FormA* 299; **12.** . in illis tribus dimidiis acris terre que jacent in subteriori forlongo *Reg. Malm.* II 239; **1279** de ij acris terre in campis de B. in quodam forlongo appellato Hapshangerforlong *Ib.* lxxxiii; **1334** in ij forlongis ex parte australi de Spitelfeld *Surv. Denb.* 230; **1346** unam dimidiam acram capitalem terre arabilis jacentem in quodam forlongo vocato le Garstone *AncD* C 4222; **1408** nomina forlongorum et quot acre sunt in eisdem *Reg. Ewell* 22; **1441** in decasu redditus unius ~e terre dominice *DL MinAc* 645/10461 r. 3*d*.

furlotus v. ferlota. **furmag-** v. formag-. **furmelus** v. formellus.

furmentum [ME *furmente*, AN *furmenté* < frumentatum], frumenty.

1338 coquina: in porris j d. in frumento pro ~o ij d. *Ac. Ep. Bath* 144.

furn- v. forn-.

1 furo v. furere.

2 furo [LL], ferret.

9. . ~o, *mearþ*, idem deminutive furunculus, a furvo dictus, unde et fur *WW*; hic ~o, -is, A. *a ferret WW*; *CathA* (v. furettus); **1541** cuniculos cum quodam rethe vocato *a haye* et cum ~onibus vocatis *ferettes* . . fugaverunt *AncIndict* 550/100.

furor [CL]

1 madness.

ubi . . motus ejus insanos conprimere nequaquam valebant, dicebat presbyter exorcismos et quaeque poterat pro sedando miseri ~ore agebat BEDE *HE* III 11; EADMER *Wilf.* 7 (v. daemoniacus 2); spiritus ~oris W. CANT. *Mir. Thom.* III 52 (v. dementare a); **1225** non malecredunt eum nisi de uno pullo quem cepit in ~ore tempore quo fuit lunaticus *SelPlCr* 119; **c1318** (v. exercitium 2a); solebant . . agitari quasi ~ore et tamquam essent extra se TREVET *Troades* 69; **1422** (v. dilucidus c).

2 fury, rage.

quanti persecutorum rabidi ~ores GILDAS *EB* 9; ac si pullus . . per extensos . . campos inrevocabili ~ore raptatur *Ib.* 35; **747** (v. draco 1c); ~or enim animi cito

finitur, vel gravius est quam ira; ~or enim incipiens ira est, et fervens in animo indignatio est. . . *repnes, wodendream GlH* F 904; numquam Dei misericordia debet cogitari sed justitia et judicium ejus, ~or et indignatio illius ALEX. CANT. *Dicta* 1 p. 115; G. MON. XI 2 (v. describere 3a); subsequitur autem de ira et de ~ore Dei, et quid sint disseritur PULL. *Sent.* 642A; omnem statim ~orem in amorem convertebat GIR. *TH* II 24; **1451** (v. evasio 1b).

3 violence (of natural force).

~or aeris et ponti GOSC. *Transl. Mild.* 11.

4 *f.l.*

NECKAM *DS* I 459 (v. Carcinus).

1 furra v. farra.

2 furra [*shortened form of* furrura < AN, OF *furrure*, cf. ME *furre*], lining (of garment).

1225 recipimus .. triginta quinque ulnas de nigra burnetta . . et quadringentas et quinquaginta ~as agninas et triginta penulas de bissis *RL* I 263; **1286** in v^c^xxiiij ~is minuti verri, ciij ~is de grisii et grossi varii, cciiij^xx^v ~is dimidia roubeis, poplis et stranlingis, j ~a de squirello *Rec. Wardr.* 2348; **1322** de x fourris (v. furrura 1b); **1375** unum *cloce* duplicem, unum *cote* de furro *Leet Norw.* 66; **1421** pro j ~a pellis cuniculi . . et pro j ~a de pelle cuniculi *EEC* 487; **1445** mantellam penulatam cum ~is ejusdem *FormA* 434.

furragium v. foragium.

1 furrare v. 2 forare.

2 furrare v. furari.

3 furrare [cf. AN *furrer*, ME *furren*]

1 to line (garment). *V. et. furrurare; cf. foderatus.*

pelles vilosas ad cooperiendum vel induendum si pallia forata non fuerint, et caputium agninis pellibus foratum *Inst. Sempr.* *xliv; nec pergunt .. nisi cum pergulis pluribus, clitellis, et mantellis subtilissime lane, pellibus agninis indutis sive foratis J. FURNESS *Walth.* 46; deposito quidem exterius pallio . . quod ex nigro erat vel subrufo panno candidis agnorum pellibus foratum, pelles induebat arietinas nullo panni tegmine coopertas AD. EYNS. *Hug.* IV 10 p. 49; **1215** pro uno coopertorio de ruffo grisio . . ad forrandum unam tunicam de russetto *Cl* 184a; **1216** zonam de corio nigro, ~atam infra de cendalo rubeo cum petris preciosis intaillatis *Pat* 173a; **1220** (v. cappa 1a); s**1237** pontificalibus se induit, sc. superpellicio, et desuper capa chorali pellibus variis ~ata, et mitra M. PAR. *Maj.* III 416; **1245** sandalia et calige de rubeo samito . . cujus calige sunt . . forrate croceali viridi sendato, sandalia sunt . . ~a indico sendato *Invent. S. Paul.* 474; **1282** lego . . robam meam de blueto ~ato de sindone et capam meam *Cart. Osney* I 412; **1284** (v. chirotheca 1b); J. LOND. *Commend. Ed. I* 5 (v. colobium a); **1310** de iij s. vj d. de iij pilleis cum ij cuffis furatis venditis *Ac. Exec. Ep. Exon.* 6; **1330** ad unam robam de iiij garniamentis pro festo coronacionis domine regine Philippe ~andam *KRAc* 385/4; **1432** unam togam de blodio ~atam *Test. Ebor.* II 24.

2 to line or plate w. metal. *V. et. furrurare* 2.

1209 pro quibusdam loris furrandis ferro *Misae* 119; **1212** j cupam ~atam argento et j mazerum similiter ~atum argento *CurR* VI 334; **1304** in quadam cloaca affirmanda et fouranda [*but* ? l. scuranda] *Fabr. Exon.* 32.

3 to line (interior of building, for better insulation). *Cf. furrura* 2.

Fleta 167 (v. cleta 1a).

4 furrare, (p. ppl.) (?) made in part with bran. *Cf. furfur.*

13.. quod nullus panis fuerit ~atus, nec de furfure factus *MGL* I 341; nullus panis fiat ~atus, nec de furfure factus, qui deterior sit in fractione quam extra *Ib.* 356.

furrarium

1 lining (of garment).

c**1300** W. pannario xl s. pro panno ad robas tenetur, et eidem pro penulis et ~iis debet x s. *FormMan* 17; **1310** iij s. de j corseto de persico cum furario agni *Ac. Exec. Ep. Exon.* 6.

2 (?) lined box.

1213 pro augmento argenti posito ad unum cyphum de servicio hospicii nostri . . . et pro j forrar' ad eundem cyphum *Cl* 128b.

furrataria [cf. OF *forrerie*], (royal) store or stock of furs.

1340 de furetra: xvj cuniculi *TRBk* 203 p. 158.

furratio, lining (in quot., of footwear).

1391 pro j furrura de *martynet* pro jupa domini nigra . . et pro factura dicte furrure et pro ~one j *pair pynsons Ac. H. Derby* 91.

furrator, furrier.

a furrer, ~or, penulator *CathA.*

furratura

1 lining (of garment). **b** lined garments, fur garments.

1187 pro j pellicia grisia et ~a cappe *Pipe* 40; **1213** supertunicas et pallia cum penulis de minuto vario vel cunulorum et ~is de agnis *Cl* 144b; **1220** tres casule quarum . . alia de cendalo, nova ~a albo panno *Reg. S. Osm.* I 280; **1337** vasa aurea sive argentea, coclearia, vestes, anulos, jocalia, utensilia, pannos, foraturas [etc.] (*Pat*) *Foed.* IV 822; **1390** pro ~a dicte *goune* ij s. *Ac. H. Derby* 35. **b** vestes et varias ~as, linum et lanam R. BURY *Phil.* 4. 61; **1397** non utantur . . velis sericis nec preciosis ~is nec annulis in digitos nec tunicis laqueatis seu fibulatis *MonA* IV 194.

2 lining (of timber, as protection from lead). *Cf. furrura* 2.

1420 pro forratura *jestys* sub plumbatura, viz. xxxvj *peceis MS Trin. Coll. Camb. Ac. King's Hall* VI 238.

1 furrellus v. 1 forellus.

2 furrellus [AN *furrel*, OF *fourrel*, ME *forel*, cf. MLLM s. vv. fodorus, forulus]

1 sheath, scabbard.

s**1194** barones cereos ferant et regium gladium in forulo GERV. CANT. *Chr.* 525.

2 (in harness) piping, tubular leather guard for traces.

1265 pro . . iiij paribus forellorum ad tractus *Manners* 55; **1285** in iiij paribus novorum furellorum, precium paris iiij s., xvj s. in uno cropar' et uno dos' novis viij s. in una bahuda longa et curta lxvj s. viij d. *KRAc* 351/18 m. 1; **1290** in vij paribus forellorum emptis ad tractus carettarum . . xvij s. vj d. *Househ. Eleanor* 68; cum forellis *Ib.* 91 (v. facticius a); **1316** pro . . emendacione furellorum de eodem curru iij s. x d. *KRAc* 99/21 m. 1.

3 quiver (for arrows).

1221 comes Cestrie reddit ad scaccarium duos arcus et duas fraretra, (*sic*) et xxiiij forellos sagittarum *LTRMem* 4 m. 5*d.* (cf. ib.: reddidit . . pro feudo de Greseilie arcum et faretram et xij ferrellos sagittarum); *a whywer*, corinthus, . ., forulus, forellus *CathA.*

furrura [cf. AN, ME *furrure*]

1 lining, trimming (of garment or sim.); **b** esp. w. wool or fur; garment so lined. **c** fur; **d** (as a right). **e** (~*a purata*) 'pured' fur, i. e. white belly-fur of grey squirrel.

c**1250** frontale sericum honestum cum furura linea *Vis. S. Paul.* 4; **1485** in vj robis cum ~a *Comp. Swith.* 298. **b** **1204** j ~am de minuto vario *Cl* 10b; a**1243** procuravi etiam quod vos ~as agnorum habetis ad sufficientiam, ut credo, contra hyemem ad opus familie vestre *RL* I 496; **1235** omnes penulas et ~as recetentes (*sic*) tam de bissis quam de minuto vario *Cl* 72; **1241** in una roba . . sc. tunica, supertunica, pallio cum penula de bissis, et ~a de cuniculis *Liberate* 15 m. 17; s**1248** dedit . . vestes preciosissimas quas robas vulgariter appellamus, de eskarleto preelecto, cum penulis et fururiis de pellibus variis cisimorum M. PAR. *Maj.* V 38; **1260** tunicam et supertunicam cum pellura de cuniculis . . et pallium cum furura et penula de cuniculis *Cl* 65; **1275** quod emat sibi foruram racionabilis precii ad robam suam *Reg. Heref.* 25; c**1300** item, quod nulla furura de multone vendatur nec fiat in civitate; et, si fiat, ille qui eam fecerit cadat in misericordia, et de furura fiat sicut de falsina. item, de falsa draperia et de falsis ponderibus fiat idem *Chain Bk. Dublin* 233; **1322** item de ij foruris ad supertunicas . . item de x fourris [? l. foruris] de agnis albis *Lit. Cant.* III 382; **1328** clerico garderobe per tres fururas de minuto vario pro supertunica, et duo capucia de minuto vario *ExchScot* 89; **1368** quidam in capuciis vel almuciis ~as gestant de vario vel de griso *Doc. Eng. Black. Monks* II (= *G. S. Alb.* II 451); **1342** (v. crinis 1a); **1382** unam furreram de bayro pro una supertunica *Foed.* VII 356; **1430** item lego unam ~am que est in toga mea de veteri *sangwyne Test. Ebor.* II 13. **c** **1391** (v. furratio); c**1440** in factura unius almicii de ~a grisea AMUND. II app. 259. **d** **1456** quod omnimode concessiones sive relaxiones . . de aliquo herbagio, seu pannagio, . . vino, vestura, ~is, annuitatibus . . *Reg. Whet.* I 253. **e** **1365** quedam ~a purata facta fuit . . in qua defectus inventus fuit *Cal. Pl. Mem. Lond.* II 22; **1382** unam robam scarletti cum furura purata *Reg. Linc.* f. 257v.

2 (?) coating or undersealing of tiled roof. *Cf.* 3 *furrare* 3, *furratura* 2.

1452 et solut' Henrico Frankelyn *tiler* pro tegulac' et furrur' diversarum shop' ibidem vocatorum *anelyngshoppis KRAc* 297/7.

furrurare [cf. AN *furruré*, ME *furruren*]

1 to line (garment), esp. w. fur. *V. et.* 3 *furrare* 1; *cf. foderatus.*

1345 de sex garniamentis pro domino rege faciendis, fururandis, purfiliandis (*KRAc* 390/5) *Arch.* XXXI 5; ad furarand' manicas unius robe de velvett' . . xij bestie de *eremynes* (*Ib.* 391/15) *Ib.* 15; **1358** fururatarum (v. chirotheca 1a); **1390** omnes vestes mee fururate *Bannatyne Misc.* II 109; **1400** pro j supertunica fururata cum *puleyngray* et j capucio fururato *Test. Ebor.* III 12; **1428** cum stultis capitibus et caputiis ~atis *Ziz.* 425.

2 to line or plate w. metal. *V. et.* 3 *furrare* 2.

1351 Johanni Plumber . . pro olla erea de bracina et alviolis plumbo fururandis et emendandis *Ac. Durh.* 552; **1396** murre due ~ate cum argento, cum pedibus argenteis ad easdem (*Invent.*) *Meaux* III lxxviii.

furruratio, lining (of garment). *Cf. foderatio, furratio.*

1349 fururacio et perfurnicio [de] *grys* (*KRAc* 391/15) *Arch.* XXXI 17; **1374** in fururacione mantelli prioris *Ac. Durh.* 578; **1453** pro vj pelliciis xv s., una cum ~ione vj capuciorum vj s. *Ib.* 190.

furruratura, lining (of garment). *Cf. foderatura, furrura.*

1361 circa facturam et ~am robarum et aliorum pannorum (*Cl*) *Foed.* VI 317.

fursa v. 1 furca 1f, firsa. **fursianus** v. phasianus. **furta** v. 1 furca, furtum. **furtellare** v. fortellare. **furthendellum** v. ferthendella. **furtifer** v. furcifer.

furtigerulus, thieving.

divina compes fugientem constrinxit et ~um pedem radicitus fixit GOSC. *Edith* 101.

furtim [CL]

1 w. deliberate concealment, stealthily.

THEOD. *Pen.* I 3. 1 (v. ducere 1a); ALCUIN *Dogm.* 268D (v. falsator 1a); ipsa terra et census qui inde exit ~im aufertur regi *DB* I 181rb; suum fur ingressus conclave nocturnus pelles ~im subtrahere temptavit quibus dormiens coopertus fuit *Collect. Stories* 209; datum usurpavit in proprium, et gloriam divinam ~im traxit in jus suum J. FORD *Serm.* 36. 4; si aliquis quasi ~im intrans ad dominam . . vi conatur eam opprimere FISHACRE *Prol. Sent.* 85; dumtaxat unum est furtum quod fecerat / Jhesus, dum clanculo carnem assumpserat / et furtim virginis claustrum intraverat WALT. WIMB. *Carm.* 586.

2 as befits a thief.

porro de hereditate mea ~im sublatus sum et innocens missus in lacum miserie CHAUNDLER *Apol.* 23b.

furtivalis, thief-like, thieving.

943 (13c) quasi ventus aeris ad nichilum ~i eventu depellit *CS* 784.

furtive [CL], by theft. **b** w. deliberate concealment, stealthily.

R. COLD. *Godr.* 217 (v. exportare 1a); **1217** (v. cornare a); ~e et in latrocinio BRACTON 150b; **1278** (v. drapale); **1296** dicens se per W. F. et W. M. de equo suo contra voluntatem suam et pacem domini regis et tanquam servientem domini regis ~e spoliatum esse *SelPlMan* 5; c**1340** (v. detentator); BLAKMAN *Hen. VI* 11 (v. exspoliare 1a). **b** s**876** ~e recesserunt et civitatem Exoniae invaserunt *AS Chr.*; in . . libello legimus verba tam indocte quam ~e inserta GOSC. *Lib. Mild.* 3; GIR. *GE* I 51 (v. diaconium); s**1349** conspirans dictum castrum subdole et ~e, cum palam non posset, ingredi AVESB. 119b; quia clam et ~e intravit per mare in Danubium GASCOIGNE *Loci* 8.

furtivus [CL]

1 obtained by theft, stolen. **b** thieving, assoc. w. theft.

8.. aque ~e, *ðiofende weteru WW*; si homo ~um aliquid in domo sua occultabit . . (*Quad.*) *GAS* 363; sicut mihi ~um [AS: *þeofstolen*] est hoc pecus N., de quo loquor, quod cum N. deprehendi (*Ib.*) *Ib.* 397; ~a pecunia quam ejus pater furatus est R. NIGER *Mil.* IV 40 (v. furari 1a); **1219** maliciose . . fecerunt eum indictari per . . juratores de quadam vacca ~a *CurR* VIII 10; si quis . . aliquam rem ~am emerit . . *Cust. Fordwich* 11. **b** de avaritia ~a THEOD. *Pen.* I 3 *tit.*; emptor fraudis conscius condicione tenetur ~a et furti accione et is qui commodavit furti, quia opem tulit et ~a condictione de eo quod ad eum pervenit VAC. *Lib. Paup.* 56; extorquere paras aliquid, furtumque minaris, / sed mea furtivam respuit esca gulam WALT. ANGL. *Fab.* 43. 10; cesor quidam loculorum manu ~a de preciso ejus marsupio sedecim solidos asportavit *Mir. Wulfst.* I 19; reliquias sanctas . . in tuto loco reponere, ne manus laicalis vel ~a ad eas possit pervenire *Obs. Barnwell* 68.

2 stealthy, secret.

~is psalmodiae cantibus ALDH. *VirgP* 14; furtīvus adveniens somnus subrepsit ocellis ÆTHELWULF *Abb.* 694 (= *PLAC* I 601, *Wattenbach's conjecture*: furtīve adveniens); †furtina [MS: furtiva], clandestina, secreta, furtune [*sic* MS] latentia, *stulur GlH* F 986; *GAS* 389 (v. balatro 2); electio clandestina et ~a P. BLOIS *Ep.* 27. 95A; nota quod Achilles latens in habitu femineo dum educaretur inter virgines quandam ignorantem eum esse virum oppressit et de ea Pirrum genuit. et ideo dicit eum conceptum ~o stupro TREVET *Troades* 28; nisi quod Anglicanas subtilitates, quibus palam detrahunt, vigiliis ~is addiscunt R. BURY *Phil.* 9. 156; possunt comedere ficus siccas ante prandium et uvas passas in hora ~a, i. raro GAD. 34. 1.

1 furto [CL], w. deliberate concealment, stealthily.

qui iiij tauros ~o et totidem vaccas abduxit *Lib. Monstr.* I 31; qui aliquid rerum . . ecclesiae . . ~o auferret BEDE *HE* II 5; **1075** de illis hominibus super quos clamorem facit pro equo suo quem ~o sibi ablatum dicit LANFR. *Ep.* 39 (31); ego ~o sustuli pecuniam Domini mei magnam nimis, decem milia talenta J. FORD *Serm.* 10. 6.

2 furto [*erron. form* < fur], thief.

1371 W. B. . . est communis latro et furto equorum et est vagrans in patria *SessPLincs* I 166.

furtulum, petty theft.

a thefte, furtum, ~um, latrocinium *CathA.*

furtum [CL]

1 theft; **b** (fig.); **c** (abl. *~u, cf. TLL*).

qui sepe ~um fecerit, vij annis penitentia ejus est THEOD. *Pen.* I 3. 3; ~um dicitur omne quod inique committitur; fures enim et latrones Deus non amat *GlH* F 997; dignas . . luo poenas . . quia non cessavi a ~is ÆLF. *Æthelwold* 28; ita et qui innocens de hoc fyrto [AS: *of đissum điofte*] in hanc aquam manum miserit, salvam et inlesam eam educat (*Jud. Dei*) *GAS* 410 (= *Rit. Durh.* 102); furtum facit exoculatos D. BEC. 1784; **1199** jugeriam de homicidio, de †furco, de raptu, de incendio *RChart* 7b; **1221** J. de la H. captus per indictamentum pro ~is . . venit et non vult ponere se super patriam. et juratores dicunt . . quod malecredunt eum de receptamento H. G. qui fuit latro cognitus *SelPlCrown* 100; ~um est secundum leges contrectatio rei aliene fraudulenta cum animo furandi invito illo domino cujus res illa fuerit BRACTON 150; de jure enim naturali fuit aliena non rapere, contra quam naturam est ~um et rapina HALES *Sent.* IV 519; **1330** †furca (v. 2 dominium 5a); leges civiles judicant ~um manifestum per reddicionem quadrupli et ~um non manifestum per dupli recompensationem expiari FORTESCUE *LLA* 46. **b** ~um . . magnum facere volebat, que castitatem meam mihi surripere molita est GIR. *GE* II 11. **c** si se ipsum in ~u aut fornicatione servum facit THEOD. *Pen.* II 12. 8; ~u abstulit BEDE *HE* I 27 (v. fur 1a); ubi abscondisset quod ~u rapuit indicavit ALCUIN *WillP* 30.

2 stolen article.

si quis Walensium furatur hominem aut feminam, equum, bovem vel vaccam, convictus inde reddit prius ~um et dat xx solid' pro forisfactura *DB* I 179ra; ac traditor fugitivum, fur furem cum ~o domini sui suscepisset ANSELM (*CurD* 7) II 57; nisi illud ~um inventum fuerit sub clavibus mulieris (*Inst. Cnuti*) *GAS* 363; sic fur cum ~o diriguit et nec se nec illud tollere potuit R. COLD. *Cuthb.* 71; **1221** emit ab eo unam tunicam . . et plura alia ~a *PlCrGlouc* 18; **1316** (v. currere 1g); *RegiamM* IV 23. 2 (v. damnum 3).

3 fine for theft.

habebat suas consuetudines quietas praeter vj has, ~um, *heinfare, forestel*, pacem regis infractam [etc.] *DB* I 270ra.

furtunatus v. fortunare 1b. **furtus** v. furtum 1c. **furula** v. ferula. **furulus** v. 1 forulus.

furunculus [cf. LL furo; CL = *petty thief*, cf. fur], ferret.

furunc[ul]us, *mearð GlC* F 383; ~us, *mearþ* vel *ongseta*, *wearte* vel *byl GlH* F 908; †furniculus, A. *a feret WW.*

furura v. forera, furrura. **furrurare** v. furrurare. **fururatio** v. furruratio. **furchea** v. forertha.

furvescere [LL], **furvēre,** to grow dark.

sol furvescit, sol languescit, / sol noctescit et nigrescit WALT. WIMB. *Van.* 50; si frons furvescit, . . *Id. App.* 2. 9. 15; *to make or to be mirke*, tenebrare, . . fur[n]ere [? l. furvere], nigrere . . *CathA.*

furvitas, darkness.

orationem . . medie noctis ~ate obductam mittere tibi palpaturo paratus sum BALSH. *Ut.* 54; *a mirknes*, . . ~as, obscuritas, opacitas . . *CathA.*

furvus [CL], dark-coloured, dusky; **b** (fig.); **c** (w. ref. to night).

~is tenebrarum latebris cessantibus et nocturnis umbrarum latibulis fatescentibus, exorto crepusculo ALDH. *Met.* 2 p. 65; *Id. VirgP* 50 (v. denigrare 1a); discite, pastores, vigili tutamine mandris / insidias noctis furvosque cavere leones BEDE *CuthbV* 136; nunc fera sum maculis furvi stellata coloris HWÆTBERHT *Aen.* 43 (*De tigri bestia*) 2; mulierculas . . teterrimo corpore nudas ac ~is crinibus horrendas LANTFR. *Swith.* 3; erat nox . . sine stellis ~issima MAP *NC* II 25 f. 33. **b 936** ~a †fruade deceptus (*Inscr.*) *CS* 711. **c** ita ut splendentis diei lumina a ~ae [v. l. tetrae] noctis caligine secernere nequiret FELIX *Guthl.* 53 p. 168; fures in noctis ~o incedentes NECKAM *NR* II 132; ~a nocte obductis luminaribus *Found. Waltham* 13.

1 fusa v. 1 fundere.

2 fusa [cf. CL fusus], spindle, mill-spindle. *V. et. fusillus.*

~a, *spinl GlH* F 1003 (cf. ib. 927, 930, 1011); **1209** (v. 1 billa b); **1211** in ferro empto ad ~as, inkas, bilas faciendas ad molendina *Pipe Wint.* 13; **1285** unam alneum ad ~as *CourtR Wakefield* I 193.

fusago [cf. fusarius 1], spindle-tree.

TURNER *Herb Names* D1 (v. euonymus).

fusare [cf. 1 fundere 2], to cast w. molten metal, found.

to yett, fundere, ~are *CathA.*

fusarius [cf. TLL], **~ia**

1 spindle-tree; **b** (? as prop for vine).

~ius, *wananbeam GlC* F 381, *WW*; ~ia TURNER *Herb Names* D1 (v. euonymus). **b** ~ius, trabs vinee, *winbeam GlH* F 925.

2 spindle-maker. (*Cf. Jan.*).

[mors] jungit fusarios centurionibus, / sternit stivarios cum stratilatibus WALT. WIMB. *Sim.* 131; *a spyndelle maker*, ~ius *CathA.*

fusator [cf. fusare], founder, 'fusour' (esp. at Mint), one who melts down old coin or other metal. *V. et. fusor.*

1495 de . . capitali ~ore cunagii sive minte domini regis infra castellum Dublin' *L. & P. Ric. III–Hen. VII* II 300.

fuscamen, dark colour; **b** (fig.) stain, blemish. **c** cloth dyed a dark colour, identified w. fustian; *cf. fuscus* 2.

~en, nigredo OSB. GLOUC. *Deriv.* 241. **b** sic prolem concipit roris guttamine / et prodit gemmula sine fuscamine WALT. WIMB. *Carm.* 67. **c** ~en, A. *fustayn or fustyan WW.*

fuscare [CL]

1 to make dark in colour, darken, blacken.

ALDH. *VirgP* 50 (v. domesticus 1a); ~atus, i. denigratus, obnubilatus, *asweartad, forsworcen, forþysmed*; ~et, nigrescet *GlH* F 1001–2; ~are, denigrare. . . ~are, colorare OSB. GLOUC. *Deriv.* 241.

2 to darken, deprive of light; **b** (w. ref. to eyes); **c** (fig.).

lucida nigratis fuscans anfractibus arva ALDH. *Aen.* 59 (*Penna*) 5; lunam aiunt . . nonnumquam umbra memorata ~ari, donec . . rursus a sole cernatur BEDE *TR* 7 p. 194; **c803** praedicator optatae aurorae quae numquam tenebris ~atur ALCUIN *Ep.* 311 p. 479; sed cur lunaris facies fuscata videtur? NECKAM *DS* I 596. **b** luminum quibus pupilli, persaepe licet palpebrarum convolatibus innovati, adjunctis rimarum rotarum lineis ~antur GILDAS *EB* 17; lumina fuscantur mihi HWÆTBERHT *Aen.* 50 (*De sauro lacerto*) 2; si forte mentis nostre occulos insipientie caligo ~averit . . AILR. *SS Hex. prol.* **c** sol hominum Salomon, . . crasso tenebrarum ~atus atramento, lucem anime sue . . amisit HOLCOT *Wisd.* 80.

3 (fig.) to blacken, tarnish, besmirch.

quatenus incesti fuscetur crimine virgo ALDH. *VirgV* 1953; ne ipsa cordis intentio quae lumen est animae vitiorum caligine ~etur BEDE *Luke* (xi 35) 482; **c800** quia nolim famam claritatis tunc maculis ~ari nigris ALCUIN *Ep.* 294; ne inveniremur . . fallacia ~ati ÆLF. *CH I pref.* 1 (v. 2 fallacia 1c); nonnulli . . ~ati erroris caligine a via rectitudinis elongantur ALEX. CANT. *Dicta* 3 p. 119; semper vos tenuit dextera Dei atque defendit ab impugnatione omnis peccati ita ut nulla vos ~aret macula ejus EADMER *Beat.* 8; vita nullo sinistre fame fuco ~ata J. FURNESS *Kentig. prol.*; fuscat et extinguit cordis caligo nitorem / corporis WALT. ANGL. *Fab.* 60. 5.

4 to dye w. a dark colour.

1444 (v. dependentium).

fuscatio [LL], darkening.

fusco, -as, -vi, -tum, -tu, verbum activum. inde fuscator, -ris, et fuscatorius, -a, um, et fuscatus, -a, -um, et hec ~o, -nis, et hoc fuscamen, -nis; unde hoc fuscamentum, -ti et fuscus, -a, -um, i. niger OSB. GLOUC. *Deriv.* 213; urine ~o et dolor yliacus GILB. VI 270. 2.

fuscator [CL], one who makes dark.

OSB. GLOUC. *Deriv.* 213 (v. fuscatio).

fuscedo [LL], dark colour, stain.

si [infectiones] sint de sanguine, tunc sunt rubei coloris eum ~ine maculosa GAD. 85v. 1.

1 fuscina [CL], three-pronged spear used to catch fish, harpoon. **b** forked ornamental door-hinge.

creagra, ~a, tridens OSB. GLOUC. *Deriv.* 150; ut sic hostis a ripa cum ~a ferrea saltum observantis artem arte deludat GIR. *IK* II 3; NECKAM *Ut.* 97 (v. 1 funda 2); rusticus . . habeat etiam ~am [*gl.*: *sunie*, A. †*belger* (? l. *alger*)] hamatam, ut se piscibus reficere possit *Ib.* 110. **b 1475** item pro fusina pro hostio ecclesie ij d. item pro ij *twistes* ad †eodem j d. ob. (*Ac. Churchw.*) *MS Oxon R. O. Par. Oxf. St Peter's in the East* a. 1 f. 7.

2 fuscina v. fustinus.

fuscinula [LL], three-pronged fork, esp. for handling pieces of meat (*cf. 1 Sam.* ii 13, etc.); **b** (used by devils). **c** kitchen fork.

rapiendo in ~is antequam adeps Domino offerretur ex ollis carnes GILDAS *EB* 69; ~a pravissima etiam nunc in ecclesia sacras hostias attaminant quicumque . . BEDE *Sam.* 513; ~e, que Grece creagre vocantur, quibus cocta carnium frusta possent levari AD. SCOT *TT* 665A; videmus hodie sacerdotes cum filiis Heli tenentes ~as carnium et cum mulieribus in atrio tabernaculi excubantes P. BLOIS *Serm.* 725C; de ~is his et tridentibus legitur in libro primo Regum [*1 Sam.* ii] de filiis Heli qui ~as et uncinos mittebant in lebetem . . et omne quod levabat ~a, tollebat sacerdos sibi. . . in quo percutiuntur prelati qui stipendiis suis non contenti per ~as et officiales suos laxant retia sua in capturam pecuniarum GIR. *GE* II 32; creagra, quod est †fucimilus [l. fucinulus] BACON *Gram. Gk.* 71; **s1295** (v. 2 bacillus); **1345** item tenabule, fucinule et una craticula *Ac. Durh.* 206; **s1376** quendam monachum . . candentibus ~is ferreis vivum excarnificaverunt et nondum mortuum in terram foderunt WALS. *HA* I 323; corpus . . †furculinis aqua extractum delatumque in Ionam regia inter monumenta est sepultum BOECE 182 (cf. ib. 254v.: in lacum . . delapsi in altum et aquis aborti perierunt omnes. aliquantoque post . . †furcinulis extracti . .). **b** deformes et horridi, . . armati lanceis, ~is, tridentibus, furcis ferreis, fustibus et securibus furiosi venerunt ALEX. CANT. *Mir.* 52 p. 266; [spiritus maligni] qui cum aduncis manibus ~as ardentes tenebant que tridenti ordine satis acutissime preminebant R. COLD. *Godr.* 320; a ministris Tartareis undique astantibus cum furcis et ~is ferreis et candentibus introrsum impellebantur COGGESH. *Visio* 28; ecce duo demones, pice nigriores, / . . /ferreas †furcinulas manibus ferentes *Ps.*-MAP *Poems* 104; tridens autem fuscinulla est maledicta tradicio diabolica . . WYCL. *Blasph.* 184. **c 1465** j fustinula vocata *fleschcroke* appreciatur vj d. *REED York* 640; **c1521** in coquina: . . fustinula ferrea *Cant. Coll. Ox.* I 64.

fuscinus v. fustinus.

fuscosus [fuscus *conf. w.* fucosus], dark, stained.

ADEL. *QN* 5 (v. fucosus); ~us, supertinctus OSB. GLOUC. *Deriv.* 241.

fuscus [CL]

1 dark-coloured. **b** (of person) dark-skinned. **c** grey.

quasi . . de artissimis foraminum caverniculis ~i vermicolorum cunei, tetri Scottorum . . greges . . GILDAS *EB* 19; diri latrones me semper amare solebant, / quos gremio tectos nitor defendere fusco ALDH. *Aen.* 97 (*Nox*) 10; **940** horribiles inferni ~i valvas sentiant atque terribiles daemonum cohortes obtutibus indesinenter aspiciant *CS* 748; ~us, i. niger vel tenebrosus, *deorc, dun, græg GlH* F 999 (v. et. 1c infra); altera parte [barbe] in sui natura ~a manente GIR. *TH* II 7; colerici . . solent esse . . in corpore longi, tenues, et macillenti, colore ~i, in crinibus nigri et crispi, pilis hispidi et hirsuti . . BART. ANGL. IV 10; color [oculorum] significat humorem dominantem, sc. rubeus . . ~us sive niger. . . ~us sive niger notat obscuritatem que venit ex melancolia BACON V 86; sicut ~um et pallidum et hujusmodi se habent respectu albi et nigri SICCAV. *PN* 148; **c1460** oculis luscus et dinigrato colore in facie ~us *Paston Let.* 610. **b** ~us etiam propter ardorem solis [Mercurius] depingitur ALB. LOND. *DG* 9. 8; nigri homines et ~i sicut apud Mauros BART. ANGL. IV 2. **c** *GlH* F 999 (v. 1a supra); sicut ~um est medium inter album et nigrum DUNS *Ord.* IV 139.

2 (*~otinctus, sc. pannus*) cloth dyed a dark colour, sts. identified w. fustian.

GAS 674 (v. 2 duodenus 4a) (= *MGL* I 674: †fustotinctus); de fusticotincto [? l. fusco tincto] R. COLD. *Cuthb.* 108 (v. fusticus a); ~otinctum, -ti, i. fustanium OSB. GLOUC. *Deriv.* 213; monile habeat et spinter, quo tunice ~otincti [*gl.*: *fustanie*] vel camisie colaria jungat NECKAM *Ut.* 101; **1220** quarta [casula] de ~otincto vetus et attrita *Reg. S. Osm.* I 280; *fustian*, ~otinctum *CathA.*

3 deprived of light (fig.), benighted.

qui finibus orbis / luciflua promunt fuscis mea lumina saeclis BONIF. *Aen.* (*De fide catholica*) 47.

4 obfuscated, opaque, cryptic.

ementite circumstantie . . et omnes ~i rethorici R. NIGER *Mil.* IV 38.

fuse [CL], extensively, at length, copiously.

~e, i. diffuse . . *GlH* F 928; **1361** quedam tamen ~ius ex eadem predicta chronicula . . depromenda judicavi (*Chr. Abingd.*) *EHR* XXVI 731.

fusella, ~us v. fusillus, 2 fussellus.

fusenus [AN *fusein*, OF *fusain* < fusaginem], spindle-tree.

ADEL. *CA* 11 (v. excorticare 1a).

fusianus v. phasianus.

fusibilis, that can be melted.

omne minerale ~e efficitur M. SCOT *Sol* 718.

1 fusilis [CL]

1 liquefied, molten (esp. of metal).

GlH D 827 (v. 2 ductilis 1a); ~e, levi, ductili, nitorium, *gegoten Ib.* F 929; quis marmoream soliditatem ~i plumbo secari docuit? MAP *NC* I 1 f. 7v.; **s1288** currebant .. rivuli argenti et auri et metallorum ~ium usque in mare RISH. 117.

2 cast in molten metal. **b** (w. *ars* or sim.) pertaining to casting.

erat cernere leones auro ~es in puppibus *Enc. Emmae* I 4; unam crucem ex quinquagentis marcis ~em *V. Har.* 3 f. 6; de fulvo ere vas aquatile ~i opere W. MALM. *Dunst.* II 10; sub singulis .. tabulis due erant bases argentee et ~es per duos singularum tabularum angulos supposite AD. SCOT *TT* 637A; xij boves ex ere ~es portantes mare eneum, id est luterem AD. DORE *Pictor* 156 (cf. *2 Chron.* iv 2–3); **1281** licet .. fuerit ordinatum .. ut sit mare ~e in templi introitu juxta templi typici sacramenta, .. *Conc. Syn.* 900. **b** miro .. modo ars ~is in ere rigido molles mentitur capillos GREG. *Mir. Rom.* 6 (= *Eul. Hist.* I 415: †metitur); si statua enea vel argentea opere ~i renovetur, illa que incinerata est habuit manus et pedes de aliis partibus materie quam illa que noviter est formata P. BLOIS *Ep. Sup.* 29. 23.

3 assoc. w. smelting (of ore).

indagabant curiose aurifices, argentarios, monetarios, trapezetas, ceterorumque metallorum fusores pro illorum ~ibus cineribus et purgamentis, pro spumis et scoriis .. estimata pretia offerentes GOSC. *Mir. Aug.* 16.

2 fusilis v. fusillus.

1 fusilla, (?) ingot of metal from casting.

1475 (v. belliator).

2 fusilla v. fusillus.

fusillare

1 (?) to spin, (in quot.) to twine.

1325 pro dicto canabo in filo ~ando pro dictis *strenges* inde faciendis *MinAc* 1147/23 m. 3.

2 (p. ppl. ~*ata* as sb.) spindleful.

1250 serjantia que quondam fuit Willelmi R. in Hemmingford, pro qua debuit invenire domino regi unam fussellatam fili lanei .. ad reparandum papilonem domini regis *Fees* 1173; **1276** (v. fusillus 1a); **1286** Johannes .. tenuit in villa de Hemmyngeford Abbatis iiij virgatas terre de domino regi .. per quamdam serjanciam faciendi domino regi quamdam ~atam fili lanei ad reparacionem parvi pavillonis domini regis *PQW* 304b.

fusillatio, (?) spinning, (in quot.) twining.

1325 in dim. petra canob' pro cordis ad dictas balistas .. tentendas, cum iiij d. pro ~one ejusdem ad idem *MinAc* 1147/23 m. 3.

fusillus [AN *fusil*], **~a, ~um**

1 spindle. **b** (?) bobbin.

1276 Johannes tenuit ij villatas terre in Hemmyngford Abbatis de domino rege per serjantiam. Galfridus .. tenet duas partes illius terre et Johannes M. terciam partem, et debunt (*sic*) j fussillam [? l. fussillatam] fili lanei ad pavilonem domini regis reparandum *Hund.* I 198a; *a spyndylle*, fusus, ~us, fusarius *CathA*. **b** **1327** j ~um plenum filo (v. chorda 4d); **1342** (v. filum 2b).

2 mill-spindle.

1227 debet sequi molendinum prioris, ipse et homines sui, et molere ad tercium decimum fossellum *CurR* XIII 25; **1255** Gilbertus .. molendinarius unxit ~um cujusdam molendini ad ventum in villa de W., et cum tetigisset ~um illud, manus ipsius Gilberti transiit inter ~um et brachia ipsius ~i, et volvebatur brachium suum circa ~um illud, ita quod inde obiit. .. precium ~i et brachiorum iij s. *JustIt* 872 m. 38*d*.; **1272** custus molendini: in ferro et acero emptis ad fisulam molendini elongandam *Pipe Wint.* 159300 r. 9*d*.; **c1275** in j pulvinar' cupreo ad fussellum molendini portandum *KRAc* 467/7 m. 3; **1282** in eneo empto et ponendo sub pede fussilli molendini *Ac. Man. Cant.* (*Cliffe*); **1284** pro xxviij lib. eris emptis ad fugell' ejusdem molendini *KRAc* 351/9 m. 4; **1297** in ~is ejusdem molendini et molendini castri emendendis cum ferro ad idem empto una cum stipendio fabri xviij d. *Ac. Cornw.* I 21; **1297** in ferro et assere pro phisillo et billis et aliis necessariis molendini emptis *MinAc* 984/19; **c1300** custus molendini .. et in fucil' [*ed.*: fusillo] emendando tot *FormMan* 33; **1305** fissula vetus ferri illius molendini et due ligature ferree valent octodecim denarios *Doc. Ir.* 470 (cf. ib.: fisula ferrea et totum aliud ferrum de molendino); **1309** ad ij phusill' ejusdem molendini fract' refabricand' *MinAc* 997/18; **1327, 1372** (v. collum 3); **1348** pro prostracione et amputacione unius ~i ad dictum molendinum .. et cuidam carpentario ad faciendum et ponendum dictum ~um in molendin' .. et in ij brachiis dicti ~i .. in ferro empto pro ~o et *le ryn* emendandis *MinAc* 802/2 m. 1; **1374** in iij peciis ferri pro uno novo *ryne*, uno collo ~i et uno fisillo (*sic*) emend' *DL MinAc* 507/8227 m. 7; **1448** in reparacione molendini .. ac emendacione fusill' et rote *Ac. Durh.* 186.

3 spindle, axle, or other turning mechanism (var.): **a** (of siege-engine); **b** (of weathercock); **c** (of well-housing).

a **1284** Ade capistrario pro ij coreis de *bugle* ad foucillas ingeniorum *KRAc* 467/9. **b** **1374** in uno ~o ferreo emend' pro *le wethircok'* capelle superposito *DL MinAc* 507/8227 m. 7. **c** **1382** in j carpentario conducto pro domo putei sullend' et exaltand' per ij dies x d.; in fusill' dicte domus cum ferr' lig' vj d. *Pipe Wint.* 159389.

4 (?) tooth, tine (of harrow).

1299 in fusill' ferreis emptis [pro] herciis reparandis et emendendis, vj d. *Ac. Man. Wint.* (*Stockton*); **1305** in ferro ad fusill' ad iij hercias empto *Ib.*; cust[us] carucarum: .. in conductura j carpentarii .. ad meremium carpentiendum pro iiij trabibus, iij tenatoriis, iij chypp' et vj riscis cum iij ~is de novo faciendis v d. *West Coker* 463.

5 (?) spindle-shaped component of uncertain use: **a** (archery); **b** (coopering); **c** (spinning top).

a **1212** pro d et xl capellis ferreis et ccc ferris ad lanceas et pro mm quarellorum et pro xvj fusil' ferreis et xxiiij baldreis et pro ij tarcosis [etc.] *Pipe* 44. **b** **1274** in v doleis cum cottulis ad vinum emptis et eisdem mundandis et ligandis, sepo et sapone ad ~um emptis vj s. j d. *Arch. Cant.* XLVI 143*n*. **c** quod .. ludicra quedam fusilia deferente puero emisset ad nullam aliam utilitatem .. nisi ut jocum faceret sociis *Canon. G. Sempr.* 65.

fusio [CL]

1 process of pouring.

purpura recte sanguinis ~onem et colore et ipsa naturae suae proprietate .. designat BEDE *Retract.* 1025; lacrymarum ~onibus TURGOT *Marg.* 13; hec ~o, -nis OSB. GLOUC. *Deriv.* 225.

2 casting in or of molten metal.

nota quod quadrupliciter formantur vasa, sc. manu, flatu, ~one, malleactione ALEX. BATH *Mor.* II 16 p. 150; qui igne utuntur sicut in fabrili arte et ~onibus BACON IX 23; **1284** pro ~one ejusdem eris *KRAc* 351/9 m. 4.

3 smelting (of ore).

1325 de v carratis plumbi fertilis provenient' de pluribus nigris operibus que remanserunt de pluribus ~onibus factis tempore suo *Pipe* 170 r. 53; **1447** pro ix quarteriis carbonum silvestrium pro ~one cinerum plumbi v s. iij d. *Fabr. York* 63; **1492** in ~one stanni temporibus retroactis magne cautele et decepciones per *les smelters* sive *blowers* stanni suborte sunt *Pat* 572 m. 29(8).

4 (?) fusibility, or (?) *f. l.*

de natura ferri: .. deficit ei fusio [? l. fixio; cf. 2 fixio 4], puritas, et pondus *Spec. Alch.* 379.

fusma [dub.], yeast.

CathA (v. aphronitrum b).

fusor [CL = *pourer*; cf. 1 fundere 2], one who casts in metal, founder. **b** 'fusour', official of the Mint responsible for melting down old coin and other metal. **c** (in other spec. uses).

aurifices, argentarios, trapezetas, caeterosque metallorum ~ores GOSC. *Mir. Aug.* 16 (v. 1 fusilis 3); et quasi campane stagni quibus amplius addit / fusor, sepe simul tres dabat una [sc. vox] sonos L. DURH. *Dial.* III 470; miratus ~or forcipes admovit et liquido stamine infusibile stamen impressit W. CANT. *Mir. Thom.* VI 62; **1300** (v. bolarius a, fornillarius b). **b** alii duo vicecomites .. procedant ad ignem ubi ~or ante premonitus, preparatis necessariis, eorum prestolatur adventum. ibi iterum presente ~ore .. *Dial. Scac.* I 6 G (cf. ib. I 3 A: est ~or qui argentum examinat); **1236** Hugo Portarius, custos heredis Johannis ~oris, presentavit coram baronibus de scaccario .. Willelmum de Stowa, ut sit loco ipsius ad officium ~oris ad scaccarium recepte *KRMem* 14 m. 6*d*.; **1240** (v. 1 fusorius 2). **c** sunt in nostra vicinia ~ores campanarii [*gl.*: *belfounders*], stanarii, plumbarii, erarii WHITTINGTON *Vulg.* 65; **1563** Antonius d'A. ~or typorum (*SP Dom.* Eliz. 48/47) *Hug. Soc.* X 291; **1571** ~or balistarium ['*gonnefounder*'] *CalPat* 260.

1 fusorius [LL]

1 assoc. w. casting in molten metal. **b** (as sb. n.) foundry. **c** founder's ladle.

artis ~ie peritus W. CANT. *Mir. Thom.* VI 62 (v. confundere 1a); tunc igitur, artis ~ie lege servata, [fusor] redigit eos [solidos] in massam *Dial. Scac.* I 6 G. **b** **1296** item in vadiis unius tegulatoris cum famulo suo cooperientis idem ~ium (*Mint, Cant.*) *KRAc* 288/25; idem reddit compotum .. de exitu cambii et fusor[ii] Cantuar' *Ib.* 288/30 m. 1; *a yettynge place*, ~ium *CathA*. **c** *a ladylle for yettynge*, ~ium *CathA*.

2 (as sb. f.) office of 'fusour' in the Mint.

1240 rex baronibus scaccarii. sciatis quod concessimus .. Edwardo filio Odonis aurifabri .. donationem quam eidem Edwardo fecit Odo filius Johannis fusoris de officio ~ie in scaccario nostro *Cl* 169 (cf. *ChartR* 33 m. 3 [**1240**]: ego Odo filius Johannis fusoris .. dedi .. quicquid juris habui .. in officio ~ie scaccarii domini regis); **1271** ponat loco suo [sc. Odonis de Westminstre] ad officium ~ie quod habet in scaccario aliquem idoneum et fidelem .. interim explendum (*MemR*) *Hist. Exch.* 741*n*..

2 fusorius, (her.) debased w. fusils, fusilly.

SPELMAN *Asp.* 86 (v. 2 fusus 4).

fusselletus [AN *fusselet*], little stick.

1235 cepit eundem Odardum et eum portavit ad domum suam et circumcidit eum in membro suo .. et postea ceperunt peciam illam quam sciderant de membro suo et posuerunt in quodam bacyno cum sabellone, et quesierunt eam cum parvis ~is, quousque quidam Judeus, qui vocabatur Jurnepin, invenit eam primo. et quia idem Jurnepin invenit eam primo, vocaverunt eum Jurnepin *CurR* XV 1320 (= *SelPlJews* xliv).

1 fussellus v. fusillus.

2 fussellus [AN *fussel, fuissel*]

1 stick, chip of wood.

de uno ~o, quem manu tenebat, cepit per cineres foci quasi reias facere *BR Will. I* 18; qui post orationem posuit super altare unum ~um. recedente vero illo, venerunt †seretarii [l. feretarii] ad altare, putantes se ibi esse inventuros vel marcam auri vel unciam vel aliquid hujusmodi; invenerunt itaque ~um, atque quid hoc significaret non parum mirari ceperunt. ad ultimum inquisierunt ab eo quid hoc esset quod super altare illum ~um posuisset. tunc respondit iis quod hoc esset Vimonastimum, sc. quoddam manerium quod ipse illis pro anima sua dabat *Ib.* 21; **1272** abciderunt capud unius dami et posuerunt illud super unum pelum in medio cujusdam trenchie .. inponendo in os predicti capitis quendam fucellum; et fecerunt illud iniare contra solem in magnum contemptum domini regis et forestariorum *SelPlForest* 39 (cf. ib.: cujus capud predictus S. T. abcidit et super pelum posuit, et predictus R. D. posuit billettum in gulam ejus).

2 (as calque) 'stick' (of eels). *Cf. stica.*

1331 de .. reddit̲u unius libre piperis septem fussellarum anguillarum *Fines* 63/170 no. 186.

fussillus v. fusillus. **fusta** v. fustum.

fustaniator [cf. fustanium, ME *fusteinier*], maker of or dealer in fustian.

a1180 hii fuerunt testes: .. Eimerus fustaneator *AncD* A 2178.

fustanium, fustianum [AN *fustain*, ME *fustian*], **fustania, fustiana** [OF *fustaine*], fustian, sort of cloth. *V. et. fuscus 2.*

a1130 dedit .. abbas .. Hugoni unum †fustamum [? l. fustanium] et Basilie conjugi sue alterum *Chr. Rams.* 247; monachi .. dederunt .. Odeline conjugi ejus .. unum fustaneum ORD. VIT. V 19 p. 454; OSB. GLOUC. *Deriv.* 213 (v. fuscus 2); **1206** pro duobus matracis de panno serico et fustanno cum burro de scarletto *Pipe* 47; **1226** precipimus vobis quod habere faciatis G. .. telam et fusteniam et cordas et alia que necessaria fuerint ad unum papilionem faciendum *Cl* 113b; **1244** pro .. j fustanio et x ulnis de *canevaz Liberate* 20 m. 7; **c1250** vestimentum veterius et minus sufficiens cum casula veteri de fustamine *Vis. S. Paul.* 20; **1300** pro duabus peciis de fustiana et xl ulnis linee tele tincte pro dicto cubito cooperiendo infra et extra *AcWardr* 57; **1368** una alba et una amita de fustiano *Invent. Norw.* 33; **1406** ad unum *dragg* de fustiano albo ex utraque parte faciendum et suffarcinatum cum lana .. pro navi domine regine (*KRAc* 406/10) *Arch.* LXVII 180; **1458** allocate eisdem pro .. novem ulnis de fustina pro una casula ad capellam domini regis .. *ExchScot* 385.

1 fustare v. frustrare.

2 fustare v. fuscare 4.

3 fustare [LL *gl.*, cf. DuC, OF *fuster*], to beat w. sticks.

~atus, fustibus cesus *GlC* F 413; si tua viperea nequeat conjux superari / famine mellito, fustari verbere vites D. BEC. 1998; si vero aliqua mulier, concubina alicujus, amasium suum habere voluit sponsum, ita quod dicat eum per vim rapuisse, et visa fuerit per matronas nullam deflorationis lesionem sustinuisse et clamorem inter vicinos auditum non fuisse, et ipsa offerat se hoc judicio probatura, non audiatur, sed ~ata recedat. quare? quia multe mulieres sunt malitiose et maligno spiritu perturbate, que vellent vitam suam in casum ponere ut amasium suum, quem odio habent, possent interficere innocentem *Cust. Norm.* 50. 4 (cf. ib. 50. 5: mulier vero ~ata recedat; ib. 50. 8: vidua ~ata recedat); **1248** fugavit cum clamore canum et cornuum, viz. cum brachettis et leporariis tristatis et cum archariis ~atis *JustIt* 952 r. 27.

fustarius [LL *gl.*; cf. AN, ME *fuster*], joiner, carpenter, esp. maker of saddletrees.

~ius, qui cedit *GlC* F 414; **c1200** Durantus ~ius *AncD* A 7822; **a1250** Benedictus ~ius *Doc. Ir.* 116; **1275** de fustar[iis] xx s., et sic de pluribus officiis *Hund.* I 404a; **1308** articuli ~iorum et sellariorum Londoniarum *MGL* II 80 *rub.* (= *Cal. LB Lond.* C 168). **1327** ~ii *Cal. Pl. Mem. Lond.* 41.

fustibulum [LL fustibalus], siege catapult, sling-staff, sling.

assint .. baliste, maces, ~a [*gl*.: *manggeneuz*], funde NECKAM *Ut*. 104; ~um [*gl*.: *staf slyngys*; ~a, quedam machina cum funda et baculo] GARL. *Dict*. 130; ~um, A. *a stafslynge WW*; hoc ~um, *a handsclyng WW*; *a barsepay* [v.l. *barfray*], ~um *CathA*.

fusticula v. fisticula.

fusticulus [cf. fustis], 'yoke-stick', yoke (for carrying).

a ȝoke styke, †fisticulus [? l. fusticulus] *CathA*.

fusticus [OF *fustoc*, ME *fustik* < Ar. *fustuq*], **a** 'fustic', yellow dye; *cf. fuscus* 2. **b** 'fistic', pistachio; *v. et. fisticus*.

a puella quoddam de fusticotincto [? l. fusco tincto] indumentum .. sibi .. consuit R. COLD. *Cuthb*. 108. **b** de fructibus uve dulces, ficus, pinee, fustici, pistacie KYMER 19.

fustigare [LL], to beat w. sticks.

vinctus itaque multis modis illuditur, ac tandem ~atus acri instantia perducitur ad quandam arborem vicinam ABBO *Edm*. 10; eum continuo sanctus invasit, ~avit, ac denique omnibus membris contritum demisit T. MON. *Will*. VII 13; dure ~atus, ut solent pauperes, abscessit MAP *NC* V 5 f. 64v.; **s1187** formam vexilli dominici ludibrio habitam et ~atam confregit W. NEWB. *HA* III 18; aut morti tradatur aut regnum adjuret .. aut ~etur et sic castigatus dimittatur BRACTON 151; pauper peccat et nudatus / fustigatur ut reatus / emendetur verbere WALT. WIMB. *Van*. 11; **1334** ad faciendam penitenciam .. viz. quod idem W. nudus, exceptis braccis et camisia, ter circa ecclesiam de Walford, ter circa ecclesiam de Rosse .. publice incedat ~atus *Reg. Heref*. 31; **1383** de ligno quo S. Laurencius .. fuit ~atus *Ac. Durh*. 428; **1446** eum graviter vulneraverunt et ~arunt (*Court Bk. Linc*.) *Eng. Clergy* 207.

fustigatio, beating w. sticks, esp. as public punishment.

verbera corporis, que quidam disciplinas vel superpositiones vel ~ones appellant BART. EXON. *Pen*. 7; reus in publico conspectu ~one confunditur et flagellatur GIR. *PI* I 10 p. 37; minora [crimina] que ~onem inducunt, vel penam pilloralem vel twymboralem BRACTON 101b; **1284** laici illi quibus ~ones publice non conveniunt .. sunt peregrinacionibus fatigandi et onerandi elemosinis non suspectis PECKHAM *Ep*. 581 p. 795; **1430** injunxit vj ~ones circa cimiterium ecclesie parochialis *Heresy Tri. Norw*. 200; **1421** quem Ricardum dominus postea per publicam ~onem per vicum de Chepe propter delictum suum hujusmodi punivit *Reg. Cant*. III 68; **1446** quilibet eorum habet quatuor ~ones circa ecclesiam suam parochialem .. et quatuor ~ones circa forum Huntingdonie in forma penitencie (*Court Bk. Linc*.) *Eng. Clergy* 208.

fustina v. fustanium. **fustinula** v. fuscinula.

fustinus [cf. fustarius], (w. ref. to saddle) having a wooden saddletree.

c**1285** pro una sella ~a cum leone xiiij s. (*KRAc* 91/4) *Arch*. LXX 21; **1286** pro una sella ~a *Rec. Wardr*. 432; **1298** non utantur monachi sellis nisi albis fuscinis aut nigris uniformiter preciosis *Reg. Cant*. 813.

fustis [CL]

1 stick, stave. **b** crutch. **c** bowstaff.

clava, ~e, *steng, borda GlH* C 1077; similiter cum ~is integer, cujus pars est intra aquam et pars extra, putatur fractus, .. ANSELM (*Ver*. 6) I 184. **b** aegritudinem duobus sustentans ~ibus LANTFR. *Swith*. 2. **c** **1390** ~es pro balistis *Cl* 232 m. 43.

2 staff as token of seisin, esp. in phr. *per ~em et baculum* or sim. *V. et. fustum* 1.

1409 nobis per ~em et baculum ac per suas literas patentes sursum reddidit .. totum jus .. *Reg. Brechin* I 25; **1496** ad resignandum sursum reddend' .. assignatum per ~em et baculum *Melrose* 589.

3 stick (as weapon), cudgel.

nodosis ~ibus et cruentis mastigiis ALDH. *VirgP* 36 p. 282; c**801** haec videns vulgus indoctum, qui semper res inconvenientes sine consilio agere solet, conclamarunt, ad ~es cucurrerunt (*sic*) ALCUIN *Ep*. 249 p. 403; fustem ac surculeum rapuit tunc forte repertum / quocum percutiens .. B. *V. Dunst*. 4; **s1147** videbatur vero iterum Christus actualiter .. vinculis affligi, ~ibus illidi .. OSB. BAWDSEY clxvi; cum gladiis et ~ibus captum AD. SCOT *QEC* 25. 843B; si non quieveris, quiescere te ~es facient MAP *NC* IV 16 f. 58v.; fuit etiam invulnerabilis, qui pugnando pro Lapithis contra Centauros crebris ictibus ~ium paulatim in terra fixus est ALB. LOND. *DG* 6. 25; WALT. WIMB. *Carm*. 160 (v. excerebrare 1a); **s1381** cum baculis et ~ibus, cum gladiis et sagittis rubiginatis ceterisque instrumentis rusticalibus *Chr. Kirkstall* 124.

4 tree-trunk (*cf*. AN *fust*).

1222 habebunt .. coperonos ~ium *Dom. S. Paul*. 75 (v. copero 1); **1297** de x d. receptis de corticibus et croppis iij ~ium prostratis [? l. prostratorum] ad molendina vend' *Ac. Cornw*. I 69.

5 (in plant name *~is titimalli*) spurge (*Euphorbia*).

~is titimalli, i. esula *SB* 22.

fustotinctus v. fuscus 2.

fustum, ~a [AN, OF *fust* < fustis]

1 stick, staff: **a** (in phr. *per ~um et baculum* or sim.) staff as token of seisin; *v. et. fustis* 2. **b** (used as weapon) cudgel. **c** shaft of bolt or arrow.

a **1201, 1227** (v. 1 basto 3); **1227** etc. (v. baculus 6); c**1330** terram .. quam .. per ~um et baculum .. sursum reddidit *Dryburgh* 270; virgam albam in manu tenens, omne jus .. in regno Scocie cum ~o et baculo sursum reddidit FORDUN *GA* 95. **b** **1587** ubi .. Willelmus Davies et .. Willelmus Marshall .. cum diversis aliis pueris ignotis ad numerum sexaginta personarum .. fuerunt insimul ludentes in quodam campo vocato *Thycketts Feild* .. apud ludum vocatum *Bandball* cum †festis Anglice vocatis *Styckes*, ita accidit quod .. inter se contendebant et alter eorum contra alterum lapides et †festes jactaverunt; in quibus quidem certamine et contencione, predictus Willelmus Davies, habens in manu sua dextra quoddam †festum Anglice *a cudgell* veniebat versus predictum Willelmum Marshall .. *Pat* 1303 m. 9. **c** **1435** (v. dondania).

2 tree, tree-trunk.

1219 sciatis nos dedisse .. episcopo xxx ~a in foresta nostra de B. ut inde fiat grossum meremium ad aulam sibi faciendam *Cl* 399a; **1223** lx cheverones et x †frusta [*sic* MS] ad paunas faciendas *Ib*. 528a; **1224** quod habere faciatis priorisse .. l ~a sparsim per loca ubi ea competencius capi possint ad edificacionem ecclesie *Ib*. 595a; **1233** de xij d. de quodam ~o strato per ventum *Crawley* 208; **1234** lxvj quercus de integro ~o de longitudine xix pedum, si invenire possint, in foresta de Brehull [*Brill, Bucks*] .. ad gaiolam domini regis de Aylesbir' faciendam *Cl* 489; **1244** habere facias custodibus operationum nostrarum Clarendon decem ~a .. ad postes et ad grossum meremium *Liberate* 20 m. 13; **1246** insidiando viderunt quinque bersatores in dominico domini regis de W., unum cum balista et quatuor cum arcubus et sagittis, stantes ad ~a sua .. et malefactores ad ~a sua stantes turnaverunt in defensum *SelPlForest* 80.

3 wood (as material), timber.

c**1152** ad faciendum domum suam de petro et ~o *Regesta* 580; **1222** duo flabella de ~o et pergameno *Reg. S. Osm*. II 135; **1240** facias habere J. de M. fabricanti quarellos nostros .. ~um *Liberate* 15 m. 23; **1242** l platellos de ~is *Cl* 504; **1250** (v. bracinum 1); **1250** deest unus gradus de ~o de longitudine viginti duorum pedum ante hostium capelle unde ascendendum est de terra usque ituras turris *CalIMisc* I 50; **1280** ~am ad faciendum galeas et naves contra Sarracenos .. emere *RGasc* II 101.

4 (?) cask (*cf*. AN *fustain*).

1270 de uno dolio et una pipa sicere sine ~o venditis ix s. *Ac. Stratton* 31.

fusulatus [cf. fusulus 2, OF *fuselé*], (her.) fusilly.

portat de argento cum una barra ~ata de rubeo BAD. AUR. 199 (cf. UPTON 250); portat unam bendam ~atam de rubeo in campo aureo *Ib*. 200 (cf. UPTON 250); de benda fusilata: .. benda ~ata .. dicitur ~ata quia totaliter fit de fusulis UPTON 235.

fusulus, ~a [cf. fusillus, 2 fusus]

1 spindle (for yarn). *V. et. fusillus* 1.

BAD. AUR. 135, 199, UPTON 249–50 (v. 3 infra).

2 mill-spindle. *V. et. fusillus* 2.

1312 pro iij peciis ferri pro ~a et rina ejusdem molendini emendandis vij d. ob. *KRAc* 486/25.

3 (her.) fusil, an elongated lozenge supposed to represent a spindle covered w. thread.

sunt insuper alii domini qui ~os portant . . . et dic quod ipsa arma sumpserunt suam originem ab aliquo textore ut ego credo, quia fusuli sunt instrumenta ad textores pertinentia. . . portat tres ~os rubeos in campo argenteo, et Gallice sic, *il port d'argent trois fusilles de goules*. sunt alii qui portant lodisingos, et sunt breviores quam ~i (vel fusilli) BAD. AUR. 135 (cf. ib. *rec. 2* p. 199: quidam dicunt quod ~i habuerunt ortum a textatore eo quod textatores utuntur talibus fusulis de lana filata factis, sive fusuli dicuntur instrumenta texendi. . . et est differencia inter ~os, masculas, et losengas. ~i sunt longiores et stricciores in angulis transversalibus quam mascule); quandoque portantur vel plures ~e vel ~i *Ib*. 199; sunt autem generosi et multi nobiles qui portant in suis armis ~os. . . sic ergo patet modus portandi ~os ut creditur in universo. et nota quod quidam dicunt quod predicta arma inceperunt ab uno textore pro eo quod textores utuntur talibus fusulis de lana filata factis UPTON 249–50.

1 fusura [CL]

1 casting (in molten metal).

una erat ~a mensuraque et scalptura consimilis omnium basium sive luterum (cf. *1 Kings* vii 37–38) BEDE *Templ*. 796.

2 (?) spillage, what is lost in pouring.

1367 (v. curriso).

2 fusura [cf. 2 fusus], process of spinning (thread).

~a, A. *spynnynge WW*.

1 fusus v. 1 fundere.

2 fusus [CL], **~um** [LL]

1 spindle.

ALDH. *Aen*. 45 (*Fusum*) *tit*.; ~us, .. *spinl GlH* F 927, ÆLF. *Gl*. 125; GOSC. *Wulsin* 15 (v. 1 colus a); GIR. *IK* I 2 (v. filum 2a); hoc ~um vel hic pensis, *fusil Gl. AN Ox*. 149rb.

2 mill-spindle.

molendinarii fabricant .. rotas versatiles et aquaticas, et ~os, anaglocitana, et scarioballa [*gl*.: scanoballa sunt quidam nodi in interiori rota qui movent ~um molendini] GARL. *Dict*. 130; **1286** in xiiij bordis, ccc clavis, iij bendis ferr', iiij libris eris ad ~um molendini occidentalis emptis *MinAc* 827/39 r. 4; **1287** dominus abbas invenit axem, postem, virgas, et ~um ferentem rotam sumptibus suis *CourtR Ramsey* 271; **1326** cariare debent meremium molendini pro rotis, ~is, inclusivis cum bordis *BB St Davids* 54; c**1469** pro factura unius ~i ferrei pro molendino de B. *Ac. Durh*. 642; **1479** pro iiij petris ferri Hispan' ad viij d. cum xij d. pro operacione ejusdem in unum ~um pro molendino fullatico *Ib*. 247.

3 spindle or other turning mechanism.

1428 item pro emendacione *del note* et ~i vij s. (*Westminster clock, KRAc* 514/16 m. 2) *Arch. J*. CXXX 219.

4 (her.) fusil.

maculis autem leniter productis *lozangey*, quasi rhombulis distinctam nominant, extensius vero in acumina porrectis ~os aiunt significare: differentiam etiam in situ ponunt, maculatas rhombulatasque areas cuspides semper erigere, fusorias plerumque deprimere SPELMAN *Asp*. 86; productiorem rhombulum Galli ~um vocant, aliis pro licitario, aliis pro instrumento molendinari accipientibus. nos inter martioburbulos vel bipennes militares reponeremus, ne per ludibrium dicatur bellicosissimis heroibus symbolum hoc antiquissime gestantibus *Ib*. 115.

1 futare [CL, *backformed from* confutare etc.], to argue.

~at, arguit *GlC* F 418; ~o, ~as, i. arguere; componitur confuto, -as .. et refuto, -as OSB. GLOUC. *Deriv*. 238.

2 futare v. futuere.

fute [? cf. CL futtile], (?) in vain.

mediante .. inter duos reges .. rege Francie sed ~e *Meaux* I 254; rex .. Francie .. Ricardi .. tardam accessionem ad eum admiratus, ~e ei transmisit, requirens tempus quo classem .. usque Terram Sanctam prepararet. cui Ricardus respondebat, suum consilium adversario suo non esse patefaciendum *Ib*. 255.

futhwita v. fihtwita.

futilis [CL futtilis]

1 fragile, insecure.

~e, i. inane, inutile, leve, labile, instabilis, infirmus, et dicitur homo consilia non retinens, †*hwiper GlH* F 933; trullissant etenim muri dum futilis alta, / corruit in preceps colliso corpore frater FRITH. 586.

2 (from supposed etym. *fundere*) liable to pour out, leaky. (*Cf*. Paulus Diaconus *Epitoma Festi* 89M).

hausi plane et frequenter, sed quia eas vasi futtili et sacculo pertuso commisi, parum est quod inde retinui ROB. BRIDL. *Dial*. 6; item a fundo hic et hec ~is et hoc -le, quod cito decurrit OSB. GLOUC. *Deriv*. 225 (cf. ib. 243: ~is, qui cito effunditur).

3 vain, pointless, futile.

~e[s], leves, inanes; ~e, vanum, mendax *GlC* F 403–4; *GlH* F 933 (v. 1 supra); heu quam gravi lacrimarum potuit suffundi imbre, dum tantae nobilitatis flores inclitos tam ~i vidit traditos sepulturae BYRHT. *HR* 5; sed quia Merlianus philosophus prophete sui ~em novit auctoritatem, etiam ad validiora certe subsidia dicitur confugisse J. SAL. *Ep*. 289 (292 p. 668).

futire [LL futtire *backformed from* effutire], to utter foolishly.

OSB. GLOUC. *Deriv*. 237 (v. effutire).

futis [CL], water-vessel.

hinc et ~im veteres ejus ministerio reor adduxisse. est autem ~is vas quoddam, ut ait Servius [*on Aen*. XI 339; *most MSS of Servius read* futile *or* futilis], lato ore, fundo angusto, quo in sacris Veste sacerdotes utebantur ALB. LOND. *DG* 2. 5.

futtilis v. futilis.

†futuela, *f. l.*

item tolle araneas quas †futuelas [*altered from* †futue elas] vocant et cum carne ei dabis; hoc fac et mutabitur ADEL. *CA* 14 (? cf. OSB. GLOUC. *Deriv.* 563: sutela, astutia, quasi subtilis tela).

futuere [CL], to have sexual intercourse with.

1161 Willelmus de S. r. c. de iiij^{xx} li. pro muliere vi futata *Pipe* 37 (cf. ib. [**1162**] 51: pro muliere vi futuita); dum sitit in lecto coitum celebrare maritus, / . . / ejus mater humus placitus thorus est fodiente / zelotypo, quod ei sit turpe placet futuenti D. BEC. **2044**.

futurare, to postpone, put off to the future.

languida segnities . . / . . hodiernos crastinat actus / et, quod preteritum, numquam facit, usque futurat HANV. I 11.

futuratio v. futuritio.

futurialiter, in the future tense, relating to the future.

verumptamen, qui fatentur te in conceptione salvatoris a fomite peccati plenissime absolutam, et non ante, argumento se vallant quod ex verbis angelicis tibi ∼iter propositis eliciunt quibus tibi promissum est, 'Spiritus Sanctus superveniet in te . .' (*Luke* i 31) J. GODARD *Ap.* 258.

futuritio, (phil.) futurition, the fact or circumstance that something will be.

sed ∼o est quoddam quod Antichristo inest, et non corrumpetur ∼o nisi per ipsius Antichristi presentiam. ergo est ipsa ∼o necessaria, si Antichristus erit GROS. 165; *Ib.* 171 (v. contingenter); hic quidem intellectus propheticus est cujus speculum est semper eterna intueri et ab ipso perfici, in quo etsi omnia presentialiter sciebantur, tamen ea que hic preterita sunt aut futura tibi sine preteritione aut ∼one in preteritione et ∼one sua dinoscuntur *Ps.*-GROS. *Gram.* 15; causa vero in actu est quod presencialiter causat rem, causa in potentia que de futuro potest causare, unde actus hic est presencialitas, et potencia sonat in ∼onem BACON II 129; 'quando' respicit partes temporis signatas, sc. preteritionem et ∼onem *Ib.* VIII 264; ex dictis patet quomodo solvi debeat ad argumenta ad aliam partem: bene enim probant quod futuracio rei non est causa sciencie Dei; sed ex hoc non sequitur quin concurrat ad hoc quod in sciencia Dei sit relacio racionis per quam habet racionem presciencie MIDDLETON *Sent.* I 338; **c1301** an futurum contingens possit certitudinaliter cognosci alia cognicione quam beatifica. . primo cognicione naturali, quia certitudinem illius cognicionis non impedit ∼o nec contingencia *Quaest. Ox.* 299; si voluntas divina esset causa ∼onis omnium futurorum, esset causa veritatis omnium proposicionum

---

verarum, eciam contingencium de futuro BRADW. *CD* 212C; ad secundum dicitur quod assumptum est impossibile. cum non sit possibile Deum preordinasse produccionem prime creature, nisi per instans primum cujus est, ∼o non fuit, nec potencia ante actum . .; quamvis forte ∼o mundi sicud et cujuscumque alterius rei sit eterna a parte ante, nec alia est ∼o, cum res fuerit et alia antequam fuerit, et sic ∼o prime creature est eterna WYCL. *Log.* III 226; sic aliqua sunt et necessario existunt, ut Trinitas increata, aliqua sunt et necessario non existunt ut preterciones, ∼ones, possibilitates *Id. Ver.* II 128; **1412** sicut Deus necessitat futuracionem parcium, sic necessitat ad omnes eventus , qui in illis partibus sunt futuri *Conc.* III 349; ∼o ergo rei est verum objectum presciencie ut presciencia est NETTER *DAF* I 81a.

futurus [CL]

1 that is to be, coming, future. **b** (w. or without *proximo*) next to come.

spe resurrectionis ac ∼ae immortalitatis BEDE *HE* III 21; **796** in hac praesenti vita . . et in ∼a ALCUIN *Ep.* 114 p. 170; nec nostris nec ∼is temporibus ANSELM (*CurD dedic.*) II 39; **1101** a ∼o sponso (v. discalceare b); ∼us abbas BRAKELOND 135v. (v. consequentia 2c); eidem pro vadiis suis ∼is per duas vices xxx s. *Rec. Wardr.* 2368; *Fleta* 164 (v. diaeta 3a); in ∼e resurreccionis exemplum R. BURY *Phil.* 8. 142. **b** in nocte ∼a extremum spiritum Christo Domino commendavit, et ante triduum . . sepultus est B. V. *Dunst.* 9; **1504** penultimo die mensis Januarii proximo ∼i *Reg. Paisley* 61; **1538** quod designabitur singulis annis unus sociorum ∴ pro anno ∼o . . *Deeds Balliol* 318.

2 (as sb. n.) that which is to be, the future. **b** (*in ∼um*) for the future. **c** (*de, in,* or *pro ∼o*) for the future.

c798 illi enim in spiritu ∼a ostendebantur ALCUIN *Ep.* 135; excepit . . illum [Merlinum] rex cum gaudio jussitque ∼a dicere G. MON. VIII 10; ALB. LOND. *DG* 11. 13 (v. exta b); opinionis de ∼o presens assertio GROS. 144 (v. exsistencia 3); KILWARDBY *OS* 69 (v. divinare 1); revelacio de ∼o BRADW. *CD* 775D (v. delusorius). **b** H. HUNT. *CM* 5 (v. 2 essentia 3); **1313** (v. dormantus); **1322** (v. 1 devenire 2c); **1345** noverint universi nos . . concessisse . . clamium quod habuimus, habemus seu quovismodo habere poterimus in ∼um in quodam tenemento . . *Deeds Balliol* 54; **1438** (v. damnatio 3). **c** sperans, sicut in sua gente regnat, ita et cum Christo de ∼o conregnare BEDE *HE* III 29 p. 196; **c1250** ubi sponsalia contrahuntur per verba de ∼o (v. datio 3a); **13** . . sponsalia sive per verba de presenti sive de ∼o contrahere *Conc. Scot.* II 68; **c1520** post sponsalia facta per verba de ∼o *Ib.* cclxxv; **634** in ∼o (v. eloquium c); **847** (v. dispertire b); LANFR. *Comment. Paul.* 150 (v. 1 despicere 2d); facit subtractionem gratie et addit subtractionem glorie in ∼o S. LANGTON *Ruth* 95; **c1300** operum pietatis que . . fiunt et amodo fient in ∼o *Lit. Cant.*

I 11; ariditas eciam in presenti et damnabilis corrupcio in ∼o ELMH. *Cant.* 180; felix providencia pro ∼o . . valitura R. BURY *Phil.* 5. 75.

3 (w. *tempus* or as sb. n.) future tense.

praeteritum et ∼um participii tempus non reor refragari ut amatus, amandus ALDH. *PR* 121; tempora verborum: . . ∼um, quod quidam promisivum modum dicunt, cum adhuc nos agere pollicemur, ut 'docebo, legam' BONIF. *AG* 39; ∼um tempus *is towerd tid*: stabo *ic stande nu rihte oððe on sumne timan* ÆLF. *Gram.* 123; tempus ∼um vel postremum *Ps.*-GROS. *Gram.* 48; aut de principiis artis grammatice aut de regulis preteritorum vel ∼orum contendunt *MGL* II 6 (= W. FITZST. *Thom. prol.* 9: supinorum); LINACRE *Emend. Lat.* lxxv v. (v. enallage).

futus, (?) *f. l.*

mellea scripta cohors Oldcastel futa [? l. fusa] plateis / per loca plura jacit, felle referta nimis ELMH. *Metr. Hen. V* 1054 (cf. ib. *tit.*: quod Johannes Oldcastel per suos satellites facit spargi plura scripta in plateis).

fychereborda v. fetherborda. **fychewyta** v. fihtwita. **fylact-** v. phylact-. **fylettum** v. filetum.

fyrdinga [AS *fyrding*], (neglect of) obligation of military service.

GAS 317 (v. expeditio 2d); hec sunt jura que rex Anglie solus et super omnes homines habet in terra sua commoda pacis: . . murdrum; falsaria monete sue; incendium; hamsocna; forestal; fyrðinga [MSS: fyrderinga] . . (*Leg. Hen.* 10. 1) *Ib.* 556.

fyrdwita [AS *fyrdwite*], fine for nonperformance of military service; **b** (in formula of acquittance, usu. *de fyrdwita et hengwita*; *cf. frithwita*).

fyrdþite i. forisfacturam expeditionis (*Quad.*) *GAS* 319 (cf. ib. *Inst. Cnuti*: dimissionem belli quod Angli dicunt *ferdþite*); ferdwyte [vel frendwyte], quietanciam murdri in exercitu *Fleta* 63. **b** †**1089** (1307) omnes iste terre . . sint quiete . . de operationibus castellorum et pontium et parcorum et de ferdwyta. concedo insuper . . *MonA* III 547 (= *Regesta* 313); **1155** etc. (v. fihtwita); c**1174** etc. (v. frithwita a); **1176** (1331) omnes terras et possessiones suas . . liberas et quietas . . de ferdwita et de hengewita *CalCh* IV 226; **1321** quod . . omnes homines predicte ecclesie sint quieti . . de ferdwyta et de hengwyta . . *PQW* 451b.

fysinus, *s. dub.*

1421 in iij garniamentis pro *sezer*, ∼o, subulco xv s. x d. *Ac. Durh.* 58 (cf. ib. 914, 917).

fythereborda v. fetherborda.

G

G [CL]

1 G (letter of alphabet); **b** (as dominical letter).

praeposita [littera] G Gnaeum [significat] BEDE *Orth.* 7; *Ps.*-GROS. *Gram.* 28 (v. D 1); E ante G breviatur ut Tristĕga in Genesi; sed alia nota producuntur, ut collēga BACON *Tert.* 260; ODINGTON *Mus.* 83 (v. gamma 1a); per G, quintam literam *Pol. Poems* I 174 (v. gula 2a); **1419** 'portgravius' .. scribitur Saxonice, vel Anglice .. *portreve* .. omittendo, vel pronunciando vel scribendo, G litteram *MGL* I 13. **b** BACON *Maj.* I 206 (v. dominicalis 3b).

2 musical letter (sts. dist. as *gravis* or *acutus*).

postea a modernis preponitur una chorda, chorda proslambanomenos, ut sonet cum G diatessaron ODINGTON *Mus.* 83; *Ib.* 92 (v. F 2); G gravis tres voces possidet, id est 'sol', 're', 'ut' TUNST. 220a; sicut deducciones gammatis in C, F, et G inicia sua ponunt .. ita .. *Ib.* 222b.

gaaignagium v. wainagium. **gaara** v. gara.

†gabalacrum, *s. dub. Cf. calvarium, galmula.*

gabalacrum, *calwer GlC* G 33.

1 gabalus [CL], gallows. **b** cross. **c** mark of cross as attestation.

gabuli patibulo ALDH. *VirgP* 34 (v. 2 eculeus 2); **778** (?10c) sicque ad illos gabulos in longum *gemærweges to Wadbeorge CS* 225; gabulum, patibulum *GlC* G 9; gabulum, patibulum, crux, eculeus OSB. GLOUC. *Deriv.* 263. **b** dum [Christus] .. verticem ~i scandens .. pateretur ALDH. *VirgP* 7 (cf. id. *VirgV* 1638: crucis gabulum); de .. latrone .. qui .. fidei rudimenta in gabulo .. inchoavit discere ASSER *Alf.* 89; **966** ligni scandens gabulum genus redemit humanum *CS* 1190. **c 955** (v. cauteriare 1e); **963** (14c) ego Cynesig .. hanc regis munificentiam gabulo glorioso praepunxi *CS* 1112; **968** ego Eadgar rex hanc meam donationem †sabulo glorioso roboravi *Ch. Burton* 23; †**974** (v. archipastor b); **1032** (12c) regium munus gabulo sanctae crucis confirmavi *CD* 746.

2 gabalus v. 2 gabella.

3 gabalus v. 2 gabulum.

†gabares [Ar. *qabrī* = *of or fit for the grave, sepulchral*], corpse.

†gabares, *lych, deed body PP.*

gabarna v. zaberna.

gabarra [AN *gabarre*], small ship or barge.

1325 pro una ~a conducta ad vigilandum dictam aquam *MS BL Add.* 7967 f. 10d.

gabarus [LL *gl.*], lacking flavour.

unsavery, insipidus, ~us, *CathA.*

gabata [CL], dish. *Cf. cavada.*

acetabulum vel †garale, *ecedfæt* ÆLF. *Sup.* 190; discos, lances, gavatas, conchas BALSH. *Ut.* 51; †ganata est scutella .. concava .. ut dicit Ysid' [*Etym.* XX 4. 11: gavata quia cavata] BART. ANGL. XIX 125; †ganata *CathA* (v. capidula); gavata, *A. a bolle WW.*

gabb- v. gab-. **gabel-** v. gabell-, gabul-.

1 gabella v. cabula.

2 gabella [cf. OF *gabele* < Ar. *qabāla*], tax, tribute.

1360 concessimus .. quod .. omnia .. victualia sua a partibus cismarinis .. inregnum .. Anglie .. adduci facere valeat absque custuma .. gabalo aut alia .. imposicione *Foed.* VI 215a; **s1380** eo quod .. non tam apporiassent quam despoliassent patriam diversis taxis quas gabelas appellant WALS. *HA* I 445; **1401, 1490** (v. datium); **1416** (v. deverium a, = *RParl* IV 97b); quasdam .. graves exacciones que vulgo solebant imponi, ut ~a .. relaxabat *Ps.*-ELMH. *Hen. V* 47; sine tributi et ghabelli .. onere (*Lit. Regis Hungariae*) J. YONGE *Vis. Purg. Pat.* 3; **1503** cum .. pedagiis, gebellis [*sic* MS], vectigalibus (*TR Scot. Doc.* 61) *Foed.* XIII 63b (= *Cl* 364 m. 38: gebellis).

3 gabella v. 1 gabulum.

4 gabella v. 2 gabulum.

gabellarius, tax collector.

universis et singulis .. ~iis, pedagiariis pontium (*Lit. Regis Hungariae*) J. YONGE *Vis. Purg. Pat.* 3.

gabellator, tax collector.

1471 ~oribus, custumariis, scrutatoribus .. portuum, poncium [etc.] (*Pat*) *Foed.* XI 727a.

gabellum v. 1 & 2 gabulum. **gabellus** v. 2 gabulum. **gabenna** v. gaberina.

gabeo, ~io [cf. AN *gab, gabeur*], actor, buffoon. **b** parrot; *cf. papagabio.*

psittacus, qui vulgo dicitur papagabio, id est principalis seu nobilis ~io NECKAM *NR* I 36; mors irreverens summis principibus / non defert magis quam gabeonibus WALT. WIMB. *Carm.* 371. **b** sic et ~io, volucrum histrio, vespilionum latebras clamore valido detegit NECKAM *NR* I 69.

gaberina [LL *gl.*], box, coffer.

†gabenna, arca OSB. GLOUC. *Deriv.* 263.

gabett' v. gabulettum.

1 gabia, ~ium [cf. It. *gabbia* < cavea], cage, coop, mew. *Cf. cagia, cavea.*

~ea, *meau GlC* G 29; **1292** in tabulis et clavis pro ~ia lipardi, xiiij aspes' *KRAc* 308/15 m. 2 (cf. ib. m. 4: in ~io pro lipardo; m. 5: in mundacione ~ee lipardi); huic selle [in dorso cameli] duas gabyas magnas oblongas .. ligant S. SIM. *Itin.* 84.

2 gabia v. 2 galea a.

gabidus [dub.], cold.

calde, .. gelidus, frigorosus, ~us, *CathA.*

gabil- v. gabell-, gabul-. **gabinus** v. galbinus. **gabio** v. gabeo. **gabl-** v. et. gabell-, gabul-. **gableicium, -licium** v. cablicium. **gabricus** v. gabritus.

Gabrielitas, essential nature of archangel Gabriel.

~as non concernit esse nec accidentia Gabrielis T. SUTTON *Quaest.* 42.

gabritus [Ar. *kibrīt*], sulphur. *V. et. alkibrit.*

est .. solucio .. ut tradas gabricum beje in conjugium... conjunge servum nostrum rubeum sorori sue odorifere DASTIN *Ros.* 7.

gabula v. cabula, 1 & 2 gabulum.

gabulagium [cf. ME *gavelage, gabulage*], rent (esp. in borough).

c1187 absque omni exactione thelonei, foagii, gablagii, stallagii, taillagii, passagii, et omnis servilis consuetudinis ad me pertinentis *Act. Hen. II* II 411; **1249** que .. viij mesuagia dum separata fuerunt reddiderunt .. regi per annum nomine ~ii iij s. x d.; nunc autem, quia .. in unum mesuagium includuntur .. debent reddere .. nomine unius ~ii vj d. *IMisc* 4/8 (*Scarborough*); **1275** salvo .. regi antiquo ~io de tenementis in quibus sita sunt .. tria molendina *Ib.* 33/30; **1276** procurator ecclesie B. Marie de Scardeburg' emit viij mesuagia .. que solebant reddere iiij s. ad ~ium .. regis *Hund.* I 131b; **1298** reddidit .. pro .. tenementis burgensibus de Scardeburgh' pro eo quod habent villam de Scardeburgh' ad feodi firmam de .. rege, xxvij s. nomine ~ii ad perficiendum lxvj li. argenti quas iidem burgenses reddunt singulis annis .. pro firma .. ville *IPM* 84/7 m. 3; **c1316** Johannes tenuit ij mesuagia .. de .. rege per ~ium et iij de Thoma de R. .. per servicium xxxj s. viij d. *Ib.* 77/9 (*Scarborough*) (= *Cal.* p. 66: †gabulazium); **1326** placea .. de nobis tenetur in capite per servicium reddendi nobis .. vj d. ad ~ium *Pat* 165 m. 18 (*Scarborough*); **1327** de vij li. xij s. de quodam redditu vocato gabilag' ville de Scardeburgh' de termino S. Michaelis *Ac. Sheriffs* 49/12; **1354** que .. mesuagia tenentur de civibus Karleoli per servicium iiij s. per annum ad ~ium ad festum S. Michaelis pro toto anno *IPM* 27/12 m. 4; **1388** tenetur de heredibus W. de A. militis per fidelitatem et sectam curie burgensium de M. et redditum j d. pro gavilagio eidem domino *IMisc* 332/13 (*Malton, Yorks*).

gabulare, to pay gavel or rent.

c1190 tres [*cotsetles*] sunt famuli camerarii qui defendunt terram suam per servicium suum, alii viij ad gablum vel ad opus, sicut camerarius vult. si gablant, reddunt ij solidos; si operantur, vj denarios de lignagio *Cust. Abingd.* 305.

gabularius

1 (? of land) held by gavel or rent.

1304 de dictis terris gabelariis [MS: gabelar'] jacent in warecto anno isto vij acre, quia unus gabelarius .. dimisit terram suam et perrexit nec est qui wlt eam recipere *MinAc W. Wales* I 244.

2 (as sb. m.) tenant holding by gavel; **b** (Ir.).

1297 ita quod ~ii mei [*in Pille, Pembs*] communem pasturam habeant (*Pat*) *MonA* IV 503a; **1304** (v. 1 supra); **1307** apud Castrum Martini .. sunt lx ~ii et xij cottiarii, et reddunt per annum iiij^{xx} li. viij s. j d. .. sunt apud Sanctum Flor' xxxix ~ii et x censarii et reddunt per annum xxx li. *IPM* 4/1 m. 4 (*Pembs*); **1324** de v s. de redditu unius ~ii ad terminum de la Hockeday *MinAc* 1147/12 m. 5 (*Glos*); **1376** Haverford .. de redditu tenencium vocatorum jabulariorum, liij li. iiij d. .. quandam parcellam terre .. que (*sic*) tam liberi tenentes quam jabularii tenent *IPM* 258/2. **b 1288** Anglici gabellarii qui tenent j carucatam terre *IPM* 52/5; **1307** sunt quidam burgenses gavelarii apud Callan' *Ib.* 130; **1333** sunt .. in .. manerio de Loghry vj^{xx} acre et iij estang' terre arabilis, quas diversi †sabellarii solebant tenere, reddendo per annum cix s. v d. *AncExt* 52 m. 8 (cf. ib. m. 9: diversi gabellarii); **1333** pratum .. quod gavellarii tenuerunt, continet viij acras et valet per annum xij d. (*Rental*) *RIA Proc.* XLIII C 44 (cf. ib. 50: valor terre gavillariorum); **1370** liberorum tenencium, gavellariorum et betagiorum vestrorum *Parl. Ir.* I 33; **1420** gavillarii, **1427** gavilarii (v. catallarius b).

gabulator, tenant paying rent or gavel.

in dominio .. vij gablatores reddunt xvij s. *DB* I 86rb; sic de ~oribus sequi fiunt *FormMan* 27.

gabulazium v. gabulagium.

gabulettum [AN, ME *gablet, gabulette* < 2 gabulum], gablet; **b** (of shrine).

1444 r. c. de .. ij petris grossis de Stapleton' operatis pro ~ett' exterioris partis turris *KRAc* 503/12 f. 1v. **b 14..** una reliquia cristallina cum duobus †gabettis argenti deauratis, quam supportant duo angeli *Hist. S. Paul.* 337.

1 gabulum, ~us, ~a [Germ.; cf. AS *gafol*]

1 rent, gavel (for land or sim.); **b** (paid in kind); **c** (in borough); **d** (spec., var.; *cf. brugabulum, drigabulum, flesgabulum, forisgabulum, gavelacra, gavelbordus, hagabulum, hellgabulum, horsgabulum, hunigabulum, husgabulum, landgabulum, medgabulum, metegabulum, morgabulum, oxgabulum, splotgabulum, stocgabulum, tangabulum, etc.*)

1070 ex omnibus redditibus .. excepta decima mellis et gabli denariorum *Regesta* p. 120 (cf. *Doc. Theob.* 56 [**c1155**]); de istis *solins* quos Hugo .. habet tenuit Osuuardus v ad gablum *DB* I 9rb; Gozelinus et Willelmus .. tenent unam virgam quae ante eos reddebat gablum, sed isti non reddiderunt *Ib.* 52rb; cclxxvj hagae reddentes xj li. de gablo *Ib.* 56rb; Rogerius .. [reddebat] xiij s. et iiij d. et de gablo xxv d. *Ib.* 180va; **1111** terram Goode x s. de gablo et terram Edwini v s. de gablo *Cart. Colne* f. 1; si .. in gavelgilda [*gl.*: id est in gablum reddentis; AS: *gafolgeldan*] domo fiat .. (*Quad.*) *GAS* 93; gablum (*Ib.*) *Ib.* 119 (v. componere 7a); si Waliscus promoveatur, ut habeat .. terram et possit gablum regis [AS: *cyninges gafol*] reddere .. (*Ib.*) *Ib.* 461; terram suscepit tenendam ut gablum antiquitus consuetum inde persolvi, id est vj d. .. redderet *Chr. Abingd.* II 133; **c1123** de .. haga debet habere prepositus regis xij d. de gabla *Text. Roff.* 186; **c1140** a gablis (v. adjutorium b); ut ei .. tributum concederet quod vulgato sermone gablum dicunt J. SAL. *Hist. Pont.* 57; **c1187** omnem decimam .. parrochie et omnem decimam gablorum suorum de Natali *Act. Hen. II* II 300; **1196** v s. de ~a *Reg. S. Aug.* 483; **1205** de cabulo asiso xliij s. viij d. .. de medgabulo vij s. j d. *RNorm* 137; **1207** reddendo .. altum ~um ad Hocketysede .. Matillis et heredes sui recipient .. v d. .. et illos reddent .. regi *Fines RC* I 71; **1216** quod pacem habere faciatis Johanni de C. de ~o vj m. quod ab eo exigitur *Cl* 272a; **c1230** terram .. tenui .. pro .. xviij d. per annum quos dabunt apud Kenefeg in ~um *Cart. Glam.* 410; **c1300** Ricardus .. tenet dim. *cotland* per eundem ~um *Reg. S. Aug.* 123; **1313** clamat habere quartam partem omnium exicium proveniencium ad preposituram .. civitatis excepto ~o regis *PQW* 320b. **b 835** (12c) concedo .. H. duci terram .. ea conditione ut omni anno det Ecclesie Christi in D. pro gablo plumbum ccc solidorum ad opus .. ecclesie *CS* 414; de gablo iiij milia allecium *DB* I 26va. **c** in civitate Cantuaria habuit rex Edwardus l et j burgenses reddentes gablum, et alios cc et xij super quos habebat sacam et socam *DB* I 2ra; in burgo Pevensel .. burgenses .. reddebant de gablo xiiij s. et vj d., de theloneo xx s. *Ib.* 20va; **1156** sciatis .. me dedisse .. hominibus de W. plenam quietanciam de annuo gablo meo quod solebant reddere de burgo *BBC* (*Wallingford*) 46 (= *CalCh* II 68: gablio); **a1242** si quis desiderat libertatem burgi .. tertio anno burgagium capiat vel gabellum reddat et recedat *Ib.* (*Okehampton*) 103; **1308** est in eodem burgo .. redditus qui vocatur liberum ~um intrins[ecum] ad

festum Natalis Domini xxxvj s. iij d. quad... et est ibidem .. redditus qui vocatur *frepeny IPM* 10/12 (*Barnstaple*). **d 1128** (v. drengus); **c1230** debet .. ad Hockeday xv d. de ~o bosci (*Cust. Ogbourne St. G.*) *Doc. Bec* 29 (cf. ib. 146: de xij s. xj d. de ~o bosci); **1277** respondet .. de xlvij s. ij d. de ~a prati *Ac. Stratton* 200 (cf. ib. 81: de quodam redditu ex consuetudine qui vocatur *medgavel*); **1282** de gablo ignis ij s. per annum *IPM* 32/7 m. 10 (*Pembs*); **1297** redditus foreste: de xiiij s. vj d. de mortuo ~o *Peramb. Dartmoor* 294; **1388** donum vicecomitis et gabilonum molendini que ad xvij s. vij d. [appreciantur] *IMisc* 240/28; ~um mellis *Gavelkind* 28.

2 (land held by) 'gavelearth', service of ploughing and sowing in lieu of rent. *Cf. aratura* c.

de aratura gabli sui [AS: *his gavolyrðe*] *GAS* 447; **1308** sunt ibidem de exitu .. custumariorum xxij ~e et dim., quarum quelibet ~a debet arrare super terram domini (*Ext. Borley, Essex*) *Growth Eng. Ind.* 483; **1363** (v. acrewara).

3 interest on debt.

OSB. GLOUC. *Deriv.* 233 (v. 1 faenus a).

2 gabulum, ~us, ~a [ME *gabel, gable*], gable (of building), gable-wall; **b** (of church); **c** (seen from inside); **d** (of shrine).

1155 de unaquaque domo .. cujus ~um est tornatum adversus viam mihi reddent .. iv d. et de illis .. quarum latera versa sunt versus viam vj d. per annum *BBC* (*Scarborough*) 47; **c1200** concessit mihi ponere gablum meum super murum suum petrinum *AncD* C 5830; **1249** quod .. prosternent gablum quod est inter domum eorum et domum .. Willelmi et Emme versus austrum, et levabunt novum gablum quod partibus commune erit .. cum una archa vel duabus .. in eodem loco *Cart. Osney* I 363; **1250** de granario .. desunt .. planchure atrii et gabellus *CalIMisc* I 31; **1253** burgenses .. ita convenerunt cum .. comite quod darent ei tres denarios per annum de qualibet domo cujus gablus situs esset versus altam stratam ..; et taliter prius levati erant denarii qui vocantur *govelpeniis Rec. Leic.* I 41; **1270** vicarius .. habebit partem orientalem mansi ecclesie a ~a solarii *Reg. Linc.* 39; **c1300** pro ~a ejusdam aule facienda de petra .. v s. *KRAc* 486/9 m. 1; **1329** per angulum gabelle orientalis magne aule *Reg. Newbattle* 215; **1338** pro fenestra vitrea in ~o aule *Surv. Durh. Hatf.* 203 (cf. ib. 205: in ~ello aule); **1392** murus lapideus jam est ~a stabuli *DC S. Paul.* (*HMC*) 10b; **1430** pro dim. pede terre .. super quam situatur gabellum cotagii sui *Feod. Durh.* 88; **1449** reparaciones murorum, gabali lutei [etc.] *Ac. Durh.* 237; **1456** pro conservacione tegularum ad utrumque ~um ejusdem [aule] *ExchScot* 221; **1513** pro factura ij gabelorum albi orii *Ac. Durh.* 106; **1592** cum dimidio orientalis ~i vulgo *the gawill Reg. Brechin* II app. 229. **b a1216** quoddam managium .. juxta gablum ecclesie S. Magdalene versus orientem *E. Ch. S. Paul.* 130; **1304** in stipendio .. Walteri le Verr' assidentis vitrum summi ~i *Fabr. Exon.* 35; **1333** pro scaffota ad gablam orientalem nove capelle inde facienda *KRAc* 469/12 m. 10; **s1334** tempestas .. fabricam navis ecclesie .. preter summitatem cabuli consummatam .. prostravit *G. Ed. III Bridl.* 120; **1340** in structura gabelli cancelli ecclesie .. cum opere vitreo *Ac. Durh.* 538; **1365** (v. crux 11a); **s1443** gabellum orientale [ecclesie] a fundamentis una cum arcuali volta ejusdem construxit FORDUN *Cont.* VI 57; **1528** dedit .. ad constructionem ~i chori veteris x m. *Scot. Grey Friars* II 314. **c 1236** in magno ~o .. camere [magne apud Westmonasterium] juxta hostium depingi ludum illud .. *Cl* 271; **1243** depingi .. faciat ij leones magnos facie ad faciem in ~o occidentalis camere regis *Cl* 20; ad gabblum S. Gregorii in ij fenestris ultra cortinas .. cerei iiij. ad gablum S. Johannis .. cerei iiij *Cust. Westm.* 276; **1256** ij ~os ejusdem [aule] depingi *Liberate* 32 m. 10; **a1340** uni cementario daubanti fenestras et ~a cancelli per j diem iiij d. *Pri. Cold.* app. p. x; **1491** (v. 2 hallandum). **d 1383** crucem .. in orientali ~o feretri .. pendentem *Ib.* 440.

gabulus v. gabalus, 1 & 2 gabulum. **gabya** v. 1 cavea d, 1 gabia. **gacatus** v. gagates. **gacha** v. gata. **gadar'** v. dagarius.

gaddum [ME *gadde* < ON *gaddr*; cf. goda]

1 metal spike, goad.

1295 in ~is et virgis ad boves ligandos in bovaria emptis *MinAc* 1090/3 r. 3; **1349** custus carucarum: .. in *oxbowes* et ~is .. v d. ob. *Ac. Wearmouth* 152.

2 'gad', iron rod; **b** (used as missile).

1257 in ferro et ascero emptis ad iiij carucas .. v s. et remanet j gadd' *Crawley* 216; **1291** de qualibet centena ~orum aceri venal', j ob. *Pat* 110 m. 11; **1298** xvj ~is asserum... remanent iij ~i asserum (*KRAc* 7/6) *Doc. Scot.* II 321; **1319** v ~is [*of iron*] *Fabr. Exon.* 101; **1375** ubi capere solebat pro iiij ~is asseri operandis j d... cepit pro ij ~is operandis j d. *SessPLincs* 28; **1387** capiatis de rebus .. venalibus ad villam vestram venientibus .. de qualibet centena ~orum aceris .. j ob. *RScot* II 87b; **1420** pro ij ~is ferri *Ac. Durh.* 270; **1442** computant in *stulpes*, barruris, .. ~is de ferro, conductis *Analog. Cant. Pilg.* 25. **b 1421** lxviij ~is de ferro pro jactura in *le* †*trop* [l. *topp*] (*Ac. Foreign* 54 G) *Sea Terms* II 107; **1436** de ~is ferreis pro defensione et jactacione tempore guerre extra *les topps* diversarum navium et vasorum regis *KRAc* 53/5 f. 18v.; **1442** de ~is ferri pro defencione et jactacione tempore guerre extra *lez toopp'* .. navium .. regis (*KRAc* 53/37 m. 1) *Sea Terms* II 107.

3 'gad' (Lincs), measure of land based on length of rod. *V. et. goda.*

1552 unam acram et tres rodas prati in Est Buldoles, unam acram et dim. prati in Smalling .. et quinque ~as prati in Hasell Westroddes .. in com' nostro Linc' *Pat* 848 m. 13 (*Cal.* p. 366).

Gades [CL = *pillars of Hercules, i.e. Cadiz*], (fig.) limit, end.

unde prearripiat cursum stylus, aut ubi Gades / figat VINSAUF *PN* 57 (cf. ib. 2066: jam mare transcurri, Gades in littore fixi); non Gades excedit agri peragratque opacos / amfractus, calles calliditate tenet GARL. *Epith.* IX 105 f. 55v.; hic statuemus finaliter querimonie nostre ~es et .. regiramus habenas R. BURY *Phil.* 7. 115.

gadg- v. vad-. **gadum** v. waida. **gadza** v. gaza.

gaesum [CL]

1 Gallic javelin; **b** (fig.).

~a, hastae Gallorum *GlC* G 37. **b** bellator Christi sed mox umbone retundit / gessa tristitiae—pariter genus omne mucronum—/ quae mentem stimulare solent ALDH. *VirgV* 2649.

2 gisarme, long-shafted battleaxe.

11.. hoc ~um i. *gisarme WW Sup.* 60; de Mida plane quidam memoratur inane / posset ab illesa glacie prevertere gesa R. CANT. *Malch.* II 244; torte, quartine, venabula, gesa sudesque D. BEC. 1874; hec †gera [? l. gesa], *gisarme Gl. AN Ox.* 126; **s1251** gestabant .. gladios, bipennes, ~a, sicas et anelacios M. PAR. *Maj.* V 248; **s1256** (v. gavelocus 1); Romani nova pila parant, Germania cudit / enses, in Persas Gallia gesa novat GARL. *Tri. Eccl.* 28 (cf. ib. 61: gesa recurva); nomina armorum: .. hec ~a, A. *gysserne* .. jesa, A. *a gesarme*, .. hec ~a, A. *a gysyryne*; non amat ille Jesum qui fert ad prelia gesam *WW*.

Gaetulus [CL], Gaetulian, from NW Africa (as sb. m.); **b** (of dog).

sicut a ~is Mauri pro Medis appellabantur GOSC. *Lib. Mild.* 3; ex Africa .. gentes innumere confluunt, Nadabares, ~i, et Numide *Itin. Ric.* I 38. **b** canis ~us jam A. D. 1554 apud nos est in Britannia: corpore coacto, curto et recurvo, .. facie .. acuta atque nigra CAIUS *Can.* 1b.

gafandus [cf. *DuC* s. v. gaphans], heir.

an ayre, heres, ~us .. *CathA.*

gaffellum v. waffellum. **gafr-** v. wafr-. **gag-** v. et. vad-. **gagantes** v. traganthes.

gagates [CL < γαγάτης]

1 jet; **b** (as material of artifact). *V. et. getum.*

insula .. gignit et lapidem ~em ..; est .. nigrogemmeus et ardens igni admotus BEDE *HE* I 1 p. 10 (cf. *Eul. Hist.* II 140: ~em, cujus [color] niger †genuinus est); **9..** ~es, *sæcol WW*; ~em .. lapidem .. hic est gemmea nigredine fulgidus; invenitur quoque purpureus, cereus, albidus, viridis; ardet igni admotus .. levem materiam attrahit GOSC. *Aug. Maj.* 52A; attractio fit .. lege levitatis ut ~es paleas *Quaest. Salern.* B 162; ~es .. est autem duplex, sc. glaucus et niger; niger autem est planus, levis, et facile combustibilis BART. ANGL. XVI 49 (cf. Isid. *Etym.* XVI 4. 3); est virtus in .. ~e fugandi demones *Ps.*-GROS. *Summa* 594; ~es lapis est qui trahit paleas .. i. *geet SB* 22; lapis †gacatus [v. l. gagatis] invenitur in Licia [l. Sicilia] circa ripam fluminis qui Gauces [l. Gagates] appellatur *Alph.* 91 (cf. Isid. *Etym.* XVI 4. 3); gagas, A. *geet WW*. **b** si inveneris sigillum in ~e sculptum *Sculp. Lap.* 453; **1396** item crux .. de ~e, .. item cistula .. de ~e (*Invent.*) *Meaux* III lxxix; **14..** sigillum commune factum de lapide ~e vulgariter nuncupato *getestane* .. amotum fuit causa confraccionis ejusdem *Feod. Durh.* 168; **1582** x *dozin* de fibul' gagat' [*jett buttons*] *Ac. LChamb.* 9/73 f. 9.

2 sort of gemstone: **a** (? conf. w. *aëtites*, infl. by *achates*) eagle-stone. **b** ruby.

a aquila per naturam nimii est caloris, adeo ut ova quibus supersede possit coquere nisi ~en, lapidem frigidissimum, admoveat ALB. LOND. *DG* 3. 4. **b** hic ~es, *a ruby WW*.

gagatinus [LL *gl.*], made of jet.

xxvij philateria argentea deaurata quorum .. duo cristallina et unum ~um *Process. Sal.* 184.

gagelis [? cf. Ar. *ghazāl* = *gazelle*], unidentified animal.

si quis acceperit ex eo [sc. nitro salso] ʒ j et tantundem pulvis talparum et exsiccaverit cum urina tassi sive gāgelis [? l. gangelis], convertet Martem in Lunam M. SCOT *Lumen* 246 (cf. ib.: cum urina tassi vel gāgellis; ib. 249: cum urina zāzel).

gaggare [cf. ME *gaggen*], to force (someone's) head back, (in quot.) to hold open (mouth).

quorundam ~antur ora usque dum per illa tot aquarum infundantur fluenta ut ipsorum venter montis tumescant more FORTESCUE *LLA* 22.

gagia v. jaia, vad-. **gaginare, -ium** v. vad-. **gagnare** v. gravare 4a. **gagul-** v. vad-. **gahol-** v. gaiol-. **gaianga** v. galanga. **gaida** v. waida.

Gaidelus [Ir. *Gaidel*], Gael.

[Hibernienses] dicti sunt etiam ~i, dicti sunt et Scoti GIR. *TH* III 7; Hibernici .. dicti sunt et ~i a duce sic dicto ... quidam tamen autumant a Wandalis .. nuncupationem ~os traxisse *Id. PI* I 18 p. 98.

gaigina, gaigna v. gaina. **gaign-** v. vag-, wain-. **gaihol-, gail-** v. gaiol-. **gain-, gaing-** v. et. wain-.

gaina [ME *gaine* < Ir. *gáinne*], bolt (for crossbow), dart.

1314 quod in civitate Dublin' providere faciant ad opus regis duodecim arbalistas bonas et competentes cum toto earum decenti attilio et apparatu et decem mille gaiginas pro eisdem arbalistis *Doc. Ir.* 327; **1326** in .. iiij capitibus lancearum, clx capitibus gaveloc', lx capitibus pro gaignis ibidem fabricandis in forgea regis pro garnestura castri [*Caernarfon*] *Pipe* 171 r. 38.

gaiola [AN *gaiole*, OF *jaiole*, ME *gaiol, gaol* < LL caveola]

1 gaol, prison; **b** (w. ref. to gaol delivery); **c** (as pledge) imprisonment. **d** right to keep a gaol.

1151 nullus eorum [civium Rothomagi] custodiat prisonem vel in ~a vel alibi *Act. Hen. II* I 19; **c1160** habet .. ij solidos .. in meo redditu vicecomitatus mei Rothomagensis, pro custodia guaiole mee xviij denarios et pro custodia porte vj denarios *Ib.* 349; **1156** Henrico Arborario x li. ad reparandam ~am *Pipe* 4; D. BEC. 1863 (v. boia a); **1195** quando comes J. fregit gaoliam, evasit cum aliis prisonibus *CurR RC* I 103; **1197** in operatione jaiole Lincoll' x m. *Pipe* 94; **1199** Hugo et Thomas sunt in gaola apud Bedeford *CurR RC* I 164; **11..** (1333) quod in eadem villa sit quedam gayola ad prisones nostros et malefactores secundum legem .. regni nostri incarcerandos *LTRMem* 105 m. 26; **1208** in gaholla reparanda ..: vertevellis, seris ad gahollam *Pipe Wint.* 68; **1241** [rex] perdonavit Ricardo .. fraccionem gohole sue de Wygorn' et fugam quam fecit *CurR* XVI 1851 (cf. ib.: gahola); **1255** gaolle (v. 1 committere 6d); **1283** duxerunt ad castrum de Kerebrok' et eos ibi inprisonaverunt, quosdam in leniori prisona ut monachos, quosdam in gaola ut conversos *SelCKB* I 125; **1293** ideo ipsi comitantur giole *PQW* 210a; **s1293** sederunt justitiarii in gialo Londoniis *Ann. Lond.* 101; **c1349** quod .. gaolo proximo .. committeretur (*Pat*) *MunAcOx* 789 (cf. ib. 788: proxime gaole); fures ruptis ubique ~is liberi tunc eos comitabantur GOWER *VC* I *tit.*; **1433** gaole .. episcopi castri Dunelm' commissus et .. custodi .. gaole liberatus *Langley app.* 260; *a preson*, carcer, argastulum, gaola, presona *CathA.* **b 1207** etc. (v. 2 deliberare 2c); **1231** facias clamari .. quod omnes assise et .. placita que fuerunt .. non finita coram justiciariis nostris apud Westmonasterium .. vel .. coram justiciariis .. missis ad assisas nove dissaisine capiendas et ~as deliberandas, tunc sint coram .. justiciariis .. apud Ebor' *Cl* 584; **s1258** Willelmus Brito justiciarius regis .. deliberavit gaolam Ramesie .. de multis latronibus captis in libertate abbatis *Cart. Rams.* III 184; **1273, 1278, 1353** (v. 2 deliberatio 2b); **1275** ad deliberacionem jaole *Hund.* I 480a; **1309** coram justiciariis .. ad ~am liberandam in comitatu Westmerie .. deputatis *Reg. Carl.* II 9; **1313** de ~arum deliberacione sine waranto .. regis *Eyre Kent* I 30; **1374** cepit de Gilberto R. .. equum suum in regia via Linc' ibi veniente .. pro deliberacione gayole *Hund.* I 334b; **1449** justiciarius ad assisas capiendas vel gaolas deliberandas *MunCOx* 213. **c 1220** plegius Thome gaola de Flete .. plegius Eustachii ~a de Flete *CurR* VIII 383. **d 1287** clamat habere furcas .. pyllorium, gaolam, feriam [etc.] *PQW* 289a (cf. ib. 289b: quo ad ~am dicit quod ipse et .. predecessores sui habuerunt custodiam ~e); **1456** quod omnimode concessiones .. facte .. alicui persone .. de custodia alicujus eorum seu de aliquibus gaolis vestris .. vacue .. existant *Reg. Whet.* I 253.

2 part of galley.

1294 pro ij trabis (*sic*) ad gaolam (*sic*), x s. iij d. ob. (*Ac. Galley Southampt.*) *KRAc* 5/2 m. 2.

gaiolarius, gaoler.

1158 ~iis regis xviij d. *Pipe* 172; **1170** de catallis Willelmi B. gaolarii de Notingeham *Pipe* 85; **1180** portario castri et ~io et vigili *RScacNorm* I 50; **c1195** contra Walterum Gaiholarium *Cart. Osney* II 395 (cf. ib.: Waltero Carcerario); **1225** si prisones .. [gaiolam de Ivelcestria] fregerunt .. eos regnum .. abjurare facias. de ~io .. non significasti utrum .. esset .. in culpa vel non *Cl* 14a; **1241** inprisonatus fuit, et postea per maliciam gaholarii .. evasit de gahola *CurR* XVI 1851; **1242** gayolario Stafford' *Pipe* 9; **1276** prisonam .. fregerunt et quemdam inprisonatum .. ceperunt .. ita quod †gaolararius levavit utesium *Hund.* I 199; **1313** Rogerus de H. [et] Nicholaus ate S. gaolarii ceperunt de hominibus .. venientibus ad mercatum .. *Eyre Kent* I 153; **s1319** Edmundus le Lorimer gayolarius de Neugate ab officio suo depositus et alii servientes clavas portantes .. depositi sunt *Ann. Paul.* 285; **1400** in recompensacionem concessionis de custodia castri Dublin' et de officiis gaolarii et janitoris ejusdem *Cl* 245 m. 7; **1406** Thomas T. et Johannes B. sunt manucaptores Henrici Mortyn, gaolari de thelonio ville Kilkennie *Lib. Kilken.* 51.

gaiolator, gaoler.

1219 probatorem .. liberandum gailatori de Flete cui mandavimus quod illum .. salvo custodiat *Cl* 395a (cf. ib.: custodi gaiole de Flete); **1354** compotus Ade de M., gaolatoris gaole de Macclesfeld' *MinAc* 802/10 r. 2; **c1422** justiciarii .. regis ad pacem in comitatu Worc' conservandam assignati .. gaolatori castri W. .. salutem (*Augm. Bk.* 169) *Treat. J. P.* app. 282.

gaira v. gara.

gaiwita [ME *gaiwite*], payment, (?) ward-penny. *Cf. wardpenna.*

1194 concessi eis quietanciam murdri et gawitam *Rec. Norw.* I 12; **1205** ad sciendum quem abbas Ram' poneret loco suo versus comitem .. de placito ~e *CurR* III 278; **1215** ut [cives de Hereford'] quieti sint de .. danegeldo et gaywita et omnibus aliis .. exactionibus *Cl* 220a; **1286** quod .. homines [prioris S. Trin., Norw.] .. sint .. quieti de murdro, gaywyta [etc.] *PQW* 492b; **c1370** quod quieti sint .. de .. pontagio .. stallagio .. gaywyta [etc.] *Rec. Caern.* 158.

gaja v. jaia. **gaj-** v. et. vad-. **gal-** v. et. gall-.

gala [LL < γάλα], milk.

~a Grece lac appellatur. .. item a ~a hec galaxia Osb. Glouc. *Deriv.* 260; ~a enim Grece Latine lac sonat Gerv. Tilb. II 10 p. 912.

galactides v. galactites.

galactites [CL < γαλακτίτης], milk-stone. *Cf. gelacia.*

lacteus attriti sapor est gelactidis; hujus / virtus fecundat ubere [? l. ubera] lacte novo Neckam *DS* VI 315; ~es est lapis colore cinereus, gustu suavis; .. attritus .. quoddam lacteum .. emittit ut dicit Ysid' [*Etym.* XVI 10. 4: ~is .. reddit sucum album] .. alligatus femori dat faciles partus Bart. Angl. XVI 50; lapis galactides .. datus cum mulso .. copiam lactis ministrat *Alph.* 92.

galactivus, milky, resembling milk (w. ref. to Milky Way).

in quantum [substancie celestes] sunt cause impressionum fiendarum ut ~e et hujusmodi et sic in libro Metheorum Bacon VII 6.

galaga v. galocha. **galancia** v. galatia.

galanga [cf. AN, ME *galanga* < Ar. *khalanjān, khulūnjān* < Pers. *khūlanjā*], galingale, mild ginger; **b** (used as medicine). *V. et. galingala.*

de herbis: .. hec gaianga, †*garnigal* [MS: *garingal*] *Gl. AN Glasg.* f. 19; grata galanga venit hospita ventris ibi Garl. *Epith.* IV 266; **1302** (v. 1 crocus 1b); **1308** in amigdalis, croco, .. pipere, ~a, ficubus .. et aliis minutis *Ac. Durh.* 2; **1310** x s. de ij lib. galonge venditis *Ac. Exec. Ep. Exon.* 8; **1324** in dim. lib. galyngarum v d. *Sacr. Ely* II 40; **1327** (v. 1 canella 4a); species non pulverizate sicut zimziber, zedoare, galenga, cinnamomum .. pertinent ad priorem *Cust. Cant.* 362; ~a, ciperus babilonicus *Alph.* 70 (v. cyperus); *galynga*, hec galinga *CathA*; cyperum babylonicum officinae vocant ~am, Angli *galanga* etiam et *galangale* nuncupant Turner *Herb.* A4v. **b** de fetore oris: recipe spicam nardi, ~am, .. storacem [etc.] Gilb. III 159. 2; Bacon V 100 (v. cubeba); fiat .. potus de .. pulegio, utroque mentastro, ~a in aqua et melle Gad. 34v. 2; expense in providencia medicine: .. in j li. ~e iij s. *Ac. Obed. Abingd.* 14; [valent ad fecunditatem] zinziber .., yringi .., ~a Kymer 19.

galangala v. galingala. **galantia, galathia** v. galatia.

galatia [OF *galatine, galantine,* ME *galauntine*]

1 galantine, set sauce or jelly served w. fish or meat.

ad unctius ac deliciosius ipsam [murenam] conficiendum et in forti galathia temperandum Gir. *Spec. Eccl.* II 14; **1237** mandatum est vicecomiti Glouc' quod quia omnes pisces a lampredis videntur .. regi .. insipidi, .. quotquot lampredas poterit perquirere .. perquirat ponendas in pane et galathia et eas .. regi mittat *Cl* 420; **1237** in .. lampredis et in aliis que venerunt de gurgitibus nostris ponendis in ~ia *Liberate* 11 m. 7; **1239** quod x lucios cum galantia parari faciat *Ib.* 14 m. 23; **1250** mittat regi .. l de grossioribus .. lupis aquaticis in ~ia *Cl* 330; **1262** lucios .. coqui et in bona galatya poni et .. cariari faciant usque Westmonasterium *Cl* 87; **1271** in speciebus, aceto, et pane ad galentinum faciendum ad imponend' lupos aquaticos *MinAc* 1078/12 r. 4; **1317** lupis aquaticis .. in galentina *CourtR Wakefield* IV 175; gelatinia est piscium sive carnium muscillago *Alph.* 74 (v. elixatio); **1338** in .. *sturgun* vj d.; in j lagena galentini vj d. *Ac. Ep. Bath.* 134; lampredule cum gelatina bona Gad. 40v. 1; gallacia, A. *blancmanger WW.*

2 gelatin (originally made from fish broth).

1290 in ij lib. pulveris galentinii iij s. *Doc. W. Abb. Westm.* 165 (cf. ib. 173: pulveris galencie); **1292** in cenapio et galanc', xviij grana *KRAc* 308/15 m. 5.

galaxias [LL < γαλαξίας], **~ia,** galaxy, Milky Way. **b** heaven. **c** (fig.) 'high places'. **d** (fig.) person of high status.

a gala hec ~ia, .. i. lacteus circulus Osb. Glouc. *Deriv.* 260; Greci .. lac galac dicunt unde et ~ias lacteus appellatur J. Sal. *Pol.* 613B; dicunt philosophi ~iam esse ex stellis minutis fixis nobis invisibilibus. .. stelle enim que ~iam constituunt, licet indistinguibiles sint secundum visum, .. Gros. *Hexaem.* III 8 p. 108; ~ia .. est circulus in celo celestis que lactea via vocatur, habens multas stellas minutas congregatas Bacon *Maj.* II 100; te signant signis miris / .. sol, galaxia, yris J. Howd. *O Mira* 2. 4; lucem solarem et sideralem in perspicuo puro efficere ~iam Peckham *Persp.* III 22; orbium motus omnes, conjunctiones planetarum, ~ie naturam, generaciones prognosticas cometarum R. Bury *Phil.* 7. 107; *Wattelynge strete*, lactea ~ias vel ~ia *CathA.* **b** **1011** inter agmina sanctorum aeternaliter in caeli ~ia exultantium *Ch. Burton* 34. **c** **c1265** periculosum .. esset ad .. papam Rome existentem transalpinare et per tot ~ias incedere deficientibus expensis ob nimiam paupertatem (*Adventus O. Legati*) *EHR* XXXIII 225. **d** **c1191** a seclis yperbolice / galaxia / nutans prolabitur / et scenice / subducitur / in mulieris spolia (*Discat Cancellarius*) *EHR* V 318.

galaxicus, milky, resembling milk.

oportet .. inferiorem .. partem sphere .. impressionem ~am longe nobiliorem recipere *Ps.*-Gros. *Summa* 555.

galbanum [CL < χαλβάνη], **~us** [LL], gum from desert plant.

[sapientia, cf. *Ecclus.* xxiv 21] describitur .. quasi storax et ~us P. Blois *Ep.* 97. 305A; taceo de .. storace et balsamo et ~o Neckam *NR* II 166; Bart. Angl. XVII 77, 78, *SB* 21 (v. ammoniacus b); ~um confert dolori dentis molaris Gad. 119. 1; ~um est sucus ferule *Herb. Harl. 3388* 80; *Alph.* 5 (v. albezardi).

galbinus [CL], greenish-yellow.

cinctus †gabinus, *twilæpped scrud* Ælf. *Gl.* 153; †galbana sunt vestes Bacon *Gram. Gk.* 73 (cf. Juvenal 2. 97).

galbula [CL], small bird.

galli cantant .. †galuae fringilliunt, graculi grinciunt Aldh. *PR* 131 (cf. *CathA* 82: *to cry*, .. †grabarlarum [est] fringulare).

galdiffa v. calipha.

1 galĕa [CL], **~eum, ~eus**

1 helmet; **b** (fig). **c** part of head.

pontifices .. ~eum ponant super caput [regis] Egb. *Pont.* 103 *rub.*; ~ea, *leþerhelm* Ælf. *Gl.* 142; ~ea caput .. ornatur ut et ipse inde decoretur et ejus principale securum habeatur *Simil. Anselmi* app. 193 p. 98; eum .. lorica induit et ~eam capiti .. imposuit Ord. Vit. VIII 1 p. 267; H. Hunt. *HA* VI 4 (v. 1 cassis a); *Lib. Eli.* II 110, etc. (v. 1 conus 2a); **1200** robavit ei loricas suas, ~eas, caligas ferreas, et ollas suas ereas *CurR* I 255; induo me galĕam; galeatus duco galĕam H. Avr. *CG* 18; **1224** (v. armatura 1c); **1235** quod unam duarum ~earum deauratarum, que sunt in custodia sua in thesaurario regis .., liberet Willelmo de G. *Cl* 118; hec ~ea vel cassis, *heaume Gl. AN Ox.* f. 148rb; **s1367** puericia, que .. capita cum capillis .. abrasit, senectam noveritis .. audaciorem primipilorum colla cum †gallis abscindere J. Reading 192; in dextra sua pendebat ~ea sua triumphalis *G. Hen. V* 15; **s1421** ~ia (v. coronella b); **1519** pro mortuario magistri J. P. nuper precentoris, viz., equo cum .. capucio de *chamelet* et uno ~eo cum pileo vel *virrete* nigro et cinctorio *Fabr. York* 98. **b** capite pro ~ea adjutorio Domini fidissime contecto Gildas *EB* 65; meo .. cum capillis vertice / galea salutis esto *Nunnam.* 92; **c1216** gala, Dei cultor, cure cristata galero (*Guerra Joh.*) *Pol. Songs* 23. **c** [inunctiones] possunt confortari .. in temporibus, in emigranea et posterioribus, in nucca, in ovo, et ~ea Gad. 71v. 1.

2 (helmeted) soldier.

s1346 exercitus Gallicorum .. in quo populus estimabatur ad numerum xij millium ~earum, et armatorum ad estimacionem lx millium Ad. Mur. app. 246.

2 galēa [OF *galee*, ME *galei*, *? ultimately* < Ar.; cf. MLLM, *which records forms* galida, galeida], galley, (fighting) ship, powered by oars; **b** (dist. as to number of oars); **c** (carrying cargo).

s1190 quod .. antiqui dixere liburnam moderni ~eam .. nominant. que longa, gracilis .. lignum a prora prefixum habet quod .. calcar dicitur .. galiones [v. l. galeones] vero, uno remorum ordine contenti, brevitate mobiles et facilius flectuntur et levius discurrunt et ignibus jaculandis aptiores existunt *Itin. Ric.* I 34; **1205** quamdiu .. Robertus et Jocelinus fuerint in servicio domini in ~iis suis *CurR* III 275; naves .. que velis feruntur ccclxj; item ~ee et vicerii clvij Gir. *Spec. Eccl.* IV 9; **1212** misimus .. Johannem .. et Godefridum .. cum balistariis et servientibus et duabus †gabiis [MS *prob.*: galiis] .. (*TRBk* 274 f. 419) *Foed.* I 163; **1221** galeias (v. galio); **s1225,** etc. (v. chelindra); **s877** fecit rex longas naves, qua cyulas sive galeias appellant, fabricare M. Par. *Maj.* I 433 (cf. Ciren. II 14: cyulas et galeras); rostratas ferro sentit Rupella galeas Garl. *Tri. Eccl.* 66; **s1260** homines de V Portubus navigaverunt .. in caleis et aliis navibus depredantes omnes .. venientes in Angliam *Leg. Ant. Lond.* 73; **s1265** comes Glocestrie iij naves piraticas .. quas vulgo galyas vocant in introitu portus .. appendebat Wykes 167; **1266** in circulis emptis et reparacione galie, cobelle et batelle *ExchScot* 16; **1294** expense facta circa galleam ville Suthamptun ..: .. in expensis xxx operariorum dicte galeye .. *KRAc* 5/2 m. 1; **1337** galleam (v. defucare a); **s1339** venerant pirate regis Francie in galeyis et spinaciis prope Hamptonam Ad. Mur. *Chr.* 89; rex Francie .. naves onustas victualibus et gallias ad conducendum eas .. preparare fecit *Hist. Roff.* 94v.; **1342** pro municione gallee (v. armatura 1a); **s1377** galeyas (v. coggo); **1386** (v. arraizus); **s1385** due grandes galeye et aliud genus ratis quod vocatur *lyne* et una bargia et septem balingarie Wals. *HA* II 135; Elmh. *Metr. Hen. V* 797, etc. (v. carraca); **1573** in servicium tradere poterit per vincula in aliquam navem aut galleam omnes .. tales Hibernicorum .. qui rebellatores .. fuerint *Pat* 1104 m. 31 (cf. ib.: in naves et triremes). **b** **s1191** Ricardus rex habens in comitatu suo xiij .. buccas .. etiam l ~eas triremes se vento commisit Diceto *YH* II 93; **1257** de quadam galia ad lvj remos .. ij galias quarum utraque sit ad l remos *Cl* 155; **1312** quod .. unam bonam et pulcram ~eam de sexies viginti remis .. fieri facerent *Cl* 130 m. 27; **1327** in construccione j nove gallee de sexies viginti remis .. ad proficiscendum cum flota navium V Portuum contra inimicos regis *LTRMem* 99 r. 151*d.*; **s1264** regulus Mannie regi Scocie .. provideret .. x ~eas piraticas quarum .. quinque xxiiij remorum et .. quinque xij remorum Fordun *Chr.* X 18; triremes nonnulle quas Ytali ~eas dicunt Liv. *Hen. V* 11a. **c** **1442** (v. carcare 2).

3 galea [? cf. γαλεώτης], kind of venomous snake.

invenerunt .. anguem modicum anguillule nigre formam preferentem; ab accolis [partium Jerosolyme] .. acceperunt .. istum ~eam vocatum Gir. *TH* I 36.

4 galea v. galo 2a.

galear v. galeola.

galeare [CL]

1 to equip w. a helmet; **b** (p. ppl.); **c** (fig.). **d** (as sb. m.) helmeted warrior. **e** (of bird) crested.

pilleolus planus, nec eas [sc. comas] galeet veteranus D. Bec. 1189. **b** 'cristatus Achilles' [Virgil *Aen.* I 468] id est crista et cono ~eatus Aldh. *PR* 124; cristatus, ~eatus *GlC* C 918; **9..** ~atum, *gehylmed WW*; illi .. loricati et ~eati adversariis .. occurrebant Ord. Vit. XII 17 p. 353; cum de substantia que homo est queritur qualis sit, .. si stet jaceatne, si ~eatus sive ornatus sit .. H. Reading (I) *Dial.* 1143C; **1168** cum multitudine militum loricatorum et ~eatorum J. Sal. *Ep.* 246 (279 p. 604); in armis vero .. ~eat jam capite Gir. *TH* III 49; H. Avr. *CG* 18 (v. 1 galea 1a); garcio sutoris nunc galeatus adest Gower *VC* III 264. **c** **949** Eadred regali gubernaculo ~eatus cum consensu optimatum hanc cartulam consignavit *Ch. Burton* 8; nobis inevacuabili veritatis testudine ~eatis O. Cant. *Pref. Frith.* 16; ipse licet plenis sis deliciis galeatus, / non tamen infestes illos [sc. socios tuos] feritate leonis D Bec. 1131. **d** videntes .. ~eatos .. Nogionem tendere Ord. Vit. XII 18 p. 355; **s1345** cum x millibus ~eatorum, aliis quoque hominibus armorum Avesb. 105. **e** ~eata .. alauda Neckam *NR* I 68 (v. cirritus b); [gallus] motu capitis galeati / provocat iram *Id. DS* II 817.

2 (p. ppl.) helmet-shaped; **b** (as name of mountain).

terete circuli ~eati figura in rotunditate lineali medietatis [sc. capitis S. Oswaldi] curvatura consurgit et dimittitur R. Cold. *Osw.* 51. **b** ut .. / .. galeati transeat umbram *V. Merl.* 675.

galearis, of a helmet.

~i operimento Adel. *QN* 20 (v. abscondere 2a).

1 galearius [cf. 1 galea], helmet-maker, armourer.

1333 in reparacione domorum in castro Ebor' pro mora .. ~ii regis pro factura armaturarum regis *LTRMem* 105 m. 165*d.*

2 galearius [cf. 2 galea], oarsman, sailor.

s1380 gabelas .. exhibitas galliariis et nautis Wals. *HA* I 445 (cf. ib. 446: quotquot ex Januensibus galeiariis .. reperire poterant .. trucidarunt).

galeasia [cf. It. *galeaza*, Fr. *galéasse*], galliass, large galley.

1478 capitanei et patroni unius ~ie de Neapole .. in portu .. Southamptonie (*Pat*) *Foed.* XII 59a.

galeata v. galeare, galeatus, galiota.

galeatio, wearing of helmet.

individua .. sive singularia istius predicamenti [sc. habitus] sunt hec armacio, hec ~io, hec truncacio Bacon XV 232.

1 galeator [cf. 1 galea], helmet-maker, armourer.

1377 concessimus Ricardo Glovere *armurer* officium ~oris nostri infra turrim nostram London' *Pat* 295 m. 3.

2 galeator [cf. 2 galea], oarsman, sailor.

s1191 rex .. ad se vocatum .. ~orem Petrum de B. imperavit ut properanter remigans inquireret quis navi preesset *Itin. Ric.* II 42; **s1191** cum perciperet non absque magno discrimine navem integram posse capi, ut ~ores sui attentaverant, jussit ut unaqueque galea navem perpungeret rostris .. ferratis TREVET *Ann.* 127.

1 galeatus v. galeare.

2 galeatus, (?) wearing of helmet.

dolor alius est novus, alius .. cronicus: contra arguitur quod ~us non facit dolorem capitis nisi contrarium sit subito eveniens; dicit Avicenna .. sc. ille qui per annum durat .. non venit subito ergo non facit dolorem GAD. 69v. 2.

3 galeatus v. 1 galiota.

galefurca [? cf. Fr. *califourchon*], rax, iron support from which pot hangs over fire, chimney-gallows. *Cf. calefurcium.*

1511 unum par ~arum *Rec. Nott.* III 487; **1517** unum par ~arum de ferro cum *les rakentyns* eisdem *Ib.* 138.

galegia v. galetum. **galeglasius** v. galloglassus. **galei-** v. 2 galea, galearius, galetum. **galena** v. galo. **galenga** v. galanga. **Galensis** v. Wallensis. **galent-** v. galatia. **galeo** v. galio, galo.

galeobdolon [CL < γαλεόβδολον], dead-nettle (*Lamium galeobdolon*).

galiobsis aut galiolidon frutex est minor cui virga est et folia similia urtice sed tenuiora; nascitur circa ortos et in viis et super tecta *Alph.* 70.

galeola, small helmet.

galea, i. cassis, inde hec ~a .. et hoc galear .. et hic galerus .. , ambo pro galea OSB. GLOUC. *Deriv.* 260.

galeopsis [γαλήοψις], dead-nettle.

galiobsis *Alph.* 70 (v. galeobdolon).

galeota v. 2 galiota. **galera** v. 2 galea, galerus.

galeria [OF, ME *galerie* < Galilaea], gallery, covered walk.

in amenissimam porticum, quam ~iam vulgo nuncupamus *Spons. Mariae* 8; **1530** *Foed.* XIV 390 (v. ambulacrum); **1565** iiij bigatis meremii pro reparatione gallarie domini custodis (*Doc. Coll. Wint.*) *VCH Hants* V 16*n.* (cf. ib.: in edificatione nove gallerie).

galerita [CL galeritus], crested lark.

~ae nunquam in arbore consistunt sed humi TURNER *Av.* E1.

galerus, ~a, ~um [CL], head-covering, hat; **b** (fig.). **c** mitre. **d** helmet.

~as, pilleas, mitras *GlC* G 11; †garilum, pelleum pastoralem quod [j]unco factum est *Ib.* 27; ~us vel pilleus, *fellen hæt* ÆLF. *Gl.* 118; non humeros oneret famulantis in ede galerus D. BEC. 1171; [Mercurius] ~um habere dicitur propter involutam verborum obscuritatem ALB. LOND. *DG* 9. 4; hic ~us, *capel Gl. AN Glasg.* f. 21ra; hastam pauper homo portat veteremque galerum GARL. *Tri. Eccl.* 123; **1457** toga de panno nigro, una gallera, uno duplicio et omnibus vestibus laneis et lineis pro corpore meo paratis *Cl* 264 m. 9*d*. **b** prodit cepa caput variis munita galeris NECKAM *DS* VII 197 p. 477. **c** hec mitra, A. *mytyre*, hec galliare, idem *WW*; amictum .. habent illi [sc. papa, cardinales, patriarche] interdum aliquem, cruces, columnas, ~os, tiaras, pallia, quam pompam veteres episcopi .. non habebant JEWEL *Apol.* F8v. **d** hic ~us .. pro galea OSB. GLOUC. *Deriv.* 260.

galesta [AN, OF *galeste*], flint. *Cf. galetum.*

pulverem lapidis unde ignis ejicitur, qui lapis ~a vocatur ADEL. *CA* 13.

galetta [OF *galete*], pancake.

1295 lego ad infirmitorium .. tria paria ferrea ad wafras, neulas, et ~as faciandas (*Test. N. Longespee*) *EHR* XV 524.

galetum [OF *gal, galet*], shingle (esp. Suss). *Cf. galesta.*

a1104 ij hidas terre .. cum pastura de ~o maris *Cart. Lewes* 71 (cf. ib. [**1121**]: Langaniam [*Langley, Suss*] .. cum ~a et capella); **c1157** terram quam Mathildis imperatrix .. dedit ei pro servicio in ~o Deppe *Act. Hen. II* I 220; **1207** pro habenda licentia faciendi unam villam super ~um inter Pevenesel et Langelee *Pipe* 41 (cf. *BBC* (*Pevensey*) 100); **c1220** in particulis quas habeo .. in eadem terra et totam galegiam *Doc. Robertsbr.* 72 (cf. ib. 77: galeio, 80: galeia); **12..** una acra .. cum galeya et *forlande* (*Broomhill, Suss*) *MS BL Campb.* 27/1.

galetus, gallon measure. *Cf. galo.*

1159 carrucatam .. ex dono episcopali et terram xiiij ~os sementis capientem ex elemosyna .. Udonis cum modio frumenti parve mensure HADRIAN IV *Ep.* 253. 633A.

galeum, ~eus v. 1 galea. **galey-** v. 2 galea, galetum. **galf-** v. waf-.

galga [cf. OF *gauge*], (?) sweet-gale. *Cf. gaula.*

a1150 debet invenire ~am cum opus fuerit ad faciendas medas, et debet hospitari abbatem *Cart. Burton* 35.

1 galgulus [CL, cf. κελεός], green woodpecker.

galgala BACON *Gram. Gk.* 110; colio sive ~o TURNER *Av.* E4v. (v. colius).

2 galgulus [? cf. CL calculus], stone, pip (of fruit).

~us, granum olive OSB. GLOUC. *Deriv.* 263.

galia v. 1 & 2 galea. **galiatus** v. 2 galiotua. **Galice** v. Gallice.

Galiciensis, ~ius, of Galicia, Galician.

Uraca .. filia Hildefonsi .. Galicie regis .. instinctu ~ium contra maritum suum rebellaverat ORD. VIT. XIII 7 p. 14 (cf. ib.: Galicii .. Petrum Hildefonsum .. regem sibi statuerunt).

galida [*byform of* 2 galea, cf. MLLM], galley.

s1233 plures naves de Kerdff .. in modum ~arum parate sunt *Ann. Tewk.* 91.

Galienus, of Galen.

in lapidem renum concrescit arena / quam nisi cum ferro nec ejicit ars Galiena P. BLOIS *Vinum* 1156C.

galiettus v. 2 galiota. **galiga** v. caliga.

Galilaea [CL]

1 (as explanation of Heb. name) transmigration, passage (*cf.* Jerome *Liber interpretationum Hebraicorum nominum, CCSL* LXXII 131: *Galilaea volubilis sive transmigratio facta*). **b** transition.

~a quippe 'transmigratio facta' interpretatur BEDE *Hom.* II 7. 137; *Id. Mark* (xvi 7) 296 (cf. Gregory the Great *XL Homiliae in Evangelia, PL* LXXVI 1172AB); fiat, precor, ~a, id est transmigratio, de morte ad vitam BYRHT. *Man.* 230. **b** de quaternario ~am [*gl.*: id est transmigrationem] faciamus ad quinarium *Ib.* 204.

2 porch or open gallery; cf. AN, ME *galile*. **b** Galilee chapel.

per fenestram versus claustrum quod ~am vocant, quia per hoc transmigratur GIR. *Spec. Eccl.* III 20. **b** **a1189** super altare beate Marie in occidentali parte ejusdem ecclesie [*Durham*] que ~a vocatur *E. Ch. Yorks* II 949; **c1228** requisitus ubi tunc fuerit curia .. dicit quod in ~a vel in placia *Feod. Durh.* 252; **s1300** in ~a Dunelmensi super pacis reformacione diffusum habebant tractatum *G. Durh.* 16; **1340** clericus de ~a *Ac. Durh.* 36; **1342** in .. cerura pro hostio ~e *Sacr. Ely* II 117; domus .. prope ~am sacristrie que celarium dicebatur FLETE *Westm.* 110.

galinellus, sailor, oarsman, or (?) *f.l.*

1225 ad duas galias custodiendas cum quater xx galinell' [*sic* MS; ? l. marinell'] *Cl* 49a (cf. ib. passim: marinellis).

galinga v. galanga.

galingala, ~is [AN, ME *galingale*, cf. galanga < Ar.]

1 galingale, mild ginger.

1205 ij li. de gingibro .. et j quar. de galingal' *Cl* 22a; **1265** pro vj li. galingalium ix s.; pro j li. croci x s. *Manners* 14; **1290** in xx li. garingal' xx s. *Ac. Swinfield* 115; **1290** (v. 1 canella 4a); pro qualibet bala .. canele, galangale *Oak Bk. Southampt.* II 24; de qualibet libra gariofili, galyngale, nucis muscati [etc.] *EEC* 213.

2 (conf. w. *galatia*) galantine.

1262 iiij grossos .. lucios coqui et in bono galingallo poni faciat *Cl* 30.

galio [cf. 2 galea, OF *galion*, Sp. *galleon*], small galley.

s1190 galiones [v. l. galeones] (v. 2 galea a); **1221** galeias nostras et ~iones aliaque vasa .. armavimus ad predictis galeiis resistenda (*Lit. Magistri Templar.*) WEND. II 261.

galiobsis v. galeopsis. **galiolidon** v. galeobdolon. **galiofir-, galiofol-** v. caryophyll-.

galion [γάλιον], yellow bedstraw (*Galium verum*).

~ion aut gelirion dictum est ab eo quod lac coagulet; folia habet .. similia apparine *Alph.* 71.

1 galiota [AN *galiot*], galliot, small sailing-galley.

quo congressu rector de galeata regis .. interiit OSB. BAWDSEY clxxvi; **1227** de debito quod ei debemus pro galiottis quas tenuit in insula de Gerner' *Liberate* 5 m. 6; **1337** ~as et alias naves guerrinas .. versus Angliam destinavit (*Cl*) *G. Ed. III Bridl.* 132 (cf. *Foed.* IV 806b: *ses galeys*); **s1339** rex Francie .. guerram navalem contra .. regem Anglie instituit, et ~as plures .. fecit fabricari *Meaux* II 38 2–3.

2 galiota, ~us [AN, ME *galiot*], oarsman, sailor.

s1190 rex [Ricardus] exigebat .. c galeas armatas cum toto apparatu et cum victu galeotarum ad duos annos *G. Ric. I* 133; **1205** in liberationibus Vincent' et sociorum suorum galiatorum *Pipe* 11 (cf. ib. 12: sociis suis ~is; ib. 131: T. filio Nicolai ~i [*Chanc.*: ~e]); **1206** ij magistris ~is et xlvj ~is *Pipe* 148; **1206** marinarii et ~i *Praest.* 271; **1210** in apparatu unius galie et sustentatione lij ~arum per xv dies *Pipe* 107; **1216** quod .. distringatis eosdem ~os quod .. medietatem ei reddant *Pat* 8; **1226** Ricardum W. et socios suos galiottos *Cl* 112b; **1242** in liberationibus .. balistariorum, ~orum [*Chanc.*: galiettorum, et marinellorum] *Pipe* 61; **s1097** sed galeati .. in galeis lacum .. perambulantes .. fugientem capiunt et .. principibus presentant M. PAR. *Min.* I 83 (= W. TYR. III 11: nostri qui per lacum in navigiis erant); **1292** cuidam ~o pro ejus servicio nobis facto in galea *KRAc* 308/15 m. 5; **1440** ad Nicholaum G. patronum galee .. et alios galiottos mercatores extraneos (*KR SubsidyR*) *RHS Trans.* NS IX 86–7; **1441** ad Jacobum .. patronum alterius galee cum ceteris galiottis ejusdem galee (*KRAc*) *Ib.*; **1460** capitanei, patroni, mercatores, piloti, ~i, naute, et marinarii in carracis et galeis .. arestati (*Pat*) *Foed.* XI 449a.

galiotensis, dweller on galliot (in quots., w. ref. to pirate).

1266 cum .. quidam ~es de V Portubus .. se teneant in mari, depredaciones .. et alia mala .. facientes *Pat* 84 m. 30 (cf. ib. m. 28*d*.: galyotenses contra nos in mari se tenentes); **1270** occasione transgressionum per galyotenses V Portuum mercatoribus terre nostre factarum (*Lit. Comitissae Flandr.*) *AncC* III 118.

galiottus, ~ota v. 2 galiota. **gall-** v. et. gal-.

1 galla [CL], gall, oak-apple.

~a, *galluc GlC* G 7; stiptica sit tibi glans, sit pontica galla NECKAM *DS* IV 850; humor .. coagulatus circa [centrum] facit fructum rotundum, ut ~a; .. glandes sunt longiores ~is *Quaest. Salern.* Ba 24; **1323** ~arum lib. j, precium iiij d.; rosarum lib. vj, precium vj s. *War. Issue* 48/2; **1384** pro j barello cum pipere et ~is (*Ac. Cust.*) *Bronnen* 603A; *SB* 21 (v. cecida); ~e, i. poma quercina *Ib.* 22; *Alph.* 4 (v. alapsa); ~a est fructus .. querci, A. *okappel Ib.* 71; hec ~a *a nake appylle WW*; *galle off appyle or oder lyke ffrute*, ~a *PP*.

2 galla, cock's comb.

a cok cambe, ~a *CathA*; ~a, A. *a kokkescombe* .. hec crista est crinis vel quod eminet super .. capita quorundam animalium, *the cokcome WW*.

3 galla, shoemaker's last.

a laste of a sowter, .. ~a *CathA* (v. formipedia).

4 galla v. gallia.

gallacia v. galatia. **gallaria** v. galeria.

gallarius, shoemaker.

mors equat principi Galbe gallarios WALT. WIMB. *Sim.* 140; *a barker*, .. ~ius, .. gallitarius *CathA* (cf. ib.: *a sowter*, alutarius, ~ius).

gallea v. 2 galea.

gallecta, (?) *f. l.*

Fermelond et Flexlond reddunt annuatim xij d. per ~am [? l. collectam] ad Festum S. Michaelis *Cust. Glast.* 44 (cf. ib. 250).

gallena v. gallina. **gallera** v. galerus. **galleria** v. galeria. **galletus** v. Gallicus 1c. **Galleweiensis** v. Galwalensis.

gallia [cf. OF *galie, galle muschee*], aromatic herb, (?) comfrey. **b** (*~ia muscata*) aromatic compound.

croci orientalis, folii ~ie, costi GILB. VII 357v. 2. **b** galla muscata *Ib.* III 158v. 2 (v. alipta); recipe alipte, id est ~ie muscate, mirre zuccare, foliorum rute [etc.] *Ib.* VII 357v. 2; galla muscata *Ib.* III 158v. 2 (v. alipta); gallia muscata, i. tuscissi [? l. trocissi] confecti cum musco et aliis speciebus *Herb. Harl. 3388* 80; ~ia est .. confectio que quia muscum recipit dicitur †tallianus [v. l. †dallianus; ? l. gallianus] *Alph.* 71.

gallianus, aromatic compound.

~us est .. confectio ex aromaticis speciebus in musco *Alph.* 71.

galliare v. galerus. **galliarius** v. 2 galearius.

gallicantus [LL < CL *as two words*], cock-crow.

ad galli cantum BEDE *HE* III 19; circa galli cantum *Ib.* IV 21 p. 256; [vetula] in eadem nocte post ~um curata .. est *Mir. J. Bev. A* 313; noctibus singulis primo ~u a lecto surgebat MAP *NC* II 8 f. 25v.; noctis hora quasi circa primum ~um GIR. *EH* II 30; **s1201** cum .. ~us adveniret cepit gallus more solito cantare *Ann. Wint.* 76; **1250** inter mediam noctem et ~um *IMisc* 4/21; carnem ita .. afflixit .. algore ut .. a ~u usque diluculum in torrentis medio nudus pernoctaret *NLA* II (*Petrocus*) 318; **s1340** in nocte S. Andree circa ~um turrim Londoniarum .. intravit AD. MUR. *Chr.* 116; in fine .. psalterii sunt ympni .. primus .. pro medio noctis .. secundus ad ~um 'Eterne rerum conditor'; ad matutinas [etc.] ELMH. *Cant.* 97; *the cok crawe*, ~us, gallicinium, †gallicanus *CathA*.

1 **gallicanus** v. gallicantus.

2 Gallicanus [CL]

1 Gaulish, of Gaul.

Brittanni .. inveniunt salubre consilium, ut a ~is antistitibus auxilium belli spiritalis .. inquirant (*V. Germani*) BEDE *HE* I 17 p. 34; armatura cisalpina et maxime ~a .. tam formidabilis olim, ut referunt historie, Romanis GIR. *PI* III 30 p. 318.

2 French; **b** (w. ref. to language). **c** (as sb. m.). **d** (w. *nux*; *cf.* 2 *gallicus*).

~am elegantiam W. MALM. *GP* III 100 p. 214 (v. edissertare); transiens Britannicum mare et per ~as Alpes ingressus Italiam AILR. *Nin.* 1; **1169** etc. (v. ecclesia 3d); **s1345** capitaneum .. qui proventus .. conservaret .. contra .. potenciam ~am AD. MUR. *Chr.* 189; manus .. Saxonica .. desuetudine viluerat et manus ~a quia magis legibilis et aspectui perdelectabilis precellebat, .. indies apud .. Anglos complacebat *Croyl.* 85; quod tam nobilis .. fortitudo et milicia ~a .. non possent tolerare .. dedecoris maculam *G. Hen. V* 9. **b** Chaldeus .. sermo et Hebreus differunt sicut idiomata unius lingue ut Picardicum et Normanicum, Burgundicum et Gallicum; una enim lingua est omnium, sc. ~a, sed .. in diversis partibus diversificatur accidentaliter BACON *CSPhil.* 438 (cf. id. *Maj.* I 66); **1311** hereses abjurarunt .. sacerdotes in Latino, et literati, laici vero in lingua ~a *Conc. Syn.* 1314; **1432** ~um ydioma *StatOx* 240; **s1445** †epithaphium sequitur .. in lingua ~a, modo hic in lingua Scoticana translata *Plusc.* XI 7. **c** Anglici .. in ludis .. et compotis linguam loquuntur, ~um, et placitare in eadem lingua soliti fuerunt FORTESCUE *LLA* 48. **d** cum multiplex nux inveniatur .. de majoribus sive ~is, minoribus sive abellanis .. BART. ANGL. XVII 107.

gallicarius [LL], shoemaker.

equat sceptrigeros mors gallicariis / Augustis Aglaum, ymos eximiis WALT. WIMB. *Sim.* 79; gallitarius *CathA* (v. gallarius).

Gallice [CL = *in Gaulish*], in French.

MAP *NC* V 6 (v. 1 Gallicus 2b); NECKAM *Sacr. Alt.* 363 (v. emissarius 2a); defalta vocatur *nun plevin* ~e HENGHAM *Magna* 8; de articulis qui subnotati sunt ~e in hoc libro: *porco ke li reis dengleterre* .. *Leg. Ant. Lond.* 96; maleficus proditor, sciens loqui ~e, accessit ad curiam *Ib.* 156 (cf. RISH. 70); **s1317** de litteris .. ~e scriptis *G. Ed. II Bridl.* 50; **1323** (v. Anglice a); **1328** inventa fuerunt de bonis .. Templariorum apud Clontarf' bona subscripta: .. unus liber Galice scriptus de ewangelicis et Bruto Angl' precii j m. *KRAc* 239/13 m. 2; perfecte ~e sicut Anglice loqui cepit *NLA* I (*Birinus*) 120; **s1343** presentavit pape .. literas populi ~e scriptas AD. MUR. *Chr.* 149; 'ventis aurum' .. ex significatione istius termini 'aura', quando accipitur pro vento, ~e *or*, quibus junctis faciunt 'Wyndesor' (J. BRIDL.) *Pol. Poems* I 135; **s1404** ecclesiam Albe Religionis que Parisius vocatur ~e *les Blans Manteaux Plusc.* X 22; non erant de militari ordine .. et tercius eorum ~e loqui non noverat *Croyl. Cont. B* 458; **s1508** [Hispanie orator] ~e non minus facete quam prudenter respondit ANDRÉ *Hen. VII* 110.

gallicinalis, of cock-crow.

quadam nocte ~i tempore FELIX *Guthl.* 34.

gallicinium [LL], cock-crow.

sonante ~io ALDH. *VirgP* 52; **716** primo ~io exiebat de corpore BONIF. *Ep.* 10 p. 15; conticinium vel ~ium, *hancred* ÆLF. *Sup.* 175; **9..** ~ium, *honcredtid WW*; expectavit ~ium cum devotione mentis. mane surgens .. BYRHT. *V. Osw.* 471; tertia nocte circa ~ium .. monasterium a fundamentis moveri visum W. MALM. *GR* II 204; synaxim .. quam cito post ~ium sub profunda nocte decantare consueverat H. BOS. *Thom.* III 7; post noctis .. medium, circiter ~ium W. CANT. *Mir. Thom.* VI 9; gallum secum habuit, ut super diluculo per ~ium certificaretur NECKAM *NR* II 21 p. 142; cum .. circa ~ium .. surrexisset J. FURNESS *Kentig.* 6 p. 172; *the cok crawe*, gallicantus, ~ium *CathA*.

gallictricum v. callitrichum.

gallicula [LL], shoe, galosh.

cultus gemini sexus hujuscemodi constat subucula bissina .. et manicae sericis clavatae; ~ae rubricatis pellibus ambiuntur ALDH. *VirgP* 58; **9..** ~a[e], *scos WW*.

galliculus, capon.

bolismus curatur .. cum ~is et perdicibus GAD. 90. 1.

1 Gallicus [CL = *Gallic, of Gaul*]

1 French; **b** (w. ref. to person); **c** (as sb. m.); **d** (as surname). **e** (as sb. f.) silver fir (*Pinus picea*); **f** (w. *aloë*) gentian. **g** (w. *conflictus*) tournament.

ad medium itineris quo a ~o sinu Brittanias usque tenditur BEDE *HE* I 17; super ripam ~i maris NEN. *HB* 187; Gallica rura petit, Lugduni culmina scandit FRITH. 98; J. SAL. *Pol.* 613B (v. candor a); amicus .. de quo dicit illud ~um proverbium 'quod melius valet amicus in via quam nummus in corrigia' S. LANGTON *Serm.* 2. 17; **1230** pro xv doliis vini Wasconie, pretium cujuslibet xxxvj s., et pro ij doliis vini ~i, pretium eorum xxvj s. et viij d. *Liberate* 9 m. 5; **1236** nec [vendat] sextercium vini albi ~i carius quam pro viij d. *Cl* 386; **1269** Willelmo le Normaund xl s. pro uno dolio vini ~i *Liberate* 45 m. 12; **1463** (v. equus 2c). **b** GARL. *Tri. Eccl.* 16 (v. Anglicus 1a); **1390** pro pane, vino [etc.] emptis pro hominibus ~is *Ac. H. Derby* 8; misso .. milite ad ista nuntianda regi ~o vel Dalphino *G. Hen. V* 8. **c** **c1230** sicut ~us dicit *u rendre u pendre al gibet Conc. Syn.* 218; **1256** cum ~i .. in prejudicium nostri ad hoc [regnum Allemannie] aspirent *RL* II 115; **1313** tempore quo per ~os in guerra Vasconie obsessa fuit *RGasc* IV 1005; **s1312** nec in campis occisus vel .. ~orum fraude circumventus TROKELOWE 72; **1325** mos est ~orum terrorem .. aliis incutere *Lit. Cant.* I 162; ad perpetuum .. scandalum ~orum *Hist. Roff.* 94v.; **s1340** Anglici ~os devicerunt AD. MUR. *Chr.* 106; **s1342** dominus Galfridus C. cum multis †galletis qui statim victi sunt ab Anglicis et missi in fugam KNIGHTON II 25 (cf. AD. MUR. *Chr.* 129: Anglici .. multos ~os fugere coegerunt); **s1347** quod omnes ~i pannis talibus uterentur quia prohiberet vendicionem .. aliorum pannorum in Francia AVESB. 113; ~i post eorum adventum in Angliam ratiocinia de .. proventibus non receperunt nisi in propria idiomate FORTESCUE *LLA* 48; **s1462** conduxerunt plures alienigenas, ~os, Scotos .. ad ingrediendum partes Anglicanas *Chr. Hen. VI & Ed. IV* 156. **d** **a1240** hiis testibus .. Matheo ~o *Deeds Newcastle* 119 (cf. ib. 92 [**a1259**]: uxor Mathei Francisci). **e** abies vel ~a, *gyrtreow* ÆLF. *Gl.* 138 (cf. Isid. *Etym.* XVII 7. 32: hanc [abietem] quidam ~um vocant propter candorem). **f** *SB* 9, *Alph.* 4 (v. aloe d). **g** **s1179** (v. conflictus 2b).

2 (w. ref. to language); **b** (as sb. m. or n.); **c** (w. *in* & abl. sg. or pl.).

Viltaburg .. lingua ~a Trajectum vocatur BEDE *HE* V 11; **c1227** forma baptizandi .. tempore necessitatis .. : vel Anglica vel ~a aut alia verba dicantur equipollentia *Conc. Syn.* 180; **1292** verba .. homagii proferens ore proprio sermone ~o *Anglo-Scot. Rel.* 126; **1300** litteras .. publice legi .. et in ~a lingua fecerat patenter exponi (*Lit. Archiep. Cant.*) *Ann. Lond.* 107; **s1347** rex Edwardus scripsit Philippo de Valoys epistolam ~am infrascriptam: '*Philippe* .. *par longe temps* †*avomus* [*sic ed.*; *but ed. Hog* p. 104: *avoms*; ? l. *avouns*] *pursui* ..' AD. MUR. *Chr.* 110; leges [Anglie] in triplici lingua addiscuntur, viz. Anglica, ~a, et Latina FORTESCUE *LLA* 48. **b** apud Merleburgam ubi fons est quem si quis, ut aiunt, gustaverit, Gallice barbarizat, unde, cum viciose quis illa lingua loquitur, dicimus eum loqui ~um Merleburge MAP *NC* V 6 f. 70v.; BACON *CSPhil.* 433 (v. Anglicus 2a); panem .., potagium et serum, sc. *mege* ~o *Cust. Battle* 67; [Vuilhelmus I] ordinavit quod nullus in curia regis placitaret nisi in ~o, et iterum quod puer quilibet ponendus ad literas addisceret ~um et per ~um Latinum HOLCOT *Wisd.* 42; **1395** pro translacione tractatus treugarum .. de ~o in linguam nostram xx s. *ExchScot* 376; **1432** artem scribendi vel dictandi vel loquendi ~um .. addiscentes *StatOx* 240; **1444** translacio .. littere de ~o in Latinum (*rub.*) *Lit. Cant.* III 190. **c** cheruca .. proprie dicitur ventilogium quod in ~o dicitur *cochet* NECKAM *Ut.* 115; **a1219** si [sacerdos] invenerit laicum .. in forma ecclesie baptizasse, sive in ~o .. sive in Anglico, approbet factum *Conc. Syn.* 69; **1295** littera manerii de W. lecta fuit et exposita .. in ~o et Anglico *EE County Court* 173; **1304** per transcriptum litterarum quas misi .. regi scriptas in ~o ut melius intellegeret (*Comp. Collect. Apostol.*) *EHR* XXVIII 319; **1311** abjurarunt quidam in ~o et quidam in Anglico hereses et errores *Conc. Syn.* 1315; juris civilis .. professor .. laicum se fingens, et raciones juris subtiliter in ~o allegans GRAYSTANES 19; **1366** (1412) convencio in ~is facta inter nos et Ricardum de C. *Couch. Furness* I 98; **1415** librum de Gallicis qui incipit *car tout ori sole que home fait de bouche* .. vocatum Apocalipsi in Latinis et ~is (*Test. H. le Scrop*) *Foed.* IX 276b; FORTESCUE *LLA* 48 (v. Anglicus 2b); librum de papiro in ~o vocatum Aristoteles ad Alixandrum W. WORC. *Itin.* 94.

2 gallicus, (w. *nux*, ? *cf. galla*) oak-apple.

tumore sedat cum sanari cepisset digitus instar ~e nucis super fracture locum struma concreta resedit SAMSON *Mir. Edm.* II 5; **1511** tenentes .. habent solvere singulis annis cxxiiij sarcula lignorum aridorum unacum iiij b[ussellis] de nucibus ~is (*Rentale*) *Reg. Aberd.* II 378.

Galligena, French.

s1217 videntes .. ~e phalanges quod major [*add* pars] eorum cecidisset inierunt fugam WEND. II 216; **s1226** vulnera ~is lethifera inferebant *Ib.* 310.

gallina [CL]

1 hen, domestic fowl. **b** (~*a pucinaria*, name of constellation) Hen and Chickens, the Pleiades.

ALDH. *PR* 131 (v. cacillare); si .. porci comedent .. sanguinem hominis, non abiciendos credimus, nec ~as THEOD. *Pen.* II 11. 7; **9..** ~a, *henn WW*; callinas vel aucas ÆLF. BATA 4. 27 p. 51; ad similitudinem evangelicae ~ae [cf. *Matth.* xxiii 27] illos sub alis protectionis suae .. foveat ANSELM (*Ep.* 288) IV 208; ex ovo ~e generatur et gallus et ~a *Quaest. Salern.* B 138; huc [in cemiterium sacrum] sine ~a gallus intrabit GIR. *TH* II 4; **1274** (v. capo); **1297** etc. (v. domus 14c); **c1307** dicunt quod Matilda .. consueta est decipere ~as visinorum suorum *CBaron* 98; **1338** j gallus et viij ~e veteres; item v de exitu et v galli castrandi *Ac. Durh.* 199; hec ~a, A. *a hene WW*. **b** Pliades habent septem stellas conglobatas propinque, que conglobacio nominatur a Gallicis ~a pucinaria BACON IV 396.

2 hen (given as): **a** (rent or other due; *cf. Cust. Rents* 21 *seqq.*); **b** (churchscot); **c** (payment for right to collect wood); **d** (payment for lord's protection).

a redditus Edwardi Sarisber': .. habet per annum ~as cccc .. ova m .. caseos c *DB* I 69rb; Punderus tenet v acras .. et reddit xxx ~as et cc ova *Boldon Bk.* 35; **a1188** decimam panum et caponum et ~arum et ovorum ad redditum pertinentium *Act. Hen. II* II 305; **1247** (v. campipartum 1); camerarius de †gallenis quas de Ydolwestre recipit annuatim fratribus .. curialitatem .. facere consuevit *Cust. Westm.* 131; **1284** solvet .. iiij panes et iiij gaullinas ad Natale *CartINorm* 139; **1285** summa redditus ~arum de liberis xiiij. inquiratur si debeant ova (*Cust. Wadhurst*) *Cust. Suss.* II 35; **c1305** de ~is de lak' venditis *Cust. Rents* 29; **1408** (v. 2 denariatus); **1451** de ~is rentalibus *Ac. Durh.* 187. **b** **1209**, **1234** etc. (v. cyricsceattum b); **1324** de .. cherseto gallorum et gellin[arum] *MinAc* 1126/5 r. 1. **c** **1267** dabit j ~am Natale .. pretio j denarii et propter illam ~am consueverunt habere de bosco .. regis unam summam bosci que vocatur *dayesem Cart. Glouc.* III 71; **1267** dabit j ~am que vocatur *wodehen* et valet j denarium *Ib.* 95; debent j ~am tercia die Natalis Domini et serviens domini queret illam quam vocant *wedevole* quia debent habere brueram ad focum *Cust. Rents* 27 (cf. ib.: ~am quod (*sic*) vocatur *wdehenne* quia clamant habere boscum); **1371** terciam partem ~arum illarum que erunt levate infra dominium de Groby que vocantur *le wodehennes Cl* 209 m. 4*d*. **d** **1247** Johannes le M. dabit iij ~as annuatim ad festum S. Martini pro habenda advocacione domini et recipitur in thedinga *SelPlMan* 11.

3 female bird (of var. species): **a** moor-fowl, grouse; **b** wood-hen; **c** coot; **d** pea-hen.

a ~e .. campestres, quas vulgariter grutas vocant, hic rare sunt et modice GIR. *TH* I 14; **1350** in ix aucis et ix ~is de mora *Ac. Durh.* 43; **1511** ~arum muralium (v. domesticus 2a). **b** **1316** in vj ~is silvestribus emptis et missis priori Rameseie ad Natale, xij d. (*MinAc*) *Econ. Condit.* app. 45; ?**1466** ~e silvestrales: de reddutu volatilium hoc anno nichil *Ib.* 101; ornix est perdix vel ~a silvestris *SB* 32; ornix, i. perdix, et quandoque ponitur pro ~a silvestri *Alph.* 131. **c** vivit ex venatu anatum et ~arum nigrarum, quas Angli coutas nominant TURNER *Av.* B7. **d** **1278** de j pavone gallo de remanenti et .. de ij ~is pavonum de exitu anni preteriti *MinAc* 935/5.

4 (in names of plants): **a** (*centrum* ~*e*) clary (*Salvia*). **b** (*morsus* ~*e*) chickweed (*Stellaria media*). *Cf.* 2 *gallus* 5.

a centrum ~e .. a nostris .. arbitror dici *clare* TURNER *Herb.* B4. **b** morsus ~e, A. *chykemete WW*; ypia minor, morsus ~e idem, florem habet album, G. *moroune*, A. *chykemete Alph.* 196; *chekyn wede*, .. morsus ~e *PP*.

gallinaceus [CL]

1 of or for domestic poultry. **b** (as sb. m.) capon or cockerel.

unum ovum ~eum cum parvo lacte .. percipiebat BEDE *HE* III 23 p. 175; **1160** (v. daieria a); gallos ~eos W. FITZST. *Thom. prol.* 13 (v. 2 gallus 1a); galli ~ei non hic .. tertiam et extremam noctis partem a duabus primis .. vociferando distinguunt GIR. *TH* II 25; [sirenes] ~eos pedes habent, quia libidinis affectus quantamlibet possessionem inutiliter spargit ALB. LOND. *DG* 11. 9; GAD. 22v. 2 (v. caponinus); utatur volatilibus .. sicut fasiano, perdice, pullis ~eis vocatis Anglice *suice* [? l. *snite*] *Ib.* 58v. 2; lapis electorius invenitur in ventribus gallorum ~eorum *Alph.* 91; gallos ~eos FORDUN *Cont.* XIII 51 (v. gallinus); caro ~ia, *heneflesche WW*. **b** gallinaccus, *capun* ÆLF. *Gl.* 132; **10..** ~eus, i. *capun, capo WW*; Christus .. resurgens a mortuis querit .. duntaxat pulmentarium .. non capram .. non phasides aves, non ~eum H. BOS. *Thom.* III 15; gallinacii NECKAM *Ut.* 106 (v. gallinarius 2); **12..** hoc est modo instauramentum apud B.: .. vij galline et ij galli et vj ~ii *Cart. Rams.* III 265; *a cockerelle*, ~ius *CathA*.

2 (*pes* ~*eus*) fumitory (*Fumasia*).

thalapsium, .. i. pes ~eus *Alph.* 181.

gallinago, woodcock.

attagen, ut scribit Aristoteles, ~ini similis est colore TURNER *Av.* C2v.; est .. ipsa [godwitta] ~ini ita similis ut nisi paulo major esset .. altera ab altera difficulter possit distingui *Ib.* C3v.; ~ines apud nostrates nusquam nisi hyeme videntur. .. capitur apud Anglos .. retibus in loco arboribus vacuo suspensis *Ib.* E4.

gallinarium [CL], **~ia**, hen-house.

1155 hec sunt instauramenta que recepit cum manerio: aula sc., camera, .. bovaria, .. porcaria, ~ia *Dom. S. Paul.* 134; **1202** alias iij domos .. et j ~iam *Fines P. Norf & Suff* 181 (cf. *Kal. Samson* 87); **1211** in furnillio et furnesio et ~io de novo factis *Pipe Wint.* 95; vulpes esuriens .. venit ad gallinar[i]um et rogavit gallinas quod aperirent ei O. CHERITON *Fab.* 50; **1297** pro .. domo palee et ~io (*MinAc*) *Econ. Condit.* app. 6; **1335** recepit .. coquinam .. unum gallinar[ium] (*Dimiss. S. Paul.*) *Camd. Misc.* IX xvi; hoc ~ium, A. *henecote*, hoc galinarium, *a hencote WW*.

gallinarius [CL]

1 (as sb. m.) poultry keeper.

c**1238** terram que est inter portam priorisse de L. et terram ~ii, sc. Thome *Cart. Osney* II 492.

2 (as sb. m.) capon or cockerel.

aves cortis sunt hee: pulli, galli, galline, ~ii, gallinacii [*gl.*: *pucins, gocs, gelines, chapuns, cokereuns*] NECKAM *Ut.* 106.

gallinula, (little) hen, (?) pullet.

torvae cornices nidificant in aedibus nostris et injuriam .. nobis faciunt procacibus suis vocibus. en! gallinae et ~ae similiter faciunt ÆLF. BATA 5. 9.

gallinus, of or for domestic poultry.

s**1336** tanta erat pestilencia ~i generis ut omnes gallos, gallinaceos, et gallinas .. comedere .. homines .. abhorrerent FORDUN *Cont.* XIII 51.

galliproelium, cockfight or (?) cockpit.

~ium, A. *kokkysfythynge WW*; **1574** Ricardus L. custodit ~ium et ibidem vendit cervisiam contra assisam (*CourtR W. Bromwich*) *MS PRO* C. 103/40/1.

gallitarius v. gallicarius. **gallitricium, ~cum, ~cus** v. callitrichum.

Gallius [CL], Gallic, of Gaul.

exules ~ias tenent partes ÆTHELW. I 4 (cf. ib. IV 3: ~ias .. in oras).

gallivolatus, cock-shoot, place used for netting woodcock or sim.

1467 dimisit .. pasturam vocatam Lytul Stoleton cum ij gallivolat' *AncD* A 8414.

gallo v. galo.

galloglassus [Ir. *gallóglach*], gallowglass. (*Cf.* G. A. Hayes-McCoy *Scots Mercenary Forces in Ireland* Dublin, 1937 pp. 15–76).

1556 concordatum est per nos .. dominum deputatum .. ex una parte, et comitem Tironie, baronem de Dungennan et Macdonellum, ~um, ex altera parte quod .. *ActPCIr* 7; proximus est equitibus ordo pedestris, qui constat ex quodam genere sagatorum militum, quos isti galeglasios appellant. homines sunt magnae staturae .. fortes .. sanguinarii toti ac minime propitii milites. .. habent tela pedalia securibus similia et gemina, cultris tonsoriis .. acutiora STANIHURST *Hib.* 41; militia eorum constat ex equitibus, triariis quos galeglasios appellant, qui securibus utuntur acutissimis CAMD. *Br.* 791.

gallona, ~us v. galo. **Gallowid-** v. Galwal-.

gallulus, (little) cock, cockerel.

a cok, gallus, ~us diminutivum *CathA*.

1 gallus v. 1 galea 1a.

2 gallus [CL]

1 cock, male (domestic) fowl; **b** (fig.).

ALDH. *PR* 131 (v. cucurrire); ~us, *coc* ÆLF. *Gl.* 132; ad me nunc iterum gallo venere canente WULF. *Swith.* I 343; pueri .. apportant .. ~os gallinaceos pugnaces et .. antemeridianum datur ludo puerorum vacantium spectare .. pugnas ~orum W. FITZST. *Thom. prol.* 13; *Judas Story* 70 (v. editio 2a); gallus adest cantu distinguens temporis horas NECKAM *DS* II 801; venit .. Chantecler, sc. ~us, qui est capellanus bestiarum O. CHERITON *Fab.* 25; ~us .. jejunet .. et .. ligetur ad stipitem .. ; post buffo .. ligetur juxta ~um ut ~us comedat eum. quo devorato .. interfice ~um et coque in vino optimo GILB. VII 335. 1; **1338** (v. gallina 1a); ~us, .. *a cok WW*. **b** c**803** [sacerdos] est ~us .. praedicator .. aurorae ALCUIN *Ep.* 311; GARL. *Myst. Eccl.* 23 (v. doctor 2a).

2 male bird (of var. species): **a** (*~us silvestris* or sim.) woodcock. **b** (*~us niger*) blackcock. **c** (*pavo ~us*) peacock.

a cum .. humi jaceas Christum rogitando, / silvestris more galli prostratio non sit D. BEC. 139; ~us palustris [*gl.*: coc de bosco] NECKAM *Ut.* 106; **1272** reddendo inde annuatim .. ij ~os silvestros vel ij cercellas semper ad natale Domini *Cart. Hosp. Essex* 249; **1306** in iiij ~is silvestribus ij d. ob. in iij anatibus .. vj d. *MinAc* 856/15 m. 3; **1351** redditum ij ~orum silvestrium *Pat* 233 m. 29; **1325** in xxvij gallis nigris .. in vij ~is silvestribus *Ac. Durh.* 14 (cf. ib. 13 [**1324**]: in vj ~is silvestribus nigris); c**1389** quod nullus .. vendat ~um silvestrem, perdricem, pluverium carius quam pro ij d. *Mem. York* I 46; gaulus, *reyne fowle PP*; ~us silvester, *wodekoc WW*. **b** **1325** (v. 2a supra). **c** **1278** de pavone ~o (v. gallina 3d).

3 weathercock.

stat ei quod vertice gallus, / aureus ornatu, grandis et intuitu WULF. *Swith. prol.* 189; venti ~us NECKAM *DS* III 15 (v. ceruchus c); ~us ecclesie superpositus caput suum vento flanti opponit *Id. NR* I 18 p. 63.

4 tap, cock.

1431 custus novi conductus aque: .. in ij lib. saudure emptis ad ponendum ~um eneum in stipide exopposito gihalde *MS Devon R. O. Exeter Receiver's Ac.* m. 1d.

5 (in names of plants): **a** (*centrum ~i*) clary (*Salvia*). **b** (*morsus ~i*) chickweed (*Stellaria media*). **c** (*crus ~i*) cockspur grass (*Panicum*). *Cf. gallina* 4.

a centrum ~i, gallitricum, oculus Christi idem *SB* 15; *Alph.* 38 (v. 2 centrum 3); *Ib.* 71 (v. callitrichum); *tak* .. centrum ~i, id est sclaream *EETS* CCVII 14. **b** morsus ~i GAD. 109.2. **c** herba ~i crus, *þæt is attorlaðe Leechdoms* I 22.

6 (*~us marinus*) gurnard (fish).

~us marinus, *gurnard PP*.

3 Gallus [CL], inhabitant of Gaul, Frank, Frenchman.

pervenit ad ~os usque et ibi condidit civitatem Turonorum NEN. *HB* 152; Franci .. multi, Frisones, ~i, .. pagani, Britones .. se suo dominio subdiderant ASSER *Alf.* 76; quaque sub argutis congesserat optima Gallis FRITH. 218; Dani .. ~is Saxonibusque viciniores existere videntur ÆLNOTH *Cnut* 8; ~i .. impetum fecerunt .. in Troas et .. ipsos castra ingredi coegerunt G. MON. I 15; quum quidam .. exprobrando diceret B. Hylario "tu es ~us", respondit "ego ~us non sum, sed de Gallia natus, et tu es Leo, sed non de tribu Juda" R. NIGER *Chr. II* 125; s**1312** natus est .. magnificus ~orum triumfator, Scotorum consternator .. tercius Edwardus BAKER 100; s**1344** procedebant contra ~os. .. talem Deus contulit expedicionem ut contra .. Francigenas semper prevaluerunt AD. MUR. *Chr.* app. 243; illud [fortalicium] combusserunt per medium ubi erat major fortitudo ~orum, ipsosque ~os .. debellarunt *G. Hen. V* 7; postquam ~i, duce Wilhelmo Anglie conquestore, Anglie terram illam optinuerunt .. FORTESCUE *LLA* 48; **1513** fortassis ipse in fide .. permanserit nisi ~i .. quasi ex insidiis bellum sibi .. exitiale mox futurum in nos movere coegissent *Mon. Hib. & Scot.* 512a.

4 Gallus [CL = *castrated priest of Cybele*], eunuch.

~us, i. spado, *belisnud GlP* 398.

5 gallus v. gilvus.

galmaria v. calvarium. **galmilla** v. galmula.

galmula, ~um [LL]

1 whey or buttermilk. (*Cf. ALMA* II 15–16).

galmum, *moling GlC* G 20; ~um, *molegnstycci Ib.* 21; **9..** galmilla, *lim, molegn WW*; plebs .. magna elymosinam de butyro et ~o congregavit in locum unum *VSH* I (*Colman Elo*) 262.

2 unidentified plant.

~a, allec, herba illa que similis est porro OSB. GLOUC. *Deriv.* 262.

galnetum v. jalnetum.

galo, ~ona, ~onus [cf. AN *galun*, OF *galon, jalon*]

1 gallon, (vessel serving as) standard measure of one gallon.

a 1185 pro buzis et buszellis et barillis ferratis et ~onis *Pipe* 217; ~ones *Itin. Ric.* VI 37 (v. 3 batus); **1197** ad faciendum mensuras et galunos et virgas ferreas et trosnos et pondera ad mittendum in singulis comitatibus Anglie *Pipe* 160; **1202** Matillis .. capta fuit cum falsa ~ona per quam .. vendidit cervisiam *SelPlCrown* 27; **1228** de vino Osberti .. capto propter falsum ~onem *Cl* 47; **1230** de .. falso ~one (v. emendatio 6d); **1247** Willelmus G. et Wydo L. habent gallonas insufficientes *SelPlMan* 11; s**1256** precepit .. rex .. ut satellites ejus mensuras .. quas lagenas vel ~ones appellamus .. considerarent M. PAR. *Maj.* V 594; s**1264** apertio ~onis (v. apertio 1c); c**1320** non faciant aliquas mensuras nisi ~ones, potellos, et quartas *MGL* III 432; **1331** quod liceat .. abbati et conventui [de Burgo S. Petri] habere ibidem bussellum, dimidium bussellum, ~onam, dimidiam ~onam et omnes alias mensuras et pondera *PQW* 70a; c**1356** gallone (v. bussellus 1b); **13..** vinitarius vendat vinum .. per lagenas sive ~ones (*Nominale*) *Neues Archiv* IV 339; **15..** standardi, busselli, ~ones, ulne, et petre sigillo .. regis .. signentur et diligenter .. custodiantur *Eng. Weights* 44.

2 gallon, measured quantity: **a** (of wine or ale); **b** (of other).

a j ~onem de vino claro ad missam et j sextarium de vino expensabili .. ad lavandum altare *Domus Reg.* 129; **1198** ij ~ones cervisie (v. corredium 3c); **1205** ij ollas .. continentes ij gallonos *Cl* 22a; c**1230** j ~onem servisie (v. cervisia a); c**1265** ~ones cervisie (v. conventualis 1d); a**1266** prisa mea cervisie erit in toto anno tres gallones pro uno denario *BBC* (*Morpeth*) 113; unum jalonem *Fleta* 70 (v. barelletum); dolium vini lij sextaria vini puri debet continere et quodlibet sextarium iv jalones *Ib.* 74; **1288** omnes braciatrices vendunt ij ~onas ad unum denarium et duas ad denarium et obolum *Leet Norw.* 33; debent habere iiij panes et iiij gallones de cervisia *Reg. S. Aug.* 102; **1305** fecit in propria persona servicium suum et portavit in refectorium †galeam servisie una cum portario interiore *DC Cant. Reg.* Q f. 30v.; galeonem et dimidium boni vini WHITTLESEY 130; **1356** major venit ad tabernam .. Johannis .. et supplicavit eum bono modo vendere jalonem [vini] pro x d. secundum ordinacionem *Rec. Leic.* II 105; c**1356** debent .. brasiatrices vendere .. ij gallonas cerevisie ad j denarium *MunAcOx* 182; **1390** (v. 1 barellus 2); ita quod dolium contineat xliij ~ones vini; ista sufficiunt c monachis AMUND. II app. p. 312; farculum cibi cum uno pane ac una galena servic', precium cujuslibet farculi panis et lagine servic' per diem iiij d. *Valor Eccl.* II 57. **b** **1215** quieti sint .. de xxxij ~onis mellis quos homines .. Stephani de B. reddere consueverunt nobis *Cl* 219a (= *Pat* 147b: ~onibus); **1247** habeat die dominica .. ante Natale Domini ad castrum Wintonie vij braones .. d gallinas .. ccc ~ones de ostreis *Cl* 96; **1276** (v. 1 bolla 2b); mensuram jalonis *Fleta* 73 (v. galonata); **1294** xv ~ones butiri *Tribal System* app. 24; **1322** in iiij ~onibus pyngedinis pro coleribus carect[arum] *Fabr. Exon.* 139; ordinabat xxvj ~ones de *sew* ad pauperes manducandos W. WORC. *Itin.* 356; viij ~ones bladi faciunt j busellum *Eng. Weights* 8.

3 right to inspect gallon measures.

1275 Rogerus de T. habet galon' ij hominum in villa de Scheltun' [*Norf*] *Hund.* I 471a; appropriavit sibi galon' Hugonis S. .. que pertinebat .. regi *Ib.*; Willelmus de K. habet gallon' [et] extraya de tenementis suis in S. *Ib.*; **1281** habere clamat .. astrahuram, examinaciones et cogniciones mensurarum .. ~onorum .. que ad .. regem pertinent inde facere judicia *PQW* 774b.

galocha, ~ia [OF *galoche*, ME *galoche, galoge*], galosh, (wooden) clog.

1297 pro ~iis, capellis de feltro, frenis pro someriis *Doc. Scot.* II 136 (cf. ib. 147: sotularibus, calechis, et sellis someriorum); **1328** ij sandalia, cum ~is, de rubeo samicto *Invent. Ch. Ch.* 7; **1364** in iij paribus botarum .. cum j pari de galag' pro priore .. in j pari de galog' *Ac. Durh.* 566.

Galoecensis v. Galwalensis. **galoga** v. galocha.

galonagium [OF *galonage*], (?) duty on wine (Norm.).

a**1172** (v. buttagium); a**1189** masuram .. apud Deppam .. quietam ab omni teloneo .., maquerello, harengis, ~io, rotagio *Act. Hen. II* II 334.

galonata, gallon measure.

pondus viij li. frumenti faciunt (*sic*) mensuram jalonis et viij jalonate frumenti faciunt bussellum *Fleta* 73.

galonga v. galanga.

galumma [CL < κάλυμμα], (white) covering for head.

hoc ~a, .. i. velamen capitis candidissimum OSB. GLOUC. *Deriv.* 260.

galupa v. calupus.

galus [γάλως = *husband's sister*], sister-in-law.

~os, glos, *weres swuster* ÆLF. *Sup.* 171; occurrit .. cum glore [*gl.*: femina fratris mei] mea adhuc investe matertera sororis mee; ~us [*gl.*: soror viri sororis mee, vel soror femine fratris] et ipsa adhuc investis erat BALSH. *Ut.* 47; ~us, .. hec i. soror mariti sororis mee, A. *my sisterys husbande syster WW*.

galva v. galbula.

Galwalensis [Ir. *gall-gaidhil*; W. *gallwyddel*], Gallovidian, (as sb.) inhabitant of Galloway; **b** (w. ref. to measure).

1138 David rex Scottorum .. omnibus probis hominibus suis totius terre sue Francis et Anglis et Scotis et Galwensibus *E. Ch. Scot.* 119 (cf. ib. 125 [a**1141**]: Gawensibus, 199 [c**1150**]: Galweensibus, 242: Gallowidensibus); s**1138** de Pictis, qui vulgo Galleweienses dicuntur RIC. HEX. *Stand.* 40b; s**1142** omnes Galwedienses qui in ea [Mannia] habitabant quosdam jugulaverunt, alios expulerunt *Chr. Man* 64; xv .. Galoecensium millibus ad predandum regionem a se [rege Scottorum] .. dimissis W. CANT. *Mir. Thom.* VI 95; s**1173** rex Scottorum Willelmus .. habens multitudinem infinitam ~ium, agilem, nudam, calvitie multa notabilem DICETO *YH* I 376; s**907** Scotorum etiam, Cumbrorum, et ~ium .. fines M. PAR. *Maj.* I 439; s**924** rex .. Eadwardus .. senior cunctis Britanniam incolentibus Anglorum, Walanorum, Scotorum, Cumbrorum, ~ium, Danorum populis .. prefuit *Ib.* 446; s**1235** rex .. Galweiam intravit .. sed Galweienses .. prelium regi inferebant *Chr. Melrose* 145; Scotos quos brutos vocant et ~es, qui nec locis nec personis parcere norunt FORDUN *GA* 10. **b** **1456** onerat se de viij Galwidiensibus bollis farrine avenatice de firmis molendini de K. *ExchScot* 194.

Galwe-, Galwed-, Galwei-, Galwid- v. Galwalensis. **galynga** v. galanga. **galyngala** v. galingala. **galyotensis** v. galiotensis. **gamalion** v. chamaeleon 1b. **gamalus** v. cammarus b. **gamandrea** v. germandrea. **gamarus** v. cammarus b. **gamb-** v. et. wamb-.

gamba [AN, OF *gambe, jambe* < LL camba, gamba]

1 (upper part of) leg, thigh; **b** (of bird or animal).

cum minus cauta peritia medetur ~arum extensionem fere subitam machinatur internecionem W. CANT. *Mir.*

Thom. II 33; equo insidens, demissis straphis ~as fluidas dependebat *Ib.* 85; **1200** sicut homo maheimatus [? l. mahemiatus] de ~a sua, que fracta fuit (*CurR*) *Pl. K. or J.* 3169; **1268** cecidit super ~am suam sinistram *Rec. Norw.* I 210; **1278** vi sua ~as .. Isabelle .. aperuit .. et ipsam .. vi oppressit *SelPlJews* 104; per ij annos .. ~is et tibiis contractus *Mir. Montf.* 93. **b** alii .. per ~as eos [sc. accipitres] capiunt, digitis ex anteriori parte interpositis ADEL. *CA* 9; **1273** in prebenda .. j pullani .. cum ~is infirmis *Ac. Stratton* 44.

2 side post, jamb (of window-frame).

c1468 factura unius jambe in fenistra australi *Ac. Durh.* 642.

gambea v. gambera.

gambera [AN *jambere*], leg-armour, greaves.

1297 pretio .. unius gorgeri, .. unius paris †gambearum, j lancee, .. j cultelli, et j gonne (*AcWardr*) *Doc. Scot.* II 138; **1300** pro .. jamberis, *poleyns*, platis, uno capello ferri *AcWardr* p. 355; **1303** Manekino Larmurer de London' pro .. ij paribus jamber', prec' paris ij m. *KRAc* 363/18 f. 6*d*.; utrum [duellantes] habere possunt gambrias et galeas .. neque lege neque consuetudine invenimus UPTON 83.

gambes-, gambez-, gambis- v. wamb-.

gambo [OF *gambon*], leg (of pork), gammon.

1207 quod scire faciatis Godefrido .. quantum .. de capitibus et de ~onibus porcorum poterit habere per vos ad festum Natali Domini *Cl* 97a; carnes sint de .. porcinis, et maxime pedes et proxima pedibus que Gallice dicuntur ~ones GILB. VII 361v. 2; **1299** petit j porcellum et in estate porcum preter escul[entu]m, uncturam, et ~ones *RBWorc.* 344.

gambria v. gambera. **gamelion** v. chamaeleon 1b. **gamerus** v. cammarus b.

gamma [CL < γάμμα]

1 gamma, third letter of Greek alphabet. **b** numeral (= 3). **c** (~*a duplicatum*) digamma.

pollicem exteriore artu, instar Graecae literae ~ae curvatum, ad palmam inclinabis BEDE *TR* 1; gemma BACON *Maj.* I 75 (v. delta a); nomen et figuram tenet tercie littere, sc. Γ, ~a, que valet G Latinum ODINGTON *Mus.* 83. **b** ~a, 'g', iij *Runica Manuscripta* 351; hoc modo .. significat ~a iij HARCLAY *Adv.* 80. **c** BACON *Gram. Gk.* 50 (v. F 1).

2 musical letter, ut. **b** gamut, scale. **c** diagram illustrating the scale articulated by hexachords to show the position of tones and semitones.

~a, id est Γ Graeca, unam possidet vocem, viz. 'ut' TUNST. 220a. **b** sedem, jura, locum septem discrimina vocum / servant dispariter, voce tamen pariter, / ut placuit spiritus gamma regenti R. CANT. *Poems* 16. 36; Guydo monachus, qui compositor erat ~atis, quod monacordum nuncupatur; voces vero in eo continentes (*sic*) in lineis et spatiis distribuit TUNST. 207. **c 1368** j processionale cum †tonoli [l. tonali] et ~a *Invent. Norw.* 65 (cf. ib. II xl); *gamme off songe*, ~a *PP.*

gammarius, ~us, v. cammarus b. **gammula** v. grammula.

gammum [ME *game*], game, beasts of chase.

1550 officium magistri ~i nostri vocati *maister of our game* de Canford *Pat* 830 m. 26.

gamn- v. jaunum. **gamorus** v. cammarus. **gamos** v. 2 gonos.

gamus [γάμος]

1 marriage.

~us, nuptiae *GlC* G 26.

2 bride, wife (also fig.).

~os, *bryd* ÆLF. *Sup.* 171; **s1254** sicut Pergama per ~os, id est feminam, tota Troia in cinerem est redacta M. PAR. *Maj.* V 437; episcopus eciam agamos habet uxorem spiritualem ut clerum .. sibi .. subjectum, sicut metropolitanus habet confratres episcopos, episcopus rectores .. qui sunt una persona ~os, i.e. muliebris WYCL. *Ver.* II 185; ~us, *weddyd PP.*

gan- v. et. wain-. **ganata** v. gabata. **ganca** v. ganta.

1 ganea, ~eum [CL]

1 eating-house. **b** feasting. **c** theatre.

~ea, taberna *GlC* G 5; hec ~ea, i. taberna, quia ibi multa inutilia ganniunt OSB. GLOUC. *Deriv.* 256; *Ib.* 263 (v. ganearia). **b** hec [sc. Circe] socios Ithaci ganea dum solvit edaci / in porcos mutat, sed Ulixes fluxa refutat R. CANT. *Malch.* IV 343; [monachi] habitu fallebant ac professionis vocabulo, dediti ~ee .. fedisque prevaricationibus ORD. VIT. IV 6 p. 208. **c** hoc ~eum, i. theatrum, locus sc. in terra defossus ubi ad ludendum et scortandum confluebant ... ~eum, theatrum prostibulum OSB. GLOUC. *Deriv.* 256, 263.

2 harlot.

repertum .. cum adultera simul et filia illius principem a moechali toro .. adduxit; at ~ea sanguineos intorquens oculos "tu" inquit .. OSB. *V. Dunst.* 27 (cf. B. *V. Dunst.* 21: extraxit [regem] de moechali genearum occubitu); **s955** Eduuius .. pontificis animos irritavit ut et ipsum a Christianitate suspenderet et ~ee pelicatum .. succisura poplitis interrumperet W. MALM. *GP* I 17; sequebantur curiam effeminatorum manus et ~earum greges *Id. GR* IV 314; quidam cujus omnium ~earum [MSS: genearum] causa fuit et histrionum *G. Herw.* 323b; ~earum gregibus non immiscearis DEVIZES 39v.; *a common woman*, alicaria, .. ~ea, meretrix *CathA.*

2 ganea [dub.], sort of arrow. *Cf. genderata.*

quispiam de castello .. telo gracili, quod ~ea dicitur, eum .. cominus positum petiit, que testam capitis ipsius .. nudati perforavit GERV. CANT. *Chr.* 128 (cf. *Mandeville* 221).

ganearia [LL], keeper of an alehouse (f.).

ganea, taberna, caupona .. ~ia, meraria OSB. GLOUC. *Deriv.* 263; *ganokyr*, ~ea; .. *tapstare* .. ~ia *PP.*

ganeo [CL]

1 glutton.

geneo, gulosus *GlC* G 23.

2 scoundrel, dirty rascal.

~eo, sordidus *GlC* G 24; nequissime ~eo *G. Herw.* 330b; **s1382** plures .. parentes consilio ~eonis eique credentes WALS. *HA* II 63; **s1417** quem .. adhuc spirantem ~eones .. cremaverunt *Chr. S. Alb.* 113; **1553** (v. 1 domus 4b).

3 innkeeper, or frequenter of inns.

~eo, tabernarius *GlC* G 8; hic ~eo, i. tabernarius, vel potator .. ~eo, potator, tabernio, caupo, attibernalis, bibax OSB. GLOUC. *Deriv.* 256, 263; *ganokyr*, .. ~eo *PP.*

ganerius v. cammarus b.

ganetus [ME *ganet*], gannet. (*Cf. N. & Q.* CCXXIX (1984) 31–6.)

1275 petra ~orum valet v s. *IMisc* 33/10 (*Lundy I.*); **1322** est ibidem [*Lundy*] .. saxum quod vocatur *le Ganeth Ston*, cum ij placeis .. ubi ganetti .. aeriunt ..; est tenens qui custodiet .. ganettos .. tempore aereacionis *Ib.* 87/1 m. 4.

ganeus, lecherous.

lecherous, ambrosius .. ambroninus, .. fornicarius, geneus *CathA.*

1 ganga [ME *gang*], set (of cogs, spindles, or sim.).

1305 ~a *MFG*; **1320** molendinum ventriticum: .. in j gang' de *cogges* et j ~a de fusill' emptis xij d. *KRAc* 482/1 m. 5*d*. (cf. ib.: in j ~a fusillorum ligneorum empta).

2 ganga v. jaunum.

gangelis, gangellis v. gagelis.

gangraena [LL < γάγγραινα], gangrene.

cancrena dicuntur vulnera nondum mortua, pauxillum vite sensus quasi retinencia *Alph.* 33; hec anggrena, A. *dede fleyche WW.*

ganifer v. garcifer.

gannatura [LL], mockery, derision. **b** yawning.

a680 ut .. apostolus suique successores ridiculosum ~ae ludibrium .. in populo Romano portarent ALDH. *Ep.* 4 p. 483; quod cum calumniae ~a prolatum in veritate completum est *Id. VirgP* 47; subsannantis ~ae ludibrium *Ib.* 51; ~a, *gliu GlC* G 6; **9..** ~e, *cancettende* .. **10..** ~e, *bysmires WW.* **b 10..** ~a, *ganung WW.*

gannerius v. cammarus b.

gannire [CL]

1 (of animal) to yelp, yap; **b** (fig.).

ALDH. *PR* 131 (v. baubare); OSB. GLOUC. *Deriv.* 256 (v. gannitio); *to cry* .., vulpium [est] ~ire *CathA.* **b** mulierculis leto plausu ~ientibus W. MALM. *GR* III 229.

2 to mock, deride.

~iret, cum ira quasi [in]ride[re]t *GlC* G 2; Satan per viscera gannit: / quem coluit petulans, hujus fit hospita bachans FRITH. 908; verba increpatoria subsecuta est alapa, quam ille, zelo castitatis, faciei muliercule ~ientis tanto nisu infregit W. MALM. *Wulfst.* I 6; quasi ~ientibus rictibus insultabat R. COLD. *Cuthb.* 65; ~ire .. dicitur deridere OSB. GLOUC. *Deriv.* 263; dum infelix ~iret Judas semicoctus gallus effectus est vivus *Judas Story* 70.

3 (conf. w. *garrire*) to chatter foolishly.

tace, obmutesce, digito compesce labellum, ne .. de contra ~ire presumas M. RIEVAULX *Ep.* 74.

gannitio [CL], yelping, yapping.

gannio .. quod proprie agunt vulpes, sed translative refertur ad homines, inde .. hec ~o .. et hic gannitus OSB. GLOUC. *Deriv.* 256.

gannitus [CL], gabbling (of geese). **b** yapping.

magis .. quam si anserum ~um seu gallorum cantum audisse potuerit R. COLD. *Godr.* 28. **b** OSB. GLOUC. *Deriv.* 256 (v. gannitio).

gannocare [cf. ME *gannoker* = *keeper of an alehouse*], to sell (ale).

1488 ~averunt servisiam et citrollum per injustas mensuras (*CourtR Ipswich*) *MS Suff R. O.* C7/1/26.

gans [Germ.], grey goose. *V. et.* 1 *ganta.*

9.. ~s, *grege gos WW*; auce minores albe, qui et ~tes dicuntur, et gregatim in multitudine magna et garrula venire solent, in hos terrarum fines rarius veniunt GIR. *TH* I 23.

1 ganta [CL < Germ., cf. OF *gante, jante*], grey goose; **b** (w. ref. to serjeanty; *cf. King's Serjeants* 299–301).

gente, *wilde goos GlC* G 53; cente, *wilde goos Ib.* C 341; **9..** canta, *græg gos* .. **10..** ~a vel auca, *græg gos WW*; aucarum indomitarum quas ~as vocant depopulabatur multitudo GOSC. *Werb.* 104A; **1180** pro pastu ~arum que venerunt de Anglia et pro lx de illis ducend' ad Argentom' et lx ad Burum *RScacNorm* I 57 (cf. ib. p. ci). **b c1179** (1378) sciatis me .. confirmasse Rogero Follo lutrario meo .. iij virgatas terre .. apud Ailesberi .. per servicium .. reddendi .. ij ~as si venero in estate, et si venero in hieme iij anguillas (*Ch. Hen. II*) *Pat* 301 m. 27; **1232** cum rex venerit in estate apud Eylesbur' dabit .. regi ij janytas, et in ieme iij anguillas (*JustIt*) *Fees* app. 1358; **1247** per serjantiam .. solvendi ij jantas .. et iij angwillas *Ib.* 1405; **1486** de quodam manerio .. in Aylesbury .. vocato *Otterarsfee* .. que de domino rege tenentur in socagio per servicium inveniendi .. si illuc venerit .. in estate .. ij †gancas et in hieme .. tres anguillas *IPM* 1/120.

2 ganta v. wantum.

gantaculum v. jentaculum. **ganterium** v. cantera b. **gantum** v. wantum. **gantus** v. canthus a.

Ganymedeus [CL], of or resembling Ganymede.

qui sedet hac sede ganimedior est Ganimede GERV. MELKLEY *AV* 96; sunt quidem qui dicant hujusmodi dictiones .. invenire non licere, sicut .. ganimedior *Ib.* 100.

1 gaola v. gaiola.

2 gaola [ME *gaole*, ? cf. ME *gavel*], 'gale', royalty paid by miners in Forest of Dean. (*Cf.* C. E. Hart *The Free Miners* 49–55).

1485 concessimus ei officium custodie ~e de Magna Deane et Parva Deane alias dicte ~e subtus le Wode *Pat* 561 m. 19 (cf. ib. 509 m. 25 [**1464**]: concessimus ei *gaole* minarum nostrarum infra forestam .. de Dean .., quod .. *gaole* .. Thomae Wodeward nuper habuit); **1493** concessimus .. eidem Thome [Bassh'] ~am nostram *above the Woode* infra forestam .. de Dene .. habend' et occupand' ~am predictam .. pro termino vite sue, una cum feodis, regardis et proficuis eidem ~e ab antiquo pertinent' *Ib.* 574 m. 7.

gaolarius, ~us v. gaiolarius. **gaolator** v. gaiolator. **gaolia, gaolla, gaolus** v. gaiola. **gar-** v. et. garr-, war-, warr-.

gara [AS *gara*, ME *gore*], gore, (triangular) piece of land.

1123 in prato juxta Bereford' vj acras et ij ~as, et in prato de A. vj acras et ij ~as *MonA* VI 1327b (*Warws*); **1169** ~a Hugonis de M. r. c. de dim. m. pro dissaisina concelata *Pipe* 21; **1181** Aluricus tenet unam ~am de dominio pro duobus soccis *Dom. S. Paul.* 145; **c1185** gairam que jacet inter viam et *waterfal E. Ch. Yorks* I 370; **1189** vicecomes r. c. de ij s. et vij d. de ~a S. Clementis Dacorum [*Lond*] *Pipe* 170; **p1206** cum .. xxiij acris de gaarais *Cart. Boarstall* 27; **1207** de iiij d. de ~a in veteri vico quam Lambertus clericus tenet [*Lond*] *Pipe* 50; **c1240** in campo australi goras quas Godricus tenuit que faciunt ij acras, et terciam acram que est caputium gorarum *Cart. Osney* IV 155; **c1245** j sellionem juxta terram A. de W. et iij geyris sub junctario *Reg. Ant. Linc.* IV 214; **a1285** j selio jacet super Haverholme [*Lincs*] .. cum ij ~is ex parte aquilonari [vocantur Rosegaris] *Carte Nativ.* 445; **1295** reddidit in manum domini unam placeam terre que continet xiij seliones [et] ij ~as predictis selionibus adjacentes *CourtR Hales* 322; **1299** Willelmus tenet j goram inclusam infra curtilagium suum *RB Worc.* 134; **1314** geiram que jacet ad capud .. culture *ChartR* 101 m. 11 (cf. ib. m. 15: de tota gaira .. cum pertinentibus); **1472** cum .. Johannes .. dederit .. j goram in insula [sc. de Axholme, Linc'] *FormA* 106.

garaldus v. quarellus. **garale** v. gabata.

Garamantes [CL = *tribe living in Sahara*], Moors, black-skinned people (pejorative).

[in Londonia sunt] glabriones, ~antes, palpones, pusiones DEVIZES 39v.

garan- v. et. garn-, waran-. **garant-** v. warant-. **garaphol-** v. caryophyll-. **garatum** v. gargata.

garba [LL]

1 sheaf, armful (of wheat or other grain crop). **b** (of other crop) bunch, bundle. **c** (as decorative motif).

sed demum decies metens ex aequore garbas / ternas accipiet qui vincla jugalia nectit ALDH. *VirgV* 124; ~us, *sceabas GlC* G 15; [cotsetla] habeat ~am suam, quam prepositus .. dabit ei (*Quad.*) *GAS* 446; **c1194** decimas .. bladi .. non per acras metendas sed per ~as collectas, viz. sine omni deductione expensarum que fiunt in metendo *Ch. Sal.* 53; xl manipuli quos vulgo ~as vocant *Chr. Abingd.* II 26; **1234** x ~as brachiales (v. bracchialis 1); **1242** metunt ad decimam †garbani [l. garbam] *Pipe* 141; Seaf .. puerulus .. posito ad caput ejus frumenti manipulo quam patria lingua *seaf* dicimus, Gallice vero ~am, dormiens inventus est M. PAR. *Maj.* I 404 (cf. W. MALM. *GR* II 116); **c1275** unum panem .. de puro frumento, sicut cadit de gerba *Cart. Rams.* II 235; **1275** grangia: .. in bobus sustinendis per estimacionem garbar' [*ed. conj.* garbarii *'granger' but* MS *more likely to represent* garbarum], j summa, j trugga (*MinAc*) *S. Wales & Monm Rec. Soc.* II 78; **c1300** hi[c] debet ordinari .. cautela ubi computat de prebenda boum quot ~e reddunt busellum et quot sunt boves et per quantum tempus habeant ~as [MS: carbas] *FormMan* 38; **1308** ~am vocatam *topschef* (v. abradicare a); **1333** in lx ~is avene quarum v faciunt buscellum unum quarterium et dim. *LTRMem* 105 m. 39*d.*; **1340** de blado vendito in ~is *Ac. Durh.* 202; **1354** que .. blada .. per servientes suos messuit et in ~is ligavit .. nec aliquas ~as colore decime .. a novem partibus separavit *SelCKB* VI 92; **1408** ligabit j acram avene .. si jaceat et preparetur ad ~as; et si jaceat *ingaveles* tunc non ligabit nisi dim. acram *Reg. Ewell* 137. **b** ?**12..** quelibet virgata integra debet ij ~as lini et quelibet dim. virgata .. j ~am, et hoc sive linum seminaverit sive non *Cart. Rams.* I 370; **1247** unam areiatam straminis de xxv ~is *Cl* 546; **c1250** ~a allearum quad. *DC Cant. Reg.* H f. 162b; **1251** pro uno opere falcabit etiam xxv ~as rosci *Cart. Rams.* I 309; **1289** (v. genesta a); **1318** Ricardus T. asportavit de forag' Roberti de C. iiij ~as *CBaron* 123; **1353** di ij ~is allee venditis solvetur .. quar. *Reg. Rough* 33; **1539** vj ~as feni *Entries* 557b. **c** **1295** tunica et dalmatica de purpureo sameto .. cum ~is aureis *Vis. S. Paul.* 321.

2 a (as great tithe); *cf. decimus, garbalis*; **b** (as tax, toll, or sim.).

a **c1090** ij partes decime de omnibus rusticis, sc. de carbis et de lino *CartINorm* 245; de omni annona decima ~a sancte ecclesie reddenda est (*Leg. Ed. Conf.*) *GAS* 631; dedit S. Ebrulfo .. ij ~as decime villanorum de G. ORD. VIT. V 17 p. 435; **a1159** ij ~as decime de dominio suo in villa de C. *Act. Hen. II* I 211; **1223** de omnibus terris cultis solvet decimas ~arum *Melrose* 308; **a1228** (v. decimus 4d); de fructibus ~arum de Ovineton' in decanatu Novi Castri pertinentibus ad manerium de Wylum xx s. *Val. Norw.* 202; leprosi de Sancto Albano percipiunt ij partes de decima ~arum de dominico Jordani le B. *Ib.* 342; **1280** prior et canonici de Marsey habeant tantum omnes decimas ~arum de parochia *Reg. Ebor.* 71; **1325** de xvj li. receptis de decimis ~arum de Schaldford de fructibus *Ac. Durh.* 14; abbas [W., ob. **1344**] assignavit camerario .. messuagium et ij carucatas terre .. cum tota decima ~arum ad opus conventus *Chr. Evesham* 291; **c1400** (v. 2 coppa); gerbas expositas pro decima et signatas non permittunt a suis terris abduci J. BURGH *PO* V 21 f. 72 (cf. ib.: ~as decimales); **1483** unam grangiam .. cum omnibus ~is et granis decimalibus *Reg. Merton* 27; **1500** (v. bladum c); **1550** reservata rectoria .. cum ~a et horreo decimali *Pat* 830 m. 24. **b** reddunt burgenses regi xij trabes annonae, de qua habet abbas de Bertone xl ~as *DB* I 280; **a1179** fratres Templi tenere debent .. nonam ~am de Wilburgeham et de Wendeia, de dominico *Act. Hen. II* II 123; **c1240** (v. campipartire b); **1302, 1309** (v. campipartum 1); **1306** preter communem collectam ~arum quam custos .. passagii [de Sweyn'] faciet tempore messionis. et si aliqui .. requisiti ~as solvere recusaverint, solvant naulum, si voluerint transfretare *BBC* (*Swansea*) 268; **1321** ~as in autumno extorquentibus et blada pauperum detrahentibus (*Artic. Coronae*) *MGL* II 351; **1340** duximus ordinandum quod omnes denarii de subsidio de nona parte ~arum, agnorum et vellerum .. deferantur .. *RScot* 590a; **s1340** laici concesserunt [regi] .. nonum agnum et nonam ~am cujusque generis bladi AD. MUR. *Chr.* 104.

3 bundle, sheaf (of arrows), usu. containing twenty-four.

1335 respondent de vj*xx*vij ~is sagittarum ferratarum. summa sagittarum receptarum vj*xx*vij sheph' *KRAc* 19/3 m. 4; **1337** j pipam sagittarum continentem cxlvj ~as *Cl* 158 m. 26; **1341** d arcus albos et d ~as sagittarum; pretii .. ~e acerate xiv den. et non acerate xij d. (*Cl*) *Foed.* V 245a; **1373** j arcum, j ~am sagittarum et j gladium .. asportavit *CourtR Winchester*; **1383** quod mittere possit in Franciam .. ij equos et vj sellas, vj parvos arcus, j ~am sagittarum parvarum et j ~am parvorum petilionum volatilium (*TreatyR*) *Foed.* VII 415a; **1475** lego Jacobo T. meam optimam ~am sagittarum plumatarum cum gruibus nigris *Test. Ebor.* III 215.

4 measure of iron or steel.

1173 pro xij ~is ferri xxij s. *Pipe* 81 (cf. ib. 188: pro vj ~is de ascier vj s.); **1200** pro c ~is ferri *Pipe* 208; **1274** dimidia ~a aceri et ferro ad howottas faciendas (*Rent.*) *Arch. Cant.* XLVI 144; **1283, 1304** (v. acerum); **1300** (v. chalybs a); **1307** c ~as asceri, d li. canabi (*Pat*) *Foed.* III 16a; **1324** in iij ~is aceri emptis pro ferramentis cementariorum *Sacr. Ely* II 48; **1336** in iij ~is calibis emptis, precium ~e viij d. ij s. (*KRAc* 331/21) *Cal. Scot.* III app. 353.

1 garbagium [OF *garbage, jarbage*], tax or tithe on sheaves.

1157 concedo illa que .. Ricardus .. ecclesie [de Monte Gardo] contulit, viz. .. decimam ~ii et omnium denariorum excepto theloneo et decimam camparti *Act. Hen. II* I 136; **1324** (v. campipartire); **1535** exitus ~ii et feni decimalium de Swyn' *Val. Eccl.* V 114 (cf. ib. 122: in .. decimis ~ii decem bovat[arum] terre).

2 garbagium [ME *garbage*], entrails (also head, feet, *etc.*) of poultry (as food for humans).

1340 Ricardo D. custodi gerbagii domini regis pro feodo quod percipit pro parva auca ex consuetudine garderobe j m. per annum (*AcWardr*) *TRBk* 203 p. 186 (cf. *OED* s. v. *garbager*); **1344** pulletria: .. vadia huse iiij d. ob.; gerbag', j d. ob.; putura iij duoden' pull', ij d. ob. *KRAc* 390/11 r. 12*d.*; pulletria: .. gerbag', ij d.; pro cariag' offic' xij d. *Ib.* r. 13*d.* (cf. ib. 14*d.*: ~ium, j d.; cariagium officii, xij d.).

garbalis, (*decima ~is*, Sc.) tithe of sheaves, garbal tithe. *Cf. decimus* 4d.

1320 abbas et conventus de C. non solvent pro dictis decimis ~ibus .. abbati et conventui de D. nisi .. *Reg. Dunferm.* 353; **1362** (v. decimus 4d); **1379** abbati de Aberbrothocht pro decimis ~ibus ecclesie de Abernethy captis ad usum regis *ExchScot* 31; **1406** ad quos percepcio decimarum ~ium et presentacio vicarii .. dinoscitur pertinere *Kelso* II 525; **1464** ecclesia de C. .. possidebit omnes et singulas decimas ~es terrarum de H. et N. *Reg. Newbattle* 291; **1546** decimas ~es nuncupatas parochiales (v. decimus 4d).

garbana v. 1 corbana. **garbani** v. garba 1a.

1 garbarius v. garba 1a.

2 garbarius, of sheaves, garbal.

1157 Tibertus de M. talliam panitariam, caponariam, et ~iam quam in quosdam homines ecclesie vestre faciebat, et vij nummos quos .. annuatim .. exigebat .. reliquit HADRIAN IV *Ep.* 130. 1502C.

garbatio, tying in sheaves (in quot., w. ref. to spears).

1377 pro portagio xiiij^m lanciarum curtarum .. una cum numeracione et ~one earundem *KRAc* 30/15.

†garbatrum, *f.l.*

1316 cecidit super .. cultellum et fecit sibi in †garbatrum [? l. gargatum] suum wlnus mortale *MS Somerset R. O.* DD/L/P 31a/1.

†garbatum, (?) *f. l.*

1467 pro v bus. garbatorum [*sic* MS; ? l. arbutorum] empt' pro verione [*sic* MS; ? l. *verious*, i. e. *verjuice*] xx d. *Ac. Durh.* 91.

garbelagium [OF, ME *garbelage*], sifting, cleansing (of groceries, esp. spices).

1393 ordinacio ~ii groceriorum *Cal. LBLond. H* 406.

garbelare [cf. ME *garbelen*, OF *garbelé*, It. *garbellare* < Ar. *gharbala* = *to sift*], to sift, cleanse (groceries, esp. spices).

1442 cum omnes species et alie mercandise infra regnum nostrum Anglie ligeis nostris ibidem vendicioni exponende debite et fideliter ~ari debent .., nichilominus species et mercandise ille ingarbelate existunt .., ordinavimus .. Ricardus H. et .. Willelmum A. garbelatores omnimodarum specierum et .. mercandisarum que ~ari debent .. habendum et occupandum officium sive occupacionem garbelacionis predicte .. pro termino vite sue *Cl* 293 m. 23; **1480** constituimus .. Johannem garbelatorem omnium specierum, viz. anisi, cumini .. et omnium aliarum specierum et *drugges* necnon omnimodarum mercandisarum que ~ari debent. .., occupando officium sive occupacionem garbelacionis .. in .. villis Sandewici et Suthampton' .. proviso .. quod nullus mercator .. aliquas hujusmodi species .. vendicioni .. exponat donec .. mundate et ~ate existant *Pat* 545 m. 8.

garbelatio, 'garbelage', sifting, cleansing.

1442 officium sive occupacionem ~onis, **1480** (v. garbelare).

garbelator, 'garbler', official in charge of 'garbelage'.

1442 ~ores omnimodarum specierum, **1480** (v. garbelare).

garbelura [ME *garbelure*], 'garbled' spices.

1303 (v. granum 4); **1421** pro .. xij *bagges* de aloe patic' et garbelo[ris] et j pipa cum diversis garbelo[ris] *EEC* 461; pro iij^xx lib. garbelor[e] piperis *Ib.* 495.

garbiculus [cf. LL garba], little sheaf.

12.. caumiabit xv cumulos stipule ita quod quisque contineat v ~os quare [? l. quorum] unus possit tractari per medium brachium *MS DC Wint. Cust. S. Swithun's* f. 119.

garcetta [AN *garcette*], girl.

1203 ad vestiandas ij ~as que fuerunt in warda .. Willelmi vij s. et vij d. *Pipe* 223.

garcia [AN *garce*], girl, servant-girl.

1212 jactando .. lapidem .. occidit quandam ~iam *CurR* VI 351; **1227** quare .. nutriri faciunt .. quandam ~iam Katerinam nomine tanquam filiam et heredem eorum *Ib.* XIII 24; **1242** (v. escaldare a).

garcifer [cf. AN *garçun*, ME *garsoun*], servant, groom. **b** pupil, boy.

c1190 habebit .. conredum coco suo et ~fero suo (*Reg. Burton*) *MonA* III 43; **c1200** [G. episcopus] ministeria servientium nostrorum .. contra jus omne †ganiferis suis .. serviendi ignavis .. pro libitu suo largire .. non erubescit *SelCCant* 45; **1205** inveni necessaria v palefridis nostris et j esquiero et ij ~feris eorum custodibus *Cl* 40a; multi probi eciam per suos ~feros congruum consilium invenerunt GIR. *Invect.* VI 23; cardinales, legati, episcopi .. devorant capellanos et pauperes clericos. postera veniunt ~feri et nuncii et devorant si aliquid .. remanet O. CHERITON *Fab.* 21; quod nullus habeat in furno suo plures servientes quam iiij, sc. magistrum, ij servientes et j ~ferum *Leg. IV Burg.* 61; **1275** dejecit gartisferum suum de equo suo *Hund.* I 442b; **1368** allocantur computanti in quodam ~fero abducto, cum j equo, a quodam husbando v s. *ExchScot* 298; **s1370** astuti ~feri, varleti, ac juvenes patrie *Plusc.* X 2 (cf. FORDUN *Cont.* XIV 38: pauci de vernaculis, verletis, et garcionibus Scotorum); **s1401** indutus colobio grosio [v. l. grisio] ad modum garsiferi *Plusc.* X 17; **1461** cum .. magistro [navis] et marinariis .. una cum quatuor †gressiferis *RScot* 403a. **b** cantant presbiteri quibus est vox nuntia veri, / sed flent garciferi [*gl.*: viles scholares] consortes vatis Homeri GARL. *Mor. Scol.* 240; nil logico, nil grammatico dabit, immo canenti / garcifero *Id. Tri. Eccl.* 36.

garcifera, serving-woman.

1224 pedisseque et ~fere de aula et senes .. de villa audient divina in .. capella de C. *Dryburgh* 34; **1286** (v. depucellare); **1306** in stipendio .. ~fere facientis potagium famulorum in estate et autumpno *MinAc* 856/15 m. 2.

garcilis v. gracilis.

garcio [AN *garçun*, ME *garsoun*]

1 young man, esp. w. pejorative sense, ruffian.

multos nebulones indomitosque ~ones .. sibi asciscebat ORD. VIT. XIII 23 p. 60; vicissim improperans .. alterum ~onem et spurium nec viri reprehensione dignum W. CANT. *V. Thom.* I 31; **1191** ipse et ~ones sui totum regnum exhauserant (*Lit. episc. Eli.*) *G. Ric. I* 218; nostri ~ones ypocrite plus nomen [sc. coitus] quam rem abhorrentes loqui de talibus fugiunt *Quaest. Salern.* B 15; vos .. cum eruditis fere nunquam, cum ~onibus .. et histrionibus .. invenimus GIR. *SD* 50; **1280** compertum est quod maneria domus tradidit custodienda consanguineis suis, ~onibus, et rybaldis *Reg. Ebor.* 23; **1444** reprobavit eundem, vocando ipsum scurram et vilem ~onem *Stat. Linc.* II 504; **c1550** observabit ne calices asportentur .. per seculares seu garciones laicos aut scolares *Reg. Aberd.* II 105.

2 (personal) attendant, groom; **b** (in royal household). **c** servant (assigned to spec. task). **d** groom, servant who looks after horses. **e** craftsman's mate, assistant.

1194 de placito Judei et ~onis captorum pro falsoria *CurR RC* I 9; dignus est cibo suo .., id est, sue persone et familie sibi necessarie .. non sequele †gracionum GIR. *GE* II 33 p. 328; **1276** gargio [MS: garcio] suus [sc. coronatoris] habuit tunicam .. mortui *Hund.* I 19a; **1286** valletto Sibille la P., ~oni Magote de H., ~oni Juliane de S. *Rec. Wardr.* 175; **1292,** etc. (v. capitagium 1b); **1294** pro morte Roberti gargionis Johannis *Gaol Del.* 37/1 m. 1*d.*; **1336** ~onibus Johannis de B. .. xij d. *Ac. Durh.* 528; **1390** in v pannis pro ~onibus et legard' *Ac. Durh.* 596; **1415** lego .. cuilibet garconi vel alio servienti .. *Reg. Cant.* II 52; **1429** lego cuilibet generoso michi servienti xl s., cuilibet valecto xx s., cuilibet ~oni xiij s. iiij d. *Test. Ebor.* II 17; **1461** per solucionem factam certis gressionibus .. ad expensas suas *ExchScot* 93. **b** **1284** pro vadiis xviij ~onum de corpore regis et regine *KRAc* 97/3 m. 10; *Fleta* 80 (v. 2 clericus 2a); **1336** Merlino ~oni domini regis, iij s. iiij d.; .. ~onibus regine .., vj s. viij d. *Ac. Durh.* 528; **1437** servitor noster Willelmus .. ~o de selario nostro *Cl* 287 m. 11*d.* (cf. *PS* 1/706/3602: *page de nostre seller*). **c** exeunt de domibus hospitum garsiones cibariis onusti et ebrii P. BLOIS *Ep.* 102. 319A; **1234** omnis superfluitas ~onum, qui sunt quasi vicarii servientium, tam in ecclesia quam in coquina, tam in infirmaria quam in hostilaria, tam in refectorio quam in stabulo .. amputetur (*Vis. Bury*) *EHR* XXVII 736; **1258** nullus eat per .. batellum contra naves ferentes mercandisas .. et si fecerint ~ones batellorum .. ponantur in ceppis *BBC* (*Grimsby*) 295; **1354** ~oni infirmarie [pro stipendio suo] iiij s. .. coco infirmarie ij s. *Ac. Durh.* 261; **1365** ~o candellarie hospicii regis .. ~o saucerie .. ~o pulletrie *Pat* 272 m. 11; **1375** ~oni ecclesie

iiij d., ~onibus camerarie v d. *Ib.* 46; **1400** (v. eweria); **1400** in vadiis ~onis coquine *Test. Ebor.* III 19; **1403** pro toga ~onis stabuli *Ac. Durh.* 219; **1433** Johannes M. ~o domus regis vocate *scaldynghous Cl* 283 m. 13*d.*; **1453** Willelmo N., ~oni charietti, pro feodo suo pro j quarterio anni v s. et Willelmo, puero coquine, pro consimili pro dicto anno iij s. iiij d. *Ac. H. Buckingham* 30; **1463** Willelmum Aderley, ~onem lardar' domine *Comp. Dom. Buck.* 55. **d** equitaturus capam habeat manubiatam [etc.] .. ~o [*gl.*: *garcun*] autem sive pedes [*gl.*: *þeonet, garcun*] strigilem [*gl.*: *estril, comb*] ferat NECKAM *Ut.* 100; **1220** in expensis R. venatoris .. cum ij equis et ij ~onibus suis *Pipe* 23; **1221** ~o qui custodivit equos domini regis .. submersus fuit *PlCrGlouc* 55; s**1273** (v. hucia a); **1331** (v. ferrura 2b); episcopus .. conducit .. ~ones pro custodiendis equis superfluis WYCL. *Sim.* 81; *Surv. Durh. Hatf.* xvii (v. gromus a); **1464** pro gagiis .. verletorum et grassionum cum equis .. regis *ExchScot* 259. **e** a**1250** pistor potest lucrari in quolibet quarterio frumenti .. iiij d. .. ij ~onibus ob. (*Assisa panis*) *StRealm* I 200; **1287** ~one [cementarii] vij d. ob. *Fabr. Exon.* 7; s**1289** ascendit plumbarius ecclesiam cum ij ~onibus suis, ut foramina plumbi veteris de novo stagno consolidaret W. GUISB. 225; **1337** [in stipendio] j fabri attilliatori (*sic*) cum suo ~one (*KRAc* 19/40) *Cal. Scot.* III app. 366; **1362** tegulatores aut eorum ~ones sive coadjutores *G. S. Alb.* III 47; sunt magis arma forum quam nobilitas quibus ille / garcio sutoris nunc galeatus adest GOWER *VC* VII 264; **1533** ij ~onibus servientibus tegulario *Comp. Swith.* 220; **1567** inveniet ij lavatores et j gercionem ad gerendum oves et similiter ij tonsores et j gercionem ad gerendum *Surv. Pembr.* 85; **1588** concedimus .. Johanni S. officium custodis garderobe nostre .. cum uno garsone sub se in eodem officio *Pat* 1320 m. 10.

3 boy, lad.

1236 quidam ~o vij annorum submersus fuit *JustIt* 775 m. 20; **1267** latrones .. invenerunt unum ~onem, Philippum filium Rogeri, .. et ipsum verberaverunt *SelCCoron* 8; venit ~o, rapit ovum et comedit *AncrR* 16; hic ~o, .. *knafe WW*; ~o, *knave or lad PP*.

garciolus, (poor little) servant.

c**1219** pro paupertate nostra non possumus terram defendere nec illos subjugare, nec me amplius pretiunt quam si essem unum ~um (*sic*) (*AncC* IV 103) *RL* I 37.

garcionarius, servant.

1434 lego cuilibet garsionario meo xx s. *Reg. Cant.* II 498.

garco v. garcio. **gard-** v. et. ward-. **garda** v. 2 carda, warda. **gardia** v. warda. **garden-** v. gardin-.

gardinaria, service of gardening. **b** (mon.) office of gardener.

1212 Gilebertus filius Mathei j mesagium in Lancastria pro ~ia *Fees* 228; **1219** Willelmus le Gardiner tenet terram per serjantiam gardinerie *Ib.* 268. **b** ~ia: compotus fratris H. gardinarii monasterii Abendon' *Ac. Obed. Abingd.* 73.

gardinarius [cf. AN, ME *gardiner*], gardener, worker in (or in charge of) garden or orchard. **b** (mon.) obedientiary in charge of gardens, orchards, *etc.*

1168 vinitori .. xij s. et vj d., et ij ~iis .. x s . *Pipe* 77; **1179** vicecomes r. c. de xiiij m. de Waltero Cardinario pro proprestura quam fecit *Pipe* 48; ~ius [tenet] v acras pro servitio suo de gardino *Boldon Bk.* 28; c**1205** inter .. terram Edwardi gardenarii .. *Cart. Osney* II 106 (cf. ib. 108 [**1225**]: Edwardi ~ii); **1211** in expensis cardinarii *Pipe Wint.* 80; **1234** quisquis erit ~ius .. habebit poma unius pomerii et cotidie ij lagenas cicere ..; arabit, herciabit *Cust. Glast.* 114; **1267** in liberatione cardinario j quar. j bus. *MinAc* 984/1 r. 1 (*Bowcombe, I. O. W.*); **1279, 1311** (v. enta); ortolani seu ~ii *Cust. Cant.* 35; **1331** Gilisio H. gardenario, arcario, et custodi manerii *ExchScot* 405; **1351** dominus habebit omnes fructus omnium arborum .. gardini preter principalem arborem vocatam *restingtree* cujus fructus simul cum fructu residuarum arborum .. gardini post excussionem fructus quem (*sic*) .. ~ius habebit ex antiqua consuetudine *MinAc* 783/16 r. 2 (*Chester*); **1388** ~io existenti super continua gubernacione .. circa gardinum regis *KRAc* 473/2 m. 12 (*Eltham*); **1388** concessimus .. officium de *gardinerwyk* manerii de Kenyngton .. percipiendo .. vadia .. modo quo .. nuper ~ius ibidem .. capere solebat *Pat* 325 m. 34. **b** vina .. que obedientiarii debent dare conventui: .. octavis Nativitatis B.M.V. .. ~ius *Cust. Abingd.* 316; **1276** valor bonorum .. abbatie Glastonie: .. ~ius ij li. *Val. Norw.* 559; ~ius: frater N. custos gardini reddit compotum suum *Ac. Beaulieu* 237; **13..** quia herbe pomeriorum abbatis olim ad officium ~ii conventus pertinebant, dedit ad dictum officium lx s. .. ne de herbis aut arboribus ibidem .. se intromittat *Chr. Evesham* 293; ~ius inveniet poma in Adventu et Quadragesima .. ita quod supprior, tertius prior et quartus prior habebunt x *Cust. Swith.* 18; compotus fratris Johannis H. ~ii monasterii Abendon' *Ac. Obed. Abingd.* 73; **1485** in solutis ~io domus nostre pro redditu de *sandepitte* xiij s. iiij d. *Comp. Swith.* 384.

gardinum, ~a, ~us, ~ium [AN, ME *gardin*]

1 piece of enclosed ground, planted w. fruit trees *etc.*, orchard, garden; **b** (mon.); **c** (w. *herbarum*). **d** (in surname). **e** (transf.) garden produce.

c**1125** nichil .. pretermittens, neque de feno, neque de ~io, neque de ceteris que debent decimari *FormA* 241; **1130** Willelmus .. r. c. de xxx s. de veteri firma ~i regis de Chaerleolio *Pipe* 141; a**1159** in aquis .. pratis .. domibus .. jardinis, alodiis [etc.] *Act. Hen. II* I 225; **1185** terra .. valet annuatim xx li. sine .. dominio et ~a *RDomin* 34; a**1189** (16c) x libratas terre .. cum cardino forinseco et cum orto sicut fovea occupaverat (*Ch. Gilberti Carbonel*) *MS Bodl. Dodsworth* 38 f. 51v.; c**1190** [concedo] .. Willelmo .. custodiam ~i mei et orti mei de Cestrie .. et .. Willelmus et heredes sui in domo mea .. invenient .. sufficienter caules .. et porros (*Ch. Comitis Cestr.*) *MS Chester City Recs.* 63/2; a**1232** (v. arbor 1a); crofta circa cardinum *Cust. Glast.* 206; **1243** de pomis et piris venditis de ~o .. regis iij s. ij d. *MinAc* 825/16 m. 7; **1267** circa cardinum et magnum ingenium castri faciend' *MinAc* 984/1 r. 1; **1275,** etc. (v. enta); c**1300** in stipendio .. fossatoris fodientis .. magnam fossam circa ~um xxxij s., sc. pro pertica xij d. ob. et in stipendio I. K. ad hayam faciendam super foveam dicti ~i ij s. et in stipendio W. B. extrahentis fimos .. et in serrura et clave [MS: cera et clavis] emptis ad portam ~i *FormMan* 33; *Cust. Cant.* 123 (v. cortillagium 2b); **1315** cuidam ~e que vocatur Berard Orchard *CoramR* 220 r. 105; **1337** respondet de v s. x d. de quodam pomario .. et quodam ~o sub castro .. quod solebat valere xij d. per annum (*KRAc* 19/40) *Cal. Scot.* III app. 376; **1392** ad fundandum ibi domos et jardinum pro .. capellano *Reg. Aberd.* I 179; **1400** (v. aleia c); **1453** in vadiis Johannis R. custodis parvi ~i subtus fenestras camerarii .. manerii de Pleasaunce ad ij d. per diem sic sibi per .. reginam concessis (*DL Ac. Var.*) *JRL Bull.* XL 416; *a gardyn*, ortus, ortulus, ~um *CathA*; **1539** ortulano .. pro reparatione jardine de Edinburgh circa sepes ejusdem et in plantatione arborum *Rent. S. Andr.* 71. **b** c**1160** domos .. fratrum Templi in Londoniis in parochia S. Andree de Holeburn cum capella et ~is *Act. Hen. II* I 321; **1214** prior, subprior, tertius prior .. custos vinee et ~i (*Confirm. Consuetud.*) *Chr. Evesham* 206; s**1228** impetrate sunt tres jurate contra priorem de muro qui est circa †cardium [l. cardinum] *Ann. Dunstable* 108; assignate fuerunt .. v acra [*sic*; l. acre] prati .. in recompensacionem prati .. quod .. abbas attraxit ad ~um suum *Cust. Glast.* 192; **1297** unam rodam terre .. ad aumentandum et dilatandum ~am suam *Cart. Sallay* 469; s**1302** fecit .. herbarium pulcrum juxta ~um Dereby, quod circuivit duplicibus stagnis et pontibus et pyris et herbis delicatissimis WHITTLESEY 155; **1310** servienti ~i occidentalis *Ac. Durh.* 8 (cf. ib. 5: servienti de *le Westorchard*); s**1330** ad portam que ducit in ~um celerarii THORNE 2056; **13..** concessit .. priori et conventui pro recreacione et solacio .. quandam particulam ~i inferioris et pomerii juxta Avonam .. cum vivario, herbis et arboribus *Chr. Evesham* 293; **1429** in ~o fodiendo et mundando, cum seminibus emptis pro eodem ..; in j clave empto pro ostio ~i *Ac. Obed. Abingd.* 105–7 (cf. ib. 119 [**1441**]: de viij s. de cepis in ~o venditis); s**1438** (v. 2 clausura 4a); usque ad ~um hospitalis S. Egidii .. et sic exinde secundum divisionem ~orum Tholy et monachorum Westmonasteriorum et hortorum usque ad .. FLETE *Westm.* 62; **1532** reservatis .. ortis, pomeriis, jardinis et pratis ad .. prioratum .. spectantibus *Form. S. Andr.* II 24; c**1533** in solutis hostillario pro ~o vocato *le Joye Comp. Swith.* 223; **1554** (v. decimaria). **c** c**1386** in vadiis j sepatoris operantis super haiacione et emendacione defectuum sepis circa ~um herbarum *KRAc* 473/2 m. 7 (*Sheen*). **d** c**1160** terram .. Nigelli de ~o *Cart Osney* I 6; **1260** Willelmus de ~is *Cl* 91; **1275** Hubertus de ~o *CourtR A. Stratton* 26. **e** **1258** de ~o vendito xxx s. .. de caseo vendito lx s. .. de stipula et stramine in curia venditis xxxij s. *Ac. Wellingb.* 1; **1267** de butiro vendito iiij s. viij d. .. de ~o xlvj s. viij d. *Ib.* 4.

2 a yard (used for purpose other than cultivation). **b** coal garth.

a c**1289** (v. harengaria); **1299** in domibus et ~is conductis pro .. decimis reponendis *Ac. Durh.* 500; **1376** in uno ~o conducto ad nundinas S. Cuthberti .. pro equicio .. prioris *Ib.* 584; cum ad portam .. non erant exire permissi, .. per ~um porcorum ultra muros ville aliqua [coclearia etc.] projecerunt GRAYSTANES 25. **b** **1357** in quodam capitali mesuagio .. cum omnibus ~is carbonum inter dictum mesuagium et altum solarium meum super *le key Cl* 195 m. 27*d.*

gardio [cf. OF *gardon*], kind of fish, roach. (*Cf.* Bernardus Silvestris *De mundi universitate* I 3. 436: *gardo brevis*).

desunt .. dulcis aque generosi pisces: lucii viz. et perchii, rochie, barbuli, ~ones, et gubiones GIR. *TH* I 9.

gardonare [OF *gardoner, guerredoner*], to give as reward.

1415 volo quod executores mei remunerent et ~ent famulis meis .. x marcas *Reg. Cant.* II 187.

gardus [ME *garth*], fish-garth.

c allecia de navibus que transeunt per ~um *Abbat. Abingd.* 288; **1290** carta de piscaria que vocatur novus ~us de Dupedene (*Southampton*) *Reg. Wint.* II 701.

gardus' v. 2 carda. **gareg-** v. warect-. **garell-** v. garillum. **garen-** v. warenn-. **garent-** v. gran-, warant-. **garet-** v. et. garit-, warect-.

1 garetta [AN *garette*, OF *jarret*], hough, bend of knee.

1293 veniente predicto W. de L. retro se ad tergum suum ipso ignorante percussit eum extransverso ~arum suarum usque ad humum cecidit *Gaol Del.* 91 r. 4*d.*

2 garetta v. garterium.

garflonda v. graslonda. **garfo** v. gryps.

garga [cf. Ir. *gargachd*], form of exaction. *Cf.* 2 *coragium.*

c**1428** omnes herenaci civitatis Dromorensis usurpant, vexant, molestant filios Olyan et filios McKynnyryn, in rebus et bonis dampnarunt, nec tallia nec ~as neque personas eorum [de] prefato Gilberto et suis tenentibus extraordinaria exigere non possunt *Reg. Armagh* 97.

gargarare [OF *gargarir*], to babble.

s**1252** hec verborum deliramenta Francis innata ~ando superbia reboavit M. PAR. *Maj.* V 307.

gargarisma [LL < γαργάρισμα], **~us,** a gargle, gargling.

de excoriatione trachee arterie: .. fiat ~us cum aqua decoctionis ordei decorticati GILB. I 74v. 1; mundificetur cerebrum per sternutationes et ~ata *Ib.* VII 341v. 1; et ~ata [consumunt humorem generantem caniciem] BACON IX 50; facta evacuacione .. sicut .. de cerebro per sternutacionem et ~ata GAD. 27. 2; usus ~i J. MIRFIELD *Brev.* 84 (v. exprimere 1c).

gargarizare [LL], to gargle.

si [granum sinapis] jejunus .. ~es, omnem umorem noxium .. de capite purgat BEDE *Luke* 540; ~et, *gagul suille GlC* G 3; sonitum ~anti similem, ut moris est morientium senum R. BOCKING *Ric. Cic.* II 10; ad oris custodiam .. oportet sugere granata .. et ~are vinum eorum GAD. 41v. 2.

gargarizatio [LL], gargling.

Alph. 13 (v. apophlegmatisma).

gargata [AN *gargate*], throat.

1219 occiderunt quendam hominem .. et sciderunt ei garatum suum *CurR* VIII 144; **1275** quia .. Simon in hoc ei contradixit .. Ricardus ipsum insultavit et assumpsit eum per ~am *SelPlMan* 141; c**1300** haccam .. arripuit et .. Willelmum .. percussit in gargeta ita quod obiit *IMisc* 67/20.

gargia v. gercia. **gargio** v. garcio.

gargola [OF *gargole*, ME *gargoile*], gargoyle, rain spout.

1320 in portacione ij lapidum .. ad castrum pro ij gargull' inde faciendis *KRAc* 482/1 m. 3; **1365** pro xxvj dol' petr' de Bere empt' .. pro tabulamentis et ~is nove turris *Ib.* 472/14 r. 1; **1377** in liv pedibus porcorum emptis .. cum iij garguliis ..; in diversis petris cariandis *Comp. Worc.* II 20; **1433** Willelmo Plumer operanti super facturam j ~e ac super emendacionem tecture plumbie *Ac. Durh.* 711.

gargonella v. gorgonella. **gargul-** v. gargola.

gargular' [ME *gargule*], 'gargil', disease of sheep.

1248 oves .. in gargular' ante partum et tonsionem xliij oves matrices *Ac. Man. Wint.* (*Overton*).

garhiofil-, gariafil-, gariaphil-, garifil- v. caryophyll-. **garícia** v. carissa.

garillum, ~ium, ~ius, ~a [AN *garoil*], wooden palisade, barrier (freq. on castle wall).

1202 in reparatione garuilli castelli Wigorn' et muri exaltatione *Pipe* 17; **1203** pro domibus .. castri reparandis ... pro primo garoillio faciendo *RScacNorm* II 548; **1221** meremium .. ad perficiendum jarellum circa turrim Lond' *Cl* 451a; **1225** m fusta in bosco de B. .. carianda usque Porcestr' .. ad jarullios faciendos et cariandos in insulas de Gerner' et Geres' *Cl* 12b; ad jarullos faciendos *Cl* 15b; quod garoillum qui est circa castrum nostrum vento prostratus et fractus rescindi et reparari facias *Cl* 88b; **1234** xxv quercus ad jarruyllium castri .. de Struguill' reparandum *Cl* 28; **1239** visores jarolli circa balliam castri Colecestr' *KRMem* 17 m. 8*d.*; **1241** [reparari facias] portam et pontem castri nostri de Lanc' et garillum quod est circa predictum castrum et quod nuper prostratum fuit per tempestatem venti *Liberate* 15 m. 11; **1244** forinsecam portam .. castri et jarulium ante eandem .. reparari faciat *Ib.* 20 m. 5; de meremio .. reparari faciat gerullum in castro Lanc' *Ib.* m. 8; de quadam domo cum bono geroillo facienda infra passum de Penmen ad defensionem ejusdem passus *Ib.* m. 12; **1244** quod castrum de Coleshull' firmetur optimo garrillo et iij bretachiis *Cl* 175; **1244** meremium .. ad gerullium faciendum in castro .. Lancastrie *Cl* 201; **1249** dicunt quod jarullum juxta capellam deterioratum [est] *IMisc* 3/14; **1254** garioll' et palicium circa castrum nostrum de Norwic', que nuper per ventum prostrata fuerunt *Liberate* 31 m. 13; **1255** quedam jarola facta fuit tempore magne gwerre supra forinsecum fossatum .. quam homines Salopp' vendiderunt pro xl s. quos apposuerunt denariis .. regis qui veniunt ex passagio per breve .. regis ad edificandum ibidem murum lapideum

Hund. II 80b; **1256** prosterni facias jarollum quod circuit ecclesiam castri nostri Dovor' et loco ejusdem jarolli fieri facias .. murum lapideum kernellatum *Liberate* 32 m. 3; **1257** ad reparacionem .. jarilli Salop' *Cl* 36 (cf. ib. 32: ad jaroylum circa castrum .. et turrim .. castri reparandum); **1265** jarullium circa cameram regis *Cl* 14; **1271** in reparacione .. domorum nostrorum de Brehull' et caruli circa meram nostram ibidem *Liberate* 47 m. 1; **1283** cum .. emendacione jarelli ad portam forinsecam .. castri *Pipe Chesh.* 149; **1291** in jarello castri de Flynt diruto reparando .. et in uno jarello cum duabus bretachiis de ligno de novo factis *Ib.* 167; **1302** ad faciendam j magnam operacionem ligneam super magnam turrim castri del Flynt, una cum j carola lignea nobili et pulcra *MinAc* 771/1; **1302** carpentariis .. facientibus .. iarellum ligneum .. et pro scissura xiiij rodarum .. et .. spissarum planchearum pro iarello predicto *Ib.* 771/2 m. 7 (*Rhuddlan*); **1304** carpentariis .. aptantibus meremium pro jarella circa .. manerium [de Macclesfeld'] et reparantibus eandem jarellam *KRAc* 486/15 m. 4; **1313** hominibus operantibus infra .. castrum [de Flynt] circa reparacionem .. turrium, garellorum, et palicium (*sic*) *MinAc* 771/7 m. 3; **1319** in carpentario locato .. ad .. levand' l jarell' [*altered to* postes] circa motam [Salop'] *MinAc* 965/2 (cf. ib. 5: ad jarellum peli emendandum).

garilum v. galerus a.

garimentum [OF, Prov. *gariment*], warranty.

1291 de qua placea [concessa eidem] Guillelmo .. facere et portare promittimus .. perpetuum et efficax ~um contra quascunque personas .. *RGasc* III 37.

garingala v. galingala.

garinus [dub.], (name of plant).

9.. grissa ~a, *wordcærsa WW*; *Gl. Durh.* (v. cresso).

gariofil-, gariofir-, gariofol- v. caryophyll-. **garioll-** v. garillum. **gariophil-, gariophol-** v. caryophyll-. **garis-** v. gersum-, warn-.

garita, ~um [AN, ME *garite*]

1 'garret', turret on tower or parapet, watch-tower, sentry-box.

1219 custum quod posuit .. in .. j ~a facienda in castro de N. *Cl* 399b; **1236** (v. 1 culmus 2); **1249** quedam garrita extra portam deteriorata est *IMisc* 3/14; **1323** ad reparandum pontem versatilem versus villam Glouc' et ~am super eundem pontem *MinAc* 854/7; **1385** in ix peciis meremii querc' emptis, et expend' circa quandam garettam factam super finem de la Mesondieu *KRAc* 483/5 m. 1 (*Berwick Castle*); **c1386** pro .. novo garett' infra portam versus hospitale S. Katerine *Ib.* 473/2 m. 6 (*Tower*); **1389** ad .. supervidendum quod domus, logie, ~e seu loupe .. ville Berewici .. non sint combuste *RScot* 96b; **1395** de defectibus castri .. in muris, portis, turellis, loupis, ~is, pontibus, barreris, et fossatis *Cl* 236 m. 39*d*.; **1402** nisi .. villam [de Est Tilbury] .. per costeram maris cum quodam muro terre, garettis, aliisque modis .. fortificare proponant (*Pat*) *Foed.* VIII 271a.

2 loft, garret (of house).

1181 si Ricardus aliquid posuerit in stauramento illius terre, vel in domibus vel edificiis vel guarettis vel in ceteris rebus *AncD* A 6461; **1281** in reparacione domorum, cum emendacione ~i *Ac. Wellingb.* 22; **1342** in solario novo juxta ~um (*Ac. King's Hall* I 131) *Arch. Hist. Camb.* II 681; **1376** de .. Willelmo D. pro j garetto ibidem per annum (*Rent.*) *Mem. York* I 11; **1388** tenementum vocatum Gyngersynne in eadem parochia [S. Martini in Oxonia] cum carettis et shopis annexis *IMisc* 240/22 (= *Esch. Enr. Ac.* 10 r. 13: garettis); **1405** (v. gettare).

garitare [OF *gariter*]

1 to fortify w. watch-tower or sentry box.

1241 (v. bretescha a); **1250** pro turri Judeorum in .. castro [Wint'] ~anda *LTRMem* 25 m. 15; **1253** quod .. faciat habere custodi operationis nove turris .. in castro Wint' xx quercus ad garritandum .. turrim *Cl* 383.

2 (?) to add as a garret, or to partition off.

1238 pro gradibus perficiendis et camera privata garetanda *KRAc* 476/3.

garitarius, (?) captain of watch.

1460 vj vigilibus et uni ~io in castro de Striveling pro feodis suis .., quolibet percipiente in anno xx s. *ExchScot* 65.

garitatio, fortification w. watch-towers.

1255 turris que est ultra bovam in castro nostro Winton' discooperiatur ad exaltandum meremium ~onis ejusdem turris *Liberate* 31 m. 12.

garitor, officer responsible for watch-towers (at Caernarfon).

1321 mandamus vobis quod clerico operacionum nostrarum in castro de K. et garritori nostro ejusdem castri id quod eis a retro est de vadiis .. solvatis *Cl* 139 m. 32; **1325** in vadiis H. attilliatoris ..; in vadiis H. plumbarii .. in vadiis j ~oris in castro de Kaern[arvan] *Pipe* 170 r. 55*d*.; **1326** in vadiis Willelmi de N. garritoris in castro de Kaern[arvan] capientis per diem ij d. *Pipe* 171 r. 40*d*.

garizonabilis [cf. ME *gerizoun, variant spelling of* ME *gersume*, gersuma], (of land-holding) liable to pay *gersume*.

1476 Nicholaus tenet dim. acr' terre in campo versus Longstanton .. et est ~is et redd' per annum ob. (*Rent. Swavesey*) *MS Camb. Univ. Libr.* E.D.R. D6/1/5 f. 6; Willemus tenet unum *croft* voc' Castell Crofte .. per servicium unius precar[ie] et secte curie; est ~is, et redd' per annum xij d. *Ib.*

garla [OF *jarle, gerle*], jar, crock.

elemosinarius .. recipit cotidie per refectorarium j gasconem servisie de collecta que post prandium, cenam vel potum conventus in refectorio qualibet die de ~a fieri solet *Cust. Cant.* 221; quando servientes ecclesie habebunt servisiam in refectorio... habebunt bacinum in refectorio de ~a per subsacristam ebdomedarium *Ib.* 374.

garlanda, ~um [AN *garlande*, ME *gerlond*]

1 garland, wreath or string of flowers (in quots., given as rent).

1279 j virgata terre pro garlonda rose per annum *Hund.* II 328b; solvit .. per annum j d. et dim. li. piperis et j clavum gariofili et j radicem ging' et j garlendam rose, unde tenet .. j virgatam terre *Ib.* 341b; **1327** per servicium medietatis j ~e rosarum *IPM* 4/13.

2 chaplet, coronet (of gold).

1213 quod ipse et heredes sui servient coram nobis .. omnibus festis annualibus .. capite discooperto et sine capello, cum j ~o de latitudine minoris digitis (*sic*) sui .. pro omni servitio *RChart* 193a; **1237** de xxx garlondis aureis cum lapidibus *Pipe* 81 r. 13*d*.; **1244** fieri faciat .. ~am ad opus regis loco illius ~e quam rex optulit ad feretrum S. Etheldrede apud Ely *Cl* 208; **s1247** rex .. coronula aurea, que vulgariter ~a dicitur, redimitus M. Par. *Maj.* IV 644; **1254** viij ~is auri cum lapidibus (*Pat*) *RGasc* I 484; **1263** de quadam garlandea ad opus .. neptis regis: mandatum est Rogero de L. quod .. perquiri faciat j carlandam auream precii xx m. ad opus Markisie neptis nostre quam dux Brunwic' .. ducturus est in uxorem *Cl* 259; **1268** j gerlandam cum prasinis, rubettis, saphiris, perlis et floribus *Liberate* 44 m. 4; judicium collistrigii pro deceptione facta cum j ~o *MGL* I 600.

3 (?) sheaf, bundle.

1292 non habebit prandium, sed habebit j garlaundam feni pro cibo suo *RentSurvR* 675 (*Willingdon, Suss.*, cf. *Cust. Suss* III 33).

garlandagium, (payment of) garland.

c1281 unum gerlondagium florum ad quodlibet festum *Reg. Tristernagh* p. 49.

garlandescha [OF *garlandesche*, ME *gerlondesche*], chaplet or coronet (of gold or precious material).

1232 xij zonas de serico et iij garlandesch' de auro quarum una fuit de veteri thesauro nostro cum saphiris, et due alie de opere Paris' minores *Pat* 43 m. 8; **1235** j garlandessch' de virga coopertam serico et aurifil' *Chanc. Misc.* 3/3; **1244** fieri facias j garlendechiam auream de precio xxiiij li... ponendam in capite feretri super tabulam altaris S. Thome martiris Cant' ubi defectus est *Liberate* 20 m. 16; **1251** pro anulis et firmaculis et ~is auri *Pipe* 95 r. 7; **1261** r. c. de xij garlandesch' auri cum lapidibus preciosis .. que remanserunt in garderoba *LTR AcWardr* 1 m. 1; **1291** domum .. intraverunt et bona .. sua .. viz. .. ij gerlaundech', j zonam .. ceperunt *Gaol Del.* 36/1 m. 4.

garmen, ~entum, v. warniamentum. **garn-** v. et gran-, warn-.

garnagia [OF *garnache*, cf. vernagium], (strong) wine or beer, vernage.

1359 allocantur computantibus pro xij lagenis et dim. de ~ia, receptis ad usum regis xxxij s. iiij d. *ExchScot* 609.

garnaldus v. gurnardus. **garnect-, garnett-** v. et. carnett-, gernett-. **garnecta, garnetta** v. gernetta. **garocium** v. warectum. **garoillium, ~us** v. garillum. **garr-** v. et. gar-, war-.

garra [dub.; cf. *DuC* = barra, *or* ? τὰ γέρρα = *wattled screens*], (pl.) choir- or altar-screen.

a garthe, sepes, ~e sunt sepes ferree circa choros et altaria *CathA*.

garralator v. garrulator. **garrilitas** v. garrulitas.

garrire [CL]

1 to chatter (foolishly), to jabber; **b** (trans.); **c** (w. indir. statement).

quamvis venator .. / garriat arcister contorquens spicula ferri / nil vereor Aldh. *Aen.* 60 (*Monocerus*) 3; larba .. / quae solet in furvis .. garrire tenebris *Id. VirgV* 2857; inclita censurae servans invictus Eoae / famina, non falso ceu garrit pollice sculpta / mens inimica Frith. 1100; **9..** ~io, *ic hlyde WW*; contra me ~iunt quidam qui malunt mentiri .. quam verum dicere Anselm (*Ep.* 336) V 272; imperatorem Constantinopolitanum contra fidem catholicam ~ientem .. condempnavit W. Malm. *GP* V 219; lingua blesa .. garrula .. et prepropera .. ~iendo balbutiebat Gir. *SD* 26; quid enim garrio? silerem satius / et silens virginem laudarem dignius Walt. Wimb. *Carm.* 195; **c1300** sessiones private ad potandum vel garriandum .. omittantur *Ord. Ely* 14; pace fruens multis caveas garrire loquelis *Stans Puer* 30. 18. **b** a pithonibus et aruspicibus falsitatis deliramenta ~ientibus Aldh. *VirgP* 44; **801** plurima .. vestrae videtur prudentiae meam ~ire inperitiam Alcuin *Ep.* 225; hoc impio ore ~iisti quod ~iisse nemo legitur Lanfr. *Corp. & Sang.* 426c; quid ~is? Garl. *Hon. Vit.* 43 (v. detractor). **c** licet revelatio .. in nave aurea florentis paradisi dilicias eundem adisse ~iat Aldh. *VirgP* 26; ~iunt multi quod nullus homo sit corpus J. Cornw. *Eul.* 13; vel quis audeat .. ~ire manus Dei ita posse clavis terebrari *Medit. Farne* 23v.

2 a (of bird) to chirp, twitter; **b** (w. ref. to similar noise).

a garulus, ut dicit Ysidorus [*Etym.* XII 7. 45: graculus] a garulitate nuncupatur... de una arbore in aliam ~iendo volat nec vix per illam quisquam transire potest contra quem non ~iat Upton 193; *CathA* (v. 1 cornicare 1b). **b** garrio voce carens rauco cum murmure stridens Aldh. *Aen.* 21 (*Lima*) 5.

3 to speak in an affected voice.

747 ut presbyteri saecularium poetarum modo in ecclesia non ~iant, ne tragico sono sacrorum verborum compositionem .. corrumpant, sed simplicem sanctamque melodiam secundum morem ecclesiae sectentur (*Clovesho*) *Conc. HS* 366.

4 to expatiate, to express oneself freely.

Elphegus .. de quo superius aliqua dixi et nunc latius ~ire libet W. Malm. *GP* II 76.

5 to speak flatteringly.

~it, blanditur *GlC* G 13.

6 to jest.

~et [? l. ~it], jocatur *GlC* G 25.

garritio, cackling.

duo [cygni] .. ream in medio constituunt, et post factas hujusmodi ~ones vice allegationum tandem judices definiunt causam Gerv. Tilb. III 96.

1 garritor v. garitor.

2 garritor [LL], babbler, lunatic. **b** actor, player.

9.. comitiales, i. ~ores .. vel *monaþseoce WW*. **b** ~ores, joculatores, histriones, pantoludii, jociste, joculari Osb. Glouc. *Deriv.* 263.

garritus [CL]

1 (foolish) chatter, jabbering.

garritus dabit hanc, omni virtute relicta, / si garrire potes, gloria certa manet J. Sal. *Enth. Phil.* 87; **s446** sacerdotes .. copiam disputandi .. adversariis prebuerunt loquacitatisque ~um evomere permiserunt *Flor. Hist.* I 213; omnes irreciunt Parcarum recia; / non salvat Tullium garritus gracia Walt. Wimb. *Sim.* 150; hec .. dico adnullandum opinionem vicecomitum ruralium, qui .. ex impetuoso ~u, ut appareant id quod non sunt sustinent econverso Hengham *Magna* 4 p. 13; **1456** scribis mihi opprobria .. et convenit .. verborum jaculo tuos ~us .. veritate .. refrenare (*Lit. Papae*) *Reg. Whet.* I 273.

2 a (of bird) chirping, twittering; **b** (w. ref. to similar noise).

a avicule .. quasi querimoniam facientes cum magno ~u perstrepuerunt Alex. Cant. *Mir.* 42 (I) p. 241; nescio quem prope me sub ramos ilicis alte / audio garritum Nig. *SS* 2902; dum [philomena] delicioso ~ui pervigil indulget Neckam *NR* I 51; **s1227** avium multitudo .. circumdedit [Franciscum] .. et facto silentio omnique ~u deposito .. intuebantur faciem predicantis Wend. II 331; irracionalis sonus sunt hinitus equi, ~us avis Bacon V 133; corvis .. aquilam quam tangere formidat ~u et volatu insequitur Bad. Aur. 121; *a chaterynge of byrdis*, ~us *CathA*. **b** lancearum fragor .., sagittarum ~us, securium concussus *Ps.*-Elmh. *Hen V.* 27.

3 affected, high-pitched tone, (?) falsetto.

cum psalmum dicis .. in compunctione magis animi quam in tremulae vocis dulcedine delectare: lacrymas enim psallentis Deus magis quam ~um comprobat Lanfr. *Serm.* 640a.

garro v. gerro. **garrot-** v. garterium. **garrula** v. garrulus 2.

garrulare [LL]

1 to chatter, talk (foolishly); **b** (trans.). **c** (pr. ppl. as sb.) idle talker, chatterbox.

sceleratissimus .. homo .. sedit .. et cepit ~are cum astantibus Eccleston *Adv. Min.* 120; **1317** Ricardus E. pro contemptu garulando in curia, vj d. *DL CourtR* 62/786 m. 1 (*Waltham and Easter, Essex*); **1382** tunc processit Whappelode fere cerebrosus, / non arguens, sed garrulans, et nimis mendosus (*Vers.*) *Mon. Francisc.* I app. 599; **1409** diversi vicarii sunt nimis ~antes et confabulantes in choro *Fabr. York* 246 (cf. ib. 250 [**1413**]: nimie ~ans); **s1417** impertinenter ~are cepit donec .. justiciarius jussit ut

responderet finaliter WALS. *HA* II 328; **1431** sic .. penam de colleccione decimarum .. relaxando nequaquam ipsum, ut varii ~ant, reddetis in posterum proniorem ad peccandum (*Lit. Abbatis*) AMUND. I 307; **1437** Johannes .. et Petrus .. multum inter se ~ant tempore divinorum *Stat. Linc.* II 366; in .. ecclesia .. in tantum ~avit quod .. vespere solemnitate qua debuissent celebrari non potuerint *Entries* 613; *to chatir as a man*, ~ari, verbosari *CathA*. **b** diabolus .. garulat ei [ME: *tuteleð him*] quicquid vult *AncrR* 76; *Ib.* 24 (v. fovere 2b). **c** licet aliena assumo, mea tamen reputo que in sententiis eorum profero, ita ut quos in hoc proemio scripsero contra ~antes istis utar pro clypeo *Eul. Hist.* I *proem.* p. 2.

2 (or bird) to chirp, twitter.

duae hirundines .. cantulis vocibus ~antes FELIX *Guthl.* 39 p. 122.

3 to gabble (service).

garulantes [ME: *chitereð*] .. orationes vestras sicut passer solitarius *AncrR* 58; si papa poneret interdictum in regno .., posset .. nobis .. multum prodesse: quia .. alleviaret nos a .. sumptibus sustentandi tot millia mundialium sacerdotum ad ~andum usum Sar' et novum cantum sine devocione (PURVEY) *Ziz.* 390.

garrulatio [LL], (foolish) chatter, garrulity.

1255 hoc voluit .. sustinere ita quod per garulacionem suam curia mota fuit et negotia domini regis inpedita *SelPlForest* 25; contra inquietacionem et iram et ~onem adhibeatur .. gaudium et leticiam BACON IX 25; **1300** ordinamus quod omnes fratres .. divinis insistant .. absque omni garulacione seu confabulacione illicita sacrificium Deo laudis offerentes .. *Ord. Ely* 7; **1390** vicarii .. per eorum strepitus, truffas, garulaciones, ludos .. divinum officium .. impediunt *Stat. Linc.* II 247; **s1431** ante [constitucionem muri] poterant omnia in utroque loco prospici sed jam a nullo ~ones seu inutiles communicaciones non poterunt, prout prius, lucidius intueri *Chr. S. Alb.* 60; **1472** diaconi .. in choro .. confabulantur et ~ones faciunt *Fabr. York* 251; **1481** parochiani .. faciunt clamores et ~ones tempore divinorum .. et tenent [in ecclesia] plebiscitum in magnum dedecus ecclesie *Ib.* 260.

garrulator, chatterbox, scold (m. or f.).

1364 communes garulatores *Cal. Pl. Mem. Lond.* 277; **1393** Matilla .. et Agneta .. sunt communes garulatores *CourtR Carshalton* 38; cornicem .. in armis portare significat ~orem magnum .. quia cornix est avis garrula BAD. AUR. 120; **1416** fiat mencio contra ~ores tempore divinorum *Fabr. York* 250; **1519** Thomas C. est communis garralator in ecclesia temporibus divinorum *Vis. Linc.* I 69.

garrulatrix, chatterbox, scold (f.).

1395 Idonia Fleming .. communis garulatrix *DC Durh. Halmote Summer 1395*; **1397** Alicia est communis ~ix contra pacem *CourtR* 210/54 r. 9 (*Leigh, Worcs*); **1397** Margareta est ~ix in ecclesia et impedit divinum servicium (*Vis. Heref.*) *EHR* XLIV 282; nulla meretrix, pronoba, nec communis ~ix moretur in aliqua warda *MGL* I 257 (cf. ib. 337: *commune tenseresse*); **1519** expense construccionis de *le cage* pro ~icibus et aliis malefactoribus *HMC* IX app. I 151a.

†garrulicatium, (foolish) chatter.

1391 nichil est inprudencius arrogancia rusticorum qui autoritatem garrilicacio [MS: garrlitacõ] quamlibet esse putant; vestra .. prudencia .. non debet .. respondere garrilitati [MS: garrlitati] stultorum (*MS Bodl. Auct.* F 3. 9 p. 426a) *FormOx* 412.

garrulitas [CL]

1 (foolish) chatter, garrulity. **b** merriment.

ne .. verbosa ~as aut garrula verbositas .. criminetur ALDH. *VirgP* 19; erade a lingua mea .. loquendi garulitatem *Cerne* 147; idque negat verum verax sapientia rerum / quod perhibent vates per inanes garrulitates R. CANT. *Malch.* IV 236; lingua divitis cum ~ate edacitatis rea .. cruciatur in flamma [cf. *Luke* xvi 24] PULL. *CM* 210; garrio, i. murmur, i. *jangler*, inde garrulus, i. Romanice *janglur*, .. ~as, i. *janglerie GlSid* 145v.; poetica ~as semper de falsitate ornata ALB. LOND. *DG* 9. 12; facillima ~ate cantus hominum femina loquax evincebat *Mir. Wulfst.* I 40; **1293** quia secundum regulam S. Benedicti fratribus edentibus lectio deesse non debet, observetur .. statutum .. ut garrilitas et scurrilitas subtrahantur *Reg. Malm.* II 384; **1391** (v. garrulicatium). **b** ~as, laetitia *GlC* G 31.

2 (fig.): **a** (of birds or animals); **b** (w. ref. to similar noise).

a c**675** ~as ranarum (v. coaxare); quin ipsum .. cornicis ~as publicaret J. SAL. *Pol.* 502B; lupus fert: 'dulcis amice / sum pavidus crebra garrulitate canis' WALT. ANGL. *Fab.* 57. 4; hic canit omnis avis .. / pica loquax .. philomele / instar habent cythare dum certant garrulitate *Lib. Eli.* app. 399. **b** tanto undarum impetu ut ad xxx miliaria ~as discernatur aquarum W. MALM. *GR* V 410.

3 yawning.

9.. ~as, *geonung WW*.

garrulizare, to babble; **b** (trans.).

nec ad modicum lingua ejus [immundo vexati spiritu] garulizando cessavit T. MON. *Will.* VI 4. **b** quisquis .. presumptionis nobis peccatum improperat .. accedat et dicat quod ~are solebat *Ib.* II 1.

garrulosus, talkative, garrulous.

1295 judex advocatos et procuratores ~os et tumultuosos .. coerceat, unoque electo negocio ceteri sileant *Conc.* II 206a; **1299** fratres et sorores garulosi, contentiosi aut rixosi *Reg. Cant.* II 830.

garrulus [CL]

1 talkative, garrulous (also as sb. m.). **b** fluent. **c** betraying, tell-tale. **d** (of writing) discursive, verbose. **e** cheerful.

a**690** inscitia suppeditante ~a ALDH. *Ep.* 5 p. 493; nuda ~orum loquacitate verborum *Id. Met.* 10 p. 84; puer .. degustata aqua benedicta a ~a voce .. desinit *V. Cuthb.* IV 15; **8..** ~a et vaga, *hlud and widscriðel*, .. **9..** ~a, *sio hlydende WW*; garrulus ac nebulo, barritor necne latrator *Altercatio* 18; **1073** Dominus vitam vestram custodiat quia multum utilis est .. ad confutandas ~orum ineptias LANFR. *Ep.* 15 (17); **1166** in urbe [*Poitiers*] ~a et ventosa (ut pace scolarium dictum sit) J. SAL. *Ep.* 181 (182); isti sunt rane in penetralibus regum ipsorum [cf. *Psalm* civ 30], id est ~i et loquaces in domibus magnatum P. BLOIS *Ep.* 59. 178A. **b** nisi linguam bursa regat / frustra clamat .. / advocatus garrulus WALT. WIMB. *Van.* 22; ave Virgo Deo placens / de mundanis muta, tacens, / de divinis garula *Id. Virgo* 116. **c** hic tuum leniter dum pectit vicium, / pede vel cubito contingit socium; / te dignum laqueo facit innoxium, / sed pede garrulo dicit contrarium *Id. Palpo* 29. **d** garrula virgineas depromat pagina laudes ALDH. *VirgV* 46; **1159** liber [Policraticus] ~us est et qui vix amicum habebit in curia J. SAL. *Ep.* 81 (111). **e** ~us, blandus, laetus *GlC* G 34.

2 (as sb. f.) foolish chatter.

debes ire ad ecclesiam et devote matutinas dicere vel sine garula dulciter audire et missam et omnes horas diei *Spec. Eccl.* 11; dixerunt demones "quando sedent fratres in potationibus et ~is hora completorii tunc observamus eos" ECCLESTON *Adv. Min.* 71; **1284** volentes .. cum [monialibus] ~as attemptare PECKHAM *Ep.* 508 p. 663; **1334** cessent .. inter [procuratores] ~e, contumelie, rixe *Conc.* II 572b; infra [dicit] post multas †gerrulas .. NETTER *DAF* II 249.

3 (of things) noisy, chattering; **b** (w. ref. to birds and animals). **c** (as sb. m. or f.) crow, rook, or other bird; *cf. graculus.*

ALDH. *Aen.* 33 (v. filum 2a); lympharum invaderunt liquida, usque dum .. congelida gurgitum, ~a fluctuum, spumosa syrtium superabant salsa HUGEB. *Wynn.* 2. **b** ~a .. cicada ALDH. *Aen.* 68 (*Salpix*) 6; garrula mox crepitat rubicundum carmina guttur *Ib.* 47 (*Hirundo*) 4; garrula nigriferas noctis discurro per umbras HWÆTBERHT *Aen.* 48 (*Noctua*) 1; garrula perdix FRITH. 606; copiosus ac perniciosus picarum confluxit coetus et super eum plenis arboribus ut populoso theatro ~o concilio et accusatricibus perstrepebant vocibus GOSC. *Mir. Aug.* 21; auce .. gregatim in multitudine magna et ~a venire solent GIR. *TH* I 23; rane .. ~e *Ib.* I 28; anachorita comparatur .. passeri quia passer est avis garula [ME: *a chiterinde brid þe chitereð aa and chirmeð*] *AncrR* 49. **c** garula, *crauue GlC* G 14; carula, *crauue Ib.* 178; gracculus vel ~us, *hroc* ÆLF. *Gl.* 132; miluus vel ~us, *glida* .. hic garulus, *a thrus*, .. hic garulus, hic †gratulus, *a jay WW*.

gars- v. et. garc-, gers-, gras-.

garsa [OF *jarse*], lancet.

c**1220** qui .. de ventosis vel ~is minui voluerit (*sic*) ante cenam minuuntur (*Cap. Gen. Arroac.*) *EHR* LII 277.

garsare [AN *garser*, ME *garsen*], to scarify.

qui ventusari necesse habent vel ~ari *Obs. Barnwell* 202.

garstona v. gerstona. **garsumatio** v. gersumatio. **garsumma** v. gersuma.

garsura, scarification.

occulta minutione ut ~a aut ventusa (*Cust. Bury S. Edm.*) *HBS* XCIX 59. 127B.

garta v. girthum.

garterium, ~a [AN *gartier*, OF *jartier*], garter; **b** (w. ref. to Order of the Garter); **c** (as embroidery pattern); **d** (w. ref. to Garter King of Arms).

c**1322** j par ~iorum (v. esmale 2a); **1332** uno pari ~iorum (v. 1 bissettus); **1341** zonas de serico in argento preparatas precii xl s. et duo paria garett' in argento preparatarum precii xx s. *IMisc* 145/5; c**1378** garter' (v. broudator). **b 1349** ad faciend' xij ~ia de *blu* broudata de auro et serico quolibet habente dictamen: *hony soyt qui mal y pense* (*KRAc* 391/15) *Arch.* XXXI 40; **1352** xxiiij *garters* .. dantur per dominum militibus de societate garter' *Reg. Black Pr.* IV f. 45; **s1388** Symon de Berle valens miles de Jartero *Eul. Hist. Cont.* 366; Simon de Bureley miles fuerat de ~a FAVENT 21; **1419** collegii militaris nostri de ~io (v. collegium 1a); ordinis militaris B. Georgii martiris de societate ~ii *Dictamen* 382; **1500** Richardo Poole, camerario magno .. principis, ordinis militie Garrotere manus dexteras .. tenente (*TreatyR*) *Foed.* XII 758b; **1508** quatenus placeret ei .. principem Carolum suum filium nobilis ordinis ~ii equitem eligere *Spons. Mariae* 30; c**1537** per honorabilem .. W. F. ordinis ~ii militem .. tunc magnum admirallum Anglie existentem *Entries* 75b; **1549** Edwardi .. ducis Somerseti .. sacrati ~ii ordinis equitis *StatOx* 342; **1558** Thomam Radeclyffe Sussexie comitem praenobilis ordinis Gartherii militem *Act. PC Ir.* 60; **1579** (v. eques 3d); hic [apud Windesore] Edwardus III .. nobilissimam conscripsit equitum auratorum societatem, quos ob periscelidem suam, in praelii quod feliciter cessit tesseram datam, ~ii sive Periscelidis equites nominavit, qui caerulea periscelide aureis litteris Gallice inscripta *honi soit qui mal y pens* sinistram tibiam substringunt CAMD. *Br.* 250. **c 1349** ad faciendum unum lectum de taffata bluet' pro rege poudratum cum ~iis continentibus istud †dictatem [? l. dictatum]: *hony soit qui mal y pense* (*KRAc* 391/15) *Arch.* XXXI 34 (cf. ib. 40: dictamen). **d 1451** regi armorum de ~a *War. Issue* 68.

Garterius, (adj.) of the (Order of the) Garter; **b** (w. ref. to Garter King of Arms).

rex instituit ~ium ordinem... sunt numero vj et xx ~ii equites P. VERG. 378; tertius Edverdus .. templa locavit / in quibus insignis Garterius ordo creatur J. HERD *Hist. IV Regum* 170. **b 1452** Edmundum Blake armigerum et ~ium regem armorum *RScot* 358a.

1 gartha [ME *garth*], garth, garden.

1567 de novo redditu j parcelle terre in H., parcelle communis ibidem jacentis ad finem ~e v[ocate] Bristiam Todde [*Yorks*] *Rutland MSS MinAc 4–9 Eliz.* p. 59.

2 gartha v. girthum.

gartherium v. garterium.

garthonum, ~a [cf. ME *garthen, variant spelling of* ME *gardin*], garth.

1553 j parvum garthon' nostrum [cotagio] adjacen' *Pat* 853 m. 26; **1554** totum .. cotagium .. et unam ~am in B. [*Lincs*] *Ib.* 867 m. 31; **1583** totum illud cotagium, j garthon', vj acras terre arrabilis ac redditum vocatum *le Collyars Rent* [*Yorks*] *Pat* 1235 m. 13.

gartio v. garcio. **gartisfer** v. garcifer. **garuillum** v. garillum. **garulus** v. garrulus.

garum [CL < γάρος], **~us,** fish sauce.

~us, liquamen *GlC* G 32; liquamen vel ~um, *fischbryne* ÆLF. *Gl.* 128; hunc fontem garis prefero, Roma, tuis NECKAM *DS* III 228 p. 400; ~us, A. *greve* .. hic garrus, A. *brewett* .., hic ~us, *a fyschbrowe WW*; obsi, i. panis, jari succus inde obsomagarus quod fit de pane et sardellis *Alph.* 127.

garus [LL], kind of fish.

nomina piscium marinorum: hic ~us, A. *a schate WW*; *Alph.* 70 (v. diaeta 1b).

garus- v. warn-. **garwentarius** v. granatarius. **garyofir-** v. caryophyll-. **gas-** v. et. gaz-. **gasc-** v. et. vasc-.

gasco [? cf. Gasco, Vasco], flagon.

garcio [magistri plumbarii] habebit j ~onem de secunda cervisia *Cust. Westm.* 51 (cf. ib. 235: gassone); *Cust. Cant.* 221 (v. garla).

gascomarcon [dub.], sort of tunic (eccl.).

1453 contra prelatos et ecclesiarum curatos competentem habitum non habentes ab habitu laicorum omnino diversum, tunicam, viz. ~on cum honesto bireto et aliis ordini clericatus congruentibus *Conc.* III 569.

gasith v. cuscuta. **gaso-** v. gazo-. **gast-** v. et. wast-.

gastaldius [cf. MLLM], **~us**

1 (in Lombard usage) administrator of royal estates. **b** (Eng.) shire reeve, sheriff. **c** (in general) royal companion.

722 Gregorius .. gloriosis ducibus, magnificis castaldiis (*Lit. Papae*) *Ep. Bonif.* 17; **1157** ut nulli archiepiscopo .. marchioni .. judici aut castaldioni .. liceat .. ecclesiam perturbare HADRIAN IV *Ep.* 127. **b** parentes culpati hominis .. gastoldo regis .. promiserunt donaria LANTFR. *Swith.* 25 (cf. ib.: pro .. facinore a regis praeside comprehensus). **c** regis satellites et ~i Angliam spoliabant ORD. VIT. X 8 p. 54; Hugoni .. R. filio cujusdam castaldi regis Scotorum .. ait W. CANT. *Mir. Thom.* IV 15.

2 (transf., eccl.) administrator of canons' property.

vicedominus in rebus temporalibus spectantibus ad mensam episcopi preest, quasi seneschallus sc. et rerum episcopalium curam et administrationem gerens; castaldus rebus dumtaxat canonicorum temporalibus preesse solet; et potest uterque tam vicedominus quam castaldus laicus esse GIR. *PI* I 19 pp. 110–11.

gastellum v. wastellum.

gastrimargia [LL < γαστριμαργία], gluttony, greed, self-indulgence.

prius .. quam .. protoplaustus in ~iae voraginem .. cecidisset ALDH. *VirgP* 11; nec abstinentiam castrimargia

violavit WILLIB. *Bonif.* 3; non hebetet me ~ia et non coinquinet me fornicatio ALCUIN *Liturg.* 597A; ~ia, gula *GlC* G 28; **845** (11c) per diabolicam gastrimoniam deceptus *CS* 450 (cf. ib. 1006 [c**960**] gastrimariam); sine octo principalibus vitiis que sunt ~ia (id est ventris ingluvies), fornicatio [etc.] (*Quad., dedic.*) *GAS* 530; ~ia multiplicata diversitate ciborum et potuum .. et omnium irritamentorum gule varietate distente R. NIGER *Chr. I* 96; amicos, .. locis privatis et ad castrimargiam deputatis, exquisitis alimentis et deliciosis .. reficere consueverunt GIR. *Spec.* III 13 p. 212; s**1227** tanto efficacius cordibus audientium imprimere potuit [Franciscus] quanto a carnalibus desideriis et ~ie crapulis extitit alienus WEND. II 329; cellerarius .. ordinetur .. qui .. non multum amat manducare aut bibere ne .. videatur ~ie gule voracibus vel glutonibus fratribus provideri magis quam refrenari *Cust. Cant.* 127; arma virtutum vertuntur in ferrum .. parcimonia in castrimargiam, paciencia in contumaciam WYCL. *Ver.* III 96.

gastrimargiosus, gluttonous.

gluterus, ambroninus, castrimargiosus *CathA*.

gastrimargus [LL < *γαστρίμαργος*]

1 glutton.

nunquid pater infidelis, fornicator, ~us .. pio filio contulit fidei gratiam, continentie munditiam, sobrietatis mensuram? H. BOS. *LM* 1358D; contra castrimargos .. facit quod de dicta bestia [*hippopotamus*] subdit Solinus NECKAM *NR* II 30; propter quod dicuntur isti castrimargi, ut preter indigens implentes eam [ventrem] (GROS.) *RHS Trans.* 4th Ser. XXX 14; facti .. ex ~is et mulierosis temperati BOECE f. 212.

2 woodcock or sim.

1430 in vj castrimargis emptis ix d. .. in xij *pluverse*, vj *wodcokkes* [etc.] *Ac. Durh.* 61; *a wodde coke*, castrimergus *CathA*; **1488** redditum j li. piperis et ij castrimargorûm *Pat* 568 m. 9 (13); castrimargus, A. *a wodecocke* .. hic castrimergus, *a wodkoke WW*; **1535** de firma vij *lez glodez* fact' infra magnum parcum domini .. pro castrimargis .. capiendis *Rutland MSS MinAc 24–7 Hen. VIII Salop etc.* p. 3.

gastrimonia v. gastrimargia. **gastum** v. vastum. **gat-** v. et. cat-, catt-.

gata [AN, ME *gate* < CL gabata]

1 (wooden) vessel, bowl; **b** (eccl.).

1182 manere debet in curia .. serviendo cum tina et gatta *RB Worc.* 170; **1243** (v. bukettus 1c); **1275** venit .. Matildis cum .. ~a de *geste* repleta et effusit eam super albam farinam dicti J. ad dampnum suum *SelPlMan* 143; **1286** Katerina .. portando .. ~am plenam gruto calido cespitavit *JustIt* 579 r. 66; **1290** pro .. platellis, salsariis et chiphis, ij morteriis, iij magnis ~is et iij parvis (*Chanc. Misc.* 4/5) *Doc. Scot.* I 140; **1309** de discis et platellis .. de scopis et gachis THORNE 2010 (= *MonA* I 145a: stachis); **1317** Johanni le Disshere pro vj gachis et vj longis treyis ..; fabro pro eisdem gachis et trahis cum ferro ligandis *KRAc* 468/20 f. 13; **1326** in gathis emptis *Sacr. Ely* II 59; **1421** in chiphis et ~is ligneis emptis *Ac. Durh.* 618. **b** c**1300** provideatur de sale et aqua .. ad primam aquam benedictam faciendam et de ~is et aspersoriis ysopicis ad aquam portandam *MS BL Harl.* 662 f. 122v.

2 trough: **a** (for animals); **b** (used in building or mining).

a **1213** pro j ~a ad pascendos leporarios domini regis .., iij ob. in eadem ~a liganda ferro, ij d. ob. *Misae* 269. **b** **1258** in ~is emptis ad deferendum mortarium *Ac. Build. Hen. III* 158; **1278** pro iij ~is et iij bukettis ad ministrandum cubitoribus murorum (*KRAc* 485/22) *Lancs & Chesh Rec. Soc.* LXVIII 196; **1291** in mercede ij carpentariorum faciencium .. vij scob' et iiij ~as ad opus cementariorum *KRAc* 479/15 r. 1; **1303** ~as pro mina mensuranda et portanda *Ib.* 260/26 m. 4; **1334** in ij ~is emptis pro mortario portando ..; in j cribro pro calce mundando *Ac. Durh.* 525.

gateleia [ME *gate* = *road* + *leie* = *hire*, cf. *gateleve*], toll for passage.

1328 de quietancia passagii de Trent apud Gunthorp .. necnon de quietancia ~eie *ChartR* 115 m. 27.

gatgium v. vadium. **gatha** v. gata. **gatt-** v. et. catt-, gat-.

1 **gatta** v. catta.

2 gatta [ME *gate*], gap or gateway.

1321 in ~is stoppandis circa frumentum et avenam inter capud ville de Clare [*Suff*] et Stene *MinAc* 992/11.

gattinus [dub.], kind of alum.

sal autem alkali .. fit de herba salsifera que juxta mare .. invenitur, sive de allumine †gattivo [l. gattino] quod extrahitur de supradicta herba M. SCOT *Lumen* 242 (cf. Andrea de Alpago, *Glossary of Arabic terms, s. v. alkali*: residentia reliquarum partium cineris predicti [i. e. *ushnan* = *alkali plant*] est verum alkali et relique vero partes inproprie apud vulgares appellantur alkali, et Itali appellant hujusmodi alume catina ex quo cinere fiunt vasa vitrea et sapones).

gaudeatura, profit.

1463 officium ballive aque et scrutinium recium .. una cum ~a sewerarum et passagiorum vasorum *Pat* 506 m. 20.

gaudeatus [cf. gaudium 2b], (of rosary) set w. 'gauds' or larger beads.

1447 lego .. unum par precum longevarum de *gegate* gaudettum cum curallo *Test. Ebor.* II 125; **1552** duo paria precularium de ambr' .. ~eata cum argento *Pat* 845 m. 4.

gaudebundus v. gaudibundus.

gaudechotum [? cf. OF *gaude* < walda; cf. DuC s.v. gaudichetum], article of clothing, perh. made of gaudy-green.

1241 inde partem suam recepit sc. unum ~um de viridi quod fuit Henrici *CurR* XVI 1744 (cf. ib.: duas novas capas .. unum gaudechon' de viridi et unum gladium .. asportaverunt).

gaudenter [LL]

1 joyfully, w. (expressed) gladness (esp. w. ref. to welcome of person or situation). **b** (w. *habere*) to be pleased.

ut .. ~er ab omnibus .. exciperetur BEDE *HE* III 26 p. 191; cum .. Odo ~er annuisset OSB. *V. Dunst.* 29; s**1193** nuntii .. ~er excepti, gratanter exauditi sunt GERV. CANT. *Chr.* 520; quo ~er accepto, cum .. desideratis jam vacaret amplexibus .., ait .. GIR. *GE* II 12; s**1040** eum in regem ~er susceperunt DICETO *Chr.* 186; s**1243** rex Anglie .. ~er venit apud Westmonasterium *Ann. Lond.* 40; aliquando nituntur alii obscurare sententias catholicas in libris philosophorum repertas; sed ~er debemus eas recipere in testimonium nostre fidei BACON *Maj.* II 237; ut sponsum ~er [ME: *blisfulliche*] possis in celis amplecti celestem *AncrR* 32; **1409** decretum .. synodi .. ~er acceptans (*Reg. Exon.*) *Conc.* III 321a; **1456** ut posset imposterum a suis sequacibus ~er dici .. "hec mutacio bona .. " *Reg. Whet.* II 223. **b** **1202** de pecunia .. vobis ita providebimus remunerationem quod salvum laborem vestrum dicetis et inde ~er habebitis et grates nobis scietis *Pat* 13b.

2 willingly, gladly, wholeheartedly.

cum tormentis afficeretur .. patienter haec pro Domino, immo ~er ferebat BEDE *HE* I 7 p. 20; an pretium dares? "~er" inquis ALEX. CANT. *Dicta* 5 p. 139; **1301** pallefridum .. vobis ~er transmittimus *Chr. Rams.* app. 373; **1441** omnes et publicos et arcanos labores ~issime amplectimur BEKYNTON I 238.

gaudentia, enjoyment, possession.

1438 dedimus .. comunitati [Baione] .. assisam .. cum omnibus proficuis, emolumentis et ~iis ejusdem (*Pat*) *Foed.* X 705b; **1525** de dicti dotalicii, douarii, sive donacionis propter nuptias possessione et ~ia in futurum pacifica (*DipDoc E* 903) *Foed.* XIV 48a.

gaudeo v. waid-.

gaudere [CL]

1 to rejoice, be glad, take pleasure or delight (incl. spiritual); **b** (w. abl., *de, super*, or sim.); **c** (w. acc. & inf.); **d** (w. inanim. subj.); **e** (w. cognate acc.); **f** (pr. or p. ppl.) joyful, glad.

tetris herebi gaudens emersit ab antris ALDH. *CE* 4. 12. 6; animam habens cum Christo ~entem *V. Cuthb.* IV 13; gens .. in adventu senioris ita gavisa est ut [etc.] ASSER *Alf.* 13; haec audientes gavisi sunt tripudio inedicibili BYRHT. *V. Ecgwini* 376; per praesulis almi Suuiðhuni meritum, qui gaudet in aethere tecum WULF. *Swith.* II 760; **1073** in ipso dolore non ~ere non potui LANFR. *Ep.* 14 (16); spera et ~e, ~e et dilige, anima mea ANSELM (*Or.* 12) III 49; s**1158** gavisi sunt gaudio magno *Chr. Man.* 72; columbe †gravise sunt J. SHEPPEY *Fab.* 24; de hac expeditione .. magis meminere Franci scriptores quam Anglici, sive quod cui [? l. qui] ~et obliviscitur .. et cui [? l. qui] dolet meminit, sive quod .. P. VERG. *Vat. extr.* 202. **b** ~ebant fratres de agnitione certa .. temporis paschalis BEDE *HE* V 22; ecce, Sion, .. omnes sancti ~ebunt super te cum laetitia EGB. *Pont.* 45; ut semper felix, semper a te [Deo] ~ens *Ib.* 103; **786** ego T. ~ens signo sancte crucis *Ep. Alcuini* 3 p. 27; gaudebant ambo, Wilfridus amore paterno, / nec minus ipse pater dilecto pignore viso FRITH. 167; fecisti me ut ~erem de te ELMER CANT. *Quer.* 810A; rex .. filii sui prosperitate gavisus .. vite sue metas distulit naturales *V. II Off.* 5; s**1186** obiit Henricus filius, omnibus amabilis ..; creditur tamen quod non de regno ~ebat quia contra patrem suum guerram tenuit *Eul. Hist.* III 91; habet .. Anglia .. unde ~eat de potita victoria *G. Hen. V* 14. **c** ut .. ~eat se inter barbaros fratrem invenisse ANSELM (*Ep.* 35) III 143; **1164** gavisus est se invenisse hominem a quo fideliter audiret Anglie statum J. SAL. *Ep.* 134 (136) p. 4; mustela triplici se ~et humiditate juvari *Quaest. Salern.* B 107; s**1247** (v. episcopalis 1a). **d** ultima sic trochei concludat littera versum, / extremus jugiter qui gaudet calce teneri ALDH. *VirgV* 51; frugiferis gravida gaudebant horrea glebis FRITH. 533; NECKAM *DS* VIII 52 (v. bibulus a). **e** talia dum memorans vatis jam nuntius infit, / gaudia magna pater letanti in pectora [? l. pectore] gaudet ÆTHELWULF *Abb.* 184. **f** **796** utinam vestrae beatitudinis tam prona sit devotio ad perficiendam scriptae ammonitionis seriem quam mea ~ens est ad monendum caritas ALCUIN *Ep.* 115 (cf. ib. 244: ~ens in aspectu); si mecum quod opto fecerint, quomodo ~ens erit cor meum! si alibi hoc fecerint .. qualiter timida .. erit mens mea! ANSELM (*Ep.* 120) III 259; recessit a colloquio ~ens revera et ~entissimus H. BOS. *Thom.* IV 26; 'letis', id est ~entibus TREVET *Troades* 14; gaviso merori *NLA* II 70 (v. contemplabiliter).

2 (w. inf.) to be glad (to do something).

Christo .. servire ~ebant BEDE *HE* III 24 p. 180; **800** illud .. opus vestro ~ebam dicare nomini ALCUIN *Ep.* 200; illuxitque dies .. / .. / quem .. / dominicum gaudent omnes vocitare fideles WULF. *Swith.* I 408; excubiis .. gaudens instare secretis FRITH. 564; ~ent deficere ut deficiant et timent proficere ne deficiant ANSELM (*Ep.* 117) III 253; AD. EYNS. *Hug.* IV 10 (v. eluere a).

3 to express joy, exult. **b** (inf. as sb.) joy, rejoicing. **c** (of dog) to welcome demonstratively.

ille qui piis cervicibus impias intulit manus ~ere super mortuum non est permissus, nam .. oculi ejus .. cum martyris .. capite deciderunt BEDE *HE* I 7 p. 21; ille [Baeda] multum gavisus est et Deo gratias referebat CUTHB. *Ob. Baedae* clxii; exultat, i. ~et, laetatur, *gehiht GlH* E 763; sicut postea sanctus .. ~endo narravit ÆLF. *Æthelwold* 3; mulier .. mentis passa est alienationem .., quandoque ~ens, quandoque flens *Quaest. Salern.* Ba 30. **b** *Poem. S. Thom.* 90 (v. 1 euax 1). **c** quare canis cum ~et alicui movet caudam *Quaest. Salern.* P 91.

4 to enjoy the use of, be in possession of: **a** (w. abl. or *de*); **b** (refl. w. *de*); **c** (w. acc.); **d** (p. ppl. *s. pass.*).

a omnis et in proprios compago revertitur usus, / sicque diu optata meruit gaudere medela WULF. *Swith.* I 386; **1181** qui colonorum libertate ~erent, quive gravarentur operibus *Dom. S. Paul.* 112; GIR. *TH intr.* p. 4 (v. 1 admittere 2a); **1217** reginam .. dote sua .. ~ere permittatis *Pat* 113; **1268** quoad vixerit ~eat eisdem libertatibus quibus .. ministri nostri scaccarii .. ~ent *Cl* 447; tenens semper ~ebit essoniis suis HENGHAM *Magna* 3; **1303** quod libertatibus et liberis consuetudinibus .. uti valeat et ~ere *BBC* (*Southampton*) 137; **1316** quod .. uterentur et ~erent .. juribus [etc.] quibus ipse et predecessores sui usi et †gavasi fuerint (*Cl*) *Foed.* 550a; **1369** guaudent (v. congaudere 2b); ipse qui magno precio conductus fetidissimum cerebrum [Henrici I] extraxit .. ex .. fetore mortuus malo precio gavisus est BROMPTON 1023; **1494** non est gauvisus terris sibi assedatis *ExchScot* 415; **1559** beneficiis ecclesiasticis ~entes *Conc. Scot.* II 157. **b** **1297** supplicat ut .. compotis .. auditis .. eum solvat .., ita ut ipse de dicta pecunia possit se ~ere *RGasc* III clxxxix. **c** **1383** concedit .. quod .. Margareta .. habeat et ~eat .. redditum de C. *FormA* 122; **13..** quare .. Rogerus .. tenementum suum ~ere non deberet *MGL* I 339; **1415** quod .. habeant et ~eant .. libertates .. et consuetudines in .. carta confirmatas *March. S. Wales* 62; **1562** habendum, tenendum, ~endum et occupandum dictum officium [servientis chirurgorum] (*Pat*) *Foed.* XV 627a. **d** **1583** advantagia, emolumenta et hereditamenta .. cum eisdem .. antehac usualiter dimissa, locata, usitata, occupata seu gavisa existentia *Pat* 1235 m. 16.

5 (astr., of planet) to rejoice (in partic. house). *Cf.* 1 *gaudium* 4.

unusquisque planeta habet .. potestatem accidentalem .. in signo sibi debito que vocatur gaudium; unde Saturnus cum intrat Aquarium ~ere dicitur BACON *Maj.* I 261; ELVEDEN *Cal.* 5 (v. accidentalis 1c).

6 (imp., transl. *χαίρειν*) farewell! away with ..!

asserentes genera et species non esse, eo quod Aristoteles in Posterioribus Analecticis utitur hac forma verborum: '~eant genera et species, monstra enim sunt ..' NECKAM *NR* II 173 p. 291.

gaudettum v. gaudeatus. **gaudeum** v. gaudium 2b.

gaudibundus [CL], joyful.

boni .. libenter .. moriuntur, partim vel maxime gaudebundi, expectantes perfuncti laboris praemium COLET *Eccl. Hier.* 256.

gaudiflue, joyously.

regnum tuum de servitute ~e liberabit KNIGHTON I 22.

gaudifluus, joyous, bringing joy.

~o honore eum recipiebat KNIGHTON I 6; s**1386** videres ventum validum rectum venientem in nubibus, quam ~um, et elevaverunt vela *Ib.* II 207.

gaudimentum, profit.

c**1250** cogitavit quod cum una parte [civitatis Burdegalensis] gravaret aliam ut inde ~um extorqueret (*Querimonia, BL Add. Ch.* 3300) *V. Montf.* app. 309.

gaudimonium [CL = *joy*], (acad.) merry-making, 'gaudy'.

1456 solutum in ~io S. Thome passionis et translacionis xv s. *Cant. Coll. Ox.* II 177; **1478** in ~iis in die passionis S. Thome *Ib.* 199.

gaudiolum

1 limited or imperfect joy.

1196 luctus noster jam conversus in ~um convertetur in gaudium (*Lit. Archiep. Rotomag.*) DICETO *YH* II 141.

2 jewel.

1188 pro vino .. et penulis .. et auro .. et papilionibus et ~is et aliis rebus ad opus regis quater xx et ix li. *Pipe* 29.

gaudiose, joyously.

amor .. / .. / .. per 'ave' librum hunc incipit, / gaudiose quem virgo respicit J. HOWD. *Cant.* 1. 4.

gaudiosus, joyful, happy. **b** giving joy, pleasure, or satisfaction.

1318 se in oscula conferentes ~is amplexibus astruxerunt *DC Cant.* (*HMC*) 269; **1441** misi .. illos tripartite chronice apices .. cancellario, qui eum apprime ~um fecere BEKYNTON I 229. **b** sicut inquit [Stephanus Cantuariensis] instrumentum musicum sit de corio exsiccato .. extenso et sic redditur ~a armonia ut videmus timpano .. (S. LANGTON) *Doc. Francisc.* 246 *n.* 3; **1335** ad formanda .. federa .. amicis fructuosa et ~a plurimum *Mon. Hib. & Scot.* 265a; 'sepe post tristia', i. dolorosa, 'venient quieta', i. ~a laboribus (J. BRIDL.) *Pol. Poems* I 192; cum .. Deus sit summe pulcher, plene comprehensus .. a beatis in patria, sequitur quod illa comprehensio sit maxime ~a WYCL. *Ver.* II 145; **1427** ut post scismatice noctis tenebras unitatis Aurora ~a consurgeret *EpAcOx* 33; ab exitu ~i vernalis temporis .. UPTON 203; sine responso ~o .. nuncius in Angliam est reversus *Ib.* 93.

1 gaudium [CL]

1 joy, delight, gladness; **b** (dist. as spiritual or temporal).

[legio] domum cum triumpho magno et ~io repedante GILDAS *EB* 16; multo cum ~io reversus est BEDE *HE* III 21 p. 170; **790** parvo tuo labore ~ium mihi facias magnum ALCUIN *Ep.* 9; viso .. rege .. immenso repleti sunt ~io ASSER *Alf.* 55; amicorum sunt versi in gaudia fletus WULF. *Swith.* II 396; si haberes aliquem quem ut te ipsum .. amares, .. nonne in ~io ejus ~ium duplicatum haberes? EADMER *Beat.* 14; J. BLUND *An.* 81 (v. 1 dolor 2a); cause risus sunt hilaritas et ~ium *Quaest. Salern.* Ba 62; [de interjeccione:] ~ium .. est affectus presentis convenientis, cupiditas futuri convenientis *Ps.*-GROS. *Gram.* 59; GARL. *Tri. Eccl.* 52 (v. elegia a); uterque .. in ingenti ~io ruit in amplexum alterius *G. Hen. V* 23. **b** ne forte properet paradisi ad gaudia miles ALDH. *VirgV* 1720 (cf. ib. 156: petulantis gaudia carnis); BEDE *HE* II 5 (v. aeternus a); *Ib.* IV 14 (v. 2 caelum 2a); *goddædum begietan*, gaudia in celo (*Phoenix*) *ASPR* III 112; **933** animum sempiternis in ~iis fiens *CS* 694; gaudia saecli FRITH. 72 (v. caenosus); sancti .. duplex habent ~ium HALES *Sent.* II 12; quod naturaliter sunt angeli in celo, violencia fit eis et minuitur eorum ~ium cum huc veniunt FISHACRE *Quaest.* 47; flatus venti si tibi subjiceretur te elevaret versus celi ~ia [ME: *blisse of heovene*] *AncrR* 37; *SB* 12 (v. aureolus 2b).

2 (w. ref. to the joys of the Virgin Mary); **b** 'gaud' or 'marker', large bead in rosary.

1389 v cereos in honore v ~iorum B. Marie ad missam ejus et alia festiva .. semper accendendos *Guild Cert.* 41/169; **1414** tabula magna de *alabastre* de v ~iis B. Marie *Reg. Cant.* II 20; **1415** v capellanos .. divina celebraturos .. in nomine ~iorum gloriose virginis Marie *Ib.* 52; **1444** distribuet .. in elemosinis .. in honore v .. vulnerum .. Christi et v ~iorum BMV .. v m. (*Test.*) *Paston Let.* 12 p. 24; **c1488** septem capas .. de velveto .. contulit ecclesie in honorem septem ~iorum BMV *Reg. Whet.* I app. 475. **b** **1395** lx numeralia de corall' cum ~iis deauratis, prec. ij s. *Test. Ebor.* III 3; **1414** (v. enamellare); **1415** lego unum par de paternoster de auro cum ~iis de curallo (*Test.*) *Foed.* IX 276b; **1433** lego .. unum par precularium de *geet* cum gaudeis argenteis et deauratis cum uno *broche* de auro pendente ad easdem *Test. Ebor.* II 26; **1480** pro j pari precum cum ix ~iis argenti parum deauratis *Ac. Churchw. Bath* 79.

3 (seasonal) feasting, merrymaking. **b** (acad.) 'gaudy'.

si [vomitum facit] .. pro ~io in Natale Domini .. et tunc plus non accipit quam decretum est a senioribus, nihil nocet THEOD. *Pen.* I 1. 4; "nos panem" inquit "habemus et vinum et ~ium" GIR. *PI* III 30; **s1259** dum ~ia natalitia agerentur M. PAR. *Maj.* V 731. **b** **1387** pro ~iis quando omnes socii aule transiverunt ad *mayying* (*Mun. Merton*) *Educ. Ch.* 304; **1394** pro ~iis sophisticorum *Ib.*; **1394** pro ~iis S. Thome pro vino et carne *Cant. Coll. Ox.* II 134; **1424** pro ~iis sophistarum viij d. (*Mun. Barnstaple, Devon*) *HMC Rep.* IX app. 205b; **1441** studentibus Oxon' pro ~iis in festo S. Edmundi ex curialitate vj s. viij d. *Ac. Obed. Abingd.* 121.

4 (astr., term applied to) house in which planet has greatest influence.

BACON *Maj.* I 261 (v. gaudere 5).

2 gaudium [OF *gaude* < walda], weld (*Reseda luteola*), plant used for yellow dye.

de colore floris ~ii amenissimo CUTCL. *CL* 190.

gaudo v. waid-.

gaugea, ~ia, ~ium [AN, OF *gauge*], gauge, gauging (of wine or other import).

1297 vinum .. dificiens in ~ia, pro quo defectu subtrahebantur vj s. iij d. (*KRAc*) *Eng. Dip. Admin.* 250; **1348** in viij doleis vini emptis cum fretto navis .. cum .. portagio, .. ~ea et aliis expensis *Ac. Durh.* 545; **1356** ego Ricardus *gaugyr* de Bristoll' recepi .. de Roberto .. pro toto tempore quo exstitit gaugiator vini in villa predicta omnimodos denarios tangentes ~iam .. doliorum vini *Arch. Bridgw.* I 127; **1458** se obligant allocare et defalcare de precio predicto xiij s. .. pro mancumento ~ii cujuslibet dolii *Cl* 309 m. 40*d.*

gaugeare [AN *gauger*], to gauge (wine or other import).

1302 de quolibet dolio vini ~eato, sicut venditor vini quod de gaugeto defuerit supplere tenebitur, sic eidem per emptorem de eo quod ultra gaugetum superfuerit .. satisfiat *RBExch* 1062; **1344** breve quod vina ~eantur *Cal. LBLond.* F 95; **1358** breve ad ~eanda vina rubea et alba ad partes Anglie .. veniencia *Cal. LBLond.* G 104 (cf. *MGL* I 710: ~enda); **1367** quod vina et oleum non vendantur donec ~eantur *Ib.* 215; **1367** quidam vinetarii .. vina sua .. non ~eata .. abscondunt, ne per signum gaugetti, si ~eata fuerint, sciri valeat quantum dolium .. continet .. in .. gaugeatoris nostri prejudicium *Cl* 205 m. 26*d.*; **1373** cum in statuto .. contineatur quod omnia vina rubia et alba venalia in regnum .. Anglie .. adducta bene et fideliter per gaugeatorem nostrum .. ~eantur, ita quod si aliquis .. noluerit vina sua permittere ~eari eadem vina forisfaciat *Cl* 211 m. 4*d.*; **1409** assignavimus .. Hugonem .. ad scrutinium de omnibus .. vinis .. vendicioni .. antequam ~eata fuerint expositis faciendum *FineR* 214 m. 7; **1420** quod de quolibet dolio vini ~eato, sicut venditor vini quod de †gaugeato [? l. gaugeto] defuerit supplere tenebitur, sic eidem per emptorem de eo quod ultra gaugetum superfuerit juxta precium ad quod dolium vini venditum fuerit, satisfiat (*RGasc*) *Foed.* IX 868b.

gaugeatio, gauging.

de pretio vinorum et ~one *MGL* I 533.

gaugeator [AN *gaugeor*], gauger (of wine or other import).

de gaugiatoribus calumpniendis: quod recipiunt feodum suum non faciendo ea que pertinent ad .. officium, sc. signare pannum per sigillum officii sui *Iter Cam.* 14; **1342** officium ~orum in manum .. regis capitur et consideratum est quod Willelmus Gaugar' pro excessibus suis .. capiatur *CoramR* 328 r. 34; **1356** gaugiator vini (v. gaugea); **1367, 1373** (v. gaugeare); **1403** cum officium gaugetti vinorum in villa Bristollie .. ac officium ~oris in portu ville Bristollie .. unum et idem officium .. existant *Cl* 251 m. 7; **1472** concessimus eidem J. officium gaugiatoris nostri in portu ville Bristoll' *PS* 842/3627; **1536** ulnator, scrutator, ~or, appruator *Ib.* 668 m. 24.

gaugeria [OF *jaugerie*], gauge, gauging (of wine or other import).

1281 archiepiscopus [Ebor'] clamat habere libertatem habendi primam empcionem vinorum .. venientium in aqua de Hull .. absque prisa aliqua ad opus .. regis seu ~ia vinorum ibidem facienda *PQW* 436a; **1303** *le office de la gauge et de launage* [*endorsed*: dicta ~ia valet per annum ix li. xx d.] *Chanc. Misc.* 22/9 (60) (= *Cal. Scot.* II 374: guageria); **1310** thesaurarius [Xanctonie] confessus fuit habere .. pedagium a dictis heredibus, tamen in guageaira ad terminum ix annorum *Reg. Gasc. A* 43; summoniri faciatis custodes throne, ~ie [etc.] *Iter Cam.* 1; de ~ia pannorum et vinorum, qualiter observantur *Iter Cam. Artic.* 317b; **1329** camerarius non oneravit se de vij li. xx d. de ~ia de Edenburg, nec de ~ia de Perth *ExchScot* 207; **1425** officium gaugierie vinorum infra civitatem .. London' habendum .. cum .. proficuis eidem .. pertinentibus *Pat* 416 m. 7.

gaugetum, gauge, standard measure (esp. of capacity of barrel). **b** the use of the gauge, procedure of gauging (barrel or wine). **c** charge of this procedure. **d** custom paid on wine at the gauge.

1306 quod omnia ligna de doleis vinorum fiant de cetero de recto ~o Anglicano *RParl* I 207a; **1313** pro xx doleis vini .. de quibus deficiebat (*sic*) de ~o xx sexterc' *KRAc* 375/8 f. 21*d.* **b** **1271** ita .. quod facto ~o doliorum .. tantum decidat venditori de precio empcionis .. quantum defuerint de antiqua mensura *Cl* 369; **1281** assignavimus .. camerarium nostrum ad ~um vinorum in omnibus portubus regni nostri faciendum, ita quod defectus in quibuslibet doliis vini per ~um predictum de recta mensura inventus emptoribus .. allocetur *Pat* 99 m. 1; **1290** quia ~um vinorum que in regno regis venire contigerit ad communem utilitatem .. regni ordinatum fuit .. et venditores vinorum .. ~um illud in empcione vinorum .. emptoribus allocare contradicunt *Cl* 107 m. 3 (cf. ib.: cum signo ~i dolium consignatum); **1302** (v. gaugeare); **1333** pincerna regis .. habuit diem .. ad reddendum .. compotum de officio ~i vinorum *LTRMem* 105 m. 64; **1339** commisit .. Johanni D. .. officium gaugetti vinorum in villa Berewici *RScot* 557a–b; **1367** per signum gaugetti (v. gaugeare); **1403** (v. gaugeator); **1417** officia ~i, turragii, et portagii *Foed.* IX 431; **1420** de gaugeato (v. gaugeare). **c** **1353** breve quod Johannes de C. et uxor sua habeant ~um vinorum *MGL* I 627 (cf. *LB Lond.* G f. 3). **d** **1273** de quadam nova consuetudine que vocatur *gauge*, viz. de quolibet dolio j d. de vinis venientibus Lond' preter de doliis de recta prisa, de quibus nichil capit[ur] ..; de ~o doliorum vini *Pipe* 117 r. 7*d.*; **1302** cum consuetum .. fuisset quod emptor et venditor solvent j d. pro quolibet dolio de ~o .. sic fiat decetero *ChartR* 88 m. 2; **1400** illud gaugettum quod .. in castro Burdegalie percipitur de et super quolibet dolio vini custumato infra castrum predictum, quoddam sterlingum Aquitanie vel v d. pro valore dicti sterlingi (*RGasc*) *Foed.* VIII 127b.

gaugia- v. gaugea-. **gaugieria** v. gaugeria.

gaula, ~um [ME *gaile, gawle*, cf. galga], sweet gale, bog myrtle (*Myrica gale*), esp. gale seed.

[**1327** pro semine dicto *gaylesed* .. pro semine dicto *gawelsed* (*KRAcCust* 148/31) *Bronnen* 204;] **1363** ne aliqua lanas, coria .. mel, plumas, felpriam, ~um .. et carbones maritimos extra portum [Lond.] .. duci permitteretis *Cl* 201 m. 36; **1364** licenciam dedimus .. quod .. c treias ~e in portu de Lenne carcare et exinde usque Durdraght in Seland ducere possit *Pat* 270 m. 39 (cf. ib. m. 22: de quaterviginti quart. de *gawle seed*); **1376** stapula nostra .. casei, butyri, plume, ~e [OF *in RParl* II 358b: *gaul*] mellis, felparie et cepi (*TreatyR*) *Foed.* VII 116a; **1492** caseum, butirum, plumam, ~am, mel, felpariam et cepum *Pat* 572 m. 29 (8).

gaullina v. gallina.

1 gaulus v. 2 gallus 2a.

2 gaulus [CL], round boat.

~i, genus navi[s] *GlC* G 30.

gauna v. jaunum.

gaurizare [cf. γαυριάω], to exult.

974 in cujus amplificatione sanctus Deus ~ans laetatur *CS* 1304.

gausape, ~a [CL], tablecloth. **b** altar cloth. **c** napkin. **d** (?) towel.

~e, *beodrægl*, ÆLF. *Gl.* 126; **9..** ~e, *sceat WW*; nec unquam ~e sive manutergio mensam illam lapideam cooperuit R. COLD. *Godr.* 71; in dispensatorio sint ~e, mantile, manutergium NECKAM *Ut.* 98; non sedes vacuat, fugat aut post gausapa rapta / agmina surreptis semirefecta cibis GARL. *Epith.* VIII f. 54; **1250** utensilia domus de E.: gausap' j, valde vetus et debile *MinAc* 766/20*d.* (*Ramsey Abbey*); ~e, i. mensale, *bordeclothe WW.* **b** **1396** gausepia ad diversa altaria .. xxxiiij (*Invent.*) *Meaux* III lxxxi. **c** mappa, togilla, ~e .. manutergium OSB. GLOUC. *Deriv.* 201; hoc ~e, A. *sanap WW*; *sanop* .. ~e .. *towaly PP.* **d** trocleatim: troclea dicitur *pulie* Romanice, per quam .. corda labitur et hoc ~e .. erat circa .. baculum .. et ij capita .. ~is consuta simul erant ut rotari posset ~e circa baculum .. quale ~e in claustris religiosorum invenitur *GlSid.* 147, 147v.

gauvisus, gavasus v. gaudere. **gavata** v. gabata. **gavel-** v. et. gabul-, gavell-.

gavelacra [ME *gavelaker*], acre reaped in lieu of rent.

1267 et preterea metande (*sic*) singulis annis de consuetudine clxj acre sicut jacent que appellantur gavelacr' *Pipe Wint.* 159308 r. 30.

gavelata v. gavelettum.

gavelbordus [ME *gavelbord*], board (timber) given as rent. *Cf.* 1 *gabulum*.

?**1358** de ccc ~is de redditu, quilibet de longitudine iij pedum dim. *Gavelkind* 22.

gavelcund- v. gavelikind-.

gavelettum [ME *gavelet*], 'gavelet', action for default of rent. **b** land on which rent is owing, or tenure thereof.

1221 si quid inveniatur in feodo per quod distringi possit, distringatur pro arreragiis; sin autem tenens ille implicetur de gaverleto, per .. breve de servitiis et consuetudinibus .., si tenens cognoverit servitium, statim satisfaciat *MGL* I 62 (cf. *Fleta* 119, *StRealm* I 222); **1223** de quo [tenemento] .. implacitaverant ipsum G. de gavelata *AncD* A 2185; **1343** judicium super breve de ~o redditum *CoramR* 332 r. 33. **b** ?**a1213** tenementum .. illud reliqui sicut *gavelate* semel secundo et tertio .. et redimere forisfactum nequivi nec volui *Cart. S. Greg. Cant.* 71; **a1219** hanc .. dimissionem .. feci tanquam terra (*sic*) que fuit gavelata et quam erga .. abbatem .. acquietare non potui (*Cart. Chertsey*) *KRMisc. Bk.* 25 f. 378 (= *Surr Rec. Soc.* XII 306); **1279** adjudicatum fuit nobis Schardford' in hustengo London' de terra .. quam .. tenuimus prius per annum et diem tanquam gavelett' *AncD* A 11861; **1330** Johannes .. concedit quod .. mesuagium tenetur de .. priore per servicium predictum et cognoscit redditum predictum cum arr[eragiis] etc. ideo consideratum est quod .. prior recuperet versus .. Johannem .. mesuagium .. tenendum per unum annum et unum diem secundum consuetudinem civitatis .. tanquam gavelett' .. *AncD* A 1713; **1338** quia cv s. ei a retro fuerunt de redditu, .. petit .. mesuagium .. tanquam ~um, secundum consuetudinem civitatis [Lond'] *G. S. Alb.* II 339; **1397** sunt ibidem [*Kent*] xx acre terre cotman' que nichil valent quia jacent gavelat' et nichil percipi potest

IMisc 267/16; **13..** de defectu redditus cujusdam curtilagii jacentis gavellate quod fuit Alicie H. per annum in manu domini iiij d. *Gavelkind* 32.

gavelgildus [cf. AS *gafolgyld*], liable to pay gavel or rent.

si .. in ~a (id est in gablum reddentis) domo [AS: *on gafolgeldan huse*] fiat [dimicatum] (*Quad.*) *GAS* 93.

gavelikinda [ME *gavelikinde* < AS *gafol* + *gecynd*], gavelkind, form of land tenure w. special customs (Kent). **b** land held in gavelkind.

1188 pro iij acris terre et dim., quas Andreas .. tenuit de nobis .. ad gavilekindam, dedimus ei in concambium iiij acras terre in H. tenedas .. similiter ad gavilekend' per idem servicium; .. et estimatur servicium illius terre ad x d. per annum ..; et hii x d. computandi sunt ipsi Andree in antiquo gabulo suo quod annuatim reddit de aliis terris quas tenet de S. Augustino et nobis *Reg. S. Aug.* 386 (cf. ib. 497 [**1212**]: xiiij acras .. tenendas .. in gavelicunda); **1199** tenet in gavelikond' *CurR* I 83; **1200** dedit .. totam dimidietatem hereditatis sui .. in Scapeia [*Sheppey, Kent*] .. tenendum sibi .. jure hereditario in liberam gavelikendam *Pipe* 220; **1205** iiij jugatas et v acras terre .. quas .. Henricus tenuit .. in gavelikind' *RChart* 160a; **a1207** volo quod .. prior et .. canonici .. teneant in gavelikendium de me .. totum predictum redditum *Cart. S. Greg. Cant.* 53; **1232** rex concessit .. hominibus de comitatu Kancie quod de tenementis que tenentur in gavelikind' .. de cetero non teneantur magne assise per xij milites sicut alibi capiuntur .. sed .. capiantur jurate per xij homines tenentes in gavelkynd' *Cl* 32; **12..** dedimus Jordano de S. .. ad gavelikendam xl acras de marisco .. tenendas de nobis jure hereditario in perpetuum *Gavelkind* 177; **1283** medietas terrarum et tenementorum que tenentur in *gavelikende* pertinet ad predictum Radulfum .. tanquam coheredem predicti Thome secundum consuetudinem comitatus Kanc' *IPM* 133/35 (6) m. 4 (cf. ib. m. 2: terra gavelykende et partibilis); **1312** tenementa que Johanna tenet in francum bancum secundum formam de *kavelykende* in .. Frythyndenne [*Kent*] *Cl* 130 m. 23*d.*; **1393** secundum consuetudinem de gavylkenda probat etatem suam xv annorum et amplius *Cant. Cath. Pri.* 91*n.* **b 1200** Tebbaldus .. dicit quod terra illa est jus suum et hereditas sicut gavelikinda quam tenuit lx annis et amplius *CurR* I 158; **1204** ipsa reddidit ei quintam partem totius gavelkind' quam .. habuit in Holingeburn' [*Kent*] *Ib.* III 243; **1229** non debet ei respondere quia x acre .. de eadem terra sunt gavelikend' et terra partibilis *Ib.* XIII 2129.

gavelikindensis, of gavelkind.

1343 assisa inde inter eos fieri non debet quia .. predicta .. tenementa .. sunt gavelkyndens' *CoramR* 333 r.32 (cf. ib.: predictus redditus est .. liberum feodum et non gavelkyndens'; .. usus gavelkyndens' talis est).

gavelikindus, tenant in gavelkind.

1232 quod loco magnarum assisarum .. de tenemento quod tenetur in gavelikind' et inter *gavelikindeis* .. capiantur jurate per xij homines *gavelikindeis Cl* 164; **1275** archiepiscopus et sui ballivi vendunt wardas ~orum de tenentibus suis injuste *Hund.* I 213b (cf. ib. 231b: gardas gavelcundorum); **12..** milites, seu liberi tenentes de feodo militari; gavelkendi; libera sokemanria; .. cotteria *DC Cant.* (*HMC*) 108; **1348** tenuit .. tenementum .. per servicium consuetudinis ~orum *IPM* 91/28.

1 gavella [AN *gavele*], handful, small sheaf (of corn).

c1182 si opus fuerit [debet] ligare bladum in gavilla vel fenum colligere *RBWorc* 367; immo quia pure [segetes] metentur, ~eque seriatim supponentur, ut sic citius desiccentur ac comode in minutis garbis .. colligentur; minuta .. garba habilior est quam magna ad carcandum *Fleta* 170 (cf. *Seneschaucy* 95); **c1350** debent .. metere et si necesse fuerit gavelas vertere donec avena comode potest introduci *Reg. S. Aug.* 79.

2 gavella, ~um, ~us [W. *gafael*], 'gafael', family holding, division of 'wele'. (*Cf. Surv. Denb.* xxiv).

1294 hee sunt procurationes et servicia hominum manerii de Penros [*Anglesey*] .. ubi inventi sunt xij ~i cum dimidio tempore quo villa extentata fuit. et de dicta terra ~us solvebat xxv homines per unum diem ad secanda blada per vj septimanas [etc.] (*RentSurvR* 768) *Tribal System* app. 23; **1309** tenet .. unum ~um terre [*Montg*] *IPM* 10/16 (cf. ib. 17/1 [**1310**]: ij ~a et dim.); **1323** de redditu .. de xxx ~is nativorum apud Bremmarth' [? *Heref*] *LTRAc* 14 r. 8*d.*; **1325** acquietancia redditus quorundam libere tenencium in comoto de Ardudo in eodem com' [de Meryonnith'] provenientis de xxiiij gavell' terre quas tenent ibidem .. et que ~e terre extenduntur ad xxvj s. per annum *Pipe* 170 r. 55 (2); **1334** quelibet istarum xj ~arum reddit de *tung'* per annum .. xij d. et pro pastu familie principis per annum ij s. v d. *Surv. Denb.* 7; est quedam progenies liberorum tenencium in isto commoto que vocatur progenies Rand Vagh' ap Asser, que quidem progenies tenent (*sic*) in diversis villis .. commoti .. totam villam de Deunant [etc.] et omnes illas villatas .. tenuerunt in iiij lectis, viz. Wele Ruathlon ap Rand [etc.]; unde primum *wele* divisum est in iiij ~as, viz. ~a Guyon ap Ruathlon [etc.] *Ib.* 157; **1352** ij ~e de terra nativa vocate ~a Elidir et ~a Emanagh *Rec. Caern.* 10 (cf. ib. 12: viij ~e libere); **1379** de cons[uetudine] nativorum istius comoti tenencium inter se xix ~as .. pro pastu famulorum principis *MinAc* (*Denb*) 1184/8 m. 1; **1419** omnes .. heredes predictarum iiij ~arum solvent .. principi vij s. vj d. de relevio, x s. de *gobr'* et v s. de *amobr'* tociens quociens acciderit *Rec. Caern.* 263; **1587** omnes illas viij ~as terre native nostre .. vocatas Gavell Kilgellan [etc.] .. jacentes infra comotum de Penlin in com. nostro Merioneth *Pat* 1301 m. 5.

gavellare [cf. 1 gavella], to bind, stook, spread, or turn small sheaves (of corn).

a1186 et viij diebus debet operiri in autumpno sine cibo et j die ex prece cum cibo et gavelare j die *Reg. S. Ben. Holme* 129.

gavelmannus [ME *gavelman*], gavel-payer, tenant working for rent.

1224 omnes ~i debent ire propter ij m allecis .. super custum suum si domina voluerit *Ch. & Cust. Caen* 91 (cf. ib. 92: ~i, cotmanni, et smalemanni) (*Felsted, Essex*); **1285** virgatarii de *gavellond* metent .. xxvij acras et dim. frumenti.. dicti ~i metent xiij acras ij rodas ordei (*Cust. Terring*) *Cust. Suss* II 29–30; **13..** villani de Terring qui vocantur ~i *Gavelkind* 33; **1397** est ibidem [*Kent*] de consuetudine gavelman' qui triturabunt xv quart' et dim. frumenti *IMisc* 267/20.

gavelocus, ~a [ME *gavelok*]

1 javelin, dart.

s1256 Frisones .. ipsum cum jaculis que vulgariter ~os appellant .. Danisque securibus et gesis .. hostiliter insequebantur M. PAR. *Maj.* V 550; **1327** de .. dcxl capitibus quarellorum pro springaldis, clxxij capitibus pro ~is, xix barris ferri *KRAc* 16/27.

2 (iron) crowbar.

1256 furabatur j cyphum argenteum .. j loricam, j gavilocam ferream ad quarreram fringendum *AssizeR Northumb* 106; **1276** duas *gavelokes* ferreas *IMisc* 34/1; **1368** pro emendacione xxv *wegis*, .. et pro ij gavelokis .. ij d. *Ac. Durh.* 571.

gavely- v. gaveli-. **gavil-, gavill-** v. gabul-, gavel-.

gavisio, enjoyment, use.

1450 ne perturbet inhabitantes .. civitatis [Brechin'] in ~one hujusmodi communitatis *Reg. Brechin* 127 *rub.*; **1569** in pacifica ~one earundem [sc. devoriarum] *Scot. Grey Friars* II 209.

gavisivus, inclined to joy.

[invidia] lacrimosa secundis, / gavisiva malis HANV. VI 88.

gavyl- v. gavel-. **Gawens-** v. Galwal-. **gawita** v. gaiwita. **gay-** v. et. gai-, wain-. **gaym-, gayn-** v. wain-. **gayol-** v. gaiol-. **gayum** v. caium.

gaza [CL], **~um,** treasure, wealth; **b** (w. ref. to natural deposit); **c** (fig.); **d** (spiritual or intellectual).

dum felix ditis patrimonia gazae / possidet ALDH. *VirgV* 2181; **a795** sit .. virginitas elemosinarum largitate fertilis, nec sibi caducas divitiarum ~as avida congreget manu ALCUIN *Ep.* 36; **799** (13c) quas .. terras .. rex Egcberhtus magnarum reconpensatione ~arum ad praenominatam perdonavit ecclesiam *CS* 293; **940** (12c) temporalia gadza necnon et lucra possessionum *CS* 756; argentum vilescit et aurum / quicquid ut [? l. et] in mundo gazarum cernitur isto WULF. *Swith.* I 968; ingentes ~as ac possessiones optulit ORD. VIT. XI 26 p. 257; ROB. BRIDL. *Dial.* 148 (v. gazophylacium 2a); ambitus hunc torquet gasis ambitus ut exstet H. AVR. *CG* 9r. 6. **b** pretiosa metallorum .. et ~arum omnium copia GIR. *TH* I 37. **c** in giro volvens jugiter non vergo deorsum / cetera ceu properant caelorum lumina ponto, / hac gaza ditor, quoniam sum proximus axi ALDH. *Aen.* 53 (*Arcturus*) 5; gazas, delphine, tuas natura recondit, / nam testes sexus interiora tegunt NECKAM *DS* III 385 p. 403. **d** Hebreas Latio pandit in orbe gāzas (BEDE) *Epigr. Milredi* 802; nostra legat .. commenta .. / de gazis veterum quae tulit unca manus ALCUIN *Ep.* 251; pandebat ei aeraria et cellaria Christi .. in .. oblectationibus dominicarum ~arum GOSC. *Aug. Maj.* 88B.

gazatus, wealthy.

[rethor] sepe reum gazatum ledit amore / nummorum D. BEC. 1518.

gazealiticus [cf. gaza, gieziticus], wealthy.

s1314 captus fuit ille ~us Johannes de Britannia qui .. pro sua liberatione obtulit libras non modicas FORDUN *Cont.* XII 20 (cf. *Plusc.* IX 12: ditissimus).

gazel, ~ella [Ar. *ghazāl*]

1 gazelle or musk deer.

apostema ~el .. scinditur a parte ventris animalis .. sophiste accipiunt de sanguine .. et miscent .. et decipiunt, sed nigrior fit color nec sic aromatizat BACON IX 173.

2 swift horse.

rex [Hierosolime] cum suo commilitone ~am suam ascendit ORD. VIT. X 21 p. 134.

gazetum, treasure house, or treasure.

gaza .. inde hec gazula .. diminut., et hoc ~um, i. gazarum repositorium, et pro ipsa gaza dicitur OSB. GLOUC. *Deriv.* 258.

gazifer, wealth-bringing.

857 (11c) aliquam parvam portionem libertatis .. ~feri agelluli in vico Lundonie *CS* 492; **985** (v. astus a).

gazophylacium [LL < γαζοφυλάκιον]

1 (Jewish) temple treasury (also fig.); **b** (w. ref. to *Mark* xii 42).

fecit sibi Eliasib grande gazofilacium in quo reponerentur ea quae .. in usus ministrantium necessaria erant BEDE *Ezra* 920; in ipsum .. templum superceleste .. in quo et .. tot atriola, tot ~ia, tot vestibula H. BOS. *LM* 1372C; gazophilacium est vas repositorium, archa sc., ubi colliguntur ea que ad indigentium curam in templo offeruntur, et est archa illa sic dicta quasi gazarum, id est divitiarum, custodia; nam *philaxe* Grece 'custodire' dicitur Latine, ut dicit Ysid. [*Etym.* XX 9. 1] BART. ANGL. XIX 125; inducta fuit .. familia .. in ~ium templi NETTER *DAF* I 413b. **b 798** nec .. evangelica vidua duo minuta injecit gazophilacio propter indigentiam templi sed propter devotionem suam ALCUIN *Ep.* 145 (cf. ib. 114: manus pauperis gazofilacium est Christi); **1032** (12c) ad sacra .. sanctuaria in Domini ~io diversa jubentur jactari .. munuscula *CD* 746; divites ditia mittebant donaria in gazophilatium, paupercula mulier solum duo minuta PULL. *CM* 214; inter .. magnos viros qui de laudibus Domini mei scribunt ego cum paupere vidua minutum devotionis in gazophilacium mitto P. BLOIS *Ep.* 66. 202A; **1444** in .. matris .. ecclesie gazophilacio more evangelice paupercule non ut duo minuta sed vix ut unum victimam Deo .. optulimus *Reg. Heref.* 276.

2 treasury, strong-room, muniment-room; **b** (eccl. or mon.); **c** (fig.).

gazophilacium, *madmhus* ÆLF. *Gl.* 164; **10..** gazaphilacium, *welahord, feoh WW*; festinavit .. pecuniam recipere .. munitumque gazofilacium sibi procurare ORD. VIT. VII 16 p. 244; ~ium est locus ubi divitie reservantur; 'gaza' .. Persica lingua divitie dicuntur, 'philaxe' servare ROB. BRIDL. *Dial.* 148; hoc ~ium .. i. area ubi communis census reponebatur OSB. GLOUC. *Deriv.* 258; **s1235** jussit .. papa .. fratri minori thesaurario .. suo .. pecuniam in ~ium suum deportare *G. S. Alb.* I 308; **s1294** cum .. ex ~io regis .. remunerati fuissent *Flor. Hist.* III 273; **s1294** rex Anglie .. omnem pecuniam numeratam et omne depositum in ecclesiis cathedralibus et universis gazofilaciis clericorum et laicorum .. ex improviso cepit W. GUISB. 248; hoc gazafilacium, *a hordhows*, .. *a treserhouse WW*; *tresowre* .. errarium .. gasophilacium *PP*. **b** EDDI 63 (v. clavicularius b); in gazophilacio .. ecclesie est in scrino stola S. Johannis Oris Aurei *Descr. Constant.* 258; archidiaconus Atrebatensis .. reliquias .. Thome .. inclusas servabat. sed noluit martyr .. sub modio lucernam abscondi, nam crepans apotheca .. indignans sanctuarium custodie sua tenebras increpabat. exterritus gazophilacii custos fugit W. CANT. *Mir. Thom.* II 89; **1541** x s. restantes in domo ~ii .. ecclesie ad sustentacionem .. altaris *Reg. Aberd.* I 418. **c** gazofilacio scientiae reserato ALDH. *Ep.* 5 p. 491; **a795** in .. memoriae gazofilacio reconde illud ALCUIN *Ep.* 28; **800** intra sanctorum ~ia doctorum et profer nobis .. nova et vetera [cf. *Matth.* xiii 52] *Ib.* 196; ave virgo .. / Dei penus, Dei templum / et gazofilacium WALT. WIMB. *Virgo* 125; R. BURY. *Phil.* 5. 74 (v. cherubicus); ne .. eorum doctrina igne examinacionis probata veritas in gazophilacium Domini reponatur et sentenciam dampnacionis reciperet doctrina erroris WYCL. *Ver.* I 346.

gazophylagis [γαζοφύλαξ], guardian of treasure house.

hic ~is, i. gazophylacii custos, .. dicimus etiam gazophylax OSB. GLOUC. *Deriv.* 258.

gazophylax [LL < γαζοφύλαξ], guardian of treasure; **b** (interp. as 'rich man').

OSB. GLOUC. *Deriv.* 258 (v. gazophylagis). **b** qui cupide servat ypogeum gazophilacis [*gl.*: i. divitis] *WW*.

gazula, (little) treasure.

jam pastor superis indite gazulis, / .. / assis quo clipeus noster in omnibus / Augustine placabilis WULF. *Poem.* 166; OSB. GLOUC. *Deriv.* 258 (v. gazetum).

ge [LL < γῆ]

1 earth.

ge .. 'terra' dicitur S. LANGTON *Chron.* 187.

2 (in special compounds, of var. earths or powders; *cf. TLL s. v. ges*).

gisampelitus [γῆς ἀμπελῖτις] genus est crete vel terre nigri coloris ut aspaltum *Alph.* 77; †gipsa terreos [v. l. gipsa terrees, γῆς ἀστήρ], i. terrea astiata, i. rubeus bolus armenius *Ib.* 76; gischia [γῆς Χία] gleba est alba et lata et non valde candida. efficaciter stringit cutem, pingat et extendit et splendidam facit *Ib.* 77; ge cretica *Ib.* 73 (v. creticus); †geserichnias [v. l. gyserichiarias, γῆς Ἐρετριάδος] est alia alba, [alia] cinerea, levis et mollis *Ib.* 77; gis melia [v. l. gys melea, γῆς Μηλία] est colore spodii cinereo, dura gustu animosa atque siccans linguam *Ib.*;

†gisanna [v. l. gimasia, l. gisamia, γῆς Σαμία] alba valde est eligenda et levis, fluxum mulieris †fringit [v. l. stringit] *Ib.*; gys ex hirundinum nidis constrictive est virtutis *Ib.* (v. constrictivus); gis qua pictores utuntur sumitur ex †vitarum [v. l. vitrariorum] caminis vel fornacibus *Ib.*

geba v. caepa. **gebell-** v. 2 gabella. **gebsia** v. geusia.

geburhscipa [AS *geburhscipa*], district.

si non possit [sc. adducere credibile testimonium], nominentur ei vj homines de eadem ~a in qua .. residens est (*Quad.*) *GAS* 139.

geburus [AS *gebur*], (free) peasant farmer. *Cf. burus.*

si .. in gavelgilda domo fiat [dimicatum] vel in gebures xxx s. culpa judicetur et ipsi ~o [vv. ll. jeburo, tyeburo] vj s. (*Quad.*) *GAS* 93; de ~i [AS: *gebures*] consuetudine: ~i consuetudines inveniuntur multimode (*Ib.*) *Ib.* 446; omnis ~us [AS: *gebur*] det vj panes porcario quando gregem suum minabit in pastinagium (*Ib.*) *Ib.* 447.

gecur v. jecur.

†gedeola [Ar. *hadaba = hump, misr. as jadaba > gedeba*], anterior domed surface of liver.

sima, i. concavitas epatis, sed ejus gibbositas dicitur .. gobbus vel zirca vel †gedeola [? l. gedeba], ut in libro urinarum Ysaac *Alph.* 171 (v. cyrta).

gehenna [LL < Heb.], hell, esp. w. ref. to future punishment; **b** (w. *filius*); **c** (phr. *aedificare ad ~am* or sim.); **d** (pl.).

puteus ille flammivomus .. ipsum est os ~ae BEDE *HE* V 12 p. 308; **793** cavete tormenta ~ae ALCUIN *Ep.* 16; **982** (12c) inter .. malignorum spirituum catervas aeternis ~ae incendiis cum Juda .. cruciandum *CD* 633; qui facit ipsa carnalia opera, habebit ~am, quae est perpetua corruptio LANFR. *Comment. Paul.* (*Gal.* vi 13) 285; dicere solebat malle se purum a peccato innocentem ~am habere quam peccati sorde pollutum celorum regna tenere EADMER *V. Anselmi* II 15 p. 84; **1134** in profundum ~e ignis demergatur (*Ch.*) *Chr. Rams.* 319; Mauricio semper oranti ut Deus eum presentialiter puniret et non in ~a R. NIGER *Chr. I* 55 (cf. GIR. *PI* I 20: temporaliter .. vel gehennaliter); semper morietur et heres / fiet in eternum Sathane carboque jehenne M. RIEVAULX (*Vers.*) 36; **1231** duo [sint] calcaria, in dextro pede promissio beatitudinis future, in sinistro metus ~e GROS. *Ep.* 6 p. 40; ego .. gravius quam jehenna esse puto separari a Christo H. HARTLEPOOL 199; **1453** noli propter aurum animam perdere .. et usque ad ~am ire *Reg. Whet.* I 122. **b 799** epistolam foetidissimam de filio ~ae ignis Albino ALCUIN *Ep.* 183; amor librorum qui ~e filium et alumnum Tartari per graciam baptismalem filium fecit regni R. BURY *Phil.* 15. 203. **c** GIR. *Invect.* I 7 etc. (v. aedificare 4b); ne timeas .. viam .. construere ad ~am P. BLOIS *Ep.* 9. 27A; **1433** videtur agere contra conscienciam et .. aedificare ad ~am qui legem iniquam conatur condere (*Responsio abbatis*) AMUND. I 340. **d** inter .. ~arum tormenta FELIX *Guthl.* 31; **1019** (14c) cum zabulicis ~arum parasitis ferreis sartaginibus crudeli torqueantur in poena *CD* 730; metuent intrare gehennas [*gl.*: penam eternam] (J. BRIDL.) *Pol. Poems* I 206, 207.

gehennalis [LL], of or appropriate to hell, hellish; **b** (w. *poena* or sim.); **c** (w. *flamma, ignis,* or *incendium*); **d** (obj. w. *timor*).

†851 (11c) ut .. eum ~is inferni absorbeat incendium *CS* 462; filios lucis separavit ab iis qui in tenebris ~ibus permanserunt NECKAM *NR* I 2; consuevi corpus hoc tormentis ~ibus immergere R. COLD. *Godr.* 155; erat extra murum puteus, ~is introitus COGGESH. *Visio* 11; AD. EYNS. *Hug.* IV 12 (v. edacitas a); corpus meum et animam simul irremediabiles cruciatus et .. olla jehennalis baratri deglutient *NLA* II 529 (*Narratio*); infernus, infernalis, ~is .. *CathA*. **b** de .. horrore poenae ~is carmina faciebat BEDE *HE* IV 22 p. 261; **†948** (15c) supplicium ~e perpetuo duraturum *CS* 872; **1004** ut .. ad poenas consociaret ~es *CD* 710; si mortem non times temporalem, time, miser, vel ~em GIR. *GE* II 9; **1253** poenarum ~ium GROS. *Ep.* 128 p. 436. **c** nec eum patiaris cruciari ~ibus flammis *RegulC* 68; audit regem .. obiisse, animam illius .. ~ibus incendiis tradendam OSB. *V. Dunst.* 30; in ~i flamma nihil ardebit nisi tantum delicta ALEX. CANT. *Dicta* 5 p. 131; cur lactatus sum uberibus? cur in patibulum ~is flamme nutritus? P. BLOIS *Serm.* 670C; ignea lux incendii ~is AD. EYNS. *Hug.* V 13 p. 159; igne jehennali consumi non patiaris / quem tuus ille cruor et mors preciosa redimit M. RIEVAULX (*Vers.*) 44. 5; animas .. ~ibus flammis tradebant cruciandis *Meaux* I 251. **d** subditur quod ~is timor ante veniens locum preparat charitati PULL. *Sent.* 652D.

gehennaliter, in hell.

de imperatore Mauricio, qui potius temporaliter puniri petiit .. quam vel in purgatorio vel ~iter GIR. *PI* I 20 *rub.* (cf. R. NIGER *Chr. I* 55: presentialiter .. et non in gehenna).

geira v. gara.

gelacia [AN *gelace, galacias* < galaxias], milk-stone. *V. et. galactites.*

leviter ut timidus te tango, gelacia, frigus / horrens, quod fervens vincere flamma nequit NECKAM *DS* VI 283; gelacia gemma est candida habens speciem grandinis in figura BART. ANGL. XVI 49.

†gelados [Ar. *jalīd, misr. as jalayd = frozen water, optic humour*], optic humour.

vitreus .. humor ad modum vitri purus est et perspicuus et Arabice dicitur ~os BART. ANGL. V 5.

gelare [CL]

1 to freeze; **b** (absol., of weather); **c** (fig.).

OSB. GLOUC. *Deriv.* 258 (v. gelatio); **c1236** fervens calor etiam ~ata que contingit, solvit GROS. *Ep.* 31 p. 117; serpens semel jacebat super terram ~atam et multum algebat O. CHERITON *Fab.* 59; recedit gelidus et gelans aquilo WALT. WIMB. *Carm.* 303; ~at, *freses WW*. **b s1491** fuit gelu .. vehemens ... incepit ~are cum nive .. cadente *Reg. Merton* 143. **c** bonorum ~ante studio, incommodorum seges succrescens incaluit W. MALM. *GR* IV 312 p. 367; cum .. humanitus caritas gelabit PECKHAM *Def. Mend.* 412.

2 to congeal, solidify.

GILDAS *EB* 24 (v. 2 crusta 1c).

gelascere [CL], to freeze.

lavasco, ~o ALDH. *PR* 124; OSB. GLOUC. *Deriv.* (v. gelatio).

gelatina, ~ia, v. galatia.

gelatio [LL], freezing.

gelo, unde .. ~o .. et gelasco OSB. GLOUC. *Deriv.* 258.

gelbus v. gibbus. **gelda** v. geldum, gilda.

geldabilis [cf. geldum]

1 subject to geld, tax: **a** (of persons); **b** (of land); **c** (of vill); **d** (of other property). **e** (w. ref. to service or sim.).

a 1242 illos de comitatu suo qui sunt ~es *KRMem* 20 m. 12; **1257** qui ~es sunt in burgo Warwici *Firma Burgi* 271; **1275** Galfridus le P. fuit goudabilis ad hundredum de M. *Hund.* I 443b; prior de Norwic' subtraxit Robertum .. [et] Galfridum .. qui solent [esse] in leta supradicta godabil' in hundr' jam xx ann' elaps' *Ib.* 469a; **s1276** comitatus amerciatus est de xl m. pro falso judicio; et propter hoc contribuimus pro terris nostris .. sicut ceteri ~es *Ann. Dunstable* 270; **1279** solebant sequi ad hundredum de W. et in omnibus esse ~es ad predictum hundredum *PQW* 339a; **1279** solebant .. in omnibus esse ~es domino regi *Ib.* 350a; **1292** omnes tenentes sectatores curie et ad omnia tallagia guldabiles *Reg. Wint.* II 721. **b c1120** in W. est tantum *inlande* ubi possunt esse aratra ij et de altera terra gildabili sunt etiam in domino v b[ovate] *Cart. Burton* 29; **1181** quot hyde sint in dominio, quot assise, quot libere, quot ~es *Dom. S. Paul.* 112; **1222** iste due sunt ~es ad auxilium regis cum aliis hidis *Ib.* 46; **1222** preter solandam de Chesewich que per se habet ij hidas, et sunt ~es cum hidis de Sutton *Ib.* 93; **1268** predicte terre nec tenementa non sunt gildabiles, nec aliquid debetur inde domino regi nec vicecomitibus vel hundredariis suis *IAQD* 2/35; **1271** quod omnes terre .., que prius fuerunt ~es, libere .. sint .. de omnibus rebus geldabilibus *Cl* 437; **1275** terra .. que fuit goddabilis ad *scoth* et *lote Hund.* I 469b; tenementum .. non est geuldabile *Ib.* 272a; **1287** omnes terre et omnia feuda sua extra manerium de W. sunt ~ia *PQW* 1b; **1349** omnia messuagia nostra .., tam illa que sunt gildibilia extra libertatem civitatis Dublin' quam illa que sunt in libertate civitatis *Dign. Dec.* 88. **c 1275** lxvj ville .. de quibus iij sunt regales et non guldabiles *Hund.* I 84a; **1276** (v. elemosinare 2b); nec predicte ville sunt regales, seu guldabiles nisi ad hundredum .. episcopi *Aids* II 5; Fordinton .. non est regalis nec guadabilis .. Frome Belet est gudabulis *Ib.* 17; ville .. guyldabiles cum hundredo ad regem, sc. ad turnum vicecomitis et ad amerciamenta justiciariorum *Ib.* 23; Briwetone est villa mercatoria et guldabilis ad hundredum *Ib.* IV 293; **s1285** quot ville sunt in wapentaca et hundredo, et que, et etiam que sunt gildebiles et que non (*Inq.*) *Chr. Peterb.* 105. **d 1371** sewera vocata Milnbek' .. unde medietas infra libertatem .. et alia medietas ~is *Pub. Works* II 341. **e 1271** libere .. de .. rebus ~ibus (v. 1b supra); **c1290** rex est in seisina de servicio quod dicitur gildabile proveniente de terris et tenementis *IMisc* 49/20.

2 (as sb. n.) geld district.

1291 [quod est] infra ~e nostrum wapentachi nostri de Charhou [*Yorks*] *Pat* 111 m. 27; **1292** Willelmus modo tenet guldabilia ad communes fines *PQW* 374b; **1293** petit judicium si liceat .. Ricardo ducere hujusmodi felones per medium gyldabil' comitatus *Ib.* 207b; **1326** (1379) dicit quod dicte abbathie non sunt infra metas civitatis predicte, sed extra in gildabulo .. regis *Cart. Dublin* I 9; **1331** nullus utlagatus in gildabili receptetur infra libertates *StatIr* I 326; **1333** non est aliqua libertas de Berkelee ad quam .. vicecomes returnum brevium regis de jure facere tenetur, quia .. vicecomes non fecit execucionem dicti brevis in geudabile infra ballivam suam *LTRMem* 105 m. 23 *recorda*; **1364** (v. contribuere b); **1415** per unum miliarium extra civitatem et in gildabili domini regis *Rec. Norw.* I 323 *n.*; **1418** quedam molendina .. et prata .. sunt in et de corpore comitatus Oxonie .. et in gildabili domini regis ejusdem comitatus *MunCOx* 184.

geldagium, geld; **b** (Gasc.).

c1150 (1318) sint .. quieti de omni hidagio, scutagio, relevio, summonitione .. guldagio [etc.] *MonA* VI 366; **1275** homagium Willelmi de la P. .. subtrahit se de turno vicecomitis et de ~io hundredi *Hund.* I 531b; **1302** clamat .. quietus esse de hidagio, gildagio [etc.] *PQW* 108b; **1329** quieti de muragio, kaiagio, pavagio, passagio, gildagio et gilda mercatorum et omnibus aliis hujusmodi consuetudinibus per totum regnum nostrum (*ChartR* 115 m. 3) *Gild Merch.* II 374; **1535** pro guldagio ejusdem manerii [*Bickleigh, Devon*] .. per annum iij s. viij d. *Val. Eccl.* II 378. **b 1308** ballivam numerandi omnes vaccas que .. super landas inter civitatem Burdegal' et villam de Aquis ducentur depascende, et de quibus gildagium nobis debebitur *RGasc* IV 88.

geldare

1 to pay (compensation). **b** (trans.) to fine.

ille xj custodiat (*sic*) ipsorum hyndendorum pecuniam [AS: *hig xj healdan þære hyndene feoh*] et sciat quid ipsi mittent quando ipsi gildare debebunt [AS: *þonne man gildan sceole*] (*Quad.*) *GAS* 175; ille cujus pecunia erit pro qua gildabimus [AS: *we foregildað*] (*Ib.*) *Ib.* 178; si quis .. hominem occidat, ipse sibi portet homicidii faidiam, nisi amicorum auxilio .. persolvat pleno weregildo .. si eum tunc cognatio sua deserat et pro eo gildare nolit .. (*Leg. Hen.* 88. 12ab) *Ib.* 604. **b** si iterum furetur .. wera sua, ~et eum [AS: *forgildon hy hine be his were*] vel reddat similiter incarceratum (*Quad.*) *GAS* 151.

2 (of person) to pay geld. **b** (trans.) to assess for geld.

DB I 252 (v. burgensis 2a); **1102** precipio tibi ut ita ~as cum Faritio abbate de A. sicut ~are solebas *Chr. Abingd.* II 91; **1123** Willelmus .. juravit monachis quod pro illa dim. hida ulterius gildaret, cujus gildum ante injuste retinuerat *Cart. Bath A* 52; **a1240** concessimus .. quod non gyllent cum comitatu de aliquo servicio vel tallagio vel labore *BBC* (*Dunheved*) 116 (= *MonExon* 24: gildent); **1275** tenentes .. solebant goddare et scottare cum villata de S. *Hund.* I 469b (cf. ib. 470a: goldare, geudare). **b s1284** item qui fuerunt ~ati tempore regis Henrici et qualiter status eorum mutatur (*Inq.*) *Chr. Peterb.* 98.

3 (of land, towns, *etc.*) to owe geld; **b** (w. *pro* in ref. to sum payable); **c** (w. *pro* in ref. to land assessed). **d** (trans.) to pay (geld).

tenet .. homo archiepiscopi dim. *solin* et cum his vj *solins* ~abat T.R.E. quamvis non pertineret manerio nisi de scoto quia libera terra erat *DB* I 4v.; una hida quae semper ~at *Ib.* 60; *Ib.* 267 (v. bovata 1a); sunt xxiij hidae et xl carrucatae terrae non gheldantis *Dom. Exon.* 528; **c1103** precipio quod totum dominium S. Edmundi .. ita geltet et ita sit quietum ab isto geldo .. sicut fuit in tempore .. (*Ch. Hen. I*) *EHR* XXIV 426 (= *Regesta* 643); **1255** tenent ij hidas in W. gildentes *Hund.* II 66. **b** de his iij hidis ~abat j hida singulis annis pro x s. ad opus regis *DB* I 168ra; tenet Osbernus .. ij hidas et dim. et pro tanto ~averunt cum aliis hidis *Ib.* 58v.; **c1182** in Bromhale .. Godefridus et Edwinus [tenent] dim. virgatam; ~at pro viij s. *RBWorc.* 83. **c** civitas de Cestre T.R.E. ~abat pro l hidis *DB* I 262v.; **1130** Robertus debet lij m. argenti et dim. ut manerium de B. ~et amodo pro vj hidis *Pipe* 123; **a1160** (1268) precipio quod terra .. abbatisse de R. .. ~et pro j hyda et dim. sicut solebat ~are tempore H. avi mei *CalCh* II 103. **d** rex tenet in dominio S.; de firma regis E. fuit. tunc se defendit pro xvij hidis. nichil ~averunt *DB* I 30.

4 (pass.) to be assessed for geld; **b** (w. inf.).

1285 villa de D. solebat guldari cum hundredo predicto et reddere ad turnum vicecomitis iiij s. per annum, et nunc subtrahuntur *Aids* II 16. **b** nullum more militum servitium exhibebatur inde, et si quando regio imperio ~ebatur obolum [? l. oboli] ad valens .. reddere, homines de O. cum suo etiam ipsius geldum exsolvere cogebantur. quam injustitiam cum .. Faritius [ob. **1117**] comperisset .. *Chr. Abingd.* II 125.

geldatio, (assessment of or for) geld.

s1120 in comitatu Berchescira a collectoribus amplius exigebatur quam debebatur de gildatione ecclesie contingenti *Chr. Abingd.* II 160; **a1154** clamavit .. quietum manerium B. Petri et monachorum .. de ~one xliiij hidarum de omnibus rebus que dicuntur ad coronam regis .. spectare, ut ille xliiij hide ulterius non geldent .., set residue xxviij hide ejusdem manerii geldabunt et omnia ad regem pertinentia persolvent *Doc. Theob.* 275; **c1182** Petrus clericus [tenet] j virgatam geldabilem ... hanc tenuerat pater ejus libere antiquitus per ~onem regis *RB Worc.* 83.

geldum, ~a, ~us [AS *geld*, ME *ȝeld*]

1 payment, price.

si quis rectum declinet .., persolvat uno gildo [*gl.*: angildum; AS: *forgylde þæt angylde*] (*Quad.*) *GAS* 194; in vicesimam unam noctem ipsius were primum gildum [reddatur] (*Leg. Hen.* 76. 5) *Ib.* 593.

2 Danegeld. *Cf. Danegeldum.*

Brihtwoldus .. magno illo ~o, qui tunc Danis dabatur, oppressus W. MALM. *GP* V 258; medietas cujuslibet ~i regii semper computatur super aulam *Kal. Samson* 20 (cf. ib. xxxviii).

3 geld, tax, payable to King; **b** (w. *communis*); **c** (dist. by form); **d** (Sc.).

†948 (15c) volo quod .. monachi sint quieti et soluti ab omni scotto, ~o, auxiliis *CS* 872; **†1065** quatinus ecclesia

ista sit libera .. ab .. omnibus ~is et consuetudinibus *CD* 817; **a1069** sint .. quieti .. de .. omnibus ~is, fengeldis, horngeldis, forgeldis, penigeldis [etc.] *MonA* III 500a; **1071** (v. donum 3a); **a1084** iij hidas .. quietas de murdro et ~o vel danegeldo *Regesta* p. 125; quando geld' dabatur T.R.E. communiter pro tota Berchescira dabat hida iij d. et obolum ante Natale Domini et tantumdem ad Pentecostam *DB* I 56v.; hanc terram sumpsit .. vicecomes .. in manu .. regis pro forisfactura de gildo regis se non reddidisse ut homines sui debent. sed homines de scira non portant vicecomiti testimonium quia semper quieta fuit de gildo et de aliis erga regem *Ib.* 141; *Ib.* 336v. (v. Danegeldum); viij d. et iij ferdingos de gilto *Ib.* II 241v.; cccxxviij mansiones vastatae sunt in burgo quae T.R.E. scottabant ad geltum regis *Ib.* 290; **1100** militibus .. terras dominicarum carrucarum quietas ab omnibus ~is concedo (*Ch. Hen. I*) *GAS* 522; **c1115** volo .. quod *soke* S. Marie .. de H. .. et ij hyde sue de N. .. sint quiete de communitate et ~is burgi H. *BBC* (*Huntingdon*) 105; **1157** ~as civitatis (v. 1 assisa 1a); **1139** j virgatam terre .. liberam ab omnibus rebus exceptis ~is meis *Doc. Theob.* 111; H. HUNT. *HA* VII 22 (v. 2 exercitus 3c); **a1155** ij bovatas terre ad cheldum regis *Danelaw* p. cxxxiii; **c1180** (1464) volo .. quod .. monachi liberi sint .. ab omni scotto et gilledo et omnibus auxiliis regum .. et ministrorum meorum *Pat* 509 m. 11 (= *Cal.* p. 378); **12..** tenet .. v bovatas terre ad ~um .. et de istis .. respondit Willelmo Marscallo de scutagio et aliis forinsecis *Chr. Peterb.* 153; **1257** concordia .. de j m. de ~a in villa de Aylingtone *Cart. Rams.* II 324; **1299** sint ad gildam et scottam cum eisdem burgensibus quociens burgum .. contigerit talliari *BBC* (*Hull*) 140; **1331** quieta de omnibus ~is et danegeldis et hidagiis *PQW* 456a. **b** *DB* I 30 (v. communis 6e); **c1096** (1332) (v. 3c infra); **c1120** ~a .. regis communia que per omnem comitatum currunt solvet .. quantum terre unius pertinuerit virge *Chr. Rams.* 264; **1163** si rex posuerit comune ~um per totum comitatum Linc' *Danelaw* 127; **1275** abbas de B. clamat habere libertatem quod quieti sint de hidagiis, murdriis, et aliis communibus guldis *Hund.* I 79b. **c** Huntendun .. defendebat se ad geldum regis pro quarta parte de Hyrstingestan hund' pro l hidis. sed modo non geldat in illo hund' postquam rex W. ~um monete posuit in burgo *DB* I 203; Aluredus .. habet iij *toftes* de terra S. quam rex sibi dedit, in quibus habet omnes consuetudines preter ~um regis de monedagio *Ib.* 336v.; **c1096** (1332) sint .. liberi et quieti de ~o militum et de geldo communi et de omni servitio unde denarius exigitur *CalCh* IV 287; **1127** (1307) ut .. teneant .. quiete de ~o vaccarum *CalCh* III 81 (= *Regesta* 1491); **1130** Ricardus debet viij li. de ~o animalium quarti anni .. *Pipe* 141. **d** **c1145** dedisse .. toftum .. ut teneat .. quiete ab omnibus serviciis .. et ~is *Regesta Scot.* 17; **c1180** liberam ab omnibus .. ~is, scutagiis, cornagiis *Ib.* II 214; **c1205** concessisse .. terram .. et piscariam .. tenendas .. libere et quiete .. ab omnibus auxiliis et ~is et omnibus servitiis *Reg. Aberbr.* I 35; **a1210** hospitale adquietabit illam carucatam terre de ~o regio quod communiter capietur de terris .. per regnum Scocie *Reg. S. Andr.* 99; **1236** quod .. liberi sint ab omni scotto et gildo et omnibus auxiliis regum et vicecomitum (*Ch. Regis Scocie*) *Reg. Aberd.* II 269.

4 geldable land, geld district. *Cf. geldabilis* 2.

aecclesia habet ij hidas de c hidis quae computantur in ~o civitatis *DB* I 253; in ~o civitatis sunt iiij^{xx} et iiij carucatae terrae, et una quaeque geldabat quantum una domus civitatis et in iij operibus regis cum civibus erant *Ib.* 298; **1307** Somergang .. non est infra portman' libertatis predicte, immo in ~a comitatus *PlRCP* 164 r. 307*d*.

gelela [LL], **gelena,** gourd.

gelena, i. coloquintida, cucurbita Alexandrina *Alph.* 73; †celena *Ib.* 39 (v. cicuta a); opium quirrinacium, lesera, †quileya *Ib.* 130.

gelicidium [CL]

1 frost; **b** (fig.).

lupus .. caudam in aquam posuit et diu tenuit donec esset congelata; gelu enim faciebat; .. non potuit [extrahere] propter ~ium quod caudam tenuit O. CHERITON *Fab.* 74; **s1337** (v. dissumptio). **b** friget caritas in ~io *Mir. Wulfst. prol.* (v. 1 frigere 2).

2 (by misinterp.) thaw.

thowe, ~ium, degelatio *CathA*; ~ium, A. *thawe WW*.

gelidare, to freeze (trans.).

1337 mulieribus portantibus aquam .. ad abbaciam .. quando pipa ~ata fuit *Ac. Durh.* 536.

gelide [CL], icily.

gelu .. inde ~e, et hec geliditas OSB. GLOUC. *Deriv.* 258.

geliditas, coldness.

OSB. GLOUC. *Deriv.* 258 (v. gelide); Germani a gelida poli regione .. hanc contrahunt et nature ~atem GIR. *DK* I 15; putrefactionem que est .. communis passio ~atis proprie et caliditatis aliene SICCAV. *PN* 141; *calde*, frigus .. ~as, algor *CathA*.

gelidus [CL]

1 (of atmospheric conditions) cold, icy; **b** (of places so affected); **c** (of water). **d** naturally cold, without warmth.

675 contra ~a brumarum flabra ALDH. *Ep.* 3; noctibus in gelidis ÆTHELWULF *Abb.* 195; **940** perpessus sit ~is glatiarum flatibus et .. exercitu malignorum spirituum nisi .. *CS* 759; comparat eos aucis silvestribus que .. segetes consumantes in temporibus ~is inpinguantur WYCL. *Apost.* 42. **b** gelidos .. Alpes FRITH. 694. **c** gelido qui cultus fonte rigabis ALDH. *VirgV* 8; de ciconiis hoc mirandum quod aquas ~as petant, tepidas relinquant GIR. *TH* I 19; penitencia in aqua ~a *Spec. Laic.* 45. **d** frigidus ex gelido prolatus viscere terrae ALDH. *Aen.* 27 (*Coticula*) 1; jam nasci gelido natum de viscere matris HWÆTBERHT *Aen.* 31 (*Scintilla*) 2.

2 affected by cold, chilled; **b** (w. death).

si quis cibum sumpserit absque corporis necessitate .. cibus tunc inveniet calorem naturalem stomachi ~um J. MIRFIELD *Flor.* 152; **b** manus et brachia ~us rigor obligat, extremus flatus in arto tantum pectusculo vaporat GOSC. *Transl. Mild.* 37 p. 208; eum .. morte ~um reperit ORD. VIT. III 4 p. 67.

3 inducing cold, chilling: **a** (of fear); **b** (of poison).

a ~o per ossa tremore currente GILDAS *EB* 6. **b** sed Paulus gelidum non sensit vulnere virus / laedere ALDH. *CE* 4. 2. 27; furias videt .. gemellas / .. / armatas gelido serpentinoque veneno WULF. *Swith.* I 510.

gelima [Frk., cf. AS *gelm*, ME *ȝelm*], sheaf, bundle.

11.. ~ia, i. *garbe WW Sup.* 54; NECKAM *Ut.* 113 (v. 4 area 2a); inventa sunt horrea .. integra .. et non solum una geluma [v. l. †gelinia; l. gelima], sed nec una arista apparuit humecta J. FURNESS *Kentig.* 21 p. 197; arconium est acervus ~arum et tendit in conum S. LANGTON *Ruth* 114; unum parvum ~a (*sic*) feni O. CHERITON *Fab.* 81; **1279** debet teddiare herbagium .. et habebit de domino pro illo servicio iij yelmas feni *Hund.* II 870; **1340** unum *ȝelm* straminis *RentSurvR* 699 m. 1; *gavel off corne*, geluma ..; *schefe* .. garba .. ~a *PP*; *a schefe*, †geliva, garba, merges *CathA*; hec garba, hec merges, hec ~a, A. *a schefe WW*.

gelimarium, heap (of sheaves), stack.

ingressus horreum, baculum .. †gelunario [MS: gelimario] infixit, .. signo crucis edito, †metam [MS: messem] benedixit et recessit J. FURNESS *Walth.* 53 (cf. FORDUN *Cont.* VI 34).

gelinia v. gelima. **gelirion** v. galion.

gelis [cf. OF *geline* < gallina], (?) fowl.

viij [anates] duabus dragmis, et geles x etiam duabus dragmis communiter venduntur S. SIM. *Itin.* 86.

geliva v. gelima. **gellina** v. gallina 2b. **gello** v. 2 gillo. **gelositas** v. zelositas. **geltare,** ~**um** v. geldare, ~um.

gelu, ~**um,** ~**us** [CL], frost, freezing conditions; **b** (fig.).

nix neque me tegit aut .. gelu vincit HWÆTBERHT *Aen.* 23 (*de aequore*) 3; ~um, *forst GlC* G 69; brumale ~u me prohibebat scribere ORD. VIT. VI 1 p. 6; nix est gutta levis, leviterque gelu solidata; / grando spissior est et mage stricta gelu NECKAM *DS* IV 189; quanto .. liquor fuerit grossioris substantie, tanto magis ~u inspissatur, ut mel *Quaest. Salern.* B 282; **a1248** si forte ~u eveniat continuum per quindenam, caruca relaxabitur *Doc. Bec* 94; **s1262** fuit magnum ~um et glacies valida *Leg. Ant. Lond.* 51; ante adventus .. ~us *Fleta* 163 (v. gramen 2); **1300** (v. effusio 1c); **s1338** venit ~u durissimum quod totam terram .. congelavit AD. MUR. *Chr.* 88; **1496** tempore magni ~u (*sic*) (v. degelare b); hoc ~u, indeclinabile, *frost WW*. **b** **796** ut .. flores fidei ad incrementa fructuum pervenire valebant; ne ~u .. duritiae emarcescant ALCUIN *Ep.* 113.

geluma v. gelima. **gelunarium** v. gelimarium.

gema [dub.], *s. dub.*

sal gema aportatur de Hispania. sal autem commune convenientior est omnibus creaturis M. SCOT *Lumen* 243; gema [v. l. gemma] quedam confectio est et interpretatur expertum *Alph.* 73.

gemabilis [cf. CL gemere], mournful.

murmur ~e expergefactus emisit B. *V. Dunst.* 29.

gemebunde, mournfully.

ille .. a .. fratribus quos offendisset ~e flagitare [coepit] GOSC. *Lib. Mild.* 21; ~e vobis loquens fateor ANSELM (*Or.* 198) IV 89.

gemebundus [CL], groaning, making a mournful sound: **a** (of person); **b** (transf.); **c** (of bird).

a cum ~a orationi se dedisset .. ÆLF. *Æthelwold* 4. 6; verecundus secum furit et gemebundus R. CANT. *Malch.* I 355; scripsit hec et ~us adjecit 'proh dolor!' H. BOS. *Thom.* IV 30; luget .. / Inachis et raptos gemebunda reposcit alumpnos J. EXON. *BT* III 7; presbyteri .. pro peccatis suis ~i et penitentes J. FORD *Wulf.* 87; Hercules .. eque gemendus ut ~us occubuit, qui celi arcem humeris sine gemitu sustinuerat MAP *NC* IV 3 f. 46v.; [conjunx Pirquini] ~a in hec verba prorupit ANDRÉ *Hen. VII* 74. **b** quare ergo maestas, mens o gemebunda, querelas / volvis .. ? BEDE *Hymn* 16. 15; multos cum Christo resurgere sed plures a credulitate ruere ~a pertractat *Id. Luke* 347; in crucis extensus gemebundo pectore signum ALCUIN *Carm.* 44. 15; fidelis anima .. sepe in semetipsa ~a suspirat ALEX. CANT. *Dicta* 20 p. 190; respondit rauca et ~a voce *Id. Mir.* 43 (I) p. 243. **c** castas, simplices, et ~as aves domino afferri consuevisse cognovimus BEDE *Hom.* I 18. 82.

gemellatus [cf. AN *gemelee*, ME *gemelled*]

1 arranged in pairs. **b** (?) (one of) two.

1245 vestimentum .. habet paruras .. breudatas leonibus .. et griffonibus in rotis ~atis *Invent. S. Paul.* 487; **1268** j firmaculum .. cum rub', smar' ~atis et perlis in circumferencia *Pat* 86 m. 25*d*. (= *Cal.* p. 280: †cernellatis). **b** **1304** pro planchacione medii [? stagii; MS *damaged*] turris gimellette ultra portam interioris ballii *KRAc* 486/15 m. 2 (cf. ib. 486/7: turrium gemellarum).

2 striped. *Cf. gemellus* 8.

1245 casula .. de .. panno nigro minutissime †ginillato cum gemellis purpureis *Invent. S. Paul.* 482.

gemellipara [CL], mother of twins.

~a .., que geminos parit OSB. GLOUC. *Deriv.* 260.

gemellus [CL]

1 twin-born; **b** (as sb.).

Christi tirunculos religiosa genetrix ~os enixa est ALDH. *VirgP* 34; trucidato fratre gemello BONIF. *Aen.* 192 (*de cupiditate*); monachorum contubernium instituit, martyrum quoque ~orum Ethelredi atque Ethelbricti germanorum corporibus illustravit GOSC. *V. Iv.* 87A; sic ~i .. sororis sue fratres eodem sunt modo, et tamen ejus duo sunt fratres PULL. *Sent.* 686A; BACON V 14 (v. 1 geminus 1d); *Id. Gram. Gk.* 62 (v. didymus 1); passi sunt Cosmas et Damianus, una vice geniti, carne et spiritu ~i *Eul. Hist.* III 46 p. 335. **b** **9..** ~os, *getwisan WW*; duo ~i in eadem matrice geniti *Quaest. Salern.* Ba 99; BACON *Maj.* I 138 (v. difformis); hic ~us, *a twynlynge of men*, .. hec ~a, *a twynlynge of women WW*.

2 forming a pair, two: **a** (of people); **b** (of parts of living creature); **c** (of things).

a fasces imperii reges tum forte gemelli / Alhfridus imperitans una genitor simul Osuuiu FRITH. 206; "visne" ait "ut faciam gerulos adstare gemellos / qui te comportent?" WULF. *Swith.* I 359. **b** ~is pupillarum luminibus ALDH. *VirgP* 32; hic .. poplitibus nec non et crure gemello / claudum restaurat *Id. CE* 4. 1. 19; manus .. gemellas WULF. *Swith.* I 1420; pro sexus lege gemellos / poros pisciculos constet habere mares NECKAM *DS* III 383 p. 403. **c** FRITH. 472 (v. capsaces); in brachiis ~as armillas aureas nobilitatis indicium GOSC. *Wulfh.* 1; **1291** turrium ~arum (v. botium d); **1306** in vj paribus cultellorum ~orum *Doc. W. Abb. Westm.* 197.

3 (w. *anulus*) gimbal ring.

1210 liberavit .. rex justiciario j anulum ~um ad ponendum inter j smaragdum qui defecit *Misae* 171; **1224** (v. anulus 1a); **1241** tradidit nobis anulum unum ~um cum rubito et duobus smaragdis *Liberate* 16 m. 18.

4 (as sb. m. or f.) hinge, AN *gemel*, ME *gemeue*.

a 1288 in plat' et *gugguns* subtus portas cum circul' ferr', gimell', gumphis, et vertivell' ad dictas portas *MinAc* 991/22; **1296** in .. iij paribus ~arum ad wykett' bargie *Ac. Galley Newcastle* 184; **1316** in ferro .. pro gimellis de wyketto *Rec. Leic.* I 315; **1344** in ij paribus jomellorum pro hostio .. closetti (*KRAc* 458/4) *Building in Eng.* 298; **a1414** aliud pectorale sive morsus .. potest plicari ad modum ~orum (*Invent.*) AMUND. II app. 344; **1435** de j d. ob. pro j gemell' empt' ad domum Willelmi *Ac. Churchw. Bath* 46; *gymew of a speryng*, †vertinella [l. vertivella] .. ~a *PP*.

5 forked branch, crotch.

1233 habere faciat .. constabulario Dovr' xvj virgas cum earum ~is in foresta de T. usque in castrum Dovr' cariandas *Cl* 282; **1330** de Rogero de B. pro j ~o, j ramo, xviij d. *KRAc* 131/24 m. 4*d*.; **1337** de Johanne de H. pro j souch' et j ~o, xij d. .. pro iiij cippis et j ~o prostratis xl d. *Ib.* 131/27 m. 2*d*.

6 (?) part of harness.

1266 (17c) in .. expensis cum cellis .. et equis emptis ad opus .. regis .. item ~is *ExchScot* 10; **1303** de .. iiij gambes' .., vj gomellis, ij testariis et ij coopertoriis de ferro pro equis *Ac. Exec. Ep. Lond.* 60.

7 (?) door-post, AN *gemelee*.

1308 expensa forinseca: .. [*wages of carpenter making a new cattle-shed*] et facientis j novum †gunell' [? l. gimell'] in eodem *Ac. Man. Wint.* (*Chilbolton*).

8 (pl.) stripes.

1245 amictus de lato aurifrigio puri auri cum ~is strictissimis *Invent. S. Paul.* 488; pannus de aresta rubeus virgulatus ~is purpureis et croceis *Ib.* 493; **1295** amictus de lato aurifrigio cum nigris ~is strictis *Vis. S. Paul.* 321a; una alia [mitra] plena ~is de argento (*Invent.*) AMUND. II app. 328.

gementia, groaning.

1280 quia .. ~ia spiritus ac cordis anxietas affluentiam eloquentie non permittunt (*Lit. Regis Norwegiae*) *Foed.* II 1075a.

gemere [CL]

1 to utter a groan, moan, or grunt; **b** (of animal or bird); **c** (fig.).

8.. et ~as, *and ðu giomras WW*; obstruso gemit altera muta palato / ex utero matris WULF. *Swith.* II 208; orat, ~it, tussit, ut audiatur MAP *NC* IV 6 f. 49. **b** ante .. pastorem jacet et ~it morbida ovis ANSELM (*Or.* 6) III 16; debemus querere sacrificium, par turturum aut duos pullos collumbarum. ambe aves iste solent ~ere, nunquam cantare AILR. *Serm.* 237D; nec .. soli sibi columba hec ~ere consuevit J. FORD *Serm.* 55. 12. **c** terra tremuit, tumor ille gemit gemituque fatetur / partum WALT. ANGL. *Fab.* 23. 1.

2 to moan or groan in sorrow or complaint (also fig.); **b** (w. abstr. subj.). **c** (trans.) to lament; **d** (w. inf. or acc. & inf.).

Britannia .. multos stupet ~itque annos GILDAS *EB* 14; quamlibet ante gemens gestaret corde querelam ALDH. *VirgV* 841; **800** omnibus sub pondere .. laboris ~entibus ALCUIN *Ep.* 197; anxius .. assiduo ~ebat suspirio ASSER *Alf.* 76; fides terrorque gementem / afflictant FRITH. 497; ~it et orat peccator ANSELM (*Or.* 6) III 16; J. HOWD. *Ph.* 582 (v. 2 gemma 3b); ~ere [ME: *grunte*] pro dolore magis quam pro crimine *AncrR* 125; ~o, A. *to wayle WW*. **b** invidia, si qua forte pullulabat, ~ens succumbebat *Chr. Battle* 44v. **c 801** remansit senior, alios generans filios, priores dispersos ~ens ALCUIN *Ep.* 215; in faciem sanctam ruitantes timpora nati / fletibus inmadidant, iram gemuere parentis ÆTHELWULF *Abb.* 358; digitos contorte palme insertos ac si clavos ~ebat infixos GOSC. *Transl. Mild.* 24 p. 191; MAP *NC* IV 3 (v. gemebundus a); quam ~endi sunt qui aliud quippiam dulce reputant AD. EYNS. *Hug.* IV 3 p. 15. **d** hederas, cytisos .. / frondes deesse gemit haedus uterque sibi NECKAM *DS* I 370; estne [Syon] per illos / libera? nequaquam, serva sed esse gemit GARL. *Tri. Eccl.* 20; omnis .. mundum gemit esse Dei laceratum / vindicta nostri pro gravitate mali GOWER *VC* VII 1464.

gemescere v. gemiscere. **gemilarium** v. genularia. **gemina** v. geminus.

geminalis, 'fork-root', clary (*Salvia horminum*). (*Cf. OED Sup. s. v.* geminal).

ormini sive .. hormini duo sunt genera, sativum et sylvestre. sativum a Latinis dicitur ~is, a Gallis orvala et tota bona, ab Anglis *clare* TURNER *Herb.* B4.

geminare [CL]

1 to double (in number, amount); **b** (letter). **c** (p. ppl.) double, twofold, two.

Pater et Filius et Spiritus Sanctus sunt differentes proprietatibus personarum discretivis, quoniam ista vox 'differentes' non sui singularis ~at' significationem nec vere geminatam habere potest, cum pluralitas essentie in Deo esse non possit R. MELUN *Sent.* II 60; *Ps.*-GROS. *Gram.* 40 (v. geminate); donum quando datur festinanter geminatur WALT. WIMB. app. 2. 9. 6; *dubler*, ~are *Gl. AN Ox.* f. 154v. **b** interdum D littera ~atur ALCUIN *Orth.* 2344; diccio terminata in E plene pronunciata debet scribi cum EE ~atis, verbi gracia, *donee, amee Orthog. Gall.* 3. **c** qui latebras mundi geminato sidere demis: / nempe diem Titan et noctem Cynthia comit ALDH. *VirgV* 10; R. MELUN *Sent.* II 60 (v. 1a supra); **s1194** rex .. tributum .. indixit, a singulis .. carucatis terre .. ~atum solidum exigens W. NEWB. *HA* V 1; **s1387** Franci .. ~ata damna cepere, primo per ducis milites, secundo per comitis .. tirones WALS. *HA* II 155; hostium .. quo firmaretur repagulum non habebat . . . vix enim ~ata .. trahebatur ligula .. atque inter .. patulas asserum juncturas transposita dependebat *Mir. Hen. VI* II 55.

2 to cause to have a dual nature. **b** (p. ppl.) dual, paired.

[natura divina] eam [naturam humanam] condere in sexus duos ~avit FORTESCUE *NLN* II 21. **b** ~ato opere et versibus exametris et prosa conposuit BEDE *HE* V 18 p. 321.

3 to repeat, duplicate.

haec sunt nomina ad proceleumaticum pertinentia qui pro ~ata pirrichii vicissitudine singulariter positus duplicatum revolutionis officium .. continet ALDH. *PR* 125; W. CANT. *Mir. Thom.* II 47 (v. 2 eclipticus); *woch, woch* .. quasi ~ata dolentis interjectio est GIR. *EH* II 30; "vidi, ipse vidi", sc. ea que dicam (~at ad certitudinem notandum) TREVET *Troades* 15.

4 to add (two units) together, couple.

943 (12c) in Niþantune x mansas .. ei concessi .. et in .. loco ubi .. dicitur *æt Fyrstes Felda* iij mansas; unaque ~ate fiunt xiii *CS* 782.

5 to redouble (in force or effect).

gemitus, quasi ~atus luctus *GlC* G 71; ut nos ~ata [AS: *tuifallico*] laetitia .. festivitatis excipiat *Rit. Durh.* 57; ~ata letitia .. in regno Dei perfruetur EADMER *Beat. epil.* p. 287; gaudia celi / qui geminavit Heli, marito tribuat Danieli D. BEC. 2840; ~atus est dolor meus D. LOND. *Ep.* 1; magnates .. successorum apparentia animati regni robur et letitiam ~arunt *V. II Off.* 7; cognati reges geminas duxere sorores; / in natis geminis se geminabit amor. / per bellum facinus geminabitur, absit, et assit / ut geminetur amor, ut geminetur honor GARL. *Tri. Eccl.* 118.

geminate, in a twofold manner.

geminat .. omne plurale suum singulare, hoc est ~e significat *Ps.*-GROS. *Gram.* 40.

geminatio [CL], repetition, duplication.

BEDE *ST* 147 (v. epizeuxis); tres spiritus sunt in quo numero spiritus conditor continetur. hoc autem non congrue dictum esse videretur nisi vox ista 'spiritus' in aliqua eadem significatione spiritui creatori conveniret et spiritibus creatis. pluralis enim ~onis identitatem exigit significationis R. MELUN *Sent.* II 275; ea .. ascendendi descendendique facilitas, ea sectio vel ~o notularum, ea replicatio articulorum J. SAL. *Pol.* 402D.

1 geminus [CL]

1 twin-born; **b** (as sb.); **c** (fig.). **d** (astr.) Gemini.

scribunt .. ~os Alloidas .. immensae corporum magnitudinis fuisse .. *Lib. Monstr.* I 55; Eois gemini versantur in oris / Saxonum de gente viri WULF. *Swith.* I 1596; ~am prolem Gualerannum et Rodbertum .. enixa est ORD. VIT. XI 6 p. 191; geminas .. sorores GARL. *Tri. Eccl.* 118 (v. geminare 5). **b 9..** e ~is, *of getwinnum WW*. **c** duos .. monachos qui religione ~aque scientia pollebant ORD. VIT. III 12 p. 127 (cf. ib. XI 30 p. 271: ~aque scientia tam in divinis quam humanis dogmatibus .. imbutus est). **d** tertium ~orum [signum] a parte signiferi quam sol in medio Maii [tenet] oriri incipit BEDE *TR* 16; **798** decima hora diei [sol] intrat in ~os; et exiet de ~is septima hora plena noctis ALCUIN *Ep.* 148; Junius et Geminis concordat tempore tardis *Kal. M. A.* I 407; sol .. transit .. de Tauro in ~is BYRHT. *V. Osw.* 443; rutilus Titan sullimes ~os peragrabat ORD. VIT. X 10 p. 57; ~orum ortus ADEL. *Elk.* 25; tercia pars vocatur ~i, quia ibi est disposicio stellarum in forma duorum juvenum gemellorum BACON V 14.

2 (pl.) two together, pair (of). **b** (as sb. m.) testicles. **c** (sg.) a second, like.

geminas per somnia .. / .. vidit .. puellas ALDH. *VirgV* 715; *Id. Aen.* 35 (v. duplicare 2c); **a795** ~is caritatis .. et castitatis pennis ad alta .. regna transvolet ALCUIN *Ep.* 36; **799** ~a scripta, quorum unum .. aliud .. *Ib.* 171; cui clausit geminas .. caligo fenestras / et nox in tantum crevit per claustra genarum WULF. *Swith.* I 1500; cantores gemini resonant haec verba *Trop. Wint.* 54; ~a promontorii cacumina GIR. *IK* I 2. **b** orbatus est Remelinus ~is et lumine MAP *NC* IV 15 f. 56; abbas qui monachum mittit ad curiam / .. / huic prius geminos abscidat quoniam / castrati proni sunt ad avaritiam *Ps.*-MAP 169. **c** de sole rutilo sol alter oritur / sic mundo geminus sol superfunditur WALT. WIMB. *Carm.* 43.

3 twofold, double. **b** ambidextrous. **c** (w. *lingua*) forked. **d** (of monster) of composite form or (?) Siamese twin.

triumphantis Christi victoria et Silvestri certantis castimonia ~ae laudis praeconio crebrescunt ALDH. *VirgP* 58; **9..** ~um, *twifalde WW*; Anglum tum gemina fulgebat lampade regnum FRITH. 529; ~a difficultate coangustamur: hic .. honorifice .. remorari nequimus, nec in Gallias remeare .. valemus ORD. VIT. X 12 p. 74; [SS. Michael et Wereburga] susceperunt asservandas portas ~as [i. e. *S. & N. gates respectively*] LUCIAN *Chester* 60; **c1235** ~a falx *Cust. Waltham* 213; o frater et o domine, [Jhesu] nature gigas gemine J. HOWD. *Cyth.* 46. 2; tales proposiciones [e.g. 'nemo potest dicere .. Deum non esse'] licet videantur sophistis esse negative propter ~am negacionem, tamen sunt de facto affirmative WYCL. *Ver.* II 127. **b** vir ~us [cf. *Judges* xx 16] ab adolescentia sua utraque manu ut dextra utens J. BURY *Glad. Sal.* 572. **c** sic raritatem poetarum faciunt ~e lingue obtrectatorum MAP *NC* V 1 f. 59. **d** sicut monstrum quod est homo ~us, et a diaphragmate versus superius habet hominem ejus partem WYCL. *Incarn.* 212.

2 geminus v. 2 genuinus.

gemis v. hiems.

gemiscere [CL], to groan, sigh (also fig.).

interpelle pro me ~entem et fac me castum ab omnibus peccatis *Cerne* 152; nec sola gemiscit / Ylios aut Frigii fines, at quicquid Ydaspen / gemmiferum Sciticique interjacet equoris algas / belli dampna dolet J. EXON. *BT* VI 678; semper adest homini quo pectoris ima gemiscant / ne possit plena prosperitate frui GIR. *Symb.* II 5 p. 354; **1413** ut de regno ~entis ecclesie scandala .. extirpentur *Conc.* III 360b; ensium concussionibus respondebant edificia et armorum compages gemescebant dilacere *Ps.*-ELMH. *Hen. V* 45.

gemissio [cf. gemere, AN *gemissement*], groaning.

Ieronimus dicit quod Alexander in ~one ait: " .. ve terre" HARCLAY *Adv.* 66.

gemituosus, groaning, mournful.

emollitur .. ad ~a consilia circumflentium DEVIZES 36v.

gemitus [CL], groaning, sighing (also fig.); **b** (of animal or bird).

~us atque suspiria sanctorum GILDAS *EB* 32; uxor a demonio vexabatur .., frendens dentibus ~um .. emittebat *V. Cuthb.* II 8; exaudi .. Domine, ~um [AS: *hream*] populi tui *Rit. Durh.* 39; monachi .. seniorem suum .. cum ~u et moerore domum reportaverunt ASSER *Alf.* 97; maerores, dolores, ~us, rugitus, ubi adestis si hic deestis? ANSELM (*Or.* 11) III 43; **1172** (v. ecclesia 3a); WALT. ANGL. *Fab.* 23. 1 (v. gemere 1c); dum .. pulsus ipse voces non formet ut vocem naturalem, ~us, risus et consimilium, interjecciones erunt ut "Deo gracias, alleluya" *Ps*-.GROS. *Gram.* 60; milleque lacrime, mille suspiria; / addo gemituum centena milia WALT. WIMB. *Carm.* 292; ~ibus lacrimosis fame pereuncium miseratus *Ps.*-ELMH. *Hen. V* 70. **b** R. COLD. *Cuthb.* 65 (v. confremere); lupam .. ~us et planctus humanos emittentem GIR. *TH* II 19; columbe sunt aves multum lubrice et naturaliter habent ~um pro cantu HOLCOT *Wisd.* 200.

1 gemma v. gamma.

2 gemma [CL]

1 bud, shoot (in quot., fig.).

es vitis, vite palmes; tibi vivat et ex se / conetur gemmas trudere rore tuo GARL. *Epith.* III 288.

2 gem, precious stone.

ALDH. *VirgV* 1934 (v. crepundium b); **c717** in stellantium varietate ~arum vel in luxuriosorum ciborum .. diversitate BONIF. *Ep.* 9; *GlC* B 82 (v. beryllus a); **801** sicut regium diadema fulgor ~arum ornat ALCUIN *Ep.* 225; pretiosas ~as . ., *deorwyrþe gymmas* ÆLF. *Coll.* 96; si [munus] non est auro ~isque crustatum, est certe totum caritativa fidelitate factum ANSELM (*Ep.* 10) III 113; textum evangeliorum auro et argento ~isque decoravit ORD. VIT. VI 4 p. 17; gemmas commendat virtutum mira potestas, / fulgor scintillans NECKAM *DS* VI 129; ~a dicitur eo quod luceat instar gummi ut dicit Ysid. [*Etym.* XVI 6. 2] .. ingens est herbis virtus sed maxima ~is quarum quedam in venis terre inveniuntur .. quedam a profundo maris evomuntur BART. ANGL. XVI 46; **1291** tributor bonorum, rex in ~is maris, dominus duarum adorationum (*Lit. Soldani*) B. COTTON 217; conficit ex vitris gemmas oculo preciosas GOWER *VC* V 791; **1448** (v. crux 4c).

3 (fig.): **a** (of stars); **b** (of eyes); **c** (of breasts); **d** (of person); **e** (of abstr.).

a gyrum caeli rotundissimum .. quasi per zonam quandam .. distincti ordines ~arum xij .. obsident BEDE *TR* 16. **b** dormio .. patulis, non claudens lumina, gemmis ALDH. *Aen.* 39 (*Leo*) 6; scribe gemmam genarum gemere / ferientis avulsam vomere J. HOWD. *Ph.* 582. **c** pectus.. quasi .. / gemmas virgineas producat utrimque papillas VINSAUF *PN* 591. **d** gemma sacerdotum Martinus WULF. *Swith.* I 428; [Waltheus] ~a vite canonice speculum monastice discipline J. FURNESS *Walth. prol.* 3; NECKAM *DS* V 662 (v. Dacus 2a); rex pacificus Anglorum decus, regum ~a .. Æluredus OXNEAD 2. **e** contempsit hujus vitae discrimina ut dignus fieri mereretur ~a egregia in coelesti curia BYRHT. *V. Ecgwini* 396; ~e virtutum, que incluse auro sapientie diadema venustant R. NIGER *Mil.* II 5.

4 seal.

bulla, ~a vel *sigl GlH* B 411.

5 (w. *salis*) rock salt. *Cf. sal, salgemma.*

ubi colligitur quod quidam nitrum, quidam salis ~am vocant W. MALM. *GR* IV 377; salis ge[mmam] et farinam saliginis GILB. II 83v. 1.

3 gemma [OF *gemme*], gum. *V. et. gummi.*

1214 mittatis nobis x li. sulfuris et .. totidem de ~a et totidem de pice *Cl* 167b; **1309** carcavit xx barellos ~e *EEC* 363.

4 gemma v. 1 genuinus.

gemmalis, gem-like, brilliant.

hec gemmalis irradiatio J. HOWD. *Ph.* 416.

gemmare [CL]

1 to put forth buds.

vas ex onichino ita subtili celatoris arte sculptum ut vere fluctuare segetes, vere ~are vites, vere moveri hominum imagines viderentur W. MALM. *GR* II 135 (cf. *Eul. Hist.* III 12: ~are †cutos).

2 to shine, sparkle.

aeterni regis gloriam ab intus gestabat, quam sibi pollens sapientia .. varietate studiorum, necne ~ante nitore aureorum ornatuum dictavit B. *V. Dunst.* 5; tunc canduit intus linea palla miro nitore ac ~antis planetae relucens tritura GOSC. *Lib. Mild.* 19 p. 87.

3 (p. ppl.) set w. gems. **b** wearing gems.

ars mea gemmatis dedit ornamenta metallis ALDH. *Aen.* 11 (*Poalum*) 3; aurea gemmatae linquens crēpundia

pompae *Id. VirgV* 1801; FRITH. 351 (v. archon); aurotextas clamides, ~atas trabeas, armillas, anulos GOSC. *Edith* 44; W. MALM. *GR* II 133 (v. ensis 1b); ~ato fastigiatus diademate *Id. Wulfst.* II 12; anulus in digito gemmatus si tibi fulget D. BEC. 1573; pectoris arcanum gemmata monilia celant H. AVR. *Hugh* 207; Diocletianus .. ~atis vestibus .. usus est HIGD. IV 25 p. 100. **b** sermo satis est ornatus / quem .. gemmatus / digitus authenticat WALT. WIMB. *Van.* 84.

4 (fig.) adorned as though w. jewels.

690 [Scotticos sciolos] quorum ~ato tua sagacitas dogmatum favo .. abusa est ALDH. *Ep.* 5 p. 493; dux abbatum paterque monachorum totus ~atus est BYRHT. *V. Osw.* 440.

gemmarius [CL], jeweller (in quots., fig.).

[nova Jerusalem] cujus aedificatores apostolici patres, cujus illustratores et politores ~ii martyres GOSC. *Aug. Min.* 750A; bonum nummularium et ~ium Christi .. potenter defendere *Id. Wulfh. pref.*

gemmasium v. gymnasium.

gemmatim [LL], like a gem, (fig.) in a brilliant, sparkling style.

capitella .. renitentis electri colore ~im disserere gestiebam B. *V. Dunst.* 1.

gemmescere [CL = *to become a gem*], to be radiant (in quots., fig.).

gemmescitque novo Christi nova nupta monili HANV. V 474 p. 324 (cf. ib. VI 211 p. 332: si fame radies titulis insignis et alto / nomine gemmescas).

gemmeus [CL]

1 set w. gems. **b** wearing gems.

crusta metallica, gemmea fabrica (F. MALM.) W. MALM. *GP* II 88. **b** locum languoris gemmeis contrectens digitis W. MALM. *Mir. Mariae* 148.

2 gem-like, brilliant; **b** (transf.); **c** (fig.).

GOSC. *Aug. Maj.* 52A (v. gagates 1a). **b** [corpus] ita perspicuo nitore ~eum, ita miranda puritate lacteum erat W. MALM. *Wulfst.* III 22. **c** gemmei pudoris nullam .. labem passa *Id. Mir. Mariae* 177; ~eus fulgor elucentis prudentie .. imago est J. SAL. *Ep.* 167 (145).

gemmifer [CL]

1 **a** producing gems. **b** set w. gems.

a Ydaspen / gemmiferum J. EXON. *BT* VI 680 (v. gemiscere). **b** ALDH. *VirgP* 17 (v. anulus 1a); *Ib.* 52 (v. crepundium b); thalami gemmiferi niger denigrator GARL. *Epith.* VI *Summa* 38.

2 sparkling, brilliant.

gemmiferas species, ut ament, mortalibus apto BONIF. *Aen.* 337 (*de vana gloria*).

gemmiger, a producing gems. **b** set w. gems.

a insula .. in metallis fecunda et ~era FORDUN *Chr.* I 18. **b** p**936** dogmata sacra lege / quod rex aureolis .. / ornavit titulis gemmigerisque locis *CS* 710.

gemmula [CL]

1 little bud (in quot., fig.).

ut ex earum ~is et palmitibus generalis totius rei publice Christiane pax, unio et confederatio .. sit proventura *Spons. Mariae* 33.

2 little gem; **b** (fig.).

1413 annulus .. habens plures ~as in circuitu AMUND. II app. 329–30. **b** pueri, conamini esse .. diserti .. ut tamquam ~ae Dei sanctuarii clarescatis ÆLF. BATA 5. 4; veritas qua nulla pulcrior / est morum gemmula WALT. WIMB. *Palpo* 122.

gemnas- v. gymnas-. **gemoni** v. hegemonia. **gemonum** v. gynaecaeum.

gemotum [AS *gemot*], moot. *Cf. mota.*

si quis ~um, id est placitum [vv. ll. publicum comitium *or* comitatum adire], supersedeat, ter emendet *oferhyrnesse* .. regis (*Quad.*) *GAS* 161; omnis homo pacem habeat eundo ad ~um vel rediens de ~o, nisi probatus fur sit (*Leg. Ed.*) *GAS* 657.

gena [CL]

1 cheek, cheek-bone; **b** (w. ref. to weeping).

rubro coloris stibio ~as ac mandibulas .. fucare satagit ALDH. *VirgP* 17; cui caput in tantum gibbus submerserat ingens / ceu pariter junctura foret genibusque genisque WULF. *Swith.* I 206; in ~is ostenditur pudor AILR. *Serm.* 4. 238A; candet domino rosatis ~is facies *Lib. Eli.* II 147 p. 232; s**1236** in .. prelio .. labrum superius scissum est et ~a ejus [Machometi] confracta M. PAR *Maj.* III 347; qui .. habet faciem mediocrem in ~is .. vergentem ad pinguedinem, est verax .. et ingeniosus BACON V 169; *CathA* (v. 1 bucca 1). **b** famulantium rite catervis / ambitur, siccatque genas, suspiria pressat FRITH. 1148; madent filiorum circumstantium ~e *V. Gund.* 41. 11; nec mirum si fraterne ~e siccari nesciant *Ps.*-ELMH. *Hen. V* 115.

2 side-piece of fulling-stock of mill.

1374 reparabunt rotam, axem ejusdem molendini, tebias, pedes, brachia et trunccum et ~as de novo facient *DL MinAc* 507/8227 m. 28 (*Yorks*); **1384** cum .. carpentario .. faciente .. unam rotam [molendini fulleretici] .. cum factura unius bothome et ~arum de walkerstok' *Doc. Leeds* 116.

genator [? cf. ingeniator], clever (person).

gnavus, cautus, gnarus .. catus, †gevator [MS: genator], callidus OSB. GLOUC. *Deriv.* 264.

genatus v. 1 geneta. **genciana** v. gentiana.

genderata [? cf. OF *cendrée, gandir*], (?) unbarbed (arrow). (*Cf. SelPlForest* 143, 152).

1248 tractaverunt ad forestarios vj sagittas, iij barbatas et iij ~atas *SelPlForest* 77; iij barbate et iij ~ate *Ib.* 78 (cf. ib. 96: arcus .. de *if* et due sagitte barbate et tres sagitte genderese); **1308** quod teneant et habeant canes, jondericias, archus et sagittas infra logias suas et clausuras logiarum infra liberam chaceam [de Niderdale] *Pat* 321 m. 26 (= *Cal. 1385–9* p. 119: joudericias).

genea v. 1 ganea 2. **genealis** v. genialis.

genealogia, ~ium [LL < γενεαλογία]

1 genealogical table, family tree. **b** (?) list (of names).

per atavos et tritavos rursus singillatim ordinem ~iae recapitulans ALDH. *Met.* 2 p. 68; Ælfred .. cujus ~ia tali serie contexitur: Ælfred rex filius Æthelwulfi .. qui fuit Ecgberhti .. ASSER *Alf.* 1; ~ia regum Cantwariorum FL. WORC. I 249; Pipini ~ia supra infraque contexitur ita: Ansbertus .. genuit Arnoldum, Arnoldus genuit .. Arnulfum [etc.] W. MALM. *GR* I 68; ~iam .. generis sui etiam de populo quilibet observat; et non solum avos, atavos et tritavos sed usque ad sextam .. generationem memoriter .. genus enarrat in hunc modum: Resus filius Griphini, Griphinus filius Resi, Resus filius Theodorici et sic deinceps GIR. *DK* I 17; nota quod David ponitur in hac ~ia quia Christus qui per David designatur fuit finis legis et prophetarum S. LANGTON *Ruth* 126; in summitate stirpis regie duximus [Ælvredum] tanquam exordium nostre ~ie primitus ordinandum; hujus regis ~iam veteres ascendendo texentes usque ad Adam .. perduxerunt OXNEAD 3; **1420** [lego] librum magistri historiarum .. cum genologia veteris testamenti *Reg. Cant.* II 211; *a genology*, genologia *CathA.* **b** c**1300** genologia dominorum de Daunteseye *Reg. Malm.* I 3 (cf. ib. 276).

2 ancestry, pedigree; **b** (? fig.).

me .. de illorum ~ii stirpe aliunde propagatam HUGEB. *Will. prol.*; progenitus ex regali prosapia inclytam ~iam habuit in parte matris BYRHT. *V. Osw.* 428; quam nobili prosapia ~iam duxerit TURGOT *Marg.* 2 *tit.*; Turci .. jactitant se de Francorum stirpe ~iam duxisse ORD. VIT. IX 8 p. 511; **1195** publicum instrumentum super ~ia .. attendentes, sententiam .. divortii .. cassantes (*Lit. Papae*) DICETO *YH* II 132; cujus mater virgo est, / .. / Deus humanatus est, / felix genealogia LEDREDE *Carm.* 1. 12; s**1405** contra .. status nativitatum vel ~iarum suarum [i. e. dominorum regni] WALS. *HA* II app. 422. **b** cum ~ie scripturam, bonorum sc. operum prerogativam [cf. *Ezech.* ix 4] nullatenus habeamus, ne .. sacerdotio censeamur indigni .. formidamus (S. LANGTON) GERV. CANT. II lxxv.

3 succession, offspring; **b** (fig.). **c** kin.

798 (11c) tali conditione .. quod mei haeredes in mea ~ia in ecclesiastico gradu de virili sexu percipiant *CS* 283; **940** (15c) post obitum sui heredes et posteri illius quamdiu unus ex geneologia superfuerit habeat et possideat *CS* 754; **1001** (15c) cum ego hoc [privilegium] non privatim pro remedio animae meae sed pro totius nostrae ~iae qui vel olim praeterierunt, vel in posterum forte venturi sunt, generali salute dictaverim *CD* 706; quatuor .. reges cum .. conjugibus et liberis ac longa nepotum ~ia aulam dominicam illustrabant et nobilitabant dormitione sua GOSC. *Transl. Aug.* 35C; Deus .. qui nisi quisquiliis nostre propaginis suffragatus fuerit .. jam deficiet ~ia nostra regnando (*Visio Caroli*) W. MALM. *GR* II 111 p. 115; frequenter evenit quod post probum improbus, et e contra, succedit; et talis ~ia [MS: genologia] ratione forte non caret. nam probitas viri per comparationem lucide apparet *V. Ed. II* 263; **1461** palam constat unicuique ~iam regis Edwardi tercii in recenti habenti commemoracione .. ducem Clarencie .. ipsius fuisse filium tercium *Reg. Whet.* I 403. **b** superbia cum sua dolorosa ~ia mortalium peccatorum *Ziz.* 360 (cf. *Concl. Loll. XII* 296: cum sua prole perversa peccatorum [ME: *his sorie genealogie of dedly synnes*]). **c** judicaverunt .. ut Lefsius episcopo totum dampnum .. suppleret .., de rapina vero regi forisfacturam emendaret, dato pretio ~ie sue *Lib. Eli.* II 11.

4 nation, race.

956 (14c) ego Edwi prepotens Angligene genologie ceptro fretus *CS* 933.

genealogizare, to record the genealogy (of).

Melchisedech .. non habuit patrem vel matrem .. expresse genelogizatam WYCL. *Ver.* I 75.

genealogus [CL], genealogist.

hic ~us, i. de genere loquens, sicut mathematicus OSB. GLOUC. *Deriv.* 248, 261.

genearcha [LL *gl.*], chief of tribe or nation.

hic ~a, .. i .. princeps et caput totius generis OSB. GLOUC. *Deriv.* 248, 261.

genec- v. et. gynaec-. **genecia** v. genethlia, gynaecius. **genecheum** v. gynaeceum. **genecta, ~us** v. genesta a, b. **genedea** v. gynaeceum. **genel-, genell-** v. genethl-. **geneo, ~eus,** v. ganeo 1, ~eus.

gener [CL], **~erus,** son-in-law; **b** (fig.).

hunc gener infidus strofoso fallere gestu / maluit insontem ALDH. *VirgV* 778; ~er, *adam GlC* G 86; **9.** . ~er, *aþum WW*; **1005** (12c) quod Æðelmarus ab Æðelweardo ~ero suo .. accepit *CD* 714; de hac terra tenet ~er ejus .. dim. hidam *DB* I 62v.; ij ~eri ejus tenent de eo *Ib.* 73; alter ~erorum retinuit eum [sc. Leirem] .. dux Albanie G. MON. II 12; socer fallit generum WALT. WIMB. *Van.* 121; Pirrus ducat Polixenam et fiat sic ~er Priami et Heccube TREVET *Troades* 66; vir et uxor .. filiam .. juveni nuptui tradiderunt; ob amorem .. filie sue ~erum suum secum in domo tenebant *Latin Stories* 59; hic ~er, A. *sone-in-law* .., *dowghter husband WW.* **b** qui tali copule sponte conjungitur / rite diaboli gener efficitur WALT. WIMB. *Carm.* 320.

generabilis [CL], that can be generated or produced.

caliditas est omnium ~ium artifex et causa generationis totius .. effectiva. est .. duplex caliditas: caliditas solaris .. sc. generans .. salvativa et generativa unde quodque generantur rane ex .. calore in aere. alia est .. generata et hec est corruptiva BART. ANGL. IV 1; hoc .. modo producte sunt in esse sphere 13 mundi hujus sensibilis: novem sc. celestes inalterabiles, inaugmentabiles, ingenerabiles, et incorruptibiles .. et quattuor existentes modo contrario, alterabiles, augmentabiles, ~es, et corruptibiles GROS. 56; principia .. que ad generationem cujuslibet ~is concurrunt BACON VII 4; sicut sol .. generat quodcumque ~e DUNS *Ord.* III 326; *Quaest. Ox.* 125 (v. corruptibilis 1a); cum intellecta communia sint neque ~ia neque corruptibilia BACONTHORPE *Quodl.* 6C; cum omne ~e sit corruptibile WYCL. *Act.* 60.

generabilitas, potential for being generated or produced.

corruptibilitas, doctrinibilitas, univoca ~as et felicitabilitas insunt homini WYCL. *Ente* (*Sum.*) 59.

generalatus, generalship, headship (of Friars Minor).

[Papa] Geraldum in officio retinet ~us [ordinis Fratrum Minorum] OCKHAM *Pol.* III 266; **1586** a ~u P. Antonii de R. electi in generalem Padue anno 1435 usque ad ~um P. Francisci *Scot. Grey Friars* II 182.

generalis [CL]

1 concerned w. the whole of a class (*genus*), general as dist. from particular; **b** (compar.). **c** (superl., also as sb. n.) concerned w. the most universal class (*summum genus*).

cum vas electionis ~i sententia quasi speciali refragetur .. inquiens ALDH. *VirgP* 55; p**793** non te specialia auri vel argenti pondera decipiant, sed ~is et sancta conversatio Deo amabilem efficiant ALCUIN *Ep.* 282; nec in consideratione speciali formas individuales tollunt, sed obliviscuntur cum a speciali nomine non ponantur, nec in ~i species ablatas intelligunt, sed inesse non attendunt, vocis ~is significatione contenti ADEL. *ED* 11; est principium enuntiandi ~e cum de genere aliquorum enuntiatur, cum vero de aliquo singulorum non BALSH. *AD* 75; c**1198** forsan scrutator cordium / generali judicium / particulare pretulit *EHR* V 320; organum est ~e nomen vasorum omnium musicorum BART. ANGL. XIX 132 p. 1254; ~es regule accentuandi sunt hic necessarie, que etiam sunt communes Grecis et Latinis .. ~es .. regule non dicuntur quia teneant in omni casu sed ut in pluribus quoniam recipiunt instantiam in certis casibus non solum apud Grecos sed apud Latinos BACON *Gram. Gk.* 142; **1362** dans eidem [procuratori] potestatem ~em et mandatum speciale nomine meo .. agendi, defendendi [etc.] *Cart. Mont. S. Mich.* 11 p. 13; in .. legis ~i studio xvj annos .. complevit FORTESCUE *LLA* 50 (v. graduari a); **1526** (v. computatio 2). **b** c**1218** baptismus ~ior est et utilior quam circumcisio *Conc. Syn.* 67; interjectio .. tunc habet ~iorem ordinacionem ad verbum in situ quam habet adverbium ad verbum BACON XV 98; **1300** ~iorem causam adicere poteritis, viz. pro relevandis necessitatibus ecclesie .. Cantuariensis *Reg. Cant.* 722; sic veritas fidei dicitur secundum racionem ~iorem sanctum in quantum non debet corrumpi WYCL. *Ver.* I 312. **c** Ælle .. ad Northanhymbre seriem mittitur, quorum genus usque ad ~issimum ascendit, id est ad Uuothen ÆTHELW. I 5 p. 13; quoniam .. duximus stilum ab ipso ~issimo statu, ac .. ad nostri etiam generis proprietatem nunc calamum dirigere oportet *Ib.* II *prol.*; Platonem in eo quod Plato est dicunt individuum; in eo quod homo, speciem; in eo quod animal, genus sed subalternum; in eo quod substantia, ~issimum J. SAL. *Met.* 875A; ordine .. descendendi a ~issimis ad individua, sive ascendendi ab individuis ad ~issima J. CORNW. *Eul.* 10; omnia nomina ~issimorum respectiva

sunt ad substantiam, sed non specierum HALES *Sent.* I 107; genus .. ~issimum in potencia esse respectu generis subalterni omnino verum est, et utrumque respectu speciei specialissime eque verum *Ps.*-GROS. *Summa* 309; sicut de racione '~issimi' non est habere sub se plures species sed non habere aliud supraveniens genus—sicut hoc predicamentum 'quando', quia non habet supraveniens genus, est ~issimum licet paucas habet species vel nullas—ita transcendens quodcumque nullum habet genus sub quo contineatur DUNS *Ord.* IV 206; intellectus .. ordinat genera et species a ~issimo usque ad specialissima SICCAV. *PN* 86; quia tunc species specialissima esset genus ~issimum OCKHAM *Sent.* II 126; BRADW. *CD* 538C (v. communitas 1d).

2 not specific, imprecise.

s1281 (v. declarativus a); OCKHAM *Dial.* 638 (v. delusio); **1488** cartam regie libertatis .. que prius arta fuit et obscura sicque ~is in se, quod nichil quasi penitus videretur aut specialitatis aut commoditatis continere *Reg. Whet.* I 467.

3 **a** (as sb. n.) general principle. **b** (*in* ~*i*) in general, without specific reference.

a ~e est quoniam quanto res remotior est, tanto videtur minor; humor vero impedire .. solet generalitatem hanc NECKAM *NR* II 153. **b** de remediis multis contra temptationes in ~e *AncrR* 3; cap. lxxiiij in quo queritur in ~i qua pena papa hereticus sit plectendus OCKHAM *Dial.* 586; Dioclecianus et Maximianus Christanos laniare, ecclesias vastare, omnem ritum Christianorum trucidare et obfuscare non cessabant. in ~i non etas nec condicio nec sexus excipitur quin non sacrificantes trucidentur *Eul. Hist.* I 335.

4 concerned w. class or kind (*genus*) as principle of organization.

quaerenda est aestimatio facti, id est quale sit factum, justum an injustum, utile an inutile, et haec constitutio ~is dicitur ALCUIN *Rhet.* 7; differencie ~es rerum sunt ignote nobis BACON *CSTheol.* 50.

5 universal, shared by or concerning all; **b** (dist. from eccl.).

~e mortis naturae debitum ALDH. *VirgP* 24 (v. debere 4b); **a701** quicquid ecclesiae ~i claruerit (*Lit. Papae*) W. MALM. *GR* I 58; ob ~is curam salutis BEDE *HE pref.* p. 5; **1001** ~i salute (v. genealogia 3a); tres sunt ~es anime corruptiones, concupiscentia carnis [etc.] W. DAN. *Sent.* 39; ~ibus illis et necessariis Crucis Christi jam occupati negotiis GIR. *EH* II pref. p. 307; priusquam veniat corporum ~is resurrectio GROS. *Cess. Leg.* I 4 p. 17; **s900** Alfredus .. sepultus .. ~em expectat resurrectionem, tunc ibidem denuo coronandus M. PAR. *Maj.* I 434; ~em elemosine erogationem *Cust. Westm.* 178 (v. elemosinarius 3b); Albanus .. passus est tempore ~is persecucionis Diocleciani et Maximiani ELMH. *Cant.* 182; *Spons. Mariae* 33 (v. gemmula 1). **b** cum eruditione litterarum vel ecclesiasticarum vel ~ium BEDE *HE* V 23 p. 48.

6 involving or applicable to the whole community.

incipit ad cunctos generalis epistola fratres WULF. *Swith. pref.* 331; homines de Parco .. absolvit ut nullam coactitiam exhibeant servitutem nec eant nisi in ~em principis Normannie expeditionem ORD. VIT. VI 7 p. 36 (cf. ib. p. 40: nisi ~e comitis Normannie servitium); ~i plebis edicto *Ib.* XII 43 p. 467; **1179** cum ~e interdictum terre fuerit, liceat vobis .. divina officia celebrare (*Lit. Papae*) ELMH. *Cant.* 425; **1287** laicus .. in ~em excommunicacionis sentenciam .. incidisse .. denuncietur *Conc. Syn.* 1027; constitucio pape ~is LYNDW. 51 r (v. constitutio 4); possunt .. archiepiscopi et episcopi .. statuta facere dum tamen legibus ~ibus non obstant *Ib.* 70 r.

7 (of assembly, court or sim.) having overall jurisdiction: **a** (eccl., *concilium* ~*e*) general council (of the whole Church). **b** (mon., *capitulum* ~*e*) general chapter (of religious order). **c** (*parliamentum* ~*e*) parliament (of the whole nation). **d** (other).

a a papa .. ad urbem ~e convocatur consilium *V. Chris. Marky.* 72; **s1175** etc. (v. 1 concilium 2a); convocata omni curia Romana que tunc erat ibi bene ~is *Canon. G. Sempr.* 105v. **b** **a1200** etc. (v. capitulum 5). **c** **s1242** imminente .. die ~is parlamenti convenit tota Anglie nobilitas .. apud Westmonasterium *Flor. Hist.* II 252; **1275** quia ~e parleamentum nostrum quod cum prelatis et aliis magnatibus regni nostri proposuimus habere Londonie .. prorogavimus usque in crastinum clausi Pasche (*Breve Regis*) *EHR* XXV 236. **d** **1269** quia ~em circuitum incipere proposuerimus *CBaron* 70; **1276, 1337** ad ij hundredos ~es (v. 2 hundredum 2g); **1291** ~em comitatum (v. comitatus 6d).

8 (w. ref. to official) having overall responsibility: **a** (royal, incl. *attornatus*, *capitaneus*, *receptor*, *vicarius*); **b** (papal, eccl., or mon., incl. *commissarius*, *examinator*, *receptor*, *vicarius*; also as sb. m.); **c** (other).

a **1291** etc. (v. attornare 10b); **1418** constituimus vos custodem et capitaneum ~em marchiarum nostrarum Normannie *RNorm* 266; **1453** recepta denariorum de receptore ~i *Ac. H. Buckingham* 11; **1477** quod .. nostro ~i receptori satisfaciant pro compoto .. reddendo (*Ch. James III*) *Scot. Grey Friars* II 4; **1479** Alexander L. receptor ~is *ExchScot* 560; **1535** Thomas Crumwell secretarius noster primarius .. vicarius ~is et officalis principalis nostris .. negociis *Mem. Ripon* I 106; **1551** Willelmi .. comitis Essexie .. pensionariorum nostrorum omnium capitaneus ~is *Foed.* XV 280. **b** **1281** etc. (v. commissarius 3); **1299** etc. (v. examinator 3b); **1307** Cantuariensis archiepiscopi agentis in remotis vicarius ~is *Lit. Cant.* III 350; per Stephanum de M. vicarium ~em episcopi amoti sunt ab officio supprior [etc.] GRAYSTANES 29; **1374** ad omnia .. faciendum que ad ~is officium pertinent (*Reg. Ebor. 1373–88* I f. 14) *Eng. Clergy* 188; **1408** vos .. facimus, constituimus, creamus, et solemniter ordinamus nostrum in spiritualibus vicarium ~em (*Reg. Ebor. 1407–23* I f. 2) *Ib.* 189; **s1412** rex .. noluit depauperare regnum suum propter papam. .. ~is tamen mansit in Anglia .. colligens pecunias *Eul. Hist. Cont.* 420; **1449** vicarios ~es et speciales (v. econtrariari); **1501** vos .. receptoris in scaccario nostro [sc. archiepiscopi] ~es ordinamus (*Reg. Ebor. 1501–7* f. 2v.) *Eng. Clergy* 195; **1535** (v. administrator 1b). **c** **1337** prepositus seu ~is administrator *StatOx* 139; **1463** Willelmus S. procurator ~is magistri Johannis *MunAcOx* 699; **1498** liberaciones .. summarum magistro ~i Prusie ac archiprefecto .. et communitati civitatis Rigensis debitarum (*TreatyR*) *Foed.* XII 701.

9 (*minister* ~*is* or sim., also as sb. m.) general, head of religious order, esp. of Friars Minor. **b** (transf., w. ref. to office).

universi fratres unum de fratribus istius religionis teneantur semper habere ~em ministrum et servum totius fraternitatis (*Regula Fratrum Minorum*) M. PAR. *Maj.* III 140; **1236** viro venerabili .. Fratri H. ~i ministro Fratrum Minorum GROS. *Ep.* 31; tenor indulgentialis littere quam piissimus pater minister ~is .. reliquit AD. MARSH *Ep.* 205 p. 366; **1293** ex parte .. Bonefacii de C., ~is, et Guillelmi de V., provincialis prior (*sic*) ordinis S. Johannis Jerusalem *RGasc* III 94; **1312** priori ~i ordinis S. Marie de Monte Carmeli .. ac priori provinciali ejusdem ordinis in Anglia *Cl* 130 m. 30*d.*; Michael de C., magister ~is ordinis Fratrum Minorum OCKHAM *Pol.* I 293; **14..** S. Bonaventura .. ~is octavus et post .. episcopus Albanensis *Mon. Francisc.* I 529; **s1471** Sixtus [III] ante cardinalatum fuit ~is in ordine Fratrum Minorum *Eul. Hist. Cont.* I 294; **1506** caput sive ~is dicti ordinis Valliscaulium situati in ducatu Burgundie *Ch. Beauly* 157. **b** **1451** nos vicarius provincialis Francie in hac generali congregacione, vacante ~is vicariatus officio (*Abbr. Statutorum*) *Mon. Francisc.* II 82.

10 (*studium* ~*e*) university, school in which all subjects are studied.

12.. Parisius, Oxoniam, Colonias, Boloniam ~ia studia ordinavimus (*Const. Fratr.*) *EHR* IX 125; **13..** religiosis viris .. ad studium ~e Oxonie causa studii transmissis *Lit. Cant.* I 5; **c1345** in constitucionibus Benedictinorum de studentibus ad ~ia studia transmittendis *Hist. Durh.* 3; **a1350** omnium .. inter Latinos nunc extancium studiorum universitas Oxonie .. quadam scienciarum pluralitate ~ior .. invenitur *StatOx* 17; diversarum provinciarum ~ia studia perscrutantes R. BURY *Phil.* 8. 133; **1362** solucione facto Stephano .. clerico transeunti versus studia ~ia *ExchScot* II 114; **1409** (v. artista b).

11 usual, ordinary. **b** widespread, not localized. **c** (w. ref. to eclipse) total.

quod Latine dicitur 'occide' hoc Graece hoc in loco dicitur θῦσον, quod non ~e occisionis verbum est BEDE *Retract.* 1018; portus .. in ~i maris refluxu undas recipit influentes GIR. *TH* II 2; vj sunt species concordantie, sc. unisonus, diapason, diapente, diatessaron, ditonus, semiditonus, et dicuntur genera ~issima omnium concordantiarum GARL. *Mus. Mens.* 9; modi ~es sunt sex. primus constat ex longa brevi, longa brevi, longa brevi etc. secundus constat ex brevi longa, brevi longa, brevi longa etc. *Mens. & Disc.* (*Anon. IV*) 22. **b** **s1076** factus est ~is terremotus in Anglia *Flor. Hist.* II 9 (= M. PAR. *Maj.* II 16: terra tremuit); **1341** proficuum agnorum et vellerum eodem anno modicum erat pro ~i morina ovium *Inq. Non.* 4; quartum [clavum crucis] in mare Adriaticum injectum quod usque tunc omnibus ibidem navigantibus vorago fuit ~is *Eul. Hist.* I 339. **c** GIR. *EH* II 20, SACROB. *Sph.* 4 (v. 1 eclipsis a); **s1433** tempore ~is eclipsis W. WORC. *Itin.* 306; **s1433** o Bottulphe .. nos .. pone sub alis / cujus in orbe die datur eclipsis generalis HERRISON *Abbr. Chr.* 5.

12 (w. *ferculum* or sim., or as sb. n., mon.) commons, regular daily fare.

s963 [Æthelwoldus] constituit .. monachis .. quaque die duo genera leguminum ante ~e, et pulmentum post ~e; unum etiam ~e et unam pitanciam eis constituit *Chr. Abingd.* I 346; W. MALM. *Glast.* 80 (v. 1 feria 4a); in xenodochio pane et potu unoque ~i sufficienter a cellario pascuntur ORD. VIT. III 3 p. 101; **1166** (v. corredium 3c); si fuero monachus albus, generalia dura / et pulmenta duo sed bene cocta dabunt NIG. *SS* 2111; *Reg. Pri. Worc.* 128a (v. coquus b); loco ~is olera per omnes mensas sunt allata, sed parum gustata GIR. *RG* I 5; **1231** conredia, sc. duos panes conventuales, duos galones cervisie conventualis, duo †gueralia conventualia singulis diebus *Cart. Blyth* 42; **c1235** unum ferculum de ~i conventus et alterum secundum liberationes forinsecas *Cart. Glouc.* III 280; in duobus ferculis ~ibus de coquina conventus *Cust. Westm.* 51; [abbas J., ob. 1260] primus omnium ~e suum et pitancias ad cameram suam traxit *G. S. Alb.* I 346; **14..** coquinarius .. inveniet abbati tria ~ia misericordie duplicata ad nonam et quatuor pitancias AMUND. II app. 317.

13 common, open to all.

si Venus immoderata tibi juveni dominetur, / Thayda te juvenem si mentula cogat adire, / queratur Thays non omnino generalis D. BEC. 2105; sponsa Christi fit mercalis, / generosa generalis; / veneunt altaria P. BLOIS *Carm.* 24. 2.

14 of high status, high-born. *Cf. generosus.*

quando de ~ibus personis vel rebus tractatur, tunc est stylus grandiloquus, quando de humilibus humilis VINSAUF *AV* II 3. 145.

generalissime v. generaliter.

1 generalitas [LL]

1 generality, that which is common to all members of a class or kind (*genus*).

multum .. genus et species, hoc est ~as et specialitas, ab invicem differunt ALDH. *VirgP* 58; passiva plurimorum ~as nequaquam jure lacerari debet ubi specialis singulorum proprietas culpari non valet *Ib*; lapis et lignum suam similiter ~atem complectuntur FRIDUG. 126.

2 generalization, lack of specific reference.

ambiguitas et similiter ~as verborum quandoque incidit in judiciis quandoque in contractibus OCKHAM *Dial.* 639; **1440** ex causa ~atis et obscuritatis *Reg Whet.* I 29 (v. difficilitas).

3 general satement, principle or rule of general application. **b** comprehensiveness.

ut omissa specialitate ad ~atem sermonis oratio decurrat ALDH. *VirgP* 6; **994** (12c) si quisque objecerit se priscam habere ~atem *CD* 687 (v. conscribere 1c); efficacior est illa confessio que specificat singillatim omnia quam illa que sub quadam ~ate includit singula AD. EYNS. V 16; ~ate quasi pro specialibus GIR. *GE* I 49 (v. aggregatio 2b); **c1218** 'nisi quis renatus fuerit' [etc., *John* iii 3] ab hac ~ate nec etas nec sexus excluditur *Conc. Syn.* 67; quin .. quotquot noverit dilucide describat non sub ~ate quadam divisibili in plures species sed per species specialissimas GROS. *Ep.* 71; quod tenementum contineri possit sub ~ate catallorum BRACTON 26; **1330** non clamat warennam sub ea ~ate in maneria de B. set tantum in omnibus dominicis terris suis in B. *PQW* 510a; ad declaracionem quarundam libertatum in eadem carta sub quibusdam ~atibus contentarum *Ib.* 625b; a predicta ~ate que dicitur 'quodcumque ligaveris' [etc., *Matth.* xvi 19] excipi debent illa .. que sunt contra legem divinam OCKHAM *Pol.* I 244; nonne et ejus apostolus eandem ~atem expertus. 'in veritate', inquit, 'comperi ..' [etc., *Acts* x 34] BRADW. *CD* 59E. **b** **s1085** rotulus .. ab Anglicis pro sua ~ate omnia tenementa tocius terre integre continente *Domesday* cognominatur *Croyl.* 79.

4 universality.

triplex videtur causa hujus extensionis fatue: .. secundo ut declaret stultis evidencius immensitatem vel ~atem sui [sc. Pape] dominii WYCL. *Chr. & Antichr.* 684.

5 the whole community: **a** (of mankind); **b** (of church, nation, *etc.*); **c** (mon.).

dicit illis, 'vos autem quem me esse dicitis?' [*Matth.* xvi 15] quasi ab hominum ~ate illos sequestrans BEDE *Hom.* I 20. 220; **s1179** ut homines ab hominum ~ate secerneret qui .. aliquid haberent, aliquid sentirent, aliquid auderent plus homine DICETO *YH* I 435. **b** **797** ut apostolicum communitorium omni ~ati, tam principibus quamque cuncto populo, insulae Bryttaniae morantibus .. mittimus ALCUIN *Ep.* 127; **934** tota populi ~ate sub alis regie dapsilitatis ovanti *CS* 702 (cf. *ib.* 704 [**934**]: tota magnatorum ~ate; *ib.* 716 [**937**]: tota optimatum ~ate); ~atis .. decreto propter Marchisum ab universis electum *Itin. Ric.* V 24; Simon .. Petrus .. pro sua persona dictus non est sed quatenus figurata ~ate ecclesie super Christum firmam petram fundate personam gessit BEKINSAU 750. **c** **1138** mandamus .. ut tot et tales personas illuc ~atis vice vobiscum adducatis que omnium vestrum voce loquantur (*Lit. citatoriae*) GERV. CANT. *Cur.* 106; consiliis adquievit amicorum sue preponens desiderio voluntantis pium ~atis decretum AD. EYNS. *Hug.* IV 7 p. 37.

6 overall responsibility.

1420 ordinavit eos .. procuratores .. factores negociorumque suorum gestores ac nuncios speciales et generales, ita tamen quod specialitas ~ati non deroget nec e contra *Reg. Cant.* I 69; **1449** (v. econtrariari); **1544** quod specialitas ~ati non deroget *Form. S. Andr.* II 334.

7 (as form of address).

1120 gratias Deo .. referimus, .. gratias nichilominus ~ati vestre (*Lit. ad regem Scotiae*) EADMER *HN* 332.

2 generalitas v. venalitas.

generaliter [CL]

1 relating to *genus* rather than *species*.

organum dicitur multipliciter: ~iter et specialiter GARL. *Mus. Mens.* 13; sic de aliis [sc. pausationibus]

intellige universaliter, ~iter, specialiter secundum suos ordines individualiter etc. *Mens. & Disc.* (*Anon. IV*) 59; in universali tripliciter cognoscitur: ~issime, ~ius, ~iter. . . ~iter . . concipitur concipiendo quodcumque attributum esse idem cum suo primo attributo, sc. 'esse' propter simplicitatem DUNS *Ord.* III 12.

2 without particularising, not specifically

venialia . . innumerabilia . . sufficit ~iter confiteri GIR. *GE* I 37; **1293** [oratio] pro fidelibus defunctis ~iter *StatOx* 103 (cf. ib. 365 [**1556**]: ~iter . . commissarius . . omnibus . . vacet que honorem . . universitatis . . respiciant).

3 generally, universally, as a whole, in a body. **b** (?) in common.

patronus civitatis ~iter ex persona promiscui sexus cunctos [v. l. cunctis] puellae oraculis credula praecordia pandere pollicetur ALDH. *VirgP* 52; papa . . misit . . plures . . verbi ministros . . et per eos ~iter universa quae ad cultum erant . . necessaria, vasa videlicet sacra et vestimenta BEDE *HE* I 29 p. 63; **836** omnia illuc pertinentia . . ~iter per totum gentem Merciorum *CS* 416; Aðeluuoldum qui illos generaliter inde / expulerat WULF. *Swith.* I 166; adelingum . . subito lapsum . . omnes ~iter plangunt ORD. VIT. XII 26 p. 416; **s1179** bulla quod possumus celebrare cum terra fuerit ~iter interdicta ELMH. *Cant.* 425 *tit.*; **s1201** papa mandat crucesignatos ~iter peregrinari *Flor. Hist.* II 123; isto anno [**1298**] pessima moneta ~iter currit in Anglia *Feud. Man.* 116; LYNDW. 51 r (v. constitutio 4b). **b** omnia illis communia reputantes, non aliquid proprium vendicantes, sed more bestiali ~iter viventes *Eul. Hist.* II 203.

4 as a general rule, in a general sense. **b** (superl.) without any exception; *cf.* 1 *supra*.

~iter omnium pedum catalogus ter quadragenus et quaternus constat ALDH. *PR* 112 p. 150; [leones] fiunt ~iter colore fulvo, sed tamen albos . . Indus habuisse fertur *Lib. Monstr.* II 1; libertas . . arbitrii non est libera ~iter ad consequendum quod vult, sed ad volendum quod debet velle ~iter GROS. 221; ~iter in omnibus casibus est consideranda natura partis *Ps.*-GROS. *Gram.* 71; lex que ~iter dicit 'non occides' FORTESCUE *NLN* I 7. **b** cum accipitur quod Christus promisit Petro . . talem plenitudinem potestatis cum dixit 'tibi dabo claves [etc.]' quia verbo generali omnia debent comprehendi, respondetur quod verba Christi, quamvis ~iter sint prolata, tamen non debent ~issime absque omni exceptione omnino intelligi OCKHAM *Pol.* I 242.

generamen [LL], **a** descendant, product. **b** birth, origin.

a cui licet in terris stirpis generamina surgant, / attamen in caelis virtutum culmine scandit ALDH. *VirgV* 143. **b** natum divino promit generamine numen *Id. Aen. pref.* p. 98; Indicus etsi me generamine pontus / ediderit HWÆTBERHT *Aen.* 55 (*de turpedo pisce*) 3.

generantia, begetting.

primum, de homine qui generat filium domini antequam ille generatur in utero vel ex utero; et sic actus ~ie precedit generacionem geniti per tres menses, quando primo generans incipit esse pater, vel si est mortuus, tunc est pater secundum carnem in omni tempore complente ~iam et generacionem, sed in nullo ejus instanti WYCL. *Civ. Dom.* I 261.

generare [CL]

1 (of male) to beget; **b** (intr.); **c** (of God); **d** (fig.).

si . . non putatur uxor esse quae ante baptismum ducta erat, ergo nec filii ante ~ati pro filiis habentur THEOD. *Pen.* II 4. 2; infantes qui ante malefactum ~ati fuerint non habebuntur exleges pro malefacto quod patres eorum fecerunt post generationem (*Leg. Ed.*) *GAS* 645; forsitan unus ex eis [sc. incubis] huic mulieri apparuit et juvenem istum ex ipsa generavit G. MON. VI 18; nonne demones incubi ~ant filios et filias? HALES *Sent.* II 75; sperma ante sui decisionem non dicitur esse homo ~andus in potencia SICCAV. *PN* 143; WYCL. *Civ. Dom.* I 261 (v. generantia). **b** si homo . . generaret absque libidine, . . hujusmodi partus conspicuusne foret puritate . .? PULL. *Sent.* 756B; [puer] in quintodecimo anno potest ~are BACON V 131; inepti ad ~andum GAD. 37v. 1 (v. effeminare b). **c** **680** Filium ejus unigenitum ex Patre ~atum ante saecula (*Conc. Hatfield*) BEDE *HE* IV 15 p. 240; **799** Jesus . . de eadem [Maria] ~atus *Ep. Alcuin.* 182 p. 302; est Pater qui ~at et Filius qui gignitur et Spiritus Sanctus qui procedit BART. ANGL. I 2; utrum . . similiter sit ~are et essare Patrem in divinis sicut in creatura infra dicetur HALES *Sent.* I 263; generatio qua Deus Pater ~at Filium est in Filio formaliter non in Patre OCKHAM *Pol.* III 242. **d** filii spirituales ~antur in fide P. BLOIS *Ep.* 8. 23A.

2 (of both parents or of female) to engender, produce (issue); **b** (intr.).

animalia coitu hominum pulluta occiduntur . . sed quod ~ant sit in usu THEOD. *Pen.* II 11. 9; frigida dum genetrix dura generaret ab alvo / primulus ex utero producens pignora gentis ALDH. *Aen.* 93 (*Scintilla*) 10; quomodo embrio concipi[a]tur sive ~etur ex [utrisque] coeuntibus M. SCOT *Phys.* 1. **b** et his incredibilibus quoddam genus utriusque sexus adscribitur, quod dexteram mammam virilem pro exercendis operibus et ad fetus nutriendos sinistram habet muliebrem; quos inter se vicibus coeundo ferunt alternis ~are *Lib. Monstr.* I 19 (cf. Augustine *CD* XVI 8: vicibusque alternis coeundo gignere et parere); si Adam et Eva ~assent sine praecedenti peccato . . ANSELM (*Orig. Pecc.* 3) II 142; ambigene non ~ant P. BLOIS *Ep.* 90*. 283B (v. ambigena).

3 (of plants) to propagate or seed (in quot., intr.). **b** (of seed) to yield.

Aristoteles in libro de Morte et Vita dicit quod in qualibet parte plante est potentia ~andi et radix et germen BACON XI 213. **b** semen . . almum / quod largos generat millena fruge maniplos ALDH. *Aen.* 32 (*Pugillares*) 7; gramina nascencia que reddunt absinthium et tribulos et nichil ~ant fructuosum BACON V 148.

4 to generate, produce (living creature) by non-sexual means.

~antur rane ex . . calore in aere BART. ANGL. IV 1; vermes ~antur per putrefactionem, . . quia calor naturalis disgregans in eis facit subtile dividi a grosso et terreum ab aqueo et aereo *Ib.* XIX 76; sine sale caro ~at vermes [ME: *gedereð wurmes*] *AncrR* 44.

5 to generate, produce (inanim. obj., also fig.); **b** (med.).

latibula . . quae tetro telluris umbraculo ~ata perhibentur ALDH. *Met.* 3; **p743** Italia infirma est patria et escas ~at noxias ALCUIN *Ep.* 281; luce solis ~atur lumen in aere J. BLUND *An.* 125 (cf. ib. 96: aer ~at sibi consimilem colorem in oculo); in speculis concavis ad solem positis ignem ~ari PECKHAM *Persp.* II 55; spiritus maligni . . tonitrua in aere . . ~abant *Eul. Hist.* I 89 (= HIGD. IV 7 p. 366: commovebant); **1365** pruna cecidit [super] stramine . . lecti et ~avit ignem *SelCCoron* 52. **b** ex his [sc. apio et feniculo] ~atur humor qui semper in causam morbi acutissimi et mortis materiam computrescit P. BLOIS *Ep.* 46. 134B; quod purget se ab eo quod ~atur ex . . corruptis humoribus BACON V 66; *Ib.* IX 50 (v. gargarisma); res ~antes bonum sanguinem *Ib.* 131; apoplexia potest ~ari a sola frigiditate sine materia GAD. 60v. 2; ydropisis est defectus virtutis digestive in epate, inflacionem membrorum ~ans *SB* 24.

6 (phil.) to bring into existence.

omne quod ~atur, ~atur ex materia que est extra in ~ante et in ~ato intra . . omnis generatio et motus a contrario in contrarium BACON VIII 13; nullum generabile univoce potest ~ari equivoce nisi sit ita imperfectum quod causa equivoca sive univoca sufficit ad generacionem ejus DUNS *Ord.* II 322; deitas . . se habet quasi forma in persona; ergo . . nec ~at nec ~atur *Ib.* IV 16.

7 to give rise to, engender (usu. w. abstr. obj); **b** (w. pun on sense 1a); **c** (w. emotion as obj.).

metaplasmorum species . . per . . corpus poeticorum librorum . . inserte . . errorum offendicula . . ~are solent ALDH. *Met.* 9; scandalum in ecclesia . . ~abis ANSELM (*Ep.* 169) IV 50; W. CANT. *Mir. Thom.* II 47 (v. 2 eclipticus); vinum . . ~at oblivionem BACON V 92; teneatis . . interius cor in idem ne . . temptacio exterior ~et interiorem [ME: *haldeð ow eaver inwið*] *AncrR* 66; nemo namque solus quamcunque scienciam ~avit R. BURY *Phil.* 10. 161; si unum . . genuerit lex nature regem justum, etiam plures ipsam ~are potuisse non ambigitur FORTESCUE *NLN* I 5. **b** proceres . . dominum suum de uxore ducenda . . convenerunt ne, . . heredem non habens, post obitum . . imminens periculum ~aret *V. II Off.* 6. **c** **c790** aequalitas animorum dulcedinem ~are solet dilectionis ALCUIN *Ep.* 56; magna cordi meo ~atur laetitia ANSELM (*Ep.* 230) IV 135; cum ei vel sterilitas opprobrium vel contemptum infirmitas ~aret AILR. *Ed. Conf.* 761D; frequentata et trita fastidium ~ant GIR. *TH intr.* 6; detractio ~at odium: odium . . ~at injuriam BACON V 46.

8 to produce, form (intellectual construct).

inchoativa . . verba . . amphibrachum rite ~abunt ALDH. *PR* 121 (cf. ib. 113: quoties finalis sillaba corripitur . . pirrichius ~atus); comparando numerum perfectum numero imperfecto ~antur tres proporciones citra 10, viz. sesquialtera, subsequitercia, et sesquioctava; et comparando imperfectum numerum numero perfecto nascuntur alie tres proporciones primis tribus opposite, viz. subsequialtera, sesquitercia, et subsesquioctava HOTHBY *Cant. Mens.* L 54.

9 (math.) to produce (by multiplication).

quando 10 sine 2 cum 10 sine uno multiplicare volueris, dicas 10 cum 10 ~ant 100 et duo diminuta cum 10 procreant 20 . . [etc.] ROB. ANGL. *Alg.* 90; denarius . . ex sola ductione binarii in quinarium ~atur, non enim habet aliam generationem per multiplicationem GROS. *Hexaem.* IX 10 p. 282.

generatim [CL], in general, without particularising.

denique ut omnis ~im amplectamur . . ALCUIN *Rhet.* 17; confessionem si non singulatim . . at saltem ~im . . fieri utilissimum est PULL. *Sent.* 897A.

generatio [CL]

1 power of generation.

amissis testiculis . . non necessario sequitur mors, licet ~o deficiat *Quaest. Salern.* B 111; est pueritia usque ad annos xiiij, et tunc pubescit et incipit moveri vis ~onis in masculis et purgatio in mulieribus GROS. *Hexaem.* IX 10 p. 283; juvenilibus inscissis, non fit ~o nec fortasse omnino ex eo provenit germen GILB. VII 283. 2; UPTON 148 (v. generativus 1a).

2 (w. ref. to male) action of begetting; **b** (w. ref. to God).

paternae ~onis prosapia ALDH. *VirgP* 12; *GAS* 645 (v. generare 1a); ~o potest accipi active vel passive. active significat operacionem generantis, passiva ~o dicitur proles generata HOLCOT *Wisd.* 156 (v. et. 10 infra). **b** quia prima persona [in divinis] preintelligitur in esse personali antequam generet: agere enim est suppositi; ergo preintelligitur esse suppositum antequam agat. si autem constitueretur relatione ad secundam personam, cointelligeretur—cum ipsa exsistente—secundam personam esse, et per consequens secunda persona preintelligeretur esse antequam prima generet, et ita secunda persona non est terminus illius ~onis. . . sed ~one, que est accio prime persone, videtur prima persona prior esse in personali, ergo et secunda; et ut prius tunc non erit terminus formalis ~onis DUNS VI 139; ~o activa et paternitas non significat eandem proprietatem nec ~o passiva et filiacio nec spiracio passiva MIDDLETON *Sent.* I 246; OCKHAM *Pol.* III 242 (v. generare 1c).

3 (w. ref. to mother or both parents) action of engendering.

Melchisedech, cujus paterni geniminis prosapia et maternae ~onis propago ignota ALDH. *VirgP* 54; qui creavit primum hominem sine parentum ~one . . ANSELM (*Orig. Pecc.* 10) II 152 (cf. id. (*Or.* 7) III 23 : ut ipse per maternam ~onem esset naturae nostrae); principalia [membra]: cor, epar, cerebrum et ~onis instrumenta ALF. ANGL. *Cor* 3. 1; procreatio fetus dicitur . . quia semper hujusmodi actionem [coitum] sequitur fetus ~o *Quaest. Salern.* B 15; *Ib.* Ba 99 (v. fossula 3); J. BLUND *An.* 9 (v. generativus 1a); FORTESCUE *NLN* II 8 (v. gestus 5).

4 (of plants) generation, reproduction.

R. MARSTON *QD* 80 (v. germen 1a); granum per sui corruptionem . . est causa ~onis plante BACON XI 238.

5 generation by non-sexual means.

resipisce, infelix judee . . . primam hominis ~onem ex limo sine mare et femina, secundamque ex mare sine femina, ob legis venerationem diffiteri non audes. tertiam solam, ex mare scilicet et femina, quia usualis est, . . affirmas. quartam vero, in qua sola salus est, ex femina scilicet sine mare . . detestaris GIR. *TH* I 15 p. 48.

6 generation, production.

in sinistro . . thalamo [cordis] . . continua est spiritus ~o ALF. ANGL. *Cor* 6. 5 (cf. ib. 8. 12: humorum . . ~o); ex aggregatione radiorum . . in aere et in terra tanta fieret caloris ~o . . quod aer inflammaretur . . nisi [etc.] BART. ANGL. IV 4; [experimentis] quibus usi sunt in radiationibus et ~onibus ignium GROS. *Com.* 22; potest hec ~o colorum diversificari secundum esse debilius et fortius multipliciter . .; . . difficilius generatur albedo BACON XIV 67; in ~one soni *Id. Gram. Gk.* 58 (v. grandisonus a).

7 (phil.) coming into existence.

Greci ablativi voce carent, sed genitivum . . loco ejus ponunt, attendentes quod uniuscujusque ~o est alterius coruptio *Ps.*-GROS. *Gram.* 41; omnis materia que est est in [v. l. ex] ~one BACON V 159; ~onis ut est in divinis non assignabitur materia . . sed tantum terminus DUNS *Ord.* IV 62; forma . . est finis ~onis *Ib.* 26; licet . . appellet Aristoteles ~onem motum SICCAV. *PN* 50.

8 (*secunda ~o*, fig.) baptism.

ipsum prius secunda ~one Deo dedicatum sibi accepit in filium BEDE *HE* III 7; inde statim secundae ~onis honore potitus, futuram fidei illius soliditatem jam tunc divinitus praefiguratam in nomine sortitur. Dunstanus quod petre firmitatem sonat, . . vocitatur OSB. *V. Dunst.* 5.

9 that from which something is generated or produced, source, cause.

superbia . . primitiva mortis ~o est P. BLOIS *Ep.* 48. 142C; quaeritur unde accidit quod dum dormit homo videtur ei quod videat vel audiat quedam, et hec sompnia dicuntur? harum diverse sunt ~ones, aliquando . . ex reliquis cogitationum nascuntur, aliquando ex cibo et potu *Quaest. Salern.* B 29; GERV. TILB. III 61 (v. effigies 3); ~ones . . cometarum R. BURY *Phil.* 7. 107 (v. galaxias a).

10 issue of generation, progeny, descendants. **b** (fig.) spiritual progeny. **c** daughter house (mon.).

germen ipsius ex ortulis nostris abradetur et reliquie ~onis ejus decimabuntur ORD. VIT. XII 47 p. 490; **11.** . emit terram . . de Rogero [et al.] qui . . a se et ~one sua quietam Nichol[ao] clamaverunt *EHR* XIV 429; sperma . ., cum future ~onis sit prima materia, hoc [vite] spiritu regi necessitas expostulat ALF. ANGL. *Cor* 12. 1; in hac [quinta etate] natus est Christus. ~o enim perfecta etati virili competebat BACON VI 8; ~o sua suscepta post feloniam exheredanda BRACTON 393; **1318** ut . . omnes fines terre ab ejus ~onibus impleantur *FormOx* 35; HOLCOT *Wisd.* 156 (v. 2a supra); timuerat ne . . ~onem ex [uxore] procrearet, qua impediretur ne libere Domino

servire potuisset W. WORC. *Itin.* 64. **b 1166** ut evocetis episcopos .. Saresberiensem .. et Wigornensem, qui est principium ~onis vestre in Domino J. SAL. *Ep.* 183 (175). **c** s**1232** questio prioratus inter abbatem de W. et abbatem de Furnesio terminatur hoc modo, viz. quod abbas de F. habeat prioratum in tota ~one Elemosine in Anglia et in ~one Saviniaci in Anglia tantum *Ann. Wav.* 311.

11 (collect.) everyone born in the same period, a generation; **b** (w. ref. to degree of consanguinity).

undecies .. septinaria ~onis propago ab ortu nascentis mundi concatenata fecunditatis serie decurrens ALDH. *Met.* 2 p. 68; quod signare possetis multiplicatis ~onibus (*Lit. Papae*) BEDE *HE* II 8; c**790** (11c) postquam .. in nostra ~one tales aecclesiastici desint qui .. eam bene .. regere ignorent (*sic*) *CS* 283; **796** infelix ~o per quam tanta mala evenerunt patriae ALCUIN *Ep.* 109; habet .. hec ~o ingenitum vitium ADEL. *QN intr.* 1; mei .. similes autumo quosdam esse futuros qui ~onis hujus ordines .. perscrutabuntur ORD. VIT. IX 18 p. 624; ne tam preclara tanti viri gesta per .. ~onum successiones .. obfuscaret vetustas H. BOS. *Thom. pref.* p. 155; gens hec et ~o prava [cf. *Matth.* xxii 16, etc.] GIR. *IK* II 4; *Id. DK* I 17 (v. genealogia 1a); homines .. cauti et prudentiores in ~one sua [*Luke* xvi 8] GARDINER *VO* 727. **b 597** usque ad quotam ~onem fideles debeant cum propinquis suis copulari? (*Libellus Responsionum*) BEDE *HE* I 27 p. 50; in quinta ~one conjungantur THEOD. *Pen.* II 12. 25; ANSELM (*Ep.* 424) V 370 (v. cognatus a); *Id.* (*Azym.* 7) II 232 (v. cognatio 2a); **1102** ne cognati usque ad septimam ~onem ad conjugium copulentur (*Conc. Westm.*) EADMER *HN* 165 (= *Conc. Syn.* 678); (*Quad.*) *GAS* 290 (v. 2 geniculum 2); qui usque ad septimam ~onem consanguinitati se copulaverit anathema sit ORD. VIT. IX 2 p. 465.

12 line of descent, genealogy.

'genealogiis interminatis': quot annis viz. vixerit Mathusalem .. vel ~onibus Christi quomodo concordent vel discordent LANFR. *Comment. Paul.* 346 (*1 Tim.* i 2); si quis de servo patre natus sit et matre libera, pro servo reddatur occisus in ea parte, quia semper a patre, non a matre ~onis ordo texitur (*Leg. Hen.* 77. 1) *GAS* 594; narrationes et ~ones, eventus et gesta AD. SCOT *QEC* 18. 832A (v. historice 2); 'confrissa ruina', i. per .. bellum quod sibi fiet, ita quod illa ~o non amplius regnabit (J. BRIDL.) *Pol. Poems* I 213; ex altera .. parte ipsius arboris quedam alia de ~one Salvatoris a radice Jesse egressa (J. CARPENTER) *MGL* III 462; **15..** non est de sanguine, ~one, et progenie predictis *Entries* 437.

13 tribe, nation. **b** inhabitants of a place, community.

799 laborantium in maledicta ~one Saxonum ALCUIN *Ep.* 184 p. 309; elapsi invenerunt quattuor ~ones de exulibus Troie ortas que Antenoris fugam comitate erant G. MON. I 12; incitaverunt .. [Constantinum] adversus .. tyrannum .. et talia ei .. obiciebant .. "tu solus es ex ~one nostra qui quod amisimus .. reddere .. vales" G. MON. V 7; ab ipso .. pagano Woden vestre ~onis Anglice linea regrediendo ducitur FORDUN *Chr.* VI 10; capitaneus ~onis WYCL. *Civ. Dom.* I 74. (v. capitaliter 2). **b** *theam*, hic est quod vos habeatis totam ~onem villanorum vestrorum THORNE 2030.

14 living creature. **b** (as equiv. to *genus*) kind, variety (of creature).

volatilia celi neque serunt neque metunt . . . e contra mures et reptilia congerunt in futurum, et ~ones perhibentur esse quibus terra est in cibum et eodem parce vivunt J. SAL. *Pol.* 674C. **b** terre a quibus multum distat sol carent multum ~onibus plantarum, sc. olivis, ficubus, et granatis BACON IX 40.

15 (math.) product, figure generated by multiplication. *Cf. generare* 9.

constat iterum septenarius et integratur ex binario et quinario. denarius autem ex sola duccione binarii in quinarium generatur, non enim habet aliam ~onem per multiplicationem. integratio igitur ista septenarii est ~o denarii. est igitur septenarius res cujus integratio est consummationis ~o. denarius igitur, ut dictum est, consummatio numerorum est GROS. *Hexaem.* IX 10 p. 282.

16 (of the moon, transl. γέννα) one of the moon's phases, 'coming forth' (Liddell & Scott).

dicit enim Johannes Damascenus, 'figure lune sunt sinodus .., ~o cum disterit a sole particulis xv [*De Fide Orthodoxa* 21, *ed. B. Kottler*, 1973, p. 62: γέννα, ὅταν ἀποστῇ τοῦ ἡλίου μοίρας ιε'], oriens quando apparuerit, ..'. figure igitur lune sunt ~o, ortus, menoides, dicotomos, amphikirtis, plisiselenos, panselenas GROS. *Hexaem.* IX 10 p. 283.

17 (astr., equiv. to γένεσις) nativity, horoscope.

est consideranda genesis in quibusdam quia generatus sepe disponitur juxta naturam planetarum et vim que sunt in regione sue geneseos sive ~onis BACON V 136; KILWARDBY *OS* 71 (v. genethliacus 1).

18 Book of Genesis.

GROS. *Hexaem. proem.* 66 (v. genesis 3).

generativitas

1 property of being a begetter or father (in quot., w. ref. to God).

generacio tali modo constituit Patrem et hoc modo significatur per hoc quod est '~as' DUNS *Ord.* VI 143.

2 power of increase, productivity.

est itaque lux sui ipsius naturaliter undique multiplicativa, et, ut ita dicam, ~as quedam sui ipsius quodammodo de sui substantia. naturaliter enim lux undique se multiplicat gignendo et simul cum est generat GROS. *Hexaem.* II 10 p. 97; quia lux est naturaliter sui generativa, est etiam sui manifestativa, quia forte sui ~as ipsa manifestabilitas est *Ib.* p. 98.

generativus [LL]

1 concerned w. begetting or reproduction. **b** (as sb. f. or n. pl.) reproductive organs or power. **c** (phil.).

mas [sc. delphinus] / vim generativam spermate prebet eis [sc. ovulis] NECKAM *DS* III 390 p. 409; ~e virtutis principale fondamentum est in testiculis RIC. MED. *Anat.* 229; virtutum .. vegetabilium is est ordo: prima harum et precipua est ~a ALF. ANGL. *Cor* 13. 3; virtus ~a spermatis fixa est in testiculis GILB. VII 284. 2; inferioribus corporibus data est virtus ~a .. ut in alio secundum speciem salvaretur BACON VII 65; anime vegetabilis tres sunt vires, vis nutritiva, vis augmentativa, vis ~a . . . generatio est a vi ~a J. BLUND *An.* 9; [animam vegetativam] illustravit gloriosus Deus septem viribus, que sunt vis attractiva, .. nutritiva, ~a .. BRADW. *CD* 138D; muli, leopardi, et tales bestie portant instrumenta ~a equorum et leonum, non tamen .. habent ipsum actum vel generacionis exercicium UPTON 148. **b 1240** quia .. filiis Ade post lapsum .. concupiscentie lex inhesit, .. propter hec mala [v. l. humana] ~a quidem tota corrupta concessum fuit matrimonium *Conc. Syn.* 301; GILB. VII 289 (v. crasis); HALES *Qu.* 658 (v. concupiscentia a); syphac est pellicula dividens nutritiva a ~is *SB* 39. **c** GROS. *Hexaem.* II 10 p. 98 (v. generativitas 2); prediximus .. forme proprium esse sui ipsius multiplicativam et ~am esse *Ps.*-GROS. *Summa* 386.

2 productive; **b** (med.); **c** (of abstr.).

terrestris .. essentia umbre ~a est ADEL. *QN* 70; [epar] est sanguinis ~um *Quaest. Salern.* B 287; BART. ANGL. IV 1 (v. generabilis); sol habet ~um calorem et vitalem, quia est causa vite et generationis in omnibus BACON *Maj.* I 378. **b** ~a .. causa febris .. est humor naturalis putrefiens GILB. I 6. 2. **c** annus [**1243**] .. Templariis et Hospitalariis scismatis et scandali ~us M. PAR. *Min.* II 477; s**1301** (v. concitativus).

3 (gram.) genitive (case).

post pluralis numeri gradum .. accusativo casu pro nominativo in nostram personam utitur, quasique nos ~i casus fuerimus in excessibus ulterius adjungit vocativum *Reg. Whet.* II 394.

generator [CL], father, sire.

GlC G 60 (v. genitor 1a); genero, -as, unde ~or OSB. GLOUC. *Deriv.* 249.

generatrix [LL], producer (f., in quot., fig.).

prolixior confabulatio de actibus eorum videtur amara, tedii sc. et odii ~ix H. HUNT. *HA* II 1.

generose [CL], nobly. **b** graciously.

generosus .. i. nobilis, et ~e .., et hec generositas OSB. GLOUC. *Deriv.* 248. **b 1340** si ex virtute diffinicionis capituli nostri generalis super rata lecture mee cathedralis nuper ~e concessa, michi ab abbatibus Anglie plene foret satisfactum *FormOx* 307; c**1435** paterna dignitas .. ad nostras preces ~e conscendit *Ib.* 449.

generositas [CL]

1 high birth, nobility (of stock); **b** (as form of address); **c** (collect.) the nobility.

c**790** nobilissimum omnium Creator Pater nobiles habere filios cupit: magna ~as est filium esse Dei ALCUIN *Ep.* 54; ~as, nobilitas *GlC* G 81; Henricus ~atem virginis agnoscens .. sociam in Christo sibi elegit ORD. VIT. X 16 p. 96; quanti hic inter vos hoc juvene .. ditiores? .. quanti prole multiplici et fecunda ~ate feliciores? OSB. BAWDSEY cxlviii; non vite, non scientie meritis sed sanguinis ~ati H. BOS. *Thom.* III 17 p. 241; propter ~atem .. qua [? l. que] principes .. Wallie contingebat GIR. *RG* I 9; s**1313** ~atem ejus aviti patres ostendunt quorum successiones se jam ad x gradus extendunt *V. Ed. II* 191; tot ac talibus dominis servicia sue ~ati inconveniencia ELMH. *Cant.* 213. **b 1187** gratias agimus ~ati vestre super honore quem .. nobis .. impendistis (*Lit. ad Archiep. Remens.*) *Ep. Cant.* 100; cui princeps .. literas direxit .. regracians ~ati sue [i. e. duci Andegav'] quod .. J. READING 194b; **1441** gracias .. eo ampliores quo libuit ~ati vestre tam ingenue .. memoriale aliquod nobis offerre (*Lit. ad quemdam vicecomitem*) BEKYNTON I 129. **c** s**1231** in necem tocius ~atis regni grassati *Flor. Hist.* III 203.

2 high quality (of plant).

sarmentum materiale semel precisum a corpore vinee non redit in ~atem palmitis entis in constitutione vitis NECKAM *NR* II 17 p. 277.

3 excellence, nobility (esp. of character). **b** graciousness, courtesy.

quam pretiosa sit supernis municipibus pudicitiae ~as ALDH. *VirgP* 31; **825** ~atem stabilitatemque regni terrestris consiliantes (*Clovesho*) *CS* 384; si quid natalibus gratie defuit ~ate morum explevit W. MALM. *GP* III 100; facultatibus quidem tenuis sed et sanguinis et animi ~ate preclarus P. BLOIS *Ep.* 78. 240C; omnis .. potentia ad injuriam alicui inferendam declinans ei admixta speciem sue ~atis mutat ALB. LOND. *DG* 3. 6; ~atem .. dierum nostrorum fortune magis attribuo quam nature GERV. MELKLEY *AV* 4. **b 1459** quanta sibi humanitas, qualis urbanitas, quam grandisque ~as impensa sibi fuerat ab ecclesia *Reg. Whet.* I 332.

4 whole community.

qui secus fecerint, querant parentes mortui were vel vindicte superplus, tam in ~ate quam in propinquiori pertinentia (*Leg. Hen.* 88. 11c) *GAS* 603; hec ~as, i. universitas OSB. GLOUC. *Deriv.* 248.

generosus [CL]

1 high-born, noble.

Machabeorum ~a germanitatis pignora ALDH. *Met.* 2; c**790** noli moribus esse degener qui nativitate ~us exstas ALCUIN *Ep.* 61; generosi sanguinis altam / .. trado puellam FRITH. 117; ~a, nobilis, †*welhoren* [l. *welboren*] *GlP* 131; W. MALM. *GR* I 15 (v. effrigere); imperator .. ~am conjugem [Mathildem] .. dilexit ORD. VIT. X 1 p. 8 (cf. ib. XII 26 p. 417 (*vers.*): jactatur pelago regum generosa propago); regio simul et ~o quondam semine propagatum *Cuthb. Hib. pref.*; [Henricus II] servis ~as copulavit, pedanee conditionis fecit universos R. NIGER *Chr. II* 16; ave, virgo generosa WALT. WIMB. *Virgo* 34; dominis et viris ~is (J. BRIDL.) *Pol. Poems* I 125; **1388** ceteri ~i et validi homines .. regni nostri tam ecclesiastici quam seculares .. qui in .. parliamento .. interfuerunt *Chanc. MiscR* 24; **1440** do .. cuilibet mulierum ~arum cum uxore mea adtunc existencium x m., et cuilibet mulierum ~arum alterius status in nutritorio infancium meorum adtunc existencium xl s. (*Test. R. de Neville*) *FormA* 433; a**1459** magistri mei ~i et amici alii *Paston Let.* 581; **1478** (v. eweria).

2 of good breeding, of high quality: **a** (of falcon) 'gentle'; *cf. gentilis* 4b. **b** (of horse) thoroughbred. **c** (of fish). **d** (of tree or fruit).

a NECKAM *NR* I 27 (v. 2 falco 1b); GIR. *TH* I 12 (v. degener); **1382** pro falcone gentili xx s., pro tercello ~o x s. *Pat* 313 m. 26. **b** equis egregiis .. et ~issimis GIR. *PI* III 30. **c** GIR. *TH* I 9 (v. gardio). **d** tempore autumnali, volema cum mespilis, cidonia cum malogranatis, variique fructus arborum ~arum visum confortabant NECKAM *Eccles.* 80vb; palma fructu ~o gloriatur *Id. NR* II 74.

3 (as sb. m.) gentleman; **b** (as title). **c** (w. *ad arma*) gentleman-at-arms. **d** (as sb. f.) gentlewoman.

1295 minoribus ~is clericali titulo insignitis qui de bonis propriis commode nequeunt sustentari *Reg. Cant.* 37; eorum [presbyterorum] salaria horribiliter crevit ut de pauperibus et manibus laborantibus jam fiunt ~i, otio vacantes et libidini *Ziz.* 426; s**1381** plures e patria ~i, .. videntes episcopum militem induisse, .. ejus lateri se junxerunt WALS. *HA* II 7; **1403** quod .. sacrista laicus .. sedeat in prandio ad mensam ~orum cum ebdomadariis *Stat. Linc.* II 180; **1412** quod quilibet promotus .. obligetur universitatis capellanum cum liberata competenti de secta ~orum inter ceteros visitare *StatOx* 218; rex indixit silencium per totum exercitum sub pena amissionis equi et harnasii in ~o .. et auris dextre in valettum *G. Hen. V* 12; dux Aureliensis, dux Burbonensis .. et alii multi magnates et ~i .. capti fuerant STRECCHE *Hen. V* 153; ~us, *gentylman WW*; nobiles minores sunt equites aurati, armigeri et qui vulgo ~i, et *gentlemen* dicuntur CAMDEN *Br.* 138 (cf. ib. 140: ~i, vel promiscue nobiles sunt, qui natalibus clari, aut quos virtus aut fortuna a faece hominum extulit). **b 1445** aliorum fide dignorum testimonio Alexandri Arat ~i, Roberti filii David *Lit. Cant.* III 192; **1478** Willelmus B., armiger ~us *Pat* 542 m. 20; locutus fui cum Thoma L. ~o W. WORC. *Itin.* 96; **1505** testibus Roberto Lambert ~o et Thoma Hoghton *Sanct. Durh.* 105. **c 1557** Sussexie comitem .. ~orum ad arma in regno .. Anglie capitaneum *ActPCIr* 34; **1587** Thomam Molyneuxe, armigerum, unum servientium et ~orum nostrorum ad arma *Pat* 1235 m. 2. **d 1445** una ~a genulans (*TRBk*) *CalExch* II 205.

4 (as sb. m.) gentleman attendant. **b** (as sb. f.) lady-in-waiting.

1383 rex .. suscepit in .. salvum .. conductum .. Patricium T. . . cum uno ~o et vallettis suis *RScot* 47b (cf. ib. 101a: cum quodam homine ~o); c**1419** in iiij pannis .. de virido mixto empt' .. pro vestura ~orum et clericorum ejusdem status *Ac. Durh.* 616; **1447** tribus ~is .. episcopi pro favoribus suis impendendis in negociis monasterii, cuilibet vj s. viij d. *Ib.* 630; **1449** quod alterius quilibet armigerorum, ~orum, valectorum et garcionum in hospicio meo .. habeat omnia feoda .. sibi debita *Test. Ebor.* II 244. **b 1427** unicuique insuper generoso et ~e .. in servicio et domo nostra tempore mortis nostre existenti damus .. c s. *Reg. Cant.* II 393.

generus v. gener.

genesa, band or bundle.

~a, *a bond of cloth WW.*

genesis [CL < γένεσις]

1 birth, nativity, (esp. astr.) horoscope, destiny.

vitam .. fato fortunae et ~i gubernari juxta mathematicorum constellationem arbitratur ALDH. *VirgP* 30; ALCUIN *Suppos.* 1178C (v. genethliacus 1); ~is, constellatio *GlC* G 72 (cf. ib. 79: ~is, fatum decretum); neque Deus .. neque providentia in mundo, sed fortuitus casus et ~is agunt omnia ORD. VIT. II 2 p. 232; filius cujus ~im hospites acceperunt et ordinaverunt ejus planetas. .. ostendit .. eis ~is quod puer erat futurus sapiens BACON V 137; *Ib.* 136 (v. generatio 17).

2 origin, descent.

propter ~in eorum militum BYRHT. *V. Osw.* 429; a calcitronibus rex differt genesi, / avorum scilicet patrumque prothesi WALT. WIMB. *Sim.* 82; de ipsius clarissimi genitoris sui nobilissima ~i hactenus ANDRÉ *Hen. VII* 11.

3 book of Genesis.

sacra ~eos auctoritate ALDH. *Met.* 2 p. 68; canebat de creatione mundi et origine humani generis et tota ~is historia BEDE *HE* IV 24 p. 261; c**798** Isidorus in commentario ~eos ALCUIN *Ep.* 162; quinquepertitus anime sensus in prothoplastis nimis obscuratus est ut ex ~i facile probari potest W. DAN. *Sent.* 64; liber .. ~is Ebraice dicitur *bresith*, Grece vero γενησις, ~is, Latine generatio GROS. *Hexaem. proem.* 66; de iride cujus [causa] est dissipatio aque .. diluviorum, ut liber ~eos docet BACON *Tert.* 83; putei .. quos .. Abraham .. fodit ..: ~is vicesimo sexto R. BURY *Phil.* 1. 27; **13..** glose [Petri] cantoris Parisiensis super ~im (*Catal. Librorum*) *Chr. Rams.* 360; quamplures reges fuisse habentes distincta regna .. ~is liber copiose nos informat FORTESCUE *NLN* I 6; **1501** Augustinus super ~im *Cant. Coll. Ox.* I 19; **1510** Jenisis glosatus *Ib.* 47.

genesta, ~ista [CL; cf. AN *geneste, genette*], **~ettus,** broom (*Spartium junceum*). **b** broom-land. **c** gromwell (*Lithospermum*).

ALDH. *VirgP* 3 (v. 1 crocatus); genestarum aprica / frondosarum velamina (*Id.*) *Carm. Aldh.* 1. 171; ~ista, *brom GlC* G 52; apis .. salicularum ~estarumque .. flores decerpit BYRHT. *Man. Epil.* 244; c**1250** (14c) prosternet et cariabit j carratam de geone vel genetheo ad curiam pro j opere *DC Chich. Liber* P f. 31v.; **12..** ~esta, i. *genest*, i. *brom WW*; **1269** r. c. .. de ij s. de herbagio in genett' .. et .. de iiij s. de genett' vend' *MinAc* 840/1 (*Essex*); **1275** attrahunt sibi cheminagium de hominibus hundredi tam de genetto viridi quam sicco *Hund.* I 152; **1289** in l garbis genecti [*altered from* feuger'] emptis ad ponendum sub vernam *KRAc* 479/15 r. 3; **1290** de quibus terris vastis ij bovate portant ~estam regis *ExchScot* 45; **1297** de jaon' et jenect' et veteri feno hoc anno nichil *Ac. Cornw* II 230; **1299** de genecta vendita, ij s. vj d. (*Ac. Blakenham*) *Doc. Bec* 177; terras .. steriles .. semine genecti .. expedit seminare *Fleta* 163; **1302** sunt ibi ij acre ij rode et de erbagio in cunegaria cum genecta *Suff. Hund.* 67; digerent[es] melancoliam sunt .. flores genestre, boraginis, buglose .. cortices sunt salicis et fraxini, genestre, tamarisci GAD. 15. 2; **1345** decimas agnorum, .. lini, canapi, genecti, cirporum [etc.] THORNE 2112; **13..** tenens terram in capite de priore debet .. wiscare ij clatas de falda prioris et colligere wiscas et culmina, et prior vela et ~estum *Cart. S. Denys Southampt.* II 213; ~esta, genestula idem, i. mirica, †reubis [? l. rubus] agrestis idem *SB* 22 (cf. ib. 30: *bruer heath*, sive ~a); ~istus similis [est] stringno sed habet folia albiora et unum stipitem *Alph.* 73; ~a, A. *brome WW*. **b** **1325** de .. sepibus, haiis, genectis .. decima .. nullo modo solvitur *Reg. Roff. Ep.* 113b; c**1450** cum .. brueriis et ~is *Reg. Glasg.* 376; **1502** in boscis .. brasinis, brueriis, ~estis, cum curiis et earum exitibus *Midlothian* 75. **c** hec gensta, A. *gromylle WW*.

genestall' v. genestula.

genesteia, ~eium, ~eum [AN *genesteī*], broom-land.

1195 ij acras terre, una percha minus, in ~eio *Arch. Cant.* I 232; **1213** de ~eia et saltu .. juxta rivulum de T. sunt clxj acre *Cl* 165b; **1222** x acre de ~eio ad pastura[m] boum *Dom. S. Paul.* 74; **12..** [iij acre] propinquiores ad geneteium *Cart. Fount.* I 104; **12..** ab ea cruce per medium ~ei *Feod. Durh.* 203n.

genesteola v. genestula. **genestra** v. genesta a. **genestreola** v. genestula.

genestricus, of broom.

cum unguento ~o frequenter inungere splenem; summum remedium est contra dolores .. cujus recepta est talis: recipe florum genestre li. 5 [etc.] GAD. 17. 2; *Ib.* 80v. 2 (v. centinodia a).

genestula, broom.

semen ~e, semen juniperi GILB. VI 273v. 1; **1245** de xij li. .. de bosco vendito; et de iij s. de genestall' vendit'; et de ij s. de xxiiij gall[inis] venditis *Pipe Wint.* r. 13d.; *SB* 22 (v. genesta a); ~a flores habet croceos etc. (*sic*), *brome*, genesta, mirrica, *genette, brome Herb. Harl. 3388* 80; genistiola j stipitem habet ut lilium sed plures flores nidos (*sic*) in summitate *Ib.*; genesteola [v. l. genestreola] mirica, genesta idem, florem habet croceum, G. *geneste*, A. *brom Alph.* 73.

genet- v. et. gynaec-.

1 **geneta** [AN *genet*], jennet, a small Spanish horse. *Cf. ginetes.*

1309 queritur de Viviano Mahumet, persona ecclesie S. Laurencii, de eo quod .. vi .. asportavit genettam .. Galfridi precii xl s. *S. Jers.* XVIII 226; **1419** iij equos vocatos jenett' *Ac. Foreign* 52A; **1463** pro ij .. genatis (v. 2 equus 2c).

2 **geneta, ~is** [AN *genette*], (fur of) civet cat.

1200 pro .. iij penulis de grisio et x sabelin' et ij genetris *RNorm* 31; **1224** non potuerunt .. vendere pelles vel waldiam vel genetem vel hujusmodi mercandisas nisi esset in gilda *CurR* XI 2055; **1228** habeat .. precium .. mercandisarum quas .. malefactores detulerunt, sc. precium c li. de *grein* .. cc pellium cuniculorum .. precium v penularum de genet' [etc.] *Cl* 89.

genetaliacus v. genethliacus.

1 **genetarius** [OF *genetaire*], jennet-rider. *Cf. ginetes.*

s**1367** janitariis .. balistariis aliisque pugnatoribus .. interfectis J. READING 193b (cf. ib. p. 353).

2 **genetarius** v. gynaecarius.

geneteium v. genesteia. **genetharia** v. gynanecarius. **genetheca** v. gynaeceum. **genetheum** v. genesta a, gynaeceum.

genethlia [γενέθλια], (n. pl.) horoscope, destiny.

colligebat multa de constellationibus mulier sortilega et †geniculorum multarumque disciplinarum conscia ORD. VIT. IX 10 p. 544; D. MORLEY 194 (v. genitura 1b).

genethliacus [CL < γενεθλιακός]

1 caster of horoscopes.

hi astrologi dicti nec non ~i propter natalium considerationes. geneses enim dierum hominum per duodecim sidera caeli describebant. siderum quoque cursu nascentium mores eventusque pronuntiabant ... hi vulgo mathematici appellabantur ALCUIN *Suppos.* (*De div. off.* 5) 1178C; sic .. a dispositione siderum eventuum necessitatem ingerit ..; et, cum athomos in ore volvant, verendum est ne, si athomos genelliaco forte intercidat, in excipienda sententia celestium labatur J. SAL. *Pol.* 458C; quidam ~os, quidam mathematicos, quidam ariolos, quidam pythonicos consulunt, et quia divinationi eorum quandoque respondet eventus eis fides a temerariis exhibetur P. BLOIS *Ep.* 65. 192B; horoscopica .. utuntur ~i qui nativitates hominum attendunt, qui vulgo mathematici dicuntur ALB. LOND. 11. 13; astrologie professores .. ~i [vocantur] quia generationes hominum dijudicant et per constellationem nativitatis totius vite eventus ordinare volunt KILWARDBY *OS* 71; genetaliacus, A. *a tellere of kynde WW*.

2 heathen.

genthliatici, gentiles *GlC* G 56; genthliatici, gentiles vel naturalium scriptores *Gl. Leid.* 27. 27; **9..** geneliatici, *hæþene WW*.

geneticus [cf. 1 geneta], jennet-, belonging to breed of small Spanish horse.

ubi magna et terribilis cohors Longobardorum emissariis ~is armatis et ipsi peroptime armati insederent FORDUN *Cont.* XV 35.

genetis v. 2 geneta.

genetive, (gram.) in the genitive case.

possessivum [nomen] .. cum re possessa quam concernit ut possessa, significat possessorem in racione possidentis, hoc est genitive *Ps.*-GROS. *Gram.* 38; si intelligatur minor [sc. 'actio est motus'] ~e [i. e. motūs] non valebit argumentum, ergo oportet accipere pro minore quod 'actio est motūs' nominative DUNS *Metaph.* V 6 p. 214.

genetivus [CL]

1 productive, life-giving (also fig.); **b** (w. gen.); **c** (w. pun on sense 2).

ipse sum Augustinus totius Anglicae gentis pater affectuosus, omnes vos in Christo parturiens genitivis visceribus GOSC. *Mir. Aug.* 3; gratia, fons vivus, lex, ignis, amor genitivus / Spiritus ipse veni R. CANT. *Malch.* VI 157; o mihi festiva nox, lux redit genitiva *Ib.* III 456; vis genitiva gemit, violata cupidinis arte (*Vers.*) GIR. *TH* II 23; domus .. Rievall' concipiens in utero tertiam filiam genitivi tumoris distensione partum propinquum minitavit W. DAN. *Ailred* 19 p. 27; Zepherus .. solebat in educandos partus genitiva insufflare spiracula *Ps.*-ELMH. *Hen. V* 96. **b** annus [**1256**] .. frugifer .. ecclesie vero .. servitutis genitivus M. PAR. *Maj.* V 600; genetiva pacis / surgit oliva GARL. *Poems* 2.3. **c** HANV. VI 334 (v. ablativus 2); tu mortis es ablativa / quia prolis genitiva / sine culpa genite .. / .. dativa / libertatis perdite WALT. WIMB. *Virgo* 61; *Pol. Poems* I 176, 178 (v. accusativus c); genetivus eris *Reg. Whet.* II 297 (v. dativus 1c).

2 genitive (gram.).

per genetivum singularem, ut 'nitescens, nitescentis' ALDH. *PR* 129; genetivo et ablativo *Ib.* 113 (v. ablativus 1); si .. 'e' in 'i' mutaverit in genetivo crescente, ut 'miles, militis' BEDE *AM* 101; cum genitivo principali interpretantur, ut 'Evandri ensis' et 'regis honor' ALCUIN *Gram.* 860C; genitivi singularis terminationes sunt 5: 'e', sc. et 'i', 'is', 'us' et 'ei' *Ps.*-GROS. *Gram.* 42 (cf. ib. 71: genitivus partitivus est, dativus perfectivus); 'verbum Christi habitet in vos' [*Coloss.* iii 16] sermo iste ultimus potest dupliciter exponi ex hoc quod genitivus 'Christi' potest construi transitive vel intransitive H. HARTLEPOOL 193.

genetricula, (little) mother.

hec est pulcra Rachel, Joseph genitricula, cujus / calliditas Phariam messibus implet humum GARL. *Epith.* VII 243 f. 43v.

genetris v. 2 geneta.

genetrix [CL], mother; **b** (w. ref. to animal); **c** (fig.); **d** (w. ref. to 'mother Church').

~ice Samuhelis vaticinante ALDH. *PR* 140 p. 197; *Id.* *VirgP* 34 (v. gemellus 1a); **956** genitrix regum (v. 2 evax); rex aderat quem sic genetrix affatur honesta FRITH. 919; felix ejus [Æthelwoldi] genitrix dum in utero eum haberet .. ÆLF. *Æthelwold* 2; genitrix candentem calibem .. portavit et ab .. adustione illesa de filio regis se concepisse comprobavit ORD. VIT. X 14 p. 82; pater suus omnes in hoc studio superabat, et ipse superatus ab ejusdem virginis genitrice *V. Chris. Marky.* 8; hec mater, ~ix, *a modyr WW*. **b** cui ~ix [i. e. leaena barbara] .. mittit .. satellitum canumque prolixiorem catastam GILDAS *EB* 23. **c** crescit dilectio sancti / virtutum genitrix, almorum florida nutrix FRITH. 455; curia curarum ~ix et schola deliciarum GIR. *PI pref.* 1. **d** hanc autem ecclesiam matrem ac ~icem recte esse vocandam ipse Dominus docet BEDE *Cant.* 1183.

2 (w. *Dei* or sim.) the Virgin Mary.

beatae et incorruptae Dei ~icis ALDH. *Met.* 1 p. 62; **697** bassilicae beatae Mariae genitricis Dei *CS* 97; ecclesiam sanctae Dei ~icis BEDE *HE* II 4 p. 88; c**800** cum beatissima genitrice Dei .. Maria ALCUIN *Ep.* 280; sancta Dei genitrix, ora (*Jud. Dei*) *GAS* 429; Jesu Christo et piae genitrici ejus Mariae ANSELM (*Ep.* 156) IV 23 (cf. id. (*Or.* 5) III 13: Maria .. genitrix vitae); interventu Dei genitricis, cujus iconem secum habebat R. NIGER *Chr. I* 57; **12..** sancte Dei ~icis Marie *Conc. Scot.* II 5; **1452** virgini Marie, genitrici unigeniti Filii Dei *MunAcOx* 640.

3 initiator, author, founder (f.).

illustrissima vero monasterii sui primiceria domna Godyva, quae ab ejus dignae memoriae ~ice nunc habetur quinta GOSC. *Edith* 36.

genetta, ~us v. genesta a, 1 geneta. **geng-** v. ging-.

genialis [CL]

1 connected w. marriage, (as sb.) marriage-bed.

~is [i. e. ~es] lecti, qui sternuntur puellis nubentibus *GlC* G 50; **9..** geneales, *brydræst WW*; ~ibus, *of brydlicum* *GlP* 189; hic ~is, .. lectum ubi sponsus et sponsa cubant OSB. GLOUC. *Deriv.* 240, 261; matrem Christi genuit thoro geniali / quem possedit gracia Dei favorali GARL. *Epith.* IV *Summa* 31; hic ~is est lectus qui in nupciis sternitur *WW*.

2 festive, cheerful.

~is homo, gratus homo *GlC* G 80; ergo manet [? l. manat] solitus succincto sudor alumno, / emicuit quamvis genialis flamine vertex FRITH. 319.

3 inborn, natural; **b** (w. ref. to family ties). **c** (of place) native. **d** (of person) native born; **e** (transf.).

s**1020** efferos motus abbas et ~es secum affectionem suarum metiens .. passiones sibi perpendit periculosum servire moribus plurimorum *Chr. Rams.* 124; te lex moralis docuit, te lex genialis [*gl.*: naturalis; a deo nature] GARL. *Mor. Scol.* 66. **b** s**1256** dictum .. est inhonestum fuisse nimis in absentem desevire .. pro liberatione fratris sui pio ac ~i spiritu dimicantem M. PAR. *Maj.* V 564. **c** sub H. rege multi alienigene, qui ~is humi inquietationibus [v. l. turbellis] exagitabantur, Angliam annavigabant W. MALM. *HN* 483 p. 41; non mirandum .. si natale solum ~eque territorium profusioribus laudum titulus auctor extulerit GIR. *IK* I 12; s**1254** Johannis Hansard .. obierat .. in expeditione, funere geneali [i. e. *he was buried in his native land*] M. PAR. *Maj.* V 427; s**1225** [F. de Breauté] regnum Anglie abjurans .. ad solum suum genitale [MS: ~e] remeavit *Meaux* I 436; **d** pure et impermixte de ~i Kambrensium gente propagatus GIR. *Spec.* III 4; s**1213** si absque judicio curie sue contra quempiam nedum suos homines geniales [MS: geneales] bellum moveret .. M. PAR. *Min.* II 142; quin regnum in quo sunt nati homines geneales et eorum progenitores ab ingenuis et alienigenis emundarent *Id. Maj.* V 697; me excluso, herede geneali, alium degenerem .. subrogare *V. II Off.* 2. **e** s**1252** alia ecclesiarum beneficia .. contulit rex .. indignis et ultramarinis ... hanc .. materie digressionem ~ia suspiria elicuerunt M. PAR. *Maj.* V 330.

4 (w. obj. gen.) giving birth (to), productive (of); *cf. genitalis.*

virgo verbi genialis / tutis clue tuis alis / et extento brachio WALT. WIMB. *Virgo* 151.

genialiter [CL], as befits a wedding-feast, joyfully.

~er, i. nuptialiter et voluptuose OSB. GLOUC. *Deriv.* 248, 261.

genicia [AN *genice, janice*], heifer.

1234 de iiij bobus, j tauro, iij vaccis, viij genic', v vitulis *MinAc* 1117/13 m. 1; **c1258** jenicie (v. bovettus); **1268** depredaverunt villam .. de bobus et ij ~iis .. et predicte ij ~ie interfecte fuerunt *JustIt* 618 r. 18; **12..** legavit .. filie Madoci .. j genucam *FormA* 424.

genicula [cf. AN *genice*, juvencula], heifer.

1209 iij ~is (v. bovettus); **1211** remanet j ~a ij annorum *Pipe Wint.* 15; in adjuncta vaccis, j ~a .. de ij bovettis, j ~a remanentibus anno preterito vitulis *Ib.* 58; **1248** ~e: idem r. c. de ij juvencis remanentibus anni preteriti; in adjunctis vaccis ij *Rec. Crondall* 59;

geniculare, ~ari [LL], to bow the knee, kneel (in respect or supplication).

742 ante vestigia vestra ~antes .. flagitamus .. ut .. BONIF. *Ep.* 50; **c750** multo magis †genuclientes [*corr. to:* ~antes] quod multo magis necessarium est, totis visceribus efflagito mentis ut .. (ÆTHELBERHT) *Ep. Bonif.* 105; **798** (17c) obnixe ~ans obsecro paternitatis tuae almitatem *CS* 292; ante .. corpus [beati Yvonis] transiens, nec ~ari nec etiam vel leviter conquiniscere curabat GOSC. *Mir. Iv.* lxvi; filius .. perditionis .. qui de Francorum facetiis preposterum ~andi genus transvexit ad Anglos DEVIZES 33v.; **s1192** quousque .. nobiles coram magistro Garnerio ~antes veniam impetrarent *Itin. Ric.* V 51; *to knelle*, ~ari, ad-, in-, re-, genuari, flectere, .. genuflectere *CathA*; sacerdos .. parum ~at *Ord. Cartus.* 101.

genicularis [LL], (?) lychnis.

~is est herba auferendi (*sic*) versus scorpionis (*sic*) *Herb. Harl. 3388* 80; lichitis, quod Latini ~em, i. bellariam vocant, florem habet similem viole sed paulo fulviorem *Alph.* 102 (cf. Isid. *Etym.* XVII 9. 83: ~is herba substernitur ob scorpionum vim repellandam).

genicularius, (as sb. m.) kneeler. **b** (as sb. n.) armour protecting upper part of thigh; *cf. genularia.*

a kneler, ~ius *CathA*. **b** ~ia .. quibus femora et ilia proteguntur .. rumpuntur R. NIGER *Mil.* I 35.

geniculatio [LL], kneeling (in respect or supplication).

non tulit ipsorum supplicationes .., non ~ones W. CANT. *V. Thom.* I 15; **1257** crebris fratrum supplicationibus, ~onibus quoque assiduis (*Processus*) *Mon. Francisc.* II app. 271; in genubus ex frequenti ~one callos habebat HIGD. VII 35 p. 222 (cf. *Eul. Hist.* I 82: genuculacione).

geniculator, one who kneels.

~or .. i. genu inclinans OSB. GLOUC. *Deriv.* 249.

geniculatus [CL], (bot.) having knots or nodes, nodose. **b** (as sb. f.) (?) knotgrass (*Polygonum aviculare*).

herba Roberti .. habet stipitem tortum et rubeum et ~atum *Alph.* 81. **b** ~ata, poligonia idem *SB* 22; ~a, i. pologonia vel centimodia (*sic*), *swynesgrace Herb. Harl. 3388* 80; *Alph.* 147 (v. centinodia a).

geniculosus, (bot.) having knots or nodes, nodose.

hyerob herba est .. cum ~is foliis *Alph.* 82.

1 geniculum v. genethlia.

2 geniculum [CL], **genuculum** [LL]

1 (small) knee. **b** kneecap.

tege cambas surras femoralia / cum genuclis poplites et genua *Cerne* 87. 6; gibber .. dum propter ingentem gibbum .. caput gestaret demersum ferme usque ad genuculum LANTFR. *Swith.* 2; Maria parvuli girat corpusculum / nunc genas osculans nunc os .. / .. / latus et crustula, pedem, geniculum WALT. WIMB. *Carm.* 229; cauterium in fontanella ~i vel in poplite GAD. 127v. 1. **b** ~i, *cneowhweorban WW Sup.* 420.

2 'joint', degree of consanguinity (AS *cneow*; *cf.* Pollock & Maitland *Hist. Eng. Law* II 307). *Cf. genu* 2.

quae et ipsa fuit uxor consobrini sui et ipsa illo vivente discessit ab eo; et isti viro qui nunc eam accipere desiderans adfirmat sibi licentiam datam, in tertio ienuculo [vv. ll. geniculo, genuculo, tertia generatione] propinqua illius esse dinoscitur BONIF. *Ep.* 50 p. 84; ut nemo in parentela sua intra sextam generationem uxoretur nec in dimissa cognati sui qui intra sextum ~um [AS: *binnon vj manna sibfæce on his agenum cynne*] pertineat ei (*Quad.*) *GAS* 290 (cf. ib. 291 (*Inst. Cnuti*): infra sextum genu); soror patris vel matris et deinceps in quintum ~um quicumque propinquiores in parentela fuerint hereditario jure succedant (*Leg. Hen.* 70. 20a) *GAS* 589.

genimen [LL]

1 progeny, offspring; **b** (fig.); **c** (w. ref. to *Luke* iii 7).

produxit avorum et proavorum ~ina ALDH. *Met.* 2 p. 68; gnari quaedam genimina / vermis feruntur minima (ÆTHELWALD) *Carm. Aldh.* 2. 125; ~inae, creaturae *GlC* G 77. **b** **s1248** pullularunt cotidie novarum oppressionum ~ina detestanda M. PAR. *Maj.* V 38; **1337** vestram .. latere sanctitatem nullatenus arbitramur apud nos cotidie nova magistrorum pululare ~ina *FormOx* 89; de septem bestiis et eorum ~inibus [ME: *streones*] in deserto solitarie vite dictum est huc usque *AncrR* 75. **c** o generatio prava, o domus exasperans, o ~en viperarum P. BLOIS *Ep.* 89. 281A; post hec et ignibus jure succencio / quia genimini parcunt viperio WALT. WIMB. *Carm.* 521; tu es ~en vipere [ME: *neddre cundel*] non sponsa Christi *AncrR* 37; ecce quibus plagis patrem afficiunt degeneres filii, imo non filii sed genus exasperans et ~ina viperarum *Mir. Hen. VI* I 8 p. 28.

2 shoot, twig; **b** (fig.).

non cunctatus est myricas illas diutius siccatas flamma copiosa succendere. igitur ignis sicca ~ina reperiens illa .. devorare .. cepit R. COLD. *Godr.* 251; ~ina, semina, germina OSB. GLOUC. *Deriv.* 264; *a chire*, ~en *CathA*. **b** hoc est ~en vere vitis, id est ipsius Christi qui dicit 'ego sum vitis vera' [*John* xv 1] BALD. CANT. *Sacr. Alt.* 672A; **s1118** huic virtuti adversantia superseminavit, viz. superbie ~ina M. PAR. *Min.* I 224; **1433** extirpentur ~ina heresum (*sic*) *FormOx* 447.

geniscula [LL *gl.*], mussel.

geniscu1us [? l. genisculas], muscellas *GlC* G 55; **10..** ~a, *mucxle WW*; **11..** ~a, *mulcle WW Sup.* 210.

genista v. genesta. **genistiola** v. genestula. **genita** v. gignere.

genitalis [CL]

1 of or concerned w. creation.

~is Deus, qui omnia facit *GlC* G 59.

2 assoc. w. reproduction; **b** (of organs) genital; **c** (as sb. n.).

frustra autem Julianus ~alem vult exceptam voluptatem quae sola ad animi nostri non moveatur arbitrium BEDE *Cant. pref.* 1068 (cf. ib.: libidinis incentiva). **b** **s1087** si aliquis .. aliquam vi oppressisset, ~ibus privabatur armis H. HUNT. *HA* VI 39; membris ~ibus propagatio concessit [v. l. consistit] ALF. ANGL. *Cor* 3. 2; Venus habet dominium super egritudines .. que accidunt circa membra ~ia ROB. ANGL. (II) 161. **c** hic patris imperium .. / .. pulso spadone capessit; / tum miser .. demptis genitalibus exul / delituit ALDH. *VirgV* 1376; tege ventrem, lumbos, genetalia *Nunnam.* 94; oculis privatos et ~ibus inflictaque nocte perpetua resectaque voluptate de cetero vivere dimisit MAP *NC* I 12 f. 11v.; hoc ~e pro mentula OSB. GLOUC. *Deriv.* 248; femine .. vir .. placet .. si suis validus fuerit et frequentativus in ~ibus *Collect. Stories* 217 (v. 3 gurgulio); hoc ~e, *a balloke stone WW*.

3 native. **b** (as sb. n. pl.) inheritance. **c** natural (of resources).

cum .. castitatis insignibus, quae in ~i solo servaverat, carere stricta machera extorqueretur ALDH. *VirgP* 31; hospitium sale domini subeunt genitale R. CANT. *Malch.* II 306; valedicentes .. arvis ~ibus, renuntiantes parentum affectibus, fortune vela committunt W. MALM. *GR* I 5. **b** pro mercede omnia ~ia parentum .. pueri .. occisi a domino illorum petivit *G. Herw.* f. 328. **c** ne .. ~ibus divitiis tam fortunata regio peregrinorum opum fraudaretur commertio W. MALM. *GP* IV 154.

genitare, to beget.

to fadyr, ~are *CathA*.

genitivus v. genetivus.

genitor [CL]

1 father, sire; **b** (w. ref. to God); **c** (spiritual); **d** (w. ref. to animal); **e** (fig.).

filius mali ~oris GILDAS *EB* 109; vir optimus atque optime ~or sobolis BEDE *HE* III 18 p. 163; ~or et generator unum est *GlC* G 60; militiam Francorum .. nunc in ~oris mei instanti necessitate vellem experiri ORD. VIT. X 24 p. 145; genitum ut redimat ~or instrumenta gignendi .. precidit GIR. *IK* I 11; **1442** de anno in quo decessit .. ~or domini regis moderni *ExchScot* 115; hic pater, A. *fadyre*, hic ~or idem est *WW*. **b** omnipotens genitor mundum dicione gubernans ALDH. *VirgV* 1; **940** (v. cunctiparens); quemadmodum Pater est et Pater et ~or .. et ingenitus, sic ista de Filio dicenda sunt ANSELM (*Incarn.* A 3) II 15; convertit genitor in matrem filiam / antiquus prosilit ad puericiam WALT. WIMB. *Carm.* 31. **c** evangelicus ejus [regis Æthelberti] ~or Augustinus GOSC. *Transl. Aug.* 44C. **d** vidimus .. canem curtum, non natura .. sed casu solo cauda mutilatum; cujus et progenies plurima, tam a ~ore descendens quam genitura, similem .. pati defectum ostensa est GIR. *IK* II 7 p. 131. **e** est genitor Veneris Bachus D. BEC. 956; [Sicilia] habet .. Albeum fluvium ~orem equorum BART. ANGL. XV 150 (cf. Virgil *Aen.* III 704: generator equorum).

2 (pl.) parents.

in aurora exacte noctis qua pervigiles ~ores jam morituram observabant .. GOSC. *Transl. Mild.* 28; si .. contingat quod ~ores genitum doceant aliquam arcium, natura superior trahet eum .. ad artem sideris sibi convenientem BACON V 136.

†genitorium, *f. l.*

de edificiis domorum: .. hoc genitorium [? l. goritorium; cf. gorytus], *a buhows WW*.

genitricula v. genetricula. **genitrix** v. genetrix.

genitura [CL]

1 birth, nativity. **b** (astr.) horoscope.

sancta parens .. post beatam tantae sobolis ~am jam non acquievit carni et sanguini GOSC. *Edith* 42; si superhabundet aliquis eorum in ~a, querant parentes ejus were vel vindicte superplus (*Leg. Hen.* 70. 9) *GAS* 588; servi alii casu, alii ~a (*Ib.* 76. 3) *Ib.* 593; num festinatus ortus ejus prejudicare poterit juri alterius qui nihil ad ejus contulit ~am? FORTESCUE *NLN* II 10. **b** mathematici in explorandis hominum ~is ad atomum usque pervenire contendunt BEDE *TR* 3 p. 183; ex verbis .. illius [sc. Julii Firmici], ubi de genituris [vv. ll. genitiis, geneciis, *perh. for* genetliis] tractat, habemus quod duo circa nativitatem debent inquiri D. MORLEY 194.

2 offspring.

Spiritus Sanctus non hominem illum genuit sed ~am ejus, imo totam humanitatis seriem, procuravit PULL. *Sent.* 781C; 'o qualis ~a mea in vobis!' illi .. paterna exprobratione verecundati .. G. FONT. *Inf. S. Edm.* 8; patebat in scriptura / miranda genitura / Dei et hominis P. BLOIS *Carm.* 21. 1. 2; ex venere ibidem expleta nunquam ~a provenit GIR. *IK* II 7 p. 128; fissuram quam .. per medium .. labrum genitor olim susceperat .. eodem in loco ~a pretendit *Ib.* p. 132; mater, virgo pura / tu et tua genitura LEDREDE *Carm.* 40. 2; hii modo namque sua mundum replent genitura GOWER *VC* III 1593; quidam erat sterilis rex in genitura, / .. / 'rex caput corporum quare sum ego / sterilis, inutilis, sine prole dego' RIPLEY 421.

genitus v. gignere.

genius [CL], **~ium**

1 indwelling spirit.

~ius dicitur deus naturalis qui cum homine nascitur *GlP* 189*n*.; hic, ~ius, .. i. deus nature et deus qui preest nuptiis OSB. GLOUC. *Deriv.* 248, 261; ~ium .. deum esse naturalem dicit Remigius, qui omnium rerum preest generationibus ALB. LOND. *DG* 6. 19; ingenium dat ei genius subtile, quod artes / mechanicas subdit NECKAM *DS* V 721 p. 457.

2 inborn or natural instinct.

parentes nemini .. portentuosum animal exhibuerunt, peccato suo .. tenebras quaerentes qui contempto jure matrimonii ~ium colebant W. CANT. *Mir. Thom.* II 43; hoc ~ium, i. ingenium OSB. GLOUC. *Deriv.* 249, 261; gallus .. / instinctu genii nunciat ore diem NECKAM *DS* II 802 p. 391; vir .. plus nominis hactenus habens quam ominis, plus ~ii quam ingenii GIR. *EH* I 12; hostis nature ferus est Machometus et omnis / qui contra genii foedera plura sitit GARL. *Tri. Eccl.* 11.

genobardum, -bodum v. gernobodum. **genologia** v. genealogia. **genorbidum, ~bodum** v. gernobodum. **genos** v. gonia.

gens [CL]

1 race, nation. **b** (pl., w. *omnes*) mankind. **c** (w. *jus*) law common to mankind.

ad retundendas aquilonales ~tes GILDAS *EB* 23; Germanicae ~tis ALDH. *PR* 142 (143) p. 202; BEDE *HE* I 1, BONIF. *Ep.* 33 (v. Anglus 1b); **799** ut .. inimicas .. subiciat ~tes ALCUIN *Ep.* 178; NEN. *HB* 147 (v. Brito a); **946**, *GAS* 277 (v. circuitus 3c); gens Picta FRITH. 539; Francorum gens .. clarissima WULF. *Swith.* II 813; G. MON. II 1, GIR. *Invect.* I 4 (v. Britannicus a); ~s mendica, ~s modica ~ti nostre prevaluit ORD. VIT. IX 17 p. 619; rebellem Moraviensium ~tem .. rex .. transtulit FORDUN *Chr.* VIII 6; **1343** per .. ~tem Flandrie (*Tract.*) AD. MUR. 131. **b** **800** olim in Judaea notus tantummodo Deus, sed nunc omnibus ~tibus vox una est Christus ALCUIN *Ep.* 198; omnibus eque sacer monstrabat dogmata digna / gentibus ac populis regnum ad celeste vocandis *Mir. Nin.* 14. 500; ut conformes essent omnibus ~tibus .. petierunt regem [cf. *1 Sam.* viii 5] FORTESCUE *NLN* I 13. **c** W. MALM. *HN* 474 (v. dissaisire 1a); jus .. ~tium est quo gentes humane utuntur et quod a naturali jure recedit ..; solum hominibus commune est veluti erga Deum religio BRACTON 4; probat legem nature formasse contractus hominum .. diu antequam jus ~cium incepit FORTESCUE *NLN pref.*

2 national or tribal territory.

nullum altare in .. Berniciorum ~te erectum est BEDE *HE* III 2 p. 130.

3 class, set (of persons).

non horrenda parum videt hec gens Christicolarum R. CANT. *Malch.* I 408; modo dicit ~s illa [sc. causidicorum] quod facultas theologica sit summe superflua WYCL. *Ver.* II 135.

4 (pl., Bibl.) gentiles. **b** (w. *doctor* or sim.) the apostle Paul.

in annum decimum quintum Tiberii Caesaris quo redemptio ~tium .. advenisse traditur ALDH. *Met.* 2 p. 69; **722** apostolis suis ad lucem ~tium destinatis (*Lit. Papae*) *Ep. Bonif.* 20; ne scandalum facerent eis qui inter ~tes erant Judeis BEDE *HE* III 25 p. 185; ne videretur [Jesus] Judeis dare occasionem scandali si .. in civitatem ~tium introisset ORD. VIT. XI 27 p. 262; denotat ecclesiam primam prior ordine psalmus, / ecclesiam psalmus notat alter gentibus ortam GARL. *Tri. Eccl.* 235. **b** Christi .. discipulus magister ~tium Paulus GILDAS *EB* 97; ALCUIN *Ep.* 281 etc. (v. doctor 2c); **s1184** in ecclesia doctoris ~tium Pauli DICETO *YH* II 31; Paulo doctori ~tium P. BLOIS *Ep.* 15. 57A; Paulus apostolus doctor eximius ~cium R. BURY *Phil.* 6. 53.

5 (pl.) heathen, pagans; **b** (w. ref. to Saracens).

non sibi scelerati .. dum non ~tium diis perspicue litant, subplaudant GILDAS *EB* 38; ut numquam dicant gentes 'ubi est Deus eorum?' ALDH. *VirgV* 1924; fornicatione .. tali, qualem nec inter ~tes auditam apostolus testatur [*1 Cor.* v 1] BEDE *HE* II 5 p. 90; ~tes, *hæþene GlS* 212; fratres .. qui postquam .. fugerunt, ne in escis ~cium contaminarentur, usque claustrum, nunc rursus .. ad semitas relictas redeunt *Reg. Whet.* II app. 384. **b** **s1100** urbs sancta patet, lex nostra triumphat / gentes sunt victe (*Vers.*) ORD. VIT. X 1 p. 3; **1223** ~tibus .. polluentibus templum ejus [Redemptoris] (*Lit. Papae*) *RL* I 538 app.; Edissa civitas .. tunc primum a ~tibus profanatur *Meaux* I 114.

6 (sg. & pl., sts. app. m.) people (in general), persons, folk; **b** (w. *omnes*, in warranty clause).

plus metuunt gentes tacitos quam magniloquentes D. BEC. 722; Willelmus [I] .. in silvis venationum .. villas eradicari, ~tem extirpari .. fecit H. HUNT. *HA* VI 39; **1264** ex adventu .. tanti exercitus in Angliam .. strages ~tium utriusque regni contingere *Cl* 390; **1276** (v. 2 batellus 1b); **s1306** tanta ibi erat pressura ~tium .. quod duo milites morerentur, quamplures sincopizarent *Flor. Hist.* III 132; **1346** ponte per ~tes ville .. defracto (*Lit. Confessoris Regis*) AD. MUR. *Chr.* 212; **1388** (v. fortunare 2b); **c1400** de ~tibus laicis .. civitatis *Mem. York* I 179; **1413** dum .. peregrini .. et ~tes laici existant et .. aurum vel argentum .. secum non deferant (*TreatyR*) *Foed.* VIII 775b; Horsus et Hengistus fuerunt ~tes de Germania W. WORC. *Itin.* 166. **b** **1231** quod .. terram .. ei warentizare deberet contra omnes ~tes *BNB* II 490; **1259** pratum .. warantizabo contra omnes ~tes, Judeos et Cristianos *Cart. Osney* II 169; **s1266** rex acquietabit .. illos versus omnes ~tes *Leg. Ant. Lond.* 93; **1427** terras .. contra omnes ~tes warantizabimus *Pri. Cold.* 100.

7 (pl. w. possess. pron. or gen.) adherents, followers, men. **b** (sg.) retinue. **c** (sg.) manpower. **d** (sg.) band, body of troops. **e** (sg. & pl., w. *armatus* or sim.) men-at-arms.

a1112 aliis qui terras habent in episcopatu de ~tibus Wilfridi episcopi .. salutem ANSELM (*Ep.* 270) IV 185; **1217** quem ~tes nostre de garnisione castri .. de B. ceperunt *Pat* 98; **1296** misimus ~tes nostras in terram .. Anglie ad incendia facienda (*Lit. Regis Scotiae*) TREVET *Ann.* 348; **1353** (v. caballicata a). **b** **s1154** duxit exercitum in Wallias, ubi plures de ~te sua perdidit *Leg. Ant. Lond.* 198; **1217** quod .. Adam de G. cum ~te sua admittatis in castris nostris *Pat* 33; **1233** quod Griffinum .. et ~tem suam .. receptet in villa de C. *Cl* 272. **c** **c1200** si dominus .. ierit .. in exercitum, tunc eant burgenses illi cum eo cum quanta ~te poterunt salva custodia ville sue *BBC* (*Haverfordwest*) 92; **1230** ad castrum nostrum Dovre muniendum cum bona ~te *Pat* 338; **1233** si .. tale fuerit castrum quod expediat .. tenere, tunc illud ~te et victualibus muniri faciat *Cl* 272; **1242** naves .. preparari et bona ~te muniri faciatis *Cl* 496; **1345** Carolo nec in ~te nec in pecunia .. auxilium prebuerat (*Lit. Papae*) AD. MUR. *Chr.* 181. **d** **s1039** Teobaldus cum infinita ~te .. ad flumen .. descendit et .. tentoria fixit DICETO *Chr.* 183; **s1350** volens .. de uno loco ad alium .. declinare, ~tem modicam secum ducens AVESB. 120b; **s1367** superveniente .. Roberto .. cum electa ~te que eum secuta fuerat WALS. *HA* I 304. **e** **1199** (v. armare 2a); **1264** etc. (v. 2 arma 2d); **1297** communis serviens ~tis armorum *RGasc* III clxxxviii; **1335** quod ~tes vestras ad arma .. parari faciatis *RScot* 377a; **s1346** erat summa exercitus sui, tam ~cium armatorum quam archeriorum .. l milia AD. MUR. *Chr. app.* 245; *Ps.*-ELMH. *Hen. V* 1 (v. armiger 1); ~tem suam belligeram *G. Hen. V* 11.

gensiana v. gentiana. **gensta** v. genesta. **genta** v. ganta. **gentaculare, ~um** v. jentac-. **gentare** v. jentare.

gentiana [CL], gentian (*Gentiana lutea*). **b** alexanders (*Smyrnium olusatrum*).

herba ~a, *þæt is feldþyrt Leechdoms* I 12; genci[ane] .. peucedami .. piperis albi GILB. I 35v. 1; bacce lauri, gensi[ane] .. farine fabarum .. pulverizentur *Ib.* III 170v. 2; confricabis .. dentes .. cum corticibus aromaticibus (*sic*) [*n.*: ut cinamomi .. vel salvie vel ~e] BACON V 69; digerencia melancoliam sunt radix lapatii acuti, ~e [etc.] GAD. 15. 2; dentur illa que valent contra venenum, ut ipericon, herba Christophori, †egetea nigra [? l. et ge[n]tiane gra.] amarusca *Ib.* 127. 2 (cf. ib. 105v. 1: [cura venenorum:] .. ge[n]tiane; *Ib.* 2: baccarum lauri, mente, ge[n]tiane granorum); *SB* 9, *Alph.* 4 (v. aloe d); ~a, *genciane, carswete*, et cujus radix valde amara [sc. est] [*gl.* (16c): *clarrey*], gramen diureticum *Herb. Harl. 3388* 79v.; *Alph.* 37 (v. centaurea); *Ib.* 18 (v. basilisca); hec ~a, *a gencyan WW.* **b** ~a, A. *stanmerche WW.*

gentilicius [CL]

1 national, patriotic.

Cnuto .. qui pro gentilitiis [*corr. from* gentilicitiis] inimicitiis sanctos Anglos non diligeret W. MALM. *GP* II 87; **s1461** homines .. leonibus .. ferociores .. gentilico spiritu ducti *Reg. Whet.* I 397.

2 (as sb. n., sign of) gentility, elegance.

s1043 Gallicum idioma [ceperunt] omnes magnates in suis curiis tanquam magnum ~ium loqui *Croyl.* 62.

gentilis [CL]

1 of or belonging to one's house or family.

species .. nominum derivatorum sunt patronomicum, ~e, patrium [etc.] .. nomen ~e ut 'Romuleus' qui de genere Romuli est, 'Romanus' qui de Roma *Ps.*-GROS. *Gram.* 37.

2 of or belonging to one's tribe or race.

sume [*naman*] *syndon* ~ia, .. graecus, *grecisc*, anglus, *englisc* ÆLF. *Gram.* 13.

3 native, indigenous.

1204 Ricardus R. junior .. petiit a vicecomite ut eos inde juste deduceret quia ipse et pater suus .. naturales homines et ~es sunt de patria; et vicecomes dixit quod bene cognovit [gen]tilitatem suam set .. [etc.]. .. respondit R. quod revera ipsi naturales et ~es sunt de patria et quod ipse [sc. vicecomes] adventicius erat; et vicecomes respondit quod revera ipse de alia provincia fuit [etc.] *CurR* III 129; **1341** quod nullus extraneus .. mercandisas de aliquo extraneo emat .. preter ~es homines Glamorgancie pro victualibus eorum *Gild Merch.* II 368; **1414** volo quod executores mei non faciant magnas expensas circa herciam meam pro pompa mundi, sed quod pascant ~es et alios pauperes *Reg. Cant.* II 18.

4 gentile, not Jewish (also as sb.).

signa Judaici velleris imbris caelestis expertis et ~is rore Sancti Spiritus madefacti GILDAS *EB* 70; 'in circumcisionem', id est tantum prodest sibi qui ~is est quantum si Judaeus esset LANFR. *Comment. Paul.* 114 (*Rom.* ii 26); Christus .. ~es populos cur in foro hujus mundi otio vacarent redarguit ORD. VIT. I 11 p. 45; multos et Hebreos / gentilesque sacram fecit habere fidem GARL. *Tri. Eccl.* 102; ~es qui in semine Abrahe eternam accipient benedictionem *Eul. Hist.* I 71; quod non dominentur infideliter sicut ~es [cf. *Luke* xxii 25] *Ziz.* app. 483; Deus Asahel in regem Sirie unius regnorum ~ium ungere Helie .. precepit FORTESCUE *NLN* I 18.

5 heathen, pagan, not Christian (also as sb.); **b** (w. ref. to classical antiquity); **c** (w. ref. to Scandinavian settlers); **d** (w. ref. to Saracens or sim.).

qui ab illo ~i baptizati fuerint THEOD. *Pen.* I 9. 12; BEDE *Hom.* II 3. 123 (v. effrenis a); **742** ritu ~ium .. cantationes sacrilegas celebrare BONIF. *Ep.* 50; **c750** multitudinem ~ium idolatriae .. errore .. deceptam (ÆTHELBERHT) *Ep. Bonif.* 105; cujusdam regis Hunorum .. humanitate, qui, quamvis esset ~is, nulla .. ad ejus dampnum cui jurasset potuerit corrumpi pactione W. MALM. *GP* III 100 p. 222; hoc de ritu ~ium adhuc habent GIR. *TH* III 22; est domus ecclesia Domini; .. / .. / circumstans paries populus gentilis, Hebreus GARL. *Myst. Eccl.* 14; si figmenta ~ium, si dicta ethnicorum .. inserantur, Christiane tamen religioni famulantur HIGD. I 1 p. 16; eciam apud ~es et ethnicos pontificalis auctoritas preferebatur potestati regali OCKHAM *Pol.* I 19; phanum .. ubi .. Ethelbertus .. solebat .. demoniis .. sacrificare, quod .. Augustinus ab inquinamentis .. ~ium purgavit THORNE 1760. **b** illa bestia [sc. Scylla] inter Italiam et Siciliam fuit, ut ~es aiunt *Lib. Monstr.* I 12; **800** de .. poetarum ~ium libris ALCUIN *Ep.* 203; peccavi .. in lectione ~ium auctorum H. LOS. *Ep.* 28; W. MALM. *GP* 1 24 (v. ampullare b); **1166** 'stemmata quid faciunt?' [Juvenal 8. 1] ait ~is poeta BECKET *Ep.* 224 p. 515; omnes consului qui in Francia primatum videntur habere scripturarum; sed quia eos ~is historia latuit, non multum reprehendo J. SAL. *Ep.* 143 (209 p. 334); GARL. *Myst. Eccl.* 340 (v. arvambulus b); rationem hujus cycli acceperunt a ~ibus Romanis BACON IV 91; BRADW. *CD* 34B (v. expositorius 1a); Rome fuit .. domus consecrata. sacerdotes ~es .. illam .. custodientes .. HIGD. I 25 p. 218; **1439** Boccasius de genealogia deorum ~ium (*Catal. Librorum*) *MunAcOx* 764; Woden .. tante apud suos autoritatis fuit ut feriam quartam ~es Romani diem Mercurii appellabant *Plusc.* VI 1. **c** **964** (v. barbarus a); fines orientales concussas .. ~ium impetu; quae vesana tempestas et Deo odiosa gentilitas .. impulit in locis navalibus fines Angliae HERM. ARCH. 1; piratae ~ium Danorum GOSC. *Transl. Mild.* 3; **s1089** Menevia fracta est a ~ibus Insularum *Ann. Cambr.* 29 (cf. ib. 31: ~es de Ybernia). **d** hic [Godefridus] primus Christianorum .. diadema ferre et rex Jerusalem pro terrore ~ium cognominari .. compulsus est ORD. VIT. X 21 p. 131; **s1098** obsederunt [Antiochiam] ~es per tres septimanas M. PAR. *Min.* I 128.

6 of gentle birth, of good family (also as sb.)

1184 Christiani, qui a nobis detenti sunt, sunt ~es et nobiles viri; ac milites nostri, qui a Christianis detenti sunt, sunt rustici et minimi atque vilissimi homines (*Lit. Salahadini*) DICETO *YH* II 25; **1215** mandamus vobis quod omnes prisones .. in castro de C. .. qui non sint milites vel ~es deliberetis *Pat* 133a; **1353** (v. 1 condicio 2d); **1388** concessit Isabelle .. redditum annualem .. pro statu mulieris ~is sufficientem *Chanc. Misc.* 243/10; **1426** cuilibet .. capellano et clerico de statu ~i .. cuilibet clerico .. de statu valettorum *Reg. Cant.* II 328.

7 of good breeding, of high quality: **a** (of falcon) 'gentle'; **b** (of horse) thoroughbred.

a **1200** dat .. j falconem ~em *ROblat* 52; **1213** ad tres girfalcones et j ~em falc' et ad unum poignatorem suum *Misae* 251; **1215** tres girfalcones .. et unum falconem ~em *Cl* 192a; **1243** (v. aerea); **1287** pro putura j falconis ~is et j terceletti ~is *KRAc* 351/24 m. 5; **1337** (v. 2 falco 1b); **1382** (v. generosus 2a). **b** **1400** in manerio de C. j jumentum gentil' cum ij pullan' prec' v m. *IMisc* 274/4.

gentilitas [CL]

1 (native) birth.

1204 vicecomes .. bene cognovit [gen]tilitatem suam *CurR* III 129 (v. gentilis 3).

2 gentilism.

quasi diceret 'quia in ~ate etiam ad malum obedientes fuistis, credo quod in fide Christi ad bona magis obedientes eritis' (*1 Cor.* xii 2) LANFR. *Comment. Paul.* 195.

3 heathenism. **b** heathendom, the heathen; **c** (w. ref. to classical antiquity); **d** (w. ref. to Saracens). **e** (?) heathenish practice.

ALDH. *VirgP* 50 (v. charybdis b); *Ib.* 55 (v. error 3a); **724** (v. baptizare 1a); cepere plures .. relicto ~atis ritu, unitati se .. ecclesiae .. sociare BEDE *HE* I 26 p. 47; **796** in ~atis erroribus obduraverunt ALCUIN *Ep.* 113; in regione [Occidentalium Saxonum] degebat vidua infidelitate ~atis .. irretita *Pass. Indracti.* 100v.; omnem .. ~atem [AS: *hædenscipe*] .. interdicimus; ~as est si quis idola colat, id est gentilium deos, solem aut lunam, ignem [etc.] (*Quad.*) *GAS* 313; lorica fidei .. eripitur cum apostatamus ad Judaismum vel ~atem conversi R. NIGER *Mil.* I 33; **11..** ~atem potius quam fidei cultum tenuere *Reg. Glasg.* I 6; juxta provinciarum numerum quas tempore ~atis habuerat insula GIR. *Invect.* II 1; ~atis et injustitie debellatore J. LOND. *Commend. Ed.* I 8; **s1176** ecclesiam .. Scoticanam .. opprimere niteris, que te per deserta ~atis errantem per invia jumento fidei imponere .. vite ad viam .. reduxit FORDUN *Cont.* VIII 26; **1457** dampnose ~atis ritu deposito (*Lit. Papae*) *Reg. Whet.* I 275. **b** **c625** repperimus .. plurimos ex ~ate ibidem degentium .. conversos .. ad .. Dei .. fidem (*Lit. Papae*) EADMER *HN* 311; qui et populum Judaicum a tenebris perfidiae et ~atem ab idolatriae servitute redimeret BEDE *Tab.* 926; ~atis fines adgressi LANTFR. *Swith. pref.*; HERM. ARCH. 1 (v. gentilis 5c); ne Christiani .. in exilium venundentur vel in ~atem [AS: *hædendome*; *Inst. Cnuti*: paganismo] (*Quad.*) *GAS* 311; exaltator ecclesie, ~atis humiliator W. MALM. *GP* V 249. **c** **s1173** quid actum sit Rome dum adhuc ~atis involveretur errore DICETO *YH* I 361. **d** **1181** ne .. Christianitas ~ati succumbat totis nisibus previdete (*Lit. Papae*) *G. Hen. II* I 273. **e** **1412** cum Christus non ordinavit istas universitates .. manifestum videtur, quod .. graduaciones in illis sunt vana ~as introducta .. (*Lit. Univ. Ox.*) *Conc.* III 346a.

gentiliter [LL], as gentiles or heathens.

'cum gentes essetis' .. ~iter viventes essetis (*1 Cor.* xii 2) LANFR. *Comment. Paul.* 195; Petrus ~iter et non Judaice vixit postquam predictam visionem viderat GROS. *Cess. Leg.* I 10 p. 58; qui ~iter ingressi sunt Dei sanctuarium, de quibus precepit ne intrarent AD. MARSH *Ep.* 76; **1430** conversantur plus quam decet inter gentes, ~iterque nimis vivunt *Reg. Whet.* II 384.

genu [CL]

1 knee; **b** (bent in respect or supplication); **c** (fig.); **d** (w. ref. to animal).

molestia ~u tumentis oppressus BEDE *CuthbP* 2; barbam usque ad ~ua .. habent *Lib. Monstr.* I 18; **9..** ~ua, *cneowa WW*; WULF. *Swith.* I 206 (v. gena 1a); ad ~ua [abbatis] se flectat et osculetur LANFR. *Const.* 141; jejunium infirmavit ~ua mea ANSELM *Misc.* 340; R. COLD. *Cuthb.* 48 (v. exitus 3b); ~ua secundum Ysid. [cf. *Etym.* XI 1. 108] conjunctiones sunt femorum et crurium ..; nervosa sunt ne de facili crura a superioribus separentur BART. ANGL. V 52; **12..** super jenua sua (v. flectere 1c); **1297** conculcaverunt Eliciam .. cum †clevibus [MS *prob.*: genibus] suis injuste *CourtR Hales* I 369; hoc ~u, A. *a kne WW.* **b** fixis genibus ALDH *VirgV* 1524, etc. (v. 1 figere 5a); flectens ~ua orabat *V. Cuthb.* II 3; BEDE *Hom.* II 16. 188, etc. (v. curvare 1c); ad sanctum .. patrem / accessit, flexoque genu rogat WULF. *Swith.* II 1156; tota die uniformiter genuflexus aut ~u progressus implorabat .. salutis munus *V. Kenelmi B* 82vb; a pueris cantetur

antiphona .. in fine ~ua flectentibus LANFR. *Const.* 102; precorque cernuis flexisque genubus / ut juvent miserum Gauterum precibus WALT. WIMB. *Palpo* 157; prosterne ~ua [ME: *cneon*] ad terram et erige baculum crucis *AncrR* 109; **s1387** cum .. intrassent in atrium videntes regem flexis ~ibus salutaverunt eum KNIGHTON *Cont.* II 248 (cf. ib.: genuflexo adoraverunt eum). **c** submissis mentis ~ibus ANSELM (*Ep.* 193) IV 83; **1283** flexis nostri cordis ~ibus PECKHAM *Ep.* 469; **1380** flexis cordis ~ibus .. deprecor *FormOx* 327. **d** cor mihi sub genibus ALDH. *Aen.* 34 (*Locusta*) 4; GIR. *Galf.* IV 10 (v. grus 1a).

2 (degree of) consanguinity, 'joint' (AS *cneow*; *cf.* Pollock & Maitland *Hist. Eng. Law* II 307). *Cf.* 2 *geniculum* 2.

infra sextum ~u *GAS* 291 (v. 2 geniculum 2); non pertinent alii cognationi pecunia ista nisi illis qui sunt intra *cneoþe*, id est ~u *Ib.* 393; rex fuit Redwaldus a Wodenio .. decimum ~u nactus W. MALM. *GR* I 97; qui tertium gradum cognationis vel quartum computant .. centesimum ~u numerare nesciunt J. FURNESS *Walth.* 43; **s1303** regis .. Francie consanguinitas et cognacio tacta est usque in ~u septimum igne sacro RISH. 222.

genualia [CL], (pl.) knee-pieces (armour).

ocreas et femoralia, genualea ferrea [*gl.*: G. *genuliers*] GARL. *Dict.* 130; **1303** de .. xvij *baudrikes*, v paribus ~ium, viij testariis [etc.] *Ac. Exec. Ep. Lond.* 60.

genuari, to kneel.

femina turbata genibus Malchi genuata / ista refert contra R. CANT. *Malch.* III 407; *CathA* (v. geniculare).

genubi [Ar. *janubī*], south, southern.

quod si inter primum gradum Arietis et tertium signum inventus fuerit, dicetur shemeli esse, i. e. ex hac parte, et accedens; si vero inter tertium et sextum, dicetur shemeli esse et discedens; si vero inter sextum et nonum ~i esse, i. e. ex illa parte, et discedens ADEL. *Elk.* 15.

genuca v. genicia. **genucl-, genucul-** v. genicul-. **Genuensis** v. Januensis.

genuflectere [LL]

1 to bend the knee, kneel in respect or supplication, genuflect; **b** (refl.); **c** (w. knee as subj.); **d** (p. ppl. *genuflexus, s. act.*).

mater .. ~ens et pedes ejus amplectens .. dicens "o sanctissime .. suscita eum .." EDDI 18; ~unt omnes, adjurant per Dominum, .. obsecrant BEDE *HE* IV 28 p. 272; ut horas regulares .. de equis desiliendo, ~entes [AS p. 374: *cneowigende*] .. compleant *RegulC* 11; **1000** (13c) ego Æðelredus rex non incognitum volo esse omnibus mihi ~entibus quod .. *CD* 1294; non est ~endum sed incurvandum super parvum sedile dum dicitur collecta de sancto *Instr. Nov.* 379a; barones regni .. sibi [sc. episcopo Dunelm.] ~ere .. parvipendens GRAYSTANES 18; ~ens [papam] adoravit, pedes .. osculando J. READING 185; **1395** quosdam Wallicos qui genuflexebant, abjurare villam fecerunt *Pat* 342 m. 27; **s1263** decenti honore ~endo dixit "o domina gloriosa [sc. regina] .." *Plusc.* VII 24; **1453** in medio sub pedibus ymaginis BMV .. fiat ymago mea ~endo *Test. Ebor.* II 166. **b s1387** ~ens se dixit "filius sum regis" *Eul. Hist.* III 364. **c s1430** omnes genuflexis genibus pro vaniloquio veniam postulaverunt *Chr. S. Alb.* 45. **d** *V. Kenelmi B* 82vb (v. genu 1b); **1295** tam clero quam populo interim ~is *Reg. Cant.* 28; **1335** cantetur ab omnibus in .. capella .. ~is hec antiphona *Eng. Clergy* 276; ad tanti principis celsitudinem ~i provolvimus *Dictamen* 351.

2 (refl.) to kneel down.

1396 Robertus ~ebat se ad bibendum de aqua .. eo quod infirmus fuit *SelCCoron* 51.

genuflectorius, uttered on bended knee, supplicatory.

1433 non dedignando ~ias precum effundere instancias *EpAcOx* 97.

genuflexio [LL], bending the knee in respect or supplication, kneeling, genuflexion (esp. eccl.).

delicatam carnem frequentibus super lapides ~onibus cruentans W. MALM. *GR* IV 319; post ~onem et orationem, cruce frontem signatus *Id. Wulfst.* III 28; singulorum sanctorum nomina pronuncians singulas fecit ~ones A. TEWK. *Add. Thom.* 14; **1196** cum ~one .. nobis facienda (*Lit. Archiep. Rotomag.*) DICETO *YH* II 137; in .. orationibus .. et ~onibus crebris .. corpus affligendum GIR. *GE* II 18; manus [abbatis] cum ~one osculentur *Cust. Westm.* 2; spina, sputum, illusio, / probrosa genuflexio / non cessant interimere J. HOWD. *Cyth.* 18. 11; *Cust. Cant.* 403 (v. complodere b); sancte .. benedixiones, ~ones [ME: *cneolunges*] .. lavant venalia peccata *AncrR* 124; **s1397** ante regem in genuflectionibus .. reverenciam ostendentes *Chr. Kirkstall* 130; **s1483** nihil reverencie quod capitis nudacio, genuflectio, aliusque quilibet corporis habitus in subdito exigit .. nepoti suo regi facere distulit *Croyl. Cont. C* 565; *a knelynge*, suffraginacio, genufleccio, prostracio *CathA*.

genuflexus v. genuflectere.

1 genuinus [CL]

1 natural, inborn.

venustatem non stibio confectam .. sed ~a conspersione ingenitam ALDH. *VirgP* 50 (cf. ib. 18: ~a nativitatis matrice); **a798** benedictiones patrum in filios hereditare ~um est, contra leges autem naturae pugnant qui parentibus .. contumatiam parant ALCUIN *Ep.* 132; ~um, intimum *GlC* G 76; naturalis feritas coalescit et ~us ardor preliandi sevit ORD. VIT. IX 3 p. 475; precavens ne qualitas ~e perversitatis cresceret ex aumento DEVIZES 34v.; **1242** supplicando quatinus in .. avunculo nostro †gemmam [*sic* MS; ?l. genuinam *or* geminam] nobilitatem morum et generis .. attendentes .. confirmationis munere (*sic*) concedatis (*Pat*) *RGasc* I 159.

2 genuine, rightful, real.

claves [thesauri] ut ~us heres .. exegit ORD. VIT. X 15 p. 88; ~um thorum .. decus boni conjugalis illustrat J. SAL. *Pol.* 749C; Eboracenses archiepiscopi ..: Egbertus, frater ejusdem provincie regis Egberti; is sua industria et fratris potentia sedem illam in ~um statum reformavit DICETO *Opusc.* 207.

3 for nourishing a foetus.

genuynum J. GODARD *Ap.* 258 (v. folliculus 2e).

2 genuinus [CL], molar, double tooth.

beluas quae rabidis molaribus et venenosis ~is inermes .. discerpere nituntur ALDH. *VirgP* 11 (cf. ib. 36: ursorum ~is); ~o, *tusc GlC* G 62; ~us, i. dens maxillaris OSB. GLOUC. *Deriv.* 240, 261; *a waynge tothe*, †geminus, maxillaris *CathA*; ~us, *cheketothe* .. hic †geminus, A. *wangtotht WW*.

3 genuinus v. nigrogemmeus.

genula [cf. gena], cheek.

hoc totum rudibus detur infantibus / qui nondum genule silvescunt vepribus WALT. WIMB. *Palpo* 171; virginalis genule *Id. Van.* 145.

genulare, to kneel, bend the knee.

1410 accipiens .. reverendum patrem per manum, ~ans .. humiliter supplicavit *Reg. Heref.* 74; **1449** super topettum [ciphi] una generosa ~ans (*TRBk* 273) *CalExch* II 205; **a1564** ~ando et manus .. in altum levans .. anathematizans ipsos *Entries* 628b.

genularia [OF *genouillère*], (pl.) knee-pieces (of armour); *cf. genicularius* b.

1275 quatinus .. iiij paria †gemilariorum et iij estrumelariorum .. tradatis *Reg. Heref.* 6; **1289** j par cirotecarum, j par quisotorum cum genular', j coyfam de Torkeys *SelCKB* III cvn.

genulus v. gerulus.

1 genus [CL]

1 stock, lineage. **b** family, kin. **c** (fig.).

viro .. de regio ~ere Merciorum BEDE *HE* II 20 p. 124; ~eris simul et vitae nobilitate clarissimae, comitissae Idae ANSELM (*Ep.* 82) III 206; quid .. honesto et commendabili viro sui vilitatem ~eris exprobasti? quid jactitas ~us tuum? P. BLOIS *Ep.* 3. 8A; **1242** (v. 1 genuinus 1); *Ps.*-GROS. *Gram.* 37 (v. gentilis 1). **b** cogor ad opprobrium ~eris mei publice cum uxore vitae sustentaculum mendicare GOSC. *Trans. Mild.* 22 p. 187; cum .. eis supplicasset quatinus ~us et gentem copiosius in insulam advocarent GIR. *EH* I 12; ut firmiore junctura ~era coirent .. Guillelmo .. filiam suam dedit uxorem *Ib.* II 4; habet autem episcopus in ~ere clericum et monacum, tanquam duos filios, secundum speciem vero personaliter senos LUCIAN *Chester* 69; **1218** (v. disparagare); **1254** litteras patentes ad capiendum treugas inter ~us de Saut et ~us de Garra (*Pat*) *RGasc* I 341; **1282** Willelmum .. et Jordanum, et eorum ~us ac alios burgenses *Ib.* II 167; **1441** per te et .. alios de ~ere et cognacione tuis *Cl* 291 m. 5. **c p793** vos .. filii estis sanctorum, vos nobile ~us et regale sacerdotium ALCUIN *Ep.* 286.

2 nationality, race, nation.

de ~ere Anglorum BEDE *HE* II 2 p. 82; Abbo ~ere Francus ABBO *QG pref.* 1 (v. 1 Francus 1b); Gundulfus nomine, Normannus ~ere *V. Gund.* 2; **1258** de militibus alieni ~eris venturis ad regem *Cl* 297; **1259** rex .. regi Norwagie salutem .. affectionem .. quam ad nos et ~us nostrum vestra sinceritas habuit .. *Cl* 476; **1332** Rogerus [de Mortuo Mari] .. ad destruccionem status nostri et aliorum magnatum de ~ere nostro .. anelebat (*Pat*) *Foed.* IV 506a.

3 (~*us humanum* or sim.) human race, mankind. **b** (~*us mulierum*) womankind.

a errores quibus ante adventum Christi in carne omne humanum ~us obligabatur astrictum GILDAS *EB* 4; ALDH *VirgV* 922 (v. elidere 1b); BEDE *HE* IV 22 p. 261 (v. genesis 3); **796** adventus pro salute humani ~eris Filii Dei ALCUIN *Ep.* 110; **957** (12c) Christo humanum ~us ab ortu suo fluere usque ad mortem .. videtur *CS* 988; crucem subiit .. / humano generi vitam conferret ut inde WULF. *Swith.* I 430; per hominis inoboedientiam mors in humanum ~us intraverat ANSELM (*CurD* 3) II 51; Ade lapso cum humano ~ere in eo originaliter peccante GROS. *Cess. Leg.* I 8 p. 40; ante .. diluvium non legitur humanum ~us regem aliquem habuisse FORTESCUE *NLN* I 9. **b** totum ~us mulierum BALD. CANT. *Tract.* 7. 476D (v. exosus 2a).

4 an order of living creatures, kind, race.

unanimemque [Cuthbertum avium turba] sui generis redamabat amicum BEDE *CuthbV* 429; cameli .., cum Venerem requirunt, oderunt equinum ~us NECKAM *NR* II 142; habent etiam hoc commune, quod ~us proprium etiam fere sevissime quadam pace custodiunt, maxime coeundo, gignendo, pariendo, fetus fovendo atque nutriendo GROS. *Hexaem.* VII 14 p. 211; **s1336** (v. gallinus).

5 (phil.) class containing in itself a number of subordinate kinds or varieties (*species*). **b** (*in ~ere*) in general, without specific reference; **c** (*ex ~ere*).

ALDH. *VirgP* 58 (v. 1 generalitas 1a); quid genus est distans species idionque colorans? *Altercatio* 70; grammaticus .. est ~us et species, et dicitur in eo quod quid; quia est et homo, qui species est, et animal, quod est ~us ANSELM (*Gram.* 10) I 155; J. SAL. *Met.* 875A, etc. (v. generalis 1c); si vero etiam specie differentium convenientia menti occurrat, ~eris latitudo mente diffunditur *Id. Pol.* 439A; omne ~us predicatur in quid de sua specie J. BLUND *An.* 121; ~us non est una alia forma communis, que sit forma in actu, sed est ens in potentia T. YORK *Sap.* II 11; illa natura univoca que est in ~ere generalissimo quantitatis .. abstrahitur a natura divisibilitatis BACON *Tert.* 198; ~us .. est in secundo gradu a nihilo et magis ens quam materia KILWARDBY *OS* 309; passiones communes omni ~eri encium, cujusmodi sunt unum, multum, dissimile .. *Ib.* 583; non sequitur: 'a' et 'b' sunt unum ~ere vel specie, ergo sunt unum SICCAV. *PN* 86; quidquid .. habet ~us potest habere differenciam et definicionem DUNS *Ord.* IV 214; loquendo de ~ere physico, omnes sapores sunt in eodem ~ere, differentes verumptamen secundum speciem T. SUTTON *Gen. & Corrupt.* 63; quedam est substancia prima et quedam secunda. substancie prime sunt substancie singulares; .. est alia substancia que est secunda substancia, sc. ~us vel species OCKHAM *Sent.* II 107. **b 1188,** etc. (v. excommunicare 1b); **1278** qui a senescallo .. specialiter vel in ~ere appellarunt *RGasc* II 40; **1327** dumtamen testes declarent in specie id quod in dictis articulis in ~ere continetur *Lit. Cant.* I 238; primo .. ostendit in ~ere quod .. secundo ostendit specialiter quod .. OCKHAM *Pol.* I 329; **1341** sentencias in .. magne carte violatores in ~ere .. latas (*Lit. Regis*) AVESB. 96b; **1425** quatinus omnes et singulos bonorum .. detentores, subtractores, occupatores .. et .. defuncti .. debitores .. publice et in ~ere moneatis .. *Reg. Cant.* II 304; **1520** potestates .. audiendi .. confessiones .. in ~ere vel in specie *Conc. Scot.* II cclxxiii. **c** plures eorum [sc. philosophorum paganorum] ideo fecerunt actus bonos ex ~ere quia secundum racionem rectam vivere voluerunt OCKHAM *Dial.* 590.

6 a subdivision (of any form of natural life), kind, variety; **b** (of inanim. obj.); **c** (of abstr.).

de ferarum .. bestiarum formis, et .. viperarum ~eribus *Lib. Monstr. prol.*; **a804** nullatenus in uno campo omnia florum ~era colliguntur ALCUIN *Ep.* 272; **s963** ~era leguminum (v. generalis 12); id genus uvarum, *cyresan* quod nuncupat Anglus WULF. *Swith.* I 1053; habuit secum canes, aves, omne ~us quo reges utuntur W. FITZST. *Thom.* 19a p. 30; falcones .. diversi ~eris tam majores quam minores, tam generosi quam degeneres GIR. *TH* I 12; omnia ~era arborum *Arthur & Gorlagon* 6; ~us plante attenditur in hoc quia, quamvis omnia predicta concurrant, et planta sit mali ~eris, nihil valet; quod patet in quodam ~ere racemorum, cujus grana sunt pulcriora aliis, tamen vinum quod inde fit breviori tempore conservatur BACON IX 40; dimisit .. de stauro, de ovibus viz. mcccclxxi, de ~eribus averiorum ccxxxviij, et de ~eribus equorum iiij[xx]xij *Meaux* III 152; belliricus, ~us mirabolanum *SB* 13; TURNER *Herb.* B4 (v. geminalis). **b** illud ~us vexilli quod Romani tufam .. appellant BEDE *HE* II 16 p. 118; **801** medici [solent] ex multorum speciebus pigmentorum .. quoddam medicamenti conponere ~us [? *w. play on sense* 5] ALCUIN *Ep.* 213; non sum tam vorax ut omnia ~ere ciborum [AS: *ealle cynn metta*] in una refectione edere possum ÆLF. *Coll.* 102; [abbas J., ob. **1401**] vasa .. argentea fracta .. addito novo metallo ejusdem ~eris .. renovavit *G. S. Alb.* III 435. **c** multi volunt hoc ~us compositionis [sc. priapeium] bucolico carmini magis convenire ALDH. *Met.* 10 p. 94; ferunt .. quia .. multum delectata sit hoc ~ere infirmitatis BEDE *HE* IV 19 p. 246; **c798** superbiae hoc ~us esse videtur sacerdotem judicem despicere ALCUIN *Ep.* 138 p. 217; **10..** †generam et rorum [l. ~era metrorum] *WW*; ut per aliqua signa morbi ~us idem cognoscat ANSELM (*Ep.* 39) III 150; ex his tribus modis .. tria oriuntur ~era [*of proposition*] tripliciter distincta ROB. ANGL. *Alg.* 2; [oratoribus] in admirabili ~ere cause acuenda precipue sunt arma facundie GIR. *TH intr.* p. 6; cum dicit [philosophus] agens et paciens esse eadem secundum ~us, non loquitur de ~ere predicamentali T. SUTTON *Gen. & Corrupt.* 63.

7 a type or class (of person).

accidit .. ut piscatores, sicut mos est illius ~eris hominum, ascenderent in navim quadam nocte ut caperent pisces *V. Fridesw. A* 17; **s1136** currebatur ad eum [sc. Stephanum] ab omnium ~erum militibus et a levis armature hominibus W. MALM. *HN* 463; W. CANT. *Mir. Thom.* V 30 (v. condiscipulus); GERV. TILB. I 15 (v. gerulfus); ordina acies tuas .. ut sequetur. constitue .. ad

dexteram ~us percuciencium .. ad sinistrum vero ~us lanceatorum BACON V 153; ~eribus Parliamenti *Mod. Ten. Parl.* 77 (v. gradus 9c); STANIHURST *Hib.* 41 (v. galloglassus).

8 gender (esp. gram.). **b** voice.

~era pronominum sunt eadem fere quae nominum, masculinum .. femininum .. neutrum .. commune BONIF. *AG* 492; **c798** 'rubum' posuit masculini ~eris ALCUIN *Ep.* 162; *ys gyt an cynn* commune trium ~erum .. *sume synd gecwedene* dubii ~eris *þæt is twylices cynnes* ÆLF. *Gram.* 18; est omni sensui commune ~us mutatio ADEL. *QN* 13; dicunt .. lapidem esse masculini ~eris, petram feminini, mancipium .. neutri ANSELM (*Gram.* 18) I 164; ~us naturale in rebus est dispositio secundum quam contingit salvare speciem suam, et sunt duo, masculinum a quo, femininum ad quod vel in quo; .. neutrius .. ~eris sunt que ad utrumque ~us equaliter se habent *Ps.*-GROS. *Gram.* 39; **1301** ex quo hec diccio 'quas', que est ~eris feminini .. et predicta diccio 'mesuagia' .. est neutri ~eris, petit judicium de brevi *PlRCP* 135 m. 347; crus neutri ~eris dicitur coxa, crus masculini ~eris dicitur tibia *SB* 17. **b** 'partio, populo, praedo' activo ~ere nonnumquam proferuntur. item haec ipsa communis ~eris verba saepius inveniuntur: 'partior, populor, praedor' BEDE *Orth.* 44.

9 method, mode (esp. w. gd.).

aliquo alio ~ere loquendi ANSELM (*Prosl.* 7) I 105; geniculandi ~us DEVIZES 33v. (v. geniculare); ut .. abundantius habeant unde vivere .. quam in alio ~ere vivendi .. habuissent *Spec. Incl.* 1. 2; far per ~us mol[l]ificionis fit de quolibet grano panifico *Alph.* 62.

2 genus v. gonia.

3 genus v. gonos.

genuscissio [cf. genu, scissio], hambling (of dog).

liberali .. dum ~o eorum facta fuerit .. licebit [custodire canes] aut sine ~one, dum remoti sunt a limitibus foreste per x miliaria *GAS* 625; velteres .. quia manifeste constat in iis nihil esse periculi, cuilibet licebit sine ~one custodire *Ib.* 626.

genusia v. gerusia. **geo** v. jaunum.

geographia [CL < γεωγραφία], geography.

Γῆ, i. terra, inde georgicus, i. terrenus, et .. hic geographus, i. terre descriptor, unde hec ~ia, .. i terre descriptio OSB. GLOUC. *Deriv.* 257.

geographus [LL < γεωγράφος], geographer.

OSB. GLOUC. *Deriv.* 257 (v. geographia).

geologia [γῆ + λόγος], earthly science (nonce use, see quot.).

constat quod, sicut leges nec artes sunt nec sciencie, sic nec libri legum libri scienciarum vel artium proprie dici possunt. nec est hec facultas inter sciencias recensenda, quam licet ~iam appropriato vocabulo nominare R. BURY *Phil.* 11. 174.

geomantia [LL < γεωμαντεία], geomancy, divination by earth.

piromantiam .. et ~iam J. SAL. *Pol.* 407C; ~ia, id est divinatio in terra, nam γῆ terra interpretatur ALB. LOND. *DG* 11. 12; hereticas et magicas [scientias] sub quibus continentur .. ~ia, et omnes divinationes et auguria FISHACRE *Prol. Sent.* 79; BACON V 2 (v. caelimantia); figura punctorum in ~ia WYCL. *Ver.* I 114; **p1440** †geomanicia secundo fo. 'globo constitutum' (*Catal. Librorum*) *JRL Bull.* XVI 479.

geomanticus, concerned w. geomancy. **b** (as sb. m.) geomancer.

s1219 fuerunt .. in civitate quidam clerici ~i qui ante obsidionem mortem comitis [S. de Monte Forti] predixerant M. PAR. *Maj.* III 57. **b c1196** hic [sc. in urbe Herefordensi] geomanticus est, formans ter quinque figuras / judicio quarum queque futura videt (SIM. HEREF.) *RHS Trans.* 4th S. XIX 36; ~i, necromantici, augures et alii divinantes BRADW. *CD* 183D; ipsam [Witclevisticam pravitatem] damnant omnes philosophi, exceptis paucis mathematicis, ~is .. ceterisque divinantibus NETTER *DAF* I 69a; **s1449** Thomas B. nigromanticus vel ~us .. decapitatur W. WORC. *Ann.* 768.

geometer, ~tra [LL < CL geometres < γεωμέτρης], geometer.

~tra, qui docet mensuras terrae *GlC* G 39; celi .. forma que a ~tra describitur ADEL. *QN* 25; ~tre primo petitiones quasdam quasi totius artis jaciunt fundamenta J. SAL. *Pol.* 649C; edocuit .. hostem nocituris artibus astra / qui quondam geomēter erat J. EXON. *BT* II 126; **c1196** dina per alkidade geometra foramine spectans / quot pedibus turris alta sit arte probat (SIM. HEREF.) *RHS* 4th S. XIX 36; NECKAM *DS* X 145 (v. cathetus); ~ter considerat lineam naturalem BACON *Maj.* I 150; ~tra .. et .. mathematicus magnitudinem considerans KILWARDBY *OS* 85; ~ter in quantum ~er non utitur pro principiis per se notis nisi illis que statim sunt evidencia ex confuso conceptu terminorum, qualis occurrit primo ex sensibilibus, puta 'linea est longitudo' .. non curans ad quod genus pertineat linea DUNS *Ord.* III 56; quando aliquis perfectus ~er per quantitatem vel numerum imaginatum mensurat alia quanta vel numeros reales OCKHAM *Sent.* V 166; hic et musicus est et geometer / est aritmeticusque astronomusque J. SEWARD 93.

geometralis, concerned w. geometry, geometric; **b** (*virga ~is*) measuring-rod.

patens est perfecte in rationibus ~ibus .. qualiter apparebit res note distantie et note magnitudinis GROS. 75; **1395** vj cubiti faciunt cubitum ~em, et per hunc cubitum archa Noe fabricata est *Mem. York* I 142. **b** virga ~is *Birm. Arch. Soc. Trans.* XLVIII 65.

geometria [CL < γεωμετρία], geometry; **b** (as title of book); **c** (personified).

c803 fertur Pythagoram ordinatis interrogationibus puerum .. de ~ia magis docuisse quam discere ALCUIN *Ep.* 308; tertius [gradus est] obtinere scientiam a ~ia mensurarum J. SAL. *Pol.* 439D; ~ia subicit magnitudinem immobilem, et dividit in partes, ut lineam, superficiem, et corpus, et unumquodque subdividit, ut lineam in curvam et rectam, superficiem in triangulum, quadrangulum et similia, corpus in quadratum, exagonum, octogonum *Ps.*-GROS. *Gram.* 13; primo .. mensurabant homines spacia terrarum, et inde vocata est hec doctrina ~ia KILWARDBY *OS* 91; **1453** scola ~ie bassa tercia *Cart. Osney* III 253; de quodam saraceno in astrologia et ~ia perito ASHENDEN *AM* 1. 1. **b** quinta propositio ~ie Euclidis dicitur elefuga, i. e. fuga miserorum BACON *Tert.* 21; prout in ~ia Euclidis plenius habetur *Mens. & Disc.* (*Anon. IV*) 65; **1431** librum ~ie Euclidis *StatOx* 234. **c** minorem [virginem] .. Greci ~iam a terre mensura vocaverunt ADEL. *ED* 28; huic nasus non simus, non aquileus, / non brevis aut longus, sed quale gēometrīa / pingere si studeat, naturam vix imitetur H. AVR. *Hugh* 179.

geometricalis, concerned w. geometry. **b** (as sb. n. pl.) geometry.

ut .. per regulas ~es et arithmeticas .. regiones et tempora determinare non sit difficile ADEL. *Elk. pref.*; argumenta mathematicalia et ~ia WYCL. *Log.* III 38. **b** circa .. ~ia respectu rerum et scientiarum sciendarum consideravi quod res omnis .. exit in esse per efficiens et materiale principium BACON *Tert.* 107; si aliquis intellectus non posset intelligere ~ia, posset tamen alicui credere de ~alibus DUNS *Ord.* I 95; potestas .. sciendi ~ia BRADW. *CD* 134B.

geometrice [LL], by geometry, geometrically.

possunt .. hujusmodi propositiones demonstrari ~e J. BLUND *An.* 137.

geometricus [CL < γεωμετρικός]

1 concerned w. geometry, geometric. **b** (as sb. f.) geometry.

a690 non solum artes grammaticas atque ~as ALDH. *Ep.* 5; ~us, ut pes *GlC* G 40; in ~is .. speculationibus NECKAM *NR* II 153 p. 234; ipsarum [sc. columnellarum] .. / .. ordo venustus et geometricus H. AVR. *Hugh* 895; quantum .. ad formam a qua fit impositio ipsius nominis, triangulus est qualitas et non est de ~a facultate J. BLUND *An.* 21; si geometricam nosti scienciam / unius explica puncti potenciam WALT. WIMB. *Carm.* 385; descendit .. demonstracio ~a in astronomiam KILWARDBY *OS* 92. **b** ~a, terrae mensuratio *GlC* G 1; nunc .. oportet ut quod per numeros proposuimus ex ~a idem verum esse demonstremus ROB. ANGL. *Alg.* 76; hoc .. potest ostendi per virtutem ~e cum tamen hec est vilior inter omnes partes mathematice BACON *Tert.* 107.

2 concerned w. surveying or strict measurement.

s1224 artifices regis castellum fecerunt ligneum, altum et ~a arte fabricatum, in quo balistarios collocaverunt qui omnem castelli possent circumstanciam perscrutari WEND. II 280 (= M. PAR. *Maj.* III 86: architectoria arte).

geon- v. jaun-.

Georgianus, ~iensis, of or from Georgia (Caucasus). **b** (as sb. m.) Georgian; **c** (w. ref. to heresy).

per conductum David, ~iensis regis .. Antiochiam redierunt ORD. VIT. XI 26 p. 257. **b 1257** super mare Ponticum sunt Hiberi et ~iani BACON *Maj.* I 361; **1313** magnifico principi ac potenti David .. regi Jurgianorum *Foed.* III 414a. **c** sicut nec Greci, Jacobite, ~iani, Arriani, Sabelliani .. et alii heretici .. minime excusantur OCKHAM *Dial.* 760.

georgicus [CL < γεωργικός], concerned w. agriculture. **b** (as sb. f.) agriculture. **c** (sb. n. pl.) title of work on agriculture.

~us, terrenus, terrestris, terreus OSB. GLOUC. *Deriv.* 263; o labor manualis, felicior omni cura ~a R. BURY *Phil.* 5. 75. **b** architectura Babyloniorum, Noe ~a, Moysis prestigia, Josue planimetria *Ib.* 7. 110. **c** nullum ante se Latinorum ~a Romulidis scripsisse ALDH. *PR* 143 (cf. *id. Met.* 10: bucolica et ~a); potest .. 'qui' referri ad 'quis' interrogativum, ut 'quis scripsit bucolica, qui etiam ~a?' BACON *Gram. Gk.* 158.

georgius, (*~ius nobilis*) george noble.

s1465 ~ius nobilis pro vj s. viij d. vocatur *angell* continens in numismate ymaginem S. Michaelis archangeli cum dracone HERRISON *Abbr. Chr.* 9.

geosis v. geusis. **gera** v. gaesum 2. **gera-** v. et. hiera-.

geraf [Ar. *zarāfa*], giraffe.

vidimus ibi [in civitate Caire] aliam bestiam geraf, tante altitudinis quod altus homo cum extremis digitorum vix attingeret supra caudam. .. collum habet gracile respectu corporis, .. pilos .. rubicundos .. quasi reticulatos lineis albis BRYGG *Itin.* 381; [bestiam] que geraufak dicta est .. collum longissimum habens S. SIM. *Itin.* 59.

gerald- v. quarrellus.

geranion [CL < γεράνιον], cranesbill (*Geranium*).

~on sive oxifollon .. herba est folia habens similia ammionu, divisa et oblonga *Alph.* 74.

geranitis [CL], a dark-coloured gemstone.

geranites lapis est niger. .. dilectum reddit et amabilem eum super quem est BART. ANGL. XVI 52.

gerarchitis v. hieracitis. **geratum** v. gratus. **geraufak** v. geraf. **gerba, gerbag-** v. garba, garbag-.

gercia, ~a [OF *gerce*], gimmer, maiden ewe.

c1160 adhuc apud Torpiam sunt .. xxiiij matres oves et xx masculi agni et lxxx ~ie *Dom. S. Paul.* 132; **1209** in mortuis ante tonsionem xlix. et remanent ccxxxvij unde cx sunt ~ie juncte ovibus, cxxvij sunt mares juncti multonibus *Crawley* 191; **1232** in l multonibus et ij ~iis emptis ante tonsionem *Pipe Wint.* 159823 r. 11; **1278** multones .. oves matrices .. hogastri .. ~ie .. agni *MinAc* 843/15 (*Essex*); **1279** cum jerciis (v. adjungere 2b); **c1300** de c de adjunctura jerciarum [MS: jerciariorum] *FormMan* 42; r. c. de lxx pellibus lanutis provenientibus de multonibus, ovibus matricibus, hogastris et ~iis necatis *Ib.* 46; **1364** de xij [ovibus matricibus] de adjunctione jeṙciarum *Banstead* 347; **1417** ex †admiccione jercarum *Ac. Durh.* 316; hic gargia, A. *gymbure WW*.

gercio v. garcio.

gercius [OF *gerce*], young ram.

1286 pro expensis nuncii regine et aliorum garcionum fugancium unum cersium et unam vaccam collat' regine *Rec. Wardr.* 79; xxxij gredelingos, jercos, et hogastros DOMERH. *Glast.* 522.

geref- v. girfalco. **gerenoxa** v. hieros 1. **gerentarius** v. granatarius. **gerepegra** v. hieros 2f.

gerere [CL]

1 to carry, bear (also fig.); **b** (as burden). **c** to wear; **d** (her.). **e** (p. ppl. as sb. n., her.) bearing, device.

a verborum significationibus '~o' et 'fero' componuntur .. 'ferriger', 'furcifer' ALDH. *PR* 120; quos gerit in gremio .. Britannia cives *Id. VirgV* 878; tale signum Hercules in .. clipeo .. ~ebat *Lib. Monstr.* III 3; ante cuncta temporum primordia pulcherrimus rerum ~ens pulchrum profunda mente empyrium LANTFR. *Swith. pref.*; ut .. / iret ad examen, calibem gereretque rubentem WULF. *Swith.* II 320; **1307** cuidam qui gessit cc m. solvendas communitati, iij s. iv d. *Rec. Leic.* I 262; in ulnis eum tu gessisti / parens partum peperisti LEDREDE *Carm.* 31. 27; **1337** affeccionem qua subditos suos ~it in visceribus caritatis *Lit. Cant.* II 172; vinum dumque geres, ad se trahit hoc mulieres GOWER *VC* IV 35; **1567** ad gerendum oves (v. garcio 2e). **b** cum eodem quod ~ebat corpore ANSELM II 98 (v. corpus 3b); tarda et infirma est terra quam ~imus GIR. *TH intr.* p. 7; rege carens nec regis inops .. / absque jugo gessit Attica terra jugum WALT. ANGL. *Fab.* 59. 3. **c** ut ejusdem ordinis viros cujus tu habitum ~is ibidem aggregare placuerit B. *V. Dunst.* 18; R. COLD. *Cuthb.* 27 (v. eremitare); asperam vestem ~it [ME: *wereð*] *AncrR* 40. **d** si crista careat, est signum quod portans cristam suam, sc. galeam, perdidit, vel quod est spado, quia caponem ~it BAD. AUR. 122. **e c1320** gestum de minio, A. *gouls*, cum tribus leopardis transeuntibus de auro *Hist. Francisc.* 143.

2 to carry off, bear away (prize or sim.).

gestibus et gestis ampla trophea geris GARL. *Hon. Vit.* 22; ars vivendi omnium artium ~it primatum FORTESCUE *NLN* I 25.

3 (of letter or sim.) to contain, bear. **b** (w. compl.) to keep.

a1078 litteras vestras .. accepi quae ex iis quae interius a facie ferebant pia compassione me compunxerunt; sed ex iis quae exterius a tergo ~ebant .. maerore me vulneraverunt ANSELM (*Ep.* 12) III 115; petitionem celeste desiderium religiose institutionis ~entem AD. MARSH *Ep.* 108; **1544** per cartam suam ~entem datam vicesimo die Maii *FormA* 71. **b** ars hinc pictoris variavit nube coloris, / et foris expressit quod clausum litera gessit *Vers. Worc.* p. 100.

4 (of plant) to bear, produce (flower or fruit).

NECKAM *NR* II 166 (v. gladiolus 2a); accorus .. ~it florem croceum *SB* 9.

5 to have, possess (as physical or mental characteristic). **b** to bear (scar). **c** to bear (appearance, resemblance, or sim.); **d** (w. ref. to demeanour).

in medio .. frontis tria cornua gessit *Lib. Monstr.* II 16; ~ebat animum ire victorem, avaritie contemptorem TURGOT *Marg.* 2; crisolitus ceruleum .. ~it colorem R. NIGER *Mil.* II 10; solis gemma .. ad similitudinem solis in orbe fulgentis radios ~at (*sic*) BART. ANGL. XVI 91; sordicies que in balneis colligitur que nominatur glio virtutem calidam ~it *Alph.* 176; vir .. tres .. potencias .. ~it FORTESCUE *NLN* II 18. **b** verberum livor imperatoris sui characterem ~ens H. BOS. *Ep.* 19. 1449B. **c** que manifestatio [*John* xxi] propria Johannis est, sed in multitudine piscium copiosa similitudinem ~it cum Luca SENATUS *Ep. Conc.* xlvi; corpus .. humanum cum navi in hoc ~it similitudinem *Quaest. Salern.* B 260; nec hospitis ille .. sed .. hostis ymaginem ~it GIR. *Æthelb.* 7; animus Sathane gerit aspectum Gabrielis GOWER *VC* VII 193; ut non sit .. creatura tam exigua que non ~at sui vestigium Conditoris FORTESCUE *NLN* II 37; BEKINSAU 750 (v. generalitas 5b). **d** sic oculos sic ora gerebat GIR. *JS sup.* 146 (cf. Virgil *Aen.* III 490: ferebat).

6 to hold, bear (name, reputation, or sim.). **b** (w. *caput lupinum*) to be outlawed.

Aldfridus stemmata regni / non obscura gerens FRITH. 1037; erat .. vir .. nominis sui certam ~ens ethimologiam Simon dictus *V. Chris. Marky* 77; simia .. vitii typum ~it NECKAM *NR* II 129; nomen geris, Odo, rotundum GARL. *Mor. Scol.* 39 (v. effigiare 2e). **b** *GAS* 631 etc. (v. caput 5d).

7 to bear, entertain (emotion, esp. of affection and concern). **b** (w. *fiduciam* or sim.) to have confidence (in). **c** (w. *in votis*) to desire.

placidam mentem .. erga omnes Dei famulos ~o BEDE *HE* IV 24 p. 262; **a1073** sollicitudinem de futuro ~ens LANFR. *Ep.* 12 (13); ut .. in omnibus ~ens ejus sollicitudinem .. nostram erga eum exhibeas vicem ANSELM (*Ep.* 34) III 142; **1265** cum .. intellexerimus vos circum pacem .. regni .. affeccionem et sollicitudinem gessisse specialem *Cl* 102; **1311** ob specialem devocionem quam ad .. Cuthbertum patronum nostrum ~imus *Feod. Durh.* 184; **1322** zelum quem progenitores vestri .. ad universitatis .. utilitatis augmentum gesserant *FormOx* 79; **1407** (v. ecclesia 2b); **1442** (v. affectio b). **b** **1253** rex magnam ~it de discretione sua fiduciam *Cl* 165; **1265** nos de fidelitate .. Willelmi plenam ~entes fiduciam *Cl* 100; **1301** spem firmam .. ~imus quod .. *Reg. Cant.* 419; **1302** confidencia quam de vestra .. amicicia ~imus *Ib.* 644; **1318** tibi, de cujus circumspeccione .. ~imus plenam fidem *Lit. Cant.* III 376; **1340** ob experte dignacionis vestre largitatem de qua plenissimam ~o confidenciam *FormOx* 306; **1390** si principalis in anno proximo alicujus aule fuerit, de quo firmam spem ~it *Ib.* 237; ?**1460** quod non esset pro vobis .. utile in W. W. aliquam confidenciam ~ere *Paston Let.* 610. **c** **1267** ita quod .. ea que honori vestro .. convenerint, prout in votis ~imus, .. facere debeamus *Cl* 362; **1337** (v. exuberantia c).

8 (absol.) to behave (in spec. manner). **b** (refl.) to conduct oneself; **c** (w. compl.) to act as; **d** (w. *pro*).

malitiose gesserunt GILDAS *EB* 86 (cf. *Micah* iii. 4: nequiter egerunt); et totidem vicibus sic gessit forte diurnis ALDH. *VirgV* 1512. **b** [Haraldus] se talem ~ebat quod, non solum Angli, verum etiam Normanni et Gallici .. invidebant pulcritudini et prudentie, militie et sagacitati *Found. Waltham* 14; **1200** (v. 1 bailliva 1a); **1277** non ~ebat se Judaice nec secundum legem Moysis vixit *SelPlJews* 96; **1325** dictus J. non ~it se versus dominum sicut facere debet nec custodit campos .. domini sicut facere debet *CBaron* 141; 'tuli memet alcius', id est, me gessi magis superbe quam prius TREVET *Troades* 22; **1383** invenit plegios .. de bene se ~endo *Hal. Durh.* 182 (cf. ib.: de bene ~endo); s**1415** petulanter se ~ens in presencia regis WALS. *HA* II 305. **c** **1160** de monacho qui se abbatem Boxeleie ~it rescribe voluntatem regis J. SAL. *Ep.* 129; ecclesiam .. cujus se tanquam personam ~ens .. fructus percipiebat *Chr. Battle* 93v.; **1228** qui se ~it electum Imelicensem, super electione que de ipso dicitur celebrata fuisse *Pat* 187; **1242** cum frater R. .. venisset ad nos ~ens se abbatem ejusdem loci .. fidelitatem ab eo recepimus .. licet .. nobis non constitisset quod abbas .. fuisset (*Pat*) *RGasc* I 111. **d** OCKHAM *Dial.* 437 (v. character 4a); cum .. [Radulpho de G.] qui se ~ebat pro capitaneo *G. Hen. V* 8.

9 to do, accomplish, perform. **b** to perpetrate (crime or sin). **c** (gdv. as sb. n. pl.) affairs, business.

quibus .. gestis, cum talia senatui nuntiarentur .. GILDAS *EB* 6; haec .. non exterioris hominis motibus aguntur, sed interioris gestibus ~untur ALDH. *VirgP* 3; plurima .. miracula gessit *Id. VirgV* 21; c**784** pietas in pauperes gesta aeterna remuneratur beatitudine ALCUIN *Ep.* 26; **797** quicquid hic ~itur, illic dijudicatur *Ib.* 124; ~itur, agitur *GlC* G 84; ut quorum festa ~imus [AS: *ue doeð*] sentiamus auxilium *Rit. Durh.* 89; multa .. sunt que a .. Walterio .. magnifice gesta cognovimus *Chr. Battle* 103; nonne .. histrio .. simie officium ~ere videtur? NECKAM *NR* II 129; quod nec consuetudo perhibet gestum, nec privilegia permittunt esse ~endum G. COLD. *Durh.* 2; sanctus .. facta confessione penitentiam gessit AD. EYNS. *Hug.* V 17 p. 203; **1424** dum res tranquille ~itur AMUND. I 189 (cf. 11 infra). **b** prae tantis malorum criminibus quae ~itis GILDAS *EB* 96; scelus .. strofoso crimine gestum ALDH. *VirgV* 2598; *Ib.* 2257 (v. clasma b); confitens .. peccatum quam (*sic*) gesserat HUGEB. *Wynn.* 12; **797** propter contumeliam quam in Deum ~it ALCUIN *Ep.* 122; an pravum gessi, regem dum forte remisi FRITH. 794. **c** gestor .. negotiorum, antequam aliquid solvat domino, illum cui mandavit ~enda convenire potest VAC. *Lib. Paup.* 51 (cf. ib. 52, 10b infra).

10 (in idiomatic phr.): **a** to wage (war, also fig.). **b** to transact (business). **c** to make (a journey). **d** to execute (doc. or sim.). **e** to render (thanks). **f** (w. *morem*, usu. w. dat.) to gratify. **g** (w. *vitam*) to lead. **h** to maintain (peace).

a conflictum gessit dedasculus idem / contra bis senos certantes arte magistros ALDH. *VirgV* 567; ut nil belli .. caro contra spiritum, aut contra carnem ~at spiritus BEDE *Tab.* 480; [Cleopatra] navale proelium gessit *Lib. Monstr.* III 23; GIR. *TH* III 3 (v. gigas 1a); bella gesturi ALB. LOND. *DG* 6. 32; conflictu quem ~ebat adversus diabolum COGGESH. *Visio* 17; illud bellum ~ebatur A.D. 822 W. WORC. *Itin.* 166. **b** **1166** ut .. ~at negotium .. Galteri J. SAL. *Ep.* 168 (167); sine mandato ultro gesserat negotia .. sed partim omiserat ~enda VAC. *Lib. Paup.* 52. **c** praesul iter .. gessit equester ALCUIN *SS Ebor* 1179. **d** **749** (v. consentire 1c); **845** (11c) gesta est .. haec donatio anno dominicae incarnationis dccclxv *CS* 450; **855** gesta est hujus donationis cartula anno incarnationis Christi dccc et lv *CS* 490. **e** grates .. gerendo BEDE *CuthbV* 286. **f** ego rem, quam per biennium celavi, ut tibi morem ~am, aperiam ADEL. *ED* 4; **1166** plura in quibus amico gessistis morem J. SAL. *Ep.* 168 (167); c**1168** ut homo prudens gessit tempori morem *Ib.* 240 (238); que probo, sperno; que michi cerno noxia, quero. / hunc gero morem, quod timeo rem, quam fore spero SERLO WILT. 32. 4; innate scurilitati morem ~entem et bonam doctrinam .. aspernantem GIR. *SD* 50. **g** religiosam .. ~ens vitam BEDE *HE* V 12 p. 304; tota in Dei visione .. vita ~itur *Id. Hom.* II 16. 184; s**1450** pauperem deinceps gessit vitam *Croyl. Cont. B* 527. **h** **1424** quod .. amodo ~et pacem versus .. uxorem suam *Cl* 275 m. 14*d*.; **1434** si .. interim ~at pacem cuncto populo regis *Cl* 284 m. 6*d*.; **1435** si .. obligati .. amodo ~ant pacem erga Willelmum [et al.] *FormA* 364.

11 (*res gesta*) action, event, exploit.

801 deesse .. vidit aliqua rerum ~arum historiae (*sic*) ALCUIN *Ep.* 213; quam [i. e. seram] tacitus deponit humi, miratur et in se / rem gestam WULF. *Swith.* II 610; mox rebus gestis ornatur regia classis FRITH. 333; cum has convenientias quas dicis infidelibus quasi .. picturas rei ~ae obtendimus, quoniam non rem ~am sed figmentum arbitrantur esse quod credimus ANSELM (*CurD* 4) II 52; nec rerum inclite ~arum memorabilis auctoritas obsolevit GIR. *TH intr.* p. 4; **1291** (v. chronicus 2b).

12 (p. ppl. *gesta* as sb. n. pl.): **a** gestures, actions. **b** deeds, exploits, events. **c** accounts of such matters, chronicles; **d** (in title of work). **e** acts (of Parliament). **f** (?) Acts of the Apostles. **g** *chanson de geste*; *cf. gestus* 2b.

a ore manuque se ~is et gestibus tanquam histrionicis aut joculatoriis contorquere GIR. *Spec. Eccl.* II 4; **1325** inquisicio capta super ~is et factis Johannis B. messoris racione officii sui versus dominum *CBaron* 140. **b** noscendis priorum ~is sive dictis BEDE *HE pref.* p. 5; super sepulchrum platoma parieti infixa ~a bonorum ejus aureis litteris scripta BYRHT. *HR* 57; nisi fastidio consulentes audientium plurima ~orum ejus sub silentio transiremus AD. EYNS. *Hug.* V 17 p. 203; GARL. *Hon. Vit.* 22 (v. 2 supra); *Eul. Hist.* I 2 (v. chronicus 2a); **1342** (v. gerundium); Anglorum ~a .. scripsit AVESB. 108b; WYCL. *Ver.* I 219 (v. chronicare a); **1429** pro anniversario quondam magistri Johannis Barbar pro compilacione libri de ~is .. Roberti Brus *ExchScot* 520. **c** **1072** nec defuerunt ~a quibus reseratum est .. Nordanymbrorum regem .. episcopium vendidisse LANFR. *Ep.* 3 (4); ut in ~is antiquorum et modernorum reperiri potest RIC. HEX. *Hist. Hex.* 5; **1219** cum humana memoria caduca videatur et labilis, ~a presentium roboratur (*sic*) apicibus sigillatis *CartINorm* p. 164; s**1306** Scotiam .. subjugavit sicut superiora ~a testantur AD. MUR. *Chr.* 10; c**1307** (v. chronicalis); sicut testantur ~a de iis [Francis] prolixiore schemate CAPGR. *Hen.* 6. **d** mirabilia ~a .. regis Anglie .. Edwardi tertii AVESB. 76b; Beda in quarto .. libro 'de ~is' ELMH. *Cant.* 255; **1439** liber .. intitulatus 'de ~is Romanorum' *MunAcOx* 524. **e** tam ex cronicis quam ex ~is in parliamento memorato .. patet FORTESCUE *Def. Lanc.* 1. **f** gestaque sunt lecta post fortia discipulorum GARL. *Myst. Eccl.* 339. **g** similes sunt cantantibus fabulas et ~a GIR. *GE* II 26; **1338** cantabat joculator .. ~um Emme regine a judicio ignis liberate (*Reg. S. Swith.*) *Med. Stage* I 56*n*.

13 to hold (office or responsibility, esp. eccl. or mon.); **b** (w. *vicem, vices*); *v. et. vicegerens*. **c** (w. *curam & ut*) to take care (that).

ut susceptam monasterii curam .. ~eret *Hist. Abb. Jarrow* 15; regnum cujus tunc maximam curam ~ebat BEDE *HE* IV 1 p. 204; **985** (11c) ego Oswaldus Weogornensis aecclesiae sedem episcopalem ~ens *CD* 653; curam possessionum ecclesie sic aliis committebat ut tamen omnium ipse curam ~eret *Chr. Battle* 103v.; quid conveniat an te sedere prius, quia pater es, an filium tuum, quia ~it magistratum? W. BURLEY *Vit. Phil.* 386; quod .. in curam ~ente carnalem de animalibus .. esset damnosum RIC. ARMAGH *Def. Cur.* 1297; **1417** curam .. ~ens animarum (v. cura 5); lex civilis que .. tam diu quasi universi orbis curam †gestit [? l. gessit], tantis solicita ministeriis, singula particularia, que hominis scire gliscit animus, enodare non curavit FORTESCUE *NLN* I 32. **b** aut ipsum apostolicum sive aliquem ejus vices ~entem ANSELM (*Ep.* 65) III 182; c**1157** domini pape cujus vices ~imus *Doc. Theob.* 174; **1203** ipsis vicem domini episcopi ~entibus *CurR* II 291; **1230** per manus Nicolai .. tunc ~entis vices .. cancellarii domini regis *Pat* 409; **1269** subdecanus Glasguensis ~ens vices dictorum abbatis [et al.] *Kelso* 179; **1281** R. Bathoniensis .. episcopi, et .. Ottonis de G. .. ~encium vices nostras in Vasconia *RGasc* II 146; concilium generale representat ecclesiam universalem et ejus vices ~it OCKHAM *Dial.* 494; papa ~ens in ecclesia vicem Cristi WYCL. *Ver.* II 43; **1467** per manus cancellarii ejusdem [sc. Cantebrigiensis] universitatis et successorum suorum vicem ~encium (*TRBk*) *JRL Bull.* L 228; **1484** ~it vicem gardiani *Cant. Coll. Ox* 267; **1551** licebit .. substituere .. aliquem .. qui in aliquo collegio vicem presidis ~at *StatOx* 361. **c** regis religio que curam gessit ut bona .. ecclesie .. salvarentur OCKHAM *Dial.* 16.

14 to keep (records).

1321 coronator ~it recordum in exigendis (*Processus*) *MGL* II 337.

15 (w. adv. as compl.) to take, view (action or sim. in a partic. way).

eque vitam mortemque ~entes *V. Neot.* 15; **1207** mirabile ~imus si vir tanti nominis .. tibi potuit esse .. ignotus (*Lit. Papae*) GERV. CANT. II lxxii; **1264** quosdam .. adhuc in carcere detinetis et a quibusdam .. graves redempciones cepistis, quod grave ~imus et indigne *Cl* 385; **1292** licet capcionem [Petri] per se non moleste ~amus *RGasc* III 43; **1299** licet reditum .. Hamonis .. non multum gesserimus tunc moleste *Reg. Cant.* 301; c**1310** ne vos inde molesta [? l. moleste] ~atis preces fundimus *Chr. Rams.* 405; **1334** ad .. Parliamentum .. venire non valeo, quod grave ~o et moleste *Let. Ch. Ch.* 1; **1389** major .. et communitas [de Lenn'] .. affectuose ~ebant .. magnam gildam S. Trinitatis (*Guild Cert.*) *Gild Merch.* II 169.

16 (gdv. as sb. m., gram.) gerund. *V. et. gerundium.*

participalia quae ab aliis ~endi vel supina .. dicuntur .. ut laudans, laudandi BONIF. *AG* 502 (cf. ib. 504: ~undi vel participialia, monendi, monendum).

geresgieva [AS *gearesgiefu*], gift to official at beginning of year of office.

1156 (1267) ne prepositus Walingefordie scotallam faciat et ne geresguvam ab aliquo querat *CalCh* II 68 (= *BBC* 85: †geresumam, *Gild Merch.* II 245: geresgiviam); a**1160** eresgieva (v. childwita); **12**.. iiij d. de gabulo assiso .. et de yeresiva vj d. *Reg. Malm.* II 69; [**1442** quietum ab .. *childewite, yaregive Little RB Bristol* 203b].

geresuma v. geresgieva, gersuma.

geretorium [*by assoc. of* ME *giste, geste* w. gestum, *p. ppl. of* gerere], load-bearing beam, joist.

1471 ad perforandum latus occidentale et finem borealem et ligna, viz. ~ia, A. *gestes*, et alia ligna utilitati .. abbatis necessaria ad imponenda *Reg. Newbattle* 303.

gerf- v. girfalco. **gerio** v. gestio. **gerion** v. geron. **gerland-** v. garland-.

gerlinus, (?) yearling, shearling, sheep once shorn.

~us, ~a, ~um, A. *sherlokked*, et dicitur de equo *WW*.

germa andrea v. germandrea. **germana** v. 1 germanus 3.

germandrea [OF, ME *germandre* < χαμάιδρυς], germander (*Teucrium chamaedrys*): **a** (*minor*, or unspec.); *cf. chamaedrys*; **b** (*major*); *cf. chamaepitys*.

a hydropisi tumide dat germandrea levamen NECKAM *DS* VII 269; purgatur cum medicinis simplicibus .. ut .. decoctione thimi .., utraque ~ea GILB. I 48. 2; succi .. pimpinelle †grimandrie, eufragie GAD. 112. 1; camedreos, quercula minor, ~ia minor idem *SB* 14; germandria, sticados, *germander*, camedreos idem *Herb. Harl. 3388* 79v.; camedreos .. †quartula [l. quercula] minor vel †germa andrea minor *Alph.* 28; chamedrys latine gamandrea aut quercula, A. *germander* aut *Englyshe tryacle* dicitur TURNER *Herb.* A4. **b** camepiteos, quercula major, ~ia major idem *SB* 14; *Alph.* 152 (v. chamaepitys a).

germane [LL], in a brotherly way.

cui etiam quasi de commodis ~e consulendo subjungit 'quid faciemus sorori nostrae [*Cant.* viii 8] ..?' BEDE *Cant.* 1215.

1 Germanicus [CL]

1 Germanic.

constat neminem nostrae stirpis prosapia genitum et ~ae gentis cunabulis confotum .. ante nostram mediocritatem .. desudasse .. juxta metricae artis disciplinam ALDH. *PR* 143 p. 202.

2 German (also as sb. m.).

BONIF. *Ep.* 109 (v. ecclesia 3c); [Frisie] incole Frisones a ~is nuncupantur BART. ANGL. XV 61; *Eul. Hist.* II 60 (v. 2 Germanus).

3 Scandinavian (in quot., from Dublin).

s1144 ~i .. Catwaladrum tenuerunt, qui ut ab eis liberaretur, duo millia captivorum eis pepigit et liberatus est. Owinus, ut vidit fratrem suum liberum, in eos impetum fecit et, partim eorum occisis, pluribus vero captis, reliqui cum opprobrio ad Dulin reversi sunt *Ann. Cambr.* 42 (cf. ib. 31 [**s1048**]: Magnus rex Germaniae).

2 germanicus, brotherly.

nimio se ~o amore diligebant *VSH* (*Declan* 12) II 40.

germanitas [CL]

1 relationship between siblings, brotherhood; **b** (fig.). **c** fraternal pair.

perfido .. fratre inextricabile ~atis vinculum .. rumpente ALDH. *VirgP* 54; ~atis jura *Id. Met.* 2; magnis pollicitationibus sollicitatum ut a sorore descisceret, pluris semper pietatem ~atis quam quaslibet promissiones fecisse W. MALM. *HN* 500 p. 62. **b** cum .. tam justitia quam equitas habeat sua jura que .. adinvicem quadam ~ate federantur .. R. NIGER *Mil.* III 16. **c 796** dicente Christo [*Matth.* iv 18–19] dum .. in fluctibus binas duorum fratrum ~ates laborare aspexit: "Venite .." ALCUIN *Ep.* 113; translatus est Seftoniam .. ubi requiescit utriusque ~atis sanctissima avia regis Eadgari mater Alfgyva GOSC. *Edith* 83.

2 affinity, brotherly love; **b** (as title); **c** (w. ref. to bees).

Christi virginibus .. devotae ~atis affectu venerandis ALDH. *VirgP tit.* p. 228; in atria Domini cor illorum .. et caro socia ~ate exultant in Deum BEDE *Tab.* 480; **793** duplici ~ate concives sumus: unius civitatis in Christo .. et unius patriae indigenae ALCUIN *Ep.* 16; ceperunt eum .. ~atis amore diligere B. *V. Dunst.* 13; **c1167** hanc .. sibi ~atem .. he due exhibent civitates, ut eisdem subjaceant fatis et, simul patientes, gaudeant simul J. SAL. *Ep.* 223 (225); connectat .. crucis ydemptitas / quos nexus gemini connectit firmitas / et pii sanguinis pia germanitas WALT. WIMB. *Carm.* 603. **b a795** placet mihi .. non .. parva officia salutationis tuae dirigere ~ati ALCUIN *Ep.* 36. **c a690** contribula apium ~as nectar fabre conficientium ALDH. *Ep.* 5.

1 germanus [CL]

1 having the same parents. **b** of or appropriate to a brother, brotherly; **c** (nonce use of compar.); **d** (fig.).

ALDH. *VirgV* 443 (v. consanguineus a); duo ~i fratres BEDE *HE* III 22 p. 173; **1017** (17c) Ego Wulfstanus .. archipontifex meo ~o fratro (*sic*) Elfwige .. telluris partem .. condono *CD* 1313; ~us, ex eadem genitrice manans OSB. GLOUC. *Deriv.* 263; ~i fratres, filii sc. Dela .. in Hibernia applicuerunt GIR. *TH* III 4. **b** geminos germano foedere fratres / reddentes animas astris ALDH. *VirgV* 881; me .. fratres .. ~a vincti caritate secuti sunt *V. Greg.* p. 76; **799** amabilia ~ae dilectionis hortamenta ALCUIN *Ep.* 181; **802** ~a pax inter summos Britanniae pontifices splendescit *Ib.* 255; FRITH. 138 (v. cliaulia); primo lucescit fratri suo Ethelredo regi, cujus et ~a benignitas et regia auctoritas plus haberent suffragii GOSC. *Edith* 266; **1417** ~a compassione *Reg. Cant.* III 49. **c** fit ut inter ipsos fratres sit alius ~ior alio, dum pro conformitate morum, pro dilectionis augmento, vera cognatio suum recipit incrementum J. SAL. *Ep.* 236 (147). **d** yronice vocat illam translationem ~am, i.e. per omnia concordem sibi S. LANGTON *Chron.* 63.

2 (as sb. m.) full brother; **b** (spiritual). **c** half-brother, son of the same father. **d** (pl.) siblings.

Andreas .. Petri germanus ALDH. *CE* 4. 3. 2; **a712** ad te per ejusdem puellae ~um .. litteras destinare (BERHTWALD) *Ep. Bonif.* 7; duo ~i Willibaldi et Wynnebaldi HUGEB. *Wynn.* 2; **s1017** Canutus .. Eadwium .. regis Eadmundi ~um exlegavit FL. WORC. I 181; hic .. fratrem monachum habebat .. monachus ~us illius ALEX. CANT. *Mir.* 32 (II) p. 221; [fidem] .. Rodberto duci, ~o tuo, promisimus ORD. VIT. X 15 p. 88; **1281** dominum [Walterum Giffard] predecessorem nostrum, ~um vestrum [sc. Godfridi Giffard, episc. Wigorn.] *Reg. Ebor.* 281; **s1388** Henricus Percy .. assumptus secum .. Radulpho Percy, ~o suo *Chr. Kirkstall* 128; hic frater, A. *brother*; hic ~us idem est *WW*. **b 799** Aquilae pontifici ~o meo ALCUIN *Ep.* 168; **a804** patrem vestrum .. in Christo .. accepimus quasi unius familiae ~um *Ib.* 272. **c** hec cum ille patri suo ac meo retulisset, ~us mihi fuerat, non uterinus GIR. *EH* I 42; hic ~us, A. *a halfebrodyre WW*. **d** Jovem et Junonem, id est ignem et aerem .. ~os esse dixerunt ALB. LOND. *DG* 3. 1.

3 (as sb. f.) sister; **b** (fig.). **c** half-sister.

quid .. propria uxore pulsa .. ~am ejus .. suscipis? GILDAS *EB* 32; Martha, Lazari ~a ALDH. *VirgP* 29; Ekfridi germana FRITH. 942; ~am Hereberti .. nato suo conjugare decrevit W. POIT. I 39; sponsam Ricardi suscepit honore Philippus, / contra germane federa facta sue / ducere quam propriam promiserat ante Ricardus GARL. *Tri. Eccl.* 51; hec soror, A. *syster*; hec ~a idem est *WW*. **b** si .. virginitatis gloria angelicae beatitudinis ~a creditur .. ALDH. *VirgP* 7; regnans et gaudens superis cum civibus una / incola, sed quaerens germanam rura peragro BONIF. *Aen.* 77 (*de veritate*). **c** hec ~a, *a halfesyster WW*.

4 agnatic, related on the father's side.

potest homo pugnare cum ~o cognato [AS: *mid his geborene mæge*] si quis assalliat eum injuste (*Quad.*) *GAS* 77; *G. Hen. V* 2 (v. domesticus 4a); Edwardus .. Confessor .. ordinavit quod Wilhelmus dux Normannie, consanguineus suus ~us ex Gunilda amita sua sorore patris sui in jure corone Anglie succederet FORTESCUE *Def. Lanc.* II 1.

2 Germanus [CL], German.

gens .. animosa .. moribus conveniens cum ~is; non enim inhiat spoliis ut gens Germanica BART. ANGL. XV 125 (cf. *Eul. Hist.* II 60: cum Germanicis).

germen [CL]

1 shoot, sprout; **b** (fig.).

dum promit germina tellus ALDH. *VirgV* 167; ~en, initium floris *GlC* G 49; HUGEB. *Will.* 3 (v. hibernalis); messis aromaticae redolent et germina cuncta WULF. *Swith.* II 949; herba crevit, ~en pullulavit J. FURNESS *Kentig.* 20 p. 195; humiditatem .. superius transmittit et primo in substantiam ~inis, deinde .. stipitis, ultimo .. floris .. convertit BART. ANGL. IV 4; BACON XI 213 (v. generare 3a); tercia generacio est per modum propagacionis, ut ~inis a semine, arboris a radice R. MARSTON *QD* 80; **1308** (v. caeduus a); hoc ~en, *a burjonyng WW*; *Entries* 699 (v. aridatus). **b** luxuria .. crevit .. ~ine praepollenti GILDAS *EB* 21; **a690** ~en aethralis extaseos .. in orthodoxorum .. sulcis satum ALDH. *Ep.* 5; hujus honor genuit casto de germine plures BEDE (*Hymn*) *HE* IV 18 p. 247; ut ille .. superni roris humida inrigatus ~en in eo jam .. frugiferum florere cepit virtutum HUGEB. *Wynn.* 2; virtutum .. germina plantat WULF. *Swith.* I 857; cum dicit Deus "convertemini ad me" semen est sine ~ine, quamdiu hominis voluntatem non convertit Deus ad volendum conversionem ANSELM (*Praesc.* 3. 6) II 272; ut antique litis ~ina .. eradicemus *Lib. Eli.* III 111.

2 (w. ref. to persons) origin, race, line.

Israhel claro de germine gentis / .. virgo ALDH. *VirgV* 1676; ~en .. Domini fuit in .. gloria, cum .. Dei Filius in carne .. apparens .. clarus effulsit BEDE *Hom.* I 4. 16; nobile germen / nobilium FRITH. 61; W. MALM. *GR* I 15 (v. effrigere); emanavit .. execrabile stirpis ~en, tres viz. filii ejusdem G. FONT. *Inf. S. Edm.* 7; sunt alii in religionis habitu .. ex militari ~ine generati J. FURNESS *Walth.* 43; **s1381** (v. explanare 2b); cessavit ~en regum Cantie ELMH. *Cant.* 12.

3 **a** (human) seed. **b** issue, creature.

a sine mare marem paris / non per germen sata maris / sed per Sanctum Spiritum WALT. WIMB. *Virgo* 17. **b** sunt et ibi ~ina noctis, noctua, nicticorax, wltur et bubo MAP *NC* I 10. f. 8.

4 (material) source, origin.

alia [sc. vasa] ex auro variato lumine vibrant, / ornatuque suo mundi superare metalla / omnia jam poterant pretioso germine facta ÆTHELWULF *Abb.* 780; hec humus est illa vario de germine nata / quam cruor et cedes bellaque semper habent GOWER *VC* I 1977.

germinare [CL]

1 (of plant or seed) to germinate, sprout; **b** (fig.); **c** (of earth); **d** (w. ref. to barley for malting). **e** (pr. ppl. as sb. n. pl.) sprouting crops.

semen mandatum terre .. si omnium temperantiam [inveniat] ~at et producit flores *Quaest. Salern.* C 24; contingit .. in campis illis .. non tantum in spicam non prosiluisse, sed nec in herbam vel granum unum ~asse GIR. *TH* II 49; contacte his [profluvialibus menstrualibus] fruges non ~abunt NECKAM *NR* II 156 p. 261; ne grana in palea remanentia .. ~ent in tegmine .. domorum *Fleta* 162; BRADW. *CD* 376B (v. germinativus). **b** Antonius .. a quo primitus .. coenubiorum seges .. granigeris ~avit spicis ALDH. *VirgP* 28; ex cujus vitii radice multi malitiae ~are videntur ramusculi ALCUIN *Moral.* 635D; justus .. sicut .. lilium ante Dominum ~avit J. FURNESS *Kentig.* 14; si forte germinat ceca superbia / de carnis specie WALT. WIMB. *Carm.* 330; **s1382** crevit populus credencium in ista doctrina, et quasi ~antes multiplicati sunt nimis KNIGHTON *Cont.* II 183. **c** BALD. CANT. *Tract.* 9. 503B (v. compluere a); celum terram irrigat, et ~are facit FORTESCUE *NLN* I 46. **d c1320** nullum braseum siccabunt antequam braciator .. viderit si braseum bene †gravimetur [? l. germinetur] *Cant. Cath. Pri.* 218; MAJOR I 3 (v. bracium a). **e 1176** sata jam in messes ~antia facibus succensis .. inurent J. SAL. *Ep.* 226 (226); montes, colles, et germinantia J. HOWD. *Ph.* 927; **s1394** invaluit tempestas .. qua .. ~ancia tunc .. virencia .. combusta sunt *Chr. Kirkstall* 129.

2 (trans., usu. of land) to put forth (shoots); **b** (fig.). **c** (fig.) to yield, reveal.

fasciculis quos hortus tempore verno / germinat ex gremio ALDH. *VirgV* 1583; insula .. vineas .. quibusdam in locis ~ans BEDE *HE* I 1 p. 10; terra non ~at naturaliter ea quae maxime necessaria sunt saluti corporis nostri sine seminibus ANSELM (*Praesc.* 3. 6) II 272. **b** ANSELM II 270 (v. cor 2c); seva propinet / et malus .. / si quis vicinus vicinis .. mala germinet D. BEC. 445; in terra .. solitudinis .. que non ~avit hactenus nisi spinas .. ~abit Dominus gratiam P. BLOIS *Serm.* 562B; amaritudo dulcedinem ~abit *Id. Ep.* 20. 75A; nascitur .. Christus ..: ~at .. tellus intacta herbam virentem AD. DORE *Pictor* 152. **c** ante .. altare exstirpatum offenduntur aliae opes . . . ~at ibi sacra spelunca .. parvuli nivea .. membra GOSC. *Transl. Aug.* 39B.

germinatio [CL], germination; **b** (fig.).

ut per ~onem transeat in rem de semine naturaliter procreandum GROS. *Cess. Leg.* I 10 p. 65 (cf. ib.: per ~onem transire in arborem seu spicam frumenti). **b** de quibus pauca dicere ratum duximus, vel ex quibus radicibus qui rami vitiosae ~onis crescere videantur ALCUIN *Moral.* 633A.

germinativus, growth-producing.

sicut granum germinat, et vi intrinseca ~a et solis calore cum terre humore BRADW. *CD* 376B.

germineus, of a shoot or sprout. (*Cf.* Isid. *De differentiis* I 223: gramineum et graminosum [v. l. †germineum et †germinosum]).

germen .. unde ~eus OSB. GLOUC. *Deriv.* 260.

germion, yeast.

~ion, i. fermentum *Alph.* 215.

germoxa v. hieros. **gern-** v. et. garn-, gran-, warn-.

gernetta, ~um [AN *gernete*, OF *grenat* < granatum], garnet (gem).

c1220 morsus .. bene operatus cum saphiris iij .. et ~is viij *Process. Sal.* 170; textus .. aureus magnus continens saphiros xx .. et ~as viij *Ib.* 169; **1224** firmaculum aureum .. cum .. ~is .. et j parvum firmaculum .. cum ~is perforatis *Pat* 449; **1224** cum ~is (v. anulus 1a); **1300** j firmaculum auri cum rubetto et ~is minutis *AcWardr* 348; j corona magna auri cum baleis, guarratis, ameraudis .. et perlis *Ib.* 353; **c1315** pecten .. aureus .. cum ~is quadratis *Invent. Ch. Ch.* 74; **c1331** saphirus cum iiij karolis in circumferencia ornatus parvis garnectis (*Invent. Cant.*) *Arch. J.* LIII 267; **1338** j scucheonem auri .. cum .. saphiris, garnettis [etc.] (*TreatyR*) *Foed.* V 60b; **1417** cum .. garnettis (v. botonettus).

gernettatus, set w. garnets.

c1331 cuppa deaurata et garnettata cum columpnis in pede (*Invent. Cant.*) *Arch. J.* LIII 269 (cf. ib.: cuppa intus et extra deaurata et garnettata).

gernobodum [cf. AN *gernon*], moustache, beard. **b** (? by conf. w. *gena*) cheekbone. **c** (cat's) whiskers.

barbam viri, preter gernoboda, radere solent GIR. *DK* I 11; hoc gernobodium, *gernon Gl. AN Ox.* 147vb; genobardum, *beerd PP*; hec barba, hoc genorbidum, *a berd WW*. **b** hec maxilla, A. *chekebane*, hoc genobodum idem est *WW*. **c** *a berde*, barba, barbula, genorbodum cati est *CathA.*

gerofalo v. girfalco. **geroill-** v. garillum.

gerolocista [? < gerere locum], servant.

~a, [v. l. gerelocista], *heynceman PP*; gerolotista, A. *a somptурman WW*.

geron [γέρων], old man. **b** elder, priest.

ter centum memini ter senos atque gerontas / limpida collectim Niceae exempla tulisse FRITH. 272; ~on, valde senex OSB. GLOUC. *Deriv.* 264; *an alde man*, ~ion .. ~onta *CathA.* **b** multitudo presbyterorum, quos ~ontas seniores appellabant BYRHT. *V. Osw.* 437; *a preste*, capellanus, flamen, ~onta, ~on [vv. ll. geronteus, gerontius] sacerdos, .. *CathA.*

gerona [cf. AN *gerun*, cf. gara; *perh. from same root as* gyro, OF *giron* etc.], (?) triangular piece of land.

12.. noverit .. me .. confirmasse .. ij seliones terre .. et unam ~am pro dim. acra sive sit ibi plus sive minus (*Cart. Bushmead*) *Beds Hist. & Rec. Soc.* XXII 134 (cf. ib. 148 [**a1260**]: gerunam cum prato pertinente).

geronchea v. erigeron. **geront-** v. et. geron-.

gerontius, ~ticus, old (man).

alde .. senex, veteranus, geronceus, gerontecus *CathA.*

gerontocomium [LL < γεροντοκομεῖον], hospital for the old.

dormitorium et †crontochium et relique cenobitarum abdita .. scurris ac meretricibus patuerunt ORD. VIT. XII 30; ~ium [locus] ubi pauperes et sola senectute infirmi pascuntur VAC. *Lib. Paup.* 7; †loco [l. loca] humane necessitati statuta sunt hec; xenodochium, nosocomium, gerontochomium, orphanotrophium, prototrophium, brephotrophium. sancti enim patres et religiosi imperatores quedam instituerunt loca ubi peregrini, orphani, senes, emeriti, infirmi, inbecilles et saucii reciperentur BELETH *RDO* 2. 15 (cf. *Codex Justin.* I 2. 22pr); *an hospitalle*, .. ~ium *CathA*.

1 gerra [CL *pl.*], nonsense.

hec ~a, i. nuga et ineptia OSB. GLOUC. *Deriv.* 251; *truffillis*, nuge, ~a *CathA*.

2 gerra [CL gerres], an inferior kind of fish.

hec ~a, *a heryng WW*; ~a, E. *a doggedraue Ib.*

3 gerra v. gerro.

gerro [CL], buffoon, rascal.

garro, garrulus *GlC* G10; Malchum .. manicis hostes onerant inimicis, / fur velut aut gerro vincitur denique ferro R. CANT. *Malch.* I 341; hic ~o OSB. GLOUC. *Deriv.* 251 (v. gerronaceus); *rymare*, ~o .. *trygflare*, ~o *PP*; *a folte*, blas, .. bardus, garro, ineptus, nugator *CathA*; qualia .. rex noster illi .. indignissimo gerrioni verba fecerit narrare mihi est perdifficile ANDRÉ *Hen. VII* 72.

gerronaceus, foolish, trifling.

hic gerro, .. i. nugator .. et inde ~eus, i. ex gerris natus .., ~eus, nugatorius OSB. GLOUC. *Deriv.* 251, 261; *a trufeler*, gerro, con-, gerronus, ~eus, nugator *CathA*.

gerrula v. garrulus 2. **gers-** v. et. gars-, gras-.

gersa [OF *gerse* < cerusa]

1 white pigment (of var. recipes), esp. as cosmetic.

recipe .. olibani, .. ceruse, coralli .. cristalli boracis, ~e omnium ana ʒ iij GILB. III 166. 2; ~a est quoddam album quod fit de radice brionie, cucumeris agrestis et similium *SB* 22 (cf. *Alph.* 74); jersa .. proprie fit de jaro et serpentaria, cerusa vero de plumbo, que pessima est; corrumpit autem dentes et facit os fetere *SB* 24; ~a, i. serpentina *Herb. Harl. 3388* 80; ~a, *starch, for karchys PP*; *Alph.* 37 (v. cerussa a).

2 (? by conf.) black pigment. *Cf. gersare* b.

blek, .. attramen, attramentum, ~a, blacta *CathA*.

gersamia v. gersuma.

gersare [cf. Jan. s. v. gersa], to use face-powder. **b** (by conf. of *fucare* and *fuscare*) to blacken.

~o, fucare faciem *Medulla*. **b** *to blek*, .. ~are, in-, nigrare *CathA*.

gersma, ~oma, ~ona v. gersuma.

gerstona [AS *gærstun*], 'garston', paddock.

1209 resignavi totum jus .. intrandi .. in ~am Johannis succentoris Sar' in prebenda sua apud R. *Ch. Sal.* 72; **1268** ij s. in garstona leprosorum *Cart. S. Denys Southampt.* II p. 172; **1349** inter .. cotagium Johannis .. et quamdam garstonam .. vocatam Drygarston *Rec. Eton* XXXVIII 77.

gersuma, ~ia, ~ium [AS *gærsuma*, ME *gersum*]

1 premium, fine; **b** (paid in kind).

reddit .. archiepiscopo c s. de garsumne *DB* I 5rb; de gersumna reginae c s. ad numerum *Ib.* 154vb; vicecomes inde recipit lxxx li. et c s. de ~a *Ib.* II 2b; tunc valebat c s., modo x li. et x s. de gersoma *Ib.* 121b; **1108** ab ipsis canonicis .. acceperunt .. quoddam manerium .. et ut haberent quamdiu viverent, et x s. dederunt eis in gersumma, id est *lancept*, et pro firma in anno reddent viij li. *Dom. S. Paul.* 127; **1130** Robertus debet cccc m. argenti de gersoma pro comitatu habendo *Pipe* 2; **c1175** remissise .. ejusdem ecclesie persone .. †grescanum [? l. gres[sumam], canum] et omne servicium *Reg. Aberbr.* I 38; recepit Jodlenus de placitis v s. et iij s. de gersumiis *RDomin* 65; debita, gersumas, fines, scutagia, misas / imbreviare D. BEC. 1145; **c1186** de omnibus fortuitis, sc. de gersum', de releviis, de forisf[ac]tis participat aula preposito hundredi absque forisfactura cornu et clavium *Kal. Samson* 39; **c1203** quicquid vel ex locatione domorum vel ex gersomma annuatim proveniet *E. Ch. S. Paul.* 57; **c1220** pro hac remissione .. scotallorum dederunt nobis .. burgenses j m. argenti in gersoma *BBC* 86 (*Malmesbury*); **1290** per gressumam captam de liberis firmariis qui ceperunt quasdam terras bondorum vastas *ExchScot* 35; **1296** Felicia relicta Nicholai cepit bondagium quod vir suus tenuit et dabit ad g[er]smam dim. m. solvendum ad festum B. Michaelis proximum *Hal. Durh.* 1; **1304** statuerunt quod nullus maneret inter eos .. qui ne eis solveret ij s. et j d. .. et eciam preter hoc de quolibet ipsorum ceperunt xij d. de ~a *Gild Merch.* II 32; **1318** gersumma condonatur per senescallum *CBaron* 137; **1375** dat pro grisumma xij d. et condonatur usque ad iij d. *Hal. Durh.* 132; **1434** tradiderunt .. manerium cum .. finibus, gressumis, et fine partium *MonA* III 567b; **1454** xx s. pro girsuma .. tertie partis terre *Reg. Aberd.* I 269; **1465** onerat se de xxvj li. de grassumis .. tenencium inhabitancium villam de B. *ExchScot* 322; **1545** fructibus ac grassumis, canis .. et aliis casualitibus .. ad monasterium spectantibus *Form. S. Andr.* II 330. **b** vicecomes habet iiij li. et j accipitrem terrae de gersumma *DB* II 118b; **1455** onerat se de xiij celdris v bollis ordei de Bute .. quia quelibet marcata dictarum terrarum tenetur in una bolla ordei pro gressuma *ExchScot* VI 46; **1460** de xj celdris xv bollis ordei per integras grassumas insule de Bute *Ib.* VII 14.

2 (in land transactions) payment; **b** (in kind).

11.. pro hac .. donatione et confirmatione donavit mihi .. vj s. sterlingorum in gersumiam *AncD* A 5921; **c1190** pro hac donatione .. dedit xl s. de ghersumma *Doc. Theob.* 189; **a1199** pro hac concessione dedit mihi Willelmus dim. m. argenti in ~iam *CurR RC* I cv; **a1200** concessi .. illud mesuagium .. pro humagio et servitio suo et pro xij s. argenti quos mihi dedit in kersumia *AncD* A 10888; **c1200** dederunt mihi .. ij s. sterlingorum in gersamiam *Cart. S. Greg. Cant.* 62; **c1200** pro hac emptione [terre] dedi .. j m. argenti in ghersam (*Ch. Comitisse Augi*) *MonA* V 667b; **c1220** pro hac donatione [terre] .. donavit .. j marcham argenti de ghersoma *Cart. Osney* IV 398; **c1230** pro terra .. predicta .. dederunt michi ij s. in garsumma *Ib.* I 189; **a1224** pro hac .. donacione .. dederunt .. xx s. sterlingorum in geresumam *Reg. S. Aug.* 493; **c1250** pro hac confirmacione donacionis .. dedit michi .. xxiiij s. sterlingorum in gresumam *Ib.* 579; **1253** pro hac .. dimissione .. dedit michi .. lv m. argenti in ~am *SelPlJews* 17; **a1287** dedit mihi .. c s. sterlingorum in gwersumam *AncD* A 3807; **1294** pro hac .. donatione .. dedit mihi .. cxiij li. vj s. viij d. pre manibus in ~am *MonA* VI 1171a. **b** **c1150** Robertus .. et .. uxor ejus concesserunt Roberto T. terram .. et inde dedit Robertus .. ij m. et j aucipitrem de ~a *E. Ch. S. Paul.* 197; **a1212** pro hac concessione .. dedit michi .. j anulum aureum in ~am *Reg. S. Aug.* 382.

3 merchet.

c1186 dat filias suas sine gersumio *Kal. Samson* 6 (cf. ib. 8: sine ~a); **1203** non potest maritare filiam suam sine licencia domini sui et ~a quam ei dederit (*AssizeR Suff*) *Northants Rec. Soc.* V 134 (cf. ib.: pro tribus sororibus maritatis data fuit ~a); **1227** quod redderet ei .. aruram .. et messuram .. et gersonam pro filia sua maritanda *BNB* III 625; **1290** Sarra maritavit se sine licencia domini, ideo distringatur ad faciendum finem pro gersumma *SelCMan* 98.

4 pension.

1415 lego .. filie mee uxori Johannis C. c s. per annum, .. si ita sit quod lex ei dederit solam vivere usque tempus quo Deus ei disposuit, pro racionabili garisuma que possit pertingere ad valorem xx m. per annum *Reg. Cant.* II 54.

gersumare

1 (esp. of heir) to enter into possession of (property) by payment of *gersuma*; **b** (absol.).

1252 Thomas A. tenet in villenagio .. xxiij acras .. terre ..; erit autem dicta terra, post mortem patris vel matris, ~ata ad voluntatem domini filio juniori et, si filius non habetur, propinquiori de sanguine *Cart. Rams.* I 372; **1264** successit ei .. filius .. qui .. ~avit terram .. patris sui, et dedit pro fine j m. *Reg. Whet.* II 333; heres .. ~abit dictum quarterium terre secundum consuetudinem manerii et ville (*CourtR*) *Villainage in Eng.* 117*n.*; **1308** quod emendabit et reedificabit mansum suum in adeo bono statu quo illud ~avit *Rec. Elton* 151; **1321** Walterus B. quondam vir suus et ipsa dictam terram .. emerunt et ~averunt de Ricardo de T. *CBaron* 133; **1327** permissum est liberis hominibus .. terras nostras .. ~are in curiis nostris *MonA* II 120b. **b** **1342** venit .. Alexander C. et ~avit; ideo scrutandi sunt rotuli; et ~atur *Rec. Elton* 313; quod nullus unquam in illa terra gersummaret vel de novo reciperet nativam terram nisi .. in curia nostra juramentum prestaret se velle fore talliabilem ad voluntatem domini *G. S. Alb.* II 263.

2 (trans.) to pay merchet (for daughter on marriage).

12.. villani .. gersummabunt filias *Reg. Pri. Worc.* 15a; **1279** Ricardus de G. .. custumarius .. debet ~are filiam suam et fieri prepositum ad volontatem domini *Hund.* II 515a; debet gersummare filiam suam et etiam terram suam *Ib.* 522a.

gersumarius, liable to premium. **b** (of tenant, also as sb. m.) holding land by payment of premium.

1275 tenuit de ipso in capite j socagium ~ium, per annum reddendo x d. *Hund.* II 162a (*Suff*). **b** **1275** in predicta villa .. solent ~ii de eadem tenere iiij^{xx}j acras terre *Hund.* II 161b (*Suff*); **c1280** abbas S. Edmundi tenet xxx acras terre quas ~ii sui tenent de eo de baronia sua *Suff. Hund.* 8; viij acras quas .. ~marii tenent de eo *Ib.* 11; quam sui sokemanni gerssummarii tenent *Ib.* 32; ~ius vel custumarius qui nativus est (*Reg. Cell. S. Edm.*) *Villainage in Eng.* 142*n*.

gersumatio

1 subjection (of land) to premium.

de taxacione Redburnencium, et de juramento in garsumacione terrarum suarum in curia prestando *G. S. Alb.* II 263 *rub.*

2 payment on birth of child.

12.. quilibet [villanus] dabit .. *thac* et *thol* et auxilium et gersummationem prolis *Reg. Pri. Worc.* 10b.

gertha v. girthum. **gerula** v. gerulus, gerusa.

gerulfus, werewolf.

vidimus .. frequenter in Anglia per lunationes homines in lupos mutari, quod hominum genus ~os [v. l. verulos] Galli nominant, Angli vero *werewulf* dicunt. *were* enim Anglice virum sonat, *wlf* lupum GERV. TILB. I 15.

gerull- v. garill-.

gerulus [CL]

1 bearer, carrier, messenger; **b** (w. gen., esp. w. ref. to letter). **c** spreader (of Gospel, w. ref. to apostle Paul). **d** (as adj., w. abstr.) conveying, transmitting.

tantas diliciarum affluentias ~is .. gestantibus ALDH. *VirgP* 38; **c790** adest ~us fidelis .. per cujus manum mittere poteris quod .. animus nobis dirigere curaverit ALCUIN *Ep.* 75; dum id a ~o [AS p. 466: *fram ærendracen*] nuntiatum fuerit *RegulC* 68; advenit .. ~us ex .. reginae monasterio, qui ei de .. fratris .. morte nuntiaret BYRHT. *V. Osw.* 453; visne ut binos convocem ~os qui te ad sanctam bajulent tumbam ..? LANTFR. *Swith.* 2; quidquid .. visum est opportunum in .. ministerio ecclesiae .. in qualibet rerum divinarum elegantia prorsus aggessit praeclaris ~is .. Gregorii vigilantia GOSC. *Aug. Maj.* 67B; ora, genas, oculos nostri fodiendo †genulos [MS: gerulos], / interimunt populos inter agri tribulos (W. PETERB. *Bellum Hisp.*) *Pol. Poems* I 120. **b** ~um litterarum .. destinavimus ALDH. *Ep.* 10 (13); **a712** ccc accipiat s. de manu praesentium ~i (BERHTWALD) *Ep. Bonif.* 7; **796** acceptis .. apicibus et .. muneribus per hunc hujus praesentis cartulae ~um .. gavisus sum ALCUIN *Ep.* 95; o beatuli diptice geruli WALT. WIMB. *Palpo* 197. **c** sapiens architectus nominisque Christi ~us ALDH. *Met.* 2 p. 66; celeberrimus ille nominis Christi ~us *Id. VirgP* 3. **d** ut .. Deus .. hoc ministerium corporum .. Christi ~um benedictione .. implere dignetur EGB. *Pont.* 48.

2 (w. *sigilli*) keeper (of Privy Seal).

coram cancellario .. regis, .., duce Cornubie custode Anglie, domino Willelmo de Mundene ~o sigilli privati ducis predicti WHITTLESEY *Cont.* 235.

3 (f.) nurse (of infants); **b** (m., fig.).

705 quasi nutrix ~a dilectos alumnos extensis ulnarum sinibus refocilans ALDH. *Ep.* (9) 12; ~a, quae infantes portat *GlC* G 46; ~am *berendan GlS* 212; honoranda nutrix [uxoris] .. et ~a W. BURLEY *Vit. Phil.* 286; *norys of children*, nutrix, .. ~a *PP*. **b** domus .. Rievall' concipiens in utero terciam filiam .. partum .. minitavit. .. obstetrices Alredum .. ad prolem recenter fusam ~um et nutricium elegerunt, affirmantes cito grandiusculam futuram si ejus sollicitudinis lacte nutriretur W. DAN. *Ailred* 19.

4 (?) part of cart.

de rheda: .. desiderat hujus vehiculi compositio .. temones etiam cum ~is NECKAM *NR* 168 p. 279.

5 pack-horse.

~us, *malehors* .. *somnour hors PP*.

gerundium, ~ivum [LL], gerund (gram.). *V. et. gerere* 16.

infinita [MS: infinitiva] .. et impersonalia et ~ia carent naturaliter personis ALCUIN *Gram.* 882A; quod ipsa ~iva secundum quod hujusmodi non sunt construenda cum .. acusativo a parte ante probo (J. CORNW.) *OHS* NS XVI 178; habet hoc inpersonale tria que ~ia dicuntur, quia tam actionis quam passionis sensum habent .. unde sive 'vadam et percutiam' sive 'ut percutiar' bene dititur 'vado causa percutiendi' *Ps.*-GROS. *Gram.* 49; primo modo est hec falsa 'Pater scit gignendo' et secundo modo similiter, nisi ~ivum notet concomitantiam HALES *Sent.* I 396; non habet ~ium nominativum BACON XV 86; major .. prosyllogismi falsa est .. si accipiatur in majore 'participando' ~ivum DUNS *Ord.* III 196; ~ivum constructum cum 'potencia' notat 'actum' ut egredientem ab eodem supposito cui attribuitur potencia *Ib.* IV 134; **1342** non utantur clerici reciprocis verbis in actis cum ablativorum absolutorum et ~iorum multitudine scrupulosa, ne dum nimia brevitate uti nituntur gestorum taceant veritatem *Conc.* II 691b.

gerusa, ~ia, goad.

~a, *gaade or goode PP*; *a gad*, ~a *CathA*; ~a, A. *a goode*, vel .. *a gesarme* .. hec ~ia, A. *gadde* .. hec †gerula, *a gad WW*.

gerusia [CL < γερουσία], council of elders or council-house.

†genusia, senatus *GlC* G 64; ~ia, curia, senatus OSB. GLOUC. *Deriv.* 263.

gescia [AN *get* (pl. *gez*), ME *ges* < jactus], jess (falc.).

1288 eo quod [avis] nullam habuit campanellam, nisi tantummodo gestias (*PlRCP*) *Collect. Staffs* VI i 183; **1290** H. clerico mutarum pro .. corto rubeo ad *longez* et gessos *KRAc* 352/20 m. 4; **1346** hujusmodi falcones vel austurcos, vertivellas et ~ias portantes (*Cl*) *Foed.* (*4th edn.*) III i 67a.

geserichnias v. ge. **gesia** v. giezia.

gessere [*backformed from* gessi, *perf. of* gerere], to bear.

1365 de ix arboribus .. excorisatis ita quod amplius ~ere non possunt *Hal. Durh.* 45.

gessum v. gaesum. **gessus** v. gescia. **gest-** v. et. gesc-, gist-.

1 gesta v. gerere.

2 gesta, ~um, ~ia [AS *gist*], yeast.

a1190 pistor poterit .. lucrari .. in sale ob., in ~o ob. (*Assisa Panis*) *Growth. Eng. Ind.* I 568; **s1202** in sale ob., et in ~a ob. et in candela quad. (*Ib.*) M. PAR. *Maj.* II 480; **1275** nec ~am super farinam non (*sic*) effusit *SelPlMan* 143 (cf. ib.: gata de *geste* repleta); **1285** debet querere ~am quanta sufficit ad bras' ad curiam de Malling' contra adventum .. archiepiscopi *Cust. Suss* II 111; **1290** in expensis pistorum cum ~ia et sale, xiiij d. ob. *Ac. Swinfield* 82.

3 gesta v. 2 gista.

gestaculum, object carried.

~a .. regis sunt: .. deutronomium et sceptrum et pomum et crux et gladius R. NIGER *Mil.* I 79 (cf. ib. II 13: habet rex ~orum suorum insignia).

gestamen [CL]

1 something worn or carried about the person; **b** (fig.).

qui nuce, qui flore, qui germine fronde, virore / gestamen vestis Aaron signis manifestis R. CANT. *Malch.* VI 44. **b** immemores florum gestaminis anterioris, / contempnunt spinam cum cecidere rose GOWER *VC* IV 783.

2 load, burden.

ALDH. *Ep.* 5 (v. cratis 2a); ~en, quiquid portatur *GlC* G 36.

3 weapon (? club).

clavam, i. ~en, *casebill* [? l. *ceasbill*] *GlP* 438; venite curie celestis agmina, / fustes arripite, contes, gestamina WALT. WIMB. *Carm.* 452.

4 action of carrying. **b** carriage, (means of) conveyance; **c** (w. subj. gen.).

[rex] pomum gestat in regni sui typum . . . includuntur pomo reliquie sanctorum, quatinus ~ine eorum prosperetur R. NIGER *Mil.* II 16. **b** et †bina [l. bino] alarum fulci gestamine cernor TATWINE *Aen.* 10 (*de recitabulo*) 4; ~ine, *wege GlS* 212; B. *V. Dunst.* 27 (v. 2 conductio 1d); hoc ~en .. et hoc gestatorium, i. illud in quo aliquid portatur OSB. GLOUC. *Deriv.* 250. **c** nec quibat metas pedibus tranare cupitas. / fertur equo primum, post haec gestamine fratrum FRITH. 1234; hunc secum deferre jubet gestamine molli / servorum WULF. *Swith.* I 226 (cf. ib. 1218: gestamina mollia sternunt).

1 gestamentum, demeanour.

virtus informativa .. informat membra secundum similitudinem ~orum ipsorum et morum, unde cum facies hominis ebrioso assimilatur, ebrius est: cum iracundo, irascibilis est GILB. III 158. 1.

2 gestamentum v. 1 gistamentum.

1 gestare [CL]

1 to carry (also fig.); **b** (weapon). **c** to wear; **d** (fetters). **e** (of container) to hold.

ALDH. *VirgV* 841 (v. gemere 2a); sceptrinum vimen dextra gestabat in alma *Ib.* 2370; ut .. in pugna ante illum vexilla ~arentur BEDE *HE* II 16 p. 118; ~antes lampades .. intrabunt regni caelorum janua *Cerne* 174; ~at, portat *GlC* G 85; **a1103** episcopus Dublinensis .. crucem facit ~ari ante se ANSELM (*Ep.* 277) IV 191; Ganymedes .. dicitur .. ~are urnam in manu ALB. LOND. *DG* 15. 11; gestio si cupio, gesto si pondera porto GARL. *Syn.* 594; nos super omnes / preferri volumus, gestet et alter onus GOWER *VC* III 936. **b** ALDH. *VirgV* 2631 (v. caetra a); **s1251** (v. bipennis 2); **s1414** (v. brigantinus). **c** gestat rubicunda crepundia collo ALDH. *VirgV* 611; **799** vestrum est regale diadema .. ~are in vertice ALCUIN *Ep.* 171; calciamenta sacris gestans atque aurea plantis WULF. *Swith.* I 619; anulum .. episcopalem ~are formidans *V. Gund.* 44; **1314** quod .. capellanus .. celebraturus .. sicut .. vicarii .. ceteri habitum ~et *Mem. Ripon* I 159; **1415** fratribus habitum .. ~antibus *Lit. Cant.* III 134. **d** stricta catenatis gestabat vincla lacertis WULF. *Swith.* I 1175. **e** mea divinis complentur viscera verbis / totaque sacratos gestant praecordia biblos ALDH. *Aen.* 89 (*Arca libraria*) 2; *Id. VirgV* 2564 (v. bulga a); W. MALM. *Mir. Mariae* 199 (v. gestatorius 2b).

2 to carry off (victory).

Constantinopolis .. / .. gestat per saecla triumphos ALDH. *VirgV* 636.

3 to convey, carry (w. pers. obj.); **b** (refl.).

BEDE *Luke* (ii 27) 344 (v. grandaevus); non erubescit vili asello ~ari ORD. VIT. VI 3 p. 10; quamvis pre .. etatis debilitate in lecto ~aretur gestatorio .. in prelium .. ire voluit RIC. HEX. *Stand.* 43. **b** sese ~avit digitis et non pede David AD. DORE *Pictor* 147; David ~ans se in manibus suis *Vers. Cant.* 11 p. 24.

4 to carry in womb; **b** (fig.). **c** (of tree) to bear (fruit).

pignus caelorum terris gestante Maria ALDH. *VirgV* 398; animam pueri quem ~abat in utero ÆLF. *Æthelwold* 3; dum matris in alvo ~aretur GIR. *IK* II 7. **b** altrix cunctorum quos mundus gestat in orbe / nuncupor ALDH. *Aen.* 1 (*Terra*) 1. **c** **s1252** [arbores quarum] erat natura pira et pomos ~ando producere M. PAR. *Maj.* V 321.

5 to bear: **a** (part of body, w. compl.); **b** (w. ref. to stigmata or bruising).

a LANTFR. *Swith.* 2 (v. 2 geniculum 1); vir hic inculpabilis est .. / .. / quem mundam gestare manum hic cernimus WULF. *Swith.* II 389. **b** Christi stigmata gestat FRITH. 1207; signa que in brachio ~averat in constrictione B. Laurentii demonstravit ALEX. CANT. *Mir.* 46 (I) p. 253 (cf. ib (II) p. 253: tulerat).

6 to have as physical or mental characteristic.

sum niger exterius .. / sed .. interius candentem gesto medullam ALDH. *Aen.* 40 (*Piper*) 2; *Ib.* 100 (v. cincinnus a); in .. verticibus ossa serrata velut gladios ~ant *Lib. Monstr.* II 12; inter fissuras ungularum quas pro manibus ~abat GIR. *TH* II 21; que gestant homines terre de partibus hujus / pectora, sunt ipso turbidiora mari GOWER *VC* I 1975.

7 to bear (name).

dudum compositis ego nomen gesto figuris ALDH. *Aen.* 18 (*Myrmicoleon*) 1; quem Pathmos suscepit .. / cujus ego nomen gesto, gubernet opus GOWER *VC* I *prol.* 58.

8 to entertain (emotion). **b** to have, bear (in mind).

super afflictionem ejus pia ~antes viscera ANSELM (*Ep.* 58) III 173. **b** B. *V. Dunst.* 5 (v. gemmare 2); artifex tam preceps .. non est ut opus aggrediatur aliquod donec instrumentum quo illud fiat .. aptaverit .. fabrice quam .. mente ~at FORTESCUE *NLN* I 48.

9 to suffer, bear (events, circumstances, or sim.).

s1302 rex vero responsa eorum .. tacite ~abat *Chr. S. Edm.* 66; Portuenses .. naves .. combusserunt et nautas .. interemerunt. hoc audiens rex tacite rem ~abat *Ib.* 67.

10 to perform.

ejus cujus negotia gestas [v. l. geris] VAC. *Lib. Paup.* 50 (cf. gestor a).

2 gestare v. 2 gistare.

gestarius, carrying. **b** (as sb. n.) litter or bier. **c** pack saddle. *V. et. gestatorius.*

berynge, .. feraculus, ~ius *CathA*. **b** episcopum .. in lectica .. jacentem vidit. .. qui .. in ipso ~io visus est residere AD. EYNS. *Hug.* V 18 p. 215 (cf. ib.: relicto ~io [v. l. gestatorio]); eminus conspecto glebe preciosissime ~io *Ib.* 19 p. 222; *a beare*, .. baccallum, caperulus, quod capit corpus, †gestorium, gestatorium, feretrum *CathA*. **c** *a layd sadylle*, gestatorium, ~ium *CathA*.

gestatio [CL], action of being carried (in litter or sim.).

si amenitates itineris et ipsa ~o vehiculorum nos delectaret, conversi ad fruendum his quibus uti debuimus, nollemus cito viam finire ROB. BRIDL. *Dial.* 48.

gestativus, able to carry or bear.

pontem .. firme .. structure bestiarum et hominum ~um *Ps.*-ELMH. *Hen. V* 64.

1 gestator [CL], carrier, bearer. **b** wearer.

dum facinus vastum loculi gestator avarus / in dominum lucis strofa patraverat atra ALDH. *VirgV* 2587; ~or, *berend GlP* 370; H. BOS. *LM* 1335 (v. 1 deferre 9b); **11..** (17c) ~ores .. corporis [S. Johannis] octo sunt .. filii patres succedentes *Sanct. Bev.* 20; inde [locat] praeliarium ~ores quos ut cetera multitudo .. sequeretur disposuit BOECE 204v. **b** Waltheus .. annuli ab adamata dati sibi novus ~or J. FURNESS *Walth.* 16; [anulus] ~ori maximam confert gratiam *Sculp. Lap.* 452; benedic .. coronam .. quatinus .. famulus tuus .. ~or ipsius multiplici .. virtutum munere .. repleatur *Rec. Coronation* 34; **s1308** omnes illius ordinis [milicie] Templi habitus ~ores .. incarcerati fuerunt *Flor. Hist.* III 14.

2 gestator [ME *gestour*], teller of stories, jester.

1548 James Lockswod, servienti et ~ori .. regis *Hist. Shrewsb.* I 331*n*.

gestatorius [CL]

1 used for carrying, (w. *sella* or sim.) litter, bier. **b** that can be carried, portable; **c** (of altar).

eger .. secutus in sella ~ia se obviam sancto deportari fecit ALEX. CANT. *Mir.* 37 p. 234; RIC. HEX. *Stand.* 43 (v. 1 gestare 3a). **b** vas .. plumbeum ~ium .. in quo aqua continetur H. BOS. *LM* 1326C. **c** [pignora martyris] .. in altari ~io decentissime collocavit HERM. ARCH. 32; ne altare ~ium consecretur sine suo fundamento ANSELM *Misc.* 322; **1149** de altaribus .. ~iis in quibus excommunicati divina officia celebrarunt, rigorem volumus observari (*Lit. Papae*) ELMH. *Cant.* 399.

2 (as sb. n.): **a** litter or bier; **b** (means of) conveyance or support (also fig.). **c** pack saddle.

a ~ium, feretrum OSB. GLOUC. *Deriv.* 261; fecit se in ~io quodam ad ecclesiam a sororibus deportari TREVET *Ann.* 222; *CathA* (v. gestarius b). **b** nec standi nec progrediendi facultas erat. equitabat ad monasterium alieno ~io GOSC. *V. Iv.* 85C; unica mater .. rexit amor et dulcedo, sinus et ~ium omnium *Id. Wulfh.* 9; vimineam componit cistulam, ferreis laminis et bitumine colligatam; in ea quantitatem auri ponit . . . tum .. mari committit. . . ~ium, simul cum eo quod gestabat, [S. Maria] provexit W. MALM. *Mir. Mariae* 199; OSB. GLOUC. *Deriv.* 250 (v. gestamen 4b); cum .. [abbas T., ob. **1396**] absque .. monachorum .. adjutorio vel ~io se movere nullatenus potuisset *G. S. Alb.* III 419. **c** *a layd sadylle*, ~ium, gestarium *CathA*.

gestatrix, wearer (f.).

benedic .. coronam .. quatinus .. famula tua .. ~ix ipsius .. virtutum munere .. repleatur *Rec. Coronation* 38.

gestia v. gescia, 2 gesta.

gestibilis, (?) that can be performed.

hec gestio, .. et hic et hec ~is OSB. GLOUC. *Deriv.* 250.

gesticulari [CL] **~are**

1 to gesticulate, make (wild) movements; **b** (fig.).

~ari, diversis motibus agitari OSB. GLOUC. *Deriv.* 261; cum .. huc illucque tamquam ebrius .. nutandus abire temptaret .. et .. quidnam sibi esset ut ita ~aretur .. inquirerent .. circumstantes AD. EYNS. *Hug.* V 20 p. 230. **b** [vinum] sumptum descendat [v. l. decendat] impetuose ad modum fulminis, .. ~ans [*gl.*: *salliaunt*] ad modum caprioli NECKAM *Ut.* 103.

2 (?) to enact (story).

historia dicitur ab 'ystoron' [? ἱστορεῖν] quod est videre vel ~are; narrat enim tantum de eis que gesta sunt et visa S. LANGTON *Gl. Hist. Schol.* 43 (cf. DOCKING 108, v. historia 4).

3 (pr. ppl.) juggler.

scio quid fieret de cancellario si .. inter manus ~antis devenisset in pomum DEVIZES 33v.

gesticulatio [CL], (mimetic) gesture, gesticulation, sign.

cum .. puerilis ludorum ~o pontificalem futuri praesulis auctoritatem portenderit ALDH. *VirgP* 32 p. 273; previdebat tam infamem finem .. Dunstanus .. demonis ante se saltantis ~onibus W. MALM. *GR* II 144; lascivas cantantium ~ones .. non sine cachinno .. intuetur AILR. *Spec. Car.* II 23. 571C; nec potuit .. ~o satis exprimere quantum .. gauderet DEVIZES 29; natura simie .. prompta est imaginationes rerum visarum ~onibus representare ridiculis NECKAM *NR* II 129; semper novellas excogitare studet adinventiunculas .. adulator, nunc histrionum ~onibus representans [etc.] *Ib.* 180; DOCKING 108 (v. historia 4); 'coles templa saltatu prisco', id est non facies saltus, id est ~ones more antiquo in cultu templorum TREVET *Troades* 56.

gesticulator, one who makes wild movements. **b** actor, juggler, or sim.

gesticulor .. et inde ~or OSB. GLOUC. *Deriv.* 250. **b** delicias alias, oculus quas gestit et auris, / gesticulator habet; gestus non omnibus unus, / cuique suus VINSAUF *PN* 638; forte enim non bene dicebant quod tale Theodorus tragedie ~or; nulli enim unquam permisit aut se inducere neque vilium hypocritarum tanquam appropriatis theatris primis auditibus BRADW. *CD* 15A.

gesticulatus, gesture, sign.

[avicula] solet .. plausu alarum aut sono inarticulate vocis et qualicumque ~u affectum quem erga eum habuit ostendere J. FURNESS *Kentig.* 5.

gestio [CL]

1 performance.

omnino in ~one rei locus, tempus [etc.] .. considerari solet ALCUIN *Rhet.* 27; LANFR. *Ep.* 3 (v. enarrare 1a); OSB. GLOUC. *Deriv.* 250 (v. gestibilis); notandum quod alicujus negocium ~one sola alterius fieri potest .. cura VAC. *Lib. Paup.* 51.

2 (leg.) conduct, behaviour.

1293 Henricus le T. est de mala ~one quantum de verbis contumeliosis; et habet diem .. ad inveniendum plegios de bona ~one pro se et suis *CourtR Hales* 247; **1352** R. vadiavit c s. pro transgressione .. qui ponuntur in respectu secundum †gerionem [? l. gestionem] suam excepta dim. m. quod (*sic*) dabit pro securitate per plegiagium Johannis de T. *Rec. Leic.* II 83.

gestire [CL]

1 to be desirous, eager. **b** (trans.) to desire; **c** (w. inf.).

quos .. Dei famulus conpescuit, nolens aliquem sua causa perire, qui in salute ~iebat omnium ALCUIN *WillP* 15; **1167** desiderans ut ei quandoque valeam, prout ~it animus, respondere J. SAL. *Ep.* 254 (221); expressit in semetipso formam ecclesie in fetum numerosiorem ~ientis W. NEWB. *Serm.* 844; *coveiter* .., ~ire *Gl. AN Ox.* 154r. **b** cum tale nefas gestiret mente malignus ALDH. *VirgV* 1850; VINSAUF *PN* 638 (v. gesticulator b); Arthurus .. unicolores vaccas renuit, et in anteriori parte rubeas et in posteriori candidi coloris distinctas .. ~ivit *NLA* I 170 (*Cadocus*). **c** femineos .. non gestit cernere vultus ALDH. *VirgV* 718; c**797** quosdam stellarum ordine .. inluminare ~io ALCUIN *Ep.* 121; B. *V. Dunst.* 1 (v. gemmatim); **1004** districto judici placere ~iens *CD* 710; **1169** affectum quin in partum gratulationis erumpere ~iat nulla vis potest .. cohibere J. SAL. *Ep.* 288 (290); hec .. si quis audire ~ierit .. libellum legat GIR. *TH* II 43; aper .. cespitem .. colliculi .. eviscerare ~iens J. FURNESS *Kentig.* 24 p. 202; opere .. votum ~iens prelibatum efficere *Chr. Battle* 22v.; juvent me pueri .. / quorum mundicie devoto munio / et celibatui servire gestio WALT. WIMB. *Palpo* 164; qui .. ~iunt hujus [Christi] .. laudes et preconia frequentare *Mir. Hen. VI* I *prol.* p. 7.

2 to exult, leap about unrestrainedly.

†gescire, gaudere *GlC* G 78; traditus in sensus improbitatem zeli mali circa locum sancti ~iens amaritudine HERM. ARCH. 25; cepit .. ~ire pre gaudio AILR. *Gen. Regum* 392; Johannes [Baptista] .. matris utero clausus, in adventu Domini .. concepti ~iens UHTRED *Inst.* xx.

gestitare [CL], to carry often.

~are, sepe gestare OSB. GLOUC. *Deriv.* 261.

gestor [CL], (w. *negotiorum*) agent, factor. **b** (w. *curae*) caretaker.

c**1157** se procuratorem vestrum et ~orem negotiorum mentitus est J. SAL. *Ep.* 107 (46); VAC. *Lib. Paup.* 51 (v. gerere 10); **1325** nec rector nec alicujus certe persone procurator seu negociorum ~or *Lit. Cant.* I 136; **1383** ipsos .. procuratores, negociorum ~ores deputatos ac nuncios speciales facimus *RScot* 51a; **1428, 1445** (v. factor 3a); **1491** ad .. bona et mercandisas .. Johanni P. .. mercatorum in hac parte negociorum ~ori .. restitui facienda *Pat* 571 m. 16. **b** **1253** Sodorensis episcopus ecclesie Lesmorensis per .. papam cure ~or *Reg. Paisley* 135.

gestorium v. gestarius.

gestrix, agent (f.).

dum .. ciconia .. communium ~ix negociorum vigil et officiosa .. ageret *Collect. Stories* 230.

gestrum [cf. κέστρα], dagger.

tela .. et gladii quorum nomina in veteribus historiis reperiuntur: .. gesa, spari, .. ~i BALSH. *Ut.* 49; **1442** lego fratri meo .. j zonam .. cum j ~o operato super caput cum argento *Test. Ebor.* II 84; **1445** cives .. cultellos aut ~a .. vendentes, ac de vaginis ad vendendum extrahentes .. vel hujusmodi cultellos et ~a super mucrones aut fines vendicioni ponentes *Mem. York* I 136; **1477** Thomam cum quodam ~o .. felonice percussit *Sanct. Durh.* 12; *a daggar*, ~um, pugio, spaurum *CathA*; **1500** in gutture cum ~o, A. *dagger*, percussit *Mem. Ripon* I 312.

1 gestum v. gerere.

2 gestum v. 2 gesta.

3 gestum [? cf. ME *gestening*], feast: **a** (man., given by lord at Christmas); **b** (as rent); **c** (at funeral).

a **1234** debet habere ghestum suum ad Natale in curia domini, ipse et uxor sua, sc. ij albos panes et ij fercula carnis, et cervisiam sufficientem *Cust. Glast.* 83; persona de S. .. habebit ~um ad Natale ad iij homines, sc. sibi et sacerdoti et clerico *Ib.* 93; **12..** adducet frumentum ad panem ad ~um Natalis Domini *Cust. Bleadon* 204; **13..** Simon de Domerham tenet dim. ferdellum terre .. et habebit ~um suum in festo Natalis Domini se tertio, viz. ij albos panes et j nigrum, et bonam servisiam ad potandum [etc.] (*Lib. Alb., Wells*) *Som. Arch. Soc.* XV *sup.* 67. **b** **1203** fecit .. pro terra illa domino suo j ~um ita quod in anno preterito finem fecit pro ~o illo cum domino .. pro xx d. (*JustIt, Suff*) *Northants Rec. Soc.* V 134; debet domino suo semel per annum j ~um *Ib.* **c** tradito .. corpore .. abbatis [J., ob. **1301**] sepulture .. omnes .. splendide reficiebantur; .. cum .. omnia que ad ~um abbatis defuncti solemniter consummarentur .. *G. S. Alb.* II 52.

gestuose, with many gestures.

OSB. GLOUC. *Deriv.* 250 (v. gestuosus).

gestuosus [CL], capable of many gestures.

~us, i. flexibilis et diversis agitatus modis, et gestuose, i. agiliter OSB. GLOUC. *Deriv.* 250; ~us, flexibilis, agitabilis .. flexuosus *Ib.* 261; *Ib.* 275 (v. habilis 1a).

1 gestura [AN *gesture*]

1 personal bearing, manner.

queque antiqua .. honesta .. in actibus, ~is, et locutionibus sinistre pervertentes J. READING 186b; s**1399** in .. turri ubi rex Ricardus in custodia fuerat ipsius cene presencium notator interfuit modum et ~am explorando per .. Wyllelmum B., ad hoc specialiter inductus AD. USK 30; regnorum Anglie et Francie nobilitates, modos et ~as .. videre desiderat *Ps.*-ELMH. *Hen. V* 31.

2 (leg.) conduct, behaviour.

1297 Margeria ate W. invenit plegios de bona ~a *CourtR Hales* 362; **1378** manuceperunt Johannem de O. .. de bona ~a erga regem *Rec. Leic.* II 176; **14..** si .. fuerit bone et honeste ~e et condicionis *Cust. Fordwich* 13; **1494** de inhonesta ~a et indecente colloquio habito cum honesta muliere *Reg. Merton* 186; a**1564** cum predictus W. .. honestarum conversationis, ~e, et conditionis fuerit .. predictus P. .. dixit .. hec verba "*thou art a thiefe*" *Entries* 12b.

2 gestura v. gistura.

gestus [CL]

1 bodily movement, gesture, action. **b** bearing, manner.

gestibus obscenis contrectans corpus honestum ALDH. *VirgV* 1238; ~us, motus corporis *GlC* G 54; manum prensitare, oculo annuere, et cetera que sunt moriture virginitatis indicia, lascivis etiam ~ibus impudicitie, facere solebat W. MALM. *Wulfst.* I 1 p. 6; histrionicis .. ~ibus totum corpus agitatur AILR. *Spec. Car.* II 23. 571; humerorum / gestu J. SAL. *Enth. Phil.* 268; sic membra singula ~usque corporis omnes ut nec unum .. oculum offendat regere tenetur et moderare GIR. *PI* I 1 p. 9; corporis membra .. cepit movere, et motu labiorum ~um loquentis exprimere *Chr. Battle* 105; miles .. hastam contra demones .. vibraverat, priores militie sue ~us replicando COGGESH. *Visio* 23; s**1229** videbatur quod magis approbaret, secundum quod perpendi poterat per ~us exteriores, legem Saracenorum WEND. II 373; mea levis responsio aut ~us mei leves [ME: *lattes*] *AncrR* 122. **b** nonnunquam rationabilis creatura irrationabilium ~u .. utitur et .. irrationabilis .. intellectualium ~u et voce fungitur ALDH. *Met.* 7; ~um, habitum *GlC* G 45; in ~u, actu, et habitu nichil tumidum .. ostendebat *Chr. Battle* 120; lucet in exemplum Manselli vita Johannis / eloquio, gestu, jure, vigore, fide GARL. *Hon. Vit.* 68; cum vir noviter duxerit uxorem, .. benigne aspicit ejus ~us [ME: *hire maneres*] *AncrR* 78; s**1415** pretendebat .. tantam gravitatem in vultu, tantam in ~u modestiam .. ut .. WALS. *HA* II 305; hec .. librans mente, modesto ~u judicem sic affatus .. FORTESCUE *NLN* II 16.

2 deed, action. **b** *chanson de geste*; *cf. gerere* 12f.

sub dente ruminatis et ~ibus praetenditis quae antea auctor vester [Lucifer] depinxerat GILDAS *EB* 74; ALDH. *VirgV* 778 (v. gener a); GARL. *Hon. Vit.* 22 (v. gerere 2); **1334** assignavimus .. ipsos .. ad ~us et facta justiciarii nostri .. supervidendum *RScot* I 276a. **b** *a geste*, carmen liricum, ~us *CathA*.

3 behaviour, conduct.

1338 contemplacione .. Johannis ac laudabilis ~us sui erga nos *RScot* 534b; **1348** facta fuit commissio ad inquirendum de vita et ~u Walteri B. clerici *Reg. Heref.* 131; s**964** ob malum ~um pape Johannis duodecimi *Eul. Hist.* I 376 (cf. ib.: deposito .. Johanne .. quia fuit insolens et lubricus); **1366** ad finem consideratum est .. quod predictus W. solvat .. x li. sterlingorum; de quibus solvit in manibus xiij s. iiij d., et ix li. vj s. viij d. remaneant in respectu in manibus ipsius W. sub bono ~u suo in futurum custodiendi *Mem. York* II 9; **1378** concessum est ei super bono ~u suo *Mem. York* I 26; **1435** c s. super bonum ~um suum ponuntur in respectum *Lib. Kilken.* 59; quod ipsos .. in aliquo officio .. nullatenus ponatis donec de .. ~u suo plenius inquiratur *Reg. Brev. Orig.* 126b.

4 carrying out, performance.

1445 hujus rei [sc. miraculi per S. Thomam facti] ~um verissime cernimus .. comprobatum *Lit. Cant.* III 191.

5 carrying, bearing (of child).

Philosophus .. dicit quod mulierum membra .. ad actus generacionis, ~us, et nutrimenti prolis ordinantur FORTESCUE *NLN* II 8.

geteia, ~um [AN *getee* < jactata, *p. ppl. of* jactare]

1 jetty, projecting storey of building.

13.. de venellis, appenticiis, gutteris, gettis *MGL* I 252 (cf. ib. 288: *des .. appentices, getteres, gettees des mesouns*); **1441** cum alta camera supra .. portam continente in longitudine cum uno gitteo ibidem edificando inter boriam et austrum xxvij pedes assise *DC S. Paul* (*HMC*) 12b.

2 jetty, breakwater.

c**1287** lastum mariscorum de Romen': .. de quodam situ nove wall' apud Holewest, ubi quondam fuit geteya *MS BL Cott. Cleopatra* C VII f. 38 (= *Cant. Cath. Pri.* 169); **1427** cum .. kaiam sive jetteam de petris .. inchoaverit per quam .. portus conveniens .. ibidem [*Mount's Bay, Cornw*] fieret *Pat* 422 m. 22.

getes- v. geticium.

gethinctha [AS *geþingþu*], court, legal assembly.

pax quam aldremannus vel prepositus regis in v burgorum ~a dabit, emendetur xij hund. [v. l. libris] (*Quad.*) *GAS* 228.

geticium [AN *getiz*, OF *jeteiz* < jacticium], jetty, projecting storey of building.

quod appenticia, stillicidia et ~ia domorum sint altitudinis ix pedum *MGL* I 584 (= ib. 271: *qe les pentyz et getiz des measouns soient* ..); de appenticiis et getticiis levandis *Ib.* 250; **1319** domus bracineam .. cum .. solar' eidem domui adjacente cum gotesio ejusdem pendente *DL Cart. Misc.* III 52(b) (cf. ib.: cum .. solar' et getesio); **1424** mesuagium cum claustris, aleiis, luminaribus, getticiis, stillicidiis .. pertinenciis *Pat* 432 m. 3.

getosus, quarrelsome.

~us, litigeosus OSB. GLOUC. *Deriv.* 264.

gett- v. et. get-.

gettare [cf. geteia], to jut (over). **b** (p. ppl. as sb. f.) jetty.

1405 edificabit ij *stages* quorum unum viz. primum ~abit tam supra vicum regium versus boriam quam versus partem australem, et aliud ~abit solomodo versus vicum regium cum uno garito supra dicta ij *stages* (*DC S. Paul.*) *Building in Eng.* 480. **b** **1291** construendi .. projectum sive gitatam cum solerio super muro sive barbacana castri .. concedimus potestatem *RGasc* III 6.

gettorium [AN *geteur*], holy-water sprinkler.

a**1100** ij bancheta, j tentorium, et vj candelabra ferrea et erea, j gittorium, et vj baculi qui portantur in festivitatibus *Lib. Eli.* II 139.

getum [ME *geat* < gagates], jet.

c**1288** pro .. ij paribus de paternostris et xij crucibus parvis de ~o .. que remanent penes reginam *KRAc* 352/13 m. 2; **1318** in get' pro vitro *Fabr. Exon.* 96.

†geturnix, *f.l.*

anceps .. habeat .. perdices, †geturnices [? l. coturnices], castrimargia (*Nominale*) *Neues Archiv* IV 340.

geud-, geuld- v. geld-.

geusia, (?) cheek.

malas, †gebsias *GlC* M 121 (cf. ib. (*ed.* Hessels) *pref.* xlii).

geusis [γεῦσις], taste.

†geosis est gustus in lingua ministratus *Gloss. Poems* 103.

geuzahar [Ar. < Pers. *jawzahr*], 'dragon', nodes (astr.).

fiant duo parvi circuli in quibus signari poterunt auges et geusahar planetarum qui habent auges fixas et geusahar WALLINGF. *Alb.* I 322; R. BURY *Phil.* 8. 127 (v. aux a).

gevator v. genator.

Gewissi [AS *Gewisse*], (name of a West Saxon tribe).

gens Occidentalium Saxonum, qui antiquitus ~ae vocabantur BEDE *HE* III 7 p. 139 (cf. ib. II 5: contra gentem ~orum); **745** (13c) ego Cuthredus rex Gewisorum *CS* 170 (cf. W. MALM. *GP* V 233: Geuuisorum); accessit Vortigirnus consul Gewisseorum G. MON. VI 6.

gewitnessa [AS *gewitnes*], witness.

eat omnis homo ad testificandum illud .. quod ei dabitur in manibus. et landcopum et domini donum .. et *witword* et ~am, hoc ita permaneat ut nullus evertat (*Quad.*) *GAS* 228.

geyra v. gara. **ghabellus** v. 2 gabella. **ghersa, ~oma, ~umma** v. gersuma. **ghestum** v. 3 gestum. **ghilda** v. 2 gilda. **ghita** v. gita.

gial- v. et. gaiola. **gialda, gialla** v. gildhalla. **giara** v. Gyara. **gib-** v. et. gibb-.

giba [OF *gibe*], bundle, bale.

1294 prefatum numerum saccorum et pokarum lane et pellium ac eciam ~as et fagottos pannorum duorum de Luda *KRMem* 68 m. 82; **1300** pro .. factura ~arum et fardellorum *AcWardr* p. 355; **1307** in factura et ligacione j ~e de pann', tela, naperia [etc.] xij d. *KRAc* 368/30 m. 6 (cf. ib. m. 1: in corda empta pro .. ~a liganda); **1310** pistrinum: .. de iij d. de ij gibris de pilis venditis *Ac. Exec. Ep. Exon.* 10; **1471** circa xxxj ~as sive *pakkez* panni lanei *Lit. Cant.* III 256.

gibber [CL]

1 (as sb. m.) hunchback.

LANTFR. *Swith.* 2 (v. 2 geniculum 1a); ~er miratus ad illos / respondit WULF. *Swith.* I 243.

2 hump on the front of the body.

hic gibbus, *a byle behynde*, hic ~er, *a byle before WW.*

gibberosus [CL]

1 hunchbacked.

de clerico ~o LANTFR. *Swith.* 2 *tit.*; vir quidam ~us et propter ingentem strumam valde incurvus ÆLF. *Swith.* 6.

2 protuberant, raised.

contractis .. versus anteriora nervis [mortui], necesse est medium a quo prosiliunt elevari et veluti ~um fieri *Quaest. Salern.* B 260.

gibbet- v. gibet-.

gibbitudo, gibbosity.

de ditrocheo: .. altitudo, gippitudo, lippitudo ALDH. *PR* 128.

gibbosare, to become swollen or lumpy.

ungues incurvantur et extremitates ~antur sicut corrigia exposita igni GAD. 52v. 2.

gibbositas

1 protuberance, swelling (on body). **b** (?) part of liver.

struma, .. i. gibbus; inde strumosus .. et hec strumositas, .. i. ~as OSB. GLOUC. *Deriv.* 554; duas filias educavit quarum alteri .. excrescens ~as deformitatis radicibus faciem .. occupavit *NLA* II (*J. Bridl.*) 74; servitorem habuit ruptura intestinorum .. pregravatum. tanta fuit .. molestia ut preter [? l. propter] inepti loci ~atem .. ruptionem .. formidabat *Ib.* II (*Osmundus*) 249; de dislocatione spondilium: .. tabula .. ponatur super ~atem et fortiter comprimatur GAD. 128. 2; apparet ~as in uno latere [cubiti] et concavitas in alio *Ib.* 128v. 1; *a bowge*, gibbus, struma, ~as *CathA.* **b** sima, i. concavitas epatis, sed ejus ~as dicitur †gobbus [? l. gibbus] vel †zirca, vel gedeola *Alph.* 171.

2 convex shape. **b** (w. ref. to liquid) convex appearance of surface.

[intestinum] ellevatur secundum gibositatem *Ps.*-RIC. *Anat.* 35; ad hoc .. sunt necessaria viscerum rotunditas, ~as, et volubilitas BART. ANGL. V 42. **b** porcio aque super diametrum scyphi erit major quando vas est in inferiori loco quam quando est in superiori, et ideo ~as major et tumor altior BACON *Maj.* I 158; urina est alba, vergens ad spissitudinem et quandam ~atem saniosam GAD. 46. 2.

gibbosus [LL]

1 (w. ref. to part of body) swollen, protuberant. **b** (fig.) bulging.

caput .. allisit unde tumor ~us in eodem loco proruperat R. COLD. *Godr.* 218; [monachus] .. ~um habebat et retortum a nativitate pedem MAP *NC* II 4 f. 24b; ~as .. strumas GIR. *IK* I 1 (v. evacuare 4b); ~us, *bochy WW.* **b** [bursa] quanto magis est gibbosa / tanto magis preciosa WALT. WIMB. *Van.* 72; tria paria litterarum que sunt sub sigillis clause erant, quarum una .. ~a fuerat, habens interius grossum aliquid involutum *Mir. Montf.* 104.

2 hunchbacked, having a hump; **b** (as sb.). **c** (of camel); **d** (of horse, fig.).

de puero ~o contracto et sanato T. MON. *Will.* VI 12 *tit.*; si sit [conjux tua] gibbosa .. / vel .. sordis D. BEC. 2023; [Jesus] misit ei guttam que fregit spinam dorsi sui, ita ut ~us et curvus fieret ECCLESTON *Adv. Min.* 17; si inutilia natura reddiderit membra, ut si curvus fuerit, vel ~us BRACTON 438b; in pueris dislocatio cujuslibet spondilis est incurabilis et facit eos ~os GAD. 128. 2; **s1317** quidam misere stature, claudus et ~us, suisque .. intendens maliciis WALS. *HA* I 149. **b** philosophi .. responsum cuidam ~o roganti ut corrigeret in eo quod corrigendum videret .. 'corripere' inquit 'te possum, corrigere non possum' GIR. *SD* 46; duo gibbosi, puer unus mortuus, unus / yctoricus H. AVR. *Hugh* 1249; in gibosis et claudis BACON VIII 134 (v. erectivus). **c** M. RIEVAULX *Ep.* 65 (v. gibbus 4b). **d** gibbosus namque panelli / et non sanus equs ferre recusat onus GOWER *VC* VII 1455.

3 convex, (?) elliptical. **b** covered w. protuberances, uneven.

aliud [intestinum] quod orbus appellatur, quod grossum et ~um est absque involutione *Ps.*-RIC. *Anat.* 35; guttur .. componitur .. a tribus cartillaginibus: prima est .. ~a exterius, concava interius BART. ANGL. V 24; splen in sinistra parte collocatur, cujus forma .. est oblonga et parum versus stomachum concava, et versus costas est ~a *Ib.* 41; quod est ipsas [spheras planetarum] non omnino circulares sed ~as ponere *Ps.*-GROS. *Summa* 565; figura .. lenticularis .. vocatur lens; habet .. laterales superficies ~as, deficiens a vera sphericitate BACON *Maj.* I 153. **b** superiorem superficiem sphere ignis non ~am vel multiangularem esse, sed omnino planam et convexam necesse est *Ps.*-GROS. *Summa* 598; expolitissima planicies nec ullis montuosis ~a tumoribus, nec arbustis dumosa densatis *Ps.*-ELMH. *Hen. V* 59 p. 151.

gibbus [CL]

1 (adj.) protuberant.

10.. cyppum, *hoferedne WW.*

2 (sb.) lump, protuberance, swelling on body; **b** (on liver).

gippus, *hofr GlC* G 93; est .. [humiditas] indurativa accidentaliter, sicut videmus in ~is et .. apostematibus quibusdam, in quibus confluunt humores frigidi .. et in .. duritiam sepius commutantur BART. ANGL. IV 4; ~us, A. *kybe WW*; hic gelbus, *a wen* ..; nomina infirmitatum: .. hic ~us, *a wenne WW.* **b** [epar] retro versus dirigit ~um, quem .. dicunt cirtam RIC. MED. *Anat.* 225; BART. ANGL. V 40 (v. cystula); sanguis .. bonus per venam magnam in †gilbo epatis ramificatam ascendit GILB. I 66. 1; quattuor .. sunt pori epatis in quibus accidit oppilatio .. in meseraicis aut in ~o aut in via ad cistim aut ad splenam *Ib.* VI 237. 2; apostema in ~o epatis GAD. 26v. 1; †gobbus *Alph.* 171 (v. gibbositas 1b).

3 hump (on back); **b** (fig.).

LANTFR. *Swith.* 2 (v. 2 geniculum 1a); ~um geminis sustentavit camburtis ÆLF. *Swith.* 6; incurvata dorsi spina, dorso ~us innascitur T. MON. *Will.* VI 12; inbecillitas: ut .. cecitas, .. balbuties, ~us grandis, nimia curvitas GROS. *Templ.* 17. 6; *WW* (v. gibber 2); nomina morborum .. virorum: .. hic ~us, *a boche in bake WW.* **b** qui ~um indocilitatis .. strumosum habet corripi .. potest, corrigi non potest GIR. *SD* 46.

4 camel's hump; **b** (w. ref. to *Matth.* xix 24).

ALDH. *VirgV* 1497 (v. camelus a); virtutum suorum imo tumoris et jactantiae celsitudine, quasi camelorum ~o, confisi BEDE *Sam.* 708B; surgit in tumorem nodosi ~i dorsum cameli et est ~us ille quasi limes inter sarcinas quibus camelus oneratur NECKAM *NR* II 141; prostrato camelo .., sellam concavam, .. prope ~um quem in dorso habet imponunt S. SIM. *Itin.* 84. **b** ecce .. camelus, deposita ~i sarcina, per foramen acus transit BEDE *Luke* 559D; via hec arctissima est .. sicut foramen acus quod camelus transire non potest, quia gibbosus est. tali ~o, id est grosso tubere vitiorum, dorsa eorum maxima (*sic*) opprimuntur in quibus non permanet spiritus Dei M. RIEVAULX (*Ep.*) 65.

5 a knot on tree trunk. **b** lump (of iron).

a inutilis arbor, rugosa et ~is plena *Simil. Anselmi* 696B. **b** KNIGHTON I 25 (v. croculus a).

Gibellinus, Ghibelline, member of emperor's faction in Italy.

1281 in civitate Florencie due sunt partes, viz. una de Guelphis et alia de Gibelinis *Law Merch.* II 35; **s1325** Guelfi transeuntes de Florencia ad Lucam per ~os capti fuerant AD. MUR. *Chr.* 45; **s1327** papa petiit a clero Anglie subsidium contra imperatorem et Gibelinos *Ann. Paul.* 324; **s1402** Gyblynorum parcialitate AD. USK 76 (v. disturbium a); **s1404** gens Lumbardie .. in Guelfos et Gibilinos divisa *Ib.* 94.

gibettus [OF *gibet*], gibbet, gallows.

a1175 (1348) ad altam viam ducentem .. usque gibetum *ChartR* 135 m. 5; **1220** quod .. in loco ubi furche prius erecte fuerunt .. fieri facias ij bonos ~os de forti et optimo meremio ad latrones .. suspendendos *Cl* 419a; **s1236** propter quos suspendendos paratum est horribile patibulum Londoniis, quod vulgus gibetum appellat. .. unus .. mortuus appensus est gibeto, alius vivus .. in predicto patibulo miseram animam exhalavit M. PAR. *Maj.* III 370; **s1242** usque ad illam penalem machinam que vulgariter ~us dicitur distractus, cum .. animam exhalasset, super unum uncorum est suspensus *Ib.* IV 196; **1292** clamat habere mercatum .. et ~um ab antiquo et feriam *PQW* 114a; **s1305** unum quarterium [corporis Willelmi Waleys] suspendatur in ~o apud Novum Castrum super Tynam *Ann. Lond.* 142; **1310** quod habeant ~um et furcas apud Knaresburgh [*Yorks*] et ~um apud Aldeburgh ad justiciam de .. latronibus faciendam *ChartR* 97 m. 21.

1 gibra v. giba.

2 gibra [Heb. *geber*], body, person; in quot., body.

mei gibrae pernas omnes libera *Nunnam.* 92 (= *Cerne* 86 [*gl.*: *lichoman*]); ~a, mare *GlC* G 96.

gibsum v. gypsum. **gida** v. gita. **giesiticus** v. gieziticus.

giezia, sin of Gehazi (*2 Kings* v 20–27), receiving payment after transfer of spiritual goods. **b** (? conf. w. *gaza*) riches.

sicut in spiritualibus precedit interdum simonia aut sequitur gyezia, ita et in temporalibus officiis laicorum precedens abusio justitie et subsequens eadem symonia est et eadem gyezia R. NIGER *Mil.* IV 13; si aliquod istorum secutum est quia obtinuisti aliquod istorum, simonia est. specialiter tamen dicitur ~ia. Simon autem ante obtulit, Giezi post exegit ROB. FLAMB. *Pen.* 110; ab ipso mago Symone mago dicta pestis emendi dicitur symonia, sicut a Gesi, de quo 4 Regum cap. v, pestis vendendi dicitur gesia WYCL. *Sim.* 2. **b** gesiae, divitiae *GlC* G 70.

giezita, one who sells spiritual goods.

a qui .. ut habeant, emunt, simoniaci dicuntur a Simone mago, qui ab apostolis voluit emere spiritum sanctum. qui vero post datum spiritum ministerio suo tamquam ejus pretium premium remunerationis accipiunt, ~e appellantur, non utique minus rei quam simoniaci (R. NIGER *Kings*) *MS Lincoln Coll. Ox.* 26 f. 130; surgunt nigrati gyezite Symone nati, / nomine prelati, hoc defensare parati (*Vers.*) *Ziz.* 369.

gieziticus, giezitic, venal; **b** (transf., w. ref. to legal favours). *Cf. gazealiticus.*

venalem exponunt justitiam Dei dum ~am negotiationem exercent P. BLOIS *Ep.* 15. 55A; qui ad sedem non electione canonica sed ~a venalitate intravit *Ib.* 56. 135B; prelationes .. nullas symoniacas seu ~as pravitates abhorrentes GIR. *JS sup.* 147; **1222** ne lepra ~a .. per avaritie cultum .. erumpens, ministros ecclesie extra castra collocet regis eterni, .. inhibemus ne quis, ecclesie sue renuntians, a substituto suo sibi recipiat vicariam *Conc. Syn.* 111; **1225** si quis giesiticus tante cupiditati animum audebit exponere quod .. manus ad munus .. presumat extendere .. pene duritie subjacebit (*Lit. Papae*) *Reg. S. Osm.* I 368. **b** secunda [munerum acceptio] est pro justitia facta, quod [est] giezeticum, vel facienda, quod simoniacum GIR. *GE* II 30; in promptu namque est ibi justitia, quia statim quidem et gratis exhibita, non venalis ut alibi vilique commercio sub ~o scelere damnabiliter exposita *Id. PI* III 30 p. 318.

giftum v. 1 gista.

giga [AN *gige*, OF *gigue*], **a** flute or sim. **b** stringed instrument.

a organicos imitata modos mulcet Jovis aures / giga [*gl.*: instrumentum musicum, G. dicitur *gigue*], quies cleri, nescia ferre rudes GARL. *Dict.* 132; *gwgaw, flowt* .. ~a *PP.* **b** ~a, A. *a gytterne WW.*

giganteus [CL < γιγάντειος]

1 of or belonging to the Giants or a giant.

vosne .. juxta poeticas fabulas gygantea audacia superjectis montibus caelum invadetis? quare temporibus gyganteis homines fuerint fortes et magni plus quam nunc *Quaest. Salern.* N 11; COGGESH. *Chr.* 120 (v. gigas 1b).

2 huge, gigantic: **a** (w. ref. to person or part of body, also fig.); **b** (w. *molis* or sim.); **c** (of building); **d** (of intellect).

a hominem .. ~eum R. NIGER *Chr. I* 57; vecta giganteis humeris gens nana moderna / perspicuis oculis ulteriora videt GARL. *Tri. Eccl.* 78; in Ferracutum Rolandum mittit acutum / hicque giganteum morte perurget eum *Ib.* 90; **s1415** ~antissimus armatus .. ac .. ejus uxor, tam grossa quod non solum ad generandum ~eos demones, verum eciam .. AD. USK. 128. **b** hominem ~ee magnitudinis OSB. *Mir. Dunst.* 9; puerulum .. ~ee molis homini ad monomachiam apposuit W. MALM. *GR* II 188; cernitur .. sepulchrum Ordgari, spectaculoque ducitur enormitas mausolei filii ejus. Edulfus is vocatus est ~ee molis et immanis roboris *Id. GP* II 95. **c** erat [Kaerleun] .. a Romanis .. egregie constructa. videas hic .. turrim ~eam, thermas insignes GIR. *IK* I 5. **d** Aristoteles, quamvis ingenio ~eo floreret .. R. BURY *Phil.* 10. 159.

giganticida, giant-slayer (*i. e.* David).

ringens cum ~a Domino 'ego in Domino speravi' [*Psalm* xxx 7] O. CANT. *Pref. Frith.* 45.

gigantomachia [CL < γιγαντομαχία], battle of the Giants.

gigantomacie, gigantum pugna *GlC* G 98; *fighte of giandes*, †gigantimancia .. *a giandes fyghte*, †gigantimancia *CathA.*

gigantopolis, city of Giants.

hanc .. mundi zonam .. Augustinus invadit animosius quam quondam †centopolim [*conj.* *Papebroch* Gigantopolim, *but* ? l. tetrapolim; cf. *Josh.* xiv 15] montem Hebron Caleph magnanimus GOSC. *Aug. Maj.* 51A.

gigantulus, little giant, child of gigantic size.

s1249 de homullulo et ~o: .. puer .. in confinio Wallie apparuit, qui infra dimidium annum .. ad staturam ascendit adolescentis xvj annos habentis M. PAR. *Min.* III 60; *a freake*, ~us LEVINS *Manip.* 206.

gigartum [cf. TLL], grape pip; **b** (fig.).

uvarum sive olivarum .. dum, pondere pressa, comminutis ~is .. musta manaverint BEDE *Sam.* 544B (cf. Cassiodorus *in Psalmos* 8 *pref.*). **b** hinc patuit Domini quia constat vinea firmis / oratu Wilfridi aevum stabilita gigartis FRITH. 1387.

gigas [CL < γίγας]

1 (pl.) mythical race of Giants (also fig.); **b** (sg.).

~antes .. ipsos tam inormis alebat magnitudo ut eis omnia maria pedum gressibus transmeabilia fuisse perhibeatur *Lib. Monstr.* I 54; gigans, terrigena; .. terrigenae, ~antes *GlC* G 90, T 93; quid est .. contra divina ostenta niti nisi gygantum arrogantiam imitari GOSC. *Lib. Mild.* 10; ~antes olim asportaverunt eos [lapides] ex ultimis finibus Affrice et posuerunt in

Hybernia G. Mon. VIII 11; cum qui columpne videbantur esse eclesie trepident, et ~antes qui orbem portare debuerant facilius inundatione aquarum submergi acquiescant quam gemere [cf. *Gen.* vi 4] J. Sal. *Ep.* 196 (210); gemant ~antes sub aquis et curvantur qui portant orbem P. Blois *Ep.* 96. 303B; Neckam *DS* V 727 etc. (v. chorea 2c); bellis .. que cum ~antibus gesserant, quibus tunc temporis abundabat insula Gir. *TH* III 3; ~antes, cum expugnaverunt deos, tres montes finguntur coacervasse Trevet *Troades* 60. **b** Cercyo ~as crudelissimus .. laqueos arboribus alligabat ubi .. stulti .. strangulabantur *Natura Deorum* 112; in littore maris .. inventi sunt duo dentes .. ~antis. .. inventum est etiam .. caput giganteum Coggesh. *Chr.* 120; cathene .. quibus vinctus fuerat Andremades ~as .. ante diluvium *Itin. Mand.* 24; post diluvium cum Nembroth ~as potenciam .. usurpasset Fortescue *NLN* II 46; Hercules ~as fortissimus W. Worc. *Itin.* 176.

2 person of great size; **b** (w. ref. to Goliath; **c** (as nickname).

creatus est Adam statura ~as Map *NC* I 1 f. 7; nos quasi nani super ~antum humeros sumus P. Blois *Ep.* 92. 290A; puerculum .. contra gigantee molis hominem apposuit ad monomachiam .. qui ~as a puero .. enervatur R. Niger *Chr. II* 157 (cf. W. Malm. *GR* II 188); hic ~as, *a gyawnte WW*. **b** inormem allophilorum ~antem Aldh. *VirgP* 53. **c** s1054 Alfredus gigans .. seculum parvipendens .. quasdam terras dedit abbacie de C. habitumque religionis ibidem sumpsit Silgrave 73.

3 (w. ref. to ship).

permutatio nominis: .. sic navis dicitur esse gygas Garl. *Hon. Vit.* 189.

gigator [AN *gigur*, cf. giga], minstrel.

c1155 hiis testibus .. Sylvestro prebytero, .. Bartholomeo ~ore *Ch. Mowbray* 202; 11.. sunt testes hii: .. Godefridus ~or *DC S. Paul. (HMC)* 63b; 1301 duobus ~oribus regis pro ij fur[uris] agn[inis] (*AcWardr*) *KRAc* 359/18 m. 4.

gign- v. et. gymn-.

gignare [cf. gignere]

1 (in quot., absol., of stallion) to mate.

1376 invenire unum equum ~antem cum equabus *IMisc* 208/4.

2 to bring forth, produce.

sic et ego quantum queo / manus Deo levo meo / quocum revo fruar evo / gignans chio patri pio / fletus rivo quando vivo *Anal. Hymn.* LI 301.

3 (of place) to give birth to, produce.

equis egregiis quos patria ~avit Gir. *PI* III 30 p. 317.

gignatista v. gymnacista.

gignere [CL]

1 a (of male) to beget. **b** (of female) to produce (issue); **c** (of both parents); **d** (fig.). **e** (pass.) to be born. **f** (p. ppl. *genitus* as sb. m. or f.) son, daughter (also fig.).

a vir quidam in populo genuit de conjuge natum *Mir. Nin.* 285; qualem se filium patri spirituali exhibuerat, tales erga se quos genuerat filios carnales invenit Gir. *EH* I 40 p. 291; spado virginem opprimit [cf. *Ecclus.* xx 2], et prolem in oppressione non querens, corrumpit, non ~it P. Blois *Ep.* 25. 89C; maritus ejus mox genuit ex ea filium *Canon. G. Sempr.* 81v.; 1285 idem Johannes genuit Johannem, nunc mortuum *Reg. Malm.* I 259. **b** mulier tres menses debet se abstinere a viro suo .. sive masculum sive feminam genuerit Theod. *Pen.* II 12. 3; mater .. se .. monstrum ~uisse gemebat Gosc. *Transl. Mild.* 27; Maria .. quae Filium Altissimi genuisti Anselm (*Or.* 5) III 13; *Ib.* III 23 (v. 1 flos 10); ut .. cum [Matildis] filium genuisset ipsi .. baptizandum .. commendaret *V. Gund.* 37; malefica .. asportetur cum liberis ex ea genitis, ad loca deserta *V. II Off.* 7; ~ere .. et concipere potest mulier, sed nulla tenus procreare Fortescue *NLN* II 19. **c** S. Fougères *Vital.* 358 (v. editio 1a). **d** me pater et mater gelido genuere rigore Aldh. *Aen.* 44 (*Ignis*) 1. **e** ~itur, nascitur *GlC* G 95; quid ad te pertinet qua stirpe sim genitus? Bede *HE* I 7 p. 19; si quis antequam matrem suam pater desponsaverit fuerit genitus vel natus, utrum talis filius heres sit legitimus? Glanv. VII 15. **f** heu fidei nati miseri sunt sub pede strati, / suntque doli geniti domini super alta locati D. Bec. 714; est genitor Veneris Bachus; Veneris genitique / et genite Bachi sumus omnes *Ib.* 956; rex prescriptam genitam Brachani .. legitimo sibi sociavit conjugio *VSB* (*Cadoc* 1) 28; 1461 Henricus, heres genitusque Johannis (*Vers.*) *Reg. Whet.* I 414.

2 (theol., of God) to beget. **b** (p. ppl. *genitus* as sb. m.) the Son. **c** (w. ref. to the Word).

Patrem itaque nullus facit sive creat aut ~it. Filium .. pater solus non facit sed ~it Anselm (*Mon.* 52) I 68; solum .. verbum genitum, quia solum Filius et proles est *Id.* (*Ib.* 56) I 68; Filius genitus a Patre, Deus de Deo, .. unus idemque Deus et ~ens et genitus Ad. Scot *QEC* 3. 807D; est Pater qui generat et Filius qui ~itur et Spiritus Sanctus qui procedit Bart. Angl. I 2; Verbum non gignitur ab intelligentia sed a memoria, igitur .. Pater non ~et Verbum formaliter intelligentia ut 'quo' sed ut est memoria Duns *Ord.* II 300. **b** Xriste, Dei Genite Wulf. *Poems* 18; laus, honor, et virtus Patri Genitoque perhennis / Spirituique Sacro *Id. Swith.* I 1075. **c** quero de verbo divino an verbum in divinis dicat proprium persone genite Duns *Ord.* VI 64; si dicatur quod Verbum est quasi genitum vel procedit et ~itur secundum racionem quamvis non secundum realem emanacionem vel gignicionem, contra: illud quod non ~itur nisi secundum racionem non ~itur realiter ex natura rei. igitur .. Ockham *Sent.* IV 229.

3 (w. ref. to spiritual relationship) to produce or adopt (as child).

mulierem dicit '.. quia spiritales filios Deo ~ere nunquam desinit Bede *Hom.* II 13. 156; p793 patres .. qui vos genuerunt in Christo Alcuin *Ep.* 286; talibus ornatam monilibus filiam Jerusalem visum est divino Dunstano .. spiritualem .. posse sobolem ~ere Gosc. *Edith* 76; coram fecit adesse filios quos Deo genuerat et eos .. monuit Dominic *V. Ecgwini* I 17; Paule mater, et te ipse genuit. pone .. mortuum filium tuum ante pedes Christi, matris tuae, quia filius ejus est Anselm (*Or.* 10) III 41; convocavit amicas que multos ei postea in sua castitate genuerunt amicos *Canon. G. Sempr.* 46.

4 (of plant) to bring forth, produce; **b** (w. inanim. subj.).

pampinus immensus dum gignit palmite botros Aldh. *VirgV* 178. **b** pallida purpureas / ut gignit glarea gemmas *Ib.* 164; quilibet punctus solis ~it pyramidem sui luminis cujus basis est in medio Peckham *Persp.* I 7 p. 74.

5 (of place) to give birth to, produce; **b** (of time or season); **c** (of abstr.).

Nilus .. omnia monstra ferarum similia ~it *Lib. Monstr.* II 21; insula .. ~it et lapidem gagatem Bede *HE* I 1 p. 10 (v. gagates 1a); 799 se tibi Austria .. quae novum Arrium, id est Albinum, genuisti .. ad evertendam .. fidem catholicam *Ep. Alcuin.* 182 p. 306; hec terra .. pluvios abunde ~it et nutrit Gir. *TH* I 6; gyrofalcones quos borealis .. regio ~it *Ib.* I 23. **b** Hoelus .. et Guslwanus quibus meliores preterita secula non genuerant G. Mon. X 10; quos res ~it et parturit aestas nutrit .. Gir. *TH* I 6. **c** o virginitatis fecunditas, quae tantum ~it filium Gosc. *Edith* 76; si unum .. genuerit lex nature regem justum .. Fortescue *NLN* I 5;

6 (w. abstr. obj.) to give rise to, cause. **b** (w. ref. to intellectual construct).

utinam .. mundi oblectamenta aeternae beatitudinis non ~ant detrimenta Aldh. *PR* 142; hec palus, quod transeuntibus tristitiam ~it Styx meruit appellari Alb. Lond. *DG* 6. 3; papaver soporem ~it *Ib.* 7. 1; gignit eis odium dilecti fructus egestas Walt. Angl. *Fab.* 27. 21; ratio .. naturalis quam post sensualitatem secundam ~it humana natura Fortescue *NLN* I 31. **b** verba .. primae conjugationis activa vel neutralia, quae prima persona dactilum ~unt Aldh. *PR* 138; hii .. sunt .. heresum precones / .. qui favore populi gignunt questiones Peckham *Def. Mend.* 555.

7 (phil.) to generate, produce.

cum non sit memoria ~ens aut intelligentia genita Anselm (*Mon.* 60) I 71; nulla res est que se ipsam faciat vel ~at Duns *Ord.* II 151; quero de noticia genita, que sit causa ~ens vel racio ~endi eam; et quero utrum pars intellectiva proprie sumpta .. sit causa totalis ~ens actualem noticiam vel racio ~endi *Ib.* III 245; Duns *Ord.* III 357 (v. gignitio 2a); dicere vero est ~ere verbum T. Sutton *Quodl.* 417.

8 (*casus ~endi*, gram.) the genitive case. *Cf. genetivus.*

iris est herba, quae ab officinis in ~endi casu ireos dicitur Turner *Herb.* B2.

gignitio

1 begetting, generation (in quot., spiritual).

ista columba .. est mater ecclesia, cujus mater, quia creatrix est trinitas vel divina essencia, cujus genetrix et fotrix est patris sapiencia et ipsa mater virgo et sponsa humanitatis Christi sui capitis. ex quibus parentibus spiritualiter .. ~one virginea filii ecclesie procreantur Wycl. *Eccl.* 9.

2 (phil.) coming into being; **b** (theol., esp. w. *verbi*).

actus est generativus habitus .. sicut lumen solis .. est racio gignendi calorem; non est autem talis actus gignitivus ut accio, sed tali accione gignitur tam actus quam habitus .. et ad significandum ~onem talem, que est accio de genere accionis, dicimus potenciam elicere actum intelligendi Duns *Ord.* III 357; intelleccio .. lapidis in Deo gignitur seu agitur; ergo per ~onem seu accionem aliquam precedentem Bradw. *CD* 667B. **b** hec posicio expressius ponit ~onem luminis representare ~onem verbi a Patre quam illa que dicit .. Middleton *Sent.* II 160; intelleccio Patris ut Patris videtur esse ~o verbi vel Filii; ergo ~o Filii ut Filii precedit quamcumque volicionem Patris Duns *Ord.* IV 90; ~oni verbi divini perfecti ex memoria paterna perfecta *Ib.* VI 94; generare ergo et generari conveniunt Deo et creaturis .. quia ibi est ~o verbi sicut in divinis T. Sutton *Quodl.* 17; an ~oni verbi sive in Deo sive in nobis presupponatur actus aliquis intelligendi *Quaest. Ox.* 311; Ockham *Sent.* IV 229 (v. gignere 2c).

gignitivus, generative, able to produce. **b** (w. gen.) productive of, giving rise to (also phil.).

est prima [species naturalis virtutis] appetitiva sita in spermate †gignito [? l. gignitivo], sc. appetitus spermatis alterius ad suum fomentum et nutrimentum Gilb. VI 242. 2; spiritus ~us est compositus ex tribus spiritibus Gad. 37. 1. **b** universalius ut virtualiter contentum in inferiore est ~um speciei intelligibilis, quia per se est intelligibile Duns *Ord.* III 59 (cf. ib. 357, v. gignitio 2a); non .. seminemus .. errores .. ~os cathaclismi diffidencie Wycl. *Ver.* II 60; ymaginacio diuturna ~a fastidii *Id. Log.* III 211.

gignosophista v. gymnosophista.

gigra [dub.], head.

gigram cephale cum jaris et conas / pattham liganam sennas atque michinas (*Lorica*) *Nunnam.* 92 (= *Cerne* 86: gygram [*gl.*: *hnoll*]).

gihalda, gihalla v. gildhalla.

gila [OF *guile*], trick, deception.

1235 Thomas M. .. captus quia se fecit Sanctum Thomam [martirem] ... postquam deceperat Willelmum B. .. de xxxvij d. quad. .. cognovit ~am illam *CurR* XV 1306.

gilb- v. et. gibb-, gilvus.

Gilbertinus, Gilbertine, canon of the order of St. Gilbert of Sempringham.

ordo monasticus ~orum qui institutus est in Anglia anno mcxlviii militat sub instituto Cisterciensi *Inst. Sempr.* *xcviii; Sempringham religioso ordine ~orum a Gilberto loci domino instituto celebre Camd. *Br.* 475.

gilbogus [? Gael., ? ON], infant briefly surviving birth, not still-born (*Isle of Man*). (*Cf. Camb. Med. Celtic Stud.* VII 70, 76; *Celtica* XVII 29–32).

1239 de mortuariis: .. de ~us (*sic*) in bonis possesso .. mortuarium ecclesie persolvatur. si queratur quid est ~us dicendum est quod ~us est quis, si unius tantum noctis etatis extiterit, et ad habenda bona ordinatus, aut in bonis possessus existat *MonA* V 253a.

1 gilda v. geldum.

2 gilda [AS, ME *gilde*]

1 guild, association of dues-paying members, organized for charitable, religious, or political purposes, and for social meetings.

burgenses [Cantuariae] habuerunt xxxiij acras terrae in ~am suam *DB* I 2; in civitate Cantuaria .. mansuras quas tenent clerici de villa in ~am suam *Ib.* 3; a1100 (v. cnichtenegilda); a1130 Reynaldus abbas et totus fratrum conventus de Rameseya cunctis fratribus qui sunt apud Ferefeld in ~a salutem in Christo *Cart. Rams.* I 131; 1205 (17c) quod .. [cives de Waterford'] habeant omnes rationabiles ~as suas sicut burgenses ville Bristoll' habent *Ch. Hib.* 13b (cf. ib. 22b [1232]: guildas); horis .. in quibus a fratribus de ~a solennius est pulsandum *Cust. Westm.* 63; s1264 ~am juvenum *Gild Merch.* II 31 (v. bachelarius 2); 1271 ~e parochianorum *SelCCant* 131; 1305 (v. 4a infra).

2 (w. ref. to particular aspects of guild): **a** meeting of guild, at which ale is drunk. **b** ale consumed. **c** guild house or hall. **d** articles of association, document attesting membership of guild. **e** custom attaching to guild.

a in multis inordinate se agit, et maxime in bibendo, ita ut in ~is cum ebriosis bibat Anselm (*Ep.* 96) III 223; (*Leg. Hen.* 81. 1) *GAS* 597 (v. datio 1a); 1240 prohibemus etiam clericis ne .. sustineant ..palestras publicas fieri nec *gildales* [v. l. gildas] inhonestas et precipue mercatorum et peregrinorum *Conc. Syn.* 313; 1271 fuerunt ambo .. in .. ~a et in commestione ad domum .. Alicie .. ab hora nona usque ad mediam noctem; requisitius qui fuerunt in .. ~a dicit quod fratres ~e .. fere omnes meliores parochie. .. eodem anno cessavit dicta ~a *SelCCant* 131. **b** *hantacheusele* solebat ibi esse ubi probi homines Wintonie potabant ~am suam *Lib. Wint.* 27b; due .. gilthalle sunt in eadem villa, una .. que vocatur gilda S. Martini .. tertia est extra villam .. ad opus rusticorum ... si casu forisfactura aliqua in ipso ambitu gildarum quanto tempore †gilda [MS: gildam] biberit [? l. biberint] evenerit, ipsorum erit *Chr. Battle* 21v. **c** in ambitu ~arum *Chr. Battle* 21v. (v. 2b supra); 1518 est ibidem ~a quedam ruinosa *Vis. Linc.* I 33; 1587 domum sive guildam nostram vocatam *le Guildhouse de St. Trinitie* in Lavenham [*Suff*] *Pat* 1299 m. 20. **d** [sigillum] quod solebat pendere ad feretrum S. Ædmundi unde ~e et fraternationes solebant sigillari Brakelond 121. **e** 1274 quod .. cives Linc' .. quadam consuetudine nomine ~e .. destringerunt homines de Lud' *Hund.* I 323b.

3 craft or trade guild; **b** (w. *adulterina*).

1130 etc. (v. corveisarius); 1137 etc. (v. cordubanarius); c1175 me concessisse pistoribus ville S. Ædmundi ~am

suam .. in pace tenendam *Doc. Bury* 166; **1180** ~a bocheiorum (v. bucherius); **1180** ~a piperariorum (v. aldermannus 4a); **1202** quod ~a telaria non sit decetero in civitate nostra Londonie *BBC* 208 (*London*); **1203** cives Lond' lx m. pro ~a telaria delenda *Pipe* 10; **1228** xl s. quos .. facitis fullonibus civitatis .. Wintonie, et xxvij li. quas .. facitis telariis .. ejusdem civitatis, de arreragiis firmarum ~arum suarum .. eis relaxavimus .. propter paupertatem suam *Cl* 58; **1266** concessi .. ad opus ~e alutariorum in villa S. Edmundi .. soppam [etc.] *Bury St. E.* 174; **1275** cum .. Johannes .. rex .. concessisset thelariis de Oxonia ~am suam *BBC* 283 (*Oxford*); **1291** de tannatoribus: .. quia habent ~am nocentem .. regi in emendis correis, et quia corigant transgressiones que debent placitari coram ballivis *Leet Norw.* 39. **b** **1180** (v. adulterinus 3b); **1198** ~e adulterine debent c et xx li. de misericordia *Pipe* 168.

4 guild merchant, an association of merchants of a town, organized (w. royal consent) to control trade and often to act as the town's governing body: **a** (Eng.); **b** (Scot.); **c** (Ir.); **d** (W.); **e** (Norm.). **f** session of guild merchant. **g** membership of guild merchant. **h** guildhall; *v. et. gildhalla*.

a a**1107** ~am et consuetudines quas habent burgenses de Oxenfordia in ~am mercatorum (*Chanc. Misc.*) *Gild Merch.* II 28; a**1118** me concessisse mercatoribus meis Leycestrie ~am eorum mercatorum cum omnibus consuetudinibus quibus (*sic*) tenuerunt in tempore regis Willelmi (*Ch. Comitis Meulan*) *Rec. Leic.* I 1 (cf. ib. 3 [**1168**]: guildam marcatoriam); **11..** ut habeant ~am marcandam (*Chanc. Misc.*) *Gild Merch.* II 22 (*Beverley*); a**1154** reddidi burgensibus Lewiensibus mercatoriam ghildam *Ib.* 145; a**1158** concessisse .. consuetudines et nominatim ~am suam mercariam et hansas suas in Anglia et Normannia *BBC* 6 (*York*); GLANV. V 5 (v. communa 5b); **1190** nos concessisse civibus nostris Wintonie de ~a mercatorum quod nullus eorum placitet extra muros civitatis .. de ullo placito preter placita de tenuris exterioribus exceptis monetariis et ministris nostris *Foed. (ed. 1816)* I 50; **1200** concessimus .. eis hansam et ~am mercatoriam *BBC* 200 (*Dunwich*); c**1200** ~am suam mercalem *Gild Merch.* II 40 (*Chester*) (cf. ib. 43: marcalem); **1210** de illis quorum patres fuerunt in gulda [Salop'] .. assisa de xxij d. apponitur *Ib.* 212 (cf. ib. [**1252**]: gylda mercantoria; ghylda mercatoria); a**1222** illis .. remittimus sectam illam qui sunt de ~a mercanda in villa M., et aliis .. existentibus extra ~am mercandam qui .. pacare .. debebant ad dicta scotalla (*Ch. abbatis*) *BBC* 86 (*Malmesbury*); **1252** quod .. Deutayutus [mercator Florentinus] et heredes sui .. sint in ~a mercatoria ejusdam civitatis [Lond'] et habeant omnes alias libertates .. tam infra .. civitatem quam extra (*Ch.*) *EHR* XVIII 315; **1252** de ghylda mercatoria (v. 1 assisa 8b); **1297** r. c. de xix s. ij d. de gylda de xlvj mercatorum hoc anno provenientibus ad festum S. Mich., viz. pro homine v d. *Ac. Cornw.* I 91 (*Henley on Thames*; cf. *IPM* 95/24 [**1300**]: est ibi [*Henley*] .. custuma mercatorum que vocatur *gildesilver* et valet per annum xiij s. iiij d.); **1305** abbas dicit quod non habent guildam mercatoriam, nec cogniciones placitorum ad guildam mercatoriam pertinentes, nec communitatem, nec sigillum commune, nec majorem; sed tenent quandam guildam ad festum Nativitatis B. Johannis Baptiste .. ad commestiones et potaciones faciendas *Gild Merch.* II 34 (*Bury St. E.*); **1324** scabini magne ~e *RR K's Lynn* I 73; **1329** *Gild Merch.* II 374 (v. geldagium); **1443** (v. congildanus); **1496** admissi .. ad gildham *Gild Merch.* II 105 (*Guildford*); c**1520** habere *guilde* presbyterorum ad orandum .. pro .. bono statu omnium confratrum .. guilde mercimonialis, alias vocate Guilde Corporis Christi *Ib.* 127 (*Ipswich*); **1531** Johannes R. juratus est in guyldam mercatoriam *BB Winchester* 147. **b** a**1214** quod mercatores regni habeant ~am suam mercatoriam (*Ass. Will.* 39) *APScot* I 61; **1214** habeant ~am suam merchatricem *BBC* 205 (*Aberdeen*); **1226** ut habeant ~am suam mercatorialem exceptis fullonibus et telariis *Ib.* 278 (*Stirling*); hec sunt ~e burgensium statuta per dispositionem .. Roberti de B. .. tunc majoris de Berwico ... ne particulariter aliqui burgensium .. congregati in aliquo generalis ~e .. statuta possint elidere *Stat. Gild Berw.* 1; nullus tinctor vel carnifex vel sutor potest esse in ~a mercatoria nisi abjuret facere officium suum manu propria, sed per servientes suos *Leg. IV Burg.* 94; *Iter Cam.* 1 (v. botha b); **1336** concedimus .. quod [burgenses Berewici super Twedam] habeant ~am mercatoriam cum hansa .. ita quod nullus qui non sit de ~a illa mercandisam .. faciat in eodem burgo nisi de voluntate burgensium *RScot* I 428b; **1403** (v. confrater f); **1476** presentibus .. nobilibus viris Andrea H. decano ~e, Thoma M. thesaurario .. burgi *Reg. Glasg.* 433; **1549** cum omnibus libertatibus .. ad liberam ~am mercatricem pertinentibus *Reg. Dunferm.* 569. **c** **1226** hii subscripti intraverunt in gillemercaturam [de Dublin'] .. Oliverus de N., aurifaber .. Willelmus de H., sellator .. Willelmus pistor archiepiscopi *Doc. Ir.* 82–3 (cf. ib. 138 [**1257**]: gildemercaturam); **1229** quod burghenses [de Drogheda] .. habeant geldam mercatoriam cum hansa et aliis .. consuetudinibus ad gildam illam pertinentibus *Ib.* 93–4; **1451** (v. ars 2c). **d** a**1190** (1378) mercatores de comitatu de Pembroch' per esgardiam eorum burgensium .. in ~am mercatoriam ipsorum intrent *CalPat 1377–81* 107; **1252** quod habeant ~am mercator[i]am cum hansa (*ChartR*) *EHR* XVII 287 (*Deganwy, Denbs*); a**1286** burgenses ~am habeant mercandizandi cum hamso (*sic*) *BBC* 282 (*Welshpool*); **1341** nec aliquis teneat celdam apertam .. nisi fuerit cum .. burgensibus nostris lotans et scotans et infra guldam libertatis eorum receptus *Gild Merch.* II 358 (*Cardiff*). **e** **1151** homines Rothomagi qui de ghilda sunt mercatorum sint quieti de omni consuetudine apud Londonium, nisi de vino et de crasso pisce *Act. Hen. II* I 20; a**1173** de hominibus Fiscannensibus, de ~a mercatorum *Ib.* 483. **f** vide .. quomodo se continuit in ~a que vocatur mercantium, maximo viz. negotiatoribus atque celeberrimo festo *V. Chris. Marky.* 9; **12..** si quis non prosequitur ~am dum prima pulsatur, debet pacare .. iiij d. *Rec. Leic.* I 89; si quis minxerit .. super parietes domus gilde .. durante ~a, emendet [etc.] *Stat. Gild Berw.* 10; **1316** datum apud Novum Castrum in plena ~a *Deeds Newcastle* 25; **1319** convocatio communitatis eorum qui sunt in libertate burgi Barnestapl' ad guldam factam die dominica [etc.] *Gild Merch.* II 13; **1397** ~a mercatoria burgensium ville de Preston' in Amondernes tenta ibidem, die lune [etc.] *Ib.* 196; **1403** prima ~a capitalis post festum B. Michaelis tenta in pretorio burgi in Edinburgh *Ib.* I 216*n*. **g** **1254** si fuerit iterum convictus .. super aliqua transgressione contra communam gilde, amittet ~am *Rec. Leic.* I 68; **1259** Rogerus A. qui tribus vicibus convictus fuit deliquisse contra .. consuetudines gilde, et propter hoc ~am suam amiserat, .. iterum intravit in ~am et .. se obligavit .. quod si decetero convictus fuerit .. amittet ~am in perpetuum *Ib.* 86; **1262** A. petit ~am que fuit patris sui *Gild Merch.* II 4 (*Andover*); **1279** Avicia filia Alani petit ~am que fuit A. sutoris patris sui *Ib.* 290 (*Ib.*); **1302** dat .. fratri suo .. unam ~am liberam mercatoriam *Ib.* 296 (*Ib.*); **1319** Willelmus L. petit quod possit dare ~am suam, que non est libera, Johanni filio suo. Willelmus H. petit quod possit dare unam ~am, que est hansere, Thome P. filio amice sue *Ib.* 313 (*Ib.*); **1326** Johannes F. petit quod possit dare ~am suam villanam Johanni *Ib.* 317 (*Ib.*); **1327** Johannis F. petit quod possit dare ~am suam hansariam Johanni .. nepoti suo *Ib.* 317 (*Ib.*) (cf. ib. 329 [**1334**]: hanceriam). **h** statuimus .. quod nullus contumeliosus audeat .. infra limina ~e nostre cultellum cum puncto portare *Stat. Gild Berw.* 8; **1254** burgenses questi fuerunt quod .. abbas distrinxit eos ad placitandum alibi quam in ~a sua communi *Gild Merch.* II 202 (*Reading*).

5 religious guild (not always dist. from other guilds).

~a S. Martini *Chr. Battle* 21v. (v. 2b supra); c**1299** nomina illorum qui habent catalla ~e B. Marie in manibus suis *Rec. Gild Camb.* 1; **1350** thesaurarii ~e de Corpore Christi *Ib.* 26; **1388** quod .. omnes .. custodes ~arum et fraternitatum .. certificent nos .. de modo et forma .. incepcionis .. et regiminis ~arum .. predictarum, ac de forma sacramentorum .. conviviorum et assemblearum fratrum et sororum *Cl* 229 m. 32*d*.; **1389** certificacio fundacionis .. ~e sive fraternitatis in honore Assumpcionis B. Marie in ecclesia S. Trinitatis in Cantebrigia *Rec. Gild Camb.* 68; ordinatum est quod .. aldermannus .. nomine tocius ~e [S. Johannis Baptiste, *Croyland, Lincs*] pro vivis atque defunctis .. elemosinam ad valorem j quad. omni pauperi venienti eroget *Guild Cert.* 39/98; certificacio gracemanni sive magistri cujusdam ~e fundate in honorem Domini nostri .. et BMV et omnium sanctorum *Ib.* 41/154; certificacio fundacionis .. ~e S. Antonii martiris in ecclesia S. Michaelis de Finchm' [*Norf*]. .. fratres et sorores invenient tres candelas ardentes coram imagine S. Antonii .. per totum annum *Ib.* 42/232; **1424** (v. aldermannus 4a); **1441** ~e Corporis Christi Ebor' iij s. iiij d. *Test. Ebor.* II 80; **1452** in solucione facta pro vasis conductis de ~a S. Christoferi *Ib.* III 144; **1456** proviso .. quod .. concessiones .. ad fundandum .. fraternitates, ~as, hospitalia, cantarias [etc.] sint excepte (*Billa Parl.*) *Reg. Whet.* I 258; **1464** ~a corporata (v. corporare 4b); c**1520** guilde Corporis Christi (v. 4a supra); **1539** de fratribus ~e S. Trinitatis in ecclesia S. Oswaldi, pro .. tenemento vocato *Gyldehousse* xij d. *Feod. Durh.* 326; **1583** parcellam .. possessionum nuper cantariarum, guildarum, collegiorum, fraternitatum *Pat* 1235 m. 30.

gildabilis v. geldabilis. **gildagium** v. geldagium.

gildanus, guildsman, member of guild.

1254 quod [burgenses de Rading'] habeant omnes emendas tam de ~is quam de aliis *BBC* 197 (*Reading*); **1262** Willielmus K. versus ~os de quadam lege eis facienda per Johannem J. de ultra mare xl dies *Gild Merch.* II 5 (*Andover*); **1292** *morgespeche* ~orum de A. *Ib.* 293 (*Ib.*); **1328** Robertus .. clericus .. petit societatem ~orum; habeat et gaudeat gildam suam liberam *Ib.* 321; **1522** venit et petit admitti in societatem gyldanorum ville predicte *Ib.* 346.

1 gildare v. geldare.

2 gildare, to form into a guild.

1409 quadam arte vocata *lynnenweverscraft* numquam incorporata vel ~ata, set .. per se distincta, separata, et divisa ab incorporacione et gilda predictis *Firma Burgi* 206.

gildatorius, (w. *aula*) guild-hall.

a**1260** ut teneant unam placeam in eodem burgo ad quandam aulam gillatoriam erigendam *BBC* 343 (*Dunheved*; cf. *Mon. Exon.* 24).

gildaula v. gildhalla. **gildebilis** v. geldabilis. **gildehalla, gildeshalla** v. gildhalla.

gildewita [ME *gilde* + *wite*], payment for right to form guild.

1200 quod [burgenses de Norhamton'] sint quieti de brudtoll' et gildwit' et de yeresyeve et de scotale *RChart* 45b; **1275** major Linc' cepit injuste de burgensibus de Grimesb' equos, vadia, denarios et hujusmodi pro gildewit' .. contra regiam potestatem *Hund.* I 291b.

gildhalla, guild-hall, hall used by guild merchant or other guild; **b** (w. *mercatoria* or sim.); **c** (of London). **d** guild-hall of Hanse merchants, Steelyard; *cf. aula* 4c.

in Douere .. Willelmus filius G. [habet] iij [mansuras] in quibus erat gihalla burgensium *DB* I 1 (cf. *VCH Kent* III 203*n*. [**11..**]: Willelmus .. habet unam ~am quam burgenses habent perditam); **1192** burgenses de Gloecr' r. c. de ij s. ut possint emere et vendere in ~a sua ad emendationem burgi *Pipe* 285; **1198** (v. 3 burgus 3a); due .. gilthalle *Chr. Battle* 21v. (v. 2 gilda 2b); **1267** quod .. faciat habere burgensibus .. Oxonie vj quercus ad .. gihallam suam .. reparandam *Cl* 345; **1278** preceptum est vicecomiti quod .. venire faciat iij vel iiij milites in guyhalla Lincolnie qui .. Willelmo possint associari ad .. placitum audiendum *Law Merch.* II 24; a**1296** mesuagium .. situm ex opposito ostii gialde Malmesburie *Reg. Malm.* II 192 (cf. ib. 328: gyalde; lxvii: gilhalde); c**1300** Willelmus H., pro domo .. contra gyaldam [de Bineport] *Ib.* I 121; c**1300** si aliquis maledixerit .. majori in quocunque loco extra guyaldam .. dabit eidem xl s. *Doc. Ir.* 232 (cf. ib. 428 [**1319**]: guyldaula); **1304** conveniunt ad guildam aulam suam in eadem villa, quotiens opus fuerit ad tractandum de communi proficuo *Gild Merch.* II 33 (*Bury St. E.*); **1305, 1378** gildam aulam (v. 1 aula 4b); **1375** Henricus B. .. expulsus est ab omnibus concilio et congregacione in gildehalla .. faciendis *RR K's Lynn* II 118; c**1382** consuevit .. villa .. per xij probos homines .. de communi assensu burgensium apud gildeshallam .. annuatim electos .. gubernari *Doc. Bev.* 7; **1414** ad gildam aulam S. Trinitatis [de Lenn'] .. et .. super fratres .. gilde .. insultum fecerunt (*Inq.*) *Gild Merch.* II 170; **1438** quod sit coram .. majora et ballivis in guildhalda .. ville .. ad respondendum de .. placito *Entries* 101; **1451** in gihalda Oxonie coram .. majore .. et .. ballivis .. scriptum recognitum fuit *Cart. Boarstall* 595; **1461** placita in curia .. pedis pulverizati .. tenta apud Cantuariam in guyhalda .. civitatis *Law Merch.* II 114; **1464** quod major .. annuatim .. summonire faciat .. omnes artifices mistere sue quod personaliter compareant in guihalda civitatis [de Ebor'] (*Pat*) *Foed.* XI 529; **1470** libertas de Donc' allocata fuit anno nono E[dwardi] quarti .. tenenda in guilda aula de D. *Entries* 129; **1472** ad convocacionem communem habitam .. apud Wyntoniam in guyldaula ibidem *BB Winchester* 105 (cf. ib. 108 [**1478**]: in guyhalda); **1485** quod .. burgenses .. edificare possint infra burgum predictum [*Llandovery*] gaolam et †girhaldam que vulgariter *bothall* ibidem nominatur, ad prisonarios conservandos et hundreda tenenda sive curiam cum oportet (*Ch. Regis*) *Bull. Board Celtic Stud.* II 260 (= *CalCh* VI 262: guyhaldam); **1573** domum consiliarum sive guihaldam *Pat* 1104 m. 27. **b** **1254** quod .. burgenses habeant ~am suam mercandam in villa de Rading' cum xij messuagiis que ad ~am illam pertinent *Gild Merch.* II 203; **1531** Johannes R. juratus est in guihaldam mercatoriam *BB Winchester* 147. **c** c**1128** in warda Brichmari bordarii terra gialle ij sol., et est latitudinis lij pedum, longitudinis cxxxij pedum (*DC S. Paul.*) *Tout Essays* 57; **1220** hoc .. testificatum fuit in pleno *folkesmot* et in la gyhaulla *SelPlJews* 6; s**1272** in camera gildhalie, ubi aldermannus .. cum innumerabili populo congregati fuerunt *Leg. Ant. Lond.* 153 (cf. ib. 164 [s**1274**]: guildallia, gildallia); s**1275** libertas in Londoniis fuit provisa ut apprenticiorum nomina abbreviarentur in papirio camere gildaule *Ann. Lond.* 86; s**1289** Judei Londoniarum .. incarcerati apud gyhalam *Ib.* 97; dictum est .. custodi et aliis quod expectent diem suum ad gwyhaldam *State Tri. Ed. I.* 79; **1304** composicio .. in paupiro guyaule Londonie .. fuit inrotulata *BB Winchester* 11; **1311** congregacio majoris et aldermannorum apud guilhallam .. anno regni *MGL* II 102; **1325** quo warranto extra curiam regis, in camera gildhaule .. [Londonie] recipiunt recogniciones de debitis *Law Merch.* III 50; ?**1339** quod .. illos [rotulos] deliberent camerario gyaule custodiendos ad opus .. vicecomitum *MGL* I 404; **13..** coram majore et aldermannis in gildaula *Ib.* 350; **1462** apud gwehaldam civitatis [Lond'] *Cl* 313 m. 11*d*.. **d** **1194** nos quietos clamasse .. cives de Colonia de illis ij s. quos solebant dare de ~a sua London' *Steelyard* 5; **1213** nos quietos clamasse .. cives de Colonia et marchandisam suam de illis ij s. quos solebant dare de ~a sua de Londinia *RChart* 194a; **1244** inter gutteram guyhalde Colonensium et sokam archiepiscopi Cant' *MGL* I 241; **1321** mercatores de regno Alemanie habentes domum in civitate .. que ~a Teutonicorum vulgariter nuncupatur *PQW* 455a.

gildibilis v. geldabilis.

gildo [dub.], camp-follower. *Cf. 2 gillo.*

1106 comes Cenomannis et comes Britonum Alanus .. circumcingentes exercitum, usque ad m equites, remotis omnibus ~onibus et servis (*Lit. Presbyteri Fiscan.*) *EHR* XXIV 730.

gildscipa [AS *gildscipe*], guildship, guild.

qui in nostram ~am [vv. ll. gilscipam, gildsipam; AS: *gegyldscipum*] vadium dedit, si contingat ei mori, omnis congilda [v. l. congildo] det unum panem et companagium pro anima ejus (*Quad.*) *GAS* 180.

gildum v. geldum. **gilfalcus** v. girfalco. **gilhalda** v. gildhalla. **gilinus** v. gilvus.

1 gilla [MIr. *gilla*], servant, lad.

~as domus et ribaldos provincie circiter cc sibi adjunxerunt cum armis S. LEXINGTON *Ep.* iv.

2 gilla v. 1 gillus. **gillatorius** v. gildatorius.

Gillelminus, Guillelmite, member of eremitic order.

Baptiste, Cruciferi, atque Gillelmini / modo sunt in fieri, nunc merguntur fini PECKHAM *Def. Mend.* 298.

gilleserfus [Gael. *gilla*], servant of St. Serf (*Clackmannan*).

1143 ministris et ~is de Clamanec *E. Ch. Scot.* 156 (cf. ib. p. 388).

1 gillo [LL], pot, pitcher.

baucalem, gyllonem *GlC* B 27; **9**.. ~one, *stænan WW*.

2 gillo [cf. gildo], churl.

gello, A. *a cherle WW*; *a churle*, .. bativus .., gello et ~o *CathA*.

gillunculus v. 1 gillus.

1 gillus [ME *gylle*], vessel holding a gill.

1390 unam ollam stanneam de potello, unum quartum, unum ~um *PlRCP* 519 r. 499; *gylle, lytyl potte*, gilla, ~us, gillunculus *PP*.

2 gillus, gilnus v. gilvus.

gilofer-, gilofr- v. caryophyll-. **gilscipa** v. gildscipa. **gilthalla** v. gildhalla. **giltum** v. geldum.

gilvus [CL], greyish-yellow (esp. w. ref. to horse).

~us, *geolu GlC* G 88 (cf. ib. 91: gillus, *grei*; *ib.* 94: ~us, *falu*; *ib.* 99: gilbus, *gyrno* [? l. *gyulo*]; *ib.* 191: †gallus, color ferrugineus); non ego .. adii / .. gilvis falerato stromate mannis: / prosequor at nudus nudi vestigia Petri FRITH. 1176; †gilnus [MS: gilvus] color equi inter album et rufum, quod et gilbus dicitur OSB. GLOUC. *Deriv.* 263; color iste [equos] probat: / badius et roseus, cervinus, †myrteus, albus, / aureus, et gilvus, candidus, atque niger L. DURH. *Dial.* II 216; equos .. badios, .. cervinos, .. ~os vel gilinos, glaucos BALSH. *Ut.* 46; sanicula gilba *Alph.* 11 (v. antora).

gimbra [ME *gimber*], gimmer, maiden ewe.

1364 cccxl oves matrices .. cc de gymbris et *dynmonth Pri. Cold.* app. xliii.

gimel [LL < Heb.], Hebrew letter gimel.

Runica Manuscripta 350, BACON *Gram. Heb.* 202 (v. daleth).

gimell- v. gemell-. **gimn-** v. gymn-. **gin-** v. et. ginn-. **gind-** v. wind-.

ginetes [cf. Sp. *jinete*, cf. *OED* s. v. *jennet* 1], light horseman.

1362 si contingat .. regem Castelle .. aut .. heredes hominibus ad arma, castellanis, sagittariis, †guietibus [? l. ginetibus] vandaliensibus aut aliis indigere .. *Foed.* VI 370.

ging- v. et. gymn-, zinz-.

gingidion [LL < γιγγίδιον], (?) pepperwort.

lepidum quam multi ~ion appellant *Alph.* 75 (cf. ib. 95: lepidon .. †gingelide idem).

gingiva [CL], gum, flesh holding teeth.

~e, *þe ouer gome WW Sup.* 380; tam vehementer dentium urgebatur dolore ut nimis tumens gengiva manifesta doloris daret inditia T. MON. *Will.* III 5; infiguntur dentes ~is quibusdam †rectis [? l. radicibus] per fortia ligamenta RIC. MED. *Anat.* 30; ad dentium formationem tria concurrunt: fleuma, .. calor ~as dilatans, frigiditas *Quaest. Salern.* B 242; camomilla .. / .. / gingivis prodest lesis NECKAM *DS* VII 111; **s1250** aliud .. genus morbi invaluit in oribus hominum, tabescentibus gengivis, ita quod non poterant cibaria masticare *Ann. Burton* 286; dolori dentium et corrosioni ~arum GAD. 67. 1; hec jungiva, *a gume WW*.

gingivarius, concerning the gums.

gummes, gingiva, ~ius, participium *CathA*.

†gingria [? cf. LL gingrina], (?) spoon.

~ia, *spon GlC* G 100.

gingriator [CL], pipe-player.

mimi incerti .. degunt ut .. organiste, gingritores, [*suche as go with bagge pypes*] WHITTINGTON *Vulg.* 67.

ginillatus v. gemellatus. **ginnasium** v. gymnasium. **ginnator** v. ingen-. **giola** v. gaiola. **Giotus** v. Jutus. **gip-** v. gibb-, gyp-, jup-. **gips-** v. gyps-. **gir-** v. et. gyr-, hier-. **gira** v. gyrus, hieros.

girdalium [ME *girdil*], girdle, griddle.

heres habebit ad domum suam ista utensilia, viz. .. patellam, cratem ferream, ~ium, mortarium [etc.] *Leg. IV Burg.* 116 p. 44; **1296** xij gridillorum ferri *Pat* 115 m. 8 (*Ir.*); **1296** in vj grydilis ferri emptis, v s. *Ac. Galley Newcastle* 185.

girdingum [ME *girding*], rope (naut.), girt-line. *Cf. girthum.*

[**c1300** *gerdingges* (v. chorda 5a);] **1313** pro duabus cabulis magnis .. listis, ~is, cordis .. pro reparacione de *la Jonette KRAc* 375/8 f. 6*d.*

girfalco, ~us [OF *gerfaucon*], gerfalcon; **b** (w. ref. to country of origin); **c** (dist. acc. colour or type); **d** (w. ref. to serjeanty).

1159 (v. asturcus a); **1193** Walterus C. debet iij accipitres et iij gyrfalcones *Pipe* 15; **1195** ad expensam suam et girfaudorum regis *RScacNorm* I 211; gyrofalcones a gyro faciendo vel in gyrum falcando .. nomen acceperunt GIR. *TH* I 12; **1204** ad trahendum unum de cirefalconibus nostris *Cl* 8b; **1205** quod non permittatis aliquem vendere vel emere austurcos vel gerfalcones [MS: g'falcones] venientes in terram nostram *Cl* 20a; **1213** (v. gentilis 7a), girefalcones (v. asturcus a); **1219** quod volare faciat Refuse ~onem .. regis .. cum Blakemanno ~one .. regis *Cl* 401b; **1237** mandatum est vicecomiti Norf' quod si aliquis ~us vel falco gentilis ramagius inventus fuerit in ballia sua quem Matheus de R. emere velit .. ipsum acquietari faciat *Liberate* 12 m. 16; **1248** liberacioni ceptam [? l. septem] girofauconum et duorum custodum eorundem *LTRMem* 23 m. 2; **1290** vobis mittemus de nostris girofalcis et aliis jocalibus nostre terre *Cl* 107 m. 5*d.*; Soldanus omnibus .. gerfaucones sibi portantibus solvit pro quolibet vivo iij^m dragmas .. et pro quolibet mortuo in itinere .. md dragmas S. SIM. *Itin.* 45; **1382** ad capiendum .. rectas prisas nostras falconum, austurcorum, .. ~onum et tercellettorum ~onum venalium, viz. .. pro ~one xxvj s. viij d. et pro tercello ~onis xiij s. iiij d. *Pat* 313 m. 26; erodius qui et girfale, ut glossa super Leviticum dicit in loco ubi aves immunde prohibentur, vel ~us dicitur; inter omnes .. aves nobiles nobilissima avis est, colore vestita ceruleo . quoddam .. genus ~orum est quod sacrum cognominatur et hii validiores sunt UPTON 187. **b 1169** Hamelinus .. debet ij accipitres Norrenses et j ~onem Islandensem ut loquela sua differatur *Pipe* 16; [Yslandia] girofalcones et accipitres grandes et generosos gignit GIR. *TH* II 13; post Norveiam Russia versus septemtrionem, mari interposito quod cum Mari Britannico et Glaciali vicissim, insulis intercurrentibus, continuatur . .; in istis .. insulis gerfalci [v. l. gilfalci] ex altissimis rupibus in mare dependentibus eliciuntur GERV. TILB. II 10 p. 764; **1213** quod, cum .. girefalcones nobis fuerint presentati de Nortweya, invenias .. portitores .. ad eos deportandos *Cl* 156b; **1224** mittimus .. excellentie vestre .. ~es sex .., largius celsitudinem vestram visitaturi cum nuncii .. cum avibus ad nos de Islandia redierint (*AncC* IV 114; *Lit. Regis Norwegie*) *RL* I 217. **c 1203** Radulfus de H. debet unum bonum ~um gruarium *Pipe* 180; **1234** mandatum est Henrico de H. quod de gerefalconibus regis quos rex Norwegie ei .. misit, faciat habere Johanni de E. unum ~onem tercellum, et alium furmelum *Cl* 465; **1258** quod Ricardo de C. .. faciat habere album girofalconem regis *Cl* 274; **1280** transmittimus vobis .. ad .. recreationem .. ij nobiles gerofalcones albos, formelos, et vj greseos, etiam formelos (*Lit. Regis Norwegie*) *Foed.* II 1075b; **1282** de deductu nostro girofalconum .. mittimus vobis iiij ~ones grisos, quorum duo apti sunt et instructi ad grues et heruncellos. .. misimus .. nuncios .. in Norwagiam pro [albis] ~onibus querendis (*Lit. ad Regem Castellae*) *Ib.* 1087a; **1313** unum ~onem album *KRAc* 375/8 f. 45. **d 1235** in Hallinberi [*Essex*] fuit eschaeta .. et .. eam tenent per serjanciam custodiendi girefaucones .. regis *Fees* app. 1361; **1248** Robertus de T. illam [Chaudeburn', *Berks*] tenet per serjantiam custodiendi unum ~um .. regis *Ib.* 1415; **1275** rex dedit .. manerium [de Dunton, *Norf*] Radulfo de H. pro custodia gerefalkorum suorum *Hund.* I 535a; **1276** tenuit quartam partem de Hokenhal [*Norf*] per servicium parcandi [l. portandi] unum gerfalconem ad sum[monitionem] .. regis ad custum .. regis *Ib.* II 27b (cf. ib. 34: portabit unum gerfauk'); **1281** [terra in Klisseby, *Lincs*] solebat teneri de .. rege per serjantiam portandi unum ~onem ad custus ipsius .. regis *PQW* 412b; **1288** tenuit .. ij carucatas terre in Stanton [*Oxon*] per servicium deferendi j ~onem quando .. rex voluerit *IPM* 46/11 m. 4; **1290** cum Thomas .. consuetudinem que vocatur lestagium racione cujusdam serjancie custodiendi ~ones regis quam de rege tenuit .. percipere debeat in portu de Lenne de .. mercandisis abinde .. transeuntibus .. *Law Merch.* III 149.

girfalconarius, keeper of (king's) gerfalcons.

1213 Watkin de M. eunti cum j falcone ad ~ios in valle de B. *Misae* 255; **1284** rotulus .. vadiorum gyrfalconariorum, falconariorum .. et venatorum domini regis Edwardi *KRAc* 351/11; **1286** vadiorum ~iorum, falconariorum .. regis *Rec. Wardr.* 2020.

girfaudus v. girfalco.

girgillare, to wind yarn, reel.

~o, A. *to rele WW*; *to wynd garne*, jurgillare *CathA*.

girgillus [LL]

1 windlass.

~us, rota hauritoria OSB. GLOUC. *Deriv.* 264; in angulo .. gyrgillus [*gl.*: *vindas*] et funis cum situla et utres in puteum dimittebantur BALSH. *Ut.* 51; *crank*, .. girillus *PP*.

2 reel, 'yarnwindle'.

~us, Gallice *desvideor*, et dicitur a 'girus' GARL. *Dict.* 134; *garywundy* .. †*arn wyndel* .. ~us *PP*; ~us, A. *a reel WW*; hic virgillus, *a yernwyndylleblad WW*; *CathA* (v. devolutorium).

girhalda v. gildhalla. **girillus** v. girgillus. **giro** v. gyro. **giroculus** v. gyroculus. **girofalco, ~us, girofauco** v. girfalco.

†girophea, *f. l.*

sparta et sirmata et longa girophea [vv. ll. cirophea, cerophea, errophea; *gl.*: *chenses* (? l. *chemises*) *à mances, longes dras de purpre*] NECKAM *Ut.* 101.

girotheca v. chirotheca. **girsuma** v. gersuma.

girthum [ME *gerth, girth*]

1 saddle-girth.

1307 in surzenglis et girtis .. et in j capistro *Rec. Leic.* I 259; **1403** pro emendacione sellarum .. et pro gyrthis et capistris emptis *Ac. Durh.* 219; **1425** in cordula et gartis emptis, vj d. .. in uno equo empto .. iij s. iiij d. *Doc. Robertsbr.* 167.

2 hoop.

1333 Galfrido le Couper pro iiij gerthis ad quandam tynam inde ligandam *KRAc* 469/12 m. 1; **1424** Thome Colleper pro v garthys ligneis *Mem. Ripon* III 152.

gis, gisampelitus v. ge.

gisarma, ~um, ~us [AN, ME *gisarme*], gisarme, sort of halberd.

1242 qui minus habent quam xl solidatas terre jurati sunt ad falces, gysarmas, cultellos et alia arma minuta *Cl* 483 (cf. *Fleta* 36: ad falces, ~a, cultellos; *Reg. Pri. Worc.* 171b: ad falces, ~os, cultellos); **1325** Henrico le Flecchere facienti haft' ad capita gisarm' *KRAc* 165/1 m. 3; **1327** (v. 2 arma 1a); **1336** unus, duo, tres, vel quatuor .. de fortioribus .. hominibus villarum .. qui .. competentibus muniantur, sagitarii arcu [etc.] .. et alii lanceis, ~is, cultellis, baculis, et polhaxis *RScot* I 459b; quis minus habet quam xl solidatas, habeat *gysarme*, quod in Scotia dicitur *handhax*, archum et sagittas (*Fragm. Collect.*) *APScot* I 388b.

gischia v. ge.

gisina [AN *gisine*], childbed, accouchement; **b** (w. ref. to image of BVM).

1256 quia testatum est quod .. Lucia et Johanna jacent in ~a, nec dum possunt purificari ante recessum justiciariorum .. concessum est quod predicti R. et R. faciant legem suam .. pro se et pro .. uxoribus suis *JustIt* 872 m. 15 (*Surr*); **1275** intraverunt in domum Johannis A., dum .. fuit supra mare, et uxor ejus jacuit in ~a, et cistam suam fregerunt *Hund.* I 487a; **1301** Isolda .. capta pro receptamento ..; nichil de ea ad presens quia de novo peperit; jacet in ~a *Gaol Del.* 100 r. 2. **b 1330** pro quadam ~a B. Marie Virginis cum aliis ymaginibus ad supradictum altare .. constructis *Hist. Shrewsb.* II 207; **1384** [*to celebrate .. mass .. by the*] Jesina (*DC Wells*) *HMC Rep* XII 381 (cf. *Som. Rec. Soc.* XVI 361: in capella S. Katherine .. subtus imagine B. Marie *le Gesian*).

1 gista, ~um [AN *giste*]

1 lodgings, stopping-place.

1178 unum plenarium toftum in singulis burgis meis et ~is que habeo *Regesta Scot.* 197 (= *Reg. Aberbr.* I 4 [**1213**]: †giftis); **1252** debet conducere victualia domini regis usque ad proximam ~am suam *Cart. Boarstall* 608.

2 (*~a aque* or sim.) dam retaining a pond. *Cf.* 1 *cista* 1d.

a1190 concessi .. sedem molendini .. ad faciendum molendinum, et vivarium cum ~a aque et tofto subtus *Cart. Darley* II 482 (= *MonA* VI 361: †gifta); **a1210** nos .. retinemus nobis gystam aque subtus terram suam ad vivarium faciendum *Ib.* I 21; **c1200** dedi .. ripam meam .. quantum oportuerit ad ~am aque unius vivarii, quantumcunque profundum et latum .. voluerit *Antiq. Salop.* IX 240; **1350** pro una cista stagni (v. 1 cista 1d).

2 gista, ~um [OF, ME *giste*], length of timber. **b** joist, floorboard. **c** rack for casks. *V. et. agista.*

1199 homines de H. debent invenire vj ~as ad [*blank*] dominica carra *CurR* II 151; **1216** xxx ~as et lx cheverones in parco .. Norhampton' *Pat* 192b; **1223** quod habere faciatis .. ~a in foresta de Sottovre ad gaiolam .. Oxon' [reparandam] *Cl* 540b; quod capiat in parco de H. .. v ~as et j †paunam, xxx cheverones ad reparacionem domorum .. regis *Cl* 542b; **1373** pro ij magnis ~is emptis .. pro ponte .. v s., et pro iij magnis ~is emptis vocatis *dormandes* ad supportand' aream *KRAc* 483/2. **b 1233** mandatum est Hugoni .. quod .. habere faciat vicecomiti Salopie maheremium in foresta regis de S. ad ~as et planchias faciendas ad reparationem turris de Bruges *Cl* 270; **1250** desunt plures planchee et plures cyste dictarum camerarum *CalIMisc* I 30; **c1257** ~a et planchere [castri Karlioli] fere fracte et putride sunt et mure (*sic*) .. turris in malo statu (*AncC* IV 3) *RL* II 124; **1269** meremium ad septem copulas et decem ~as ad novam cameram regis .. perficiendam *Cl* 31; **1285** de .. grossis lignis emptis ad

philettas et ad gistias in turri [*Corfe*] *KRAc* 460/27; **1336** in xl gystis emptis pro magna capella; in centena bordarum . . pro . . capella (*KRAc* 19/24) *Cal. Scot.* III app. 352; **1357** ad supponendum someras subtus ~as arearum (*KRAc*) *Building in Eng.* 205; **1405** de . . ij *stages* primum erit altitudinis ab inferioribus ~is usque ad superiores ~as xj pedes (*DC S. Paul.*) *Ib.* 480; **1513** [carpentario] pro factura j solii cum gestis et bordis *Ac. Durh.* 106. **c** **1241** fieri facias . . ij pullanos ad vina nostra trahenda et ij longas ~as ad vina nostra superponenda *Liberate* 15 m. 11; nomina pertinencia botularie: . . hec justa, A. *a gyste WW.*

1 gistamentum [cf. ME *gisten, byform of* ME *agisten*], agistment (of animals). *V. et. agistamentum.*

1275 quod. . sui tenentes reddere deberent pannagium dicto manerio cum ~um accideri *Hund.* I 35b; ballivus . . levavit unam consuetudinem in Dertemore, sc. in ~o . . et cepit pro unoquoque averio j d. et pro unoquoque equo ij d. *Ib.* 76b; ballivus . . comitis Cornub' de Dertemore cepit . . in gestamento pro quolibet bove j d., pro equo ij d. *Ib.* 77b; **1306** vadiavit misericordiam quia non contribuit gistiamentum cum vicinis suis *CourtR Hales* 539 (cf. ib.: de ingestiamento facto . .; [non contribuerunt] agistamento predicto et ideo sunt in misericordia).

2 gistamentum [cf. 2 gista], joisting, set of joists.

1305 carpentario assignato . . ad facienda tria nova ~a cum planchuris in turri castri Cestr' vocata Gowestour, viz. in ij cameris et in superficie ejusdem turris *KRAc* 486/17 *sched.* 1.

gistanus v. gistarius.

1 gistare [cf. ME *gisten, byform of* ME *agisten*], to agist, assess. *V. et. agistare* 4.

s1291 collecta fuit quindecima . . de omnibus catallis laicorum et etiam de temporalibus . . virorum religiosorum et fuit illa quinta decima durissime ~ata B. COTTON *Hist.* 183.

2 gistare [cf. 2 gista, ME *gisten*], to fit (tower) w. joists.

1215 ligna . . ad turres civitatis sue [de Winton'] ~andas et aluras faciendas *Cl* 240a; **1225** in operatione turris de Brug' gestate et plumbo cooperte (*Pipe*) *Antiq. Salop.* I 256; **1227** ad unam turellam . . plancandam et ~andam (*KRAc* 462/10) *Ac. Build. Hen. III* 68; **1239** visores operis turris Glovernie ~ande, planchande, plumbande, et reparande affidaverunt pro iiij^xx^vj li. *KRMem* 17 m. 8; **1242** ad gisteandum et plancheandum . . turrim ad capud camere regis *Cl* 443; **1291** in turri janue exterioris castri dupliciter ~anda de novo, simul cum cariagio . . gistarum de bosco usque ad castrum *KRAc* 486/6.

gistaria, joisting.

1269 quod ij pontes, ij barbecanas castri nostri, . . turrim nostram, gistar' plumbar' ejusdem, . . emendari facias *Liberate* 45 m. 2.

gistarius [cf. gestarius, gestatorius], invalid needing a litter.

a1308 quod nullus †gistanus . . intret gardinum *G. S. Alb.* II 104 (cf. ib. 212: seniores . . in infirmaria . . consuluit, viz. fratrem Thomam de B. seniorem et reliquos ~ios, senes valde); **1351** ~ii . . et qui solum senectute gravantur, communibus cibis . . sint contenti (*Const. Abbatis T.*) *Ib.* 440; ?**1429** est insuper in ala partis corporis infirmarie antique monasterii ubi infirmi jacere solebant, altare per Willelmum W., ~ium ibidem, erectum AMUND. I app. 449; **c1465** Thomas L., supprior, Nicholaus L., tertius prior, Robertus M., ~ius, Johannes W., sacrista, Ricardus R., ~ius, Johannes M. subinfirmarius *Reg. Whet.* II 27.

1 gistatio, agistment. *V. et. agistatio.*

in gestacione porcorum forinsecorum . . in gestacione averiorum in boscis *FormMan* 26.

2 gistatio, joisting.

1238 (v. 1 coopertio 2); **1291** in ~one duorum stagiorum visenorum turrium gemellarum . . xxj s. *KRAc* 486/7.

gisteare v. gistare.

gistella [dub.], kind of cloth.

1287 de pannis essayis gistell' Galebroun et Hybernie emptis (*AcWardr*) *KRAc* 352/10 (cf. ib.: de esseya Hibernie et Guyst').

gistia v. 2 gista. **gistiamentum** v. 1 gistamentum.

gistura, joist.

1335 gesture . . erunt vij enchiarum et *thurugistes* bene ligati cum *tyzoun* et aliis ligaturis competentibus enchiarum (*DC Ebor.* M2 (4)) *Building in Eng.* 431.

git, gith [CL]

1 black cummin (*Nigella sativa*).

git, [h]olus *GlC* G 89; si pulvis gith ei [epiletico] monstretur, statim cadet, si integrum gith ei apponatur, surget GILB. II 113. 2; *SB* 22 (v. cyminum 2b); ciminum ethiopicum, gitte *Ib.* 16.

2 corncockle (*Lychnis githago*). *Cf. githago.*

gith, lollium, nele, *cokkell*, popille idem, rugella *Herb. Harl.* 3388 79v.; *Alph.* 2, 111 (v. agrimulatum); gith, agrimulatum, melancium idem. gith unum habet stipitem aliquantulum grossum, multis foliis circumdatum *Ib.* 75; giter herba est que in segetibus crescit, habens semen nigrum et minutum . .; menstrua et ventos provocat *Ib.* 77; hoc lollium, hoc git . . A. *kokylle WW.*

gita [OF *guite*], long robe.

1294 (v. fagottus 2); **1343** j guyt' de scarletto rub' . . ad facturam ij guytarum pro filiabus . . regis (*AcWardr*) *KRAc* 389/14; **1349** liberat' cuilibet dictarum vij dominarum ad ghitas et capucia inde faciend' x ulne dim. panni cammoca ad aurum. . . cxx veutr' pur' pro dictis ghitis purfilandis (*KRAc* 391/15) *Arch.* XXXI 27; **1380** unum gounum cum furura . . unam gidam cum furura precii lxvj s. viij d. *Pat* 308 m. 17; **1385** asportaverunt furtive togas fururatas, clocas et ~as de scarleto *Pat* 319 m. 9.

gitacus v. psittacus. **giter** v. git.

giternarius [OF *guiterneur*], 'giterner', minstrel.

1363 concessimus . . Andree Destrer de Bruges, ~io Philippe regine Anglie, consortis nostre, quod [etc.] (*Pat*) *Foed.* VI 418.

gith v. git.

githago, corncockle (*Lychnis githago*). *Cf. git* 2.

~o sive nigellastrum . .: ~o, sive Grece mavis, pseudomelanthion, est herba . . procera, quae in tritico flavescente existit . . . vulgus appellat *coccle* aut *pople* TURNER *Herb.* B1v.

githserus [AS *gitsere*], greedy, grasping.

fuit antea quod infans qui jacebat in cunabulis, licet numquam cibum gustasset, a ~is suis [rachinburgis] putabatur ita reus ac si intelligens esset (*Quad.*) *GAS* 365 (cf. ib. (*Inst. Cnuti*): pueri . . judicabantur ab avaris eque rei ac si scientiam haberent; AS: *þæt þa gitseras letan*).

gitte v. git. **gitteum** v. geteia. **gittorium** v. gettorium.

†giva, *f.l.*

1401 de firma . . ville [*Bristol*] . . cum domibus, shopis, cotagiis, celdis, gardinis, molendinis, stagnis, †giva [? l. g[ersu]ma] castri, redditibus, langabull' [etc.] *Cl* 248 m. 10.

glabellus [CL]

1 hairless, smooth.

~us, nudus et absque pilis OSB. GLOUC. *Deriv.* 255 (cf. ib. 290: investis, sine veste, nudus, glaber, ~us, gymnus).

2 (as sb. f.) parting (of hair).

regina: "unde festiva?" Lais: "monilibus, anulis, . . stibio, calamistro; nec ei defuit acus ad ~am" MAP *NC* III 2 f. 35; hec ~a, *greve Gl. AN Ox.* 147va.

3 skin disease assoc. w. loss of hair, scale.

~a, A. *the schulle* [l. *schalle*] *WW.*

glaber [CL]

1 hairless, smooth.

~er, calvus *GlC* G 109; ~er, sine pilis, ut alii volunt nudus OSB. GLOUC. *Deriv.* 255; unde cuticulam glabram operies / si sua repetant murex et aries? WALT. WIMB. *Carm.* 430.

2 (as sb. f.) parting of hair. *Cf. glabellus* 2.

a schede of the hede, discrimen, cincinnus, ~ra *CathA.*

3 hairless through disease, afflicted w. scale. **b** (as sb.) scale, a skin disease.

scalled, ~er, glabrosus *CathA.* **b** **1288** manucepit sanare capud . . Johannis de ~ra pro ix d. *Law Merch.* I 36; hec glabria, *teine Gl. AN Glasg.* 19va; ~ra, *scrofe or scalle* . . hec ~ra, *a scalle WW; a scalle*, glabria, ~ra, ~er *CathA.*

glabes v. glabries. **glabra, ~ria** v. glaber.

glabries [cf. CL glaber], skin disease causing loss of hair, scale.

~ies, i. tinea *SB* 22; glabes vel ~ies, i. tinea *Alph.* 72.

glabrio [cf. CL glaber]

1 hairless, smooth (person). **b** beardless. **c** effeminate youth.

anus . . paralitica, glabrio, ceca D. BEC. 2019. **b** ~o, ~onis, i. calvus vel imberbis OSB. GLOUC. *Deriv.* 255. **c** ~ones, . . palpones, pusiones, molles, mascularii . . DEVIZES 39v. p. 65; destruxit Cyrus ob peccatum Babylones; / peccati virus sic Gallorum glabriones (J. BRIDL.) *Pol. Poems* I 173 (cf. ib. 174: secundum Catholicon ~io tria significat, sc. imberbem, calvum, †turmosum [? l. timorosum]).

2 (person) afflicted w. scale. **b** scale.

hic ~o, *teinnus Gl. AN Glasg.* 19va; si tu sis scabidus, si tu sis glabrio, / cur impetiginem rides in alio? WALT. WIMB. *Palpo* 184. **b** *a nitte*, tinea capitis est, lens, ~o, glabriosus *CathA.*

glabriosus [cf. CL glaber]

1 hairless (in quots., through disease), scaly.

hic ~us, *teygnus Gl. AN Ox.* 147va; glabrosus, *scalled WW*; *CathA* (v. glabrio 2b); **1488** amovere extra communam omnes ~os equos et equas *CourtR Wimbledon* 48.

2 (?) uncovered (in quot., perh. w. foreskin retracted).

glabriosus ad glumandum glumardinorum *Digby Plays* 64.

glaciae, (pl.) icy region.

939 perpessus sit gelidis ~iarum flatibus *CS* 74 1 (cf. ib. 759).

glacialis [CL]

1 icy, frozen (also fig.). **b** (w. ref. to Iceland).

~i frigore rigenti insulae GILDAS *EB* 8; [Ausonia] quam ~es Alpium saltus . . cingunt ALDH. *VirgP* 25; vallem . . / . . / quae latus . . flammis . . urit, / atque aliud habuit glaciali grandine plenum ALCUIN *SS Ebor* 910; W. MALM. *GR* IV 326 (v. 2 crusta 1a); GIR *TH* I 6 (v. concrescere 2b); mari . . ~i GERV. TILB II p. 764 (v. girfalco b); si non efferbuero ad votum, saltem ~i hoc non moriar frigore J. FORD *Serm.* 53. 1; aliqui . . intelligunt aquarum naturam non vaporali tenuitate supra firmamentum sed ~i soliditate suspendi GROS. *Hexaem.* III 3 p. 104. **b** Isonii qui etiam ob hiemis ibidem vehementiam et longevioris glaciei seriem, ~es tam patria quam et Danica et Normannica lingua nuncupantur ÆLNOTH *Cnut* 10.

2 **a** (of optic humour; *cf. gelados*). **b** (as sb.) lens (of eye).

a intimus humorum est humor ~is, glaciei similis PECKHAM *Persp.* I 30. **b** BACON *Maj.* II 17, 23 (v. anterior 1c); anterior . . ~is est portio sphere diverse a sphera cujus vitreus est portio: . . super extremitatem nervi componitur totum ~e . . sed medium totius ~is, sc. humor vitreus, est in orificio foraminis *Ib.* 18–19.

glacialiter, icily (fig.).

dum talia tam ~iter aguntur *Collect. Stories* p. 218.

1 glaciare [CL], to freeze, turn into ice.

s1142 aufugit imperatrix per Tamasim ~iatam H. HUNT. *HA* VIII 20.

2 glaciare [OF *glacer*], (of arrow) to glance off.

1293 Willelmus sagittavit ad predictam capellam et sagittando sagitta sua ~iavit et transiit ultra murum et per infortunium ipsum Ricardum . . percussit *MS PRO* C. 260/186/66; ?**1302** *le hoke* fuit occasio mortis Rose, eo quod sagitta ~iavit super eam *Year Bk.* 30–31 *Ed. I* app. II 529; **1367** sagitta . . cecidit super quandam petram ibidem et ~iavit cuidam Rogero . . sedenti juxta . . viam . . et ipsum . . percussit *Pat* 276 m. 4.

glacida v. glycyside.

glaciecula, ice, icicle.

an ise, glacies, ~a *CathA.*

glacies [CL], ice; **b** (pl.); **c** (fig.).

mihi forma capax glacieque simillima lucet ALDH. *Aen.* 80 (*Calix vitreus*) 4; tempus hiemis . . acerrimum et ~ie constrictum BEDE *HE* III 19 p. 167; cor meum . . ~ie frigidius ANSELM (*Ep.* 85) III 210; sunt alii super ~iem ludere doctiores, . . sub talaribus suis alligantes ossa W. FITZST. *Thom. prol.* 17; fons . . cujus rivuli . . crystallinam in ~iem obdurantur GIR. *TH* II 7; **1218** ceciderunt super †glacium [MS: ~iem] et submersi fuerunt *Eyre Yorks* 304; ingrati spes ~iei hyemali comparatur S. LANGTON *Serm.* 2. 2; Yslandia est regio ultima in Europa, . . perpetuo ~ie in remotioribus ejus finibus condempnata. . . albi ursi maximi . . unguibus ~iem rumpunt . . sub ~ie pisces capientes BART. ANGL. XV 174; **s1262** (v. gelu a); hec ~ies, . . *yse*, . . *hyse WW.* **b** BEDE *HE* V 12 (v. 2 crusta 1a); ADEL. *QN* 65 (v. collatio 1a); **s1309** massa crustium ~ierum in Thamisia *Ann. Lond.* 158. **c** mundus ignibus vicinis uritur, / sed mea glacies in duram vertitur / cristalli speciem WALT. WIMB. *Carm.* 45.

gladeol- v. gladiol-.

gladialis, of the sword. **b** sharp, swordlike.

s1381 manus [ecclesie] in ulcionem . . erat extensa, et absolucionem ~em episcopalis dignitas eis impendere . . non dedignabatur KNIGHTON *Cont.* 141; *Reg. Whet.* I 400 (v. decisor). **b** stabulum sordidale, / fenum gladiale (*Vers.*) W. WORC. *Itin.* 2.

gladiare, to put to the sword, slay.

adjuvat hos ferri gladius gladiare tot hostes / quos poterunt gladii vix resecare duo GARL. *Tri. Eccl.* 76; *to bete*, . . fustigare, ~iare; . . *to strike with a swerde*, ~iare *CathA.*

2 (p. ppl.) armed w. a sword.

D. BEC. 1326 (v. chirothecatus); nos Daviticam variamus traditionem, / dumque sacerdotis sit gladiata manus GOWER *VC* III 366.

gladiatio, sword-cut (also fig.).

et si prosit homini / dura flagellatio, / meae tamen animae / haec est gladiatio [cf. *Luke* ii 35] *Anal. Hymn.* XXXI 164; corruptio tristis est que fit non per naturam, set per .. violentiam et ante senectutem, ut ~o BACON VIII 257.

gladiator [CL]

1 gladiator. **b** swordsman, fighter (also fig.). **c** fencer.

vetus proverbium: ~orem in area capere consilium OSB. BAWDSEY clxii (cf. Seneca *Ep.* 22. 1). **b** ~ores, *cempan* *GlC* G 120; proceres .. coadunatis ~orum turmis ad arma convolarunt *G. Steph.* II 103; equum, cum gladio suo, quem sicut pugil egregius et ~or eximius .. hostibus reddiderat .. ei .. reddi fecimus GIR. *SD* 92; percipiet funus letale vorax gladiator, / qui ferit ense minus providus ense perit WALT. ANGL. *Fab.* 58. 25; claviger est Petrus, Paulus gladiator GARL. *Epith.* VIII 51v.; *CathA* (v. †condo). **c** hinc mimi, salii .. balatrones .. ~ores, palestrite, gignadii, prestigiatores J. SAL. *Pol.* 406A; **a1218** hiis testibus .. Hutting ~ore *E. Ch. Yorks* III 17; nomina jugulatorum: .. hic ~or, *a swerdplaer WW.*

2 cutthroat, murderer.

mercatum habere non potuerunt, quia cives non peregrinos sed ~ores et tyrannos illos estimaverunt ORD. VIT. IX 6 p. 494; ad chorum .., mox ut gladios in ecclesia exsertos vidit, .. occurrit .. ~ores .. arguens quod .. tam profane ecclesiam introissent H. BOS. *Thom.* VI 2; non sit scortator vates, raptor, gladiator [*gl.*: i.e. †homicidia (v. l. homicida)] GARL. *Mor. Scol.* 553; *a beter* .. verberator, ~or *CathA.*

gladiatorius [CL], gladiatorial.

sub Ottone ~io judicio obtentum est quod filii fratrum cum †patris [l. patribus] hereditent R. NIGER *Chr. I* 78.

gladiatura, sword-play, fencing.

~a, A. *a swerdpleyynge, or bokeler pleyynge WW.*

gladifer, sword-bearer.

1502 pro x virgis de *chamlet* pro ~ero civitatis pro toga sua inde facienda (*Exeter Receiver's Ac.*) REED *Devon* 114.

gladiolatus, ornamented w. *fleurs-de-lis.*

1245 gladeolata *Invent. S. Paul.* 478 (v. gladiolus 3); quinta [capa] virgata gemellis croceis ~ata in limbis aperture *Ib.* 479; **1295** calix argenteus deauratus intus et extra cum pede glegellato *Vis. S. Paul.* 313b.

gladioletum, bed of flags.

1232 totum glaioletum supra molendinos inter aquam et tranchetum, cum ipso trancheto facto inter campum et .. glaioletum *ChartR* 26 m. 5; periculosis ~is .. que solum palustre fovere solent *Lib. Eli.* II 109 p. 190; **1297** de ix d. ob. de eisdem [cotmannis] pro falcacione glagioleti *Ac. Cornw* 178.

gladiolus [CL]

1 small sword.

GlC A 598 (v. 1 anceps 1b); gladius .. inde hic ~us OSB. GLOUC. *Deriv.* 260; **1446** ~um meum sive *baslarde* hernesiatum cum argento deaurato *Cl* 296 m. 26d. (*Cal.* p. 371).

2 water-flag, 'gladdon' (*Iris pseudacorus*); **b** (as material for horse-collar). **c** cultivated iris.

~um, *saecg GlC* G 113; florem gerit .. ~us croceum NECKAM *NR* II 166 p. 275; **1206** licet abbati et conventui .. falcare in marisco illo ros et junctum et glagellum *Croyl. Cont. B* 473; **12..** ~um, i. *flamine*, i. *gladene WW*; **s1256** que .. pars segetes .. non producit, ~um, cespites et alia ignis pabula .. subministrat M. PAR. *Maj.* V 570; **c1287** reservaverunt sibi .. communam pasture, turbarie et falcandi glagellum et arundinem *Terr. Fleet* app. 157 (= *Ib.* xixn.: †glasellum); ~us, acorus, *gladene Herb. Harl. 3388* 80; †gladiosum *Alph.* 72 (v. cestros b); ~us juxta aquas crescit, cujus flos crocius est. .. ~us, G. *glaiol*, A. *levre Alph.* 71–2; ~us, *gladon PP*; acorum aut xiphion, officine ~um vocant. Angli pro varietate soli et regionis varie nominant Northumbrienses *a seg*, Elienses .. *a lug.* tritissima nomina sunt *gladon & a flag & a yelowe floure delyce* TURNER *Herb.* 2. **b** **1303** caruce: .. in iiij colariis de glegell' emptis, ij d. *MinAc* 935/37. **c** ~us ortensis, i. *yris SB* 22; iris illirica, i. ~us ortensis *Ib.* 25.

3 *fleur-de-lis* used as decoration; **b** (her.).

1245 in calicis pede levantur opere levato flores glageoli *Invent. S. Paul.* 465; capa .. est nigra tota .. cum tassellis parvis juxta aperturam sub mento gladeolata magnis gladeolis *Ib.* 478; baudekinum .. cum .. ~is auri *Ib.* 491; **1296** xij cochlearia argenti signata in collo signo Parisius, sc. quodam flore glegello *KRAc* 353/30 m. 4d. (cf. *AcWardr* [**1300**] p. 352: de ... flore glegelli). **b** [reges Francorum] clypeos et vexilla .. tantum ~i flosculis signant et ornant GIR. *PI* III 30; que arma adhuc portaverunt reges Scocie cum adjectione, viz. uno duplici tractu cum floribus ~i contrapositis de rubeo BAD. AUR. 206; tres flores ~i de auro in campo asorio UPTON 210.

gladiosum v. gladiolus 2a.

gladius [CL]

1 sword; **b** (fig.; *cf.* 6b *infra*); **c** (used in divination; *cf. ensis* 2b).

illa .. ictu ~ii interimitur ALDH. *VirgP* 52; BEDE *HE* II 13, etc. (v. accingere 2); *Ib.* III 14 (v. discingere); G. MON. IX 4 (v. Chalyburnus); **s1118** acerrime pugnatum est, haste franguntur omnes, ~iis res agitur H. HUNT. *HA* VII 31 (cf. BROMPTON 1007: †glares agitur); non hec [securis] ut ~ius evaginatur GIR. *TH* III 21; hic ~ius, mucro .. *espee Gl. AN Ox.* 148va; **1395** lego .. meliorem equum meum, cum cella, freno, et ~io *Test. Ebor.* III 1; ensis, *swerde*, sic ~ius, idem est *basselard WW*; **1491** (v. glaiva a); **1501** (v. erubiginatio). **b** **c790** vos [sc. Offa, rex Merciorum] estis .. tuba praedicationis, ~ius contra hostes ALCUIN *Ep.* 64; **c798** si ~ius est verbum Dei [cf. *Luke* xxii 36, etc.] *Ib.* 136; **800** adulator .. est .. inimicus ~ium melle litum porrigens amico *Ib.* 209; **p1093** ~ii doloris animam meam penetrantis [cf. *Luke* ii 35] extorserunt confixiones ANSELM (*Ep.* 148) IV 3; ~io patientie H. LOS. *Ep.* 13 (v. accingere 2c); **s1097** ~ius Anselmi (v. dividuus b); J. HOWD. *Ph.* 920. etc. (v. evibrare); pro vitanda extinccione Italie et ~io mali OCKHAM *Dial.* 724; **s1399** dum nonnullos ~io materiali .. occidi jussit, ipse [Ricardus II] in fine ~io famis .. vitam terminavit *V. Ric. II* 169; ut .. Angliam .. verborum ~iis fabrefactis .. jugularet *G. Hen. V* 19. **c** W. CANT. *Mir. Thom.* V 8 (v. character 1b).

2 a (dist. acc. type or use); **b** (dist. acc. country of origin); **c** (agricultural).

a collocavit Dominus ante Paradisum .. cherubin .. ut arceret hominem ignito ~io atque versatili, hoc est utrinque secante GERV. TILB. I 16; **1301** uno ~io qui vocatur misericord' *SelCKB* III civn.; **1401** duo coclearia .. unum ~ium pro listis, unum scutum *Pat* 364 m. 1; ille biceps gladius non scindit forcius illis [sc. cornubus] GOWER *VC* I 227; **1410** (v. bastardus 3d); **1414** modo guerrino arraiati, viz. ~iis manualibus et bimanualibus *Proc. J. P.* 96. **b** **1263** quodam ~io de Colonia fecit ei .. plagam in capite *CurR* 172 r. 12d.; **1281** Johannem cum ~io Colones' in cerebrum percussit *SelCKB* I 90; **1288** cum ~io Scotico *Ib.*; **1291** ~io de Colonia *Ib.*; **1320** cum quodam ~io de Colonia extracto .. Willelmum .. percussit (*CoramR*) *Thoresby Soc.* IV 126. **c** rusticus .. habeat etiam ~ium latum [v. l. frameam; *gl.*: *gleyve, gisarme*], spatam sive vangam NECKAM *Ut.* 110.

3 warfare, death by the sword.

maledictum esse ~ium et sanguinem prohibentem GILDAS *EB* 69; vel interemtos ~io vel servitio addictos BEDE *HE* IV 26; **793** Europa Gothorum .. ~iis evacuata et flammis ALCUIN *Ep.* 20; quocumque exercitum promovebat, igni, ~io, fame, quo majorem incuteret formidinem, nonnulla solo coequabat *V. Neot. A* 11; inculpati ~ii executione expetere quod Francorum culpabilis et injusta violentia .. usurpare .. contendit *G. Hen. V* 2; ~io audaciam hominis compescere FORTESCUE *NLN* II 3.

4 (as symbol of knighthood). **b** (w. ref. to order of the Sword, i. e. of Santiago de Compostela).

Herwardus .. in memoriam habuit morem sue gentis ~io nec baltheo militari precinctum se non fuisse *G. Herw.* 328b; hodie tirones enses suos recipiunt de altari ut profiteantur se . ad .. patrie liberationem ~ium accepisse P. BLOIS *Ep.* 94. 294B; MAP *NC* II 23, *Hund.* I 514b (v. cingere 1b); **1277** (v. 2 arma 2c); *Croyl.* 70 (v. collum 1a). **b** invaluerunt ad summum robur .. in Hispania milites qui a ~io nomen habent MAP *NC* I 30 f. 23.

5 (as symbol of authority, lordship): **a** (royal); **b** (of earl or duke); **c** (of earl of Chester).

a quando [rex] ~io cingitur, cantetur hec antiphona .. oratio post datum ~ium: .. ut omnis hostium suorum fortitudo virtute ~ii spiritualis frangatur *Rec. Coronation* 19; **a1162** (v. famulus 1b); **1236**, etc. (v. curtana 1); nec [regina] in branchiis ungitur, ut rex, quia non debet exercere voluntariam potestatem, nec ~ium portare, prout rex facit FORTESCUE *Def. Lanc.* 3. **b** comitem Nevernensem, cujus ibi ~ius est, adeunt MAP *NC* I 25 f. 21; **s1189** [H. de Puiset] a rege ~io comitatus accinctus nomen sibi comitis usurpavit; quo ~io accincto, rex .. astantibus dixit: 'Juvenem feci comitem de episcopo veterano' M. PAR. *Maj.* II 352; **1190** nisi pro .. enormi flagitio quod ad placitum ~ii pertineat (*Conc. Rotomag.*) DICETO *YH* II 87; **s1199** R. HOWD. IV 87 (v. 1 ducatus 4a); **s1199** die coronationis sue .. rex accinxit Willelmum Marescallum ~io comitatus de Striguil, et Gaufridum filium Petri ~io comitatus de Essex; qui licet antea vocati essent comites et administrationem suorum comitatuum habuissent, tamen non erant accincti ~io comitatus; et .. illa die servierunt ad mensam regis accincti ~iis *Ib.* 90; **s1227** Hubertus, Anglie justitiarius ~io accinctus est a rege Cantie comitatus WEND. II 320; **c1270** alias libertates, exceptis illis que pertinent ad coronatorem et ad ~ium [comitis de Moreton] *Couch. Furness* I 468; G. COLD. *Durh.* 9, *Ambrosden* I 409 (v. comitatus 4a); BRACTON 5b etc. (v. 1 comes 4a); **1385** (v. circulus 4d); **1399** per servicium portandi diebus coronacionis .. illum ~ium, quo cincti eramus quando in partibus de Holdernesse applicuimus, vocatum *Lancastrie swerd* (*Pat*) *Foed.* VIII 95; CAMD. *Br.* 134 (v. cinctura a). **c** Cestrie provincia .. per indulgentias regum atque excellentias comitum magis in cetu populi ~ium principis quam coronam regni consuevit attendere LUCIAN *Chester* 65; **1216** (1218) me .. ad petitionem baronum meorum Cestreshyrie concessisse eis .. quod unusquisque eorum curiam suam habeat liberam de omnibus placitis et querelis in curia mea motis exceptis placitis ad ~ium meum pertinentibus (*Ch. R. Com. Cestr.*) *Cart. Chester* 103; **a1228** quod pro nullo placito exeant foras de burgo nostro nisi pro placitis ad ~ium meum pertinentibus (*Ch. R. Com. Cestr.*) *BBC* (*Frodsham*) 121; **1242** cum castro, sigillo et libertate ~ii *EHR* XXXV 45; **12..** anno primo quo Johannes de Scotia cinctus fuit ~io comitatus Cestrie et Cesterscire (*Dom. Chesh*) *Ib.* 29; **1311** Henricus de L. nuper comes Lyncoln' tenuit de .. rege in capite ut de ~io Cestr' *IPM* 22/26; **1513** per dignitatem ~ii nostri Cestrie et secundum consuetudinem comitatus .. Cestrie (*Breve de supersedeas*) *EHR* XXIX 52; Cestrenses comites .. hunc agrum primi Normannorum sibi subjecerunt, unde in antiquis membranis legitur: 'comitatus Flint pertinet ad dignitatem ~ii Cestrie' CAMD. *Br.* 605.

6 (dist. as *materialis, spiritualis*, or sim., symbolizing temporal or ecclesiastical power; *cf. Luke* xxii 38); **b** (*~ius anathematis, excommunicationis*, or sim.).

et si pro justitia episcopi emendare noluerit, ostendat regi; et rex constringet forisfactorem, ut emendet; .. et sic juste ~ius ~ium juvabit (*Leg. Ed.*) *GAS* 629; in sacerdotem .. ~ium materialem exercere non licet nisi .. in ecclesiam Dei cruentam manum extendat J. SAL. *Pol.* 788D; Willelmus .. Eliensis episcopus .. ut utraque manu uteretur pro dextra, et ~ius Petri ~io subveniret imperatoris, legationem suscepit totius Anglie DEVIZES 28 (cf. *Ann. Wint.* 64: cum .. teneret ~ium apostolica auctoritate et regia); **s1195** accingantur quibus licet materialem ~ium in persecutores fidei exercere (*Lit. Papae*) DICETO *YH* II 133; ~ius Petri rubigine obductus est P. BLOIS *Ep.* 73. 225B; quis queso vobis dedit civilis ~ii potestatem *Id. Ep. sup.* 49. 10; adversus ecclesiam Domini .. moderna persecutio .. efferari conspicitur in duobus ~iis, materiali sc. et spirituali ..; quid si celestem potentiam ~ii spiritualis solum impugnaret ~ii materialis potentia secularis, que ratio posset esse formidandi? AD. MARSH *Ep.* 247 cap. 40 p. 482; rex .. habet .. jura in manu sua que ad coronam et laicalem pertinent potestatem et materialem ~ium qui pertinet ad regni gubernaculum BRACTON 55b; **s1292** terram sanctam facile non posse recuperari sine ~iis spirituali et materiali OXNEAD 285; cum .. ~ius spiritualis et claves ecclesie ~io materiali subjiciantur *Conc. Scot.* II 29; **1318** ~io spirituali subtracto, temporali per eorum rebellionem .. ebetato *FormOx* 40; ab illo qui habet utrumque ~ium, materialem sc. et spiritualem, est imperium OCKHAM *Pol.* I 69; **s1381** videntes episcopum [Norw'] militem induisse .. necnon ~ium materialem ancipitem arripuisse WALS. *HA* II 7; conspirans in antris et diverticulis cum suis comitibus, ut prius in utriusque ~ii potestatem *G. Hen. V* 1. **b** **799** non pertinax erroris defensio excommunicationis percutit ~io ALCUIN *Ep.* 166 p. 274; **c1106** inoboedientes ~io dignae excommunicationis percussit ANSELM (*Ep.* 374) V 318; **1143** ob .. invasionem rerum ecclesiasticarum anathematis ~io percussus *Conc. Syn.* 802; W. CANT. *Mir. Thom.* VI 92 (v. effractor 1c); **1261** si qui .. contra hoc statutum venire .. presumpserint, sciant se .. excommunicationis esse sententia involutos et contra eos .. ecclesiastice censure ~ium exercendum *Conc. Syn.* 682.

7 swordfish.

quemque vocant glad[i]um, quia rostro ledit acuto / sepius hunc nantem metuunt accedere navi *V. Merl.* 840; de xiphia seu ~io [pisce] CAIUS *Anim.* 23b.

8 (?) fleur-de-lis. *Cf. gladiolus* 3.

1331 casula, tunica, et dalmatica de *inde* samitto brudato aureis floribus gladue. item tunica j de *inde* in parte brudato aureis floribus gladue (*DC Cant.* Lit. E. 27 pt. 4 f. lv.) *Arch. J.* LIII 264; item due cape .. brudate aureis floribus gladue (*Ib.* f. 2) *Ib.*; **1402** casula de rubeo pulverizata cum ~iis et floribus *Invent. S. Paul.* 501.

glaeba v. gleba. **glaga** v. cleta 1a. **glageol-, glagiol-** v. gladiol-. **glaioletum** v. gladioletum.

glaiva, ~us, ~um [AN *glaive, gleive*], 'glaive', bill, cutting tool or weapon. **b** (given as serjeanty); **c** (as merchet).

1167 pro conducendo plumbo regis de Torcheseia ad Cadomum .. et pro glaviis parandis ad opus regis *Pipe* 40; **s1066** cum arcubus et sagittis, clavis [v. l. glaivis] et securibus *Flor. Hist.* I 594; **1452** surripuerunt cuidam fabro .. unam †glenam [l. glevam] quam secum circumferebat *MunAcOx* II 634; **1491** quod Willelmus Luke .. [et al.] vi et armis, viz. gleyvis, gladiis et daggariis .. insultum fecerunt in .. priorem de Blakemore (*CourtR Fingreth*) *Essex R. O.* D/DHt M97 r. 7v.; **1499** insultum fecit super Robertum H. .. cum uno gleyvo vocato *a bill* (*CourtR Hutton*) *Ib.* D/DHx J4; **1549** cum .. glavo vocato *a bill* .. et baculo .. dantes ei plagam mortalem *Pat* 815 m. 14. **b** **1212** iiij li. redditus in .. Bradewell' [*Essex*] quas .. rex dedit .. patri suo per servicium †glavie [MS: glaive] *Fees* 120 (cf. ib. 277: tenent .. Bradewell' per serjantiam cum armis); **1248** iiij libratas redditus in .. villa de Bradewell' per servicium unius †glavie [MS: glaive] (*AssizeR*) *Ib.* 1410. **c** **1279** si .. Johannes nichil habeat filiam maritand' debet dare serjanto .. Willelmi de Ver j glayvam vel iiij d. ad conducendam eam intra xx leucas si necesse habeatur *Hund.* II 846a.

glama v. gramia e.

glana, ~ea [AN glené < *glanata], sheaf (of arrows). *V. et. glaneta.*

1201 robiavit ei j gladium et j arcum et j glenam sagittarum *CurR* I 470; **1326** centen' arcus manuales cum m cordis ad eosdem et m ~is sagittarum et de glutino xx li. *Cl* 144 m. 10; **1326** pro .. ccxxv ~eis sagittarum *IssueR* 218 m. 16.

glanare, ~iare [AN *glener*, ME *glenen*], to glean (trans. or intr.).

c1230 debet habere .. post plenam collectionem bladorum et rasturam unam feminam ~antem, sed non inter garbas *Doc. Bec* 31; **1234** debet metere dim. acram ..; et, quando garbe dim. acre fuerint collecte, poterit gleniare j pugnetam que dicitur *lashanwul* [? *last handful*] *Cust. Glast.* 135; cum bladum domini fuerit collectum, poterit dare licenciam cuicumque voluerit ~iandi *Ib.* 140; **c1280** debet colligere .. bladum .. in campo, ~iare si neccesse fuerit, et mundare *Crawley* 235; **1286** Lucia gleniavit tempore auptumni et metere potuit .. et noluit, set gleniavit, et ponit se in misericordia (*CourtR Newington*) *EHR* XLV 211; quod nullus .. in tempore auptumnali .. recettet aliquem glenentem qui opera messoris facere potuit *Ib.* 211*n.*; **1294** dicunt quod Agnes .. glenavit .. quando potuit conduci *CourtR Ramsey* 211; **1300** [uxor A. berkarii] gleniavit .. contra defensionem *Rec. Elton* 92; **1302** in lx quar. frumenti ~andis pro semine *Pipe Wint.* 159328 r. 7; **1315** nullus resettet mulierem .. ad glenandum dummodo possint deservire victum et stipendium *Gild Merch.* II 308 (*Andover*); **1329** (v. glanatio); **1340** debet .. bladum unire, ligare, et tassare ibidem, et .. terram nude ~are *RentSurvR* 700 m. 1; **1351** Alicia .. Margareta .. Matillis .. bene .. sciunt metere, et nolunt facere causa gleniandi ad magnum dampnum *Enf. Stat. Lab.* 402*; **1376** mulierem glenientem .. in terra domini *IMisc* 208/4.

glanatio, gleaning.

1329 quod nullus glaniabit qui potest capere per diem j d. et comestum; item quod glaniantes pre juventute et senectute bene et fideliter glaniabunt; item quod nullus receptabit forincecos nec intrincecos male se in ~iacionem .. gerentes (*CourtR Halton*) *EHR* XLV 212.

glanator, ~iator, gleaner.

1319 fratres Hospitalis depasti fuerunt oves suas in autumpno ante ~iatores, contra *le bilawe CBaron* 128; **1331** ne quis receptat aliquos ~atores seu glanatrices qui possunt metere (*CourtR Newington*) *EHR* XLV 211; **1356** de ~atoribus .. et aliis otiosis hominibus .. qui deservire possunt ad mess[i]onem bladorum (*CourtR*) *Hist. Castle Combe* 161.

glanatrix, gleaner (f.).

c1230 post plenam collectionem bladorum cum rastura unam feminam ~icem habere debet *Doc. Bec* 39; **1292** Petronilla fuit glenatrix contra statuta in autumpno *Rec. Elton* 35; **1331** (v. glanator).

glanatura, gleaning.

c1230 unam acram de consuetudine metere debet et inde manipulum percipere de ~a *Doc. Bec* 54.

glandere, to gather acorns.

to gedder accorns, ~ere *CathA.*

1 glandia [cf. glandula], tumour, swelling.

a wax kyrnylle, ~ia *CathA.*

2 glandia v. glans 2.

glandiciosus, full of acorns.

an acorne, hec glans .. hec glandicula, ~us *CathA.*

glandicula [LL], little acorn. **b** small tumour or swelling.

CathA (v. glandiciosus). **b** ad ~as .. evacuandas GIR. *IK* I 1 (v. evacuare 4b).

glandifer [CL], mast-bearing;

glandiferis iterum referunt dum corpora fagis ALDH. *Aen.* 100. 49; quercus glandifera GARL. *Epith.* IV 138.

glandifluus [cf. glans 2], pouring sling-stones.

glandiflua preventus habena / occidit et juncto solatur funere Teucrum J. EXON. *BT* VI 225.

glandineus v. grandineus.

glandinosus, tumorous.

faciei tubera ~eque corruptionis excrementa demolitus est W. CANT. *Mir. Thom.* II 54.

glando [LL], acorn; **b** (as decoration).

1399 nil de pannagio isto anno quia non fuerunt ~ines *Ac. Durh.* 136. **b** **1334** cuppa .. cum iij ~inibus in cooperculo deauratis *Arch. J.* LIII 275; **1342** pro ij li. candele minut' pro cereacione hernasii regis .. et pro xxxviij ~inibus de perl' et auro *KRAc* 389/14 m. 3.

glandositas, tumorous flesh.

si ulcus sit sordidum .. corrodendo auferatur callositas et nodositas et ~as GAD. 125. 2.

glandosus

1 tumorous or liable to tumours.

scrophule .. nascuntur in carne ~a, sicut in collo et in ascellis .., et sunt ibidem ex apostematibus ~is GAD. 25. 1.

2 (as sb. f.) kind of snake.

morsus ~e putidus est; qui hunc serpentem occidit, odor ejus putidus fit ... ~a representat invidiam NECKAM *NR* II 102.

glandula [CL], gland. **b** tumour or swelling. **c** (?) inflected matter from swelling.

verum est quod ~e sint species carnium diversorum juvamentorum; in locis juncturalibus et etiam sub lingua ponuntur ad nutritionem humiditatis necessarie ad motum facilem et velocem *Ps.*-RIC. *Anat.* 9; cordis capsule atque ~e que a medicis vocantur mera *Ib.* 44. **b** ~a, *cirnel GlC* G 118; patiebatur circa fauces et sub .. maxillis quas ad similitudinem glandis nuncupant ~as *V. Ed. Conf.* 54; sub faucibus scrophulis quas vulgo ~as vocant vexari cepit que contactu regie manus curari dicuntur *Mir. Fridesw.* 37; fluxus reumatis .. fluit sepe .. ad fauces, generans et magnificans ~as et scrophulas GILB. III 151. 1; apostemata melancolica sunt triplicia: .. duricies vel sclirosis, cancer, ~e; et de genere ~arum sunt scrofule et nodi GAD. 25. 1; ~e dicuntur a fructu quercus, que vocatur glans, quia in figura assimilantur eidem *Ib.* 29. 1; *SB* 17 (v. condyloma); hoc ~um *a waxkyrnylle WW.* **c** de ~is et vermibus .. de fauce mulieris expulsis OSB CLAR. *Ed. Conf.* 13 *tit.* (= AILR *Ed. Conf.* 761C: de glandibus et vermibus); ~e cum vermibus egrediuntur, sanies et sanguis dextera regis premitur *Ib.* 13.

glandulosus [CL], glandulous, tumorous.

quandoque .. generatur caro ~a quemadmodum in testudine apparet *Quaest. Salern.* B 86; testiculi habent ~am .. compositionem et mollem quasi carnosam RIC. MED. *Anat.* 229; initium .. lingue .. est caro ~a et alba .. salive generativa BART. ANGL. V 21 (cf. ib. 34: mamille de ~a substantia sunt composite); nodi sunt duricies in juncturis manuum et pedum ..; aliquando sunt ~i, aliquando non GAD. 29. 1.

glanea v. glana.

glaneta, ~etta [AN *glane, glene*], sheaf, bundle (of arrows); *v. et. glana; cf. garba* 3. **b** (of steel rods).

1238 abstulerunt eidem j archum et j clanetam sagittarum *JustIt* 174 m. 35*d.*; **1257** de j arcu et j ~eta sagittarum (*MinAc, Abergavenny*) *S. Wales & Mon. Rec. Soc.* II 124; **1271** de mlxxij quarell' cum j ~etta sagittarum *Pipe Wint.* 159299 r. 2; **1284** pro cccj ~etis sagittarum .. missarum in Walliam *KRAc* 351/9 m. 1; **1335** de xxxvj s. v d. quad. receptis de xxiiij glanat' et vij sagitt' venditis .. et liberatis sagittariis .. prec' glan' xviij d. *Ib.* 19/3 m. 5. **b** **1278** pro l ~ettis asserri lviij d., pro qualibet ~etta xiiij d.; et qualibet contin' xxx pecias et pecia valet ob. *KRAc* 485/22 m. 1 (cf. *Lancs & Chesh Rec. Soc.* LXVIII 196).

glania, (?) gleaning, but (?) *cf. glans* 2; *glanum.*

c1182 unus cotmannorum debet esse *bedel* et debet habere j acram prati et omnem gleniam de dominico episcopi *RB Worc.* 261.

glaniator v. glanator.

glans [CL]

1 fruit of mast-bearing tree, esp. acorn. **b** (?) oak-sapling.

fagos glandibus uncas / .. / diligo ALDH. *Aen.* 84 (*Scrofa praegnans*) 7; ~des, quae sunt nuces rustici *GlC* G 101; in ramis tiliarum nascentur ~des G. MON. VII 3; copia pomi silvestris cum ~dium et nucum acrimonia austeriore supplevit R. COLD. *Godr.* 28; NECKAM *DS* IV 85, *Quaest. Salern.* Ba 24 (v. 1 galla 1); a fructu quercus que vocatur ~s GAD. 29. 1; *Alph.* 19 (v. 2 balanus); †fulsus [? l. fulful] fructus est quercus similis ~di *Ib.* 70; ELMH. *Cant.* 341 (v. denberum); hec ~s, A. *acorne*, .. *a nacorum WW.* **b** **1305** plantatus fuit le Leycroft de glandis (*sic*) *Estate Bk. H. de Bray* 50.

2 (collect.) mast, esp. as seasonal food for pigs.

Diogenes .. ~de silvestri pro deliciis utens GIR. *GE* II 22; **1230** inveniet eis xxx porcos .. si fuerit annus ~de fertilis; si .. non fuerit annus ~de fertilis inveniet .. x boves *Cart. Tutbury* 296; **1235** salva michi .. communi pastura herbe et ~dis ad averia de nutritura mea *Cart. Blyth* 166; **1251** invenerunt .. ~dem per estimacionem dim. quar. *SelPlForest* 101; **1269** proficuum ~dis et pasture .. computatur .. ut patet *Ib.* 51; tempore ~dis BRACTON 226b (v. capra 1a); **a1271** salvis mihi corulo, †glandia [MS: glandie], nucibus et pasnagio per totum boscum *BBC* 64 (*Warton*).

3 sling-stone. **b** ball (on scourge).

~s, *a slyngston WW.* **b** flagellum Sarracenorum habens ~des plumbeas in fine S. LANGTON *Chron.* 159.

4 tumour, swelling; **b** (on eyelid, (?) stye).

de ~dibus et vermibus regio tactu a quadam femina expulsis AILR. *Ed. Conf.* 761C *tit.*; faucibus innate glandes faciem mulieris / cujusdam fedant *V. Ed. Conf. Metr.* (I) 346. **b** ~s est tumor palpebrarum ductus in longum GILB. III 143. 2.

5 glandulous or tumorous flesh.

concavitas .. gutturis .. habet .. corpus .. compositum ex ~de et pinguedine et pelliculis, et vocatur .. cataracta BART. ANGL. V 2.

6 (med.) *glans penis*, (in quot., transf.) foreskin.

circumcisio Abraae, amputacioque illius pellicule que ~s dicitur COLET *Rom. Enarr.* 140.

7 (?) small cup resembling acorn-cup.

1400 pro j cipho alto et iij ~dibus, pond. j li. x unc. et dim. *Test. Ebor.* III 10.

glanum [AN *glan* < glans], mast, esp. as seasonal food for pigs.

sunt .. ix acre grossi bosci, et v acre grossi bosci et subbosci, omnes separales preter tempore ~i, quia tunc sunt communes omnibus tenentibus ad porcos suos *Cust. Battle* 138; **1317** in iij quar. et ij buss. de ~o emptis pro porcis .. [in iij buss. de ~i emptis ad plantandum in gardino .. (*erased*)] (*Ac. Bailiff Cuxham*) *Hist. Agric.* II app. 619–20.

glara v. 2 glarea.

1 glarea [CL]

1 gravel, shingle; **b** (pl.)

cui iter levissime stratum profundi ~ea maris rubri GILDAS *EB* 1; chelydri .. ~eam ruris pro latebris .. sectantur *Lib. Monstr.* III 16; **796** agricola uniones eruit de †glarie [v. l. ~ea] sed aurum in opus coronae deficit ALCUIN *Ep.* 99; **c798** gemmarum fulgor inter harenosam splendescit ~eam *Ib.* 141; Gallica non paucis pavit me glarea aristis FRITH. 327; agri urbis sationales non sunt jejune ~ee, sed pingues .. campi W. FITZST. *Thom. prol.* 6; in silicem que .. adeo penetrabilis .. fuit gladio quasi lapis butyrum esset vel mollis ~ea *Mir. J. Bev. A* 297; junge luto cenum, quibus adde volutibra, linum [? l. limum], / glaria vel glipsis, glis est argilla, bitumen *CathA.* **b** crebris undis niveas ~eas pellentibus GILDAS *EB* 3; puerorum catervas in marinis litorum ~eis .. Athanasio contulisse reverentiam ALDH. *VirgP* 32; quasi pondere saxi deprimi vel quasi ~eis arenae innumeris .. onerari BEDE *Prov.* 1017D; fluvius .. ita .. exaruerat quod omnis turba .. pene sicco vestigio stagni illius ~eas pertransibat R. COLD. *Godr.* 196.

2 little stone, pebble. **b** precious stone.

~ea, *cisilstan GlC* G 111; ~ea, calculus minutus in aqua OSB. GLOUC. *Deriv.* 264; hec †gloria, A. *a schesellestone WW.* **b** [mors] contempnit glaream quam mittit Oriens / nullius loculos aut opes sciciens WALT. WIMB. *Sim.* 113.

2 glarea [cf. ME, OF *glaire* < clara], 'glair', white of egg. **b** juicy flesh of grape.

glara, *æglim* ÆLF. *Gl.* 164; ~ea ovi viscositate sua attrahendo superfluitates a siropo ipsum mundificat *Quaest. Salern.* Ba 2; insistendum est cum glara ovi et succo plantaginis GILB. III 139v. 1. **b** ex tribus .. componitur uva, sc. ex folliculis, ~ea, et arillis. .. est ~ea succus sive humor pinguis ipsius uve BART. ANGL. XVII 181.

glares v. gladius 1a.

glariger [cf. 1 glarea], gravelly.

cum terna patibuli signacula in ~geris sulcaret sablonum litoribus ALDH. *VirgP* 29.

glasare, ~ire [ME *glasen*], to fit w. glass, glaze.

quilibet (*sic*) fenestra in *le ovyrstorye* continet v panellas ~atas W. WORC. *Itin.* 54 (cf. ib. 3: panellas ~itas vitreatas); viij panas ~atas cum armis Rogeri Bygot fundatoris *Ib.* 60.

glascum v. classicus 4c. **glasellus** v. gladiolus.

glasiarius [ME *glasier*], glazier.

1489 Roberto P. .. ~io pro nova vitriacione cum *le sowder* et plumbo ac farramentis pro iij fenestris in fine orientali cancelle ecclesie *Finc.* ccclxxxiii.

glasire v. glasare.

1 glassa [cf. CL glaesum = *amber*, AS *glæs*], (powdered) resin, varnish.

si ex classa entali, borace .. corallo .. farina rubeorum cicerum, marmore .. gipso etc. fiat confectio .. GILB. III 149. 1; recipe boracis .. serpentarie, masticis, classe, gipsi etc. .. et pone super faciem sero et mane lava cum furfure *Ib.* 168. 1; **1335** apotecario Ebor' .. pro iiij li. et dim. de salpetre .. et pro iij li. de classa, prec. li. xx d. .. et pro viij li. de sulphure vivo .. emptis .. ad opus .. regis. .. cursori deferenti predictos pulveres .. regi .. *IssueR* 279 m. 15; bernix, i. gummi juniperi, classa idem, .. eciam dicitur .. quod conficitur de oleo se[minis] lini et classa, et inde illuminantur et solidantur colores picturarum *SB* 12; cacabre vulgo dicitur lambra; item .. cacabre, i. vermicium .. pulverizatum cum quo paratur percamenum, classis idem *SB* 14; classa genus est lapidis *Alph.* 33; vernicium, ~a, gummi juniperi idem *Ib.* 17.

2 glassa [ME *glass*], glass vessel.

1504 pro una pipa cum ~is, val. xx s. *EEC* 683 (cf. ib.: pro *peynted glassys*); **1531** in viij ~is emptis xx d. *Househ. Bk. Durh.* 13.

glassanus [cf. Ir. *glaisean* < *glas* = *grey*], glassock, coal-fish (*Merlangus carbonarius*).

habent .. stagna terre istius tria piscium genera que nusquam alibi reperiuntur: sunt .. quidam turtris, que et salares dicuntur .. albis carnibus consertis et sapidis .. ; .. primos ~os .. vocant GIR. *TH* I 10.

glastum [CL], woad.

herbam ortensem antiqui habebant nomine †glassen ex cujus succo tincturam pannorum suorum faciebant *VSH* I 95 (*Boecius* 27).

glasueria [cf. OF *glioire*], back part of (ceremonial) trapping for horse, harness.

1342 pro uno hernasio .. pro dextrario suo [sc. regis], viz. tester, picer, et glasuer', facto de panno velvetti *KRAc* 389/14 m. 3.

glatillare, glatire [cf. CL glattire], to mew, howl. *V. et. catillare.*

catuli glattilant ALDH. *PR* 131 p. 180; *kevtyn, as cattys*, catillo, .. glatio *PP*.

glauca v. glancium, 2 glaucus.

glauce, (?) brightly.

glaucus, flavus .. unde ~e, ~ius, ~issime, adv. et hec glaucedo, et hec glaucuma .. i. macula oculi OSB. GLOUC. *Deriv.* 258.

glaucedo, greyish-yellow colour, greyness.

OSB. GLOUC. *Deriv.* 258 (v. glauce); *Ib.* 263 (v. glaucitas); ex melancolia, per oris acetositatem .. et urine ~inem .. judicetur GILB. II 99. 2; *Alph.* 72 (v. glaucophthalmia).

glaucescere, to become grey.

si in .. decoctione loco ferruginis ponatur es ustum, facit pilos ~ere GILB. II 77. 1.

glauceus, greyish-yellow. *Cf. glaucus* 3b.

1388 albe principales ~ei coloris brudate sunt novem (*Invent. Westm.*) *Arch.* LII 250.

glaucia v. glaucium.

glaucicomans [cf. glaucus + coma], with silvery-grey foliage.

pampinosae vitis palmites cum glauci[co]mante oliveto spreti ALDH. *Met.* 2 p. 68.

glaucitas

1 greyish colour; **b** (of eyes).

glaucedo, ~as OSB. GLOUC. *Deriv.* 263; **s1266** egredientes .. de castro quanta famis inedia tabescebant pallor vultus et cutis ~as evidentissime pretendebant WYKES 195. **b** secundum Aris. .. oculi in principio generationis habent viridem colorem. deinde mutantur in nigredinem vel ~atem BART. ANGL. V 6; ~as oculorum vel potest esse propter uveam, nam si uvea est glauca, oculus est glaucus .. ; vel potest causari ~as propter humores BACON *Maj.* II 26; rarius accidit ~as in oculo quam nigredo *Id.* XIV 73.

2 yellowness.

yalowe, aureus .. glaucus, .. *a yalownes*, fulvedo, ~as *CathA.*

3 (by conf. w. *glaucoma*) cataract.

hec albugo, -nis, i. ~as oculorum OSB. GLOUC. *Deriv.* 22.

glaucium [CL], **~ia** [LL], **~a,** (?) celandine (*Chelidonium*).

de grossicie labiorum: .. subtiliatur cum melle .. vel succo ~ie, i. celidonie GILB. III 176v. 2; *glassoine*, i. *celydone*, glauca idem *Herb. Harl.* 3388 80; glaucum agreste, i. celidonia agrestis *SB* 22 (cf. *Alph.* 71: ~ium agreste); ~ium vel glaucus agrestis *Alph.* 36 (v. chelidonius 2a).

glaucoaptalma v. glaucophthalmia.

glaucoma [CL < γλαύκωμα]

1 cataract, disease of the eye.

ut 'cui oculorum suffusio' [*Prov.* xxiii 29] quam Graeci ~a dicunt ALDH. *PR* 140 p. 195; sic mea non tenebris nigrescant lumina furvis, / glaucōma nec penitus lippos suffundat ocellos *Id. VirgV* 939; ~a, nebula *GlC* G 108; ab oculo omnem glaucomiam et algemam expulsit BYRHT. *V. Ecgwini* 364; ~a ex oculis ejus recessit et .. clarum videre potuit LANTFR. *Swith.* 15; reddidit optatum pulso glaucomate visum WULF. *Swith.* I 902; glaucuma OSB. GLOUC. *Deriv.* 258 (v. glauce); †glauconia, i. macula in oculo .. nomina morborum .. : .. hec ~a, *a the gowyl sowght WW.*

2 (?) covering, dress, or brilliance. (*Cf. ALMA* XXV 92).

hic membris etenim compto glaucomate firmis / aequeuos habitu studuit superare venusto FRITH. 51.

3 (by misinterp., ? conf. w. *gingiva*) gum.

nomina pertinencia humano corpori: .. ~a, A. *a gome WW.*

glaucomaridus, yellow fish.

~us, flavus piscis OSB. GLOUC. *Deriv.* 263.

glaucomaticus [LL], afflicted w. glaucoma.

glaumatici dicuntur qui oculos aptos habent et non vident *SB* 22.

glauconia v. glaucoma.

glaucophthalmia [cf. γλαυκόφθαλμος], glaucoma.

glaucosis est glaucedo sive in oculis sive alibi in corpore, inde †glaucoaptalma [v. l. glaucoptalmia] *Alph.* 72.

glaucosis, greyish film.

Alph. 72 (v. glaucophthalmia).

glaucum v. glaucium, 2 glaucus.

1 glaucus v. glaucium.

2 glaucus [CL]

1 grey, greyish-blue, silvery-grey; **b** (w. ref. to water); **c** (w. ref. to eyes); **d** (w. ref. to plumage); **e** (w. ref. to vegetation). **f** (of horse) grey or (?) blue-eyed.

effigies quas glauco marmore sculpunt ALDH. *VirgV* 1340; ~um, *heawi, grei GlC* G 117; *Ib.* C 233 (v. caeruleus 1b); [Mercurii] virge caput est auratum, medium ~um, picea finis, quia sermo rhetoris primo .. pulcher videtur, deinde exasperatur, ad ultimum vero damnat reum ALB. LOND. *DG* 9. 4; **1286** j firmaculus auri cum j zaphiro magno clauco *Rec. Wardr.* 2007. **b** ALDH. *CE* 4. 1. 13 (v. caeruleus 2a); flumina .. / quae .. prata virentia glebis / .. glauco rore rigabant *Ib.* 4. 10. 12; **738** relicta .. insula quam ~a spumantis maris cerula .. vallant *Ep. Bonif.* 98; sanctorum regmina servans / unde quo glaucis cupiunt crispare fluentis / littora ÆTHELWULF *Abb.* 95; Thetidis undivage glaucas jam suscipit undas *Altercatio* 60; ~o amictu [Saturnus se munire putatur] .. quod aquose vel frigide est nature stella ejus ALB. LOND. *DG* 1. 4. **c** vir subrufus, lentiginosus, oculis ~is GIR. *EH* I 27; si fuerit humor paucus et spiritus visibilis debilis, erit color ~us nam .. glaucitas oculorum motus debilitatis est BART. ANGL. V 6; BACON *Maj.* II 26 (v. glaucitas 1b). **d** [pavo] cujus pennae pulchritudo .. nunc ~o coloris vigore fulgescit aut flava auri specie splendescit ALDH. *VirgP* 9; [columbe] collum ceruleus post glaucum fulgor adornat NECKAM *DS* II 737. **e** glauca seges lini vernans ex aequore campi / et tergus mihi tradebant primordia fati ALDH. *Aen.* 74 (*Fundibalum*) 1; margine quem mundo circumlabebat harundo / et glauce salices R. CANT. *Malch.* I 392. **f** equos .. gilvos vel gilinos, ~os [*gl.*: *bloys*; al. *cheval felon*, et dicitur quasi habens oculos pictos] BALSH. *Ut.* 46.

2 (?) sparkling, shiny, brilliant.

venit .. / Daria Vestalis .. / aurea cum glaucis quam comit lunula gemmis ALDH. *VirgV* 1163; non puduit glauco telluri sternier ostro FRITH. 220.

3 greyish-yellow, yellow or orange; **b** (w. ref. to fabric).

BART. ANGL. IV 10 (v. citrinus 2a); secundum Aristotelem videtur quod erunt hujusmodi ~us, puniceus, rubeus, purpureus, viridis, ita quod inter album et rubeum erunt ~us a parte albi, puniceus a parte rubei BACON XIV 71; ~us magis habet de albedine quam nigredine et rubedine qui ponitur in foliis et pomis maturatis *Ib.*; ad albedinem pertinent candor, albor, et lux, et ab ea descendunt v colores medii, viz. ~us sive flavus, pallidus sive azorius [etc.] BAD. AUR. 155; ~us, A. *gelu WW*; *CathA* (v. glaucitas 2). **b** **1349** unum doublett' de velvetto ~o .. duos lectos .. coloris ~i et rub' (*KRAc* 391/15) *Arch.* XXXI 37; cum custodiis rubei coloris pulverizatis cum leopardis clauci coloris *Invent. Norw.* II 16; **a1379** j lectisternium ~i et rubii coloris .. j lectus rubius cum flore lilii de ~o colore *Ac. Durh.* 120; **1383** corona de corio cooperto cum ~o *welviet* .. pro astiludiis *Ib.* 434; **1464** j *banqwer* .. de panno laneo rubio cum sertis et stellis ~i coloris insertis *Ib.* 639; **1395** unum lectum cum textura de ~o cum avibus de blodio *Test. Ebor.* III 1; **1545** satten' glauc' *KRAc* 423/10 f. 38 (cf. ib. 11: *yellow satten*).

3 glaucus [CL], kind of fish, (?) whiting.

hic †clamitus, A. *wytyng* .. hic ~us, *a whytynge WW.*

glaumaticus v. glaucomaticus.

glaux [CL], (?) sea-milkwort (*Glaux maritima*).

~x may be called in Englishe sea trifoly TURNER *Herb Names* D4.

glavia v. glaiva.

1 gleba, glaeba [CL]

1 clod (of earth); **b** (fig.). **c** chip (of stone). **d** (med.) clot, sediment.

terrae glebas cum stirpibus imis / .. disrumpo feraces ALDH. *Aen.* 83 (*Juvencus*) 3 (cf. *WW* [8..]: feraces ~as, *þa wæstmbære tyrf*); **799** de pulverolentis campaniae ~is ad caelestis culminis .. considerationem ALCUIN *Ep.* 170; ~a, c[a]espes dura *GlC* G 103; tot tibi sint laudes .. / quot glevae et pulvis, saxaque ligna simul (*Ep. ad Dunstanum*) *Mem. Dunst.* 370; R. COLD. *Godr.* 100 (v. exarare 1a); nos diu persequens lapidibus et ~is, me inaudita verborum turpitudine lacessivit P. BLOIS *Ep.* 7. 20; dicit Aristoteles .. quod eadem natura et est totius terre et unius ~e J. BLUND *An.* 8; ~a ex collectione pulveris est insimul in uno glom[ere] coadunata, ut dicit Ysid. [*Etym.* XVI 1]; terra enim ligata ~a est; soluta vero, pulvis; indurata in globum terra semen non recipit BART. ANGL. XVI 45; quasi pira, ~arum congerie inferius compressa, vi sui fervoris in libertatem purioris aeris erumpens *Chr. Witham* 501; Deus noluit quod anima saltaret in superbiam .. et ideo alligavit anime ~am gravis terre [ME: *clod of eorðe*] *AncrR* 44 (cf. 5 infra); LYNDW. 254 b (v. 3 infra). **b** **724** quamvis .. saxea .. gentillium corda .. vomere evangelicae predicationis .. subigens in ~as fertiles .. convertere niteris (DAN. WINT.) *Ep. Bonif.* 23. **c** **9..** ~a silicis, *stanes floh WW.* **d** urina spissa .. cum ~a in fundo residente GILB. I 37v. 1 (cf. ib. 38. 2: urinam .. cum ~a humoris et trumbis).

2 (collect.) soil, earth, land; **b** (fig.); **c** (w. ref. to servile status).

flasculas quas sub agrestis ~ae umbraculo abdidistis FELIX *Guthl.* 44; "heus" inquit "hospes, mecum sis perpete sospes, / .. uberibus pro votis utere glebis" FRITH. 114; civitas pulchra et uberis ~e opima ORD. VIT. IX 8 p. 515; Britannia .. habet colles .. in quibus frugum diversitates ubertate ~e .. proveniunt G. MON. I 2; ~a prepingui .. felix terra est et fecunda GIR. *TH* I 5; explorans situs locorum, .. ~e ubertatem J. FURNESS *Kentig.* 24; **s1252** (v. esus 2); *Alph.* 77 (v. ge 2). **b** in cordis sui infructuosa bono semini ~a surculamen incredulitatis plantaverat GILDAS *EB* 28; capilli .. nasci intendentes, dum ~e sue continuitatem amittunt, id quod ceperunt finire non possunt ADEL. *QN* 20. **c** licet servi non sint, ejus tamen sunt conditionis que proxima est servituti, asscripta sc. ~e, qui cum ~a vendi possunt *Lib. Eli.* III 108; W. FITZST. *Thom.* 65, GIR. *PI* III 30 (v. ascribere 2d); **c1168** etc. (v. ascripticius a); si [dominus] eum ad se liberandum alicui donaverit vel vendiderit cum ~a, id est, cum terra; et tales nativi vocantur ascripticii lege imperatoria *RegiamM* II 12. 3.

3 (eccl.) glebe-land, land *etc.* annexed to benefice.

†984 (15c) totam insulam Croylandie pro ~a ecclesie et pro situ separali .. monasterii .. *CS* 872; ~a proprie est solum datum cui advocatio ecclesie est annexa, quia incorporalis *Fleta* 177; **1331** pertinens ad ~am ecclesie sue *PQW* 37b; **1345** terra de M. nomine dotis sive ~e de *Melrose* 458; **1399** iij acras terre .. que dicitur ~a ecclesie cum inclusione et orto *Ib.* 517; **1424** cum ipsa villa sit dos sive gleba ejusdem ecclesie .. que .. alienari non potest *Pri. Cold.* 98; ~a, i. e. terra in qua consistit dos ecclesie. alias autem ~a dicitur durus cespes cum herba LYNDW. 254 b (cf. *Conc.* III 697b [**1342**]: tam religiosi quam alii possessiones .. seu reditus que de ~a reficiendarum ecclesiarum seu dote non existunt); **1456** annuatim percipienti .. de ~is terrarum ecclesiasticarum .. viij m. *ExchScot* 220; **1537** de xl s. receptis de vicario de E. pro terris et tenementis pertinentibus ad ~am rectorie ibidem *Ac. Durh.* 667; **1549** de ~is ecclesiasticis non dandis in feodum *Conc. Scot.* II 94.

4 peat, turf cut for use, esp. as fuel. **b** peatland.

c1220 concessi .. canonicis .. quod capiant ~as super terram meam ad .. fossatum reparandum *Cart. Osney* IV 402; **12..** cum focalibus viz. ~is et bruera .. mihi .. racionabiliter competentibus in mora capiendis *Feod. Durh.* 116; **1261** concedimus .. de ~is et de alio foallio ad focum predicti W. .. quantum possit sufficere *Cart. Glast.* 117; **a1282** ad fodiendum ~as .. in turbariis *BBC* (*Laugharne*) 65; **1294** quod libere possint facere .. aqueductum et ~as sumere *Reg. Paisley* 95; **1343** ad habendas et fodiendas ~as et *stokys* et *trunkes Cal. Deeds Ormond* I 324; **1348** turbariam in mora nostra de Clone, .. ubicunque sibi viderit expedire, excepto loco ubi ~as nostras duximus faciendas *Pipe Cloyne* 43; **1495** in .. cariagio, sale, ~is, focalibus, firmis domorum *ExchScot* 477. **b** **?1184** vidende sunt purpresture ubicunque fuerint in foresta domini regis .. et quomodo occupate fuerint, vel domibus, vel molendinis vel stangnis vel vivariis vel fossatis vel in ~is vel in frussuris (*Assisa Forestae*) R. HOWD. II 243 (cf. ib. 290); **1229** vidende sunt purpresture veteres et nove facte post principium secundi anni prime coronationis .. regis H. .. sive in landis, brueriis, mariscis, turbariis et ~is *Pat* 287 (cf. *Cl* 30 [**1232**]).

5 mortal clay, body (esp. w. ref. to remains of saint); **b** (of Christ). **c** headless trunk.

qui Jonae .. ~am in hospitio ceti servavit, ipse .. Dominus .. sui devoti famuli reliquias custodivit in arvis BYRHT. *V. Ecgwini* 395; sepulchrum / in quo pontificis

sanctissima gleba quievit WULF. *Swith.* I 709; post novem siquidem annos ejus sepulturae .. placuit regi .. quatenus sacrosancta ipsius ~a de tumulo elevaretur GOSC. *Werb.* xxv; hoc signo sancti corpore palpato .. exponitur ~a martyris HERM. ARCH. 20; quomodo ~a corporis ejus ad propriam deferretur ecclesiam W. CANT. *Mir. Thom.* VI *prol.*; sacram ~am irreverenter tractantes J. FORD *Wulf.* 101; ibi, o homo, ~a corporis tui que est terra, de terra, ad id unde sumpta est reducetur P. BLOIS *Ep.* 117. 347C; ~am religiosi doctoris sepelierunt ORD. VIT. VIII 6 p. 304; AD. EYNS. *Hug.* V 19 (v. gestarius b); brevis et angustus aditus ingentis corporis ~e prohibebat ingressum *Hist. Arthuri* 88; **s978** accidit .. Lefwinam .. sacras reliquias, sc. sacratissimam ~am sancti N[eoti] .. deferre *Croyl.* 55. **b** crux in Calvaria grandis erigitur, / in qua dulcissima gleba suspenditur WALT. WIMB. *Carm.* 577; si ~a corporis Christi naturaliter sursum est, et tota terra—saltem cum erit glorificata FISHACRE *Quaest.* 49. **c** post ictus gladii Symon datus est requiei. / gleba fuit capiti de nocte reddita tandem (*Mors Simonis*) *Pol. Poems* I 228.

2 †gleba [cf. ME *glede*], a live coal.

a flawe of fyre, flamma, ~a .. ubi *sparke CathA.*

glebalis, (w. *terra*) glebe-land.

in una bovata terre ~is in Hempsall' *Val. Eccl.* V 161; **1542** cum rectoriis .. cum omnibus terris ~ibus, decimis et proficuis (*Cl*) *Foed.* XIV 746b; **1577** infra .. glebas, terras ~es, fundos seu alios locos .. existentes infra ambitum .. civitatis [*Dublin*] (*Pat*) *Gild Merch.* II 63; **1583** rectoriam, terras ~es, decimas ac cetera *Pat* 1235 m. 10.

glebarium, turbary.

1198 (1333) in silvis, campis .. viis, semitis, moris, ~iis, lapidibus, metallis, avibus [etc.] *MonA* V 673b; **1294** pro igne .. de ~io suo solvebant .. c tassas de glebis .. et habebant unum ~ium libere *Doc. Aberffraw* 24.

glebarius [CL]

1 turf-cutter.

a turfe graver, ~ius, turbarius *CathA.*

2 landrail, corncrake.

a rayle, ~ius, avis est *CathA.*

glebatorium, turbary.

1506 terras .. extendentes ad antiquam fossam de communi .. et ascendentes ad novam fossam pertendentem orientaliter ad ~ium sive *libman* .. communis *RMS Scot* 2960.

glebatus, (w. *terra*) (?) glebe-land.

rectoria de Llan Aber valet in .. terra ~a per annum vj d. *Val. Eccl.* IV 427.

glebella, small clod of earth.

a turfe, cespes, gleba, ~a *CathA.*

glebo [LL], churl, clod-hopper.

~o, *unwis GlC* G 119; †glebra, arator *Ib.* G 122; ~ones, rustici aratores OSB. GLOUC. *Deriv.* 264; *a churle*, bativus, calcitro, rusticus, gello, gillo, ~o *CathA.*

glebula [CL], small lump of earth. **b** soil. **c** (?) small piece of land; **d** (fig.).

dum .. ruptis sulcorum ~is jugerum occa .. deperiret ALDH. *VirgP* 31. **b** gemmas / pulverulenta tegit quas spurci glebula ruris ALDH. *VirgV* 165. **c** recedat veritas a nostra terula, / in nostris finibus nec digna glebula WALT. WIMB. *Sim.* 41. **d** antiquus faciem mutat igneolam / per ventris glebulam lapsus lacteolam; / sic lac per lacteam fusum areolam / lacte mortalium rigat vineolam *Id. Carm.* 36.

glecca [? cf. ME *glet*], slag (of lead).

c1295 de remanenti plumbi anni precedentis extracti de ~a et cineribus *KRAc* 260/6 m. 2; **1302** affinatori colligenti ~am et frangenti cineres de affinacionibus *Ib.* 22 m. 5d. (cf. ib. m. 8: frangenti ~as affinacionum).

glechon [γλήχων], pennyroyal (*Mentha pulegium*).

recipe .. elempnii, sansuci, gliconis, roris marini GILB. VI 273v. 2; gliconium, glis, lappa, burdana, pulegium regale, idem polligonia et *clote* idem *Herb. Harl. 3388* 80; gliconium, pulegium regale idem *Alph.* 76; pulegium regale, gliconeum idem, simile est calamento *Ib.* 180.

glegell- v. gladiol-. **glena** v. glaiva, glana. **glenare** v. glanare. **glenia** v. glania. **glescere** v. gliscere. **glesus** v. gloriosus. **gleva** v. gleba. **glic-** v. et. glyc-. **glichos** v. lithos. **glicida** v. glycyside. **glico, ~oneum, ~onium** v. glechon.

glimare [cf. ME *gleimen*], to ensnare.

~o, *to be gyle WW.*

glio [cf. γλιά, γλοιός], sticky deposit.

sordicies que in balneis colligitur que nominatur ~o virtutem calidam gerit *Alph.* 176.

glirius, sleepy, lazy person.

~ius, piger et somnolentus homo OSB. GLOUC. *Deriv.* 264.

1 glis [CL], dormouse; **b** (fig., typifying sleepiness).

~s, *sisemus ÆLF. Gram.* 309; ~s, ~ris .. genus muris quod multum dormit OSB. GLOUC. *Deriv.* 259; ~res, mures qui tota hieme dormiunt *Ib.* 264; animalia .. que et ~res dicuntur quia pingues eos efficit somnus, nam gliscere dicimus crescere; hieme tota dormiunt GIR. *TH* I 20 (cf. Isid. *Etym.* XII 3. 6); in quibusdam .. corporibus .. hieme mediocris calor .. ut in .. ~ribus, unde in hieme .. jacent velut mortua *Quaest. Salern.* P 11; ~res comestibiles BART. ANGL. XV 84; glis animal, glis terra tenax, glis lappa vocatur / gliris animal, glisis terra tenax, glitis lappa vocatur / sic genus istius dignoscitur et genitivus GARL. *Syn.* 1578C; hic ~is, ~ris, A. *dormowse* .. hic ~s, hic sorex, A. *a dormows* .. *a glonsers WW.* **b** sacerdotis .. officium debet esse leonem crudelitatis, lupum rapacitatis, taurum feritatis, vulpem astutie, hircum immunditie, ~rem somnolentie, equum et mulum luxurie, asinum pigritie aliaque bestialia vitia in se occidere *Simil. Anselmi* 94; H. BOS. *LM* 1419A (v. Epicureus 1b).

2 glis [cf. TLL; *gen. uncertain*], teasel, burr.

prava seges glitibus [*ed.*; MSS: gliribus] densescet acerbis ALDH. *VirgV* 2725; ~s, *egle GlC* G 104; hec ~s, glissis, i. carduus quod aliter lappa dicitur OSB. GLOUC. *Deriv.* 259 (cf. ib. 264: glissis, mala dumus); GARL. *Syn.* 1578C (v. 1 glis a); *CathA* (v. bardana).

3 glis [OF *glise*; *forms of gen.* gliris, glisis, glitis *recorded*], marl, chalky clay. **b** mould, moss.

o vitia mea, ut quid lethiferis illecebris, sicut †gliris bastulam [? l. vasculum] suam [? l. sua] tenacitate infectam [? l. infectum] vincere solet, animum meum vobis agglutinatis ELMER CANT. *Quer.* 812D; hec glis, ~tis OSB. GLOUC. *Deriv.* 259 (v. glitteus); Hasculphus a marina ~si per quam ad naves transfugerat retractus hostium multitudine magna per marinam ~sim, quo transfugerant, interempta GIR. *EH* II 17 p. 341; pre ~sis mollitie, dum ad ima penetraret humana ponderositas, terre lubrice sanguis profluus superficiem tenens genua cruraque de facili pertingebat *Ib.* p. 342; **1256** in glire et fecibus (v. faex 1c); glis, .. glisis terra tenax GARL. *Syn.* 1578C (v. 1 glis a); **1317** in xv summis ~ris ad plastrand' emptis *Fabr. Exon.* 78; *CathA* (v. glitosus); *a mudde*, cenum, limus (~s, lutum etc.) *Ib.* **b** *a mowldnes*, ~s, mucor, mussa *CathA.*

gliscera [LL], (? folding) table.

glissera, mensa cibatoria, que et assidela, et cilliba dicitur OSB. GLOUC. *Deriv.* 264.

gliscere [CL]

1 to swell, fill out, grow; **b** (of person, also fig.); **c** (fig.).

fasciculis quos hortus .. / germinat ex gremio, cum glescit gramine tellus ALDH. *VirgV* 1584; **a690** glescentium culmina tiliarum *Id. Ep.* 5; glescunt ut glebae germina / dura atque tenerrima (ÆTHELWALD) *Carm. Aldh.* 4. 45; glescit, crescit *GlC* G 123; GIR. *TH* I 20 (v. 1 glis a). **b** virguncula .. / .. / .. cum primo glesceret aevo ALDH. *VirgV.* 1929; puer .. / .. gliscens virtutibus almis FRITH. 48. **c** heresis glescit necnon jactantia crescit ALDH. *VirgV* 2698.

2 to blaze, shine (forth).

~o, i. .. resplendere OSB. GLOUC. *Deriv.* 259.

3 (trans.) to desire eagerly. **b** (w. inf.) to be eager (to). **c** (pr. ppl.) eager, fervent.

quippe vir infandus cupit hunc exponere prede / aurum dum mentis gliscit sitis anxia fede / non prohibent propria scelus illud federa cede NIG. *Paul* 46. 79; hec metra .. tu noli pendere vili. / ista libens disce, que sunt insignia glisce M. RIEVAULX (*Vers.*) 46. 16. **b** dulce poema tibi nunc gliscimus edere WULF. *Poems* 10; ferculum tibi aureum afferre ~it cor meum GOSC. *Transl. Aug. prol.* 14; imperatoris .. voluntatem .. scimus, eique .. placere ~imus ORD. VIT. X 12 p. 73; gentem .. nobis .. imperare ~entem GIR. *EH* I 7; scripta verba .. legere ~entibus patuerunt J. FURNESS *Walth.* 87; versus illam partem cujus generationis ~it concipere M. SCOT *Phys.* 7; quicunque ~it humana corpora conservare in sanitate BACON IX 44; **1403** hinc est quod ad regie vestre majestatis aures ~imus convolare per presentes (*Lit. ad Regem Anglie*) *Foed.* VIII 297. **c** vivebant angelice ut .. indigenae celi et cohaeredes sibi ~entes regni Dei GOSC. *Aug. Maj.* 46D.

glisera [cf. 3 glis]

1 bank of gravel or shingle.

1306 gurgites juxta costeram maris ac eciam escaetas quas in ~a ibidem inveniri contigisset [*Dublin*] *Chanc. Misc.* 10/17 (18) (cf. ib.: in ~is); **1307** versus mare sicut pali seu pertice sunt ibidem stantes et in ~a fixi versus orientem (*Inq.*) *Ib.*

2 *s. dub.*

1287 in cariagio meremii .. viij opera .. in cariagio fimorum .. in ~a participanda [*erased*] *MinAc* 922/22 (*Hardwick, Glos*).

gliserare [cf. Fr. *glaiser*], to marl (land).

1271 in xvj acris et dim. ~andis, lxxiiij s. vj d. *MinAc* 922/21 (*Hardwick, Glos*).

gliserium, bank of gravel or shingle, gravel-pit.

1175 in bosco et plano, in sabulis et ~iis, cum omni *wrech* quod in terra illorum venerit *Cart. Dublin* I 79; **1223** concessisse .. ecclesie B. Marie de Tynterna .. dominium de Wlaveston cum omnibus pertinentiis suis in domibus .. piscariis, ~iis, aquis, wreccis .. *MonA* V 267b; **?1225** habeant .. terras .. in mariscis et piscariis et ~iis *Ib.* VI 1135a.

glissera v. gliscera. **glister-** v. clystere.

glitosus [cf. 3 glis], marly.

marle, creta, glis, ~us *CathA.*

glitteus [cf. 3 glis], marly.

hec glis, -tis, i. terra argillosa et inde ~eus, i. terrenus OSB. GLOUC. *Deriv.* 259.

gloa [OF *gloe*], brushwood.

c1160 dedit .. decimam piscium .. et masuras .. et astellam summarii, et ~am quadrige (*sic*) ad portam Archarum, et mortuum nemus de forestis meis ad eos [leprosos] calefaciendos *Act. Hen. II* I 260.

gloarius [cf. gloa], woodman, brushwood-cutter.

a1188 j quadrigam in eadem foresta cum j equo et ij hominibus .. ad sequendum ~ios comitis; et quicquid eis supererit illi quadrige accipere licebit, viz. in branchis et in furcis preter grossum arboris ita quod ~ii vel forestarii .. vel alii ministri hanc consuetudinem nullo modo diffortiare possint *Act. Hen. II* II 294.

globa v. globus.

globare [CL], to form into a ball, heap together. **b** to wind (thread) into a ball.

~at, acervat, rotundat *GlC* G 107; ~are, cumulare, acervare OSB. GLOUC. *Deriv.* 264; si ante exortum nubes ~antur, hyemem asperam denunciant BACON VI 49; *asembler*, .. ~are *Gl. AN Ox.* f. 153r.; *to heppe*, accumulare .. conglobare, congregare, ~are, glomerare, gregare *CathA.* **b** *to wynde clews*, ~are, conglomerare *CathA.*

globatim, in a ball (in quot., w. ref. to person in flexed position). **b** in a group or throng.

immittitur .. puer manibus genua amplexantibus, ~im ligatus, sicut hujus sacramenti habet usus GOSC. *Lib. Mild.* 20. **b** ~im, gregatim, catervatim, turmatim OSB. GLOUC. *Deriv.* 262; qui domi remanserant, ~im accurrunt T. MON. *Will.* I 11.

globatio, accumulation.

c1412 monstruosa videtur ordinis novi conglobatio, per hoc quod diabolus ditat et onerat vocatum false clerum Domini, cum talis ~o non sit honoris, sed oneris (*Lit. Univ. Ox.*) *Conc.* III 344b.

globellus, ball (of thread). *Cf. glomellus.*

genetheum .. in quo .. videbamus ~os [*gl.*: *glaceus, lusseus*] et mataxas BALSH. *Ut.* 52.

globeus, round, globular.

V. Cuthb. II 7 (v. globus 1d); tu scis quid machinam celestem torqueat, / quid terram globeam immotam teneat WALT. WIMB. *Carm.* 389.

globilare, to play bowls.

1543 Thomas P. manutenet hospicium et locum globilacionis; .. certe persone .. ~averunt et illicite ludebant ad globos .. contra formam statuti [cf. *StRealm* III 839–40] ac in malum exemplum *CourtR* 173/46 r. 16 (*Pleshey, Essex*).

globilatio, bowling, playing bowls.

1543 (v. globilare).

globose, in a ball, in a mass.

globus, .. inde globosus; .. ~e, et hec globositas OSB. GLOUC. *Deriv.* 255.

globositas, round mass.

OSB. GLOUC. *Deriv.* 255 (v. globose); cum mel [i. e. Christus] in melleo globo [i. e. in ventre Virginis] reconditur, / mellis globositas major efficitur WALT. WIMB. *Carm.* 18.

globosus [CL]

1 round, rounded. **b** forming a round mass, (of fist) clenched. **c** (of crowd) close-packed. **d** (of place) constricted.

serpens qui lubrico laterum sinuamine labens septena volumina ~o corpore traxit *Lib. Monstr.* III 8 (cf. Virgil *Aen.* V 85); ~us, ex solido rotundus *GlC* G 126; OSB. GLOUC. *Deriv.* 255 (v. globose). **b** pugnus ~us digitorum aculeis exsolvitur GOSC. *Trans. Mild.* 24 p. 192 (cf. ib. p. 190–91: manus pugilis digitos contorte palme insertur ac si clavos gemebat infixos). **c** monachi .. / agmine pastorem tantum cinxere globoso FRITH. 1335. **d** ubi rectores .. gignerent Christianum populum .. dissipatores in ~o latibulo subtrahunt gentem regnis .. et filios dyaboli parturiunt WYCL. *Sim.* 88.

2 (med., of liquid) containing solid matter.

urine ~e GILB. I 37v. 2; humefaciendo os .. matricis ut .. sperma viri viscosum et ~um et grandinosum .. intret GAD. 75. 1; trumbosus sanguis, i. ~us *SB* 42.

globulus [CL], little ball: **a** cocoon of silkworm. **b** bead or sim. **c** bullet.

a genestarum frondosa cacumina scando / ut globulos fabricans tum fati sorte quiescam ALDH. *Aen.* 12 (*Bombix*) 4. **b** **1549** zona serica cum ~is auro sericoque *Reg. Aberd.* II 191; stola egregia .. cum x magnis ~is ex auro *Ib.* 192. **c** **1573** (v. exonerare 1b); ferrearum usus fistularum .. increbruit; etsi enim primis temporibus harum sonitum ferre .. non poterant, multo minus eas inflammare audebant; tamen, nostra aetate, ipsi tormentarium pulverem conficiunt, et plumbeos ~os per istas fistulas .. expedite collimant STANIHURST *Hib.* 42.

globus [CL]

1 compact mass of more or less spherical shape; **b** (of thread); **c** (of water); **d** (of fire); **e** (fig.). **f** clot (of blood).

~us, rotunditas *Gl. Leid.* 35. 220; OSB. GLOUC. *Deriv.* 255 (v. globose); indurata in ~um terra BART. ANGL. XVI 45 (v. 1 gleba 1a); in quorum Ricardus opem volat agmine denso / agmen pulvereus monstrat adesse globus GARL. *Tri. Eccl.* 63; WALT. WIMB. *Carm.* 18 (v. globositas); **1586** *satten .. printed* juxta formam ~arum (*sic*) *Ac. LChamb* 77 f. 8v. (cf. *Misc. LChamb.* 36 p. 9: *satten printed lyke globes*). **b** textrix telam .. percurret pectine aut mataxa circumvoluta ~um filorum ministrabit NECKAM *NR* II 171; sicut filum est ita magnum convolutum in ~o sicut foret extractum in longum WYCL. *Apost.* 158; nomina mulierum cum suis instrumentis: .. hoc ~us *a clew*; hic glomicellus idem est; hoc glomeracio, *a hep of threde WW*. **c** sum veluti saxum grande ruens in aquas: / mergitur, exiguum sed in orbem colligit undam, / spargit et undarum non procul inde globos L. DURH. *Dial.* IV 132. **d** in futuro .. ignium ~o te exuri GILDAS *EB* 32; sine fumigabundis flammarum ~is ALDH. *VirgP* 36 (cf. Virgil *Georg.* I 473); arebant astra ignito / torrentis globi jaculo (ÆTHELWALD) *Carm. Aldh.* 4. 44; animam sanctam quasi in ~o igneo ad coelum efferri *V. Cuthb.* I 5 (cf. ib. II 7: ut auxilium Dei petere dignetur a globeis ignis [v. l. globis igneis] circumdantibus habitacula); apparent .. crebri flammarum tetrarum ~i BEDE *HE* V 12 p. 305; **716** flammam .. sub uno ~o totius mundi machinam complectentem BONIF. *Ep.* 10; **982** (13c) gehennalis incendii ~is absorbtus *CD* 1278; ignes .. in saxeos ~os vertebantur G. MON. II 10; cum ante altare .. [Martinus] sisteret supra caput ejus igneus ~us visus est BELETH *RDO* 163. 164D; cometa .. quasi sub ignei ~i specie pretervolando .. sonitu .. quasi tonitrui GIR. *PI* III 28; flammarum ~i de gurgite marino .. exilire cernuntur AD. MARSH *Ep.* 48. **e** si omnes corporis mei artus in unum gratulationis ~um unirentur .. (*Ep.*) *Mem. Dunst.* 374. **f** trumbus, i. ~us *SB* 42; ypopias, i. ~us sanguinis ex percussione *Alph.* 197; nigri et coagulati cruoris ~os .. evomuit *Mir. Hen. VI* I 21 p. 55.

2 ball. **b** (pl.) bowls (for game of bowls). **c** (w. ref. to regalia) orb. **d** cannon ball.

~us, pila *GlC* G 110; **1573** Robertus D. .. jactabat quandam ~am super terram *Pat* 1105 m. 34 (cf. ib.: habens predictam ~am pretii ij denariorum). **b** **1543** (v. globilare); **1576** luserunt .. apud ~os; ideo quilibet in misericordia ij d. (*CourtR*) *Hist. Castle Combe* 329; **1591** inhabitantes .. usi sunt .. lusis ~orum [Anglice: *have played at bowles*] .. in loco apto vocato *le playstall* contra formam statuti (*Purleigh, Essex*) *MS Essex R. O.* D/DVo 3 m. 10v. **c** **s1377** sceptrum .. consurrexit de rotundo ~o aureo .. et habebat in summitate signum crucis WALS. *HA* I 336. **d** adest .. Alvarus .. cum v triremibus regiis, qui .. aliquot emissis ~is .. in naves nostras invadit ASCHAM *Ep.* 51 p. 351.

3 sphere of heavenly body; **b** (of earth). **c** light.

ut globus astrorum plasmor teres atque rotunda / sperula seu pilae ALDH. *Aen.* 100. 57; lunaris ~i rotunditas *Id. Met.* 3; ~us, .. circulus, luna et rota *GlC* G 105; quasi ~us solaris michi circa pectus tuum apparebat G. FONT. *Inf. S. Edm.* 38; ~us .. lune veluti speculum ex rore constare dicitur ALB. LOND. *DG* 7. 4; si tota terra poneretur supra ~um lune .. BACON XIII 402; ave virgo .. / .. / cujus plantis est substratus / lune globus WALT. WIMB. *Virgo* 28; lumen quod est in ~o solari LUTTERELL *Occam* 10. **b** de singulis que in sublunari ~o proveniunt J. SAL. *Pol.* 440A. **c** ~us, *leoma GlC* G 106.

4 mass, pile; **b** (of riches or property).

fecit .. advehi multam struem lignorum et lapidum .. ut .. ~os et montanas .. facerent, super quos bellare deberent *G. Herw.* 334b (cf. ib. 335: ~os quatuor ex ligno in quibus instrumenta bellandi statuere proposuerunt); *a byrdyn*, pondus, .. ~us acervus, moles *CathA*. **b** **s1323** episcopos omnibus ~is temporalitatis ceterisque bonis .. expoliavit *Flor. Hist.* III 219.

5 group, throng (of persons). **b** clique. **c** pack (of dogs).

a690 Theodorus summi sacerdotii gubernacula regens Hibernensium ~o discipulorum ALDH. *Ep.* 5 p. 493; ~us, collectio multorum *GlC* G 132; *GlH* D 162 (v. daemonicus 1); personarum .. ingens ~us ibidem conglomeratus est ORD. VIT. X 14 p. 85; ut nullius persone in ~o tante multitudinis delectus esse potuisset AD. EYNS. *Hug.* V 20 p. 227. **b** Deus .. docuit .. dando pluvias .. quod late in comuni et non in ~is inordinate homines extenderent bona sua WYCL. *Sim.* 97; **1412** ~us fratrum sicut non habet fundacionem a Domino .. trahit fratres ad peccatum (*Lit. Univ. Ox.*) *Conc.* III 341b. **c** diabolus .. simulato teterrimorum canum ~o, immani latratu .. in eum ruit EADMER *V. Dunst.* 2.

6 (?) totality, concentrated mass.

quidam .. ponentes lumen fidei requisitum, ponunt illud lumen unum ~um gracie per se ponibilem, requisitum ad hoc quod aliquis sit fidelis WYCL. *Trial.* 55.

gloccum v. 2 cloca.

glocire [LL], to cluck.

gallina Getula domestica .. gutturosa magis perpetuo quam nostri cum ~iunt CAIUS *Anim.* 20.

glocka v. 2 cloca.

glomellus, ~um, little ball.

ferre docet glomeres, ut ferre solet sibi Seres, / quem peperit vellus hoc fertur vase glomellus R. CANT. *Malch.* III 557; ~um, i. parvus glomus OSB. GLOUC. *Deriv.* 262 (v. glomus 1b); die .. sabbati .. opere servili indulsit, filum sc. in ~um convertendo GIR. *Hug.* II 4.

glomen [*byform of* glomus, glomer], ball (of thread).

dicimus hoc ~en .. et hoc glomer, ambo pro filorum cumulo OSB. GLOUC. *Deriv.* 255.

glomer v. glomus.

glomeranter, in a mass.

stipatim, cumulanter, cumulatim, ~er, glomeratim OSB. GLOUC. *Deriv.* 555.

glomerare [CL]

1 to form into a mass, pack together.

genae gemellae collibus / glomerantur cum mollibus (ÆTHELWALD) *Carm. Aldh.* 5. 34; ~at, convolvit *GlC* G 127; omnia sua .. in sarcinulas colligando ~avit R. COLD. *Cuthb.* 105; nam vi vel flatus vel aque glomerantur in unum / exiles atomi particuleque leves NECKAM *DS* V 61.

2 to assemble (persons), gather (animals) into a crowd; **b** (pass. in middle sense). **c** to gather (individual) into (existing) crowd. **d** (intr.) to crowd together.

concilium glomerant .. nefandum ALDH. *VirgV* 923; **c697** (12c) regi Cantuariorum, necnon .. abbatibus, .. ducibus, satrapis in unum ~atis *CS* 91; **706** examina apum .. emergunt et .. cohortes .. ad aethera ~ant ALDH. *Ep.* 9 (12); **990** (12c) tribus .. rebus .. exceptis .. id est cum ~ata sibi alternatim expeditioni [? l. expeditione] compulerit populari commilitonum confligere castra *CD* 673; muliercule simul ~ate GOSC. *Aug. Maj.* 56D; [gnatones] in amenioris temporis presagium ~antur J. GODARD *Ep.* 220; R. MAIDSTONE *Conc.* 285 (v. erilis 2); ne ~ata et indisciplinata multitudo libidine transeundi seipsam comprimeret *G. Hen. V* 11. **b** venit pontifex .. et populus ~atur ad illum GOSC. *Wulfh.* 6. **c** nec minus interea glomeretur virgo Johannes ALDH. *CE* 4. 5. 1; †glomoramur, atjungimur *GlC* G 130; nunc precor in tua gloria .. mirifice ~atus cum tuis sanctis ut vincula prostrati hominis solvas BYRHT. *V. Ecgwini* 388. **d** omnes pariter glomerantes agmine denso / contra .. senem sistebant ALDH. *VirgV* 817; catervatim glomerant ad bella falanges *Ib.* 2454; neque latrones libidis / glomerantes genuinis / letiferae libidinis / .. / abstrahunt (ÆTHELWALD) *Carm. Aldh.* 2. 54; qui diversis inordinate ~antium heresibus affligitur solo .. ecclesiae fideliter corde quaeritatur BEDE *Luke* 443A; vasta glomerante caterva *Mir. Nin.* 23; assidue circa regem glomorantes .. concinnabant dolos FAVENT 2 (cf. ib. 10: proditores circa vos ~antes).

3 accelerate (one's steps), make rapid (movement).

omnis eo agrestium turba cursu fugam ~at W. MALM. *GP* V 217.

glomeratim [CL], en masse, in crowds.

quotidie .. ad nos nova exsulum multitudo confluebat .. ceteri .. quotidie ~im veniebant ad nos H. BOS. *Thom.* III 13; **s1097** ut cives .. obsessores invaderent ~im exeundo M. PAR. *Min.* I 80; **s1198** cum fugiendo ~im pontem .. ascendissent, confractus est pons pre multitudine transeuntium *Flor. Hist.* II 119; **s1250** potius more Sarracenorum quam Francorum more ~imque veniebant M. PAR. *Maj.* V 161; **s1296** in tantum crevit sedicio ut tam clerici quam laici .. ad pugnam accurrerent ~im RISH. 167.

glomeratio [CL]

1 ball (of thread).

hec ~o, *a hep of threde*, hec congeries, *a hep of stonys*; congeries lapidum tibi sit, glomeracio fili *WW*; *a clewe*, globus, glomus, ~o *CathA*.

2 crowd, throng (of persons).

intercurrente jugi plebium ~one GOSC. *Transl. Aug.* 20A; rex cum tanta hominum ~one eos alloqui abhorruit FAVENT 12.

glomerellus [OF *glomerel* < *grammarellus], schoolboy learning grammar. *Cf. glomeria.*

~i nescientes Grecum corrumpunt omnia vocabula Greca BACON V 3; est .. fictum a ~is quia ignorant Grecum *Ib.* 60*n.*; **1276** si .. magister glomerie cognoscat inter scolarem actorem et ~um reum .. volumus .. quod ad cancellarium appelletur (H. BALSHAM) *StatCantab* 151*n.*

glomeria [cf. grammaria], grammar. (*Cf. Rashdall's Med. Univ.* II 288, Leach, *Schools Med. Eng.* 171–2).

1276 (v. glomerellus); **1277** magistro ~ie pro Johanne de H. [et aliis] xx d. (*Ac. Merton Coll. Ox.*) *Educ. Ch.* 214; **1308** de quibusdam domibus et tenementis in quibus scole ~ie modo sunt et esse consueverunt in civitate nove Sar[esberie] *DC Sal.* (*HMC*) 343; **a1350** scrutatores .. deputentur magister ~ie et duo juniores magistri in artibus .. regentes *StatCantab* app. I 316; **c1398** statuimus .. quod .. nullus eligatur in procuratorem hujus universitatis pro tempore quo fuerit magister ~ie *DocCantab* I 347.

glomerium, cloak.

a mantylle, ciclas .. ~ium *CathA*.

glomerosus [LL], close-packed, crowded.

per ~os hostium cuneos GOSC. *Lib. Confort.* 51; **s1342** quamvis [rex Francie] cum ~a multitudine occurrisset WALS. *HA* I 254; **s1387** Cestrienses in multitudine ~a .. adduxit AD. USK 5.

glomerus v. glomus.

glomicellus, little ball (of thread).

~um lineum *NLA* II 185 (v. glomus 1b); hic globus, A. *a clew*, hic ~us, idem est *WW*; *an hepe* .. glomeracio, ~um, ~us *CathA*.

glomorare v. glomerare.

glomus [CL glomus, ~eris, *n.*; *the form* glomus, ~i, *m. is first recorded in* LL, *and* glomer, ~eris, *m. in* ML]

1 round mass, ball (also fig.); **b** (of thread).

ut pater, puer, piger .. amor, glomer ALDH. *PR* 113; sanissima de informi ~ere viget formosa puella GOSC. *Transl. Mild.* 27; in uno glom[ere] BART ANGL. XVI 45 (v. 1 gleba 1a); o Yvo, .. in terram lapsus es, connumeratus cum mortuis .. testa fragilis, glomum cineris, lutum fictile *Croyl. Cont. A* 125. **b** cum lanea filorum stamina ex ~ere et panuculis revoluta neglegenter vilescunt ALDH. *VirgP* 9 (cf. ib. 38: peplum ex tereti filorum ~ere fusoque netum); glomer, *clouue GlC* G 115; glomeres R. CANT. *Malch.* III 557 (v. glomellus); tenuit in manu .. ~erem lineum clarissimi jubar luminis emittentem W. MALM. *GR* II 111 (cf. ib.: ~us fulgidum) (= *NLA* II 185: glomicellum); Dedeli secuti ingenium .. nos ~us [= *Eul. Hist.* I 396: ~er] ingens portantes paxillum in introitu fiximus; ibi principio fili ligato .. devoluto ~ere .. iter nostrum direximus *Ib.* 170; ~er et ~us, filorum cumulus, inde glomellum, i. parvus ~us OSB. GLOUC. *Deriv.* 262; ~er, *clowen WW Sup.* 220; navicula .. pannum habebit .. spola vestitum, que penso seu ~ere materiam operi ministraturo operietur NECKAM *NR* II 171 p. 281; glomos fili extricet [*gl.: lusseus, lusiel, luscel*] *Id. Ut.* 101; de sinu .. glomum fili extraxit et extra .. fenestram projecit, capite fili in manibus retento ..; mox .. glomum agili volatu .. subsecuta est COGGESH. *Chr.* 123; [Karoli visione, qui] in spiritu .. raptus .. et per ~erem clarissimi fili ductus vidit [etc.] BRINTON *Serm.* 204; ~us, *a clewe*, glomerus, .. *clewe WW*; est ~us, hinc glomerus *CathA*.

2 (?) thread. **b** (?) wick.

[chlamys] instita candet / longa, peregrinum quasi dedignata colorem, / tam levibus contexta glomis [v. l. globis] ut aranea credi / possit, tam tenuis .. / innumerisque plicis tenere crispata superbit H. AVR. *Hugh* 214. **b** privatos lumine ~os manibus ambabus arripuit BEN. PET. *Mir. Thom.* 2.

glomusculus, little ball.

~um de capillis .. Marie invenit ORD. VIT. IX 15 p. 608.

1 gloria v. 1 glarea.

2 gloria [CL]

1 honour, fame (accorded to persons); **b** (as title).

rex fortissimus et ~iae cupidissimus Aedilfrid BEDE *HE* I 34; **1167** ut de sanguine meo .. faceres tibi nomen et ~iam BECKET *Ep.* 349; GIR. *TH intr.* p. 6 (v. 2 comparare a); Normannorum .. dux et Anglorum rector .. future, digestam historiam destinavi quatenus .. paterna tibi ~ia ~iam accumulet *Id. EH proem.* p. 224. **b** in Anglorum gente .. cui vestra ~ia .. est praeposita (*Lit. Papae ad regem Anglorum*) BEDE *HE* I 32 p. 68; *Ib.* II 11 (v. destinare 2a).

2 splendour, magnificence. **b** pride, self-esteem. **c** person or thing bringing glory, ornament. **d** pomp, ceremony. **e** display, show; *cf.* 6 *infra*.

licet versicolor pavonis ~ia .. praecellat ALDH. *VirgP* 9; sine topazio .. et rubicunda gemmarum ~ia *Ib.* 15. **b** vultus .. qui virilis ~ie decorem satis comprobatur .. ostendere R. COLD. *Osw.* 51; per Narcissum .. inanis designatur ~ia, que umbra sui ipsius fallitur NECKAM *NR* I 20 p. 67; *Ib.* (v. ignescere 2a). **c** vinea frugiferis ut constat gloria campis / pampinus immensos dum gignit palmite botros ALDH. *VirgV* 177; o Bassine bone, Spirensis gloria plebis ALCUIN *Carm.* 4. 56; gloria frugum NECKAM *DS* VII 3 (v. granum 1a); religionis apex et nostri gloria secti [i.e. Bernardus] (*Vers.*) M. RIEVAULX 14; sicut mulier viri ~ia, etiam ipsa [sc. pars inferior] ~ia meretur dici superioris partis mentis, dum ei subditur FORTESCUE *NLN* II 63. **d** corpora condidit cum multa ~ia in ecclesia Coloniae BEDE *HE* V 11 p. 301; processit [Tiberius] in senatum cum ~ia imperiali *Eul. Hist.* I 138. **e** **1167** litteras domini P. .. non penitus pompositatis ~ia carentes BECKET *Ep.* 115.

3 worship, honour, glory (accorded to God).

Pater et Filius et Spiritus Sanctus, cui sit honor et ~ia GILDAS *EB* 110; nunc clara ingenito dicatur gloria Patri / nec minus et genito promatur gloria Nato ALDH. *CE* 3. 83–4; audivimus abbatissam .. proclamare "sit ~ia nomini Domini" BEDE *HE* IV 17 p. 245; gloriae laudum pia plenitudo / sit Patri ALCUIN *Carm.* 121.16.1; duo sunt que Deus sibi ipsi reservavit, viz, ~iam [ME: *wurchipe*] et vindictam *AncrR* 107.

4 (first word in title of hymn or verse): **a** *Gloria in excelsis*; **b** *Gloria Patri*; **c** *Gloria, laus*. (*Cf. RegulC* 35*n.*).

a ~ia in excelsis Deo minime dicatur LANFR. *Const.* 91; R. NIGER *Chr. I* 73, *Obs. Barnwell* 110 (v. cyrieleison); GIR. *GE* I 7 (v. alleluia); **1245** (v. cyrie). **b** dicat Psalmum 'Deus in adjutorium meum intende' totum cum ~ia *RegulC* 15; ad responsoria et ad missam dicatur ~ia Patri LANFR. *Const.* 100; luce quidem Domini sex canis ordine psalmos / Gloria prolata cum psalmis quatuor una GARL. *Myst. Eccl.* 200. **c** subsistant donec pueri .. decantent ~ia, laus, cum versibus omnibus *RegulC* 36; canant pueri .. ~ia, laus LANFR. *Const.* 103; cum .. pervenerit conventus ad locum ubi ~ia, laus debet cantari, .. fiat stacio ..; ~ia, laus .. finita .. campana pulsentur *Cust. Cant. Abbr.* 315.

5 (theol.) glory, (state of) blessedness (esp. w. ref. to heaven); **b** (w. ref. to virginity or other virtue).

in caelesti ~ia ALDH. *VirgP* 16; BEDE *HE* II 1 (v. dogmatizare 1b); **805** si quis hanc largitionem .. deminuerit, deminuetur sibi ~ia in Christo *CS* 322; BYRHT. *V. Ecgwini* 388 (v. glomerare 2d); quam grave malum sit perdere ~iam aeternam ANSELM (*Ep.* 297) IV 217; W. RAMSEY *Cant.* f. 188rb (v. glorificabilis); caro novam superinduit creaturam ejusdem nature sed alterius ~ie *Mir. Cuthb. Farne* 1; **1231** erit in illa ~ia discretio dignitatum GROS. *Ep.* 6; domino Roberto de E., frater A., datum optimum gratie et ~ie donum perfectum AD. MARSH *Ep.* 119; ut inveniant .. Deum et omnes ejus sanctos viventes in ~ia [ME: *blisse*] *AncrR* 135; inpetrare .. abundanciam gracie temporalem et ineffabilis ~ie beatitudinem sine fine *Spec. Incl.* 2. 1 p. 88; **1423** a statu lapsus ad statum ~ie sempiterne *Reg. Cant.* III 163. **b** vera .. virginitatis ~ia ALDH. *VirgP* 16; BEDE *HE* III 8 (v. 1 continentia 1); inter ceteras virtutis et modestiae et .. specialis benedictionis ~ias .. maxima fuisse fertur humilitas *Ib.* 14 p. 156.

6 earthly glory or pride, vain glory.

cum pompulentam mundi ~iam .. recusarent ALDH. *VirgP* 50; *Id. VirgV* 2679 etc. (v. cenodoxia); BEDE *HE* III 17 (v. contemptor); ALCUIN *Carm.* 9. 39 (v. castrensis 1a); despecta omni praesenti ~ia ASSER *Alf.* 76; **903** (12c) ne perdamus vitam perpetuam propter vanam hujus mundi ~iam *CS* 894; ut pro ~ia terrena .. ~iam aeternam adipiscaris ANSELM (*Ep.* 335) V 272; H. BOS. *Thom.* II 6 (v. eventilare 2a); Herodes .. ne regni gloria / privetur WALT. WIMB. *Carm.* 233; si nec corpus nec spiritus infirmarentur .. superbia vel inanis ~ia [ME: *oreȝel*] evigilaret *AncrR* 59.

7 (w. *inaestimabilis*) name of medicine.

de ~ia inestimabili est sciendum quod excellit omnes medicinas .. in conservatione sanitatis BACON V 23; magnam medicinam que dicitur ~ia inestimabilis que etiam vocatur 'thesaurus philosophorum' *Ib.* 98.

3 **gloria** v. glorius.

gloriabundus [LL]

1 full of pride, exulting.

quid bono homini dederit Deus quasi ~us enumerat, sapientiam, sc., rationem prudentiae [etc.] ALCUIN *Exeg.* 699A; **s1293** dum [classis .. Normannica] onusta vino reverteretur †gloribunda quasi sibi soli maris cessisset libertas, a sexaginta navibus .. capitur RISH. 137; **s1392** rex [Francie] eum [sc. ducem Lancastrie] honoravit et ~us semetipsum extulit quod colloquio ducis .. potentissimi eum perfrui contigisset WALS. *HA* II 206.

2 full of honour.

his decretis ~us episcopus [Wilfridus] .. jussu pape jussus est residere in numero .. episcoporum qui .. W. MALM. *GP* III 101 p. 229.

gloriamen, glory, bliss.

joy .. gloria, .. ~en *CathA*.

glorianter [cf. gloriari], boastfully, exultantly.

glorior .. unde ~er OSB. GLOUC. *Deriv.* 257; ut prioratum vel abbatiam posset sibi apprendere .. et .. quasi caudam post se, quocumque ierit, trahere ~er NIG. *SS prol.* p. 3; **s1325** regina cum filio .. revertitur in Angliam ~er *Flor. Hist.* III 233 (*marg.*).

gloriari [CL]

1 to pride oneself, exult, boast: **a** (absol.); **b** (w. abl., *de, ex*, or *in*); **c** (w. inf.); **d** (w. acc. & inf. or indir. statement).

a si .. exterior pretioso indumentorum comptus ornatu saeculariter ~iatur ALDH. *VirgP* 55; paganis nimium ~iantibus ASSER *Alf.* 33; promotus Daniel .. a rege Nabuchodonosor non ~iatur AD. DORE *Pictor* 154; modo dolus dominatur, / inpostura gloriatur WALT. WIMB. *Van.* 111; ~ior, A. *to joye WW*. **b** [Assyriorum princeps] qui manipulorum milibus equitatu et peditatu ~iantibus orbem .. terruit ALDH. *VirgP* 57; **680** frustra de fide catholica .. ~iatur qui .. regulam S. Petri non sectatur *Id. Ep.* 4; ut Augustinum per litteras, ne de virtutibus suis ~iaretur, hortatus sit BEDE *HE* I 31 *tit.*; cum .. ecclesia .. doctores .. celebrare non cessat, quos Christo .. magistrante ad se directos in eo ~iando congaudet *V. Greg.* 75; **793** noli de terrena nobilitate ~iari ALCUIN *Ep.* 15; venerunt .. Dani .. mucronibus coruscis et pharetris toxicatis †gloricantes [? l. gloriantes] BYRHT. *V. Osw.* 455; manifestum est quia de bono quod facis ~iaris, in qua glorificatione ideo te superbia .. deludit ANSELM *Misc.* 300; **1168** de meritis ~iari non possum, et, si voluero, videbor .. insipiens. tota ergo gloriatio mea nichil aliud est nisi divina miseratio J. SAL. *Ep.* 277 (265); ex copia exemplarium ~iari .. licet BALSH. *AD rec. 2* 124; animus liber et liberalis .. sui libertate ~ietur GIR. *EH pref.* 223; **s1252** [Anglia] .. de partibus suis subjectis consuevit ~iari transmarinis M. PAR. *Maj.* V 278. **c** resistens .. Gualwano congressum cum eo inire letatur et ~iatur G. MON. X 11; tunc primum votis successisse nostris ad plenum merebimur ~iari cum .. AD. EYNS. *Hug.* V 20 p. 227. **d** Paulus .. ~iabatur se ex labore manuum .. vivere ALCUIN *Ep.* 111; nequaquam ~iabitur se malitia per falsitatem praevaluisse, sed innocentia gratulabitur per libertatem mentis evasisse ANSELM (*Ep.* 127) III 269; **1167** in illos qui se de majestate vestra juramentis suis triumphasse ~iabantur BECKET *Ep.* 331; **1168** ~iatus est .. se .. amicos habere in curia J. SAL. *Ep.* 246 (279 p. 606); quod si inde ~iandum putatis quia vester secundum carnem hanc gloriationem inanem ostendit qui ait, 'caro non prodest quicquam' [*John* vi 64] W. NEWB. *Serm.* 874.

2 (? by conf. w. *glorificare*) to be glorified.

ad gloriam Dei qui vivit et ~iatur super omnia, Deus benedictus in secula AD. EYNS. *Hug.* V 20 p. 232.

gloriatio [CL]

1 boast, boasting.

~o sacerdotii legalis non in Heli solius sed in totius successione levitici generis BEDE *Sam.* 517; inopes et exules nos fieri judicatis ut gloriosi efficiamini. hujusmodi ~o iners diffinitur ambitio OSB. BAWDSEY clxii; **1167** vanam .. esse ~onem eorum qui .. archiepiscopo .. ruinam minabantur J. SAL. *Ep.* 219 (219 p. 374); non solum adulatio alludit laudi et eludit eam, sed et ~o et 'vanitates .. false' [*Psalm* xxxix 5] R. NIGER *Mil.* IV 18; pro communis infirmitatis conscientia invicem nos oportet humiliari, invicem misereri, ne superba ~o dividat quos una conditionis infirmitas equat BALD. CANT. *Tract.* 15. 551C; W. NEWB. *Serm.* 874 (v. gloriari 1d); hec est ~o nostra quia factus est Christus obediens Patri usque ad mortem J. FORD *Serm.* 9. 7.

2 glorification; **b** (theol., in heaven).

sic mente excedebat Deo ut terra nesciens solius faciem creatoris intenderet contemplari. quo cognito abbas .. aiebat, 'multa mea ~o si in presenti mei oblita sibi me presentes ob cujus presentie dulcedinem hic me presentem sentire non prevales' *V. Chris. Marky.* 68. **b** resurrectio mortuorum / gloriatio humilium / beatitudo justorum *Cerne* 126.

gloribundus v. gloriabundus. **gloricare** v. gloriari 1b.

glorificabilis, capable of attaining glory (theol.).

[Winnocus] sanctimonia ~is GOSC. *Lib. Confort.* 100; quintus [sc. timor finalis qui habet et tenet quidquid bonum et jocundum est] degustat gloriam .. quintus ~is, .. quintus totus est in reverentia et nullus in culpa W. RAMSEY *Cant.* f. 188rb.

glorificamen, glorifying, glorification.

glorifico, unde .. ~en OSB. GLOUC. *Deriv.* 257.

glorificanter, with praise and glory.

non .. decuit lucem veram cecatis fulgescere, nisi persona ecclesie paulative noscente propriam fragilitatem .. ut sic avidius, memoracius (*sic*) et ~ancius recipiat Redemptorem WYCL. *Ver.* III 128.

glorificare [LL]

1 to honour, glorify (person, institution, or thing). **b** to make illustrious.

temporalibus .. honoribus regem ~are satagens BEDE *HE* I 32 p. 67; inlustrat, ~at *GlC* I 281; **948** (12c) offero munusculum .. metropolitane ecclesie .. ab antiquis regibus ~ate *CS* 860; profuit iste viro nimium, quem glorificandum / sub sacris papae venerabilis abdidit alis FRITH. 157; si novus effectus sis, veste nova veneratus, / glorificare cave vestitus pro novitate D. BEC. 1682; ut quem Deus exaltavit in celis nos curaremus ~are in terris, ipsum sanctorum cathalogo ascribendo GIR. *Invect.* III 7; **1318** ut [universitas] .. sit mater ~ata in filiis Marie *FormOx* 35; cum .. cives ejus domestici .. magis eum laudent, ~ent, et adorent BRADW. *CD* 21C; delatum est caput [Johannis Baptiste] Ambianis in Gallia, ubi nunc in magna veneracione ~atur *Eul. Hist.* I 78 (cf. HIGD. IV 5: in urbe Ambianensium peregrinantibus ostenditur). **b** **s1124** anno .. sequente rex fortunate ~atus est. Willelmus namque .. camerarius .. cepit comitem [et alios] et tradidit eos regi H. HUNT. *HA* VII 35.

2 to glorify (God or his works).

Domino praestantissimo et prae ceteris regalium dignitatum gradibus ~ando ALDH. *Met. prol.* p. 61; ~amus Dominum nostrum Jesum sicut isti ~averunt, nihil addentes vel subtrahentes (*Conc. Hatfield*) BEDE *HE* IV 15 p. 240; **a796** ut .. per te Dei nomen ~etur ALCUIN *Ep.* 79; magna exultatione in sancto Yvone Domini ~abant magnalia GOSC. *Mir. Iv.* lxi; ANSELM III 11 (v. adorare 2e); vult sanctus ut in omnibus ~etur Deus W. MALM. *GP* II 75 p. 168; Deum laudare, benedicere, et ~are *Obs. Barnwell* 78; **s1297** Scoti .. ad terram se prosternentes, Deum ~averunt FORDUN *Cont.* XI 30.

3 (theol.) to make blessed or glorious, to glorify (esp. w. ref. to heaven). **b** (of Christ); **c** (of saint, esp. w. ref. to miracle); **d** (p. ppl. w. *corpus cf. Philipp.* iii 21); **e** (p. ppl. as sb.) the blest.

quatenus .. supernorum convivia .. gratulabunda ~arentur ALDH. *VirgP* 30; **749** (12c) qui .. haec .. custodierit, aeterna claritate coronetur, ornetur, ~etur *CS* 178; **a796** te plurima Dei dona ~ent in aeternum ALCUIN *Ep.* 82; **1169** hec est .. purgatio vitiorum, virtutum conflatorium, electos statuens inter malleum et incudem, sed de his liberat eos Dominus et probatos illustriori corona ~at J. SAL. *Ep.* 292 (289 p. 654); ut celestis regni predestinata felicitas tam in bono ~etur proprio quam ex malo magnificetur alieno AD. MARSH *Ep.* 247 cap. 28; mens racionalis creata potest simul recipere infinitos radios luminis spiritualis, sc. gracie ~antis DOCKING 110; subito resurget quilibet homo in tali corpore equato, et tam dampnandi quam ~andi BACON IX app. 184; qui amplius diligunt, amplius ~abuntur [ME: *iblissed*] *AncrR* 152; [Robertus dux Normannorum] cujus anima beata .. nunc, ut credimus, celo resident ~ata WALS. *YN* 56. **b** morte crucis passum, post mortem glorificatum NIG. *Laur.* 31ra; in Christo ~ato corpus omnino subditur spiritui FISHACRE *Quaest.* 44; Christus postquam anima sua vidit divinam essenciam fuit ~atus OCKHAM *Dial.* 743; ut si hic sit septipedalitas, color, vel gloria corporalis corporis Christi, tunc hic est quod corpus Christi est septipedale, coloratum, et corporaliter ~atum (WYCL. *Conf.*) Ziz. 120. **c** miraculum .. in quo .. Cuðberhtus a Domino ~atus est *V. Cuthb.* II 2; his in corruptibili vita signis ~avit eum Deus *V. Ed. Conf.* 54; hoc signo divine prenunciationis Dunstanus est ~atus OSB. *V. Dunst.* 23; nichil in Deo puritate tua innocentius, qua invitatus interius arbiter te ~averit; nam celo demissa columna lucifera .. profunde cavee scelus detexit W. MALM. *GP* IV 161; [Christus] qui dum sanctos suos ~at nos exemplis gloriosis invitat T. MON. *Will.* I *prol.*; **s1171** ecclesia .. archiepiscopo suo, quem per crebra miraculorum insignia ~atum jam noverat .. lugubres exsolvit exequias DICETO *YH* I 349; **s1220** hoc anno apposuit Deus ~are sanctum suum Wlstanum in miraculis pluribus *Ann. Worc.* 412. **d** corpora .. ~ata non solum eadem specie que modo, sed etiam essentie numero fore certissimum est *Ps.-*GROS. *Summa* 316; HALES *Qu.* 1307 (v. densitas 2a); **1549** cum anima et corpore ~ato *Conc. Scot.* II 120. **e** quoniam .. damnati omnino carent gratia et gloria Dei, et ~ati .. sunt quodammodo imperfecti .. potest fieri tertia comparatio secundum statum damnatorum et ~atorum et Dei BACON *Maj.* I 217; **1464** volo .. me et omnia mea .. cedere .. Deo .. creatori .. et glorificatori hominum ad honorem et gloriam; ~atis gaudium et letitiam, vivis misericordiam et gratiam, et omnibus fidelibus defunctis veniam et requiem *MunAcOx* 705.

4 (w. acc. & inf., conf. w. *gloriari*) to boast.

non .. ambigo illos dictatores non omnia facta illius potuisse cognoscere, nec ab illis tota dictata me descripsisse ~o FELIX *Guthl. prol.*

glorificatio [LL]

1 honour, worship (accorded to Deity); **b** (to saints).

'ut glorificetur Filius Dei' [*John* xi 4] .. talis ~o non ipsum auxit, sed nobis profuit BEDE *Exeg.* 775D; ad Dei ~onem omnis sacra scriptura .. reducitur *Eul. Hist.* I 297. **b** **800** sancti .. caelum possunt .. aperire credentibus si .. a fidelibus .. coluntur ~one eis condigna ALCUIN *Ep.* 193.

2 glorification, making blessed (theol.); **b** (w. ref. to Christ); **c** (w. ref. to saints); **d** (w. *corpus*).

comple in sacerdote tuo ministerii tui summam, et ornamentis totius ~onis instructum eum caelestis unguenti flore sanctifica EGB. *Pont.* 2; **1293** redemptionem peccatorum, justificatorum ~onem *Meaux* II 198. **b** altera exaltatio fuit quando elevatus est in crucem, altera dum ascendit in coelum; illa humilitatis, ista ~onis ALCUIN *Exeg.* 866A; de ~one ejus [sc. Christi] reticetur usquedum exaltetur per triumphum victorie (ÆLF.) *Comp. Swith.* 183; divinam in una eademque Christi persona naturam et humanam, et tanto talique federe utramque sibi invicem unitam ut nec ~o consumat inferiorem nec assumptio minuat superiorem AD. SCOT *QEC* 7. 812C; post resurreccionem et ~onem [Christi] OCKHAM *Pol.* I 240. **c** laetitia hodiernae festivitatis .. quae de beatorum Johannis et Pauli ~one [AS: *wuldrung*] procedit *Rit. Durh.* 57; quid de patris Anselmi ~one didicerit .. cunctis edocuit EADMER *Mir. Anselmi* 157; gavisi .. de ~one eorum .. martyrum corpora sepelierunt TORIGNI *Access. Sig.* 19. **d** secundam [stolam], que est ~o corporis, expectantes PULL. *Sent.* 820A; operibus .. misericordie diligentiam exhibentium si fuerint peccata sicut coccinum tanquam nix dealbabuntur antequam tinctura ~onis corpus superinduatur NECKAM *NR* II 164; alioquin in ~one corporum humanorum apud ultimam prosperitatem non eadem esset eorum materia *Ps.*-GROS. *Summa* 315.

3 (conf. w. *gloriatio*) boasting.

ANSELM *Misc.* 300 (v. gloriari 1b); **1167** ~onem Joannis de Oxenefordia .. molestissime audiebat BECKET *Ep.* 331.

glorificator [LL], (as epithet of God) glorifier.

assidua .. lectio de creatore, redemptore, ~ore suo Deo AD. SCOT *TT* 629A; ~or humilium Deus J. FORD *Wulf.* 11; nobilissima cognicio de homine est secundum racionem ejus quiditativam—ita posset poni de Deo aliqua sciencia sub racione respectus ad extra, ut aliqui ponunt sub racione reparatoris, ~oris vel capitis ecclesie DUNS *Ord.* I 106; **1464** (v. glorificare 3e).

glorificatorius [LL], conferring glory or blessedness (theol.).

ita quod opera hujusmodi hominis non sint extunc meritoria, sed potius premiatoria et ~ia operanti, et aliis fructuosa BRADW. *CD* 457A.

glorifice

1 gloriously. **b** w. pomp and ceremony.

septimusdecimus [numerus] honorificentia sua ~e est redimitus BYRHT. *Man.* 228. **b** corpus Arthuri egregie sepultum fuit et ~e, sicut decuit, collocatum DOMERH. *Glast.* 343; s**1436** quod consimile [cohors militum] nuncquam .. vel tam notabilis excercitus, tam ~e ordinatus .. de regno Scocie missus fuit *Plusc.* XI 4.

2 (theol.) with glory.

per quem [Salvatorem] quod laudavimus gratifice inceptum, perfectum ~e gaudeamus AD. MARSH *Ep.* 81.

glorificus [LL], conferring or according glory (usu. to God); **b** (w. ref. to Christ).

tentorium .. in introitu tabernaculi .. est decus ecclesiae diversis virtutum floribus ~um BEDE *Tab.* 448; a .. papa .. Wilfrithus .. susceptus ~ae sedis responsa [expectans] EDDI 50; incepit .. Dunstanus hymnum ~um .. 'Te Deum laudamus' BYRHT. *V. Osw.* 437; passim audiuntur ~a preconia dispensationis dominice AD. MARSH *Ep.* 247 cap. 30 p. 440; multi glorificos, heu! demeruere triumphos / quos torquet cupidos insatiata sitis GARL. *Tri. Eccl.* 48. **b** hanc ~am Domini corporis majestatem, hanc sanctorum corporum claritatem, nullus in judicio reproborum videre putandus est BEDE *Hom.* I 24. 98; per .. crucis lignum legis solvit maledictum / astriferas ubi glorificus recucurrit ad arces FRITH. 16; exin glorifico persolvit munia Christo *Ib.* 453; eterne porte tollantur, rector ut intret / glorificus GARL. *Myst. Eccl.* 98; ad .. Christi nostri signi ~i amplexum fidelissimum CAPGR. *Hen.* 131.

gloriola [CL], (small) glory.

gloria, .. inde hec ~a OSB. GLOUC. *Deriv.* 257; quid inconcinnum et provide parum protuli, ~am vel incuriam redolere potuit D. LOND. *Ep.* 24.

gloriose [CL]

1 gloriously, w. honour; **b** (w. ref. to reign or sim.). **c** w. pomp and ceremony. **d** splendidly, beautifully.

ut me audias ~e mortuum vel cum preda .. reversum MAP *NC* II 25 f. 32v. **b** Gregorius .. sedem Romanae .. ecclesiae .. ~issime rexit BEDE *HE* II 1 p. 73; Coenred .. regna suscepit ~e tenuitque rite BYRHT. *V. Ecgwini* 377; regnum .. ~e tenuerat G. MON. II 12; H. HUNT. *HA* V 32 (v. egressio 1a); J. LOND. *Commend. Ed. I* 13 (v. differenter c). **c** WULF. *Æthelwold* 2b (v. declarare 1a); aspernata comitissa que ~e illuc eum direxerat *G. Steph.* II 76; exequiis [S. Ferreoli] celebriter ibidem et ~e completis GIR. *TH* II 28; rex [Hen. V] ~e venit Calesiam *Chr. Southern* 278. **d** vasa .. ~e celata *G. Steph.* I 46.

2 (theol.) gloriously, in glory; **b** (w. ref. to divine work).

796 ut .. ~e vivas cum Christo in caelesti regno ALCUIN *Ep.* 101; laudabiliter vivere et ad finem quem Deus laudat ~e pervenire ANSELM (*Ep.* 177) IV 60. **b** a**802** Christus post jejunium xl dierum temptatorem ~e vicit ALCUIN *Ep.* 243; Deus, .. licet sis magnus, mirabilia tamen ~ius [AS: *wuldurig*] operaris in minimis *Rit. Durh.* 48; rex .. ex hiis que divinitus ~e fiebant erga Dei hominem conpunctus AD. EYNS. *Hug.* V 20 p. 232.

gloriositas, gloriousness.

gloria .. unde hec ~as OSB. GLOUC. *Deriv.* 257; habet .. creatura carnis assumpte propter unitum sibi secundum ypostasim Dei Verbum, quod adorabilis est, que ~as adorabilitatis incomparabiliter excedit omnem aliam ~atem creature. .. habet creature universitas in carne Christi adorabili ~atem supra estimationem GROS. *Cess. Leg.* III 1 p. 121–2.

gloriosulus, paltry braggart.

hoc illi simul ut descripserant, quum velut vanum non possent, ut ~um incessebant (MORE) *Ep. Erasm.* X 2831.

gloriosus [CL]

1 glorious, famous, renowned (of person); **b** (as epithet of sovereign or magnate); **c** (of pope; *cf.* 5 *infra*). **d** (as surname).

~us edificator urbium .. renovavit muros urbis Trinovantum G. MON. III 20; OSB. BAWDSEY clxii (v. gloriatio 2a); ~us triumphator .. civitatem .. ingrediens *Ps.*-ELMH. *Hen. V* 70; alii ~i .. doctores CANTLOW *Orig. Cantab.* 276. **b** **680** domino ~issimo .. Geruntio regi .. salutem ALDH. *Ep.* 4; ~issimo regi Ceoluulfo BEDE *HE pref.* p. 1; **722** ~is ducibus (v. gastaldius 1a); †**948** (12c) annuente ~o rege Eadredo *CS* 860; ~us Eadgar .. rex egregius *RegulC proem.*; imperante †florioso [MS: glorioso] rege Eadgaro WULF. *Swith.* I 789 *tit.*; a**1075** Willelmo ~o Anglorum rege LANFR. *Ep.* 3; Henrico .. ~o regi Anglorum ANSELM (*Ep.* 294) IV 214; Mathildae ~ae reginae Anglorum *Id.* (*Ib.* 243) *Ib.* 153; Henrico illustri et ~o Trecensium comiti palatino J. SAL. *Ep.* 143 (209); **1404** ~issimo principi .., domino Henrico, regi Anglie (*Lit. Aldermannorum Hanzae Teutonicae*) *RL* I 251; **1437** serenissime ac ~issime princeps [Hen. VI] BEKYNTON I 248. **c** †**821** (12c) per privilegium .. ~issimi papae Leonis *CS* 366; a**1073** valete, pater ~e, .. summum in terra caput ecclesie (*Lit. ad Papam*) ORD. VIT. III 7 p. 99. **d** **1188** pro dissaisina facto Galfrido Gl[ori]oso *Pipe* 58.

2 boastful, showy, proud.

s**1141** procedit contra vos comes M., doli callidus .. corde ~us, ore magnificus .. tardus ad pugnam, velox ad fugam H. HUNT. *HA* VIII 15 (= W. COVENTR. I 166: †glesus corpore, magnanimus ore); [abbas R., ob. **1195**] curialis .. extitit et dapsilis, et ~us in mensa, cibis et potibus abundantius affluens *Chr. Evesham* 104.

3 conferring glory or renown.

~e mortis metu vires vestras a sociis subduxistis vestris OSB. BAWDSEY clix; **1167** quod .. vestri et .. regis familiaritas .. fructuosa erit ecclesie .. et vobis ~a J. SAL. *Ep.* 221 (229); ~ior est accelerata quam morosa victoria GIR. *GE* II 8; KNIGHTON II 99 (v. evolvere 4); ~um Anglis triumphum .. certaminis alea conferebat *Ps.*-ELMH. *Hen. V* 87.

4 (of thing) splendid, magnificent.

1167 de munere vestro caro et ~o J. SAL. *Ep.* 254 (221).

5 glorious: **a** (w. ref. to God; *cf.* 6 *infra*); **b** (w. ref. to Christ); **c** (w. ref. to BVM or other saint). **d** (as sb. f., ? *sc. Virgo*) name of bell.

a ad edificationem domus Domini qui est Deus ~us BART. ANGL. *proem.*; Deus ~us BACON V 123 (cf. ib. 129: juxta sapientiam simplicis ~issimi .. mote sunt spere); BRADW. *CD* 138D (v. expulsivus 1b). **b** **836** per ~um et .. mirabile nomen .. Christi *CS* 416; tua sanctitas .. ob ~um Filium tuum .. est exaltata ANSELM (*Or.* 7) III 19; memoria ~issime passionis [Christi] *Spec. Incl.* 2. 2; si vivamus in pudore .. pro ejus amore .. similes erimus ipsius resurreccionis ~e [ME: *blisful*] *AncrR* 140. **c** ~a Christi sponsa Brigida *V. Brig.* II 75; ad ~am B. Virginis interventionem AD. MARSH *Ep.* 6; WALT. WIMB. *Virgo* 3 (v. glossa 2b); capa Salvatoris nostri .. quam ~a mater ejus fecit ei TREVET *Ann.* 41; s**1346** in vigilia assumptionis B. Marie, virginis ~e AVESB. 106b. **d** [abbas A., ob. **1191**] fecit duas maximas campanas [*n.*: Jesum sc. et ~am] *Chr. Evesham* 100.

6 (theol.) glorious, blessed (esp. w. ref. to heaven); **b** (w. ref. to martyrdom); **c** (w. ref. to virginity); **d** (w. *corpus*). **e** (as sb. m. pl.) the blessed.

fundamenta .. ~ae civitatis Dei ALDH. *Met.* 2 p. 66; c**795** quatenus cum ~a victoriae palma aeterni regis civitatem intrare mereamini ALCUIN *Ep.* 90; sicut ~a est scientia .. ex perseverantia .. comparata, sic ad gloriam est impotentia peccandi quae ex ~a scientia est nata ANSELM (*Casus Diab.*) I 272; quatuor sunt genera letitie, .. perniciosa, .. superstitiosa, .. fructuosa, .. ~a W. DAN. *Sent.* 62; anima ~a PECKHAM *QA* (v. deiformitas); in statu nature destitute .. in statu nature institute .. in statu ~o OCKHAM *Pol.* II 732; UHTRED *Medit.* 205 (v. evincere 1c); **1423** passio tocius Christi, capitis sc. et membrorum, in qua .. omnes electi communicant, que insuper ipsos facit finaliter ~os *Reg. Cant.* III 163. **b** Stephanum ~um ob martyrii palmam GILDAS *EB* 1; Lucia .. ~um martirii triumphum meruit ALDH. *VirgP* 42; ~as .. passiones trium germanarum *Ib.* 50; **1167** pro Christo .. mori ~um est (*Lit. Ecclesiae Anglicanae*) *Becket Mat.* VI p. 287; hec [Romana ecclesia] est quam sibi Dominus beatorum Petri et Pauli magisterio specialem elegit et .. eorum ~o sanguine rubricavit H. READING (II) *Cel.* 29; **1439** ~us martyr Amphibalus AMUND. II 204. **c** perpetua .. mansit virginitatis integritate ~a BEDE *HE* IV 17. **d** haec quam contemplabatur species corporis ~i *Ib.* 9 p. 222; Christi anima glorificata est robustissima, et corpus ~um in fine sanitatis ..; ergo facillime movebit quo vult FISHACRE *Quaest.* 45; OCKHAM *Dial.* 743 (v. assumptio 4a). **e** ortodoxi, ~i *GlC* O 227.

glorius [LL, *backformed from* CL inglorius], glorious.

inclitus heros / famina mirifico fratribus depromsit ab ore; / gloria multa loquens, multo captanda labore FRITH. 825.

1 glos [CL = *husband's sister*], brother's wife, sister-in-law.

in os feminina tria, cos, dos, ~s ALCUIN *Gram.* 865B; ÆLF. *Sup.* 171, BALSH. *Ut.* 47 (v. galus); hec ~s, ~ris, est soror in lege, .. hec ~s, hec fratrissa .. uxor fratris *WW*.

2 glos [cf. glossa], tongue.

~s, lingua *GlC* G 134; ~s, ~ssis, lingua (*Medulla*) *CathA* 140n. (v. 5 glos); *a tunge*, lingua, ~s, glossa, glossula *CathA*.

3 glos [*backformed from* LL glorius], glory.

devictis igitur falsi latoribus astus, / pignere sanctorum multa quoque glore venustus, / deserit Ausonias .. oras FRITH. 1227.

4 glos, dandelion.

~s, ~ris, flos (*Medulla*) *CathA* 140n. (v. 5 glos); *preste .. crowne*, quedam herba vel flos, ~s, dens leonis *CathA*.

5 glos [cf. DuC s. v. glos 3], phosphorescence from rotten wood.

discite quid sit glos, lignum vel femina vel flos: / glos, glossis, lignum vetus est de nocte serenum; / glos, glossis, lingua—illius filius glossa; / glos, gloris, flos— illis gloria dos est; / glos eciam, gloris, dicetur femina fratris. hoc glos est lignum, hec glos est femina fratris (*Medulla*) *CathA* 140n.; *fox fire*, ~s, ~ssis *CathA*.

glos- v. et. gloss-.

glossa [LL < γλῶσσα], **glosa**

1 tongue. **b** language.

glosa, lingua *GlC* G 128; glossa est lingua nervosa atque carnosa *Gloss. Poems* 103; ~a [i. lingua] velud themato labat emus infatuato, .. hec lingua, A. *tong*, hec ~a idem est *WW*. **b** Uuilfridus .. / .. nota peregrinae cui famina glossae FRITH. 270.

2 gloss, glossing, explanation of (difficult) word; **b** (fig.).

sum ðæra is ~a, *þæt is glesing* ÆLF. *Gram.* 293; glosa .. per subbrevitatem et compendiose per apices scribi debet NECKAM *Ut.* 117; quicquid .. in margine positum instar volatilis glose repererit infra, totum illud non dubitet sumptum ab hystoriographis quorum copiam non habuimus cum primo ceperimus ad chronicam scribendam manum extendere DICETO *Abbr. prol.* 20; *CathA* (v. glossula 1). **b** scribe pectus magni consilii / textum legis et glosam gaudii J. HOWD. *Ph.* 747 (cf. ib. 792: legis glosam quare digladiant); ave virgo gloriosa / que comentum es et glosa / scripture prophetice WALT. WIMB. *Virgo* 3; omnis legista vivit quasi lege sub ista / quo magis ex glosa loculi fit lex tenebrosa GOWER *Carm.* 356. 62.

3 (w. ref. to bibl. text): **a** the Gloss, standard collection of explanatory comments accompanying the text of the Bible; **b** (~*a communis, ordinaria,* or sim.). **c** other Biblical commentary. **d** (w. ref. to rabbinic commentary).

a dicitur in glosa super illum 'tu venis ad me baptizari' [*Matth.* iii] .. BELETH *RDO* 136. 141; super 'superbiam' [*Is.* lx 15] glosa interlinearis apponitur, sc. 'dominationem et potestatem' GIR. *GE* II 6; de avibus .. de quibus .. fit mentio in textu biblie vel in glosa BART. ANGL. XII 1; in ista maris [sc. Mortui] ripa circa vicinia Sodome crescunt poma .. aspectu .. pulcra set gustu .. amara, ut dicit glosa super secundam epistolam Petri cap. iij [*recte* ij] *Ib.* XV 118; magister in Historiis hic turpiter erravit .. quia .. ignorantia mensium secundum Hebreos et Grecos duxit eum in errorem .. et ideo ~a magistralis que .. in hoc loco textus ponitur nullius auctoritatis est .. et deceptio illius glossatoris fuit sicut magistri in Historiis BACON *Tert.* 211; in Hebreo est 'cornu stibii' [cf. *Job* xlii 14] id est 'cornu plenum stibio' secundum ~am Hebraicam *Ib.* 440; 'dabo tibi terram ..' [*Gen.* xvii 8] i. e. pro tempore vite presentis, sicut exponit .. Augustinus, et in ~a idem (KYN.) *Ziz.* 6; s**1047** rex dedit .. archiepiscopo .. psalterium glosatum

minori glosa THORNE 1784; ∼a .. super hunc locum [*Ps.* xxii 28] et doctor de Lira favere videntur .. pretacte exposicioni CAPGR. *Hen.* 130; **1501** epistole Pauli glosate glosa interliniari .. epistole canonice glosate curtata glosa *Cant. Coll. Ox.* I 21; novum testamentum vj voluminibus cum receptis illis ∼is distinctum FERR. *Kinloss* 77. **b** **1423** videatis .. ulterius, si placeat, ∼am ordinariam, nonagesima tercia distinccione AMUND. I. 76; **1425** psalterium .. cum glosa comuni (v. glossare 2b); **1501** communis ∼a super librum regum *Cant. Coll. Ox.* I 22. **c** Johannes ∼is Roberti de N. (*Catal. librorum*) *Chr. Rams.* 367. **d** **1253** quod ei reddat librum Ebraicum qui vocatur Gamaliel .. glozas de quinque libris Moysis .. et .. librum continentem v libros Moysis *SelPlJews* 18.

4 (w. ref. to other text, esp. canon law) comment, commentary. **b** collection of comments.

quod scriptum erit de Aphorismo tecum affer; interim tamen, quantum .. potes, de textu primum effice, deinde .. de glosis ANSELM (*Ep.* 43) III 155; **1337** decretalia .. cum ∼a Hostiensis (v. decretalis 2b); **1350** libellum institucionum .. cum glosis et exposicione textus *StatOx* 44; WYCL. *Compl.* 89 (v. glossare 4); liber Clementinarum cum ∼a communi HEETE *Catal. Coll. Wint.* 72; **1448** liber Clementinarum cum ∼a ordinata *MunAcOx* 582; **1451** cum ∼a cardinali *Ib.* 610 (v. cardinalis 1c); **1459** septimus liber sine glosa et sextus liber cum tribus glosis *Cant. Coll. Ox.* I 14. **b** **1436** una ∼a decreti sine asseribus *Reg. Aberd.* II 131.

5 specious or sophistical interpretation.

quicquid agant anime, nos subdere corpora mundi / tendimus, et nobis lex positiva favet; / nam licet ex glosa gladium quod sumat utrumque / quo ferat extenta bellica nostra manus GOWER *VC* III 941; horrida verba tonat dum publica per loca dampnat / usum peccandi, servus ut ipse Dei; / servus et ut Sathane, privatis cum residere / venerit in thalamis, glosa remittit eis *Ib.* IV 756; est amor in glosa pax bellica, lis pietosa / .. / gloria dampnosa .. et ira jocosa *Id. Carm.* 359.

glossare

1 to gloss, interpret, comment on (difficult or ambiguous word or text); **b** (facet.). **c** (fig.) to explain, make clear.

cum dicitur .. quod pluvia sub Cane fit forte, hoc non debet glosari 'forte, id est a fortuna', sed 'forte, id est raro' BACON VIII 117; certi sumus quod Aristoteles ad literam negat quod sit incorporeum quod debet uniri, qualitercumque ∼etur textus ejus *Id. Tert.* 159; quia modus repugnat rei concepte, et ideo major est ∼anda sicut prius est dictum DUNS *Ord.* II 240; auctoritates pro utraque parte de facili possunt ∼ari *Ziz.* 12; Reginaldus [Pecock] omnes textus .. ex proprio suo capite glosavit GASCOIGNE *Loci* 39; *CathA* (v. glossulare). **b** ut .. Plutonis .. judices, si respexerit eos reus, justus est; si non respexerit justus, reus est. hoc autem 'respicere' ∼atur more .. pape, qui dicit "nec in persona propria neque per nuncium visitavit nos neque respexit", id est, non dedit MAP *NC* V 7 f. 72; predicator quidam .. in oratione qualiter asinum suum dimiserat sine custodia cogitavit; et reversus ad asinum dixit: "tu glosasti meum Pater Noster et de ipso plus quam ego habuisti; numquam de cetero glosabis" et dedit eum pauperibus, ne oratio sua per asinum impediretur O. CHERITON *Par.* 45. **c** agno celesti placet Agnes, et velut agna / stans in agone, pia vincit agone lupos. / in factis glosat quod textus nominis in se / predicat GARL. *Epith.* VII 587.

2 (w. ref. to bibl. text) to comment, write a commentary (on), interpret. **b** (p. ppl.) glossed, equipped w. the Gloss. **c** (p. ppl. as sb. n.) commentary. **d** (pr. ppl.) commentator.

super illud Pauli [*I Cor.* x 13] glosat Augustinus 'sustinere, quia .. cadere non sinit' GIR. *GE* II 18; Petrus Lombardus .. psalterium ac epistolas Pauli ∼avit TREVET *Ann.* 47; s**1274** Thomas de Aquino .. quatuor evangelia continuata expositione de dictis sanctorum ∼avit RISH. 82; sicut .. quidam doctores ∼are videntur BRADW. *CD* 297C; si discordia .. oriatur inter verba exterioris Scripture et judicium racionis, ipsa scripta sic exponenda, ∼anda et interpretanda sunt ut cum judicio racionis concordent J. BURY *Glad. Sal.* 589. **b** tam studiosus erat ut bibliam unam ∼atam totaliter emi faceret ECCLESTON *Adv. Min.* 53; **1268** biblia .. ∼ata .. bibliam .. simplicem (v. biblia a); **1278** tres libros .. invadiatos, viz. epistolas Pauli glosatas .. Matheum glosatum .. et Sententias *SelPlJews* 103; **1299** pro bona biblia .. bene glosata *Reg. Wint.* I 84; **1403** psalterium glosatum *Test. Ebor.* III 23; **1425** psalterium meum glosatum cum glosa comuni *Reg. Cant.* II 312; **1443** Lucas et Johannes glosati ..; .. actus apostolorum glosati *Cant. Coll. Ox.* I 4; [Thomas de Marlebarwe] emit .. quatuor evangelia ∼ata et Isaiam et Ezechielem ∼atos .. et Threnas Jeremie ∼atas *Chr. Evesham* 268; **1510** (v. genesis 3). **c** in glosa .. tricessimi quarti Isaie invenies accusativum singularem 'ibin' .. et in antiquis glosatis est 'ibis' in nominativo BACON *Gram. Gk.* 74. **d** ut dicunt ∼antes PAUL. ANGL. *ASP* 1532.

3 (w. ref. to other text) to comment or write a commentary (on). **b** (p. ppl.) provided w. a commentary.

1543 facultatem .. disputandi, interpretandi, ∼andi, docendi .. et alia faciendi que doctores in jure canonico .. facere .. possunt *Form. S. Andr.* II 312. **b** contulit .. ecclesie bibliam pulcram et totum corpus juris †opperatu [? l. apparatu] ordinario glosatum THORNE 1922; ?**13**.. Donatus glosatus (*Catal. librorum*) *Chr. Rams.* 356; **1411** (v. decretalis 2b); liber versificatus .. cum ympnali ∼ato HEETE *Catal. Coll. Wint.* 74; librum Grecismi et doctrinalis ∼atum secundum Pictaviensem et Horiliensem *Ib.*; **1436** libri juris canonici: .. sextus glosatus per cardinalem *Reg. Aberd.* II 129.

4 to interpret speciously.

cum dicit levitas .. habuisse dominium decimarum .. et hujusmodi, per equivocacionem hujus vocabuli 'dominium' posset aliqualiter ∼ari; talem cum dicit eos potuisse vendere .. hujusmodi nullo modo potest excusari OCKHAM *Pol.* II 464. ista glosant .. fratres [minores] contrarium utrobique agentes. sed Franciscus .. precepit eis .. ut glosas super regulam suam non reciperent WYCL. *Compl.* 89.

glossarius, ∼ium [LL *gl.*], glossary.

?**10**.. Dialogus, glosarius, Martianus, Persius (*Catal. librorum*) *EHR* XXXII 388 (cf. ib. 389: glosarius per alfabetum); glosaria duo (*Catal. librorum*) *Chr. Rams.* 359; **1439** Boccasius de genealogia deorum gentilium; .. ∼arius *MunAcOx* 764; **1439** glosarius (*Invent.*) *EpAcOx* 183.

glossator

1 glossator, commentator; **b** (facet.).

oryz .. est aliquid .. commestibile quod in lege veteri concessum est sicut Jeronimus dicit, licet aliqui glosatores pro immundo reputabant BACON *Gram. Gk.* 64; *Id. Tert.* 211 (v. glossa 3a); hec videtur esse opinio ∼atoris OCKHAM *Pol.* I 75; finis prologi domini J. de Athon', ∼atoris profundissimi presencium constitucionum J. ACTON *Comment. prol.*; doctores et ∼atores catholici RIC. ARMAGH *Def. Cur.* 1396. **b** sunt .. coercendi a contrectacione librorum juvenes .. qui .. mox pulcherrimorum voluminum .. incipiunt fieri ∼atores incongrui et ubi largiorem marginem circa textum perspexerint, monstruosis apparitant alphabetis R. BURY *Phil.* 17. 222.

2 flatterer; *cf.* ME *gloser*.

quare, rogo, propter causam aliam consentiret [papa] vocari pater sanctissimus et per suos ∼atores vocari deus mixtus vel deus in terris ..? WYCL. *Chr. & Antichr.* 691.

glossatura, commentary.

psalterium cum magna glosatura, quod .. precentor habet (*Catal. librorum*) GIR. VII app. p. 168; volo .. breviter in singulis psalmis prenotare .. ad edificationem simplicium, quibus difficile erit .. ad originalem ∼am recurrere S. EASTON *Psalm.* 9; s**1138** super psalterium et epistolas Pauli .. edidit ∼aturam TREVET *Ann.* 10.

glossema [CL < γλώσσημα], comment, explanatory note. **b** glossary.

glosema, interpretatio sermonum *GlC*G 121; non aliud vidit effugium quam ut εἰρωνεύειν se protestatur marginali ∼emate (MORE) *Ep. Erasm.* IV 1087. **b** hoc nomen [maneries] in quo auctorum invenerit .. incertum habeo, nisi forte in ∼ematibus, aut modernorum linguis doctorum J. SAL. *Met.* 876D; *Ib.* 889A (v. ars 3c).

glossula [LL]

1 (brief) gloss, comment.

'angelus factus est diabolus' a se ipso, et solet .. extra esse glosula: id est Sathanel Lucifer, 'Sathan' adversarius, 'El', Deus S. LANGTON *Gl. Hist. Schol.* 41; **1433** ostendetur .. per exempla varia que sumuntur a sacrorum canonum glosulis AMUND. I 350; quomodo tu .. Scripturam Sanctam .. racionis correccioni per ∼ulas quasdam in interpretaciones subici presumes? J. BURY *Glad. Sal.* 590; *a gloyse*, glosa, glosula *CathA.*; totum jus pontificium cum ∼ulis et alios .. sermonum libellos FERR. *Kinloss* 77.

2 quibble.

o gens Anglica nobilis fuisses .. †sed [*Plusc.* VI 30: si] nec .. robur tyrannidis in audaciam .. nec prudenciam versutas sophisticatam in ∼ulas .. transmutares FORDUN *Cont.* VIII 26.

glossulare, to gloss, comment (on).

to glose, glosare, ∼ulare *CathA.*

glossum [dub.], shrine.

nomine domorum et rerum ecclesiasticarum: .. hoc ∼um, *a schryn WW*.

glostura v. 2 clausura.

glottorare [LL < CL crotulare], to cry, 'rattle' (of stork).

ciconiae gratulant vel ∼ant vel critalant ALDH. *PR* 131.

gloza v. glossa.

gluare [OF *gluer*], to glue together.

1301 pro .. glutine pro eisdem [balistis] ∼andis *Ac. Chamb. Chesh.* 208.

gludum [ME *gloi, gloit*], 'gloy', straw for thatching.

[**1290** in stramine vocato *gloyt Ac. Swinfield* 121;] **13**.. post messionem colligebant ∼um ad reparandas domos usque ad festum S. Michaelis *Cart. S. Denys Southampt.* 211.

gluma [CL = *husk of grain*], grain of corn.

arvorum gelido qui cultus fonte rigabis / et segetum glumas nimbosis imbribus auges ALDH. *VirgV pref.* 9; *Ib.* 224 (v. graculus a).

glumardinus [? cf. gluma + Eng. *-ard* + *dim.* -inus], (*s. obsc.*).

Digby Plays 64 (v. glumare).

glumare [? cf. gluma; cf. glubere, Catullus 58. 5], (*s. obsc.*).

glabriosum ad glumandum glumardinorum *Digby Plays* 64.

glumula, husk of grain. **b** grain of corn.

∼a, *scala GlC* G 112. **b** granigera spicarum ∼a germinantes ALDH. *VirgP* 19; septenae spicarum ∼ae fertilis culmi summitate maturescentes *Id. Met.* 2 p. 71; **10**.. clumula, *brondasiunetura WW*.

1 glus [LL; cf. γλοιός], cement.

nec glus lentescens murorum moenia pangit / nec durus scopulus calcis compage quadratur ALDH. *VirgV* 1387.

2 glus, greed (? by misinterp.; *cf. glutto*).

∼us, *frecnis GlC* G 116.

glustrum v. ligustrum.

gluten [CL], glue, gum or other sticky substance; **b** (fig.). **c** (?) bird-lime.

∼en, *teoru* GlC G 133; humiditas .. adjuncta terrestritati .. partem parti quodam ∼ine coherere facit *Quaest. Salern.* B 162; hoc glutinum, i. -en, i. *glu GlSid* 143v.; ∼en, i. e. fel taurinum GARL. *Alch.* 65; **1301** (v. gluare); cum ∼ine albotim GAD. 65v. 2; **1358** pro j quart' carbonum maritimorum empt' pro stallis .. et pro xl li. ∼en (*sic*) emptis pro eisdem; .. pro xxv *fisshesoundes KRAc* 472/4 m.5; **1386** j olla plumbea pro ∼ine *Ib.* 473/2 m. 5*d*.; barbam .. †glutinnie .. contextam *Dieul.* 143v. (v. 2 affilare b); **1463** quod cuidam veteri sigillo .. regis .. per ∼inem seu alio illicito exquisito colore novam scripturam .. supposuisset *MunAcOx* 700; ∼en Romanum, i. mastix .. ∼en †alliotinum [l. albotim], i. terebentina *Alph.* 75. **b** fides .. ∼ine et vinculis mutuae caritatis copulanda BEDE *Tab.* 423; ∼ine salutiferae inspirationis *Ib.* 430; Osbernus .. adeo menti meae glutinae [i. e. ∼ine] dilectionis adhaeserat ut ejus separationem cor meum non .. toleret ANSELM (*Ep.* 66) III 186. **c** ∼ine, visco, *lime GlP* 141.

glutho, *s. dub.* (? cf. τὸ γλυκύ = sweet wine).

∼o, isopus, caruca .. juvant embriones et matrem M. SCOT *Phys.* 12.

glutinanter, jointly, w. close adherence.

∼er et glutinatim, i. conjunctim OSB. GLOUC. *Deriv.* 259.

glutinare [CL]

1 to glue or stick together; **b** (fig.). **c** (of salt) to form into a cake or block.

∼o .. i. conjungere OSB. GLOUC. *Deriv.* 259; *to glew*, ∼are, con-, de-, *CathA.* **b** erat .. tam capax memoriae ut quicquid .. rimaretur velut visco ∼atum .. in praecordiis .. lentesceret ALDH. *VirgP* 35; retentis brachiis quasi ∼ati inherebant in feretro et non poterant se movere HUGEB. *Will.* 4; qui carnale propinquitatis et sanguini copulatione illo fuerat sociatus atque ∼atus *Id. Wynn.* 4; arca bituminata ecclesia .. fidei constantia ∼ata est GERV. TILB. I 24 p. 907. **c** partem ∼ati salis .. in aquam offertoriam .. levi rasure mittebat FELIX *Guthl.* 53.

2 to hold in a sticky snare (in quot., fig.). **b** to smear w. sticky substance (as snare).

caro .. mentem / glutinat GARL. *Tri. Eccl.* 120 (v. 2 expilare 2). **b** ∼atis virgulis apes et fucos capio ÆLF. BATA 6 p. 85.

glutinarium, glue pot. **b** glue.

hoc glutinum .. et hoc .. ∼ium OSB. GLOUC. *Deriv.* 259; *a glew pott*, ∼ium *CathA.* **b** *glew*, gluten, glutinum, ∼ium *CathA.*

glutinarius [CL], glue maker.

a glewer, ∼ius *CathA.*

glutinatim, jointly, w. close adherence.

OSB. GLOUC. *Deriv.* 259 (v. glutinanter); ∼im, conjunctim, copulatim, constrictim *Ib.* 264.

glutinativus [LL], (med.) causing (wound or parts of body) to adhere or close up.

sunt quinque genera de quibus debet operari, sc. ∼e, stiptice, infrigidantes, cauterizative ..; stercus asinum ..

gummi assum, dragantum combustum sunt omnia ~a et stringunt sanguinem GAD. 9. 1.

glutinnies v. gluten.

glutinose, w. close adherence (fig.).

concatenatae dilectionis viscus .. ~ius lentescit ALDH. *Met.* 5.

glutinositas, stickiness. **b** sticky substance.

fit color in exterioribus, sed .. ut cohereat necesse est tingentem in se habere aliquam viscositatem sive ~atem, sc. humiditatem glutinosam, sicut videmus fieri artificialiter a pictoribus *Quaest. Salern.* B 164. **b** in aqua ro[se] dissolvatur dragaga[ntum] et coletur et cum ~ate illa conficiatur pulvis amidi GILB. III 156v. 2.

glutinosus [CL], sticky, glutinous.

planatis .. lapidibus .. additur .. ~a cementi tenacitas, quae lapides .. ab imposito sibi onere separari non sinat ANSELM *Misc.* 314; fetus .. humiditatem habet ex tempore generationis que .. viscosior et ~ior redditur *Quaest. Salern.* B 58; NECKAM *NR* II 79 (v. 2 exsiccare 2a); emplastrum dicitur .. confectio ex .. rebus .. ~is *SB* 19; gipsus plastrum, terra ~a, cujus quedam species est lucida, et hoc dicitur specular *Ib.* 22.

glutinum [CL]

1 glue, gum, or other sticky substance. **b** bird-lime; **c** (fig.). **d** solder. **e** (med.).

OSB. GLOUC. *Deriv.* 259 (v. glutinarium a); terra .. est corpus .. nisi aque ~o non conmansivum GROS. *Hexaem.* IV 15; **1396** solutum pro ~o empto pro .. ostio *DocCOx* 311; asser asseribus faber potest ~o conjungere FORTESCUE *NLN* II 9; *Alph.* 163 (v. azarud); ~um, A. *glewe WW.* **b** quid dicit tu, auceps? quomodo decipis aves? .. aliquando laqueis, aliquando ~o [AS: *lime*] ÆLF. *Coll.* 95. **c** tu pennas contemplationis assumens hec mundana transcendis, me ~um terre habitationis adeo inviscavit quod volare non possum P. BLOIS *Ep.* 4. 11D; ~o malitie inviscatus *Ib.* 15. 55B. **d** Glaucus primus ferri inter se ~um excogitavit *Flor. Hist.* I 46. **e** tertia humiditas est qua continuantur partes membrorum simplicium aprincipio curationis; .. et ista vocatur ~um GAD. 20v. 2.

2 (fig.) bond, tie.

ut .. solo amoris ~o quo ad invicem copulemur uno impleti spiritu perfundamur BEDE *Templ.* 753; ?**800** civitatem .. cujus lapides vivi de caritatis ~o colligantur ALCUIN *Ep.* 198; rarissimum est ut divitie non defluant, nisi amoris et cupiditatis ~o solidentur J. SAL. *Pol.* 501B; tenacitatis †glutivum [l. glutinum] fidei exhibet firmitas AD. SCOT *OP* 441C; voluit .. per unius mulieris conjugium multa hominum milia ad concordie adsciscere ~um *G. Steph.* I 4; quicquid mutue caritatis ~o confirmatur .. livoris fermento dissolvitur *Itin. Ric.* V 10; magistrum A. .. princeps presulum tante familiaritatis et amicitie sibi ~o copulavit ut .. *Chr. Witham* 504; ergo ~um est osculum sive sigillum indissolubile *Medit. Farne* 26v.; propinquitas sanguinis .. quasi ~um est per quod regnum avi conjunctum est nepoti FORTESCUE *NLN* II 16.

gluttire [CL], **glutire**

1 to swallow; **b** (fig.); **c** (w. ref. to *Matth.* xxiii 24); **d** (w. inanim. subj.).

cibus .. frangitur .. et ~itur BEDE *Luke* 509; infirmus debet accipere communionem in os quando eam glutire potest ÆLF. *Ep.* 3. 14; sentire potes quomodo [stomachus] ad cibos desiderabiles se .. dilatat et qua facilitate glutitur quod cum magna aviditate percipitur BALD. CANT. *Tract.* 13. 539A; is .. squinantie morbo perculsus, gutturis intercluso meatu, glutiendi destitutus beneficio *Mir. Fridesw.* 44; labia .. vidimus moveri, .. ac si .. quidlibet ori suo illapsum glutiendo insumeret AD. EYNS. *Visio* 4; vulpis est vorax; licet non possit nisi unum glutire [ME: *for swoleȝen*] totum strangulat totum gregem *AncrR* 72. **b** ANSELM (*Med.* 3) III 84 (v. dulcor 1b); quod ego quasi a longe intueor, vos gustu sentitis, et quod ego mente jejuna ore rumino, vos cordis affectu glutitis *Id.* (*Ep.* 112) III 244; **1284** audistis .. de viro qui oblatam marcam abominatus est ut insipidam, donec auri adjeccio ei prestitit condimentum, ut devotissime glutiretur PECKHAM *Ep.* 551. **c** P. BLOIS *Contra Clericos* 1131A (v. camelus c); vidimus .. quosdam in minimis maximos, in maximis vero minimos tanquam colantes culices, camelos vero glutientes GIR. *JS sup.* 149. **d** puellam .. que saltaverat terra glutierat R. NIGER *Chr. I* 21.

2 to devour; **b** (w. animal as subj.).

786 quid pertinet ad rem ut coram hominibus .. abstinentes simulemur, in secretis vero nostris bovem aut equum glutiamus? ALCUIN *Ep.* 3 p. 23; Ceres humerum [filii Pelopis] glutivit ALB. LOND. *DG* 6. 21. **b** dum gluttit piceam crudelis bestia massam / ilico rumpuntur multatae viscera beluae ALDH. *VirgV* 357; draconem .. quem boam vocant ab eo quoniam tantae inormitatis existat ut boves .. voraciter ~ire soleat *Id. VirgP* 29; quare cervi in senectute glutiunt serpentes et .. renovantur *Quaest. Salern.* Ba 11.

gluttitrix, swallower (f., in quot., of Charybdis).

ut sub pace maris sit Silla canina, Caribdis / glutitrix, Sirtis insidiosa vadis GARL. *Epith.* VIII f. 52.

glutto [CL], **gluto**

1 glutton; **b** (of animal, as adj.).

vescor aliquando his cibis, et aliquando aliis, cum sobrietate sicut decet monachum, non cum voracitate, quia non sum gluto ÆLF. *Coll.* 102; GARL. *Mor. Scol.* 403 (v. epulo); multum .. edax dicitur gluto, vorator, quod monachum et maxime cellararium non decet. non enim glutonis sed abstinentis oratio penetrat celum *Cust. Cant.* 126; *a gluton,* ambro .., gluto *CathA.* **b** edax vel ~o ÆLF. *Sup.* 171 (v. edax a); fortis ~o et multus edax lupus et vorax et non parcus ÆLF. BATA 4.11 p. 35; gluto canis vituli cor cito dente rapit WALT. ANGL. *Fab.* (*ed. Hervieux*) p. 381.

2 worthless fellow, rascal; *cf.* AN *glutun.*

cum unus ex castrensibus in equo forti scelus accelerans ut eum freno retineret manum extenderet, ipse ~onis illius equum .. percussit GIR. *Galf.* II 1 p. 389.

glutum v. clutum 2.

glyconicus [Γλυκώνειος], Glyconic (metre).

Horatius ~o versu 'nequicquam Deus abscidit' [*Carm.* I 3. 21] ABBO *QG* 7 (18).

glycyrrhiza [CL < γλυκύρριζα], (root of) liquorice plant.

insula [Phoenix] .. liquiricium habet OSB. BAWDSEY cliii; taceo de .. cinnamomo et liquoritia et zituala NECKAM *NR* II 166 p. 274; glicoricia, i. liquoricia *SB* 23; glicoricia glicoma glicericia, glicia, succoricia, liquiricia idem. G. *lagarice* [v. l. *ragarice*], A. *licorys.* glicoriza aut squicia aut adipsa nascitur in Capadocia ..; frutex est, habet virgas longas .., radices sunt illi buxei coloris .. longe .. et dulces *Alph.* 76; liquiricia, gliconia, glicoricia idem, G. *regarice,* A. *licoris Ib.* 99.

glycyside [CL < γλυκυσίδη], peony.

glicida, i. pionia *SB* 23; glicida, pionya idem *Alph.* (cf. ib. 145: †glacida).

glycystoma [cf. γλυκυστόμαχος], stomach ache.

glicostoma interpretatur dolor stomachi *Alph.* 76.

glypsis v. gypsum.

gnare [LL *gl.*], with understanding.

suam ~e concipiens imbecillitatem .. penitet se carnis exercuisse fragilitatem *Quaest. Salern.* B 17.

gnarus [CL]

1 wise, knowledgeable (also as sb. m.); **b** (w. obj. gen.); **c** (of animal).

sex .. comites mecum super aethera scandunt, / gnarus quos poterit per biblos pandere lector ALDH. *Aen.* 81 (*Lucifer*) 10; quis poterit digne rerum misteria nosse / aut abstrusa Dei gnaro cognoscere sensu *Id. VirgV* 75; regem me quondam gnari et dominum vocitabant TATWINE *Aen.* 22. 1; ~us, peritus, doctus *GlC* G 137; lux est orbis honor, majestas fervida caeli; / quae caret his junctis brevitatur sillaba jure; / nauta brevis resonat gnarus de littore Xerses ALCUIN *Carm.* 118. 3; sacerdos / pectore de gnaro pandit salutaria dicta ÆTHELWULF *Abb.* 102; praedestinavit exiguos famulos fideles, non ~os, non litteratos, sed indoctos BYRHT. *V. Ecgwini* 352; a ~is c marcis argenti [gemme] estimantur W. MALM. *GP IV* 175; *Ib.* V 224 (v. effringere 3a); dominum P. de K., sapientem et ~um AD. MARSH *Ep.* 10. **b** [Adamnanus] doctus in scripturis sanctorumque locorum ~us esse compertus BEDE *HE* V 15 p. 316; delegavit quos gnaros esse probavit / procurandorum custodes exteriorum *V. Anselmi Epit.* 36; capellanus .. transeundarum .. ~us aquarum vadi pretentandi periculum .. suscepit GIR. *IK* I 8. **c** pulchra prorsus propagine / .. / gnari quaedam genimina / vermis feruntur minima (ÆTHELWALD) *Carm. Aldh.* 2. 125.

2 knowing, able: **a** (w. inf.); **b** (w. indir. qu.).

a magnus Aðelwoldus, vere gnarus bene Christi / agnos velligeros ab demonis arte maligna / conservare GODEMAN 3. **b** astuta gens Scotorum, ~a quid faceret .., ferreos struunt (*sic*) aculeos ÆTHELW. I 1 p. 6.

3 (?) *f. l.*

ne .. a bono decidat .. gnarus [? l. gnavus] attendat EADMER *Beat.* 15 p. 290.

Gnatho [CL], type of parasite (from character in Terence, *Eunuchus*).

Gnatones diligis et comedos, qui dulces presusurrant illecebras MAP *NC* IV 3 f.44v.

Gnathonicus, parasitical, flattering (also as sb. m.).

In Cicestria .. sedit Radulfus, in cujus loco sedet Pelochin, vir Gnatonicus et ob hoc jam depositus H. HUNT. *CM* 15; apud Gnatonicos veritatis eloquium crimen est majestatis J. SAL. *Pol.* 630D; de Gnatonicis, id est de adulatoribus, multa superius dicta sunt; sed quos deteriores dixerim, Gnatonicos an detractores? *Ib.* 704B; in domo Cesaris ars ista nascitur / .. / unde Gnatonicus ad aulam graditur WALT. WIMB. *Palpo* 13.

1 gnato v. Gnatho.

2 gnato [ME *gnat*], gnat (perh. w. play on Gnatho).

~ones [oriuntur] ex aere limoso J. GODARD *Ap.* 263; si scinifes aut ~ones viles musce sint et minime, ~onibus .. aggratulor eo quod .. in amenioris temporis presagium glomerantur *Id. Ep.* 220.

gnatus v. nasci. **gnav-** v. nav-. **gnicus** v. cnecus, lemniscus. **gnidisperma** v. cnidosperma. **gnidoma** v. endromis. **gnominiose** v. ignominiose.

gnomon [CL < γνώμων], **~o,** pointer on sundial or other timepiece. **b** (geom.) supplement of parallelogram.

gnomen, †orolei [l. orologii] genus *GlC* G 135; nota .. quod nos ~onem id elaale dicunt Arabes ADEL. *Euclid* 157; ulteriores lineas .. quam ~o vel stilus in horologio seu in horoscopio signanter ostendat J. GODARD *Ep.* 222; moveas ~onem super regulam per notas in semicirculo *Nav. Ven.* 376. **b** subtractis .. 15, hoc est ~one *l d h* a quadrato *g m,* quod est sedecim, manet unitas quadratum *b k* ROB. ANGL. *Alg.* 133; Aristoteles .. posuit exemplum mathematicum in quadrangulo quod, addito ~one, crevit et non alteratur BACON *Maj.* I 103.

gnoscus v. gnosticus.

gnosis [γνῶσις], knowledge, wisdom.

doemonis ira fremens tantam vult subdole gnosin / fallere FRITH. 599.

Gnosius [CL], pertaining to Knossos (Crete).

Gnossea, nomen civitatis *GlC* G 139; ~iis, cretensibus, *of egiptisceom GlP* 260.

gnosticus [γνωστικός], (usu. as sb. m.) wise (man), sage.

957 (12c) cuidam .. duci .. qui ab hujusce patrie gnos[ti]cis .. Ælfheah appellatur vocabulo .. largitus sum x mansas *CS* 1005; **966** cuidam matrone ingenue .. que ab istius patrie ~is eleganti Ælgifu appellatur vocamine *CS* 1176; **969** loco .. hujus ~is insule noto *CS* 1229; **978** (?974) cuidam ministro .. qui ab hujusce patriae ~is .. Mangoda appellatur onomate *CS* 1309; **1011** que .. terra a ~is patrie accolis Burhhalun nuncupatur *Ch. Burton* 33.

gobb- v. et. gob-. **gobbus** v. gibbus.

gobelettus, ~um [OF, ME *gobelet*], goblet, drinking vessel.

1341 pro ij goblettis arg' dominorum Leonelli et Johannis filiorum regis *KRAc* 389/11 m. 2; **1358** j gobelett' argent' deaur' factum ad modum rose cum uno pomello aymellato in cooperculo (*KRAc* 333/29) *CalExch* III 234; **1451** unum gobilettum (v. esmale 2a); **1515** servitor meus habeat .. unum de meis goblettis et coopertorium (*Test.*) *Reg. Heref.* x; emit .. vj cumanos ex argento calices, sive malis obbas aut sephunculos (plebei vocant goubbelettos) dicere FERR. *Kinloss* 74.

gobelinus [OF *gobelin*], kind of devil.

demon .. in variis .. formis apparens neminem ledit; hunc vulgus ~um appellat ORD. VIT. V 7.

gobellus v. cobellus.

goberistum [W. *gobr estin*], investiture fee.

1325 de releviis et gobricen' diversis ejusdem comitatus [de Kaernarvon] *Pipe* 170 r. 55 (cf. ib. de releviis et gobriscen' *Anglesey*); **1326** r. c. de x li. xvij s. vj d. de diversis releviis et goberistis .. hoc anno *Ib.* 171 r. 40.

gobetagium, duty on wine (Gasc.).

1310 habet .. rex .. deverium quod vocatur ~ium, sc. de quolibet dolio vini quod portatur extra villam ad vendendum in villa iiij d. *Reg. Gasc. A* I 31.

1 gobettus [OF, ME *gobet*], piece, small item: **a** (of stone); **b** (of metal); **c** (other).

1313 [*for 50 large*] ~is [*from Caen*] *Fabr. Exon.* 69; **1317** una naviata petrarum in qua continebantur clxij ~i et cviij koynge in grosso empto *Ib.* 87; **1318** pro l ~is petrarum de Cadamo et eciam longorum ~orum petre de Aylesford' electorum et entalliatorum *KRAc* 469/1; **1324** in xl gobet' empt' (*Comp. Pitanc. Norwic.*) *Arch. J.* XXXII 169; **1327** in xxxviij gobbettis emptis de sacrista .. item in tegulis emptis pro claustro (*Ib.*) *Ib.* 474. **b** **1352** xx pecias minuti [*Cal.:* †juncti] ferri in gobett' *Pl. Mem. Lond.* A4 r. 3. **c** **1313** apothecario .. pro xvj li. .. albi pulveris .. j quar' dim. drageti in ~is .., .. ij li. dim. j quar' drageti in plata *KRAc* 374/19 f. 6.

2 gobettus v. godettus.

gobio v. gobius, gobo.

gobius, ~io [CL < κωβιός], gudgeon.

OSB. GLOUC. *Deriv.* 243 (v. fundulus); *Ib.* 255 (v. guttulus); gobio, pauperibus mensis notissimus, amplas / aulas magnatum rarior hospes adit NECKAM *DS* III 647; gubio GIR. *TH* I 9 (v. gardio); est gubius parvus piscis, blennus vero magnus W. BURLEY *Vit. Phil.* 144; cornis, plagma, cum perca gobio [*gl.: gogyn*] barba *Diaeta* 56; ~io, *a gurnard* vel secundum alios *a gojoun* .. hic ~io, A. *gojune,* .. nomina piscium recencium: .. hic ~io, A. *a gobon WW.*

goblettum, ~us v. gobelettus.

gobo [AN *gobon*, ME *goboun*], piece, small item: **a** (of food); **b** (of wood).

a ferculum ex [placentibus] j et dim. debet continere .. de anguillis .. salsis, et de murenulis .. ac de gobionibus recencium anguillarum vj *Cust. Westm.* 76. **b 1295** in ij sarratoribus conductis ad sarrand' ~ones .. ad cendula ad domos inde cohoperiendas, iij s. .. in ij carpentariis conductis ad dicta cendula inde facienda *KRAc* 497/21 m. 1.

gobonatus [AN, ME *goboné*], (her.) gobony, (border) of lozenges in alternate colours.

1385 una parura pro tuaillis altaris ~atis de armis et lozingis *MonA* VI 1366; UPTON 236 (v. bordura 2c); fimbria sive bordura vocatur ~ata quia sit de duobus coloribus quadrate conjunctis *Ib.* 238.

gocia v. gordus. **gocile** v. guttile.

goda, ~um [ME *gode*], 'goad' (used as measuring rod), measure: **a** (of land); **b** (of cloth). *V. et. gadda.*

a 1553 totum .. mesuagium .. et dim. quart. terre et unam ~am prati et unam parcellam terre *Pat* 861 m. 17. **b** fuit ballivus predicti N. L., habens curam et administrationem m ~orum de *walsh cotton russet Entries* 18b.

goda-, godda- v. et. gelda-.

godettus, ~um [AN, ME *godet*]

1 'godet', drinking-cup.

1303 j ~us longus de cristallo, argento deaurato munitus in superiori parte *DocExch* 281; **1352** j godett' aur' fact' ad modum j dol' ad vinum .. j parvum godett' auri .. j godett' aur' vocat' Ricardoun *Reg. Black Pr.* IV f. 43; *Ib.* (v. esmallare); **1368** lego Ade F. j gotetum deauratum *Reg. Cant.* 340; **1385** in capella unus calix, unum ~um de cupro *Ac. Durh.* 264; **1463** lego abbati j *ewer* argenti cum vj †gobettis argenti in dicto *ewer* existentibus *Test. Ebor.* II 257.

2 measuring vessel.

1331 rex debet invenire .. godetum (v. cabotellus b).

godwitta [Eng. *godwit*], godwit.

quod si satis exploratum mihi esset, Anglorum ~am, sive fedoam, attagenam esse indubitanter auderem adfirmare TURNER *Av.* C3v.

goga v. 1 cogga. **gogeretta** v. gogredum. **gogga** v. 1 cogga. **goggo** v. coggo. **goggus** v. 2 cogga. **goginus, gogio, gogo, gogoinus** v. gojo.

gogredum [W. *gograid*], sieveful, dry measure.

1309 idem tenuit villam de Gaer [*Montg*]. .. et est ibi xxv s. tam de redditu assiso (*sic*) quam de precio ~orum trium custumariorum Wallencium, quorum quilibet eorum tenet cum porcionariis suis unum gavellum terre, et reddit per annum vij s. et unum ~um, quod valet xvj d. *IPM* 10/16; reddit .. quartam partem unius ~i frumenti *Ib.*; tenet pro vj s. et uno gogret' *Ib.*; **1310** sunt apud Reuwhiriarth' [*Montg*] ij gavella et dim., de quibus Kenvelyn tenet j gavellum libere et reddit per annum .. j ~um farine .. et xij d. vel j porcum *IPM* 17/1; c**1313** quod .. A. quondam villanus .. Lewelini .. solebat reddere .. quolibet anno j gogerettam farine .. de fine pro licencia habenda commorandi alibi in .. commoto *IMisc* 74/24 (*Merioneth*).

gohola v. gaiola. **goidum** v. gordus.

1 gojo [AN *gojun*, ME *gojoun* < gobio], gudgeon, kind of fish.

piscator .. vendit .. anguillas, gugiones [etc.] (*Nominale*) *Neues Archiv* IV 340.

2 gojo, ~ona, ~onus [AN *gojun*, ME *gojoun*]

1 gudgeon, metal pivot at end of axle: **a** (of cart); **b** (of windlass or sim.); **c** (of chimney spit); **d** (of mill).

a 1284 pro ~onis de ferro emptis *KRAc* 351/9 m. 12; **1285** W. fabro pro .. anulis, rondellis, gogonis .. pro ix carettis *Ib.* 19 m. 1. **b 1313** gujones (v. gropa 3); **1317** gogoinis ad j ingenium *Fabr. Exon.* 89; **1322** in ij gugonibus, ij plat', j haps', et j stapell' .. emptis [*for mending drawbridge*] *MinAc* 1146/11 m. 2**d.*; **1414** W. fabro .. pro ij circulis et ij ~inis [*for windlass*] .. ponderantibus xviij li. *Rect. Adderbury* 9. **c 1289** in ij grossis ferramentis emptis ad mantellum camini nove camere et ad mantellum camini in camera cancellarii, grapis, circulis, et gogonibus ferreis et aliis diversis ferramentis ad camentariam spectantibus .. lxj s. j d. in visco, cepo et uncto empto (*sic*) ad opera dictorum ferramentorum .. xvij d. *KRAc* 467/19 m. 1. **d 1245** in stipendio fabri reparantis ~onas, fusill', et bendas molendini *Pipe Wint.* 159287 r. 20; **1283** custus .. molendini aquatici .. in ferro empto ad fusillum, mettoccum, ~ones, viroll' et alia *MinAc* 893/35 m. 2 (*Kent*); **1297** in xv li. eris emptis ad pedem fusillorum et ad ~ones molendini castri ij s. vj d. *Ac. Cornw* I 21; **1388** de .. ij ~onis cum ij hopis ferri cum diverso et toto apparatu molendini .. non respondet *LTR AcEsch* 10 r. 5.

2 gudgeon (of door), ring or eye on door which fits on hook or pintle of door-post.

1306 in plat' et gogionibus [ad portas] x d. *MinAc* 935/19.

3 pin or peg.

1284 pro portagio papilon' et tentor' regis apud Osewaldestre in aula ibidem et pro goionis (*sic*) de ferro emptis et pro maeremio ad stachia fac' et pro cordis ad eosdem (*sic*) emptis ij s. v d. (*AcWardr*) *KRAc* 351/9 m. 12; [**1324** pro factura quorundam ferram' vocatorum *gojouns* pro magn' petr' jungend' *Ib.* 469/8 m. 1].

gol- v. et. gul-.

golda [ME *golde*], corn-marigold (*Calendula officinalis*).

1316 concessionem .. quam .. fecit .. de terris suis a ~is mundandis .. secundum consuetudinem in socis de A. et N. usitatam (*Pat*) *MonA* VI 885a; **1373** injunctum est omnibus tenentibus ville quod evacuent quandam herbam vocatam *gold*, quilibet pro porcione sua citra proximam curiam *Hal. Durh.* 118.

goldare v. geldare.

goldfinca [ME *goldfinc*], goldfinch.

aurivittis una est ex aviculis que carduorum semine victitant. .. alii ~am aut distelvincam ['*thistle-finch*'], spinum, alii carduelem volunt TURNER *Av.* C2.

golena [? cf. κονίλη], marjoram (*Origanum*). **b** (?) knotgrass (*Polygonum aviculare*).

~a, i. origanum *SB* 23; origanum, ~a sive colena .. similis est calamento, .. G. *orynal*, A. *chirchewrt Alph.* 130. **b** recipe alipte .. pigani, seminis lilifagi, ~e i. poligonie, balaustie .. GILB. VII 357v.

golfa v. gulfus.

goliardensis [cf. OF *goliardois*], 'goliard', buffoon.

s**1229** recedentium quidam famuli .. vel illi quos solemus ~es appellare versus ridiculos componebant M. PAR. *Maj.* III 168.

goliardia [AN *goliardie, guliardie*], ribaldry.

centum milia hominum decipiuntur per multiplicationem orationum ..; ideo sis providus et discretus, nam .. tibi dico quod est una turpis luxuria ita delectari in tali modo guliardie *Spec. Eccl.* 17.

goliardus [cf. OF *goliardois*], 'goliard', buffoon.

guleardus de vite sue mutacione (*MS BL Harl.* 2851 f. 14 *tit.*) *Ps.*-MAP 71.

goliator, reveller.

1527 noctivagus ~or existit *Midlothian* 209; **1531** lusor cartarum .. aut ~or seu noctivagus *Ib.* 270.

golvare [ME *golven*], to stack (corn; but *cf. Terr. Fleet* lxv, lxxi).

1316 Johannes C. .. arabit vel herciabit .. et ~abit per unum diem et tassabit per alium diem *Terr. Fleet* 8; **1338** si *werkmen* cariant bladum vel fenum per omnes dies cujuslibet septimane a gula Augusti usque festum S. Michaelis, ipse semper interim ~abit vel tassabit *Cl* 161 m. 12 (cf. *Terr. Fleet* 17).

gom-, gomm- v. et. gonorrhoea. **gomellus** v. gemellus. **gomerus** v. cammarus.

gomor [LL < Heb.], omer, dry measure. **b** (w. ref. to *Exod.* xvi 16) measure of manna.

~or, mensura habens xij sextaria OSB. GLOUC. *Deriv.* 264; (?)**11..** duo ~or' corum reddunt *Eng. Weights* 3; sextarius .. quinquies complicatus quinarem sive ~or facit BART. ANGL. XIX 125 (cf. Isid. *Etym.* XVI 6). **b** qui multum saepe collegerat, id est, amplius quam ~orum, non abundavit, id est, non plus habuit quam ~orum LANFR. *Comment. Paul.* 242 (*2 Cor.* viii 14); **1169** nunquid vos soli in castris Domini ~or legitimum perdidistis? J. SAL. *Ep.* 289 (292 p. 670); contra preceptum Moysi de ~or non servando in crastinum MAP *NC* I 25 f. 20v.; qui manna et ~or in putredinem vertunt P. BLOIS *Ep.* 42. 123C.

gon-, gonn- v. et. gunn-, gurn-. **goncus** v. gumphus.

gonella, ~um [OF *gonele*], gown, robe.

1250 in expensis .. probatoris circa .. armaturam: .. in j ~a de cute cum laqueis, xj s. *LTR MiscR* 5/35; **1317** unus .. captus fuit inventus portans baculum depictum de signis regis Francie, inter ejus camisiam et ~um, asserens se esse novus servus dicti regis *Foed.* III 649a; s**1322** Henricus T. .. fuit detractus .. usque ad furcas et ibidem suspensus in una ~a quartilata de viridi et croceo *Ann. Paul.* 303; **1391** (v. bipartire 2e).

gonfalon- v. gunfanon-. **gonfus** v. gumphus.

gonia [γωνία], (geom.) angle.

~ia angulus est, et non gonus nec gonos; a ~ia igitur dicitur trigonus BACON *Gram. Gk.* 73; †genos dicitur †genus, inde trocicus triganus et eptagonus *Alph.* 71.

gonn- v. gunn-.

gonorrhoea [LL < γονόρροια], involuntary emission of semen.

†gomorream patiuntur cum erectione invalida et laxatione seminis GILB. II 117v. 2; coitus .. frequens .., vomitus, vigilie superflue, .. studium superfluum, .. assidua †gomorrea .. faciunt ethicam GAD. 21. 2; †gomorrea, que est involuntaria et insensibilis quasi emissio spermatis .. sine erectione virge *Ib.* 74. 1; gonorrea, i. fluxus spermatis involuntarius *SB* 23; †gommorrea *Alph.* 71 (v. 2 gonos).

1 gonos, ~us v. gonia.

2 gonos [LL < γόνος], semen.

†gamos est genus vel semen, inde †gommorrea, i. fluxus seminis vel spermatis *Alph.* 71.

gonsus v. gumphus. **gonum** v. gunna. **gonus** v. gumphus. **gopillus** v. gupillus. **gora** v. gara.

†goratinus, *s. dub.* (*Cf.* Simon Januensis: *eruca grogona .. goroginam*).

erismon quam alii erucam ~am [v. l. gorarinam] dicunt *Alph.* 59 (v. erysimum).

gorc- v. gordus.

gordarius [cf. gordus], weir-keeper.

12.. cuilibet ~io j [panis]; cuilibet garcioni gurgitis per hebdomadam iij *Reg. Pri. Worc.* 122a (cf. ib. 121a: cuilibet ~io pro quolibet salmone j [panis]); **1294** stipendia famulorum extra curiam: .. in stipendio ~ii de Hynewyke *Comp. Worc.* I 19.

gordus, ~a [AN *gort, gorce* < gurgitem], 'gorce', weir, fish-trap.

a**1032** dedi piscariam quod (*sic*) vulgo ~um dicitur *Norm. Inst.* 262; **1154** me concessisse .. sanctimonialibus de Alta Bruiera .. gortum unum apud A. *Act. Hen. II* I 83; a**1173** concedo .. ~um unum v millium ang[u]illarum *Ib.* 551; **1194** concessi eis aquam de B. deliberandum [v. l. deliberandam] .. ab omni obstaculo et impedimento †goidi et stagni et piscature, ut cum batellis .. ire valeant *BBC* 200 (*Drogheda*) (cf. *EHR* XV 311 [**1340**]); **1199** gortum sub castello Gloc' est medietatem prati *RChart* 7b; **1205** in turbariis et piscariis, in fossatis et grodis *Ib.* 146a; **1236** visores operis ~arum regis *KRMem* 14 m. 7(2)*d.*; a**1251** salvo libero introitu et .. exitu a quarrera usque ad Tamisiam ad petram sumendam ad gortum meum de predicta quarrera *Cart. Boarstall* 202; **12..** tondebant oves et wiscabant faldam et reparabant ~um regis *Cart. S. Denys Southampt.* II 211; una tida debet reficere ~um prioris *Ib.* 213; **1272** (1313) quod .. canonici .. potuerint piscare ubicumque voluerint, exceptis aquis nostris recentibus .. viz. subtus ~is nostris *ChartR* 100 m. 9; **1275** abbas .. levavit purpresturas .., que impediunt cursum aque .. de gorcis suis ibidem factis *Hund.* I 317b; purpresturam in .. regia via dicte aque de gorcio suo *Ib.*; G. piscator apropriat unam gorciam factam in regali aqua de B. *Ib.*; **1341** concessimus .. totam partem meam cujusdam gocie piscarie vocate Pedyhare in aqua de Tyne *DCDurh.* 1. 4 spec. 5; gurtus, A. *a were WW.*

goredula [? ME *gore* + *dol*], triangular piece of land.

c**1250** dedi .. totum situm et locum veteris ~e mee in occidentali parte ville de Staynole *Cart. Cockersand* I 122; versus ~am .. fratris mei *Ib.* 132; a**1268** juxta veterem ~am in aquilonari parte magne vie *Ib.* 182.

gorellum [OF *gorel*], horse-collar.

1276 scapulando meremium ad carucas et gorell' *MinAc* 935/4 m. 1 (*Norf*).

gorettus [cf. gordus], 'gorce', fish-weir.

1375 custodiam ~orum, exituum et proficuorum ad piscariam nostram de Lymeryk in Hibernia spectancium *FineR* 176 m. 9.

gorg- v. et. gurg-.

gorgera, ~um, ~ia, ~ium, [OF *gorgiere*, ME *gorger*], gorget: **a** armour protecting throat. **b** garment worn at neck.

a 1263 haubergellum et ~am de dono nostro *Pat* 79 m. 7 (*Cal.* p. 266); **1275** ipsum de quadam ~ia ferri .. depredaverunt *Hund.* II 213b; **1282** unum par de *plates* et unum ~eum ferreum *TR Forest Proc.* 30 m. 36v.; **1289** unum ~um, duo paria platearum cum uno ~o de *plates SelCKB* III cvn.; **1297** pretio .. unius ~i (v. gambera); **1305** in uno ~io ferreo empto pro eadem [munitione] *MinAc W. Wales* I 406; c**1312** mustelar', gorgear' ferri, quissor' *LTRAc* 19 r. 25; **1313** pro diversis haubergionibus, ~iis, et aventaliis *KRAc* 375/8 f. 19*d.* (v. aventailum). **b 1197** [*a cope*] cum gorguris *Cart. Chich.* 198; **1310** ij d. de j ~io furrato vendito *Ac. Exec. Ep. Exon.* 6.

1 gorgia, ~a, ~ium [AN, ME *gorge*]

1 throat; **b** (w. *Dei*, in oath); **c** (of bird or animal); **d** (w. ref. to fur); *cf. gula* 3.

1256 cepit Martinum .. per ~iam suam et .. cum .. baculo .. illum verberavit *CourtR Ramsey* 44; **1266** ipsum [percusserunt] in ~iam cum uno cultello *SelCCoron* 23; **1277** voluit ~iam suam inde cidisse *CalIMisc* I 593; **1282** percussit .. Aliciam in ~io cum .. *pylat IMisc* 41/19. **b**

rex Ricardus "per ~iam" inquit "Dei", quoniam his et similibus sacramentis enormibus uti solet GIR. *PI* III 25 p. 290; *Id. GE* I 54 (v. Deus 3c). **c** pannum .. tepefactum accipe et accipitrem inde calefac circa caput et ~iam ADEL. *CA* 10 (cf. ib. 5: limaturam ferri .. in †goriam mitte); **1209** damam habentem ~iam abscisam (v. abscidere 1a). **d** **1429** lego .. togam meam de scarleto foderatam cum ~is de *martryns Reg. Cant.* II 387.

2 gorgia, gorgit- v. gurges.

Gorgo [CL]

1 Gorgon, snake-haired monster. **b** prostitute.

~ones .. in monstruosa mulierum natura iij quae dicebantur Stheno, Euriale, Medusa *Lib. Monstr.* I 38; si inveneris lapidem in quo sit Perseus habens .. in sinistra [manu] caput ~onis .. *Sculp. Lap.* 450. **b** ~ones, meretrice, lupe, nonarie OSB. GLOUC. *Deriv.* 264.

2 (member of) African tribe.

homines caprarum cornua et pedes habentes, quos alii ~ones, alii Gaulales nominant GERV. TILB. III.

gorgona [cf. Gorgo], snake.

~ae, *næddran GlP* 432.

gorgonella, cannon.

1435 quedam gargonella nuncupata colubrina portans v quarterones plumbi ascensa super .. quadrigam *Collect. W. Worc.* 574.

gorgoneus [CL], of or like a Gorgon.

impius .. / .. gorgoneis molitur damna venenis ALDH. *VirgV* 1105; quod viij pedes duplicibus membris et capita bina habent cum oculis fingunt ~eis *Lib. Monstr.* II 10; quibuscunque civitatibus .. imminet ~eum pretendit ostentum; obrigescunt miseri, vident instar Meduse maliciam MAP *NC* IV 13 f. 54.

gorgonion [cf. Gorgo], (?) sea-holly (*Eryngium maritimum*).

herba gorgoncon *Leechdoms* I 66 (cf. ib. 319*n*.).

gorgura v. gorgera. **goria** v. 1 gorgia.

gorma [OF *gorme*], curb (of bridle).

1290 ter percussit .. Johannem .. equitantem, et postea seisivit ~am freni equi predicti J. *Gaol Del.* 36/1 m. 10*d*.

gormetta [cf. gorma], curb (of bridle).

rex .. Scocie dare solebat [nobilitato] pro signo .. suo unum collarium de ~is frenalibus equorum de auro vel argento UPTON 34.

gormondus [OF *gormand*], gourmand.

gormondorum alocorum stampatinantum cursorum *Digby Plays* 64.

gornardus v. gurnardus. **gornetarius** v. granatarius.

' **Gorpiaeos,** (Macedonian) month of September. (*Cf. Speculum* IX 50–56).

vocatur .. apud eos [Grecos] ipse .. September, Gorpieos BEDE *TR* 14; Gorpieos *Miss. R. Jum.* 17.

gorra v. cammarus. **gorssus** v. 2 grossus.

gorsta, ~um [ME *gorst*], gorse, gorse-bush.

12.. concessit abbati Cestrie .. fossuram .. turbarum .. cum insecione cannarum et ~arum *Cart. Chester* 381; **1386** concessimus .. ij carettatas ~orum pro qualibet septimana anni, capiendo in parco nostro de Toxstath' *DL ChancR* 2/53.

gortus v. gordus.

gorytus, corytus [CL < γωρυτός], arrow- or bow-case.

coriti, *bogefodder* ÆLF. *Gl.* 143; arcus et coritos, hastas ensesque politos R. CANT. *Malch.* I 316; in thecis latentia intuebamus spicula, .. arcus in corytis BALSH. *Ut.* 49; hic corintheus, *a bowehowse WW*; *a whywer* .., corinthus, faretra *CathA*.

gosefettus [ME *gos* + *fot*], goosefoot, ornamental bar or hinge.

c**1399** in .. bordis cum clavi pro magna porta gardini .. reparanda .. cum ij ~is ferreis cum clavi ad idem emptis *Comp. Swith.* 422.

goselandus [ME *gos* + *land*], (tenant of) land held by goose-rent. *Cf. auca* c.

1299 (17c) ~i: Thomas W. tenet j forland' per servicium vj aucarum ad Nativitatem B. Marie *RB Worc.* 78.

gosepanna [ME *gospanne*], (?) pan w. gooseneck handle.

1340 de .. j patella ferrea ad friscandum; j gosepann' ferrea *MinAc* 1120/10 r. 9*d*.

goshirda [ME *gos* + *erthe sb.* 2, *irthe*], (?) ploughing service, in return for keeping geese on common.

c**1182** in hyeme quisque virgata [debet] arare quantum poterit in die ad ~am *RB Worc.* 352 (cf. ib. 333 [**1299**]: debet arruram que vocatur *yesherthe*).

gosonus, *s. dub.*

1297 recepimus j loricam cum tena et ~is; item j *gambeson*; item *mustilers*; item *quisons* (*Ac. Maldon*) *Surrey Rec. Soc.* XV p. xlv*n*.

got-, v. et. gut-, gutt-.

gota [ME *gote, goute*], watercourse, ditch. **b** sluice.

?**12..** me dedisse .. j culturam terre .. que continet iij acras .. et j *fal* que extendit se de *le Woddedich* usque ad ~am *Ch. Gilb.* 61; **12..** inter gottam monachorum de Pontefracto et gottam hospitalis *ChartR* 80 m. 6; **1306** (v. avalatio 1); **1307** quod sustineant parvam guttam et clusam cum bona sera *ChartR* 93 m. 3 (cf. *CalCh* 104); **1327** ij acre jacent in .. selione .. prope quandam ~am vocatam Kerhousmere *Cl* 146 m. 22*d*. (cf. *CalCl* 203). **b** **1349** excepto opere ligneo *goutes* dictas waldas concernente, que quidem goute si indiguerint amoveri .. abbatis .. custagiis .. amovebunt et iterum reponent *Cart. Glam.* 1268; **1374** cum quadam gutta existeret in quadam terra marisci de tenura .. regis .., venerunt quidam homines de P. .. et predictam guttam ibidem inventam foderunt, ceperunt, et in duabus batellis abduxerunt *IMisc* 204/13 (cf. *CalIMisc* 349).

goter- v. gutter-. **gotet-** v. godettus. **gotesium** v. geticium.

Gothus [LL], Goth.

fracta est Roma a ~is anno milesimo clxiiii suae conditionis BEDE *HE* I 11; ab Armenone [orti sunt] ~i NEN. *HB* 160; gens bona Gothorum semper .. valeto ALCUIN *Carm.* 24.1; Oslac ~us erat natione ASSER *Alf.* 2; ~i .. serius signa fidei suscepere ÆLNOTH *Cnut* 7; Gothia Scithie inferioris est provincia .. que .. a Magog filio Jophet est vocata, ut dicit Ysid' [*Etym.* IX 2.27] unde dicit quod veteres illas nationes magis Getas quam Gotos nominaverunt BART. ANGL. XV 71; Theodoricum Gothorum .. regem GARL. *Tri. Eccl.* 49.

gotta v. gota. **gottile** v. guttile.

gotuna, (?) rest-harrow (*Ononis*).

9.. ~a, *cammuc WW*; ~a, *cammuc Gl. Durh.*

goubbelettus v. gobelettus. **goudabilis** v. geldabilis. **gouffus** v. gumphus. **gouna, ~um** v. gunna. **gourla** v. gurla. **gout-** v. et. gutt-. **gouta** v. gota. **gowna, ~eus** v. gunna.

Graal [OF *graal*], (Holy) Grail, cup used at the Last Supper.

in inquisicione vasis, quod ibi vocant sanctum ~l W. MALM. *Glast.* 1, J. GLAST. 20.

graantum v. grantum. **graba** v. greva.

grabans [cf. grabatus], invalid, bedridden person.

1461 vj ~antibus in hospitali .. regine in monte castri de Strivelyn .. ix li. et pro c oneribus carbonum deliberatis .. eisdem ~antibus *ExchScot* 60.

grabatus [CL < κράβατος], **~um**

1 pallet, litter, (portable) bed; **b** (w. ref. to *Mark* ii 9). **c** bed, esp. sick-bed.

portantes .. juvenem in ~o jacentem *V. Cuthb.* IV 5; *Hist. Abb. Jarrow* 33 (v. caballarius); infirmitate .. adeo pressus ut .. manibus ministrorum portaretur in ~o BEDE *HE* V 19 p. 328; effertur a multa hominum turba .. demoniacus, multis vinculorum nexibus .. grabbato alligatus OSB. *Mir. Dunst.* 19; ~a BALSH. *Ut.* 54 (v. bajonula); s**1294** episcopo in ~o .. decumbente Thomas .. et Thomas .. provocationes .. coram eo .. innovabant *Ann. Worc.* 518; s**1307** magnam incurrebat infirmitatem, ita quod in ~o vehebatur FORDUN *Cont.* XII 13; s**1386** videres .. affluere viros cum feretris et ~is .. ad abducendum mortuos .. et vulneratos KNIGHTON *Cont.* II 209. **b** cum grabatto deponitur infirmus BEDE *Mark* 147; Deus qui liberasti .. paraliticum de †gratbatto (*Portiforium Wulfstani*) *HBS* LXXXIX 171. **c** multis ille annis ~um fovit, camino diuturne tabis medullas et peccata excoctus W. MALM. *GR* V 444; MAP *NC* I 10 (v. circuitus 1b); decumbit lecto; non exit ~um *Ib.* II 3 f. 40; nocte sequente reclinans in ~o O. CHERITON *Fab. add.* A 13; ire non potuit, .. in ~o jacens a media Quadragesima usque festum S. Trinitatis *Mir. Montf.* 106; nomina pertinencia camere: .. hoc lectum, *alle maner of beddys*, hoc ~um, *a seke mannys beddys WW*; letus adito grabatum, / exsurgas hillaris *Dietarium* 55; *a bedde*, .. ~um, lectus, stratum, thorus *CathA*.

2 (?) lap, skirt.

de vocabulis ad .. membra humani corporis spectantibus: .. hoc ~um, .. *a skyrte WW*; *a skyrte*, birrum, gremium, ~um *CathA*.

grabb- v. et. grab-, grop-. **grac-** v. et. gras-, grat-. **gracculus** v. graculus.

gracemannus [ME *graceman*], chief official of religious gild, esp. Lincs.

[**1337** providetur quod .. *le graceman* offerat unum denarium pro missa *Guild Cert.* 41/153 (*Lincs*);] **1363** pro salubri statu ~i, fratrum, et sororum veteris gilde B. Marie in suburbio .. civitatis [Linc'] *Pat* 267 m. 19; **1389** debet sursum dare graciamanno et custodibus dicte gilde catallum suum quod debet *Guild Cert.* 41/160 (*Lincs*); statutum est quod graicemannus et duo custodes dicte gilde [fullonum, Linc'] percipient tempore potacionis gilde unusquisque eorum ij lagenas cervisie *Ib.* 153; *Ib.* 154 (v. gilda 5); dabit j petram cere .. nisi majorem habeat graciam de ~o .. gilde *Ib.* 159; certificacio ~i sive magistri et custodum cujusdam gilde .. in villa de Louthe [*Lincs*] *Ib.* 161.

gracetum v. crassetus. **graciamannus** v. gracemannus.

graciculus, fairly thin.

~us vel gracillus, pro aliquantulum gracilis OSB. GLOUC. *Deriv.* 250.

gracilare v. graciliare.

gracilentus [CL], slender, thin.

exempla peonis tertii .. truculentus, ~us, feculentus ALDH. *PR* 135.

gracilescere [LL], to become slender, taper off.

cauda [chamaeleontis] teres est, a summo ~ens ad extremum CAIUS *Anim.* 16b.

graciliare, to make thin or slender.

Quaest. Salern. B 271 (v. egredi 3d); in paralisi .. membrum .. infirmum quia relaxatur et elongatur et ~iatur GILB. II 122v. 2; sicut .. essencia cameli non posset intrare foramen .. nisi prius comminuta et gracilata fuerit modo fili WYCL. *Civ. Dom.* I 138.

graciliatio, (med.) becoming thin, emaciation.

in omnibus [sc. ethicis] sunt signa communia: .. eminentia spatularum, colli et musculorum et juncturarum ~o GILB. I 70. 1.

gracilis [CL]

1 **a** (of animate being, or part of body) slender, lean, small; **b** (of inanim. thing); **c** (of abstr.). **d** (by misinterp.) broad.

a utraque animalia tenui et ~i membrorum extremitate terminantur ALDH. *Met.* 10 p. 95; *GlC* G 880, 916, OSB. GLOUC. *Deriv.* 151 (v. cracens); erat .. pulcher aspectu, procera et ~ia membra habens G. MON. III 6; quare membra, ut puta digiti, post prandium sint ~iora, ante vero grossiora *Quaest. Salern.* B 271; quare mulieres post conceptionem fuerint ~iores quam prius essent; .. intestina .. constringuntur, ex qua constrictione subsequitur gracilitas *Ib.* 305; humor .. noxius exhaustus corpus ~e et hominem sospitati restituit J. FURNESS *Walth.* 115; **1294** de terra servi †garcilis, ij s. v d. (*Ext. Anglesey*, *RentSurvR* 768) *Tribal System* app 12. (= *RentSurvR* 769: gracilis); ~is, A. *smal WW*. **b** parva mihi primo constat exordia vitae, / sed gracilis grandes soleo prosternere leto ALDH. *Aen.* 93 (*Scintilla*) 3; LANFR. *Const.* 174 (v. 2 grossus 1a); multitudo missilium, quamlibet ~ium, occidit R. NIGER *Mil.* I 18; ~es virge cum colligentur [ME: *an hontful of ȝerden*] non sic de facili franguntur sicut quelibet per se ab aliis separata *AncrR* 93; *SB* 21 (v. filipendula); **1457** pro viij m li. ferri .. continentibus ccxviij pecias ferri vangarum gracilium, et xviij pecias vangarum latarum ferri *ExchScot* 308. **c** gracillima mortalium fragilitas ALDH. *VirgP* 11 (cf. ib. 53: ab ipsa gracillima cunabulorum aetatula). **d** plautus, ~i corpore *GlC* P 471.

2 (w. ref. to density) light, thin. **b** scanty, meagre. **c** finely ground.

tamquam spuma ~is quae a procella dispergitur GILDAS *EB* 62. **b** aliger hunc .. gracili nutrimine farris / paverat ALDH. *VirgV* 788; non nimis sit ~is scriptura ANSELM (*Ep.* 164) IV 37. **c** **1342** onerant se de j celdra xiij bollis salis ~is *ExchScot* 486.

3 thin, high-pitched or lacking volume (of voice); **b** (of other sound).

si .. quisquam .. / .. / .. mentem magno gestit modulamine pasci / et cantu gracili refugit ALDH. *VirgV* 70; quare .. mulieres et eunuchi ~em habent vocem *Quaest. Salern.* P 40; I vocalis ~em habet spiritum *Ps.-*GROS. *Gram.* 23; si habet ~em vocem BACON V 169; simulat se .. pro femina puerum, nam vox utrique ~is et statura mediocris HIGD. II 9 p. 282. **b** tibie que ~es appellantur .. sono ~iori et minori auctoritate exercitia humana determinant R. NIGER *Mil.* III 61 (cf. *1 Kings.* i 40); sub obtuso grossioris chorde sonitu ~ium tinnitus licentius ludunt GIR. *TH* III 11.

gracilitare, to become narrow or small.

ut, licet potest esse in utroque polo simul, huic tamen repugnat, quod non sit in medio intercepto, et situs tam longus posset ~ari ad distanciam liniarem WYCL. *Apost.* 113.

gracilitas [CL]

1 **a** (w. ref. to animate being or part of body) slenderness, leanness; **b** (w. ref. to inanim. thing).

a manus et brachia, pedes et crura tortione et ~ate sua erant puerilia GOSC. *Edith* 293; hec ~as OSB. GLOUC.

Deriv. 250; [porculus submersus] quicquid biberat mingendo refudit, quousque pristine ~ati restitueretur W. CANT. *Mir. Thom.* IV 47; *Quaest. Salern.* B 305 (v. gracilis 1a); ~as mammorum .. significat paucitatem lactis M. SCOT *Phys.* 20; tumor .. demuit et soluto ventre usque ad xxv assellationes non cessavit, sicque .. per irriguum inferius plene purgatus in tantam resedit ~atem ut plus mirarentur astantes tunc ~atem in curato quam ante tumorem in ydropico *Mir. Wulfst.* I 44 p. 145; cum colli ~ate et totius corporis macilencia J. MIRFIELD *Brev.* 76. **b** minuta missilia qui sui ~ate lorice maculas transiliunt R. NIGER *Mil.* I 17; suavitas florum, fecunditas nucum, eminentia, ~as et rectitudo virgarum J. FORD *Serm.* 61. 4.

2 (of voice) thin quality, high pitch or lack of volume.

virili vigore deposito in feminee vocis ~ates acuitur AILR. *Spec. Car.* II 23. 67. 571; P, T, K diminutione propter soni sui ~atem ab aliis differunt, B, D, G loci mutatione, ϕ, θ, χ augmento, ψ, ζ, ξ alteratione *Ps.*-GROS. *Gram.* 22.

graciliter [CL]

1 lightly, gently.

neque guttae graciliter / manabant, sed minaciter / mundi rotam rorantibus / umectabunt cum imbribus (ALDH.) *Carm. Aldh.* 1. 45; gracilis .. unde ~iter OSB. GLOUC. *Deriv.* 250.

2 with a thin, light sound.

pro O quod ore rotundo figuratur, I ~iter et voce feminina *Ps.*-GROS. *Gram.* 70.

gracillare, to cackle, cluck.

cakelyne, as hennys, ~o *PP*; *to cloyke,* [ut gallina] graculari *CathA*; ~o, *to cakele as an hen WW.*

gracillus v. graciculus. **gracio** v. garcio. **graculari** v. gracillare.

graculus [CL], jackdaw, crow, rook, or sim. **b** jay. *Cf. garrulus* 3c.

[nec] garrulus .. vilescit graculus ater / qui segetum glumas .. / depopulare studet ALDH. *VirgV* 224; **751** (v. 1 cornicula); †grallus, *hrooc GlC* G 154; **9..** grauculus, *hroc WW*; gracculus vel garrulus, *hroc* ÆLF. *Gl.* 132; ~us vel monedula, *ceo WW*; **11..** †grallius, *roc WW Sup.* 150; capio .. ~os et alaudas et parraces ÆLF. BATA 6 p. 85; dampnacio .. eorum non plus valet quam vox ~i WYCL. *Blasph.* 252. **b** turdula prompta loqui, facundo gracculus ore HANV. IX 428; quidam ~us, A. *gay*, qui vulgariter vocatur *Watte* GOWER *VC* I cap. 9 *tit.* (cf. ib. 681: graculus unus erat edoctus in arte loquendi); ~us, *a jaye,* .. *jay*; .. nomina volatilium incomestilium: .. hic ~us, A. *a jaye* .. hic †gratulus, *a jay WW.*

gracus [? cf. LL cracatius], (?) whiting.

~us, *a whytynge WW.*

grad- v. et. ward-.

gradalis [LL], **~ualis**

1 **a** (of shape) ascending like steps. **b** belonging to a shelf. **c** (of number) composite.

a 1245 capa .. habet morsum oblongum ~alem per tres ascensus *Invent. S. Paul.* 479. **b 1389** ipsa eciam volumina singula .. in tegmine .. affixas habent literas suas disticcionales cum signis ~ualibus adjunctis J. WHYTEFELD *Pref. Catal.* 408. **c** linee .. a sinistris numerum compositum, sc. numeros ~ales [signant] M. PAR. *Maj.* V 285.

2 (eccl., w. ref. to antiphon or sim.) gradual (sung at altar steps); **b** (as sb. n.).

p1215 dum versus ~alis et versus 'alleluia' cantantur *Offic. Sal.* 16. **b** ~uale: 'locus iste a Deo factus est inestimabile sacramentum ..' EGB. *Pont.* 49; ~uale: 'hec dies' sine versu; 'alleluia' cum versu *RegulC* 53; post epistolam cantatur responsorium cum suo versu, sive ~uale, ut vocant. appellatum .. est ~uale quod a minoribus in gradibus .. cani soleat BELETH *RDO* 38. 46; instituit .. Celestinus introitus et ~alia et offertoria R. NIGER *Chr. I* 73; GIR. *GE* II 20, *Cust. Westm.* 199 (v. alleluia 1); **1220** unum missale novum absque epistolis, sine musica et sine ~ali (*Vis.*) *Reg. S. Osm.* I 276; tres fratres in capis cantabunt ~uale, et quatuor tractum *Cust. Westm.* 39; ad ~uale et ad versum fratres stabunt quando canitur a toto choro *Obs. Barnwell* 116; ~ale, quia ad gradus chori cantari solet ODINGTON 100; quociens indutus chorum regit, ~ale et alleluya sive tractum rogabit *Cust. Cant.* 95; LYNDW. 251 a (v. gradatim 4); **1509** duo canonici ad gradum chori ~alia et tractus devote celebrent (*Vis. Dorchester*) *EHR* IV 210–11.

3 (eccl., w. *liber*) gradual-book; **b** (as sb. n.); **c** (as sb. m.).

divinos libros, sc. missalem, lectionarium .. ~alem, manualem ÆLF. *Ep.* 2. 137; **14..** libri ~uales undecim, offerendarii duo; item capella abbatis ~uales ij et j epistolaris (*Cart. Reading*) *EHR* III 122; **1488** [Willelmus A., abbas] contulit vj libros missales, et totidem ~uales in usum chori *Reg. Whet.* I app. 475. **b** secundus liber est ~uale [*PL*: graduarius] dictum sic a gradibus BELETH *RDO* 59. 65; NECKAM *Ut.* 119 (v. 2 gradarius 1); **1240** libros autem, missale, breviarium, antiphonarium, ~ale .. in qualibet ecclesia propria volumus contineri *Conc. Syn.* 296; **1288** j ~ale notatum *KRAc* 231/26 m. 12; **1325** Thomas le Baker .. captus .. juxta villam de S. Neoto pro quadam ~ale pret' x s. felonice furata apud Newenham *Gaol. Del.* 1/4 m. 7*d.*; **s1327** abstulerunt predones .. a monasterio de A. xl missalia, c ~alia, xij codices (*Chr. Abingd.*) *EHR* XXVI 734; ad missas .. precipue que proprium habent servicium, ~ale in manibus habeant, et sine libro nichil dicant nisi sint securi *Cust. Cant.* 52; ij nova ~alia .. quorum unum terminatur per missam sponsalium et aliud terminatur per missam S. Lini pape *Invent. Norw.* I 2; j ~uale secundo folio 'iram meam' emptum .. item j ~uale parvum ex dono Thome B. .. ~alia: j ~ale magnum, secundo folio in rubro 'temporibus' .. item iiij ~alia antiqua secundo folio primi 'Christus rex' .. j ~ale bene correctum HEETE *Catal. Coll. Wint.* 63, 64; ~e sic dicitur a gradalibus in tali libro contentis LYNDW. 251 a (v. gradatim 4); **s1438** in .. choro fieri fecit iiij ~alia magna AMUND. II 198; memoriale meum in competentibus missali, ~ali, tropario, sequencia, antiphonario .. relinquo AD. USK 56; hoc ~ale, A. *grayel,* .. *a grale,* .. *a grayelle WW*; **c1517** [Thomas G., prior] in choro .. libros nonnullos perpulcra litteratura .. exarari fecit, magnum viz. ~ale, quod .. aureis literis floribus et armis .. inauratis .. ornavit *Invent. Ch. Ch.* 122. **c 14..** scripsit .. unum ~ualem, et alium impressum *Mon. Francisc.* I 520.

4 (*psalmi* ~*ales*) the fifteen gradual psalms.

1354 dicat .. devote .. septem penitenciales et quindecim psalmos ~uales *Lit. Cant.* II 325.

5 in respect of degree; **b** (w. ref. to spiritual 'grades' in church militant).

secunda univocacio attenditur penes communicacionem ~ualem, ut puta, quando est unum commune multis secundum communicacionem analogam dum tamen prius naturaliter insit uni quam alteri WYCL. *Ente* 97. **b** oportet investigare unde consurgat perfeccio ~ualis, id est perfeccio gradus sive status ecclesie militantis, quatinus perfeccionem hominis personalem et perfeccionem militantis ecclesie ~ualem insimul combinando, tam ad quesitum quam ad utriusque partis motiva responsio patefiat UHTRED *Mon. V.* 377; NETTER *DAF* I 164 (v. gradatim 3c), *Ib.* 426 (v. extensio 6).

gradalitas, ~ualitas, grade, degree.

in sacerdocio est gradus duplex, sc. dignitatis et status; quantum ad gradum dignitatis collocatur super omnes juxta hierarchias, sc. episcopos secundum Dionysium, quantum ad ~ualitatem status inter continentes NETTER *DAF* I 441.

gradaliter, ~ualiter, in degree.

notandum quod regula moralis virtutis sive modus vivendi in suo communi stat in quadam latitudine, et ~ualiter variatur secundum majus bonum et minus bonum NETTER *DAF* I 439.

gradaliticus, (w. *liber*) gradual-book.

1345 liber alleluiaticus et ~us *Sacr. Lichf.* 114.

1 gradare [CL *ppl. only*], to grade, measure; **b** (geom., p. ppl.) equilateral. **c** (p.ppl.) (?) gradual, or (?) 'stepped'; **d** (cf. shrine); *cf. gradus* 2c.

non gradatur simplex essentia, / trium enim est equa gloria J. HOWD. *Ph.* 207; nec oportet aliquem gradum ~atum illius latitudinis adquiri ad hoc, quod de contingenti fiat necessarium WYCL. *Act.* 77. **b** triangulus [dividitur] in scalonom, ysochelem et ~atum BACON XV 220; demonstratio universalis ostendit hanc passionem 'habere 3'; de triangulo demonstratio particularis ostendit eandem de ysochele vel de ~ato *Ib.* 312. **c** ~atum ascensum AD. USK 128 (v. apparentia 4c). **d** ~atum feretrum *Lib. Eli.* II 61 (v. feretrum 2).

2 gradare [cf. AN *greer, agreer* < *adgratare], to agree.

1103 concordatum atque ~atum fuit quod pons ad eum modum mittetur quo naves libere transibunt *Cart. Antiq.* II 150 (cf. ib.: concordatum atque judicatum).

gradari [cf. gradi], to walk.

1290 cum .. rex habeat .. towagium .. batellorum .. in aqua de Tyne ascendendo versus Novum Castrum et descendendo versus mare libere per terras dominorum quorumcumque, predictus prior [de Tynemuth] non permittit .. transitum facere volentes terras suas ingredi et, cum forte .. ingressi fuerint, compellit eos reverti et in aquam profundam ~ari unde vix cum vita sepius evadunt *RParl* I 27a.

1 gradarius [CL], (of horse, also as sb. m.) ambling, ambler.

si ~iis equis insideant mollius J. SAL. *Pol.* 594C; fugam arripit ~iis suis in stabulo de industria dimissis W. CANT. *V. Thom.* I 31; W. FITZST. *Thom. prol.* 11 (v. ambulare 2); hic ~ius, *palefroi Gl. AN Glasg.* f. 21; manni, ~ii [*gl.*: *chacurs*], palefridi, dextrarii NECKAM *Ut.* 104; *PP* (v. ambulator b); hic ~ius, *a hawmbler,* .. *hawmlore WW*; *an ambler,* ~ius *CathA*; **1499** equos succussarios et non ~ios *Pat* 585 m. 5 (19).

2 gradarius, ~uarius

1 (as sb. n.) 'gradual', service book.

~uarius BELETH *RDO* 59. 65 (v. gradalis 3b); sint ibi in ecclesia .. gradale vel ~arium NECKAM *Ut.* 119; **1362** in ligatura j missalis et ij gradiariorum ecclesie S. Oswaldi *Ac. Durh.* 126.

2 (?) staircase.

1445 pro iij carpentariis conductis .. ad faciendum j ~arium ad cameram .. magistri *Cant. Coll. Ox.* II 168.

gradatim [CL], **~uatim**

1 step by step (also fig.); **b** (w. ref. to ladder, fig.). **c** (her.) in the manner of steps. **d** (w. ref. to building) by storeys.

verborum gressibus ~im spatiantes ALDH. *VirgP* 39; ex utraque .. parte ~im motis legionibus, mox .. clamor exoritur, dein hinc inde concurritur *V. Neot. A* 16. **b** ~im .. oportet ut descendat in hac scala, cum sic descendere statuerit natura omnia que descendunt, quia gradus nullus scale .. omitti poterit .. quin per eam gradiatur FORTESCUE *NLN* II 34. **c** sunt et alia arma quarteriata ingradata ..; et vocantur ingradata quia colores inseruntur ~im unus in alium BAD. AUR. 128. **d 1348** dedi .. shopam diversorum graduum .. in villa Oxonie .. et continet unum celarium cum diversis solariis ~im superedificatis *Cart. Osney* II 41.

2 by progressive stages or degrees, gradually.

crescente ~im .. providentia consilii salutaris BEDE *Retract.* 1012; **798** ~im vero praefatus Felix semper ad pejora descendit ALCUIN *ad Beatum* 319; emphasis, i. e. exaggeratio quod ~im crescit *Gl. Leid.* 28. 69; VINSAUF *CR* 323 (v. gradatio 2b); ut sic per etatem, gradus, sic amplius quoque virtutum passibus per vite merita ~im ascenderet GIR. *Æthelb.* 2; motus .. cum sit agentis in patiens paulatim et non subito, hoc est per deficientiam virtutis agentis ~im et virtutis patientis cum resistentia erit mora in motu *Ps.*-GROS. *Gram.* 47; climax [Hermetis] appellata est quia ~im ab una 3 usque ad xx ascendit, ita .. ut per singulos gradus quaterne species componantur GILB. VII 357. 1; influencia .. incipit a primo principio et protenditur ~im per media usque ad infimam creaturam R. MARSTON *QD* 297; incipe a superbia et omnes ipsius ramos inquire .. et sic ~im [ME: *reawe birewe*] inferius procede usque ad ultimum *AncrR* 129; natura .. nichil agit subito sed ~im sensimque FORTESCUE *NLN* II 34.

3 **a** in order of precedence. **b** in order of descent. **c** by spiritual 'grade' of church militant.

a c1365 libri .. domus secundum .. ordinem sint partiti: custos primo .. recipiat .. deinde senior socius .. et post graduatim omnes reliqui *Cant. Coll. Ox.* III 167; **1410** magister J. [cancellarius] osculabatur primo decanum, et sic ~im confratres de capitulo *Stat. Linc.* II 181. **b** a prole .. Dei inchoans post nepotum .. progeniem ~im produxit ALDH. *Met.* 2 p. 68; **1252** Gerardus de C. et heredes sui ~im inde huc usque explecia receperunt *Cart. Boarstall* 608. **c** graduales tres habemus partes [ecclesie militantis] graduatim distinctas NETTER *DAF* I 164.

4 (?) on the step(s) (eccl.).

ad oracionem post eum [sc. sacerdotem] ~im debent stare [sc. diaconus et subdiaconus] *Obs. Barnwell* 114; gradale sic dicitur a gradalibus in tali libro contentis; stricte tamen ponitur 'gradale' pro eo quod ~im ponitur [v. l. cantatur] post epistolam LYNDW. 251 a (cf. *Conc. Syn.* 1387).

gradatio [CL], **~uatio**

1 series of steps, ladder; **b** (fig.).

climax, ~o *GlC* C 470. **b** a duobus episcopiis .. nefanda ~one ambitionis et supplantationis ascenderat ORD. VIT. IV 6 p. 199.

2 series of propositions; **b** (rhet.).

non potuit quia non voluit; noluit quia ratio non fuit. et quia ratio non fuit, non debuit. quam ~onem .. W. MALM. *Mir. Mariae* 117. **b** ~o est quando gradatim fit decensus; ~o quoque fit dupliciter; fit enim per resumptionem dictionis precedentis, ut hic: 'venit et invenit, invenit et addidit arma, / addidit et rabies tota Robertus erat' .. VINSAUF *CR* 323; ~o .. que a Donato metatempsis dicitur quandoque fit per inflexionem, quandoque per resumptionem GERV. MELKLEY *AV* 20.

3 grading.

tractatus .. de graduatione medicinarum compositarum BACON IX 144.

gradeius [? *backformed from* ME *grei*, cf. ME *bai*, OF *bai* < CL badius], (?) grey.

1534 equa gradeii coloris .. cecidit et dejecit predictum J. C. usque ad terram *AncIndict* 531 136.

gradi [CL], **~iri**

1 to walk (about); **b** (fig.).

pedibus gradior super aequora siccis ALDH. *Aen.* 38 (*Tippula*) 6; pede reducto ~iri coepit FELIX *Guthl.* 45; **787** juxta Mare Galileae ~iens .. fratribus praecepit ALCUIN

Ep. 4; greditur, ambulat *GlC* G 160; Eadfridus hinc gradiens per vasti moenia templi ÆTHELWULF *Abb.* 758; Brutus .. non muliebriter ~itur, set turmas suas .. docens qualiter debeant invadere .. edicit G. MON. I 15; R. COLD. *Cuthb.* 80 (v. crepido 1d); BEN. PET. *Mir. Thom.* II 41 (v. 2 contractus 1a); *aler*, .. ~i *Gl. AN Ox.* 153; virtus ~iendi gressibili inest actione separata KILWARDBY *OS* 185; insula ubi ~iuntur homines super manus et pedes more quadripedum *Itin. Mand.* 140. **b** c**790** omnia que vel prosa ~iente vel versu currente dictavi tuae sanctitatis spectant judicium ALCUIN *Ep.* 120.

2 to travel, go (along or about), make one's way, proceed; **b** (w. ref. to spiritual or fig. journey). **c** (pr. ppl. as sb. m.) pedestrian, walker. **d** (mon.) to migrate to another community.

populum per desertum ~ientem .. protegit BEDE *Hom.* I 24. 100; gaudentes cuncti proprias gradiuntur ad aedes WULF. *Swith.* I 1039; ~iebatur per vallem versus monasterium ALEX. CANT. *Mir.* 49 p. 258; cum ad locum pervenisset .. dixit his cum quibus ~iebatur .. ORD. VIT. III 3 p. 44; **1239** Clemens G. ~iens versus monasterium .. vidit .. damum .. mortuum *SelPlForest* 71; s**1265** W. GUISB. 199 (v. exploratrix 1); s**1287** Christiani ad propria sunt reversi, cum Saracenis solo rege apostata ~iente *Flor. Hist.* III 68. **b** ALDH. *VirgP* 22 (v. consessus 1b); **795** vitalis viae tramite .. per quem illi [sc. patres .. pii] ~ientes gloriam .. meruerunt sempiternam ALCUIN *Ep.* 43; angeli .. expectant te ut ~ieris cum illis ad Deum NEN. *HB* 174; sunt .. pedes anime intentio et actio, quibus ~itur super terram sui corporis ad salutem vel ad mortem R. NIGER *Mil.* I 1 p. 98; WALT. WIMB. *Palpo* 13 (v. Gnathonicus); **1336** ~ientem de virtute in virtutem *Lit. Cant.* II 116; quod via qua jam ~imur minime faciemus si non justitiam legem que nature unius esse qualitatis .. demonstremus FORTESCUE *NLN* I 36. **c** c**795** ut cum pedibus ~ientis calamus currat scribentis ALCUIN *Ep.* 81; locusta .. ex eo forte sic dicta quod loco stare faciat ~ientes J. SAL. *Pol.* 412D; luna .. noctem .. illuminat et ~ientibus iter ostendit FORTESCUE *NLN* I 43. **d** *Reg. Whet.* I 144 (v. admissorius).

3 (w. inanim. subj.) to move forward. **b** (w. road as subj.) to lead, run.

multa satis numero mihi nunc gradiuntur aratra *Babio* 83. **b** c**1170** inter ecclesiam de B. et viam que ~itur apud domum Vitalis de S., et inter viam que ducit ad curiam meam *Banstead* II 84.

4 (trans., also fig.) to tread.

sincelli agrestia rura ~iendo FELIX *Guthl.* 45; artam viam que ducit ad vitam recto itinere ~iens WULF. *Æthelwold* 9.

gradiarius v. 2 gradarius. **gradual-** v. gradal-.

graduari [cf. gradus 15], (acad.) to graduate, take degree. **b** (p. ppl. as sb.) a graduate.

nec video quin licet dispensare .. cum uxoratis, quando non sunt alii tam habiles ~andi, ut maneant sacerdotes cum uxore desponsata WYCL. *Ver.* II 262; **1399** cancellario et scolaribus ~atis universitatis Oxon' *Pat* 352 m. 18; **1412** quod quilibet in .. universitate ~andus .. pro tempore graduacionis sue .. teneatur .. *StatOx* 211; **1417** pro promocione quorumdam filiorum universitatis nostre ~atorum ad presens et ~andorum *Reg. Cant.* III 48; c**1430** unum de clericis nostris, virum .. in utroque jure ~atum *Reg. Whet.* II 434; **1431** lego .. togas meas .. inter pauperes scolares Oxonienses ~atos distribuendas *Wills N. Country* 41; **1440** facultatis arcium magister ~atus *FormOx* 464; quare ad statum et gradum talem, nullus hucusque assumptus est qui non in .. legis generali studio xvj annos ad minus antea complevit, et in signum quod omnes justiciarii illi taliter extant ~ati, quilibet eorum .. utetur, dum in curia regis sedet, birreto albo de serico FORTESCUE *LLA* 50; c**1520** clerici .. in artibus ~ati *Form. S. Andr.* II 93. **b** **1361** nullus ~atus .. quicquam legat *StatOx* 164; **1383** ab omnibus et singulis ~atis, theologis et juristis universitatis Oxon' (*Breve Regis*) *Ziz.* 312; **1417** de .. negociis statum .. universitatum .. Oxon' et Cantabriggie .. ac ~atorum in eisdem proficiencium concernentibus *Reg. Cant.* III 34; s**1417** xxiiij alii de abbatibus et prioribus, de doctoribus et aliis ~atis per congregacionem .. fuerant associati *Croyl. Cont. B* 514; omnes estis ~ati universitatis, ergo .. estis ejusdem gradus precise NETTER *DAF* I 473a; **1438** ordinacionem factam pro promocione ~atorum et certificatorum *Stat. Linc.* II 478; **1458** ad .. prepositum et ceteros de collegio [S. Salvatoris in civitate S. Andree] ~atos debet pertinere *Mon. Hib. & Scot.* 408b.

graduarius v. 2 gradarius. **graduatim** v. gradatim.

1 graduatio v. gradatio.

2 graduatio [cf. gradus 15], (acad.) graduation or graduate status.

dignior quo ad ~onem scolasticam debet preferri WYCL. *Sim.* 30; **1411** universitas Oxon' .. jam filios parit degeneres .. qui .. personas laudabiles in eadem ~one per exacciones .. gravant, ac bona .. universitatis pro libito circa brigas .. dilapidant *Conc.* III 336a; **1412** (v. graduari a); **1423** super mora et ~one in .. nostra universitate .. Johannis F. .. attestamur quod .. graduatus extitit .. in jure canonico secundum consuetudines .. universitatis *EpAcOx* 6.

gradus [CL]

1 step, pace (also fig.); **b** (as unit of measurement).

non cunctante gradu cum sanctae limine valvae / vellet adire ALDH. *VirgV* 1041; qui summum locum ascendere nititur ~ibus vel passibus, non autem saltibus elevatur (*Lit. Papae*) BEDE *HE* I 30 p. 65; festo / cepit abire gradu ALCUIN *SS Ebor* 795; DOMINIC *V. Ecgwini* I 9 (v. excessus 1b); tremulis ~ibus locum quo ipse stabat nacta fuit G. MON. III 7; paulisper ~um sistens GIR. *EH* I 38; **1369** dirigat .. in salute .. ~um vestrum Trinitas *Lit. Cant.* II 493. **b** circa iiij^xx^ *steppys* sive ~ibus meis mensuratis W. WORC. *Itin.* 50 (cf. ib. 58: 50 virge faciunt 85 ~us sive Anglice *steppys* meos); Barnet / Londino bis quinque gradus qui millia distat J. HERD *Hist. IV Regum* 35.

2 step, stair; also stairs, staircase. **b** scaffolding or 'steps' used in building work. **c** step, stage (of shrine). **d** row, tier. **e** shelf. **f** division resembling step.

per centenos latebrarum ~us introrsum descendisse fertur ALDH. *VirgP* 25; pendulos in aere ~us W. MALM. *Wulfst.* I 8 (v. 2b infra); dum ~us [turris] ascendere incepissent G. MON. IX 15; W. FITZST. *Thom.* 136 (v. faber 3e); GIR. *IK* I 11 (v. 1 ascensus 3); si .. demitteretur ad ipsum [in puteo] scala, et ne posset causari quod non potest per scalam ascendere pre ~uum in scala paucitate, esset eadem scala ~uum multitudine et spissitudine repleta GROS. *Cess. Leg.* I 8 p.41; **1258** de ~u de camera Rosamunde usque capellam ..: in stipendiis vj carpentariorum ad faciendum .. ~um lingneum subtus ~um petrinum *Ac. Build. Hen. III* 186; **1278** de grado (*sic*) in ~um (v. 1 eschina a); **1344** (v. currere 3d); **1392** cecidit de ~u solarii et frigit (*sic*) collum *SelCCoron* 48; cum libero introitu et exitu per ~um lapideum usque ad aquam de Tyne *Feod. Durh.* 6n.; **1455** pro factura unius *gavill* in granario avenarum ac iij ~uum et unius manugerii *Ac. Durh.* 634; **1465** acta erant hec coram magno ~u pretorii burgi de Perth *Conc. Scot.* I ccxlvii; **1477** pro nova tectura .. super ~um scaccarii .. prioris *Ac. Durh.* 646. **b** ut .. / .. veniret ad altos / ascensus graduum, quo scandere summa solebant / artifices operum B. *V. Dunst.* 4; ad illam [fabricam, i. e. *bell-tower*] erigendam moliebatur ~us scalarum quibus operantes insisterent et pendulos in aere ~us firmarent W. MALM. *Wulfst.* I 8 p. 15; **1280** ad meremium ad faciendum ~us ad opus cementariorum *MinAc W. Wales* I 12. **c** **1383** de reliquiis in feretro S. Cuthberti .. in quo ~u sunt asservate: .. in primo et suppremo ~u australi, ymago BVM .. in ~u sub primo .. textus evangeliorum .. in ~u tercio .. capa S. Cuthberti *Ac. Durh.* 426. **d** **1348** shopam diversorum ~uum (v. gradatim 1d); **1464** in .. stipendio laborancium circa .. aulam .., fenestram ligneam in ~u Johannis H., tria ostia et alia necessaria *ExchScot* 232. **e** **13..** xv^o^ ~u, vite et passiones (*Cart. Bermondsey*) *EHR* XLVIII 441; **1389** hec biblioteca in novem separatis distinccionibus .. dividitur. .. quelibet autem dictorum novem distinccionum in septem ~us eciam separatos .. separata J. WHYTEFELD *Pref. Catal.* 408; **14..** de almariolo et nono ~u almarioli A *MS BL Add.* 16164 *pressmark* (*St Albans*); de almariolo B primus liber in primo ~u *MS BL Royal* 13 D v *pressmark* (*St Albans*); **1472** ~us A continet v libros ad presens (*Queens' Coll. Camb.*) *Arch. Hist. Camb.* III 438. **f** herba Walteri habet .. divisionem foliorum per ~us divisam *Alph.* 81.

3 (eccl.): **a** altar step. **b** choir steps. **c** (*~us satisfactionum*) step on which penance was performed. **d** (*liber ~uum*) gradual book.

duo levitae in albis stantes ad ~us ante altare LANFR. *Const.* 115; (EADMER *Reliq. Audoeni*) GERV. CANT. I 8 (v. 2 chorus 4a); dum .. ad altare accederent .. mulier .. ~us conscendere volens .. repulsa est T. MON. *Will.* VII 18; BELETH *RDO* 59. 65 (v. gradalis 3b); circa ~us coram altari R. COLD. *Godr.* 90; sic eadem media graduum statione legatur GARL. *Myst. Eccl.* 149; **1411** navis ecclesie Cantuariensis, cum apparatu ~us et pulpiti *Lit. Cant.* III 114; nomina ecclesie nessessaria: .. hic ~us .., A. *a grese WW*; **1488** pro factura .. ~us ante altare *Ac. Durh.* 651; **1516** (v. examinatorius 1b). **b** *Obed. Abingd.* 340 (v. 2 chorus 4a); j [crassetum] super ~um 'canes' *Cust. Cant.* 102; **1509** ad ~um chori (v. celebrare 4a). **c** matutinae laudes, si ultra modum .. tardaverint, secretarius cui hujus rei cura tunc commissa erit ante ~um satisfactionum prosternatur LANFR. *Const.* 151; ante ~um satisfaccionum humiliter prostratus jacebit *Cust. Cant.* 117. **d** **14..** item liber ~uum (*Cart. Reading*) *EHR* III 123.

4 (*psalmi ~uum*) the fifteen gradual psalms (cxx-cxxxiv), whose Heb. title was rendered *canticum ~uum* in Vulg.; Heb. refers to 'degrees' or 'ascents'.

a**802** de psalmis ~uum quindecim pulcherrimus ascensionis ordo designatur ALCUIN *Ep.* 243; cum quindenos finirent Davitici carminis ~us genua flectunt BYRHT. *V. Osw.* 471; quindecim ~uum psalmos modulentur ÆLF. *Regul. Mon.* 193 (cf. *RegulC* 68); H. LOS. *Ep.* 23, **14..** (v. canticum 2b); **1281** (v. 2 clericus 1a).

5 (fig.) step on (spiritual) ladder, stage in process involving (spiritual) ascent or descent.

p**1093** memor esto cujus propositi ~um ascendens nec umquam tibi vitae tuae sanctitas sufficiat nisi ea illos qui inferiorum ~uum sunt transcenderis ANSELM (*Ep.* 189) IV 75; ~us .. quibus ad montis cacumen ascenditur septem sunt humilitatis ~us *Simil. Anselmi* 100; hujus scale vero latera sint gemine dilectiones, Dei sc. et proximi dilectio. porro ~us qui his lateribus inseruntur sunt diverse virtutes HON. *Spec. Eccl.* 869D; habes pre oculis .. charitatis ascensorios ~us, scalam Jacob .. P. BLOIS *Ep.* 102. 324B; medicina .. contra iram .. est paciencia que habet tres ~us [ME *steiren*], altum, altiorem et altissimum *AncrR* 106; vilitas et asperitas .. sunt duo brachia scale .. directe in celum et inter ista .. brachia fixi sunt ~us [ME: *þetindes*] omnium virtutum *Ib.* 137; oportet ut descendat in hac scala, cum sic descendere statuerit natura omnia que descendunt, quo ~us nullus scale predicte omitti poterit FORTESCUE *NLN* II 34.

6 place in line of descent or succession. **b** degree of affinity; **c** (w. ref. to persons of the Trinity).

abavus, i. e. avi avus, nam ~us ipsi sic sunt: pater, avus, proavus [etc.] *GlC* A 25; BRACTON 281 (v. consanguinitas a); **1257** cum .. filie sint in secundo ~u hereditatis a tempore collacionis dicti domini .. de manerio *Cl* 164; **1289** Willelmus non continetur infra ~us in brevi nominatos, nec est in linea *PlRChester* 5/8; **1304** cum toto jure .. cujuscumque descensus .. tenementorum que ad me aliquo juris ~u descendere .. continget *Feod. Durh.* 58n.; medius ~us inter avum et nepotem, viz. filius ille attinctus FORTESCUE *NLN* II 38 (cf. ib.: ei .. in proximo successionis ~u conjunctus sum); tu et omnes qui de te descendent .. eritis .. in subjectione inimicorum vestrorum usque ad nonum ~um *Itin. Mand.* 80. **b** uxor ejus et communi patrie vitio in quarto ~u cognata GIR. *IK* I 1; J. FURNESS *Walth.* 43 (v. genu 2); s**1150** celebratum est divortium inter .. regem Francorum et .. reginam ..; erant enim consanguinei in quarto ~u M. PAR. *Maj.* II 186; **1367** duxit in uxorem consanguineam dicti J. infra ~us maritagii *SelCKB* VI 151; **1386** disponsavit Elizabetham .. que est consanguinea .. Johannis in tercio ~u *PlRCP* 495 r. 486. **c** si .. obicitur, cum dicimus Filium a Patre nasci et Spiritum Sanctum a Patre et Filio procedere, quia quosdam ~us et .. intervalla constituimus, quasi Spiritus Sanctus esse non possit nisi prius Filius nascatur a Patre [etc.] ANSELM (*Proc. Sp.* 8) II 199.

7 (w. ref. to progress, development, or sim.) stage, point; **b** (phr.: *de ~u in ~um*). **c** rate (of movement).

non dico .. quod propositum vitae .. altiorem ~um contingat humilitatis quem altior sequitur exaltatio ANSELM (*Ep.* 101) III 234; GIR. *Æthelb.* 2 (v. gradatim 2); HEYTESBURY *Reg.* 278 (v. exclusive 1); cum queritur utrum Deus potest augere capacitatem usque ad certum ~um, vel in infinitum, dico quod ad certum ~um RIC. ARMAGH *Sent.* 400; **1304** cum toto jure et clamio cujuscumque descensus seu reversionis quorumcumque tenementorum, que ad me de cetero aliquo juris ~u descendere seu reverti contingent in villa de Q. *Feod. Durh.* 58n.; quattuor ~us perfeccionis distincti possunt .. assignari .. *Mus. Mens.* (*Anon. VI*) 399. **b** quia primi fuerunt boni homines, sicut aurum prevalet ceteris metallis, postea ceperunt deteriorari de ~u in ~um, sicut cetera metalla a pretio descendunt post aurum *Natura Deorum* 6. **c** ~us motus est illud materie motus suscipientis magis et minus quod acquiritur per aliquod 'motum esse' BRADW. *Cont.* 233; quilibet ~us velocitatis per latitudinem tantummodo finitam distat a non ~u HEYTESBURY *Reg.* 242.

8 grade, degree, or level of comparative quality, importance, or sim.: **a** (of person); **b** (of thing or abstr.). **c** (w. ref. to church militant).

a invitos spadones .. qui secundo eunuchorum ~ui evangelica veritatis [cf. *Matth.* xix 12] astipulatione deputantur ALDH. *VirgP* 21; **786** Judas ab apostolico ~u ejectus *Ep. Alcuini* 3 p. 24; a**1350** diviso triplici hominum genere sive ~u, sub quorum primo ~u omnes alienis sumptibus militantes .. sub secundo .. ~u omnes expendentes ultra xij d., .. sub tercio .. ~u omnes habentes .. cc marcatas .. continemus *StatOx* 93. **b** castitatis continentia, qui secundus est ~us ALDH. *VirgP* 9; BONIF. *AG* 541 (v. diminutivus 2b); si .. ~uum [naturarum] distinctio sic est infinita ut nullus ibi sit ~us superior .. ANSELM (*Mon.* 4) I 17 (cf. ib. 50: necesse est .. omnem creatam naturam eo altiori ~u essentie dignitatisque consistere); *Quaest. Salern.* N 39 (v. excoctio 2); GILB. VII 357. 1 (v. gradatim 2); herbarum ~us GARL. *Tri. Eccl.* 94 (v. componere 5d); **1289** si contingat aliquem istorum ~uum appellacionum .. anullari .. quod dictus ~us appellacionum a .. bajulis communibus Agenni ad .. locum nostrum tenentem .. cadat, vel anulletur *RGasc* II 365; WYCL. *Ente Praed.* II 18 (v. analogus). **c** perfeccio ~us sive status ecclesie militantis UHTRED *Mon. V.* 377 (v. gradalis 5b).

9 position in scale of dignity, rank; **b** (eccl. & mon.). **c** (pl., collect.) ranks (of persons).

functus ~u consulatus BEDE *HE* I 2 p. 13; **742** (9c) si comes vel praesbyter, diaconus [etc.] huic institutioni resisterit, sit sui ~ui (sic) privatus *CS* 162; sapientium ministerium et ~us usurpastis, sapientiae autem studium .. neglexistis ASSER *Alf.* 106; **963** (12c) ut nemo successorum nostrorum superioris vel inferioris ~us hoc .. donum .. disrumpat *CS* 1124; quanto ab altiori ~u, tanto proniore casu in ima vitiorum lapsos GIR. *TH* I 22; **1375** unus de clericis nostris de majori ~u, viz. unus de xij

magistris cancellarie nostre *Pat* 213 m. 27; **1420** in viij ulnis de *blewmedled* emptis pro .. garniamentis ij clericorum de ~u generosorum *Ac. Durh.* 617; NETTER *DAF* I 473a (v. graduari b); ~um .. in quo constitutus est vir supra mulierem .. in ordine viveret FORTESCUE *NLN* II 60. **b** GILDAS *EB* 66 etc. (v. ecclesiasticus 1a); inferiore ~u possitus monachus *Id. Pen.* 4; in catacuminorum ~u ALDH. *VirgP* 26; quatenus .. per septenos ecclesiae ~us paulatim proficiens ad summum pontificatus apicem .. perveniret *Ib.* 43; **a716** (11c) talis eligatur .. dominus spiritalis ~ui Dei servitiae et tonsurae seu sacrae velamine mancipatus *CS* 91; o sancte episcope .. hec tibi et tuo ~ui contraria .. non convenerunt *V. Cuthb.* I 3; abbatissae ~um susceperat BEDE *HE* IV 19 p. 244; archiepiscopi ~u potitus *Ib.* II 4 p.87; ~u episcopatus *Ib.* III 22 (v. diaconus); **802** ut .. examinetur quid cui conveniat personae, quid canonicis, quid monachis, quid tertio ~ui qui inter hos duos variatur, superiori ~u canonicis et inferiori monachis stantes ALCUIN *Ep.* 258; convenere dies graduum, quibus ardua moles / excipienda viro FRITH. 320; ab Aelfego .. episcopo tonsoratus et in ~um sacerdotalem consecratus est ÆLF. *Æthelwold* 5; **1076** ibi .. presbiterii ~um recipies LANFR. *Ep.* 24 (40); post susceptos inferiores ecclesiastici ordinis ~us, ~um suscepit diaconatus EADMER *V. Osw.* 6; episcopi mirabantur causidicorum audatiam quomodo ecclesiasticorum ~uum immunes, nisi quod unus eorum diaconus esset, presumerent accusare venerandum senem W. MALM. *GP* III 106; **1369** si idem prior ad aliquod aliud beneficium sive ~um .. translatus vel promotus fuerit *Cl* 207 m. 32*d*. **c** †**693** (14c) siquis .. hoc infringere tot nobilitatis ~ibus roboratum praesumeret jus *CS* 121; **838** licentia sapientum eorum spiritalium seculariumque ~uum qui inibi congregati fuissent *CS* 421; ?**a1127** R. [? de Belmeis I] Londonie episcopus, universis ~ibus et S. Ecclesie filiis, salutem *FormA* xix; **s1185** promittit .. quod rapacitates et omnes iniquitates omnibus ~ibus interdicet DICETO *YH* II 33; ex tribus ~ibus sive generibus Parliamenti, sc. ex procuratoribus cleri, militibus comitatuum, civibus et burgensibus qui representant totam communitatem Anglie *Mod. Ten. Parl.* 77.

10 (gram.) degree of comparison.

'plures' comparativi ~us est, cujus positivus 'multi' BEDE *Orth.* 42; pius et piissimus comparativum ~um non habent *Ib.* 41; **s1400** in ~u superlativo proditorem *Plusc.* X 16 (= FORDUN *Cont.* XV 11: proditorem in superlativo).

11 (med. & alch.) degree of intensity (in elementary quality).

primam temperiem transgressio prima peremit, / huic natura suos jussit adesse gradus; / dant gradui primo medici nomen dominatus; / nomen ab equando jure secundus habet NECKAM *DS* X 3–6; ante peccatum .. temperate complexionis erat Eva, sed Adam temperatissime; si igitur non peccasset homo, nihil esset ~us; est namque ~us elongatio a temperantia *Id. NR* II 156; sol est calidus et siccus in quarto ~u, id est aurum M. SCOT *Alch.* 4; plusquam .. frigidissima et plusquam calidissima in quarto ~u laborabat *Mir. Cuthb. Farne* 4; est ~us discretum dominium qualitatis .., vel ~us est excessus qualitatis .. ab optima compositione sensu determinabili GILB. III 162v. 1; calor dum est in ~u commensurationis .. naturalis generat humores laudabiles *Ib.* VI 248v. 1; epithumi .. calidum est et siccum in secundo ~u *SB* 19 (cf. ib. 20: calidus .. in secundo ~u, siccus in primo); *SB* 22 (v. fulful b);

12 (w. ref. to colour) degree of depth or intensity.

quod rubedo habeat multos ~us, ut minium in primo ~u [etc.] BACON XIV 76.

13 (mus.) point on scale or interval between two points.

Offic. Sal. 23 (v. differentia 5d); quod valeat tres notas equales minores se que sunt in ~u sibi propinquo descendendo *Fig.* 40; quando tenor movetur per ~um tam ascendendo quam descendendo HOTHBY *Contrap. Fa* 102.

14 degree of radius, 1/360 of circle: **a** (geom.); **b** (astr.).

a ~us .. integer est, cujus pars est minutum 60, secundum 3600, tertium 216000 ADEL. *Alch.* 21; nonaginta .. ~us secundum quartam circuli partem *Id. Elk. pref.*; quodlibet .. signum in triginta ~us dividitur, et erunt in toto circulo 360 ~us; quilibet etiam ~us in 60 minuta dividitur GROS. 14; kardaga est portio circuli continens 15 ~uum WALLINGF. (*Quad.*) I 32; si .. ~us fuerint quorum radix querenda est, radix erit ~us KILLINGWORTH *Alg.* 716. **b** traditum a prioribus tenebamus auctoribus unum esse ~um spatium illud quod sol in zodiaco in una die et nocte peragit ..; .. magister noster .. unumquodque signum in xxx ~us equaliter dividit et totum zodiacum ccclx ~ibus claudit WALCHER *Drac.* 116; per septem gradibus se volverat atque duobus / Virginis in gremiis Phoebus, et hic obiit ORD. VIT. VIII 1 p. 257; signa per ~us et puncta dividunt J. SAL. *Pol.* 440B; BACON V 22*n.* (v. exaltare 6); quinta [linea Kalendarii] cum sexta manifestat signum solis cum ejus ~u; caput et pes sex linearum sequencium declarant naturam signorum et de die ac nocte dominos triplicitatum quarum tres prime demonstrant de quolibet ~u ceteras dignitates essentiales ELVEDEN *Cal.* 5; Jubiter .. in Sagittario in eodem ~u cum capite draconis W. WORC. *Itin.* 84.

15 (acad.) degree, stage of proficiency in course of study.

1350 *StatOx* 58 (v. bachelarius 3); **1357** quod .. sit inhabilis ad omnem ~um .. habendum in universitate *Ib.* 158; **1403** cum .. nullus frater ordinis [Mendicancium] ~um magisterii in theologica facultate reciperet nisi [etc.] (*Pat*) *Foed.* VIII 335a (cf. ib. 335b: ~ui scolastico supradicto); **1419** Marmaduco .. pro expensis suis faciendis in suscepcione ~us bacular' *Ac. Durh.* 708; **1435** bifarius ~us *EpAcOx* 130 (v. bachelariatus); **1438** quod incepturi necnon ~um assumpturi in jure canonico non teneantur audire jura civilia *Reg. Cant.* III 276; **1440** quod .. ad decus .. alme matris vestre in facultatibus et scienciis plerique ~us assumerent BEKYNTON I 101; **1443** ad assumendum ~um magistratus seu doctoratus *Stat. King's Cantab.* 85; **14..** qui .. recipit insignia magistralia seu aliquem alium ~um .. precedat in scolis .. omnes posterius graduatos in eadem facultate *Mun. Univ. Glasg.* II 15; FORTESCUE *LLA* 47 (v. bachelariatus); hic ~us, *a degre WW*; **1493** pro vino emendo erga ~um doctoratus suscipiendum, xxx s. *Cant. Coll. Ox.* II 274; **1518** fratri Edwardo B. pro ~u doctoratus suscipiendo, x li.; .. eidem pro ~u bacchalariatus suscipiendo eodem tempore Oxon' xl s. *Ib.* 273; **1517** *StatCollOx* II 59 (v. determinatio 4b); **1549** ~ibus literariis ornati *StatOx* 349; **1582** ut .. admittatur ad ~um magisterii absque remissione temporis et completionis forme *Ib.* 424.

Graecalis, (*aula* ~*is*) Greek Hall, Oxford.

1432 nostre semibene dilecto principali pretenso domus nostre congregacionis de aula ~i *FormOx* 439.

Graece [CL], in the Greek language, in Greek.

spix dicitur ~e crabro, unde derivatur spicodis ALDH. *Met.* 10 p. 95; Theodorus .. et ~e instructus et Latine BEDE *HE* IV 1; aequidiales, aequinoctiales, id est isymerinos ~e *GlC* A 296; EGB. *Pont.* 11 (v. episcopus 1); GROS. *Hexaem. proem.* 66 (v. genesis 3); BART. ANGL. II 19 (v. exterminator 2b).

Graecismus, Greek grammar (book). **b** Greek textual witness (in quot., of Bible).

mendax Grecismus est Grecis philosophis mus; / quando Latinismus est turget mons velut ismus [*gl.*: 'mus' ridiculosus, unde Oratius: 'parturient montes, nascetur ridiculus mus' (*Ars* 139); opus ridiculosum] GARL. *Mor. Scol.* 359; **1281** unus ~us, precii vj d.; una Logica vetus .. unum Doctrinale .. quidam ~us precii xij d. *SelPlJews* 114; **c1300** ~us fere, et quidam sermones (*Catal. librorum*) *Chr. Rams.* lxxxv; **1337** deficiunt libri Cassiodori .. et liber .. Grecissimus J. de Bocton *Lit. Cant.* II 146; HEETE *Catal. Coll. Wint.* 74 (v. glossare 3b); **1447** lego .. consanguineo meo unum librum doctrinale et librum ~i (*Test.*) *MunAcOx* II 560. **b** hec accusacio ponitur in his verbis, 'factus est nobis in traduccionem' [*Wisd.* ii 14], id est propalacionem secundum ~um. est enim traducere secundum ~um exemplare vel propalare quot fuit occultum HOLCOT *Wisd.* 88.

graecissare [CL], **~izare,** to speak Greek, use the Greek language or idiom.

tunc inter se ~izantes et subridentes nos autem celantes multa loqui ceperunt EDDI 53; **s680** inter se diu multumque ~izantes, tandem ad nostra verba conversi, dampnarunt missos dignos carcere W. MALM. *GP* III 106; BALSH. *AD* 56 (v. Graecus 2a); ut 'negare quod hoc sit illud' pro 'negare hoc esse illud' Latinis ~issare libet *Ib. rec.* 2 97; cellulam memorialem, in cujus appellacione defecerunt ~issantes RIC. MED. *Anat.* 217.

Graecitas [LL], Greek style or language.

Latinitatem perosus ~atem amat W. MALM. *GP* I 15 (v. Graeculus).

graecizare v. graecissare.

Graeculus [CL], Greek (pejorative).

executus est id munus Fridegodus .. versibus non ita improbis nisi quod Latinitatem perosus Grecitatem amat, ~a verba frequentat W. MALM. *GP* I 15; non multum hic noster ~us preceptor videtur attendere R. MELUN *Sent.* I 41.

Graecus [CL < Γραικός]

1 of or belonging to Greece or the Greeks; **b** (as sb. m.).

Argolicam, ~am *GlC* A 803; et Nemias Graeco infundat sua pocula Bacho, / qui secum tunnam semper portare suescit ALCUIN *Carm.* 26.50; G. MON. I 16 (v. curvus 1c); GARL. *Mor. Scol.* 359 (v. Graecismus a); litteris .. ~is *Itin. Mand.* 12 (v. exarare 3); circa xl insulas in mare ~o W. WORC. *Itin.* 372. **b** ALDH. *Met.* 4 (v. grammaticus 2a); BEDE *HE* IV 13 (v. chersonesus); quos ~i Sciapodas appellant *Lib. Monstr.* I 17; expulsus est a ~is NEN. *HB* 152; hunc Augustino placuit transferre magistro / de veterum gazis Grecorum clave Latino ALCUIN *Carm.* 73. 8; erat .. frater patre et matre ~us, asciveratque regem ceterosque ~os parti sue favere G. MON. I 3; Achivi, i. Greki, *grecisc GlS* 210; *Itin. Ric.* I 21 (v. Graius); **1459** per solucionem factam cuidam ~o et alteri Almano, de mandato .. regis literatorio *ExchScot* 491.

2 (w. ref. to language). **b** (as sb. n.) Greek language, Greek.

civitas Constantini, quod ~o sermone interpretatur Constantinopolis ALDH. *VirgP* 25; virum Latina, ~a, et Saxonica lingua .. instructum BEDE *HE* V 8 p. 296; **c798** dicit .. Priscianus 'de' habere plures significationes et non pro una ~a praepositione poni ALCUIN *Ep.* 162; alterum sophisticum alterum sine sophismate dubitabile appellavimus, ~o nomine utentes quia ad id Latino uti promptum non erat (docendo enim verbis grecissare nec placet nec convenit, quare non ex his que de arte docendi sunt sciendum) BALSH. *AD* 56. **b** librum vitae .. S. Anastasii male de ~o translatum .. ad sensum correxi BEDE *HE* V 24 p. 359; **c798** in ~o .. in Latino ALCUIN *Ep.* 162; **s1380** imperator Constantinopolitanus .. baptizatus quartam .. leccionem in matutinis coram papa .. legit in ~o AD. MUR. *Cont. B* 242; tentabimus .. aliqua [? l. alique] tuo nomine e ~o in Latinum vertere FREE *Ep.* 54; in ~is GARDINER *CC* 779 (v. exclusivus 4a).

3 (eccl.) belonging to the Greek or Orthodox church (also sb.).

~i et Romani tribus diebus abstinent se a mulieribus ante panes propositionis THEOD. *Pen.* I 12. 3 (cf. ib. II 8: ~orum monachi servos non habent; Romanorum habent); ANSELM II 212 (v. ecclesia 3b); una est fides ~orum et Latinorum *Id.* (*Ep.* 204) IV 97.

4 a (w. *ignis*) 'Greek fire'. **b** St Anthony's fire, erysipelas. **c** (w. *pix*) colophony, 'Greek pitch'. **d** (w. *viride*) verdigris. **e** (as sb. n.) Greek wine.

a ~o igne atque calidarum aquarum aspergine hostes retrocedere cogebant G. MON. I 7; Turci satagebant .. ignem .. quem ~um vocant in machinam jacere ORD. VIT. IX 13 p. 580; his [malta et naptha] vicinus est ignis ~us et multa comburentia BACON *NM* 536; ignis ~us [ME: *grickisch fur*] conficitur ex sanguine hominis rubei, et illum .. non potest .. aliquid extinguere nisi urina et arena et acetum *AncrR* 159. **b** pes .. igne adverso, qui vulgo ~us dicitur, miserabiliter accensus *Found. Waltham* 27. **c** BART. ANGL. XVII 122 (v. colophonia); colofonia, pix ~a idem *SB* 16; colophonia, pix ~a vel pix persia *Alph.* 42. **d** **1282** in viride ~o et uncto ad oves medicandum *Ac. Wellingb.* 28 (cf. ib. 22: cum verdegreco); **1287** in viridi grecio, vivo argento et sagine ad bidentes xij d. *Rec. Elton* 14; **1300** pro cera viridi et viridi grec' ad ceram viridem faciendam *AcWardr* 359; **1313** in viridi ~o et argento vivo et aliis medicinalibus .. pro bidentibus curandis *MinAc* 1128/4 m. 2. **e** **1362** *2 pipes* de Grego *Cal. Pl. Mem. Lond.* 258.

graf-, graff- v. et. graph-.

grafio [Frk., cf. MLLM; cf. AS *gerefa*], official, reeve.

c743 ut .. unusquisque episcopus in sua parrochia sollicitudinem adhibeat, adjuvante gravione qui defensor ecclesiae est *Ep. Bonif.* 56; †**821** (12c) nec princeps nec graphio hanc lenitatem mutare audeat *CS* 366; hujus pacem et justitiam fedis gravionum improbitatibus et malis utinam necessitatibus sine pretio subrogamus (*Quad.*) *GAS* 534; ne malorum inpunitas aut gravionum pravitas .. miseros laceratione conficiant (*Leg. Hen.* 7. 2) *Ib.* 553; greva *Leg. Angl. Lond.* 11. (5) (v. heretochius).

graftum v. crofta.

graga [cf. Ir. *grágán*], district, township.

1316 propriis .. sumptibus villarum, ~arum, et hamelettorum [ab aqua de A. usque ad montanas Lagenie] *Doc. Ir.* 376; **1333** nomina betagiorum de ~is predictis .. Gragecurryn .. Gragehynery .. Wyllegrage (*Rental*) *RIA Proc.* XLIII C 46.

graicemannus v. gracemannus.

Graius [CL], Greek (also as sb. m.).

†Gralorum, Grecorum *GlC* G 175; Ausoniae coeunt Graiae mox atque soritae FRITH. 1157; Adonios vocitat Graius Ebriusque Thebethque *Kal. M. A.* I 397; velut habet Bacchus per ~as urbes R. MELUN *Sent.* I 39; Latinorum adventu, Greci deseruerant ..; antiquum .. odium contra Latinos ~ii dudum conceperant *Itin. Ric.* I 21.

grallator [CL], one who runs on stilts.

~or, cursor, qui et acupedius dicitur OSB. GLOUC. *Deriv.* 261; veredarius, equus, cursor, acupedius, graleator *Ib.* 622.

grallius, ~us v. graculus. **Gralus** v. Graius. **gramadicalis** v. grammaticalis.

gramen [CL]

1 (sg. or pl., collect.) grass; **b** (fig.). **c** pasturage.

pallida purpureo dum glescunt gramine rura ALDH. *Aen.* 47 (*Hirundo*) 3; **799** viridis et gramina terrae (*Vers.*) ALCUIN *Ep.* 174; ~ina, herba *GlC* G 152; **944** cum omnibus utensilibus quae Deus .. in ipso telluris ~ine creavit *CS* 791; fecundae gramina terrae FRITH. 609; Britannia .. habet .. nemora .. quorum in saltibus et alternandis animalium pastibus ~ina conveniunt G. MON. I 2; ~ine quam grano fecundior est insula GIR. *TH* I 5; est gramen species herbe, licet generaliter omnis herba ~en vocetur ALB. LOND. *DG* 11. 10; in hoc tempore [i.e. veris] .. ornantur terre ~inibus BACON V 76; ~en, A. *grass*

WW. **b** ut .. nequitiae ~ina et elationis frutecta .. evellantur ALDH. *VirgP* 16; ~ina elationis BYRHT. *V. Ecgwini* 361 (v. eradicare 1b). **c 1532** idem solvit in ~ine ij equorum vj s. viij d. .. in agestamento equi iij s. iiij d. *Househ. Bk. Durh.* 94.

2 plant, shoot.

ut mortiferum poculi haustum, in quo dirorum virulentus ~inum sucus .. habebatur, .. consummaret ALDH. *VirgP* 23; redolet nardus spicato gramine multum ALCUIN *Carm.* 30. 2. 3; nobis de terris quassantia gramina defer *Mir. Nin.* 193; videat ballivus quod mature incipiat seminare, ut ante adventus .. gelus .. ~ina suas expanderint radices *Fleta* 163; filex, ~en agrestis (*sic*) *Herb. Harl. 3388* 79v.;

3 couch grass, used as medicinal herb.

~en, *quice GlC* G 151; herba ~en, *þæt is cwice Leechdoms* I 32; ALB. LOND. *DG* 11. 10 (v. 1a supra); ~en est nomen cujuslibet herbe, tamen specialiter accipitur in medicina pro quadam herba cujus radix .. ponitur in oximella .. A. *quikes SB* 23 (cf. *Alph.* 73).

4 (~*en solis*) *f. l.*

grumelle, milium, †gramen solis [l. granum solis] *CathA* (v. granum 9).

gramfus v. crampa.

gramiae [CL], disease of eye.

†~ia [MS: ~ie] .. oculorum vitia quas etiam glamas vocant OSB. GLOUC. *Deriv.* 264; †gravia, A. *the hewe or the webbe WW.*

graminatio [cf. gramen], pasturage.

s**1488** idem abbas melioravit ~onem sive herbagiacionem in parco de E. *Reg. Whet.* I 467.

gramineus [CL]

1 grassy. **b** made of turf.

qui .. omnis voluptatis impleverit desiderium, quasi per ~eam viam ducitur ad eculeum HON. *Spec. Eccl.* 1027A; cum incederent per ~eam aream basilice, herba sub vestigiis assidue transeuntium non .. attrita terebatur COGGESH. *Visio* 11; largo gramineas suscitat ampne comas GARL. *Epith.* IV 187. **b** Romani moris fuerat, quum de re bellica ageretur .. aras constituere ~eas ALB. LOND. *DG* 11. 10.

2 grass-like or grass-coloured.

byssus .. ~eum solet perdere et candidum in sese recipere colorem BEDE *Tab.* 425; nec .. aliquid cervisie .. prevaluit inveniri nec ~ea naturalis substantia .. unde confici debuerat R. COLD. *Cuthb.* 107.

graminosus [CL], grassy.

J. SAL. *Met.* 842D (v. acyrologia).

gramma [LL < γράμμα]

1 letter (of alphabet); **b** (w. ref. to dominical letter used in calculation of date of Easter).

ultima terna simul tuleris si grammata demens, / milibus in multis vix postea cernitur una BONIF. *Carm.* 8. 7. 2; ~a, littera, apex, elementum, character OSB. GLOUC. *Deriv.* 263; grama .. littera vel linea est et inde litteralis eo quod litteras doceat J. SAL. *Met.* 840B; GARL. *Tri. Eccl.* 88 (v. bissex); doctor per quem gramata format homo *Id. Epith.* VII 422; in circumferentia grossioribus ~atibus sic erat scriptum FORDUN XVI 16; vulnera quinque Jesu, per grammata quinque [M, A, R, I, A] notanda ELMH. *Metr. Hen. V* 1304. **b** anno / in toto supra cernitur una dies. / ista dies reddit Domini variabile grama / supra quod debet Pascha venire sacrum GARL. *Tri. Eccl.* 89.

2 word or writing.

Thaddeus .. / quem duxisse ferunt Christi cum grammate scedam / Abgaro ALDH. *CE* 4. 12. 3; cum sacra volumina lector / auribus hausisset caelesti grammate scripta *Id. VirgV* 1132 (cf. ib. 1382: in antiquis falsato grammate biblis); codex aurato conseptus grammate scriptus FRITH. 473; **956** (12c) visum est regibus sua dona .. ~ate praenotari, ut postgenitis luceat dignitas merita singulorum *CS* 957; in urbe / Argivum vatem qui grammata pandit Achiva (ABBO) *Mem. Dunst.* 410; desidero eum manere tecum, tuo ut ~ate erudiatur *Ep. Anselmi* III 126.

3 line; *cf.* γραμμή.

~a, linea OSB. GLOUC. *Deriv.* 263; J. SAL. *Met.* 840B (v. 1a supra); *a lyne*, ~a *CathA*.

grammaria [cf. ME *gramarie*], grammar.

1509 in claustro regulas .. Augustini, divina officia, aut ~iam, vel aliud .. addiscat [canonicus] quod ad observacionem .. religionis .. conducat (*Vis. Dorchester*) *EHR* IV 31.

grammatica [CL < γραμματική], study of (Latin) language and grammar. **b** (correct) grammatical form. **c** grammar-book.

grammaticae studio .. aptus BONIF. *Carm.* 7. 11; omnis homo potest intelligi homo sine ~a; nullus grammaticus potest intelligi grammaticus sine ~a ANSELM (*De Gram.* 4) I 148; Priscianus profunda ~e rimatur *Chr. S. Neoti* 120; grammaticam didicit puer (*Vers.*) ORD. VIT. XI 33 p. 283; J. SAL. *Met* 860C (v. 2 dicere 2c); ex gramatice rudimentis precognitum BALSH. *AD* 62; A. TEWK. *Add. Thom.* 20 (v. grammatizare a); grammaticam coluit veterum veneranda senectus, / etas jam refugit et puerilis eam NECKAM *DS* X 39; in gramatice minera fodio WALT. WIMB. *Carm.* 198; sicut pueri docentur in Latino ut primo .. sciant legere .. et .. aliqua construere antequam ad altiora ~e Latine transcendant BACON *Gram. Gk.* 3; ~a famulatur omnibus doctrinis KILWARDBY *OS* 623; **1355** librum ~e *MunCOx* 130; **1390** libros meos gramatice et dialectice (*Test.*) *Bannatyne Misc.* II 107; **1435** unum scolarem .. in ~a instruet et informabit *Cart. Osney* I 218; **1515** preceptori gramatice, viij d. *DC Cant.* C 11 f. 125a. **b** omnibus naturale est loqui, at tamen multum excellit alios qui per ~am loquitur ALCUIN *Rhet.* 3; cave ~am 'una dierum' quia hoc nomen 'dies' in plurali est tantum masculinum S. LANGTON *Gl. Hist. Schol.* 48; que compendiose sufficiunt scribere novicio in eadem arte .. juxta volgarem in gramatica compillavi M. SCOT *Part.* 291; 'et volenti mutuare a te ne avertere' sic habetur sub bulla .. sed textus Biblie est: 'volenti mutuari a te ne avertaris' et illa est ~a melior OCKHAM *Pol.* II 788. **c 1509** regule grammaticales .. ~a Carmeliani poete (*Invent.*) *Cant. Coll. Ox.* I 89.

grammaticalis [LL]

1 of or concerning the study of (Latin) grammar, grammatical; **b** (w. *schola*); **c** (w. *magister* or sim.). **d** (as sb. n. pl.) grammar.

cum nulla necessitas gramaticalis de hiis sit asserenda, cum dicunt sancti quod verba sacre scripture non sunt regulis gramatice obnoxia BACON XV 184; licet conceptus idem possit diversificari penes modos ~es DUNS *Ord.* IV 178; **1321** ad informandum et instruendum in arte gramaticali (*Reg. Cant.*) *Educ. Ch.* 266; libros ~es .. curavimus renovare R. BURY *Phil.* 12 *tit.*; **1395** libros gramadicales *Pat* 342 m. 27; cum ij tractatibus gramaticalibus HEETE *Catal. Coll. Wint.* 69; **1455** liber ~is Ugucianus (*Invent.*) *MunAcOx* 663; s**1519** ad faciles questiones gramaticales †rendere [? l. respondere] nequiebat *Reg. Butley* 35; **1544** (v. 1b infra). **b 1322** inter unam shopam .. et scolas gramaticales *DCSal.* (*HMC*) 345; **1322** magistro scholarum ~ium *Stat. Linc.* I 336; **1350** (v. 1d infra); **1381** magistros scholarum ~ium jurare compulerunt se nunquam parvulos instructuros in arte prefata WALS. *HA* II 9; **1484** (v. 1c infra); **1544** abbas concessit domino Thome B. .. scolam ~em principalem burgi de Perth .. proviso quod disciplinam consuetam ~em .. doceat diligenter *Reg. Dunferm.* 558. **c 1284** sub ~i didasculo PECKHAM *Ep.* 589 p. 813; c**1330** eidem pertinet de ydoneo magistro gramaticali providere (*Liber Albus S. Albani*) *Educ. Ch.* 298; c**1350** magistri ~es debent singulis terminis convenire *StatOx* 21; **1484** ministri ecclesie non vacant scole grammaticali; magister ~is non attendit debitis horis doctrine suorum scolarium in scola *Vis. Southwell* 49; **15..** magistri gramaticales *Reg. Whet.* II app. 295. **d** in tertia parte Operis Majoris ubi de linguis et ~ibus ago BACON *Tert.* 26; c**1350** quod magistri scolarum gramaticalium teneantur die Veneris gramaticalia .. disputare *StatOx* 23; s**1452** nullum doctum habebant qui sciret eos sufficienter instruere in ~ibus *Reg. Whet.* I 24; **1472** virum in ~ibus eruditum *Melrose* I 577; **1505** sexta, alter magister artium pro puerorum .. informacione in ~ibus et illius sciencie primis rudimentis in .. collegio instituti debeat (*Fasti Aberdon.*) *EHR* XIV 251*n.*; **1589** cum scholaribus in ~ibus et logicalibus *StatOx* 441.

2 (w. *sensus*) strict grammatical meaning.

quia .. [canoniste] in theologia sunt minime eruditi, ideo auctoritates theologie (quas in suis libris recipiunt) non debent exponere ultra sensum ~em OCKHAM *Dial.* 421; **1442** ordinamus .. quod dicta judicium, ordinacio [etc.] .. nostra mero sensu ~i .. intelligantur (*Arbitrium*) AMUND. II app. 288; **1591** de vero et ~i sensu et interpretatione .. decreti *StatOx* 444.

grammaticaliter [LL], w. strict grammatical correctness, literally; **b** (w. ref. to music).

'servetur registrum sicut verba sonant' [*marg.*: 'sonant', sc. legaliter, non tantum ~iter, quia jus constituunt] *Stat. Linc.* I 322; dicciones ~iter et pueriliter pronunciatas per misteria .. referentes .. in proferencias consuere possumus Tullianas *Dictamen* 339. **b** non dubito quin facilius esset dare scientiam perspective certitudinaliter .. quam docere ea sufficienter que requirit hec pars musice, licet ~iter simus omnes .. instructi in his BACON *Tert.* 234.

grammaticare, to write grammatically.

non, puto, peccavi, nec falso grammaticavi / scismatici pravi si nonem scismaticavi DICETO *Opusc.* II 195*n.* (cf. *G. S. Alb.* I 136: male grammaticavi).

grammaticaster, petty grammarian, pedant.

tribolariorum multorum obturabit ora ~rorum DEE *Monas* 188; facessant ~ri qui a brutis moribus Britanniam dictam blaterant CAMD. *Br.* 5.

grammaticatus, grammar.

dicor Donatus, sum radix grammaticatus *Vers. S. Alb. Libr.* 219.

grammatice [CL], w. grammatical correctness.

adverbium preteriti temporis participio futuri minus ~e copulasti GIR. *GE* II 37; 'quod continetur' magis dixisset ~e 'qui continetur' OCKHAM *Pol.* II 795.

grammaticella, petty grammarian, pedant.

quod .. Brito et Hugutio et alii ~e idiote dicunt BACON *CSPhil.* 450.

grammaticulus, elementary pupil in grammar school.

cum .. nonnullos ~orum ['*yonge begynner*'] instituendorum studiosos consydero WHITTINGTON *Vulg.* 33.

grammaticus [CL < γραμματικός]

1 of or concerned with (Latin) grammar; **b** (w. *ars*); **c** (w. *puer*) learning grammar.

690 limato .. ~o dente ALDH. *Ep.* 5 p. 493; c**797** ~ae subtilitatis enutrire pomis ALCUIN *Ep.* 121. **b** illustris ~ae artis commentator ALDH. *PR* 140; *Id. Ep.* 5 (v. ars 3a); **802** in lectionis studio seu ~ae artis disciplina ALCUIN *Ep.* 248; artis grammaticae .. quid scripsere magistri *Id. SS Ebor* 1554; gramatice artis ac musice peritissimus ORD. VIT. XI 33 p. 282. **c 1541** pro primario informatore puerorum gramaticorum et pro magistro choristarum (*Stat. Cath. Cant.*) *Educ. Ch.* 460.

2 (as sb. m.) grammarian. **b** (?) teacher of grammar. **c** pupil learning grammar.

scemate .. cui Graecorum ~i climax vocabulum indiderunt ALDH. *Met.* 4; Octavianus ~us *Lib. Monstr.* III 17; c**800** nauta tristia et laeta tempestati et serenitati comparat .. ~us suae artis utitur suffragiis ALCUIN *Ep.* 204; ANSELM I 148 (v. grammatica a); rethor, gramaticus, Musarum dulcis amicus R. CANT. *Poems* 15. 55; in scolis gramaticorum et dialecticorum ORD. VIT. XI 33 p. 280; solebas esse ingenii perspicacis .. antequam te ~orum inmergeres turbis J. SAL. *Ep.* 283 (270); grammaticus recta [sc. locutione] contentus erit, logicusque / vera NECKAM *DS* X 53; ~us se habet ad musicum sicut carpentator ad geometricum; et ideo ~us est mechanicus in hac parte BACON *Tert.* 231; R. BURY *Phil.* 12. 176 (v. diasynthetica); nomina dignitatum clericorum: .. hic gramaticus, *a gramaryoun WW*; episcopus modernus .. qui nec est bonus ~us nec scientificus .. nec graduatus GASCOIGNE *Loci* 52. **b 11..** testibus .. Radulfo gramatico tunc senescallo .. Willielmo gramatico (*Ch.*) *Mon. Exon.* 39a; **1167** Ricardus ~us reddit compotum de v m. pro stagno *Pipe* 93; **1201** servicium j militis quod Willelmus Gramaticus tenet *CurR* I 377; Roberto Gramatico [*add. in marg.*: R. clericus et persona est] *Ib.* 379; **1259** de R. gramatico pro eodem *EE County Court* 226; **1307** nos Adam de S. gramaticus et Lucia uxor mea *Cart. Osney* I 9. **c 1321** non debent esse plures gramatici in scolis S. Martini nisi xiij (*Reg. Cant.*) *Educ. Ch.* 262; s**1404** Willelmus Wikham .. in Wyntonia constituit collegium novellis ~is WALS. *HA* II 268; **1412** pecunie a gramaticis recipi consuete *StatOx* 215; **1431** magistris supervisoribus gramaticorum *Ib.* 235.

3 (as sb. n.) grammar.

a**1332** tractatus ejusdem [sc. Anselmi] de gramatico *Libr. Cant. Dov.* 23.

grammatizare [γραμματίζειν], to use grammar; **b** (trans.) to apply grammar to. **c** to learn grammar.

'nec decuit, nec oportuit, nec aliquando oportuebat' ita ~abat H. Cicestrensis dicendo 'oportuebat' .. audito itaque qualiter facundus ille grammatice prosiliret de portu in portum, soluti sunt in risum A. TEWK. *Add. Thom.* 20; optimos grammaticos literatosque viros non minus impudenter quam imprudenter male ~ando condemnans GIR. *GE* II 36. **b** sed qui nescit literam sic gramatizare / est in arte devius artem reformare *Qui majora cernitis* 131. **c** erro per insolitum, grammatizare volens *Babio* 134; *to lern gramere*, ~are *CathA*.

grammula, letter, character.

930 (*for* **934**, 14c) quorum nomina subtus ~is depicta annotantur *CS* 703; a**940** (13c) quorum nomina subtus †gammulis depicta annotantur *CS* 640; **1014** scriptus est hic stilus his favorabilibus assensum tribuentibus quorum vocamina subtus gramulis depicta cernuntur *CD*.

gramtum v. grantum. **grana** v. granum, 2 grava, 2 greva.

granaceus, for grain.

1576 cum .. adquisivisset .. domum brasiniam .. ac unam domum granaciam eidem domo .. adherentem *Pat* 1147 m. 14.

granalis, for grain. **b** (as sb.) granary.

1503 reservatis duabus cameris supra garnarias .. et medietate magni orrei ~is .. cum medietate orrei fenalis .. et uno granario *Reg. Heref.* 8. **b 1461** summa allocatur compotanti pro destruccione frumenti facta in ~i de F. *ExchScot* VII 82; pro custodia ~is de F. et avarie *Ib.* 85; **1463** pro firmis trium domorum, viz. lardinarie, carbonarie, et ~is *Ib.* 205; **1479** per liberacionem factam custodi ~is pro feodo suo *Ib.* VIII 579.

1 granare, to form kernel.

to kyrnelle, ~are, ~ere, granescere *CathA*.

2 granare v. granarium.

1 granaria, office of granary-keeper (mon.).

1336 de responsione panis a celeraria de ~ia *Lit. Cant.* II 141.

2 granaria v. granarium.

1 granarium [CL], **~ia, ~e**

1 building for storage of grain, granary; **b** (mon.) **c** (fig.); **d** (as title of book).

1141 recepit .. bonum ~ium et coquinam et fenile *Dom. S. Paul.* 136; **a1173** ad faciendum ~ium ubi minagium reponant *Act. Hen. II* I 541; abunde satis .. horrea farciuntur; sola vero ~ia destituuntur GIR. *TH* I 5; in ~io [*gl.: gerner*] NECKAM *Ut.* 106 (v. 3 corus); **1236** affidaverunt pro x li. positis in xxx quar. frumenti .. et pro x s. pro ~io *KRMem* 14 m. 8; **1247** gernarium (v. bateria 3b); si quid .. bladi remanserit post seminationem agrorum, id .. ~io retornetur vel granatarius in compoto .. poterit titubare *Fleta* 163; **1305** quas .. [acras] debent seminare et semen .. ad ~ium domini cum equo et sacco proprio querere *Ext. Hadleigh* 236; **1336** quod .. Roberto .. ibidem celaria et gernaria et alias domos .. ubi victualia .. salvo custodiri possunt habere faciatis *RScot* 323a; **1368** pro quodam ~io ligneo *ExchScot* II 306; **1419** pro j muro inter ~iam et grangiam feni *Rect. Adderbury* 22; ~ium, *garner*, .. *garnyr* .. A. *lathe WW*; **1503** garnarias .. granario (v. granalis). **b** [abbas V., ob. **c1130**] construi fecit curiam domibus variis, viz. aula hospitum cum camera, gernario, bracino [etc.] *Chr. Abingd.* II 171; cum camerarius conficit pelles .. habebit bladum de ~io et sal de coquina monachorum *Cust. Abingd.* 300; **1214** dim. prebendarium frumenti de ~io ad oblatas ad cenam (*Cust.*) *Chr. Evesham* 219; *Ac. Beaulieu* 284 (v. curallum); ad nostrum majus ~ium firme maneriorum .. mittantur *Cust. Cant.* 34; [abbas W., ob. **1296**] unum gernerium fieri fecit juxta pistrinum, et domum que aliquando gernerium fuit .. addidit ad celarium *Reg. Malm.* II 365; **s975** fecit .. magnam ~iam .. in cujus parte superiori omne genus bladorum deponebatur *Croyl.* 53; **1411** apud W. novum grangium .. apud G. novum orrium, novum ~are, novum stabulum *Lit. Cant.* III 117; **1417** in granorio .. in solario *Ac. Durh.* 614; **1455** ~io avenarum (v. gradus 2a). **c** subintrat virginis verbum granarium, / tamen granarii non pandit ostium WALT. WIMB. *Carm.* 82. **d** in factura unius libri qui intitulatur ~ium Johannis de Loco Frumenti [i. e. Whethamstede] in quatuor volumina subdivisi xx m. AMUND. II app. 270.

2 (wooden) container for grain, grain-bin; **b** (in hold of ship).

1336 in ccc tabulis de Estland emptis pro coopertura .. capelle et pro gernariis inde faciendis *Cal. Scot.* IV app. 351 (cf. ib. 353: pro fabrica ~ii in capella). **b** **1172** pro teldis et ~iis et alio apparatu earumdem navium *Pipe* 72; **1243** mitti faciatis usque Portesm' stramen .. ad faciendum inde ~ia in x navibus delaturis mmd quar. bladi ad nos in Wasconia *Liberate* 19 m. 9; **c1255** quod fieri faciant in aliqua bona navi bona ~ia in quibus ponatur bladum *RGasc* I *sup.* 27.

3 building or vessel for storage: **a** (of salt). **b** tank, reservoir (in water-supply system).

a **s1182** ex dono Mathei de G. .. dim. pesiam salis annuatim sumendam de proprio ~io ipsius *Act. Hen. II* II 248; **1460** ~ium salis *Melrose* II 556. **b** **1443** aque recentis conductus cum .. pipis plumbeis .. construere, .. ac quandam comunem garnariam de novo fabricare, et quandam crucem spectabilem in Westchepe .., pro quadam augea eisdem conductibus, tamquam mater deservitura (*Pat*) *Foed.* XI 33a.

4 'graner', measure (of woad). **b** (?) measure of grain.

1304 pro ij balis allute, viij d.; pro j ~io *wode*, iiij d. *EEC* 170; **13..** mercatoribus Ambianensibus .. pro quolibet ~io suo *weyde* .. iiij d., pro quolibet doleo *weyde* iiij d. *Rec. Norw.* II 209. **b** **1267** Henricus N. de Colecestr' de iij ~iis et hopo, ix d., item de sede navis, ij d. *MinAc* 1031/20 m. 3; **1303** ~ium continens xxxx summas bladi [dabit] iiij d. *EEC* 160; **1304** pro j ~io frumenti, iiij d. *Ib.* 172; **1368** de Simone .. de uno ~io et hepo, iij d. *Ib.* 187.

2 granarium v. graveria. **granata** v. 2 granatus.

granatarius [cf. OF *grenetier*, AN *gernetier*], granary-keeper; **b** (mon.).

Gunduinus granetarius tenet Witeclive *DB* I 74v.; **c1129** concedo .. salinam a Turoldo Gernetario concessam *Regesta* 212; **a1184** hiis testibus .. Goffrido portario, Horm gernetario *E. Ch. Yorks* I 316; *Fleta* 163 (v. granarium 1a); *Ib.* 170 (v. grangiarius a); **1280** precipimus quod Odo .. in .. servicio granetarii ulterius .. non moretur *Reg. Ebor.* 88; **1293** gornetario (*sic*) et dimittenti terras dominicas ad firmam (*KRAc* 331/1) *Doc. Scot.* I 410 (cf. ib. 414: gernetario pro servitio suo); **1329** in stipendio E. clerici et H. filii sui, granetariorum de C. *ExchScot* I 126; **1411** vij li. .. de superoneracionibus †granurii in dorso *Crawley* 308; **1434** granetario regis .. pro feodo suo *ExchScot* IV 593; **1459** pro x celdris avenarum datis janitori, granitario [etc.] *Ib.* VI 533; **1513** granatorio generali regis *Ib.* XIII 507; **1538** compotum magistri Alani L., granitarii archiepiscopatus Sancti Andree *Rent. S. Andr.* 3. **b** grenetarius habet conredium in aula *Cust. Abingd.* 242; **1234** recipiunt liberationes de frumento .. : .. in coquina monachorum v .. homines ~arii j li. *Cust. Glast.* 1 (cf. ib.: isti recipiunt soldatam; .. homo ~ius [? l. ~ii] ad placitum); **1252** predicta .. solutio fiet .. apud Glastoniam per manus gernetarii DOMERH. *Glast.* 521; cujus [sc. celerarii] .. specialis coadjutor .. esse debet ~ius *Cust. Westm.* 71; **1281** si quid grani sit granetario residuum .. ad scaccarium deportetur PECKHAM *Ep.* 213; **a1290** tenendum dictum mesuagium ad obedienciam gerentarii *AncD* A 4134; **1300** celerarius, ~ius, camerarius et ceteri officiales seu obedienciarii *Vis. Ely* 20; **1304** quod senescallus forinsecus et granetarius provideant .. bonum et purum frumentum et bonum braseum *Ord. Ely* 27; **1308** abbas .. de sua porcione celerario .. et granettario .. ad plenum pro ipsa medietate respondebit *Doc. W. Abb. Westm.* 240; **1324** gerentario, iij pistoribus et v braciatoribus *LTR Mem* 94 m. 54 (19) (cf. *Som. Rec. Soc.* XXXIX 19); celerarios, grantarios et omnes alios monachos .. expulerunt BIRCHINGTON *Arch. Cant.* 14; **1376** garwentarii *Conc.* III 111a (v. bertonarius); **1423** cum officio garentarii *Reg. Cant.* III 510; **1425** officiarii domus .. viz. camerarius, granitarius [etc.] *Reg. Heref.* 67; **1507** Jacobum .. officium granatorii gerentem *Invent. Ch. Ch.* 139; **1518** omnes .. monasterii .. granitarios *Form. S. Andr.* I 2; **1566** abbates .. vel ipsorum camerarii ac ~ii *Inchaffray* 166.

granaticus, for grain.

1418 tradidit .. unum molendinum ~um cum secta multure *Reg. Heref.* 29; **1487** molendinum nostrum ~um *Cart. Glam.* 1733; **1583** molendina ~a et aquatica *Pat* 1234 m. 26.

granatim [CL], grain by grain.

in primis .. frumentum cum magno studio ~im eligatur LANFR. *Const.* 150; [de cura faciendi hostias] frumentum cum magno studio ~im eligatur *Cust. Westm.* 67.

granatio, sowing of corn.

1371 in j homine locato ad fugand' frues a frumento tempore yemali, et a frumento et ordeo tempore ~onis *MinAc* 899/24 (*Kent*).

granator, granary-keeper.

1327 per manus Gilberti ~oris de Westmonasterio *Lit. Cant.* I 223; de officio subcelerarii et ~oris *Cust. Cant.* 121; **1417** in j sporta empta per .. Johannem Wyclyf ~orem Dunelm' *Ac. Durh.* 614; **1539** de ~ore pro furfure *Feod. Durh.* 328.

granatorium, granary.

hoc ~ium, hoc granarium, *a garnyr WW*.

granatorius v. granatarius. **granatta** v. gravetta.

granatum [CL, cf. 1 granatus 1b], pomegranate.

aqua exuberat ut in uvis, quod patet in ~is, quia ex toto resolvuntur in aqueam substantiam *Quaest. Salern.* B 153; terre a quibus multum distat sol carent .. olivis, ficubus et ~is BACON IX 40; succus ~orum GAD. 5v. 1 (v. 1 granatus 1b).

1 granatus [CL]

1 having seeds. **b** (*malum* ~*um*) pomegranate.

oxicantos arbor est .. fructum .. habens .. rubeum interius et ~um *Alph.* 133. **b** mala punica quae et mala ~a nuncupantur ALDH. *VirgP* 38; quatuor ordines .. malorum ~orum S. LANGTON *Chron.* 149; amigdalum est neutri generis, .. et similiter de malo et malo ~o BACON *Gram. Gk.* 70; sitim mitigant .. succus granatorum et grana eorum in ore posita, non transglutita; sed si sit tussis, debet dari malum ~um dulce GAD. 5v. 1.

2 reckoned in (threshed) grain.

1359 de viij quar. ij bus. vescarum receptis de toto exitu trituratis ad xxv^m^ granum viij^o^ bussello cumulato per j talliam .. et de v quar. berevecchicorn' ~atis supra cum drageto *Cuxham* 599 (cf. ib. 598: de v quar. berevecch' inferius trituratis ad xxv^m^ granum viij^o^ bussello cumulato per j talliam).

3 (of honey) granulated.

1213 pro iij barillis cum melle ~o *Misae* 249.

4 (of ale) having a full, grainy flavour. *Cf. granosus.*

servisia .. sit bene defecata, boni coloris, clara, bene ~a et boni saporis *Cust. Cant.* 135.

5 (of cloth) dyed in scarlet grain. *Cf. granum* 8.

1465 xij ulnis panni lanei, dim. ~i subrubii *ExchScot* 363; **1565** panni non ~i *Port Bk.* (*Exmouth, Devon*) 925/6 f. 3*d.*

2 granatus [*perh.* < granatum], garnet, gemstone of deep red colour. *V. et. gernetta.*

lapides ejus erant cristallus, .. ametistus, tintachus [v. l. turcatus], atque ~us (*Visio Tundali*) *NLA* II 311; **1205** recepimus .. j magnam [zonam] cum ~is et saphiris et perlis *Pat* 55a; **1215** cum ~is (v. episcopalis 1a); **1232** firmaculum aureum cum saphiris et ~is *Pat* 43 m. 8 (= *Cal. Scot.* I 24: †gravatis); **1245** morsum .. in cujus medio est onichinus .. cum thurchesiis et †gravatis (*Stat. Maj. S. Paul.*) *Arch.* L 478; **14..** in circuitu [anuli] viij gemmule, iiij sc. perle et iiij granete (*Invent.*) AMUND. II app. 330 (= *MonA* II 219b: granate).

grancea, grancha, granchia, grancia v. grangia.

grandaevitas [CL], agedness. **b** maturity, dignity.

ob corporis imbecillitatem et ~atem tunc presens non fuerat GIR. *EH* I 35. **b** pudet memorare quod maxime sacro ordini et ~ati censeatur [?*add* incongruum *or sim.*] GOSC. *Mir. Aug.* 19 p. 552.

grandaevus [CL], of great age (also as sb.); **b** (w. *aetas*). **c** mature, sober.

ut qui coelo terraque non capitur ~i hominis gestetur totus in ulnis BEDE *Luke* (ii 27) 344; tunc xl et unius annorum aetate, jam gnarus et ~us HUGEB. *Will.* 6; venerabilis vir ~us BYRHT. *V. Osw.* 401; ~ae filiam, juniores sororem deplangunt GOSC. *Edith* 95; adeo contractus erat a nativitate ut ~a facie puer videretur reliquo corpore *Ib.* 293; jam .. ~us et fracte etatis homo ANSELM (*Ep.* 86) III 211; eorum que in cuna positus infans egerat nunc ~um pudet EADMER *Beat.* 8; miles .. ~us .. regis Anglie cancellarius FORTESCUE *LLA intr.* 14. **b** viri ecclesiastici .. etatis ~e *Meaux* III 8. **c** debent .. esse moribus ~i, fide constantes, sermone veridici *Obed. Abingd.* 416.

grandeneus v. grandineus.

grandescere [CL], **grandēre**

1 to become large; **b** (fig.). **c** to increase; **d** (in number).

salutata celesti nuntio / gravidaris divino radio; / sed cum alvus grandescit filio / laurearis vernanti lilio J. HOWD. *Ph.* 5; nihil ~escit cicius quam scissura R. BURY *Phil.* 17. 226; videmus folia erumpere, fructus ~escere *Regim. Princ.* 98. **b** spiritus hominis tribus modis tumescit et ~escit in se BALD. CANT. *Tract.* 9. 486D. **c** tolerantia ipsius [sc. hominis] juxta divine dispensationem gratie promovetur aut deficit, minuitur aut ~escit P. BLOIS *Ep.* 31. 106A. **d** confluentibus .. gentium .. catervis ~escere populus cepit advenarum BEDE *HE* I 15 p. 32.

2 to become great or grand.

quia .. materia ~escere incipit, deinceps immutandus foret et stylus, .. quibusdam dictionum solenniis exquisitis .. consummationis viri gloria exaranda H. BOS. *Thom.* V 11; docent nos exempla majorum quia viri magnanimi fortitudo gravioribus injuriis lacessita ~escit P. BLOIS *Ep.* 77. 275A; *to be grete*, .. valere, ut 'ille est valens homo' .., ~ere, ~escere, grossere, grossessere *CathA*.

grandesonans v. grandis. **grandia** v. grangia, grandis.

grandifer [CL], copious, abundant.

que licet excutiat grandifera verberis ictu / et ferrata cohors, nil ibi prorsus agunt L. DURH. *Dial.* I 287.

grandificare, to exalt, make great.

1288 si super vestro vestrorumque progenitorum glorioso nomine meditamur quod servate semper justicie cultura ~at .. *AncC* LV 10.

grandiloquium [LL], lofty style.

quamvis vitium quod appellatur turgidum et inflatum dicatur esse adjunctum ~io VINSAUF *AV* II 3. 150.

grandiloquus [CL], **a** (w. ref. to speech or writing) lofty, sublime. **b** (of person) arrogant, bombastic.

a **680** quos [sc. praecessores suos] divina illustratos gratia fuisse ~is assertionibus contestantur ALDH. *Ep.* 4; sunt .. tres styli, humilis, mediocris, ~us. .. quando de generalibus personis vel rebus tractatur, tunc est stylus ~us. .. ~o stylo adjunctum est vitium quod appellatur turgidum et inflatum VINSAUF *AV* II 3. 145–6. **b** miles .. ore ~us, pompa actionis et cordis elatus R. COLD. *Cuthb.* 127; **†a1253** ille tui parliamenti ~us sed nugatorius prolocutor (*Lit. ad regem Natalicium*) *Collect. Ox.* I 48.

Grandimontanus, ~ensis, belonging to the Order of Grandmont (also as sb. m.).

1169 collatio .. regis Anglie et ~anorum sanctorum J. SAL. *Ep.* 287 (287); Grandimontanam vitam cum veste professus / si fuero, vereor asperiora pati NIG. *SS* 2183; ~enses a Grandimonte Burgundie principium habuerunt MAP *NC* I 17 f. 13v; *Ib.* (v. caritative); **1214** cum causa habeatur inter priorem Grandmontensem et quosdam .. ordinis sui fratres *Pat* 117b; visum est plerisque ~anos a Cartusiensibus causa vite virtuosioris et ordinis .. longe arctioris originalem institutionem habuisse GIR. *Spec. Eccl.* III 21 p. 254; in principali domo sua, ~ana sc., .. nullam bestiam omnino feminei sexus habent *Ib.* p. 259; **1230** pro fratribus de Bathou †Grandunensis ordinis in Burdegalensi diocesi *Pat* 390; per hyrcum barbatum [designantur] ~enses .. qui barbas habent prolixas O. CHERITON *Fab.* 52; papa [Johannes XXII] ordinaciones quasdam ad reformacionem ordinis ~ensium fecit *Meaux* II 389.

grandinare [CL *impers.*], to hail. **b** (trans.) to damage by hail; **c** (fig.). **d** to hurl (missiles) like hail.

~are, grandinem pluere OSB. GLOUC. *Deriv.* 262; ~at, *hayles WW*. **b** ubi succisa vel direpta ab hostibus, vel ~ata vel incensa fulminibus fuerit vinea, rarus

vindemiator apparet AILR. *Serm.* 30. 490D. **c** ante caput grando mala grandinet igne nefando, / ante Satan frangat collum quam me Venus angat R. CANT. *Malch.* III 199; dum belli seva procella / ingruit et latum grandinat orbis agrum GARL. *Tri. Eccl.* 1. **d** inclusi .. moenium occupantes cacumina missilia compluunt, saxivoma fulminant, lapides ~ant *Ps.*-ELMH. *Hen. V* 62.

grandinescere, to turn into hail.

vapor .. / .. / nunc in nivis coagulo condensatur / nunc constringente frigore grandinescit J. HOWD. *Cant.* 120. 4.

grandineus [LL]

1 of hail; **b** (fig., w. ref. to missiles).

villa .. ~ea saepius vastata tempestate ALCUIN *Hag.* 661D; hec grando .. inde ~eus OSB. GLOUC. *Deriv.* 256; in massam quasi grandineam nubes sed aquosa / transit, dehinc grando fit, lapis ima petens NECKAM *DS* IV 184; **s1177** tempestas ~ea consumpsit aves, animalia et homines HIGD. VII 23 p. 60; *hayle*, grando, zalata; grandeneus et grandinosus participia *CathA*. **b s1415** sagittarii .. tot simul emisere jacula ut illa procella ~ea .. equites dissiparent WALS. *YN* 466.

2 (of optic humour). *Cf. grandinosus* 2.

tres humores .. christallinum vel †glandineum .. ista humiditas ~ea est qua fit visus GAD. 107. 2.

grandinosus [CL]

1 of hail. **b** like hail.

s1287 ~a tempestas multa milia .. occidit *Flor. Hist.* III 68; *CathA* (v. grandineus 1a). **b** cumque Danorum fremeret tam ~a tempestas OSB. CLAR. *Ed. Conf.* 3 p. 72; GAD. 75. 1 (v. globosus 2); sperma prolificum debet esse ~um *Ib.* 76. 1.

2 (of optic humour). *Cf. grandineus* 2.

corpus quod vocatur glaciale vel crystallinum vel ~um BACON *Maj.* II 17.

grandiosus [LL], very great.

non modicum sed ~um est periculum WYCL. *Sim.* 104.

grandis [CL]

1 (of person) full-grown, mature; (in quot., w. *natu*) elderly.

~is natu, parens, senex *GlC* G 145; non puerum nunc et pusillum set ~em jam et adultum GIR. *SD* 132.

2 large, great: **a** (w. ref. to size); **b** (w. ref. to length or distance); **c** (w. ref. to amount); **d** (w. ref. to number); **e** (w. ref. to sound).

a ALDH. *Aen.* 100. 65 (v. balaena a); me materiae moles ceu sarcina grandis / deprimit *Id. VirgV* 2762; flumina qui metuat modica sulcare carina / grandia, ne mergat turbidus auster eam ALCUIN *Carm.* 76. 2, 2; **c803** codicem alium ~ioris quantitatis *Id. Ep.* 306; ~es sunt lapides .. qui .. stabunt in eternum G. MON. VIII 10; lacus plurimos .. et ~es .. profert GIR. *TH* I 8; accipitres ~es *Ib.* II 13; scarabones qui sunt musce †grandesonantes [v. l. ~es, sonantes] cum volant GERV. TILB. I 8 p. 890; **s1459** naves .. v habebat ~issimas .. quarum tres erant carace de urbe Janue, due vero alie de regno Hispanie et in se tam in altitudine quam in longitudine dictis tribus caracis ~iores *Reg. Whet.* I 330; tallus, tallosa †grandix cicatrix, carnositas idem *Alph.* 182. **b** ~e constat intervallum .. inter divinae dilectionis munificentiam et infimi amoris diligentiam ALDH. *VirgP* 17; quam ~i distantia divisit Deus inter lucem et tenebras BEDE *HE* V 14; **793** ~is .. via de terra videtur esse ad caelum ALCUIN *Ep.* 18. **c** erepta ~i preda ORD. VIT. XII 13 p. 345; in ~em pecuniam GIR. *GE* II 34 (v. condemnare 2a); confortari solet .. mercator in maris periculo propter spem lucri ~is *Spec. Incl.* 4. 1. **d** collecto ~i exercitu BEDE *HE* II 2; cum ~i comitatu succenturiatus ABBO *Edm.* 7; **s1345** cum ~i comitatu armatorum AD. MUR. app. 243; **1413** aliis testibus in multitudine ~i *Reg. Durh.* 34. **e** fit plangor grandis FRITH. 508.

3 serious, severe, terrible; **b** (n. sg. acc. as adv.). **c** intense.

~e vulnus ~ioris curam medellae desiderat BEDE *HE* IV 25 p. 263; facietis Christo .. ~em injuriam ANSELM (*Ep.* 169) IV 48; H. CANTOR 8v. (v. grassari 1b); ante guerram .. ~em qua tota fere provincia .. in exterminium data fuerat GIR. *IK* I 2; ~em culpam GROS. *Ep.* 72* (v. 1 acceptor a); peccatum ~e WYCL. *Ver.* I 356. **b** hisque [sc. iliis] retorta retro male tenuia brachia [gens] nectit; / nectit et, apponens pondera, grande premit L. DURH. *Dial.* II 326. **c** grande viro scrupulum congesserat, extima vitae / spectanti dum praeteritae spiramina reddat FRITH. 866; **1169** ~is est apud nos expectatio prestolantium quid paritura sit collatio J. SAL. *Ep.* 287 (287).

4 great, illustrious; **b** (as sb. n. pl.).

c790 ~is honor est, quem accepisti sed grave pondus, quod portas ALCUIN *Ep.* 67; mysterium ~e W. FITZST. *Thom.* 25 (v. archiepiscopus); quamplures alios grandes commiserat actus (*Epitaph*) W. WORC. *Itin.* 162. **b** sine ea [sc. gratia Dei] nichil potest humana fragilitas, et per eam quevis infirmitas ad quantumlibet ~ia convalescit J. SAL. *Ep.* 250 (148).

grandisonus [LL], loud-sounding. **b** (of style) lofty.

grandisonisque aures verbis cava guttura complent TATWINE *Aen.* 10 (*De recitabulo*) 2; dum ~us Johannis Evangelii clangor mundo intonat HON. *Spec. Eccl.* 833A; multa grandissona que in generatione soni et vocis ascribit luci celesti BACON *Gram. Gk.* 58; **1349** exclamantes vocibus ~is, ad ostia chori .. ecclesie properantes *Reg. North.* 398; ~am illam lacustrem avem TURNER *Av.* G2 (v. 1 butor). **b** ut nichil omittant de contingentibus, stilum ~um faciunt et sub forma textus mendacia confingunt BACON *NM* 526.

granditas [CL], large size.

quidam [sc. lapides] tantae erant ~atis ut vix a quatuor viris viderentur potuisse levari BEDE *CuthbP* 29.

granditer [LL], greatly, on a large scale. **b** far and wide. **c** in a lofty style.

Aldelmus, cujus .. precepta audiebat humiliter suspitiebat [? l. suscipiebat] ~iter W. MALM. *GP* V 209; is domino priori pro reverentia sanctitatis ~iter obsequi, humiliter parere, prorsus in omnibus ut parenti gratissimo deferre *Id. Wulfst.* I 7; OSB. GLOUC. *Deriv.* 256 (v. granditudo); hec est .. humilitas, virtus ea quam ~iter appetit M. RIEVAULX (*Ep.*) 66. **b** debet predicator .. intrepide predicare et quinque verba [*1 Cor.* xiv 19] .. ~iter, circulariter et indifferenter capacibus seminare WYCL. *Ver.* II 152. **c a1210** de re .. tanta nihil .. potest esse parvum, licet pro parvitate dicentis possit esse non ~iter dictum GROS. *Ep.* 1 p. 1.

granditudo, size.

grandis, unde granditer .. et hec ~o, et grandiusculus, .. i. aliquantulum grandis OSB. GLOUC. *Deriv.* 256; **1262** mansum quod est ~inis [MS: †grantitudinis] unius acre *Cart. Glast.* I 49.

grandiunculus, fairly large.

c1200 scutelle due, tertia ad panem .. quarta ~a ad faciendas munditias (*Stat. Cartus.*) *MonA* VI ix; *grete*, grandis ad corpus pertinet, grandiusculus, ~us, grossus .. ad animam pertinet *CathA*.

grandiusculus [LL], **a** nearly grown-up. **b** fairly large or long.

a hujusmodi licet ~i etate, tamen quoniam parvuli sensibus permanent, fere parvulorum subeunt judicium PULL. *Sent.* 866A; me et paulo ~um puerum J. SAL. *Pol.* 474A; W. DAN. *Ailred* 19 (v. gerulus 3b); **c1175** bruta fetus suos nutriunt et eos, cum fuerint ~i, derelinquunt P. BLOIS *Ep.* 70. 218B. **b** leve vel nullum peccatum esse si femineo potiatur amplexu. si etiam esset ~um, elemosinis ex suo redimeret quicquid veniabilis culpa obfuscaret W. MALM. *Wulfst.* I 6; OSB. GLOUC. *Deriv.* 256 (v. granditudo); **1166** licet ~a sit epistola .., vellem tamen vos circa unum articulum .. diligentius institisse J. SAL. *Ep.* 183 (175); de asseribus spissioribus et ~is R. COLD. *Cuthb.* 129; ob sui brevitatem corporis, quod nanus erat, .. ~is esse calceamentis utendum P. BLOIS *Ep.* 59. 176C; **s1405** tot evolavere nigre volucres ad sternorum quantitatem ~e, quod videbantur aerem denigrare WALS. *HA* II app. 421; *CathA* (v. grandiunculus); quod .. palumbes, columbos, perdices, et ~as aves insequatur TURNER *Av.* B1v.

grando [CL]

1 (sg., collect.) hail; **b** (fig.). **c** shower, showering (of missiles).

furenti ~ine ac frigore nivium omnia perflante BEDE *HE* V 12 p. 305; ALCUIN *SS Ebor* 910 (v. glacialis 1a); aqua congelatur in nivem per frigiditatem, per majorem frigiditatem .. in ~inem *Quaest. Salern.* B 142; cernit bruma nivem, sed spicula grandinis estas, / unaque materies est utriusque liquor NECKAM *DS* III 119; **s1344** in festo SS. Prothasii et Gervasii ~inis abundantia KNIGHTON II 29; ELMH. *Metr. Hen. V* 1035 (v. elatio 2b); hec ~o, *halle*, .. hec ~o, ~is, A. *halye WW*. **b** H. CANTOR 8v. (v. grassari 1b). **c** affer .. tormenta cruenta, / .. / restes et fustes et dura grandine saxa ALDH. *VirgV* 2312 (cf. ib. 2601: cruenta canes linxere fluenta .. / qua dudum occubuit scopulorum grandine vasta / .. princeps); a terra ad caelum lapidum sibi [i. e. Stephano] grandine scala / haec erat ALCUIN *Carm.* 99. 18. 3; cum innumeris funditoribus .. intolerabili eos lapidum ~ine infestare *G. Steph.* I 16; eminus sagittarum jaculorumque ~ine perfuso GIR. *EH* II 17.

2 (pl.) hailstones or hailstorm; **b** (fig.).

turbo terram teretibus / grassabatur grandinibus (ALDH.) *Carm. Aldh.* 1. 52; tales .. ~ines nonnunquam vidimus quarum ictibus .. hominum quidam interempti sunt. .. nonne illa magis glacierum frusta quam ~inum dicenda erant? ADEL. *QN* 64; ~ines habent fieri ex grossis guttis a nubibus a terra remotis cadentibus *Quaest. Salern.* B 163; in Scorpio (*sic*) .. ~ines, in alio signo fulmina, in alio ventos ALB. LOND. *DG* 1. 3; confligit Josue cum infidelibus, / quem juvant grandines magnis lapidibus (cf. *Jos.* x 11) WALT. WIMB. *Carm.* 520; [mulieres] .. portant in capite ornamentum cornutum .. ad ~inum impetus ac ventorum impulsus intercipiendos S. SIM. *Itin.* 15. **b 798** sapientiae sole frigidissimos ~inum lapides .. resolvi ALCUIN *Ep.* 139.

3 (med.) stye or sim. on eyelid.

in palpebris .. nascuntur .. scabies, ~o, [etc.] .. ~o est humiditas congelata et alba in palpebra interiori sicut ~o nascens GILB. III 142v. 1–2.

1 granea [CL], porage.

1236 invenerunt .. Emmam ~eam [MS: gran'] coquentem .. et quesita ubi haberet ~eam [MS: grane'] illam dicit quod furata fuit *BNB* III 157.

2 granea v. granum 8.

granellatus, (?) dyed, painted. *Cf. granum* 8.

sic domina punctata, domina ~a, domina impincta [? cf. *2 Kings* ix 30], .. dee Sydoniorum sacrificat O. CHERITON *Par.* 55.

granellulum, tiny grain (of corn).

1458 si non venissent locusta et bruchus in nostras fruges et devorassent singula quasi ~a *Reg. Whet.* I 321.

granellum, grain of paradise (spice). *Cf. granum* 4.

de nominibus specierum: .. hoc ~um, *granes WW*; *grayns*, ~um, quedam species est *CathA*.

granere, ~escere v. 1 granare. **granet-, granett-** v. et. gernet-, granat-.

granetum [cf. grangia, granica], repository for grain or other crop, barn.

ita .. quod .. in celarium, sicut et in ~um, pro sue libito voluntatis .. intret *Cust. Westm.* 71; **15..** ut victualia .. pro decimis .. debita in granario seu ~o .. inducant et importent *Form. S. Andr.* I 60.

granga, ~ea v. grangia. **grangerius** v. grangiarius.

grangia [AN *grange* < granica]

1 repository for grain or other crop, barn. **b** (w. *decimalis*) tithe-barn.

a1100 ad ostium grancie (v. decimare 6a); **1141** corpus .. ~ie (v. coleicius 3a); **11..** *Dom. S. Paul.* 139 (v. avenarius); **c1150** terra juxta Sabrinam, terra ubi stat grancea .. Rogeri *Ch. Heref.* 18; **c1155** ibi debent esse ij grancie; una earum debet esse quater xx et v pedum in longitudine, et xxiiij in latitudine cum alis, et xviij pedum in altitudine usque ad festum. hujus grancie major pars debet esse plena frumento et siligine et minor ordeo et avena (*Ext. Leighton Buzzard*) *Beds Hist. Rec. Soc.* VIII 22; **s1155** dedit Deo et S. Michaeli v quar. albe avene annuatim reddende in grantia sua TORIGNI *Chr.* app. 331; **1170** pro iiij grangis et minutis domibus factus per maneria episcopatus *Ib.* 96; **1201** asportavit .. ~iam sitam in curia Ricardi *CurR* I 434; **1210** concessit ei minorem †grandiam de curia transferendam ad mesagium suum *Ib.* VI 3; **1221** in ~ia exteriori longe a curia ipsius W. *SelPlCrown* 111; **c1237** mortuus canonicus habeat usum .. ad finem anni sui orreorum et grangearum et aliorum domorum *Stat. Linc.* I 277; **c1310** debent adjuvare ad ferendum tassum usque in graungiam *Reg. S. Aug.* 201; **1314** de v^xx viij ringis de exitu ordei in ~ia feni trituratis *Rec. Elton* 221; Scotti .. combusserunt grangeas grano plenas GRAYSTANES 39; **1380** ex opposito †grangrani [? l. gran' grani] archiepiscopi *Mem. York* 152; **1388** lx quar. frumenti fuerunt intrate in ~iam de S. *IMisc* 240/17; **1419** ~ia feni *Rect. Adderbury* 22 (v. granarium 1a); LYNDW. 85 k (v. 2 infra). **b 1363** etc. (v. decimalis 3b).

2 outlying farm or farm buildings, grange; **b** (mon.).

habebat etiam regina in suo dominio unam ~iam, cui pertinebant .. iiij car[ucatae] terrae.. . pertinent adhuc ad dominium supradicte ~ie ij burgenses *DB* II 290; **c1127** terram de S. per baculum Odonis R. qui in thesauro ecclesie reservatur, apud Neuuetune in grancia reddens, homo ejus efficitur (*Cart. Thorney*) *Eng. Justice* app. 140; **1435** peciam terre .. de propinquo jacentem ad ~iam suam [i.e. episc. Brechin] de Fernwell *Reg. Brechin.* I 65; '~iis', sic dictis a granis que ibi reponuntur, et dicuntur ~ie domus sive edificia, non solum ubi reponuntur grana, ut sunt horrea, sed etiam ubi sunt stabula .. bostaria .. caule .. et sic de aliis que pertinent ad economiam, ut sunt loca deputata pro servientibus ad agriculturam LYNDW. 85 k (cf. W. GUISB. *Cont.* 378 [**1341**]: de domibus, maneriis, ~iis aut locis aliis ad personas ecclesiasticas pertinentibus); grandia, *grange WW*; **1476** de firmis ~iarum de K. et A., ex eo quod compotans recepit a colonis earundem v celdras avenarum quas .. habebant pro seminibus *ExchScot* 344; *a grawnge*, ~ia *CathA*; **1541** locus et habitatio ac predium, ~ia et messuagium *Form. S. Andr.* II 138; **1582** totam illam firmam et ~iam *Pat* 1234 m. 44 (cf. ib.: predictam firmam sive graung'). **b** nomina mercenariorum .. annote[n]tur .. tam domi quam per singulas ~ias.. . poterunt .. clientes in ~iis valde remotis ibidem accipere [mercedes] per cellerarium *Inst. Sempr.* *xl; *Ib.* *lxvii (v. excussor); **a1173** j acram terre ad granchiam faciendam *Act. Hen. II* I 553; **1184** infra clausuras monasterii vestri seu ~iarum vestrarum nemo incendium .. committat (*Lit. Papae*) *Reg. Dunferm.* 239; portio permodica in horreis duarum ~iarum, sc. Heldun tritici usui conventus pertinentis et Galtarside siliginis victualibus familie reservate adhuc remansit J. FURNESS *Walth.* 52; **1200** [concessisse .. monachis de Becco] in mariscis et piscariis, in granchis et virgultis *RNorm* 5;

adeptus est .. Aldeburgh cum pertinentiis suis, ~iam fertilem et frugibus accomodam SERLO GRAM. *Mon. Font.* 56 (cf. ib. 86: et adjecte sunt ei ~ie tres, Cuton, Kilnesia, et Marton); **1253** quod .. fratres .. omnes possessiones suas .. habeant .. in bosco et plano .. in mariscis et piscariis, in ~iis et virgultis *Oak Bk. Southampt.* II 106; **1280** salvis .. eisdem religiosis decimis ortorum ~ie sue de B., virgultorum ejusdem ~ie et de nutrimentis animalium ejusdem ~ie *Reg. Ebor.* 71; **1325** hominibus regis ne tollerent stramen de ~ia de Morton *Ac. Durh.* 167; **1331** concessit .. ecclesie et religioni Fontis S. Ebrardi libertates .. cum omnibus .. quietanciis suis in bosco et plano .. in mariscis et in piscariis, in granchiis et virgultis *PQW* 40a; **1419** donamus .. masuram cum gardino .. ad unam granchiam faciendam in .. lx acris terre *MonA* VI 1118a (*Rouen*); **1485** ~iam de Connan cum decimis *Reg. Aberbr.* II 222.

3 (w. *exitus*) farm produce.

1188 de xix li. et v s. et vj d. de exitu ~iarum *Pipe* 2; **1209** etc. (v. exitus 7d); **1276** exitus ~ie in eodem manerio *Banstead* 309; si ~iarum exitus non nisi de semine triplicato responderit, domino inde nihil est lucratus *Fleta* 170 (cf. *Husb.* 18: *si lissue de votre grange respoyne fors al ters de votre semayl, vos ny gaynet ren*); **1307** exitus ~ie: frumentum .. curallum .. ordeum .. avene .. boves .. vacce [etc.] *Crawley* 254; **1300** ~iam de Neubigging in manibus vestris tenetis .. et exitus ejusdem recepistis *Reg. Carl.* 120; **1398** (v. grangiarius a).

grangialis, belonging to grange.

1340 nos [G. abbas de Quarraria] .. concessimus Johanni le D. de Caresbroke [*I. of Wight*] .. unam domum ~em .. et sex acras terre *AncD* B 710.

grangiarius, ~iator [cf. AN *granger*, ME *graunger*], granger; **b** (mon.).

1193 Willelmus ~erius de Kerkebi *Pipe* 53; nec sustineatur quod prepositus sit granatarius et ~iarius simul, sed sit ~iarius ballivus .. qui bladum preposito liberet per mensuram rasam *Fleta* 170; **1398** de toto exitu grangie dominice .. per talliam contra W. G. ~iatorem *Ac. Man. Coll. Wint.* (*Harmondsworth*); **1434** Johanni R. ~iario de C., ad expensas necessarias faciendas circa dictam grangiam *ExchScot* 592; **1449** Willelmus S. firmarius et ~iator .. respondet de xxxix quar. etc. *Crawley* 481. **b** ~iarius .. gravius judicetur, si priori non obediat in bono *Inst. Sempr.* lxiv*; **c1250** frater Adam ~iarius de Mickeltwayt et frater Walterus custos carucarum in eadem grangia *Couch. Kirkstall* 22; **1276** frater Petrus ~iarius de Bernolfwyke [*Kirkstall Abbey*] abcidit auriculam cujusdam .. garcionis .. quia furabatur duos panes in grangia *Hund.* I 112a; **1289** acquisiciones .. factas .. per ~erios domus de Lana .. pertinentis ad monasterium *RGasc* II 455; **1294** hiis testibus .. Roberto bercario tunc ~erio de B. et aliis fratribus ipsius domus [hospitalis S. Petri, Ebor.] *ChartR* 80 m. 5 (= *CalCh* II 452); **c1350** nomina officiorum .. de collacione abbatis infra abbatiam S. Edmundi; .. piscator .. ~iator *MonA* III 160.

grangiola, little grange.

nec pergunt pernoctandi causa ad ~am nisi cum pergulis pluribus, clitellis et mantellis J. FURNESS *Walth.* 46.

grangium, grangrani v. grangia.

granica [cf. MLLM], repository for grain or other crop, barn.

c1098 concessit totam decimam suam de C. .. maxime in garbis ad hostium granice recipiendis (*Ch.*) *Reg. S. Osm.* I 215.

granificium, malting.

malte, brasium, ~ium, cerificium *CathA*.

graniger [LL *gl.*], grain-bearing.

~era spicarum glumula germinantes ALDH. *VirgP* 28.

granitarius v. granatarius. **grannilus** v. granulum.

granomellum [cf. hydromellum], 'grout', wort, grain for brewing.

1304 sedebat super latus cujusdam cuve plene granomell' secundo servisia [*corr. to* servisie] bullient' que vocatur *grout sopes* *RCoron* 5*d*.; **1348** vas impletum cum granamello calido, Anglice *grut* *Ib.* 194 m. 13; *CathA* (v. acromellum).

granorium v. 1 granarium.

granosus [CL = *full of seeds*]

1 hard as a pip, stony.

corda secant eorum anxia / velut grando granosus lilia J. HOWD. *Ph.* 74.

2 (of ale) having a full, grainy flavour.

cervisia eorum .. debet esse clara, defecata, aliqualiter ~a vel virtuosa et fortis GAD. 47v. 1; in Anglia potent cervisiam claram defecatam ~am, i. fortitudinem grani retinentem *Ib.* 123v. 2.

gransulla v. groundsella. **granta** v. grantum.

grantare [AN *granter*, OF *creanter* < *credentare], to promise on one's faith, grant. **b** (w. inf. or *quod*).

1140 donationem quam pater meus .. fecerat ecclesie S. Marie de Radingia .. ~o et concedo *Eng. Feudalism* 245*n*.; **c1160** me dedisse .. monachis de E. v s. terre .. tali conditione quod si .. Rogero de O. terram suam reddiderim .. illis escambium reddam ad grantum suum .. et preter hoc ~o illis .. donationem patris mei de terra A. *Cart. Eynsham* I 74; **c1200** idem .. in presentia nostra crantaverunt .. rex Anglie et comes S. Quintin' *RChart* 96a; **1268** damus .. ecclesie nostre .. domos .. quas habemus apud Lugdunum .. si dominus temporalis de cujus feodo sunt hoc voluerit consentire vel ~are *Test. Ep. Heref.* 2. **b** **a1175** concedo et ~o Johanni de W. .. tenere de me .. illam hydam terre *CalCh* II 152; **1217** volumus et creantamus quod .. capient de .. rebus regni nostri .. ubicunque ea invenerint, ad valenciam predicte pecunie *Pat* 114; craantavimus reddere .. vj^m^ m. *Ib.* 115; **1224** nos concessisse et firmiter craantasse quod [etc.] *Ib.* 483.

grantarius v. granatarius. **grantia** v. grangia.

grantum, ~a [AN *grant*, OF *creante* < credentia]

1 approval, goodwill. **b** (w. *ad*, in ref. to exchange of property) satisfaction, pleasure.

c1142 nec pacem neque trevias cum illis haberet .. nisi per bonum velle et ~am comitis Herefordie *Mandeville* 381; **c1145** dedi et concessi W. filio meo terram meam de la Hida in feudo .. per ~um domini mei Radulfi de Toinio, et per ~um Walteri filii .. mei et ceterorum filiorum meorum *Eng. Feudalism* 281; **1193** ad ~um et voluntatem archiepiscopi Remensis R. HOWD. III 219; **1195** de .. terra .. quam W. faber donavit abbatie .. per graantum dominorum suorum *RScacNorm* I 184; **1199** possedit hereditatem suam per ~um dominorum feodi quibus ipse .. servivit *CurR RC* 360; **1204** quod .. non levaret .. molendinum nisi per ~um .. prioris et monacorum; et .. non quesivit ~um eorum *CurR* III 87; **1205** Alicia comitissa Warewic' .. non se maritabit nisi per assensum et per ~um regis *Pipe* 33; **a1210** hanc .. concessionem fecimus per ~um et assensum domine Mabilie .. et filiorum suorum *Cart. S. Greg. Cant.* 108; **1222** Fabianus concessit per †gramtum .. Roberti militis .. totum tenementum *BNB* II 109; **c1250** concedimus .. xvj acras terre .. ad ~um nostrum et omnium militum et libere tenencium inferioris Went' *ChartR* 93 m. 2; **1260** dabo ei unaquaque ebdomada pro libra duos d. de lucro, quamdiu dictum debitum per ~um suum tenuero *SelPlJews* xix. **b** **c1160** (v. grantare a); **c1170** me .. reddidisse .. j hidam terre .. per escambium quod ad ~um meum ab eis recepi *FormA* 297; **c1173** si eschaeta mihi casu in manum venerit .. ei ad ~um suum rationabile excambium dabo *Danelaw* 361; **c1180** dabo ei escambium alibi ad suum ~um, et ad valitudinem illius .. terre *FormA* 182.

2 (w. *facere*) to give surety, satisfaction.

faciendo .. quod convenit, si id possibile est, vel alias rationabile ~um adversarii faciendo GLANV. VIII 5 (cf. ib. IX 6: donec heres ~um suum de relevio fecerit); **1193** oportebit regem Anglie facere ~um Hugoni rationabiliter R. HOWD. III 218; **1194** Johannes L. debet iiij m. pro habenda recognitione si fecerit ~um Ricardo S. de vadio suo de terra de P. *Pipe* 187; **1199** sciatis me ~iasse Gaufridum de B. de c li. .. penes vos .. ita .. quod infra xv dies, quibus vos me summoneri faciatis, reddam vobis corpus predicti G., vel garantum vestrum faciam de prenominata pecunia *RChart* 30b; **1236** in excambium L. de qua .. episcopus satisfaciet pro nobis et plenum ~um faciet W. archidiacono Moraviensi *Reg. Moray* 31.

1 granulosus, (med.) granular.

urina spissa in substancia .. cum contentis in medio urine ~is scintillantibus GAD. 26. 1.

2 granulosus v. granum 9.

granulum [LL]

1 little grain; **b** (fig.). **c** pip, seed (of fruit, also fig.).

hoc granum .. eo quod crescendo grande efficiatur, et inde hoc ~um, .. diminut. OSB. GLOUC. *Deriv.* 256. **b** **799** ut pullos avidis hiantes rostris pietatis pascat ~is ALCUIN *Ep.* 181. **c** minuunt granula [sc. mali punici] sumpta sitim NECKAM *DS* VIII 84; intra .. hujus pomi viscera duo preciosissima ~a, bonum sc. et malum, recondita sunt CHAUNDLER *Apol.* 16.

2 small particle (in quot., of spawn).

putat .. vulgus ex tribus ~is ovulorum piscem formari, ita ut .. duo ~a oculis formandis debeantur, unum .. formationi .. corporis NECKAM *NR* II 23 p. 143.

3 seed pearl or other small jewel. **b** small piece of metal.

aurifabri .. religunt [? l. religant] ad anulos ~a et jaspides GARL. *Dict.* 128; mors burse pulverem subsannat candidum, / carorum †grannilos deridet lapidum WALT. WIMB. *Sim.* 115; ~um, *peerle* *PP*. **b** NECKAM *Ut.* 118 (v. corialis).

4 (med.) particle of sediment.

si ~a manent in circulo et ex urine concussione depressa revertantur ad circulum, reuma ad partes capitis GILB. VII 312v. 2.

granum [CL], **~a** [cf. OF *graine*]

1 seed of cereal plant, grain (also collect.); **b** (fig.).

qui ardere facit ~a ubi mortuus est homo .. v annos peniteat THEOD. *Pen.* I 15. 3; venit .. ancilla .. molare ~um domini sui HUGEB. *Wynn.* 12; qui ~a frumenti et expressionem botri transformat in corpus suum et sanguinem *Found. Waltham* 11; triticeum granum precedat, gloria frugum / cui calor in primo fertur inesse gradu NECKAM *DS* VIII 3; **1248** debent .. in dictis molendinis bladum suum quiete molere per sextumdecimum ~um [? = *for payment of* $\frac{1}{16}$ *part of the ground grain*] *CallMisc* I 16; BACON XI 238 (v. generatio 4); **1280** minus respondet de novo ~o quia maxima pars frumenti remanet in grangia, cujus estimacio ignoratur *Ac. Stratton* 112; *Fleta* 162 (v. germinare 1a); **s1297** maxima in regno ingruit caristia et victualium inopia, deficientibus .. ~is FORDUN *Cont.* XI 29; *AncrR* 101 (v. exsufflare 2d); *Alph.* 62 (v. far a); **14..** de quolibet quar. frumenti .. de quolibet quar. brasii .. de quolibet quar. alterius ~i *EEC* 215; **1467** quod assisa panis albi communis esset secundum pretium medii ~i *MunAcOx* 727. **b** si mihi consentit mortalia grana serenti / perpetuae perdet mercedis lucra perennis BONIF. *Aen.* 214 (*Cupiditas*); **c797** in his partibus seminare sapientiae ~a segnis non ero ALCUIN *Ep.* 121; S. LANGTON *Ruth* 110 (v. elicere 4a).

2 pip, stone (of fruit). **b** berry, grape.

ALDH. *VirgV* 1596 (v. citta); dactili Indici .. mundati a ~is suis, quorum interiora sunt tenera BACON V 103; se habent fructus in arboribus, et semina fructuum, et ~a, ergo erunt partes necessarie plante ad continuandum se in suo [esse] secundum speciem *Id.* XI 223; GAD. 5v. 1 (v. 1 granatus 1b); ~a juniperi, uva et semen ejusdem *SB* 26; *a kyrnelle*, enuclea, ~um, nucleus *CathA*. **b** si planta sit mali generis, nihil valet; quod patet in quodam genere racemorum cujus ~a sunt pulcriora aliis, tamen vinum quod inde fit breviori tempore conservatur BACON IX 40.

3 **a** (*~um sinapis*) mustard seed. **b** (*~um piperis*, w. ref. to rent) peppercorn. **c** (*~um panificum*) rice.

a BEDE *Luke* 540 (v. cribellare a); secundum similitudinem ~i sinapis fervere [cf. *Matth.* xiii 31 etc.] ANSELM (*Ep.* 138) III 284; **1314** in senapio empto .. iiij s. iij d. .. in ~o senapii empto ij s. *Comp. Worc.* I 37. **b** **1230** reddendo .. iiij ~a piperis ad Natale Domini pro omnibus serviciis *Reg. Ant. Linc.* III 210; **1290** j rodam prati .. tenendam de se .. reddendo inde annuatim j ~um piperis *Carte Nativ.* 137; **1293** tenuit .. quartam partem de W. faciendo inde servicium j ~i piperis *IPM* 63/32 (16); **1463** solvendo annuatim (*sic*) vj ~a piperis in festo S. Michaelis *Cart. Osney* I 435; **1549** redditum .. j ob. et iij ~orum piperis *Pat* 821 m. 44. **c** rizi [ὄρυζα], ~um panificum *SB* 36; †reu [v. l. rizi], ~um panificum, cujus duo sunt genera, sc. rubeum et album, sed ad nos non defertur nisi decorticatum, et utriusque medulla est alba *Alph.* 157.

4 (*~um paradisi* or *Parisiensis*) kind of spice, 'guinea grains' (*Amomum meleguetta*).

1303 pro j sacco cum xx li. garbelo[re] ~i paradisi *EEC* 474; **1313** (v. claretum c); **1328** in .. x li. de nucibus mugatis, v li. de ~o Parisiensi *ExchScot* 119; **1329** per empcionem j li. ~orum de Paris' .. viij s. *Ib.* 141; **13..** modus faciendi nectar: proporcio zinziberis, piperis .. ~orum paris .. sit equalis *RB Ossory HMC* 256; ~a paradisi, i. *mellegete* *Alph.* 75; **1421** pro .. iiij balis ~i paradisi, xviij barellis sugre .. xl balis et fardellis grani pro panno *EEC* 511 (v. et. 8 infra); ~a paradisi, A. *grayn de parys* *WW*; ~a paradisi, *greynesse, spycis* *PP*; epistola .. transmissa cum pane de ~is paradisi et mirra aloes CHAUNDLER *Laud.* 104; scapus ~orum paradysi instar scapi est papaveris CAIUS *Anim.* 29.

5 grain (as unit of): **a** (length, w. *ordei*) 'barleycorn'; **b** (weight); **c** (w. ref. to coinage). **d** (?) coin.

a **c1100** quidam .. quinque ~a ordei transversa tam indici quam impudico sive medio convenire judicantes, hos tres digitos simul junctos unciam dixerunt *Eng. Weights* 4; quattuor ~a ordei latitudinaliter faciunt digitum *Ib.* 6; **1382** in latitudine xvj pedum et j ~i ordei *Pat* 313 m. 37*d*.; **14..** quod tria ~a ordei sicca et rotunda faciant pollicem *Eng. Weights* 7. **b** **c1000** calculus minima pars ponderis est, similis duo ~a ciceris pensus *Ib.* 1 (cf. ib. 5 [**c1100**]: ponderum pars minima est calcus qui constat ex ~is ciceris duobus); BART. ANGL. XIX 127 (v. calculus 6a); pill' de quinque granibus mirabol' aut trifera sarracenica GILB. III 131. 2; recipe limature auri, opii gra. xij, balsami croci ana †grava vij, musci, ambre [etc.] *Ib.* 37. 1; scrupulus constat ex xx ~is, nec maximis nec minimis, ordei. .. collige triticeis medicine pondera granis / grana quater quinque scrupuli pro pondere sume *Eng. Weights* 34. **c** **p1280** ~um .. est xxiiij^ta^ pars unius denarii; sicut ergo xxiiij ~a faciunt unum sterlingum, sic xxiiij dim. uncie efficiunt j libram *RBExch* 993; **c1350** quelibet carata constat ex iiij ~is auri (v. 1 carata); **c1400** denarius Anglicanus qui vocatur sterlingus rotundus et sine tonsura ponderabit xxxij ~a frumenti in medio spici (*sic*) et xx

denarii faciunt unciam *Rec. Caern.* 242; **1425** l pecie de dictis grossis florenis .. excedunt in pondere dictum standardum libre Turris predicte per unum ~um *Pat* 419 m. 18; **1438** (v. 1 carata); *Eng. Weights* 34 (v. exagium 2). **d** **1292** summa tocius monete terinorum et ~orum conversorum in florinis *KRAc* 308/15 m. 6.

6 something no bigger than a grain, particle.

debet crux designari infixis in quinque locis quinque ~is incensi LANFR. *Const.* 117; ~a [sc. in urina] .. divisa .. in minuta corpuscula fluxum humorum a capite ad inferiora membra declarant GILB. VII 312. 1; ~a auri BACON *Tert. sup.* 84 (v. aurum 1a).

7 something resembling grain or particle: **a** small jewel. **b** (w. *rosarum*) an embroidery stitch.

a c**1315** anulus .. cum saphiro aquoso .. cum vj ~is smaragdinis et vj parvis gernettis *Invent. Ch. Ch.* 71. **b** **1386** vestimentum rubeum de *velvet* cum *le veronike* in ~is rosarum desuper broudata (*Test.*) *FormA* 428.

8 scarlet grain, dye made from the insect kermes.

1190 pro j panno de xxxiij ulnis tincto in grein' *Pipe* 3; **1196** pro xxxij ulnis halbergetti tincti in ~a *Ib.* 18; lana sandicis .. opem sorciatur ut tinctura crebro condimento ~ee [*gl.: brasyl*] inebrietur NECKAM *Ut.* 107; **1207** quod habere faciatis .. regine xij ulnas de habergetto tincto in greino rubeo *Cl* 89a; **1212** etc. (v. blanchettus a); pannus tinctus de ~o GILB. VII 348v. 1; alia .. averia .. ut piper .. brasilium, ~a .. solebant ponderari per ulnas, stateras .. (*Consuet. Lond.*) *Leg. Ant. Lond.* 118 (cf. *GAS* 674–5); **1303** ij s. de quolibet scarleto et panno tincto in ~o, item xviij d. de quolibet panno in quo pars ~i fuerit intermixta *MGL* II 209; **1303** pro j panno mixto in ~o et j panno sine ~o *EEC* 289; a**1410** pannos in paccis rimatur singula plane, / tam grano plenos quam grano dimidiatos / multos centenos sine grano pannificatos (*Vers. Exch.*) *EHR* XXXVI 59; **1432** pannis de scarleta de *sangewyn* et de aliis coloribus de integro ~o vel de dim. ~o *LTR AcCust* 18 m. 37; **1446** (v. 2 curtus 2); **1587** de quolibet panno de dimidio ~o de assisa, v d. *Pat* 1299 m. 1.

9 (w. *solis*) gromwell (*Lithospermum officinale*).

accipe saxifra. et ~a solis GILB. VI 273. 1; facit minutas infectiones in modum milii, unde vocatur herpes milium vel †granulosus [? l. ~um solis] *Ib.* VII 333.2; ~um solis, i. milium, i. *gromil SB* 23 (cf. ib. 33; palma Christi, ~a solis idem); *Alph.* 72 (v. 2 cauda 2c, diureticus b); ~um solis, A. *gromylle WW*; *grumelle*, milium, †gramen solis *CathA*.

granurius v. granatarius.

granusculum, little grain (in quot., fig.).

profert virginea gleba granusculum, / in cujus adipe mentis est pabulum WALT. WIMB. *Carm.* 62.

grapa v. 1 crappa, gropa.

grapellus [ME *grapel*], grapnel.

1254 quod venire faciat .. j duodenam ~orum levium et singulas cathenas ad singulos ~os .. et vj anchoras *Cl* 236.

graphagia [γραφὴ ἅγια], holy writ.

graffagia, scriptura idem, inde malangrafficum [μέλαν γραφικόν] quod interpretatur nigrum scriptum *Alph.* 73.

graphariatus, office of *greffier*, registrar (Fr.).

1496 litteras .. per Johannem G., clericum, notarium regium et commissum ad exercitium greffariatus .. balliviatus Biturie .., legere fecimus (*Ratificatio pacis*) *Foed.* XII 627a.

grapharius [cf. LL graphiarius], **~ator,** *greffier*, registrar (Fr.).

consiliariis in parliamento apud Parys tento .. griffatoribus, camerariis scaccarii *Collect. W. Worc.* 536; **1550** Guillermus B. .. regis [Francie] consiliarius et status regni a secretis, ac etiam .. ordinis S. Michaelis ab actis seu ~ius (*Tractatus*) *Foed.* XV 231b.

graphia [LL; cf. γραφή], writing.

hec ~ia, i. scriptura, unde hic graphius, i. stilus OSB. GLOUC. *Deriv.* 257; ortografia dicitur ab 'orthos', quod est 'rectum' et '~ia' quod est 'scriptura' W. WORC. *Itin.* 64.

1 graphicus [CL < γραφικός]

1 scribe.

c**1100** exemplar mendum tandem me compulit ipsum / cunctantem nimium Plautum exemplarier istum / ne †graspicus [? l. graphicus] mendis proprias idiota repertis / adderet, et liber hic falso patre falsior esset *MS BL Royal* 15 C XI f. 113; grafficus falsus [*gl.*: scriptor] NECKAM *Ut.* 117.

2 graphicus v. graphium. **graphio** v. grafio.

graphiolum [LL], sharp instrument, stylus.

1008 a divino sit in perpetuum perforatus ~o *CD* 1305; **1042** (12c) a divino sit perforatus ~o *CD* 762.

graphium [CL], **~ius**

1 sharp-pointed instrument for writing, stylus.

746 parva munuscula .. transmisi, id est unum ~ium argenteum et .. cinnamomi partem aliquam *Ep. Bonif.* 70; graffium, *graef GlC* G 169; habe hoc ~ium .. et hoc pergamenum .. ut in ea .. possis discere ad scribendum ÆLF. BATA 4. 16 p. 40; neglectas post tempora longa tabellas / cum graphio repetens *V. Ed. Conf.* f. 38; pueri .. eum martyrem fecerunt, commento malignitatis excogitato ut vibratis ~iorum aculeis invalide cassarentur manus W. MALM. *Mir. Mariae* 181; [Johannes Scottus] .. a pueris quos docebat grafiis foratus, animam exuit *Id. GP* V 240 (cf. *Eul. Hist.* III 9: a condiscipulis suis grafis eorum stimulatus); †graphicus [MS: graphius], stilus, †pigillaris [MS: pugillaris], fragitida OSB. GLOUC. *Deriv.* 263; ave, pulcra fauce, nare, / cujus nemo caraxare / potest formam grafio WALT. WIMB. *Virgo* 93; *Cust. Cant.* 401 (v. cultellulus); **1423** (v. cacemphaton); hic stilus, hic ~us, *a poyntyle WW*.

2 document, charter. **b** (*donare in* ~*io* or sim.) to grant by charter. **c** register, cartulary. **d** (w. ref. to the Book of Life).

decimam .. regni .. partem .. in sempiterno .. ~io .. Deo immolavit ASSER *Alf.* 11; **941** (15c) hec sunt nomina illorum testium ~ium hoc attestantium *CS* 769; **1012** (12c) hoc .. protestaminis titulo hac inculcare †griphia demandavi *CD* 720; post hanc emptionem tenuerunt Mouric et Concenn graphiam carte super manum Guorcinn in sempiternam hereditatem sibi et ejus progeniei *VSB* (*Cadoc* 65) 132. **b** c**1140** notum sit omnibus quod Madauc rex Powissensium .. dedit ecclesie S. Michaelis .., sc. de villa que vocatur Trefkemere, et hoc in sempiterno †grathio *Cart. Haughmond* 1216. **c** dictus rex eam [ecclesiam Landav'] diversis territoriis, privilegiis, et redditibus honorifice dotavit, sicut in graffo Sancti Thelyai plenarie reperitur *CBS* 279; sigillum abstulit et librum possessionum quod graffium appellatur GIR. *David* 432. **d** **940** in sempiterno ~io deleatur et cum justis non scribatur *CS* 748.

3 (w. ref. to plant) graft.

queritur an planta cui fit insertio recipiat ibi novam animam. .. sic est hic, quod truncus insertus est materiale respectu ~i, ergo mutatur in aliam animam novam BACON XI 245.

grapiare, ~ire [cf. ME *grape*], to fork.

1302 herciaverunt, grapyaverunt, fossaverunt, trituraverunt bladum *Pipe Wint.* 159328 r. 3; **1332** ~iandum [*the lord's land*] *DC Wells* (*HMC*) 347; **1346** in clxv acris .. terre cum frumento seminatis .. ~iendis et equandis (*Ac. Glast.*) *Econ. Hist. Rev. 2nd S.* XII 40.

grappasis v. gryposis. **grarlellus** v. quarellus. **gras-, grass-** v. et. cras-, crass-.

grasacra [ME *grasaker*], ploughing or other service (in return for grazing rights).

1222 [debet] arare acram et dim. in hyeme et preterea j garsacram eo tempore *Dom. S. Paul.* 67; **1279** arabit ij seliones que vocantur ~a si habeat j carucam integram .. et pro illa arrura habebit animalia sua in .. pastura .. domini *Hund.* II 868b; **1283** qui habet animalia juncta carruce .. arrabit dim. acram ad culturam yemalem et dim. acram de warecto in estate, et vocatur ista arrura ~a *Cust. Battle* 60; quilibet prenominatorum v seminabit j acram de frumento proprio, quod vocatus ~a *Ib.* 74; c**1283** tenentes ipsorum debent arrare gersacram si habent carrucam vel aliquam partem carruce, ad culturam yemalem (*Cart. Battle*) *Augm. Bk.* 57 f. 42*d*.

grascus v. 1 grassus.

grasgropa [ME *unattested, but* cf. ME *grasbend*], metal plate to reinforce wheel. *Cf. gropa*.

1372 in vj novis ~is cum clavis emptis .. pro carect' emendand', xvij d. (*Vernham Dean*) *Ac. Man. Wint.*; **1412** in v ~is ferreis cum clavis .. pro rotis veteribus carectariis reparandis, xij d. (*Wootton*) *Ib.*

grashurtha [ME *graserthe*], ploughing service (in return for grazing rights; *cf. herbagium* 4).

1260 Osbertus A. tenet j virgatam terre .. et arabit et herciabit, quod valet vj d. item warectabit ad ~am, quod valet j d. ob. *Cust. Glast.* 202 (cf. ib. 109 [**1234**]: non habebit aliquem bovem in pastura domini nisi illos quos aquietabit per *garshurde*; 135: †arurum [? l. aruram] que dicitur *garshurthe*).

graslonda [ME *gras* + *lond*], (?) land to be ploughed by holder of grazing rights.

1234 Adam de la B. tenet ij virgatas terre. .. et pro qualibet carucata [? l caruca] boum qui ibi fuerint [sc. in pratis falcatis et in defenso domini], [debet] arare garslo[n]d[am], sc. iiij acras in terra domini *Cust. Glast.* 84 (cf. ib. 86: Johannes P. .. debet arare †garflond' sicut A. de B.).

grasmannum, (?) land held by 'grass-man'.

1315 duo gresmanna que habuerunt communem pasturam ville .. et quodlibet solebat valere tempore pacis per annum iij s. vj d. .. duo gresmanna quorum quodlibet solebat valere per annum iij s. vj d., nunc vast' *IMisc* 76/21 (cf. *Cal. Scot.* III 87).

grasmannus [ME *grasman*], (Sc. & N. Eng.) 'grass-man', cottar (? giving service in return for grazing rights).

a**1150** habere debebat .. decimas que proveniunt de hurdmannis et bondis et gresmannis *E. Ch. Scot.* 182; **1238** cum villanis .. et cum xxij cresmannis [*ed.* '*gressmen*'] *CalScot.* I 1422 (*but* cf. *Cl* 48: cum xxij crofmannis; ? l. croftmannis); **1280** xxxij acre et dim. quas gresmanni tenent [*Caterick, Yorks*] *Reg. Richm.* app. 51; **1282** sunt in foresta quidam qui vocantur *gresmen* qui dant de suo pro herbagio ..; gersumme, gresmanni, fines, placita et perquisita extenduntur ad xl s. *IPM* 31/3 m. 1 (*Cumb*); **1300** tenuit .. viij bovatas terre que vocantur *gressemenlond* .. et tenentes dictarum viij bovatarum debent custodire in communi latrones in cippis .. et .. debent facere in communi unum tassum de feno domini in manerio de Kirketon [*Lincs*] ..; et dicti gressemanni, si evasio latronum evenerit, respondebunt de evasione *IPM* 96/32; **1321** cum v bovatis terre que sunt in manu gresmannorum *Ib.* 69/5 m. 5 (*Yorks*); c**1323** Nidde [*Yorks*]: sunt ibidem v gressemani, quorum ij eorum quilibet tenet j mesuagium et j acram terre *Ib.* 82/7 m. 27; **1347** per croftos gresmannorum *Reg. Dunferm.* 384; **1352** sunt apud Langestrethre [*Yorks*] diversi tenentes ad voluntatem et gresmanni, qui tenent diversa mesuagia, herbagia et prata, et reddunt per annum pro eisdem xx li. iiij s. *IPM* 116/1 m. 11.

grasmucus [Germ. *Grasmücke*], warbler.

atricapillam in Anglia nunquam vidi. .. Anglorum lingettae et Germanorum ~o, quod ad corporis magnitudinem attinet, similis erat TURNER *Av.* C4; grasmuscho *Ib.* D6 (v. ficedula a).

graspecia v. craspesius. **graspicus** v. 1 graphicus. **grass-** v. et. crass-. **grassa** v. 1 gressa.

grassabundus, raging, menacing.

vis incendii ~a R. COLD. *Cuthb.* 39; ut .. terreat me .. canum immanitas et eorum in me ~a rapacitas (? GOSC. *Milb.*) *NLA* II 189.

grassare v. 1 crassare.

grassari [CL]

1 to prowl about, act in a predatory or menacing manner. **b** (of storm or sim., also fig.) to rage; **c** (w. abstr. subj.).

in terris gradior, sed nubila vertice tango, / terrificas grassans germanas subsequor una BONIF. *Aen.* 264 (*Superbia*); ~or .. i, crudeliter agere, tyrannizare OSB. GLOUC. *Deriv.* 249, 261; R. COLD. *Cuthb.* 63 (v. crapulare c); canum in te ~antium species (? GOSC. *Milb.*) *NLA* II 189; **1279** multis .. in hoc profane crassantibus laboris hujusmodi profectum invenimus defuisse PECKHAM *Ep.* 48; **1287** personis ecclesiasticis certa sunt stipendia constituta, ne dum sumptus queritur predo crassetur *Conc. Syn.* 1023; **1299** quod .. tanquam filium .. degenerem in matrem suam crassandi animum provocaret *Reg. Cant.* II 561; navibus .. ~antibus FORDUN *Cont.* X 16 (v. exagitare 1b); **1303** crassentibus [? l. grassantibus] *Reg. Carl.* II 52 (v. crassēre b); si .. animo crassandi maliciose intulisset [sc. damna] .. compensabuntur J. BURGH *PO* V 5 f. 42. **b** grassante procella ALDH. *Aen.* 95 (*Scilla*) 9; tempestatis grando grandis graviter ~ata est, .. de Thoma in Thomam, de illo in Thurstinum H. CANTOR 8v. **c** famis .. evangelici cibi .. ~atur in vobis GILDAS *EB* 85; enormitas ~atur O. CANT. *Pref. Frith.* 13 (v. enormitas); ~ans dolor non potuit dissimulari GOSC. *Lib. Confort.* 27; intus ~ari ardor inimicus ceperat *Id. Edith* 71; hujusmodi lavacro .. est extincta libido, nec ~ari potius vigor illius potuit GIR. *GE* II 10.

2 (trans.) to vex, afflict; **b** (*s. pass.*). **c** to kill.

cum effera persecutorum rabies .. ecclesiae tirones feralibus edictis .. ~aretur ALDH. *VirgP* 30; falconum .. quos necessitas instigat .. sorices crudeliter insectando ~ari *Ib.* 58; *Carm. Aldh.* 1. 52 (v. grando 2a); subito illum nequam spiritus ~ari coepit FELIX *Guthl.* 41; tam feroci impetu ~ati sunt nostros quod .. eos .. retrocedere compulerunt *G. Hen. V* 13. **b** cum .. comes .. ab inmundi spiritus .. vexatione miserabiliter .. ~aretur FELIX *Guthl.* 42. **c** *to murther*, †crasso *CathA*.

3 (w. ref. to poison or illness) to rage; **b** (transf., of wound).

pestilentia longe lateque ~ante *Hist. Abb. Jarrow* 3; totam vim veneni ~antis .. absumsisse BEDE *HE* I 1 p. 13; ~ante .. cotidiana infirmitate ALCUIN *WillP* 28; viscera .. vi ~antis veneni cruciabantur WULF. *Æthelwold* 19; s**1167** crassante mortalitate xxv milia hominum mortui sunt TORIGNI *Chr.* 231. **b** s**1272** vulneribus ejus veneno ~antibus multis *Eul. Hist.* III 136.

grassatio [CL], predatory attack (also fig).

febrium ~one GOSC. *Mir. Iv.* lxxxii (v. conscindere c); super hac .. ecclesie depressione alteraque .. Pharaonis ~one *G. Steph.* I 13; objurgat justitie murmuratio et ejus officio et intellectui et rationi pravorum ~o motuum R. NIGER *Mil.* II 46; injuriarum crebra ~o *Ib.* IV 34; cum generalis depopulatio occuparet universam terram Anglie, .. predas et rapinas, incendia et cedes sibi invicem incolis agitantibus, gravis meror obsedit cor viri Dei. .. finito termino quo predixit, pariter finivit ~o *Canon. G. Sempr.* 79v.

grassator [CL], predator, marauder, villain; **b** (w. ref. to Satan).

revertuntur .. impudentes ~ores Hiberni domos GILDAS *EB* 21; a Saracenis praedonibus et Ismaelitis ~oribus ALDH. *VirgP* 31; ~or, *forhergend GlC* G 153; quod videret Normanniam suam .. ab improbissimis ~oribus vastari W. MALM. *GP* I 61; prevalere, et vicem predicte stragis inpudentibus ~oribus reddidere G. MON. X 5; ~ores vocamus apparitores tyrannorum .. milites crudeliter agentes OSB. GLOUC. *Deriv.* 249, 261; illi ~ores primo retulerunt pedem viso archiepiscopo W. FITZST. *Thom.* 139; **1546** a .. Willielmo R. et suis ~oribus, pyratis ac predonibus et spoliatoribus *SelPlAdm* 142; **1549** ad ignavos, ~ores, rei sue dissipatores, contumaces .. castigandos *StatOx* 353. **b** ALDH. *VirgV* 921 (v. elidere 1b); antiquus humani generis ~or *Id. VirgP* 32; voluntas .. supergressa violentiam .. servitutem corporis ~or [? l. ~oris] opponit injuriis PULL. *Sent.* 853A.

grassatrix, pursuer, destroyer (f.).

cadaver quem dira .. fortunae ferocitas et Parcarum ~ix .. atrocitas .. oppresserat ALDH. *VirgP* 26; grassatrix scelerum fies inimica luporum, / Christi candidulos pasces modo mitior agnos FRITH. 688.

grassio v. garcio. **grassula** v. 1 crassula. **grassuma** v. gersuma.

1 grassus [AN *gras* < crassus]

1 (of animal) fat. *Cf.* 1 *gressia.*

1214 siquem ~um cervum ceperint, latera, hanchias, et caudas ad opus nostrum bene reservari faciatis *Cl* 169b.

2 (of person) fat; **b** (as nickname or surname).

s**1297** erat homo pulcher et ~us nimis W. GUISB. 303. **b** **1215** Hugoni de Nevill' ~o *Cl* 219a.

3 (*piscis* ~*us*) 'grapeys', flesh of grampus or whale.

a**1130** concessisse .. R. episcopo Lond' totum ~um piscem qui captus fuerit in tota terra sue preterquam linguam, quam mihi retinui *E. Ch. S. Paul.*33; **1230** in cariagio grasci piscis usque Westm. *Pipe* 266.

2 grassus, woodland bird, (?) *f. l.*

aves .. nemorales sicut grassus [? l. gallus *or* cf. gruta] silvestris et fasianus GAD. 10V. 1.

3 grassus v. grisus.

grata [ME *grate*]

1 grating.

1429 pro fixione et impositione ~arum ferrearum fixarum in muro lapideo domus aqueducti, .. pro j quar. *sowder* empto pro fixura dictarum ~arum ferrearum *Stewards' Bk. Southampt.* I 24.

2 (?) grater.

1292 ~a *MFG* (*Navestock*).

gratans v. gratari.

gratanter [LL]

1 with joy or pleasure, thankfully. **b** (w. ref. to welcoming of person) kindly, cordially.

cum .. virginis fidele munus ~er suscepisset FELIX *Guthl.* 48; multum ~er litteras .. legi CUTHB. *Ob. Baedae* clx; cujus verba consulto suorum ~er suscipiens, a vastatione .. inducias trium mensium regi indulget W. JUM. II 17; quod de domno U. mandastis ~er accipio LANFR. *Ep.* 52 (58); que .. frates ~issime percipientes a me tanti patris benevolentiam .. magnopere glorificavere GOSC. *Mir. Iv.* lxv; episcopus .. misit regi ij^m li. argenti que ille minus ~er excepit eo quod censeret modicum prestitisse G. COLD. *Durh.* 9; gratuanter WYCL. *Dom. Div.* 237 (v. cognitive); ut sic sponsa Cristi .. cognoscens propriam infirmitatem .. ~ius acceptaret eius presenciam quam si statim post lapsum fuisset incarnatus *Id. Ver.* III 128; ~er, A. *gladly WW.* **b** quos .. Gregorius ~er excipiens *V. Greg.* p. 94; ab apostolico papa .. ~issime susceptum BEDE *HE* IV 16 p. 242; a quibusdam civitatibus ~er suscepti W. MALM. *GR* IV 366; cum .. adveniens ~issime suceptus fuisset *G. Steph.* II 76; huic monasterio .. se contulit, mutatoque habitu ~er ac devotissime .. conventui associatus est *Chr. Witham* 497; **1202** ut eundem H. .. in electum vestrum ~er recipiatis *Pat* 8b; eum ~er suscepit et quamdiu moram fecit humanissime exhibuit *Croyl. Cont. B* 470; s**1293** nunciis ~er et cum gaudio receptis *Plusc.* VIII 18.

2 freely, voluntarily, without complaint. **b** (in formal context) 'kindly'.

vitam electorum quam offert illi ~er, Deus .. accipit BEDE *Gen.* 69; c**1093** predicta beneficia benigne dimisit et ~er Thomas archiepiscopus in eternum *Regesta* p. 134; papa mandavit regi velle loqui illi die et loco designato, et rex ~er annuit H. CANTOR 18v.; necessitati jungit consensum, et quod incumbit ~er amplectitur J. SAL. *Pol.* 496D; ut plebs .. ~er eis [ministris Christi] obediat GIR. *GE* I 7; p**1214** ~er et caritative concedo quod .. *Reg. Aberbr.* I 20; Willelmo .. miserationem xx solidorum ~er remitto BRAKELOND 133; **1281** Thomas ~er finem fecit de .. vj d. per visum franciplegii *PQW* 393a; **1295, 1319** (v. curialiter 2b); **1308** obsequia que .. †gravitanter [MS: gratanter] et fideliter impendistis *RScot* 56a; **1340** omnes .. qui .. ~er se nobis .. subjecerint (*Lit. Regis*) AVESB. 89; omnis .. pena .. cedere potest ad augmentum meriti, si ~er accepta fuerit propter amorem Dei *Spec. Incl.* 3. 3. **b** **1317** si ~er advertitur qualiter Romana mater ecclesia, .. gerens ad filias materne compassionis affectum, illorum afficiatur angustiis *Reg. Carl.* II 157; **1437** ut .. reverendissimus pater .. intelligere queat quanta vobis dignatio sit ~er id exequi et implere quod .. BEKYNTON I 9.

gratare v. 1 & 2 cratare, gratari.

gratari [CL], **~are**

1 to rejoice; **b** (pr. ppl., w. *animus* or sim.).

si .. exterior .. saeculariter gloriatur frustra interior de pulchritudine propria inaniter ~atur ALDH. *VirgP* 49; dum genitor gaudens gratatur sospite nato *Id. VirgV* 1491; gratator [i. e. gratatur], gratulator [i. e. gratulatur], ~at, gratulat *GlC* G 167–8; *elecer* .. ~ari .. hillarescere *Gl. AN Ox.* 154v. **b** dona .. ~anti animo gaudentes suscepimus BONIF. *Ep.* 91; p**793** hec omnia ~anti animo suscipimus ALCUIN *Ep.* 292; gratanti subeunt et pectore portum FRITH. 339; hanc traditionem animo ~anti suscipiens GIR. *GE* I 42; **1300** personam eandem benevole et ~anti animo approbantes *Reg. Cant.* 716.

2 to give thanks.

effundens laudes, gratans hominique Deoque BONIF. *Carm.* 4. 10; quid videas dando, cui, quantum, qualia quando. / accipe gratando; quod vis dare, da properando GARL. *Mor. Scol.* 88 [*gl.*: quod debes accipere, id est cum gratiarum actione; melius accipetur quod datur absque mora].

gratarium, gratura [OF *grateor*, ME *gratour*], grater. *Cf.* 1 *cratare.*

1286 pro ligatura cujusdam gratuar' de coquina, iiij d. (*KRAc* 91/7) *Arch.* LXX 54; **1292** in una gratura et ij coclearibus ferreis *KRAc* 308/13 m. 4; gratarium, A. *a grate WW.*

gratbattus v. grabatus.

grate [CL], with joy or pleasure, thankfully; **b** (w. ref. to welcome of person). **c** graciously. **d** acceptably. **e** pleasingly.

verba tua quae .. ~issime accipio ANSELM (*Ep.* 49) III 162; nomine et pietate Mellitus domino .. in suffragatore suo Petro gratiarum favos ~issime mellificavit GOSC. *Mellitus* 39; AD. EYNS. *Visio* 18 (v. gratificus 2); vir .. quicquid uxor gratanter ingesserat, ~ius suscepit *Latin Stories* 87; quomodo ~e posset gratis data refundere R. BURY *Phil. prol.* 3. **b** non tamen hos sperni jussit lex sancta Tonantis, / sed grate accipere ALCUIN *WillV pref.* 22. **c** suscipe, Christe Deus, clemens haec omnia grate *Id. Carm.* 66. 14; ~ius .. acceptat Deus penitentiam peccatoris humilis et contriti P. BLOIS *Ep.* 50. 149B; ipse [sc. Deus] ~issime .. communicat bonum suum WYCL. *Dom. Div.* 225. **d** a**795** plurimi sunt in quorum corde exstinguitur [sc. caritas], ideo ~ius lucescit, ubi vel aliqua ejus flammula ardescit ALCUIN *Ep.* 39; unus voluntaria motus libertate, / alter preceptoria pulsus potestate; / quis horum .. agit magis grate? PECKHAM *Def. Mend.* 372. **e** cornicis faciem adequat lilio, / quam dicit gracius micare Cinthio WALT. WIMB. *Palpo* 142.

grates [CL]

1 thanks (rendered to): **a** (God); **b** (other). **c** (ellipt.).

a ut .. Christo ~es pro sanitate agat GILDAS *EB* 72; pro sospite vestra gratulabundus impendere ~es curavi ALDH. *VirgP* 1; *Carm. Aldh.* 1. 195 (v. dicere 5a); immensas .. Deo ~es .. persolvi ASSER *Alf.* 88; ~es egit archiepiscopus G. MON. VI 4; grates tibi, Christe, repends NECKAM *Poems* 3. 7 p. 454. **b** ~es multimodas tibi ago, rex regibus attavis edite G. MON. XII 6; **1202** vobis ~es scire debeamus (v. effortiare 3); **1216** de liberationibus vestris tantum vobis faciemus quod ad ~es nobis tenebimini *Pat* 17; **1341** ~es vobis referimus quas valemus, gratias exsolventes Altissimo (*Lit. Regis*) AD. MUR. *Chr.* 270 app.; *Pol. Poems* I 117 (v. cratis 5); ideo ~es sunt reddende homini et non gratie (WYCL. *Ente*) *Wycl. & Ox.* 135*n.*; malas ~es *Pri. Cold.* 54 (v. curialitas 1b); de bonis serviciis mihi impensis ~es vobis .. refero *Ps.*-ELMH. *Hen. V* 127. **c** grates tibi J. HOWD. *Ph.* 35.

2 (*malis* ~*ibus*) in despite.

de mendosis faucibus falsum protulisti, / malis tuis gratibus semper erant isti / veraces .. sectatores Christi PECKHAM *Def. Mend.* 219.

gratescere, to become pleasing.

lilium exterius albescit, interius aureo colore fulgescit, suavi odore ~it HON. *Spec. Eccl.* 977A.

gratia [CL]

1 favour shown to another, goodwill, favourable regard. **b** (w. *de* or *ex*) by or as a favour (not by right).

cum [juvenis] .. staret in presentia regis, invenit ~iam in conspectu ejus [cf. *Gen.* xxx 27] WULF. *Æthelwold* 7; nec .. mugitus caeli, nec .. jactus fulminum .. nocuerunt, favente ~ia elementorum ABBO *Edm.* 7; ~iam in oculis eorum invenit [cf. *Gen.* xviii 3] G. MON. VIII 14; **1164** multam ejus [i. e. pape] pro constantia vestra habetis ~iam J. SAL. *Ep.* 134 (136 p. 10); **1178** iracundia ejus mansuescit in ~iam P. BLOIS *Ep.* 48. 142A (v. decrudescere); exemplum de archiepiscopo dicente: "non vendo ecclesiam, sed ~iam meam ..". sed male rationem nominis attendebat .. qui ~iam gratis dandam, et ob hoc sic dictam, vendere volebat GIR. *GE* II 27; exilii anno septimo .. inchoato visus est eum rex recepisse in ~iam *Chr. Battle* 108v.; s**1327** ut pene simoniacam heresim, salva ~ia Romane curie, sapere videatur AD. MUR. *Chr.* 55; a ~ia .. regis BIRCHINGTON *Arch. Cant.* 14 (v. extraponere 1b); **1438** implorata .. apostolice sedis ~ia BEKYNTON I 2. **b** **1254** ei promisimus de ~ia quod castrum .. Elie reddemus *RGasc* I 336 (cf. *CalPat* 289); de ~ia et non de jure *Fleta* 198 (v. de 10a); **1271** aliquis secta non debetur ad molendinum .. Alani nisi aliquis ex ~ia ad molendinum molere velit *Cl* 350; **1334** levantibus feni in prato, .. ex ~ia, xij d. *Ac. Durh.* 117; si .. rex coronaretur ab alio archiepiscopo quam ab illo qui de antiquitus de pura ~ia, non de jure coronare consuevit, per hoc perderet .. titulum .. regalem? OCKHAM *Pol.* I 170; c**1350** ab .. incipientibus nichil nisi de ~ia exigant *StatOx* 68.

2 favour received, favourable treatment, a favour. **b** benefit, favourable circumstance.

GIR. *GE* II 27 (v. 1a supra); **12..** hortetur eos [i. e. foraneos mercatores] ut quisque gratis tantum civitatis clausture apponat quod ~iam a civitate recipiat (*Mun. Lond.*) *EHR* XVII 727; optatam benigne subventionis ~iam AD. MARSH *Ep.* 119; **1254** (v. exauditio b); ~ia indigetis et hanc ~iam faciemus vobis: nominetis .. personas idoneas et aliquam ex illis dabimus vobis GRAYSTANES 3; **1304** eximia ~iarum donaria, quibus regnum .. Anglie manus Altissimi .. stabilivit *FormOx* 6. **b** si .. non continue trucidarentur, quod altissimae ~iae stabat loco GILDAS *EB* 25; residui .. nunquam eam deinceps habuerunt ~iam ut diadema regni continue haberent G. MON. XII 5; alii exeuntes de nebula respirant in liberioris aure ~iam P. BLOIS *Ep.* 11. 35D; gratia fallax est inflata superbia; quippe / turgida si fuerit, gravis est tortura superbis M. RIEVAULX (*Vers.*) 27.

3 (w. ref. to person having authority) grace, permission; **b** (iron., w. pun on sense 9). **c** mercy, pardon.

~ia vestra, domine, Brionnam .. possideo ORD. VIT. VIII 13 p. 340; **1213** quod ematis .. grisium opus ad ~iam mercatorum .. navis *Cl* 144b; **1283** dicunt quod solebant habere unam vaccam pasturatam cum ovibus domini .. set Martinus .. dixit quod nunquam suo tempore habuerunt, sed quod fuit de ~ia cujusdam Gydonis, aliquando firmarius, si unquam habuerunt *Cust. Battle* 56; **1325** ex consuetudine et ~ia domini speciali .. habebit in marisco vj m. esch' per annum *CBaron* 143; **1389** nisi habeat ~iam de gracemanno *Guild. Cert.* 41/159 (v. gracemannus); **1422** optulit se daturum x li. .. super ~ia dictorum majoris et parium suorum *BB Wint.* 56; **1445** ex speciali ~ia prioris *Ac. Durh.* 629. **b** Waldewach ~ia Macometi imperator Turcorum GASCOIGNE *Loci* 10. **c** c**1285** preceptum est quod .. Ricardus petat ~iam de domino *CBaron* 105; s**1304** non audivit eos rex .. nisi sue ~ie et suorum judicio se .. supponerent W. GUISB. 357; s**1321** seipsos et castrum .. ~ie regis .. reddiderunt, sperantes clementie sinum sibi aperiri, quibus .. nec ~ia seu misericordia miseris favebat *Ib.* 199; **1345** cognovit se esse culpabilem .. et ponit se inde ad ~iam regis *SelCKB* VI 42; **1361** J. B. .. occasionatus .. venit et ponit se in ~ia domini *CourtR Carshalton* 16; s**1411** regis ~iam per suas literas .. proclamari obtinui; et tunc statum ante exilium .. refigurare incepi AD. USK 118; **1429** ponunt se in ~ia domini de transgressione predicta *CourtR Carshalton* 46.

4 (theol.) the grace of God, redeeming grace, the sovereign divine favour; **b** (w. ref. to baptism); **c** (conveyed through sacraments). **d** (~*ia praeventrix* or sim.) prevenient grace.

laudabam ~iam [Domini] GILDAS *EB* 1; **676** (12c) cum ~ia superna .. profusius enitesceret, coenobialia .. loca .. erigenda .. statuimus *CS* 43; gratuita Christi ~ia fretus ALDH. *VirgP* 10; BEDE *HE* IV 14 (v. caelestis 4b); **796** otiosa est lingua docentis si ~ia divina cor auditoris non inbuit ALCUIN *Ep.* 113 p. 164; virgo tu gratia plena, / per te conservet semper nos gratia Christi *Id. Carm.* 90. 1. 10; quid .. majus .. quam adipisci hominem cum ~ia quod habet angelus ex natura? ABBO *Edm.* 17; major est, Domine, ~ia tua quam culpa mea ANSELM (*Or.* 8) III 26; ~iam invoco Spiritus Sancti EADMER *V. Osw. prol.* 2; divinus ignis .. eos et illuminavit ad scientiam, et liquefecit ad ~iam, et induravit ad penam AILR. *Ed. Conf.* 748C; hujus [Dei] fidei merito [Abraham] accepit ~iam R. NIGER *Chr. I* 4; macula deformat animam et ~ia conformat ipsam HALES *Qu.* 884; philosophi .. habuerunt magnam ~iam gratis datam, sc. virtutes quas utinam nos .. Christiani haberemus. .. Plato, Aristotiles, et Avicenna .. Deum verum more suo coluerunt secundum ~iam eis datam BACON V 8; **1325** retribuat vobis Dominator celi et terre ~iam in presenti et gloriam in futuro *Lit. Cant.* I 164; [vitium ingratitudinis] .. est Deo odibile et contrarium ejus ~ie [ME: *his grace*] *AncrR* 70; de .. David .. et aliis, de quibus non dubium quin decesserant in ~ia CONWAY *Def. Mend.* 1417. **b** ad ~iam baptismatis (*V. Germani*) BEDE *HE* I 20; renova in me ~iam baptismi tui ANSELM (*Or.* 8) III 29; EADMER *HN* 113 (v. baptismus); BIRCHINGTON

Arch. Cant. 1 (v. baptisma a); R. BURY *Phil.* 15. 203 (v. gehenna b); BRADW. *CD* 387A (v. baptismalis). **c** queritur utrum penitencia que est virtus sit eadem cum ~ia sacramentali, que est res hujus sacramenti quod est penitencia. penitencia enim est unum septem sacramentorum, et habet rem suam, sc. ~iam sacramentalem, sicut baptismus HALES *Qu.* 994. **d** quidquid protodoctor Augustinus suique commanipulares evangelici in vinea et messe Domini profecere, salva praeventrice Christi ~ia, huic [sc. regi Æthelberto] debetur primo GOSC. *Transl. Aug.* 43A; sua preveniente ~ia *V. Chris. Marky.* 17; vincebat naturam ~ia, dum bona indoles accipiebat ~iam pro ~ia, superantem, preventricem, subsecutivam AD. EYNS. *Hug.* I 2 p. 10; quicquit habet meriti preventrix gracia donat (*Vers.*) *AncrR* 50 (cf. AMUND. I app. 420).

5 grace as the divine dispensation which, through Christ, superseded the Law (*cf. Rom.* vi 14–15); **b** (*anno ~ie* or sim., in date).

cum rudis antiquam praecellat gratia legem / Salvator clemens qua saecula cuncta beavit ALDH. *VirgV* 393; **956** per tempora legis naturae, litterae vel ~iae *CS* 935; trium temporum, sc. ante legem, sub lege, sub ~ia DICETO *Chr. pref.* 3; omnia .. que non sunt contra jus naturale indispensabile, nec contra legem divinam de necessitate salutis tempore ~ie observandam OCKHAM *Pol.* I 98; mundi cursum .. in tres aetates dividemus, nempe aetatem naturae, legis scriptae, et ~iae BEKINSAU 737. **b** R. NIGER *Chr. II* 178 (v. annus 2a); ecclesia .. dedicata fuit anno ~ie mccxlii *Conc. Scot.* I ccxcviii; completo hoc anno jam fluxerant de tempore ~ie viginti quinque quinquagena annorum M. PAR. *Maj.* III 191; GROS. 50 (v. disponere 2d); anno .. ~ie mcclxxii GRAYSTANES 11.

6 (*status ~ie*, w. ref. to pers.) state of grace, condition in which one enjoys the benefits of divine grace.

quod [Deus] nunquam Paulum talem existentem in statu ~ie et glorie posset adnichilare salva sua justicia LUTTERELL *Occam* 128; **1356** preter indulgencias quas omnibus in statu ~ie existentibus .. alias concessimus (*Reg. Exon.*) *Conc.* III 37b; **s1436** quod ipse [rex Jacobus] in statu ~ie .. tanquam martir defunctus est *Plusc.* XI 9; **1452** hominem .. post lapsum .. ad statum ~ie a quo decidit nullatenus ex se .. redire valentem (*Pat*) *Reg. Whet.* I 86.

7 grace as the power of God at work in the world, through the Holy Spirit, the Church, and the godly. **b** grace at work within the person.

juvante se ~ia catholicae veritatis BEDE *HE* II 1 p. 75; locus .. miraculi caelestis ~ia sacratus est *Ib.* IV 28 p. 277; **813** (17c) praesidente Christi ~ia *CS* 342; sicut .. cum gratiarum actione crescunt munera ~ie, ita .. *Canon G. Sempr.* 33; in quorum mentibus diffusa est septiformis ~ia Spiritus Sancti *Ib.* 43v.; **1213** ~ia Spiritus Sancti inspirante (*Ch. Regis*) WEND. II 74; **1302** divina inspirante ~ia *Reg. Cant.* 434; **1341** divina cooperanti ~ia (*Pat*) AVESB. 96b. **b** quantum discretionis et scientie, quantum virtutis et ~ie fons ei infuderit quem sitiebat vite, nullus de facili posset stilus evolvere AD. EYNS. *Hug.* I 2 p. 9; aliter est in peccato actuali, quia hoc est a libero arbitrio; ad hoc ergo quod convenienter dimittatur, oportet non tantum gratiam que est a Deo sed ~iam moventem liberum arbitrium ad dolendum de ipso HALES *Qu.* 996; liberum arbitrium est facultas rationis .. qua, ~ia assistente, eligitur bonum et qua, ~ia desistente, eligitur malum J. BLUND *An.* 401; non erit hoc laicis vicium set gracia magna GOWER *VC* VII 161.

8 attribute or power bestowed by God as a mark of grace. **b** power, ability.

praeclara virginitatis ~ia ALDH. *VirgP* 18; **a722** fratrem .. presbiteratus ~ia decoratum (EANGYTH) *Ep. Bonif.* 14; de prophetali ~ia quam ei Deus affuderat alias dictum est W. MALM. *GP* II 86; diversa esse munera ~iarum, nec omnes omnia consecutos .. didicimus AILR. *Ed. Conf.* 762B; quum [Simon magus] .. ~iam spiritus pecunie pretio emere vellet R. NIGER *Chr. I* 20; qui ~iam cantandi habent .. cantent. qui autem ~iam vocis non habent chorum vestiant *Obs. Barnwell* 92; electi non habebunt ~iam faciendi mirabilia, sicut habuerunt apostoli OCKHAM *Dial.* 491; beatus frater Walterus .. habuit specialem ~iam curandi homines a quartana *Mon. Francisc.* I 52. **b** ~iam mendicabat gradiendi a sancto *Mir. Wulfst.* I 33.

9 (*~ia Dei* in formula) divine favour or permission.

681 (12c) Æthelredus rex ~ia Dei *CS* 57; **838** per Dei omnipotentis ~iam *CS* 421; **935** (12c) (v. basileus b); **956** ego Eadwig ~ia Dei .. Brittanicae telluris rex *CS* 961; **c1070** (v. Deus 3b); Anselmus .. ~ia Dei archiepiscopus ANSELM (*Ep.* 182) IV 66; Turoldo, Dei ~ia monacho Beccensi *Id.* (*Ep.* 418) V 363; **1108** Henricus Dei ~ia rex Anglorum *GAS* 524; **1225** Alexander Dei ~ia rex Scottorum *Inchaffray* 46; **1231** J. Dei ~ia abbas Malmesburie *Reg. Malm.* II 52; **1296** Edwardus Dei ~ia rex Anglie (*Lit. Regis*) AVESB. 80b; **1405** Henricus Dei ~ia rex Anglie .. Thome eadem ~ia archiepiscopo Cant' *Lit. Cant.* I 1; **1462** Roberto Dei et apostolice sedis ~ia episcopo Dunblanensi *Inchaffray* 148.

10 (as form of address): **a** (of pope); **b** (other).

a J. CORNW. *Eul.* 21 (v. destinare 2c). **b** status vestri prosperitatem quam mihi vestra ~ia signare voluistis (*Abbati S. Andreae Vercellis*) AD. MARSH *Ep.* 88; mitto vobis .. tractatum Ricardi .. corrigendum .. secundum quod mihi vestri ~ia viva voce dixistis (*Fratri W., ministro Anglie*) *Ib.* 199.

11 a privilege, license. **b** pension.

a 1259 Willelmus .. solvit .. dim. m. auri .. pro quodam brevi de ~ia *Cl* 379; **1265** rex concessit Jordano .. ~iam ad ipsum regem pertinentem de abbacia Montis S. Michaelis vacante *Cl* 128; **1267** rex concessit Waltero .. quod cancellarius .. assignet Waltero .. primam ~iam ad regem spectantem ratione vacationis alicujus archiepiscopatus *Cl* 481. **b 1321** contulit electus domino Radulpho de M. canonico Londonensi c solidorum pensionem de camera sua, quod vocatur ~ia regis WHITTLESEY 133.

12 papal grace, dispensation (for which payment was exacted); **b** (w. *litterae*).

1250 *RL* II 60 (v. contributio b); **1257** ut .. exactiones quas ~ias vocant, a .. papa .. regi concesse .. cessent *Conc. Syn.* 533; **1257** obvenciones provenientes ex decima ecclesiasticorum proventuum et de fructibus beneficiorum vacancium .. et ex quibuscunque aliis ~iis apostolicis .. regi concessis *Pat* 71 m. 6; **1265** ut in .. ecclesia de H., inspecta ~ia nobis facta per sedem apostolicam de eadem, ordinetis .. prebendas .. concedimus facultatem *Ann. Durh.* 163; **s1317** papa intravit Avinonam .. ubi fecit in forma pauperum tres ~ias successive et alias speciales ~ias infinitas AD. MUR. *Chr.* 25; **s1322** papa fecit ~iam in forma communi generalem pro pauperibus *Ib.* 37; adeptus est ab eo [i. e. summo pontifice] trescentas ~ias et septem pro clericis promovendis *Hist. Durh.* 127; **1389** etc. (v. exspectativus); tot et tante fiunt [sc. in curia Romana] etiam exorbitantes ~ie PAUL. ANGL. *ASP* 1533; **s1412** generalis .. mansit .. in Anglia .. distribuens ~ias suas et colligens pecunias *Eul. Hist. Cont.* III 420. **b 1304** dantes eidem potestatem .. litteras ~ie et communis justicie [in Romana curia] impetrandi *Reg. Cant.* II 670; stylus curie habet, quod scribitur in literis ~ie, sc. 'sibi dictos canonicatum et prebendam assignantes, etc.', tanquam essent diversa PAUL. ANGL. *ASP* 1531.

13 (acad.) dispensation.

1253 salva cancellario .. potestate ~iam hujusmodi defectum patientibus faciendi *StatOx* 49; **1312** statutum est .. quod nullus possit in sacra pagina magistrari nisi .. a cancellario .. ~iam obtineret *Collect. Ox.* II 225; **c1425** (v. conscientia 2c); **1438** quam lecturam [sc. *in moral philosophy*] sic factam ad incipiendum in sacra theologia pro ~ia de non regendo in artibus dicta universitas duxit de cetero acceptandam *Reg. Cant.* III 276; **1452** concessa erat ~ia omnibus regentibus, quod liceat cuilibet eorum scribere literas regraciatorias .. *MunAcOx* 735.

14 (period of) grace, postponement.

apud forinsecos janitores biduanam forte ~iam aliquis multiplici obsequio merebitur, sed usque in diem tertium non durabit P. BLOIS *Ep* 14. 50B; **1227** quatinus adhuc de consuetudine illa .. ~iam facere velitis, saltem .. usque in unum annum plene completum *Pat* 149; *State Tri. Ed. I* 19 (v. 1 dies 11a).

15 gift, grant. **b** prize, favour (in tournament). **c** (?) discount, bonus.

841 (11c) ego Berhtuulf .. hanc meam libertatis ~iam consigno *CS* 433; **1260** consuevimus singulis annis pauperibus religiosis ~iam facere de allece in quadragesima *Cl* 238; monachi .. in manerio de F. commorantes si aliquam ~iam piscium .. forte habuerint, unam solam simplicem pitanciam piscium non excedant *Ac. Beaulieu* 316; **1297** cum ipse non receperit gagia sua de festo B. Michaelis pro se et sociis suis usque ad hodiernum diem petit quod .. fiat sibi aliqua ~ia de blado *RGasc* III app. cxci; **1300** largicionibus vero per obedienciarios claustralibus collatis, quas quidem ~ias vocant claustrales, pro suis necessitatibus de licencia .. prioris .. utuntur *Vis. Ely* 8; **1335** de speciebus conventus hoc anno que vocantur ~ie, ix s. vj d. *Sacr. Ely* II 70. **b s1343** comes W. tam intus quam extra ~iam reportavit AD. MUR. *Chr.* 146; **s1344** rex .. tenuit hastiludia contra omnes ab extrinseco venientes; et idem dominus .. inter intrinsecos ~ias reportavit *Ib.* 155. **c c1303** m ferri de Hispannia sine ~ia que datur vendentibus, [dabit] iiij d. *EEC* 160 (cf. ib. 162: de simea, dim. marca. ballivus potest inde remittere et facere ~iam).

16 (usu. pl.) thanks, gratitude; **b** (w. *actio*). **c** (interj.) *Deo ~ias!*

toto corde Trinitati ~ias egit GILDAS *EB* 73; ~ias tibi ago, Christe! ALDH. *VirgP* 27; ~ias agentes BEDE *HE* IV 19; ~ias referens fratribus LANFR. *Const.* 170; DOMINIC *V. Ecgwini* I 9 (v. exsolvere 2d); **1164** si placet, .. comiti .. ~ias referatis J. SAL. *Ep.* 134 (136); ~ias .. Deo retulit quod .. GIR. *TH* II 19; Christiani ~ias Deo .. dederunt *VSH* I 12 (*Abban* 13); **1341** (v. grates 1b). **b** tibi laus .. tibi ~iarum actio ALCUIN *Carm.* 85. 3. 16; *GlC* E 341 (v. eucharistia 1); †**948** (12c) Deo .. ~iarum rependere actiones *CS* 860; sit illi ~iarum actio ANSELM (*Ep.* 13) III 118; ad perennes .. consurgunt ~iarum actiones AD. MARSH *Ep.* 88; **1302** ad gracciarum acciones (v. exuber); **1319** quod cum ~iarum accionibus recordamur, manum vestram .. invenimus adjutricem *FormOx* 54; **1420** humillimas ~iarum acciones .. exsolvimus *Ib.* III 139. **c 957** (14c) quousque Christus .. hiis humaniter, Deo ~ias, subvenit *CS* 995; *Ps.*-GROS. *Gram.* 60 (v. gemitus a).

17 prayer of thanksgiving before or after meal, grace.

BEDE *HE* II 12 etc. (v. actio 2c); **1234** nulli .. licet post ~ias iterum in refectorium redire (*Vis. Bury*) *EHR* XXVII 732; ad ~ias post refectionem vel cenam conventus *Cust. Westm.* 15; super mensam dabit benedictionem et ~ias post refectionem *Obs. Barnwell* 160; **c1340** (v. 2 dicere 5a); **14..** stabit post prandium dum ~ie Deo agantur *Stat. Linc.* I 381; **1509** (v. actio 2c); ~ias Deo agere, *saye grace* WHITTINGTON *Vulg.* 125.

18 winning quality, charm, attractiveness.

delectabatur antistes prudentia verborum juvenis, ~ia venusti vultus, alacritate actionis .. BEDE *HE* V 19 p. 324; **800** rosa inter spinas nata .. coloris inconparabilis ~iam habere dinoscitur ALCUIN *Ep.* 207; fratres suos aetate, quamvis non ~ia, seniores anticipans ASSER *Alf.* 23; Arturus .. in quo tantam ~iam innata bonitas prestiterat ut a cunctis .. amaretur G. MON. IX 1; ~ia sine fuco ALB. LOND. *DG* 11. 2 (v. 19 infra); J. SAL. *Met.* 854B (v. diacrisis).

19 (pl., CL) the Graces, representing charm and beauty.

tanti decoris et gratie ut nichil tale in suis nimphis et ~iis fingere possent poete GOSC. *Transl. Mild.* 22 p. 186; J. SAL. *Pol.* 488B (v. effigiare 1a); tres .. ~ie, que Charitates dicuntur, unius pulchritudinis, .. que nude pinguntur, quia gracia sine fuco, id est non simulata et ficta, sed pura et sincera esse debet ALB. LOND. *DG* 11. 2; nate sunt etiam ~ie filie Veneris et Liberi: Pasithea, Aglaia, Euphrosyne *Natura Deorum* 21.

20 (abl. as prep. w. gen.): **a** in favour of, for the sake of (person); **b** for the sake or purpose of; **c** (w. gd. or gdv.); **d** (w. *exempli* or *verbi*) for example; **e** (w. *verbi*) that is, *id est*. **f** because of, thanks to. *Cf. causa* 3.

a mox eadem, quae nostri ~ia modicum siluerat, tempestas rediit BEDE *HE* V 1 p. 282; hominem .. cujus ~ia de ceteris disseruimus GIR. *TH* III *pref.* p. 138. **b** viri religiosi .. Hierosolimam Paschalis festivitatis ~ia confluxerant BEDE *Hom.* II 17. 193; **786** turpis lucri ~ia *Ep. Alcuin.* 3 p. 21; orationes multas .. in .. libro congregatas in sinu .. orationis ~ia .. circumducebat ASSER *Alf.* 24; visitationis ~ia ecclesie sue maneria frequenter adiit *Chr. Battle* 103v. **c** quae in pirrichio explanandarum rerum ~ia praetulimus ALDH. *PR* 115; Eanfridum .. ad se postulandae pacis ~ia venientem BEDE *HE* III 1; cum .. orandi ~ia ecclesiam intrasset ASSER *Alf.* 97; **a1088** ~ia vitandi scandali LANFR. *Ep.* 55 (55); ad eum visitandi ~ia veniebant ORD. VIT. VII 16 p. 244; convenit .. sanitatis adipiscende ~ia .. multitudo *Chr. Battle* 102. **d** quam tantopere exempli ~ia protelaveram ALDH. *Met.* 4 p. 74; verbi ~ia polus: 'po' arsis est, 'lus' thesis *Id. PR* 112 p. 150; ADEL. *Alch.* 18 (v. differentia 5c); de quodam homine, verbi ~ia de Paulo ANSELM (*Incarn. A* 4) I 283; duplex est genus rerum .. verbi ~ia, substantia corporis celi habet esse permanens .. GROS. *Cess. Leg.* I 10 p. 64; **e 811** archiepiscopus cum coepiscopis illius duobus, verbi ~ia Deneberht Huuicciorum episcopus, Aeðeluulf episcopus australium Saxonum *CS* 335. **f** abluebam pedem ejus qui ~ia diutini tumoris jam tunc ulcus habebat BEDE *CuthbP* 37 p. 274.

21 (*ob ~iam* w. gen.) for the sake of. *Cf. causa* 4d.

ob evangelizandi ~iam .. Fresiam ALCUIN *WillP* 20; GIR. *TH* I 12 (v. calefactio a).

22 (*~ia Dei*, med.) an ointment.

~ia Dei facit ad omnes languores podagre, arthetice [etc.] .. mutos loqui facit; in una portione vel duabus videas ~iam Dei si se abstineat a venere .. et vino rubeo .. et piscibus et ira et mala voluntate GILB. II 120. 1; **1322** ~ia Dei iiij li., .. galbanum .. (*KRAc* 379/3) *Cal. Scot.* III 142.

23 (*~ia Dei*, bot.): **a** (*major*) (?) devil's bit scabious (*Scabiosa succisa*); **b** (*minor*) herb Robert (*Geranium dissectum*).

a ~ia Dei similis est ypericon in foliis, sed major; quidam dicunt quod est .. morsus diaboli *SB* 23; ~ia Dei major et minor; major habet stipitem cum sex angulis et .. folia ad modum canabi et valet contra quartanam. .. minor habet stipitem quadratum et rubeum, crescit in locis aquosis *Alph.* 72. **b** ~ia Dei minor *Invent. Med.* 74; *Alph.* 72 (v. 23a supra).

24 (in place name, *~ia Dei*) Grace Dieu, Cistercian abbey (Monm).

s1226 Johannes de Munemute construxit quandam abbatiam de ordine Cisterciensi in Wallia quam ~iam Dei nominavit *Ann. Wav.* 302; **1230** abbas de ~ia Dei *Pipe* 218; **1240** faciat habere abbati de ~ia Dei iiij quercus *Cl* 185.

gratialiter [LL], as an act of grace or (?) *f. l.*

c**1311** dantes eidem .. potestates .. et constitucionem principalem reassumendi .. et ~er [? l. generaliter] omnia alia et singula faciendi que per verum procuratorum fieri poterunt *Collect. Ox.* II 247.

gratianus

1 (facet.) favour-seeking, ingratiating.

unde et vere Gratianus, sicut nomine ~us et re, qui omnimodis studebat gratiam regis et pacem ecclesie H. Bos. *Thom.* IV 28.

2 tenant under special grace or permission.

cum [abbas] apud Brentmareys xxxij rusticos dictos ~os, hoc est quasi liberos per promissionem et amicorum procurationem invenisset, xvj aut plures ad debitam servitutem redegit, ceteris pre amicorum potentia inpotens dominari Domerh. *Glast.* 506 (cf. J. Glast. 114 p. 214).

gratiare, ~iari, to thank.

quod ~iant omnes misericorditer te, karissimum dominum suum, super dono quod forisfactis hominibus concessisti .. quod perdonatur omnibus forisfactum .. de .. furto (*Quad.*) *GAS* 170; et eum ~iemus [v. l. ~iemur; AS: *geþancedon*] pro labore suo de communi pecunia nostra (*Ib.*) *Ib.* 178; ~ior .. Deo, cujus in te sationis semina .. conspicio germinare *Chr. Rams.* 32.

gratiatus, endowed w. grace, kindly, or (?) *f.l.*

nulla lenis gratiatissima [? l. gratiosissima] pietatis cura, non eis ulla intersunt mansuetudinis viscera Byrht. *HR* 3 p. 7.

graticula v. craticula.

gratificabilis, (theol.) able to receive grace.

si .. perficeret essentiam anime, .. actus intellectus .. posset esse ~is et meritorius Duns *Sent.* II 26. 1. 6; monstruose sapiunt qui ponunt graciam hujusmodi rem tante substancie quod poterit per se esse; quia idem esset hoc ponere et ponere quod creatura ~is aliquando non sit, cum hoc tamen quod tunc sit grata accidentaliter Deo; hoc enim est gracia subjectiva Wycl. *Dom. Div.* 239.

gratificari [CL], **~are** [LL]

1 to show kindness, oblige (person); **b** (w. dat. of recipient).

hi suscepto argento .. discedunt .. ~ati mercede Gosc. *Edith* 274; ~o, ~as, unde gratificatus .. et hec gratificatio Osb. Glouc. *Deriv.* 253; s**1304** quos .. condignos muneribus ~ans .. letos dimisit *Flor. Hist.* III 121; s**1385** burgenses .. duci certam summam pecunie dari constituerunt ut ex hoc gentes sua ~are poterat *Plusc.* X 6. **b** **1588** ut unusquisque ad gradum baccalaurei .. promovendus .. vicecancellario .. chyrothecis .. ~etur *StatOx* 440.

2 (theol.) to bestow grace (upon); **b** (w. *gratia*; *cf. Eph.* i 6).

Dominus .. in singulis etatum gradibus ~avit et glorificavit eum Ad. Eyns. *Hug.* IV 3 p. 12; nec homo vel angelus [potest] ~ari a Deo nisi mediante gracia Wycl. *Dom. Div.* 240. **b** ad statum philosophorum, qui cum fuerint sine gratia ~ante que facit hominem dignum vita eterna, .. tamen .. vita eorum fuit melior .. in omni vite honestate Bacon *CSPhil.* 401; quilibet existens in gracia ~ante [vv. ll. gratiante, gratum faciente] (Wycl.) *Ziz.* 247; Simon graciam non emere voluit ~antem seu justificantem .. sed potestatem sacerdotalem Paul. Angl. *ASP* 1543.

3 to render pleasant or acceptable.

hymni laudisoni aera ~ant Gosc. *V. Iv.* 88B; divinis concentibus aera ~antes *Chr. Rams.* 87; benignitatem animi muneris celeritate monstrabat, et vultus hilaritate donum ~abat Serlo Gram. *Mon. Font.* 126; fontium .. calidorum in ea [i. e. Tuscia] scaturentium affluentia ipsam ~at et sublimat Bart. Angl. XV 165; pueri quos innocencia / Deo gratificat et castimonia Walt. Wimb. *Palpo* 162.

4 to approve, confirm, ratify.

1278 unum de .. viris nominatis acceptare, ~are, sive approbare infra ij dies a die nominationis *Conc.* II 32a; s**1278** episcopus Londoniensis .. bis convocavit episcopos .. ad tractandum de communibus negotiis .. et bis ~avit officialem sibi nominatum per priorem .. Cantuariensem *Flor. Hist.* III 52; noscunt .. quod privilegia ipsa erant procurata mediantibus peccatis mortalibus .. et pro usu ipsorum. cum ergo illis utuntur, ~ant procuracionem iniquam, sicut quis manducans de rapina aut furto obtento pro usu ipsius ~aret manducando ipsam rapinam aut furtum Ric. Armagh *Def. Cur.* 1404 (*recte* 1304); rex que monasterium struit hoc .. / .. / hoc confirmavit, signavit, gratificavit (*Vers.*) Elmh. *Cant.* 91; **1439** compromissum in vos factum et omnia in ea contenta rata habeo et grata, et ea approbo et ~o (*Vis.*) *Stat. Linc.* II 434.

gratificatio [CL]

1 the act of being obliging.

Osb. Glouc. *Deriv.* 253 (v. gratificari 1a).

2 (theol.) sanctification through grace.

hoc autem est primum donum Spiritus Sancti, amor gratuitus, quod dicitur uno modo ~o, alio modo amor gratuitus, tertio modo justificatio. sed propter aliam rationem dicitur justificatio, propter aliam infusio amoris gratuiti, gratia vel ~o. gratia vel ~o dicitur quia .. 'non ex operibus justitie ..' [*Titus* iii 5] Hales *Qu.* 1017; qualiter .. caritas requiratur, non tantum propter ~onem actus sed propter aliquem gradum perfeccionis intrinsecum actui Duns *Ord.* II 106; hec preparacio .. si juvat est .. laudabilis et meritoria et aliqua causa ~onis Bradw. *CD* 316B; quoniam .. per ~onem illam continue ab eis retentam remanent in peccato .. ac si ipsi tunc .. procurarunt Ric. Armagh *Def. Cur.* 1404 (*recte* 1304).

3 approval, confirmation.

1370 si contingat duos eligi pares voces habentes, in ~one sit episcopi .. qui prefici debeat in custodem (*Stat. Collegii de Russcheworth*) *Lit. Cant.* II 500.

gratificative, (?) pleasingly (rhet.).

interdum loquantur †larcheretice [? l. eucharitice], id est ~e, gemant trenetice, i. e. lamentatorie, canant apostolice, i. e. suasorie Garl. *Dict.* 133.

gratifice [LL]

1 gladly. **b** agreeably.

archiepiscopus .. regem .. ad mensam suam invitat; qui ~e obaudit Folc. *V. J. Bev.* 9. **b** nunquam .. inventus est [piscis] tante magnitudinis .. qui distributus largiflue et domesticis et advenis suffecit ~e Dominic *V. Ecgwini* I 21.

2 (theol.) w. divine grace.

Ad. Marsh *Ep.* 81 (v. glorifice 2); sicut essencia divina unitur anime benefice per unum accidens, viz. per gloriam summam, in patria, et eadem essencia unitur anime ~e per unum accidens, viz. per gratiam, in via (Tyss.) *Ziz.* 159.

gratificus [LL]

1 pleasing, acceptable. **b** (of person) kind, obliging.

vidit .. se in camera .. materia, arte, et odore ~a *V. Chris. Marky.* 69; eucharis, gratiosus, ~us Osb. Glouc. *Deriv.* 193; est .. expediens populis de principum .. ~a maturitate habita .. informari Elmh. *Metr. Hen. V prol.* 79; dato fratribus .. donario satis ~o ab eis recessit Capgr. *Hen.* 101. **b** elige quemcumque mage gratificum tibi cernis, / et tempus dabitur quo mala facta luas Elmh. *Metr. Hen. V* 1262.

2 (theol.) bestowing grace.

ad solum genibus demisse, grata grate ~o suo immortali sponso .. thura libant orationum Ad. Eyns. *Visio* 18; Gros. *Ep.* 128 (v. deificatio); Uhtred *Medit.* 201 (v. facialis b); nomen .. Saxonicum [Fritonas] in nomen ~um [Deusdedit] est conversum Elmh. *Cant.* 192.

gratiola, a little grace.

gratus .. unde hec ~a Osb. Glouc. *Deriv.* 253.

gratiose [CL = *out of partiality*]

1 pleasingly, acceptably.

reor quod quanto res hec minus olim nostratibus patuit, tanto .. pro transactis reatibus .. dolentibus ~ius placebit Ord. Vit. IV 15 p. 268; primo ab archipresule sermone facto, deinde ab archidiacono M. .. verbo Domini ~e probato allecta est multitudo Gir. *IK* I 11; his omnibus .. aliquantis ~e temporibus et valde efficaciter exactis *Id. David* 7 p. 398; Favent 19 (v. excitatio 3a).

2 kindly, favourably. **b** mercifully. **c** as an act of special grace or favour.

a quibus ~issime salutatus, videbat .. Osb. *V. Dunst.* 23 p. 96; Ecgwinus .. ad ejus [i. e. pontificis Romani] .. consilium frequenter acciebatur et ~e audiebatur Dominic *V. Ecgwini* I 7; his .. auditis et ab omnibus ~e nulloque aperte contradicente .. receptis *G. Steph.* I 2; supplicamus .. ut in cathalogo sanctorum eum annumerare et .. canonizare dignemimi ~e *Canon. G. Sempr.* 126v.; **1279** propter .. servicium .. quod .. nobis semper impendit, tenemur ipsum prosequi ~e *RGasc* II 98; **1316** omnia arreragia .. ~e remisit *Kelso* I 191; **1330** ~e concessimus eis .. quod .. habeant .. mercatum *PQW* 623a; ne conturbem hanc .. comitivam que me .. laboribus honorat ~e supportando (Kyn.) *Ziz.* 43; **1421** nos annui census ponderibus .. modo tamen per vestram industriam ~e moderatis .. colla submittimus Amund. I 85; **1471** prepositus .. terram .. de quodam annuo redditu .. ~e exoneravit *Scot. Grey Friars* II 221. **b** cum regi super facti veritate certioretur, ~e dispensabit cum tali *Fleta* 34; s**1312** Petrus [Gaveston] .. rogavit ut suis lasso corpori mentique .. vexate .. quietem concederet ~e *Flor. Hist.* III 151; s**1387** sunt puniendi .. pena capitis si rex eis ~e non indulgeat *Eul. Hist. Cont.* 362. **c** a**1350** solent .. regentes .. ~e cum personis aliquibus certis ex causis contra statuta aliquociens dispensare *StatOx* 18; s**1399** ducem cum dominio de Usk .. ~e pacificavit Ad. Usk 25; **1409** in .. remissionibus per .. gubernatorem ~e factis .. consanguineis domini quondam episcopi *ExchScot* 99; **1569** cum .. artium magistri gaudere soleant biennio suae necessariae regentiae, .. videantur sine sua culpa beneficio .. excludi et privari, cum interim ij annorum videantur onus subisse, nisi ~e per convocationem provideatur eisdem *StatOx* 399.

3 (theol.) by grace. **b** by God's grace, fortunately.

~e acquirunt .. divine dileccionis .. dulcedinem quod eis terrena non sapiant *Spec. Incl.* 1. 3; **1331** quod illa que ~e per vos inchoantur .. finem laudabiliter .. sortientur *Lit. Cant.* I 414; Wycl. *Dom. Div.* 218 (v. egentia); ad Christiane fidei religionem per sacros .. doctores ~e innormate Ciren. *prol.* I 43. **b** s**1349** Anglici .. facto impetu contra hostes ~e prevaluerunt Ad. Mur. *Cont. A* 179; Willielmus .. multum excogitavit de eventu suo in Angliam, .. quam ~e tantum dominium nutu divino adeptus est *Eul. Hist.* III 39; s**1400** rex ~e prenoscens prestructos dolos de loco recessit Wals. *HA* II 243.

gratiositas [LL = *pleasing quality*], graciousness, condescension.

mittebatur .. ad curias sedens asinum, .. risus diversis quo adveniebat, servitiorum quidem ~ate, quia metuebat seculo irretiri nec equitare jam volebat, asinando serviens domino sine cujus permissu discedere nolebat G. Crispin *Herl.* 16; gratiosus, i. gratia vel gratitudine plenus .. et hec ~as Osb. Glouc. *Deriv.* 253, 261; *gracious*, gratiosus, grasiositas *CathA*.

gratiosus [CL]

1 charming, delightful, beautiful. **b** (w. ref. to speech) elegant. **c** (?) splendid. **d** successful, fortunate, favoured.

videbatur vultuque et verbis atque moribus ~ior Asser *Alf.* 19; abbatissae quam ob ~am sinceritatem Charamgratiam patres appellavere Gosc. *Transl. Aug.* 29A; smaragdorum, in quorum viriditate sol repercussus oculos astantium ~a luce animaret W. Malm. *GR* II 135; Venus ~a est aspectu Neckam *NR* II 173; S. Sim. *Itin.* 59 (v. elephas a). **b** inerat ei ad intelligendum quamlibet rem .. ingenii subtilitas, .. ad proferendum ~a verborum facilitas Turgot *Marg.* 3; ~os .. archidiaconi M. .. sermones Gir. *IK* II 12. **c** **1394** pro ~a expeditione .. regis [versus partes Hibernie] et sui exercitus processiones solempnes .. faciatis *Lit. Cant.* III 30; propter ~am expedicionem regis Elmh. *Metr. Hen. V* p. 164 (v. 2 grossus 28a); **1457** super ~a expeditione habita contra Turcos *Reg. Whet.* I 268 (cf. ib. 269: totum processum illius gloriose ~eque expeditionis); s**1459** expeditio ~a et grandis habita in custodia equoris per .. comitem Warwyci, de Hispanis et Jannensibus *Ib.* 330. **d** erat tam in aucupatione quam in venatorio exercitio ~us (*Pass. S. Edm.*) M. Par. *Maj.* I 394.

2 pleasing, acceptable. **b** obliging, accommodating.

ut .. habeas unde Conditori tuo .. ~us .. existas Alex. Cant. *Dicta* 5 p. 134; cum .. singulorum conscientie singulis pateant, fateri audeo ea quoque cunctis patere pro quorum curatione tu Deo .. ~us existes Eadmer *Beat.* 8; **1175** ut .. vulnera sanarentur relictis .. cicatricibus et ~a mutatione cutis que adhuc perseverant ad vere liberationis indicium J. Sal. *Ep.* 323; venit ad suscipiendam paupertatem hominibus odiosam ut eam nobis redderet ~am Holcot *Wisd.* 83; hac ~a oblatione admissa *G. Hen. V* 8. **b** **1416** volo quod executores mei reddant se ~os penes debitores meos .. si invenerint eos in non solvendo inopia respersos *Reg. Cant.* II 104.

3 (theol.) giving grace. **b** given by grace. **c** (of person) full of grace, in a state of grace.

non .. minus ~us est Deus illi quem propter meritum de congruo justificat sine sacramento quam illi quem sine omni merito proprio justificat in suscepcione sacramenti Duns *Ord.* I 34. **b** ex aptitudine medici ~a .. natura jam deficiens convalescit P. Blois *Ep.* 43. 128A; ~um foret, et nostras longe vires excedens, veritatem in singulis non supprimere et in nullo tamen principis animum non exasperare Gir. *EH* I 46. **c** docente eum interius Spiritus Sancti unctione, proficiebat in dies puer ~us, Deo carus et hominibus Ad. Eyns. *Hug.* I 2 p. 8; **1504** ut post hujus vite decursum ad te, qui via, veritas, et vita es, ~us valeat pervenire *StatOx* 313.

4 kindly, gracious. **b** condescending.

1450 rex .. omnia .. ex sua liberalitate ~a concessit *APScot* II 38; Grecia est .. circa incolas pacifica, circa domesticos quieta, vicinis benignis ~a *Plusc.* VII 14. **b** literas .. quas .. veluti .. prepotens mittere solebat adeo ~is hujusmodi divine indulgentie verbis onerare seu verius honorare consueverat Gir. *IK* I 2.

5 of or concerning papal dispensation or indulgence.

1300 ut personis literarum studiis insistentibus .. favores ~os .. impendamus (*Lit. Papae*) *MunAcOx* 78; **1352** literis apostolicis, quarum una ~a cum filo serico sic incipit .. et alia executoria cum filo canapis (*Reg. Cant.*) *Conc.* III 22a; **1537** (v. chordula 4h).

6 concerning an (academic) dispensation.

1325 (v. articulus 3a).

7 grateful.

convaluit .. homo .. et patris tumbe ~us sese presentans .. hec omnia retulit Eadmer *Mir. Anselmi* 159; veni gratias

agere quo adverteres .. quam ~us pro hoc .. jure debeas Deo existere *Id. V. Osw.* 24; ei se qui sibi furis abstulit opprobrium .. ~us exhibuit W. Cant. *Mir. Thom.* V 1.

gratis [CL *abl. pl. of* gratia]

1 without payment, free of charge. **b** (sts. w. ref. to *Matth.* x 8) freely. **c** lavishly. **d** for nothing, to no purpose.

loculos nummi calcant ut tetra venena, / omnia donantes gratis pro stirpe superna Aldh. *VirgV* 1094; si potare velis, nummos praestare debebis; / discere si cupias, gratis quod quaeris habebis Alcuin *Carm.* 111. 9; omnes benedictiones .. dari ~is deberent Ælf. *Ep.* 2a. 15; non ab eis pretium pro tali posco labore, / sed refero gratis, fratrum contentus amore (*Vers.*) Ord. Vit. XI *prol.* p. 159; **12..** (v. gratia 2a). **b** postquam summi voluit regnator Olimphi / virginis intactae thalamos invisere gratis Frith. 13; quod ~is accepi, ~is volui petentibus impendere Anselm (*Praesc.* 14) II 288; patrui mei Malgerius .. et Guillelmus, cui Archas .. ~is dederam Ord. Vit. VII 15 p. 232; tibi gratias ago, summe Rex, qui me ~is fecisti *Ib.* XIII 45 p. 133; dicitur gratia quasi ~is data J. Sal. *Ep.* 148; Gir. *GE* II 27 (v. gratia 1a); *Chr. Battle* 25 (v. caritative); R. Bury *Phil. prol.* 3 (v. grate a); *frely*, ~is, gratuite, sponte *CathA*. **c** occiput effuso gratis pinguescit olivo / candiduli primum renitent ornacula lini Frith. 347. **d** complicibus suis patrios jam ~is fundos concesserat, plurima quoque patrimoniis eorum augmenta nequicquam promiserat Ord. Vit. V 10 p. 381.

2 of one's own accord, voluntarily; *cf. malegratis*. **b** (in phr. *~is et ingratis*) (?) rendered freely or under compulsion; *v. et. gratus* 7. **c** deliberately, intentionally.

matris ad eximiae gremium concurrere gratis / elegi Frith. 1165; qui ad ecclesiam confugiet pro .. culpa .. et eam in nomine Domini ~is confitebitur (*Quad.*) *GAS* 53; civis .. si .. ad *husting* sine invitatione placitandi venerit non habet ibi .. de qualibet querela respondere nisi ~is voluerit (*Libert. Lond.*) *Ib.* 674; in tantam amicitiam Romanorum inciderat ut, cum posset tributum eorum retinere, ~is impendebat G. Mon. IV 11; papa omnes .. anathematizavit qui crucem Domini ~is acceperant et, itinere non perfecto, remeaverant Ord. Vit. X 20 p. 118; non solum in naturalibus, sed in his que sumunt inclinationem, ex natura et ~is sequuntur celestem dispositionem Bacon *Maj.* I 110; nisi [clericus] privilegium omittens in .. duellum se ~is posuerit *Fleta* 44; **1279** Robertus .. ~is suspendit se. nullus alius inde malecreditur. judicium, felonia de se *AssizeR Northumb* 348; cum allegaretur pro episcopo quod .. prioratui sponte renunciaverat, respondit papa quod nullus prioratum agnoscens renunciaret ~is Graystanes 25. **b** in Salfluet accipit Hugo serviens consuetudinem navium .. ~is et ingratis *DB* I 375vb (*Lincs*). **c** protraxi hanc partem tertiam philosophie moralis ~is propter .. utilitatem sententiarum moralium Bacon *Maj.* II 366; *Id. Gram. Gk.* 68 (v. 2 grossus 27b).

3 gratuitously, without good or sufficient reason.

~is, sine causa *GlC* G 165; **1167** nunquid vobis visus est cardinalis .. in prima salutatione inurendus et ~is exacerbandus ..? J. Sal. *Ep.* 220 (227); naves .. absconderunt ne posset sanctus transfretare ad insulam suam: ~is enim .. sanctum .. oderunt *VSH* (*Declan* 28) II 52; **1289** de Johanne D., quia ~is dat theolonium .. in mercatis contra libertatem civitatis *Leet Norw.* 29.

4 (?) *f. l.*

homo qui de curia sit regis .. in domo alicujus civis Lund' .. nisi gratis [? l. gratia] hospitis hospitari non debet (*Libert. Lond.*) *GAS* 673.

gratitudo

1 gratitude, thankfulness.

non nihil est .. nec laude .. indignum vel ~ine ex magnis voluminibus .. que saniorem redolent sensum .. in unum colligere Gir. *GE proem.* p. 6; *Chr. Rams.* 139 (v. dispensator 1a); **1243** sic de vestris elemosinis tales Christi pauperes sustentati .. qua .. ~inis exhibicione vobis se prestent obnoxios? (*Lit. Imp. Fred.*) W. Guisb. 180; **1339** qui sponte racioni subjicimur, aliam datam nobis intelligi veritatem cum .. humili ~ine complectemur (*Lit. Regis*) Ad. Mur. *Chr.* 99; objurgant ut quod tam sponte .. diceret discipulos mendicasse hospitium, quod eis debeatur jure ~inis naturalis Netter *DAF* I 493.

2 goodwill, kindness; **b** (as form of address). **c** (theol.) grace.

fedus sanguinis cui ipsius nature ~o super omnia nititur complacere *Ann. Durh.* app. 85; **1337** vestra redolens ~o, quam in negotiis nostris .. expediendis invenimus .. efficacem *Lit. Cant.* II 152; **1337** taliter super hiis vos habentes quod vestram debeamus ~inem merito commendare (*Lit. Regis*) *G. Ed. III Bridl.* 131; **1338** (v. affectare 1c); **1423** gratias .. vestre agendo paternitati pro ostensa ~ine in absencia (*Lit. Abbatis*) Amund. I 80; **1430** pro .. ~inis favoribus .. gratias .. superfundit (*Lit. Abbatis*) *Reg. Whet.* II 397; **1441** procuratori australi pro sua continuata ~ine, iij s. iiij d. *Cant. Coll. Ox.* II 161; **1448** universitas .. nolens .. eos .. propter suam ~inem sibi monstratam .. molestari *StatOx* 269. **b** **1298** quia de status nostri continencia plenius certiorari vestram ~inem novimus affectare (*Lit. ad episc. Dunelm.*) *Reg. Cant.* 285. **c** considerans caritatem Abrahe in spe facientis tanta pro Cristo, antequam gustavit suam ~inem passionis et fidem particularem .. nostram quoque desidiam ingratam .. confundor Wycl. *Ver.* II 36; cum .. in istis .. generibus hominum sit major ~o Dei ostensa quam aliis *Ib.* 132.

3 a favour or service.

1299 benevolencie vestre ~inem .. rogamus quatinus .. Petrum .. velitis .. recipere in canonicum vestrum *RGasc* III 397; **1328** plures clerici .. regum Anglie .. ad regimen pontificalis officii .. sunt assumpti, qui, grata vicissitudine non de jure, alios clericos .. regum ad ecclesiastica beneficia promoverunt; ita quod ista ~o, quasi extorta, in usum processit *Lit. Cant.* I 276; **1335** eorum ~inem quam nobis fecerint in hac parte .. sic remunerabimus .. quod gaudebunt nobis talia se fecisse *RScot* 341a; **1374** de immensis vestris beneficiis et ~inibus nobis .. impensis *Pri. Cold.* 44; **1380** de tot et tantis beneficiis, ~inibus, et sanis conciliis que michi .. gratuite demonstrastis *FormOx* 319; **1441** de custuma .. lane Roberti de L., pro expensis et laboribus suis factis in negociis .. regis, et aliis suis ~inibus per tempus compoti xj li. x s. *ExchScot* 101; **1559** pro certis ~inibus benemeritis nobis .. prestitis *Scot. Grey Friars* II 115.

gratta v. gratus. **gratuarium** v. gratarium.

gratuitas

1 gratitude, thankfulness.

?**12..** quemadmodum ystoriagrophorum grata .. prioritas rerum gestarum nobis scribendo seriem pro nobis hactenus laboravit, sic et nostre posteritatis tenetur ~as de hiis que nostris contigerunt temporibus .. aliquid notitie nostrorum relinquere posteriorum *DC Cant.* (*HMC*) 247; gratuitate cares et amoris viribus ares / indeque plorares (*Mors Simonis*) *Pol. Poems* I 229.

2 kindness. **b** favour or service. **c** gift.

1390 concepta de vestra ~ate fiducia michi parit audaciam vobis scribere *FormOx* 238. **b** **1273** regratiamur vobis .. pro non modicis vestris ~atibus nobis .. collatis *AncC* VII 109; **1352** circumspectam vestre moderacionis ~atem .. rogamus, quatinus .. non credatis sinistris relationibus *Lit. Cant.* II 308. **c** **1508** quod .. dotalicium .. vestimenta .. et jocalia sibi [i. e. domine Marie] pertinentia .. aliaque dona et ~ates per .. principem Hispaniarum concedenda .. libere habeat [etc.] (*DipDoc*) *Foed.* XIII 180.

gratuite [LL], freely, without payment.

a**984** maneat .. munificentiae libertas Altithrono .. oblata ad monachorum usus ~e sibi famulantium inviolabilis (Æthelwold Ch.) *Conc. Syn.* 130; **1299** ~e .. ad religionem vestram persone idonee admittantur *Reg. Cant.* 834; **1303** pro .. beneficiis .. mihi .. per vos ~e impensis .. paternitati vestre .. regratians *Chr. Rams.* 379; **1380** (v. gratitudo 3); [Deus] qui .. donat veniam, dona confert ~e Gascoigne *Loci* 85; *CathA* (v. gratis 1b).

gratuiter, freely.

1242 secundum merita sua et servicium ~er nobis impensum (*Pat*) *RGasc* I 153.

gratuito [CL]

1 gratuitously, without sufficient reason.

hujus .. fratrem primo nobilitati Cantuariorum in presentia regis ~o maledicentem, deinde .. unicuique .. violenta damnatione invadentem Osb. *V. Elph.* 132.

2 *s. dub.*

[Antichristus] dividet mundum ~o [cf. *Dan.* xi 39], ut dicit scriptura Bacon *Tert. Sup.* 54.

gratuitus [CL]

1 free of charge. **b** freely given. **c** free-flowing, lavish.

victum eis .. sine pretio .. et magisterium ~um praebere curabant Bede *HE* III 27; ~um, gratis habitum *GlC* G 146. **b** qui pacem facit cum aliquo .. cum .. ~a parentum eis unanimitate finiat (*Leg. Hen.* 70. 11) *GAS* 588; **1136** [regis Henrici] qui mihi ~a munificentia sua .. episcopatum dedit *Cart. Bath A* 57 p. 56; debent officia omnium esse ~a, ut nichil ultra statutum exigatur J. Sal. *Pol.* 576d; quia [episcopus] eidem ~a gratia confederebatur ecclesie *Chr. Battle* 49. **c** ibi .. multum diversorum alimentorum repertum est et pre ubertate ~a tota Christi militia refecta est Ord. Vit. IX 14 p. 585.

2 (w. ref. to divine gifts) freely or graciously given. **b** (theol.) due to or resulting from grace.

Deus qui ~o munere .. lampades .. martyrum nobis accendit Gildas *EB* 10; ~a supernae liberalitatis munificentia Aldh. *VirgP* 30; **802** Christus cui laus .. pro .. bonis quae mihi ~a pietate concessit Alcuin *Ep.* 252; †**948** (14c) michi quem populo suo dignatus est preficere et ~o munere pietatis gloria et honore coronare *CS* 860; ~ae Dei largitati Gosc. *Transl. Aug.* 46d; accepi .. elemosinam ~ae largitatis tuae Anselm (*Or.* 18) III 71; Deo gratias retulerunt cujus ope ~a .. victoriam adepti sunt Ord. Vit. IX 16 p. 611; nonne gracia ~um donum [ME: *ȝeoue of grace*] Dei est? *AncrR* 143. **b** erat .. homo primus creatus bonus in naturalibus et ~is Gros. *Templ.* 6. 1; possibile recipere aliquod naturale quod non habet, vel ~um, sc. quod est supra naturam Fishacre *Sent. Prol.* 95; est triplex bonitas moralis. .. tercia bonitas meritoria, sive .. ~a, sive .. ex acceptacione divina in ordine ad premium Duns *Sent.* II 7. 1. 11; sine peccato recta rectitudine naturali vel ~a Lutterell *Occam* 105; tam in naturalibus quam in ~is Wycl. *Compl.* 88; natus sub dominio .. demonum qui me donis ~is spoliatum in naturalibus potenciis vulneratum .. de malo in deterius impellendo [etc.] Uhtred *Medit.* 196.

3 pleasing, agreeable.

malens scripturarum emolumento litterarum carnalis vitae nutrimenta .. adipisci quam inertis desidiae torpore tabescens ~is epularum diliciis saginari (*Alloc. ad regem*) Aldh. *PR* 142; pater Johannes .. docendo laboris adsit exordio; ipse regendo laudis sue preconia concedat terminari fine ~o [v. l. felici] Ketel *J. Bev.* 262; **1244** fugere .. curabimus .. omnia que vobis possint .. displicere, et omnia facere .. que vestre credemus esse ~a voluntati (*AncC* V 22) *RL* II 36; **1435** considerantes ~um servicium quod .. circa personam nostram fecerit *Cl* 285 m. 13 (= *PS* 700/3019: *lagreable service*); s**1201** nuncii reversi cum responsis non ~is *Plusc.* VI 40; ut filius humilis .. ut proles ~a in paternam complacenciam se totum obsequiosum studiis exhibebat *Ps.*-Elmh. *Hen. V* 5.

gratulus v. graculus.

gratulabunde, w. joy or thankfulness; **b** (w. ref. to welcome).

ut .. aeternae vitae remunerationem cuncti concorditer et ~e conservantes recipiant *RegulC* 12; hec fratribus ~e exposuit *Chr. Battle* 43v.; **1439** (v. alacriter). **b** Eboracensis a rege ~e et socii sui suscepti sunt H. Cantor 29; cum .. pervenisset ad patrem .. post permissi temporis intersticium ~e susceptus est *Chr. S. Alb. 1406–20* 67.

gratulabundus [CL]

1 (of person) full of joy or thankfulness.

Aldh. *VirgP* 1 (v. grates 1a); quia merito uterque sexus ei ~us occurrerit qui utriusque Redemptor apparebat Bede *Hom.* I 18. 81; c**740** verba .. quae inhianter audire ~i satagimus *Ep. Bonif.* 49; **956** (14c) cui .. dono .. ego Eadwi rex Anglorum ~us insisto *CS* 985; officia .. unusquisque prout vires suppetunt ~us exhibeat *RegulC* 64; **1160** morti properanti ~us occurram (*Lit. Archiep. Cant.*) *Ep. J. Sal.* 127; se perfecte sanitati .. restitutam ~a cum lacrimis .. asserebat R. Cold. *Cuthb.* 114; in crypta .. illis que deposcebat ostensis, quibus .. deosculatis ~us abscessit Samson *Mir. Edm.* II 6.

2 happy, joyful; **b** (w. *vox*). **c** expressing thankfulness.

hec [gaudebat] .. virtute conjugis, hinc etiam spe ~a accendebatur futurae prolis *Enc. Emmae* II 17; ~a potiti victoria Ord. Vit. IX 14 p. 591; hymnum .. quasi invitati populi laudifluam et ~am consensionem subicientes Rob. Bridl. *Dial.* 99. **b** ~a .. voce canentem *V. Har.* 8. 12; ~is vocibus .. Cuthberti clementiam .. glorificavit R. Cold. *Cuthb.* 20. **c** ad .. Salvatoris sepulchrum .. properaverunt, ibique ~a donaria .. optulerunt Ord. Vit. IX 15 p. 611.

gratulamen, rejoicing.

hoc ~en, .. et gratulabundus .., i. letus et hilaris Osb. Glouc. *Deriv.* 253, 262.

gratulanter [LL], w. joy or thankfulness. **b** freely, graciously. **c** pleasantly, agreeably.

eundem .. mereamini videre in coelis regnantem cujus ~er celebratis .. diem Egb. *Pont.* 92; dies solaris anni partimur per septenarium numerum, et sic ~er venimus ad agnitionem .. mysterii Byrht. *Man.* 28; Christiani .. ymnos .. ~er in celum extulerunt Ord. Vit. IX 10 p. 561; studete ordinis observationem, reddite ~er vota *Chr. Rams.* 99. **b** **1081** hanc .. donationem ~er feci *Regesta* 135 p. 35; serenissimus consolator splendido vultu .. ei ~er apparuit Gosc. *V. Iv.* 86b. **c** ut .. post peracta divina mysteria semetipsos laetificarent ~er edulio et epotarent dulci poculo Byrht. *V. Ecgwini* 390.

gratulare, to cry, 'rattle' (of stork).

Aldh. *PR* 131 (v. glottorare).

gratulari [CL]

1 to show gladness or thankfulness, to rejoice (absol.); **b** (w. *de*, *in*, or *per*).

ineffabili ~atur tripudio .. regnator Olimpi .. cum .. Aldh. *VirgP* 2; interrogatus inter ~andum si jam graviter ferret quod .. *Chr. Battle* 130v.; custodes .. vexilla .. viderunt et .. ~antes regi retulerunt Ord. Vit. X 22 p. 135; his .. auditis non modice ~atur Ad. Eyns. *Hug.* III 8. **b** c**790** ~or in Deo qui mihi .. tam excellentium personarum indulsit familiaritatem Alcuin *Ep.* 69; concede .., Domine, .. nos per mysteria paschalia ~ari [AS: *ue gidonca ge*] *Rit. Durh.* 31; ~ando in malis eorum sive non gaudendo in bonis *Nunnam.* 69; qualiter ~abor de salute mea Anselm (*Med.* 3) III 89; c**1219** archiepiscopum .. fuisse quamplurimum ~atum de literis quas sibi vestra dignata est regalitas delegare (*AncC* IV 133) *RL* I 53.

2 to rejoice, be glad: **a** (w. inf.); **b** (w. acc. & inf. or *quod*).

a hoc .. clarius patefactum audire ~or ALDH. *PR* 112; ANSELM III 269 (v. gloriari 1d); reges .. pacem componere ~antur AILR. *Ed. Conf.* 745B. **b** grande constat intervallum .. inter divinae dilectionis munificentiam et infimi amoris diligentiam; una se angelicae castitatis comitem fore ~atur, altera se maritalis lasciviae fomitem laetatur ALDH. *VirgP* 17; ~abatur ille quod eatenus in carne servatus est BEDE *HE* V 22 p. 348; **1098** quatenus .. anima mea desideratam tranquillitatem per affectum vestrae compassionis se adipisci ~etur ANSELM (*Ep.* 206) IV 99; pupilli et vidue .. in conspectu angelorum ~antur se tue humanitatis officiis .. sublevari J. SAL. *Ep.* 263 (204).

3 (w. abl.) to have, enjoy.

[versus x et vij sillabarum] unius .. scematis sorte ~atur ALDH. *Met.* 10 p. 91; his ~or divitiis et delector GIR. *EH intr.* p. 213; **s1238** Romanam curiam .. speravit pecunia circumvenire ut illicito matrimonio liceret ~ari M. PAR. *Maj.* III 480; **s1299** sperans se per matrimonium .. contrahendum pace diuturna ~ari RISH. 192.

4 (trans.) to show gratitude (to).

1254 decet magestatem regiam .. ~ari eos qui in suo servicio diu .. laboraverunt (*Pat*) *RGasc* I 343.

gratulatio [CL], joy, rejoicing. **b** song or salutation of joy.

si quis dixerit quia tantum laetabuntur electi homines de angelorum perditione quantum gaudebunt de sua assumptione ... quomodo poterunt ab hac perversa ~one defendi? ANSELM (*CurD* 18) II 78; audivit .. angelos gratulantes et cum magna ~one psallentes: 'sit pax ..' TURGOT *Marg.* 2; tubis cum ~one clangentibus ORD. VIT. VIII 2 p. 277. **b 972** (12c) cum .. cordis indagatione eventilans perhennem ~onem *CS* 1285; illa ~o evangelica [*Matth.* ix 6] 'tolle grabatum tuum et ambula' GOSC. *Wulsin* 10; post versum .. cantus inceptio est communis omnium pro converso ~o HON. *GA* 620B.

gratulatorius [LL], expressing goodwill, cordial.

1170 quod .. papa benignius audiens regi ~ias scripsit litteras J. SAL. *Ep.* 293 (298).

gratura v. gratarium.

gratus [CL]

1 grateful, appreciative.

quibus justitiae vel sanctitatis fructibus potissimum sit insistendum ei qui bonum quod accepit domino ~us rependere satagit BEDE *Prov.* 1031; **c795** litteras ~a suscepi dextera ALCUIN *Ep.* 34; **s1141** hec ejus verba non dico quod omnes ~is animis exceperint W. MALM. *HN* 502 p. 63; *Flor. Hist.* I 214 (v. 1 acceptor); absit ut deficiat viris timoratis / cujus sol irradiat gratis et ingratis PECKHAM *Def. Mend.* 544; miles emeritus clipeum veneratur .. ~usque Corydon aratro tabescenti .. hyperduliam propriam suis exhibet instrumentis R. BURY *Phil.* 4. 73.

2 pleasant, agreeable. **b** (usu. w. dat.) acceptable, welcome, popular (of person); **c** (of thing).

nobiles puelle facili ~oque servitio a liberali principe deputate sunt ORD. VIT. VII 5 p. 168; semper ~um est de doctrina loqui cum peritis GIR. *TH* III 12. **b** Johannem / qui fuit accubitor Christo gratissimus almo ALDH. *VirgV* 461; sedis apostolicae rectorem .. / melliflua gratum populis doctrina BONIF. *Carm.* 5. 3; erat .. jocundus et .. plerisque ~us et amandus ORD. VIT. X 19 p. 108; tam facundus, tam ~us omnibus *Chr. Battle* 120; ut michi gratus eris, sic tibi gratus ero WALT. ANGL. *Fab.* 33. 16; si quis .. [achatem] in anulo habuerit, ~ior est ALB. LOND. *DG* 11. 4. **c** omnia quae displicuerunt Deo et quae placuerunt aequali .. lance pendebantur, si non ~iora fuissent displicentia GILDAS *EB* 21; non .. aliud .. munusculum plus ratum et ~um virginibus Christi fore crediderani quam .. ALDH. *VirgP* 59; **a706** si .. ad ~am cratem sedemque pristinam revertatur *Id. Ep.* 9 (12); ~us mihi est multum adventus tuus, et bene venisti BEDE *HE* IV 9 p. 223; **786** Abel .. votum .. obtulit de adipibus suis: et ~a magis erant Domino quam illius parricide *Ep. Alcuin.* 3. p. 26; de ~issimis mihi tuis beneficiis ANSELM (*Or.* 12) III 46; ~um Deo .. sacrificium exhibebat ORD. VIT. X 20 p. 123; inaudita fastidientibus jocundam, aut inexperta horrentibus ~am tradere disciplinam BALSH. *AD rec.* 2 136; cujus vox est mitis et plana et †gratta auditori significat hominem pacificum M. SCOT *Phys.* 72.

3 (w. *habere*) to regard w. favour, to be pleased (with). **b** (w. acc. & inf. or *quod*).

~am habeo tuam indulgentiam ANSELM (*Lib. Arb.* 12) I 224; **c1155** nos .. hanc concessionem ratam et ~am habentes eam .. sigillo nostro confirmamus *Doc. Theob.* 125; **1204** ratum et ~um habentes id quod .. facient per consilium Walteri de L. *Liberate RC* 83; **1218** (v. 2 appellare 3b); **c1250** quam obligationem .. monachi, licet ~am et ratam habuissent .. *Reg. Paisley* 16; **1324** ratum et †geratum habentes .. quicquid .. clerici .. nostro nomine duxerint .. faciendum *Reg. Carl.* II 225. **b 798** ~um habeo laicos .. ad evangelicas effloruisse inquisitiones ALCUIN *Ep.* 136; **1240** rex ~um habet quod .. Walterus ducat .. filiam .. Roberti quam .. Galfridus debuit duxisse *KRMem* 18 m. 18.

4 (objectively, w. ref. to permanent quality) pleasant, beautiful.

nec est uspiam .. ~ior tellus G. MON. V 12.

5 **a** freely given. **b** given as a favour (not as a right).

a 1298 ut .. denunciarentur .. omnes .. qui ecclesiastica bona sine ~a permissione dominorum .. diriperent *Reg. Cant.* 268. **b 1328** ~a vicissitudine non de jure (v. gratitudo 3).

6 (theol.) in a state of grace.

~us .. nullus fit de necessitate sed voluntarie consentiens gratie GROS. *Quaest. Theol.* 198; si non-gratus posset diligere et facere quodlibet dileccione et faccione ejusdem speciei cum ~o, posset sine gratia .. implere omnia mandata sicut ~us, quod est error Pelagii BRADW. *CD* 369C.

7 (as sb. n.) consent, goodwill, pleasure.

c1180 ne quis .. aliquam mercaturam exerceat nisi per ~um burgensium hoc fecerit *BBC* 213 (*Inverness*); **1198** dedit [terram] in liberum maritagium .. Johanni cum .. Rohesia .. per ~um Petri, filii sui senioris *CurR* I 41; **1198** duo fratres ejus in villenagium miserunt ~is suis et bene licuit eis *Ib.* 45; **12..** quod nullus mercator aliquod genus mercimonii vendat nisi ipsi cives mei Cestrie .. vel per eorum ~um *Gild Merch.* II 40; **12..** quamdiu .. debitum per ~um ejus tenuero *Feod. Durh.* 205; **1303** quod .. mercatores in civitatibus .. predictis hospitari valeant .. ad ~um ipsorum quorum fuerint hospita *MGL* II 206; **s1321** ut .. contra suum ~um et libertates per cartas regias .. concessas [mercatores extranei] vendant *G. Ed. II Bridl.* 63.

8 (*facere ~um*, impers., usu. w. dat.) to make acceptable, i. e. to agree a (financial) settlement, compensate.

1201 se dicit respondisse Johanni .. et ~um ei fecisse *CurR* II 82; retraxit se de loquela .. quia .. episcopus fecit ~um suum *Ib.* 15; **1276** terras .. illorum .. capiatis in manus nostras .. quousque .. nobis de dampno passo ~um fecerint *RGasc* II 26; **1278** cum .. constituerit quod .. Garsio aliter fecerit ~um et voluntatem .. Stephani de predictis *Ib.* 46; **1290** ad ~um regis faciendum de hiis que rex sibi obiciet *Cl* 107 m. 5; **1375** [si maritare] voluerit filiam, faciet ~um domino *IMisc* 206/11.

9 (*malo ~o* as prep. w. gen.) against the wishes of, in spite of, *malgré. Cf. malegratus.*

s1254 papa dum .. vellet .. malo ~o .. cardinalium ossa corporis episcopi Linc. extra ecclesiam projicere M. PAR. *Maj.* V 429 (cf. ib. 742 [s1259]: malo ~o abbatis).

grauculus v. graculus. **graungia** v. grangia. **graunum** v. 2 grava.

1 grava v. granum 5b.

2 grava [AS *grafa*, ME *grove*], grove, a small wood, woodland; **b** (in surname).

xxij acre prati et v acre ~e *DB* I 155v.; **1127** iiij acras, sc. quicquid est in illo loco a ~a usque ad Tamisiam *E. Ch. S. Paul.* 217; **a1135** (v. 2 brecha); **c1190** pastura ad xxx vaccas .. ubi .. melius esse perspexerint salvo †grauno versus Slaiteborna *Cart. Sallay* I 201; **1222** in ~a que vocatur Stapelee sunt ix acre de bosco bene vestito; in alia ~a que vocatur Northgrava est una acra de bosco *Dom. S. Paul.* 69; **s1233** juxta graviam suam de P. *Ann. Dunstable* 132; **c1250** Johannes .. [tenet] j parvam grovam et reddit xij d., sed ~a destructa est *Vis. S. Paul.* 13; **1253** volumus quod .. burgenses possint capere in quadam ~a nostra .. necessaria ad ardendum et edificandum *BBC* 63 (*Bolton*); **1264** Alexander D. occisus fuit juxta †granam domini Luce (*Inq.*) *Doc. Ir.* 165; **1279** nullam habet warennam usitatam nisi in quadam ~a quam R. .. inclusit circa curiam suam *PQW* 742a; **1297** tenuit in M. quosdam tenentes et quandam grawam et .. dicunt quod predicta †grana [*sic* MS] valet per annum .. *IPM* 79/13; **1328** debuit pro terra .. et xij buttis terre et de †grana unius acre et dim. (*Pat*) *MonA* VI 686; **1438** commisimus Thome T. .. custodiam ij parcium unius †crave et aliarum diversarum terrarum et tenementorum *FineR* 245 m. 9; **c1506** cum .. omnibus boscis, suboscis, ~is, gravetis simul, arboribus et *hegerows* exceptis (*Rentale*) AMUND. II 251; **1573** unam grovam bosci suam vocatam Pryors Grove necnon unum croftum terre eidem grove adjacens [*Oxon*] *Pat* 1105 m. 15. **b 1228** Walterus de ~a *Pat* 279.

3 grava v. gravis 6d.

4 & 5 grava v. 2 & 3 greva.

gravamen [LL]

1 burden (in quot., fig.).

peccatorum ~ine relevatus ANSELM (*Ep.* 9) III 112.

2 physical inconvenience, discomfort.

c1103 ne .. propter .. infirmitatem corporis mei nimio laboris ~ine deficiam ANSELM (*Ep.* 301) IV 222; **s1195** supra virtutem corporis senilis ingurgitavit se epulis, dum miser .. de numerositate ferculorum usque ad ~en proprium suscipere cogeretur W. NEWB. *HA* V 10; astronomus .. potest apponere remedia ut sine ~ine patiatur frigus ..; potest enim .. preparare loca calida BACON *Maj.* I 390; quo die exceptum fuit de ~ine pro priore eo quod .. nec pro se nec equis .. venalia erant victualia GRAYSTANES 43; numquid [Deus] non potuit nos cum minore ~ine [ME: *gref*] redemisse? *AncrR* 154; si .. aliquis fessus se ad tumulum inclinaverit, .. nullum sentiet in membris tedium vel ~en *Eul. Hist.* II 142.

3 harassment, trouble, injury; **b** (w. obj. gen.); **c** (mil.).

1085 mandans .. quatinus ab omni ~ine quod coenobio Coventreio inferre diceris .. te subtrahas LANFR. *Ep.* 29 (27); pro oppressionibus, pro ~inibus, pro destructione ANSELM (*Ep.* 269) IV 184; **1199** prohibemus ne aliquis civibus Londoniarum aliquod ~en vel impedimentum .. facere presumat (*Ch.*) *MGL* II 251; episcopus .. canonicos .. inconsulte .. excommunicare presumpsit. Giraldus .. ecclesiam suam contra .. impetuosa episcopi ~ina .. defendit; novum officialem ad .. clericorum ~en ab episcopo missum .. repelli fecit GIR. *RG* II 6; **1287** mandamus quod .. ab hujusmodi ~inibus, molestiis, et inquietacionibus eisdem decetero inferendis omnino desistatis *Bury St. Edm.* 176; **s1312** prelatos .. eviccionibus et aliis plurimis ~inibus vexaverunt AD. MUR. *Chr.* 16; qui suspendit furem zelo vindicte propter ~en personale facit quidem justum sed non juste HOLCOT *Wisd.* 10; **1341, 1433** (v. damnum 1f); **1445** si .. aliquis ex officialibus .. meis .. tibi aut domui tue ~en aliquod intulerit BEKYNTON I 263. **b c1200** si proprium quid habuerit .., illi recompensationem faciat .., ut hoc saltem timore perterritus in ~en alterius non facile quis appellet *Conc. Syn.* 1064; **c1205** liceat burgensibus de tenementis suis .. sine injusto vicinorum suorum ~ine disponere *BBC* 67 (*Kilkenny*); **1220** quod .. auxilium .. faciat vic[ecomiti] Berk' ad aulam .. faciendam de meremio et cariagio ballive sue sine magno ~ine hominum in ea manentium *Cl* 417; **1255** sese obligaverunt quod .. terras .. titulo empcionis occasione ~inis .. abbatis et conventus non aquirent *Reg. Newbattle* 171; **1305** ad commune ~en populi nostri *BBC* 127 (*Univ. Ox*); sine ~ine et detrimento animarum GASCOIGNE *Loci* 19. **c s1098** nostris gravissima .. ~ina intulerunt M. PAR. *Min.* I 99 (= *Id. Maj.* II 73: certamina); **1337** quod .. naves .. profecturas vel .. redeuntes in ~inibus hostilibus protegatis *RScot* I 513a.

4 imposition, financial burden or hardship (freq. w. ref. to tax). **b** cost, outlay.

1100 (v. alleviare 3b); statutum est ne .. pretio .. predia .. comparentur; tantum illa de cetero sufficiant que gratis obveniunt et absque ~ine conferuntur GIR. *IK* I 3 p. 46; milites .. allegabant paupertatem suam et multa genera ~inum BRAKELOND 146; **1221** debent vicecomites pro injusta detentione, si ad hoc sufficiant sine ~ine, habere c s. *StRealm* I 222; **1221, 1269** (v. 3 costus 1a); **s1246** angebat .. eos ~en intolerabile a curia Romana .. illatum M. PAR. *Maj.* IV 518; **12..** si .. solutionem .. debiti ad dictos terminos fecero .. omnia ~ina dicte obligationis quassabuntur *FormA* 357; predicta ~ina fecit sibi .. Ricardus ad dampnum .. Willelmi mille librarum *State Tri. Ed. I* 6; **1331** quieti de .. scutagiis et danegeldis et omnibus aliis ~inibus *PQW* 151b; **s1214** barones .. Anglie non ferentes ~ina regis Johannis FORDUN *Cont.* IX 28. **b 1284** Johannes fatetur se recepisse x m. .. quas quidem .. tenetur .. restituere una cum ~inibus, dampnis, et expensis .. si in predictis .. defecerit *Deeds Balliol* 6.

5 grievance, complaint, charge.

†833 (15c) absque .. alicujus .. calumnia vel ~ine *CS* 409; **1171** cum certi essemus quod de vestro .. ~ine diutissime tractassent (*Lit. Clericorum Regis Anglie*) *Becket Mat.* VII 471; sicut unus canonicorum censura se capituli moderabatur et appellabat a ~ine MAP *NC* V 5 f. 65; **s1202** missi sumus .. ad episcopum, qui libertatem .. ecclesie nostre protestaremur .. et contra omnia ~ina que propter hoc nobis contingere possent appellaremus *Chr. Evesham* 115; **1271** ~ini dicte comitisse [Flandrie] pride studuimus providere (*Lit. Regis*) *Leg. Ant. Lond.* 135; **1278** ~ina contra cartam de foresta *SelPlForest* 125 (cf. ib.: *ces sunt les greuaunces dunt le puple e le commun de forests en Somerset se sentent greuez encuntre la chartre*); **1350** tociens a fictis ~inibus ad frustratorias appellaciones convolavit *StatOx* 94; **1430** vobis .., nostra ~ina intimandi .. committimus potestatem *Conc. Scot.* I lxxxiii; *a charge*, cura, onus, ~en *CathA*.

6 (transl. AS *grama*) wrath.

mendaces, rapaces, raptores Dei ~en [AS: *graman*; *Inst. Cnuti*: iram Dei] habeant, nisi .. emendent (*Quad.*) *GAS* 312.

1 gravare v. cravare.

2 gravare [CL]

1 to weigh down; **b** (fig.); **c** (w. ref. to pregnancy).

capitis .. si pressus mole gravabor / ima petens jugiter minorari parte videbor ALDH. *Aen.* 41 (*Pulvillus*) 5; **c795** licet ex pondere [librorum] portantis manus non ~etur ALCUIN *Ep.* 80; jure sarcinam in talis bajulo enormem, .. intolerabiliter ~atus ORD. VIT. VIII 17 p. 376; ut levium levitas gravium gravitate ~atur, sic gravium gravitas

levium levitate levatur NECKAM *NR* I 16; a superfluitatibus .. quibus corpus ~abatur BART. ANGL. IV 3 (cf. ib. 4: humiditas .. defluens ad matricem ~at eam); si asellum oneri videris substratum, / nunquam illum preteri, set leva gravatum PECKHAM *Def. Mend.* 123. **b** pastoralis curae sarcina ~atus ALDH. *VirgP* 59; ab internis peccatorum vinculis quibus ~abatur BEDE *HE* IV 23 p. 263; saepe nostra [rationalitas] impeditur ~ante corruptibili corpore ANSELM (*Casus Diab.* 23) I 270; GOWER *VC* III 1761 (v. 2 bercarius b); sicut parentem primam ~avit jugum illud, sic et idem humiliavit .. filias ejus FORTESCUE *NLN* II. **c** si [mulieres] ~ate sint ex fetu *Quaest. Salern.* P 36; si [femina] gravida nimis ~etur M. SCOT *Phys.* 20.

2 to oppress (person) w. feeling of heaviness: **a** (w. ref. to sleep); **b** (w. ref. to illness); **c** (w. ref. to age).

a permitte me dormire, quia sompno ~atus sum *Latin Stories* 25; virtus esset vigilare quando vigilia te ~at [ME: *greueð*] *AncrR* 100. **b** ~atus est .. infirmitate CUTHB. *Ob. Baedae* clx; ministrum / profluvii ventris fuerat qui tabe gravatus ALCUIN *SS Ebor* 727; Hoelum .. ~atum morbo G. MON. IX 3; cum membra ~ari et sensus deficere incipiunt *Quaest. Salern.* B 78. **c** **1351** (v. gistarius).

3 to hurt, harm (physically). **b** (mil.) to attack, harass.

filius Hellocis .. / insidiando, ducem tractabat fine gravari G. AMIENS *Hast.* 505; cum clavos in pedem ferriret exclamavit animal ..: 'leniter age, fili, quia multum me ~as' *Latin Stories* 37. **b** Willelmus .. et alii .. in machina pugnabant, lapidibus .. cives desursum ~abant ORD. VIT. IX 13 p. 580; **s1295** rex Scocie .. boriales gentes Anglie ~are .. incepit *Feud. Man.* 109.

4 to oppress, cause annoyance or trouble to; **b** (impers.); **c** (w. ref. to financial hardship, esp. tax). **d** (p. ppl. as sb., leg.) injured party.

nos .. dies orphanos ille reliquit / fletibus .. duroque labore gravatos ALCUIN *SS Ebor* 1577; **1152** monasterium .. inutiliter fatigare et .. ~are (*Lit. Papae*) ELMH. *Cant.* 400; **a1185** quas cartas .. hospitali commisimus ut ibi sint in perpetuum .. ne aliquis nos .. de predicta terra injuste †gagnare possit *Deeds Newcastle* 44; **1218** monstraverunt nobis .. homines .. Colecestrie quod vos .. eos, cum ad portum vestrum veniunt, vexatis et ~atis *Pat* 169; **1265** aliam terram .. ad valenciam dicte terre .. monachis sine contradictione et ~anti dilacione .. habere faciemus *FormA* 357; **1265** tu .. Thomam [coronatorem] ~as, et enormiter molestas .. cum ministris nostros .. potius juvare deberes quam impedire *Cl* 22; **1275** ita quod .. non ~arent ipsos [pistores] penes ballivos ferie ponderantes panes eorum *SelPlMan* 159; **1290** Willelmus .. queritur de Ricardo .., justiciario .. regis .., de eo quod R. ~avit injuste predictum W. in multis coram ipso in .. itinere *State Tri. Ed. I* 5; **1313** qui ~atum se sentit conqueratur *Eyre Kent* 84; frater minor qui ~avit eos ex predicacione paupertatis WYCL. *Ver.* I 356; **1478** faciet emendam parti ~ate (v. exemplum 3e). **b** si quem ignorare ~et quot modis .. BALSH. *AD rec. 2* 168; ne gravet ergo tibi GOWER *VC* VII 1455. **c** quia firma ejus eum ~abat *DB* I 197; *GAS* 357 (v. aggravare 3a); **a1161** eorum tenuras imminuunt exactionibus, et consuetudinibus indebitis ~ant *Doc. Theob.* 74; poterit heres rationabilia auxilia de hominibus suis exigere, ita tamen moderate .. ne nimis inde ~ari videantur GLANV. IX 8; **s1242** (v. admerciamentum); **1275** ballivis extorsoribus ~antibus populum *Hund.* I 37 (cf. ib. 40 [**1276**]: ballivi ~ant populum multis modis). **d** **1285** si vicecomes vel subballivi sui .. contra istud statutum .. venerint, .. restituant dampna gravatis (2 *Westm.* 37) *StRealm* I 90; si quis alio modo distrinxerit .., dampna reddet ~ato et versus regem graviter punietur *Fleta* 105.

5 to make worse, aggravate.

1270 quia per hec .. in lesionem fidei Christiane .. regi .. posset non minimum prejudicium ~ari .. provisum exstitit .. quod .. (*Stat. de Judeis*) *Leg. Ant. Lond.* app. 235; **1360** dicentes quod per illius robe detencionem prejudicium procuratorum ~aretur officio *MunAcOx* 223.

6 (pass. w. inf.) to be reluctant (to).

si .. aliqua de Christo testimonia a prophetis .. te habere recolis, ut prudentiam tuam advertamus pandere ne ~eris *Eccl. & Synag.* 60; **c1102** quid potius se facturos quam haec decreta suscepturos acclamaverunt, ~or dicere, dicant legati qui mecum audierunt ANSELM (*Ep.* 217) IV 119; **c1166** quatinus quid expediat .. explorare et rescribere non ~emini J. SAL. *Ep.* 209 (190); non ~abor eam partem meae epistolae hic attexere qua Adami calumnias diluo FERR. *Kinloss* 52.

7 to pronounce (syllable) without stress or accent.

ALDH. *PR* 127 (v. diiambus); tota dictio ~ari non potest, quia sic nulla sillaba notabilius alia pronunciari *Ps.*-GROS. *Gram.* 33; BACON *Tert.* 236 (v. acuere 3); longum a vero sex modis variatur quia cum aspiratione vel acui vel ~ari vel circumflecti, ut 'hámis, hàmorum, hâmus' et sine aspiratione potest acui vel ~ari vel circumflecti ut 'áre, àrarum, âra' *Id. Gram. Gk.* 30; accuunt antepenultimam et ~ant penultimam (*MS Worcester Cath.* F. 61) *OHS* NS XVI 167.

3 gravare, ~iare [ME *graven*, OF *graver*]

1 to engrave, incise; **b** (w. decoration as obj.).

1235 cuppam deauratam et ~atam *Chanc. Misc.* 3/4*d*.; **1249** pro sigillo prioris ~iando xij d. *DC Cant.* D.E. 1; **1295** duo turribula .. deaurata cum opere gravato et levato *Vis. S. Paul.* 310; **1313** cuppa ~ata cum magno pomello *DC S. Paul.* (*HMC*) 29b; **1332** ij cultelli ad punctum cum manubriis et vagena .. de ivone ~ato (*KRAc* 386/7) *Arch.* LXXVII 139. **b** **1293** in medio sigilli .. impressa seu ~iata fuit .. targia mediocris *Cl* 110 m. 7*d*. (*sched.*); **1415** preter j peciam [argenti] triplicatam et curiosam cum leonibus desuper ~atis *Reg. Cant.* III 409.

2 to cut (peat).

c1230 nec ~iare debet turbas (*Cust. Lessingham*) *Doc. Bec* 107 (cf. ib. 109: debet .. ~are turbas et turbagium dare).

gravarengus [AN *graverenc*; cf. graveria], bailiff, provost (Norm.). *Cf. gravennarius*.

quod prepositos atque gravaringos in terra sua .. furere videbat; insolitas .. exactiones imponebant ac .. gravedines inferebant ORD. VIT. XII 34 p. 440; **1180** duobus gravengeriis viij s. et ij d. de liberatione statuta *RScacNorm* I 30; **1203** ij gravereng' *Ib.* II 541.

gravaria v. graveria. **gravarium** v. gravera. **gravascere** v. gravescere.

gravastellus [CL], old man (in quot., misinterp.).

~us, i. aliquantulum gravis, unde Plautus in Epidico: 'que est hec muliercula et ille ~us qui advenit' OSB. GLOUC. *Deriv.* 254.

gravata v. granatum, ~us, 2 & 3 gravare.

gravatio [LL], trouble, difficulty, annoyance.

1220 quod .. a civibus Burdegalensibus, nec ab aliquo alio, nobis ullam fieri ~onem vel impedimentum aliquod sentiamus *RL* I 81 (*AncC* I 195); non est quilibet criminosus audiendus contra omnem quem accusare voluerit, quia talis audiencia nunquam est sine fatigacione ac ~one ac aliqua infamia illius OCKHAM *Dial.* 597; **1358** vobis [sc. custodi V Portuum] mandamus quod .. ab .. attraccionibus, ~onibus et molestacionibus .. faciendis desistentes .. majores .. Portuum †convisciones [l. connisciones, i.e. cogniciones] .. habere .. permittatis *Reg. Rough* 127; superadditur accusans ~o quod tam sancti viri .. sint socii furum, communicantes cum excommunicatis impedientibus suam contemplacionem et quietem WYCL. *Eccl.* 234; **1440** si ~ones vel conturbaciones sint inter executores meos volo ut veniant vicario .. et debent stare ad concilium suum *Reg. Cant.* II 608.

gravativus, making heavy. **b** (of pain) oppressive.

quamvis .. facta evacuatione spirituum sit frigiditas naturaliter ~a, accidentaliter tamen levigat BART. ANGL. IV 2. **b** dolor ex frigidis humoribus factus cognoscitur ex hoc quod dolor exit ~us et frigiditas sentitur circa dolorem *Quaest. Salern.* B 310; dolor capitis ~us GILB. II 90v. 2.

1 gravator, oppressor.

s1235 obiit Hugo de Welles episcopus Lincolniensis, monachorum ~or indefessus M. PAR. *Min.* II 375 (cf. id. *Maj.* III 306: monachorum persecutor).

2 gravator [AN *gravour*], 'graver', engraver.

c1067 *Richard, son of Herbert* ~or *Regesta* 5.

gravatorium, aggravation of sentence.

1470 impetratum fuit quoddam gravitorium sub sigillo rotundo *Melrose* II 575 (cf. ib.: vigore .. gravitorii excommunicari .. fecerunt); **1540** quod .. fiat ~orium contra omnes detinentes .. regestra, cartas [etc.] .. capitulo pertinentes *Reg. Aberd.* II 117.

gravatura [cf. OF *graveure*], engraving.

1245 calix argenteus .. planus undique et sine omni ~a vel sculptura in patena *Invent. S. Paul.* 468.

grave, with displeasure or regret.

1264 quod .. milites .. venientes .. ad faciendum nobis servicium .. arestavistis .. ~e gerimus et indigne *Cl* 385; **1334** ad .. parliamentum .. adversa valetudine .. impeditus .. venire non valeo, quod ~e gero et moleste *Let. Ch. Ch.* 1.

gravedo, gravido [CL]

1 weight, heaviness; **b** (fig., esp. w. ref. to sin). **c** pregnancy.

apparuit .. Gundulfus anulum magni ponderis michi offerens. cumque ad ~inem ipsius imbecillitas mea non sufficere videretur .. *V. Gund.* 48; ~o, gravitas, OSB. GLOUC. *Deriv.* 262; minutis arenis .. insidientibus .. immense molis ei ~ines inferebant R. COLD. *Godr.* 40; Saturnus .. frigiditate ~inem prestat .. et [fetus] .. in sanguineum globum commutatur *Quaest. Salern.* B 194; WYCL. *Ver.* I 327 (v. gravefacere). **b** **710** dicebat .. se per violentis aegritudinis dolorem corporis gravidine subito exutum fuisse BONIF. *Ep.* 10; ostendit .. in ambulando super undas quod haberet corpus ab omni peccatorum gravidine liberum BEDE *Mark* (vi 51–2) 198; voluntas .. humana peccati ~ine .. in tantum deprimitur quod non potest nisi se .. diligere BRADW. *CD* 371A; ~o peccati potest attendi tripliciter WYCL. *Civ. Dom.* I 71. **c** [B. V. M.] purificari voluit / quasi gravedine / nos ut purificaret / suo juvamine LEDREDE *Carm.* 34. 14.

2 feeling of heaviness or oppression; **b** (caused by sleep).

ita refecit animum ut absque ~ine fastidientis stomachi morbum excuterem *Ep. ad Amicum* 101; illa evigilans ordinavit profectionem, sed infirmitatis ~o moras innexuit etiam ad salutem festinanti J. FORD *Wulf.* 65; gravedo / lenitur capitis NECKAM *DS* VII 335; dolor et gravitas in pectine et in anchis, et ~o coxarum GILB. VII 291v. 2; si dolor fit ab epate ~o in dextro ipocundrio et in dextra parte capitis GAD. 70. 2. **b** evigilans a dormitionis ~ine LANTFR. *Swith.* 10; evigilat gibber fugiente gravedine somni WULF. *Swith.* I 266.

3 burden (of duty or responsibility). **b** reluctance. **c** trouble, inconvenience.

cum [Guillelmus II] multis ob insolitas quasdam infestationes et rerum multarum ~ines onerosus .. esset .. *V. Gund.* 27; labores .. onerose illius ~ini .. nec comparandos quidem *G. Steph.* I 32; **s1409** cerimonie legis veteris propter suam ~inem et multitudinem cessare debuerant in lege gracie (WYCL. *Concl.*) *Chr. S. Alb.* 49. **b** cur .. pastoralem fugeret curam, cujus causam ~inis .. episcopo .. reprehendenti pro se apologiticon scripsit *V. Greg.* 31. **c** **a1155** ut prior .. ecclesie possit sine ~ine presbyterum invenire qui possit cantare in capella burgi *Reg. Plympton* 155.

4 burden of tax or other imposition.

c807 sine aliquo gravidine et lesione majorum minorumve causarum *CS* 318; **847** liber et securus .. omni saeculari gravidine *CS* 451; ORD. VIT. XII 34 (v. gravarengus); constitit .. civitas sexaginta m familiarum .. summatis circumquaque suburbiis .. nullius ~ini subjacentibus OSB. BAWDSEY clv.

5 (of language) harshness, awkwardness.

rudem materne lingue ~inem in facilitatem et pulcritudinem lingue Romane commutavit R. COLD. *Cuthb.* 112.

gravefacere [LL], to weigh down, make heavy.

remanet cadaver .. ex defectu levefaciencium irremediabiliter ~tum, que gravedo facit lactantem in puncto descendere ad inferna (cf. *Mark* xiii 17) WYCL. *Ver.* I 327.

gravelare, to cover w. gravel.

1401 custus pro capite magni vivarii de novo ~and': in vj carectis conductis .. car[iantibus] gravell' de parco *Pipe Wint.* 159405 r. 17*d*.

gravella, ~um [AN *gravele*, ME *gravel*], gravel.

1209 in vj navatis terre ad kaium .. in iiij navatis ~i ad idem *Pipe Wint.* 60; **1218** invenerunt intus ossa minuta et aquam et gravelam *Eyre Yorks* 419; **1275** foderunt usque ad medium regie vie .. abducendo petram et ~am *Hund.* II 14b; **1292** in iij carectis locatis ad car[iand'] ~am ad fundamentum *KRAc* 468/6 m. 4; **1313** (v. exaltare 1c); **1401** (v. gravelare); *Entries* 442 (v. 2 carda).

gravennarius [cf. graveria], bailiff, tax-collector (Norm.). *Cf. gravarengus.*

1166 ita quod [non] liceat alicui ~iorum vel bedellorum propter predictos xx s. intrare terram abbatis *Act. Hen. II* I 403.

gravera [AN *graver*]

1 shingle, beach.

1264 [sagittarii] qui sunt super ~am maris inter Rom' et Wincheles' *Cl* 360.

2 sand- or gravel-pit or sim. working.

1290 de moris, brueris, turbariis, marleriis, ~is et aliis hujusmodi *Dom. S. Paul.* 154*; **1300** tenent ij gravaria super strandam maris in communi *RentSurvP* 14/56.

graverengus v. gravarengus.

graveria [OF *graverie, greverie*], rent or tax (Norm.).

10.. ego Willelmus Normannorum comes concedo eam [sc. ecclesiam S. Vigoris, *Cerisy*] liberam ab omnibus consuetudinibus †granariorum et bernagiorum *MonA* VI 1074a; **a1159** quieta de gravaria et placitis et aliis rebus cum quibus tunc tenuerunt *Act. Hen. II* I 201; ab omni gravaria et bernagio *Ib.* 271 (v. 2 bernagium); **a1161** do .. abbatie .. omnem greveriam meam de T. *Ib.* 329 (cf. ib. 455 [**1171**]: omnem ~iam meam et bernagium de T.); **1248** quieti .. de omnibus exercitibus et taillagiis, greveriis et aliis occasionibus *CallMisc* I 16 (*Guernsey*); **1274** prior et monachi S. Petri percipiunt v s. .. de prestacione que dicitur *grevery* quos .. rex .. recipere consuevit, et .. hoc faciunt ut extorqueant ab hominibus de quibus dicta greveria debetur excaetam regi debitam (*Chanc. Misc.*) *S. Jers.* II 24; **c1309** xviij s. de ~ia .. de greveria xxviij d. *CartINorm* 408–9; **1309** tenent de .. rege xxx acras terre et reddunt inde per annum .. v s. de franca greveria *S. Jers.*

XVIII 260; **1324** rex habet in parochia ista xx li. vij s. de certa firma vocata greveria *JustIt* 1164 r. 19*d*. (*C. I.*); **1331** summa de grevereia istius parochie per annum viij s. v d. tur' (*KRAc* 89/15) *S. Jers*. I 12.

gravescere [CL], to become heavy (also fig.).

tum magis atque magis fructu meliore gravescens / sufficiebat ovans cunctis documenta salutis FRITH. 242; gravasco, verbum inchoativum OSB. GLOUC. *Deriv*. 254; tunc incipiunt ale ~ere atque cadere M. SCOT *Proph. pref*. 156.

graveta, (?) dish or vat. *Cf. gabata.*

1389 viij pelves, ij cofra .. ij cistas debiles; item ~a plumbi pondere .. lx li.; item j *stonde* plumbi continens xij lagenas *Comp. Worc*. II 5 (cf. ib.: j stateram plumbi cum apparatu).

gravetta, ~um [cf. grava], small grove.

1210 ij soliditas et vj denariatas redditus .. de vj acris terre arabilis et de ij ~is .. in villa de Toteham (*AncD* AS 44) *Cal. Scot*. I 106; **12..** cum iij carrucatis terre, iij ~is bosci [etc.] *Cart. S. Denys Southampt*. 212; **1300** rex Henricus .. afforestavit omnes boscos et ~as comitatus Huntindon' *Cart. Rams*. II 300; **1350** dedi .. xx acras terre arabilis et quandam ~am continentem j acram terre *AncD* A 4052; **1391** in quodam prato .. cum quodam grovetto adjacente *Cl* 232 m. 26*d*.; **1484** j †granattam inclusam .. cont[inentem] dim. acram *KRMisc. Bk*. 25 f. 238 (= *Cart. Chertsey* II 723); **1503** j peciam pasture inclusam cum quodam grovetto jacente ad finem .. pecie *Cl* 363 m. 8*d*. (cf. ib.: *a certeynd grovet*); **1573** totam grovettam bosci vocatam *le Heremittes grove Pat* 1105 m. 16.

gravia v. gramiae, 2 grava, gravis.

gravidare [CL]

1 to make pregnant; **b** (fig.).

ipsa uno complexu ~ata cum peperisset filium W. MALM. *GR* II 139; si consentirem, ~arer et mater effecta merito damnarer adulterii rea W. CANT. *Mir. Thom*. III 9; ad quam [sc. Danäem] Juppiter in aurum mutatus .. descendens eam ~avit *Natura Deorum* 47; pulcra prole gravidata WALT. WIMB. *Virgo* 97; J. HOWD. *Ph*. 5 (v. grandescere 1a). **b** quod mirum .. si lingua talium / palponum .. / quam ipsum gravidat mendax demonium / nil loqui valeat preter mendacium? WALT. WIMB. *Palpo* 58.

2 to become heavy or oppressive.

animantia .. sunt que suo ~ante calore ab aere temperato impregnantur et pariunt J. SAL. *Pol*. 752C.

3 (? by misinterp.) to oppress.

~are, gravare, molestare, infestare OSB. GLOUC. *Deriv*. 262.

gravidatio, pregnancy.

gravido .. unde gravidatus et hec ~o OSB. GLOUC. *Deriv*. 254; signum geminorum est istud in una ~one M. SCOT *Phys*. 19.

gravide, heavily.

gravidus, unde ~e .. et hec graviditas OSB. GLOUC. *Deriv*. 254.

gravidicus, speaking solemnly.

gravisonus et ~us OSB. GLOUC. *Deriv*. 254.

graviditas [LL = *pregnancy*], (sensation of) heaviness.

OSB. GLOUC. *Deriv*. 254 (v. gravide); flebotomia confert gravitati capitis .. et ~ati oculorum et dolori capitis perseveranti antiquo RIC. MED. *Anat*. 44.

gravido v. gravedo.

gravidus [CL]

1 pregnant; **b** (w. abl. of offspring); **c** (fig.).

tu ante monstrans matri ~am matrem Dei quam ~a mater te diei ANSELM (*Or*. 8) III 26; OSB. GLOUC. *Deriv*. 243 (v. Fordicidia); uxorem .. proprii nepotis incestu jam ~am effectam GIR. *IK* I 11 p. 87; Agar .. jam ~a despicit dominam suam [cf. *Gen*. xvi 4] AD. DORE *Pictor* 164; **s1240** erat enim ~a et partui proxima M. PAR. *Maj*. IV 2; florida, gravida, / Jesse virgula, / peperit LEDREDE *Carm*. 13. 3; **s1465** regina .. ~a .. peperit filiam HERRISON *Abbr. Chr*. 9 (v. assumere 1g). **b** dixerunt magi ipsam ~am esse puero G. MON. I 3; cum Heccuba esset ~a Alexandro Paride TREVET *Troades* 7. **c** ~a horrea FRITH. 533 (v. gaudere 1d); jam gravide nimbo Junonis dum tumet alvus NECKAM *DS* IV 488; **1231** (v. derisio b); sol sole gravidus juxta nos oritur WALT. WIMB. *Carm*. 45; ut partus hujus ~e questionis .. nascatur incolumis FORTESCUE *NLN* I 30.

2 heavy (w. sleep or age). **b** weighed down, incapacitated.

vultu maturi, forma decenti, cum senio etatis ~i, erant satis visu perspicui R. COLD. *Cuthb*. 38; [quare] quidam a sompno expergefacti ~i et pigri reddantur *Quaest. Salern*. Ba 53. **b** mentes adhuc desideriorum carnalium humoribus ~e et tumentes P. BLOIS *Ep*. 13. 40C.

3 solemn, serious.

virginem quandam vultu decoram, habitu venustam, gestu ~am *Mir. Fridesw*. 10; **1449** quas [litteras] .. presul ~a mente conspiciens .. *Reg. Whet*. I 154.

gravimare v. germinare. **gravio** v. grafio.

gravis [CL]

1 heavy (also fig.; also as sb.). **b** pregnant. **c** (w. ref. to digestion) difficult.

sum gravior plumbo ALDH. *Aen*. 100. 40; natura levia sursum, ~ia deorsum trahit ANSELM (*Orig. Pecc*. 11) II 153; cum .. piper et hujusmodi non pure levia sint, cum gravitatis sit in eis aliquid, nec pure ~ia, cum aliquid [levitatis] sit in eis *Quaest. Salern*. B 202; NECKAM *NR* I 16 (v. 2 gravare 1a); FISHACRE *Quaest*. 49 (v. gravitas 1a); ultimus .. terminus quietis corporum ~ium est centrum; huic .. centro, tamquam termino ultimo adheret aliquod corpus ~e per se et primo, puta terra, que non per naturam alterius corporis adheret a quo participet gravitatem DUNS *Ord*. II 113; cum quasi mortuo et ~i corde [ME: *an dead hevi heorte*] *AncrR* 71; concordant calida cum frigidis, arida cum humidis, ~ia cum levibus FORTESCUE *NLN* II 59. **b** *grete with childe*, gravidus, ~is, pregnans *CathA*. **c** caro .. porcina .. ~is est ad digerendum *Quaest. Salern*. B 68.

2 a (of sleep) heavy. **b** (of person) heavy w. age.

a de somno ~i excitatum BEDE *HE* V 6 p. 291; gravi veluti de somno surgeret ille, / recludens oculos patri respondit ALCUIN *SS Ebor* 1200; ~issimus somnus G. MON. X 2; sobeth est sompnus innaturalis ~is et profundus *SB* 40. **b** senio ~es *V. Chris. Marky*. 43; **1227** (v. decrepitus a).

3 a (of smell) strong, unpleasant. **b** (of elements) violent, severe.

a cujus odor gravis est, gustus amara sapit L. DURH. *Dial*. I 86; NIG. *Mir. BVM* 16vb (v. exhelus); odor est ~is et acris, sicut acetum BART. ANGL. IV 11; *SB* 11 (v. asa). **b** nos .. gravis afflictat violentia ponti FRITH. 372; ~i hieme *Lib. Eli*. II 105 (v. ermina).

4 burdensome, grievous, dreadful; **b** (w. ref. to task or project). **c** (*pro ~iori*) to make matters worse.

debitum .. amicale quibusque .. Christi tironibus, ~e vero .. apostatis GILDAS *EB* 1; ~issimis regni sui damnis BEDE *HE* III 7; quae subito adveniunt multo graviora videntur ALCUIN *Carm*. 62.74; qui .. dormivit .. / .. octavo sub sole Novembris / dum gravis illa dies sexta fulgebat in hora. / ejus ad exsequias magnum concurrerat agmen *Id. SS Ebor* 1584; patri tuo .. diu servivi et .. multa ~ia pertuli ORD. VIT. VIII 16 p. 363; monachi .. ~i artati sunt penuria *Ib*. 24 p. 421; hos .. compegi versus quos fuderat in me / spiritus in sompnis: nox erat illa gravis GOWER *VC* VII 1444; ~e .. mihi est .. de illius statu nihil audire FREE *Ep*. 57. **b** mihi .. renitenti, cum ~e esset altaris ministerium etiam pondus est cure pastoralis injunctum *V. Greg*. 76; in exercitiis mundi ~issimorum patiens laborum ORD. VIT. VIII 5 p. 300; **a1216** propter ~e servicium quod in Cestreshyria faciunt, nullus eorum [baronum] extra Lymam servicium mihi faciat nisi per gratum suum (*Ch. Comitis Cestrie*) *Cart. Chester* I 105. **c** licet hec inter dormientes non omittebantur, crastino tamen pro ~iori comparuerunt plures artes civitatis Londonii conquerendi causa .. FAVENT 17.

5 (of tax or sim.) heavy, oppressive.

modo [valet] lx li. et tamen reddit quater xx li.; sed minis ~e est *DB* I 16v.; *Ps*.-ELMH. *Hen. V* 47 (v. 2 gabella).

6 a (of sin, crime, charge, or sim.) serious, major; **b** (of sinner). **c** (of punishment or sim.) severe, harsh. **d** (of illness, also fig.) grave. **e** (of emotion) great, intense.

a ~iora sunt peccata hujus temporis quam primi GILDAS *EB* 37; clementia cujus / me miserum te larga monebat adire magistrum / mole gravi noxae pressus BONIF. *Carm*. 6. 12; ut ~iora placita magisque punienda soli justitie vel misericordie principis addicantur (*Leg. Hen*. 11. 16a) *GAS* 557; quod homines sui ~e facinus peregerint ORD. VIT. VIII 12 p. 335. **b** si .. adhuc manet ~is peccator WYCL. *Ver*. II 46. **c** sic reus advenit Romanam consul ad urbem / ut vindicta gravis noxam puniret enormem ALDH. *VirgV* 1839; exilioque gravi poenas .. luebat ALCUIN *Carm*. 9. 3; nimis est ~is haec sententia ANSELM (*CurD* 21) II 89; **s1180** persecutio ~issima facta est in trapezetas Anglie qui monetam .. corruperant GERV. CANT. *Chr*. 214; **1255** tota villata in ~i misericordia *SelPlForest* 27; **1293** nec gravet in aliquo seu molestiam inferat sub †grava [MS: gravi] forisfactura *PQW* 585b. **d** morbus .. ~ior effectus BEDE *HE* IV 29 p. 28; ~issima incogniti doloris infestatione .. fatigatur ASSER *Alf*. 91; languida .. est anima mea languore ~issimo qui non sanatur nisi oleo misericordiae ANSELM (*Or*. 13) III 53; ~issima infirmitas occupavit Coel G. MON. V 6. **e** cum merore gravi condivit funera FRITH. 202 (cf. ib. 1306: formido gravis); ~is dolor et timor ~ioris ANSELM (*Medit*. 2) III 80; ~issimum dolorem .. pro amissa cruce Domini habuerunt ORD. VIT. VII 5 p. 172.

7 a (of person) serious-minded, grave; **b** (w. *mens* or sim.). **c** impressive. **d** (of dress) sober. **e** (of lit. style) solemn, dignified. **f** (of forces) powerful, strong. **g** august.

a Romanos ~es .. videmus W. WORC. *Itin*. 322. **b** **1321** in ~i mente .. revolvimus beneficia et verba consolatoria *FormOx* 65; **s1468** vir ~is consilii HERRISON *Abbr. Chr*. 12. **c** [Henricus V] cum .. exercitu suo universo in ~i bellico apparatu versus civitatem Rotomagi .. iter suum sumpsit STRECCHE *Hen. V* 168. **d** **1549** ~iores solito portent habitus *Conc. Scot*. II 91. **e** ut exilitatem materie ~ior stilus attollat GIR. *TH intr*. p. 6; in stilo .. non ~issimo offertur .. opus .. licet gravitatem tuam, sagacissime pater, scribendi modus .. excelsior deceret CHAUNDLER *Apol*. 11b; **1442** ~i et ornato sermone BEYNTON I 207. **f** nulla virtus finita agit in instanti .. ergo, cum virtus ~is sit finita, non fiet deorsum in instanti BACON *Tert*. 151. **g** **1452** ~em dominum *of the* .. *commonalty Rec. Norw*. I 346.

8 dangerous, alarming. **b** (of strife) terrible. **c** (of persons) fierce.

in periculo ~i positum ANSELM (*Ep*. 27) III 115; ~i rumore turbatus ORD. VIT. VII 7 p. 182; nec in Gallias remeare sine ~i discrimine valemus *Ib*. X 12 p. 74. **b** conserto ~i proelio BEDE *HE* II 20; tum regina gravis hujusce scismatis auctrix FRITH. 820; ~is .. et diutina dissensio ORD. VIT. VII 4 p. 165; orta est ~is pugna W. WORC. *Itin*. 348. **c** legio .. cominus cum ~ibus hostibus congressa GILDAS *EB* 15; in pace quietus et amabilis, .. in bello ~is et fortunatus ORD. VIT. VIII 5 p. 302; ~es abigeos PECKHAM *Def. Mend*. 37 (v. 1 abigeus b).

9 a (of sound) low-pitched, deep. **b** (of accent) grave. **c** (mus.).

flensne ferire gravi mea moliar ilia risu? L. DURH. *Dial*. I 95; H. BOS. *LM* 1301A (v. chorda 2b); J. SAL. *Met*. 850D etc. (v. acuere 4d); quod diversi soni sint quorum unus sit ~is et reliquus acutus J. BLUND *An*. 185; dicitur vox vel sonus acutus vel ~is *Ps*.-GROS. *Gram*. 26. **b** toni sunt tres, acutus, ~is, circumflexus ALDH. *PR* 141; [accentum] ~em designant per lineam descendentem ab alto in imum BACON *Gram. Gk*. 9; *Ps*.-GROS. *Gram*. 33 (v. depresse). **c** si .. aliquis cantus transcendat per acutum et ~e suum diapason respectu soni infimi, unus intrat aliam per viam accommodationis secundum quod necesse fuerit GARL. *Mus. Mens*. 16; organum .. potest terminari in G ~i *Mens. & Disc*. (*Anon. IV*) 71; G ~is tres voces possidet TUNST. 220a.

gravisus v. gaudere.

gravitas [CL]

1 heaviness; **b** (fig.).

que .. forma vel causa .. vocatur .. in lapide, cum deorsum trahitur, ~as ADEL. *QN* 60; ligna .. occulta quadam innata .. ~ate .. ad fundum fluminis lapideo .. more descendunt GIR. *TH* II 7; NECKAM *NR* I 16 (v. 2 gravare 1a); *Id. DS* IV 756 (v. elementaris 1a); HALES *Qu*. 1307 (v. densitas 2a); universaliter conjuncta sunt ~as et grossities vel densitas, ut patet in elementis. et quod est grossissimum vel densissimum est gravissimum FISHACRE *Quaest*. 49; sicut per ~atem est corpus in potencia ad 'ubi' DUNS *Ord*. III 315; ~as est sufficiencia qua grave sufficit descendere, secundum quam dicitur ipsum formaliter grave WYCL. *Ente Praed*. 153. **b** **c1081** [diabolus] te multis modis, sc. aut ~ate servitutis Dei .. aut delectatione serviendi illi, .. tentavit decipere ANSELM (*Ep*. 99) III 230.

2 a heaviness (of age). **b** (sensation of) heaviness. **c** hardness (of hearing).

a **1227** (v. decrepitas); irretit miserum gravitas annosa leonem WALT. ANGL. *Fab*. 16. 1. **b** quia .. exterior homo est infirmus .., sepius aliqua instante ~ate a bono opere vellet cessare *Simil. Anselmi* 193 p. 100; signa .. mali stomachi .. sunt hec .. ~as corporis, .. ~as oculorum BACON V 68; ~as superciliorum *Ib*. 83; in renibus ~as GAD. 61v. 2. **c** quandoque [auditus] totus aufertur, et tunc surditas vocatur, et quandoque minoratur et tunc ~as auditus nominatur BART. ANGL. III 18.

3 severity (of storm).

si in vado scopulis pleno palus ponatur cui naves .. alligentur, quo longius a palo fuerint, eo gravius .. tempestate ferientur. quanto vero propius connexe fuerint tanto minus tempestatis ~atem sentient ALEX. CANT. *Dicta* 14 p. 163.

4 trouble. **b** grievance.

scribenda pretermisi tristis .. obvenientibus importunitatum variarum ~atibus AD. MARSH *Ep*. 53. **b** **s1274** propter abbatem vivere non valemus ..; vos faciunt deviare ne forte ~as nostra vobis exponeretur *G. S. Alb*. I 412.

5 imposition.

a716 (10c) ab operibus majoribus minoribusve ~atibus et ab omni debitu *CS* 91; **822** (11c) ab omni (*sic*) ~atibus .. notis ignotis undique liberata permaneat nisi .. expeditione [etc.] *CS* 370.

6 seriousness (of sin).

sceleris ~ate confusi *Spec. Incl*. 3. 3; dividitur mendacium secundum gradus ~atis culpe WYCL. *Ver*. II 12; pro gravitate mali GOWER *VC* VII 1465 (v. gemere 2d).

7 gravity (of demeanour), severity, dignity. **b** seniority. **c** (of task) importance. **d** (of dress) sobriety. **e** (of style) dignity, solemnity. **f** weightiness, seriousness (of subject).

a cum paternae severitatis violentia simulque materna ~ate .. ad carnale consortium cogeretur ALDH. *VirgP* 31; Utta multae ~atis ac veritatis vir BEDE *HE* III 15 p. 157; **799** sit .. morum ~as in senibus ALCUIN *Ep.* 168; morum et sapientiae ~ate ANSELM (*Incarn. A* 4) I 284; qui ut suscipiatur bonum existimo quia .. jam ad senilem ~atem devenit *Id.* (*Ep.*. 331) V 266; **1168** providete ut caute ambuletis ne perturbatio, quod a ~ate philosophi .. alienum est, dominetur animo vestro J. SAL. *Ep.* 238 (277 p. 598); **1184** Jupiter ~atem Saturni faciet placabilem R. HOWD. II 298; si quid gratie morum ~as conferre potuit .., totum exosum Guallie nomen ademit GIR. *PI pref. 1* p. lviii; hec fantasmatum ludibria .. introduxit pictorum nefanda presumptio quam .. non debuit ecclesiastica ~as acceptasse AD. DORE *Pictor* 142; licet apostolica sedes pastoralem in omnibus servare debet ~atem (*Lit. Papae*) *Canon. G. Sempr.* 128v.; CHAUNDLER *Apol.* 11b (v. gravis 7e). **b** **1190** cuilibet canonico .. et aliis honestis proximis juxta ~atem eorum cereos singulos [ministrare] *Stat. Lichf.* 19. **c** plus cogitabat de onere quam de honore, plus de cure pastoralis ~ate quam de temporali dignitate *Chr. Battle* 108. **d** **1549** de ~ate habituum clericorum *Conc. Scot.* II 91. **e** unum [sc. metrum heroicum] .. tam maximis operibus aptum apparuisse ~atis ac dulcedinis aeque capax BONIF. *Met.* 111; sermo cothurnatus Furvi discessit ab usu, / et raro legitur pre gravitate sui J. SAL. *Enth. Phil.* 204; non tinnientes verborum soni, sed sentenciarum ~ates sunt que delectant animum tuum FORTESCUE *NLN* II 16. **f** generaliter saepe prudentes ~atem sui sensus in ipso etiam frontispicio praemonstrant BEDE *Prov.* 990; in prefatis libris historie gravitas declaratur, allegoica profunditas discutitur P. WALTHAM *Remed. prol.* 28.

8 (w. ref. to sound) low pitch.

modus est cognitio soni in acuitate et ~ate secundum longitudinem temporis et brevitatem GARL. *Mus. Mens.* P 1; inter acuitatem et ~atem *Ps.*-RIC. *Anat.* 24 (v. acuitas c); sunt .. tropi constructiones tonorum ~ate et acumine differentes ODINGTON *Mus.* 87.

graviter [CL]

1 heavily: **a** (w. ref. to fall, fig.); **b** (w. ref. to breathing); **c** (w. ref. to sleep).

a magna in ecclesia Dei columna .. ~iter cecidit ALEX. CANT. *Mir.* 30 p. 218. **b** vexatus .. resedit / suspirans graviter ALCUIN *SS Ebor* 415. **c** nocturno tempore, cum omnes .. ~iter dormirent ASSER *Alf.* 96.

2 **a** laboriously, hard. **b** grievously, painfully, dreadfully.

a multiplex occupet animum affectus qui velut crudelis dominus miserum hominculum cogat .. ipsis operibus tam ~iter laborare ANSELM (*Casus Diab.* 10) I 247. **b** ALEX CANT. *Dicta* 14 (v. gravitas 3); a nullo superatus sum. .. hoc ~iter experti sunt Angli ORD. VIT. VII 15 p. 239; gressus .. viantium ~iter offendebantur ab extinctis .. corporibus *Ib.* IX 12 p. 581; **1347** noster prioratus in suis facultatibus ~ius est collapsus *Pri. Cold.* 32.

3 (w. ref. to financial burden) heavily, at great expense.

istemet tenuit T.R.E. sed modo tenet ad firmam de W. ~iter et miserabiliter *DB* I 148vb; **s1225** incarcerati et ~iter redempti *Leg. Ant. Lond.* 204 *app.*; **1278** (v. admerciare a); **1290** cancellarius laicum .. sic imprisonatum redimivit ita ~iter quod fere destruitur *MunAcOx* I 50; qui muragium .. ~ius ceperint quam concessum fuerit per cartam regis perdant extunc gratiam sue concessionis et ~iter amercientur *Fleta* 110; **c1313** concaptivis suis .. ~issime redemptis *Illust. Scot.* 2.

4 **a** (w. ref. to crime, offence, or sim.) seriously, grievously. **b** (w. ref. to punishment or accusation) severely, heavily. **c** (w. ref. to illness) gravely, seriously. **d** (w. ref. to emotion) intensely, bitterly; **e** (w. *ferre*).

a an omnibus per orbem sive levius sive ~ius peccantibus .. gratiam tuae pietatis inpendes? BEDE *Hab.* 1244; ~iter peccamus ANSELM (*CurD* I 21) II 89; imperator .. quem .. ~iter .. offendimus ORD. VIT. VII 7 p. 185; quidam, quanto ~ius se errasse in regiam majestatem noverunt, tanto ferventius .. ei famulati sunt *Ib.* VIII 2 p. 280; proximum qui graviter viderit errare / tenetur fideliter ipsum revocare PECKHAM *Def. Mend.* 118; mentitur ~ius, cum habet .. intencionem .. decipiendi .. ecclesiam WYCL. *Ver.* II 17. **b** ut [impii] receptis corporibus in judicio ~ius damnentur BEDE *Prov.* 948; **956** (11c) sciat se rationem ~iter redditurum in die judicii *CS* 978; sicut majorem coronam meretur simplex obedientia quam .. escarum abstinentia, ita ~ius ille punitur a quo illa contemnitur quam a quo ista deseritur ANSELM (*Ep.* 196) IV 86; in .. pacis vestre turbatores ~iter animadvertens GIR. *TH* III 48; **s1252** addiderunt, ipsum [Symonem comitem Leic.] ~iter accusantes, quod .. M. PAR. *Maj.* V 276; **1295** (v. elusio a); *Inst. Sempr.* lxiv* (v. grangiarius b); **1309** [ut] taliter vos habeatis in hac parte ne ad vos tanquam ad impugnatores .. jurium corone nostre regie ~iter capere debeamus (*Breve Regis*) *Reg. Carl.* II 12; forte dicet aliquis "vultne Deus se ita ~iter [ME: *wracfulliche*] vindicare de peccato?" *AncrR* 142. **c** longo febrium incommodo ~iter vexatus BEDE *HE* III 12 p. 150; qui me sensu graviter limphante sequuntur FRITH. 1172; ~iter vulneratus G. MON. X 12; rex, licet nimio ilium dolore ~iter angeretur, sana tamen mente .. fruebatur ORD. VIT. VII 16 p. 248; morbo .. ~issime .. vexantur GIR. *TH* II 4; ubi vir nobilis G. ~iter egrotabat P. BLOIS *Ep.* 43. 126A. **d** si .. in adulescentia .. sceleris aliquid commiserat, quod commissum .. ~issime exhorruit BEDE *HE* IV 23 p. 263; maeror mentem meam ~iter perfudit ANSELM (*Ep.* 71) III 191. **e** ~iter ferebat illum velle nomen Troie .. delere G. MON. I 17; inchoatam .. perceptionem non consumare ~iter ferentibus BALSH. *AD rec. 2* 43; interrogatus .. si jam ~iter ferret quod .. *Chr. Battle* 130v.; **1267** quod, si placet, ~iter non feceris *Cl* 387.

6 earnestly, solemnly.

c1089 sustine me sic ~iter loquentem, .. quia .. me .. cogit dolor ex amore ANSELM (*Ep.* 137) III 282; salutat Gabriel Mariam .. / .. / sed virgo .. / missum interrogat de modo graviter WALT. WIMB. *Carm.* 101.

7 (mus.) with low-pitched or 'grave' sound.

quanto densius est tintinnabulum tanto acutius sonat, tenuius vero, ~ius ODINGTON *Mus.* 85.

gravitudo [LL]

1 heaviness.

hec ~o .. et hoc gravamen OSB. GLOUC. *Deriv.* 254; ~o et gravitas et gravedo, A. *hevynesse WW*.

2 oppression, imposition.

815 (12c) has terras .. liberaliter adquisibit a ~ine comitum et .. servitute regum *CS* 352; **877** (12c) terram .. liberam ab omnibus terrenis difficultatibus omnium ~inum *CS* 544.

3 seriousness (of sin). *Cf. gravitas* 6.

1027 (1242) considero ~inem peccatorum meorum (*Pat, inspex.*) *RGasc* I 150.

graviusculus [CL = *somewhat low*], somewhat burdensome.

1520 ~a laete subivimus, laboriosa .. tulimus *Reg. Merton* 495.

gravum v. granum 5b. **grawa** v. 2 grava.

greachia [AN *greesche* < Graeciscus], game of chance. *Cf. OED s. v.* gresco.

1273 in lusu ad greascum apud Alnewyk iiij s. v d. *Comp. Dom. Buck.* 12; **1300** Johanni de L., capellano .. Edwardi filii regis, pro denariis per ipsum liberatis eidem domino suo ad ludendum ad creag' et alios ludos per vices .. c s. *AcWardr* 157; **1306** W. V. tabernarius indictatus .. quod noctanter .. receptat ludentes ad ~iam *Gaol Del.* 39/1 m. 19*d*.

greamentum [OF *greement*, cf. agreamentum], agreement.

1255 pecuniam .. eidem solvere tenemur .. sub obligatione legitimi ~i nostri *RGasc* I *sup.* 32.

grec- v. et. Graec-.

grecia [ME *gres, greces* < AN, OF *grees, greses, pl. of gree = step* < gradus], steps, staircase. *V. et.* 4 *gressus.*

1282 in emendatione ~ie solar' *MinAc* 935/9; **1303** in reliis faciendis ante pariet' boverie .. et ~iis ante hostium boverie emendandis *Ib.* 991/26; **1365** in j carpentario conducto pro emendacione ~iarum camere ultra portas .. et in c clavis emptis pro ~iis camerarum *DL MinAc* 242/3888 m. 3.

grecilis v. gracilis. **grecius** v. grisus.

1 greculus v. Graeculus.

†2 greculus, (?) *f. l.*

1430 dum singularis numeri pastor fuerat, et singularem habebat ~um [? l. gregulum] ad regendum complacuerunt sibi singula .. obsequia *Reg. Whet.* II 394.

gredelingus [ME *gredling*], (?) ram in second year.

DOMERH. *Glast.* 522 (v. gercius); **1306** respondet de cviij gredling' receptis de remanente, et vj^{xx}iij receptis de adjunctione hogettorum post tonsionem *MinAc* 856/15 m. 2*d.* (*Minchinhampton, Glos*); **1311** gredlingos et hogettos *Ib.* 17 m. 2; **1329** domum gredlingorum *Ib.* 20 m. 1*d.*; **1329** in stipendio bercarii custodientis ~os *Ib.* m. 3.

gredi v. gradi.

greetmannus [Frisian *grietman*], head of district (*Friesland*).

1401 consules, ~i, conjudices (*DipDoc E* 1241) *Foed.* VIII 193 (v. conjudex b).

greffar- v. graphar-.

gregalis [CL]

1 living in a flock.

~is, *geferlic GlP* 811; anser brendinus .. ~is avis et garrula CAIUS *Anim.* 18.

2 common, ordinary.

~is, mediocris *GlC* G 159; hic et hec ~is, .. i. ignobilis OSB. GLOUC. *Deriv.* 254.

gregaliter, in a flock.

comparet eos aucis silvestribus, que congregantur ~iter sine numero limitato WYCL. *Apost.* 42.

gregare [CL], to amass.

cum .. immensas praedas ~asset FELIX *Guthl.* 17; *CathA* (v. globare a).

gregarius [CL]

1 living in a flock (also fig.). **b** (as sb. m.) sheep-dog.

~ius, congregabilis, .. OSB. GLOUC. *Deriv.* 262; sunt .. ~ie virtutes; simul advolant et evolant, ut columbe GIR. *PI* I 11. **b** ~ius, *dogge, sheperdis hounde PP*; ~ius, A. *a flockere*, et est canis pastoris *WW*.

2 common, ordinary.

~iorum, *unaeðilsa GlC* G 157; ~ius, i. plebeius et vili genere natus OSB. GLOUC. *Deriv.* 254; ere alieno in funebrio cultu indiguit; ope ~ii pro sanapila et vispillionibus conducendis eguit ORD. VIT. VII 16 p. 254; hoc vinum etiam Petrum gregarium / fecit philosophum philozophancium WALT. WIMB. *Carm.* 146.

3 (mil.) belonging to rank and file; **b** (as sb. m.).

milites .. medie nobilitatis atque ~ios aptissimis edictis coercuit W. POIT. II 33; portas .. munivit ne ~ii milites .. introirent ORD. VIT. IV 4 p. 181; ~ios equites collegit *Ib.* V 10 p. 386; ~ie .. militie, sed et predonum, .. robustissima manu .. conspirata *G. Steph.* II 83; o militis ~ii consimilis plagiario turpis contractus NECKAM *NR* II 175. **b** **801** ~ios, id est ignobiles milites ALCUIN *Ep.* 233; absit ut hos pagenses et ~ios .. adeo metuamus ut pro illis callem divertamus ORD. VIT. XII 39 p. 45.

4 (w. *miles*) constable (in Exchequer).

post hunc resident miles ~ius, quem constabularium dicimus *Dial. Scac.* I 5 C.

gregatim [CL], in flocks or swarms: **a** (of birds or beasts, also fig.); **b** (of bees); **c** (of persons or unspec.).

a turtur solivagus, columba autem ~im gemere consuevit BEDE *Hom.* I 18. 80; oves Dominicas longe lateque ~im collectas B. *V. Dunst.* 15; greges .. in cuneos medios ~im insurgendo irruere R. COLD. *Cuthb.* 65; auce minores .. ~im in multitudine magna .. venire solent GIR. *TH* I 23. **b** **s876** [apes] terram .. petentes insidere ~im in frondibus .. arborum *Chr. S. Neoti.* **c** ~im, *wearnmelum GlC* G 158; ~im, socialiter, communiter .. sociatim, socianter OSB. GLOUC. *Deriv.* 254, 262; choros .. miserabiles turmatim .. collectos et ~im AD. EYNS. *Visio* 15; ~im, A. *to gedyr WW*.

Gregorianus

1 of Pope Gregory I (esp. w. ref. to music). **b** of St. Gregory's Priory, Canterbury. **c** (as sb. m.) canon of St. Gregory's Priory, Canterbury.

nullo decem cordarum reboante officio .. nec ~o potitis dulcis armoniae organo BYRHT. *HR* 4 p. 8; cum ~is concentibus *Ib.* 55; non ~us concentus nec epicedion auditus est *Id. V. Osw.* 450; ~us dialogus GOSC. *Edith* 282; **1417** ~a teste sententia *Reg. Cant.* III 49; ligatura .. principaliter convenit musice ~e HOTHBY *Cant. Fig.* Fa 30; **1504** *Reg. Glasg.* 509 (v. discantus). **b** dum ~a basilica contra Augustinianam obstinate vestitur .. GOSC. *Lib. Mild.* 1. **c** qua argumentatione advena ~orum eruditissimus suis eos telis confoderit *Ib. cap.* p. 68.

2 (as sb. m.) supporter of Pope Gregory VII.

alii qui Witberto favebant ~os omnes anathematizabant ORD. VIT. VII 4 p. 165.

3 (w. ref. to decretal) authorized by Pope Gregory IX.

s1235 (v. decretalis 2a).

gregorizare [? cf. γρηγορεῖν], to be wakeful; (? infl. by *Gregorius*).

~are, vigilare, excubiare .. pernoctare .. manubiare, expergisci OSB. GLOUC. *Deriv.* 264.

gregum v. Graecus. **greinum** v. granum. **Grekus** v. Graecus.

gremialis

1 embracing, enclosing as in a bosom (in quot., transf.).

814 dedit xxx jugera inter duos rivos ~es fluminis quod dicitur Stur *CS* 344.

2 (as sb.) member of community: **a** (mon.); **b** (acad.).

a a1431 singulos vestri monasterii ~es *Cant. Coll. Ox.* III 81; **1440** pro dubiis in ecclesia nostra aut inter ipsius ~es decidendis *Stat. Linc.* II 270; successor ad culmen regiminis erat Thomas W., ejusdem loci ~is et subprior *Croyl. Cont. B.* 479. **b c1398** exceptis magistris ~ibus, filiis dominorum *DocCantab* I 402; **1442** quod .. eruditi filii exurgant de gremio matris vestre. speramus .. quod ita ~es vestri se dedant studio .. ut .. universitatis [Oxon.] .. honores augeant BEKYNTON I 207; **a1498** statutum est ne quis ~is in congregationibus magistrorum aliqua verba .. proferat nisi Latina *DocCantab* I 318.

3 (as sb. n.) apron; *cf.* AN *gerun*, OF *geron*. **b** (as adj., ?) apron-shaped or *f. l.*

1432 ij gremalia [MS: g^e^malia] .. cum circumferen' de viridi; item rubeum g[re]mar' (*Invent.*) *Reg. Glasg.* II 334; **1549** ~e vetus ex serico albi coloris *Reg. Aberd.* II 187. **b** in gremio coriali [v. l. corio ~i] NECKAM *Ut.* 118 (v. corialis).

gremiare, to nurse, foster.

huic tua des, ut et gremiet, lac dulce propinet D. BEC. 2228.

gremiotenus v. gremium.

gremium [CL]

1 bosom (of person); **b** (prov.). **c** (w. ref. to heaven, *sinus Abrahae*). **d** (fig., w. ref. to source of protection, care, *etc.*); **e** (of abstr.).

castissimum .. Mariae virginis ~ium ALDH. *VirgP* 38; postquam / tondenti in gremium candida barba cadit ALCUIN *Carm.* 93. 14; in ~io tenens .. infantem WULF. *Æthelwold* 5; manus prolatas contra advenientem videbatur oppandere ac illum brachiis circumamplectentibus vultu cum hilariori satis blando solamine ~io tenus confovere R. COLD. *Godr.* 90 p. 100; eremita cum dormisset in ~io famuli sui GIR. *GE* II 20; **1251** homo .. super .. equum .. ducentem ante eum in ~io suo unum fetonem *SelPlForest* 97; hec allevatam virgunculam ~iotenus amplectens accuracius refovere studuit *Mir. Hen. VI* III 103 p. 180. **b** mus in pera .. serpens in ~io GIR. *EH* I 15. **c** vita beata / albis indutos gremium produxit in altum ÆTHELWULF *Abb.* 334. **d** ALDH. *VirgV* 878 (v. gerere 1a); te .. mater phylosophia in ~io suo excepit G. MON. I 1; jacebat Caduallo in alia parte fluminis in gremio cujusdam nepotis sui *Ib.* XII 2; in ~io diaboli *AncrR* 76 (v. acediosus); **1442** (v. gremialis 2b). **e 794** me .. in ~ium .. intercessionis vestrae colligere dignemini ALCUIN *Ep.* 27; in .. ~io caritatis .. / .. suscipe *Id. Carm.* 21. 9.

2 embrace (also fig.).

Timotheum presbiterum quem [pellax] nefandis ulnarum ~iis procax obuncabat ALDH. *VirgP* 32; per [? l. ter] septem gradibus se volverat atque duobus / Virginis in gremiis Phebus, et hic obiit (*Vers.*) ORD. VIT. VIII 1 p. 257.

3 lap.

libro Psalterii sic in ~io genuum expanso R. COLD. *Godr.* 90; nec pecunia ponebatur in apostolorum manibus, aut ~iis, aut archivis, sed ad pedes, pro aliis PECKHAM *Paup.* 10 p. 48.

4 (*~ium ecclesiae*, fig.) the bosom of the Church, as source of protection, care, *etc.*; **b** (w. ref. to safe-keeping of valuables).

omnes exultant filii ~io ac si matris ecclesiae confoti GILDAS *EB* 12; ad maternum sanctae ecclesiae ~ium ALDH. *VirgP* 44; in ~io catholicae congregationis FELIX *Guthl.* 26; in ~io sancte matris ecclesie .. educatus ORD. VIT. III 5 p. 77; ~io sancte ecclesie restitutus *Chr. Battle* 65; **1327** licet .. de claustri nostri refugio .. recessit et adhuc extra ~ium ecclesie resideat *Lit. Cant.* I 234; ecclesie gremium notat ordo presbiterorum / quo debent animas rite fovere bonas GOWER *VC* III 1647; **1448** ad ~ium sancte matris ecclesie (*Court Bk. Linc.*) *Eng. Clergy* 225; **c1520** ad ~ium sancte matris ecclesie *Conc. Scot.* I cclxxxiii. **b 798** (13c) justum esse ut metropolis ecclesia .. cenobium C., cujus inscriptiones in suo ~io habebat, perciperet .. *CS* 291.

5 (*~ium ecclesiae*, mon.) the community belonging to a monastery.

in ecclesie ~ium, in virginale collegium, in divinum gymnasium GOSC. *Edith* 47; **s1214** Johanni abbati ecclesie S. Albani successit Willelmus, monachus de ~io ejusdem ecclesie WEND. II 112; **c1300** septem monachos elegerunt ita quod dicti septem de se vel aliis, de ~io dumtaxat, illum eligerent in episcopum *Reg. Cant.* 632; **1361** Hugo .. primus inter abbates de Abendone de ~io ecclesie a fratribus canonice electus est (*Chr. Abingd.*) *EHR* XXVI 729; advertentes in ~io intrinsece se habere valentes theologie professores *Hist. Durh.* 143; **c1370** cum officium magistri .. vacaverit, .. ille in quem major pars sociorum consenserit, se sit de ~io, vel in quem due partes confratrum consenserint, si sit extra ~ium, .. episcopo Norwycensi .. presentatur (*Stat. Coll. Rushworth*) *Lit. Cant.* II 499; **1524** ad hoc faciendum tenebuntur .. omnes .. administratores .. dicti collegii .., sive fuerint de ~io loci sive fuerint extranei *Reg. Brechin* II app. 179.

6 enclosed space. **b** body (of church), nave.

cum omnia jam animalium peculia de ~io cymiterii viribus ejecissent R. COLD. *Cuthb.* 65 p. 131. **b** hinc .. ad tumulum devecta est, et in ~io ecclesie, juxta consortem thori, corpus ejus .. sepultum est ORD. VIT. V 19 p. 446; **s1387** Ricardus D. prior plumbavit ~ium seu navem ecclesie *Ann. Berm.* 481.

7 inner recesses: **a** (of something hollow); **b** (of earth, grave); **c** (of heart or mind); **d** (of abstr.).

a cuparum ~iis ALDH. *VirgP* 36 (v. circus 2a). **b** de terrae gremiis formabar primitus arte *Id. Aen.* 61 (*Pugio*) 1; ut faustis glomeratos jure catervis / de gremio tumuli .. / suscitet *Id. VirgV* 1248; **798** auri .. species quae ~io eruitur terrae ALCUIN *Ep.* 148; tumulata .. sub gremio terre *Mir. Nin.* 279; hoc in mausoleo Robertus .. / conditur humano more soli gremio (*Epitaph.*) ORD. VIT. VIII 3 p. 287 (cf. ib. X 1: extra matris telluris ~ium). **c** inluminato cordis ~io avida cupidine heremum quaerere fervebat FELIX *Guthl.* 24; divitias tribuit laxato mentis opimo / jam gremio monachis ÆTHELWULF *Abb.* 407.

8 apron.

quasi collectum ~io semen BEDE *Prov.* 988; in ~io coriali [*gl.*: *geron de quir*] NECKAM *Ut.* 118 (v. corialis).

9 (?) dewlap.

1213 iij leporarios .. cum nigris ~iis *Cl* 157b.

1 grena [ME *grene*], (village) green; **b** (in name).

a1243 ij selliones qui jacent in crofto contra ~am *DL Cart. Misc.* 2/137 (*Hunts*); **1266** filia Henrici W. de Goudington [*Beds*] exivit de curia .. et ivit in in ~am ad quendam fontem *SelCCoron* 7; orta fuit contentio in ~a de Goldingtone inter .. *Ib.* 84. **b 1279** S[t]ephanus ad ~am .. Willelmus super ~am *Hund.* II 461a (cf. ib.: W. super le Grene); **a1290** in .. terris .. in Sechford que uncquam fuerunt Ricardi filii Sarlonis ad ~am de Sechford avunculi mei *Ch. Norw.* II 31; **1325** de Andrea ad ~am *Rec. Elton* 268.

2 grena v. 2 greva.

grenefinca [ME *grenefinch*], greenfinch.

spinum Aristotelis ~am nostram esse arbitror. .. magnitudine passerem aequat, tota viridis est, praesertim mas in hoc genere TURNER *Av.* F3v.

grenetarius v. granatarius. **grepinga** v. gripinga. **gres-** v. et. gris-. **grescanum** v. gersuma 1a. **grescia** v. 1 gressa.

greseillerius [cf. OF *groselier*], gooseberry bush.

1275 Willelmo le Gardener pro iij koygner', ij picher', iij s.; eidem pro ~io, iij d. *KRAc* 467/6/2 m. 9.

greseus, ~ius v. grisus. **gresmannus** v. grasmannus.

1 gressa, ~ia [AN *gresse*]

1 rendered fat, grease.

ulcera labiorum unguantur cum .. unguento al[bo] aut ~a cum oleo et sepo GILB. III 156v. 2; **1300** in coriis tannatis et postea conreatis cum ~a pro follibus faciendis *Pipe* 145 r. 22; **1309** canis, .. inveniens caput predicti pueri unctum de grassa, corrodit caput pueri usque ad cerebrum *S. Jers.* XVIII 269.

2 (season of) 'grease'. **b** fat game.

1234 convenit inter Johannem de B. et abbatem de F. .. quod idem abbas .. habeat v damos in ~ia et v damas in fermisona *Cl* 484; **a1253** unum damum de ~ia *Cart. Chich.* 838; **1290** [venatori] habenti .. equum tempore grescie (*AcWardr*) *Chanc. Misc.* 4/4 f. 59; **1370** quod .. abbas .. percipere debeat de chacea .. v bonos damos in gresso et v damas .. in fermisona singulis annis *Cl* 208 m. 10. **b 1290** eunti .. usque in forestam de Dene a[d] capiend' ibidem ~iam regis *KRAc* 352/20 m. 3.

2 gressa v. 2 grossus 8a.

gressenus [cf. grisus], badger.

~us, A. *a brokke WW*.

gressia v. 1 gressa.

gressibilis [LL], connected w. walking. **b** able to walk. **c** that can be walked on, firm.

nec pedestria progrediendo perficere [poterat] iccirco quod omnis motus ~is .. procreavit languorem egritudinis R. COLD. *Cuthb.* 96. **b** hic et hec ~is .. et hoc ~e, i. quod facile graditur OSB. GLOUC. *Deriv.* 249; corpus .. esse maligno inhabitante spiritu ~e, visibile, dicibile potuit *Ep. ad amicum* 115; quod .. ~e est, interdum gradi non potest J. SAL. *Met.* 836B; homo est animal rationale, mortale, ~e, bipes; sit quod homo sine pedibus nascatur: nec ideo minus est homo, bipesve dicitur, nec idcirco minus ~e, licet gradi non possit D. MORLEY 193; genera animalium sunt v, sc. homo, volatile, et aquaticum, et ~e [*n.*: id est quadrupes], et quod serpit supra ventrem BACON V 134; quamvis .. [apis] possit inter volatilia computari, tamen quia pedibus utitur .. merito potest inter ~ia numerari UPTON 152. **c** humus .. proprie dicta est cum operiretur aquis; arida vero post congregationem aquarum in unum locum; terra, postquam facta sunt ~ia pedibus, quorum cepit teri tellus tempore Cahin S. LANGTON *Gl. Hist. Schol.* 42.

gressifer v. garcifer. **gressio** v. garcio.

gressius [cf. Fr. *grès*, Germ. *Grieß*], sand, grit.

1253 Henrico de Ponte pro clavis ferri et ~iis, xix s. viij d. (*KRAc* 467/1) *Ac. Build. Hen. III* 250 (cf. ib. 248: Henrico de Ponte pro *grese* ad martella acuenda).

gressualiter, by walking, by taking steps.

quia .. ~iter ad Deum accedere [homo] non potest, facit hoc vicario Dei, ad quem accedere potest G. CRISPIN *Ep. Sup.* 7.

gressum v. 1 gressa, gressus. **gressuma** v. gersuma.

1 gressus v. gradi.

2 gressus v. 1 gressa.

3 gressus [CL]

1 the action or power of walking. **b** foot.

cruribus atque suris claudum restaurat egrotum / quam fortuna prius gressu privavit egentem ALDH. *CE* 4. 2. 19; ~us, ambulatio *GlC* G 156; precepit .. fieri sibi feretrum .. cum ~um alteriusmodi abnegaret infirmitas G. MON. VIII 22; surdis auditum, claudis ~um, mortuis vitam dabat HON. *Spec. Eccl.* 886C; capitis motibus pedumque et crurum liberis potitus est ~ibus *Canon. G. Sempr.* 166; dolore .. pedum .. occupatus quem medici podagra Grece nuncupant, ~u omnino destituitur *Lib. Eli.* III 9. **b** quasi somno refectis artubus surrexi et †ingressus [l. in gressus] firmos erecta constiti GOSC. *Transl. Mild.* 30 p. 200; nervorum contractio solvitur et juncture ~uum solidantur *V. Fridesw. B* 23.

2 an act of stepping, footstep, pace; **b** (as measure of distance). **c** move in chess.

flores humanis ~ibus pulsati GILDAS *EB* 3; si quis .. scortator vagabundis ~ibus lupanar ingredi maluisset ALDH. *VirgP* 35; pedum ~ibus *Lib. Monstr.* I 54 (v. gigas 1a); ~um retorquens .. me qua venimus via reduxit BEDE *HE* V 12 p. 308; gressibus arva manent, illum ne mergeret aequor ALCUIN *SS Ebor* 1373; non ut ejus videret .. vultum si esset canitie decoratus .. vel pulchris incederet ~ibus BYRHT. *Man.* 228; G. MON. X 3, **1440** (v. dirigere 3b); spiritibus cecis dat lumina, famina mutis, / consolidans plantas gressibus aptat eas NECKAM *DS* V 396; TROKELOWE 83 (v. dissolvere 2b). **b ?11..** pedes duo et semis [reddunt] ~um sive gradum, duo ~us passum *Eng. Weights* 4; longitudo curie magne .. 210 ~us mei W. WORC. *Itin.* 171 (*recte* 160). **c** pedes .. ~um obliquat, cum predo efficitur NECKAM *NR* II 184.

3 (fig.) step, stage (in progression); **b** (w. ref. to literary work).

erat .. Mellitus .. podagra gravatus, sed mentis ~ibus sanis alacriter terrena .. transiliens atque ad caelestia .. pervolans BEDE *HE* II 7 p. 94; **799** humilitatis passibus et patientiae ~ibus ALCUIN *Ep.* 173. **b** verborum ~ibus gradatim spatiantes ALDH. *VirgP* 39; de quo versifico paulo plus pergere gressu / Euboricae mecum libeat tibi, quaeso, juventus ALCUIN *SS Ebor* 1407.

4 (spiritual) progress, way of life.

c793 si .. lapso pede titubasti, reforma ~um et sta in gradu tuo et .. proeliare bella Domini ALCUIN *Ep.* 23 p. 61; Christum tu pectore porta / ille tuos gressus .. gubernet *Id. Carm.* 53. 12; non horror nivei tramitis obstitit / non gressu tepuit aequoreum jecur / te WULF. *Poems* 166; mulieres incessu serpentes fient et omnis ~us earum superbia replebitur G. MON. VII 3; **1160** prosperabuntur in Domino .. ~us vestri J. SAL. *Ep.* 123; si vis gressus claros, non ordo professus / hos tibi prestabit quos caucius umbra fugabit GOWER *Carm.* p. 355. 13.

5 (transf.) metrical foot.

alioquin dactilici .. aequitatis lance carentes lubricis sillabarum ~ibus vacillarent ALDH. *Met.* 6 p. 76.

6 (?) passage, entry.

†850 (14c) xl cassatos .. cum ~u trium carrorum in silva *CS* 459.

7 *f. l.*

venit .. ad me quidam nigromanticus .., qui famam nostri ~us exsciverat *Eul. Hist.* I 397 (= W. MALM. *GR* II 170: quem audita gestorum fama exciverat).

4 gressus [ME *gres, greces* < AN, OF *grees, greses, pl. of gree* = *step* < gradus; *form by assoc. w.* 3 gressus], steps, staircase. *V. et. grecia.*

1237 ~us ejusdem camere *Liberate* 11 m. 2 (= *Cal.* 292); **1265** quod .. habeant unam posternam in latitudine iiij pedum ad ~um ecclesiam *Cart. Chester* 339.

5 gressus v. grisus.

6 gressus v. 2 grossus.

gressutus [LL], walking on foot, pedestrian.

cruscula gressutos non norunt solvere tractus FRITH. 588; ~us, magnos gressus habens, sicut dicitur auritus et manutus et nasutus OSB. GLOUC. *Deriv.* 261.

gresuma v. gersuma. **gresus** v. grisus.

1 greva v. grafio.

2 greva [AN *greve*], beach, strand.

1198 de v acris de salso marisco in Wadhoge et j salina et tofta et †grana *Fines P. Norf.* 135 (cf. ib. 231 [**1199**]: de j salina cum tota hogga et medietate unius †grene); **c1200** dedisse .. ix acras in ~a maris de Wrangle [*Lincs*] .. ad salinas faciendas *RChart* 22a (= *DL Deeds* LS 90); **a1240** dedimus .. in ~a de Wrengle totam ~am usque ad portum maris .. et ix acras in ~a maris de Wrengle mensuratas pertica xx pedum, sc. propinquiores saline que fuit Alexandri *DL Deeds* L 52; **1289** iter .. de .. barbekana versus gravam [*at Bordeaux*] *RGasc* II 322.

3 greva [AN *greve*], parting of hair on head.

1263 fecit ei .. plagam in capite inter ~am .. et aurem dexteram *CurR* 172 r. 12*d*.; **1269** fecit ei .. plagam in media ~a capitis ultra frontem *JustIt* 569A m. 25*d*.; **1271** in summitate capitis .. inter ~am et auditum *SelCCoron* 21; **1274** (v. effundere 2b); **1308** percussit .. Willelmum in medio loco grave capitis cum predicta hachia *SelCKB* IV 23; *an hede*, aqualium .., cephas, .. graba *CathA*.

greveria, ~eia v. graveria.

grex [CL]

1 flock, herd (of sheep or other animal); **b** (of birds). **c** shoal (of fish). **d** swarm (of bees). **e** litter, brood.

c795 pastor providus ~gi suo optima praevidere pascua curat ALCUIN *Ep.* 31; ibi habet Gislebertus ~gem ovium *DB* I 354v.; *æhtespane* (id est servo porcario) qui dominicum ~gem curie custodit pertinet habere *stiferh* (id est porcellum de sude) (*Quad.*) *GAS* 449; Sarraceni .. per agros armentorum pecorumque ~ges passim demittebant ORD. VIT. XIII 6 p. 13; Jacob videt tres ~ges accubantes juxta puteum AD. DORE *Pictor* 156; ~x totus in agris cadit solius unius scabie prurigine porci *Quaest. Salern.* C 22; GERV. TILB. I 20 (v. agniculus a); **1274** (v. 2 bercarius a); quando lupus .. [fecit] insultus se congregat totus ~x [ME: *floc*] *AncrR* 93; **1440** unum ~gem ovium *FormA* 432; hic ~x, *a floke WW*. **b** ut uno in ~ge centum [grues] .. invenias GIR. *TH* I 14; *Ib.* 23 (v. bisia); pavonumque gregi non timet ire WALT. ANGL. *Fab.* 34. 4; greges avium GOWER *VC* III 1695. **c** cum grege piscoso scrutor maris aequora squamis ALDH. *Aen.* 16 (*Luligo*) 2. **d** bochero (id est apum custodi) pertinet *gafolheorde* (id est ~gem ad censum) (*Quad., Rect.*) *GAS* 448; **1323** ~x apium *MFG* (*Gt. Waltham, Essex*). **e** ~x catulorum GILDAS *EB* 23 (v. erumpere 1a).

2 group, horde (of people).

emergunt .. tetri Scottorum .. ~ges GILDAS *EB* 19; **c800** quare .. innexisti te scortorum ~gibus ALCUIN *Ep.* 295; ~x, multitudo *GlC* G 150; circumstat principem grex adulancium WALT. WIMB. *Palpo* 93.

3 the Lord's flock, congregation of Christians; **b** (of monks).

electi sacerdotes ~gis Domini cum innocentibus ovibus trucidati GILDAS *EB* 9; ovem perditam .. pastor .. Christus inventam revehit ad ~gem *V. Greg.* 107; numquam .. commissum sibi ~gem .. docere praetermittebat BEDE *HE* IV 21 p. 256; ostendens gregibus pabula pulchra Dei BONIF. *Carm.* 7.22; pater .. greges et ovilia cara revisens / ingemit, et precibus Domino commendat FRITH. 1122; ad regendum me ipsum et ~gem mihi commissum ANSELM (*Or.* 17) III 70; Hugo .. baptizatorum ~gem formidans inter allophilos diutius exulavit ORD. VIT. IX 15 p. 598; R. BURY *Phil.* 4. 49 (v. dominicus 6a); **1549** haereses in ~ges Dominicos .. grassari *Conc. Scot.* II 81. **b** congregavit .. sibi .. ~gem monachorum WULF. *Æthelwold* 11; tam sancto monachorum ~gi rectorem .. fieri ANSELM (*Ep.* 165) IV 39; Uticensis ~x .. in pace quievit ORD. VIT. III 3 p. 63; invenit .. abbatias complures in quibus ~x Domini rectum ordinem tenebat G. MON. XI 1; pro tenella (*sic*) ~ge [sc. abbatie de Revesby] W. DAN. *Ailred* 20.

grias [LL], madder.

gryas, *medere Gl. Durh.*; herba ~yas, *þæt is mæderu Leechdoms* I 24.

gridillum v. girdalium. **griengus** v. grisengus. **grifes** v. gryps. **griffator** v. grapharius. **griffes** v. gryps. **griffinus** v. grypinus.

1 Griffo [AN *griffun*, ME *griffoun*, *app. related to* AN, OF *griu* < Graecus], (Byzantine) Greek.

s1184 dominabantur in ea [sc. Ierusalem] ~ones Christiani *G. Hen. II* I 330; **s1190** cives .. nequam, vulgo dicti ~ones, et patribus progeniti plures eorum Saracenis, nostris .. exstiterant .. infesti *Itin. Ric.* II 12; **s1190** cepit castellum .. quod dicitur monasterium ~onum. ~ones insultum facientes .. repulsi sunt DICETO *YH* II 85; unus [rex Francie] dictus est Agnus a Grifonibus, alter [rex Anglie] Leonis nomen accepit DEVIZES 29; vilibus et effeminatis ~onibus *Ib.* 30.

2 griffo, grifo, grifus v. gryps. **grill-** v. gryll-.

grilsa [MScot. *grilse*, ME *grills*], young salmon.

1466 pro custuma .. levare pro qualibet barili de Hamburgh' magnorum salmonum iij s., et de ~is xviij d. *ExchScot* 430.

grimandria v. germandrea.

grincire [LL *gl.*], to caw.

graculi ~iunt ALDH. *PR* 131.

grinicus v. 2 bruncus. **grinnitus** v. grunnitus.

grino [AN *gernun*, OF *grenon*], moustache (in name). *Cf. gernobodum.*

s1104 ad .. concessionem fuerunt .. Willelmus cum ~onibus [? = *Algernon*], Walterus nepos ejus [et al.] *DC S. Paul.* (*HMC*) 61b.

grip- v. et. gropa, gryps.

gripa [ME *grip*, *grep*], 'grip', ditch, drain.

1280 in fossatis et ~is curandis, lij opera *MinAc* 1142/1 m. 7*d*. (*Hants*); **1313** placeam terre .. que jacet .. inter terram et quamdam communem grippam *Deeds Newcastle* 28 (cf. ib. in marg.: ista grippa est .. parva venella inter tenementum domine de H. .. et tenementum ubi E. H. inhabitat); **1491** grippa aque percurrens in prato Johannis G. .. est nimis bassa, ob cujus defectum aqua ibidem non evacuat ob defectum purgacionis dicte grippe *CourtR Lygh* f. 12v.

gripella, small drainage trench.

grippella *MFG*.

gripha, ~es, ~o v. gryps. **griphia** v. graphium 2a.

griphus [CL < γρῖφος], enigma.

non Platonis invisibiles ~os nec Aristotelis versutias inversare P. BLOIS *Serm.* 649C.

gripinga [cf. ME *grip*, *grep* = *ditch*, *drain*], 'gripping', ditching.

1291 in grepinga in marisco pro blado domini .. salvando *MinAc* 922/23 (cf. ib. 25: minuta opera: .. in grepinga pro blado salvando, vj. opera).

gripinus v. grypinus. **grippa** v. gripa. **gripposis** v. gryposis. **grisancus, ~angus** v. grisengus. **Grisatunica** v. grisus 3b. **grisseiium, ~eingum** v. grisengus.

grisellus [OF, ME *grisel*], (of horse) grey.

1308 venit j equus †gysell' de domino tesaurario *KRAc* 99/6 m. 3 (cf. ib. m. 7: j cursarius ~us); **1313** iij cursorios .. quorum unus albus ferrandus, alius badius, tercius ~us *Ib.* 375/8 f. 28*d*.; **1332** j palefridum nigrum ~um de Ispania (*KRAc* 386/7) *Arch.* LXXVII 125; **1355** de ij jumentis .., quorum j grisell', et j verrat' *MinAc* 802/11 r. 4; **1367** Alicie de C. pro rewardo sibi facto pro j equo suo grisell' mortuo in servicio .. regine *KRAc* 396/2 f. 32; **1453** unius equi grisilli *Cl* 303 m. 22*d*.

grisengus [AN *grisenc*], 'grising', coarse grey cloth; **b** (as adj.).

1187 pro escarlato et viridi et ~o de Flandria *Pipe* 19; **c1200** quidam griengis, hoc est panniculis aerium colorem imitantibus, vestiuntur *MS Bodl. Ashmole* 1285 f. 231; **1208** pro ij ulnis de griseingo ad j barrudum faciendum *Cl* 101b; **1210** pro viij ulnis de grisenc' et viij ulnis de canevac' ad faciendum saccos *Misae* 168 (cf. ib.: pro vj ulnis griseng'); **1233** septingentas ulnas panni, viz. j medietatem de *blaunchet* et aliam de ~o ad opus fratrum Predicatorum et fratrum Minorum *Liberate* 10 m. 2; **1254** quod .. faciant habere fratri Herewardo .. vj ulnas de ~o ad unam robam *Cl* 282 (= *RGasc* I 434: griseiio); **1276** ceperunt .. supertunicam de grisango *Hund.* II 127; **1313** [reddendo j] capam de grisanco *Cal. IPM* 207. **b** *GAS* 234 (v. brunus 2a); **1272** indutus fuit supertunica de russeto .. et tunica de panno ybernico griseyno *SelCCant* 130; **1325** eduxit .. xviij pannos grisancos et russetos *EEC* 395.

grisetus [OF *griset*], grey; (as sb. n.) grey cloth.

s978 indutus tunica illius panni quem Franci ~um vocant .. 'hic cum hac ~a tunica ..' DICETO *YH* I 155; pannarius .. habeat ~um de Totenais (*Nominale*) *Neues Archiv* IV 340.

griseus v. grisus. **griseynus** v. grisengus.

grisillum [cf. OF *gresillon*], grating.

c1224 ad pantariam j par ~orum *Chanc. Misc.* 10/13/2; **1316** ad capiendum cariagium pro tegul', sablon', grisill', clavorum *tylpynnes*, maer' et aliorum necessariorum ad .. Turrym London' *KRAc* 468/20 f. 7.

grisillus v. grisellus. **grisius** v. grisus.

grismulettus [AN *gris* + *mulet*], grey mullet.

1242 lx s. xj d. quos posuerunt .. in ~is missis ad nos usque Clarendon' *Liberate* 34 m. 11.

griso [cf. grisus], 'gris', squirrel fur.

a1308 tymbra .. de pellibus cuniculorum et ~onum constat ex xl pellibus *Eng. Weights* 10 (cf. *StRealm* I 205: senellio .. de ~o constat ex x pellibus); **1312** tenuit de nobis .. tenementum .. in Wynton' per servicium reddendi nobis per annum .. unum pellicium ~onis *Cl* 129 m. 7.

grissa, ~ea v. cresso, grisus. **grissius, ~us** v. grisus.

grista, ~um [ME *grist*], grain for grinding. **b** (?) ear of barley.

1234 (v. gristarius); **c1300** debent verberare in autumpno grist' *DC Cant. Reg.* J p. 41. **b** **12..** si inveneris sigillum in gagate sculptum, sc. virum .. coronatum, et teneat in una manu ~um et in alia ramum herbe .. *Sculp. Lap.* 453.

gristarius, grister.

1234 isti recipiunt soldatam ad Pascham: .. pincerna griste, dim. m; .. ~ius, vannatarius, vigilator .. ad placitum domini *Cust. Glast.* 1.

gristus v. grisus. **grisumma** v. gersuma.

grisus, ~eus, ~ius [AN, ME *gris*]

1 grey; **b** (of horse); **c** (of cat); **d** (of bird).

s1207 fratres Minores .. funiculis cincti, tunicis ~eis .. utentes M. PAR. *Min.* II 109; BAD. AUR. 155 (v. cinericius); **s1401** collobio grosio [v. l. ~io] *Plusc.* X 17 (v. garcifer a); **s1405** a .. medico .. in †grossia ejus urina intoxicacione experta .. sanitas recuperatur AD. USK 100; **14..** [superaltare] quadratum de †gristo [? l. ~io] marmore .. ornatum cum argento et auro AMUND. II app. 333; *grey* .. gresius .. *russet*, grecius PP; ~eus, A. *grey WW*; **1529** potestatem .. stallum, velum, ~eam tunicam reddendi *Form. S. Andr.* I 317. **b** **1286** pro .. uno runcino ~o liberato pro somero regis *Rec. Wardr.* 547; **1314** j equum gris' liard' *KRAc* 14/15 r. 1; **1366** ~ei palfredi (v. curatio 2b); **1378** in precio j equi ambolantis †grasse coloris *DC S. Paul.* (*HMC*) 43a; **1416** (v. cursor 2a); **1433** unum pullanum ~ii coloris *Test. Ebor.* II 31; **1447** equum gresum *Ib.* 128; **1508** equum grosii coloris *Reg. Brechin.* II app. 161. **c** **1228** precium j fardelli de pellibus ~orum cattorum, et j fardelli de pellibus agninis *Cl* 89. **d** **1130** reddidit xxv *girfals* ~os *Pipe* 111; GIR. *TH* I 23 (v. bisia); **1280** gerofalcones .. greseos (v. girfalco c).

2 grey fur, prob from Russian grey squirrel, 'greywork'. **b** (as sb. n., *sc. opus*, *q. v.*); **c** (dist. acc. colour); **d** (in surname). **e** (as rent).

1138 prohibemus .. sanctimoniales variis seu ~iis .. pellibus .. uti *Conc. Syn.* 778; **1177** pro j pena ~ia et ij pelliciis ~iis *Pipe* 198; **1222** salva .. prisa nostra ~i operis, cere, pannorum sericorum *Pat* 364; **1236** quindecim milliaria grissii operis et duo milliaria cere *Cl* 277; **1303** pro ~eo opere, pisce et oleo *EEC* 295; **1395** toga de blodio cum pelle ~ia *Test. Ebor.* III 4; [abbas T., ob. **1396**] dedit .. ij almisia ~ia ad x m. appreciata *G. S. Alb.* III 383; **a1440** in factura unius almicii de furrura ~ea AMUND. II app. 259; **s1528** mitra, amitia ~ea *Reg. Butley* 57. **b** W. CANT. *Mir. Thom.* VI 69 (v. appingere); varium, grysium, sabelinas W. FITZST. *Thom. prol.* 12; precepit ut quicquid de vario et ~io .. inventum fuerit venderetur et in usus pauperum partiretur GIR. *RG* III 3; **1208** pro iij coopertoriis de grisso *Cl* 101b; **1251** j coopertorium de ~o majus coopertorio illo quod rex nunc habet *Cl* 17; **c1270** cistam plenam de gryso *IMisc* 18/32; **1287** in .. xxix furris ~ii et grossi varii, xviij caparonibus ~ii et grossi varii *KRAc* 352/10 m. 1; **1363** quidam in capuciis vel almuciis fururas gestant .. de ~o *Doc. Eng. Black Monks* II 66; **1432** quod nullus studens .. utatur pellura de minutis variis, seu de puro albo vel de primo ~eo *StatOx* 239; episcopi, doctores et magistri in universitatibus, et domini de parliamento utebantur .. minuto vario, et albo, et ~eo GASCOIGNE *Loci* 202. **c** **1188** pro .. iij penulis de russo ~io *Pipe* 21; **1190** pro penula de rubido ~io *Ib.* 17 (cf. ib. 217: iiij pelliciis de albo ~io); **1207** ij coopertoria de crisso ardenti *Cl* 88b; **1213** (v. ardere 2d); **1214** ij iij coopertoriis de ruffo ~io *Cl* 175a; **1231** jupam de scarletto furratam de rubeo ~o *Cl* 4; **1232** quoddam coopertorium cum russo ~io *Cl* 26; **1257** j coopertorium de ~eo rubeo *Cl* 33. **d** **12..** Galfridi ~ii ardentis *DC S. Paul* (*HMC*) 35a. **e** **1221** Willelmus de S. Michaele debet de firma de Lindebi [Salop] unam peliciam de ~io per annum domino regi *LTRMem* 3 m. 9*d*.; **1229** de annuo redditu unius pellicei ~ii quem Willelmus scissor regis .. regi debuit pro domo .. in Wintonia *Cl* 261.

3 (of wool or cloth) grey, natural, neither bleached nor dyed; **b** (in name).

grisiis quas dicunt vestibus utens fucatos fugit pannorum colores *Canon. G. Sempr.* 62; **s1252** misit .. rex bigam oneratam pannis laneis et ~eis .. aptis ad fratres Minores vestiendum M. PAR. *Maj.* V 275; **1263** quod nullus .. faciet pannos persos nisi de lana alba et wayda et cineribus, et sine aliqua admixtione lane nigre seu ~e lane *Rec. Leic.* I 102; **1270** (v. capellarius); **1275** grissa, **1280** grissea, etc. (v. 2 carda); **1431** per custumam xxiiij duodenarum panni grecii et albi *ExchScot* 526; **14..** de .. summagio equorum cum sargis, .. ~iis pannis et lineis pannis *EEC* 214; **1462** panni gresii de Flandria *ExchScot* 149; **1574** pro factura unius paris de *gaskins* pro .. stolido, de panno gress' *Ac. LChamb.* 65 f. 29v. (cf. *Misc. LChamb.* 34 p. 267: *of gray cloth*). **b** Gaufridus Grisatunica DICETO *Abbr. Norm.* 156.

4 **a** (of monk) belonging to Cistercian order. **b** (of friar) belonging to Franciscan order.

1154 G. A. debet xx s., sed devenit ~eus monachus *Pipe* 30; monachi nigri .. nostris habent novos imitatores temporibus .. quos .. vel albos nominamus monachos vel ~os MAP *NC* I 25 f. 17v.; forte [sc. vinum] sit ad modum edificii ~orum monachorum [*gl.*: *gri moine*] NECKAM *Ut.* 103; abbates grisei sinodo quos Anglia misit / accusant regem sollicitantque Thomam H. AVR. *Poems* 27. 63; ~ii monachi comedent in refectorio nostro in festo S. Augustini sicut nigri *Cust. Westm.* 258; **s1199** avaritiam de monachis ~eis qui .. vicinis suis .. nocent .. effrenat W.

GUISB. 143; tres picti monachi, / unus est griseus, duo nigerrimi TRYVYTLAM *Laus Ox.* 239 (cf. ib. 365: secundus monachus colore varius). **b** inter fratres griseos sic est ordinatum (*Contra Religiosos*) *Mon. Francisc.* I 595.

5 a (~*a petra*) ragstone. **b** (of salt) grey (*cf.* Bridbury *England & Salt Trade* 52*n.*, and *grossus* 18c).

a **1250** mandatum est vicecomiti Kancie quod omnes illos de balliva sua, qui petram grisiam habent ad vendendum, distringat ad petram illam cariandam usque Westmonasterium ad operaciones . . ibidem inde faciendas *Cl* 262; **1253** pro xiiij navatis ~e petre *Ac. Build. Hen. III* 228; **1308** (v. farcostata); **1313** pro j farecostata ~e petre que dicitur *rag KRAc* 468/20 f. 4. **b** **1550** pro centum salis albi . . pro centum salis grocii *EEC* 628.

grithbricha [AS *griðbrice*], (fine for) breach of the peace.

1185 quietas . . de ferdwita et fictwita et blodwita . . et hamsoca et gritbricha *CalCh* III 383.

grithmannus [ME *grithman*], refugee in sanctuary.

1429 ordinatum est . . quod nullum ~um . . facerent burgensem *Doc. Bev.* 20; **1458** confuge sive gyrthmanii, citati ad allegandum causas racionabiles quare non debent puniri canonice propter eorum perjuria *Chap. Ripon* 72.

grithserviens [cf. ME *grithserjeant*], serjeant of the peace.

1291 servitium . . pascendi ~entem . . abbatis *Couch. Furness* I 311 (cf. ib. II 760).

groc- v. et. gross-. **grocius** v. grisus, grossus. **groda** v. 2 grova. **grodus** v. gordus.

grollare [? cf. OF *grole* = *shoe*], to equip or prepare (plough) in some way. *Cf. groundare.*

1313 in iij carucis ~andis, iij d. *Ac. Man. Westm.* 22100 (*Pershore*).

gromettus [OF *gromet*], groom, servant.

1513 dilectus serviens noster Jacobus W., ~us garderobe nostre (*Pat*) *Foed.* XIII 352a; **1583** unius gromet' camere nostre *Pat* 1236 m. 23.

gromillus v. grumillus.

gromus [ME *grom*], groom, servant; **b** (mon., w. spec. duty).

Deus, qui hos nequissimos, falsissimos, fetosissimos, . . ~os et garciones ad nocumentum humani generis in hunc mundum ab ano diaboli provenire fecisti, presta, . . ut per equos quos male custodiunt ad furcas detrahi . . valeant *Surv. Durh. Hatf.* xvii; **1409** cuilibet valecto meo . . c s., cuilibet de ~is meis, xl s., cuilibet pajetto meo iij s. iiij d. *Test. Ebor.* III 54; **1440** cuilibet valecto xl s. et cuilibet ~o xx s. et cuilibet pagetto vj s. viij d. (*Test.*) *FormA* 433; *grome*, ~us *PP*. **b** **1514** ~o aule hospicii *Ac. Durh.* 160; **1535** Georgio P., ~o ecclesie, capienti per septimanam iij d. *Ib.* 110; **1537** Willelmo D., ~o camere, . . Johanni B., ~o stabuli . . prioris, Willelmo G. ~o bursarii *Ib.* 703; **1537** Georgio C., clerico capelle, Roberto S., ~o aule, Willelmo T., ~o promptuarii, Jacobo R. ~o coco, Hugoni . ., Thome . ., ~is pandoxatorii, . . cuilibet eorum x s. *Ib.* 703.

gronagium [ME *groundage*, cf. *gron*, *var. spelling of* ME *ground*], form of tenement.

1324 quod nullus . . alienet tenementa, terras, prata et *layes*, nec ~ia seu curtilagia aliquibus sacerdotibus *Borough Cust.* II 97 (*Godmanchester, Hunts*).

grondcell-, grondsull- v. groundsell-.

gronna [LL < ? Gaul.], marsh, swamp.

[stagnum] primo circulo ~a stanni ambitur NEN. *HB* 219; ~a paludosissima et intransmeabili . . circumcingitur ASSER *Alf.* 92; latrunculi . . ad proximantia sibi ~ae latibula . . confugiunt *Ib.* 97 (cf. ib. 88: apis . . longe lateque gronnios interrogando discurrens); **1002** (14c) cum campis, . . pratis, aquarum decursibus, ~is *CD* 707; Haroldi corpus effodere et in ~am projicere jussit FL. WORC. I 194; grues . . in unum agmen collecte sunt . .; huc illucque in ~as diviserunt se *VSH* (*Ailbe* 43) I 62.

gronnesella v. groundsella. **gronnius** v. gronna.

gronnosus, marshy.

per sylvestria et ~a . . loca ASSER *Alf.* 53.

gronus [? ME *groin* = *snout*, ME *grones, pl. of grine* = *snare, noose*], (?) forked support for spit, Y-piece, rax.

1374 in coquina . . j magnum veru et j parvum veru et ~i ferr' ad idem, precii in toto iij s. *IMisc* 205/1.

groossies v. grossities.

gropa [ME *grope*]

1 grope, iron plate nailed to inner part of cartwheel for added strength. (*Cf. Hist. Agric.* I 544).

1248 in [rotis] ligandis de proprio et clutis et ~is ad idem *Rec. Crondal* 54; in . . carrecta empta . ., in ~is et clavis ad eandem ligandam . . iij s. *Ac. Beaulieu* 59; **1270** carette: . . in grippis et grapnall', vij d. *Ac. Man. Cant.* (*Chartham*); **1276** custus carrectarum: . . in ij paribus rotarum emptis, v s. vj d. in novo ferramento cum ~iis et clavis ad idem empto et apponendo, ix s. j d. . . in ~iis faciendis, iij d. ob. *Cuxham* 165; **1278** in xij ~is, . . in bend' et *lurwegges* loco ~orum ad aliam carectam *Ac. Stratton* 213; **1280** in . . rota iterum religanda et ferro ad strakas augmentandas et v groppis imponendis *Ac. Man. Wint.* (*Houghton*); **1297** cum . . groppis (v. douella 2); **1300** presentaverunt tres virgas ferreas de justa antiquitus usitata longitudine stracorum, ac etiam de longitudine et latitudine ~orum ad rotas carettarum *MGL* II 85; **1308** in grossis clavis, clutis et ~is *Crawley* 261; **1310** pro j pari rotarum ferrando cum veteribus strakis et cum novis gripis et clavis *MinAc* 992/8 (*Suff*) (cf. ib.: ~is et *gropnayl*); **1325** custus carucarum, plaustrorum carectarum et ferure. . . in ~is . . in grapis *Ib.* 854/8 (*Glos*); **1328** in j ferr' cum gripis et toto apparatu ad j rotar' *Ib.* 892/23 (*Kent*); **1357** custus carectarum: . . in j ligatura cum ~is grossis et munutis (*sic*) clavis xxv s. *Crawley* 280; **1368** in grossis clavis, groppis, et *gropnayl* pro rotis cum una veteri ligatura ligandis *Ac. Man. Wint.* (*Hannington*); **1371** in j pari rotarum de ligno fraccineo empto pro carect[a], viij s.; in j novo ferramento cum clavis ad idem, grippis et frettis xxvj s. viij d. *MinAc* 900/2; **1377** in grospis pro carecta . . iij s. *Comp. Worc.* II 18; **1388** in vj ~is ferreis vocatis *grasbendes* cum clavis emptis pro veteri carecta reparanda *Ac. Man. Wint.* (*Wonston*); **1446** in x lachetis, ij grabbis ferreis emptis pro veteri carecta reparand' *Ac. Man. Cant.* (*Barton*).

2 iron plate used as reinforcement of building.

1258 in l grapis factis ferreis ad ligandum turrim, iij s. iiij d. *Ac. Build. Hen. III* 180; **1275** G. fabro pro ij grapis ad novam gard[erobam], iij d. *KRAc* 467/6/2 m. 4; **1279** in factura graparum, viz. de xxxj garbis ferri . ., xxxj s. vij d. . . in j karr' . . et vij clavis plumbi emptis ad grapas consolidandas . . lxiiij s. *Ib.* 467/7/4; **1318** in una ~a ferri facta et empta pro illo penticio *Ib.* 469/1*d.*

3 (?) iron plate to prevent wear in turning mechanism.

1289 in . . grapis (v. 2 gojo 1c); **1313** fabro operanti . . circa grop', virol', gujones, vertivell', . . ad . . springaldos *KRAc* 469/13 f. 3.

gropare, to fit (cartwheel) with gropes.

1267 in veteribus carectis groppandis et pluries emendandis, iiij d. ob. *Ac. Man. Wint.* (*Littleton*); **1272, 1280** (v. felgare); **1306** in vetere caretta ~anda et emendanda *Crawley* 243 (cf. ib. 253 [**1307**]: in carectis groppandis).

grosius v. grisus. **grospa** v. gropa. **grossa** v. 1 & 2 grossus.

grossare [cf. OF *grosser*, ME *grosen*; cf. ingrossare]

1 to enlarge, thicken, reinforce. **b** (pass.) to grow fat (in quot., fig.).

1372 in collo fusilli . . ~ando cum ferro (v. collum 3); *to make grette*, ~are, magnificare, majorare *CathA*. **b** sic se nunc homines vendunt, quasi sint meretrices, / prospera dum Veneris larga sit illa manus: / sic sub mendaci specie grossantur [vv. ll. grassantur, crassantur] amoris, / perque nephas tale lucra pudenda petunt GOWER *VC* VII 167.

2 to bring (fragments) together (into whole).

oportet . . secundum Augustinum ~are minucias fractas [scripture] . . in sua integra, ex quibus sensus scripture colligitur WYCL. *Ver.* I 79.

3 to engross, draw up formal copy of (doc.).

1261 ut literam executoriam jam ~atam dirigendam domino Cant' . . juberet expedire (*AncC* III 17b) *RL* II 189; **1311** non . . fiat remissio si contigerit ~ari instrumentum ut hic, set scribatur totus tenor *Conc. Syn.* 1311; **1331** ad compotum . . ~andum hucusque procedere distulistis *Cl* 151 m. 13; bullas ~are nec liberare sine precepto . . pape *Hist. Roff.* 7v.; **1404** ego J. de S. . . presenti publico instrumento . . quod scribi et ~ari per alium feci . . me subscripsi *Foed.* VIII 368a.

4 to buy up (goods, wholesale). **b** (p. ppl. as sb. n.) a gross; *v. et.* 2 *grossus* 26d.

1419 quod . . mercatores . . vasa vacua pro vino que reperire poterunt emunt . . ut si [? l. sic] maximam partem vendagii istius patrie pro hoc anno emerent et ~arent (*RNorm*) *Foed.* IX 795a (cf. ib.: ne quis . . mercator . . aliquod vinum . . emat, colligat, seu ~et). **b** **1427** quod . . ad usum . . regis Scocie . . xij ~ata ligularum . . emere . . possint *RScot* II 262a.

grossaria [cf. AN *groserie*, ME *grocerie*]

1 engrossership (in Irish Exchequer).

1299 cum . . commisisset . . officium ~ie in dicto scaccario [Dublin'] per antiquum feodum v d. singulis diebus percipiendorum *Cl* 116 m. 14; **1302** officium ~ie . . in scaccario nostro Dublini (*Pat*) *Hist. Exch.* 717*n.*

2 wholesale merchandise, esp. spices, confectionery, victuals.

1439 nullus ligeorum . . nostrorum . . vendicioni exponat seu emat . . aliquam merceriam seu groceriam de crescencia seu factura territoriorum predictorum *Cl* 289 m. 6*d.* (cf. ib. pannum . . maderam . . waidam nec aliquod aliud genus grocerie).

grossarius [cf. AN *grosser*, ME *grocer*]

1 engrosser, secretary (in Irish Exchequer).

1290 aperuisse debuit quosdam rotulos capitalis ~ii scaccarii in absencia ejusdem ~ii (*KRAc* 231/22 m. 3) *DocExch* 115; **1305** ad peticionem Henrici B. qui petit sibi concedi officium secundi ~ii in scaccario Dubline *Mem. Parl.* 431; **1308** cum Ricardus de W. . . sit ~ius nostri scaccarii [de Dublin'] *Cl* 126 m. 14; **1320** brevia . . liberata fuerunt ~iis hujus scaccarii allocanda et irrotulanda *Mem. Ir.* 330; **1323** ij ~iis scribentibus compotos ejusdem scaccarii [Dublin'] *KRAc* 238/12; **1398** officium capitalis grosserii scaccarii nostri Hibernie *Pat* 299 m. 27; **1401** (1423) officium secundi grossorii scaccarii nostri Hibernie habendum *Pat* 412 m. 22.

2 dealer in gross, grocer, wholesale dealer in goods such as spices, confectionery, victuals.

1310 *John Gut'* ~ius *LB Lond.* B f. 110v; **1313** Johanni de B., ~io London', pro ml li. cere *KRAc* 374/19 f. 14; **1322** unus ~iorum victualium nostrorum per communitatem civitatis nostre Linc' electus ad . . victualia emenda . . et ea versus partes Scocie ad nos ducenda *Pat* 157 m. 26; **1387** civis et grocerus London' *RScot* II 90b; **1388** E. Fraunceys, civis et ~ius London' *RParl* III 404b; **1393** ordinacio garbelagii groceriorum (v. garbelagium); **1397** admissio Johannis D. in libertatem mistere ~iorum *MGL* I 686 (cf. *LB Lond.* H f. 316); **1426** Johannes D., civis et grocerus London' *Reg. S. Aug.* 362; ~ius, *grocer, merchawynt PP*; **1443** Thome K. civitatis Londoniensis civi et grossero *EpAcOx* 222; **1443** Ricardo Wode de Coventr', grocero, pro speciebus xxxiij li. *Comp. Dom. Buck.* 5; civis et groceri Londoniensis *Entries* 479b.

grossator, engrosser, secretary (in Irish Exchequer).

1290 thesaurarius dicit quod rotuli non sunt in custodia sua, immo in custodia ~orum et sub sigillis eorum (*RParl*) *DocExch* 58.

grosse [LL]

1 roughly, in general terms.

plura . . requiruntur sed ista ad presens breviter et ~e tractasse sufficiat OCKHAM *Pol.* I 108; **1340** nec vobis displiceat, domine reverende, quod veritatem vobis simpliciter sic mittimus et ~e (*Lit. ad Regem*) WALS. *HA* I 233; ~e et figuraliter ostendere veritatem BRADW. *CD* 59B; vanum est arguere ~e sapientibus qui non ponunt aliquam distinccionem esse nisi . . WYCL. *Trin.* 63; respondeo ad hec, primo philosophice, quod . . vel aliter, et ~ius, sic respondetur . . PAUL. ANGL. *ASP* 1546.

2 w. a broad, open sound.

[*u* vocalis] transit in *ph* consonantem, ~ius tamen et apertius sonat *Ps.*-GROS. *Gram.* 23.

grossere v. grossescere. **grosserius, ~us** v. grossarius.

grossescere [LL]

1 to swell, become large (esp. w. ref. to inflamed part of body). **b** to increase, worsen (of illness).

glaucoma quo plerumque . . palpebrae graviter ~unt ALDH. *VirgP* 22; brachio . . ~ente BEDE *HE* V 3 (v. flexio 1a); genu correptum . . acri coepit tumore ~ere *Id. CuthbP* 2; quum . . manus . . tabido grassantis tumore veneni in dies ~erent GOSC. *Mir. Iv.* lxix; lingua . . grocessere cepit R. COLD. *Cuthb.* 132; dum macra transfertur ad pinguia turget avena / et male grossessit que levis ante fuit GIR. *Symb.* II 35; *to be grete*, valere . . grandere, grandescere, grossere, ~ere *CathA*. **b** tumuitque podagricus humor / grossescente lue WULF. *Swith.* I 1455.

2 to thicken, coarsen.

in senectute cutis ~escit et induriescit [ME: *in elde þe skyn wexith greet and hard*], contrahitur et corrugatur apud senectutem propter defectum caloris et consumptionem humoris naturalis BART. ANGL. V 64.

grossia v. grisus. **grossidiorem** v. grossitio.

grossim, generally, all together.

sic multa inferiora sunt ~im unum superius et unum inferius est sparsim multa superiora WYCL. *Univ.* 195.

grossitas, largeness, greatness.

terra . . propter sui ~atem omnino manet immobilis GROS. *Flux.* 459; ~as, A. *gretenesse WW*.

grossiter, greatly.

triticum ~iter contractum GAD. 21v. 2 (v. crimnoides).

grossities [LL]

1 thickness, girth.

non . . stipitis [palme] amplissima ~ies est terre vicina NECKAM *NR* II 74; [cygnus] pascebatur . . pane copioso, in digiti unius longitudinem ~iemque inciso AD. EYNS. *Hug.* III 7; denticuli / . . / qui nec grossiciem habent criniculi WALT. WIMB. *Carm.* 407.

2 great size (of body or part of body). **b** enlarged size, swelling.

manus ejus quadam ~ie sua hominis incuriam protestantur P. Blois *Ep.* 66. 197c; cum adhuc dudum vegetabatur spiritu ita ~ie vehementiori tumebat ut vix spirare potuisset Ad. Eyns. *Hug.* V 2 p. 83; ~ies humerorum et tergi Bacon V 170; ne mamillarum [Amazonum] ~ies sagittationem impediret, septimo etatis anno dextram mammam exurebant Higd. I 18 p. 152 (cf. Isid. *Etym.* IX 2. 64); jocatus per hoc in ejus [sc. Willelmi I] ventris ~iem *Ib.* VII 4 p. 310 (cf. W. Malm. *GR* III 281: in ejus ventrem); **s1379** tanta erat grossisies corperum (*sic*) .. piscium quod .. *Chr. Kirkstall* 122. **b** sedata ~ie brachii cum inflatione tota .. sanitati est restitutus Gir. *Hug.* III 5.

3 solidity, coarseness.

molliora .. propter diurnalem itineris laborem cibaria ponuntur, ne escarum ~ies ex commestione plenaria egritudinis indigestive fuisset occasio *Ep. ad amicum* 124; liquefaciendo ciborum ~iem Ric. Med. *Anat.* 223 (v. digestio 1a); bonum est .. quod stramen feno adjiciatur eo quod ob straminis ~iem [multones] fenum potius manducabunt *Fleta* 168.

4 density. **b** viscosity.

grossitie stille dum nimbos parturit aer Neckam *DS* IV 486; spiritus in nervis sensibus per carnis ~iem in suo transitu nimis impeditur Bart. Angl. V 1; Fishacre *Quaest.* 49 (v. gravitas 1a); omne .. diaphanum habet aliquid ~iei Bacon *Maj.* II 469; hanc terram virtute celesti .. alteratam, vacuatam gravitate ~ieque terrestri, in celicamque naturam mutatam Bradw. *CD* 395d. **b** in aliquibus [arboribus] humiditas est mediocris in ~ie et abundans in quantitate. .. in aliquibus .. grossissima et viscosa est humiditas *Quaest. Salern.* B 61; mustela triplici se gaudet humiditate juvari, licet adeo pernecabiles spiritus habeat ut basiliscus, habet tamen grossiores qui sua ~ie predicti animalis spiritus ingrossant *Ib.* 107; ~ies vitelli [ovi] *Ib.* C 1; Gilb. I 33. 2 (v. grossitudo 3); [medicina] que natat in mari .. sanguinem .. clarificat cordis et ejus ~iem extenuat Bacon IX 43.

5 (of voice) fullness, deepness.

qui habet grossam vocem et sonoram est bellicosus; cujus vox est mediocris in subtilitate et ~ie est sapiens Bacon V 169.

6 anger. *Cf. grossitudo* 5, *grossura* 2.

rogabunt eum humiliter quod eis remittat suam †groossiem et .. rancorem *Tract. Ed. II* 18.

grossitio

1 (phys. & med., w. ref. to humours) 'grossness'. *Cf. grossus* 17.

[in cottanis] dominatur aqua ..; a terra quandam sortiuntur ~onem unde contrahunt stipticitatem unde stomaco sunt confortantia *Quaest. Salern.* B 148.

2 (?) enlarged size, swelling.

oculus habuit tumorem et †grossidiorem [? l. grossitionem] ad mensuram ovi *Mir. Montf.* 93.

grossitudo [LL]

1 thickness, girth; **b** (of arm or leg).

columna .. quatuor cubitos habebat ~inis Bede *Templ.* 784; altare .. sesquipedali crossitudine, quadrupedali longitudine, latitudine trium palmarum W. Malm. *GP* V 222; ingens foramen ad modum humane ~inis *Id. GR* IV 323; ut .. tumescens oculus ovi superexcederet ~inem T. Mon. *Will.* V 22; serpens .. incredibilis longitudinis et ~inis R. Niger *Chr. II* 173; piliariorum .. una forma est, una et ~o, sed longitudo dissimilis Gerv. Cant. *Chr.* I 27; **c1230** debet colligere l garbas tante ~inis quod (*sic*) possit comprehendi infra brachium suum *Doc. Bec* 88; **1234** c quercus .. habentes longitudinem et †grassitudinem [MS: grossitudinem] quam carpentarii nostri .. ostendent *Cl* 522; **1253** cordas .. secundum ~inem exemplaris *Cl* 182; **1266** grossas candelas ..; alie .. ejusdem ~inis *Cust. Westm.* 50; crevit oleum in petra .. in modum circuli ad latitudinem et ~inem unius annuli Graystanes 27; **1329** sex tignis .. de longitudine decem et octo pedum et ~ine circiter quadratim trium pedum *KRAc* 467/7/1; **13..** pisces quantitatis et ~inis unius pollicis per mallia .. retiorum (*sic*) non possunt pertransire (*Combustio retium*) *MGL* I 385. **b** clericos habentes grossas tybias fullonum judicamus filios, habentes tybias graciles et ~inem spatularum et brachiorum filios militum Gilb. VII 283v. 2; **s1428** amissis ocreis a suis tibiis pre compedum districcione et ~ine forcium tibiarum *Chr. S. Alb.* 20.

2 great size (of body or part of body).

s1190 cor ipsius [sc. regis Ricardi] ~ine prestans Rothomagum delatum est et .. tumulatum Gerv. Cant. *Chr.* I 593; generat corporis ~inem Bacon V 93; ossa .. regis [Arturi] mire ~inis Domerh. *Glast.* 588; lupus .. volens exire, nec valens pre ventris ~ine J. Sheppey *Fab.* 437.

3 (phys. & med., w. ref. to humours) 'grossness'. *Cf. grossus* 17.

~o cibi .. expectat administrationem digestionis ..; potus vero .. levior mox altum petit *Quaest. Salern.* P 20; albedo [sc. urine] significat cruditatem et grossitiem humoris et defectum caloris naturalis .. ~o vero significat materiam digestam ..; accidentaliter .. substantia invenitur spissa cum flegma naturale, sc. grossum, in corpore dominatur Gilb. I 33. 2; *Ib.* VI 237v. (v. discontinuativus).

4 (of voice) fullness, deepness.

Garl. *Mus. Mens.* P 15 (v. 1 fictio 2).

5 anger, indignation. *Cf. grossities* 6, *grossura* 2.

1318 inter .. magnates et nobiles regni .. exorte fuerunt discordie et ~ines cordium (*Stat. Rob. I* 20) *APScot* 112.

grossomodo v. 2 grossus 27b.

†grossor, (?) *f. l.*

1289 de petra empta Cain .. in ix^xx^ij: item in grossoribus [? l. grossioribus] xl; item in postell' xxv; item in ogivis xlij; item in *coyne* de mensura lxxv (*Comp. Cath. Norw.*) *ArchJ* XXXII 167.

grossorius v. grossarius.

grossulus [cf. 2 grossus], quite large or plump.

ibo; sed accipitrem species probat altera nostrum, / que milvo satis est huic peregrina tuo. / longus namque caput vivaci lumine vernat, / grossulus et rostrum pectora larga legit L. Durh. *Dial.* II 158.

grossura [cf. AN *grossour*]

1 thickness, girth.

1305 non facit mencionem .. de .. ~a flechie *PlRChester* 17 r. 13 (v. flecca 1).

2 anger, indignation. *Cf. grossities* 6, *grossitudo* 5.

a1399 ob .. iram et ~am quam .. princeps habuit [? *add* versus] predictos Johannem et Margaretam *IPM* 23/14.

1 grossus [CL], immature fig.

cum humanae sit naturae caricis, quae post ~os maturescunt, nutriri Aldh. *PR* 114; ~os vocant primitivas et immaturas ficus atque inhabiles esui Bede *Cant.* 1111; †grossa, fructus cujusdam arboris Osb. Glouc. *Deriv.* 264.

2 grossus [LL; *for range of use* cf. ME *gret* & *gros*]

1 stout, thick (in girth); **b** (of part of body). **c** (of chest) deep.

grossaque prosternens mox ligna securibus uncis Aldh. *Aen.* 56 (*Castor*) 4; [sudes] ad modum humani femoris ~ae Bede *HE* I 2; suscepturus judicium aut sola ~iori virga super staminiam verberetur et prostratus sedeat aut pluribus gracilioribus virgis et nudus sedeat Lanfr. *Const.* 174; sub obtuso ~ioris chorde sonitu Gir. *TH* III 11 (v. gracilis 3b); **s1194** (v. candela 1c); vectis taxeus quadrus nec multum ~us Ad. Eyns. *Hug.* I 13 p. 40; **1253** [chorde] que sunt ita ~e sicut corda quam rex mittit ei *Cl* 180; xxiiij colpuni ~i et longi *Cust. Cant.* 379 (v. colpo); Odington 84 (v. fistula 2e). **b** vel angustior compes tibias ~iores circumplecti non poterat vel catena laxior graciles tibias non contingebat W. Malm. *GP* III 101; ut minimus digitus [Arthuri] .. ~ior videatur lumbis magni Cesaris W. Newb. *HA proem.* p. 16; abbas Samson .. naso eminente, labiis ~is Brakelond 131; nulla pinguedo adeo ~a est in corpore sicut pinguedo renum Gilb. I 68. 2 (v. disglobare). **c** pectus amplum et ~um .. pectus strictum et subtile M. Scot *Phys.* 36 (v. 13 infra).

2 (of person) stout, thick-set; **b** (in name).

corpore autem brevis et ~us Ord. Vit. VIII 1 p. 262; cujus statura est curta et ~a significat hominem vanum .. M. Scot *Phys.* 101; ejus uxor tam ~a quod .. Ad. Usk 128 (v. giganteus 2a). **b** **c1080** isti sunt testes hujus rei: .. Godefridus ~us *Text. Roff.* p. 212; Willelmus filius ~ae *DB* II 52v.; Willelmus ~us tenebat de Roberto *Ib.* 276v.; Hugoni Dirgane, id est ~o Ord. Vit. X 6 p. 32 (v. diger); **1169** Philippo clerico Oeni ~i *Pipe* 108; **s1137** Ludovico ~o regi Francorum mortuo Diceto *Abbr. Chr.* 249; **12..** his testibus .. Gaufrido ~o [etc.] *Feod. Durh.* 3; **a1316** per Feliciam ~am *Cart. Osney* III 129.

3 (anat., of internal organs) large, thick.

si ~i nervi [AS: *greatan sinwe*] truncentur ..; si graciles nervi truncentur (*Quad.*) *GAS* 87; gutta sciatica dicitur dolor qui nascitur ex humoribus descendentibus in nervum ~um qui est inter lacertos ~os coxe sive hanche [ME: *into þe grete senewe þat is bytwene þe grete brawnes of þe hanche*] Bart. Angl. VII 57; sura dicitur ~a carnositas tibie *SB* 41; varix est vena ~a que apparet in popliti *Ib.* 42.

4 swollen, abnormally distended.

1234 viderunt .. puerum recenter circumcisum et habentem membrum suum ~um et valde inflatum et sanguinolentum *CurR* XV 1320; elevationes dure ~e Gilb. IV 205. 2 (v. ervum a).

5 great w. child, pregnant; **b** (of animal).

1238 invenit eam ~am et impregnatam ita quod .. expulit eam a lecto *BNB* III 244; **1277** de uxoribus Moss' et Cok' .. ut possent esse in villa quia ~e, xl s. *KRAc* 249/22. **b** **1356** sues ~e et habentes porcellos *Doc. Bev.* 19.

6 (of animal) fat, fattened.

alius presbyter .. in sexaginta porcos grandes et ~os est condemnatus Gir. *JS* 1 p. 138.

7 large in overall size. **b** (in name).

macula .. in modum pisi ~issimi habens figuram Herm. Arch. 24; multas et ~as lacrimas effundere *Canon. G. Sempr.* 80; erupit sudor ita quod uxor .. vidit .. ~as guttas *Ib.* 150v.; oculi ~i tam rotunditate quam colore bovini Gir. *TH* II 21; nasum valde ~um et valde eminentem Brakelond 154v.; **1221** (v. 3 clavus 1c); de ~is *welkes* *Cust. Westm.* 76 (v. conchylium a); **1273** de stauro ibi facto ciiij^xx^ ~is piscibus, lxxij quar. grossi salis, et casei (*AcWardr*) Oxnead app. 333; **1299** pecia rumbi ~a et crassa pro iiij d. et alie prout valent *MGL* II 119; **1300** pro ij lastis allecis et cc ~is piscibus *AcWardr* p. 144; ingenia ad projiciendum petras ~as super castrum Trokelowe 121; mures ~i navim sequentes usque ad introitum ipsum [Gwipertum] corrodebant *Eul. Hist.* I 383; **s1378** vina aliaque mercimonia ~iora que secum opportune tollere non valebant Wals. *HA* I 366; **1420** de .. ~is baleisis (v. balasius). **b** **c1497** tractatus magistri R. ~i capitis [i. e. *Grosseteste*] de principio *Libr. Cant. Dov.* 218.

8 (spec.) belonging to larger category of a thing (dist. from smaller category): **a** (w. ref. to livestock) larger livestock, cattle. **b** (w. ref. to fish). **c** (w. ref. to wood) standard tree. **d** (w. ref. to ship). **e** (w. ref. to gun) 'great gun', mangonel. **f** (w. ref. to bell).

a **a1200** etc. (v. averium 2e); **c1230** (v. 1 duna a); **1293** †gressas [l. grossas] bestias *PQW* 203b (v. bestia 3); ~as bestias *Ib.* 208a; **1302** ~a animalia que sunt *weyf* et *strey* *Ib.* 109b; **s1322** Scotis patrias spoliantibus et .. animalia ~a .. patrie secum abducentibus *G. Ed. II Bridl.* 80; **1326** (v. gyrus 3b); **c1380** quod nullus carnifex .. ~as bestias in Oxonia mactet *FormOx* I 254; communam .. ad octo ~a animalia *Meaux* I 176. **b** Bracton 14 (v. balaena a). **c** si quis nemus alterius sine licentia comburat .., solvat omne ~um lignum [AS: *great treen*] v solidis (*Quad.*) *GAS* 57; **1216** etc. (v. 1 boscus 3a); **1221** quod habere faciatis .. xx ~a fusta .. tum *postes* .. furchias ad .. horreum .. construendum *Cl* 457a; **1282** ad ~as et parvas arbores (v. 1 copator); **1368** pro acuacione et posicione .. securium pro ~o meremio colpando, xx d. *Ac. Durh.* 569; **1373** pro uno †gorsso ligno et quibusdam cordis .. ad reparacionem trone *ExchScot* 398; *G. Hen. V* 3 (v. caeduus a); **14..** dum tamen de ~is arboribus in hac parte non agatur *Reg. Brev. Orig.* 44b. **d** **1315** in municione ~arum navium nostrarum *RScot* I 148a; breve pro cxx ~is navibus habendis super mare *MGL* I 651; **1440** unam nuper ~am navem multis non parvi valoris mercantiis onustatam Bekynton I 192. **e** **1418** pro gunnis ~is (v. 2 gunna b). **f** ?**c1190** tertia pulsatio per aliquam ~arum campanarum *Stat. Lichf.* 21.

9 (*de* ~*a littera* or sim., w. ref. to liturg. book) in large, formal script.

c1240 ymnarium in ~a littera, .. unum benedictionale ad opus .. prioris in ~a littera (*Catal. librorum*) *MonA* III 186n.; **1245** de ~a littera (v. expositorius 2); [T. de Marlebarwe] fecit magnum psalterium .. et de ~a littera librum de ordine officii abbatis *Chr. Evesham* 268; **c1400** item j psalterium de ~a littera *Invent. Norw.* 14.

10 (as sb.) large, thick silver coin (var.): **a** (~*us Turonensis*) *gros Tournois*, first issued *c*1266, equiv. to 12 *deniers Tournois*. **b** (other). **c** Flemish *groot*. **d** English groat, equiv. to 4d. **e** Scottish groat.

a **1277** c m. ~orum Toronensorum (*sic*) et c m. sterlingorum *Law Merch.* III 139; **1281** mittimus c li. sterlingorum in sterlingis vel ~is Turonensibus *Reg. Heref.* 274; **1282** (v. denarius 2a); **1309** cum .. recepisset communes monetas currentes, sc. ~um Turonen' pro †uni [l. viij] Turonen' et duabus partibus unius Turonen', et sterlingum pro iiij Turonen', et ~um Turon' argenteum vulgaliter vocatum *a la flour* et *alo* .. *S. Jers.* XVIII 7; **a1314** jurabis quod non expendes in incepcione tua ultra tria milia Turonensium ~orum *StatOx* 35. **b** **1282** ij [d.] Romanorum ~orum (v. denarius 2a); **1313** sexaginta et octo ~os Parisiensium de auro *RGasc* IV 906 (= *Chanc. Misc.* 24/3/6: lxviij flor' auri de massa); unus Venetus ~us [valet] unum sterlingum cum obolo S. Sim. *Itin.* 16; *Ib.* 38 (v. byzantus 1); **1362** v ~os Ludowycos (v. 10d infra); **1392** summa totalis de Francford in partibus Boemie usque huc ix^m^ ccclxv ~i boemici qui faciunt in *sterlynges* lxxj li. viij s. ix d. *Ac. H. Derby* 204; in partibus Pymond' .. j gr' imperialis *Ib.* 241; **1466** ~os papales viginti octo *Pri. Cold.* 211. **c** **c1367** iij ll. ~orum de Flandria *Cal. Pl. Mem. Lond.* II 80; **1428** ix li. xj s. v ~i ~orum monete Flandrie extendentes ad j^c^xj li. ij s. x d. monete Scocie *ExchScot* 436; **1442** ij ~os doctos *stoters Bronnen* 1251; **1469** in c li. ~orum monete Flandrie *ExchScot* 662; **1482** summa xx li. ~orum monete Flandrie *Reg. Aberb.* II 187. **d** **s1351** fecit insculpi novam monetam, sc. ~um et dimidium ~um, sed .. erant minoris ponderis quam correspondens summa sterlingorum Wals. *HA* I 276; **1362** tres ~os monente (*sic*) currentis in Anglia et v grossos Ludowycos precii ij s. viij d. *PlRExch* 416 m. 4d. (cf. 2 grota b); **s1377** quod a qualibet laica persona .. perciperet unam ~am vel iiij d. Wals. *HA* I 323; **1383** quesita .. utrum mallet habere xx ~os argenti quam xl d., que nobis respondit quod equipollent *IMisc* 228/10 m. 9; **1407** ~a contrafacta ad

modum cune nostre super ipsum inventa fuerunt *Cl* 256 m. 25; duces [offerunt] media nobilia, comites vero .. quadrantes de auro, barones .. ~os de argento W. SAY. *Lib. Reg. Cap.* 61; *a grote of sylver*, octussis, ~um *CathA*; 1505 unoquoque nobile (*sic*) valente xx ~os bone et legalis monete Anglie *RScot* II 565a. e 1397 cum .. stabilitum existat quod ~us de moneta Scocie in valorem ij d. de moneta Anglicana, dimidius ~us hujusmodi monete Scocie in valorem j d. de dicta moneta Anglicana .. tantummodo currant *Cl* 240 m. 11*d*. (cf. *RParl* III 409b); 1441 de lucro cone argenti fabricate in ~is per eundem [monetarium] *ExchScot* V 102; 1464 xiiij unciarum argenti fabricati in ~is xij deniorum et vj denariorum *Ib.* VII 292 (v. denarius 4b); 1487 unius libre argenti .. monetati in ~is et dimediis ~is *Ib.* IX 549.

11 great (as larger or more important of pair): a (of oats); b (of tithes); c (of vair) grover. d (of meat) red meat, esp. beef.

a 1286 (v. avena 1b); 1300 ~e avene .. minute avene *Fabr. Exon.* 10. b 1245, 1315 (v. decimus 4d); 13.. ~os fructus, viz. decimales garbales *Cart. Lindores* 150. c 1256 quando opus fuerit de ~o vario et scendallo *Cl* 1; 1287 ~i varii (v. grisus 2b); 1303 cloca .. furrata de ~o vario *Ac. Exec. Ep. Lond.* 56; 1331 (v. ermina b). d 1250 sex fercula ~e carnis de coquina abbatis die carnis privii *CurR* 139 m. 17; 1346 in perdicione providencie facte in cignis et ~is carnibus non expendite *Rec. Leic.* II 68; 1358 in ~is carnibus (v. 25c infra); caro ~a, *grete flesche WW*.

12 great in extent.

sulcantem ~um pelagus velis prosperis Boso *V. Pont.* II 436; habebunt .. molendinum cum Midelhope .. usque ad ~am petariam *Reg. Dunferm.* 218; 1346 ad villam Carantane .. que .. ita ~a sicut Leycestria reputata (*Lit. confessoris Regis*) AD. MUR. *Chr.* 213.

13 (of sound) resonant, full-bodied.

~ae depromo murmura vocis ALDH. *Aen.* 75 (*Crabro*) 2; pulmonis complexio si fuerit calida, vox est ~a, anhelitus magnus, pectus amplum et grossum; si pulmo fuerit frigide complexionis, vox est subtilis, anhelitus parvus, pectus strictus et subtile M. SCOT *Phys.* 36; vox quidem ~a est quando sonorum nimis cedit et redit cum virtute propria sed cum mora magna *Ps.*-GROS. *Gram.* 27; ~iores mute, sc. B D G *Ib.* 28 (v. D 1).

14 (of yarn) coarse, thick. b (of cloth) heavy, woven from coarse, thick yarn. c (of hair) coarse in fibre or texture. d (of fleece, w. ref. to wool of older sheep).

mus ut flumen transiret auxilium peciit a rana. illa vero fingens ei velle subvenire ligavit sibi mutuo pedes ~o filo J. SHEPPEY *Fab.* 2. b in tactu .. cum aliquis pannum .. novum contrectat .. ut sciat utrum sit asper vel lenis an ~us sive subtilis *Simil. Anselmi* 32; 1253 viij ulnas ~i russetti (v. hucia c); 1326 quattuor ulnas panni ~i et lati *Melrose* 362; 'curtum et ~um facite mihi sudarium, ne luto inquinetur.' quod est dicere secundum vulgare Gallicorum, *'Curt le fetes pur le croter' Latin Stories* 10; roba de ~o et rudi panno HOLCOT *Wisd.* 120; s1415 ~o lineo AD. USK 128 (v. apparentia 4c); 1514 pro xij ulnis ~ioris lini *Ac. Durh.* 160. c pili .. ~i M. SCOT *Phys.* 27 (v. ericius 5); pili ~i generantur ex cute grossa BART. ANGL. V 64. d 1194 etc. (v. crispus 1c); 1209 de c s. de cccciiij^xx^ix velleribus ~is .. et ccj velleribus agninis *Pipe Wint.* 50; 1248 idem r. c. de ccccxlj velleribus lane ~e .. idem r. c. de clvij velleribus lane agnine *Rec. Crondal* 60; 1270 de dcclxx velleribus lane ~e que fecerunt v pondera dim. et ij petras, ccxj velleribus lane agnine *MinAc* 984/2 r. 3; 1322 quia lane in partibus illis ita sunt ~e et miserrime quod nulli majores mercatores alienas lanarum ibidem emere exercent (*Chanc. Misc.* 138) *EHR* XXXI 600.

15 in large pieces, lumpy, coarse, sts. w. ref. to matter suspended in liquid.

grassum M. SCOT *Lumen* 245 (v. faeculentus 2); RIC. MED. *Anat.* 224 (v. egestio a); vidua volens domum .. mundare colligit primo ~iora [ME: *al þe greste*] et expellit *AncrR* 119; scofe sunt ~a corpora illa, sc. que abjiciuntur ab hiis qui colantur *SB* 38.

16 (of liquids or vapours) thick, heavy.

secundum substantiam vini attenditur subtilitas et terrestreitas, sive grossities atque mediocritas, vinum substantialiter tenue et subtile album est et clarum et convenit stomacho .., vinum autem terrestre atque ~um †subtile est et optimum, [? l. subtili est contrarium; ME: *greet wyn and erþy is contrarye to sotil wyne*], stomachum enim gravat BART. ANGL. XVII 184 p. 958; BACON VIII 203 (v. digerere 2b); philosophi .. quando volebant ascendere montes .., sumebant secum spongias plenas aqua ut possent ex eis attrahere aerem humidum et ~um; aliter deficeret eis alitus *Itin. Mand.* 10.

17 (phys. & med., of humours) 'gross', thick (as if w. suspended matter); b (transf.), of things infl. by humours); c (of things influencing humours, esp. diet).

cutis in quibusdam animalibus est rara, in quibusdam spissa, secundum dominium humoris ~i vel tenuis. unde et pili grossi generantur ex cute grossa et tenues ex tenui BART. ANGL. V 64; podagra .. nascitur ex malis humoribus ad calcaneum descendentibus. qui si fuerint frigidi et ~i [ME: *colde and þicke*] nimia fit extensio et tumor *Ib.* VII 58; substantia invenitur spissa [in urina] cum flegma naturali sc. ~um in corpore dominatur GILB. I 33. 2; quedam pars spermatis .. ponitur ~ior, quedam liquidior *Ib.* 66. 2 (v. disgregatio b). b [caliditas] agendo .. in ~am substantiam eam mollificat dissolvendo ut patet in metallis calore liquefactis BART. ANGL. IV 1; per actionem frigiditatis partes partibus vicinius coadherent, totum ~ius efficitur *Ib.* 2; *Ib.* XIX 76 (v. generare 4); in quantitate ut esse ~um et subtile, amarum dulce BACON VIII 21. c qui tante frigiditatis stomachum habebant ut quicquid ~ius et indigestibilius sumpserant haud multum post prandium reicerent ADEL. *QN* 7; lapis et arenule et alie superfluitates diverse in renibus generantur sepe et hoc precipue ex potu aque limose et ~a dieta [ME: *of drinke of slymy watir and of grete diet*] BART. ANGL. VII 54; caseata substantia lactis frigida est et ~a et ad digerendum dura *Ib.* XIX 72 (cf. ib. 73: vetus caseus est .. ad nutriendum ~us); abstineat ab omni acrumine ~o et viscoso et mel[ancol]ico cibo GILB. III 172. 2; cum ~iori dieta GAD. 10. 2 (v. avenatum, diaetare 1a).

18 coarse, unrefined: a (of wheat or sim.) whole. b (of food) rough, plain. c (of salt) unrefined; d (of other); e (fig.).

a x modia frumenti et x modia ~ae annonae *DB* I 23 (v. annona 1a); si fit gruellum Anglicorum de farina avene ~a excorticata GAD. 22v. 2. b panes qui legem designant hordiacii [cf. *John* vi 9] fuisse referuntur, qui jumentorum .. rusticorumque est cibus servorum, quia incipientibus necdum perfectis auditoribus asperiora et quasi ~iora sunt committenda praecepta BEDE *Mark* (vi 38) 193 (cf. id. *Hom.* II 2. 112, v. 19b infra); frater ille .. deliciosa non querens .. avidus erat comedo ~iorum H. BOS. *Thom.* III 16; quevis ~a vel delicata J. GODARD *Ep.* 222 (v. deliciosus 1b); c1300 ad servientem suum de pane ~iori et cervisia serviencium tantum (*Lit. abbatis*) *EHR* XXXIII 220; s1316 de ~o pane TROKELOWE 95; panem ~um [ME: *gruttene bred*] *AncrR* 63; sanis .. convenit cibus ~us, infirmis cibus .. delicatus BIRCHINGTON *Arch. Cant.* 13. c 1273 ~i salis OXNEAD app. 333 (v. 7 supra); 1330, 1429 (v. caldaria 2b); 1384 pro .. ij celdris salis ~i, iiij celdris .. salis minuti *ExchScot* 676. d ferrum ~um *Ac. Beaulieu* 266; 1270 vj sperdut' ~i ferri (v. esperduta); 1290 pro j pondere de cepo ~o pro .. candelis (*AcWardr, Chanc. Misc.* 4/5) *Doc. Scot.* I 140; thuris masculi, i. ~ioris *SB* 42. e prose publica strata / admittit passim redas et plaustra, sed arta / semita versiculi non vult tam grossa VINSAUF *PN* 1856.

19 of inferior quality. b base, of a lowly or material nature.

a1300 (v. chirothecarius a). b v .. panes quibus multitudinem .. saturavit v sunt libri Moysi .. qui bene ordiacii fuisse [cf. *John* vi 9] referuntur propter .. austeriora legis edicta et integumenta litterae ~iora que interiorem spiritalis sensus quasi medullam celabant BEDE *Hom.* II 2. 112 (cf. id. *Mark* 193, v. 18b supra); volo magis adorare temporalem regem quam crucem ligneam .. quantum ad materiam ~am in se (SAUTRY) *Ziz.* 408.

20 (w. ref. to person): a stupid, dull (of intellect). b uncouth (of speech).

a obliviosus faciendorum, .. in ingenio ~us M. SCOT *Phys.* 2; gramaticus rudis et sensibilis et ~us philosophus est BACON XV 208; disciplinabiles .. in via Domini sunt filii episcopi et uxoris sue, sed ~iores legis Dei plus ignari sunt servi sive familia domus episcopi WYCL. *Ver.* II 185; ~i non intelligentes alium modum essendi materialis substancie .. sunt valde indispositi ad concipiendum arcana eucharistie (WYCL. *Conf.*) *Ziz.* 117. b gens est .. docilis ingenii, intellectus clari, .. idiomatis ~i magis aliarum Gallie nationum BART. ANGL. XV 123.

21 (of idea or sim.) rough, unsubtle.

que est differencia inter hujus opinionis subtilis que videtur sequi rationem et prime que videtur ~a DUNS *Metaph.* VII 20 p. 477.

22 (of solid matter) dense.

FISHACRE *Quaest.* 49 (v. densus 2a).

23 whole, entire. b of full value. c (*in* ~*o*) as a whole, in full.

j ~am candelam et xij frustra candelarum *Domus Reg.* 129. b 1205 quod .. mercatores forinseci .. non debeant .. merchandisas facere nisi de ~a et forti moneta que sit de lege et pondere denarii sterlingi *Pat* 54b. c ut citius concipiatur quid .. libellus in ~o contineat parva .. tabula .. declarabit *MGL* I 529.

24 (w. ref. to land-holding): a (as sb. n.) an indivisible whole; b (w. *de corona*); c (w. *per se*) independent tenement, *etc.*, not attached to manor or sim.

a 1287 nullum liberum tenementum in ~o est de appendiciis alterius liberi tenementi (*CourtR Chester*) *Chetham Soc.* NS LXXXIV 72; s1292 tenementa [etc.] de quibus aliqua tenementa exierunt de ~o et corpore regni Scotie RISH. 274; 1331 prebendarius .. manerium suum dedit et annexuit predicte prebende in .. perpetuam elemosinam ~o predicti manerii a [? l. et] libertatibus .. in manibus .. regis retentis *PQW* 22a; 1331 predictum hundredum est quoddam ~um et indivisibile *Ib.* 55a; 1343 ordinavit quod .. capella B. Marie de S. .. pro capella per se tanquam unum ~um .. haberetur (*Stat. Sibthorpe*) *Eng. Clergy* 262. b 1292 *wayf* est quoddam ~um de corona et .. corone regis annexum *PQW* 687b; 1294 quoad *wayf* .. illud est quoddam ~um de corona .. quod ab ea separari non potest *CoramR* 141 m. 19*d*. (cf. *Collect. Staffs* VII 17). c 1292 nec .. fuerunt [tenementa] de membris seu pertinenciis predicti manerii, immo quoddam ~um per se, et vocata fuerunt Cumberdale et Allerdale *PQW* 113b; 1342 abbas clamat predictam communam pasture sicut quoddam ~um per se *Couch. Furness* II 427; 1343 unus burgus in Cirencester in ~o per se habebatur *Cart. Ciren.* I 123; 13.. seisitur de advocacione ecclesie .. ut de uno ~o per se *Entries* 497; 1351 unum mesuagium .. et xvij acre terre .. unum ~um per se existunt et nullo tempore fuerunt parcella manerii de B. *IMisc* 167/15 (*Yorks*); 1355 tam .. ea que ut unum ~um per se nuper dedimus .. quam alia feoda et advocaciones quecumque que manerio predicto aliquo tempore spectabant *Pat* 246 m. 18; 1371 dictus visus est unum ~um per se et non est parcella manerii *IPM* 222/16 (*Chesham, Bucks*); 1376 si iij acre vasti .. sunt parcelle maneriorum .. an .. sunt unum ~um per se et non parcelle maneriorum *Cl* 214 m. 3; 1396 non cognoscendo quod predictum castrum sit unum ~um per se *Cart. Glam.* 1390.

25 (in accounts) total, gross. b (*in* ~*o*) collectively, altogether. c (*in* ~*o*) for the whole job, inclusively.

primitus in compoto anotande sunt ~e recepciones et apponende, sine quibus expense sumi non possunt aliqua racione. .. de qualibet ~a recepcione fiat summa in fine, similiter de qualibet particula una tallia *FormMan* 13; summe ~arum recepcionum debent particulariter poni *Ib.* 14; 1340 racio .. de rebus ~is et principalibus *Ac. Durh.* 201; s1347 infra dictam ~am summam .. contenta *Meaux* III 27. b c1235 de v feodis Thome de B. x m. per manus senescalli sui in ~o *Fees* 438; 1273 de xliij li. xij s. viij d. receptis in ~o de quibusdam vinis de recta prisa de xviij navibus applicantibus ad portus (*AcWardr*) OXNEAD app. 332; 1275 recepit .. de burgo de Okhamton' viij s. v d. ob. de vicesima, qui adhuc veniunt in sumonicione in ~o cum hundredo de Lifton' *Hund.* I 76a; 1304 ad assidenda tallagia infra civitatem per capita vel in ~o *MGL* I 594 (cf. *LB Lond* C f. 83v.); 1316 mandamus .. quod .. vicecomiti cc li. in ~o vel particulatim .. liberari faciatis *RScot* I 161b; s1347 summam ccliij li. et x s., ad quam bona temporalia nostra in ~o .. taxata fuerunt *Meaux* III 25; 1388 iiij^c et ix arbores .. appreciati in ~o ad x li. xij s. ij d. *IMisc* 240/15; 1419 de affris iiij .. precium omnium in ~o iij li. *Wills N. Country* I 25; 1462 [appreciatores] dictas porciones panni simul et in ~o appreciati sunt ad xxiij s. *MunAcOx* II 692; 1470 valor in ~o omnium .. ornatuum et utensilium .. xx li. *Reg. Whet.* I 246; 1494 in stipendiis de *brekeleyers* et laboratorum per idem tempus ultra convencionem in ~o cum lathamis *Lit. Cant.* III 332. c 1286 pro ij carectis conductis in ~o ad portandum .. doleum .. et viij peccas cere .. usque L. *Rec. Wardr.* 146; 1316 pro coperacione dicte camere in ~o vij s. *Rec. Leic.* I 316; 1339 (v. ejectare a); 1358 in grossis carnibus xxj d. .., in cuniculis viij d., .. item in feno pro xvj equis per diem et noctem in †~is [? l. in ~o] iij s. (*Ac. Univ. Ox.*) *EHR* XXIV 739; 1371 in expensis pro denudacione nove quarere .. viz. iij rodas in ~o xlvj s. viij d. *Fabr. York* 6; 1383 cuidam homini eradicanti monticulas talparum .. in ~o v s. *MinAc* 1209/15 m. 6*d*.; cuidam .. querenti virgas .. et wattellanti .. molendinum .. in ~o xv s. *Ib.* m. 8 (*sched.* 2); 1398 in stipendio .. cementarii .. emendantis .. defectus parietum stabuli et pinniantis subtus grundsella .. in ~o ad thascam una cum zabulo et petra ad idem emptis xij s. iiij d. *Comp. Swith.* 208; 1409 in sarracione meremii .. ex convencione cum ij sarratoribus facta, in ~o iiij s. j d. (*Aud. Durh.*) *EHR* XIV 517; 1425 tegulatori capienti in ~o ad †copp[er]iendam .. domum, iiij li. j d. *Ambrosden* II 254; 1446 Ricardo W. pro factura .. nove rote .. cum emendacione de *la faltrowe* [etc.] ex convencione secum facta in ~o xvj li. viij d. *Ac. Durh.* 630; 1531 soluti eisdem pro falcacione clausure .. ex convencione in ~o xviij s. *Househ. Bk. Durh.* 11.

26 (w. ref. to buying and selling) wholesale. b (*in* ~*o*, *in* ~*um*, *per* ~*am*) in bulk, wholesale. c (?) at a discount (at wholesale price). d (as sb. n.) a gross (144); *cf. grossare* 4b.

1306 mercandisare omnes ~as mercandisas *CalCh* III 73 (cf. ib. 76: ~as mercandisas exercere); 13.. si quis vendiderit aliquas ~as merchandisas *maletout* et parvam custumam .. regis .. auferendo *Iter Cam. Artic.* p. 317. b 1221 quod emant et vendant in ~o sicut facere .. solent per alios dies quam in die mercati *SelPlCrown* 89; 1222 quod .. instaurum emas et bladum in ~um *Cl* 507; 1242 de blado vendito tam in ~o quam per quarteria *Pipe* 141; a1266 ne quis presumat vendere carnes .. nisi in ~o *BBC* 247 (*Morpeth*; 1289 de quolibet dolio vini quod in ~o vendetur, vj d. *RGasc* III 581; r. c. de xxxv li. xij s. iij d. de blado abbacie vendito in ~o preter sustentacionem conventus *Reg. S. Aug.* 319; 1293 (v. detalea); 1311 in ~o vel per particulas .. vendere *MunCOx* 17; 1336 quod nullus mercator extraneus vendat in burgo aliquod mercimonium nisi in ~o *RScot* I 429a; de carnificibus calumpniandis: .. quod faciunt lardarium in ~o et illud vendunt minute tabernando contra leges .. burgi *Iter Cam.* 8; *AP Scot* I 61 (v. denariata 1a); 13.. de venditione bladi, et quod naves conducentes victualia stent absque conditione in ~o per j diem *MGL* I 249 (cf. ib. 261: *sanz rien vendre en groos*); c1375 (v. 1 dragetum); 1449 de iij x. ix d. de pellibus cclxxj agnorum de morina .. ut extra venditis

in ~o *Crawley* 478; **1451** (v. emere 1f); **1559** quod mullus .. mercimonia extra .. regnum .. facta seu crescencia per ~am seu per retaliam, viz. *in grosse or by retayle*, .. vendicioni exponere .. presumat (*Pat*) *Gild Merch.* II 87. **c 1390** pro iij virgis taffate .. pro *pensels* lancearum, .. virga ad x d., ij s. vj d., et pro iij virgis taffate de blodeo, emptis in ~o pro portatoribus .. pensellorum, ij s. iiij d. *Ac. H. Derby* 34. **d 1381** unum ~um ciroticarum, sex ~a de *pointes RScot* II 34a; **1421** pro j fardello cum v pannis .. et pro j ~o *points EEC* 474; **1423** shoppa: .. de j groc' cultellorum .. dictorum *penyware*, iiij s. *Test. Ebor.* III 96; **1449** pro iiij ~is ligularum *ExchScot* 370; **1509** cum .. j dossena pannorum depictorum, ij ~is *spectakilles*, j ~o et dim. *ledder bages EEC* 562 (cf. ib. 563: ix ~a *spectakils*).

27 (w. ref. to argument or sim.) general, broad. **b** (in phr. *~o modo*) in summary.

ut patens est in ~o exemplo: ignis calefacit aerem sibi proximum .. J. BLUND *An.* 293; posui .. intentionem ~am istius scientie nobilissime BACON *Tert.* 53 (cf. ib. 282: aperiam ~am declarationem errorum predictorum). **b** ideo hic ubi exemplariter declaro corruptionem orthographie in Grecis vocabulis ~omodo, negligo gratis ordinem dictum prosequi *Id. Gram. Gk.* 68; **c1350** quicumque litigare volentes .. ~o modo et ydiomate .. communiter intelligibili factum proponant *StatOx* 95; **1516** si comparuerit actor ~o modo, hos est nulla juris solempnitate requisita .. *Ib.* 332.

28 **a** great, important. **b** (of error) gross, crass.

a erat .. rex Henricus multarum ~arum et pinguium elemosinarum, occultus autem MAP *NC* V 6 f. 69a; **1201** (c1320) fiat .. unum commune sigillum ad serviendum in ~is negociis tangentibus communitatem dicti burgi [*Ipswich*] *Gild Merch.* II 119; **1296** sunt ibidem lx opera ~a, ut in falcacione, messione ..; item sunt .. opera parva, ut trituracio, fodicio et hujusmodi *IPM* 77 (3b) m. 2; **?13..** petit .. communitas quod predicta forma quoad ~iora officia et operabilia inviolabiliter observetur ne aliquis .. contra provisionem .. in libertatem civitatis admittatur *MGL* I 495; crastinum vero diem consiliis vexaverunt nichil agitando, et ideo non secundum dies procedam sed solum acta ~iora parliamenti tangam FAVENT 15; de hymno .. cantando .. propter ~am [v. l. graciosam] expeditionem regis ELMH. *Metr. Hen. V* (*tit.*) p. 164. **b** in .. errorem ~um .. credo Pelagium cecidisse WYCL. *Dom. Div.* 239.

29 angry, insulting; **b** (w. *verbum*).

1339 Thomas de H., .. iratus .. Johanni ~o animo dixit quod ipse mentitus fuit et ipsum cepit per gulam *SelCKB* V 111. **b** ~a verba inter se habere *Latin Stories* 109; **1269** Willelmus .. vilibus verbis et ~is vilificavit Alexandrum *Rec. Leic.* I 108; **s1376** convenit .. Petrum .. super accusacione domini de L. verba ~a et ampullosa *Chr. Angl.* 80.

1 grot' [ME *pl. grotes*], groats.

1347 inde vero reliberantur pro grotis faciendis ante quam fusa fuerunt, xij quar. *Finc.* xxv; **1375** in grotis emptis pro fratribus et sororibus infirmarii *Ac. Durh.* 212.

2 grota, ~us [ME *grot* < MDu. *groot*], groat, English silver coin equivalent to 4 d. **b** foreign coin. *Cf. grossus* 10.

1357 legalem monetam .. regis, sc. ~as et *starlynges* .. falsificavit *SelCKB* VI 118. **b 1368** in pecunia numerata xxx ~os argenteos vocatos *Lowys grotes Cl* 205 m. 9 (cf. *PlRExch* 416 m. 4*d*. [**1362**]: v grossos Ludowycos).

3 grota, ~us v. gruta.

grounda [ME *ground*]

1 part of plough.

1269 in ij grundis in caruc' ponendis *MinAc* 994/27 (*Suff*); **1276** in carp[entandis] iiij nov[is] caruc[is] et iij nov' grund' caruc', x d. *Ib.* 995/15 (*Suff*); hec grunda, *a hespe WW* (cf. haspa e).

2 (?) stocks (in shipbuilding); (?) underlout, nethermost part of stem. (*Cf. Sea Terms* I 60).

1295 meremium: in duobus grundis emptis xij s. in *eches* et *brondes* xxij s. in ij lignis ad fundum xxiij s. iiij d. (*Ac. Galley Ipswich*) *KRAc* 5/7 m. 1.

3 (?) covered passage-way or penthouse.

hec grunda, *a eskyng WW*; grunda, *alur or alures of a towre or a stypille PP*.

groundagium [ME *groundage*], 'groundage', payment for ships or cargo lying aground. *Cf. gronagium, terragium.*

1448 (v. ancoragium); **1476** iij barelli olei .. projecti fuit (*sic*) ad terram aridam apud M. ..; et dat domine de fine pro ~io dictorum barellorum [xij d.] *DL CourtR* 103/1420 m. 1v.; **1545** pro ankeragio, xij d. .. ultra xvj s. viij d. superius onerat' pro ~io duorum (*sic*) navium *Rutland MSS Bailiffs' Ac.* (*Notts etc.*) 35–7 *Hen. VIII* m. 12*d*.

groundare [cf. ME *ground*]

1 to lay a foundation.

to take or sett, grundare *CathA*.

2 to fit plough w. *grounda*. *V. et. grollare.*

1352 in dicta caruca ground' et stradeland' de novo, ij d. *MinAc* 840/14 (*Essex*).

groundarium, ~atorium, foundation.

a grunde, fundamentum .. grundarium vel grundatorium *CathA*.

groundsella [ME *groundsille, gronsel*], groundsel, beam resting on ground as foundation of timber structure.

1388 cum pinnacione grunsill' diversarum domorum et graduum *KRAc* 473/2 m. 8; **1389** pro iij peciis meremii emptis pro gronnesellis pro reparacione domus *MinAc* 1292/4/4; **1390** grunsullam *Comp. Swith.* 417 (v. carpentare a); **1398** grundsella *Ib.* 208 (v. 2 grossus 25c); **1410** in stipendiis ij carpentariorum .. faciencium novam portam juxta punfaldam gransull' aulam et cameram, ix s. *Crawley* 298.

groundsellare, to lay groundsel.

1374 in stipendiis ij carpentariorum gruncellancium, stothiancium et splintancium pariet' stabule (*Maldon*) *MS Essex R. O.* D/DMb M 12 m. 2; **1382** pro molnend' domini .. de novo grundsullend' *Pipe Wint.* 159389 r. 8; **1389** ad groundcilland', standizand', dauband', et cooperiend' le Tresaunce *MinAc* 1126/6 m. 2; **1398** in domo carectiva grondsulland', v s. *Ac. Man. Coll. Wint.* (*Harmondsworth*); **c1400** pro .. bercaria grondcellanda, studenda, et splentanda (*MinAc Foulness*) *MS Essex R. O.* D/DHt M 45 m. 1; **1409** in meremio empto pro granario grundcellando, xvj d. *MinAc* 916/8; **1449** in stipendiis iij carpentariorum de novo grundsillandorum bercariam .. j carpentarii de novo cum meremio domini grundsillantis residuum .. bercarie *Crawley* 479; **1504** carpentario .. ad grounsellandum granarium *Ib.* 495.

groundsellatio [cf. ME *groundsilling, gronseling*], laying of groundsel.

grondsellacio *MFG*.

groundstallum, base (of stack).

1368 clamat habere ~um integrum cujuslibet tassi una cum uno cursu propinquiori *PlRChester* 71 r. 32*d*. (cf. *Collect. Staffs* XVI 20).

grounsell- v. groundsell-.

1 grova v. 2 grava.

2 grova [ME *grove*], pit, mine-shaft.

a1155 dedisse .. monachis de Fontibus .. omnem materiam eris, ferri, et plumbi .. habendam eis .. in grodis, minis et mineris .. in foresta .. de Niderdale *Ch. Mowbray* 103; **1225** ij ~as *Cart. Fount.* I 216; **1287** subtracta est .. tercia pars quarte partis unius mere .. de ~a Ricardi .. et tercia pars tercie partis unius ~e libere Ricardi ad capud ville de Boncessale [*Derb*] *IMisc* 46/17; **1323** de .. vij cordis pro ~is *Pipe* 170 r. 53 (*Devon*).

groverum [ME *grover*, OF *gros vair* < grossum varium], 'grover', squirrel fur.

1306 depredaverunt quosdam homines de Alemannia de ~o et cupro *Gaol Del.* 39/1 m. 19.

grovettum v. gravetta. **grua** v. grus.

gruagium, hawking for cranes.

1315 expense .. venatorum et falc' .. Johanni de Havill' eunti extra curiam in gruag' *KRAc* 369/11 f. 124.

gruarius, for hunting cranes: **a** (falcon); **b** (hound).

a 1200 dat .. regi j bonum girfalconem ~ium *RObl at* 104; falco ascensorius .. et ~ius [*gl.: gruer*] NECKAM *Ut.* 100; **1203** (v. girfalco c); **1215** ij falcones lanerios .. vj falcones .. gruerios *Cl* 188b; **1290** quendam falconem gentilem ~ium (*AcWardr*) *Chanc. Misc.* 4/4 f. 53. **b 1284** pro putura ij canum grueriorum (v. canis 2b); **1286** pro putura j leporarii sui ~ii *Rec. Wardr.* 2257; **1290** Johanni C. pro restitucione quam fecit pro una bidente occisa in Essex' per leporarium regis ~ium (*AcWardr*) *Chanc. Misc.* 4/4 f. 48v.; **1291** ad consummacionem puture omnium leporariorum ~iorum quos duxerunt secum *KRAc* 352/26 m. 1; **1295** putura xj leporariorum ~iorum *Prests* 189; **1300** pro quodam leporario ~io *AcWardr* p. 96.

grucula v. gruicula.

gruddare [cf. TLL], (of crane) to 'grue', crunkle.

grues ~ant vel gruunt vel grugulant ALDH. *PR* 131.

grudum v. grutum.

gruellum [AN, ME *gruel*]

1 meal, flour, esp. that made from oats or pulses.

1206 de avena xij summas de eadem villa ad ~um faciendum, sc. quarta et sexta feria per totam quadragesimam (*Cust.*) *Chr. Evesham* 218; **1211** de xiiij quar. .. frumenti et ~i venditis de exitu molendini; .. de iiij quar. iij bussellis gruti *Pipe Wint.* 107; **1242** quod de bladis ejusdem episcopatus moli faciatis ccc quar. frumenti .. et v quar. de ~o fieri et x quar. avene moli *Cl* 414; **1243** in lxx doliis vacuis emptis ad farinam, ~um, et fabas imponendas *Liberate* 19 m. 4; **1245** j crannocum de ~o et alium crannocum de fabis *Cart. Glam.* 527; **1245** in j archa ad gruell' imponendum *Pipe Wint.* 159287 r. 12*d*.; **c1275** de v s. x d. in ~o de granario *Ac. Beaulieu* 255; **1275** (v. cribrum 1a); **1290** pro dim. quar. gruell' avene (*AcWardr*) *Doc. Scot.* 139; **1318** in ~o, sepis, et alea, xvij d. *Ac. Durh.* 12; **1341** in ~o empto pro potagio conventus .. iiij s. v d. *Ib.* 539; *grovel or grevel*, ligumen .. puls .. farinacium .. ~um *PP*.

2 thin soup made from oatmeal or sim.

debent .. ante plenam comestionem ista [sc. laxativa] accipere in brodio vel ~o modico vel potagio GAD. 7. 1; *Ib.* 10. 2 (v. avenatum); ~um de avenato et brodium pulle *Ib.* 19v. 2; si fit ~um Anglicorum de farina avene grossa excorticata *Ib.* 22v. 2.

1 gruere [CL], (of crane) to 'grue'.

ALDH. *PR* 131 (v. gruddare); [est] gruum ~ere OSB. GLOUC. *Deriv.* 78.

2 gruere [*backformed from* congruere, ingruere], to be of use.

J. SAL. *Pol.* 411B (v. grus 1a).

gruerius v. gruarius. **grugnus** v. grunium.

grugulare [cf. TLL], (of crane) to 'grue', crunkle.

ALDH. *PR* 131 (v. gruddare).

gruicula, little crane.

grus .. inde hec ~a et gruinus OSB. GLOUC. *Deriv.* 259; *a crane*, grus, grucula .. gruinus *CathA*.

gruinus [LL], of a crane. **b** crane-like.

OSB. GLOUC. *Deriv.* 259 (v. gruicula); carne ~a, quam hactenus abhorruerant, .. vesci ceperunt GIR. *EH* I 33; carnes .. gruine D. BEC. 2638; *CathA* (v. gruicula). **b** ciconia .. crura longa habet, rostrum ~um, sed rubrum TURNER *Av.* C7.

gruma [? OF *grume*, Fr. *grumeau*], (?) 'grume', clot (of blood).

si pennam fractam extrahere volueris sine dolore, accipe sanguinem parve ~e vel sanguinem muris vel ratonis et unge locum UPTON 190 (*but* ? cf. ADEL. *CA* 13: de grumillo jus exprime ..).

grumia [? cf. glomus, gluma, TLL s. v. 3 gruma], (?) kernel.

ambram nonnulli grumiam nucis esse fatentur, / nux solet aequoreas crescere subter aquas NECKAM *DS* III 415 p. 404.

grumillus [AN *grumel, grumil*], gromwell (*Lithospermum*).

de ~o jus exprime ..; item de semine ~i pulvere facto cum carne ei offer ADEL. *CA* 13; **1290** in dim. li. anes', j d.; in dim. li. gromil', ij d.; in dim. li. coliandr', ij d. *Ac. Swinfield* 115.

grumulus [CL], hillock.

grumus, terre collectio minor cumulo; ~us, monticulus OSB. GLOUC. *Deriv.* 264.

grumus [CL], hill, mound.

OSB. GLOUC. *Deriv.* 264 (v. grumulus).

gruncell- v. groundsell-. **gruncus** v. 2 bruncus. **grunda** v. grounda. **grundcell-** v. groundsell-.

grundire [CL], (of pig), to grunt.

porcelli grunniunt, porci ~iunt ALDH. *PR* 131.

grundsell-, grundsill-, grundsull- v. groundsell-.

grunium [LL; cf. AN, ME *groin*, It. *grugno*], **grunnus,** snout (esp. of pig).

omnium animalium quedam habent labia ex quibus dicitur os, quedam non labia sed aliquid loco oris et tunc dicitur musum vel grugnum vel rostrum vel fistula M. SCOT *Phys.* 21; omnia intestina boum, ovium et porcorum .. necatorum .. exceptis auribus, grunnis, pedibus [etc.] *Ac. Beaulieu* 179 (cf. ib. 253: grunni porcorum); grunnus, *A. a gruyn or a wrot WW*; suem segestes edentem aut grunno cultum subruentem agrum occidito impune BOECE f. 207v.

grunnire [CL]

1 (of pig) to grunt; **b** (trans.). **c** to grunt like a pig. **d** (of piglet) to squeal. **e** (pr. ppl. as sb.) pig.

~ire, *grunnettan GlC* G 173; capitulum niger intravit porcus .. ~iens T. MON. *Will.* III 12; audires .. porcos .. ~ire R. COLD. *Cuthb.* 65 p. 133; aper .. ore ~iendo J. FURNESS *Kentig.* 24 p. 202. **b** quidquid frendeant aut ~iant immundissime sues P. BLOIS *Ep.* 130. 385C (cf. ib. 5. 16A). **c** si vis donare noli grunnire suatim WALT. WIMB. app. 2. 9. 48; dux Valeys hinnit, Francia grunnit, territa tinnit (*Nevile's Cross*) *Pol. Poems* I 41; homines silvestres .. non loquentes sed ~ientes more porcorum *Itin. Mand.*

100. **d** ALDH. *PR* 131 (v. grundire). **e** usquequo sancto das latrantibus et margaritas ~ientibus W. NEWB. *Serm.* 830.

2 to grumble, complain; **b** (w. acc. & inf.).

ALDH. *VirgP* 45 (v. desistere b); **1159** licet Mandrogerus [cf. *Ps.*-Plautus *Querolus*] ~iat, .. rideat Bromius J. SAL. *Ep.* 112; indignantur ad symphoniam .. et junioris fratris ad gaudia ~iunt G. HOYLAND *Ascet.* 280; nobis .. murmurantibus et ~ientibus, facta est eis carta BRAKELOND 143. **b** iniquissimo .. carnifice .. voce superbo mentis supercilio se nescire turpiore ~iente BYRHT. *HR* 5; nec rex .. otio indulsit, quin ~iret exercitus suos ludibrio fuisse Willelmo W. MALM. *GR* III 233.

grunnitio, grunting.

in balatione ovium .., in ~one porcorum BYRHT. *V. Osw.* 417.

grunnitus [CL]

1 (of pig) grunting.

FELIX *Guthl.* 36 (v. balatus); MAP *NC* II 23 (v. 1 domus 14a); aper .. accessit crebris ~ibus a pontifice quasi aliquid postulaturus J. FURNESS *Kentig.* 24 p. 202; quidam porcorum grunnitus horridiores / emittunt GOWER *VC* I 375; nefrendi .. reperti sunt illesi, grinnitu consueto sua pabula queritando *Mir. Hen. VI* I 7.

2 grumbling, complaint.

s1252 factus est murmur horribile et ~us inter magnates Francorum M. PAR. *Maj.* V 281.

grunnus v. grunium. **grunsulla** v. groundsella.

grus [CL]

1 European crane; **b** (hunted or as lure); **c** (as food); **d** (w. ref. to serjeanty). **e** representation of crane.

ALDH. *PR* 131 (v. gruddare); *Id. Aen.* 57. 5 (v. arsare); ~s, .. *cornach GlC* G 162; agmina longa gruum flexo per inane volatu / ordine girantes *V. Merl.* 1293; ~s semper affert quod expedit; unde et 'gruere', verbum antiquum, a quo 'congruere', quod proficit, et 'ingruere' contra, quod officit J. SAL. *Pol.* 411B; D. BEC. 2211 (v. ciconia); ~s, *crone WW Sup.* 149; de quibusdam qui scapulis aut brachiis remigando incedunt, aut in modum .. pavonis sive ~is pompatice gressus depingunt J. FURNESS *Walth.* 44; in tanta numerositate se ~es ingerunt [v. l. ingruunt] ut uno in grege centum .. invenies GIR. *TH* I 14; contigit .. quod .. ~s domestica stans coram mensa .. genua posuerit et quasi ad benedictionem .. se inclinaverit *Id. Galf.* IV 10 p. 409; hic et hec ~s, *grue Gl. AN Ox.* 151ra; ~s, *a craan WW*. **b c750** falcones quorum ars .. sit ~es .. captando arripere et .. consternere solo (ÆTHELBERT) *Ep. Bonif.* 105; **1222** quod ~es perquiri facias ad trainam eisdem girefalconibus faciendam *Cl* 527b; **1282** (v. girfalco c); **1286** cum .. girfalconibus ad volandum ad ~es et herones *Rec. Wardr.* 2071; **1290** Roberto aucupi .. qui cepit ~es .. ad opus girf[alconum] regis pro ipsis treynandis (*AcWardr*) *Chanc. Misc.* 4/5 f. 44v. **c** qui, quo splendidius cenaret, pro ~e quotam sui patrimonii donare non dubitavit porcionem *Collect. Stories* 200; **1241** scribitur .. de .. xx ~is *Liberate* 16 m. 13; **1256** de providencia contra festum Natale: .. de iiij cignis, iiij ~ibus, vj pavonibus *Cl* 106; **1274** quod parent cingnos, pavones, ~as, cuniculos, et capriolos ad opus regis *Cl* 126 m. 12 (*sched.*). **d 1212** (v. escaeta 1). **e 1443** cum j cooperculo de gruribus *Cant. Coll. Ox.* 7.

2 crane-feathers.

1475 sagittarum plumatarum cum ~ibus nigris (v. garba 3).

3 machine for hoisting, crane. *Cf. crana* 2.

1429 pro j cabula .. empta pro ambabus ~ibus ..; pro emendacione j *poleye* pro ~a occidentali *Stewards' Bk. Southampt.* I 12.

grusorium [cf. ME *groser*], 'grozier', grozing-iron, soldering-iron.

1318 grusor' [*and solder*] *Fabr. Exon.* 96.

grustificare v. crustificare.

gruta, ~us [dub.], grouse (bird).

galline .. campestres, quas vulgariter ~as vocant, hic rare sunt et modice, perdicibus tam in quantitate quam colore persimiles GIR. *TH* I 14; montana .. in quibus grues et ~e .. nidificant *Ib.* II 40; de aquila, falcone, groto, et de conchili M. SCOT *Phys.* 21; **1325** in grotis emptis pro †exitibus [? l. exenniis; cf. ib. 19: gallinis pro †euxhennis] .. in vij gallis silvestribus .. in x gallis nigris *Ac. Durh.* 14.

grutum [AS *grut*, ME *grout*]

1 'grout', coarse meal used for brewing. **b** infusion of malt.

a1128 viij modios frumenti et viij modios de brasio et grud' *Chr. Peterb.* app. 166; **1165** pro xl summis brasii et xx summis ~i *Pipe* 100; **c1170** x mittas de brasio et v de ~o *Chr. Rams.* 67*n.*; **1202** reddendas .. xvj cumbas de braseo avene et iiij cumbas et dim. de grudo ordei *Fines P. Norf & Suff* 180; **1214** asportavit .. ~um suum et brasium ad valentiam xx s. *CurR* VII 187; **1224** debet facere ij melting' in anno, unam de ~o pro uno opere, et unam de braisio pro alio opere, sc. vj bussellos ~i et xij braesii .. et veniet ad granarium ad recipiendum ~um (*Felsted, Essex*) *Ch. & Cust. Caen* 90; **c1252** quelibet virgata faciet de ~o vel braesio j †mutam [l. mittam] ..; si autem ipsum ~um vel braesium minus bene factum fuerit .. inde satisfaciet braciatori *Cart. Rams.* I 368; **1267** de viij d. de j bus' gruell' vendito de eodem molendino .. et de iij s. de vj bus' ~i de eodem molendino venditis *Pipe Wint.* 159308 r. 17; **a1283** ad grudum xxxv quar. frumenti et totidem ordei ad idem, et clx quar. avene ad brasium *Dom. S. Paul.* 164*; de braseo faciendo: .. braciantur xij summe et dim. brasei ad grudum ..; si autem xxviij summa brasei avene cariores fuerint quam xviij summa et dim. brasei ad grudum, hoc quod super est erit lucrum celerarii *Reg. Pinchbeck* I 384. **b 1247** Alicia de B. cecidit in quodam plumbo pleno ~o calido in domo Matillis *JustIt* 700 m. 11*d.*; **1270** contigit .. in bracina .. quod .. portaverunt inter se cuvam plenam de ~o, et deberent reversare ~um in .. plumbo bulliente *SelCCoron* 15.

2 flour.

j quar. ~i frumenti conventualis in pane hospicii, iij s. iiij d. .. xxx panes hospicii qui sunt de j buss. et quinta parte j buss. ~i provenientis de frumento purgato *Ac. Beaulieu* 127; de j buss. ~i proveniente ex puro frumento fiunt xxv panes hospitum *Ib.* 290.

gryllarium, a cricket-hole.

a crekethole, grillarium, grilletum est locus ubi habundant *CathA*.

grylletum [cf. Jan.], place with many crickets.

grilletum *CathA* (v. gryllarium).

gryllus [CL]

1 cricket.

grillus, *hama GlC* G 143; cantarides, grillus siccus, radix spatule fe. GILB. VII 300v. 1; hec salamandra, A. *cryket*, hic ~ius, idem *WW*; *a crekett*, ~us, salamandra *CathA*.

2 (by conf. w. *choerogryllus*) small animal with prickles.

grillus sicut et cirogrillus est animal parvum .. rapax et mortiferum, spinosum minus hericio (*Gl. ad Lev.*) BART. ANGL. XVIII 56.

grypinus [cf. gryps], (*ovum ~um*) 'griffin's egg' (ME *gripes ei*), term given to exotic eggshell of unusually large size, perh. ostrich egg. (*Cf.* BART. ANGL. XIX 110: *ova struthionis in ecclesiis suspenduntur ad ornatum propter eorum magnitudinem et raritatem*; but *cf. ib.* 113: *ova vulturis sunt magna* [ME: *gripe eiren beeþ grete*]). *Cf. gryps* 2a.

a1222 cornua eburnea iiij; item ova gripina iiij *Process. Sal.* 177; **1383** iij ova griffina *Ac. Durh.* 427.

gryposis [LL < γρύπωσις], curvature (of the nails).

†grappasis, incurvatio, unde gripposis unguium †percisis [v. l. †prisis; l. ptisis] est signum *Alph.* 73.

gryps [CL *forms incl.* gripes, LL gryphes], **grypho, griffo**

1 griffin, mythical beast having head and wings of eagle and body of lion; **b** (as decoration); **c** (on seal); **d** (w. ref. to the Chamber Seal, the Griffon).

gripem, *gig GlC* G 142; griffes, *fiðerfote fugel leone gelic on wæstme and earne gelic on heafde and on fiðerum* ÆLF. *Gram.* 309; ungulam gryphis ORD. VIT. III 3 p. 60 (v. elephas a); gryphes .. qui alis aquilarum proferunt similitudinem et corpore et pedibus instaurant leonem OSB. CLAR. *Ep.* 41 p. 149; effodiunt aurum gryphes NECKAM *DS* IX 121; montes aurei quos adiri propter dracones et griphones [cf. *Eul. Hist.* II 15: griphas] .. impossibile est BART. ANGL. XV 73 (cf. Isid. *Etym.* XIV 3. 7); griphes est animal pennatum et quadrupes in yperboriis partibus .. nascens. .. tam magnos habent ungues .. quod inde fiunt ciphi qui mensis regum apponuntur *Ib.* XVIII 54; griffones .. habent formam aquilinam a parte ante et bovinam a parte post *Itin. Mand.* 96; pennatum griphes animal pedibusque quaternis / invitos homines carpit GOWER *VC* VI 989; grifus sive grifes est animal quadrupes pennatum UPTON 163; quidam vulturem gryphem nominant, vulturem et gryphem inepte confundentes, quum gryps sit *a gryphen*, animal, ut creditur, volatile et quadrupes TURNER *Av.* K1v. **b 1282** capam .. et vestimentum cum stola .. cum griffonibus *Ann. Worc.* 485; **c1315** ij cape .. de samicto rubeo brudato de griphonibus *Invent. Ch. Ch.* 53; emit [abbas W., ob. **1367**] capam albam cum griffonibus, bestiolis et flosculis aurotextis *Chr. Evesham* 296; **1390** de .. j *gobelet de masere* garnis' arg' deaur' cum j gryffon' in summitate *Ac. Foreign* 25 G; **a1413** cum sotularibus de viridi velvetto cum griffone de auro AMUND. II app. 329; **1446** j *coverlyde* viridis cum garfonibus albis intextis (*Invent.*) *Pri. Cold.* app. p. lxxxiii; **1459** j alba .. auro intexta .. cum pellicanis et gryffonibus *Cant. Coll. Ox.* I 11; **c1511** alba cum grifonibus de auro .. intextis *Invent. Ch. Ch.* 148. **c 1333** in cujus [sc. camerarii Scocie] quidem sigilli medio sculpta fuit forma grifonis in .. circulo triangulo contento *Reg. Aberbr.* II 13; **14..** magnum sigillum .. cum sculptura ad similitudinem griffonis vel leonis ut patet *Deeds Newcastle* 45. **d 1340** per litteram domini regis cujus data sub sigillo de Griffone apud Turrim London' xxix die Maii anno xv *MinAc* 1120/10 r. 3*d.*; **1341** per litteram de Griffone *Ib.* 1172/2 r. 1; **1343, 1345** (v. brevis 10c); [**1344** per litteram de secreto sigillo vocato *Griffoun Cl* 175 m. 15].

2 (w. ref. to known objects): **a** 'griffin's egg', perh. ostrich egg; *cf. grypinus*. **b** 'griffin's claw', a large horn, perh. ibex horn.

a 1251 j cuppa de ovo griffonis *Pipe* 95 r. 7; **1495** in testa gripe *L. & P. Ric. III—Hen. VII* II 301 (cf ib.: *j standing cup with a great gripes egg*). **b 1383** ij ungues griffonis *Ac. Durh.* 426.

3 (used of large bird such as vulture; *cf. Deut.* xiv 11).

gryphus, halletus, accipiter, milvus, et vultur, quia rapaces aves sunt, reprobantur in lege Domini P. BLOIS *Ep.* 42. 125A; griphes, halietus, vultur, .. et cetere predatorie aves nunquam in sacrificio Domini acceptantur *Id. Opusc.* 1068A; TURNER *Av.* K1v. (v. 1a supra).

grysus v. grisus. **guad-** v. et. vad-. **guadabilis** v. geldabilis

guadagna [dub.], (?) cloak.

appeto ut amplecterer nigram aliquam et aliquem nigrum cum qua forem involutus in ~a alba de pilis hircinis texta BRADW. *CD* 451A (cf. ib.: in prima facie Arietis ascendunt quedam, quorum unus est vir niger involutus ~a alba).

guag- v. gaug-, vad-, wain-. **guain-** v. wain-. **guaiola** v. gaiola. **guald-** v. wald-. **guan-** v. wain-. **guar-** v. et. war-. **guaretta** v. garita. **guarrata** v. gernetta.

guarrobus [cf. OF *warrat*], (?) mixed pulse. *V. et. wareddus.*

1318 tam in avena, fabis, quam in pisis, ~is et milio .. cc buss. *Reg. Gasc. A* 6 p. 33.

guastellum v. wastellum. **guaudere** v. gaudere.

guberna, helm, rudder.

1357 unam cordam que vocatur *le hausour* et unam ~am navis .. asportaverunt (*AncIndict* 104 m. 12, no. 76) *Proc. J. P.* 191.

gubernabilis [CL], governable.

omnis volicio Dei .. non est .. ~is WYCL. *Dom. Div.* 149 (v. ducibilis).

gubernaculo, helm, rule.

949 (16c) quem rex regum omnipotens regali ~one conflagravit *CS* 882.

gubernaculum [CL]

1 helm, rudder; **b** (fig.). **c** (pl.) steering gear (naut.).

~um quo .. naves circumferuntur ubi impetus dirigentis voluerit BEDE *Ep. Cath.* 26; absentia ~i impellit navem in scopulos ANSELM (*Casus Diab.*) I 274; sicut ~o regitur navis *Ib.* (v. gubernare 1b); naves .. sine ullo remige vel ~o vagari per pelagus sunt dimisse PETRUS *Dial.* 36; navis sine ~i destituta solamine R. COLD. *Cuthb.* 23; ille qui ~o preerat et sedebat in puppi, abjecta arte et derelicta sede, navem fortuito commisit eventui P. BLOIS *Ep.* 52. 158B; **1294** (v. benda 1a); nautis .. nec ~um quidem nec remus sed nec ulla prorsus humana suppeditare valebat industria *Mir. Hen. VI* III 124. **b** quosque sine grammaticorum ~o .. ad erroris naufragia .. trudentes ALDH. *VirgP* 59; **c790** paupertas .. humilitatis ~o regatur ALCUIN *Ep.* 53. **c 1285** compellunt .. barones V Portuum .. appreciari naves suas cum omnibus utensilibus et ~is naves illas contingentibus *SelCKB* I 156 (= *MGL* I 491).

2 (sg. or pl.) government, rule: **a** (divine); **b** (secular, esp. w. *regni*); **c** (eccl. or mon.). **d** (pl.) burdens of government. **e** (w. *malum*) misrule.

a 956 (12c) conditor rerum a quo totius mundane machine rite ~a reguntur *CS* 964. **b 705** Berctualdo totius Brettanie ~a regenti WEALDHERE *Ep.* 22; Joas Israheliticae plebis ~o potitus ALDH. *Met.* 7; filio regni ~a reliquit BEDE *HE* III 8 p. 142; Ælfred .. totius regni ~a .. suscepit ASSER *Alf.* 42; cui dum multa de regni ~o multaque hortaretur de Christianitatis studio *Enc. Emmae* I 5; **c1074** nullam Deus majorem terris misericordiam impendit quam cum pacis .. amatores ad animarum seu corporum ~a provehit LANFR. *Ep.* 38 (10); indoluit Stephanum ad regni Anglorum ~um successisse *G. Steph.* I 25; susceptus .. a Jerosolimitis ~um Davidis solii accepit ORD. VIT. X 21 p. 131; Cordeilla .. filia regni ~a adepta sepelivit patrem G. MON. II 14; gens Hibernica servitute depulsa .. ad regni ~a denuo successit GIR. *TH* III 42; **1281** cartam quam dudum ante quam gubernatilla regni nostri susceperamus fieri fecimus *CartINorm* 30; 'suscipe habenas', id est ~a regni TREVET *Troades* 53; quare Dani gentes hujus regni ~a tenuerunt fuit desidia .. Ethelredi W. WORC. *Itin.* 318. **c** Herbertus ~um rudis abbatie usurpavit ORD. VIT. XII 31 p. 430; post parve navicule regimen eidem [sc. Petro] ~um magne navis, id est totius

ecclesie magisterium, mancipavit P. Blois *Serm.* 644c; quod salubre sit .. virginibus si patres eis spirituales eligantur, quorum non solum ~is tueri sed etiam doctrinis possint edificari *Canon. G. Sempr.* 52v. **d** quid loquar de incessabilibus regni ~is? Asser *Alf.* 91. **e** **1591** permisit .. personas ignotas frequentare lusos illicit' et mal' gestur' et gubernac' ['*evill rule*'] (*CourtR Purleigh*) *MS Essex R. O.* D/DVo 3 m. 10.

gubernale, ~ile

1 helm, rudder. **b** (*~ale liberum*) side-rudder.

1296 in stipendiis xviij carpentariorum .. de quibus xij fuerunt in bosco de C. circa ~ile, unde cuilibet in die iij d. *Ac. Galley Newcastle* 173; ad flaell' ~ilis *Ib.* 182 (v. flaellus b); **1337** in cc li. ferri de Ispania emptis pro ij catenis ad ~ale .. galee inde faciendis *KRAc* 19/31 m. 5. **b** **1296** in ij ~ilibus emptis .. que vocantur libera ~ilia *Ac. Galley Newcastle* 186.

2 directive.

1294 infrascriptis collationibus, provisionibus, commendationibus ~alibus, protectionibus .. vel actibus .. Nicolai pape III (*Lit. Papae*) B. Cotton 271.

gubernamen

1 helm, rudder.

dixit se B. Cuthbertum in navis prohemio et ~ine usque ad portus littora vidisse R. Cold. *Cuthb.* 30; **s47** in pelago missi fuerunt sine aliquo ~ine *Eul. Hist.* I 155.

2 government, rule; **b** (eccl.).

a984 ut .. quosque nostri regminis ~ine degentes lucrifacerem (*Ch.*) *Conc. Syn.* 124; **s1455** populo [Normannie] .. juridice gubernato .. dux .. gratias recepit .. propter solidum .. et maturum ~en suum *Reg. Whet.* I 160; **1566** ut .. Hugonem ad capitaneatum sive ~en prefate patrie .. admitti .. dignaremur *ActPCIr* 170. **b** **949** archiepiscopus metropolitano presidens ~ina *CS* 880.

3 (?) machination.

infelix conspiracio .. contra regem ..; et de tali ~ine eorum erga regem plurimum est dolendum Herrison *Abbr. Chr.* 12.

gubernamentum, (area of) government (Gasc.).

1514 villam et ~um Rupelle (*TR Dip. Doc.*) *Foed.* XIII 460a.

gubernantia, governance, rule. **b** self-control, self-guidance.

sive loquamur de creacione, conservacione, et ~ia in Deo formaliter sive .. que inexistunt formaliter creature Wycl. *Dom. Div.* 14. **b** **1415** ab hujusmodi .. penuriis per virtutes honeste ~ie applicatas extiteram .. segregatus *FormOx* 434.

gubernare [CL]

1 to steer (ship); **b** (fig.); **c** (w. ref. to waterfowl).

Noe super aquas ~avit archam H. Los. *Serm.* 1 p 14; **1233** quod naves .. sufficienter munite sint marinellis ad .. illas ~andas *Cl* 319. **b** ad portum coenubialis vitae .. Christo ~ante .. pervenerunt Aldh. *VirgP* 10; **796** si tempestas .. inmineat, ~a viriliter navem Christi Alcuin *Ep.* 116; sanctos .. / deprecor ut nostram mundi de gurgite cymbam / ad portum vitae .. gubernent *Id. SS Ebor* 1657; sicut gubernaculo regitur navis .. sic justitia ~atur voluntas hominis Anselm (*Casus Diab.* 26) I 274. **c** [aurifrisii] pede natatili in aquis se ~ant Gir. *TH* I 16.

2 to control, regulate, direct (movement of); **b** (w. ref. to verse).

oculi .. / bis ternumque caput .. cetera membra gubernant Aldh. *Aen.* 84 (*Scrofa praegnans*) 2; si Parcae .. fila gubernant *Id. VirgV* 1462; **c1200** flotgatas ~are, claudendo et aperiendo prout necesse fuerit *AncD* A 1817 (v. flodgata). **b** pedes .. quos arsis et thesis aequali discretionis statera ~at Aldh. *PR* 112.

3 (w. ref. to authority) to govern, rule: **a** (of deity); **b** (of secular authority); **c** (eccl. or mon.); **d** (w. ref. to household).

a architenens altor, qui sidera clara gubernas Bonif. *Carm.* 2. 34; **798** (9c) dispensante et guvernante superna clementia *CS* 289; **831** guvernante inperpetuum domino Deo *CS* 400; **940** (12c) omnia celestia et terrestria providentia Dei gubernantur *CS* 761; **956** (? 11c) celestia et terrestria providentia Dei †gubernanter (*sic*) *CS* 978; omnipotens conditor qui cuncta ~at aliter dispensabat Ord. Vit. X 13 p. 80; deos patrie .. qui mundum .. ~ant colimus G. Mon. VI 10; [Deus] qui ut vult universa ~at Fortescue *LLA* I 22. **b** †**676** (12c) regnante et ~ante regimonia regni Osrici regis *CS* 43; Memphitica regna sceptrum imperiale ~at Aldh. *Met.* 2; quinque annis regno pacifice .. ~ato Asser *Alf.* 19; **c1074** nullum .. Deo .. gratius munus offerre potestis quam si divina et humana debitis legibus ~are studetis (*Lit. ad Regem Hiberniae*) Lanfr. *Ep.* 38 (10); **1094** Deum precor ut sic .. vobis terrenum principatum ~are tribuat quatenus in futura vita regnum caeleste vobis retribuat Anselm (*Ep.* 180) IV 64; regnum cum diligentia ~avit G. Mon. II 16; **1177** illi quos ego .. rex Anglie prefecero ad ~andum terras meas (*Tract.*) Gir. *PI* II 5; **1253** (v. custodire 6a); **s1280** (v. custos 6c); **s1455** (v. gubernamen 2). **c** cum magna ecclesiam Anglorum cura .. ~arent Bede *HE* II 7 p. 94; **a804** episcopus vos ~et Alcuin *Ep.* 287; presbyter egregius .. / iste sacerdotes factis et voce gubernat *Id. Carm.* 26. 31; pastor Dorobernica claustra gubernans Frith. 997; Luxoviensem pontificatum .. non ut presul, sed ut preses ~avit Ord. Vit. X 19 p. 117. **d** dedit omnia .. juveni, qui domum ~aret *Latin Stories* 28.

4 to control (human desires or actions); **b** (refl.).

gubernandum carnis cognoscere motum Aldh. *VirgV* 834; **798** Dei misericordia .. ~ante .. voluntates nostras Alcuin *Ep.* 159; [Christus] tuos gressus, sensus et verba gubernet *Id. Carm.* 53. 12; **s1376** (v. 3 briga); **s1383** major pars eorum [sc. peditum] gubernatione noluit ~ari regulari, set in diversas turmas se diviserunt *V. Ric. II* 46. **b** quia .. ita tenere etatis sunt quod nesciunt adhuc seipsos ~are nec dicto tofto disponere, Willelmus .. manucepit esse custos .. eorum *Hal. Durh.* 18; fluxsu multi perierunt qui se male ~arunt, uvas crudas .. indiscrete commedendo Strecche *Hen. V* 152.

5 to organize, be responsible for.

1389 item tenentur ~are et quotienscumque necesse fuerit renovare quamdam tabulam de toto processu utilitatis oracionis Dominice factam pendentem super unam columpnam in ecclesia cathedrali REED *York* 646.

gubernatillum v. gubernaculum.

gubernatio [CL]

1 steering (also fig.).

s891 tres viri venerunt de Hibernia in navicula .. sine omni ~one humana *ASChr.*; in ecclesia Dei habetis primatum Abel, patriarchum Abrahe, ~onem Noe Brinton *Serm.* 6.

2 government, rule; **b** (eccl. or mon.); **c** (of gild). **d** governorship. **e** (w. *malus*) misrule.

GlC D 261 (v. dioecesis 2a); major virtus est in creatione et ~one celi et terre Gir. *EH intr.* p. 21; conclusio .. neganda est, sc. quod non pertineat sacre scripture .. fundare ~onem aliquam .. quam .. humana ratio per naturam invenire .. valet J. Bury *Glad. Sal.* 578. **b** **673** ut .. episcopus .. contentus sit ~one creditae sibi plebis (*Conc. Hertf.*) Bede *HE* IV 5 p. 216; cum sint aliqui sub illa [i. e. prudentia abbatis] qui ejus consilio et ~one uti desiderant, et voluntaria subjectione illi oboediunt Anselm (*Ep.* 186) IV 72; **1156** omnia [bona] integra conserventur eorum pro quorum ~one et sustentatione concessa sunt (*Lit. Papae*) *Cart. Bath A* 74 p. 70; conjugatos literatos .. ~oni ecclesie et domus sue nitentes .. ordinari presbiteros Wycl. *Ver.* II 262. **c** **1325** volumus .. quod tabernaculum sit in ~one .. aldermannorum [gilde] *Gild Merch.* II 126 (*Ipswich*). **d** **1406** scaccarium .. principis Roberti ducis Albanie .. a.d. mccccvj°, et et ~onis sue primo *ExchScot* 1. **e** **1520** domino †mali gubernatoris [*sic* MS; ? l. male gubernationis] hospicii .. regis, pro *le newieres gyfte* ad mandatum principissa *TRBk* 219 p. 65 (cf. ib. p. 154 [**1522**]: Johanni T. pro tempore Natalis Domini existenti domino †mali gubernantis; ib. p. 171: *John T. lord of mysrule unto the pryncesse in Crystemas tyme*). Cf. *L. & P. Hen. VIII* III ii 2585 p. 1099.

3 control, direction (of human desires or actions). **b** self-control.

aliqua spiritus proprietas .. sc. quod quadam necessitate amoris et ~onis ad regimen corporis sibi uniti .. inclinatur Bart. Angl. III 3; **s1383** (v. gubernare 4a). **b** dux .. venit cum nobilissimo .. retenemento et recenti comitiva, ex cujus retenemento .. ex mala eorum ~one, ut in cibis et potibus insanis et inconvenientibus, fluxu ventris .. v milia descesserunt Strecche *Hen. V* 183.

4 protection.

1438 pro ~one gregum regis a scabie (v. archipastor).

gubernativus [LL], concerned w. government or guidance.

ignis .. destruit potenciam ~am forme lapidis Ripley 136; nec aliud dominium in regno a populo nisi ~um habet Major IV 18.

1 gubernator v. gubernatio 2e.

2 gubernator [CL]

1 helmsman. **b** ship's master. **c** naval commander, admiral.

inter hujusmodi procellas ad illum necesse est ~orem curramus Bede *Luke* (vii 25) 436; veluti ~or praecipuus, navem .. ad tutum patriae suae portum .. perducere contendit Asser *Alf.* 91; si ~or, dimisso gubernaculo, dimittat [navem] ventis Anselm II 146; excitat ~or Jonam dormientem in navi Ad. Dore *Pictor* 157; Bacon XV 303 (v. exemplum 2c). **b** **1275** ballivi ceperunt .. navem .. et eam duxerunt apud W. contra voluntatem ~oris navis *Hund.* II 191; **1386** (v. custos 4d); **1403** Willelmo W., magistro et ~ori cujusdam balingere *Pat* 370 m. 29; **1540** (v. exercitor 2b); **1560** navis .. cujus ~or et patronus Petrus C. .. tunc extitit *ActPCIr* 103. **c** **1310** capitaneum et ~orem flote nostre navium *RScot* 93b; **1437** articule compoti Willelmi Soper, custodis et ~oris navium domini regis *KRAc* 53/5 f. 1 (cf. ib. *on cover*: W. S. clericus navium regis).

2 governor, ruler: **a** (divine); **b** (secular); **c** (eccl. or mon.); **d** (of Franciscans); **e** (acad.); **f** (of school); **g** (of gild); **h** (var.).

a mundi redemtor et humani generis ~or, .. Jhesu Christe *Nunnam.* 62; ex ipso tamquam creatore .. et in ipso tamquam ~ore Wycl. *Dom. Div.* 14. **b** **948** ego Eadredus rex Anglorum ceterarumque gentium .. ~or et rector *CS* 869; **957** (14c) totius Britannicae telluris ~or et rector *CS* 988; **1177** post .. susceptam crucem, faciemus illos jurare quos custodes et ~ores constituemus terrarum nostrarum (*Treugae*) Gir. *PI* II 5 p. 168; **1376** rex .. ~ori, custodi .. ac cancellario .. terre .. Hibernie *Lit. Cant.* III 6; **1406** scaccarium .. principis domini Roberti ducis Albanie .. ac ~oris regni Scocie *ExchScot* 1; **1484** (v. antianus). **c** Gregorius Nazanzenae ecclesiae ~or Aldh. *VirgP* 27; **1321** de magnatibus venientibus hospitaturis ad domos religiosorum, cum non essent requisiti per ~ores (*Artic. Coronae*) *MGL* II 358; nomina dignitatum clericorum: .. hic ~or, *a governor WW.* **d** **s1227** ~or .. hujus fraternitatis (v. corrector 2b). **e** **1412** si quis custos, principalis, ~or communitatis .. sic .. expulsos in aulam suam .. admiserit .. *StatOx* 211. **f** **1550** xx homines de .. magis probioribus inhabitantibus .. ville [de Shirborne] .. qui erunt et vocabuntur ~ores possessionum .. et bonorum .. scole (*Pat*) *Educ. Ch.* 482. **g** **1430** quod eadem communitas [sc. mistere mercerie] eligere possit .. unum ~orem et duos custodes ad supervidendum, regendum, et gubernandum misteram et communitatem *Mem. York* II 136; **1492** (v. fothera a); **a1509** per .. aldermannos et ~ores ejusdem guilde *Gild Merch.* II 128 (*Ipswich*); **1574** pars .. ~orum communitatis mercatorum Anglorum adventuratorum (v. detectio 3c). **h** **1437** erga Alexandrum de F. et Lodowicum de C. ejusdem societatis [sc. Albertorum] ~ores Bekynton I 249; **1460** servitori nostro .. nostrorum bumbardorum ~ori *ExchScot* 32; **1487** Johanne P., ~ore mercatorum in partibus Flandrie (*DipDocE*) *Foed.* XII 320b; **1587** locumtenentem et ~orem generalem *Pat* 1320 m. 7d. (v. defensabiliter).

3 regent (during minority of ruler).

quia rex Hungarie .. fuit tum juvenis xx annorum in etate ideo .. comes .. Johannes de H. fuit ~or regis et regni Hungarie Gascoigne *Loci* 9; **1517** (v. gubernatorius); **1549** Edowardi .. ducis Somerseti .. ~oris personae nostrae et protectoris omnium regnorum *StatOx* 342.

gubernatorius, concerned with government.

1517 dux Albanie .. nostri nunc minorem etatem agentis tutor .. ac regni nostri Scotie regens, gubernator, et administrator generalis .. de nostro .. auctoritate necnon eciam suo ~io et tutorio nomine te .. Christi vicarium .. adorabit (*Lit. Regis Scotiae*) *Mon. Hib. & Scot.* 520a.

gubernatrix [CL], governor, ruler (f.); **b** (w. ref. to abbess); **c** (fig.).

opera .. potentie ~icis fecit cum ventis et mari imperavit Gros. *Cess. Leg.* III 6 p. 150; **1253** (v. custodire 6a). **b** **690** (13c) ~ici Æbbae *CS* 40. **c** ~ix vitae fidelium gratia Christi Bede *CuthbP* 4; ~ix vitae suae .. Sancta .. Trinitas Byrht. *V. Osw.* 462; si purgacio convenit errorum / convenit provisio gubernatrix morum *Carm. Lew.* 598.

gubernatus, government, guidance.

Dei fretus auxilio cunta ejus disposicioni committens et ~ui *NLA* II 565 (*Winwaloe*).

guberneta [LL *gl.*], helmsman, governor.

hic gubernio .. et hic ~a .., ambo pro gubernatore Osb. Glouc. *Deriv.* 258 (cf. ib. 263: gubernio et ~a, gubernator, rector).

gubernile v. gubernale.

gubernio [LL]

1 helmsman.

cum .. remiges ebrii totis navigarent conatibus et inflexis ~o male intenderet cursui dirigendo per pelagus .. Ord. Vit. XII 26 p. 413.

2 governor.

Osb. Glouc. *Deriv.* 258 (v. guberneta); *a guverner*, gubernator, ~o *CathA.*

3 government, guidance.

1439 vestram regaliam serenissimam ad regni vestri utriusque ~onem felicem .. dirigat .. Christus *EpAcOx* 194.

gubernium, government, guidance; **b** (eccl.).

1517 regina Scotie, que tunc illius regni ~ium exercebat *Mon. Hib. & Scot.* 530a; **1524** in regni nostri ~ium atque administrationem (*Lit. Regis Scotiae*) *Ib.* 542b. **b** **1541** ea que pro ecclesiarum .. decore .. ac personarum .. regimine, ~io et commoditate .. facta .. fuisse dicuntur *Form. S. Andr.* II 169; **1545** pro earundem defensione et ~io *Conc. Scot.* I cclviii.

gubius v. gobius. **gudabilis** v. geldabilis. **guel-** v. wel-.

Guelphus, Guelph, member of papal faction in Italy.

1281 ~i, Gwelphi, **s1325** Guelfi, **s1402** Gwelforum (v. Gibellinus).

guerant-, guerent- v. warant-. **guerp-** v. werp-. **guerr-** v. werr-. **gugalia** v. cochlea. **gugio, gugo** v. gojo. **guianesius** v. guieneus. **guiaula** v. gildhalla. **guid-** v. et. wid-, wind-.

guidez [Ar. *widāj*], jugular vein.

si .. est raucedo propter abundanciam materie .. tunc dicit Avic' flobotomia de duabus guideç valet plus quam de brachio .. de duabus guideç minus nocet materia fluxa; et sunt due vene magne in collo ex utraque parte gutturis et epigloti .. que sunt vocales vel organice secundum aliquos GAD. 47. 2.

guido [OF *guidon*], pennon.

1349 ad faciend' ij stremar' curt' de armis regis quartellat' et ad faciend' ij guydones de eisdem armis (*KRAc* 391/15) *Arch.* XXXI 33.

Guieneus, ~esius, (coin) of Guyenne (also as sb. m.).

1387 percipiendo per annum .. xl li. ~eas *Pat* 323 m. 18; **1422** de debito lxv guianesiorum auri de cugna Burdeg' *Ib.* 406 m. 12.

guietibus v. genetarius. **guigett-** v. wikett-.

guigia [AN *guige*], 'guige', shield-strap.

1213 in ij scutis .. regis reparandis et in ~iis atachiandis et in huciis illorum reparandis, iij s. *Misae* 264; **1303** pro .. ~is de serico, clavis, et claspis deauratis .. pro .. scuto *KRAc* 363/18 f. 10*d*.

guihalda, guilda aula, guildallia, guildhalda, guilhalla v. gildhalla. **gujo** v. gojo. **guind-** v. wind-. **guir-** v. et. war-. **guirardus** v. gurnardus. **Guiribecci** v. Hilibecci. **guirp-** v. werp-.

guisa [OF *guise*, ME *gise*], guise, apparel.

s1388 tanta elacio in inferiori populo illis diebus in habitu et apparatu in diversis guysis pullulabat et crevit quod vix quis de populo dinosceretur ab alio per splendorem vestitus .., non pauper a potente, .. non servus a domino suo .. sed unusquisque imitabatur alium et nitebatur inducere noviorem guysam KNIGHTON *Cont.* II 299.

guisare [AN **guiser*, ME *gisen*], to equip, accoutre.

1283 mille marcas sterlingorum .. recipimus pro .. militibus ~andis seu parandis sufficienter .. pro expeditione militari (*TRBk* 275 p. 221) *Foed.* II 246.

guit v. gyro 4. **gul-** v. et. gol-.

gula [CL]

1 throat of person or animal; **b** (w. ref. to taste, also fig.); **c** (in idiomatic phr.).

lanceam suam ingessit infra ~am G. MON. X 4; isophagus .. prima stomachi porta .. dicitur, Anglice *meris*, Grece isophagus et Latine ~a RIC. MED. *Anat.* 223; **c1250** (v. esclenca); GILB. IV 180v. 2 (v. catena 5); **1321** vir mendicus cidit ~am .. mulieris, unde statim obiit *SelCCoron* 74; **1339** [Johannem] cepit per ~am et jactabat super capita clericorum *SelCKB* V 111; *Alph.* 11 (v. angina); hec ~a, A. *troht*, .. *a throte WW*. **b** quasi totum corpus sit ~a, sic delectabitur sancta illa jucunditate ALEX. CANT. *Dicta* 5 p. 133; sapores et salsamenta ad ~am irritandam et appetitum excitandum GIR. *RG* II 5. **c** de manu scilicet in ~am GIR. *Symb.* I 31 p. 322 (v. continentia 3a); **s1253** qui .. regis collaterales ignavie redarguis talia dicens mentiris per medium ~e tue fetentis M. PAR. *Maj.* V 386.

2 gluttony. **b** (w. *canina*) bulimy; *cf. caninus* 1d.

cupiditatis ~aeque desideria GILDAS *EB* 67; primum est corporale peccatum ~a, id est, intemperans cibi vel potus voluptas ALCUIN *Moral.* 633; ~a illectus ex omnibus ad sacietatem gustavit T. MON. *Will.* VII 19; non gula te ducat convivam more canino D. BEC. 1398; hec duo, ~a et ebrietas, in nobis Anglicis principantur S. LANGTON *Serm.* 2. 9; secundum [vitium] est ~a, que accidit ex parte nutritive potentie HALES *Sent.* II 404; **1281** ~a est immoderatus amor delectacionis secundum gustum in cibo et potu, in qua quintupliciter peccatur *Conc. Syn.* 904 (cf. LYNDW. 62 m: ~a est immoderata cibi et potus aviditas; alias dicitur vorax edacitas nature finibus non contenta); temptacio .. carnalis sicut luxuria, ~a [ME: *glutunie*], ocium *AncrR* 66 (cf. ib. 67: sus ~e [ME: *ȝivernesse*]); per G, quintam literam, designatur ~a, quintum peccatum mortale (J. BRIDL.) *Pol. Poems* I 174. **b** *Alph.* 41 (v. appetitus d, cynodorexia).

3 fur from throat of animal, used as trimming and esp. as collar of garment. *Cf.* 1 *gulio.*

1176 pro .. coopertorio de bissis et scarlata cum ~is *Pipe* 11; **1393** quod nullus pelliparius .. vendat veteres foruras aliter quam a vestmentis extrahuntur, viz. cum coleris et operturis, et capucia vetera cum ~is suis *Pat* 337 m. 2.

4 'gool', outlet from drainage ditch, sluice (on Humber).

1297 custus fossat' maris et sewer': .. in novo foss' maris juxta Coltoftis in summitate emend' et versus aquam per loca viridend' ad tascam vj d. in quadam ~a Humbr' juxta Westhok' per ij vices ad tascam xij d. in lxv perticis foss' .. purgand' et largiend' ij s. viij d. *MinAc* 1079/15 r. 4 (*Yorks*); **1306** in meremio prosternendo .. ad stachios cujusdam ~e Humbr' cum servicio diversorum dictam ~am .. faciencium et emendancium *Ib.* 17 r. 3*d*.; in meremio prosternendo in parco et ramulis pro quadam ~a Humbr' et eodem cariando et fendendo cum servicio diversorum dictam ~am reparancium, .. lvj s. ij d., .. et nisi ista ~a bene et secure sustentaretur, omnes terre predicti manerii de Parva Humbr' demergerentur et destruerentur *Ib.* r. 4; **1362** dictus prior et omnes alii qui [i. e. *whose lands*] jacent in profunditate gulle non sunt sufficientes quantum ad presens ad reparandum dictam gullam (*CoramR*) *Pub. Works* II 332 (*Yorks*); flumen Humbrie .. in tantum inundavit quod .. valvas maritimas, vento impellente, reverberans, in solo .. grangie duas permaximas ~as invexit, ita quod cursus aque ibidem horribiliter fluxit et refluxit per duos dies et noctes. abbas Willelmus [ob. **1400**] ~as predictas obstruere .. fecerat *Meaux* III 183.

5 gully, hollow.

a1233 quandam partem terre mee in territorio de Eduluiston [*Eddleston*] .., illam sc. que tendit a capite de Aldenisshlawer versus austrum .. usque ad ~am de Aldenisshlawer [etc.] *Reg. Glasg.* I 142 (cf. *transl. in* C. Innes *Origines Parochiales Scotiae* Edinburgh 1850, I 213: '*the slack*').

6 entrance, gateway.

1309 ad pirum .. in prato Arnaldi M. et ab illa piru .. prout per rectam metodum iri potest per gaulam .. prati, que gaula exit in itinere publico inter vineas *RGasc* IV 216.

7 (w. *Augusti*) first day of August, Lammas; **b** (w. *autumni*). *V. et. gulaustus.*

a1183 inter ~am Augusti et festum Omnium Sanctorum *BBC* 212 (*Tewkesbury*); **1199** quolibet anno ad festum S. Petri ad ~am Augusti *CurR* II 151; **s1245** hoc anno prefectus in priorem .. Willelmus de F. ad ~e (*sic*) Augusti (*Chr. Clun.*) *EHR* XLIV 97; **1251** ita quod denarios illos habeat citra ~am Augusti *Cl* 460; **1279** (v. 1 augustus 2); **1283** a ~a Augusti usque festum S. Michaelis *Cust. Battle* 61; **1334** ad festa Purificacionis, Pasche, Pentecoste, et ~is Augusti *Rec. Leic.* II 23; **p1333** tunc .. a principio quo dantur pro potagio usque ad ~am Augusti sumitur de pistrino simila ad quantitatem ij panum *Reg. Pinchbeck* I 396; **1449** operabit qualibet septimana inter festum S. Michaelis et ~am Augusti *Crawley* 488. **b 1270** quilibet [custumariorum] operabitur a nativitate Beati Johannis usque ~am autumpni qualibet [ebdomada] per tres dies .. et .. quilibet operabitur qualibet ebdomada a ~a Augusti usque diem S. Michaelis per v dies nisi festum impediat *Ac. Stratton* 37; **1277** ad ~am autumpni *Cal. PlRJews* IV no. 478; **1279** inter festum Nativitatis et ~am automnpni *Hund.* II 730a; inter ~am autumpni et festum S. Michaelis *Ib.* 730b. **1282** facta ad ~am autumni anno regni regis Edwardi decimo *AncD* A 4486.

gulare, to swallow.

to swalowe, glutire, .. ligurire, vorare .. ~are *CathA*.

gulaustus [cf. gula 7], first day of August, Lammas.

1252 solebant mittere singulis septimanis a Pentecost' usque ~um j bigatam .. cirporum *IMisc* 7/7 (*Berks*); **12..** operabitur a ~o qualibet die usque ad festum S. Michaelis; et post festum S. Michaelis operabitur semper per alterum diem usque ad ~um *Cust. Glast.* 204.

guldabilis, ~agium, ~are, ~um v. geld-. **gulecca** v. culcita.

guletta [AN *gulet*, OF *golet*]

1 channel of water.

1221 abbas de S. facit purpresturam super .. regem in aqua de S., sc. opturavit quandam guletam, per quam naves solent transire, per gurgitem suum quem .. ibi levavit *SelPlCrown* 113.

2 mouth (of fish-trap).

1316 tres fecit [nassas] cum tribus goletis, et non debeat habere nisi unum *RGasc* IV 1556.

3 part of springald, (?) socket.

1327 de .. ij nucibus eneis pro eisdem [sc. springaldis] cum iij golettis, j *trendel* eneo, ij formul' eneis *KRAc* 16/27.

gulfus [OF *golf, gouffre*, ME *goulf* < κόλπος]

1 gulf, huge bay or other expanse of water.

s1190 fluvius [Salef] currens per medium terre Turkorum, dividit eam a terra Rupini .. et cadit in ~o Satalie *G. Ric. I* 89; ~us dicitur ubi aqua protenditur inter duas terras et sinum facit *Ib.* 195; **s1191** in locum quo non est alter periculosior in mari, dictum gulfrum de Satalea *Itin. Ric.* II 28; inter hanc [sc. Rhodum] et Cyprum sunt syrtes que vulgo ~us Satalie nominatur GERV. TILB. II 12 p. 920; **1437** volunt quod veniamus extra ~um, per viam .. periculosam BEKYNTON II 29.

2 pit.

1553 habet unam golfam non impletam terra ibidem [*Shelley, Essex*] ..; idem prec[ipitur] .. fossatum suam et golfam escurare et implere *MS Essex R. O.* D/DQ 22/127.

gulgata, throat or (?) *f. l.*

1297 insultum fecit per gulgat' [? l. gargatam *or* gurgitem] et ipsum per gulam .. forte tenuit *Gaol Del.* 37/3 r. 4*d*.

guliardia v. goliardia.

1 gulio [cf. OF *gole, guloie*], collar.

c1250 ut .. sacerdotes .. clausis cappis utantur, ~onum penitus usu interdicto *Conc. Syn.* 358; **1269** Ricardum de .. j roba virida (*sic*), j ~one de bluueto .. depredati fuerunt (*JustIt* 821 m. 5*d*.) *RSelecti* 229; **1275** ballivus .. extorsit j gullon' de quodam mercatore pro consuetudine et illud gullon' vendidit pro iiij s. *Hund.* I 454a; inponendo ei furasse j ~onem, cum non fecerat *Ib.* 465b.

2 gulio, kind of fish. Cf. *gobius.*

nomina piscium: .. hic ~o, .. *a goryone WW*.

gullioca [LL], husk, shell.

~e, nucum viridium putamina OSB. GLOUC. *Deriv.* 264.

gullonium v. 1 gulio.

gulo [LL], **~onus,** glutton (also fig.).

hic ~o, .. et hic ~onus, ambo pro lecatore OSB. GLOUC. *Deriv.* 253; ~onus, gluto, edulus, degulator *Ib.* 262; ~ones [*gl.*: gulosos] Judeos insectans, qui .., panem celestem reputantes pro vili, ad panem mortuum retorquebant affectum NETTER *DAF* II 64b; hic ~o, *a gluton WW*.

gulose [LL], gluttonously.

hec gula, unde gulosus .. et ~e et hec gulositas OSB. GLOUC. *Deriv.* 253; Bachi more cave calices haurire gulose D. BEC. 949; mulier .., dum ~e pranderet olus, penam gulositatis incurrit, nam gutturi os stetit infixum W. CANT. *Mir. Thom.* VI 64; nec sufficit gule ut variorum ferculorum materias, nisi variet et colores, ut et idemptitas, mater satietatis, improbe gulositatis non hebetet acerbitates acutas, et ut ab oculorum aspectu delectabiliter gustus ~ius irritetur J. GODARD *Ep.* 223; multi pre calore ita nimis siciunt, dum bibunt quantumcumque potum amarum non senciunt, sed ~e [ME: *ȝiverliche*] se ingurgitant *AncrR* 88; propter consuetudinem ~e vivendi GAD. 18. 1.

gulositas [LL], gluttony.

aliquando [delectantur simul] gustus et tactus, ut cum ~ate manduntur ficus mature *Simil. Anselmi* 15; OSB. GLOUC. *Deriv.* 253, etc. (v. gulose); o ~as, vitiorum domina ..! *Ep. ad amicum* 125; [pueri] habent stomacum mollitum ab humiditate eorum magna et ~ate, quia nihil intendunt nisi comedere GAD. 4v. 2; vitium gule .. habet tria capita, eo quod ~as tria exigit, sc. abundantia quantitate, assidua tempore, grata faucibus voluptate *Deorum Imag.* 22; *a glutony*, amplestria, gula .., ~as *CathA*.

gulosus [CL]

1 gluttonous; **b** (fig.).

~a beluarum ingluvies ALDH. *VirgP* 36; qui ~os ac luxuriosos propter lasciviam invitat BEDE *Luke* 513; OSB. GLOUC. *Deriv.* 183 (v. estor); potor continuus, jugulator, predo gulosus D. BEC. 46; es tu ~us, crapulosus .. ebriosus, delicatus? ROB. FLAMB. *Pen.* 221; qui .. habet latum os est .. sepe ~us BACON V 169; est .. lupus animal ~um PECKHAM *Paup.* 16 p. 75; ~us [ME: *glutun*] mancipium diaboli ... cor ejus est in discis *AncrR* 77; delectatio .. ~i est in gustu sicut luxuriosi in tactu LYNDW. 62 l; ut non lingua loquax dentes turbare gulosos / possit, dum prandet, ordo silere jubet GOWER *VC* IV 131; sunt .. ad omne malum proni, superbi, invidi, ~i et luxuriosi *Itin. Mand.* 26; *CathA* (v. edaculus). **b** invasionem ~am HERM. ARCH. 6 (v. defervere 2c).

2 (of food) fit for gluttonous appetite or taste.

indulgere gule caveas, contempne gulosa D. BEC. 2822; ornamenta superflua vel .. fercula ~a GASCOIGNE *Loci* 111.

gulum [cf. OF *gulun*], article of clothing.

1239 abstulit ei quandam supertunicam de bluto que vocatur ~um [*sic* MS] precii dim. m. *CurR* XVI 958.

guma v. egama. **gumdagium** v. windagium. **gumfa, ~us** v. gumphus. **gumis** v. egama.

gummi [CL cummi], **~a, ~us, ~um,** gum, viscid secretion from trees of var. kinds. **b** pine resin. **c** (~*i Arabicum*) gum arabic, gum acacia. **d** var. aromatic gums; **e** (w. ref. to uses).

cummi, *teoru GlC* C 946; cummi, *teru GlH* C 2174; ~us, succus qui elicitur ab arbore, similis gemme, unde et pro gemma dicitur OSB. GLOUC. *Deriv.* 264; [humor] superfluit et tunc natura expellit .. et expulsus coagulatur per frigiditatem aeris .. tunc fit ~i BACON XI 218. **b** GIR. *TH* I 15 (v. abietinus); GILB. III 142. 2 (v. e infra); cum regenerativis carnis sicut sunt ~a pini, i. pix, resina rose, et similia GAD. 124. 1; ~i pini, i. pix, resina, i. sagapinum vel serapinum *SB* 23; resina potest appellari omnis ~a, a

resudo resudas; appropriatur nichilominus ad designandum ~am abietis *SB* 36. **c** fiat syrupus de dragaganto, ~i Arabici et ~i prunorum et cerasorum GILB. I 19v. 2; de gumi Arabico uncie iij BACON V 102; ~i Arabicum GAD. 97v. 2; tyriace magne iij ℨ . . dragaganti, ~i Arabici ana ij ℨ J. MIRFIELD *Brev.* 84; ~i quando simpliciter de Arabico intelligitur *SB* 23; **1440** pro . . iiij sport' ~e de Araby *Port Bk. Southampt.* 88; ~i Arabicus est arbor que in Arabia invenitur cujus triplex est maneries, sc. album, quod melius est, citrinum, et subrufum *Alph.* 77; ~a Arabica, A. *gumme arabyk WW*. **d** serapinum, amomatum [l. amoniacum; *gl.*: electuarium factum ex pluribus confectionibus], opanaclum [v. l. opanatum], abdellum [v. l. delium], euforbium, sarcotalla, masticum [*gl.*: a mastice, et est herba unde fit genus ~i], popileon [*gl.*: ~i populi arboris; ~i fluens a populo arbore], oleum laurinum [etc.] NECKAM *Ut.* 110; ~i prunorum et cerasorum GILB. I 19v. 2 (v. c supra); ~a olivarum KILWARDBY *Jejun.* 173; *SB* 11 (v. asa); *SB* 12 (v. asphaltum); *SB* 20, *Alph.* 60 (v. euphorbium b); *SB* 21 (v. ferula 1a); ~i juniperi, i. vernix *SB* 23; lacca est ~a herbe *SB* 27; mastix ~a est *SB* 29; galbanum ~a est *Hrb. Harl. 3388* 79v.; gumum cedri, i. gumum juniperi *Ib.* 80; *Alph.* 8 (v. 2 ambra c); dragantum ~i cujusdam arboris est *Alph.* 48 (cf. ib. 183: radix [tragaganti] . . dragagantum appellatur. virtus est similis ~i et peremplastica); *Ib.* 58 (v. elitridium); colofonia, quedam ~a *Ib.*; *Ib.* 163 (v. azarud). **e** si in oculo aliquid ciderit, resina vel ~i pini per oculum trahatur, et extrahet GILB. III 142. 2; **1336** in . . oleo olivi et ~is emptis pro equis regis *Ac. Durh.* 527; **1336** in ~e empt' . . pro cera viridi facienda pro sigillo prioris *Ib.* 533; **1338** ad unguendam eandem galeam cum bitumine, sepo, et ~a *KRAc* 20/22; **1344** in . . ~is et attramento pro quodam equo officii infirmo *Ib.* 40.

gummositas [LL], gumminess, resinousness. **b** gum, resin.

in mirobalanis indis est quedam gumositas terrestris *Quaest. Salern.* Ba 113; dragantum . . virtutem habet . . conglutinandi ex sua ~ate BART. ANGL. XVII 51; in dissinteria . . tota substantia debet accipi, quia ex parte substantie est constrictio, et ex parte ~atis laxatio GILB. V 221. 1. **b** teda pinguis lignum abietis ex quo manat ~as *SB* 41.

gummosus [LL], gummy, resinous. **b** similar to gum.

quedam [sc. aque] eructuant dulces et suaves, quedam clare et quedam turbide ac quedam spisse ut ~e M. SCOT *Part.* 293; fiat suffumigatio ex pinea ~a GILB. V 223. 1; thuris albi ~i partes ij GAD. 9. 2. **b** mineralia . . debent fermentari donec habeant facilem fusionem ~e nature RIPLEY 327.

gumnaside v. gymnasium.

1 gumphus [CL, LL gomphus < γόμφος = *fastening-peg*]

1 bond, fastening (in quots., fig.).

subtili gumpho, mira compage, vigore / ethereo levibus grossa marita facit GARL. *Epith.* IX 465; jam gumphos invisibiles et vincula rumpens / aurea, nature duplicis compage soluta / audet mucro necis animam disjungere carni H. AVR. *Hugh* 1151.

2 iron peg or hook, fixed to post, on which the band of hinge hangs and turns; *cf.* AN *gon, gun, gunf.*

ostium seram habeat, pensulam . ., vectes, ~os [*gl.*: *guns*], repagula *guns*] repagula NECKAM *Ut.* 110 (cf. ib. 119: vectes, gunphi, repagula); **1211** in gunis, vertevellis, stapellis parandis, ij d. *Pipe Wint.* 115 (cf. ib. 171: . . clavis, gungis, vertevellis); **c1230** R. faber . . operabitur gonos et vertivellos ad hostia *Doc. Bec* 110; hic gunfus, *gunf Gl. AN Ox.* 148rb; **1240** de novis gumis et vertevellis *Liberate* 14 m. 17 (= *Cal.* 453); **s1267** fenestras et ostia, confractis gunfis, vectibus avellentes deduxerunt WYKES 203; **1268** fregerunt portas . . et gundas et †vertenelas de ferro fregerunt cum hachiis *Rec. Norw.* I 204; **1271** in gunciis et vertivellis emptis ad ostia, iiij s. *Ac. Man. Wint.* (*Houghton*); in stipendio fabri ad gumfos faciendos et vertivellas [et] haspas ad ostia *FormMan* 33; **1276** in goncis et vertivellis, ix d. *Ac. Stratton* 190 (cf. ib.: in ij *gons* faciendis); **1277** in gonsis, stapellis, et hapsis faciendis *Ib.* 203; **1277** in turrell', vertevell', guncis, seruris *KRAc* 407/6/2; **1282** posuit guncios ad ostia et ad fenestras *Ib.* 460/27 A(2); **1302** ad gumfas et vertivellas faciendas *Fabr. Exon.* 18; **1305** pro iiij peciis ferri emptis pro iiij gunciis inde faciendis ad duo nova ostia in . . turre, viij d. *KRAc* 486/17/2; **1306** in gunfis et †vertenellis, xiiij d. *Rec. Leic.* I 246; **1308** in iij paribus †vercinellarium cum gunnis *Crawley* 262; **1308** in ij vertivellis et in ij ~is cum clavis imponendis ad hostium camere emendandum (*Ac. Combe*) *Doc. Bec* 162; **1316** in grossis clavis factis pro hostiis, gunchis, et †vertinellis *Rec. Leic.* I 297; **1317** cum †gouffis *Fabr. Exon.* 84; **1323** in ij gumfis pro fenestris domus cere *Sacr. Ely* II 29; **1324** de receptamento iiij cultrorum aratri, ij vertevellorum, ij gonforum et j tolecti ferri *JustIt* 1165 r. 27; **1344** in gumfis, ligaminibus, et clavis emptis pro hostio porcarii *Ac. Durh.* 40; **1413** Johanni S. fabro pro vj ~is pro iij hostiis, viz. cancelle, vestibuli, et assensorii, ponderantibus xiij li. dim. quar. *Rect. Adderbury* 7; partes domus: . . hic †gumser, *a hengylle WW*; *a cruke of a dore*, ~us *CathA*.

3 tenon. **b** (by conf.) mortise.

†*tenowre* [l. *tenowne*], *knyttyng of a balk or odyre lyk tymbyre*, ceneaculum, gumfus *PP*. **b** *morteys of a tenon*, ~us, incrastatura *PP*.

4 hook.

de Sebastiano quem sagittatum in cloaca suspenderunt gumfo [*ed.*: '*in chains*'] ORD. VIT. VII 7 p. 177 (cf. *Acta S. Sebastiani* 88, *Acta SS. Boll.* Jan. II 278: in cloaca . . invenies corpus meum pendens in ~o [v. l. unco]); gunfus, uncinus, hamus, uncus OSB. GLOUC. *Deriv.* 264.

2 gumphus [ME *gang, gong*], a privy.

illo [sc. domino tuo] pro more solito gumpho residente D. BEC. 1269; adulator ~um [ME: *þe gong þurl*] cooperit cum feditatem peccati adulacione tegit ne fetor senciatur *AncrR* 22; filium parvulum . . suffocans in ~o transmisit *Latin Stories* 106; ~us, *þe hoole of a prevay* . . dum paro menpirium, sub gumpho murmurat anus *WW*; *gonge hole*, ~um *PP*; *a pryway*, brisa, cloaca, ~us; . . *a sege of a priuay*, ~us *CathA*.

gumser, gumus v. gumphus. **gumum** v. gummi. **guna** v. gunna. **gunchus, guncius, ~us, gunda** v. gumphus. **gunell-** v. gemell-.

gunfanonarius [OF *gonfanoniere*], carrier of gonfalon.

princeps senatus, id est confalonerius, quod nomen est summi honoris . . se magistratu abdicavit P. VERG. XXVII p. 1598.

gunfanum [AN *gunfanun*, ME *gounfanoun*]

1212 tenet unam carucatam terre in Webeding' [*Suss*] per serjanteriam . . ad deferendum gunfanum in Sudhamtesir' apud Sparkeford *Fees* I 71.

gunfus v. gumphus. **gunger** v. conger. **gungus** v. gumphus. **gunidagium** v. windagium.

1 gunna [LL], **~um**

1 (in LL usage) outer garment made of skins.

754 (v. cuculla 1a); **764** ~am de pellibus lutrarum factam *Ep. Bonif.* 116; ~a, *heden GlC* G 185.

2 (in ML usage) gown, robe worn over other clothes; *cf.* AN *gune*, ME *goun.*

1322 lego filio Thome M. meam gownam de *scarlet* cum furrura *FormA* 431; **1365** lego Ricardo . . tunicam cum capucio et curtam gunam furrure cum vulpeo. . . Galfrido capellano unam longam gunam furure *RR K's Lynn* I 253–4; **1365** ne clochis aut gunnis aliisve vestibus quibuscumque nisi tabbardis suis desuper in universitate . . utantur *Cant. Coll. Ox.* III 163; **1367** Margarete . . melius collobium meum et meliorem gounam meam *Test. Karl.* 86; **1376** in ij gowneis emptis pro Roberto . . et Thoma *Ac. Durh.* 387; **1377** j gouna de russeto pro muliere, furrata cum *grys IMisc* 213/6 m. 3; **1380** gounum *Pat* 308 m. 17 (v. gita); **1392** pro iij gounis . . pro domino, camerario, et senescallo *Ac. H. Derby* 178; **1405** unam gounam de *worstede motteley* partitam blodii et sanguinei coloris . . unam gounam de skarleto cum blanketo duplicatam *Reg. Exon.* 384; **1406** ad unum gounum de *velvett* rubro faciendum et operandum inbroud' cum perlis, cum *minever* pur' purfil' cum *ermyn* pro regina (*AcWardr*) *Arch.* LXVII 174; **1416** cuilibet eorum [sc. pauperum] ad unum gonum cum capuchio quatuor ulnarum panni russeti curt' (*AcWardr*) *Foed.* IX 334a; **1430** ego Alicia . . [lego] Isabelle sorori mee optimam gounam meam *Test. Ebor.* II 8; **c1450** dedit . . [monasterio] gounam de viridi velvetto auro texto unde fieri posset integrum vestimentum *MonA* II 223a.

2 gunna, ~um, ~us [ME *gonne*], gun, firearm (of indeterminate size). **b** great gun, cannon of large calibre. **c** portable firearm, handgun.

1346 Thome de R. . . pro ~is [regis] ix^c xij li. sal petre (*LTR AcWardr*) *Arch.* XXXII 381; **1346** omnia ingenia et ~a cum eorum apparatu in turri regis . . et alia diversa, sc. . . pellotas, barellos et salpetram et pulveres et . . res alias ad ingenia et ~os illos spectantes (*Pipe*) *EHR* XXVI 689; **1360** in iiij ~is de cupro factis et operatis per Willelmum de A., *brasier*, capientem pro qualibet pecia . . xiij s. iiij d. (*KRAc*) *Ib.* 691; **s1359** Thomas de M. percussus est medio de una ~a KNIGHTON II 107; **s1379** consuetis adhibitis instrumentis, missilibus scilicet que vulgus ~as vocant (*sic*), terribiliter feriunt et conquassant . . classem WALS. *HA* I 405; **s1383** villani . . cum missilibus que ~a vocantur nostros . . repellunt *Ib.* II 99; **s1386** cum machinis ad petras jaciendas et ~is ac multo pulvere pro eisdem *Chr. Angl.* 371; **1387** (v. effusio 3a); **1399** computat de . . iiij gonnis de cupro et ferro, vij touchis pro eisdem [etc.] (*LTRAc*) *EHR* XXVI 70; **1403** pro carriagio ~arum de Westgate ad cameram; et ij lathomis pro factura rotundarum petrarum ~arum *Ac. Chamb. Cant.* 138; **1408** omnimodam stuffuram victualium, ~orum, armature, artillarie . . pro garnistura castri nostri *RScot* 189a; **s1409** castellum ligneum valde magnum, cum multis ~is et pulveribus pertinentibus *Eul. Hist. Cont.* 417. **b** omne preparamentum belli, machinas petrarias, balistas, et gonnas, quarum una tam capax fuit ut nullus murus perferret ictus ejus OTTERB. 257; **s1417** ~as suas quas Galli canones vocant (v. 2 canon); **1418** pro factura ccc *pavys* grossorum pro ~is . . et xij carectarum grossarum pro ~is grossis supracariandis (*Pat*) *Foed.* IX 543a; **1470** pro salva custodia . . magni ~i a loco predicto usque Cantuariam *Ac. Chamb. Cant.* 142 (cf. ib.: pro cariagio de *le brasyn gunne*). **c** **1375** pro *helvyng* viij ~orum et x hachettorum de stauro antiquo ad modum pycoys . . xiij s. (*KRAc*) *EHR* XXVI 693; **1389** ij ~as parvas enneas in baculis ligneis vocatas *handgun' KRAc* 41/138.

gunnarius [cf. 2 gunna], gunner.

c1365 j gunarium cum pulvere *Rec. Norw.* I 396*n.*; **1384** pro feodo Mauricii ~ii pro uno anno . . xiij li. vj s. viij d. *ExchScot* 676; **s1386** ut . . per murum suos ~ios protegeret WALS. *HA* II 147 (cf. ib.: magister ~ius); **1406** Antonio H. ~io nostro . . Waltero C. ~io nostro *Cl* 256 m. 34; **s1418** rex obsedit villam . . ubi per ~ios ville multi de parte regis lesi fuere *Chr. S. Alb.* 120.

gunnator [cf. 2 gunna], gunner.

1387 Thome Thornboll ~ori regis *KRAc* 183/12 f. 31; **1486** vj d. per diem pro quolibet xij ~orum sive vibrellatorum *Pat* 563 m. 5 (23); **1498** gonnatorum seu vibrellatorum *CalPat* 170.

gunnius [cf. 2 gunna], for a gun.

1434 Petro L. *laborere* circa caias implendo et portando petras gonnias *Stewards Bk. Southampt.* I 110.

gunnum, ~us v. 1 gumphus, 2 gunna. **gunphus, gunus** v. gumphus. **gunyngera** v. cuningaria.

gupillerettus, (*canis ~us*) foxhound.

1211 Stephanus Harengod debet j bonum canem ~um pro habendo precipe *Pipe* 64; **1213** mittimus tibi xl gupilerettos nostros et xij leporarios . . et viij veltrarios, mandantes quatinus illos ad vulpem currere faciatis *Cl* 156b; **1214** Ricardus E. . . debet xlv m. et iiij gupilerettos *Pipe* 73; **1215** cum . . x leporario et xxiiij canibus gupiller' *Cl Frag.* 141.

gupillus [AN *gupil* < *vulpillus], fox.

1198 pro v [retibus] ad gopillos capiendos *RScacNorm* II 371; **1221** canes suos ad currendum ad lepores et ~os *Cl* 470; **1271** canes . . ad lepores vel ad gupillios vel ad aliquod hujusmodi currunt *AncD* A 306; **1303** timbrum ~orum, martriorum, sablinorum, beveriorum, seu hereminorum *Doc. Scot.* II 460.

gurda, ~us [AN *gurde* < cucurbita]

1 dried shell of gourd, in which ginger was imported.

1242 quod . . emi faciat ad opus . . regis . . iij curdas de gyngibratto *Cl* 509; **1253** pro j curda gingebrati, xx s. *KRAc* 349/10; **1285** pro una ~a gingibrasii . . lxx s. (*KRAc*) *Arch.* LXX 31; **1290** pro j ~o gingebrad' (*AcWardr*) *Chanc. Misc.* 4/5 f. 9; **1299** in ij ~is de gingebrar' xxvj s. viij d. *Ac. Durh.* 495; **1303** pro xxviiij ~is et pixibus magnis et parvis gingebrad' et festucad' et pynonad' *KRAc* 363/18 f. 29.

2 drinking vessel, jar.

1272 de . . j ~a argent' de aur' et operata cum lapidibus *Pipe* 117 r. 1.

3 *f. l.*

1341 l li. sterlingorum in quadam gurda [*sic* MS, *but* l. gurla] de corio unius dame *Pat* 204 m. 5*d.* (= *CalPat* 327).

gurges [CL]

1 swirling mass of water, whirlpool, eddy. **b** (fig.) turbulence; **c** (transf., w. ref. to storm).

ac si montanus torrens . . uno objectas sibi evincit ~ite moles GILDAS *EB* 17; hippotami (*sic*) . . qui . . ccc homines . . in rapaces ~itum vortices traxisse . . narrantur *Lib. Monstr.* II 9; ~es, altus locus fluminis *GlC* G 178; saepius accrescens cumulatum gurgite flumen ALCUIN *Carm.* 88. 4. 2; Torneia . . aquarum ~itibus circumluitur undique ORD. VIT. XI 33 p. 280; de . . Wokynghole [*Wookey, Som*] fluit magnum †gurgitum W. WORC. *Itin.* 290. **b** violenti peccatorum ~ites GILDAS *EB* 31; nec . . Normanniam ad Robertum redire judicabat ingenuum, quod esset ille omnium feditatum et iniquitatum altissimus ~es W. MALM. *GP* I 68. **c** **c795** nonne omnia haec veluti fumus ventosis procellarum in aerem dispersus ~itibus evanescunt? ALCUIN *Ep.* 86.

2 maw, throat (also fig.).

hauriebat sitibundo pectore fluenta doctrine que postea mellito eructaret ~ite W. MALM. *Wulfst.* I 5; **1220** (v. elongare 7b); **1319** habuit . . apostema in ~ite ita grave quod non potuit comedere *Conc.* II 488b; **1368** percussit eum in ~ite ex transverso colli sui *SelCKB* VI 155; **1375** ipsum percussit cum quodam cultello in ~ite *SessPLincs* 24.

3 (in weakened sense, esp. poet.) waters, flood (of sea, river, *etc.*); **b** (w. ref. to baptism); **c** (w. ref. to tears); **d** (fig.).

Pharaonis exercitu rubri maris ~itibus summerso ALDH. *VirgP* 12; quartus caelestis paradisi ~es *Id. Met.* 2; sirenae . . caudas habent quibus . . in ~ite latent *Lib. Monstr.* I 6; **c790** septigeno Niliaci fluminis ~ite ALCUIN *Ep.* 60; ~ite, *stream GlS* 212; oceani tumidas . . remeavit ad undas / gurgitis et vasti circumflua terga repressit FRITH. 1263; rus fertile, rusque beatum / gurgite piscoso, gleba, temeto generoso R. CANT. *Poems* 14. 10; luteis

~itibus submergi G. Mon. I 5; hec ~es, .. *a strem WW.* **b** infantes baptismi gurgite mersos Aldh. *VirgV* 984; cuncti certatim merguntur gurgite sancto, / flagitium sceleris purgabant fonte perenni *Mir. Nin.* 68. **c** ne pereas lacrimarum gurgite mersa Alcuin *SS Ebor* 1569; de nato sanguinis rivos ejiciunt, / de matre gurgites salsos eliciunt Walt. Wimb. *Carm.* 615; in lacrimarum ~ite impegi S. Sim. *Itin.* 74. **d** mens virgineis ardescens torrida flammis / gurgite mundano perfusa tepescere nescit Aldh. *VirgV* 1987; **690** orthodoxiae aperito ~item et sitientia rigato arva mentium *Id. Ep.* 5; ~es neglegentiae *Lib. Monstr.* II pref. (v. demergere 1c); non vos conturbet .. inconstantia, fratres, / nec mundana quidem gurgitibus variis Alcuin *Carm.* 9. 98; faminis / gurges et copia disertitudinis Walt. Wimb. *Carm.* 148.

4 'gorce', weir, fish-trap.

983 (12c) *CD* 640 (v. abyssus 1a); haec sunt nomina ~itum qui ad piscandum extraneis .. prohibiti sunt *Ib.*; ibi molinum de viij s. et ij ~ites reddunt ij millia et quingentas anguillas *DB* I 180va; **1130** v m. argenti pro placito ~itum Tamisie *Pipe* 122; **a1175** molendina, piscarias, ~ites, vivaria, salinas [etc.] *Act. Hen. II* II 29; **1221** (v. guletta 1); **1222** exclusam vel ~item (v. excludere 3a); **1235** quod ~ites per Tamisiam in ballia sua stare et esse faciat in eadem latitudine et eodem statu et apertura inter virgas cleiarum quibus stare et esse consueverunt tempore Henrici regis avi *Cl* 187; **s1253** (v. diruere a); **1256** quod omnes lampredas et salmones quos Mathias capi faciet in ~itibus regis .. ad regem .. mitti faciant *Cl* 19; **1256** amovit .. ~item de uno loco in quemdam alium .. in tenemento suo .. quando .. ~ites obstruuntur per arenam aque *AssizeR Northumb* 15; ne quis faciat .. domum nec pontem, stagnum nec ~item, exclusam nec molendinum per quod vicino .. noceatur Bracton 232b; **1279** iij gorgit[es] in piscaria *Hund.* II 501a; J. de C. habet .. piscariam in riparia de Thame .. et duos ~ites ad eandem piscariam pertinentes *Ib.* 720a; **1297** r. c. de iiij li. de piscaria ~itis de Istelwrthe [*Middx*] et piscaria extra ~item *Ac. Cornw* I 40; **1313** piscacionem in aquis de Sture et Avene subtus gorgiis nostris .. ad quodlibet genus piscium *ChartR* 100 m. 11 (= *CalCh* 226); **1341** pro medietate firme piscarie unius ~itis vocat' Snygwer' in Tamis' *MinAc* 1120/11 r. 1 (*Datchet*); **1356** ~ites in aqua de Sevarne .. talem latitudinem in singulis foraminibus et spaciis inter virgas et palos dictorum ~itum hactenus continere consueverunt .. eo quod lamprede a mari venientes .. per foramina .. leviter venire potuerunt *Cl* 194 m. 22; **1362** abbas dicit .. quod habuit .. palas fixas ibi pro retibus siccandis et piscibus capiendis qui (*sic*) in ista presentacione vocantur ~ites *Pub. Works* II 287 (cf. ib. 286: omnia gurgita); **1387** (v. essewera 3); **14..** inquiratur de hiis qui .. faciunt sibi piscarias situantes et de novo facientes et incipientes ~ites aut alia sibi recia immobilia *BBAdm* I 233; **1552** (v. essewera 3).

5 drain. **b** rain-water gutter or spout.

1371 proicit in quodam ~ite suo aquam fetosam ad nocumentum transiuncium *CourtR Winchester*; **c1440** ad mundandum ~item coquine; .. item pro iij bigatis lapidum ad cooperiendum ~item .. pro lamina ferrea pro orificio ~itis *Cant. Coll. Ox.* II 156; **1491** officium mundatoris omnium .. ~itum sive gutturarum et latrinarum infra castrum de Windesore *Pat* 572 m. 5 (32). **b 1329** circa construccionem .. cujusdam ~itis .. camere ex parte australi, viz. supra gradus ducentes ad aluras ejusdem camere *KRAc* 467/7/1; pro ij filetis plumbeis, una viz. ad reponendum .. super eandem cameram sub quadam pipa plumbea ducente aquam pluvie ibidem .. et alia ad ponendum in muro sub ~ite .. pro aqua decendente per eundem ~item abicienda, ne in eodem muro ingrediatur et in .. cameram, sicut ante reparacionem predicti ~itis fecerat, cadat vel descendat *Ib.*; **1336** pro factura j ~itis de plumbo super magnam capellam (*KRAc* 19/24 m. 8) *Cal. Scot.* III app. p. 355; **1354** pro *morter* ad ~ites sive aluras et pro summitate murorum .. aule reparand' *KRAc* 471/6 m. 18; hic ~es .. *a gotyr WW.*

gurgilio v. 2 gurgulio.

gurgitare [LL; cf. gurges 2], **a** to swallow. **b** to vomit.

a jam paene puer extinctus erat dum liquor sibi impenetrabilis ad ~andum os et nares et habitum obstrueret ad interitum Gosc. *Lib. Mild.* 20; ~o, ~as, quod non est in usu, sed componitur ingurgito, -as, i. devorare Osb. Glouc. *Deriv.* 252 (cf. *Jan.*: a gurges derivatur ~o, ~as, vorare vel implere). **b** territus .. potuque ciboque relicto / surgit et in vomitu gurgitat ore cibos *Ep. ad amicum* 125.

gurgitinus, of a flood or stream. *V. et. gurgitivus.*

~us, i. ad gurgitem pertinens Osb. Glouc. *Deriv.* 252; *a streme*, gurges, ~us *CathA.*

gurgitivus, deep. *V. et. gurgitinus.*

depe, altus, profundus, ~us *CathA.*

gurgitum v. gurges.

gurgulatio [cf. ME *gurguling*], intestinal rumbling.

dolor .. immutat locum cum ~one et inflatione Bart. Angl. VII 48; inflatio, dolor, et ~o *Ib.* XIX 40; ventositas .. cognoscitur ex rugitu et ~one Gilb. V 214v. 1; si gravitas, ~o, et punctura fiant sub umbilico, ventris fluxum significat Bacon IX 202; 'bella ventris' [*gl.*: ~ones et ventositates] Garl. *Mor. Scol.* 591; habet rugitum .. et ~onem in ventre et eructuaciones acetosas Gad. 36. 1.

1 gurgulio v. curculio.

2 gurgulio [CL], throat or windpipe.

dum .. gulosa beluarum ingluvies .. praedam lurcare non audens hiulcas faucium ~ones opilavit Aldh. *VirgP* 36; lingue, ori, uvae, guttori, gurgilioni .. adesto tutamine *Cerne* 86; ~o, *ðrotbolla GlC* G 180; qui ~one perforabit alicui, xij s. emendet (*Quad.*) *GAS* (cf. ib. *Inst. Cnuti*: gurgulium, id est *þrotbolle*; AS: *ðrotbolla*); gurgullio vel *þrotebolla*, xij s. (*Leg. Hen.* 93. 10) *GAS* 609; **11..** gurgulium, *þrotbolla WW Sup.* 390; pro majori securitate mortis, scissum est ~o ejus Favent 18; ferrum .. in .. ~onem delapsum quasi viam petere videbatur in stomachum *Mir. Hen. VI* I 20.

3 gurgulio [CL, *perh. for* curculio *or* 2 gurgulio], penis. (*Cf.* Persius 4. 38).

~o quandoque dicitur pro priapo Osb. Glouc. *Deriv.* 252; per solam ~onis extensionem .. satis fiat mulieribus; femine .. vir .. placet .. si suis validus fuerit et frequentativus dumtaxat in genitalibus *Collect. Stories* p. 217.

4 gurgulio [dub.], kind of fish, mullet.

~o, -nis, i. *mulot*, quia nil est pene nisi guttur, et inde hic gurguliunculus .. unde Plautus [*Rud.* 1325] Osb. Glouc. *Deriv.* 251; ~ones deprehendere *Ib.* 252 (v. gurgustium 2).

gurguliunculus [CL curculiunculus = *little weevil*], (interp. as) little fish.

Osb. Glouc. *Deriv.* 251 (v. 4 gurgulio).

gurgustinus, hovel-dweller, cottager.

coterelle, ~us, ~a *PP* (v. coterella).

gurgustium [CL]

1 mean dwelling, hovel. **b** (fig., of beehive).

Aldh. *VirgV* 2241 (v. egredi 1a); ~ii humilis receptaculo contenta *Id. Ep.* 3 (= W. Malm. *GP* V 214: gurgitium); ~ium, taberna humilis .., domus pauperum .., ~io, *cetan GlC* G 176, 177, 182; ~ia, tabernarum loca tenebrosa ubi †convicia [l. convivia] turpia fiunt *GlC* G 187; ~ia, domuncula, casella [MS *adds*: casa, casula] Osb. Glouc. *Deriv.* 264. **b** ut [apis] .. mulsae dulcedinis alimoniam flavescenti cerarum ~io recondat Aldh. *VirgP* 6.

2 fish-trap, creel.

~ium, domus piscatoria *GlC* G 183; tres pisces in retiaculis suis introisse ..; tertium .., majorem ceteris in ~io ex hac parte terre magis proximo asserunt contineri R. Cold. *Godr.* 227; ~ium, -tii, i. domus pauperum, et rete piscatorium, eo quod in aquis gurguliones deprehendere solet Osb. Glouc. *Deriv.* 252; ~io [*gl.*: retis] Neckam *Ut.* 97; *trunk for kepyng of fysh*, ~ium *PP*; *a clowe of flodeȝete*, singlocitorium, ~ium .. *a lepe for fysche*, fiscella, ~ium .. *a trunke*, ~um *CathA.*

3 (? by misinterp.) throat.

~ium, *ceosol* [? l. *ceolor*] *GlC* G 181; ~ium, *chelor Gl. Leid.* 19. 38; ~ium, *ceola WW Sup.* 440.

gurgustus, small fish.

~us, piscis minutus Osb. Glouc. *Deriv.* 264.

guriaga v. currago.

gurla, ~us [AN *gurle*], purse, pouch.

1206 robavit x m. de denariis domini sui .. in quadam ~a *CurR* IV 282; **1211** in ~is et parchamento, xiij d. *Pipe Wint.* 170; **1230** cum extraxisset quemdam ~um in quo fuerunt xj m. .., statim cepit eum per gulam et .. cepit denarios .. cum toto ~o *CurR* XIV 1027; **1284** ~a cum veteri moneta .. super eosdem inventa fuit *Gaol Del.* 35/2 m. 24; **1290** in iiij ~is emptis ad thesaurariam, xxij d. *Ac. Swinfield* 190; **1294** l li. de denariis Roberti de S., in una ~a. item de denariis Willielmi de S. .. in iij gurrulis xcvj li. *Reg. S. Osm.* II 117; **1314** xx li. argenti existentes in quadam gourla de albo corio cujusdam cervi, precium gourle xij d. *Eyre Kent* 113.

gurnardus [AN *gurenard*, ME *gurnard*], gurnard, kind of fish.

1264 in mulvell', *playz*, et ~is emptis *KRAc* 3/3 r. 1 m. 2; **1290** in j coste gornard', vj s. viij d. *Ac. Swinfield* 41; **1299** ~um meliorem pro j d. *MGL* II 119; **1306** in ~is et *breines* emptis, xvj d. *MinAc* 856/15 m. 3; in declinacione febris posset concedi de merlingo, †gonardo, de pectine Gad. 10v. 1 (cf. ib. 33v. 2: †merlurgus, †guirardus; 63. 1: exceptis conchilibus parvis et garnaldo); ~us, *gurnard PP*; capo vocatur gornardus P. Verg. I 14.

gurrex v. sorex. **gurrula** v. gurla. **guscettum** v. gussettum.

gusis, gum.

~is, i. galbanum *SB* 23.

gussettum [OF *gousset*, ME *gusset*], wedge of chain-mail fitting under armpit.

1306 guscettum lorice *Cal. Just. Ir.* 251; **1322** de .. v corsett' ferr', j pari gussetorum ferr', vij bacinett' *MinAc* 1145/21 m. 34.

gust- v. et. just-.

gustabilis [LL], perceptible to taste. **b** (as sb. n.) food.

gustus est sensus proprie saporum perceptivus. .. lingua .. est concava .. ut .. humorositatem rei ~is resolutam in se suscipiat, .. porosa ut quod esset grossum vel subtile de re gustanda ad nervos .. subintret Bart. Angl. III 20. **b** [aranea] .. capiti [musce] insidens ejus humiditatem sugit, et de tali muscarum venatione vivit; nam ejus ~e proprie est talis humor, sicut ~e apis est mel *Ib.* XVIII 10; animalia [nutriuntur] secundum rationem ~is in quantum movet sensum Bacon XI 186; ~ium quedam sunt saporosa in actu .. quedam saporosa in potentia *Ib.* XIV 79; de ~i et ejus medio et conditionibus *Ps.*-Gros. *Summa* 514; ~e ad naturam transit gustantis R. Marston *QD* 254.

gustalis, perceptible to taste, (as sb. n.) food.

quo ad ~e quod oportet omne humidum aqueum, si gustum debeant .. mutare et genera talium objectorum sensus distingwere, ut sensitum per habens sensus hujusmodi, nedum quo ad noticiam, sed eciam ad esse Wycl. *Log.* III 83.

gustamen, taste (in quots., fig.).

quid illos autumandum est inopes, si ita res se haberet, post melliti ~inis demptionem egisse? B. *Ep.* 386; **1019** (15c) amaro vetiti ~ine mali *CD* 730.

gustanter, by way of taste.

cum gustus sit quidam tactus, quare non posset eadem caro ~er tangi et dentibus palpari carnalibus sine hoc quod sanctus sentiret corrupcionem in aliqua sua parte? Netter *DAF* II 98v.

gustare [CL]

1 to perceive by the sense of taste; **b** (absol.).

nescit suave diligere qui amarum non ~averit [AS: *ne wat swetes ðanc se þe biteres ne onbyrgeð*] *Prov. Durh.* 29; Bart. Angl. III 20 (v. gustabilis a); Adel. *QN* 31 (v. gustus 1). Duns *Ord.* II 56 (v. gustatio a). **b** per caput videmus, audimus, odoramus, et ~amus Fortescue *NLN* I 56.

2 to taste (food & drink), to partake of; **b** (w. *de*); **c** (w. animal as subj.); **d** (fig.).

ut .. non aliud quam panem ac lac .. ~aret Bede *HE* III 27 p. 194; qui aliquid ~averit aut edendo aut bibendo non praesumat legere .. epistolam Ælf. *Ep.* 3. 70; quare dulcia magis delectent gustum quam alia: .. prandia dulcia .. si ~ata aliquas sordes invenerint in stomaco, .. dissolvunt *Quaest. Salern.* B 314; fons .. aquas habens .. animalibus .., si ~ate fuerint, pestilentes Gir. *TH* II 7; quesivit regina .. quare .. preter panem ad ~andum nihil haberent *Chr. Abingd.* I 460; [Christus] fel ~avit [ME: *smachte*] ut nos doceret ne moleste feremus cibos aliquos *AncrR* 32. **b** de .. veneno .. rex inscienter ~asse aliquid refertur Asser *Alf.* 14; ~ant de vino Bacon VIII 203 (v. digerere 2b); *V. Ric. II* 172 (v. demergere 1a); **1424** lego ciphum .. ut remaneat in refectorio pro valentibus supervenientibus ut possint ~are de bono vino *Reg. Cant.* II 287. **c** si casu porci comedent .. sanguinem hominis, non abiciendos credimus ..; ergo porci qui sanguinem hominis ~ant manducentur Theod. *Pen.* II 11. 7; ut fera ~atum sanguinem sitiens Gosc. *Transl. Mild.* 3. **d** quod illud granum frumenti mortuum cadens in terram adferens fructum a fidelibus cottidie debeat libari atque in perpetuam ~ari salutem *V. Greg.* p. 110; nitatur palmis haec numquam tangere virgo / mandere quae nefas est et gustare profanum Bonif. *Aen. prol.* 17; **801** sanctorum patrum cellaria peragrans, quicquid in eis invenire valui vobis ad ~andum adtuli, ut probetis si saporem habeat catholicum Alcuin *Ep.* 214; pasce, jubente pio patres juvenesque novellos / Christo, quo valeant dulces gustare loquelas *Id. Carm.* 56.5; Irenses sanguine Magni regis sociorumque ejus gustato truculentiores effecti sunt Ord. Vit. XI 8 p. 194; ~ata telorum amaritudine *G. Hen. V* 13; ne tam celsa humili .. ymagine ostensa videantur minus reverenter tractari, libet ex altioribus †similacris quasi ex nobiliori fonte ~are Fortescue *NLN* I 37.

3 to experience.

~avit etiam, id est aperte didicit, quia bonum est per instantiam praedicandi quoscumque valet ad viam veritatis adducere Bede *Prov.* 1033; de torrente .. illum .. bibisse dixit quia in transitu passionem et mortem ~aturum cognovit *Eccl. & Synag.* 113; **s1042** mortem ~avit immaturam *Chr. Rams.* 154; coactum est parliamentum .. sed sub brevi novi tenoris, ne sc. eligerentur milites sive cives qui ~assent aliquid de jure regni Otterb. 249.

gustatio [CL, LL], tasting. **b** (?) foretaste. **c** swallowing.

pomum .. non est fructus in quantum exspectatur ut possidendum, sed in quantum exspectatur ad gustandum, et actu gustus attingendum, quam ~onem sequitur delectacio Duns *Ord.* II 56. **b** o ~o graciosa, o visio preciosa! *Spec. Incl.* 3. 2. **c s1343** cum .. in turbulento centum pedum profunditatis fluctuarent brachiis ori appositis ne ~one aque perissent *NLA* II 669 (*Edmund*).

gustativus, concerned w. taste.

virtus ~a numquam sine humore salivali inter sapores discernere arbitratur Bart. Angl. IV 4; **1241** unusquisque

judicat de saporibus secundum instrumenti ~i dispositiones GROS. *Ep.* 94; nervus .. expansus in lingua et palato virtutem defert ~am *Ps.*-GROS. *Summa* 495; virtus .. ~a discretiva est saporis *Ib.* 514; potest esse quod natura ordinaverit a cerebro mitti nervos ~os .. ad os .. propter gustum cibi KILWARDBY *SP* 41vb.

gustator [LL], **~orius,** taster, inspector (of food & drink).

de ~oriis et tolbol' servisie *Reg. Tristernagh* 61; **1338** feoda ~orum: quilibet unam lagenam cervisie *Gild Merch.* II 334 (*Andover*); *tastowre*, ~or, ambro *PP*; **a1688** ~ores carnis et piscium .. ~ores panis et cervisie *Gild Merch.* II 106 (*Guildford*).

gustibilis, that can be tasted.

gustum cum ~ibus, auditus cum sonis, olfactus cum odorabilibus et tactus cum tangibilibus FISHACRE *Serm.* 2. 125.

gustitare, to taste (frequent.).

~are, sepe gustare OSB. GLOUC. *Deriv.* 262; *to taste*, .. degustare, ~are *CathA*.

gustitiarius v. justitiarius.

gusto, glutton.

a gluton, ambro, .. gluto, gulo, ~o *CathA*.

gustus [CL]

1 sense of taste; **b** (fig.).

Simil. Anselmi 15 (v. gulositas); lingue .. et palato, que ~us instrumenta sunt, res gustande adhibentur ADEL. *QN* 31; ~us de saporibus judicat J. SAL. *Pol.* 437A; *Ps.*-RIC. *Anat.* 29 (v. discretio 4); HANV. II 193 (v. exacuere 3); RIC. MED. *Anat.* 217 (v. 3 infra); BART. ANGL. III 20 (v. gustabilis); sensatum .. lingue fit per viam ~us et saporis BACON V 133; bonus ~us est verus judex in cognoscendo nutrientia generantia .. humiditatem *Id.* IX 37; in ~u .. et olfactu R. MARSTON *QD* 255; BOECE 158v. (v. delectamentum). **b** ANSELM III 244 (v. glutire 1b); ~us in interiori homine est virtus intellectiva T. SUTTON *Quodl.* 301.

2 tasting, partaking (of food & drink); **b** (fig.).

BEDE *HE* V 18 p. 320 (v. aspersio 1a); delectatur .. ~us rerum diversarum saporibus diversis EADMER *Beat.* 6; generis .. humani generalis culpa videtur ille ~us [sc. Ade] PULL. *Sent.* 761C; DUNS *Ord.* II 56 (v. gustatio a); os Dei .. aceti amaritudinem degustavit, ut culpas dilueret ~us tui *Spec. Incl.* 2. 2; hic ~us, *a taystyng WW*. **b** in quattuor libris .. evangelii .. ~um vini novi, hoc est doctrinae caelestis, invenimus BEDE *Tab.* 257.

3 taste, flavour.

poma / nectaris .. mulsos imitantia gustus ALDH. *VirgV* 239; cibatio dulcis .. ~u suavis ALEX. CANT. *Dicta* 4. p. 123; si gustus displicet ori, / lege satis justa reddes mihi poma datori R. CANT. *Poems* 1. 36; NECKAM *DS* III 561 (v. dorea); ut rei degustate liquor quandam gustui inferat passionem, a qua offensus spiritus redit ad fantasticam [cellulam] ubi anima discernit ~us RIC. MED. *Anat.* 217 (v. et. 1a supra); BART. ANGL. XV 118 (v. glossa 3a); basilicus .. ~u amaro .. in locis †plaustris [l. palustris] nascitur *Alph.* 18.

guter- v. gutter-.

gutfirma [AS *gytfeorm*; cf. 1 firma 2], feast.

in quibusdam locis datur firma natalis Domini, et firma paschalis, et firma precum ad congregandas segetes, et ~a [AS *gytfeorm*] ad arandum, et firma pratorum fenandorum (*Quad.*) *GAS* 452.

Gutlanensis, of Gotland.

s1254 Orientales, viz. quos Estrichales et ~es appellamus M. PAR. *Maj.* V 453.

gutricare, to devour.

~are, vorare OSB. GLOUC. *Deriv.* 264.

1 gutta v. gota.

2 gutta [CL]

1 drop (of liquid); **b** (as measure); **c** (signifying smallest possible amount).

fontis laticem oleo pinguescere fecit / et liquida crassis mutavit flumina guttis ALDH. *VirgV* 902; per saluberrimas ~as sancti sudoris *Nunnam.* 68; fontibus e calidis salsae decurrere guttae / incipiunt ÆTHELWULF *Abb.* 467; tot ~e pluvie R. MELUN *Paul.*147; lapis ~is magnis desudabit GIR. *IK* II 7; tunicam .. exustam .. ex ~is ardentibus P. CORNW. *Rev.* I 203; *Quaest. Salern.* B 163 (v. grando 2a); ~a pluvie .. rotunda J. BLUND *An.* 240; non tota pluvia simul excutitur a nube, sed per ~as R. MARSTON *QD* 79. **b** imponatur in aure .. una ~a olei GILB. III 147v. 2; *Eul. Hist. Annot.* III 22 (v. †balsamitus); super .. laminam aptabis aliquantos gotos, viz. quantos volueris CUTCL. *LL* 10. **c** **799** Dives .. quaerens de digito Lazari ~am *Ep. Alcuini* 182 p. 302; nulla ~a nivis super librum .. cecidit *VHS* I 25 (*Abban* 36); a mensura in immensum, a stilla seu ~a [ME: *drope*] in fluvium *AncrR* 19; GAD. 14. 1 (v. discoagulare); mare arenosum quod totum de arena est sine ~a aque *Itin. Mand.* 100.

2 (drop or bead of) gum, resin. **b** (w. *bona*) storax.

hoc ~um .. genus ungenti OSB. GLOUC. *Deriv.* 255; cinnama, myrrha, / cassia cum gutta NECKAM *DS* III 290; balsamus eximii guttas desudit odoris *Ib.* VIII 35; BART. ANGL. XVII 78 (v. ammoniacus b); ex pino .. gignitur lacrima sive ~a que .. gemmam facit *Ib.* XVII 120; ~a, i. armoniacum *SB* 23; balsama, pigmentum, cum nardo, cassia, mirra, / cum gutta sedes hic statuero suas GOWER *VC* I 70. **b** NECKAM *Ut.* 109 (v. 2 calamita); storax calamita interpretatur bona ~a, et est rubea *SB* 41.

3 drip, spot (of colour).

apium .. habet ~as nigras in foliis *SB* 11.

4 (her.) 'goutte', marking shaped like a drop.

~ae antique non reperiuntur in insignibus, usitatiores videmus rubras indicaturas caedem et sanguinem SPELMAN *Asp.* 116.

5 bead or sequin.

1575 de taffata nigra enbrauderat' cum ~is aureis *Ac. LChamb.* 66 f. 21 (= *Misc. LChamb.* 34 p. 303: *with droppes of gold*); **1587** pro m ~arum de *jett* buglis nigr' *Ac. LChamb.* 78 f. 7v. (= *Misc. LChamb.* 36 p. 30: *black jett bugle dropps*).

6 one of several ailments attrib. to 'defluxion' of humours: **a** arthritic ailment, gout or sim. (sts. w. *arthritica, erratica, sciatica*). **b** (w. *caduca* or *cadiva*) epilepsy. **c** (w. *calida*) dysury. **d** (w. *festra*) ulcerous disease. **e** (w. *rosea* or sim.) disease (affecting face) accompanied by rash.

a ~a pessima eum frequenter suo stimulo pulsavit BYRHT. *V. Osw.* 467; ~a pessima .. omnibus .. artubus dominata GOSC. *Mir. Iv.* lx; genibus per triennium ~a profligatis egrotabat T. MON. *Will.* III 22; matrona .. a ~a volatili atque per omnia membra erratica .. est liberata R. COLD. *Godr.* 421 (cf. ib. 470: ~am .. sevissimam habuit erratilem); morbo quem ~am eraticam vocant vexatus est *Mir. Fridesw.* 53; ex ~a que tibi pertingebat a renibus ad articulos pedum .. lecto decubueras W. CANT. *Mir. Thom.* VI 120; matronam .. quam in humero brachioque sinistro ~a gravis .. afflixerat BEN. PET. *Mir. Thom.* II 11; ~a sciatica dicitur dolor qui nascitur ex humoribus descendentibus in nervum grossum qui est inter lacertos grossos coxe sive hanche BART. ANGL. VII 57; **1241** habuit quandam ~am in crure suo et in tibia sua sinistra per quam nervi sui cisi fuerunt *JustIt* 359 m. 31; reversi sunt .. nudipedes in nive ..; postea accepit eum ~a in uno pede ECCLESTON *Adv. Min.* 16; de arthetica passione: .. generali nomine ~a vocatur, eo quod ad similitudinem ~e stillantis deorsum cadentis fluit super membra debilia ..; est enim ~a de reumaticis causis precipue GILB. VII 309v. 2; artetica passio .. a laicis dicitur ~a, quia .. guttatim descendit materia ad juncturas GAD. 35. 1 (v. et. arthriticus); *SB* 16 (v. chiragra); **s1416** rex Aragonie, diu ~a artetica fatigatus seculo valefecit *Chr. S. Alb.* 103; *gowte, seknesse*, ~a *PP*; *the gowte*, ~a, guttula diminutivum, ciragra manuum est, podagra pedum est *CathA*. **b** ante .. quam per scelus hanc mulierem / ad coitum ducam, guttam mihi malo caducam R. CANT. *Malch.* III 239; epilempsie morbo, que usitatius ~a caduca dicitur R. COLD. *Godr.* 574; GIR. *Spec.* III 1 p. 142, etc. (v. caducus 1b). **c** calida ~a virilium membrorum GILB. VII 314v. 1. **d** morbum quem vulgares ~am festram vocant habens in brachio sinistro GIR. *Hug.* II 2 (cf. ib.: carne fere tota consumpta, ossa eminentia comparebant; ib.: vulnera brachii seu potius ulcera .. arescere ceperunt); habuit ~am que dicitur *fetre* per ix septimanas *Mir. Montf.* 75. **e** ~a rosacea est infectio nasi GILB. III 156. 1; curat ~am roseam in facie GAD. 43v. 2; si color faciei rubeus vergatur in nigredinem et habeat ~am rosaceam in naso vel in facie *Ib.* 45v. 2.

guttamen

1 drop, dropping (also fig.).

OSB. GLOUC. *Deriv.* 255 (v. guttatio); prolem concipit roris guttamine / et prodit gemmula sine fuscamine WALT. WIMB. *Carm.* 67.

2 gutter.

a gutter .., ~en, guttatorium *CathA*.

guttar v. guttera. **guttar-** v. et. gutter-.

guttare

1 to drip, drop.

OSB. GLOUC. *Deriv.* 255 (v. guttatio); *to droppe*, stillare, .. ~are, guttitare *CathA*.

2 (p. ppl. *guttatus*) spotted: **a** (of animal); **b** (of thing).

a equos .. ~os [*gl.*: *pomeles* vel *rehilez*] BALSH. *Ut.* 46; ~us, A. *pomeled*, ut equus *WW*. **b** si .. lapis ~us fuerit quasi guttis sanguineis .. et si emoptoicus .. detulerit in digito .. curabitur *Sculp. Lap.* 463; **1345** tunica de serico ~a rotundiciis *Sacr. Lichf.* 113; **1349** supertunice de *worsted*' rub' ~e cum auro (*KRAc* 391/15) *Arch.* XXXI 43.

3 (p. ppl. *guttatus*) afflicted w. *gutta*.

H.C. .., guttam habens in renibus, .. cum locum ~um linisset, .. convaluit *Mir. Montf.* 68.

guttatim [CL], in drops, drop by drop.

[apes] mulsa nectaris stillicidia ~im rostro decerpunt ALDH. *VirgP* 3; ad locum thermarum ubi calida lympha de abyssi latibulis ~im .. ebullit B. *V. Dunst.* 34; ad hoc [Deus] ~im suam irroret virtutem HERM. ARCH. *prol.* p. 24; humores .. ~im minutimque ad ima revertentes .. pluvie dicuntur GIR. *TH* I 6; sanguine ~im ex oculis profluente *G. Walth.* 140; **s1335** incepit aliquantulum, ~im tamen, aqua desudare FORDUN *Cont.* XIII 30; in illam infundit non ~im [ME: *dropemel*] sed habundanter influit fontes .. graciarum *AncrR* 105; stranguria est constriccio colli vesice cum urina ~im mingitur *SB* 40; sacramentum calicis potest ~im dividi WYCL. *Apost.* 161; *from drope to drope*, ~im, guttim *CathA*.

guttatio, flowing in drops, dripping.

gutto .. inde ~o, guttamen et guttatim OSB. GLOUC. *Deriv.* 255; ardorem urine atque ~onem GILB. VI 280. 1.

guttatorium, drainage gutter, drain.

1375 in escurando communem (*sic*) ~ium ville, vij d. *Arch. Bridgw.* I 222; hoc ~ium, *a guttar WW*; *a gutter*, .. guttamen, ~ium *CathA*; **1521** in .. tectis et ~iis emundandis *Reg. Heref.* 117.

gutter v. 2 guttur 1a.

guttera, ~um, ~us, ~ia, ~ium [cf. AN *gutere*, ME *goter, gutter*]

1 drainage channel. **b** 'sough' in mine. **c** breach in channel.

11.. usque ad guteriam et totam proximam insulam subtus guteriam versus Helmesleiam *Cart. Rievaulx* 45; **1260** etc., **1281** ~orum (v. essewera 2); **1236** quod faciat habere Roberto de M. ij bonas guercus .. ad faciendum ij ~as in quodam vivario suo *Cl* 241; **1295** per defectum reparacionis .. fossatorum, walliarum, ~arum et sewerarum in mariscis de Hoyland et Kesteven *Terr. Fleet* lvin.; **c1300** guteram (v. cubare 3b); **1331** idem J. fecit unam guturam in communi via *Rec. Elton* 300; **c1358** in diversis foveis et gutturis factis in le Staunkmedowe *Ac. Durh.* 561; **a1382** de passagio batellarum versus gutturam de Wayneflete et novam gutturam, nichil hoc anno .. propter siccitatem temporis (*DL MinAc*) *Terr. Fleet* 181; **s1281** totam terram .. versus orientem inter ~am de Borstall et novam wallam .. in Heyflete THORNE 1930; **1359** una ~a .. que vocatur Wystardegote .. oportet de novo fieri in loco ubi nunc jacet *Pub. Works* I 250. **b** **1316** gutturam que dicitur *le sowe* propriis suis sumtibus reparabunt (*Conventio*) *Middleton MSS* (*HMC*) p. 88; **1408** laborariis .. facientibus j ~am lapideam et illam in dicto Watergate ponentibus (*Aud. Durh.*) *EHR* XIV 517. **c** **s1433** fossatum .. a .. Brotherhouse usque ad Whaplodesydedyk .. integre factum .. absque fractura aliqua vel ~a per xl annos .. manutenebunt *Croyl. Cont. B* 517.

2 gutter, guttering on building (freq. of lead, for rain-water *etc.*); **b** (on ship).

1180 in plumbandis goteriis *RScacNorm* I 8; **1180** in reficiendis guteriis turris de Colecestr' *Pipe* 2; **1218** pro plumbo empto .. ad operationes et ~ias domuum nostrarum Westm' *Cl* 360b; **1233** super .. guttaria facienda super murum suum qui est de solario eorum *Cart. Osney* I 364; **1234** meremium .. ad guteras majoris camere regis .. emendandas *Cl* 388; **12..** gutturiorum (v. coopertorium 6c); **1278** custus domorum: .. in goterio emendando, ij d. *Ac. Stratton* 213 (cf. ib. 93: cum emendacione guture); **1297** in plumbo empto ad reficienda guttura camere domini *Ac. Cornw* I 73; **1310** in stipendio cooperientis .. domus ..; in uno gutture empto ad easdem, xxj d.; in j *fotmel* plumbi empto *Comp. Swith.* 390; **1312** in iij fotmellis .. plumbi ad gutturas faciendas *Ib.* 392 (cf. ib. 393: in uno gutture ligneo; 395: in emendacione .. unius guttaris); **1313** promisit .. gutturam .. Roberti pacifice requiescere super murum lapideum .. Alexandri in tenemento suo .. que guttura continet in se in longitudine xij pedes et in latitudine j pedem et dim. *RR K's Lynn* I 70; **1326** preter meremium, bord', ferrum, clavos, plumbum pro goteris *Sacr. Ely* II 57; **1374** goter' (v. 2 cornarius 2e); supra guttarium .. domus .. inter tegulas latitans reperiebatur FAVENT 17; **1392** in salario Ricardi .. facientis guturas cum spowtis super .. novam cameram .. cum plumbo *Mem. Ripon* III 113; **1438** in ij clavibus plumbi emptis pro guteriis supra *lovers* cooperiendis, xiij d. *Comp. Swith.* 444; **c1449** pro emendacione j gutterii *Cant. Coll. Ox.* II 173; **a1450** ut pluvia liberum fluxum habeat per ~as *Stat. Linc.* II 356; **1540** guttura plumbea vehens aquam descendentem per pluviam *CourtR* 188/3 m. 6. **b** **1336** in iiij petris plumbi emptis .. pro xij ~is in dicta galea *KRAc* 19/31 m. 5.

3 drain, conduit, sewer.

1236 visores operis de Wudestok', sc. ~iorum et fontis *KRMem* 15 m. 15; **1296** extendit se .. a regali via .. usque ad communem ~am versus orientem *RR K's Lynn* I 19; **1311** in .. vicis et gutturis *MunCOx* 18; **1313** (v. deobstuppare); **1313** habet .. unam vilem ~am currentem de messuagio suo in regiam viam *Leet Norw.* 72; **1317** purgantem in claustro et in goteris *Fabr. Exon.* 75; **1344** porta .. obturatur ratione unius gutturi exeuntis de una

latrina *MGL* II 447; **1357** Waltero B. pro emundacione gutture sub necessario infirmarie, vj d. *Ac. Durh.* 557; **1389** [pultarii] teneant forum suum .. super pavimentum inter domos .. et guteram *Mem. York* I 46; **1403** (v. 1 crater c); **1411** emendatio ~ii de claustro ducentis se in via que ducit de claustro ad infirmariam .. per cameram privatam prioris .. deinde ad caput tertii dormitorii; et tunc vertit se ad aqueductum in tertio dormitorio; hoc ~ium fuit antiquum, devastatum et perditum, tamen .. plumbatum in terra in magna parte *Lit. Cant.* III 115; **s1435** ~am in medio [causeti] (v. calceta 1); guttorium, A. *a guttur*, .. hoc guttarium, hoc aqueductile, *a guttur WW*.

4 (?) drip-tray, (?) spout. *Cf. gutturanum, gutturnium.*

c**1334** olle argentee ad aquam: .. summa ollarum ad aquam iij, cum iij ~iis *Arch. J.* LIII 275.

gutticula, small drop.

gallina .. si assata sit, crebris ~is [*gl.: gutementz*] lardi refficiatur NECKAM *Ut.* 102.

guttile, (?) rivulet, (?) ditch.

1283 secundum quod †gocile rectius procedit .. versus la M. de L. *RGasc* II 193; **1289** prout gottile .. fontis cadit in dicta aqua versus P. .. et exinde prout rectius itur ad illud gottile quod descendit versus la M. *Ib.* 436.

guttim, by drops.

~im, guttatim OSB. GLOUC. *Deriv.* 263; *CathA* (v. guttatim).

guttire [LL], to drizzle (w. rain).

~it, paulatim pluit *GlC* G 186; ~ire, †degustare [MS: deguttare], pluitare OSB. GLOUC. *Deriv.* 264.

guttitare, to drip, drop (frequent.).

~are, sepe guttare OSB. GLOUC. *Deriv.* 263.

guttorium v. guttera.

guttose, tearfully.

conjux sua cum filiabus ululantes et ~e plorantes affuerant FAVENT 18.

guttosus

1 full of drops.

gutta .. unde .. ~us .. i. guttis plenus, et guttim OSB. GLOUC. *Deriv.* 255.

2 suffering from *gutta* or similar ailment (also as sb. m.); **b** (w. ref. to disease of falcons).

~is et infirmis qui communia comedere non possunt excambia debet providere *Obs. Barnwell* 186; ~i sunt pronosticativi pluviarum GAD. 35v. 1; cancrum portare est signum quod portans protervus et in tibiis ~us est BAD. AUR. 123. **b** si pedes ~os habeat [falco] UPTON 190 (cf. ib.: si ales ~as habuerit).

3 (of food) causing or exacerbating *gutta*.

si ambo fercula vel alterum ferculorum ~um fuerit, excambium provideatur *Obs. Barnwell* 158; cibi ~i et viscosi, sicut anguille GAD. 35. 2.

guttula [LL], small drop; **b** (fig.).

W. MALM. *Mir. Mariae* 151 (v. excussio 2c); pluvia .. tam subtilis .. fuit ut vix pluviam eam esse dixerint, sed quasdam ~as rorantes plus senserint quam viderint ORD. VIT. IX 10 p. 557; si .. lacrymarum ~is stillulisque verborum conceptam intimis precordiis mestitiam cor dolentis exsudet AILR. *Spec. Car.* I 34. 539D; gutta .. unde hec ~a OSB. GLOUC. *Deriv.* 255; sudoris ~as emisit W. CANT. *Mir. Thom.* VI 89; partes aque, sicut in ~is et roribus herbarum accidit, rotundam .. appetunt formam SACROB. *Sph.* 1 p. 83. **b** caelestes .. micas et spiritales ~as divinae sapientiae ÆLF. BATA 5. 11; unicam sue misericordie ~am *Mir. Hen. VI* I 1 p. 19.

guttulus, small fish, minnow or gudgeon.

~us, minutus piscis qui et gobio et fundulus et scintilla dicitur OSB. GLOUC. *Deriv.* 255; ~us, A. *menuse WW*; hic ~us, A. *gojon Ib.*

guttur- v. et. gutter-.

1 guttur v. guttera.

2 guttur [CL], **~ura**

1 throat; **b** (fig., also w. ref. to speech or appetite); **c** (*per ~ur Dei*, as oath); **d** (of animal or insect); **e** (of bird, also w. ref. to crop); **f** (fig., of inanim. object).

guttori *Cerne* 86 (v. 2 gurgulio); desecto .. Olofernis ~ure ORD. VIT. X 24 p. 144; **11..** ~ur, *þrota WW Sup.* 376; hoc ~ur, *gorge Gl. AN Ox.* 147vb; RIC. MED. *Anat.* 220; BART. ANGL. V 24 (v. 1 arteria a); 'y' formatur in apercione ~uris conice et cum rotunda concavitate oris *Ps.*-GROS. *Gram.* 21; si totam Tullius spumam evomeret / .. / siccato gutture prius aresceret WALT. WIMB. *Palpo* 150; **1315** Robertum .. cepit et tenuit de ambabus manibus suis per ~uram *CoramR* 220 r. 106d.; ODINGTON 94 (v. gutturalis); ysofagus est via cibi in ~ure *SB* 26; **1382** cum .. cultello .. ipsum .. in guttere .. percussit per quod .. obiit *SelCCoron* 108; occubuit guttere scisso FAVENT 18. **b** **793** ~ur tuum tuba Dei debet esse ALCUIN *Ep.* 17 p. 45; ~ur meum insatiabili semper ardet ingluvie *Id. Liturg.* 525; tum pius meruit sacro libamine pasci / ructavitque sacras pasto de gutture laudes *Mir. Nin.* 449; gutur FRITH. 49 (v. dulcescere); sapuit in ~ure mentis quantum a se differant salum maris et sinus matris LUCIAN *Chester* 38. **c** M. PAR. *Maj.* V 733 (v. Deus 3c). **d** sus .. / alternare nequit crasso sub gutture rumen ALDH. *VirgV* 2778; lupus .. / infernale aperit guttur faucesque voraces ALCUIN *Carm.* 49. 20; GIR. *TH* I 21 (v. 1 arteria a); [lupus] .. sequitur .. canem gutturque caninum / respicit et querit: "cur cecidere pili?" WALT. ANGL. *Fab.* 51. 11. **e** garrula mox crepitat rubicundum carmina guttur ALDH. *Aen.* 47 (*Hirundo*) 4; horam dum praedicat ales / gutture de rubro ÆTHELWULF *Abb.* 561; vesicam ~uris UPTON 191 (v. expedire 4a). **f** TATWINE *Aen.* 10 (v. grandisonus a); os in ventre mihi est, quadrato in gutture nares, / qui spirat fumum, dum calet ille foco ALCUIN *Carm.* 54. 2. 5.

2 estuary.

in Sequane ~ura ventorum impulsu .. felici navigio .. devenerunt *Ps.*-ELMH. *Hen. V* 32.

1 guttura v. guttera.

2 guttura v. guttur.

3 guttura, quinsy, goitre or sim.

the swynsy .. ~a vel gutturina; gutturnosus *CathA*.

gutturalis, from the throat (in quot., w. ref. to form of musical articulation).

~is dicitur quia cillenti gutture formatur ODINGTON 94.

gutturanum, (?) spout.

1496 labrum unum de stagno cum ~o; item pelvem aliam sine ~o *Cant. Coll. Ox.* I 83.

gutturina, quinsy, goitre or sim.

guttur, .. inde hec ~a, i. infirmitas quedam que solet cum inflatione gutturis evenire, unde gutturnosus, -a, -um, i. illam habens infirmitatem OSB. GLOUC. *Deriv.* 252; *sqwynesy* .. squinancia, .. gutturna *PP*; gutturna, A. *quynsy* .. *the gwynse WW*; *CathA* (v. 3 guttura).

gutturium v. guttera.

gutturizare, to emphasise guttural sounds.

lingua Arabica sive Saracenica .. multum cum Hebreorum ~antium lingua concordat, quamvis elementa sunt totaliter diversa S. SIM. *Itin.* 32.

gutturna v. gutturina.

gutturnium [CL], sprinkler.

hoc ~ium, i. vas .. ex quo aqua profluit perforata interiori [*sic* MS, *but* l. inferiori] parte OSB. GLOUC. *Deriv.* 255; ~ium, vas aquatile quod inferius †degustat [MS: deguttat] aquam *Ib.* 262; nullam craterem, calicemve aut ciatum .. vel ~ium *Spons. Mariae* 25; ex ~io suspenso paululum aque in labrum effundere habet WHITTINGTON *Vulg.* 125; FERR. *Kinloss* 32 (v. argenteus 1a).

gutturnosus [CL gutturosus], afflicted w. goitre or sim. (also as sb.). **b** (of disease) goitrous.

OSB. GLOUC. *Deriv.* 252 (v. gutturina); cecos, mutos, .. ~os, furibundos .. curatos T. MON. *Will.* II 8; mulier .. ~a *Ib.* VI 14; cum filia principis Romanorum ~a esset—et est morbus Campanie P. BLOIS *Serm.* 635B; fons .. ex cujus aque potu et lavacro curantur ~i GERV. TILB. III 126 p. 1004; **1229** nullam infirmitatem habuit nisi quod fuit ~us *BNB* II 293; propter frigiditatem aquarum .. homines ibi sunt ~i et .. strumosi *Eul. Hist.* II 102; ~us, .. *hafand the qwynsy WW*. **b** **s1316** [morbum] quem sequebatur acuta febris vel pestis †gutturuosa TROKELOWE 94.

gutur v. guttur. **gutura** v. guttera. **guvernare** v. gubernare. **guvia** v. vidula. **guy-** v. et. gui-. **guyalda, guyaula, guyhalde, guyhalla, guyldaula** v. gildhalla. **guyldabilis** v. geldabilis. **guympla** v. wimpla. **guyrent-** v. warant-. **guysa** v. guisa. **gwain-** v. wain-. **gwalstouua** v. qualstowa. **gwar-** v. war-. **gwast-** v. vast-. **gwehalda** v. gildhalla. **gwerr-** v. werr-. **gwersuma** v. gersuma. **gwyhalda, gyalda** v. gildhalla.

Gyara [CL, *n. pl., also m. or f. sg.*], island in Cyclades, common place of exile.

immoderate vir ambitionis .. semper audens .. aliquid novum giaris et carcere dignum [cf. Juvenal I 73] GIR. *Galf.* II 17.

gyaula v. gildhalla. **gychettus** v. wicattus. **gyhala, gyhaulla** v. gildhalla. **gyldabilis** v. geldabilis.

gylefatta [ME *gile fat, gyle fat*], vat for fermenting wort.

1266 in .. ij mascfattis et iiij ~is et ij captrenys *ExchScot* 15.

gyllare v. geldare. **gymbra** v. gimbra.

gymnacista (gign-), wrestler.

hic ~a, ~e, i. luctator; .. ~a, luctator, pugil, brabeuta [MS braueta; l. braveuta], agonista OSB. GLOUC. *Deriv.* 249, 261; *a wrastyller*, .. atleta, gignatista *CathA*.

gymnadius [cf. CL gymnas], **(gign-),** gymnast, wrestler; **b** (fig.).

gignadii J. SAL. *Pol.* 406A (v. gladiator 1c). **b** ad occultationem .. propositi, imo ut uterque gignadiorum noti compos facilius sit, idiotismus et orthonoismus perutilis est; ut uterque, scilicet, sic artem dissimulet, quod .. eam non habere credatur *Id. Met.* 912A.

gymnas [CL < γυμνάς], wrestling match.

hec ~adis [MS hec gimna, nadis], i. pugna OSB. GLOUC. *Deriv.* 249.

gymnasiarcha [CL < γυμνασίαρχος], **(gign-),** schoolmaster, headmaster.

a mayster, magister .., ubi *thecher*; magistratus, preseptor, .. gignasiarcha .. *a techer*, catherista .. gignasiarcha, i. principalis magister, gignosophista, doctor *CathA*.

gymnasiolum (gign-), small school.

~um, i. parvum studium OSB. GLOUC. *Deriv.* 249; *a scole*, scola, studium, gignasium, gignasiolum *CathA*.

gymnasium [CL < γυμνάσιον], **(gign-)**

1 gymnasium, centre for athletic activity. **b** baths.

palaestricis disciplinis et gimnicis artibus in gimnasio exerceri ALDH. *VirgP* 2; †gemmasium, ubi juvenis exerceretur *GlC* G 47; hec gymnacia, -e OSB. GLOUC. *Deriv.* 249 (v. gymnia); ~ium quod est locus exerciciorum ut lucte vel studii vel pugne vel balneorum .. unde dicuntur gymnosophyste quidam sapientes in India, qui nudi in desertis calidis philosophantur BACON *Gram. Gk.* 74; gignasium, *scole of pleyng gaudys, werre or odyr lyke thynkis PP*. **b** †gemnasia, t[h]ermae dicuntur *GlC* G 74; †gumnaside, lavacrum, balneum *Ib.* 179; ~is, balneis *Ib.* 188; ~ia, aedificia balnearum *Ib.* 190.

2 school; **b** (w. ref. to university); **c** (fig.).

loquelas / tractat evangelicas, quas indice discere Christo / promeruit, latae penetrans gimnasia Romae FRITH. 217; egredimini sine scurrilitate in claustrum vel in gimnasium [AS: *to leorninga*] ÆLF. *Coll.* 103; presbyterum qui erat apud nostri cenobii ~ium eruditus BYRHT. *V. Osw.* 435; sede .. cum nostris pueris in ~io vestro ÆLF. BATA 4. 22; ginnasium ducentorum phylosophorum .. qui .. cursus stellarum .. observabant G. MON. IX 12; **1239** bestia blasphemie plena nominibus .. gignasia animas avertentia construit (*Lit. Papae*) M. PAR. *Maj.* III 590; o imperator, .. prepara gignasia [*gl.*: vel ~ia, id est loca ubi fiunt exercitia, et hic accipitur pro exercitio studentium], tua statue studia .. in .. civitatibus .. et precipe tuis hominibus ut suos doceant filios scientias literarum BACON V 58; **s1382** habuerunt [sc. Lollardi] gignasium malignorum dogmatum KNIGHTON *Cont.* II 182 (cf. ib. 186: acsi essent de uno gignasio educati); ad gignasium Lanfranci *Ib.* 968; **1511** laboranti circa tectum domus elemosinarie .. et ~io (*Eton Coll.*) *Arch. Hist. Camb.* I 417; **1518** ut .. decore .. aliis omnibus hujus ~ii locis superare visa sit *Reg. Merton* 477. **b** **1404** in Oxonie gignasiis moram traxit et legit *FormOx* 203; ~ii Aberdonensis .. alumnus BOECE 17; sanxit ut Parisii .. esset generale studiorum litterariorum ~ium *Ib.* 195v.; **1549** (v. academia 2); **1568** Oxoniensis .. ~ii *Treat. JP* 108n. **c** filiam .. Godwini .., in cujus pectore .. omnium liberalium artium erat gignasium BROMPTON 934.

3 (transf.) exercise practised in *gymnasium*: **a** athletic activity. **b** (fig.) intellectual discipline. **c** religious discipline.

~ia, exercitia pal[a]estrae *GlC* G 193; in duelli ~io aut lucta parum refert quanto tempore vel pugna vel lucta duraverit GIR. *GE* II 8 p. 202. **b** relictis dialecticorum disciplinis quibus dudum in gimnasii studio exercebatur ALDH. *VirgP* 35; despicantes mundane philosophie .. a se amata ~ia W. POIT. I 55; si unquam tale gignasium evasisti, pios impios invenisti MAP *NC* IV 3 f. 45v; elementaria literarum non hoc sibi vendicaverant gignasia, ubi labor .. exultationem [parturiebat] AD. EYNS. *Hug.* I 1 p. 6; ab hoc studio, ab hoc gignasio [i. e. *the Exchequer*] in quo jam senuit, ad omnes dignitatum suarum gradus .. vocatus fuit GIR. *Invect.* I 4 p. 97; subtilis ingenii capacitate dotati studiorum ~ia derelinquunt R. BURY *Phil. prol.* 6; **1431** ut .. publica et doctrinalia singillatim gingnasia pertranseat philosophorum *StatOx* 234. **c** **940** (14c) caveant haec frangentes claustra infernalia, gaudeantque qui †Jesu aliginnasio [? l. Jesuali gimnasio] haec augentes eulogia *CS* 750 (= *Cart. Glast.* 1201: Ihu aliginnasio); veni ad exercit[i]um divine militie, ad ~ium discipline M. RIEVAULX (*Ep.*) 65.

4 military service, 'fyrd'.

957 (11c) praeter urbis pontisque constructione ac regali ~io *CS* 993.

gymnasticus [CL < γυμναστικός], gymnastic.

R. BURY *Phil.* 2. 31 (v. agonia a); in ~is exerciciis premium est melius .. illo pro quo datur *Ib.*

gymnatio, athletic activity, wrestling.

~o, exercitatio, pugna, agonia OSB. GLOUC. *Deriv.* 261.

gymnia, gymnastics, wrestling.

hec ~ia, -e, i. exercitatio, quod etiam hec gymnacia, -e, dicitur OSB. GLOUC. *Deriv.* 249; ~ia, lucta *Ib.* 261 (v. gymnus 2).

gymnicanus, gymnastic.

Conradus E. .. ~ae officinae castigator .. diligens TURNER *Av.* G3v.

gymnicus [CL < γυμνικός]

1 gymnastic. **b** (as sb. m.) athlete (fig.).

gimnicis artibus ALDH. *VirgP* 2 (v. gymnasium 1a). **b** [Paulus] .. ad exemplum militiae Christianorum agonem protulit gimnicorum, dicens .. ALDH. *VirgP* 3.

2 of school or study.

conglobat in coetum disertos arte sophistas / gymnica qui jactant .. dogmata ALDH. *VirgV* 620; ~us agon, locus ubi leguntur diversae artes *GlC* G 192.

gymnium v. gymnus.

gymnosophista [CL < γυμνοσοφιστής], **(gign-),** (naked) philosopher, gymnosophist. **b** (by conf. w. *gymnasiarcha*) headmaster, teacher.

quem .. gimnosofistis et rethoribus traditum .. liberalibus litterarum studiis erudiri fecit ALDH. *VirgP* 34; Indorum gignosophistarum fuit consuetudo sub divo nudos philosophari H. LOS. *Ep.* 40; quid .. sit mensa solis, quam famosissimam inter gimnosophistas .. litterarum .. persecutor Apollonius conspexit in sabulo J. SAL. *Ep.* 143 (209 p. 334); BACON *Gram. Gk.* 74 (v. gymnasium 1a); sicut gignosophiste clamant propter apparentiam inutiliter contendentes WYCL. *Ver.* I 94. **b** hic ~a, i. magister gymnasii OSB. GLOUC. *Deriv.* 249; gignosophista *CathA* (v. gymnasiarcha).

gymnus [γυμνός]

1 naked.

~os, nudos *GlC* G 189.

2 (as sb. f. or n. pl.) gymnastics, wrestling.

gymnia, lucta, quod etiam ~a dicitur OSB. GLOUC. *Deriv.* 261.

gynaecarius, ~ia, dairyman, dairymaid.

a deye, androchius, .. †genetarius, †genetharia *CathA*.

gynaeceum [CL < γυναικεῖον], women's quarters, esp. weaving room. **b** dairy. **c** brothel.

~eum Graecum est [quod est Latine textrinum] *GlC* G 97; †gemonum [*sic* MS; ? l. genicium], propria domus mulierum OSB. GLOUC. *Deriv.* 264; accepta contumelia ab Augusta Sophia ut rediret et in ~eo lanarum pensa divideret, respondit se ei telam orditurum quam non deponet quamdiu viveret R. NIGER *Chr. I* 54; dulcarios, linteones, et omnes qui aliquid tractasse videbuntur ad genecia pertinens J. SAL. *Pol.* 593C; genetheum [v. l. genecheum; *gl.*: domus mulierum] .. adivimus, in quo telarum stamina .. videbamus, globellos etiam et mataxas BALSH. *Ut.* 52. **b** *a derye*, androchiarium, bestiarium, genetheum *CathA*. **c** fornix, prostibulum, genedea, turpido, lupinar GARL. *Syn.* 587D; *a bordylle house*, .. fornix, .. genetheca, lupanar *CathA*.

gynaecius [LL], (pl., as name of book) concerning women.

Genecie, H. de Schorne, prime; Genecie, Cleopatrie ad Theodatam ii *Libr. Cant. Dov.* 60.

gynd- v. wind-. **gyng-** v. zinz-. **gyphus** v. gypsum.

gypsa [LL], kind of snake (partly fig.). *Cf. dipsas.*

truculenta ~ae crudelitas ALDH. *VirgP* 52; gypsa spiris sinuata malignus / caerula .. extollit colla *Id. VirgV* 1431 (cf. ib. 2407: gypsam .. migrare); heu miseri, talem, mortales, spernite gypsam BONIF. *Aen.* 304 (*Luxoria*); **10**.. †cypsam, *dracan WW*.

gypsarius [LL], plasterer.

1501 hominibus mistere sive artis gipsariorum infra civitatem nostram London', vulgariter nuncupatorum *plasterers Pat* 587 m. 18 (9) (cf. *CalPat* 223).

gypsator, plasterer.

gipsatores parietarii WHITTINGTON *Vulg.* 67.

gypseus [LL], chalky. **b** of whitish colour.

gypsus, lapis cognatus calci, et inde ~eus, quod in martyrum passionibus sepe invenimus OSB. GLOUC. *Deriv.* 263; terra gipsea NECKAM *Ut.* 112 (v. aluminosus b); balneis stipticis, argillosis, gipseis, aut aluminosis GILB. I 26. 2. **b** in facie .. color gipseus ac plombeus .. significat frigidam complexionem M. SCOT *Phys.* 25; debet intelligi de flegmate vitreo vel gipseo, quod est pessimum flegma GAD. 11v. 2.

gypsum [CL < γύψος], **~us** [LL], gypsum, chalk, or plaster.

BEDE *Ezra* 833 (v. caementarius 3a); gipsus, *spaeren GlC* G 92; ~us OSB. GLOUC. *Deriv.* 263 (v. gypseus a); **s1254** consideravit elegantiam domorum que de gipso, viz. plastro, fiunt in civitate Parisiaca M. PAR. *Maj.* V 481; glarea vel †gyphus, glis est, argilla, bitumen GARL. *Syn.* 1578C (= *CathA* 65: glaria vel glypsis, glis est, argilla, bitumen); *Ps.*-GROS. *Summa* 631 (v. calcinare); pulvis gipsi .. feculentum inferius clarificat GAD. 135. 1; gipsus, plastrum, terra glutinosa, cujus quedam species est lucida, et hoc dicitur specular *SB* 22; gipsus genus est lapidis nitro similis *Ib.* 77; gipsum, A. *cley or morter*, .. hoc egipsum, A. *a egypstone WW*; **1508** pro gipso alias dicto litura, A. *plaister Fabr. York* 94; **1526** gibsi, **1528** gipsi (v. equinus 4c).

gypticus, chalky.

interdum ab obviatione rei potenter frigide sicut balnei aque giptice GILB. I 62. 1.

gyra, (~*a solis*, cf. It. *girasole*) kind of plant, (?) castor-oil plant (*Ricinus*), sts. conf. w. *granum solis*.

gira solis *Alph.* 47 (v. custos 1e); gira solis, pendactilis, custos orti idem *Ib.* 75; palma Christi, vel pentalma Christi, gira solis, priapus idem, similis archangelice sed folia habet majora et multo plus fissa quasi quinque digitorum; stipitem habet quadratum et aliquantulum nigrum *Ib.* 136 (cf. *SB* 33: palma Christi, grana solis idem).

gyraculum [LL]

1 'whirlbone', whirligig, sort of toy (also fig.).

cum hec .. que blandiciarum insipientibus apta conveniunt pignora tue legacioni defuerant, giracula viz. vel poma, quo libacioni forcius aspirat gratulando stultorum levitas, quam .. FORDUN *Chr.* II 15; *whyrlgyg, chyldis game*, giraculum *PP*; *an hurre bone*, giraculum; versus: ossa quibus ludunt pueri giracula dicas *CathA*; *a whorlebone*, internodium [v. l. giraculum], vertibra *CathA*; *a scoperelle*, giraculum *Ib.*

2 whorl of spindle.

giraculum, *a trendel WW*; *a qwherel of a spyndylle*, giraculum, neopellum, vertibrum *CathA*.

gyramen, ~entum, turning, wheeling; **b** (as manoeuvre w. horse.)

gyrus, i. tornus .. inde gyro .. et hec gyratio .. et hoc ~en .. et hoc ~entum .. gyrovagus OSB. GLOUC. *Deriv.* 259. **b s1194** statuit .. ut milites .. vires suas flexis in gyrum frenis experiantur. .. dum itaque dispositio militaris .. tiricinio deditos evocat ad ~en .. DICETO *YH* II 120.

gyrare (girare) [LL]

1 (trans.) to turn around or over; **b** (w. part of subj. as obj., also refl.); **c** (horse); **d** (ship). **e** to cause to rotate. **f** (pr. ppl. as sb. m.) turnspit; *cf. gyrator.*

secundum miraculum est ibi mons qui ~atur tribus vicibus in anno NEN. *HB* 218; indignata regi ignoto, "Heus, homo", inquit, "urere quos cernis panes girare moraris" *V. Neot. A* 12; crux .. giratur .. pedibus sursum erectis capite deorsum pendente HON. *Spec. Eccl.* 976C; **1237** non est leve canonum girare volumina *Conc. Syn.* 246 (cf. ib. 250: non cessat antiquus sophista girare volumina fraudis); **1287** simplices .., qui neutrius juris girarunt volumina *Ib.* 1045; Maria parvuli girat corpusculum, / nunc genas osculans, nunc os, nunc collulum WALT. WIMB. *Carm.* 229. **b** per cava telluris clam serpo .. antra / flexos venarum girans anfractibus orbes ALDH. *Aen.* 73 (*Fons*) 2; girans .. oculos vidit illum *V. Chris. Marky.* 79; se in lectulo .. in latus aliud girabat AD. EYNS. *Hug.* V 16 p. 193; **s1377** cum gemitu ~abat latus suum, vertens se ab ea [meretrice] *Chr. Angl.* 145. **c** ~atis equis ORD. VIT. III 14 p. 148; dum equum gyraret, a comite lancea graviter inter scapulas vulneratur DICETO *Abbr. Norm.* 156; quamdiu tenes equi frenum ambulat quo tu giras, et quam cito frenum negligis ambulat quo eum ducit impetus J. GODARD *Ep.* 226. **d s1405** naucleri .. navem .. girantis OTTERB. 253 (v. dracaena 2). **e 1329** verti seu girari habent trendelli *KRAc* 467/7 (v. 1 cavilla 3g). **f 1448** iij girantibus (*in the kitchen*) *Rec. Norw.* II 72.

2 to describe (circle). **b** to follow (circular or circuitous route). **c** to visit, go round.

ubicumque giraveris circulum, primo .. principium facies esse punctum *Enc. Emmae* (*arg.*) p. 6. **b** GARL. *Tri. Eccl.* 25 (v. decrescere 1c); (J. BRIDL.) *Pol. Poems* I 180–181 (v. circuire 1d). **c s1387** circuire fecerunt partes regni per gyrum. .. non est auditum quod aliquis rex ~averit fines regni in tam brevi tempore sicut ille fecit illis diebus KNIGHTON *Cont.* II 242.

3 (intr.) to move in a circle; **b** (astr.). **c** to wander about.

B. *V. Dunst.* 36 (v. circuitio d). **b** sol .. girat per meridiem et flectitur ad aquilonem BEDE *TR* 32; ex solis splendore parum sub terra ~antis GIR. *TH* II 25. **c** girabam cum ea [i. e. muliere Hebrea] simplici corde, modicum exposcens sumptum quo introducerem eam in monasterium *NLA* II 58 (*Indractus*).

4 to draw (boundary) round, (pass.) to be bounded. *Cf. circumgyrare* 1d.)

856 (12c) istis limitibus praefatae xx mansae ~antur *CS* 491; **963** his metis rus hoc giratur *CS* 1101; **974** (12c) (v. affinitas 1); reliquam .. terram, quae centum cassatorum lustris hinc inde ~atur, .. rex .. possidebat WULF. *Æthelwold* 11.

5 to gird (also fig.).

fides necnon trilicibus / girat thoracis humeros (ÆTHELWALD) *Carm. Aldh.* 2. 28; ringe .. dicuntur ex eo quod renes girant, id est, circumdant BRACTON 5b; mundi giravit parallelum crux mediantem GARL. *Mor. Scol.* 323.

6 to skirt around. **b** (mil.) to skirmish around, to encircle (also fig.).

s1408 videntes .. preclusum sibi pontis transitum, .. giraverunt parkum de la Hay *Chr. S. Alb.* 28. **b s1345** cum parva manu ex omni parte Scotorum exercitum ~averunt in noctibus WALS. *YN* 285; **1440** heu, decus exspirat, heu dedecus undique gyrat AMUND. II 221.

gyratio (giratio) [LL]

1 turning.

OSB. GLOUC. *Deriv.* 259 (v. gyramen a); talis est visio fidei, ubi [est] laboriosa giratio aciei intellectus componendo LUTTERELL *Visio Beat.* f.93.

2 turning, evasion.

proposueram Alexandrum alienare a nobis .. sed sue importunitatis constantia meum propositum emolluit. opponebam ei girationes et sue vagationis circuitus H. LOS. *Ep.* 51.

3 surround, border (in quot., lip of table).

quidam .. scribendo dicit labium per circuitum ~onem .. esse dependentem in circuitu mense, extrinsecus respicientem, et addit, 'huic', inquit, '~oni superponebatur limbus' AD. SCOT *TT* 658.

gyrativus (girativus)

1 (of movement) circular.

motus girativus *Quaest. Salern.* P 78; si quis corpora vegetabilium subtilius perspiciat, inveniet omnem eorum figurationem et plasmationem per motus girativos perfectam GROS. *Hexaem.* IV 30 p. 154; Aristoteles .. arguit de .. motu girativo in luna BACON IV 398.

2 (w. *linea*) curving, turning.

posito .. quod nulla sint ultima puncta illius, sicut accidit in linea girativa que ponitur infinita HEYTESBURY *Reg.* 239; secundum lineam girativam ab eodem centro per partes proportionales in equales diametri aut semidiametri horizontis versus ejus circumferenciam infinities circumductam BRADW. *CD* 121D; girativas WYCL. *Log.* III 91 (v. circumgyrare 1c); cum punctis et umbris et lineis ~is NETTER *DAF* II 32v.

gyrator (girator), turnspit.

ferunt corpus parre veru affixum, dum igne assatur, non indigere manu giratoris, quia per se circumvolvitur regulus NECKAM *NR* I 78.

gyrfalc- v. girfalc-. **gyrivagus** v. gyrovagus.

gyro [cf. AN *gerun, girun*]

1 skirt, fold of garment.

thorale et manice et girones, licet, quantum ad vestis partes, diversa habeant nomina, tamen principalis eorum materia est pannus ROB. ANGL. *Alch.* 514a; **1234** debet colligere l garbas [cooperture] et unamquamque garbam tam magnam quantum poterit trahere sub brachio suo dum tenet gironem tunice sue in manu sua *Cust. Glast.* 68.

2 circular rampart.

fecit gironem in castro BOSO *V. Pont.* II 396.

3 triangular piece of land.

1384 placea prius dicta continet in long' ab oriente in occidentem ad modum gironis vulgariter dicte *gore MS Essex R. O.* T/A 465/123 f. 58.

4 (?) magnet.

lapis †calamiaris, †emachites, quo vel magnes et †guit [v. l. giro] idem *Alph.* 90.

gyrobagus v. gyrovagus.

gyroculus, (?) supervisor.

1287 item estimacionem giroculorum recepimus pro c s. Tur. ad forum ix d. Tur., et tota terra ponitur pro garenna *Reg. Gasc. A* 74.

gyrofalco v. girfalco.

gyrovagari (giro-), ~are

1 (of fortune's wheel) to rotate, whirl around.

hec rota nugatrix sic girovagatur eodem / motu, ne possit rebus in esse quies GOWER *VC* II 191.

2 to wander about; **b** (of gaze).

cerno / stipatum populo girovagante ducem H. HUNT. *HA* XI 167; hi sunt quos .. cernimus .. innexos funibus, .. quasi quibusdam furiis actos ~ando multis detractionibus exponi AILR. *Serm.* 452D; ad girovagandum et discurrendum .. se .. curis secularibus .. ingerendum .. cum ordinis sui dedecore .. transtulit ..; in cujus gyrovagationis tempore me contigit GIR. *Symb.* I 1 p. 207; **1280** Elymiacensis .. ordinis esse dicitur .. nusquam missus, nusquam fixus, girovagantis officio deditus PECKHAM *Ep.* 124; ecce dies talis fuit in qua tempus

amenum / me dabat in lusum girovagare meum GOWER *VC* I 124; *to ga abowte*, ambire, circuire . . girare, ∼ari *CathA*. **b** ne . . ∼ante facie . . mentis donet indicium *Ord. Ebor.* I 3.

gyrovagatio (giro-), wandering about.

GIR. *Symb.* I 1 (v. gyrovagari 2); **1281** alios . . ad ∼onem pronos in claustri distringere disciplina PECKHAM *Ep.* 137; non omnis discursus est ∼o, alioquin apostolus Paulus summe fuisset girovagus *Id. Paup.* 8 p. 177.

gyrovagus (giro-) [LL]

1 one who wanders (aimlessly) about.

primo consurgens mane ille girovagus percontatus est omnes cum quibus alloqui poterat BYRHT. *V. Ecgwini* 388 (*recte* 378); OSB. GLOUC. *Deriv.* 259 (v. gyramen a); nocte tota circumeundo, ∼us, clamosus, errabundus excubare solebat GIR. *EH* II 8.

2 vagabond (also sb.). **b** (of monk or friar) itinerant.

748 falsos gyrobagos, adulteros, homicidas (*Lit. Papae*) *Ep. Bonif.* 80; c**945** non sint [monachi] vagabundi, neque girovagi qui nomen monachi desiderant, officium autem ejus contempnunt *Conc. Syn.* 72; s**1141** alii vero tam proceres quam milites transfuge et ∼i utinam numero plures adducerentur H. HUNT. *HA* VIII 17; quicquid . . malitiosi girovagi victualis gratia questus agant T. MON. *Will.* VI 9; s**1171** qui . . milites omnes infra quattuor annos, quicquid fingant girivagi, diem clauserunt extremum M. PAR. *Min.* I 366; s**1213** facti sumus quasi girovagi, nemine prohibente quia necessitate cogente *Chr. Evesham* 239; ibat homo girovagus et, alter Sathanas, circuibat terram *NLA* II 163 (*Malachias*); in principio certe conversionis heremite (non dico girovagi, qui sunt scandalum heremitarum) multis . . temptacionibus fatigantur ROLLE *IA* 183; *a vagabunde*, vacabundus, gerovagus *CathA*. **b** Benedictum appello, qui sicut girovagos et Sarabaitas arguit, sic manifeste commendat

cenobitas J. SAL. *Pol.* 700C; de monachis ordinis ejusdem [Cisterciensis] girovagis et artem medicinalem trutannice professis GIR. *Spec. Eccl.* I *pref.*; s**1312** convenerunt fratres girovagi, fratres Predicatores dicti *Flor. Hist.* III 153.

gyrthmanius v. grithmannus. **gyrthum** v. girthum.

gyrus [CL < γῦρος], **girus**

1 rotation, turning; **b** (w. *in* or *per*). **c** (?) lathe.

in lecto quies continentium, in agri cultura industria praedicantium, in ∼o molae labor exprimitur conjugatorum BEDE *Tab.* 416. **b** nec rota per girum quam trudit machina limphae ALDH. *Aen.* 48 (*Vertico poli*) 8; mola per ∼um vertit BEDE *Luke* 549; hec rota [fortune] continue per girum de levitate / vertitur, et nullo tempore fixa manet GOWER *VC* II 175. **c** ∼us, i. tornus OSB. GLOUC. *Deriv.* 259 (v. gyramen a).

2 circular movement, circuit; **b** (fig., of thought); **c** (w. *in* or *per*). **d** (mil.) manoeuvre; *cf.* gyramen b.

∼us . . est circuitus vel circulus, a quo gyro . . quod est circuire BACON *Gram. Gk.* 61; mors faciet gyrum per terras [*gl.*: ∼um, id est circuitum] (J. BRIDL.) *Pol. Poems* I 206–7. **b** GIR. *IK pref.* 4 (v. dialecticus c); mens agilis . . cum fecerit undique girum, / eligit e multis unum VINSAUF *PN* 1955. **c** in giro volvens jugiter non vergo deorsum ALDH. *Aen.* 53 (*Arcturus*) 3; considerans rex civitatis ambitum, totumque perlustrans in girum, locum inexpugnabilem . . animadvertit *G. Steph.* I 30; s**1194** (v. gyramen b); longos per ∼os semper ad ardua tendentes GIR. *TH* I 12; moveri in girum, sicut pueri ludunt GAD. 61. 1. **d** mandavit ut Amalricum et . . commilitones ad militiam lacesseret ac . . militares ∼os agitaret ORD. VIT. XII 17 p. 352.

3 circle, ring. **b** (w. *in* or *per*) around. **c** on

all sides. **d** environs, surrounding area. **e** rampart.

BEDE *TR* 16 (v. 2 gemma 3a); est . . orbis idem . . non in latitudinis solum giro quasi instar scuti rotundus *Ib.* 32; mons est in giro circa vallem HUGEB. *Will.* 4; trino thronus ibi circumdatus undique giro / angelici prefert ordinis effigiem (R. MAIDSTONE) *Pol. Poems* I 292; celum terre girum circuit et quem cursu tali fugarit diem, cursu consimili revehit FORTESCUE *NLN* II 35. **b** catervatim densis caeleste tribunal / milibus in giro vallabunt ALDH. *VirgV* 2902; talis . . ora collum sacerdotis per ∼um vestit BEDE *Tab.* 475; **956** (12c) gentis Anglorum ceterarumque per ∼um nationum basileus *CS* 953; sit . . assimilatio sepulcri velamenque quoddam in ∼o tensum *RegulC* 46; *Lib. Eli.* II 3 (v. aurifrigium); s**1217** obsedit eam [i. e. civitatem Lond'] per ∼um, id est per terram simul et aquam WEND. II 22; **1315** (v. arcus 1b); **1326** dicunt . . quod dominus potest teneri (*sic*) in communi pastura sua et aliorum dominorum per girum de consuetudine . . xxiiij grossa animalia *BB S. Davids* 290; castrum habens foveam in girum [ME: *abuten*] *AncrR* 90. **c** *GAS* 490 (v. 2 hundredum 1b). **d** preparatis fundamentis in ∼o prioris oratorii BEDE *HE* II 14 p. 114; a totius ∼i ambitu et omni loco terrarum *Lib. Monstr.* I *prol.*; s**1234** (v. casale a); s**1255** ut futuri cognoscant qualiter ille . . impostor nos muscipulavit et quam favorabilem habuerit summum pontificem ad edificandum in ∼o nostro *G. S. Alb.* I 383; alii . . per ville girum capestria incolebant hospicia *Ps.-ELMH. Hen. V* 49. **e** hec turris davitica cum giris armorum PECKHAM *Def. Mend.* 142.

4 ring, hoop: **a** (for marking trees); **b** (falc.).

a 1401 in j giro empto pro arboribus signandis *Pipe Wint.* 159405 r. 15. **b** si vis ut, [falco] leporem . . capiat, hoc eum doce in juventute et liga giros in cruribus ejus prope pedes UPTON 191.

gys v. ge. **gys-** v. et. gis-. **gysarma** v. gisarma. **gysellus** v. grisellus. **gysta** v. gista.

H

H [CL], H (letter of alphabet, representing rough breathing). (*Cf. Year Bk. 32 Ed. I* 129 [**1304**]: *pas en Ersam e noun en Hersam* . .; HENGHAM [*said*]: '*H nest pas lettre*').

de .. consonantibus septem dicuntur semivocales .., ceterae novem mutae, BCDGHKPQT BEDE *AM* 82; ALCUIN *Orth.* 2338 (v. hymnus a); de H .. dicendum quod dupliciter potest considerari, aut ipsius spiritus emissi in latum defluitio .. aut simul cum hoc ipsorum laterum, lingue ad dentes confraccio *Ps.*-GROS. *Gram.* 23.

ha [LL], ah! ha! alas!

carpitur inde gravi conjunx dilecta veterno / praesidis, infaustas, ha! ha! procurantis abenas FRITH. 862; **1126** ha, quotiens monachi .. decipiuntur! *Ep. Anselm. Bur.* 96; sed quanta decore, quis illud / explicet? ha quid ego dicam? M. RIEVAULX (*Vers.*) 23.7; *Ps.*-GROS. *Gram.* 60 (v. i euax 1); ha! brevis iste stilus non regum sufficit altis / laudibus GARL. *Tri. Eccl.* 21; haa proh pudor! o sevi homines .. quis non exhorreat? *Mir. Hen. VI* IV 127 p. 232.

habardasshator v. haberdassarius. **habber-** v. hauber-. **habedassarius** v. haberdassarius.

habellum, *s. dub.*

accepit furtive de tributo .. pontificis magnum ∼um *VSH (Declan* 32) II 54 (cf. ib.: projecit ∼um de sinu suo et .. illud .. lapis apparuit).

habena [CL]

1 (usu. pl.) rein. **b** sling.

in acceptione ∼arum .. equi quas nunc in manibus teneo *V. Cuthb.* II 8; ∼is, *gebaldledrum GlC* H 37; petulanter habenas / solvit equo fidens ALCUIN *SS Ebor* 1183; hec ∼a, unde hec habenula; .. ∼a, capistrum, quod et coria dicitur .. et auria, eo quod circa aures vincitur OSB. GLOUC. *Deriv.* 267, 275; equus .. rectore carens .. laxatis ∼is ORD. VIT. IX 9 p. 531; hec abena, *redne Gl. AN Glasg.* 211c; ∼a, A. *a rayne WW.* **b** J. EXON. *BT* VI 225 (v. glandifluus).

2 (fig.) control, rule. **b** (w. *liber*) complete freedom.

sprevit opum nodos, mundique reliquit habenas ALDH. *VirgV* 2103; **790** totius animi mei ∼as in laetitiam laxavi ALCUIN *Ep.* 139; regales rexit habenas *Id. WillV* 9. 1; abenas FRITH. 862 (v. ha); binas ∼as sacro moderamine tenens, legis videlicet et theoricae necnon et practicae vitae B. *V. Dunst.* 13; **1033** (12c) (v. damnatio 2); mater grammatica; .. as laxavit OSB. GLOUC. *Deriv.* 265; malo .. moderationis ∼a calamum cohibere quam .. J. SAL. *Ep.* 192 (202 p. 498); ambitioni stringit ∼as GIR. *IK* I 3; **1234** (v. dissolutio 4b); TREVET *Troades* 53 (v. gubernaculum 2b). **b 1277** restituit Johanne .. terram de C. nudam et absque instauro; et eidem liberas ∼as concessit divertendi se quocunque voluerit *Cl* 94 m. 6*d.*; **1494** Thomas P. evincularetur sicque suis liberis gaudere posset ∼is, ac suo prioratui .. realiter restitueretur *DC Cant. Reg.* S f. 400a; si .. actor .. fecerit fidem quod femina contra quam agit remanet cum suis parentibus .. et .. non gaudet liberis suis ∼is, .. *Praxis* 268.

habenatio v. halandatio. **habentes** v. habere, harnesium.

habentia [CL], attribute, property.

si simile sibi posset creare, tunc non est summe bonus .. quia quod dicitur per hanc ∼iam convenit uni soli BACON VII 100.

habenula v. habena.

haberdassarius, ∼ator [ME *haberdasher*], haberdasher.

14.. diversi mercer', habardasshatores, cultellarii et aliarum rerum venalium *hardeware* nuncupatorum venditores *Lib. Cust. Northampt.* 63; **1561** Franciscus M. municeps habedassarius, ut loquuntur *Hug. Soc.* X 274.

habere [CL]

1 to own, possess (property); **b** (p. ppl. as sb. n.) property, possession. **c** (inf. as sb.) possessing; **d** (w. *sine*, in name) without possessions (*Sans-Avoir*); *cf. averium.* **e** (absol.). **f** (pr. ppl. w. *homo*) retainer or ? *f. l.*

eadem .. paene nihil ∼entibus distribui GILDAS *EB* 42; **793** morieris, o homo, et omnia dimittis quae ∼es ALCUIN *Ep.* 18; *GAS* 260 (v. 1 decimare 6a); ∼entes sola et omnia que prius ∼uerunt nec ditati nec aporiati sunt BALSH. *AD* 102; nescit habens quid habet donec desistat habere D. BEC. 2157; c**1200** (v. gravamen 3b); s**1254** rex thesauri sui

non tantum ∼iti sed ∼endi inestimabilem summam consumpsit M. PAR. *Maj.* V 466; **1279**, c**1283** (v. grasacra); *aver*, ∼ere, optinere, possidere *Gl. AN Ox.* f. 153. **b** c**1012** quod .. exhereditari se sciret omnibus ∼itis, hoc est, ut nemo .. aliquid humanitatis vel commoditatis ei sumministraret *Text. Roff.* p. 137. **c** loquimur de ∼ere opposito ablacioni qua Deus aufert WYCL. *Eccl.* 254. **d** Gualterio cognomento Sine ∼ere ORD. VIT. IX 4 p. 478. **e** Flandrenses quibus semper ∼endi innata cupiditas OSB. BAWDSEY clxxviii. **f 821** (12c) nec rex suum pastum requirat vel habentes homines [? l. habitus hominum] quos nos dicimus *festigmen CS* 366 (cf. ib. 370 [**822**]: hanc .. terram liberabo ab omni servitute secularium rerum .. ab refectione et habitu illorum .. qui dicuntur *fæstingmen*).

2 to own, be in possession of: **a** (land or sim., esp. feud.); **b** (fig.); **c** (dist. acc. form of tenure); **d** (right, privilege, or sim.); **e** (tenant).

a precamur ut eandem agri partem .. obtinere et ∼ere .. valeamus ALDH. *Ep.* 10 (13); **853** unum aratrum .. avendum *CS* 467 (v. derelinquere 3a); **859** abendum *CS* 497 (v. donare 2a); ∼et iiij mansuras .. quas tenuit .. concubina Heraldi *DB* I 2ra; ibi xxij soch' et x bord' sub ipsis ∼ent ix car' de hac terra *Ib.* 273rb; *DB* II 139v. (v. detinere 3a); *Ib.* 290 (v. grangia 2a); comes Ricardus ∼et xxxiiij carucatas .. in Halton *Surv. Linc.* 1; *Const. Clar.* 11 (v. baronia 2a); s**1176** (v. definitio 4a); a**1216** totam .. terram .. tenendam et ∼endam *Cart. Sallay* 97; a**1221** volo .. ut .. canonici ∼eant et teneant prenominatam terram *Cart. Leiston* 46; **1268** (v. grantare a); **1323** dictum tenementum ceperunt ∼endum et tenendum .. secundum consuetudinem manerii *CBaron* 136; **1402** de manerio predicto .. feoffaverunt .. Radulfum .. ∼endum predictum manerium .. predicto [Radulfo] *CoramR* 562 r. 39. **b** hec humus .. / quam cruor et cedes bellaque semper habent GOWER *VC* I 1977. **c** hanc hidam calumniatur Odo .. dicens se illam ∼uisse in vadimonio pro x li. *DB* I 49rb; huic manerio pertinet j virga terrae quam A. ∼uit in vadimonio pro dim. m. auri et necdum est redempta *Ib.* 75vb; in F. tenet Picotus xxvj socmannos qui ∼ent iiij hidas sub manu regis *Ib.* 190ra; **1166** Willelmus ∼et .. Blieburcum .. per servitium j militis *RBExch* 402; **1202** ad terram suam de H. quam ipse ∼et in vadio *SelPlCrown* 26; **1220** ∼et terram .. per cartas omnium regum *CurR* VIII 249; **1231** commisit .. manerium .. ∼endum in tenantiam *Cl* 508; **1235** comes Cestr' ∼et in tenantia capitale mesuagium Cestr' *CurR* XV 1423A; **1294** ecclesia .. quam ∼et ad firmam de .. rege *SelPlMan* 116; **1314** terras .. et ecclesias .. quas ∼ebat ad firmam et compotum prior .. eripuit *Hist. Roff.* f. 2v.; **1573** cum .. ad firmam dimiserint Thome A. .. omnia terras, prata [etc.] eidem mesuagio pertinentia .. ∼endum (*sic*) et tenend' omnia et singula premissa *Pat* 1106 m. 30. **d 749** (12c) rex .. famulus Dei .. libertatem in fructibus .. cere donavit *CS* 178; *DB* II 182c etc. (v. commendatio 3); super hos homines ∼uit S. Edmundus sacam et socam et commendationem *Ib.* 356v.; **1087** abbati .. consuetudines .. ita sibi ∼ere concedo .. sicut antecessor suus melius ∼uit *Cart. Rams.* I 233; inter homines alicujus .. baronum socnam suam ∼entium (*Leg. Hen.* 25. 1) *GAS* 562; 11.. ut ∼eant ad dominicam aulam suam .. *bruere* et quodlibet fuail in mora mea *Feod. Durh.* 132; c**1228** prior non ∼et curiam nisi de *wrang Ib.* 252; a**1230** quod .. quilibet eorum possit ∼ere .. furnum suum proprium ad ∼endum .. mei *BBC (Barnard Castle)* 122; **1247** Hugo de C. ∼et jus in fossato et haya unde contentio fuit *SelPlMan* 9; *Quon. Attach.* 56. 7 (v. crinis 1a); **1356** ∼ere cogniciones *MunAcOx* 174 (v. deducere 3e). **e** Hugo comes ∼et j burgensem qui fuit homo Burcardi *DB* I 143ra; in burgo ∼et Normannus ij burgenses .. sed rex habet consuetudines *DB* II 438.

3 to get, obtain (possession of), accept, receive; **b** (in phr. *facere ∼ere* or ∼*eri*); **c** (mil.); **d** (w. *in mandatis* or sim.) to receive as an order. **e** (w. abstr. obj.); *cf.* 23b *infra*; **f** (w. *ut*); **g** (ellipt.); **h** (in curse). **i** (log.) to establish (proposition).

BEDE *CuthbP* prol. (v. delectare b); ÆLF. BATA 4. 16 (v. graphium 1); indignum est Deo dare quod mundus dedignatur ∼ere GIR. *GE* II 8; **1212** ∼uit ad partem quam de latrocinio illo j pallium .. et quandam penulam *CurR* VI 338; **1219** [boves etc.] ∼ere non potuit donec .. *Ib.* VIII 29 (v. deducere 1a); **1236** quesita ubi ∼eret graneam *BNB* III 157 (v. 1 granea); donatarius si vult esse gratus tenetur recognoscere rem donatam a donatore tanquam ab illo a quo .. uit ipsam OCKHAM *Pol.* I 151; **1385** pro .. carta ∼enda *Ac. Durh.* 595; **1515** servitor meus ∼eat .. unum de meis goblettis (*Test.*) *Reg. Heref.* x. **b** a**1166** (v. facere 9c); **1217** (v. detinere 3a); **1234**, **1258** (v. girfalco c); **1265** quod terminos illos ei ∼ere [*sic* MS] et sic .. irrotulari faciatis *Cl* 154; **1267** quod .. faciat ∼ere burgensibus .. vj

quercus *Cl* 345; **1336** (v. 1 granarium 1a); **1510** quatinus .. possessionem .. redditus .. deliberetis et ∼eri faciatis *Melrose* 583. **c** si istud regnum ∼ere poterimus, non hesito quin totam Galliam potestati nostre subdemus G. MON. V 12; s**1154** oppugnato castello Hoeli, sed non ∼ito *Ann. Cambr.* 45. **d 1270** in nullo vos intromittatis .. donec aliud a nobis .. ∼ueritis in mandatis *Cl* 230; **1290** ipsum .. in compedibus reponant donec aliud de domino .. ∼uerint in precepto *SelPlMan* 98; s**1336** decimas .. retinere donec .. aliud ∼erent in mandatis *Meaux* II 325. **e 838** quod .. amicitiam ab illo .. ∼eamus *CS* 421; corporis ut celerem mereretur habere salutem WULF. *Swith.* II 710; **1119** primatum ∼uisse (v. dare 11c); consilium .. ∼eat ab amicis (*Leg. Hen.* 46.4) *GAS* 570; ∼ita .. victoria G. MON. III 10; **1164** (v. gratia 1a); **1270** (v. 2 dilectio 3a); **1341** subvic' Northumbr' pro favore ∼endo in negociis .. priorem tangentibus *Ac. Durh.* 539; **1341** Ricardo de T. spacianti apud B. pro salute ∼enda *Ib.* 542. **f** ∼ent .. Judei ex misericordia Domini .. ut non occidantur, et ∼ent ut per diversas nationes .. dispergantur GROS. *Ep.* 5. **g 1262** intrat in gildam mercatoriam ..; faciat que facere debet domui et ∼eat *Gild Merch.* II 4. **h** "te ∼eat qui te vocet" ait qui famem vidit abeuntem [AS: *age þe se þe æfter cige*] *Prov. Durh.* 45; "diabolus te ∼eat" *Latin Stories* 70. **i** si [Augustinus] accepit ea [verba] tanquam vera, ∼etur intentum OCKHAM *Pol.* II 667; si concedas quod propter .. presumptiones violentas in quocumque casu sit de summo pontifice inquirendum, putant isti ∼ere propositum *Id. Dial.* 569.

4 to receive, get, exact (tax or sim., esp. feud.); **b** (right, privilege, or sim.); **c** (cust. or other due).

964 (12c) ∼eat .. *hundred* cum .. debitis .. quae rex ante in eo ∼uit *CS* 1135; de quibus denariis ∼ebat rex E. ij partes *DB* I 11a; vj forisfacturas ∼et rex ex eis *DB* II 178; *Dom. S. Aug.* 10 (v. demonstrare 1a); decimae quas ∼ebat Fulbertus ANSELM (*Ep.* 89) III 216; non simul ∼enda est blodwita et fihtwita, due sc. emende de una culpa (*Leg. Hen.* 94. 1b) *GAS* 610; **1228** vidit priorem ∼ere in terra sua finem de falso galone *Feod. Durh.* 274; **1310** (v. gobetagium); **1400** (v. amdus 4b). **b 1194** pro ∼enda recognitione sui fecerit grantum Ricardo Pipe 187; **1211** (v. dereinare 1a); **1220** Thurstanus dicit quod .. rex, cum pervenerit ad etatem, debet ei .. cartas warentizare, et petit etatem suam; .. consideratum est quod ∼eat etatem .. regis *CurR* VIII 218; **1228** etc. (v. cognitio 2a); **1287** de fine .. pro seisina abenda de terra quam pater suus tenuit de rege in capite *Doc. Scot.* 37; **1295** concessum est Rogero .. habend' introitum ad .. filiam Thome .. cum uno quarterio terre *SelCMan* 121; s**1350** quod ∼eat [magister non regens] crucem universitatis .. in exequiis *StatOx* 62. **c** multi capti sunt pro quibus Cenomannenses maximas redemptiones ∼uerunt ORD. VIT. X 7 p. 35; a**1189** si panis adducitur per Galam, batellus ∼ebit vj d. in itinere *Act. Hen. II* II 329; **1234** 3 gestum a); **1256** (v. depraedari 2); omnes carucarii .. ∼ebunt cibum semel in die *Cust. Battle* 15; **1359** (v. deservire 6); **1380** fratribus mendicantibus .. in recompensacione frumenti quod solebant ∼ere de manerio de K. ij s. *Ac. Durh.* 588.

5 to have with or by one, at one's disposal. **b** to have on, wear.

cibo .. quem ∼ebat *V. Cuthb.* II 2; BEDE *HE* II 9 (v. defendere 1a); non plus ∼uit quam gomorum LANFR. *Comment. Paul.* (2 *Cor.* viii 14) 242; T. MON. *Will.* VII 17 (v. 1 decimare 5a); canis, si secum ∼et BRACTON 147b; NECKAM *Ut.* 116 (v. dens 2a); ab hystoriographis quorum copiam non ∼uimus cum .. DICETO *Abbr. prol.* 20; *Sculp. Lap.* 449 (v. daemoniacus 6); s**1348** ∼entes cultellos .. in powchiis KNIGHTON II 58; s**1459** naves .. v ∼ebat grandissimas *Reg. Whet.* I 330. **b** habens sandalia plantis WULF. *Swith.* II 11; s**1188** quod nullus ∼eat pannos .. laceatos R. HOWD. II 337; **1222** (v. 1 deportare 2d); s**1392** ∼ens strictum vestimentum WALS. *HA* II 212.

6 to have as (not necessarily permanent) physical feature, quality, characteristic, talent, or sim., sts. w. adj. or p. ppl.; *cf.* 10, 16c, 32b, 34 *infra*: **a** (w. pers. or animal subj.); **b** (w. abstr. or inanim. subj.); **c** (w. ref. to size). **d** (w. *annos* or sim.) to be — years old; *cf.* 23c *infra*.

a si quis episcopus .. vitium ∼uerit ebrietatis THEOD. *Pen.* I 1. 1; *Lib. Monstr.* I 14 (v. delphin a); angelicam ∼ent faciem BEDE *HE* II 1; describere .. quos ∼uit mores DOMINIC *V. Ecgwini* I prol.; GIR. *IK* II 11 (v. articulare 1); tumefactam ∼ebat faciem *Quaest. Salern.* P 96; **1209** damam ∼entem gorgiam abscisam (v. abscidere 1a); **1248** ∼uit coronam de novo rasam *SelPlForest* 78; servientes quas utinam .. ∼eremus BACON V 8; ∼ente manum abscissam HALES *Sent.* IV 204; ∼uit .. gambam contractam *Mir. Montf.* 77; gratiam cantandi ∼ent *Obs.*

Barnwell 92 (v. gratia 8a); **1326** moriebatur ~ens corpus infra diruptum *SelCCoron* 68; Gad. 4v. 2 (v. gulositas); *Ib.* 10v. 1 (v. darsus); si [falco] pedes guttosos ~eat Upton 190. **b** semper habens virides frondenti in corpore crines Aldh. *Aen.* 69 (*Taxus*) 1; tumba lignea .. ~ente foramen in pariete Bede *HE* IV 3 p. 212; **†663** (*for* **693**, 14c) terra .. ~ens ab occidente Sabrinam *CS* 121; Alcuin *SS Ebor* 910 (v. glacialis 1a); textus qui imagines deforis ~ent Lanfr. *Const.* 98; albus cum sit idem quod ~ens albedinem Anselm (*Gram.* 20) I 166; *Inst. Sempr.* lxviii* (v. 11 infra); *Quaest. Salern.* B 164 (v. glutinositas a); [purpura combusta] ~et .. naturam curandi variolas Gilb. VII 348v. 1; Bacon *Maj.* II 469 (v. grossities 4a); an .. lux ~eat declivem incessum Peckham *Persp.* III 1; **1329** calicem .. ~entem .. vj nodos *Pat* 172 m. 22; ~et .. mundus .. gaudium lamentacionis, .. ornatum abhominacionis Rolle *IA* 259; dens equinus .. stipitem ~et rubeum *Alph.* 49. **c** [statua] c et vij pedes altitudinis ~et *Lib. Monstr.* I 3; Bede *Templ.* 784 (v. grossitudo 1a); haec foresta ~et x leuugas longitudinis *DB* I 268v.; ducenta milia [passuum] in latum ~et Gir. *TH* I 2; **1300** pro panno fullando ~ente xxxij ulnas *Doc. Ir.* 235. **d** annos ~ens aetatis lx et vj Bede *HE* IV 1 (cf. ib. VIII 8 (*Vers.*): diem nonamdecimam September habebat); Willibaldus, quando in episcopatum consecratus erat, ~ebat xl annos et j annum Hugeb. *Will.* 5; xviij annos ~uit cum regnare cepisset *Eul. Hist.* III 11 (= W. Malm. *GR* II 141: adolescens xviij circiter annorum); tricesimum etatis sue annum ~ens W. Burley *Vit. Phil.* 308.

7 to have in non-material sense (w. abstr. obj., *v. et.* sbs.): **a** (w. pers. subj.); **b** (w. non-pers. subj.).

a spatium respirandi non ~ent Gildas *EB* 1; meritorum laude venustus / virtutum titulis nomen amoris habens Alcuin *Carm.* 15. 8; **1042** ut .. telluris .. partiunculam .. possideat quamdiu vitam ~eat *CD* 763; nec tunc ~ui opportunitatem respondendi Anselm (*Proc.* 2) II 188; c**1142** neque trevias cum illis ~eret nisi .. *Mandeville* 381; s**1154** ut Turci .. liberum inde ~erent recessum Wend. I 4; ~ebit electionem utrum .. Bracton 137; **1262** ~ent recettum ad domum Johannis *SelPlMan* 178; ubi dame solebant .. ~ere defensionem *Fleta* 90; magister .. non .. nullam ~et pro se auctoritatem Duns *Ord.* IV 25; **1311** non ~ent tempus sufficiens ad deliberandum *Collect. Ox.* II 219; ~ens dominium rei ~et simul .. jus utendi re Ockham *Pol.* I 303. **b** omnipotens auctor .. / mi dedit .. tam victrix nomen habendum Aldh. *Aen.* 91 (*Palma*) 2; c**798** dicit . Priscianus 'de' ~ere plures significationes Alcuin *Ep.* 162; Latinitas .. pro praeteritis quae non ~et utitur praesentibus Anselm (*Ver.* 12) I 196; Gir. *TH* I 6 (v. defensio 1a); s**1189** capella .. non ~ebit administrationem nisi de uno tantum presbitero M. Par. *Maj.* II 354; **1269** intrantur essonia de sectatoribus curie .. tali modo: A. de communi per S.; .. et ~et talem intellectum: A. essoniat se de communi secta per S. *CBaron* 81; quo modo isti defectus ~eant in nobis racionem culpe, ~et magnam difficultatem R. Marston *QD* 161; s**1301** (v. declaratrix); a**1322** in causis aliis a pacis perturbacione appellatio effectum ~ebit *StatOx* 87; **1375** quod arrari faciant *les leys* eo quod aqua non ~eat sufficientem transitum *Hal. Durh.* 127; a**1450** (v. guttera 2a); **1468** (v. cursus 6a); c**1470** ordinacio .. nullum .. vigorem ~itura *StatOx* 286.

8 (w. pers. obj.) to have in one's company. **b** to have under one's command (also w. abstr. obj.); **c** (as servant); **d** (as ward). **e** to have (person) in spec. capacity or non-sexual relationship. **f** to have or find (someone) in spec. place or condition.

ab eo benigne susceptus et multo tempore ~itus est Bede *HE* IV 1; misit .. quos secum nobiliores / tum fortasse habuit Wulf. *Swith.* II 25; **1070** secum ~ent qui in hujusmodi negotiis .. adjuvare eos valent Lanfr. *Ep.* 48 (61); Francos ~ere secum .. concupiscit Ord. Vit. X 12 p. 73. **b** Osuiu .. perparvum .. ~ens exercitum Bede *HE* III 24; *WW*, *Lib. Eli.* III 38 (v. 2 decurio a, b); juravit quod quandiu xl milites ~eret .. non recederet Ord. Vit. IX 10 p. 547; s**1300** defecerunt nobis pedites de Wallia; si enim tales ~uissemus nullus .. nos evasisset Rish. 442; **1312** (v. defensabilis 1a); s**1339** (v. decuplus b); **1372** cum eo quod ~emus effortio *Reg. Exon.* I 187. **c** Graecorum monachi servos non ~ent Theod. *Pen.* II 8; **1335** potagiarius et discarius ~entes unum garcionem *Lit. Cant.* II 94; **1481** lecenciam .. ~endi servitores *ExchScot* 596. **d** s**1234** ~ent sub potestate sua .. puellas nobiles Wend. III 77. **e** ~entes defensorem .. qui eos .. protegeret Bede *HE* II 2; non ~entes pastorem deviabunt B. *V. Dunst.* 32; amicos plures nemo ~et [AS: *nafað ænig mann freonda to feala*] *Prov. Durh.* 4; si quis Romam .. ierit, ~eat eum cui rerum suarum curam committeret (*Leg. Hen.* 61. 15) *GAS* 582; cum patrem non ~eas G. Mon. VI 17; **1220** Thomas .. dicit quod non ~et †domum [*SelPlCrown* 134 *and* MS: dominum] nec est in franco plegio *CurR* VIII 396; **1275** (v. deficere 6b); s**1452** nullum doctum ~ebant (v. grammaticalis 1d); **1453** ~ere amicum in curia *Reg. Whet.* I 94. **f 800** ut te ~eamus praesentem Alcuin *Ep.* 194 (cf. ib. 150: inter haec loca .. ~es me totum Augustum); si [fratrem] defunctum .. ~eant Lanfr. *Const.* 106; ~ebat .. regem Edgarum in hoc negotio fidelem fautorem Eadmer *V. Osw.* 17; **1228** ~ent vicarium utriusque ecclesie magistrum R. *Feod. Durh.* 251; s**1255** quam favorabilem ~uerit summum pontificem *G. S. Alb.* I 383; **1342** credimus vestram serenitatem non potuisse .. meliorem ~ere et minus intendentem ad actus parciales faciendos (*Lit. Cardinalium*) Ad. Mur. *Chr.* 225.

9 a to have as sexual partner, cohabit with, marry. **b** (w. *rem* or *cognitionem*) to have sexual relations (with). **c** to produce (offspring). **d** (*~ens in utero*) pregnant.

a reges .. quam plurimas conjuges ~entes Gildas *EB* 27; Theod. *Pen.* I 9. 6 etc. (v. concubina a); sororem ejus .. ~ebat uxorem Bede *HE* IV 19 p. 249; Scylla .. amavit Glaucum, et Glaucus aliam ~uit *Lib. Monstr.* I 12; *Gl. Leid.* 39. 23 (v. diaconissa b); preter dotem uxoris ejus, si dotatam ~uerit *DB* I 154vb; **1198** Henricus .. r. c. de c li. .. pro ~enda Annora de M. *Pipe* 69; presbitero qui ejus ~ebat materteram T. Mon. *Will.* I 3; Vac. *Mat.* 13 (v. cohabitare 1c); **1218** Duze .. appellavit Adam .. de rapo; et juratores dicunt quod ipse ~uit eam per bonam voluntatem suam, si umquam eam ~uit *Eyre Yorks* 216; **1382** ~uit virum ad filium, cujus nomen non cognovit *IMisc* 228/10; c**1430** sponsam ~itam (v. definire 5b). **b** pervenit ad eum .. juvenem .. sompniasse quod cum ipsa rem ~uisset Map *NC* II 22 f. 31; Bracton 302 (v. concubina a, 1 cum 1d); **1208** fuit occisa eo quod .. Milo dicitur ~uisse rem cum ea *CurR* V 256; **1257** cum Thomas .. voluisset violenter ~uisse rem cum Margeria *Pat* 72 m. 16; **1388** (v. cognitio 1c). **c 9..** si de desponsata muliere filium ~et *CS* 812; de Turcana conjuge .. nullam sobolem ~uit Ord. Vit. IX 11 p. 570; filius Alberti G., quem ~uit de filia Thome B. *RDomin* 4; **1219** Alicia .. habuit virum .. de quo ~uit .. Agnetem *CurR* VIII 42; **1231** ~uit puerum de .. uxore sua *Ib.* XIV 1067; **1356** (v. 2 grossus 5b). **d** Edelfridus uxorem propriam a regno expulit, tamen pregnantem et in utero ~entem *Eul. Hist.* II 371 (= G. Mon. XII 1: puerum in utero ~ens).

10 to provide, produce (person, for mil. service or other purpose, sts. w. p. ppl.; *cf.* 6 *supra*, 16c, 32b, 34 *infra*).

c**1072** quod submoneas omnes .. quatinus omnes milites .. paratos ~eant ante me .. apud Clarendunam *EHR* VII 17 (= *Regesta* 63); a**1100** iij [milites] mihi ~eat, sicut antecessores sui faciebant in septentrionali parte .. Tamesie *Cart. Rams.* I 235; episcopi .. dapiferos .. ad standum recto .. promptos ~ere debent *Fleta* 40; **1283** persona .. ~ebit totam familiam suam ad magnam precariam in autumpno *Cust. Battle* 59.

11 to occupy (place).

cumque diu cellam memoratus pastor haberet Æthelwulf *Abb.* 395; [mulieres] ~eant domum hostium deforis habentem *Inst. Sempr.* lxviii*.

12 to know, have knowledge of; **b** (w. compl.); **c** (w. *certum* or *incertum*); **d** (w. *compertum*).

siquid malificae artis ~uissent Bede *HE* I 25; pande mihi .. quod onoma tuum sit; / .. / cui sacer .. "nomen quod quaeris habebis" Wulf. *Swith. pref.* 31; grammaticus .. solus est ~ens grammaticam Anselm (*Gram.* 16) I 162; quidam .. istum versiculum non ~entes Rob. Bridl. *Dial.* 159; O. Cheriton *Par.* 45 (v. glossare 1b). **b 801** gaudio te superstitem ~ere Alcuin *Ep.* 232. **c** a**1073** incertum ~eo quo judicio .. Dei factus sum .. speculator multorum .. populorum Lanfr. *Ep.* 1 (1); illud certum ~etur quoniam si castellum suum introisset sibi .. opportunius consuluisset Ord. Vit. IX 9 p. 541; incertum ~eo utrum [etc.] *Ib.* X 20 p. 126; J. Sal. *Met.* 876D (v. glossema b). **d** si pro certo compertum ~erem W. Malm. *HN* 524; Gerv. Tilb. III 25 (v. 2 comperire 1c).

13 to have the wherewithal or power (to): **a** (w. rel. cl. or indir. qu.); **b** (w. *ut*); **c** (w. inf.; *cf.* 19 *infra*).

a cum .. non ~eret ad manum ubi oblatum sibi munus reponeret Bede *HE* III 2 p. 130; non .. ~ebit aliquis cur gaudere debeat Anselm (*CurD* 18) II 79; ut .. ~eas unde Conditori gratiosus existas Alex. Cant. *Dicta* 5; nihil quod .. conquerar ~eo Adel. *QN* 34; non habet quo tegmine velet / pauperiem Vinsauf *PN* 1539; Peckham *QA* 135 (v. deiformitas); **1297** (v. deservire 5a); s**1314** (v. deintus 1b); **1368** domos utiles .. construxi †et [l. ut] ~erent ubi caput suum reclinarent *Reg. Exon.* 1553; cum .. nec ~eret quod pauperibus erogaret *NLA* (*Piranus*) II 321. **b** pulchritudo .. sapientie ineffabilis ~et naturaliter ut plena admiratione animos nostros alliciat Bacon *CSPhil.* 394. **c** si villanus alterius boves locaverit, si totum ~eat in annona persolvere, videatur hoc et reddat [AS: *gyf he hæbbe ealle on foðre to agyfanne*] (*Quad.*) *GAS* 117; multa ~erem adhuc et de meis negotiis tibi dicere Devizes 40r.; **1356** nec hoc ~et a nobis racionabiliter postulari (*Lit. Regis*) Avesb. *Chr.* 135; ipse .. qui, dum in judicio salvos facit filios pauperum, ~ebit calumpniatorem, ex justitia, humiliari *Reg. Whet.* II 367; **1466** non ~eo dubitare quin ille [cause] michi, ut vobis, sunt cordi *Pri. Cold.* 208; cocule marine .. pulverizate .. mundificare ~ent et consolidare *SB* 16.

14 to hold, contain; **b** (w. place as subj.); **c** (w. time as subj.); **d** (w. lit. text as subj.). **e** to consist of. **f** to involve.

haustum in quo .. aspidum venena .. ~ebatur Aldh. *VirgP* 23; Ælf. *Æthelwold* 15 (v. hanapus); mensura ~ens xij sextaria Osb. Glouc. *Deriv.* 264; cum renes eam quam ~ent humiditatem retinere non possunt W. Cant. *Mir. Thom.* II 83; ~uit [cerebrum] multum de spiritu ..; ~uit etiam multum de medulla ..; parum vero ~uit de sanguine Bart. Angl. V 3; vas ~ens lanam Bacon III 219. **b** reges ~et Britannia, sed tyrannos Gildas *EB* 27; tellus .. / .. / fertilitate sui multos habitura colonos Alcuin *SS Ebor* 34; patria Scottorum clara magistra fuit; / Francia sed felix rapuit, veneratur, habebat *Id. WillV* 35. 5; regia messores habuit .. villa Wulf. *Swith.* II 521; †a**779** (11c) terram bis quinas mansiones ~entem *CS* 231; Britannia .. ~et .. nemora G. Mon. I 2; civitas ~et suas cisternas Ord. Vit. IX 15 p. 600; Osb. Bawdsey cliii (v. glycyrrhiza); Jernemutha .. ~et copiam aque dulcis W. Worc. *Itin.* 180. **c** omnes cantores quos retro etas ~uerat G. Mon. III 19. **d** in Graeco ~et additum 'audite' Bede *Retract.* 1023; pro 'stupore mentis' quidam codices ~ent 'mentis excessum', alii 'pavorem', alii 'alienationem' *Ib.* 1029; LXX enim ~ent 'Domine, quid [l. quis] credidit', etc. [*Is.* liii 1], licet codices nostri non ~eant 'Domine' Gros. *Cess. Leg.* II 5 p. 94. **e** ut quot pedes [divisus versus] ~et, tot et orationis [partes ~eat] Aldh. *Met.* 10 p. 93; Neckam *NR* I 10 (v. 1 dies 1b); radix ternario equatur numero; hujus igitur radicis substantiam novenarius ~et numerus Rob. Angl. *Alg.* 70. 15; **1315** ita quod quodlibet casale ~eat in se j sadonam terre *RGasc* IV 1626; exagium ~et lxxxx grana *Eng. Weights* 34. **f** cesi sunt ibi Turcorum multi milites, quoniam prelium illud non ~uerat pedites Ord. Vit. IX 9 p. 528.

15 to have (in one's hand), to grasp. **b** to have in one's keeping, retain, keep (safe). **c** (refl.) to hold oneself up. **d** (w. *tacitum*) to maintain silence. **e** to preserve, allow to become established.

angelum .. ensem vacuum vagina ~entem Gildas *EB* 1; **798** viator .. quaestionariam .. ~ens in manu cartam Alcuin *Ep.* 155 p. 250; Map *NC* II 4 (v. discalceare 1b); sint ita culpabiles, sicut qui furtum ~ens in manibus capietur [AS: *æt hebbendra handa gefongen sy*] (*Quad.*) *GAS* 167 (cf. ib. 583 (*Leg. Hen.* 62. 3): si quis malefactum inter manus ~ens alicubi retinetur). **b** c**705** hanc .. epistulam .. inter ceteros quos legis libros ~ere non omittas Aldh. *Ep.* 8 (11); ficones .. in basilica nostra .. pro testimonio usque hodie ~entur *V. Cuthb.* IV 14; hos rogo versiculos ~eas .. tecum Alcuin *Carm.* 20. 34; **838** [scripturam] alteram ~eat archiepiscopus cum telligraphis ecclesiae Christi *CS* 421; **1206** robavit ei xl m. de denariis .. regis .. quos ~uit in custodia *CurR* IV 147; **1213** pro .. securi .. ad ~endum in garderoba ad barillos .. defundendos *Misae* 238; **1220** ~ebunt .. clerici .. regis .. contrarotulum *Pat* 264; reponat fasciculum suum inter ubera sua quatenus memoriam abundantie suavitatis hujus presto ~eat semper J. Ford *Serm.* 20. 7 p. 180; **1247** ~et penes se .. nomina plegiorum *SelPlMan* 9; **1285** (v. 1 deferre 6a). **c** infirmi .. ~ent se de funiculo et sic demergant (*sic*) in aquam [Jordanis] Hugeb. *Will.* 4. **d** s**1141** Galfridus episcopus Dunelmi defunctus est. super quo parentes ejus tacitum ~entes .. eum inhumatum reservaverunt J. Hex. *HR Cont.* 309. **e** c**700** (11c) hoc inposterum non servetur, nec ~eatur in malam consuetudinem *CS* 91.

16 to hold captive or in custody. **b** to keep (animal). **c** (w. compl.) to have, keep (in spec. condition, freq. w. p. ppl.; *cf.* 6, 10 *supra*, 32b, 34 *infra*).

Buamundum .. in vinculis ~ere decrevit Ord. Vit. X 24 p. 141; ~eat aliquamdiu curia corpus; animus vero .. nec claudi nec incarcerari potest Gir. *EH pref.* p. 223; **1201** nativum suum quem ~uit in vinculis eo quod voluit fugere *SelPlCrown* 2; **1279** (v. corpus 5d). **b** nullam bestiam .. feminei sexus ~ent Gir. *Spec. Eccl.* III 21; **1200** (v. canis 2a); **1220** Hugo ~uit in camera sua .. ij equos per viij dies *CurR* VIII 269; **1234** quod permittat abbatem de B. ~ere equas .. in foresta de W., sicut ~ere consuevit *Cl* 32; **1255** Willelmus de B. ~et leporarios infra metas foreste sine licencia *SelPlForest* 15. **c** vinctos plures in carceribus ~entes Gildas *EB* 27; ~e nos ligatos G. Mon. VIII 8; **1227** (v. 2 deliberare 1a); **1283** solebant ~ere unam vaccam pasturatam *Cust. Battle* 56; **1296** (v. depascere 1b); nulli .. licitum est .. pannum lineum suo lecto ~ere appensum *Cust. Westm.* 147; **1287** ~eant oculos .. pronos in terram (v. erubescentia 1a); *Cust. Cant.* 134 (v. custumarius 3b); frontes .. ~ebunt detectas *Ib.* 214 (v. detegere 2b); **1446** ~et clausuram suam defectivam (v. defectivus 2a).

17 a (w. *cordi*) to take to or have at heart. **b** (w. *in memoriam* or sim.) to remember. **c** (w. *prae oculis*) to be conscious (of), to bear in mind. **d** (w. *aures*) to be all ears (for), listen attentively and exclusively (to spec.).

a c**1340** ista cordi ~eas et pro certo teneas *FormOx* 305; c**1345** (v. cor 2a). **b 948** minime in oblivione ~ui quod .. *CS* 869; s**1352** invenit eos dormientes, non ~entes in memoriam doctrinam evangeliste .. "vigilate .." Avesb. 121b. **c** pessimam mihi scientiam certus prae oculis ~eo Bede *HE* V 13; **12..** ~ens Deum pre oculis .. concessi *Feod. Durh.* 129; ~entes pre oculis quod .. *State Tri. Ed. I* 35. **d** Devizes 32v. (v. auris 1a).

18 to suffer, put up with, have to deal with (external event or condition); **b** (disease or sim.). **c** (*quid ~es?*) what is the matter? **d** to be guilty (of); *cf.* 23d *infra*.

a1086 plenam justitiam abbati .. fieri praecipio, sic ut amplius clamorem non ~eam *Regesta* p. 126; **1200** que damna .. ~uit per disseisinam *CurR* I 274; **1219** (v. deadvocare g); **1220** percussit dominum suum .. cum una hachia .. unde, si alium ictum non ~uisset, inde mortuus esset *CurR* VIII 381; **1237** quia ~uit defaltam [= *CurR* XV 1916: defectum] feni .. serviens .. voluit emere .. mullonem *BNB* III 213; **1238** (v. defectus 2a); **1253** promiserunt ei quod nunquam ~eret inde malum *SelPlForest* 106; **1258** diu araverunt ad sementem ordei et ~uerunt duram terram *Crawley* 226; **1275** ne .. ~eret vituperium et periculum *SelPlMan* 156; **1284** vadiat legem .. quod nullum malum habuit per se nec ipsum tenuit, dum mala recepit *CourtR A. Stratton* 147. **b** tumoris .. ulcus ~ebat BEDE *CuthbP* 37; de aegritudine, quam nuper ~ui, .. convalesco ANSELM (*Ep.* 104) III 237; **1229** (v. gutturnosus a); virtus .. omne virus evacuans ab ~ente R. BURY *Phil.* 1. 15; ethicam .. ~ens non ~et tussim J. MIRFIELD *Brev.* 76. **c** LANTFR. *Swith.* 20 (v. 2 elegus); quesitus a fratribus quid ~eret, dixit .. P. CORNW. *Rev.* I 184; "quid ~es? quare luges?" *Latin Stories* 20. **d** martyr .. hoc solum criminis ~ens, quod viderit Deum .., lapidatus est GILDAS *EB* 73; HIL. RONCE 1. 152 (v. detergere 1b).

19 (w. inf.): **a** (expr. futurity) to be about to, intend to; *cf.* 13c *supra*. **b** (w. *facere*) to have dealings with.

a quid opus est eucharistia? neque enim mori adhuc ~es qui tam hilariter .. loqueris BEDE *HE* IV 22 p. 261; **1326** eidem intimavimus quod .. nuncii .. super diversis nobiscum ~uerant pertractare *DC Cant.* (*HMC*) 271; ~eo firmiter in proposito .. hoc peccatum dimittere [ME: *ich habbe studevestliche iþong .. þis sunne to forleten*] *AncrR* 131; **1452** quod executores .. jurent coram ordinario ad quem .. approbatio .. testamenti ~et pertinere *MunAcOx* 650. **b** non potui consummare propter .. stultitiam eorum cum quibus ~ui facere BACON *Tert.* 36; **s1341** rex tamen et sui quesiverunt ~ere facere cum eisdem et querendo .. hiemales angustias tolerarunt AD. MUR. *Chr.* 123.

20 (w. inf., expr. obligation) to be obliged, have duty (to); **b** (w. inf. pass.) should, must; **c** (w. *ad* & gd.).

quaecumque illi debebantur supplicia tu solvere ~es BEDE *HE* I 7 p. 19; **a738** BONIF. *Ep.* 27 (v. conscriptio 1a); **793** illi .. ~ent rationem reddere Deo ALCUIN *Ep.* 16; **801** *Ib.* 237 (v. extendere 8a); si .. ad *husting* sine invitatione placitandi venerit, non ~et ibi .. de qualibet querela respondere nisi .. (*Lib. Lond.*) *GAS* 674; **1198** petiit .. j hidam terre .. sicut jus suum et hereditatem que ei ~et descendere ex parte Radulfi *CurR* I 64; J. BLUND *An.* 22 (v. demerere 2b); **1289** cum nos ~eremus parare .. pro recipiendo tanto viro *Foed.* II 457a; **1300** rectores qui ~ent ministrare ecclesiastica sacramenta *Reg. Carl.* I 127; **1378** Philippus dicit quod nullum denarium ei debet unde ~et hec verificare vj manu *Rec. Leic.* II 175; **1385** omnes persone ecclesie predicte ~ent .. ordinare unum capellanum idonium *PlRCP* 496 r. 463; **1486** pro octava parte feode militis solvere ~et xij s. vj d. *Reg. Merton* 93; **1519** (v. 1 communicare 4e); **1537** senescallus et cellararius ~ent inde respondere *Ac. Durh.* 687. **b** in curia .. regis ~ent ista [placita] tractari GLANV. I 3; melancolia in duas partes ~et dividi BART. ANGL. IV 11; que ~et ad purum discuti BACON *Maj.* II 39; **1322** contractus et cetera que in publicam ~ent redigi formam *Lit. Cant.* I 80; **1327** hujusmodi placitum alibi ad communem legem ~et terminari *PlRExch* 54 r. 9*d*.; **1329** pro ij cavillis .. super quibus .. girari ~ent trendelli *KRAc* 467/7; regula predicta ~et intelligi in primo moderatorio HAUBOYS 414; ut sapiens speres, tibi sit tua spes moderanda, / ejus habent sancto frena timore regi GOWER *VC* VII 1148. **c** *DB* II 305v. (v. defendere 4a); licet aliquis lanceam suam ponat ad hostium domus alterius, et intus ~eat ad faciendum [AS: *he þiderinn ærende hæbbe*] (*Quad.*) *GAS* 363; **1375** injunctum est omnibus .. quod non exiant villam dum aliqui .. aliquid ~ent ad operandum *Hal. Durh.* 126 (cf. ib. 127: non ~ent blada .. ad metenda); **1518** parochiani ~ent ad providendum pro novo tabernaculo *Vis. Linc.* I 10.

21 (w. sb. expr. action *etc.*, on part of subj.) to have, carry on or out, perform, show, accomplish, *etc.*; *v. et.* sbs.); **b** (w. ref. to emotion or other mental process); **c** (w. ref. to conflict); **d** (w. ref. to origin or end). **e** (w. ref. to rule or sim.) to observe, keep. **f** (w. ref. to meeting, market or sim.) to hold, conduct.

dispiciebat eos quos fide Christi inbutos opera fidei non ~ere deprehendit BEDE *HE* III 21; **796** pio pastori condecet .. gregis curam ~ere ALCUIN *Ep.* 94; grates ~eo tibi pro visitatione litterarum tuarum ANSELM (*Ep.* 334) V 270; colloquium cum eo ~iturus G. MON. VI 5; W. FITZST. *Thom. prol.* 12 (v. commercium 1a); **1157** J. SAL. *Ep.* 96 (31) (v. diffugium 1); **s1223** non ~ito respectu WEND. II 274; **1244** quod, si necesse fuerit, ad ipsum alias recursum ~ere valeamus (*AncC* IV 83) *RL* II 41; ~emus .. cum demoniis societatem OCKHAM *Dial.* 469; **1300, 1333** (v. 1 deliberatio a); **1315** etc. (v. consideratio 2a); ad .. consummacionem ~endam PAUL. ANGL. *ASP* 1552 (v. effectualis 1a); **1480** de laboribus abbatis W. ~itis pro ecclesia de S. *Eng. Abbots to Cîteaux* 83. **b** opinionem quam de illo ~ebamus ANSELM (*Ep.* 266) IV 181; dolorem .. ~uerunt ORD. VIT. VII 5 p. 172; **1145** ab ea quam .. erga vos ~uimus caritate G. FOLIOT *Ep.* 42; rex .. misericordiam de eis ~uit G. MON. VIII 8; huic infirmitati fidem non ~entes GIR. *PI* III 25 (v. frustratorius 1); **1219** Robertus semper ~uit iram versus .. Willelmum *CurR* VIII 20; **1266** ~ent suspeccionem versus H. C. *SelCCoron* 4; ~et intencionem .. decipiendi WYCL. *Ver.* II 17. **c** contigit interea plures certamen ~ere inter se regni proceres *V. Merl.* 24; **1265** in turbacione nuper ~ita in regno *Cl* 19; **1366** ad guerram quam ~ebimus .. contra regem Granate (*DipDocE* 237) *Foed.* VI 532; ~ito .. conflictu cum Gallis *G. Hen. V* 7; **1457** super .. expeditione ~ita contra Turcos *Reg. Whet.* I 268. **d** caritas .. habitura finem / tempore nullo ALCUIN *Carm.* 121. 3. 3; principium ~uerunt MAP *NC* I 17 f. 13v.; originalem institutionem ~uisse GIR. *Spec. Eccl.* III 21; cataracta ~et fieri ex humore collecto GILB. III 135. 1; astrologia .. preparat vias .. ad opera mira .. que fieri ~ent in .. electionibus constellationum BACON *Tert.* 107. **e** mulier votum ~ens virginitatis THEOD. *Pen.* I 14. 5; [monachi] nigri ~ent regulam quod .. MAP *NC* I 25 (v. dispensatio 3c); **1188** non ~et legem necessitas *Ep. Cant.* 279. **f** ut omnis prepositus ~eat gemotum (*Quad.*) *GAS* 145 (v. excipere 5c); decreta .. concilii apud Clarum Montem ~iti ORD. VIT. IX 2 p. 464; **13..** debent ~ere duos laghelmotos in anno *MGL* I 373; ~et rex curiam suam in concilio suo *Fleta* 66 (v. curia 5b); **1330** usus est ~ere mercatum et feriam in manerio suo *PQW* 502b; **1472** ad convocacionem ~itam .. apud Wynt' *BB Wint.* 105.

22 a (w. *in corde, in desideriis*, or sim.) to have in mind, intend. **b** (w. *in faciendo, sub manibus*, or sim.) to have (work) in progress. **c** (w. *obviam* or sim.) to meet. **d** (w. *opus* or *necessitatem*) to need. **e** (w. *necesse*) to be obliged (to). **f** (w. *in usu* or *in consuetudine*) to be in the habit (of). **g** (w. *sermonem*) to make (speech).

a 1176 etc. (v. desiderium 1d); **1239** iter .. quod primo ~uit in propositum iturum *SelPlForest* 71; **1282** ~uit in cor ad feoffandum Robertum (v. cor 2a); si dicas quod veraciter ~es in corde et proposito hoc faciendi [ME: *þu hit havest on heorte treoweliche to donne*] *AncrR* 131; **1390** si noticiam .. habeatis .. p[riorem] ~ere in proposito .. me a studio revocandum *FormOx* 238. **b** alterum librum modo .. ~emus in manibus, qui illos tractatus .. continet quos iste omisit ÆLF. *CH I pref.* 1; quedam negocia, puta illud quod sub manibus .. ~etur *Ps.*-ELMH. *Hen. V* 32; ubi .. naves in faciendo ~uerat *G. Hen. V* 22. **c** comites .. obviam ~uit ORD. VIT. X 19 p. 109; quoties pueros .. obvios ~ebat GIR. *IK* I 2; cum aliquos eorum sibi obviam ~uit BLAKMAN *Hen. VI* 12. **d** nec opus illo nos ~ere novimus BEDE *HE* II 5 p. 91; ALCUIN *Gram.* 882B (v. defectivus 1b); veni ut reus, opus ~ens intercessore ANSELM (*Or.* 10) III 37; opus ~uit mendaciis abundare OCKHAM *Err. Papae* 958; **1359** Wygtoftgote ~et necessitatem reparandi *Pub. Works* I 250; KNIGHTON I 198 (v. defensabilis 1b); **1438** detur .. illis .. necessitatem ~entibus parcella dictarum xx li. *Test. Ebor.* II 69; regimen multa opus ~et GARDINER *VO* 102. **e** necesse ~et .. introduci BEDE *HE V* 14 (v. damnare 3a); **742** necesse .. ~emus indicare .. BONIF. *Ep.* 50; **c1280** necesse .. ~uit respondere *StatOx* 96; *Ann. Durh.* 27 (v. habilitare 1c). **f** si autem hoc quod dico in usu ~ueris, .. ANSELM (*Ep.* 232) IV 139; in usu ~ebat .. pauperum pedes abluere EADMER *V. Osw.* 33; GIR. *PI* III 11 (v. consuetudo 1a); **c1220** gravis culpa est .. si quis procedens ubi femine sunt oculum fixerit, si tamen hoc in usu ~uerit (*Cap. Gen. Arroac.*) *EHR* LII 270; non ~etur in usu ut aliquem secum .. ducat socium *Cust. Westm.* 89. **g** AILR. *SS Hex* 2 (v. exhortatorius b); **c1340** ut .. sermones .. ~eantur *FormOx* 308.

23 (leg.) to bring, carry on (case, claim, plea, *etc.*). **b** to obtain (right to leg. process, aid of court, *etc.*). **c** (w. *aetatem*) to attain legal age; *cf.* 6d *supra*. **d** (w. *injuriam*) to be guilty of injury; *cf.* 18d *supra*.

omne placitum inter quoslibet ~itum .. respectari potest (*Leg. Hen.* 59. 3) *GAS* 578; **a1123** clamavit quietam calumniam quam ~uit versus B. (v. calumnia 2); **1214** cum causa ~eatur inter priorem .. et .. fratres *Pat* 117b; **1290** demande quas .. scholares ~uerunt .. versus .. majorem *MunAcOx* 46; **13..** burgensis non veniat nisi ad tres porte[mota] per annum nisi ~eat placitum super se (*Cust. Preston*) *EHR* XV 497; **1448** (v. deducere 6a); **1463** cessit et dedit actionem suam quam ~uit contra T. *MunAcOx* 700; **1544** meum .. interesse et demandam que .. ~eo .. in archidiaconatu *FormA* 72. **b 1168** pro ~enda assisa de terra quam R. M. tenuit *Pipe* 137; **1203** petiit auxilium curie; unde preceptum est quod ~eat breve ad summonendum warantum suum *CurR* III 10; **1221** etc. (v. auxilium 1d); **1221** petit curiam .. quod si videat quod non possit sequi vel ~ere appelum .. *PlCrGlouc* 26; **1230** pro ~enda mancione in jurata *Pipe* 18; **1248** pro ~enda jurata ad inquirendum utrum .. *SelPlMan* 13; **12..** dominus ~eat placitum suum super eum in *portmanmot* (*Ch.*) *EHR* XVI 100; qui sic convicti sunt .. nullum ~ent appellum versus aliquem .. quia .. frangitur eorum baculus BRACTON 152; *Ib.* 163 (v. 3 dilatio b); **1275** Hugo de Aula dat domino xij d. pro consideracione curie ~enda de j tenemento *SelPlMan* 22. **c** GLANV. VII 9 etc. (v. aetas 2a); **1201** defendit quod non est homo ejus, nec .. ei homagium fecit post quam ~uit etatem *CurR* I 435; **1218** donec heres .. etatem ~uerit *Pat* 138. **d 1279** W. de T. queritur versus J. .. de .. injuriis; dictus J. negat et ponit se super vicinos qui dicunt quod dictus J. ~et injurias; unde in misericordia et facere emendam dicto W. *CourtR Hales* 119.

24 (leg.) to produce in court; **b** (person); **c** (w. *ad rectum, recto*). **d** to receive on bail.

1246 Johannes F. in misericordia quia non ~uit quod plegiavit *SelPlMan* 7; **1253** si testimonium ~uerit .. quod adversarius suus defecerit .. (v. deficere 6c); **1276** petierunt pacem .. regis .. eo quod minabatur eis de vita et membris; .. et ~uerunt sectam *SelCCoron* 36; **1319** datus est eis dies .. ostensuris si quid pro se ~eant vel dicere sciant *CBaron* 127. **b 1189** r. c. de xx d. quia non ~uit quem plegiavit *Pipe* 4; **1191** *Ib.* 90 (v. decena 1b); si quis appellatus de latrocinio .. plegiatur ad ~endum ad justitiam et .. fugerit .. *GAS* 494; **c1200** ita quod illum ~eat in adventu justiciariorum *SelPlCrown* 79; **1200** etc. (v. corpus 5e); **1218** N. et A. non venerunt, et Hugo manuceperat quod ~uerit eos, et ideo in misericordia *Eyre Yorks* 15; **1219** vicecomes ~eat corpora aliorum [recognitorum] *CurR* VIII 8; **1220** Philippus venit .. et dixit quod inde ~uit warantum, et illum ~eret ad horam, sc. quendam Edwardum, et habuit diem ~endi eum *Ib.* 271; **1225** ~eat ibi summonitores *Pat* 592; **1352** vocat .. ad warantiam Johannem .. et Isabellam .. ut ~eat eos hic in octabis S. Michaelis *Ambrosden* II 112. **c** ita quod .. ~erent eum ad rectum *GAS* 645 (v. decenalis a); **1196** [plegii] non venerunt, nec eum ~uerunt recto *CurR* I 25; **1220** committitur .. episcopo ut eum ~eat recto quia clericus est *Ib.* VIII 260; **1272** ita quod ~eat recto .. Hugonem .. coram justiciariis *SelPlForest* 41. **d 1202** eum tenuit in prisona ita quod dominus ejus non potuit eum ~ere per vadium et plegios *SelPlCrown* 18.

25 (w. *diem, dies*): to receive, be given (a day); **b** (for appearance in court). **c** to have passed (spec. number of days) since.

s1266, 1311 (v. 2 deliberare 2b); **1293** ~et diem ad faciendum introitum a die Pasche in unum mensem *Leet Norw.* 45. **b 789** (11c) consentientes fuerunt ut .. ~eret diem suum *CS* 256; **1189** (v. essoniare 1a); **1219** ~uerunt diem in banco coram justiciariis *CurR* VIII 111; **1220** (v. 24b supra); **1287** (v. 1 dies 11a); **1448** ~et diem Martis proximum post festum S. Hillarii .. ad proponendum causam .. *Eng. Clergy* 214. **c** invenit eum a dormitatione sua jam ij dies ~entem W. CANT. *Mir. Thom.* VI 29.

26 (w. *judicium*): **a** to pass judgement; *cf.* 21a *supra*. **b** to receive sentence.

a ex verbis Domini judicium super alios ~itum nobis scimus reservari (*Leg. Hen.* 28. 5) *GAS* 562. **b 1221** cognovit latrocinium .. et ideo ~eat judicium suum sicut convictus *PlCrGlouc* 109; **1255** pistores .. in tertio transgressu ~eant judicium de pillorio (*Pat*) *MunAcOx* app. 776; **1269** ~eat judicium quod suspendatur *CBaron* 90; **1324** deficiebat in pondere panis ..; ~eat judicium *Ib.* 139.

27 (w. *locum*): **a** to take one's place. **b** to stand in (for someone). **c** to take place. **d** to have (leg.) force, grounds, or relevance, to be applicable or lawful.

a suis locis barones sedere solebant dum .. marescallus .. locum ~uit in sedili tanquam capitalis justicarius Anglie *Fleta* 82. **b** si quis paupiferum .. rebus suis praefecerit .. ut quodammodo locum ejus ~eat (*Leg. Hen.* 42. 2) *GAS* 568. **c s1195** nec ista locum ~ere potuerunt quin rapinis .. insisterent W. GUISB. 134. **d** archiepiscopi depulsio nullum locum ~uit W. FITZST. *Thom.* 40; in presbyteris .. nulla dispensatio locum ~et .. GIR. *GE* II 6; BACON *Maj.* III 3 (v. dictamen 3b); **1282** carte quas modo profert non ~ent locum *SelCKB* I 107; **1337** nec illa constitutio .. in casu preposito ~et locum *Lit. Cant.* II 167; hec diccio 'ordinarius' principaliter ~et locum de episcopo LYNDW. 16 l.

28 (w. adv. or adv. phr., absol., refl. or pass.) to be in spec. condition: **a** (of person); **b** (of thing or abstr.); **c** (refl., w. *ad*) to be in spec. relation (to).

a ad quem [sc. lacteum cybum] .. rediens continuo melius ~ere coepit *V. Greg.* 99; melius ~ere coepit .. convalescens ab infirmitate BEDE *HE* III 13 p. 153; quando .. vegitatus fuerat et de infirmitate melius ~ebatur HUGEB. *Will.* 4 p. 97; **789** mandate mihi per litteras quomodo ~eatis ALCUIN *Ep.* 6; solis ad ortum / jam melius habiturus eris *Id. SS Ebor* 1629; nec habuit melius, nocuit sed adustio pejus WULF. *Swith.* II 698; Saul audiebat citharam David et levius se ~ebat EDMUND *Serm.* 289. **b 680** quae cum ita se ~eant ALDH. *Ep.* 4 p. 485; aliter quam se veritas ~et BEDE *HE pref.* p. 8; **798** (12c) qualiter apud eos fides catholica ~eretur *CS* 291; quomodo se ~eat status noster ANSELM (*Ep.* 142) III 288; sic .. sese tum rebus ~entibus *Chr. Battle* 13v.; prout expedit unicuique membro in corpore bene se ~enti RIC. MED. *Anat.* 227; BRACTON 316b (v. convertibiliter); si enim hec, ut se ~ent, mater .. ruminaret FORTESCUE *NLN* II 3; COLET *Cel. Hier.* 173 (v. deiformitas); cum accepisset multo aliter apud exteros ~eri .. FERR. *Kinloss* 14. **c** non similiter se ~ent color ad corpus et rectitudo ad significationem ANSELM (*Ver.* 13) I 197; queritur .. aut quid sit .. aut qualiter se ~eat ad aliquid BALSH. *AD rec.* 2 130; BACON *Tert.* 231 (v. grammaticus 2a); quando dictio principaliter et equaliter se ~et ad plura *Id.* XV 331; generaliter jus gentium se ~et ad omnes contractus BRACTON 4b; HALES *Sent.* I 227 (v. differentia 1a); quomodo se ~et ad illud quod fit per ipsum SICCAV. *PN* 183.

29 (w. adv. or adv. phr.) to treat (person) in spec. manner. **b** to affect.

a**796** filium .. ad vos remisi .. deprecans ut eum honorifice ~eatis ALCUIN *Ep.* 64; papa Anglos familiarius ~uit GOSC. *Transl. Aug.* 32C; apud Uticum sepe fuerat .. amicabiliter ~itus ORD. VIT. III 3 p. 60. **b** **1520** sanctulum nescio cur dicas nisi id te forte male ~eat quod officia quae vocant horaria cotidie persolvo (E. LEE) *Ep. Erasm.* IV 1061.

30 (refl.) to conduct, behave oneself: **a** (w. adv. or adv. phr.); **b** (w. compl.).

a quamdiu bene se ~eret erga eum *DB* I 45vb; cum sitis homines, ~etote vos ut homines G. MON. VI 2; **1164** honeste se ~et et litteris operam dat J. SAL. *Ep.* 134 (136 p. 14); **1265** ita vos ~eatis in hac parte quod non oporteat nos amplius sollicitari .. *Cl* 38; **1296** invenit .. plegios .. quod bene se ~ebit erga homines prioris *Hal. Durh.* 11; **1337** taliter super hiis vos ~entes quod .. *G. Ed. III Bridl.* 131. **b** **855** ut seipsos ~eant reconciliatos .. tam viventes quam post ad Wegernensem civitatem *CS* 490; **1279** invenit plegios quod se ~ebit fidelem *SelPlMan* 96.

31 to be, be found, occur (= *esse*): **a** (app. act.); **b** (pass.); **c** (pass. w. ref. to lit. text); **d** (refl.); **e** (2nd pers.) 'you find'.

a in castris .. sedens ibique ~ente [v. l. ~ens] stipendio parvo *V. Cuthb.* I 7; **809** dabo aliquam partam (*sic*) terrae .. cum omnibus usis ad se .. pertinentibus vel in sese ~entes (*sic*) *CS* 328; hebdomada quarta modicus fervor viget ipsa / in luna, quare contumet humor aqua. / hunc sol hebdomada facit ebullire secunda, / hac tamen a causa mobilis humor habet GARL. *Tri. Eccl.* 32. **b** ad .. plagam quo (*sic*) naves eorum ~ebantur .. turres .. collocant GILDAS *EB* 18; locum .. in quo .. antiquitus ~ebatur monasteriolum WULF. *Æthelwold* 11; actenus in gente Anglorum .. non ~ebantur monachi nisi Glastonia et Abundonia ÆLF. *Æthelwold* 14; in Lagolfris wapentac ~entur xij hundreda *Surv. Linc.* 5; ~etur instantia in senibus .. qui nutriuntur non tamen augmentantur J. BLUND *An.* 53; GIR. *Spec.* IV 6 (v. diaconus 1c); s**1344** panem scindunt cum lapidibus .. quia ferrum non ~etur ibidem AD. MUR. *Cont.* 163; *Ps.*-ELMH. *Hen. V* 102 (v. cunicularis). **c** M. PAR. *Abbr.* 231 (v. historialis 1b); sic ~etur in Henrico de Gandavo de denario Predicamentorum DUNS *Metaph.* 167b; vix reperitur episcopus .. qui omnium que in scripturis divinis ~entur possit habere memoriam OCKHAM *Pol.* III 50; sic ~etur sub bulla *Ib.* II 788 (v. grammatica b). **d** se ~ent fructus in arboribus BACON XI 223. **e** sic .. ~es differenciam inter .. UPTON 207 (v. delphin b); in ecclesia Dei ~etis primatum Abel, patriarchum Abrahe BRINTON *Serm.* 6.

32 to consider, regard (as): **a** (w. sb. as compl.); **b** (w. adj. or p. ppl. as compl.); *cf.* 6, 16 *supra*, 34 *infra*); **c** (w. *pro*, *tamquam* or *ut*); **d** (w. *in*); **e** (w. gen. of value); **f** (w. predic. dat.). **g** (w. abl.).

a exceptis paucis .. qui .. tam brevis numerus ~entur ut eos .. ecclesia .. non videat GILDAS *EB* 26; urbem / hanc caput ecclesiis et culmen honoris haberi ALCUIN *SS Ebor* 208; ~eto lunam significatricem omnium rerum BACON IX 207. **b** quod dignus ~itus est pro Christo .. contumeliam pati GILDAS *EB* 73; **601** ut ipse prior ~eatur qui prius fuerit ordinatus (*Lit. Papae*) BEDE *HE* I 29; a**738** eum in Levitarum numero constitutum ~itote *Ep. Bonif.* 39; a**795** omnis dies quasi ultimus est ~endus ALCUIN *Ep.* 37; *V. Thom. B* 3 (v. doxa b); **798**, **1240** (v. gratus 3b); dicere psalmos / dulce habuit ÆTHELWULF *Abb.* 301; fratres .. / .. / suspectos habuit, zelo et mordente perosos WULF. *Swith.* I 172; ANSELM I 224 etc. (v. gratus 3a); c**1180** ratum ~iturus (v. decisor b); ~eantur .. quasi differentia sic que interrogantur ab eis que enuntiantur, sic et que disciplinaliter interrogantur ab eis que elective BALSH. *AD rec. 2* 129; GIR. *EH* I 4 (v. exosus 2c); *Ib. PI* II 13, c**1228** (v. carus 2a); hic eorum .. peritissimus ~etur AD. EYNS. *Visio* 26; **1315** ipsorum comparitionem .. in parliamento .. ~ere volumus excusatam *RScot* 137b; **1320** (v. dominabilis 1); c**1350** quod .. conspiratores .. in electione cancellarii .. ~eantur inhabiles ad eligi et eligere *StatOx* 63; qui vult urbanus ~eri *Doctus dicetur* 26. **c** nil horum se facturos, neque illum pro archiepiscopo ~ituros esse respondebant BEDE *HE* II 2 p. 83; nudi et inermes ad bella procedunt; ~ent enim arma pro onere GIR. *TH* III 10 p. 150; pro talibus Cornubienses ~eto quales in Francia nosti nostros Flandrenses ~eri DEVIZES 39v.; Athenas .. quo Minerva pro dea ~ita fuit R. NIGER *Chr. I* 5; **1228** dicit quod Anecroft ~ita est pro matrice ecclesia .. et Gaufridus ~itus pro persona *Feod. Durh.* 221; **1268** pro nullo ~eatur *Cl* 525; impeditor pro disseisitore ~etur HENGHAM *Parva* 7; **1334** non ~entes pro malo quod .. *Lit. Cant.* II 71; a**1350** si .. pars rea contra formam venerit .. ~ebitur [causa] pro non defensata *StatOx* 91; **1367** pro declarato ~eri volumus quod .. *Reg. Paisley* 31; **1413** ut decanus inter eos ~ebitur *Reg. Cant.* II 23; **1441** rex .. proposicionem tuam .. tanquam unum aliquod maxime laudatum ~et BEKYNTON I 231. **d** in magna veneratione ~etur locus ille BEDE *HE* III 2 p. 128; in magno semper ~eatur honore ALCUIN *Carm.* 67. 10; baculos sanctorum .. in magna reverentia ~ere .. solent GIR. *TH* III 33; **1246** neminem ~uit in suspectum *SelPlForest* 82; ~uit David Saul in reverentia .. et voluit eum ~eri in timore OCKHAM *Pol.* I 161. **e** tanti apud eum ~itus est ut .. BEDE *HE* V 19; rusticus pluris ~ens obolum quam abjurande fidei sue periculum DOMINIC *V. Ecgwini* I 19; liber Sapiencie Salomonis et Sapiencia Jesu .. apud fideles .. magne autoritatis ~entur HOLCOT *Wisd.* 8. **f** **705** judicium .. quod adhuc neglectui ~entes non perficiebant WEALDHERE *Ep.* 22; eum .. abominationi ~ebant BEDE *Sam.* 657 (v. daemoniosus); *Id. HE* III 22 etc. (v. 1 despectus 1a); regem utpote adolescentem ejusque industriam indignationi ~ens *Chr. Battle* 62. **g** omnibus fratribus .. aspero odio ~ebatur FELIX *Guthl.* 21; odio ~etus *GlC* E 541; **1251** illi .. ipsum odio ~ent *SelPlForest* 100.

33 to hold, decree; **b** (w. *quod*).

s**1177** hoc ~et lex, hoc ~et consuetudo hoc ~et canon, hoc ~ent omnia jura (*Lit. Regis Navarrae*) *G. Hen. II* I 150. **b** catholica fides ~et quod corpus nostrum .. sublimatum subtile sit BEDE *HE* II 1 p. 76; GIR. *TH* I 12 (v. discoloritas); HALES *Sent.* II 174 (v. fructus 5); ~ito .. quod sit per dubitacionem *Ps.*-GROS. *Gram.* 59 (v. dubitare a); ~eo quod est contra racionem rectam LUTTERELL *Occam* 6.

34 (w. p. ppl., CL use developing, as in Romance languages, into auxililiary vb.; *cf.* 6, 16c & 32 *supra*): **a** (pres. w. p. ppl. as perf.); **b** (past w. p. ppl. as pluperf.); **c** (fut. perf.).

a virtutum .. signa .. quae .. descripta ~entur a multis BEDE *HE* IV 7 p. 219; **745** ipsum .. in partibus illis ad predicandum constitutum ~emus (*Lit. Papae*) *Ep. Bonif.* 61; desertorem .. aeclessiae interdictum ~emus EGB. *Dial.* 6; **800** Trinitatis .. cui non deesse .. contradictores .. nunc .. probatum ~emus ALCUIN *Ep.* 289; **836** elemosinam quam .. in manus Domini datam ~eo *CS* 416; hujus .. vita et .. conversatio nobis incognita sunt, quia scripta minime ~entur ÆLF. *Swith.* 1; quid ~etis factum? ÆLF. BATA 4. 6; galli ~ent ter .. cantatum *Ib.* 14; iij virgatas quas Willelmus et Rogerius ~ent occupatas et celatas super regem *DB* I 149rb; c**1105** (v. alodiarius b); **11..** gildhallam quam burgenses ~ent perditam (v. gildhalla a); an accusati .. essent vel non essent non ad liquidum compertum ~eo W. CANT. *Mir. Thom.* VI 74; **1296** ea que nobis commisistis de negociis gestis .. ~emus accepta *DC Cant.* (*HMC*) 263; quia non ~et elemosinarium preparatum R. BURY *Phil.* 17. 220 (v. 3 elemosinaria); **1441** satis arcane .. exploratum id ~eo BEKYNTON I 225. **b** c**740** quia .. nomen tuum adscriptum ~uissem .. cum nominibus episcoporum (SIGEBALD) *Ep. Bonif.* 36; postquam .. corpus ejus vij diebus in terra tumatus ~ebatur HUGEB. *Wynn.* 10; operatoribus quos ex multis gentibus collectos .. ~ebat ASSER *Alf.* 100; auditum ~ebat quod .. H. CANTOR f. 19; operarios quos .. ~uerat convocatos R. COLD. *Godr.* 334; veteres pedules .. quos magister aliquando pedibus suis ~uerat calciatos *Canon G. Sempr.* f. 76; **1362** abbas dicit .. quod ~uit .. palas fixas ibi pro retibus siccandis *Pub. Works* II 287; **1401** (v. conglobare b); bonum cellarum numerum constructum ~uimus CHAUNCY *Passio* 152. **c** non placitabit, si in aliquo forisfactum ~uerit, donec .. *GAS* 630; nisi placatam ~uero solus universitatem, nichil sum MAP *NC* IV 13 f. 55.

haberg-, haberj- v. hauberg-. **habetare** v. hebetare. **habeuuinus** v. babewinus.

habibilis, possessible, (?) tenable.

ex istis colligitur in genere juris sufficiencia, necessitas, atque divisio; sufficiencia cum respectu cujuscunque volibilis sive ~is WYCL. *Mand. Div.* 20.

habila- v. et. habili-.

habilaris, ready, trained, or (?) *f. l.*

1540 concessimus .. hanc libertatem quod .. habere possit conductionem, gubernationem, et regimen omnium .. hominum †habillorum [MS: habillar'; ? l. habiliorum] ad guerram (*Pat*) *Foed.* XIV 655b.

habile-, habilia- v. et. habili-.

habilimentum [OF *(h)abillement*]

1 apparel, habiliment.

1417 omnem ornatum, apparatum, seu ~um pro corporibus et capitibus dominarum, ancillarum, et aliarum feminarum *RNorm* 166.

2 (pl., mil.) accoutrements, equipment, weapons.

1416 (v. artillaria a); rex .. guerrarum ~a .. ordinat, saxivoma fabricat, .. enses .. arcus, sagittas .. providet *Ps.*-ELMH. *Hen. V* 14; **1436** armurarii .. armaturam, artillariam, et alia †habilitamenta guerre ad vendendum habentes, eadem .. †habilmenta absque excessivo precio .. vendere .. recusant *Cl* 286 m. 5 (cf. ib.: aliorum habilamentorum); quelibet villa semper sustinet sagittarios duos .. in omni apparatu et ~is sufficientibus ad serviendum regi in guerris suis FORTESCUE *LLA* 35; **1460** deploidibus defensivis, bumblastis ac aliis armis defensivis et abilimentis guerre (*IMisc* 317) *EHR* XXXVII 255; **1471** pro cariagio *gunnes* et aliorum abilementorum guerre *Ac. Bridge House* f. 182v.; **1474** cum .. armis, ~is guerre, et aliis rebus *RScot* 443b; **1481** cum arcubus .. gladiis .. et aliis ~is de guerra riotose .. venerunt *Rec. Stan.* 70; **1495** diversa arma, viz. *bygandyrons, bylles*, et alia abiliamenta guerre *EHR* XIV 532.

habilis [CL]

1 easy to handle, manoeuvrable.

ligneam fecit machinam compaginari, et ut ~ior esset ad conducendum, super quattuor rotulas eam collocari ORD. VIT. IX 12 p. 579; ~is, agilis, gestuosus, flexibilis, agitabilis OSB. GLOUC. *Deriv.* 275; portemia, navis lata, ~is ad portandum *Ib.* 484.

2 (of thing or place) fit, suitable, convenient.

haec [luna] .. Paschae celebrando ~is non est (*Lit. Ceolfridi*) BEDE *HE* V 21 p. 339; *Id. AM* 83 (v. dichronus); †habia [l. habilia], apta *GlC* H 6; hic pueri discant senioris ab ore magistri, / .. / sunt anni juvenum habiles addiscere quicquam ALCUIN *Carm.* 93. 5; aliud .. monasterium .. habitationi sanctimonialium ~e .. rex aedificari imperavit ASSER *Alf.* 98; saxa prerupta ad latebras ferarum ~ia G. MON. VIII 18; portum mille carinis ~imum (*sic*) et tutissimum efficiens *G. Steph.* I 27; Jernemutha .. habet copiam aque dulcis .. ~is urbis in cultu divino W. WORC. *Itin.* 180; **1486** cum lxij cavill' .. abilibus (v. hercia 1a).

3 well-adapted, fit, capable (usu. for spec. activity or purpose): **a** (of person, institution, or animal); **b** (of abstr.).

a ~em, *timlicne GlP* 922; quadrupedia .. ad natandum redduntur ~ia; partes enim extense multam superficiem tenent *Quaest. Salern.* B 75; gens .. nunc equis ~is, nunc pedibus agilis GIR. *DK* II 8; ~is est et apta ad suum initium redire .. ecclesia Menevensis *Id. Invect.* V 2; ROB. FLAMB. *Pen.* 15 (v. habilitas 1); propter dialecticam veri inquisitivam, sc. ut ~iores simus ad ipsam KILWARDBY *OS* 508; **1352** non potuit invenire aliquos capellanos honestos et abiles (*Vis.*) *Mem. Ripon* I 238; WYCL. *Ver.* II 262 (v. graduari a); **1492** quod ad studium abilis fuerit satis et idoneus *Reg. Merton* 159; **1518** abiles ad .. dispensationis gratiam *Offic. S. Andr.* 162. **b** ex ingenii .. ~issima facilitate et usu disserendi BALSH. *AD* 4.

4 in good condition, 'fit': **a** (of animal); **b** (of thing).

a tum pecudum foetura habilis, tum semen in arvis / crevit FRITH. 663; **1452** unum taurum, xxx vaccas firmabiles et abiles *FormA* 145. **b** **1437** bonum pannum et ~em *Doc. Bev.* 33 (v. 1 aquare 1d).

5 (w. ref. to statute or sim.) valid, having force.

1417 (v. habilitare 5).

6 (w. gen.) worthy.

1448 cerevisiam debilem .. non bene coctum (*sic*) nec ejus precii ~em, quin potius modici aut nullius valoris *MunAcOx* 589.

habilitabilis v. habitabilis 1b. **habilitamentum** v. habilimentum.

habilitare [LL *gl.*]

1 to make fit or suitable, to prepare; **b** (w. pers. obj. or equiv.); **c** (refl.).

si lignum .. ~etur per caliditatem et siccitatem .. ut ipsum igniatur J. BLUND *An.* 364; [spiritus] a superfluitatibus depurati quibus corpus gravabatur, ad motum †~at [l. ~ant] corpus ipsum BART. ANGL. IV 3; [humiditas] rigat .. terre siccitatem et eque disponit et ~at ad fecunditatem *Ib.* 4; potentia .. que non elicit operationem set expedit et ~at ad opus BACON II 118; accipitur celum tantummodo pro orbe primo qui seipso solo non sufficit ad ~andum materiam ad receptionem formarum *Id.* VII 49. **b** sedatis .. passionum motibus, ad contuendum veritatem intellectus ~atur *Ps.*-GROS. *Summa* 302; **1283** cogitetis de beneficiis que sine juris titulo retinetis, in quorum dimissione .. ~etis personam Dei donis variis insignitam ut .. ascendere valeatis .. ad majora PECKHAM *Ep.* 407; nihil .. aliud intendunt capitula .. quam personas preparare et in salutem animarum ~are (KILWARDBY) *Id. Kilw.* 128; caritas .. est .. habitus a spiritu sancto infusus quo ~atur [anima] ad diligendum Deum MIDDLETON *Sent.* 156; **1307** ut populum vestrum .. ad assumendum bellum contra .. Machometi sectam ~ent et informent *Foed.* III 34b; **1339** quatenus .. animum ~es regium et inclines (*Lit. Papae*) WALS. *HA* I 218; WYCL. *Civ. Dom.* I 267 (v. deoneratio). **c** cum .. neccesse haberent .. aliquem eligere in priorem, si omnes se ad hoc ~are nollent, voluit tamen quod v vel vj .. se ad hoc ~arent; nec posset aliquis esse habilis ad hoc nisi professus *Ann. Durh.* 27; omnes .. in sacerdotio constituti ad missarum celebrationem .. se ~ent *Vis. Ely* 7; electus quisque ad amandum se ~ans roboratusque superna gratia ROLLE *IA* 252.

2 to train (in quot., hawk).

cum magno labore ~atur ad aucupandum, set ~atum secundo et tercio anno egregium est in volatu UPTON 188.

3 to rehabilitate, restore to former status; **b** (eccl., esp. w. ref. to excommunication).

1408 ipsum ad rectas leges .. patrie nostre Aquitanie restituimus, .. et ~avimus, necnon omnem maculam culpe ab ipso abstulimus (*RGasc*) *Foed.* VIII 510a. **b** non est possibile ut vicarius Christi pure ex bullis suis .. quemquam ~et vel inhabilitet. .. credit ecclesia quod oportet omnem habilitationem hominis primo a Deo

procedere (WYCL.) *Ziz.* 249; reputant hereticum quod papa neminem ~et nisi Deus prius ~et, cum pure ex bullis suis .. hunc ~at et hunc inhabilitat WYCL. *Ver.* II 135; **1456** te .. a quibuscumque excommunicacionis .. sentenciis .. absolvimus et ~amus ac absolutum et ~atum habere volumus *Mon. Hib. & Scot.* 400b.

4 to authorize, enable, pass (person) as suitable for office: **a** (eccl.); **b** (other).

a **1426** ~avimus magistrum P. de C. .. quod .. omnimoda beneficia ecclesiastica infra regnum nostrum Anglie .. ad valorem d m. per annum .. obtinere possit *Reg. Cant.* I 234; **1448** dicit .. se subiisse examinacionem a magistro Johanne D. pro habilitate sua ad .. ordinem subdiaconatus, ac ipsum .. J. D. eum in ea parte ~asse *Eng. Clergy* 222; papa ~avit eum sua dispensacione seu licencia ut fructus omnes illius episcopatus [sc. Exon'] reciperet GASCOIGNE *Loci* 16. **b** **1499** nullus paccator .. exercebit officium paccature antequam ad hoc admittatur et abilitetur coram majore et constabulariis stapule Westmonasteriensis (*DipDocE*) *Foed.* XII 714a.

5 to ratify, put into force (act).

1417 omnes actus legitimos in eadem synodo agendos .. ~at et habiles esse declarat (*Decr. Concilii*) WALS. *YN* 474.

habilitas [CL]

1 (physical) fitness or suitability.

tumor omnis abscessit et amissa manuum rediit abilitas *Mir. Fridesw.* 60; secundum animi virtutem et corporis ~atem erat qualem te velles fieri MAP *NC* III 2 f. 34; videtur esse dicendum [quod .. uxorem habeat ut sororem] de stricta que nec arte nec natura potest fieri habilis, vel si per infirmitatem fiat inhabilis ..; itaque consensus animorum et ~as corporum ad carnalem copulam exiguntur ad matrimonium ROB. FLAMB. *Pen.* 15.

2 aptitude, capacity, disposition.

si .. queritur quare potius fiat inmutatio figure in aqua quam in aere, dicendum est quod hoc contingit propter ~atem materie, eo quod aqua non est rara .. nec adeo fluxilis J. BLUND *An.* 110; [leones] velocitatem .. non ex calore sed ex ~ate habent instrumentorum *Quaest. Salern.* B 73; queritur quare non accidit ista diversitas in aliis humoribus; et dico propter ~atem sanguinis et ejus multitudinem GILB. I 9v. 1; potest esse latitatio ~as quedam vel aptitudo vel potentia vel indifferentia ad multitudinem formarum BACON VIII 21; *Ib.* 29 (v. denominare 1b); consideranda in penitentia injungenda .. ~as, si potens vel impotens GROS. *Templ.* 19. 9; ~as [anime] ad bonum semper per peccatum minui potest R. MARSTON *QD* 308; sciencia .. est ~as derelicta ex actibus DUNS *Ord.* III 241.

3 rehabilitation (eccl.); *cf. habilitare* 3b.

nemo potest propter cartas vel bullas hujusmodi habere ~atem vel justiciam WYCL. *Civ. Dom.* I 256.

4 suitability, eligibility (of person for office or task): **a** (eccl.); **b** (other).

a **1322** examinati sunt .. testes super ~ate et ydoneitate .. Rogeri ad beneficium .. optinendum, et deponunt .. omnes .. quod nichil canonicum obsistit .. quominus beneficium .. valeat .. retinere *Lit. Cant.* I 86; **1397** parochiani dicunt quod .. non habent servicium divinum, eo quod lis pendet super ~ate vicarii (*Vis. Heref.*) *EHR* XLV 95; **1409** secundum statuta .. ecclesie ministri ejusdam ad .. promociones meritis et eorum ~atibus intercedentibus preferri deberent et gratuite promoveri *Fabr. York* 245; **1448** (v. habilitare 4a); **1520** de persona, ~ate, idoneitate, scientia .. domini J. R. presbyteri .. fiduciam habentes *Form. S. Andr.* I 165. **b** **1281** cui [domino Edmundo] et ~atem ad hoc precipuam ipsius terre experimentalis cognicio preparavit PECKHAM *Ep.* 159; aliqui plus et aliqui minus secundum personarum ~ates et honestates *Mod. Ten. Parl.* 4.

5 (leg.) viability.

excepto .. si a minori [uxor] dotetur ex voluntate patris, quia si sit inhabilitas secundum jus commune, voluntas tamen patris .. facit ~atem HENGHAM *Parva* 3.

habilitatio

1 training, preparing.

inter speculativas .. aliqui .. preponerent mathematicam ut per ~onem mentis in certis demonstrationibus .. facilius permearentur postea alie KILWARDBY *OS* 640; voluntas anime .. Christi in tantum habilitata est per charitatem ad diligendum Deum quod majoris ~onis capax non est MIDDLETON *Sent.* 166.

2 rehabilitation (eccl.).

Ziz. 249 (v. habilitare 3b).

3 authorization, enabling (w. ref. to office, esp. eccl.).

c**1380** de restitucione ~onis determinatorum *StatOx* 126n.; **1423** per hanc approbacionem .. non intendit privilegiis, ~onibus, declaracionibus, absolucionibus .. prejudicium generare (*Ordinacio*) AMUND. I 169; **1426** ~o domini P. de C. ad obtinendum beneficia in regno Anglie (*Pat*) *Reg. Cant.* I 234.

habiliter [CL], conveniently, aptly.

habilis .. unde ~iter OSB. GLOUC. *Deriv.* 267; quedam [herbe] .. ~ius [*gl.*: *avenaument*] extirpantur unco quam ligone NECKAM *Ut.* 111.

habillus v. habilaris. **habilmentum** v. habilimentum. **habita** v. habere, habitus 4b.

habitabilis [CL]

1 fit for habitation. **b** (as sb. f., *sc. terra* or *zona*) the habitable world.

locus .. spirituum malignorum frequentia humanae habitationi minus accommodus, sed ad votum viri Dei ~is .. factus BEDE *HE* IV 26 p. 271; [zonas] ambas dicunt ~es, id est habitationi habiles *Id. TR* 34; Ælfred .. post incendia urbium .. Lundoniam civitatem .. ~em fecit ASSER *Alf.* 83; loco ~i existente *Chr. Battle* 30; applicantes terram stabilem et ~em invenerunt GIR. *TH* II 12; astrologia .. speculativa certificat .. figuram terre ~is BACON *Tert.* 106; ibi debet esse locus ~issimus ad vitam ROB. ANGL. (II) 191; *Irlond Ey* .. [non] est ~is W. WORC. *Itin.* 170. **b** sola .. Asia continet unam partem nostri ~is, sc. medietatem; alie .. partes, sc. Affrica et Europa, aliam medietatem sunt sortite BART. ANGL. XV 1 (cf. Isid. *Etym.* XIV 2. 2); terra promissionis est media ~is nostre FISHACRE *Quaest.* 55; scit .. omnes varietates locorum et hominum .. in tota ~i BACON *Min.* 318; docere que sit magnitudo terre .. et quanta nostra ~is ab oriente in occidens KILWARDBY *OS* 95; hec heresis [sc. Machometi] .. nisi Deus protexerit longe amplius per ~em extenderetur WYCL. *Ver.* I 266; secundum humanitatem suam visitavit .. umbilicum nostre †habilitabilis, xxxiij annis in Judea et Jerusalem conversando *Id. Eccl.* 8.

2 for domestic use, for living in.

1305 quod dicta aula .. pro domibus ~ibus et non pro scolis [habeatur] *Cart. Osney* I 111.

habitabiliter, in a manner fit for habitation.

habito .. unde habitator, habitatus, .. et habitabilis, .. unde ~iter OSB. GLOUC. *Deriv.* 267.

habitaculum [CL]

1 dwelling-house; **b** (mon.); **c** (of bird or animal; in quots., nest).

incendium .. ad eum (*sic*) ~um in quo idem jacebat .. ferebatur BEDE *HE* I 19; cum non tam humani ~i quam formam gerat sepulcri OSB. *V. Dunst.* 13; a**1160** indignum est ut .. ~a cimiteriis ecclesiarum .. construantur *DC Cant. Ch. Ant.* M 340; c**1238** (v. decoratio); in quodam subterraneo ~o in quo sedebat homo pauper *Latin Stories* 8; juxta Herodis ~um *Eul. Hist.* I 77; civitas preclara, mater philosophie, Cantebrigie, ~is pulcera CANTLOW *Orig. Cantab.* 266; s**1455** portionem .. tam notabiliter structuris et aedificiis ac hortorum amenitate ornatam, ut non ~a pauperum sed magnatum viderentur *Scot. Grey Friars* II 174. **b** cuncta nobis .. monasteriorum ~a quasi propria patere cognovimus BEDE *Hom.* I 13. 226; cum .. oratorium et ~um commune construxisset .. *Id. HE* IV 26 p. 271; Aðeluuold / .. / qui struxit firmis haec cuncta habitacula muris WULF. *Swith. pref.* 35; apud .. Niort ~a quedam quasi monasteriola construens, abbatiam pellicum ibi se positurum delirabat W. MALM. *GR* V 439; in circuitu .. monasterii erant ~a xij et totidem capelle, et in ~is xij monachi ibidem manducantes et bibentes et dormientes *Chr. Abingd.* II 272; s**1312** Langeleye .. ubi rex .. construxit fratribus Jacobitis ~um pro anima .. Petri [de Gaverstone] WALS. *YN* 244. **c** due hyrundines .. ~um sibi construunt ALEX. CANT. *Mir.* 42 (I) p. 241; ait campestris [sc. mus]: ".. redire volo ad ~um meum" J. SHEPPEY *Fab.* 48.

2 dwelling-place, habitation; **b** (fig.).

V. Cuthb. I 6 (v. aestivalis d); in montibus arduis .. in quibus latronum magis latibula .. quam ~a fuisse videbantur hominum BEDE *HE* III 23 p. 175; ad vicina redit lentis habitacula plantis FRITH. 1153; ~i .. sui nomen et loci .. ex duobus composuerunt, viz. ex ipsius torrentis vocabulo et valle, unde Rievallis nuncupatur W. DAN. *Ailred* 5 p. 12; viri sancti talia sibi delegerunt ~a ut populares strepitus subterfugiendo .. parti liberius quae non auferetur indulgerent GIR. *IK* II 1; dicunt, novem esse circulos Stygis, qui inferos cingunt, id est terram, daemones sc. et ipsorum ~a ALB. LOND. *DG* 6. 20; **1452** illis .. quorum nunc vices gerimus factique sumus ~o successores *Reg. Whet.* I 24. **b** vivida quique mei projecit foedera juris / mentis ejus non ingredior habitacula demum BONIF. *Aen.* (*De virginitate*) 177; Anglia siquidem, justitie prius sedes, pacis ~um, .. perversitatis postea locus *G. Steph.* I 1; solet .. hec [sc. castitas] .. virtutibus liberum, quietum, et pacificum ~um reddere H. BOS. *V. Thom.* II 6; quid est homo? .. parvi temporis ~um, spiritus receptaculum (*Dictum Secundi*) *Leg. Ant. Lond.* 185; murmura tunc subite subeunt habitacula mentis GOWER *VC* I 1531; non enim ut corporalia queque locum ipsa occupat quo humane voluntatis ~o destituta in nobis subsistere non possit, sed .. FORTESCUE *NLN* I 39.

3 (w. ref. to human person) dwelling-place: **a** (for God); **b** (for evil).

a "templum Dei estis" [*I Cor.* iii 16] .. vos estis ~um Dei LANFR. *Comment. Paul.* 166; ita fugiet diabolus ~um pectoris tui ANSELM (*Ep.* 232) IV 139; qui .. spiritus Domini ~um effici voluerit, cordis munditiam teneat ALEX. CANT. *Dicta* 14 p. 165; in nobis sunt materia tabernaculi ex quibus fiat ~um domini R. NIGER *Mil.* I 52; **14..** ut testatur Beatus Gregorius, ~um Sancti Spiritus, in suo registro AMUND. I 418 app. **b** cor suum non modo ~um sed et tantae nequitie fecerat fundamentum J. SAL. *Pol.* 465C; **1472** (v. demonachus).

4 **a** (w. ref. to earth); **b** (w. ref. to heaven).

a "dormitavit anima mea" (*Psalm* cviii 28) in hujus ~i mortalis statione ALCUIN *Exeg.* 601B; **764** in hoc terreno ~o *Ch. Roff.* 6. **b** quo non praestantior alter / tendit ad aeterna felix habitacula miles ALDH. *VirgV* 777; aeterna infelix perdet habitacula miles BONIF. *Aen.* (*Vana Gloria*) 351; ad summa celorum ~a GIR. *TH* I 20; si .. nunc celum a sanctis merito censetur, nunc regni celestis ~um, .. *Id. Symb.* I 24 p. 276.

habitamen, habitation, dwelling-place.

1019 (15c) terrenae particulam mansionis .. in loci ipsius ~ine quod .. accolae Cheselburne .. nuncupant in cosmo *CD* 730.

habitare [CL]

1 (trans.) to inhabit.

venit Dominus .. / ponere judicium cunctis habitantibus orbem ALDH. *CE* 4. 12. 15; sanctum .. ~avit locum sepultionis *V. Greg.* 93; si illa terra hominibus .. ~aretur et deserta non esset ASSER *Alf.* 16 (cf. habitus 7); FL. WORC. I 78 (v. habitus 7); dic quas terras nos ~are velis ..; .. insula .. est ~ata gigantibus G. MON. I 11; in ~antibus loca palludosa GILB. VI 239v. 2; policia est ordo quidam ~ancium civitatem W. BURLEY *Pol.* 277.

2 (intr.) to dwell, live; **b** (w. ref. to heaven); **c** (pr. ppl. as sb.) dweller, inhabitant. **d** (inf. as sb.).

THEOD. *Pen.* II 1. 11 (v. aqua 2b); vade, ubi non ~ent homines ALDH. *VirgP* 52; ad villam in qua ~abat *V. Cuthb.* II 7; in vicinia cellae illius ~abat quidam monachus BEDE *HE* V 12 p. 309; in his .. locis laetas habitare videbam / sanctorum turmas ALCUIN *SS Ebor* 969; **957** (12c) Angligenarum omniumque gentium undique secus ~antium rex *CS* 994; in civitate ~antes *DB* I 179; Albion .. ameno .. situ locorum .. nemoribusque preelecta affectum ~andi Bruto .. inferebat G. MON. I 16; **1228** (v. detinere 2d); de Symeone qui ~abat in columpna S. LANGTON *Ruth* 96; locum in quo ~as [ME: *wunest*] *AncrR* 112; **1362** dantes .. Johanni .. potestatem .. tractandi .. cum quibuscumque personis qui .. in eo [sc. dominio] ~are voluerint, super mora et habitatione sua ibidem *RScot* 861b (cf. ib.: pro bono regimine .. quiete ~ancium). **b** inter beatos qui ~ant in domo Dei ANSELM (*Ep.* 71) III 192. **c** **1283** aliquem ~antem .. ville *RGasc* II 209. **d** neque per ~are neque per justorum participare est quis civis W. BURLEY *Pol.* 277.

3 (fig., esp. w. ref. to Deity) to dwell, abide.

[Sapientia et Castitas] missae sumus a Domino tecum ~are quia jocundum nobis .. in corde tuo habitaculum praeparasti ALDH. *VirgP* 27; spiritus in vobis habitat .. Tonantis *Id. VirgV* 151; BEDE *Hom.* I 25. 109 (v. eludere a); EGB. *Pont.* 74 (v. delectare d); in .. coenobio veteri / quod Deus .. sic protegat immaculatum / ut juge dignetur ipse habitare in eo WULF. *Swith. pref.* 108; Spiritus Sanctus semper ~et in corde vestro ANSELM (*Ep.* 418) V 364; in ejus corde Christum .. ~are perspexerat TURGOT *Marg.* 6.

4 (w. adv. phr.) to 'live', spend one's time (in spec. manner or condition); **b** (w. spec. person).

donec Arriana perfidia .. transmarina .. fratres in unum ~antes exitiabiliter faceret sejungi GILDAS *EB* 12 [cf. *Psalm* cxxxii 1]; quamque bonum fratres habitare est semper in unum / .. ecce jocundus amor ALCUIN *Carm.* 88. 11. 3; in discordia ~are non potest ANSELM (*Ep.* 143) III 290. **b** si non vult ~are cum eo viro THEOD. *Pen.* II 12. 33–4 (v. desponsare 1a); Anselmus .. cum illo [papa] aliquandiu ~avit ORD. VIT. X 3 p. 14.

5 (?) *f. l.*

1239 de non ~ando [v. l. habendo] simul prestitum sacramentum (*Lit. Imp. Fred.*) M. PAR. *Maj.* III 586.

habitatio [CL]

1 dwelling-house; **b** (mon.).

a in magnis .. ~onibus, villis, ac possessionibus BEDE *CuthbP* 33; ex ~one [sc. anachorite] sub ecclesia [ME: *ha woned under þe chirche*] *AncrR* 46; 'domus', i. e. ~o .. TREVET *Troades* 9. **b** o mea cella, mihi habitatio dulcis ALCUIN *Carm.* 23. 1; AD. EYNS. *Hug.* V 14 p. 166 (v. disciplinare 1c).

2 dwelling-place; **b** (w. ref. to earth); **c** (w. ref. to heaven). **d** inhabited region.

a collibus et silvis tellus hinc inde decora / nobilibusque locis habitatio pulchra, salubris, / fertilitate sui multos habitura colonos ALCUIN *SS Ebor* 33; in Agyographia sanctorum Angliae, ubi singuli singulis ~onibus suis describuntur GOSC. *Lib. Mild.* 4; ultra fines nec hominum vel ferarum ~o est ulla, sed .. solus oceanus GIR. *TH pref.* p. 21. **b** **801** exilium est ~o hujus vitae quae cogit nos ad patriam properare ALCUIN *Ep.* 216; anima .. labyrinthis intricata est; non .. solummodo ~o terrena hanc deprimit, sed .. P. BLOIS *Ep.* 16. 59C. **c** [genus humanum] per

regem omnium pravorum, hoc est diabolum, de patriae caelestis est ~one projectum BEDE *Tab.* 923C; praecedunt sed eum quibus est habitatio caelum WULF. *Swith.* II 941; appetitus illius bone ~onis omnibus inest FISHACRE *Quaest.* 43. **d** de latitudine cujuslibet ~onis invenienda: .. nunc consequens esse videtur ut quomodo singularum regionum latitudo, id est spatium quod est inter eos (*sic*) et Arin, reperiri queat edisseratur ADEL. *Elk.* 24; Arym non distat ab oriente per nonaginta gradus tantum, sed mathematici ponunt eam in medio ~onis BACON *Maj.* I 310.

3 (fig.) abode; **b** (of Deity); **c** (phil.) familiarity.

vel in expeditione .. vel familia vel civitate vel hujusmodi perpetua pacis ~one proveniat (*Leg. Hen.* 68. 2) *GAS* 586; J. FORD *Serm.* 18. 5 (v. exturbare 1b). **b** Spiritus Sanctus in te ~onem suam faciet ANSELM (*Ep.* 232) IV 139. **c** quoniam cum sapienciam esse in aliquo, modo proprio homini, est sicut modum artificiorum esse in modis propriis homini, estimatur quod impossibile est ut tota ~o fugiat a philosophia, sicut opinandum est quod impossibile est ut fugiat ab artificiis naturalibus BRADW. *CD* 80B.

4 dwelling, inhabiting. **b** (w. obj. gen.).

BEDE *HE* IV 28 (v. habitabilis 1a); **800** in locis sanctissimis sue [i. e. Christi] ~onis et nostrae redemptionis ALCUIN *Ep.* 210; avibus aquaticis natione, aereis ~one GIR. *TH* I 11; regio .. villis humane ~oni competentibus abundabat ORD. VIT. X 14 p. 82; J. WALEYS *Commun.* f. 126v. (v. elongatio 4a); **1362** (v. habitare 2a). **b** cunctum .. tempus vitae in ejusdam monasterii ~one peragens BEDE *HE* V 24 p. 357.

habitator [CL], dweller, inhabitant (freq. w. obj. gen.); **b** (fig., w. ref. to Deity or evil spirit).

terra infecta est ab ~oribus suis qui transgressi sunt leges GILDAS *EB* 44; heremi vastitatem lustraturus .. contemplativam .. rudis ~or exercuit vitam ALDH. *VirgP* 29; **c700** hic fugiant Hierusalim †afitatores *AS Inscr.* 6; merito loco huic et ~oribus ejus gravis de caelo vindicta .. praeparata est BEDE *HE* IV 25 p. 265; **c794** pulcherrimorum ~ores locorum ALCUIN *Ep.* 31; erant parentes .. Æthelwoldi ~ores civitatis Uuentae ÆLF. *Æthelwold* 2; mortalitas .. domos .. plurimas ~oribus evacuabat ORD. VIT. IX 2 p. 463; erat .. deserta, nullo ~ore multis diebus inculta G. MON. IV 17; sicut .. mare non suos ~ores expuit R. NIGER *Mil.* III 40; J. SAL. *Pol.* 817A, NECKAM *SS* II 25. 4 (v. ennosigaeus); W. FITZST. *Thom. prol.* 8 (v. 2 baro 5a); de ~oribus insule GIR. *TH intr.* p. 8; Dei formatio facit hominem paradisi ~orem GROS. *Hexaem.* XI 6; **1283** (v. 2 decus); omnibus ~oribus terre KILWARDBY *OS* 105; **1444** †domigerium ~orum ville *Pat* 602 m. 13*d*. **b** filium consulis .., expulso ~ore, dicto citius curavit ALDH. *VirgP* 52; necesse est .. ut cordis puritatem habeat, quisquis Deum in se ~orem habere desiderat ALEX. CANT. *Dicta* 14 p. 164.

habitatorius, domestic, for living in.

vestibulum amplum, edificiis ~iis, repositoriis, operatoriis, officiariis circumdatum BALSH. *Ut.* 47.

habitatrix [LL], dweller (f.; in quot., fig.).

synagoga que educta de Egypto et quadraginta annis eremi ~ix effecta AILR. *Serm.* 28. 478D; verticem spina vendicat habitatrix J. HOWD. *Cant.* 700.

habitatus, dwelling, inhabiting.

OSB. GLOUC. *Deriv.* 267 (v. habitabiliter).

habitio [CL]

1 (act of) having, possessing.

~o entitatis quam res habere debet est bonitas ejus MIDDLETON *Sent.* I 398; retentio seu ~o proprietatis rerum in communi OCKHAM *Pol.* II 411; quod bonum .. innocencie a peccato est melius .. bonis aliis quibuscumque .. quorum non ~o non importat peccatum BRADW. *CD* 460B; carencia diviciarum est potentem habere divicias esse sine ~one illarum WYCL. *Quaest. Log.* 267; *Id. Civ. Dom.* III 196 (v. exproprietarius); **s1453** ad declarandum suam innocenciam super recepcione sive ~one thesauri illius *Reg. Whet.* I 104.

2 (phil.) 'habit', nature.

numquid .. ut comestio corporalis et spiritualis .. ibi concurrant, .. retinent formas ~onum distinctarum quamvis simul mentem subjectam concurrendo perficiant NETTER *DAF* II 97v.

habitor [AN *habitor*], dweller, inhabitant.

1275 ~ores dicti districtus *RGasc* II 7; **1289** dominorum Brageriaci et habitatorum dicti loci ..; .. ipsi ~ores *Ib.* 522; **1300** ~ores ac incolas .. regni [Scocie] *Reg. Cant.* II 570.

habituabilis, (phil.) latent, potential.

potencia ~is, cujusmodi est intellectus et voluntas, est ex se summe disposita ad recipiendum actus DUNS *Ord.* V 143.

habitualis

1 (phil. & theol.) 'habitual', latent or potential (dist. from actual) in mind or character.

secundum utramque diffinitionem ex parte subjecti supponit, ex parte autem predicati supponit secundum ~em suam diffinitionem (SHIRWOOD) *GLA* III 19; non est actus nisi ex virtute ~i potentie operantis PECKHAM *QA* 31; cum .. fingunt unum esse quod nunquam a philosophia .. fuit inventum .. et dicunt illud esse ~e et .. commune presenti, preterito, et futuro BACON *CSTheol.* 55; utrum essencia divina videatur visione beata per habitum; quod non, quia quod videtur per habitum videtur per medium ~e *Quaest. Ox.* 315; [noticiam] '~em' voco quando objectum sic est presens intellectui in racione intelligibilis actu DUNS *Ord.* III 60; sciencia .. accipitur pro ipsa presencia ~i objecti in memoria intellectiva, que 'presencia ~is' est virtualiter sciencia de tali objecto *Ib.* 241; actualis paupertas, que in penuria rerum consistit, .. preferenda est ~i paupertati, sicut virginitas castitati conjugali OCKHAM *Pol.* II 477; licet .. in orando non sit actualis devocio .. est tamen .. ~is devocio que sufficit ad salutem *Spec. Incl.* 2. 1; non videtur mihi quod Augustinus vult dicere istam conjunccionem anime esse actualem sed ~em tantum RIC. ARMAGH *Sent.* 411*n.*; aliquod est .. scire actuale, et aliquod ~e, et hec differunt in hoc quod omne scire actualiter est actus de predicamento accionis, et scire ~e est habitus de prima specie qualitatis WYCL. *Log.* I 177; quia eis [sc. actibus] non correspondet iteratio voluntatis, saltem ~is, non possunt dici plura peccata, sed unum PAUL. ANGL. *ASP* 1553.

2 belonging to (mon.) habit.

ante altare .. votum suum firmavit .., ~i deinde vestitur cuculla *NLA* II 548 (*Ailred*).

habitualiter

1 (phil. & theol.) 'habitually', potentially (as dist. from actually).

neque .. quod ~iter aut actualiter intellectui unitur scibile proprie dici potest, sed magis scitum *Ps.*-GROS. *Summa* 298; dico quod de facto necessario fruitio habitualis ordinata simul est trium personarum, licet non actualis; nullus enim viator .. ordinate potest frui una persona non fruendo alia (hoc est nisi ~iter fruatur alia, hoc est quod sit in proxima disposicione ad fruendum alia) DUNS *Ord.* II 39; incipere esse est nunc esse et nunquam prius fuisse ~iter sive potencialiter scilicet BRADW. *CD* 66E; semper tamen ~iter orat per continuum desiderium et habitum caritatis *Spec. Incl.* 2. 1; quod quinque genera armature ~iter in theologo stabilita defenderent eum tutum a quibuscunque telis sophisticis WYCL. *Ver.* I 182.

2 habitually, persistently.

licet regibus .. auferre temporalia .. a viris ecclesiasticis ipsis ~iter abutentibus (WYCL. *Libellus*) *Ziz.* 254; **s1377** quia a talibus personis pecuniis ~iter possent temporales domini auferre .. preconcessa *Chr. Angl.* 116; **s1382** quod domini temporales possunt .. auferre bona temporalia ab ecclesiasticis ~iter delinquentibus (*Artic. Lollardorum*) WALS. *HA* II 59.

habituare, to habituate.

diabolus ita perfecte ~atus est in superbia .. quod ejus superbia amplius intendi non potest MIDDLETON *Sent.* II 93; **c1412** omnis ~atus in peccato mortali caret .. vero dominio (*Lit. Univ. Ox.*) *Conc.* III 347b; sic et tyrannus .., postquam derelicta regiminis cura moribus Nembroth fuerit ~atus, nomen regis exuit FORTESCUE *NLN* I 7.

habituatio, habituation.

est habituatus ita intense quod amplius illa ~o intendi non potest MIDDLETON *Sent.* II 95.

habitudinalis

1 (phil. & theol.) 'habitual', latent or potential (dist. from actual).

talis .. est relacio noticie declarative actualis Patris qua Pater formaliter intelligit, ad noticiam ~em Patris, ut est memoria DUNS *Ord.* II 318; Christus .. dicit varie illum calicem non esse suum sanguinem, sed Novum Testamentum in suo sanguine, vel ut si doceat suam ecclesiam predicacionem esse talem ~em [*corr. to:* figuralem] et non ydempticam WYCL. *Conf.* 509; **c1412** pretermissa predicacione materiali et formali, oportet catholicum predicaciones ~es concedere in scripturis; ut *Gen.* xliv: 'septem boves septem anni sunt [etc.]' (*Lit. Univ. Ox.*) *Conc.* III 342b.

2 habitual, persistent. **b** (med.) constitutional.

sed secundo modo contingit intelligere terminos hujusmodi, ut simpliciter significant aggregata ex multis habitibus vel habitudinibus positivis et privativis, in quibus oportet obliquitatem fundare, ut posito, quod quis inclinetur ad dandum, ut ideo et habeat affeccionem .. ad dandum histrionibus .., tunc totum hoc aggregatum ex habitu ad tante dandum et talibus .. vocatur ..positivum, et qualitas ~is propter specialitatem sue partis notabilioris WYCL. *Ente Praed.* 169. **b** dicitur ethica ~is egritudo et confirmata quasi habitus firmatus .. ab *ethis* quod est habitudo vel habitus GILB. I 65v. 1.

habitudinaliter

1 (phil. & theol.) potentially, in a latent sense (as dist. from actually).

indelebilitas habitualis est de ratione imaginis, actualis non. Deus autem ab anima est indelebilis ~iter PECKHAM *QA* 199; increata tripliciter potest intelligi vel essencialiter pro divina essencia, vel personaliter pro tercia persona, vel ~iter pro quacumque volicione divina qua Deus vult benefacere creature WYCL. *Dom. Div.* 236; R. DYMMOK 89 (v. doctor 2c); per te .. agnus paschalis fuit realiter Christus passus et serpens eneus fuit realiter Christus crucifixus quia ~iter NETTER *DAF* II 43.

2 habitually, persistently.

quod licet regibus auferre temporalia a viris ecclesiasticis ipsis ~iter abutentibus (WYCL.) *Ziz.* 484.

habitudinarius, (med.) constitutional.

mala complexio .. quando est mansiva, tunc est equalis naturali; et est quasi consuetudinaria et ~ia GAD. 21v. 1.

habitudo [CL]

1 (of person) physical appearance, build, bearing. **b** obesity. **c** strength.

ut crustu interdicto .. carnalis statura comatur, et ~o corporea membratim .. perornetur ALDH. *VirgP* 58; ~ines, *geberu GlC* H 14; erat .. membrorum ~ine commoda peridoneus W. MALM. *GR* II 220; quedam persona puellarum preferens ~inem per fenestram ingreditur *Lib. Eli.* III 92; erat .. vir .. pro corporis captu ~ine bona GIR. *IK* II 14. **b** ~o, corporis pinguedo, quod et corpulentia dicitur OSB. GLOUC. *Deriv.* 275. **c** ~o, fortitudo *GlC* H 21.

2 constitution, nature, state, disposition; **b** (astr.); **c** (med.).

a802 si [septenarius numerus] in duo dividitur membra majoris portionis ~inis suae, id est in tres et quattuor, .. ALCUIN *Ep.* 243; ne causarum ~ine .. jura pertranseant (*Leg. Hen.* 9. 4a) *GAS* 555; inventionibus ut 'differentia' tum differentium ~o dicitur tum que differunt dicuntur BALSH. *AD rec.* 2 42; G. COLD. *Durh.* 8 (v. districte a); [arbores] que .. rotundas [frondes] habent ex simili ~ine provenit (*sic*) *Quaest. Salern.* B 60; *Ps.*-GROS. *Gram.* 34 (v. diversificatio); alioquin, si haberet corpus inclusionem deorsum et anima sursum, jam non esset Christo plena quies vel ~o, et fieret aliquando separatio corporis et spiritus FISHACRE *Quaest.* 44; vel [humores] in melancoliam mutantur vel melancolia eos in suam assumit ~inem GILB. I 55. 1; quando, ubi, et situs quia sunt ~ines rerum naturalium derelicte ex tempore et loco .. ad physicum pertinent KILWARDBY *OS* 343; capitulum primum tractat de equivocacione, de diffinicione et ~ine juris atque justicie WYCL. *Mand. Div. prol.* 202; multe sunt ~ines rotate hodie speculative in materia de sacramento altaris *Id. Sim.* 39. **b** computent proportionaliter ~ines stellarum, respectus, applicationes, separationes, parilitates, et alia R. HOWD. II 298. **c** lepra .. [etc.] totam corrumpunt ~inem GILB. I 1. 1; cacochima est mala corporis ~o extra vasa *SB* 15; *Alph.* 31 (v. cacosis); **1438** nature lex est ut capitis ~o bona .. universitati membrorum solacium prestet BEKYNTON I 60.

3 relationship; **b** (math. & mus.).

quod designet propriam ~inem alterius ad alterum ANSELM (*Mon.* 38) I 56; **1119** cum inter Deum et ecclesiarum potestates ista sit ~o, ut quicquid earum judicio .. fuerit solutum, in celo solutum credatur R. D'ESCURES *Ep.* 250; velocitas et tarditas .. virtutis et organorum ad primum movens ~inem determinant ALF. ANGL. *Cor* 12. 24; **1286** (v. dimensio a); aliquis actus habet primum objectum a quo essencialiter dependet, et habet objectum secundum a quo .. non dependet, sed tendit in illud virtute primi objecti; licet igitur non possit manere ibidem actus idem nisi habeat ~inem ad primum objectum, potest tamen manere idem sine ~ine ad objectum secundum DUNS *Ord.* II 28–9; *Ib.* III 151 (v. extremus 1b); de .. regulis concernentibus ~inem terminorum ad invicem (STRODE) *GLA* IV 49. **b** triplum est commixtio trium sonorum secundum ~inem sex concordantium, sc. unisonus, diapason, etc. GARL. *Mus. Mens.* P 14; regule .. restringuntur in discantu propter ~inem concordantie ipsius discantus *Ib.* P 15; quod .. sint .. due voces concordantes .. et hoc est secundum considerationem ~inis illorum ad invicem *Mens. & Disc.* (*Anon. IV*) 74; sesquialtera et sesquitertia, que duplam faciunt ~inem ODINGTON *Mus.* 44; proportio equalitatis est duorum ad invicem equalium ~o, ut 1 ad 1 HOTHBY *Prop.* 329.

4 possessing.

omnium .. ~o sensuum .. omnibus animalibus presto est ADEL. *QN* 23.

habitus [CL]

1 state (of being), nature, condition.

939 elationis ~u *CS* 734 (v. 1 elatio 3); non unus erit vite et vegetationis ~us ALF. ANGL. *Cor* 12. 5; febris ~us est dispositio relicta in corpore secundum quam habet redire in actum distemperantie; febris ergo ~us continua est interpolata, set febris actus nequaquam GILB. I 7v. 1; HALES *Sent.* III 389 (v. diligentia a); ille ~us qui dicitur scientia est species intelligibilis primi objecti DUNS *Ord.* I 98; quis .. dubitat quin ~us mentis non dependet ab ~u corporali? WYCL. *Apost.* 4. 39; MILEMETE *Nob.* 106 (v. dispositivus 1).

2 bearing, demeanour. **b** gesture, posture. **c** (outward) appearance.

ammonemus presbiteros ut populum Dei bonis exemplis ~u sancto doceant O. CANT. *Const.* 4 p. 71; **1122**

vester ~us circa me EADMER *HN* 351 (v. dissaisitio); **s1191** ~u lugubris et vultu dejectus *Itin. Ric.* II 40. **b s1483** (v. genuflexio). **c** BEDE *HE* V 21 (v. decurtare 2); duo zabuli humano ~u FELIX *Guthl.* 30; †habito WULF. *Swith. prol.* 559 (v. dirimere 1a); calamistrati varia vellera vestibunt, et exterior ~us interiora signabit G. MON. VII 3; aperte innuere videtur Augustinus Deum dici factum hominem secundum ~um J. CORNW. *Eul.* 2; vestis ejus et calceamenta et lectualia ex moderato .. ~u erant AD. SCOT *OP* 533C; KILWARDBY *OS* 344 (v. 6b infra).

3 garment, dress, garb (sts. spec.); **b** (fig.).

BEDE *HE* I 7 (v. caracalla b); ~um, vestum *GlC* H 17; **822** *CS* 370 (v. habere 1f); FRITH. 52 (v. glaucoma 2); ~us, ornatus OSB. GLOUC. *Deriv.* 275; GIR. *GE* I 23 etc. (v. despicabilis a); KILWARDBY *OS* 344 (v. 6b infra); misericors, communis, solo ~u contentus *Eul. Hist.* I 344; **s1387** mutato ~u (v. diffigurare); **1471** habet duos ~us pro equitacione deputatos *Wills Dublin* 25. **b 1375** ~u meroris abjecto THORNE 2151.

4 dress, habit: **a** (eccl.); **b** (mon.); **c** (acad.); **d** (of Templar); **e** (*~us saecularis* or sim.) non-religious dress. *Cf.* 5 *infra*.

a 680 ut sacerdotes veteris et novi testamenti in tonsura et ~u discernerentur ALDH. *Ep.* 4; FELIX *Guthl.* 24 etc. (v. clericalis c); **1400** (v. diaconalis a). **b 786** illo ~u vivant quo orientales monachi degunt .., et non tinctis Indie coloribus aut veste preciosa ALCUIN *Ep.* 3; B. *V. Dunst.* 18 (v. gerere 1c); Anselmus, vita peccator, ~u monachus ANSELM (*Incarn. B. prol.*) II 3; Ælfegus .. ab infantia sua sacre religionis vita et †habita [l. habitu] decoratus EADMER *HN* 5; capite .. tonso monachalem cepit ~um G. MON. VIII 14; J. SAL. *Pol.* 516C (v. circumamicire 2a); **s1170** licet .. archiepiscopus ~um monachalem .. canonicali habitu suppressisset DICETO *YH* I 344; letali vulnere percussus post triduum in ~u monachili mortuus est RIC. HEX. *Stand.* 37; NECKAM *NR* I 61 (v. designativus); **s1257** (v. Bethleemita); **s1288** condixerunt .. quidam armigeri ut in ~u religiosorum .. hastiludium tenerent .. una pars in ~u monachali .. altera in habitu canonicali W. GUISB. 224; **1291** domine Alicie de T., moniali de Clerkenewelle .. pro ~u suo, xx s. *Manners* 107; **s1329** abbatem .. expoliaverunt de ~u suo monachali et .. vestierunt de quodam veste seculari *Ann. Lond.* 243; **1421** in expensis factis circa rasuram fratrum R. .. et W., .. in ij ~ibus emptis pro eisdem *Ac. Obed. Abind.* 90; **1454** fratri H. B. ordinis Minorum .. in panno gresio pro ~u suo faciendo *ExchScot* 628. **c c1407** in ~u sue regencie *StatOx* 39n.; **c1420** jurabis quod habes ~um de proprio gradui tuo competentem *Ib.* 227. **d 1310** deferens ~um ordinis milicie Templi *Conc.* II 381. **e** mutato .. ~u saeculari BEDE *HE* II 1 p. 74; in laico ~u *Ib.* V 13 p. 311; deposito saeculari ~u et sanctimonialem indumento assumpto, abbatissae fungebatur officio ASSER *Alf.* 15; si abjectis monachicis vestimentis in seculari ~u ad monasterium redit LANFR. *Const.* 167; secularem ~um mutavit et .. monachile scema subiit ORD. VIT. III 2 p. 40; **1172** si .. in seculari ~u mortuus fuero *Danelaw* 284; **1259** reddendo .. matri mee dum vixerit in seculari ~u iiij m. argenti annuas *Cart. Osney* I 150; **1447** (v. 1 canonicalis 2b); **a1450** ut nullus ecclesie canonicus .. in ~u seculari per ecclesiam discurrat *Stat. Linc.* II 330.

5 way of life (not always dist. from 4 *supra*): **a** (religious); **b** (w. *suscipere* or sim.) to 'take the habit', adopt religious life; **c** (w. *saecularis* or sim.) non-religious way of life.

sanctae conversationis ~um petentes ALDH. *VirgP* 10; **974** (12c) idiotis clericis ejectis .. sanctioris †serici [v. l. seriei], sc. monachici ~us prefeci pastores *CS* 1301; **1066** obtulerunt filiam suam .. quatinus .. in ~u religionis perenniter servaret *Regesta* 4; resume ~um sponsae Christi ANSELM (*Ep.* 168) IV 46; impediunt .. matrimonium votum, ordo, ~us ROB. FLAMB. *Pen.* 16; monachi .. dixerunt quod libencius ~um suum relinquerent .. quam contra ecclesie libertatem .. factum tam enorme .. attemptarent *G. Durh.* 38; **1354** in ~o (*sic*) regulari ejusdem [sc. Cisterciensis] ordinis .. conversandi *Lit. Cant.* II 326; si vellent sub regula vivere et in ~u regulari militare *Eul. Hist.* III 17. **b** BEDE *HE* IV 25 etc. (v. assumere 1b); **970** (v. 2 decorare a); suscipiens habitum Benedicti WULF. *Swith.* I 189; **s1055** monachicum ~um suscepit ibique .. iij annis mansit FL. WORC. I 214; cum per infirmitatem ~um monachicum sumpsisset ORD. VIT. 3 p. 45; *MonA* VI lv (v. brevis 6a); **1203** Willelmus de B. r. c. de c m. per sic quod Robertus de R. et uxor sua .. possint ~um religionis suscipere *Pipe* 58; **1204** Ricardus, cum esset xij annorum .. suscepit ~um monacalem in domo sua et ibi moram fecit in eodem ~u per xx annos *CurR* III 153; **1205** frater .. obiit in abitu religionis et antequam sumpserat abitum illum dederat ei terram illam *Ib.* 324; **1226** utrum .. invita et repugnans vi susceperit ~um religionis *ExcRFin* I 142; **s1243** quidam in Alemannia .. se asserentes religiosos .. ~um religionis, sed levem, susceperunt M. PAR. *Maj.* IV 278; **12..** (v. 1 canonicalis 2b); **s1303** (v. capere 9c); die quo ~um religionis assumpsit *Reg. Brev.* 224b. **c 716** vidit .. hominem .. cui jam in saeculari ~u degens vulnus inflixit BONIF. *Ep.* 10 p. 10; **a717** (11c) omnibus qui in ~u laico constituti sunt *CS* 91 (cf. ib. p. 130: ut nullus ~us ex numero laicorum ad se pertrahat .. ullum monasterium).

6 (act of) having, possessing. **b** (phil., ἕξις, incl. Aristotelian category).

948 (12c) nullo modo in rerum forinsecarum ~u reperiam quod ei competenter offerre prevaleam *CS* 860; RIC. ARMAGH *Def. Cur.* 1405 (recte 1305) (v. ditatio a). **b** privatio et ~us habent fieri in eodem et circa idem tempore determinato W. CANT. *Mir. Thom.* II 69; predicamentum '~us' non potest cognosci sine predicamento 'ubi' (BACON *Maj.*) *GLA* III 129; ethicus .. in anima tria fieri opinatur: potentiam, passionem, ~um ALF. ANGL. *Cor* 16. 10 (cf. Aristotle *Eth. Nic.* II 4: τὰ ἐν τῇ ψυχῇ γινομένα τριά ἐστί, πάθη, δυνάμεις ἕξεις); ~us .. medium est inter potentiam et actum, quo potentia in actum .. exeat *Ps.*-GROS. *Summa* 299; substantia, quantitas, qualitas, actio, passio, relatio, quando, ubi, situs, ~us; .. ~us quia partim naturalis est et partim artificialis, partim ad physicum spectat, ut cutis, pilus et hujusmodi, que sunt naturales habitus, partim ad mechanicum, qui est operativus et non speculativus, ut tunica, galea et hujusmodi habitus artisfacti KILWARDBY *OS* 344; SICCAV. *PN* 109 (v. dispositio 3a); ~us est et ~us et est forma, in quantum ~us, habet distinccionem ab objecto, sed in quantum forma, potest distingui a principio activo DUNS *Ord.* I 49; ~um .. oportet privacionem suam natura precedere WYCL. *Ver.* III 62; Aristotiles et Averois .. ponunt nigredinem privacionem esse claritatis, et albedinem ~um sive formam UPTON 101 (cf. ib. 103: omnis privatio presupponit ~um).

7 (?) *f. l.*

s857 ita tamen ut si terra illa pecoribus †habitum daret CIREN. I 330 (= ASSER *Alf.* 16, FL. WORC. I 78: ita tamen si illa terra hominibus et pecoribus habitaretur; M. PAR. *Maj.* I 386: ut si terra illa pecoribus abundaret).

habrotonum [CL], southernwood (*Artemisia abrotanum*).

abrotonum, *superne wude* ÆLF. *Gl.* 133; ibi crescit .. malva .. aprotamum [*gl.: suđerne wudu*] ÆLF. BATA 6 p. 99; **10..** abrotomum, *sæđrenewuda WW*; **11..** abrotanum, *superwude WW*; abrotanum prebet nervis lumbisque juvamen NECKAM *DS* VII 31; hoc abrotanum, *averoyne Gl. AN Ox.* f. 152rb; de .. abrotano GAD. 6v. 2 (v. apsinthium a); abrotanum, linerinum, G. *averoyne*, A. *southerneuuode Alph.* 1; *sotherwode*, .. abrotanum *PP*; **14..** abrotanum .., A. *wodesoure WW*; abrotinum, *sothernewood* STANBR. *Vulg.* 11.

habulum [OF *hable*], haven.

1483 circa elargacionem, mundacionem, escuracionem, et emendacionem portus ville Sandewici et ~i ibidem *Pat* 554 m. 25.

habund- v. abund-.

hac [CL]

1 by this route. **b** here, in this place. **c** hither.

interrogativa loci sunt iiij, ut 'ubi, unde, qua, quo' .. hinc et sunt iiij responsiva loci, ut 'hic, hinc, hac, huc' *Ps.*-GROS. *Gram.* 59. **b** A. TEWK. *Add. Thom.* 8 (v. conclave 1c). **c 14..** hac, A. *hydur* vel *hydurward WW*.

2 (*hac .. illac*): **a** this way and that; **b** on this side and that.

a BYRHT. *V. Ecgwini* 375 (v. emittere 1b); contorquet .. caput hac et illac AILR. *Ed. Conf.* 764A; R. COLD. *Cuthb.* 45 (v. diffluere 1a); visa est mei hostia hac et illac in calice quasi in motu continuo et citissimo circumagere se et circumferre H. BOS. *Thom.* III 13 p. 215. **b** festina .. et .. propina mihi et fratribus meis .. hac et illac et in circuitu, in oriente et occidente et austro et aquilone hujus domus ÆLF. BATA 4. 11; cernentes .. equites hac, illac pergere W. POIT. I 59; intextura .. que hac et illac illarum imagines disseparando dirimit R. COLD. *Cuthb.* 42.

hacca, haccha, hacha, hachea v. hachia, hachus.

hachetta, ~um [OF *hachet*], hatchet or hatchet-head.

1205 in sella et hachett' nostris aquietandis *Cl* 38a; **a1212** vulneravit eum cum .. hacheta *JustIt* 1053 m. 4; **1218** eum vulneravit in capite de quodam ~o *Eyre Yorks* 196; cum quadam hacheta *Ib.* 227; **1242** robavit de eo quandam hachetam *AssizeR Durh* 14; **s1284** percussit .. Simonem .. cum una ~a *Danesche*, .. unde hasta fuit de fraxino et ~a de ferro et assero *Ann. Dunstable* 309; **1324** in una ~a empta pro palic' emendand' *MinAc* 1148/6 r. 1d.; **1339** (v. deponere 7c); **1375** pro *helvyng* .. x ~orum de stauro antiquo ad modum *pycoys* (*AcWardr*) *EHR* XXVI 693.

1 hachia [OF *hache* < ascia], **~ium,** axe or axe-head; **b** (dist. by country of origin). **c** (w. *pica* or sim.) pick-axe. **d** pole-axe.

1194 percussit cum quodam ~io patrem suum *CurR RC* I 58; **1195** j hacham et j ensem et j cultellum *CurR PR* 23; **1201** ei abstulit j ~iam et j gladium *SelPlCrown* 6; **1205** quod .. faciatis fieri sexies xx ~as ad loggiandum, et eas faciatis mantiari *Cl* 30a; **1209** r. c. de .. viij *fausarz*, vj †hathis [l. hachis], ij targis, xj balistis, .. *Pipe Wint.* 71; **1230** si maneat in foresta nostra et habeat catalla ad valorem xx s., habeat ~iam vel lanceam *Cl* 398; **1271** ~ia que vocatur *sparht*, unde manubrium fuit de corulo et ~ia de ferro et acera *SelCCoron* 18; **1276** achiam (v. cornu 4b); **1276** percussit .. Radulfum .. cum una hacia *Hund.* I 60b; **1282** (v. 1 copator); **1287** iiij ~ias precii vj s. de carpentariis suis maheremium suum operantibus .. ceperunt *PlRChester* 3 r. 3 (cf. ib.: secures .. capte fuerunt de carpentariis); **1289** cum hacca et .. cum baculo *IMisc* 29/49; **1340** Simonem .. vulneravit cum una †ata in .. humero *CBaron* 97; **1368** cum .. iiij hakkis, ij pikkis, et xix weggis *Ac. Durh.* 571; **1409** pro fabricacione j hake et j *hamour* pro petra minere .. frangenda (*Aud. Durh.*) *EHR* XIV 522. **b 1200** haccham (v. Dacensis); **1200** etc. (v. Daneschus); **1256** ~ia †dauath [? l. danach'] percussit ipsum *AssizeR Northumb* 117; **1263** insultavit .. Robertum et quadam ~ia Irechia fecit ei .. plagam in capite *CurR* 172 m. 12d. (cf. *Cal. Scot.* I p. 460); **1269** fecit ei .. plagam .. quadam ~ia Irisca de acuto *JustIt* 569A m. 25d.; **1270** Warinus tulit unam ach' Scotencem in manu sua .. et .. insultavit predictum Walterum .. cum Well' ach' *RCoron* 1 m. 1; **1274, 1290** hacka (v. Daneschus). **c 1220** percussit dominum suum .. cum una ~ia ad pikum *CurR* VIII 381; **1226** percussit .. fratrem .. quadam ~ia ad picum in capite *BNB* III 550; **1243** Simon Bilhok' .. Agnetem insultavit et fecit ei .. plagam in capite .. quadam ~ia ad pykum *JustIt* 756 r. 17d.; **1250** eum vulneravit .. cum .. ~ia ad picam *CurR* 143 m. 5; **1255** occidit unum damum .. cum quadam hacha, *a pik SelPlForest* 11; **1266** Gilbertus cum quadam ~ia cum pik' ipsum .. percussit *IMisc* 13/23; **1285** cum quadam ~ia ad pycam *Ib.* 44/39; **c1300** quandam haccam de †poco arripuit *Ib.* 67/20. **d 1279** eundem .. hachea *polhachet* in capite percussit *Hund. Highworth* 129; **1283** cistam fregerunt cum .. ~ia que vocatur *bolehax CoramR* 76 r. 7; **1312** cum quadam ~ia que vocatur *polhax Ib.* 210 m. 95; **1314** portam fregerunt cum iij ~iis que vocantur *boleax* ..; ~ie facte fuerunt de ferro et acerro, de longitudine x pollicium et de latitudine viij pollicium et manulum cujuslibet ~ie fuit de fraxino de longitudine trium quarteriorum unius ulni et de grossitudine in circuito (*sic*) x pollicium *Eyre Kent* 113.

2 hachia v. hachus.

hachiamentum [OF *hachement*], hatchment (her.).

1352 j plat' deaurat' et emell' de societate garter' cum hachiament', fact' pro uno heraldo de armis (*Reg. Black Pr.*) *TRBk* 278 f. 45.

hachiatus [OF *hachié* = *chiseled, chased*], inlaid or *appliqué* with strips of (other) material.

1342 ad facturam .. xij capuciorum de panno scarletti cum una bordura de panno albo operat' cum rotul' et hachiat' de serico in latere cum literis in rotulo scriptis *it is as it is KRAc* 389/14 m. 2; **1343** ad facturam j lecti de albo samitello .. cum foliis et floribus columbin' .. hachiat' de serico *Ib.* 390/2 m. 4.

hachium v. 1 hachia.

hachus, ~ia, ~um [ME *hacche* < AS *hæc*], **a** (naut., planks for) deck. **b** hay-rack or sim., in sheepfold.

a 1234 pro hechis (v. batillare 1); **1294** pro bord' .. ad ~os faciendos *KRAc* 5/2 m. 2; **1296** in stipendiis iij garcionum .. laborancium circa hechias faciendas. .. in clavis ferreis ad hecchias *Ac. Galley Newcastle* 172; **c1300** in ccxxv bordis ad .. batellum emptis .. et pro hurdicio et hacchis faciendis *KRAc* 501/23 m. 2. **b 1282** in xxxij hacchis ad faldam emptis *Ac. Man. Wint.* (*Overton*).

hacia v. hachia, hercia. **hacka** v. hachia. **hacken-** v. haken-.

hackiare [ME *hakken*], to break up (ground).

1347 in hackyanda et hercianda terra ordiac', v d. *MS BL Add. Ch.* 62472 (*Greenham, Som*).

hactenus [CL]

1 to this point (in space, fig.).

hactenus in sanctum sulcando movimus aequor, / littoris ad finem nostra carina venit ALCUIN *Carm.* 70. 6. 1.

2 to this (or that) point (in time), hitherto. **b** still, to this day. **c** up to now (or then) (w. implication of change of circumstances). **d** so far, at this point (to indicate change of subject).

in Webrige ~us tenuit ipsa abbatia ij hidas *DB* I 32va; **s1095** (v. dica 1a); Dalimannus .. multis ~us tropheis elatus certaminibus cruentis inhiavit ORD. VIT. X 24 p. 145; **1191** actenus (v. denarius 5c); **1255** Willelmus .. statim post mortem illam recessit, nec actenus rediit *SelPlForest* 19; **1339** qui .. homines illos eligere .. ~us neglexerunt *RScot* 566a; **14..** ~us, A. *hydur to* vel *in to thys tyme*; .. actenus .., A. *tyl now WW*. **b** civitates desertae dirutaeque ~us squalent GILDAS *EB* 26; manet in tempis [v. l. templis] paradisi hactenus heros ALDH. *VirgV* 272; murum ~us famosum atque conspicuum .. construebant BEDE *HE* I 12 p. 27; quae ~us in eodem monasterio servata .. a multis jam sunt .. transscripta *Ib.* IV 18 p. 241; ut manifestum fiat quod per vias magnificas possint .. scivi naturalia, et non per vias vulgatas que actenus sunt in usu BACON II 13; **1331** super clamium .. quod actenus remansit in discussum *PQW* 74a; dedicato cenobio quod actenus .. Westmonasterium .. dicitur CIREN. I 93. **c** hactenus incerto mea stamine vita pependit, / .. exhinc certa sequar ALCUIN *SS Ebor* 173; actenus in gente Anglorum .. non habebantur monachi nisi Glastonia ÆLF. *Æthelwold* 14; video nunc aperte quod ~us non animadverti ANSELM (*Ver.* 9) I 189; nos .. ~us inter gentiles educati sumus ORD. VIT. XIII 6 p. 13; ut precepta monastice conversationis austeriora quam ~us tenuerant audirent *Ib.* 13 p. 29; angulus .. terrarum .. nullius .. ~us stilo absolute comprehensus GIR. *TH intr.* p. 6; **1247** (v.

depauperatio 1a); si me actenus latuere, dabo operam .. donec ea me nosse contingat *Arthur & Gorlagon* 1; s**1300** (v. deafforestatio); c**1362** pons .. non potest situari ubi actinus fieri consuevit propter inundanciam aque *Pub. Works* II 316; **1415** licet de consuetudine actenus usitata .. *candelmakers* .. qui in .. fenestris suis vendebant candelas .. sustinuerint .. paginam .. modo .. *Mem. York* I 155. **d** ~us cum regibus patriae non minus prophetarum oraculis quam nostris sermonibus disceptavimus GILDAS *EB* 64; ~us .. formosae virginitatis speciem .. quasi fucorum floribus depinxi ALDH. *VirgP* 60; actenus rugositate relicta de filiis Aðulfi incipiam loqui ÆTHELW. IV 2; a**1073** de his ~us LANFR. *Ep.* 1; ADEL. *ED* 21 (v. deinceps a); ~us .. dictorum nichil vel a prioribus dictum vel ex eorum dictis compertum induximus preter paucissima .. non inutilia BALSH. *AD rec. 2* 124.

hactum v. agere 2c. **hacus** v. 2 haka.

hadarunga [AS *hādārung*], respect of persons.

judicia debent esse sine omni haderunga [AS: *hadarunge*] cur [v. l. quod] non parcatur alicui diviti vel egeno, amico vel inimico jus publicum recitari (*Quad.*) *GAS* 474.

haddelonda v. hevedlonda.

haddera [ME *hader, hather*], heather.

~am myricamve .. habent: a vulgari Latinum, quia necesse est, fingo, quia hanc herbam apud Italiam .. non invenies MAJOR I 6.

haddocus [cf. ME *haddok*, OF *hadot*], haddock.

1239 quod reddat ei viij^m haddoccorum *CurR* 120 m. 8*d.*; **1243** de annuo redditu unius millenarii haddockorum *CurR* XVII 1275; **1250** quod provideant quod habeant apud Westm' .. v^m merlingorum, c et l ~os *Cl* 392; **1256** potest constabularius castri capere .. c hadocos .. pro vj d. *AssizeR Northumb* 83; **1257** de .. haddoccis, congris et alio genere piscis marini *Cl* 153; **1266** de ix^xxiiij mulvell' et xx addok' receptis de R. lardinario *MinAc* 1087/6 r. 1 (*Yorks*); **1285** cum .. de quolibet batello portante friscos hakos .. venales .. viij haky, et de quolibet batello portante ~os friscos venales ibidem viij ~i .. ad opus regis capi debeant (*Prisa piscium, Bristol*) *SelCKB* I 133 (cf. *CalPat 1281–92* p. 201); **1303** Jacobus de H. adduxit xij^m de haddokis *EEC* 362; W. adduxit haddoukos ad val. vj li. vj s. et viij d. *Ib.* 365; haddukos ad val. xij li. *Ib.* 366; c**1350** in .. haddockis (v. codlingus); **13..** piscator .. vendit .. hadoccos (*Nominale*) *Neues Archiv* IV 340; **13..** navis que ducit .. salmonem et *haddok* [dabit] j salmonem et xiij ~os *MGL* I 376.

hadellus, haderellus [cf. haedus], kid (? older than *capreolus*).

1341 capri: item respondet de xlv capris receptis per indenturam et de xx receptis de adjunccione ~ellorum [*altered from* haderell'] anni precedentis rem' haderell; item de xxiiij hadell' [*altered from* xx haderell'] receptis per indenturam .. de quibus computat in adjunccione supra cum bordinar' iiij [et cum hadrell' viij *deleted*] et cum capris xx *MinAc* 1120/11 r. 6*d.* (*Brill*); de .. ~erellis et .. ~elis **1343** *Ib.* r. 4 (4) *d.* (v. caper).

haderunga v. hadarunga. **hadgabulum** v. hagabulum. **hadoccus, hadocus** v. haddocus.

hadrianum, sort of drug.

de tinnitu aurium: .. detur .. esdria aut adrianum GILB. III 147v. 2; licinium intinctum in .. tyriaca vel esdra vel adrion intromittatur *Ib.* V 230. 2.

hadriatica, (?) comfrey (*Symphytum*) or (? by app. conf. w. *galla*) gall-apple.

adriatica vel malum terrae, *galluc* ÆLF. *Gl.* 133; adriatica, *gallus Gl. Durh.*; **10..** adriaca, *galluc WW*.

hadundare v. abundare.

haecceitas, 'thisness' (*cf.* DUNS *Ord.* VII 392, 404).

non potest intelligi ~as ut universale .. cum ipsa ~as de se sit 'hec' (DUNS) *GLA* III 219 *n.* 144; ~as est numero hec essencialiter *Ib.*

haedillus [CL], little kid.

hic hedus dicitur ab edendo, eo quod tener sit ..; et inde hic ~us OSB. GLOUC. *Deriv.* 183.

haedinus [CL], of a kid.

D. BEC. 1989 (v. haedire b); potest .. uti carnibus edinis J. MIRFIELD *Brev.* 82.

haedire [cf. haedus], to behave like a goat (fig.), to be lustful. **b** (trans.) to cause to behave lustfully.

putridus hedire veterano crimine nolis; / crimina sepe solent veterana novare pudores D. BEC. 535. **b** scribo viris quibus est ignita voluntas, / cum Venus incendit, Veneris celebrare furorem, / non ex hedinis, quibus est hedina voluntas, / cum furor ille venit, pueros hedire Gomorre *Ib.* 1990.

haedulinus, [cf. haedulus], of a kid.

carnes .. edulinas, vitulinas, capreolinas GILB. I 49. 1; annuales agni et eduline carnes lactantes *Ib.* II 104v. 2; caro ~a et porcina GAD. 23. 2; **13..** maccerarius habeat .. carnes .. edulinas (*Nominale*) *Neues Archiv* IV 340; **1444** corio caprino et ~o *Pat* 458 m. 6.

haedulus [CL], little kid. **b** kid-skin.

carnes minorum avium .. eduli, annuales agni GILB. I 36. 1; valent .. cuniculi et eduli et agni et porcelli GAD. 10v. 1; hic ~us, *a kyd lomb WW*. **b** **1319** sarcina edulorum .. sarcina sepiarum .. sarcina de coreis bovum .. tracta de coreis cervorum *Reg. Gasc. A* I 94.

haedus [CL], **~a,** young goat, kid; **b** (w. ref. to *Matth.* xxv 33); **c** (astr.).

ALDH. *PR* 131 (v. bebare); **9..** edum, *ticcum WW*; OSB. GLOUC. *Deriv.* 183 (v. haedillus); ~us sapore commendabilis est et caro .. sanissima NECKAM *NR* II 161; Hyram opilio Jude ab ipso missus defert ~um Thamar AD. DORE *Pictor* 154; WALT. ANGL. *Fab.* 29 (v. caprizare 1); **1250** venire faciat .. ad opus regis .. ccc aucas et edos aliquot *Cl* 328; hic edus .., *cheveril Gl. AN Ox.* 152ra; **12..** de .. gallina ij ova, .. de agno ob., de edo quadrans *Conc. Scot.* II 44; **1345** in vj edis et vj caponibus missis .. gardiano de Berewyk *Pri. Cold.* app. cvii; c**1359** de quolibet dacro coreorum bovium .. ob.; .. de quolibet dacro ~arum, quad. *Doc. Bev.* 2; edus, *bokerel* (*Nominale*) *Medium Ævum* III 16; Jacob .. qui .. pellibus edorum nuda protexit WYCL. *Ver.* II 32; **1380** per empcionem de ij^c xxviij agnorum, edorum varii precii *ExchScot* 41; edus, A. *a kyde, kyd lomb WW*. **b** ne .. tuarum aliqua pars ovium inter ~os sinistram Judicis secerni .. mereatur BEDE *Egb.* 14; dum discernentur agni ab ~is ALCUIN *Ep.* 243; *NLA* I 370 (v. 1 agnus 1b). **c** sub Cane aut sub Anticane vel sub Edis [*erron. gl.*: *mesuns*] cadentibus NECKAM *Ut.* 113; errantes hederas, cytisos .. / frondes deesse gemit Hedus uterque sibi *Id. DS* I 370.

haema [LL < αἷμα], blood.

Grece enim emath sanguis dicitur [ME: *for blood hatte* emathe *in gru*] BART. ANGL. XVIII 9; petras .. dissolvit emach .. caprinum [*gl.*: Grecum nomen est: sanguis caprinus] GARL. *Mor. Scol.* 598; **13..** emac, i. sanguis *Herb. Harl. 3388* f. 79; ab emath *Alph.* 55 (v. haematites).

haemagogus [LL < αἱμαγωγός], (as sb. n.) medicine for drawing off blood.

purgetur cum emagogo et flegmagogo GILB. I 42. 2; emagogum dicitur medicina purgans sanguinem *SB* 19; enagogum quasi ducens sanguinem *Alph.* 55.

haematites [CL < αἱματίτης], haematite, magnetic ore.

virus hēmātites serpentis non sinit esse / letiferum NECKAM *DS* VI 293 p. 470; emachites lapis est rufus BART. ANGL. XVI 40; corrosiva .. sunt .. emathites, spica [etc.] GILB. III 134. 2 (cf. ib. IV 197. 1: ematithis); loco karabe potest poni ematites vel corallus GAD. 23v. 1; lapis sanguinarius vel ematites fricetur cum cote in vino albo donec vinum rubeat *Ib.* 108. 2; emathites lapis est quod .. habet virtutem stringendi fluxum sanguinis, et dicitur ab emath, quod est sanguis *Alph.* 55; †emachites *Ib.* 90 (v. calaminaris).

haematosis [αἱμάτωσις], sanguification, changing (food) into blood.

ab 'emach' et 'dosis' dicitur emodosis, i. secunda digestio *Alph.* 56.

haemoptyicus [LL < αἱμοπτυικός], (of disease) accompanied by spitting of blood; **b** (as sb. m., *sc. morbus*). **c** (as sb. m.) one who spits blood.

de emoptoyca passione: emoptoys est ejectio sanguinis per os GILB. IV 194v. 1; de .. empimate, i. sputo saniei et emoptoica passione GAD. 52. 1; ptois, i. sputum, inde .. emoptoicus, emoptoica [v. l. emoptoyca] passio *Alph.* 150. **b** tisis, emathoicus, nefresis, cacexia *Gloss. Poems* 104; emoptoycos Latine dicitur rejectatio *Leechdoms* III 138. **c** [menta] hemoptoicis sumpta juvamen erit NECKAM *DS* VII 236 p. 478; pillule cynaglosse .. valent ad rematisma dentium et emoptoicis GILB. III 151v. 2; emoptoicus *Sculp. Lap.* 453 (v. guttare 2b); emoptoici, i. vomentes sanguinem *SB* 19.

haemoptysis [αἷμα + πτύσις], spitting of blood.

emoptois, *blotspiung* ÆLF. *Sup.* 113; accidentia [peripleumonie] .. sunt emoptoycis, empima, ptisis GILB. IV 189v. 1; emoptoys *Ib.* 194v. 1 (v. haemoptyicus a); emoptois est emissio sanguinis per os *SB* 19; ptois, i. sputum, inde emoptoys, i. sanguineum sputum *Alph.* 150.

haemorrhagia [CL < αἱμορραγία], haemorrhage, bleeding.

si .. emorosagia secuta fuerit nimia .. vulnus impleatur panno albumine ovi infuso GILB. III 175. 2; si .. deviaret materia ad .. gulam et squinantiam induceret vel emorosogiam, .. *Ib.* IV 176v. 2; emorosagia est fluxus sanguinis *SB* 19; emorosogya ab 'emach' quod est sanguis *Alph.* 56.

haemorrhagius [αἱμορραγικός], sufferer from haematuria.

haemorrhogius [MS: emorrogius], qui sanguinem mingit pro urina OSB. GLOUC. *Deriv.* 194.

haemorrhoicus [LL < αἱμορροικός], sufferer from haemorrhoids.

the emeraudes, emoroide, emorois; emeroissus qui patitur talem infirmitatem *CathA*.

haemorrhoidalis, haemorrhoidal, involving discharge of blood.

[sanguis melancolicus] semel in mense vel ventris fluxu seu emorroidali plurimum purgatur KYMER 3.

haemorrhois [CL < αἱμορροΐς], **~oida**

1 (usu. pl.) vein(s) likely to discharge blood, haemorrhoids, piles. **b** (? by conf. w. *haemoptysis*) spitting blood; **c** (*apium haemorrhoidarum*) pilewort.

nates suas et partes fundamento contiguas intumuit et .. emorroidarum molestia cum constipatione tenebatur W. CANT. *Mir. Thom.* II 20; quid quod hemorrhoidas sanat, compescit aquarum / fervorem, fertur regius esse lapis? NECKAM *DS* VI 195 p. 468; [kilis] superius circa frontem ramos habet varices .. et emorrhoidas narium .. et emorrhoidas aurium .. et communes emorrhoidas que sunt in naribus et in ano; et omnes hec [? l. he] ab kili derivantur RIC. MED. *Anat.* 227; sanguis .. ad exeundum alias vias querit, ut venas narium et emoroidarum BART. ANGL. IV 8; fluxum ~idarum ECCLESTON *Adv. Min.* 17; niger et grossus circulus emorroydas significant (*sic*) et in emorroydibus dolor est in fronte GILB. II 92v. 2; ad fugandum emoroydas BACON V 104; de emorroydibus sciendum est quod emorroys est nomen membri et nomen passionis illius membri, sc. venarum ramificatarum de vena que descendit per spinam dorsi usque ad circulum ani GAD. 59v. 2; emoroide *SB* 19 (v. 1 ficus 4a); emoroyda ab 'emach' quod est sanguis, et 'roys' quod est fluxus *Alph.* 55. **b** ~ides [MS: emoroides], sanguinem evomentes OSB. GLOUC. *Deriv.* 200. **c** accipe .. rutam, abrotanum, apium domesticum et emor' GILB. IV 203v. 1; apium emeroidarum *SB* 11; apium emeroidarum, i. pes corvi [*gl.* (15c): *rammysfete*] *Herb. Harl. 3388* f. 75v.; apium emoroidarum *Alph.* 11.

2 snake said to cause severe or fatal bleeding by its bite.

sunt quoque plurimi .. serpentini generis angues ut dipsades, reguli, ~oides *Lib. Monstr.* III 24 (cf. Isid. *Etym.* XII 4. 15); ejus quem ledit hemorrhois, improba pestis, / effuso penitus sanguine vita fugit NECKAM *DS* IX 297 p. 493; emorois est aspis sic dictus eo quod illius sugit sanguinem quem percutit BART. ANGL. XVIII 9; istud virus comparatur aspidi que dicitur ~ois, sic dicta quia illius sanguinem sitit cujus bonitatem extinguere intendit MALACHY *Ven.* 7.

haemorrhousa [LL < αἱμορροοῦσα], (woman) w. haemorrhage. (*Cf. Matth.* ix 20 *etc.*).

emorousa mulier praeripit sanitatem BEDE *Luke* 441; mulier emoreusa *GlP* 284 *n.*; Dominus .. cum emoroisam sanavit R. NIGER *Mil.* II 73; emoreissa mulier patiens fluxum sanguinis BACON *CSPhil.* 442; ecclesia .. de gentibus prevenit Judeos in fide; .. hec est hemoroissa que prevenit .. S. LANGTON *Ruth* 117.

haer- v. et. her-. **haerect-** v. haerettus.

haerere [CL]

1 to adhere, cling (to, also fig.). **b** to stay close (to). **c** (absol.) to hold fast.

in tantum .. infirmitate decocta est ut vix ossibus ~eret BEDE *HE* IV 9 p. 223; ales / .. saltu volat et ramo citus arboris haeret ALCUIN *Carm.* 49. 23; carinam / .. adscendit securo calle pedester: / non in veste liquor, non soccis haeserat humor *Id. SS Ebor* 1377; *V. Merl.* 837 (v. echenais); oh quis honos herere Deo L. DURH. *Dial.* IV 349; *Quaest. Salern.* Ba 24 (v. exilis 1a). **b** duces quibus haerent agmina saeva ALDH. *VirgV* 2471; SERLO WILT. II 39 (v. 2 era 3); sic .. solent urine copia pregravati proximo .. ~ere parieti cum se velint onere illo relevare *Mir. Hen. VI* II 50. **c** evertit hyems equora, / set mea novit anchora / tenacius herere P. BLOIS *Carm.* 6. 6.

2 (w. ref. to worldly pursuits) to hanker (after), cling (to), be stuck (on).

ut deliciis non ~eamus solo, puncti vero sepius avolemus polo PULL. *CM* 200; herebat mundo corpore, non animo W. CHESTER *Vers. Anselm.* 2. 68; tales, licet quodam amore caducis ~eant, quia Deum plus amant, salvi erunt *Ib.* 215;

3 to persist, linger (esp. w. ref. to memory).

praepositos .. solo nomen Romanae servitutis ~ere facturos GILDAS *EB* 7; *Ib.* 26 (v. excidium a); **1452** impensa mihi beneficia .. fixe cordi ~ent BEKYNTON I 273.

4 to be unable to move, stop dead (from fear or wonder). **b** (of voice) to stick (in the throat). **c** (? infl. by *haesitare*) to be in doubt.

herent immoti FRITH. 41 (v. 2 catus); expavit, trepidansque lugubriter haesit WULF. *Swith.* II 593; *Lib. Eli.* II 147 (v. 1 ecstasis c); tu es ille aries inter vepres ~ens cornibus *Medit. Farne* 7; vepribus herentem .. bidentem AMUND. I 231 (v. holocaustum c). **b** subito vox faucibus

haesit ALCUIN *Carm.* 9. 109; 'sed mihi cepta refer.' / non possum. 'quid ita?' quia vox mihi faucibus heret L. DURH. *Dial.* II 423. **c** hereo quid dicam, quid enim si dixero penam? L. DURH. *Dial.* IV 201; OSB. GLOUC. *Deriv.* 269 (v. haereticus 2a); posse nihil sciri laudatur Zeno probasse, / herens in cunctis et dubitare jubens J. SAL. *Enth. Phil.* 738; herere potes dubius / cui trium cedas potius P. BLOIS *Carm.* 27. 5. 25.

haerescere [CL], to stick or cleave (to). **b** (w. ref. to memory) to remain, persist.

virgunculae .. Victoriae exemplis .. ~unt ALDH. *VirgP* 52; non .. / mellea tunc roseis haerescunt labra labellis, / dulcia sed Christi lentescunt labra labellis *Id. VirgV* 1159. **b** erat .. tam .. capax memoriae ut quicquid lectitando .. rimaretur .. intra .. animi conclave radicatum ~eret *Id. VirgP* 35.

haeresiarcha, ~es [LL < αἱρεσιάρχης], heresiarch, arch-heretic.

~is .. superiores exstiterunt ALCUIN *Gram.* 854A; **799** ad .. ~am, Albini magistro antifrasio Beato direxi relegenda *Ep. Alcuin.* 183; Berengarius Turonensis ~a, qui panem et vinum .. corpus Domini .. esse denegabat W. MALM. *GR* III 284; ORD. VIT. IV 6 (v. error 3b); **c1168** ~a Cremensis [*Guy of Crema*] J. SAL. *Ep.* 244 (272 p. 560); **s1178** alii ~e transfigurabant se in angelos lucis et .. multorum animas .. decipiebant *G. Hen. II* I 200; **1179** ordinationes ab Octaviano, Guidone, ~is .. factas .. irritas esse censemus (*Conc. Lateran.*) GERV. CANT. *Chr.* 281; **1223** habet perfidie sue preambulum ~am quem heretici Albigenses papam suam appellant (*Lit. Episc. Portuensis*) WEND. II 272; Basilides ~es .. a quo Basilidiani sunt appellati *Flor. Hist.* I 137; **s1334** [papa Johannes XXII] ne ~es amplius diceretur, bullam suam .. fecit exhiberi *Meaux* II 324; primo .. horum ~a Lucifero .. dejecto BRADW. *CD pref.* B1v.; **s1380** hujusmodi errores excerpti sunt de heresibus .. Johannis Wykliff ~e damnati FORDUN *Cont.* XV 20; **s1382** ~a, dominus J. Purvey, capellanus simplex KNIGHTON *Cont.* II 178; **1433** comparuit quidam herisiarcha qui multas conclusiones erroneas .. tenuit *Reg. Cant.* III 247; **1540** ut hereticum ac etiam ~am .. suspectum .. esse *Form. S. Andr.* II 225; **1558** detrusit ad carceres .. apostatam nomine Macbraire ~am *Offic. S. Andr.* 167.

haeresis [CL < αἵρεσις]

1 choice. **b** doubt.

~is Grece, electio Latine M. PAR. *Maj.* V 401 (cf. eligere 1g). **b** *CathA* (v. haesitacula).

2 philosophical sect.

in suam heresim J. SAL. *Pol.* 647D (v. discipulus 2a).

3 heresy; **b** (dist. by originator or type).

Nicolaum miserum propter immundae ~eos notam GILDAS *EB* 1; si quis a catholica aecclesia ad ~im transierit THEOD. *Pen.* I 5; letiferi primum verbi contentio praeceps; / inde heresis glescit necnon jactantia crescit ALDH. *VirgV* 2698; lues ~eos cujusque BEDE *HE* I 8 p. 22; quisquis Ylario alicujus ~eos notam imponit multos orthodoxos patres .. ejusdem erroris macula involvit LANFR. *Ep.* 50 (46); [Augustinus] Fausti convictor, hĕrĕsum quoque malleus, orbem / scriptis ditavit NECKAM *DS* V 397; **1236** Ernisii de P. convicti super ~i *Cl* 293; sed fraudes hĕrĕsum quis tolerare potest? GARL. *Tri. Eccl.* 68; et sic hĕrĕseos crevit inepta seges *Ib.* 70; BACON *Tert.* 121 (v. blasphemia); **1289** quod exercitus, cavalgata, et incursus ~um ad .. regem .. pertineant *RGasc* II 464; **s1307** Templarii in regno Francie capti propter ~im .. et .. combusti *Ann. Lond.* 152; innumerabiles nobis sunt Grecorum ~ium tam species quam auctores R. BURY *Phil.* 10. 165; **a1350** (v. catholicus 2c); CONWAY *Def. Mend.* 1325 (v. divinus 6b); **1401, 1457** (v. abjurare 6a); **1420** (v. dogmatizare 1a); **s1424** pro extirpatione ~ium et schismatum FORDUN *Cont.* XVI 2; **1431** (v. dogma); **1431** hominibus de ~i et lollardia suspectis *Lit. Cant.* III 157; **1433** extirpentur genimina ~um *FormOx* 447; *G. Hen. V* 1 (v. error 3b). **b** ~is Pelagiana .. fidem Brittaniarum feda peste commaculaverat BEDE *HE* I 17 p. 33; ~is Origenis *Id. Gen.* 109 (v. dogmatizare 1a); **744** quasi nos .. in simoniacam ~im incidamus .. conpellentes quorum pallia tribuimus ut nobis praemia largiantur (*Lit. Papae*) *Ep. Bonif.* 58; **793** Cirillus in epistola .. contra Nestorianam ~em .. ALCUIN *Ep.* 23; ~is Sabellii ANSELM (*Ep. Inc.* 7) I 287; ~is Nicolaitarum de damnandis nuptiis R. NIGER *Chr. I* 24; pullulat ~is Valentiniana que dicit Christum per Mariam quasi per fistulam transisse, .. et Marcionista ~is, et Apelliana dicitur, que dicit unum Dominum justum, alterum bonum, et Basilidiana que passum Christum negat *Id. Chr. II* 117; *Ib.* 129 (v. 1 Donatista); per totas orientis sinagogas inter Judeos ~is est que dicitur Mineorum .. sed .. nec Judei sunt nec Christiani GROS. *Cess. Leg.* IV 6 p. 176; M. PAR. *Maj.* I 159 (v. Arianus); **s1238** *Ib.* III 520 (v. Albigensis).

haeresista, heretic.

s1382 sui [sc. de Wyclef] ~e, discipuli et complices KNIGHTON *Cont.* II 156.

haereticabilis, that can be interpreted heretically.

sic .. omnis scriptura foret a quotlibet hominibus ~is WYCL. *Ver.* I 111.

haereticalis, heretical.

in domo illa ~i, spelunca sc. hereticorum, que latrina reputatur ecclesie, vos hospitari fecistis *Proc. A. Kyteler* 35; **1327** fidei catholice inimicos, hereticos seu ~es et erroneos (*Lit. Papae*) *Foed.* IV 323b; OCKHAM *Pol.* III 6 (v. destitutio 1c).

haereticare

1 to declare heretical: **a** (person or group); **b** (text or idea).

a determinacionem ecclesie reprobare, .. ~are catholicos, innocentes dampnare OCKHAM *Pol.* I 364; papa ~ari non potest *Id. Dial.* 429; ecclesia Avinionica omnes qui eis .. audent resistere ~are molitur *Id. I. & P.* 46; sequitur quod liceret .. pape .. ~are .. regnum et .. exheredare regem .. ; cum .. talis hereticacio dependeret ex sensu scripture sacre, videtur quod ad reges pertinet .. sensum ejus .. defendere, ne .. ex sensu mendaciter .. imposito ~entur WYCL. *Ver.* II 57; dixi: "non sunt verba mea sed verba S. Pauli"; ~atis ipsum .. per legem Dei WYCHE *Ep.* 536. **b** periculosum est ~are legem humanam, nisi .. patenter posset doceri quod sit scripture sacre contraria WYCL. *Civ. Dom.* I 351; sic potest ~are scripturam sacram et catholicare oppositum fidei Christiane *Id. Ver.* I 152; *Ib.* 184 (v. haereticatio); *Ziz.* 481 (v. catholicare).

2 to interpret heretically.

heretici dicuntur ~asse duas sentencias de eucharistia NETTER *DAF* II 141v. 2 (cf. haeretizare 1).

3 (intr.) to hold or express heretical opinions, be a heretic.

ex quibus videtur sequi .. vel ~are istos doctores Gregorium et Augustinum et sacros canones vel opinionem istius doctoris .. relinquendam ut heresim (WYNT.) *Ziz.* 197; **1434** quamvis .. ad alium pabulum nutrimenti ~ando se diverterint *Reg. Cant.* III 254; ~avit contra fidem *Reg. Whet.* I 285 (v. dicere 2b).

haereticatio, declaration (of someone or something) as heretical.

ex ~one multarum heresum per determinacionem ecclesie WYCL. *Ente Praed.* 55; idem videtur judicium de ~one, nam hereticare est facere vel denunciare .. aliquid esse hereticum *Id. Ver.* I 184; *Ib.* II 57 (v. haereticare 1a).

haereticativus, heretical.

c1422 inquiratur pro rege si W. T. .. invenerit diversas opiniones †erreticanas [MS: erreticativas] contra fidem catholicam *Treat. J. P.* app. 239; ad eos predicta arte nigromancie lollardrie et modo †hereticano [MS: hereticativo] perimendos *Ib.* 241.

haeretice, heretically.

Augustinus .. recitat de quibusdam philosophis ~e sencientibus quod anima hominis post mortem .. transfertur in bestiis WYCL. *Ver.* I 135; sequitur .. hominem sentire infideliter vel ~e *Ib.* II 7.

†haereticio, heresy.

1389 de homicidio, .. sortilegeo, ~one, vel aliqua alia felonia *Guild Cert.* 46/451.

haereticus [LL < αἱρετικός]

1 heretical, contrary to orthodox Christian doctrine: **a** (of person or group); **b** (of text or idea); **c** (w. *pravitas*).

a errans gens, ~us *GlC* E 295; **1335** apparuerunt in medio catholici populi homines .. ~i ceno pravitatis heretice labefacti *Mon. Hib. & Scot.* 269b; CONWAY *Def. Mend.* 1337 (v. errare 4c); homo ~us WYCL. *Ente Praed.* 55 (v. dogmatizare 1a); **1440** quod ~um virum illum .. captivum tenetis BEKYNTON I 187. **b** horum inepta dissolvere conjugia, illorum ~am refutare opinionem OSB. *V. Dunst.* 34; nihil ~um, nihil recte fidei articulis contrarium sensere GIR. *DK* I 18; asserendo .. ~um quod dicta constitutio 'cum inter' catholicum asserit, et catholicum quod constitutio eadem ~um declaravit OCKHAM *Pol.* I 293; opinionem ~am .. ~am scienciam WYCL. *Ente Praed.* 55 (v. dogmatizare 1a); **1382** (v. damnare 3d); **1389** (v. blasphemus 2). **c** Nicolaitae .. quorum secta .. venenatis ~ae pravitatis frondibus succreverit ALDH. *VirgP* 2; **c1218** ex fermento ~e pravitatis *Conc. Syn.* 66; **1225** ubi in fundamento catholice fidei habitat humilitas non subintrat ~a pravitas GROS. *Ep.* 2 p. 21; **1335** (v. 1a supra); OCKHAM *Dial.* 944 (v. damnabilis 1b); **c1412** de ~a seu lollardica pravitate .. suspectum *StatOx* 222; **1549** ~ae pravitatis inquisitores *Conc. Scot.* II 117.

2 (as sb. m.) a heretic; **b** (w. ref. to dialectic).

si quis ab ~is ordinatus fuerit, iterum debet ordinari THEOD. *Pen.* I 5. 1; **680** genus .. ~orum aput orientales quod tessereskaedecaditae vocatur ALDH. *Ep.* 4; status ecclesiae .. ab ~orum contagiis castus BEDE *HE* IV 16 p. 242; **793** "hic est Filius meus" [*Matth.* iii 17]; suus .. non per adoptionem gratiae, neque relegionem creaturae, ut ~i volunt, sed .. ALCUIN *Ep.* 23; **10..** scismaticorum, ereticorum *WW*; predicavit Symmachus ~us .. Christum fuisse filium Joseph R. NIGER *Chr. I* 28; **1166** antequam .. ex catholico imperatore scismaticus et ~us fieret J. SAL. *Ep.* 185 (184); AD. SCOT *TT* 624D (v. dogmatizare 1d); ab 'hereo' hic ~us, et notandum quod 'hereo' dicitur quandoque pro dubitare .. et .. inde venit hic ~us .. eo quod in fide dubitat et inde heresis OSB. GLOUC. *Deriv.* 269; **1215** excommunicationis sententiam contra ruptarios, ~os, et murtrarios latam (*Stat. Conc. Bordeaux*) *Pat* 139b; GARL. *Tri. Eccl.* 6 (v. docere 3); par est Pelagio / tanquam hereticus dignus incendio WALT. WIMB. *Palpo* 136; TREVET *Ann.* 89 (v. Albigensis); **s1312** ut ossa Bonifacii pape octavi, sicut ~i, comburerentur AD. MUR. *Chr.* 17; OCKHAM *Dial.* 407 (v. catholicus 2d); Sarracenis, ~is, et paganis R. BURY *Phil.* 4. 66; **s1213** ut .. terram Tholosanam et Albigensium et Narbonensium .. invaderent atque omnes ~os, qui eas occupaverant, delerent FORDUN *Cont.* IX 21; combustus est Johannes R. .. de schola J. Wykliff ~us condemnatus in concilio cleri *Ib.* XV 20; hic ereticus, *a herytik WW*; **1556** (v. catholicus 2b). **b** ANSELM II 9 (v. dialecticus c).

3 (as sb. n.) heresy.

~um [ME: *heresie*] per Dei graciam in hac terra non pululat *AncrR* 21.

haeretizare [cf. αἱρετίζειν = *to choose*]

1 to interpret heretically.

heretici dicuntur ~isasse duas sentencias de eukaristia WYCL. *Blasph.* 247 (cf. haereticare 2).

2 to hold or express heretical opinions.

~izabant de paschali termino F. MALM. *V. Aldh.* 70D.

haerettus [AN *heiret*; cf. OF *harier, hairier*], (usu. w. *canis* or sim.) hound, (?) harrier; **b** (w. ref. to serjeanty). **c** (w. *bernarius*) kennel-man.

1230 archidiaconus Linc' debet c s. pro leporariis herettiis in comitatu Hunteton' *Pipe* 61; **1249** rex mittit Robertum de S. cum canibus haireiciis usque ballivam Johannis de V., ad capiendum .. x bestias *Cl* 150; **1284** unam meetam caniculorum haerectorum *JustIt* 48 r. 28*d.*; **1287** Johanni de heirit' .. pro putura xxx canum heiritorum *Rec. Wardr.* 2038; Johanni venatori .. pro putura leporariorum herriciorum suorum cuilibet per diem ob. *Ib.* 2066; **1291** eunti in foresta de Shirewod' ad venandum, habenti secum xxxvj canes hayrectos .. et xxiiij canes de mota regis *KRAc* 352/26 m. 6; **1300** de heirettis .. de bercellettis *AcWardr* 317. **b** [**1212** Willelmus de Bochampton .. [tenuit] xl solidatas terre per serjantiam custodiendi *heyrez Fees* 106 (*Berks*); **1241** R. de Bochampton .. [tenet] iij hydas terre .. per serjantiam custodiendi dim. motam de canibus *hayrez Ib.* 1382 (*Berks*);] **1276** R. de Bothampton tenet ij virgatas terre .. per serjanciam, sc. pro custodiendo xxiiij canes haerect' .. regis *Hund.* I 11b (*Berks*); **1324** terre tenentur de .. rege .. per servicium custodiendi et hospitandi canes .. regis hayericeos *IPM* 81/15 (*Berks*); **1346** dedit regi xl s. pro uno mesuagio .. in Bokhamptone .. ; .. tenentur de rege per servicium custodiendi canes hareros regis cum in partes illas venerit *Aids* VI 384 (*Berks*). **c** **1312** bernariis haericiis *Cl* 130 m. 31 (v. bernarius).

haeros v. heros. **haesia** v. hesa.

haesitabundus [CL], hesitant, doubtful.

hesitare .. unde hec hesitatio, unde hec hesitacula .. et ~us, i. dubitabilis OSB. GLOUC. *Deriv.* 269; *dowtfulle*, .. hesitativus, ~us *CathA*.

haesitacula, slight hesitation or doubt.

OSB. GLOUC. *Deriv.* 269 (v. haesitabundus); *a dowte*, .. dubium, .. heresis, hesitacio, hesitacium, ~a *CathA*.

haesitare [CL]

1 to be held fast (in wonder).

esitat, admiratur *GlC* E 311.

2 to hesitate, falter: **a** (in movement); **b** (in speech).

a currens ad aquilam puer .. ~ans, invenit piscem *V. Cuthb.* II 5. **b** **s1253** cum ~asset frater .. non recolens autenticam .. rei rationem M. PAR. *Maj.* V 401.

3 (w. inf.) to hesitate (to take action).

cernebat .. nautas ~antes ad terram venire, visu ejus territos *Lib. Monstr.* I 32; satisfacere voluntati tuae cur ~as ANSELM (*Ep.* 101) III 233; nec tunc auctor teli eminuit .. quamvis ille statim non ~asset dicere sagittam .. non a .. Walensi .. emissam W. MALM. *GR* V 401; ea nihil pro ipso facere .. cunctis perspicuum facere non ~o BEKINSAU 746.

4 to be in a state of uncertainty, doubt, or worry; **b** (w. *de*); **c** (w. acc. & inf.); **d** (negatived w. *quin*); **e** (w. indir. qu.); **f** (impers.).

799 oblitus sententiam Domini qua ~antibus discipulis dicit: "o stulti" .. [*Luke* xxiv 25] *Ep. Alcuin.* 182 p. 302; illi, nichil ~antes, ceteros .. convocaverunt G. MON. I 8; ~are, dubitare, nutare, vacillare OSB. GLOUC. *Deriv.* 276; *doter*, .. ~are, ambigere, dubitare *Gl. AN Ox.* f. 154. **b** **800** laborate quasi boni pastores .. nihil ~antes de mercede ALCUIN *Ep.* 206; dum ~aret de corpore Christi sumendo GIR. *GE* I 45; **1330** ne de moneta in qua fieret dicte decime solutio .. posset .. esitari .. *Lit. Cant.* I 326. **c** victi sunt dii mei deumque tuum regnare non ~o G. MON. VIII 8; dum mulier .. prelaciam illam tunc non

habebat, virum eam tunc habuisse ~ari nequimus FORTESCUE *NLN* II 42. **d** si istud regnum habere poterimus non ~o quin totam Galliam potestati nostre subdemus G. MON. V 12. **e** Herodes audiens quid agat hesitat WALT. WIMB. *Carm.* 232; communitas populi .. ~abat quem regem statuerent *Eul. Hist.* II 274 (cf. G. MON. VI 6: fuit dissensio inter proceres quis in regnum sublimaretur). **f 1243** ne .. super premissis ab aliquo in posterum ~etur, sigilla .. sunt apposita *Ch. Sal.* 285; **1303** (v. decisivus).

5 to fear (that).

1325 quia .. rex ipsum Eboracensem .. in suum assumpsit thesaurarium .. vehementer ~amus quod .. rex ipsum manutenere intendit *DC Cant.* (*HMC*) 271; **s1348** crevit mortalitas hominum ..; unde quamplurimi [Saraceni] ~antes ob suam incredulitatem .. evenisse, .. fidem Christianam .. coluerunt J. READING 158b; exemplo .. canonicorum .. furtivam .. exempcionem .. impetratam .. ~ancium *Ib.* 186b.

haesitatio [CL], doubt, uncertainty; **b** (personified).

excogitare cepit qua ratione fixa et sine ulla ~one .. promissum voti sui tenorem .. conservare posset ASSER *Alf.* 103; est modus significandi id quod significat aut certitudinaliter aut cum ~one *Ps.*-GROS. *Gram.* 36; lucidum aliquod et solidum ab omni ~onis caligine serenum FORTESCUE *NLN* II 51. **b** ~o quippe ad plurima pulsat ostia veritatis, dumque incerta suspenditur, potius intrare debeat ad eam, intrat per singula J. FORD *Serm.* 60. 1.

haesitatium, hesitancy.

CathA (v. haesitacula).

haesitativus, doubtful, hesitant.

CathA (v. haesitabundus).

hafneator v. havenator.

hafta [ME *haft*], handle, shaft. Cf. 1 *hasta* 3.

~am lancee habet imperator Alemannie, sed ferrum est Parisius *Itin. Mand.* 8.

1 haga [AS *haga, sb. m.*], 'haw', piece of enclosed land (esp. within city or town).

[**811** in civitate Dorovernia .. duas possessiunculas et tertiam dimediam, id est in nostra loquella *ðridda half haga* et prata duo *CS* 335;] in Cantuar' civitate iij ~ae de xx d. ad hoc manerium pertinent *DB* I 2vb; in Gildeford habet rex W. lxxv ~as in quibus manent clxxv homines *Ib.* 30ra; invasit Hugo de C. .. medietatem j liberi hominis cum x acris terrae et parte hege *DB* II 278; **c1120** Golduuinus .. dedit aecclesiae .. ij ~as terrae in Rouecestra ..; dedit et dim. ~am juxta cimiterium appendentem ad Borchstellam, sed istam .. hac conventione dedit, quod eam tenebit donec monachi alias ~as hinc et inde habeant et domos auferant ad ampliandum cimiterium suum *Text. Roff.* 191v.–192; **a1130** clamavit abbati viij virgatas terre solutas .. et Ingelranni ~am apud Huntedone *Chr. Rams.* 252; **c1300** j hagha cecidit in manus domini *Reg. S. Aug.* I 104; **1325** dedi .. quamdam partem unius haghe cum domo desuper constructa .. jacentis in villa de Maidenstan' *AncD* B 2555; **1534** ad messuagium et gardinum, sive haugam, ac terras Willelmi [*in Sevenoaks, Kent*] *AncD* C 7460.

2 haga v. 1 haia.

hagabilis, (as sb. n., ?) rental.

1446 firma .. de certis tenementis in eadem villa [*Bedford*] content' et specificat' in quodam ~i inde de annis sexto et septimo Edwardi tercii .. confecto *Pat* 463 m. 3.

hagabulum, ~us, ~a [1 haga + 1 gabulum; *but* cf. ME *hadgavel*], house rent or tax. *Cf. Cust. Rents* 45, 84–5.

a1233 salvo servitio .. regis, sc. uno d. ad hadgabulum *AncD* A 3294 (*Ipswich*); **12..** salvo servicio .. regis, sc. haggabulo *Ib.* 3331 (*Ipswich*); vendidimus .. domos .. in .. Gipwic' .. tenendas .. per servicium iij s. per annum .. pro omni servicio et demanda salvo servicio .. regis, sc. j d. ad hadgabulum *Ib.* (cf. ib. 3775 [**1285**]: ad *hadgavel* [*Bury St. Edmunds*]); **1259** dedi .. mesuagium meum .. in Bedeford' tenendum .. reddendo inde per annum .. regi pro ~o unum ob. ad Hokeday *Ib.* 102; **1276** solebat reddere pro .. tenemento [in Cantebr'] ballivis .. regis .. xiij s. et viij d. nomine ~e *Hund.* I 55b; **1279** habent .. canonici .. l acras terre .. in libera elemosyna, salvo hagablo .. regis quem solvunt singulis annis ballivis .. regis .. lvij s. *Ib.* II 356b; **1279** tenet lx acras terre in campis Cant[ebr'] .. et inde reddit per annum ballivis Cant', qui tenent dictam villam ad feodi firmam .. ad ~um et langabulum xiij s. ob. *Ib.* 360b (cf. ib.: ad hagg'); **1329** per servicium ij d. et j. ob. ad ~um nostrum per manus majoris et ballivorum .. ville Cantebrygg' in auxilium firme ejusdem ville *Pat* 172 m. 17; **1483** reddunt .. ballivis Cantabrigie iiij s. ad ~um et langabulum *Reg. Merton* 21.

hagardum, ~a [ME *hagard*], haggard, stack-yard: **a** (Ir.); **b** (W.); **c** (C. I.)

a 1212 carpentariis qui fecerunt granarium et alia negotia in haggardo de Trum *Pipe Ir.* 34; **a1233** dim. acra terre ubi edificare et ~um nostrum facere possumus *Reg. S. Thom. Dublin* 116; **1284** pro pallia hagard' *MinAc* 1237/3 m. 1 (*Kildare*); **1289** in predictis bladis cariandis et in haggard' tassandis *Ib.* 1237/28; **c1288** bladum integrum .. tam in grangiis quam in ~is (*Proc. v. Thesaurariam Hib.*) *KRAc* 231/26 m. 3 (2); **1310** venit ad ~um .. et invenit .. trituratores blada .. triturantes *Mem. Ir.* 509; **1333** ~um continet j *stang* et xxxvj perticas et iiij pedes terre; et .. in eodem ~o est una grangia muro lapideo constructa (*Rent. Lisonagh*) *RIA Proc.* XLIII C 41–2; **1344** in conduccione iiij garcionum .. implencium carectas de fimis et purgancium ~am *Ac. Trin. Dublin* 36 (cf. ib. 67: in haggardo); **1457** in agardo *Wills Dublin* 1 (v. copula 6d); **1467** (v. hastivellum); **1471** in agardo de T. *Wills Dublin* 25 (v. archonius). **b 1326** bladum tassatum in ~o domini portare debent ad grangiam *BB St. Davids* 124. **c 1300** garbas tassatas in hogardo *JustIt* 1118 r. 7d.

hagg- v. hag-. **hagha** v. 1 haga. **hagia** v. hagius, 1 haia.

hagiographa [LL *n. pl.* < τὰ ἁγιόγραφα], Hagiographa, group of Old Testament writings, dist. from the Law and the Prophets. **b** (as sb. f. sg., sc. *Biblia* or sim.) Holy Writ.

in agiographis consistit tertius ordo, continens Job, Psalterium, Parabolas, Ecclesiasticen, Cantica Canticorum, Danielem, Paralipomenon, Esdram et Hester ..; licet nonnulli librum Ruth et Lamentationes Jeremie in ~orum numero censeant supputandos J. SAL. *Ep.* 143 (209 p. 322). **b a690** sagax discipulorum caterva .. florigeris agiographae ex arvis .. artes grammaticas [etc.] .. carpunt ALDH. *Ep.* 5; **963** (12c) agiographa nos .. corroborat dicens 'nudus egressus sum ..' [*Job* i 21] .. 'nichil intulimus in hunc mundum' [*1 Tim.* vi 7] *CS* 1114; **10..** agiographa, sancta scriptura, *halig gewrit* *WW*.

hagiographia [LL hagiographa *infl. by* graphia], Holy Writ. **b** book about eccl. subject.

s1397 nisi quia Pilatum .. et sacrilegos sacerdotes nomine notatos in ~ia sciremus WALS. *YN* 376. **b** in Agyographia sanctorum Angliae, ubi singuli singulis habitationibus suis describuntur .. GOSC. *Lib. Mild.* 4.

hagiographus [LL < ἁγιόγραφος], (one) who writes Holy Writ or on eccl. or theol. subject.

ab ~is .. multa ad terrorem constat emissa GIR. *TH* III 31; non solum a theologis et ~is nostris, verum etiam .. a philosophis *Id. PI* I 11; ad hagyographos quoque nostros respiciamus *Id. Spec.* III *proem.* p. 122; **c1240** quedam .. ab ~is patribus .. superedificata doctrine GROS. *Ep.* 123.

hagium v. 1 haia.

hagius [LL < ἅγιος], holy; **b** (as sb. m.); **c** (as proper name).

volumina / .. / quorum auctori aius / adesse constat alitus (ÆTHELWALD) *Carm. Aldh.* 2. 111; **841** agio .. domino (v. dominus 10a); **855** (11c) regnante imperpetuum agio et alto prosatori nostro *CS* 488; **949** agiae crucis (v. crux 8a); **a975** ut .. donet .. villam .. Deo agioque predicatori gentium Paulo *E. Ch. S. Paul* 1; ut .. agiae sophiae firmius comprobetur assertio B. *Ep.* 387; o theos agie, basileu pie, quid loquar oro? / mens hebuit, cor contremuit farique laboro R. CANT. *Malch.* V 312; sanctus .., ut ait Beda, Grece dicitur agyos, quod sonat 'extra terram' S. LANGTON *Serm.* 4. 39; ecclesiastica vocabula sunt agios, sanctus, .. BACON *CS Phil.* 443. **b** FRITH. 187 (v. creagra). **c** profulgent pridias Ageus Gaiusque secundus *Kal. M. A.* 4.

hagnus [ἁγνός], sacred.

animavertit .. Petrum .. sacrasse basilicam et agno sponso nuptam desponsasse incorruptam OSB. CLAR. *Ed. Conf.* 10 p. 85; est agnus Grece pius, est quia Jhesus pius agnus GARL. *Myst. Eccl.* 614; agnus, i. sanctus *WW*.

1 haia, ~us, ~um [OF *haie* < Frk., cf. AS *hege*; cf. hecca, hesa]

1 hedge; **b** (dist. as *viva* or *mortua*); **c** (dist. as *alta* or *bassa*).

1086 concordatum fuit de silva de H. ut per medium partiretur .. et .. hagia facta fuit per medium *Regesta* p. 127; **1157** in mutis et ~is faciendis xliij s. *Pipe* 115; **1203** (v. 2 claudere 5c); **c1230** debet claudere xxxij pedes levis haye circa blada vel xvj pedes sufficientis haye *Doc. Bec* 67; **c1230** (v. ederare); **1256** placeam .. includere .. fossato et haga secundum assisam foreste *MonA* VI 417; mesuagium .. quod vallatur fossato vel heya BRACTON 76; **s1280** abbas concessit .. quod .. haya quam .. persona de S. plantavit stet eodem modo quo eam plantavit; et .. Willelmus .. concedit quod ipsi .. nichil occupabunt extra hayam predictam nec terram .. exaltabunt, sed si ~am illam velint reparare, tunc salices quas A. plantavit sint pali illius haye, et si palos alios ibidem apponere voluerint, linealiter ponantur secundum quod predicte salices sunt plantate *Chr. Peterb.* 35; **c1280** debet .. facere xvj perticas de hagio circa parcum *Crawley* 232; **c1283, 1307** (v. 2 claudere 5d); quod in latitudine cc pedum ex utraque parte viarum hujusmodi non sint haye, fossati, subboscus aut dumeta *Fleta* 35 (cf. *StRealm* I 97 [**1285**]: *bois ou haies*); **c1300** ad hayam (v. gardinum 1a); **1305** super .. hayam (v. cubare 3d); **c1330** nec hayas nec clausuras vicinorum diripiendo transiliant (*Const. Abbatis*) *G. S. Alb.* II 204; **s1208** ostia ecclesiarum .. clausa sunt muris lapideis et per ~as spinetas extra muros *Eul. Hist.* III 95; **1364** in una quarentina haye facienda circa parcum *Banstead* 343; ~as ipsius A. .. nuper crescentes .. fregit et ~as illas .. asportavit *Reg. Brev. Orig.* 105; **1504** pro factura iiij quarentenarum .. nove ~e circa copicium domini *Crawley* 496. **b 1240** gardinum .. viva haya et palo claudi faciatis *Liberate* 14 m. 16; **1257** includit terram .. fossato et viva haya *JustIt* 1178 r. 9; **1270** habent respectum de propresturis in plenis campis factis .. cum fossatis et vivis hayis et portis clausis cum seris *CourtR Hales* 15; **1280** j acra jacet .. juxta ~am vivam *ChartR* 68 m. 5; **c1410** j hominis emendantis .. parcellam mortue ~e gardini .. una cum subbosco ad idem empto *Comp. Swith.* 434; **1454** unum mesuagium .. cum vivis ~is, fossis et fossat' *AncD* C 3889. **c 1229** non est ad nocumentum foreste nostre de S. si boscus de E. .. claudatur bassa haya et parvo fossato ita quod bestie nostre possint libere .. intrare et exire *Cl* 183; **1242** r. c. de viij d. de firma pro quietancia iiij acrarum et pro eisdem bassa haya claudenda *Pipe* 3; **1279** residuum .. debet bene claudere de competenti haya et alia haya ubi magna pars ejusdem clausa est de bassa haya ad nocumentum .. foreste non modicum *PQW* 752a; **1283** faciunt assarta .. in terris suis et claudunt alta haya et etiam bassa ad voluntatem suam *Reg. Wint.* 410; **1303** fugit .. ad unam altam hayam spineam et voluit .. hayam transcendisse *Gaol Del.* 62/1 m. 3; **1308** (v. defendere 3e).

2 enclosure in forest, 'hay'; **b** (w. ref. to Hereford Hayes; *cf.* C. R. Young *Royal Forests Med. Eng.* 10, 15); **c** (w. ref. to fine for breach of forest law or sim.).

habebant j ~am in qua capiebantur ferae *DB* I 176va (*Worcs*); ibi ~a habens dim. leuuam longitudine et tantumdem latitudine *Ib.* 240ra (*Warws*); ibi silva sexcent' porc' incrassand', et ibi iij ~ae firmae *Ib.* 254va (*Salop*); *Ib.* 260rb (v. capreolus 1); **1115** ubicumque porci sui fuerint in pasnagio erunt dominici porci abbatis sine pasnagio, preter ~am de Standstede *Chr. Abingd.* II 62 (= *Regesta* 1089); **a1154** hayam [in foresta de Dene] que Wythehaya nominatur *Reg. Heref.* 49; **a1161** ut habeant de .. ~is ligna ad .. domos suas *Act. Hen. II* I 329; **1180** haiham de la Lutemiere *Ib.* II 127; **1190** habeat .. ~am suam de Gerdeleia et broscam suam de Bartona (*Chanc. Misc.* 12/5) *Cal. Scot.* I 31; **1204** porcos .. ad ponend' in hais *Cl* 10a; **1215** pro haya nostra de Beskwod' male custodita *Pat* 133a; **1219** rex .. afforestavit totum Hunt' .. exceptis ~is suis de Waberg', Hertheye et Sarpele *TR Forest Proc.* 38 m. 1; **c1228** dicit .. quod semper vocabatur totus boscus haya de Gatesheved tempore Hugonis episcopi et postea, nec umquam audivit aliquam partem .. illius vocari boscum de Hewrthe *Feod. Durh.* 233; **1235** pacem .. de c s. pro herbagio de quadam haya *KRMem* 14 m. 4*d*.; **1278** ad hayam .. regis que vocatur Hauekeshurste *Reg. Heref.* 170; **1362** (v. escapium 1a). **b 1141** ~as Hereford' et forestam de Trivela *VCH Heref* I 295; **1167** Hugo forestarius r. c. de lx s. de ~is de Hereford *Pipe* 69; **1175** me .. dedisse .. monachis .. qui manent apud Calue in trenchato Hereford' j carrucatam terre in meo essarto de ~a Hereford' *Cart. Worc.* 249 (cf. ib. 250 [**1186**]: in Calwa in ~o Hereford'); **1241** capere maeremium in haya Hereford' *Cl* 323; **1262** mandatum est custodi ~e de Hereford' quod in ~a predicta per visum viridariorum ejusdem ~e faciat habere episcopo Herefordensi .. l quercus *Cl* 191; **1271** quod in ~a predicta [Heref'] faciat habere uxori Roberti .. ij capriolos *Cl* 383. **c** huic manerio pertinet quartus denarius de heia de Riseburc inter regem et comitem *DB* II 282 (*Suff*); **1130** r. c. de xl m. argenti de hominibus comitatus [*Hunts*] pro ~is de Brantona *Pipe* 48; **1189** debet xiiij m. pro viridi quod cepit in ~a de Scallebi contra assisam *Pipe* 79; **1259** placita perquisita curie de C. cum placitis haye valent per annum xx s. *Cl* 488.

3 (in place-name or surname).

1124 istis .. presentibus: .. Roberto dapifero de ~a *Regesta* I p. 352; **c1166** x li. per plegium Ricardi de ~a (*KRMisc* 1/1b) *EHR* XXVIII 222; **1230** milites Willelmi de Haya debent iiij m. *Pipe* 161; **1236** debent convenire secunda die dominica quadragesime inter Hayam Talliatum et Bohelt *Cl* 337; **1242** Thomas de ~a r. c. de v m. *Pipe* 59.

4 fish-trap, weir: **a** (on seashore); **b** (in river). *Cf. hesa* 4.

a medietas unius heie maris et quarta pars alterius medietatis. tunc reddebat xx^m allecium; modo xxv^m *DB* II 371v. (*Southwold, Suff*); **1275** invenit .. piscem qui dicitur *mereswin* juxta hayas suas pisciales super sabulum maris *Hund.* I 293b (*Lincs*). **b 1315** firmacionem ~e sue piscarie .. ubicunque commodius firmari poterit in terra .. prioris *Couch. Furness* II 1. 217; **1362** hayas et cordas ad piscem .. capiendum *Pat* 265 m. 4; **1460** quod .. firmare .. poterint hayam suam piscarie .. vocatam *fisshgarth* que .. est .. facta et constructa extransverso .. aque de Lone a villa de S. usque solum .. abbatisse *Couch. Furness* II 1. 220 (cf. ib. 223: hayam .. instringere et taliter facere quod sufficiens aqua ad molendinum .. pervenire possit).

5 trap for catching game.

1390 ~as (v. harepipa); **1473** (v. furettarius a); **1495** ~os (v. harepipa).

6 *f. l.*

a1324 dedit .. libertatem fodiendi .. et fossata et †hayas [l. bayas] faciendi ad evacuandum superfluitatem undarum superveniencium molendino *Cart. Chester* 377 (cf. ib.: fossati vel fossatorum, baye vel bayarum).

2 haia [OF *haie*], main beam of plough.

1277 in una haya, jugo, et j *handle* emptis viij d. *Ac. Man. Cant.* (*Milton, Essex*); **1286** in ligacione j heye et j *handle* ij d. *Ib.* (*Lawling, Essex*).

haiagium [OF *haiage*]

1 wood suitable for hedging, brushwood.

1321 in stipendiis iiij hominum prostrancium hayag' (v. birchettum).

2 payment for right to take wood or (?) *f. l.*

1312 [cives Ebor'] sint quieti de muragio, pavagio, . . warvagio, terragio, putagio et heyagio [*sic* MS; ? l. keyagio, i. e. caiagio] *ChartR* 98 m. 9.

haiare [OF *haiier*], to enclose w. a hedge.

1368 in lx pertic' fossati mundand' et ∼and' circum pratum *MinAc* 840/29 m. 2.

haiatio, hedging.

c**1386** (v. gardinum 1c); **1388** in vadiis xv sepatorum operancium super ∼one et emendacione sepium circa parcum *KRAc* 473/2 m. 12 (*Eltham*).

haiator [cf. OF *haier*], hedger, hayward.

1375 in liberacione j ∼oris custodientis parcum de Broxstedehey et claudentis haias circa . . parcum *MinAc* 999/27 m. 5*d*.

haiatura, hedging.

1296 fossatura et hayatura: . . in hayatura circa vineam versus campum per loca necessaria iij d. *MinAc* 997/11 (*Suff*).

haibota, ∼um [ME *heibote*], right to take wood for hedging or fencing. **b** payment therefor.

c**1156** concedo ut habeant in foresta . . husbotam et haybotam et ferbotam (*Ch. Regis*) *Reg. S. Osm.* I 239; c**1170** concessi usbotam et heybotam ad sufficientiam in bosco meo (*Reg. Lilleshall*) *MonA* VI 263; **1219** quod . . nichil capiant nisi per visum forestarii . . sc. aibot' et usbot' *CurR* VIII 69; **1222** habere rationabile estoverium suum in bosco . . sc. buscham ad ignem . . et husbotam et haybotam *Cl* 527a; **1262** heybotum et housbotum *Cart. Boarstall* 501; **1276** libertatem capiendi husbotum et heybotum *Hund.* I 14a; c**1280** quod . . habeat libertates ville . . cum housbota et haybota in . . boscis et cirpetis *Cart. Chester* 248. **b** c **1230** si forte inciderint in forisfactum vel calumpniam de heynebuto, non dabunt nisi xij denariolos pro forisfacto (*Ch.*) *Cumb & Westmor Antiq. Soc.* NS XII 338.

haic-, haiic- v. hesa.

haimectus [? cf. ME *haie* + *mesh*], (?) hedge-net, trap for rabbits, or (?) *f. l.*.

1276 Henricus S. habet . . omnes emendas factas in curiis foreste predicte [sc. Savernak'] de defaltis et mortuo bosco, de leporibus, wlpibus, tessonibus, murilegis, haymettis [*sic* MS: ? l. hayriettis, i. e. haerettis], . . *KR Forest Proc.* 2/24; **1334** omnia placita de leporibus, †rechibus [? l. rethibus], heymectis [? l. heyriettis], . . murilegis [etc.] *RParl.* II 79a.

haimfara v. hamfara.

Hainaucus, Hainaulter.

Frixones, Waleros, Hasbacenses, Hainaucos, / hos simul adjunctos, Rollo dedit profugos (*Epitaph.*) Ord. Vit. V 9 p. 372; filii Guillelmi Hanoensis *Ib.* VII 14 p. 223; comitem . . Hanaucensem *Ib.* XIII 38 p. 115; s**1184** multos Hainaucensium traxit in exterminium Diceto *YH* II 32; **1271** quod universi . . Flandrenses et Hanonenses . . exeant regnum (*Pat*) *Leg. Ant. Lond.* 138; **1271** centum saccos lane . . quos ab aliis quam Flandrensibus et Haynonensibus [se] emisse . . monstrare poterit *Pat* 89 m. 5; s**1327** ubi Hannonici cum Anglicis dimicarunt *G. Ed. III Bridl.* 96; s**1327** captis plurimis Anglicis et Hannonibus Fordun *GA* 140; **1386** Stephanetta O. Hanonica . . habet . . corrodium . . in abbatia nostra *Cl* 227 m. 44*d*.; s**1327** remittens ad partes proprias Hannonienses et stipendiarios quos conduxerat Wals. *YN* 267.

hainescia v. aesnecia. **hainfara** v. hamfara.

haira [OF, ME *haire* < Gmc.; cf. AS *hær*], **∼ia,** (piece of) haircloth.

1184 pro ∼is et pice . . ad parandam navem *Pipe* 136; **1201** pro ducenda cera . . ad Winton' et pro ∼ia ad ceram cooperiendam *Ib.* 259; **1205** pro dim. miliar' cere ducto usque Westm' et pro heira et cordis ad ligand' *Cl* 25a; **1206** in cordis et in hayris ad ligandum *Cl* 64b; **1207** in cariagio . . cere, et cordis et heyris et ligaturis *Cl* 88a; **1213** heyras, **1214** hairis (v. hanckus); **1226** ij carettas ad †celtas [l. teltas] et heirias cariandas . . ad . . navem nostram *Cl* 114b; **1234** in heiriis ad tenduras *Pipe* 78 m. 16*d*.; **1270** in j sacco et j heyra ad brasium siccandum *MinAc* 984/1 r. 7*d*. (*I. o. W.*); **1275** cepit . . j ∼am precii iiij d. et coreum tannatum *Hund.* I 356.

haireicius v. haerettus. **hairenum** v. maeremium. **hairia** v. haira. **hairo** v. heiro. **haisa, haissa** v. hesa.

haistreia [cf. OF *haistriere*], beech-grove.

a**1189** haiam Roscelini . . et totam ∼am de Croco bosci usque ad fundum vallis . . terram Odonis et Rogeri de Croco nemoris *Act. Hen. II* II 386.

haivare [cf. OF *haver* = *to dig w. a pick*], to 'bound' (area to be mined, (?) by marking angles w. holes). (*Cf.* G. R. Lewis *The Stannaries* 158.)

1503 Willelmus R. et Johannis U. . . ∼averunt et bundaverunt unum opus stannar' ibidem vocatum *le Nether Worke Rec. Stan.* 66; Petrus C. et Johannes J. ∼averunt et bundaverunt unam minam vocatam *Whyle Penbound Ib.*; hayvaverunt et bundaverunt et limitaverunt unum opus *BL MS Add.* 24746.

haiwarderia, office or tenure of hayward.

1227 Johannes D. tenet vj li. et x s. terra (*sic*) in ∼ia in Hechinge que fuit communis pastura hominibus de Yvelcestr' *LTRMem* 9 m. 4; **1306** [*for Puttokrith & Litleslep which were once*] de heywardria (*Rental*) *Sussex Rec. Soc.* LVII 125; **1351** quod . . habeat officium haywarderie *Cl* 150 m. 21.

haiwardus [ME *heiward*], hayward.

1209 (v. 2 daia); **1219** habebunt dominicum messorem suum . . ita quod ∼us . . Radulfi et Alienore non intromittet se de aliquo in terra eorum *Cart. Ciren.* I 193; **1225** dabit haywardo semel in anno *non mete CurR* XII 75; **1234** haywardus de B. adquietat annuatim de gabulo per servicium suum xx d., et debet habere in defenso domini, quamdiu animalia fuerint ad herbam, j bovem vel j vaccam *Cust. Glast.* 103; *Ib.* 64 (v. falda 1a); **1236** pavit pratum . . postquam positum fuerat in defensum et postquam heywardum suum ibi constituit *CurR* XV 1593; **1242** de lj s. iiij. d. de anguillis, melle [etc.] redditu heywardi de Blokesham *Pipe* 124; **1247** heiwardus habet penes se particulas et nomina plegiorum *SelPlMan* 9; p**1270** omnes gersumarii debent esse prepositi vel heywardi ad voluntatem domini *Villainage in Eng.* 322; **1275** ballivi miserunt bedellos hundredi . . viz. Willelmum S. et Nicholaum G. tunc hayward' de Wexcumb' . . ad manerium . . Mathei . . et . . ibidem ceperunt averia . . Mathei et ea fugaverunt ad punfald' . . nomine *wythernam Hund.* II 260b; **1284** haywordi (v. berbicarius); **1295** in stipendio j haywardi custodientis campos et prata et talliantis contra prepositum per annum v s. *MinAc* 1090/3 r. 5 (*Rutl*); **1330** in j panno pro robis iij haywardorum et sometariorum hordarie *Comp. Swith.* 258; **13..** bedellus . . debet ordinare cum preposito et haywardo de consuetis arruris bondorum *Carte Nativ.* 558; **1410** in stipendio j ∼i per annum vj s. viij d. *Crawley* 299.

1 haka v. 1 hachia 1a.

2 haka, ∼us [ME *hake*], hake; **b** (dist. as fresh or dried).

1213 habeant totam empcionem mulvellorum et congruorum et accarum marinarum per totam Corn' *RChart* 194a; **1232** quod capiatis . . de quolibet centum ∼orum veniente . . ad vendendum j quad. *Pat* 483; **1247** quod venire faciant usque Wintoniam . . ccc cungruos, d ∼as, j porpesium *Cl* 97; **1252** (v. esclenca); **1257** de ij^{m} congruorum . . et vj^{m} hacorum *Liberate* 33 m. 6; **1310** coquina: . . de xviij d. de xviij ∼is *Ac. Exec. Ep. Exon.* 11. **b** c**1270** pro centena ∼arum salitarum, pro centena ∼arum siccarum *Ac. Beaulieu* 103; **1285** de quolibet batello portante friscos ∼os venales in . . villam [Bristollie] viij haky *SelCKB* I 133 (cf. *CalPat 1281–92* p. 201); **1327** j quar. recencium ∼orum *IPM* 3/2 m. 13.

hakeneius, hakenettus [ME *hakenei*], small horse for riding or for carriage of goods.

1291 super conduccione hakneorum portancium . . pecuniam (*IssueR*) *Doc. Scot.* 224; **1293** pro hackeneio ferente tunicam . . Johannis . . usque G. *Camd. Misc.* II 2 (cf. ib. 10: cum locacione hackenei); c**1300** habuit . . j ∼eyam precii iij s. *RParl* I 247b; pro uno ∼eio conducto pro equitatura ejusdem in querendo episcopum Dunolm' cum summa festinacione *AcWardr* p. 49; pro stipendiis ∼eiorum . . denarios portancium . .; vadiis garcionum . . ∼eios custodiencium *Ib.* 64; pro stipend' iij ∼eorum *Ib.* 65; **1332** vij palfridos . . et ij ∼os (*KRAc*) *Arch.* LXXVII 126; **1337** in feno manerii pro x equis capientibus plenam liberatam et iiij ∼eiis capientibus dim. liberatam *Ac. Ep. Bath* 88; **1360** pro sustentacione . . iiij equorum et j ∼etti *Pat* 260 m. 28; c**1375** ij equis quorum unus hakneius capellani *Reg. Moray* 322; **1376** pro sustentacione . . iiij equorum et j ∼etti (*Pat*) *Foed.* VII 124a; **1455** pro quodam hakinneto misso . . regi *ExchScot* 79.

hakereswede v. acresweda. **haketo** v. alcoto.

hakiare [cf. hakinga], (?) to fish w. nets in tidal water.

11.. (v. hakinga).

hakinga [ME *haking*], (?) fish-trap in tidal water.

11.. concessi . . canonicis quod possint ubique hakiare in dictis aquis et ∼is, salvis mihi . . medietatibus totius piscationis ad ∼am pertinentis *Reg. Plympton* 167.

hakinnetus v. hakeneius. **hakka** v. hachia. **hakneius, ∼eus** v. hakeneius. **hakus** v. 2 haka.

1 hala [OF, ME *hale* < Gmc.]

1 'hale', (temporary) structure, pavilion.

1274 rex mandat . . quod ∼as suas apud Westm' et plumbum suum ibidem liberet Galfrido de P. *LTRMem* 48 r. 2*d*.; **1290** papilonario de prestito super tixtura canabi super ∼is Westm' . .; super factura ∼arum Westm' *Chanc. Misc.* 4/5 f. 23; **1306** pannos tele crude pro ∼is cooperiendis *Cl* 123 m. 15; **1326** expense circa coronacionem: . . pro ∼is faciendis . . *Ann. Dunstable* 412; **1575** gromettus tentorum, ∼arum, et pavilionum *Pat* 1123 m. 17.

2 market house (*Gasc.*).

1283 in omnibus . . augmentis . . que . . provenient in civitate . . in ∼is, ponderibus, mensuris, furnis et aliis similibus . . habeant . . rex et dux medietatem, et episcopus . . aliam medietatem *RGasc* II 206.

3 (?) *f. l.*

1290 quod domos nostras, mariscum, vineas, et ∼as [*sic* MS; ? l. haias] . . reparari . . faceret *RGasc* II 548.

2 hala v. halla.

halandatio, *s. dub.*

1334 in tantum inmavit [MS *app. sic*; ? l. inviolavit] cuidam cervo ex halandacione [*sic* MS] et tantos in eo (*sic*) lapides injecit et ipsum interfecit (*DL Couch.* 1 f. 208v.) *Pickering* II 78.

halare [CL], to emit, breathe forth.

odorato ture flagrantior halans / olfactum ambrosiae Aldh. *Aen.* 100. 13; ∼at, holet, oscitatur, ∼antes, redolentes *GlC* H 27, 28; L. Durh. *Dial.* II 498 (v. exaquia 1); 'nutrio' curtat ălo, producit spiritus ālo Serlo Wilt. II 15 p. 80.

halatio [LL], exhalation; in quot., prob. *f. l.*

quedam . . ex ∼onibus habent esse, ut bibiones ex vino *Eul. Hist.* I 10 (= Gerv. Tilb. I 8: ex exhalationibus).

halatus [LL], smell, fragrance.

a savyr, sapor, . . odor, alatus *CathA.*

halbarda [Eng: *halberd*], halberd.

arcum et sagittam, . . ensem, cum parvo halberto . . ferunt Major I 8; ∼ae Gallicanae *Ib.* V 3 (v. bipennis 2); hallebardam Scotus, quae ense et clypeo praestare videtur, habuit *Ib.* VI 4; **1523** quidam bipennes ferreos, quidam hallabardos, quidam gladios . . et alia instrumenta bellicosa . . gerebant *Form. S. Andr.* I 95.

halber- v. halbar-, hauber-.

halcha [ME *halch* < AS *healh*], 'haugh', flat land by river.

a**1195** cum . . xviij acris infra halham inter Wer et Gauhenles *Feod. Durh.* 177*n*.; **1392** in fossam magnam circumdantem ∼am episcopi *Reg. Aberd.* I 179.

halcium, hame, horsecollar.

hame of a horse, ∼ium Levins *Manip.* 17.

halcy- v. alcy-.

halderium [dub.], (?) louver.

1256 in camera cancellarii . . amoveri facias caminum et remocius poni versus partem borealem, et halder' ejusdem camere amoveri et alibi poni *Liberate* 33 m. 12; **1292** in servicio . . faciencium hauderia in summa nova camera per septimanam iij s. *KRAc* 460/29 m. B1; in servicio . . faciencium duo hauderia per septimanam contra adventum . . regis . .; in bordis de sapo emptis ad dicta duo hauderia facienda in duabus novis cameris *Ib.*

haldologus, pupil, follower.

∼us, discipulus Osb. Glouc. *Deriv.* 277.

halec, ∼ecula, v. allec, ∼ecula. **halemotum** v. halimotum.

halflingum [ME *halfling*], measure (of salt-pan).

12.. concessi . . totam terram illam in Wich . . quam tenui in feudo de Derhurst, cum ij helflingis salse et dim. ad Northeremest Wich *MonA* VI 1008a.

halgardum [ME *hal* + *gard*], hall-garth, enclosed yard of hall.

1122 me concessisse . . canonicis . . plenariam decimam de omnibus quecunque . . ad castellum meum pervenerint, sive ad cellariam . . sive ad granarium, sive ad ∼um *MonA* VI 221a; **1199** unam virgatam terre . . et totum algardum ex parte orientali juxta monasterium *RChart* 7a.

halha v. halcha.

haliaetor [cf. haliaetus], hawker.

an hawker, alietor *CathA.*

haliaetus [CL < ἁλιάετος], kind of eagle, (?) osprey. **b** kind of hawk.

halletus P. Blois *Ep.* 42, *Id. Opusc.* 1068a (v. gryps 3); [Scylla] in avem que . . ciris dicitur mutata fuisse refertur. quam pater . . factus avis fulvis halieetus in alis ruit *Natura Deorum* 120; Neckam *Ut.* 100 (v. ciris); alietus secundum glosam Deut. xiiij idem est quod falco, avis sc. prede avida . .; secundum aliquos vero alietus est avis parvula capiens alias minutas aves . . et . . videtur quod alietus idem sit quod nisus parvus Bart. Angl. XII 4; ∼os id genus aquilae est quod mari lacubusque praedam quaerit, unde nomen invenit Caius *Anim.* 17 (cf. ib. 17b: nostri *an osprey*

vocant). **b** alietum, *spaerhabuc GlC* A 432; BART. ANGL. XII 4 (v. a supra); alietus, *hoby-hawke, merlyon PP*; secundum genus [sc. accipitris] est quod alietum dicere possumus UPTON 189; alicitor, A. *an hobeye*, et hic peregrinus idem est *WW*; hic aluctor, A. *a merlone WW*; *a merlion*, alietus, merulus . .; *a sparhawke*, nisus, alietus, aspervarius *CathA*; *a marlynhauke, a marlin*, alietus LEVINS *Manip.* 44.

halibuttus [ME *halibut*], halibut.

1344 xx salm', vj li. xvij d.; . . j halibutt', v s. vj d. *KRAc* 390/11 r. 17.

halicaccabum [CL < ἁλικάκκαβον], winter cherry (*Physalis alkekengi*) or sleepy nightshade (*Datura metel*).

†corignum [v. l. dorignum] quod alii cacabum [? l. alicaccabum] dicunt, folia habet in colore similia olive . ., florem album *Alph.* 51; halicacabus a Latinis solanum vesicarium, ab officinis alkakengi, et vulgo dicitur *alcakenge* TURNER *Herb.* B1v.

halicula v. allecula. **halimoda** v. halimotum.

halimon [CL < ἅλιμον], sea-purslane (*Atriplex halimus*).

12.. alimonis, i. *wilde popi WW.*

halimotum, ~a, ~us [ME *halimot* < AS *heall gemot*], hall-moot, manorial court, court baron; *cf. curia* 6; *Eng. Feudalism* 43. **b** area under jurisdiction thereof. **c** guild meeting.

GAS 555 (v. curia 6a); in . . hallimoto *Ib.* 577 (v. burgimotus); **a1159** (1329) sicut recognitum est per legales homines de ~o de wapintac *CalCh* IV 141; **a1160** episcopus de Coventria habeat . . socam et sacam . . et *infangenetheof* et hallemotum suum in omnibus terris suis *Ib.* II 347; **c1160** Roffensi episcopo et toti hallimoto de S. Martino *Lit. Cant.* III 355; **c1185** Willelmus [debet] . . sequi ~um pro omni servitio *Rec. Templars* 2 (cf. ib. 24: sumonebit hallimotum de Waldo); **c1200** his testibus: Jocelino decano . . et toto halmoto . . abbatisse de Wiltone *Ch. Sal.* 62; alimoto P. BLOIS *Ep.* 95. 299B (v. 1 ferus 1b); **1223** per sacramentum sex . . legalium hominum . . de halimotto de C. *Pat* 368; **c1230** debet . . halemotos sequi *Doc. Bec* 118; **c1250** curia . . vel halimoda constitutis in die operabili, allocabitur pro opere *Cart. Rams.* I 464; **1266** compotus prepositorum de finibus et admerciamentis allemotorum de maneriis *MinAc* 1118/16 (*Yorks*); **1296** halmota tenta apud Hesilden *Hal. Durh.* 7; **1300** de finibus . . curiarum, letarum, et halemotorum de Wysebech *MinAc* 1132/10 m. 12; **1330** de perquisitis halmoti legalis turni hockediei *Ib.* 1131/6 r. 5 (*Som*); **c1340** bedellus . . debet somonire omnes curias et hallemeta *Carte Nativ.* 27; **1357** salva nobis . . secta magne curie halymote nostre de Berkhamsted' (*Reg. Black Pr.* IV) *TRBk* 278 f. 122 (cf. ib. f. 128d.: in hamiloto de B.); **1387** [abbas] clamat habere proprium coronatorem suum . . liberas curias, libera hallemota (*Ch. Regis*) *G. S. Alb.* III 75; **1401** pro expensis halmotorum *Ac. Durh.* 300; **1531** expense halmottorum: primus turnus . .; secundus turnus . .; tercius turnus . . *Househ. Bk. Durh.* 15. **b** sunt . . l acre in eodem ~o qui debent bladum de gabulo *Reg. S. Aug.* 60 (cf. ib. 19: redditus de *in halimot* de Menstre). **c 13..** iiij principalia ~a statuta sunt inter pistores per annum *MGL* II 104; de ~o et statutis piscenariorum, dicunt homines de halmoto quod debent habere duos laghelmotos in anno *Ib.* I 343.

halituosus [cf. halitus], respiratory.

haec [membrana] . . ~os illinc spiritus vehementi motu dissolvi prohibet D. EDW. *Anat.* B4v.

halitus [CL]

1 a exhalation. **b** breath, air breathed in (sts. equiv. to life). **c** (usu. w. *extremus* or *ultimus*) last breath, death.

a *Lib. Monstr.* III 7 (v. exhalare 1a); EDDI 56, BEDE *HE* V 19 (v. demonstrare 2b); alitus, *aethm GlC* A 448; pectus angustum cum magna difficultate ~um emittebat AILR. *Ed. Conf.* 788C; cum . . in eo ~um [non] sentiret . . illum sine flatu mortuum esse . . exclamavit ALEX. CANT. *Mir.* 49 p. 259; Aristoteles . . corpora metheorica in iiij partitur, sc. fumum, vaporem, ~um [v. l. hanelitum], spiritum ALF. ANGL. *Cor* 10. 5. **b** nullis eos cibis vesci, sed per nares ~u tantummodo vivere testantur *Lib. Monstr.* I 21; **c955** quam diu erit ~us in me et spiritus in naribus meis [cf. *Job* xxvii 3] (*Professio*) *Conc. Syn.* 83; ita erat . . infirmatus ut in eo vix remaneret alitus *Holy Rood-Tree* 46; *Itin. Mand.* 10 (v. 2 grossus 16). **c** GILDAS *EB* 73 (v. extremus 3a); totam mors occupaverat nisi quod ultimus ~us in exitum agonizabat GOSC. *Transl. Mild.* 28; Mollo . . inter flammas ~um ructavit W. MALM. *GR* I 14; usque ad extremum vite ~um *G. Steph.* I 56; usque ad extremum spiritus ~um GIR. *EH* I 40.

2 (w. ref. to the Holy Spirit).

alitus *Carm. Aldh.* 2. 111 (v. hagius a); o amor, Sancte Spiritus, / . . / summi dulcoris halitus PECKHAM *Poems* 3. 4; o Deus, Sancte Spiritus, / summi dulcoris alitus LEDREDE *Carm.* 45. 2.

3 wind, air.

alitus, aura, ventus *GlC* A 486.

halla [ME *halle* < AS *heall*], hall, manor house. **b** demesne. *Cf.* 1 *hala.*

abbas tenet Setlinges manerium . . sine ~a *DB* I 12rb (*Kent*); ij ~ae fuerunt, modo j *Ib.* 62ra (*Berks*); transportavit ~am et alias domos . . in alio manerio *Ib.* 63rb; **1152** ~a hujus manerii habet xxxv pedes in longitudine, xxx pedes in latitudine et xxij in altitudine *Dom. S. Paul.* 129; **11..** monachi non habebant ullam propriam mansionem . . in . . manerio. abjuravit masuram . . ubi monachi fecerunt ~am S. Michaelis TORIGNI app. 332. **b** de ~a regis semper exeunt vj s. et viij d. *DB* II 6 (*Essex*); semper iiij equi in ~a et xx animalia *Ib.* 382 (*Suff*); **c1100** dedi . . decimam annonae ~ae (*Reg. Whitby*) *MonA* I 412a; **1167** hala Geroldi r. c. de dim. m. *Pipe* 147 (*Glos*); **c1220** (v. 2 dominium 3c).

hallabardus v. halbarda.

1 hallandum [? cf. ME *hedlond*], piece of land, (?) headland. *V. et. hevedlonda.*

1325 de redditu bondorum, custumariorum, et cotariorum . . tenencium xxix bovatas terre de bond', continentes xj^xx^xij acras terre, et cxxix acras j rodam terre per majjus centum forlandorum et ~orum, cum vj acris . . prati contentis inter . . forland' et halland' *MinAc* 1147/23 m. 9 (*Yorks*); **1327** tenent xxxiij bovatas terre . . que continent in se cum forland' et halland' dxxx a. . . et est ibidem quoddam halmotum *IPM* 3/7 m. 5 (*Yorks*).

2 hallandum [Northern ME, MSc. *halland, hallen*], (N. Eng.) 'hallan', partition wall.

1491 pro dalbura murorum, gabellorum, ~orum *Ac. Durh.* 158.

hallebarda v. halbarda. **hallec** v. allec. **hallemot-** v. halimotum.

halleswanus [ME *halle* + *swan*], (?) hall-swain.

1322 iij s. iiij d. in servicio ~i pro dim. anno *MinAc* 1146/11 m. 10*d.* (*Melbourne, Derb*).

hallidada v. alhidada. **hallimot-** v. halimotum.

halmare [cf. ME *halm* = *straw*], to gather stubble.

1393 quilibet custum[arius] ~abit cum domino per unum diem ad unum repastum . . et colliget nuces per dim. diem *MS Essex R. O.* D/DHu M 58 (*Thaxted*).

halmot- v. halimotum.

halophanta [CL], dishonest person.

halapanta, omnia mentiens OSB. GLOUC. *Deriv.* 276.

1 halos [CL < ἅλως], halo.

halo BACON V 10 (v. allileti).

2 halos [ἅλος], salt.

verba lingue Britannice omnia fere vel Greco conveniunt vel Latino. Greci ydor aquam vocant, Britones *duur*; salem hal, Britones *halein* GIR. *DK* I 15; *Alph.* 5 (v. alosanthi).

halsa [ME *hals*], (naut.) 'hawse', curved final plank(s) of strake.

1366 in ij lignis emptis ad eandem [bargiam] pro ij ~is faciendis *KRAc* 19/31 m. 6; **1435** pro v peciis maeremii emptis . . circa opus predictum [i. e. balingere] viz. iij *kneys* et ij ~is *Ib.* 53/3 m. 9.

halsfangium, ~um [AS *healsfang*], 'were', fine.

postquam hoc factum erit, erigatur inter eos pax regis; ab illa die in xxi diem reddatur ~ium (*Quad.*) *GAS* 191; a die illa qua wera vadiata est in vicesimum unum diem debet ~um [*ed. Downer*: hoc *halsfang*] reddi (*Leg. Hen.* 76. 5) *GAS* 593.

haltanus v. 2 altanus.

halva [ME *half, halve, helve*], measure of land, half-acre.

1229 concessit . . unam rodam . . et unam longam helvam terre . . et unam smalehelvam juxta terram Ricardi . . et unam helvam que vocatur Delhelva *Fines Suss* 238; **a1260** j dim. acram terre in a[u]strali campo de Cheping Lamburn [*Berks*] . . que . . ad capud australe extendit super longam ~am que fuit Willelmi le P. *DL Cart. Misc.* III 44; **1285** in crastino utriusque precis metet j helvam frumenti (*Cust. Loventon*) *Sussex Rec. Soc.* LVII 17; debet compostare j helvam ad frumentum et aliam ad ordeum (*Cart. Boxgrove*) *Villainage in Eng.* 227; **1304** si metet j helvam j garbam in renco habebit *Ac. Man. Wint.* (*Houghton*); **1391** j helvam terre *Loseley MSS* 338/32; **1403** j helva voc' Pykedehalf, et jacet in quodam stadio voc' Oldelond *Ac. Man. Coll. Wint. Fernhill Misc.* no. 3; **1428** ij helvis terre arabilis . . in communi campo vocato le Westfeld' (*Madehurst*) *MS W. Sussex R. O. Add.* 271; **1493** unam helvam terre jacentem in Mettelond, vocatam Rewhelve *AncD* B 2480.

halvemitta [ME *half, halve* + *mitte*; cf. mitta], measure (of salt; about a bushel).

1299 Robertus tenet j salinam in Middelwych per servitium xxxij ~arum que estimantur ad viij quar. salis per annum *RB Worc.* 182.

halymotum v. halimotum.

1 hama [ME *hame*], hame, part of harness for draught-horse.

1282 in vj ~is emptis vj d. *Ac. Man. Cant.* (*Cliffe, Kent*); **1294** in ~is, curbis, et wippeltr' emptis iiij d. *Ib.* (cf. ib. [**1295**]: in j *carthame* j d.); **c1300** custus . . carectarum: . . in ij colerris . . cum ~is viij d. *FormMan* 32; **1307** in j ~a empta ad carect' *Ac. Man. Wint.* (*Barton Priors*); **1312** in j carecta cum toto corpore ferr' ligat' et . . iij collar' iij ~is, et ij paribus tractuum *Ib.* (*Easton*).

2 hama v. hamma.

Hamadryas [CL < Ἁμαδρυάς], wood-nymph, elf.

~ades, *wylde elfen* ÆLF. *Sup.* 189; **10..** amadriades, *feldælbinne oððe elfenne WW*; cetus amadriadum sumus, arboris hujus amantes / robora GARL. *Epith.* IV 197 (cf. ib. 194: arbor amadriadum gloria).

hamalett- v. hamelett-.

hamare [CL *p. ppl. only*]

1 to make hooked. **b** to catch w. a hook; **c** (fig.).

to hooke, ~are, incurvare LEVINS *Manip.* 159. **b** hunc premit umbone, petit illum cum pugione, / multos mucrone; grandia cete Jone / "dux ego sum" clamat, predicta promptissimus hamat [cf. *Job* xl 20] W. PETERB. *Bell. Hisp.* p. 119. **c** si vario fuerit tua mens hamata dolore D. BEC. 856; hec ego letus pendentia sumere ramo. / dum spatiatur amor, sub ramo leniter hamor NECKAM *Poems* 123; non terrenus amor hamat, non ambitus ambit H. AVR. *Hugh* 696; semper amo nec amor; set amans sic, hamo [*gl.*: decipio] quod hamor [*gl.*: decipior], / hamor in hoc hamo pectus inescat amor; / ast ego semper amor et amo nec hamo nec hamor / cui crucis ex hamo verus abundat amor GARL. *Epith.* VIII 99–102.

2 (p. ppl.) furnished w. hooks or barbs (also fig.). **b** (w. ref. to chain armour) made by joining hooks.

~atum, uncis circumdatum *GlC* H 26; rusticus . . habeat fuscinam ~atam [*gl.*: *croké*] ut se piscibus reficere possit NECKAM *Ut.* 110 (cf. ib. 97: gurgustio vel funda [*gl.*: virga ~ata] vel fuscina [*gl.*: idem]); **s1252** gaudens quod manus aduncas et ~atas evasisset M. PAR. *Maj.* V 351; **c1521** in coquina: . . ij ferrea ~ata super quibus vertitur veru *Cant. Coll. Ox.* I 64. **b** si lorica ~ata quae sit inquiris, lege in Virgilio [cf. Virgil *Aen.* III 467] BEDE *Sam.* (*1 Sam.* iii) 611; evasit ~ate thoracis adjutus beneficio W. MALM. *GR* V 401; ~ate lorice interceptus R. NIGER *Mil.* I 27.

hamatio, (w. ref. to chain armour, fig.), hooking together, linking.

nulla . . internexio fidelior quam morum et virtutum ad invicem, et ideo loricalis ~o et ex hiis et ex illis et ad invicem fieri potest R. NIGER *Mil.* I 15.

hamblett- v. hamelett-. **hamdonus** v. hyndenus.

hamela [AS *hamele*], rowlock; (by metonymy) rower.

s1039 ut deberent persolvi lxij naves et pro unaquaque hamolo [AS: *æt ælcran hamelan*] deberent persolvi vij m. *AS Chr.*

hamelatus v. esmallare. **hamelect-** v. hamelett-.

hamelettum, ~a, ~us [OF, ME *hamelet*], hamlet, group of dwellings, usu. without a church.

1212 de eodem feodo tenet abbas . . j hameletum quod datum fuit in elemosinam et dicitur Pullam *Fees* I 94 (*Dors*); in corpore, ut si pertinent ~i [vv. ll. hammelecti, hamelecti, hameleta] qui non sunt de corpore rei date BRACTON 37b; **1284** ille locus quem . . vocat Langewode . . unde visus factus est, non est villa, neque burgus, nec ~us *Couch. Kirkstall* 26; Pekesden est hamlettus et membrum . . manerii de Schitlyngdon [*Beds*] *PQW* 65a; Combe et Hamme sunt ~e . . manerii de Westerham [*Kent*] *Ib.* 312a; ad hoc . . breve locum habent iste exceptiones, ut si petierit in hamaletto cum sit in villa *Fleta* 368; **1294** in hamelecto de Stakhous . . juxta Gegliswik *Couch. Furness* II 2 319; **1294** de ~o de Bodeueuryk' . . hameleto de Trefberewet (*Ext. Anglesey*) *Tribal System app.* Aa p. 6; in hameletto qui vocatur Bacheworthe *G. S. Alb.* I 475; **1308** in villa de Finchingf' in quodam hamleto de Norton *CourtR Ramsey* 81; **1355** Colne est ~us ville de Somersham et infra Somersham *SelCKB* VI 101; **1370** est . . ~us vocatus Tilgerdesle infra bundas ville de Egnesham, infra quem ~um tam in vastis quam in terris, pratis, et pascuis ejusdem ~i iidem . . habent communiam cum . . averiis suis *Cart. Eynsham* II 106; **1401** maneria de Ryngewode et Crischurche Twynham cum hamellis, ~is, et membris dictis maneriis pertinentibus *FineR* 206 m. 11; **1403** omnimoda alia dominia, castra, pelas, fortalicia, maneria, villas, ~a, shelingas [etc.] . . in Scocia *RScot* II 163b; **1417** cuilibet . . hamilette *Chap. Linc.* A 2. 30 f. 57v.; **1418** hameleta de Walton, Halywell, et Binsey, et *hamlette* vocat' Twentieacre cum Stockwellstreet in . . parochia S. Egidii *MunCOx* 184; **1429** de omnibus castris, maneriis,

honoribus, hamalectis .. dictorum castrorum, maneriorum, honorum, hamelectorum *Reg. Cant.* II 425; **1438** villulam sive ~am de Horlee *Stat. Linc.* II 476; villarum .. mete non muris .. aut stratis terminantur, sed agrorum ambitubus, territoriis magnis, ~is quibusdam FORTESCUE *LLA* 24; **1479** per .. firmas xviij locorum unius hamlote et unius *bonelesew* infra wardam de Tweda *ExchScot* VIII 586; **1480** de firmis xxiij locorum cum dimedio et unius hemlote warde de Yarow *Ib.* IX 33; **1488** infra hamletta de Sleap et Smalford juxta villam S. Albani *Reg. Whet.* I 475; **1550** in vicis, campis, parochiis seu hamblett' de Girston', Wesenham [etc.] *Pat* 829 m. 22.

hamellum, ~a, ~us [ME *hamel*], hamlet.

1186 decimas istorum ~orum Walmeld, Tarmeld, Elingeshamme [etc.] *Reg.S. Aug.* 544; **1215** saisinam habere faciatis Robertum de V. de ~is de Suterinton et de Gretham *Cl* 239b; **c1253** dedi .. unam acram .. et unum ~um qui vocatur Ordmestun' *Cart. Bilsington* 127; **1266** in uno ~o qui vocatur Divelho in parochia de Etone (*Beds*) *SelCCoron* 4; **1333** in villa de Hamelhampstede in ~o de Bonyndon *LTRMem* 105 m. 50*d.*; ~a de Brenbacle, que continet ccccxxvij acras dim., .. fuit .. dimissa viij tenentibus tenenda in herbagio, qui postea dictam ~am edificarunt et inde converterunt in terram arabilem clx acras *Surv. Denb.* 21; **1401** (v. hamelettum).

†hamera, (?) *f. l.*

1493 cappa .. cum orphragiis de valucio nigri coloris pro hamera [? l. kamera] (*Invent.*) *Misc. Bannatyne* II 26.

hamerus [cf. ME *hamercloth*], sort of cloth or fur.

c1350 volumus .. quod .. decanus et canonici .. amiciis de griso et ~o .. utentur *MonA* VI 1373b.

hamesocha v. hamsocna. **hamestall-** v. hamstall-.

hamfara [AS *hamfaru*], (fine for) breach of peace in house.

a1066 Normannorum marchio .. dedit .. consuetudines quas habebat in .. [Wascolio], sc. hainfaram, *ullac, rat,* incendium, bernagium [etc.] (*Ch.*) EHR XXIII 504; rex .. habebat in suo dominio iij forisfacturas, hoc est pacem suam infractam et heinfaram et forestellum *DB* I 179ra (*Heref*); si quis occidit hominem regis et facit heinfaram, dat regi xx s. de solutione hominis et de forisfactura c s. *Ib.* 179rb; **1130** vicecomes r. c. de xxxv m. argenti pro quadam heimfara in soca de Biham *Pipe* 112; hamsocna est vel *hamfare*, si quis premeditate ad domum eat .. et ibi eum [i. e. hostem] invadet (*Leg. Hen.* 80. 11a) *GAS* 597; **1279** quod .. sit .. quietus .. de .. forstall', †hamstar' [etc.] *PQW* 344a; **1330** de *grithbreche, forstall, haymsoken,* haymfar' [etc.] *Ib.* 640b; haimfar' *Ib.* 641a.

hamhaldare [cf. MSc. *hamehald*], to prove ownership (of).

cum res illa reintratur ad curiam per defendentem, et calumniatur per conquerentem de injusta detentione illius rei ab illo per certum tempus elongate quam paratus est haymhaldare *Quon. Attach.* 10. 2; si defendens non habeat justam caussam retinendi rem illam, alter sc. calumnians, tenetur rem illam haymhaldare *Ib.* 10. 6.

hamhaldatio, proving of ownership.

1324 pro haymaldacione j staggeti (*CourtR*) *Lancs & Chesh Rec. Soc.* XLI 60.

hamhaldus [Northern ME, MSc. *hamehald*], 'hamald', private, domestic.

a1211 totam illam terram meam haymaldam .. in Munkegate *E. Ch. Yorks* I 289; totam terram illam haymaldam ad Bychehyl *Ib.* 306; **1230** terram meam aymaldam in Eboraco in Myclegate, illam sc. quam Agnes .. Nicholai .. uxor quam habuit ante me eidem Nicholao sicut aymaldam dedit, in qua .. Nicholaus .. et ego mansimus *Cart. Healaugh* f. 137.

hamilet- v. hamelett-. **hamilotum** v. halimotum.

hamis [cf. Jan.], prop for hunting net.

longum A .. cum aspiratione [potest] acui vel gravari vel circumflecti ut hámis [*in marg.*: hec hamis est lignum bifurcatum quo rete extenditur et exutatur, unde Virgilius utitur hoc vocabulo in Georgicis], hàmorum, hâmus BACON *Gram. Gk.* 30 (cf. Priscian *Gram.* II 7. 14).

hamlet-, hamlot- v. hamelett-.

hamma, ~us [ME *hamme*], (enclosed) portion (of meadow or pasture).

1207 terram suam .. cum duabus ~is que sunt juxta fontem *RChart* 170a; **1212** tenet j hamnam prati infra dominicum pratum ad valenciam de ij acris *Fees* I 108 (*Berks*); **1226** totum pratum .. de B. cum duobus ~is jacentibus retro curiam Oseneye *Cart. Osney* IV 70; **a1230** jus quod habui in duabus ~is prati, una sc. que jacet juxta pontem de E. .. et una que vocatur Oxeham *Cart. Beauchamp* 297; **c1241** duos ~os prati *Reg. Malm.* II 321; in unam croftam de iij magnis ~is ad pasturam infra *les hammes*, quam dominus inveniet ad averia sua intranda *Cust. Bleadon* 201; **1274** ij partes j molendini cum duobus hampnis de custumariis de Westington' *Cl* 91 m. 10; **1279** tenet j mesuagium cum j ~a in Retcote [*Oxon*] *Hund.* II 699b; unam ham' herbagii *Ib.* 711a; **1281** habebunt unam hannam que vocatur Stonham *CoramR* 60 r. 33*d.* (cf. ib. r. 34*d.*: unam placiam que vocatur Stonham); **1365** residuum prati jacet in una ~a per sortem cum Thoma de P. *Cart. Osney* II 163; **1367** totum .. molendinum .. cum stagnis, hommis, pratis [etc.] .. simul cum illo hommo extendente se a baiis molendini usque ad Alfletford *Pat* 276 m. 26; **1406** j hampnia de prato .. in Wydemede *CourtR Nursling*; **1549** unam hamam prati jacentem inter Longe Mede, Cue Lease et Cue Leas Mede *Pat* 809 m. 12.

hamo [cf. hamus], 'hook', bay.

cadit in mari apud portum sive ~onem de Appuldore [*Devon*] W. WORC. *Itin.* 26.

hamolo v. hamela.

hamosus [cf. hamus], furnished w. hook(s) (also fig.).

cibatque [mulier] misellos / hamosa Veneris esca D. BEC. 1977; *hookie*, ~us LEVINS *Manip.* 98.

hamotrahor [cf. CL hamotraho], angler.

~ores, piscatores qui hamo trahunt pisces OSB. GLOUC. *Deriv.* 276 (cf. Paulus Diaconus *Epitome Festi* 102M).

hamoverium [? cf. ME *hom, ham* + averium 1a], private means, personal possessions, money, real estate.

1219 quod si .. evenerit quod dicti homines [de Chetle] dictum redditum .. domine reddere non poterant, .. Galfridus .. et .. uxor sua .. dictos xij s. de ~iis suis .. domine persolvent *AncD* A 10814.

hampar-, hamper- v. hanaper-. **hampnia, hampnus** v. hamma.

hamsocna [AS *hamsocn*], 'ham-soken', assault of a person in his own home, or house-breaking. **b** fine therefor.

qui ~am faciet intra portum sine licentia et summam infracturam aget .. jaceat in *ungildan ækere* (*Quad.*) *GAS* 234; hamsoca *Ib.* 597 (v. assilire 2a); **1195** in hamsochna vulneravit eum *CurR RC* I 19; **1198** nequiter et in hamsoka robaverunt ei vj s. *Ib.* 205; **1201** venerunt manu armata et .. fregerunt domos suas †et hamsocham [MS: in hamsoch'] et in felonia robaverunt ei vj m. argenti *CurR* II 50; **1220** intrusit se in terram suam et domum suam .. et nequiter et in felonia et in ~a asportavit ij loricas *Ib.* IX 193; **1238** fecerunt hamsokinam in terram Alexandri .. et homines suos ibidem verberaverunt *LTRMem* 12 m. 8; **1277** ad hamsokiam .. faciendam *CourtR Wakefield* I 171; **1288** facit ampsokam ad domum Angnetis .. unde .. Angnes levavit utesium *Leet Norw.* 3. **b** habet rex has forisfacturas, handsocam, *gribrige, foristel DB* I 1 (*Kent*); **1157** cum socca et saca .. et *utfangenethef* et ~a infra burgum et extra *Act. Hen. II* I 134 (cf. ib. 374 [**1163**]: hamsocca; II 173 [**1182**]: hansocca); **1189** habeat sacham et socham .. et hamesocham et *blodwite CalCh* II 328; **1199** cum socca et sacca .. hamsoca et *grithbriche RChart* 1b (cf. ib. 38b [**1200**]: †hamsonca; 70b [**1200**]: hamsoch'; 154a [**1205**]: homsaka; 183a [**1208**]: hamsoga).

hamsocniare, to commit 'ham-soken' (on).

1361 hampsoknyavit Ranulphum .. et uxorem ejus et intravit domos suas contra voluntatem suam (*AncIndict*) *Proc. J. P.* 357.

hamstallarius, tenant of homestead.

13.. ~ii (*Surv. Ely*) *Terr. Fleet* lxxx.

hamstallum [ME *homstal, hamstal*], homestead.

1274 non fuit seisitus .. in dominico suo ut de feodo nisi de uno hamestallo, quod continet in se dim. acram terre *IPM* 4/10.

hamstara v. hamfara.

hamula [CL], small container.

10.. amulas, *amelas WW*; *crowse*, .. anula ..; *pycher* .. amilla *PP*; *a kymnelle*, amula *CathA*; *a fyoll, potte*, amula LEVINS *Manip.* 160.

hamunculus, little hook.

1444 pro j *sleygate* .. et pro ~is cum †vertinellis *Cant. Coll. Ox.* II 166.

hamus [CL]

1 hook; **b** (fig.); **c** (used in building); **d** (in theft); **e** (in removing dry wood); **f** (in dressmaking). **g** (?) billhook.

~us, *angel* ÆLF. *Gram.* 301; **10..** amus, *angel WW*; OSB. GLOUC. *Deriv.* 264 (v. 1 gumphus 4); hic ~us, A. *hoke WW*; **a1450** pro j strophnia et magnis ~is et aliis necessariis ferramentis ad ligandum iij cistas *DocCOx* 326; **1453** pro .. fabricacione .. *lynkes* auri ad .. cathenam .. cum uno ~o, pro regina (*KRAc*) *JRL Bull.* XLII 119. **b** semper .. bonarum partium mores, pungentibus maledicorum linguis, bicipitibus ~is inuncabuntur OSB. BAWDSEY clxxviii; diverso .. ~o huc illucque distractus anceps ferebatur *G. Steph.* I 58. **c** **1329** (v. ducere 8a); **1356** de j ~o ferri pro cordis, ij ~is pro petris *Pipe* 201 r. 39*d.*; **1488** in xv ~is ferreis pro fenestris (*Ac. Peterhouse*) *Arch. Hist. Camb.* I 12n. **d** **1340** Rogerus .. furtive cum ~o per fenestram .. abstraxit ij tapeta *CBaron* 98. **e** **1292** trahend' cum quodam ~o lingneo per ramos predicte quercus, et ~us elidit de manibus suis ita quod cecidit *JustIt* 415 r. 20*d.* **f** **1575** pro j li. de ~is et oculis *Ac. LChamb* 66 f. 23 (cf. *Misc. LChamb* 306: *one pounde of .. hooks and eyes*). **g** **c1300** vj falcos ad falcandum .. et v ~os ad carculandum *FormMan* 22.

2 fishing-hook; **b** (fig.).

798 laboriosas piscatoris manus ab ~o ad caelestis regni transtulit clavem ALCUIN *Ep.* 158; [piscator] ascendo navem .. et ~um [AS: *ancgil* vel *æs*] proicio et sportas ÆLF. *Coll.* 93; probate si aliquem pisciculum valeatis capere ~o BYRHT. *V. Ecgwini* 358; OSB. GLOUC. *Deriv.* 276 (v. hamotrahor); misso ~o in fluvium, piscem cepit J. FURNESS *Kentig.* 36 p. 226; marinas .. beluas .. aut retibus involvit aut ~o decepit GROS. *Hexaem.* VIII 13 p. 239; **1257** in j chammo ferri ad pisces trahendos .., j d. (*MinAc* 1094/11) *S. Wales & Mon Rec. Soc.* II 110; **1279** (v. costera 3a). **b** MAP *NC* IV 6 (v. blandities); virginis genealogya ab evangelistis quasi linea ad ~um contexitur, in cujus fine Filius .. ut ~us annectitur ..; hunc ~um Deus in mari hujus seculi misit HON. *Spec. Eccl.* 906A; H. HUNT. *HA* VIII 1 (v. delatorius); olim piscator hominum, quasi piscis ab hamo / mortis captus Hamo H. AVR. *Poems* 7. 1; M. PAR. *Maj.* V 347 (v. concupiscibilis 1a); qui nos hamo, rethi, nassa / nititur decipere WALT. WIMB. *Virgo* 146.

3 link or mesh in chain, chain-mail, or net.

fracte lorice ~um [e vulnere] erumpentem educit W. CANT. *Mir. Thom.* III 22; sicut in cathena .. si ~us unus vel junctura dematur, tota pars inferior .. in terram ruit FORTESCUE *NLN* II 36; *a maste of a nett*, ~us, macula *CathA*; *a calle trappe*, ~us, pedica *Ib.*

hanapar- v. hanaper-.

hanapatus [cf. OF *hanap*], measure (of grain; C. I.).

1309 v ~i faciunt danerell' [. .] *S. Jers.* XVIII 200.

hanaperium, ~ia, ~ius [AN *hanaper*, ME *hamper*]

1 container, hamper (esp. for cups); **b** (for docs.).

c1166 iste [c sol.] sunt in hanapario rubeo (*KRMisc.*) *EHR* XXVIII 224; jussit sibi dari omnes claves cistarum et almariorum et hanepariorum BRAKELOND 131; **1278** in .. ligacione .. ~ii prioris *Ac. Durh.* 487; **1290** pro iiij ~iis emptis .. ad chiphos auri de butt[eleria] regis, et pro aliis reparandis cum curreis ad veteres ~ios de novo emptis ad portand' eosdem (*AcWardr*) *Chanc. Misc.* 4/5 f. 10*d.*; **1328** unus hanoperus de coreo ferro ligatus (*KRAc* 239/13) *Anal. Hib.* XXIV 194; **1335** in j ~ia facta pro discis argenteis .. prioris *Ac. Durh.* 526; **1402** j pontificale magnum .. in j hamperio *Invent. S. Paul.* 515. **b** **1301** in uno hanaperio empto ad litteras imponendas iij d. ob. *KRAc* 233/17 m. 3 (*Ir.*); **1323** munimenta regum Scocie .. sunt reposita .. in ij forceriis de coreo, ferro ligatis, in iiij ~iis de coreo nigro coopertis [etc.] *Anglo-Scot. Rel.* 152; **1335** (v. damnare 4a); **1336** in j ~io empto pro literis et acquiet' imponendis iiij d. *Ac. Durh.* 533; **1337** j literam .. cum omnibus aliis evidenciis in uno amperio de *spechynis ExchScot* 439; **c1345** pars cirograffy scaccarii Dublin' est in uno ~io in quadam cista *EHR* XVIII 513; **1376** ut patet per particulas remanentes in ~io de hoc termino (*IssueR*) *Ib.* XXXV 418.

2 Hanaper, financial department of Chancery; **b** (~*ium scaccarii*); **c** (~*ium banci* or sim.). **d** (?) payment made to Hanaper.

1257 per Johannem de Faukener custodem haneparii nostri *Liberate* 33 m. 10; **1258** per Wybertum de Kancia, custodem hanaparii nostri *IssueR* 1215 m. 2; **1271** Johannes le Faukener custos haneparii nostri liberavit .. de exitibus sigilli nostri .. ccccl xiij li. *Cl* 327; **1333** in compoto .. clerici nuper custodis hanaperrii magni sigilli .. regis *LTRMem* 105 m. 45*d.* (*rec.*); **1339** de .. xxvj s. et viij d. .. percipiendis de exitibus ~ii *RScot* I 572a; **s1380** facta est domus .. de Bermundeseye indigena pro fine cc m. .. regi .. soluto in ~io cancellarie sue *Ann. Berm.* 480; **1389** (v. custos 5g); **1418** marcis quas .. regi in ~io solverunt *Reg. Heref.* 51; **1433** status revencionum .. regni .. per officiarios de scaccario .. de exitibus ~ii *RParl* IV 433; **1438** pro xl li. nobis .. in ~io cancellarie nostre solutis .. licenciam dedimus .. quod .. (*Pat*) AMUND. II 164; **1552** cum executione istius brevis pro xl s. solutis in hampario *Entries* 83; **1573** pro vj li. .. nobis solutis in ~io nostro concessimus .. *Pat* 1107 m. 35; contrarotulatoris ~ii CAMD. *Br.* 143 (v. 1 cancellaria 2c). **b** **1359** [cancellarius scaccarii] presentavit hic Johannem de B. capellanum ad custodiendum ~ium hujus scaccarii et brevia sub sigillo hujus scaccarii sigillata liberanda *KRMem* 135 (*commissiones, Hil.*); **1364** Ricardo de S., clerico ~ii de scaccario *IssueR* 417 (*Mich.*). **c** **1375** exitibus .. tam de hanaperio cancellarie .. quam de ~iis banci nostri et communis banci nostri provenientibus *KRMem* 151 (*brevia baronibus, Mich.*); **1389** quod aliquis de prima vel secunda forma non sedeat in hanaperio cancellarie .. nec in ~io de communi banco ad aliqua brevia ibidem legenda *Chanc. Orders* 4. **d** **1282** mandamus vobis quod, examinatis brevibus presentibus .., eadem celeriter sigillari faciatis et tradi presencium portitori de ~io omnino quieta *PS* 1692/88.

hanaster- v. hanster-.

hanapus [AS *hnæp*], cup, goblet.

bibit .. adportatum sibi venenum omne quod anaphus habebat ÆLF. *Æthelwold* 15 (cf. WULF. *Æthelwold* 19: venenum totum quod erat in calice); accipe anaphum et imple et da mihi bibere ÆLF. BATA 4. 10; **10..** anaphus, *hnæp WW*.

Hanaucensis v. Hainaucus.

hanca, ~ia [AN *henke*, OF *hanche*, ME *haunche*], haunch, thighbone, thigh; **b** (as relic of saint); **c** (of animal). *Cf.* 1 *anca*.

putabat .. que sanctis manibus attrectabantur hancharum suarum compagines .. dissiluisse W. CANT. *Mir. Thom.* III 4; in anchis RIC. MED. *Anat.* 219 (v. 1 cavilla 1); aligatur .. matrix spine dorsi fortiter posterius et duabus anchis *Ps.*-RIC. *Anat.* 40 (cf. ib. 43: anche .. juncturam); si in matrice sub umbilico et anchis sentitur gravitas et adest genuum debilitas GILB. I 40v. 1; una combustio fiat super hanche juncturam, alia in coxa .. et altera in crure *Ib.* VII 325v. 1; Libra habet lumbos, .. verecunda, ~as, ylia, .. BACON IX 199 (*in imagine*) (cf. ib.: Sagittarius habet femora, coxas, ..); debet colligere tot spicas .. quot potest tenere in manu sua et ponere ad hanchiam suam et ligare *Cust. Bleadon* 205; **1319** post mortem .. in ~is patuit talis arctus quod ossa apparuerunt (*Inq. de mir. Roberti Winchelsey*) *Conc.* II 488b; inguina sunt partes ex utraque parte sub umblico ubi conjunguntur coxe cum ancha GAD. 25v. 2; vertebrum est os rotundum hanche *SB* 43. **b** de S. Aldelmo .. ~ia integra cum parte capitis *Chr. Abingd.* II 46; de S. Vincentio brachium et hanca *Ib.* 156; de S. Stephano .. os unum; hanchie de cruribus ejusdem J. GLAST. 11. **c 1214** hanchias (v. 1 grassus 1); **1234** omnia femora et hanchias x bissarum *Cl* 384; **1255** mastini .. dilacerantes .. brokettum vulneratum in dextera hanchia *SelPlForest* xxv (cf. ib. 21: una hanchia venacionis); **1289** item j dam', j latus, j hanch' pinguedinis *Ac. Swinfield* 15; j latus, j hanch', j cauda venacionis de firmas' *Ib.* 23; **1296** de iiij cervis, viij damis, j costa, ix haunchis, [etc.] venditis *DL MinAc* 1/1 r. 12d.

hancer- v. hansar-. **hancha, ~ia** v. hanca. **hancia** v. hanca, 2 hansa.

hanckus [ME *hank, haneke*; cf. ON *hankar*], 'hank', reef-point or gasket. (*Cf. Sea Terms* II 42–4).

1212 pro hanekis .. et pro sepo et pice ad naves *Pipe* 23; **1213** quod .. ematis picem et saponem et heyras et ~os *Cl* 156a; **1214** pro .. hairis et hanekis ad galias regis *Pipe* 79.

handaina [ME *handain* < AS *hand* + *dægwine*], day's manual labour (Som). *V. et.* 2 *andena, daina*.

1234 debet arare .. qualibet ebdomada dim. acram, et faciet .. ij handenas infra eundem terminum ..; et .. die quo arat .. aut falcat est quietus de handenis *Cust. Glast.* 8; pro handayna debet triturare j bussellum et dim. frumenti et iij bussellos ordei .. et eos ventilare et portare in granarium *Ib.* 14; [faciet] qualibet die operabili j hayndenam *Ib.* 45; debet facere wallam suam pro handanis suis *Ib.* 49 (cf. ib. 149: handeinam); unam handenam, sc. fossare [etc.] .. a mane usque ad terciam *Ib.* 153; ij andenas *Ib.* 160.

handhabbenda [AS *handhabbend*], apprehended in possession (of stolen goods), caught red-handed.

fur .. nullo modo vita dignus habeatur .. sit liber, sit servus .., sic [v. l. sit] ~a, sic [v. l. sit] non ~a (*Quad.*) *GAS* 172; ne forisbannitum aut furem ~am Francigenam vel Anglicum ultra duodecimum etatis annum et viij d. valens impunitum transeant (*Leg. Hen.* 59. 20) *GAS* 579; si in mortificantibus ~a sit, sicut liber moriatur (*Ib.* 23a) *Ib.* 580.

handlum [ME *handle*], handle (in quots., of plough).

1280 in ij ~is iij d.; in j jugo ij d. *MinAc* 839/26 (*Essex*); **1286** in ij ~is et ij trabibus carucarum cum ferro ligandis *Ac. Man. Cant.* (*Loose, Kent*).

handsoca v. hamsocna. **hanel-** v. et. anhel-. **hanelacius** v. alenatius. **hanep-** v. hanap-.

hanga [ME *hanger*], hanger, wooded slope.

12.. pro longa ~a in mora de dominico *Reg. Pri. Worc.* 51a.

hangerlonda [ME *hangerlond*], land on slope.

1368 de j acra dim. †hangylondi [MS: hangirlond'] que †reddit solutum [MS: r' sol', i.e. reddere solet] xij d. quando seminatur (*MinAc* 885/33) *Econ. Condit.* 74 (cf. ib. 22 [**1307**]: iiij d. pro *hangerlondsilver*).

hangewitha v. hengewita.

hangrellum [cf. MSc. *hangrell*], part of cow-shed, (?) 'hangrell', rail for hanging objects.

1341 in bosco pro v copulis crukarum, railis, hengerell', *bordes* et alio meremio necessario pro .. domum .. vaccarum faciend' *MinAc* 1091/6 m. K 4 (*Lancs*).

hankeragium v. ancoragium. **hanna** v. hamma. **Hanno-, Hanon-** v. Hainaucus. **hanop-** v. hanap-. **hanotria** v. havotaria.

1 hansa v. 1 ansa.

2 hansa [ME, OF *hanse* < MHG *hansa*]

1 'hanse', privileges and exaction rights of mercantile guild. **b** fee for admission thereto.

a1154 me concessisse civibus .. de Eboraco .. gildam suam mercatoriam et ~as suas in Anglia et Normannia *BBC* 6 (*York*); **a1159** cum omnibus libertatibus predicte gilde sue et ~is suis ei pertinentibus *Ib.* 204 (*York*); **a1185** liberum ansum *Ib.* 205 (*Aberdeen*); **a1190** quietantiam de theloneo et passagio et pontagio et de ansa et de omnibus aliis consuetudinibus per totam terram meam *Ib.* 185 (*Newcastle-on-Tyne*); **1198** quietus de introitu et de ansis per totam Angliam *Gild Merch.* II 137; **1200** (v. 2 gilda 4a); **1229** quod .. habeant geldam mercatoriam cum ~a et aliis libertatibus .. ad gildam illam pertinentibus *Doc. Ir.* 94; **1284** quod ipsi [burgenses de Aberconewey] habeant gildam mercatoriam cum ~a et aliis consuetudinibus et libertatibus ad gildam illam pertinentibus *ChartR* 72 m. 3; **1336** (v. 2 gilda 4b); **c1350** quod nativi .. in eadem villa manentes .. et in .. gilda et ~a *lot* et *scot* cum .. burgensibus per unum annum et unum diem .. manserunt, .. a dominis suis repeti non possint *Rec. Caern.* 158; **1363** quod habeant gildam mercatoriam cum ~a de omnibus Anglicis in eadem villa residentibus (*Pat*) *Gild Merch.* II 386. **b 1196** solvunt de introitu et de tauro et de ansis *Rec. Leic.* I 12; quietus de omnibus ~is et de introitu *Ib.* 13; **p1200** omnes qui sunt de libertate ville Gippeswici veniant coram aldermanno ad ponendum se in gilda et ad ~am suam eidem gilde dandam *Gild Merch.* II 121; **1201** (c1320) dat ad ~am gilde ville unum quarterium frumenti et unum aprem (*sic*) *Ib.* 123; **1219** debet hansum *Rec. Leic.* I 24; **c1350** quod omnes .. qui .. ~am, viz. quoddam proficuum vocatum *hans*, et *lot* et *scot* cum eis solverint, erunt de gilda predicta *Rec. Caern.* 161.

2 commercial league of German towns, Hanseatic league. **b** (?) member thereof.

1283 cum .. inter majorem .. et cives .. verteretur contentio .. et mercatores de ~a Alemannie in .. civitate tunc morantes .. super reparacione porte [de Bishoppesgate] ..; mercatores predicti, viz. Gerardus Merbode, aldermannus ~e predicte, Ludulphus de C., civis Colonie, [et al.] .. *MGL* I 486 (cf. ib. II 71: ejusdem hancie); **1305** quod Alemanni de ~a, mercatores Alemannie, sint quieti de ij s. ingrediendo et exeundo .. ad portam de Bisshopesgate *Ib.* II 112; **1331** quod quocienscumque aliquis de ~a predicta .. bona .. de regno Alemannie .. in civitatem .. duxerit .. *PQW* 455b; **1397** navis Tidman Colner' vocata George de Dantzik exiens ibidem .. de eodem de ~a pro xx peciis panni lati .. cust' xviij s. *EEC* 446; **1407** ab .. illis de Prucia vel ~a Teutonica *Foed.* VIII 468a; **1412** cum mercatores [Anglici] per mercatores societatis de ~a partes predictas [de Berne in Norwegia frequentantes] .. molestati .. extiterint (*Pat*) *Ib.* 722a; **1467** in navi Nicholai Fletcher .. de Thoma Watson' alienigena pro xl quar. ordei .., de Johanne Haliday seniore indigena .. de navi Alberti Gloffhamers .. de eodem magistro de ~a pro ij cistis .. *EEC* 616; **14..** separat indigenas hic ab hansa Theutonicorum / ac alienigenas, quia differt quilibet horum (*Vers. Exch.*) *EHR* XXXVI 59; **c1500** mercator de Haunsa in Almania *Entries* 302; dives de ~a mercator .. in Thamisi mersus ANDRÉ *Hen. VII* 121; **1550** aldermanno et societati mercatorum Anze residentium in le Stillyarde Londonensi *Steelyard* 214; **1585** mercatores Anse (v. Hanseaticus). **b 1421** de Alfrido van Dorne ~a pro iij balis .. de Johanne B. indigena .. de Stephano T. alienigena .. *EEC* 455–6.

hansacus [OF *hansac*], dagger, poignard.

1213 pro vj vaginis ligatis ferro ad vj ~os .. regis factis .. ij s. vj d. *Misae* 237.

hansagium, payment exacted by guild.

1204 cum soca et saca .. et cum quietantia de †hansagto [l. hansagio] et auxiliis vic. *RChart* 135a; **1318** quod .. burgenses [de Grymesby] .. de passagio, lastagio, ~io, ancoragio, terragio sint quieti *ChartR* 105 m. 1; **1324** de hujusmodi theolonio, muragio, .. stallagio, ~io, .. kayagio, passagio [etc.] (*Ch. Regis*) *Gild Merch.* I 195*n*.

hansaria, payment exacted by guild.

1294 uno redditu qui vocatur *basket*, stallagio, piscaria, coquinaria, et hanseria, qui valent per annum xl li. *Firma Burgi* 94.

hansarius, pertaining or (?) exclusive to guild or guild member.

1327 gildam ~iam, **1334** hanceriam (v. 2 gilda 4g); **1327** Henricus .. petit societatem gildanorum; habeat .. totaliter de dono domus; et quod sit libera et non hansoria (*Andover*) *Gild Merch.* II 321; **1328** Philippus filius .. Egidii .. petit gildam dicti E. patris sui, quam habuit per Willielmum W. hansar'; habeat et gaudeat (*Ib.*) *Ib.* 323.

Hanseaticus, Hanseatic.

1585 si placuerit dominis ~is vel Hamburgensibus concedere talem residentiam, majestas sua pollicetur .. decreta hic facta abolita iri et mercatores Anse Teutonice restitutos in omnibus .. privilegiis *Steelyard* 185; **1587** Anseaticarum civitatum *Ib.*; Germani ~ae societatis mercatores CAMD. *Br.* 370.

hanseatus, (member) of protected mercantile guild.

12.. gentes Lenie in alia navi ibidem hanceatos .. occidere *IMisc* 19/36 (cf. *Cal.* 2159: †hantesantes).

hansor- v. hansar-.

hansterius [cf. hansa], (sb.) guild member.

1459 de hanasteriis admissis in gildam *MunCOx* 286; **1498** in rotulo de anno undecimo Hen. IV sic lego: 'item computant de ~iis hoc anno xiv li.' *Ib.* 288.

hansum v. 2 hansa.

hanta [AN *hante*, OF *hanste*], shaft (of weapon).

1198 pro .. ~is et picoisis et venatione regis et hernesio balistariorum *RScacNorm* II 311.

hantesare v. hanseatus.

hapalosarcus [LL < ἁπαλοσάρκος], with tender flesh.

ap[p]alum interpretatur 'sine pelle' et inde dicuntur ova appalia .. i. mollia ..; inde dicitur †apalofarchos [v. l. †apolapharchos], i. caro mollis *Alph.* 13.

hapalus [LL < ἁπαλός], soft, without shell (of egg).

apala dicuntur ova quasi sine pelle ..; proprie tamen dicuntur apala que in ventriculis gallinarum sunt, et sine testa reperiuntur NECKAM *NR* II 158 p. 261; pone in aceto .. vij ova et tamdiu ibi dimitte donec testa exterior remolliatur ad modum apali GILB. III 168. 1; ova appala, i. sine pelle vel sorbilia *SB* 32; ova appalia *Alph.* 13 (v. hapalosarcus).

happa v. haspa. **haps-** v. hasp-.

hara [CL], pigsty; **b** (fig.).

de ara suili attrahere *V. Kentig.* 2; porcum nutrit ărā, gentilis eum necat ārā SERLO WILT. II 12 p. 80; est ăra porcorum; respicit āra deos *Babio* 280; NECKAM *NR* II 158 (v. bostar); non licet alicui burgensi .. porcos in burgo retinere nisi habeat custodem .. vel pascat eos in ~a unde vicini dampna non incurrant *Leg. IV Burg.* p. 37; ~a porcorum BACON *Gram. Gk.* 30; aperculus aprum / consequitur, nec eos amplius artat ara GOWER *VC* I 306; ara, *stye, or a swyne holke, swyncote WW*; **1476** pro factura j *bay* in ara porcorum viij d. *Ac. Durh.* 95; *a swynsty*, ara, porcicetum, suarium (versus: est ăra porcorum brevis, non āra deorum) *CathA*. **b** pontificum primi caput obtruncatur ad aram; / o scelus! en ăra vilis habetur āra! R. PARTES 245; emungitque bonis ara ventris numinis aram HANV. V 69.

1 haracium, ~ia [OF *haras, haraz*], stud (of horses).

1139 do .. decimationes .. in bladis, pratis, harraciis, molendinis *MonA* III 330 (cf. ib.: decimam herracii mei); **c1150** decimam de omnibus .. araciis equorum et equarum (*Ch. Com. Leic.*) *Ib.* VI 1079a; **a1178** decimam .. de tota vendicione et venacione, ~io et herbagio *Act. Hen. II* II 99; **c1200** decimas de dominio suo, de pratis, de bladis, parcis, haratiis, molendinis *MonA* III 332 (cf. ib.: decimam aratii sui); **c1211** habebunt .. omnia averia .. ad pasturam, sc. boves et vaccas et porcos et equos et equas sine ~io, et omnia averia sua preter oves *FormA* 27; **1216** quod totum ~ium et omnes vaccas .. Walteri de L. que sunt in foresta nostra de G. .. eidem Waltero .. habere facias *Cl* 279b; **1232** quadragesimam partem omnium mobilium suorum .. viz. de bladis .. vaccis, porcis, ~iis [etc.] *Cl* 155; **1298** de decimis pullorum de ~io .. comitis *Reg. Cant.* 284; **1307** pasturam haraceo suo (*Pat*) *MonA* V 594; **1330** equi modici valoris .. grossa jumenta nostra .. assaltarunt .. in .. ~iarum nostrarum .. adnullacionem manifestam *Chanc. Misc.* 11/8/4.

2 haracium [? cf. AN *arache, arace* < atriplicem], kind of vegetable, perh. orach.

1322 quoddam tassum de ~io *Ext. Alien. Pri.* 7/18 (10) (*Middx*); **1325** j quar' iiij buss' ~ii in grangia per estimacionem in garbis *MinAc* 1126/5 r. 1 (*Middx*); ~ium .. in sustentacione xl porcorum impinguencium *Ib.* r. 3*d.* (cf. ib. 1126/7 m. 1*d.* [**1434**]: haras .. in dato equis et porcis); **1341** mixtura famulorum: idem respondet de .. iiij buss' aracii et ij quar' v buss' dim' drageti superius mixt' ad liberaciones famulorum *MinAc* 1120/11 r. 14*d.* (*Bucks*); **1388** xl acre seminate cum haras' precium acre xvj d. *EschF* 1756/8 (*Suss*) (cf. ib. 13: cum harac'); **1397** x acras haras', prec' acre xij d. *IMisc* 269/12 (*Suss*); **1419** harasc': .. et de j quar' vj buss' harasc' de remanenti in granario, mensure rasa *MinAc* 1249/4 m. 1*d.* (*Suff*); de ij quar' pis' gris' receptis .. ad miscendum cum .. avena pro prebenda. et de j quar' vj buss' receptis de harasc' mens' manuras' ut supra ad miscendum cum avena causa predicta *Ib.*

harag- v. hareng-.

haraidum [AN *arraie, arai* < ad + Frk. *redo* (cf. AS *rād*), *infl. by* AS *here*], troop, band.

GAS 597 (v. assilire 2a).

harald- v. herald-.

haranga [cf. OF *harangue*], formal address, oration.

1255 arenga est preambula benevolentie captacio per

verba, prime, secunde, et tercie persone attentos reddens et alliciens auditores *MS Brogyntyn* 21 f. 123 (cf. *HMC Rep.* IV app. 379); **1278** incipit arenga domini Francisci .. coram .. papa pro rege Anglie *EHR* LVIII 440; ?**1284** ~a alia pro indulgenciis *Reg. Ebor.* 302; c**1390** aliqui sunt qui in confitendo magnam haurengam verborum proferunt (W. HILTON) *MS BL Royal* 6 E III f. 116v.; **1396** arenga est .. prefacio per quam perpetramus benevolenciam domini vel amici *FormOx* 416*n.*; *randone or long raunge of wordis*, haringa *PP*.

harasc- v. harac-. **harb-** v. et. herb-. **harberg-** v. herberg-. **harbor** v. arbor.

harboragium, harbour due.

1606 (v. ballastagium).

harc- v. et. arc-, hart-.

1 harca [cf. 1 arca], (? built-in) chest or cupboard.

1291 in xv bordis emptis ad faciendos cuntrillos ad duas ~as faciendas sub camera orientali *KRAc* 460/28 r. 1 (cf. *Building in Eng.* 321: †hartas).

2 harca v. 2 harta.

harcabusarius [Eng. *harquebusier*], soldier armed w. an harquebus, gunner.

1556 cccc galloglassi et c ~ii .. parati erunt ad mandatum generalis Ultonie *ActPCIr* 8.

harcia v. 2 harta, hercia, hesa 3. **hard-** v. et. hart-, herd-. **hard'** v. harditus.

†hardacra, *f. l.*

1156 concessise .. ecclesie S. Leonardi de Stanlegha .. lx s. per annum, sc. hardacr[am] [MS: Hardacr[as], i. e. *Hardacres*] de Berchelaio *Act. Hen. II* I 105 (cf. *PN Glos* II 244).

hardere v. ardere 1d. **hardeum** v. 2 harta.

hardillare [cf. OF *hart*], to find withies for hanging meat in the king's kitchen. *Cf* 2 *harta* 1b.

1238 j virgatam terre in Hungerford' [*Berks*] per serjantiam .. ~andi venaciones .. regis *Fees* 1382 (cf. ib. 385 [**1227**]: Ricardus Pessat tenet j virgatam terre in Hungerford' per serjantiam faciendi *harz* in coquina .. regis; *also IPM* 28/2 [**1263**, *Godfrey Punsard*]: per servicium inveniendi *harde* ad laqueandum pecias carnium in coquina .. regis); **1242** Galfridus Ponsard [tenet] in eadem [*Hungerford*] j virgatam terre .. per serjantiam ad hardiland' carnes *Fees* 864; **1247** per serjantiam ~andi carnem in quoquina .. regis *Ib.* 1415; **1248** dicunt .. quod Galfridus Punzard tenet j virgatam terre in Hungerford per serjanciam ~andi carnem in quoquina .. regis *Eyre Berks* 308; **1380** predicta terra [*in Hungerford*] tenetur de .. rege in capite per servicium serjancie ad harliandum carnes .. regis *IMisc* 221/10.

hardillo [OF *hardillon*], (?) tongue of clasp or buckle.

1204 firmaculum cum iiij smar' et iiij saph' et iiij bal' et cum una turk' in hardilione *RChart* 134; **1205** firmaculum cum .. j turkeiso in ~one *Pat* 55a.

harditus [OF *hardi*, cf. DuC s. v. cotardia], (?) fastened with laces.

1326 viij tunicarum hard', quarum j tunica dupplicata *KRAc* 381/11/111; **1331** ij tunicas hard' et ij cloch' *Ib.* 385/4; iij tunicas hard' frunciat' *Ib.*; ad xiij tunicas hard' cum capuciis po me et xij aliis falconariis regis, xlv ulnas et dim. panni radiati *Ib.*

harduica v. herdewica. **hardum** v. 2 harta. **hardwicha** v. herdewica. **hareagium** v. 2 averagium.

harella, ~um [OF *harele*], hue and cry (C. I.). *Cf. harou.*

1247 prisones .. debent repleggiari, nichil nobis .. dando nisi capta [? l. capti] sint per ~am vel pro felonia sive pro pace nostra infracta *Cl* 546; **1248** nichil dando baillivo nisi capti sint per ~am vel pro felonia *Ext. Guern.* 26 (= *CalIMisc* 55 p. 16); **1304** de placitis ~orum *JustIt* 1159 r. 3*d.*; **1309** jurati de ~a presentant quod Matheus du P. maliciose verberavit Augustinum de C. *S. Jers.* XVIII 165.

harena [CL]

1 sand; **b** (used in building); **c** (used in glass-making).

~a, sablo *GlC* H 40; arena, *sand* ÆLF. *Gl.* 146; [ignem Grecum] non potest .. aliquid extinguere nisi urina et arena [ME: *sont*] et acetum *AncrR* 159; **1442** quod .. humum .. infra listas .. cum zabulo et arena .. plane cooperiri facerent (*Ac. Foreign*) *Analog. Cant. Pilg.* 23 (cf. ib. 24: zabulum sive araneam); arena, A. *gravel*; .. hec arena, *sand or gravylle*; .. hec †arema, *gravelle WW*. **b** **1220** pro dccccl summis ~e ductis *Ac. Build. Hen. III* 30; cementum est calcis et ~e cum aqua temperate conjunctio BART. ANGL. XVI 23 (v. caementum a); **1318** expense circa pavimentum ad pontem: .. ad cariandum arenam *Rec. Leic.* I 323; **1323, 1333** (v. 2 calx 1a, b); **1338** operarii invenient petr', calc', arrenam ad easdem domus *KRAc* 348/1; *Mir. Hen. VI* II *dedic.* p. 84 (v. harenarium). **c** **1381** arena (v. 1 fundere 2d).

2 (sg. or pl.) 'sands' (of sea or shore). **b** quicksand.

his neque per caelum rutilantis sidera sperae / .. ponti nec compensantur harenae ALDH. *Aen.* 73 (*Fons*) 7; hic tum siste ratum, puppis potiatur harena ALCUIN *Carm.* 4. 23; anchora ni firma primum solidetur harena FRITH. 1048; R. COLD. *Godr.* 12 (v. delphin a); submersum juvenem squalentes inter harenas / inveniunt *V. Merl.* 528; GIR. *TH intr.* p. 8 (v. eligere 1a); arena *Itin. Mand.* 100 (v. 2 gutta 1c). **b** hic Harold dux trahebat eos de arena *Tap. Bayeux* 21.

3 arena, amphitheatre. **b** (transf.) field of battle.

pervenit ad flumen quod muro et ~a, ubi feriendus erat, dividebatur BEDE *HE* I 7 p. 20; ~ae, pavimentum theatri *GlC* H 22; caballus / .. lapsus / in lapidem cecidit, qui forte aequalis harenae / in medio campi latuit sub cespite tectus ALCUIN *SS Ebor* 1187; teatrum et arenam incolo nudus pugil et inermis MAP *NC* III 1 f. 34. **b** c**1298** fere centum millia subdit rex arene (*Dunbar* 206) *Pol. Songs* 176.

4 grit, sediment; **b** (in urine).

ferrugo .. est arena .. in fundo alvei aque fabrorum *SB* 21. **b** si fuerint ~e rubee, significat nocumentum renum GAD. 26. 2; apparent ~e in urina vel ex calculo, vel ex artetica, vel ex longa febre *Ib.* 96v. 2.

5 (alch.) tin.

corpus .. mundum est stannum, quod alio etiam nomine ~a nuncupatur ROB. ANGL. (I) *Alch.* 518b; arena virtutem habet relaxandi *Alph.* 14.

harenaceus [CL], made of or resembling sand.

c**1400** tu .. vadas ad torrentem .. et invenies lapidem .. et sub illo .. capias petram arenaciam; laves .. corpus cum aqua et frica cum petra et sanaberis *Ghost Stories* 417.

harenare, (?) to crumble into or form sand.

lapides .. diminute se in similitudinem calculorum ~antium dissolvunt R. COLD. *Cuthb.* 21 p. 45.

harenarium [CL], sand-pit.

dum ad viarum publicarum reparacionem in arenario laboraret .. immensi ponderis irruente super eam arene globo zabuloque innumerabili oppressa succubuisse memoratur *Mir. Hen. VI* II *dedic.* p. 84.

harengaria [OF *harengerie*], herringry, curing shed.

a**1278** cum in dicto testamento meo domum harengar' mee juxta domum Roberti de S. existentem Deo et B. M. Magd. de Lanrecost .. legassem (*Cart. Lanercost*) *MS Carlisle R. O.* DZ/1 f. 126 (cf. ib. 127v. [**1336**]: cirograffum de domo harengar' in Novo Castro); c**1289** pro portacione [bosci] ab aqua in gardinum harangarie .. in cooperacione et hemendacione haragarie .. in portacione allec' a navi in haragariam .. pro salsacione allec' *DC Durh.* (*Ac. Wardley*) *sched.*

harengus [OF *harenc*], herring; **b** (as exaction).

valebit nobis viij milliarios de *harenc* et hos ~os faciet nobis habere Radulfus del Bosc *Text. Roff.* 185v.; a**1152** ad emendum pisces qui vulgaliter harenchi dicuntur *Act. Hen. II* I 50; c**1158** iij m ~orum apud Pontem Audomari *Ib.* 327; c**1177** de omni pisce marino summa iiij d., exceptis †arentiis, sepiis, et anguillis *Ib.* II 56; **1180** militibus de Pormort xxviij s. pro ij m ~orum de feodo *RScacNorm* I 59; **1198** de .. ccc anguillis et cccc de hareng' *Ib.* II 369. **b** c**1170** unam masuram .. quietam ab omnibus consuetudinibus .. et de ~is et megarellis .. et omnibus aliis piscibus *Act. Hen. II* I 529; c**1180** quietam de ~is et maquerellis et de botagio et .. omnibus aliis consuetudinibus *Ib.* II 342.

harenositas, (med.) gritty sediment.

exit cum ~ate fex furfurea GAD. 98. 1.

harenosus [CL], sandy. **b** (fig.) arid. **c** (med.) gritty.

680 vascula .. aut ~is sablonum glareis aut .. cineribus expianda praecipiunt ALDH. *Ep.* 4; in arenosis locis litoris .. orabat *V. Cuthb.* II 3; **798** sicut gemmarum fulgor inter ~am splendescit glaream ALCUIN *Ep.* 141; Juppiter Hammon .. propter locum ~um *Natura Deorum* 32; *SB* 21 (v. filipendula); mare arenosum *Itin. Mand.* 100 (v. 2 gutta 1c). **b** sine temperantia .. caro humano ardore libidinis exusta ~a redditur et sterilis GROS. *Hexaem.* XI 24 p. 327. **c** si sanguis .. habeat contenta nigra, aspera, ~a, ostendit lepram GAD. 46. 1; urina .. habens sedimen ~um rubeum .. lapidem renum significat *Ib.* 96v. 1.

harenula [CL], particle of grit (med., also collect.).

urina .. lactea et spissa cum ~is GILB. VI 239. 1; si .. urina facit ~as GAD. 46. 1; vidi lapidem extractum a muliere .. cum ~a alba; et vidi in quibusdam harenam rubeam venientem a lapide renum in eis comminuto *Ib.* 96v. 1.

harepipa [OF *harepipe*], snare.

1390 (**1541**) quod nullus artifex .. leporarios .. teneat, nec ferettas, haias, ~as, recia, cordulas aut alia ingenia .. pro capcione .. ferarum *KB ContrR* 174 (*Mich.*) 37*d.*; **1447** quod possint venari .. dum tamen retia vel †*herepises* vel hujusmodi ingenia non imponant *ChartR* 189 m. 26; **1495** quod nullus artifex .. habuerit .. leporarios .. aut furettos, haios, retia, ~as, cordulas aut alia ingenia .. pro captione .. ferarum *Entries* 405b.

harerus v. haerettus. **hari-** v. et. hauri-. **hariet-** v. heriet-. **harig-** v. herig-. **haringa** v. haranga.

harinulcis [LL *gl.*], (?) finder of water, well-digger.

~es, repertores aquarum *GlC* H 18; ~es, fossores, repertores aquarum OSB. GLOUC. *Deriv.* 277.

hariolari [CL], to divine, practise divination; **b** (w. ref. to *1 Sam.* xv 23).

s**1236** fedus inauditum inierunt, quoddam genus arriolandi invenientes M. PAR. *Maj.* III 365; quota stella rotis, quota sit temone Bootis / singula rimatur, dijudicat, ariolatur R. CANT. *Malch.* V 35. **b** s**1146** cui [sc. Bernardo] apostolicus quasi peccatum arriolandi reputavit repugnare et quasi scelus idolatrie nolle acquiescere J. HEX. *HR Cont.* 318; **12..** melior est obediencia quam victime, et .. inobediencia peccato ariolandi et ydolaterie comparatur *Reg. Aberd.* II 19; **1279** spiritu contumaci sacris .. canonibus reluctantes, quod a crimine ydolatrie seu peccato ariolandi non multum abhorret *Conc. Syn.* 1120; **1282** in hoc casu obedientiam subterfugere est ad ~andi [MSS: arriolandi] speciem declinare PECKHAM *Ep.* 247 p. 316.

hariolatus, divination; **b** (w. ref. to *1 Sam.* xv 23).

ariolatus, *frihtrung GlC* G 721. **b** ambitio .. ad crimen ariolatus et idololatrie .. te compellit P. BLOIS *Ep.* 62.

hariolus [CL]

1 soothsayer, diviner.

areolus *GlC* A 778 (v. erepticius); ariolus *Ib.* A 800 (v. divinus 2); hareolus, divinus, ab aris *Ib.* H 15; ariolus VINSAUF *PN* 350 (v. augur a); ariolos P. BLOIS *Ep.* 65. 192B (v. genethliacus 1); arioli, qui circa aras nefarias preces aut execrata sacrificia faciunt J. SAL. *Pol.* 407C; consulit ariolos, astrorum consulit ortus *Brutus* 139; cum .. Balan ariolus .. multa .. previdens predixerit J. FURNESS *Kentig.* 45 p. 241; **1239** arioli GROS. *Ep.* 127 (v. idololatra 1a); **1406** (v. divinator).

2 (? by conf. w. *hilaris*) cheerful.

hareolus, jucundus *GlC* H 15.

harliare v. hardillare.

harlotus [AN *harlot*, OF *herlot*], vagrant. **b** hedge-priest.

ribaldi et hereloti de loco ad locum currentes .. otiose viventes GIR. *Spec.* III 20; humilitas assimulatur prudentibus ~is [ME: *cointe harloz*] manifestantibus sua infirmiora .. in conspectu divitum ut .. eis bona largiantur *AncrR* 126. **b** **1263** quidam qui se ~os appellant vagi et otium foventes *Cl* 371 (v. conventiculum 1b).

harmala [LL], wild rue (*Peganum harmala*).

ysopi .. harmel', cimini agrestis, majorane [etc.] GILB. VII 329. 1; erimola *Alph.* 58 (v. besasa a).

harmonia [CL < ἁρμονία]

1 fitting together.

colligunt in scrinia .. pignora [i. e. ossa sanctorum] compagine et ~ia corporali rite composita GOSC. *Transl. Aug.* 18B.

2 melody, music; **b** (made by human voice); **c** (made by instrument); **d** (made by insect); **e** (made by spheres of the heavens or by God).

triplex est genus ~ie; unum est ferox .. aliud lascivum .. tertium virile BACON *Tert.* 296; est .. periodus nomen Grecum et dicitur a pary, quod est circum, et odos, quod est consonancia in cantu vel armonias quasi circularis consonancia vel armonia. transumitur autem nomen consonancie et armonie ad significandum debitam proporcionem elementorum ex quibus res constant, et ideo hoc nomen periodus accipitur pro mensura circulari armonice rei que ex circulo celesti inponitur T. SUTTON *Gen. & Corrupt.* 188 (v. et. 3a infra). **b** ALDH. *VirgP* 30 (v. consonus a); armonia, *suinsung GlC* A 720; armoniae BYRHT. *HR* 4 p. 8 (v. Gregorianus 1a); eandem armoniam cum cantu se de ecclesia levare HON. *Spec. Eccl.* 863B; Anglorum populi .. canendo symphonica utuntur ~ia GIR. *DK* I 13; ALB. LOND. *DG* 8. 19 (v. deprehendere 3a); armonia BART. ANGL. XIII 27 (v. delphina a). **c** vulgus .. ~iam fistularum .. miratur AILR. *Spec. Car.* II 23. 571C; s**1430** cum dulcissima armonia omnium instrumentorum *Plusc.* XI 5. **d** cicade .. voces canoras emittunt; dulciusque .. decapitate quam integre .. canunt. .. moribundo a corpore .. mirabilis emittitur ~ia GIR. *TH* I 21. **e** alios fecit praefatus nosse magister / harmoniam caeli, solis lunaeque labores ALCUIN *SS Ebor* 1440; auscultat et non audit ~iam tuam ANSELM (*Prosl.* 17) I 113; ut perfectam redderet ~ia celestis consonantiam opus est octava sphera NECKAM *NR* I 15; [anima] ab illa celesti ~ia ad inferiora transmissa *Quaest. Salern.* B 16; quatenus mens excitaretur ad ~ias celestes BACON *Tert.* 298; motus

superiorum corporum aliquam faciunt ~iam vel sonum nec eciam innatum nobis et propterea non auditum ODINGTON *Mus.* 44.

3 concord, harmony; **b** (as explanation of the nature of the soul).

ubi ad pacem et consonantiam universa componit ~ia virtutum P. BLOIS *Ep.* 12. 39B; eodem .. modo se habent ad invicem numerus de quo arithmetica et numerus harmonicus de quo musica, vel si forte potius dicitur res per numeralem ~iam composite KILWARDBY *OS* 112 (cf. ib. 645: elocutio .. ubi requiritur .. vocum ~ia); T. SUTTON *Gen. & Corrupt.* 188 (v. 2a supra). **b** Empedocles dixit animam esse armoniam seu proporcionem elementorum *Ib.* 164.

harmoniacus v. harmonicus. **harmoniatus** v. harmonizare.

harmonice, harmoniously, harmonically, according to the theory of music.

quod oratio .. ad harmonicum pertineat et quod non sit aliud quam numerus sonorum ~e compositorum KILWARDBY *OS* 194; duplex diapason, quod armonice dicitur quadrupla proportio *Mens. & Disc.* (*Anon. IV*) 85.

harmonicus [CL]

1 being in accord or in proportion, forming an harmonious whole.

membra .. quadam .. proporcione harmoniaca pariter sunt conjuncta BART. ANGL. V 1; WALT. WIMB. *Sim.* 136 (v. 1 dissuere 1b); T. SUTTON *Gen. & Corrupt.* 188 (v. harmonia 2a); sunt corpora illa [sc. superiora] secundum ~am proporcionem conjuncta ODINGTON *Mus.* 44.

2 harmonious, melodious, tuneful (of music). **b** (as sb. f.) harmony, melody, tune.

musica succedit que nunc harmonica, sepe / rythmica me tenuit L. DURH. *Dial.* IV 101; angeli .. armonicis vocibus psallentes (*Declan* 4) *VSH* II 36; populos multos a sciatica passione .. ~a dulcedine liberasse BACON *Tert.* 299. **b** quelibet longa continet tria tempora et sic quelibet longa equipollet longe et brevi in primo modo vel brevi et longe in secundo modo vel ambobus, si bene armonice deducantur *Mens. & Disc.* (*Anon. IV*) 32.

3 harmonic, relating to music. **b** (as sb. f. or n.) theory of music.

magister P. fecit quadrupla optima .. cum habundantia colorum armonice artis *Mens. & Disc.* (*Anon. IV*) 46; est et altera medietas, que dicitur armonica, que partim convenit cum arsmetrica, partim cum geometrica *Ib.* 65; diapason dicitur .. quasi .. omnes proportiones concludens armonicas in se *Ib.* 69. **b** dicit Aristoteles [*Anal. Post.* i 13] quod ~a est sub arithmetica et arithmetica habet dicere 'propter quid' eorum quorum ~a dicit 'quia' KILWARDBY *OS* 112; *Ib.* 194 (v. harmonice); *Ib.* 209 (v. 1 hic 8b).

harmonitas, harmony, symmetry.

nec valet arguere quod nemo juxta illud ascenderet ad aliquem statum vel faceret a modo actum, quia ex sibi dubio racione defectus proporcionalis armonitatis cederet ad ecclesie detrimentum WYCL. *Civ. Dom.* III 37.

harmonizare [LL]

1 to make harmonious.

secundum .. quod partes corporis †harmoniatas videt, suas in eis potentias exercet ADEL. *ED* 27.

2 to sing, make melody.

chanter, .. psallere, canticare, armonizare *Gl. AN Ox* f. 153v.

harmus v. armus. **harnas-, harnasch-, harnass-** v. harnes-.

harnesiamentum, equipment, armour.

1254 pro harnassiamento ad novam miliciam suam (*Pat*) *RGasc* I 513; ~is .. ad novam miliciam suam pertinentibus *Ib.* 521.

harnesiare [OF *harnaschier*]

1 to equip, fit out (person, esp. w. armour); **b** (horse).

1205 quod facias habere Thomam de G. xx m. ad se harneseandum *Cl* 17b; **1206** xxx m. ad se harnesehiandum *Cl* 68a; **1225** in parte solutionis d m. quas ei dedimus ad se herneschiandum .. in servicium nostrum in Wasconia *Cl* 18b; **1228** pro expensis suis .. et pro ~iando ad eundum in servicio .. regis in Hiberniam *Cl* 23; **1231** habere .. m milites bene paratos et †arlechatos (*AncC* IV 139) *RL* I 390; **1237** ad se hernescandos et ad expensas in eundo in nuntium nostrum *Liberate* 11 m. 12; **1244** vj m. ad se harnaschiandum et ad .. runcinum emendum *Ib.* 20 m. 8; **1254** quod duobus Lumbardis vadlettis faciat habere x m. ad se hernesiendos *Cl* 220; **1254** dedit .. Giraldo c li. sterlingorum ad se ~iandum [sc. ad faciendum ipsum militem] (*Pat*) *RGasc I* 509; **1440** tria harnesia integra armature pro hominibus ~iandis (*KRMem*) *Bronnen* 1177. **b 1303** pro pastronibus .. cingulis et .. capistris de corio novis pro equis .. custodiendis et hernesiandis *KRAc* 363/18 f. 8.

2 to decorate, mount (artefact).

1296 tria cornua eburnea ~iata cum ser' et argent' *KRAc* 354/9 m. 1; **1332** zonis de serico .. herniciatis de argento (*KRAc*) *Arch.* LXXVII 137; zonam de serico .. amellato hernesciatam *Ib.* 138; **1376** hernesiavit .. zonam cum argento *MGL* I 604 (cf. *LB Lond.* H f. 42); **1393, 1431** (v. 1 baselardus); **1409** de ensiculo ~iato *Test. Ebor.* III 48; **1438** j zonam harnizatam cum argento *Ib.* II 69; **1433** unum par cultellorum hernizatorum cum argento *Reg. Cant.* II 483; **1442** unam maseram harnasiatam deauratam *Ib.* 624; **1443** zonam .. hernesitam cum argento *Wills N. Country* 44; **1457** (v. dagarius); **1489** gladium .. harnisatum cum argento (*Test.*) *Cart. Boarstall* 288; **c1496** iij zonas de serico †harvisiatas cum argento *Entries* 125b.

harnesium, ~ia [AN *harneis, ~eise*, OF *harnois, ~oise*]

1 equipment, gear, (personal) belongings, luggage; **b** (naut.).

1161 in conducto hernesio cancellarii .. viij s. v d. *Pipe* 59; **1170** pro coffris et minuto ~io ad capellam regis *Ib.* 15; **1175** de xx s. de W. de I. de attornata hernisione *Ib.* 6 (cf. *Chanc.*: retornata hernis'); **1177** in custamento ducendi harnasium regis .. ad Wintoniam *Ib.* 11; **1198** cum .. vidit domum suam accensam fugit super equum suum cum harnasio suo *CurR* I 49; mensa .. adeo se .. excutere cepit quod hernesium eorum totum, sellas sc. et clitellas et cetera superposita ad terram .. dejiceret GIR. *Rem.* 27; **1220** captus cum sigillo Walteri .. cum roba et alio hernesio ipsius W. *CurR* IX 176; **1226** cum hominibus, equis et herenes' suo *Cl* 149a; **1241** quia sumarius ejus debilis erat .. cepit unum de caretariis ad portandum arnesium suum domi *CurR* XVI 1850; **1251** obviaverunt .. Gervasio .. equitanti super ~ium domini Johannis de C. *SelPlForest* 78; **1254** quod omnes pannos et hernasia que remanserunt apud Baionam .. faciant .. duci in Angliam *Cl* 283 (cf. ib.: pannis et harnisiis); **1277** episcopus illa vice ibi non jacuit, quia totum hernesium suum jam premiserat *Reg. Heref.* 124; **1392** pro panno laneo .. pro .. sellis cooperiendis et pro diversis harnisiis domini .. faciendis *Ac. H. Derby* 241; lotrici pro locione diversorum harnisiorum domini *Ib.* 281; **1397** absque aperitione literarum, manticarum, .. aut hernesiorum suorum *Foed.* VIII 6a; **1419** diversis de Rouchestre vigilantibus †habentes [MS: hernes'] .. regine noctanter (*KRAc*) *JRL Bull.* XXVI 86; **1483** episcopum cum comitiva .. valisiis, arnesiis, rebus et bonis omnibus *Mon. Hib. & Scot.* 491b; **1492** diversas hernesias in .. regnum .. Anglie pro viagio nostro aufferre *Foed.* XII 471a. **b 1294** cepit .. in navi hernesia ad .. illam spectancia *RParl* I 128b (cf. ib 137a: hernasia).

2 armour, arms, accoutrements. **b** set, suit (of armour).

1224 quando .. debebit .. ire ad comitatum .. Adam inveniet ei ij partes custi j armigeri ad hernesium suum deferendum *CurR* XI 2045; **s1224** salvis .. militibus regis Anglie et †hernasiorum [*sic* MS; ? l. hernas' eorum] qui intus fuerant constituti *Ann. Dunstable* 91; **s1331** rex Anglie .. transivit mare sicut mercator cum mantellis et sine hernesiis ita quod vix habuit secum xv equites AD. MUR. *Chr.* 63 (= WALS. *HA* II app. 370: †sive harnesus); **1333** solvi .. armatori regis .. pro .. expensis circa facturam diversorum ~iorum pro justis .. regis *LTRMem* 105 m. 111; **1392** Johanni D. .. pro emendacione diversorum ~iorum domini de armatura *Ac. H. Derby* 173; **1416** (v. artillaria a); sub pena amissionis equi et harnasii *G. Hen. V* 12 (v. generosus 3a); **1432** (v. dagarius); **1436** in ij pipis .. plenis ~iis armorum et continentibus x paria armorum integra *ExchScot* IV 680; **1444** pro ~iis regis, viz. armaturis pro corpore regis *Ib.* V 152. **b 1440** (v. harnesiare 1a); **1459** unum hernesium de armaturis meis completum cum .. vexillo .. et alio apparatu *Test. Ebor.* II 241.

3 harness for horse or vehicle.

1242 in hernisio empto ad summarium capelle regis, sc. barhuda, scella, ij cofinis et aliis .. rebus ad idem hernisium pertinentibus *Pipe* 282; **1257** expensa carettarum: .. in harnasio emendo cum albo corio *Crawley* 216; **s1267** juravit quod nunquam abbatem installaret nisi mitteret sibi palefridum unum cum toto hernesio *Ann. Osney* 212; **1278** in oleo allecis ad carectas et ~ia emendanda *Ac. Durh.* 486; *Fleta* 172 (v. attillamentum b); **1293** super forisfacturam .. equi et hernesii et canum ipsius qui ibi venatus fuit *PQW* 595a; **1297** in albo coreo ad hernasium carectarum *Ac. Cornw* II 197; **1307** pro emendacione ~ii ij s. vj d.; in surzenglis et girtis .. et in capistro *Rec. Leic.* I 259; sacrista .. equos cum hernescio [defuncti habebit]; abbas arma *Cust. Cant.* 373; **1332** (v. carriotta a); **1363** in ij carectis, equis, hernagiis *Pri. Cold.* app. xl; **1381** in .. emendacione harnasii pro lodario *DC Cant. Ac. Malthall* X 2; **1419** in .. corr' tannat' voc' *white ledir skynnes* .. pro emendacione harnass' carrectarum *Ac. Durh.* 615; **1479** optimum meum equum cum toto hernasio suo *Test. Ebor.* III 246; **1484** j carucam cum harniso .. pro ij equis *Reg. Merton* 50; **1485** (v. carrettivus b); **1533** pro iij novis cellis cum arnesia ad opus hordarii *Comp. Swith.* 304.

4 decoration, fitting (of artefact); **b** (?) surrounding pattern (of window).

1303 (v. costrettus); **1332** ij zonas hernesiatas cum plumbo .. et iij zonas de eodem hernesio *Law Merch.* I 110; **1341** j cornu de *yvorie* cum ~io *RR K's Lynn* I 166. **b 1310** iiij[c] iiij[xx] ped' vitri ad ij formas summi operis .. unacum cxij ped' vitri ad hernesia [*ed.*: '*tracery*'] earundem emptis *Fabr. Exon.* 49 (cf. ib. 50: ad hernesiam tercie forme).

harnettum, (?) herring-net.

1353 de quolibet ~o et flueto vendito .. ob. *Reg. Rough* 29.

harniosus v. hirniosus 2. **harnis-, harniz-** v. harnes-. **harold-** v. herald-.

harou [OF *haro*], (exclamation) stop thief! (C. I.). *Cf. harella.*

1276 ~ou clamato *IMisc* 34/53; **1309** Johannes E. arrestatus per clamorem de ~ou per ejus injuriam noctanter levatum *S. Jers.* XVIII 160.

1 harpa [LL < Germ., cf. AS *hearpe*], harp.

aures et blandis demulget sepius arpis FRITH. 1348; sumpsit secum .. cytharam suam quam lingua paterna hearpam [v. l. harpam] vocamus B. *V. Dunst.* 12.

2 harpa v. harpe.

harpagare [CL = *to steal*]

1 to cause (wound) w. a hook; **b** (fig.).

caerula sanguineis arpagans vulnera rivis ALDH. *VirgV* 2313. **b** si .. monachi monasterium non exirent, milvi monasterium arpagarent LUCIAN *Chester* 67.

2 to shovel, mine.

schovelyn, arapago *PP*; *to myne*, arapagere, cunire *CathA*.

harpagator, miner.

arapagator *CathA* (v. cunitor).

harpago [CL < ἁρπάγη], hook, talon. **b** tearing.

saevos .. rapidi ~ones accipitris GILDAS *EB* 34; arpago, *awel* vel *clauuo GlC* A 756; arpago, vel palum, *hooc* ÆLF. *Gl.* 107; **1012** (12c) ex obsoleto corpore diaboli extrahatur arpagine et in lebete Sathanae decoquatur *CD* 720. **b 10..** arpagine, *slitunge WW*.

harpare [ME *harpen*], to pluck, card.

c1300 pro una petra lane ~anda j d. *Doc. Ir.* 235.

harparius, ~ator [ME *harper*], harper.

1208 Dudemandum ~atorem *Pat* 84b; **1290** magistro H. harpar' domini Edmundi de M. *Ac. Swinfield* 149; **1290** Ricardo ~atori comitis Glouc' et Ingletto menestrallo marescalli Camp' (*AcWardr*) *Chanc. Misc.* 4/5 f. 47d. (cf. ib. 48: harpiatori regis); **1331** W. ~ator *DC Cant.* D. E. 3 f. lviiib.

harpax [CL = *seizing*], grapnel. **b** rack for crossbow.

9.. arpax, *geara feng* vel lupus *WW*; *a drag*, arpax, luppus, trudes *CathA*; *a gripper*, ~ax LEVINS *Manip.* 74. **b** *a racke for a crosbowe*, ~ax *Ib.* 5.

harpe [CL]

1 sickle or scimitar.

Cyllenius harpen / et Phebe pharetram .. gestat HANV. VIII 367 (cf. Lucan IX 663); Perseus cum clypeo crystallino et ~e, quod genus est teli falcati ALB. LOND. *DG* 14. 1.

2 bird of prey.

arpa, *earngeot GlC* A 759; arpa, *arngeus Gl. Leid.* 47. 57; arpa, *ærengeat* ÆLF. *Gl.* 117; nomina volatilium: .. hec †arpipia, i. rapax *WW*; *a busserd*, arpia, picus *CathA*.

3 (?) beetle.

arpia, *ceber* [i. e. *ceafer*] *GlC* A 764.

harpex v. herpex. **harpiator** v. harparius. **harpic-** v. herpic-.

harpo [cf. OF *harpon*], harpoon.

1291 in possessione .. balene et arponis cum quo .. balena vulnerata extiterat *RGasc* III 5.

Harpyia [CL], Harpy.

legitur quod ~iae .. monstra in Strophadibus insulis .. fuissent, in forma volucrum, facie tantum virginali *Lib. Monstr.* I 44; more Arpiarum quicquid poterant corripere unguibus .. infodiebant marsupiis W. MALM. *GR* V 418; ~ie vultum habent virgineum, ungues autem rapaces GIR. *GE* II 32; ALB. LOND. *DG* 5. 6, *Natura Deorum* 135 (v. faenerator 2); tres sunt Arpie cupide, tria crimina; gliscit, / diripit, abscondit GARL. *Mor. Scol.* 221.

Harpyilogus, (title of book about Harpies).

incipit Arpilogus Johannis Seward *MS Edinburgh U. L.* 136 f. 144; explicit Arpyilogus Johannis Seguard *Ib.* f. 170.

harrac- v. harac-.

harrenan, form of omen.

~an est augurium quando homo vel avis a dextro latere tui vadit in sinistrum M. SCOT *Phys.* 57 (cf. ib.: hariena scaffarnova).

harriett- v. heriet-.

1 **harta** v. 1 harca.

2 harta, ~um [OF *hart*]

1 withy: **a** (for roofing, (?) as thatching-spar); **b** (for hanging meat in kitchen); **c** (for scaffolding).

a **c1260** debet cum aliis hidariis cooperire j grangiam domini .. de stipulis, virgis, et harcis domini (*DC Chich.*) *Sussex Rec. Soc.* XXXI 89; **1284** in virgis et horcis ad tecturam (*Rye*) *Building in Eng.* 227. **b** **c1263** per servicium inveniendi hardas ad laqueandum pecias carnium in coquina *IPM* 28/2 (= *Cal.* I 547: †harde ad laquand'). **c** **1283** in x lignis ad scaffot' cum harcis et cleys *KRAc* 467/11; **1289** in ccc grassorum (*sic*) harc' empt' ad idem [sc. scaffotas] xviij d. *Ib.* 479/15 m. 3; **1290** in iiij^c ~is empt' ad scaff' ligand' ij s. *Ib.* m. 1; **1300** in xxviij fascis virgarum et mdc harcium *Ib.* 16.

2 part of draught-tackle of plough.

1204 apellaverat Thomam .. de pace .. regis et de harciis carruce sue truncatis *CurR* III 110; **1223** de nocte venit et scidit carucam suam et harcias suas *Ib.* XI 1072; **1235** in meremio empto ad carucas .. et bugis et jugis, virgis, ~is *Pipe Wint.* 159284 r. 4; **1252** in virgis et hardis ad carucam, iij d. *MinAc* 765/15 (*Cambs*); **1267** expense carucarum ..: in v jugis, et virgis emptis ad ~as *Pipe Wint.* 159308 r. 20; **1270** in .. xiij jugis, xviij arcubus, .. ~is et aliis ad carucas emptis *Ac. Stratton* 32; **1270** in ~is et rotis ad .. carucam *MinAc* 984/2 r. 4 (*I. o. W.*); **1275** inveniet harcas ad carucas episcopi et ad boves in boveria (*DC Chich.*) *Sussex Rec. Soc.* XXXI 31; **1282** in hardis et pinwithis emptis ad carucas, cum jugis boum *MinAc* 1237/1 (*Ir.*); **1308** hardea caruce amputarunt *CourtR Wakefield* II 156; **1315** in meremio, harciis et aliis .. necessariis .. pro carucis, herciis et carettis de novo faciendis, emendandis et sustinendis *Mem. Ir.* 368; **1344** in uno seem' virgarum, pro ~is et *themes* inde faciendis pro carucis *Ac. Trin. Dublin* 57.

harula [cf. CL hara], little pigsty.

nefrendes cum succula in arula latitantes BALSH. *Ut.* 51.

haruncellus v. heironcellus.

harundinarius [CL = *reed-seller*], **~ator**, thatcher.

1304 in stipendio j arundinator' super aulam .. cum arund' cooperiend' per loca necessaria *MinAc* 999/3 (*Suff*); **1324** in stipend' j arundinatoris .. pro domibus in officio cooperiendis per loca *Sacr. Ely* II 41; **1335** in stipend' cujusdam arundinatoris pro dormitorio emendand' per loca post flatum magni venti *Ib.* 67; **c1385** in vadiis j arundinar' operantis super coopertura cum arundine cujusdam domus staur' *KRAc* 473/2 m. 20.

harundinetum [CL], reed-bed. **b** (crop of) reeds; **c** (for thatching).

facta via per palustre ~um W. MALM. *GP* II 74; **s1006** Anglia .. commota est velut arundinetum Zephiro vibrante collisum H. HUNT. *HA* VI 3; **c1177** pratum .. a capite arondineti usque ad rivum *Act. Hen. II* II 155; Offa .. fere falci similis in arundineto per medium miserorum irrumpit MAP *NC* II 17 f. 29v.; **s1256** positis tam per mare et arundineta quam per terram .. insidiis M. PAR. *Maj.* V 550; **1315** v acris terre in *west* capite arundineti sui *ChartR* 101 m. 11. **b** a terra de S. cepit metiri atque arundinetum in viam sternere, alveos etiam fluminum ponticulis cinxit *Lib. Eli.* III 32 p. 266; **1237** Matheus .. clam venit et asportavit arundinetum et salices *CurR* XVI 119 (*Berks*). **c** **1221** pro dccc arundineti emptis ad domum G. .. cooperandam *Ac. Build. Hen. III* 50.

harundineus [CL], of reed. **b** like a reed (as type of weakness or instability); **c** (w. *baculus*; *cf. Is.* xxxvi 6 *etc.*).

aerem intra arundineum instrumentum contentum extrahit NECKAM *NR* I 19 p. 64 (cf. ib.: instrumentum .. concavum ex arundinibus contentum). **b** **1167** arundinea levitate (v. concavitas 3); tanquam hirundinei homines future hiemis metu .. avolarunt; hirundinei vere hi et arundinei qui in primo venti impulsu mox cesserunt H. BOS. *Thom.* III 37; quomodo .. sapientia .. arundinee mortalis hominis rationi subjacebit? J. BURY *Glad. Sal.* 87 p. 607. **c** **1240** factus est illis baculus ~eus in quo fulti .. vulnerantur *Conc. Syn.* 292; **1341** in illusoris baculo arundineo .. fiduciam posuimus (*Lit. Regis*) AVESB. 95; RIC. ARMAGH *AP* 20 (v. confringere 1a).

harundo [CL]

1 reed; **b** (collect.); **c** (for thatching); **d** (for writing). **e** reed-bed. **f** (w. *frumenti*) cornstalk. **g** sugar-cane.

~o, calamus *GlC* H 1; ~o, canna, *hreod Ib.* 20; rex .. de fabricando palatio cum eo tractavit et .. locum illi ostendit. Thomas .. arundinem apprehendit et metiendo dixit .. ORD. VIT. II 8 p. 310; cum .. pauper .. / carus erit mundo, testudo fiet arundo, / et lepus athleta WALT. WIMB. *Scel.* 50; **s1387** Londonienses .. mobiles erant ut arundo WALS. *HA* II 161; **1391** communis forstallator arundinum *Leet Norw.* 73. **b** **1221** pro mcc ~inis vij s. *Ac. Build. Hen. III* 58; **1336** in lx garbis arundinis albi pilati .. pro *flaykys* inde faciendis *DL MinAc* 242/3886 m. 3; *MGL* I 356 (v. felgera 1a). **c** ecclesiam .. ~ine texit BEDE *HE* III 25 p. 181; NECKAM *Ut.* 110 (v. calamus 1a); **1211** de ij s. ix d. de culmo et arundine *Pipe Wint.* 165; **1228** pro mille lxx garbis ~inis ad granar' *KRAc* 462/10; **1292** in j m arondinis empt' ad hastelar' *Ib.* 468/6 r. 10 (77); **1304**, **c1385** (v. harundinarius). **d** mirum dictu, uno loco sedens homo per provincias vadit, in locis sanctis legitur labor ipsius, dum tenens ac trahens arundinem tribus digitis loquitur quod virtus S. Trinitatis effatus LUCIAN *Chester* 72 (cf. ib.: manu et calamo). **e** **1329** quartam partem j acre arundinis jacentem .. inter pratum de C. .. et arundinem meum *Arch. Bridgw.* 80. **f** **1427** in iiij^c arundinibus .. frumenti emptis pro molendino cooperiendo *Som Rec. Soc.* XXXIII 191. **g** W. MALM. *GR* IV 374 (v. 1 canna 1b).

2 reed pipe.

requies pastoris, arundo HANV. IX 414.

3 arrow.

s1100 regium pectus .. lethali arundine trajecit W. MALM. *GR* IV 333 p. 378; incertum cujus audacia eminus insidianti arundine impetitus .. evasit *Ib.* V 401.

4 (anat.) (?) wind-pipe, throat.

alia [vene] humeralis pars protenditur secundum diversas adjutorii partes; et super arundinem altera transit et vocatur †finis [l. funis] brachii; ascellaris vero pars altera .. protenditur quousque ad caput inferioris arundinis perveniat *Ps.*-RIC. *Anat.* 44.

haruspex [CL], diviner.

742 qui .. aruspicibus vel filacteriis et aliis .. auguriis crediderit .. BONIF. *Ep.* 50; aruspex, qui ad auras sacrificat ..; aruspices, qui intendunt signa corporis, .. vel observant signa avium *GlC* A 815, 820; ~ex, qui cantus avium intellegit *Ib.* H 41; per aruspices .. captivos se diabolo tradentes EGB. *Dial.* 15; aruspex, *dægmelsceawere* ÆLF. *Gl.* 108; auruspuces *GlH* E 562 (v. extispex); **10.** .. exti[s]pices, aruspices, *hælsendas WW*; aruspices sunt inspectores horarum, prescribentes quid qua hora fieri expediat J. SAL. *Pol.* 407C (cf. ib. 407D: liquet eos esse aruspices qui vaticinantur in ossibus animalium sine sanguine); anus, aruspices, ariolos .. si intromiseris, periculum pudicitie est P. BLOIS *Ep.* 79. 244C; VINSAUF *PN* 350 (v. augur).

haruspicina [LL], art of divination.

dicta est .. aruspicina, quasi ararum inspectio quia aruspices aras inspicientes in extis .. sacrificiorum futura considerent ALB. LOND. *DG* 11. 13; aruspicinam KILWARDBY *OS* 665 (v. horoscopica)

haruspicium [CL], divination.

HUGEB. *Wynn.* 7 (v. divinatio); **9.** .. aruspicium, *galdorcræfta oððe hælsera WW*; aruspicium .. in extorum inspectione viget J. SAL. *Pol.* 407D.

harvisiatus v. harnesiare 2. **harzura** v. herciatura.

hasarderia [OF *hasarderie*], game of chance, 'hazard'.

1388 ita .. quod .. exnunc ad talos non ludat nec artem seu factum ~ie exerceat *Pat* 325 m. 18.

hasardum [OF *hasart*], game of chance.

duo leccatores ludebant ad ~um in porticu ecclesie *Latin Stories* 66; **1339** inhibemus ne aliqui de collegio ad taxillos vel ~um ludant *Stat. Ottery St. M.* 187.

hascia v. ascia.

hasech [Ar. *ḥasak*], (?) spiny plant, caltrop, thistle, or pomegranate flower.

haseth, i. tribulus vel balaustia *SB* 23.

haspa, ~us [ME *haspe* < AS *hæpsa*], hasp (for securing door, window, or sim.); **b** (as token of seisin); **c** (naut.); **d** (for book). **e** (part of plough harness).

1192 pro seris et ~is .. ad ostia domorum *Pipe* 301; **1211** in ~is, stapellis ob.; in serrura empta ij d. *Pipe Wint.* 6; **1277** (v. 1 gumphus 2); **1286** in ferro empto .. ad vertevell', guncios, clavos, ~as, in .. hapsis et stapulas ad hostia castri *KRAc* 460/27 A(3); **1295** ad clavos, ~as, et alia .. fabricanda ad hostia et fenestras .. molendini *Ib.* 462/14 m. 2; **1305** pro staplis et hespis pro ostio .. prisone *Ib.* 486/17 *sched.* 2; **1307** (v. 2 crocus 1g); **1318** in j serura cum j *pyn* de ferro et cum ~o ad eandem *Rec. Leic.* I 323; **1334** in ij stapulis cum hapsis .. pro eadem [sc. porta] ij d. *KRAc* 497/29 m. 3; **1365** in hespis, stapelis, et j serura emptis pro ceppis *DL MinAc* 242/3888 m. 2; aspa, A. *an haspe* .. hec ~a, *a hespe WW*. **b** nota quod solempnitas et simulata donatio in comitatu per fustum et bastonem et per hostium et ~am non valet sine seisina continua *BNB* III 638 *in marg.*; fieri debet traditio per ostium et per ~am vel per anulum BRACTON 40; ubi seisina facta fuit donatario per senescallum .. per fustum et per baculum, vel per ~am *Ib.* 398; **1305** [*put into seisin*] per ~am hostii domus (*JustIt*) *Collect. Staffs* VII 128. **c** **1294** apsis *KRAc* 5/2 m. 2 (v. castellum 4); **1296** in lx ~is ad hurdeciam galee *Ac. Galley Newcastle* 183. **d** **1237** in fermaculis, hapsis, et clavis argenteis ad magnum librum Romanic' nostri *Liberate* 11 m. 3. **e** **1308** in cappis, auriculis, et haps' ferreis pro carucis faciendis *Ac. Man. Wint.* (*Wroughton*) (cf. ib. [**1311**]: in capp, auricul', hamis et happ' ferreis pro lann' carucarum emendandis); **1310** in ij ~is faciendis ad caruc', cum ferro ad eosdem empto, iij d. *Ac. Man. Westm.* (*Pershore*) 22096.

haspare [ME *haspen* < AS *hæpsian*], to fasten w. a clasp.

1295 omelium pilosum male ligatum et ~atum *Vis. S. Paul.* 324b; **1382** hapsare *MFG.*

hassa v. 2 hasta. **Hassacinus, ~sisus** v. assassinus.

hassocus [ME *hassok* < AS *hassuc*], grassy mound or hillock.

c1150 ab .. exitu [de Birchemere] per transversum paludis usque ad tertium ~um a firma terra et in aquilonali fine de Hygeney *Cart. Rams.* I 162 (= *MonA* V 522b: †hossocum); pastores .. nostri super exteriores ~os versus Waltone inter pratum et mariscum debent stare et animalia sua usque ad pedes suos venire permittere *Ib.* 164.

1 hasta [CL]

1 spear.

regem .. ense, ~a, igni oppressisti GILDAS *EB* 33; proelia vibratis intentant comminus hastis FRITH. 788; genus .. aste grandis *GlH* F 85 (v. falarica 1a); G. MON. IX 14 (v. celtis); AILR. *SS Hex* 3 (v. derigescere 1a); OSB. GLOUC. *Deriv.* 277 (v. hastile); *Itin. Ric* IV 33 (v. canneus); salmones .. ab imis in summa, quantum ~e longissime est altitudo, saltu mirabili transferuntur GIR. *TH* II 41; hec ~a, A. *spere WW*; **1553** de .. iiij †haustris apriariis, A. *fower bore speres Pat* 852 m. 29.

2 staff, pole, shaft; **b** (for processional cross); **c** (for candle).

asta, quiris, *sceaft* ÆLF. *Gl.* 142; cereis oculis ceci oculos tangit et .. ante sanctissimum corpus adveniens, super ~am que eminebat eosdem oculos .. apposuit *NLA* I 402 (*Erkenwald*); **1377** pannum .. quadratum .. iv ~is .. sustentatum *Lib. Regal.* 5v.; **1401** ij ~e pro vexillo S. Cuthberti deputande in processionibus *Ac. Durh.* 454. **b** **1368** crux cum ~a *Invent. Norw.* 140; **a1413** crux argentea .. cum j ~a argentea et knoppis argenteis *Ac. Durh.* 403; BIRCHINGTON *Arch. Cant.* 47 (v. cruciferarius); **c1500** ~a longa argentea deaurata pro processionibus *Fabr. York* 220. **c** ferentes ~am cum imagine serpentis ..; .. candela .. in ore serpentis infixa est *RegulC* 41; accendatur cereus quem portare in ~a debet secretarius LANFR. *Const.* 117; **c1190** xxv candelas .. super ~am in die Natalis Domini *Stat. Linc.* II 19; **c1230** quodam .. cereum illuminandum in ~a .. deferente *Offic. Sal.* 133; diaconum qui astam portabit ad consecrationem novi ignis *Cust. Westm.* 34; **1315** ~a j cooperta argento ad portandum cereum ad novum ignem *Invent. Ch. Ch.* 69.

3 handle, shaft (of tool); *cf. hafta*. **b** (?) part of windlass.

BYRHT. *V. Ecgwini* 393 (v. falcastrum a); **1251** habebit j fasciculum herbe, quantum levare potest super ~am falcis sue ita quod falx .. non frangatur *Cart. Rams.* I 289; **s1284** (v. hachetta); **1471** pro xl *les shydes* de fraxino emptis pro ~is et manubriis instrumentorum carpentariorum et cementariorum *Fabr. York* 75. **b** **1317** ~e et falconis ad vernam *KRAc* 468/20 f. 9d. (v. 2 falco 3).

4 stem (of plant).

Alph. 38 (v. centinodia a); *Ib.* 51*n.* (v. dryopteris).

5 (?) pointed toe-piece on shoe.

cum .. pergeret extra .. civitatem .. et in longis ~is sotularium suorum ultra modum gloriabatur *Spec. Laic.* 60.

6 (anat.): **a** penis. **b** (?) spine.

a nasus longus et grossus significat preputium magnum, et econverso, et super hoc dixit quidam ..: "ad formam nasi dignoscitur hasta baiardi" M. SCOT *Phys.* 24. **b** signa .. calide mulieris .. sunt ista: recta in ~a, macra in carne *Ib.* 4; statura hominis multum nuntiat de illo: unde si ~a fuerit longa et bene recta, ac plus macra quam pinguis, significat hominem audacem [etc.] *Ib.* 101.

7 (bot., *~a regia*) woodruff. *Cf. hastula* 3.

aqua de flaura vel ~a regia vel herba muscata GILB. III 149. 2; lavetur facies cum aqua extracta ab herba muscata aut ab ~a regia GAD. 49. 2; ~a regia, matris filia, herba muscata, herba citrina et *woderove* idem. ista viz. herba est valde specialis ad provendum urinam et valet ad frangendum lapidem *Herb. Harl.* 3388 f. 80v.; asta regia vel aste regia, G. *muget*, A. *woderove Alph.* 16; nepta, calamentum majus, ~a regia idem *Ib.* 125; ~a regia, hastula, *woderove PP*; TURNER *Herb.* A3 (v. asphodelus).

2 hasta [cf. AN *haste*], roast (? spit-load, esp. w. ref. to serjeanties).

1219 Willelmus Aguillun tenet .. terram in villa de Adinton [*Suss*] per serjantiam faciendi ~ias in coquina .. regis die coronationis sue, vel aliquis pro eo debet facere ferculum quoddam quod vocatur *del girunt*, et si apponatur sagimen tunc vocatum *malpigernoun Fees* 274; **1219** Ricardus de Greinwill' tenet ij hidas terre in Blechesdun' [*Oxon*] per serganteriam faciendi verua ad ~as dignarii .. regis *Ib.* 253; hec †hassa, *haste Gl. AN Ox.* f. 149va; **1288** per servicium deferendi quandam ~am precii iiij d. ob., sc. unam loynam porci, coram .. rege quando venatur in Cornebir' *IPM* 46/11 m. 2; **1339** jurati

dicunt quod Johanna .. tenuit medietatem j messuagii et j carucatam terre in Blechesdone de .. rege per servicium deferendi .. regi j ~am porci .. cum .. fugaverit in parco suo de Cornbury *Ambrosden* II 74.

hastal- v. astell-, hastell-.

hastator, spear-maker.

1327 Gilmino A. et .. fratri suo ~oribus .. pro lanceis et telis faciendis *LTRMem* 99 r. 130.

1 hastatus [CL], equipped w. spear.

angelorum fretus suffragio qui ~i et scutati famulo Dei praesidium laturi venisse leguntur ALDH. *VirgP* 26; ~us, hastam gestans OSB. GLOUC. *Deriv.* 277.

2 hastatus [Prov. *astat*; cf. 1 hasta], measure of land (Gasc.).

1316 in seisina .. xij as[t]at' de quadam placea quam tenent in Burdegala *RGasc* IV 1588 (cf. *AncPet* 15517: xij *astatz*).

hastel- v. et. hastell-. **hastella** v. astella.

hastellaria [cf. 2 hasta]

1 spit-house, roasting-house.

hostiarius hastalarie [habet] consuetudinarium cibum .., hastelarius similiter *Domus Reg.* 132.

2 (w. ref. to serjeanties) office of turnspit or keeper of spit-house.

1219 Symon Punchard' tenet ij virgatas terre in Hungerford [*Berks*] per serjaunteriam hastillarie *Fees* 254 (*but* cf. hardillare); **1227** Rogerus de Essewell' tenet j virgatam terre in Essewell' [*Essex*] per servicium hastelerie *Ib.* 1349; [**12..** Simon de Essewell' [tenet] per servicium de *hastelerie* et custodiendi palefridum ad liberacionem suam *Ib.* 345;] **1294** tenuit .. per servicium reddendi per annum dim. m. .. quod .. servicium solebat fieri per serjantiam hastalarie .. regis *IPM* 67/25 (*Aswelle, Essex*); **1296** [per serjantiam] custodiendi hastelariam [regis] *Cal. IPM* III 210 (*Assewelle, Essex*).

1 hastellarius [ME *hasteler*], turnspit, or keeper of (royal) spit-house (esp. w. ref. to serjeanty).

hastelarius *Domus Reg.* 132 (v. hastellaria 1); **1219** Simon de Achwell [*Essex*] tenet per serjantiam, et debet esse hastelarius .. regis *Fees* 277; **1236** Rogerus de Eswell' tenet j virgatem terre in Esswell' per serjantiam quod sit hastillarius .. regis *Ib.* 589; **1250** serjantia Rogeri de Ayssewell', in Ayssewell', pro qua debuit esse hostilarius in coquina .. regis in festis principalibus, alienata est in parte *Ib.* 1174; **1250** serjantia Rogeri de Axswell .. pro qua debuit esse hastillarius in coquina .. regis *Ib.* 1218.

2 hastellarius, class of freeholder.

1322 sunt ibidem [*Eckington, Derb*] ix libere tenentes qui vocantur hastelarii, qui reddunt per annum .. xxvij s. iiij d. *IPM* 76/6 m. 4.

hastellator, turnspit, or keeper of spits or spit-house.

1378 ~ori x s. *DC Cant. Ac. Chaplain* V 2.

hastelletum [OF *hastelet*], roast, spit-load.

1309 inveniet .. regi unum hastilettum porci prec. iij d. ob. *IPM* 14/25 (*Blechesdon, Oxon*).

hastellum [cf. hastile], handle.

1285 habebit per diem j fasciculum herbe sicut levare potest per ~um falce sue (*Tangmere*) *Cust. Suss* II 1.

hastiberum, ~ium [ME *hastibere*], early barley.

c1259 exitus ~eri cum incremento iiij^xx et v quar' *Estates Crowland* 183; de ~ero *Ib. in marg.*; exitus ~eri, sc. de veteri blado iiij quar. *Ib.* 191 (cf. ib. 182: in trituracione frumenti .. et †hastium ad mensam abbatis); **1275** extorsit .. j quar' †hastiner' [l. hastiver'] precii iiij s. *Hund.* I 462; **1316** in j quar' j buss' et dim. ~eri emptis ad lib' famulorum *MinAc* 1132/13 B 8*d*. (*Norf*); **1338** de ordeo vel ~erio, dim. quar' *Cl* 161 m. 8; **1346** nonam garbarum, vellerum et agnorum .. excepto ~erio, quod per homines ejusdem ville [*Tyrygton, Norf*] antequam warantum .. eis .. liberatum extitit, cariatum fuit *PlRExch* 72/51*d*.; **1365** seminate .. xli acre cum mixtil', xxx acre cum ~erio *DL MinAc* 242/3888 m. 2*d*. (*Lincs*).

hasticus, of spears.

cum eis ~o [*but* ? l. hostico] concursu certare anhelabat MAJOR V 15.

hastifer [CL], **~iger,** participant in joust. **b** standard-bearer.

[Peris Corteney] miles Anglicus .. optimus equester et famosissimus ~ifer sive hastiludiator, et campio regis Anglie .. nuncupatus FORDUN *Cont.* XV 6. **b** *a banerer*, vexillifer, ~ifer, ~iger, draconarius *CathA.*

hastil- v. et. hastell-. **hastilarium** v. astellaria.

hastile [CL], shaft of spear, or spear. **b** shaft of banner or cross.

796 nonne ~e aciem lanceae sequitur in ictu? ALCUIN *Ep.* 117; si longa leves vibrat hastilia in auras *Id.*; ~ia telorum, *scaeptloan GlC* H 8; enses vibrant, in utraque manu crispatur ~is ÆTHELW. IV 3; mox truculenta ruunt hastilia FRITH. 796; infantes confossi longis ~ibus in aera pro signo attolluntur GOSC. *Transl. Mild.* 5 p. 160; ~e, hasta OSB. GLOUC. *Deriv.* 277; caput ejus pro ludibrio ligno ~i affixus est *Eul. Hist.* I 366. **b** *G. Hen. V* 15 (v. 1 decor 2); **1429** lego .. mitram meam meliorem et crucem meam argenteam .. cum ~i ejusdem (*Test.*) *Reg. Cant.* II 415.

hastiledium, tournament (dist. from *hastiludium*, (?) w. play on *laedere*).

girfalcones .. tam expeditis .. motibus .. predam insequuntur ut Trojana agmina, que vulgo torneamenta dicuntur, que a puerulis ~ia ad differentiam hastiludiorum dici solent, que Alexander tertius detestabiles nundinas vocat, ab exercitio falconum militari initium sumpsisse videantur NECKAM *NR* I 26 (cf. id. *Sac.* 365: Trojana agmina a vulgo †tormenta dicuntur ad differentiam hastiludiorum, que Alexander papa .. detestabiles vocat nundinas); cum .. prosilient ad Trojanum agmen .. vel ad tornamentum, vel ad hastiludium [*gl.*: *burdis*] vel ad ~ium [*gl.*: *justes*] vel ad tirocinium [*gl.*: idem] *Id. Ut.* 104.

hastilid- v. hastilud-.

hastiliter, w. spears.

s1217 recensiti sunt milites cccc ~iter, ccl balistarii B. COTTON *HA* 106 (= WEND. II 212: recensiti [sunt] in exercitu milites quadringenti, balistarii ferme ccl).

hastill- v. hastell-.

hastiludere, ~iare [1 hasta + ludere], to joust, take part in tournament.

s1334 eodem anno sunt hastiludia pulcherrima in Smethefelde Londoniis per tres dies; et fuerunt ibi .. rex, dux Britannie, et multi comites et barones omnes ~entes *Ann. Paul.* 361; **s1345** ut Robertus .. cum Alexandro .. ~iare valeret ..; .. cum lancea .. Alexandri corpus perforavit WALS. *HA* I 266; **1391** valetto portanti harnesium domini ad hastilidiandum *Ac. H. Derby* 113; **1393** suscepit .. Willelmum H. .. veniendo in regnum .. Anglie .. ac equos et hernesia sua ibidem de guerra ~iando *RScot* 119b; **s1399** ut sibi referret gesta fortia ~iensium *Eul. Hist. Cont.* III 385; *justyn with sperys*, .. ~o *PP*; **s1462** ~ebant cum lanceis coram rege apud Westmonasterium W. WORC. *Ann.* 784; *to juste*, ~ere, ~ari *CathA.*

hastiludiatio, joust, tournament.

1399 [arma] pro ~one seu pro aliis factis armorum et actibus bellicis invalida *Pat* 358 m. 27*d*.; **c1404** vendiciones diversorum armature artillarie et aliorum estuffamentorum veterum .. invalidorum pro ~one et actibus bellicis *KRAc* 43/31 m. 1.

hastiludiator, jouster, one taking part in tournament.

1343 in v garniamentis emptis pro fatuo et pagiis .., in torchiis et torticiis emptis de ~ore, xv s. *Ac. Durh.* 543; FORDUN *Cont.* XV 6 (v. hastifer).

hastiludium [1 hasta + ludus], joust, tournament; **b** (fig.); **c** (*ad anulum*); **d** (dist. as *bellicus* or *pacificus*). **e** (?) duel.

si in ~io moriatur quis et inpenitens .. sepeliatur more asini BELETH *RDO* 159. 159B; NECKAM *NR* I 26, *Id. Ut.* 104 (v. hastiledium); **s1179** in conflictibus Gallicis, qui ~ia vel torneamenta vocantur M. PAR. *Min.* I 409 (cf. DICETO *YH* I 428); **s1237** commissum est non ~ium sed hostile bellum *Id. Maj.* III 404; **s1255** commissum est ~ium prospere et generaliter secundum legem et disciplinam militarem *Ib.* V 557; s **1241** obiit .. comes Panbrok .. toto corpore confractus in .. ~io *Ann. Lond.* 38; **s1284** convenerunt comites .. ad rotundam tabulam apud Neuvin .. in .. ~iis ad invicem colludentibus in signum triumphi contra Wallensium proterviam expediti *Ann. Wav.* 402; refert Alexander discipulus Anselmi quod quidam nobilis in partibus Francie nomine Rogerus occidit in †hostiludio [MS: hastiludio] filium cujusdam potentis nomine Walteri *Spec. Laic.* 75 (cf. ALEX. CANT. *Mir.* 29 (II) p. 217: dum .. militiam ludendo exercerent); **1292** pictori Lond' facienti .. in aula .. clxiiij scuta et iiij milites querentes ~ium l s. *KRAc* 466/1; W. GUISB. 224 (v. burdeicium); in astiludiis et torniamentis quando verberantur milites, sepeliantur in stercore equorum calido GAD. 129. 2; **s1270** in ~io isto multus sanguis effusus est, unde nomen illius mutatum est ita quod non torniamentum sed parvum bellum de Chalons .. diceretur KNIGHTON I 266; **s1331** Londoniis, inter crucem et Soper Lane, tredecim milites ~ia contra quoscunque venire volentes per iij dies tenuerunt WALS. *HA* I 193; **s1344** (v. domicellus 1a); **s1348**, **s1362** (v. domina 1b); **1383** pro astiludiis (v. 2 glaucus 3b); ~ia ob puerperium Philippe regine que enixa fuerat tunc Edmundum *G. S. Alb.* II 379; **s1445** post coronacionem .. regine fuerunt pervalida ~ia dominorum W. WORC. *Ann.* 764; nomina ludorum: .. hoc ~ium, A. *justyng WW*; *a justynge*, ~ium, hastiludus *CathA.* **b** campus hastiludii mundus designatur, / septem criminalium turba preliatur GARL. *Epith.* VIII *Summa* 37 f. 47v. **c** ANDRÉ *Hen. VII* 124 (v. anulus 4f). **d** **s1400** in die Epiphanie coram rege ~ia pacifica, vocata *le mommyng*, .. fecerunt publice proclamari *Croyl. Cont. B* 495; comes Leycestrensis .. Soldanum .. per ~ium bellicum .. interfecit KNIGHTON I 64; **s1421** ~ia bellica: .. Anglici .. verberaverunt Scotos *Chr. S. Alb.* 1. **e** **s1388** iiij milites Francie .. clamaverunt iiij milites Anglie ad ~ium .. in forma guerre, inter quos dominus le Bewmont primo hastiludiavit cum camerario Francie KNIGHTON *Cont.* 260; **s1467** magnum ~ium sive duellum in Smythfelde inter dominum Skalys et filium bastardum ducis Burgundie HERRISON *Abbr. Chr.* 10.

hastiludus v. hastiludium a.

hastilusor, jouster.

justare, ~or *PP*; *a juster*, ~or *CathA.*

hastinata [cf. DuC s. v. hastina], small hollow stalk.

~a, parva cava festuca OSB. GLOUC. *Deriv.* 277.

hastivellum [cf. OF *hastivel*], early crop (? of barley).

c1250 triturabit pro opere j diei xxiiij garbas de frumento, vel fabis vel †hastinell' [l. hastivell'] *Cart. Rams.* I 475; **12..** reddendo xx crannocos bladi, viz. viij crannocos frumenti, unde medietas sit siccata, viij crannocos avenarum, iij crannocos †hatmell' [? l. hativell'] et j crannocum fabarum, et quod heste et fabe sunt [? l. sint] siccate *Pipe Cloyne* 53; **1328** xliiij †arce [MS: acre] frumenti et ~i precii cujuslibet acre v s. (*KRAc*) *Anal. Hib.* XXIV 218; **1331** habuit in granario .. vj crannocos ~i, precii crannoci ij s. *RB Kildare* 102; **1345** r. c. de vj cran' receptis de hastivell' in brasio fuso *Ac. Trin. Dublin* 86; **1380** de qualibet weia brasei .. siliginis, avenarum, et ~i, v s. *StatIr* I 478; **1467** in hagardo vij acre frumenti et ~i .. item xij acre frumenti et ~i campis *Wills Dublin* 4.

†hastivus, *f. l.*

tunc quidem, Deo auxiliante, illi controversie finem †hastivum [MS: hostium] imponeret H. CANTOR f. 6.

hastorium v. hostorium. **hastrum** v. 2 astrum. **hastucia** v. astutia.

hastula [CL]

1 (light) spear. **b** (? by misinterp.) arrow, dart.

hasta .., inde hec ~a .. et hastatus .. et hoc hastile .., i. hasta OSB. GLOUC. *Deriv.* 274; *MS Bodl. Rawl.* C 558 f. 154v. (v. discontiguare). **b** *an arrowe*, pilum, hasta, ~a, hastile *CathA.*

2 stick, rod. **b** candlestick.

~e, A. *stykkes WW*. **b** in cena Domini .. unus cereus .. ad benedictionem novi ignis haberi debet et hoc super ~am *Cust. Westm.* 274 (cf. *Cust. Cant.* 380).

3 (bot., *~a regia*) woodruff or other plant. *Cf.* 1 *hasta* 7.

astula regia, *wuderofe* ÆLF. *Gl.* 133; **10..** astula regia, *baso, popig WW*; †altilia [l. astilia] regia, *uude roue*; astula regia, *uude rove* vel *bare popig Gl. Durh.*; **12..** ~a regia, i. *muge de bois*, i. *wuderove*, .. i. *popi WW*; astula, i. pionia *SB* 11; ~a regia, i. *woderove Ib.* 23; astularegia, A. *woderofe WW*; *PP* (v. 1 hasta 7).

hasturus v. asturcus. **hasya** v. hesa.

haterellus [OF *haterel*], back of head or neck.

1267 fecit eii (*sic*) plagam in capite inter coronam et ~um *RCoron* 46 m. 2; **1272** ipsum [percusserunt] .. in ~o cum una hachia *SelCCoron* 23; **1291** cepit .. hachiam .. et dictum W. .. percussit in capite super ~um *Gaol Del.* 37/1 r. 1.

hatha v. hachia. **hativellum, hatmell'** v. hastivellum.

hattus [ME *hatte*], hat.

1381 licenciam dedimus eidem .. quod .. vj duodenas capporum et ~orum in .. navi .. carcare .. possit *RScot* 34a.

hatya v. atia.

haubercus [OF *hauberc*], hauberk, defensive coat (usu. of mail); **b** (w. ref. to serjeanty); *cf.* *feodum* 3d, *lorica*; (*cf. Eng. Feudalism* 15–16).

1185 pro j lorica et ij haubergeis *Cart. Glam.* 174; **1196** xxx s. pro j ~o et j haubergello *Pipe* 42; **1225** j coopertorium ferreum et j ~um *Cl* 44b; **15..** vi et armis, viz. ~is, gladiis, cultellis *Entries* 383b. **b** **1212** G. de Pourtin' tenet Maiford [*Surr*] .. per serjanteriam .. ad serviendum .. regem cum j albergo per xl dies in Anglia *Fees* 67; **1242** Robertus Doinel tenet Hiwis [*Wilts*] .. per sergantiam de quodam ~o ad servicium regis *Ib.* 741; **1250** tenet terram suam in capite .. regis per feodum halberkii *IMisc* 4/3 (*Bucks*); **1275** Oliverus de Dineham tenet manerium de Hertiland [*Devon*] in capite de .. rege pro ij partibus feodi j militis faciendo inde servicium pro feodo ~i *Hund.* I 73b (cf. ib. 81a: tenent .. xv feoda et dim. *en fe de haubergh* de domino rege).

haubergellus [OF *hauberjeul*], (? light) hauberk; **b** (w. ref. to serjeanty).

1165 pro halberjolis ad opus regis, xxiiij s. et ix d. *Pipe* 53; **1181** omnis homo habens in catallo xl vel xxx li. .. ad minus haberet albergellum et capellum ferreum, lanceam et gladium R. HOWD. II 253 (= *G. Hen. II* 270:

aubergellum); **1185** pro j lorica et ij ~is *Pipe* 155; **1186** r. c. de xl m. . . pro halbergello quod uxor sua cepit in vadio *Ib.* 78; **1196** (v. haubercus a); **1199** de placito j aubergelli *CurR* I 112; **1202** ij aubergellos ad opus . . balistariorum *RNorm* 51; **1204** quod invenias . . servienti nostro filum ad ij albergellos faciendos ad opus nostrum *Cl* 3; **1207** (v. 2 capella 1c); **1213** pro vij hauburgellis *Cl* 153a; **1230** quod unusquisque habens feodum militis integrum habeat loricam qui vero habet feodum dim. militis habeat ~um *Cl* 398; **1241** xx loricas et xx halberghillos *Liberate* 15 m. 17; **1242** ad catalla xl m., j ~um, capellum, gladium et cultellum *Cl* 483 (= M. PAR. *Maj.* VI 208 [†**1252**]: ad catalla xl m., j haubercum [etc.]); **1263** (v. gorgera a); **1266** ij haubergelle (v. caliga 1e); **1274** iij loricas, j haubrigellum et cooperturam ferream j equi *IMisc* 33/36; **1290** j gambesun, . . j habregellum *Ib.* 49/40; **1318** hobirgellum (v. alcoto). **b** **1212** Ricardus Archeruus [tenet] dim. hidam terre in Benetlegh [*Hants*] per servicium inveniendi j servientem cum ~o et arcu . . ad custum . . regis *Fees* 74; **1219** Ricardus de Cardevilla tenet . . in villa de Hale [*Hants*] dim. hidam terre per serjaunteriam inveniendi j servientem cum hauberjello et propuncto et capello ferreo ad servicium . . regis *Ib.* 256; **1248** de . . rege tenuit in capite per servicium dicte sergantrie per dim. habergelli per xl dies in servicio regis *IPM* 8/5.

haubergentus v. 2 haubergettus. **haubergeo** v. hauberjo.

haubergeria [OF *haubergerie*], office of haubergier or hauberk-maker.

1444 officium linee armature infra turrim nostram Londonie, alias dictum officium ~ie *Cl* 294 m. 3; **1461** officium linee armature . . alias dictum officium ~ie *Pat* 495 m. 5.

haubergerius [OF *haubergier*], haubergier or hauberk-maker.

1212 Eimerico halbergerio *Pipe* 44; **1304** in stipendio unius ~ii fraendo [et] emendando armaturas ferreas *MinAc W. Wales* I 330.

1 haubergettus, (? light) hauberk; **b** (w. ref. to serjeanty).

†**1252** j habergetum, capellum ferreum, gladium et cultellum M. PAR. *Maj.* VI 208 (cf. haubergellus a); **1305** ~i: et in j alio ~o ferreo cum j coifa ferrea empto [pro municione] *MinAc W. Wales* I 406; **1318** aketonis, habergettis, bacinettis [etc.] . . armatos *RScot* 183a (cf. ib. 204a [**1319**]: hauberjettum); **1319** j dolium plenum galearum, hauberjettorum, et aliarum armaturarum *Cl* 137 m. 4. **b** **1212** Johannes de Reingny tenet Neuton' [*Cumb*] per serjanteriam . . et ibit ad preceptum . . regis in exercitu Scocie cum uno habbergeto *Fees* 197; **1333** per servicium inveniendi j hominem equitem cum aketona, ~o [etc.] *LTRMem* 105 m. 27.

2 haubergettus, ~ium, 'hauberget', cloth of (?) diamond twill weave, similar to that of chain-mail (*cf. Festschr. Carus-Wilson* 107); **b** (dyed in grain); **c** (*de Stanford*).

1203 j pallium de haubergeto *CurR* II 180; **1205** abducere . . c keverones . . et ij pecias albergeti *Pat* 52b; **1208** tunicam de haubergeto *Fines Yorks* 150; **1212** pro mmm . . ulnis de †halbergeso [MS: halb'gō; ? l. halbergeto *or* halbergeo] albo *Pipe* 43–44; **1215** sit . . una latitudo pannorum tinctorum et russettorum et halbergettorum, sc. ij ulne infra listas *Magna Carta* 35; **1218** quod nullus mercator . . vendat . . pannum . . vel ~um qui non habeat ij ulnas infra listam *Cl* 378b; a**1222** supertunicam de †hab[er]gero [sic MS; ? l. habergeto] precii . . ulne x d. *Cart. Osney* III 55; **1228** precium vj ulnarum de grosso halbergetto *Cl* 89. **b** **1196** pro xxxij ulnis halbergetti tincti in grana *Pipe* 18; **1207** de halbergeto tincto in *greine* *Ib.* 31; **1207** habergetto *Cl* 89a (v. granum 8). **c** **1208** quod . . mercatores Bolonie implacare possint in ~io de Stanford' emendo dccccxx m. et illud haubergetum libere educere de . . Anglia *Pat* 86a; **13..** pannarius . . habeat . . haubergentum album de Stanforde, haubergentum Musset', haubergentum tinctum in viride vel in burnetam vel in bluet (*Nominale*) *Neues Archiv* IV 340.

haubergium, ~a, (piece of) 'hauberget'.

1190 pro j ~io de xxxiij ulnis ad opus regis *Pipe* 3; **1193** pro scarlatis et pannis de viridi et halbergeis *Ib.* 158; **1271** induebatur tunica de russeto et supertunica de hauberga *SelCCant* 122.

haubergo, ~onum, ~onus [AN *haubergeon*, ME *habergeon*], hauberk; **b** (w. ref. to serjeanty).

1224 in empcione iij loricarum et j halbergonis *Cl* 585a; **1231** homines juratos ad ferrum, viz. loricas, ~onos, et purpunctos *Cl* 595; **1234** quod . . [vicecomes Glouc'] juratos ad loricas, purpunctos, et hauberjunos . . faciat ibidem morari *Cl* 554 (= *RL* I 526: †hauberinnos); **1249** venerunt . . cum loricis et †haubruon' [v. l. hauberjon'], arcubus et sagittis *CurR* XIX 1030; **1292** unius auberjoni (v. furbura); **1294** hauberjunum (v. crudus 3a); **1313** (v. aventailum); **1324** iij hauberjona prec' xx s. *IMisc* 96/20; **1327** vi et armis . . hauborjonibus . . accedentes *MonA* III 109*n.*; **1336** (v. armatura 1b); **1367** certas armaturas . . viz. unum par de platis, unum haubergeonem . . emi . . fecerit *RScot* 916b–917a. **b** **1225** Moredon [*Dors*] est serjantia . . regis de uno ~one *Fees* 378; **1248** Margeria de Ripariis tenet c s. terre in Sunewrth' [*Hants*] per serjantiam inveniendi j hominem cum j haberjone . . qui erit in servicio . . regis . . per xl dies *Ib.* 1419; **1333** per serjantiam inveniendi j hominem armatum cum aketona, ~ono [etc.] *LTRMem* 105 m. 32*d.*

hauberinnus v. hauberjo. **hauberj-** v. hauber-. **haubinus** v. hobinus. **hauborj-, haubrig-, haubruon-, hauburg-** v. hauberg-, hauberj-.

haucepinus [ME *haucepi*, OF *haussepié*], winch for cross-bow.

1326 pro xxiiij balistis de turno, vij de ~o *IssueR* 218 m. 16.

haucera, ~ium [ME *haucer*], hawser: **a** (naut.); **b** (other).

a **1294** in empcione ij ausor', que sunt corde, iiij li. *KRAc* 5/2 m. 3; **1296** in v ~is, vj aliis cordis . . emptis *Ac. Galley Newcastle* 175; **1302** in vj anchoris . . ij aunceris de filo de Herpen' *Pipe* 147 m. 2*d.*; c**1311** pro vij cabul' magnis et iiij haucer' empt' *MS Bodl. Tanner* 197 f. 40; **1417** (v. cabula d). **b** **1303** pro quadam hausera . . pro . . ingeniis *KRAc* 11/7; **1329** de . . xlix tignis pro scaffota et ij ~is veteribus *Ib.* 467/6/1.

haud [CL], not; **b** (negating sb., adj., or adv.); **c** (w. *secus* or sim.); **d** (negating vb.).

~d, quando adverbium est negandi 'd' littera terminatur et aspiratur in capite; quando autem conjunctio disjunctiva est 'aut', per 't' litteram sine aspiratione scribitur ALCUIN *Orth.* 2336. **b** ~t procul, non longe; ~t sanus, non sanus *GlC* H 3, 4; quater . . vigenis / decubuit horis, pastus fraglamine mentis, / corporis haud, escis FRITH. 1242; WULF. *Swith.* II 1035 (v. dubius 3b); W. MALM. *GR* I 15 (v. decolorus); ictus ~t timidus recipiebat G. MON. X 10; corporis, haut anime, sitiuntur commoda queque D. BEC. 2291; ~t multo postmodum tempore *Chr. Battle* 62v. **c** cum . . Assyriorum principem . . circumvenire moliretur, ~d secus decipiendum credidit . . nisi cum . . vultus venustate . . caperetur ALDH. *VirgP* 57 (cf. id. *VirgV* 1367: haud secus in divos . . / . . saevit regnator Olimpi); ut leo . . / haud secus Oswaldus . . stravit . . phalanges / barbaricas ALCUIN *SS Ebor* 257; hic aut aliter, quamvis dissimili modo, . . rudimenta scripturae . . praesumpsit incipere ASSER *Alf.* 89 (cf. ib. 91: ~d aliter); ~d aliter animalia quedam . . GIR. *TH* I 20. **d** cum . . haud metuam scurrarum dicta legentum ALDH. *VirgV* 2835; quos tunc haud potuit . . / . . ad fidei convertere donum ALCUIN *WillV* 7. 5; pulsare virum . . serenum / haud cessant FRITH. 944; putantes quod se sequeretur, quod ~d fuit BYRHT. *V. Osw.* 440.

hauderium v. halderium.

haudquaquam [CL], by no means.

sanctus iter illuc pedibus ~m fecerat F. MALM. *V. Aldh.* 71B; patet nocivum invidie malum serpentino nocivius esse veneno, quia illud hautquaquam officit, nisi officiendi causa incitetur OSB. GLOUC. *Deriv.* 157; accedat huc in sermone jocunditas, hilaritas in vultu . . in quibus ~m mediocre in amicitia condimentum AILR. *Spir. Amicit.* III 89. 692B.

hauga v. haga.

hauka [ME *hauk*]

1 'hawk', plasterer's board. *Cf.* 2 *falco* 2.

1280 computat in bordis [etc.] ad owas, tinas, hauk', lint' et pro meremio ad faciendum gradus *MinAc W. Wales* I 12.

2 'hawk', horizontal axle of windlass. *Cf.* 2 *falco* 3.

1329 (v. 1 cavilla 3g).

haula v. aula.

haulohare [OF *hallouer*, ME *halouen*], to halloo.

1271 venatores . . pro canibus cum cornu astracabunt seu ~abunt *AncD* A 306 (v. astracare).

haulum v. naulum. **haunc** v. 1 hic. **haunch-** v. hanc-. **haunsa** v. hansa. **haurenga** v. haranga. **hauriare** v. haurire.

hauriator [cf. LL hauritor], drawer of water (from mine).

1325 vj ~oribus aque viij s. *LTRMem* 95r. 128*d.* (*Devon*).

hauribilis, (w. *fons*) drawing-well.

1295 ultra fontem ~em in castro de carpentr' erigend' *MinAc* 997/10 (*Suff*); **1296** in bokett' fontis ~is *Ib.* 11.

hauriolum, (?) ladle.

1329 in ij ~is emptis pro coqua *MinAc* 856/20 m. 2.

haurire [CL]

1 to draw (water); **b** (absol.); **c** (fig.). **d** to draw off water, drain.

jubet . . flumina limphae / . . sacros haurire ministros / et complere cavum cum . . gurgite vitrum ALDH. *VirgV* 911; tulerat de pulvere terrae / ablutis sacram quae ex ossibus hauserat undam ALCUIN *SS Ebor* 399; aqua . . ad ejus sacra hausta humi non deponebatur; quod si fieret, piaculum erat ALB. LOND. *DG* 2. 5. 159; **1237** pro loco deliberando ubi augea debet jacere et pro aqua †harianda *KRAc* 501/18 m. 1; **1286** (v. bukettus 1a); **1344** liberavit . . j magn' *cable* ad aquam †huriendam *KRAc* 23/32 m. 2 (cf. ib. m. 1: ad aquam ~iendam); **1348** in uno *scope* empto pro aqua †haurianda ad idem opus *Ib.* 462/16 f. 7; **1409** in ij *bokettes* ligni pro aqua ~ienda (*Aud. Durh.*) *EHR* XIV 523; **1415** (v. 1 disporta 2); *Ps.*-ELMH. *Hen. V* 59 (v. hausorius). **b** cum magno periculo transierunt castra inimicorum . . et hauserunt de illa aqua et portaverunt ad regem AILR. *Serm.* 213A; mulierculam . . ~iendi causa ad fontem accessisse GIR. *TH* II 9. **c** **798** multis ~ientibus fons non siccatur venae vivae ALCUIN *Ep.* 142; aquas vitae auriamus de fontibus Salvatoris *Id. CR* 907; ~i mihi ab illo [i. e. fonte misericordiae] unde lavem ANSELM (*Or.* 16) III 65. **d** precipe, ait, stagnum ~iri per rivulos, et videbis in fundo duos . . lapides G. MON. VI 19.

2 to drink; **b** (fig.). **c** to drain (cup, also fig.).

hausta, epotata, haustum, *drync* *GlC* H 30, 31; haustum, *druncen* *GlS* 212; ÆLF. *Æthelwold* 8 (v. exhaurire 4a); dedit illi . . venenum potare . . quod cum hausisset . . G. MON. VI 14; aquis terre illius salubriter haustis GIR. *TH* I 31; perfudit [aquam] circa labia pueri ut . . ~iens . . *Mir. Montf.* 107; cum Theseus erat hausturus . . excusso potu . . *Natura Deorum* 104; *Mir. Hen. VI* I 21 (v. haustiolus). **b** c**800** semel hausta dulcedo semper praesens esse non desinit ALCUIN *Ep.* 260; auriat os tenerum lymphas devote salutis *Id. Carm.* 93. 3. **c** D. BEC. 949 (v. gulose); cur hauris modulum auditu bibulo / qui nunquam bibitur sine periculo? WALT. WIMB. *Palpo* 120 (*w. pun on sense* 3).

3 (fig.) to 'drink in' (sight, sound), perceive eagerly.

sunt mihi sex oculi, totidem simul auribus hausi ALDH. *Aen.* 90 (*Puerpera geminas enixa*) 1; BEDE *HE* V 24 (v. 1 donare 4b); supernae contemplationis fructus . . solitaria cotidie ~iebat conversatione ALCUIN *WillP* 4; hausimus omne bonum cujus ab ore sacro WULF. *Poems* 10; jam dilectio vestra dulcibus hausit auribus quomodo sanctus vir . . BYRHT. *V. Ecgwini* 376; ipsa nocte . . aerarius magnis visionum agitur mysteriis . .; ut ergo diluculum hausit, illas . . reliquias ecclesiae intulit GOSC. *Transl. Aug.* 29A; jam patria oculis hausta *Id. Transl. Mild.* 11; R. NIGER *Mil.* I *prol.* (v. exercitium 2c); ~it . . anima rationalis a rebus extra scientiam per sensum, quasi per . . haustorium quo deferuntur species sensibiles ab extra KILWARDBY *OS* 7.

4 to pull (towards one), draw up, haul (solids); **b** (coal).

sumpserat hinc *calicem . . / hauserat et manibus venerandi dona liquoris ÆTHELWULF *Abb.* 784; *Mir. Montf.* 68 (v. cabula b); **1374** instrumentis locatis pro . . pipis in navem . . de dicto *lyghter* ~iendis *KRAc* 397/10 r. 1. **b** **1419** (v. concavatio b); **1537** pro expensis factis . . circa penetracionem puteorum et auriend' carbonum *Ac. Durh.* 702.

5 to draw in (breath); **b** (w. ref. to prophecy or divine inspiration).

ut vivamus ore ~imus aerem et remittimus AILR. *Spir. Amicit.* II 22. 672D; s**1253** [infantula] . . die S. Katerine nata aera hauserat primitivum M. PAR. *Maj.* V 415. **b** spiritum hausit prophetie et ait . . G. MON. VII 3; *Chr. Rams.* 18 (v. divinus 3b).

hauritorium [LL], **a** bucket. **b** ladle. **c** well-tackle. **d** scoop of water-wheel. **e** ship's pump. **f** (anat.) saliva gland. **g** place from which water is drawn.

a **1323** in stipendio j hominis querentis per iiij vices ~ium in fondo fontis ibidem qui ciciderat in eodem per fraccionem funis ejusdem ij s. *MinAc* 1147/11 m. A 2; *a buket*, situla, †eustrum, ~ium, sitella *CathA.* **b** ~ii vasculum . . secum in promptuaria sustulit R. COLD. *Cuthb.* 107; ~ium, . . A. *a ladell* *WW*; **1521** in coquina: . . ~ium eneum potagii, A. *a ladyl* *Cant. Coll. Ox.* I 64. **c** in . . situla positus homo, sensim rotantibus illis ~ium, descendere cepit in puteum *Mir. Hen. VI* III 104 p. 182; erat . . puteus satis altus tum aqua adeo plenus ut ~io non egeret *Ib.* V 161. **d** filia . . cecidit in aquam, rapidoque meatu fluminis absorta . . et volventis rote ~iis excepta *Mir. Montf.* 86. **e** *pumppe of a schyppe or odyr lyke*, ~ium *PP.* **f** sub radice lingue sunt due concavitates que fontes sive auritoria salive appellantur *Ps.*-RIC. *Anat.* 29. **g** hausorium, quod etiam ~ium dicitur, locus sc. de quo hauritur OSB. GLOUC. *Deriv.* 271.

hauritorius [LL *gl.*], for drawing or scooping up (liquid); **b** (*rota* ~*ia*).

a**1200** vas hic auritorium tale provideat [refectorarius] quod sexties impletum sextarium contineat *Chr. Abingd.* II 399; *a drawynge*, haustus, ~ius participium *CathA.* **b** limpha quam anthlia, hoc est rota ~ia exanthlamus ALDH. *VirgP* 9; OSB. GLOUC. *Deriv.* 277 (v. 2 haustrum a).

hausassisus v. assassinus. **hausera** v. haucera.

hausibilis, that can be drawn.

haurio . ., inde . . hec haustio . ., hic haustus . ., hic haustulus vel hic hausticulus . . et haustim . . et ~is, unde hausibiliter OSB. GLOUC. *Deriv.* 271.

hausibiliter, by drawing.

OSB. GLOUC. *Deriv.* 271 (v. hausibilis).

hausor v. haustor. **hausor-** v. et. haucer-.

hausorium, a bucket. **b** ladle or scoop. **c** place from which water is drawn.

a ~ium, A. *a boket WW.* **b** hoc ~ium, *a ladylle WW*; **1472** pro ij ~iis de cupro .. pro coquina *Ac. Durh.* 93; *a ladylle*, ~ium *CathA*; **1499** pro uno ~io de ferro pro *leadhous* et xxiiij *shoveles Fabr. York* 92. **c** OSB. GLOUC. *Deriv.* 271 (v. hauritorium g).

hausorius, for drawing or scooping (water).

instrumenta quedam liquoris ~ia, talia viz. quibus navite a navium centinis introgressas latices hauriunt *Ps.-*ELMH. *Hen. V* 59.

haust- v. et. aust-.

haustare, (?) to draw (water).

to watir, .. austare, corrigari, humectare *CathA*.

haustarius, drawer of water or (?) *f. l.*

c**1170** hiis testibus .. Bartholomeo haustario [? l. hanstario, i. e. hansterio] *E. Ch. Yorks* I 48.

hausticulus, small draught.

OSB. GLOUC. *Deriv.* 271 (v. hausibilis).

haustillus, ~um, bucket.

~us OSB. GLOUC. *Deriv.* 277; *a collokis*, haustellum vel hautellum *CathA*.

haustim, by drawing.

OSB. GLOUC. *Deriv.* 271 (v. hausibilis).

haustio [LL], drawing.

OSB. GLOUC. *Deriv.* 271 (v. hausibilis).

haustiolus, small draught.

ubi, hausto quo egebant singuli, .. rediere, arbitratique hominem repausasse dum in loco, secum ~um forte quo et ejus animam refocillare viderentur detulere *Mir. Hen. VI* I 21 p. 55.

haustor [LL], drinker.

vini ~ores *Plusc.* X 26; hausores *Ib.* 25 (v. consumptor).

haustorium, ladle, scoop.

KILWARDBY *OS* 7 (v. haurire 3); **1402** pro .. ~io pro plumbo fundendo *Ac. Durh.* 216; hoc austorium, *a ladyl WW*.

haustorus v. asturcus.

1 haustrum v. 1 hasta 1a.

2 haustrum [CL], water-wheel. **b** bucket.

~um, rota hauritoria, que et girgillus dicitur et hec †anclia OSB. GLOUC. *Deriv.* 277. **b** *a buket*, situla, †eustrum, hauritorium *CathA*.

haustucia v. astutia.

haustulus, small draught.

OSB. GLOUC. *Deriv.* 271 (v. hausibilis); c**1458** neque de Cirreo flumine .. vel ~um unicum degustaveras *Reg. Whet.* I 314.

haustus [CL]

1 drawing (of water); **b** (of blood).

discrete sunt servitutes ductus aque et ~us BRACTON 233. **b** GARL. *Tri. Eccl.* 110 (v. emadere).

2 (act of) drinking. **b** drink, draught (also fig.). **c** draining (of cup, also fig.).

homines .. crudo pisce et aquarum sunt ~u viventes *Lib. Monstr.* I 18; manducans mulso inspireris nectaris haustu BONIF. *Aen. prol.* 7. **b** ut .. ~um defruti despiciat ALDH. *VirgP* 6; *Ib.* 23 (v. habere 14a); FELIX *Guthl.* 20 (v. delicatus 2b); sequitur medicina per artus, / atque salutifero morbi periere sub haustu ALCUIN *SS Ebor* 1147; fides .. extinxit letiferum ~um quod bibebat ÆLF. *Æthelwold* 15; ne obturetur ~us arenti ANSELM (*Or.* 12) III 49; laticis ~u et glande silvestre pro deliciis utens GIR. *GE* II 22; GROS. *Ep.* 17 (v. febrilis); nomina aquarum: .. hic †austrus, -us, -ui, *a drawte WW*. **c** mortiferum poculi ~um ALDH. *VirgP* 23; ave crater .. / .. / haustu cujus .. / novus verbi preco factus / in verba proruperat WALT. WIMB. *Virgo* 33; ad omnem .. morsellum esci vel ~um poculi, deberemus laudare Deum ROLLE *IA* 267.

3 drawing (of breath); **b** (w. ref. to poetic or divine inspiration).

signum .. suspirium quod est omissi ~us a mente defixa in multitudine restauratio ALF. ANGL. *Cor* 6. 8; respirantia .. quedam ~um aeris aliquamdiu intermittunt *Ib.* 10. 8. **b** clerus / divinas pangens Latiis sermonibus odas. / ille vaporatis afflatus haustibus erga / auctorata volans altaria FRITH. 149.

hausus v. ausus a. **haut** v. haud. **hautas-** v. assass-. **hautein-, hauten-** v. 2 altanus. **hautellum** v. haustillus.

havagium [? cf. W. *hafod*, *perh. conf. w.* OF *havage*], (?) agistment of summer pasture. *Cf. havotaria.*

1327 episcopus concessit .. si averia ~ii .. abbatis de mora sua de G. casualiter ingressa fuerint moras ipsius episcopi de W., quod illa rechacientur et non inparcentur, et similiter fiat de averiis ~ii .. episcopi de moris suis de W., si moram .. abbatis de G. ingrediantur *Cart. Glast.* I 115; **1450** una cum decimis ~ii domini comitis in *le more* ibidem [*Glam*] dimissis .. vicario .. ecclesie (*MinAc* 1305/9) *S. Wales & Mon Rec. Soc.* II 78; **1462** quod Robertus G. .. qui nichill de domino tenet, infra .. dominium tenet xvj averia super communam tenencium .. ; et preceptum est removere dictum ~ium incontinenter *CourtR Lygh* I f. 1v.; **1488** veredictum: et quod Willelmus P. tenet vj averia ultra numerum in ~ium super communam tenencium *Ib.* II f. 1.

have v. ave.

havena [ME *haven* < AS *hæfn*], harbour, haven.

1199 in portibus et ~is, in viis et semitis, in foris et nundinis *RChart* 19a (cf. ib. 40a: in aquis et ~is); **1238** dedit .. abbati xx s. redditus .. in Bristoll', sc. de tenemento quod Henricus L. tenuit super ~am (*Fines* 40/11/204) *Fines RC* II 135 (*Devon*).

havenagium, (?) payment for use of harbour; but *cf. alnagium* (*†avenagium pannorum*).

a**1189** quietantiam de theloneo et pontagio et ~io et omnibus consuetudinibus *BBC* 192 (*Pembroke*; cf. *CalPat 1377–81* p. 107).

havenaria, office of havener.

1397 concessimus .. fratri nostro .. ~iam comitatuum Devon' et Cornub' .. cum .. proficuis ad eandem ~iam .. spectantibus *Pat* 348 m. 28; **1401** cum .. concesserimus .. ~ias in comitatibus Cornub' et Devon' cum prisa vinorum .. ac cum wreccis maris et omnibus aliis proficuis .. eisdem ~iis pertinentibus *Ib.* 363 m. 13; **1463** officium contrarotulatoris ~ie et collectoris nove custume infra .. com' Cornub' *Ib.* 500 m. 16.

havenator, havener, customs official.

1242 episcopus debet habere apud Hertepol ~ores suos *AssizeR Durh* 11; **1276** hafneator Cornub' cepit de wrecco maris in †theis[a] [? l. thethinga] marescalli [MS: Mariscalli] de Alverton ad opus suum proprium ij miliaria allecium *Hund.* I 56b; **1376** commisimus ei officium haveneatoris nostri in com' Cornub' .. dantes sibi auctoritatem .. capiendi .. prisas vinorum *Pat* 294 m. 9; **1386** officium ~oris nostri in Cornub' et Devon' cum auctoritate .. recipiendi .. in nomine nostro vina de prisa *Ib.* 321 m. 39; **1397** J. K. et T. B. ~ores .. regis in ducat' Cornub' et custodes portuum .. regis *MinAc* 819/7 m. 6; **1444** cum .. constituerimus Thomam Trefrye ~orem nostrum in com' Cornub' .. una cum exitibus maletoti, cokett', pris' [etc.] *Pat* 458 m. 10; **1552** damus .. Henrico K. generoso officium ~oris ducatus nostri Cornub' sive custodis portuum *Ib.* 846 m. 23.

havenatoria, office of havener.

1432 constituimus Thomam Trefrye havenatorem nostrum .. reddendo .. per annum quatuorviginti li. .. pro ~ia predicta *FineR* 239 m. 13 (cf. havenator [**1444**]).

haveneator v. havenator. **haveragium** v. averagium.

havermaltum [ME *haver* + *malt* or ? ME *avermalt*], oat-malt or (?) malt which tenant was bound to carry for his lord.

1531 remanentia brasii ordii .. xlviij quar. ij bus.; .. in brasio .. lxxxiiij quar. ij bus.; item in ~is remanent xl quar. iiij bus. *Househ. Bk. Durh.* 6.

haverocus [cf. ME *ruke, roke = heap, haystack*], hay-maker's perquisite of scythe- or arm-load of hay.

1234 die quo falcat debet habere j aurocum de herba quantum poterit levare cum manco falcis sue *Cust. Glast.* 9; habebit unum haurocum et garbam *Ib.* 10; quando levat pratum habebit ~os; et, quando dominus facit cariare fenum suum, debet esse ad mullonem domini et habere ~os *Ib.* 53; *Ib.* 65 (v. falcare 2c); die quo falcat pratum .. debet inde habere ~um quantum potest sub levare inter branchios super dorsum suum *Ib.* 160.

haverus v. averus. **havetria** v. havotaria.

havota [W. *hafod*], summer pasture.

c**1370** quo ad predictam havotriam, .. clamat proficuum tocius agistamenti in omnibus *frythes* domini que sunt proprie haye in forestis domini ad ~as, viz. deierias et feras domini sustentandas *Rec. Caern.* 153.

havotaria, (agistment of) summer pasture (W. & Marches). *Cf. havagium.*

1304 firma havoteriarum (*Ac. Sheriff Caern.*) *Bull. Board Celtic Stud.* VII 149; **1315** de receptis ~ie *Pipe* 170 r. 55; **1316** commisimus ei †hanotriam [l. havotriam] nostram in com. Monmouth' in Wallia *Abbr. Orig.* I 224b; **1320** rex concessit Henrico Somer ragelottam commoti de Nantonewcy et havotriam ejusdem commoti *Ib.* 250b; **1331** de carcosiis et coriis vaccarum .. de morina in havoteria *Pipe* 176 r. 53; c**1370** havotriam (v. havota); per illud verbum 'havotriis' clamat habere omnes vaccarias domini in .. comitatu [de Meryonnyth'] in dominico suo, et reddit eas tenentibus ad terminum vite *Rec. Caern.* 142 (cf. ib. 152: havoteriam); **1383** de xxiij s. iiij d. de firma havetr' de Llan Jevan *MinAc* 1209/15 m. 7 (*Radnor*); **1390** (v. 1 frithum 2); **1390** cum havotriis de Meuryn' *Pat* 330 m. 3; **1443** per manus firmariorum havotriarum et fritharum .. com' de Meryonneth' in Northwall' *Ib.* 456 m. 38.

havotarius, agister of summer pasture (W.).

1313 compotus Lewel' ap Mad' havottarii .. regis in commot' de Ughcorney, Iscorney .. et Dynth' *MinAc* 1170/8 r. 12 (*N. Wales*); **1315** de pastura diversarum vaccariarum sic dimiss' ad firmam hoc anno diversis havotar' *Pipe* 170 r. 55 (*Caern*); de coriis j bovis et j vacce de morina venditis per Lewelinum Maddok' havotar' regis *Ib.*

havoteria v. havotaria.

havra [OF *havre*, *var. of havene*], harbour, haven.

1419 nec aliquam armatam facient .. in partibus, portubus, ripariis, ~iis [etc.] (*DipDoc* 1625) *Foed.* IX 760a; in casu quo .. in portus, ~as, riparias aut loca partium Flandrie .. applicuerint .. nullatenus receptabuntur *Ib.* 760b; **1420** quatinus hanc presentem ampliacionem treugarum .. per mare publicent et publicari faciant in portubus et †haviis [sic *app.* MS] (*RNorm*) *Ib.* 854b.

havrocus v. haverocus. **haw-** v. et. how-.

hawetum [cf. ME *hawe*], (?) hawthorn thicket.

1447 ix acras bosci percipiend' quolibet tercio anno in Bokewode [*Beds*] ad ~um ejusdem bosci *Pat* 464 m. 13.

hawysbedripium [ME *hals, hawys* + *bedrip*], (?) hedging service, or obligation to reap neck of land.

1408 de Johanne S. pro tenemento quondam Willelmi A., j ~ium *Reg. Ewell* 169 (cf. ib. 171: j *hawysbedrip*).

hay- v. et. hai-. **hayca** v. hesa. **haydagium** v. hidagium. **hayericius** v. haerettus. **haym-** v. haim-, ham-. **hayn-** v. et. han-. **Haynonensis** v. Hainaucus. **hayrectus** v. haerettus. **haysa, ~ium, haytia, ~ium** v. hesa. **hayum** v. haia. **hayw-** v. haiw-.

he [LL < Heb.], fifth letter of Hebrew alphabet.

Runica Manuscripta 350 (v. daleth); aleph, he, heth, ayn sonant omnes vocales nostras BACON *Gram. Heb.* 202; in nomine iot, he, vau †hecados [l. he cados], adonay J. YONGE *Vis. Purg. Pat.* 10.

heafod- v. heved-. **hearpa** v. harpa. **heban-** v. heben-. **hebb-** v. ebb-. **hebdomada** v. hebdomas.

hebdomadalis [LL], weekly.

s**1253**, **1333** (v. communa 3c); **1265** viij denarios ebdomadales *Cl* 155; retinere sibi poterit feoffator servicium cotidianum, ebdomodale, annuum, et septennium *Fleta* 198; **1306** oneretur de .. servicio ebdomedali *CourtR Hales* 558; **1335** per parcellas ebdomadales *Comp. Swith.* 246; **1349** ebdomodalem (v. bursa 5); ad communas ebdomadales, xvj d. GASCOIGNE *Loci* 201; **1462** missa ebdomidalis *Ch. Edinburgh* 106.

hebdomadana v. hebdomadarius 1b.

hebdomadarius [LL]

1 of or appropriate to a week, weekly. **b** (med., *sc. febris*) recurring weekly. **c** for everyday use.

alimentum sibi ebdomadarium [MS: ebdomadarum] subplent ÆTHELW. IV 3; **1335** in expensis coquine: .. ut patet per parcellas ebdomadarias *Comp. Swith.* 229. **b** septena seu †ebdomadana [l. ebdomadaria] surgit ex compositione flegmatis vitrei et melancolie GILB. I 54v. 1. **c 1257** (v. culcita a).

2 (eccl. & mon.): **a** (w. *officium* or *missa*) celebrated weekly. **b** (w. *frater, sacerdos, etc.*) assigned to weekly duty; **c** (as sb. m.); **d** (dist. acc. spec. duty); **e** (as sb. f.).

a cantor a nullo officio ~io liber erit *Obed. Abingd.* 370; **1376** capellanus .. habebit interesse horis canonicis sicut alii capellani vicarii .. set missas ebdomedarias facere non cogetur *Reg. Aberd.* I 110; ex officio ~io post coenam ante completorium FERR. *Kinloss* 22. **b** post orationem eant fratres ~ii accipere mixtum *RegulC* 25; conspergantur a sacerdote ~io benedicta aqua *Ib.* 27; diaconus ~ius et reliqui ministri .. induant se *Ib.* 42; c**1185** cartam meam .. signatam capitulo tradidi per manum presbiteri ebdomodarii *E. Ch. S. Paul.* 205; presbyter autem ~ius celebrat semel ad minus in hebdomada, et alii presbyteri .. non celebrabunt GIR. *Spec.* III 20; cantores ebdomodarios misse majoris *Obs. Barnwell* 60; dabit sacerdos ebdomadarius benediccionem super ebdomadarios coquine egredientes et ingredientes *Cust. Cant.* 48 (cf. ib. 109: subsacrista ebdomedarius); s**1367** quod .. cantariam perpetuam .. fieri faceremus per ebdomadarium monachum intabulatum ad illud altare *Meaux* III 164; puer ebdomadarius lector ad matutinas *Process. Sal.* 18; **14..** quod omnes ebdomedarii diaconi .. conveniant in

choro in habitibus suis citra finem pulsacionis *Reg. Aberd.* II 62. **c** quis debet propinare nobis? ebdomedarii aut tuus pincerna ÆLF. BATA 4. 11 p. 36; pulsatis campanis ebdomadarius dicit clara voce .. BELETH *RDO* 24. 36; **1234** solvet .. capellanis qui quasi ebdomadarii erunt per circuitum; utrique denarios iij *Reg. Ant. Linc.* II 59; **1250** abbatis animam, prout moris est, ebdomadarius absolvet *Lit. Cant.* III 368; **1275** Thomas .. ebdomodario ejusdem ecclesie salutem *Reg. Heref.* 8; **1409** temporibus illis quibus †ebdomarius se preparat ad celebracionem misse majoris *Fabr. York* 245; **1413** decano ecclesie nostre cathedralis Herefordensis, vel ~io ejusdem (*Lit. Ep. Heref.*) *Ziz.* 450 (cf. *Reg. Heref.* 116: decano sive ebdomadario); **14..** petita .. licencia .. ab ebdomidario *Reg. Aberd.* II 62; **1504** si quis se absentaverit, pro matutinis ij d., pro missa ij [etc.] .. solvet, scribenturque dietim et septimanatim predicti defectus per abdomidarium *Reg. Glasg.* 512. **d** ebdomadarii coquinae et caeteri qui servituri sunt LANFR. *Const.* 88; ebdomadarius .. defunctorum summo mane .. debitum misse persolvere poterit *Inst. Sempr.* *liii; ebdomadarius .. misse aut lectionis mense non se minuant *Ib.* *lvj; ebdomadarius .. invitatorii de officio suo nullum signum facere oportebit *Ib.* *lvij; ebdomedarii coquine accipiunt benedictionem suam ante hospites *Cust. Westm.* 258; ebdomadarii circuitorum *Cust. Cant.* 37 (v. circuitus 1b); dicetur ab ebdomadario misse .. "anima Nicholai abbatis .." FLETE *Westm.* 136. **e** ebdomadaria .. psalterii quod per domos nostras dividitur singulis diebus persolvendum in capitulo, die Sabbati legatur in tabula *Inst. Sempr.* *lxxxi.

3 (as sb., acad.) judge sitting for period of a week.

a1350 quod nullius actualiter regentis causa coram ebdomadariis ventiletur, set solum coram cancellario; ebdomadarii .. plerumque suis bachilariis causas committunt *StatOx* 84; **a1350** de ebdomadariis: optentum est .. quod omnium decretistarum et legistarum quilibet sua septimana causas ad ipsum pertinentes, et in sua septimana motas .. decidat *Ib.* 90 (cf. ib. p. lxxviij); *Ib.* 93 (v. definitivus 2b); **c1456** decrevit quod supra ebdomadarium et officialem proximus sit cancellarius *Ib.* 277.

4 (?) acolyte.

hic ebdomidarius, hic ceroferarius, *a cergberare WW.*

hebdomadatim, weekly.

1283 quilibet eorum percipit ebdomodatim vij d. *Dom. S. Paul.* 171; **1342** ebdomadatim missam pro defunctis .. celebrare *Lit. Cant.* II 255; **1384** recepit †ebdomatim xviij d. tantum *Ac. Obed. Abingd.* 48; **c1410** expendens .. ebdomodatim xij s. *StatOx* 205; **1439** recipiet septimanatim per estatem iiij s. sterlingorum, et per yemem iij s. et iiij d. quando contingat ipsum ebdomadatim ibidem .. operari *EpAcOx* 192; **1490** in esculentis et poculentis ebdomidatim, x s. *ExchScot* 230; **1543** ebdomidatim (v. diatim b).

hebdomas [CL < ἑβδομάς], **hebdomada** [LL]

1 group of seven.

famosa jubeleorum festivitas septenis annorum ebdomadibus decursis celebrata ALDH. *Met.* 2 p. 67; decies .. septenis annorum ebdomadibus quo supputationis laterculo ccccxc^m^ anni calculantur *Id. VirgP* 21; tertia species ~adis in .. vij viz. septimanis dierum et monade .. impleta. .. quarta septimi mensis erat ~ada .. quinta ~ada septimi anni BEDE *TR* 8; tercia .. ebdomas est que constat ex septem septimanis dierum GROS. *Cess. Leg.* II 7 p. 103.

2 week, period of seven days; **b** (fig.); **c** (w. ref. to recurring event or obligation).

anniversaria temporum vicissitudo .. nonne binis et quinquies denis ebdomadarum voluminibus .. rotatur? ALDH. *Met.* 3; unius .. ebdomadis indutias a parentibus poposcit *Id. VirgP.* 36; **798** a quinquagesima .. usque in pascha septem ebdomadae sunt, quae faciunt dies quinquaginta *Ep. Alcuin.* 144; Earnulf .. sexta antequam defunctus esset ~ada illum [Carolum] regno expulerat ASSER *Alf.* 85; ebdomada vel septimana, *wucu* ÆLF. *Sup.* 176; dies sunt vij omni epdomada, dominicus .. dies primus, tunc secunda feria, tertia feria, quarta feria, v feria, vj feria, vij feria vel sabbatum ÆLF. BATA 4. 24; OSB. *V. Dunst.* 35 (v. bidualis); omnibus liberis hominibus dies isti condonati sunt .. xij dies in .. Natali Domini .. et in Augusto plena ebdomada [AS: *fullan wican*] ante festum B. Marie (*Quad.*) *GAS* 79; hebdomades, menses, etates NECKAM *DS* IV 328; nec [sciebant] etiam de anno, vel mense vel ~ada quicquam GIR. *TH* III 26; providens .. quod firma ebdomade, que predecessori suo non sufficiebat ad expensam v dierum, ei suffecit octo diebus vel novem BRAKELOND f. 132; **s1242** vacante episcopatu .. annis iiij exceptis tribus mensibus ij ebdomatibus et v diebus *Ann. Durh.* 9; pro putura xxiij pauperum de custuma quolibet die in ebdomoda predicta *AcWardr* p. 16; **1454** pro expensis Johannis de C. .. permanentis ibidem per undecim ebdomitas *ExchScot* 622; hec septimana, hec ebdomeda, *a weke WW*; **1486** a decimo septimo Augusti usque ad vicesimum Septembri que sunt quinque ebdomide *ExchScot* 435. **b** longam dissolute etatis ebdomadam uno saltem sabbato curans venustare, studia virtutum in frugem felicitatis excoluit BRAKELOND f. 141. **c** iij dies in ebdomada peniteat THEOD. *Pen.* I 2. 1; **†844** (v. 1 dies 5e); cantat pro rege ii missas una quaque ebdomada *DB* I 179; **c1130** *husting* sedeat semel in ~a, viz. die Lune (*Ch. Hen. I*) *GAS* 525; NECKAM *NR* I 10 (v. 1 dies 5a); **1200** quod habeant .. singulis ebdomodis unum mercatum in die Mercurii *RChart* 40a; nec .. admittebant oblatas pitancias nisi per tres dies in ~ada ECCLESTON *Adv. Min.* 10; **c1270** cum .. teneretur sectam facere de tribus ebdomadibus in tres ebdomadas per totum annum *Cart. Glouc.* II 229; **1293** debet operare per iij dies in ebdomoda a festo S. Michaelis usque ad festum S. Petri .. ad Vincula exceptis iiij ebdomodis *Fees* 1314; prior inveniet caseum .. qualibet ebdomeda *Cust. Swith.* 15; **1427** volo quod .. uxor mea .. componat cum Roberto S. .. pro j busello frumenti in ebdomada per diversos annos *Reg. Cant.* II 366; **1549** (v. 1 dies 8e).

3 (eccl.): **a** (w. *magna, paschalis* or sim., *paenosa* or *sancta*) Holy Week. **b** (~*as Pentecostes*) Whit week. **c** (~*as Quadragesimae*) week in Lent. **d** (~*as Natalis* or *Nativitatis*) Christmas week.

a 798 feria quarta paschalis ebdomade ALCUIN *Ep.* 143 p. 226; **s1138** post paschalis ebdomade sollemnitatem J. HEX. *HR Cont.* 291; conventus flectet genua, non tamen .. in ebdomada penosa *Ord. Gilb.* 58v; **c1215** in epdomada Pasche *AncD* A 3437; **s1241** die Jovis in epdomada Parasceves *Leg. Ant. Lond.* 9; feria .. ebdomade sancte tercia .. in Christo .. obdormivit *Chr. Witham* 505; **1259** die Sabbati in abdomada Pasche *Cl* 471; in ebdomada penosa nuncquam cantatur de festo *Ord. Ebor.* II 269; extra ebdomidam Pasche *Conc. Scot.* II 76; **1474** in die veneris magne ebdomade *Rec. Leic.* II 386; **1586** in ~ada sancta *Scot. Grey Friars* II 177; **1593** ante horam septimam diei Lunae proxime sequentis hebdomedam Paschatis *StatOx* 448. **b** in ~ada Pentecostes, in ~ade Sabbato H. Bos. *Thom.* III 4; **1221** eam vi rapuit quadam die Lune in ebdomada Pentecostes *PlCrGlouc* 19; **c1260** in ebdomada Pentecostes (v. 1 dies 8b); **1354** in ebdomoda Pentecostes *Doc. Coll. Wint.* (*Cranfield, Beds*). **c** prima ebdomada Quadragesime, feria quarta *Chr. Holyrood* 19; **1220** die Lune in prima ebdomada Quadragesime *CurR* IX 336; **1298** ij diebus qualibet ~ada in Quadragesima *Melrose* II 23 app.; **1471** in ebdomida prima Quadragesime *ExchScot* 2. **d 1307** in epdomada Natalis Domini *Doc. W. Abb. Westm.* 203; in sancta ebdomada Nativitatis Dominice, in crastino S. Thome martiris *Compilatio* 171.

4 (eccl.) weekly course or rota of duty.

c1150 vidi .. eum ebdomadam facientem .. et omnia canonici officia exequentem *Ch. Sal.* 17; **c1440** quilibet canonicus .. prebendatus per ebdomadam suam ecclesie deserviat *Stat. Linc.* II 322.

5 (in title of book by Boethius).

s1138 Gilbertus Poretanus .. libros Boetii .. de ~adibus commentavit TREVET *Ann.* 9.

hebdomed-, hebdomid- v. hebdomad-, hebdomas.

hebefactus [LL], stupefied.

turbatus .. homo et ultra humanum modum ~us .. conticuit *Mir. Hen. IV* I 16 p. 45.

hebel v. ebel.

hebeninus [LL < ἐβένινος]

1 of ebony.

Dedan regio est in Ethiopia .. ut dicit Isidorus [*Etym.* IX 2. 19: Dadan] .. abundans in elephantibus, et ebore, et lignis ebeninis [ME: *wodes of firre*] ut dicit glosa super Ezechielem 17 BART. ANGL. XV 49; lignum ~um ibi [sc. Dodan] abundat *Eul. Hist.* II 47.

2 (?) black as ebony, dark, obscure.

vix ebinina titulatione B. *V. Dunst.* 1 (v. concrescere 2a).

hebenus, ~um [CL < ἔβενος]

1 ebony (wood or tree).

ebenum, arbor quod †decrescit [? l. durescit] cesa in lapidem *GlC* E 8; flamme contemptrix ebenus fit saxea moles / cesa NECKAM *DS* VIII 65 p. 483; dum primo ignis non poterat accendi in ebeno, substantia ipsius prout erat niger, ita apparebat *Quaest. Salern.* B 121; terra .. nigerrima, lignaque truncorum ebeno simillima GIR. *EH* I 36; ebenus est lignum Ethiopicum, colorem habens nigrum, tactum lenem et planum, durum et ponderosum BART. ANGL. XVII 52; inter azurum .. et nigrum adhuc est color qui est in ebano .. qui .. est color venetius BACON XIV 77; nigredo est accidens inseparabile corvo et Ethiopi et ebano *Id.* XV 201; **1300** unum par cultellorum magnorum de ibano et eburn' *AcWardr* p. 344; **1310** j tabula de ebano interius et exterius de ebore *Ac. Exec. Ep. Exon.* 43; ebanum lignum est quod de Ethiopia venit, carbonibus impositum suscipit ignem. .. ebanus est arbor ut dicunt incremabilis, unde versus: ebanus est arbor quam non cremat ardor *Alph.* 51.

2 (by conf.) ivory.

~um, ebur OSB. GLOUC. *Deriv.* 277.

heberg- v. herberg-.

hebere [CL]

1 to be or become blunt.

cultellus hebet R. PARTES 238 (v. encaustum a); *CathA* (v. hebescere 1).

2 (w. ref. to senses or faculties) to be or become dull or insensitive.

presumptuosum si juvenis .. tantum temptaret laborem, nedum ipse cui sanguis ~eret et cujus vires emula senectus carpsisset W. MALM. *GP* I 48; vulgus .. cujus acies semper ~et, nequaquam virtutem, verum temporale commodum amicitie ortum esse asseverat W. DONC. *Aph. Phil.* 3. 52; R. CANT. *Malch.* V 313 (v. hagius a); languent lumina, visus hebet NECKAM *DS* 446 p. 383; in ymagine sompni, / cum sensus acies exterioris ebet H. AVR. *Poems* 6. 90.

3 (w. ref. to thing perceived) to be or become blurred, dim.

humanitas .. cum divinitate inspecta, quoniam ipsa longe preeminet, ex collatione ~et PULL. *Sent.* 805B; sepe relegisse cartam juvat et meminisse, / sepius adde manum: que [v. l. quod] hebebit erit, puto, planum R. CANT. *Poems* 1. 31.

hebes [CL]

1 blunt.

s1252 (v. cultellinus); *blunte*, ~etes *CathA.*

2 (w. ref. to senses or faculties) dulled, insensitive. **b** stupid, dull-witted.

hoc securo vel potius ~eti corde .. audistis GILDAS *EB* 107; mens .. humana ex culpa ~es reddita R. MELUN *Sent.* II 7; fleumaticus est .. sensu ~es, mente obliviosus BART. ANGL. IV 9; homo, cum sit dignissimus creaturarum, est ceteris animantibus magis ~es in sensibus R. MARSTON *QD* 159; ~es visio GARL. *Tri. Eccl.* 121 (v. hebetatio). **b** qui [per] fraudem comedit, et scit, et est inobs vel aebitis [v. l. ~es] .. EGB. *Pen.* 13. 3; quidam .. infirmi sunt tam ~etes ut aestiment se ideo mori si communionem accipiant ÆLF. *Ep.* 3. 17; consultius est vobis esse sophos quam stolidos et ebetes vel inertes et ignaros ÆLF. BATA 5. 4; **c1166** cum .. ~etiorem senectus reddat ARNULF *Ep.* 1; in scripturis bruti et ~etes a nobisipsis consilium non habemus *Chr. Battle* f. 127; ille frater ante visionem istam erat valde simplex, ~es et impedite lingue; sed post subtilis effectus est et eloquens J. FURNESS *Walth.* 105; ~es es plus solito senioque confectus GIR. *PI* III 28; allegans nudis sermonibus absque moneta / est ebes atque rudis, nec prosunt verba faceta WALT. WIMB. *Scel.* 69.

hebescere [CL]

1 to be or become blunt.

to be blunt, hebere, ~escere, hebetare, hebetescere *CathA.*

2 to become dull-witted.

idem natura senioque aliquantum ~escebat ORD. VIT. XI 33 p. 279.

hebetare [CL]

1 to make blunt (also fig.).

~atis securibus tuorum cadaveribus ABBO *Edm.* 8; mutat .. securis ligna secando, mutatur ipsa a lignis ~ando ADEL. *QN* 44; nisi .. ebetasset G. MON. IX 11 (v. 1 collisio a); ligones ~atas exacuunt R. COLD. *Cuthb.* 65; ~are, obdurescere, obtundere OSB. GLOUC. *Deriv.* 198; magus .. per artes magicas .. omnem ferri aciem †habetat W. S. ALB. *V. Alb. & Amphib.* 24; seviit hostilis gladius usque ad ipsum, post ipsum minime, ejus scilicet sanguine ~atus W. NEWB. *Serm.* 901; **s1251** ~atum est fulgur cum fulgore M. PAR. *Maj.* V 264; **s1377** ad ~andum gladium Petri *Chr. Angl.* 116.

2 (w. ref. to senses or faculties) to blunt, make dull or insensitive.

nec tantis malorum offendiculis tuus ~atus insipientiae cumulo sensus velut quodam obice tardatur, sed .. GILDAS *EB* 35; nomen habens furvum, visus hebetatur oborta HWÆTBERHT *Aen.* 58 (*de Noctua*) 3; †ebitat, fatuit *GlC* E 7; ebetato *GlH* E 95 (v. effetus); expavit Eoues, ~atus tam chorusca visione DOMINIC *V. Ecgwini* I 8; clipeum tanto conamine percussit ut sonitu ictus .. aures .. ~aret G. MON. X 3; unde palati vires excitet ~ati J. SAL. *Pol.* 725D; quisquis ignorantie nebulis ~atur H. READING (I) *Haeret.* III 1294B; in qualibet arte diffusio .. acumen ~at J. MIRFIELD *Brev.* 50.

3 to dull, lessen (pain).

dies longior ~at laxatum dolorem GIR. *TH* III 12.

hebetas [cf. LL *hebitas*], dulling (of senses).

diuturnitas legendi inducit lassitudinem, lassitudo sensus ~atem, ~as pigritiam *Eul. Hist. Chr. Brev.* 245.

hebetatio [CL], dulling (of senses).

invadit cum morte senes hebetatio sensus, / tabida tussis, hebes visio, scabra cutis GARL. *Tri. Eccl.* 120.

hebetativus, a that which dulls (the mind). **b** (anat.) tending to diminish (effect).

a ociositas .. ingenium ~a J. WALEYS *V. Relig.* I 2 (v. considerativus). **b** quantitativus .. excessus flegmatis proveniens ad radices pilorum ex humiditate sua infusiva et aliarum qualitatum ebetativa .. capillos inficit GILB. II 76v. 1.

hebetescere [CL]

1 to become blunt.

CathA (v. hebescere 1).

2 (of person) to become ineffective, lacking in keenness.

14.. heu! racio moritur, precio judex hebetescit, / fraude fides premitur, pietas .. recessit *Pol. Poems* II 253.

hebetudo [LL]

1 bluntness.

a bluntnes, ebitudo *CathA*.

2 dullness, stupidity, sluggishness; **b** (med.).

o .. sensus caliginem! o desperabilem crudamque mentis ~inem! GILDAS *EB* 23; ascenso asino .. cum .. sua naturali pigritia et ~ine BEDE *Sam.* (*1 Sam.* xxv 42) 688B; hebitudo NEN. *HB* 143 (v. deicere 4b); tanquam naturaliter inest in eis Walensibus ~o mansuetudinis, ut .. in multis appareant discoli et silvestres MAP *NC* II 8 f. 26; **1202** hebetudini mee imputo quod vobis parcius innotesco, licet et ~o per se citius innotescat (*Lit. Abbatis*) *Chr. Evesham* 112n.; supercilia inferius decedentia a parte naris et superius elevata a parte temporis .. ~inem significant GILB. III 130. 2; cedit .. ad gloriam Latinorum per accidens ~o nativa, quoniam sicut fuerunt in studiis minus docti, sic in erroribus minus mali R. BURY *Phil.* 10. 164; **s1438** illa torpens et languens ~o claustralium AMUND. II 197; *a dullnes*, ebitudo *CathA*. **b** quedam sunt supervenientia, ut dolor capitis .. sensuum stupor et ebetudo GILB. I 33. 1.

hebidus, a (as sb. n.) blunt or flat edge. **b** (as adj.) dull (of mind).

a *bak of an egge toole*, †ebiculum [? l. ebidum] *PP*; *a bak of a knyfe* †ebiculum [? l. ebidum] *CathA*. **b** ut quid ~o sub pectore antiquum hostem occultas? FELIX *Guthl.* 35.

Hebraeus [CL], Hebrew, Jewish (also as sb.); **b** (w. ref. to language).

Ebrii *Kal. M. A.* 399 (v. Dios); Ebruus *Ib.* 403; oremus .. Deum qui Moysen ~eis prefecit ORD. VIT. XII 27 p. 469; Christianorum .. persone .. sumpte sunt ab aliis duabus sectis, ~ea sc. et gentili BELETH *RDO* 12. 26; cum charactere circumcisiones etiam ~orum nomina circumcidendis imponant *Itin. Ric.* I 3; ~orum .. sacros libros .. perviderat R. BURY *Phil.* 10. 159. **b** Ebrea .. lingua ALDH. *CE* 4. 9. 6; nomina sanctorum signari sanctis parentum / Haebrea depromens ore, Latine, tuo ALCUIN *Carm.* 71. 2. 8; eum ~ea lingua messiam nominaverunt *Eccl. & Synag.* 60; secundum proprietatem lingue ~ee GROS. *Cess. Leg.* II 8 p. 113; in ~eo BACON *Tert.* 440 (v. glossa 3a).

Hebraice [LL], in Hebrew.

ut vocatur Cernel [*Cerne, Dors*] ex duobus verbis Hebraico et Latino, quod 'Hel' Deus dicatur ~e W. MALM. *GP* II 84; Matheus Ebraice 'donatus' est Latine M. RIEVAULX *Ep.* 74; Ebraice GROS. *Hexaem. proem.* 66 (v. genesis 3); BACON *Maj.* III 199 (v. epitaphium 3); **s1245** librum .. ~e, Grece, Latine conscriptum HIGD. VII 36; **c1579** Latine, Grece, aut ~e *StatOx* 413.

Hebraicus [LL], Hebrew, Jewish; **b** (w. ref. to letters or language). **c** (as sb. n.) Hebrew language.

venturum quicquid sancti cecinere prophete / Hebraici populi ALCUIN *Carm.* 66. 8. **b 802** Bedae .. psalterium .. collegit .. juxta ~am veritatem *Id. Ep.* 259; W. MALM. *GP* II 84 (v. Hebraice); **1197** scriptum in tergo carte Ebraicis litteris *Pipe* 11; **1245** prima pars biblie veteris Anglice littere, in cujus prima parte in custodia inscribitur alfabetum Hebraeycum et Grecorum *Invent. S. Paul.* 496; **1270** presens scriptum literra mea Ebrayca consignavi *MS Lancs R. O.* DDTr (*Jewish Starr*); **1320** pro stipendiis conversi docentis Oxon' linguam ~am *Conc.* II 500a; Moyses invenit litteras ~as et accepit legem .. anno mundi 3470 W. WORC. *Itin.* 176; **1566** (v. determinator 1b). **c** BART. ANGL. XIX 127 (v. dodrans 1a); idem .. de ~o pro textu sacre biblie .. est censendum R. BURY *Phil.* 10. 166.

Hebraissare, to learn Hebrew.

1520 triduo postquam ~are coeperam (E. LEE) *Ep. Erasm.* IV 1061.

Hebridianus, of the Hebrides, Hebridean (in quot., as sb.).

augebatur in dies .. exercitus ejus ~orum .. accessionibus BOECE 288v.

hecados v. he. **hecagium** v. heccagium.

Hecate [CL], the goddess Hecate, (?) witch.

in corallo debet inscribi natura noctiluce, hoc est †accate [v. l. eichete, ? l. Hecate]; signatur .. in eo Gorgonis figura *Sculp. Lap.* 451.

hecaton [ἑκατόν], a hundred.

ecaton centum BELETH *RDO* 12. 26c; †escaton [v. l. †eschaton] vel †eucaton interpretatur centum habens proprietates *Alph.* 60.

hecatontarchus [LL < ἑκατόνταρχος], centurion.

dux populi Moyses, et sub eo .. ecatontarche ..; ecatontarcha, qui centum potestates habet BELETH *RDO* 12. 26C.

hecca, ~um [ME *heche, hegge* < AS *hecg*; cf. 1 haia, hesa], hedge, fence, palisade; **b** (for protecting goods on quay). **c** (also w. *cadens*) moveable palisade on battlements.

c1250 viam .. que extendit se ab ~a .. monachorum .. usque ad villam de Stert *Cart. Wardon* f. 55 (cf. ib.: a palo haie .. parci ab ~o .. de Stert); **1251** habuerunt communam pasture usque in parcum de Brikestok, de Rohegges, sicut se extendit per unam trenchiam que vocatur Balledstoured, usque ad ~am de Brikestok *IMisc* 5/24 (*Northants*); **1270** in beracaria relevenda, emendenda (*sic*) et cooperienda et in xxxj heckis faciendis et in maeremio ad eadem *MinAc* 1078/12 r. 1 (*Yorks*); **s1293** factum est novum hechium in campo de Chalgrave *Ann. Dunstable* 377; **1315** quod .. possint libere .. habere suum hechium in omnibus terris suis in waretto in camp' de Watford' *AncD* A 8228; **1337** tenentes de gracia habebunt totum pratum partibile, .. et totum hechium *Cart. Osney* IV 322. **b a1216** (v. cleta 1d). **c 1313** carpentariis operantibus .. circa heckas cadentes ordinandas et ponendas infra battilamenta magne turris *KRAc* 468/20 f. 3; **1313** ad imponendas .. hekkas *Ib.* (v. entaliator).

heccagium, payment for upkeep of palisade (Pevensey, Suss). (*Cf. L. F. Salzmann Hist. Hailsham* 176.)

1226 constabulario de Pevensel .. precipimus quod de heckagio quod ab eo exigis ad castrum de Pevenes' ei deferas quamdiu fuerit in servicio nostro predicto *Cl* 132b; **1231** mandatum est vicecomiti Suss' quod districtionem quam facit Gilberto de A... et hominibus suis de rapo de Pevenes' pro heckagio de Pevenes', ponat in respectum *Cl* 544; **c1246** hecagium *Doc. Robertsbr.* 100; **1248** faciendo ad wardam et †herkagium [sic *app.* MS] castri de Pevenese .. quantum pertinet ad dim. feodum militis *Fines Suss* 507; **1253** recognoverunt se fecisse pacem cum domino Petro de Sabaudia pro ~iis que tenent remittendis, viz. pro quolibet ~io xij m. et pro dim. ~io vj m. *CalCh* I 436.

heccaidecaeteris [ἑκκαιδεκα + ἐτηρίς], (period of) sixteen years.

†exacaideceterida, sedecennalem *GlC* E 413.

hecchia v. hachus. **hecco** v. echo. **hech-** v. et. hachus, hecca.

hechiare [cf. ME *heggen*], to enclose w. a hedge.

1281 si predicti libere tenentes velint alibi in campo de Walton' ~iare, quod predictus S. et heredes sui ~iant in dictis culturis eandem quantitatem porcionis sue *AncD* A 11479.

hechinga [ME *heching*], hedging or enclosed land.

c1230 debet pro qualibet acra de ~a j d. (*Cust. Milburne, Dors*) *Doc. Bec* 90.

heck- v. hecc-. **h'ecnoidis** v. herecnois.

hecticus [LL < ἑκτικός], (of fever) habitual, hectic; **b** (fig.); **c** (as sb. f.).

sic solet dividi febris: alia effimera, alia ethica, alia putrida GILB. I 3v. 1; si inveneris scorpionem .. seu piscem [in lapide] .. defendunt se ferentes ab ethica [v. l. eptica] febre *Sculp. Lap.* 450; in lentum morbum (~am †vacant [l. vocant] febrem) incidit BOECE 157v. **b** patimini .. ethicam, febrem viz. consumptionis in corpore vestro mystico *Reg. Whet.* I 141 (v. consumptio 2c). **c** pessimas infirmitates .. ut ptisim et ethicam BART. ANGL. IV 3; ethica GILB. I 65v. 1 (v. habitudinalis 2b); ethica .., ut ait Rasy, talis est quod ejus tertia species est tardioris terminationis quam prima RIC. MED. *Signa* 38; ut dicit Ysaac libro febrium in capitulo de ethica BACON IX 11; 'debilibus', sc. qui patiuntur eticam GARL. *Mor. Scol.* 594 *gl.*; de ethica febrili .. dicitur ethica ab 'ethis' quod est consumptio, quasi calor consumens; vel ab 'ethis' mansio et calor, quasi calor mansivus; .. ethica est febris continua et uniformis sine humoris vicio putredinalis GAD. 20v. 1; differentia est inter ptisim et ethicam, quia in ethica pulmo non est lesus et habens eam non habet tussim J. MIRFIELD *Brev.* 76; permansit in infirmarie (*sic*) tisis et etise infirmitate detentus STONE *Chr.* 16.

2 (as sb.) one suffering from hectic fever.

si fuerint [supercilia] pilis spoliata .. signant .. naturalis humoris consumptionem in ethicis et similibus BART. ANGL. V 9; ethicus non sentit suum calorem GAD. 21. 2; *SB* 43 (v. conferre 8b); sensibile positum .. intrinsecum non sentitur, ut patet de caliditate ethici WYCL. *Act.* 20.

hed- v. et. haed-. **heda** v. 1 hida 1a, hitha. **hedagium** v. hidagium. **hedcluttum** v. hevedclutum.

hedera [CL]

1 ivy; **b** (dist. as *terrestris* (*nigra*) or *arborea* (*silvestris*)); **c** (used as floor-covering); **d** (w. ref. to serjeanty); **e** (w. ref. to poet's garland); **f** (prov.).

ALDH. *VirgP* 4 (v. corymbus 1); eder, *ifegn GlC* E 33; **9..** eder, *ifig WW*; succrescens ~a maceriem ecclesie cooperiebat ORD. VIT. III 2 p. 16; ab 'hereo' secundum Isidorum hec ~a OSB. GLOUC. *Deriv.* 269; hunc ~is involutum nymphe .. occuluerunt ..; ideo dicitur ~a Baccho consecrata *Natura Deorum* 32; AD. DORE *Pictor* 155 (v. diluculum); NECKAM *DS* I 369 (v. haedus c); ~a .. antipharmacon ebrietatis est *Id. NR* II 84 p. 177; **1316** [*fined*] xij d. pro edera *CourtR Wakefield* III 103 (cf. ib. I 160: [*for ivy*] †era); *SB* 15, *Alph.* 19 (v. carpos a); *SB* 38, *Alph.* 40 (v. cissos); *Alph.* 4 (v. allacium); *edera, yvy WW*. **b** ~a nigra, .. *eorþivig Leechdoms* I 40; ~e terrestris et arboree GAD. 33. 2; bacce ~e arboree contrite et super dentem posite dolorem sedant *Ib.* 119. 1; ~a nigra, i. *iere*, i. *oerþivi WW*; edera, arborea crescit super arbores et parietes domorum, i. *yvi*; edera nigra, edera terrestris idem sunt, i. *hayhof SB* 18; *Alph.* 52 (v. arboreus); edera terrestris, paulina idem, A. *alehoue*. edera silvestris, A. *groundyvy Ib.*; edera silvestris, *ers de bois* et *ivy* idem *Herb. Harl. 3388* f. 78v.; *tunhoue or thornyhow*, .. edera terestris *PP*. **c** junco cum foliis ~e chorus sternetur *Cust. Westm.* 51; **1221** (v. faenum 2c); **c1280** debet invenire .. stramenta ad ornandum ecclesiam .. et fenum vel cirpos in Pascha cum foliis ~e *Stat. Linc.* 70. **d 1212** Henricus de la Wade [tenet] x li. terre per servicium sternendi edere (*sic*) bestiis .. regis apud Wudestok *Fees* I 103; **12..** H. de la Wade [tenet] per serjantiam sternendi ederam bestiis regis *Ib.* 344. **e** ederas, poetarum figmenta, *yukterx* [i. e. *yviteru*] *GlP* 126; BART. ANGL. XVII 53 (v. coronare 1a). **f** vino vendibili, ut est in proverbio, non opus est suspensa ~a CHAUNCY *Passio* 150.

2 woodbine.

edera, *uuduwinde GlC* E 26; a nigra, *wudebinde* ÆLF. *Gl.* 137; **9..** edera, *wuduwinde WW*; **10..** ~a nigra, *wudubind WW*.

hederinus, of ivy.

hec est umbra ederina, / Jone mitis medicina GARL. *SM* 94.

hederosus [CL = *covered w. ivy*]

1 (w. *monasterium* or sim.) Ivychurch (Wilts).

1232 canonici de monasterio ederoso *MemR* 1358; **1252** [*Ivychurch*] de monasterio irroso *CalIMisc* I 142.

2 (w. *mel*) honey from ivy-flowers, or (?) gum-ivy.

1234 mandatum est camerario Lond' quod retineri faciat ad opus regis .. lx pannos de Aresta .. et ccc .. capita cendalli de Lukes et de melle ederoso *Cl* 381.

hedlonda v. hevedlonda.

hedraeus [ἑδραῖος], (by conf. w. 2 *exedra*) seat for a preacher.

hic edrius, i. *for a preacher WW*.

hedyosmus [LL < ἡδύοσμος], mint.

?7.. unguentum provatissimum ..: saturegia, idiosmu, balsamita (*MS BL Harl.* 5792) *ALMA* V 134; tercia species [calamente] est ediosmo similis agresti cum foliis oblongis, cujus virga et rami majores sunt *Alph.* 32; idiosmum, menta idem *Ib.* 85.

1 hee, epsilon, fifth letter of Greek alphabet.

NECKAM *Ut.* 117 (v. delta).

2 hee v. 1 hic.

heerestreta v. herestreta. **heetha** v. hitha. **hega** v. 1 haga.

hegemonia [ἡγεμονία, cf. LL hegemonicon], authoritative power.

†gemoni est anime principatus in toto corpore regnans *Gloss. Poems* 104.

hegenewitha v. hengewita.

hegetor [ἡγήτωρ], (ship's) master.

aegeator, hortator navis, a mare Aegeo OSB. GLOUC. *Deriv.* 196; egeator, A. *a comander of a shyp WW*.

hegningus [ON *hegning*, Sc. *haining*], enclosure.

a1194 concedo illi ij acras et dim. de terra mea arabili pro meo ~o et meo *ofnaam*, quos retineo in manu mea *E. Ch. Yorks* V 360; **12..** claudat heiningnum (*Ch.*) *Yorks Arch. Soc. Rec. Ser.* VII 51.

heheu v. eheu. **hei-** v. et. hai-.

1 hei [CL], alas! **b** (w. dat.) alas for.

ei, heus *GlH* E 163. **b** hei mihi GARL. *Tri. Eccl.* 14.

2 hei v. is.

1 heia v. haia.

2 heia [CL], (exclamation): **a** (in exhortation); **b** (in joke).

a ~a! Christi tirunculae, sit mihi praesentis opusculi rata recompensatio vestrarum precum frequens ALDH. *Met.* 5; **940** (14c) reddite ergo / que sunt Cesaris Cesari, / o vos possessores, et que sunt / Dei Deo, fas divinum, / jus

humanum ministrantes, / eya catholice lectitantes *CS* 751; heia age, carta, cito navem conscende ALCUIN *Carm.* 4. 64; eia, eia! legite gratulabundi .. decreta bibl[i]orum ÆLF. BATA 5. 4; quoniam armati venistis, eja ! ut boni milites agite OSB. BAWDSEY clii; commilitones eja mei .. estote tandem viri *V. Neot. A* 16; eya *Ps.*-GROS. *Gram.* 59 (v. ecce a); heya *Ib.* 60 (v. 1 euax 1); adverbia hortandi, unde aya, age, rumpe moras BACON *CSPhil.* 441; eya, eya, veni et judica causam nostram FORTESCUE *NLN* II 1. **b** cui sic regina jocando: / "eya, frater" ait .. *V. Merl.* 337; in aula nobilissima .. solebat Bonifacius inter familiares suos quasi ludendo dicere: "eya, per Christum, predecessores mei aulam istam .. fecerunt, sed .." BIRCHINGTON *Arch. Cant.* 11.

heiagium v. haiagium.

heidengrana [cf. Germ. *Heidekorn*], buckwheat.

c**1404** bona recepta .. de navi Engelberti Johansson de Dordraco, iij fassiculos ~e (*Cart. Antiq.*) *Lit. Cant.* III 83.

heilandus v. eilondus. **heimalis** v. hiemalis.

heimarmene [εἱμαρμένη], fate.

hoc .. modo ~e et necessitas ambe sibi invicem in divino connexe sunt glutino BRADW. *CD* 711B.

heimfara, heinfara v. hamfara. **heingwita** v. hengewita. **heiningus** v. hegningus. **heira, ~ia** v. haira.

heiro, ~onus [ME *heiron*, OF *hairon*], heron.

1217 unusquisque liber homo habeat in boscis suis aereas .. falconum, aquilarum et de heyrinis [? l. *heyruns*] (*Ch. Forest*) *StRealm* I 21 (= *SlPlForest* p. cxxxvii); **1224** de heyrinis *Ib.* 27; **1274** unum heyronum meliorem pro vj d. *MGL* II 82; **1284** ad faciendum .. girfalconem regis volare ad heyrones *KRAc* 351/11 m. 1; volare ad hairon' *Ib.* m. 3; **1286** herones (v. grus 1b); **1322** heyrones (v. aeriare); **1404** in herona v d. *Ac. Durh.* 52.

heironagium, hawking for herons.

1315 Henrico de H. eunti extra curiam in heronag' .. pro vadiis suis et putura falconis sui *KRAc* 369/11 f. 131*d*.

heironarius, (hawk or hound) for hunting herons; **b** (w. ref. to serjeanties).

1313 falconario .. pro putura duorum laneriorum ~iorum regis *KRAc* 375/8 f. 44*d*. **b** **1229** confirmavit Johanni de Merk .. totam terram de Alba Roinges [*White Roding, Essex*] .. per servicium veniendi ad curiam suam .. ad custodiendum ij falcones ~ios et unum leporarium heyronarium *CurR* XIII 1666; **1279** Johannes Merk tenet ij carucatas terre in villa de Comertone [*Cambs*] .. per sergancyam ad servand' ij falcones layner' et unum canem †herimer [? l. heruner'] *Hund.* II 554b; c**1285** Johannes de Merke tenet xx libratas terre .. in Comertone per serjantiam custodiendi ij falcones laenerios et unum canem .. herunerum *Aids* I 137; **1330** rex cepit fidelitatem Hugonis .. de molendino de Burgo [*Derb*] .. quod .. tenetur .. per servicium inveniendi j hominem portantem j falconem heronarium quolibet anno in sesona coram rege *Abbr. Orig.* II 180b; **1346** dicunt quod predictum manerium [de Whiterothyngge in com' Essex'] .. cum quodam manerio in Cumberton in com' Cantebr' .. tenetur .. per liberum servicium custodiendi ij falcones lanar' herenar' et unum leporarium herenar' .. regis *IPM* 81/6 (cf. ib.: ij falcones heyronar' et j leporarium heyronar').

heironcellus [AN *herouncel*], young heron, heronshaw.

1249 de heiruncellis et butoribus *Cl* 169; **1249** heyruncellis (v. 1 butor); **1257** r. c. de ix haruncellis receptis de aeria in montana (*MinAc*) *S. Wales & Mon Rec. Soc.* II 124; **1264** parcum fregerunt .. et feras .. et heruncell' ibidem existentes ceperunt *Pat* 81 m. 11*d*.; **1274** cepit iiij heyruncellos .. in parco de W. *CourtR Wakefield* I 14; **1282** heruncellos (v. girfalco c); **1419** et rem' iiij herouncell' *MinAc* 1249/4 m. 2*d*. (*Suff*).

heironeria, heironia [OF *haironiere*], heronry.

1231 Margeria de F. atachiata fuit ad respondendum .. quod quandam heroneram [v. l. herroniam] destruxit; .. et .. dicit quod heironera destructa fuit per patrem .. primi viri sui *CurR* XIV 1555; **1330** est ibidem [*Wormegay, Norf*] quedam heronia in predicto bosco *IPM* 17/19.

heirun- v. heiron-. **heisa, ~ia** v. hesa. **heittha** v. hitha. **heiw-** v. haiw-. **hejul-** v. ejul-. **helar-** v. hilar-.

Helcep [Ar. *al ḥsāb* = *mathematical calculation*], (name of book).

festino aggredi Helcep Sarracenicum tractare de multiplicatione scilicet numerorum et divisione OCREATUS *Helceph prol.* 132.

helcinum [cf. CL helcium = *tow-rope*], trace-rope.

tugwith, traha, ~um LEVINS *Manip.* 150.

helcticus [LL < ἑλκτικός], having power of attraction.

†elacha [v. l. elcicha] dicitur virtus attractiva .., elcho enim trapho [l. traho] dicitur, inde caceltica virtus, i. subtractiva *Alph.* 55.

helcus v. welkus.

helda [ME *helde*], slope.

a**1250** super ~am Turstani (v. brinca).

helebota [ME *helebote*], small boat.

1417 magister ~e vocate Reholdeurese de B. *RNorm* I 324.

helegiacus v. elegiacus. **helemos-** v. elemos-.

helenium [CL < ἑλένιον], elecampane, horse-heal.

~a, *horsehelene* ÆLF. *Gl.* 136; ibi crescit sandix, caula .., lappa, ~a [etc.] ÆLF. BATA 6 p. 99; recipe .. cinamomi .. costi .. elempnii [etc.] GILB. VI 273V. 1 (cf. ib. VII 357. 2: †elempini); elempnium, i. enula campana *SB* 19; elena campana vel enula, ortolana et campana [differunt] *Alph.* 53; ellenium *Ib.* 54 (v. 4 batus b).

heleosparagus [LL, cf. ἕλειος, ἀσπάραγος], kind of asparagus.

†elio speragus .. i. teneritas ramorum speragi, et dicitur ab eleos quod est sol, quod sicut sol radios sic speragus emittit *Alph.* 54.

heleus [cf. helluo], one who yawns or gapes.

~eus, homo hians et oscitans, qui et pandox dicitur OSB. GLOUC. *Deriv.* 276.

helf- v. half-.

heliace, in the light of the sun.

Canis stella, que est inter cornua ipsius [Tauri] orientis cosmice, occidit eliace, id est, desinit videri propter splendorem solis *Comm. Sph.* 324.

heliacus [LL < ἡλιακός], solar.

eliacus ortus sive solaris est quando signum vel stella potest videri per elongationem solis. .. occasus eliacus est quando sol ad signum accedit et illud sua presentia videri non permittit SACROB. *Sph.* 97; GARL. *Tri. Eccl.* 83 (v. cosmicus b); ortus elyacus planete dicitur cum exit de sub radiis solis .. et manifeste mundo apparet non impediente splendore solis; occasus vero est talis introitus in eosdem et occultatio BACON IX 193.

1 Helice [CL], constellation of Ursa Major.

~e, nomen stellae *GlC* H 77; nonne .. [Saturnus et socii quini] suo principi subjecti sunt? Orion atque Prochion et Helix, omnia caelica vasa? BYRHT. *V. Osw.* 400.

2 helice v. 2 helix.

helidrus v. chelydrus.

helios [CL < ἥλιος], sun. **b** (erron.) plant which turns to the sun.

elios, i. sol *WW Sup.* 40; ergo Deo florens, hec Helyo Flora meretur / dici, mentali lumine digna polo. / sol sicut radiat cum non eclipticat illum / nubes, interius est radiosa genis GARL. *Epith.* VI 447. **b** eleos, solsequium idem *Herb. Harl.* 3388 f. 78v.

heliotropium, ~ia, ~us [CL < ἡλιοτρόπιον]

1 plant which turns to the sun, (?) heliotrope, marigold, pellitory; **b** (dist. as *major* or *minor*).

eliotropus (*tit.*): occiduo claudor, sic orto sole patesco; / unde .. posuerunt nomina Graeci ALDH. *Aen.* 51; **9..** eleotropam, Grece, Latine solsequium, idem *sigelhweorfe WW*; **10..** eliotropus, *sigelweorfa WW*; eliotropus, *that is solwherf Leechdoms* I 52; eliotrophus, *sigel hueorfa*, eliotropion, solago minor, .. eliotropia, *sigelhuerpha*, .. oleotropius, .. *cothe vyrt Gl. Durh.*; solsequium vel ~ium, *solsece* vel *sigelhwerfe* ÆLF. *Gl.* 133; NECKAM *NR* II 58 (v. cichorea); elitropium est herba sic dicta .. quod .. solis motibus folia convertat BART. ANGL. XVII 54; elitropium, i. *solsegle*, i. *golden WW*; hoc †colitropium, *a paratory WW*; eleutropia, incuba, sponsa solis, vel mira solis *Alph.* 53; elitropia, *rudwort*, solsequium, sponsa sois *Herb. Harl.* 3388 f. 79; *golde*, aurum, crisis grece, elitropium *CathA*. **b** eliotropium magis multi scorpion dicunt eo quod flores similes sint figure scorpii; cursum solis semper respicit *Alph.* 53; elitropion minus locis nascitur cultis et in pratis; semen habet rotundum et pendens *Ib.*

2 heliotrope, blood-stone.

~ium, nomen gemme OSB. GLOUC. *Deriv.* 275; virtutis tante lapis heliotropia fertur, / vendicat et nomen utilis herba sibi NECKAM *DS* VI 261 p. 469; ~ia .. hominem profecto reddit invisibilem GERV. TILB. III 28; **1215** baculum cum vj granatis et iij saphiris et j elitrop' *Pat* 150b; elitropia gemma est viridis cum guttis puniceis venis sanguineis superspersa .. posita in aqua radiis solis opposita ebulire facit aquam BART. ANGL. XVI 39; ALB. LOND. *DG* 8. 7 (v. dendritis).

helitis [LL < ἡλῖτις], (?) offscouring (fig.).

hisma helitide BOECE 182 (v. hisma).

1 helix v. 1 Helice.

2 helix [CL < ἕλιξ], spiral, twist. **b** (?) kind of ivy.

cum illi a natura unicum tantum intestinum sine elice (ut aiunt) rectum sit concessum CAIUS *Anim.* 22. **b** herbam .. cujus ramus quadrangulus est ad modum †eliceferis [? l. helicis fere] ADEL. *CA* 12.

helleboricus, containing hellebore.

dare medicinas †ell'itas [l. elleboricas] ex elleboro albo GILB. I 44. 2; fiant pillule elleborice GAD. 63v. 2.

helleborus, ~um, elleb- [CL < ἑλλέβορος], hellebore (white or unspec.; *Veratrum album*); **b** (black).

ostriger en arvo vernabam frondibus hirtis ALDH. *Aen.* 98 (*Elleborus*); eleborus .., *woedeberge GlC* E 120; **9..** †eliforus, *wedeberge oððe ceasteræsc WW*; elleborum vel veratrum, *wodepistle* ÆLF. *Gl.* 135; queritur cum elleborus sit venenose substantie, idem non operatur *Quaest. Salern.* B 141; quandoque fit dolor ex fungis, ex ell[ebor]o, ex multis cibis GILB. V 214v. 2; [ellebori] duo sunt genera, sc. album et nigrum; .. est .. herba .. violenta .. et recipienda medicinaliter cum cautela BART. ANGL. XVII 55; **12..** elleborum album, i. *alebre blonc WW*; **12..** eleborum, i. *ellebre*, i. *lungwurt WW*; fleumatis elleborus purgator GARL. *Epith.* IV 265; hoc eleborum, *sephoine Gl. AN Glasg.* 19; scripturus adversus Zenonis stoici libros, superiora corporis eleboro candido purgavit J. WALEYS *Compend.* IV 1 f. 172v. (cf. W. BURLEY *Vit. Phil.* 214); elleborus periculosus est; et ista est fortis medicina, immo fortissima GAD. 46v. 1; *SB* 9, †elebrus *Alph.* 3 (v. adarasca); †ellabrus albus *Alph.* 3; elleborus albus, yeratrum, adorasta idem, folia habet similia arnoglosse aut bete agresti sed breviora et .. obrufa *Ib.* 52; eleborum album, *bisshoppisworte Herb. Harl.* 3388 f. 78v.; **14..** eleborus, A. *byshyppeswort WW*. **b** hellebori nigri minor est violentia NECKAM *DS* VII 259 p. 478; radix rafani extrahatur a terra et lardetur cum ell[ebor]o nigro GILB. I 48. 1; c**1263** succo nigri ~i FORDUN *Cont.* X 17 (v. dolium 2a); *SB* 16 (v. condisum); elleborus niger radicem habet nigram .. minus est maliciosus *SB* 18; eleborus niger, A. *longwort WW*; elaborus niger *Alph.* 148; eleborum nigrum corrodit carnem mortuam *Herb. Harl.* 3388 f. 78v.

hellgabulum [? ME *hil, hell* + 1 gabulum], (?) tax or rent payable on hilly land.

1310 gabulum in die S. J. B. .. ~um eodem die: de Henrico .. xx d. .. de Hamone .. xx d. .. lamgabulum eodem die *Reg. S. Aug.* 221 (cf. ib. 208: ad festum S. J. B. de *landselver* [ed.: *lamselver*] vj d.; item de *heilonde*, vj d.).

helluari [CL], to drink in excess.

~are, multum bibere OSB. GLOUC. *Deriv.* 276.

helluo [CL], glutton.

heluo OSB. GLOUC. *Deriv.* 172 (v. degulator); eduli, voratores .. ~ones, epulones *Ib.* 192; ~o, ganeo, bibax, caupo, †attibernalis *Ib.* 276.

helmo, ~us [ME *helm*], helmet.

1303 de xxviij balistis, c quarellis, uno ~one, .. *Ac. Exec. Ep.Lond.* 60; **1347** elmum (v. cymeria).

helops [CL], kind of fish. **b** snake.

†eloges, genus piscium *GlC* E 130. **b** helopes, anguis OSB. GLOUC. *Deriv.* 275.

helsine v. helxine.

heltus, ~a [OF *helt*, AN *helte, heute*, ME *hilte*], hilt.

1172 pro gladiis regis furbandis et pro auro ad eosdem adornandos .. et ad punctos et ~os *Pipe* 144; **1206** eum percussit †honco [MS: heuto] gladii ultra oculum *CurR* IV 88; **1314** percussit .. fratrem suum de quadam arma que vocatur *miserico[r]d* que est .. lata prope hiltam ij pollicum *Abbr. Plac.* 318b; **1315** hultam (v. ensis 1a); **1342** pro j pomello et j hilt' pro .. cultello regis *KRAc* 389/14 m. 7.

1 helva v. halva.

2 helva [ME *helve*], haft, handle.

1374 super *helvyng* de ciiij^{xx} *pycoys* .. et pro fraxino empt' pro ~is pro eisdem *KRAc* 397/10 r. 1; **1396** pro meremio empto .. pro ~is ad diversa instrumenta †habenda [? l. helvanda] *DocCOx* 308.

3 helva v. helvus.

helvare [ME *helven*], to helve (axe).

1355 pro meremio empto ad *helves* pro .. securibus inde faciendis et helvandis *KRAc* 19/16 m. 2.

Helveticus, ~ius [CL], Swiss (also as sb.).

1516 Elveticos (v. cantonus); **1516** si dicta summa .. ad intertenendum ~ios in publico ac privato .. minime sufficiat *Foed.* XIII 569.

helvewecha [? cf. AS *healfwucu*], form of customary payment, (?)'half-week'.

de pratis et pascuis iiij li.; de annona anni viij li.; de ~a xxx s.; de circet' x s.; .. de aliis consuetudinibus .. *DB* I 154va (*Oxon*).

Helvidianus, type of heresy.

†Eliudiana, que dicit Joseph ex Maria liberos suscepisse, .. Judeos infecit R. NIGER *Chr. II* 129.

helvidus [LL], dull yellow or brown.

habitu .. veluti peregrino, quippe qui et colore blodio quasi velveto togatus capedulum in capite gestabat elbidum *Mir. Hen. VI* II 37 p. 100; elbidus *PP* (v. helvus); *russett*, elbidus, rusetus *CathA*.

helvolus [CL], kind of grape.

item sunt .. [uve] †elbolie, id est varie, que neque purpuree sunt neque nigre, ab elbo colore sic dicte; elbum enim inter album et nigrum est medium BART. ANGL. XVII 180 (cf. Isid. *Etym.* XVII 5. 26); *rede grapes*, elbee *CathA*.

helvus [CL], dull yellow, grey, or brown.

elbus, i. medius color, *dyrce græg*, †sive [MS: sc.] inter nigrum et album *GlH* E 216; BART. ANGL. XVII 180 (v. helvolus); *grey*, .. gresius, .. elbus, .. elbidus; *russet*, grecius .., elbus .., elbidus *PP*.

helxine [CL < ἑλξίνη], pine-thistle.

†elatmo [l. elatine] folia habet similia elixine *Alph.* 54; scamonea .. habet folia aspera similia helsine *Ib.* 163.

helya v. hyle. **hem-** v. et. haem-.

hematus [cf. ME *hemmen*], stitched, hemmed.

14.. pro xij paribus de *galages, shapyng* et factura earumdem in mundum ~is .. et pro aptacione et factura xij parium *galages* coriis non ~is *Mem. York* I 194 (cf. ib.: pro illis que fuerunt *hemyd* vel cum longis *pykes*).

hemecocalles v. hemerocalles.

hemera [ἡμέρα], day. **b** (w. *examinationis*) judgement day.

post paucas ornatis rebus imeras / convenere duces FRITH. 463; nescire, nefas, me dicis ymeras / per quas discurrens solidum sol conficit annum *Altercatio* 97; ymeris septies septenis .. completis LANTFR. *Swith. pref.* (cf. ib. 25: Phoebo .. tertiam replicante hymeram); tres sol dum vertit ymeras WULF. *Swith.* I 1082. **b** **1019** (14c) examinationis ymera districti arbitris *CD* 730.

†**hemerathios** [cf. ἡμερόβιον], living for only the present day.

Diogenes .. †emorathios vulgo sit appellatus, in presentem horam poscens .. et recipiens cibum J. SAL. *Pol.* 583A.

hemerocalles [CL < ἡμεροκαλλές], day-lily.

†themecocalles, †cathalepton [cf. Diosc. III 127: ἡμεροκατάλλακτος], vel †bullus ematicus [l. bulbus emeticus], folia habet et hastam simile[m] lilio in initio *Alph.* 82 (cf. ib. 32: †cachalepton, respice in †hemotocalles, ib. 123: na[r]ciscus sive bulbus †ematicus sive .. bulbus vomificus, quam multi lilium dixerunt, similis est .. in foliis).

hemicadium [LL < ἡμικάδιον], liquid measure, vessel (? holding half a *cadus*).

emicadium, *elefæt* ÆLF. *Gl.* 123; emicadium est vas olearium [cf. Isid. *Etym.* XX 7. 1] continens dimidium cadum BART. ANGL. XIX 125; *olypotte or oly vessel*, emicadium *PP*; *a barelle*, cadus, emicadium *CathA*; *skele*, emicadium *Ib.*

hemicirculus [LL], semicircle.

halfe a cerkylle, †emocirculus *CathA*.

hemicranicus [LL < ἡμικρανικός], affecting half the head, of migraine. **b** (as sb. m.) sufferer from migraine.

emis .. vel medietas, inde †emigmatica passio *Alph.* 56. **b** ydropicis, .. epilepticis, emigranicis potenter subveniunt GILB. II 96v. 1.

hemicranium [LL < ἡμικράνιον], half the head.

dissolutam mihi emicranii juncturam conponere .. jussit BEDE *HE* V 6.

hemicranius [LL], affecting half the head, of migraine. **b** (as sb. m.) sufferer from migraine. **c** (as sb. m., f., or n.) migraine. **d** (as sb. m.) worm or maggot (thought to cause migraine). **e** (by misinterp.) plant (? wound-wort).

cum sit fumositas grossa .. petit cerebrum .. et aliquando emigraneam vel aliam capitis passionem pessimam excitat BART. ANGL. IV 5; dolor emigraneus concomitatur GILB. II 117. 2; emigranea passio dicitur que medietatem cranei sive capitis occupat *SB* 19; percussus in emigranea passione miserabili, continua vertigine capitis et importabili angustia torquebatur *NLA* II 722. **b** curat .. vertiginosos, .. cephalargicos, emigraneos, et qui ita vexantur ex capitis motionibus GILB. I 44. 1. **c** emigraneum *GlH* E 247 (v. 1 dolor 1); OSB. GLOUC. *Deriv.* 200 (v. d infra); homo habet emigraneam et patitur quandoque paralesim unius partis et non alterius *Ps.*-RIC. *Anat.* 25; de dolore capitis quem emigraneam appellant M. SCOT *Phys.* 11; dolor medie partis capitis, sc. dextre aut sinistre, dicitur emigranea, aut dolor unius partis capitis; et dicitur †monopogia, sc. anterioris vel posterioris partis capitis dolor GILB. II 89. 1; alius est [dolor] qui comprehendit unam duarum partium cerebri, sc. medietatem; et dicitur emigranea, quasi semicranealis GAD. 69v. 1; **1407** per ferventem emigranie infirmitatem visu oculorum .. orbatus *Reg. Durh.* I 23; *mygrene*, emigranea *PP*; *the emygrane*, emigraneus *CathA*. **d** emigraneus, i. vermis capitis *GlH* E 247; emigranus, *flæscmaþu* ÆLF. *Gl.* 122; emicraneus, vermis in capite, unde et dicimus dolorem in capite emicraneum esse OSB. GLOUC. *Deriv.* 200 (v. et. c supra); *warbote, worme*, emigranus, .. boa *PP*; nomina vermium: .. hic †emigramus [l. emigranius] est vermis capitis *WW*. **e** emigrani, *uon uyrt Gl. Durh.*

hemicyclum [CL hemicyclium < ἡμικύκλιον]

1 semicircle, something semicircular.

erat .. emiciclum immensum regi pro mensa, regique sedes in centro, quatinus .. in emiciclo sedentes regie sedis essent omnes equaliter proximi MAP *NC* III 2 f. 35v.; Gyso .. sepultus est in ecclesia .. in emiciclo facto in pariete .. prope altare *Episc. Som.* 21; surgunt parietes, columpne sublimes distantes ab invicem parietes arcuum aut testudinum †emicidiis [l. emicicliis] mutuo federantur *V. Har.* 3. 5b; dantur Opi tympana quod terra duobus celi hemispheriis circumvallatur; cymbala quoque in ejus sunt tutela quod et ipsa ~is celi quibus cingitur terra, similia sunt ALB. LOND. *DG* 2. 4; †emicidus *Alph.* 56 (v. hemipleres).

2 farthingale.

verdingale, limus, ~um LEVINS *Manip.* 17.

hemidolium [ἡμι- + CL dolium], pipe (liquid measure), equivalent to half a tun.

a pipe of wyne or of oder lycor, emidolium *CathA*.

1 hemina [CL < ἡμίνα], liquid measure, (?) half-pint. *Cf. mina.*

Britannico formello utatur, himina Romana lactis GILDAS *Pen.* 1; **c1100** de mensuris in liquidis: .. emina .. justa [i. e. juxta] quosdam appendit libram unam, apud quosdam libram et dim.; .. alii voluerunt ut sextarius duarum esset librarum, alii vero trium; utrique tamen ut due emine sextarium facerent diffinierunt *Eng. Weights* 2; haec ~a .., i. mensura .. ad emendum vinum OSB. GLOUC. *Deriv.* 184; omnia illis constant pondere, mensura, et numero; panem libra, potum emina, olus et faba conficiunt pulmenta duo W. DAN. *Ailred* 4; sufficiat .. in die emina vini cui .. intermisceatur de aqua quarta pars emine *Inst. Sempr.* liv*; **1255** quod pro mesuragio sextarii ij denarios, pro esmina j denarium, pro quarteria obulum venditor tantum solvat *CalCh* I 448 (= *RGasc* I *sup.* 12); cum S. Benedictus .. de mensura potus sic dicat "credimus eminam vini .. sufficire per diem" *Cust. Cant.* 396.

2 hemina v. hemionion.

hemiolius [CL < ἡμιόλιος], (of mus. consonance) having a ratio of 3:2.

emiolius *Altercatio* 80, emioliis J. SAL. *Pol.* 401C (v. epitritus b); sexquialtera est quando major continet minorem et mediam partem et dicitur emiolius *Mens. & Disc.* (*Anon. IV*) 66.

hemionion [CL < ἡμιόνιον], **hemionitis** [LL], plant, (?) hart's tongue, 'mule-fern'.

accipe juniperum, camphoram .. et herbam †emine, et coque, et in balneo pone patientem GILB. VII 307. 2; *hart's tongue*, ~itis LEVINS *Manip.* 167.

hemipleres [ἡμιπλήρης], half-full.

emis, semis idem vel medietas, inde .. †emicidus [l. emiciclus] et emiplenum [? l. emiplerem] *Alph.* 56.

hemis [ἥμισυς], half.

emis semis est, sicut emisperium semispera Latina lingua intelligitur, id est dimidia pars poli supra aut infra terram ALDH. *Met.* 10 p. 95; emis semis idem vel medietas *Alph.* 56; *halfe*, dimidius, ~is, semis *CathA*.

hemisescla [LL], half a *sextula*, a twelfth (of an ounce); (as fraction) one one hundred forty-fourth, but *cf.* ἡμισίκλιον .

emisescla vel dimidia sextula THURKILL *Abac.* 61v.; uncia .. dividitur in xij, et earum partium singule emisescla dicitur, duos habens scripulos *Ib.* 62; in nostris regulis [luna] invenitur post 13 gradus trientem et duellam et emisesclam habere WALCHER *Drac.* 93.

hemisphaeralis, hemispherical.

[radiorum] diffusio emisperialis PECKHAM *Persp.* I 6.

hemisphaeraliter, hemispherically.

omnem punctum luminosi emisperialiter super objectum sibi medium radiare PECKHAM *Persp.* I 6 *tit.*

hemisphaerice, in the shape of a hemisphere.

si .. reflexio remaneret sine lumine radii imprimentis, gigneret spherice vel ~e istud lumen secundarium DUNS *Sent.* II 13. 1. 5.

hemisphaericus, hemispherical.

vulgus .. [mundi] imperfectionem prave fingit ~am ADEL. *QN* 49.

hemisphaerium [CL < ἡμισφαίριον]

1 hemisphere or half-circle.

emisperion, semis circulus *GlC* E 169; emisperia, *healftryndel* ÆLF. *Gl.* 140; quod ~ii formam Hispania pretendat GIR. *TH* I 2; ~ium, dimidia sphera OSB. GLOUC. *Deriv.* 195; celum secundum emispirium supra orizontem nostrum movetur ab oriente in occidens, et secundum emisperium sub orizonte nostro movetur ab occidente in oriens WYCL. *Log.* III 19.

2 celestial hemisphere, half of the heavens, above or below the horizon. **b** the (visible) world.

universitas totus creaturae quam volubilis .. polorum vertigo et bina cingunt emisperia ALDH. *Met.* 2; emisperium *Ib.* 10 p. 95 (v. hemis); emisperium, aer *GlC* E 184; **801** (13c) conservator poli hiemisperii orbisque .. creator *CS* 282; sole in eodem existente ~io ADEL. *QN* 70; in hieme frigus in superiori hemisperio .. frigidat calorem terre *Quaest. Salern.* P 1; semper hemisperio major pars sole relucet NECKAM *Poems* 114; orizon est circulus dividens inferius emipserium a superiori... dicitur etiam circulus emisperii SACROB. *Sph.* 2 p. 91; luna illuminat totum ~ium, sicut sol BACON *Maj.* I 129; dies appellatur .. presentia solis in emisperio nostro *Id.* XIII 424; 'hiemem' .. ab emisperio dictam quia tunc breviore sol volvitur circulo GROS. *Comp.* 25; almucanthere, circuli quorum primus est emisperum korizot W. WORC. *Itin.* 240. **b** GERV. TILB. III 85 (v. dracus b); ut, etsi nondum canonizatus .. reputetur ut sanctus, .. in tota nostri emisperii latitudine *Mir. Hen. VI* I 1 p. 17 (cf. ib. III 103: Phebo nostra .. emisperia illustrante); *the werlde*, mundus, emisperium, orbis *CathA*.

hemistichium [CL < ἡμιστίχιον], half-line of verse.

emisticius, medius †versis [l. versus] *GlC* E 167.

hemitheus, ~ea [LL < ἡμίθεος], demi-god, -goddess.

~eus, dimidius deus OSB. GLOUC. *Deriv.* 194; illa est quae .. / majestate sacras vicerit hemitheas MORE *Epigr.* 1 p. 187.

hemitogium, short or half-coat. *Cf. epitogium.*

emittogium, demedia toga *GlC* E 183; ~ium, dimidia toga OSB. GLOUC. *Deriv.* 199; *a cowrbe* [v. l. *cowrtby*], renale, emitogium *CathA*.

hemitritaeus [CL < ἡμιτριταῖος], (of fever, also as sb. m.) semitertian.

filius .. decoctus emitriteo W. CANT. *Mir. Thom.* II 39; peracutum patiebatur emitriteum *Ib.* IV 54; in emitriteo majore maniam passus defunctus est DEVIZES f. 27v.; dicunt hujusmodi phantasias ex animi timiditate et melancholia hominibus apparere videri, sicut in phreneticis et laborantibus majoribus ~is solet evenire GERV. TILB. III 93; per urinam .. inveniemus in quo morbo habet fieri urina livida, ut in emitriteis .. in pleurisi .. *Quaest. Salern.* N 37; medium ~eum patitur; cum enim patiatur continue, de tertio in tertium magis affligitur... si minor ~eus .., suos nunquam tertiaret assultus. quod si major ~eus esset .. eger etiam motum .. membrorum amitteret P. BLOIS *Ep.* 43. 126C; ut patet in febribus emitritheis et aliis mixtis BART. ANGL. IV 8; emitriteus est febris composita ex diversis humoribus in natura; quorum unus putrefit intra vasa et alius extra .. et est febris continua GILB. I 10. 1–2; composita .. de multis humoribus in diversis locis, sicut emitriteus, ubi est medietas tertiana GAD. 11v. 2.

hemlota v. hamelettum. **hemotocallis** v. hemerocalles.

hemus [? cf. οἶμος], (?) song, lay.

delectatur .. auditus in cromatico genere musice, delectatur in ~is, in neumatibus, in modulationibus melodiarum NECKAM *Eccles.* III 6; *a sange*, cantus, ~us, pneuma *CathA*; *a worde*, diccio, dictum, ~um *Ib.*

hencimus v. enchymus.

hendecas [LL < ἑνδεκάς], (series of) eleven.

680 decemnovenalem laterculi circulum per ogdoadam et endicadam usque ad finem mundi .. decursurum ALDH. *Ep.* 4; est et alia praefati [decemnovenalis] circuli qua in ogdoadem et ~adem, id est in viii et xi, distinguitur annos BEDE *TR* 46; est ocdoas spatium viij annorum .. endecas .. xj annorum GROS. *Comp.* 246.

hendecasyllabus [CL < ἑνδεκασύλλαβος = *consisting of eleven syllables*], (by misinterp.) consisting of twelve syllables.

endecas syllabas, versus xij syllabarum *GlC* E 203; ~us, duodecim syllabarum OSB. GLOUC. *Deriv.* 196.

hendiaduoin [LL < ἓν διὰ δυοῖν], hendiadys or other figure of speech.

endiadis, ut in hac: 'arma virumque cano' GERV. MELKLEY *AV* 79; qui in similitudinem accipit sacramentum, non solam similitudinem accipit in ore carnis, sed vere nature gloriam, i. e. naturam glorie per hypallagen, vel naturam glorie per endiadem, virtutemque sequitur, i. e. gratiam sacramenti NETTER *DAF* II 90v.

henga [ME *henge*], hinge.

1314 in factura portici ad ostium stabule .. in ~is et clavis *Comp. Worc.* 41; **1434** pro xix li. ferri in heng' pro campana *Stewards' Bk. Southampt.* I 132.

hengawita v. hengewita.

hengellum [ME *hengel*], hinge.

1307 in .. hengl[is], haspis, stapl[is] (v. 2 crocus 1g); **1311** in ij ~is ad bercarium iiij d. (*MinAc*) *Econ. Condit.* app. 34; **1382** henglis et hokis *Rec. Norw.* II 46.

hengerellum v. hangrellum.

hengestmannus [ME *hengest man*], groom, henchman.

1349 Ricardo de Y. .. et Ricardo M., hengmannis regis (*KRAc*) *Arch.* XXXI 85 (cf. ib. 100: pro hengsmannis regis); **1360** Mustardo G. et ij sociis suis, ~is .. regis *IssueR* 401 m. 20; **1361** pro .. henxtmann' .. regis *KRAc* 393/11 f. 63v.; **1361** Ricardo V., henxmanno nostro *Pat* 263 m. 9; **1377** Petrus F., unus henxtmannorum regis, mittitur abbati .. de Torre ad .. sustentacionem .. habendum *Cl* 216 m. 16*d*.; **1380** dilecto nobis H., tunc uni hextmannorum .. avi nostri *Pat* 307 m. 3.

hengewita [AS, ME *hengwite, hangwite*], fine for unlawful hanging of thief; **b** (in formula of acquittance).

hangeuuitham faciens in civitate, x s. dabat; prepositus autem regis vel comitis hanc forisfacturam faciens xx s. emendebatur *DB* I 262va; [si quis .. furem, sine clamore et insecutione ejus cui dampnum factum est, ceperit et captum ultra duxerit, dabit x s. de *henwita GAS* 497.] **b** **1155** etc. (v. fihtwita); **1189** possessiones .. liberas .. de ferdwita et hengawita (*Cart. Antiq.*) *Rec. Templars* 139; **1189** de heingwita et de flemenswita (*Cart. Antiq.*) *MonExon* 373b; **1197** (1326) de ferdwitha et de hegenewitha *CalCh* III 481; **1199** cum socca et sacca .. et hengewit' *RChart* 1b (cf. ib. 6b: hengenewita; 22: hengewitha); **1321** quieti de ferdwyta et de hengwyta *PQW* 451b.

hengl- v. hengell-. **hengmannus, hengsmannus** v. hengestmannus. **hengwyta** v. hengewita.

Henoticon [LL < ἑνωτικος], the *Henoticon* of Zeno.

[Zenon] scripsit Enticon, librum contra fidem R. Niger *Chr. I* 50.

henschira v. heusira. **hensiclium** v. ensiculus. **henx-** v. hengest-.

heortasticus [LL *gl.* < ἑορταστικός], festive, solemn.

eortatice, solemnes *GlC* E 223; eortasticai, solemnes *Ib.* 227.

hepa v. hopa.

hepar [LL < ἧπαρ], the liver (human); **b** (as seat of (?) intellect); **c** (of animal). **d** (erron.) lung.

9.. ~ar, jecur *WW*; sub cordis loco, in †epare, *on lifre GlP* 107; [cibus et potus] simul in stomachum veniunt, deinde in ~ar .. descendunt Adel. *QN* 10; anima .. in ~ate .. per choleram .. appetit, per melancholiam .. continet, per sanguinem .. dirigit, per phlegma .. expellit *Id. ED* 33; supra .. epatis molestias .. prudentiam medicorum consulit Ric. Hex. *Hist. Hex.* II 6; beryllus / curat ēpăr Neckam *DS* VI 186 p. 467; secundum nutricationis organum epar eo quod epsesi celebrande sit apparatum nuncupatur .. organum .. spongiosum .. et porosum Alf. Angl. *Cor* 14. 7; epar Ric. Med. *Anat.* 225 (v. 1 digestio 1a); est epar .. substantia mollis, quasi sanguinea vel sanguis coagulatus *Ib.* 225; Bart. Angl. V 40 (v. cystula); cum .. urina in sima epatis generetur Gilb. VI 251v. 1; hoc ~ar, -atis, *feye Gl. AN Ox.* 148ra; **s1241** inventum est ~ar nigrum et confractum M. Par. *Maj.* IV 136; **1305** cor, ~ar et pulmo et omnia interiora [Willelmi Waleys] .. in ignem mittantur *Ann. Lond.* 142; oportet in epate celebrari digestionem secundam Wycl. *Log.* III 112 (cf. ib.: in †epato); in epate *SB* 14 (v. capillaris a). **b** ad hoc me apium invitat .. prudentia, ~atis incitat innata potentia, movet .. chori consonantia R. Niger *Chr. II* pref. p. 104. **c** sal, piper, epar / piscis seu volucris D. Bec. 2652; inter cetera animalia nullum habet adeo debile epar ut aries, unde apparet epar ejus maculosum *Quaest. Salern.* B 98; epar ericii Gilb. VII 343v. 1 (v. ementulatio). **d** Ælf. *Gl.* 160 (v. ficatum b).

hepare [ME *hepen*], to heap up.

1499 solutum Henrico .. †trepando [MS: hepando] et forsando cretam silvam (*MinAc*) *MonA* IV 546a.

hepatiarius, concerning the liver.

~ius, quod ad hepar attinet Osb. Glouc. *Deriv.* 196.

hepaticus [CL *as sb. m. only* < ἡπατικός]

1 of the liver. **b** (as sb.) one suffering from liver complaint. **c** (as sb. m., *sc. morbus*) liver complaint. **d** (w. *vena*, or as sb. f.) hepatic vein.

signa fluxus epatici sunt .. color faciei citrinus et dolor in epate Gad. 57. 1. **b** amomum .. cujus elixatura .. habet virtutem .. epaticos adjuvandi Bart. Angl. XVII 8; color epatici est quasi color hominis sincopizantis Gad. 73. 2; radices .. †epatis [? l. epaticis], tussientibus, et orthomoticis medentur *Alph.* 181. **c** tetanus, epaticus, nictalmus, atrophia, ligmus *Gloss. Poems* 104. **d** quia .. eum febris invaserat feci ei venam ~am aperiri P. Blois *Ep.* 43. 127A; Ric. Med. *Anat.* 227 (v. 1 basilica 3); flebotomia .. debet fieri de epatica si est juxta epar materia, de mediana si est in spiritualibus Gilb. I 18v. 1; sentitur calor in epatica *Ib.* 52. 2.

2 liver sausage.

epaticum, A. *lyverpaddyng WW.*

3 liver-coloured, dark brownish red.

1245 casula P. Blesensis est de sameto sanguineo sive epatico *Invent. S. Paul.* 483.

4 (as sb. f.) liverwort.

Gerv. Tilb. I 13 (v. capillus 2); herbe frigide .. sicut scolopendria, ~a, .. Gilb. I 26. 2; super epar ponatur epatica, lignum aloes vel spodium Gad. 23. 1; epatica, A. *liverwort*, herba frigida est *SB* 19; epatica [v. l. eupatica] vel empatica crescit in saxis ut .. pulmonia, et videtur quasi frustula membrane inherentia .., G. *eupatik*, A. *livreuurt Alph.* 57; epatica, .. eupatica, A. *lyverwort WW.*

5 (w. *aloë* or as sb. m.) kind of aloe.

Bart. Angl. XVII 6 etc. (v. aloe b); recipe aloe epatici ℨ iiij Gilb. 140v. 2; pigra deberet fieri cum aloe epatico Bacon IX 49.

hepdom- v. hebdom-. **hepedicio** v. expeditio 2d.

hephaestitis [CL < ἡφαιστῖτις], sort of precious stone.

arcet epitistes iram, convitia, lites, / teque, locusta .., fugat Neckam *DS* VI 289 p. 470; epistides [ME: *epistites*] est lapillus rutilans et rubicundus Bart. Angl. XVI 43 (cf. Isid. *Etym.* XVI 15. 15); lapis epistiten [v. l. episciten] *Alph.* 92 (v. dilucidus a).

hephthemimeres [CL < ἑφθημιμερής], (caesura) occurring after the first half of the fourth foot in dactylic metre.

versum pentimemere vel eptimemere carentem modernus usus in exametro dactilico non .. admittit Aldh. *Met.* 10 p. 93; quid est eptimemeris? Latine semiseptenaria appellatur caesura cum post tres pedes sequitur sillaba partem orationis terminans ut: 'musa mihi causas memora' *Ib.* p. 95; si non post duos vel tres pedes syllaba superfuerit, quod pentimemerim et eptmemerim vocant .. Bede *AM* 116; heptimimeres caesura fit quotiens post tres pedes remanens syllaba orationis partem determinat Bonif. *Met.* 110; antipentimemerim .., eptimemerim, posteptimemerim omittamus Gerv. Melkley *AV* 28.

hepsesis [ἕψησις], boiling; **b** (w. ref. to function of liver).

Ps.-Gros. *Summa* 514 (v. assatio a). **b** cum .. calidum et humidum sit epar, ab epsesi continua multum concipit vaporem qui suo impetu sanguinem ad exteriora propellit Alf. Angl. *Cor* 10. 9; *Ib.* 14. 7 (v. hepar a).

hepsetice [cf. ἑψητικός], by boiling.

fomenta ossium optetice, carnis vero et similium epsetice disgerere Siccav. *PN* 187.

hepsomenus [ἑψόμενος], boiled.

†psionomus, i. assatus *Alph.* 146.

heptacephalus [ἑπτά + κεφαλή], seven-headed.

oritur bellum in celo a Michaele archangelo et dracone eptacephalo Hon. *Spec. Eccl.* 1009B.

heptacubitus, seven cubits long.

dicitur et corpus bicubitum in longitudine, quod tamen bicubitum non est, immo forte ~um Neckam *NR* II 173 p. 301.

heptagonus [LL < ἑπτάγωνος], seven-angled, heptagonal.

impossibile est plura ex hujusmodi superficiebus esse, nec aliquod ex superficiebus exagonis et eptagonis Bacon IV 340; †genos dicitur genus, inde .. triganus et eptagonus *Alph.* 71.

heptangulus, seven-angled, heptagonal.

hoc est esse indifferens ad presens, preteritum, et futurum, sicut vult Avicenna quod domus ~a est universale etsi non sit R. Clive *Qu.* 157.

heptaphyllon [LL < ἑπτάφυλλον], (bot.) septfoil, tormentil (*Potentilla*).

eftafolium, *sinfulle GlC* E 84; eftafylon, .. eptasyllon, *gelodwyrt Ib.* 85, 236; **9..** eptafylon .., **10..** eptafilon, *gelodwyrt WW*; eptafilon, *that is seven leaf Leechdoms* I 47; eptafilon, *gelod vyrt*, i. vii folia *Gl. Durh.*; eptaphilos, i. *salerne*, i. *uarewurt WW*; heptaphillon Turner *Herb.* B1v. (v. bistorta b); *tormentil*, heptaphillon Levins *Manip.* 128.

heptapylus [CL < ἑπτάπυλος], having seven gates.

muro urbis alto et magno duplatis eptafile portis intercontinuante W. Fitzst. *Thom. prol.* 5.

heptarcha [ἑπτά + ἀρχός], one of the rulers of the Heptarchy.

regione Æstengle, cui fuerat quasi eptarcha, patrocinator permanens Herm. Arch. 1.

heptarchia [ἑπτά + ἀρχή], the Heptarchy, seven Anglo-Saxon kingdoms.

necdum tamen, florente ~ia, Anglia ita in comitatus divisa .. sed in quasdam regiunculas Camden *Br.* 128; *Sussex*, id est Australium Saxonum regio .. qui in ~ia secundum regnum hic constituerunt *Ib.* 266.

heptas [LL < ἑπτάς], seven.

heptas .. prima dierum / lune Neckam *DS* IV 828 p. 439; Palladis est numerus heptas *Ib.* X 113 p. 498.

heptateuchus [LL < ἑπτάτευχος], the Heptateuch, first seven books of the Old Testament.

sextus eptatici voluminis textus Aldh. *Met.* 2 p. 70; **c797** legitur .. in metro, quod in eptatheco conscribitur hujusmodi versus .. Alcuin *Ep.* 162; **c1070** librum eptaticum Moysi (*Catal. Librorum*) *Rev. Ben.* LII 107; ~us, vetus testamentum, quinque libri Moysi, sextus Josue, septimus Judicum Osb. Glouc. *Deriv.* 200; eptaticum scripsit et missalem Ord. Vit. III 3 p. 48; **a1332** eptaticus Johannis de Bokking': Genesis, Exodus, Leviticus, Numerorum liber, Deutronomius, Josue, Judicum, Ruth (*sic*) *Libr. Cant. Dov.* 27; Ysidorus super eptaticum in uno volumine (*Catal. Librorum*) *EHR* III 121; *the alde testament*, heptaticus *CathA.*

hepum v. hopa. **hera** v. 2 aereus, 2 era.

heraclea [LL < Ἡράκλεια], stone-crop, clary, or other plant.

herba ~a *Leechdoms* I 30; herba ereclea, pervinca idem, G. et A. *peruenke Alph.* 80; lithospe[r]mon, eraclion vocatur propter fortitudinem seminis *Ib.* 101; mecon affridis †eradia [l. eraclia] dicitur *Ib.* 114; panax eraclia unde opipanax colligitur folia habet .. spansa super terram *Ib.* 135; sideritis aut eraclea folia habet similia prassio *Ib.* 170; *clarye, herb*, ~ia Levins *Manip.* 103.

Heracleius [Ἡράκλειος], (w. *lapis*) magnet. (*Cf.* Plato *Tim.* 80C).

magnes, lapis calamiaris, qui lapis eracleus et adamas dicitur *Alph.* 110.

Heracleonita [Ἡρακλεωνῖτα], follower of Heracleon, Valentinian Gnostic heretic.

s454 orti sunt Heriani, pro mortuis non sacrificantes, et Eraclite monachos recipientes et conjugia respuentes, pueros salvos negantes R. Niger *Chr. II* 131.

heraldicus, heraldic.

ut ~ae artis periti tradunt, clypeum nigrum globulis aureis distinctum gerebat Camden *Br.* 159; omnem ~am disciplinam a Trojanis seculis vel ab Alexandro magno repetitum volunt Spelman *Asp.* 33.

heraldus [AN *herald*, OF *herault*], herald, messenger (esp. mil.). **b** (w. *armorum*, *de armis*, or spec. title) officer concerned w. regulations in use of armorial bearings and other functions; *cf.* Upton 12. **c** (*rex ~orum*) king of arms.

s1306 numerus militum in universo tunc temporis civitate Londoniarum secundum estimacionem ~orum, mille *Ann. Lond.* 146; araldos Liv. *Hen. V* f. 6a (v. fetialis b); **s1421** donec per duos haroldos [v. l. haraldos] .. inde certificati .. extitissent Wals. *HA* II 339; **1446** dat' cuidam herodio .. regis .. iij s. iiij d. *DC Cant. Reg. Var. Acc. 1444–1449* f. 94a; trium herodum legacione media, regi Anglorum de prelio per ipsos cum Anglicis ineundo certificare assensu unanimi convenerunt. ipsi .. herodii .. *Ps.*-Elmh. *Hen. V* 24; **s1338** cum herollo (v. cursus 1f); **s1398** herraldi (v. dux 5b). **b** **1352** pro .. ~o de armis (v. hachiamentum); **1357** cuidam ~o armorum (v. 2 arma 3a); **c1357** cuidam haraldo armorum vocato Volaunt *Ac. Durh.* 559; **s1381** bonus vir haraldus armorum *Eul. Hist.* III 353; ad haraldos armorum Bad. Aur. 120 (v. columba 1e); **1433** cum .. concesserimus Wyndesore haroldo x li. per annum *War. Issue* 50; nuncii majores qui haraldi armorum nuncupantur, quorum officium est minores nuncios creare, .. multitudinem populi .. numerare, tractatus inter principes matrimoniales et pacis inchoare, .. actibus militaribus interesse desiderare, clamores publicos et proclamationes in torneamentis .. ordinare, fidelem negociorum relacionem inter hostes deferre .. . et isti debent portare tunicam armorum dominorum suorum et eisdem indui .. cum in conflictibus fuerint vel torneamentis .. item in conviviis et maritagiis ac .. coronacionibus .. dominorum suorum tunicis uti possunt Upton 20; haraldus de armis Gascoigne *Loci* 205; **1474** Snawdone herauldo, percipienti annuatim xx m. *ExchScot* 213; **1555** (v. c infra). **c** **1286** magistro Roberto regi

haraldorum *Rec. Wardr.* 1694; ciphus .. datus .. uxori magistri R. parvi regis haraldorum *Ib.* 1987; **1288** Roberto de Audenardo quem rex fecit militem Burdeg'... Greyhid regi haraldorum venienti cum dicto milite (*AcWardr*) *TRBk* 201 p. 57; **1367** Chaundos ~us a portu Dovorr' [transeundo] versus partes transmarinas .. Average rex ~us Scocie .. Hanon ~us ducis Alberti *Pat* 276 m. 19*d*.; interrogavi .. regem haraldorum BAD. AUR. 121; **1456** mittimus vestre celsitudini regali nostrum herraldum armorum, regem Lyonnem nuncupatum, cum .. articulis hanc materiam tangentibus (*Lit. Regis Scotiae*) BEKYNTON II 140; s**1327** [rex Anglie] quesivit ab ~o suo *le roy Robert* nuncupato .. totius Anglie propterea ~orum rege nominato qui .. *Plusc.* IX 24; **1555** quod Gilbertus D., alias dictus *Garter* miles rex armorum Anglicorum, Thomas H. .. *Clarencieulx* rex armorum partium australium, Willelmus H... *Norry* rex armorum partium borialium, Carolus W. .. *Wyndesor*, Willelmus F. .. *Chester*, Laurentius D. .. *Richemond*, Edmundus A. .. *Somerset*, Martinus M. .. *Yorke* et Nicholaus T. .. *Lancaster*, ~i armorum ac omnes alii ~i prosecutores sive purcivandi armorum .. sint unum corpus corporatum (*Pat*) *Foed.* XV 423b–424a.

herauldus v. heraldus. **heraverunt** v. herciare 1a.

herba [CL]

1 small plant, herb; **b** (used as food or flavouring); **c** (used in medicine or magic); **d** (dist. from fruit). **e** weed.

ut pecus agrestes ex prato vellicat herbas ALDH. *VirgV* 2775; [mons] variis ~arum floribus depictus BEDE *HE* I 7 p. 20; apis .. super multiplices .. ~arum, holerum, fruticum flosculos descendit ASSER *Alf.* 76; sicut terra innumerabiles ~as et arbores .. profert ANSELM (*Praesc.* 6) II 270; ~a, .. inde herbosus .. et inde herbositas .., hec herbula .. et hoc herbarium .. et herbesco OSB. GLOUC. *Deriv.* 273; NECKAM *NR* II 166 (v. 1 barba 2f); arbores et ~as multum animalia bruta precedunt GIR. *TH* I 13; jusquiamus .. hec ~a insana vocatur quia usus ejus periculosus BART. ANGL. XVII 87; videtur quod herba sit proprie in una solis periodo secundum accessionem et recessionem complet etatem naturalem et augmentum naturale et decrementum, et etiam semel tantum semen profert de eodem stipite, licet forte pluries de eadem radice erumpat in herbam sementivam; arbor vero sit que pluribus solis periodis permanens de eodem stipite pluries fructificat GROS. *Hexaem.* IV 28; hec arba, *a herbe WW*; affodillus harba est *CathA*. **b** ut .. viridibus ~arum fasciculis et .. hortorum holusculis vesceretur ALDH. *VirgP* 38; reficiantur pane tantum et aqua et ~is crudis LANFR. *Const.* 116; preferebat .. ferino ritu, carnibus viz. et ~is, vitam cum libertate sustentare G. MON. I 4; custos infirmitorii .. recipit .. olera et ~as ad potagium faciendum *Ac. Beaulieu* 253; *Eul. Hist.* I 301 (v. 2 edilis); **1417** pro diversis ~is emptis pro pulmento domini *Ac. Durh.* 613. **c** filecteria .. diabolica vel erbas .. suis vel sibi inpendere .. v annos peniteat clericus EGB. *Pen.* 8. 4; c**790** ~as medicinales .. gratanti animo accepi ALCUIN *Ep.* 56; accurrunt medici mox Hippocratica secta: / hic venas fundit, herbas hic miscet in olla *Id. Carm.* 26. 13; miscebant [lapides] etiam cum ~arum confectionibus unde vulnerati sanabantur G. MON. VIII 11; si quis culpabilis per .. ~as maleficas [AS: *wyrto yfelwyrcendo*] diabolicas peccatum suum .. detegere voluerit (*Jud. Dei*) *GAS* 410; BART. ANGL. XVII 49 (v. dictamnus); *SB* 11 (v. apozema); *SB* 20 (v. decoctio 1b). **d** tam fructus .. quam ipsa ~a *SB* 18 (v. elaterium). **e** c**1308** campi ibidem ultra modum destruebantur illo anno ex superhabundancia malignarum ~arum *LTRAc* 19 r. 40; **1373** (v. evacuare 4b).

2 grass (collect.) or grassland; **b** (*anguis in ~a*, prov., *cf.* Virgil *Ecl.* 3. 93). **c** hay. **d** (*ad ~am*) at grass; *cf. herbagium* 2c.

ecce loci spatium .. / .. viridi .. venustius herba ALCUIN *SS Ebor* 338; DICETO *Chr.* I 11 (v. 2 equus 4); COGGESH. *Visio* 11 (v. gramineus 1a); a**1247** dedi .. burgensibus meis de K. communionem in boscis .. et silvis, in ~is et herbagiis *BBC* 74 (*Kells*); BRACTON 230 (v. escapium 1a); c**1268** in estivo tempore quando equi ~am commedunt herbagium competenter .. inveniemus (*Adventus O. Legati*) *EHR* XXXIII 220. **b** semper in insidiis, semper in dolo, semper propinans sub melle venenum, semper latens anguis in ~a GIR. *EH* II 16 p. 338; c**1298** cum totum fecisse putas, latet anguis in herba (*Dunbar* 160) *Pol. Songs* 172. **c** **1234** (v. haverocus); **1265** ~a pro lx equis iij s. *Manners* 50; **1293** (v. diffortiare 3b); **1325** in ~a pro equis ij s. v d. *Ac. Durh.* 167; **1343** in marescalcia, prebenda et ~a j equo .. empto *Ib.* 170. **d** **1234** (v. haiwardus); si boves suos in hieme, dum sunt ad ~am, adeo mane sicut voluerit invenire non poterit quando debet arare domino .. *Cust. Bleadon* 202.

3 in var. plant-names. *V. et. acetosus* 2, *adilis*, 2 *auricularis* 3, *benedicere* 8d, *calidus* e, *cancer* 1c, *catholicus* 3a & b, *cervus* 1d, *Christianus* 4, *christophora*, *colubrinus* a, *cruciare* 2d, 1 *ebulus*, *fabarius*, *fullo*, *hircinus*, *Judaicus*, *leporinus*, *luminarius*, *lupus*, *mercurialis*, *meretrix*, *muralis*, *muscatus*, *myrtillanus*, *nucarius*, *occasio*, *paralysis*, *pedicularis*, *perforare*, *petiginarius*, *pigmentarius*, *pratalis*, *pulicarius*, *sabinus*, *salsifer*, *sanguinarius*, *saponarius*, *sardonicus*, *sceleratus*, *scribere*, *serpentarius*, *sigillare*, *Syriacus*, *terrestris*, *tinctor*, *trutannus*, *ventus*.

~a Aaron [*calf's foot*]: ~a Aaron, i. pes vituli *SB* 24 (v. et. arum). ~a Christophori [(?) *flowering fern*]: dentur illa que valent contra venenum, ut ipericon, ~a Christophori, †egetea nigra GAD. 127. 2; *SB* 44 (v. christophora); ~a Christofori similis est arnoglesse, sed habet folia majora et albiora et, secundum aliquos, est pellicaria minor, oculus Christi *Herb. Harl. 3388* f. 80v.; ~a Christofori est arnoglosse similis sed minora habet folia et albiora, florem habet croceum et durum *Alph.* 78 (v. et. christophora). ~a Gorberti [(?) *goutweed*]: unguentum ad plagam et scabiem: accipe .. consolidam majorem .. ebulum, ~a (*sic*) Gorberti [etc.] GILB. VII 335. 1 (v. et. ~a Roberti infra). ~a Lucii [*plant said to cure blindness*]: ~a Lucii, quam oves cece quandoque tangentes .. visum recipiunt GERV. TILB. III 13 p. 964 *cf. lux*). ~a Martis [*turk's cap lily* (*Lilium martagon*)]: *mortagon*, ~a Martis *PP*. ~a Roberti [*herb Robert, crane's bill* (*Geranium Robertianum*)]: potio fit de ~a Roberti, ~a Galteri [etc.] GILB. II 86. 1; cum decoctione consolide minoris et ~e Roberti et .. celidonie GAD. 67. 1; ~a Roberti, herba cancri, *herbe Roberte* et pes milvi idem *Herb. Harl. 3388* f. 80v.; ~a Roberti similis [est] aquilarie, fetet et habet stipitem tortum .. et geniculatum .. et valet contra cancrum *Alph.* 81; ~a Roberti, i. *herbe Robert*, i. *chareuille WW*; *herbe Robert*, ~a Roberti *CathA*. ~a S. Johannis [*St. John's wort* (*Hypericum perforatum*)]: ~a perforata que vocatur ~a S. Johannis vel ipericon GAD. 106v. 1; fuga demonum, ~a S. Johannis *SB* 22; ~a S. Johannis, ypericon, scopa regea, triscalamus, herba perforata, fuga demonum idem, G. *herbe Johan*, A. *Seynt Jones uurt Alph.* 78; *herbe Jon'*, ~a Johannis, fuga demonum *CathA*. ~a S. Mariae [*costmary or tansy* (*Chrysanthemum tanacetum*)]: *SB* 24 (v. athanasia b); menta romana, ~a S. Marie *Ib.* 29; ~a S. Marie, solsequium, *rodeworte, holy gold, Seynt Mary gold Herb. Harl. 3388* f. 80v. ~a S. Pauli [(?) *spurrey*]: ~a S. Pauli, spargula et *spurge* et herba cruciata idem *Herb. Harl. 3388* f. 80v.; *Alph.* 62, 79 (v. farcellus). ~a S. Petri [*cowslip* (*Primula veris*)]: ~a S. Petri, primula veris idem *SB* 23; ~a S. Petri, ~a paralesis idem, plures habet flores. G. *maierole*, A. *cousloppe Alph.* 78; *cowslope*, .. ~a Petri, vel ~a paralisus *PP*. ~a Veneris [*vervain* (*Verbena*)]: *Alph.* 43 (v. columbaria). ~a Walteri [(?) *lily of the valley*]: ~a Galteri GILB. II 86. 1; ~a Walteri, herba sanativa, *herbe Walter'* idem *Herb. Harl. 3388* f. 80v.; ~a Walteri habet stipitem rectum aliquantulum et divisionem foliorum per gradus .. redolet ut muscum, G. *muge de boys Alph.* 81. ~a Yve [(?) *buck's horn plantain* (*Plantago coronopus*)]: ~a Yve, respice in cornu cervinum *Alph.* 80 (*cf. cornu* 13).

4 early growth of corn; **b** (fig.).

multam fruges in ~a .. minorem in granis spem promittunt GIR. *TH* I 5. **b** cultus et ecclesiae fucatur sanctio priscae / ni coquat emersas calor ecclesiasticus herbas FRITH. 744; laborabit serpens venenum diffundere ne ~e in messes proveniant G. MON. VII 4.

herbagiatio, pasturage.

1488 (v. graminatio).

herbagium [AN (*h*)*erbage*]

1 right of pasturage. **b** payment therefor; *cf. Cust. Rents* 75–77; **c** (in kind).

GAS 107 (v. compascualis); an qui lesus est ~ium vel lignagium .. habeat unde jure debeat premoneri (*Leg. Hen.* 90. 2a) *Ib.* 605; **1156** me .. concessisse .. in .. foresta erbagium et pasnagium ad propria animalia sua *Act. Hen. II* I 131; **1204** quesitus quam communam .. clamat habere, dicit quod erbagium et padnagium *CurR* III 154; **1206** abbas et conventus .. habebunt commodum ~i de omnibus averiis *Croyl. Cont. B* 473; **1217, 1225** (v. communa 1a); **1255** (v. dominicus 4a); si quis habeat in alieno communam pasture, sc. ~ii, pessone sive glandis BRACTON 222b; c**1280** communa erbagii (v. defendere 3e); **1313** dicta via est communis chacea .. et .. ~ium illius vie debet esse illis hominibus quibus terra est ex utraque parte .. vie (*CourtR Newington*) *EHR* XLV 221; **1456** quod omnimode concessiones .. de aliquo ~io [etc.] .. vacue .. existant *Reg. Whet.* I 253. **b** de ~io xxvij d. *DB* I 3vb (*Kent*); silva ccc porcorum, de ~ia (*sic*) villae vj s. et viij d. *Ib.* 189vb (*Cambs*); c**1180** (v. brustagium); a**1184** ut habeurint pasturam meam in landis de P. liberam et quietam de ~io *BBC* 252 (*Newport, I. o. W.*); **1190** (**1285**) quietos ab omnibus .. exactionibus, sc. scottis, geldis .. ~iis, chiminagiis [etc.] *CalCh* II 306; **1200** de quolibet porco superanuato j d. .. et ~ium et talliagium *CurR RC* II 198; **1248** quod .. burgenses habeant .. animalia sua quieta de ~io in brueria mea *BBC* 74 (*Poole*); **1306** sunt ibi xij acre grossi bosci unde pannagium et ~ium valent per annum ij s. *Cust. Battle* 17; **1330** quod sint quieti de omnibus geldis .. chevagio, chiminagio, et ~io *PQW* 625a; **1336** respondet de xviij s. de ~io et non plus, propter destruccionem guerre (*KRAc* 331/21 m. 2) *Cal. Scot.* III 323; c**1430** incrementum redditus: .. de ~io parci de Borham AMUND. II app. 275; ~ium castri valet iij li. W. WORC. *Itin.* 56; **1535** in decimis arbagii de Sutton *Val. Eccl.* V 158; **1567** de firma harbagii prati occidentalis *Rutland MSS MinAc 4–9 Eliz.* p. 59. **c** iij porci de pasnagio et unus porcus de ~io *DB* I 16rb (*Suss*) (cf. ib. 16va: de ~io: j porc' de unoquoque villano qui habet vj porcos); **1287** auce: .. de ~io vendito iiij auce *Rec. Elton* 27.

2 area of grass, grassland, pasture. **b** grazing (sts. for spec. number of animals). **c** (*ad ~ium*) at pasture; *cf. herba* 2d.

a**1148** a molendino Roberti .. quod est in F. usque ad divisionem de L. pertinent ad abbates ~ia et mariscia *Doc. Bury Sup.* 817; **1219** [ecclesias] tenendas sibi .. cum terris et pasturis, ~iis [etc.] *Inchaffray* 33; a**1268** pasturam .. que jacet inter pratum Roberti .. et ~ium Hamonis *Starrs* I 52; **1272** provisum est quod .. abbas .. [habeat] exercitium in ~io ville de M. preter capras, porcos, et oves *G. S. Alb.* I 425; **1279** de bydentibus pastis in erbagio domini *SelPlMan* 96; **1280** ~ium vocatum *mede*, .. ~ium vocatum *gore Crawley* 233; **1297** unum ~ium que (*sic*) vocatur *le lynkes IPM* 78/7 m. 9; **1300** cum .. teneat .. prata et ~ia de dominicis castri nostri Karlioli ad firmam .. (*Breve Regis*) *Reg. Carl.* I 139; **1302** de erbagio (v. cuningaria); **1352** (v. grasmannus); custos ~ii in claustro *Cust. Swith.* 19; **1376** que .. erbagium et fossatum Robertus .. et Stephanus .. tenent *Mem. York.* I 5; **1446** (v. equitius 2a). **b** salva vicaria mea .. et ~io xij vaccarum *Reg. Paisley* 134; **1328** ~ium in R. pro j equo et pro v vaccis *Reg. Newbattle* 151; **1364** ut habeat ~ium in estate, prebendam et fenum in hyeme pro equis suis *Pri. Cold.* 38; **1398** ~ium pro j vacca *Kelso* 518. **c** c**1300** habebunt in dominica pastura .. ij equos .. ad ~ium *Dryburgh* 93.

3 grass or other vegetation (growing). **b** hay or grass crop for haymaking (sts. dist. as first or second). **c** (?) haymaking.

1233 pavit ~ium in eadem terra cum averiis suis *BNB* II 599; **1235** quod .. nullus ponat .. averia in predicta landa ad destructionem ~ii ejusdem lande (*AncD*) *MonA* V 437b; **1416** cum ovibus suis ~ium et pasturam ibidem tunc crescentia .. conculcavit *CourtR Banstead*; animalia .. in clausum .. prioris ingrediuntur, herbam et ~ium in eodem .. crescentes vastantes *Entries* 141b. **b** **1188** de lxxix s. et ix d. de ~io vendito *Pipe* 11; **1316** in ~io ejusdem prati dispergendo et fene .. in prato tassando *Cart. Glam.* (*ed. 1885*) I 217; **1325** de iij s. receptis de ~io vendito .. et de ij s. de erbagio, viz. *del Gores*, vendito *Rec. Elton* 270; in ~io empto pro vaccis et boviculis sustinendis x s. *Ib.* 276; **1334** provisori regine de ~io et feno *Ac. Durh.* 524; **1344** dicunt quod est .. sua communis pastura, quum fenum et anterius ~ium amoveantur *Ambrosden* II 86; **1345** in falcacione cimiterii .. et gardini .. cum sparsione et levacione feni et ~ii eorundem *Pri. Cold.* cvi; **1402** in .. ~io spargendo, levando, et in feno faciendo (*MinAc*) *Growth Eng. Ind.* 599; **1537** de viij s. receptis de J. H. pro secundo harbagio de Pellowlez hoc anno *Ac. Durh.* 686; **1583** totum illud primum ~ium vocatum *le forcrope* unius prati *Pat* 1235 m. 17. **c** **1287** expense carectariorum tempore herbag' apud B. *TRBk* 201 p. 28.

4 herbage rent; *cf. grasmannus*. **b** ploughing service in return for grazing rights; *cf. grashurtha*.

1282 *gresman* .. dant de suo pro ~io *IPM* 31/3 m. 1 (*Cumb*); tenenda in ~io *Surv. Denb.* 21 (v. hamellum). **b** arabit .. iij acras precum et ij de ~io [AS: *iij æceras to bene and ii to gærsyrðe*] (*Quad.*) *GAS* 447; c**1185** debet etiam queque carruca arrare ij acras de ~ia (*sic*) *Rec. Templars* 51; c**1300** arura pro ~io: Hugo C. dim. acram; Rogerus H. dim. acram *Reg. S. Aug.* 48.

5 (?) river-weed. *Cf.* LL *herbago*.

1373 aqua de Idel .. pro defectu mundacionis aque ejusdem .. ~io et aliis sordibus in tantum obstruitur quod .. blada .. per superundacionem aque .. demersa existunt *Pat* 289 m. 20*d*.

herbagius, grazier or (?) herbage tenant. *Cf. grasmannus*.

1380 pro ix mansibus cotagiorum et ~iorum *Reg. Dunferm.* 392 (v. cotagius b).

herbalis

1 (w. ref. to rent) for pasture.

1460 de firmis ~ibus ultra proprias terras .. regis deputatas ad armenta sua *ExchScot* 646.

2 (alch., ?) resembling grass.

lapides ~es sunt capilli, lapides naturales sunt ova, lapides animales sunt sanguis, sicut Avicenna dicit BACON *Tert. sup.* 85.

herbareum v. herbarium. **herbarg-** v. herberg-.

herbarium [cf. AN (*h*)*erber*], enclosed lawn, arbour; **b** (fig.).

OSB. GLOUC. *Deriv.* 277 (v. herbetum); **1160** in operatione domorum et murorum et ~ii regine *Pipe* 49; **1188** pro plangianda turre de Arundel' et ~io regis ante thalamum regis *Ib.* 185; **1251** inter .. thalamum et .. murum fiat quoddam ~ium, et in tresancia inter aulam et .. thalamum fiat .. ostium ad intrandum in dictum ~ium (*AncC* II 115) *RL* II 67; **1252** magnum ~ium nostrum ibidem turbari .. facias *Liberate* 28 m. 4; **1259** xv operariis .. circa ~ium regis reparandum et turbandum *Ac. Build. Hen. III* 372; **1284** pro aspersione aque super ~ium regine .. per j noctem, iij d.; et pro stipendiis ij carr' .. cariancium turbas ad dictum ~ium et ad gardinum regine .. per vj dies, xvj s. *KRAc* 351/9 m. 8; duxit ipsum in quodam ~io juxta aulam .. quod .. ~ium bene fuit circumdatum quatuor muris *State Tri. Ed. I* 7; **1297** in ~iis per vices

metendis et mundandis de foliis et testudinibus *Ac. Cornw* I 132; **1302** T. Gardinario et socio facientibus tria ~ia in castro Cestr' .. et pro fodiacione et cariagio virid' turbarum pro eisdem *MinAc* 771/1 m. 5; WHITTLESEY 155 (v. gardinum 1b); **1331** assignatur eidem M. magnum solarium .. cum .. camera bassa .. et parvo herbareo adjunct' *Cl* 393 m. 16*d.*; **1388** cum factura cujusdam ~ii ex parte australi manerii pro rege et regina tempore estatis ibidem cenand' *KRAc* 473/2 m. 12; **1435** pro complecione ~ii regis infra castrum de Edinburgh *ExchScot* 623; hoc erbarium, *a herbar WW.* **b** fac tibi ~ium intra temetipsum [ME: *make his erber inwið þe seolven*] *AncrR* 131; **s1100** fecit de loco illo forestam novam quam vocavit suum novum ~ium et replevit eam cervis [etc.] KNIGHTON I 111.

herbarius [CL *as sb. m. only*]

1 (bot.) concerning vegetation.

seniculus quidam .. rei ~iae .. gnarus TURNER *Herb.* B3v.

2 (as sb. m.): **a** herbalist. **b** tedder, grass-spreader. **c** (*sc. liber*) treatise or glossary of herbal medicine. **d** (*s. dub.*).

a debes habere fidelem [*n.*: qualis debet esse ~ius vel apothecarius] virum BACON V 59; TURNER *Herb.* A4v. (v. daphnoides). **b** ~ius, A. *a teddere WW; a gresse spreder*, ~ius *CathA.* **c a1332** ~ius Anglice depictus *Libr. Cant. Dov.* 51. **d 1219** tenent .. j hidam terre in villa de Ludewell [*Oxon*] per serganteriam parandi ~ios .. regis in Wdestokes *Fees* 253 (cf. ib. 830 [**1243**]: per serjantriam ad serviendum in dispensatoria regis).

herbatura [cf. OF *erbëure* = *lawn*], pasturage.

c1156 cum .. omni consuetudine de marisco et ~a tocius vicinitatis *Act. Hen. II* I 124.

herbatus [cf. OF (*h*)*erbé*; cf. CL herbare = *to produce vegetation*], flavoured w. herbs.

Alph. 35 (v. crama).

herbeg- v. herberg-. **herberbagium** v. herbergagium. **herberch-** v. herbergaria 3, herlebecheria.

herbere [cf. CL herbescere], to be green or grassy.

to gresse, ~ere, herbescere *CathA.*

herbergagium [AN *herbergage*, OF *herberjage*, Prov. *albergatge*]

1 abode, dwelling (perh. sts. conf. w. *herbagium*). **b** mil. quarters.

c1175 ut accipiant in forestis meis .. ea que necessaria sunt ad ~ia sua de K. et de M. facienda et cum opus fuerit reficienda *Act. Hen. II* II 38; **c1176** totum dominicum .. in viis et semitis cum toto ~io ad idem .. pertinente (*Ch.*) *MonA* V 662b; **1200** manerium de W. .. et ~ium quod habent in Lincolnia juxta fossatum castelli *RChart* 47b; honestam cameram .. abbati inveniendam, cum venerit ad T., ad domum et ~ium quod de eis habeo *Reg. S. Thom. Dublin* 205; **1290** ij bovatas terre cum ~io et omnibus pertinenciis, et totum feodum quod .. tenuit in .. Caston, sc. viij bovatas in terra gaingabili et hominibus et ~iis [etc.] *ChartR* 77 m. 16; **1419** dedimus .. in .. foresta omnia necessaria ad propria harbergagia facienda et ad ignem suum (*Pat*) *MonA* VI 1110a; **1462** nullus alius quam burgensis .. teneat hospicia sive ~ia in eadem villa [Cales'] *ChartR* 193 m. 30 (cf. *Cal.* 187: †hebergagia). **b c1213** concedo ut milites qui in antiquis forestis meis suum nemus habeant, nemus amodo ad ~ia sua et ad ardendum .. habeant foresterium (*Ch. Regis*) *EHR* VIII 291; **1439** supervisum omnium portarum .. ville [de Caernarvan] et omnium ~iorum supra omnes portas super muros, in et subtus muros pro soldariis *Pat* 443 m. 19.

2 (temporary) lodging, shelter. **b** stabling. **c** (?) right to demand or duty to provide accommodation or payment in lieu thereof.

1272 si Christiani .. Judeis satisfacere non possint, liceat Judeis .. tenementa .. aliis .. dimittere .. donec .. catalla sua .. levare possunt, salvo tamen Christianis ~io suo (*Pat*) *Foed.* (*ed. 1816*) I 489; **1392** pro herburgagio per viam .. per x dies, eundo, morando et redeundo *Ac. H. Derby* 175; **1403** volentes .. fratri nostro quotiens usque .. Lond' .. ad parliamenta .. facienda accesserit .. pro liberata sua ac herbergiagio servientum et equorum suorum .. providere .. nolentes quod herbergiatores hospicii nostri alios .. in villis predictis cum .. fratrem nostrum in partibus illis fore contigerit herbergiare presumant .. sine licencia .. fratris nostri (*Pat*) *Foed.* VIII 324a; **1452** habendum .. officium illud .. cum vadiis, feodis, herbigagio *Cl* 302 m. 21. **b 1349** fenum, literam, avenas, pisas, herbigagium, cariagium, et alia necessaria pro sustentacione equiciorum nostrorum *Pat* 227 m. 29; **1487** litteram et herbigagium ac omnia alia pro expensis equorum nostrorum necessaria *Ib.* 567 m. 8 (19). **c** concesserunt [S. Ebrulfo] etiam totius ville ~ium, absque ullius participatione quietum, terram quoque .. totius parrochie hominibus ibidem hospitatis excolendam ORD. VIT. V 20; **1205** debent .. auxilium consuetudinarium et semel in autumpno ~ium cum aliis qui tenent de eodem feudo *CurR* III 341 (*Northants*); **1222** cum ad partes vestras [Wasconie] .. personaliter venire non valeamus, nec vellemus quod ~ia que nobis debetis .. in dissuetudinem deducerentur, mittimus .. Savaricum .. mandantes quatinus ~ia que nobis debetis .. Savarico nomine nostro faciatis *Pat* 355; **1236** super .. gravaminibus que vos et alii de terra nostra Wasconie dicitis vos diu sustinuisse super †herberbagiis .. indebitis .. optulimus .. nuntiis vestris quod .. fieri faceremus inquisitionem a quibus hominibus nostris .. †herberbagia capi consueverunt temporibus .. avi nostri *Cl* 351; **1236** mandatum est Henrico de T., senescallo Wasconie, quod albergagias aliquas non capiat .. que de jure capi non debeant .. et cum in locis ad hoc obligatis illas ceperit, cum tanta modestia et mensura id fieri faciat tam ab ei[s] quam ab aliis quibus albergarie debentur quod gravis eis non existat *Cl* 371; **1440** reservato .. herbigagio (v. hospitagium).

3 storage (of goods), warehousing.

1270 pro discarcagio et ~io xl doliorum vini in celariis nostris *Liberate* 46 m. 6.

herbergamentum [OF *herbergement*, Prov. *albergament*]

1 dwelling.

c1090 concedo .. eidem abbatie .. materiam ad suum ~um *CartINorm* 244; unam acram .. ad habendam ibi bercharium suam et ~um suum *Cart. Rievaulx* 75; **a1278** concessionem .. abbati et conventui de V. de quodam ~o .. et medietate cujusdam .. pressorii, quodam virgulto et .. vinea .. juxta ~um predictum *Pat* 97 m. 10 (cf. *CalPat* 271: †hervergamento); **1315** in domibus et albergamentis in quibus dominus Guillelmus de S. et dominus de F. morantur .. non habebit aliquod justiciatum *RGasc* IV 1330.

2 right to demand accommodation (Gasc.).

1174 nec aliquis in possessionibus earum harbergamentum aut questam .. aut cabalcatam .. exigat *Act. Hen. II* II 15; **1199** (v. caballicata b).

herbergare, ~iare [OF *herbergier*, Prov. *albergar*]

1 to harbour, give lodging to (person). **b** (w. ref. to royal harbinger) to find accommodation for.

1278 ~avit ij extraneas feminas extra assisam *Hund. Highworth* 86; **1281** R. H. in misericordia quia herbigavit unam extraneam ancillam *CourtR A. Stratton* 67. **b 1403** ~iare (v. herbergagium 2a); **1404** herbigetis (v. herbergatio a); **1417** herbergeatore nostro Radulfo P. ad ligeos nostros herbergeandos apud Cantuar' tunc existente *Pat* 399 m. 2.

2 to store (food or wine).

1289 licenciam .. tenendi .. ac albergandi vina vinearum suarum Baione *RGasc* II 439; **1290** quod .. molent .. blada sua super terram de A. crescentia vel in eadem villa ~ata *BBC* 126 (*Altrincham*).

3 to build (dwelling); **b** (absol.). **c** (refl.) to provide housing for oneself. **d** (p. ppl. as sb.).

a1150 concedo .. eis ~are quoddam burgum inter .. ecclesiam et meum burgum *E. Ch. Scot.* 153; **c1156** ut monachi de C. .. adducant suos proprios homines .. ad ~andum villam de C. *Regesta Scot.* 134; **c1200** debent mihi reddere .. tenementum illud tam bene ~atum in ligno et lapide sicut ipse R. recepit *AncD* A 1475. **b c1160** ut .. burgenses .. de forestis nostris .. viride habeant ad herbargandum in eadem villa *BBC* 54 (*Pembroke*); **1202** aisiamenta sua ad ardendum et ~andum *Fines Northumb & Durh* 13; **1205** quod permittatis monachos de W. ~iare ubi voluerint .. extra coopertorium foreste nostre *Cl* 20b; **1335** quod possint sua propria nemora assartare, vendere, dare, et in eis herbegiare *DL Forest Proc.* 117 r. 3 (cf. ib.: ~iare). **c 1222** quod faciat habere L. capellano .. v .. grossa fusta .. ad paunas faciendas in foresta nostra de M. ad se ~andum apud S. *Cl* 522b (cf. ib. 65b [**1225**]: xl fusta .. ad se hospitandum). **d c1124** pro suo ~ato cum suo virgulto .. dedi .. ecclesie meam dominicam curiam in Magna Paxtona *Regesta Scot.* I 7 (cf. *Reg. Ant. Linc.* III 149).

4 to settle, occupy (land).

c1140 totum pratum quod est inter terram herberiatam et cursum aque *Cart. Osney* IV 92; **a1200** si istam terram erburgare voluerit, homines qui ibi manebunt habebunt omnes liberas communiones in bosco et in plano *Ch. Derb.* 134; **1200** r. c. de xl s. pro habendis iiij bovatis terre in T. quam ~avit de vasto *Pipe* 18; **c1200** quod capiant ad eos [toftos] ~iandum de boscis meis per visum forestariorum meorum *BBC* 381 (*Ulverston*); **c1200** concessi .. terram meam ~atam in terra S. Michaelis de B. *E. Ch. S. Paul.* 87.

herbergaria [OF *herbergerie*, Prov. *albegaria*]

1 accommodation (in quot., w. ref. to duties of royal harbinger).

quatuor marscalli [debent habere] .., die qua faciunt herbergeriam vel extra curiam morantur in negotio regis, viij d. in die *Domus Reg.* 134.

2 duty to provide accommodation.

1199 omnia loca ad .. monasterium [Pictav'] pertinentia concedimus libera ab hospicio et ~ia *RChart* 8b (cf. ib. 9a: hospicium vel herbegariam); **1236** super oppressionibus quas dicitis vos sustinuisse per albergagerias indebitas (*Gasc*) *Pat* 47 m. 12 (*Cal.* p. 201: †abbergagerias).

3 building, (?) storeroom, or (?) *f. l.*

1259 pro m latarum de quercu ad herberchar' [? l. herlebechar'] ..; pro iiij^{m} et c dim. tingol' ad cooperiendum herbech' *Ac. Build. Hen. III* 326.

herbergarius [ME *herberg*(*e*)*our*], (as sb.) harbinger, royal official w. duty of (procurement of) accommodation.

1479 Petrus Hous armiger et herbigarius hospicii nostri *Pat* 544 m. 22.

herbergata [cf. Prov. *albergada*, OF *herbergete*], (duty to provide) accommodation or payment in lieu thereof (Gasc).

1157 ut .. ipse et successores ipsius episcopalem reverentiam, debitas synodos et albergas pro ecclesiarum necessitatibus obtineant HADRIAN IV *Ep.* 195; **1238** propter duas albergatas quas per annum faciunt duobus equitibus nostris et uni pediti (*Pat*) *RGasc* I sup. cxxiin.; **p1250** conqueruntur de herbegatis; tales enim ballivi extorquent ab ipsis ij vel iij per annum, cum non debeant dare nisi unam tantum per annum (*Querele hominum de Goosa*) *V. Montf.* 301; cum nos non debeamus dare nisi unam albergatam semel in anno ipsi extorquent a nobis duas; et quot ballivi mutantes in anno, quilibet illorum per se deinceps petunt similiter proprias albergatas (*Ib.*) *Ib.* 303; **1312** quod .. non impediat prefatum comitem in albergatis *RGasc* IV 977 (cf. ib. 1037 [**1313**]: commestiones que vulgariter *albergades* appellantur); **1332** certos redditus seu †abberguatas nobis debitos (*RGasc*) *Foed.* IV 532b; **1401** concessit hominibus suis terre inter duo maria .. qui sibi .. ad albergatas tenentur quod eedem albergate recipiantur ab eis .. in locis .. in quibus ab antiquo recipi consueverunt semel in anno cum iij .. equitibus .. et iij peditibus tantummodo .. ita quod reficiantur competenter de cibariis et aliis necessariis (*Ib.*) *Ib.* VIII 227b (cf. ib. 228: viij servientes .. tantum qui nullam possint recipere pecuniam pro albergatis set .. recipiant solum victum).

herbergatio [cf. OF *herbergison*], (w. ref. to royal harbinger) (procurement of) accommodation. **b** (?) harbourage or other due.

1404 constituimus vos hospitatores et herbigatores generosorum predictorum ubique in hundredo predicto .. et mandamus quod ipsos .. modis et formis quibus melius poteritis .. hospitetis et herbigetis; .. damus autem .. tenentibus nostris hundredi predicti quod in omnibus que ad hospitalitatem et herbigacionem eorundem .. pertinent vobis .. intendentes sint *Enr. Chester* 77 r. 4d. **b 1216** concedo .. eis libertatem assartandi terras suas .. et si landa aut terra infra divisas ville sue fuerit que prius culta fuit, ubi nemus non crescat, liceat eis illam colere sine ~one et liceat eis *husbote* et *heybote* .. capere (*Ch. Comitis Cestriae*) *Cart. Chester* 104; **1275** si landa .. infra divisas ville sue fuerit que prius culta fuit .. illam colebant sine ~one pro voluntate sua *IMisc* 33/6.

herbergator [ME *herberg*(*e*)*our*], harbinger, royal official w. duty of (procurement of) accommodation.

1403 herbergiatores (v. herbergagium 2a); **1404** herbigatores (v. herbergatio a); **1411** officium herbergeatoris hospicii nostri *Pat* 384 m. 25; **1417** herbergeatore (v. herbergare 1b).

herberia [cf. ME *herberi, var. of herberwe*], lodging.

a1118 ut .. faciatis habere Faritio abbati .. omnes homines suos qui de terra sua exierunt de Walingeford propter ~iam curie mee *Regesta* II 856.

herberiatus v. herbergare 4.

herbescere [CL], to spring up, become green.

~escit ager cum herbam generat ALCUIN *Orth.* 2337; OSB. GLOUC. *Deriv.* 273 (v. herba 1a); ~escere, viridescere *Ib.* 277; *CathA* (v. herbere).

herbetum [LL *gl.*], lawn, arbour.

~um et herbarium, locus herba habundans OSB. GLOUC. *Deriv.* 277.

herbeus [CL], green, grassy.

~eus, viridis OSB. GLOUC. *Deriv.* 277; scamno cespitibus ~eis constrato MORE *Ut.* 29.

herbidare [LL], to be covered w. grass.

mundiburdium tuum velut tutissimi litoris ~antes planities adii (*Ep.*) *Mem. Dunst.* 375; possunt decenter et licite verba consimilia inveniri, ut de herba ~are GERV. MELKLEY *AV* 96.

herbidarius, tedder. *V. et. herbarius* 2b.

a spreder of gresse, herbarius [v. l. ~ius] *CathA.*

herbidus [CL], of grass, grassy.

Gosc. *Mir. Iv.* lxxix (v. falcarius 2); Osb. Glouc. *Deriv.* 277 (v. herbosus); Adel. *QN* 74 (v. emarcescere 1c); terra .. ~a et opulenta R. Cold. *Godr.* 554.

herbifer [CL], grass-bearing.

est Asie locus herbifere quo suscitat orbis / auctor defunctos virgine natus homo Garl. *Epith.* IV 253.

herbig- v. herberg-.

herbilis [CL], fed on grass.

si post 'r' sequatur 'b' .. tunc graviter profertur ut herba, herbidus, ~is Alcuin *Orth.* 2344; ~is, anser herba pastus Osb. Glouc. *Deriv.* 277.

herbiseca [CL herba + secare], grass-cutter.

~a, A. *a mowere WW.*

herbositas, grassiness.

Osb. Glouc. *Deriv.* 273 (v. herba 1a); nimia .. terre .. ~as Gir. *TH* I 24.

herbosus [CL], covered w. grass.

in ~a planitie .. resederunt Ord. Vit. III 3 p. 54; ~us et herbidus, herba plenus Osb. Glouc. *Deriv.* 277; ~is in pascuis rana reperta fuit Gir. *TH* I 32; **1234** debent convenire super ~a terra domini .. et arare .. terram *Cust. Glast.* 94; *a gresse*, gramen, herba, herbula, ~us *CathA*; Ferr. *Kinloss* 12 (v. Hibernice).

herbula [CL], small plant.

Osb. Glouc. *Deriv.* 273 (v. herba 1a); nemo .. scit .. sufficienter naturam unius rei minime, ut unius ~e vel musce Bacon *Mor. Phil.* 209; hec arbula, *a herbe WW.*

herbum, ~us v. ervum. **herburg-** v. herberg-. **herca-, herce-** v. hercia-. **hercharius** v. herciarius. **herchia** v. hercia.

hercia, ~a, ~ium [OF *herce* < herpica < CL irpex]

1 harrow; **b** (*~ia clausa*); **c** (dist. as *duplex* or *simplex*); **d** (given as rent or other due); **e** (used for purpose other than harrowing).

pro .. hercis *Boldon Bk.* 5 (v. carpentarius 2a); **c1200** materiem ad v carucas .. et ad v herchias *Doc. Robertsbr.* 54; **1211** in .. ij erciis parandis *Pipe Wint.* 115; **1221** occisus fuit a quodam equo cum .. ~ia sicut herciavit in campo *PlCrGlouc* 19; **1222** viderunt equum in saisina .. Ricardi et in ~ia comitis *CurR* X 275; **1248, c1314** (v. draga a); **12..** (v. estoverium 3); **1279** herciabunt conjunctim cum una ~ia tempore quadragesimali *Hund.* II 656b; **c1300** debet facere ferros de ferro domini duorum herseorum et ferrare *DC Cant. Reg.* J p. 46; **1311** in xxv pil' ferr' ad unam ~iam ferri faciendam emptis *Ac. Man. Wint.* (*Stockton*); **1318** etc. (v. 1 cavilla 4); **1338** ivit juxta ~eam suam super terram suam *SelCCoron* 44; **1347** vj ~ie unde j de ferro *Ac. Man. Wint.* (*Silkstead*); **c1352** ij ~ias ligni (*Indent.*) *Reg. Rough* 246; **1358, 1364** (v. dens 4c); **1369** in ~is et oxbouys emptis *Ac. Durh.* 575; **1392** iv herticarum cum cavillis ferreis *Pat* 334 m. 30; **1394** j ~ia equina cum cavell' ferr' *CourtR* 210/54 r. 5; **1402** pro .. exacione (*sic*) carectarum et ~iarum manerii *Growth Eng. Ind.* 598; **1486** [de] iij ~iis cum lxij cavill' ferr' abilibus, j furca pro fimo *Ac. Man. Coll. Wint.* (*Padbury*); **1538** in iiij ~iis ligneis *Ac. Man. Wint.* (*Silkstead*). **b 1345** ij ~ias clausas cum stimul' ferr', iij ~ias simplices (*Langenhoe*) *MS Essex R. O.* D/DE1 M22. **c 1288** in j duplici ~ia liganda cum ferro empto ad idem *Ac. Man. Cant.* (*Milton*); **1310** in ij ~iis dupplicatis faciendis de meremio domini vj d.; in cappis et anulis ferr' faciendis ad dictas ~ias *MinAc* 992/8 (*Suff*); **1345** ~ias simplices (v. 1b supra); **c1400** in j nova dupplic' ~ia empta *MS Essex R. O.* D/DHt M45 m. 1 (*Foulness*). **d a1227** (1232) perdonavi .. carucas et ~ias et messurcia que mihi debebantur *CalCh* I 170; **1234** F. carpentarius .. debet facere j aratrum et j ~iam ad boves de proprio merremio *Cust. Glast.* 37; **1255** tenet .. unam placeam .. que solebat reddere per annum iij d. vel unam harciam *Hund.* I 21b. **e 1284** in j carpentario ad faciendam ~iam ante molendinum. .. in stipendio j hominis qui obstupavit aquam ante molendinum dum ~ia fuit apposita ... in ij clayis emptis ad ponendum circa dictam ~iam *MinAc* 893/36 (*Kent*); **1317** in virgis emptis pro falda wyxanda viij d.; in xij clatis .. ad faldam ij s.; in virgis .. pro ~iis ij d. ob. (*Ac. Cuxham*) *Hist. Agric.* II 620; **1388** habet .. antiquum maeremium et ~ias pro faldacione ovium *IMisc* 240/27 (cf. ib.: habet .. xx ~ias pro faldacione ovium [*Lincs*]).

2 candleframe (eccl.). **b** (?) candelabrum. *Cf.* ME *herse.*

Cust. Westm. 274 (v. calepugnus); **1287** vas ad aquam benedictam, ~ia ad tenebras, candelabrum paschale *Conc. Syn.* 1006; **1342** crux portabilis insufficiens .. ~ia ad tenebras nullius valoris (*Vis. Totnes*) *EHR* XXVI 118; ~ia ad tenebras et cerei processionales deficiunt *Ib.* 120. **b 1455** Nicholao D. *chandiller* illas duas hersias cum *le karoll* ad artificium *de chandiller craft* pertinent' in manibus ejusdem N. *Test. Ebor.* II 201.

3 candleframe erected around bier for funeral ceremony; **b** (for anniversary or sim.). **c** catafalque.

1300 pro exequiis domini Edmundi fratris regis: pro .. filo pro eisdem [cereis] ad ~ias ligandis .. et pro reparacione j ~ie mutuate de fratribus Predicatoribus London' *AcWardr* 46; **1303** in j ~ia facta ad reponendum cereos circa corpus defuncti, xxvj s. viij d. *Ac. Exec. Ep. Lond.* 99; **1337** sacrista recepit iiij[c] cer' de ~ia J. de Hotham episcopi defuncti *Sacr. Ely* II 77; **1375** hersia (v. corpus 3a); **1377** candelariis London' pro j ~ia erecta circa corpus .. regis in ecclesia cathedrali S. Pauli *KRAc* 398/9 f. 24; **c1386** volo quod .. *torches* et .. *tapers* .. preparentur pro sepultura mea absque alio ~io *FormA* 429; **1399** funeris nostri exequias more regio volumus celebrari; ita quod .. iv ~ie excellencie convenientes regali .. preparentur, quorum .. due v luminaribus .. in ij ecclesiis principalioribus per quas corpus nostrum vehi contingit, tertia .. cum totidem luminaribus in ecclesia S. Pauli .. honeste statuetur (*Test. Ric. II*) *Foed.* VIII 75b; **s1401** hersia monasterii communis .. induvie nigre nulle, preter apparatum hersie *G. S. Alb.* III 453; **1412** volo quod executores mei non faciant magnas expensas circa ~iam meam pro pompa mundi *Reg. Cant.* II 18; quod in hersia nostra solempniori que serviet in die sepulture nostre sint tres ceree excellenciores ceteris omnibus (*Test. Hen. V*) *EHR* XCVI 91; hersiorum ejus apparatum competenter pro eisdem mortuis honorifice tumulandis Amund. I app. 446; **1449** quod ~ia mea fiat secundum .. discrecionem executorum *Test. Ebor.* II 154; nec in .. exequiis in quibus corpus non est presens, solent hersa, sive feretrum vel alie solennitates fieri W. Say *Lib. Reg. Cap.* 60. **b 1291** pro meremio ad ~ias domine regine apud Westmonasterium .. die aniversarii regine *Manners* 101; **1376** pro pulsando in iiij obitibus in festo translacionis S. Benedicti xx d.; sacriste pro ~ia in eodem festo iij s. *Ac. Obed. Abingd.* 25; **1437** pro ~ia in obitibus R. et P. abbatum *Ib.* 111. **c** hersa magna et alta ad voltas ecclesie artificiose lignario opere constructa W. Say *Lib. Reg. Cap.* 112.

herciagium, (service of) harrowing.

c1350 tenentes pro .. cariagio et arura et ~io habebunt .. xxx pecora libera de pastura *Reg. S. Aug.* 193.

herciare [OF *hercier*, AN *hercer, herser*]

1 to harrow, break ground; **b** (w. animal as subj.).

radchen', id est liberi homines, .. qui tamen omnes ad opus domini arabant et ~iabant et falcabant et metebant *DB* I 166rb (*Glos*); **c1120** arat et herzat j acram *Cart. Burton* 27; **a1128** debet hercere j acram ad *hyvernage Chr. Peterb.* app. 163; **a1129** debent ~iare totum *hivernage* ... l sochemanni arant xlviij acras et ~iunt et metunt in Augusto *Ib.* 159; homines carrucas ducentes, et herceatores et equi de quibus herceant Ord. Vit. IX 3 p. 471; **1194** ~iare terram illam [semel] per annum in quadragesima *CurR RC* I 33; **1199** debent .. seminare et sarclare et hersiare et metere *Ib.* II 150; qui habet equm accommodat illum ad ~iandum in campo abbatis *Reg. S. Aug.* 26 (cf. ib.: hersiare, ib. 60: herceare); **1251** ~iabit etiam quolibet tempore seminis cum hercia qua terram propriam ~iat a mane usque ad solis occasum sine aliquo intervallo *Cart. Rams.* I 288; **1284** in x acris .. herciendis (v. esseware 1b); **1295** in xxviij equis cum totidem herciis conductis ad ~iandum *MinAc* 1090/3 r. 3 (*Lincs*); **1298** pro avena ~yanda xxvij opera *Rec. Elton* 79; **1364** in liberatione j daye .. et j garcionis ~iantis ad ambas seysonas *Banstead* 345; **1366** de Hugone [et al.] quia non †heraverunt [*corr. to* herciaverunt] *les leys Hal. Durh.* 60. **b 1211** in prebenda ij avrorum qui araverunt et hericiaverunt et marlaverunt *Pipe Wint.* 7.

2 (?) *f. l.*

1276 in custu carucarum: .. in virgis emptis ad cord' herciand' [*sic* MS; ? l. herneciand', i. e. harnesiand'] j d. (*MinAc* 1057/6 m. 1) *Ac. Stratton* 189.

herciarius [AN *hercer, hercher, sb.*]

1 (as sb. m.) harrower, one who harrows.

1234 utrum .. Galfridus fuerit carucarius vel ~ius, debet cum haywardo vigilare *Cust. Glast.* 139.

2 (as adj.) for harrowing. **b** (as sb.) beast used for harrowing.

cum .. j caballo hercerio *RDomin* 51; ij equi herzorii *Ib.* 66; **1205** eadem terra potest sustinere .. ix vaccas .. et j capellum herzarium *RNorm* 143. **b 11..** xvj boves .. et unum hercharium trium solidorum *Dom. S. Paul.* 124; **1152** reddet cum eo [manerio] hec instauramenta: xxiv boves et ij hercerios, singulos appreciatos iij s. *Ib.* 128; cum .. j hercerio *RDomin* 53 (v. 2 equus 3c); **1225** pro iiij affris emptis ad .. carrucas xx s. et pro j herzuro empto ibidem j m. *Ac. Foreign Hen. III* 4.

herciatio, harrowing.

1279 opera in arrura, ~one, falcacione, et messione *Hund.* II 322b; **c1306** debet herciare per ij dies ad semen quadragesimale cum .. hercia propria .. et sic nihil valet illa ~o ad opus domini *Cust. Battle* 19; **c1311** valet ~o j acre de claro ob. *Ib.* 149; **1311** de consuetudine .. arature et ~onis *MinAc* 856/17 m. 1; **1338** opera ~onum valent per annum iiij s. *Hosp. in Eng.* 60.

herciator [OF *hercëor*]

1 harrower, one who harrows.

herceatores Ord. Vit. IX 3 (v. herciare 1a); **1229** in stipendiis prepositorum, bovariorum, ~orum *Pipe* 73 r. 1d.; **1230** in stipendiis .. bovariorum, ~orum .. per idem tempus *Liberate* 9 m. 5; **1261** quilibet caballus habebit j garbam avene in vere dum ~ores manducant *RentSurvR* 730 m. 8; **1297** in stipendio j subcarectarii et ~oris per annum iiij s. iiij d. *Ac. Cornw* 20; **c1311** debet invenire j hominem .. ad herciandum .. et habebit ~or semel cibum in die *Cust. Battle* 150; **c1317** dato cuidam fossatori .. xij d.; .. ~ori ibidem x d. *Comp. Swith.* 402; **1364** in stipendiis j daye .. et j ~oris *Banstead* 343.

2 beast used for harrowing.

1128 in dominio curie .. ij vituli et j hercatorius et ij pulli *Chr. Peterb.* app. 158; **1186** pro j †herciore *Pipe* 186; **1187** pro j herciatorio *Ib.* 30; **1222** wainagium potest fieri cum iiij carucis x capitum in qualibet et ij ~oribus *Dom. S. Paul.* 28 (cf. ib. 53: cum .. ij equis ~oribus); **1225** pro tribus †herzatolibus [*sic* MS] .. emptis .. xxxiij s. et vij d. *Ac. Foreign Hen.* III 4; **1233** in vj ~oribus .. et j bove emptis *Liberate* 10 m. 9; **c1300** xviij boves et xij stotti et ij ~ores *DC Cant. Reg. J* p. 28; **c1315** pasturam .. v carrucatis boum cum ~oribus suis *ChartR* 101 m. 13.

3 (?) harrow.

1413 expense circa Monkcroft: .. in reparacionibus factis caruc' et herciator' ibidem hoc anno xij d. *Ac. Obed. Abingd.* 76.

herciatura [OF *hercëure*], (service of) harrowing.

a1199 omnes consuetudines quas facere solebat, sc. .. arruram et harzuram, messionem, et falcacionem *Carte Nativ.* 516; **c1250** arabit .. unam dim. acram et herciabit; et nihil ei allocabitur pro hercietura *Cart. Rams.* II 37; **1261** herciabit per ij dies integros, precium ~e ij d. *RentSurvR* 730 m. 10d.; valent arure xviij d., ~a j d., .. messura v d. *Fleta* 170 (= *Husb.* 324: *le hercer* [*vaut*] *j d.*); **1279** debet ij ~as .. et in Augusto iij precarias *Hund.* II 519b; **c1283** debet preces autumpnales .. et sarclabit .. et [? veniet] ad preces carrucarum et hersuram sicut alii *Cust. Battle* 98; **1299** de iij s. vj d. de ~a relaxata eisdem ad eandem seysonam *Ac. Man. Cant.* (*Milton*); **1316** sive arura sive hercitura *Terr. Fleet* 18; **1338** sive falcacio, sive tassacio, sive arrura sive arsietura *Cl* 161 m. 10; **1388** opera carucarum, ~arum, et carrectarum *IMisc* 240/17; **1390** de ~a iiij[xx]ix acrarum *Crawley* 289; **1414** ~am et cetera pertinencia ad seminacionem bladorum *Reg. Cant.* II 39.

hercietura v. herciatura.

hercio, harrowing.

1240 preter hercionem [*but* ? l. herciationem] et cariationem bladi *Cart. Rams.* I 495.

hercior v. herciator. **hercire** v. herciare. **hercisci** v. ercisci.

hercitare, to harrow.

1326 ~are debent per j diem *BB St. Davids* 66.

hercitura v. herciatura.

hercle [CL], by Hercules! (emphatic particle, used prob. w. greater ref. to Classical style than to mythology).

~e, i. vere Osb. Gloc. *Deriv.* 276; hoc ercle dictum .. stilo dignum Homeri censeo Map *NC* V 2 f. 59v.; insignia .. tamen ~e non minori, imo majori ac eciam .. amplissimo digna sunt honore *Mir. Hen. VI* I prol. p. 8.

herda, ~ia [ME *herde*], herd.

1248 iij leporarios quos fecerunt curere ad unam ~iam bestiarum in landa *SelPlForest* 87; **1255** cuccurerunt ad unam ~iam bestiarum *Ib.* 31; **1293** ~am (v. amissare).

herdellum v. hirdellum.

herdewica, ~um [AS *heord* + *wic*], dairy farm.

in Wales sunt iij *harduices* .. in his sunt viij car' ..; pro his iij harduicis volebat habere c s. Rogerius de J. *DB* I 162ra; **c1120** potest ibi habere abbas in custodia eorum unam ~am de quantiscumque vaccis sibi placuerit *Cart. Burton* 21; **11..** ij partes decimacionum dominii mei Stanford', tam de hardwichis quam de culturis *Cart. Tutbury* 55; **c1200** dedi .. *laplace* de meo ~o super Mosbroc .. et .. pasturam quantum pertinet ad illam terram *Cart. Cockersand* II 708; **1210** si .. tradiderint .. unam hordewicam vel ij vel iij .., solvent inde .. secundum numerum ~arum firmam assignatam *Cart. Darley* II 415.

herdia v. herda. **herdicus** v. heroicus. **herdill-** v. hirdellum. **Hereb-** v. Ereb-.

†herecnois [? cf. ἀραχνοειδής], (?) cobweb-shaped (from bird's-eye view), or (?) *f. l.*

sunt .. piramides sepulcra potentum, .. in summitate acute, figuram †h'ecnoidis [*conj.* Heath hemiconoidis] referentes Greg. *Mir. Rom.* 27.

herecticus v. eremiticus 2.

heredalis [cf. OF *iretal*, (*h*)*erital* < hereditalis], heritable.

dat prefectura non heredalia jura D. Bec. 1648.

heredare [cf. AN *heriter*, OF *ireter, eriter* < LL hereditare]

1 to inherit.

Osb. Glouc. *Deriv.* 268 (v. heredatio 1); **1285** *Reg. Malm.* I 67 (v. hereditarius 2a).

2 to make (someone) heir.

1342 de .. ducatu Britannie ~ato et seisito *Foed.* V 331a; **1430** illis qui in Anglia ~ati existunt .. exceptis *Cl* 280 m. 14*d.*; *to make ayre*, ~are, hereditare *CathA.*

3 (?) *f. l.*

s1265 proponit rex etiam contra ~atos [? l. exheredatos] dicens quod juste exheredati sunt et privati terris suis *Ps.*-Rish. 564.

heredatio

1 inheriting.

heredo .. unde heredatus et hec ~o Osb. Glouc. *Deriv.* 268; dominus Hugo le Despenser filius occasione ~onis sue uxoris .. totam terram .. de Glomargan .. possedit *Ann. Paul.* 292.

2 (?) *f. l.*

1263 pro dampno et ~one [? l. exheredacione] vestra propria per invasionem hostium .. vitanda *Cl* 279; **1279** quia .. prior [de Lewes] predictas libertates ad ~onem [? l. exheredacionem] .. regis clamat, sit in misericordia *PQW* 758 (cf. ib. 760a: quia illam [warennam] clamabat .. ad exheredacionem .. regis, sit in misericordia); **c1290** consuetudinibus .. uti nituntur que .. ad ~onem [? l. exheredacionem] .. regis corone et dignitatis sue lesionem .. redundant *MunAcOx* I 48.

heredia v. hereditarius 1a.

heredicapa, taker of inheritance.

~a, qui hereditatem capit Osb. Glouc. *Deriv.* 275.

heredipeta [CL = *legacy-hunter*], claimant of inheritance.

nullus ~e suo propinquo vel extraneo (periculosa sane custodia!) committatur (*Leg. Hen.* 70. 19) *GAS* 589; si quis .. deserat patrem .. et aliquis propinquus .. succuret ei, et hereditet eum in fine cum testibus .. sapientum hoc inter ~as judicio terminetur (*Ib.* 88. 15) *Ib.* 604; ~a, hereditatem petens Osb. Glouc. *Deriv.* 275.

hereditabilis [cf. OF *hereditable*]

1 entitled to inherit.

1378 omnes pueri .. infra sponsalia nati cujuscumque hominis habentis terras .. erunt equaliter ~es de terris *PlRCP* 494 r. 105; servientes ad legem per legem terre hereditati et ~es existunt et .. hereditati fuerunt implicitari .. in curia ista *Entries* 178b; **1583** prout ipse in eisdem ~is .. extitit *Pat* 1236 m. 3.

2 heritable.

sic ex illa linea .. Henricus IV fuisse rex Anglie nullatenus potuit, eo quod regnum illud per heredes masculos .. ~e existit, et hereditatum per hujusmodi heredes a toto tempore fuit Fortescue *Tit. Edw.* 14.

hereditabiliter [cf. OF *hereditablement*], by or with (right of) inheritance.

956 (13c) x mansas ad perfruendum sibi ~er quamdiu vixerit .. et post ejus obitum cuicumque voluerit relinquat *CS* 975; **1141** do .. Gaufrido de Magnavilla .. et heredibus suis post eum ~er ut sit comes de Essex' (*Ch. Imperatricis*) *Mandeville* 89; **a1162** me concessisse ~er Roberto .. terram de L. *Doc. Theob.* 34; Glanv. VII 1 (v. ascendere 2c); **c1185** debemus terram istam warantizare adversus omnes qui eam ~er de genere Morelli et .. uxoris sue clamare poterunt *E. Ch. S. Paul.* 193; **1236** concessimus .. Randulpho le H. et Willelmo Russel .. pratum nostrum .. tenendum .. eis et eorum heredibus .. quiete, ~er et imperpetuum *Doc. Ir.* 486; est quod .. miles .. uni [filiorum] .. partem .. de hereditate sua .. ~er donat *RegiamM* II 22.

hereditacula, ~um [cf. CL herediolum], small inheritance.

heredito .. unde hec hereditas .., unde ~a, -e, .. et hic hereditarius Osb. Glouc. *Deriv.* 268; *an heretage*, allodium, .. ~um, hereditatus, .. hereditalis, .. hereditatio *CathA.*

hereditagium [cf. OF *hereditage*], heritage, inheritance. *V. et. heritagium.*

a1194 faciemus eidem W. M. .. excambium de nostro alio proprio ~io ad gratum eorum ad valentiam predicte terre .. *Cart. Beauchamp* 189; **1200** pro .. porcione tocius predicti hereditag' in Anglia *RNorm* 8; **1203** de tenemento .. quod .. Josceus habebat .. de ~io Ysaac patris sui *RChart* 105b; **1212** [honor] descendidit Roberto filio suo in ~io *Fees* I 91; **1488** que [terre] nuper fuerunt de ~io Ricardi .. ducis Ebor' *RScot* II 482b.

hereditalis [cf. OF *heredital*], heritable. *V. et. heredalis.*

a940 (13c) eandem ~ium cassatarum terram *CS* 640; *CathA* (v. hereditacula).

hereditamentum [cf. AN *heritement*], inheritance.

1453 quod Alexander verus heres .. comitis de M. existit quodque ipse nullo medio colore nec causa quacumque de aliquo statum et ~um sua infra .. regnum Scotie concernent' quod sibi .. exnunc accrescere .. contingет exhereditatus .. existit *RScot* II 368a; **1456** advocationes, possessiones, aut aliqua ~a (*Petitio*) *Reg. Whet.* I 255; **c1485** cum omnibus .. emolumentis et ~is ad .. prioratum .. pertinentibus *Entries* 34a; **1543** tenementa, prata .. et ~a mea quecunque .. in E. *FormA* 288; **1552** easimenta, commoditates, emolumenta, et ~a nostra *Pat* 850 m. 21.

1 hereditare [LL]

1 to make (someone) heir (freq. w. *de*); **b** (fig.). **c** to establish (someone) in an inheritance. **d** to endow (church). **e** (p. ppl.) entitled, holding by hereditary title.

s976 ~avit Afferum .. de xx hidis *Chr. Abingd.* I 355; **a1087** concedo .. ut .. habeant .. manerium .. sicut A. .. fratres .. inde ~avit *FormA* 37; dum virilis sexus extiterit .. femina non ~etur (*Leg. Hen.* 70. 20b) *GAS* 589; *Ib.* 604 (v. heredipeta); **1130** Willelmus de W. r. c. de xxv li. ut filius suus ~etur de terra Willelmi de N. M. avunculi sui *Pipe* 36; progenies tua non diu de terra S. Marie .. ~abitur W. Malm. *GP* III 115; **a1166** Henricus .. ~avit .. Sewallum de baroniis Fulcheri *Eng. Feudalism* app. 262; violenter .. terram in jus suum transferens, se .. alieni juris dominio ~avit *Chr. Rams.* 145; rex Willelmus .. Sexium .. exheredavit, et jus nostrum simul cum suo ei auferens .. alium .. inde ~avit *Ib.* 146; *CathA* (v. heredare 2). **b** quod in illo semine quod sancto Abrahe promissum erat omnes gentes essent ~ande et benedicende *Eccl. & Synag.* 59; longus .. morbus ~at filium Gilb. VII 311v. 2; curavisti .. exaltare ipsum apud suos proximos, ac ulterius, nomine eterno ~are *Reg. Whet.* I 313. **c** ego illum ~avi; ipse me exheredare conatur; ego eum in regno secundo restitui, ipse me destituere affectat G. Mon. IV 8. **d** **a1072** rex .. ad dedicacionem illius ecclesiae in dotem perpetuam aeternaliter eandem ~avit ecclesiam *Regesta* 120; rex Cantuarie ~avit S. Andream apostolum de Woldeham et commisit illud E. episcopo *Flor. Hist.* I 380. **e** *Entries* 34 (v. hereditabilis 1); illis comitibus .. exceptis in quibus diversi ligeorum .. regis in officio vicecomitis die ejusdem statuti ~ati existunt *Ib.* 206 (= *StRealm* II 333 [**1445**]: *sont enheritez*).

2 to inherit: **a** (absol.); **b** (trans.); **c** (fig.); **d** (w. ref. to disease). **e** (~*are extrema*) to die.

a ?**a798** quod optime natus et hereditatem legitime consecutus .. magnam debeat ~andi gerere fiduciam Alcuin *Ep.* 132; 'non sumus ancillae filii sed liberae': ipsi ejicientur, nos autem ~abimus Lanfr. *Comment. Paul.* (*Gal.* iv 47) 279; R. Niger *Chr. I* 78 (v. gladiatorius); **1404** ~are in messuagio *Cl* 252 m. 13*d.* **b** si .. sciat quis mortui pecuniam ~avit [AS: *hwa ðæs deadan ierfe hæbbe*] (*Quad.*) *GAS* 113; **s1376** ut .. episcopus palam faceret genus suum ne ~aret regnum Anglie falsus heres *Chr. Angl.* 107; **s1453** obeunte .. possessore .. nec relinquente .. heredem .. qui haberet justo titulo ~are illa [tenementa] *Reg. Whet.* I 95; Fortescue *Tit. Edw.* 14 (v. hereditabilis 2); **c1496** quod .. haberent et .. ~arent .. honores, dominia [etc.] *Entries* 523b. **c** in qua [ecclesia] hactenus requievit, ~ans quod fecit Gosc. *Transl. Aug.* 35D; sextam [etatem mundi] Christus ~avit R. Niger *Chr. I* 8; terram promissam .. ~are *Id. Mil.* II 59; vermes hereditant cadaver miseri Walt. Wimb. *Carm.* 256; eternam vitam ~abunt Bradw. *CD* 34D; **1438** famam .. perennem ~abit in terris et .. bravio felicitatis eterne .. potietur in celis Bekynton II 79. **d** mala complexio diversa raro ~atur, sed mala complexio equalis .. semper facit malam complexionem ~atam Gad. 37. 2. **e** egritudo .. illum extrema ~aturum minari cepit R. Cold. *Cuthb.* 113.

3 (intr.) to leave inheritance.

796 non .. filii patribus sed patres filiis ~are debent Alcuin *Ep.* 114.

4 (of thing) to descend as inheritance.

Alcuin *Ep.* 132 (v. 1 genuinus 1).

5 (?) *f. l.*

1266 ut quibusdam ex predictis ~atis [? l. exhereditatis] .. colloquium habuerim (*Lit. Cardinalis*) *EHR* XV 107.

2 hereditare [? *by conf. of* AN *eir* = *heir w.* AN *eire* = *eyrie*; cf. aeriare], to nest, make an eyrie.

?**1090** per vallem .. aquosam ultra E., unde ex monachorum benivola permissione dabuntur michi sprivarii ibi ~antes *Cart. Pontefr.* I 19; **c1112** dabuntur mihi spreverii, falcones, et ostorii ibi ~antes *Ib.* 26.

hereditarie [LL], by or with (right of) inheritance.

1094 ego Dunecanus .. constans ~ie rex Scotiae *E. Ch. Scot.* 12; **1121** patrem .. non stipendiarie .. sed libere .. et ~ie terram .. tenuisse *Hist. Exch.* 76; regi .. prefato Normannia ~ie provenerat, Cenomanniam armis adquieserat H. Hunt. *HA* VI 39; **1198** mater ejus filia fuit fratris primogeniti qui terram illam ~ie tenuit *CurR RC* 201; **c1209** (v. drengagium); **1219** Agnes non potest .. esse heres alicujus quia .. bastarda est ..; unde .. non potest ~ie aliquam terram petere *CurR* VIII 43; **1330** cum nos per cartam nostram ~ie concesserimus .. redditum .. *Reg. Paisley* 31; **s1379** ~ie comes effectus est Wals. *HA* I 411; Willelmo [I] .. regni Anglie .. corona .. ~ie pertinere dinoscitur *Plusc.* VI 27; **1445** eremitagium .. fuit Hugonis C. eremite .. ~ie *Reg. Brechin* II app. 382; **1516** omnes terras .. vendiderant et ~ie alienaverunt ac litteras procuratorias in manibus .. regis .. pro hereditaria infeodatione .. magistri A. .. et Johannis .. sui filii legittimi primogeniti .. conficerant *Form. S. Andr.* I 384.

hereditarius [CL]

1 of or concerning inheritance, (w. ref. to last word or deed of living) 'dying'. **b** (w. *liber* or sim.) deed of title; *cf.* AS *bōcland.*

me .. inquirente quem ~ium sermonem, quod ultimum vale fratribus relinqueret, coepit disserere pauca .. de pace et humilitate Bede *CuthbP* 39; Asser *Alf.* 16 (v. 2 commendatorius a); †**949** (v. dictitare 2); Ailr. *Spir. Amicit.* III 26. 682D (v. delegare 1c); **c1200** confirmavi .. concessionem R. viri mei in †heredia [? l. hereditaria] illa donatione quam illis fecit J. filius Elfwini *Cart. S. Greg. Cant.* 62. **b** **824** (10c) cum propriis †hereditaris [v. l. haereditatum; ? l. hereditariis] libellis servandi fieri cautius consiliantes *CS* 381; **903** (10c) contigit quod Æðelfrido duci omnes ~ii libri ignis vastatione conbusti perierunt *CS* 603.

2 hereditary, held or determined by (right of) inheritance; **b** (w. *jus*); **c** (fig.); **d** (w. ref. to disease).

per omnem ~iam terram suam Asser *Alf.* 16; **903** (10c) eam [terram] .. filiae suae cum ~ia libertate in propriam .. donavit hereditatem *CS* 603; Anselm IV 159 (v. dominatio 1a); **c1120** (v. feodum 6d); **1285** nec exitus de secundo viro et muliere [habeat] successionem ~iam (1 *Westm.* 1) *StRealm* I 72 (= *Reg. Malm.* I 67: nec .. successionem heredaret); **1300** tenent unum ~ium kidellum .., tenent hereditarie kidellum propter vj d. *Reg. S. Aug.* 60; **1333** (v. descensus 6); **1394** cum .. comes .. Notynghamie habeat justum titulum ~ium ad portandum pro cresta sua .. leopardum de auro .. (*Pat*) *Foed.* VII 763; **1510, 1516** (v. deliberare 3d). **b** **690** jure ~io Aldh. *Ep.* 5; virtutis genus .. a parente quasi ~io jure susceptum *Hist. Abb. Jarrow* 34; **926** terram .. in juris ~ii libertatem concedens donato *Ch. Burton* 3; **1070** quedam concedo .. ~io jure *Regesta* p. 119; **1107** Deus vos in regnum paternum ~io jure .. sublimavit *E. Ch. Scot.* 25; tocius insule monarchiam debuerat ~io jure obtinere G. Mon. IX 1; **1230** (v. 2 descendere 6b); **c1300** tenendum et habendum .. jure ~io inperpetuum *FormMan* 2. **c** **794** medicinali potentia, quae tibi post longas sanctorum patrum series ~ia successione a Deo .. tradita esse cognoscitur Alcuin *Ep.* 27; **s1242** mulier .. monstruosa, cujus cadaver vermibus .. ~ium lecticam vacuam poterat onerare *Flor. Hist.* II 256. **d** questio utrum podagra vel gutta sit morbus ~ius Gad. 36v. 1; infectio spermatis est causa morbi ~ii *Ib.*; *Ib.* 37. 1 (v. essentialitas).

3 (as sb. n.) inheritance (also fig.). **b** (abl.) by inheritance.

940 (12c) cum sempiterno ~io gaudens tonantis melodiam mereatur audire *CS* 761; **c1142** ad custodiendum sua castella et sua recta et sua ~ia *Mandeville* 381; obiit .. Johannes sine herede de corpore suo exeunte per quod ~ium descendebat .. Hugoni tanquam fratri et heredi *State Tri. Ed. I* 17. **b** **s1110** ad affinium .. bona ~io possidenda .. aspiravit Diceto *Chr.* 239; **c1225** tenenda .. sibi et heredibus suis de nobis in feudo et ~io *Reg. S. Thom. Dublin* 66; **s1252** Lewelinus .. cepit .. predam super viros de E. eo quod quasi ~io volebant uti pasturis montium E. *Ann. Cambr.* 88.

4 inheriting. **b** (as sb. m. or f.) heir, inheritor.

ecclesia .. ~iam legitimae aeternitatis sobolem casto verbi fecundat semine Aldh. *VirgP* 5. **b** nullus .. quatuor regum ~ius illius regni erat in paterna parte nisi E. solus Asser *Alf.* 85; ~ius Sweyn, Chnut dictus nomine, .. fit inexplebilis Herm. Arch. 15; nunc quem proposui ~ium in seculo, ~ius sit amodo in paradiso (*V. Samsoni*) *Lib. Landav.* 9; **1279** forma .. juramenti quod major .. et communitas Abbeville fecerunt .. regine, tanquam ~ie primo, et postea .. regi ejus marito *RGasc* III 554; **1409** armiger .. dicendo se ~ium et dominum dicte placee .. illam fortificare incepit (*RGasc*) *Foed.* VIII 611a; *an ayre*, heres, gafandus, .. ~ius *CathA.*

hereditas [CL]

1 hereditary (right of) succession (also fig.); **b** (*terra* ~*atis*) inherited land.

nepotibus .. legitimae ~atis Aldh. *VirgP* 12; **875** haec omnia dabo illi in sempiternam ~atem sibi habendum *CS* 539; Dei filius omnes gentes ~ate erat possessurus *Eccl. & Synag.* 78; **967** ruris particulam .. episcopo .. largitus sum ~ate ut vite sue diebus .. possideat et post .. *Ch. Burton* 22; istam terram calumniatur Willelmus .. dicens pertinere ad manerium de C. feudum Hugonis .. per ~atem sui antecessoris *DB* I 44vb; **1095** totam terram de L. et regnum Scotiae .. paterna ~ate possidens *E. Ch. Scot.* 15; *GAS* 613 (v. charta 4a); **a1123** terram .. solutam et quietam de ~ate (*Ch.*) *EHR* XIV 424; **1141** etc. in feodo et ~ate (v. feodum 5e). **b** de terra ~atis [v. l. hereditaria; AS: *be boclandum*] (*Quad.*) *GAS* 19 (cf. ib. 75: de eo qui terram [v. l. *bocland*] testamentalem [*gl.*: hereditariam] habet, quam ei parentes sui dimiserunt ..).

2 inheritance, heritage (esp. land); **b** (eccl.); **c** (spiritual).

mulier .. adultera .. si vult .. monasterium intrare, quartam partem suae ~atis optineat Theod. *Pen.* II 12. 10;

Alcuin *Ep.* 132 (v. 1 hereditare 2a); regni inter filios suos .. et propriae ∼atis inter filios et filiam .. divisionem .. literis mandari procuravit Asser *Alf.* 16; W. Poit. I 1 (v. 2 Danus a); ecclesias .. amplis ∼atibus munerare Osb. *V. Dunst.* 22; **1100** si quis pro ∼ate sua aliquid †pepigerat [l. pepigerit], illud condono, et omnes relevationes que pro rectis ∼atibus [v. l. hereditationibus] pacte erant (*Ch. Hen. I*) *GAS* 522 (= *Regesta* 488); infantes .. non habebuntur exleges .. nec perdant ∼atem (*Leg. Ed.*) *Ib.* 645; non tamen solis filiis .. ∼as datur, sed filiabus .. ∼as habenda decernitur R. Niger *Mil.* II 59; **1200** (v. gavelikinda a); **1220** quia J. primogenitus frater voluit totam ∼atem earum retinere, posuit .. filiam M. in abbatia *CurR* IX 66; **1226** (v. desponsare 2a); **1239** (v. astrarius); **1267** (v. heres 2a); **1269** nec ∼as illa descendere †et [l. debet] domino tuo J. Oxford 77; **1275** dicunt quod .. ballivi istius hundredi injuste distringunt omnes participes j ∼atis de qua una .. secta debetur ad faciend' plures sectas ..; [et licet] eynecya illius ∼atis faciat sectam .. *Hund.* I 498a; *APScot* I 368 (v. aesnecia); **1335** tenementa .. que sunt de ∼ate de Balliolo *RScot* I 392a; **1426** (v. burdegalium); quia ∼as patris defuncti secundum equales porciones dividi habeat inter filios suos Fortescue *Tit. Edw.* 14; ∼as, A. *herytage WW.* **b** **786** Alcuin *Ep.* 3 (v. detrudere 1a). **c** quare .. insipienter a vobis violatur talis ∼as .. non .. terrena .. sed .. aeterna Gildas *EB* 106; Bede *Gen.* 190 (v. exsors); **s1249** Alexander II .. ad eternam ∼atem .. de hac vita migravit *Plusc.* VII 12.

hereditatio, inheritance.

1100 (v. hereditas 2a); *CathA* (v. hereditacula).

hereditatorius, hereditary.

798 (13c) monasterium .. quod michi rex .. Egfridus ∼io [v. l. hereditario] jure possidendum donavit (*Clovesho*) *CS* 291.

hereditatus, inheritance, inheriting.

CathA (v. hereditacula).

hereditor, heir.

nec tanta ut ibi [in Anglia] ∼orum est copia et possedencium agros Fortescue *LLA* 29.

heredium [CL], hereditary estate.

∼ium, hereditas, fundus, predium Osb. Glouc. *Deriv.* 275.

heregaldum v. herigaldum.

heregeldum, ∼a, ∼us [cf. AS *heregild*]

1 a form of tax, (?) Danegeld.

1022 hoc feci .. pro xv li. quibus redemi omnia alia praedia monasterii ab illa magna ∼i exactione quae per totam Angliam fuit (*Chirog. Edrici abbatis*) *Cart. Glouc.* I 8 (= *MonA* I 542: †heregoldi).

2 heriot (Sc.).

1415 cum curiis et earum .. blodwytis, herȝeldis, et merchetis mulierum *Melrose* II 548; **1434** x li. per herieldos receptos de ballia sua *ExchScot* 595; **1440** cum .. curiarum exitibus, heryheldis, merchetis *Reg. Dunferm.* 420; **1450** heryheldis (v. blodwita); **1450** cum .. heryȝeldis [etc.] *Cart. Holyrood* 142; **1460** de ix martis de hereyeldis certorum tenendorum decidencium per tempus compoti *ExchScot* VII 21; **1462** de v martis de heryeldis .. husbandorum decidencium *Ib.* 131; **1486** non onerat se de .. heriyelda quondam Andree D. soluta .. rotulatori *Ib.* IX 355; **1486** cum curiis et earum exitibus, hereldis, *bludewites*, et merchetis mulierum *Ib.* 494*n.*; **1539** de .. gressumis tenentium .. herieldis .. receptis *Rent. S. Andr.* 36; **1559** cum .. hereȝeldis et mulierum merchetis *Dryburgh* 296.

heregoldum v. heregeldum 1. **herelda** v. heregeldum 2. **herelotus** v. harlotus. **herem-** v. et. erem-, erm-. **heremeta** v. eremita. **heremin-** v. ermin-. **heremius** v. eremus 2a. **herenacia, ∼ius, ∼us** v. erenacia, ∼us. **herenarius** v. heironarius. **herenes-** v. harnes-. **hereos, ∼osus** v. ereos, ∼osus.

heres [CL]

1 heir, successor; **b** (royal); **c** (eccl. or mon.); **d** (fig.); **e** (theol., w. ref. to Christ).

optatae generationis ∼edibus et futuris .. nepotibus Aldh. *VirgP* 36; **c810** (11c) expleto .. cursu dierum illorum duorum hereduum (*sic*) *CS* 304 (= *Cart. Heming* I 89); **853** eredi (v. derelinquere 3a); **s1100** [Willelmus II] ∼es omnium esse studebat; .. in die qua obiit in proprio habebat archiepiscopatum Cant' [etc.] H. Hunt. *HA* VII 22; hic ∼es .. eo quod proxime adhereat Osb. Glouc. *Deriv.* 268; qui prius ex utero descendit, jure severo / se dans heredem patris sibi vendicat edem Serlo Wilt. 39. 6; solus Deus ∼edem facere potest, non homo Glanv. VII 1; *Ib.* VII 9 etc. (v. custodia 2b, custos 2c); **1194** etc. (v. disparagare); *Dial. Scac.* II 10 (v. escaeta 1); **c1200** (v. assignare 5b); **1215** etc. (v. disparagatio); **1221** catalla ejus .. unde ∼es Henrici de C., tunc coronatoris, debet respondere *PlCrGlouc* 3; **1226** etc. (v. 2 descendere 6); **1242** de ∼ede in ∼edem (v. de 3c); **1250** (v. egredi 1e); **1260** etc. (v. custodire 2b); si .. ∼es infra etatem xiv annorum .. exstiterit .. tunc si parentes conquerantur, dominus amittet custodiam Bracton 91b; **1275** ad G. virum .. Leticie, cujus ∼es et executor ipsa est *SelPlMan* 147; hic ∼es, *an are WW.* **b** adjuro te ut dicas quem ∼edem [Egfridus] habebit *V. Cuthb.* III 6; rex illius heres / Oswi germanus germani Alcuin *SS Ebor* 303; [sc. Francorum dicens] se .. puellam captare ut ∼edes ex illa haberet G. Mon. II 11; **1284** (v. 2a infra); **1406** (v. 3 apparere 5c); Fortescue *Tit. Edw.* 14 (v. hereditabilis 2). **c** **822** Uulfredo episcopi (*sic*) et eredibus ejus in posterum *CS* 370; Egb. *Dial.* 11 (v. connumerare 1c); Petri .. heres / sanctus apostolicam tenuit nunc Sergius aulam Alcuin *WillV* 4. 1. **d** cum .. fecit filios vestros suos ∼edes .. in aeterna vita Anselm (*Ep.* 211) IV 108; quicquid agat, vermis erit ejus proximus heres D. Bec. 224; [Haraldus] quem indigene pre ceteris postulabant .. post sanctum regem Edwardum, ipsius morum et vite ∼edem *Found. Waltham* 14; quam [insulam] sui nominis perpetuam [Nemedus] fecit ∼dem Gir. *TH* III 3; heredum thalamum suspendit in aere passer / quo laurus viridi tegmine velat aves Garl. *Epith.* IV 521 f. 24v. **e** te Deus aeternus .. / salvator generis humani, maximus haeres / .. protegat Alcuin *Carm.* 28. 9.

2 (var.): **a** (∼*es apparens*) heir apparent. **b** (∼*s astrarius*) resident, acknowledged heir; *cf. astrarius* a. **c** (∼*es de carne, de corpore,* or sim.) heir of the body. **d** (∼*es a latere*) collateral heir. **e** (∼*es propinquior*) next heir, having prior claim. **f** (∼*es quartus*) heir to fourth of property. **g** (∼*es rectus*) direct heir. **h** (∼*es restrictus*) heir by form of an entail. **i** (∼*es simplex*) heir general. **j** (∼*es tertius*) third heir. **k** (∼*es universalis*) heir general.

a **1202** etc. (v. 3 apparere 5c); **1219** obiit sine ∼ede apparente de corpore suo *Eyre Yorks* 7; **1267** si .. ∼es illi apparens .. inventus fuerit in hereditate illa, capitalis dominus .. eum non ejiciat (*Marlb.* 16) *StRealm* I 23; **1284** regine Norwagie que nunc est apparens ∼es nostra (*Lit. Regis Scotiae*) *Anglo-Scot. Rel.* 43. **b** esto quod ∼es sit astrarius vel quod aliquis antecessor restituat ∼edi in vita sua hereditatem et se dimiserit Bracton 85. **c** Glanv. VII 16 etc. (v. corpus 5f); **1219** (v. 2a supra); **12..** si .. contingat .. Ivetam mori absque sui corporis ∼ede *Feod. Durh.* 171; **1264** (v. caro 6b); *State Tri. Ed. I* 17 (v. hereditarius 3a); **1377** sibi et ∼edibus suis de corpore suo exeuntibus *CalPat* 7. **d** eorum ∼edes a latere provenientes in infinitum *Fleta* 374. **e** **1247** Editha inventa est legitime etatis et propinquior ∼es ad terram *SelPlMan* 34; **c1408** Johannes .. est propinquior ∼es predictorum W. et. T. *FormA* 16. **f** **1251** remisi .. jus et clamium quod habui .. in illo tenemento .. quod michi jure hereditario descendit per decessum .. comitis A., sicut quarto ∼edi ejusdem *Cart. Bilsington* 74. **g** **c1214** loco fratris sui Ade, recti ∼edis .. tenementi *FormA* 131. **h** **1300** Radulfus in placito illo se ∼edem .. Milonis restrictum, quia de corpore ejusdem M. procreatum se clamavit *PlRCP* 131 m. 264*d*. **i** **1300** per hoc quod .. Radulfus non fuit ∼es .. Milonis simplex .., immo ∼es restrictus in forma predicta *Ib.* **j** hoc manerium T. R. E. extra ecclesiam emptum fuit eo pacto .. ut post tertium ∼edem cum omni pecunia manerium ecclesia S. Petri .. reciperet; nunc qui tenet Radulfus est tertius ∼es *DB* I 46vb. **k** **1316** ei nomine dicti patris sui tanquam ∼edi suo universali .. satisfieri *RGasc* IV 1575.

3 (as surname).

Henricus le Palmer' .. Willelmus de Grutte .. Laurencius ∼es .. Walterus Bacon *CourtR A. Stratton* 4.

herescinda v. ercisci.

heressum [cf. OF *harace*], (?) raid.

1311 fuit .. inter dictas partes actum .. quod exercitus, cavalgata, incursus, ∼um, crimen lese majestatis .. ad solum .. regem .. pertineant *Reg. Gasc. A* I 196.

herestreta [AS *herestrǣt*], military road.

omnes ∼e .. regis sunt (*Leg. Hen.* 10. 2) *GAS* 556.

heretagium v. heritagium.

hereteama [AS *heretēam*], brigandage.

(*Quad.*) *GAS* 97 (v. 2 conductio 2b).

heretemius [AS *heretēma*], leader (mil.).

nullus supersedeat *outhorn* nec *outhest* .. ore aut cornu juxta preceptum ∼iorum regni (*Leg. Angl. Lond.* 11.4) *GAS* 656.

heretestere v. ercisci. **hereticanus** v. haereticativus. **hereticus** v. haereticus, heroicus.

heretochius, ∼us [AS *heretoga*], commander (mil.).

de ∼iis: .. erant et alie potestates et dignitates per provincias .. et per singulos comitatus .. regni .. constitute, qui *heretoches* apud Anglos vocabantur, sc. barones, nobiles .. et animosi. Latine vero dicebantur ductores exercitus, apud Gallos capitales constabularii .. . in quolibet comitatu semper fuit *heretoch* per electionem electus ad conducendum exercitum comitatus (*Leg. Ed.*) *GAS* 656; in conductione ∼i [v. l. ∼ii] sui (*Ib.*) *Ib.* 657; ad providendum .. qui erunt eorum ∼ii *Ib.*; intersint .. episcopi, comites, vicedomini, herthohei [etc.] (*Leg. Hen.* 7. 2) *Ib.* 553; sint .. vicecomitibus et herthochiis et aldermannis et grevis suis benigne et devote obedientes (*Leg. Angl. Lond.* 11.5) *GAS* 656.

herettius v. haerettus.

†herex, *f. l.*

bovarius .. debet invenire bigam et aratra cum omni paratu preter ferrum carucarum et †herex feno suo [l. hoc ex ferro suo] *RB Worc.* II 148 (cf. ib. 422: cum omni paratu preter ferrum carucarum et hoc ex ferro suo).

hereyeldum v. heregeldum.

hergripa [AS *hærgripa*], hair-pulling.

si quis aliquem per capillos arripiat, tantum emendet quantum de uno colpo faceret, id est v d. de ∼a [v. l. heregripa] (*Leg. Hen.* 94. 4) *GAS* 611.

heri [CL], yesterday. **b** (loosely) in the past.

pridie, ∼i *GlC* P 789; puta verum fuit ∼i te cras esse lecturum J. Sal. *Pol.* 451A; Nig. *SS* 2248 (v. cras a); **1221** ∼i dixerunt quod habuerunt filium et feminas inde suspectos *SelPlCrown* 83; ∼i feci, cras faciam *Ps.*-Gros. *Gram.* 66; Maria, noli flere / sepulcro Domini, / surexit enim vere / sepultus ab heri Ledrede *Carm.* 28. 1; **1460** ∼i misit literam Colino G. *Paston Let.* 612. **b** **a796** ∼i fecisti voluntates carnis tuae; quid hodie habes ex illis? Alcuin *Ep.* 65; non .. fuisti ∼i, aut eris cras, sed ∼i et hodie et cras es Anselm (*Prosl.* 19) I 115; **13..** adversatur legibus omne genus cleri / cujus status hodie pejor est quam heri (*De studiis* 6) *Pol. Songs* 206.

heriale v. erilis 1b. **heriardum, heriatua** v. herietum. **heric-** v. et. eric-. **hericiare** v. herciare. **hericinum, hericio** v. heriso. **hericius** v. ericius 4. **herico, ∼onus** v. heriso. **heriect-** v. heriet-. **herieldus** v. heregeldum 2. **herieta** v. herietum.

herietabilis, liable to render heriot.

1347 faciendum pro quolibet tenemento integro, quod ab antiquo erat vetus astrum et ∼e, post mortem predictorum .. unum heriettum, viz. melius animal suum ..; et si animal vivum .. non habuerit, tunc melius catallum suum *G. S. Alb.* II 328.

herietare

1 to render heriot (absol.). **b** (trans.) to give as heriot.

1516 herittabit successive post quemlibet decessum *Cart. Glam.* 1797. **b** **1537** harriettabunt ad quamlibet alienacionem sive decessum cujuslibet tenentis .. viz. suum optimum animal *MinAc* 3352 m. 9*d.*; **1567** heriettabit optimum averium *Surv. Pemb.* 321.

2 to render heriot for.

1303 petit acceptari ad dictam terram herietandam *CourtR Ingoldmells* 23*n.*

herietis v. herietum. **heriett-** v. heriet-.

herietum, ∼a [ME *heriet* < AS *here-geatu*], heriot, (right to take) death duty, usu. heir's best beast or chattel; **b** (W.).

jussit ut nemo abbatum .. sibi locellum ad hoc thesaurizaret terrenum ut solitus census quem indigenae heriatua usualiter vocitant .. post obitum regibus dari posset *RegulC epil.* 69; de harieta lagemannorum habuit .. viij li. et unum palefridum et unius militis arma. Aluricus .. quando fuit vicecomes habuit harietam unius istorum xx s. *DB* I 189ra (*Cambs*); **a1184** quod .. heredes .. intrarent burgagia .. tenenda quieta de relevio vel ∼o *BBC* 75 (*Tewkesbury*); **1199** quod homines de Sutton .. debent .. de .. antiqua consuetudine *blodwite* et *childwitte* et ∼um ad curiam de Sutton *CurR RC* II 150; **c1230** in .. filiabus maritandis, ∼ibus et aliis condicionibus *Doc. Bec* 108; debet dare heriotum cum decedit, sc. melius catallum quod haberit *Cust. Glast.* 83; **a1250** in escaetis et wardis, in heriardis et perquisitis *AncD* A 2306; **12..** nullus dominus .. habebit de aliquo tenente .. heriectum mortuum dum est heriectum vivum; et si tenens non habet nisi unicum heriectum ad valenciam vj d. vel majus, quamvis sit porcus, debet partiri inter dominum et rectorem, et si infra vj d., non debet partiri, sed dominus habebit totum (*Cust. Kidderminster*) *EHR* XIX 345*n.*; **12..** dabit ad obitum suum meliorem bestiam pro herietto *Rec. Templars* 154; **1252** uxores virgatariorum post decessum virorum suorum dabunt ad ∼um v s. *Cart. Rams.* I 301; si liber homo intestatus .. decesserit, dominus suus nihil intromittet de bonis defuncti nisi de hoc tantum quod ad ipsum pertinuerit, sc. quod habeat suum ∼um, sed ad ecclesiam .. pertinebit executio Bracton 60b; **1276** r. c. .. de ij stottis receptis de herietto *Banstead* 310; **1289** si contingat quod aliquis .. parochianorum viva averia habeat die mortis, postquam ballivus episcopi, qui est dominus feodi ejusdem loci, perceperit ∼um, concessit rector predictus .. quod dictum capitulum aliud ∼um percipiat *Reg. Heref.* 213; **s1296** obiit David de F. .. miles .. et habuimus palefridum .. et arma sua, nomine herietti seu principalis ad ecclesiam pertinentis *Ann. Dunstable* 408; **1312** liberi tenentes qui herietem dare debent .. dabunt pro ∼o .. melius animal quod habuerit *Cust. Battle* 156; **1322** mortuarium .. in multis partibus Anglie ecclesiis parochialibus debetur et precipue ubi dominus temporalis de suis tenentibus habet heriettum *Lit. Cant.* I 92; **1324** dedit heriettam post mortem antecessoris sui pro voluntate .. abbatis *IMisc* 99/2; **1340** dominus habebit nomine herioti j equiferum cum freno, sella, et gladio *CBaron* 104; **1343** Juliana H. .. diem clausit extremam, et accidit domino nova heriota [? l. nomine herioti] ij boves *Ambrosden* II 83; **1390** j olla de heriotto Ricardi B., precii v s. *Rect. Adderbury* 118; **1441** etc. (v. farlevium b); **1453**

heriotam pauperum laicorum persolvi debere ordinariis locorum (*Conc. Cashel*) *Conc.* III 567; **1456** nomine hereit' *AncD* A8573; **1499** solvent nomine harietti iij s. et iiij d. *FormA* 128; ad defraudand' creditores .. de suis justis .. actionibus .. penalitatibus .. harietis, mortuariis, et releviis *Entries* 207b; **1599** accidit domino de herietto j vacca vendita .. pro l s. .. *Crawley* 509 (cf. ib.: hariett' j vacca). **b** ?**1295** heyrethota .. regis ibidem [*Gwynne-honyt*] valent iiij li. *IMisc* 55/3; **1309** rex post mortem .. Lewelini habere debet de bonis .. defuncti c s. nomine ~i quod vocatur *ebediu Ib.* 7/17; **1326** tenentes .. dabunt pro herietto melius animal si resideant super terram domini, si alibi v s. *BB St. Davids* 48.

herigaldum, ~ium [cf. AN, ME *herigaud*, OF *harigot*], surcoat.

1240 nec utantur .. heregaldis [v. l. herigaudis] ceteri curam animarum habentes *Conc. Syn.* 306; **c1245** ut sacerdotes .. celebrantes harigotis aut capis manicatis in locis publicis non utantur *Ib.* 429; **1250** pannum ad herigotas *Cl* 372; **1255** duo heregalda *Cl* 104; **1257** ceperunt ab eo in roberia .. j herigaudum precii ij s. *SelCWW* 81; **1258** abstulerunt Willelmo quendam harigald' precii xij d. quem ei adhuc detinent; ideo .. restituat .. Willelmo predictum harigold' *JustIt* 873 m. 8; **c1260** ad portantes herogaudos *Conc. Syn.* 565; **1275** garcionem .. spoliaverunt de j ~o bludi *SelPlMan* 150; **1276** rettata de uno ~io furato coreo *Gaol Del.* 71 m. 6d.; **1294** lego .. Ade .. herigaudium meum et meum album *wardecors DC Exon.* 2121.

herilis v. erilis. **herim-** v. et. erem-. **herimer** v. heironarius. **herinaceus** v. erinaceus. **Herinis** v. Erinys. **heriot-** v. heriet-. **herisip-** v. erysip-.

heriso, ~ona, ~onus [OF *heriçon* < ericius], (mil.) spiked palisade.

1198 in operationibus domorum et hericonorum et fossatorum de Cultura .. et in operationibus de pontibus et breticis et hericonibus de versus Toenie *RScacNorm* II 309; **1215** villam de D. claudi faciatis heritione et palo secundum quod fossatum factum exigit *Cl* 192b; **1231** ad hirucones circa villam Salopie faciendas ad ipsam villam claudendam *Cl* 508; **1255** homines illius manerii tempore guuerre facere hirson' et commorare in castro ad wardam si necesse fuerit *Hund.* II 59; **1264** faciat habere .. hominibus regis de Salop' usque ad l vel lx carrettatas subbosci ad ~ones et alias clausturas faciendas circa villam regis Salop' .. ad securitatem et defensionem ville *Cl* 340; **1314** pro reparacione hericionis nihil hoc anno, quia non accidit nisi quolibet tercio anno (*DL MinAc*) *Pickering* II 15; **1322** pro reparacione hericini circa *barbkambe* castri *Ib.* IV 196; **1326** debent facere hirsonas circa domos domini *BB St. Davids* 248.

herisonium, fencing, palisading.

1298 de operibus hurcinii quolibet tercio anno xliiij s. x d. *IPM* 81/9.

heritagium [AN (*h*)*eritage*], inheritance, heritage. *V. et. hereditagium.*

~ium suum in Morton' valet xv li. per annum *RDomin* 11; **1200** unde ~ium .. Willelmi descendit ex patre suo *CurR* I 255; **1204** si .. predictas carr' terre .. Ade vel heredibus suis warantizare non poterunt, dabunt eis c s. terre de ~io suo *RChart* 136a; Lewlinus in primo ingressu heretagii sui restitit regi Henrico et homagium ei facere recusavit KNIGHTON I 220.

heritator, heir.

†**821** (1336) ut ~ores ejus nullius regis .. episcopive .. jugo deprimantur *CalCh* IV 373.

heritio, ~ium v. heriso. **heritt-** v. heriet-. **heriyelda** v. heregeldum. **herkagium** v. heccagium.

herlebecheria, outbuilding, (?) scullery or storeroom.

1244 preterea j ~iam exterius juxta murum coquine fieri faciat *Liberate* 20 m. 13; **1252** quandam ~iam juxta magnam coquinam construi .. facias *Ib.* 28 m. 6; **1259** ad herberchar' [? l. herlebechar'] (v. herbergaria 3).

herma [CL = *herm*], (by misinterp.) castration or slave.

~a, castratio, inde hermaphroditus, castratus; dicitur et ~a pro servo .., dicitur .. hic †hernuo [MS *app.* hermio] pro servo OSB. GLOUC. *Deriv.* 276.

hermaphroditare, to cause to become an hermaphrodite.

hermofroditat eum GARL. *Epith.* II 397 (v. faecigena).

hermaphroditus [CL < Ἑρμαφρόδιτος], **~a,** hermaphrodite, one having the characteristics of both sexes; **b** (fig.). **c** eunuch.

sua eliminat ab ecclesia filius Virginis prodigiosos hermafroditos H. LOS. *Ep.* 6; si in media cellula, ita ut utriusque partis suscipiat impressionem, hermofroditus erit, quoniam et unius et alterius corporis habebit et geret supplementa *Quaest. Salern.* B 193; in [cellula matricis] media dicunt formari monstruosum nature prodigium, sc. hermafroditum RIC. MED. *Anat.* 231; vas quod utrumque capit hermofrodita sapit J. BATH 279; mulier utriusque sexus naturam preferens et ~a GIR. *TH* II 20; **s1222** [quidam] utriusque sexus, sc. ermofroditus M. PAR. *Maj.* III 71; sunt homines androgei vel androgamei, viz. quoddam genus hermofroditorum ..; .. pariunt generantque vicissim *Ib.* IV 549; **s1250** imberbes et tonsorati .. hermofroditis vel spadonibus .. similiores quam viris *Ib.* V 157; in hermafroditis BACON XI 210 (v. error 2b); est .. alia divisio hominum, quod alii sunt homines, alii femine, alii ~i BRACTON 5; negans .. quod Christus est solummodo unus homo, nedum quod tunc foret hermofrodita, pater et filius et tota cognacio WYCL. *Incarn.* 204; nomina reprehensibilium virorum: .. hic et hec armifraudita, *a skratt WW*; hec armifodrita, *a scrate WW*. **b** **1191** [episcopus] vestem .. sacerdotis in habitum convertit meretricis. .. sedebat ~us (*Lit. Ep. Coventr.*) *G. Ric. I* 219. **c** OSB. GLOUC. *Deriv.* 276 (v. herma).

hermeneuticus [ἑρμηνευτικός], interpretative.

hermeneticon, id est interpretativum GARL. *Dict.* 134 (v. didascalicus a).

hermetice, hermetically.

sigilla ~e et circula .. liquorem in terram splendentem RIPLEY 336.

hermeticus [cf. CL Hermes], hermetic, magical.

scopus ~e doctrine est medicina .. universalis RIPLEY *Axiom.* 121.

hermin- v. ermin-. **hermit-** v. eremit-.

hermodactylatus, containing colchicum.

purgetur cum benedicta esulata vel hermodactilata GILB. VI 245v. 1.

hermodactylus [ἑρμοδάκτυλος], (?) colchicum, autumn crocus.

fel terre vel centaurium .. hermodactula [*gl.*: *titolose*] vel tidulosa ÆLF. BATA 6. p. 99; succi .. ermodatilorum M. SCOT *Lumen* 252 (v. asphodelus); si supra .. craneum caro superflua excreverit, reparatum cum hermodactil' corrosione secure curetur GILB. II 87v. 1; purgantia flegma subtile sunt agaricus .. hermodactili GAD. 15. 1; **13**.. hermodactil' [*gl.* (15c): i. ferens flores similes croci (*sic*); (16c): colchicos], *crowlyke Herb. Harl. 3388* f. 80v.; centum, hermodactilis, affodillus idem *Alph.* 37; **1534** armadactulos *Rec. Nott.* III 192.

hermofrod- v. hermaphrod-.

hermopolium [? cf. πωλεῖν], tavern.

~ium, taberna, cetaria, cauponia, .. ganearia OSB. GLOUC. *Deriv.* 275.

hermosus v. hirniosus. **hermotum** v. merchimotum.

hermula [CL = *small herm*, cf. LL *hermulus*], (?) pagan figure. *Cf. Med. Stage* I 258, II 302.

a690 ubi pridem ejusdem nefandae natricis ermula [v. l. ermuli] cervulusque cruda fanis colebantur stoliditate in profanis ALDH. *Ep.* 5.

hern- v. et. harn-. **herna** v. 1 erna. **hernagium, hernasium** v. harnesium. **hernes-, hernesc-, hernesch-** v. harnes-. **hernia** v. hirnea. **hernic-** v. harnes-. **herniosus** v. hirniosus. **herniz-** v. harnes-.

hernuo, *f. l.*

OSB. GLOUC. *Deriv.* 276 (v. herma).

hero v. heros.

Herodias, witch. (*Cf. Matth.* xiv 3 *etc.*; DuC *s. v.* 2 *Hera*).

J. SAL. *Pol.* 436A (v. domina 1f).

herodies v. erodius. **herodius** v. erodius, heraldus. **herogaudus** v. herigaldum.

heroice [LL], in the heroic manner, *i. e.* in hexameters.

Beda [scripsit] .. de vita S. Cuthberti [librum] primum ~e, postea plano sermone H. HUNT. *HA* IV 13; actus B. Martini quatuor libris ~e digessit *Flor. Hist.* I 274 (= M. PAR. *Maj.* I 247: heroico metro); **s1262** Ricardus de Clare .. sepultus est apud Teokesberi; .. de eo illic ~e intitulatur: 'hic pudor Ypoliti, Paridis gena, sensus Ulixis' *Ib.* II 475.

heroicus [CL < ἡρωικός]

1 lordly, noble. **b** of the Lord. **c** (as sb.) (?) spiritual hero.

802 (11c) pro tam diversis temporum vagationibus ~orum hominum sepe possessiones in varios deveniunt heredes *CS* 307; **943** cum consensu ~orum virorum tradidi .. vj mansas *CS* 780; **963** (14c) meorum episcoporum testimonio principum turmis †hereticorum virorum astipulatione .. *CS* 1112 (= *E. Ch. Yorks* I 6: heroicorum); episcopus civitatis ~e [sc. Wigornie] *Ib.*; **967** (12c) ~a regum Christianorum .. statuta *CS* 1199; fuit .. Socrates mirabilis castitate .. aliisque virtutibus ita ut propter virtutum ~arum eminenciam eum ultra hominem eciam philosophi pronunciarent W. BURLEY *Vit. Phil.* 110; eroicus WYCL. *Ver.* I 124 (v. concrescere 2e). **b** **956** anno ~ae [v. l. †herdicae] incarnationis dcccclvi *CS* 926. **c** si queratur a nobis utrum habeamus spiritum sanctum, possumus .. asserere nos credere quod habemus ..; eroici vero, qui sunt familiores spiritui, possunt amplius cum discrecione concedere quod habent spiritum sanctum sic mandantem WYCL. *Ver.* I 340.

2 (w. ref. to verse) heroic, concerned w. heroic persons and deeds.

qui sunt exametri ~i? qui bella et heroum res gestas complectuntur, veluti est Ilias Homeri vel Aeneidos Vergilii ALDH. *Met.* 10 p. 83; hic hero, i. baro, unde ~us sicut dicimus ~um carmen et ~a gesta que fiunt de magnis viris OSB. GLOUC. *Deriv.* 269.

3 written in hexameters. **b** composing hexameters (also as sb.).

~us versus xvj sillabarum, iiij dactilis constans, v species continet .. ALDH. *Met.* 10 p. 88; de vita illius [Cudberchti] et versibus ~is et simplici oratione conscripsimus BEDE *HE* IV 26 p. 271; omnibus metris ~us prior est; hunc et Cantesius Milesius fertur primus composuisse BONIF. *Met.* 111; Beda .. / †prosaice [l. prosaico] primum scripsit sermone .. / et post heroico cecinit miracula versu ALCUIN *SS Ebor* 686; Anselmus suprascriptam compatriote sui memoriam ~o carmine volumini .. indidit ORD. VIT. VIII 8 p. 309. **b** **1455** consulit nobis vir ~us ad propositum ita scribens: 'si furor in cursu est, currenti cude furori' [Ovid *Rem.* 119] *Reg. Whet.* I 205 (cf. ib. 353: ut subjungit ~us).

herois [CL < ἡρωΐς = *mythical heroine*], lord, chief, magnate.

1012 (12c) carta haec apicum ornatibus vestita est ~oidis (*sic*) unimoda pietate confaventibus, quorum onomata praesens inculcat catalogus *CD* 720.

heros [CL < ἥρως]

1 (mythical) hero.

ALDH. *Met.* 10 (v. heroicus 2); ad memorandum .. ~oum res BONIF. *Met.* 111; J. SAL. *Pol.* 496A (v. divus 2b); ~oum famam poete materiam scribendi habent ALB. LOND. *DG* 14. 3; poeta tradidit tres differencias numinum: nam quosdam dixit deos, ut Jupiter .., quosdam semideos, ut Hercules .., quosdam ~oes, id est virtuosos .. qui putabantur aliquid divinitatis habere, ut Hector HIGD. II 282.

2 great and good man.

manet et in tempis paradisi hactenus heros, / Helisium colit ALDH. *VirgV* 272; regnum .. Oswald / ingredietur, heros veterum condignus avorum ALCUIN *SS Ebor* 266; heroum jussu clivosi tramitis .. / .. devia .. / Uulfridus legitur .. / pellere FRITH. 267; la[n]ceolarum suarum ictibus non merentes heroas catenatos mactabant ut sues *Enc. Emmae* III 5.

3 lord, chief, magnate.

donec / illius adveniat quem jam praediximus haeros WULF. *Swith.* II 309; **s1026** ~oum ora undabant lacrymis pro amissione .. ducis W. JUM. V 17; quem ~oes regni diutus ferre recusantes .. G. MON. III 17; hic hero OSB. GLOUC. *Deriv.* 269 (v. heroicus 2); quidam ex regali genere .. adhuc est incredulus et infidelis .. ~os et tyrannicus *VSH* (*Abbanus* 26) I 20; AD. USK 33 (v. ermina b); *a baron*, baro, .. ~o *CathA*; ~oibus .. munera pollicetur P. VERG. X 163.

4 the Lord; *v. et.* 1 *erus* 2.

Grecus osanna sonat, quod dicitur o herro salva GARL. *Myst. Eccl.* 15.

herotice v. erotice. **herpent-** v. serpent-.

herpes [CL < ἕρπης], (med.) herpes, shingles or sim.: **a** (w. *cingulus* or unspec.); **b** (w. *esthiomenus*).

a inducit pestem qui dicitur ~es vel serpigo *Quaest. Salern.* N 21; quandoque [colera] est .. tenuis substantie et resudat extra in longum, et ideo ~es cingulus sive serpigo vocatur, et forsitan quia querit exitum serpit. et quandoque est .. grosse substantie et stat in profundo et serpit girum in loco cui insidet et ~es serpigo vocatur et generalis GILB. III 172v. 1. **b** P. BLOIS *Ep.* 93 (v. esthiomenus); pustule vel apostemata in lingua viridia .. herpet' estiomeni sunt prognostica GILB. III 164v. 2; capitulo de herpestiomeno *Alph.* 143.

herpeticus [cf. CL herpesticus < ἑρπυστικός], spreading.

vulnera .. alia .. sunt fistularia, alia cancrosa et ~a GAD. 121. 2.

herpex [LL < CL irpex], **~ica,** harrow.

erpica, *egðe GlC* E 293; irpices, genus rastrorum, quod dentes plures habeant OSB. GLOUC. *Deriv.* 292 (cf. Paulus Diaconus *Epitome Festi* 105M); **1352** custus carucarum .. xij d. pro ij novis erpicis emptis *Ac. Man. Coll. Wint.* (*Vernham Dene*); **1374** ij caruce .. vj herpices *Pri. Cold.* lxxvi; **1388** iij vomeres et j herpica cum dentibus ferreis vetus *IMisc* 240/17; **1390** duas erpicas, unam carucam *PlRCP* 519 r. 499; **1397** iiij harpice cum iij *swyngtreys* ferreis *Ac. Durh.* 214; **1400** ij paria ~icarum, unde j par sine *cappes AncD* D 300 (*sched.*); **1419** de harpicibus ferreis ij *Wills N. Country* 23; **1425** lego Johanni C. .. aratrum et

.. equos et boves .. et ~icas cum pertinenciis *Reg. Cant.* II 345; **1434** plaustra, carucas et harpicas cum suis phaleris *Test. Ebor.* II 39; **a1444** ij herpice precii v s. *Paston Let.* 11; erpica, A. *an harwe* .. hec harpica, *a harowe WW.*

herpicare, to harrow.

1406 pro j equa empta ad ~and' vij s. *Ac. Durh.* 222; **1467** arabunt, ~abunt, et seminabunt *AncD* A 8414; *to harow*, erpicare *CathA.*

herpicarius, harrower or harrow-maker.

erpicarius, *egðere GlC* E 294; *an harow or a harow maker* [v. l. *an harower*], erpicarius *CathA.*

herpicatio, (service of) harrowing.

1339 item faciet iij ~ones vel dabit iij d. (*Ext.*) *Gl. Arch.* s. v.; **1456** viij servitoribus grangiarum .. dictis *hynys*, flagellatoribus, ventilatricibus, expensis servitorum et equorum tempore harpicacionis .. grangiarum .. iij celdro [etc.] *ExchScot* 206.

herpicator, harrower.

hic harpicator, *a haroer WW.*

herpil- v. serpyl-. **herracium** v. haracium. **herraldus** v. heraldus. **herrarius** v. 2 aerarius. **herricius** v. haerettus. **herrinacus** v. erenacus. **herro** v. heros. **herror** v. error. **hers-** v. et. herc-. **herscha** v. erscha. **hertadus** v. hurtardus. **herthochius, herthoheus** v. heretochius. **hertica** v. hercia.

hertlatha [ME *herte* + *lath*], lath of (?) heartwood.

1333 pro cc de ~is pro fals' mold' ad quarenam inde faciendam ..; pro c de bechlathis *KRAc* 469/12 m. 12; **c1400** in v^c ~is emptis pro coopertur' .. aule v s. *MS Essex R. O.* D/DHt M45 m. 1 (*Foulness*).

heruca v. eruca. **herumna** v. aerumna. **herun-** v. heiron-. **herus** v. 1 erus. **herverg-** v. herberg-. **heryeldum, heryheldum, heryȝeldum** v. heregeldum. **herz-** v. herci-.

hesa, ~ia, ~ium [OF *haise*; cf. 1 haia, hecca]

1 hedge, fence.

1203 claudere debet heisam .. super vallum castelli de Peveneshell' *CurR* II 243; **1203** Hugo de D. petit versus Henricum de D. quod faciat ei servicia .. de feodo j militis in B., sc. preter servicium militare, wardam castelli de Pevensell' et heisam quandam facere sicut pares sui faciunt .. *Ib.* III 36; **1223** quicquid eis necessarium fuerit ad ardendum et ad haicias claudendas et plantandas *MonA* V 268a; **1224** debet, si domina voluerit quod ~ie teneantur sicut solebant antiquitus infra peisson', venire ad curiam et interogare materiem et closturam et .. faciet ~iam *Ch. & Cust. Caen* 91; **1224** certe divise .. continentur [v. l. ponuntur] inter terram prioris [v. l. abbatis] de Ovre et terram .. Thome de M.; et quamdiu placuit .. priori habere ~iam [v. l. heisiam; *BNB* II 701: aesiam] in terra sua de M., habuit [v. l. habeat] .. Thomas heisiam [v. l. hais'] *CurR* XI 2532; **12..** in .. terris .. que sunt inter haiicium quod includit .. terras *MonA* V 360a; **a1266** concessi .. Jacobo .. totum haicum quod habui circa boscum suum de A., ita quod possit fossare extra vetus fossatum illius haicii in quantitate v pedum et insuper claudere *Cart. Beauchamp* 18; **s1269** haytiam .. et fossatum boscum quem emimus de Symone W. et boscum suum dividentem prostravit *Ann. Dunstable* 249; **c1270** pratum meum cum toto haytio circumposito et circumcrescente *Cart. Glouc.* I 348; **c1272** usque ad dupplicem ~am que solet fieri inter campos dictarum villarum *Cart. Chester* 327; **s1275** concessit nobis quod vivam haycam et fossatum faceremus inter nos et campum de S. *Ann. Dunstable* 268; **a1281** totum tenementum .. cum .. curtilagio et crofta et haicio circumjacente *Cart. Osney* IV 492; **1292** fecit prosternere quoddam haysium de Chingeford in mense defenso *TR Forest Proc.* 13 m. 22d.; **1368** in j ~ia de virgis facienda pro damis includendis in prato infra dictum parcum *MinAc* 840/29 m. 3; **1451** haicias (v. clausurare).

2 gate, hatch.

1225 debet facere unam heskiam in ingressu bosci ubi averia sua intrare possint *JustIt* 863 m. 2d.; **1244** si animalia .. in .. parcum intraverint pro defectu .. clausture vel per aperturam alicujus porte vel hasye *CurR* XVIII 1339; **12..** nisi averia nostra intrant in dictum campum propter defectum haye non clause vel ~ie non pendentis *AncD* C 5870; **c1265** salvo .. quod sit ibi ~ia ampla et larga per quam Robertus et ceteri possint habere liberum introitum et exitum cum suis animalibus quando communiam habere debent in bosco *KR Misc. Bk.* 25 f. 310 (= *Cart. Chertsey* II 955; cf. ib. 1233: ~iam *called Cheseldone Parkhatch*); **1280** debet invenire haysam apud Normoneslitgate et non invenit: unde bladum abbatis .. in campo de H. multum deterioratur; et preceptum est quod haye et haysie fiant ante proximam curiam *CourtR Hales* 126–7; **1284** vj d. in ~iis faciendis et pendendis *MinAc* 1070/5 r. 3; **1289** in ij ~iis faciend' et pendend' ad clausam de Borlash *Ib.* 8 r. 1; **1302** Alicia .. habet unam ~iam injustam per quam extranei carettarii intrant et conculcant tenementa *CourtR Hales* 468; **1368** ad unam novam ~iam et scalar' faciend' ex parte orient' manerii ad egressum in campum domini vocatum Southfeld' *MinAc* 840/29 m. 3; **1444** j portam sive j ~iam inter campum vocat' *le Woodfeld* et campum vocat' *lez Twelfacres* .. non reparat (*CourtR*) *MS Essex R. O.* D/DKw M1/9.

3 (enclosed) woodland, thicket. *Cf.* 1 haia 2.

c1187 dedi .. unam croftam quam Robertus .. tenuit juxta heisiam de Demesford *MonA* VI 937a (cf. ib. 938a: heysam, 938b: heisam de D.); **1190** Croc .. et omnia esiamenta in bosco Willelmi de L. prefate domui, in haesia [? l. Haesia], Nortchcroft .. (*Lit. Papae*) *Cart. Cockersand* 3; **c1210** quasdam ~as de Punfredo *Free Peasantry* 168; **1222** ij grave de H. et B. et alia haicia vestita bosco continent .. x acras *Dom. S. Paul.* 52; **a1250** ij acras .. in Heldis inter ij sicas et exitum averiorum suorum in ~iam suam *Cart. Cockersand* 836; **12..** ascendendo .. per vetus fossatum et haiicium usque ad ~iam extra boscum *MonA* V 360a; **1297** in †harciis [l. haiciis] vicinorum (v. 1 corbellus 1a); **c1320** inquiratur .. an nativi .. arbores in haiciis suis extirpaverint .. sine licencia *Dom. S. Paul.* 157*; **13..** habet in manerio de K. iiij carucatas terre, ut in vastis et in bruariis et †hestis [l. hesiis] *Pipe Cloyne* 16; **1366** assignavit eidem terras haiss' et moras a grava rectoris .. jacent' juxta quandam haiss' ducent' super altam viam *Cl* 204 m. 29d.

4 fish-trap, weir. *Cf* 1 *haia* 4.

c1275 infigere ~ias .. et claias ad pisces .. salvandos *Meaux* II 151.

hesceator v. escaëtor. **hesiamentum** v. aisiamentum. **heskia** v. hesa. **hespa** v. haspa. **hesperiolus** v. sciurellus.

Hesperius [CL < ἑσπέριος], **~icus,** of the evening. **b** of the evening star (fig.). **c** western.

sol cum a supero delapsus cardine / equos hesperia rigat aspergine WALT. WIMB. *Sim.* 164. **b** ibi ~ie Mildrethe factum est vespere ut .. renascenti surgeret soliferum mane GOSC. *Transl. Mild.* 5 p. 162. **c** Valentinianus .. interimitur .. cum quo simul ~ium concidit regnum BEDE *HE* I 21 p. 41; ite per Hesperias, Musae, concentibus urbes / clamantes ALCUIN *Carm.* 45. 5.

Hesperus [CL], the evening star. **b** evening, twilight.

~os, *æfensteorra GlP* 455; hic esperes, A. *hewynsterre WW.* **b** *twyelyȝt*, .. ~us, ~a *PP.*

1 hesta v. hesa.

2 hesta [? cf. hesthrava], (?) dry measure.

in eodem Atiscros hund'red', quando .. rex ibi veniebat, reddebat ei unaquaeque carrucata cc hesthas et unam cuvam plenam cervisia *DB* I 269rb (*Chester*); **12..** (v. hastivellum).

hestcrasda v. hesthrava.

hesternus [CL]

1 of yesterday, of the preceding day. **b** (w. *dies*) yesterday, the preceding day; **c** (as sb. n.). **d** (abl.) yesterday, on the preceding day.

delictum ~um ad mentem revocans GIR. *IK* I 2; **s1250** crastino, ~a ira adhuc tumidus, .. venit ad prioratum M. PAR. *Maj.* V 121; necdum [vulgus] dejecerat hesternum vinulum / et ecce sanguinis jam sitit poculum WALT. WIMB. *Carm.* 556; Alexander .. Xenocrati legatos direxit cum xl talentis auri, qui duxit eos ad cenam ..; postero die interrogantibus eis cui pecuniam numerari vellet ait: "nunquid ~a cena intellexistis ea me non indigere?" W. BURLEY *Phil.* 268. **b** FELIX *Guthl.* 43 (v. ducere 10b); facta .. ratione sapienter nec invenerim ut prius, dixi: "domine, aut celum superius ascendit quam erat externa die vel turris intravit terram per unum palmum" M. SCOT. *Intr.* 290; ~a die invalui *Latin Stories* 103. **c** pridie vel esternum, *ærendæg* ÆLF. *Sup.* 176; repetet novicio quicquid ab esterno docuit *Obs. Barnwell* 126. **d** **a796** quod commedisti .. ~o hodie stercus est ALCUIN *Ep.* 65; ad matutinos .. pulsetur .. classicum, sicut esterno ad vesperas *Cust. Westm.* 301.

2 previous; **b** (w. ref. to imprecise past time).

~o .. anno BEDE *Egb.* 1; ~us abbas GOSC. *Transl. Aug.* 44B (v. 1 fides 5); ~um quippe regem fratris sui filium habuimus Edwardum, qui hodierno Willelmo reliquit imperium *Id. Edith* 36. **b** ~a die, dum serenus jubar .. solis tenebras depullisset cordis interioris antri, theologia exorta est BYRHT. *Man.* 16; gena que placuit hesterno corio / candoris gracia .. / nunc fedat aerem WALT. WIMB. *Carm.* 340; doctores ~os WYCL. *Apost.* 51.

3 (?) stale.

ibi Dominum munda admisit sepultura, hic autem per os ~o adhuc fetens modo in sentinam ventris recenti crapula ructante exestuantis tanquam euripo immergendus .. deponitur PULL. *CM* 221.

hestha v. 2 hesta.

hesthrava [ME *heste* + *þrave* < AS *haes* + *ðrefe*], measure of straw or fodder; **b** (as obligatory payment).

c1280 pro lx estravis straminis ad implastrum faciendum et pro coopertura operis in hoc yeme x s., prec' estrave ij d. *KRAc* 85/22 m. 1. **b** coloni illius provincie hestcrasda, id est quod exigebatur ad pabulum equorum regis, singulis annis solebant regis prefectis reddere, viz. de unaquaque caruca .. iiij travas de suis frugibus *Mir. J. Bev. A* 298; jus de hestraffla, id est de pabulo equorum quod ei in Estriding singulis annis solvebatur *MonA* II 129a.

hestiomenus v. esthiomenus. **hestraffla** v. hesthrava.

hestreus [cf. OF *hestre, haistre*], of beech.

1279 in mcciiij^{xx} et x bordis estreis emptis ad hostia, fenestras, et ad celuram .. turrelle *KRAc* 467/7/4 m. 2; **1289** in bordis estreis et sapinis emptis *Ib.* 467/19 m. 2

hesumere v. 1 exhumare.

heteroclisis [ἕτερος + κλίσις], irregularity in declension.

ethroglett, ethroclisis, diversiclinium, ethroclitus *CathA.*

heteroclitus [LL < ἑτερόκλιτος], of irregular declension; **b** (as sb. n.). **c** (? by misinterp.) crossroads.

'porrum' nomen est etroclitum [ME: porrum *is a noun* ethroglitum] quod in singulari dicitur 'hoc porrum' et in plurali 'porri' BART. ANGL. XVII 133; normam .. imitatur nominis ethrocliti, a communique fleccione recedens *Reg. Whet.* II app. 394. **b** NECKAM *NR* II 173 (v. diversiclinis). **c** ~um, diversiclinium ubi diverse sunt vie OSB. GLOUC. *Deriv.* 194.

heterogeneus [ἑτερογενής], heterogeneous.

sunt et principia ~ea, sive exeleogenea, id est alterius nature quam sint ea quorum ipsa sicut [? l. sunt] principia. 'heteros' enim diversum, unde heteroclita, id est diversi clinia. 'exeleos' sive 'xenos', peregrinum unde et xenodochium et Ulixes et exenium dicuntur NECKAM *NR* II 173 p. 291; Lemnia flamma .. / .. / ethereogeneas partes disjungit, adunat / consimiles *Id. DS* IV 15 p. 420; plumbum quibus miscetur partes homogenias congregat et hetherogeneas separat BART. ANGL. XVI 81; calor .. naturalis .. separans materias etherogeneas .. formas extrahit de materia GILB. I 36v. 2; BACON XIV 68 (v. congregare 2a); anima requirit corpus habens partes ~eas, ut sint apta instrumenta multarum operacionum DUNS *Metaph.* VII 20 p. 476; vel Deus componitur ex partibus homogeneis tantum vel etiam heteromogeneis ..; si ex heteromogeneis .. BRADW. *CD* 8A; hoc partes edificii, picture, scripture et ceterorum heterogeniorum hujusmodi .. monstrant *Ib.* 120E; in homine et aliis animalibus que non dicuntur ~ea nisi propter distinccionem accidencium specificam in diversis partibus OCKHAM *Sent.* I 329; eterogenia WYCL. *Log.* III 68 (v. extrinsio); ethrogena *Id. Eccl.* 104 (v. homogeneus a); melius est corpus hominis componi ex partibus ethromogenis quam quod totum foret oculus *Id. Ver.* III 141; videtur .. ecclesiam esse corpus heteromogenum [vv. ll. ethromogenum, ethromogenium, etromagenium] *Id. Chr. & Antichr.* 662; ethrogenium *Id. Incarn.* 200.

heterom- v. et. heterog-.

heteromereus [ἑτερομερής], leaning to one side.

[terra] se habet ad modum tocius ethreomerei [MS: ethreo'] inquantum est parcium dissimilium que non sunt vere continue T. SUTTON *Gen. & Corrupt.* 93.

heth [LL < Heb.], eighth letter of Hebrew alphabet.

eth *Runica Manuscripta* 350 (v. daleth); sunt autem sex vocales, viz., aleph, he, vau, heth, jod, ain BACON *Maj.* I 74; he et heth aspirantur, ut he in principio, heth non solum in primo sed in fine, et generatur in gutture, he in ore *Ib.*

hetha v. hitha.

hetra, *s. dub.*

1321 [*2 lbs of*] ~e ij d. *Fabr. Exon.* 133.

heu [CL], alas! **b** (w. acc. or dat.) alas for.

heu scelus, heu facinus miseris mortalibus ortum / ex hoc est ALDH. *VirgV* 2693; *Id. Ep.* 4 (v. 1 euax 1); "heu, pro dolor!" inquit BEDE *HE* II 1 p. 80; heu, *wella GlP* 7; heu, heu, quanta est infelicitas hominum .. *Chr. Battle* f. 102v.; dolor est affectus presentis inconvenientis, timor futuri ..; hinc sunt interjecciones 'euge, hay, atat, heu' *Ps.*-GROS. *Gram.* 60; heu! [ME: *weilawei*] prope interitum sunt qui sic se tactu approximant *AncrR* 15; **1440** (v. gyrare 6b); ast heu, proh nephas! *Mir. Hen. VI* I 8 p. 28. **b** heu me, heu me ANSELM (*Med.* 1) III 78; cum dicitur 'heu mihi' significatur dolorem mihi adquirere afficiens, .. cum dicitur 'heu me' significatur dolorem agere in me *Ps.*-GROS. *Gram.* 66; **s1231** heu heu mihi nonne adhuc penitus vindicatus est sanguis .. Thome martyris? M. PAR. *Maj.* III 201.

heuka v. 2 huca. **heundem** v. idem. **heura** v. hura.

heus [CL]

1 see here! look! hey!

"heus" inquit, "hospes, mecum sis perpete sospes!" FRITH. 113; "heus" inquit, "vivit adhuc, nam .. gemitum .. audio" W. CANT. *Mir. Thom.* III 1; heus tu, qui te Ollonem dicis! MAP *NC* IV 16 f. 58v.

2 (by conf. w. *heu*) alas!

1461 heus nobis! immo heus! heusque nobis! ut quid nati sumus, videre injurias illatas .. nobis .. in .. interfectione nostri patris *Reg. Whet.* I 402.

heusira [ME *heusire*], a customary right or charge.

c**1135** (14c) consuetudinem in eadem domo .. que dicitur heusir' *Cart. Reading* 821; a**1166** in qua mansura habeant libertatem que dicitur hyusira *Ib.* 1205; **1279** Alexander .. tenet j virgatam terre ut in villenagio. .. reddit per annum .. pro *heusire* iiij d. et pro auxilio vic' iiij d. *Hund.* II 657a (*Hunts*); **1281** dat quilibet .. j r[engam] avene pro *foddercorn* .. et pro †henschir' [l. heuschir'] xij d. *Ib.* 603b; dabit per annum ij d. pro †henthyre [l. *heuchyre*] *Ib.* 631b.

heuteria v. lienteria. **heutus** v. heltus.

hevedacra [ME *hevedacre*], (?) acre of headland. *Cf. capitalis* 5c.

1234 prepositus .. habebit .. unam acram frumenti de blado domini meliorem quam voluerit preter compostum et †hevedretam *Cust. Glast.* 67 (cf. ib. 60: prepositus .. habebit .. j acram frumenti .. meliorem preter compostum .. et capitales acras).

hevedclutum [ME *hevedclute*], metal plate on plough head.

1269 caruce: .. in vj kipclutis, ij ~is, viij sidclutis emptis *MinAc* 994/27 (*Suff*); **1308** custus carucarum: .. in tribus sidclutt' emptis iiij d. ob.; .. in tribus hedclutt' ij d. ob. *Ib.* 997/17 (*Ib.*).

hevedlonda [ME *hevedlond, hedlond*], headland. *V. et.* 1 *hallandum.*

c**1200** illam londam que extendit a hevetlanda coram Grendale usque B. .. et illam londam que jacet juxta hevetlondam Toke *Cart. Cockersand* 582; **1202** ij acre ad Katecroft super evedlond' de K. *Fines P. Norf* 192; hevedlandis *CurR* XI 1600 (v. compostum b); **1476** tenet unam rodam marisc' que est una haddelonda feodi de Bulwerke et debet sectam curie et est garizonabilis (*Rent. Swavesey*) *MS CUL* E.D.R. D6/1 f. 9.

hevedreta v. hevedacra.

hevedwarda [AS *heafodwarda*], (service of) bodyguard.

debet .. heafodwardam custodire et horswardam (*Quad.*) *GAS* 445.

hevet- v. heved-.

hexaëdrum [LL < ἑξάεδρον], cube.

si tres anguli quadratorum concurrant ad angulum solidum, tunc in corpore constituto erunt sex superficies quadrate .. et vocatur hec figura cubus et ~um ab ἕξ Grece quod est sex Latine Bacon *Maj.* I 160; exacedron .. est cubus ex sex basibus quadratis *Id.* IV 340.

hexaëmeron [LL < ἑξαήμερον], (period of) six days (of Creation) or commentary thereon.

Ambrosius in libro quarto Hexameron .. ait Bede *TR* 31; exameron, vii [l. vj] dierum conputatio *GlC* E 522; Ambrosius in libro Exameron .. inquit Neckam *Sal.* 30; dicit Basilius super illud verbum in Exameron Bart. Angl. V 22; exameron [*gl.*: liber sex dierum] Bacon *Gram. Gk.* 116; Exaemeron Ambrosii (*Catal. librorum*) *Meaux* III lxxxvii; Exameron Basilii (*Catal. librorum*) *Chr. Rams.* 361; Exameron Stephani Cantuariensis *Cant. Coll. Ox.* I 61.

hexagonalis, hexagonal.

quecunque .. radiatio [stellarum] queritur, sive exagonalis, sive tetragonalis sive trigonalis Adel. *Elk.* 37; quia ex superficialibus hexagonis non potest figura ~is regularis constitui Bacon *Maj.* I 163.

hexagonaliter, hexagonally.

erit .. stellarum felicitas si benivola benivolam exagonaliter vel trigonaliter vel tetragonaliter respicient nec a malivolis respiciantur D. Morley 191.

hexagonus [LL < ἑξάγωνος; CL *as sb. n.*], six-angled, hexagonal; **b** (as sb. n.) hexagon.

exagonum, *sixfeald GlH* E 415; non est possibile quod ex superficiebus ~is fiat .. figura corporalis regularis Bacon *Maj.* I 161; apes .. domos ~as instinctu nature componunt *Ps.*-Gros. *Summa* 478; in generatione colorum in lapidibus ~is Peckham *Persp.* III 20; facit apis domum suam ~am ... figura enim ~a inter omnes figuras repletas luci est maxime contentiva propter multitudinem angulorum qui accedunt ad figuram circularem Wycl. *Trin.* 55. **b** oppositum .. exagoni sinistri trigonum dextrum pretendit Adel. *Elk.* 37; superficies .. habet sub se species subalternas, sc. triangulum .. exagonum Bacon XV 220; angulus ~i .. est rectus *Id. Tert.* 137; triangulum, quadratum, et ~um replent sensibiliter locum et tantum pyramis et cubus corporis Wycl. *Trin.* 56.

hexameter [CL < ἑξάμετρος], (metr.) having six feet, written in hexameters; **b** (as sb. m.).

exametri versus genera quot sunt? Aldh. *Met.* 10 p. 82; Aldhelm .. scripsit .. de virginitate librum .. quem geminato opere et versibus exametris et prosa conposuit Bede *HE* V 18 p. 321; versus exameter qui sex pedibus, et pentameter, qui quinque pedibus constat *Id. AM* 94; exametrum *Ib.* 108 (v. dactylicus 1); Marie carmina quondam exametra / scripsi .. / nunc prosam profero Walt. Wimb. *Carm.* 1. **b** Aldh. *Met.* 10 p. 83 (v. heroicus 2); ~ros autem apud Latinos primum fecisse Ennius traditur, eosque longos vocavit Bonif. *Met.* 111.

hexamitum, ~us [ἑξάμιτος = *of six threads*]

1 samite. *V. et. samitum.*

examitus, G. *samite* Neckam *Sac.* 364; vermiculus hic est quo tinguntur pretiosissimi regum panni, sive serici, ut examiti, sive lanei, ut scharlata Gerv. Tilb. III 55; s**1213** restituit nobis .. rubeam casulam .. de examitto *Chr. Evesham* 251; s**1225** promisit .. capam suam que erat de rubeo examito ecclesie Sarum relinquere *Reg. S. Osm.* II p. 48; examito *G. S. Alb.* I 284 (v. aurifrigiatus a); s**1254** in estate venerunt quidam nobiles .. de imperio Grecorum, vestiti optimo examito M. Par. *Maj.* V 456; dedit .. capa de albo exameto *Cart. Bath B* 808.

2 (? by conf. w. *amictus*) (?) amice.

examitam vel †amicum Neckam *Ut.* 119 (v. amictus 3); examitum, A. *a myte or an amys WW.*

hexaphrenon [ἑξά + φρενῶν], work instructing in six parts.

hexafrenon pronosticacionum temporis Wallingf. *EPT* I 182 *tit.*

hexapla [LL < ἑξαπλᾶ], six-fold text (of Origen).

cum in libris exaplois .. generationem Cainan de medio tolleret Bede *Pleg.* 6; exapla, sexies *GlC* E 360; ipsa exemplaria nominavit ~a, id est 'hex' simul ordine conscripta, 'hex' enim Grece idem quod sex Latine et 'aplum' idem quod simul Bacon *Min.* 337.

hexaptotus [LL < ἑξάπτωτος], (gram.) having six cases.

~a [nomina] sunt quae sex diversos habent casus Alcuin *Gram.* 869D; exaptota, *þæt synd þa ðe habbað syx casus* Ælf. *Gram.* 91.

hexastichus [CL < ἑξάστιχος], (w. ref. to grains of barley) arranged in six rows.

exaticum, *sixecge bere GlH* E 436; hoc exaticum, *byge WW.*

hexasyllabus [LL < ἑξασύλλαβος], having six syllables.

hos sequuntur .. pedes tetrasyllabi xvi, pentasyllabi xxxii, exasyllabi lxiii Bede *AM* 108.

hexecontalithos [CL < ἑξηκοντάλιθος], sort of precious stone.

†exolicetus [ME: excolericos] lapis est sic dictus eo quod xl [l. lx] coloribus est distinctus Bart. Angl. XVI 44 (cf. Isid. *Etym.* XVI 12. 5).

hextmannus v. hengestmannus. **hey-** v. et. hai-. **heyrethotum** v. herietum. **heyrinus** v. heiro. **heyro** v. heiro. **heyron-** v. heiron-. **heysa** v. hesa 3. **heyw-** v. haiw-. **hia-** v. et. hya-. **Hiacchus** v. Iacchus.

hianter [cf. hiare], eagerly.

hio .. inde .. ~er Osb. Glouc. *Deriv.* 274; ~er auscultat que dicuntur W. Dan. *Ailred* 7; *Itin. Ric.* I 29 (v. convolare 1b); c**1412** dubitare habent fideles si moderni heretici .. rite .. ministrent sacramenta, quia non est evidencia quod Christus assistit tali pontifici propter hoc quod tam ~er super illam hostiam sic mentitur, et in sua conversatione dicit contrarium vite Christi (*Lit. Univ. Ox.*) *Conc.* III 343a; Fordun *Cont.* X 20 (v. comoedia a).

hiare [CL]

1 to gape open; **b** (w. mouth or sim. as subj.). **c** (pr. ppl. as sb. n.) gap.

ut .. pro aperto et hiante vulnere cum quo sepulta erat, tenuissima tunc cicatricis vestigia parerent Bede *HE* IV 17 p. 245; finduntur et fortes petrae / hiantur *Id. Hymn.* 5. 8; valvas repetivit hiantes Frith. 1108; hyo, *to galpe WW.* **b** canis rabidi, qui fauce tabescit hianti Wulf. *Swith.* II 870; gula yante Garl. *Dict.* 126 (v. attaminare 2a); potare cupiens os hians offero Walt. Wimb. *Carm.* 142. **c** obsecro ut .. vertas michi tuum otium in .. negotium, resecando hinc superflua, supplendo hiantia Abbo *Edm. pref.*

2 (w. pers. subj.) to open one's mouth, be agape. **b** (w. dat.) to pant for.

hiare, oscitare, ringere, *gynian GlP* 196; homo hians Osb. Glouc. *Deriv.* 276; inhians [*gl.*: hio, i. os aperire] J. Furness *Kentig.* 24 p. 202; si videres aperte coram te stare et late hyare [ME: *ȝeonen*] super te diabolum *AncrR* 89. **b** qui os suum aperientes Deo hiant Rolle *IA* 172.

3 (trans.) to utter w. a yawn.

c**1200** hiabat kyrios (v. cyrius b).

hiatura, opening, gap.

~e patentis apertio R. Cold. *Cuthb.* 26.

hiatus [CL]

1 opening, space (between parts).

per ~us .. partium *Mir. J. Bev. C* 345 (v. epistylium a).

2 **a** splitting (of earth's surface) or chasm. **b** parting (of the sea). **c** opening (of wound). **d** opening (in sleeve). **e** (her.) voiding.

suscipitur .. infelix Thunor novo terrae ~u Byrht. *HR* 8; introitum ad interiorem ~um ex terre cavatione .. factum esse conspexit Alex. Cant. *Mir.* 35 (I) p. 228; ex naturali telluris ~u *Chr. Battle* f. 10v.; terra magno ~u dissiliit, unde ignis .. exivit Greg. *Mir. Rom.* 5; 'dehisce tellus', i. e. hyatum fac Trevet *Troades* 39. **b** absorbendus ~u fluctuum Gosc. *Transl. Mild.* 11. **c** pars utraque recenti ~u vulneris velut ferro excisa cruentatur Gosc. *Trans. Mild.* 24 p. 192; R. Cold. *Cuthb.* 48 (v. discerpere b). **d** multiplici laqueo manice mordetur hiatus Hanv. II 122. **e** tria .. crucibus contingunt .. cuspis, terebratio, ~us ... ~us cum radii crucis fatiscunt Spelman *Asp.* 103.

3 opening of mouth, open jaw. **b** noise, utterance.

ursus .. avido hyatu superstans quasi ad devorandum eum B. *V. Dunst.* 17; W. Malm. *GR* III 281 (v. deus 3c); ne lupi infernalis de hyatibus [v. l. dentibus] rapiendas eas exponat J. Furness *Kentig.* 30 p. 214; vocalis *e* .. est .. facilis pronuntiationis, non nimia constrictione nec nimio hyatu figurarum clausionem inpediens *Ps.*-Gros. *Gram.* 24. **b** ne barbaricorum nominum ~us vulneret aures desuetorum in talibus W. Malm. *GR* II 116; texendis vox egra sonis teneroque laborans / eloquio lingua blesos frustratur hiatus J. Exon. *BT* IV 141; superbi sunt tubatores trahentes interius ventum vane laudis et iterum cum hyatu [ME: *idel ȝelp*] exsufflant *AncrR* 75; cecidit rex male gravatus, / mire fatatus Anglorum sensit hiatus (*In Franciam*) *Pol. Poems* I 36.

Hibereus v. Hiberus.

hiberna [CL *n. pl.*], **~um**

1 winter quarters.

postquam legiones in ~a misit Bede *HE* I 2; hibernus .. unde hoc ~um, domus in qua hiemamus Osb. Glouc. *Deriv.* 272; cum exercitum in ~is regeret P. Blois *Ep.* 94. 294D; *a wyntir haule*, ~ium, hibernaculum, hiemaculum *CathA.*

2 (by misinterp., *cf.* 1 *hibernus*) wintry storm.

hec iberna, i. tempestas maris *WW.*

Hibernacensis v. Hiberniensis.

hibernaculum [CL], winter quarters.

hiemaculum vel ~um, domus contra hiemem Osb. Glouc. *Deriv.* 277.

hibernagium [AN *hivernage*], winter crop, winter sowing (? of wheat or rye. *Cf. SelPlForest* lxxviii-lxxix).

1174 annonam dim. acre, uno anno de hivernagio, altero anno de tremesio *Cart. Osney* IV 339; **1187** debent xxiiij s. pro xxiiij acris yvernagii in Huntingedon' *Pipe* 89; **1199** tenetur arare domino regi xvj acras terre, viij de ~io et viij de tramesio *CurR* I 77; c**1220** ecclesia de Melton percipit xlviij travas bladi, sc. xxiiij travas de ivernagio et xxiiij travas de avena *Reg. Linc.* I 271; **1223** de essartis inbreviandis .. cujusmodi blado inbladata fuerint, tam de yvernagio quam de tremesio *Cl* 559b; **1228** quod .. A. inveniet .. episcopo .. in anno futuro semen ad seminanda ivernagia nostra in terra predicta *Cl* 59; **1229** inbladatio ivernagii scribatur per se, et inbladatio tremesii scribatur per se (*Capit. Regardi*) *Pat* 286 (= *Cl* [**1259**] 140, *Fleta* 89: yvernagii); **1252** arabit .. j dim. acram ad hybernagium, que vocatur *beneerthe Cart. Rams.* I 324; **1271** Willelmus .. assartavit de novo apud Bromle ..; terra fuit bis in .. blado, bis de yvernagio et bis de avena *TRForest Proc* 185 m. 7d. (= *Collect. Staffs* V 149: †invernagio); c**1350** debent metere in autumpno viij acras de ivernagio vel iiij acras de alio blado *Reg. S. Aug.* 307.

hibernalis, ~ialis [LL], of winter, wintry. **b** (w. *semen*) winter crop.

dum .. gelidus frugalisque hiemps .. preteriit hibernaliaque [vv. ll. hibernaleque, †vernaleque] jam incumbendo instaret germen et paschalis .. inradiaret tempus Hugeb. *Will.* 3 p. 92; **798** ante ~e frigus Alcuin *Ep.* 154; a**804** ~ibus .. tempestatibus *Ib.* 279; castra metatur spatio ~i Æthelw. IV 3. **b** **1279** habebit vesturam j dim. acre de yberniale semine *Hund.* II 720b.

hibernare [CL], to pass the winter.

795 ut mihi demandare curaveris .. de hiemali mansione in quo palatio .. ~are dispositum habeat Alcuin *Ep.* 50; Osb. Glouc. *Deriv.* 277 (v. hiemare).

Hibernensis v. Hiberniensis. **hiberneus** v. 1 hibernus.

Hibernia [CL], Ireland.

a**690** Aldh. *Ep.* 5 (v. circio); est .. ~ia insula omnium post Brittaniam maxima Bede *HE* I 1; a**804** inclitam .. ~iae insulam Alcuin *Ep.* 280; regi ~iae Anselm (*Ep.* 427) V 373; Britannia .. inter Galliam et ~iam sita G. Mon. I 2; ~ia .. in occidentali oceano sita est Gir. *TH* I 1; **1203**

(1237) Francis et Anglis et Hibernensibus de tota ~ia *CalCh* I 230; c**1230** Odun Onel qui se appellat regem omnium Hibernicorum ~ie *RL* II 355; **1271** indutus erat tunica nigra de Ybernia *SelCCant* 129; s**1308** Petrum in Hyberniam exulavit TROKELOWE 67.

Hiberniacus v. Hibernicus.

1 hibernialis v. hibernalis.

2 Hibernialis, ~icalis, Irish; **b** (w. ref. to cloth).

1297 ~icalibus vestimentis (v. colanum); [insula] dividitur in duas partes, quarum major .. Kernagh ~iali ydiomate nuncupata, Latino .. sermone clamoris insula dici potest J. YONGE *Vis. Purg. Pat.* 6. **b 1475** Hibernicalis (v. fallinga).

Hibernicanus, of Ireland, Irish.

1216 Hybernicana ecclesia (v. ecclesia 3g); **1404** statutum fuit quod ecclesia Anglicana et ~a semper sit libera *Pipe Cloyne* 59; **1451** [virum] utraque lingua, Anglicana viz. et ~a, facundum *Reg. Armagh* 286.

Hibernice, in Irish.

libri .. ~e scripti GIR. *EH* II 34; nomen hujus fluminis .. Lotherge [*Loch Derg*] ~e nuncupatum, Latino .. sermone stagnum rubeum J. YONGE *Vis. Purg. Pat.* 6; Chinlos, quod .. valet Hybernice ac si dicas 'promontorium herbosum' FERR. *Kinloss* 12; mirari solent quoties cum Hiberno aliquo in sermonem se dant, qui se ~e nescire confitetur STANIHURST *Hib.* 29; tritum illud .. in Anglico sermone proverbium '~e lacrimari' *Ib.* 48.

Hibernicus, ~iacus

1 Irish; **b** (w. ref. to cloth); **c** (w. *corpus* or *lapis*) gold.

mare ~icum cum navi descendit NEN. *HB* 195; ex partibus ~ici maris G. MON. III 15; habebant ~ico more comas perlongas GIR. *TH* III 26; **1275** ad .. equos Hybernicos emendos *AncC* XVII 196 (192); etymologia a Kynlos est varia, et nomen est Hybernicum *Kinloss* 12. **b 1272** tunica de panno ybernico griseyno (v. grisengus b); **1296** de quolibet fallingo ~o *Pat* 115 m. 8. **c** BACON *Tert.* 84 (v. aurum 1a).

2 (of person, also as sb.); **b** (as surname); **c** (w. ref. to group at Oxford); **d** (w. *purus* or *merus*); **e** (w. ref. to servile status; *cf. betagius*).

Ybernicos ad viam veritatis converti (*Lit. S. Patricii*) W. MALM. *Glast.* 9; c**1176** (1291) omnibus fidelibus suis Francis, Anglicis, ~icis *CalCh* II 387; s**1219** M. PAR. *Maj.* III 43 (v. edomitor); regina fuit Hybernica nomine Scota GARL. *Tri. Eccl.* 26; s**1272** W. NEWB. *HA Cont.* 562 (v. decapitare a); **1318** populus ~iacus *Remonstr. Ir.* 908; clerus ~iacus *Ib.*; non est peccatum hominem ~iacum interficere *Ib.* 920; **1318** de .. gravaminibus .. quibus .. innituntur Ybernici *Mon. Hib. & Scot.* 201b; **1331** (v. betagius); quod nullus ~icus adventum Antichristi exspectabit BROMPTON 1145; **1573** tales ~icorum aut Hibernorum Scoticorum *Pat* 1104 m. 31. **b 1255** Willelmo ~ico tunc ballivo *Cart. Osney* II 272. **c** s**1273** discordia extitit magna Oxonie inter clericos aquilonares et ~icos, et aliqui occidebantur ~ici W. GUISB. 213. **d 1305** Willelmus purus ~icus existit et minus idoneus ad ea que ad officium illud [ostiarie Scaccarii Dubline] pertineant exequenda (*RParl*) *Mem. Parl.* 433; s**1394** Makamor et quidam alii principales purorum ~icorum capti fuerunt *Eul. Hist. Cont.* 371; **1409** decanus et capitulum [Ardmachane] sunt meri ~ici et inter ~icos conversantes (*Parl. Writ*) Richardson & Sayles *The Irish Parliament in the Middle Ages* (1952) 183. **e 1295** [*defamed him and called him an*] ~icus *Cal. Just. Ir.* I 18; **1297** [*he ought not to answer because he is*] ~icus *Ib.* 116; **1297** [*Stephen de S. with Dunghut his*] ~icus *Ib.* 162.

Hiberniensis, Hibernensis, of or from Ireland; **b** (w. ref. to person, also as sb.); **c** (w. ref. to group at Oxford).

~iensis insulae ALCUIN *Ep.* 280; ~ensem *Dial Scac.* II 25 (v. accipiter); s**1195** suscepit legacionem tocius Anglie et Walle et Scosci et etiam Hibernacensis ecclesie *Leg. Ant. Lond.* 200. **b** Scithae, id est Scotti, qui nunc dicuntur ~enses ad Hiberniam venerunt NEN. *HB* pref. p. 127; ~ensium peregrini locum .. magno colebant affectu B. *V. Dunst.* 5; cum non proposuerim tractare hystoriam .. Scotorum qui ex .. Hybernensibus originem duxerunt G. MON. IV 17; s**1170** Ricardus de Striguil .. valide Hybernenses expugnans .. cepit Waterford R. NIGER *Chr. II* 172; a nomine .. Heberi, secundum quosdam, ~ienses nomen traxerunt; vel potius, secundum alios, ab Hibero Hispanie fluvio, unde provenerant GIR. *TH* III 7; **1215** concessimus .. archiepiscopo Dublinensi et successoribus suis qui non fuerint ~ienses, advocationem ecclesie de P. *RChart* 218b; **1252** betaldos .. Hybernienses (v. betagius); per .. Patricium fuerunt ~ienses conversi J. GLAST. *prol.* 6 (cf. ib.: Hiberniencium apostoli). **c 1252** cum esset .. dissensio .. inter Boriales et Ybernienses mota *StatOx* 84; isti ex parte Yberniensium juraverunt *Ib.* 87.

Hibernigena, Irish.

hunc fore Patricii dudum fortasse ministrum / fantur Hybernigene W. MALM. *Glast.* 33; non erat consuetudo ~is navigandi ad exteras nationes (*V. S. Flannani* 4) *Anal. Boll.* XLVI 127.

hibernium, ~ius, ~um v. hiberna, ~us.

1 hibernus [CL], **~eus,** of or for winter, wintry.

c**705** rex .. cum ~a castra gregatim egreditur ALDH. *Ep.* 9 (12); frigidus hiberno veniens de monte viator ALCUIN *Carm.* 100. 3. 1; ~um pelagus, hiemale, *winterlic lagoflod GlP* 959; constituunt ter ~eos status ÆTHELW. IV 3; dies erant ~i et quadragesimales, sed in episcopiis .. ubi novus veniebat rex, initiabantur Paschalia festa ORD. VIT. IV 2 p. 168; sub ipso tempore hyberno exercitum exercendum statuit GIR. *PI* III 20.

2 Hibernus [LL], **~ius,** Irish (also as sb.).

revertuntur .. grassatores ~i domos GILDAS *EB* 21; abstrahuntur .. ~ia stirpe tres viri lecti ÆTHELW. IV 3; hicque mos cum plerosque tum vehementer adhuc manet ~os OSB. *V. Dunst.* 6; supplicat huic stirpi Gallus, Romanus, Hybernus GARL. *Tri. Eccl.* 23; ex Pictis et ~ibus Scoti originem habuerunt AVESB. 79; Anglicos Ybernos, .. Wallicos viros prius ad partem regis juratos *Ps.*-ELMH. *Hen. V* 126; STANIHURST *Hib.* 43 (v. daltinus); s**1494** ad hos sylvestres Hybernos Petrus se .. contulit P. VERG. (*Camd.*) XXIV (XXVI) p. 78; **1573** (v. Hibernicus 2a)

Hiberus [CL], **~eus,** Spanish, Spaniard. **b** (w. *lapis*) (?) gold; *cf. Hibernicus* 1c.

Tubal a quo ~ei et Hispani et Itali NEN. *HB* 161; OSB. GLOUC. *Deriv.* 277 (v. Hispanus); Romanus domitor Constantius orbis Hyberi / suscepit Britonum tradita regna sibi GARL. *Tri. Eccl.* 75. **b** pro ~o lapide BACON *Min.* 547 (cf. ib. 313: †hibrio lapide).

hibiscum [CL], marsh mallow.

eviscus, *seomint* ÆLF. *Gl.* 136 (v. althaea); ~us, *that is mersc mealwe Leechdoms* I 20; **11**.. ibiscus, *bispeswurt WW Sup.* 290; recipe radicis evisci [etc.] GILB. VII 316v. 1; facta maturacione cum dialtea et radice evisci GAD. 28v. 1; ebiscum sive ibiscum TURNER *Herb.* A2 (v. althaea).

1 hic, haec, hoc [CL] *Cf. hac, hujusmodi.*

1 (adj.) this (particular thing or person, present or under consideration); **b** (w. *ipse*, *idem*); **c** (w. possess. adj.).

ne .. opusculum hoc his qui non tam nostra quam Dei despiciunt .. proteletur GILDAS *EB* 94 (v. et. 8b infra); cujus hoc templum sacrata tuebitur ara ALDH. *CE* 4. 8. 18; in quibus .. unum est quod nos in hac historia ponere multis commodum duximus BEDE *HE* III 19; **799** (10c) contra anc cartulam *CS* 296 (cf. ib.: confirmationis .. ujus); **849** (11c) ego Alhhun .. huis decreta et concordia nostra .. subscribo *CS* 455; c**945** (14c) tali .. tenore ho[c] .. munificencie munus .. concessi *CS* 817; **946** (14c) haunc cartulam *CS* 816; **955** hujuscae donationis cartulam *CS* 903; c**1105** ut permittas ita habere huic Roberto de G. prebendam suam *Reg. Ant. Linc.* I 40; c**1125** ego G. abbas .. Bertonie [concedo] huic Ormo .. vj bovatas in Strattona *Cart. Burton* 31; tum singulariter ut 'hec affirmatio est enuntiatio', tum non singulariter ut 'aliqua affirmatio est enuntiatio' BALSH. *AD rec. 2* 122; **1200** hee littere mittuntur per Willelmum de L. *RChart* 99b; **1225** huic presenti scripto sigillum suum .. apponi fecit *Cl* 71; s**1252** ejicite rusticum hunc! M. PAR. *Maj.* V 332; caro .. corpus et substantia secundum se intelligi possunt et non sentiri, sed hec caro et hoc corpus et hec substantia sentiuntur KILWARDBY *OS* 203. **b** †**604** (12c) hanc ipsam donacionem *CS* 3; **838** hec eadem scedula *CS* 421; haec eadem una custodia *DB* I 189 (v. custodia 4d). **c** quae [responsa] etiam huic historiae nostrae commodum duximus indere BEDE *HE* I 27 p. 48 (cf. ib. II 18 p. 120: in nostra hac historia); **793** vos .. his meis ammoneo litteralis ALCUIN *Ep.* 18 p. 51; **838** pro hac nostra susceptione *CS* 421; **867** anc meam donationem *CS* 516; c**1170** ut hec mea donacio .. permaneat *Cart. Beauchamp* 10; c**1300** hec mea donacio (*Carta generalis*) *FormMan* 2.

2 a this present (w. ref. to time). **b** (w. ref. to mortal life or this world).

a in hoc tempore GILDAS *EB* 36; in his diebus G. MON. V 11; **1343** proviso quod omnia onera .. sustinere teneamini prout vobis possibile fuerit hiis diebus *Pri. Cold.* 31. **b** ligati iniquitatibus in hoc mundo GILDAS *EB* 109; quorum [liberorum] primi albati adhuc rapti sunt de hac vita et Eburaci in ecclesia BEDE *HE* II 14 p. 114; post hanc vitam in aeternis bonis ANSELM (*Ep.* 45) III 159; Mauritius, querente angelo utrum mallet delicta sua in hac vita expiare an in alia, elegit in ista R. NIGER *Chr. II* 141; **1503** ab hac luce (v. 1 decedere).

3 this (w. ref. to thing or person just mentioned).

auxit .. procellam hujusce perturbationis .. mors Sabercti BEDE *HE* II 5 p. 91; **796** qui .. sint hii pisces in hoc numero praefiniti si velis scire .. ALCUIN *Ep.* 113; hujus manerii aecclesiam tenet R. cum ij aliis aeclesiis juxta H. quae ad hanc aecclesiam matrem pertin[ent] *DB* I 41v.; in compromissione hac H. BOS. *Thom.* IV 26 (v. compromissio a); s**1255** dilacionem sumpsit negocium hoc usque ad festum S. Michaelis M. PAR. *Abbr.* 344; **1438** hisce de causis (v. demere 2a); relicti qui his omnium calculis probantur FERR. *Kinloss* 7.

4 this (w. rel. or other explanatory clause).

838 hac .. condicione interposita .. quod habeamus .. *CS* 421; **847** territoria .. ista sunt orum vigintorum cassatorum qui Æ. regi .. senatores ejus concessissent *CS* 451; confertur sub hac que subsequitur forma FORTESCUE *LLA* 50; que poterunt observari ab his studiosis monachis qui ad ea loca .. divertunt FERR. *Kinloss* 3.

5 (w. *ille* or *iste*) this .. that.

qui in hoc saeculo quasi per tempus sex dierum salutem operari neglexerit, illo perpetuae quietis tempora de finibus Hierusalem beatae excludetur BEDE *Acts* 942; c**795** sunt in eodem libro difficillimae quaestiones plurimae .. hae etiam maxime historicae sunt .., illae vero majoris inquisitionis ALCUIN *Ep.* 80; predicat hec, abdicat illa GIR. *TH* III 31 (v. abdicare 2a); hoc .. orificium clauditur fiente ductu, .. illud emissione ALF. ANGL. *Cor* 6. 2; quia cum non determinat hoc vel illud suppositum, dicitur stare indefinite vel indeterminate SICCAV. *PN* 128; bonum hoc et bonum illud, tolle 'hoc' et tolle 'illud', et vide ipsum 'bonum' si potes DUNS *Ord.* III 118; reconcilientur ista †linceamina vel hee pallee altaris, vel albe iste seu hec altaris ornamenta sacri ministerii usui .. preparata *Cust. Cant.* 114.

6 (as pron.) this person or thing (present or under consideration); **b** (w. defining gen.); **c** (as sb. n., also phil.; *cf. haecceitas*).

querenti 'quem docet hic', et 'quis docet hunc' et 'quid agit hic' respondetur 'hic docet hunc' BALSH. *AD rec. 2* 154; tria demonstrativa .. 'hic' sc., 'is' et 'iste'; et hec littera 'c' in hac diccione 'hic' causa eufonie additur *Ps.*-GROS. *Gram.* 44. **b** ad hec calamitatis W. MALM. *GR* IV 344 (v. Cisalpinus). **c** quicquid ego petebam erat illud 'hoc' MAP *NC* III 2 f. 34v; est .. in re 'commune' quod non est de se 'hoc' et per consequens ei de se non repugnat 'non-hoc' DUNS *Ord.* VII 407.

7 (as pron.) this person or thing (just mentioned); **b** (w. rel. or other explanatory cause); **c** (*hoc est*, in explanation of preceding statement) that is. **d** (*et hic, hoc, etc.*) and that too, and moreover.

tres pueri .. nequaquam carnalis copulae voluptatibus operam dedisse leguntur ... hi denique in tantum .. divinae sanctionis censuram servasse scribuntur ut .. ALDH. *VirgP* 21; s**423** anno ante hunc proximo BEDE *HE* I 13 p. 29; hi omnes de his domibus revocant episcopum .. ad protectorem *DB* I 1; cum sciret quanta .. virtute venerandus .. Dunstanus .. fulsisset .. ac per hoc .. semper eum .. dilexisset OSB. *V. Dunst.* 18; ut .. omnia episcopo retulit .. hic nomine et pietate Mellitus .. GOSC. *Mellitus* 39; ad hec evigilans .. intellexit visionem EADMER *V. Dunst.* 19; spiritus quos incubos demones apellamus. hii partim habent naturam hominum, partim .. angelorum G. MON. VI 18; rex .. diem .. clausit extremum ... verum ut hujus consideratione .. immoremur .. *Chr. Battle* f. 33v.; *wessail* et *dringail*, necnon persona secunda, / hec tria sunt vitia que comitantur eos [i. e. Anglos]. / his tribus exceptis, nihil est quod in his reprehendas NIG. *SS* 1521–23; **1224** Matillis .. dicit quod ipsi non debent inde dotem habere, .. et Willelmus et Juliana dicunt quod .. injuste hoc dicit *CurR* XI 1782; c**1240** ne crismata vendantur .. inhibemus, precipiendo archidiaconis quod .. districtam super hoc exigant rationem *Conc. Syn.* 379; hiis dictis *Meaux* I 146; hoccine est patrem venerari ..? *Mir. Hen.* VI I 8 p. 28; dum haec in Anglia geruntur P. VERG. XXIV p. 80. **b 1232** quod .. prior abfuit, hoc nichil obstat (v. abesse 1b). **c** mucrone corusco, hoc est verbo Dei GILDAS *EB* 71; **858** (12c) concedo .. ipsam terram, hoc est lx cassatorum in loco praenominato *CS* 495 (2); homines de iiij lestis, hoc est Boruuar Lest [etc.] *DB* I 1. **d** generatio reproba in undenario numero, et hoc in femina, terminatur ac deperit BEDE *Gen.* 75; laneis tenuiter utuntur et his omnibus ferme nigris GIR. *TH* III 10; c**1214** (v. decenter a); **1375** (v. discus 3c).

8 (as pron.) this person or thing (about to be specified); **b** (w. rel. or other explanatory clause); **c** (w. pr. ppl.).

a**1177** testibus his: Willelmo et Johanne capellanis [et al.] *Cart. Beauchamp* 178; res generantes bonum sanguinem sunt hee: vinum subtile, .. carnes edorum [etc.] BACON IX 131; s**1295** hiccine est Thomas Turbevile? *Flor. Hist.* III 282; **1332** hiis testibus, Josep de W..., Willelmo [et al.] *Deeds Balliol* 232. **b** GILDAS *EB* 94 (v. 1a supra); contra has .. septenas vitiorum beluas quae .. inermes .. discerpere nituntur ALDH. *VirgP* 11; *V. Greg.* 90 (v. 1 dies 4a); inter alia inenarrabilium scelerum facta .. hoc addebant ut numquam genti Saxonum sive Anglorum .. verbum fidei praedicando committerent BEDE *HE* I 22 p. 42; excepto hoc quod .. *Ib.* III 23 etc. (v. excipere 7a); de his qui tantum halitu vivunt *Lib. Monstr.* I 21; ?**1101** hoc autem volo ut omnes barones mei et comites sciant .. *Regesta* p. 306; majus .. odium assequuntur ab hiis quibus auferunt quam beneficium ab hiis quibus contulerunt W. MALM. *GR* IV 313; heccine rependis mihi .. ob tot vulnera .. ut filia mea postposita te conubio .. barbare summitteres? G. MON. II 3; **1130** (v. evenire 5a); quos fovet, hos gratos et recte philosophari / .. facit J. SAL. *Enth. Phil.* 237; **1224** vicecomes sit auditurus .. de hoc quod terram illam ei non assignavit *CurR* XI 1800; **1229** omnes hii qui residentiam habent in civitate N. *BBC* 138 (*Norwich*); huic malo studuit comes obviare / quod nimis invaluit *Carm. Lew.* 311; BACON III 276, XI 204 (v. 2 decisio 3); nec est hoc inconveniens quod harmonica simpliciter sit prior geometria et tamen aliqua harmonica

posterior Kilwardby *OS* 209; Duns *Ord.* III 156 (v. disponere 3e); **s1321** hiis . . recitatis que dicta fuerant per . . comitem *Ann. Paul.* 295. **c a1460** inquiratur de hiis utentibus falsis bushellis *BBAdm* I 231.

9 (w. *ille* or other pron., or repeated): **a** (in comparisons, lists or sim. of unspec. or indefinite elements) this one . . that one; **b** (w. rel. cl.). **c** (in comparisons *etc.* of spec.) the former, the first specified.

a clamo quietum hunc vel illum de hoc vel de illo *Dial. Scac.* I 6 B; suntque duo motus erroneus et rationis / hic viget in summis, alter ad ima trahit J. Sal. *Enth. Phil.* 986; idem rhetorum sermo in causis hunc liberat, hunc condemnat Alb. Lond. *DG* 9. 3; tociens hoc et illud feci [ME: *þis & þis*] *AncrR* 122; Wycl. *Ver.* II 135 (v. habilitare 3b). **b** ut illis, qui sciunt, ad memoriam tanti viri nota revocandi fiat, his vero, qui ignorant, velut late pansae viae indicium notescat Felix *Guthl. prol.* p. 64; dum intueor illud, quod perdidi, fit hoc gravius, quod porto Bede *HE* II 1 p. 74. **c** hi jejunant . ., illi caritatem . . perficiunt Gildas *Ep.* 3; acerbior fletus monachos et inopes cruciabat; hos quia pastorem . ., illos quia . . se in eo perdidisse adverterant . . vite subsidium Eadmer *V. Osw.* 37; concurrunt . . Romani ut eum ab hostibus eripiant; concurrunt autem Britones ut Bosoni auxilientur. . . fit turbatio dum hi [v. l. hii] ducem suum liberare, illi eundem retinere, conantur G. Mon. X 4; has [i. e. *of poetry*] mea mens et eas [i. e. *of office*] admittere nescia curas / insimul hinc alias mox revocata venit L. Durh. *Hypog.* 66; labor et requies ineunt in corpore bellum, / augit hic, illa fovet, hic fugit, illa manet J. Sal. *Enth. Phil.* 542; illa [sc. insula] enim Tylis, hec Tyle vocatur Gir. *TH* II 17 p. 100; erant . . qui audiebant eum quidam pii, quidam etiam impii auditores. et pii . . verbis ejus suaviter pascebantur, impii vero eisdem graviter urebantur; porro nullus vel horum vel illorum ausus est interrumpere W. Newb. *Serm.* 823.

2 hic [CL]

1 here, in this place; **b** (in doc. or lit. work).

cernitur hic etiam palmeti dactilus Aldh. *VirgV* 1598; hic . . requiescit . . Augustinus Bede *HE* II 3; **825** quae hic in nostra propria gente peracta sunt (*Cloveshoe*) *CS* 384; cum de aliquo queritur . . 'ubi sit' et 'num sit hic' Balsh. *AD rec.* 2 126; eamus ut illic invenias quod te credis hic vidisse Map *NC* IV 16 f. 59; anima . . simul et semel non potest esse in eodem instanti et hic et ibi totaliter secundum sui essentiam J. Blund *An.* 301; *Ps.*-Gros. *Gram.* 59 (v. hac 1a). non . . est transmutatio hic et nunc nisi quia inest individuo existenti hic et nunc Kilwardby *OS* 204; **1332**, etc., essendi hic (v. 2 esse 6d); **1333** (v. feoffare 1a); hic, A. *here WW*. **b** hic sane vel antea concludenda erat . . historia Gildas *EB* 37; multa memoratu digna . . e quibus hic aliqua breviter perstringenda esse putavi Bede *HE* V 12 p. 303; **875** his testibus . . quorum ic nomina . . in scedula caraxsantur *CS* 539; Gir. *IK* II 7 (v. excerpere b).

2 here on earth; **b** (contrasted w. *illic* in comparison of earthly life w. life to come).

†604 (12c) sit damnatus . . hic et in aeterna saecula *CS* 3; **a802** hic semper non erimus Alcuin *Ep.* 243; **†858** (12c) cunctis agendum est ut hic bonis actibus futurae beatitudinis felicitatem adipisci mereantur *CS* 495; Osb. Bawdsey clxxiii (v. delitescere c); Pull. *Sent.* 999B (v. edacitas a); per aliquid malum quod hic [ME: *her*] est *AncrR* 62. **b 797** (v. gerere 9a); licet hic laici homines fuerimus, / illic docibiles et docti erimus *G. Ed. II Bridl. prol.* 26; ad hunc finem attingere non potest homo per legem nature, que circa adepcionem virtutum omnes vires suas consumat hic in terra, dum finis iste non nisi in celis poterit reperiri; illic enim non ascendit lex nature Fortescue *NLN* I 44.

3 hither, to this place, or (?) *f. l.*

1289 mandatum est Gilberto . . quod mittat recordum hic [*sic* MS; *but* ? l. huc] *State Tri. Ed. I* 4.

4 (in phr., *hic intus*, repr. OF *çaienz*).

'requiro misericordiam . . et vestram et conventus hujus cenobii' (vel eciam magis usualiter sic: 'et conventus de hic intus') 'ut . .' Gallice vero sic: *'je requer la misericorde . . le covent de ciens' Cust. Cant.* 255.

hichacum v. issaccum. **hicor** v. ichor.

hicticus [Ar.], sort of ship.

1457 tu [habes] naves, nos ~os (*Lit. Soldani*) *Reg. Whet.* I 270 (v. dromo).

1 hida [AS *hīd*]

1 hide, unit of arable land, esp. in central, S., and E. England, used in assessment of royal tax (sts. equated w. *carrucata* and now usu. considered to be equivalent to 4 virgates or 120 acres; but its extent was subject to wide local variation; *cf.* F. W. Maitland *Domesday Bk & Beyond*, essay III). **b** (determined by ref. to other measurements of area). **c** (as subj. w. ref. to tax); **d** (w. ref. to rent or customary service or sim.). **e** (?) total area of land considered in assessment of hidage; *cf. Cust. Rents* 115–6.

†725 (12c) Brente x ~as, Seweie x ~as, Piltune xx ~as *CS* 142; **†832** (13c) concedo . . xxxii ~as de patrimonio meo. . . addo terram octo hydarum nomine Cuniland (*Test.*) *CS* 402; **c1070** cum dimidia terre hijda *Cart. Mont. S. Mich.* 1 (= ib. 2 [cf. *Regesta* 208]: hyda [v. l hidia]); **a1071** me concessisse . . monachis Westmonasterii manerium . . de Aldenham de x viz. ~is *Regesta* 53; **a1084** etc. (v. geldum 3a); in Exesse est j ~a quae juste ad hoc manerium pertinet *DB* I 9ra (*Kent*); regale manerium fuit, sed non fuit per ~as distributum *Ib.* 39va (*Hants*); in Latesberie tenet episcopus Lisiacensis . . j ~am v pedes minus *Ib.* 145ra (*Bucks*); hundret' . . in quo jacent ccc ~ae *Ib.* 172va (*Worcs*) (cf. *CS* 1137); de unaquaque ~a terrae libera vel villana quae ad aecclesiam de W. pertinet debet episcopus habere . . j summam annonae *Ib.* 174ra (*Ib.*); **s1085** rex . . Willelmus de unaquaque ~a . . vj s. accepit Fl. Worc. II 17; **1105** me concessisse . . terram aliam ij ~arum, de xijxx acris *Chr. Abingd.* II 56 (= *Regesta* 702); si accusetur inde adlegiet se per lx ~as [AS: *sixtigum hidum*] (*Quad.*) *GAS* 57; de omni ~a [*gl.*: carruca; AS: *æt ælcere hide*] (*Ib.*) *Ib.* 294 (cf. ib. [*Inst. Cnuti*]: de unaquaque hyda, i. *suling*); *GAS* 461 (v. assurgere 3); *Ib.* 556, 559, etc. (v. Danegeldum); **1130** do . . monachis [de Conchis] unam †hydram terre adjacentem ecclesie, et aliam †hydram que vocatur Douresel (*Ch. Hen. I*) *Gall. Christ.* XI 131; **1130** ut rex perdonaret ei superplus ~arum de manerio de B. *Pipe* 106; *Ib.* 123 (v. geldare 3c); Ethelwulfus . . in omni sue hereditatis decima ~a pauperem . . cibari precepit W. Malm. *GR* II 113 (= Ciren. I 330: in decem †hedis vel mansionibus, cf. M. Par. *Maj.* I 86: in decem hidis; cf. *CS* 468 [**854**]); Ord. Vit. VIII 8 p. 311 (v. carrucata 3a); **a1154** (1318) concessit . . Fifhidam in Dorseta . . unam hidriam apud Wapeleiam . . unam hidriam de Lasseberga *CalCh* III 378; **s1008** fecit rex parari per totam Angliam ex trecentis et decem ~is navem unam, et ex octo ~is loricam et galeam; ~a . . Anglice vocatur terra unius aratri culture sufficiens per annum H. Hunt. *HA* VI 4; **s1085** misit . . rex . . justitiarios suos per unamquamque scyram . . Anglie et inquirere fecit . . quot hyde, id est jugera uni aratro sufficientia per annum, essent in unaquaque villa et quot animalia *Ib.* 36 (cf. M. Par. *Maj.* II 18: de uno quoque aratro, id est hyda terre . . vj s. cepit); **c1156** unam hildam terre apud Warham *Act. Hen. II* I 168; **c1160** concedo . . in Berchesira apud Heinreit vij hyddas terre *Ib.* 262; in provincia Lincolnie non sunt hyde . . sed . . sunt carucate terrarum, et non minus valent quam hyde H. Albus 72; **s1198** de unaquaque carucata terre sive hyda R. Howd. IV 46 (v. auxilium 4a); **1241** non constat nobis utrum assideris dictas c m. per ~as comitatus secundum numerum ~arum que inveniuntur in villis vel secundum ~as antiquitus assisas in predictis villis *KRMem* 20 m. 7; **s1286** solutum est scutagium . . ad quod una hyda de F. . . solvit viij s., et nos [sc. solvimus] pro iiij hydis Willelmi P. xxxij s. . . predicte v hyde faciunt servitium j militis *Ann. Dunstable* 326; [provincias] fecit W. Conquestor describi et per hydas sive carucatas dimetiri Higd. I 49 p. 90 (= *Eul. Hist.* II 154: †hedas); **s1264** rex . . Alexander . . pro succursu regis Anglie . . iij homines de qualibet hyda connumeravit in expeditione Fordun *GA* 58. **b** ibi sunt vij ~ae et una car' terrae et una bovata; in unaquaque ~a sunt xiiij car' terrae et dim. *DB* I 235va (*Leics*); Ogerus Brito tenet in Cilebe de rege ij partes j ~ae, id est xij car' terrae *Ib.* 236ra (*Ib.*) (*cf. EHR* V 97); **c1125** dim. ~am in qua sunt xvj bovate in Bedintona, viz. viij b. de inlanda . . et viij bovate de warlanda *Cart. Burton* 35; octo . . virgate unam ~am faciunt *Chr. Battle* f. 15; sicut ab ipsis [sc. ruricolis] accepimus, ~a a primitiva institutione ex c acris constat. hundredus vero ex ~arum aliquot centenariis, set non determinatis *Dial. Scac.* I 17; **c1185** ex hac ~a habetur j carrucata terre in dominio, alia pars assisa est ab istis hominibus *Rec. Templars* 53 (*Wilts*); do . . dim. ~am terre . . de meo feudo de Wuttone . . et si in illa dim. ~a non sit perfecta una carucata terre tantum desuper plus ibi apponam quod plenam et perfectam carucatam habebunt *Ib.* 196 (*Bucks*); **1222** in manerio Berling' [*Essex*] . . ~a continet sexcies viginti acras; iiij virgate faciunt ~am, et xxx acre faciunt virgatam *Dom. S. Paul.* 64; hujusmodi terre defendunt xx acras pro una virgata, set ~a manerii computabilis constat ex vijxx acris [*Navestock, Essex*] *Ib.* 81; **12..** ad totam . . villam [*Elton, Hunts*] pertinent xiij ~e, quarum quelibet ~a continet in se vj virgatas, et quelibet virgata continet viginti quatuor acras *Cart. Rams.* I 490; **c1245** hidagium pertinens ad Rameseiam: . . Upwode cum Ravele [*Hunts*]: x ~e; xx acre faciunt virgatam; iiij virgate faciunt ~am. Wistowe [*Hunts*]: viiij ~e, cum Ravele; xxx acre faciunt virgatam; iiij virgate faciunt ~am. Broughtone [*Hunts*]: sunt ibidem viij ~e; xxxij acre faciunt virgatam; et vj virgate et dim. faciunt ~am. . . soca de Slepe [*Hunts*]: xx ~e; xvj acre faciunt virgatam; et v virgate faciunt ~am. Hougtone cum Wittone [*Hunts*]: xiiij ~e apud H.; xviij acre faciunt virgatam; sex virgate ~am [etc.] *Ib.* III 208; Bernewelle [*Northants*]: vj ~e; xxvj acre faciunt virgatam; vij virgate faciunt ~am *Ib.* 211; Cranfelde [*Beds*]: x ~e et dimidia virgata terre; xlviij acre faciunt virgatam; iiij virgate faciunt ~am *Ib.*; Shittlingdone cum Pekesdene [*Beds*]: xxiiij ~e et j virgata et dim. . .; xij acre faciunt virgatam; iiij virgate faciunt ~am; et de hiis sunt x ~e et dim. . . libera *Ib.* 212; Therfelde [*Herts*]: x ~e; lxiiij acre faciunt virgatam; et iiij virgate faciunt ~am. . . Laushulle [*Suff*]: x ~e; l acre faciunt virgatam; iij virgate ~am. . . Brauncestre [*Norf*]: x ~e cum Holme; xl acre faciunt virgatam; iiij virgate ~am. . . Ringstede [*Norf*]: vij ~e; xxx acre faciunt virgatam; iiij virgate ~am *Ib.* 213; Gravele [*Camb*]: v ~e preter dominicum; et sciendum quod vij virgate faciunt ~am liberam; vj virgate et dim. et quarta pars unius virgate faciunt ~am de villenagio; xx acre faciunt virgatam de villenagio; et nescitur quot acre faciunt virgatam liberam *Ib.* 214; **1258** ~a ibi [*Lawshall, Suff*] non continet nisi solummodo ij virgatas et j quarterium terre *SelPlMan* 56; **1279** ad totam . . villam [*Elton, Hunts*] pertinent x hyde . . quelibet hyda continet v virgatas et quelibet virgata . . xxiiij acras *Hund.* II 630b; ad totam . . villam [*Elton, Hunts*] pertinent xiij ~e . ., quarum quelibet ~a continet in se vj virgatas terre, quelibet virgata . . xxiiij acras *Ib.* 656a; **1284** quatuor virgate seu wyste faciunt j hydam; quatuor ~e faciunt j feodum militis *Cust. Battle* 100; **1289** est ibidem j ~a terre que vocatur Derhide, et continet in se lx acras terre arrabilis . . et certus visus valet per annum ij s. *Cart. Boarstall* 543; **1297** terra hydata in Thorp': . . hyda in hoc manerio continet vijxx acras terre (*Rental, Walton*) *MS Essex R.O.* D/DHw M1 m. 3; **1329** concessionem . . de iij virgatis terre, que appellantur libera ~a in Bereford [*Warws*] quietis de . . scutagio [etc.] *MonA* II 832. **c** *DB* I 56vb, etc. (v. defendere 4c); *Ib.* 168ra (v. geldare 3b); ij ~ae geld' *Ib.* 253ra (*Salop*); **1128** in Flettuna adquietant v ~e ad geldum regis, set in primis non fuit nisi ad iij ~as *Chr. Peterb.* app. 165; **c1154** precipio quod x ~e de Horsleya se acquietent pro vij ~is de omnibus geldis *Act. Hen. II* I 73. **d 1222** quelibet istarum ~arum debet arare viij acras . . *Dom. S. Paul.* 42; **1283** quelibet dim. ~a debet ad Natale j gallum et iij gallinas *Cust. Battle* 27; **1285** debet quelibet ~a que continet iiij virgatas terre facere j cupham . . et j alveum *Cust. Wadhurst* (cf. *Cust. Suss.* II 36); **1297** omnes isti predicti tenent j hydam, faciendo in omnibus sicut alia hyda predicta facit (*Rental, Walton*) *MS Essex R.O.* D/DHw M1 m. 2. **e 1251** (v. hidare a); eandem virgatam terre . . fraudulenter posuit extra ~am *Cart. Rams.* I 334; terre que sunt extra ~am et que non dant hydagium *Ib.* 440.

2 *s. dub.*

1384 iste sunt parcelle hydarum faciendarum circa hayam de C. in foresta de Maccl[esfeld] per dominos et parcenarios diversarum villarum hundredi ibidem, ut patet inferius; et primo de sepe proxima *le nesset*, ascendendo versus *le okencloghende*: Adlynton' incipit apud *le holghlegh* et profic' xx perticat', Chelleford proxime post de eadem sepe profic' xx pertic', . . Chedle proxime tunc habet ij hydas et profic' xx pertic' . . . iterum, Chelleford apud *le okenclogh* ascend' versus *le lekkeddes* profic' xv pertic' . .; et sic terminatur illa hyda continens rodas cclxxv per majus centum. haya apud Bradeshagh . . terminatur . . continens rodas c per majus centum. summa totalis dictarum trium haiarum: iiijcvxxxj [sc. perticate] per majus centum *RentSurvR* 898 r. 1 (cf. ib.: media haya: Chedle incipit ad Tristram F. descendendo et facit ij hydas et profic' xl pertic').

2 hida v. hitha.

hidagium [ME *hidage*], hidage, royal tax on land; *cf. Cust. Rents* 115–120 & *carrucagium*. **b** (?) 'fulsting-pound', composition for amercements in hundred court; *cf. Cust. Rents* 177–184, *Cart. Rams.* II 22. **c** area subject to hidage. **d** *s. dub.* (? = *hida*).

†948 (14c) volo quod . . monachi sint quieti . . ab omni . . †hydagro *CS* 872 (= *Croyl.* 35: hydagio); **?10.** . quieti . . de . . pedagio, lastagio, haydagio . . et omnibus geldis *Couch. Selby* II 19 (= *MonA* III 500a: hydagio); **1071** concedo . . leugam . . quietam ab omni geldo et scoto et ~iis et danegeldis *Regesta* 58; **?a1112** sint liberi de siris et hundredis et hildragiis [etc.] (*Ch. Hen. I*) *AncD* A 7575 (cf. *Regesta* 1012); **a1178** omnes . . possessiones . . liberas . . de sciris . . et assisis et ~iis [v. l. hidrigis] *Act. Hen. II* II 104; **c1180** (1464) quod . . monachi . . sint quieti ab omni scotto et gilledo . . et hisdagio et danegildo *Pat* 509 m. 12; **a1188** (1330) libera . . ab omnibus geldis, . . hedagiis [etc.] *CalCh* IV 193; **1198** etc. (v. carrucagium a); **a1200** per servitium quod terre prescripte debent annuatim ad hundredum de T., sc. per servitium iiij d. de ~io et unius sive de *foddercorn* annuatim reddendorum ad hundredum *Kal. Samson* 95 (cf. ib. xxxix); **1214** (v. Danegeldum); **1227** heres Roberti de Ferariis debet de carucagio et ~io de Waneting' quantum pertinet ad xviij hidas . ., sc. liiij s., . . sc. pro qualibet hida iij s. *LTRMem* 10 m. 8*d.*; **1234** cum hudagium acciderit, dat quantum pertinet ad unam virgatam terre *Cust. Glast.* 155; **1251** hydagium (v. carrucarius 2a); **1255** Simon de P. tenet . . ij hidatas terre et dim. . . et recepit ad opus suum proprium de ~io v s., set nescitur quo varanto *Hund.* I 29b; **1258** Rogerus de C. queritur . . de arrer' redditus et ~ii per iiij annos retent' *SelPlMan* 53; **1275** (v. geldum 3b); **1276** abbas de Rames' capit hydag' in predictis villis quando currit *Hund.* II 630b; **1356** expense apud Drayton' . . in ~io xv d.; in xva domini regis vij s. ix d. *Ac. Obed. Abingd.* 8; **1425** de redditu in A. cum ~io . . hoc anno *Ambrosden* II 249. **b 1276** tenentes in predicto manerio [*Chadlington, Oxon*] debent vij d. de *wardpeni* et xiiij s. de hidag', ut sint quieti de misericordia in hundredo ante judicium per vj d. et post judicium per xij d., et de turno vicecomitis xij d., et de visu franci plegii ij s. de certo *Hund.* II 731b; omnes tenentes sui dabunt xxij s. de hidag' ad festum Annunciacionis B. M. . . et xxij s. ad festum Nativitatis B. M., ita quod, si aliquis qui fuerit in hidag' fuerit amerciatus . . dabit vj d. ante judicium et post judicium xij d., viz. in hundr' de Chadelinton' *Ib.* 740a; donant hydag' pro pulchr' placitar', viz. vj d. ante judicium et xij d. post judicium *Ib.* 783a. **c c1245** ~ium pertinens ad Rameseiam (v. 1 hida 1b); **1276** si aliquis qui fuerit in hidag' fuerit amerciatus *Hund.* II 740a (v. b supra). **d** his diebus [abbatis R., ob. **1097**] raro

a quoquam decima messium .. in abbatia ipsa dabatur, sed aut de ~io xl manipuli .. aut decima sue culture acra porrigebantur *Chr. Abingd.* II 25; Stone [*Bucks*]: .. redditus resolutus Johanni Verney, militi, et heredibus suis imperpetuum pro hidag' p. a. v s. viij d. *Val. Eccl.* II 219b.

hidare, to assess (land) for hidage.

DB I 209 (v. defendere 4c); Aluredus rex .. primus coronatus terram ~avit, Danos stravit R. NIGER *Chr. II* 138; **1244** omnes terre hydate, preter dominicum et terras liberorum, dant ad auxilium vicecomitis *Cart. Rams.* I 456; **1251** tenet ij virgatas terre, unam hydatam, et aliam extra hydam. .. H. vicarius tenet dim. virgatam terre hydatam ..; dat hydagium *Ib.* I 309; **1276** terram de Hospitelariis in dicta villa que non est ~ata et est libertas in omnibus *Hund.* I 7a; **1297** terra hydata (v. 1 hida 1b).

hidarius, tenant of hide-land, prob. owing service.

1222 isti sunt hydarii de Torph: Willelmus G. .. tenet dim. hidam pro x s. pro omni servicio ..; Radulfus de L. .. j hidam; .. Godricus .. x acras *Dom. S. Paul.* 41; **c1260** (c1375) idem debet cum aliis ~iis cooperire unam grangiam domini ad frumentum de stipulis virgis, et harcis domini *DC Chich. Liber* P f. 84v.; **c1283** Fulcherus [cotarius] debet opus j hominis per j diem in prato domini et comedere cum ~iis *Cust. Battle* 35.

hidata, (land contained in) hide.

s1192 una plena ~ata terre .. tradita est cuidam civi Wintonie DEVIZES 38v.; **1199** (v. carrucata 3a); **c1230** Willelmus Porcarius tenet dim. ~atam terre pro x s. *Doc. Bec* 72; **1255** tenet .. iij ~atas terre preter dim. virgatam terre et sunt geldabiles redduntque viiij s. et ix d. de hidagio *Hund.* I 29b; **1294** j ~atam terre .. continentem iiij^{xx} acr' terre *IPM* 68/6; **1364** Johannes .. tenuit .. in .. villa de Rikmersworth dim. ~atam terre continentem xxx acras terre .. per servitium militare, que .. ~ata terre .. fuit parcella de .. mesuagio vocato le More *G. S. Alb.* III 10.

hidemanlandum [ME *hidemanlond*], hide-land, prob. held by service.

?**1466** de xij d. de j ~o arentato Johanni S. (*MinAc*) *Econ. Condit.* app. 93.

hidemannus [ME *hideman*], tenant of hide-land, prob. owing service.

1351 (v. 2 coterellus a); **1368** redditibus x cotmannorum in opere et censu et v hydmannorum in opere (*MinAc*) *Econ. Condit.* app. 84; **1381** agistamento per terram, viz. de virgatario, x d.; cotmanno, j d. ob., et hidmanno, ij d., *Ib.* 113; ?**1466** de .. ij ~is in opere *Ib.* 90.

hidgildum [AS *hydgyld*], payment in lieu of flogging.

si liber festis diebus operetur, perdat libertatem .. servus perdat corium suum, vel ~um [v. l. hyngildum] (*Quad.*) *GAS* 133.

hidia v. 1 hida 1a.

hidlandum, hide-land.

1381 pro j ~o in opere .. xij d. (*MinAc*) *Econ. Condit.* app. 108.

hidria v. 1 hida 1a, 2 hydria. **hidrig-** v. hidagium. **hidrius** v. hydrus.

hidwarium, hidage or (?) *f. l.*

a1150 hec omnia .. teneat libere pro dando hidwarium [*sic* MS; *but* ? l. hundredi denarium] et *wardpeny Doc. Bury* 120 (cf. BRAKELOND 136v.–137 [**s1191**]).

hieda v. hitha.

hiemaculum, winter house.

OSB. GLOUC. *Deriv.* 277 (v. hibernaculum); *a wyntir haule*, hibernium, hibernaculum, ~um *CathA*.

hiemalis [CL]

1 of or belonging to winter; **b** (fig.).

quasi post ~em ac prolixam noctem GILDAS *EB* 12; ~i et nivali tempore *V. Cuthb.* II 2; fugit Aquilo pigritiae ~alis et venit Auster aestivae fructificationis GOSC. *Transl. Mild.* 1; nox hiemalis enim tribus est par longa diebus NIG. *SS* 1413; GIR. *TH* I 20 (v. 1 ecstasis b, exilium 1c); cum fragilis sit glacies Aprilis et fragilis appareat, et glacies hyemalis fortis videatur S. LANGTON *Serm.* 2. 2; a solstitio hyemali BACON *Tert.* 202; **1470** cum focalibus et candelis tempore yemali necessariis *Pri. Cold.* 218; jemalis *CathA* (v. hiemicula). **b** sancti ~i quod instat mundi tempore in terre penetralibus dormientes .. ad .. archangeli vocem emergent GIR. *TH* I 19.

2 (fig., of person) cold, frosty (in manner).

non sis hyemalis amicis, / causidici more mutans quadrata rotundis D. BEC. 1505 (cf. Hor. *Ep.* I 1. 100); esto vernalis .., non hyemalis *Ib.* 1839.

3 assoc. w. or for use in winter season: **a** (buildings); **b** (fields or sim.); **c** (crops, esp. w. ref. to sowing); **d** (agric. produce); **e** (customary payments, works, or sim.); **f** (clothing, esp. w. ref. to liveries); **g** (mil., w. ref. to rations); **h** (w. ref. to liturg. book or sim.).

a **795** illius ignoro .. ~em mansionem ALCUIN *Ep.* 49; molinum ~e *DB* I 255v. (v. aestivus b). **b** **1270** de pastura iemali ad bidentes .. vendita xl s.; de eadem pastura in estate .. vendita ix li. xiiij s. *Ac. Stratton* 31; **1284** culturam yemalem (v. 1 cultura 1b); **1341** pastura ~i *MinAc* 1120/11 r. 19; **1366** seminavit tam vesturam yhemalem quam vernalem *Hal. Durh.* 57. **c** **1211** r. c. de lxj quar. ij buss. ordei heimalis; in semine cvij acrarum xxxvj quar. *Crawley* 198; **1211** etc. (v. hordeum 1b); **c1230** J. H. .. arabit tam ad semen hyemale quam ad quadragesimale j acram et dim. radam *Cust. Waltham* f. 197v.; **1258** si .. blada yemalia .. seminaverint *Reg. S. Bees* 349; **1325** tempore seminis iemalis *Rec. Elton* 289. **d** **c1300** de vj s. iij d. receptis de caseis yemalibus venditis; et de xv s. de v petris casei estivalis venditis *FormMan* 30; **1351** de lacte yemali nichil quia in caseo *Rec. Elton* 367. **e** **1211** in precariis hyemalibus de xiij carucariis xiij d. *Crawley* 198; **c1300** summa operum yemalium *FormMan* 27; **1356** de dono yemali (v. donum 3d). **f** allutarius percipiet de coquinario, ad opus famulorum suorum, .. quando sc. botas parat yemales, xxx d., totidemque .. dum botas preparat estivales *Cust. Westm.* 74; **1286** A. cissori .. ad dandas palifridariis regis custodientibus equos suos .. tunicas ~es ad novum donum suum per preceptum regis *Rec. Wardr.* 117; pro calciamento suo ~i *Ib.* 893; **c1390** (v. aestivalis d); **c1420** Johanni .. portanti vesturam ~em pro ij armigeris domini prioris *Ac. Durh.* 617; **1448** togam cum capucio .. de corrodio yemali .. regis et .. togam .. de corrodio estivali .. regis *Test. Ebor.* III 107. **g** **s1298** ad transigendam inibi ratam hyemalem FORDUN *Cont.* XI 29. **h** **1245** omelyarium yemale (v. homiliarius b); **1396** (v. aestivalis d).

hiemare [CL]

1 to pass the winter (esp. mil.). **b** to take up winter quarters. **c** to stay, remain. **d** to hibernate.

798 si .. regi placuisset ut tibi licuisset apud S. Amandum ~are .. ALCUIN *Ep.* 156; hyemaverunt ÆLTHELW. IV 3 (v. equestrare); ad .. optatum .. litus cum multis navibus ~aturus appulit ABBO *Edm.* 7; ~are, in hieme demorari, quod et hibernare dicitur OSB. GLOUC. *Deriv.* 277; deinde †hiemuit [v. l. ~avit] Cesar in Britannia G. MON. IV 10; acrius ignescit hyemans contactus ab igne D. BEC. 55; in Anglia usque ad Natale Domini hyemavit FORDUN *Cont.* XI 29; hyemo, A. *to wyntry WW*. **b** naves deducunt .. funalia domibus includunt, hyemandi signum OSB. BAWDSEY clxvii. **c** in quo loco ~averunt integro anno ASSER *Alf.* 84; *demorer*, morari, percunctari, perhendinare, .. ~are *Gl. AN Ox.* 154v. **d** [ciconie] brumali tempore in fundo fluminum ~antes GIR. *TH* I 19.

2 to be wintry (also fig.).

patria vernalis, non est per secula talis; / .. / non hyemant in ea pluvie, nix, fulgura, grando D. BEC. 235; perfectio versificatori non hyemet, non estivet, non noctescat, non diescat sine astronomia GERV. MELKLEY *AV* 214.

3 (trans.): **a** to entertain (guest) in winter. **b** to keep (animals) in winter.

a ~ati sunt hi a comite Baldwino in Flandriam, illi vero a rege Dermodo in Hiberniam *V. Ed. Conf.* f. 44. **b** bovettos suos habebit cum bovettis domini in pastura quiet' de herbagio omnes quos ad domum suam poterit yemare *Cust. Bleadon* 206; **1256** vacce .. si in parochia .. in qua pascebantur fuerint hyemate .. *Conc. Syn.* 511; **1341** de xij d. oneratis super compotum de pastura hiem' xxxij bidencium bercar' ~atis (*sic*) in pastura domini *MinAc* 1120/11 r. 19; *wyntryn, or kepynge a thynge al the wynter*, yemo *PP*.

hiematio [CL], passing the winter. **b** keeping (cattle) through the winter.

OSB. GLOUC. *Deriv.* 272 (v. hiems a). **b** **1341** de ~one ij boum (v. computus 2d).

hiemicula, spell of wintry weather.

hiemcula OSB. GLOUC. *Deriv.* 272 (v. hiems a); *a wynter*, bruma, .. yems, jemalis, hibernus, ymber, ~a *CathA*.

hiemiplenium, (as calque on AS *winterfilleth*).

Winterfilleth potest dici composito novo nomine ~ium BEDE *TR* 15.

hiemisperium v. hemisphaerium.

hiems [CL], winter; **b** (fig.); **c** (personified). **d** (~*s magna*, astr.) great winter.

nunc tempus .. in quo .. operari potes ne fiat fuga tua ~e vel sabbato GILDAS *EB* 31; ingruit .. fera tempestatis ~s BEDE *HE* V 1; navigaverunt totum gemem a natale S. Andreae .. usque una hebdomada ante pascha HUGEB. *Will.* 4; in ~e .. ubi nives sub gelido septemtrionis arcto in vij ulnas consurgunt *Lib. Monstr.* I 9; *DB* I 1 (v. aestas a); ~s .. inde hec hiemcula .. et hiemalis .. et hiemo .. i. in ~e demorari .. et inde hiematus, et hiematio OSB. GLOUC. *Deriv.* 272; D. BEC. 2793 (v. autumnus a); hec .. piscium genera in estate tantum et nunquam in ~e comparent GIR. *TH* 10; hyemps .. facit pulsum tardum .. . inhabitantes .. in frigida [regione] pulsum habent similem hyemali BART. ANGL. III 24; illa .. pars anni que cuique regioni frigidior est et humidior eidem est ~s, habens nebulas et vapores conglobatos et pluvias et nives apta magis feriationi quam labori GROS. *Hexaem.* V 12 p. 173; *Id. Comp.* 25 (v. hemisphaerium 2); **c1248** in yeme (v. 2 bota); hyemps .. incipit quando sol intrat primum gradum signi Capricorni, et continet 89 dies et 7 horas cum 49 minutis, hoc est a 22 die Decembris usque ad 21 diem Marcii BACON V 80; **1334** a festo S. Martini in ieme prox' *RScot* 264b; **1371** in festo S. Martini in yempe *SessPLincs* 154; sic estas in yemen labitur et yemps vergit in estatem FORTESCUE *NLN* II 35; in hac insula due sunt estates et due yemes *Itin. Mand.* 116; hic yemps, A. *wyntyre* .. hic yems, *wyntyre* .. hic iems hec bruma, *wynter WW*. **b** nobis yemps ver amenum / .. / dum faveret sors P. BLOIS *Carm.* 9. 4. **c** tum glacialis Hiems respondit voce severa .. ALCUIN *Carm.* 58. 13; **s1257** M. PAR. *Maj.* V 660 (v. decoquere 3b). **d** magnas hyemes et aestates ROBYNS *Com.* 51 (v. aestas b).

hiena v. hyaena. **hiera** v. hieros.

hieracion [CL < ἱεράκιον], wild lettuce.

~ium .. *may be called in Englishe greate haukweede or yealowe succory* TURNER *Herb Names* D5.

hieracitis [CL < ἱερακίτης], a precious stone.

Didonem letus sibi conciliasset Iarbas / si gerarchitis non caruisset ope NECKAM *DS* VI 288; ~es est lapis qui, gestatus ab homine, non mordetur (*sic*) a muscis nec apibus infestatur BART. ANGL. XVI 102.

hieraculus [cf. ἱέραξ], small hawk, lanneret.

a laneret, .. ~us LEVINS *Manip.* 94. 1.

hieranoson v. hieros 1a.

hierarcha, ~us [ἱεράρχης]

1 prelate, bishop or archbishop. **b** ecclesiastical leader (in quot., Master of Hospitallers).

reverendus vir ~us Northanhymbrorum Wylfridus BYRHT. *V. Ecgwini* 380 (cf. ib.: Wylfridus archiepiscopus); dum .. ad sacrum appropriaret ierarchum inquit ..: "quid vis, domine mi?" presul ait .. LANTFR. *Swith.* 35; octo quod egregii domino sanxere ierarchi WULF. *Swith. prol.* 211; hic .. decet tuam paternam excellentiam, o Lundonicae metropolis ierarcha [Mauricius, episc. Lond.] GOSC. *Wulfh. prol.*; vidi .. ~am .. [sanctum] Yvonem *Id. Mir. Iv.* lxiv; **c1137** te valere .. desidero inter ~as ecclesie principaliter eminentem OSB. CLAR. *Ep.* 12 p. 78; ~a, sacer princeps OSB. GLOUC. *Deriv.* 292. **b** pro nulla marcha salvabitur ille hierarcha (J. BRIDL.) *Pol. Poems* I 156 (cf. ib. 157: *gl.*: i. magister Hospitalariorum).

2 (w. ref. to celestial hierarchy): **a** the Lord. **b** archangel.

a **957** (12c) celestis patrie ~us diversis gradibus sue largitatis largifluam donationem late distribuit *CS* 998; **1437** contentio .. quam inter discipulos agitatam supremus ~a Christus .. terminavit BEKYNTON II 39; **1440** quod annuat celestis ille iherarcha qui imperat universis *Ib.* I 135. **b** sub duce magnifico caeli Michahele ierarcho *Trop. Wint.* 35.

3 (secular) ruler.

9.. ierarchon, *heah landrica WW*; evangelice predicationis ~a Oswaldus rex fidelis et catholicus R. COLD. *Osw.* 56; rex imbecillis nec adhuc a plebe timetur; / .. / etatis tenere quia tunc erat ipse hierarcha .. (*Mors Simonis*) *Pol. Poems* I 227.

4 (as adj.) holy or (?) *f. l.*

affectemus .. normam ierarchi [*gl.*: i. almi; ? l. hieratici] patris et eximii [*gl.*: i. excelsi] patroni monachorum Benedicti ÆLF. BATA 5. 13.

hierarchia [ἱεραρχία]

1 holy rule, hierarchy; **b** (w. ref. to graded orders of celestial hierarchy); **c** (w. ref. to graded eccl. orders); **d** (secular); **e** (as title of book).

~ia, sacer principatus OSB. GLOUC. *Deriv.* 292; †yararoha, i. sacer principatus *Alph.* 195; *a gerarchy*, gerarchia, i. sacer principatus *CathA*. **b** quam odiosum est in homine, quod qui semper de ~ia celesti debuerat loqui, de hiera picra et hiera logadii disputare discit P. BLOIS *Opusc.* 804A; ad inmaterialem celestium ierarchiarum .. contemplacionem BART. ANGL. *praef.* p. 1; providentia .. per quam sicut unum principium in celo tribus ~iis, singulis secundum ternos ordines districtis, principatur, ita in terra .. AD. MARSH *Ep.* 247 p. 416; [virgo] quam qui motor est celorum / super trinam angelorum / ierarchiam collocat WALT. WIMB. *Virgo* 49; in his .. ~ie celestis distinguuntur officia R. BURY *Phil.* 1. 18; COLET *Cel. Hier.* 184 (v. diradiare). **c** †**972** (13c) summi praesidis Petri et Romanae ~iae .. animadversione .. damnetur *CS* 1258; ?**1236** sic et in ~ia ecclesiastica qui sacri principatus ordinem .. non deserunt .. propinquius rependunt etiam et mentis spontaneam devotionem et injuncte actionis executionem efficacius GROS. *Ep.* 36; **1253** Jesu Christi .. cujus typum et personam maxime gerit in ecclesiastica ~ia .. papa *Ib.* 128 (= M. PAR. *Maj.* V 389: gerarchia ecclesie); ecclesiastice ierachie vertex est ecclesie Romane antistes Petri successor PECKHAM *Paup.* 10 p. 46; nam quia clerus ibi nequit ipsis [i. e. angelis] assimilari, / ferre gerarchiam dat sibi terra suam GOWER

VC III 300; **1416** sancte religionis personas .. episcopali gradui subjectos juxta ordinem ecclesiastice ierarchie *Reg. Cant.* III 30. **d** **934** (10c) ego Athelstanus singularis privilegii ierarchia preditus .. rex *CS* 704 (= *MonA* I 60: gerarchia predictus); Europam, Lybien, Asiam, partes liquet esse / orbis . . . / hierarchia triplex ordine trina subest Neckam *DS* V 178 p. 444. **e** Dionysius .. de Eccelesiastica ∼ia Elmh. *Cant.* 135; **1443** ∼ia subcelestium (*Catal. Librorum*) *MunAcOx* II 766; item, celestem ∼iam divi Dionisii (*Catal. Librorum*) Ferr. *Kinloss* 44.

2 high ecclesiastical office.

∼ia ecclesiastica nisi aut claros abbates aut monachos religiosos fungi non permisit . . . beato igitur Athelwoldo .. in presulatu Wentonie promoto, .. Adel. Blandin. *Dunst.* 8.

hierarchice, hierarchically, by the holy orders.

1279 omnis monachus .. ∼e est inferior quocunque prefecto plebibus sacerdote Peckham *Ep.* 64; **1281** dicit B. Dionisius: 'hierarchis in hiis que agunt ∼e obediendum est' .. ergo .. obediendum est canonibus ∼e impositis, hoc est sacris arbitriis prelatorum *Ib.* 199.

hierarchicus, a of the celestial hierarchy, angelic. **b** of the ecclesiastical hierarchy; **c** (as sb. n.). **d** (as sb. m. ?) prelate.

a actionem .. amandi sequitur actio fruendi itemque gaudendi tandemque magnificandi atque laudandi qui est terminus ∼e actionis juxta Dionysium [*Eccl. Hier.* 5. 2. 3. 7] *Ps.*-Gros. *Summa* 449; turme melos jerarchice J. Howd. *Cyth.* 51. 4; hierarchia ecclesie militantis sequi debet ∼am disposicionem ecclesie triumphantis Butler 407; o unitas in substancia et triplex in deitate, ∼i jubilei gratulans glorificatio Ripley 7. **b** **1238** est enim vita monachica .. excellentior ordo, .. elevatus in speculationem intellectualem, et sacrorum principatuum perfectivis virtutibus comprehensus et divinis ipsorum splendoribus, et ∼is traditionibus edoctus Gros. *Ep.* 57 p. 174; in ∼os ecclesiastice institutionis ordines Ad. Marsh *Ep.* 247 p. 417. **c** quoniam secundum modum dicencium, quod aliquando ecclesia deberet esse sine principe et pastore, satis irrationabilem (*sic*) reputam, cum hoc totam policiam destruat et ∼um Ockham *Dial.* 798. **d** quidam ∼i Peckham *QA* 175 (v. contemplabilis b).

hierarchizari, to emulate the (celestial) hierarchy.

nam, ex quo mentem humanam docet idem Dionysius ∼ari debere ut in se habeat omnium ordinum correspondentes proprietates R. Marston *QD* 336.

hierarchus v. hierarcha.

hieraticus [LL < ἱερατικός], holy.

haly, agyos, almus, .. geraticus, sacer *CathA*.

hiereb-, hierib-, v. hierob-.

hierobotanum [ἱερὰ βοτάνη], vervain.

gerobotana, vel verbena, vel sagmen, *biscopwyrtil* Ælf. *Gl.* 134; ∼um, *easc þrote Gl. Durh.*; gerabotonum, quod multi peristerion aut verbenam dicunt, G. *vervayne*, A. *flegheuurt Alph.* 74; ierobotonon, bona herba Veneris idem, G. *verueyne*, A. *fleghewrt*; ejus succus cum lacte temperatus interficit mures *Ib.* 190.

hierobulbum [LL < ἱερόβολβος], (name of plant) (?) cowslip or autumn crocus.

hieribulbus, .. *greate wyrt Leechdoms* I 14; **10..** †beribalbum, *greate wyrte WW*; hierebulbum, *cusloppe Gl. Durh.*

hierochronographus, writer of sacred (*i. e.* ecclesiastical) history.

Franci, ut plures eorum hierocronographi [v. l. historiographi] testantur, B. Philippum apostolum suum specialem .. tenent *Croyl.* 83.

hierofalco [cf. ἱέραξ], kind of falcon.

sacrum falconem quem ∼onem dicunt Caius *An.* 23.

hieromartyr, holy martyr.

1171 o reverendum ∼em! o beatum pontificem! (*Lit. ad regem*) *Becket Mat.* VII 451.

hierophanta [LL < ἱεροφάντης], revealer of sacred mysteries, (pagan) priest.

cuncta Chaldeorum et ∼arum fantasmata Aldh. *VirgP* 35.

hierophilosophus, holy philosopher.

amicitie .. veritatem ieraphūs [*so most MSS.*; *T. James conj.* hierophilosophus; v. l. arciphilosophus] prehonorat R. Bury *Phil.* 2. 32.

hieros [LL < ἱερός]

1 sacred, *ἱερὰ νόσος*, the 'sacred disease', epilepsy. **b** (? by conf. w. *nox*) evil spirit, nightmare.

epilepsia .. dicitur hieranoson, de 'hiera', i. sacra, et 'noceo' .. quasi nocens partibus sacris, i. animatis, sc. capiti et cerebro Gad. 60. 1; yeranoxeon *Alph.* 195; gerenoxa *CathA* (v. epilepsia). **b** *nyhtmare*, epialtes, .. germoxa; *wycch, cleped nyȝtmare*, .. gerenoxa *PP*.

2 (as sb. f.) 'nostrum', usu. purgative; **b** (*abbatis de curia*). **c** (*Archigenis*). **d** (*hieralogodion*, ∼*logadii*); **e** (dist. as *memphitum*). **f** (*hiera pigra*, *ἱερὰ πικρά*); **g** (dist. as *Constantini* or *Galeni*). **h** (*hiera rufa*, *Ruffini*). **i** (*hiera Salerni*).

evacuabitur materia cum medicina fortiter trahenti, .. cum yeralo' vel pigra vel aliqua yera' Gilb. I 39. 1; *Ib.* VI 237. 1 (v. 2g infra). **b** yera abbatis de curia .. flegma et melancoliam .. purgat *Ib.* II 119v. 1. **c** mundificare cerebrum cum yera fortissima Gal', yeralog' vel cum yera Archigenis *Ib.* III 164v. 2. **d** ∼a logadii P. Blois *Opusc.* 804A (v. 2f infra); yeralo' Gilb. I 39. 1 (v. 2a supra); caro tyri in tyriaca .. et eleborus in ieralogodion Bacon IX 106; composita [evacuantia flegma] sunt diaturbirth, ierapigra Galieni, et ieralogodion acuitum cum pulpa colloquintide Gad. 69. 1; yera interpretatur sacra, inde yeralogo, yerapigra .. et yera rufini *SB* 24; yeralogodion, i. ad sermonem valens *SB* 44; geralogodion, A. *tryacle WW*. **e** yeralogodion menficum: 'yera', i. sacra, 'logos', id est sermo, .. 'menficum' i. impedimentum; curat enim impedimentum locutionis Gilb. I 44. 1; sumat in sero yeral' memphitum iij vel iiij pillulas *Ib.* VII 345v. 2. **f** de ∼a picra et ∼a logadii P. Blois *Opusc.* 804A (v. hierarchia 1b); purgetur cum pillulis aur' et de yerapigra simul junctis Gilb. II 122. 1; aloes in ierapigra Bacon IX 106; hyera pigra non .. detur in aliqua idropisi, quia in ea intrat aloe et .. nocet epati Gad. 34. 1; **1380** in pilulis xx d., in dim. li. de gira pigra xij d. *Ac. Durh.* 590; pilaur' et gerepegra *Invent. Med.* 68. **g** yerapigra Gal' magis purgat flegma in epate, yerap' Constan' magis in cerebro Gilb. I 34v. 2; yera pigra G. . . ; yerapig' Constantini valet ad visum clarificandum . .; prior yera plus competit in causis inferioribus, ista magis competit in causis capitis *Ib.* VI 237. 1; **1323** p[ulvis] yerapigre Gal', li. j et quart' j, precium iij s. ix d. *War. Issue* 482; si volumus facere .. attractivum de capite .. ponatur ierapigra Gal' Gad. 6v. 2; **1414** yera pigra Galiene ij unc., iiij d. *EschF* 1066/1. **h** cum .. purgativis .. medicinis .. ut .. yeraruf' Gilb. II 71v. 2; purgatur cum .. yera ruf' *Ib.* 111. 2; yeraruffini usualis *Ib.* VII 346v. 1 (v. alphiscabiosus); potest evacuari cum .. modico iere ruffini Gad. 16v. 2; purgetur cum .. ieraruffini vel ieralogodion *Ib.* 82. 1; *SB* 24 (v. 2d supra). **i** yera ruf' et yeralogo' aut yera Salerni Gilb. II 80. 2.

Hierosolimipeta, pilgrim to Jerusalem.

a Hierosolimipetis crucis signum aut coram gestatur in pectore aut in humero utrumque congruit H. Bos. *LM* 1331B.

Hiersolimita, inhabitant of Jerusalem.

conparatis ab Aegypto frumentis Hiersolymitarum necessitatibus largissime ministravit Bede *Act.* 971.

Hierosolimitanus, of Jerusalem.

dispersio ecclesiae ∼ae occasio fuit plures construendi ecclesias Bede *Cant.* 1090; Baldwino gratia Dei regi Jerosolimitano Anselm (*Ep.* 324) V 255; Jerosolimitanus patriarcha W. Malm. *Wulfst.* III 20; **1192** rediens a partibus Jherosolimitanis veni Beneventum ibique gravi infirmitate detentus, .. *Cart. Haughmond* 1228; ad restaurationem captivitatis ∼e *Canon. G. Sempr.* 78v.

Hierusalem [LL < Ἱεροσόλυμα < Heb.]

1 Jerusalem; **b** (in etymological explanation).

c**700** Hierusalim (v. habitator a); ignis .. qui .. Hierosolymorum moenia .. consumsit Bede *HE* I 15; Arcuulfus qui locorum gratia sanctorum venerat Hierosolymam *Ib.* V 15; etiam de Hierosolyma ab Elia patriarcha epistolas .. legimus Asser *Alf.* 91; Baldewino, gratia Dei regi Jerusalem Anselm (*Ep.* 235) IV 142; vos velle ire Jersolimam *Id.* (*Ep.* 264) IV 179; in hoc nomine Jerusalem ista quatuor inveniuntur: hystoria ut de civitate illa ad quam vadunt peregrini, allegoria ut militans ecclesia, tropologia ut quelibet fidelis anima, anagoge ut celestis Jerusalem Beleth *RDO* 113. 118 (v. et. 2b, c, d, e infra); a predicto exitu sermonis iterate edificacionis Jerusalem [cf. *Dan.* ix 26] usque Christi ducatum sunt lxx ebdomades Gros. *Cess. Leg.* II 8 p. 113. **b** ∼em dicitur visio pacis Bede *Cant.* 1127; ad patriam visionemque pacis summae, quod nomen ∼em significat, sumus revocati; ita dumtaxat ut interim in Hierosolima praesentis ecclesiae non piis laboribus exercentes, ad ingressum supernae ∼em, quae est mater omnium nostrum, ex tempore praeparemur *Id. Hab.* 1251 (v. et. 2a, d, e infra); ∼em, visio pacis *GlC Int.* 148; consulo .. ut dimittas illam Jerusalem, quae non est visio pacis sed tribulationis, .. et incipe viam ad caelestem Jerusalem, quae est visio pacis Anselm (*Ep.* 117) III 254 (v. et. 2b infra).

2 a (w. *mater*, w ref. to *Gal.* iv 26); **b** (w. *caelestis* or *novus*, w. ref. to *Heb.* xii 22, *Apoc.* iii 12, *etc.*); **c** (as type of faithful soul); **d** (as type of church militant); **e** (as type of church triumphant, heavenly city, heaven).

a de superna ∼em matre nostra multa per laudem decantat Bede *Tob.* 935; *Id. Hab.* 1251 (v. 1b supra); alleluia, leta mater, / concivis Hierusalem [*gl.*: que est superne (*sic*)] *AS Hymns* 55; in secreta requie Jerusalem superne matris *Canon. G. Sempr.* 38; ut mater nostra ∼em que gravissimo merore confecta est P. Blois *Ep.* 98. 308B. **b** per portas caelestis Hierusolimae gregatim graditurі Aldh. *VirgP* 22; fervebant in aedificio caelesis Jerusalem examina virginum Gosc. *Edith* (I) 59; novam Jerusalem *Id. Aug. Min.* 750A (v. designator); Anselm III 254 (v. 1b supra); Beleth *RDO* 113. 118 (v. 1a supra); in edificium celestis Jerusalem *Canon. G. Sempr.* 34v. **c** filias ∼em dicit animas patriae supernae desiderio flagrantes Bede *Cant.* 1106; Beleth *RDO* 113. 118 (v. 1a supra). **d** juxta allegoriam ∼em ecclesia Christi est toto orbe diffusa Bede *Cant.* 1142; *Id. Hab.* 1251 (v. 1b supra); Beleth *RDO* 113. 118 (v. 1a supra); ut reedificentur muri terrene nostre ∼em, quatenus ecclesia Blesensis ruinis deformata veteribus in optatam redeat novitatem P. Blois *Ep.* 78. 240B **e** Deus .. municipes faciat .. civitatis ∼em caelestis, hoc est, sanctorum omnium congregationis Gildas *EB* 110; Cosmam et Damianum .. quos in superno Hierusolimae municipatu praedestinatos et aethralis litteraturae albo descriptos Aldh. *VirgP* 34; qui in hoc saeculo quasi per tempus sex dierum salutem operari neglexerit, illo perpetuae quietis tempore de finibus ∼em beatae excludetur Bede *Act.* 942; Jesus Christus .. a superna ∼em ad nostra infirma descendit *Ib.* 962; *Id. Hab.* 1251 (v. 1b supra); redolens in omnes ut paradisus delectablis, ut Jerusalem desiderabilis Gosc. *Edith* 48; migravit ad beatam urbem sanctorum Jerusalem, .. ad aeternos amplexus desiderabilis filiae in Christo *Ib.* 275; omnes qui volunt ire Jerusalem necesse est hanc portare crucem *V. Chris. Marky.* 41; Beleth *RDO* 113. 118 (v. 1a supra).

hietare [CL], to gape repeatedly.

Aldh. *PR* 113 (v. frequentativus 1b)

higgaster v. hogaster.

higra [AS *ēgor*], 'eagre', tidal bore.

in eo [fluvio Sabrina] cotidianus aquarum furor .. venit . . . naute .. gnari cum vident illam ∼am, sic enim Anglice vocant, .. navem obvertunt W. Malm. *GP* IV 153.

hihare v. hyhare. **hijda** v. 1 hida 1a.

hilaramen, happiness, cheerfulness.

hilaro, i. letificare, .. et inde hilaratio et hoc ∼en et .. hilaris .. unde hilariter .. et hec hilaritas .. et hilaresco Osb. Glouc. *Deriv.* 273; *joy* .., helaramen, helaritas *CathA*.

hilarare [CL], to make happy, cheerful, or satisfied; **b** (w. ref. to facial expression).

949 (14c) miles .. Uhtred et dux modeste cum tellure Badecanwelle ∼atus *CS* 884 (= *Ch. Burton* 9); beati viri benedictione hylarati festinavit quisque armare se G. Mon. IX 4; Osb. Glouc. *Deriv.* 273 (v. hilaramen). **b** publice ducatis peragenda genis hilaratis [*gl.*: vultibus letis ..; esto letus in publicis negotiis] Garl. *Mor. Scol.* 444.

hilaratio, happiness, cheerfulness.

Osb. Glouc. *Deriv.* 273 (v. hilaramen).

hilarescere [CL]

1 to become happy or cheerful.

a**796** quam laete ex muneribus mens ∼it, tam tristis ex absentia vestrae beatitudinis ingemescit Alcuin *Ep.* 59; jocundantur et ∼unt Anselm *Misc.* 296; flet caro, mens gaudet; teritur caro, mens hilarescit Nig. *Paul.* 46v. 184; P. Blois *Opusc.* 913D (v. 1 feriatio a); **1248** ipsius munificentia clarius elucescit et ilarescit sinceritas devotorum *Mon. Hib. & Scot.* 50a; c**1269** ex hoc .. meus animus precipue ∼et (*AncC* V 93) *RL* II 333; ex ostenso .. sibi paterne consolacionis presagio ∼it corde *Mir. Hen. VI* I 9 p. 33.

2 to bring happiness.

c**796** forti animo toleranda sunt tristia quae accidunt, et moderata laetitia suscipienda quae ∼unt Alcuin *Ep.* 106.

hilaris [CL], happy, cheerful; **b** (w. ref. to facial expression or voice). **c** (quasi-adv.) in a state of happiness or satisfaction. **d** (transf., of cup) merry.

omni hora ∼is et laetus *V. Cuthb.* III 7; prospera hilaritate et ∼i prosperitate Anselm (*Ep.* 40) III 152; tandem ∼ior factus est et levior, ita ut post tres dies totus sanus fieret G. Mon. XII 4; jocundis illius alloquiis applaudere ∼e satis duximus R. Cold. *Godr.* 289; J. Sal. *Pol.* 726D (v. condegere); nulla temporis intemperies .. sanos et ∼es hic contristat Gir. *TH* I 33; **1214** fuerunt simul in domo sua .. et sicut fuerunt hillares simil sero venit quidam .. *CurR* VII 171; *Spec. Laic.* 58 (v. excessorius); Deus quasi hillarior factus est Walt. Wimb. *Elem.* 320; **1374** de contentis [in literis vestris] .. illari animo congaudemus *Pri. Cold.* 43. **b** repperi illam .. vultu ∼ariorem et velut sospiti similem Bede *HE* V 3; dixit .. ∼i vultu Wulf. *Æthelwold* 14; facie ∼i H. Bos. *Thom.* III 16; facies hilaris gaudia sepe facit J. Sal. *Enth. Phil.* 1448; solutus in risum ∼i voce in hunc sermonem prorumpebat G. Mon. VIII 23; wltum hillarem [ME: *swote chere*] *AncrR* 94; s**1399** obviavit eisdem ∼i vultu Thomas comes Warwyke *V. Ric. II* 156. **c** **952** (13c) ut ipse .. ∼is possideat *CS* 895; **1012** ego Adulf episcopus ∼is *Ch. Burton* 36. **d** hii Cererem cumulant, hii fercula mutant, / illi hilares iterant calices J. Exon. *BT* I 261.

hilaritas [CL], happiness, cheerfulness; **b** (w. ref. to facial expression).

a**796** infelicitas mea viam nobis obstruxit veniendi et ~atem abstulit gaudendi ALCUIN *Ep.* 59; ANSELM III 152 (v. hilaris a); OSB. GLOUC. *Deriv.* 273 (v. hilaramen); cause risus sunt ~as et gaudium *Quaest. Salern.* Ba 62; nihil est quod adeo corda virorum ad probitatem excitet .. ut libertatis ~as GIR. *PI* III 12; ecce quid mereatur ~as operantis *Medit. Farne* 36r. **b** ~as in vultu AILR. *Spir. Amicit.* 692B (v. haudquaquam); interiorem mentis angustiam exteriore vultus ~ate .. dissimulans GIR. *EH* II 14.

hilariter [LL]

1 cheerfully, gladly.

CUTHB. *Ob. Baedae* clxii (v. dictare 1); sicut scriptum est 'hilarem datorem diligit Deus' [*2 Cor.* ix 7] ~iter impendebat ASSER *Alf.* 101; ~iter quod agis age ANSELM (*Ep.* 13) III 118; OSB. GLOUC. *Deriv.* 273 (v. hilaramen); judicium tuum patienter expectans, ~iterque suscipiens J. FORD *Serm.* 53. 6; †**1067** (1335) ego .. mee regalis munificentie largifluo munere .. benigne ~iterque corroboravi *CalCh* IV 332; a**1374** oppressis .. subvenitis illariter remedio salutari *Pri. Cold.* 42; ~iter receptus fuit, quia bonus socius erat *Latin Stories* 129.

2 lightheartedly.

qui tam ~iter nobiscum velut sospes loqueris BEDE *HE* IV 22 p. 261; a**796** obsecro ut veraciter perficias quod ~iter promittebas ALCUIN *Ep.* 75.

3 'with enjoyment' (w. ref. to possessions).

973 (14c) quatenus vita comite hillariter possideat *CS* 1291.

hilarodes [CL hilarodos < ἱλαρῳδός], singer of bawdy songs.

~es, lascivi carminis cantor OSB. GLOUC. *Deriv.* 276 (cf. Paulus Diaconus *Epitome Festi* 101M).

hilda v. 1 hida 1a. **hildragium** v. hidagium.

Hilibeccus [dub.], (Norman nickname for) Angevin.

ORD. VIT. XIII 26 p. 67 (v. despective); Guiribecci .. quia inconditis post contaminationem sacrorum edulis .. usi sunt, justo Dei judicio .. ventris fluxu egrotaverunt *Ib.* p. 73; de illorum .. judicio quos vulgus Hiribellos nominat .. cum quibus dux Henricus tempore regis Stephani Angliam ingressus est J. FORD *Wulf.* 76.

hilla [CL], intestine stuffed w. meat *etc.*, sausage.

~a, parva salcica OSB. GLOUC. *Deriv.* 277; hec ~a, *sauciz Gl. AN Glasg.* 20v.; baconibus, carne in succiduo posita, hyllis [*gl.*: *aundulyes*], salsuciis, .. NECKAM *Ut.* 104; mactatores a scolaribus animosis mactantur, propter hillias [*ed. Scheler*: ~as] immundas et salsucias, tuceta et scruta GARL. *Dict.* 127; **1288** omnes illi de Sproxton vendunt ~as et *pudinges*, emunt scienter porcos superseminatos, et vendunt in foro N. .. ~as et *pundinges* non necessarias corporibus hominum *Leet Norw.* 8; vendicat .. / hillas, artocreas, placentas, hinulas WALT. WIMB. *Sim.* 119; mazakata, tucetum, ~a, vulgaliter salsicia, i. *sausither SB* 29; mescara vel mausacrata .. aortum sive ~a, vulgare salsisas, G. *saucisis Alph.* 116; *sawcester*, .. hyrna, ~a, salsucia *PP*; hec salsucia, *a sawstyre*, hec ~a idem est; .. hylle, A. *trypys WW*.

hillaris v. hilaris.

hillelondus [ME *hillelond*], (tenant of) area of high ground. (*Cf. Cust. Rents* 9).

1316 opera ..: et de ij ~is qui faciunt per septimanam j opus et dim. *MinAc* 1132/16 B 8*d.* (*Norf*).

hillia v. hilla. **hillus** v. hilum. **hilta** v. heltus.

hiltra [dub.], sort of fish-trap (Hants).

1272 custus molendini: in hyl' acuend' et acerand' et elongand', in hyltra emend' et subpodienda, .. in ij seruris cum clav' et stapell' et haps' ad hyltram *Pipe Wint.* 159300 m. 9*d.*; **1322** medietatem .. piscarie mee de la Menewatere tam de tractibus recium quam de hiltr' et gurgit' exceptis lampronibus *AncD* C 9766 (*Hants*).

hilum [CL], minimal quantity, the least bit.

hillus, i. granum in faba vel .. medulla penne; et componitur nihil OSB. GLOUC. *Deriv.* 274.

himina v. 1 hemina. **himn-, himpn-** v. hymn-.

hinc [CL]

1 from this place, hence (indicating movement); **b** from this (indicating removal or renunciation). **c** (indicating deviation).

dux erat ille meus veniens cum luce repente; / .. / hinc convertit iter brumalem solis ad ortum ALCUIN *SS Ebor* 957; hinc non egrediemini nisi cum vite .. detrimento ORD. VIT. XIII 8; sunt quatuor [adverbia] responsiva loci 'hic, hinc, hac, huc', *Ps.*-GROS. *Gram.* 59; hinc, A. *hennys WW*. **b** **944** (12c) nisi prius hinc lamentis se penitentiae corrigere studuerit *CS* 796; ABBO *Edm. pref.* (v. hiare 1c). **c** scimus .. esse pium semper ubique Deum; / si secus hinc teneo, pulmonibus elapidari debeo L. DURH. *Dial.* III 283.

2 from this point (in text).

hinc jam post delicias paradisi .. hujus saeculi ac vitae mortalis gesta narrantur BEDE *Gen.* 63.

3 from this time.

Cuthbertus .. / .. / .. manens monachus primaevo tempore clarus / doctor apostolicus fuit hinc et presbyter almus ALCUIN *SS Ebor* 650; **1545** infra hinc et [N] diem mensis [N] proxime futuri inclusive *Conc. Scot.* I cclix.

4 hence, from this source or origin.

hinc nobis oritur mundi nascentis origo ALDH. *VirgV* 744.

5 hence, for this reason, so.

hinc est enim quod Paulus Timotheum circumcidit BEDE *HE* III 25 p. 185; Archades hinc .. statuere .. / culmen apostolicum petere FRITH. 87; hinc itaque satis patenter videtur .. ANSELM (*Mon.* 68) I 78; hinc accidit quod ecclesia .. ipsum .. in pastorem elegit H. READING (II) *Cel.* 30; GIR. *TH intr.* (v. accidere 1b); hinc est quod .. KILWARDBY OS 216; WYCL. *Ver.* I 35 (v. errabilis b).

6 (*hinc* [*et*] *inde*) on this side .. on that side, on both sides; **b** (geog.). **c** from all sides. **d** in all directions. **e** (w. ref. to two things) from each other. **f** (w. ref. to opponent in fight or litigation) on this side .. on that; **g** (w. ref. to argument). **h** (?) in all respects.

cum .. omnis congregatio hinc fratrum, inde sororum .. circumstaret BEDE *HE* IV 17 p. 245; c**1120** (v. 1 haga); G. MON. III 7 (v. fere 2); dependebant super faciem hinc inde due vitte corone adherentes exiles *V. Chris. Marky.* 80 p. 186; **1368** pannum braudatum .. passionis Domini crucifixi et latronum pendencium hinc et inde (*Test.*) *Reg. Exon.* 1551. **b** WULF. *Æthelwold* 11 (v. gyrare 4); †**1018** (11c) istis terminis .. terra hinc inde gyratur *CD* 728; GIR. *TH* I 2 (v. accingere 1a). **c** hinc inde ad ecclesiae ostia concurrunt ASSER *Alf.* 97; EADMER *V. Osw.* 36 (v. diruptio d). **d** hinc inde particulas dissilire PULL. *Sent.* 692C (v. dissilire 1b). **e** s**1248** per pedes hinc inde distantes a trabibus suspenditur M. PAR. *Maj.* V 34. **f** cum .. animose .. hinc inde utrique pugnaret ASSER *Alf.* 39; his .. verbis hinc indeque habitis ADEL. *QN intr.* 1; **1263** cum .. supposueritis vos .. arbitrio nostro .. super contencionibus .. inter vos habitis hinc inde, nos .. *Cl* 247; **1263** cum diem habeamus cum L. filio G. .. super interceptionibus hincinde factis contra formam treugarum *Cl* 296; **1294** omnia .. que hincinde conveniencia fuerint *TreatyR* I 90; **1302** etsi .. fuisset inter nos perpetue quietis vinculum .. finaliter ordinatum, et in Romana curia inter nostratas †huicinde concordia divulgata *Reg. Cant.* 771; **1362** sigilla dictarum partium hinc inde sunt appensa *Reg. Paisley* 147; **1384** tam vj cives .. quam vj mercatores, et alios probos homines de partibus Flandrie, eo quod altera pars hinc inde alienigena est *PlRCP* 495 r. 243*d.*; **1393** (v. districtualis 1); UPTON 72 (v. duellum 2a). **g** est .. sophisticum ex quo hinc et inde argumentum BALSH. *AD* 46. **h** ab eodem in specie non exit nisi idem in specie: unde si agens sit hinc et inde ejusdem speciei et patiens similiter .. res formata hinc et inde erit ejusdem speciei J. BLUND *An.* 160.

7 (repeated, or w. *illinc*): **a** on this side .. on that. **b** (in the former case ..) in the latter case, (on the one hand ..) on the other.

a ecce coruscat apex tibi pontificalis abunde / hinc illincque tuus, ecce coruscat apex WULF. *Poems* 11; clamor, hinc Normannicus, illinc barbaricus .. gemitu morientium superatur W. POIT. II 17; utrinque vero utriusque terre promontoria, hinc distinctius, illinc ratione distantie confusius, .. prospici possunt GIR. *TH* I 1; **1188** (v. eradicatio 3). **b** **1166** sic igitur ecclesie geminata potestas est ut hinc regi celesti serviat, hinc terreno principi quod ad eos spectat exhibeat G. FOLIOT *Ep.* 170 p. 237; quedam inveniuntur in quibusdam veterum scriptis, imperitorum frequentius, scientiorum nonnunquam; illinc ex ignorantia, hinc ex causis .. licitis BALSH. *AD rec. 2* 136.

hindonus v. hyndenus. **hinnere** v. hinnire.

hinnibilis [LL], of neighing (in quots., as sb. n.).

si quod est accidentale rei variatur in essentia .. ut propria passio cujuslibet sicut risibile hominis et rudibile asini et ~e equi, multo magis .. BACON *Tert.* 122; risible naturam hominis consequitur et ~e naturam equi T. SUTTON *Gen. & Corrupt.* 141.

hinnicinus v. hinnitinus.

hinniculus [cf. CL hinnuleus], young fawn.

velox et agilis ut capriolus vel ~us BACON V 143.

hinnilus v. hinnulus.

hinnire [CL], (of horse) to neigh, whinny; **b** (fig., of persons).

equi ~iunt ALDH. *PR* 131; c**747** ~ientium equorum consuetudine .. adulterando BONIF. *Ep.* 74; equus .. superbe ~iens W. MALM. *GR* II 204; GIR. *Spec.* II 29 (v. emissarius 2b); equs .. levato capite ~it MAP *NC* III 4 f. 42v. **b** **1174** ~it in feminas *Ep. J. Sal.* 310 (v. emissarius 2b); *Pol. Poems* I 41 (v. grunnire 1c); hinnent (*sic*) regales thalami lacrimis, querulis ululatibus palacia resonant *Ps.*-ELMH. *Hen. V* 128.

hinnitinus, of neighing.

ne ~us [MS: hinnicinus] aut progessivus equorum tumultus Gallos .. excitarent *Ps.*-ELMH. *Hen. V* 79.

hinnitus [CL], neighing. **b** (of person) braying.

HWÆTBERHT *Aen.* 53 (v. hippopotamus b); equus ~um, .. bos balatum, .. stridebant FELIX *Guthl.* 36; [psittace] risum mentiris, hinnitum fingis NECKAM *DS* II 237 p. 378 (v. histrio); *Id. NR* II 30 (v. hippopotamus b); altus equorum / precinit hynnitus GARL. *Epith.* I 520; *V. Rob. Newm.* 6 (v. fossio a); audito .. ~u pullorum festinant jumenta reverti *Itin. Mand.* 118. **b** aliquando, quod pudet dicere, [vox] in equinos ~us cogitur AILR. *Spec. Car.* II 67. 571B.

hinnula v. inula.

hinnuleus [CL = *fawn*], of a fawn.

carnes hinnulee, dammine, capreoline D. BEC. 2567.

hinnulus [CL], fawn. **b** figure of fawn.

ut caprea hinulusve cervorum indomita licet sint animalia BEDE *Cant.* 1221; ~us, *hindcealf* ÆLF. *Gram.* 309; sorex, glis, hynnulus ÆLF. BATA 6 p. 81; R. CANT. *Malch.* IV 614 (v. egrex); lepores, damas, capriolas, cervos, cervas, hinulos [*gl.*: *founs*] NECKAM *Ut.* 112; hec hinula est scalonia; hic ~us est fetus cerve *Id. NR* II 116 p. 274; s**1250** pro unica .. bestiola, ~o vel lepore M. PAR. *Maj.* V 137; **1257** dama cum hynulo suo *IAQD* 2/41; **1282** ceperunt .. tres damas et tres hinulos et unum ȝhourum in foresta regis *Cl* 99 m. 6; hic enulus, A. *a fawne*; .. hic hinnilus, A. *a fowne*; .. hinnulis, *a foome*; .. hic hinulus, A. *fawne WW*; *fowne*, ~us vel innulus *PP*; **1487** ij feras .. regis, viz. unam damam et unum hynnulum .. occidit *DL Forest Proc.* 2/12. **b** **1400** j coopertorium, j *testre*, j *celure* integrum, *imbrodez* cum hinulis *Pat* 358 m. 6.

hinnus [CL], hinny.

vix hinni viribus passura parvuli WALT. WIMB. *Palpo* 101.

hinula v. inula. **hinulus** v. hinnulus. **hiper-** v. hyper-. **hiphen** v. hyphen. **hipo-** v. hypo-. **hipoas, hiporis** v. hippuris.

hippago [CL], ship for transporting horses.

~ines, naves quibus equi vehuntur OSB. GLOUC. *Deriv.* 276 (cf. Paulus Diaconus *Epitome Festi* 101M).

hippelaphus [ἱππέλαφος], elk.

CAIUS *Anim.* 11b (v. equicervus).

hippia, a (*major* or unspec.) (?) burnet or pimpernel. **b** (*minor*) chickweed.

a succus ypie cum rubeo flore aut succus uvarum immaturarum GILB. III 132v. 1; succi ippie †majoris [? l. minoris], i. morsus galli, quia ippia †minor [? l. major] est pimpinella cum flore rubeo GAD. 109. 2; ippia major, i. pimpernella cum flore rubeo *SB* 25; [ypia] major habet florem rubeum, G. *pimpre*; valet ad incisionem prius sanguis exeat .. A. *Marie goldwert Alph.* 196. **b** ippia minor, i. *chikenmete SB* 25; ypia minor .. florem habet album *Alph.* 196 (v. gallina 4b); *chekyn wede*, †hospia, morsus galline *PP* (cf. ib.: hispia .. vel hyspia minor dicitur *cow weyd*).

hippiatrus [ἱππιατρός], horse doctor.

an horseleach man, ~us LEVINS *Manip.* 205.

hippirus v. hippuris. **hippo-** v. et. hypo-.

hippocentaurus [CL < ἱπποκένταυρος], centaur.

ypocentauri [v. l. epocentauri] equorum et hominum commixtam naturam habent *Lib. Monstr.* I 7; ypocentaurus, monstrum ex parte homo et ex parte equus OSB. GLOUC. *Deriv.* 630; nullus homo vidit unquam hominem veraciter ex toto esse similem bestie .. sed .. possibile est .. ut fuit ipocentaurus et minotaurus M. SCOT *Phys.* 24 f. 16.

Hippocraticus [CL], of Hippocrates, medical (also as sb.).

ALCUIN *Carm.* 245. 2. 12 (v. herba 1c); ypocraticus HERM. ARCH. 41 (v. confectio 2a).

hippodromus [CL < ἱππόδρομος; *spellings sts. conf. w.* LL hypodromus], **~ium**

1 hippodrome, race-track; **b** (w. ref. to Josephus *Antiq.* XVII 6. 5).

ad palatinas ducitur zetas et imperiali ypodromi [*gl.*: domus, *mothuses, horsyrnes*] vestibulum ALDH. *VirgP* 33; in hipodromio prope est ecclesia Sancte Euphemie *Descr. Constant* 256; disponam .. hypodromum et per gyrum arcus deambulatorios (*V. Thomae Apost.*) ORD. VIT. II 8 p. 311. **b** stabulum quod ~ium dicunt, ab ἵππος quod est equus et dromos quod est velox, unde Herodes ..

nobiliores ex eis [Judeis] conclusit in ~io GERV. TILB. III 28 p. 969; Herodes . . juvenes concludi precepit in ~io, id est in carcere circi M. PAR. *Maj.* I 88.

2 a horse-trainer. **b** trave (in smithy). **c** the rack.

a abbates ~os et canum custodes fecit, possessiones ecclesiarum confiscavit R. NIGER *Chr. II* 167. **b** *trawe of smythy*, ipodromus, . . ergasterium *PP*. **c** ypodromus . . tormentum ad similitudinem equi OSB. GLOUC. *Deriv.* 630.

hippolapathum [CL < ἱππολάπαθον], (bot.) kind of dock.

~on, officine patientiam vocant, vulgus *patience* TURNER *Herb.* B2.

hippomanes [CL < ἱππομανές = *secretion of mares in heat*], **a** poisonous substance. **b** madness.

a ~es, genus acerbissimi veneni OSB. GLOUC. *Deriv.* 291. **b** nomina morborum: . . hec ypomanes, *the fransey WW*.

hippomarathum [CL < ἱππομάραθον], (?) wild fennel.

ypomaratrum, id est feniculus agrestis BART. ANGL. XVII 70; yppomaratrum sive . . maratrum agrion vel ut Latinis feniculum rusticum radicem habet moderatam et semen ut caricios, urinam movens atque lapidem in vesica frangens *Alph.* 197.

hippopera [CL *pl.* = *saddlebags*], mail.

1584 unum valectorum ~e nostre, A. *one of the yeomen of our male Pat* 1242.

hippopotamus [CL < ἱπποπόταμος], hippopotamus; **b** (treated as fish, *cf.* Isid. *Etym.* XII 6. 21).

ippotami beluae in India esse perhibentur majores elefantorum corporibus quos dicunt in quodam fluvio aque impotabilis demorari *Lib. Monstr.* II 9; ~us [MS: hipodamus], equus fluvialis OSB. GLOUC. *Deriv.* 276; fluviales ypotami GIR. *TH* I 36; in eisdem Brisonis [i. e. Nili] fluvii partibus nascuntur bestie celeres adinstar equorum; pedes leonum habent, colla equina, longitudinem pedum tricenorum . . et †hippophagi appellantur GERV. TILB. III 74 p. 984; in Egipto . . maxime habundant . . ypotami, id est fluviales equi, et potissime circa fluenta Nili BART. ANGL. XV 53. **b** de ypotamo pisce: . . dorsum, juba, hinnitus aeque assimilantur equo HWÆTBERHT *Aen.* 53; hippotamus in Nilo nascitur, equino et dorso et juba et hinnitu, rostro resupino, ungulis bifidis, aprinis dentibus NECKAM *NR* II 30.

hipporis v. hippuris.

hipposelinum [CL < ἱπποσέλινον], alexanders, brooklime, or other plant of marshy habitat.

accipe yposelinam aquaticam et tere et in proprio jure suo frige et impone GILB. VII 290. 1; iposmia vel yposellina [v. l. yposcellina] herba aquatica est nascens in locis aquosis; habet folia foliis fabe similia, unde a vulgo dicitur fabaria; ad tumores valet, A. *lemeke* vel *lemoke* Alph. 86; yposelinum *Ib.* 197 (v. apium b).

hippotamus v. hippopotamus.

hippotaurus [ἱππόταυρος], hippopotamus. **b** (?) kind of fish; *cf. hippopotamus* b.

ibi [sc. in Nilo] abundant cocdrilli et ~i [v. l. ypotauri], qui sunt equi fluviales HIGD. I 16 p. 131. **b** conducet megaros ac ypotaros sibi caros (J. BRIDL.) *Pol. Poems* I 194.

hippuris [CL < ἵππουρις], horse-tail (bot.).

ippirus *Leechdoms* I 22 (v. equisaetum); ippirus, equiseia vel *toscanleac Gl. Durh.*; hipporis aut †anabis *Alph.* 82 (v. anabasis); hipoas vel hiporis, cauda equina *Ib.*; TURNER *Herb.* B2 (v. 2 cauda 2a).

hippus [ἵππος], horse.

~us, equus, quadripes, mannus, sonipes OSB. GLOUC. *Deriv.* 276; c**1277** 'philos' fertur amor, equus 'ippus', et inde Philippus (*Vers.*) *EHR* LVI 96.

hircare [LL *for* CL urcare], (of lynx) to screech.

linces ~ant ALDH. *PR* 131; lincum [est] †aucare vel nutare *CathA*.

hirchetum [cf. AN *heriçun, hirchoun*], spiked palisade. *Cf. heriso.*

1286 per liberum servicium faciendi duas percatas ~i circa castrum suum de Aldeford' *PlRChester* 3 r. 8.

hircinus [CL]

1 of a goat; **b** (*sanguis ~us*, supposed to cut diamonds; *cf.* Isid. *Etym.* XVI 13. 2); **c** (supposed to cure stones in bladder).

carnibus hyrcinis *Altercatio* 22; legitur chimeram quoddam prodigium fuisse, leonino capite munitum, ventre ~o fedatum, cauda anguina armatum W. DONC. *Aph. Phil.* 7. 5; hircus, . . inde hirciolus et ~us . . et hircosus, . . fetidus adinstar hirci OSB. GLOUC. *Deriv.* 271; recipe cere albe, sepi ~i vel arietini lib. v GAD. 34v. 1. **b** durissima naturae illius [adamantini lapidis] virtus sanguine tantummodo ~o cedit ALCUIN *Dogm.* (*Adv. Elipand.*) 287B; quem [adamantem] vincit acetum / si cruor hircinus associetur ei NECKAM *DS* VI 328 p. 471; cur adamas secari potest ~o sanguine et aceto *Quaest. Salern.* C 7; adamas lapis est insecabilis . . tante soliditatis ut nulla vi excepto ~o sanguine domari possit ALB. LOND. *DG* 8. 10. **c** a**1332** de medicina sanguinis †hyrtini [l. hyrcini], ad lapidem in vesica *Libr. Cant. Dov.* 57.

2 (in plant names): **a** (as sb. f.) horse-tail. **b** (w. *barba*) hypocistis. **c** (w. *herba*) (?) hemp-nettle. **d** (w. *lingua*) (?) swines' cress.

a ~a, hyposita, . . cauda equina . . idem *Alph.* 82. **b** GAD. 98v. 1 (v. barba 2e). **c** herba yrcina, betonice [etc.] GILB. II 112v. 2; herba yrsina *SB* 12; herba ~a, i. tetrahit, fetet ut hircus et est similis matris silve; . . A. *swannestonge Alph.* 80. **d** lingua ~a folia habet spissa juxta terram, G. *lange de cheuvre Alph.* 103.

hirciolus [cf. CL hirculus], little goat.

OSB. GLOUC. *Deriv.* 271 (v. hircinus 1a).

hircitallus v. hirquitallus.

hircocervus [LL], tragelaph, (fabulous) goat-stag.

in compositis nominibus, sicut ~us quod Graece tragelaphus dicitur, num non ideo ~us videtur dici quia quamdam similitudinem habet cervi, quamdam hirci? ALCUIN *Didasc.* 973D; J. SAL. *Pol.* 473D (v. 1 chimaera a); Plato [cf. *Rep.* 448A] dicebat hanc speciem ~us esse ideam NECKAM *NR* II 173 p. 291; tragelaphus est dictus ~us a 'tragos' quod est hircus et 'elephos' quod est cervus, et dicit Ysid. [*Etym.* XII 1. 20] . . BART. ANGL. XVIII 99; tragelaphus ircocervus est BACON *Gram. Gk.* 138; montem aureum, ~um, chymeram et hujusmodi ficticias intellectus WYCL. *Ver.* II 125; hic tragelaphus, hic ~us, parte cervus, parte ircus *WW*.

hircosus [CL], smelling like a goat.

OSB. GLOUC. *Deriv.* 271 (v. hircinus 1a); ~us, fetidus, feculentus, olidus, spurculentus *Ib.* 277.

hircus, hirquus [CL]

1 he-goat; **b** (as type of licentiousness). **c** (w. *emissarius*) scape-goat.

748 tauros et hyrcos diis paganorum immolabant (*Lit. Papae*) *Ep. Bonif.* 80; Dunstanum . . ut ~i setigeri . . praecidere conati sunt B. *V. Dunst.* 6; ÆLF. *Gl.* 119 (v. caper); OSB. GLOUC. *Deriv.* 271 (v. hircinus 1a); GIR. *TH* II 23 (v. cornu 1a); BART. ANGL. XVIII 99 (v. hircocervus); fetet ut ~us *Alph.* 80 (v. hircinus 2c); ~us, *goote*; . . hic ircus, A. *buke*; . . hic ircus, *a gat WW*. **b** ~um immunditie *Simil. Anselmi* 94; solet . . contingere ut aliquando mentem . . hirtus luxurie vel alia quelibet vitiorum bestia tentet irrepere ALEX. CANT. *Dicta* 1 p. 114; OSB. GLOUC. *Deriv.* 271 (v. hirquitallus); plus sue pollutus, quovis petulantior hirco J. SAL. *Enth. Phil.* 1307; ex hirco [*gl.*: p. 134: ex rege patre suo ~o comparato propter aliquas conditiones suas] taurum gignet redimita per aurum (J. BRIDL.) *Pol. Poems* I 131. **c** ac si esset ~us emissarius, post stridores . . gutturis et . . imprecationes . . DEVIZES f. 39; tu vero hedum adhuc lactantem [cf. *Exod.* xxiii 19], qui futurus est ~us emissarius, doloris igne . . coquis P. BLOIS *Serm.* 584A; de ~o emissario: probra ferens populi deserta petit caper iste *Vers. Worc.* 103.

2 corner of the eye. *Cf. caprinus* 2.

~us dicitur pro angulis oculorum in quibus fetor colligitur OSB. GLOUC. *Deriv.* 271; hyrquos W. CANT. *Mir. Thom.* II 77 (v. coctura 3); residente . . ulcere ad irquum alteris oculorum *Ib.* III 34; [leonis] aspectus torvus obliquans luminis hirquos / fastus regalis nuncius esse solet NECKAM *DS* IX 15; hic ~us, *angle del oil Gl. AN Ox.* 147va; *twest or twyst of the* [*e*]*ye*, hirquus *PP*; *a wyke of the eghe*, hirquus *CathA*.

hirda [AS *yrð*, ME *erthe*; cf. benhirda *as sp. for* benertha], ploughing service.

c**1182** unaquaque virgata debet ij ~as in hyeme et j in quadragesima, et herciare illas *RB Worc.* 34.

hirdellum [ME *hirdel, herdel, hurdel*], hurdle, frame or lattice of interwoven twigs: **a** (used in scaffolding); **b** (for shoring pits, weirs, chimneys, *etc.*); **c** (for carrying prisoners to execution); **d** (as part of bedstead).

a **1316** factores herdell': in stipendiis ij hominum faciencium xlviij *clates* pro seiryng' et scaffot', capiencium pro herdello ob. quad., iij s. *KRAc* 459/27 m. 2; c**1385** pro cxx ~is emptis pro scaffald' infra magnam aulam fact' *Ib.* 473/2 m. 5 (cf. ib. m. 5d.: *scaffaldhirdell*); **1445** pro v hyrdillis emptis pro schaffold' *Cant. Coll. Ox.* II 169. **b** **1344** in . . vj ~is pr *lymeputtes Pipe* 189 m. 45; c**1396** (v. essewera 3); **1440** pro vectura meremii ad erigendum sive reparandum ij caminos . . ij d.; item pro iij novis herdellis v d. *Cant. Coll. Ox.* II 157. **c** **1419** in herdellis, cordis, una catena cum uno stapulo ferri . . circa execucionem predictam *Ac. Foreign* 52 Ad. **d** **1478** pro iij herdillis pro *bottoms* . . lectisterniorum *Cant. Coll. Ox.* II 202.

Hiribellus v. Hilibeccus. **hirmannus** v. hyredmannus.

hirmos [LL < εἱρμός], sequence, connexion.

~os, id est, convenientia, dicitur, quando series orationis tenorem suum usque ad ultimum servat, nulla viz. alia vel causa vel persona mutata BEDE *ST* 151; notarius . . sciat etiam yrmos [*gl.*: illa figura; *ed. Scheler*: ~os] designari debeat NECKAM *Ut.* 117.

hirna [cf. CL hira], intestine, sausage.

~a, . . i. salcica, inde hec hirnea OSB. GLOUC. *Deriv.* 274; hyrna *PP* (v. hilla); *a salsister*, ~a, salsucia, hilla *CathA*.

1 hirnea [CL], rupture, scrotal hernia; **b** (fig.). **c** peritoneum.

OSB. GLOUC. *Deriv.* 274 (v. hirna); hyrnea, impetigo in corpore, que et pupula dicitur *Ib.* 277; hernia percussus est et fluxerunt intestina in sacculos testiculorum W. CANT. *Mir. Thom.* II 68; in hernia sentitur dolor in profundo testiculi et ligamentis ipsius GILB. VI 280v. 1; apostemata aquosa sunt sicut idropisis . . et est hernia aquosa in testiculis GAD. 25. 2; aliquando est ruptura intestinorum, sicut in hernia, cum cadunt in osseum, i. in bursam testiculorum *Ib.* 75. 2; *Ib.* 129v. 1 (v. †enium); abbas . . incurabili herniorum laborabat incommodo, quod ex violento . . prolapsu equitando sibi contingit incurrisse *Croyl. Cont. B* 543; hernia, *broke-ballockyd WW*. **b** hernia spiritualis WYCL. *Ver.* II 257 (v. hirniosus 1b). **c** hernia dicitur pellicula ventris, sc. siphat . .; quando . . contingit siphat . . rumpi . . eciam contingit intestina inferius labi et in osseum testiculorum, sc. folliculum, . . recolligi BART. ANGL. VII 55.

2 hirnea [CL], jug.

~ea, ocrea que ad potum bajulandum paratur OSB. GLOUC. *Deriv.* 277.

hirniosus [CL hirneosus]

1 person suffering from hernia; **b** (fig.).

hyrniosus, impetiginosus, pupulosus OSB. GLOUC. *Deriv.* 277; de sacerdote rupto: . . promisit herniosus dare femoralia W. CANT. *Mir. Thom.* II 85; per hunc [nervum] est in herniosis intestinorum descensus RIC. MED. *Anat.* 230; cum ille qui est herniosus senserit fumum istius ligni [i. e. sambuci] descendent intestina GAD. 129v. 1. **b** "cum ipsa sanguis meus sit et unum membrorum meorum". respondit Galleranus: "hoc herniosus es membro", quod facecius Gallice dicitur *de cest membre es tu magrinez* MAP *NC* V 5 f. 64v.; ille autem dicitur ponderosus vel †hermosus [l. herniosus] qui ab opere extrinseco nephando luxurie se preservat, sed pravis cogitacionibus usque ad genitalia descendentibus pregravatur, in tantum quod quandoque ex habundancia cordis hernia spiritualis prorumpit in vocem scurilem WYCL. *Ver.* II 257.

2 (as adj.) ruptured.

herniosus, A. *brokyn*; . . harniosus, *burstyn WW*.

hironia v. ironia.

hironus [ME *hirn, hiron*], corner, nook, remote place.

1397 W. H. . . duos porcos . . de bonis et catallis . . Johannis Hay apud Hedyngton' ~us felonice furatus fuit *SessPOxon* 74.

hirpex, hirpic- v. herpex, herpic-.

hirquitallus [CL], pubescent, lascivious.

cum juvenculo filio praesidis ut effebo hircitallo ALDH. *VirgP* 36; R sequenti I vocali semper aspiratur, ut hircus, ~us [etc.] ALCUIN *Orth.* 2344; ~us, puer libidinosus et lascivus ut hircus OSB. GLOUC. *Deriv.* 271.

hirquus v. hircus.

hirrire [LL], to snarl.

hienae ~iunt ALDH. *PR* 131; ~iant, inter dentes murmurant, quod A. dicitur *grunie GlSid* f. 148; illi exclamationibus horrisonis ut canes ~ientes exturbare tentabant *Itin. Ric.* II 32.

hirsella [ME *herstill*], **~is,** 'hearst', red deer in second year.

1494 interfecit unam cervam, unam hyrsulam, et ij vitulos cervi *Pickering* 152; interfecerunt unam cervam et unum ~em [*sic* MS] *Ib.*; j cervam et un' hirsell' cervi *Ib.* 153 (cf. ib. 150: unam ferinam vocatam *a herstill*).

hirsellum [ME *hirsil*], 'hirsel', guarding of animals.

1366 ordinatum est ex communi assensu quod quilibet eorum teneat hirsill' et quod custodiant porcos et alia averia sua citra quod non inveniantur infra bladum *Hal. Durh.* 55; **1383** injunctum est . . husbandis quod . . teneant hirsillum cum bidentibus suis *Ib.* 179.

hirsona v. heriso.

hirsuticosus, having a hairy, shaggy neck.

~us, collo pilosus OSB. GLOUC. *Deriv.* 276.

hirsutus [CL]

1 (of person or animal) hairy, shaggy; **b** (of fleece or cloth); **c** (of vegetation; *cf.* 1 *coma* 2); **d** (fig.) bristling.

dum .. / squalidus hirsutus peteret myrteta luporum / quadripedumque socius factus .. tyrannus ALDH. *VirgV* 349; caper hirsutus (*Vers.*) *Id. Ep.* 1; ~us, .. unde hic ursus eo quod sit ~us . . . dicimus etiam hirtus .. pro '~us' per syncopam OSB. GLOUC. *Deriv.* 271; loco puelle formose formam quamdam villosam, hispidam, et ~am .. invenit GIR. *IK* I 5; quem theomaca ursuta et cornuta .. prostravit (*V. Samsonis*) *Lib. Landav.* 13 (= *NLA* II 352: ~a). **b** ~as bidentum lanas ALDH. *VirgP* 56; cujus et hirsuti extat circumstantia pepli TATWINE *Aen.* 30 (*De ense et vagina*) 2; spissum et ~um est vellus [ovium] *Quaest. Salern.* B 69; **1355** unum mantellum nigrum ~um *MunCOx* 130. **c** fugam in dumosa et vepribus hyrsuta loca intendit W. MALM. *Wulfst.* I 1 p. 6; vepribus ~is GIR. *GE* II 10 (v. exulcerare a). **d** frigida venit hiems rigidis hirsuta capillis ALCUIN *Carm.* 58. 7; acies .. ~e galeis H. HUNT. *HA* II 30 (v. decorus d).

2 (w. *ferrum*) (?) rough, unworked.

1345 ferri ~i *Cal. Pl. Mem. Lond.* 215 & *n.*

1 hirtus v. hircus.

2 hirtus [CL], hairy, shaggy; **b** (of foliage). **c** (fig.) bristling (in quot., transf.).

aspera orbiculis tergo scutalibus hirtis / dorsa stupescentes trucidare solesco venenis HWÆTBERHT *Aen.* 47 (*de scitali serpente*) 1; ~a, *ruwe GlP* 768; domi solus residet, sui negligens, ~us et squalidus MAP *NC* IV II f. 52; OSB. GLOUC. *Deriv.* 271 (v. hirsutus 1a); ~us, i. hirsutus *WW*. **b** ostriger en arvo vernabam frondibus hirtis / conquilio similis ALDH. *Aen.* 98 (*Elleborus*) 1; en rabidis discurrens viribus ira / sepiusque advolitat spinisque inmiscuit hirtis ÆTHELWULF *Abb.* 161; velut asper herecius aut spinis ~us carduus ABBO *Edm.* 10. **c** in cavea bacchante lea terror subit hirtus R. CANT. *Malch.* V 321.

hiruco v. heriso.

hirudo [CL], leech; **b** (fig.).

ab 'haeres' hec ~o, i. sanguisuga que carni adhaeret OSB. GLOUC. *Deriv.* 269; *Mir. J. Bev. C* 330 (v. exsugere a); replevit infinitus ~inum exercitus civitatem NECKAM *NR* II 174 p. 310; irudo, A. *a waterleche*, .. *leche WW*. **b** tu celestis es irudo / favum sugens WALT. WIMB. *Virgo* 114.

hirundinaria, celandine.

chelidonio, sive Latine mavis ~iae, hirundo avis que Grecis χελιδών dicitur nomen indidit TURNER *Herb.* A4v.

hirundineus [LL]

1 of a swallow. **b** behaving like a swallow, (fig.) 'fair-weather' (of friend).

chelidomatus, i. e. gladius in modum caude ~ee furcatus OSB. GLOUC. *Deriv.* 152; compositio nidi ~ei luto obnoxia est NECKAM *NR* I 52 p. 103. **b** ~ei homines H. BOS. *Thom.* III 37 (v. harundineus b); amicis ~eis, aliis retro abeuntibus .. aliis vero .. ad hostes aperte se conferentibus GIR. *EH* I 5.

2 (as sb. f.) celandine.

erundinea *SB* 20 (v. chelidonius 2).

hirundo [CL], swallow; **b** (as harbinger of summer). **c** 'fair-weather' friend. **d** (*cauda ~inis*, mus.) textual mark, inverted V to confirm elongation of note value.

~ines trutissant ALDH. *PR* 131; ~ines propter levem volatum superbiam cordisque levitatem figurant BEDE *Tob.* 926; **940** (12c) rupis irundinis, id est *spealeþanclif CS* 756; in cenaculo .. due ~ines nidificaverunt ALEX. CANT. *Mir.* 42 (I) p. 241; sanguinea respersa nota minturnit hirundo NECKAM *DS* II 789 p. 391; sanguis columbe vel yrundinis .. oculis calidus instillatus maculas abstergit oculorum BART. ANGL. IV 7; cinerem irundinum combustarum GAD. 135. 1 (v. ebriosus); hic †arundo, A. *swalo*; .. hic irundo, *a swalo*; crescit harundo, sugit hirudo, canit hirundo *WW*. **b 798** velut aestiva ~o ALCUIN *Ep.* 146; cum zephyris et ~ine prima GIR. *TH* I 2; BART. ANGL. XVII 46 (v. chelidonius 2a). **c** tales yrundines [sc. palpones] in bruma dormiunt WALT. WIMB. *Palpo* 110. **d** Robertus assignavit alteracionem per duos tractulos ad similitudinem caude ~inis sub nota vel supra notam positos HAUBOYS 432; qui per punctum aut per caudam ~inis .. alteracionem supradictis regulis repugnantem faciunt, errant .. aliqui semiminimam et aliqui dragmam posuerunt, aliqui vero per caudam ~inis alteracionem fecerunt et punctum pausis dederunt TUNST. 271.

hiscere [CL]

1 to gape, split open.

~ere, hiare OSB. GLOUC. *Deriv.* 277.

2 to utter.

dicens se quid ad hujusmodi captiones ~eret non habere J. SAL. *Pol.* 752C.

hisdagium v. hidagium.

hisma [ἴσμα], seat, origin.

illud omnium malorum in terris seminarium Mahumetus .. ex patre malorum daemonum cultore .. ex matre certe ~a helitide BOECE 182.

hispanellus [cf. AN *espainnel*, ME *spainel*], spaniel, hunting dog of Spanish breed.

1200 pro habendis ij leporariis et ij spainell' extra forestam ad lepores *Pipe* 201; **1211** Fulco filius Warini debet j osturum bene volantem et j tercellum et ij espainellos *Pipe* 29; **1230** debet .. j osturcum et j tercellum et ij espanellos *LTRMem* 11 m. 12*d.*; **1230** F[ulco filius Warini] debet iij dextrarios de precio et iij palefridos, et j osturcum, et j tercellum, et ij espainnellos *Pipe* 165; **1232** Fulquo filius Warini debet .. j osturcum, j tercellum, ij espaniellos *KRMem* 11 m. 3; [canes aucupatorios] vulgus .. nostrum communi nomine hispaniolos nominat, quasi ex Hispania productum istud genus primo esset CAIUS *Can.* 4b (cf. ib. 11b: nostri omissa aspiratione et prima vocali *spainel* et *spaniel* .. proferunt).

Hispania [CL]

1 Spain.

Brittania .. insula .. est Germaniae, Galliae, ~iae .. multo intervallo adversa BEDE *HE* I 1; Caesar .. petens ~ias exercitus Pompeii superavit DICETO *Chr.* 51; **1242** Milo de Yspania *Pipe* 179 (= *Chanc.*: Ipania); **s1254** cartam .. regis ~ie M. PAR. *Maj.* V 450; **s1340** bellum inter Christianos et Saracenos in confinibus Hyspanie AD. MUR. *Chr. app.* 263;

2 (high-grade) gold.

BACON *Tert. sup.* 84 (v. aurum 1a).

Hispanicus [CL], Spanish; **b** (w. ref. to iron).

interpretes .. propter ignorantiam lingue Latine posuerunt ~am et alias linguas maternas quasi infinities pro Latino BACON *Maj.* I 67. **b 1531** (v. ferrum 1c).

Hispaniensis [CL], **~ensis,** of or concerned w. Spain, Spanish (also as sb.).

~iensium GIR. *PI* III 29 (v. aurum 1a); ~ensem *Dial. Scac.* II 25 (v. accipiter); **s1256** in itinere ~ensi .. in fata concessit M. PAR. *Maj.* V 588.

Hispanus [CL], Spanish, Spaniard.

Tubal a quo Hiberei et ~i et Itali NEN. *HB* 161; Hiberus, ~us OSB. GLOUC. *Deriv.* 277; **s1254** rex ~orum M. PAR. *Maj.* V 450; **s1255** ut .. Anglie esset suspectus adventus talis ~orum ut ab illis .. occuparetur *Ib.* 513; **1343** quod in .. treugis comprehendantur Ispani (*Treugae*) AD. MUR. *Chr.* 134; atanasia .. tanacetum idem. hanc utuntur Salerniani et Hispanni [v. l. Hyspani] similiter *Alph.* 16.

hispia v. hippia.

hispiditas, hairiness, shagginess. **b** roughness.

superciliorum suorum ~atem GIR. *JS* 5 p. 293; veluti phoce pilose, que fluxum maris et refluxum lenitate pilorum et ~ate declarant *Id. IK* II 3. **b** ulcerum jam prominente ~ate a cohabitantibus dictus est lepra percussus BEN. PET. *Mir. Thom.* IV 4.

hispidus [CL]

1 hairy, shaggy. **b** (w. ref. to bird's plumage) spiky, rough. **c** having a beard, *i. e.* full-grown. **d** (w. abl., fig.) bristling (with). **e** (transf.) horrible, making one's hair stand on end.

[spiritus] erant .. squalida barba, auribus ~is FELIX *Guthl.* 31; hyspidus ursus, ingens et horribilis .. avido .. hyatu superstans B. *V. Dunst.* 17; ~us, hirtus, hirsutus, scarrosus, hirsuticosus OSB. GLOUC. *Deriv.* 276; pilosus ille ac in modum pellis ~us AD. SCOT *QEC* 11. 819C (cf. *Gen.* xxvii); Esau durus et ~us exterius venabatur P. BLOIS *Ep.* 13. 40A; pars ejus [sc. Panis] inferior ~a est propter arbores, virgulta, feras ALB. LOND. *DG* 8. 2. **b** [nisus] demissis alis et ~o corpore quasi conscius sui reatus expavit R. COLD. *Cuthb.* 111 p. 248. **c 1172** Galterum .. ~um et procaciori lingua evomentem probra que .. perpessus fuerat *Ep. J. Sal.* 305 (307). **d** pellem pilosam caprarum ad caput statuae pro David in lecto substitutae collocant qui carnem Salvatoris capitalibus peccatis quasi ~am asseverantes et impuram dilato resurrectionis tempore dicunt hactenus lectulum sepulchri in quem mortua descendit tenere BEDE *Sam.* 636 (*I Sam.* xix 13); populum mente superbum, crimine ~um *V. Harl.* 4 f. 7b. **e** tantae diversorum generum ~ae squamosaeque .. fabulae *Lib. Monstr. prol.*

2 a (of plant) spiky, bristly. **b** (of terrain) rugged. **c** (of cloth) coarse, hairy. **d** (of bread) coarse.

a rami ~i sicut rami taxi quibus pavimentum mundatur BELETH *RDO* 104. 109D; [lilii] calamus .. ~us est et asper S. LANGTON *Serm.* 3. 6. **b** pars altera [insule] ~a nimis et horribilis GIR. *TH* II 5. **c** ~a et abjectissima indumenta R. COLD. *Godr.* 30; ledit vos et exulcerat .. ~a vestis hec AD. EYNS. *Hug.* V 16 p. 190. **d** R. COLD *Godr.* 70 (v. canutus b).

hissirus [OF *huissier*], barge for horses.

1457 *Reg. Whet.* I 270 (v. dromo b).

histeratus v. historiare 2.

historia [CL]

1 account, description, record of investigation.

Plinius .. phisicas rerum ~ias .. explanans ALDH. *PR* 120; illa contingentia que tantum per sensus cognoscuntur vel per ~ias creduntur DUNS *PW* 127; crede ~iis philosophorum BRADW. *CD* 39B (v. chronographus).

2 account of past events. **b** (*~ia sancta* or *vetus*) Old Testament. **c** (*magister ~iarum, in ~iis*) Petrus Comestor.

Johannes, quadripertitae scriptor ~iae ALDH. *VirgP* 23; si .. ~ia de bonis bona referat, ad imitandum bonum auditor instigatur BEDE *HE pref.* p. 5; *sum þæra is gehaten* ~ia, *þæt is gerecednyss* ÆLF. *Gram.* 296; cujus ceteros actus .. quia Romane hystorie declarant, nequaquam tractare curavi G. MON. III 10; audivimus .. quid Homericam laudans ~iam Flaccus intimaverit H. HUNT. *HA prol.* 1; causam apostasie in tripartita reperies ~ia R. NIGER. *Chr. II* 125; Grai .. scriptores suos quos dixere historiographos, ad conscribendas regum ~ias .. exciverunt *Itin. Ric. prol.* p. 3; **c1200** ~ia scholastica et Radulfus super Leviticum in uno volumine (*Catal. Librorum*) *EHR* III 123; **a1275** in tribus libris theologicis, viz. biblia, sententiis, et ~iis (*Const. Frat. Penit.*) *EHR* IX 125; FERR. *Kinloss tit.* (v. familia 3b); P. VERG. *Vat.* 202 (v. condere 3a). **b** vide quo modo sancta doceat ~ia morum instituta, dum Abrahe justitiam assignat, Moysi fortitudinem H. HUNT. *HA prol.* p. 2; **1166** vetus .. habet ~ia in opus illud tabernaculi .. populum .. contulisse donaria [cf. *Exod.* xxxvi 1–5] G. FOLIOT *Ep.* 170 p. 237. **c** magister in ~iis et quidam glosatores BACON *Maj.* I 194; **1420** [lego] librum magistri ~iarum incompletum cum genologia veteris testamenti *Reg. Cant.* II 211; **c1443** magister ~iarum (*Invent.*) *Cant. Coll. Ox.* 4; quod .. probat magister ~iarum tercio Regum .. UPTON 195.

3 recorded knowledge of events, history. **b** writing of history.

quantae fugae, quantae strages, ecclesiastica ~ia narrat GILDAS *EB* 9 (cf. ib. 89: de .. Moyse secundum ~iam loquebatur); venturum quicquid sancti cecinere prophetae, / Hebraici populi et quicquid historia gessit ALCUIN *Carm.* 66. 8; GIR. *EH* I 46 (v. demereri 2a); ~ia est antiquitatis auctoritas *Ib. intr.*; necessarium .. est .. Christianis .. ut pro .. intellectu Scripture .. sciamus certificare ~iam hanc a principio usque ad Christum BACON *Tert.* 205; ~ie descriptores HIGD. I 1 *prol.* p. 6 (v. dimensor); cf. *Eul. Hist.* I 1: historicorum descriptores). **b** hoc in ~ia exigitur, ut nullo erroris .. diverticulo a recto veritatis tramite declinetur *Enc. Emmae prol.*

4 narrative, story.

[Romani] commoti tantae ~ia tragoediae GILDAS *EB* 17; sunt homines quos Graecorum ~iae ora non habere perhibent *Lib. Monstr.* I 21; vicum .. cujus nomen frater noster .. qui hanc mihi exposuit ystoriam non recolebat *V. Greg.* 91; ~ia quidem habet Saturnum .. et Jovem .. regna in Creta obtinuisse ALB. LOND. *DG* 1. 2; de hystrionibus sciendum est quod histriones dicuntur quasi hystoriones, eo quod corporum suorum gesticulacione representant hystorias aliquas turpes sive confictas sive factas DOCKING 108; **a1445** primus liber chronicalis diversarum incidenciarum mixtim continet hystorias *Meaux Cont. pref.* III 238.

5 literal sense (in interpretation of Scripture).

ALDH. *VirgP* 4 (v. anagoge b); ~ia est cum res aliqua, quomodo secundum litteram facta sive dicta sit, plano sermone refertur, quo modo populus Israhel ex Aegypto salvatus tabernaculum Domino fecisse in deserto narratur BEDE *Tab.* 410; in hac cella [i. e. scriptura sacra] habentur .. simplex ~ia, allegoria, moralitas, anagogen *Simil. Anselmi* app. 194 p. 103; hoc tempus Pascha vocatur .. secundum ~iam, quia populus Israel quando primum celebratum est Pascha transivit per mare rubrum .. et angelus exterminans per Egyptum transivit ..; allegorice .. BELETH *RDO* 113. 118; Petrus Comestor .. qui utriusque Testamenti ~ias in uno volume et allegorias in alio compilavit TREVET *Ann.* 91.

6 (liturg.) narrative chanted instead of psalms at mattins, esp. on saint's day.

in aliis .. festivitatibus .. si plenam habent hystoriam ÆLF. *Regul. Mon.* 191; inchoetur hystoria et lectiones ex prophetis LANFR. *Const.* 89; dominica ante adventum Domini canatur historia de S. Trinitate *Ib.* 90; si .. festivitas duodecim lectionum hystoriam propriam non habet .. *Ib.* 138; legitur .. in tripertita historia quod beatus Ignatius .. audivit angelos cantantes antiphonatim super montem quendam, et exinde instituit antiphonas in ecclesia cantari . . . unde dicuntur antiphone in respectu ad psalmodiam sicut responsoria ad hystoriam BELETH *RDO* 58. 65A; quando propria hystoria debet cantari *Obs. Barnwell* 200; ad matutinas de sanctis qui habent proprias ~ias *Cust. Cant.* 330; **1405** ad diligenciam suam faciendam ut sciant ~ias suas cordetenus infra primum annum post admissionem suam *Cl* 254 m. 2; **1462** pro notacione ~ie predicti festi [dedicacionis ecclesie] in iiij libris unacum aliis scriptis in processionariis hoc termino, ij s. ij d. *Fabr. York* 134; **1472** non faciunt diligenciam in sciendo sine

libro ~ias ut juramento astricti. repetat quolibet die .. unam ~iam. cum celebrata fuerit ~ia S. Raphaelis multi vicarii .. absentarunt se a choro et recusant de illa ~ia dicere vel celebrare *Ib.* 252.

7 narrative illustration (esp. on wall) or inscription.

[parietes] hystoriis et ymaginibus et variis celaturarum figuris .. decoravit RIC. HEX. *Hist. Hex.* I 3; in diebus illis chorus noster fuit erectus, Samsone procurante, ~ias picture ordinante et versus elegiacos dictante BRAKELOND 123; **1244** capellam .. regine lambruscari et in fronte ultra altare ymagines Crucefixi, Marie et Johannis .. depingi facias et sub trabe ~iam de cena Domini *Liberate* 20 m. 15; **1308** (v. depictura); **1519** ij pictoribus pingentibus ij ymagines B. Marie cum ipsarum tabernaculis et ~is *Fabr. York* 99.

8 story (of building), upper level in walls of building, esp. of church, where narrative frieze might appear; later, level for windows. **b** (*clara ~ia*) clerestory.

ambe cruces ecclesie et tres hystorie magistre turris erecte sunt H. ALBUS 130; [abbas Sampson] chorum consummavit et unam istoriam in majori turre ad ostium occidentale *Mem. S. Edm.* II 291; **1290** pro ij form' *peces* pro superiori ~ia capelle *KRAc* 468/3 m. 1; **1324** pro xij form' pec' petre de Reygate pro superiori ~ia capelle *Ib.* 469/8 m. 14; **1337** istorie (v. crosbarra); **1398** supra quodlibet studium erit unum modicum et securum *archewote* supra quod .. erit una ~ia octo fenestrarum *Hist. Durh. Script.* clxxxi; **1460** de ferramentis operatis pro ~ia superiori fenestre orientalis chori (*Ac. Coll. Eton*) *Arch. Hist. Camb.* I 405*n.*; habet 4 *storyes* et ibi in quarta storia sunt campane; in superiori ~ia tres orbe in qualibet panella; in secunda et tercia ~ia sunt due orbe in qualibet panella 4 panellarum W. WORC. *Itin.* 401. **b** **1482** (v. clarus 2g).

historiacus v. historicus. **historiagraph-** v. historiograph-.

historialis [LL]

1 concerned w. account of past events. **b** (w. *liber*) chronicle, history-book; **c** (w. ref. to the Bible).

epistole singule suis locis ita sunt manifeste .. quod minus videantur egere ~i adminiculo, eo excepto quod factum est in regum colloquio A. TEWK. *Add. Thom.* 32; *a story*, .. historia; ~is, historicus participia *CathA.* **b** s**1214** cujus transcriptum in multis libris Anglie ~ibus habetur M. PAR. *Abbr.* 231; s**1250** frater Matheus dum in propositu fuisset ~em librum suum terminare .. *Ib.* 319; s**1253** miracula .. in ~ibus libris S. Albani, viz. in libro de vita S. Edmundi annotantur *Id. Maj.* V 384; qui .. libros ~es ac gesta principum contemnunt *Ps.*-RISH.491. **c** visus judicium et vulgarem opinionem sequitur ~is narratio, quanquam non maxima luminaria dixit Moyses ista duo [sc. sol et luna] sed magna NECKAM *NR* I 13; vetus testamentum continens libros ~es (*Catal. Librorum*) *Meaux* III xciv; quod Paulus fuit Rome et hujusmodi que in libris ~ibus Biblie affirmantur OCKHAM *Dial.* 823.

2 literal (esp. w. ref. to interpretation of Scripture). **b** factual.

ideo nos ~i tantummodo intelligentia in hoc loco contenti sumus, maxime quia nobis non est propositum omnia dicere quae a diversis inveniuntur auctoribus dicta ALCUIN *Exeg.* 677B; triplex sapientie intellectus, ~is, mysticus et moralis: per ~em homo exterior interiori condescendit J. SAL. *SS* 956B; AD. SCOT *Serm.* 198A (v. anagogicus); secundum ~em vero intelligentiam aquila signum fuit Jovis regis Cretensis NECKAM *NR* I 23; quadruplex sensus dici valet; historialis / est unus, sequitur post allegoria, sequenter / est tropologia, dicetur post anagoge GARL. *Myst. Eccl.* 224. **b** hoc explicat in omnibus humanis tractibus que vel sunt moralia vel hystoralia vel artificalia vel naturalia BACON *Maj.* III 40; naturalis vel ~is veritas indagatur sub eloquio typice ficcionis R. BURY *Phil.* 13. 178.

3 (w. ref to glass) decorated w. narrative pictures.

1450 solutum .. vitriatori pro ciiij^{xx}xj pedibus .. vitri ~is pro aula collegii (*Ac. Coll. Eton*) *Arch. Hist. Camb.* I 403*n.*

historialiter [LL]

1 as historical narrative. **b** from an historical viewpoint. **c** in the course of history.

quod [passionem Edmundi] .. a nemine scriptam tua sanctitas ex antiquitatis memoria collectam ~iter me praesente retulisset .. Rofensis aecclesiae episcopo ABBO *Edm. pref.*; in opere isto historiam vitae ejus non contineri, sed ex eadem vita quasi brevem sermonis versiculum ita compactum .. ut et in conventu priorum auditorum totus quasi ~iter recenseatur ADEL. BLANDIN. *Dunst. prol.*; hec .. prosequuti sumus ~iter a concilio de Clarendon usque .. pape recessum de Francia A. TEWK. *Add. Thom.* 32; apud nos .. hujusmodi congesta per ordinem et insimul hystorialiter scripta adhuc minime habentur *Lib. Eli. prol.* **b** causam necis B. Ælfegi ~iter intuentes videmus non illam solam sed aliam fuisse ista antiquiorem EADMER *V. Anselmi* I 30. **c** P. CORNW. *Disp.* 156 (v. enarrare 1a); subjugendum est de hiis [sanctis] que quasi ~iter in eo [loco] provenerunt J. GLAST. 17 p. 46; prophete ~iter predixerunt Judeos in ultimo tempore ad Christum redituros *Eul. Hist.* I 50.

2 literally.

ut merito psalmigrafi sententia de utrarumque prosperis vitae successibus ~iter quadrare et congruere videatur ALDH. *VirgP* 44; scripsit verum prolixum opus, ~iter exponendo Evangelium Domini secundum Joannem LANFR. *Corp. & Sang.* 421D–422A; 'tulit .. Deus hominem et posuit eum in paradiso voluptatis' [*Gen.* ii 15] hoc tunc ~iter, hoc et hodie spiritualiter facit AD. SCOT *TT* 622D.

historiare, ~iari [LL]

1 to narrate, relate narrative. **b** (trans.) to write about, record.

Homerus .. honestum et utile, et his contraria, lucidius et delectabilius philosophis ~iando disseruit H. HUNT. *HA prol.* p. 2. **b** Isaias, qui eum enuntiat / manifeste Christum historiat J. HOWD. *Ph.* 687; ~atus est Nichodemus hanc epistolam principibus sacerdotum et reliquis literis Hebraicis destinavit [? l. destinavisse] *Eul. Hist.* I 92.

2 (p. ppl.) decorated w. narrative pictures.

~iatus, histeratus ut pannus vel paries in qua scribitur vel pingetur (*sic*) historia *CathA.*

historice [CL]

1 in accordance w. fact, accurately.

satis ~e satisque facete dici .. potest: rane in Gallia .. clamose .., in Britannia mute, in Hibernia nulle GIR. *TH* I 28.

2 acc. to literal sense (of Scripture).

que continentur in libris que ad novum pertinent testamentum, .. narrationes et generationes, eventus et gesta, sive que ~e sive que allegorice aut tropologice vel certe anagogice recte et catholice intelligenda sunt AD. SCOT *QEC* 18. 832A.

historicus [CL]

1 concerned w. account of past events.

Cosmam et Damianum nequaquam ab ~a virginum relatione dirimentes ALDH. *VirgP* 34; Orosius in prosa ~a *Id. PR* 121; in scripturis .. ejus hystoricis .. multa narravit miracula *V. Greg.* 103; Beda .. / .. texens ab origine prima / historico Anglorum gentes et gesta relatu ALCUIN *SS Ebor* 1208.

2 (of pers.) who writes history. **b** (as sb.) historian; **c** (named).

802 idem ~us vir [Orosius] .. qui post congruam rerum gestarum seriem .. subjunxit ALCUIN *Ep.* 245. **b** quasi verax ~us simpliciter ea quae .. sunt gesta describens BEDE *HE* III 17; *Id. TR* 48 (v. attitulare a); quia .. dicat Diodorus Siculus .. quod ~i aliqui [nomen primi regis] non tradunt .. FORTESCUE *NLN* I 7. **c** quae Victorinus scripsere Boetius atque / historici veteres, Pompeius, Plinius ALCUIN *SS Ebor* 1548; verax ~us Beda .. eodem historiographo teste W. MALM. *GP* II 91; Gildas neque insulsus neque infacetus ~us *Id. Glast.* 7; ut Gildas ~us testatur G. MON. XII 6; Asser ~us veraxque relator gestorum .. Alfridi GIR. *Æthelb.* 12; legitur in libris Theodori historiaci *Id. GE* II 28.

3 literal (in interpretation of Scripture). **b** factual.

omnia utcumque ~o vel morali sensu interpretari GILDAS *EB* 94; quia verba caelestis oraculi vel ~o intellectu vel allegorico vel tropologico, id est morali, vel certe anagogico solent accipi BEDE *Tab.* 410; **c795** sunt in .. libro [Geneseos] difficillimae quaestiones plurimae ..; hae .. maxime ~ae sunt et simplici responsione contentae, illae vero majoris inquisitionis ALCUIN *Ep.* 80; cum ~us et carnalis sensus Scripture in spiritalem intelligentiam clarescit GROS. *Hexaem.* II 9; an perpetuo observanda sit ~a sabatizacio non statim liquet nisi ex aliis scripture locis. quibus tamen perspectis, patenter liquet hystoricam sabatizacionem desituram *Id. Cess. Leg.* I 10 p. 53; scriptura habet quattuor sensus, anagogicum, tropologicum, allegoricum et ~um vel litteralem DUNS *Ord.* I 98; Richardus de S. Victore .. principium .. et finem Ezechielis expositione ~a illustravit TREVET *Ann.* 12; cum dicat Jacob 'manus tue fecerunt me' absit quod credatur illum sanctum asserere quod non licet de scriptura ista historiaca habere sensum nisi historiacum WYCL. *Ver.* I 76; quod partes scripture habeant privatum sensum, alique historiacum, alique propheticum .. *Ib.* II 112. **b** quoniam tam longinqua .. generis enarratio multis trutanica potius quam ~a esse videretur GIR. *DK* I 3; more ~o sue gentis vitia veritatis amore non supprimens *Ib.* II 2.

4 decorated w. narrative pictures.

ecclesiam .. auleis ~is et pretiosis Grecorum palliis undique vestitam GIR. *PI* III 30.

historio [LL], (as etym. gl. on *histrio*; *cf.* Isid. *Etym.* XVIII 48).

sciendum est quod histriones dicuntur quasi hystoriones eo quod corporum suorum gesticulatione representant hystorias aliquas DOCKING (*Gal.* vi) 108.

historiographare, ~izare, to write history.

ludere quimus ~izantes ÆTHELW. I 1; *to wryte stories*, historiagraphare *CathA.*

historiographia, [ἱστοριογραφία], historical writing.

antiqui quam sepe referunt ~ia victoribus superatos et captos sub corona fuisse venditos H. READING (I) *Haeret.* III 1284D.

historiographus [LL < ἱστοριογράφος]

1 historian, chronicler; **b** (named).

ALDH. *VirgP* 4 (v. chronographus); Eusebius Caesariensis nominatissimus ~orum scriptor WILLIB. *Bonif. pref.* 3; de his ingentem historiam dicaces ~i texere possunt ORD. VIT. III 6 p. 93; catholicis .. ystoriographis DICETO *Chr. prol.*; s**1128** cum a quodam clerico ystoriographo originem regis Lodowice quaereret .. M. PAR *Min.* I 241; s**1254** dura .. est conditio historiagraphorum, quia, si vera dicantur, homines provocantur; si falsa scripturis commendantur, Deus .. non acceptat *Id. Maj.* V 470; BACON *Tert.* 205 (v. chronicus 2b); quemadmodum ystoriagrophorum grata .. prioritas rerum gestarum nobis scribendo seriem pro nobis hactenus laboravit .. *DC Cant.* (*HMC*) 246; ex antiquis historiagraphorum dictis J. GLAST. 18 p. 46; quae .. ab ~is .. traduntur BOECE 310. **b** Sallustius ~us ALDH. *PR* 134; Josephus illustris Hebraeorum ~us BEDE *Luke* 328C; Jordanes ~us Gothorum W. MALM. *GR* II 116; Aristides ~us, .. Hegesippus ~us R. NIGER *Chr. II* 118; Gildas sapiens Britonum ~us J. FURNESS *Kentig.* 27 p. 208; **12..** apologia Nennii historiografi gentis Britonum NEN. *HB* 143*n.*; Livius .. ~us M. PAR. *Maj.* I 91; ut refert Flavianus ~us W. BURLEY *Vit. Phil.* 222; Solinus ~us et orator *Eul. Hist.* II 202; Josephus antiquitatum historiagraphus FORTESCUE *NLN* II 4.

2 biographer.

mihi discipulo tuo tali quali nunc ~o tuo H. BOS. *Thom.* VII 1.

historiola [LL], short account or history.

~a de primordiis episcopatus Somersetensis *Episc. Som. tit.*; **1334** ~a pontis Berewici *RScot* I 272a *tit.*; *a story*, argumentum, historia, .. ~a *CathA*; stemma .. ex Lacokensi ~a deducam CAMD. *Br.* 217.

historium v. hostorium.

historiuncula [LL], short history.

12.. unam hanc ~am .. coacervavi NEN. *HB pref.* p. 126.

historizare

1 to record as actual event.

secunda .. locucio parabolica est quando narratur quevis sentencia in scriptura secundum quandam similitudinem, licet res non sit ~ata in scriptura sacra, ut patet in evangelio de .. parabolis Salvatoris WYCL. *Ver.* I 66.

2 to perpetuate for posterity.

Jupiter igitur capram ~avit in celo GROS. *Dicta* 111.

histriatus [LL *gl.* ~iare = *to act, mime*], (w. ref. to *1 Kings* vii 24, *scalptura ~ata*) kind of vessel, Heb. 'gourd'; interp. as assoc. w. story or history. (*Cf. Corp. Gloss. Lat.* V 620: *istriate pro istoriate, id est historiae* [*ad*] *hominis similitudinem*).

scalptura autem ~iata est quae historias rerum aliquas imitatur. unde et recte per scalpturas ~iatas [v. l. *in later MSS*: historiatas] quibus mare circumdatur exempla sunt priorum temporum designata BEDE *Templ.* 788A (cf. *Gl. ad III Reg.* vii 24; GROS. *DM* 1. 16: sculpturas histriatas [v. l. *in better MSS*: hystoriatas]).

histrio [CL], player, pantomime actor, jester; **b** (attached to king or other magnate); **c** (fig., of parrot). **d** (*curia ~onum*) Court of Minstrelsy; *cf. Hist. Chester* I 654, *Med. Stage* II 259.

ubi .. ~onum .. ridiculosa commenta exercentur ALDH. *PR* 121; a**805** melius est Deo placere quam ~onibus ALCUIN *Ep.* 281; decennem Troie obsidionem recolite, et .. heroum eventus quos ~ones vestri .. concrepant, recensete ORD. VIT. XI 26 p. 254–5; J. SAL. *Pol.* 494A (v. exercere 7f); quod mimus aut ~o sine dispendio verecundie non loqueretur *Id. Ep.* 184 (174); AILR. *Gen. Regum* 359 (v. contionabulum); ~o, leno, joculator, mimus, ludius OSB. GLOUC. *Deriv.* 276; nec enim ~oni ut placeat peragenda est fabula GIR. *GE* II 8; ex quo res fedas recitas velut histrio fedus M. CORNW. *Hen.* 127; **1259** ~onibus potest dari cibus quia pauperes sunt, non quia ~ones *Ann. Burton* 485; **1334** ij ~onibus in die Veneris proximo post oct' B. Martini ij s. *Ac. Durh.* 522; **1362** cuidam istrioni Jestour Jawdewyne, in festo Natalis Domini .. et cuidam ystrioni ceco Franco cum j puero fratre suo .. *Ib.* 565; **1431** pro vestura hustrionum (*sic*) civitatis hoc anno xxvj s. viij d. *MS Devon R. O. Exeter*

Receiver's Ac. m. 1d. **b** **1235** septem ystrionibus archiepiscopi Colon' et ducis Braibant' *Chanc. Misc.* 3/3; **1237** Elie istrioni com' March' tres m. de dono nostro *Liberate* 11 m. 8; **1247** habere faciant Alemanno istrioni Galfridi de Leyzinan unam robam *Cl* 18; **1253** faciat habere Hugoni .. militi et istrioni nostro viij ulnas grossi russetti de Totoneys .. ad .. tabardum inde faciendum *Cl* 176; **1260** Jacomino stulto et instrioni regis *Cl* 321; **1301** cuidam hystrioni regis xij d. *Ac. Durh.* 503; **1334** ~onibus comitis Warenn' vj s. viij d. .. ~onibus regis Scocie iii s. iiij d. *Ib.* 523; c**1336** duobus istrionibus regis *Ib.* 531; **1417** solut' ~iis domini de Wyluby hoc anno (*Ac. Chamb. K's Lynn*) *Malone Soc. Coll.* XI 43; **1434** per solucionem factam ~onibus regis *ExchScot* 603; **1453** xxv s. pro expensis xij equorum et hacnettorum ix ~onibus domini tempore Natalis Domini mense Januarii *Ac. H. Buckingham* 26. **c** psittace .. / .. / histrio nobilis es .. / .. varios exprimis ore sonos. / risum mentiris, hinnitum fingis NECKAM *DS* II 235. **d** **1478** advocar' curie ~onum Cestr' de aliquo proficuo proveniente de .. curia ~onum non rec' eo quod nullum proficuum (*MinAc*) *Plant. & Tudor Chester* 348*n*.

histrionalis [CL], appropriate to player or actor.

s**1317** quedam mulier, ornatu ~i redimita, equum .. histrionaliter phaleratum ascensa, .. aulam intravit, mensas more histrionum circuivit TROKELOWE 98.

histrionaliter, in the manner of player or actor.

TROKELOWE 98 (v. histrionalis); ~iter vel indecenter vestibus vel ludis inhonestis coinquinatus *Plusc.* VII 20.

histrionatus, acting, pantomime.

nature dignitatem dehonestat ~us NECKAM *NR* II 129; hunc ~um meum, rudem et ineptum .. permittas .. rudibus saltitare tripudiis J. GODARD *Ap.* 247; **1286** ludendo, joculando, seu quodcunque ystrionatus officium exercendo *Reg. Heref.* 122; modo cessant hystrionatus apud alios, modo incipiunt cantulena apud' scolares nostros S. GAUNT *Serm.* 211; joculatores qui nesciunt alium ~um [ME: *gleo*] nisi mutare vultus, curvare os .. *AncrR* 75; si vero non teneatur quis ad restitutionem ut in meretricio, ~u, et similibus, tunc si ex peccato notorio questus provenit, ecclesia non debet decimas recipere ne videatur hujusmodi peccatum approbare J. BURGH *PO* IX 3 f. 151.

histrionicus [CL], appropriate to player or actor.

saltationis verbo non ~is motibus sinuati corporis rotatus sed impigri devotio cordis .. designatur BEDE *Luke* 422B; anicule .. ephebum qui motibus ~is victum exigeret excipientes asinum videri fecerunt W. MALM. *GR* II 171 (cf. R. NIGER *Chr. II* 155: juvenem ~um in figuram asini mutaverunt); ~is quibusdam gestibus totum corpus agitatur, torquentur labia, rotant oculi, ludunt humeri AILR. *Spec. Car.* II 67. 571C; artem mimicam et ~am GIR. *GE* II 30; **1285** ~um corpus ecclesie faciunt, dum pedes capiti superponunt PECKHAM *Ep.* 645 p. 899.

histrix [cf. histrio; *perh. misinterp. of* CL hystrix = *porcupine*], actress, common entertainer.

an harlott, .. joculator, -trix, pantomima, parasitaster, ~ix, nugator, .. *CathA*.

hitha [ME *hithe*], landing-place. **b** (w. *Regine*) Queen's Hithe, London.

ibi [Tarentefort] ij hedae, id est duo portus *DB* I 2va (*Kent*); una heda de v sol. et iiij d. *Ib.* 6ra; **1104** habeant in eadem villa sua †thuderam [? *misr. of* huðam, i. e. hutham] suam liberam et quietam, et omnes qui ibi advenerint faciant abbati [S. Petri, *Ghent*] .. easdem consuetudines omnes quas facere solebant *MonA* VI 987 (cf. *Regesta* 730; *RChart* 184a [**1209**]: †hucam); c**1120** quod recognosci faciatis per .. homines de warda in qua est hida illa de Fleta .. ubi naves S. Pauli solent cum petra applicare .. *E. Ch. S. Paul.* 27 (cf. *Tout Essays* 49 (*Lib. Pilosus S. Paul.*): hieda .. de Fleota); c**1150** quoniam abbatissa de Meallinges et moniales .. saisinam ij acdennarum cum heittha ad quam naves applicant .. dirationaverunt *Doc. Theob.* 175; **1234** totam medietatem ~e mee apud Hengseye; .. dictam dimidiam hytham *Cart. Osney* IV 474–5; **1401** S. Benedicti in huda [*St. Benedict at Paules wharf*] *DC S. Paul.* (*HMC*) 5b; **1434** [tenementum] situatum super *le keye* in parte boriali alti vici de Weymouth .. inter tenementum quondam .. Willelmi M. ex parte orientali et communam hytham ex parte occidentali *AncD* C 6110; **1465** possessorem hythe, rivagii sive passagii de Henxsey vocati Henxseyhithe ..; .. quandam viam .. ducentem versus hitham, rivagium sive passagium predictum *Cart. Osney* II 444. **b** **1208** sciatis nos dedisse .. G. filio P. comitis Essex' Heetham Regine in London' *RChart* 182b; **1220** regine Alienore quamdiu Hutha Regine fuit in manu ejus in parte dotis sue *Cl* 425b; **1221** de Heth' Regine: .. quatinus .. Ricardo de Ripar' cui ripam regine in Lond' .. commissimus .. *Cl* 478a; **1243** quod inquirere faciant que consuetudines pertinebant ad Hetham Regine Londoniarum *MGL* III 445.

hiulcare [CL], to gape, have one's mouth wide open.

Marie dolium .. aspicio, / hiulcans aridas fauces aperio WALT. WIMB. *Carm.* 135.

hiulcus [CL], gaping, wide open; **b** (fig.).

quam penniger praepes .. ~o advexerat rostro ALDH. *VirgP* 28; ~is, i. apertis, *gypigendum GlP* 709; ~is meatibus vulnerum R. COLD. *Godr.* 88; ~us, quod hians et patens est OSB. GLOUC. *Deriv.* 277; virgo .. / .. hiulcis / collaudanda faucibus WALT. WIMB. *Virgo* 30. **b** tunc hiulca mens avari / que non potest saciari / nummis saciabitur *Id. Van.* 107.

hivernagium v. hibernagium.

hlafordsocna [AS *hlafordsocn*], right to seek protection of lord.

ne dominus libero homini hlafordsoknem [v. l. hlasocnam] interdicat si eum recte custodierit (*Quad.*) *GAS* 170 (cf. ib. 172: ne .. ~am prohibeat).

hlammator [cf. ME *lame*], eel-fisher.

si per aquas invenerit †klammatores [MS: hlammatores] habentes anguillas, de melioribus anguillis eligere debet quod [? l. quot] stikas voluerit et deportare in coquinam abbatis, et dabitur piscatoribus pro qualibet stika ob. et j pannum garcionum [? l. panem grassum] *Cust. Glast.* 177.

hlasocna v. hlafordsocna.

hlosa [cf. AS *hlose* = *pigsty*], sheep-cote.

1283 quelibet dim. hida debet invenire .. coopertura ad ~am domini, .. ita quod oves domini serventur indempnes *Cust. Battle* 29; *Ib.* 37 (v. emendare 3a).

hlothbota [AS *hloðbot*], penalty for being accessory to affray.

si quis occidetur in *hloþe*, reddat interfector weram parentibus et manbotam domino, et omnes qui interfuerint hloðbotam, sicut emendent *tþihindeman* xxx s. (*Leg. Hen.* 87. 4) *GAS* 601.

hoa, ~are v. howa, ~are. **hobbia** v. hobeus. **hobedire** v. oboedire.

hobelarius [OF *hobeleor*], light horseman; **b** (as adj.); **c** (w. ref. to serjeanties).

iiii homines ad arma et iii oblarii *Text. Roff.* p. 239; **1296** de hominibus cum equis discoopertis, qui dicuntur hobellarii (*KRAc* 6/5) *Doc. Scot.* II 124; **1300** (v. discooperire 2d); **1309** quod sitis apud Novum Castrum .. cum numero armatorum, ~iorum, et peditum supradicto *RScot* I 78a (cf. ib.: cum .. ccc hobeleriis); s**1335** cum cxl equitibus .. cc hobellariis et sagittariis exiit de Berewyco *G. Ed. III Bridl.* 123; s**1345** ut [rex] de [quolibet] habente x m. unum hoblarium haberet AD. MUR. *Chr.* 192; **1355** pro uno homine ad arma, uno ~io *Reg. Heref.* 233; **1364** pro hoberariis, sagittariis inveniendis (*Inq.*) THORNE 2140 (cf. ib.: ad eligendum .. predictos hobilarios); **1416** pro municione .. hominum ad arma, ~iorum, sagittariorum .. pro obsequio nostro *MonA* VI 32b; **1536** araiator .. hobiliariorum (v. arraiator a). **b** **1296** tam equitibus ~iis quam peditibus *Pipe* (*Chanc.*) 92 m. 7; **1299** aliis tam equitibus hobelar' quam peditibus proficiscentibus versus partes Scocie *Pipe* 144 r. 28; **1315** quingentos homines ~ios et pedites ad arma potentes *RScot* I 143a; **1365** pro quolibet sagittario equite vj d., pro quolibet ~io equite vj d. *Cl* 203 m. 29. **c** **1318** tenuit .. manerium [*Bradford, Northumb*] per servicium inveniendi unum hobolarium in exercitu regis *IPM* 61/3 (cf. ib. 53/12 [**1316**]: per servicium inveniendi unum hominem armatum cum akton', haubergon' [etc.] super equum discoopertum); **1338** tenuit .. xlvij acras terre .. in Chyntynge [*Suss*] .. per servicium inveniendi .. regi tertiam partem unius ~ii in exercitu suo Wallie *IPM* 53/19 (cf. ib. 25/1 [**1311**]: tenuit .. terras .. in villa de Chyntynge .. per servicium tercie partis j serjantie, inveniendi .. j hominem cum equo discooperto cum aketone [etc.]).

hobelus [OF *hobel*], hobby, small hawk.

[psittacus] forma corporis aliquantisper falconem vel ~um representat NECKAM *NR* I 36; estivales hobeli [vv. ll. obeli, oberi] GIR. *TH* I 12 (v. aestivalis b).

hoberarius v. hobelarius.

hobeus [OF *hobé*, ME *hobi*], hobby, small hawk.

1306 Willelmo de P. falconario domini W. de Breouse .. portando ij hobeos pro allaud' missos regi *KRAc* 369/11 f. 100v.; fringillarium Anglorum hobbiam esse conjicio; est autem hobbia accipiter minimus TURNER *Av.* B1v.

hobilarius, ~iarius v. hobelarius.

hobinus [ME, OF *hobin*], hobby, small horse.

c**1275** pro vj ~is emptis ad opus vestrum *AncC* XVII 196 (192); **1284** pro xij ulnis de blueto emptis pro iij houc' faciendis pro .. j hobyno de *bay KRAc* 97/3 m. 2; **1296** de quolibet equo et equa seu ~o, bove et vacca venali, j ob. *Pat* 115 m. 8; **1297** (v. 2 equus 3e); **1313** de j hakeneo gris', j ~o nigro *KRAc* 99/13; levibus equis, obinis nuncupatis *Spons. Marie* 31; [Hibernia] equos quos haubinos vocant, suavissime incedentes, gignit. .. hos equos haubinos seu ~os de Anglia Galli vocant MAJOR I 9 p. 38.

hobirgellum v. haubergellum. **hobl-, hobol-** v. hobelarius. **hoc** v. hic. **hoccus** v. hoga. **Hockanicus** v. Occamicus.

hockdies [ME *hokedai*], hockday, second Tuesday after Easter.

c**1268** durum est nobis .. ad dictum locum dicto die [sc. in crastino quasi modo geniti] personaliter accedere eo juxta quod coram consimilibus justiciariis ad hock diem in comitatu Wint' necessario personaliter interesse debemus *AncC* VII 206 (207); **1303** curia legalis de Burgo tenta die de la Hokk' *CourtR* 192/59 *rot. ult.*; **1330** de perquisitis legalis hundredi turni hokdiei *MinAc* 1131/6 r. 2; hockediei *Ib.* r. 5. (v. halimotum a).

hocsirocrocium v. oxy-.

Hodegetria [ὁδηγήτρια], guide (f.).

in ipso monasterio est .. imago sanctae Dei genitricis quae vocatur Odigitria, quod est interpretatum deducatrix *Descr. Constant.* 249.

hodie [CL]

1 today, on this day; **b** (in indef. sense).

de fratribus alter / .. hodie moriturus erit ALCUIN *SS Ebor* 1630; recole cujus depositio proxime vobis celebrata est festiva, que dies hac septimana exacta ~ie recurrit octava, et scito quia ipsa sum que rememoratur ~ie virgo Mildretha GOSC. *Transl. Mild.* 22 p. 187; et ille 'quando' inquit? respondit '~ie' *V. Chris. Marky.* 32; s**1195** fidem dedisti quod venires ~ie .. et non venisti (v. diffidare a); NETTER *DAF* II 63. 1 (v. hodiernitas). **b** **796** etc. (v. heri a); WALT. WIMB. *Carm.* 338 (v. evanidus 2); ille ~ie [peccavit], ego cras *AncrR* 104.

2 in the present day, nowadays. **b** (w. *usque* or sim.) to this day.

vocatur ~ie Godmunddingaham BEDE *HE* II 13; ~ie .. Gasconia .. eodem quo et Britannia regimine gaudet GIR. *TH* III 9; R. BURY *Phil.* 10. 165 (v. damnosus). **b** ficones .. quibus calciatus est in basilica nostra pro testimonio usque ~ie habentur *V. Cuthb.* IV 14; quod usque ~ie .. constat esse servatum BEDE *HE* I 1 p. 12; haec et alia .. non indiget exponi, quod reipsa magis ~ietenus elucescit GOSC. *Transl. Aug.* 43C; ~ietenus signorum fulget praesentia *Id. Edith.* 36; 'crede .. quia non longe a vado propinqui fluminis clarissima latent luminaria que suo tempore attollentur perspicua notitia.' haec .. laeta fide vulgavit quae postea revelata nobis ~ietenus veritas probavit *Id. V. Iv.* 89B; victoriam .. nactus usque ~ie .. laudari promeruit ORD. VIT. III 2 p. 23; gentis Hibernice, que usque ~ie insulam inhabitat GIR. *TH intr.* p. 8.

3 (w. little temporal significance, emphasising neg.).

non hodie effugeris, nec si tenearis in ulnis / Petri ALCUIN *SS Ebor* 1350.

hodiernitas, (?) being in the present time.

quia causa efficiens est causa extra rem, sicut non aliud individuum 'quando': quod tunc dicebatur, hodie adfuit dies natalis Domini propter hodiernitatem [v. l. solemnitatem] ejus qui fuit auctor .. totius diei NETTER *DAF* II 63. 1.

hodiernus [CL]

1 of or happening on this day, today's. **b** (w. *dies*) today.

BEDE *Hom.* II 17. 193 (v. 2 disserere 1a); a**765** cavendum est ne ~am donationem nostram futuri temporis abnegare valeat .. praesumptio *CS* 194; ~a festivitate [AS: *ece dæg*] *Rit. Durh.* 2; **1458** (v. elongare 2b). **b** nos .. te ~a die ad caelestia sumus regna perducturi BEDE *HE* IV 14; quas dies culpas hodierna texit / Christus deleto ALCUIN *Carm.* 121. 8. 1; insulam in ~um diem tenuerunt G. MON. III 12; usque in ~um diem GIR. *TH* II 28; ab illo tempore usque in ~um diem *Natura Deorum* 42.

2 of the present time; **b** (as sb. m.).

siderea Mildretha et antiquam et ~am habitationem .. elucidat GOSC. *Transl. Mild.* 31; *Id. Edith* 36 (v. hesternus 2a); tempore consulum, .. ~o vero tempore .. RIC. HEX. *Hist. Hex.* I *prol.*; sic bona justicie fraus compta subintrat, et inde / inficit occultam lex hodierna fidem GOWER *VC* VI 1182. **b** ibidem lapides quidam .. usque in ~um conspiciuntur GIR. *TH* II 18.

hodietenus v. hodie 2b.

hodoeporicum [ὁδοιπορικόν], guide-book, itinerary.

od[o]eporicon, viaticum, †iterenum *GlC* E 320; in odoporion Giraldi prefatio prima GIR. *IK pref.* p. 3.

hodor v. odor.

hodus [ὁδός], way.

a way, .. callis, .. compotum, metodus, †eda [v. l. oda], via *CathA*.

hoes- v. hos-.

1 hoga, ~us [ME *hough*, cf. ME, OF *hoge*]

1 'hoe', hill or projecting ridge. **b** (Dartmoor) tor. **c** (C. I.) coastal dune.

c**1230** totam illam ~am que vocatur Thunderloue [*Thunderlow hill*] in Binesle cum chemino pertinente ad totam terram quam habui in domanio *Cart. Hosp. Essex* 310; **1236** a capite fossati .. usque ad ~am de Hurnhull'

[*Hants*] et sic per mediam ~am .. versus borream *ChartR* 29 m. 8; **14..** Canutus dedit predicto Edwino .. unam planiciem non cultam sed vastatam, versus orientem a predicta villa sex miliaria anglicana, ubi Edwinus invenit quendam collem et hogum petrosum, et ibi incipiebat edificare quendam villam et vocavit illam Stanhoghiam, que postea vocabatur Stanhowe [*Norf*] (*Liber Sharburn'*) *Gl. Arch. s. v.* **b 1240** incipiunt perambulationem ad ~am de Cossdonne et inde .. usque ad parvam ~am que vocatur Parva Hundetorre *Peramb. Dartmoor* 290 (= *Reg. Exon.* 1607). **c 1247** debent reddere per annum de banca et ~a viginti s. (v. 1 bancus b); **1247** item debent de marisco de Orguill et de ~a Giraldi viginti s. Turonensium *Cl* 546 (= *Ext. Guern.* 26, *CalIMisc* I 55 p. 16).

2 (Sc. & N. Eng.) 'heugh', steep slope.

c**1180** ad quendam ~um et de illo ~o usque ad alterum ~um *Melrose* I 54; c**1190** ascendendo ad ij magnos lapides .. et inde .. usque ad quamdam ~am lapideam *Kelso* I 86; a**1223** terram .. super ~am S. Marie super Tynam *Deeds Newcastle* 13; **1303** de ~a ubi antiquum molendinum stare solebat *Ib.* 17; **1330** ad magnam houcam pendentem ex parte boriali *Ib.* 26.

3 'how', small mound, esp. barrow, tumulus.

a**1171** per fossatam ita usque ad parvam ~am *E. Ch. Yorks* IV 56; **1227** villata de Buttewerde [*Hants*] debet xl s. pro ~a fossata *LTRMem* 9 m. 12; **1237** rex mandavit comiti Cornubie .. quod fodi faciat ~as in comitatu Cornubie ad thesaurum in eis querendum, sicut mandavit fieri de ~is in insula de Wicht *Cl* 433; **1240** quia significastis nobis quod arbitrium faciendum inter vos et Rogerum de M. alia vice remansit eo quod dominus legatus a latere suo neminem destinavit ad arbitrandum, scire vos cupimus quod ibidem dominus legatus missurus est ex parte sua usque ad ~am de Kynarton [*Kinnerton, Chesh*] in crastino S. Luce priorem de Wenloc .. ad probationem vestram recipiendam *Cl* 243; **1261** duo homines extranei inventi fuerunt occisi sub ~a de Cudeslowe [*Cutteslowe, Oxon*], .. et testatum est per xij quod malefactores latitant in concavitate illius ~e, et ibi plures roberie et homicidia fuerunt. ideo preceptum est vicecomiti quod prosterni faciat ~am illam (*JustIt* 701 m. 22) *Antiquity* IX 96.

4 salt-mound.

in uno puteo, liiij salinae et ij hocci reddentes vj s. *DB* I 172vb (*Worcs*); in iij [sc. tertio] puteo, Midelwic, xij salinae et ij partes de uno hocco *Ib.*; in Wich iiij salinae et unus hoch *Ib.* 180va (*Heref*); **1199** de j salina cum tota hogga et medietate j †grene [l. greve] in Lenn' *Fines P. Norf* 231; **1316** etc. (v. 4 area 3); **1321** item j salina cum ~a et area *Cl* 138 m. 3d. (*Lincs*); **1390** [*two saltpits*] cum areis salis, ~is [*ed.*: '*hollows*'] et viridariis adjacentibus *CalPat* 193; **1459** de medietate unius ~e et arie *Cl* 309 m. 8.

5 (? conf. w. *haia*).

1253 (1331) ad magnum iter quod tendit versus Bolre per domus .. Johannis et sic ascendendo usque ad duas ~as que sunt apud B. et sic per illas ~as usque ad fossatum de B. *ChartR* 118 m. 15 (= *CalCh* IV 229: '*along those hays to the dike*'); **1285** in xxx virgatis de hayis sartandis ad tascham vj d. in j ~a sartanda et j puteo implendo x d. *MinAc* 894/1.

6 (?) strip of land. *Cf. hokum* 2.

a**1199** dedi et concessi .. totam ~am de Brundune ['*all the meadow of Brundune*', *Little Kelk, Foston*] et xx acras terre propinquiores juxta predictam ~am cum marisco quod pertinet ad predictas xx acras terre *E. Ch. Yorks* IX 64; a**1220** et alias duas acras inter predictam acram de Halindone et duas ~as in perpetuum tenendas *Cart. Wardon* 23d.

2 hoga v. howa.

hogardus v. hagardum.

hogaster [AN *hogastre*, ME *hoggaster*]

1 hogget, young pig in second year; **b** (attrib.).

[a**1128** ij sues et j ver et vij *hoggastres Chr. Peterb.* app. 158;] **1155** sues iij, queque appreciate x d.; hocgastri xviij, quisque appreciatus iij d.; oves c et arietes ij, queque appreciata v d. *Dom. S. Paul.* 134; **1185** tradidit .. xl ~ros .. et recepit totidem bonas matrices oves .. pro eis .. injuste, cum agnis *RDomin* 29; rex habebit meliorem porcum et forestarius unum ~rum (*Leg. Forest.* 7. 2) *RegiamM* II f. 19; **1224** [agistores] debent lij s. pro lij porcis et xx ~ris *LTRMem* 6 m. 15; c**1300** dabit pannagia porcorum .. sc. pro porco ij d., pro ~ro j d., pro porcello ob. *FormMan* 27. **b** [c**1200** fuerunt tunc in curia .. v porci *ogastres* cum una sue *Cart. Rams.* III 305.]

2 young sheep, yearling; **b** (w. *bidens* or *bidentalis*); **c** (dist. as male or female); **d** (given as rent).

[c**1175** vij^{xx} oves matres et iij^{xx} et xij inter *gerces* et *hogastres* (*Cart. Caen* f. 45v.) *OED* s. v. *hoggaster*;] **1209** r. c. de ccxviij hoggastris anno preterito apud *Crawley* 191; **1225** de lx multonibus xxx s., de lxvj ovibus et ~ris [MS: oghastris] xxij s. (*Lay SubsidyR*) *Pipe R. Soc.* NS XLV 47; c**1270** agni primo compoto postquam nati sunt agni vocantur, secundo compoto hogastri vocantur *Ac. Beaulieu* 51; **1279** (v. adjungere 2b); *Fleta* 167 (v. 2 annuare 2a); **1294** de xvj ovibus venditis .. quarum v fuerunt femelle, xj multones, ... de vj hokastris venditis .., precium ~ri iiij d. *Cuxham* 230; c**1300** hogettus est juvenis porcus, ~er est juvenis ovis *Husb.* 27n.; **1301** oves matrices sine agnis et viij ~ri *Reg. Exon.* 369; **1306** r. c. de .. ccccciiij^{xx}x velleribus ovium matricium, cc ~rorum proventorum ad tonsionem *Crawley* 247; **1336** cxvj hogestris *Cal. Scot.* III app. 375; **1342**, **1354** (v. cronator); **1426** lego .. multones et ~ros apud B. *Test. Ebor.* II 11; **1504** redditus .. j barcarii ovium matricium hoggestrorum .. *Crawley* 494. **b 1265** recognovit se debere .. lxx bidentes hogestros reddendos *Cl* 140; **1298** hoggastri bidentales: .. idem respondet de cxx hoggastris receptis *Ac. Lenton* 35. **c 1296** in xl hogastr' femell' emptis *DL MinAc* 1/1 r. 18 (*Buckeby*); **1339** in iiij^{xx} hoggastris masculis emptis *Ac. Durh.* 310; c**1370** j ~rum femellum tonsum *MFG* (*Gt. Waltham, Essex*). **d 1508** per .. redditum viij d. et higgastrum per annum pro omnibus serviciis *IPM* 21/9 (*Cornw*).

hogastulus, young sheep or pig.

1331 habuit .. iiij^{xx} ~os, precii cujuslibet iij d. *RB Kildare* 102.

hogatus v. hogettus.

hogerellus, young sheep.

a**1153** de c pellibus hogrellorum ij d. *APScot* I *app.* 3 p. 304; **1295** xvj oves matrices et xiiij ~os *Reg. Wint.* 508; **1303** de vj ovibus matricibus .. in morina .. et .. de cc et iij ~is venditis .. et de ij ~is .. in morina *Ac. Exec. Ep. Lond.* 92; **1356** in ccx ~is emptis ante tonsuram *Ac. Obed. Abingd.* 9; **1378** j juven' prec' iiij s. .. iiij hogrell' prec' ix s. *Hal. Durh.* 151; **1388** habuit eodem die lx ~os precii xlv s. *KRMisc.* 5/29 (= *IMisc* 240/18: hogastros).

hogest- v. hogast-.

hogettus, ~um [ME *hogget*]

1 hogget, young pig in second year; **b** (w. *porcinus*).

1208 vj .. sues, ij verres, xliij porci superannati, lij ~i *Pipe Wint.* 4; **1257** de xxviij hoggettis remanentibus anno preterito porcellis *Crawley* 220; c**1300** hoggetti: .. r. c. de iiij receptis de remanenti et de iiij receptis de W. P.; de quibus computat in adjunccione ad sues .. vj et iiij ad porcos et iiij ad apros *FormMan* 43; c**1300** (v. hogaster 2a); **1345** sunt ibidem ccxx oves matrices, cc multones, cxx hoggastri, ij apri, x sues, xxiiij hoggetti, xxiiij porcelli *Pri. Cold.* app. xvii; **1350** hoggeta: et de xj hoggetis de tot porcellis remanentibus, et remanent xj hoggeta *Surv. Durh. Hatf.* 226; **1354** pro pannagio v porcorum et xij ~orum *CourtR* 183/58 m. 10*d.*; **1398** hoggett': de xlv hogg' de rem' porcellis *Ac. Man. Coll. Wint.* (*Harmondsworth*); **1449** de porcis et ~is *Crawley* 484. **b 1297** de j hoggecto porc' vendito *Ac. Lenton* 4; **1393** hoggettos porcinos *IMisc* 253/6.

2 young sheep in second year; **b** (dist. as female).

1208 de iiij^{xx}ix pellibus ovium, iij multonum, cxiij hoggettorum mortuorum venditis *Pipe Wint.* 5; **1241** quod .. unum equum et c oves cum bobus et ovibus .. abbatis .. in predicta pastura pascantur, sc. multones cum multonibus, matrices cum matricibus, hogatos cum hogatis *Cart. Glast.* 211; **1358** de .. vj multonibus, iij ovibus, j hoggeto *Sacr. Ely* II 183; **1377** sunt .. quingenti .. multones .. et .. ducenti et viginti hogettus (*sic*) .. et ducente et octoginta oves matrices *IMisc* 212/8. **b 1323** de cxlv hoggetis femellis receptis de remanentibus *Ac. Wellingb.* 133.

hogg- v. et. hog-.

hoggus [ME *hogge*]

1 hog, castrated boar. **b** hogget, young pig of first or second year.

1183 de placitis foreste de Cumberland': .. idem .. r. c. de vj s. et viij d. de servitio terre de iiij ~is *Pipe* 6; **1184** vicecomes [Cumb'] r. c. de xiij s. et viij d. de servitio terre de iiij hogis *Ib.* 42; **1231** cum pannagio lxiij porcorum et xlvj ~orum *Cl* 495; **1354** pro pannagio v porcorum et iij ~orum vj d. ob. *CourtR* 183/58 m. 10*d.* **b** c**1270** porcelli primo compoto .. porcelli vocantur, secundo compoto ~i vocantur *Ac. Beaulieu* 5; **1357** item j aper, vj sues, j ~us unius anni *Pri. Cold.* app. xxxii.

2 young sheep in second year.

1248 ~i: idem r. c. de clvj ~is remanenentibus anni preteriti agnis; .. in adjunctis matricibus ovibus lxiiij; in adjunctis hurtardis iij; in adjunctis multonibus .. lxix *Rec. Crondal* 59; c**1450** summa multonum vij^{m}iij^{xx}iiij; summa ~orum v^{m}ix^{c}; summa ovium bidencium .. *Reg. Newbattle* 285.

hogrellus v. hogerellus.

hogrus, young sheep in second year (Hants).

c**1345** de pellibus .. iiij ~rorum de morina ante tonsuram venditis, pro pelle .. matricis et ~ri, iiij d. *Comp. Swith.* 147; **1356** de xj velleribus hurtardorum .. et clxvj ~rorum proventis ad tonsionem *Crawley* 276; **1398** de ij hogr' de rem' ag[n]is] *Ac. Man. Coll. Wint.* (*Harmondsworth*); **1410** pro .. hoggris *Ib.* (*Ropley*) (v. cronare a); **1420** de multonibus .., de hurtis .., de ~ris .., et de agnis *MonA* VI 935 (*Titchfield, Hants*).

hogus v. hoga, hoggus. **hohia** v. howa.

1 hoia [ME *hoie*], hoy, small coasting vessel.

1586 e ~a quadam dicta *the Peter of Feversham* cujus ipse extitit nauta *HCA Crim.* 3/249.

2 hoia v. howa.

hokaster v. hogaster.

hokelare [ME *hokelen*], to cut, scythe.

c**1230** fodit, ~abit, claudet, sarclabit *Cust. Waltham* f. 224.

hoketus v. hoquetus.

hokum [ME *hok*]

1 hook for door or sim. use in building; **b** (part of plough); **c** (as agric. implement).

1342 pro viij ~is novis hostiis chori *Sacr. Ely* II 109; **1382** (v. hengellum); **1389** in ~is, twystis, et clavis *Ac. Obed. Abingd.* 54; **1397** pro ~is et rydis ..; Willelmo Yrmonger pro clavis et ~is *Cant. Coll. Ox.* 143. **b 1307** in ~is, capp', auricul' .. ad carucas faciend' *Ac. Man. Wint.* (*Wroughton*). **c 1345** j hok' pro terra tractand' (*MinAc Langenhoe*) *MS Essex R. O.* D/DE1 M 22.

2 spit or strip of land (? in bend of river).

1195 dabit .. ~um terre .. que jacet in marisco .. in Kisflete *Fines Suss* 4; **1222** Ricardus .. reddit j d. pro quodam ~o marisci *Dom. S. Paul.* 60; **13..** ~um [*of meadow lying in the holm*] *Cart. Harrold* 136; **1394** unum †hokun prati .. jacet in le Holme *Ib.* 138.

hola [ME *hole*], hull or hold (of ship).

14.. unum marinariorum .. projecit in ~am sive concavum navis .. ubi eum sine alimento et licesterio quocumque jacere precepit *BBAdm* I 254.

Holandarius [ME *Holander*], man of Holland, Hollander.

1438 pro redempcione cujusdam Anglici capti per unum ~ium *ExchScot* 32.

Holandicus, man of Holland, Hollander.

s**1293** interim vero Anglici associaverunt eis Hibernicos et ~os; Normanni vero adjunxerunt sibi Francos Flandrenses et marinarios de Gene W. Guisb. 241.

Holandrinus, man of Holland, Hollander.

1444 excepciones pro parte Anglicorum contra probaciones Hollandrinorum, Zelandrinorum, et Frisonum objectas *Bronnen* 1268.

holera v. holus.

holerare [CL], to plant vegetables.

holus .. inde hoc holusculum .. et holinus .. et hic holitor, i. holerum custos, et ~are .. et dicitur ~are pro 'holera plantare' Osb. Glouc. *Deriv.* 274.

holerarium, vegetable garden.

†clerarium [? l. olerarium], *curtelage or gardyne PP.*

holeretum, vegetable garden.

1436 ut in domibus, curtilagiis, gardinis, .. haiis, fossatis et halerettis *Cl* 286 m. 2 (cf. ib.: allerectis; = *Cal.* p. 28: '*garlic-beds*').

holereus [cf. CL holeraceus], (consisting of) vegetables.

9.. †clerius [? l. olerius] cibus, *wyrtmete WW.*

holetta [ME *holet*], hut.

1286 in xiiij clad' ad faldam boum et j ~a ad bercariam faciend' *MinAc* 827/39 r. 2*d.* (*Devon*); **1374** de firma Michaelis W. pro uno hulletto apud Swalwereves super ripam aque de Eyr ex opposito molendini ejusdem M. *DL MinAc* 507/8227 m. 28 (*Yorks*).

holina v. 1 holmus 1a.

holinus, vegetable.

Osb. Glouc. *Deriv.* 274 (v. holerare).

holitor [CL], vegetable grower.

~or, i. holerum custos Osb. Glouc. *Deriv.* 274 (v. holerare); ~ores, holerum cultores *Ib.* 276.

Holland- v. et. Holand-.

Hollandensis, from Holland (Lincs).

s**1415** ~es, viz., de villis de Multon et Weston *Croyl. Cont. B* 501.

1 holmus, ~a, ~um [AS, ME *holm* < ON *holmr*], 'holm', island, river-meadow. **b** (in place-name or surname).

1084 unum hulmum *MonA* V 190 (v. dala; cf. *CalCh* IV 119); a**1153** dedit .. eis culturam .. et ~um juxta eam *Doc. Theob.* 255; **1181** Golstanus et Herveius [tenent] j †holinam pro xij d. Robertus .. [tenet] *holemede* pro xij d. *Dom. S. Paul.* 115 (cf. ib. [**1222**]: sunt ibi .. xl acre in pastura de †holin); c**1190** ix acras .. et dim. ~i de salino et totum sablunarium ad idem ~ium pertinens *Reg. Ant. Linc.* I 250; **1200** nos concessisse .. abbati de Rames' ..

villam de R. cum ~o et aliis pertinentiis suis *RChart* 76b; **a1203** ij ~os *Kelso* I 110; **1208** disseisiverunt eos .. de quodam hulmo *CurR* V 247; **c1220** concessi .. hulmam et pratum *Cart. Beauchamp* 218; **c1230** dedi insuper eisdem quemdam ~um terre mee ad asiamentum molendini sui, qui ~us jacet ex orientali parte ejusdem molendini *Cart. Burscough* 19; **a1246** unum mesuagium cum orto super ~um in Stalmin, sicut fossa circuit *Cart. Cockersand* I 106; **a1268** ~a que fuit Osberti *Ib.* 241; **1298** totam pasturam .. que vocatur le Hulles cum ij ~is in campis de Wedone et Westone *MonA* VI 443a; **c1300** iij selliones terre .. cum chevettis et ~is pertinentibus *Ib.* IV 224; in orientali parte de Cranemor' de terra arabili plantavit unum boscum, et vocatur Childholm; et alios tres ~os de marisco circuivit fossato salicino WHITTLESEY 156; **1324** cum uno mesuagio et uno hulmo *CBaron* 136; iiij acras prati cum iij ~is, .. et .. molendinum aquaticum *Croyl. Cont. A* 115; culturas, clausa, ~os et pasturas *Meaux* I 375; **1422** ~a prati vocata le Milleholme *AncD* A 10979. **b** abbas de Hulmo *DB* II 109r.; abbas de Olmo *Ib.* 197r.; aecclesia S. Benedicti de ~o *Ib.* 200v.; **1167** vicecomes debet xx s. de Glattona cum Hulmo et pro Turstino de Hulmo j m. *Pipe* 166; **1230** H. de B. .. xxx s. in hida de Hulmo *Ib.* 118; **1242** Simon de Hulmo dim. m. pro falso clamore *Ib.* 30.

2 holmus, ~a [ME *holm, phonetic corruption of* ME *holin, holn*], holly.

1355 iiij ~is, iij ulmis (v. estrichborda); pes cedrus est, truncus cuprissus, olma supremum, / palmaque transversum, sunt in Christi cruce lignum *Eul. Hist.* I 91.

holocaustoma [LL < ὁλοκαύστωμα], holocaust, whole burnt offering (also fig., w. ref. to prayer).

etsi obtuleritis ~ata [cf. *Amos* v 22] et hostias GILDAS *EB* 85; [Abel] .. spreto fraterni libaminis sacrificio rata et grata divinis conspectibus ~ata primus mortalium offerre promeruit ALDH. *VirgP* 54; quatenus .. medullata orationum ~ata .. obtulerit *Ib.* 60; ubi ~ata et hostias offerendo devotionem sue mentis ostenderent BEDE *Ezra* 826 (*1 Esdras* iii 2); psalmorum ~ata caritatis igne in aram cordis succendatis AILR. *SS Hex* 7; altare hoc dicebant holocausti vel holocaustorum vel ~atum AD. SCOT *TT* 680D; est seraphin mobile .. circa divina, .. calidum et ~atis purgativum BART. ANGL. II 8; ante omnia missarum, orationum, psalmorum holocaustamata Deo devote solvebantur *Brev. Hyda* 288; *sacrifyce*, cremium, holocaustum, ~a *CathA*.

holocaustum [LL < ὁλόκαυστος], holocaust, whole burnt offering; **b** (fig., w. ref. to liturg. or pious act, esp. prayer; sts. w. *medullatum* [*cf. Ps.* lxv 15]); **c** (fig., w. ref. to pagan, heretical or other non-Christian sacrifice or sim.). **d** (transf.) sacrificial beast.

ALDH. *Met.* 2 p. 65 (v. concremare); ~um .. totum incensum dicitur BEDE *Hom.* I 18. 83; ut quicquid sacro ritu super haec [linteamina] immolabitur sicut Melchisedec oblatum placeat tibi ~um EGB. *Pont.* 44; **768** divino igne Deus absumpsit ~a accepta *Ep. Alcuin.* 3 p. 26; ~a sunt quae super altare integra concremantur ÆLF. *Ep.* 2. 74; R. NIGER *Chr. I* 3 (v. 2 altare 1b); fit .. expiatio ~is et sacrificiis *Id. Mil.* II 21; xij lapides ex quibus edificavit Helyas altare in ~um bovis AD. DORE *Pictor* 156; 'et solida imponit taurorum viscera flammis' [Virgil *Aen.* VI 253] id est ~um quod de tractis extis aris superimponebatur ALB. LOND. *DG* 6. 32; ignis divinus .. nec comburit nec consumit ad lesionem sed potius ad purgationem, et ideo dicitur holocausti purgativus BART. ANGL. II 8 p. 29; prohibuit in templo Domini fieri ~a et sacrificium M. PAR. *Maj.* I 67; inter sacrificia que Deo offerebantur precipuum erat ~um, et fiebat de armentis, pecudibus, et avibus HOLCOT *Wisd.* 116; in veteri testamento preceptum fuit afferre bestias .. pro peccatis et in ~is et victimis (WYCHE) *Ziz.* 377. **b** in ~is perpetuae laudationis reddens sua vota Domino BEDE *HA* 14; [monasteriales viri] qui student .. Domino .. tricenarii fructum .. gratum ~um afferre BYRHT. *Man.* 236; vitam agebat Deo dicatam .. quam Deus in ~um acceptionis approbans .. *V. Ed. Conf.* f. 54; congrua .. pontifici aromata, qui semper in celum thurificasset .. orationum ~a W. MALM. *GP* V 255; ipsa .. proprium complere gestiens desiderium [basilicam] ingreditur, ut totam se mactet ~um *Lib. Eli.* III 43; necesse est ut divino insistat operi lingua et ~a Deo labiorum nostrorum offeramus AD. SCOT *Serm.* 393C; **1188** salutem et consolationem in eo qui consolatur nos in omni tribulatione .. et medullata intime compassionis ~a in oratione continua .. *Ep. Cant.* 261; si ordo Cisterciensium in ~um hic etiam Deo oblatorum a labe mundi .. purgatorum GIR. *GE* II 24; **s1174** optulit rex seipsum in ~um Deo et sancto martyri M. PAR. *Min.* I 386; verus frater minor totus in ~um medullatum Domino consecratur PECKHAM *Paup.* 10 p. 32; **1335** ex hoc .. eterne majestati offeres gratitudinis debite ~um *Mon. Hib. & Scot.* 269b; in omni parte sui tot obtulit Christo ~a, i. e. actus bonos et Deo placentes, quot in se prius habuit peccati oblectamenta GASCOIGNE *Loci* 86. **c** sustineant laici seculare judicium ut .. Vulcano per incendia ~um se offerant medullatum R. BURY *Phil.* 4. 56; quis tam infaustum ~um, ubi loco cruoris incaustum offertur, non exhorreat? *Ib.* 7. 107; qualia fana tibi, tua que species holocausti, / quid magis humanum mavis libare cruorem / vepribus herentem quam sacrificare bidentem (J. WHETHAMSTEDE *Vers.*) AMUND. I 231. **d s532** aderant .. omnes clerici celebrantes dedicationem .. ecclesie .. et occiderunt plurima ~a DICETO *Chr.* 94.

holoceruus v. holosericus. **holomochus** v. bomolochus.

holoporphyrus [CL < ὁλοπόρφυρος], all purple.

vestes .. hyacinthinas [v. l. jacintinas], masticinas, oloforas [*gl.*: ab olon, quod est totum, et foris, eo quod vestis ea est eadem intus et foris] BALSH. *Ut.* 52.

holosericatus [LL], clothed all in silk.

quis ~os purpuratos etiam ipsos et gemmis bibentes, eo latentius quo interius pungit H. BOS. *Thom.* II 12; Thomas! jam non ~us non purpuratus Thomas, sed alter Thomas .. nunc sacco cilicino obvolvitur *Ib.* III 6.

holosericus [LL < ὁλοσηρικός]

1 all silk. **b** (as sb.) all silk fabric, garment, or banner.

†605 oloserica (v. armilausa); **c745** olosiricam (v. 2 casula 2a); **a804** direxi ad sancti patris vestri Nyniga corpus sagum olosericum ALCUIN *Ep.* 273; pallia duo oloserica inmirandi operis BEDE *HA* 9; sanctus albam olosericam exuit GERV. CANT. *Combust.* 19; capam ~am .. aurifrigio .. fimbriatam GIR. *JS* 7 p. 364; de Grecorum purpuris et pannis olosericis [MS: †obsericis] *Id. PI* III 30; **c1341** unum pulvinar ollocericum deauratum *IMisc* 145/5; **13..** de .. vestimentis †elocericis una cum libris pretiosis *MonA* V 706; due cappe oloserice purpurei coloris ELMH. *Cant.* 99; pannos olosericos falconibus aureis intextos pro vij capis inde fiendis *Croyl. Cont. B* 515; **1465** annulum .. ad pendendum super laqueum olosericum circa collum imaginis S. Salvatoris *Test. Ebor.* II 271; *alle of sylke*, olosericus, sericus *CathA*; **1521** aliud vestimentum de panno olasterio *Fabr. York* 276. **b** inter parietes deauratos etiam olosericum fulgebat BEDE *Templ.* 770D; **9..** elosericis, *ealgodwebbum WW*; ei .. honor exhibendus est, non tantum in albis et oloxericis, .. non in campanis et organis *NLA* (*Transl. Guthl.*) II 720; quin .. inter coaulicos serica et oloserica .. non deceant H. BOS. *Thom.* II 9; **s1236** ornata est .. civitas tota olosericis et vexillis, coronis et pallis M. PAR. *Maj.* III 336; **s1249** jussit missarum solempnia .. in olosericis imprecialibus et cereorum multitudine .. celebrari *Flor. Hist.* II 348; *bawdkyne, cloth of sylk*, olecericus *PP*; **1549** pileis .. e serico ~ove factis *StatOx* 349.

2 velvet.

1573 unam .. togam ~am coloris nigri .. vulgo dictam *a gowne of wrought black vellet Pat* 1116 m. 30; **1587** xviij virgatas .. nigri panni †holocerui Anglice vocat' *eightene yardes .. of black velvett Ib.* 1300 m. 12.

holovitreus [LL], all glass.

ad S. Stephanum in piscina fuit templum ~eum totum de crystallo et auro factum, ubi erat astronomia insculpta cum stellis HIGD. I 24 p. 214.

holrisus [? ME *hole* n.[2] 4 = *hollow between the ridges in plowed land* + *rīse* = rising ground; ? ME *holm* + *rīs* = *twig*; ? ME *holerishe* = *bullrush*], a feature in field, *s. dub.*

1238 j acram jacentem inter duos ~os *Fines* 40/12 m. 239 (*Devon*).

1 holta, ~us [ME *holt*], 'holt', copse.

venit .. sursum in Zeholt usque ad la Lupiwite in orientali parte domus Hosgari Actaholt [i. e. atte Holt], et inde in semitam que ducit per mediam extremitatem illius ~e recte usque ad pontem de K. W. MALM. *Glast.* 72; **c1220** quietum clamavi .. quicquid juris me habere dicebam in ~o de Dubrigge. .. si miserint averia sua in predicto ~o infra terminum defensionis, .. *Cart. Tutbury* 134; **c1220** cummunam pasnagii xxx porcorum quam habebam in ~o de Dubbrigge *Ib.* 136; **1372** sunt ibidem [*Fen Stanton, Hunts*] tres ~i in marisco *IPM* 224/4.

2 holta [? ME *hold*], (?) (place of) refuge, safekeeping, or (?) *f. l.*

1443 conquerebatur .. quod ostia et fenestre .. in voltis ecclesie .. violenter et enormiter sunt fracta. .. J. Rosyngton .. dicit quod J. Yerdeburgh, pulsator cujus est linire campanas et earum juga, quando ascendit ad hec faciend' duxit secum quos vult. .. J. Yerdeburgh similiter juratus, examinatus dixit quod quidam Langdale serviens subdecani fuit in ~a [? l. volta] juxta campanas .. et isto jurato claudente ostium volte et descendente, statim sequebatur eum dictus Langdale (*Vis.*) *Stat. Linc.* II 461.

holulare v. ululare.

holus (olus) [CL], green vegetable, herb or other plant; **b** (fig.). **c** (~*us atrum*) alexanders; *cf. hipposelinum*. **d** (~*us regium*) mallow.

solitae frugalitatis dapibus saginantur, id est siccis .. crustulis et sale aspersis ~erum fasciculis ALDH. *VirgP* 38; hic holus hospitibus, piscis hic, panis abundat ALCUIN *Carm.* 4. 16; lilia flagrant / permultique holerum flores ÆTHELWULF *Abb.* 703; velut apis .. quae .. super .. diversos herbarum, ~erum, fruticum flosculos descendit ASSER *Alf.* 76; dicit cocus: 'si me expellitis .. manducabitis ~era [AS:*þyrta*] vestra virida et carnes vestras crudas' ÆLF. *Coll.* 98; porci frustum oleribus apponi[t] MAP *NC* V 3 f. 60; **1221** Willelmus .. invenit Ricardum .. in curtillagio domini sui furantem olera *PlCrGlouc* 13; quamvis .. omnia graminosa in terra nascentia que sunt coquibilia et esui hominum apta generaliter olera dicantur, tamen vulgariter caules olera dicuntur BART. ANGL. XVII 114; pulmentum de incrudis †eleorii foliis vel fabarum modicum adjecto sale sibi condiebatur *V. Rob. Knaresb.* 5 (= STUDLEY 5 p. 371: erant de marcidis olerum foliis ..); dieta .. sit ptisana, farina ordei .. ~era, borago [etc.] GILB. I 49. 2; BACON XV 218 (v. ambrachion); **1255** reddit tempore guerre unam ollam plenam ollerarum cum tribus ferculis de carnibus *Hund.* II 75b (*Salop*); **1294** sus et .. porcelli .. intraverunt in curiam .. et dampnum fecerunt in porettis et in olleribus *SelPlMan* 114; **1336** de plantis olerum .. venditis *DL MinAc* 242/3886 m. 1; hoc olus, .. *cole*, .. *wortes, wurtes WW*. **b** pro cujus vineae [cf. *Luke* xx 9–16] tuitione ne .. in ea .. fragilis et infimae .. suavitatis ~us nasceretur BEDE *Luke* 576; ne rari germinis seminaria .. incauti calcantes deprimant neu .. dum in annona depressa peritura olera penitus exstirpare nituntur B. *V. Dunst. prol.* 1. **c** alexander vel †olixatrum, i. petrosillinum macedonicum et alexandrium idem, G. *alisaundre*, A. *stanmersh Alph.* 5; yposelinum quod alii apium agreste vocant sive ut Latini †olixatrum *Ib.* 197. **d** quedam herbe ad duas extremitates declinant, ut olus quod dicitur olus regium ALF. ANGL. *Plant.* I 12.

holusculum [CL], (mere) vegetable. **b** (?) stew, pottage.

ALDH. *VirgP* 38 (v. herba 1b); OSB. GLOUC. *Deriv.* 274 (v. holerare); hos olusculum, *a wurtplant WW*. **b 1553** de quibus avenis vj bolle conficerentur in lentes, vulgo *lie grottis*, ad eorum uluscula quolibet anno *RMS Scot* 746.

homager- v. homagiar-.

homagialis, of homage. **b** (as sb.) one who does homage, vassal.

1439 consummatis .. omnibus .. federa .. tangentibus per .. nuntium .. vestrum nomine ac vice vestri ~i sacramento .. nobis prestito (*Lit. Regis ad archiepiscopum*) BEKYNTON I 98. **b 1397** cum Rupertus .. comes palatinus Reni .. devenerit efficaciter ~is noster .. et nos .. ita quod idem dux ~is, vassallus et fidelis homo ligeus noster fiat .. (*TRBk*) *Foed.* VII 855a; alia faciendo que et prout fidelis vassallus, ~is et consiliarius domino suo facere tenetur .. (*TRBk*) *Ib.* VIII 1b.

homagiarius [cf. ME *homager*], one who does homage: **a** vassal. **b** tenant.

a numquid non licet regi ex contemptu .. omagiarii sui, eciam episcopi, punire per ablacionem temporalium proporcionalem ad delictum? WYCL. *Civ. Dom.* II 75; **s1191** reges Cipri facti sunt ~ii et tributarii regibus Anglie *Meaux* I 259. **b** [abbas T., ob. **1396**] homagium hominum suorum .. non suscepit .. preterquam hominum suorum prioratui de Tynemutha subjectorum, et ab hiis .. suscepit homagia ne nescirent se subjectos abbati de S. Albano. .. ab aliis autem non suscepit .. quia meditabatur domui sue plura adquirere de tenentibus suis et ~iis que nullo modo adquisivisset si suorum homagia suscepisset .. quia ~ios in suis placitis, post factum homagium defendere debuisset *G. S. Alb.* II 395; **1429** ~ii habent diem inquirendi de nominibus que [? l. hominibus qui *or* nominibus eorum qui] prostraverunt .. meremia *CourtR Carshalton* 47; **1514** Radulphus .. fecit homagium domino et admissus est tenens et homagerius domini *Reg. Heref.* 203.

homagium [AN, ME *homage* < *hominaticum]

1 ceremonial act of allegiance to one's lord, whereby one becomes the lord's man; **b** (dist. from *fidelitas*).

generaliter verum est quod nullum servitium .. potest quis ab herede .. exigere, donec ipsius receperit ~ium de tenemento unde servitium habere clamat. potest autem quis plura ~ia diversis dominis facere de feodis diversorum dominorum, sed unum eorum oportet esse precipuum et cum ligeancia factum, illi sc. domino faciendum a quo tenet suum capitale tenementum is qui ~ium facere debet. fieri autem debet ~ium sub hac forma, sc. ut is qui ~ium suum facere debet ita fiat homo domini sui quod fidem ei portet de illo tenemento unde ~ium suum prestat, et quod ejus in omnibus terrenum honorem servet, salva fide debita domino regi GLANV. IX 1; fiunt .. ~ia de terris et tenementis liberis tantummodo, de serviciis, de redditibus certis assignatis in denariis vel aliis rebus *Ib.* 2; sciendum quod ~ium est juris vinculum quo quis tenetur et astringitur ad warantizandum, defendendum, et acquietandum tenentem suum in seisina sua versus omnes, per certum servitium in donatione nominatum .. et etiam vice versa quo tenens reobligatur et astringitur ad fidem domino suo servandum et servitium debitum faciendum BRACTON 78b; sic debet ~ium ei facere: debet quidem tenens manus suas utrasque ponere inter manus utrasque domini sui, per quod significatur ex parte domini protectio, defensio, et warrantia, et ex parte tenentis reverentia et subjectio, et debet dicere hec verba, 'devenio homo vester, de tenemento quod de vobis teneo [etc.]' .. et statim post faciat domino suo sacramentum fidelitatis hoc modo [etc.] *Ib.* 80; **1264** dominus Nicholaus filius Martyni fecit ~ium domino Roberto abbati Glastonie de feodis que tenuit de ipso abbate in ecclesia Glastonie in hec verba: 'ego devenio homo vester, de feodis et tenementis que de vobis tenere debeo ..', et juravit eidem abbati fidelitatem in forma debita *Cust. Glast.* 234; de jure jurandi ad ~ium capiendum: junctis manibus se offerat et manibus domini sub capa domini sui dicet hoc:

'devenio homo vester de tali tenemento taxato', .. et osculabitur dominum suum J. OXFORD 78; modus faciendi ~ium et fidelitatem: *quant fraunke homme fra homage a son seignour* [etc.] *MGL* II 215 (cf. *StRealm* I 227); quod in Ytalia et alibi vocatur vassallagium in Francia et Anglia vocatur ~ium UPTON 43. **b** **s1137** a militaribus viris ~ia, relevationes, ab hominibus inferioris manus fidelitates extorsit DICETO *Chr.* 250; GLANV. VII 1 (v. affidatio 1a); femine .. nullum ~ium de jure facere possunt licet fidelitatem .. dominis suis prestare soleant *Ib.* IX 1; **1248** venit .. comes et terram ipsius Ricardi cepit in manum suam et fecit liberos homines suos facere ei ~ium et villanos fidelitatem (*CurR*) *Arch. Cambr.* 4th S. IX 242; sunt quidam heredes qui tenent ad ~ium faciendum et ad sacramentum fidelitatis, quidam tantum ad sacramentum fidelitatis, secundum diversitatem tenementorum BRACTON 77b; **1294** Willelmus de E. .. fecit feodelitatem coram W. de W. ad visum franciplegii de C. pro tenemento quod tenet de domino abbate .. sed non fecit ~ium, et habuit diem ad querendum dominum *SelPlMan* 74; differt ~ium a fidelitate quia ~ium est ille actus prestationis juramenti cum sua solempnitate et fit in principio, sed fidelitas est obligacio manens UPTON 36.

2 homage done to king, esp. at coronation; **b** (withheld or withdrawn). **c** homage done to king by bishops-elect and other churchmen. **d** homage done to king's appointee or representative.

pro solo .. dominio non debent ~ia alicui excepto principe GLANV. IX 2 (cf. BRACTON 79b); **s1209** rex .. cepit ~ia de omnibus hominibus libere tenentibus et etiam xij annorum pueris tocius regni, quos omnes post fidelitatem factam in osculum pacis recepit et dimisit WEND. I 51; **1230** (v. dominus 3a); **s1327** una voce omnium filius in regem sublimatur; factis sibi ~iis, in magnam aulam [Westmonasterii] novum regem duxerunt *Hist. Roff.* p. 367; **s1100** coronatus est a Thoma Eboracensi archiepiscopo .. et universalia regalia ~ia fidelitatesque recipiens .. *Croyl. Cont. A* 111; **s1377** diversi domini et magnates .. ~ium suum ligeum prefato domino nostro regi faciebant: Johannes, dux Lancastrie [etc.] *MGL* II 479; singulis mihi dominis ~ium regium facientibus BLAKMAN *Hen. VI* 21. **b** COGGESH. *Chr.* 112b etc. (v. diffidare a & b); **s1215** humagium quod fecerant reconsignaverant / et barones militum causam susceperant (*Vers.*) *Lanercost* 15; **s1220** papa .. omnes ei [sc. regi] subjectos a fidelitate et ~io sibi facto absolvit, injungens ut duci exercitus quem mitteret manus darent G. COLD. *Durh.* 19; **s1233** (v. diffidatio); **s825** Bernulphus .. Egberto imperat ut sibi faciat ~ium. Egbertus vero .. denegato ~io .. cucurrit ad bellum CIREN. I 306. **c** **1103** ut autem ita sim vobiscum sicut antecessor meus fuit cum patre vestro, facere non possum quia nec vobis ~ium facere nec accipientibus de manu vestra investituras ecclesiarum .. audeo communicare (*Lit. ad regem*) ANSELM (*Ep.* 308) IV 231; **1164** faciet electus ~ium et fidelitatem domino regi sicut legio domino de vita et membris et de honore suo terreno .. priusquam sit consecratus *Const. Clar.* 12; abbas [W. Watervilla] domino regi ~ium et legalitatem fecit H. ALBUS 127; **s1323** [Johannes de Stretford] fidelitatem et ~ium fecerat dicto regi qui statim precepit temporalia sibi [sc. archiepiscopo] liberari BIRCHINGTON *Arch. Cant.* 19. **d** **s1116** conventio optimatum et baronum totius Anglie qui in presentia regis Henrici ~ium filio suo Willelmo fecerunt et fidelitatem juraverunt FL. WORC. II 69; cancellario ~ium [v. l. homanagium] infiniti nobiles et milites faciebant, quos ipse, salva fide domini regis, recipiebat et ut homines suos patrocinio eos ulteriore fovebat W. FITZST. *Thom.* 12; **1219** mittimus ad vos .. dominam vestram, mandantes quatinus faciatis ei fidelitates et ~ia *Pat* 203; **s1246** comes Sabaudie Amedeus .. fecit ~ium eidem domino regi in manu archiepiscopi, qui supplevit regis absentiam, .. addito sacramento de inviolabili observatione, .. recipiens de dominio dicti regis quedam feoda M. PAR. *Maj.* IV 550.

3 homage done to or received from foreign kings or lords: **a** (in respect of foreign fiefs); **b** (in confirmation of treaty); **c** (in token of political submission); **d** (done to pope).

a **s1189** comes Ricardus [*later* Ric. I] .. ~ium fecit regi Francorum de toto tenemento patris sui quod ad regnum Francie pertinebat, salvo patri tenemento quamdiu viveret, et salva fide quam patri debebat WEND. I 155 (= DICETO *YH* II 58: comes Pictavorum .. hominagium fecit regi Francorum .. salvo patris tenemento ..); quod ipse [Adam], dum erat regis consiliarius, quandam declaracionem ~ii regis Anglie faciendam regi Francie ex capite suo absque consultu fecisse †debebat [? l. dicebat] BIRCHINGTON *Arch. Cant.* 40; **s1320** ducatum Aquitanie et comitatum Pontivie quos rex [Francie] propter non factum ~ium occupavit AD. MUR. *Chr.* 32; **s1354** quod rex Anglorum habuisset ducatum Aquitanie .. libere .. sine ~io cuiquam regi Francie faciendo AVESB. 123v. **b** **s1136** pace facta inter duos reges, Henricus filius David regis Scottie ~ium Stephano regi .. fecit RIC. HEX. *Stand.* f. 39; **1153** comites et barones ducis [Normannie], qui homines mei nunquam fuerunt, pro honore quem domino suo feci, ~ium et sacramentum etiam mihi fecerunt. .. comites etiam et barones mei ligium ~ium duci fecerunt salva mea fidelitate *Act. Hen. II* I 63; **s1171** supplicationi [regulorum Hibernie] rex annuens, accepto ab omnibus ~io et obsidibus, in pace eos ad propria redire permisit R. NIGER *Chr. II* 174; **s886** federe itaque ~iis confirmato et juramentis M. PAR. *Maj.* I 421. **c** **1218** Walenses .. quos .. Lewelinus .. venire faciet .. ad ~ia nobis facienda *Pat* 149; **s1211** rex Johannes .. accepit ~ium Lewelini et aliorum multorum et obsides multos et terras magnas W. NEWB. *HA Cont.* 513; **s1297** quod princeps [Wallie] veniret in Angliam ad regem pro ~io faciendo. item quod omnia ~ia Wallie remanerent regi preterquam baronum qui in confinio Snowdonie morabantur TREVET *Ann.* 297; **1301** (v. dominus 3a); **s1292** recognovit regem Anglie fore Scocie capitalem dominum fecitque ei ~ium RISH. 128; quia noluit Scottorum consilium assentire subjeccioni, ~io, et aliis prerogativis abolim debitis corone Anglie a regibus Scottorum et populo *G. Hen. V* 20 p. 138; **1456** regem Scotorum tanquam vasallum regi Anglie ut superiori domino suo ligeitatem, fidelitatem, et ~ium debere BEKYNTON II 141. **d** **1213** de ~io regis Johanne facto pape ..; et ~ium ligium in presentia domini pape, si coram eo esse poterimus, eidem faciemus (*Ch. Regis*) WEND. II 75.

4 homage done to feudal superior on grant of fief or entry of heir; **b** (spec. without prejudice to the king).

si quis multis ~ium fecerit, et ab aliquo eorum captus et implacitatus sit, ille cujus residens et ligius est .. potest eum plegiare (*Leg. Hen.* 43. 6a) *GAS* 509; si quis .. firmam in feodo teneat et ~ium inde fecerit, .. (*Ib.* 56. 2) *Ib.* 575; **c1160** fecit humagium (v. dextrarius a); **s1173** Ricardus dux Aquitanie cui facturus erat ~ium comes S. Ægidii DICETO *YH* I 353; **1176** (v. dominus 3a); Girardus .. ~ium fecerat Johanni comiti fratris regis de castello Lincolnie DEVIZES 33; **1201** mandamus vobis quod dilecto et fideli nostro A. de C. faciatis ~ium de feodo .. quod de nobis hactenus tenuistis in capite quia ~ium vestrum de feodo illo ei dedimus *Pat* 1b; **12..** si una hereditas, que tenetur de rege in capite, descendat participibus, tunc omnes illi heredes faciunt ~ium regi *StRealm* I 226. **b** unus erat ita dominicus regis ut non posset .. ~ium facere sine licentia ipsius *DB* II 116 (v. dominicus 2b); **c1125** accepit ab eo hommagium suum legium contra omnes homines in salvam fidelitatem regis Henrici *Cart. Burton* 35; **s1189** (v. 3a supra); **s1300** exceptis in omnibus salvis juramentis fidelitatis et ~ii prestitis domino regi Anglie et heredibus suis ac episcopis ecclesie Dunelmensis *G. Durh.* 13.

5 (eccl.): **a** homage done by one churchman to another as to feudal superior; **b** (done by church to secular lord); **c** (done to church by secular vassal or tenant).

a **s1185** novus electus [sc. Rofensis] debet archiepiscopo Cant' statim post electionem ~ium facere super baroniam quam tenet de eo GERV. CANT. *Chr.* 328. **b** **1359** licet .. quesiveris a monachis .. ~ium, fidelitatem, sectas, et comparitiones ad curias nostras *Cart. Lindores* 148. **c** **c1125** Willelmus fecit hommagium abbati ligium et juravit fidelitatem ecclesie et debet reddere .. *Cart. Burton* 31; **s1163** archiepiscopus .. de comite Clarensi ~ium castelli de T. .. petebat GERV. CANT. *Chr.* 174 (cf. H. BOS. *Thom.* III 19: hominium); post ~ia suscepta petivit abbas auxilium a militibus BRAKELOND 128.

6 (man.) homage done by tenant to lord. **b** payment in lieu of homage. **c** (in phr. *~ium et servitium*).

1111 abbas .. concedit quod Haymo dapifer regis absque †viuagio [l. umagio] et fiancia teneat de .. conventu terram quam Aufredus .. tenuit eodem modo et eodem servicio *Reg. S. Aug.* 462 (cf. fiantia); **1196** Rogerus .. optulit se versus Martinum D. de placito quare [non] faciat ~ium suum Roberto de G. de terra de W. [quam] ipse Rogerus tenet de predicto Roberto *CurR* I 18; **1279** tenet .. v hidas terre in dominico et in †hornag' [MS: homag'] *Hund.* II 472b. **b** tunc et prius x sol., modo xx; hos calumpniatur Drogo de B. pro ~io tantum *DB* II 172; **c1190** camerarius .. ita plene in omnibus habet .. sicut abbas .. preter ~ia et relevementa que solius abbatis sunt *Chr. Abingd.* II 299; **1216** castrum .. de Pecco, cum ~iis et aliis pertinenciis suis *Pat* 1; **1235** ceterorum libere tenencium in C. ~ia, relevia, maritagia pertinent ad priorem *Pri. Cold.* 214; **c1250** in terris, humagiis, redditibus, releviis *Reg. S. Aug.* 431; **1256** ~ium abbatis de Hulmo, xij s. v d. *Val. Norw.* 418; **1315** cum tenandis, serviciis, sectis, ~iis, wardis, releviis, et maritagiis libere tenentibus *Melrose* 418; **1398** domino duci .. in partem solucionis cc m. quas habet percipere pro ~io et servicio suo *ExchScot* 456. **c** **1170** me dedisse .. Ade et S. .. pro ~io et servitio suo j terram *Dryburgh* 89; **c1190** terram quam Adam .. tenuit .. et humagium et servitium hominum terre illius sine omne retinaculo *Cart. Colne* f. 34; **1199** nos .. confirmasse Elynor de T. pro humagio et servicio suo xxv libratas terre *RChart* 17a; **1219** Simon et Roheisia dederunt terram illam predicto Willelmo Senescallo pro ~io et servicio suo tenendam de eis per servicium militare *BNB* II 33; **c1220** dedi et concessi .. Silvestro de D. pro ~io et servitio suo unum mesuagium *Reg. S. Thom. Dublin* 94; **1228** rex per cartam suam dedit Henrico de A. pro ~io et servicio suo manerium de E. *Cl* 21; **1243** nos dedisse .. totam illam terram de E. .. pro ~io et servitio cum omnibus pertinentibus *Reg. Newbattle* 42; **1381** nec dominis servicia, / redittus vel homagia, / quamdiu se dant sceleri (*In Lollardos*) *Pol. Poems* I 236; Thomas .. dedit ~ium et servicium de sua dim. carucata *Meaux* I 66; **1440** nos confirmasse .. Patricio L. .. pro suo humagio et servicio nobis et monasterio nostro .. *Reg. Dunferm.* 420; **1461** in ~io, servicio, [. .] et auxilio *Reg. Aberbr.* II 121.

7 area or persons owing homage to particular lord. **b** body of tenants at man. court.

1135 tam de hominibus alterius humagii quam de tenura abbatie *Chr. Rams.* 276; **1222** ad hoc claudendum .. quod .. efficax auxilium de ~iis vestris .. faciatis *Pat* 333; **a1227** (1387) me reddidisse .. monachis ibidem Deo servientibus totum ~ium in villa de Waldena a cruce de N. super ripam versus C., viz. in hominibus et eorum servitiis et in omnibus ad eos pertinentibus (*Cart. Walden*) *MS BL Harl.* 3697 f. 20v. (cf. ib. f. 19 [**a1189**; = *MonA* IV 149b]: omnes homines illos et masagia illorum qui manent super riveram de W. .. cum omnibus tenementis et redditibus et serviciis eorundem hominum); **1255** Ricardus .. serviens abbatis .. et Bartholomeus .. de ~io prioris de Ely *SelPlForest* 16; **1274** ceperunt Martinum .. et iij alios homines de ~io predicti H. *Hund.* I 137a; **1275** ~ium Willelmi de la P. .. subtrahit se de turno (v. geldagium a); **1279** Jordanus M., nativus domini, manet apud A. ubi duxit uxorem de ~io abbatis de B. *Rec. Elton* 5; **1290** habebunt .. omnes decimas frugum .. tam de dominico suo quam de ~io suo *Reg. Roff. Ep.* I 39; **1350** in allea ob. simul cum expensis carectarii de ~io auxiliantis ad cariandum bladum domini in autumpno *Rec. Elton* 358; **1361** de quodam tallagio .. exacto ab ~io (*Chr. Abingd.*) *EHR* XXVI 735. **b** **1318** quam .. terram .. manutenere nec defendere potest prout compertum est per totum ~ium *CBaron* 125; **1325** totum ~ium elegit J. A. in messorem *Ib.* 141; **1378** ~ium presentat quod Johannes T. vendidit serveciam et non ponit .. *alstake Banstead* 357; **1408** R. dicit quod canis suus .. non est culpabilis et de hoc ponit se super ~ium *CourtR Banstead*; **1412** R. M. nativus domini et totum ~ium nativum .. remanent in misericordia *Ib.*; **1489** ~ium ibidem juratum presentat quod .. *Banstead* 381; **a1546** ad hanc curiam ~ium present' quod A. N. .. sursum reddidit .. campum *Entries* 132.

8 homage done by serf or slave to lord; **b** (transferable between lords).

si caderet ad pedes ejus et faceret ei ~ium sicut servus domino faceret, amicus ejus esset O. CHERITON *Fab. add.* B 12. **b** **a1190** me dedisse .. H. filium Godardi de H. et humagium ejus cum omni sequela sua et omnibus catalis suis (v. dare 5c); **a1200** me dedisse et concessisse .. commune capituli Lincoln' ecclesie Ricardum filium Amfredi et †vinagium [l. umagium] suum in puram et perpetuam elemosinam *Reg. Ant. Linc.* IV 40 (cf. ib. [*in marg. of* MS] de humagio R. filii A).

9 (fig.) homage done to or pact with Satan.

M. PAR. *Maj.* I 478, J. FORD *Wulf.* 17 (v. hominium 6); *Latin Stories* 37 (v. exhibere 4b); OCKHAM *Dial.* 469 (v. exercere 2a); **s558** quidam archidiaconus .. diabolo .. ~ium fecit *Eul. Hist.* I 67 p. 207.

homanagium [cf. OF *(h)omenage, var. of omage* < homagium], homage.

W. FITZST. *Thom.* 12 (v. homagium 2d); *Ib.* 40 (v. astrictio); rex .. instat episcopis .. obtestans per ~ium et fidelitatem sibi debitam .. ut .. de archiepiscopo sibi dictent sententiam *Ib.* 56.

homel- v. homil-.

Homerocento [LL], patchwork compilation, 'cento' of poems, from Homer.

~ones et Virgiliocentones dicuntur quedam excepciones facte de libris Homeri et .. Virgilii; .. 'kento' enim verbum Grecum .. idem est quod pungo, unde dicitur cento, centonis idem quod punctus vel punctatio. unde et hee exceptiones a quibusdam dicuntur Homerocentra et Virgiliocentra. centrum enim est medius punctus circuli. .. composuit .. ~onas de Christo Eudochia uxor Theodosii GROS. *Hexaem. proem.* 63.

homicida [CL], **~us,** manslayer, homicide (also attrib.); **b** (w. ref. to suicide).

si quis pro ultione propinqui hominem occiderit, peniteat sicut ~a vij vel x annos THEOD. *Pen.* I 4. 1; regem, a quo ~a ille, qui eum vulneraverat, missus est BEDE *HE* II 9 p. 99; indicavit .. Constantiensis episcopus .. presbiterum .. manibus suis fecisse homicidium, cum contra moriturum se defenderit .. consilium meum .. vos velle habere si nunquam vel post quantum temporis missam ~ae liceat celebrare LANFR. *Ep.* 62 (51); **1106** (v. ecclesia 5b); in omni weregildo melius est ut parentes ~e pacem simul faciant quam singillatim (*Leg. Hen.* 88. 17) *GAS* 604; rex homicida David L. DURH. *Dial.* III 291; Cain primus ~a J. SAL. *Ep.* 145 (168); qui hoc animal occiderit, nunquid ~a dicetur? GIR. *TH* II 19; **1271** dixerunt villate .. quod .. Hugonem secuti fuerunt tanquam felonem et utlagatum in comitatu Linc' et ~am in comitatu Huntedon' *SelCCoron* 29; **1275** ad capiendum inquisicionem de uno ~o *Hund.* I 63b; **s1282** [David frater Leulini] tanquam seductor et proditor, furque et ~a judicatus tractatus est et suspensus W. GUISB. 221; *Fleta* 39 (v. custos 2d); ave per quam homicide / paricide, patricide, / redeunt ad patriam WALT. WIMB. *Virgo* 102; mulier ~a *Latin Stories* 60; hic, hec ~a, *a mansleer* WW. **b** vivere non potero, eroque mei ipsius ~a ALEX. CANT. *Mir.* 22 (II) p. 202.

homicidere, to kill (person).

1569 dicunt jur' quod .. Johannes G. .. Johannam W. cum sagitta .. per infortunium .. homisedebat *Pat* 1061 m. 13.

homicidium [CL], **~ia,** manslaughter, homicide. **b** fine for manslaughter, 'manbote'. **c** slaughter in war.

multa mala .. id est ~ium, adulterium .. THEOD. *Pen.* I 7. 1; **800** si omne ~ium legibus vindicatur quid judicandum est de eo ~io [sc. pontificis] quod .. tam impie .. peractum est? ALCUIN *Ep.* 207; qui infra hanc metam forisfecisset poterat emendare per ij sol... excepto ~io vel furto de quo ad mortem judicabatur latro *DB* I 268rb; LANFR. *Ep.* 62 (51) (v. homicida a); quedam [placita] non possunt emendari, que sunt *husbreche* et *bernet* .. et infractio pacis ecclesie vel manus regis per ~ium (*Leg. Hen.* 12. 1) *GAS* 558; qui in domibus .. episcoporum vel comitum fecerit ~ium vel hominicedium, sicut causa fuerit, menbrorum vel peccunialis emendacionis reus .. sit (*Ib.* 80. 8) *Ib.* 597; duo .. sunt genera ~ii; unum, quod dicitur murdrum, quod nullo vidente nullo sciente clam perpetratur preter solum interfectorem ... est et alius ~ium quod stat in generali vocabulo et dicitur simplex ~ium GLANV. XIV 3; **a1210** nullum .. ~ium infra metas ville in murdrum reputetur *BBC* 151 (*Kilkenny*); utinam tam immunis ipse ab omni crimine, precipue vero a crimine incendiarii et ~ii .. sicut et ego a crimine falsarii GIR. *Invect.* I 2 p. 89; **1220** appellat Johannem et Adam filios presbiteri .. de societate et ~io quod .. simul cum eo occiderunt unum hominem .. et eum escaudaverunt *CurR* VIII 270; BRACTON 112b (v. crimen 2b); ~ium est hominis occisio ab homine nequiter facta *Fleta* 33; ~ium .. casuale *Ib.* 47 (v. definitio 2a); ad virium probacionem .. prosiluerunt in ~iam S. GAUNT *Serm.* 210; David .. commisit ~ium [ME: *mon slacht*] sui fidelis militis *AncrR* 13; J. BURGH *PO* VII 8 (v. dissimulativus); **1487** hominem interfecit, pro quo crimine omicidii .. Adam peciit immunitatem ecclesie *Sanct. Durh.* 31. **b** tenet .. dim. hidam .. solutam ab omni consuetudine .. excepta forisfactura regis, sicut .. latrocinium et ~ium et heinfara *DB* I 61va; **1151** retentis tribus .. forfactis que .. Gauffridus in privilegio suo de terra S. Albini retinuit, sc. ~ium, raptum, incendium *Act. Hen. II* I 24; **a1282** salvis nobis .. placitis felonie, viz. murdris, homicidis [? l. homicidiis], latrociniis *BBC* 159 (*Brecon*). **c** **1169** compensatione ~iorum et incendiorum hinc inde admissa J. SAL. *Ep.* 285 (288 p. 637); **1296** Thomam .. clericum .. nuper mutilatum a Scotis dum in eisdem partibus per ~iorum, incendiorum, et aliorum maleficiorum insaniam ferebantur *RScot* I 33a.

homifactivus v. omnifactivus.

homifer, bearing or producing men; in quot., bearing human nature.

pollens verbigena, formam qui clemens ~eram sumpseras *Miss. Ebor.* II. 306.

homilegium [cf. LL homileticus], homily, sermon.

signum .. restringitur ad denotandum rem ex institucione humana ad significandum rem certam ut voces ydiomales: scripta, ~ia, et multa hujusmodi WYCL. *Trin.* 47.

homilia [LL < ὁμιλία]

1 speech, conversation.

dolus in te colubri mentitur murenam, / homeliam transtulit comicus in scenam *Ps.*-MAP 245.

2 homily, sermon on Scriptural text.

in ejus loquitur [Gregorius] evangelii omeliis, dicens .. *V. Greg.* p. 81; Gregorius .. omelias evangelii .. conposuit BEDE *HE* II 1 p. 76; **a797** unam .. priori libello superaddidi omeliam quae utinam digna esset tuo .. ore populo praedicari ALCUIN *Ep.* 120; Beda .. scripsit [libros] omeliarum evangelii ij H. HUNT. *HA* IV 13; [Gregorius] fecit stationes, homelias [etc.] R. NIGER *Chr. II* 141; Leo papa .. in omeliis declamandis .. multum valuit DICETO *Chr.* 84; **12..** qui codices, quia ea que in illis continenter in modum omeliarum digesta sunt, sermonarii Magistri Ade appellantur *Chr. Witham* 505; **c1350** in mensa legatur .. de omelia vel in biblia *Mon. Exon.* 271b; ignee acies .. de quibus scribit Augustinus in ~iis *Eul. Hist.* I 211; **1434** lego magistro W. B. librum de .. omeliis, dialogis, et super cantica in uno volumine *Reg. Cant.* II 541; **1436** omelia B. Gregorii (*Invent.*) *Reg. Aberd.* II 133; tante .. fuit auctoritatis .. ut ejus [sc. Bede] ~ie .. publice legerentur CAPGR. *Hen.* app. 205; **1457** omelias et pastoralia B. Gregorii *Test. Ebor.* III 160.

homiliaris, homiletic.

necdum mihi .. occurrit tempus dictandi omeliarem ammonitionem ALCUIN *Ep.* 296.

homiliarius, homiletic. **b** (as sb. n. or m.) book of homilies.

tertius [liber] est legendarius, quartus est omeliarius, quintus sermologus sive liber sermonum BELETH *RDO* 60. 66A. **b** **c1120** omeliaria duo in duobus voluminibus *Text. Roff.* 229v.; **c1200** omeliarii duo in duobus voluminibus (*Catal. Librorum*) *EHR* III 122; **1245** omeliarium pilosum, in cujus margine intitulantur omelye ..; item omelyarium quod intitulatur parvum ..; item omelyarium yemale *Invent. S. Paul.* 497; **c1250** omeliarium bonum *Vis. S. Paul.* 31; **1295** legenda quedam sive omelia quam dedit R. de Clifford .. †omelium pilosum .. haspatum in cujus margine intitulantur omelia .. †omelium estivale *Vis. S. Paul.* 324–325; **1396** omeliarium (v. aestivalis d).

homiliaticus [cf. LL homileticus], homiletic.

800 habemus .. Augustini ~o sermone explanationes in eundem evangelistam *Ep. Alcuin.* 196; **s1180** evangelium S. Johannis, expositum sermone ~o [vv. ll. emeliaco, omeliatico] a Joanne Chrysostomo TREVET *Ann.* 91.

homilime v. humiliter.

homilizare, to use homiletic form.

Augustinus logicam suam .. predicavit indocte plebi, ~ando ad populum NETTER *DAF* I 25.

homilizator, author of homilies.

sedit Leo papa tertius homelizator .. annis xxi R. NIGER *Chr. II* 131.

hominagium [cf. homagium, homanagium], homage.

c1160 me .. reddidisse .. magistro R. .. terram .. cum pertinentiis suis ..; pro predictis ~ium ejus recepi, pro servicio autem .. G. FOLIOT *Ep.* 311; Fulco .. primus Stephano Blesensi ~ium fecit DICETO *Chr.* 199; **s1189** rex Anglorum ~ium fecit regi Francorum *Id. YH* II 64.

hominatio [cf. homagium], homage.

sochemanni de Risdene .. fuerunt homines Burred et iccirco G. episcopus clamat ~onem eorum *DB* I 225vb (*Northants*).

hominia [cf. DuC], territory owing homage to particular lord.

c1122 si abbas .. poterit monstrare quod nullus antecessorum suorum unquam operasset ad hominiam [*sic* MS] de Bramtone, nec ipse juste operari debeat .. precipio ut sit quietus inde *Chr. Rams.* 278 (cf. *Gl. Arch.* s. v.).

hominicaedium [*byform of* homicidium], slaying of a man.

(*Leg. Hen.* 80. 8) *GAS* 597 (v. homicidium).

hominicio v. homuncio.

hominifer, bearing or producing men.

DOMINIC *Mir. Virg.* 142vb (v. faenifer, hordeifer).

hominiplagium, wounding of a man.

si quis .. fecerit homicidium vel ~ium [v. l. homiplagium], de membris componat (*Leg. Hen.* 80. 7) *GAS* 596.

hominium [cf. homagium, dominium]

1 homage, ceremonial act of allegiance to one's lord, whereby one becomes the lord's man.

si tanta invenitur obnoxietatis parilitas ubi junctis manibus ~ia fiunt ita ut subjecta .. videatur prelatio .., quid in his dicetur ubi nec dominia nec ~ia .. interveniunt .. sed tantum administracio quedam ..? GIR *Symb.* I 7 p. 219.

2 homage done to king, esp. at coronation; **b** (withheld or withdrawn). **c** homage done to king by bishops-elect and other churchmen.

s1136 ~io tandem regi Stephano exhibito *G. Steph.* I 14. **b** W. COVENTR. II 219 (v. diffiduciare a); **s1296** tractaverunt .. rebellare et ~ium regi Edwardo factum interrumpere *Lanercost* I 162. **c** **s1107** ut nullus in prelationem electus, pro ~io quod regi faceret, consecratione suscepti honoris privaretur FL. WORC. II 56.

3 homage done to or received by foreign king or lord: **a** (in respect of foreign fiefs or sim.); **b** (in confirmation of treaty); **c** (in token of political submission). **d** (done to pope).

a **s1099** civitas [Ascalon] regie majestati .. subjacebit, pro qua tantus heros [sc. comes S. Egidii] ei ~ium faciet ORD. VIT. IX 17 p. 621; **s1174** comes Flandrensis .. pre ambitu Anglicane provincie, que Cantia dicitur, de qua .. regi juniori jam ~ium fecerat W. NEWB. *HA* II 32; **1206** quod omnes [homines de Burdeg'], qui de forincecis partibus venerint ad manendum in villa Burdeg', et nobis et commune illius ville fidelitatem juraverint et in ea per j mensem integrum sine calumpnia ~ii sui manserint; non respondeant .. alicui de ~io suo *Pat* 63b. **b** **s1153** regis filius .. duci ~ium fecit W. NEWB. *HA* I 30. **c** **s1084** [Willelmus] accipiens ~ium omnium terrariorum Anglie .. juramentum fidelitatis recipere non distulit H. HUNT. *HA* VI 37; **s1072** rex Scotorum .. ~ium sibi [sc. regi Anglorum] fecit DICETO *Chr.* I 207 (= FL. WORC. II 9: homo suus devenit). **d** **1245** ligium ~ium in ejus [pape] faciens manibus (*Sent. Papae in Imp. Fretheriucm*) M. PAR. *Maj.* IV 448.

4 (eccl.): **a** homage done by one churchman to another as to feudal superior; **b** (done by church to secular lord); **c** (done to church by secular vassal or tenant).

a EADMER *HN* 234 (v. fidelitas 3 b); **1165** licet non tenear archiepiscopo ad fidelitatem ex ~io vel juramento nec fidei obligatione J. SAL. *Ep.* 142 (139 p. 22). **b** **1166** hanc .. donationi regum condicionem annexam estimant .. ut regibus ecclesie militaria et annexa prediis alia quedam persolvant obsequia, et possessiones ipsas a regibus, persone sue principalis ~io et fidelitate presente evangelio promissa, [? *add*: donatas] recognoscant G. FOLIOT *Ep.* 170 p. 237. **c** **c1100** ego .. abbas .. S. Remigii [*Rheims*] .. concedo Alurico villam de S. pro xx s. .. ea conditione ut inde faciat ~ium sub juramento. uxor ejus .. cum filiis .. legitimum ~ium faciant S. Remigio .. et .. fideliter serviant sicut liberi homines *MonA* VI 1043b; **1161** Willelmus .. de terra illa saisitus fuit et inde .. ~ium ejus accepimus (*Ch. Episcopi*) *Ch. Sal.* 19; eo quod archipresul exigeret super castro .. de T. .. sibi ~um fieri H. BOS. *Thom.* III 19.

5 (?) homage done by serf or slave to lord.

a1166 precipio quod plenarie rectum teneas ecclesie S. Benedicti et monachis de H. de Richardo .. qui injuste eis terras suas difforciat et eas sine ullo servicio tenet, .. sc. .. in S. et in W. xvj ~ia et lvj acras in campo (*Breve Regis*) *Reg. S. Ben. Holme* 113 (cf. ib. 68 [**a1126**]: terra illa cum manredis ejusdem; cf. *EHR* XXXVII 231–32); ~ium, hominis servicium OSB. GLOUC. *Deriv.* 275.

6 (fig.) homage done to or pact with Satan.

diabolo accersito perpetuum paciscitur ~ium W. MALM. *GR* II 167 (= M. PAR. *Maj.* I 478: homagium); de quodam qui diabolo ~ium [vv. ll. dominium, homagium] fecerat J. FORD *Wulf.* 17.

homiplagium v. hominiplagium. **hommagium** v. homagium. **hommus** v. hamma.

homo [CL]

1 human being (or either sex), (pl.) mankind; **b** (dist. from God); **c** (dist. from non-human). **d** image of human being.

de utriusque sexus ~ine *Lib. Monstr.* I 1; vita, salus, hominum factor ALCUIN *SS Ebor* 2; Christus .. jugum mortis ab ~ine excussit G. CRISPIN *Serm.* 114; fit .. campanarum mirabilis tinnitus, nullis ~inibus funes trahentibus ORD. VIT. VI p. 12; declinaverunt ~ines a cultu Dei BELETH *RDO* 55. 60C (v. deviatio c); D. MORLEY 193 (v. gressibilis b); **1202** appellati de morte ~inis *SelPlCrown* 13; esui ~inum apta BART. ANGL. XVII 113 (v. holus a); ad formam ~inis que apparet in luna ROB. ANGL. (II) 197; ~o est compositus ex vegetativo, sensitivo, et intellectivo KILWARDBY *OS* 199; ~o intelligitur ut animale racionale DUNS *Ord.* I 105; **1319** laborem ad quem ~o nascitur *Stat. Sal.* 266; in ~ine et aliis animalibus OCKHAM *Sent.* I 329; **s1348** crevit mortalitas ~inum J. READING 158b; cum felicitas sit .. finis cujuslibet ~inis naturalis BRADW. *CD* 105B; cum patrem ~inem Christus non habuerat FORTESCUE *NLN* II 6. **b** GILDAS *EB* (v. 2 fidere d); **c792** (v. corona 2e); **867** Deo et ominibus *CS* 516; *G. Steph.* I 64 (v. deicus); solus Deus heredem facere potest, non ~o GLANV. VII 1. **c** animalia coitu ~inum pulluta occiduntur THEOD. *Pen.* II 11. 9; ut intellegeret non ~inem esse qui sibi apparuisset, sed spiritum BEDE *HE* II 12 p. 109; *Lib. Monstr.* I 7 (v. hippocentaurus); inclamitans daemones esse et non ~ines ASER *Alf.* 97; W. MALM. *GP* V 262 (v. exhibere 3e); hii [sc. incubi] partim habent naturam ~inum, partim angelorum G. MON. VI 18; statuam .. non ~inem R. BURY *Phil.* 15. 193. **d** **1415** *Reg. Exon.* 413 (v. embroudatus b).

2 man as the highest of God's creatures, w. characteristics of humanity and civilization.

WULF. *Æthelwold* 39 (v. efficere 3b); cum .. sitis ~ines, habetote vos ut ~ines G. MON. VI 2; non homines, hominum sunt umbre quos habet orbis / brutescens vitiis J. SAL. *Enth. Phil.* 1777; D. BEC. 1658 (v. 1 eclipsis b); R. MARSTON *QD* 159 (v. hebes 2a).

3 man as mere mortal, a frail or sinful creature. **b** (as abstr. w. the same implications); **c** (in phr. w. vbs. of ending, shedding, or sim., w. ref. to death).

homo se supra ~inem fieri opinatur cum istorum assecutus est disciplinam J. SAL. *Pol.* 475B; **c1210** trans hominem / induens fortitudinem (*In Episcopos* 7) *Pol. Songs* 7; W BURLEY *Vit. Phil.* 110 (v. heroicus 1a); J. BURY *Glad. Sal.* 87 p. 607 (v. harundineus b). **b** ut ~inem dediscat P. BLOIS *Ep.* 7. 20A. **c** *RegulC* 60 (v. eximere 3b); finit ~inem HERM. ARCH. 22 (v. declinis 2b); *Lib. Eli.* II 11, W. JUM. V 9 (v. 2 exuere 2b); ORD. VIT. XIII 19 (v. 2 excedere 2c).

4 (*primus* ~*o*) Adam, the first human being.

dum primus pulchro fuerat homo / pulsus ab horto ALCUIN *Carm.* 69. 1; si non pecasset ~o ANSELM (*CurD* II 3) II 98; primus ~o Adam factus est a primis elementis *Quaest. Salern.* B 216.

5 (theol.): **a** (w. ref. to Christ's incarnation); **b** (attrib. or in comp. w. *Deus*). **c** (in comp. w. *Filius, Pater, etc.*, w. ref. to the persons of the

Trinity). **d** (*vetus ∼o, novus ∼o, cf. Coloss.* iii 9, *etc.*).

a nascitur humana celsus de carne Creator / ut homo per hominem scandat ad astra Deum ALCUIN *Carm.* 117. 2; s**1081** anno millesimo octogesimo primo Dominici hominis [*sic* MS] HERM. ARCH. 28; ANSELM (*CurD* I 8) II 59 (v. deus 3a); fuerunt heretici qui docerent Christum esse purum hominem et non Deum R. NIGER *Chr. I* 27; PULL. *Sent.* 787A (v. essentialiter 1a); J. CORNW. *Eul.* 8–9 (v. homousios). **b** mediator homo Deus unus Christus ALCUIN *CR* 905; per te vivit homo reus, / quem audivit homo Deus EDMUND *BVM* 1. 4; descendit justicia a Deo per Christum, hominem-Deum GROS. *Cess. Leg.* III 1 p. 124 (cf. ib. p. 123: Filius viz. Deus-homo). **c** sicut iste homo, demonstrato Filio-homine, est Filius naturalis Dei Patris; sic, si Pater esset homo, iste homo, demonstrato Patre-homine, esset Pater naturalis Dei Filii *Ib.* 5 p. 146; Spiritus Sanctus-homo *Ib.* p. 147. **d** veterem exuit ∼inem; cilicium et monachum induit, carnem crucifigens cum vitiis et concupiscentiis suis J. SAL. *Thom.* 11; H. BOS. *Thom.* III 6 (v. expellere 1a); ad ejus [S. Oswaldi] motionem, veteris ∼inis depositis exuviis, ovilis illius gregi sociatus .. ibidem .. est relictus *Chr. Rams.* 25; ut novum induens ∼inem P. BLOIS *Ep.* 15. 52A.

6 (individual) person, (pl.) people. **b** (pron. use) he, the person in question.

lacerans homines trux detractio linguae ALDH. *VirgV* 2729; c**780** (12c) omnem .. ∼inem .. qui sub Christiana religione vitae caelestis praemia consequi desiderat *CS* 260; **945** (13c) [dabuntur] Leofrune .. apud Westune duo ∼ines et octo boves *CS* 812; **10..** beatus sit omo qui orat pro anima ejus *AS Inscr.* 111; ibi habet rex lxiij burgenses .. et .. burgenses aliorum ∼inum reddunt ibi ix sol. *DB* I 87rb; omnem recordationem dominice regis curie non potest ∼o contradicere (*Leg. Hen.* 49. 4) *GAS* 572; multis modis potest ∼o weram suam forisfacere (*Ib.* 87. 6a) *Ib.* 602; heliotropia .. inem .. reddit invisibilem GERV. TILB. III 28; ∼ines ante tempus fetus colligere cupientes abhortivos genuerunt M. SCOT *Sol* 720; **1313** cum .. ∼inibus utriusque sexus *RGasc* IV 851; color ∼inis sincopizantis GAD. 73. 2; **1371** ∼inibus transeuntibus per pedes *Pub. Works* II 53; **1431** ∼inibus de .. lollardia suspectis *Lit. Cant.* III 157. **b** W. MALM. *GP* II 74 (v. abecedarium b); antequam annus volveretur prefatus ∼o vita privatur ORD. VIT. VI 9 p. 71; in .. situla positus ∼o .. descendere cepit *Mir. Hen. VI* III 104.

7 (*∼o exterior, ∼o interior*) the outer or inner person. **b** (*∼o mundanus*) body, corpse.

ALDH. *VirgP* 3 etc. (v. exterior 4c); ornetur .. virginitatis integritas non exterioris ∼inis .. venustate sed interioris .. caritate *Ib.* 55; a**718** caritatis tuae copulam, fateor, ast dum per interiorem ∼inem gustavi .. *Ep. Bonif.* 13; dum .. tota vigilantia interioris ∼inis profectum adquirerent neque eos .. loci asperitas deterreret .. ORD. VIT. VI 9 p. 57; GIR. *EH* II 11 (v. beare 1); importunitas .. occupationum mearum .. indies ad vexationem intolerabilem utriusque ∼inis succrescentium AD. MARSH *Ep.* 52. **b** in ea parte crypte ubi beati Thome repositus erat mundanus ∼o W FITZST. *Thom.* 154.

8 (individual) man, male person.

de adulterio .. per totum Chenth habet rex ∼inem et archiepiscopus mulierem *DB* I 1rb; uxor istius ∼inis *DB* II 313 (v. commendatio 3); **12..** warrantizabimus .. terram contra omnes ∼ines et feminas ECCLESTON *Adv. Min.* app. 157; alii sunt ∼ines, alii femine BRACTON 5 (v. hermaphroditus); *AncrR* 127 (v. erubescere 2a); **1356** dixerunt quod ipsi scirent dicere unicuicumque ∼ini et mulieri que .. fortune sibi advenirent *SelCKB* VI 105.

9 (w. adj., gen., or sim.) person, usu. male, of spec. description; **b** (w. ref. to class or status, incl. man. & leg.); **c** (w. ref. to place or membership of group); **d** (w. ref. to relig. movement or order); **e** (w. *de lege, legis*) lawman or man of law.

videbam .. quantum securitatis ∼inibus nostri temporis .. increverat GILDAS *EB* 1; BEDE *HE* I 14 (v. corrumpere 2d); tantis .. bonis que premia reddet homonis / paupertas miseri? R. CANT. *Malch.* V 435; inter silvestres ubi pauper mansit homones (*Vers.*) ORD. VIT. VI 10 p. 114; stultum ∼inem GIR. *Symb.* 31 p. 314; dicuntur ficarii ∼ines silvani de ficubus viventes BART. ANGL. XVIII 51; **1248** vidit .. ∼ines equites et .. ∼ines pedites *SelPlForest* 76; **1319** robustos corpore .. in delicato otio sibi victum querere .. eligentes, qui .. quandoque ludorum ∼ines .. nuncupantur *Stat. Sal.* 266; discretus ∼o GOWER *VC* III 201 (v. discretio 5a); dominus G. L., jucundus ∼o FERR. *Kinloss* 38. **b** **821** (v. habere 1f); quidam liber ∼o hanc terram tenens *DB* I 36ra (cf. ib. II 278: medietatem j liberi ∼inis); viij ∼ines consuetudinarios *DB* II 215; ∼ines bordarii *Ib.* 290; liberalis ∼inis qui habet consuetudines suas (*Inst. Cnuti*) *GAS* 359; mediocris ∼inis (*Ib.*) *Ib.*; meliorum ∼inum presencia (*Leg. Hen.* 7, 8) *Ib.* 554; **1130** vicecomes debet xl s. de minutis ∼inibus pro defectu hundredorum *Pipe* 151; c**1152** juramento antiquorum ∼inum *Act. Hen. II* I 40; a**1153** probis ∼inibus Rothomagensibus *Ib.* 47; a**1159** legales ∼ines (v. halimotum); c**1210** tradat illi libera arma, sc. lanceam et gladium; deinde liber ∼o efficitur (*Leg. Will. retr.*) *GAS* 491; **1220** (v. emendatio 4a); c**1228** cum antiquis ∼inibus patrie *Feod. Durh.* 258; **1234** hii sunt redditus .. de ∼inibus servis tenentibus integras virgatas terre *Cust. Glast.* 115; liber ∼o, tam masculus quam femina BRACTON 78b; *Fleta* 62 (v. astrarius b); **1297** quod nullus .. teneat ∼ines ociosos pures .. quam .. *StatIr* I 202; **1356** ociosis ∼inibus (v. glanator); **1364** probos ∼ines (v. essaiare 1d); nativos ∼ines *Reg. Moray* 161 (v. deliberare 3a). **c** a quodam suae propriae gentis ∼ine constuprata ASSER *Alf.* 15; sine testimonio ∼inis hundredi [AS: *hundredesmanna*] vel ∼inum decime [AS: *teoðingmannes*] (*Quad.*) *GAS* 192; decimales ∼ines (*Ib.*) *Ib.* 261; *landman* (id est ∼o patrie) (*Ib.*) *Ib.* 377; a**1128** ∼ines ville *Chr. Peterb.* app. 158 (v. 1 chevagium 1a); **1130** de ∼inibus comitatus *Pipe* 48; omnes ∼ines London' (*Ch. Hen. I*) *GAS* 525; **1199** ∼ines de Sutton *CurR RC* II 150; **1227** ∼inibus de Yvelcester *LTRMem* 9 m. 4; **1239** cum ∼inibus visneti *SlPlForest* 69; **1285** ∼ines .. a civitate Caturci *RGasc* II 262; **1293** ∼ines hundredi de Eyhorn' *Publ. Works* I 199; ∼ines de halmoto *MGL* I 343; **1318** per ∼ines Alemannie *MGL* I 20; **1362** ∼ines Wallenses (v. 11d infra). **d** s**1176** etc. (v. bonus 6); **1202** (v. dimissio 6a); **1375** ∼inibus de domo Dei *Ac. Durh.* 46 (cf. ib. 218: ∼inibus de hospitalibus de W.). **e** xij *lahmen* (id est legis ∼ines) debent rectum discernere (*Quad.*) *GAS* 377; **1351** verberaverunt .. ∼inem legis qui secutus fuit negocia magistrorum suorum *SelCKB* VI 76; **1384** quod nullus ∼o de lege sit .. justiciarius in propria patria sua *StRealm* II 36.

10 (*∼o Dei*, equiv. of *vir Dei*) man of God, saint. **b** (as surname repr. *Hommedeu*).

∼o Dei *V. Cuthb.* II 5; si ∼o Dei est, sequimini illum BEDE *HE* II 2; s**1184** (v. discrete 2); *Mir. Hen. VI* I 23 (v. discaligatus). **b** **1149** testibus .. Giselberto filio ∼inis Dei *Cart. Osney* IV 28.

11 (mil.): **a** (w. *armatus, ad arma*, or sim.) man-at-arms, soldier; **b** (*∼o defensabilis*); **c** (dist. as *eques* or *pedes*); **d** (dist. by weapon used).

a **1198** cum .. ∼inibus .. armatis *CurR* I 63 (v. 2 arma 1a); **1297** ∼inum .. ad arma *RGasc* III 272; s**1325** cum .. duce ∼inum armorum AVESB. 77b; s**1343** ∼ines armorum (v. 2 arma 2d); **1332** etc. (v. arraiatio 1a); GAD. 122v. 1 (v. armare 2a); **1373** etc. (v. demonstratio 1e); **1587** tam ∼ines ad arma ac ∼ines armatos quam alios equites et pedites defensibiles *Pat* 1320 m. 7*d*. **b** **1309** etc. (v. defensabilis 1a). **c** **1303** Robertus gratis venit versus Scociam pro guerra tanquam ∼o eques *PlRCP* 145 m. 318*d*.; ∼o pedes *Ib.* **d** **1236** per serjantiam inveniendi .. unum ∼inem ad *gleyve* in exercitu Wallie *Fees* 590; **1362** cc homines Wallenses, quorum una medietas sit de ∼inibus ad lanceas et altera .. de sagittariis *Pat* 265 m. 31.

12 servant, retainer. **b** (work)man assigned to spec. task.

filium aut .. propinquum suum vel .. suum proprium ∼inem, liberum vel servum ASSER *Alf.* 106; **958** (12c) ego Eadþig rex .. cuidam meo fideli ∼ine .. modicam partem terrae .. concedo *CS* 1027; **969** (11c) dedi cuidam meo ∼ini .. ij mansas *CS* 1231; **1217** in eundo .. usque S. cum ∼inibus suis, equis et harnesio suo *Pat* 45; **1220** obviavit eis .. Gaufridus H. ∼o .. Matillidis; et ipsi interrogaverunt cujus ∼o esset; et .. respondit quod fuit ∼o .. Johannis de M. et debuit ire ad domum de S. propter .. ij lintheamina *CurR* IX 66; c**1228** ij ∼inibus episcopi *Feod. Durh.* 250; **1231** catalla .. Hugo .. ∼o suus furatus est *Cl* 555; **1238** (v. hamsocna a); **1334** dona data ∼inibus regis et regina pro bladis et fenis salvandis *Ac. Durh.* 524; **1376** pro ∼inibus curie .. prioris potantibus apud Chester *Ib.* 583. **b** ORD. VIT. IX 3 (v. herciare 1a). **1213** magna custodia debet invenire xij ∼ines, sed .. abbreviata est usque ad viij ∼ines *Comm. Lond.* 255; **1281** xij d. Robertus messor in misericordia quia sinuit ∼ines metere male bladum domini *CourtR A. Stratton* 66; **1284** (v. hercia 1e); c**1311** j ∼inem .. ad herciandum *Cust. Battle* 150; **1375** (v. bederipa); c**1410** (v. 1 haia 1b).

13 (w. possess. adj. or gen., feud.) a lord's man, feudal vassal or tenant; **b** (w. ref. to woman); **c** (w. *ligius*). **d** (*recipere in* or *ad ∼inem*) to receive as vassal.

fuit ∼o Edmeratorii, sed potuit ire ad quemlibet dominum cum ista terra *Dom. Exon.* 215; *DB* I 1 (v. dominus 3a); *Ib.* II 109 etc. (v. dominicus 2b); de istis ∼inibus xxxvi erant ita dominice regis E. ut non possent esse ∼ines cujuslibet sine licentia regis; alii omnes poterant esse ∼ines cujuslibet *Ib.* 119; in Rokelunda j integer liber et ii dim. ∼ines Godwini *Ib.* 176b (cf. dimidius 1b); a**1098** sit vobis notum .. Petrum .. regis militem S. Ædmundi et B. abbatis manibus junctis fore feodalem ∼inem, regis licentia et monachorum concessu .. salva regis fidelitate (*Ch. Bury St. E.*) *EHR* XLII 247; a**1113** ego .. N. .. abbas Bertonie dedi .. terram de A. Orme, hac conventione ut unoque anno nobis xx oras persolvat et perinde factus est ∼o noster supra quatuor evangelista (*sic*) jurando se fidelitatem servaturus *Cart. Burton* 30; omni domino jure licet ∼inibus suis defendere ne sibi faciant injuriam (*Leg. Hen.* 59. 12) *GAS* 579; si coagentes sint ∼ines unius domini .. (*Ib.* 60. 2a) *Ib.* 580; EADMER *HN pref.* 2 (v. episcopatus 1a); [Heraldus] ∼o ejus factus, omnia que ab illo requisita fuerant super .. reliquias juraverat ORD. VIT. III 11 p. 117; nullus presbyter efficiatur ∼o laici, quia indignum est ut manus Deo consecrate mittantur inter manus non consecratas: quia est aut homicida aut adulter ..; sed si feudum a laico sacerdos tenuerit .. talem faciat ei fidelitatem quod securus sit (*Decr. Synod.*) *Ib.* IX 3 p. 471; **1158** ego rex Henricus assecurabo regi Francorum sicut domino vitam suam .. si mihi assecuraverit sicut ∼ini suo vitam meam .. et terras meas quas mihi conventionavit de quibus ∼o suus sum *Ac. Hen. II* I 195; GLANV. IX 1 etc. (v. homagium 1a); a**1200** ego .. recepi homagium .. Willelmi et ipse inde est ∼o meus et heredum meorum et heredes sui erunt inde ∼ines mei et heredum meorum sicut de feudo et hereditate per servitium predictum et libertatem omnem *Ch. Derb* 2621; vel Judei debent esse ∼ines S. Edmundi vel de villa sunt ejiciendi BRAKELOND 133; avus suus rex David .. fuerat ∼o veteris Henrici regis .. Beauclerk FORDUN *Cont.* VIII 2; *G. S. Alb.* II 395 (v. homagiarius b). **b** hanc terram tenuit Elueua, ∼o Aschil', et cui voluit dare potuit *DB* I 212; uxor istius hominis fuit ∼o Stigandi archiepiscopi *DB* II 313 (v. commendatio 3). **c** si homo de pluribus dominis et honoribus teneat, quantumcumque de aliis habeat, ei plus debet et ejus residens per judicium erit cujus ∼o ligius erit (*Leg. Hen.* 55. 2) *GAS* 575; c**1125** concedimus huic Fromundo ligio ∼ini nostro parum terre in Burtona *Cart. Burton* 31; **1144** pro hiis supradictis devenit ∼o noster ligius contra omnes homines *Regesta* III 111; **1153** de ligiis ∼inibus comitis de Warennia *Ib.* 272; **1190** Willelmus [rex Scotie] ∼o legius noster devenit pro omnibus terris suis in Anglia de quibus antecessorum nostrorum antecessores sui †legishomines fuerunt FORDUN *GA* 20 p. 273; ∼o legeus AD. USK 65 (v. deventio b); **1397** (v. homagialis b). **d** hoc emendet qui eum ad ∼inem receperit [AS: *se ne to men onfo*] (*Quad.*) *GAS* 71; abbas .. Picotum in ∼inem, id est homagium suscepit, eo tenore ut militis j servitium ab eo .. inde exhiberet *Chr. Abingd.* II 35.

14 'man', piece in board-game.

Ludus Angl. 161 (v. ducere 1d).

15 (astr.) Saturn.

sit .. ∼o in Aquario BACON V 162; ut sit inclinatio ad Jovem et illuminatio ad ∼inem *Ib.* 163.

homoeomereus, ∼merus [cf. ὁμοιομερής], (phil.) of similar composition.

in libro de Animalibus determinantur .. de corpore animato .. propter .. compositione partium omnium omeomerorum BACON XI 177; si .. corpus mixtum est omiomereos, quilibet pars est unius nature cum alia T. SUTTON *Gen. & Corrupt.* 106; omeomeree DUNS *Metaph.* VII 20 p. 480 (v. anomoeomereus).

homoeoptoton [CL < ὁμοιόπτωτον], (gram.) similarity of ending.

omoeoptoton est cum in similes sonos exeunt dicta plurima, ut 'cantate, exultate, et psallite' BEDE *ST* 150; quandoque ex eo quod ultima vocalis et quicquid sequitur idem est, ut 'venit', 'ait' hic modus a Donato omoptoton appellatur GERV. MELKLEY *AV* 16.

homoeosis [LL < ὁμοίωσις], likening, comparison.

∼is est minus notae rei per similitudinem ejus, quae magis nota est, demonstratio BEDE *ST* 169; omiosis: omyosis .. habet tres species: ycon, paradigma, comparatio GERV. MELKLEY *AV* 150; [o]meosis quando sc. sumitur simile ut per id quod sumitur magis notum ostendatur id quod minus notum est .. et dicitur icon quasi ymago .. noti ad evidenciam ignoti *Ps.*-GROS. *Gram.* 75.

homoeoteleuton [CL < ὁμοιοτέλευτον], (gram.) similarity of ending.

omoeoteleuton, id est similis terminatio; dicitur quoties media et postrema versus sive sententiae simili syllaba finiuntur BEDE *ST* 149; homoetheleuton .. comprehendit tantum casuales terminationes GERV. MELKLEY *AV* 18.

homogenealis, homogeneous.

recessit a temperantia terre, que ∼is est ALF. ANGL. *Plant.* II 5.

homogeneitas, homogeneity.

satis potest dici quod est unum unitate ∼atis sed tunc est assumptum falsum quod talia non faciunt unum nisi per continuacionem OCKHAM *Sent.* III 540; est ∼as corporum continencium et contentorum quia convexitas inferioris et concavitas superioris sunt ejusdem nature et subtilitatis ODINGTON *Mus.* 45; unde vene, corda, panniculus, et cuncta que sunt mere spermatica, musculus et lacertus, que sunt partim spermatica, dicuntur consimilia, quia multum accedunt ad omogeneitatem membrorum simplicium WYCL. *Log.* III 117; propter ∼atem et fortem unionem elementorum RIPLEY *Axiom.* 124.

homogenericus, of the same kind.

vacuum dico, quia et si sit aliquis repletio in illis, utpote aerea, tamen quia non est ∼a cum corpore continente sed subtilis et advenienti grossiori materie succedit ut sit modo rarior modo densior, ideo suum continens sonare patitur ODINGTON *Mus.* 46.

homogeneus [cf. ὁμογενής], homogeneous, of the same kind. **b** consisting of homogeneous parts.

sunt .. principia ∼ea, unius sc. nature cum iis quorum sunt principia; 'homos' enim unum, unde et tres personas homousion dicimus, id est unius nature NECKAM *NR* II 173; partes omogenias BART. ANGL. XVI 81 (v. heterogeneus); anima .. habet partes ∼eas, ut aqua et terra

GILB. VI 244v. 1; agens est consimilis nature in toto et in qualibet parte, ut lucidum et coloratum, .. dummodo sit ~eum; si vero sit etherogeneum, adhuc componitur ex partibus ~eis BACON *MS* 164; si est in passionibus ~eis, inest cuilibet parti integrali; sed si in heterogeneis, non DUNS *Metaph.* VII 10 p. 379; BRADW. *CD* 8A (v. heterogeneus); calor dissolvens mixtum congregat omogena .. sed segregat ethrogena WYCL. *Eccl.* 103; homogenia *Id. Log.* III 68 (v. extrinsio); in metallis sunt quatuor elementa naturaliter, et .. sunt ~ea, quia nihil aliud sunt quam fumi subtilissimi RIPLEY *Axiom.* 123. **b** materia rerum alia est omogenea, alia etherogenea *Quaest. Salern.* N 12; cum aqua sit corpus ~eum, totum cum partibus erit ejusdem rationis SACROB. *Sph.* 1 p. 83; firmamentum .. est res omogenia J. BLUND *An.* 8; si sit corpus .. ommogeneum et simplex, ut ignis .. BACON VIII 155; vinum est totum integrale, et est totum universale, quare est totum ~eum *Id.* XV 121; totum proprie ~eum, id est unius nature *Ps.*-GROS. *Summa* 323; in materiebus compositis videmus quod materia ~ea bene potest differre penes purius et impurius, subtilius et grossius ejusdem essentie KILWARDBY *OS* 285; corpora que sunt omogenea, id est unius generis T. SUTTON *Gen. & Corrupt.* 57; manifestum est quod omogeneus patitur ab omogeneo, i. e. res unius generis a re ejusdem generis *Ib.* 63; licet sperma sit ~eum in substancia, tamen spiritus exeuntes cum eo non sic sunt GAD. 37. 2; WYCL. *Log.* III 77 (v. destillabilis); cum sit .. omne corpus omogenium et ethrogenium *Id. Incarn.* 200.

homologare [cf. ὁμολογεῖν], (trans.) to agree on or to; **b** (intr., w. dat.).

1279 omnia suprascripta .. receperunt, approbaverunt, et expresse omologarunt *RGasc* II 60; **1281** volumus .. ut procuratores partium aut partes .. hoc .. arbitrium .. statim .. emologent *Ib.* 128; emmologare *Ib.* 295 (v. exprimere 7); **1283** ad omologandum [MS: omolangdum] nostrum arbitrium .. cum prolatum fuerit PECKHAM *Ep.* 493; **1298** potestatem .. omnia .. que .. pacta .. fuerint .. firmandi, roborandi, omologandi, et vallandi *TreatyR* 7 m. 3; **1309** quem tractatum .. laudaverunt, aprobaverunt et expresse amologaverunt [v. l. amelegaverunt] et promisserunt adinvicem servare, tenere et implere *Reg. Gasc. A* I 146; **1354** ad ea approbanda, omologanda, ratificanda *Reg. Heref.* 226; c**1450** illa .. talia acceptat, emologat, et admittit *Pri. Cold.* 193; **1452** quam sentenciam uterque compromittentium .. ~avit .. et acceptam habuit *MunAcOx* II 638. **b** **1439** mox eis prolatis emologare et in nullo contravenire *Stat. Linc.* II 196; **1454** obedire et mox eis prolatis emologare et in nullo contravenire *Melrose* II 568.

homologatio, agreement.

1291 emologationi et ratificationi quas .. procuratores nostri fecerunt (*Instr. appellationis*) *Mon. Francisc.* II 50; **1318** litteram emologacionis et concensus .. factam inter eosdem *Reg. Gasc. A* I 2; **1434** in .. testimonium emologationis, ratificationis, et confirmationis AMUND. II 102.

homonymus [CL < ὁμώνυμος]

1 having the same name.

799 ['David' regi] .. per .. omonymi David .. regis sanctitatem ALCUIN *Ep.* 177.

2 ambiguous, used in more than one sense.

sume synd omonima, id sunt univoca, *ða getacniað ma þinga mid anre clypunge* ÆLF. *Gram.* 12; bibliotheca est equivocum vel omonimum ad locum ubi reponuntur libri, sc. armarium, et ad magnum volumen compactum ex omnibus libris Veteris et Novi Testamenti BELETH *RDO* 60. 66B; homonima, id est equivoca BACON XV 236; quedam nomina dicuntur omonimie et equivoce a casu T. SUTTON *Gen. & Corrupt.* 50.

homospalta v. omoplata.

homotonus [CL < ὁμότονος], (med.) having the same tension; **b** (fig.).

homotenam GILB. I 9v. 1 (v. acmasticus a); species sinochi sunt tres, et similiter sinoche: una est homotena, i. unius tenoris, que semper uniformiter se habet usque ad finem GAD. 18v. 1 (cf. ib. 2: homotenea). **b** omothona NEKAM *NR* II 155 (v. acmasticus b).

homoüsion [LL < ὁμοούσιον], (theol.) unity of substance.

pauci admodum episcopi .. a Nicena sinodo recedentes ~ion, id est consubstantialitatem, Patris et Filii non receperunt W. DAN. *Sent.* 71 p. 333; NECKAM *NR* II 173 (v. homogeneus a); hoc .. intellexit per 'Filium esse de substantia Patris', Filium sic esse de Patre ut sit ~ion cum Patre DUNS *Ord.* IV 63; nomina summi .. homousyon *Miss. Westm.* I 365; quem constitit Athanasium ab ~ii defensione, quod est unius substantie, divellere penitus non potuisse NETTER *DAF* II 6v.; quid de Deo sentis, quomodo trisagion aut ~ion tibi sonant? J. BURY *Glad. Sal.* 604.

homoüsios [ὁμοούσιος], having the same substance.

Christus secundum quod homo est est ~ios, i. e. consubstantialis, matri J. CORNW. *Eul.* 8; nichil est substantiale beate virgini quod sit substantiale Christo. ergo non est Filius ~ios matri. ergo Filius et mater non sunt ejusdem nature vel substantie. .. item, Grecum illud et authenticum nomen ~ios manifeste declarat quod Christus essentialiter sit homo cum dicitur a catholicis ~ios, i. e. coessentialis sive unius essentie, i. e. nature, cum matre *Ib.* 9 p. 276; par Patri Filius omnipotencia / doxa omusios et sapiencia WALT. WIMB. *Carm.* 103.

homsaka v. hamsocna.

homstrata [? ME *hom* + *stret*], (?) private road.

1277 j campum terre laterantem .. ex alia parte ad quandam ~am que ducit a mesuagio .. Roberti usque ad viam regalem *Cart. Bilsington* 102.

homullulus [LL]

1 mere man.

homunculus vel homuncio vel ~us aut homullus ALDH. *PR* 134; fiunt et diminutivorum diminutiva tertio et quarto gradu, ut homo, homuncio, homunculus, homulus, ~us ALCUIN *Gram.* 861D.

2 little man, manikin.

homulusus OSB. GLOUC. *Deriv.* 275 (v. homunculus 3); s**1249** de ~o et gigantulo: .. quidam homuncio, non autem nanus quia membra habens sibi proportionalia, .. inventus est, .. statureque fuit vix tripedalis M. PAR. *Min.* III 60 (cf. *id. Maj.* V 82: de homuncione).

homullus [CL]

1 mere man.

ALDH. *PR* 134 (v. homullulus); formae diminutivorum quot sunt? masculini generis xj: .. -ulus, -cio .. ut .. homulus, homuncio .. ALCUIN *Gram.* 861C; **934** (v. homunculus 1a); a**940** frigulis homulorum liquefactis (v. frigulum a).

2 little man, manikin.

ut pater advertit forme deformis homullum / obriguit NIG. *Paul.* f. 47v. 309; homulus, parvus homo OSB. GLOUC. *Deriv.* 275.

homuncio [CL], **~ius**

1 mere man, poor creature. **b** (of child) poor little fellow.

a**690** haec misellus ~o dictando .. angebar ALDH. *Ep.* 5 p. 492; tu .. multo astutior quam ego, qui simplex ~o sum ÆLF. BATA 4. 26 p. 50; a**1089** scio .. quod ~o, cui nihil debetur et qui nihil retribuere potest, quicquam sua intercessione concedi quaerat ANSELM (*Ep.* 11) III 115; **1167** audet ~o monere .. sacerdoti ut taceat J. SAL. *Ep.* 201 p. 430; ego peccator ~o H. BOS. *LM* 1365B (cf. ib. 1334B: me peccatorem ~um); stultum est nos †hominiciones asserere .. WYCL. *Ver.* III 139; quid igitur ego miser ~o? *Mir. Hen. VI* I *prol.*; **1530** his enim perfacile non modo tui animi candorem .. verum etiam in me ~onem humanitatem .. expendi (*SP Hen. VIII*) *EHR* XL 195. **b** cepit .. corpusculum [pueri] denigrari. .. miser ad extrema trahebatur ~o W. CANT. *Mir. Thom.* III 33.

2 worthless fellow.

W. MALM. *GR* III 263 (v. despicabilis c); abbas .. defunctus est et .. quidam miserabilis ~o .. ejus in loco intrusus est ORD. VIT. XI 14 p. 215; Eboracus Scottis habundat, fedis et infidis ~onibus DEVIZES 39v.

3 little man, manikin.

Dei et hominum .. viderat inimicum sub .. homuncii nigelli specie salientem B. *V. Dunst.* 31; institit ~o capro maximo secundum fabulam insidens, vir qualis describi posset Pan MAP *NC* I 11 f. 10; ~o, parvus homo OSB. GLOUC. *Deriv.* 275; videmus ~ones et mediocres, videmus et gigantes PULL. *Sent.* 692D; s**1249** M. PAR. *Maj.* V 82 (v. homullulus 2); est homunctio [*dwarffe*] vix trium pe[d]um altitudine WHITTINGTON *Vulg.* 68.

homuncionita [LL], member of Christian sect that considered Christ to be a mere man.

a**1332** libellus contra ~as *Libr. Cant. Dov.* 42.

homunculus [CL]

1 mere man, poor creature; **b** (fig.).

c**705** me tantillum ~um ALDH. *Ep.* 7 (10); **793** quid nos ~i .. melius excogitare poterimus quam ut .. ? ALCUIN *Ep.* 23 p. 61; **931** post generalem qui omnibus .. ~is constat transitum *CS* 677 (cf. ib. 702 [**934**]: homulis); ANSELM I 247 (v. graviter 2a); non est quod gemine nature giganti miles ~us valeat coequari H. BOS. *LM* 1339D; miser homuncule, dic unde tumeas WALT. WIMB. *Carm.* 321. **b** de illorum comparatione contribulum meorum quasi omuncula HUGEB. *Will. prol.*

2 worthless fellow.

brutum illud ~orum [sc. Albigensium] genus AD. EYNS. *Hug.* IV 13 (v. abradere 3).

3 manikin.

~us, parvus homo, quod et homululus dicitur OSB. GLOUC. *Deriv.* 275; apparuerunt ei ~i duo stature quasi pygmee GIR. *IK* I 8; hic ~us, *a lytyl man* .. hic omunculus, *a duorow WW*.

honcus v. heltus. **hondert-, hondred-** v. hundred-. **honer-** v. oner-. **honescere** v. horrere 4b.

honestare [CL]

1 to honour. **b** to treat w. honour or respect. **c** to cause to be honoured.

V. Fridesw. B 2 (v. frequentatio 2); ab .. honor, honestus, .. honeste .. et .. honestas .. et ~o OSB. GLOUC. *Deriv.* 270. **b** **1357** (v. dehonestare 1b). **c** cur non attendit infelicissima caro quam nobilem et quam necessarium sibi habeat hospitem [i. e. animam], cujus beneficiis sustentatur, regitur, et ~atur P. BLOIS *Ep.* 11. 34; actus talis [i. e. carnalis] non potest esse meritorius nisi bona matrimonii illum actum ~ent, que sunt fides et proles et intentio fidei servande vel prolis procreande HOLCOT *Wisd.* 157.

2 to make honourable or decent, give an appearance of respectability to.

bursa purgat meretrices / et honestat saltatrices WALT. WIMB. *Van.* 65.

3 to beautify, adorn.

subdiaconum oportet .. vestire et ~are altaria EGB. *Pont.* 10; GROS. *Ep.* 57 (v. decoratio).

4 to settle (dispute) honourably.

omnes cause .. discutiende sunt a judicibus et .. cum equalitate discernende, vel, si facultas admiserit, potius pace ~ande (*Leg. Hen.* 3) *GAS* 547.

honestas [CL]

1 title to respect, dignity, honour, good name.

dignitas, i. ~as, excellentia, .. *weorþscipe* vel *geþungennes GlH* D 481; **1454** in eis .. Altissimo famulantium personarum omnium statui, ~ati, commoditatibus .. consulitur *Mon. Hib. & Scot.* 391b.; **1457** denaria soluta uni ministrallo .. principis pro ~ate ville (*Ac. Bailiff Shrewsb.*) *Med. Stage* II 251 (cf. ib. [**1409**]: in honorem ville).

2 moral integrity, virtue.

fiat mihi .. fides firma .. ~as actionis in opere, sobrietas in consuetudine *Cerne* 132; quid enim plus ad ~atis spectat commodum .. quam divinam agnoscere circa bonos indulgentiam .. ? W. MALM. *HN prol.*; erat magister .. totius ~atis *Canon. G. Sempr.* 38v.; de justitia publice ~atis et aliis que supra enumeravimus ROB. FLAMB. *Pen.* 196.

3 seemliness, decency: **a** (w. ref. to behaviour); **b** (w. ref. to appearance).

a memor misericordie et .. ~atis *V. Gund.* 54; eluxit tanta morum ~as *V. Chris. Marky.* 20; [avis Brigide] parem inveniens nature indulgebat. quo completo .. ad ecclesiam solus revertebatur, viris ecclesiasticis .. signum preferens ~atis GIR. *TH* II 37; pulsus .. sentitur .. sed tamen ~atis causa maxime in brachiis solent tangi RIC. MED. *Anat.* 222; **1234** post completorium qui in refectorio necessitatem habuerint bibere, sic desolutionem careant et ~atem regularem custodiant ut in potatione teneant moderationem (*Vis. Bury*) *EHR* XXVII 732; postquam Spiritus Sanctus commendavit conjugii castitatem tam ex ~ate necessaria pro vita transitoria quam ex diuturnitate et immortali memoria .. HOLCOT *Wisd.* 158; si tibi contra tantam doctorum multitudinem adhesero, eos videbor arguere de errore, quod non licet secundum ~atem PAUL. ANGL. *ASP* 1541; **1415** faciant ydoneas expensas funerales circa corpus meum, quas nullo modo secundum fastum seculi volo fieri sed cum moderamine ~atis *Reg. Cant.* II 186; Johannes Scoticus .. in omni morum ~ate gloriosus CANTLOW *Orig. Cantab.* 275. **b** hoc natura docet, hoc et persuasit honestas, / ut tibi sit facies semper honesta, puer ALCUIN *Carm.* 92. 11; **1380** quod nullus .. scolarium contra ~atem clericalem sotularibus utatur rostratis .. . quod quilibet .. sibi fieri faciat robam talarem, decentem et honestam pro statu clericali (*Stat. King's Hall, Camb*) *Foed.* VII 242b; a**1400** (v. dehonestare 1c).

4 adornment. **b** beauty.

Anglorum primas et pontificalis honestas [i. e. *S. Augustine*] *Anal. Hymn.* XXVIII 286; michi propositum fuit in plerisque jam ecclesiis ceptam ~atis ampliare materiam AD. DORE *Pictor* 143; **1417** lego ecclesie .. duas pelves argenteas deauratas cum duobus candelabris .. ibidem perpetuo deservituras in .. ecclesie ~atem *Reg. Cant.* II 134. **b** propter sanctitatem loci et ~atem .. cum sit circundata .. mari .. orientali plaga, occidentali vero plana et fertili gleba *Lib. Landav.* 1.

5 (as equiv. to *honor*) feudal estate.

c**1240** terras que nominantur Rathin et Dunkywyn in ~ate de Kenles *Reg. Tristernagh* 67.

honeste [CL]

1 w. dignity or propriety.

severum, ~e, *sidefullice GlP* 77.

2 honourably, w. integrity.

hic vos inveniant vigilantes semper honeste ALCUIN *Carm.* 91. 2. 7; namque iteris longos explevit honeste meatus, / optatamque diu Petri properavit in aulam FRITH. 135; condecet regem .. dubitabiles movere questiones, ~e interrogare, discrete respondere BACON V 48.

3 becomingly, decently.

onestius *GlH* E 179 (v. eleganter); imago .. Marie ~e in ligno sculpta W. MALM. *Mir. Mariae* 229; optabam .. mentes oculosque fidelium ~ius et utilius occupare AD. DORE *Pictor* 142; **1234** volumus .. ut 'portantibus pondus Dei' [*Matth.* xx 12] .. abbas .. vel .. prior quoad refectiones carnium .. pia .. consideratione .. sufficienter et ~e de communi faciant procurari (*Vis. Bury*) *EHR* XXVII 733; **c1240** [pix] in qua dependeat eukaristia ~e supra altare *Conc. Syn.* 378; **1304** (v. declinare 5); **1399** (v. hercia 3 a); **s1454** promisit .. fratrum dormitorium .. ruinosum reerigere .. modo sic congruo et honesto ut possent .. ~e quiescere in eo *Reg. Whet.* I 138.

honestum [CL], virtue.

quotcumque dominos quis habeat, .. ei plus debet cujus ligius est [in] ~o, utili, et necessario .. (*Leg. Hen.* 82. 5) *GAS* 599; justiciam et pacem et leges et ~a omnia per regnum suum exercebat G. MON. IV 17; amor .. studii non illaudabilis; nec illaudabile videtur inter .. curie curas aliquis respectus ~i GIR. *TH intr.* p. 8.

honestus [CL]

1 honourable, honest, worthy; **b** (of abstr.); **c** (rhet.). **d** (of price) fair.

a796 esto justus .. et misericors, .. moribus ~us ALCUIN *Ep.* 74; vir .. modestus, honestus *Id. Carm.* 88. 3; tam ~os hospites quam suscipientes esse oportet [AS: *swa cystigran hiwan swa cynnigran gystas*] *Prov. Durh.* 27. **b** tua amota conjuge .. ~a morte GILDAS *EB* 31; lis quondam pacem crudescens rupit honestam ALDH. *VirgV* 1542; in militia an in agricultura an in arte qualibet ~a vel turpi BEDE *Retract.* 1010; moribus egregiis facias tibi nomen honestum ALCUIN *Carm.* 62. 61. **c** ~um causae genus est cui statim sine oratione nostra favet auditoris animus *Id. Rhet.* 21. **d** **1511** (v. allogiamentum).

2 of high rank or status.

802 pro qua re humiliores personae capite puniuntur, ~iores in insulam relegantur ALCUIN *Ep.* 245 p. 396; quem sic genetrix affatur honesta FRITH. 919.

3 becoming, decent, respectable; **b** (of abstr.).

si quisquam cuperet sacrum temerare pudorem / gestibus obscenis contrectans corpus honestum ALDH. *VirgV* 1238; ALCUIN *Carm.* 92. 12 (v. honestas 3b); auxiliisque Dei famulum firmavit honestis *Id. WillV* 1. 14; secretarius .. [debet] pallio et ~is pannis altare decenter parare LANFR. *Const.* 123; **1244** quod porticum .. que .. palacio conveniat fieri faciat .. ita quod rex in ea descendere possit de palefrido suo ad ~am frontem *Cl* 273; **1281** ut .. ~um erigere valeat oratorium *Reg. Ebor.* 41; **1312** (v. armiger 2d); undecunque nascantur homines si parentum vitia non sectentur et Deum recte colant, ~i et salvi erunt HOLCOT *Wisd.* 147; **1380** (v. honestas 3b); **a1400** (v. dehonestare 1c). **b** **c695** (11c) ut .. monachorum .. ~issima conversatio recuperetur *CS* 76; ibi [in oriente] .. gazarum superabundans copia; hic modesta et ~a sufficientia GIR. *TH* I 37; **s1454** (v. honeste 3).

4 fair, handsome, beautiful.

1116 ~am .. cheriem (v. cheries).

5 (?) *f. l.*

855 (12c) dabo .. x carros cum silvo ~os [? l. onustos] in monte regis *Ch. Roff.* 23.

1 honor, ~os [CL]

1 high esteem, honour; **b** (w. gen. of person or thing honoured); **c** (dist. as spiritual or earthly); **d** (w. ref. to dedication of shrine or sim.).

GILDAS *EB* 110 (v. gloria 3); BEDE *HE* III 6 (v. dignus 1a); bona .. ut .. omni ~ore .. digni habeantur, mala .. ut vituperentur ASSER *Alf.* 95; undecima pars beatitudinis ~or dicitur; honorari homo ab hominibus appetit aut .. verbis aut factis *Simil. Anselmi* 65; ~or vel ~os, inde hic honorculus OSB. GLOUC. *Deriv.* 270; mortuus non curat de improperio vel ~ore [ME: *menske*] *AncrR* 137; **c1412** ut ver dat florem, flos fructum, fructus hodorem, / sic studium morem, mos sensum, sensus honorem *Ac. Durh.* 609. **b** hic quoque metrorum crebrescat laude per orbem / Demetriadis honor sacratae virginis almus! ALDH. *VirgV* 2163; carmina .. in ~orem Priapi *Id. Met.* 10 p. 94; si Deus .. me nodibus infirmitatis pro peccatis non obligasset, in ~orem ejus ministrare .. piger non essem *V. Cuthb.* I 4; hac sacratus honor Martini fulget in ara ALCUIN *Carm.* 90. 21. 1; omnium .. provinciarum que pertinent ad coronam et ad dignitatem et ad defensionem .. et ad ~orem regni (*Leis Will.*) *GAS* 489; **1271** ad ~orem Dei (v. ecclesia 2c). **c** ut .. quod .. ~ore caelesti putabatur dignum .. projiciatur in tartari barathrum GILDAS *EB* 35; ne mundanus honor mentem mutaret alacrem ALCUIN *SS Ebor* 661; sancta loca .. pro .. terreno ~ore .. derelinquere ASSER *Alf.* 79; ~or .. beatis illis .. tam magnus erit ut ab humano ingenio comprehendi non possit ALEX. CANT. *Dicta* 5 p. 138; fidem vobis portabo de vita et membris et terreno ~ore (*Forma homagii*) BRACTON 80 (cf. J. OXFORD 78); duplici ~ore AD. MARSH *Ep.* 100 (v. dignificare). **d** templa Dei ad ~orem omnium sanctorum ALDH. *VirgP* 25; BEDE *HE* III 25 etc. (v. dedicare 1a); **a785** etc. (v. consecrare 2a); in quodam templo quod in ~ore Claudii dicaverat G. MON. IV 16; consecravit altare .. in ~ore Assumpcionis B. Marie STONE *Chr.* 65; **c1468** edificavit .. capellam in ~orem BVM *Invent. Ch. Ch.* 163.

2 honour, mark of esteem (incl. gift, service, etc.).

nec religioni Christianae .. aliquid inpendebat ~oris BEDE *HE* II 20; vitam privatam et monachicam cunctis regni divitiis et ~oribus praeferens *Ib.* IV 11 p. 225; de illis qui nominatam ouerseunessam non habent .. honorabilius est ut si quid in eos .. peccabitur armis hoc et ~oribus pro modo singulorum emendetur (*Leg. Hen.* 36. 1) *GAS* 566; quibus ille congratulans et ~ores et ~orum augmentaciones promisit G. MON. X 4; ~ores .. artes nutrire solent GIR. *TH intr.* p. 4.

3 (w. ref. to ceremony or ritual) solemnity.

corpora juxta ~orem martyribus condignum recondita sunt BEDE *HE* V 10 p. 301; cum magno ~ore Romam perrexit ASSER *Alf.* 11; siccus honos J. EXON *BT* VI 402 (v. deploratus); **c1218** quod matrimonia cum ~ore celebrentur *Conc. Syn.* 87.

4 (high) rank, dignity, eminence.

s1107 (v. hominium 2c); H. CANTOR 3v. (v. digne b); proceres ad .. militaris dignitatis ~ores promovit *Ps.-*ELMH. *Hen. V* 37; **c1427** magistrali .. ~ore (v. digne a); **14..** tam viri ecclesiastici quam alii militaris ~oris ECCLESTON *Adv. Min.* app. 157; **c1549** eo ordine ac numeratione qua literario ~ore insigniti sunt *StatOx* 356.

5 source of honour.

798 sol, ~or saeculi ALCUIN *Ep.* 148; at panis calor eximii residere secundo / gaudet, hic est Cereris deliciosus honos NECKAM *DS* VIII 6; **s1219** (v. edomitor).

6 **a** estate. **b** (scattered) collection of possessions forming great fee of post-Conquest lord, freq. called after chief place within it; **c** (applied to whole kingdom).

a quando rex ibat in expeditionem .. habebat .. aut xx sol., .. aut unum hominem ducebat secum pro ~ore v hidarum *DB* I 64v. (*Wilts*); homines comitis Moritaniae tenent eam [mansionem] ad ~orem Ordulfi *Dom. Exon.* 210v.; miles .. nec sanguinis infimi nec ~oris terrarum exigui *G. Steph.* I 14; possessiones magnas et varias quas vulgo vocant ~ores, et urbes et castella .. acquisierat; erant autem ~ores ejus non solum in Anglia, sed etiam in Normannia et Francia H. HUNT. *CM* 7; **s1051** comes Godwinus .. de toto ~ore comitatus sui, id est de Cantia .. et filius ejus .. exercitum collegerunt M. PAR. *Maj.* I 521 (= FL. WORC. I 205: de toto suo comitatu); **s1180** imperator Constantinopolitanus dedit filiam suam filio principis Montis Ferrati et dans ei ~orem Thessalonicensium, qui est in imperio illo magna potestas, fecit eum coronari in regnum TREVET *Ann.* 92. **b** haec terra est de ~ore sancti Petroci *DB* I 123va (*Cornw*); habet rex .. xxij mansiones de ~ore comitatus *Ib.* 246ra (*Staffs*); **1086** etc. (v. caput 19c); **1095** rex .. omnibus .. qui francas terras tenent de episcopatu de W. salutem. sciatis quia mortuo episcopo ~or in manum meam rediit *Cart. Heming* I 79 (= *Regesta* 387); **a1100** (v. admensurare 2b); omni domino licet submonere hominem suum, ut ei sit ad rectum in curia sua, et si residens est ad remotius manerium ejusdem ~oris unde tenet, ibit ad placitum (*Leg. Hen.* 55. 1a) *GAS* 575; **1153** castellum de Porcestria cum toto ~ore *Cart. Beauchamp* 167; **1168** (v. constabularia 1a); **1170** de legalioribus et antiquioribus militibus de ~ore de Saltwode *Act. Hen. II* I 444; Ricardum Clarensem qui cum ~ore de Clara Kereticam regionem in australi Kambria possidebat GIR. *IK* I 4; **1194** (v. custos 6d); **1227** in ~ore Peverel de Notingeham sunt lx feuda militum et dim., de quibus vicecomes non respondit nisi de iiij feudis *LTRMem* 10 m. 8; **1268** ~orem, villam, et castrum Leycestrie (*Ch. Regis*) *Rec. Leic.* I 55; **1269** ballivis per ~orem de Clara constitutis J. OXFORD 70; **1316** etc. (v. dominium 5a); **1332** de firma ~orum Peverelli *LTRMem* 105 m. 10; **1548** de ~ore sive honorio de Henyngham ad castrum *Fines* 66/546/9; **1583** omnia et singula ~ora, castra, dominia [etc.] *Pat* 1236 m. 1. **c** **c1119** si [placitum] est .. inter vavasores alicujus baronis mei ~oris, tractetur .. in curia domini eorum *Regesta* 892.

2 honor v. onus.

honorabilis [CL]

1 honorific, conferring honour.

honorificus, honorus, ~is OSB. GLOUC. *Deriv.* 277; ne aliquid de suo ~i tenemento amittat GLANV. IX 11; THORNE 1772 (v. destitutio 1b).

2 worthy of honour or respect: **a** (of person); **b** (in title or address); **c** (of thing or abstr.).

a multae gravitatis ac veritatis vir et ob id .. omnibus ~is BEDE *HE* III 15 p. 157; **a800** ~es habeto famulos Christi ALCUIN *Ep.* 188; LANFR. *Const.* 143 (v. domus 6a); qui major natu et ~ior inter clericos habebatur EADMER *V. Osw.* 20; **c1388** ~es burgenses communitatis ville Beverlaci *Doc. Bev.* 17; **c1440** decanus .. est .. ~ior pars [*corr. to* persona] capituli *Stat. Linc.* II 279; ~ium antecessorum gesta .. ad memoriam reducentes *Plusc. pref.* p. 3. **b** **a713** dominae sanctae atque a Deo ~i Adolanae (ÆLFLED) *Ep. Bonif.* 8; excellenter ~i et honorabiliter excellenti regine .. Mathilde TURGOT *Marg. prol.*; pro ~i matrona domina Eva de Tracy AD. MARSH *Ep.* 15; **1468** ~ibus viris Adam Wallas [et al.] *ExchScot* 520. **c** ecclesia constructa .. cunctis ~iorem .. locum fecere BEDE *HE* III 2 p. 130; **1237** que .. secuta sunt .. quam gloriosa, quam ~ia fuerint .. mentem .. anime tue .. non latet (*Lit. Archiep. Constantin.*) M. PAR. *Maj.* III 449; AD. MARSH *Ep.* 59 (v. compositio 3); anachorita .. domat carnem .. et honorat ~em animam [ME: *hire wurðfule saule*] *AncrR* 45.

3 (w. ref. to appearance) handsome, beautiful.

vidit hominem ~em et mirae pulchritudinis *V. Cuthb.* I 4; equitem albis indutis vestimentis et ~em vultu BEDE *CuthbP* 2.

honorabilitas [LL], worthiness of respect.

Christinam plus amaret quantum dominica dies reliquis septimane feriis ~ate prestaret *V. Chris. Marky.* 41; honor componitur .. ~as OSB. GLOUC. *Deriv.* 271; honorificentia, ~as *Ib.* 277.

honorabiliter [CL], honourably, in a manner showing or producing honour; **b** (w. ref. to ritual or observance); **c** (w. ref. to burial); **d** (w. ref. to discharge of obligation); **e** (in phr., w. ref. to land tenure; *cf. honorifice* 2b, *honorificenter* b).

regno .. amabiliter atque ~iter gubernato ASSER *Alf.* 19; **1169** si ad Romam adire volueris, omnia necessaria ad viam .. tibi ~iter et sufficienter inveniam (*Lit. Regis*) WEND. I 58; **s1237** ut status regni et regis ~ius sustentaretur M. PAR. *Maj.* III 410; celerarius .. hospites curialiter tenetur recipere et in omnibus eis necessariis ~iter ministrare *Cust. Cant.* 122. **b** **747** ut ~iter observetur Dominica dies (*Clovesho*) *Conc. Hist.* III 361; adjuva nos, Deus, ut inchoata jejunia ~iter [AS: *worðlice*] recensentes .. assequamur *Rit. Durh.* 9; rex .. fecit eum .. ab .. archiepiscopo .. ~iter .. consecrari [abbatem] *Chr. Evesham* 88. **c** in Sciреburnan .. ~iter sepultus requiescit ASSER *Alf.* 19; eum .. ad sinistram altaris partem ~iter locaverunt M. PAR. *Maj.* I 417; **1372** beatum Thomam .. cujus corpus .. quiescit ~iter in eadem [ecclesia] (*Ch. Regis*) *Cant. Coll. Ox.* III 25. **d** **c1230** ad Pascha debet ~iter ova dare, sc. x ad minus *Doc. Bec* 41. **e** **1110** ut .. [terras] teneat sicut ipse abbas H. melius et ~ius et quietius tenet suas alias dominicas terras ELMH. *Cant.* 362 (= *Regesta* 944); **1200** quod .. eam teneant .. sicut unquam .. comes S. melius et liberius et ~ius .. tenuit *RChart* 52a; **12..** quod idem canonici habeant terram ita libere et quiete sicut aliqua elemosina domui religionis usquam liberius, purius, melius, et ~ius dari comprobatur *Reg. S. Thom. Dublin* 175.

honoranter, honorifically.

s1147 filium suum .. militie cingulo ~er accinxit *G. Steph.* II 109.

1 honorare [CL]

1 to make honourable, add to the prestige (of), bring honour (to).

1166 qui decanorum nomen .. ~astis, nunc .. pontificis illustratis officium J. SAL. *Ep.* 210 (191); **1409** (v. determinatio 4b).

2 to give honour (to), to honour (person); **b** (deity); **c** (thing). **d** (p. ppl.) honoured, respected.

a690 magnopere ~ando Ehfrido ALDH. *Ep.* 5; te spiritus almus / protegat .. honoret, amet ALCUIN *Carm.* 82. 4; EADMER *V. Dunst.* 3 (v. econtra 2a); illius [Alveve] causa reliquam ejus ~abat propinquitatem *V. Chris. Marky.* 5; receptus est ut decebat et super commilitones ~atus G. MON. V 9; [ecclesia triumphans] inter electos .. multos ~at quos ista [ecclesia militans] tamen .. ignorat GIR. *TH* III 31. **b** [Christum] non minus morte quam vita ~aturus GILDAS *EB* 73; nomen .. Patris constanter honorant FRITH. 1389; ÆTHELW. I 3 (v. devincere 1b); EDMUND *Spec. Relig.* 110 (v. honoratio 1a); BRADW. *CD* 17c (v. dulia). **c** ~anda .. ossa BEDE *HE* III 11 p. 148; Kalendas Januarias .. ~are EGB. *Pen.* 8. 4 (v. 2 causa 2d); ad ~andum sepulchrum Achilles TREVET *Troades* 18. **d** huic .. ~iorem locum .. ferculorum exeniis recompensans H. BOS. *Thom.* III 15; hec sciencia [theologie] .. est ~acior cunctis aliis WYCL. *Ver.* II 146.

3 (w. abl.) to honour (person or thing) w. something.

in quibus causis ouerseunessam suam quis amittit, dignis satisfactionibus ~etur (*Leg. Hen.* 36. 1b) *GAS* 566; ORD. VIT. III 2 (v. exenium d); Kaius .. herminio ~atus G. MON. IX 13; **s1086** Henricum .. armis militaribus ~avit FL. WORC. II 19; insula .. tribus pontibus ~ata H. ALBUS 5; **1177** (v. doarium); *Carm. Lew.* 297 (v. escaeta 1); **s1397** (v. dukettus); *Mir. Hen. VI* IV 148 (v. effigiare 1b).

2 honorare v. onerare.

honorarium [CL], fee.

habent vitia patronos suos, sed salario non .. digni ..; non debetur ~ium illis qui honore indigni sunt NECKAM *NR* II 157 p. 257.

honorate [CL], honourably.

honoro .. unde ~e .. et honoratorius .. OSB. GLOUC. *Deriv.* 270.

honoratio [LL]

1 honouring, showing of respect; **b** (w. obj. gen.).

donet nobis .. Deus ita eum honorare, ita nosipsos humiliare, ut propter nostram ~onem honorari, propter nostram dilectionem amari EDMUND *Spec. Relig.* 110; si ad proceres socialem ~onem .. servaveritis AD. MARSH *Ep.* 143 p. 274; **1253** omnis mea in hac parte .. nec contradictio est nec rebellio, sed filialis .. debita patri et matri ~o (*Lit. ad Papam*) GROS. *Ep.* 128; **1435** ~onis precipue suo domino *FormOx* 228. **b** de ~one religiosorum et sapientum (*tit.*) BACON V 48; de ~one virginis desponsande AD. MARSH *Ep.* 27.

2 appointment (in quot., to prebend).

1279 in ~one domini J. de K. in prebenda in ecclesia Ebor' *Reg. Ebor.* 255.

honorator, one who shows honour.

1442 quis sapienciarum ~or tam pius, sustentator tam efficax .. ? *EpAcOx* 217.

honoratorius, honouring.

~ius OSB. GLOUC. *Deriv.* 270 (v. honorate).

honorculus, small honour.

~us OSB. GLOUC. *Deriv.* 270 (v. 1 honor 1a); *wyrshipe*, honor, honoriculus *CathA.*

honoricare v. honorificare 2a.

honorificabilis, that can be honoured.

~is et honorificabiliter OSB. GLOUC. *Deriv.* 271.

honorificabiliter, with honour.

OSB. GLOUC. *Deriv.* 271 (v. honorificabilis); rex ~iter parliamentum .. conveniebat FAVENT 22.

honorificabilitudinitas, such quality as deserves honour. (*Cf. Jan.*: hec ~as, -tatis, et hec est longissima dictio, ut patet sc. in hoc versu: 'fulget honorificabilitudinitatibus iste').

plenus honorificabilitudinitatibus esto J. BATH 279 (cf. GERV. MELKLEY *AV* 210).

honorificare [LL]

1 to make honourable, add to the prestige (of), bring honour (to).

799 non ut divinitatis natura verteretur in humanitatem, sed .. non diminuta est divinitas sed ~ata humanitas ALCUIN *Ep.* 166 p. 273; **1167** ascripti fidelibus qui pro justicia patientes ~averunt ministerium suum [cf. *Rom.* xi 13] J. SAL. *Ep.* 204 (214); **1281** quid mali facimus, si ministerium nostrum ~are nitimur quod non cessant adversarii .. depravare PECKHAM *Ep.* 192.

2 to give honour (to), to honour (person); **b** (in heaven); **c** (deity).

honorificus .. unde honorifice .. honorabilitas et ~o .. OSB. GLOUC. *Deriv.* 271; ministri illum reputabant pro militum socio; milites vero eum †honoricando [MS: honorificando] quandoque alloquebantur pro ministro R. COLD. *Cuthb.* 82 p. 17; qualiter eum rex Francorum et nobiles .. ~averint, qualiter ipse .. eos .. dicere non sufficio W. FITZST. *Thom.* 20; **1199** quod .. ecclesiam .. in usus convertant proprios, salva tamen decenti et ~ata administratione ejusdem *RChart* 21b; in mundanis et transitoriis regem ~abat GIR. *GE* II 38; **1332** [rex] ecclesiam nostram ~ans .. ad cameram nostram voluit declinare *Lit. Cant.* I 497; **s1399** [regem Ricardum] nutrivit, vestivit et ~avit usque ad mortem *Plusc.* X 14 (cf. FORDUN *Cont.* XV 11: regifice quoad statum honoratus). **b** quantos .. nunc quisque verbo vel exemplo suo erudit ad vitam, pro tantis tunc in perceptione vitae gloriosior apparens ~abitur BEDE *Ezra* 915; **795** [Deus] te ~et in aeternum ALCUIN *Ep.* 45. **c 796** ut in omni conversatione vitae ~etur deus Christus ALCUIN *Ep.* 104; ut unanimes .. Deum ~emus [cf. *Rom.* xv 6] (TYSS.) *Ziz.* 135; *to wirshipe* .. decusare, .. honorare, ~are *CathA.*

honorificatio [LL], honouring, honour.

gens [Cantuarie] .. conscientiam .. antique nobilitatis spirans et ad ~onem et hospitium cujuslibet pronior W. MALM. *GP prol.* p. 3.

honorifice [CL]

1 reverently, solemnly (esp. w. ref. to ceremonial). **b** (w. divine agent) in a manner conferring honour. **c** (w. ref. to victory) honourably.

801 si .. ad .. regem pervenias, ammone socios tuos .. ut ~e se observent in omni relegione sancta, in vestimentis, et in ordine ecclesiastico ALCUIN *Ep.* 230; per quod .. [cymbalum] .. multa signa .. facta sunt, et manet ~e in civitate S. Declani *VSH* (*Declan* 10) II 39; annunciatio S. Marie .. ~e celebretur *Cust. Norw.* 21. **b 749** (12c) dum .. mihi .. Deus .. sceptra regiminis ~e largitus est *CS* 178; vexillum .. quod inclinando se ~e circundedit fimbriis propriis inpregnatum ÆLF. *Æthelwold* 2; agmen .. armatum mirificae crucis vexillo signatum ~e BYRHT. *V. Ecgwini* 383. **c** Christiani victoriam ~e tenuerunt ASSER *Alf.* 5.

2 fittingly, in an adequate and suitable manner: **a** (w. ref. to entertainment or other obligation); **b** (in phr., w. ref. to holding of land; *cf. honorabiliter* e, *honorificenter* b); **c** (w. ref. to decent burial).

~e ab eis .. susceptus est BEDE *HE* V 22; cum .. a Latino rege .. ~e receptus esset G. MON. I 3; tres wiste possessor quarum .. debet .. in promptu habere equum .. talem quem abbas .. possit ~e equitare *Chr. Battle* 19v.; **1190** si decanus .. per aliquam prebendarum transitum fecerit .. debet ei hospicium a canonico cujus fuerit prebenda per unam noctem ~e exhiberi *Stat. Lichf.* 24; a clero loci illius ~e juxta modulum facultatis exhibitus GIR. *EH* I 2; **1208** (v. effortiate); **a1254** provideantur a priore suppriori ~e de caseo in conventu ad magnum prandium *Ord. Ely* 2; **1296** sustentabit patrem et matrem ~e pro posse suo *Hal. Durh.* 9; **s1327** (v. conducere 1c); **s1460** rex .. ~e reductus, in pallacio episcopi hospitatus est *Compilatio* 169. **b a1071** ut bene et quiete et libere et ~e .. illud [manerium] habeant *Regesta* p. 120; **1121** ut bene et quiete et ~e [terras] teneat cum saca et soca *MonA* I 308a (= *Regesta* 1249). **c** quem .. ~e sepelivit BEDE *HE* IV 22 p. 250; **s1449** Matheus G. .. ~e sepelitur *Chr. Hen. VI & Ed. IV* 151.

honorificens

1 a (of person) worthy of honour, honourable. **b** (of thing) conferring honour.

a seniori .. quidam ~entissimus in visu adstitit GOSC. *Transl. Aug.* 26A; aderat ~entissimus abbas *Id. Transl. Mild.* 31; haec .. memoriae tuae, ~entissime abba, .. condidimus *Id. V. Iv. prol.* 82A. **b s1182** rex .. dedit dona plura et ~entia .. hominibus ducis *G. Hen. II* 288.

2 magnificent.

Constantinus .. ~entissimas basilicas fecit *NLA* II 17 (*Helena*); **s1414** dum in ~entissima domo sua Kinnelworth degeret REDMAN *Hen. V* 24.

honorificenter, reverently, solemnly, fittingly. **b** (w. ref. to holding of land or privilege; *cf. honorabiliter* e, *honorifice* 2b).

[in Natalis Domini vigilia] ut ~ius agatur, duo simul cantent *RegulC* 31; corpus a sepulchro elevari et ~ius in feretro .. transferri *NLA* II 698 (*Fremund*). **b c1180** quiete, plene, et honorifice sicud ego umquam melius et quietius .. et ~ius tenui *Cart. Beauchamp* 310; **a1184** sicut antecessores .. ansum suum liberius et ~ius habuerunt *BBC* 205 (*Aberdeen*); **1542** ~ius, bene, et pacificentius .. datur *Form. S. Andr.* II 212.

honorificentia [LL]

1 honour, respect; **b** (as form of address).

cum omni ~ia nominandus pater et sacerdos BEDE *HE* V 22 p. 346; cur fraudor ~ia mortalium qui magnificor consortio celestium spirituum? W. MALM. *GP* II 75 p. 164; **1227** privilegium sedis apostolice cui canones omnem servari ~iam voluerunt *Mon. Hib. & Scot.* 27a; mutue societatis et ~ie cultus *Cust. Westm.* 37; salva ~ia que illis debetur hominibus BACON *Maj.* III 17; **c1266** nec .. delacionis et ~ie animum deponentes excellenciam vestram monemus .. quatinus .. (*Lit. O. Cardinalis*) *EHR* XV 118; **1295** episcopos .. honeste prosequens et ~ia condigna pertractans *Reg. Carl.* I 48; **1327** prior et capitulum neqeunt .. juxta ipsius ecclesie ~iam suis necessitatibus providere *Lit. Cant.* I 245; sic ad papam transferre videntur ~iam Creatoris OCKHAM *Pol.* I 214; ut in vobis voluptatis insolencia refrenetur, castitatis redolencia reparetur, communitatis ~ia augmentetur BRINTON *Serm.* 13 p. 50. **b** hanc nostri .. opusculi praefationem vestrae in Domino beatae ~iae dedicamus [ad Carolum imperatorem] ALCUIN *Ep.* 306.

2 (mark of) esteem (esp. w. ref. to reception or entertainment). **b** (w. ref. to ritual) solemnity, reverence.

debita .. a pontifice Romano .. exceptus ~ia DOMINIC *V. Ecgwini* I 7; querebantur non eum ante .. cum quanta debuerant ~ia suscepisse H. CANTOR f. 22; adventui regis Angli occurrerunt ipsumque tam ~ia monasteriali quam secularibus officiis sublimaverunt ORD. VIT. IV 4 p. 178; **1189** ut vos ~ia que tantum virum deceat possimus suscipere et per terram nostram plenius honorare (*Lit. Regis*) *Ep. Cant.* 311; regem Francie, generis eximii pretiosis .. gazis expositis, gratia ~ie .. compulit eligere sibi potiora *Itin. Ric.* II 24; a .. papa .. in gratia specialis ~ie est susceptus AD. MARSH *Ep.* 213; receptus .. a rege .. in omni ~ia et laude *G. Hen. V* 17. **b** ut nova ejus [alleluiae] repetitio majorem .. paschalibus sollemniis ~iam reddat et splendorem BEDE *Hom.* II 16. 185; ob tantae festivitatis ~iam *RegulC* 32; pontificalia .. Christi indumenta .. tota arte deflorabat et ~ia GOSC. *Edith* 69; hiis si laudabiliter vixissent propensiorem [funeris] sciebat deferri ~iam AD. EYNS. *Hug.* V 1 p. 77; [corpus Ædmundi] pristino cum summa ~ia reponitur in loco SAMSON *Mir. Edm.* I 5; in capis sericis et aliis que processionis requirunt ~iam W. SAY *Lib. Reg. Cap.* 107.

3 honourable rank or attainment.

alii in urbe regnant secundum varias ~ias, ut puta quia nobiles aut quia litterati .. LIV. *Hen. V* 313.

4 due or privilege.

1207 nobis complacuit hanc tibi ~iam reservare, ut monachi Cant' regium postularent assensum (*Lit. Papae*) GERV. CANT. I app. lxxiii; **1235** salva .. sepultura mortuorum .. et ~iis que matrici ecclesie debentur a capella *Reg. Linc.* 40.

honorificus [CL]

1 showing or conferring honour; **b** (of person).

corpus ~o agmine .. defertur ad urbem BEDE *HE* I 21 p. 41; **1268** crucibus ~is quas archiepiscopi coram se faciunt deportari *Cl* 15; **c1390** vestri hospicii ~i janua eisdem est aperta *FormOx* I 235. **b** sobrius est, modestus et pius, .. et bonis ~us MAP *NC* V 6 f. 69; clemens, misericors .. in omnibus ~us, omnium bonorum .. effusor *Eul. Hist.* I 344; *Hist. Durh.* 137 (v. 3 infra).

2 honoured.

a confratribus ~is B. et R., ut erant columnae monasterii insignes GOSC. *Transl. Mild.* 14; tu .. altus et ~us coram Deo et hominibus .. eris *VSH* (*Declan* 5) II 37.

3 (?) ostentatious.

in equitatu .. et familia erat ~us, viros diligens habere in familia et non pueros GRAYSTANES 36 (*but* cf. *Hist. Durh.* 137: ~os viros diligens habere et non pueros).

honorium [cf. DuC], honour, estate.

1548 (v. 1 honor 6b).

honorosus

1 showing or conferring honour or (?) *f. l.*

1498 si .. executoribus meis .. videbitur quod exequie tales erunt multum ~e [? l. onerose] aliquibus locis, et quod parum feci pro eis .. volo quod commutent .. exequias in numerum missarum (*Test.*) *BB Exch* 679.

2 honoured or worthy of honour.

s1391 ut .. pax stabilior .. tractatus ~ior habeatur .. WALS. *HA* II 199.

honorus [CL]

1 conferring or producing honour or respect.

rex quoque praesulibus latria servibat honora FRITH. 531; ne discessio properantior opinionem pariat minus ~am W. POIT. I 45; officium in regia ~um, sed onerosum H. BOS. *Thom.* II 8.

2 (of person) worthy of honour.

mercator copiosus et ~us GOSC. *Transl Mild.* 22 p. 186; cliens lepidus, liber, discretus, honorus D. BEC. 2477; eos quos apud se superna divinitas in celis ~os, congruum est ut humana infirmitas ducat in terris commendabiles *Canon. G. Sempr.* 114v.

honos v. 1 honor. **honus** v. onus. **hoopa** v. 3 hopa.

1 hopa [ME *hope*]

1 'hope', piece of enclosed marshland (S. Eng.).

c1200 unam ~am marisci in villa de Westilleberie, que ~a jacet in extrema ~arum mearum versus orientalem que vocantur *landhope* extendentem versus austrum a hopo (*sic*) Levenoth (*MS Merton Coll.* 1259 [*Essex*]) *OED* s. v. *hope*; **1222** [tenet] unam ~am de marisco pro ij sol. *Dom. S. Paul.* 60 (*Essex*); **1250** totum pratum quod vocatur Rissemad cum hoppiis ad .. pratum pertinentibus *AncD* A 2634 (*Middx*); **1351** wallia modo vocata Prioressewalle .. cum una ~a adjacente *Pub. Works* I 59 (*Stratford, Essex*); **1389** duas hoppas jacentes juxta le Curtmersh' *AncD* D 879 (*Kent*); **1443** illa wallea cum ~is et fossatis .. vocata Galyoneshope in marisco .. de Berkyng *Cl* 293 m. 14*d.* (cf. *AncD* C 4673 [**1488**]); **1446** ij ~is marisci vocatis Esthopys in .. villa de Estilbery *Cl* 296 m. 5*d.*

2 blind valley, pasture (Northumb).

1326 Tyrset' in Tyndale .. est ibidem quedam ~a que vocatur Tyrsethop que valuit tempore pacis per annum in herbagio xxvj li. .. *IPM* 97/2 m. 2; **1330** medietatem cujusdam ~e .. que vocatur Waynhope, que ~a ad ix li. [extenditur] *Cl* 149 m. 25; **1373** medietas .. cujusdam pasture vocate Brechenshop' .. xvj ~arum, ij scalingarum [etc.] *Pat* 288 m. 14.

2 hopa, ~um [ME *hop*; *form* hepa, ~um (?) *by conf. w.* ME *hep*], dry measure; **b** (for salt). *Cf. ringa.*

1107 constituo .. exennium .. de Stoke unum hepum avene *Reg. Roff. Ep.* f. 132 (= *Reg. Roff.* 6: de Stokes xvj summas et j ~um avene); **1209** summa [avene]: ccxlviij quarteria dimidium, j estricum, j ~a *Pipe Wint.* 7; **1222** Matill' .. tenet x acras et debet j stricam avene... Robertus .. v acras et debet j hoppam *Dom. S. Paul.* 17; **1234** recepit .. de frumento misericordie lxxiij summas et ij hopfas; curall' vij summas vij hopf' *Cust. Glast.* 6; **1243** [dabunt] .. vj d. et j ~am avene ad festum S. Michaelis *CurR* XVII 1329; **1260** bordarii .. [reddunt] .. ix hop' fabarum .. villata de Y. tenetur reddere x hop' siliginis (*Cust. Otterton*) *Mon. Exon.* 256a; **1267** (v. granarium 4b); **1275** subballivus cepit .. xij d. et hopham avene ad removendum ipsum de jurata *Hund.* I 465a; **c1282** de .. j ~a frumenti de chirseto *RB Worc.* 375; **1292** debet habere

de frumento, ordeo, et avena j hepam de xj garbis de quolibet blado *RentSurvR* 675; **1293** cxxiiij hopp' farine avene *IPM* 64/16 (*Wales*); **1310** vij hoppe de avena, de *vesse*, de pisis [etc.] *Reg. S. Aug.* 204; **1316** in v bussellis dim., ij ~is frumenti emptis *Cart. Glam.* 840; **1352** de exitu j meie plene in grangia .. xxxv quart., iij estr', j hop' *Comp. Worc.* I 68; **1368** de .. hepo (v. granarium 4b); **1376** si colligant stipulam pro uno opere debent colligere viij upas, ita quod .. upa contineat x garbas *IMisc* 208/4 (*Dors*). **b 1173** pro lv ~is de sale *Pipe* 188; **1174** pro xxxij hoppis salis *Pipe* 8; **1296** cepit unam salinam, redd' p. a. xxx hop' salis *Hal. Durh.* 2.

3 hopa [ME *hop*], circular band, hoop; **b** (for mill). **c** dog collar.

1311 carrette: .. fabro pro ~is, *gropes*, et *dynelegges* faciendis de dicto ferro *MinAc* 875/7 (cf. ib.: ad *hopis* et *gropes*); **1335** in ligno pro ~is pro doleis cervisie *Comp. Swith.* 231; **1342** in j magno hop' pro plumbo .. in ij *barelhopes Sacr. Ely* II 117; **1350** in juncturis, *stapils*, hupis, [etc.] pro fonte infra abbathiam .. de proprio ferro *Ac. Durh.* 550; **1350** in ~is cum superposicione pro vasis ligneis ligandis vj d. *Rec. Elton* 357; **1352** in stipendio fabri pro ij ~is faciendis ad j civeram iij d. *Ib.* 371; **1351** in iij hoopis ferreis emptis pro rotis *Econ. Condit.* app. 61; **1368** in .. ij aliis paribus rotarum fretandis, cum hop' emptis ad idem *Ac. Man. Cant.* (*Ebony*). **b 1320** in ~a ferrea empta pro axe [molendini] *KRAc* 482/1 m. 5*d*.; **1324** in fusillo .. et ~is pro capite axis ejusdem molendini emendandis *MinAc* 1148/6; **1327** pro reparacione ~e axis exterioris .. et .. ~e interioris capitis axis *Ac. Sheriffs* 14/12; **1333** in j hop' ad .. molendinum cum clavis et bordis *LTRMem* 105 m. 194; **1342** pro .. j ~a ad circuend' molar' *MinAc* 1091/6 m. 2; **c** pecoris tinnitum et canis hoppa [v. l. oppa] (*Quad.*) *GAS* 194 (cf. circularium).

hopatio [cf. 3 hopa], hooping.

1440 pro divisione j pipe et ~one cadorum factorum ex ea *Cant. Coll. Ox.* II 155.

hopellus [cf. 1 hopa], little 'hope'.

1339 de parvis particulis pasture de *les fennys*, viz. .. Gangereshope, Michelefen, Crokedhope .. cum quodam parvo ~o adjacente *Cl* 164 m. 31*d*. (*W. Thurrock, Essex*).

hopettus [cf. 1 hopa], 'hoppet', paddock.

1257 ~us (*W. Thurrock, Essex*) *MFG*; **1463** hopeta pasture *AncD* C 5646 (*Kent*); **1539** cum reversione j hoppeti prati *Entries* 132.

hopfa, hopha v. 2 hopa.

hopilandum, ~a [ME *hopeland*], houppeland, loose belted overgown.

1400 ij hopilanda, unum sanguinei et aliud viridis coloris, furrata cum griseo *Pat* 359 m. 4; **1418** lego meam hoplandam et armilausam .. E. .. filie mee *Reg. Heref.* 44.

hoplanda v. hopilandum.

hoplomachus [CL < ὁπλομάχος], heavily armed gladiator.

mors lares omnium furtim ingreditur, / .. / sed non opplomatus parma defenditur WALT. WIMB. *Sim.* 184.

hoppa v. 1, 2 & 3 hopa. **hoppetus** v. hopettus. **hoppia** v. 1 hopa. **hopum** v. 1 & 2 hopa.

hoquetus [OF *hoquet*]

1 (mus.) 'hocket', breaking of melody by means of rests.

copula .. fit in abscisione sonorum aut sumendo tempus post tempus .. et aliqui vocant oquetum modum istum GARL. *Mus. Mens.* P 15; quidam Parisienses fecerunt et adhuc faciunt de 'In seculum' *le hoket* Gallice .. et talis pausatio .. semis pausatio dicitur *Mens. & Disc.* (*Anon. IV*) 61; alia .. discantus species est cum littera vel sine littera in qua, dum unus cantat, alter tacet, et e contrario; et hujusmodi cantus truncatus dicitur a rei convenientia, qui et ~us dicitur ODINGTON *Mus.* 140; de ~is *Ib.* 144 *tit.*; hoketi omnes HAUDLO 402 (v. ballada); hoketus HAUBOYS 404b (v. discantus).

2 (leg.) quibble, hitch.

1286 propter hokettum de *tort* propter quod de consuetudine Oleronis incidebant in gagium v s. parti et lx s. nobis *RGasc* IV 5135 p. 13; **1312** procuratores nostri .. causam ducunt per cavillaciones, subterfugia et hoketos *Ib.* 218.

1 hora [CL]

1 one of twelve equal parts of day (from sunrise to sunset) or night (from sunset to sunrise), an unequal hour subject to seasonal variation.

~a duodecima pars diei est, siquidem xij ~ae diem complent, Domino attestante BEDE *TR* 3 p. 182; si omnes anni dies duodenis ~is putentur, aestivos necesse est dies longioribus, brumales vero brevioribus ~is includi *Ib.*; NECKAM *NR* I 10, BACON VI 47 (v. 1 dies 1b); GERV. TILB. I 5 (v. artificialis 2a); BACON VI 45 (v. 2 infra).

2 one of twenty-four equal parts of day, usu. reckoned from midnight or midday (sts. w. *aequalis, naturalis*, or sim.); **b** (reckoned from sunrise or sunset).

Paulus .. quater senas in fundo maris profundo sospes transegit ~as ALDH. *VirgP* 24 (cf. *2 Cor.* xi 25: nocte et die in profundo maris fui); BEDE *TR* 5 etc. (v. 1 dies 2a); *GlC* C 477, R. NIGER *Chr. II* 150 (v. clepsydra a); ADEL. *Elk.* 2 (v. dakaica); GERV. TILB. I 5 (v. artificialis 2a); **c1250** BRACTON 264 (v. artificialis 2b); dies .. omnis naturalis dicitur continere xxiiij ~as. sunt autem ~e quedam equales dicte, quedam vero inequales. ~e equales dicuntur esse partes diei naturalis, que dicuntur equales eo quod omnes ~e sue diei determinant equale spacium temporis, sc. xxiiij partem diei naturalis BACON VI 45. **b** BALSH. *AD rec. 2* 176 (v. 1 dies 2a).

3 particular point of time, reckoned in unequal hours from sunrise or sunset.

eadem ~a noctis qua .. viderat visionem *V. Cuthb.* I 5; prima ~a noctis BEDE *HE* II 12; in secunda noctis ~a G. MON. I 7; a nona ~a Sabbati *DB* I 263 (v. 1 dies 5c); **11..** a nona diei Sabbati usque ad ~am primam diei Lunae (*Ch.*) *EHR* XVI 99; circa ~am primam illucescentis sabbati COGGESH. *Visio* 13; **1221** non potuerunt aliquid invenire vendendum circa ~am primam *SlPlCrown* 89 (cf. ib.: non possunt emere cibum suum ante ~am terciam).

4 particular point of time, reckoned in equal hours from midnight or midday; **b** (*~a de clok*).

1221 hoc factum fuit ~a meridiei *PlCrGlouc* 79; **1246** circa ~am meridianam *SelPlForest* 82; non citra ~am primam post nonam diei Dominice sequentis *G. Hen. V* 8; nocte sequenti ~a secunda post medium silentium *Ib.* 25; **s1445** campanile S. Pauli London' cremavit ab ~a tercia post nonam usque ad ~am novenam *Chr. Hen. VI & Ed. IV* 149; **c1565** ab ~a prima pomeridiana usque ad secundam .. *StatOx* 379; **1584** ante septimam ~am meridianam diei Saturni *Ib.* 436. **b** ostendit per altitudinem solis et umbram hominis .. que sit ~a *de clok* et quantum minutum omni tempore diei artificialis N. LYNN *Kal.* 61; ~e *de clok* in occasu ELVEDEN *Cal.* 5.

5 approximate point of time, designated by regular event or circumstance. **b** (*ad ~am*) at the proper time, promptly.

~am cenae ALCUIN *WillP* 31 (v. epotare b); postera die, appropinquante ~a accessionis [sc. tertiane febris], cum jam inciperet caro horrescere quasi ex frigore *Canon. G. Sempr.* 147; **1271** circa ~am cubacionis *RCoron* 1 r. 6*d*.; **1279** ad noctem ~a *corfu* venerunt ad domum *Hund. Highworth* 118; **1281** incipient ad ~am qua boves junguntur et cessabunt quando disjunguntur *CoramR* 60 r. 33; **1283** ~a comedendi *Cust. Battle* 28; **1297** circa ~am ignitegii *SelCCoron* 88; ~a .. comedendi J. MIRFIELD *Flor.* 148. **b 1296** si quis .. audito signo hore nondum collo suo stolam imposuerit, .. debet .. in chorum ad ~am ire *Obs. Barnwell* 86.

6 one hour's duration, a short but not necessarily exact period. **b** (*ad ~am*) for a short time, temporarily.

qui quondam ccc homines una ~a in rapaces gurgitum vortices traxisse .. narrantur *Lib. Monstr.* II 9; transacto quasi dimidiae ~ae spatio BEDE *HE* IV 3; si unius ~ae intervallo illa infirimitas seposita fuerat .. ASSER *Alf.* 74; quater .. vigenis / decubuit horis FRITH. 1241; quos .. natura texuit / nexos armonicos in hora dissuit WALT. WIMB. *Sim.* 136; langor diei unius, infirmitas ~e [ME: *an stunde*] *AncrR* 65. **b** ne status ecclesiae .. vel ad ~am pastore destitutus vacillare inciperet BEDE *HE* II 4; **c798** omeliam S. Leonis .. deprecor ut ad ~am prestes nobis ALCUIN *Ep.* 191; se illa .. correcturum solummodo imminentem sibi mortem .. ad ~am Deus avertat Deo .. promittit EADMER *V. Dunst.* 10; **s1103** *Id. HN* 184 (v. elongare 4b); ego excommunicationi nec ad ~am subjacere aliquatenus volo W. MALM. *GP* III 120 p. 261; **1168** ipse .. frequentissime contempnit talia, etsi interdum, sed ad ~am, non possit non moveri J. SAL. *Ep.* 248 (245); nos ipsi veraces erimus, etsi displiceamus ad ~am MAP *NC* I 10 f. 8v.; liberando nos ab istis bestiis que manent in stagno illo et cum ad ~am currunt in terram .. homines .. occidunt *VSH* (*Abbanus* 16) I 13; **s1236** ne exorta contentione letitia nuptialis nubilaretur, salvo cujuslibet jure multa ad ~am perpessa sunt que in tempore oportuno fuerant determinanda M. PAR. *Maj* III 338; **s1349** (v. distemperare 2a); **s1386** evolutis .. xviij diebus ut negocium tam arduum .. videretur quasi oblivioni fore datum, et quod ulterius nullus ad ~am opponeret manus .. THORNE 2184.

7 (eccl.) time of day appointed for divine service, one of seven canonical hours; **b** (dist. as nocturn or mattins or lauds, prime, terce, sext, none, vespers, compline); **c** (dist. as *magna* or *major*, or *minor*); **d** (*~ae S. Mariae* or sim.); **e** (*~ae S. Trinitatis*).

canonicos cum fratribus ymnos ~a competente complevit BEDE *CuthbP* 5 p. 190; **738** presbiter et .. diaconus .. spiritales ~as et cursum ecclesias custodiant BONIF. *Ep.* 40; **747** ut vij canonicae orationum diei et noctis ~ae .. cum psalmodia et cantilena sibimet convenienti observantur (*Clovesho*) *Conc. HS* III 367; **813** etc. (v. canonicus 2c); ~as divinas et nocturnas celebrare ASSER *Alf.* 76; si signum regularis ~ae sonuerit LANFR. *Const.* 161; fratres in viam directi cum ~am regularem dicunt .. genua flectant *Ib.* 162; diurnales ~as ad laudem Dei ex debito modulabantur ORD. VIT. XII 25 p. 408; **s1137** diatim ~is decantatis J. WORC. 41; oratorium ingressus picture .. vacabat, ~as regulares quasi aconitum fugiebat R. NIGER *Chr. II* 169; **1192** assiduus ad ~as ecclesiasticas (*Stat. S. Paul.*) DICETO II lxxii; **s1213** archiepiscopus indulsit .. ut ~as canonicas in ecclesiis suis .. suppressa voce cantarent WEND. II 83; sunt ~e reales sicut ~e vocales septem .. magis tenemur ad ~as reales quam ad ~as vocales T. CHOBHAM *Conf.* 125; per illas septem ~as diei quas cantas in monasterio vel ecclesia *Spec. Eccl.* 19; **1291** quicunque venerit ad matutinas post 'Gloria Patri' psalmi qui dicitur 'Venite' completum perdat ~am illam *Stat. Linc.* II 115; de ~is male dictis [ME: *of ures mis iseide*] absque cordis attencione vel tempore incompetente *AncrR* 132; **a1381** habent lumen diei pro ~is canonicis dicendis *Pri. Cold.* 54; **1545** (v. divinus 4). **b** ut verba symboli matutinis .. ~is .. decantent BEDE *Egb.* 5; nondum cantavimus ~am sextam W. MALM. *GR* III 303. generalia officia ut ~e, vespere et completorium et misse quedam BELETH *RDO* 18. 31; nota quod nocturna, nocturne pro ~a dicitur, nocturni, nocturnorum, pro ipso officio *Ib.* 20.32; **1206** ad ~am completorii (v. completorium); cum .. venissemus illa nocte ad ~as matutinas, .. BRAKELOND f. 153; ante ~am terciarum *Arch. Bridgew.* 10; statim post ~am nonam decantatam *Obs. Barnwell* 140; **s1271** eratque dies Jovis . et ~a vesperarum W. GUISB. 208; **1351** oracio principalis que fuerat ad laudes et ~as dicatur eciam ad nocturnum *G. S. Alb.* II 42; **1393** die septima mensis Novembris, ~a terciarum vel quasi .. *Reg. Heref.* 55; quod nullus regrator vendat poletriam vel alia victualia ante ~am prime *MGL* I 250; **1586** ~ae matutinales cantarentur *Scot. Grey Friars* II 175. **c 1309** impunitas .. quam concessimus in majoribus et minoribus ~is sic accipienda est, quod ita poterit majores perdere si omnibus aliis tam majoribus quam minoribus contigerit eum interesse *Stat. Linc.* II 148; **1472** vicarii pretendunt omni die impune se absentare a magna ~a seu duabus ~is minoribus et eciam absentant se a matutinis *Fabr. York* 251. **d** ~is que S. Marie ex ordine .. decantatis T. MARLB. *Ecgwine* 53; **1269** singulis diebus feriatis dicant matutinas in aurora et postea .. adeant scholas theologie .. et reversi dicant ~as de beata Virgine coram altari ejusdem (*Fundatio domus S. Eadmunde*) *Ch. Sal.* 348; **1293** matutinales ~as de beata Virgine persolvatis omni devocione, ac si nativitati interessetis Jesu Christi, que facta creditur illa ~a *Meaux* II 197; peracto leccionis vel laboris intervallo, ceteras ~as diei b. Virginis debito modo pro temporis qualitate persolvatis *Ib.* 200; ut in capello Virginis .. tam matutine quam vespere et alie ~e de eadem quotidie cantarentur AD. MUR. *Chr.* 56*n*.; **s1095** ut ~e de beata Virgine cotidie dicerentur et ejus oficium fieret diebus sabbatinis HIGD. VII 5 p. 324; quod [rex] nostre Domine cotidie ~as dicat *Plusc.* VII 18 (= FORDUN *Cont.* X 61: quod .. rex legat quotidie ~as beate Virginis); **1534** cum dispensatione non dicendi ~as beate Marie aut vii psalmos penitentiales nisi privatim (*Vis. Worc.*) *EHR* XLI 421. **e 1415** novum psalterium meum in quo sunt matutine et ~e S. Trinitatis ac de comuni angelorum .. et BMV necnon passionis Domini *Reg. Cant.* II 68.

8 (leg.): **a** (*~a causarum*) time reserved for hearing cases. **b** (*ad ~am* or *in una ~a diei* or sim.) at an appointed time.

a 1341 loco .. solito mane ~a causarum *Stat. Linc.* II 242; **1504** proxima die juridica ~a causarum *Reg. Paisley* 62. **b 1200, 1219** (v. ad 3c); **1214** habebit aliam sectam sufficientem ad ~am et terminum *CurR* VII 164; **1220** terra capta fuit in manum domini regis et petita ad ~am *Ib.* VIII 242; **1220** dixit quod habuit inde warantum et illum habere ad ~am *Ib.* VIII 271; **1220** hoc optulit probare per corpus suum .. in j ~a diei *Ib.*; **1236** satis tempestive et ad ~am potest dedicere donum ante cyrographum factum *BNB* III 188; **1260** vadium suum in manu justiciarii porexit ut ad ~am unius diei *Cal. CourtR Chester* 17; congrediantur campiones et pugnent. et si appellans victus fuerit vel si appellatus se defenderit contra ipsum tota die usque ad horam qua stelle incipiunt apparere, tunc recedet appellatus quietus de appello, ex quo se obligavit appellans ad convincendum eum una ~a diei, quod quidem non fecit BRACTON 142.

9 (astr., w. ref. to casting of horoscope).

ADEL. *Elk.* 32 (v. horoscopicus); OSB. GLOUC. *Deriv.* 397 (v. horoscopium 1).

10 (unspec.) time, period. **b** season of year.

c802 festinat ~a divisionis inter fratres ALCUIN *Ep.* 252; tertio vero milliari, ~a egyptiaca, sicut nobis postmodum evenit, nisi divina nos defenderet clementia, omnes summersi essemus SÆWULF 833; **s1066** prelium consertum bellatumque .. in multam diei ~am W. MALM. *GR* III 242 (= M. PAR. *Maj.* I 541: in multa ~a diei); quandocumque potuit secreto furabatur orandi ~as *Canon. G. Sempr.* 42; in ipsa furoris ~a DEVIZES 33v. (v. devenire 3b); epistolis operam prebens cum ~a dabatur BRAKELOND 129v. (v. decretalis 2a); prosperitatis ~a *FormOx* 74 (v. disjungere 3b). **b 1237** homines [de Chalfgrave] dicunt quod juste paverunt pratum illud, quia tali ~a anni [sc. in septimana Paschatis] debent ipsi communam habere ibi cum [querentibus] *CurR* XVI 74; **1269** non est necesse in aliquo placito ponere horam facti in scripto nisi in placitis corone vel quando pax domini regis infringitur, ibi enim necesse est ponere locum et ~am anni *CBaron* 84; **1270** omnibus ~is anni (v. communicare 3).

11 moment in life. **b** (w. *ultimus* or sim.).

a952 incerta est ~a unicuique nostrum quando revertatur pulvis in pulverem *CS* 894; **957** (12c) sciat se reum omni ~a vite sue *CS* 994. **b** sicut latro in ~a ultima confessione unius momenti meruit esse in paradiso Theod. *Pen.* I 8. 5; usque sub extremem vitae .. horam Frith. 1035.

2 hora v. ora.

horacudium v. horicudium.

horalis [LL]

1 lasting an hour. **b** (?) limited by time.

post ~e spacium, .. repperit .. puellulam *Mir. Hen. VI* V 156. **b** tunc est dare unum motum ~em compositum ex mutationibus indivisibilibus Wycl. *Univ.* 311.

2 of the canonical hours.

hymni vel reponsoria ~ia *Brev. Ebor.* I 281.

horalog- v. horolog-.

horaneus [cf. CL hora + -aneus; cf. momentaneus, temporaneus], temporary.

fratres .. vulpina suggestione impetraverunt elemosynam prefatam, tamen ~eam, in perpetuum sibi concedi *G. S. Alb.* I 387.

horanus v. uranus.

horarius

1 lasting (only) an hour, short-lived.

tunc eternam ac non potius ~iam vitam accipit Pull. *Sent.* 722D; quare sicut in futuro sancta voluptas invenietur perpetua, ita modo brevis est et ~ia *Ib.* 937D; ~ia literarum illa meditatio potius quam continua; multiplici versuum numero quo claustrali potuit non potuit respondere curiali L. Durh. *Hypog. prol.* 63.; hi .. in Brittania degentes .. neminem qui eis .. resisteret aut juridictioni [*sic* MS] eorum perfunctorie vel orarie contradiceret invenerunt *Chr. Abingd.* I 4; in hac .. vita quelibet dignitas, id est quantelibet dignitatis persona regnum affectans nubem tantum meretur, id est ~iam regni similitudinem Alb. Lond. *DG* 4. 6; quomodo .. iste appetitus beati beatitudine tam transitoria, vix ~ia aut momentanea, saciatur? Bradw. *CD* 106D.

2 marking the hour (on clock).

caveatur .. quod illa linea ~ia non transgrediatur primam lineam horarum Wallingf. *Alb.* 322.

3 (of prayer) said at the cannonical hour.

1520 officia quae vocant ~ia cotidie persolvo *Ep. Erasmi* IV 1061.

horatim, hourly.

expectantes ~im extremum diem et finem hujus seculi Colet *Ep.* 299.

horca v. 2 harta. **hordagium** v. hordarius. **hordare** v. hurdare.

hordaria, (mon., Winchester) hoarder's office or department.

c1270 hec sunt servicia debita .. Wint' episcopo per priorem S. Swithuni .. pro manerio de Drokenesford, quod est de ~ia, annuatim .. (*Cust.*) *Reg. Wint. 1282–1302* II 657; **1330** in j roba ad opus clerici ~ie empta *Comp. Swith.* 258; **1485** in expensis domus ~ie *Ib.* 297; **1533** in curialitate facta ministris ~ie et cocis coquine ad festum Natalis Domini *Ib.* 304.

hordarius [AS, ME *hordere*], steward, bailiff. **b** (mon., Winchester) 'hoarder', treasurer.

quicumque hordera [vv. ll. orderra, hordea, ordea] regis vel prepositus (*Quad.*) *GAS* 153; ut nemo cambiat sine testimonio prepositi vel sacerdotis vel ~ii [v. l. hordarie; AS: *hordere*s] (*Ib.*) *Ib.* 156; †**1246** (1393) cum hundredo forinseco de Axemynstr' et .. cum ix s. et x d. de gildo ~ii per annum apud Rouerigg' *Pat* 338 m. 18 (= *Pat* 504 m. 17 [**1462**]; cf. *ConfirmR* 9 m. 1 [**1486**], *Ib.* 34 m. 1 [**1510**, = *MonExon* 366]: de gildo †hordagii; cf. horderisgeldum). **b** **1176** ~io S. Suittuni quater xx m. *Pipe* 188; **1211** xx s. sunt super †hordarum [l. hordarium]; sed †hordorum [l. hordarius] jam quietus est .. de illis .. xx s. *Pipe Wint.* 116; **1238** Oliverus senescallus et ~ius [conventus S. Swithuni] *CurR* XVI 149B; **1239** pro obedionariis Wintonie ..: .. quod committant Henrico C. bailliam horderii, Henrico C. bailliam curtarii [etc.] *Cl* 158; domino ~io S. Swithuni Wyntonie Ad. Marsh *Ep.* 94; dedit .. domino G. le Noreys tunc ~io xl s. pro introitu *Cust. Bleadon* 210; **c1270, 1277** ordearii (v. cortarius); **1276** ~ius ministret de manerio de H. x li. *Reg. Wint.* 641; **1327** compotus fratris J. .. ~ii *Comp. Swith.* 253; **1533** de xx s. receptis de ~io domus notre .. ad sustentandum conductum aquarum *Ib.* 216.

hordea v. hordarius.

hordeaceus (ord-) [CL], of barley; **b** (w. ref. to malting or brewing); **c** (w. *panis*, also fig.).

ab 'horreo' .. hordeicius; invenimus hordeacius Osb. Glouc. *Deriv.* 270; **c1240** dim. celdram farine ordeacee *Reg. Aberbr.* I 209; non est plus substantia triticea quam ordeacea vel lapidea, sed sit magis apta ad recipiendum formam tritici quam lapidis M. Scot *Sol* 715; grani ordeacei Hauboys 422; **1500** ordeaceorum (v. bladum c). **b** **1173** pro brasio ordeacio *Pipe* 82; **1233** braesii ordeicii (v. bracium b); **1424** de brasio ordeicio *DC Cant. Malthall Ac.* X 5. **c** qui bene ordiacii [vv. ll. ordeacei, ordeacii] [panis] fuisse referuntur propter nimirum austeriora legis edicta et integumenta litterae grossiora quae interiorem spiritalis sensus quasi medullam celabant Bede *Hom.* II 2. 112; adsumpta ordeacei panis particula Felix *Guthl.* 30; cum grossiori pane vel ordeacio .. corpus .. sustentabat H. Albus 73; invenit .. panes ~eos duos appositos Gir. *GE* II 11; de quinque panibus ordeiceis et duobus piscibus Ad. Dore *Pictor* 158; contra famem audiendi verbum Dei panes non subcinericeos neque ~eos .. sed .. azymos .. paraverunt R. Bury *Phil.* 5. 76.

hordeatus, made w. barley. **b** (as sb. n.) infusion of barley.

valet .. cervisia ordeata defecata, non nova nec acetosa Gad. 33v. 2. **b** ordeato *Ib.* 10. 2 (v. avenatum); ordeatum sic fit: excorticetur ordeum .. et decoquatur in tantum quod caro vaccina esset decocta *Ib.* 22v. 2.

hordeicium v. hurditium. **hordeicius** v. hordeaceus.

hordeifer, producing barley.

urbem ita destruam ut magis si fenifera quam hordeifera [vv. ll. farrifera quam hordeifera, fenifera quam farrifera; Trevisa: *it schal bere mor hey þan corn*] Higd. IV 28 p. 176 (cf. Dominic *Mir. Virg.* 142vb: fenifera quam farrifera aut hominifera; *derived from unedited part of Vita S. Basilii* [cf. *BHL* 1022c], *where* hominifera *is the better reading*).

hordeolum [LL]

1 barley.

ab 'horreo' .. hoc hordeum .. eo quod spinis horreat, unde hoc ~um Osb. Glouc. *Deriv.* 270; *barly*, ordeum, ordeolum *CathA*.

2 stye on eyelid.

ordeolum est pustula in fine palpebre nata secundum formam grani ordei Gilb. III 142v. 1.

hordera v. hordarius.

horderisgeldum [AS *hordere* + *geld*], payment to bailiff (? made at hundred-court) (*cf. CurR* XVII 1462*n.* [**1243**]: ballivi .. hundredi solebant habere .. xij d. de *horderespeny* [*Wilts*]; *Hund.* I 66b [**1274**]: xviij d. .. de *hordereysyft* [*Devon*]).

1246 (1340) cum toto horderisgildo de Rouerege *Pat* 197 m. 33 (cf. ib. horderisguld'; = *MonExon* 362) (cf. hordarius a).

horderius v. hordarius.

hordesoca [AS *hord* + *socn*], tax levied by Peterborough Abbey.

a1128 Asward tenet xviij burgenses et theloneum de ~a pro c et xv s. .. Godricus tenet theloneum de grangia *Chr. Peterb.* app. 161.

hordeum (ord-) [CL]

1 barley; **b** (dist. as spring- or winter-sown); **c** (w. ref. to malting or brewing); **d** (? w. ref. to drunkenness or idle comfort).

~eum jussit adferri, si forte .. natura soli illius .. esset .. ut illius frugis ibi potius seges oriretur Bede *HE* IV 26 p. 272; reddunt iij sext' frumenti et ordei *DB* I 179vb (*Heref*); *MonA* IV 43b (v. elemosinarius 4a; = *Cart. Reading* 221); **a1148** viij acre .. quatuor de tritico, quatuor de ordeo *Doc. Theob.* 59; ordea frigida sunt, hepatis stomachique calorem / sumpta premunt Neckam *DS* VIII 11; **c1200** etc. (v. bussellus 2); granum ~ei vel siliginis Gir. *GE* I 8; **c1250** xi celdras avene et xxx et novem bollas orgei *FormOx* 479; **c1253** etc. (v. 2 coppa); **1275** ab eis petit panes integros, orgeum et avenam *CourtR Wakefield* I 50; **1344** homines regni nostri Anglie frumentum, ordeum, fabas, avenas .. ad inimicos nostros de Scotia ducunt *RScot* I 648b; **1447** unum *bushell* ordii *Test. Ebor.* II 130; farina ordei *Alph.* 7 (v. alphita); †*kicirdei*, i. ordeum fractum *Ib.* 88; ordium, *barlyche WW*. **b** **1211** lxv quar. .. ordei hiemalis *Crawley* 198; **1244** de ij quar. dim. ordei palm' vend' *Pipe Wint.* 159287 r. 10*d.*; **c1280** habebit pro predicto opere j acram ordei yemalis melioris .. vel acram ordei quadragesimalis *Crawley* 257; **1285** ordium yemal' .. ordium palm' *MinAc* 893/11 S 5*d.* (*Kent*); **1286** ordeum palmal' vel ordeum yem' *CoramR* 98 r. 19; **1312** de ordeo palmali .. de ordeo yemali (*Comp. Berthonarii*) *Arch. Cant.* LV 22; **1376** xxiiij quar. ordei palmal' vocat' *fermebere IPM* 257/12. **c** **1266** (v. bracium b); *G. S. Alb.* I 323 etc. (v. bracium a); **1368** cervicia pro prima nocte: j bus' frum' brassii, ordi *Gild Merch.* II 99 (*Guildford*); **1376** emit .. ordeum et inde fecit fieri braseum *Leet Norw.* 63; **1444** lego .. j cisternam ad ordium .. in *le stepehous Test. Ebor.* II 99; **1457** bras' ordii non moliti dcxx quar.; bras' ordii moliti xx quar. *Ac. Durh.* 636. **d** illum novissimum filiorum qui domi dormit in ordeo [*ed.*: '*who sleeps at home in clover!*'] Devizes f. 41v.

2 (w. *granum*) 'barleycorn', unit of length.

c1100 etc. (v. granum 5a); **1289** de v conquatis terre minus vij ordiis *RGasc* II 455.

3 (bot., ~*eum murinum*) wild or wall-barley.

phoenix Romanis lolium murinum sive ~eum murinum dicitur. .. nascitur in arvis tegulisque recens illitis, vocatur .. quibusdam *waybent* Turner *Herb.* B4v.

4 stye on eyelid.

in palpebris ista vicia nascuntur aurat', .. pediculi, ordeum [etc.] Gilb. III 142v. 1.

hordewica v. herdewica. **hordicium** v. hurditium. **hordium, hordum** v. hordeum. **horecium, horecudium** v. horicudium. **horesonium** v. horisonium. **horffanus** v. orphanus.

horicudium [cf. CL hora + cudere], clock which strikes the hours.

1412 oricudium (*Ac. Bailiff Staff*) *MS Lord Stafford, Swynnerton R.* 1230; **1442** de ij s. pro custodia horacudii clerico et de xx d. Johanni S. pro reparacione horacudii per annum (*Ac. Churchw. Wimborne*) *Dors Nat. Hist. & Ant. Field Club Proc.* XLVIII 93; **1445** solut' custodi ~ii et *le chyme* ecclesie S. Cedde .. custodi ~ii ecclesie S. Alkemundi *MS Shrewsbury Corporation, Bailiffs' account rolls, box* VIII *no.* 379; **1449** sol' Johanni O. pro emendacione oricudii .. prioris (*DC Cant.*) *Arch. Cant.* LIII 15; *a clokke*, orologium, †horecium [? l. horecudium] *CathA*; **1501** Thomas C. .. electus est aquebajulus .., tam pro .. sacramentalibus quam pro campanis et horecudio, capiendo pro vadiis suis ut preantea cepit *MS Oxon R. O.* dd. Henley V vol. 4 f. 6v.

horicula, brief hour.

per duas ~as priusquam vestras recepi literas *Dictamen* 368.

horil- v. horol-.

horisonium [cf. CL hora + sonare], clock which strikes the hours.

1415 inter decimam et undecimam pulsaciones horesonii illius diei *Reg. Cant.* III 366; *clok*, ~ium *PP*.

horispicius v. haruspex.

horizon [CL], horizon; **b** (fig.) boundary, dividing line (*cf. finitor*). **c** (astr.) artificial horizon.

tempestas exorta nebulas objecit et errore inducto .. horrizonta .. eripuit W. Cant. *Mir. Thom.* IV 13; orizon Hanv. VIII 416 (v. declivis 1b); Gir. *Symb.* II 1 p. 345 (v. finitor); trans omnem ~ontem in infinitum .. solus oceanus circumfertur *Id. TH pref.* p. 20; Sacrob. *Sph.* 2 (v. hemisphaerium 2); Wycl. *Log.* III 19 (v. hemisphaerium 1); cum oritur luna in orizonte alicujus maris, tunc primo infundit radios luminares Gros. *Flux.* 461; quando stelle utilium operacionum .. sunt super ~onta, hoc est super habitationem nostram Bacon V 8; necesse est ut etiam major distantia videatur, sed inter orizontem et videntem interjacere videtur major latitudo quam inter vidente et zenit. ergo .. plus distare ut orizo quam alia pars celi quecunque Peckham *Persp.* I 65. **b** de angelo qui vocatur a philosopho intelligencia dicitur quod sit creatus in orizonte temporis et eternitatis Bart. Angl. II 18; dum dilatatur [sc. miseracio] illis mentalis orizon / tendit in archanum perpetuumque jubar Garl. *Epith.* II 11. **c** illorum orizon artificialis intersecat equinoctialem ad angulos impares et obliquos Sacrob. *Sph.* 1 p. 78; aree predicte affigas tabulam ligneam que orizon dicitur affixam tabule equinoctiali *Turquet* 372.

horlog- v. horolog-.

horminum [CL < ὅρμινον], clary (*Salvia horminum*).

ormium vel orminum, acantum idem *Alph.* 131; orminon sive .. eminoda *Ib.* 132 (v. aurigalis); Turner *Herb.* B4 (v. geminalis).

hormis [Ar. *hurmus* < Ἑρμῆς τρισμέγιστος], the numeral 3.

figura est .. tertia .. hormis Thurkill *Abac.* 55v.; igin figura significat unitatem, .. hormis ternarium *Ib.* (v. igin); iginem in centeno, hormim in deceno .. pone, et tunc igini celetim, hormi andram .. *Ib.* 59.

hormiscus [ὁρμίσκος], ornament, (?) collar.

gemmata vehitur archontum more curuli, / induit ormiscum Frith. 352.

hornagium v. homagium 6a. **hornare** v. ornare.

horngeldum [ME *horneyeld*], 'horngeld', cornage. **b** (W. & Heref) 'commorth', cattle rent.

c1157 quietas de shiris .. et assisis et donis et ~is et forchtgeldis *Act. Hen. II* I 176; **c1170** hornegeldis (v. Danegeldum); **a1179** quieti .. de .. danegeldis et fengeldis et ~is *Danelaw* 179; **a1191** (1368) quieti ab omni scotto et geldo .. et hornegaldo *CalCh* V 213 (*Cirencester*); **1199** quieti de .. denegeldis et hornegeldis *Ib.* III 484 (*Suff*); **1266** maneria .. quieta de putura forestariorum .. et de hornegeldo *IAQD* 2/24 (*Cumb*); **1318** hornigeldo *CalCh* I 323; **1336** de ~is .. dicit quod cum contigerit aliqua collecta fieri in foresta de bestiis cornutis, sc. secundum majus vel minus cum contigerit acessari ipse et homines sui per hoc sint quieti *Pickering* III 108–9. **b** **c1300**

reddendo inde annuatim .. j d. argent' .. pro omnibus secularis (*sic*) serviciis, sicut tallagiis, scutagiis, releviis, .. auxiliis, hornigeldis, sectis curie *AncD* A 8636 (*Heref*); **1331** Ewias. .. est ibidem alia consuetudo que vocatur hornyeld' que valet per annum xxxj s. *IPM* 29/7 m. 14 (*Heref*); **1383** xiiij li. de quadam consuetudine vocata hornyeld' accidente quolibet iiij° anno *MinAc* 1209/15 m. 4 (*Radnor*).

hornotinus [CL], of (this) year's growth or output.

ALDH. *PR* 132 (v. annotinus a); mando prepositis meis ut in primis de meo proprio reddant Deo decimas utriusque in vivente captali et in ornotinis [vv. ll. ortinis, mortuis] frugibus terre [AS: *ðæsgeares eorðwæstmum*] (*Quad.*) *GAS* 147; ~us, annotinus, annuus, annualis OSB. GLOUC. *Deriv.* 277.

hornulus, *f. l.*

~us [? l. horridulus], A. *sumdel orible WW.*

hornus [CL], of this year.

matris horno generabar ab alvo / pulchrior auratis .. bullis, / horridior ramnis ALDH. *Aen.* 100. 24; fiebat .. de ~a fruge et ~o sale, ut Horatius [*Carm.* III 2. 3]: 'horna fruge ..' ALB. LOND. *DG* 6. 32.

hornyeldum v. horngeldum. **horologia** v. horologium.

horologiarius [CL = *provided w. a water-clock*], clock-maker or mender.

c**1275** sacriste ad opus j orologiarii xxx galon' [cervisie] *Ac. Beaulieu* 235; **1286** Bartholom[e] orologiario per tria quarteria anni et viij dies, cciiij^xx^j panes *Dom. S. Paul.* 173; **1353** orologiario per annum nichil adhuc ubi solebat capere iij s. *Sacr. Ely* II 157; quam crucem .. magister R. ~ius .. devotissime sculpserat *G. S. Alb.* II 335; *Ib.* III 385 (v. 2 dialis); in presbiterio .. [jacet] .. Ricardus Walyngforde, ~ius AMUND. I 434 app.; *clokke smythes*, ~ii WHITTINGTON *Vulg.* 187 p. 66.

horologicus, of time. **b** time-keeping. **c** (as sb. m.) clock.

non solum auctoritate paterna sed et ~a consideratione docemur BEDE *TR* 30. **b** per instrumenta astronomica et etiam ~a que sunt facta secundum formam astronomicam ROB. ANGL. (II) 180. **c** *CathA* (v. horoscopus 4).

horologium [CL]

1 instrument for measuring time. **b** sundial. **c** water-clock. **d** hour-glass.

R. NIGER *Chr. II* 150 (v. clepsydra a); candelarum et ollarum orologia .. precipimus evitari *G. S. Alb.* II 100; **1373** hoc anno ~ia distinguentia xxiiij horas primo inventa sunt *Arch.* LXXVII 267. **b** punctos vero a parvo puncti transcensu, qui fit in ~io, .. vocantes BEDE *TR* 3; solem .. non ad eandem ~ii lineam per ccclxv dies posse plene reduci *Ib.* 38; orlogiu[m via]toris *AS Inscr.* 41; rex Ezechias [cf. *Is.* xxix, *2 Kings* xx] quem Dominus in umbra ~ii, in appositione annorum, et fuga Sennacherib pre universis regibus honoraverat P. BLOIS *Ep* 94. 297B; sol in ~io Achaz decem lineis revertitur per quas ante descenderat AD. DORE *Pictor* 163; J. GODARD *Ep.* 222 (v. gnomon a). **c** cecidit ~ium ante horas matutinas BRAKELOND f. 152; juvenes .. propter aquam currentes quidam ad puteum, quidam ad ~ium *Ib.* **d** **1346** necessaria empta pro navibus regis: .. computat solvisse apud L. .. pro xij orlog' vitreis emptis ibidem .. prec' pecie iiij gross' dim' que faciunt in starling' ix s. *KRAc* 27/5.

2 clock, of unspec. mechanism, which strikes the hour; **b** (in name of book). **c** (*~ium excitatorium*) alarm-clock.

conantur artifices ~iorum facere circulum unum qui omnino moveatur secundum motum circuli equinoctialis ROB. ANGL. (II) 180; **1272** in stipendiis .. cujusdam operarii facientis orlogium ad tascham (*Pipe*) *Ac. Build. Hen. III* 434; s**1283** fecimus ~ium quod est supra pulpitum collocatum *Ann. Dunstable* 296; **1284** organa et orilogium .. reparabunt *Pat* 129 m. 5 (*Exeter*); **1292** pro custodia orelogii *Sacr. Ely* II 6 (cf. ib. 16: orlogii); **1310** stallorum, oralog' et al. *Fabr. Exon.* 50; **1325** expense orologii (*Norwich*) (v. 2 dialis); inveniet .. cordas ad ortelogium *Stat. Ebor.* 100; **1376** concessimus Johanni N. custodiam magni ~ii nostri infra palacium Westm' *Pat* 295 m. 1; **1393** post undecimam pulsacionem ~ie *Reg. Heref.* 60; **1399** circiter nonam pulsationem horilogii *RParl* III 416b; magnum orologium processionibus et spectaculis insignitum et organa mire magnitudinis in ea [sc. navi ecclesie] construxit J. GLAST. 139 p. 260; **1410** orilogium (v. fenestra 1d); **1412** orilogium meum, alias dictum *clokke Reg. Exon.* 400; **1428** pro reparacione .. orelegii regis (*PS Rec.*) *Arch. J.* CXXX 218; **1434** pro custodi[a] orlegeii *Stewards' Bk. Southampt.* I 46; **1434** pro una corda empta ad *peyse* orlagii *Ac. Churchw. Bath* 43 (cf. ib. 46: oriligii); **1437** officium custodis orologii nostri infra palacium nostrum Westm' *Cl* 288 m. 14; **1453** ~ium .. populo et curiis nostris ac ministris capelle nostre .. horarum certitudinem denuncians *Pat* 477 m. 4; custodiam ~ii turris sive campanilis nostri vulgariter nominati *le clokhous Ib.*; hoc orologium, A. *orlage*; .. hoc orilegium, *a norlyge WW*; **1464** j ~ium fixum in pariete (v. campana 2d); **1501** pro reparacione magni horalogii xij d. *DC Cant. Ac. Sacrist* 82b; **1504** orelogium (v. ferricudium); **1516** fabro et factori horilogii inspicienti ~ium quod fecisset (*sic*) Laurencius nuper custos ~ii *Fabr. York* 99; **1535** stipendia .. j communis ministri dirigentis organa et horelogium *Val. Eccl.* II 264; constituit .. majus ~ium quod in templo ad sacrarium videtur a capite .. usque ad pedes FERR. *Kinloss* 71. **b** p**1440** ~ium divine sapientie (*Catal. Librorum*) *JRL Bull.* XVI 478. **c** FERR. *Kinloss* 71 (v. excitatorius 1b).

3 astronomical clock.

anno ab incarnatione Domini, juxta Dionisium, m°xc°j° contigit me esse in Italia .. itinere diei et dimidii ubi defectum lune x^e^iiij^e^ vidi .. ad occidentalem plagam ante aurore exortum, sed nec ~ium tunc habui quo plenilunii horam deprehenderem nec ipsa luna conspicue densis obstantibus nebulis apparebat WALCHER *Exp.* 114; conclusiones dividendi rotas pro ~io astronomico pro motibus planetarum WALLINGF. *Horol. tit.*

4 clock-tower.

squilla pulsatur in triclinio, id est in refectorio, cymbalum in claustro, nola in choro, nolula vel duplula in ~io, campana in campanili, signa in turribus BELETH *RDO* 86. 90; **1233** quod .. faciat habere sacriste de W. vj quercus ad horlogium suum apud Wenlok' faciendum *Cl* 255.

5 hour-bell.

s**1235** (v. 3 burdo 2).

horoma [LL horoma, horama < ὅρᾱμα, ὅρωμα], vision. **b** *s. dub.*

quaterna virginum milia .. canticum .. canentia raptus in oromata extaseos auscultare ALDH. *VirgP* 7; oroma gentilis qua viderat ipse supernum, / nocte soporata ALCUIN *SS Ebor* 93; mater .. beati Willibrordi .. noctis quiete caeleste in somnis vidit oroma *Id. WillP* 2; quumque in hac quietem haberet, quanta inibi in oromate conspexit, quis urbana fretus eloquentia potest pleniter investigare? BYRHT. *V. Ecgwini* 349; *a visyon*, visus, visio, orema *CathA*. **b** obtulit egregias inmenso horomate sedes, / ire catillatum nec vult rex ultra beatur FRITH. 709.

horoscopica [LL < ὡροσκοπική], art of casting horoscopes.

ALB. LOND. *DG* 11. 13 (v. genethliacus 1); mathematica vana tres habet species, sc. aruspicinam, augurium vel auspicium, et ~am .. ~a que et constellatio dicitur est quando in stellis fata hominum queruntur KILWARDBY *OS* 665.

horoscopicus [LL < ὡροσκοπικός], of a horoscope.

cum .. volueris scire tempora duarum horarum horoscopi tui, intra cum gradu ~o in semitam numeri in horoscopis tue regionis ex ipso signo solis ADEL. *Elk.* 32; postea intra cum gradu ipsius stelle in semitam graduum equalium de tabula gradus ~i, et accipe quod fuerit in ejus contrapositione ex horoscopo signi in quo est ipsa stella, ipsumque memoriter teneto *Ib.* 37.

horoscopium [LL < ὡροσκοπεῖον]

1 (art of casting) horoscope.

hoc ~ium .. id est horarum compositio; horoscopus, horarum compositor OSB. GLOUC. *Deriv.* 397.

2 (by false assoc. w. *hora*) clock or bell indicating time.

J. GODARD *Ep.* 222 (v. gnomon a); a somno [matricularios] suscitavit eosque ut pulsarent induxit, cum superesset adhuc quasi unius hore spacium, ut eis signum surgendi et pulsandi preberet ~ium *Mir. J. Bev. C* 346; **1418** in sellis cum ferramento facto pro ~io ij s. j d. *Doc. Robertsbr.* 167; **1439** in emendacione oriscopii ville v d. *Ac. Churchw. Som.* 179; **1448** pro j corda empta ad *le peyse* oriscopii xvj d. *Ib.* 183.

horoscopus [CL < ὡροσκόπος]

1 (astr.) eastern horizon (as place from which constellations rise). **b** (signs of) the zodiac. **c** horoscope, constellation or sign which determines one's fortune.

ALDH. *Ep.* 1 (v. astrologicus); si enim fuerit locus conjunctionis inter ~um et medium celum, subtrahetur diversitas aspectus in longitudine a conjunctionis loco ADEL. *Elk.* 35; stellarum radiatio hoc modo investiganda est, quecunque enim radiatio queritur, sive exagonalis, sive tetragonalis, sive trigonalis, primo quidem ~us quotus sui signi sit considerandum est, utrum sc. quintus vel decimus vel quintus decimus vel vicesimus vel vicesmimus quintus vel etiam tricesimus fuerit. .. ab eo autem in paginam ~orum usque sub signum ipsius planete procedendum est *Ib.* 37. **b** in libro beati Job .. *mazaroth*, id est signa ~i, legimus BEDE *TR* 6 (cf. *Job* xxxviii 32); zodiacus *ys se circul* [sc. circulus zodiacus] *genemned þe þa twelf tacna geondscriðað, ond* ~us *he ys geciged for þæra tida ryne, þe seo sunne þurhfærð þone circul* BYRHT. *Man.* 114; ~i signorum juxta *elfelek elmustakim* [*gl.*: id est circulum equinoctialem] ADEL. *Elk.* 25 *tit.* **c** ADEL. *Elk.* 32 (v. horoscopicus); dixerunt antiqui quod Cancer sit ~us mundi, et est dignum ut sit ~us in initio incrementi mundi, gradus in quo Jupiter in Cancro confortatur. cumque 15 gradus Cancri fuerit ~us mundi super lineam equalitatis, erit 19 gradus Arietis, in medio celi, et cum fuerit sol fortior in 15 gradu Arietis, et 19 gradus Arietis dignior exaltatione solis BRADW. *CD* 137D.

2 astronomer, astrologer. **b** caster of horoscopes.

~us, *tidsceawere* ÆLF. *Sup.* 176; s**1095** Gislebertus, Luxoviensis episcopus, senex medicus, .. singulis noctibus sidera diu contemplari solebat et cursus eorum, utpote sagax ~us, callide denotabat ORD. VIT. IX 2 p. 462. **b** OSB. GLOUC. *Deriv.* 277 (v. horuspex); *Ib.* 397 (v. horoscopium 1); idem [sc. genelliaci] ~i nominantur J. SAL. *Pol.* 408D; *Ib.* 459 (v. erroneus 2a).

3 time-keeper (mon.).

secretarius ~us Grece dicitur, hoc est horis intendens, eo quod illius .. incumbit officio propulsiones signorum atque horas si .. diei et noctis .. temperare ut divinum obsequium et omnia que in monasterio sunt agenda ordinate compleantur *Cust. Westm.* 62 (cf. *Cust. Cant.* 116).

4 clock.

an horlege, horologium, horologicus, ~us *CathA*.

horrea v. horreum.

horrearius [CL], granger. **b** grain-merchant.

GAS 451 (v. berebretus). **b** **1582** [testibus] Quintigerno Reid, ~eo, Joanne T., fabro *Midlothian* 152.

horrende [LL], horribly, shockingly.

[milites] ~e cum totis viribus apparere *G. Steph.* 33; s**1079** pugna committitur gravissima et ~e prolixa H. HUNT. *HA* VII 7; illum tam ~e fremere .. ac lumina distorta vibrare videbant R. COLD. *Cuthb.* 44; s**1378** WALS. *HA* I 378 (v. delire); s**1105** dux .. aciem regalem fortiter et ~e depulit CAPGR. *Hen.* 57.

horrendus [CL]

1 horrendous: **a** (inspiring dread); **b** (inspiring disgust).

a o ~a praeceptorum caelestium conculcatio! GILDAS *EB* 108; licet ~us salpicum clangor increpuerit ALDH. *VirgP* 21; Carlomannum .. aprorum venationem agentem singularis congressione ~o dente dilacerans miserabili funere percussit ASSER *Alf.* 68; exclamans voce altisona .. ~um hostibus metum incussit GIR. *EH* I 13. **b** **933** saeculi piacula diris obscenae ~aeque mortalitatis circumsepta latratibus *CS* 694; cum ~issima divine majestatis blasphemia .. inhiare non desistunt AD. MARSH *Ep.* 115; ~um scisma *G. Hen. V* 2 (v. caliginosus 1a); ulcus ~um *Mir. Hen. VI* IV 132 (v. exarescere 1b).

2 (as sb. n.) horrendous deed. **b** (sb. n. as adv.) horrendously.

s**1381** multa ~a fecit CAPGR. *Hen.* 171 (v. dilapidatio 1a). **b** horrendum stridens viribus Hydra novis (cf. Vergil *Aen.* VI 287–8) L. DURH. *Dial.* II 258; [procella] satis horrendum stridens *Ib.* III 179.

horreolum, small barn.

1275 in .. granario et oriolo coperiendis *Ac. Stratton* 6.

horrēre, ~escere [CL]

1 to bristle; **b** (fig.). **c** to stand up like spikes.

erat .. adeo obscenus lurida capitis foeditate ut, praeoccupato a tinea toto circulo capitis, pro pilis ~ebat raris et hirsutis quasi porcorum setis FOLC. *V. J. Bev.* 4; ~eo .. inde hic horror .. horribilis .. horribiliter .. horribilitas .. OSB. GLOUC. *Deriv.* 270; *Ib.* (v. hordeolum). **b** horreret ABBO *Edm.* 10 (v. circumfodere 1b). **c** Columba .. praedicaturus .. provinciis septentrionalium Pictorum .. quae arduis et ~entibus montium jugis ab australibus eorum sunt regionibus sequestratae BEDE *HE* III 4.

2 to shudder, shiver.

cum jam inciperet caro ~escere, quasi ex frigore *Canon. G. Sempr.* 147

3 to be or become horrible, shocking, disgusting. **b** (trans.) to shock or disgust.

vulnus .. tumore jam vel fetore sibi ~escens GILDAS *EB* 108; ALDH. *Met.* 10 (v. durus 2a); *Id. Aen.* 75. 5 (v. 1 bucca 2a); [spiritus] immensis vagitibus ~escere audiebantur FELIX *Guthl.* 31; hec gemit, hec plaudit; hec orret et illa nitescit NIG. *Paul.* f. 46v l. 185; quod proprie et intelligibiliter dicitur in idiomate Picardorum ~escit apud Burgundos BACON *Maj.* III 81. **b** **796** me .. infidelitas patriae in tantum ~et ut reverti timeo ALCUIN *Ep.* 102.

4 to be or become horrified. **b** (trans.) to be horrified at, to dread. **c** (w. inf.) to be loth; **d** (w. acc. & inf.).

puellas / .. adspiciens torvis obtutibus horret / femineos quoniam non gestit cernere vultus ALDH. *VirgV* 717; ~esco referens *Id. CE* 4. 7. 29 (v. 1 ephebus); ~eo, *to agryse WW*. **b** horrescens penitus falsae commercia carnis ALDH. *VirgV* 465; cum larbam .. miles non horreat audax *Ib.* 2859; p**793** si quid [in nobis .. vidisti] erroris .. hunc ~esce et fugias ab eo ALCUIN *Ep.* 281; cunctos tuos in

horrido tartarum loco reclusos .. absolvisti, horrida non ~endo sed intrando *Nunnam.* 78; ~ere Deus dicitur animam peccatricem ANSELM *Misc.* 200; regina .. obriguit conaturque discredere quam ~et veritatem MAP *NC* III 2 f. 38v.; ut demum bonorum unusquisque inflammatus exemplis †honescere [l. horrescere] quidem mundi illecebras veramque mentis sectari quietem ac pietatis exercere officia invitetur .. AYLWARD 287. **c** Justina suum ferro supponere collum / sanguinis aut rivos non horret fundere fibris ALDH. *VirgV* 1875; **793** vestra non ~escat humanitas benigne accipere quod mea offerre .. studet devotio ALCUIN *Ep.* 16; crucem .. non ~uit rapere *Id. WillP* 30 (v. donarium 2a); episcopus animarum .. ~ebit ponere offendiculum verbi Dei WYCL. *Ver.* II 141. **d** **1077** ANSELM III 203 (v. exactor 2c).

horreum, ~a [CL], **~us** [LL]

1 barn, granary; **b** (fig.; cf. *Matth.* iii 12, *Luke* iii 17); **c** (spec. for hay). **d** (*~um decimale*) tithe barn.

FRITH. 533 (v. gaudere 1d); **11..** ad edificanda .. orrea et animalium pecorumque receptacula *Cart. S. Neots* f. 81; **c1160** orreum (v. deforis 3a); **1214** fecit triturare bladum suum in ~ea *CurR* VII 187; **1343** usque ad novum granum in orrio reconditum *Eng. Clergy* 271; **1389** pro garbis in ~ea reponendis *Ac. Obed. Abingd.* 54; **1423** lego totum frumentum meum existens in orio meo infra rectoriam .. non trituratum *Reg. Cant.* II 246; hoc orreum, A. *lathe.* hoc granarium idem est .. hoc orium, A. *a beyrne WW*; **1452** ad ortum orrii sive †grani [sic; ? l. granarii] dictorum dominorum vulgariter *Edmondestoune grange* nuncupate (*sic*) *Melrose* 555; **1513** albi orii (v. 2 gabulum a); **1540** concessimus .. oreas ac staura .. granorum *Pat* 689 m. 51. **b** ALDH *VirgP* 28 (v. advectare); portare manipulos suos ad ~eum regis aeterni ALCUIN *Ep.* 311; beatum orreum WALT. WIMB. *Carm.* 33 (v. far b). **c** 1199 debent .. [fena] carcare ad ~eos de Sutton *CurR RC* II 150; GIR. *TH* I 5 (v. 1 granarium 1a); **1374** item magnum orium pro feno ostellarie ... item unum *ruf* de magno orrio *Hist. Durh. Script.* cxli; **1471** pro factura unius *gutter* inter orrium fenile et *le Avergarner* ij s. *Ac. Durh.* 643; **1532** super orrium fenale .. ij s. *Househ. Bk. Durh.* 83. **d** **1464** etc. (v. decimalis 3b).

2 stack (of sheaves).

1283 debent .. unusquisque eorum [cottariorum minorum] habere j hominem ad orreum faciendum per iij dies et habere qualibet die de eodem blado unam garbam quo [*sic* MS] tassant *Cust. Battle* 80.

horribilatio v. horripilatio.

horribilis [CL]

1 bristly, rough. **b** (of terrain) wild, rugged.

devotae fraternitatis vincula limphatico ritu rumpente in vertice scopulorum ~i ALDH. *Met.* 2 p. 68; ~i .. cilicio PULL. *CM* 210 (v. 2 exuere 2c). **b** pars altera [insule] hispida nimis et ~is GIR. *TH* II 5.

2 horrible: **a** inspiring horror, fearsome. **b** inspiring disgust, loathsome, shocking (also as sb.).

a de ferarum ~ibus .. formis *Lib. Monstr. prol.*; homines in urbibus ~i stridore territans *Ib.* I 42; ~e prodigium in luna (WALCHER) *EHR* XXX 57; aggrediuntur .. canes tres latratu ~i BEN. PET. *Mir. Thom.* IV 58; exercitium istorum [i.e. militum] species est ~is aut horror speciosus NECKAM *NR* II 175; **s1268** aquarum derivationes valde ~es (v. derivatio 1a). **b** infestant panthere feroces .. flatuque ~es cocodrilli GIR. *TH* I 36; **s1257** expense .. regis .. probate sunt ascendere ad octies centum milia marcarum .. quod est ~e cogitatu M. PAR. *Maj.* V 627; sanguinolentus est ~is [ME: *grislich*] et odibilis oculis hominis *AncrR* 36; fetor cancri est ~issimus GAD. 125v. 2; **1406** ~ia .. perpetrant (v. divinator).

3 (of oath) dreadful.

post ~e juramenti sacramentum GILDAS *EB* 28 (v. devincire 1b); prodiderunt .. Ambrosium, cui post ~ia sacramenta .. venenum potare dederunt G. MON. XII 2.

horribilitas

1 bristliness (in quot., fig.), roughness, uncouthness.

multitudo .. pilorum in pectore .. declarat ~atem et singularitatem nature BACON V 167.

2 loathsomeness, repulsiveness.

propter ~atem fetidi odoris *Quaest. Salern.* Ba 107; acetum quem musce fugiunt propter odoris ~atem BART. ANGL. IV 11; dicitur putredo ~as sine superaccensione et distemperantia GILB. I 5. 2.

horribiliter [CL], **a** in a manner inspiring fear. **b** in a manner inspiring disgust or loathing.

a [uxorem] in qua [insania] ~iter redactam *V. Cuthb.* II 8; [ore] ~iter hiante voces diras .. emittebat BEDE *CuthbP* 41; pugnatum est perniciose et ~iter utrimque H. HUNT. *HA* II 25; **s1134** ventus vehementissimus .. turres, edificia, arbores ~iter .. subvertit *Flor. Hist.* II 57; naves .. fuerant per tempestates .. ~iter agitate AVESB. 134. **b** apparebit cadaver ~iter fetens AD. SCOT *QEC* 19. 834B; AD. MARSH *Ep.* 246 (v. evacuatio 5); quia sic omnia festa mobilia recederent ~iter a statu suo et confunderetur totus ordo ecclesiastici officii BACON *Tert.* 280; *Id. Min.* 330 (v. 2 exemplar 4); **s1413** [rex] erat ita ~iter aspersus lepra *Eul. Hist. Cont.* 421.

horride [CL], horribly, dreadfully.

cruscula gressutos non norunt solvere tractus / elisisque tori marcescunt horride fibris FRITH. 589; horridus .. unde ~e et hec horriditas .. et horridulus OSB. GLOUC. *Deriv.* 270.

horriditas, horribleness, dreadfulness.

OSB. GLOUC. *Deriv.* 270 (v. horride).

horridulus [CL], somewhat rough.

~us comes J. SAL. *Pol.* 678A (v. hospitiolum 2a); ~us, aliquantum horridus OSB. GLOUC. *Deriv.* 276; ibi verberibus fluctus horriduli / navalis quatitur domus vehiculi WALT. WIMB. *Carm.* 178.

horridus [CL]

1 bristling, spiky; **b** (w. abl.). **c** (of sea) choppy.

horrida .. detrudit spicula ferri ALDH. *VirgV* 2701; ut nil umquam capillorum ei in superiore parte capitis nasci valeret, tantum in circuitu ~i crines stare videbantur BEDE *HE* V 2. **b** sagittis ~us ABBO *Edm.* 11 (v. dilaniare). **c** horridus in cumulum salsarum fluxus aquarum / concrevit ALDH. *VirgV* 822.

2 (of person's appearance) unkempt, untidy.

domi solus resident, sui negligens, hirtus et squalidus, ~us et incultus MAP *NC* IV 11 f. 52.

3 causing horror, dreadful.

bestiae ferae .. haereseos virus ~o ore vibrantes GILDAS *EB* 12; horridus exultat .. Mavors ALDH. *VirgV* 1548; in ~o tartarum loco *Nunnam.* 78 (v. horrere 4b); clamore ~o replebit insulam G. MON. VII 4; ~a tempestas caelum contraxit W. FITZST. *Thom.* 142; nox .. horrida WALT. WIMB. *Virgo* 42 (v. fimum 1b).

horrifer [CL], dreadful.

sic Deus horrifera sanctos ulciscitur ira ALDH. *VirgV* 296; HWÆTBERHT 42 (v. draco 1b).

horrificus [CL], **a** inspiring horror, fearsome. **b** inspiring disgust, loathsome.

a monstrat cunctis se cernere vita / poenas horrificas ÆTHELWULF *Abb.* 390; **s1133** tantus terremotus fuit ut .. subsidere videretur ~o sono sub terra ante audito W. MALM. *HN* I 457 (= *Eul. Hist.* III 63: horrorifico); ~a calumpniatorem visione concussit *Id. Wulfst.* I 8; post terribiles clamores et ~os strepitus *Canon. G. Sempr.* 168. **b** **799** epistolam tuam a rectae fidei tramite deviam, nidore sulfureo ~am .. accepimus *Ep. Alcuin.* 182; **s1398** appellavit ~um ducem Northfolch .. Thomam Mowbray de .. proditoriis contra .. regem *Chr. Kirkstall* 131.

horripilatio [LL]

1 standing on end (of hair); **b** (through fear).

~one frigida totus obrigescit MAP *NC* IV 6 f. 50; febre arripiente aliquem prius fit rigor, deinde ~o *Quaest. Salern.* Ba 66; dicitur ~o horror pilorum per frigiditatem et siccitatem materie pertrahentis radices pilorum GILB. I 15. 1; [quartana] incipit cum rigore et ~one: est enim vel rigor laboriosus et ex ossium fracturis, quia quasi fractio est maneries ejus, sc. ~onis cum punctione in cute et lacertis et frigore eorundem GAD. 15v. 2. **b** ea nocte tanto terrore et ~one exagitantur GOSC. *Transl. Aug.* 28C; subita [? l. subito] oripillationis cujusdam horrore .. perturbatus R. COLD. *Cuthb.* 126; fures ~onem non faciunt sed qui cum eis comitantur demones MAP *NC* IV 6 f. 47v.; tremor et horribilatio invaserunt perfidos WALS. *HA* II 28.

2 revulsion.

Wilfridi reliquias .. praelatorum ~one neglectas .. excepi O. CANT. *Pref. Frith.* 29; *hugsome[nes]*, abhominacio, detestacio, execracio, ~o, *CathA.*

horrisone, with a horrible sound.

ipse elatis vocibus ~e rugire consuevit R. COLD. *Godr.* 293.

horrisonus [CL], making a horrible sound.

~ae ventosis flatibus clangebantur buccinae ALDH. *Met.* 2 p. 67; viribus horrisonis valeo confringere quercus *Id. Aen.* 2 (*Ventus*) 3; erant [immundi spiritus] .. aspectu truces .. vocibus ~is FELIX *Guthl.* 31; turbinis horrisonos suffertque viriliter ictus WULF. *Swith.* I *prol.* 199; ~um enim strepitum probavit mors animalis cui insederat non morata W. MALM. *GP* I 19; latratibus ~is R. COLD. *Cuthb.* 17; eructaciones horrissone .. et fetentes hanelitus J. GODARD *Ep.* 224; diem horissono bubo preconio / commendat WALT. WIMB. *Carm.* 192.

horrium v. horreum.

horror [CL]

1 bristling, standing on end (of hair).

GILB. I 15. 1 (v. horripilatio 1a).

2 (feeling of) horror, dread, awe. **b** revulsion, shunning.

~orem belli ALDH. *VirgP* 11; ut magis horrorem sentiret virgo *Id. VirgV* 1825; **a796** si aliquis in te sit Dei timor, vel ~or ejus praesentie, qui omnia videt .. ALCUIN *Ep.* 65; nec .. absque ~ore magno visionem potui revocare GIR. *EH* II 30; subita .. ~ore R. COLD. *Cuthb.* 126 (v. horripilatio 1b); sopor irruit super Abram vespere et ~or magnus et tenebrosus invadit eum AD. DORE *Pictor* 166; nonne foret res illa horribilis cujus umbra pre ~ore [ME: *grisung*] conspicere non possetis? *AncrR* 65. **b** nec erat alicui .. ~or in extincti cadaveris deosculatione *Canon. G. Sempr.* 88v.; ~or laboris HALES *Qu.* 156 (v. desidia).

3 source of horror; **b** (as predic. dat.).

aequora .. verrunt, ut non tam spectaculum intuentibus, quam ~em praebeant *Lib. Monstr.* II *pref.*; BEDE *HE* IV 22 (v. gehennalis b); monemusque hominem .. ut .. inferni orrorem [AS: *helle agrise*] formidet (*Cons. Cnuti*) *GAS* 305; ibi [in inferno] .. tenebrae .. ~or sempiternus ANSELM *Misc.* 357; erit ~or inspicientibus G. MON. VII 4 (v. electrum 2b); **c1243** sol .. oriens mundo tenebrarum propellit ~orem GROS. *Ep.* 103; illud diluvium [sc. Marie] est horror seculi / quo fere pereunt omnes WALT. WIMB. *Carm.* 179; **1302** pro scandalis et aliis ~ibus ex hiis provenientibus .. evitandis *Reg. Cant.* 639. **b** solebat [Cudberct] .. illis praedicare in viculis, qui in arduis .. montibus .. positi aliis ~ori erant ad visendum BEDE *HE* IV 25; **12..** ne propter quorundam .. vestimentorum turpitudinem .. quibusdam sint ~ori *Conc. Scot.* II 36; ut ~ori foret WALS. *HA* II 158 (v. evomere 2).

horrorificus, horrific, dreadful.

malignus .. sonos ~os edens EADMER *V. Osw.* 5; *Eul. Hist.* III 63 (v. horrificus a).

horsacra [ME *horsaker*], land held by service of carriage by horse.

c1300 de predictis cotariis unusquisque habet unam ~am et de ista acra debet unusquisque invenire j equum ad ducendum cum aliis frumentum de firma ad Cantuariam (*MS BL Add.* 6159 f. 28) *Villainage in Eng.* 286 *n.* 3 (= *Cust. Rents* 66; cf. *DCCant. Reg.* J p. 32).

horsare [cf. ? ME *horsen, hausen,* ? AN *horstrere*], (?) to drag away, to pull w. horse.

1357 cum x quercubus prosternendis in parco de Cowik, eisdem sculpandis et ~andis eisdemque in xxj trabes et ij fileta sarrandis *DLMinAc* 507/8226 m. 7*d.*; **1384** in iiij querc' ~and' in parco pro sarracione meremii *Ib.* 8228 m. 23.

horsgabulum [ME *hors* + 1 gabulum], (payment in lieu of) service of carriage by horse.

a1308 debet per annum .. iiij d. de ~o preter .. redditum *Cust. Battle* 74; *Ib.* 77 (v. dimittere 5d); omnes qui debent ~um per annum debent averrare in adventu abbatis cum somoniti fuerint .. usque ad xx leugas, et erint quieti illo anno de ~o *Ib.* 82.

horspakkum [ME *horspak*], horse-pack.

1415 quinque magna pakka et unum ~um ac unum *Rynyshfatte* .. et quinque pakka pellium vitulinarum (*KRMem*) *Bronnen* 579.

horswarda [AS *horsweard*], (service of) care of horses.

debet .. heafodwardam custodire et ~am *GAS* 445 (v. hevedwarda).

hortamen [CL], encouragement.

consulto regis nec non hortamine plebis FRITH. 308; inanimati igitur ~ine illius impetum in hostes undique fecerunt G. MON. X 9; OSB. GLOUC. *Deriv.* 273 (v. hortatorie).

hortamentum [CL], (words of) encouragement, advice. **b** incitement, spur.

puberem .. inauditis blandimentorum ~is inflectere nitebantur ALDH. *VirgP* 36; per omnia quae singulis septem scribit ~a BEDE *TR* 64; cum .. neque precibus, neque ~is, neque increpationibus Augustini .. adsensum praebere voluissent *Id. HE* II 2; **797** noli .. caritatis ~a spernere ALCUIN *Ep.* 124; quia regulae tenemus ~um [AS: *myregunge*] in .. sanctis diebus quadragesimae aliquid nobis augendum divinae servituti .. censuimus .. *RegulC* 35; superbus rex [Willelmus Rufus] .. contra salubria pii monitoris ~a irascebatur ORD. VIT. X 3 p. 13; **s1447** proponuntur raciones et ~a ab episcopo ut in ejus conscienciam .. cause pondus .. vellent deponere *Croyl. Cont. B* 522; *Mir. Hen. VI* III 88 (v. hortatio). **b** aliam legem hic vocat, ~a concupiscentiae, quae quasi imperat hominem peccare LANFR. *Comment. Paul.* (*Rom.* vii 30) 129; nullatenus ergo sanctus iste in hac parte a participio premii privatur, cujus ~o sive incitamento rex optimus ad opus tam preclarum perficiendum efficaciter inducebatur J. FURNESS *Walth.* 50.

hortari [CL], **~are** [LL]

1 to urge, encourage (person); **b** (w. *ut, ne,* or *quod*); **c** (w. inf.).

peccatorem .. ad paenitentiam ~atur GILDAS *EB* 36; dulce .. erat ei adolescentes .. jocundis alloquiis ad meliora

~ari ÆLF. *Æthelwold* 20; ortans *Gl. Leid.* 28. 26 (v. exemplum 2b); NECKAM *Ut.* 105, *Ps.*-GROS. *Gram.* 75 (v. dehortari). **b** quidam de contribulibus ~antur patrem ut filius blandis conubii nexibus nodaretur ALDH. *VirgP* 35; ~ati sunt eum ut librum beati Job discuteret BEDE *HE* II 1; ortor ne doleas LANFR. *Ep.* 46 (21); W. MALM. *GP* III 127 (v. decolorare b); se ortantur invicem ut ligent eum MAP *NC* IV 16 f. 58v.; W. CANT. *V. Thom.* I 25 (v. deferre 2d); **s1387** Thomas de Mortuo Mari .. ~abatur ut ascenderet *V. Ric. II* 95. **c** precibus turmas .. / hortantur juvenem suo depromere fatu / qualiter .. ALDH. *VirgV* 1415; ortatus est comites parare se .. *V. Greg.* 86; ~atur reliquas Dominum obsecrare dolentes FRITH. 594; ~atus est suos commilitones unanimiter semper pro libertate patrie se fore congressuros FORDUN *Cont.* XI 28.

2 (*s. pass.*). **b** (impers.).

ubi prius adhuc utrumque emendandum ~ati sunt ab illis *V. Greg.* 88; populus .. [tubarum] clangore ~atus ad bellum EGB. *Pont.* 118; cur moramur foris? ecce ortamur ingredi ÆLF. *Æthelwold* 13; **s1184** episcopus .. ~abatur a suis ut eum a morte liberaret *G. Hen. II* I 315. **b** OSB. GLOUC. *Deriv.* 277 (v. hortatorius 1c).

3 to advocate, urge (w. course of action or sim. as obj.).

si quis ~ari voluerit heresim .. et non egerit penitentiam, .. exterminabitur THEOD. *Pen.* I 5. 5; **680** unitatem .. fidei sectatores psalmista ~atur ALDH. *Ep.* 4; consilium fallax ~ati sunt, ut dolum Guorthigirni cum suo exercitu facerent NEN. *HB* 45.

hortatio [CL], encouragement, advice.

940 (v. frequentativus 2); OSB. GLOUC. *Deriv.* 273 (v. hortatorie); **1240** secundum ~onem psalmiste *Conc. Syn.* 295; sub ortacione *Ps.*-GROS. *Gram.* 59 (v. deprecatio 2b); is namque germani sui dolores egre ferens, .. quedam perpetue salutis hortamenta .. hac illum ~onis voce aggreditur *Mir. Hen. VI* III 88.

hortatiuncula, brief exhortation, word of advice.

OSB. GLOUC. *Deriv.* 273 (v. hortatorie); Margaretam, praemissa pia patris ~a, Comiti Surraeo credit ad Comitem Northumbrium deducendam LESLEY *RGScot* 327.

hortativus [LL], (gram.) hortative.

istius conjunctionis [sc. aut] qualitates sunt multae, modo comminativa, .. modo ~a est, ut: aut tu, magne pater divum, miserere BONIF. *AG* 541; [adverbia] *sume syndon* ortativa, *þæt synd tihtendlice mid ðam we tihtað oðre forð* .. heia .. age ÆLF. *Gram.* 227.

hortator [CL], encourager.

OSB. GLOUC. *Deriv.* 196 (v. hegetor); regi mimus est, matri adulator, patri ~or MAP *NC* V 3 f. 60.

hortatorie, in an encouraging manner.

hortor .. inde hortatorius .. ~ie .. hec hortatrix .. hec hortatio .. unde hec hortatiuncula .. et hic hortatus .. et hoc hortamen .. unde hoc hortamentum .. et hoc hortatorium .. i. monachorum parlatorium OSB. GLOUC. *Deriv.* 273.

hortatorius [LL]

1 **a** hortatory, encouraging. **b** (w. *epistola*) letters exhortatory. **c** (as sb. n.) parlour (mon.).

OSB. GLOUC. *Deriv.* 273 (v. hortatorie). **b** ELMH. *Cant.* 102 (v. blandifluus). **c** OSB. GLOUC. *Deriv.* 273 (v. hortatorie); ~ium, locus ubi hortatur, sicut debet esse monachorum parlatorium *Ib.* 277.

2 goading. **b** (as sb. n.) rod (for punishment).

mulum cui insidebat stimulorum ~iorum crebra percussione vexans NECKAM *NR* II 159; equitaturus .. habeat .. calcaria, sive stimulos ~ios [*gl.*: *amonestables*] *Id. Ut.* 99. **b** *a palmare in the scole*, ferula, ~ium, palmatorium *CathA.*

hortatrix [CL], encourager (f.).

OSB. GLOUC. *Deriv.* 273 (v. hortatorie).

hortatus [CL], encouragement, exhortation.

illos .. accedere ad dominum .. asserit .. quorum ~u matrem ad rogandum novit esse commonitam BEDE *Hom.* II 21. 229; ~u ipsius .. ut hoc opus adgredi auderem provocatus sum *Id. HE pref.* p. 7; **802** juraverunt nullius se hoc ipsum egisse ~u nisi ex impetu stultitiae suae ALCUIN *Ep.* 249; OSB. GLOUC. *Deriv.* 273 (v. hortatorie); Henricus comes .. obtemperans ejus ~ui, preclaram abbatiam .. fundavit J. FURNESS *Walth.* 49; [sanctum] abbas hortabatur [ME: *bet*] ut illud [peccatum] diceret ... tandem .. vix per abbatis ~um [ME: *roping*] illud dixit *AncrR* 120.

hortecaducus, afflicted w. camery or frounce.

equus ~us, *cheval camerus Gl. AN Glasg.* f. 21.

hortensis [CL], grown in gardens, garden-.

ortensis BART. ANGL. XVII 41, *Alph.* 46 (v. 1 crocus 1); arbores .. silvestres magis fructificant quam ~es, sed fructus ~ium meliores sunt quam silvestrium GROS. *Hexaem.* IV 30 p. 159; ortensis BACON XI 230 (v. domesticus 2b); herbam ortensem *VSH* I 95 (v. glastum); ortensis *SB* 22, 25 (v. gladiolus 2c); intybus ~is .. *is called gardine succory* TURNER *Herb. Names* 44; sisymbrium ~e *Ib.* 74.

horticola [LL], gardener.

a gardyner, ortolanus, orticula, ortilio *CathA.*

hortilio [LL *gl.*], gardener.

CathA (v. horticola).

hortilitium [cf. MLLM], garden.

1416 gardinum sive ortalicium jacens ex parte boreali dicte aule continens in se dimidiam acram terre *Reg. Cant.* III 384; **1481** domos .. pro usu et habitacione fratrum eorundem cum .. hostis, ~iis, et aliis necessariis officinis *Scot. Grey Friars* II 251.

hortolagium [cf. cortillagium 2, *infl. by* CL hortus], garden.

a1229 unum cottagium in villa de Egnesham cum ortolagio adjacente *Cart. Eyns.* I 163; **1327** unam marcam argenti .. pro v acris terre et uno ortolagio *CalCh* IV 65.

hortulanus [CL]

1 gardener; **b** (w. ref. to *John* xx 15); **c** (mon.).

advena quidam .. natione transmarinus, opere hortolanus GOSC. *Mir. Iv.* lxxx; ~us, qui plantare appetit herbas prius terrae naturam .. considerat *Simil. Anselmi* 97; OSB. GLOUC. *Deriv.* 274 (v. hortulo); totum profert angulus, / integrum particula, / ortolanum surculus / plantatorem plantula P. BLOIS *Carm.* 19. 1; **1244** terram quam Andreas .. episcopus emit de Willelmo ortalano *Reg. Moray* 113; **s1247** tam agricole quam hortolani .. se spe .. plantularum .. frustratos .. formidabant M. PAR. *Maj.* IV 603; hic ortolanus, A. *gardyner* .. hic ortilanus, *a gardyner WW*; **1434** ortholano de Doun, pro feodo suo .. xiij s. iiij d. *ExchScot* 593; **1538** Johanni M. ortulano castri S. in suo feodo .. unam celdram .. avenarum *Rent. S. Andr.* 19. **b** passurus .. victor a morte resurgere ~us voluit ab ea .. Maria credi BEDE *Cant.* 1174; ~us Mariae, .. plasmator amoenitatis paradysiacae GOSC. *Edith* (II) 48; Magdalena .. putavit hominem visum a se esse hortolanum NECKAM *NR* II 173; apparitionis .. Christi .. Mariam in ortolani effigie compellantis AD. EYNS. *Visio* 7. **c** pauperis cujusdam cenobii est ~us effectus GIR. *GE* II 27; ortolani, qui diebus carnium tempore misericordie de orto celerarii olera colligent *Cust. Westm.* 74; ortolani .. omnes sepulturas mortuorum facere debent *Ac. Beaulieu* 180; mandantes quod nostri messores, parcarii, ortolanii seu gardinarii .. feoda .. non recipiant *Cust. Cant.* 35; **1460** ij ortelani ij d. *DCCant.* DE 30; **1531** Robertus K. ortulanus per annum, v s. *Househ. Bk. Durh.* 22.

2 (as adj., bot.) grown in garden, garden-.

calidius est nasturtium aquaticum .. quam hortolanum NECKAM *NR* II 57; beta est herba communis et ortulana [TREVISA: *a comune herbe of gardyns*] secundum Dyas BART. ANGL. XVII 22; ysopus ortolanus *SB* 10 (v. alaste); allio ortolano *Ib.* 38 (v. alium); apium .. ortolanum *Alph.* 11 (v. apium 1a); elena campana vel enula, ortolana et campana differunt *Ib.* 53.

hortulare, to garden.

1416 in stipendio cujusdam ortulantis per diversas dietas vij d. (*Cellarer's Ac., Bromholm*) *Norf. Rec. Soc.* XVII 86.

hortulo [LL], gardener.

hortus .. inde hic hortulus et hic ~o .., i. horti custos, quod etiam hic hortulanus dicitur OSB. GLOUC. *Deriv.* 274.

hortulus [CL], small garden; **b** (fig.).

respondit frater qui hortuli curam / percepit *Mir. Nin.* 194; xxiij homines ~os habentes *DB* I 158vb (*Oxon*); extra burgum c bord' cum ~is suis reddunt l s. *Ib.* 238rb (*Warw*); †**1091** ortulum unum in eadem villa *Reg. S. Osm.* I 199; OSB. GLOUC. *Deriv.* 274 (v. hortulo); **1440** BEKYNTON I 114 (v. deliciosus 1a); in ortulo .. corvus in .. piro nidificavit STRECCHE *Hen. V* 148. **b** ex ortulis ORD. VIT. XII 47 (v. generatio 10a); ingreminat ventralem ortulum WALT. WIMB. *Carm.* 29; quasi transplantare lilia in ~os suos .. animas viz. diligencium J. FORD *Serm.* 44. 11; eorum [rectorum scholarum ruralium] ~os et agellos ingressi R. BURY *Phil.* 8. 141.

hortus [CL; *also as 4th decl.*]

1 garden; **b** (fig.); **c** (w. ref. to Eden); **d** (w. ref. to *Cant.* iv 12).

presbiter .. peniteat .. ~i holeribus GILDAS *Pen.* 1; fasciculis, quos hortus tempore verno / germinat ALDH. *VirgV* 1583; in orto BEDE *HA* 8 (v. coquina 1b); de pastura Medrediue et de ~is Dovere exeunt ix s. *DB* I 2rb (*Kent*); huic manerio pertinet unus ortus in Langeport reddens l anguillas *Ib.* 92rb (*Som*); **c1158** partem terre circa fossatum per quod naves ascendunt in ~um S. Stephani quam emit ab eo G. abbas *Act. Hen. II* I 270; pomerium cum ~o delectabili GIR. *IK* II 3; accidit autem die quodam ut in ~u sederent amoeni *Latin Stories* 78; hic sibi amenum et incomparabilem ortum paraverat, in quo omnia genera arborum .. plantari fecerat *Arthur & Gorlagon* 6; **1449** concessimus .. decimas terrarum, pratorum, †otorum [l. ortorum], pascuarum *Foed.* XI 234 (= *TreatyR* 131 m. 4); **1504** capellanus .. habebit insuper ortus et pomaria *Reg. Glasg.* 509. **b** H. BOS. *Thom.* II 31 (v. eradicare 1b); descensus Redemptoris / in ortum novi floris / fecundat loculum P. BLOIS *Carm.* 21. 3; si quis deliciarum orto et paradisi celestis .. felicitate perfrui desiderat GIR. *Æthelb.* 1; allegantes non delirant / cum in orto burse spirant / rose WALT. WIMB. *Van.* 38. **c** ALCUIN *Carm.* 69. 1 (v. homo 4). **d** ALDH. *CE* 2. 20 (v. concludere 2d).

2 (in plant-names).

custos orti *Alph.* 47 (v. custos 1e).

3 yard.

ȝeard or ȝord, ortus *PP*; hic ortus, -ti, *a ȝerd WW*; **1468** subcoco pro mundacione ortus et aliarum camerarum iij d. ob. *Cant. Coll. Ox.* II 189; **1470** operanti super tectura straminea duorum *lez swynsties* in orto porcorum *Ac. Durh.* 93; **1532** pro cariagio ij pl' meremii usque ortum carpentarii xvj d. *Househ. Bk. Durh.* 81.

4 *f. l.*

de vino modio j .. casios vj, ova c; pisces et †orto [? l. octo] et ligumen ad sufficientiam ab unoquoque presbitero; et si hoc non reddidissent .. ALCUIN *Ep.* 298.

horula, brief hour, moment; **b** (w. *ad*; *cf. hora* 5b). **c** (eccl.) canonical hour, office said at appointed time.

hora .. inde hec ~a OSB. GLOUC. *Deriv.* 273; si miser es, spera! veniet felicior annis / horula meta malis HANV. VIII 148; latro in cruce .. in ~a [ME: *in an start*] leni verbo consecutus est misericordiam *AncrR* 129; Willelmus Rufus .. occiditur multa flagicia luens una ~a FORDUN *Chr.* V 27; **s1429** tot .. reportans .. laudes .. quot sunt puncta in linea, instantia in ~a, arenuleve in littore maris AMUND. I 272; si abstitisset vecordia, tribus prope ~is favente vento pervassisses BEKYNTON I 103. **b** cum prefato fratre ad ~am nuper per juvenilem imperspectionem modicum digresso, et per compunctionem .. reverso AD. MARSH *Ep.* 195. **c** Maria .. cujus ego ~as .. diebus singulis dicere solebam ALEX. CANT. *Mir.* 52 p. 267.

horuspex [cf. horoscopus 3, *infl. by* haruspex], time- or clock-keeper.

horinspex, horarum inspector, qui et horoscopus et horispicius dicitur OSB. GLOUC. *Deriv.* 277; *orlager, or he that kepyth the orloge*, ~ex .. vel horispex *PP*; *an horlege loker*, ~ex *CathA.*

hosa [ME *hose*]

1 (pl., pair of) leggings, hose, usu. made of leather; **b** (for horse); **c** (in surname).

c1160 concedo .. Johanni pro suo servicio et pro j ~is de xij denariis donando pro omnibus servitiis annuatim *FormA* 178; **1175** unas husas vacce *CatAncD* I A 1770; **1213** in uno pari hoesarum vaccinarum et unius paris parvorum socularium [l. sotularium] ad opus regis ij s. xj d. per manum Willelmi Scissoris *Misae* 236; **c1215** v m. argenti et unas husas duorum solidorum in recognicionem (*Cart. Otterton*) *Mon. Exon.* 251a; **1225** (v. aluta); **12..** excepto uno pare ~arum de aluto et uno pare calcarum deauratorum *IMisc* 19/22; **1292** in emendacione hosearum Manfredi xv d.; item in sotularibus pro eodem xxviij d. *KRAc* 308/15 m. 10; **c1300** lego .. braccas .. et caligas .. item husas de alluta *FormMan* 17; **13..** sutor quidem ocreas sive husas faciat et sotulares pariter varios et multimodos ut allutarius sc. husarios, tantum faciet ocreas et non sotulares (*Nominale*) *Neues Archiv* IV 342. **b** **1270** in panno empto ad husas inde faciendas ad equos domini *MinAc* 768/5 m. 4. **c** Robertum cognomento curtam ~am GERV. TILB. II 20.

2 slipper, shoe.

a pinsone, osa, ~e LEVINS *Manip.* 164.

3 (leather) bottle or cask; **b** (w. ref. to serjeanty; *cf. King's Serjeants* 177–81).

1158 pro *barilz* ferratis et non ferratis et buttis et bucellis et summis et sumariis et ~is magnis et parvis c et xix s. et iiij d. *Pipe* 112; **1160** pro .. ij ~is ad vinum ad opus regine xxx s. *Ib.* 13; **1165** vassella .. pro ~is ad vinum et pro buttis *Ib.* 31; **s1137** facta est discordia magna in exercitu ejus .. propter unam ~am vini quam abstulerat quidam Flandrensis TORIGNI *Chr.* 132; **c1250** pro hugis x vini suavi (*sic*) ij s. W. BERNHAM *Ep.* 18. **b** **1212** H. de S. P. tenet l solidatas in Bray per serjanteriam serviendi de husa *Fees* I 106 (cf. ib. II 862: serjantiam de *la huse*; cf. ib. 1382: serjantiam deferendi unam buzcam plenam vino ad dinerium domini regis; cf. *Hund.* I 12: H. de S. P. tenet .. per serjantiam portandi cum domino rege j buscellum vini).

hosanna [LL < Heb.], hosanna, praise.

laus sit in excelsis tibi, Christe, et ossana [MS: osanna] per aevum WULF. *Swith.* II 258; osanna, i. salva obsecro BACON *CSPhil.* 446; **1293** pro sospitate vestra .. osanna pium cantabimus in excelsis *DCCant Reg.* Q f. 21; Scotorum banna surgunt, clamemus osanna; / Scotos subsanna, Deus, ut clamemus osanna (*Nevill's Cross*) *Pol. Poems* I 42.

hosarius [cf. ME *hosier*]

1 maker of leggings, hosier; **b** (as surname).

1180 j m. . . de gilda ~iorum *Pipe* 72; **1277** domus prima ~ii; domus secunda ~ii *Cart. Osney* III 117; **13..** urbani: .. husuarius sive ocrearius, loremarius, pelliparius et consimiles (*Nominale*) *Neues Archiv* IV 339; husurarius et sutor in coreis bovinis operantur *Ib.* 342; husarios *Ib.* (v. hosa 1a); **1428** tenementum primum ~ii ix s. *Cart. Osney* III 234. **b 1130** Roberto ~io *Pipe* 72; **1185** Laurencius ~ius [tenet] j mesagium pro v s., Algarus ~ius [tenet] j mesagium pro ij s. *Rec. Templars* 15; **1190** Yvo ~ius r. c. de xv m. pro eodem [amerciamento pro Judeis] *Pipe* 69; **c1200** testibus .. Willelmo Husario, .. *Cart. Osney* II 338.

2 (royal) cellarman.

de buteleria: .. ~ii in domo commedent; et hominibus suis unicuique iij d. *Domus Reg.* 132 (= *BBExch* 350, *RBExch* 810).

hosb-, hoseb- v. husb-.

hosella, (pl.) leggings, hose.

1207 xx s. pro ij paribus cirothecarum et pro ij paribus husell' furratis de *gris* et pro iij capellis foratis de *gris Cl* 97b; **c1220** [Godefridus Niger, cordewanarius] dedit mihi quasdam husellas cordewanarias *Cart. Glouc.* I 192.

hosewyva v. huswiva. **hosoetum** v. hussetum.

hospes [CL]

1 guest; **b** (mon.); **c** (transf., of creature).

Polycarpus .. mensam humane ~itibus .. apposuit GILDAS *EB* 75; hospes hospitibus praebens umbracula lecti / dapsilis ALDH. *VirgV* 2516 (v. et. 2a infra); reversus .. ad ~item quem solum reliquerat manducantem *V. Cuthb.* II 2; jussit abunde propinare ~itibus medonem ÆLF. *Æthelwold* 8; *Prov. Durh.* 27 (v. honestus 1a); si aliquis hospitetur aliquem .. potest habere eum tanquam ~item (*Leg. Ed.*) *GAS* 648; a verbo 'hostio' .. ~es .. quod bine invenitur significationis; nam dicitur pro eo qui receperit et pro eo qui recipitur et inde .. hospita .. et hospitor .. unde hospitator, hospitatus, hospitatio, hospitabilis .. et hoc hospicium .. hospiciolum .. et hic hospiciarius .. i. hospicii custos OSB. GLOUC. *Deriv.* 272 (v. et. 2a infra); J. SAL. *Enth. Phil.* 1535 (v. 3 infra); hospites locant lectisternia sua ~itibus OCKHAM *Pol.* I 322 (v. et. 2a infra). **b** erat in eodem monasterio frater quidam .. ~itum ministerio deserviens BEDE *HE* IV 29 p. 278; LANFR. *Const.* 153, SWAFHAM 110 (v. 1 domus 8); ospes *Cust. Swith.* 24 (v. dignitas 7). **c** quamvis agricolis non sim laudabilis hospes ALDH. *Aen.* 34 (*Locusta*) 1; NECKAM *DS* III 48 (v. gobius).

2 host; **b** (to official or soldier); **c** (to foreign or transient merchants).

decepto ab alio .. propheta ut parum quid panis .. sumeret .. dicente ad eum suo ~ite .. GILDAS *EB* 77; ALDH. *VirgV* 2516, OSB. GLOUC. *Deriv.* 272, OCKHAM *Pol.* I 322 (v. 1a supra); per ~item cui se subdiderat, pessimas artes .. adversus illam exercebat *V. Chris. Marky.* 43 p. 114. **b 1255** N. Sampson, forestarius eques, .. hominem .. ad domum Willelmi D., ~itis sui, super .. herciam .. ponens, magnas penas ei intulit *SelPlForest* 20 (cf. ib. 22: Willelmus B., ~es Normani S., forestarii eques); UPTON 140 (v. hospitium 2c). **c 1309** inhiberi faciatis ne qui de [Quinque] Portibus predictis, ~ites vel alii, .. ab hominibus predictis allec, piscem vel alia bona .. contra voluntatem ipsorum et sine certa conventione de pretio ipsis certo tempore solvendo .. capiant (*Cl*) *Foed.* III 163 (cf. ib.: quod .. cum homines de potestate dicti comitis [Selandie] allec .. et alia bona .. ad negotiandum .. ducant .. ~ites sui et alii .. de eadem balliva .. bona .. ab ipsis .. capiant); **1382** nullus ~es Lenne .. habebit plusquam octavam partem alicujus mercandise *RR K's Lynn* II 162; **1440** venerunt ad .. London' .. mercatores extranei ad ibidem mercandisandum; et eidem mercatores se optulerunt coram me .. ad habend' ~ites per me eis assignandos (*KR SubsidyR* 144/45) *RHS Trans.* NS IX 87; **1473** nec existant ~ites alicui mercatori alienigene *Pat* 532 m. 17.

3 innkeeper.

quanta fides sit in hospitiis, inquire viator, / nam res in pretio est vilis ubique fides. / hospes in insidiis sedet hospitibus peregrinis J. SAL. *Enth. Phil.* 1535; cujus fides hospitum / solet esse pignus P. BLOIS *Carm.* 25. 1; **c1250** pensiones domorum .. omnino exsolvantur vel congrua satisfaccio ~itibus prestetur de eisdem *StatCantab* 213.

4 visitor, sojourner, traveller (also fig.).

a795 quid tu, parvi temporis ~es, patriam quaeris in peregrinatione et illam obliviscerls in qua civis conscriptus es in baptismo? ALCUIN *Ep.* 34; ~ites transeuntes PECKHAM *Paup.* 12 p. 107; judicio Dei ibi probati sunt ~ites ubi se incolas reputabant *G. Hen. V* 8; navis .. in sabulo pellitur cogens ~ites si terram vellent aque residuum transvadare *Ib.* 24.

5 customary tenant; **b** (of Hospitallers in Ir.); *cf. espedor*.

c1100 (1332) concedo .. iij ~ites cum terra sua et in Espicewic j ~item *CalCl* IV 283; **1122** (1333) ecclesiam de Henreth et capellam de Baldint' et ~item apud Suhant' *Regesta* p. 345; **c1131** dominatum omnium ~itum, qui Parnis degebant ORD. VIT. III 12 p. 132; **a1153** terram de Longo Campo .. cum Holebusc et ~ite vicino *Act. Hen. II* I 46; **a1158** ex dono comitis M. unum burgensem liberum ad Pontem Audomari; ex dono Henrici de F. unum ~item liberum *Ib.* 168; **1185** ~es noster de feudo regis v s. *Rec. Templars* 98; **1252** liberi ~ites magistri et fratrum milicie Templi in Anglia .. ab antiquo quieti extiterunt de quolibet tallagio *Cl* 170; **1382** iiij ~ites meos piscatores .. ad piscandum dicte Cristiane ad terminum vite sue, capiendo de dictis ~itibus catalla que mihi debentur *Med. Eng. Ind.* 277 n. 3. **b 1290** quod ipse et heredes sui habeant .. omnes libertates quas aliis liberis ~itibus alibi in Hibernia concessimus *ChartR* 76 m. 3; volumus quod .. N. et C. .. gaudeant et utantur omnibus libertatibus quibus alii liberi ~ites per regnum Anglie .. gaudent et utuntur *Reg. Kilmainham* 80.

6 settler (esp. in Welsh Marches).

in dominio est una car[uca] .. et vij ~ites cum j car[uca] reddunt v s. *DB* I 184vb (*Heref*); et iiij bord[arii] et unus ~es redd' ij s. *Ib.* 259a (*Salop*).

hospia v. hippia.

1 hospita [CL], **~us**

1 guest (also fig.).

845 ab ~orum refectione (v. 2 falco 1a); nulli divitum gravis ~a, nulli pauperum .. onerosa *Enc. Emmae* III 12; grata galanga venit hospita ventris ibi GARL. *Epith.* IV 266.

2 hostess; **b** (of an inn). **c** housekeeper; **d** (fig.).

OSB. GLOUC. *Deriv.* 272 (v. hospes 1a); soli pre ceteris hospes et ~a semper astando solicite cuncta perlustrant GIR. *DK* I 10; [heremita] missus est ad domum [illius] et uxorem ... illuc ductus est hospes ab ~a et electis .. quadraginta [pauperibus] introducti sunt ab illis *Id. GE* II 11. **b** Satan per viscera gannit: / quem coluit petulans hujus fit hospita bachans FRITH. 909; de ~a ipsius Londonie .. muliere petulantissima GIR. *Symb.* I 1 p. 208. **c 1235** Alicia ~a ipsius magistri Davidis dicit quod jacuit in quadam camera in domo sua *CurR* XV 1438. **d** contigit ut .. avis .. illa sola, quasi custos et domus ~a, domi remaneret R. COLD. *Cuthb.* 111; sis hospes [Jhesu], mens sit hospita J. HOWD. *Cyth.* 102.1.

2 hospita v. 2 hospitus.

hospitabilis, hospitable.

OSB. GLOUC. *Deriv.* 272 (v. hospes 1a); *hospitable*, ~is LEVINS *Manip.* 3.

hospitagium, corrody, (right of) lodging.

c1200 salvo ~agio meo mihi et heredibus meis super eam [terram] faciendo *Reg. Dunferm.* 161; **1440** reservato omnino nobis dicto ~io seu herbigagio pro illis personis hospicii nostri quos .. nominabimus *Pat* 446 m. 3 (cf. ib.: Georgius Curteys clericus ~ii nostri).

hospitalagium, lodging.

1241 ~ium cum ad eandem villam [canonici] venerint liberam (*sic*) concedentes *Cart. Haughmond* 214.

hospitalaria, ~ium, guest-house (mon.).

seculares .. nobiles sive ignobiles .. persepe Jerosolymam in templo aut in ~io, aliave vite districtioris loca religiosa et longinqua, temporaliter vel perpetuo peregrinaturos ibi destinamus H. BOS. *Thom.* III 24; [Walterus abbas] redditum ~ie de iiij s. ampliavit SWAFHAM 118; ?**1279** religiosi .. omnes et seculares ad vestrum monasterium accedentes in communi ~ia comedant vel in camera abbatisse PECKHAM *Ep.* 610 p. 849; **1285** jus quod habent in hospitalibus et ~iis presentibus et futuris sit monasterii *RGasc* II 273.

hospitalarius, ~aris

1 guest-master (mon.).

s1196 amotus est C. abbas Waverleie a villicacione sua; successit J. ~ius, monachus ejusdem loci *Ann. Wav.* 250; **12..** cum hiis testibus .. fratre Philippo ~io *Reg. S. Thom. Dublin* 249; **1313** R. de D. sacrista, S. de H. infirmarius, et W. de H. hospitelarius domus S. Edmundi *Pat* 138 m. 5; nomina dignitatum clericorum: .. hic hospitelarius, *a hosteler WW*.

2 inmate of hospice.

1557 quod si .. quicunque alter ~ius, vulgariter *beidman*, fecerit .. tunc .. amoveatur *Midlothian* 222.

3 Hospitaller, Knight of the Order of St John of Jerusalem.

c1145 dedi .. xiiij acras .., ita viz. ut hii qui de Hospitali sunt nihil in eis clamare possint, .. sed omnino separatas ab acra quod (*sic*) eisdem †Hospitaliariis [MS: †hospitalibus; ? sc. Hospitalaribus] in eodem campo dedi *MonA* VI 805 (= *Cart. Clerkenwell* 30: hospitalibus, *MS BL Cotton Faust.* B II f. 17); **c1161** quicunque eas [vineas] teneat, sive miles sive burgensis .. sive monacus, sive Templarius, sive ~ius *Act. Hen. II* I 335; **s1179** quod fratres Templi et Hospitalares .. multa presumunt que .. scandalum faciunt in populo Dei (*Decr. Papae*) *G. Hen. II* I 236 (= R. HOWD. II 188: fratres Templi et Hospitalis); **c1190** terram .. monachis .. contra omnes homines et pro omni actione Hospitilariorum warantizabimus *Kelso* 159; de origine Hospitalarium MAP *NC* I 23 *tit.*; **1217** salvis .. episcopis, abbatibus, prioribus, Templariis, ~iis libertatibus (*Magna Carta Hen. III*) *SelCh* 347 (= *Reg. Malm.* I 37: †Hospitalibus); **1227** demandam quam facit Hospitelariis de murdro et auxilio vicecomitis *LTRMem* 10 m. 3; **s1218** ~iorum .. scala .. confracta suos .. precipitavit in flumen WEND II 230 (= M. PAR. *Maj.* III 36: Hospitaliorum); **1230** Hospitilarii Jerusalem *Pipe* 286; **1275** (v. conservator 2c); **1321** si contingat quod Ospitelarii recuperant terras Templariorum *FormA* 138; hi .. congregati ex reliquiis ~iorum sedem sibi statuerunt in porticu Templi Jerosolimitani, qua de re vocati sunt milites Templi HIGD. VII 16 (= KNIGHTON I 125, BROMPTON 1008: Hospitaliorum); **s1187** occisi Templarii et Hospitularii sunt *Eul. Hist.* III 76; **1407** supremus ~ius (v. commendator 1); **1418** pauperum monialium et Hospitularium *Reg. Heref.* 14 (cf. ib. 13: Hospitaliorum).

1 hospitalis v. hospitalarius 3.

2 hospitalis [CL]

1 of or connected w. hospitality.

si pedes ablui permiserint, hospitio suscepti sunt; aque nimirum pedibus oblatio ~is apud hanc gentem est invitatio GIR. *DK* I 10.

2 hospitable.

'~em' [cf. *1 Tim.* iii 3], id si forte casu evenerit popularis aurae potius quam praecepti gratia factum, non prodest GILDAS *EB* 108; fratres [claustri] erant transeuntibus ~es et benigni *Latin Stories* 40; **1428** hospitalitatis meritum in Abraham et Loth satis clare ostenditur, qui quum ~es erant angelos hospicio recipere meruerunt *Reg. Exon.* IV 290 (cf. *Heb.* xiii 2).

3 (as sb. m.) guest-master (mon.).

occurrit prior, ~is, et portarius; ducunt ad oracionem juvenem W. DAN. *Ailred* 7.

4 (*aula ~is*) guest-house (mon.).

1457 pro operacione et preparacione meremii ad edificacionem *lez ilynges* in aula ~i .. operanti super aulam ~em .. iij s. vj d. *Ac. Durh.* 151; **1509** pro operacione et dealbacione in aula ~i .. pro emendacione fenestrarum in aula ~i iij s. *Ib.* 159.

5 (as sb. n. or m.) guest-house (mon.).

in ~em *V. Cuthb.* IV 16 (v. hospitium 4); cum .. saga, quibus in ~e utebatur, in mari lavasset, .. molestia tactus est BEDE *HE* IV 29 p. 278; **s1138** abbatia cum egregio ~i quod fundavit Thurstinus episcopus *Flor. Hist.* II 60.

6 (as sb. n.) hospice: **a** (for poor or infirm); **b** (for lepers).

a 796 xenodochia, i. e. ~ia .. in quibus sit cotidiana pauperum et peregrinorum susceptio ALCUIN *Ep.* 114 p. 169; ut .. des michi stipendia .. ut possim edificare ~e magnum juxta S. Sophiam ubi posint hospitari infirme et peregrine . . . et cepit edificare hospicium *Descr. Constant.* 261; **a1183** sciatis .. me .. fundasse .. ~e quoddam .. ad sustentamentum .. pauperum Christi *Act. Hen. II* II 243; **1279** (v. 1 domus 7c); pauperibus presbiteris .. senio confectis, cecis vel alias corpore impotentibus, ~em [v. l. ~e] constituit *NLA* (*Richard*) II 332; **1368** est .. quoddam ~e .. in quo quidem ~i pauperes carentes hospicio debent hospitari *Invent. Norw.* 24; hoc ~e, *a nospytalle WW*; hoc jus et feodum istud totum .. dedit pauperibus egenis et statuit hoc illis esse ~e *MonExon* 302; **1421** (v. 1 domus 7c); **1506** rentale domus, sive ~is, S. Juliani juxta S. Albanum AMUND. II app. 248. **b** G. COLD. *Durh.* 7 (v. elephantiosus); **1229** rex concessit .. fratribus leprosis ~is S. Margarete de W. quod habeant .. unam feriam apud predictum ~e *Cl* 176; vestes ejus ~i leprosorum distribute COGGESH. *Chr.* 98v.

7 (*domus ~is*) Hospital of the Knights of the Order of St John of Jerusalem: **a** (spec. house); **b** (collect. for Order).

a 1320 domus ~is S. Johannis Baptiste extra novam portam Dublinensem (*Lit. Papae*) *Mon. Hib. & Scot.* 214; **1362** (v. 1 domus 7a). **b 1185** Rogerio de M., magistro domus ~is Jerosolomitani, et fratre Garnerio de N., priore domus ~is in Anglia *Act. Hen. II* II 259; **s1227** (v. 9b infra); **1328** domino fratri Eliano de Villanova, .. sancte domus ~is S. Johannis Jerosolimitani summo magistro, .. *Hosp. in Eng.* 215.

8 (as sb. n.) Hospital of Knights of the Order of St John of Jerusalem: **a** (spec. house); **b** (collect.).

a s1187 milites Templi et ~is .. Saladinus .. decollari precepit W. NEWB. *HA* III 17. **b 1148** Deo .. et S. Johanni Baptiste et .. pauperibus ~is Jerusalem *Cart. Hosp. Essex* 220; **1155** me concessisse .. Deo et fratribus sancti ~is Jerusalem .. donationes terrarum .. *Act. Hen. II* I 98; **1185** ~e de Jerusalem tenet ij s. *RDomin* 22; **1220** querelam dilectorum filiorum prioris et fratrum ~is Jerusalem in Hybernia recepimus *Reg. S. Thom. Dublin* 372; **1284** Ospitalis (v. espedor); **1328** (v. camera 9); **1440** frater R. B., prior ~is S. Johannis Jherusalem in Anglia BEKYNTON I 80.

9 Hospital of St. Lazarus of Jerusalem; **b** (other).

1201 R., frater ~is S. Lazari Jerosolim' *CurR* I 411; **1257** magister et fratres hospitalarii ~is S. Lazari Jerusalem in Anglia *Cl* 130. **b 1219** detulerunt .. fratres

~is S. Jacobi de Alto Passu litteras . . capitulo Sarum *Reg. S. Osm.* I 387; **s1227** habito . . concilio virorum prudentium et precipue domus Hospitalis et Templi ac ~is Alemannorum WEND. II 325; **s1250** relicta . . ~i Theutonicorum . . ac aliis custodia castrorum M. PAR. *Maj.* VI 192.

hospitalitas [CL]

1 hospitality, entertainment of guests or provision therefor; **b** (w. obj. gen.). **c** (*tenere ~atem, cf.* ME *holden hospitalite*) to keep open house.

673 ut . . clerici peregrini contenti sint ~atis munere dato BEDE *HE* IV 5; **718** Abraham propter ~atis misericordiam . . angelorum presentiam suscipere meruit [*Gen.* xviii] (DAN. WINT.) *Ep. Bonif.* 11; **c1148** omnes . . consuetudines . . quas [abbatissa] habebat . . in tempore Henrici regis, sc. ad calefactionem suam et ad ~atem *Act. Hen. II* I 12; ~atis . . gratia, quam sancti ibidem viri . . in peregrinos et advenas . . exercere solebant GIR. *TH* II 40; **1327** propter hujusmodi onerosos et dispendiosos eventus . . nequeunt . . ~ates et alia consueta caritatis opera supportare *Lit. Cant.* I 245; **1428** (v. 2 hospitalis 2); **1518** [inhibemus] ne . . aliquas personas seculares . . in . . monasterio pro ~ate habenda aut bonis . . consumendis . . recipiatis *Form S. Andr.* I 5. **b** **1363** cum . . teneri nequeat . . in dicto hospitali . . ~as leprosorum *Lit. Cant.* II 442; **1404** (v. herbergatio a). **c** qui faciunt eleemosynas et tenent ~atem OCKHAM *Pol.* II 479; **1363** (v. 1b supra); **1410** statutum fuit quod omnes curati manerent in ecclesiis suis hospitilitatem tenentes *Eul. Hist. Cont.* 417; **1424** tanta erat paupertas in clero et presertim inter curatos domi residentes et ~atem tenentes *Reg. Cant.* III 92 (cf. ib. II 313 [**1425**]: hospitalia ~ates tenencia et habencia).

2 inn.

honora sedentem in throno majestatis quem mater natum posuit in praesepio ~itatis ALCUIN *Haer.* 13; **1319** quod communes hospitatores . . sint participes onerum dictam civitatem . . contingencium . . racione ~atum illarum (*Pat*) *MGL* II 272.

3 hospital, hospice (for poor or infirm).

1256 [ecclesia] Omnium Sanctorum juxta ~atem *Val. Nor.* 218 (= *Lib. Mem. Bernewell* 192: hospitale); **1300** redditus ad elemosinariam, ~atem seu infirmitorium vel pitanciariam deputati . . eisdem usibus nullatenus subtrahatur *Vis. Ely* 20; Robertus M. . . ~atem de Brachleye fundavit et dotavit KNIGHTON I 64; **1378** [placea et manerium] que pertinent ad ~atem de Sandyngfeld *IMisc* 214/9 m. 2; **1569** per magistrum ~atis *Scot. Grey Friars* II 208.

4 Hospital of Knights of the Order of St John of Jerusalem.

1198 [nos] statuentes ut hospitalitatis officium et ordo canonicus, qui secundum . . observantiam fratrum domus ~atis Jerosolimitani ibidem esse dinoscitur, . . inviolabiliter observetur (*Decr. Papae*) *Mon. Hib. & Scot.* 214; **s1192** fratrum Templi et ~atis necnon et principum qui cum eo erant usus consilio OXNEAD *Chr.* 85 (= COGGESH. *Chr.* 61: hospitalis); **s1224** rex Philippus . . I^m li. argenti reliquid Templariis Hospitalitatis [v. l. Hospitilitatis] Jerosolimitane . . ad sustinendum . . guerram contra infideles *Plusc.* VII 10 (= FORDUN *Cont.* IX 39: legavit m li. . . templo Hierosolymitano et tantum hospitali ejusdem).

Hospitalius, Hospitaller, Knight of the Order of St John of Jerusalem; **b** (other).

1215 de hominibus Templariorum et Hospitalliorum *RChart* 204b; M. PAR. *Maj.* III 36 etc. (v. hospitalarius 3); terra . . jacet . . juxta terram Ospitaliorum *Reg. S. Aug.* 178. **b** **s1250** exercitus Templariorum, ~iorum Theutonicorum, et fratrum S. Lazari B. COTTON *HA* 128.

hospitamentum [cf. MLLM], (area of) land in which one is entitled to settle, 'cottar's holding'.

1221 Hamon filius Herefridi debet habere totum ~um suum et medietatem pomarii, et aliam medietatem pomarii debet R. de D. habere et escambium ~i in alio competenti loco in tantum quantum ~um continet *CurR* X 198.

hospitari [CL], **~are** [LL], **~iri, ~uare**

1 (intr., of guest) to lodge, stay, reside; **b** (fig.); **c** (by right, custom, or force).

cum . . clericus aliquot diebus apud eum ~aretur BEDE *HE* I 7; hi cum quibus . . ~ando hactenus degui ABBO *Edm. pref.*; rex Æthelberchtus . . ~atur in regia villa Suttun *Pass. Æthelb.* 5; **1121** mercatores . . tam nostrates quam extranei qui in terra S. Petri [*Westminster*] ~abuntur *MonA* I 308a (= *Regesta* 1249); rex . . cum familia et . . exercitus . . per civitates maritimas dietim ~antes DEVIZES 29; **s1252** M. PAR. *Maj.* V 344 (v. caritative); **1319** quod mercatores de Vasconia et alii alienigene in . . civitate ad invicem habitare et ~are possint *MGL* I 143; ante diversas portas circa civitatem unusquisque cum sua acie segregatim ~iebatur FAVENT 12; **1428** uni medico ~anti ad domum Gaynford . . iij s. iv d. *Ac. Durh.* 709. **b** meus . . animus vobiscum non ~atur sed moratur ut jam vicissim ad vos redire non possit qui nunquam discedit J. EXON. *Ep.* 2. **c** **c1111** prohibeo ne aliquis vestrorum ~etur in terra vel domibus episcopi Londoniensis . . donec dirationatum sit si potest ~ari an non (*Breve Regis*) *E. Ch. S. Paul.* 25; **a1135** (v. 2 hostagium 1); **1136** hanc . . consuetudinem sive dignitatem habebant canonici . . ut nullus de familia regis vel de exercitu ejus in propriis domibus canonicorum . . ~etur *Regesta* 975; **1157** [episcopus Cic.] neque ~ari quasi ex consuetudine in . . abbatia [de Bello] . . se posse vel debere protestatus est *Doc. Theob.* 11 (cf. *Chr. Battle* 57v.); **1279** quod nullus forestarius nec vicecomes aut ballivi eorum ~entur ad domos dicti hospitii *PQW* 343b.

2 (trans., of host) to give lodging to, provide accommodation for. **b** (mil.) to billet, quarter. **c** to harbour (criminal). **d** to house (animal). **e** (absol.) to keep an inn.

cum [regina] nocte quadam ~ata fuisset apud abbatissam . . cepit . . insana dicere W. MALM. *GP* III 101; si aliquis ~etur aliquem *GAS* 648; **1155** cum omnibus pertinentibus hospitali ad ~andum pauperes *Act. Hen. II* I 102; **1176** (v. essonia 2); **s1225** cum vidisset virginem quam mater ejus caritative ~averat WEND. II 293; **c1240** dederunt . . ad ~andum fratres minorum . . terram quam habuerunt in parochia *Mon. Francisc.* I 496; **1447** quod nullus officiariorum camere nostre nec hospitator ~etur aliquam personam in mansione *Pat* 464 m. 11; *to harber*, ~ari, ~uare *CathA*. **b** deditas munitiones singulas singulis tradidit ex principibus exercitus et ~ari fecit magnates suos in civitate DEVIZES 31v.; **1284** (v. 1 domus 2d); **s1347** rex Francie cum . . multitudine copiosa et cum mdc vexillis . . per unam leucam ~atus est ab exercitu Anglicano in tentoriis preciosis *Meaux* III 66. **c** **1168** T. de N. r. c. de j m. quia ~atus est wavios homines super assisam *Pipe* 86; **1489** eundem J. felonice receptaverunt, ~averunt, confortaverunt et manutenuerunt, scientes ipsum . . feloniam et murdrum . . fecisse *Entries* 43v.; **1491** nec potest denegare quin ~avit (*sic*) et in hospicio suscepit illos qui illi vulnus letale imposuerunt *Sanct. Durh.* 45; **1517** recepit et ~atus fuit certas personas in hospicio suo . . qui fregerunt unam domum *Ib.* 203. **d** **1324** (v. haerettus b). **e** **1342** dicunt quod J. de C. est communis hospitator et quod ~avit contra assisam *CBaron* 99 (cf. ib. 94: *si soient entre vous nullz herbijores contre lassise*); **1395** (v. hospitator 3a).

3 (refl.) to provide housing for oneself. **b** to quarter oneself.

1070 excepta terra . . quam in mea manu ad me ~andum retinui *FormA* 239; **c1127** me concessisse . . terram de atrio quam . . Hugo ad se ~andum sibi inclusit *E. Ch. S. Paul.* 217; **1225** mandatum est E. Lond' episcopo quod habere faciat G. Eliensi episcopo xl fusta in Kingeswude de dono domini Regis ad se ~andum *Cl* 65b. **b** **s1346** rex . . ~avit se apud Poysi et morabatur ibi die lune *Eul. Hist.* III 209; precipimus . . quod nullus [exercitus nostri] seipsum ~are presumat (*Mand. Hen. V*) UPTON 140; sese . . elegit ante portam . . ~ari *Ps.*-ELMH. *Hen. V* 52 (cf. ib. 20: se . . juxta quandam capellam . . ~ans); **s1399** dux cum exercitu suo . . in palacio episcopi se ~avit AD. USK 25.

4 to store, warehouse (goods).

1230 in . . vinis . . ducendis et ~andis in celario nostro *Pat* 416; **1242** (v. 1 circulare 3a); **s1257** pro licencia habenda ad illam [wisedam] ~andum *Leg. Ant. Lond.* 30; **1270** G. duci fecisset xiiij saccos lane . . ad negociandum . . et illam lanam ~abatur ad domum cujusdam H. T. *Law Merch.* I 9; **1293** potestatem non habet arestandi bona . . ~ata in frontibus *Ib.* 66; **c1300** (v. dischargiare b); **1410** quod nullus manens infra Beverlacum ~aret blada venalia post pulsacionem communis campane *Doc. Bev.* 30; **1424** meremium suum ~atum fuit . . linialiter a summo usque . . ad fundum *Mem. York* II 102; fenum . . et . . blada . . in horreum . . ~are *Entries* 184.

5 to settle (men). **b** to occupy, inhabit (land). **c** to cultivate, farm.

postquam rex W. venit in Angliam sunt ~ati in Hantone lxv Francigenae et xxxj Angligenae *DB* I 52ra (*Hants*); de quibusdam hominibus ibi ~atis habentur c d. quamdiu ipsi voluerint *Ib.* 184va (*Heref*). **b** in burgo Malmesberie habet rex xxvj masuras ~atas et xxv masuras in quibus sunt domus quae non reddunt geldum plus quam vasta terra *Ib.* 64va (*Wilts*); episcopus habet unum manerium. . . non est neque fuit ~atum *Ib.* 252rb (*Salop*); una mansura vacua et altera ~ata *Ib.* II 425 (*Suff*); **a1120** ix ware, sex ~ate, tres vaste; in sex ~atis sedent homines xij *Cart. Burton* 28; **c1162** M' de Dunroden ad ~andum (*endorsement of Ch. Malcolm IV*) *Regesta Scot.* I 30 (cf. ib.: ibunt in Galweiam causa inhospitandi et inhabitandi terram de Dunroden); **c1200** preterea idem G. suscepit prefatum tenementum ~atum *E. Ch. S. Paul.* 87; **1207** vobis mandamus quod secure et in pace nostra illuc [ad Liverpul] veniatis ad burgagia vestra recipienda et ~anda *Pat* 75; **1253** quod omnes vastas terras in terra nostra Hibernie ~ari faciatis *Pat* 64 m. 14. **c** A. tenet de W. terram ad unam car' . . in Storgetune. jacuit in pastura. modo noviter est ~ata *DB* I 29rb (*Suss*); **1102** (v. essartare a); **c1175** (14c) totum pratum tam ~atum quam non ~atum quod est sub habitaculo earundem monialium *CalCh* IV 26.

6 to build, construct. **b** to build on. **c** (p. ppl. as sb. n.) building.

1189 contigit quod ij vicini voluerint ~are inter se de lapide (*Assisa Aedific.*) *Leg. Ant. Lond.* 207 (= *MGL* I 321); temporibus antiquis major pars civitatis ~ata fuit de ligno *Ib.* 210 (= *MGL* I 328). **b** **1196** illam terram potest claudere et arare et ~ari quia pars illius terre aliquando assingnata fuit ad mesagium *CurR* I 27; **1201** monachi de Holkoltram r. c. de iij m. pro tribus acris ~andis de grangiis suis in communi pastura sua *Pipe* 255; **1213** quod permittas magistrum [*sic* MS] Milicie Templi . . et fratribus aperire baium molendini sui . . quod de voluntate sua obstruxerint vel illud ~ari vel inde facere commodum suum prout voluerint *Cl* 159a; **1234** rex concessit Thome de C. quod . . ~ari faciat terram suam ex una parte strate regie . . sicut terra abbatis . . est ~ata ex alia parte strate *Cl* 478; **a1248** recepit . . dictam terram ~atam [cum domibus et pertinentibus] precio unius marce, de qua ipse vel heredes . . respondebunt si dictam terram inhospitatam vetustate vel proprio igne vastatam dimittere voluerint *AncD* A 1938; quicunque fuerit novus burgensis factus de terra vasta et nullam terram habuerit ~atam [Sc.: *herberyt*] in primo anno potest habere *kirseth* et post unum annum ~abit terram suam [Sc.: *he sall haf herberyt lande and byggyd*] *Leg. IV Burg.* 27. **c** **a1217** de redditu suo in feudo et de lapideo ~ato de singulis libris xij d. (*Sacramentum Ciste*) *EHR* XVII 510.

hospitarius

1 guest-master (mon.).

cellararius et ~ius . . serviunt hospitibus W. MALM. *GR* IV 336; **c1195** pro tribus marcis reddendis apud grangiam . . grangerio vel ~io ejusdem loci *Cart. Sallay* 27; frater Walterus . . conversus ~ius J. FURNESS *Walth.* 57; oportet ~ium cum hospitibus . . habere colloquium *Obs. Barnwell* 192.

2 inmate of hospice.

c1520 ~iis hospitalis beate Marie infra canoniam in pane et argento vj s. *Reg. Aberd.* II 208.

3 Hospitaller, Knight of the Order of St John of Jerusalem.

~ii inceperunt [A.D.] MCXX *Eul. Hist.* I 438.

hospitatim, from house to house or (?) *f. l.*

post multas hospitatim [? l. ostiatim] perquisiciones tandem . . reperit hominem quem optaverat GERV. TILB. III 31.

hospitatio

1 lodging (received by guest). **b** corrody, (right of) lodging.

OSB. GLOUC. *Deriv.* 272 (v. hospes 1a); in ecclesia cathedrali Trecensi que tunc regi, sue ~onis pretextu, quasi ecclesia parochialis fuerat *Ps.*-ELMH. *Hen. V* 92; **1442** quoad ~onem in domibus predictis *Entries* 401. **b** **1156** reddidit illam [terram] . . canonicis . . quietam . . ab sua suorumque ~one *E. Ch. S. Paul.* 199; Menevensis antistes, qui circuitionis et ~onis per Angliam et Walliam nimis assidue gravem cum scandalo notam incurrit GIR. *JS* 7 p. 351; nec ~onibus trutannicis nec extorsionibus tirannicis subditos affligat *Ib. sup.* 150.

2 hospitality, entertainment (provided by host). **b** (mil.) billetting.

1321 Michael D. . . hospitabat . . virum mendicum cum una muliere. . . plegii Michaelis D. pro sua ospitacione Ricardus G. et Walterus filius J. *SelCCoron* 74; **1457** (v. alimentatio); **1466** convicta est . . de frequenti ~one scholarium per noctes quasi continuas in domo sua *MunAcOx* 718. **b** **s1380** vastata fuit pene provincia . . nostri exercitus ~one WALS. *HA* I 446.

3 lodgings, residence.

ad hoc manerium pertinuerunt TRE . . lij masurae et modo non sunt nisi xxv, quia aliae sunt destructae in nova ~one archiepiscopi *DB* I 3va (cf. *VCH Kent* III 212: '*new residence*').

4 storing, warehousing.

13.. blada sua . . in civitate hospitare possunt et vendere in hospitiis et granariis suis per xl dies a tempore ~onis predicte *MGL* I 487; **1389** quod . . canonici habeant . . domos . . pro custodia et ~one bonorum et catallorum *Pat* 325 m. 1; **1405** quod . . haberent omnia domos et edificia maneriorum predictorum pro custodia et ~one bonorum et catallorum suorum *Cl* 254 m. 1; **1410** de ~one bladi venalis *Doc. Bev.* 30 *tit.*

hospitator [CL = *guest, lodger*]

1 one who provides temporary accommodation: **a** (to foreign merchants); **b** (to soldiers).

a **1269** de ~oribus extraneorum et receptoribus malorum *CBaron* 71. **b** **s1347** cum quorum [sc. regis et exercitus Francie] ~oribus Anglici primitus conflixerunt *Meaux* III 66.

2 (royal) harbinger, procurer of lodgings for court.

1326 A. de L., serviens ~or hospicii domini regis *MGL* I 303; **1328** R. de B. vallettus et ~or dextrariorum regis *Cl* 147 m. 17d.; **s1388** dominus J. S., miles et ~or regis *Chr. Kirkstall* 128; **1398** T. S., ~or hospicii nostri *Enr. Chester* 71 r. 37; **1404** (v. herbergatio a); **1435** dilecti servientis nostri Johannis R. clerici ~oris hospicii nostri *Cl* 285 m.

12d.; **1447** (v. hospitari 2a); **1457** officia militis ~oris hospicii nostri ac magistri et gubernatoris nostrorum *henchmen Pat* 484 m. 2.

3 innkeeper, hosteller; **b** (as epithet of St Julian). **c** harbourer (of criminal).

OSB. GLOUC. *Deriv.* 272 (v. hospes 1a); **1319** (v. hospitalitas 2); **1342** (v. hospitari 2e); **1367** secundum legem .. regni .. ~ores qui hospicia communia tenent ad hospitandum homines per partes, ubi hujusmodi hospicia existunt, transeuntes .. eorum bona infra hospicia .. absque distraccione .. custodire .. teneantur *SelCKB* VI 152 (cf. *Entries* 404v.); **1371** T. B. est communis hospitator, oxionator et .. vendidit .. cervisiam contra assisam *SessPLincs* I 158 (cf. auctionator a); **1395** omnes ~ores Notingham' hospitant contra assisam *Rec. Nott.* I 270; **1408** R. M. est communis ~or contra assisam, sc. [hospitat] *dysers* .. Juliana B. est communis ~or (*sic*) contra assisam, sc. [hospitat] latrones et meretrices *Ib.* II 62. **b** ego sum Julianus ~or qui missus sum propter te COGGESH. *Visio* 6. **c 1499** H. C. .. *glover* .. est communis receptor et ~or .. briberorum cum bonis alienis per ipsos injuste captis *Rec. Nott.* III 56.

hospitatrix, (f.) harbourer (of criminals).

1275 inposuit super eam [Matildam] ipsam fuisse ~icem latronum et non erat *Hund.* I 478.

hospitatura, (place of) lodging.

1441 officium contrarotulatoris operacionum nostrarum .. cum mansionibus et ~is predicto officio assignatis *Cl* 291 m. 6.

hospitelarius v. hospitalarius.

hospitiarius [LL *gl.* = *innkeeper*], guest-master (mon.).

OSB. GLOUC. *Deriv.* 272 (v. hospes 1a); ?**1166** Isembardo priore .. Herberto ~io *Act. Hen. II* I 410; superflue expense in domo hospitum per incuriam ~ii BRAKELOND 146v.; [Samson abbas] deposuit celerarium et ~ium et alios duos monachos substituit habentes nomina subcelerarii et ~ii *Ib.*

hospitilarius v. hospitalarius.

hospitiolum [CL]

1 modest lodgings; **b** (fig.).

quidam piscator .. diu errans per devia aequorum .. tandem .. ad consuetum rediit ~um F. MALM. *V. Aldh.* 81C; OSB. GLOUC. *Deriv.* 272 (v. hospes 1a); [heremita] rediens ad ~um vacuus *Lib. Landav.* 4; c**1250** capellanus ~um habet prope cimiterium in fundo ecclesie *Vis. S. Paul.* 21; cum ita sim pauper ut nec ospitiolum [v. l. hospiciolum] quod meum sit habeam PECKHAM *Kilw.* 125. **b** c**1155** si latores presentium familiarius inspexeritis, multarum magnarumque virtutum parvum ~um in altero poteritis admirari J. SAL. *Ep.* 28 (50); anime non ante creantur ut post ~o inducantur PULL. *Sent.* 733A; ille [sc. Christus] .. tam amplum habens hospitium in artum ~um, sc. intemerate virginis uterum, intrare dignatus est ALEX. BATH *Mor.* IV 51 p. 148; tanta .. virtutis modestia tui cordis ~um preditum esse *Mir. Hen. VI* I *prol.* p. 7; apes .. ad carpendum melliflui roris materiam .. prata .. circumvolant quo .. sua .. ~a mellificando instaurent *Ib.* II 56 p. 144.

2 small guest-house; **b** (mon.).

vix ~o uno donatur horridulus comes J. SAL. *Pol.* 678A. **b** ~um fratrum BEDE *CuthbP* 20; s**946** senes [monachi] in suum ~um tam nobilem hospitem [sc. Turketulum] .. suscipientes, omnia victualia que habebant .. pro domini sui cena preparanda .. offerebant *Croyl.* 30 (cf. ib.: oratoriolum).

hospitiri v. hospitari.

hospitissa, hostess, housekeeper.

1223 ~e domini regis *Cl* 566a; **1225** debent omnes homines ville .. venire ad precariam preter ~as domorum ad cibum prioris *CurR* XII 985; **1378** omnes .. qui terras tenent .. tres precar' facient .. preter ~am ad quam iiij jurati .. erunt messores (*Rentale*) *Hist. Newc.* 594; **1390** ~e domini ibidem pro *belechere* pro tempore quo dominus stetit ibidem *Ac. H. Derby* 41.

hospititare [cf. hospitari], to give lodging to.

c**1300** F. de G. in misericordia quia ospicitavit extraneos per tres noctes et amplius *FormMan* 20.

hospitium [CL]

1 hospitality, entertainment of guests. **b** (right to or duty of) procuration. **c** (right to or duty of) corrody.

benigno vos ~io recipere .. curamus BEDE *HE* I 25 (cf. *Judges* xix 15: eos recipere ~io); **1131** infra muros civitatis nullus hospitetur .. de mea familia .. nisi alicui ~ium liberetur *SelCh* 129; nondum aliquid de imperatore suspicabantur sinistrum, quippe qui voluntarius eis praebuisset ~ium ORD. VIT. IX 6 p. 493; Paris .. ~io susceptus adulterium commisit ALB. LOND. *DG* 3. 8; **13..** cum subeunt hospicium / cujusdam patriote / vel abbathie note, / quo potus et cibaria / et cuncta necessaria / eis dentur devote *Pol. Songs* 228. **b** ut .. pro debita consuetudine, duarum preparent [clerici] in ecclesiarum possessionibus ~ia noctium *Chr. Battle* f. 95v.; **1190** (v. honorifice 2a); s**1199** ut .. ecclesia de Lundors libera sit et quieta a conrediis et ~iis (*Lit. Papae*) *Cart. Lindores* 107; **1222** forestarii foreste de F. exigunt ab ea ~ia et alia que facere non debet nec solet *Cl* 489; **1280** quieti .. erunt [homines abbatis] de ~io nostro annuo et debito, excepto eo quod, quocienscunque ibi venerimus, invenient nobis sal, stramen et fenum sine compoto *Cart. Rams.* II 245; [episcopus Eliensis W. ob. 1197] nomine sue legacionis cum excessivo numero ~ia a cunctis per Angliam exegit monasteriis: minores .. domus, que pondus ~ii ferre non poterant, certa summa, i. e. viij vel v m. ~ia redemerunt BROMPTON 1193. **c 1199** ~ium vel herbegariam (v. herbergaria 2); s**1251** nec jam civilis habebatur hos[pes], qui regi et regalibus ~ia cum procurationibus splendidis exhibuisset, nisi muneribus .. regem .. honoraret M. PAR. *Maj.* V 199; **1335** cum W. de C. dederit .. per cartam suam .. filio suo .. libera ~ia sua de Haldecambehouse *RScot* 352a.

2 (temporary) lodgings; **b** (fig.). **c** (mil.) billet, quarters.

[Vortegirnus] quasi tristis secessit ad ~ium suum ipsosque potantes in aula deseruit G. MON. VI 7; **1182** pro locanda domo ad cambium et ospicium cambitoris *Pipe* 128; veniens .. peregrinus quasi ex itinere fessus ~ium sibi pro Deo peciit MAP *NC* II 14 f. 27v.; s**1251** cum abbatibus, prioribus, clericis, et viris satis humilibus ~ia quesivit et prandia M. PAR. *Maj.* V 199; concessimus .. eidem capellano .. sufficiens et honestum ~ium in curia elemosinarie nostre cum capellanis et clericis nostris ibidem commorantibus *Lib. Mem. Bernewelle* 96; **1301** H. R., clericus, obiit in ospicio suo *DocCOx* 160; **1414** (v. dispersim); s**1461** dominus Edwardus .. per Coventriam London' reversus est, apud Lambythe ~ium eligens *Compilatio* 174. **b 801** tempus adpropinquat, quo hoc ~ium deserendum est et ignota appetenda ALCUIN *Ep.* 226; recedat veritas, que parit odium, / et extra climata querat hospicium WALT. WIMB. *Sim.* 40. **c** Francos milites .. suscepit, opulenta illis in urbe ~ia delegavit ORD. VIT. IX 11 p. 563; cepit .. ~ia Francorum circa sui regis ~ium DEVIZES 31; volumus ut quantum ad ~ia pertinet omnes indifferenter nostro hospiti generali obediant .. item, si contingat aliquem in suo ~io vel extra invenire aliqua victualia, volumus ut .. (*Mand. Hen. V*) UPTON 140.

3 inn, place of entertainment.

titulum ponens equitabat ab inde / hospitium veniens quo tenderat ALCUIN *SS Ebor* 324; **11..** ~ium, *gesthus WW*; **1220** quedam femina in ~io habuit vj d. pro ferenda aqua ad equos *CurR* VIII 269; cum ventum esset ad ~ium, domos tocius diversorii jubebat lustrari a presbitero cum aqua benedicta W. MALM. *Wulfst.* III 5; **1411** ~ium in villa vocatum *le Chekere* de novo totaliter constructum *Lit. Cant.* III 116; **1451** apud caput ~ii vulgariter nuncupati *the Kyngys Hede MunAcOx* 615; **1462** nullo ~io publico infra precinctum Universitatis Oxonie pindatur panis equinus *Ib.* 695; **1472** concesserunt .. tenementum sive ~ium .. de *le Pyke Deeds Balliol* 126; *an inne*, hosspicium *CathA*; **1514** (v. hostelarius 2a).

4 (mon.) guest-house.

quidam .. frater .. trans mare veniens usque ad nos in hospitalem [v. l. hospitalitate] susceptus est, quem manentem in ~io gravis infirmitas arripuit *V. Cuthb.* IV 16; omnia .. humanitatis officia in ~io [AS: *on cumena huse*] pater ipse .. vel fratrum quilibet .. praebeat *RegulC* 63; immoderata convivia in ~io prioris per assensum prioris et celerarii BRAKELOND 146v.; s**1238** in regali ~io episcopi Dunelmensis ubi solito hospitabatur [legatus] M. PAR. *Maj.* III 484; **1376** in vasis, viz. in mel', chiphis, et discis, et platellis, pro ~io vij d. ob. *Ac. Obed. Abingd.* 29; **1446** in vj quart. et dim. salis .. emptis .. pro expensis ~ii *Ac. Durh.* 630; **1465** (v. albificatio); **1524** reparaciones .. in stabulis hostillarii et hospecii *Ac. Durh.* 161.

5 hospice, hospital (for poor or infirm); **b** (w. ref. to St Julian).

c**1125** sunt xiij lazari et iij servientes eorum in ~io *Chr. Peterb.* 168; **1185** leprosus .. habet sustentationem in ~io *RDomin* 53; c**1185** hec dedi .. ad opus ~ii pauperum abbacie de W. *Cart. Wardon* 87v.; **1200** in elemosinam ~ii de S. Lazaro *CurR* I 203; **1242** Margeria .. ponit loco suo Johannem .. versus priorem Novi ~ii extra Bysschopesgate de placito terre *Ib.* XVII 387; **1514** apud ~ium S. Johannis Baptiste *BB Wint.* 125. **b** [peregrini] inveniunt ~ium [ME: *in*] beati Juliani quod itinerantes diligenter inquirunt *AncrR* 135.

6 Hospital of Knights of the Order of St John of Jerusalem.

1290 (v. 10b infra).

7 hostel, hall of residence: **a** (acad.); **b** (inn of court).

a 1214 scholaribus Oxonie studentibus condonetur medietas mercedis ~iorum omnium locandorum clericis in eadem villa *MunAcOx* 1; **1290** (v. dehospitari a); c**1350** omnes resumentes in quacumque facultate .. in ~iis magistrorum debent supplicare *StatOx* 37; s**1355** scholares ad ~ia sua fugerunt AVESB. 124 (cf. ib.: ingredientes singulas cameras ~iorum hujusmodi plures .. scholares interfecerunt); **1452** mediator inter scholares de ~io *Pekwadir* et scholares de aula S. Edwardi *MunAcOx* 734. **b** sunt .. x ~ia minora et .. plura que nominantur ~ia cancellarie .. non nisi nobilium filii in ~iis illis leges addiscunt FORTESCUE *LLA* 49; **1480** fuit de ~io de *Clements Inne* .. extra barram Novi Templi *Entries* 108; fuit unus sociorum ~ii de *Greys Inne Ib.* 357; **1509** dat' in ~io apud Vetus Templum London (*Vis. Dorchester*) *EHR* IV 313.

8 dwelling, house. **b** residence for occasional use in town. **c** other building. **d** (fig.).

venientes in provinciam intraverunt ~ium cujusdam vilici BEDE *HE* V 10; vir fuit in populo largus pergentibus hospes, / saepius hospitium cujus intrare solebat / egregius praesul, partes dum venit in illas ALCUIN *WillV* 19 2; sunt homines reddentes x s. et viij d. pro suis ~iis *DB* I 184va *Heref*); **1255** W. le C. .. invenit unum damum mortuum et detulit illum .. ad ~ium suum *SelPlForest* 33; **13..** quilibet manens in magnis ~iis habeat unam scalam vel duas ad ignis periculum evitandum *MGL* I 258; **1426** ~ium quod heredes J. de F. .. inhabitant una cum *la trave Foed.* X 363; *Ib.* (v. burdegalium); **1449** ~ium tenente, A. vocato *a housholder* (*Lit. Hen. VI*) *MS PRO* E. 179/242/126 (1). **b** rex [Will. I] .. ~ia quoque apud Lundoniam et Wintoniam delegavit *Chr. Battle* 25; c**1150** dedi .. villam de Chaingeham .. et ~ium meum Oxenfordie ad predictam villam pertinens *Mandeville* 232; s**1239** [comes] ad ~ium suum in civitatem remeavit M. PAR. *Maj.* III 523; **1328** (v. discludere 2b); s**1381** properantes Saveyam, ~ium ducis Lancastrie WALS. *HA* I 457; **1405** datum in ~io nostro Londonie *RL* II 25; **1417** lego Roberto K. civi Londonii totum ~ium meum apud Baynardiscastell' *Reg. Cant.* II 124. **c 1340** custodis prison' et pesag' stanni et ~ii vocati *blowynghous MinAc* 816/12 r. 3 (*Cornw*). **d 944** in mentis suae ~io (v. deificus b); [anima] cum ~ium suum [corpus] extricaret ADEL. *QN* 43 (v. 2 extricare d); [compassio] mee mentis hospicio / transpenetra cor gladio J. HOWD. *Cyth.* 35. 7.

9 household: **a** (royal); **b** (eccl.); **c** (var.).

a 1227 concessimus Willelmo Avenel, marescallo de ~io fidelis nostri .. A[lexandri] .. regis Scottie *Pat* 120; **1255** dictus R. est de ~io domini regis *SelPlForest* 33; **1260** ad expensas ~ii regine acquietandas *Cl* 112; **1335** domino Johanni de B., militi, senescallo ~ii domine regine *Ac. Durh.* 530; in rotulo scaccarii ~ii regii W. SAY *Lib. Reg. Cap.* 56; **1450** testibus .. Patricio, domino *le glammis*, magistro ~ii nostri (*Ch. James II*) *Inchaffray* 144. **b 1315** pro frumento, braseo, prebenda, allece, et *dogdrave*, et aliis necessariis pro expensis ~ii nostri providendis *Reg. Durh.* II 757; **1335** in donis datis diversis de ~io et familia episcopi *Ac. Durh.* 530; **1361** expense ~ii domini prioris *Ib.* 564; **1446** T. H. senescallus ~ii domini episcopi *Ib.* 85. **c 1196** salvis duabus bidripis .. prima viz. cum omnibus hominibus de ~io suo et terra sua operantibus, secunda cum uno solo homine *Fines RC* I 3; **1221** fuit de ~io comitis Gloucestrie .. et ideo ad judicium de comite *PCrGlouc* 56; **1295** receptor ~ii comitisse reddit compotum suum .. in expensis ~ii comitisse .. *DL MinAc* 1/1 m. 14d.; **1356** domino J. B. garderobario ~ii domini in diversis victualiis *Crawley* 273; **1417** lego [sc. dominus de Berkley] cuilibet capellano ~ii in domo mea x m. .. cuilibet generoso ~ii in domo mea c s. .. cuilibet valetto ~ii in domo mea xl s. *Reg. Cant.* II 124; **1504** thesaurario ~ii domini *Crawley* 496.

10 (form of tenure); **b** (Ir., spec. of Hospitallers).

H. filius B. habet iiij mansiones .. et xxviiij minuta ~ia .. B. de T. habet .. viij mansiones ad ~ia .. O. habet .. xij mansiones in ~ia .. O. balistarius habet iij mansiones .. et j ~ium *DB* I 298rb (*Yorks*). **b 1290** inspeximus cartam quam .. prior Hospicii S. Johannis in Hibernia et fratres ejusdem Hospicii fecerunt .. de quadam domo que vocatur liber hospes (*sic*) .. habita .. concessione .. quod predicta domus liberum esset ~ium *ChartR* 76 m. 3; tenementum .. in villa Kilkennie quod .. fuit liberum ~ium nostrum *Reg. Kilmainham* 79.

hospituare v. hospitari. **hospitularius** v. hospitalarius.

hospitulum, Hospital of the Knights of the Order of St John of Jerusalem.

1275 (v. 1 chevagium 2).

1 hospitus v. 1 hospita.

2 hospitus [cf. CL *adj.* hospita], hospitable: **a** (of place); **b** (of abstr.).

a hospita tecta ALCUIN *Carm.* 100. 3. 1 (v. frigidus 3). **b** nemo vestrum gaudio fruitur in prandio aut cena nisi ars mea [sc. salinatoris] hospita ei fuerit [AS: *buton cræft min gistliðe him beo*] ÆLF. *Coll.* 97.

hossocus v. hassocus. **hossum** v. ossum. **host-** v. et. ost-. **hostacius** v. hostagius. **hostadia** v. 1 hostagium.

hostagaria [Prov. *ostagaria*, OF *ostagerie*], hostageship.

1255 mandamus .. quatinus Rostandum de M. quamdiu in ostagaria nostra fuerit non distringatis super debito in quo tenetur .. comiti Leycestrie et quod Rostandus possit de bonis suis, quamdiu in ostagaria fuerit, pro suis necessariis obligare *RGasc* I sup. 54.

hostagiamentum [OF *ostagement*]

1 hostageship.

1313 requirimus .. quatenus .. obsides [piratarum] .. jubere velitis ab ostagiamento hujusmodi liberari

dictamque securitatem relaxari penitus et dissolvi *Cl* 130 m. 7*d.*; **1317** cum Petrus de S. M. . . in ~o pro . . Henrico . . infra castrum de Mitford' detentus extitisset, . . precipimus quod si predictus Petrus invenerit tibi sufficientes manucaptores . . de capiendo eundem Petrum . . interim supersedeas *Cl* 135 m. 13.

2 giving or taking of hostage instead of another captive. **b** ransoming.

1287 cumque tractatum . . super reformacione pacis . . videretur . . non posse compleri nisi per liberacionem seu ~um nobilis viri domini Karoli, Salern' principis, . . tractatum extitit . . quod prefatus princeps liberaretur a carcere seu hostagiaretur *TRBk* 275 f. 111. **b 1298** cum . . concordatum fuerit . . quod omnes capti hinc inde hostagientur ac . . dominus Johannes de S. J. captus in carcere . . regis Francie teneatur, . . nos, . . considerantes . . quod pium sit . . pro ~o et liberacione ipsius bona monasterii exponere . ., presertim cum ad ~um et liberacionem sue non suppetant facultates, . . obligamur nos . . in ccc m. (*Chanc. Misc.*) *Hist. Glouc.* I lxxxii.

hostagiare [AN *hostager*, OF *ostagier*]

1 to give (person) as hostage.

1255 concedimus . . quod nullus eorum [burgensium] ostagietur sive de villa nomine ostagii extrahatur, quamdiu facere voluerit jus vel firmare valebit *RGasc* I sup. 13 (= *CalCh* I 448: hostagietur . . hostagii).

2 to release from captivity: **a** (by taking of hostage instead of another captive); **b** (on bail); **c** (on receipt of ransom).

a 1287 (v. hostagiamentum 2a). **b s1194** illi prisones quos rex Francie habet †ostigabuntur per securitatem quam obtulerunt, si predicto regi placuerit R. Howd. III 260; **1199** (v. grantum 2); **1207** prohibemus . . ne quis appellatus de morte hominis replegietur vel in custodiam tradatur vel ostagietur nisi per speciale preceptum nostrum *Pat* 76b. **c 1298** (v. hostagiamentum 2b); **1298** (v. hostagiatio).

hostagiatio, ransoming.

1298 cum in ultima sufferencia . . sit actum ut ea durante capti hinc inde ostagientur, quod per regem Francie non fuerit servatum, et secundum formam ostagiacionis condictam pace reformata debeant liberari, . . requirunt . . nuncii quod dictos captos . . faciat liberari *DipDocC* 29/4/3.

1 hostagium [AN, ME *hostage*, OF *ostage* < *obsidaticum; *pl. form* ostatica *by etym.*; *pl. form* hostadia *by erron. etym., infl. by gage* < vadium]

1 pledge, surety.

1177 W. de C. r. c. de xl m. pro ostagio Jordani de Waltervill' *Pipe* 95 (cf. ib. [**1175**] 44: pleg' Jordani de Waltervill' qui fuit utlagatus; *but* cf. hostagius b); **1254** nomina civium Burdegalensium qui juraverunt pacem et ~ium Burdegale *Cl* 319; **1254** si occasione . . obligacionis, quam vos . . nobis fecistis vel alii tenendi ostatica, vel solvendo . . vel gravamen aliquod patiemini illud totum subtrahatur de debito (*Pat*) *RGasc* I 464; **1254** hostadia . . dentur [pro pace] *Ib.* I sup. 38.

2 **a** (of things) lying in pledge. **b** (of persons) hostageship.

a 1265 castrum . . quod Edwardo . . una cum . . aliis castris . . commisimus tradenda in ostagium tam pro ipso quam pro pace in regno nostro tenenda *Cl* 43; **1272** Ricardus castrum suum . . et Edmundum filium ejus tradidit in ostagium, tali . . condicione quod veniret . . ad certum diem . . ad reddendum se prisone nostre *Cl* 462. **b s1222** propter . . paccionem tenendam here Jerusalem . . et alii divites in ~io remanserunt M. Par. *Maj.* III 68; **1252** multi . . burgenses nostri occasione ~ii extra villam fuerunt ejecti. . . in quo ~io quidam burgensis . . in patria extranea est mortuus *RL* II 72; **1255** (v. hostagiare 1); **s1317** quosdam . . liberabant et quosdam ad plenam pecuniae solucionem in ~io dimittebant Trokelowe 100; **s1353** dominus Carolus fecit venire . . ij filios suos et j filiam suam ut in ostagium dimitteret eos, dum iret . . pro . . redempcione sua providenda Avesb. 122v.; **s1436** (v. 2 deliberatio 1a).

2 hostagium [OF *ostage*, ME *hostage* < hospitagium]

1 (tenant's) duty to provide lodging.

a1135 prohibeo ne aliquis vestrum [marescalorum] hospitet in Wateleia . . quia clamo eam [terram] quietam de ~io pro anima patris mei et matris mee (*Ch. Hen. I*) *Chr. Abingd.* II 81 (cf. *Regesta* 961); **12..** has terras ego et heredes mei acquietabimus erga regem de scutagio et ~io et omni auxilio et alio servicio ad regem pertinente preter murdrum (*Cart. S. Alb.*) *MonA* III 365.

2 (landlord's) right to lodging, corrody.

a1199 dedi . . Godefrido de W. mesuagium . . salvo meo ~io *Reg. S. Thom. Dublin* 488.

hostagius [AN, ME *hostage*, OF *ostage* < *obsidaticus], hostage: **a** (person held captive in stead of another); **b** (person held as surety for performance of agreement, treaty, or sim.).

a a1110 ipsi quos ipse Lodovicus in conventione nostra mihi ~ios ex parte sua posuit (*Lit. Regis*) *PL* CLIX 247B; **1204** precipimus . . quod recipias hostacium [MS: hostac'] Henrici A. et hostacium Willelmi de K. et . . illos salvo custodiri facias *Cl* 162; **1405** in quadam pretensa causa injuste occupacionis et detencionis . . Alphonsii, ~ii pro quodam comite de D., nuper prisonario et captivo *Pat* 374 m. 25. **b 1179** Henricus de L. V. r. c. de ij m. pro plegio ostagiorum Jordani de Waltervill' *Pipe* 34; **1196** comes Leecestrie et omnes prisones et ~ii prisonum hinc inde . . liberabuntur *DipDoc* I p. 18; **1200** nos [sc. rex Franciae] . . et predicti ostagii [MS: obstagii] hec omnia . . firmiter et fideliter observanda juravimus *Ib.* p. 23; **1254** constituimus fidejussores nostros Willelmum A. . . et Petrum B. . . qui statim elapso termino reddent se ostagios apud Miremandam, nec villam egredientur . . donec . . mercatori . . plenarie fuerit satisfactum (*Pat*) *RGasc* I 327; **1284** pro retonsione panni ad robas xxvij ~iorum de Angles' [*Anglesey*] . . . . . pro expensis dictorum ~iorum morancium apud Conewey . . *KRAc* 351/9 m. 7; Roberto de D. et Johanni de D. euntibus ad conducendum ~ios Wallenses . . . et Ade de W. . . eunti ad querendum ~ios regis apud Bruges *Ib.* m. 9; **1432** rex . . suscepit in salvum . . conductum . . Thomam J., servientem Doncan de W., unius hostagiorum pro . . rege Scotorum *RScot* II 280a.

hostall- v. hostel-. **hostarcus** v. asturcus.

hostelagium [AN *hostelage*, OF *ostelage*]

1 lodgings.

1289 comp' per cxij dies ut in cibis, potibus, cera, specer', hostilagio, expensis xxxiiij equorum [etc.] *KRAc* 352/14 m. 9.

2 (tenant's) duty to provide lodging.

1152 pro scutagio vero et hostilagio et omnibus aliis causis et negotiis et servitiis supervenientibus dabunt michi . . iiij s. *Cart. Hosp. Essex* 334; **c1230** salvo mihi et heredibus meis ostallagio cum venerimus *Reg. Dunferm.* 191; **1231** volumus . . ut . . fratres omnes possessiones suas habeant . . quietas de . . passagio, pontagio, et hostellagio (*Ch. Regis Sc.*) *Reg. Aberd.* II 267; **1288** tenendam [terram] . . libere et quiete sine hostilagio *Reg. Aberbr.* I 270; **1292** concedimus quod burgenses nostri [de Overton] quieti sint per totam terram nostram de theloneo, stallagio, lastagio, passagio, muragio, pontagio, et ostallagio *ChartR* 78 m. 10.

3 (landlord's) right to lodging, corrody.

a1191 concessit mihi . . hostolagium in eodem mesuagio omnibus diebus vite mee *Bury St. Edm.* 171; **c1290** habent in villa de R. in tenemento quod fuit David de L. hostellagium, focale et candelam et litterium (*Rentale*) *Kelso* II p. 468; **1326** Willelmus seu heredes sui nullo modo terram et hostilagium . . vendent *Reg. Aberd.* I 301 (cf. ib.: de hostilagio de Inverkethyn).

4 (Sc.) sort of tenement. **b** 'hostelar', inn.

12.. de hostilagiis in burgo *Iter Cam. Artic.* 74; **1261** mandamus . . quatinus . . inquiri faciatis que sunt hospicia et hostilagia . . episcopi . . tam in burgis quam in ceteris maneriis nostris (*Lit. Alex. III*) *Reg. Aberd.* I 27; **1266** recepte . . in denariis cxiij s. ij d. cum ij d. ex incremento hostilagii Simonis F. pro j lib. cumini *ExchScot* 30; **1326** unum hostilagium in villa de K. *Melrose* 395; **1372** sciatis nos dedisse . . Eufamie regine Scocie . . cotagia et molendinum ac annuos redditus hostilagiorum ville de K. *RMS Scot* 424; **1409** de terra et tenemento sive hostilagio . . in villa de K. *Melrose* 536. **b c1540** eques ad tabernam vel hostilagium declinans *Extr. Chr. Scot.* 156.

5 guest-house (mon.).

1304 nullum genus bladi . . ammovebunt . . nisi tantummodo pro . . prebenda hostilagii *Cant. Cath. Pri.* 214; **s1200** Gilbertus canonicus . . in hostilagio monasterii . . vitam finivit Fordun *Cont.* VI 50.

6 entertainment expenses.

1252 hostilagia per totam custodiam ix li. v s. quad. summa allocamentorum cum hostilagiis xxiij li. ij s. v d. ob. quad. *DCCant. Reg.* H f. 173.

7 storage.

1410 Johannes P. habuit . . hostellagium trabis lanarum in domibus ejusdem J. *Cl* 259 m. 5.

hostelamentum v. ustilamentum.

hostelaria, ~ium [AN *hostelerie*, ME *hostelrie*]

1 guest-house (mon.).

1155 sciatis me concessisse . . monachis . . ecclesiam de Strattona ad opus ~ie *Act. Hen. II* I 102; **1234** servientes tam de celeraria quam de sacristaria vel camera vel hostilaria . . vivant de suis . . stipendiis (*Vis. Bury*) *EHR* XXVII 736; prioris . . est . . fratres visitare ubicumque fuerint fratres extra reficientes, preter hostillariam, quando in ea hospitantur monachi vel . . extranei *Cust. Westm.* 15; famulus hostillarii . . ad hostillarium forinsecum . . comedere debet *Ib.* 88; faciet . . subelemosinarius . . elemosine erogacionem . . de reliquiis hostiliarie forinsece *Ib.* 178; **1267** mandatum est . . quod . . faciat habere priori . . v quercus . . ad . . capellam in hosteleria . . prioratus . . construendum *Cl* 292; **1281** in j sexterio et dim. vini misso . . Patricio in hostellerio (*Receiver's Roll, Wint.*) *EHR* LXI 99; assignavit . . hostilarie et refectorarie annuum redditum xvj s. Whittlesey 129; vel hoc valetto hostilarie injungat . . vel alteri honesto *Cust. Cant.* 53; **1331** parvum ingressa claustrum ad hostellerium conventus tendens magnificum et magnum ibidem invenit munus sibi ab . . abbate et conventu humiliter destinatum *Cart. Glast.* I 195; **1384** magnum orium pro feno ostellerie (*Ac.*) *Hist. Durh. Script.* app. cxli; concessit officio hostilarie veterem cameram inter refectorium et aulam hospitum *Chr. Evesham Cont. A* 291; **1426** registrum hostlarie S. Edmundi *Mem. S. Edm.* III 77 *tit.*; **1436** lego . . officio hostillariae monasterii de W. j *matrasse Test. Ebor.* II 78.

2 hostelry, inn.

1473 in liberam hostillariam cum . . libertate brasiandi . . ac omnia . . gerendi que ad officium libere hostillarie . . pertinere dinoscuntur *Reg. Brechin* 384.

hostelarius [AN *hosteler*, ME *hostiler*]

1 **a** guest-master (mon.); **b** (dist. as being inside or outside monastery).

redditus quos habet hostilarius ad ferramenta equorum . . emenda *Cust. Abingd.* 329; **1215** Robertus ~ius subscribo *RChart* 208b; **1235** prior Dunelmensis respondebit hostillario Dunelmensi de xv m. annuis *Pri. Cold.* 242; *Cust. Cant. Abbr.* 257 (v. 2 dimittere 4a); hostilarius . . hospites secum ad skillam habens . . post prandium morari non debet *Cust. Cant.* 139; **1352** in esculentis alia vice pro ostillario xxj d. *Comp. Worc.* I 49; **1399** tenementum ecclesie predicte ad officium hostellarii ejusdem ecclesie pertinens *Pat* 352 m. 12; **1426** collectanea fratris A. Astone, hostlarii S. Edmundi *Mem. S. Edm.* III 77 *tit.*; **1456** Ricardus B., supprior, terrarius ac hostillarius monasterii *ObitR Durh.* 95; **1531** de iiij s. viij d. solutis hostillario pro libera firma . . unius tenementi *Househ. Bk. Durh.* 26. **b** hostillarius intrinsecus . . quatuor recipiet candelas *Cust. Westm.* 81; hostillarius . . extrinsecus . . non solummodo . . viros regulares sive religiosos sed eciam . . seculares . . hospitalitatis gracia . . curialiter, ilariter, et mansuete recipiet *Ib.* 88; **s1279** Johannes de N. . . monachus et hostillarius interior Oxnead 253.

2 innkeeper. **b** host (of transient merchants).

1349 ordinavimus . . quod carnifices, piscenarii, hostellarii, brasiatores . . et omnes alii venditores victualium . . tenerentur . . victualia vendere pro precio racionabili *MunAcOx* 789; **1358** in . . alta strata omnes hostilarii . . ad recipiendum, hospitandum, et aysiandum . . communitatem ac eciam tabernarii et carnifices . . sunt commorantes *SelCKB* VI 122; **1367** Walterus L. . . et Willelmus de S., ~ius predicti Walteri, attachiati fuerunt *Ib.* 152; **1384** nulli hostilarii . . ville panem in domibus suis . . pinsere consueverunt *IMisc* 230/9 m. 2; **1419** (v. 2 auctionarius a); **1514** ordinatum . . existit . . quod nullus hostillarius aut aliquis alias ocupans hosteriam sive hospicium infra libertate dicte civitatis de cetero emet . . panem omnis generis vocati *horsebred BB Wint.* 125. **b 1357** piscatores ad . . nundinas [Magne Iernemuth'] . . venientes . . sibi . . necessaria . . emere valeant . . absque impedimento hostellariorum suorum et aliorum quorumcumque *Pat* 252 m. 20; **1358** piscatoribus bene liceret allecia sua hostilariis suis . . vendere *Ib.* 253 m. 7*d.*

3 ostler.

1320 Willelmus B., hostillarius Willelmi L., pistoris, . . ductus fuit . . cum xvj panibus equinis (*Assisa Panis*) *MGL* III 425.

hostella [cf. hostellum], stall, shop.

c1185 iiij d. de unaquaque hostilla textorum ad candelam S. Marie *Act. Hen. II* II 383.

hostellamentum v. ustilamentum.

hostellum [AN, ME *hostel*, OF *ostel*], guest-house (mon.).

1352 in vino, salmone, et anguillis . . pro victualibus in ~o iiij s. viij d. ob. *Comp. Worc.* I 49.

hosteria, hostria [AN *hosterie*, ME *hostrie*]

1 guest-house (mon.).

s1376 edificavit paginam illam claustri . . tam in muris et fenestris . . quam in pavimentis pro dicta pagina et pro alia versus hostriam sibi annexa *Chr. Evesham Cont. A* 301; **1401** in emendacione fenistrarum in aula et ostria *DCCant. Cellarer's Ac. Roll* IX 4; infra hostriam *Reg. Whet.* I app. 456 (v. coopertorium 1b); **1467** ad ostriam faciendam vj s. viij d. *Invent. Ch. Ch.* 116.

2 inn, hostelry.

1295 in osteriis uno die comitatus xx d. *Comp. Worc.* I 30; **1514** hosteriam (v. hostelarius 2a).

1 hostia [CL]

1 **a** sacrificial victim; **b** (fig.); **c** (w. ref. to Christ). **d** 'military sacrifice'.

quis . . eorum ob invidiam melioris ~iae . . ut Abel occisus? Gildas *EB* 69; contigit eum . . aris adsistere ac daemonibus ~ias offerre Bede *HE* I 7; **743** ut populus Dei . . omnes spurcitias gentilitatis abiciat . . sive sacrificia mortuorum . . sive ~ias immolaticias quas stulti homines

juxta ecclesias ritu pagano faciunt BONIF. *Ep.* 56; holocausta sunt quae super altare integra concremantur; victime .. et ~ie sunt quarum pars offertur altari, pars sacerdotibus traditur ÆLF. *Ep.* 2. 75; exta, i. intestina, fibras pectorum †hostiare [*sic* MS], *gesen GlH* E 583; quicumque .. pro fratribus suis mortem subierit vivam ~iam se prestabit Deo G. MON. IX 4; *WW* (v. abestis). **b** hostia quam mactat ventris Venerisque sacerdos / congrua pro meritis premia semper habet J. SAL. *Enth. Phil.* 589. **c** qui immolatus est pascalis ~ia pro mundi redemtione nec aperuit os suum in occisione GOSC. *Edith* 276; hostia summa Patris, pretioso sanguine Christus ALCUIN *Carm.* 117. 5. **d 9.** .. ~ia proprie, *fyrdtiber WW*.

2 a Host, unleavened bread used at eucharist; **b** (dist. as consecrated); **c** (w. *salutaris* or *salutis*).

cura faciendi ~ias super eum [sc. secretarium] est LANFR. *Const.* 150; **a1135** vasculum .. in modum patene, in quo ~ie deferuntur *Chr. Abingd.* II 151; sacrosanctam ~iam Dominici corporis in manibus cum magna reverentia accepit R. NIGER *Chr. II* 173; **c1180** ex dono Petri de S. H. vinum ad missas .. et iij quar. frumenti ad ~ias *Act. Hen. II* II 179; **c1250** (v. elevare 1d); hostia Deo sancta si fiat, presbyter extat GARL. *Myst. Eccl.* 475; essentia Dei presens est omni parte ~ie BACON *Tert.* 188; **1311** in vino, thure, fanna pro ~iis .. *Ac. Durh.* 510; **1324** in furnacione ~iarum pro parochianis *Sacr. Ely* II 43; Alexander .. constituit .. ut ~ia fieret ex azymo *Eul. Hist.* I 173; **s1214** ~ia .. in loco ubi cor latuit, facta apertura, intravit WALS. *YN* 132; *Ord. Cartus.* 101 (v. fractio 4c). **b** ostendens ei perulam librum manualem et aliquot ~ias consecratas continentem GIR. *TH* II 19; **c1218** habeaturque certitudo circa ~iam consecratam ut non sumatur pro consecrata non consecrata *Conc. Syn.* 79; ~ia consecrata .. nec est Christus nec aliqua sui pars, sed efficax ejus signum WYCL. *Concl.* 105; **1381** (v. deitas 1a). **c** prospera per .. oblationem ~iae salutaris caelitus sibi fuisse donata intellexit BEDE *HE* IV 20 p. 252; oblata pro exauditione ~ia salutari, quietus sedebat OSB. *Mir. Dunst.* 18; ejus [sc. Berengerii] dogma damnabant quo de salutis ~ia mortem animabus propinabat ORD. VIT. IV 6 p. 211; **c1239** (v. elevare 1d); cum moli debuisset et offerretur ei ~ia salutaris vidit ostium in hostia per quod intrare deberet ECCLESTON *Adv. Min.* 45.

3 something offered to God or the Church, personal offering.

ad memoriam beatorum Yvonis sociorumque ejus .. cum ~iis et muneribus venire consueverant [sc. rustici] GOSC. *Mir. Iv.* lxx; H. BOS. *Thom.* III 31 (v. 2 caelitus b); cordis mactabat ~iam in holocaustum acceptabile Deo *V. Fridesw. B* 3; ~iam vociferacionis optulerunt domino *Mir. Wulfst.* II 12; **c1300** ~ias oracionum divine offerre clemencie *Lit. Cant.* I 13.

2 hostia v. ostium.

hostia- v. et. ostia-. **hostiare** v. 1 hostia 1a, hostire.

hostiarium [cf. 1 hostia], pyx, box for the Host.

hoc ostiarium, *a obley or a box WW*; *a buyste*, .. ~ium pro hostiis *CathA*.

hostiarius v. ostiarius.

hosticapa [LL], one who captures an enemy.

~a, qui hostem capit OSB. GLOUC. *Deriv.* 277.

hosticida, one who kills an enemy.

hostiscida .. qui hostem scindit OSB. GLOUC. *Deriv.* 272; *an enmy slaer*, ~a *CathA*.

hosticus [CL]

1 a of or befitting an enemy, hostile; **b** warlike.

hostica barbaries omnis sedatur WULF. *Poems* 12; ~us vel hostilis, *feondlic* ÆLF. *Sup.* 168; in proprio solo, non in ~a regione, progrediebatur .. exercitus W. MALM. *GR* V 401; OSB. GLOUC. *Deriv.* 272 (v. hostis 1a). **b** proelia si fremitent, conclamet et hostica salpix / truxque cruenta citet miles in arma suos BEDE *Hymn.* 15. 15; eorum possessiones et terras ~a depopulatione delere *G. Steph.* II 85; ~is tumultibus et curis armorum deditus H. HUNT. *HA* VII 20.

2 (as sb. m. or n.) enemy, enemy army.

~um [AS: *herigende here*] potest aliquotiens homo fuga .. vitare (*Quad.*) *GAS* 475; *dedly enmy*, ~us *PP*.

3 army, household troops; *cf. GAS* II 117. **b** mil. service. **c** (?) mil. campaign.

si quis in ~o [v. l. familia] regis pugnet (*Inst. Cnuti rub.*) *GAS* 538; [emendabit] qui in ~o vel familia regis pacem fregerit si ad emendandum venire poterit (*Leg. Hen.* 12. 3) *Ib.* 558; si in domo vel in curia vel in burgo vel in castello vel exercitu vel ~o regis faciat aliquis homicidium, sit in misericordia regis (*Ib.* 80. 1) *Ib.* 596. **b** de eo si homo syðcundus ~um [AS: *fyrde*] supersedeat (*Quad. rub.*) *Ib.* 25; de multis terris majus landirectum exurgit ad bannum regis sicut est .. *sceorpum* in ~um [AS: *fyrdscipe*] et custodiam maris (*Quad.*) *Ib.* 444. **c** alternantur .. omnia .. tempore .. si rex in ~o vel in ipso sit comitatu (*Leg. Hen.* 68. 2) *Ib.* 586.

Hostiensis v. Ostiensis. **hostil-** v. et. hostel-. **hostilamentum** v. ustilamentum. **hostilarius** v. hastellarius, hostelarius.

hostilis [CL]

1 of or befitting an enemy, hostile, inimical; **b** (as epithet of year).

saepius hostiles subigens terrore phalangas ALCUIN *SS Ebor* 1275; ÆLF. *Sup.* 168 (v. hosticus 1a); *Chr. Rams.* 325 (v. depraedatio 1b); ORD. VIT. XIII 26 (v. despective); OSB. GLOUC. *Deriv.* 272 (v. hostis 1a); **1263** fruitectis ~ibus (v. frutectum 1a); cur morti januam hostili pandimus? WALT. WIMB. *Carm.* 368; **1299** (v. desistentia); **s1302** (v. aggressio a); **s1322** (v. debellatio a). **b s1245** (v. depraedativus).

2 of (spec.) enemy, the enemy's; **b** (w. ref. to Satan as *hostis antiquus*).

V. Greg. 97 (v. effugare 5b); cessante .. vastatione ~i, .. frugum copiis .. affluere coepit BEDE *HE* I 14; erat .. arbor .. circa quam .. ~es inter se acies .. hostiliter conveniunt ASSER *Alf.* 39; rex Anglorum .. ij castra firmavit, que ~is derisio turpibus vocabulis infamavit ORD. VIT. XII 1 p. 311; prophetizare .. nec cessavit donec ~i invasione cuncta .. sicut predixerat sunt completa GIR. *TH* II 47; **s1415** rex .. verberavit .. fortalicium .. saltem ubi ~is adversitas .. balistas tetenderat versus nos *G. Hen. V* 6. **b** statim ille mancipium ~e effectus, dentibus stridere .. incepit BROMPTON 953.

3 (as sb. m.) enemy. **b** (as sb. n.) hostile act, act of war.

ad distringendum ~es et fideles protegendum AD. MARSH *Ep.* 30. **b** *G. Hen. V* 4 (v. diverticulum 3a).

hostilitas [LL], hostility, belligerence, enmity; **b** (collect.) the enemy. **c** warlike action, attack, offensive. **d** war; **e** (*tempus* ~*atis*). **f** mil. service.

principum ~as .. rura destruebat ORD. VIT. XII 1 p. 310; perpetue ~atis prorogant causas J. SAL. *Pol.* 621D; dum unitos amoris vinculo vos inveniet, ~as victa resiliet MAP *NC* IV 11 f. 53v.; **s1219** concilia .. habentur .. inter barones .. pro ~ate nondum penitus preterita dissidentes *Flor. Hist.* II 170; **1474** nec quod guerram, ~atem, seu dampnum .. faciant *RScot* 451b. **b** subita sedicione preoccupati, viliter traduntur ~ati *Ps.*-RISH. 516. **c** vigilat .. Wereburga ab aquilone [sc. ad portam boreaem] ut ~as confundatur LUCIAN *Chester* 60; AD. MARSH *Ep.* 16 (v. daemonialis); **1377** ut resistamus persecucionibus et ~atibus suorum [sc. ecclesiae] hostium (*Lit. Papae*) *Mon. Hib. & Scot.* 360a. **d** sanctorum vitas .. vel ~ate amissas vel informiter editas comptius renovavit W. MALM. *GR* IV 342; violencia credo ~atis abolitam omnem gestorum noticiam *Id. GP* II 95; **s1176** civitas .. jugo nunquam fuit ~atis attrita DICETO *YH* 409; quanquam ~atis instante procella, armate milicie tempus ingruerit GIR. *EH* II 36; **1235** gravatum est regnum .. per ~ates .. pluries exortas *TreatyR* I 5; **1266** captus fuit in ~ate contra nos *Cl* 236. **e** ecclesia .. ~atis tempore sub rege Stephano .. multipliciter est spoliata *Chr. Battle* 89v.; comitem Milonem, ~atis .. tempore occasionem prestante, filia .. emula matris emersit GIR. *IK* I 3; **1219** tum ob tempus ~atis, tum ob servicium .. domini J. regis .. postea detentus, jus suum prosequi non potuit *Pat* 204; **1220** consueverunt habere .. buscam .. per cartam .. quam per incursum hostium nostrorum tempore preterite ~atis amiserunt *Cl* 414b. **f 958** (14c) sit .. haec donatio regis ab omni obstaculo mundiali preter .. pontis expeditione et arcis constructione et ~ate *CS* 1029.

hostiliter [CL], in hostile or warlike manner. **b** in the course of war. **c** angrily or violently.

ASSER *Alf.* 39 (v. hostilis 2a); **s1312** per Scotos qui ~iter sunt ingressi episcopatum nostrum *Reg. Durh.* II 88; cariagium et annonam ~iter auferentes effugerunt *Compilatio* 173; **s1322** dicebatur quod hostes partes vicinas Eboraci non fuissent ausi ~iter invasisse nisi cum .. Anglicis conspirassent *G. Ed. II Bridl.* 81; **1419** ad resistendum malicie Scotarum, qui .. essent ~iter invasuri regnum Anglie *Mem. York* II 84. **b** detrimenta .. intulerunt patriamque suam ~iter depopulati sunt ORD. VIT. XI 4 p. 186; ecclesia ejusdem loci ~iter combusta GIR. *IK* I 1. **c** in angusto maceriae .. [asina] attrivit pedem, ob id licet verbera ~iter senserit GILDAS *EB* 1.

hostilmentum v. ustilamentum. **hostiludium** v. hastiludium.

hostimentum [CL]

1 recompense, requital.

~um, *widerriht* vel *edlean* ÆLF. *Gl.* 118; ~um .. i. equalitas, vel, ut alii volunt, lapis quo pondus exequatur in libra OSB. GLOUC. *Deriv.* 272; ~um, equalitas, vel aliud contra quod pondus equatur *Ib.* 277.

2 a counterweight (of balance). **b** levelling (of measure).

a ~um, lapis quo pondus equatur *GlC* H 145; OSB. GLOUC. *Deriv.* 272, 277 (v. 1 supra); *cowntyrpeyce*, ~um, .. libramentum *PP*. **b** ALDH. *PR* 140 (v. aequamentum); *a strylkell for a buschelle* [v. l. *a strikynge of buschelle*], ~um *CathA*.

hostinatus v. obstinatus. **hostiolum** v. ostiolum.

hostire [CL], **~iare,** to 'strike', make (measures) level.

~ire, aequare *GlC* H 144; OSB. GLOUC. *Deriv.* 272 (v. hostis 1a); ~ire, equare *Ib.* 277; ~io, A. *to stryche WW*; *strekyn or streke mesuris as buschellys or other lyke*, ~io *PP*; *to stryke a buschelle*, ~iare [v. l. cohostire] *CathA*.

hostis [CL]

1 enemy; **b** (collect.); **c** (w. ref. to Satan). **d** (~*is antiquus* or sim.) the old enemy, Satan. **e** (~*is publicus*) public enemy, enemy of the people.

cupimus ut ~es ecclesiae sint nostri quoque absque ullo foedere ~es GILDAS *EB* 92; si pacem cum fratribus accipere nollent, bellum ab ~ibus forent accepturi BEDE *HE* II 2; **822** ostes (v. destructio 1b); confestim contra ~es vexilla movet ASSER *Alf.* 38; **958** nisi .. ~ium expeditione *CS* 1040; a verbo hostio hic ~is .. eo quod equa fronte ineat bellum, vade .. hostilis .. et .. hostiliter et hec hostilitas et hosticus .. i. hostilis .. OSB. GLOUC. *Deriv.* 272; illa [munuscula] / si dederis, perdes; nil dabis, hostis eris J. SAL. *Enth. Phil.* 1418; **c1242** muri fortitudo et civium ad muri propugnacula .. et indefessa defensio ~es arcent GROS. *Ep.* 94; GARL. *Hon. Vit.* 215 (v. effrons a); archiepiscopus .. tamquam eorum ~is .. eos visitare decrevit GRAYSTANES 17; ~es tantis caede et preda contenti sese retraxerant *Ps.*-ELMH. *Hen. V* 114. **b** iterum ab ~e insectationes .. accelerantur GILDAS *EB* 19 (cf. G. MON. VI 3: iterum ab ~e insectationes accelerant); de pecunia quae in aliena provincia ab ~e superato rapta fuerit .. tertia pars ad ecclesiam tribuatur THEOD. *Pen.* I 7. 2; in castris contra ~em cum exercitu sedens *V. Cuthb.* I 7; pugnabant contra invicem, qui ~em evaserant, cives BEDE *HE* I 22; **964** exceptis pontis et arcis constructione et expeditione contra ~em *CS* 1135; quando rex in ~em pergit *DB* I 172ra. **c** ne mentes fallax eluderet astu / incautas hostis ÆTHELWULF *Abb.* 419; malignus .. ~is .. invadit fidelium corda *V. Neot. A* 2; cetera mille patent .. / nomina pro variis quibus utitur artibus hostis ORD. VIT. XI *prol.* p. 161; semper detrahit hosti / hostis vipereus; non hostis ab hoste probatur D. BEC. 585; monemur occulti ~is, qui circuit querens quem devoret [cf. *1 Pet.* v 8] *Canon. G. Sempr.* 159v.; crux frontem munit, ne vectes rumpere possit / hostis GARL. *Myst. Eccl.* 533; instinctu ~is generis humani OCKHAM *Err. Papae* 958. **d** BEDE *HE* II 1 etc. (v. antiquus 4b); artes nam hostis habet antiquus mille nocendi ALCUIN *Carm.* 91. 20; **c960** cyrographo .. antiqui ~is deleto *CS* 1183; ABBO *Edm.* 4 (v. decipere b); salubritas per tui nominis invocationem expetita sit ab omni impugnatione antiqui ~is defensa (*Jud. Dei*) *GAS* 423; H. BOS. IV 13 (v. effugare 4); sic nos ~is antiquus .. acuto conspicit intuitu GIR. *TH* I 16; duobus .. modis ~is antiquus decepit hominem in paradiso EDMUND *Spec. Relig.* 100; **s1319** antiquus ~is .. pessimas discordias inter regem et comitem suscitavit *G. Ed. II Bridl.* 57; **1323** ~is antiquus .. querens quem devoret [cf. *1 Pet.* v 8] *Lit. Cant.* I 110; callidis nostri perennis ~is insidiis BEKINSAU 747. **e** nisi ad judicium, rectitudinem facturus, remearet, publicum ~em judicavit ORD. VIT. XI 3 p. 170; reus .. quasi publicus ~is juxta delicti quantitatem vel exoculatur vel patibulo sublevatur GIR. *PI* I 10 p. 37; **1460** ~is publicus et inimicus capitalis domini regis *Paston Let.* 611.

2 host, army.

789 quid de Hunorum ~e dominus rex acturus sit ALCUIN *Ep.* 6.

hostiscida v. hosticida.

hostitare [cf. hostia], to make sacrifice.

~are, victimare, placare OSB. GLOUC. *Deriv.* 277.

hostitor v. ostiator. **hostium** v. ostium. **hostolagium** v. hostelagium.

hostorium [LL; cf. hostire], strickle, rod for levelling measures.

~ium, lignum quo modius exequatur OSB. GLOUC. *Deriv.* 277; in granario .. sit historium [v. l. ostiorum; *gl.*: *estric*] NECKAM *Ut.* 106; ~ium, *a stryche*; .. nomina pertinencia ad orrium: .. ostorium, A. *strike WW*; *streeke of a mesure as of a buschelle or othyr lyke*: hastorium .. ~ium *PP*; *a strylkylle*, ~ium *CathA*.

hostorius, hostricus v. asturcus. **hostur-** v. astur-. **hota** v. ota.

1 hotta, ~us [OF, ME *hotte*], (wicker-work) hod, pannier; **b** (as measure).

1208 in operariis portantibus terram sursum de fossato cum hoccis [l. hottis] *Pipe Wint.* 68; **1286** pro iij duodenis ~arum .. emptis ad portandum carbonem maris de aqua usque clausum regis .. iij s.; pro ccc ~is emptis pro aliis operibus ibidem .. xv s. *KRAc* 485/28 m. 3; **1289** in stipendiis viij hominum portancium fimum in ~is ad compostandam vineam *MinAc* 997/7 (*Suff*); **1295** in virgis emptis ad ~os ij d., .. pro emendacione ~orum iij d. *KRAc* 459/16 m. 2; Alexandro le Panermakere ad faciend' ~os *Ib.* m. 3; **1348** in ij hominibus conductis cum ~is per j diem portantibus lapides extra fossas castri ad idem opus *Ib.* 462/16 f. 7. **b 1334** unam odam calcis pro sustentacione dictorum maneriorum (*Cl*) *Foed.* IV 629.

2 hotta v. hutta.

hottarius, hod-carrier.

1198 minutis operariis, sc. hotariis oisereorum, paleorum, mortereorum, chivereorum, baiardeorum, portatoribus aque in barill' [etc.] *RScacNorm* II 309; **1218** liberate .. custum quod posuit .. in carpentariis, cimentariis, minatoribus, ~iis, fossatoribus, et vigilibus *Cl* 353b; **1278** in stipendiis ~iorum et aliorum fossatorum *Chanc. Misc.* 3/48/3; **1280** computat in opere castri .. pro cementariis, ~iis, quareariis et aliis operariis .. ccccxl li. *MinAc W. Wales* 8; **1282** (v. falconarius 2); **1320** in stipendiis ij ~iorum lapides et terram .. portancium *KRAc* 482/1 m. 4*d*.; **1326** in vadiis vj hotteriorum portancium terram et turbas ad obstupandam dictam aquam *MinAc* 49/13 (*Yorks*).

hottata, 'hodful', amount carried in a hod.

1295 in cc ~atis petre colligendis et adunandis extra castrum et eas deferendo usque ad dictum molendinum viij s. iiij d., pro qualibet ~ata ob. *KRAc* 462/14 m. 3.

hottator, hottor, hod-carrier.

1227 in materia ad passus faciendos in fossatis ad vias hottorum (*KRAc* 462/10 m. 1) *Ac. Build. Hen. III* 70 (cf. ib. 78: in c latis ad cyntros et vias faciendas in fossatis hottoribus); **1228** hottoribus (v. douella 3); **1245** hottores (v. fossator a); **1290** in stipendiis .. hottatorum portancium sabulonem et argillam (*AcWardr*) *Chanc. Misc.* 4/5 f. 1v.; **1295** ij hottatoribus portantibus sabulum ad mortarium faciendum .. et ij hottor' per iiij dies .. et uni hottori per ij dies et dim. *KRAc* 462/14 m. 1.

hotterius v. hottarius.

hottula [? cf. 1 hotta, *DuC* s. v. hodus], (?) little hod, small measure.

1249 pauperes clerici de Cornubia asportaverunt tempore hyemali odulas de eisdem domibus *IMisc* 3/23.

houca v. hoga. **houcium** v. hucia. **hous-** v. et. hus-. **housa, ~ia** v. hucia. **houtlageatus** v. utlagare. **houw-** v. how-.

hovellus, ~a [AN *houel, huvele*, ME *hovel*], **a** cowl (of chimney). **b** niche, canopy for image. **c** shed, outbuilding.

1313 Johannes le R. incepit cooperire fumerellum aule constabularii in uno rotundo ~o *KRAc* 468/20 f. 9; pro ij peciis curbi maeremii pro ij hovell' faciendis pro fumerello super magnam aulam *Ib.* **b** **1385** supra factura ij ymaginum ad similitudinem regis et hovell' pro eisdem *IssueR* 510 m. 16; **1385** super scapulacione .. petrarum de Reygate tractarum pro vj ~is inde faciendis pro vj ymaginibus regum *KRAc* 473/2 m. 3; **1441** pro ~is presbyterii fiendis (*Ac. Build. All Souls* f. 70) *Tait Essays* 126. **c** **1438** meremium unius hovell' ante hostium fabrice *MinAc Essex* (*Great Waltham*); **1460** pro ij carectatis straminis .. ad ofuellum [*corr. in marg.*: ~um] novum faciendum in officio iiij d. *Ac. Almon. Peterb.* 142; **c1465** in solutis .. carpentario pro emendacione nove ~e ad Oxney *Ib.* 166.

howa [AN *houe*, ME *howe*], hoe. (*Cf. Building in Eng.* 331).

1265 pro lx securibus et lxx picois et vj hois [*Chanc.*: hogis] *Pipe* 12; **1186** pro xx pikosiis et xx hoiis *Ib.* 118; **1194** pro lx pikoisiis et xl ~is *Ib.* 68; **1198** pro d hohiis faciendis et missis .. xxj li. xiij s. *RScacNorm* II 327; **1201** abstulit .. j capam et j hoiam in roberia *Pl. K. or J.* 290; **1209** in j besca, j hoa, emptis ad opus gardinarii iiij d. ob. *Pipe Wint.* 2; **1212** de c fossatoribus cum ligonibus, berchiis, et hoiis *Cl* 131a; **1233** liberavit iiij picosios et iiij ~as *Pat* 44 m. 1; **1245** fieri faciat .. quingentas *picoys* et quingentas ~as *Liberate* 21 m. 5; **12..** quod sint in curia bechie, ~e, civere, et alia utensilia .. sufficiencia .. ad laborem famulorum *Cart. Glouc.* III 219; **1267** in j bechia et ij tribulis ferr' et j hawa emendis *Pipe Wint.* 159308 r. 13; **1280** pro viij houwis ij s. *KRAc* 85/22 m. 1; **1288** in j nova houwa de j veteri houwa facienda una cum x libris ferri ad idem emptis *Ac. Man. Wint.* (*Moundsmere, Hants*); **1363** in ij *houwes* emend' ij d. *KRAc* 464/6 f. 4.

howare [OF *hoer*], to hoe.

1235 potuit eam [sc. terram] ~are, ardere, et excolere *BNB* III 165; **1235** (v. discalciare); cum quis in solo alieno opus fecerit ut si ~iaverit vel fossatum fecerit vel carucam immiserit BRACTON f. 159v. (= *Fleta* (*ed.* 1647) 104: hawyaverit; (*ed. Selden Soc.*): howyaverit); **1274** in vinea cindenda, fodienda, ~anda, et liganda (*Ac. Man. Teynham*) *Arch. Cant.* XLVI 142*n*.; **1286** houwandis, **1293** (v. bateicium).

howetta [OF *hoete*], small hoe.

1274 in .. dimidia garba aceri et ferro ad howottas faciendas (*Ac. Man. Teynham*) *Arch. Cant.* XLVI 144*n*.

howsewiva v. huswiva. **howyare** v. howare. **hozorus** v. locoris.

hreaccoppum [AS *hreaccopp*], top of a rick.

in quibusdam locis datur .. gutfirma ad arandum, et firma pratorum fenandorum, †hreaccroppum [*gl.*: i.e. macholi summitas] et firma ad macholum faciendum (*Quad.*) *GAS* 452.

hs- v. s-. **hub-** v. ub-.

huc [CL]

1 to this place, hither: **a** (in space); **b** (in text); **c** (exclam.) over here!; **d** (*huc inde*) from that side to this.

BEDE *HE* II 1 (v. dirigere 5a); huc tua perveniat bonitas, pater optime regni ALCUIN *Carm.* 45. 25; huc ades, o formose, Dei per climata testis FRITH. 25; ÆLF. BATA 4. 1 (v. fico); surge celer meque previo Deique adminiculo (ex quo .. es hucce [v. l. huc] progressus ..) .. accinge *V. Neot. A* 16; ORD. VIT. IX 15 (v. exactor 2c); GIR. *TH* II 4 (v. divortium 2b); *Ps.*-GROS. *Gram.* 59 (v. hac 1a). **b** *Eul. Hist.* II 44 (v. etymologicus a). **c** huc, omnes, huc! regem teneo H. HUNT. *HA* VIII 18. **d** utrumque [latus] .. erat animabus hominum plenum quae vicissim huc inde videbantur .. jactari BEDE *HE* V 12 p. 305.

2 (*huc illuc, huc et eo*): **a** (combined) hither and thither, in all directions. **b** (contrasted) now this way, now that.

a huc illucque oculos circumferrem BEDE *HE* V 12 p. 306; WULF. *Swith. pref.* 51 (v. Daedaleus a); *Id. Æthelwold* 19 (v. dispergere 1b); protinus exilit, ostium petit, huc illucque circumspicit *Simil. Anselmi* 88; nagare, vacillare, huc illucque fluctuare OSB. GLOUC. *Deriv.* 385; huc et eo volitans [canis] et duce nare sequens L. DURH. *Dial.* II 68; satelles / circuit explorans, currit et huc et eo *Ib.* 80. **b** ne vel huc vel illuc a recto devies BEDE *Prov.* 956; ceu caput avulsum vidisses vertice summo / sic huc, sic illuc dextra levaque rotatum ALCUIN *WillV* 31. 5; nunc huc, nunc illuc G. MON. XII 4 (v. exagitare 1b); sic ab amore Dei tepefactus homo numerosis / raptatur vitiis, fertur et huc et eo L. DURH. *Dial.* IV 230; more acephalorum huc illucque dissoluta libertate discurrere *Canon. G. Sempr.* 41v.; huc illucve BLAKMAN *Hen. VI* 6 (v. deambulare 1a).

1 huca v. hitha.

2 huca [ME *huke*], cloak w. a hood.

1415 lego unam ~am de nigro *damask embrawdit Reg. Cant.* II 89; **1418** lego .. togam meam scarletam et viridem heukam *Ib.* 167.

hucca v. hucia. **hucce** v. huc. **hucea** v. hucia.

hucettus [cf. OF *houcete* < huca], (short) cape.

1328 item ij husseti, viz. j de russeto et alterum de albo panno (*KRAc*) *Anal. Hib.* XXIV 213.

hucha, ~ia [AN, ME *huche*], 'hutch': **a** strong-box, coffer. **b** (?) bolting-hutch. **c** booth. **d** bird-cage. **e** (?) chicken coop. **f** (?) butter-churn. *V. et. hugia.*

a **1166** pro j ~ia ad custodiendum cartas baronum *Pipe* 72; **1200** pro j ~ia capta ad reponendam vassellam regis *Ib.* 29; pro j ~ia ad arma reponenda *Ib.* 209; **1240** pro ~ia marescalli xij d. *Liberate (Exch)* 1204 m. 1*d*; **1312** pro ij clavibus et j sarratura emptis ad opus uchie ubi tenebatur pecunia regis .. pro j clave reparanda .. pro eadem uchia, que fracta fuit in apercione ejusdem *RGasc* IV app. p. 566; **1388** pro iij ~is emptis ij s. .. aurifabro operanti ad feretrum xviij d. .. uni pictori xij d. *Ac. Durh.* 443. **b** **1196** ~ia .. ad dealbandum argentum (v. dealbare 2a). **c** **1278** huch' cum avena (*Stallage St. Ives*) *Law Merch.* I xl. **d** **1203** pro ~is emptis ad .. aves ponendas *RScacNorm* II 506. **e** **1344** pulletria: .. vadia huse (v. 2 garbagium). **f** heres .. habebit cistam, ~am [Sc.: *a schyrn*], aratrum *Leg. IV Burg.* 116.

hucheamen v. lintheamen. **hucheum** v. hucia.

hucia [AN *huce, houce*, ME *house*], housing, horse-cloth; **b** saddle-cloth. **c** coverlet. **d** protective covering (for weapon or sim.).

1175 pro ferratura equorum regis et pro hulciis *Pipe* 80; **1199** in custamento servandi xiiij equos .. et pro ~iis illorum equorum emptis *Ib.* 129; **1244** in recessu predicti palfridi debent invenire j novum capistrum et novum supercingulum et novam ~iam *CurR* 131 m. 12*d*.; **s1273** (16c) per servicium .. prehendinendi ij palefridos ipsius H. cum ij garcionibus ad omnes custus in abbathia .. et inveniendi †huccas ad eosdem equos *MS BL Harley* 1178 f. 100v. (cf. *MonExon* 344a); **1286** pro j ~ia panni grisii empta ad quendam equum infirmum *Rec. Wardr.* 198; **1290** pro xliij ulnis de blodio emptis ad huzas xj equorum de curru regine *Househ. Eleanor* 73; **1303** in j hulcia empta pro palefrido comitis *KRAc* 11/6 m. 2; **1303** pro xx ulnis panni .. pro ~iis inde faciend' pro quibusdam runcinis .. *KRAc* 363/18 f. 6*d*; **1306** liberare facias .. pro j barello de *sturjoun*, allece, cepis et allio, et housa pro palefrido nostro *Doc. W. Abb. Westm.* 121; **1327** in hussiis, cingulis, et supercingulis emptis ij s. *Comp. Swith.* 255; **c1333** in j hucheo empto pro palefrido misso domine regine cum hucheo de canabo *Ac. Durh.* 521; **1337** in ij huceis quarum una de blanketo et alia de canabo *Ib.* 535; **1390** pro canabo empto pro j housia j palafredi *Ac. H. Derby* 34. **b** **1205** habere facias Waltero, marescallo nostro, ad opus palefridorum nostrorum v huscias et sellas et hernesium nostrum *Cl* 56b; **1213** (v. arcionarius a); **1284** pro factura j houcii de *bazan* pro quadam sella palefridi cooperienda vj d. *KRAc* 97/3 m. 10. **c** **1253** faciat habere .. viij ulnas grossi russetti .. ad .. faciendum .. j husiam ad lectum suum cooperiendum *Cl* 176; **1254** habere faciat .. j lectum, sc. j chalonem, j huceam et ij lyntheamina *Ib.* 302 (= *RGasc* I 448: †hutyam). **d** **1212** pro auro .. ad plura cornua regis deauranda et pro husciis de alluto ad iiij cornua *Pipe* 49; **1213** in ij scutis domini regis reparandis et in guigiis atachiandis et in ~iis illorum reparandis *Misae* 264; **1225** huscias .. ad balistas (v. 1 filtrum 1).

hucusque [CL = *hither*, LL = *hitherto*]

1 up to this point, thus far: **a** (in time); **b** (in text).

religio illa quam ~e tenuimus BEDE *HE* II 13 p. 111; nam locus ille nitet signis hucusque coruscis ALCUIN *SS Ebor* 677; cum magna patris subjectione huc usque perseverant ASSER *Alf.* 75; "vae" ait, "mihi ingrato, qui tantorum beneficiorum ~e immemor existo" OSB. *Mir. Dunst.* 24; libertates huc usque labitas habeat vestrum unusquisque OSB. BAWDSEY clxii; **s1222** semper ucusque fuerunt in seisina de libertate *BNB* II 122; **c1233** a die Jovis proxima ante festum S. Dunstani ~e *Reg. Paisley* 170; **1268** ipse .. id facere distulit ~e *Cl* 497; **1290** ~e usi sunt .. dare .. plures dies .. quam tres *State Tri. Ed. I* 3; **s1356** magnas et graves labores ~e sustinuimus (*Lit. Reg. Scot.*) AVESB. 132; huc usque *Itin. Mand.* 114 (v. exheredare 2c); FORTESCUE *LLA* 48 (v. contrahere 4b). **b** ~e Esaiae prophetae pauca de multis dixisse sufficiat GILDAS *EB* 47; ~e Gildas *Id. Pen.* 27; quorum superior conexio huc usque descripta est. sequitur autem de inferiori, quae erat subtus ascellas BEDE *Tab.* 472; **s1147** Robertus abbas .. scribit ~e DICETO *Chr.* 263 (cf. *Ann. S. Edm.*: R. abbas scripsit ~e); **s1259** ~e perscripsit venerabilis frater M. Parisiensis M. PAR. *Maj.* V 748*n*.; ~e determinatum est de illis T. SUTTON *Gen. & Corrupt.* 71; ~e scripsit frater J. de Trokelowe TROKELOWE 127.

2 (as sb.) the present time.

c1250 ab ~e in feriam secundam .. prorogatum est negocium AD. MARSH *Ep.* 192.

1 huda v. hitha.

2 huda [*cf.* ME *hide, hude*], (leather) cart-cover. *Cf. barhudum.*

1214 iiij capistra, ij ~as, iiij paris astellarum, ij collaria ad carretam *Cl* 160b.

hudagium v. hidagium. **hudera** v. hitha a. **huervum** v. wharfum. **huesium** v. hutesium. **huga** v. hosa.

hugia [cf. hucha], strong-box, treasure-chest. **b** bird-cage.

1167 pro conducenda ~ia thesauri de Northant' ad Lund' *Pipe* 103; **1168** pro ~ia Philyppi de T. portanda ad Westm' cum pecunia ejusdem Phylippi *Ib.* 210; **1178** pro ij magnis ~iis et ostio thesauri Wintonie reficiendo *Ib.* 111; **1188** pro j magna ~ia ad reponendum thesaurum in castello de Sarisberia *Ib.* 14; **1190** (v. 1 forulus 2a). **b** **1160** in passagio .. austurcariorum et falconariorum regis pro ~iis *Pipe* 23; **1167** pro xlj ~iis ad acciptres regis *Ib.* 194; **1174** pro j nave ad opus austurcariorum et falconariorum .. et pro ~iis ad aves *Ib.* 135; **1178** (v. asturcarius).

huholus, ~a [ME *heghwal*], 'hickwall', green woodpecker.

~o TURNER *Av.* E4v. (v. colius); picus viridis, quem Britanni a faciendis foraminibus ~am nominant *Ib.* F6v.

Huiccius v. Hwiccius. **huicinde** v. hinc 5f.

hujusmodi [CL *adj. phr.* = *of this kind*, LL *indecl. adj.* = *such*]

1 (adj.): **a** such, of this kind; **b** the same (as just described).

augebantur externae clades domesticis motibus quod hujuscemodi tam crebris direptionibus vacuaretur omnis regio totius cibi baculo GILDAS *EB* 19; post multa ~i .. haec quoque .. addit BEDE *HE* I 15 p. 239; per hujuscemodi castigaciones H. BOS. *Thom.* III 22 (v. characterizare c); hec una pietatum Ludovici erat; altera que sequitur est ~i MAP *NC* V 5 f. 64; virtutem .. corrosivam habere perhibentur penne aquile adeo ut si hujuscemodi pennas colimbis [v. l. columbis] aut sagittis aptaveris .. penne .. corrodunt alias pennas NECKAM *NR* I 23; **1285** si defugerint .. sint ~i incarcerati irreplegiabiles *StRealm* I 81. **b** [baculus S. Cyricii] ad glandiculas gibbosasque strumas .. delendas .. prepollet adeo ut omnes .. qui hujuscemodi vexantur incommodis, si baculum .. petierient, .. recipiant sanitatem GIR. *IK* I 1; **1290** Willelmus B. .. convenit cum Matilda .. de j dim. acra terre .. dimittenda. .. preceptum est quod teneat ~i convencionem *SelPlMan* 36; **1325** prefatus R. .. fatebatur se habuisse j rotulum album .. et requisitus qualiter ~i rotulus albus ad manus suas pervenit, respondit .. *Lit. Cant.* I 149; **1507** quamcito corpus sive cadaver prefati reverendissimi patris .. ad ecclesiam suam .. delatam fuerit .. ~i corpus sive cadaver .. suscepimus *Ib.* III 338.

2 (sb., treated as n.): **a** this sort of thing, the like; **b** (*et ~i*) and the like; **c** (*vel ~i*) or the like.

1218 ad inquisicionem illam et justiciam super ~i faciendam *Pat* 147; **1219** ut qui personas hominum, formam delicti et ipsarum rerum veritatem melius cognoscere poteritis, hoc ordine .. in ~i procedatis *Pat* 186; **s1260** omnes .. hec audientes in tantam se dederunt lamentationem et dolorem, qualem nullus previderat de ~i priorem *Flor. Hist.* II 452; **1288** uxor Andree S. .. est

fur et furata fuit . . j supertunicam . . et assueta est ~i facere *Leet Norw.* 6; concilium generale non errat circa ~i, que non consistunt in facto OCKHAM *Dial.* 823; cum . . papa per haec [v. l. hujusmodi] non solum non proficeret sed eciam mortis discrimen . . concitaret HIGD. VI 22 (= KNIGHTON I 32: ~i); demones . . flagris eos . . cruciabant, militi comminantes ~i passurum nisi . . *Meaux* I 142. **b** et ~i BACON *NM* 531 (v. conjuratio 3); sunt ignis et terra et ~i T. SUTTON *Gen. & Corrupt.* 65; et ~i OCKHAM *Pol.* I 301 (v. extrinsecus 6a); **1344** et ~i (v. 1 deferre 2e); et ~i J. BURGH *PO* X 2 f. 163 (v. depilatio 1a); et ~i LYNDW. 108 i (v. dare 12b). **c** tenent j mesuagium vel gardinum vel ~i *PlCrGlouc* 12; imperari vel noceri vel ~i BRACTON 185 (v. 2 dangerium 2b); inter fracturas ossium vel hujusmodi *SB* 34 (v. callosus b).

3 (adv.): **a** in this manner, thus; **b** in the same way (as just described).

~i damnans se . . in somnum lapsus est W. CANT. *Mir. Thom.* V 1; activa et passiva sunt contraria et contraria secundum quod ~i sunt dissimilia T. SUTTON *Gen. & Corrupt.* 62; **1323** quietum clamavi . . totum jus . . quod habui . . in predictis homagio et servicio ~i surrepticie receptis *Lit. Cant.* I 94; **1434** (v. delicatia). **b** **724** hujuscemodi (v. dogma a); hujuscemodi AD. EYNS. *Hug.* V 13 (v. computus 2a); **1290** Robertus . . nullum jus . . habet ad tenend' dim. virgatam terre . . quia . . heres predicte terre nunquam ~i coram domino vel suo senescallo prefato Roberto reddidit *SelPlMan* 37.

hula, ~us [ME *hule*], 'hile', shock (of cereals), of variable dimension (*cf.* J. Wright *English Dialect Dictionary* [1902], *s. v.* hile); **b** bundle (of other crops).

1225 in eadem villa quidam Lunredus . . rectatus est de quodam bove furato . . . item de duobus ~is frumenti *JustIt* 863 r. 6; **1322** xij boves capiunt . . per iiij^{xx} et xj dietas de prebenda vj quar. et dim. bussell' in xxiiij ~is et iiij garbis, capientes per diem iiij garbas et estimatur ~a ad ij bussell' *Ext. Alien. Pri.* 7/18/12 (*Middx*); **1325** lij boves . . habere debent ad prebendam in garbis . . xx quar. ij bussell' in clxij ~is et j garba *Ib.* 7/18/13; **1341** avena: . . de vj quar. vj bus' de exitu per estimacionem in xxvij ~is garbarum et ~a est xv garbarum, viz. in ~a ij bus' *MinAc* 1120/11 r. 13*d.* (*Bucks*) (cf. ib. r. 3*d.*: avena: . . in xxxvj ~is, unde ~a estimatus ad j bus' dim.). **b** **1341** fabe et pis': . . in garbis, sc. in xv ~is, unde ~a estimatur ad j bus' dim. *Ib.* r. 4*d.* (cf. ib. r. 5*d.*: de xlj quar. . . de puls' . . in garbis, viz. in ix *hules* . . unde qualibet [*sic*] *hule* respondet per probacionem de j bus' dim.).

hulare, ~iare, to 'hile', gather sheaves into shocks.

1330 et ligabit et ~iabit cum percenariis suis omnes *bedripes* et nichil habebit *CourtR* 204/44 r. 1 (*Surr*); **1352** ad blada domini metenda liganda et ~anda *MinAc* 1120/13 m. 4*d*.

hulca v. hulcus. **hulcia** v. hucia.

1 hulcus, ~a [AS *hulc*, ME *hulk*], 'hulk', sort of merchant ship.

si adveniat *ceol* vel ~us . . quatuor d. ad teloneum (*Quad.*) *GAS* 232 (cf. *EEC* 154); **1387** Jacobus F., magister cujusdam coge . ., et Fredericus F., magister cujusdam ~e, . . nobis supplicaverunt ut ipse cum coga et ~a predictis diversis bonis et mercandisis carcatis . . transire valeant *Cl* 228 m. 27; **1412** ligei nostri cum ~o suo . . capti fuerunt (*Pat*) *Foed.* VIII 755; s**1416** cepit tres karicas et j hulkam WALS. *HA* II 316; s**1416** summersa fit hulca ELMH. *Metr. Hen. V* 889 (cf. *G. Hen. V* 21: una ~a submersa); s**1416** una navis maxima qualem vocamus 'hulkam' (v. coggo); s**1435** in iij notabilibus hulchis et vj probatissimis bargiis FORDUN *Cont.* XVI 12; **1453** quandam hulkam de Dansk' portagii ccc doliorum vel infra . . de diversis bonis . . onerari fecerunt *Pat* 478 m. 11*d.*; s**1460** de caracis, ~is, et liburniis, de aliisque grandibus navibus . . victoriam optinens *Reg. Whet.* I 369.

2 hulcus [ME *hulk*], shed, lean-to.

1306 redditum duorum quateriorum . . frumenti, . . duorum bussellorum pisarum, necnon et unius ~i et fundi unius mullonis feni *Pat* 127 m. 17.

3 hulcus v. hussus.

4 hulcus v. ulcus.

†huldare, *f. l.*

13. . de bosco habendo . . ad gurgitem de L. †huldandum [MS: buldandum] *Reg. Malm.* II lix.

huliare v. hulare. **hulk-** v. hulc-.

hulla [ME *hille, hulle*], hill.

c**1180** dedimus . . decem acras terre . . quarum . . octava [jacet] super ~am que extenditur versus viam nemoris, nona . . super ~am juxta viam molendini *MS BL Cotton Claudius* A VI f. 80 (= *Cart. Boxgrove* 74); c**1220** quietam clamavi . . totam partem terre . . preter terciam partem terre super ~am *AncD* B 3239; **1235** Osebertus tenet unam ~am in Hestmore ad incrementum terre sue *Cust. Glast.* 43; **1298** habendum et tenendum dictam pasturam in ~is et holmis (*Pat* 121 m. 17) *MonA* VI 443a.

hullettum v. holetta.

hullockus [OF *huloc*], 'hulk', sort of ship. *Cf.* 1 *hulcus*.

1215 dedimus . . Petro de M. ~um nostrum et ideo . . mandamus ut illum ei habere faciatis cum omnibus ornamentis suis *Cl* 191b.

hulma v. holmus. **hulmeus** v. ulmeus. **hulmus** v. holmus, ulmus. **hulsgenga** v. huslgenga. **hulsus** v. hussus. **hulta** v. heltus. **humagium** v. homagium.

humanalis [cf. humanus], active, as befitting man on Earth.

in scripturis quadruplex tantum reperitur milicia, viz. virtualis, spiritualis, votivalis et ~is UPTON 22; quarta et ultima milicia dicitur ~is . . . hec . . fit sub principe terreno *Ib.* 23.

humanare [LL], to give human form to, incarnate (w. ref. to Christ or divine attribute).

s**1096** anno . . verbi Dei ~ati mxcvj *Chr. Battle* 38; 'in te complacui mihi' [*Luke* iii 22], hoc est . . 'gratum mihi est quia te ~avi' (? R. BATTLE) *PL* CLVIII 632A; OSB. GLOUC. *Deriv.* 267 (v. humanus 1a); Deus ~atus et idem homo qui Deus AD. SCOT. *Serm.* 220C; Domino nostro sicut nunc ~ato H. BOS. *LM* 1399A; locus desolatus ex divina mystica promissione sanctior et, ex ~ati Dei nativitate, habitacione dedicatus est et passione *Itin. Ric.* II 2; non humanata deitas / minuitur P. BLOIS *Carm.* 20. 4a. 49; ave . . / per quam Deus humanatur WALT. WIMB. *Virgo* 106; divinam . . sapienciam ~atam R. BURY *Phil.* 16. 208; *Ib.* 20. 250 (v. figmentum 3a); non solus filius fuit ~atus sed pater et spiritus sanctus NETTER *DAF* II 146; ~o, A. *to clothe yn manhede WW*.

humanatio [LL], incarnation (of Christ); **b** (in date).

post cujus . . mirificae ~onis adunationem LANFR. *Swith. pref.*; de loco incarnacionis vel ~onis J. GODARD *Ap.* 251; sed . . [Wycliff] fallitur qui dicit . . 'ante tempora Augustini famosus erat error iste de ~one anime . . inter seculi sapientes' NETTER *DAF* I 105. **b** anno . . divine ~onis mcvij *Chr. Battle* 44; anno . . mcxxxix ~onis deifice inchoante *Ib.* 54v.

humane [CL], kindly, humanely, gently.

GILDAS *EB* 75 (v. hospes 1a); si . . neglexerit et postea penitentiam egerit, x annos peniteat; alii judicant vij et ~ius v annos peniteat THEOD. *Pen.* I 5. 7; ~ius circa eum episcopus potest facere *Ib.* I 8 12; si ~ius solito vellet eos tractare H. HUNT. *HA* VI 10; OSB. GLOUC. *Deriv.* 267 (v. humanus 1a).

humanitas [CL]

1 humanity, human nature; **b** (of Christ). **c** human existence.

philosophi . . diffiniunt ~atem esse virtutem que consistit in miseracionis affectu quam pre ceteris virtutibus et pre ceteris animalibus homo a parentibus, gracia videlicet et natura, dotem accepit J. SAL. *Ep.* 255 (267); OSB. GLOUC. *Deriv.* 267 (v. humanus 1a); W. FITZST. *Thom.* 145 (v. 2 exuere 2a); in nullo peccare potius divinitatis est quam ~atis GIR. *TH* I 6; ad hoc quod queritur quid vocatur hic 'humanitas', dico quod est virtus insita humane nature HALES *Qu.* 661; ex 'homine' '~as' quia '~as' dicit formam composicionis ex perfeccione uniente se nature generis; sicque ~as est homine posterior et Socrate Socrateitas *Ps.*-GROS. *Gram.* 39; BACON *Tert.* 188 (v. deitas 1b); ~as est una natura composita ex corpore et anima intellectiva OCKHAM *Quodl.* 520. **b** BEDE *Hom.* II 12. 166 (v. deitas 1a); **799** (v. divinitas a); corporalibus incrementis manifesta designatur ~as [gl. *mennisscniss*] per eundem [salvatorem] *Rit. Durh.* 3; a**1078** (v. esurire 1); AD. SCOT. *TT* 628C (v. divinitas a); ipse [Christus] Deus et homo celos ascendit in sua ~ate et nos similiter ascendemus EDMUND *Spec. Relig.* 62; de . . ~ate [Dei] tria debes precipue contemplari, viz. humilitatem in ejus incarnacione, dulcedinem in ejus dulci conversacione, caritatem in sua glorifica passione *Ib.* 92; ecce . . articuli fidei nostre quantum ad Christi ~atem [ME: *monheade*] *AncrR* 97; pater . . noster vidit post deitatem suam ~atem suam herentem spirituali potestate WYCL. *Ver.* II 40. **c** vocatus a Christo ~atem exuens cum angelis associatus est *Plusc.* VI 21 (cf. FORDUN *Cont.* VIII 10: hominem exuens).

2 mankind.

ne . . continuato labore . . periret ~as BEDE *TR* 7 p. 194; vir Dei parentum sollicitudinem et vexatae ~atis labores miserescens FELIX *Guthl.* 41; ~as saepius credit hoc quod videt ÆTHELW. I 3 (v. devincere 1b); pacem habebunt fere, ~as supplicium dolebit ORD. VIT. XII 47 p. 490; omnis humus luxuriabit et ~as fornicari non desinet G. MON. VIII 3; PULL. *Sent.* 803C (v. discredere 1b).

3 kindness, humaneness; **b** (as form of address). **c** act of kindness.

†**11. .** cum ~ate suscipi (v. ecclesia 5b); W. MALM. *GP* V 218 (v. episcopaliter); misertus est homo hominem, homo homini exibuit ~atem, et hoc quidem nature debebat W. NEWB. *Serm.* 881; leproso quem in hospitio receperat gratiam officiose ~atis exhibuit P. BLOIS *Ep.* 29. 99B; s**1384** [abbas de Evesham] ad eum accessit, ipsum ad manerium suum . . invitando, ut ei . . in transitu . . ~atem, quam poterat, exhiberet *V. Ric. II* 53; **1458** (v. exiguus 5b). **b** anteaquam hec ad ~atem tuam scribere statueram, litteras tuas, mi suavissime Elia, expectare cepi FREE *Ep.* 57. **c** post alias ~ates numeras sibi preostensas et factas, immensi ponderis pateram auream . . donavit *Ps.*-ELMH. *Hen. V* 107.

4 civilisation, culture. **b** (acad.) humanity.

ubi nichil ~atis, non utetur sapiencia Cato, Numa justicia, Fabius innocencia MAP *NC* IV 2 f. 44; **1549** omni ubique agresti immanitate et rudi feritate depulsa, quae solet inscitiae et ignorationis esse comes, ~ate ac scientii exornare [populum] *StatOx* 341. **b** **1517** unus [lector] sit Latinae linguae seminator et plantator, qui lector seu professor artium ~atis appelletur *StatCCOx* 48.

5 decency, propriety (as characteristic of civilised man).

1340 membra pudoris que quisque haberet pro ~ate velare *Foed.* V 162.

humaniter [CL], kindly, humanely. **b** manfully. **c** (*contingit ~iter de aliquo*) someone dies; *cf. contingere* 7e.

957 (v. gratia 16c); ~iter, *mæþlice Catal. MSS AS* 442; interiore pietate commotus antique viri laboribus ~iter compassus GIR. *EH* I 32; aliis captivis satis ~iter etiam panem et pecuniam elargitur S. SIM. *Itin.* 69; s**1485** (v. 1 deportare 3d). **b** quod caput militis . . humaniter [v. l. viriliter] amputasset WALS. *HA* II 27; ~iter repulsi plus receperunt dispendii quam fecerunt *G. Hen. V* 19. **c** **1242** cum de . . Matilla ~iter contigerit (*Pat*) *RGasc* I 122.

humanitus [CL], humanly, as a man; **b** (of Christ). **c** (*contingit ~itus de aliquo*) someone dies; *cf. contingere* 7e. **d** by human agency. **e** kindly, humanely.

'secundum hominem dico' ~itus intelligentem LANFR. *Comment. Paul.* (*Rom.* iii 8) 115; nunc vates docet esse fames, comes intus acerba, / que docet et volucres humanitus edere verba *Brutus* 12; **1459** dum continget vestram regiam celsitudinem ~itus superesse *Reg. Whet.* I 328. **b** memoriam passionis quam ~itus erat susceperus . . protulit BEDE *Hom.* II 21. 232; [Jesu] egrum curas humanitus / dum condescendis saucio J. HOWD. *Cyth.* 5. 8; **1423** talem [miseracionem] . . habuit Christus ~itus *Reg. Cant.* III 162. **c** **1230** (v. contingere 7e); **1278** cum . . constiterit quod de . . Stephano . . contigerit humanitus *RGasc* II 46; **1284** si . . de eis [crucesignatis] . . contingat ~itus PECKHAM *Ep.* 564; **1459** si de herede illo ~itus contingat antequam ad plenam etatem suam pervenerit *Paston Let.* 886. **d** per sacramenta seu sacramentalia ~itus instituta OCKHAM *Pol.* I 164. **e** hostilarius semper debet esse paratus ut, quacumque hora supervenient hospites, ad eos ~itus recipiendos promtus inveniatur *Cust. Cant.* 140.

humanus [CL]

1 human, of man or men; **b** (as dist. from animal); **c** (as dist. from divine); **d** (as dist. from diabolic). **e** (m. as sb.) human being. **f** kindly, humane, decent.

domus ~ae omnis nequitiae GILDAS *EB* 71; tres partes delfini carnis quasi ~o [v. l. ~a] manu cum cultella sectas *V. Cuthb.* II 4; ~a miseria ALCH. *Ep.* 298 (v. decollare b); sic pater ille pius divino lumine verbi / expulit humanis tetricas de cordibus umbras ALCUIN *SS Ebor* 144; c**955** cur . . nititur cupido ~i moliminis possidere ea quae velut umbra transeunt *CS* 936; ~um est peccare ALEX. CANT. *Dicta* 1 p. 116; ~us . . unde humane . . et haec humanitas . . et humanatus . . i. humanitatem indutus OSB. GLOUC. *Deriv.* 267; misera ~e imperfectionis condicione GIR. *TH pref.*; humanos . . affectus *Ib.* III 12 (v. affectus a); corpus ~um J. BLUND *An.* 235 (v. elementum 1b); sensus ~us quoddammodo racionalis KILWARDBY *OS* 632; **1346** ~e memorie (v. dilatate); superfluitas ~a WYCL. *Ver.* III 150 (v. deordinatio); intellectus ~us MELTON 247 (v. exadmirari). **b** *Lib. Monstr.* I 7 (v. distinguere 2c); R. COLD. *Cuthb.* 114 (v. documentum 2a); GIR. *TH* II 19 (v. bestialis a, 1 ferinus 1a). **c** si quis laicus de monasterio monachum duxerit furtim, aut intret in monasterium Deo servire aut ~um subeat servitium THEOD. *Pen.* I 3. 1; et divina sibi et ~a prorsus resistente virtute, in neutro cupitum possunt obtinere propositum BEDE *HE* V 23 p. 351; nascitur humana celsus de carne creator ALCUIN *Carm.* 117. 1; s**1212** (v. detestatio 1a); scienciarum quedam divina est, sc. que Deo auctore tradita est, quedam ~a, sc. que ~is racionibus est inventa KILWARDBY *OS* 654; natura divina et ~a PECKHAM *QA* 158 (v. disparatio); ROLLE *IA* 214 (v. delectamentum); J. BURY *Glad. Sal.* 582 (v. dispariter). **d** W. MALM. *GP* II 95, s**1454** (v. diabolicus a). **e** a . . ~orum memoria FAVENT 1 (v. diurnitas 2). **f** ~ior extincto militi quam superstiti GIR. *EH* I 46; ~a caruit sepultura P. BLOIS *Ep.* 42. 124A.

2 (in var. spec. phr.): **a** (*genus ~um* or less usu. *gens ~a*); **b** (*natura ~a*); **c** (*condicio ~a*). **d** (*lex ~a*) human law (as dist. from divine and natural); **e** (*more ~o, ex jure ~o*) as men do. **f** (*vox ~a*; also mus.).

GILDAS *EB* 4 etc. (v. 1 genus 3a); ?**693** anno incarnationis salvatoris ~i generis †dclxiij *CS* 121; BEDE *HE* IV 24 (v. genesis 3); gentis humanae aut dominus quis conditor esset

BONIF. *Aen.* 363; salvator generis humani ALCUIN *Carm.* 28. 9; in toto genere ~o non potuit reperiri pars sana *AncrR* 33. **b** illi quantum ~ae naturae possibile est commoti GILDAS *EB* 17 (cf. G. MON. X 3: ille quantum ~e nature possibile est commotus); non solum .. hoc vitium sed et omnia quae ~ae naturae accidere solent *Ib.* 22 (cf. G. MON. XII 6); ALDH. *PR* 114 (v. 2 esse 10e); *Nunnam.* f. 21v. (v. expolire 1b); ANSELM III 88 (v. exactio 1a); quatuor .. ~e nature sunt status *Simil. Anselmi* 125; PULL. *Sent.* 693A (v. examinator 2); **c1140** (v. 2 esse 12b). **c** **s634** (v. 1 condicio 2b); **930** (v. decipere b); ANSELM II 273 (v. 1 condicio 2b); *NLA* II 66 (v. devastatrix); FREE *Ep.* 57 (v. extimescere 2). **d** WYCL. *Sim.* 51 (v. elaboratio 4); GASCOIGNE *Loci* 94 (v. epieikeia); J. BURY *Glad. Sal.* 591 (v. dictamen 3b); lex divina necessaria nobis est quia lex ~a et naturalis non sufficiunt *Ib.* 592. **e** coepit .. haec famula Dei, .. proximante jam fine, ex ~o jure graviter infirmari B. *V. Dunst.* 11; **1325** mortuus est et obiit ~o more *Cl* 142 m. 7; divina mystica ~o more velle pertractare J. BURY *Glad. Sal.* 590. **f** vox humana quidem superum pulsaret Olympum ALCUIN *SS Ebor* 861; G. MON. VII 4 (v. excitare 5); W. CANT. *Mir. Thom.* VI 148 (v. deprope a); TUNST. 219a (v. deductio 6).

3 (as sb. n. pl. or *res ~ae*) human, earthly affairs; **b** (as dist. from divine, celestial). **c** life, the world of the living. **d** (*agere in ~is* or sim.) to be alive. **e** (w. *eximere* or sim.) to die; *v. et. eximere* 3b.

omnia humanis non necessaria rebus, / quae homines longe lateque habere videntur BONIF. *Aen.* 354; GIR. *TH* III 12 (v. decrescere 1e); cum .. res ~e sint operacio et sermo, congrue putatur operacio prior sermone KILWARDBY *OS* 632. **b** **a804** divinarum ~arumque rerum scientia (v. definire 2a); quasi inutilem eum .. in divinis et humanis rebus .. effecit ASSER *Alf.* 74; ab ~is ad divina J. SAL. *SS* 948AB (v. egersimon). **c** **s1342** dux .. migravit ad Dominum .. pueris suis .. in ~is relictis AVESB. 99; **1393** quamdiu vixero in ~is *Lit. Cant.* III 21. **d** **1325** episcopo in rebus ~is agente *Ib.* I 156; **1361** quamdiu agerimus (*sic*) ~is *Reg. Glasg.* 264; **1406** Rogerus W., dum ageret in ~is, episcopus Londoniensis .. *Ib.* III 98; dum ageret in ~is *Canon. S. Osm.* 2; **s1455** dum in ~is ageret *Reg. Whet.* I 158; **c1504** dum agit in ~is *StatOx* 310. **e** *Dial. Scac.* I 11 C (v. determinatio 1c); GIR. *EH* II 31 (v. exemptio 1); **s1348** pestilencia .. sanos quam plurimos .. rebus exemit ~is AVESB. f. 119.

humare [CL]

1 to bury, inter (dead).

pestifera .. lues insipienti populo incumbit quae .. tantam ejus multitudinem .. sternit quantam ne possint vivi ~are GILDAS *EB* 22 (cf. G. MON. XII 15: tantam populi multitudinem .. quantam non poterant vivi ~are); corpus ejus .. est monasterii locis ~atum BEDE *HE* V 14 p. 314; egregii patris Berthwaldi corpus humatum / tumba tenet praesens *Epigr. Milredi* 810; †humase [l. humare], *bimyldan GlC* H 159; duxit eum in atrium templi quo corpora defunctorum ~ata quiescunt B. *V. Dunst.* 9; in villa ubi quiescit ~atus S. Eadmundus *DB* II 372; **1145** [Matildis] sese in manu predicti prioris loco nostro ~andam extrema voluntate concessit G. FOLIOT *Ep.* 45; corpora beatus Eldadus .. sepelivit atque Christiano more ~avit G. MON. VI 15; me terret quod 'hŭmor', non terret quod sonat 'hūmor' SERLO WILT. 2. 123; in hac [insula] hominum corpora nec ~antur nec putrescunt GIR. *TH* II 6; **1241** corpus meum .. apud D. ~andum decrevi *Cart. Dieul.* 362; rex [Constantinus] debitum solvit et Eboraco est ~atus *Eul. Hist.* II 267.

2 (?) to earth, bank (roots of crops).

1270 in bladis ~andis et serclandis *MinAc* 1078/12 r. 3 (*Yorks*); **1274** in toto blado manerii sarcland' et humand' *Ib.* 1078/14 r. 2 (*Ib.*); **1306** in omnimodis bladis ~andis et sarclandis ad taskam *Ib.* 1079/17 r. 2 (*Ib.*).

†**humase** v. humare 1.

humatim [LL], lowlily, lowly.

~im .. i. viliter et abjecte OSB. GLOUC. *Deriv.* 266; ~im, viliter, inornate *Ib.* 275.

humatio [CL], burial, interment.

tertium [miraculum] .. quod post ~ionem sui somatis gessit BYRHT. *V. Osw.* 403; Gualterius .. post ~ionem conjugis fere iij annis vixit ORD. VIT. VI 8 p. 46; posthumus .. i. ille qui post patris nascitur ~onem OSB. GLOUC. *Deriv.* 267; **1233** ad exequias et ~ionem domine Ermengardis regine, matris nostre *Reg. Aberbr.* I 75; **1336** in expensis .. die ~ionis Ricardi de P. *Ac. Durh.* 533; **1347** Hugo de R. fuit manutenens et consenciens ad predictam ~ionem dolosam et ad predicti corporis remocionem *SelCKB* VI 61; visa sunt corpora occisorum natancia .. proici et retrahi, quasi ~ionem aliam quam piscium peterent *G. Hen. V* 21.

humblo v. 2 humulus. **hume-** v. ume-. **humi** v. humus 1b. **humid-** v. umid-. **humifer** v. umifer.

humiliare [LL]

1 to lay low, crush, subdue. **b** (p. ppl.) subdued. **c** downcast. **d** oppressed, downtrodden.

[David] lxx milium populi sui strage ~iatur GILDAS *EB* 39; quis ~iatum magis elevat? quis elevatum magis ~iat? [cf. *Luke* xiv 11] GIR. *TH* III 1; rebelles humiliat, levat desperatos *Carm. Lew.* 269; **s1313** si adhesisset baronum consilio, Scotos ~iasset pro nichilo *V. Ed. II* 192. **b** **1262** nostrorum rebellio subditorum quos nobis .. virtus divina reddidit ~iatos *Cl* 111. **c** **c795** ante ~iatus fui in tristitia, nunc exaltatus sum in laetitia ALCUIN *Ep.* 86; obmutui ad hec nuncia .. et ~iatus sum quia labor meus renovatus est *Chr. Rams.* 86. **d** **1189** conventus humilis et ~iatus nimium *Ep. Cant.* 302.

2 to bring down to earth, humble, chasten. **b** (p. ppl.) humble, chastened.

~iamur sponte pro peccatis nostris sicut ~iatus est Hebraicus populus invitus ÆLF. *Regul. Mon.* 180; Judaeos ~iare conatur qui ex accepta lege superbiebant LANFR. *Comment. Paul.* (*Rom.* ii 28) 113; ANSELM III 26 (v. erigere 4c); timor ~iat hominem EDMUND *Serm.* p. 288; solebat .. carni sue frequenter insultando dicere, "eo magis ~iaberis quo appetit (*sic*) superbire" *V. Edm. Rich. P* 1793C; in utroque [sc. corpore et anima] sunt duo que te possunt multum ~iare [ME: *meoken*] *AncrR* 103; non solum reges et principes, sed etiam civitates et castra satis parve potencie summo pontifici presumunt resistere nec tamen multi eorum corporaliter ~iantur OCKHAM *Dial.* 710. **b** [corvus] ~iata voce .. veniam precebatur BEDE *CuthbP* 20 (= *V. Cuthb.* III 5: humili voce); *Id. HE* V 14 (v. damnare 3a); **s1174** incredibiliter ~iatus et devotus .. nudis pedibus .. civitatem intravit *Meaux* I 204; **1175** intelligens eum ex corde loqui et tandem esse compunctum et erga me ~iatum (*Lit. Regis*) DICETO *YH* 400; **c1370** 'contritum', i. ~iatum et destructum (J. BRIDL.) *Pol. Poems* I 134 (cf. *G. Ed. II Bridl.* 92); **1438** ~iatissimo devocionis spiritu *EpAcOx* 153; **1455** exasperatus potius quam ~iatus, magis contumaciter in suo errore perseveraret *Reg. Whet.* I 200.

3 to degrade: **a** (person); **b** (abstr.).

sacerdotes .. religiosam .. matrem seu sorores domo pellentes et externas .. levigantes vel potius .. ~iantes GILDAS *EB* 66; **800** melius est ut .. propter humanitatem Dei filius aeternus ~ietur in adoptione ALCUIN *Ep.* 205; quicumque .. regi favebant misere eo in tempore depressi ~iabantur *G. Steph.* I 75. **b** neque ad hoc umquam voluntas mea me tulit ut Cantuariensis ecclesie dignitatem .. quoquomodo ~iem W. MALM. *GP* III 124; **1276** ~iaverimus regiam dignitatem *TreatyR* I 134.

4 (refl.): **a** to humble, demean oneself; **b** (usu. w. dat.) to submit, indicate one's inferiority (to); **c** (*~iare se ad pedes alicujus*) to prostrate oneself.

non in hoc gloriando sed solite se ~iando *V. Greg.* 75; nec nostras nobis culpas dominus dimittet si non nos gradibus iisdem [humilitatis] ~iaverimus *Simil. Anselmi* 109; ALEX. CANT. *Dicta* 2 p. 117 (v. humiliatio 2a); **1213** volentes nos ipsos ~iare pro illo qui se pro nobis ~iavit usque ad mortem *SelCh* 285 (cf. M. PAR. *Maj.* II 545: volentes ~iari). **b** ceteris .. fratribus se vultu inclinato ~ient, cujus humiliationis ratio et in omni conventu custodienda est *RegulC* 21; R. presul, videns quod .. optimates sibi sponte sua ~iarentur, congratulatus est eis ORD. VIT. III 2 p. 26; **s1242** penituit .. regem Francie se regi Anglie .. ~iasse *Flor. Hist.* II 254; cupidinariis in mentem veniat / quod mors marsupio se non humiliat WALT. WIMB. *Sim.* 128; pro eisdem senioribus .. et pro suo magistro .. ~iare se debent *Cust. Westm.* 119; **1303** in oculis ejus invenire poteritis graciam si, coram ipso personaliter accedentes, vos eidem ~iaveritis *Chr. Rams.* 387; dominus Arnaldus .. episcopo Ossoriensi se ~avit, veniam petens *Proc. A. Kyteler* 20; ex parte regis injunxerunt archiepiscopo quod obediret et ~iaret se regi BIRCHINGTON *Arch. Cant.* 39; **s1405** ut dixerunt .. comes .. se ~iasset ad gratiam regis CAPGR. *Hen.* 110. **c** **s1070** Lanfrancus .. ~iat se ad pedes ejus [papae] EADMER *HN* 13; nondum te ~iasti ad osculandum pedes Domini GIR. *GE* I 50 p. 143.

5 (pass. as middle): **a** to be submissive, humble. **b** to be downcast. **c** to be ashamed.

1102 ~iamus nimis (v. humiliatio 5); qui .. perfecte humilis esse desiderat in operacione, voluntate, et opinione debet ~iari ALEX. CANT. *Dicta* 2 p. 117; **s1170** didicit ~iari (v. discalceare 2b); **c1180** in se ~iari (v. docere 2a); ~iari paratus sum in omnibus Domino meo GIR. *RG* III 5; **1213** M. PAR. *Maj.* II 545 (v. 4a supra); in illo [sc. ascendendo] sublimetur ad divinitatis consorcium, in isto [sc. descendendo] ~ietur ad humanitatis officium AD. MARSH *Ep.* 8; **s1310** ~iamini .. sub manu potenti regis vestri *G. Ed. II Bridl.* 39; homo .. recordari debet fragilitatem suam et ~iari *Eul. Hist.* I 10. **b** humilior *GlH* D 419 (v. deicere 3c). **c** **c1150** (v. degradatio 1a).

6 (p. ppl. in spec. phr.): **a** (*contritus et ~iatus* or sim., w. ref. to *Psalm* l 19); **b** (*capite ~iato*) w. head bowed; **c** (*corpore ~iato*) prostrate, on hands and knees.

cor .. contritum et ~iatum timore ejus nusquam Christus spernit GILDAS *EB* 31; **c800** (v. conterere 3c); **s1181** corde contrito et ~iato (*Lit. Papae*) *G. Hen. II* 274; **s1249** spiritum contritum ac ~iatum Domino reddens, .. ab hac vita migravit *Plusc.* VII 12; **s1264** corde contrito et ~iato OXNEAD 222; **1327** ecclesia .. contritis et ~iatis aperit sinum suum *Lit. Cant.* I 242; **1441** corde ~iato et contrito *Ib.* III 173. **b** surgant omnes erectoque vultu dicant versum 'respice in servos', subjungentes 'gloria' ~iato capite *RegulC* 21 (cf. 4b supra); ~iato capite prius, abbate innuente, benediccionem petat *Cust. Westm.* 263. **c** ut, nisi ~iato corpore, nullus patentem invadat aggressum W. MALM. *GP* V 270; rex .. adorabat .. ~iatoque corpore .. reverenciam exhibebat AILR. *Ed. Conf.* 760D.

7 (p. ppl. as sb. m.) member of a (chiefly Italian) religious order (? or Franciscan). (*Cf.* C. H. Lawrence *Medieval Monasticism* 195 and *DuC s. v. humiliati*).

1459 contradictores .. compescendi .. cujuscumque status, ordinis, vel condicionis, Cisterciensis, .., ~iatorum, sanctorum Benedicti et Augustini, .. quorumvis aliorum ordinum existerent (*Lit. Papae*) *Mon. Hib. & Scot.* 424.

humiliatio [LL]

1 laying low, crushing, suppression. **b** downfall, defeat. **c** dismay, being or becoming downcast.

humiliare .. unde ~o OSB. GLOUC. *Deriv.* 266; ad ~onem rebellium et subditorum exaltacionem AD. MARSH *Ep.* 30; **1257** ~oni nostrorum rebellium (v. exaltatio 3b). **b** **1198** Domini misericordia et veritas .. ~onem et exaltacionem eorum [hominum] .. procurat *Ep. Cant.* 429; cordis exaltacio preparat ruinam / et humiliacio meretur divinam / dari sibi graciam *Carm. Lew.* 134. **c** OSB. *Mir. Dunst.* 19 (v. exsultatio a).

2 humiliation. **b** being chastened.

consciencie ~o non est improbanda nec tamen illi que est sciencie ullatenus coequanda. humilitas ex consciencia est cum quis se nulla probitatis arte subnixum considerat et ne inter suos vilis habeatur sese in suis actibus humiliat ALEX. CANT. *Dicta* 2 p.117; **s1099** omnes .. nudis pedibus cotidie orando circuibant urbem. octavo ergo talis ~onis die .. DICETO *Chr.* 232 (cf. WALS. *YN* 84). **b** posuit te Dominus ut sis principibus ad correctionem .. superbis ad ~onem, humilibus ad tutelam P. BLOIS *Ep.* 15. 52B; **s1134** cum Dominus .. duci Roberto satis amplum penitencie spacium et ~onis concessisset, viz. xxx annorum M. PAR. *Min.* I 247; ad correctionem abbatis et ~onem GIR. *IK* I 5; respondit quod secundum qualitatem contricionis et ~onis sue micius secum ageret GRAYSTANES 46; nonnulla .. sibi contigerunt ad ejus ~onem CAPGR. *Hen.* 84.

3 degradation, abasement: **a** (of Christ Incarnate); **b** (of man). **c** (fig., alch.) process reverse to sublimation. **d** (rhet.) tapinosis, diminution of thing by understatement.

[Christus] per ~onem susceptae humanitatis spiritum gratiae fructiferis fidelium cordibus infudit BEDE *Hom.* I 25. 108. **b** due .. columne .. quarum una terrei coloris significacionem nostre ~onis .. protendens se a basi humilitatis usque ad ejus capitale AMUND. I app. 419. **c** cum .. quinta essencia, que est impermutabliis secundum se, sit permutabilis per ~onem sui ad inferiora, quare eodem modo ea que permutabilia sunt secundum se non possunt fieri incorruptibilia per sublimacionem? GROS. 36. **d** ponimus .. pro toto partem quando ponimus 'gurgitem' pro 'mari' .. et tunc incidit quedam figura que appellatur tapinosis, i. e. ~io magne rei VINSAUF *AV* II 3 (cf. Isid. *Etym.* I 34. 11).

4 bow, obeisance, (act of) submission. **b** lowering (of head or eyes).

RegulC 21 (v. humiliare 4b); post ~onem .. sacerdotis ad altare factam, ipsum altare sacerdos thurificet *Offic. Sal.* 92; abbas .. adibit .. archiepiscopum .. et ~onem sibi faciat *Mon. Francisc.* II 40; **s1377** dux .. velut amplectans .. Londoniensium ~onem spontaneam corruit ad pedes regis WALS. *HA* II app. 383 (cf. *Chr. Angl.* 149n.); **1432** major et seniores .. accesserunt eidem [regi] et, ~one facta que decuit, obtulerunt sibi se et sua *MGL* III app. 458. **b** **1459** in vultus ~one et prostracione corporis *Reg. Whet.* I 342.

5 humility.

1102 nos .. humiliamur nimis. ceterum in hac ~one cum Deo mente excedimus (*Lit. Papae*) EADMER *HN* 154; quis tantus racionis vigor .. tantus facundie splendor, quibus vestre celsitudinis ~o inpresentiarum valeat annotari? BACON *Tert.* 7; **c1239** spiritus sublimetur .. eternitatis superfervido amore .. et non ficta ~one animi de timore periculi GROS. *Ep.* 55; non invenies in te materiam superbie sed despectum tui ipsius et causam ~onis ROLLE *IA* 224.

humiliator, one who humbles.

c923 gentilitatis ~or pravae (v. exaltator).

humilis [CL]

1 low, lowly: **a** (of person, w. ref. to birth or status, also as sb. m.); **b** (of community); **c** (of topic or thing, also as sb. n.). **d** (of head) lowered.

802 ~iores personae (v. honestus 2); ab hoc nomine, quod est humus, hic et haec ~is .. et dicitur ~is quasi humo inclinatus OSB. GLOUC. *Deriv.* 266; GIR. *EH* I 6 (v. erector); hunc [sc. Oldcastell] .. hostem et subversorem ecclesie primo creavit natura ~em *G. Hen. V* 1. **b** **1189** conventus humilis (v. humiliare 1d). **c** ~ia loquendo

BEDE *Hom.* II 12. 166 (v. deitas 1a); 'quot sunt causarum genera?' quinque: honestum, admirabile, ~e, auceps, obscurum.. ~e quod neglegitur ab auditore et non magnopere attendendum videtur .. ALCUIN *Rhet.* 21; humilia *GlH* D 495 (v. 1 demittere 2c); forsitan aliquibus nimis ~e atque indignum relatu videbitur ALEX. CANT. *Mir.* 42 (I) p. 241. **d a1098** cum.. fecisset donu ~i capite et prono (*Lit. Abbatis*) *Doc. Bury* p. 13; nec mens sublimia visu / vix humili cernit HANV. IX 8 (v. fumidulus); decenti ~i vultu W. SAY *Lib. Reg. Cap.* 65 (v. distantia 1a).

2 submissive, humble, modest: **a** (of person); **b** (of Christ); **c** (as sb. m.); **d** (of abstr. or act); **e** (of voice); **f** (of entreaty).

divertitque humulis sub nota mapalia Hripis FRITH. 405 (cf. EDDI 14: humiliter Inhripis iij annis resedit); ~is .. doctor BEDE *Sam.* 575 (v. decertare a); numquam .. ante haec vidi ~em regem *Ib. HE* III 14 p. 157; ALCUIN *Carm.* 119. 2 (v. humus 3a); *GlC* E 440 (v. exiguus 5a); **1072** (v. excellenter a); rex .. Eadgarus Deo erat ~is et devotus DOMINIC *V. Ecgwini* II 1; ALEX. CANT. *Dicta* 2 (v. humiliare 5a); **1277** frater Willelmus .. ecclesie minister ~is *Reg. Malm.* II 228; Johanna regina Francie virtuosa et ~lima et pie creditur sancta *Eul. Hist.* I 284; UPTON 108 (v. dispositive b). **b** mitem Christum et ~em et caritatem que ipse est habet in perpetuum *V. Greg.* 81. **c** igne caelesti centum superbos exurens, quinquaginta ~es servans GILDAS *EB* 71; suffert ista [sc. terra] humiles dum devorat illa [sc. gurges] superbos ALCUIN *SS Ebor* 1381; ~ibus mitior columba ÆLF. *Æthelwold* 19 (v. dyscolus a); P. BOIS *Ep.* 15. 52B (v. humiliatio 2b); due beate virtutes .. pertinentes ad anachoritam: paciencia in prima parte, humilitas in altera, quia paciens est qui pacienter fert injuriam sibi illatam, ~is, qui pacienter sustinet opprobria *AncrR* 51. **d** in ~i et paupere vita BEDE *HE* IV 13 p. 231 (v. famulari 1b); **†855** concedo meo fideli ministro, Ealdhere, pro ejus ~i oboedientia *CS* 467; OSB. *V. Dunst.* 16 (v. devotio 1b); **s1239** sui devoti .. episcopi [faciunt] ~em sui commendacionem et reverenciam .. M. PAR. *Maj.* III 552. **e** ~i voce *V. Cuthb.* III 5 (v. crocitare); respondens .. voce ~lima BEDE *HE* IV 2 p. 205; ~i voce G. MON. IV 5 (v. fulminare 2a). **f a705** ~lima .. instantia (v. devotio 2); ~lima .. instancia *Reg. Whet.* II app. 400 (v. deprecatio 2b).

humilitare [LL], to humble, chasten.

1406 Johannem .. comparentem et ~atum ad misericordiam .. receperunt *Reg. Heref.* 100.

humilitas [CL]

1 lowliness, low status (cf. *Luke* i 48).

respexit ~atem ancille sue *V. Chris. Marky.* 13; humilitas ancille P. BLOIS *Carm.* 27. 25. 150.

2 humbling, chastening; **b** defeat, bad time.

in omnem sese dejecit penitentie ~atem P. BLOIS *Ep.* 2. 6a; **1327** Thomam .. secundum ipsius .. ~atis modum et merita recipiemus *Lit. Cant.* I 235; tua ~as, juxta B. Benedicti regulam, complebitur *Ib.* I 246. **b** populus Hebreorum, post mortem Jehu, alternavit sub judicibus et ~ates laborum et prosperitates consolacionum M. PAR. *Maj.* I 18.

3 humility: **a** (as pers. virtue, often in contrast w. *superbia*); **b** (of Christ); **c** (*spiritus* ~*atis*). **d** (in self-deprecation) one's humble self.

a THEOD. *Pen.* II 6. 1 (v. derelinquere 2c); cum .. videret .. difficulter posse sublimitatem animi regalis ad ~atem viae salutaris .. inclinari BEDE *HE* II 12 p. 107; **c794** ~as te exaltet ALCUIN *Ep.* 40; lotis fratribus, exhibeant priores .. ~atem abbati ÆLF. *Regul. Mon.* 187; nec .. in loco abbatis causa ~atis stare solebat *Chr. Evesham* 88; **1072** numquam .. res quaelibet .. eicere .. poterit inauditam illam ~atem quam michi extremo hominum .. Rome exhibuistis LANFR. *Ep.* 3 (4); ALEX. CANT. *Dicta* 2 p. 117 (v. humiliatio 2a); pro nobis contra superbiam ~as, .. contra arrogantiam .. modus et modestia dimicabunt GIR. *EH* I 8; pii pectoris ~as AD. MARSH *Ep.* 1; [Oswinus] in supremo regni fastigio sublimatus ~atem, que custos virtutum dicitur, studuit possidere M. PAR. *Maj.* I 283; bona anachorita per ~atem parvificat sua bona opera *AncrR* 41; *Ib.* 51 (v. humilis 2c); sancti .. tam profundam ~atem habent ut .. se omnibus indigniores et miseriores clamant ROLLE *IA* 225; **c1370** attribuit regi ~atem contra superbiam (J. BRIDL.) *Pol. Poems* I 138; in ministerio Christi requiritur ~as BRINTON *Serm.* 33 p. 139; consueverat .. ex permaxima ~ate et devocione .. propria manu gerere magnum tortum BLAKMAN *Hen. VI* 14. **b** GILDAS *EB* 74 (v. exemplar 2b); **c701** hortamur vos .. devotos obedientiae et ~atis Christi existere vos amatores (*Lit. Papae*) W. MALM. *GP* V 221; **a867** Christus Jhesus .. propria volens homines medicinali ~ate sursum efferri, non humana superbia (*Lit. Papae*) OCKHAM *Pol.* I 24. **c** GIR. *Symb.* I 28 p. 299 (v. denigratio 2); ut peragant confessiones in spiritu ~atis et animo contrito *Ps.*-RISH. 524; prelatus .. adoneatur in spiritu ~atis *Obs. Barnwell* 50; **1451** accidit .. ut spiritus ~atis in cor archidiaconi descenderet *Reg. Whet.* I 6. **d a703** vobis vicem reddere nostra ~as minime pigebit *Ep. Bonif.* 8; accipe stolam quam tibi Dominus per ~atis nostrae famulatum seu per manus nostras accipiendam praeparavit EGB. *Pont.* 17; acciderit ut Theodorus .. tres sua auctoritate, mea ~ate non adquiescente, ordinaret episcopos W. MALM. *GP* I 1 p. 7; **1277** eandem [provisionem] sigillo ~atis nostre una cum sigillo capituli nostri duximus roborandum *Reg. Malm.* II 229.

humiliter [CL], humbly, meekly; **b** (in requests or petitions).

venerunt .. post vestigia ejus duo pusilla animalia maritima ~iter prona in terram, lambentes pedes ejus *V. Cuthb.* II 3; BEDE *HE* III 3 (v. auscultare a); ~iter .. et haec humilitas OSB. GLOUC. *Deriv.* 266; pro amore Dei sancti ~iter [ME: *mildeliche*] paciuntur *AncrR* 139; **s1272** rex .. confessus est .. ~iter peccata sua, tundens pectus suum WALS. *HA* I 7; ~ius .. vivere *Concl. Loll. XXXVII* 28 (v. elongate); quecumque jusseris mihi .. humilime peragam CHAUNDLER *Apol.* f. 16v. **b** illa [abbatissa] .. ~iter interrogavit *V. Cuthb.* IV 10; **798** (12c) ~lime rogans ne .. anathemate periclitaretur (*Clovesho*) *Conc. HS* 513 (= *CS* 291); **836** ~iter supplico *CS* 416; **1202** (v. devote 2b); dominus rex, ~iter requisitus .. GRAYSTANES 4; **1358** ~ius quo possum .. veniam peto *MunAcOx* 210; **1438** (v. devote 2b); **1517** supplicavit homilime *Entries* 461.

humirepa [CL humus + CL repere], crawling on the ground.

ut justitia tota videatur aut non nisi plebea virtus et humilis, quaeque longo intervallo subsidat infra regale fastigium, aut uti saltem duae sint, quarum altera vulgus deceat, pedestris et ~a .. altera principum virtus, quae sicuti sit quam illa popularis augustior MORE *Ut.* 240.

humitare v. umitare. **hummu-** v. humu-. **humo-** v. et. umo-. **humor** v. humare, umor. **humotenus** v. humus 1e.

humulinus [cf. humulus], (beer) made w. hops (also as sb. f.).

beere .., hummulina .., hummulupotus aut cervisia hummulana, limpiletum *PP*.

1 humulus v. humilis.

2 humulus [AS *hymele*, ME *himele, humel*], hop (*Humulus lupulus*); **b** (transf.) beer. (*Cf. Med. Eng. Ind.* 295).

10. .. humblonis, *hegehymele WW*; *a hoppe*, ~us, lupulus LEVINS *Manip.* 169. **b** *hopp, seyd for 'beer'*, hummulus .. secundum extraneos *PP*.

humus [CL]

1 earth, ground. **b** (locative ~*i*) on the ground. **c** (dat. for acc.) to the ground; **d** (w. ref. to burial); **e** (~*otenus*) to the ground. **f** soil (used in building). **g** ground (fig.).

tellus, terra, solum vel arvum, *eorða*; ~us, rus, arvum, *molde* vel *land ÆLF. Gl.* 154; R. CANT. *Malch.* V 516 (v. eruderare 1); omnes ecclesias .. usque ad ~um destructas G. MON. XI 10; ~us, .. terra, inde ~i adverbium OSB. GLOUC. *Deriv.* 266; W. CANT. *Mir. Thom.* III 2 (v. extumulare); hic ~us, *erthe WW*. **b** Wiredus ante sancti reliquias ~i prostratus obnixe .. oravit DOMINIC *V. Ecgwini* II 3; coegit eum genua ~i flectere G. MON. X 3; vir Dei baculum quo utubatur ~i defixit ORD. VIT. III 13 p. 135; ~i, ad terram OSB. GLOUC. *Deriv.* 275; ~i .. devolvitur T. MON. *Will.* VI 8 (v. devolvere 1b). **c 799** quasi coram sanctissimis pedibus vestris ~o prostratus ALCUIN *Ep.* 180; quasi ~o inclinatus OSB. GLOUC. *Deriv.* 266 (v. humilis 1a). **d** [mortui] ~o vel petra operiuntur THEOD. *Pen.* II 5. 1; ~o terrae FELIX *Guthl.* 51 (v. etiam 2e); ac si .. fuisset defuncta sive ~o condita BEDE *HE* IV 17 p. 245. **e** alias [machinas] in altum sublatas, alias ~otenus depressas *G. Steph.* I 16. **f 1305** (v. daubatio). **g** ave [Maria], nubes roris, / cordis durioris / humum molliens J. HOWD. *Sal.* 46.3; humum cordis in imbribus / [Jhesus] novit medicinalibus / arescentem reficere *Id. Cyth.* 132.10.

2 area of ground, land.

W. MALM. *HN* 483 (v. genialis 3c).

3 the Earth; **b** (personified).

vir hūmilis maesta caelum conscendit ab hūmo ALCUIN *Carm.* 119. 2; dum nive canet humus, glacies dum cepit aquarum / cursus WALT. ANGL. *Fab.* 10. 1. **b** plaudit humus, Boree / fugam ridens exulis P. BLOIS *Carm.* 7. 1; gaudet mater humus, gaudet et incola / concepta sibi vernula GARL. *Poems* 1. 3; principio regis oritur transgressio legis / quo fortuna cadit et humus retrogreda vadit GOWER *CT* I 6.

huncus v. uncus. **hundare** v. undare. **hundreda** v. 1 & 2 hundredum.

hundredagium, rate levied on a hundred. *Cf. hundredgelda.*

1312 computat .. de redditu et ~io xxxvij s. x d. ob. *Rec. Elton* 164 (cf. ib. 133: de redditu et *hunderyeld*).

hundredanus, 'hundreder': **a** bailiff of hundred-court. **b** tenant bound to attend hundred-court.

a Seuuardus hundrannus habet j mans' .. et reddit gildum pro j hida *Dom. Exon.* 493v. **b** terram .. injuste diripuerunt .. sine lege civium et hundretanorum. .. tandem .. A. alderman .. habuit .. grande placitum civium et hundretanorum coram xxiiij judicibus *Lib. Eli.* II 24.

hundredarius, 'hundreder': **a** bailiff of hundred-court. **b** tenant bound to attend hundred-court (*cf. Villainage in Eng.* 441–52). *Cf. centenarius* 4b, *centurio* 2.

a 1240 auxilium vicecomitis et ~ii *Cart. Rams.* I 491 (v. auxilium 4e); **1241** Colinus ~ius de S. Neotho *CurR* XVI 1744; **1242** in pascendis bovariis bedello ~io de Rimpton' *Pipe* 137; **1255** dicit [quod] Alexander P., plegius de prosecucione, non fuit premunitus per Elyam ~ium veniendi ad hanc curiam *CourtR Ramsey* 20; **c1265** Augnes, uxor quondam Johannis, ~ii in willa de A. *Cart. Osney* V 442; **1268** ~iis [regis] (v. geldabilis 1b); qui .. placitant vel curias tenere debent .. sunt justiciarii, senescalli, ballivi diversi, puta vicecomites, ~ii et ballivi maneriorum *CBaron* 68; **1276** vicecomites non dederunt hundredar' nisi v m. pro isto hundredo *Hund.* I 41; **1285** vicecomites ~ii et ballivi libertatum consueverunt gravare subditos suos *StRealm* I 89; **1289** monachi extiterunt in seisina per tempus iij annorum nomine regis quasi ~ius *PQW* 252a (*Glos*); **13..** (v. 2 hundredum 3); **1307** in dono .. Johanni C. ~io *Bec* 152 (*Hants*); **s1452** [teste] Edmundo W., ~io *Reg. Whet.* I 101; **1496** nullus vicecomes, subvicecomes, escaetor, coronator, ballivus, ~ius seu aliquis alius officiarius vel minister *Pat* 578 m. 18; **1575** officium ~ii sive ballivi libertatis nostri S. Albani *Pat* 1130 m. 31. **b 1221** de ~iis et libere tenentibus (*Surv. Ely*) *EHR* IX 418; **1277** quilibet ~ius dabit gersumam pro filia sua maritanda (*Surv. Ely*) *Villainage in Eng.* 442.

hundredesich' v. hundredfedum.

hundredfedum [ME *hundredfe*], customary rent or other payment in aid of 'hundreder'. (*Cf. Cust. Rents* 156–58).

1203 concessimus .. quod ipsi [episc. Herefordie et successores sui] sint quieti de †hundredesich' [l. hundredefith'] *wardpeny* et *thethingpeny RChart* 106a; **1226** de hundredesfeth': mandatum est vicecomiti Heref' quod distringat homines de comitatu suo ad reddendum ei hundredfeth' sicut illud reddere consueverunt .. ad firmam comitatus sui faciendam *Cl* 106a.

hundredgelda [ME *hundredyield*], rate levied on hundred. *Cf. hundredagium.*

1224 recepimus .. de hundredigelda ix s. v d. ob. quad. *Cart. Rams.* III 322.

hundredmannus [AS *hundredmann*], 'hundreder': **a** bailiff of hundred-court. **b** tenant bound to attend hundred-court.

a de hac mansione [sc. Ferdendella] calumpniantur hundremani et praepositus regis xxx d. et consuetudinem placitorum ad opus firme Ermentone mansionis regis *Dom. Exon.* 218 (= *DB* I 105va [*Devon*]: homines regis); **1238** tenet hundredum de Hertiland' et invenit j hundermannum ad attachiamenta que pertinent ad dominum regem facienda *Fees* 1370 (*Devon*); **c1255** debet facere sectam bis ad cariam [l. curiam] de Pultona .. et namiat cum ~o in hundredo ubi preceptum fuerit *Cust. Glast.* 210. **b** in hundreto Toritonae .. [habent] hundremanni j virgam quam clamant per consuetudinem *Dom. Exon.* 65.

hundredscotum [ME *hundredscot*], customary rent or other payment in aid of 'hundreder'. *Cf. hundredfedum.*

s1231 Walterus [de Euermuwe] exigit .. annuatim vj d. nomine hundredscot' et sectam ad curiam suam *BNB* II 416 (*Norf*); **1274** subtrahunt xij d. de hundredeshot' et ij d. de turno vicecomitis et Arnulphus S. subtrahit iij d. de hundredeschot' et ob. de turno vicecomitis *Hund.* I 527 (*Norf*); **1279** r. c. de viij s. x d. receptis de hundredscot' hoc anno *MinAc* 935/28 (*Norf*); **1280** de quodam redditu qui vocatur hundrescot' *Ib.* 935/29 (*Norf*).

hundredsetenum [AS *hundredseten*]

1 rules (? or quorate session) of hundred-court.

in sua propria terra et in suis villis debent [episcopi] habere constitutionem hundredi, quod Angli dicunt *hundraedsetene* (*Inst. Cnuti*) *GAS* 615.

2 (? conf. w. AS *hundredsocn*) attendance at hundred-court or (?) penalty for non-attendance.

†944 (12c) concedo ecclesiae .. Glastoniae .. jura et consuetudines et omnes forisfacturas omnium terrarum suarum—*burgebrise, hundredsocne* [v. l. hundredsetena], *athas, ordelas, infangenþeofas, hamsocne, frithbrice, forestalle* et *team CS* 794 (cf. W. MALM. *GR* II 143: hundredsetena, *Cart. Glast.* 145: *hundredesetene*); **†971** (13c) confirmo ut predictum monasterium [de Glastonia] omnisque possessio ejus .. habeant .. *hundredesetena, athas* et *ordeles CS* 1277 (cf. W. MALM. *GR* II 150).

hundredsicarius [? AS *hundred* + *sicor*], (?) guarantor of hundred.

1285 J. le B. et R. R. habent respectum de ponte A. fracto usque proximum ita quod hundrsicari [*sic* MS] manucapiant emendare pontem *Hund. Highworth* 289.

1 hundredum [AS, ME *hundred*], (long) hundred, six score (in quots., as fine or pledge in

Danelaw, app. 120 'ores'; *cf.* H. M. Chadwick *Studies on AS Institutions* Cambridge, 1905, 395 and *n.* 2).

si quis furem innoxiare velit, ponat unum ~tum in vadio (*Quad.*) *GAS* 230; qui scienter fregerit eam [sc. pacem dabit] x et viij ~ta in Denelaga (*Leg. Ed.* 12. 3) *Ib.* 638; in Denelaga [emendatur] per x et octo ~da qui numerus complet septies xx li. et quattuor. forisfacturam ~di Dani et Norwenses vocabant viij li. (*Ib.* 27. 1) *Ib.* 651 (cf. *Hexham* p. 61*n.* [*Ch. Hen. I*]: in *hundredth* viij li. continentur).

2 hundredum, ~us, ~a [AS, ME *hundred*]

1 hundred, territorial division of shire: **a** (as area of land); **b** (as area of jurisdiction); **c** (as area for tax or sim. exaction). **d** (w. *dimidius*) half-hundred. **e** (dist. as *forinsecus* or *extrinsecus*) inhundred or outhundred; *v. et. inhundredum, uthundredum. Cf. centenarius* 4a, *centennium* 5, *centuria* 2b, *centuriata.*

a **s892** centurias quas ~dos et decimas quas tithingas appellant instituit [Alfredus] . . . . . si quis alicujus delicti argueretur incommodo, statim exiberentur ex centuria et decima qui eum vadarent M. PAR. *Maj.* I 428 (cf. *Chr. Angl. Peterb.* 24 [**s872**]: centurias quas nunc ~das dicimus; *Croyl.* 29 [**s874**]: ~das; = W. MALM. *GR* II 122: *hundrez*); **964** ut ipse episcopus cum monachis suis de istis tribus centuriatibus (*sic*), i. e. ~dis .. constituant unam naucupletionem *CS* 1135 (*Worcs*); **c1070** concessi Crull, sc. ~dum terrae cum tota soca et saca ut in vicecomitatu Lincolniae jacet (*Ch. regis*) *MonA* III 499 (cf. *Couch. Selby* I 11: C., sc. unum ~dum; ib. 18 [**1189**]: C., sc. unum houndredum; *MonA* III 499 [**1318**]: C., sc. una ~da); in honderto de F. sunt xj hidae *Dom. Exon.* 7 (*Wilts*); **c1109** in Lagolfris wup' habentur xij hunde' (*Surv. Linc.*) *MS BL Cotton Claudius* C v f. 5; quod Angli vocant ~dum supradicti comitatus [sc. *Yorks, Lincs, Notts, Leics, Northants*] vocant wapentagium (*Leg. Ed.* 30. 1) *GAS* 652; **1136** rex Henricus eum burgum et ~ta ei pertinencia tenuit in dominio suo *Ch. Sal.* 7; **1170** exigent barones vadium et plegium .. ab omnibus illis qui .. tenuerunt ~dos baronum quos ipsi habent in comitatu, sive eos tenuerint ad firmam sive in custodia *SelCh* 175; *Dial. Scac.* I 17 (v. 1 hida 1b); **1235** Stephanus summonitus fuit ad reddendum domino regi ~dum de Gosecot' [*Leics*] cum pertinenciis quod concessit eidem S. et unde per eum deceptus fuit eo quod dedit domino regi intelligi quod ~dum illud non fuit nisi parvum ~dum .. et ~dum illud est major pars comitatus . . . . . dicit quod wappentakium illud non est major pars comitatus *CurR* XV 1137; **c1305** item de burgo affirmato xxiij li. .. de ~to affirmato ix li. (*Rent. Linc.*) *Ambrosden* I 505; **1338** in suburbio et hondredo extra portam borialem Oxonie *Deeds Balliol* 24 (cf. *VCH Oxon* IV 265–68); sunt in ea [provincia Eboraci] xxij hundredi, i. e. *wapentakes.* ~us .. Latine, sive cantredus Wallice et Hibernice, continet c villas HIGD. I 49; **1546** ~de (v. 1d infra). **b** **c1080** ille xv hidae juste pertinent ad *Osuualdus lauue* ~dum episcopi *Cart. Heming.* I 75; huic manerio pertinet soca duorum hund' *DB* I 39va (*Hants*); tunc valuit [Gernemwa] cum duabus partibus soche de tribus ~tis xviij li. . . et pars comitis ix li. *Ib.* II 118a (*Norf*); **c1095** faciatis habere abbati S. Ædmundi suos viij et dim. ~tos cum omnibus consuetudinibus que ad eos pertinent *Regesta* 88 (cf. *Doc. Bury* 19); **a1100** fac recognosci per homines ~di de M. quas consuetudines abbas S. Augustini habere debet in villa de N. (*Ch. Will. II*) ELMH. *Cant.* 356; comitatus in centurias et sipessocna distinguntur, centurie vel ~ta [v. l. ~da] in decanias vel decimas et dominorum plegios (*Leg. Hen.* 6. 1) *GAS* 552; **1188** quod nullus burgensis de Bristallo placitet extra muros ville de ullo placito preter placita de exterioribus tenementis que non pertinent ad ~dum ville *BBC* 118; de qualibet hida in ~do iiij homines ad *stretwarde* inveniuntur [OF: *de chascuns x hides del hundred un hume* ..] (*Leis Will.* 28. 1) *GAS* 513; ubi .. substancia domini defecerit, totus ~dus, in quo occisio facta est, communiter solvat quod remanet (*Leg. Will.* 3. 2) *Ib.* 490; precipimus ut omnes civitates et burgi et castella et ~di [v. l. ~da] et wapentachia tocius regni .. vigilentur et custodiantur in girum pro maleficis et inimicis (*Ib.* 6) *Ib.*; **1217** nec aliquis vicecomes vel baillivus suus faciat turnum suum per ~tum nisi bis in anno (*Magna Carta Hen. III*) *SelCh* 343; **1234** si ~us fuerit amerciatus, dabit cum aliis auxilium *Cust. Glast.* 135; **1236** quondam ad summonitionem nostram fuerunt xxij ~di et dim., nunc autem pertinent tantum vij *Cust. Battle* 126; **1237** ballivi liberorum ~dorum (v. caput 20c); **1267** nullus .. major vel minus distringat aliquem ad veniendum ad curiam suam qui non sit de feodo suo aut super ipsum [non] habeat jurisdiccionem per hundr' vel ballivam que sua sit *StRealm* I 20; **1285** ballivi de la R. levant debita de hondredo de la R. et solvant vicecomiti *Aids* II 21 (*Dors*); **1313** nota quod antiquitus ~dum reddidit pro quolibet murdro c s., sed nunc faciunt finem communem *Eyre Kent* 81; **1336** assignavimus vos ad venire faciendum coram vobis omnes homines de singulis villis .. defensabiles .. infra hundra seu wapentachia *RScot* I 443a (*Devon*); comitatus .. dividuntur in ~da que alicubi wapentagia nuncupantur. ~da .. dividuntur per villas sub quarum appellacione continentur et burgi et civitates FORTESCUE *LLA* 24; horum .. xij [juratorum] ad minus iiij erunt de ~do ubi villa in qua factum de quo contenditur fieri supponitur sita est *Ib.* 25. **c** homines comitis M. .. retinent consuetudinem regis .. de una quaque villa et consuetudinem ~ti *DB* I 100vb (*Devon*); habuit rex geldum de prescripto ~to [de Canendone] *Dom. Exon.* 18v.; Hugo de P. adquietavit in alio ~to iij hidas et iij virgas geldantis terre quas habet in hoc ~to *Ib.* 24v. (*Dors*). **d** in dimidio ~to de Hiz *DB* I 132va (*Herts*); *Ib.* I 209ra (*Beds*) (v. defendere 4c); habuit Stigandus socam et sacam de hoc dimidio ~to *Ib.* II 139b (*Norf*); **1198** (v. dimidius 1a); **1203** dimidiumhundredum de Keisford [*Suff*] debet ij m. pro concelamento *Pipe* 247; **1546** hundrede de T., B. [etc.] et dimidium ~di E. (*Lay Subsidy*) *DocCOx* 111. **e** **1208** sciatis nos reddidisse .. abbati et monachis .. id quod eis defuit de ~do suo de Rading', scilicet totum forinsecum ~dum .. sicut jus suum cum omnibus pertinentiis, sectis, consuetudinibus et libertatibus suis *RChart* 175a; **1212** Henricus W. et Laurencius de H. dicunt pro toto ~do forinseco de Awelton' quod .. *CurR* VI 292; ~dum intrinsecum dicit quod .. *Ib.* 293; **1213** nos concessisse .. hominibus nostris de Andr' manerium nostrum de A. cum undredo forinseco et aliis pertinenciis *RChart* 195a; **1228** (v. extrinsecus 5a); **1230** villata de Berkhamst' debet xx m. de talliagio .. forinsecum ~dum de B. debet c s. pro eodem *LTRMem* 11 m. 12; **1235** molendinum illud est infra ~dum forinsecum et extra fossatum civitatis *CurR* XVI 1385 (*Norf*); **1266** inspeximus .. cartam .. de toto manerio de Wynford' [*Dors*] cum ~do intrinseco et ~do forinseco *ChartR* 58 m. 12.

2 hundred-court; **b** (collect. for jurors); **c** (session); **d** (tenant's duty to attend). **e** (*secta ad ~dum*) suit of hundred-court. **f** (*tenēre ~dum*) to hold hundred-court. **g** (w. *generalis, legalis,* or *magnus*) 'leet', yearly or half-yearly tourn of hundred.

in hac firma erant placita ~torum de C. et S. quae regi pertinebant *DB* I 64vb (*Wilts*); istae consuetudines pertinent ad Tantone: *burgheristh*, .. denarii de hundret' et denarii S. Petri *Ib.* I 87va (*Som*); habuit ad firmam pro l li. et j mark' auri omnia placita comitis in comitatu et ~tis *Ib.* I 262va (*Ches*); **1100** ~da in illis locis sedeant, sicut sederunt in tempore regis E. (*Regesta* 501) *MGL* II 649 (*Worcs*); diximus de ignotis pecoribus ut nemo habeat sine testimonio hominis ~di [AS: *hundredesmannes*] vel hominis decime (*Quad.*) *GAS* 192; debet .. ~ta vel wappentagia duodecies in anno congregare (*Leg. Hen.* 7. 4) *Ib.* 553; **11..** infra quatuor bancos ~di (v. 2 bancus 2); **1200** tenementa .. soluta .. de .. sciris, ~dis et sectis scirarum et ~dorum, de misericordiis comitatum et ~dorum *RChart* 67a (cf. *Ch. Sal.* 179); de hiis qui justum judicium repellunt: .. si in ~do vel in cujuscumque curia .. [solvat] xxx s. (*Leis Will.* 42. 1) *GAS* 516; nullus namium capiat in comitatu vel extra ~do vel comitatu tercio postulaverit (*Ib.* 44) *Ib.* 517; **1201** malecrediti sunt de burgeria .. per juratores ~di et per iiij villatas proximas juratas *SelPlCrown* 5 (*Cornw*); **1206** posuit eum in placitum in ~do de M. .. et per judicium curie diracionavit terram illam .. et inde vocat ~dum illum ad warantum. habeat .. curiam quam vocavit *CurR* IV 310 (*Kent*); **1234** ad ~dum [de Hwervelesdon'] .. pertinent placita de hominibus verberatis et de medledis .. et de omnibus aliis hujusmodi placitis que ad ~dum pertinent infra predictos ij turnos per totum annum *Ib.* XV 1070 (*Wilts*); **a1246** quod nullus .. burgensium implacitetur nec judicetur nisi in ~do ejusdem ville *BBC* 150 (*Saltash*); **c1255** (v. hundredmannus a); **1283** ~dum vocant congregacionem masculorum exceptis viris ecclesiasticis, quicumque fuerint etatis ultra xij ann[orum], bis per annum ad pacem domini regis attingendam, ubi non est aliquod placitum sed tantum presentaciones fient de articulis corone *SelCKB* I 128 (*I. of W.*); **1321** convenire fecerunt wappentachium vel ~dum pro inquisicione facta de morte hominis *MGL* II 348. **b** hoc testatur hund' et burgenses de Dovre et homines abbatis S. Augustini et Estrea lesti *DB* I 13ra (*Kent*); de hac terra Goisfridus de M. erat saisitus quando ivit trans mare in servitium regis, ut dicunt homines sui et totum ~tum *Ib.* I 139vb (*Middx*); **1195** quidam Walensis .. fugit .. et ~dum eum fuit secutum donec nox eis abstulit visum *CurR PR* 103 (*Wilts*); **1202** captus fuit in fuga, ut dicunt Johannes de W. et Radulfus de M., set fuga non fuit testificata per ~dum *SelPlCrown* 8 (*Lincs*); **1225** mandatum est vicecomiti Sumersetie quod in pleno comitatu .. convenire faciat iiij ~da propinquiora .. et per eorum sacramentum diligenter faciant inquisicionem *Ib.* 119; **1262** retrohundr' .. : .. Rudulfus de G. optulit se versus Rogerum le B. [qui] vocatus non venit. ideo per consideracionem ~di distringatur quod sit ad proximum ~dum responsurus de defalta *SelPlMan* 178 (*Wilts*); **1278** assignatus est dies ad emendend' coram ~do *Ib.* 93 (*Hunts*). **c** **c1105** summoniti sunt eundi ad alia ~ta et scira quam solebant ire (*Ch. Wint.*) *EHR* XXXV 391; qui sepe calumniatus est de furto et ~dum [AS: *gemot*] vocatus ter declinet, inveniantur de ~do qui eum adeant et inveniat .. plegios (*Inst. Cnuti*) *GAS* 329; in ~do sicut in alio placito [AS: *on hundrede swa on oðer gemote*] volumus ut rectum .. judicetur (*Quad.*) *Ib.* 194; **a1120** O. .. debet ire ad placita et ad ~as et syras et wapentas *Cart. Burton* 25 (cf. *EHR* XX 278–81); **1223** ad ~dum de B. .. coram Gulfrido le C., tunc serviente ejusdem hundredi, ad declarandum libertates ad ecclesiam S. Georgii pertinentes in pleno ~do *Cart. Osney* IV 345; **1239** ponatur per vadium et salvos plegios quod sit ad proximum ~dum foreste *SelPlForest* 70 (*Essex*); **1258** r. c. de xiij s. iiij d. de tithinga .. pro occasione relaxata ad hundr' *Crawley* 224; **1275** eam sectam [consuetam] pro se et hominibus suis in pleno hundr' dedixit *Hund.* I 66b (*Devon*); **1279** pro redditu debito et consueto ad ~dum *Hund. Highworth* 130; **1313** ductus fuit coram .. ballivo et sectatoribus [et] coram eis in pleno ~do suspensus fuit *Eyre Kent* 78. **d** †**1065** praecipio quatinus ecclesia ista sit libera .. de schiris et ~dis et placitis et querelis *CD* 817 (= *Reg. Malm.* I 323); **c1155** concedo .. vj li. et x s. quas .. solebant dare pro quietancia scirarum et ~darum, quas ipsi solent appellare *hundredselver* (*Ch. Regis*) *Reg. Malm.* I 331. **e** **1200** (v. 2a supra); **1230** terra ejusdem foreste [de Trivel, *Heref*] quieta sit inperpetuum de sectis sirarum et ~dorum et auxiliis vicecomitum *Cl* 296; **1241** Walterus subtraxit sectam ad ~dum de iij septimanis ad iij septimanas et ballivus ~di solebat facere trem' per annum in terra illa *CurR* XVI 1210 (*Devon*); **s1263** tenentes abbatis ad comitatus et ~da sectam facere debent *Leg. Ant. Lond.* 58; **1267** (1286) sint ipse et omnes homines sui liberi et quieti de sectis comitatuum et ~dorum et .. de auxiliis vicecomitum et prepositorum ~dorum et de eorum misericordia .. et .. de *hundredepeni CalCh* II 333 (*Essex*); **c1270** Bardulphus de C. debet sectam ad ~dum de C. de iij septimanis in iij septimanas et ad duos magnos comitatus *Ambrosden* I 450; **1279** faciet terciam partem unius secte ad comitatum de Huntingd' et ad hundr' de N. *Hund.* II 656a; **1284** debet sectam ~di de iij septimanis in iij septimanas et potest secta illa redimi per annum per xij d. .. et .. secta .. predicta debetur ad tria tantum, viz. quando breve domini regis venit placitari in hundredo et quando latro debet judiciari in hundredo et quando summoniti sint ad forciamentum curie de judicio (*IAQD*) *Deeds Balliol* 13; **a1293** sint quieti et liberi de sciris et hundredis et de omnibus sectis ad sciros et ~dos in Insula *BBC* 164 (*I. of W.*); carta .. pro sectis ~de de B., .. et ~de de C. *Reg. Malm.* I 26 *tit.* **f** de ~to tenendo (*Quad.*) *GAS* 192; **1352** senescallo hundredi de Blaketoriton' [*Devon*] sedenti ibidem et tenenti ~dum predictum insultum fecerunt *Proc. J. P.* 70. **g** **1270** indictatus fuit .. ad magnum ~dum de latrocinio *ICrim* 6/26 (2) (*Salop*); **1276** subtraxerunt sectam suam ad ij ~dos generales per annum *Hund.* II 172a (*Suff*); **1279** veniet ad ij magnos ~dos per annum *Ib.* 823b (*Oxon*); **1283** indictatus coram Thoma de D., senescallo comitis Herford, ad legale ~dum dicti comitis [*at Oaksey, Wilts*] *Gaol Del.* 72/1 m. 4; **1330** (v. hockdies); **1337** ~dum generale tentum .. *CourtR* 192/70 r. 1 (*Norf*); **1359** faciendo sectam singulis annis ad duo legalia ~da .. episcopi de Banewell [*Som*] *Pat* 256 m. 5; **1417** Ermyngton' [*Devon*]: curia legalis tenta [16 *Jan.*] .. curia legalis hundr' tenta [18 *Jan.*] .. *CourtR* 167/25 r. 3; **1437** Somerton [*Som*] forinsec': hundr' legale termini Hocked' cum visu franci plegii et turno vicecomitis tentum .. *Ib.* 200/33 r. 2; **1451** curia legalis ~di (*Devon*) (v. curia 5c).

3 quittance from dues of hundred. (*Cf.* W. Rastell *Les Termes de la Ley* London, 1671, 417).

13.. hundred', hoc est quietum esse de denariis dandis vel conc' faciendis pro prepositis vel hundredariis (*Cart. Sibton*) *MS BL Arundel* 221 f. 21v.

hundret- v. hundred-. **hundrs-** v. hundreds-. **hundrum** v. hundredum.

Hungarus, ~garius, ~grus [cf. ME *Hungari*, cf. OF *Hongre*], Hungarian, of Hungary. *V. et. Hunus* b.

s1017 illos [pueros] ad regem Ungariorum .. misit nutriendos FL. WORC. I 181 (cf. M. PAR. *Maj.* I 501: ~garorum; *AS Chr.* s. a. 1057: *þisne æþeling Cnut cyng hæfde forsend on Ungerland to beswicane*); **s1188** rex Anglorum .. direxit .. Ricardum [Barre] Bele regi ~garorum DICETO *YH* II 51; **s1189** rex ~garorum Bela nomine in occursum Cesaris letus procedit *Itin. Ric.* I 20; **s1191** comes quidam armatus de Hungaria et ~gri quam plurimi contra Turcos exierunt *Ib.* IV 8; Ungarorum regnum anguillis caret GIR. *TH* I 9; **s1223** in finibus Bugarorum .. juxta ~gariorum nationem M. PAR. *Maj.* III 78; terra Pascatyr que est magna Hungaria a qua exiverunt Huni, qui, postea ~gri, modo dicuntur ~gari BACON *Maj.* I 367; **s1457** exposuit .. processum .. expedicionis quam capitaneus regis ~garorum habuerat contra Turcos *Reg. Whet.* I 269.

Hungrensis, Hungarian, of Hungary.

s1191 comes ille ~is, vir magne probitatis et fame, comprehensus est *Itin. Ric.* IV 8.

hunigabulum [AS *huniggafol*], (tenant's duty to give) honey as rent or payment in lieu thereof. (*Cf. Gavelkind* 28, *Cust. Rents* 44). *Cf.* 1 *gabulum.*

in quibusdam locis *gebur* dat hunigabulum [AS: *huniggafol*]. .. in quibusdam locis est institutum reddi vj sestaria mellis ad censum; in quibusdam locis plus gabli redditur (*Quad.*) *GAS* 448; **13..** H. .. debet .. vj d. de hunigabulo *Reg. S. Aug.* 119 (cf. ib. 88: de gabulo mellis; ib. 94: *hunigafel* de C.).

hunigenitus v. unigenitus.

Huniscus, 'Hunnish', Hungarian.

796 vestrae .. delectioni dirigere studuimus unum balteum et unum gladium ~um et duo pallia serica (*Lit. Caroli Magni ad Offam*) *Conc. HS* III 498 (cf. W. MALM. *GR* I 93; *V. II Off.* 20: Hunniscum).

huniversitas v. universitas.

huntagium [AN *huntage, hontage*]

1 dishonour, loss of face.

1201 ad ~ium domini regis combusserunt cartam regis .. super faciem suam *CurR* I 395.

2 diminution of 'honour', *i.e.* of estate, *cf. honor* 5a; **b** (as assessed for leg. damages).

1201 idem H. voluit capere castellum de Lanceveton' ad ~ium domini [regis] Anglie *CurR* I 384; **1248** hoc felonice fecit . . ad exheredacionem comitis et ad damnum et ~ium ipsius *CurR* 159 r. 10 (*Cart. Glam.* 551: †hurtagium; *Arch. Cambr.* 4th S. IX 244: †hurtagium). **b 1277** Willelmus de la L. inculpatur per celerarium de dampno facto apud M. per oves suas . . in blado ibidem, ad dampnum dim. marce et ~ium dim. marce *CourtR Hales* 84; **1282** ad dampnum ipsius T. unius marce et ~ium xx s. *Ib.* 212.

hunullum [dub.], linchpin.

nomina pertinencia ad carectariam: . . hic axis, A. *axyltre*, hoc hunullum, A. *lynpyne WW.*

1 Hunus [LL], Hun, Avar. **b** Hungarian.

s423 bellis cum . . regibus ~orum erat occupatus BEDE *HE* I 13; Hunni *Ib.* V 9 (v. 2 Danus a); **790** Avari, quos nos ~os dicimus, exarserunt in Italiam ALCUIN *Ep.* 7 (cf. W. MALM. *GR* I 91: Avares quos nos ~os dicimus); gens ~orum Gothiam vastat R. NIG. *Chr.* I 128; Aurelianum defendit ab Attila duce Hunnorum *Ib.* 130. **b s1017** Edwinus et Edwanus mittuntur ad regem Suavorum ut perimerentur, sed, ejus miseracione servati, regem Hunnorum petierunt SILGRAVE 64; **s1058** erat quoddam honorabile xenodochium in confinio Baioariorum et ~orum ORD. VIT. III 4 p. 64; ~i BACON *Maj.* I 367 (v. Hungarus).

2 hunus v. unus.

hunustus v. onustus. **hupa** v. 3 hopa, upupa. **huppelanda** v. uplanda.

huppua [cf. upupa], hoopoe.

hic artus Terei . . / plumas accipiunt, mutantur et huppua fiunt R. CANT. *Malch.* IV 391.

hupupa v. upupa.

hura [AN *hure*; cf. AS *hær*], 'hure', sort of cap made of coarse felt or (?) fur. **b** (?) mitre.

1206 monachi . . nec fimbrias in subsellis nec pilleas qui ~e vocantur habere presumant (*Vis. S. Mary's, York*) *EHR* XLVI 450; judicium et combustio de falsis cappis et heuris *MGL* I 607 (cf. *Cal. LB Lond. H* p. 403 [**1394**]: judicium et combustio de falsis *cappes*). **b** [episcopus Lincolniensis] per capitis sui galerum, qui ~a dicitur, resignavit id juris quod dicebat se habere in ecclesia B. Albani *G. S. Alb.* I 156.

hurarius, 'hurer', capmaker.

s1363 articuli ~iorum intrati in hustengo de placitis terre *MGL* I 727; de capellariis, ~iis et *hatters Ib.* 735; **1398** Johanni B., civi et ~io London' *Cl* 242 m. 30.

hurcardus v. hurtardus.

hurdare, ~iare [OF *horder*; cf. ME *hord*]

1 to enclose w. hurdles or hoarding, fence off. *V. et. hurditiare.*

1195 in . . campo hordando ad duellum tenendum *RScacNorm* I 210.

2 to furnish (castle or sim.) w. 'hoards' or galleries made of hurdles. (*Cf. King's Works* I 62).

1198 pro . . fossatis reficiendis et muris ejusdem castri hordandis *RScacNorm* II 464; **1202** ad hurdendum (*sic*) castrum nostrum de Valle R. *RNorm* 55; **1215** habere facias . . mairemium . . ad castrum de M. ~iandum *Cl* 194a; **1242** ad ~andum et garitandum [castrum] *Cal. Liberate* II 102; **1272** in . . nova turella ~ando *Pipe* 117 r. 2d.

3 to equip (ship) w. bulwarks, tafferel or sim. made of hurdles.

1195 pro batellis hordandis apud Rothomagum et ducendis in Vallem R. *RScacNorm* I 138.

hurdator, hurdle-maker.

1207 inveni magistro Nicolao carpentario et . . Laurencio ~ori ij d. in die *Cl* 97.

hurdecia, hurdeicium, hurdesium v. hurditium. **hurdiare** v. hurdare.

hurdire [AN *hurdir*], to furnish w. wicker barrier.

1267 novam turrim . . bene ~iri . . facias *Liberate* 63 m. 6.

hurdisare, ~issare v. hurditiare. **hurdisium** v. hurditium.

hurditiare [cf. ME *hurdisen*], to furnish w. barriers, barricade: **a** (castle); **b** (ship).

a 1309 quedam [querele] sunt de ministris domini regis tempore gwerre, qui tunc ceperant batellos quorundam ad ~iandum inde castrum domini regis *S. Jers. XVIII* 5. **b** super bordis emendis pro bargiis hurdisandis *Prests* 68; **1338** in j *wyndas*, xxxij *boltes*, meremio et bord' pro dicta bargea hurdissanda emptis *Pipe* 182 r. 39d.

hurditium, ~ius, ~ia [AN, ME *hurdis*, OF *hordeiz, hordeis*]

1 hoarding, fence made of hurdles round building or sim.

1240 Anglici . . invaserunt . . Flandrenses, primo prosternentes ~ia sua et postea hostra (*sic*), fenestras et domos frangentes *CurR* XVI 1285; **1288** pro j domo empto ad ~ia faciendum circa ingenium *KRAc* 4/21 m. 1; **1419** de ~iis, ne fiant ante domos *MGL* I 455.

2 (mil.) barricade of wooden hurdles at castle or sim.

1203 pro hordeicio ejusdem castri faciendo xiij li. *RScacNorm* II 548; **1223** hurdeicium (v. 1 carnellus a); **1261** cum J. de B. capi fecerit subboscum et virgas . . ad cleias et ~ia ad castrum predictum inde facienda *Cl* 4; **1261** quod . . videri faciatis quot quercubus indigeat ad maeremium ad operaciones predictas [et ad] hurdricium ejusdem castri *Cl* 448; **1263** quod . . faciat habere . . cleias ad faciendos ~ios castri predicti *Cl* 242; **1312** pontes, †burdicia et brettachia pro municione dicti castri . . pro reparacione . . ~iorum et brettachiorum eorundem *Cl* 129 m. 14.

3 (naut., on galley. *Cf. Sea Terms* I 195–96).

1294 pro hurdisio castelli (v. castellum 4); **1296** pro hurdicea (v. dealbare 1a); **1296** in *cole* ad dealbandum hurdeciam cum ovis ad *glayr Ac. Galley Newcastle* 180; in j ligno empto . . ad hurdiciam bargie *Ib.* 181; **1300** pro bordis, lignis et clavis emptis . . pro ~iis faciendis in bargia regis *AcWardr* 60; pro clavis, bordis et alio meremio . . pro quodam ~io faciendo in batello de coga S. Edwardi de W. pro guerra *Ib.* 72; **1325** (v. castellum 4).

4 (as siege equipment).

s1191 perrarias suas et ~ios suos et alias machinas suas bellicas paraverat et in locis congruis collocaverat *G. Ric. I* 169 (= R. HOWD. III 113, BROMPTON 1201); **1319** expensas circa ingenia et hurdeicias pro obsidione faciend' *Cl* 137 m. 16; **s1356** fecerunt hurdesia tria ad turrim dirimendum *Eul. Hist.* III 220; **s1356** habuit . . j hordicium forte et bene provisum cum quo . . operatus est mirabilia in prosternendo muros castrorum KNIGHTON II 86.

hurdmannus v. hyredmannus. **hurdricium** v. hurditium.

†hurdsylva [ME *herth, hurd + silver*], 'hearth-silver', tax on householders (but *cf. horderisgildum*). (*Cf. Cust. Rents* 108, 199–201).

c1535 resolut' . . regine pro hurdesylva per annum j d. ob. *Mon. Exon.* 234.

hurire v. haurire 1a. **hurmannus** v. hyredmannus.

hurpa [dub.], shock, stook of sheaves.

12.. colligere stipulam qualibet die xv ~as et in qualibet ~a illius stipule v garbas (*Cust. episc. Wint.*) *MS BL Egerton* 2418 f. 66v.

hurstus [ME *hirst, hurst*], hurst.

a1235 infra has divisas: de cruce Ricardi A. usque in †hustum altum, et sic sequendo ~um usque in foveam . . *Cart. Cockersand* 670.

hurtagium v. huntagium 2a.

hurtaldus [cf. hurtardus], ram.

1274 de iij pellibus multonum, ij pellibus ~orum *MinAc* 984/4 r. 5 (*I. of W.*); **1300** vicarius habeat . . pasturam ad lx oves, unum †hurtandum [l. hurtaudum] *Reg. Wint.* I 92; **1322** de iij ~is et iij multonibus venditis *MinAc* 1146/1 r. 4 (*Kent*).

hurtardiculus, (? immature) ram.

c1400 de cciiij^{xx} ~is et jerciis *MinAc Essex* D/DHt M45 m. 1d. (*Foulness*).

hurtardus [cf. hurtare, hurtus], ram, tup.

1211 remanent ccxvj oves cum iij ~is *Pipe Wint.* 148; de differencia etatum animalium: . . conjunguntur multones cum multonibus, ~i cum ~is et femelle cum ovibus *Ac. Beaulieu* 51; hurcardi: idem r. c. de ccx hurcardis *Ib.* 168; **1284** de pellibus vj matricium ovium, j hertadi mortuorum de morina *Ac. Wellingb.* 36; de iij hurtadis remanentibus *Ib.* 40; **1286** dimiserunt ccciv^{xx} xv oves matrices et v hurtados *Ch. Sal.* 365; *FormMan* 41 (v. adjunctura); **1308** remanent cccxxiiij oves quorum iiij ~i *Doc. Bec* 167; **1419** item de ~is, multonibus et *geldeschep* v^{xx} et v *gelding Wills N. Country* I 25; **1487** de firma ccccxl multonum, x hurterdorum, ccc matricium et cc hoggastrorum *Crawley* 467.

1 hurtare [Germ.; cf. ON *sb. hrútr = ram*], (of ram) to tup.

c1312 r. c. de dccccxx agnis . . et ideo minus quia iiij^{xx}x jercie que jungebantur ad festum S. Michaelis . . non ponebantur ad ~andum pro parvitate eorundem (*sic*) *LTRAc* 19 r. 30; clvij de adjunctis jerciis cum ovibus matricibus non ponebantur ad ~andum hoc anno propter parvitatem earundem *Ib.* r. 30d.

2 hurtare [AN, OF *hurter*, ME *hurten; perh. of same orig. as* 1 hurtare]

1 to jostle, knock about.

in . . clericum . . manus injecerat . . ipsum ~ando et propulsando cum violencia huc et illuc *FormMan* 23.

2 to strike (against; in quot., refl.).

1290 quandam contencionem . . subortam volens impedire, ~avit se super quandam sagittam in manu predicti Johannis existentem *Cl* 107 m. 2.

hurtarium v. hurturium.

hurtellum [cf. hurtum], 'hurter'.

1305 in ij hurtellis et ij *linpinnes* emptis *MinAc* 991/27 (*Suff*); **1310** custus carectarum: . . in xxx grossis clavis, ij *hopes*, ij hurtellis et iiij *lintz* faciendis de veteri ferro domini ad . . ferramentum [rotarum] *Ib.* 992/8 m. 1 (*Ib.*).

hurterdus v. hurtardus. **hurterium, ~erum, ~orium** v. hurturium.

hurtum [cf. hurturium], 'hurter'.

1290 in ~is . . pro longa carecte iiij d. *Doc. W. Abb. Westm.* 185; **1336** custus carettarum: . . vj d. in xij ~is emptis *DL MinAc* 242/3886 m. 2.

hurturium [ME *hurtour*], 'hurter', (iron) plate between axle and wheel.

1283 in ij hurteriis emptis *Ac. Man. Wint.* (*Michaelmersh*); **1290** pro hutoris et ligaminibus et emendacione carette butelarie *Househ. Eleanor* 74; **1307** custus carettarum: . . in j hurtero empto j d. ob. (*Ac. Combe*) *Doc. Bec* 148; **1316** pro . . ij hurtur' et iiij lync' ad secundum currum domicellarum *KRAc* 99/21 m. 1; **1331** in ij hurtar' ad carectam *Ac. Man. Wint.* (*Silkstead*); **1335** computat de . . viij clutis ferri, ij rotis, ij hurturis, ij capistris, ij coler', uno pari traiciarum et una sella pro carecta *KRAc* 131/26 m. 3d.; **1342** in ij hurtor' et iiij linch' ad ij paria rotarum *Ac. Man. Cant.* (*Barton*); **1358** in j nova ligatura cum toto apparatu pro eodem pari rotarum una cum ~iis frettis ferreis pro modiis ligandis, et lynches emptis *Ib.*; **1363** custus carectarum: . . in ij hurtur' emptis *Ac. Man. Wint.* (*Silkstead*).

hurtus [cf. hurtare], ram, tup. *V. et. hurtardus.*

1420 (v. hogrus).

hurtyrnum [cf. hurtum + ME *iren*], (iron) 'hurter'.

1296 in rotis longe carette comitis cum ferro ligand' et cum ~is ad eandem carettam emptis x d. ob. quad. *MinAc* 997/11 (*Suff*).

husa v. hucha. **husa-** v. et. hosa-. **husband-** v. husbond-. **husbonda** v. husbondus.

husbondalis, (Sc.) fit for or pertaining to husbandmen. **b** (*terra ~is*) husbandland.

1325 edificabunt . . primo anno introitus sui duas domos husbandales *Reg. Aberbr.* I 309; **1430** assedasse . . more husbandali totam terram nostram *Cop. Pri. S. Andr.* 44; **1433** reddendo . . xl s. . . cum *rynmart* et *vethyr* et oneribus husbandalibus debitis et consuetis *Reg. Aberbr.* II 62. **b 1479** iij quarte terre husbandalis assedantur Willelmo S. *ExchScot* IX 579 app.; **1485** nota quod quelibet terra husbandalis dat regi annuatim iij capones, vj *pultre Ib.* 649; **1518** terras vulgariter husbandales nuncupatas *Form. S. Andr.* I 86.

husbonderia [AN *husbandrie*]

1 housekeeping, estate-management.

1434 predictus . . J. [Kyrkham, plasterarius] pro bona husbandria sua et supervisu tenementorum communitatis . . *Mem. York* II 139; **1476** volo quod . . Thomas, filius meus, habeat . . annuatim xl s. una cum liberatura . . ita quod ipse T. sit diligens, justus, et assiduus circa husbondriam dicte Alicie [sc. uxoris mee] faciendam *AncD* A 8471.

2 (art or practice of) husbandry, agriculture, farming; **b** (w. ref. to Walter of Henley's *Husbandry*; *cf. Husb.* 344).

1294 ad omnem operacionem culture et husbandrie *Reg. Paisley* 93; **1325** in liberacione j servientis . . ultra carucam et aliam husbanderiam *MinAc* 1147/23 m. 8; **1339** in omni ~ia facta apud C. ut in carectis, emendacione domorum *Ac. Trin. Dublin* 23; **1341** jacuerunt dcccc acre terre inculte non seminate . . propter defectu[m] hosebondrie et propter impotenciam tenencium *Inq. Non.* 389; **1364** plaustrum necnon minuta utensilia ad husbandriam pertinencia *Test. Karl.* 75; **1365** housbondriam suam debito modo . . facere non potuit *IMisc* 189/9; **1388** cum predictum manerium fuerit in hosebundria . . *Ib.* 332/23. **b 1419** hosebundria a folio 158 usque ad folium Horn 174 *MGL* I 546.

3 farm, farmstead.

1339 expense . . circa hosbonderiam de G. . .: in . . carucis emptis, . . in domibus . . construendis [etc.] *Ac. Trin. Dublin* 22; **1344** ballivo de G. pro ~ia ibidem ordinanda *Ib.* 45; ballivo de G. pro husbandriis ibidem *Ib.* 105; **1360** husbandria (v. fraxinus 1); **1374** husbandria: in husbandria iij affri, j juvenca, xxxiiij boves pro carucis et plaustris . . *Pri. Cold.* lxxvi; **1420** lego . . omnia animalia

mea, fenum et grana et omnia alia hostelamenta pertinencia housbandrie et domui mee *Reg. Cant.* II 211; **1441** volo .. quod .. uxor mea habeat .. omnia animalia mea .. et omnia grana et fenum et quicquid ad husbondriam pertinet *Ib.* 581; **1446** reparacio manerii .. viz. tam domorum pro habitacione firmarii et husbandria quam domorum et camerarum .. senescalli, terrarii et bursarii *Feod. Durh.* 118; **1453** Laurencio P., ballivo husbondrie de Writell', pro multonibus et cariagio *Ac. H. Buckingham* 51; **1481** staurum tam utensilium quam husbandrie, tam vivum quam mortuum *Test. Ebor.* III 269; **1487** de firma manerii .. et omnium terrarum .. et pasturarum ad husbandriam pertinencium *Crawley* 467; **1527** expens' husbandrie: .. pro ferramentis emptis ad usum husbandrie predicte (*Belvoir*) *MonA* III 293.

4 (*terra* ~*ie*, N. Eng. & Sc.) husbandland, the holding of a husband-tenant.

1430 perdonavimus Johanni del H... et Johanni de S... transgressionem quam fecerunt acquirendo sibi .. x mesuagia et x terras husbandrie .. in com' Northumbr' *Pat* 427 m. 22 (cf. ib.: Rogerus .. tenuit vj terras husbond'; **1467** pro tercia [sc. parte] unius terre husbandrie in villa et territorio de G. *ExchScot* VII 495; **1575** concessimus .. alium tenementum nostrum .. cum j husbandria et dimidia terre continentibus xij acras terre arrabilis, ij acras pasture et v acras prati (*Whalton, Northumb*) *Pat* 1136 m. 29.

husbondius, ~rius, (*terra* ~*ia*, N. Eng. & Sc.) husbandland.

1428 cartam .. de .. dimedietate unius terre husbandie *Cart. Coldsteam* 54; **1474** de quibusdam terris husbandriis dicte ville de B. *ExchScot* VIII 238; unam terram husbandiam *Ib.* 239; **1490** de .. vigenti terris husbandriis cum mansione dicta le W. *Ib.* X 130; viginti terras husbandias *Ib.* 152; **1512** sciatis me dedisse .. xl s. annui redditus .. de omnibus aliis terris meis husbandis *Reg. Brechin* I 223; husbandia terra dicitur ea quae iiij jugerum est *Jus Feudale* 207.

husbondus, ~a [AS *husbonda*, ME *housbond*]

1 householder.

duodecimhindus vel ~a (*Quad.*) *GAS* 97 (v. huslgenga); **a1128** sunt etiam in eadem scira [Hamtonascira] xv *undersetes*, qui nullum servicium faciunt nisi ~is in quorum terra sedent *Chr. Peterb.* app. 166; **1181** manerium de N... reddit .. de quolibet husebondo j ob. de franco plegio *Dom. S. Paul.* 144; **c1182** ad *bedrip* omnes tam famuli quam filii et filie convenient preter hosbondos et uxores eorum et illi venient si famuli carent *RB Worc.* 408; **a1212** de antiquo jure .. sc., quod husebundus et husewiva de Radmeresham sepeliri debeant apud M. *Reg. S. Aug.* 547; **13..** promisit .. ecclesie Ryppon' habere .. singulis annis nomine oblacionis de unoquoque husebondo ob. et de unaquaque husewiva ob. *Mem. Ripon* I 197 (cf. ib. 196: de unoquoque *husebande* .. de unaquaque *husewif*); **1386** husbandis (v. bondus 2b).

2 steward, keeper. **b** manager, caretaker.

1130 Odo filius Godrici r. c. de iiij m. argenti pro terra et ministerio ~i forest' *Pipe* 38. **b** husebondus BRAKELOND 123 (v. emendatio 4a).

3 husbandman, tenant w. agric. duties (also attrib.): **a** (N. Eng. & Sc.); **b** (W.). **c** (*terra* ~*orum*) husbandland; **d** (*toftum* ~*orum*) croft. **e** (Eng.) farm-hand.

1272 magister de bonis predicte domus .. sustineat in eadem domo xiij pauperes .. ex pauperibus husbandis de B. *Reg. Aberd.* I 33; **1328** onerat se de xl s. per decimum denarium contribucionis husbandorum del N. *ExchScot* 103; **1348** terras .. husbandis quanto prudentius .. poterit .. assedet *Reg. Brechin* I 11; si [debitor debitum] non solverit, vicecomes faciet .. capere catalla husbandorum debitoris, si sit dominus et habeat husbandos sub se *Quon. Attach.* 34; **1356** quod in terris, possessionibus, vel quibuscunque bonis dicti monasterii hominum husbandorum vel quocunque modo tenencium se nullatenus aliqualiter intromittat *Conc. Scot.* I liiin.; **1363** lego ad distribuendum inter pauperes husbandos parochie mee .. iiij libras *Test. Karl.* 74; **1380** husbandorum (v. cotagius b); **1429** nos .. suscepisse omnes .. homines suos tenentes husbandos et ceteros servientes *Cart. Holyrood* 132; **1433** husbandi (v. ductio 1c); **1460** quilibet husbandus qui debet martam debet et mutonem *ExchScot* 663; **1475** de firmis terrarum de U. que nunc assedantur pro iij celdris propter inopiam husbandorum .. *Ib.* 303; **1467** licebit .. bona et catalla tenencium husbandorum inhabitancium dictas terras capere *Reg. Newbattle* 296; **1483** cum *rynmart, wethir*, et aliis husbandorum oneribus *Reg. Aberbr.* II 190. **b 1283** redditus vaccarum de liberetenentibus .. in tercio anno xl vacce .. et de osebandis de Karnwathlan quolibet anno xj vacce *IPM* 35/4 m. 14; **1304** de diversis hominibus viz. de housebondis domini et housebondis libere tenencium ejusdem commoti *MinAc W. Wales* 254. **c 12..** habent .. viij terras husbandorum et j bovata terre, quarum quelibet fecit .. servicia aliquo tempore (*Rentale*) *Kelso* II 468; **c1290** habent villam de B. in qua sunt xxviij terre husbandorum, quarum quelibet solebat reddere .. vj s. viij d. .. et faciendo talia servicia, sc. metendo in autumpno per iiij dies cum tota familia quilibet husbandus et uxor sua *Kelso* p. 461; **1344** assignat' est eidem Alme terre husbandorum (*sic*) *IPM* 75/5 m. 4 (*Northumb*) (cf. ib. m. 6 [**1347**]: sunt .. tenementa vocata *husbandlandes* in manibus tenencium, quorum quilibet valet per annum xv s.); **1360** cum per certificacionem .. escaetoris nostri in comitatu Northumbr' .. compertum sit quod Willelmus de C. .. j mesuagium et ix terras husbandorum .. quarum quelibet terra continet toftum et xxiv acras terre vaste in feodo habuit .. *Pat* 259 m. 18; **1369** item in .. empcione j terre husbandorum in villa de S. *Pri. Cold.* lviii; **1430** vj terras husbond' (v. husbonderia 4). **d 12..** sunt .. xxiiij tofta husbandorum et xij carucate terre *Pri. Cold.* lxxxvi; sunt .. iiij tofta husbandorum ad que pertinent x bovate *Ib.* xcii. **e 12..** si est dies piscis, duo hosebondi habebunt v allecia .. et inter alios iiij allecia *Cart. Rams.* I 56; **1244** si husebondus egrotaverit .. tunc non operabitur infra xv dies egritudinis sue *Ib.* 457.

husbota, ~um [ME *housbote*], (tenant's) right to take wood for building or repair of house. **b** payment therefor. (*Cf. Cust. Rents* 83).

a1156 ~am, **c1170** usbotam, **1219** usbotum, **1222** ~am, **1262** housbotum, **1276** ~um, **1280** housbota (v. haibota a). **b** [**1236** est unum jugum liberum, quia nullum facit averagium .. de illo tamen datur *husbote* et xlix d. per annum *Cust. Battle* 133].

husbotare, to pay (for) 'house-bote'.

1236 arant, seminant, falcant, set non averant nec ~ant nec brasiant *Cust. Battle* 131; dim. jugum .. ~at .. nec habet partem in nemore, licet reddat more illorum quae habent boscum *Ib.*; duo juga .. tantum dant de relevio quantum de redditu, licet ~ent *Ib.* 132.

husbotum v. husbota.

husca [cf. OF *huche*], lean-to, shed.

1200 Radulfus .. ibi habet duas †hustas [l. huscas] que stant versus boves *CurR* I 354.

huscarlus, ~a, ~ius [AS *huscarl* < ON], housecarl, member of bodyguard or household troops: **a** (royal); **b** (noble). (*Cf. Eng. Feudalism* 120–22.)

a s1041 rex [Heardecanutus] .. ceteros tocius Anglie comites omnesque ferme suos ~as cum magno exercitu .. misit FL. WORC. I 195; **c1075** habeant terram .. tam bene .. sicuti umquam melius et liberius Turstanus ~us Edwardi regis cognati mei .. tenuit *Regesta* p. 121; rex E. habuit xv acras in quibus manebant *huscarles DB* I 56rb (*Berks*); ad opus ~ium *Ib.* 75ra (*Dors*); Heroldus .. dedit [manerium] cuidam suo ~o *Ib.* II 59 (*Essex*); tenuit Stergar ~a regis E. *Ib.* 266 (*Norf*); tempore Eadwardi regis, .. dignitate potiti ~ii *Chr. Abingd.* II 47. **b** [hoc manerium tenuit Auti *huscarle* comitis Algari *DB* I 213rb (*Beds*)].

huscetum v. hussetum. **huscia** v. hucia. **huscus** v. hussus. **huseb-, huseg-, husew-** v. husb-, husg-, husw-. **husella** v. hosella. **huseria** v. husseria. **husetum** v. hussetum, hutesium.

husgabulum [ME *housgavel*], (N. Eng.) 'house-gavel', customary rent for or levy on house: **a** (paid to king); **b** (paid to other lord). *Cf.* 1 *gabulum.*

a 1200 confirmamus easdem libertates et consuetudines .. quas habent terre ecclesie S. Petri Ebor', quas meliores et liberiores quietancias habent, excepto nostro husegavello tanto, viz. quantum eedem mansure dederunt antequam fratres .. eas habuerunt *RChart* 42a; **a1224** dictus R. et heredes sui dabunt annuatim hu[s]gablium domino regi *Cart. Sallay* 567; **1295** dedimus .. quoddam burgagium .. reddendo inde annuatim domino regi ~um *Reg. Carl.* I 84; **1306** de husegabello et tolneto nundinarum *MinAc* 1144/1 m. 5 (*Yorks*); **1314** v marcatas redditus cum pertinenciis in Ebor' .. que de nobis tenentur per servicium iij d. quod dicitur husegabulum *Pat* 142 m. 17; **1323** placea illa [in Ebor'] tenetur de nobis in capite tanquam liberum burgagium civitatis predicte per servicium ij d. per annum ad housgabulum *Cl* 141 m. 43; **1450** seisitus .. de tercia parte unius tenementi vastati situati in civitate Karleoli, quod quidem tenementum tenetur de domino rege per ~um, viz. solvendo ad feodi firmam ejusdem civitatis per annum ij d. *IPM* 137/16. **b 1275** predicte terre non sunt geldabiles quia dominus predicte prebende capit husgablum de eisdem *MonA* VI 1194a (*York*); **1293** [archiepiscopus Eboraci] clamat .. ab antiquo ~um in Ebor' de omnibus tenentibus de feodo suo *PQW* 223a; **1354** mesuagium .. in Eboraco, quod .. tenetur in burgagio per servicium reddendi .. ad husgablum ij d. *Couch. Furness* II 500; **1536** vicecomiti Ebor' pro ~o *Ac. Durh.* 418.

husia v. hucia.

huslgenga [AS *huslgenga*], communicant.

†hulsgengas (*Quad.*) *GAS* 97 (v. duodecimhyndus); †hulsgenga, i. e. duodecimhindus vel husbonda *Ib.*

husseium, ~eia [OF *houssoi, houssoie* < hussetum], holly(-bush).

1241 r. c. de lxvj s. ij d. de herbagio et ~eio [*Chanc.*: husseyo] venditis *Pipe* 85 r. 5*d.*; **1286** calefecit husyam (*sic*) in foresta ad averia pascenda *Cal. CourtR Chester* 226; **1359** in stipendiis iiij hominum croppancium ~eiam apud M. *MinAc* 802/15 r. 3 (*Chesh*).

husseria [AN *usserie, husserie*], door, doorway. *Cf. ostiaria, usseria.*

1189 hec .. assisa non conceditur alicui per †quod [? l. quem] ~ia, introitus vel exitus, vel schopa ad nocumentum vicini sui extrecietur vel arctetur (*Assisa Aedific.*) *Leg. Ant. Lond.* 208 (= *MGL* I 255, 322: per quod huseria).

hussetum [cf. hussus], thicket of holly. **b** holly-tree or (collect.) holly.

1255 solet habere *husbote* et *haybote* de ~o per liberacionem senescalli *Hund.* II 56a; **1315** [*4 beasts feeding*] ad husetum [*in H.*] *CourtR Wakefield* III 99. **b 1249** mandatum est custodi foreste regis de Essex' quod permittat Robertum de N... prosternere in bosco Andree le B... in foresta regis c ligna de ~o *Cl* 237; **c1250** est boscus ille vestitus pulcherrimo querceto et ~o *DL Forest Proc.* 1/3 r. 1; **1251** est boscus ille vestitus quercubus, corulis, et huscetis *IMisc* 5/22; **1255** boscus ille cooperitur corulis, spinis, et hussetis et sparsim quercubus *IAQD* 1/33; **1275** excoriat hosoetum in boscis abbatis ad faciendum viscum *CourtR Hales* 65; **1286** [verberavit eam] cum quodam baculo de ~o *CourtR Wakefield* I 224; **1296** de quercubus, hucet', et minera nichil hoc anno *DL MinAc* 1/1 r. 17*d.*; **1314** in ramis, ~o, et spinis prosternendo pro feris in hyeme (*DL MinAc* 1/3) *Pickering* II 21; **1374** in stipendio unius hominis prosternentis clxxix carettatas .. ramorum ~orum in forinseco bosco *DL MinAc* 507/8227 m. 21.

hussetus v. hucettus. **hussewyva** v. huswiva. **husseyum** v. husseium. **hussia** v. hucia.

Hussista, Hussite.

s1423 incipiens .. dampnacionem Wyclevistarum et ~arum (*Conc. Senense*) AMUND. I 166; **1429** signum crucis pro expugnacione .. Wyclivistarum, ~arum, et aliorum hereticorum .. suscepisti *Reg. Durh.* III 140.

hussum, holly-berry.

a holyn, hussus, ~um fructus ejus *CathA*; *an holyn bery*, ~um *Ib.*

hussus [AN *houce, hus* < Germ.], holly (*Ilex aquifolium*).

1189 Galfridus de H. debet ij s. de misericordia pro ramis de hus' *Pipe* 90; **1237** comes de F. tulit ad scaccarium j arcum de hus' [v. l. hos'] et faretram cum xij sagittis pro terra sua de D. *KRMem* 16 m. 3*d.* (= *LTRMem* 12 m. 2*d.*); **1277** (v. escorchiare); **1287** (v. 1 alneus); **1334** deteriorantur de bosco et braunchiatura et hulso ad dampnum xl d. *Pickering* II 189; *holme, or holy*, ulmus, ~us *PP*; *hulvur, tre*, ulmus .. hulcus *Ib.*; huscus, A. *an holme* .. *usus, a holyntre* .. hec ussis, A. *olyntre WW*; *a holyn*, ~us *CathA* (v. hussum); **1486** pro prostracione huss' pro *lez watils* ac pro *le qwhykkyng* circa clausuram de B. *Ac. Durh.* 649.

husta v. husca. **hustangum** v. hustingum. **hustel-** v. ustil-. **husteng-** v. husting-. **hustil-** v. ustil-.

hustingalis, pertaining to a husting, assembly-.

13.. majori et aldermannis in occidentali fine Gyhalde, viz. in loco hustengali sedentibus *MGL* I 20; de intracione placitorum hustengalium *Ib.* 402 *tit.*.

hustingum, ~us, ~ia, ~ium [ON *húsþing*, AS, ME *husting*, AN *hustenc, hustenge*], husting, municipal court: **a** (in London; *cf. Eyre Lond.* li–liii); **b** (in other towns).

a c960 (14c) ego Ætelgiva comitissa do .. duos cyphos argenteos de xij marcis ad pondus hustingiae Londoniensis *CS* 1060 (= *Chr. Rams.* 58); **a1119** (1380) quod ipsi canonici [de S. Trinitate, Lond'] et homines sui liberi sint .. de omnibus sectis de syris et hundredis et leth' et hustengis de placitis et querelis *CalCh* V 265; **c1120** terram suam .. vendidit predictus Wlnothus abbati Ramesie .. coram omni ~o de Lundonia .. testes ex parte hustangi hi sunt .. *Cart. Rams.* I 139 (cf. *Chr. Rams.* 249); ?**1131** non sit miskenninga in *hustenge* [v. l. hustengo] neque in *folkesmote* neque in aliis placitis infra civitatem [de Londoniis] (*Ch. Regis*) *GAS* 525 (= *SelCh* 130); debet .. in Londoniis, que caput est regni et legum et semper curia domini regis, singulis septimanis die Lune husting' [v. l. hustengum] sedere vel tenere (*Leg. Ed.*) *Ib.* 657; **1155** quod hustengus semel tantum in hebdomada teneatur [apud Londonias] *BBC* 142 (= *MGL* II 32); **c1183** acta .. sunt hec in pleno ~o per concessionem .. domini Ranulfi de Glanvill' *E. Ch. S. Paul.* 139; **a1189** (1227) sciatis me concessisse .. S. Salvatori de Beremundseia .. terras suas .. quietas .. a placitis et querelis et ~is *CalCh* I 25; **s1196** voluerunt .. excellenciores civium [sc. Londiniensium], quos majorem et aldermannos dicimus, facta concinnacione in suo ~o, seipsos servare indemnes M. PAR. *Maj.* II 418; commocio magna facta est inter cives Lundonie in suo hustengio BRAKELOND 142; **s1266** petebat in ~o Londoniarum terciam partem catallorum .. viri sui *Leg. Ant. Lond.* 12; **s1304** hoc erat proclamatum in civitate Londoniarum .. in pleno hustengo *Ann. Lond.* 133; **c1320** sequebatur appellum suum versus eos usque ad secundum hustengum, ad quem hustengum omnes .. reddiderunt se *Lond. Ed. I & II* II 187; **1363** in pleno hustengo Londonie de communibus placitis *FormA* 200; **s1397** hoc scriptum lectum fuit et irrotulatum in hustengo Londonie de placitis terre THORNE 2199; **1419** quod vicecomites .. sustineant

clericos ad scribenda et irrotulanda omnia placita que in hustengis Londoniarum placitari contingunt .. et in crastino cujuslibet curie hustengorum recitentur omnia placita coram majore, recordatore, et aldermannis *MGL* I 402; **1587** cum .. positus fuisset in hustengo nostro London' ad utlagandum *Pat* 1301 m. 20. **b 1194** quod husting' semel in ebdomada tantum teneatur (*Ch. Regis*) *Rec. Norw.* I 12 (cf. *Leet Norw.* xc); habet .. rex curiam suam .. in civitatibus et burgis, ut in hustengis Londoniis, Lincolnie, Wyntonie, et Eboraco et alibi in libertatibus *Fleta* 66; **1292** in hustengo suo [sc. majoris et communitatis Karleoli] venerunt predicti T. et S. *PQW* 121; **1295** in hustengo ejusdem civitatis [sc. de Norwico] *Rec. Norw.* I 255; **1316** Lenne, ustengi curia (v. curia 5e); **1327** de .. perquisitis curie et husteng' ibidem [*King's Lynn*] *MinAc* 1141/1 r. 3; **13..** habemus finem levatum in hustengo Oxonie .. *Cart. Osney* I 44; **1387** ad hustengum tertium die Lune .. per majorem, coronatores, et xxiiij comburgenses in Gildam Aulam plenarie convocatos ordinatum fuit .. *Lib. Cust. Northampt.* 69.

hustrio v. histrio. **hustum** v. hurstum. **husus** v. usus.

huswiva [ME *huswif*; cf. AS *husbonde*], mistress of house.

[villanus] in sua operacione facit in autumpno iiij precaciones ad metendum cum omni familia domus excepta huswyva *Boldon Bk.* 4 (cf. ib. 8: excepta husewyva); a**1212** husewiva (v. husbondus 1); ?**12..** facit iiij precaciones in autumpno, sc. iij de omnibus hominibus suis cum tota familia domus excepta husewyva (*IPM Durh. Treas.*) *EHR* XLI 15; **13..** husewiva (v. husbondus 1); **1350** cum eorum familiis simul cum eorum coterellis et *shelffodes*, preter hussewyvas *Surv. Durh. Hatf.* 232; c**1380** cum omni familia domus excepta howsewiva *Ib.* 10; excepta hosewyva *Ib.*; excepta housewyva *Ib.* 11; excepta husewyva *Ib.*

husya v. husseium. **hutagium, hutasium, hutegium, hutehesium** v. hutesium. **hutellum** v. huttellum.

hutere [cf. AN, OF *huer* = *to shout*], to bait w. taunts.

1389 est et fuit consuetudo fraternitatis predicte [S. Martini de Stamford] .. quod in festo S. Martini predicti fratres habeant quendam taurum, quiquidem taurus ∼eretur et venderetur ad proficuum fraternitatis predicte *Guild Cert.* 41/169.

huterellum [dub., *but* cf. AN *huterel* = *hill*], (?) bank (of mud or sand) or (?) jetsam, rubbish.

1275 si magna ripa de Secheth plenarie mundetur de wrecco et huterellis et alluvionibus, que infra ipsam ripam accreverunt in siccum et obturacionem, cursus dicte aque tunc dilatabitur *IMisc* 33/26.

hutesium, ∼ia, ∼ius [AN, ME *huteis, huthes*, cf. uthesium < ME *outhes*; ? *sp. infl. by* AN, OF *huer*], hue, call to stop criminal; **b** (w. *clamor*) hue and cry. *V. et. uthesium.*

si per sectam huesii apprehendi possit, statim retinebitur, incarcerabitur, nec erit replegiabilis (*Leg. Malc.* 15. 2) *RegiamM* I f. 6v.; **1206** per duos dies fuit in prisona quod non potuit hutheisium levare *CurR* IV 147; **1233** nos respiciemus eos qui tales [malefactores] ceperint de ∼io eorum vel alio modo sicut nobis placuerit *Cl* 310 (cf. ib. 309: ad uthesium); **1242** si .. predictus Ada .. super malefactores hutehesium levaverit, ipsos malefactores in auxilium predicti Ade .. prosequi facias *Ib.* 439; **1253** quod secte de †uicesiis [? l. uitesiis] fiant secundum antiquum debitum modum M. PAR. *Maj.* (add.) VI 257 (= *Cl* 492: secte de huthesio); debet ille cui injuriatum erit statim, quam cito poterit, huthesium levare et cum huthesio ire ad villas vicinas .. et ibi manifestare scelera et injurias perpetratas BRACTON 139v.; omne ∼ium levatum .. in patria debet presentari in hundredo *CBaron* 88; **1271** dicta Aubre recenter levavit huttesium et sequebatur de villa ad villam et ad ballivos domini regis et sic ad coron' et sic ad proximum comitatum *SelCCoron* 18; **1275** domus Henrici .. burgata erat noctanter; et idem Henricus levavit ∼iam; et venerunt villate et prosecuti fuerunt illam ∼iam usque ad extrema feodi comitis *CourtR Wakefield* I 34; **1276** abbas .. placitat in curia sua huthesias levatas et sanguinem fusum in eodem burgo *Hund.* I 19a; **1276** prosequebatur Galfridum de N. cum hutagio *Ib.* 377b; **1277** quousque patria et tota vicinitas cum hutasio venerat *JustIt* 262 m. 2; **1288** Rogerus de L. traxit sanguinem de Ricardo W. et uxor Ricardi W. levavit ∼ium, de quo non fecerant sectam set clam inter eos concordaverunt *Leet Norw.* 7; **1290** ponit se in misericordia pro ∼io levato cornu et ore super Willelmum T. *Eyre Chester* 12 r. 11d.; amercietur prout fuit ∼ius levatus *FormMan* 19; s**1312** invenit ibi multos homines facientes ∼ium super eum [sc. Petrum de Gaverstone] sicut super inimicum regis et regni legitime utlagatum sive exulatum AD. MUR. *Chr.* 18; **1324** inquisicio facta de .. ∼io levato et non secuto *MGL* II 348; s**1326** omnes qui poterant cornu sufflare vel vocem ∼ii emittere seu aliquam despeccionem inferre .. KNIGHTON I 436; **1340** in extraneis navigatoribus .. insultum fecerunt ... unde predicti navigatores ∼iam levaverunt *SessPCambs* 20; c**1350** Alicia L. levavit hutegium super dictum Johannem juste *CourtR Carshalton* 2; **1366** cultellis tractatis eum occidere voluerunt, per quod predictus Johannes ∼ium levavit in salvacione vite sue *CourtR Winchester*; **1378** Cecelia H. levavit hutegium super Ricardum N. juste *Banstead* I 360. **b 1203** dicit quod in illa roberia fecit †eoiteis' et clamorem *CurR* III 13; **1221** persequamini Ricardum S. et alios inimicos nostros .. de comitatu in comitatum .. et hoc faciatis cum clamore et hutasio *Pat* 283; de huseto et clamore injuste levatis *Reg. Tristernagh* 32; omnes .. qui sunt xv annorum et amplius jurare debent quod utlagatos, robbatores, et burgatores non receptabunt ... et si huthesium vel clamorem de talibus audiverint, statim audito clamore sequentur cum familia et hominibus de terra sua BRACTON 115v.; supra vos et vestros clamorem levabimus et ∼ium *Proc. A. Kyteler* 6; **1329** [inspeximus] concessionem de non veniendo ad curiam .. occasione .. transgressionum quarumque .. unde verbera, ∼ie, clamores, querimonie, sanguinis effusiones emergere possent (*Pat*) *MonA* VI 1564; **1359** quod omnia placita et querele tam de hutesio, clamore, sanguine fuso, quam de transgressionibus .. terminentur in hundreda ville nostre .. exceptis placitis corone *Cart. Glam.* (*ed.* 1910) II 58; **1460** cum .. ∼iis (v. clamor 1c).

hutha v. hitha. **hutheis-, huthes-** v. hutes-. **huthlagare, hutlagare** v. utlagare. **huti-** v. uti-. **hutorum** v. hurturium.

hutta [ME *hutte*], 'hut', (? temporary) furnace for smelting lead (Devon); *cf. Med. Eng. Ind.* 58.

c**1295** plumbi fusi per bolas et huttas *KRAc* 260/5 m. 2*d.*; *Ib.* 260/7 m. 11 (v. huttemannus); **1296** Ranulpho ix pec' de ∼a continentes xvj pedes et dim. .. Walterio Parcario x pec' de bola continentes xvj pedes (*Liberatio plumbi*) *KRAc* 260/9 m. 1; summa totalis plumbi per fornellas hotte, quod dicitur nigrum opus, cxxv pedes *Ib.*; **1300** de qualibet lada mine nigre fuse ad ∼as et bolas pervenit iij pedes et dim. plumbi argentosi *Pipe* 145 r. 22*d.*

huttellum, louver, smoke-vent.

1399 in vadiis iij carpentariorum operancium super factura hutellorum domatis aule regie ..... in vadiis ij sarratorum .. diversas pecias maeremii et bord' sarrancium tam pro ∼is domatis .. quam pro supposicione vinearum in gardino *KRAc* 473/11 m. 3.

huttemannus [ME *hutteman*], man in charge of a 'hut'.

c**1295** in .. stipendiis ∼orum et aliorum diversorum operariorum operancium circa v huttas faciendas et custodiendas *KRAc* 260/7 m. 11; **1296** de plumbo fuso per fornell' et bolam liberato ∼is ad minam fundendam *Ib.* 260/12; **1300** in stipendiis Rogeri le Hutteman *Pipe* 145 r. 22.

hutya v. hucia. **huza** v. hucia. **hwearf-** v. wharv-. **hweria** v. eweria. **hwerv-** v. wharv-.

Hwiccius [AS *Hwicceas, pl.*], inhabitant of AS kingdom of the *Hwicce*, in area of Worcs and Glos near the Severn.

693 (17c) ego, Oshere, rex Huicciorum *CS* 85; **706** (12c) Æthelweard .. Osheri quondam regis Wicciorum filius *Ib.* 116; robur Augustini in confinio Huicciorum [vv. ll. Uuicciorum, Uicciorum] et Occidentalium Saxonum BEDE *HE* II 2 p. 81; s**680** ad provinciam ∼iorum Tatfrith .. electus est antistes FL. WORC. I 36; s**680** Ostford in provincia Wicciorum M. PAR. *Maj.* I 302 (cf. *Flor. Hist.* I 337: Wiciorum).

hyacinthinus [CL < ὑακίνθινος], blue, like the flower or the gem. *V. et. jacinthinus.*

vulgus omne [Israheliticae plebis] quibuslibet vestibus utens in quattuor angulis palliorum ∼as [vv. ll. hyacintinas, hiacintinas, hiacinctinas, jacintinas] sibi fimbrias est facere praeceptum BEDE *Luke* (vi 23) 403; operimentum .. de pellibus arietum rubricatis factum est et super hoc .. aliud operimentum de ∼is pellibus *Id. Tab.* 424 (cf. ib. 435); vestes .. ∼as [v. l. jacintinas] BALSH. *Ut.* 52 (v. holoporphyrus); apponitur .. tunica ∼a P. BLOIS *Ep.* 15. 52C; **1191** tunica feminea viridi .. pro tunica sacerdotis ∼a indutus (*Lit. Episc. Coventr.*) *G. Ric. I* 219 (= R. HOWD. III 146: jacinctina); ubi .. minor est radiorum multiplicatio, apparet color magis attinens hyazintino et obscuro GROS. 77.

hyacinthus [CL < ὑάκινθος]

1 'hyacinth', a blue flower. *V. et. jacinthus* 1.

est enim ∼us pigmentum coloris purpurei atque odoris jocundi BEDE *Cant.* 1167; ∼us est herba habens florem purpureum BART. ANGL. XVII 86; hyiacinctus, quod est quidam flos aromaticus et lapis preciosus quidam et nomen pueri BACON *Gram. Gk.* 66.

2 'jacinth', a blue gem, sim. to but dist. from sapphire (*cf.* Alanus de Insulis in *Sat. Poets* II 43: *cum sapphiro .. hyacinthus ejus insistendo vestigiis*); **b** (w. *aquaticus*) (?) aquamarine. **c** (fig.). *V. et. jacinthus* 2.

∼us namque coelestis est coloris BEDE *Tab.* 435 (cf. ib. 467: ∼us qui aerio colore resplendet); ∼us quippe gemma est aerii coloris *Id. Cant.* 1167; hyacinthos lapis est ceruleus mirabilis varieque nature, aliquando nebulosus aliquando purus, ut fluctus ALB. LOND. *DG* 8. 7; adamas et ∼us .. lapides .. duri sunt sed nihilominus pretiosi P. BLOIS *Ep.* 76. 236C; ∼us lapis est ceruleus et sapphirei coloris ... lapis ∼us .. in Ethiopia est inventus BART. ANGL. XVI 54; carbunculi secundum species suas et hiazynthi juxta varietates suas *Ps.*-GROS. *Summa* 631; BACON *Gram. Gk.* 66 (v. 1 supra). **b** si ad aëritatem vergit [lapis], erit saphirus verus, .. si ad aqueitatem, erit hiazynthus aquaticus *Ps.*-GROS. *Summa* 631. **c** ∼us compassionis, et mire adornant magnes constantiae, adamas perseverantiae, et gemmae ceterarum virtutum confirmant et beatificant J. FURNESS *Walth.* 93.

3 the colour blue; in quot., (?) blue fabric.

sic ex auro hyacincto purpuraque bis tincto cocco sive vermiculo cum bysso retorto fulgescere fecit acta bona suae castissimae animae BYRHT. *V. Ecgwini* 361.

Hyades [CL < Ὑάδης], Hyades.

astrorum .. situs que lingua Argivorum hyadae dicuntur ALDH. *Met.* 3; Hiadas, a tauri similitudine *GlC* H 104; Hyadas, †*raedgasram Ib.* H 162 (cf. *Job* ix 9); a pluviis nomen sumunt Hyades, quod Hyanti / ascribit vulgus, Grecia docta negat NECKAM *DS* I 391; 'hyetos', pluvia, a quo dicuntur ∼es stelle pluviales secundum quosdam BACON *Gram. Gk.* 67; *Id. Tert.* 258 (v. D 1).

hyaena [CL < ὕαινα]

1 hyena.

hienae hirriunt ALDH. *PR* 131; hyna, *naectgenge GlC* H 130 (cf. *WW* [9..]: hyna, *nihtgenge*); hyne, nocturnum monstrum similis (*sic*) cani *Ib.* H 166; est animal quod dicitur yena in sepulcris mortuorum habitans .. cujus natura est ut aliquando masculus sic aliquando femina *Best.* 12 f. 9v.; leonem mimima minctu confundit ∼a GIR. *TH* I 27; ∼a inquisicione corporum sepultorum busta eruit NECKAM *NR* II 151; nostras expresse voces imitatur hyaena *Id. DS* IX 91; c**1347** plures feminea perimunt maledicta venena, / quam lynx, pugnalea, lupus, ursa, leo, vel hyena (*De treuga*) *Pol. Poems* I 56.

2 a mythical gem. (*Cf.* Isid. *Etym.* XVI 15. 25).

[oculi hyaenae] in quorum pupillis lapis invenitur, hyaenam dicunt, preditum illa potestate ut cujus hominis lingue fuerit subditus predicat futura NECKAM *NR* II 151; jena est gemma que in oculis hyene bestie invenitur BART. ANGL. XVI 54.

3 (? by misinterp.) kind of snake.

yena genus est serpentis *Alph.* 195.

hyalinus [LL < ὑάλινος], vitreous, glassy.

∼um, vitreum, viridi coloris *GlC* H 163; nec minus approperant opicizi emblemata proni, / arcus incultos hialino [*gl.*: vitreo, viridi] claudere velo FRITH. 449; OSB. GLOUC. *Deriv.* 274 (v. hyalus); *glasse*, hialum, .. vitreus, †hialicus et thiacus per sincopam *CathA.*

hyaloides [CL], vitreous (*i.e.* greenish-blue) humour.

hilon vel hyalon, vitrum idem. inde .. hialoide [v. l. hyaloyde], i. vetreum [v. l. vitreum] flegma *Alph.* 78; yalon, i. vitrum. inde yalodes, i. vitrei humores *Ib.* 194.

hyalus [CL < ὕαλος], **∼um,** glass.

vitrum vel hialum, *glæs* ÆLF. *Gl.* 141; ∼um .. genus purissimi vitri: inde hyalinus .. i. vitreus, quod etiam hyalus invenitur per apocopen OSB. GLOUC. *Deriv.* 274; hyales est vitrum a quo phyala BACON *Gram. Gk.* 67; hyalon, i. vitrum *SB* 24; hilon vel yalon *Alph*; 78 (v. epiala, hyaloides); hialum *CathA* (v. hyalinus); hoc vitrum, hoc ilum, A. *glas WW.*

hyare v. hiare. **hyatus** v. hiatus. **hyazin-** v. hyacin-. **hybern-** v. hibern-. **hyda, hydda** v. hida. **hydag-** v. hidag-.

hydatis, hydatites [LL; cf. TLL *s. v.* hydatis, ∼idos < ὑδατίς , -ιδος, *but* vv. ll. *suggest that* hydatites < ὕδωρ, -ατος + -ίτης *is better form*], 'water-stone', a precious stone. (*Cf.* Martianus Capella I 75: *pars coronae hydatide* [*v. l. ydatite*], *adamante, et crystallo lapidibus alligabatur*).

hydatis fulvus lapis est et rotundus, intra se habens alium lapidem cujus crepitus sonorus est, licet tinnitum illum non de interno lapillo sed de spiritus cujusdam interioris motu esse nonnulli sanxerint ALB. LOND. *DG* 8. 1; idachites est lapis preciosus et colore fulvus, figura rotundus, intra se habens alium lapidem cujus crepitu sonorus est .. hic lapis exudat aquam ita ut videatur intra se fontanam scaturiginem continere BART. ANGL. XVI 101.

hydena [? ME *heigh* + *dene*, *infl. by doune*], high ground.

1282 in illo debent omnes de hundredo tam liberi quam alii habere herbagium averiis suis; tota ∼a fuit foresta de venacione, salvis herbagiis, pratis et pasturis militum et libere tenencium *Cart. Glast.* 178.

hydmann- v. hidemann-.

hydor [LL < ὕδωρ], water.

∼or est aqua, a quo hydria, vas aque, et hydropicus et hydromela, quod est mulsum ex melle et aqua factum BACON *Gram. Gk.* 67; ydor, i. aqua *Alph.* 197; *a water*, aqua, idor Grece, idorius, aquaticus, etc. *CathA.*

hydra [CL < ὕδρα]

1 (myth.) the (Lernaean) Hydra; **b** (fig.). **c** the constellation Hydra.

sicut enim fabulae ferunt, ~am una secta cervice centenis pullulasse capitibus ALCUIN (*Adv. Felicem I pref.*) *Dogm.* 128D; *Lib. Monstr.* III 3 (v. demergere 1a); ut .. quasi ~e capita plura pullularent W. MALM. *GR* V 435; cum peccatum quodlibet .. plusquam ~e capita pariat GIR. *GE* II 6 p. 191; ALB. LOND. *DG* 13. 4 (v. evomere 1d; cf. BART. ANGL. XVIII 8: ydram; *both exx. drawn from* Isid. *Etym.* XI 3. 34). **b** auferat humanis Deus istam mentibus ydram, / tale homines ut non vastet per saecula monstrum BONIF. *Aen.* 292 (*Ebrietas*); Cuthburgam deprecor .. / ut hanc omnigenam idram, que vultibus / ad omnes omnium nutus nutantibus / blanditur, abigat a nostris finibus WALT. WIMB. *Palpo* 143. **c** ABBO *QG prol.* 5 (v. corvifer).

2 snake, esp. water-snake. **b** (fig.) the Serpent (w. ref. to Satan). **c** slow-worm. *V. et. hydrus* 1.

[maxima Furiarum] venenatis mordendo sibilet ydris [*gl.* (*WW*): *waternedrum*] ALDH. *VirgV* 2636 (cf. Virgil *Aen.* VII 447); ~is, *næddrum GlP* 429; ὕδωρ grece, aqua latine, inde .. hic hydrus vel ~a pro quodam serpente OSB. GLOUC. *Deriv.* 284; hydrus, serpens aquatilis, quod etiam ~a dicitur *Ib.* 289; ydra, serpens aquaticus *Ib.* 630. **b** modicum trita viguit [populus] perversius hidra FRITH. 1044 (cf. *Gen.* iii 15); ydra maligna fugit, hic te praesente peribit / teque fovente tuos hydra maligna fugit WULF. *Poems* 13; illam fallacie ~am splendido veritatis mucrone ferire GOSC. *Lib. Mild.* 1; Tartarus horribilis locus est caligine tectus, / .. / hinc sitis, inde fames, gravis hinc fetor, calor, algor, / ydre [*gl.*: serpentes, i. e. *devils*] continuos penales ore serentes, / ignes sulphureos incessanter cruciantes D. BEC. 288; idra perhenni mergitur in tormento J. HOWD. *Cant.* 45; sic nares ydre, Domine, penetrasti *Ib.* 73. **c** hic idrus, hec idra, hec †matrix [l. natrix], *a blindwurme WW*.

hydraeus [LL], of the (Lernaean) hydra.

germinis Ydrei penitus tenuata cicatrix, / additur atque bonis virtus apodictica victrix FRITH. 1295 (cf. Martianus Capella VII 729: ydreo germine); petrior est petra, tygre tigrior, ydrior ydra (HANV.) GERV. MELKLEY *AV* 97.

hydragogus [LL < ὑδραγωγός], **~icus**, (med.) drawing off (bodily) fluid or humour. **b** (as sb. n.) preparation or instrument to do this.

si [thenasmon] fit ex flegmate viscoso, purgatur .. cum clisteri ydragogico GILB. V 230. 1; cura duriciei: .. tunc possunt .. vasa vinaria fieri et vinum calefieri prout diximus et clistere †ydeagog' aut melagogicum fieri *Ib.* VI 263v. 2; aperiatur vena .. et fiat clistere †ydromagog' *Ib.* VI 267. 2. **b** ignis .. digestionis .. purgatur cum .. mixtura colagogi et ydragogi GILB. I 41. 2; ydrogogium *SB* 24 (v. aquosus a).

hydrargyrus [CL < ὑδράργυρος], quicksilver, mercury obtained from cinnabar.

ydragor M. SCOT. *Lumen* 250 (v. alcotar); ydragon *Ib.*; †ydragitos, i. e. argentum vivum GILB. 267v. 2; ydragiros est argentum vivum *LC* 271.

hydraulicus [CL], (of organ) operated by water. **b** sweet-sounding (as an organ).

organa ~a W. MALM. *GR* II 168 (v. formatilis). **b** hec hydraula, .. i. quoddam genus organorum .. ~us .., i. dulcis et sonorus OSB. GLOUC. *Deriv.* 284.

hydraulus [CL < ὕδραυλος, cf. ὕδραυλις], **~a**, 'hydraulicon', organ operated by water in pipes. **b** organ-pipe. **c** (? by conf.) water-pipe.

hydraula OSB. GLOUC. *Deriv.* 284 (v. hydraulicus b); ydraula, genus organi *Ib.* 630; secundum Varronem etiam ipse sunt muse que et nymphe nec ut ait Servius, immerito. nam aque, inquit, sonus musicen officit, ut in hydrauliis i. e. aquaticis organis, videmus ALB. LOND. *DG* 8. 22. **b** *flowte* .. ydraula *PP* (v. calamaula); *orgone pype* .. ydraula, ~e *PP* (v. cantes); *pype of organys*, ydraula *PP*; *a flote of a pipe*, jdraula *CathA*. **c** hec idraulis, A. *waterpype*, .. hic †idraicus, *a wadyrpype WW*.

hydrelaeum, hydroleum [LL < ὑδρέλαιον; *forms infl. by* oleum], mixture of water and (olive) oil.

idrolion *Gloss. Poems* 104; cum mundificativis saniei, qualia sunt .. mirra in aceto cocta, ydroleon mixtum cum melle GILB. III 146v. 1; ydroleon fit ex ij partibus aque et tercia olei *Ib.* 288. 2; idroleon missum per inferius in clisteri optime remallit; et fit de xij partibus aque et iij olei cocti usque ad aque consumptionem GAD. 96. 1; ydroleon fit ex oleo olivarum et aqua, ita ut sint ij partes aque et tertia olei *SB* 24.

1 hydria v. 1 hida 1a.

2 hydria [CL < ὑδρία]

1 ewer, pitcher, jug (spec. for water); **b** (w. ref. to *John* ii 7); **c** (w. ref. to *John* iv 28); **d** (for holy water). **e** (fig.).

796 forte adpropinquat dies metuendus quo conteratur ~ia super fontem et recurrat vitta aurea ALCUIN *Ep.* 114 p. 169 (cf. *Eccles.* xii 6); dum hidriam aque plenam cum virgine Deo sacrata Lefleda subjectis humeris in vecte portaret GOSC. *Wulfh.* 7; ~ia, .. i. quoddam vas aquatile OSB. GLOUC. *Deriv.* 284; ~ia ad puteum non est nec in quo haurias habes et puteus altus est *Lib. Eli.* III 117; BACON *Gram. Gk.* 67 (v. hydor); **1396** in lectisternio abbatis: .. idree lignee majores et alie lignee minores iij et olle de corrio vj (*Invent.*) *Meaux* III lxxix; ydria, *waturpotte*, .. hec idria, *a watyrpotte WW*. **b** sex ydrie fuerunt in Chana ..; hec, si allegorico sensu fuerunt discussa, nobilissimum proferunt fructum... ydria[m] preparas tibi aqua plenam que te purgabit a vitiis .. BYRHT. *Man.* 208; idria erit vino repleta *Ib.* 210; dum unis carni Deum, / carnis aquam in lyeum / vertis ventris idria WALT. WIMB. *Virgo* 52; dum vinescit lymphalis hydria J. HOWD. *Ph.* 55; vidimus unam ydriam lapideam de illis sex positis in nuptiis, ubi Dominus convertit aquam in vinum S. SIM. *Itin.* 13. **c** cupiditatis ~iam cum Samaritana relinquere .. decrevi P. BLOIS *Ep.* 14. 43C; *Id. Contra Clericos* 1134A (v. fimbria 2b). **d** in ~ia aquatica [ME: *waterstene, cruettes of water*,] sic inscripsit 'idriolam hanc ..' HIGD. V 22 p. 182 (v. hydriola). **e** **1068** moribus ornatum Salomonis fonte repletum / poscimus Anglorum nostrum salvet basileum / qui super astra. / poscimus et nostrum salvet Christus basileam, / nobilem atque piam gestantem dogmatis ydram *Mon. Rit.* II 88.

2 (for other substances): **a** (flour, w. ref. to *1 Kings* xvii 14); **b** (milk); **c** (wine or ale); **d** (slops).

in lechito olei et hidria farine GOSC. *Wulfh.* 6; crederes farine ydriam W. MALM. *Wulfst.* III 15; ubi B. Cuthberti ydria farine non poterat deficere R. COLD. *Cuthb.* 34 p. 77; ~iam farine P. BLOIS *Ep.* 105. 329A; iterabat in panum cophino quod quondam per Eliam prophetam in ~ia farine fecerat J. FURNESS *Walth.* 55. **b** virgines mulgentes tantam lactis ubertatem expresserunt ut ~iam plenam duo viri, injecto per ansas vecte, humeris suis efferrent *NLA* II 469 (*Witburga*) (cf. *MonA* II 177b: †indriam [l. idriam] plenam ..). **c** FOLC. *V. J. Bev.* 9 (v. cervisia 1a). **d** **1370** ydria facta et ligata ferro pro potu colligendo in refectorio et solario iij s. iiij d. *Ac. Durh.* 209.

hydriola, small vessel for water (in quot., for holy water).

in ~a quam ut ministris altaris lympham funderet fabricari fecit [S. Dunstanus], haec vidimus metrice scripta: "hydriolam hanc fundi Dunstan mandaverat archi- / praesul ut in templo sancto serviret Adelmo" F. MALM. *V. Aldh.* 76B (cf. W. MALM. *Dunst.* II 10: de fulvo ere vas aquatile fusili opere in quo scriptum erat cernere: "idriolam hanc .."; *Id. GP* V 255: poterunt hi versus suffragari, quos conspicati sumus impressos vasculo quod ministris altaris famulabatur aque obsequio: "idriolam hanc ..", in quibus licentia poetica subtracta e nomine sancti priori[s] L littera, ut versus staret, ingeniaverat. in neutro [sc. *ewer nor organ*] enim insculptum erat Aldhelmo sed Adelmo; HIGD. V 22 p. 182: in hydria aquatica sic inscripsit: "hydriolam hanc .."; *and contrast* W. MALM. *Glast.* 67: in urceolo altaris: "idriolam hanc fundi Dunstan mandaverat archipresul, cunctipotens quem salvet in evum").

hydrius [LL], pertaining to water.

hic ~ius, .. i. aquarius OSB. GLOUC. *Deriv.* 284; idorius *CathA* (v. hydor).

hydrocelicus [CL < ὑδροκηλικός], suffering from hydrocele.

†ydicelidos, i. habens testiculos inflatos *Alph.* 196.

hydrocephalus [LL < ὑδροκέφαλος], suffering from water on the brain.

ydrozephalos, i. habentem aquam in capite *Alph.* 197.

hydrocopion [? ὕδωρ + ὄπιον *infl. by* φαρμακοποιία]

1 sort of drug, sedative.

[dentur] opiata, desiccativa et dissolutiva, ut est .. ydrocopion, esdra vel metridatum GILB. VI 181. 1; ydrocopin olimpiacum quod optime somnum prestat, angustias omnes aufert *Ib.* VII 288. 1.

2 (misinterp. as ὕδωρ + κόπος 'cutting water').

idrocopion, i. aquam deducens, purgans flemma *Alph.* 196.

hydrogarum [LL < ὑδρόγαρον], watery fish sauce; *cf. garum.*

ydrogorus, aquosus garus, non bonus *Alph.* 195.

hydromantia [ὑδρομαντεία], hydromancy, divination by water.

ydromanciam J. SAL. *Pol.* 407C (v. aerimantia); ~ia, .. i. incantatio que fit in aqua OSB. GLOUC. *Deriv.* 285; ~ia, i. e. divinatio in aqua ALB. LOND. *DG* 11. 12; ydromancia BACON V 7 (v. aerimantia); mantice .. continet .. ~iam, quod interpretatur divinacio in aqua KILWARDBY *OS* 664; ~ia est ars sumpta ex astris aquae, quum in ea sese palam faciunt hominibus, ab inundationibus inusitatis, fluctuationibus, aliisque apparentiis *LC* 244.

hydromanticus, pertaining to hydromancy, (in quot., as sb. m.) practitioner of hydromancy.

[smaragdus] valet ydromanticis UPTON 114.

hydromel [cf. CL hydromeli < ὑδρόμελι], 'hydromel', (non-alcoholic) potion of honey and water. **b** mead. *V. et. hydromellum.*

ydromel .. fit ex ij partibus aque et tercia mellis GILB. VII 287 (recte 288). 2; hydromela BACON *Gram. Gk.* 67 (v. hydor); cum siripo de melle, i. idromelle, quod est de viij partibus aque et mellis quando est pauce commixtionis mellis GAD. 53v. 2; idromel fit ex melle et aqua frigida sine omni decoctione; multociens tamen sumitur pro mulsa. idromel sic fit: recipe ij partes aque et tertiam mellis. quidam autem dicunt quod hydromelle et succo macianorum est commixtum *SB* 24; mellicraton virtutem similem habet ydromelli: tussientibus medetur datum *Alph.* 115; si .. adest febris fetida aut calor fortis, posset temperari et dari ydromel aquaticum cum zuccaro multo J. MIRFIELD *Brev.* 80. **b** ~le *SB* 24 (v. a supra); dextre ejus [sc. idoli Fortune] cornu repletum ~le [ME: *mede*] apponunt HIGD. II 9 p. 282.

hydromellarius, mead-maker.

sacrista habebit totam ceram tocius hydromeli .. relati, exceptis xx sextariis abbati assignatis. ~ius in relacione cere ij sextariorum a secretario accipiet denarium *Obed. Abingd.* 381.

hydromellum [cf. LL hydromelon < ὑδρόμηλον]

1 mead.

946 ydromelli (v. caelia); insolito potus mero necnon hydromello [MS: hydri mello] *Altercatio* 25; rex .. jussit abunde propinare hospitibus ydromellum WULF. *Æthelwold* 12 (cf. ÆLF. *Æthelwold* 8: propinare .. medonem); sola erat ydromelli penuria, quod in j vase .. ab amicis emendicaverat W. MALM. *Wulfst.* III 15; hydromellum, aqua mellita, que A. *meda* dicitur OSB. GLOUC. *Deriv.* 291; ydromellum, aqua mellita *Ib.* 630; medo sive .. medus sive ydromellum [*gl.*: *mede*] NECKAM *Ut.* 98; tocius hydromeli *Obed. Abingd.* 381 (v. hydromellarius); vas plenum potu illo quod, ex aqua et melle confectum, ~um vocant CAPGR. *Hen.* 25; *meyde*, idromellum, medus, medo *CathA*.

2 other liquor: **a** beer (? through conf. w. AS *melu*, ME *mele*). **b** 'grout', 'wort', unfermented or small beer; or (?) flavouring in beer (*cf. OED s.v.* grout). **c** 'bragget', ale mixed w. honey. **d** cider (? through conf. w. μῆλον).

9.., ÆLF. *Gl.* 128 (v. 2d infra); **10..** medo, *meodu*; idromellum vel mulsum, *beor WW*. **b** hoc ydromellum, A. *growte WW*; hoc idromellum, *growtt Ib.*; hoc idromellum, A. *wurte Ib.*; *worte*, ydromellum *CathA*. **c** cervisam vel medonem sive ydromellum, quod est mulsum ÆLF. BATA 6 p. 98; *bragott*, jdromellum *CathA*. **d** **9..** idromelum, *æppelwin, beor WW*; medo, *medu* vel medus; .. ydromellum, *beor* vel *ofetes wos* ÆLF. *Gl.* 128.

hydrophagus, (?) eel-eater (*cf. hydrus*) or *f.l.*

a dextra parte descenditur ad Egyptum, hinc ad insulam in qua nascuntur nutrientes barbam usque ad genua, qui nuncupantur hydrophagi [? l. ichthyophagi], quia pisces crudos comedunt GERV. TILB. III 73.

hydrophobia [LL < ὑδροφοβία], **a** morbid fear of water. **b** rabies.

a ydrofobam vel limphatici, *wæterfyrhtnys* ÆLF. *Gl.* 112; ydrophobia dicuntur timentes aquam *SB* 24. **b** ydroforbia est passio timens aquam procedens a morsu canis rabidi; .. ab 'ydros', quod est aqua, et 'forbos', quod est timor GILB. VII 355. 1.

hydrophobus [CL < ὑδροφόβος], **~icus** [LL], suffering from hydrophobia. **b** (as sb. m., ? *sc. morbus*) hydrophobia.

ydroforbicus GILB. VII 355. 2 (v. desipiscere). **b** coriza, idrofobos, stranguiria, satiriassis *Gloss. Poems* 104.

hydropicalis, dropsical.

aquositas idropicalis retinetur GAD. 37v. 1.

hydropicari, ~iri, to suffer (? or develop) dropsy.

potus ydropienti cantarides uste GILB. VI 255. 1; pueri in utero materno aliquando idropicantur ex malo regimine matris GAD. 32v. 1.

hydropicus [CL < ὑδρωπικός]

1 suffering from dropsy; **b** (as sb.).

ydropicus monachus turgescens corpore mire *Poem Edm. Rich* 8; turgida fuit quasi ydropyca *Mir. Montf.* 108; BACON *Gram. Gk.* 67 (v. hydor); idropicus, .. *hafand the dropsy WW*. **b** [tirunculi Christi] valitudines ydropicorum [*gl.*: *wæterseoca*] .. curabant ALDH. *VirgP* 34; *GlC* I 345 (v. hydrops); vidimus quam plurimos .. turgidos, ydropsicos, ulcerosos .. curatos T. MON. *Will.* II 8; mulier .. tanto .. distenta tumore ut .. haberetur ~a W. CANT.

Mir. Thom. II 4; ex unius ~i corpore per virilis virge meatum humor viscosus et fetidus effluens pelvim magnam adhibitum bis adimplevit J. FURNESS *Walth.* 83; ~us quanto plus bibit tanto plus sitit *Quaest. Salern.* P 9; **s1380** cecis et surdis, mutis et claudis, ydrepicis et paraliticis .. remedia conferuntur *Chr. Kirkstall* 123.

2 (fig.) insatiable, unquenchable.

s1252 [rex] auri .. sititor ~us talenta .. emunxit M. PAR. *Maj.* V 274; sic patet ydropicus nummorum gustus avari GOWER *VC* VII 45; **s1448** nec .. quidem .. proditorum sitis ~a sedata est, sed .. omnia .. regis castella .. relaxabant *Croyl. Cont. B* 525.

3 (? by misinterp.) suffering from hydrocele, ruptured.

9.. ydropicus, *healede WW.*

4 of dropsy; **b** (w. *morbus* or sim.) dropsy.

ydropico .. more, quanto plus vastando diripiebant, eo magis peccati sanguinem avidius exhaurire cupiebant R. COLD. *Cuthb.* 65. **b** [salsa] morbis hydropicis utilis esse solet NECKAM *DS* III 160; **1244** R. mortuus est per infirmitatem idropicam qua laborabat per vij annos continue *Cl* 229; paciebatur tussim cum morbo idropico *Mir. Montf.* 72.

hydropiper [cf. LL hydropiperis < ὑδροπέπερι], water-pepper, arsesmart (*Polygonum hydropiper*).

ydropiper, quod Latini piperastrum dicunt, nascitur locis humidis .. semen ejus .. livores limpidat *Alph.* 197.

hydropisis [CL]

1 dropsy.

ab ὕδωρ haec ~is, .. i. morbus aquaticus OSB. GLOUC. *Deriv.* 285 (cf. Ib. 630: ydrops, .. morbus aquosus); quatuor .. secundum physicos sunt ~is species, quarum due, sc. leucoflancia et hyposarcha sunt in inicio .. curabiles; reliquie due, viz. tympanites et archites insanabiles J. FURNESS *Walth.* 112 (cf. ib. 114); cupiditas ydropisi comparatur: nam, quo plus pote, plus sitiuntur aque [cf. Ovid *Fast.* I 216] GIR. *GE* II 23; inflatio .. matricis [sc. post partum] ex retencione menstruorum .. dicitur ydropisis matricis *Quaest. Salern.* B 309; NECKAM *DS* VII 230 (v. hysopum 1a); putant nonnulli morbum lymphaticum esse ~im *Id. NR* II 157 p. 257; ex potu nimio multe perveniunt infirmitates, ut gutte, .. ~is et hujusmodi EDMUND *Spec. Relig.* 38 (cf. *Spec. Eccl.* 38: ydropisis); **s1244** (v. 2 dilatare 1a); longo tempore ydropisis innascitur GILB. I 23v. 2; [sanguis corruptus] inducit .. quandoque spiritualium suffocationem, quandoque ydropisim quandoque etiam frenesim BART. ANGL. IV 8; succus ebulli valet contra .. ~im ex fleumatica causa *Ib.* XVII 60; **1275** canonicus obiit .. et statim sepultus est propter idropisim *Ann. Dunstable* 266; habens mulierem pregnantem et morbo ydropisi laborans *Mir. Montf.* 84 (cf. ib.: mulier a morbo ydropico sanata); idropisis est morbus aquosus inflans corpus; dicitur enim idropisis ab 'idros', quod est aqua, et 'isis', inflatio GAD. 30. 1; potest igitur fieri medicina que valet in omni idropisi aquosa, sive calida sive frigida: recipe .. *Ib.* 33v. 1; ydropsis est defectus virtutis digestive in epate inflacionem membrorum generans *SB* 24; alchites .. est quedam species ydropesis *Alph.* 6; secundum Gerardum super Viaticum, capitulo de idropici *Ib.* 115.

2 (fig., w. ref. to avarice) insatiable craving.

s1217 Hugo [episc. Linc.] .. ad ydropisim domini pape curandam m m. et sitim legati sedandam c m. de probatissima moneta numeravit M. PAR. *Min.* II 225; **s1252** comes ~i pecuniali insaciabiliter laborabat *Id. Maj.* V 347; inflammantur divites hujus mundi, quia divicie faciunt intumescere; spiritualem enim generant ydropisim WALT. WIMB. *Elem.* p. 322 (cf. id. *Sim.* 44).

3 (fig., w. ref. to drowning).

ipse perit medicus, si fluctus inebriat illum, / equoris hyropisim non medicina fugat GARL. *Tri. Eccl.* 32.

hydrops [CL < ὕδρωψ], dropsy.

intercusus, hydropicus; intercus, ~ops *GlC* I 346; cum sint iiij ydropis species, due curabiles et totidem incurabiles W. CANT. *Mir. Thom.* II 4; ydrops OSB. GLOUC. *Deriv.* 630 (v. hydropisis 1a); quedam .. mulier .. per anni spatium idropis morbo laboraverat *Mir. Fridesw.* 13; periculum est ydropem fieri GILB. V 220. 2; hec idropis, -dis vel -pis, *dropsye WW*; hec idrepia, *the dropsy WW.*

hydrus [CL < ὕδρος]

1 (water-)snake; **b** (w. ref. to Satan). **c** slowworm.

~i serpentes sunt aquatici qui fluvios ac stagna colunt *Lib. Monstr.* III 21; hic idrus satis est inimicus cocodrillo *Best.* 92 f. 50; **1388** pannus aureus blodii coloris cum bestiis aureis et hidriis rubiis de serico contextis (*Invent. Westm.*) *Arch.* LII 268; hic idrus, *a watyrnedyre WW.* **b** ydros et ater abit sacre pro vestis honore; / morbi diffugiunt, ydros et ater abit BEDE *HE* IV 18 p. 248; hic idrus, serpens antiqua (*sic*) *WW.* **c** idrus *WW* (v. hydra 2c).

2 (? by poetic licence) the constellation Hydra.

tractu longo separat Hydrus eos [sc. Pisces] NECKAM *DS* I 430.

hyem- v. hiem-. **hyemps** v. hiems. **hyena** v. hyaena. **hyfen** v. hyphen.

hygia, ~ea [CL < ὑγίεια = *health*], sort of electuary (var.). **b** (?) *f.l.*

accipe blancam ygeam GILB. I 49v. 1; detur ygia vel opopira et aurea *Ib.* IV 188. 1; reumaticis ygia [*gl.*: i. e. illud electuarium quod interpretatur salvatrix eo quod salvat infirmum] GARL. *Mor. Scol.* 596 (cf. athanasia); igia sanitas interpretatur, opiata est *Alph.* 85. **b** ygia *Alph.* 1 (v. cnida).

hyha [*imitative*; cf. Fr. *hi-han*], hee-haw, bray of ass.

semper [Burnellus] 'hy ha' repetit, nihil est quod dicere possit, / affectus quovis verbere, preter 'hy ha' NIG. *SS* 1553–4 (*ed. RS* p. 64: ya [v. l. iha]; cf. ib. 1563 p. 65: ya [vv. ll. iha, hia]); terruit en cunctos sua [sc. asinorum] sternutacio cives / dum geminant solita voce frequenter 'yha' GOWER *VC* I 190.

hyhare, to bray like an ass.

c1447 uxor Willelmi .. notatur super nigromancia .. inspiciendo flammiola et burreta .., mensurando zonam et liripipium, hihando et stando in camera sua *Eng. Clergy* 221.

hyiac- v. hyac-. **hylar-** v. hilar-.

hyle [LL < ὕλη], (phil.) (primordial) matter.

cum Deus omnipotens protoplastum fecit ab yle, / te nostris nasci temporibus voluit W. CHESTER *Vers. Anselm.* 1. 57; in hac .. difficultate tractandi de deo, de noy, de yle, de simplicibus formis .. disserendum est ADEL. *QN* 76; sed dico esse quod est, una quod constat earum; / hoc vocat ideam, illud Acheus ilen J. SAL. *Met.* 938C; adhuc yle gravida fetu magne prolis *Poem S. Thom.* 71; prima .. rerum materia, sc. yle, .. judicatur informis *Quaest. Salern.* Ba 121; dictio que sonat una / est quasi mater hyle, quasi res rudis et sine forma VINSAUF *PN* 1762; primordialem materiam nunc ~en, nunc chaos .. nominant GERV. TILB. I 2; similiter propinqua materia animalis est caro, remotior quattuor elementa, remotissima est yle, i. e. materia prima GROS. 126; yle .. est principium materiale omnium corporum *Id. Hexaem.* I 9; sponsam trinus advocat unius usie / in qua novi texuit clamidem helye GARL. *Epith.* X *Summa* 12; alia substancia est que vocatur ~e .. in quo (*sic*) factum est corpus simpliciter BACON V 127; ~en R. BURY *Phil.* 7. 104 (v. entelechia).

hylla v. hilla. **hyltra** v. hiltra.

1 hymen [LL < ὑμήν], caul or sim. membrane.

10.. imens, *cinn WW*; ~en, matrix BACON *Gram. Gk.* 67; *a skyn that the chylde is lappyd in in the moder wame*, himen, genetivo himenis, matrix *CathA.*

2 hymen [CL < Ὑμήν], wedding song or ceremony.

~en est carmen vel sollempnitas nupcialis TREVET *Troades* 62.

hymenaeus [CL < ὑμέναιος, cf. LL hymeneius *adj.*]

1 (as sb. m. or n.) wedding-song. **b** (usu. pl.) wedding, nuptials.

ymenaeus ÆLF. *Gl.* 129 (v. epithalamium a); hinc yminea vocant, vario sonat aula tumultu NIG. *Mir. BVM* 21ra; Aquilone mansueto / elementa nexu leto / colunt hymenea P. BLOIS *Carm.* 16. 1. **b** [S. Johannes] torrido castitatis ardore flagrans, vetitos regalis tori hymeneos [*gl.*: *gyfta, hæmeda*] compescens ALDH. *VirgP* 23; simulato hymenei [*gl.*: *hæmedscipes, gyfte*] commercio simul conversantur *Ib.* 35; hymeneos, *hæmedo GlC* H 164; nonne ~os despexit et Pathmos dilexit? BYRHT. *V. Ecgwini* 349; himeneos, *hæmeða* ÆLF. *Gl.* 111; **10..** hymeneos, *wifþing, gifta, hæmed WW.*

2 Hymen, god of weddings.

OSB. GLOUC. *Deriv.* 630 (v. 3 infra); ~us, proprium nomen hominis et deus prepositus nupciis BACON *Gram. Gk.* 67.

3 (as adj.) sleeping.

ymenaeus, dormiens [MS *adds*: vel deus nuptiarum] OSB. GLOUC. *Deriv.* 630.

hymenalis, *f. l.*

1290 pro capa estivali, †capistura hymenali [MS: capastura (estiv' *marked for erasure*) hyem', i. e. hyemali] (*Chanc. Misc.* 4/5 f. 8) *Doc. Scot.* I 137.

hymera v. hemera. **hymiotida** v. hypnoticus.

hymnale, ~are, (only as sb. n.) hymnal.

1283 ympnare (v. canticularium); **1427** lego .. capelle S. Leonardi dicte ecclesie annexe unum processionale et unum ymnare *Reg. Cant.* II 373; cum ympnale HEETE *Catal. Coll. Wint.* 74 (v. glossare 3b); ~are, *a hymnale*, .. imnale et imnarium, A. *an ymnere*, .. hoc ymnare, *a ymner WW*; *an hympner*, hympnare, hympnarium *CathA.*

hymnarium [LL], **~ius,** hymnal.

tria cantica convenientia .. tempori .. sicut in ~io ÆLF. *Regul. Mon.* 191; **1220** ymnarium (v. collectarium b); **1236** ympnarium (v. breviarium b); **1250** defectus ornamentorum capelle: .. nullum ~ium *CallMisc* 91; j ympnarium cum historiis *Invent. Norw.* 9; ymnarium glosatum *Chr. Rams.* 361; **1417** lego eidem ecclesie .. unum himnarium per totum notatum *Reg. Cant.* II 119; imnarium *WW* (v. hymnale); hic ymnerius, *a ymner WW*; hympnarium *CathA* (v. hymnale).

hymnicen [hymnus + -cen], singer of hymns, chanter.

ultimus Anglorum servulus ymnicinum WULF. *Swith. prol.* 8.

hymnicus, (in the form) of a hymn. **b** (as sb. n.) hymn.

carmina praeclari Christi patris hymnica David ALCUIN *Carm.* 68. 5; ~as laudes Deo horis canonicis clerus cantabat in ecclesiis *Id. Vedast.* 9; potuit .. haec .. verba ~ae laudis .. silenter dicere *Id. Ep.* p. 473; ymnicus OSB. GLOUC. *Deriv.* 630 (v. hymnus a). **b** ymnicum illud ei competere perpendebamus .. 'exuta sensu lubrico / te cordis alta somplnient AD. EYNS. *Hug.* II 9.

hymnidice, by (singing) hymns.

Deus .. illa unitas principalis quam laudum carmine ~e deprecamur BRADW. *CD* 159C.

hymnidicus [LL < hymnus + -dicus, cf. ὑμνῳδικος]

1 singing hymns; **b** (as sb.) hymn-singer.

~i angelorum chori BEDE *Luke* (x 38) 471A; ~us chorus resonabat vocis modulacione BYRHT. *V. Osw.* 464; qui ad templum convenientes, ymnidicis vocibus laudaverunt auctorem virtutum LANTFR. *Swith.* 29; progreditur cum abbate et patribus ac officialibus ~is GOSC. *Transl. Aug.* 17; adfuit .. multitudo supernorum civium, .. et choris ~is preeuntibus melodia celestis insonuit AILR. *Ed. Conf.* 756B (cf. FLETE *Westm.* 36). **b** deficiunt ympnidici, silent voces canencium ROLLE *IA* 243; *an hympsynger or sayer*, hympnidicus *CathA.*

2 expressed in or by singing of hymn.

hymnidicas laeta laudes ut mente canamus ALCUIN *Carm.* 9. 237; fieri potest Judaeos habere in consuetudine aliquando ~am post caenam decantare laudem *Id. Ep.* 308; **937** angelica ymnidice jubilacionis organa *CS* 716 (= *Reg. Malm.* I 398; cf. W. MALM. *GP* V 201 [**†680**]: himnidice jubilacionis); versibus hymnidicis haec carmina pangimus WULF. *Poems* 11; **c1022** ymnidice jubilacionis organa angelica *CD* 736; cum melis ymnidicis R. COLD. *Cuthb.* 59 (cf. id. *Godr.* 192: melos ~os).

hymnifer, singing or bearing hymns as offering.

ymnifer iste chorus resonat tibi carmina laetus, / sit jugiter gaudens hymnifer iste chorus WULF. *Poem.* 10.

hymnificare [LL], to sing as a hymn.

angeli .. altisona voce 'Gloria in excelsis' Deo ymnificaverunt HON. *Spec. Eccl.* 816A.

hymnigraphus [LL], writer of hymns.

ymnigraphus, i. scriptor ymnorum OSB. GLOUC. *Deriv.* 630.

hymnilogus [LL; cf. ὑμνολόγος], singing hymns.

cum magna luce et cum ymniloga angelorum jubilatione ad sydera vehitur HON. *Spec. Eccl.* 863B; regem suum victorem ymnilogis modulis gratulabundus excepit *Ib.* 956B.

hymnire [LL], to sing or praise in hymns.

hymnire, hymnos canere, quod et hymnizare dicitur [MS: imnire, imnos .. imnizare] OSB. GLOUC. *Deriv.* 290; ymnio .. pro laudare *Ib.* 630 (v. hymnus a).

hymnisonus [LL], singing hymns. **b** resonant w. praises.

et simul ymnisona fratrum coeunte corona WULF. *Swith. prol.* 237. **b** **a1017** ad Te pulchra cymbala ~a tinnula cum gloria ecclesie, o Christe Trinitas *Miss. Ebor.* II 307; hymnisonos cantus mutat clangore tubarum, / Daviticam citharam regia sacra sonat STEPH. ROUEN II 379.

hymnista [LL], singer of hymns. **b** writer of hymns.

ymnistae [v. l. hymniste] crebro vox articulata resultet / et celsum quatiat clamoso carmine culmen ALDH. *CE* 3. 48; ymnista *Id. VirgP* 18 (v. decantare 1a); hic hymnista, .. ille qui hymnos canit [MS: imnista .. ymnos] OSB. GLOUC. *Deriv.* 287; ymnista .. ymnisista *Ib.* 630 (v. hymnus a). **b** *an hympne maker*, hympnista *CathA.*

hymnizare [LL < ὑμνίζειν]

1 (intr. or absol.) to sing hymns or praises. **b** (?) to praise, flatter (in quot., w. purse as subject).

lxx virgunculae .. consona melodia ymnizantes [*gl.*: i. laudantes, *lofsingende*] et psalmorum concentus suaviter concrepantes ALDH. *VirgP* 52; cum Paulo et Sila inter

carceris tenebras ∼at Bede *Acts* 979; sic ∼ando cum populi frequencia itinerantes urbis exeunt receptacula Herm. Arch. 15; hymnizo, . . hymnos canere, quod eciam dicitur hymnio [MS: ymnizo . . ymnos . . ymnio] Osb. Glouc. *Deriv.* 287; ymnizare *Ib.* 630 (v. hymnus a); per te servo tuo detur / ut ymnizet et letetur Walt. Wimb. *Virgo* 154; *to singe hympnes*, himnizare *CathA*. **b** pauper quia barbarizat, / cujus bursa non ymnizat, / verberatur ferula Walt. Wimb. *Van.* 79.

2 (trans.): **a** to sing (hymn); **b** to hymn, sing praises of.

a 940 neuma impnizante / eulogium (v. conversari 3e); **10. .** [rex] prosternat se coram altare et ymnizetur 'Te Deum laudamus' . .; quo ymnizato erigatur de solo *Rec. Coronation* 15. **b 963** Deus, conserva eam [domum] . . ut omnes habitantes in ea voce et corde Te imnizent (*Oratio S. Adelwoldi*) *Chr. Abingd.* I 348; universorum substantiam ymnizare affectabat Gosc. *Edith* 67.

hymnodia [LL < ὑμνῳδία], **∼ium,** singing of hymn.

abbate cum fratribus astante cum laudis ∼io [v. l. ymnodio] Herm. Arch. 20 p. 53; clericus . . celesti reficiebatur ∼ia W. Cant. *Mir. Thom.* I 11; *Ib.* VI 22 (v. alternus a); ∼iam angelorum eis rettulit J. Furness *Kentig.* 4 p. 168.

hymnologia, (study or collection of) hymns.

haec ymnologia, . . i. laus de ymno Osb. Glouc. *Deriv.* 630; omnem sic dicere sacram theologorum ∼iam invenies Bradw. *CD* 158b.

hymnulus, short hymn.

an hympne, ympnus, himpnulus *CathA*.

hymnus [LL < ὕμνος], hymn, song of praise; **b** (dist. by office); **c** (dist. by incipit); **d** (secular).

librum ∼orum diverso metro sive rhythmo Bede *HE* V 24 p. 359; **7. .** ymnus, *loob WW*; imnum, carmen Domini *GlC Int.*; Graecum nomen est ymnus et Latine interpretari potest laus carminis Alcuin *Ep.* 308 p. 472; ∼us per H scribendum est *Id. Orth.* 2338; ymnum [*gl.*: *lofsang*] canamus Domino *AS Hymns* 87; ymnus, . . laus; inde hic ymnista, . . laudator, et ymnizo . . et ymnio, . . ambo pro laudare; inde ymnicus . . et hic ymnisista, . . qui facit ymnos Osb. Glouc. *Deriv.* 630; humnus de apostolis Petre et Paulo M. Rievaulx (*Vers.*) 37; lectiones, ymni, psalmi et alia que in Dei laudem recitantur Gros. *Const.* 269; ∼us, laus Dei cum cantico Bacon *Gram. Gk.* 67; in impno Rolle *IA* 174 (v. hyperlyricus b); hympni amorosi familiariter . . Christo inspirante eruperunt *Ib.* 254; himnus W. Say. *Lib. Reg. Cap.* 98 (v. elevatio 1a); ympnus *CathA* (v. hymnulus). **b** ∼is matutinalibus Bede *HE* V 9 p. 297 (v. explere 3a); ympni, tam nocturnales quam diurnales Elmh. *Cant.* 97 (v. diurnalis d); primus ∼us pro medio noctis est iste 'Medie noctis tempus est'; secundus ad gallicantum 'Eterne rerum conditòr' [etc.] *Ib.* 97. **c** ∼us 'Deus creator omnium' *RegulC* 60 (v. dominicalis 3a); finita 'Gloria', incipiat prior ∼um 'Te Deum laudamus' Ælf. *Regul. Mon.* 189; ymnus 'Christe, qui lux es et dies' . . ymnus 'Primo dierum' Lanfr. *Const.* 90; ymnus 'Te lucis' *Ib.* 104; inchoet . . infans ymnum 'Dei fide qua vivimus' *Ib.* 106; ymnus 'Inventor rutili' *Ib.* 118; incipiat abbas ymnum 'Veni, creator Spiritus' *Ib.* 171; dum cantaretur ymnus 'Ad cenam Agni providi' *Found. Waltham* 26; ympnum trium puerorum, viz. 'Benedicite omnia opera', decantans (*Jud. Dei.*) *GAS* 427 (cf. *Dan.* iii 57); cum pro more . . himnum diceret 'Gloria Patri' W. Malm. *GP* III 115 p. 250; ∼us . . 'Gloria in excelsis' *Mir. J. Bev. A* 299; ∼us . . 'Sanctus, sanctus' Gir. *GE* II 20 (v. angelicus a); cantetur sollemniter ∼us ille 'Veni, creator Spiritus' L. Somercote 30; quidam clerici . . cecinerunt ympnum 'Ave maris stella' Knighton I 103; ∼um angelicum 'Te Deum . .' *G. Hen. V* 16 (v. decantare 2a). **d** ?**1312** de condigna morte cujus [sc. Petri] est hic hympnus editus (*De Morte P. de Gaveston*) *Pol. Songs* 260.

hympn- v. hymn-. **hymum** v. oenos. **hyna** v. hyaena. **hyn-, hynn-** v. et. hinn-.

hyndenus [cf. AS *hynden* = *community of 100 men*], of a hundred (also as sb. m.). *Cf. hundredarius, hundredmannus.*

ut computemus x homines simul et senior novem conservet ad omnes impletiones eorum que diximus. et postea ipsi hyndeni [AS: *tha hyndena*] obaudiant simul et uni hyndeno homini [v. l. hamdono homini, AS: *ænne hyndenman*] qui . . custodiat ipsorum hyndenorum [vv. ll. hindenorum, hindonorum] pecuniam [AS: *feoh*] et sciat quid ipsi mittent quando ipsi gildare debebunt . . (*Quad.*) *GAS* 175.

hyngildum v. hidgildum. **hynnula** v. inula. **hynnulus** v. hinnulus. **hynos** v. oenos. **hyonemella, hyonomella** v. oenomeli.

hyoscyamus [CL < ὑοσκύαμος], henbane. *V. et. jusquiamus.*

apollinaris Grece dicitur ∼us, non jusquiamus ut barbari scribunt et loquuntur Turner *Herb.* A2v.

hypallage [CL < ὑπαλλαγή], (rhet.) hypallage, interchange of (gram.) elements in inversion of natural relations.

ypallage, verbum pro verbo *GlC* Y 5; quae licet soloecismo sit notabilis, ∼em tamen figuram exigit Abbo *QG* 18 (40); ypallage, conversio casuum vel construccionis Osb. Glouc. *Deriv.* 630; juxta pleonasmon sumitur ypalage, quod est casuum conversio, ut sanctitas religionis et religio sanctitatis *Ps.*-Gros. *Gram.* 75; his Habacuc jungas sermonibus / qui cornua dicit in manibus, / id est manus in crucis cornibus, / hypallage verbis sonantibus J. Howd. *Ph.* 673 (cf. *Hab.* iii 4); per id idem denique, quod inde subnectis, / perfectis non loquitur set minus provectis, / quod si loqui dicitur etiam perfectis, / yppallage noscitur in verbis transvectis Peckham *Def. Mend.* 516; Netter *DAF* II 90v. (v. hendiaduoin); huc quodammodo spectat et illud ∼es genus quale est Vergilii . . 'ibant obscuri sola sub nocte' [*Aen.* VI 268] pro 'soli sub obscura nocte' Linacre *Emend. Lat.* lxi v.

hypapante [LL < ὑπαπαντή], **∼i, ∼on**

1 welcome, reception.

ypapanti, [MS *adds*: obviatio dicitur vel] susceptio obviantis vel oblatio Osb. Glouc. *Deriv.* 631; intrepidus cum hypapanti [MS: ypapanti] magnifica sedem suam intravit *V. Thom. B* 42.

2 hypapante (*cf. Luke* ii 21–39), Presentation of Christ (2 Feb.). **b** (by extension through coincidence of dates) Candlemas, Purification of BVM.

de yppapanti: oportet nos cereos accensos in manibus portare in ippapanti Ælf. *EC* 21; s**1141** dum sacra solemnitas yppapanti Domini celebraretur Ord. Vit. XIII 43 p. 126; totus . . occursus . . quasi alter Domini hypapante [v. l. ipipanti] H. Bos. *Thom.* III 20; hoc festum B. Marie [in principio Septuagesimae] tribus nuncupatur nominibus: dicitur Purificacio B. Marie, dicitur et Candelaria, dicitur etiam Ypapanti Domini. . . Ypapanti Domini dicitur hoc festum quia Symeon et Anna prophetissa venerunt Christo obviam cum afferent eum parentes ejus ut offeretur in templum, ypapantos enim obviatio [*PL*: oblatio sive presentatio] dicitur Beleth *RDO* 81. 86–7; in festo ypapanti R. Niger *Chr. I* 73; ypapanton *Id. Chr. II* 135 (v. amburbale); s**1140** protractaque est obsidio a diebus Natalis Dominici usque ad hypapanti [vv. ll. ipapanti, ypapanti] Domini W. Newb. *HA* I 8 (cf. Trevet *Ann.* 12: usque ad ∼em). **b** hoc ipopanti, *candylmesse WW*; *candylmes*, jpopanti, indeclinabile; festum purificacionis B. Marie *CathA*.

hyparcticos [ὑπαρκτικός, cf. ῥῆμα ὑπαρκτικόν], (gram., of verb 'to be') substantive, expressing existence.

hoc verbum 'est' significat sine motu et comparacione, cum sit verbum hypracticon, i. e. sine operacione, et eciam significat substanciam, et ita rem per se stantem Bacon XV 83.

hypate [CL < ὑπάτη, *fem. of* ὕπατος = *highest*], lowest note of tetrachord; **b** (*∼e ∼on*) lowest note of lowest tetrachord; **c** (*parhypate ∼on*) second lowest note of lowest tetrachord; **d** (*lichanos ∼on*) third lowest note of lowest tetrachord; **e** (*∼e meson*) lowest note of middle tetrachord.

quinque sunt tetrachorda, sc. ∼e, i. e. principalis gravium quia gravissime sonant, . . Odington *Mus.* 81; ∼on *Ib.* 83 (v. diezeugmenon). **b** †ypathesiapaton [MS: ypatesiapaton], novissimus et gravissimus Osb. Glouc. *Deriv.* 631; ∼e ∼on, i. e. principalis principalium Odington *Mus.* 81; ∼e hipaton, que est principalis principalium Will. 19; hipate hipaton *Ib.* 21. **c** parhypate ∼on, i. e. juxta principalem Odington *Mus.* 81; parhipate hipaton, i. e. subprincipalis principalium Will. 20; paripathe [hipaton] *Ib.* 21 (cf. ib. 18: paripate hipaton). **d** lichanos ∼on, i. e. indicis digiti principalis Odington *Mus.* 81; lichanos ∼on diatonos, que est principalium diatonos extenta Will. 20; licanos hipaton *Ib.* 21. **e** ∼e meson, i. e. mediarum principalis Odington *Mus.* 81; ∼e meson, que est mediarum principalis Will. 20; hipathe meson *Ib.* 21 (cf. ib. 18: ypate meson).

hypatonicus [cf. hypate], lowest or first (in series).

de causis motus cordis. . . dicitur . . efficiens et primum et proximum et medium; primum ∼um, proximum proprium, medium idmeaticum. atque hanc causarum seriem in omnibus fere naturalibus invenire contingit Alf. Angl. *Cor* 7. 2.

hypelatum [LL < ὑπήλατον], purgative (misinterp. in quot.). **b** (erron.) belly, innards.

epilatum dicitur medicamentum per os sumptum, ab 'epi' quod est 'supra', et 'fero', 'fers' *Alph.* 58. **b** ipoletum, A. *a mawe WW*.

hyper [ὑπέρ], over, above.

'∼er', preposicio que significat 'supra' et 'super' et 'propter' aliquando; compununtur et derivantur multa . . Bacon *Gram. Gk.* 67.

hyperaeolius [LL < ὑπεραιόλιος], (mus.) hyperaeolian.

Odington *Mus.* 87 (v. hypoiastius).

hyperapophatice [ὑπεραποφατική], by a second denial or negation.

sic fit ut quedam absque privatione negata vera sint, que privatorie affirmata vera esse non possint; quibus tamen privatoriis ac si ∼e superveniat negatio, restituit ea veritati aliquando Abbo *QG* 21 (46).

hyperaspistes [LL < ὑπερασπιστής], (shield-bearing) protector.

'yperaspistis' Grece idem est quod 'protector' Latine Gros. *Hexaem. prol.* p. 47; aspis dicitur serpens, et dicitur scutum, et in hoc sensu dicitur ∼es, quod habet 'y' Grecum in prima sillaba sed iota in penultima, et est protector mediante scuto; nam ubi in psalmo est protector, in Greco est ∼es, et diruatur ab 'hyperaspiazo' quod est 'pro altero scutum pono' Bacon *Gram. Gk.* 69.

hyperbaton [CL < ὑπέρβατον]

1 (gram. & rhet.) hyperbaton, transposition of normal order of words or clauses.

∼on est transcensio quaedam verborum ordinem turbans Bede *ST* 614 (= Donatus, *ed. Keil*, IV 401); est ∼on, i. e. ordo †confessus [*ed. 1648*: confusus], qua figura frequentius utitur in epistola hac Lanfr. *Comment. Paul.* (*Heb.* ii 9) 379; nec [perorans] longioribus yperbatis sensum confundat nec verbis inanibus ambages interserat (*Leg. Hen.* 1. 4. 7a) *GAS* 548 (cf. Isid. *Etym.* II 20. 2); yperbaton Osb. Glouc. *Deriv.* 630 (v. hyperbole); yperbaton est transcensio quedam verborum ordinem turbans. hujus species sunt ysteron proteron, anastrophe, themesis. qui has intelligere voluerit, Donatum consulat Gerv. Melkley *AV* 80; si amphibologia utitur cum racione perturbando sermonem, facit iperbaton in suis duabus speciebus, sc. themesi et anastrofe *Ps.*-Gros. *Gram.* 74; ∼on, figura barbarismi; hyperbole similiter Bacon *Gram. Gk.* 67; longum ∼on S. Felicis contrahentes *Croyl. Cont. A* 108; ad ordinem spectant ∼on et quae sub eo sunt, anastrophe et synchysis Linacre *Emend. Lat.* xxii v.; cum ordo legitimus dictionum clausurarumve mutatur ∼on grammaticis dicitur *Ib.* lix v.

2 (by misinterp.) parenthesis. **b** (?) form of punctuation-mark (? indicating parenthesis).

'filii ergo Ruben' repetit propter longam yperbaton (*1 Chr.* v 3) S. Langton *Chron.* 96; numerus refertur ad filios Ulam, qui tot fuerunt cl, per yperbaton (*1 Chr.* viii 40) *Ib.* 106. **b** sciat [notarius] . . ubi yrmos designari debeat, ubi yperbaton [*gl.*: quedam figura], ubi apostrofus subscribi debeat Neckam *Ut.* 117.

Hyperbereteos [LL < ὑπερβερεταῖος], (Macedonian month).

vocatur . . apud eos [Graecos] ipse . . October, ∼os Bede *TR* 14 (cf. *Miss. R. Jum.* 18: yperbereteos).

hyperbolaeos [CL < ὑπερβολαῖος], highest tetrachord: **a** (*nete ∼on*) highest note of highest tetrachord; **b** (*paranete ∼on*) second highest note of highest tetrachord; **c** (*trite ∼on*) third highest note of highest tetrachord.

a nete ∼on, i. e. ultima excellencium Odington *Mus.* 81; nete hiperboleon Will. 18 (cf. ib. 20). **b** paranete ∼on, i. e. juxta excellentissimam Odington *Mus.* 81; paranete hiperboleon Will. 18. **c** trite ∼on, i. e. tercia ab ultima excellencium Odington *Mus.* 81; trite hiperboleon Will. 18.

hyperbole [CL < ὑπερβολή], (rhet.) hyperbole, exaggeration for effect.

∼e est dictio fidem excedens augendi minuendive causa Bede *ST* 615 (= Donatus, *ed. Keil*, IV 401); yperbaton vel yperbole, transcensio; inde yperbolicus, i. ultra mensuram evectus, et yperbolice . ., i. altissime Osb. Glouc. *Deriv.* 630; iperbole est dictio fidem excedens augendi minuendive causa, secundum Donatum Gerv. Melkley *AV* 86; iperbole [sumitur] quando magis dicitur et minus intelligitur, ut 'hoc est tardior testudine' *Ps.*-Gros. *Gram.* 74; Bacon *Gram. Gk.* 67 (v. hyperbaton 1); illa te diligit plusquam eloquio / pandat yperbole Walt. Wimb. *Carm.* 273.

hyperbolice [LL], hyperbolically, as or by (use of) hyperbole.

illud ∼e addidit Alcuin *Exeg.* (*Eccles.* vi 1) 692a; hoc ∼e intelligendum est *Ib.* (*Eccles.* x 20) 711d; yperbolice Osb. Glouc. *Deriv.* 630 (v. hyperbole); num ∼e aut adulatorie loquimur? Ad. Scot. *QEC* 5. 810c; c**1191** yperbolice (v. galaxias 1d); 'spectabilem super omnes homines'. si legatur de Salomone, dictum est yperbolice (*1 Chr.* xvii 17) S. Langton *Chron.* 123; chronicatores . . quasi ∼e materiam dilatare noscuntur Elmh. *Cant.* 276.

hyperbolicus [LL < ὑπερβολικός]

1 hyperbolical, exaggerated, excessive; **b** (of diction or narrative). **c** (of praise) fulsome, in excess of desert.

iperbolicus, nimius *GlC* I 481; yperbolicus Osb. Glouc. *Deriv.* 630 (v. hyperbole). **b** currat yperbolicus, sed non discurrat inepte / sermo Vinsauf *PN* 1013; s**1252** ∼a narracio M. Par. *Maj.* V 269. **c** laudibus plusquam

humanis, quoniam ~is GIR. *PI* I 20; hyperbolicas heroum fingere laudes GARL. *Tri. Eccl.* 126; laudator impudens et yperbolicus WALT. WIMB. *Palpo* 129.

2 overweening, proud.

iperbolicus, superbus *GlC* I 480; ~us [MS: iperbolicus], elatus, extollens, summissus, supinus, superbus, vesicosus OSB. GLOUC. *Deriv.* 291.

hyperboreus [CL < ὑπερβόρειος], of the (far) north. **b** (myth.) Hyperborean.

axis et australis te novit hyperboreusque W. CHESTER *Vers. Anselm.* 1. 17; yperboreus, aquilonarius OSB. GLOUC. *Deriv.* 630; ~us .. a Borea dictum quasi borialis BACON *Gram. Gk.* 67; hoc genus ferarum in iperboreis nascitur montibus UPTON 163. **b** gens yperborea OSB. GLOUC. *Deriv.* 630 (v. Hyperborita).

Hyperborita, (myth.) Hyperborean.

†yperbita [*sic* MS], gens yperborea, que et rhiphea dicitur OSB. GLOUC. *Deriv.* 630.

hypercatalectus, ~icus [LL < ὑπερκατάλεκτος, ὑπερκαταλεκτικός], having extra or redundant syllable.

quis est versus ypercatalecticus [vv. ll. ipercatalecticus, percatalecticus] exameter? ubi certo numero vj pedum una sillaba subnectitur. . . similiter et in pentametro dactilico ypercatalecticus versus admittitur ALDH. *Met.* 10 p. 92; versum dici .. hypercatalecton ubi super legitimos pedes syllaba crescit BONIF. *Met.* 113; ypercatalecticus, ubi †sub [l. super] legitimos pedes syllaba crescit *GlC Int.* 333; ipercatalectici versus W. MALM. *GP* V 195 (= ALDH. *Ep.* 1: ypercatalectici) (v. brachycatalectus).

hyperdorius [LL < ὑπερδώριος], (mus.) hyperdorian.

ODINGTON *Mus.* 87 (v. hypoiastius).

hyperdulia [ὑπερδουλεία = *excessive servility*], higher veneration: **a** (for Christ); **b** (fig. and perh. facet.).

a Christus .. adorari debet yperdulia WYCL. *Incarn.* 183; nota de latria, ~ia, dulia SKELTON I 218. **b** omnis artifex manualis .. ~iam propriam suis exhibet instrumentis R. BURY *Phil.* 4. 73.

hyperephania [ὑπερηφανία], pride, arrogance.

~ia [MS: iperefania], superbia, elatio .. OSB. GLOUC. *Deriv.* 292; **1280** super yperphaniam porticus et vestibulum templi gloriae PECKHAM *Ep.* 121.

hyperexcrescere, to exceed.

hypermeter, versus hiperexcrescens BACON *Gram. Gk.* 67.

hyperïastius [LL < ὑπεριάστιος], (mus.) hyperionian.

ODINGTON *Mus.* 87 (v. hypoiastius).

hypericum, ~on [CL < ὑπέρεικον], **~a**

1 (var.) species of hypericum, St. John's wort; **b** (var.).

ipsam .. herbam Greci ypericon, Latini herbam perforatam sive herbam S. Joannis appellare solent; que .. venenum specialiter consumere perhibetur AD. EYNS. *Hug.* V 8; apponatur tertia pars de yperico GILB. I 51v. 1; nec ~on .. absque spirituali respectu intelligencie demones fugare potest *Ps.*-GROS. *Summa* 517; laventur pedes cum decoccione rostri bovis, plantaginis, hiperícon, foliorum quercus GAD. 6. 2; ipericon *Ib.* 106v. 1 (v. herba 3); ypericon *SB* 23 (v. diabolus 3); herba S. Johannis, i. ypericon; herba perforata, idem *Ib.*; ypericon *Alph.* 78 (v. herba 3); yperycon *Ib.* 195; yppericum herba est colore subrufa ..; vires habet acriter stringentes et mintuales *Ib.*; *erbe Jone, or Seynt Jonis worte*, perforata .. ipericon, fem., indecl. *PP*; iperica, A. *Seynt Johnys worte WW*. **b** recipe radicem .. calamenti, quod longo usu solvit quartanam, et ypericon silvestre GILB. I 48. 1; ypericon femina similis est ypericon alii sed habet stipitem quadratum et album et latiora flora. yperison, i. [? sc. idem] possibile *Alph.* 195.

2 (? by misinterp. or conf. between CL *corissum* and LL *corion* < κορίον) coriander.

herba ~on, *thæt ys* corion *Leechdoms* I 58; ~on, corion *Gl. Durh.*

hyperlydius [LL < ὑπερλύδιος], (mus.) hyperlydian (also as sb. m.).

yperlydius, acutus sonus, qui et lydius dicitur OSB. GLOUC. *Deriv.* 631; ad melodiam .. faciendam requiruntur .. tonus yperlodius [l. hyperlydius], podorius [l. hypodorius] .. et suavis vox . . . . . dicitur yperludius novissimus, sc. acutissimus BART. ANGL. XIX 132 p. 1252 (cf. Isid. *Etym.* III 20. 7); ODINGTON *Mus.* 87 (v. hypoiastius).

hyperlyrice, sweetly.

swetly, .. dulciflue, iperlirice *CathA.*

hyperlyricus [ὑπέρ + λυρικός], (sounding) sweet, most sweet: **a** (w. ref. to etym.); **b** (loosely).

a ~us [MS: iperliricus], super cantum lyre dulcis OSB. GLOUC. *Deriv.* 293; ~us, plusquam liricus BACON *Gram. Gk.* 67. **b** in impno iperlirico et ludifluo sapitur mens ad canendum dilicias amoris eterni ROLLE *IA* 174; tubarum tumultuosus strepitus partes ethereas tonitruoso rugitu reboare cogebat citharedorumque yperlirica melodia .. sue modulacionis predulci tenuique susurro aures convivancium demulcebat *Ps.*-ELMH. *Hen. V* 12; *swete*, .. iperliricus, upodoricus *CathA.*

hypermixolydius [LL < ὑπερμιξολύδιος], (mus.) hypermixolydian.

in diatonico genere .. octavum modum adjecit Ptolomeus quem vocavit ~ium ODINGTON *Mus.* 87.

hyperphrygius [LL < ὑπερφρύγιος], (mus.) hyperphrygian.

ODINGTON *Mus.* 87 (v. hypoiastius).

hyperpyrosis [dub.], (?) conflagration, burning out.

per hypyrosim BRADW. *CD* 135E (v. apocatastasis).

hypersophia [ὑπερσοφία], that which goes beyond wisdom.

†ypersocia, supergrediens sapienciam [*sic* MS] OSB. GLOUC. *Deriv.* 630.

hypersyntelicon [ὑπερσυντελικός], (use of) the pluperfect tense.

loquatur [presbyter] de plusquamperfectis per [? sc. tempus] ypersinteticon [*ed. Scheler*: yperisinteticon] GARL. *Dict.* 134.

hyperusia [LL < ὑπερουσία], (condition of) supreme being.

divina essentia, quam Greci, eo quod universa transcendat, rectus yperusiam dicunt J. SAL. *Hist. Pont.* 13.

hyperythros [ὑπέρυθρος], reddish.

yperitron [v. l. yperytron] *Alph.* 59 (v. erythros).

hyphen [LL < ὑφέν < ὑφ' ἕν], (mark indicating) composition of two words in one.

hyfen est conjunctio dictionis ex duabus perfectis imperfectis[ve] compositae ut est 'luci-fer', 'uni-genitus' ALDH. *PR* 141; secunda de his in propriis prosodiis vocatur hiphen, cujus nota conjungit ea que possent videri divisa. .. ut ponamus exemplum Latinum 'ante-tulisti', possint 'ante' et 'tulisti' videri due dicciones BACON *CSPhil.* 516; nonus accentus est ~en, ὑφεν, que conjungit divisa, ut cum dicitur 'antetulisti' videntur esse due dicciones, set una est dicta ab hoc verbo 'antefero' *Id. Gram. Gk.* 10; *Id. Gram. Heb.* 208 (v. hypodiastole).

hypidemia, hypidimea v. epidemia.

†hypis [dub., cf. hypericum], species of St. John's wort, (?) 'field marigold' (*cf. OED s. v.* velderude).

12.. ypis, i. *herbe Johan*, i. *uelderude WW.*

hypnale [LL < ὑπναλῆ], **~is,** kind of asp (*Cf.* Isid. *Etym.* XII 4. 14).

~e, quod somno nocet, teste .. Cleopatra, emitur ad mortem NECKAM *NR* II 112; ypnalis est genus aspidis qui sompno necat. hunc Cleopatra sibi apposuit et ita morte quasi sompno resoluta est BART. ANGL. XVIII 9.

hypnoticus [LL < ὑπνωτικῶς], (as sb. f. or n.) herb or drug which induces sleep, belladonna.

hymiotida, saporifera [v. l. soporifera] *Alph.* 83; innoticum, i. sompniferum *Ib.* 87.

hypo- v. et. hippo-.

hypo [ὑπό], under.

'ypos' quod est 'sub' GILB. VI 248v. 1 (v. hyposarca); ypo est preposicio idem quod sub BACON *CSPhil.* 515; 'hypo', Greca preposicio ..; ab eo componuntur et derivantur multa .. *Id. Gram. Gk.* 67; ypos *Alph.* 197 (v. hypopia a).

hypoaeolius [LL < ὑποαιόλιος], (mus.) hypoaeolian.

ODINGTON *Mus.* 87 (v. hypoiastius).

hypochondria (hypocond-) [n. pl., LL < ὑποχόνδριον], **~ium,** (anat.) part of body between ribs and navel, belly.

ypocondria sunt cava et superfluitatum receptacula *Quaest. Salern.* B 86; multitudo pilorum sub hipocundriis M. SCOT. *Phys.* 35; constipacio ventris .. cum dolore sinistri ypocondrii et inflacione GILB. I 43v. 1; quando [sanguis] exit a stomacho, facit dolorem circa ypocundria et os stomachi *Ib.* IV 194v. 2; hypocondriorum infrigidacio signat vomitum futurum BACON IX 202 (cf. ib. precordiorum sive hypochondriorum tensio); ipocundria sunt ex partibus ventris sub costis GAD. 25v. 1; in dextro ipocundrio *Ib.* 70. 2 (v. gravedo 2a); ypocondrium est locus sub teneritate costarum, et dicitur ab 'ypos' quod est sub, et 'condrion' costa *SB* 25; ypocondrium vel hec ypocondria est teneritas que est sub costis *Alph.* 197; quando febriens habuerit dolorem sub ipocundriis sinistris .. morietur in die tercio J. MIRFIELD *Brev.* 70; *a leske*, ipocundeia [vv. ll. ypocondria, apocondria] *CathA.*

hypochondriacus [LL < ὑποχονδριακός], pertaining to or affecting the belly.

sirupus optimus ad tussim .. ypocondriacam et yliacam vel colicam GILB. IV 187v. 1.

hypochysis [CL < ὑπόχυσις], (med.) cataract. *Cf. hypothesis* 2.

†typonsis, i. effusio humorum extra pupillam densatorum *Alph.* 197.

hypocistis [CL < ὑποκιστίς, ὑποκισθίς], **hypoquistis** [LL], hypocistis, fungus on roots of dog-rose or juice of this. **b** (by misinterp.) dog-rose.

uniusmodi generis sunt .. ypoquistidos, acacia GILB. III 132. 1; boli ypoquisti Celtice *Ib.* IV 174. 1; recipe ypoquistidos *Ib.* IV 194v. 2; **1323** ypoquistid' lib. j, precium xv d. *War. Issue* 482; ipoquistidos *SB* 12 (v. barba 2e); ipoquistidos est succus fungi qui nascitur ad pedem rose canine *Ib.* 28 (cf. *Alph.* 86); ypoquistidos, i. fungus qui nascitur ad pedem rose canine *Alph.* 197. **b** **12..** ypoquistidos, i. *hundesrose WW.*

hypocriosus, (nonce-word) of hypocrites.

WYCL. *Sim.* 27 (v. digestio 1d).

hypocrisinus v. hypocrissimus.

hypocrisis [LL < ὑπόκρισις = *play-acting*], hypocrisy, bad faith.

contra ~in Pharisaeorum BEDE *Luke* 482; hipocrisin, simulatio *GlC* H 92; **787** ut nullus ex ecclesiasticis cibum in secreto sumere .. quia ~is et Saracenorum est *Conc. HS* III 451; **s802** ypocrisis (v. hypocrissimus); volumus esse simplices sine hipocrisi [*gl.*: *licetunge*] ÆLF. *Coll.* 101; hypochrisis sua jam multos decepit EADMER *V. Anselmi* I 25; **1166** fallax et falsa ~is, quo progrederis? J. SAL. *Ep.* 193 (187 p. 232); sicut quidem per ~im carnem macerant GIR. *GE* II 9; **c1200** ypocrisis (v. deauratio 1b); nonne .. ~is mendax religionem veram in multis mentitur NECKAM *NR* II 129; fermenta relegat / hȳpocrisis H. AVR. *Hugh* 424; plenum ~i (PURVEY) *Ziz.* 386; ficta set ypocrsis fraudes celare latentes / temptat GOWER *VC* VII 175; ut [Johannes Oldcastel] per ~im et suam simulatam innocenciam commoveat populum ELMH. *Metr. Hen. V rub.* p. 90; ~is, i. e. simulatio, quando aliquis simulat se esse quod non est LYNDW. 60 c.

†hypocrissimus, (superl. of uncertain positive) most hypocritical; (?) *f. l.*

s802 sub specie hypocrissima indumento sanctimonialium assumpto BYRHT. *HR* 64 (= R. HOWD. I 19: hypocrisina; *Flor. Hist.* I 408: sub specie ypocrisis; cf. ASSER *Alf.* 15: deposito seculari habitu et sanctimonialium indumento assumpto).

hypocrita [CL < ὑποκριτής = *play-actor*], hypocrite, person of bad faith; **b** (attrib.)

c745 omnia quaecumque sanctum evangelium ypochritas fecisse testatur *Ep. Bonif.* 59 p.112; **c745** per falsos sacerdotes et hypochritas BONIF. *Ep.* 63; ipochrita, simulator *GlC Int.*; hipocrita ÆLF. *Sup.* 168 (v. fictor 2); *G. Steph.* I 29 (v. fucatio 2b); ~a omnis adulator est, duplex est NECKAM *NR* II 185; HALES *Sent.* IV 303 (v. dissimulatio 1); quoniam si oculos averteret hipocrita, si jocis allideret, irreverens diceretur KNIGHTON I 109; **s1381** vetus †ypocryto, Johannes Wyclyff hereticus .. seducit plures *V. Ric. II* 22 (cf. WALS. *HA* I 450: vetus ~a ..); qui ad instar ~e faciem pingit palledine AMUND. I 208. **b** quid te tantopere priorem illum hipochritam cogit adire? EADMER *V. Anselmi* I 25; ~a [MS: ipocrita], superauratus, fictus, simulans OSB. GLOUC. *Deriv.* 294; verisimos amores exprimit uxor ypocrita MAP *NC* III 4 f. 41v.; **a1270** datur tamen, *k'il n'i eit perte*, / servienti, *pur desertes* / mantellus hypocrita (*In Cissores*) *Pol. Songs* 56; anachorita ypocrita se jactat .. et de vanis garulat *AncrR* 40.

hypocritalis, hypocritical.

[religiosus] debet esse gravitate morum et gestu maturus . . . et hoc non ~ali simulacione sed virtuali operacione J. WALEYS *V. Relig.* III 11 f. 253.

hypocritari, hypocrizare, to be hypocritical.

s1098 renitebatur ne ypocritari videretur M. PAR. *Min.* I 118; duo alii equi, sessores habentes diabolum et ~izantes haereticos NETTER *DAF* II 11c.

hypocriticus, hypocritical.

s1138 hoc ~e simulationis figmentum *G. Steph.* I 29; quotlibet .. stimulos tales habemus nos ab avaricia ypocritica retrahentes WYCL. *Ver.* III 54; furtum ypocriticum *Id. Mand. Div.* 368 (v. admercatio).

hypodecanus, sub-dean.

in choro sunt decanus, subdecanus [*PL*: hypodecanus], cantor, subcantor BELETH *RDO* 13. 27A.

hypodiaconus [LL < ὑποδιάκονος], sub-deacon.

subdiaconi [*PL*: hypodiaconi] locum tenent nathineorum, id est in humilitate servientium. illi enim sub levitis in templo ministrabant, et isti sub diaconibus, unde subdiaconi nominantur [*PL*: sic illi sub diaconis, unde et hypodiaconi sunt appellati] BELETH *RDO* 13. 27C; ordo subdiaconorum, qui apud Grecos ∼i vocantur *Pont. Sal.* II 241.

hypodiastole [LL < ὑποδιαστολή], (mark indicating) separation of (written) words to avoid ambiguity.

hypodiastoli est divisio compositarum litterarum propter ambiguitates, ut est 'viridique in litore conspicitur, sus' [Virgil *Aen.* VIII 83], ut non erret qui legat, ne prorsus 'ursum' legat ALDH. *PR* 141 p. 200; ypudiastole, subseparatio *GlC Int.* 332; tercia . . prosodia . . vocatur ypodiastile et est contraria hiphen, nam male coherencia descernit et separat per notam que est quasi pars dextra circuli supposita illi quod debet ab alio separari vel quasi posita inter ea BACON *CSPhil.* 517; Greci habent tres figuras pro tribus passionibus, que vocantur apostrophe, hyphen, hipodiastole *Id. Gram. Hib.* 208.

hypodidascalus [CL < ὑποδιδάσκαλος], under-teacher, assistant master.

a ussher, ipodidasculus STANBR. *Vulg.* 21; **1541** hipodidascolus (v. archididascalus); **1552** faciant . . statuta et ordinaciones in scriptis concernentia et tangentia ordinem, gubernacionem, et directionem pedagogi et hipodidasculi sive subpedagogi *Pat* 850 m. 22; **1555** hypodidasculum sive subdidasculum ad Scolam Gramaticalem servandum *Dign. Dec.* 137.

hypodorius [LL < ὑποδώριος], (mus.) hypodorian (also as sb. m.). **b** (loosely) sweet (to the ear).

ypodorus, gravis sonus in musica OSB. GLOUC. *Deriv.* 630; tonus . . podorius BART. ANGL. XIX 132 (v. hyperlydius); †pondorius . . omnium est gravissimus [tonus] *Ib.* (cf. Isid. *Etym.* III 20. 7); ODINGTON *Mus.* 87 (v. hypoiastius); si post ∼ium, qui omnium [modorum] gravissimus est, omnes chordas tono intendas, facies hypophrygium *Ib.* 88; casta cancio cantica organa subnectens ypodorica *Miss. Westm.* I 305. **b** upodoricus *CathA* (v. hyperlyricus b).

hypodromus [LL < ὑπόδρομος; spellings sts. conf. w. CL hippodromus], ∼um, underground space, dark or secret place. **b** treasury. **c** latrine, privy.

mox angelicus dux . . erexit aegrum, ductoque comite in quoddam suum ∼um, tale protulit consolationis antidotum GOSC. *Mir. Aug.* 3; ypodromus, obscurus locus OSB. GLOUC. *Deriv.* 630. **b** ypodromum, *goldhordhus* vel spondoromum ÆLF. *Sup.* 184. **c** ypodromum, . . *digle gangern Ib.*; *privy, gong,* . . cloaca, . . ipodromium *PP*.

hypofungia [dub.], stockfish. *V. et. fungia.*

stokfysch, . . ypofungia, -e *PP*.

hypogeus [CL < ὑπόγειος]

1 subterranean, underground; **b** (fig.).

GIR. *IK* I 5 (v. ductus 3); ∼eum, quod est sub terra occultum, unde dicitur sol sub terra factus BACON *Gram. Gk.* 67. **b** per te fit sol ypogeus / dum de celo lapsus Deus / carnis toga tegitur WALT. WIMB. *Virgo* 127.

2 (as sb.) underground building of var. kinds.

10. . apogium, *eorþern WW*; ergo sub aequoreo domus est ingens apogeo R. CANT. *Malch.* IV 243; ∼eus, locus obscurus OSB. GLOUC. *Deriv.* 277; alimentis cunctis, que hypogeis subterraneis abscondere non poterant GIR. *EH* II 19; in ypoges quodam et subterraneo specu *Id. Invect.* I 4; in quadam ypogea ab omni accessu remota *Arthur & Gorlagon* 15; ypogeum, *tresory WW*; *a denne,* antrum, apageum *CathA*.

hypoglosson [cf. CL hypoglossa < ὑπογλώσσον, LL hippoglossa < ἱππογλώσσον], butcher's broom (*Ruscus hypoglossum*).

ypoglosson *Alph.* 48 (v. daphne); †ypogrossos, frutex est mirte agresti similis, folia habens minuta, et comam spissam vel spinosam, cujus folia [sunt] in summitate sicut lingua *Ib.* 197.

hypognosticon, ∼um [cf. TLL; *perh. orig. f. l. of* ὑπομνηστικόν], summary of knowledge. **b** (as title of work once attrib. to St. Augustine of Hippo). **c** (title of work by Laurence of Durham).

hyponosticon, a 'nous' quod est mens BACON *Gram. Gk.* 67. **b** hoc . . in Ypognosticon . . astruit Augustinus J. SAL. *Hist. Pont.* 13; c**1396** yponosticon (*Invent.*) *Meaux* III p. c; in ∼ico paulo post principium dicit Augustinus . .

NETTER *DAF* II 252. 2. **c** yponnosticon, abbreviatum sc. librum, facere curavi L. DURH. *Hypog.* 64.

hypoïastius [LL < ὑποϊάστιος], (mus.) hypoionian (also as sb. m.).

secundum predicta duo genera, sc. diatonicum et chromaticum, quindecim dicunt esse modos, quorum nomina subicio . .: sc. hypodorius, ∼ius, hypophrygius, hypoaeolius, hypolydius, dorius, iastius, phrygius, aeolius, lydius, hyperdorius, hyperiastius, hyperphrygius, hyperaeolius, hyperlydius. nota . . semitonii superposita signat eos semitonio differre, nam ∼ius acutior est quam hypodorius semitonio et sic de reliquiis ODINGTON *Mus.* 87.

hypolydius [LL < ὑπολύδιος], (mus.) hypolydian (also as sb. m.).

ypolydius, gravis sonus in musica, qui et sublydius dicitur OSB. GLOUC. *Deriv.* 631; ODINGTON *Mus.* 87 (v. hypoiastius); hypolidius *Ib.* 88.

hypomelis [cf. TLL], kind of apple.

∼idos, quedam poma sorbis similia *Alph.* 83.

hyponosticon v. hypognosticon.

hypophrygius [LL < ὑποφρύγιος], (mus.) hypophrygian.

ODINGTON *Mus.* 87 (v. hypoiastius); *Ib.* 88 (v. hypodorius a).

hypopia [*n. pl.*, LL < ὑπώπιος, cf. ὑπωπιάζειν], bruise or swelling around eye. **b** (med.) cataract.

ypopias *Alph.* 197 (v. globus 1f); ypopia, i. humor. ypopeya, i. livor palpebrarum . . dicitur ab 'ypos' quod est sub et 'ydros' quod est cola *Ib.* **b** ipopia vel ypepiosa, tenebrositas [sc. in oculis] *Alph.* 87.

hypoprior, subprior.

Alexander qui et ipse ejusdem ypopprior erat ecclesie *V. Chris. Marky.* 64.

hypopyrgium [? OF *hypopyrge < *hypopyrium], andiron, fire-dog.

ut ypopirgium in rogis mediis WALT. WIMB. *Sim.* 95; ipopurgium *PP* (v. andera); hoc ipopirgium, *a nawndyrn WW*; **1473** unum cacabum cum pendentali, unum verutum cum duobus ipopurgiis (*Test.*) *HMC Var. Coll.* I 44; *a gawbert,* ipepurgium *CathA*; **1501** unum ypopurgium stans in camino *Cant. Coll. Ox.* I 37; **1517** j platella pro electuario, cum j ypopurgio *Ac. Durh.* 293.

hyposarca [LL < ὑπὸ σάρκα, cf. ὑποσάρκιος = *under the flesh*], subcutaneous dropsy. *Cf. anasarca.*

cum yposarca et anasarca fiat per frigiditatem et siccitatem, quare apparet urina mediocris? *Quaest. Salern.* B 326; J. FURNESS *Walth.* 112 (v. hydropisis 1); illa [species ydropisis] que est est [l. ex] melancolia denominantur yposarca, ab 'ypos' quod est 'sub', quasi sub cute, 'arcos' autem caro est; vel anasarca, quasi juxta carnem GILB. VI 248v. 1; istius morbi [sc. idropisis] tres sunt species: yposarca, asclites, et timanites. iposarca est in qua materia flegmatica penetrans cum sanguine in membra, et ista vocatur ab aliquibus flegmonancia vel leucoflegmancia . . et dicitur yposarca ab 'ypos' quod est 'sub' et 'sarcos', 'caro', quasi stans sub carne tocius corporis GAD. 30. 2.

hypostasis [LL < ὑπόστασις]

1 sediment, residuum; **b** (med., esp. in or of urine).

melancolia . . innaturalis non est ad modum ypostasis sive residencie et fecis, sed per modum adustionis et cineritatis BART. ANGL. IV 11. **b** grossa superfluitas . . tercie [digestionis], quandoque calore consumitur, quandoque cum urina emittitur, et dicitur ypostasis *Quaest. Salern.* Ba 106; in urina rotunda circa fundum apparet ypostasis M. SCOT *Phys.* 15; urina tincta cum nube alba . . vel ypostasi alba RIC. MED. *Signa* 34; ypostasim GILB. I 29. 2 (v. eucritus); in prima [digestione] . . eliminatur egestio, in secunda urina, in tercia ypostasis *Ib.* VI 241. 2; urina . . demonstrat interiora . . per ejus sedimen sive subsistenciam quam medici ypostasim vocant BART. ANGL. V 45; ipostates GAD. 21v. 2 (v. crimnoides); hipostasis [in urina] est per totum divulsa ac si lana esset per totum carminata *Ib.* 82v. 2; si bene scire juvat medico . . / in morbis crisis quid sit, . . / . . quid hypostasis, humor et errans (*Vers.*) AMUND. II 126.

2 (phil.) substance, very nature; **b** (theol., of Christ w. ref. to union of His two natures).

multi hodie corrupte scribunt et legunt pro subsistentia substantia, cum ipse Jeronimus sic accipiat subsistentiam sicut Greci ypostasim J. CORNW. *Eul.* 12; abstrahamus proprietates Pauli: remanet substancia, que ∼is est HALES *Sent.* I 249; *Ib.* II 26 (v. 2 essentia 2a); in Greco est proprie substancia, licet theologi aliter nunc utantur hoc vocabulo BACON *Gram. Gk.* 67; in omnibus quidem creaturis ∼eon divina sunt in consideratur DUNS *Ord.* VII 406; nullus parochianus ex vi hujus statuti . . tenetur confiteri, nisi proprio sacerdoti, sc. parochiali presbytero

seu curato. sed ex hypostasi, papa et episcopi non sunt hujusmodi. igitur nullus parochianus ex vi statuti tenetur eisdem confiteri CONWAY *Def. Mend.* 1418 (*recte* 1318) (cf. RIC. ARMAGH *Def. Cur.* 1395 [*recte* 1295]); notandum quod 'substancia' est commune in Greco ad 'ypostasim', 'usiosim' et 'usion' WYCL. *Incarn.* 135. **b** caro . . assumpta a Verbo . . adoratur . . in incarnato Dei Verbo non propter seipsam, sed propter unitum ei secundum ypostasim, Dei Verbum . . habet igitur creatura carnis assumpte propter unitum sibi secundum ypostasim Dei Verbum GROS. *Cess. Leg.* III 1 p. 121; divinam Verbi ∼im simplicem, quamvis non in ea sunt due nature, sed spiracio activa et filiacio, quelibet tamen illarum comparata ad ipsam ∼im Verbi realiter est idem cum ipsa MIDDLETON *Sent.* I 251; **1286** quintus [articulus haeresis] est, . . esse . . identitatem numeralem corporis [Christi] vivi et mortui, racione existencie utriusque in eadem ∼i Verbi PECKHAM *Ep.* 661.

3 (theol.) person (of Trinity).

Graeci solent dicere de Deo: una usia, tres ypostases [v. l. ypostasis], i. e. una substantia, tres subsistentiae ALCUIN *Ep.* 268; Filius est ∼is eadem in substancia cum hypostasi Patris, non tamen eadem hypostasis HALES *Sent.* I 78; tres sunt individua ∼es *Ib.* 203; Pater . . et Filius et Spiritus Sanctus sunt tres ypostases seu persone et non una BART. ANGL. I 14; persone vel ∼es *Ps.-GROS. Summa* 384 (v. ens 1a); trium ∼um *Ib.* 392 (v. distinctivus 1b); aeterne lucis claritas / nos tribus ornans viribus / monstrat quod causans veritas / trina sit hypostasibus PECKHAM *Poems* 5. 1; Greci . . equivocantes concedunt quod sunt tres ∼es sive substancie, et sic nomen '∼is' est equivocum apud illos WYCL. *Trial.* 59.

hypostatice, by or in substance.

Pater racione essencie est idem quidditative et racione proprietatis non est idem formaliter nec ∼e, nec est affirmacio et negacio ejusdem identitatis de eodem nec racione ejusdem DUNS *Ord.* II 365; generacio primo potest inesse diversis individuis, non tamen inquantum distincta sunt ∼e, sed pro eo quod generacio consequitur primo naturam, que est in hoc et que est in illo *Id. Qu. super Anal. Post.* I 36 p. 401B; posito quod tres persone divine omnem humanitatem possibilem assumant ypostatice . . WYCL. *Log.* III 150.

hypostaticus [LL < ὑποστατικός], (phil. & theol.) substantial, essential. **b** (*unio* ∼*a*) the Hypostatic Union (of Christ).

potest inferri identitas essencialis, non formalis vel suppositiva. et ideo non debet inferri 'Filius est Pater', quia ibi inferri ex vi sermonis identitas formalis vel ∼a, sed sic debet inferri 'Filius est idem cum eo quod est Pater' DUNS *Ord.* II 364; quia in creaturis natura est formalis terminus produccionis, non autem proprietas individualis vel ∼a, sicut patet II Physicorum, ubi habetur quod generacio est naturalis sive dicitur natura, quia est 'via in naturam' *Ib.* IV 49. **b** propinqua vero generacio hominis fit successive in utero, propinquissima vero in unione ypostatica anime cum corpore WYCL. *Log.* III 153; ut tolleret humanitatem assumptam, que fecit nobis risum, cum per unionem ypostaticam sit facta, unigenitus Filius Patris *Id. Ver.* II 39.

hypostativus, being or forming sediment.

[maladia] vocatur †ypostasive quia residet in sanguine sicut ypostasis in urina GILB. I 46. 2.

hypostigme [LL < ὑποστιγμή], comma.

yposticen, subdistinctio *GlC Int.* 334; ∼e, quod est subpunctacio, quia stigme est punctus BACON *Gram. Gk.* 67.

hypotenusa [CL < ὑποτείνουσα], hypotenuse.

ab angulo recto ipsius trianguli ad unam basim maximi quadrati tres lineas rectas dirige, unam perpendicularem, duas vero ipotenusas ad duos terminos ADEL. *Euclid* 155; ypotenusa *Id. Alch.* 24 (v. cathetus); NECKAM *DS* I 147 (v. 1 basis 1c).

hypoteticus v. hypotheticus.

hypotheca [CL < ὑποθήκη], security, pledge, mortgage.

ypotheca, *feohlœnung butan borge* ÆLF. *Gl.* 115; **1279** judicatum solvi promittimus sub ypotheca rerum nostrarum *Reg. Heref.* 221; ∼a, quod est res accommoda pacto vel caucione sive pignore BACON *Gram. Gk.* 67; **1309** sub ypoteca rerum nostrarum *S. Jers.* XVIII 75; **1345** super hiis sub ypotheca rerum nostrarum exponimus cauciones *Stat. Linc.* I 359; **1362** rem ratam haberi et judicatam solvi sub †ypothecorum mearum promitis [l. ypotheca rerum mearum promitto] et cauciones †ex pono [l. expono] *Cart. Mont. S. Mich.* m. p. 13; **1420** sub ypotheca et obligacione omnium bonorum suorum *Reg. Cant.* I 65; c**1532** pignus aliquod sive ∼am *StatOx* 424.

hypothecare, to offer as security, pledge, mortgage.

1285 ypotecamus (v. expressim); **1392** ad quam solucionem . . faciendam obligamus, ypothecamus nos et successores . . ac omnia bona nostra *MonA* IV 507a; s**1400** obligantes et expresse ypothecantes . . se ipsos . . pro premissis . . plenarie adimplendis AD. USK 50.